KB037582

맹자상(孟子像) 청대(淸代)

단기지계(斷機之戒) 이후 맹자는 어머니로 하여금 크게 깨우쳐 공부에 열중하였다. 학문의 관점을 군자의 치국지도(治國之道)에 두고 공자의 유가사상(儒家思想) 연구에 매진하였다. 이 때 맹자 나이 30세, 이미 맹자의 학문의 깊이는 중국 대륙에 널리 알려져 열국의 많은 제왕들이 맹자의 의견을 듣고자 하였다. 그러자 맹자는 40세 무렵부터 자기의 사상을 실현하기 위하여 많은 제자들과 더불어 열국을 주유하며 설법에 매진하였다.

제나라에 머물 때 일이다. 마침 흉년이 들어 민심이 흉흉해지자 맹자는 제나라 임금에게 곡식을 풀어 백성의 구휼에 힘쓰라고 하였다. 그러자 왕은 곧바로 이를 실천에 옮겨 구제 사업에 나섰다. 그 후 또 다시 재난이 닥쳐왔다. 제자들이 왕에게 말해 줄 것을 기대했으나 맹자는 자기의 직권을 같은 일에 자주 남용하는 것은 옳지 않다는 논리로 거절하였다. 맹자는 60세 무렵에 다시 고향으로 돌아와 유가의 학설을 제자들에게 가르쳤다.

1 맹자 어머니의 묘임을 알리는 비와 상석.
2 맹자 어머니의 묘.

3 맹자의 봉분이 나무와 숲에 가려져 있다.
4 홍위병에 의해 두 동강 난 맹묘비.
5 맹자의 고향에 있는 봉산(峰山). 맹자는 이곳을 보며 인정지도(仁政之道)를 구상하였다.

희망과 소통의 경전

맹자

희망과 소통의 경전

맹자 II

윤재근 編

동학사

차례

맹자(孟子) Ⅱ

제6편 고자장구_상(告子章句_上)

제6편 고자장구_하(告子章句_下)

제7편 진심장구_상(盡心章句_上)

맹자(孟子) ❶

희망과 소통의 경전 맹자

【五篇】

만장장구_상(萬章章句_上)

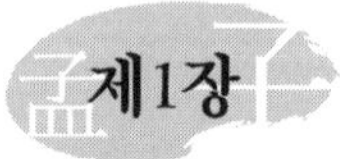

제1장

1장은 장구(章句)가 길어서 다섯 단락으로 나누었다. 내용 때문에 단락을 그렇게 나눈 것이 아니라 이해를 돕기 위해서이다. 이 장에서는 만장(萬章)이 묻고 맹자께서 대답해준다. 만장은 맹자의 고제(高弟)로 제(齊)나라 사람이고, 이미 『맹자 1』 3편 「등문공장구(滕文公章句) 하(下)」 5장에서 맹자와의 문답을 살핀 바 있다. 공자가 세상을 뜬 뒤로 인간을 일깨워 깨우쳐줄 밝은 말씀[微言]이 사라져버리고 대의(大義)가 어긋나고 시서(詩書)와 전기(傳記)의 칭술(稱述)이 올바름을 잃어가면서 와전되고 그릇됨이 늘어갈 때, 맹자가 등장하여 성인(聖人)이 전한 바를 깊이 살펴 문도들과 널리 휘언(徽言)을 분명히 하려고 하였던 바, 맹자와 만장 사이의 담설(談說)은 그 일환이라고 보아도 될 것이다. 1장에서 맹자는 대효(大孝)를 만장에게 밝혀준다. 참으로 대의는 그 시원(始原)을 대효에 두고 있다.

【문지(聞之) 1】

원모야(怨慕也)

【원문(原文)】

萬章問曰 舜이 往于田하여 號泣于旻天하니 何爲其號泣也이까
만장문왈 순 왕우전 호읍우민천 하위기호읍야

孟子曰 怨慕也이다 萬章曰 父母愛之어든 喜而不忘하고 父母
맹자왈 원모야 만장왈 부모애지 희이불망 부모

惡之어든 勞而不怨이니 然則舜은 怨乎이까
오지 노이불원 연즉순 원호

【해독(解讀)】

만장이 물어 여쭈었다[萬章問曰]. “순이 밭으로 가서[舜往于田] 만물을 가

엾게 여기는 하늘을 향해 소리쳐 울다가 흐느꼈답니다[號泣于旻天]. 순의 통곡과 흐느낌은 무엇입니까[何爲其號泣也]?" 맹자가 말해주었다[孟子曰]. "원망하고 사모하여서이다[怨慕也]." 만장이 여쭈었다[萬章曰]. "어버이가 자식을 사랑해주면[父母愛之] (자식은) 기뻐하되 (어버이를) 잊지 않고[喜而不忘], 어버이가 자식을 미워하면[父母惡之] (미움받지 않으려) 애쓰되 (어버이를) 원망하지 않습니다[勞而不怨]. 그런데 순이 (어버이를) 원망한 것입니까[然則舜怨乎]?"

【담소(談笑)】

萬章問曰(만장문왈) 舜往于田(순왕우전) 號泣于旻天(호읍우민천) 何爲其號泣也(하위기호읍야)

▶ 만장이[萬章] 물어[問] 여쭈었다[曰]. "순이[舜] 밭[田]으로[于] 가서[往] 만물을 가엾게 여기는[旻] 하늘을[天] 향해[于] 소리쳐 울다가[號] 흐느꼈답니다[泣]. 순의[其] 통곡과[號] 흐느낌은[泣] 무엇[何]인가요[爲]?"

만장문왈(萬章問曰)은 萬章問於孟子而萬章曰 또는 萬章問孟子而萬章曰을 줄인 어투이다. 한문투는 반복되는 내용이라면 사정 없이 생략하는 어투라는 것을 늘 상기하면서 문맥을 잡아 문의(文意)를 건지려는 노력이 필요하다.

순왕우전(舜往于田)은 영어로 치면 1형식 문장과 같은 어투이다. 舜往于田에서 순(舜)은 주어이고, 왕(往)은 자동사이며, 우전(于田)은 장소를 나타내는 부사구이다. 우(于)는 장소를 나타내는 전치사 어(於)와 같다. 왕(往)은 〈갈 거(去)〉와 같다.

호읍우민천(號泣于旻天)은 舜號于旻天 而舜泣于旻天을 줄인 어투이다. 號泣于旻天은 주어가 생략되어 있지만 이 역시 영어로 치면 1형식 문장과 같은 어투이다. 號泣于旻天에서 호읍(號泣)은 자동사이고, 우호천(于旻天)은 방향을 나타내는 부사구이다. 號泣于旻天에서 호(號)는 큰 소리로 우는 통곡(慟哭)을 뜻하고, 읍(泣)은 흐느낌을 뜻하며, 우(于)는 어(於)와 같고 문맥의 문의를 따라 ~를 향해서라고 새기고, 민(旻)은 〈가엽게 여길 민(閔)〉과 같다. 민천(旻天)은 온갖 것(만물)을 어루만져 가엽게 여기는 하늘을 뜻한다. 도가(道家)의 천사(天食)와 같은 말이다. 하늘이 내린 먹을거리[天食].

하위기호읍야(何爲其號泣也)는 〈何爲A〉꼴로 알아두면 편리한 구문이다. 〈A는 무엇[何]인가[爲]?〉 물론 〈何爲A〉를 〈A는 무엇[何] 때문인가[爲]?〉처럼 우리말답게 새겨도 괜찮다. 의문사 하(何)가 있으니 야(也)가 의문어조사인 호(乎)를 대신하지만, 허사로서 어조를 돕는 것이지 뜻이 있는 것은 아니다. 또한 何爲其號泣也에서 〈A爲B〉꼴 또한 알아두면 편할 것이다. 〈A는 B이다[爲]〉 위(爲)는 문맥에 따라 〈할 조(造), 하여금 사(使), 생각할 사(思), 이룰 성(成), 다스릴 치(治), 흉내낼 의(擬), 위할 조(助), 만들 저(著), 호위할 호(護), 써 이(以)〉 등 다양한 뜻을 나타낸다. 여기선 〈A是B〉의 시(是)와 같은 위(爲)로 여기고 새긴다. 〈A는 B이다[是]〉

일만 만(萬), 글 장(章), 물을 문(問), 순임금 순(舜), 갈 왕(往), ~으로 우(于), 밭 전(田), 큰 소리로 울 호(號), 흐느낄 읍(泣), ~향해 우(于), 어여삐 여길 민(旻), 하늘 천(天), 무엇 하(何), 할 위(爲), 그 기(其)

孟子曰(맹자왈) 怨慕也(원모야)

▶ 맹자가[孟子] 말해준다[曰]. "원망한 것이고[怨] 사모한 것[慕]이다[也]."

원모야(怨慕也)는 其號泣怨也 而其號泣慕也를 줄인 것이다. 그러니 怨慕也는 〈AB也〉꼴에서 주어인 A가 생략되고 보어 B만 남은 셈이다. 〈A는 B이다[也]〉 怨慕也는 주어가 생략된 구문으로 영어로 치면 2형식 문장과 같은 어투이다.

맏이 맹(孟), 존칭 자(子), 원망할 원(怨), 사모할 모(慕), ~이다 야(也)

父母愛之(부모애지) 喜而不忘(희이불망) 父母惡之(부모오지) 勞而不怨(노이불원) 然則舜怨乎(연즉순원호)

▶ 어버이가[父母] 자식을[之] 사랑해주면[愛] (그는) 기뻐하되[喜而] (어버이를) 잊지 않고[不忘], 어버이가[父母] 자식을[之] 미워하면[惡] (미움받지 않으려) 애쓰되[勞而] (어버이를) 원망하지 않습니다[不怨]. 그런데[然則] 순이[舜] (어버이를) 원망한 것[怨]입니까[乎]?

부모애지(父母愛之)는 〈A愛B〉꼴의 어투이다. 〈A(父母)가 B(之)를 사랑한다[愛]〉 父母愛之에서 지(之)는 부정대명사(不定代名詞)이므로 문맥에 따라 알맞은 뜻을 정해주면 된다. 여기선 아자(兒子) 즉 자식 정도로 새기면 될 것이다. 父母愛之에서 애(愛)는 〈사랑할 자(慈)〉와 같고, 자애(慈愛)의 줄임말로 여기고 새긴다.

희이불망(喜而不忘)은 他喜而他不忘父母를 줄인 어투로 생각할 수 있다. 물론 他喜의 타(他)는 부모애지(父母愛之)의 지(之)를 3인칭으로 나타낸 것이다. 여기서 타(他)는 영어로 친다면 he와 같다. 喜而不忘처럼 주어든 목적어든 문맥으로 보충할 수 있다면 생략해버리는 것이 한문투의 특징이다. 그러니 喜而不忘에서 희(喜)는 주어가 생략되었지만 자동사이고, 불망(不忘)은 주어와 목적어가 없지만 타동사이다.

부모오지(父母惡之)는 〈A惡B〉꼴의 어투이다. 〈A(父母)가 B(之)를 미워한다[惡]〉 父母惡之에서 지(之)는 부정대명사이다. 여기서도 앞서와 같이 아자(兒子) 즉 자식 정도로 새기면 될 것이다. 父母惡之에서 오(惡)는 〈미워하는 증(憎)〉과 같고 증오(憎惡)의 줄임말로 여기고 새긴다.

노이불원(勞而不怨)은 他勞而他不怨父母를 줄인 어투로 생각할 수 있다. 여기서도 他勞의 타(他)는 부모오지(父母惡之)의 지(之)를 3인칭으로 나타낸 것이다. 물론 타(他)는 영어의 he와 같다. 勞而不怨처럼 문맥에 따라 주어든 목적어든 보충할 수 있으면 생략해버리는 것이 한문투이다. 그러니 勞而不怨에서 노(勞)는 주어가 없지만 자동사이고, 불원(不怨)은 주어와 목적어가 없지만 타동사이다.

연즉순원호(然則舜怨乎)는 然則舜怨其父母乎를 줄인 어투이다. 그런데도[然則] 순이[舜] 제[其] 어버이를[父母] 원망했는가[怨乎]? 연즉(然則)은 문맥에 따라 긍정의 의미도 있고 부정의 의미도 있다. 앞의 내용과 같은 내용을 접속하면 즉 연접(連接)의 경우에는 그렇다면 [然則]으로 새기고, 앞의 내용과 다른 내용을 접속하면 즉 역접(逆接)의 경우에는 그런데도[然則]로 새긴다. 여기선 역접의 연즉(然則)이다.

참고로 문장이 야(也) 또는 호(乎)로 끝나는 경우를 알아보자. 예를 들어 타원기부모(他怨其父母)·타원기부모야(他怨其父母也)·타원기부모호(他怨其父母乎) 세 경우가 각각 어떻게 다른지 알아보자. 타원기부모(他怨其父母)는 그는[他] 제[其] 어버이를[父母] 원망한다[怨], 타원기부모야(他怨其父母也)는 그는[他] 제[其] 어버이를[父母] 원망하는 것[怨]이다[也], 타원기부모호(他怨其父母乎)는 그는[他] 제[其] 어버이를[父母] 원망하는 것[怨]인가[乎]?

로 새긴다. 이와 같이 위에서처럼 구문 끝에 야(也)와 호(乎) 같은 어조사가 있을 때 우리말답게 새기는 방법을 알아두면 편리할 것이다.

맹자가 강조하는 효를 이해하기 위해서는 무엇보다 먼저 순(舜)임금에 대해 알아두어야 한다. 순임금은 성군(聖君)이며 삼황오제(三皇五帝)의 한 사람으로 유우씨(有虞氏) 또는 우순(虞舜)이라고 부른다. 성씨는 요(姚), 이름은 중화(重華)이고, 오제(五帝)의 하나인 전욱(顓頊)의 후손이며, 고수(瞽瞍)의 아들이다.

고수가 후처(後妻)의 꾐에 빠져 후처의 소생인 상(象)을 사랑하고 순을 해치려고 갖은 수단을 꾀했지만, 순은 묵묵히 농사짓고 고기를 잡아 가족을 봉양하고 효제(孝悌)의 덕을 다하여 결국 고수와 상을 감화시켜 잘못을 고치게 하였다. 역산(歷山)에서 농사를 지을때 순은 이웃 농부들에게 밭두렁을 양보하였고, 뇌택(雷澤)에서 고기를 낚을 때에는 자리를 양보하여 그가 사는 곳에는 늘 사람들이 모여들었다고 한다. 이러한 소문이 요(堯)임금께 알려지게 되어 천자의 위(位)를 물려받고 순임금이 되었다. 순임금의 치덕(治德)은 요임금을 계승하여 법천순민(法天順民)과 중(中)을 치도(治道)의 근본으로 삼았다. 하늘을[天] 본받고[法] 백성을[民] 따른다[順]. 이러한 순임금을 떠올리면 맹자와 만장 사이의 문답이 지닌 깊은 뜻을 헤아릴 수 있을 것이다.

호읍우민천(號泣于旻天)은 순이 아버지로부터 학대를 받았던 때를 떠올리게 한다. 그 깊은 뜻은 민천(旻天)의 민(旻) 한 글자에 온전히 담겨 있다. 민(旻)은 민(閔)이다. 불쌍히 여겨 거두고 아끼는 마음이 곧 민(旻)이다. 하늘은 만물을 하나로 어여삐 여기고 보살핀다. 이러한 하늘을 어기고 자신을 학대하는 아버지를 하늘[天]에 비는 자식(舜)이 한 일이 통곡(慟哭), 즉 호읍우민천(號泣于旻天)의 호읍(號泣)이었다. 이러한 깊은 뜻을 만장은 미처 헤아리지 못해 "원모(怨慕)"라는 스승의 답변을 듣고 "연즉순원호(然則舜怨乎)"라고 반문한 셈이다.

어찌 효제(孝悌)의 덕을 다하는 순이 어버이를 원망하겠는가? 대인은 남을 원망하지 않고 자신을 원망한다. 하물며 순이란 성인(聖人)이 어찌 제 어버이를 원망하겠는가. 아무리 지극하게 봉양을 다해도 아버지의 학대가 잦아지지 않으니 자신의 부덕함을 하늘에 호곡(號哭)하는 순을 스승(孟子)이

차근차근 제자(萬章)에게 해명해주게 된 것이 곧 만장의 "연즉순원호(然則舜怨乎)" 란 반문에서부터이다.

사랑할 애(愛), 그 지(之), 기뻐할 희(喜), 그리고 이(而), 잊을 망(忘), 미워할 오(惡), 애쓸 로(勞), 원망할 원(怨), 그럴 연(然), 곧 즉(則), ~인가 호(乎)

【문지(聞之) 2】

호읍우민천(號泣于旻天)

【원문(原文)】

曰 長息이 問於公明高曰 舜이 往于田則吾旣得聞命矣이나 號泣于旻天과 于父母則吾不知也이다 公明高曰 是는 非爾所知也이다 夫公明高는 以孝子之心이 爲不若是恝이라 我竭力耕田하여 共爲子職而已矣니 父母之不我愛는 於我何哉리오

(왈 장식 문어공명고왈 순 왕우전즉오기득문명의 호읍우민천 우부모즉오부지야 공명고왈 시 비이소지야 부공명고 이효자지심 위불약시괄 아갈력경전 공위자직이이의 부모지불아애 어아하재)

【해독(解讀)】

(맹자가) 말해주었다[曰]. "장식이 공명고에게 물어서 말했다네[長息問於公明高曰]. '순이 밭으로 나간 것이라면 곧 제가 이미 들어서 가르침을 얻은 것입니다[舜往于田則吾旣得聞命矣]. (그러나) 만물을 가엾게 여기는 하늘을 향하고, 어버이를 향해 소리쳐 울고 흐느낀 것이라면 곧 저는 모르는 것입니다[號泣于旻天于父母則吾不知也].' 이에 공명고가 말해주었지[公明高曰]. '그런 것은 자네가 알 바가 아닌 것일세[是非爾所知也].' 그 공명고는[夫公明高] 그와 같이 근심하는 것을 효자의 마음으로 생각했지[公明高以孝子之心爲不若是恝]. (순이란 이) 나는 힘을 다하여 밭을 갈아 농사를 지어[我竭力耕田] (나는) 자식의 직분을 다하였을 뿐이다[共爲子職而已矣]. 어버이가 나를 사랑하지 않는 것은[父母之不我愛] 나한테 무슨 잘못이 있는가[於我何哉]!"

【담소(談笑)】

曰(왈)

▶ **(맹자가 만장에게) 말해주었다[曰].**

왈(曰)은 孟子曰於萬章을 줄인 것이다. 맹자가[孟子] 만장[萬章]에게[於] 말해주다[曰]. 맹자는 만장에게 장식(長息)이 공명고(公明高)에게 순(舜)의

호읍(號泣)을 물었던 고사(故事)를 떠올려준 다음, 공명고의 의도를 만장에게 밝혀주면서 만장이 묻고 있는 요점을 말해주고 있다. 이러한 단계를 놓치면 이 단락의 문맥을 잡기가 어려울 것이다.

말해줄 왈(曰)

長息問於公明高曰(장식문어공명고왈)

▶ 장식이[長息] 공명고[公明高]께[於] 여쭈어[問] 말했다[曰].

장식문어공명고왈(長息問於公明高曰)은 이 단락에서 맹자가 만장에게 말해주는 답변의 시작이다. 장식은 공명고의 제자이고, 공명고는 효(孝)로 유명한 증자(曾子)의 제자이다. 맹자 역시 증자에서 자사(子思)로 이어진 문인(門人)이니, 공명고는 맹자의 큰 스승(子思)과 동렬(同列)인 공문(孔門)의 문도(門徒)인 셈이다. 증자의 문하에서 효로 유명했던 공명고의 고사를 맹자가 인용하고 있다.

길 장(長), 쉴 식(息), 물을 문(問), ~에게 어(於), 공변될 공(公), 밝을 명(明), 높을 고(高)

舜往于田則吾旣得聞命矣(순왕우전즉오기득문명의) 號泣于旻天(호읍우민천) 于父母則吾不知也(우부모즉오부지야)

▶ 순이[舜] 밭[田]으로[于] 나간 것이[往]라면[則] 제가[吾] 이미[旣] 들어서[聞] 가르침을[命] 얻은 것[得]입니다[矣]. (그러나) 만물을 가엾게 여기는[旻] 하늘을[天] 향해[于] 어버이를[父母] 향해[于] 소리쳐 울고[號] 흐느낀 것이라면[泣], 곧[則] 저는[吾] 모르는 것[不知]입니다[也].

순왕우전즉오기득문명의(舜往于田則吾旣得聞命矣)는 목적절을 강조하기 위해 전치시키고, 어조사인 즉(則)으로 어조를 더한 어투이다. 그러니 舜往于田則吾旣得聞命矣에는 두 어조사가 있는데 즉(則)은 어조를 돕는 것이고, 의(矣)는 구문이 끝남을 나타낸다. 어조사는 문의(文意)와는 상관 없다 여기고 문맥을 잡아도 된다.

물론 순왕우전즉오기득문명의(舜往于田則吾旣得聞命矣)는 舜往于田則吾旣得聞矣와 舜往于田則吾旣得命矣를 하나처럼 묶은 어투이다. 舜往于田則吾旣得聞命矣에서 순왕우전(舜往于田)은 문(聞)과 명(命)의 목적절이고, 기

(旣)는 문(聞)과 명(命)을 꾸며주는 부사이며, 득(得)은 마치 영어의 can과 같은 조동사로 여기고 舜往于田則吾旣得聞命矣의 문맥을 잡으면 된다. 舜往于田則吾旣得聞命矣에서 왕(往)은 〈갈 거(去)〉와 같고, 기(旣)는 〈이미 이(已), 다할 진(盡), 끝날 필(畢)〉 등과 같지만 여기선 〈이미 이(已)〉로 여기고 새기며, 득(得)은 〈얻을 획(獲), 탐할 탐(貪), 잘할 능(能)〉 등과 같지만 조동사로 새길 때면 능(能)과 같다. 명(命)은 〈일러 보일 고(告), 시(示)〉 등과 같아 여기서 일러 가르친다[告示]는 뜻으로 새기므로 득문(得聞)은 잘 들어서 안다는 뜻이고, 득명(得命)은 잘 가르침을 받았다는 뜻이므로 잘 배웠다는 말이다. 그러므로 舜往于田則吾旣得聞命矣는 저도[吾] 순께서[舜] 밭에 나가 농사지었다는 것을[往于田] 이미[旣] 잘 듣고 배워 알고 있는 것[得聞命]입니다[矣]로 새기면 문맥에 걸맞은 새김이 될 것이다.

호읍우민천(號泣于旻天)은 號泣于旻天則吾不知也를 줄인 어투이다. 즉 號泣于旻天은 목적구만을 남기고, 주어인 오(吾)와 술부인 부지야(不知也)를 생략해버린 어투이다. 물론 생략된 부분은 앞에 나왔거나 뒤에 나온다. 여기선 즉오부지야(則吾不知也)가 뒤에 나오기 때문에 생략한 경우이다. 또한 號泣于旻天은 舜號泣于旻天을 줄인 것으로 볼 수 있는데 이 경우는 號泣于旻天이 목적절이고, 순지호읍우민천(舜之號泣于旻天)을 줄인 것으로 보면 이 경우는 목적구로 여긴다.

우부모즉오부지야(于父母則吾不知也)는 號泣于父母則吾不知也를 줄인 어투이다. 호읍(號泣)은 앞에 나온 내용이므로 생략되었다. 號泣于父母則吾不知也의 문맥을 잡을 때는 어조사인 즉(則)과 야(也)는 무시하고 오부지호읍우부모(吾不知號泣于父母)로 어순을 본래대로 바꾸어보면 문맥을 잡기도 쉽고, 우리말로 새기기에도 쉽다. 오(吾)는 주어이고, 호읍우부모(號泣于父母)는 부지(不知)의 목적구로 여기고 새기면 문맥에 걸맞은 문의를 쉽게 건질 수 있다. 오(吾)는 호읍우부모[號泣于父母]를 모른다[不知]고 초벌 새김을 해보면 문맥을 잡을 수 있다.

순임금 순(舜), 갈 왕(往), ~에 우(于), 밭 전(田), 곧 즉(則), 나 오(吾), 이미 기(旣), 얻을 득(得), 들을 문(聞), 가르칠 명(命), 통곡할 호(號), 흐느낄 읍(泣), 어여삐 여길 민(旻), 아니 불(不), 알 지(知), ~이다 야(也)

公明高曰(공명고왈) 是非爾所知也(시비이소지야)

▶ 공명고가[公明高] 말해주었다[曰]. "그것은[是] 네가[爾] 아는[知] 바가[所] 아닌 것[非]이다[也]."

시비이소지야(是非爾所知也)는 공명고왈(公明高曰)의 목적절로, 〈A非B也〉꼴의 어투이다. 〈A(是)는 B(爾所知)가 아닌 것[非]이다[也]〉 〈A非B也〉꼴이라고 알아두면 문맥을 잡는 데 편리할 것이다. 是非爾所知也에서 시(是)는 주어이고, 비(非)는 보어인 이소지(爾所知)를 부정한다. 是非爾所知也는 영어로 치면 2형식 부정문이고, 시이소지야(是爾所知也)는 2형식 긍정문이다. 그것은[是] 네가[爾] 아는[知] 바의 것[所]이다[也]. 是非爾所知也에서 이소지(爾所知) 같은 구문을 잘 이해두어야 한다. 爾所知를 이지소지(爾之所知)라고 해도 된다. 爾之所知의 지(之)는 주격 토씨 구실을 하는 허사이다. 네[爾]가[之] 알[知] 바[所]. 是非爾所知也에서 시(是)는 지시어로 앞에 나온 호읍우민천(號泣于旻天)과 우부모(于父母)를 가리키고, 이(爾)는 〈너 여(汝), 여(女), 이(而), 약(若)〉 등과 같은 인칭어(人稱語)이며, 이소지(爾所知)는 영어로 치면 what you know와 같은 셈이니 선행사를 포함하고 있는 what과 같은 구실을 한다고 알아두면 문맥을 잡기 편할 것이다.

> 그것 시(是), 아닌 것 비(非), 너 이(爾), 바 소(所), 알 지(之), ~이다 야(也)

夫公明高以孝子之心爲不若是恝(부공명고이효자지심위불약시괄)

▶ 그[夫] 공명고는[公明高] 그와[是] 같이[若] 근심하는 것을[不恝] 효자[孝子]의[之] 마음[心]으로[以] 생각했다[爲].

부공명고이효자지심위불약시괄(夫公明高以孝子之心爲不若是恝)에서 만약에 부(夫)가 없다면, 공명고이효자지심위불약시괄(公明高以孝子之心爲不若是恝)이 맹자가 하는 말인지 공명고가 하는 말인지 알아듣기가 혼란스러울 것이다. 자신의 이름 앞에는 부(夫)를 두지 않으므로 公明高以孝子之心爲不若是恝은 맹자가 한 말임을 알 수 있다. 여기서 부(夫)는 〈그 기(其)〉와 같다. 그[夫] 공명고가[公明高]로 새긴다. 그리고 公明高以孝子之心爲不若是恝과 같은 어투의 문맥을 잡으려면 그 골격을 찾아내야 쉽다. 한문투의 골격은 동사가 중심이므로, 夫公明高以孝子之心爲不若是恝에서 동사인 위(爲)를 중심으로 새기면 문맥이 잡힐 것이다. 그리고 〈爲A以B〉꼴을 알고 있으면 문맥은 더욱 쉽게 잡힐 것이다. 〈A를 B로[以] 생각한다[爲]〉 또는 〈A(不若是恝)를 B(孝子之心)로[以] 삼는다[爲]〉 夫公明高爲不若是恝以孝子之心에서 이효자지심(以孝子之心)을 강조하려고 위(爲) 앞으로 전치한 것을 알 수 있다. 부공명고(夫公明高)는 주어이고, 이효자지심(以孝子之心)은 목적격 보어이며, 위(爲)는 타동사이고, 불약시괄(不若是恝)은 목적구이다. 영어의 5형식 같은 구문처럼 여기고 새기면 될 것이다.

불약시괄(不若是恝)의 약(若)은 〈같을 여(如)〉와 같고, 시(是)는 앞에 나온 호읍우민천(號泣于旻天)과 우부모(于父母)를 가리키는 지시어이다. 不若是恝은 不恝若是에서 약시(若是)를 도치시킨 어투이다. 그러니 不若是恝을 그와[是] 같은[若] 불괄(不恝)이라고 새기면 문의를 건져낼 수 있을 것이다. 관심이 없고 무시하면서 소홀히 하는 마음가짐이 괄(恝)이다. 그러니 괄(恝)은 불효(不孝)를 뜻하고, 불괄(不恝)은 곧 효성(孝誠)을 뜻한다. 효성은 곧 효자의 마음[孝子之心]이다. 不若是恝의 괄(恝)은 〈근심하지 않는 마음 개(忦)〉와 같고, 괄(恝)・개(忦)의 반대말은 개(忦)이다. 〈근심치 않고 무관심할 괄(恝)〉, 〈근심하고 두려워할 개(忦)〉

맹자의 제자인 만장이 스승이 밝혀준 원모(怨慕)의 효심 중에서 원(怨)의 뜻을 몰랐듯이, 공명고의 제자인 장식은 경전(耕田)의 효심은 알았지만 호읍(號泣)의 효심은 몰랐다. 이를 장식의 스승은 비이소지(非爾所知)라고 밝혀주어 제자를 부끄럽지 않게 해주고 있다. 그리고 스승(公明高)이 제자(長息)에게 아는 바[所知]가 아닌 것[非]이라고 밝혀준 것을 맹자가 만장에게 불괄(不恝)이란 한 마디로 가르쳐주고 있다. 불괄(不恝)은 불효(不孝)를 부정해버리는 단칼과 같은 말씀이다. 불효란 부모를 소홀히 생각하여 근심하지 않는 마음씨[無愁貌]를 말한다. 이러한 괄(恝)을 부정하는 불괄(不恝)은 곧 효성(孝誠)이다. 만물을 어여삐 여겨 어루만져주는 하늘[旻天] 향해 울부짖는 순의 마음가짐을 맹자가 불괄(不恝)이라고 제자(萬章)에게 밝히고 있다. 조금이라도 불효를 범할세라 노심초사(勞心焦思)함이 불괄(不恝)의 효성이다. 그러니 맹자는 증자의 제자 중에서 효로 이름이 높았던 공명고의 고사를 들어 호읍우민천(號泣于旻天)이 남을 원망하는 것이 아니라 바로 자신에게 불효의 죄가 있는지 자책하는 것임을 깨우쳐주려 하고 있다. 효란 배워서 될 일이 아니란 말이다. 부모가 왜 천지(天地)인지를 스스로 깨우쳐야 저마다 제 마음에서 효성을 두레박질해 길어내는 법이다.

그 부(夫), 공변될 공(公), 밝을 명(明), 높을 고(高), 써 이(以), 효도 효(孝), 놈 자(子), ~의 지(之), 마음 심(心), 생각할 위(爲), 같을 약(若), 그 시(是), 근심 없을 괄(恝)

我竭力耕田(아갈력경전) 共爲子職而已矣(공위자직이이의)

▶ (순이란 이) 나는[我] 힘을[力] 다하여[竭] 밭을[田] 갈아 농사를 지어[耕] (나는) 자식의[子] 직분을[職] 다[共] 하였을[爲] 뿐이다[而已矣].

아갈력경전(我竭力耕田)은 我竭力 而我耕田을 줄여 한 구문처럼 묶은 어투이다. 영어로 친다면 3형식 중문(重文)인 셈이다. 我竭力耕田에서 아(我)는 순(舜)을 1인칭으로 불러 어조와 어세를 높이고 있다. 만장(萬章)의 귀에는 이 아(我)가 그냥 '나' 라는 말로 들리지 않고 '순(舜)이란 바로 이 나[我]' 로 들렸을 터이다. 이처럼 맹자의 화법은 강렬하다. 我竭力耕田의 갈(竭)은 〈다할 진(盡)〉과 같고, 갈력(竭力)과 진력(盡力)은 같은 말이다. 경전(耕田)의 경(耕)은 경작(耕作)의 줄임말로 여기고 새긴다. 밭을 갈아 농사를 짓다[耕田].

공위자직이이의(共爲子職而已矣)는 我共爲子職而已矣에서 앞 문맥으로 보충할 수 있으므로 반복되는 주어인 〈나 아(我)〉를 생략한 어투이다. 共爲子職而已矣에서 공(共)은 부사로서 다[共]란 뜻으로 새기고, 위(爲)는 타동사 〈~을 할 위(爲)〉로 새기고, 자(子)는 직(職)을 꾸며주는 형용사로서 자식(子息)의 줄임말로 여기고, 직(職)은 목적어로 직분(職分)의 줄임말로 여기고, 문미(文尾)의 이이의(而已矣)는 구문을 끝맺는 어조사로서 〈~뿐이다 이(爾)〉와 같이 여긴다. 이이의(而已矣)는 단언해주는 종미사(終尾詞)의 관용구로서, 물론 이이의(而已矣)의 이(已)는 〈그칠 지(止)〉와 같지만 관용구로 알아두면 한문투의 문맥을 잡을 때 편하다. (나는) 자식의[子] 직분을[職] 다[共] 하였을[爲] 뿐이다[而已矣].

나 아(我), 다할 갈(竭), 힘 력(力), 갈 경(耕), 밭 전(田), 다 공(共), 할 위(爲), 아들 자(子), 임무 직(職), 그리고 이(而), 그칠 이(已), 어조사 의(矣)

父母之不我愛於我何哉(부모지불아애어아하재)

▶ 어버이[父母]가[之] 나를[我] 사랑하지 않는 것은[不愛] 나[我]한테[於] 무슨 잘못이 있는가[何哉]!

부모지불아애어아하재(父母之不我愛於我何哉)는 〈A有何B哉〉꼴 구문으로 〈있을 유(有)〉가 생략돼 있는 어투이다. 〈A에는 무슨[何] B가 있단[有] 말인가[哉]!〉 父母之不我愛於我何哉에는 유(有)와 B가 생략돼 있는데, 문맥으로 보아 생략된 B는 죄(罪)라고 유추할 수 있다. 따라서 父母之不我愛於我何哉를 父母之不我愛有何罪於我哉로 어순을 바꾸어 문맥을 잡아볼 수 있을 것이다. 맹자가 父母之不我愛有何罪於我哉를 父母之不我愛於我何哉로 말한 데서 보다 더 처절하고 절박한 영탄(詠嘆)의 어조를 끌어내기 위한 맹자의 화술을 엿볼 수 있다. 父母之不我愛於我何哉에서 부모지불아애(父母之不我愛)는 부사구이고, 어아(於我)도 부사구이며, 동사인 〈~이 있다는 유(有)〉는 생략되었고, 하(何)는 주어이고, 재(哉)는 감탄어조사이다.

맹자가 만장에게 순의 지극한 효성을 처절하리만큼 극적으로 일깨워주고 있다. 부모지불애순(父母之不愛舜)이라 말하지 않고 부모지불아애(父母之不我愛)라 하여, 3인칭으로 들릴 순(舜)을 1인칭인 아(我)로 바꿔 대질하듯 절박하게 하는 화술이 듣는 이를 압도한다. 어찌 순에게만 지극한 효성이 있다고 생각하겠는가? 우리[我] 모두가 지극한 효성을 버리지 말아야 하지 않겠는가? 이러한 반문을 지금 맹자가 아(我) 이 한 글자로써 우리 모두의 마음 속에서 발동하게 하고 있다. 아(我)는 나도 되고 우리도 된다. 그리고 어아하재(於我何哉) 이 말로써 맹자가 만장에게 말해준 원모(怨慕)의 원(怨)은 만장의 마음 속에서 밝혀진다. 이런 화술은 내[舜]가 부모를 원망하는 것이 아니라 내[舜]가 나[舜]를 원망하는 것임을 만장으로 하여금 스스로 깨닫게 해준다. 성현의 가르침은 이론으로 증거하지 않는다. 마음을 감동시켜 스스로 깨우치게 해준다. 이렇게 하여 맹자는 효가 왜 원모(怨慕)인가를 우리 모두로 하여금 터득하게 한다.

~가 지(之), 나를 아(我), 사랑할 애(愛), ~에게 어(於), 나 아(我), 무엇 하(何), 감탄 어조사 재(哉)

【문지(聞之) 3】

여궁인무소귀(如窮人無所歸)

【원문(原文)】

帝使其子九男二女로 百官牛羊倉廩備하여 以事舜於畎畝之中
제 사 기 자 구 남 이 녀 　백 관 우 양 창 름 비 　이 사 순 어 견 묘 지 중

하니 天下之士多就之者하고 帝將胥天下而遷之焉이나 爲不順
　천 하 지 사 다 취 지 자 　제 장 서 천 하 이 천 지 언 　위 불 순

於父母로 如窮人無所歸이다
어 부 모 　여 궁 인 무 소 귀

【해독(解讀)】

"요임금은 자기 아들 아홉과 딸 둘로 하여금[帝使其子九男二女] 모든 관원들과 소와 양 그리고 온갖 식량을 두루 갖추게 하고[百官牛羊倉廩備] 그렇게 하여 (요임금의 아들들과 딸들이) (순이 농사짓는) 밭 가운데에서 순을 받들게 하니[以事舜於畎畝之中], 세상의 선비들은 많이 그를 좇는 자들이었고[天下之士多就之者] 요임금은 장차 세상을 살펴보다가 그에게 천하를 넘기려 했다[帝將胥天下而遷之焉]. (그러나 순은) 어버이한테서 사랑을 얻지 못한 까닭에[爲不順於父母] 곤궁한 사람 같아 (순에게는) 돌아갈 곳이 없었다[如窮人無所歸]."

【담소(談笑)】

帝使其子九男二女(제사기자구남이녀) 百官牛羊倉廩備(백관우양창름비)

▶ 요임금은[帝] 자신의[其] 자녀[子] 아홉[九] 아들과[男] 두[二] 딸[女]을 시켜[使] 모든[百] 관원과[官] 소[牛] 양[羊]과 온갖 식량을[倉廩] 두루 갖추게 하였다[備].

제사기자구남이녀백관우양창름비(帝使其子九男二女百官牛羊倉廩備)와 같은 구문은 주어와 술부를 먼저 나누어 보는 것이 문맥을 잡기가 쉽다. 帝使其子九男二女百官牛羊倉廩備에서 사(使)가 사역의 구실을 하는 동사임을 알면 쉽게 문맥을 잡을 수 있다. 帝使其子九男二女百官牛羊倉廩備의 사(使)가 사역동사이므로 帝使其子九男二女百官牛羊倉廩備를 〈A使B備〉꼴의 구문으로 여기고 문맥을 잡는다. 〈A(帝)는 B(其子九男二女)를 시켜[使] C(百官牛羊倉廩)를 갖추게 한다[備]〉 이렇게 해보면 帝使其子九男二女百官牛羊倉

廩備를 帝使其子九男二女備百官牛羊倉廩으로 어순을 바꾸어볼 수 있다. 帝使其子九男二女百官牛羊倉廩備에서 백관우양창름(百官牛羊倉廩)은 비(備)의 목적어로서 강조하기 위해 도치시켰다고 여기고 새긴다. 한문투는 목적어를 반드시 타동사 뒤에 둔다는 문법 따위에 구속받지 않고 앞뒤로 자유롭게 두는 것이 특징이다.

요임금은 왜 순을 임금처럼 모시게 했는가? 순의 지극한 효성 때문이다. 효성이 지극한 사람만이 제왕의 자리에서 백성을 다스릴 수 있다. 제왕이 백성을 제 어버이처럼 여길 수 있는 마음을 간직하려면 무엇보다 먼저 제 어버이를 지극히 모실 수 있는 불괄(不恝)의 효성을 지니고 있어야 한다는 말이다. 치자(治者)가 되는 첫째의 절대덕목(絶對德目)이 바로 효성임을 요임금이 제사기자구남이녀백관우양창름비(帝使其子九男二女百官牛羊倉廩備)로써 천하에 밝혀두었다. 지금 효성이 정치의 절대조건이라고 한다면 여의도 국회의사당 간판마저 비웃을 것이다. 그러나 요임금의 가르침은 여전히 한 치의 틀림도 없다. 불효한 놈은 정치를 못 하게 한다면 세상은 저절로 다스려질 터이다.

임금 제(帝), 시킬 사(使), 그 기(其), 아들 자(子), 아홉 구(九), 사내 남(男), 딸 녀(女), 모든 백(百), 관리 관(官), 소 우(牛), 양 양(羊), 곡식창고 창(倉), 곳집 름(廩), 갖출 비(備)

以事舜於畎畝之中(이사순어견묘지중)

▶ 그렇게 하여[以] (요임금의 아들들과 딸들이) (순이 농사짓는) 밭[畎畝]의[之] 가운데[中]서[於] 순을[舜] 받들게 했다[事].

이사순어견묘지중(以事舜於畎畝之中)은 是以帝使其子九男二女事舜於畎畝之中을 줄여놓은 어투이다. 是以帝使其子九男二女事舜於畎畝之中에서 시이(是以)의 시(是)는 앞의 내용을 나타내는 지시어인데 생략해버리는 경우가 대부분이며, 제사기자구남이녀(帝使其子九男二女)는 이미 앞에 나온 내용이므로 생략하였다.

이사순어견묘지중(以事舜於畎畝之中)을 새길 때는 사역동사인 사(使)를 살려 새겨야 문맥에 걸맞은 문의가 드러난다. 말하자면, 사순(事舜)을 순을[舜] 섬겼다[事]가 아니라 순을[舜] 섬기게 했다[事]로 새겨야 문의에 걸맞게 된다는 말이다. 여기서는 以事舜於畎畝之中에서 어(於)를 장소를 나타내는 전치사로 여기고 새겼지만, 〈갈 어(於)〉처럼 동사로 새겨도 문의가 어긋나지는 않는다. 어(於)를 〈갈 왕(往)〉으로 보고 새길 수도 있다는 말이다. 견묘지중(畎畝之中)에서[於] 순을[舜] 섬기게 하였다[事]. 以事舜於畎畝之中의 사(事)는 〈받들 봉(奉)〉과 같고 봉사(奉事)의 줄임말로 여기고 새긴다. 물론 於畎畝之中의 어(於)를 〈갈 어(於)〉로 여기고 견묘지중(畎畝之中)으로 가서[於]로 새겨도 되지만, 〈~에서 어(於)〉로 보고 새기는 편이 낫지 싶다.

견묘지중(畎畝之中)은 매우 깊은 뜻이 담긴 말이다. 순이 농사짓고 있는 밭으로 처음부터 나가서 요임금의 자녀들이 순의 밭일을 도와주었다는 말로 들어서는 안 된다. 요임금이 순을 궁궐로 불러도 오지 않으니 할 수 없이 순이 있는 곳으로 자녀들을 보내 순을 백관(百官)과 더불어 모시게 했음을 견묘지중(畎畝之中)이 암시하고 있다. 자신을 학대하는 부모이지만 자신은 어버이를 떠나 출사(出仕)할 수 없다고 순이 출사를 고사(苦辭)했음을 견묘지중(畎畝之中)이 암시하고 있다. 출사보다 효가 앞서는 모습이다.

쓰 이(以), 섬길 사(事), 순임금 순(舜), ~에서 어(於), 밭도랑 견(畎), 밭이랑 묘(畝), ~의 지(之), 가운데 중(中)

天下之士多就之者(천하지사다취지자)

▶ **세상[天下]의[之] 선비들은[士] 많이[多] 그를[之] 좇는[就] 자들이었다[者].**

천하지사다취지자(天下之士多就之者)는 〈AB者〉꼴의 어투이다. 〈A(天下之士)는 B(就之)하는 것이다[者]〉 天下之士多就之者에서 천하지사(天下之士)는 주부이고, 자(者)는 보어이다. 多就之者에서 다취지(多就之)는 자(者)를 꾸며주는 형용사절이고, 다취지(多就之)에서 다(多)는 취(就)를 꾸며주는 부사이며, 지(之)는 취(就)의 목적어로 순(舜)을 가리키는 지시대명사이다. 多就之者의 어투를 새기는 연습을 해두면 편하다. 그를[之] 많이[多] 좇는[就] 자들[者]. 多就之者의 취(就)는 〈따를 종(從)〉과 같다.

하늘 천(天), 아래 하(下), ~의 지(之), 선비 사(士), 많을 다(多), 좇을 취(就), 그 지(之), 놈 자(者)

帝將胥天下而遷之焉(제장서천하이천지언)

▶ 요임금은[帝] 장차[將] 세상을[天下] 살펴보다[胥]가[而] 그에게[焉] 천하를[之] 넘기려 했다[遷].

제장서천하이천지언(帝將胥天下而遷之焉)은 帝將胥天下而帝將遷之於之를 줄인 어투이다. 帝將胥天下而遷之焉에서 장(將)은 영어에서 미래를 나타내는 조동사 will, shall과 같은 구실을 하고, 서(胥)는 여기서 〈볼 시(視)〉와 같고, 천(遷)은 〈옮길 이(移)〉와 같다. 천지언(遷之焉)에서 지(之)는 천하(天下)를 대신하는 지시대명사이고, 언(焉)은 여기서 어지(於之) 즉 어순(於舜)의 축약이다. 그[舜]에게[於].

요임금에게 아들이 아홉이나 있었지만 임금의 자리를 제 자식에게 물려주지 않고 순에게 물려주려고 했다는 것은 임금의 자리가 상속되는 것이 아님을 일찍 단정해둔 셈이다. 그러나 모든 군왕들은 요임금의 뜻을 따르지 않고 혈통을 따라 임금의 자리를 물려주면서 천하를 호령하려 했고 백성을 부리면서 군림했다. 공맹(孔孟)이 왜 요순(堯舜)을 성인(聖人)으로 모시는지 그 까닭은 효를 떠나서는 알 길이 없다. 왜 요임금이 순에게 임금의 자리를 선양(禪讓)하였는가? 순이 더없이 지극한 효자였기 때문이지 걸출한 정략가여서 그렇게 한 것이 아님을 간과하지 말라.

임금 제(帝), 장차 장(將), 기다릴 서(胥), 옮길 천(遷), 그것 지(之), 이에 언(焉)

爲不順於父母(위불순어부모) 如窮人無所歸(여궁인무소귀)

▶ (그러나 순은) 어버이[父母]한테서[於] 사랑을 얻지 못한[不順] 까닭에[爲] 곤궁한[窮] 사람[人] 같아[如] (순에게는) 돌아갈[歸] 곳이[所] 없었다[無].

위불순어부모(爲不順於父母)는 원인의 부사구이다. 爲不順於父母에서 위(爲)는 소이(所以)와 같으며, 영어의 because of와 같은 구실을 한다고 여기면 편하다. 爲不順於父母의 순(順)은 〈화합할 화(和)〉와 같고, 불순(不順)은 불화(不和)와 같고 이는 곧 부모[父母]로부터[於] 사랑을 얻지 못함[不順]을 뜻한다.

여궁인무소귀(如窮人無所歸)는 〈無A〉꼴 어투이다. 〈A(所歸)가 없다[無]〉 如窮人無所歸에서 여궁인(如窮人)은 비교의 부사구이고, 무소귀(無所歸)에서 무(無)는 ~이 없다는 뜻으로 주어를 뒤에 두는 자동사이며, 소(所)는 주어이고, 귀(歸)는 소(所)를 꾸며준다. 돌아갈[歸] 곳이[所] 없다[無]. 如窮人無所歸에서 여(如)는 〈같을 약(若)〉과 같고, 귀(歸)는 〈돌아갈 환(還)〉과 같고 귀환(歸還)의 줄임말로 여긴다.

부모로부터 사랑을 받지 못하는 인간의 모습을 궁인(窮人)과 같다[如]고 맹자는 제자(萬章)에게 밝혀주고 있다. 맹자가 말하는 궁인(窮人)은 재물이 없어서 궁색한 인간을 말하는 것이 아니라 부모로부터 사랑을 얻지 못해 살 길이 막힌 인간을 말한다. 지금 우리는 부모의 사랑 따위는 아랑곳하지 않고 재물만 있으면 그만이란 생각을 지니고 있으므로 거의 다 궁인(窮人)의 꼴로 살고 있다. 나는 부모를 천지로 여기고 사는가? 그렇다면 나는 궁인이 아니다. 그러나 나는 부모를 천지로 여기고 산 적이 없으니 궁인이면서도 그런 줄 모르고 사는 흉인(凶人)이 아닌가. 맹자가 밝힌 여궁인무소귀(如窮人無所歸)가 공자(孔子)가 밝힌 획죄어천무소도(獲罪於天無所禱)와 같은 말로 들린다. 하늘[天]에[於] 죄를[罪] 지으면[獲] 빌[禱] 곳도[所] 없다[無]. 불효(不孝)란 무엇인가? 하늘[天]에[於] 죄를[罪] 짓는 것[獲]이다. 그러니 맹자는 순이 호읍우민천(號泣于旻天)한 것은 천지나 부모를 원망하는 것이 아니라 바로 자신(舜)을 향한 원망임을 밝혀주어 제자가 알아듣지 못한 원모(怨慕)의 원(怨)을 고스란히 밝혀주고, 더불어 효성이란 천명을 다하는 삶임을 극적으로 밝혀 효를 비웃고 사는 우리를 꼼짝 못하게 질타하고 있다.

써 위(爲), 화할 순(順), ~로부터 어(於), 같을 여(如), 궁색할 궁(窮), 없을 무(無), 곳 소(所), 돌아갈 귀(歸)

【문지(聞之) 4】

순어부모(順於父母)

【원문(原文)】

天下之士悅之는 人之所欲也이나 而不足以解憂하고 好色은 人之所欲也이고 妻堯之二女하되 而不足以解憂하며 富는 人之所欲也이나 富有天下하되 而不足以解憂하고 貴는 人之所欲也이나

(천하지사열지 인지소욕야 이부족이해우 호색 인지소욕야 처요지이녀 이부족이해우 부 인지소욕야 부유천하 이부족이해우 귀 인지소욕야)

貴爲天下하되 而不足以解憂하니라 人悅之와 好色과 富貴에 無足以解憂者이고 惟順於父母라야 可以解憂이니라
귀의천하 이부족이해우 인열지 호색 부귀 무족이해우자 유순어부모 가이해우

【해독(解讀)】

"천하의 선비가 자신을 기뻐해주는 것은[天下之士悅之] 남자가 바라는 바의 것이나[人之所欲也] 그것으로 (부모의 사랑을 못 받는 순에게는) 근심을 풀기는 부족했다[而不足以解憂]. 여색을 좋아하는 것은[好色] 사내들이 바라는 바의 것이고[人之所欲也] (순은) 요임금의 두 딸을 아내로 삼았다[妻堯之二女]. 그러나 그것으로 (부모의 사랑을 못 받은 순에게는) 근심을 풀기는 부족했다[而不足以解憂]. 부유해지는 것은[富] 사람들이 바라는 바의 것이고[人之所欲也] 온 세상의 부를 가졌다[富有天下]. 그러나 그것으로 (부모의 사랑을 못 받은 순에게는) 근심을 풀기는 부족했다[而不足以解憂]. 존귀해지는 것은[貴] 사람들이 바라는 바의 것이고[人之所欲也], (순은) 온 세상의 존귀함을 이루었다[貴爲天下]. 그러나 그것으로 (부모의 사랑을 못 받은 순에게는) 근심을 풀기는 부족했다[而不足以解憂]. 사람들이 좋아한다는 호색과 부귀로써도 (순의) 근심을 풀어줄 수 있는 것이 없다면[人悅之好色富貴無足以解憂者] 오직 부모로부터 받는 사랑으로써만 (순의) 근심을 풀어줄 수 있다[惟順於父母可以解憂]."

【담소(談笑)】

天下之士悅之人之所欲也(천하지사열지인지소욕야) 而不足以解憂(이부족이해우)

▶ 천하[天下]의[之] 선비들이[士] 자신을[之] 기뻐해주는[悅] 것은 남자[人]가[之] 바라는[欲] 바의 것[所]이다[也]. 그러나[而] 그것으로[以] (부모의 사랑을 못 받는 순에게는) 근심을[憂] 풀기는[解] 부족했다[不足].

천하지사열지인지소욕야(天下之士悅之人之所欲也)는 〈AB也〉꼴 구문으로 영어의 2형식 문장과 같은 어투이다. 〈A는 B의 것이다[也]〉 天下之士悅之人之所欲也에서 천하지사열지(天下之士悅之)는 주부로서 주절이고, 인지소욕야(人之所欲也)는 술부로서 보어로 여기고 새긴다. 天下之士悅之에서 천하지(天下之)는 사(士)를 꾸며주고, 사(士)는 주절의 주어이며, 열(悅)은

타동사이고, 지(之)는 순을 대신하는 지시대명사이다. 물론 열지(悅之)의 지(之)가 의미 없는 허사로서 명사를 동사로 만드는 구실을 한다고 볼 수도 있지만, 문맥으로 보아 순을 가리키는 지시어로 보는 것이 더 걸맞을 것이다. 人之所欲也에서 인지소욕(人之所欲)은 소인욕(所人欲)의 인(人)을 강조하려고 소(所) 앞으로 옮긴 것이다. 人之所欲의 지(之)는 여기서 주격 토씨인 허사이고, 욕(欲)은 〈바랄 망(望)〉과 같고 욕망(欲望)의 줄임말로 여기고 새긴다.

이부족이해우(而不足以解憂)는 而是以舜不足解憂에서 주어인 순(舜)을 생략하고, 앞의 내용을 나타내는 지시어인 시(是)를 생략하고, 남은 이(以)를 동사 앞으로 전치한 어투이다. 而不足以解憂는 영어의 3형식 문장 같은 어투이다. 而不足以解憂에서 이(而)는 역접의 연사(접속사)이다. 부족이(不足以)는 묶어서 조동사처럼 여기지 말고 부족(不足)은 타동사 해(解)를 꾸며주는 조동사로 여기고, 우(憂)는 해(解)의 목적어로 여긴다. 부족(不足)은 불능(不能)보다 약하게 부정하는 구실을 한다. ~ 다하지 못한다[不足]. 而不足以解憂와 같은 어투의 문맥을 잡아내려면 이(以)를 잘 알고 있어야 한다. 조동사와 동사 사이에 끼여 있는 이(以)는 시이(是以)를 줄인 것이다. 시이(是以)의 경우는 구문 앞에 두지만, 시(是)를 생략한 경우에는 이(以)를 구문의 동사 앞에 둔다. 이러한 이(以)는 그것으로써[以]로 새긴다.

~의 지(之), 기뻐해줄 열(悅), ~가 지(之), 바 소(所), 바랄 욕(欲), ~이다 야(也), 만족할 족(足), 써 이(以), 풀 해(解), 근심 우(憂)

好色人之所欲也(호색인지소욕야) 妻堯之二女(처요지이녀) 而不足以解憂(이부족이해우)

▶ 여색을[色] 좋아하는 것은[好] 사내들[人]이[之] 바라는[欲] 바의 것[所]이다[也]. (순은) 요임금[堯]의[之] 두[二] 딸을[女] 아내로 삼았다[妻]. 그러나[而] 그것으로[以] (부모의 사랑을 못 받는 순에게는) 근심을[憂] 풀기는[解] 부족했다[不足].

호색인지소욕야(好色人之所欲也)는 〈AB也〉꼴 구문으로 영어의 2형식 문장과 같고, 人之好色人之所欲也를 간명하게 줄인 어투이다. 〈A는 B의 것이다[也]〉 好色人之所欲也에서 호색(好色)은 주부로서 주절이고, 인지소욕야

(人之所欲也)는 술부로서 보어로 여기고 새긴다. 호색(好色)에서 호(好)는 타동사이고, 색(色)은 호(好)의 목적어이다. 人之所欲也에서 인지소욕(人之所欲)은 소인욕(所人欲)의 인(人)을 강조하려고 소(所) 앞으로 옮긴 것이다. 인지소욕(人之所欲)의 지(之)는 여기서 주격 토씨인 허사이고, 욕(欲)은 〈바랄 망(望)〉과 같고 욕망의 줄임말로 여기고 새긴다.

처요지이녀(妻堯之二女)는 舜妻堯之二女를 줄인 〈A妻B〉꼴 구문으로 영어의 3형식 문장과 같은 어투이다. 〈A는 B(堯之二女)를 아내로 삼다[妻]〉 한문투는 품사가 따로 정해져 있지 않다. 어순에 따라 글자마다 자유롭게 품사 구실을 하는 것이 곧 한문투의 특징이라고 여기면 편하다. 妻堯之二女에서 처(妻)는 타동사이다.

이부족이해우(而不足以解憂)는 而是以舜不足解憂에서 주어인 순(舜)을 생략하고, 앞의 내용을 나타내는 지시어 시(是)를 생략하고, 남은 이(以)를 동사 앞으로 옮긴 어투이다. 而不足以解憂는 영어의 3형식 문장과 같은 어투이다. 而不足以解憂에서 이(而)는 역접의 연사이고, 부족(不足)은 타동사 해(解)를 꾸며주는 조동사이며, 우(憂)는 해(解)의 목적어이다. 부족(不足)은 불능(不能)보다 약하게 부정하는 구실을 한다. ~ 다하지 못한다[不足]. 而不足以解憂와 같은 어투의 문맥을 잡으려면 이(以)를 잘 알아두어야 할 것이다. 조동사와 동사 사이에 끼여 있는 이(以)는 시이(是以)를 줄인 것이다. 시이(是以)의 경우는 구문에 앞에 두지만, 시(是)를 생략할 때는 이(以)를 구문의 동사 앞에 둔다. 이러한 이(以)는 그것으로써[以]로 새긴다.

좋아할 호(好), 계집 색(色), 사내 인(人), ~의 지(之), 바 소(所), 바랄 욕(欲), ~이다 야(也), 아내로 삼을 처(妻), 임금 제(帝), 만족할 족(足), 써 이(以), 풀 해(解), 근심 우(憂)

富人之所欲也(부인지소욕야) 富有天下(부유천하) 而不足以解憂(이부족이해우)

▶ **부유해지는 것은[富] 사내들[人]이[之] 바라는[欲] 바의 것[所]이다[也]. (순은) 온 세상의[天下] 부를[富] 가졌다[有]. 그러나[而] 그것으로[以] (부모의 사랑을 못 받는 순에게는) 근심을[憂] 풀기는[解] 부족했다[不足].**

부인지소욕야(富人之所欲也)는 〈AB也〉꼴 구문으로 영어의 2형식 문장과 같고, 富人之所欲也를 간명하게 한 어투이다. 〈A는 B의 것이다[也]〉 富人之所欲也에서 부(富)는 주어이고, 인지소욕야(人之所欲也)는 술부로서 보어로 여기고 새긴다. 富人之所欲也에서 부(富)는 인지부(人之富)를 줄인 말로 부자가 되는 것이란 뜻이다. 인지소욕(人之所欲)은 소인욕(所人欲)의 인(人)을 강조하려고 소(所) 앞으로 전치한 것이다. 인지소욕(人之所欲)의 지(之)는 여기서 주격 토씨인 허사이고, 욕(欲)은 〈바랄 망(望)〉과 같고 욕망의 줄임말로 여기고 새긴다.

부유천하(富有天下)는 舜有天下之富를 간명하게 한 어투이다. 순은[舜] 천하[天下]의[之] 부를[富] 갖다[有]. 富有天下의 유(有)는 ~이 있다는 자동사가 아니라 ~을 갖는다는 뜻으로 타동사이다.

이부족이해우(而不足以解憂)는 而是以舜不足解憂에서 주어인 순(舜)을 생략하고, 앞의 내용을 나타내는 지시어 시(是)를 생략하고 남은 이(以)를 동사 앞에 둔 어투이다. 而不足以解憂는 영어의 3형식 문장 같다. 而不足以解憂에서 이(而)는 역접의 연사이고, 부족(不足)은 타동사 해(解)를 꾸며주는 조동사이며, 우(憂)는 해(解)의 목적어이다. 而不足以解憂와 같은 어투의 문맥을 잡으려면 이(以)를 잘 알아두어야 할 것이다. 조동사와 동사 사이에 끼여 있는 이(以)는 시이(是以)를 줄인 것이다. 시이(是以)의 경우는 구문에 앞에 두지만, 시(是)를 생략할 때는 이(以)를 구문의 동사 앞에 둔다. 이러한 이(以)는 그것으로써[以]로 새긴다.

부유해질 부(富), 사내 인(人), ~의 지(之), 바 소(所), 바랄 욕(欲), ~이다 야(也), 가질 유(有), 만족할 족(足), 써 이(以), 풀 해(解), 근심 우(憂)

貴人之所欲也(귀인지소욕야) 貴爲天下(귀위천하) 而不足以解憂(이부족이해우)

▶ 존귀해지는 것은[貴] 사내들[人]이[之] 바라는[欲] 바의 것[所]이다[也]. (순은) 온 세상의[天下] 존귀를[貴] 이루었다[爲]. 그러나[而] 그것으로[以] (부모의 사랑을 못 받는 순에게는) 근심을[憂] 풀기는[解] 부족했다[不足].

귀인지소욕야(貴人之所欲也)는 〈AB也〉꼴 구문으로 영어의 2형식 문장과 같고, 人之貴人之所欲也를 간명하게 한 어투이다. 〈A는 B의 것이다[也]〉 貴人之所欲也에서 귀(貴)는 주어이고, 인지소욕야(人之所欲也)는 술부로서 보어로 여기고 새긴다. 貴人之所欲也에서 귀(貴)는 인지귀(人之貴)를 줄인 말로 존귀해지는 것이란 뜻이다. 인지소욕(人之所欲)은 소인욕(所人欲)의 인(人)을 강조하려고 소(所) 앞으로 전치한 것이다. 인지소욕(人之所欲)의 지(之)는 여기서 주격 토씨인 허사이고, 욕(欲)은 〈바랄 망(望)〉과 같고 욕망의 줄임말로 여기고 새긴다.

귀위천하(貴爲天下)는 舜爲天下之貴를 간명하게 한 어투이다. 순은[舜] 천하[天下]의[之] 존귀를[貴] 이루었다[爲]. 貴爲天下의 위(爲)는 〈이룰 성(成)〉과 같고 타동사이다.

이부족이해우(而不足以解憂)는 而是以舜不足解憂에서 주어인 순(舜)을 생략하고, 앞의 내용을 나타내는 지시어 시(是)를 생략하고, 남은 이(以)를 동사 앞에 둔 어투이다. 而不足以解憂는 영어의 3형식 문장 같은 어투이다. 而不足以解憂와 같은 어투의 문맥을 잡으려면 이(以)를 잘 알아두어야 할 것이다. 조동사와 동사 사이에 끼여 있는 이(以)는 시이(是以)를 줄인 것이다. 시이(是以)의 경우는 구문에 앞에 두지만, 시(是)를 생략할 때는 이(以)를 구문의 동사 앞에 둔다. 이러한 이(以)는 그것으로써[以]로 새긴다.

존귀해질 귀(貴), 사내 인(人), ~의 지(之), 바 소(所), 바랄 욕(欲), ~이다 야(也), 이룰 위(爲), 만족할 족(足), 써 이(以), 풀 해(解), 근심 우(憂)

人悅之好色富貴無足以解憂者(인열지호색부귀무족이해우자) 惟順於父母可以解憂(유순어부모가이해우)

▶ 사람들이[人] 좋아한다[悅]는[之] 호색과[好色] 부귀[富貴]로써도[以] (순의) 근심을[憂] 풀어줄[解] 수 있는[足] 것이[者] 없다면[無], 오직[惟] 부모[父母]로부터[於] 받는 사랑[順]으로써[以] (순의) 근심을[憂] 풀어줄[解] 수 있다[可].

인열지호색부귀무족이해우자(人悅之好色富貴無足以解憂者)는 유순어부모가이해우(惟順於父母可以解憂)와 이어지는 조건의 부사절로서 〈A無B〉 꼴로 영어의 1형식 문장과 같은 어투이다. 〈A(人悅之好色富貴)로써도[以] B(足解憂者)는 없다[無]〉 人悅之好色富貴無足以解憂者와 같은 어투의 문맥을 잡으려면 먼저 人悅之好色富貴無足以解憂者의 구문 골격부터 찾아야 한다. 즉 人悅之好色富貴無足以解憂者의 본동사와 그 본동사의 주어가 무엇인지를 찾아보아야 한다는 말이다. 人悅之好色富貴無足以解憂者에서 본동사가 〈없을 무(無)〉이고 자동사인 것만 알아도 人悅之好色富貴無足以解憂者의 문맥은 거의 잡힌 셈이다. 나아가 그 무(無)를 제외한 인열지호색부귀족이해우(人悅之好色富貴足以解憂)가 자(者)를 꾸며주는 형용사절임을 알아채면 人悅之好色富貴無足以解憂者의 문맥은 더욱 쉽게 잡힌다. 그러니 人悅之好色富貴無足以解憂者는 人悅之好色富貴 是以無足解憂者에서 인열지호색부귀(人悅之好色富貴)를 나타내는 지시어 시(是)를 생략하고, 이(以)를 조동사 족(足)과 타동사 해(解) 사이로 후치시킨 어투임을 알아채야 한다. 人悅之好色富貴無足以解憂者에서 이인열지호색부귀(以人悅之好色富貴)는 해(解)를 돕는 부사구이고, 족해우(足解憂)는 자(者)를 꾸며주는 형용사절이며, 무(無)는 자동사 〈없을 무(無)〉로 영어의 1형식 문장과 같은 어투가 人悅之好色富貴無足以解憂者이다. 그러니 人悅之好色富貴無足以解憂者의 골격은 무자(無者)인 셈이다. 것이[者] 없다[無].

인열지호색부귀무족이해우자(人悅之好色富貴無足以解憂者)에서 부사구인 이인열지호색부귀(以人悅之好色富貴)와 같은 어투를 주목하면 문맥을 잡는 데 편하고 쉽다. 한문투에서는 이인열지호색부귀(以人悅之好色富貴)보다 이(以)의 목적구인 인열지호색부귀(人悅之好色富貴)를 전치시켜 인열지호색부귀시이(人悅之好色富貴 是以)로 쓰는 것을 선호한다고 여기면 편하다. 다시 말해 〈以A〉에서 A의 내용이 길면 〈A, 是以〉한다는 말이다. 그리고 人悅之好色富貴에서는 허사 지(之)를 잘 정리해두어야 한다. 즉 〈A之B〉꼴로 알아두면 편하다. 〈A가[之] B, A의[之] B, A를[之] B, A에게[之] B, A하는[之] B〉 등처럼 〈A之B〉에서 A之가 B를 꾸미는 형용사라고 여기고 새긴다. 人悅之好色富貴의 지(之)는 〈A(人悅)하는[之] B(好色富貴)〉로 새긴다. 사람들이[人] 좋아한다[悅]는[之] 호색과[好色] 부귀[富貴].

유순어부모가이해후(惟順於父母可以解憂) 역시 이(以)를 잘 해독하지 못하면 문맥을 잡아 새기기 어려운 어투이다. 惟順於父母可以解憂 역시 以惟順於父母可解憂에서 유순어부모(惟順於父母)를 강조하기 위해 전치시키고, 이(以)를 가(可)와 해(解) 사이로 옮긴 것임을 알아채야 惟順於父母可以解憂의 문맥을 잡아 문의를 건져낼 수 있다. 유순어부모(惟順於父母)의 유(惟)는 여기서 〈오직 독(獨)〉과 같은 〈오직 유(惟)〉이다.

부모로부터 사랑을 받지 못한다면 군왕의 자리도 순을 만족시킬 수 없음을 맹자가 제자(萬章)에게 밝혀주고 있다. 부모의 사랑을 받지 못하는 것은 천지의 사랑을 받지 못함이니 순이 만물을 어여삐 여기는 하늘[旻天]을 향해 통곡하고 흐느꼈던 것이지, 자신을 사랑해주지 않는 부모를 원망하기 위하여 그렇게 호읍(號泣)한 것이 아님을 밝혀 제자에게 원모(怨慕)의 원(怨)을 말끔히 풀어준다.

불효를 범하는 놈은 제 부모를 원망하고 못났다며 탓하는 불한당(不汗黨)에 불과하다. 제 부모를 업신여기고 무슨 일을 한들 사람 같지 않은 놈일 뿐이다. 효자는 왜 가난한 집에서 나온다고 하는가? 가난한 부모를 정성으로 받드는 마음이야말로 효성을 다하는 마음이 그대로 드러나는 까닭이다. 부유한 부모를 섬기는 경우를 보면 부모가 아니라 부모가 쌓아놓은 재물을 섬기는 꼬락서니가 자주 드러난다. 부모가 남기고 간 재물을 두고 형제자매가 송사(訟事)를 거는 경우가 얼마든지 있지 않은가. 이런 꼴이니 맹자가 효성을 인간이 되는 절대조건으로 내건 셈이다.

기뻐해줄 열(悅), 그 지(之), 좋아할 호(好), 계집 색(色), 부유할 부(富), 존귀할 귀(貴), 없을 무(無), 써 이(以), 풀 해(解), 근심 우(憂), 것 자(者), 오직 유(惟), 사랑받을 순(順), ~로부터 어(於), 가할 가(可)

【문지(聞之) 5】

대효종신모부모(大孝終身慕父母)

【원문(原文)】

人이 少則慕父母하다 知好色則慕少艾하고 有妻子則慕妻子하며 仕則慕君하고 不得於君則熱中이나 大孝는 終身慕父母하나니 五十而慕者는 予於大舜에 見之矣이다

인 소즉모부모 지호색즉모소애 유처자즉모처자 사즉모군 부득어군즉열중 대효 종신모부모 오십이모자 여어대순 견지의

【해독(解讀)】

"사내가 어려서는 곧 어버이를 사모하고[人少則慕父母], (사내가) 여자를 밝힐 줄 알면 곧장 어여쁜 처녀를 연모하며[知好色則慕小艾], (사내가) 아내와 자식을 갖게 되면 곧장 제 아내와 자식을 소중히 아끼고[有妻子則慕妻

子], 벼슬하게 되면 곧장 임금을 연모하고[仕則慕君], 임금으로부터 총애를 얻지 못하면 곧장 마음을 졸인다[不得於君則熱中]. (그러나) 크나큰 효성은 죽을 때까지 부모를 사모하나니[大孝終身慕父母], 쉰 살이면서도 (어버이를) 사모하는 것[五十而慕者] 그것을 나는 위대한 순한테서 발견한 것이다[予於大舜見之矣]."

【담소(談笑)】

人少則慕父母(인소즉모부모)

▶ 사내가[人] 어려서는[少] 곧[則] 어버이를[父母] 사모한다[慕].

인소즉모부모(人少則慕父母)는 〈A則B〉꼴의 어투이다. 〈A(人少)하면 곧[則] B(慕父母)한다〉 人少則慕父母에서 즉(則) 앞을 조건절(~면) 또는 양보절로(~라도)로 새기고 즉(則) 뒤를 주절로 여기고 새겨도 되고, 즉(則)을 어조와 어세를 돕는 어조사로 여기고 무시해버리고 새겨도 된다.

품안 자식이란 말이 왜 생겼겠는가. 새 새끼도 어미의 둥지에 있을 때는 배가 고프면 애타게 어미를 부르지만, 털이 나고 날개에 힘이 붙으면 짝을 찾아 둥지를 떠나버리듯 인간도 다를 게 없다.

사내 인(人), 작을 소(少), 곧 즉(則), 사모할 모(慕), 아비 부(父), 어머니 모(母)

知好色則慕小艾(지호색즉모소애)

▶ (사내가) 여자를[色] 밝힐 줄을[好] 알면[知] 곧장[則] 어여쁜 소녀를[小艾] 연모한다[慕].

지호색즉모소애(知好色則慕小艾)는 人知好色則人慕小艾에서 주어인 인(人)을 생략해버린 구문으로, 이 역시 〈A則B〉꼴의 어투이다. 〈A(知好色)하면 곧[則] B(慕小艾)한다〉 知好色則慕小艾에서 즉(則) 앞을 조건절로(~면) 또는 양보절(~라도)로 새기고 즉(則) 뒤를 주절로 여기고 새겨도 되고, 즉(則)을 어조와 어세를 돕는 어조사로 보고 무시해버리고 새겨도 된다. 知好色에서 호(好)는 지(知)의 목적어이고, 색(色)은 호(好)의 목적어이며, 색(色)은 〈계집 녀(女)〉와 같다. 여자를[色] 좋아할 줄을[好] 안다[知]. 慕小艾에서 모(慕)는 〈그리워할 연(戀)〉과 같고 연모(戀慕)의 줄임말로 여기고, 애(艾)는 〈아름다울 미(美)〉의 착오(錯誤)라는 설(說)도 있지만 따를 것 없고 싱싱한 쑥[艾]처럼 풋풋한 처녀를 말한다고 보면 될 것이다.

이른바 사춘기가 되면 사내는 어미의 손을 잡고 나들이 가기를 끔찍하게 여긴다. 자나 깨나 제 짝꿍만 생각하고 부모 생각은 아예 접어버린다. 이미 어미의 품안을 떠나간 자식을 어미는 한없이 짝사랑하는 셈이다. 이렇게 불효는 시작된다.

알 지(知), 좋아할 호(好), 여색 색(色), 연모할 모(慕), 어여쁠 애(艾)

有妻子則慕妻子(유처자즉모처자)

▶ (사내가) 아내와[妻] 자식을[子] 갖게 되면[有] 곧장[則] 제 아내와[妻] 자식을[子] 소중히 아낀다[慕].

유처자즉모처자(有妻子則慕妻子)는 人有妻子則人慕妻子에서 주어인 인(人)을 생략해버린 구문으로, 이 역시 〈A則B〉꼴의 어투이다. 〈A(有妻子)하면 곧[則] B(慕妻子)한다〉 有妻子則慕妻子에서 즉(則) 앞을 조건절(~면) 또는 양보절(~라도)로 새기고 즉(則) 뒤를 주절로 여기고 새기고, 즉(則)을 어조와 어세를 돕는 어조사로 보고 무시해버리고 새겨도 된다. 有妻子에서 유(有)는 〈가질 유(有)〉로 타동사이고, 처자(妻子)는 유(有)의 목적어이다. 慕妻子의 모(慕)는 〈사랑할 애(愛)〉와 같고 애모(愛慕)의 줄임말로 여기고 새긴다.

처자식을 두게 되면 부모를 잊어버리고 제 가족만 챙기고 끼고 도는 꼬락서니는 예나 지금이나 하나도 다를 게 없다. 인생은 철저하게 내리받이라고 어미 가슴에 못질을 하면 그만큼 저도 늙어지면 못질을 당하는 법이니, 불효의 죄 값은 지울 수 없다. 자식이 제 부모를 냉대하는 죄는 천벌로 다스린다고 하면 요새 사람들은 웃기는 소리 말라 한다.

가질 유(有), 아내 처(妻), 자녀 자(子), 아낄 모(慕)

仕則慕君(사즉모군) 不得於君則熱中(부득어군즉열중)

▶ (사내가) 벼슬하게 되면[仕] 곧장[則] 임금을[君] 연모하고[慕], 임금[君]으로부터[於] 총애를 얻지 못하면[不得] 곧장[則] 마음을[中] 졸인다[熱].

사즉모군(仕則慕君)은 人仕則人慕君에서 주어인 인(人)을 생략해버린 문장으로, 이 역시 〈A則B〉꼴의 어투이다. 〈A(仕)하면 곧[則] B(慕君)한다〉 仕

則慕君에서 즉(則) 앞을 조건절(~면) 또는 양보절(~라도)로 새기고 즉(則) 뒤를 주절로 여기고 새기고, 즉(則)을 어조와 어세를 돕는 어조사로 보고 무시해버리고 새겨도 된다. 사(仕)는 출사(出仕)의 줄임말이고 나아가 벼슬하다[仕]의 뜻으로 자동사이고, 慕君의 모(慕)는 〈그리워할 연(戀)〉과 같고 연모(戀慕)의 줄임말로 여기고 새긴다. 모군(慕君)과 연군(戀君)은 같은 말이다.

부득어군즉열중(不得於君則熱中)은 人不得仕於君則人熱中에서 주어인 인(人)을 생략해버린 문장이고, 이 역시 〈A則B〉꼴의 어투이다. 〈A(不得)하면 곧[則] B(熱中)한다〉 不得於君則熱中에서 즉(則) 앞을 조건절(~면) 또는 양보절(~라도)로 새기고 즉(則) 뒤를 주절로 여기고 새기고, 즉(則)을 어조와 어세를 돕는 어조사로 보고 무시해버리고 새겨도 된다.不得於君則熱中에서 득(得)은 〈얻을 획(獲)〉과 같고 획득(獲得)의 줄임말로 여기고, 득(得)의 목적어인 사(仕)는 생략되었으며, 열중(熱中)의 열(熱)은 타동사이고, 중(中)은 목적어이며 심중(心中)의 줄임말이다. 마음 속을[中]을 애태운다[熱]. 잃어버린 벼슬자리를 되찾으려고 노심초사(勞心焦思)한다는 말로 열중(熱中)을 새기면 문맥과 걸맞은 문의를 얻을 수 있을 것이다.

사내가 출세하면 제 부모는커녕 제 처자식도 잊어버리고 불나방처럼 불구덩이로 뛰어든다. 그러다가 불구덩이에서 쫓겨나면 다시금 그 불구덩이로 뛰어들려고 애를 끓인다. 불나방은 죽을 줄 모르고 불구덩이를 들지만, 출세에 미친 인간은 죽을 줄 알면서도 온몸을 던지며 애를 태운다. 이런 어리석음을 맹자가 열중(熱中)이란 한 마디로 제자(萬章)의 간담을 서늘하게 한다. 어디 만장(萬章)만 들으란 벼락이겠나.

벼슬할 사(仕), 사모할 모(慕), 임금 군(君), 얻을 득(得), 뜨거울 열(熱), 마음 중(中)

大孝終身慕父母(대효종신모부모)

▶ (그러나) 크나큰[大] 효도는[孝] 죽을 때까지[終身] 어버이를[父母] 사모한다[慕].

대효종신모부모(大孝終身慕父母)는 〈A慕B〉꼴로 영어의 3형식 문장과 같은 어투이다. 〈A(大孝)는 B(父母)를 사모한다[慕]〉 大孝終身慕父母에서 종신(終身)은 타동사인 모(慕)를 꾸미는 부사이다.

맹자가 드디어 대효(大孝)를 정의해주고 있다. 종신모부모(終身慕父母). 이것이 대효(大孝)를 밝힌 말씀이다. 그러니 유처자(有妻子)로부터 열중(熱中)까지는 소효(小孝)를 정의한 셈이다. 소인배의 효도 즉 소효(小孝)란 어미의 품안에서만 제 필요에 따라 행하는 짓밖에 아무 것도 아니란 말이다. 나를 위해서 부모에게 하는 효도란 거짓 효이니 괘씸한 불효이다. 부모의 재물을 보고 머리 조아리며 꾸벅이는 자식들이 천하에 수두룩하다. 돈 보고 효도하지 부모 보고 효도하는 것이 아니라면 천하에 몹쓸 사기에 불과하다. 왜 맹자가 대효(大孝)를 만장에게 절절하게 밝혀주고 있는가? 소인배의 효도를 맹타(猛打)하고 있음이 아닌가. 우리 모두 간담이 서늘하다.

큰 대(大), 효도할 효(孝), 마칠 종(終), 몸 신(身), 사모할 모(慕)

五十而慕者予於大舜見之矣(오십이모자여어대순견지의)

▶ 쉰 살이면서도[五十而] (어버이를) 사모하는[慕] 것[者] 그것을[之] 나는[予] 위대한[大] 순[舜]한테서[於] 발견한 것[見]이다[矣].

오십이모자여어대순견지의(五十而慕者予於大舜見之矣)는 어조와 어세를 강조하려고 予見五十而慕者於大舜의 어순을 바꾼 어투이다. 予見五十而慕者於大舜으로 고쳐놓고 보면 문맥이 쉽게 잡힐 것이다. 그러나 맹자는 타동사 견(見)의 목적어인 오십이모자(五十而慕者)를 앞으로 도치시키고, 허사 지(之)를 견(見) 뒤에 놓고, 견(見)을 꾸며주는 부사구인 어대순(於大舜)을 강조하려고 견(見) 앞으로 전치시켜 강렬하게 말하고 있다.

어버이로부터 사랑을 받기 위하여 쉰 살이 되도록 어버이를 사모하면서 더없이 효성을 다한 순(舜)이란 성인(聖人)을 맹자가 우러러 흠모하고 있다. 맹자 같은 현자(賢者)가 감동하는 모습이 오십이모자여어대순견지의(五十而慕者予於大舜見之矣)란 절절한 수사(修辭)에서 눈 앞에 어른거린다. 맹자도 제자(萬章) 앞에서 감동해 북받치는 모습을 보이는구나! 맹자는 인간이 짓는 난세(亂世)를 불효로 보는구나 싶다. 불효를 범하는 소인배들이 치세(治世)를 하겠다고 나서니 온 세상이 피눈물로 얼룩지고 있으므로 현자도 어쩔 수 없이 대효를 더없이 했던 순을 떠올리며 북받치는 것이다. 순은 왜 대순(大舜)이라 하는가? 대효(大孝)의 순(舜)이기 때문이다. 대순(大舜)·대효(大孝)·대의(大義)는 늘 하나처럼 맞물려 있음을 상기하게 한다.

다섯 오(五), 열 십(十), 어조사 이(而), 사모할 모(慕), 것 자(者), 나 여(予), ~에서 어(於), 볼 견(見), 그것 지(之), ~이다 의(矣)

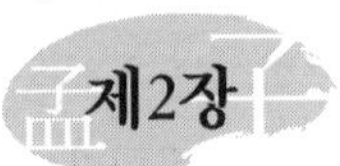

제2장

2장 역시 긴 장구(章句)이지만 이해를 돕기 위해서 다섯 단락으로 나누었다. 2장은 인륜에는 변고가 생길 수 있지만 천륜은 불변함을 헤아려 터득하게 하는 장이다. 인륜에는 선악이 끼어들지만 천륜에는 악이 끼어들 수 없음을 살펴보게 한다. 2장은 맹자(孟子)의 성선설(性善說)과 순자(荀子)의 성악설(性惡說)이 절로 생각나게 한다. 인간에게는 악한 마음도 있고 선한 마음도 있다는 것은 분명하다. 그러나 소인이 그럴 뿐이지 대인은 지선(至善)에 멈출 뿐임을 일깨워 깨우쳐주는 장이다. 순(舜)과 순의 아버지인 고수(瞽瞍) 그리고 순의 동생인 상(象) 사이에 얽힌 고사를 통해서 성신(誠信)이 어떠한 선(善)인가를 분명하게 매듭짓는 장이다.

【문지(聞之) 1】

인지대륜(人之大倫)

【원문(原文)】

萬章問曰 詩云에 娶妻如之何오 必告父母라 하니 信斯言也인댄 宜莫如舜이어니 舜之不告以娶는 何也이까 孟子曰 告 則不得娶니라 男女居室은 人之大倫也이니 如告則廢人之大倫하여 以懟父母라 是以로 不告也이니라
만장문왈 시운 취처여지하 필고부모 신사언야 의막여순 순지불고이취 하야 맹자왈 고 즉부득취 남녀거실 인지대륜야 여고즉폐인지대륜 이대부모 시이 불고야

【해독(解讀)】

만장이 물어 여쭈었다[萬章問曰]. "『시경』의 시가 말해주고 있습니다[詩云]. '아내를 맞이하는데 어떻게 할 것인가[娶妻如之何]? 반드시 부모에게 고

해야 한다[必告父母].' 이 말씀을 믿는다면[信斯言也] 마땅히 순(舜)과 같은 일은 없어야 합니다[宜莫如舜]. 처를 맞이하면서 순이 (부모에게) 알리지 않은 것은[舜之不告以娶] 어째서입니까[何也]?" 맹자가 말해주었다[孟子曰]. "(순이 부모에게) 알리면[告] 곧 아내를 맞이할 수 없었기 때문이다[則不得娶]. 남녀가 한 방에 사는 것은 인간의 크나큰 인륜이다[男女居室人之大倫也]. 알리게 되면 곧 인간의 중대한 일을 망쳐버린다[如告則廢人之大倫]. 그리되면 (세상 사람들이) 부모를 원망하게 된다[以懟父母]. 그렇기 때문에 (순은 부모께) 알리지 않은 것이다[是以不告也]."

【담소(談笑)】

詩云(시운) 娶妻如之何(취처여지하) 必告父母(필고부모)

▶ (『시경』의) 시가[詩] 말하고 있습니다[云]. "아내를[妻] 맞이하는데[娶] 어떻게 할 것인가[如之何]? 반드시[必] 부모에게[父母] 고해야 한다[告]."

시운(詩云)의 시(詩)는 『시경(詩經)』에 있는 시(詩)를 말한다. 시운(詩云)의 운(云)은 〈이를 왈(曰)〉과 같다. 단, 사람이 말하는 경우는 왈(曰)로 하지만, 인용하는 경우에는 운(云)을 쓰는 것이 보통이다. 물론 운(云)은 〈움직일 운(運), 돌아갈 귀(歸)〉 등과 같은 뜻을 나타내기도 한다.

취처여지하(娶妻如之何)는 『시경(詩經)』「제풍(齊風)」〈남산편(南山篇)〉 제3장 세 번째 시구이다. 娶妻如之何는 하여취처(何如娶妻)에서 취처(娶妻)를 전치시킨 것이고, 여지하(如之何)는 하여(何如)의 여(如)를 전치시키면서 아무런 뜻이 없는 허사인 지(之)를 덧붙인 것이다. 여지하(如之何)·여하(如何)·하여(何如) 등은 문맥에 따라 원인 또는 방법 등의 뜻을 나타내는 의문부사구이다. 여기서 여지하(如之何)는 취처(娶妻)의 취(娶)를 꾸며주는 부사구이다. 어떻게[如之何]. 娶妻의 취(娶)는 취처(取妻)와 같은 말로 〈장가들 취(娶)〉라고 새긴다.

필고부모(必告父母)는 『시경(詩經)』「제풍(齊風)」〈남산편(南山篇)〉 3장 4번째 시구이다. 必告父母는 시구의 자수를 맞추기 위해 자필고취처어부모(子必告娶妻於父母)를 줄인 것으로, 〈告A於B〉꼴의 어투이다. 〈A를 B에게[於] 고하다[告]〉 必告父母에서 필(必)은 고(告)를 꾸며주는 부사이다.

시경(詩經) 시(詩), 이를 운(云), 아내를 맞을 취(娶), 아내 처(妻), 갈을 여(如),

허사 지(之), 무엇 하(何), 반드시 필(必), 알릴 고(告)

信斯言也(신사언야) 宜莫如舜(의막여순)

▶ 이[斯] 말씀을[言] 믿는다[信]면[也] 마땅히[宜] 순[舜] 같은 일은[如] 없어야 합니다[莫].

신사언야의막여순(信斯言也宜莫如舜)에서 信斯言也만을 독립시켜 새기면 이 말씀을[言] 믿는 것[信]이다[也]로 새기게 될 것이다. 그러나 뒤이어 나오는 막여(莫如)와 문맥을 이으면 〈A也莫如B〉꼴 구문이 되어 A也는 조건절처럼 여기고 새긴다. 〈A한다면[也] B 같은 일은[如] 없다[莫]〉 그러니 信斯言也宜莫如舜에서 신사언야(信斯言也)는 조건절이고, 의막여순(宜莫如舜)이 주절이 되어 영어의 복문 같은 어투이다.

주절인 신사언야(信斯言也)에서 의(宜)는 막(莫)을 꾸며주는 부사이며, 여(如)는 주어이고, 순(舜)은 여(如)를 꾸며준다고 보면 문맥이 잡힐 것이다. 宜莫如舜의 막(莫)은 〈없을 무(無)〉 또는 〈~하지 말 물(勿)〉과 같지만, 여기서는 〈없을 무(無)〉와 같다고 보고, 여(如)를 같은 일[如]로 새겼다. 그러나 막(莫)을 〈~하지 말 물(勿)〉과 같다고 보고 새기면 여(如)는 ~같이 한다[如]는 동사가 되고, 순(舜)은 동사 여(如)를 꾸며주는 부사가 되어 宜莫如舜은 人宜莫如舜을 줄인 어투라고 여기고 다음과 같이 새길 수 있다. 누구나[人] 마땅히[宜] 순[舜]같이 하지[如] 말아야 한다[莫]. 〈저물 모(莫), 푸성귀 모(莫), 고요할 맥(莫)〉과 같이 발음이 세 가지로 달라지는 것을 주의한다.

믿을 신(信), 이 사(斯), 말씀 언(言), ~이라면 야(也), 마땅할 의(宜), 없을 막(莫), 같을 여(如), 순임금 순(舜)

舜之不告以娶何也(순지불고이취하야)

▶ 장가들[娶]면서[以] 순[舜]이[之] (부모에게) 알리지 않은 것은[不告] 무슨 까닭[何]입니까[也]?

순지불고이취하야(舜之不告以娶何也)는 〈AB也〉꼴 구문이다. 〈A(舜之不告以娶)는 B(何)이다[也]〉 물론 하야(何也)이므로 야(也)는 ~이다의 어조사가 아니라 ~인가의 어조사로 새긴다. 舜之不告以娶何也는 영어의 2형식 같은 문장과 같은 어투이다. 舜之不告以娶何也에서 순지불고이취(舜之不告以

娶)는 주부이고, 하야(何也)는 술부이며, 하(何)는 보어이다.

순지불고이취하야(舜之不告以娶何也)에서 특히 순불고이취(舜之不告以娶)와 같은 어투를 잘 이해하려면 지(之)를 잘 알아둘 필요가 있다. 말하자면 舜之不告以娶의 지(之)는 문장을 구(句)로 고쳐주는 구실을 한다. 순지불고이취(舜不告以娶)는 하나의 문장이다. 순은[舜] 장가들[娶]면서[以] (부모에게) 알리지 않았다[不告]. 그러나 舜之不告以娶는 하나의 구이다. 장가들[娶]면서[以] 순[舜]의[之] 고하지 않은 것[不告]으로 새기는 게 보통이지만, 우리말은 구를 꺼리므로 순지불고(舜之不告)의 지(之)를 소유격 토씨(~의)로 새기지 않고 주격 토씨 ~이(가)로 새긴다. 순이[之] 고하지 않은 것[不告]으로 새기면 우리말답게 된다. 따라서 다음처럼 정리해두면 한문투를 새기는 데 많은 도움이 될 것이다. 순불고이취(舜不告以娶)는 문장이고, 순지불고이취(舜之不告以娶)는 구이며, 순불고이취자(舜不告以娶者)로 하면 절이 된다.

순임금 순(舜), ~의 지(之), 아니 불(不), 고할 고(告), 할 이(以), 장가들 취(娶), 무슨 까닭 하(何), 어조사 야(也)

告(고) 則不得娶(즉부득취)

▶ (순이 부모에게) 알리면[告] 곧[則] 아내를 맞이할[娶] 수 없었기 때문이다[不得].

고즉부득취(告則不得娶)는 〈A則B〉꼴 어투이다. 즉(則) 앞을 조건절이나 양보절로 여기고, 뒤를 주절로 여기고 새긴다. 물론 즉(則)을 어조사로 보고 무시하고 새겨도 된다. 〈A(告)하면[則] B(不得娶)한다〉 부득(不得)은 불능(不能)과 같고 여기서 조동사 구실을 한다.

제자(萬章)가 순지불고이취하야(舜之不告以娶何也)라고 묻자 그 대답이 고즉부득취(告則不得娶)이다. 장가를 들지 못하게 해코지할 부모에게 아예 해코지할 기회나 여건을 주지 않으려는 것이 순의 마음가짐일 터이다. 못된 부모라고 원망할 것이 아니라 못된 짓을 하지 않게 미리 배려해주는 것 또한 지극한 효성일 것이다. 부모의 허락을 받지 못할지라도 장가를 들어 후사(後嗣)를 보아야 효를 다하는 것이니, 순은 부모에게 알리지 못하더라도 취처(取妻)를 했음을 맹자가 제자(萬章)에게 밝혀주고 있다.

알릴 고(告), 곧 즉(則), 얻을 득(得), 장가들 취(娶)

男女居室人之大倫也(남녀거실인지대륜야)

▶ **남녀가[男女] 한 방에[室] 사는 것은[居] 인간[人]의[之] 크나큰[大] 인륜[倫]이다[也].**

남녀거실인지대륜야(男女居室人之大倫也)는 〈AB也〉꼴 어투이다. 〈A(男女居室)는 B(人之大倫)이다[也]〉 여기서 야(也)는 ~이다라는 의미의 어조사이다. 男女居室人之大倫也는 영어의 2형식 문장과 같다. 男女居室人之大倫也에서 남녀거실(男女居室)은 주부이고, 인지대륜야(人之大倫也)는 술부로 인지대륜(人之大倫)은 보어이다. 男女居室의 거(居)는 〈머물 처(處)〉와 같고, 실(室)은 방(房)과 같다. 人之大倫也의 대륜(大倫)은 대사(大事)와 같은 말이다.

득취(得娶)를 밝히고 있다. 장가를 든다는 것[得娶]은 남녀가 한 방에서 기거(起居)함을 말하고, 그러한 기거를 인지대륜(人之大倫)이라고 밝힌다. 대륜(大倫)은 천륜(天倫)이고 이는 곧 천명(天命)을 순종함이니 어길 수 없는 가르침[命]이다. 남녀가 후손을 얻으려고 동침하는 것은 대륜(大倫)이지만, 색욕을 탐하기 위해서 살붙이기로 놀아나는 짓은 패륜(悖倫)이다. 패륜을 밥 먹듯 하면서 섹시(sexy)하다고 뽐내는 세상은 대륜의 동거를 발 끝의 돌멩이 정도로 치부하고 밟아버린다. 그래서 걸핏하면 이혼하고 새놈 새년을 찾아 미친개처럼 킁킁거리게 된다. 맹자가 이 세상을 보면 인종이 소멸에 접어들었다고 눈을 다시 감지 못할 것이다.

사내 남(男), 계집 녀(女), 살 거(居), 방 실(室), ~의 지(之), 큰 대(大), 인륜 륜(倫)

如告則廢人之大倫(여고즉폐인지대륜)

▶ **알리게[告] 되면[如] 곧장[則] 인간[人]의[之] 크나큰[大] 인륜을[倫] 망쳐버린다[廢].**

여고즉폐인지대륜(如告廢人之大倫)은 舜如告則廢人之大倫에서 주어인 순(舜)을 생략한 어투이다. 如告則廢人之大倫 또한 〈A則B〉꼴 어투이다. 즉(則) 앞을 조건절이나 양보절로 여기고, 즉(則) 뒤를 주절로 여기고 새긴다. 물론 즉(則)을 어조사로 보고 무시하고 새겨도 된다. 〈A(如告)하면 곧

[則] B(廢人之大倫)한다〉 如告則廢人之大倫에서 여(如)는 〈미칠 급(及)〉과 같고, 폐(廢)는 〈폐할 지(止)〉와 같고 폐지(廢止)의 줄임말로 여기고 새긴다.

『시경(詩經)』「제풍(齊風)」〈남산편(南山篇)〉의 시구를 무작정 따라야 하는 것이 아님을 제자(萬章)에게 밝혀주고 있다. 정도(正道)라 할지라도 무작정 권도(權道)를 외면해서는 안 된다는 것이다. 올바름은 올바름을 만나야 올바르지, 그릇됨을 만나면 어그러지기 쉽다. 정도(正道)가 사도(邪道)를 만나면 망가지기 쉬운 법임을 만장(萬章)이 미처 모르고 물어본 셈이다. 사악하기 짝이 없는 정도를 알리면 사도를 앞세워 정도를 망가뜨리려고 사악한 짓을 범하고 만다. 이를 맹자가 폐인지대륜(廢人之大倫)이라고 밝혀놓았다. 순의 아버지 고수(瞽瞍)가 사악한 인간이란 것은 다 아는 사실이니, 만장도 왜 스승(孟子)이 인간[人]의[之] 크나큰[大] 인륜을[倫] 망쳐버린다[廢]고 단언하는지 알 것이고, 우리도 다 알 수 있다.

미칠 여(如), 알릴 고(告), 곧 즉(則), 망칠 폐(廢)

以懟父母(이대부모)

▶ **그리되면[以] (세상 사람들이) 부모를[父母] 원망하게 된다[懟].**

이대부모(以懟父母)는 是以舜懟父母를 줄인 어투이다. 是以人懟父母의 시(是)는 바로 앞의 내용인 여고즉폐인지대륜(如告則廢人之大倫)을 나타내는 지시어지만, 한문투에서는 이런 지시어 시(是)를 생략하는 경우가 빈번하고, 일반적인 주어라면 늘 생략해버리는 것 또한 한문투의 특징이다. 以懟父母에서 대(懟)는 〈원망할 원(怨)〉과 같다.

써 이(以), 원망할 대(懟)

是以不告也(시이불고야)

▶ **그렇기[是] 때문에[以] (순은 부모께) 알리지 않은 것[不告]이다[也].**

시이불고야(是以不告也)는 是以舜不告也를 줄인 어투이다. 是以不告也의 시(是)는 바로 앞의 내용인 이대부모(以懟父母)를 대신하는 지시어이다. 이러한 시이(是以)는 문맥에 따라 그리하여, 그러면, 그렇기 때문에 등으로 새기는데, 이러한 예에서 알 수 있듯 〈써 용(用)〉과 같은 이(以)는 한문투에서 다양한 뜻으로 쓰인다.

세상 사람들이 제 부모를 원망하게 하는 짓이야말로 불효이다. 순(舜)의 취처(娶妻)를 사악한 부친인 고수(瞽瞍)가 알았더라면 파혼하게 만들려고 갖은 해코지를 다했을 터이다. 그렇게 되면 세인(世人)들이 고수를 손가락질할 것이다. 그러면 본의 아니게 순은 제 부모를 욕보이는 꼴이 된다. 여기서도 효도란 왜 불괄(不恝)의 정성인지 알 수 있다. 부모에게 무관심하면 그런 무관심[恝]이 불효의 씨앗이다. 효성이 하늘에 닿은 순이 결코 할 수 없는 일이 곧 대부모(懟父母)란 말이다. 이제 만장은 순지불고이취(舜之不告而娶)에 숨은 뜻을 알아챘을 것이다. 성현의 가르침은 적당히 얼버무리지 않는다. 정수리를 찔러 정신이 번쩍하도록 가르치고 만다.

이 시(是), 까닭 이(以), 아니 불(不), 알릴 고(告), ~이다 야(也)

【문지(聞之) 2】

불고이취(不告而娶)

【원문(原文)】

萬章問曰 舜之不告而娶를 則吾旣得聞命矣니와 帝之妻舜而不告는 何也이까 曰 帝亦知告焉則不得妻也이니라

만장문왈 순지불고이취 즉오기득문명의 제지처순이 불고 하야 왈 제역지고언즉부득처야

【해독(解讀)】

만장이 물어 여쭈었다[萬章問曰]. "순이 알리지 않고서 장가든 것은[舜之不告而娶] 곧장 저는 이미 (선생님의 말씀을) 듣고 가르침을 잘 받았습니다[則吾旣得聞命矣]. 요임금이 순에게 딸을 맡기면서도 (순의 부모에게) 알리지 않은 것은[帝之妻舜而不告] 무슨 까닭입니까[何也]?" (맹자가) 말해주었다[曰]. "요임금 역시 그 일을 알리면 곧 (순에게 두 딸을) 시집 보낼 수 없을 것임을 알았던 것이다[帝亦知告焉則不得妻也]."

【담소(談笑)】

舜之不告而娶則吾旣得聞命矣(순지불고이취즉오기득문명의)

▶ 순[舜]이[之] 알리지[告] 않고[不]서[而] 장가든 것은[娶] 곧[則] 저는[吾] 이미[旣] (선생님의 말씀을) 듣고[聞] 가르침을[命] 잘 받았습니다

[得矣].

순지불고이취즉오기득문명의(舜之不告而娶則吾旣得聞命矣)는 吾旣得聞舜之不告而娶와 而吾旣得命舜之不告而娶矣 두 문장을 하나로 묶고, 공통의 목적어를 전치시켜 강조하고 있는 어투이다. 같은 내용을 되풀이하지 않는 한문투의 특징을 알아야 문맥을 잡는 데 편하다. 舜之不告而娶則吾旣得聞命矣에서 순지불고이취(舜之不告而娶)는 타동사인 문(聞)과 명(命)의 목적어이고, 즉(則)은 어조를 돕는 어조사로 무시해도 되며, 오(吾)는 주어이고, 기(旣)는 부사이며, 득(得)은 조동사로 문(聞)과 명(命)을 돕고 있고, 의(矣)는 문장을 끝맺는 어조사이다.

순임금 순(舜), ~이 지(之), 알릴 고(告), ~면서 이(而), 장가들 취(娶), 나 오(吾), 이미 기(旣), 잘할 득(得), 들을 문(聞), 가르칠 명(命), ~이다 의(矣)

帝之妻舜而不告何也(제지처순이불고하야)

▶ 요임금[帝]이[之] 순에게[舜] 딸을 맡기면서도[妻而] (순의 부모에게) 알리지 않은 것은[不告] 무슨 까닭[何]입니까[也]?

제지처순이불고하야(帝之妻舜而不告何也)는 〈AB也〉꼴 어투이다. 〈A(帝之妻舜而不告)는 B(何)이다[也]〉 물론 하야(何也)이니 야(也)는 어조사 중에서도 ~이다가 아니라 ~인가로 새긴다. 帝之妻舜而不告何也는 영어의 2형식 문장과 같은 어투이다. 帝之妻舜而不告何也에서 제지처순이불고(帝之妻舜而不告)는 주부이고, 하야(何也)는 술부로 하(何)는 보어 구실을 한다.

제지처순이불고하야(帝之妻舜而不告何也)에서 특히 제지처순이불고(帝之妻舜而不告)와 같은 어투를 잘 이해하려면 지(之)를 잘 알아둘 필요가 있다. 말하자면 帝之妻舜而不告의 지(之)는 하나의 문장을 구로 고쳐주는 구실을 한다. 제처순이불고(帝妻舜而不告)는 하나의 문장이다. 요임금이[帝] 순에게[舜] 딸을 맡기면서[妻而] (순의 부모에게) 알리지 않았다[不告]. 그러나 帝之妻舜而不告는 하나의 구이다. 요임금이[帝] 순에게[舜] 딸을 맡기면서[妻而] (순의 부모에게) 알리지 않은 것[不告]으로 새겨야 하지만, 우리말은 구를 꺼리므로 순지불고(舜之不告)의 지(之)를 소유격 토씨(~의)로 새기지 않고 주격 토씨 ~이(가)로 새긴다. 그래서 요임금[帝]이[之] 고하지 않은 것[不告]으로 새기면 우리말답다.

임금 제(帝), ~이 지(之), 딸을 맡길 처(妻), ~면서 이(而), 아니 불(不), 알릴 고(告), 무엇 하(何), ~인가 야(也)

帝亦知告焉則不得妻也(제역지고언즉부득처야)

▶ 요임금[帝] 역시[亦] 그 일을[焉] 알리면[告] 곧[則] (순에게 두 딸을) 시집보낼[妻] 수 없을 것임을[不得] 알았던 것[知]이다[也].

제역지고언즉부득처야(帝亦知告焉則不得妻也)는 帝亦知告妻舜於舜之父母則帝知不得妻舜也를 줄인 어투이다. 帝亦知告妻舜於舜之父母에서 처순(妻舜)은 앞에 나온 내용이므로 생략하였고, 어순지부모(於舜之父母)는 언(焉)으로 축약하였다. 이런 구실을 하는 언(焉)을 〈이에[於是] 언(焉)〉이라고 한다. 則帝知不得妻舜也에서 제지(帝知) 역시 되풀이되는 내용이므로 생략하였고, 처순(妻舜)의 순(舜) 역시 되풀이되므로 생략하였다. 그러니 帝亦知告焉則不得妻也는 〈A則B也〉꼴 어투이다. 〈A(帝亦知告焉)하면 곧[則] B(不得妻)하는 것이다[也]〉 不得妻에서 부득(不得)은 불능(不能)과 같고, 처(妻)는 시집 보낸다는 뜻으로 동사이다.

요순(堯舜)의 생각이 다르지 않았음을 밝히고 있다. 딸을 시집 보낼 수 없는 지경이 되면 인륜의 대사를 그르치는 꼴이 된다. 그러면 시집 갈 수 없는 딸은 어쩔 수 없이 불효(不孝)를 범하고야 마는 꼴이 된다. 나아가 요임금의 입장에서 친부모가 딸의 시부모를 원망의 대상이 되게 하면 이 또한 불효를 범하는 며느리가 될 것이고, 따라서 인륜의 대사를 그르치는 경우가 되며 딸의 친정부모는 무례를 범하게 된다. 그러면 결국 천명(天命)을 어기는 꼴이 되고 만다. 어찌 요임금이 도둑 결혼을 시키는 무례를 범하겠는가.

임금 제(帝), 또한 역(亦), 알 지(知), 알릴 고(告), 이에 언(焉), 곧 즉(則), 잘할 득(得), 시집보낼 처(妻)

【문지(聞之) 3】

해이부지(奚而不知)

【원문(原文)】

萬章問曰 父母使舜完廩하여 捐階하고 瞽瞍焚廩하며 使浚井하
만장문왈 부모사순완름 연계 고수분름 사준정
여 出커늘 從而揜之하였다 象이 曰 謨蓋都君은 咸我績이니 牛羊
출 종이엄지 상 왈 모개도군 함아적 우양
父母요 倉廩父母요 干戈朕이고 琴朕이며 弤朕이고 二嫂는 使治
부모 창름부모 간과짐 금짐 저짐 이수 사치
朕棲하리라 하고 象이 往入舜宮한데 舜이 在牀琴하거늘 象이 曰
짐서 상 왕입순궁 순 재상금 상 왈
鬱陶思君爾라 하고 忸怩이라 舜이 曰 惟茲臣庶는 汝其于予治라
울도사군이 육니 순 왈 유자신서 여기우여치
하니 不識니이다 舜不知象之將殺己與이까 曰 奚而不知也겠나
불식 순부지상지장살기여 왈 해이부지야
象憂亦憂하고 象喜亦喜하니라
상우역우 상희역희

【해독(解讀)】

만장이 물어 여쭈었다[萬章問曰]. "(순의) 부모가 순을 시켜 곡식 창고를 고치게 하고서는[父母使舜完廩] (순이 내려올) 사닥다리를 치워버리고[捐階] (순이 불에 타 죽게) (순의 아버지인) 고수는 곡식 창고에 불을 질렀고[瞽瞍焚廩], (부모가 순을) 시켜 우물을 깊이 파게 하고[使浚井] (순이 우물을 다 파고서) 나올 무렵에[出] 뒤따라 (순이 파낸 흙더미로 우물을 도로 채워 순을 죽이려고) 우물을 깊게 덮어버렸습니다[從而揜之]. (순의 이복동생인) 상이 뇌까렸습니다[象曰]. '(순이 우물을 파게 하여) 순을 덮어버리자는 꾀는 다 내 업적이니[謨蓋都君咸我績], (도군으로서 순이 가졌던) 소와 양은 부모 것이고[牛羊父母] 창름도 부모 것이지만[倉廩父母], (도군으로서 순이 지녔던) 창과 방패는 내 것이고[干戈朕] 거문고도 내 것이며[琴朕], 붉은 칠한 활도 내 것이고[弤朕] 두 형수는 내 와상(臥床)을 돌보게 하겠다[二嫂使治朕棲].' (그런데) 상이 순의 집으로 가서 들어가자[象往入舜宮] 순이 평상에서 거문고를 탔습니다[舜在床琴]. 상이 주절댔습니다[象曰]. '답답해하며 형님을 (아버지를 말리지 못하고) 사모했을 뿐이라[鬱陶思君爾] 부끄럽고 부끄럽습니다[忸怩].' (이에) 순이 말해주었답니다[舜曰]. '여기 많은 사람들을 생각하고[惟玆臣庶] 네가 나를 위해서 그들을 돌봐주어라[汝其于予治].' (이러한 일들을 저는) 알지 못하겠습니다[不識]. 순은 상이 자신을 죽이려 했음을 몰랐단 말입니까[舜不知象之將殺己與]?" (맹자가 만장에게) 말해주었다[曰]. "어찌 몰랐겠느냐[奚而不知也]? 상이 근심하면 (순도 따라서) 또한 근심하고[象憂亦憂], 상이

기뻐하면 (순도 따라서) 또한 기뻐하는 게지[象喜亦喜]."

【담소(談笑)】

父母使舜完廩(부모사순완름) 捐階(연계) 瞽瞍焚廩(고수분름)

▶ (순의) 부모가[父母] 순을[舜] 시켜[使] 곡식 창고를[廩] 고치게 하고서는[完] 사닥다리를[階] 치워버리고[捐], (순이 불에 타 죽게 하려고) (순의 아버지인) 고수는[瞽瞍] 곡식 창고에[廩] 불을 질렀다[焚].

부모사순완름(父母使舜完廩)에서 사(使)는 사역동사이다. 〈A使B〉꼴로 알아두면 편하다. 〈A는 B를 시켜[使] ~하게 한다〉 〈A(父母)는 B(舜)를 시켜[使] 완름(完廩)하게 한다〉 父母使舜完廩의 완(完)은 〈고칠 치(治)〉와 같고 완치(完治)의 줄임말로 여기고 새기고, 늠(廩)은 껍질을 벗기지 않은 양식을 쟁여두는 창고를 말하며, 창(倉)은 알곡을 보관해두는 창고를 말한다.

연계(捐階)는 고수연계(瞽瞍捐階)를 줄인 어투이다. 捐階는 주어가 생략된 구문으로 영어의 3형식 문장과 같다. 捐階의 연(捐)은 〈제거할 제(除)〉와 같고, 계(階)는 〈사닥다리 제(梯)〉와 같다.

고수분름(瞽瞍焚廩)은 영어의 3형식 문장 같은 어투이다. 瞽瞍焚廩의 분(焚)은 〈불사를 소(燒)〉와 같고, 늠(廩)은 주로 창름(倉廩)으로 쓰여 곡물을 쌓아두는 곳간[庫]을 말한다. 물론 늠(廩)은 껍질 째로 곡물을 간수하는 곳간을 말하고, 창(倉)은 껍질을 벗겨낸 알곡을 저장해두는 곳간을 말한다. 고수(瞽瞍)는 순의 아버지 이름이다. 순의 아버지를 고수(瞽瞍)라고 부른 것이 순의 아버지가 어떤 성질머리의 인간인지 충분히 짐작하게 한다. 장님이 사물을 볼 수 없듯이 사리(事理)를 살피지 못해 분별없는 짓이 고(瞽)이고, 분별이 없으면서도 매우 영악함이 수(瞍)이다. 그러니 고수란 매우 사악한 인간형을 말해주고 있다.

시킬 사(使), 고칠 완(完), 곡식창고 름(廩), 치워버릴 연(捐), 사다리 계(階), 분별 없을 고(瞽), 소경 수(瞍), 불지를 분(焚)

使浚井(사준정) 出(출) 從而揜之(종이엄지)

▶ (부모가 순을) 시켜[使] 우물을[井] 깊이 파게 하였다[浚]. (순이 우물을 다 파고서) 나올 무렵에[出] 뒤따라[從而] 우물을[之] (순이 파낸 흙더미로 우물을 도로 채워 순을 죽이려고) 깊게 덮어버렸다[揜].

사준정(使浚井)은 父母使舜浚井을 줄인 어투이다. 앞서의 문맥으로 보아 생략해도 문맥이 통하면 사정없이 생략하는 것은 뜻글로 이루어지는 한문투이기 때문이다. 소리글의 구문은 그런 생략을 하기 어렵다. 使浚井에서 사(使)는 사역동사이다. 〈A使B〉꼴로 알아두면 된다. 〈A는 B를 시켜[使] ~하게 한다〉 〈A(父母)는 B(舜)를 시켜[使] 준정(浚井)하게 한다〉 使浚井은 주어인 부모(父母)도 생략되었고, 목적어인 순(舜)도 생략된 채로 술부만 남은 어투이다. 使浚井의 준(浚)은 〈깊을 심(深)〉과 같다.

출(出)은 舜出於井을 줄여버린 어투이다. 순이[舜] 우물[井]에서[於] 나왔다[出]고 말할 것을, 그냥 나왔다[出]고 줄였다는 말이다. 이런 구문은 뜻글이어서 가능한 어투이다.

종이엄지(從而揜之)는 父母從舜 而父母揜之를 줄인 어투로 영어의 3형식 문장을 하나처럼 묶어놓은 셈이다. 父母從舜에서는 주어인 부모(父母)와 목적어인 순(舜)이 생략돼 동사인 종(從)만 남은 셈이고, 而父母揜之에서는 주어인 부모(父母)는 생략되고 타동사 엄(揜)과 목적어인 지(之)만 남은 어투이다. 從而揜之에서 종(從)은 〈따를 수(隨)〉와 같고, 이(而)는 연접의 연사로 뜻이 없으며, 엄(揜)은 〈가득히 덮을 복(覆)〉과 같고, 지(之)는 〈우물 정(井)〉을 나타내는 지시대명사이다.

후처의 꾐에 빠져 본처에게서 얻은 자식(舜)을 불 태워 죽이려다 실패하자, 우물을 파게 하여 제 자식을 암매장하려던 고수(瞽瞍)보다 더 사악한 인간은 없을 터이다. 이런 인간(瞽瞍)을 정성을 다해 받들고 모시려는 순을 생각하면 대효(大孝)가 얼마나 준엄한 천명(天命)인지 알 수 있을 것이다. 순은 부자의 인륜이란 사람의 뜻대로 할 수 없는 천륜임을 알았고, 고수는 인륜이 천륜임을 몰랐다. 인륜은 사람이 정한 도리가 아니다. 인륜 역시 천지(天地)가 정해준 도리란 것이 곧 예(禮)가 아닌가. 순은 예에 지극했고, 고수는 예를 몰랐다. 인간이 이러한 예를 모르면 개만도 못하다는 욕을 먹는다. 요새는 고수 같은 아비는 없어도 고수를 닮은 자식 놈들은 심심찮게 드러나 학대받는 늙은 부모들이 하나 둘이 아니다.

시킬 사(使), 쳐낼 준(浚), 우물 정(井), 나올 출(出), 좇을 종(從), 그리고 이(而), 깊게 덮을 엄(揜), 그것 지(之)

象曰(상왈) 謨蓋都君咸我績(모개도군함아적) 牛羊父母(우양부모) 倉廩父母(창름부모) 干戈朕(간과짐) 琴朕(금짐) 弤朕(저짐) 二嫂使治朕棲(이수사치짐서)

▶ (순의 이복동생인) 상이[象] 뇌까렸다[曰]. "(순이 우물을 파게 하여) 순(舜)을[都君] 덮어버리자는[蓋] 꾀는[謨] 다[咸] 내[我] 업적이니[績] (도군으로서 순이 가졌던) 소와 양은[牛羊] 부모 것이고[父母] 창름도[倉廩] 부모 것이지만[父母], (도군으로서 순이 지녔던) 창과 방패는[干戈] 내 것이고[朕] 거문고도[琴] 내 것이며[朕], 붉은 칠한 활도[弤] 내 것이고[朕], 두[二] 형수는[嫂] 내[朕] 와상(臥床)을[棲] 돌보게[治]하겠다[使]."

상왈(象曰)의 상(象)은 순(舜)의 이복동생의 이름이다.

모개도군함아적(謨蓋都君咸我績)은 영어의 2형식 문장과 같은 어투이다. 모개도군(謨蓋都君)은 주부이고, 함아적(咸我績)은 술부이다. 謨蓋都君을 주절로 여기고, 咸我績의 적(績)을 보어로 여기고 새기면 문맥에 걸맞은 문의를 건질 수 있다. 물론 도군을[都君] 덮어버리는[蓋] 꾀[謨]라고 새겨보면 謨蓋都君의 개도군(蓋都君)이 모(謨)를 꾸며주는 형용사절임을 알 수 있고, 謨蓋都君咸我績에서 모(謨)가 곧 주어임을 알고 새길 수 있을 것이다. 謨蓋都君咸我績에서 함(咸)은 〈모두 개(皆)〉와 같은 부사이고, 아적(我績)의 아(我)는 소유격이다. 나의[我] 업적[績]. 요즘 같으면 아적(我績)을 아적적(我的績)이라고 말할 것이다. 한문투에는 토씨[格]랄 것이 따로 없다. 문맥 또는 어순의 위치에 따라 걸맞게 격(格)을 붙여주면 된다. 소리글에는 격이 있어야 하지만 뜻글은 격 없이 말이 통한다. 謨蓋都君에서 모(謨)는 〈꾀 모(謀)〉와 같고 도모(圖謨)의 줄임말로 여기고, 개(蓋)는 〈덮을 복(覆)〉과 같으며, 도(都)는 목적격인 〈~을 어(於)〉로 여기고 새기자는 설도 있지만 순(舜)이 3년 동안 살았던 곳이 성도(成都)이므로 순(舜)을 도군(都君)이라고 칭한 것으로 여기고 새기는 편이 낫다고 본다.

우양부모(牛羊父母)는 舜之牛羊是父母之份의 문투(文套)를 어투(語套)로 바꿔놓은 것이다. 〈일부분(몫) 빈(份)〉 牛羊父母는 거칠고 못된 상(象)의 됨됨이를 실감나게 하는 화술로 여긴다. 순[舜]의[之] 우양은[牛羊] 부모[父母]의[之] 몫[份] 이다[是]. 牛羊父母는 거칠게 내뱉는 어투이다. 물론 우양부모(牛羊父母)를 우양여부모(牛羊與父母)로 여기고 새겨도 된다. 우양을[牛羊]

부모에게[父母] 준다[與].

창름부모(倉廩父母) 역시 舜之倉廩是父母之份의 문투를 어투로 바꿔놓은 것이다. 이 또한 못된 상의 됨됨이를 실감나게 하는 화술로 여기면 문의를 건지는 데 도움이 된다. 물론 창름부모(倉廩父母)를 창름여부모(倉廩與父母)로 여기고 새겨도 된다. 창름은[倉廩] 부모에게[父母] 준다[與].

간과짐(干戈朕)도 舜之干戈是朕之份의 문투를 어투로 바꿔놓은 것이다. 干戈朕 역시 거친 어투이고, 못된 상의 됨됨이를 실감나게 하는 화술로 여긴다. 순[舜]의[之] 간과는[干戈] 나[朕]의[之] 몫[份] 이다[是]. 干戈朕에서 짐(朕)은 일인칭 대명사로, 진시황(秦始皇)이 천자(天子)의 자칭(自稱)으로 국한시키기 전에는 누구나 자신을 짐(朕)이라고 자칭했다. 그러니 干戈朕의 짐(朕)은 아(我)와 같다.

금짐(琴朕)도 舜之琴是朕之份의 문투를 거친 어투로 바꿔놓은 화술이고, 저짐(弤朕)도 舜之弤是朕之份의 문투를 거친 어투로 바꿔놓은 화술이다. 저(弤)는 활[弓]의 몸통을 주칠(朱漆)하여 궁(弓)을 붉게 장식한 소중한 활을 말한다.

이수사치짐서(二嫂使治朕棲)는 朕使二嫂治朕棲를 줄여놓은 어투로, 사(使)의 목적어인 이수(二嫂)를 사역동사인 사(使) 앞으로 전치하여 놓아 강조하고 있다. 二嫂使治朕棲는 〈A使B~C〉꼴 구문으로 알아두면 편할 것이다. 〈A는 B를 시켜[使] C를 ~하게 한다〉, 〈A(朕)는 B(二嫂)를 시켜[使] C(朕棲)를 치(治)하게 한다〉 二嫂使治朕棲의 치(治)는 〈돌볼 완(完)〉과 같고 완치(完治)의 줄임말로 여기고 새기고, 서(棲)는 〈침상 상(牀)〉과 같으니 쉴 자리도 되고 잠자리도 된다.

상(象)은 고수(瞽瞍)를 사악하게 꼬드기는 후처의 자식이다. 못된 어미가 못된 자식을 낳은 셈이니 콩 심은 데 콩 나고 팥 심은 데 팥이 난 꼴이다. 순(舜)과 상(象)은 배가 다를 뿐 씨는 같은 형제이지만, 달라도 너무나 다르다. 순이 지선(至善)의 인간형이라면 상은 지악(至惡)의 표본인 셈이다. 사악한 고수 밑에서 더욱 사악하게 아비를 고자질하는 저 상 같은 놈이야말로 벼락 맞아 죽어야 할 놈이다. 상 같은 놈이 늘 인간을 괴롭히고 세상을 비참하게 만들어버린다. 세상을 들여다보면 순 같은 인심(人心)은 상 같은 놈의 노략질로 엄청난 상처를 입고 마는 것을 흔히 보게 된다. 그러니 상 같은 놈은 예전에 있었다고 말할 것 없고 여전히 살아 있다고 보아도 된다. 맹자가 제자(萬章)에게 왜 상을 떠올려 길게 이야기하고 있겠는가? 상 같은 놈들이 세상을 더럽히기 때문이다.

모양 상(象), 꾀 모(謨), 덮을 개(蓋), 제후 도(都), 임금 군(君), 다 함(咸), 나의 아(我), 공적 적(績), 곳간 창(倉), 곳간 름(廩), 방패 간(干), 창 과(戈), 나 짐(朕), 거문고 금(琴), 붉은칠한 활 저(弤), 형수 수(嫂), 돌볼 치(治), 평상 서(棲)

象往入舜宮(상왕입순궁) 舜在牀琴(순재상금) 象曰(상왈) 鬱陶思君爾(울도사군이) 忸怩(육니)

▶ (그런데) 상이[象] 순의[舜] 집으로[宮] 가서[往] 들어가자[入] 순이[舜] 평상[牀]에서[在] 거문고를 탔었다[琴]. 상이[象] 주절댔다[曰]. "답답해하며[鬱陶] 형님을[君] (아버지를 말리지 못하고) 사모했을[思] 뿐이라[爾] 부끄럽고[忸] 부끄럽다[怩]."

상왕입순궁(象往入舜宮)은 象往舜宮 而象入舜宮을 줄인 어투이다. 문맥으로 보아 象往入舜宮을 시간을 나타내는 부사절로 여기고 새긴다. 영어의 As soos as처럼 여기고 새기면 문맥이 통할 것이다. 象往入舜宮의 왕(往)은 〈갈 거(去)〉와 같고, 궁(宮)은 〈집 가(家)〉와 같으며, 순궁(舜宮)은 순(舜)이 사는 집을 말한다.

순재상금(舜在床琴)은 영어의 1형식 문장 같은 어투이다. 舜琴在牀으로 여기고 새긴다. 舜在床琴에서 순(舜)은 주어이고, 금(琴)은 자동사이며, 재상(在牀)은 장소의 부사구이다. 앞의 상왕입순궁(象往入舜宮)을 시간의 부사절로 여기고, 순재상금(舜在床琴)을 주절로 삼아 새기면 문맥이 통할 것이다. 舜在床琴에서 재(在)는 〈곳 소(所)〉와 같고, 〈~에서 어(於)〉와 같은 구실을 하는 〈~에서 재(在)〉이며, 동사 앞에 있는 장소의 부사구로 여기면 편하다. 舜在床琴에서 금(琴)은 명사가 아니라 동사이며 〈악기를 타는 탄(彈)〉과 같다. 물론 舜在床琴의 금(琴)은 오현금(五絃琴)을 말한다.

울도사군이(鬱陶思君爾)는 상왈(象曰)의 목적절로, 鬱陶我思君爾를 줄인 어투이다. 울도(鬱陶)는 의기(意氣)가 꺾여 풀이 죽은 모습을 말하는 관용어이고, 사(思)는 〈그리워할 모(慕)〉와 같고 사모(思慕)의 줄임말로 여기며, 군(君)은 피차(彼此)가 주고받는 인칭의 〈그대 군(君)〉이니 여기서 〈형님

군(君)〉으로 여기고, 이(爾)는 여기서 구문을 끝맺는 어조사로 이이의(而已矣), 유야(唯也)와 같고 ~뿐이다[爾] 정도로 새긴다.

육니(忸怩) 역시 상왈(象曰)의 목적절로, 我忸 而我怩를 줄여 어조를 더하는 어투이다. 부끄럽기 그지없다[忸怩]. 육니(忸怩)의 육(忸)은 〈부끄러워할 참(慙)〉과 같고, 이(怩) 또한 〈부끄러워할 참(慙)〉과 같다.

상(象)과 같은 놈 때문에 공자가 무자기(毋自欺)하라고 엄명해둔 셈이다. (자신이) 자신을[自] 속이지[欺] 마라[毋]. 뻘건 거짓말을 주절대는 인간(象)을 보라. 그러면 인간이 얼마나 사악한 탈을 쓰고 선한 척할 수 있는지 알 수 있다. 뻔뻔스럽기 짝이 없는 놈이 아닌가. 순이 파던 우물에 암매장되었으리라 믿고 형수마저 차지하겠노라 욕심을 냈던 놈(象)이 살아 있는 형(舜)을 보고 속에도 없는 말을 지껄이는데, 그 세 치 혓바닥이 참으로 가증스럽다. 양의 탈을 쓴 늑대란 말도 모자랄 만큼 더러운 인간이 상 같은 놈이다. 그러나 상을 저주하기 전에 내 자신은 어떤지 돌이켜볼 일이다.

갈 왕(往), 들 입(入), 집 궁(宮), 곳 재(在), 평상 상(牀), 거문고 탈 금(琴), 마음에 맺힐 울(鬱), 불쌍히 여길 도(陶), 생각할 사(思), 당신 군(君), 뿐 이(爾), 부끄러울 뉵(忸), 겸연쩍어할 니(怩)

舜曰(순왈) 惟茲臣庶(유자신서) 汝其于予治(여기우여치)

▶ (이에) 순이[舜] 말해주었다[曰]. "여기[茲] 많은[庶] 사람들을[臣] 생각하고[惟] 네가[汝] 나를[予] 위해서[于] 그들을[其] 돌봐주어라[治]."

유자신서(惟茲臣庶)는 영어로 치면 명령문 같은 어투이다. 惟茲臣庶에서 유(惟)는 타동사이고, 자(茲)는 장소를 나타내는 부사이며, 신(臣)은 유(惟)의 목적어이고, 서(庶)는 신(臣)을 꾸며주는 형용사로 여기고 새기면 문맥이 통할 것이다. 물론 惟茲臣庶를 유서신자(惟庶臣茲)로 여기고 새겨도 무방할 것이다. 한문투의 어순은 문법에 구속받지 않고 전후 문맥에 따라 매우 자유롭게 배치된다. 말하자면 신서(臣庶)는 서(庶)보다 신(臣)을 강조한 것이고, 서신(庶臣) 은신(臣)보다 서(庶)를 강조하는 어조이다. 물론 신서(臣庶)를 다 명사로 보고 신하(臣下)와 서인(庶人)의 줄임으로 새겨도 틀리지 않는 어투가 곧 한문투이다.

여기우여치(汝其于予治)는 영어의 청유문처럼 여기고 새기면 문맥이 통할 것이다. 말하자면 아청여치기우여(我請汝治其于予)처럼 여기고 새긴다. 나는[我] 네가[汝] 나를[予] 위해서[于] 그들을[其] 돌보아주기를[治] 청한다[請]. 汝其于予治에서 여(汝)는 2인칭 호격이고, 기(其)는 앞의 신서(臣庶)를 대신하는 지시어이며, 우여(于予)는 치(治)를 꾸며주는 부사구이고, 치(治)는 명령문 동사이다. 汝其于予治에서 여(汝)는 〈너 여(女), 이(而), 이(爾)〉 등과 같고, 우(于)는 〈~을 위할 위(爲)〉와 같으며, 치(治)는 〈돌봐줄 완(完)〉과 같다.

생각할 유(惟), 여기 자(玆), 신하 신(臣), 많을 서(庶), 너 여(汝), 그 기(其), 위할 우(于), 돌보아줄 치(治)

不識(불식) 舜不知象之將殺己與(순부지상지장살기여)

▶ (그 까닭을) 알지 못하겠다[不識]. 순은[舜] 상[象]이[之] 자신을[己] 죽이려 했음을[將殺] 몰랐단[不知] 말인가[與]?

불식(不識)은 我不之識을 줄인 어투이다. 불식(不識)의 주어인 아(我, 萬章)와 목적어인 지(之)를 생략하고 동사만 남겼다. 萬章不之識에서 생략된 목적어인 지(之)는 앞에 나온 내용 전체를 나타내는 지시어이다. 순[舜]이 그렇게 한 것을[之] 나는 모르겠다[不識].

순부지상지장살기여(舜不知象之將殺己與)와 같은 어투에서 의문어조사 여(與)를 문장 끝에 붙이면 평서문이 의문문으로 바뀌는 것을 주목해야 한다. 〈不知A〉면 〈A를 모른다[不知]〉이지만, 〈不知A與〉이면 〈A를 모르는가[不知A與]〉로 새기기 때문이다. 그러니 舜不知象之將殺己與에서 의문어조사인 여(與)를 제쳐두고 舜不知象之將殺己의 어투를 살피면 문맥을 쉽게 잡을 수 있을 것이다. 舜不知象之將殺己에서 순(舜)은 주어이고, 지(知)는 타동사이며, 상지장살기(象之將殺己)는 목적구이다. 특히 한문투를 새기는 데 象之將殺己와 같은 목적구를 잘 익혀둘 필요가 있다. 만일 象之將殺己에서 지(之)가 없이 상장살기(象將殺己)라면 부지(不知)의 목적절로 볼 수 있지만, 허사인 지(之)를 주격 토씨로 여기면 우리말답게 새길 수 있다. 즉 상[象]의[之] 자신을[己] 죽이려 함[將殺]으로 새길 것이 아니라, 상[象]이[之] 자신을[己] 죽이려 함[將殺]으로 새기면 우리말답게 된다는 말이다. 장살(將殺)의 장(將)은 〈장차 점(漸)〉과 같고 막 ~하려 할[將]의 뜻이다. 장(將)은 매우 다양한 뜻을 나타내는 글자의 하나이다. 부사 구실을 하는 장(將)은 주로 〈거의 기(幾), 또 차(且), 하려 할 점(漸)〉 등과 같다.

아니 불(不), 알 식(識), 토씨 지(之), ~하려고 할 장(將), 죽일 살(殺), 자기 기(己), 의문어조사 여(與)

曰(왈) 奚而不知也(해이부지야) 象憂亦憂(상우역우) 象喜亦喜(상희역희)

▶ (맹자가 만장에게) 말해주었다[曰]. "어찌 몰랐겠느냐[奚而不知也]? 상이 근심하면 (순도 따라서) 또한[亦] 근심하고[憂], 상이[象] 기뻐하면[喜] 또한[亦] (순도 따라서) 기뻐한다[喜]."

해이부지야(奚而不知也)는 奚而舜不知也를 줄인 의문문 어투이다. 〈해이(奚而)~야(也)〉는 의문문이 되게 한다. 해이(奚而)는 〈어찌 하(何)〉와 같고, 의문사가 앞머리에 있으면 문장 끝의 야(也)는 의문어조사 구실을 한다.

상우역우(象憂亦憂)는 象憂 而舜亦憂을 줄인 어투이다. 우(憂)는 〈근심할 려(慮)〉와 같고 우려(憂慮)의 줄임말로 여기고 새기고, 역(亦)은 어조사이며 〈또 차(且)〉와 같다.

상희역희(象喜亦喜)는 象喜 而舜亦喜을 줄인 어투이다. 희(喜)는 〈기뻐할 환(歡)〉과 같고 환희(歡喜)의 줄임말로 여기고 새기고, 역(亦)은 어조사이며 또 차(且)〉와 같다.

제자(萬章)가 스승(孟子)께 순은 왜 당하고만 있는지 모르겠다고 "불식(不識)"이라고 푸념하자, 스승은 "해이부지야(奚而不知也)"라고 부드러운 반문조로 분을 삭이지 못하는 제자를 진정시킨 다음, 형제라면 근심도 함께 나누고 기쁨도 함께 함이 천륜(天倫)인 것을 매우 간명하게 밝혀준 말이 곧 "상우역우(象憂亦憂) 상희역희(象喜亦喜)"이다. 동고동락(同苦同樂)하지 않는 형제라면 천륜을 저버린 거짓된 형제가 아닌가를 맹자가 제자에게 반문하고 있다. 동시에 이러한 반문은 대인과 소인이 어떻게 다른 인간인가를 콕 찍어 밝혀주고 있다. 이러한 말솜씨야말로 타쇄고가(打鎖敲枷)의 가르침이 아닌가. 당송(唐宋) 시대 선가(禪家)의 조사(祖師)들이 맹자의 어투를 이어받은 것이 아닌가 싶을 때가 많은 것은 이런 어투 때문이리라. 쇠사슬을[鎖] 두들겨 부숴버리고[打] 목에 걸린 칼을[枷] 두들겨 부숴버린다[敲]. 그러나 만장이 의심을 아직은 다 풀어버린 것은 아님을 뒤에서 보여준다.

만장은 순이 빨간 거짓말하지 말라고 상을 면박하지 않는 까닭을 몰랐기 때문이다. 소인은 분풀이를 일삼지만 대인은 용서하기를 일삼음을 만장은 몰랐던 것이다. 대인은 사람이 하는 말을 의심하지 않고 말 그대로 믿는 〈믿을 신(信)〉의 화신(化身)임을 몰랐던 것이다. 인간과 인간 사이에 〈믿을 신(信)〉이 없다면 인의예지(仁義禮智)가 다 무슨 소용이 있을 것인가를 만장도 몰랐고, 지금 우리도 모르고 산다.

상이 부끄럽고[忸] 부끄럽다[怩]고 내뱉는 뻘건 거짓말을 거짓말로 받아들이지 않고 참말로 받아들이는 순을 보라. 지선(至善)은 지악(至惡)도 선(善)으로 되갚아줌을 일러 충서이이의(忠恕而已矣)라 한다. 공자가 "오도일이관지(吾道一以貫之)"라고 하자, 증자(曾子)가 그 도(道)를 왜 충서(忠恕)라고 밝혔겠는가? 내[吾] 도는[道] 하나[一]로[以] 그 도리를[之] 꿰고 있다[貫]. 충성과[忠] 용서[恕]일 뿐이다[而已矣]. 남의 마음을 의심치 않음이 충(忠)이요, 어떤 마음이든 버리지 않음이 서(恕)이다. 순의 마음이야말로 충서(忠恕) 그 자체임을 만장은 몰랐다. 그래서 불식(不識)이라고 스승(孟子) 앞에서 당돌할 수밖에 없었다.

순(舜)을 죽이려던 악을 숨기고 선을 거짓부렁으로 써먹는 상(象)을 알면서도, 순은 상이 내뱉는 거짓말을 말 그대로 받아들이고 충서(忠恕)하므로 유가(儒家)는 순을 성인이라고 칭송한다. 상 같은 소인배는 모면하려고 거짓말을 일삼고, 순 같은 대인은 거짓말도 참말로 곧이듣고 사람을 의심치 않는다. 이런 순 앞에선 천명(天命)도 감복하는 법이다. 어찌 맹자인들 감복하지 않았겠는가.

어찌 해(奚), 어조사 이(而), 의문어조사 야(也), 근심할 우(憂), 또 역(亦), 기뻐할 희(喜)

【문지(聞之) 4】

득기소재(得其所哉)

【원문(原文)】

曰 然則舜은 僞喜者與이까 曰 否라 昔者有饋生魚於鄭子產이
왈 연즉순 위희자여 왈 부 석자유궤생어어정자산

어늘 子産이 使校人으로 畜之池한대 校人이 烹之하고 反命曰 始
자산 사교인 축지지 교인 팽지 반명왈 시
舍之하니 圉圉焉이러니 少則洋洋焉하여 攸然而逝하더이다 子産
사지 어어언 소즉양양언 유연이서 자산
曰 得其所哉인저 得其所哉인저 하거늘 校人이 出曰 孰謂子産을
왈 득기소재 득기소재 교인 출왈 숙위자산
智오 予既烹而食之했거늘 曰 得其所哉인저 得其所哉인저고
지 여기팽이식지 왈 득기소재 득기소재

【해독(解讀)】

(만장이) 다시 여쭈었다[曰]. "그렇다면 순은 거짓으로 기뻐한 것입니까[然則舜僞喜者如]?" (맹자가) 말해주었다[曰]. "아니다[否]. 옛날에 정자산에게 산 물고기를 먹을거리로 보낸 일이 있었다[昔者有饋生魚於鄭子産]. 자산이 연못지기를 시켜 연못에서 그 물고기를 기르게 하였으나[子産使校人畜之池], 그 연못지기가 그 고기를 삶아 먹고서는[校人烹之] (연못지기가) 복명하여 아뢰었다[反命曰]. '처음 그 고기를 (연못에) 놓아주었더니[始舍之] 몸이 곤해서 어릿어릿한 모습이더니[圉圉焉] 조금 지나니 곧장 천천히 꼬리치는 모습으로[少則洋洋焉] (깊은 못 속으로) 태연한 모습으로 사라졌습니다[攸然而逝].' (연못지기의 말을 듣고) 자산이 말해주었다[子産曰]. '제 자리를 얻었구나[得其所哉]! 제 자리를 얻었구나[得其所哉]!' (자산의 말을 듣고) 연못지기가 밖으로 나와서 말했다[校人出曰]. '누가 자산을 현명하다고 했는가[孰謂子産智]! 내가 이미 그 놈을 삶아서 먹었거늘[予既烹而食之] (자산은 그런 줄도 모르고) 제 자리를 얻었구나[得其所哉]! 제 자리를 얻었구나![得其所哉]라고 말하다니[曰].' "

【담소(談笑)】

曰(왈) 然則舜僞喜者與(연즉순위희자여)

▶ (만장이 다시) 여쭈었다[曰]. "그렇다면[然] 곧[則] 순은[舜] 거짓으로[僞] 기뻐한[喜] 것[者]입니까[與]?"

연즉순위희자여(然則舜僞喜者與)는 〈A者與〉를 관용어투로 여기고 알아두면 문맥을 잡기 편하다. 〈A(舜僞喜)하는 것[者]인가[與]?〉 然則舜僞喜者與에서 연즉(然則)은 관용어이다. 그렇다면[然] 곧[則]. 舜僞喜者與에서 순위희(舜僞喜)는 자(者)를 꾸며주는 형용사절이고, 여(與)는 ~인가라는 의문어조사이므로 舜僞喜者與는 영어의 1형식 의문문과 같은 어투이다. 그러니 舜僞

喜에서 순(舜)은 형용사절의 주어이고, 위(僞)는 희(喜)를 꾸며주는 부사이며, 희(喜)는 형용사절의 술어로 자동사이다. 舜僞喜의 위(僞)는 〈거짓 가(假)〉와 같다.

그럴 연(然), 곧 즉(則), 거짓 위(僞), 기뻐할 희(喜), 것 자(者), 의문어조사 여(如)

曰(왈) 否(부)

▶ **(맹자가) 말해주었다[曰]. "아니다[否]."**

부(否)는 순위희자(舜僞喜者)의 위(僞)를 한 마디로 부정하는 말이다. 그러니 부(否)는 순진희자(舜眞喜者)를 뜻한다고 보아도 되고, 순무위희자(舜無僞喜者)로 보고 새겨도 된다. 여기서 부(否)는 〈없을 무(無)〉와 같기 때문이다. 순에게는[舜] 거짓으로[僞] 기뻐하는[喜] 것이[者] 없었다[無].

말해줄 왈(曰), 아닐(없을) 부(否)

昔者有饋生魚於鄭子產(석자유궤생어어정자산)

▶ **옛날에[昔者] 정자산[鄭子產]에게[於] 산[生] 물고기를[魚] 먹을거리로 보낸 일이[饋] 있었다[有].**

석자유궤생어어정자산(昔者有饋生魚於鄭子產)과 같은 어투는 유(有)를 주목해야 문맥에 걸맞게 새길 수 있다. 유(有)가 자동사로 〈있을 유(有)〉일 경우와 타동사로 〈가질 유(有)〉일 경우를 나누어 정리해두면 한문투의 문맥을 잡는 데 편리하다. 〈A有B〉에서 유(有)가 자동사이면 B를 주어로 여기고, 유(有)가 타동사이면 A를 주어로 새기면 문맥에 걸맞게 새길 수 있다. 자동사일 경우에는 〈A에 B가 있다[有]〉이고, 타동사일 경우에는 〈A가 B를 갖는다[有]〉로 새긴다. 昔者有饋生魚於鄭子產에서 유(有)는 자동사로 보아야 문맥이 통하므로 궤(饋)가 주어이고, 생어(生魚)와 어정사산(於鄭子產)은 궤(饋)를 꾸며준다. 궤(饋)는 〈먹일 향(餉)〉과 같고 여기선 궤유(饋遺)의 줄임말로 여기고 새긴다. 먹을거리를[饋] 보냄[遺].

옛 석(昔), 것 자(者), 있을 유(有), 먹을거리를 보내줄 궤(饋), 살 생(生), 고기 어(魚), ~에게 어(於), 정나라 정(鄭), 존칭 자(子), 만들어낼 산(產)

子産使校人畜之池(자산사교인축지지)

▶ 자산은[子産] 연못지기를[校人] 시켜[使] 연못에서[池] 그 물고기를[之] 기르게 하였다[畜].

자산사교인축지지(子産使校人畜之池)는 사역문의 어투이다. 〈A使B畜C〉 꼴을 사역문의 본보기로 알아두면 편할 것이다. 〈A(子産)가 B(校人)를 시켜[使] C를 기르게[畜] 하다〉 영어에서 사역동사의 구실을 떠올리면 이해가 쉬울 것이다. 子産使校人畜之池에서 자산(子産)은 주어이고, 사(使)는 사역동사이며, 교인(校人)은 목적어이고, 축지지(畜之池)는 목적어를 돕는 구실을 한다. 畜之池에서 축(畜)은 영어의 부정사(不定詞) 구실을 하고, 지(之)는 축(畜)의 목적어이며, 지(池)는 축(畜)을 꾸며주는 장소의 부사이다. 말하자면 영어의 사역문 make him do it의 do 같은 것이 축(畜)이다. 畜之池에서 축(畜)은 〈기를 양(養)〉과 같고 축양(畜養)의 줄임말로 여기고, 지(之)는 앞의 생어(生魚)를 나타내는 지시대명사이며, 지(池)는 어지(於之)의 어(於)를 생략해버린 어투이다. 한문투에서는 장소를 나타내는 〈~에서 어(於)〉를 생략하는 경우가 흔하다.

> 만들어낼 산(産), 시킬 사(使), 가르칠 교(校), 기를 축(畜), 그것 지(之), 연못 지(池)

校人烹之(교인팽지) 反命曰(반명왈) 始舍之(시사지) 圉圉焉(어어언) 少則洋洋焉(소즉양양언) 攸然而逝(유연이서)

▶ 그 연못지기가[校人] 그 고기를[之] 삶아먹고서는[烹] (연못지기가) 복명하여[反命] 아뢰었다[曰]. "처음[始] 그 고기를[之] (연못에) 놓아주었더니[舍] 몸이 곤해서 어릿어릿한[圉圉] 모습이더니[焉] 조금 지나니[少] 곧장[則] 천천히 꼬리치는[洋洋] 모습으로[焉] (깊은 못 속으로) 태연한[攸] 모습으로[然] 사라졌습니다[逝]."

교인팽지(校人烹之)는 영어의 3형식 문장과 같은 어투이다. 校人烹之에서 교인(校人)은 주어이고, 팽(烹)은 타동사이며, 지(之)는 직접목적어이다. 교인(校人)은 연못을 돌보는 하급 관리를 말하고, 팽(烹)은 〈삶을 자(煮)〉와 같고, 지(之)는 앞의 생어(生魚)를 가리키는 지시대명사이다.

반명왈(反命曰)은 校人反命 而校人曰을 줄인 어투이다. 反命曰의 반명(反

命)은 받은 명령을 실행하고 돌아와 보고한다는 뜻으로 복명(復命)과 같은 말이고, 반(反)은 〈돌아올 환(還)〉과 같다.

시사지(始舍之)는 始我舍之를 줄인 어투로 역시 영어의 3형식 문장과 같다. 始舍之를 시간의 부사절로 여기고 새기면 문맥이 쉽게 잡힐 것이다. 始舍之에서 시(始)는 〈처음 시(始)〉로 부사이고, 사(舍)는 〈버릴 사(捨)〉와 같지만 여기선 연못에 풀어놓는다는 뜻이고, 지(之)는 앞의 생어(生魚)를 나타내는 지시대명사이다.

어어언(圉圉焉)은 其生魚圉圉焉을 줄인 어투로, 영어의 2형식 문장과 같다. 주어인 기생어(其生魚)를 생략해버리고 보어인 어어언(圉圉焉)만 남겼다. 이처럼 문맥으로 보아 보충할 수 있는 내용이라면 서슴없이 생략해버리는 것이 한문투이다. 圉圉焉은 앞의 시사지(始舍之)를 시간의 부사절로 하는 주절이다. 어어(圉圉)는 몸이 곤(困)함을 말하고, 언(焉)은 여기서 연(然)과 같고 모습을 말하므로 어어언(圉圉焉)은 어어연(圉圉然)과 같다고 여긴다.

소즉양양언(少則洋洋焉)은 少則其生魚洋洋焉을 줄인 어투로 역시 영어의 2형식 문장과 같다. 少則其生魚洋洋焉에서 소(少)는 시간의 부사이고, 즉(則)은 어조사이며, 주어인 기생어(其生魚)는 생략되고, 보어인 양양언(洋洋焉)만 남은 어투이다. 洋洋焉의 양양(洋洋)은 여기서 천천히 꼬리친다는 뜻으로 새기면 문맥과 통하고, 언(焉)은 〈그럴 연(然)〉과 같고 모습[貌]을 말한다.

유연이서(攸然而逝)는 其生魚攸然 而其生魚逝를 줄인 어투이다. 攸然而逝에서 유연(攸然)은 주어인 기생어(其生魚)는 생략된 채로 보어만 남았고, 而逝의 이(而)는 연접의 연사로 주어인 기생어(其生魚)는 생략된 채로 자동사인 서(逝)만 남은 영어의 1형식 문장과 같은 어투이다. 攸然而逝에서 유연(攸然)은 태연(泰然)과 같은 말이고, 서(逝)는 〈갈 거(去)〉와 같은 말로 여기서는 깊은 연못 속으로 사라졌다는 뜻으로 새긴다.

가르칠 교(校), 돌아올 반(反), 명령 명(命), 처음 시(始), 놓아줄 사(舍), 그것 지(之), 어릿어릿할 어(圉), 그럴 언(焉), 잠깐 소(少), 곧 즉(則), 물결칠 양(洋), 태연할 유(攸), 그럴 연(然), 어조사 이(而), 갈 서(逝)

子產曰(자산왈) 得其所哉(득기소재) 得其所哉(득기소재)

▶ (연못지기의 말을 듣고) 자산이[子產] 말해주었다[曰]. "제[其] 자리를[所] 얻었구나[得哉]! 제[其] 자리를[所] 얻었구나[得哉]!"

득기소재(得其所哉)는 其生魚得其所의 평서문에서 주어를 생략해버리고 문장 끝에 감탄어조사인 재(哉)를 더하여 감탄문으로 만든 어투이다.

만들어낼 산(產), 얻을 득(得), 그 기(其), 곳 소(所), 감탄어조사 재(哉)

校人出曰(교인출왈) 孰謂子產智(숙위자산지) 予既烹而食之(여기팽이식지) 曰(왈) 得其所哉(득기소재) 得其所哉(득기소재)

▶ (자산의 말을 듣고) 연못지기가[校人] 밖으로 나와서[出] 말했다[曰]. "누가[孰] 자산을[子產] 현명하다고[智] 했는가[謂]! 내가[予] 이미[既] 그 놈을[之] 삶아[烹]서[而] 먹었거늘[食] (자산은 그런 줄도 모르고)제[其] 자리를[所] 얻었구나![得哉] 제[其] 자리를[所] 얻었구나[得哉]!라고 말하다니[曰]."

교인출왈(校人出曰)은 校人出於子產 而校人曰을 줄인 어투이다. 연못지기가 제 상전인 자산(子產)이 없는 데서 뒷말을 하고 있다는 것이 校人出曰의 출왈(出曰)이다.

숙위자산지(孰謂子產智)는 영어의 5형식 문장과 같은 어투이다. 孰謂子產智에서 숙(孰)은 주어이고, 위(謂)는 타동사이며, 자산(子產)은 목적어이고, 지(智)는 목적격 보어로 여기고 새기면 孰謂子產智의 문맥을 쉽게 잡을 수 있을 것이다. 孰謂子產智에서 숙(孰)은 〈어떤 사람 수(誰)〉와 같고, 위(謂)는 〈일컬을 칭(稱)〉과 같으며, 지(智)는 〈사리에 밝을 예(叡)〉와 같고 예지(叡智)의 줄임말로 여기고 새긴다.

여기팽이식지(予既烹而食之)는 予既烹之 而予食之를 줄인 어투이다. 予既烹而食之는 영어의 3형식 문장을 하나처럼 묶은 어투이다. 予既烹에서는 타동사 팽(烹)의 목적어인 지(之)를 생략하였고, 而食之에서는 타동사 식(食)의 주어인 여(予)를 생략하였다. 予既烹而食之에서 기(既)는 팽(烹)과 식(食)을 꾸며주는 부사이다.

맹자가 제자 만장에게 자산(子產)과 교인(校人) 사이에 있었던 고사를 들어서 순(舜)의 마음가짐과 상(象)의 마음가짐을 쉽게 풀어주고 있다. 성현의 가르침은 늘 성실할 뿐이다. 적당히 해두는 법이 없다. 말하자면 타쇄(打鎖)의 가르침이다. 쇠사슬[鎖]을 잘라버리듯[打] 말끔하게 일깨워주는 가르침이 성현의 교(教)이다.

소인(小人)은 저만 살자 하고 대인(大人)은 남과 더불어 살자 한다. 연못지기를 보라. 살려주라는 물고기를 삶아먹어 제 몸보신을 하고 살려주었다고 빨간 거짓부렁을 하는 저 연못지기를 보라. 저 놈의 교인(校人)은 순의 동생인 상과 같은 놈이고, 자산(子産)은 순의 문하에 들어갈 수 있는 대인의 모습을 지니고 있다. 대인은 사람을 의심하지 않는다. 이는 말을 그냥 그대로 믿어준다는 말이다. 대인은 이처럼 말을 자연(自然)으로 여긴다. 그러나 소인은 말을 인위(人爲)로 조작한다. 자신에게 유리하게 말을 이용하는 소인의 소갈머리를 공자가 소인회토(小人懷土)라고 하지 않았던가. 그러나 공자는 군자회덕(君子懷德)이라고 단언해두었다. 소인은[小人] 땅을[土] 품고[懷] 대인은[君子] 덕을[德] 품는다[懷]. 물고기를 연못에 살려줌이 덕(德)이요, 그 물고기를 삶아먹음이 토(土)이다. 상과 저 교인 같은 인간형은 자기에게 좋게만 하려고 거짓부렁을 일삼고, 대인은 남을 좋게만 해주려고 남을 믿는다. 그러니 어찌 순이 거짓부렁으로 기쁜 척하겠느냐며 맹자가 만장에게 오금을 박고 있다.

가르칠 교(校), 나올 출(出), 누구 숙(孰), 칭할 위(謂), 존칭 자(子), 만들어낼 산(產), 현명할 지(智), 나 여(予), 이미 기(旣), 삶아먹을 팽(烹), 그리고 이(而), 먹을 식(食), 그것 지(之), 얻을 득(得), 그 기(其), 곳 소(所), 감탄어조사 재(哉)

【문지(聞之) 5】

난망이비기도(難罔以非其道)

【원문(原文)】

故君子는 可欺以其方이고 難罔以非其道라 彼以愛兄弟之道로 來라 故로 誠信而喜之니 奚僞焉이겠나
(고군자 가기이기방 난망이비기도 피이애형제지도 래 고 성신이희지 해위언)

【해독(解讀)】

“그러므로 (동생인 상이 형인 순을 사랑한다는) 그 바름으로써 군자를 속일 수는 있어도[故君子可欺以其方], 올바른 도리가 아닌 것으로써 (군자를) 속이기는 어렵다[難罔以非其道]. 그 자(象)가 (서로) 사랑하는 형과 아우의 도리를 써서 왔다[彼以愛兄之道來]. 그러니 한 점 거짓 없이 그를 기뻐했다[故誠信而喜之]. 어찌 거짓으로 기뻐했겠는가[奚僞焉]?”

【담소(談笑)】

故君子可欺以其方(고군자가기이기방)

▶ **그러므로[故] (동생이 형을 사랑한다는) 그[其] 바름[方]으로써[以] 군자를[君子] 속일[欺] 수는 있다[可].**

고군자가기이기방(故君子可欺以其方)은 故人可欺君子以其方에서 어세를 높이기 위해 군자(君子)를 전치한 어투이다. 물론 군자(君子)를 가기(可欺)의 주어로 보고 가기(可欺)를 영어의 수동태처럼 새겨도 되지만, 군자(君子)를 어세를 더하기 위해 가기(可欺) 앞으로 전치한 목적어로 여기고 능동태로 새기면 우리말답게 될 것이다. 그리고 故君子可欺以其方와 같은 어투의 문의를 건지려면 고(故)를 잘 헤아려야 하고, 기방(其方)을 또한 잘 헤아려야 한다.

〈그러므로 고(故)〉는 앞의 내용을 원인으로 삼는다. 고(故)는 시이고왈(是以故曰)을 줄인 것으로, 시고왈(是故曰) 또는 시고왈(是故曰)을 줄여서 그냥 시고(是故)라고 한다. 앞의 내용을 근거로 하여 새로운 내용을 전개하려고 할 때 고왈(故曰)을 쓰지만, 대개는 고(故)만으로 접속사처럼 사용한다. 물론 是以故曰 또는 是故의 시(是)는 앞에서 진술한 내용을 묶어서 나타내는 지시어이다. 〈是故A〉꼴로 외워두면 편하다. 〈위와 같기[是] 때문에[故] A이다〉 여기서 고(故)는 죽은 줄 알았던 순(舜)이 살아있는 것을 보고 상이 “울도사군이(鬱陶思君爾)!”라고 말했고 순은 그 말을 참말로 들어주었음을 말해주고 있으며, 기방(其方)의 기(其)는 상(象)이 말한 “울도사군이(鬱陶思君爾)! 육니(忸怩)”를 대신하고 있는 관형사이고, 이기방(以其方)의 이(以)는 〈써 용(用)〉과 같고, 방(方)은 여기선 〈바를 정(正)〉과 같고 방정(方正)의 줄임말로 여기고 새긴다.

맹자가 제자(萬章)에게 소인(小人)과 대인(大人)을 분간하게 해명해주고 있다. 군자는 대인 중에 대인이다. 소인이 군자를 이기방(以其方)을 이용해서 속일 수 있음을 말해주고 있다. 말하자면 소인인 상(象)이 "울도사군이(鬱陶思君爾)! 육니(忸怩)"라는 말로써 군자인 순(舜)을 속일 수 있다는 말이다. 답답해하며[鬱陶] 형님을[君] (아버지를 말리지 못하고) 사모했을[思] 뿐이라[爾] 부끄럽고[忸] 부끄럽다[怩]고 거짓부렁 하는 상의 말을 그대로 믿는 순에게는 상의 "울도사군이(鬱陶思君爾)! 육니(忸怩)"라는 말은 바른 말[方]이다. 이처럼 바른 도리를 사칭하여 군자를 속일 수 있다. 상이 순을 거짓으로 속이는 것이지 어찌 순이 거짓으로 기뻐한 척한다고 생각하느냐고 만장을 나무라고 있다. 자산(子産)의 연못지기[校人]가 제 속임수를 자산이 눈치채지 못한다고 입질하는 경우를 잘 생각해보라고 다시금 오금이 저리게 하고 있다.

> 그러므로 고(故), 임금 군(君), 가할 가(可), 속일 기(欺), 써 이(以), 그 기(其), 바를 방(方)

難罔以非其道(난망이비기도)

▶ 그[其] 바른 도리가[道] 아닌 것[非]으로[以] (군자를) 속이기는[罔] 어렵다[難].

난망이비기도(難罔以非其道)는 〈A難〉꼴 구문으로 영어의 2형식 문장과 같은 어투이다. 주어인 망이비기도(罔以非其道)를 뒤로 하고, 보어인 난(難)을 전치시켜 어세를 높이고 있다. 〈A(罔以非其道)는 어렵다[難]〉 같은 말을 되풀이하지 않는 한문투여서 難罔以非其道라고 한 것이지, 불가기군자이비기방(不可欺君子以非其方)과 같은 말이라고 여기고 새기면 難罔以非其道의 문의를 쉽게 건질 수 있을 것이다. 難罔以非其道와 같은 한문투의 문맥을 잡으려면 〈非A〉꼴의 관용구를 잘 알아야 한다. 〈A(其道)가 아닌 것[非]〉 난망(難罔)의 난(難)은 〈어려울 간(艱)〉과 같고 간난(艱難)의 줄임말로 여기고 새기고, 망(罔)은 〈속일 무(誣)〉와 같고, 이기도(以其道)의 이(以)는 〈써 용(用)〉과 같고, 도(道)는 여기선 〈바를 방(方)〉과 같고 방도(方道)의 줄임말로 여기고 새긴다.

> 어려울 난(難), 어둡게 할(속일) 망(罔), 써 이(以), 아닐 비(非), 그 기(其), 도리 도(道)

彼以愛兄弟之道來(피이애형제지도래)

▶ **그자[象]가[彼] 사랑하는[愛] 형과[兄] 아우[弟]의[之] 도리를[道] 써서[以] 왔다[來].**

피이애형제지도래(彼以愛兄弟之道來)의 어순을 彼來以愛兄弟之道로 바꾸어보면 문맥을 쉽게 잡을 수 있다. 한문투의 어순은 규정된 어법에 따라 정해지지 않고, 어조나 어감이나 어세를 따라 자유롭게 달라진다. 彼以愛兄弟之道來에서 피(彼)는 3인칭 대명사로 주어이고, 이애형제지도(以愛兄弟之道)는 내(來)를 돕는 부사구이며, 내(來)는 자동사이므로 彼以愛兄弟之道來는 영어의 1형식 문장과 같은 어투이다. 以愛兄弟之道에서 이(以)는 〈써용(用)〉과 같고, 앞세우고란 뜻으로 이(以)를 새겨도 된다. 이(以)는 매우 다양한 뜻을 가지고 있으므로 문맥에 맞는 뜻을 골라 써야 한다. 그리고 愛兄弟之道는 〈A之B〉꼴의 어투를 관용구처럼 여기고, 토씨(격) 구실을 자유롭게 하는 허사인 지(之)를 잘 기억해두었다가 경우에 따라 알맞게 선택해 활용하면 편할 것이다. 정리하면 다음과 같다. 〈A가[之] B, A의[之] B, A를[之] B하는, A하는[之] B〉 愛兄弟之道에서 애(愛)를 형제(兄弟)를 꾸며주는 형용사로 보고 사랑하는[愛] 형제[兄弟]의[之] 도[道]로 새겨도 되고, 형제(兄弟)를 애(愛)의 목적어로 보고 형제를[兄弟] 사랑한다[愛]는[之] 도[道]로 새겨도 되지만, 우리말다운 쪽으로 택해서 새기는 편이 바람직할 것이다. 이처럼 한문투는 읽으면서 자유롭게 새길 수 있는 여지가 있으므로 문미(文味)가 묘한 어투이다.

> 그 피(彼), 써 이(以), 사랑할 애(愛), 형님 형(兄), 아우 제(弟), ~의 지(之), 도리 도(道), 올 래(來)

故誠信而喜之(고성신이희지) 奚僞焉(해위언)

▶ **그러니[故] 진실로[誠] 믿고[信]서[而] 그를[之] 기뻐했지[喜] 어찌[奚] 거짓[僞]이겠나[焉]?**

고성신이희지(故誠信而喜之)는 故舜誠信之 而舜喜之를 줄여 한 구문처럼 묶은 영어의 3형식 중문 같은 어투이다. 誠信而喜之에서 성신(誠信)은 주어인 순(舜)과 목적어인 지(之)가 생략되었고, 성(誠)은 타동사인 신(信)을 꾸며주는 부사이다. 희지(喜之)는 주어인 순(舜)이 생략되었고, 희(喜)는 타동사이고, 지(之)는 순(舜)의 동생 상(象)을 나타내는 지시대명사이다.

해위언(奚僞焉)은 〈奚A焉〉을 관용구문으로 알아두면 편하다. 〈어찌[奚] A이겠는가[焉]?〉이는 반문하는 어투이다. 물론 〈奚A焉〉를 〈奚A乎〉라 해도 된다.

맹자는 매우 강력한 반어형의 직언(直言)으로써 만장의 의문을 타파해버린다. 그렇다면[然] 곧[則] 순은[舜] 거짓으로[僞] 기뻐한[喜] 것[者]이냐[與]고 반문한 만장을 사정없이 공박(攻駁)한 반문이다. 어찌 순의 마음을 두고 거짓[僞]이란 말을 붙이느냐고 질타하는 맹자를 보라. 마치 군자와 소인을 대비해서 소인의 무리를 질타하는 공자를 보는 듯하다. 소인은 사람을 의심하고 대인은 사람을 믿는다. 이런 대인관은 삼가(三家)에 두루 통한다. 불가(佛家)는 대인의 마음을 일러 평상심(平常心)이라 하고, 도가(道家)는 대인의 행동을 일러 항복(恒服)이라 하지 않는가 말이다. 『장자(莊子)』 천도편(天道篇)에 보면 "오복야항복(吾服也恒服) 오비이복유복(吾非以服有服)"이란 말이 나온다. 내[吾] 행동[服]이란[也] 한결같은[恒] 행동이다[服]. 나는[吾] 행동[服] 때문에[以] 행동을[服] 취하지[有] 않는다[非]. 그래서 노자(老子)는 "자호아우야(子呼我牛也) 이위지우(而謂之牛)"라고 말한다는 것이다. 당신이[子] 나를[我] 소라고[牛] 부른다[呼]면[也] (나는) 나를[之] 소라고[牛] 부른다[謂]. 이처럼 대인은 사람의 말을 의심치 않는다. 상(象)이 순(舜)에게 "울도사군이(鬱陶思君爾)! 육니(忸怩)"라고 새빨간 거짓말을 주절거리지만, 순은 그 말을 그대로 듣고 참말로 받아들인다. 맹자는 이를 만장이 깨우치도록 격파하고 있다. 어디 만장뿐이랴. 사람의 말을 곧이곧대로 믿어주지 못하고 의심의 눈초리를 떼지 못하는 우리 모두를 맹타(猛打)하여 격파해버리는 것이다. 우리는 맹자 앞에서는 입도 벙긋 못 한다.

그러므로 고(故), 정성 성(誠), 믿을 신(信), 그리고 이(而), 기뻐할 희(喜), 그 지(之), 어찌 해(奚), 거짓 위(僞), 의문어조사 언(焉)

제3장

3장 역시 긴 장구이다. 이해를 돕기 위해서 세 단락으로 나누었다. 3장에서 사제(師弟)는 천자(天子)가 된 다음 순(舜)이 동생인 상(象)을 처리한 고사를 두고 문답을 계속하여 형제지친애(兄弟之親愛)의 참뜻을 논변한다. 그 논변은 방지(放之)와 봉지(封之)로써 전개되어, 제자로 하여금 겉보기로는 내침[放]이지만 그 참모습은 보살핌[封]이란 것을 샅샅이 살펴보게 하는 광경을 마주한다. 그러면서 친애의 참뜻[情]이 저절로 드러나고, 따라서 대인의 용심(用心)과 소인의 심술(心術)이 어떻게 다른가를 일깨워주는 장이다. 사람은 자신을 귀하게 할 수도 있고 천하게 할 수 있음을 터득하게 한다. 그래서 맹자가 『맹자(孟子)』「이루장구(離婁章句) 상(上)」 19장에서 "수숙위대(守孰爲大)인가? 수신위대(守身爲大)하다"고 밝혔고, "수신(守身)이 수지본야(守之本也)이다"라고 설파한 깊은 뜻을 이 장에서 다시금 새겨볼 수 있게 한다. 그러므로 여기 3장도 수신(守身)하라는 장으로 새겨도 된다.

【문지(聞之) 1】

방지하야(放之何也)

【원문(原文)】

萬章問曰 象이 日以殺舜爲事어늘 立爲天子 則放之는 何也이꼬 孟子曰 封之也어늘 或曰放焉이라 하니라
만장문왈 상 일이살순위사 입위천자 즉방지 하야 맹자왈 봉지야 혹왈방언

【해독(解讀)】

만장이 물어 여쭈었다[萬章問曰]. "상이 순을 죽이기를 날마다 일로 삼았는데[象日以殺舜爲事], (순이) 천자가 되어서[立爲天子] 곧장 그를 추방한 것은 어찌 된 것입니까[則放之何也]?" 맹자가 말해주었다[孟子曰]. "그를 봉해준 것인데[封之也] 어떤 사람은 그를 추방했다고 말한다[或曰放焉]."

【담소(談笑)】

象日以殺舜爲事(상일이살순위사)

▶ 상은[象] 날마다[日] 순을[舜] 살해[殺]하기를[以] 일로[事] 삼았다[爲].

상일이살순위사(象日以殺舜爲事)의 어순을 象日爲事以殺舜으로 바꾸어 보면 문맥을 잡기가 쉬울 것이다. 위(爲)는 문맥에 따라 다양한 뜻을 나타내는데, 여기서는 〈爲A以B〉로 정리해 알아두면 편할 것이다. 〈B로[以] A를 삼다[爲]〉 또는 〈B하기로[以] A를 여기다[爲]〉 그러니 象日以殺舜爲事를 영어의 3형식 문장처럼 여기고 새기면 편할 것이다. 象日以殺舜爲事에서 상(象)은 주어이고, 일(日)은 부사이며, 위(爲)는 타동사로 〈생각할 사(思)〉와 같고, 사(事)는 위(爲)의 목적어이며 모사(謀事)의 줄임말로 여기고 새긴다.

모양 상(象), 날 일(日), 할 이(以), 죽일 살(殺), 할 위(爲), 큰일 사(事)

立爲天子則放之何也(입위천자즉방지하야)

▶ 즉위하여[立] 천자가[天子] 되어서[爲] 곧장[則] 그를[之] (죽이지 않고) 추방한 것은[放] 무슨 까닭[何]인가[也]?

입위천자즉방지하야(立爲天子則放之何也)는 〈AB也〉꼴의 어투이다. 〈A(立爲天子則放之)는 B(何)이다[也]〉 그러니 立爲天子則放之何也에서 입위천자즉방지(立爲天子則放之)는 주부로서 주어이고, 하야(何也)는 술부로서 보어이므로, 영어의 2형식 같은 어투로 여기고 새긴다. 그런데 B가 의문사 하(何)이므로 야(也)를 〈~이다 야(也)〉로 새기지 않고 〈~인가 야(也)〉로 새긴다. 무슨 까닭[何]인가[也]?

입위천자즉방지(立爲天子則放之)는 〈A則B〉꼴로 〈A하면 곧[則] B한다〉로 새기거나 〈A하자 곧[則] B한다〉로 새기는데, 여기선 뒤의 것으로 새긴다. 물론 立爲天子則放之는 舜立而舜爲天子 則舜放之를 줄인 어투이다. 立爲天子에서 입(立)과 위(爲)는 〈이룰 성(成)〉과 같은데 성립(成立)의 줄임말로 여기고, 위(爲) 역시 〈이룰 성(成)〉과 같은데 입위(立爲)로 중복하여 천자가 되었음을 강조한 화술이며, 則放之의 방(放)은 여기서 〈내칠 축(逐)〉과 같고 방축(放逐)의 줄임말로 여기고 새기고, 지(之)는 순임금의 동생인 상(象)을 나타내는 지시대명사이다.

이를 립(立), 될 위(爲), 곧 즉(則), 쫓아낼 방(放), 그 지(之), 무슨 까닭 하(何), ~인가 야(也)

孟子曰(맹자왈) 封之也(봉지야) 或曰放焉(혹왈방언)

▶ 맹자가[孟子] 말해주었다[曰]. "그에게[之] 제후(諸侯)의 영지(領地)를 준 것[封]이네[也]. (그런데) 사람들은[或] (순임금이 상을) 내쳤다고[放] 말한다[曰]네[焉]."

봉지야(封之也)는 舜不放之 但舜封之也를 줄인 어투로 여기고 새기면 문맥을 쉽게 잡을 수 있다. 순임금이[舜] 그를[之] 내친 것이[放] 아니라[不] 단지[但] 그에게 영지를 준 것[封]이다[也]. 〈不A但B也〉꼴로 외워두면 편하고, 영어의 not A ~ but B와 같다. A가 아니라 B이다. 封之也의 봉(封)은 여기서 동사로 영지를 준다는 뜻이고, 지(之)는 간접목적어 구실을 하는 지시대명사이다. 그에게[之] 영지[領地]를 준다[封].

혹왈방언(或曰放焉)은 或曰舜放之焉을 줄인 어투이다. 或曰舜放之焉에서 혹(或)은 주어이고, 왈(曰)은 타동사이며, 순방지언(舜放之焉)은 목적절이므로, 영어의 Someone said that ~ 또는 It is said that ~ 구문처럼 여기고 새긴다. 放之焉에서 방(放)은 여기서 〈내칠 축(逐)〉과 같고 방축(放逐)의 줄임말로 여기고 새기고, 지(之)는 순임금의 동생인 상(象)을 나타내는 지시대명사이며, 언(焉)은 단언하는 어조를 더해주는 어조사이다.

순이 천자의 자리를 양위(讓位)받고 나서 사악했던 동생 상(象)을 유비(有庳)라는 곳으로 보냈다. 이 일을 두고 세상 사람들이 방지(放之)했다고 입방아를 찧었던 모양이다. 형제가 고락(苦樂)을 같이한다면 어째서 순이 왜 동생을 내친 것[放之]이냐고 반문하자, 스승(孟子)은 제자(萬章)가 반문한 방지(放之)를 봉지(封之)로 고쳐주고 있다. 만장(萬章)은 소인배(小人輩)의 심술(心術)을 밝혔고, 스승(孟子)은 대인의 심지(心之)를 밝혀주었다. 소인은 형제간이라도 용서할 줄 모르고 수 틀리면 보복(報復)을 노린다. 소인은 효제(孝悌)를 모르는 까닭이다. 그러나 대인은 효제를 상도(常道)로 섬기므로 형제간에 보복할 줄 모르고 용서할 줄만 안다. 그렇게 하여 부모의 마음을 편안하게 보살핀다. 순이 임금이 되자 동생(象)을 내쳤다[放之]고 입질하는 짓은 소인배의 상식이다. 그러나 순이 임금이 되자 흉했던 동생이지만 용서하고 살 땅을 마련해준 것[封之]은 형제간에 대한 대인의 상식이다. 스승(孟子)이 제자(萬章)에게 대인의 금도(襟度)를 가르쳐주고 있다. 사람[人]이 되라. 이 말은 소인임을 뿌리치고 대인이 되라 함이 아닌가. 맹자는 순(舜)을 들어서 대인을 말하고 있다. 그러나 세상에는 소인들이 득실거릴 뿐 군자나 대인은 100년 만에 하나나 있을까 말까이니 세상이 옹색해지기만 하므로 성현들이 애달파한다. 성군을 두고서도 입방아 찧는 무리가 있으니 사촌이 논을 사면 배 아파하는 무리가 소인들의 세상을 출렁이게 한다. 언제나 대인은 불언(不言) 하지만 소인배는 제 주둥이를 쉴 줄 모르고 짖어댄다. 오죽하면 조주선사(趙州禪師)가 떠벌이는 객승(客僧)에게 합취구구(合取狗口)하라고 내질렀겠나. 개[狗] 주둥이[口] 닥쳐라[合取]. 이처럼 대인은 소인배를 서슴없이 벌해서 뉘우치게 한다.

맏이 맹(孟), 존칭 자(子), 영지(領地)를 줄 봉(封), 그 지(之), 어조사 야(也), 어떤 사람 혹(或), 내칠 방(放), 어조사 언(焉)

【문지(聞之) 2】

인인지어제야(仁人之於弟也)

【원문(原文)】

萬章問曰 舜이 流共工于幽州하고 放驩兜于崇山하며 殺三苗
만장문왈 순 유공공우유주 방환두우숭산 살삼묘

于三危하고 殛鯀于羽山하여 四罪而天下咸服은 誅不仁也이다
우삼위 극곤우우산 사죄이천하함복 주불인야

象至不仁이어늘 封之有庳하면 有庳之人이 奚罪焉인가 仁人은
상지불인 봉지유비 유비지인 해죄언 인인

固如是乎인가 在他人則誅之하고 在弟則封之니이다 曰 仁人之
고여시호 재타인즉주지 재제즉봉지 왈 인인지

於弟也에 不藏怒焉하고 不宿怨焉하며 親愛之而已矣니 親之는
어제야 부장노언 불숙원언 친애지이이의 친지

欲其貴也이고 愛之는 欲其富也이니 封之有庳는 富貴之也니 身
욕기귀야 애지 욕기부야 봉지유비 부귀지야 신

爲天子하야 弟爲匹夫면 可謂親愛之乎인가
위천자 제위필부 가위친애지호

【해독(解讀)】

만장이 물어 여쭈었다[萬章問曰]. “순이 공공을 유주로 유배를 보냈고[舜流共工于幽州], 환두를 숭산으로 내쳤으며[放驩兜于崇山], 삼묘를 삼위로 몰

아내고[殺三苗于三危], 곤을 우산에서 죽을 때까지 귀양살이하게 했습니다[殛鯀于羽山]. 넷을 벌하여 천하가 모두 복종한 것은[四罪而天下咸服] 어질지 못함을 처벌한 것입니다[誅不仁也]. (어질지 못한 놈을 벌 주기로 하면) 상이야말로 더없이 어질지 않았습니다[象至不仁]. (그런데) 그에게 유비(有庳)를 영지로 주었습니다[封之有庳]. 유비의 사람들이 무슨 죄입니까[有庳之人奚罪焉]? 어진 사람은 본래부터 그와 같습니까[仁人固如是乎]? 타인에게 (죄가) 있으면 곧 그를 벌주고[在他人則誅之], 아우에게 (죄가) 있어도 곧 그에게 영지를 줍니다[在弟則封之]." (맹자가) 말해주었다[曰]. "어진 사람이 아우에 이름이란[仁人之於弟也] (아우에 대한) 노여움을 숨기지 않는 것이고[不藏怒焉], 원망을 품어두지 않는 것이며[不宿怨焉], 아우를 친애하는 것뿐이다[親愛之而已矣]. 동생을 친히 함은 그 동생이 존귀하기를 바라는 것이고[親之欲其貴也], 동생을 사랑함은 그 동생이 부유해지기를 바라는 것이며[愛之欲其富也], 동생에게 유비를 영지로 줌은 동생을 부유하고 존귀하게 하려는 것이다[封之有庳富貴之也]. 자신은 천자가 되고[身爲天子] 아우는 (그냥 그대로) 필부로 행세한다면[弟爲匹夫], 아우를 친애한다고 말할 수 있겠는가[可謂親愛之乎]?"

【담소(談笑)】

舜流共工于幽州(순류공공우유주) 放驩兜于崇山(방환두우숭산) 殺三苗于三危(살삼묘우삼위) 殛鯀于羽山(극곤우우산)

▶ 순임금이[舜] 공공을[共工] 유주[幽州]로[于] 유배를 보냈고[流], 환두를[驩兜] 숭산[崇山]으로[于] 내쳤으며[放], 삼묘를[三苗] 삼위[三危]로[于] 몰아내고[殺], 곤을[鯀] 우산[羽山]으로[于] 죽을 때까지 귀양살이하게 했다[殛].

순류공공우유주(舜流共工于幽州)에서 순(舜)은 주어이고, 유(流)는 타동사이며, 공공(共工)은 목적어이고, 우유주(于幽州)는 장소를 나타내는 부사구로 여기고 새긴다. 舜流共工于幽州에서 유(流)는 〈내칠 방(放)〉과 같고 방류(放流)의 줄임말로 여기고, 우(于)는 〈~에 어(於)〉와 같다.

방환두우숭산(放驩兜于崇山)은 舜放驩兜于崇山을 줄인 어투이다. 주어인 순(舜)은 생략되었고, 방(放)는 타동사이며, 환두(驩兜)는 목적어이고, 우숭산(于崇山)은 장소를 나타내는 부사구로 여기고 새긴다. 환두(驩兜)는 인명

(人名)이고, 숭산(崇山)은 지명(地名)이다. 放驩兜于崇山에서 방(放)은 〈내칠 류(流)〉와 같고 방류(放流)의 줄임말로 여기고, 우(于)는 〈~에 어(於)〉와 같다.

살삼묘우삼위(殺三苗于三危)는 舜殺三苗于三危를 줄인 어투이다. 주어인 순(舜)은 생략되었고, 살(殺)은 타동사이며, 삼묘(三苗)는 목적어이고, 우삼위(于三危)는 장소를 나타내는 부사구로 여기고 새긴다. 삼묘(三苗)는 부족 이름이고 삼위(三危)는 지명이다. 殺三苗于三危의 살(殺)을 그냥 그대로 〈죽일 살(殺)〉로 새겨도 안 될 것은 없지만, 『서경(書經)』「우서(虞書)」 2장 〈순전(舜典)〉의 찬삼묘우삼위(竄三苗于三危)에 견주어 살(殺)을 〈내칠 찬(竄)〉으로 새겨도 무방하다는 생각이다. 찬(竄)은 숨어서 살게 한다는 뜻이니 살(殺)을 찬(竄)으로 새겨도 된다는 말이다.

극곤우우산(殛鯀于羽山)은 舜殛鮌于羽山을 줄인 어투이다. 주어인 순(舜)은 생략되었고, 극(殛)은 타동사이며, 곤(鯀)은 목적어이고, 우우산(于羽山)은 장소를 나타내는 부사구로 여기고 새긴다. 곤(鯀)은 훗날 하(夏)나라를 연 우왕(禹王) 즉 우(禹)의 아버지 이름이고, 우산(羽山)은 지명이다. 殛鯀于羽山에서 극(殛)은 〈죽일 살(殺)〉과 같지만 순임금이 우의 부친을 죽일 리는 없었을 터이니 귀양살이에서 죽게 한다는 척사(斥死)의 뜻으로 새기는 것이 보통이다.

순임금 순(舜), 내칠 류(流), 다 공(共), 장인 공(工), ~에 우(于), 숨을 유(幽), 고을 주(州), 내칠 방(放), 기뻐할 환(驩), 투구 두(兜), 높을 숭(崇), 뫼 산(山), 내칠 살(殺), 싹 묘(苗), 위태로울 위(危), 내칠 극(殛), 물고기이름 곤(鯀), 깃 우(羽)

四罪而天下咸服誅不仁也(사죄이천하함복주불인야)

▶ 넷을[四] 벌하여[罪] 천하가[天下] 모두[咸] 복종한 것은[服] 어질지 못함을[不仁] 처벌한 것[誅]이다[也].

사죄이천하함복주불인야(四罪而天下咸服誅不仁也)는 〈AB也〉꼴의 어투이다. 〈A는 B이다[也]〉 四罪而天下咸服誅不仁也에서 사죄이천하함복(四罪而天下咸服)은 주부로서 주어이고, 주불인야(誅不仁也)는 술부로서 보어이다. 이러한 〈AB也〉꼴은 영어의 2형식 문장과 같은 어투이다. 그리고 四罪而天下咸服은 〈A而B〉꼴로 〈A하여[而] B한다〉 또는 〈A해서[而] B한다〉고 알아두면 문맥을 잡는 데 편하다. 四罪而天下咸服에서 사죄(四罪)를 순죄사(舜罪四)로 여기고 순임금이[舜] 넷을[四] 죄 주었다[罪]고 새겨도 되고, 四罪의 사(四)를 주어로 보고 넷이[四] 죄 받았다[罪]고 새겨도 된다. 이처럼 한문투에는 품사가 정해져 있는 글자가 없다고 생각해도 된다. 죄(罪)는 명사도 되고 동사도 되고 부사나 형용사 구실도 한다고 생각해도 된다. 그래서 문맥에 맞추어 풀이해주면 되고 문법 규정에 따라 한 가지로 고정시켜 새기지 않음을 알아두면 편하다. 그리고 誅不仁也의 주불인(誅不仁)은 불인[不仁]을 벌준다[誅]고 새기지 않고 불인을[不仁] 벌주는 것[誅]이라고 새겨야 문장 끝의 야(也)와 문맥이 자연스럽게 이어진다. 문장 끝에 오는 야(也)는 우리말의 ~이다에 해당하기 때문이다. 불인을[不仁] 벌주는 것[誅]이다[也]로 새겨야 우리말다운 것을 알아낼 수 있을 것이다.

만장(萬章)이 『서경(書經)』의 〈순전(舜典)〉을 읽었음이 분명하다. 스승(孟子)께 아뢴 사죄(四罪)의 내용이 『서경(書經)』의 「우서(虞書)」 2장 〈순전(舜典)〉 넷째 단락에 그대로 나와 있기 때문이다. 다만 살삼묘우삼위(殺三苗于三危)의 살(殺)이 『서경』에는 찬(竄)으로 되어 있는 것이 다르다. 〈순전(舜典)〉의 사죄(四罪)는 불인(不仁)을 범하면 엄벌(嚴罰)함을 말하니 인정(仁政)을 뜻한다. 백성한테 못된 짓을 범하면 그것이 곧 불인(不仁)이다. 백성을 천하게 하면 천지를 욕되게 함이고, 백성을 귀하게 하면 천지를 받듦이다. 인(仁)은 백성을 친애(親愛)함이요 나아가 천지를 받듦이다. 이를 어긴 불인(不仁)을 성군은 결코 용서하지 않는다. 순임금이 왜 유(流)·방(放)·살(殺)·극(殛) 등의 형벌로 귀양을 보내야 했는지 알 수 있다. 안인(安人)을 이루지 못하면 성군은 용서치 않는다. 그러면 맹자가 부르짖는 행인정(行仁政)은 절로 이루어지는 법이다. 어진[仁] 정치를[政] 베푼다[行].

넉 사(四), 죄줄 죄(罪), 어조사 이(而), 다 함(咸), 복종할 복(服), 벌줄 주(誅), 아니 불(不), 어질 인(仁)

象至不仁(상지불인) 封之有庳(봉지유비) 有庳之人奚罪焉(유비지인해죄언)

▶ (어질지 못한 놈을 벌주기로 한다면) 상이야말로[象] 더없이[至] 어질지

않았다[不仁]. (그런데) 그에게[之] 유비를[有庳] 영지로 주었다[封]. 유비[有庳]의[之] 사람들이[人] 무슨[奚] 죄[罪]인가[焉]?

상지불인(象至不仁)은 한문투의 묘미를 그대로 간직한 어투라 할 만하다. 象至不仁에서 지(至)를 부사로 보면 상은[象] 지극히[至] 어질지 않았다[不仁]로 새겨 영어의 2형식 같다고 할 수 있고, 지(至)를 타동사로 보면 상은[象] 어질지 않음을[不仁] 극에 달했다[至]고 새겨 영어의 3형식 같다고 말할 수 있다. 이처럼 한문투는 새기는 사람이 문맥을 어떻게 잡느냐에 따라 그 새김이 드러난다. 그래서 고려말에 최행귀(崔行歸)는 한문투를 제망교라(帝網交羅)라고 비유했다. (보기에 따라 다른 빛깔을 내서 영롱한) 보석을[帝網] 엮어짠[交] 비단[羅]같이 한문투는 새김이 다양하다는 말이다.

봉지유비(封之有庳)는 舜封之有庳를 줄인 어투이다. 주어인 순(舜)을 생략한 어투란 말이다. 封之有庳에서 지(之)는 간접목적어이고, 유비(有庳)는 직접목적격이며, 봉(封)은 영어의 4형식 문장을 이끄는 동사 구실을 한다. 유비를[有庳] 그에게[之] 영지로 주다[封]. 이처럼 한문투의 글자는 정해진 품사로 묶여 있지 않고 어순에 따라 그때그때 품사 구실을 자유롭게 한다. 그래서 한문투는 어순과 허사를 잘 정리해야 한다.

유비지인해죄언(有庳之人奚罪焉)은 해(奚)와 언(焉)을 보면 의문문임을 알 수 있다. 〈奚A焉〉은 〈何A也〉와 같이 의문문을 이끄는 어조사 구실을 한다. 〈무슨[奚] A란 말인가[焉]?〉 또는 〈어떤[奚] A란 말인가[焉]?〉 有庳之人奚罪焉에서 지(之)는 〈A之B〉꼴로 A로 하여금 B를 꾸며주게도 하고, B로 하여금 A를 꾸며주게도 한다. 말하자면 有庳之人에서 인(人)을 강조하고 싶으면 人之有庳라고 할 것이다. 유비란 고을[有庳]의[之] 사람들[人]이라고 새겨도 되고, 유비[有庳]에 사는[之] 사람들[人]이라고 새겨도 될 것이다. 이처럼 한문투에서 지(之) 같은 허사는 어감(語感)·어조(語調)·어세(語勢)를 더해줄 뿐이지 뜻을 결정해주는 것은 아니다. 奚罪焉에서 해(奚)는 〈어찌 하(何)〉와 같고, 언(焉)은 〈~인가 야(也)〉와 같다.

모양 상(象), 극에 이를 지(至), 어질 인(仁), 영지를 줄 봉(封), 그 지(之), 있을 유(有), 낮을 비(庳), 무슨 해(奚), 죄 죄(罪), 의문어조사 언(焉)

仁人固如是乎(인인고여시호) 在他人則誅之(재타인즉주지) 在弟則封之(재제즉봉지)

▶ 어진[仁] 사람은[人] 본래부터[固] 다음과[是] 같은가[如乎]? 타인에게[他人] (죄가) 있으면[在] 곧[則] 그를[之] 벌주고[誅], 아우에게[弟] (죄가) 있어도[在] 곧[則] 그에게[之] 영지를 준다[封].

인인고여시호(仁人固如是乎)는 끝에 의문어조사인 호(乎)가 있으므로 의문문이다. 仁人固如是乎에서 인인(仁人)은 주어이고, 고(固)는 부사이며, 여(如)는 자동사이고, 시(是)는 지시어로 여기선 보어로 여기고 仁人固如是乎를 영어의 2형식 의문문처럼 새긴다. 仁人固如是乎에서 시(是)는 바로 뒤의 내용을 가리키는 것으로 보아도 되고, 앞서의 내용을 몰아서 가리키는 것으로 보아도 된다.

재타인즉주지(在他人則誅之)는 罪在他人則仁人誅之를 줄인 어투이다. 문맥으로 보아 충분히 의미를 보충해 새길 수만 있으면 사정없이 생략해버리는 어투가 한문투임을 잊어서는 안 될 것이다. 재(在)가 〈있을 존(存)〉과 같을 때 〈A在B〉와 〈B有A〉를 함께 알아두면 편하다. 재(在)는 주어를 앞에 두지만, 유(有)는 주어를 뒤에 두는 차이가 있다. 그리고 在他人則誅之와 같은 어투는 〈A則B〉꼴로 문맥을 잡으면 쉽다. 〈A면 곧[則] B한다(이다)〉 또는 〈A라도 곧[則] B한다(이다)〉 물론 어조사인 즉(則)이 없다 치고 문맥을 잡아도 될 것이다. 在他人則誅之에서 주(誅)는 〈벌할 벌(罰), 죽일 륙(戮), 살(殺), 극(殛)〉 등과 같지만, 여기선 주벌(誅罰)의 줄임말로 여기고 새기는 것이 문맥에 걸맞을 것이다.

재제즉봉지(在弟則封之)는 罪在弟則仁人封之를 줄인 어투이다. 在弟則封之 역시 〈A在B〉와 〈A則B〉꼴을 연상하면 문맥을 잡아 새기기 편하다. 〈A가 B에 있다[在]〉 〈A면(라도) 곧[則] B한다(이다)〉 在弟則封之에서 봉(封)은 누구에게 영지(領地)를 준다는 여격동사(與格動詞)이다.

순임금이 상(象)을 유비(有庳)라는 고을로 내쳐[放] 벌준 것[誅]이 아니고 유비라는 고을을 다스리는 땅[領地]으로 정해서 불인(不仁)이 극에 달했던 상을 제후(諸侯)로 보냈으니, 만장(萬章)이 〈순전(舜典)〉의 사죄를 들어서 부당함을 스승(孟子)께 아뢰고 있다. 죄가 큰 동생은 봐주고 남이 죄를 지으면 필벌(必罰)로 다스리는 것이 어진 사람[仁人]이 하는 짓이냐고 따지는 중이다. 만장은 스승이 방지(放之)를 봉지(封之)라고 고쳐주면 오히려 순임금을 욕되게 하는 것이 아닌지 캐묻고 있는 것이다. 그러나 만장은 상이란 소인이 배다른 형인 순한테만 불인(不仁)을 범한 것이 아니라 남들[他人]한테도 그같이 불인을 범했더라도 상에게 유비(有庳)를 영지로 봉해서 살게 했겠느냐고 물었어야 했다. 대인은 인부지이불온(人不知而不慍)을 깨우치고 있지만 소인은 자기를 몰라주면 죽일 듯이 사나워진다. 남들이[人] (나 자신을) 몰라주어도[不知而] 성내지 않는다[不慍]. 그래서 사성기(士成綺)란 식자(識者)가 노자(老子)를 비웃었던 일을 사과하자, 당신이 나를 소라고 불러주면 나는 소가 되어줄 것이고 당신이 나를 말이라고 불러주면 나는 말이 되어줄 것이라고 노자가 응대해준 고사(故事)가 『장자(莊子)』「천도편(天道篇)」에 나온다. 순임금 역시 자신에 대한 불인쯤이야 어찌 문제로 삼아 벌을 주겠는가. 대인은 자신에 대한 일로 원망하거나 노여워하지 않는다. 이것이 대인의 불온(不慍)이 아닌가 말이다.

어질 인(仁), 사람 인(人), 본래 고(固), 같을 여(如), 이 시(是), 의문어조사 호(乎), 있을 재(在), 다른 타(他), 곧 즉(則), 벌줄 주(誅), 그 지(之), 아우 제(弟), 영지를 줄 봉(封)

仁人之於弟也不藏怒焉(인인지어제야부장노언) 不宿怨焉(불숙원언) 親愛之而已矣(친애지이이의)

▶ **어진[仁] 사람이[人] 아우[弟]에[於] 이르는 것[之]이란[也] (아우에 대한) 노여움을[怒] 숨기지 않는 것[不藏]이고[焉], 원망을[怨] 품지 않는 것[不宿]이며[焉], 아우를[之] 친애하는 것[親愛]뿐이다[而已矣].**

인인지어제야부장노언(仁人之於弟也不藏怒焉)과 같은 어투의 문맥을 잡으려면 어조사 야(也)와 언(焉)을 잘 알고 있어야 한다. 여기서 야(也)는 주부를 강조하는 구실을 하고, 언(焉)은 단언의 어조를 나타내므로 스승(孟子)이 제자(萬章)에게 단호하게 말해주는 어세를 풍긴다. 仁人之於弟也不藏怒焉에서 인인지어제야(仁人之於弟也)는 주부로서 주어이고, 장(藏)은 타동사이며, 노(怒)는 목적어이고, 언(焉)은 단호한 문미(文尾)의 어조사이다. 그러니 仁人之於弟也不藏怒焉은 영어의 3형식 같은 어투이다. 仁人之於弟也에서 지(之)는 〈이를 지(至)〉와 같은 자동사이고, 不藏怒焉에서 장(藏)은 〈숨길 은(隱)〉과 같다.

불숙원언(不宿怨焉)은 仁人之於弟也不宿怨焉을 줄인 어투이다. 不宿怨焉에서 숙(宿)은 타동사로 〈품어둘 류(留)〉와 같고 유숙(留宿)의 줄임말로 여기고, 원(怨)은 목적어로 〈원망할 한(恨)〉과 같고 원한(怨恨)의 줄임말로 여기고 새긴다.

친애지이이의(親愛之而已矣)는 仁人之於弟也親愛之而已矣를 줄인 어투이다. 물론 仁人之於弟也親之而已矣와 仁人之於弟也愛之而已矣를 줄여 하나의 구문처럼 이어놓았다. 親愛之而已矣의 친애(親愛)는 친밀자애(親密慈愛)를 줄인 말로 여겨도 되고, 지(之)는 제(弟)를 대신하는 지시어이며, 이이의(而已矣)는 단언해주는 종미사(終尾詞)의 관용구이다. 이이의(而已矣)의 이(已)는 〈그칠 지(止)〉와 같지만, 여기선 관용구로 알아두는 것이 편리할 것이다.

스승(孟子)이 제자(萬章)에게 매우 단호하게 정언(正言)해주고 있다. 仁人之於弟也의 야(也)와 부장노언(不藏怒焉) 불숙원언(不宿怨焉)의 언(焉)과 親愛之而已矣의 이이의(而已矣) 등의 어조사들이 스승의 단호한 가르침을 드러나게 한다. 아마도 만장(萬章)이 불인(不仁)의 참뜻을 헤아리지 못하고 있음을 간파하고 그 참뜻을 일깨워주려는 스승의 뜻일 터이다. 본래 어짊[仁]이란 친애(親愛)를 몸소 실천함으로써 시작된다. 그 친애를 저버리면 곧 불인(不仁)이다. 임금과 신하들이 백성을 친애하지 않으면 불인을 범한 것이고, 형제가 친애하지 않으면 그 또한 불인이다. 사죄(四罪)는 백성에게 불인했으므로 순임금이 단죄하였다. 이것을 상의 불인은 백성에게 가한 불인이 아니라 당신(舜) 자신에게 가한 불인이었으니, 상(象)의 형으로서 순임금은 상에게 부장노언(不藏怒焉)·불숙원언(不宿怨焉)의 인(仁)을 베푼 것이다. 그러나 만장이 헤아리지 못하고 있음을 스승이 단호하게 일깨워주고 있다. 대인은 용서하고 소인은 앙갚음한다는 말을 기억해보라. 만일 순이 임금이 되어 상을 벌했다면 그것은 앙갚음이 아닌가. 앙갚음이란 소인만이 하는 짓임을 왜 모르는가. 스승이 친애로써 어짊[仁]의 참뜻을 제자에게 엄히 가르치는 중이다.

어질 인(仁), 사람 인(人), 이를 지(之), ~에 어(於), 아우 제(弟), 어조사 야(也),

숨길 장(藏), 노여움 노(怒), 품을 숙(宿), 원망 원(怨), 어조사 언(焉), 친할 친(親), 사랑할 애(愛), 그 지(之), 그리고 이(而), 그칠 이(已), ~이다 의(矣)

親之欲其貴也(친지욕기귀야) 愛之欲其富也(애지욕기부야) 封之有庳富貴之也(봉지유비부귀지야)

▶ 동생을[之] 친히 함은[親] 그 동생의[其] 존귀를[貴] 바라는 것[欲]이고[也], 동생을[之] 사랑함은[愛] 그 동생의[其] 부유를[富] 바라는 것[欲]이며[也], 동생에게[之] 유비를[有庳] 영지로 봉해줌은[封] 동생을[之] 부유하고 존귀하게 하려는 것[富貴]이다[也].

친지욕기귀야(親之欲其貴也)는 〈AB也〉꼴의 어투이다. 〈A(親之)는 B(欲其貴)한 것이다[也]〉 親之欲其貴也에서 친지(親之)는 주어이고, 욕기귀야(欲其貴也)는 보어이다. 한문투에서 가장 빈번한 어투가 〈AB也〉꼴일 것이다.

애지욕기부야(愛之欲其富也) 역시 〈AB也〉꼴의 어투이다. 〈A(愛之)는 B(欲其富)한 것이다[也]〉 愛之欲其富也에서 애지(愛之)는 주어이고, 욕기부야(欲其富也)는 보어이다. 한문투에서 가장 빈번한 어투가 〈AB也〉꼴임을 잘 알아둘 필요가 있다.

봉지유비부귀지야(封之有庳富貴之也) 또한 〈AB也〉꼴의 어투이다. 〈A(封之有庳)는 B(富貴之)한 것이다[也]〉 封之有庳富貴之也에서 봉지유비(封之有庳)는 주어이고, 부귀지야(富貴之也)는 보어이다. 물론 封之有庳富貴之也는 封之有庳富之也 而封之有庳貴之也를 한 구문처럼 묶어놓은 어투이다. 한문투에서는 되풀이되는 내용이라면 어김없이 생략해버림을 기억해두어야 문맥을 잡아내기 쉽다. 그리고 封之有庳富貴之也에서 지(之)를 잘 이해하지 못하면 문맥을 잡기 어렵다. 封之有庳의 지(之)는 간접목적어로 〈그에게 지(之)〉이고, 富貴之也의 지(之)는 직접목적어로 〈그를 지(之)〉이다. 이처럼 한문투에서는 격(格)을 따르지 않는다고 생각하고 문맥에 따라 격을 결정하는 것을 주의해야 한다.

친애(親愛)란 동고동락(同苦同樂)하는 마음이다. 왜 대인은 겸허하고 소인은 오만한가? 대인은 동고동락을 누릴 줄 알지만 소인은 그럴 줄 모른다. 그래서 소인은 존귀하고 부유하면 과시하고, 비천하고 빈곤하면 원한을 품는다. 이래서 소인은 앙갚음을 일삼게 된다. 그러나 대인은 존귀하고 부유하면 함께 나누고, 비천하고 빈공하면 그 또한 함께 누린다. 이래서 대인은 용서를 일삼게 된다. 노자(老子)도 자벌(自伐)·자시(自是)·자긍(自矜) 등을 소인의 짓거리로 삼았다. 제 자랑하는 짓[自伐]·저만 옳다는 짓[自是]·저 잘났다는 짓[自矜]. 등은 소인의 오만함이요 방자함이 아닌가. 순(舜)은 상을 친애했지만 상(象)이 순을 친애하지 않았을 뿐이다. 상이 그랬으니 순도 덩달아 상처럼 했더라면 애당초 순임금은 없었을 터이다. 참으로 소인배가 모르는 것이 친애의 참뜻이렷다. 그래서 스승(孟子)은 지금도 여전히 단호할 수밖에 없다.

친할 친(親), 그 지(之), 바랄 욕(欲), 그 기(其), 귀할 귀(貴), ~이다 야(也), 사랑 애(愛), 부유할 부(富), 영지를 줄 봉(封), 있을 유(有), 낮을 비(庳)

身爲天子(신위천자) 弟爲匹夫(제위필부) 可謂親愛之乎(가위친애지호)

▶ 자신은[身] 천자가[天子] 되었는데[爲] 아우는[弟] 필부로[匹夫] (그냥 그대로) 행세한다면[爲] 아우를[之] 친애한다고[親愛] 말할 수 있겠는가[可謂乎]?

신위천자(身爲天子)는 〈A爲B〉꼴의 어투로 가위친애지호(可謂親愛之乎)의 주부이다. 한문투에서 위(爲)는 문맥에 따라 여러 가지 뜻을 나타내는 몹시 변덕스러운 글자의 하나이다. 위(爲)의 뜻을 정리하면 다음과 같다. 〈A가 B를 다스린다[爲]. 위(爲)=치(治), A가 B를 생각한다[爲]. 위(爲)=사(思), A가 B를 한다[爲]. 위(爲)=조(造), A가 B를 짓는다[爲]. 위(爲)=저(著), A가 B를 배운다[爲]. 위(爲)=학(學), A가 B를 흉내낸다[爲]. 위(爲)=의(擬), A가 B를 돕는다[爲]. 위(爲)=조(助)〉 身爲天子의 위(爲)는 〈될 성(成)〉과 같다고 보면 문맥이 잡힌다. 〈A(身)는 B(天子)가 되다[爲]〉

제위필부(弟爲匹夫) 역시 〈A爲B〉꼴의 어투로 가위친애지호(可謂親愛之乎)의 주부이고, 여기서의 위(爲)는 〈행세할 행(行)〉과 같다.

가위친애지호(可謂親愛之乎)와 같은 어투의 문맥을 잡으려면 위(謂)의 쓰임새를 잘 알고 있어야 한다. 〈謂AB〉꼴로 알아두면 편하다. 〈A를 B라고 한다[謂]〉 신위천자(身爲天子)와 제위필부(弟爲匹夫)는 위(謂)의 목적어(A)이고, 親愛之는 목적격 보어(B)이므로 영어의 5형식 같은 어투인데, 위(謂)의 목적어인 신위천자(身爲天子)와 제위필부(弟爲匹夫)를 앞으로 옮겨 강조하고 있다. 可謂親愛之乎에서 가(可)는 위(謂)의 조동사이고, 위(謂)는 타동사이며, 친애지(親愛之)는 목적어이고, 호(乎)는 의문어조사이다. 그러므로 可謂身爲天子親愛之乎와 可謂弟爲匹夫親愛之乎를 하나처럼 묶어놓은 문장이다. 그리고 〈謂AB〉꼴은 거의 주어 없이 통용되는 어투이다.

스승(孟子)은 제자(萬章)에게 친애(親愛)의 참뜻을 오금질하고 있다. 친애야말로 사람으로 대인으로 이끌어주는 인도(仁道)임을 잘라서 말해주고 있다. 대인이 행하는 친애를 두고 소인배들이 입질하지 말라 한다. 물론 오늘날 입장에서 본다면 친인척 특혜라며 청문회거리가 되고도 남을 것이다. 그러나 백성을 친애할 수 있는 기회를 동생에게 주었던 순임금을 걸어 청문회거리로 삼는다 해도 친애의 정도(正道)를 흠낼 수는 없다. 상이 유비(有庳)로 가서 선량한 사람으로 거듭나 현명한 제후 노릇을 한다면 말꼬리 잡을 일은 아니니다. 그 때는 천자(天子)의 시대였으니 말이다. 요새 같으면 순(舜)은 상(象)에게 철저하게 유비의 백성을 위해 근신하라 했을 터이니 순임금을 두고 입질할 것 없다.

자신 신(身), 될 위(爲), 하늘 천(天), 높임 자(子), 짝 필(匹), 사내 부(夫), 가할 가(可), 일컬을 위(謂), ~인가 호(乎)

【문지(聞之) 3】

상부득유위어기국(象不得有爲於其國)

【원문(原文)】

敢問或曰放者何謂也이까 曰 象不得有爲於其國하고 天子使吏
감문혹왈방자하위야 왈 상부득유위어기국 천자사리
治其國하여 而納其貢稅焉하니 故로 謂之放이라 豈得暴彼民哉
치기국 이납기공세언 고 위지방 기득포피민재
이겠나 雖然이나 欲常常而見之라 故로 源源而來라 不及貢하여
수연 욕상상이견지 고 원원이래 불급공
以政接于有庳라 하니 此之謂也이다
이정접우유비 차지위야

【해독(解讀)】

"사람들이 내침이라고 말하는 것은 무슨 까닭을 일컫는 것인지 감히 여쭙겠습니다[敢問或曰放者何謂也]." (맹자가) 말해주었다[曰]. "상은 그 나라

에서 다스림을 취할 수 없었고[象不得有爲於其國] 천자가 관리들을 시켜서 그 나라를 다스리게 하고[天子使吏治其國], 그리고 그 나라 조공과 세금을 거두어들이게 했던 것이다[而納其貢稅焉]. 그래서 상을 내친 것이라 한다[故謂之放]. (그러니 상이) 어찌 유비(有庳)의 백성을 못살게 할 수 있었겠나[豈得暴彼民哉]? 그렇지만[雖然] (순임금은) 늘 아우를 만나고자 했다[欲常常而見之]. 그래서 끊임없이 (아우 상이) 왔다[故源源而來]. 공기(貢期)가 이르지 않았으나[不及貢] 정무를 핑계삼아 유비의 제후를 접견했다[以政接于有庳]. 이를 두고 하는 말이다[此之謂也]."

【담소(談笑)】

敢問(감문) 或曰放者何謂也(혹왈방자하위야)

▶ 사람들이[或] 내침이라고[放] 말하는[曰] 것은[者] 무슨 까닭을[何] 일컫는 것[謂]인지[也] 감히[敢] 여쭙겠습니다[問].

감문혹왈방자하위야(敢問或曰放者何謂也)는 萬章敢問或曰放者何謂也를 줄인 어투이다. 주어인 만장(萬章)이 생략된 敢問或曰放者何謂也는 〈問A〉꼴로 영어의 3형식 같은 어투이다. 〈A(或曰放者何謂也)를 묻다[問]〉

감문혹왈방자하위야(敢問或曰放者何謂也)에서 감(敢)은 문(問)을 꾸며주는 부사이고, 문(問)은 타동사이며, 혹왈방자하위야(或曰放者何謂也)는 목적절이다. 或曰放者何謂也에서 혹왈방자(或曰放者)는 주부이고, 하위야(何謂也)는 술부로서 보어 구실을 한다. 或曰放者何謂也과 같은 어투에서는 자(者)의 쓰임새를 잘 정리해둘 필요가 있다. 或曰放者와 같은 어투는 빈번하게 등장하므로 〈A者〉꼴로 외워두면 편하다. 〈A하는 것[者]〉으로 정리해두고 〈A者〉의 A가 형용사 구실을 한다고 여기면 쉽다. 或曰放者의 혹(或)은 혹자(或者)의 줄임말이고, 방(放)은 여기서 〈내칠 축(逐)〉과 같고 방축(放逐)의 줄임말로 여기고 새긴다.

감히 감(敢), 여쭐 문(問), 어떤 사람 혹(或), 내칠 방(放), 것 자(者), 무엇 하(何), 일컬을 위(謂), 의문어조사 야(也)

象不得有爲於其國(상부득유위어기국) 天子使吏治其國(천자사리치기국) 而納其貢稅焉(이납기공세언) 故謂之放(고위지방) 豈得暴彼民哉(기득포피민재)

▶ 상은[象] 그[其] 나라[國]에서[於] 다스림을[爲] 취할[有] 수 없었고[不得], 천자가[天子] 관리들을[吏] 시켜서[使] 그[其] 나라를[國] 다스리게 하고[治]서[而] 그 나라[其] 조공과[貢] 세금을[稅] 거두어들이게 했던 것[納]이다[焉]. 그래서[故] 상(象)을[之] 내친 것[放]이라 한다[謂]. (그러니 상이) 어찌[豈] 유비(有庳)의[彼] 백성을[民] 못살게 할[暴] 수 있었겠나[得哉]?

상부득유위어기국(象不得有爲於其國)에서 상(象)은 주어이고, 부득(不得)은 불능(不能)과 같고 유(有)를 꾸며주는 조동사이며, 유(有)는 〈취할 취(取)〉와 같은 타동사이고, 위(爲)는 〈다스릴 치(治)〉와 같은 목적어이며, 어기국(於其國)은 장소를 나타내는 부사구로 여기고 새기면 문맥을 잡을 수 있다.

천자사리치기국(天子使吏治其國)과 같은 어투는 사(使)가 사역동사임을 알아야 문맥을 잡을 수 있다. 〈使AB〉꼴로 알아두면 쉽다. 〈A(吏)를 시켜서[使] B(治)하게 한다〉 天子使吏治其國에서 사(使)는 〈하여금 령(令)〉과 같고 사령(使令)의 줄임말로 보고, 이(吏)는 관리(官吏)의 줄임말로 여기며, 기국(其國)의 기(其)는 유비지국(有庳之國)의 유비지(有庳之)를 대신하는 관형사이다.

이납기공세언(而納其貢稅焉)은 而天子使吏納其貢 而天子使吏納其稅焉을 하나로 묶은 어투이다. 而納其貢稅焉에서 이(而)는 연접의 연사이고, 납(納)은 〈들일 입(入)〉과 같고 납입(納入)의 줄임말로 여기며, 세(稅)는 〈부세 조(租)〉와 같고 조세(租稅)의 줄임말로 여기고, 언(焉)은 하나의 구문이 끝났음을 나타내는 문미(文尾)의 어조사이다.

순은 상(象)을 제후로 봉하면서도 직접 백성을 다스릴 수 있는 기회는 주지 않았음을 스승이 제자에게 밝혀주고 있다. 형은 아우가 불인(不仁)을 범해도 용서해줄 수 있지만, 만약에 백성에게 불인을 범하면 세상이 용서하지 않음을 상기하게 한다. 백성에게 불인을 범함을 경고하여 공자는 "획죄어천(獲罪於天) 무소도(無所禱)"라고 단언해두었다. 하늘[天]에[於] 죄를[罪] 지으면[獲] 빌[禱] 곳도[所] 없다[無]. 어찌 순임금이 이를 모를 것인가. 상에게 획죄어천(獲罪於天)의 기회를 주지 않아 아우가 천하고 흉하게 되는 불운을 막아버렸다고 헤아리면, 순이 상에게 바치는 친애(親愛)의 참뜻[情]을 누구나 헤아릴 수 있는 일이다. 그러므로 속도 모르고 세상은 형(舜)이 아우(象)를 내쳤다[放]고 입방아를 찧는 꼴이다. 함부로 주둥이 놀릴 일이 아니다.

모양 상(象), 잘할 득(得), 취할 유(有), 다스릴 위(爲), ~에서 어(於), 시킬 사(使), 관리 리(吏), 다스릴 치(治), 거둬들일 납(納), 공물 공(貢), 세금 세(稅), 어조사 언(焉), 그러므로 고(故), 일컬을 위(謂), 이 지(之), 내칠 방(放), 어찌 기(豈), 능할 득(得), 포악할 포(暴), 그 피(彼), 백성 민(民), 의문어조사 재(哉)

雖然(수연) 欲常常而見之(욕상상이견지) 故源源而來(고원원이래) 不及貢(불급공) 以政接于有庳(이정접우유비) 此之謂也(차지위야)

▶ **그렇지[然]만은[雖] (순임금은) 늘[常常而] 아우를[之] 만나려고[見] 했다[欲]. 그래서[故] 끊임없이[源源而] (아우가) 왔다[來]. 공기(貢期)가[貢] 이르지 않았으나[不及] 정무를[政] 핑계 삼아[以] 유비[有庳]의 제후를[于] 접견했다[接]. 이[此]를[之] 두고 하는 말[謂]이다[也].**

수연(雖然)은 양보를 나타내는 어투이다. 雖然의 수(雖)는 영어의 though처럼 여기면 편하고, 연(然)은 그렇게 했다는 뜻으로 동사이다.

욕상상이견지(欲常常而見之)는 舜欲常常而見之에서 주어인 순(舜)을 생략해버린 어투이다. 반복되거나 문맥으로 보충할 수 있는 것이면 사정없이 생략해버리는 것이 한문투의 특징이다. 欲常常而見之에서 욕(欲)은 〈바랄 망(望)〉과 같은 타동사이고, 상상(常常)은 중복하여 어세를 높이는 어투로 끊임없이란 뜻이며, 상상이(常常而)의 이(而)는 발어사 정도로 이해하고 뜻없는 어조사로 여기고, 견지(見之)는 욕(欲)의 목적구이다. 그러니 欲常常而見之는 주어가 생략된 영어의 3형식 같은 어투로 여긴다. 見之에서 견(見)은 접견(接見)의 줄임말로 여기고, 지(之)는 상(象)을 나타내는 지시대명사이다.

고원원이래(故源源而來)는 是故象源源而來를 줄인 어투이다. 말하자면 是故에서 시(是)를 생략하고, 내(來)의 주어인 상(象)을 생략한 것이 故源源

而來이다. 물론 是故의 시(是)는 바로 앞 내용인 욕상상이견지(欲常常而見之)를 가리키는 지시어이다. 그렇기[是] 때문에[故]. 故源源而來에서 원원이(源源而)는 자동사인 내(來)를 꾸며주는 부사구이므로 源源而來는 주어가 생략된 영어의 1형식 같은 어투이다. 내(來)는 내방(來訪)의 줄임말로 여기고 새긴다.

불급공이정접우유비(不及貢以政接于有庳)는 不及貢과 以政接于有庳로 나누어 새기자는 설도 있고, 不及貢以政과 接于有庳로 나누어 새기자는 설도 있다. 이런 까닭은 이(以) 때문에 빚어진다. 공기(貢期)가[貢] 이르지 않았지만[不及], 정무를[政] 핑계 삼아[以] 유비[有庳]의 제후를[于] 접견했다[接]고 새길 수 있는 경우가 不及貢 以政接于有庳일 것이고, 조기(朝期)와[政] 함께[以] 공기(貢期)가[貢] 이르지 않았지만[不及], 유비[有庳]의 제후를[于] 접견했다[接]고 새길 수 있는 경우가 不及貢以政 接于有庳일 것이다. 이처럼 不及貢以政接于有庳를 두 구문으로 끊어서 새길 수 있는 것은 이(以) 때문이다. 그래서 不及貢以政接于有庳와 같은 어투의 문맥을 잡으려면 이(以)의 구실을 알아두어야 한다. 한문투에서 이(以)는 다양한 구실을 한다. 〈할 이(以)=위(爲), 써 이(以)=용(用), 까닭 이(以)=인(因), 생각할 이(以)=사(思), 함께 이(以)=여(與)〉 등 문맥에 따라 자유롭게 다양한 뜻으로 새길 수 있다. 여기서는 以政의 이(以)를 여(與)나 용(用)과 같다고 보는 두 설 중에서 이(以)=용(用)의 설을 따라 정무(政務)를[政] 핑계 삼아[以]정도로 새기면 문맥이 자연스러워질 것이다. 以政接于有庳에서 접(接)은 타동사로 〈만날 견(見)〉과 같고 접견(接見)의 줄임말인 셈이고, 우(于)는 목적격 토씨 구실을 하는 어조사이고, 유비(有庳)는 유비지주(有庳之主)의 줄임으로 보고 새겨야 문맥이 잡힌다. 유비[有庳]의[之] 주군[主].

차지위야(此之謂也)는 한 단락의 내용을 묶어서 끝맺게 해주는 구실을 한다. 此之謂也에서 차(此)는 앞의 내용을 몰아서 나타내는 지시어이고, 지(之)는 차(此)를 위(謂)의 목적어로 이끄는 토씨(~를) 구실을 하는 허사이며, 위(謂)는 〈이를 언(言)〉과 같고, 此之謂也는 여지언야(與之言也)와 같다.

스승(孟子)과 제자(萬章)가 형제지친애(兄弟之親愛)의 문제를 철저하게 논변하는 광경을 보아왔다. 그 논변은 방지(放之)와 봉지(封之)로써 전개되어, 제자로 하여금 겉보기로는 내침[放]이지만 속을 살펴보면 보살핌[封]이란 것을 샅샅이 살펴보게 하는 광경을 보았다. 그러면서 친애의 참뜻[情]은 저절로 드러나고, 따라서 대인의 용심(用心)과 소인의 심술(心術)이 어떻게 다른 마음씨인지도 깨닫게 되었다. 사람은 자신을 귀하게 할 수도 있고 천하게 할 수 있다. 그래서 맹자는 「이루장구(離婁章句) 상(上)」 19장에서 "수숙위대(守孰爲大)인가? 수신위대(守身爲大)하다"고 밝혔고, "수신(守身)이 수지본야(守之本也)"라고 설파한다. 이는 곧 수기(守己)하라 함이다.무엇을[孰] 지킴이[守] 큰 것인가[爲大]? 자신을[身] 지킴이[守] 큰 것이다[爲大]. 자신을[身] 지킴이[守] 지킴[守]의[之] 근본인 것[本]이다[也]. 그리고 바로 뒤 「고자장구(告子章句) 상(上)」 6장에서 맹자가 "구즉득지(求則得之)하고 사즉실지(舍則失之)한다"고 우리를 향해 절규하고 있는 까닭도 여기 형제지친애(兄弟之親愛)를 통해서도 깨달을 수 있다. 순(舜)은 상(象)을 봉하여 인간이 참으로 존귀할 수 있음을 보여주고 있음을 맹자가 우리에게 정언(正言)으로써 정언(定言)해주고 있다. 부자(父子)가 송사(訟事)를 일삼고 형제가 송사를 일삼는 세상은 상(象) 같은 인간들이 자신을 내쳐 더 포악한 인간의 흉물로 드러내고 만다.

비록 수(雖), 그럴 연(然), 바랄 욕(欲), 늘 상(常), 어조사 이(而), 만날 견(見), 그 지(之), 그러므로 고(故), 이어질 원(源), 올 래(來), 써 이(以), 정사 정(政), 만날 접(接), ~을 우(于), 있을 유(有), 낮을 비(庳)

제4장

4장 역시 긴 장구로 순임금에 관한 맹자의 논변이다. 이해를 돕기 위해서 4장을 다섯 단락으로 나누어 살펴본다. 4장은 맹자와 제자인 함구몽(咸丘蒙) 사이의 문답으로 이루어지고 있다. 4장은 부자(父子)의 사이를 논변하면서 설시(說詩)의 요체가 적시(摘示)돼 있는 장으로, 시화(詩話)의 첫발이 어떻게 이루어지는가를 알 수 있게 하는 장이기도 하다.

【문지(聞之) 1】

성덕지사(盛德之士)

【원문(原文)】

咸丘蒙問曰 語에 云하길 盛德之士는 君不得而臣하고 父不得而子라 舜이 南面而立이어늘 堯帥諸侯하여 北面而朝之하고 瞽瞍亦北面而朝之어늘 舜이 見瞽瞍하고 其容이 有蹙이라 孔子曰 於斯時也에 天下殆哉 岌岌乎인저 하니 不識커늘 此語가 誠然乎哉이까

함구몽문왈 어 운 성덕지사 군부득이신 부부득이자 순 남면이립 요솔제후 북면이조지 고수역북면이조지 순 견고수 기용 유축 공자왈 어사시야 천하태재 급급호 불식 차어 성연호재

【해독(解讀)】

함구몽이 물어 여쭈었다[咸丘蒙問曰]. "내려오는 말이 이릅니다[語云] '덕을 이룬 인물은[盛德之士] 임금이라도 신하로 할 수 없고[君不得而臣] 아버지도 (그를) 아들로 할 수 없어[父不得而子] 순이 남쪽을 향하여 서자[舜南面而立] 요가 제후를 이끌고[堯帥諸侯] 북쪽을 향하여 그를 배알하였고[北面而朝之], (순의 부친인) 고수도 역시 북쪽으로 향하여 그를 배알하였다[瞽瞍亦北面而朝之]. 순이 고수를 보자[舜見瞽瞍] 순의 얼굴이 불편함을 드리웠다[其容有蹙].' 공자께서 말씀하였습니다[孔子曰]. '그 때에는[於斯時也] 세상이 위태로웠다[天下殆哉]! (세상이) 위급하였다네[岌岌乎]!' (저는) 모르겠습니다만[不識] 이런 말씀이 정말로 그런 것입니까[此語誠然乎哉]?"

【담소(談笑)】

咸丘蒙問曰(함구몽문왈)

▶ **함구몽이[咸丘蒙] (스승께) 여쭈어[問] 아뢰었다[曰].**

함구몽문왈(咸丘蒙問曰)은 咸丘蒙問於孟子 而咸丘蒙曰을 한 구문으로 묶은 어투이다. 함구몽(咸丘蒙)은 맹자의 제자라는 것 외에는 알려진 것이 없는 인물이다.

다 함(咸), 언덕 구(丘), 덮을 몽(蒙), 물을 문(問), 말할 왈(曰)

語云(어운)

▶ **전해오는 말이[語] 일러준다[云].**

어운(語云)은 오래 전부터 세상에 전해지는 말을 예로 들어서 언급할 때 말머리에 쓰는 어투이다. 또한 기록으로 전해 내려오는 말씀을 뜻하기도 하므로, 경전(經傳) 등의 기록으로 전해오는 말을 뜻하는 전왈(傳曰)과 같은 말로 여겨도 된다.

말씀 어(語), 이를 운(云)

盛德之士君不得而臣(성덕지사군부득이신) 父不得而子(부부득이자)

▶ **덕이[德] 대단한[盛] 인물은[士] 임금도[君] 신하로 할[臣] 수 없고[不得], 아버지도[父] (그런 인물은) 아들로 대할[子] 수 없다[不得].**

성덕지사군부득이신(盛德之士君不得而臣)은 타동사 신(臣)의 목적어인 성덕지사(盛德之士)를 강조하기 위해 전치시킨 어투이다. 그러니 盛德之士君不得而臣을 君不得而臣盛德之士로 고쳐놓으면 문맥을 잡아 새기기가 쉬워진다. 한문투에서 구문의 앞머리로 옮기면 그 내용이 강조된다고 여기면 편하다. 盛德之士君不得而臣에서 성덕지사(盛德之士)는 목적구이고, 군(君)은 주어이며, 부득(不得)은 타동사 신(臣)을 돕는 조동사로 불능(不能)과 같고, 이(而)는 뜻 없는 허사로 발어사이며, 신(臣)은 타동사이다.

부부득이자(父不得而子)는 盛德之士父不得而子에서 목적구인 성덕지사(盛德之士)를 앞으로 옮긴 어투이다. 그러니 盛德之士父不得而子를 父不得而子盛德之士로 고쳐놓으면 문맥을 잡아 새기기가 쉽다. 盛德之士父不得而子에서 성덕지사(盛德之士)는 목적구이고, 부(父)는 주어이며, 부득(不得)은 타동사 자(子)를 돕는 조동사로 불능(不能)과 같고, 이(而)는 뜻 없는 허사로 발어사이며, 자(子)는 타동사이다.

성덕(盛德)은 하늘[天]과 같다. 덕을 가득 채운 모습은 곧 천(天)의 모습이다. 성덕의 인물은 하늘과 같으니 감히 누가 신하나 자식으로 부릴 수 있을 것인가. 만물을 하나[一]로 여기고 껴안고 품는 덕(德)을 가득 채운 인사(人士)의 화신(化身)을 두고 순임금이라고 한다. 순을 두고 입위천자(立爲天子)라고 할 때 입(立)은 곧 성덕을 다했음을 뜻하지 않는가. 세상이 편안하려면 학식이 넘치는 인사들보다 덕망이 있는 한 사람이 더 소중한 법이다. 이러한 법은 지금도 여전히 유효하다.

채울 성(盛), 큰 덕(德), 허사 지(之), 선비 사(士), 임금 군(君), 아니 부(不), 능할 득(得), 어조사 이(而), 신하로 부릴 신(臣), 아비 부(父), 아들로 대할 자(子)

舜南面而立(순남면이립) 堯帥諸侯(요솔제후) 北面而朝之(북면이조지)

▶ 순이[舜] 남녘으로[南] 향하여[面而] 서자[立] 요가[堯] 제후들을[諸侯] 이끌고[帥] 북녘을[北] 향하여[面而] 그를[之] 배알하였다[朝].

순남면이립(舜南面而立)은 舜南面而舜立에서 두 번째 순(舜)을 생략해버린 어투이다. 그러니 舜南面而立은 영어의 1형식 같은 문장 둘이 하나처럼 묶인 셈이다. 舜南面而立에서 순(舜)은 주어이고, 남(南)은 부사이며, 면(面)과 입(立)은 자동사이고, 이(而)는 연접의 연사이다.

요솔제후(堯帥諸侯)에서 어조사는 주어이고, 솔(帥)은 타동사이며, 제후(諸侯)는 솔(帥)의 목적어이므로 마치 영어의 3형식 문장과 같은 어투이다. 솔(帥)은 〈장수 수(帥), 거느릴 솔(帥)〉로 발음이 두 가지이니 주의할 필요가 있다. 여기서 솔(帥)은 〈거느릴 솔(率)〉과 같고 통솔(統帥)의 줄임말로 여기고 새긴다.

북면이조지(北面而朝之)는 堯北面而堯朝之의 주어로 중복되는 요(堯)들을 생략한 어투이다. 반복되는 주어는 늘 생략하는 것이 한문투의 버릇이다. 주어가 생략된 北面而朝之는 영어의 1형식 문장과 3형식 문장이 하나로 묶인 어투이다. 北面而朝之에서 북(北)은 부사이고, 면(面)은 자동사이며, 이(而)는 연접의 연사이고, 조(朝)는 타동사이며, 지(之)는 순(舜)을 대신하는 지시대명사이다. 北面而朝之에서 면(面)은 〈향할 향(向)〉과 같고, 조(朝)는 임금을 배알한다는 뜻의 타동사이며 조회(朝會)의 줄임말로 여기고 새긴다.

요(堯)임금이 순(舜)에게 천자(天子)의 자리를 물려주고 난 다음 천자였던 요도 천자인 순을 배알하였다는 풍문이 돌았던 모양이다. 남면(南面)이란 임금이 서는 자리이고, 북면(北面)이란 신하들이 서는 자리이다. 그러니 순남면(舜南面)이란 순이 임금이 되었음을 뜻하고, 요북면(堯北面)이란 요가 순임금에게 신하의 위치에 서게 되었음을 보여준다. 이럴 수 있을까? 상왕(上王)을 예로써 존중함이 군왕(君王)의 도리가 아닌가. 아무래도 요북면이조지(堯北面而朝之)란 말은 예의에 어긋나는 느낌을 준다.

남녘 남(南), 향할 면(面), 어조사 이(而), 설 립(立), 요임금 요(堯), 거느릴 솔(帥), 모두 제(諸), 임금 후(侯), 북녘 북(北), 배알할 조(朝), 그 지(之)

瞽瞍亦北面而朝之(고수역북면이조지) 舜見瞽瞍(순견고수) 其容有蹙(기용유축)

▶ (순의 부친인) 고수도[瞽瞍] 역시[亦] 북쪽을[北] 향하여[面而] 그를[之] 배알하였다[朝]. 순이[舜] 고수를[瞽瞍] 보자[見] 순의[其] 얼굴이[容] 불편함을[蹙] 드리웠다[有].

고수역북면이조지(瞽瞍亦北面而朝之)는 瞽瞍亦北面而瞽瞍朝之에서 반복되는 주어인 고수(瞽瞍)를 생략한 어투이다. 고수는 순임금의 아버지 이름이다. 瞽瞍北面而朝之는 영어의 1형식 문장과 3형식 문장이 하나로 묶인 어투이다. 瞽瞍北面而朝之에서 고수(瞽瞍)는 주어이고, 북(北)은 부사이며, 면(面)은 자동사이고, 이(而)는 연접의 연사이며, 조(朝)는 타동사이고, 지(之)는 순(舜)을 대신하는 지시대명사이다. 瞽瞍北面而朝之에서 면(面)은 〈향할 향(向)〉과 같고, 조(朝)는 임금을 배알한다는 뜻으로 타동사이며 조회(朝會)의 줄임말로 여기고 새긴다.

순견고수(舜見瞽瞍)는 문맥으로 보면 이어지는 기용유축(其容有蹙)을 돕는 시간의 부사절이다. 영어의 As soon as처럼 여기고 새기면 문맥을 따라 쉽게 문의를 건질 수 있다. 순이[舜] 고수를[瞽瞍] 보았다[見]보다, 순이[舜] 고수를[瞽瞍] 보자마자[見]로 새기면 문맥에 걸맞게 된다는 말이다.

기용유축(其容有蹙)과 같은 어투는 유(有)를 자동사 〈있을 유(有)〉로 새기느냐, 타동사 〈가질 유(有)〉로 새기느냐가 중요하다. 〈A有B〉꼴은 〈A에 B가 있다[有]〉고 새기는 경우와 〈A가 B를 갖다[有]〉로 새기는 경우가 있음을 알아두면 편할 것이다. 其容有蹙은 두 경우 중에서 어느 것을 택해도 문맥이 통하지만, 〈가질 유(有)〉의 경우가 더 걸맞지 싶다. 순의 얼굴에[其容] 불편함이[蹙] 있었다[有]보다, 순의 얼굴이[其容] 불편함을[蹙] 띠었다[有]로 새기는 편이 더 자연스럽기 때문이다. 其容有蹙은 앞에 나온 순견고수(舜見

瞽瞍)의 주절로 보고, 舜見瞽瞍 其容有蹙을 하나의 복문처럼 여기고 새기면 문맥이 잡힐 것이다. 其容有蹙에서 용(容)은 〈얼굴 안(顔)〉과 같고 용안(容顔)의 줄임말로 여기고, 축(蹙)은 〈쭈그러질 박(迫)〉과 같은 뜻이지만 여기선 아버지(瞽瞍)보다 높은 자리에서 아버지를 내려다보게 돼 황송함을 금치 못하는 효성의 마음이 드러난 모습이라고 여긴다.

순이[舜] 고수를[瞽瞍] 보자[見] 순의[其] 얼굴이[容] 불편함을[蹙] 드리웠다[有]는 말을 귀담아들으면 효심의 천륜(天倫)을 생각해보게 된다. 따지고 보면 군신(君臣)의 관계는 부자(父子)의 관계를 따를 수 없다. 부자는 천륜이지만 군신은 인륜의 제도에 불과하기 때문이다. 스승(孟子)이 만장(萬章)과는 형제지친애(兄弟之親愛)인 제(悌)를 논변했다면, 함구몽(咸丘蒙)과는 부자지친애(父子之親愛)인 효(孝)를 논변하고 있다고 여겨도 된다.

효(孝)란 무엇인가? 자식이 부모를 존귀하게 하는 것이다. 불효(不孝)란 무엇인가? 자식이 부모를 비천하게 하는 짓이다. 본래부터 호래자식이란 제 부모를 비천하게 하는 놈이다. 기용유축(其容有蹙)의 축(蹙)은 순(舜)을 못 살게 했던 아비(瞽瞍)일지라도 존귀한 부친으로 바꾸어놓고 있음이 아니겠는가. 호래자식이라면 어찌 其容有蹙의 축(蹙)이 뜻하는 바를 알겠는가.

소경 고(瞽), 소경 수(瞍), 또 역(亦), 북녘 북(北), 향할 면(面), 그리고 이(而), 배알할 조(朝), 그 지(之), 볼 견(見), 그 기(其), 얼굴 용(容), 있을 유(有), 움츠릴 축(蹙)

孔子曰(공자왈) 於斯時也(어사시야) 天下殆哉(천하태재) 岌岌乎(급급호)

▶ 공자께서[孔子] 말했다[曰]. "그[斯] 때[時]에는[於也] 세상이[天下] 위태로웠다[殆]네[哉]! (세상이) 위급하였다[岌岌]네[乎]!"

어사시야(於斯時也)는 천하태재(天下殆哉) 급급호(岌岌乎)를 꾸며주는 부사구인 어사시(於斯時)에 야(也)를 더하여 비장한 어조를 띠는 어투이다. 於斯時也에서 사(斯)는 당시(當是)를 한 글자로 나타낸 것이고, 사시(斯時)는 당시시기(當是時期)란 말로 곧 요(堯)가 순(舜)에게 천자(天子)의 위(位)를 물려주던 바로 그 시기를 일컫는다고 볼 수 있다.

천하태재(天下殆哉)는 감탄을 나타낸다. 문장 끝에 호재(乎哉) 또는 재

(哉)가 있으면 감탄의 어조를 띤다. 天下殆哉에서 태(殆)는 〈위태로운 위(危)〉와 같고 위태(危殆)의 줄임말로 여기고 새긴다.

급급호(岌岌乎)는 天下岌岌乎哉를 줄인 어투이다. 岌岌乎의 급(岌)은 〈산 쭈뼛할 고(高)〉와 같고, 급급(岌岌)은 중첩하여 위태로움을 강조하는 어투이다. 天下殆哉의 태(殆)를 높고 가파르며 쭈뼛해 험준한 산세(山勢)에 비유한 말이 급급(岌岌)이다.

~에 어(於), 이 사(斯), 시대 시(時), 발어사 야(也), 위태할 태(殆), 위급할 급(岌), 감탄어조사 호(乎)

不識(불식) 此語誠然乎哉(차어성연호재)

▶ (저는) 모르겠습니다만[不識] 이런[此] 말씀이[語] 정말로[誠] 그런 것[然]입니까[乎哉]?

불식(不識)은 余不識孔子之語를 줄인 어투이다. 저는[余] 공자(孔子)의[之] 말씀을[語] 알지 못하겠습니다[不識]. 그러니 不識은 주어와 목적어가 다 생략되고 동사만 남은 어투이다. 不識의 식(識)은 〈알 지(知)〉와 같고 지식(知識)의 줄임말로 여기고 새긴다.

차어성연호재(此語誠然乎哉)는 문장 끝에 호재(乎哉)를 붙여 완곡한 의문문 어조를 띤다. 此語誠然乎哉의 호재(乎哉)가 스승께 완곡하게 묻고 있는 어투를 드러내고 있다. 此語誠然乎哉의 차어(此語)는 어운(語云)의 내용을 나타내지 공자왈(孔子曰)의 내용을 나타내는 것은 아닐 것이다. 스승(孟子) 앞에서 제자(咸丘蒙)가 공자왈(孔子曰)의 내용을 감히 차어(此語)라고 지적할 수 없으니 말이다. 此語誠然乎哉에서 차어(此語)는 주어이고, 성(誠)은 부사이며 〈진실로 성(誠)〉이고, 연(然)은 보어로 어떤 내용을 긍정하는 구실을 하며, 호재(乎哉)는 완곡한 의문어조사이다.

순(舜)이 천자의 자리에 오르자 자기에게 바로 그 자리를 양위해준 요임금을 신하로 대하면서, 자기 아버지(瞽瞍)만은 민망해하면서도 신하로 대하기를 마다하지 않았다는 말이 사실이냐고 함구몽(咸丘蒙)이 스승(孟子)께 반문하고 있다. 공부자(孔夫子)께서도 변죽만 울려두었을 뿐 시비를 가려두지 않았으니 어찌된 일이냐고 제자가 따져 묻고 있다. 하기야 소인배의 눈으로 보면, 순이 천자의 자리에 올랐으니 세상을 손아귀에 쥐고 쥐락펴락할 수 있을 터라 믿고 요(堯) 앞에서든 고수(瞽瞍) 앞에서든 천자라고 위세를 올렸으리라 짐작하고 입방아를 찧었던 셈이다.

천자의 자리가 양위되는 시기의 세상이라면 평온할 리 없었을 것이다. 언제 어디서든 권력은 썩은 고깃덩이니 물고 늘어지는 개들이 없을 리 없다. 그런 세상이라면 위태롭고 아슬아슬 하여 허구한 말들이 세상을 떠돌았을 터이다. 공자가 "천하태(天下殆) 급급(岌岌)"이라고 비유로써 말해둔 것은 위태로운 세상이라 허다한 말들이 떠돌았을 것임을 논(論)해둔 것뿐이다. 본래 성인은 세상을 두고 논(論)하되 변(辯)하지 않는다. 성인은 어떤 일을 두고 줄거리[紀]만 말해두지[論] 세목(細目)을 들어 따지지[辯] 않는다. 성인은 그물[網]의 벼리를 근심하지 그물코를 걱정하지 않는다. 그래서 공자는 위태로운 천하(天下)를 천하태(天下殆) 급급(岌岌)으로만 비유해두었을 뿐 시비를 가려놓지 않았으니 함구몽이 답답해하는 것이다. 시비를 가려놓아야 성질머리가 풀린다면 함구몽은 아직 멀었다.

아니 불(不), 알 식(識), 이 차(此), 말씀 어(語), 진실로 성(誠), 그럴 연(然), 의문어조사 호(乎), 의문어조사 재(哉)

【문지(聞之) 2】

민무이왕(民無二王)

【원문(原文)】

孟子曰 否라 此는 非君子之言이고 齊東野人之語也이다 堯老而舜攝也이니라 堯典에 曰 二十有八載에 放勳이 乃徂落커늘 百姓은 如喪考妣三年하고 四海는 遏密八音이라 하며 孔子曰 天無二日하고 民無二王이라 하시니 舜이 旣爲天子矣이고 又帥天下諸侯하여 以爲三年喪이면 是는 二天子矣이다

맹자왈 부 차 비군자지언 제동야인지어야 요로이순섭야 요전 왈 이십유팔재 방훈 내조락 백성 여상고비삼년 사해 알밀팔음 공자왈 천무이일 민무이왕 순 기위천자의 우솔천하제후 이위삼년상 시 이천자의

【해독(解讀)】

맹자가 말해주었다[孟子曰]. "아니다[否]. 전해오는 그 말은 군자의 말이 아닌 것이고[此非君子之言], 제나라 동쪽 야인들의 말이다[齊東野人之語也]. 요임금이 늙어서 순이 섭정한 것이다[堯老而舜攝也]. 「요전」이 말하고 있다

[堯典曰]. '(순이 섭정한 지) 28년에[二十有八載] 방훈이 돌아가자[放勳乃徂落] 백성은 삼 년을 부모를 잃은 것같이 하였고[百姓如喪考妣三年], 온 세상은 온갖 가무를 멈추고 고요했다[四海遏密八音].' 공자가 말해두었다[孔子曰]. '하늘에는 두 해가 없고[天無二日], 백성한테는 두 임금이 없다[民無二王].' (그러니) 순이 이미 천자가 된 것이고[舜既爲天子矣], 또한 온 세상의 군왕들을 통솔하였다[又帥天下諸侯]. 그러면서 (요임금의) 삼년상을 행한다면[以爲三年喪] 이는 천자가 둘인 것이다[是二天子矣]."

【담소(談笑)】

否(부)

▶ **아니다[否].**

부(否)는 불허어전(不許語云)을 한 마디로 줄인 말이다. 맹자가 제자(咸丘蒙)에게 전해온다는 말[語云]을 한 마디로 부정해버린 말이다. 부(否)가 이런 뜻 외에 〈틀릴 위(違), 없을 무(無)〉의 뜻이면 발음이 부(否)이고, 〈막힐 색(塞), 더러울 예(穢), 악할 악(惡)〉 등과 같은 뜻으로 쓰이면 발음이 비(否)인 점을 주의한다.

아닐 부(否)

此非君子之言(차비군자지언) 齊東野人之語也(제동야인지어야)

▶ **전해오는 그 말은[此] 군자[君子]의[之] 말이[言] 아닌 것이고[非], 제나라[齊] 동쪽[東] 야인들[野人]의[之] 말[語]이다[也].**

차비군자지언(此非君子之言)은 〈A非B〉꼴로 영어의 2형식 문장과 같은 어투이다. 〈A(此)는 B(君子之言)가 아닌 것이다[非]〉 此非君子之言의 차(此)는 주어이고, 비군자지언(非君子之言)은 보어이다. 此非君子之言의 차(此)는 함구몽(咸丘蒙)이 말한 어운(語云)의 내용 전부를 대신하는 지시어이고, 비(非)는 부시(不是)와 같다.

제동야인지어야(齊東野人之語也)는 此齊東野人之語也에서 주어인 차(此)를 생략한 〈AB也〉꼴 어투로, 영어의 2형식 문장과 같고 보어만으로 이루어져 있다. 〈(A는) B인 것(齊東野人之語)이다[也]〉 齊東野人之語는 〈A之B〉꼴로 여기고 〈A의[之] B, A가[之] B, A를[之] B, A 하는[之] B〉 등으로 새기는 것을 알아두면 문맥을 잡기 편하다. 그러니 齊東野人之語에서 齊東野人之는 어(語)를 꾸며주는 형용사구로 여기면 편하다. 그리고 齊東野人에서 제(齊)는 동(東)을 꾸며주고, 제동(齊東)은 야(野)를 꾸며주며, 야(野)는 인(人)을 꾸며준다. 야인지어(野人之語)란 세상에 떠도는 풍문(風聞)을 의미한다.

군자의 말씀[君子之言]은 온고(溫故)로 삼아야 하지만, 세상에 떠도는 말[野人之語]은 온고(溫故)의 거리로 삼을 것조차도 없다는 말이다. 입방아 찧기 좋아하는 무리들의 입질을 두고 괘념할 필요가 없다. 귀담아들어야 할 말이 있고 한 귀로 듣고 한 귀로 흘려도 될 말이 있다. 말을 가려들을 줄 알면 살아가면서 허방에 빠질 리가 없다. 군자의 말씀[君子之言]을 경청하면 일신(日新)의 온고(溫故)를 누리게 된다. 옛 것을 사귐[溫故]은 곧 성덕(盛德)으로 이어지므로, 날마다 새로운 삶[日新]을 누릴 수 있게 하는 말씀이 곧 군자의 말씀[君子之言]이다. 그러나 세상에 떠도는 말[野人之語]은 잡동사니로 채운 자루처럼 마음 속을 어지럽게 하고 삶을 쭉정이로 구겨버린다. 그러니 비군자지언(非君子之言)이라면 한 귀로 흘려버리는 것이 슬기롭다.

이 차(此), 아닌 것 비(非), 임금 군(君), 존칭 자(子), ~의 지(之), 말씀 언(言), 제나라 제(齊), 동녘 동(東), 들 야(野), 말씀 어(語), ~이다 야(也)

堯老而舜攝也(요로이순섭야)

▶ 요임금이[堯] 늙어[老]서[而] 순이[舜] 섭정한 것[攝]이다[也].

요로이순섭야(堯老而舜攝也)는 〈AB也〉와 〈AB也〉를 〈AB而AB也〉꼴을 써서 하나로 묶은 어투이다. 영어로 치면 2형식 문장 둘이 하나처럼 된 것이다. 堯老에서 요(堯)는 주어이고, 노(老)는 보어이며, 舜攝也에서 순(舜)은 주어이고, 섭(攝)은 영어로 치면 동명사와 같으면서 보어 구실을 한다. 堯老而舜攝也에서 섭(攝)은 〈잡을 지(持), 끌 인(引), 단정히 할 정(整)〉 등과 같지만 여기선 몰아 잡는다[摠持]는 뜻으로 섭정(攝政)의 줄임말이고, 엽(攝)으로 발음하면 〈고요할 정(靜)〉과 같은 뜻을 나타낸다.

요임금을 대신하여 정사를 도맡은 순이 어찌 요임금 앞에서 남면(南面)할 수 있겠느냐고 스승(孟子)이 제자(咸丘蒙)에게 일깨워주면서 제자가 밝힌 불식(不識)을 말끔히 풀어주고 있다. 즉 요와 고수가 북면(北面)하고 순이 남면했다는 어운(語云)은 믿을 것이 못 된다는 것이다. 믿을 것이 못 되는 것은 군자의 말이 아니다. 그런 것은 흘려버리면 된다. 얼간이들이 유언비어에 솔깃하여 새끼를 치면서 세상을 어지럽힌다. 그래서 공자가 "천하태(天下殆)"라고 말씀해놓았다. "세인(世人)들아 알겠는가"라고 함구몽을 통해 맹자가 질타하고 있다.

요임금 요(堯), 늙을 로(老), 그래서 이(而), 순임금 순(舜), 몰아 잡을 섭(攝), ~이다 야(也)

堯典曰(요전왈) 二十有八載(이십유팔재) 放勳乃徂落(방훈내조락) 百姓如喪考妣三年(백성여상고비삼년) 四海遏密八音(사해알밀팔음)

▶「요전」이[堯典] 밝히고 있다[曰]. "(순이 섭정한 지) 28[二十有八]년[載] 만에[乃] 방훈이[放勳] 돌아가자[徂落] 백성은[百姓] 삼 년을[三年] 부모를[考妣] 잃은 것[喪]같이 하였고[如], 온 세상은[四海] 온갖 가무(歌舞)를[八音] 멈추고[遏] 고요했다[密]."

요전왈(堯典曰)의 「요전(堯典)」은 옛 『상서(尙書)』의 첫 편명(篇名)이다. 그러나 지금 전해오는 『서경(書經)』에서는 「우서(虞書)」의 첫 편명이 요전(堯典)으로 돼 있다. 그리고 맹자가 인용한 내용은 『서경(書經)』「우서(虞書)」의 〈순전(舜典)〉에 들어 있다. 『서경』은 『상서』의 다른 이름이다.

이십유팔재(二十有八載)는 이십팔년(二十八年)이란 말과 같다. 요새는 수를 나타낼 때 이십팔(二十八)이라고 쓰지만, 옛날에는 이십유팔(二十有八)이라 하여 십단위 다음에 유(有)를 붙여 썼다. 二十有八載에서 재(載)는 문맥에 따라 〈실을 승(乘), 이길 승(勝), 가득할 만(滿), 비롯할 시(始), 받을 수(受), 기록할 기(記), 어조사 재(哉)〉 등 다양한 뜻을 나타내지만, 여기선 〈해 년(年)〉과 같은 말이다.

방훈내조락(放勳乃徂落)은 放勳徂落二十有八載에서 시간의 부사구인 이십유팔재(二十有八載)를 전치시키고 그 자리에 내(乃)를 더한 어투이다. 따라서 放勳乃徂落의 내(乃)는 그 때에[乃] 정도로 새긴다. 放勳乃徂落에서 방훈(放勳)은 주어이고, 내(乃)는 부사이며, 조락(徂落)은 자동사이다. 방훈(放勳)은 요임금의 호(號)이지만 명(名)이란 설도 있고, 조락(徂落)은 사망(死亡)과 같은 말이다.

백성여상고비삼년(百姓如喪考妣三年)은 〈A如B〉꼴로 여(如)는 영어의

seem to do의 seem과 같은 구실을 한다. 〈A(百姓)는 B(喪考妣)하는 것 같다[如]〉 百姓如喪考妣三年에서 백성(百姓)은 주어이고, 여(如)는 자동사이며, 상고비(喪考妣)는 보어이고, 삼년(三年)은 시간의 부사이다. 喪考妣의 상(喪)은 〈잃을 실(失)〉과 같고 상실(喪失)의 줄임말로 여기고, 고(考)는 선고(先考)의 줄임으로 돌아가신 부(父)를 말하며, 비(妣)는 선비(先妣)의 줄임으로 돌아가신 모(母)를 말한다.

사해알밀팔음(四海遏密八音)은 四海遏八音 而四海密八音을 하나처럼 묶은 어투이다. 四海遏密八音에서 사해(四海)는 주어이고, 알밀(遏密)은 타동사이며, 팔음(八音)은 목적어이다. 四海遏密八音의 사해(四海)는 사방(四方)·천하(天下)·세상(世上)과 같은 말이고, 遏密의 알(遏)은 〈멈출 지(止)〉와 같고, 밀(密)은 〈고요할 정(靜)〉과 같으며, 팔음(八音)은 여기서 온갖 가무(歌舞)를 뜻한다.

순(舜)이 28년 동안이나 요임금을 대신해 섭정을 했으니, 세상 인심은 요는 물러가고 순이 천자가 되었다 여기고 함구몽(咸丘蒙)이 인용한 어운(語云)이 세상에 떠돌았던 모양이다. 세상에 떠도는 말 따위에 신경을 쓸 것 없다고 제자를 호통치는 것은 하치의 스승이 하는 짓이다. 제자를 갈파하여 감동시키는 스승은 까닭을 밝혀 제자의 의심을 말끔히 씻어주려고 한다. 그래서 맹자는 제자(咸丘蒙)가 인용한 어운(語云)에 대하여 「요전(堯典)」을 인용하여 제자의 불식(不識)을 없애주려고 한다. 본래 유가(儒家)의 앎[知]이란 지지위지지(知之爲知之) 부지지위부지지(不知之爲不知之) 시지(是知)가 아닌가. 아는 것은[知之] 안다[知之] 하고[爲], 모르는 것은[不知之] 모른다[不知之] 함이[爲] 아는 것[知]이다[是]. 아는 둥 마는 둥하면서 아는 척하는 데서 시비가 붙으면 탈이 생기고 흉하게 된다. 다시금 공자의 천하태(天下殆)를 유념할 일이다. 이제 함구몽은 순상고비삼년(舜喪考妣三年)이라 하지 않고 백성여상고비삼년(百姓如喪考妣三年)이라고 한 까닭을 알아채고, 그의 불식(不識)은 식(識)으로 바뀔 것이다. 몰랐다가[不識] 알게 되었다[識].

책 전(典), 해 재(載), 놓을 방(放), 공 훈(勳), 이에 내(乃), 갈 조(徂), 떨어질 락(落), 성씨 성(姓), 같을 여(如), 잃을 상(喪), 죽은 아비 고(考), 죽은 어미 비(妣), 바다 해(海), 멈출 알(遏), 고요할 밀(密)

天無二日(천무이일) 民無二王(민무이왕)

▶ 하늘에는[天] 두[二] 해가[日] 없고[無] 백성한테는[民] 두[二] 임금이[王] 없다[無].

천무이일(天無二日)은 〈A無B〉꼴로 B를 주어로 보고, A를 부사로 여기고 새긴다. 〈A(天)에는 B(二日)가 없다[無]〉

민무이왕(民無二王) 역시 〈A無B〉꼴로 B를 주어로 보고, A를 부사로 여기고 새긴다. 〈A(民)에는 B(二王)가 없다[無]〉

하늘 천(天), 없을 무(無), 해 일(日), 백성 민(民), 임금 왕(王)

舜旣爲天子矣(순기위천자의)

▶ (요임금이 조락했으니) 순이[舜] 이미[旣] 천자가[天子] 된 것[爲]이다[矣].

순기위천자의(舜旣爲天子矣)는 〈A爲B矣〉꼴로 영어 2형식 문장과 같은 어투이다. 〈A爲B〉에서 어조를 강조하기 위해 〈의(矣)〉를 더해 〈A爲B矣〉가 된 어투이다. 〈A는 B가 되다[爲]〉, 〈A(舜)는 B(天子)가 되다[爲]〉, 〈A는 B가 되는 것[爲]이다[矣]〉, 〈A(舜)는 B(天子)가 되었던 것[爲]이다[矣]〉 舜旣爲天子矣에서 순(舜)은 주어이고, 기(旣)는 위(爲)를 꾸미는 부사이면서 동시에 위(爲)의 과거시제를 나타나게 하는 어조사(~이)이며, 위(爲)는 자동사로 본동사이며 영어의 become을 연상하면 알아채기 쉽다. 천자(天子)는 보어이고, 의(矣)는 구문을 결정짓는 어조사(~이다)이다. 기(旣)는 여기선 〈이미 이(已)〉와 같고, 동사일 경우엔 〈다할 진(盡), 끝날 필(畢), 작게 먹을 소식(小食)〉 등과 같다.

순임금 순(舜), 이미 기(旣), 될 위(爲), 존칭 자(子), ~이다 의(矣)

又帥天下諸侯(우솔천하제후) 以爲三年喪(이위삼년상) 是二天子矣(시이천자의)

▶ 또한[又] 온 세상의[天下] 모든 군왕들을[諸侯] 통솔하면서[帥] 함께[以] (요임금의) 삼년[三年] 상을[喪] 행한다면[爲] 이는[是] 천자가[天子] 둘인 것[二]이다[矣].

우솔천하제후(又帥天下諸侯)는 舜又帥天下諸侯에서 주어인 순(舜)을 생략한 어투이다. 又帥天下諸侯에서 솔(帥)은 타동사이고, 천하(天下)는 제후

(諸侯)를 꾸며주는 형용사이며, 제후(諸侯)는 솔(帥)의 목적어이므로 영어의 3형식 문장처럼 여기고 새기면 문맥이 쉽게 잡힐 것이다. 솔(帥)이 〈다스릴 솔(率)〉의 뜻일 때는 발음이 수가 아니라 솔이다.

이위삼년상(以爲三年喪)은 是以舜爲三年喪에서 주어인 순(舜)과 시이(是以)의 시(是)를 생략하여 以爲三年喪으로 간명하게 한 어투이다. 그러니 以爲三年喪에서 이(以)는 시이(是以)를 줄인 부사이고, 위(爲)는 타동사이며, 삼년상(三年喪)은 위(爲)의 목적구이다. 그리고 삼년상(三年喪)은 요지삼년상(堯之三年喪)과 같고, 三年喪에서 삼년(三年)은 상(喪)을 꾸며주는 형용사이다. 요[堯]의[之] 삼년[三年] 상[喪]. 以爲三年喪에서 이(以)는 여기서 〈함께 여(與)〉와 같고, 시이(是以)이므로 그와[是] 함께[以]라고 새긴다. 물론 시이(是以)의 시(是)는 앞의 내용인 우솔천하제후(又帥天下諸侯)를 나타내는 지시어이다. 그러므로 이(以)를 그렇게 하면서 동시에[以]로 새기면 문맥과 걸맞은 문의를 건질 수 있다.

시이천자의(是二天子矣)는 〈AB矣〉꼴로 영어의 2형식 문장과 같은 어투이다. 〈A(是)는 B(二天子)인 것이다[矣]〉 是二天子矣에서 시(是)는 주어이고, 이천자(二天子)는 보어이며, 의(矣)는 우리말 ~이다의 뜻이며 문장 끝에 쓰는 어조사이다. 是二天子矣의 시(是)는 이위삼년상(以爲三年喪)을 나타내는 지시어이다.

요(堯)임금이 죽자 백성이 제 부모를 잃은 것처럼 삼년상(三年喪)을 치르는 듯하였고 온 세상에서 온갖 가무(歌舞)가 자취를 감추었으며, 요임금이 죽고 나서 비로소 순(舜)이 천자(天子)가 될 수 있었지 28년 동안 요를 대신해서 순이 섭정했다 해도 천자는 요이지 순일 수 없음을 공자의 말씀을 빌어 분명히 밝혀주고, 제자(咸丘蒙)의 불식(不識)을 말끔히 씻어주고 있다. 이와 같은 말씀을 통해 순이 남면(南面)하고 요가 북면(北面)했다는 말은 낭설이요 풍설(風說)이지 참말은 아니지 않느냐고 스승이 제자에게 가름해주고 있다. 이렇게 가르쳐주는데도 거일명삼(擧一明三)할 수 없다면 어떤 스승일지라도 어쩔 수 없다. 하나를[一] 들어주면[擧] 셋을[三] 알아챈다[明]. 그래서 성현은 언제나 어디서나 늘 천하의 종사(宗師)이다. 맹자를 두고 함구몽(咸丘蒙)의 스승이지 내 스승은 아니라고 말하지 말라.

또 우(又), 통솔할 솔(帥), 모두 제(諸), 임금 후(侯), 함께 이(以), 행할 위(爲), 잃을 상(喪), 이 시(是), ~이다 의(矣)

【문지(聞之) 3】

설시자(說詩者)

【원문(原文)】

咸丘蒙曰 舜之不臣堯 則吾既得聞命矣입니다 詩云 普天之下 莫非王土며 率土之濱이 莫非王臣이라 하니 而舜이 既爲天子矣니 敢問 瞽瞍之非臣은 如何이까 曰 是詩也는 非是之謂也이니라 勞於王事而不得養父母也이다 曰此莫非王事어늘 我獨賢勞也이라 故로 說詩者는 不以文害辭하고 不以辭害志하며 以意逆志면 是爲得之라 如以辭而已矣이라면 雲漢之詩曰 周餘黎民이 靡有孑遺라 하니 信斯言也면 是는 周無遺民也이니라

함구몽왈 순지불신요 즉오기득문명의 시운 보천지하 막비왕토 솔토지빈 막비왕신 이순 기위천자의 감문 고수지비신 여하 왈 시시야 비시지위야 노어왕사이부득양부모야 왈차막비왕사 아독현로야 고 설시자 불이문해사 불이사해지 이의역지 시위득지 여이사이이의 운한지시왈 주여여민 미유혈유 신사언야 시 주무유민야

【해독(解讀)】

함구몽이 여쭈었다[咸丘蒙曰]. “순이 요를 신하로 삼지 않았다는[舜之不臣堯] 가르침을 곧장 이미 알아들을 수 있습니다[則吾既得聞命矣]. 시가 밝히고 있습니다[詩云]. ‘넓은 하늘의 아래에[普天之下] 왕의 땅이 아닌 곳이란 없고[莫非王土], 모든 땅의 끝까지[率土之濱] 왕의 신하가 아닌 사람이 없다[莫非王臣].’ 그리고 순은 이미 천자가 된 것입니다[而舜既爲天子矣]. 감히 여쭙겠습니다[敢問]. (그런데 순의 아비지인) 고수(瞽瞍)는 (순의) 신하가 아니란 것은[瞽瞍之非臣] 왜인지요[如何]?” (맹자가) 말했다[曰]. “그 시란 (자네 말처럼) 그런 말을 일컫는 것이 아닌 것일세[是詩也非是之謂也]. 임금의 일을 애써 하느라고 부모를 돌보지 못하는 것일세[勞於王事而不得養父母也]. (자네가 인용한 시는) 이 세상에 임금의 일이 아닌 것이 없음이란, 나만 홀로 더욱더 애쓰는 것을 말함일세[曰此莫非王事我獨賢勞也]. 그러므로[故] 시를 말하는 사람은[說詩者] (시를 적어놓은) 글 때문에 (시의) 말을 해치지 않고[不以文害辭], (시의) 말 때문에 (시의) 뜻을 해치지 않고[不以辭害志] (저마다

의) 생각과 더불어 (시의) 뜻을 맞이한다네[以意逆志]. 이로써 시의 뜻을 얻게 된다네[是爲得之]. (시가) 말로써만 그치는 것이라고 한다면[如以辭而已矣], 운한(雲漢)이란 시가 '주나라의 남은 백성[周餘黎民] 단 하나도 남은 사람 없다[靡有孑遺]' 고 말해주고 있는데[雲漢之詩曰], 이 말대로 믿는다면[信斯言也] 그것은 주나라에는 남은 백성이 (단 한 명도) 없다는 것이라네[是周無遺民也]."

【담소(談笑)】

舜之不臣堯(순지불신요) 則吾旣得聞命矣(즉오기득문명의)

▶ **순[舜]이[之] 요를[堯] 신하로 삼지 않았다는[不臣] 가르침을[命] 저는[吾] 곧장[則] 이미[旣] 알아들을[聞] 수 있습니다[得].**

순지불신요(舜之不臣堯)는 〈A之B〉꼴의 어투이다. 여기서 〈A之B〉의 지(之)가 어떤 토씨(격) 구실을 하는지 앞뒤를 살펴 정해주어야 문맥을 잡을 수 있을 것이다. 〈A의[之] B, A를[之] B, A에게[之] B, A가[之] B, A 하는[之] B〉 등 다섯 가지 예를 알아두면 문맥을 잡는 데 편할 것이다. 舜之不臣堯는 순불신요(舜不臣堯)로 바꿀 수도 있고 순불신요야(舜不臣堯也)로 바꿀 수도 있다. 우리말의 어미를 빗대어 말해보면 舜不臣堯는 순이[舜] 요를[堯] 불신한다[不臣]고 새겨 ~한다로 끝나고, 舜不臣堯也는 순이[舜] 요를[堯] 불신하는 것[不臣]이다[也]로 새겨 ~이다로 끝난다. 이처럼 舜不臣堯와 舜不臣堯也는 우리말로 새기면 하나의 문장이 된다. 그러니 舜不臣堯에서 주어인 순(舜)에다 지(之)를 더하더라도 하나의 문장처럼 새겨야 우리말답게 되어 문맥의 문의를 건져내기가 쉽다. 한문투에는 구(句, phrase)냐 문(文, sentence)이냐 따질 만한 문법적 근거가 없음을 명심하면 차라리 문맥을 잡는 데 편하다. 그리고 앞뒤 문맥으로 보아 舜之不臣堯는 바로 뒤이어 나오는 즉오기득문명의(則吾旣得聞命矣)의 명(命)을 꾸며주는 것을 알 수 있다.

즉오기득문명의(則吾旣得聞命矣)에서 구문의 골격은 오문명(吾聞命)이고, 즉(則)은 발어사 구실을 하는 어조사이며, 기(旣)는 득문(得聞)을 꾸며주는 부사이고, 의(矣)는 구문이 끝남을 알리는 어조사이다. 물론 득문(得聞)의 득(得)은 〈잘할 능(能)〉과 같고 영어의 can과 같은 구실을 하므로 문(聞)을 돕는 조동사로 여긴다. 그러니 則吾旣得聞命矣를 마치 영어의 3형식 문장같이 여기고 새기면 문맥을 잡을 수 있다. 則吾旣得聞命矣에서 문(聞)은

〈알 지(知)〉와 같고, 명(命)은 〈명령할 교(敎), 일러줄 고(告), 보일 시(示)〉 등과 같은 뜻이지만 여기선 가르침[敎]으로 여기고 새긴다.

순임금 순(舜), ~이 지(之), 신하로 삼을 신(臣), 요임금 요(堯), 곧 즉(則), 나 오(吾), 이미 기(旣), 잘할 득(得), 들을 문(聞), 일러 보일 명(命), ~이다 의(矣)

詩云(시운) 普天之下(보천지하) 莫非王土(막비왕토) 率土之濱(솔토지빈) 莫非王臣(막비왕신)

▶ 시가[詩] 밝히고 있다[云]. "넓은[普] 하늘[天]의[之] 아래에[下] 왕의[王] 땅이[土] 아닌 곳이란[非] 없고[莫], 모든[率] 땅[土]의[之] 끝까지[濱] 왕의[王] 신하가[臣] 아닌 사람이란[非] 없다[莫]."

시운(詩云)의 시(詩)는 『시경(詩經)』「소아(小雅)」 곡풍지십(谷風之什)에 있는 〈북산(北山)〉이란 시편이고, 함구몽이 인용한 내용은 북산(北山)의 둘째 장 첫 4구이다. 다만 보천지하(普天之下)의 보(普)가 원래 시구에서는 부(溥)로 되어 있으나 〈넓은 보(普), 넓을 부(溥)〉이니 같은 말이다.

보천지하막비왕토(普天之下莫非王土)는 〈A莫非B〉꼴의 어투로 〈A無非B〉꼴과 같이 알아두면 편하다. 〈A에는 B가 아닌 것이란[非] 없다[莫]〉 〈A莫非B(A無非B)〉는 영어의 There is nothing but B in A와 같다고 여기면 편하다. 〈A(普天之下)에는 B(王土) 아닌 것이란[非] 없다[莫]〉 普天之下莫非王土에서 보천지하(普天之下)는 부사구이고, 왕토(王土)는 막비(莫非)의 비(非)와 동격이며, 막(莫)은 ~이 없다는 무(無)와 같은 뜻으로 자동사이다. 보천지하(普天之下)는 세상(世上)을 말하고, 보(普)는 여기서 〈넓을 부(溥)〉와 같다.

솔토지빈막비왕신(率土之濱莫非王臣) 역시 〈A莫非B〉꼴의 어투로 〈A無非B〉꼴과 같이 알아두면 편하다. 〈A(率土之濱)에는 B(王臣) 아닌 사람이란[非] 없다[莫]〉 率土之濱非王臣에서 솔토지빈(率土之濱)은 부사구이고, 왕신(王臣)은 막비(莫非)의 비(非)와 동격이며, 막(莫)은 ~이 없다는 무(無)와 같은 뜻으로 자동사이므로 영어의 1형식 문장과 같은 어투이다. 솔토지빈(率土之濱) 역시 세상(世上)을 말하고, 솔(率)은 여기서 〈다(모두) 개(皆)〉와 같다.

노래 시(詩), 일컬을 운(云), 넓을 보(普), ~의 지(之), 아래 하(下), 없을 막(莫), 아닐 비(非), 임금 왕(王), 흙 토(土), 따를 솔(率), 끝 빈(濱), 신하 신(臣)

而舜旣爲天子矣(이순기위천자의) 敢問(감문) 瞽瞍之非臣(고수지비신) 如何(여하)

▶ 그리고[而] 순은[舜] 이미[旣] 천자가[天子] 된 것[爲]이다[矣]. (그런데 순의 아버지인) 고수[瞽瞍]는[之] (순의) 신하가[臣] 아니란 것은[非] 왜인지[如何] 감히[敢] 여쭈었다[問].

이순기위천자의(而舜旣爲天子矣)는 〈A爲B矣〉꼴로 〈A爲B也〉와 같은 어투라고 여긴다. 〈A(舜)는 B(天子)가 된 것[爲]이다[矣]〉 而舜旣爲天子矣에서 이(而)는 연접의 연사이지만 어조사로 여겨도 무방하고, 순(舜)은 주어, 기(旣)는 부사, 위(爲)는 자동사, 천자(天子)는 보어이고, 의(矣)는 구문이 끝남을 나타내는 어조사이다.

감문고수지비신여하(敢問瞽瞍之非臣如何)는 吾(咸丘蒙)敢問瞽瞍之非臣如何를 줄인 어투로 주어인 〈나 오(吾)〉 즉 함구몽(咸丘蒙)이 생략되었다. 敢問瞽瞍之非臣如何에서 감(敢)은 문(問)을 꾸며주는 부사이고, 문(問)은 타동사이며, 고수지비신여하(瞽瞍之非臣如何)는 문(問)의 목적절로 영어의 3형식 같은 어투이다. 그리고 목적절 瞽瞍之非臣如何의 고수지비신(瞽瞍之非臣)은 주부이고, 여(如)는 자동사이며, 하(何)는 의문사로 보어이다. 瞽瞍之非臣如何는 〈A如B〉꼴로 영어의 2형식 같은 어투라고 여기면 편하다. 〈A(瞽瞍之非臣)는 B(何)와 같다[如]〉 瞽瞍之非臣如何의 하(何)가 의문사이므로 여하(如何)는 무엇과[何] 같은가[如]?로 새긴다. 瞽瞍之非臣如何를 瞽瞍之非臣 如何是 또는 如何是 瞽瞍之非臣으로 써서 어조와 어세를 바꾸기도 한다. 물론 〈A如何〉로 알아두면 편하다. 〈A는 무슨 까닭인가[如何]?〉

제자(咸丘蒙)가 『시경(詩經)』「소아(小雅)」곡풍지십(谷風之什)에 있는 〈북산(北山)〉이란 시편의 시구를 들어서, 순의 아버지(瞽瞍)일지라도 자식(舜)이 천자가 되었으면 아버지가 아니라 신하가 되어야 할 터인데 어찌 스승(孟子)께서는 고수지비신(瞽瞍之非臣)이라고 하느냐고 반문하고 있다. 천하가 모두 천자의 땅이고 천하의 모든 사람이 천자의 신하라 한다면, 예외 없이 산 사람은 누구든 천자의 수하(手下)에 들어가는 것이 아니냐고 반문하는 중이다. 천자는 하늘의 자식이란 뜻이다. 아버지가 하늘[天]임을 헤아리면 알 수 있는 일을 두고 함구몽이 반문하고 있다. 순이 이미 천자가 되었으니 순의 아버지인 고수는 순에게 천(天)이 되어 있음을 헤아렸다면 스승께 여하(如何)라고 토를 달지 않았을 것이다. 시구의 말을 제멋대로 잘라내 거기다 세상일을 제 식대로 바라보는 함구몽이 딱하다. 왜 함구몽은 제가 인용한 시구에 이어져 있는 "대부불균(大夫不均) 아종사독현(我從事獨賢)"의 뜻을 새기지 못했단 말인가. 마음을 싯글[詩文字] 그대로에 얽어매는 놈은 하나만 알지 둘은 모른다. 의외로 세상에는 제 털 뽑아 제 구멍에 박는 얼간이들이 많다.

그리고 이(而), 순임금 순(舜), 이미 기(旣), 될 위(爲), ~이다 의(矣), 감히 감(敢), 여쭐 문(問), 분별없을 고(瞽), 소경 수(瞍), ~이(가) 지(之), 아닐 비(非), 신하 신(臣), 같을 여(如), 무엇 하(何)

是詩也非是之謂也(시시야비시지위야)

▶ 그[是] 시[詩]란[也] (자네 말처럼) 그런 말[是]을[之] 일컫는 것이[謂] 아닌 것[非]이다[也].

시시야비시지위야(是詩也非是之謂也)는 〈AB也〉꼴의 어투이다. 〈A(是詩也)는 B(非是之謂)이다[也]〉 〈AB也〉꼴의 어투는 영어의 2형식 강조문처럼 여기고 새긴다. 왜냐하면 是詩也非是之謂也는 其詩非是之謂를 강조하는 어투이기 때문이다. 시시(是詩)의 시(是)는 기시(其詩)의 기(其)를 대신하여 어세를 더한다. 그러니 是詩也非是之謂也는 시시비시지위(是詩非是之謂)에서 주어인 시시(是詩)를 강조하기 위하여 〈어조사 야(也)〉를 더한 것이고, 보어인 비시지위(非是之謂)를 강조하기 위하여 구문의 종지부를 나타내는 야(也)를 더한 어투이다. 그러니 시시야(是詩也)는 원래의 기시(其詩)를 더욱 강조한 어투이다. 是詩也非是之謂也에서 是詩也의 시(是)는 함구몽이 인용한 『시경(詩經)』의 〈북산(北山)〉이란 「소아(小雅)」의 시구를 가리키는 지시어이고, 非是之謂也의 시(是)는 고수지신(瞽瞍之臣)을 가리키는 지시어이다. 고수[瞽瞍]도[之] 신하[臣]임을 대신하는 지시어가 비시지위야(非是之謂也)의 시(是)란 말이다.

스승(孟子)이 제자(咸丘蒙)에게 시를 그렇게 읽어서는 안 된다고 밝혀주려고 한다. 제자가 인용한 『시경(詩經)』의 〈북산(北山)〉이란 「소아(小雅)」는 천하가 모두 천자의 땅이고 천하의 모든 사람이 다 천자의 신하라고 말하는 시가 아님을 제자에게 밝혀주려고 한다.

그 시(是), 노랫말 시(詩), 어조사 야(也), 아닐 비(非), ~을 지(之), 일컬을 위(謂), ~이다 야(也)

勞於王事而不得養父母也(노어왕사이부득양부모야)

▶ 임금의[王] 일[事]을[於] 애써 하느라[勞]고[而] 부모를[父母] 돌보지[養] 못하는 것[不得]이다[也].

노어왕사이부득양부모야(勞於王事而不得養父母也)는 是詩也勞於王事而不得養父母也에서 주어인 시시야(是詩也)를 생략해버리고, 보어인 노어왕사이부득양부모야(勞於王事而不得養父母也)만 남긴 어투이다. 勞於王事而不得養父母也에서 노(勞)는 〈애쓸 고(苦)〉와 같고 노고(勞苦)의 줄임말로 여기고, 어(於)는 〈여기 차(此)〉와 같고, 왕사(王事)는 왕지사(王之事)의 줄임이며, 부득(不得)은 불능(不能)과 같고, 양(養)은 〈모실 봉(奉)〉과 같고 봉양(奉養)의 줄임말로 여긴다.

『시경(詩經)』「소아(小雅)」곡풍지십(谷風之什)에 있는 〈북산(北山)〉이란 시편은 임금의 신하가 됨을 말하는 시가 아니라 임금이 맡긴 일[王事] 때문에 부모를 봉양할 수 없음을 말하는 시라고 스승(孟子)이 제자 함구몽에게 밝혀주고 있다. 물론 『모시서(毛詩序)』는 이 〈북산(北山)〉의 시편을 두고 대부(大夫)들이 유왕(幽王)을 풍자하는 시라고 말하고 있지만, 맹자는 효도를 다하지 못하는 시라고 북산(北山)을 밝히고 있다. 그러니 아버지가 아들의 신하냐 아니냐는 문제로 〈북산(北山)〉이란 시편을 인용해서야 되겠느냐고 제자에게 따져주고 있다. 고지식해서 어리석다면 벌을 받아 마땅하고, 고지식해서 정직하다면 그런대로 용서해줄 수 있다. 그러나 함구몽은 시구를 제 뜻대로 잘라내 시의(詩意)를 단정했으니 어리석어 고지식한 셈이므로 함구하고 스승의 말씀을 경청할 일만 남았다. 선가(禪家)라면 조사(祖師)가 갈(喝)하여 함구몽을 혼내주었을 것이다. 함부로 스승 앞에서 아는 척할 일이 아니다. 그래서 공자 앞에서 문자 쓰지 말라는 속담이 생겼다.

애쓸 로(勞), ~을 어(於), 임금 왕(王), 일 사(事), 그래서 이(而), 아니 불(不), 잘할 득(得), 돌볼 양(養), 어조사 야(也)

曰此莫非王事(왈차막비왕사) 我獨賢勞也(아독현로야)

▶ (그 시는) 이 세상에[此] 임금의[王] 일이[事] 아닌 것은[非] 없음이란[莫] 나만[我] 홀로[獨] 더욱더[賢] 애씀을[勞] 말하는 것[曰]이다[也].

왈차막비왕사아독현로야(曰此莫非王事我獨賢勞也)는 是詩也曰此莫非王事와 是詩也曰我獨賢勞에서 주어인 시시야(是詩也)를 생략하고 하나의 구문처럼 묶은 어투이다. 주어인 시시야(是詩也)는 생략되고, 왈(曰)은 타동사로 〈말할 위(謂)〉와 같고, 차막비왕사(此莫非王事)와 아독현로야(我獨賢勞也)는 목적절이다. 此莫非王事의 차(此)는 함구몽이 인용한 시구인 “보천지하(普天之下) 솔토지빈(率土之濱)” 즉 이 세상을 가리키는 지시어이고, 我獨賢勞也에서 현(賢)은 〈남보다 나은 승(勝)〉과 같고 노(勞)는 〈애쓸 고(苦)〉와 같다.

맹자가 함구몽에게 해준 차막비왕사아독현로야(此莫非王事我獨賢勞也)를 파악하기 위해서는 『시경(詩經)』「소아(小雅)」 곡풍지십(谷風之什)에 있는 〈북산(北山)〉이란 시편 둘째 장의 마지막 시구를 상기해야 한다. 함구몽은 마지막 시구를 무시하고 앞머리 시구만 인용해 제 뜻대로 보탰고, 맹자는 2장의 마지막 두 시구를 살펴서 함구몽이 인용한 시구들을 헤아렸다. 함구몽이 지나쳐버린 시구는 이러하다. “대부불균(大夫不均) 아종사독현(我從事獨賢).” (임금이) 대부들을[大夫] 고루 쓰지[均] 않는데[不] 나만[我] 일[事]하느라[從] 홀로[獨] 고생하네[賢]. 마음이 깊은 시(詩)의 속을 긷는 두레박을 얻으려면 우물 깊이부터 알아야 한다. 아종사독현(我從事獨賢)이란 시구를 아독현로(我獨賢勞)로 새기고 그 시구의 나[我]를 순(舜)으로 여기면, 왕사(王事)에 매달리느라 아버지(瞽瞍)를 봉양하지 못하고 있다는 생각[意]으로 새겨들어야 한다고 스승(孟子)이 제자(咸丘蒙)에게 타일러주고 있다. 물론 아종사독현(我從事獨賢)의 아(我)를 일반적인 아(我)로 보고 독현(獨賢)을 홀로[獨] 어진 척한다[賢]고 새기는 것이 통례(通例)이지만, 아종사독현(我從事獨賢)의 아(我)를 순(舜)으로 보고 독현(獨賢)을 새기면 홀로[獨] 어진 척한다[賢]고 새길 수 없다는 생각[意]에 이르게 된다고 가르쳐주고 있다. 함구몽이 아종사독현(我從事獨賢)을 깊이 새겼더라면 스승께 얕은 속내를 드러내지 않았을 것이다. 어찌 순갈 하나 들고 시의 깊은 속을 길어내 마음 속을 적시겠는가.

말할 왈(曰), 이 차(此), 없을 막(莫), 아닐 비(非), 나 아(我), 홀로 독(獨), 나을 현(賢), 애쓸 로(勞), ~이다 야(也)

說詩者不以文害辭(설시자불이문해사) 不以辭害志(불이사해지) 以意逆志(이의역지) 是爲得之(시위득지)

▶ 시를[詩] 말하는[說] 사람은[者] (시를 적어놓은) 글[文] 때문에[以] (시의) 말을[辭] 해치지 않고[不害], (시의) 말[辭] 때문에[以] (시의) 뜻을[志] 해치지 않으며[不害], (저마다의) 생각과[意] 함께[以] (시의) 뜻을[志] 맞이한다[逆]. 이로[是]써[爲] 시의 뜻을[之] 얻게 된다[得].

설시자불이문해사(說詩者不以文害辭)는 說詩者不害辭以文에서 이문(以文)을 강조하기 위해 타동사인 해(害) 앞으로 도치시킨 어투이다. 그러니 說詩者不以文害辭에서 설시자(說詩者)는 주어이고, 불(不)은 타동사인 해(害)를 부정하며, 사(辭)는 목적어이고, 이문(以文)은 해(害)를 꾸며주는 부사구이다. 그러니 說詩者不以文害辭는 영어의 3형식 같은 문장과 같은데, 이러한 어투를 새기려면 이(以)를 잘 알고 있어야 문맥을 잡기 편하다. 이(以)는 〈할 위(爲), 써 용(用), 까닭 인(因), 함께 여(與), 거느릴 솔(率), 생각할 사(思)〉 등과 같은 뜻을 나타내기도 하지만, 여기서는 〈까닭에(때문에) 인(因)〉과 같이 여기고 새기면 문맥과 걸맞은 문의를 얻어낼 수 있다.

불이사해지(不以辭害志)는 說詩者不以辭害志에서 주어인 설시자(說詩者)를 생략한 어투이다. 한문투는 같은 내용을 반복하지 않는 특징이 있다. 不以辭害志를 不害志以辭로 어순을 바꾸어보면 우리말로 새기기가 쉬울 것이다. 不以辭害志에서 주어인 설시자(說詩者)는 생략되었고, 불(不)은 타동사인 해(害)를 부정하며, 지(志)는 목적어이며, 이사(以辭)는 해(害)를 꾸며주는 부사구이다. 그러니 不以辭害志는 영어의 3형식 문장과 같고, 이러한 어투를 새기려면 이(以)가 〈까닭에(때문에) 인(因)〉과 같은 뜻으로 쓰이는 것을 알아야 문맥과 걸맞은 문의를 쉽게 얻어낼 수 있다.

이의역지(以意逆志) 역시 說詩者以意逆志를 줄인 어투이다. 以意逆志에서 이(以)는 〈함께(더불어) 여(與)〉와 같은 뜻을 나타낸다. 그리고 역지(逆志)의 역(逆)은 여기서 〈맞이할 영(迎)〉과 같은 뜻을 나타낸다. 역(逆)은 거스른다[不順]는 뜻으로 널리 쓰이지만 〈맞이할 영(迎), 배반할 반(反), 어지럽힐 란(亂)〉 등의 뜻도 나타내므로 앞뒤 문맥을 잘 살펴 새겨야 한다. 以意逆志의 의(意)는 설시자지의(說詩者之意)이고, 지(志)는 시지지(詩之志)로 여기고 새겨야 문맥이 잡힌다.

시위득지(是爲得之)는 〈是爲A〉꼴을 알아두면 문맥을 잡기 쉽다. 〈이는[是] A한 것이다[爲]〉 또는 〈이는[是] A이다[爲]〉 그러니 〈是爲A〉의 위(爲)는 〈~이다 위(爲)〉이다. 이러한 구실을 하는 위(爲)를 어조사로 여겨도 된다. 是爲得之의 득(得)은 〈잡을 포(捕)〉와 같고, 〈터득할 득(得)〉으로 새긴다.

시(詩)를 〈글 시(詩)〉로 알고 떠들기도 하고, 〈말 시(詩)〉로 알고 떠들기도 한다. 『서경(書經)』 「우서(虞書)」에서 순제(舜帝)가 설시(說詩)의 정도(正道)를 정언(正言)해둔 것을 함구몽은 몰랐단 말인가? 하기야 본래부터 우문(愚問)이 현답(賢答)을 얻어낸다고 했으니 제자에게 스승이 시언지(詩言志)라는 정도(正道)를 풀어서 정언해주는 중이다. 시불언사(詩不言辭)가 아닌가. 시는[詩] 말을[辭] 말하지 않는다[不言]. 설시(說詩)하려면 누구든 시언지(詩言志)를 벗어나지 말라 함이 곧 이의역지(以意逆志)이다. 지(志)는 심지소지(心之所之)이니 시가[詩] 마음을[心] 가게 하는[之] 바[所]이고, 시로써 순(舜)을 밝히려면 순을 새겨서 시의 뜻하는 바[之]를 따라야지 시의 말[辭]만 그대로 듣지 말라 함이 시언지(詩言志)요 이의역지(以意逆志)이다. 맹자는 이렇게 설파하여 동북아 문화권이 구축한 설시(說詩)의 잣대를 만들어둔 셈이다. 서양의 시학(Poetics)이 바라는 시비평(the poetic criticism)은 이만큼 간명한 잣대를 간직하지 못하고 있다. 시를 비평하려고 하는가? 그렇다면 시언지(詩言志)요 이의역지(以意逆志)임을 간파해둘 일이다.

말할 설(說), 시경 시(詩), 놈 자(者), 아니 불(不), 때문에 이(以), 글 문(文), 해칠 해(害), 말 사(辭), 뜻 지(志), 함께 이(以), 생각 의(意), 맞이할 역(逆), 이 시(是), 써 위(爲), 얻을 득(得), 그것 지(之)

如以辭而已矣(여이사이이의) 雲漢之詩曰(운한지시왈) 周餘黎民(주여여민) 靡有孑遺(미유혈유) 信斯言也(신사언야) 是周無遺民也(시주무유민야)

▶ (시가) 말[辭]로써[以]만이[而] 그치는 것[已]이라고[矣] 한다면

〔如〕, 운한〔雲漢〕이란〔之〕 시가〔詩〕 "주나라의〔周〕 남은〔餘〕 백성〔黎民〕 단 하나도〔孑〕 남은 사람〔遺〕 없다〔靡有〕"고 말해주고 있는데〔曰〕, 이〔斯〕 말대로〔言〕 믿는다〔信〕면〔也〕 그것은〔是〕 주나라에는〔周〕 남은〔遺〕 백성이〔民〕 (단 한 명도) 없다는 것〔無〕이다〔也〕.

여이사이이의(如以辭而已矣)는 如詩以辭已에서 주어인 시(詩)를 생략하고, 如以辭已의 어조를 더하여 어세를 높이려고 어조사 이(而)와 의(矣)를 덧붙인 어투이다. 如以辭而已矣에서 여(如)는 영어 if절의 if와 같은 구실을 하고 〈만약 약(若)〉과 같다. 그러니 如以辭而已矣는 是周無遺民也의 종속절로 여기면 문맥이 잡힌다. 如以辭而已矣에서 이사(以辭)는 이(已)를 꾸며주는 부사구이고, 자동사 이(已)는 〈그칠 지(止)〉와 같다.

운한지시왈(雲漢之詩曰)의 지(之)는 동격의 토씨로 여기면 편하다. 〈A之B〉꼴로 여기고 지(之)의 다양한 토씨 구실을 알아두면 편할 것이다. 〈A가[之] B, A를[之] B, A에게[之] B, A이란[之] B, A 하는[之] B〉 등으로 〈A之B〉꼴의 지(之)는 다양한 구실을 한다. 여기선 운한[雲漢]이란[之] 시[詩]라고 새긴다. 〈운한〉이란 시[雲漢之詩]는 『시경(詩經)』「대아(大雅)」 탕지십(蕩之什)네 번째 시이다. 운한(雲漢)은 은하수(銀河水)를 말한다. 운한(雲漢)은 학정을 일삼았던 여왕(厲王)을 이은 선왕(宣王)이 가뭄을 없애 달라고 하늘에 비는 노래이고, 맹자가 여기서 인용한 시구는 3장의 5 ~ 6구이다.

주여여민미유혈유(周餘黎民靡有孑遺)는 시구로 하느라 주여여민(周餘黎民)과 미유혈유(靡有孑遺)로 나눈 어투이다. 周餘黎民靡有孑遺는 〈A靡有B〉꼴로 〈A無B〉와 같은 어투이다. 〈A에는 B가 없다[無]〉 미유(靡有)의 미(靡)는 〈없을 무(無)〉와 같고 부정사(否定詞)이다. 〈A(周餘黎民)에는 B(孑遺)가 없다[靡有]〉 周餘黎民에서 여(黎)는 〈무리 중(衆)〉과 같고, 여민(黎民)은 백성(百姓)과 같은 말이다. 靡有孑遺에서 혈(孑)은 단 〈하나 단(單)〉과 같고, 유(遺)는 〈남을 여(餘)〉와 같다.

신사언야(信斯言也) 역시 앞에 있는 여이사이이의(如以辭而已矣)처럼 시주무유민야(是周無遺民也)의 조건절로 보아야 문맥이 통한다. 그러니 信斯言也는 如信斯言也를 줄인 것으로 여기고 새기면 될 것이다. 信斯言也의 사언(斯言)은 맹자가 인용한 〈운한(雲漢)〉의 시구인 주여여민미유혈유(周餘黎民靡有孑遺)를 말한다. 문자 그대로 周餘黎民靡有孑遺란 이[斯] 말을[言]

믿는다[信]면[也] 주(周)나라 백성이 씨가 말라 한 명도 남지 않았다는 말이 되지 않느냐고 반문하는 어투이다.

시주무유민야(是周無遺民也)는 〈AB也〉꼴로 영어의 2형식 문장과 같은 어투이다. 〈A(是)는 B(周無遺民)이다[也]〉 是周無遺民也에서 시(是)는 주어이고, 주무유민(周無遺民)은 보어이며, 야(也)는 〈~이다 야(也)〉로 문미의 어조사이다. 是周無遺民也에서 시(是)는 바로 앞의 신사언야(信斯言也)를 가리키는 지시어이다. 그러므로 시(是)는 말 그대로만 믿는 것이란 뜻이다. 이런 믿음은[是] 주나라에는[周] 남은[遺] 백성이[民] 없다는 것[無]이다[也]로 새기면 문맥이 잡힌다.

맹자의 설시(說詩)는 시언지(詩言志)에 바탕을 두고 있으며, 동시에 『주역(周易)』의 「계사전(繫辭傳)」에서 공자(孔子)가 밝힌 "서부진언(書不盡言) 언부진의(言不盡意)"란 설시관(說詩觀)을 따르고 있다. 글은[書] 말을[言] 만족시켜주지 못하고[不盡], 말은[言] 마음 속을[意] 만족시켜주지 못한다[不盡]. 시는 무엇을 말해주지 않는다. 시는 마음과 그 무엇을 만나게 해줄 뿐이다. 그래서 시[詩]가 지[志]를 말한다[言]고 하지 않는가. 지(志)는 뜻이니 마음이 가는 바이지 어떤 의미(意味)로 결정된 것이 아니니 시를 정해진 말로 듣거나 말 그대로라고 새기면 안 된다. 함구몽(咸丘蒙) 그대는 시의 속삭임을 새김질할 줄 몰라 스승께 얕은 속을 보이고 말았다. 하기야 세상에는 얕은 물처럼 입만 살아 있는 자들이 득실거리니 함구몽을 흉볼 것은 없다.

만약 여(如), 써 이(以), 말 사(辭), 어조사 이(而), 그칠 이(已), ~면 의(矣), 구름 운(雲), 클 한(漢), ~이란 지(之), 말할 왈(曰), 주나라 주(周), 남을 여(餘), 많을 여(黎), 백성 민(民), 없을 미(靡), 있을 유(有), 단 하나 혈(孑), 남을 유(遺), 믿을 신(信), 이 사(斯), 말 언(言), ~면 야(也), 이 시(是), 없을 무(無)

【문지(聞之) 4】

효자지지(孝子之至)

【원문(原文)】

孝子之至는 莫大乎尊親이고 尊親之至는 莫大乎以天下養이니
효자지지 막대호존친 존친지지 막대호이천하양

爲天子父는 尊之至也이고 以天下養하니 養之至也이다 詩曰 永言孝思라 孝思維則이라 하니 此之謂也이다 書에 曰 祗載見瞽瞍하되 夔夔齊栗하고 瞽瞍亦允若이라 하니 是爲父不得而子也이다
위천자부 존지지야 이천하양 양지지야 시왈 영언효사 효사유칙 차지위야 서 왈 지재견고수 기기제률 고수역윤약 시위부부득이자야

【해독(解讀)】

"효자의 지극함은[孝子之至] 어버이를 높이는 것보다 더 큰 일은 없고[莫大乎尊親], 어버이를 높이는 지극함은[尊親之至] 천하로써 부양함보다 더 큰 일은 없으니[莫大乎以天下養], 천자의 아버지가 됨은[爲天子父] 높임의 지극함이고[尊之至也], 천하로써 봉양함은[以天下養] 봉양함의 지극함이지[養之至也]. 시가 말해준다네[詩曰]. '늘 (효도를) 따르고 효도를 생각하고[永言孝思], 효도하기를 생각하고 (효도를) 법도로 받들도다[孝思維則].' 이는 그것을 일컬음이지[此之謂也]. 『서경』이 말해준다[書曰]. '일들을 공경히 하고 부친을 만났고[祗載見瞽瞍], 조심조심 하고 삼가 두려워했으며[夔夔齊栗], (순의 부친인) 고수도 또한 진심으로 (아들을 만나기를) 그같이 했다[瞽瞍允若].' 이는 아버지로 하여금 (순을) 아들처럼 대하지 않게 한 것이다[是爲父不得而子也]."

【담소(談笑)】

孝子之至莫大乎尊親(효자지지막대호존친)

▶ 효자[孝子]의[之] 지극함에는[至] 어버이를[親] 높이는 것[尊]보다[乎] 더 큰 일은[大] 없다[莫].

효자지지막대호존친(孝子之至莫大乎尊親)은 〈A莫大乎B〉꼴로 비교를 어투이다. 〈A(孝子之至)에는 B(尊親)보다 더[乎] 큰 일은[大] 없다[莫]〉 孝子之至莫大乎尊親에서 막(莫)은 〈없을 무(無)〉와 같고, 호(乎)는 영어의 more than과 같으며, 〈A莫大乎B〉의 막대호(莫大乎)를 하나의 관용구라고 여기면 편하다. 물론 막대호(莫大乎)의 반대말은 막소호(莫小乎)가 될 것이다.

효자지지막대호존친(孝子之至莫大乎尊親)에서 효자지지(孝子之至)는 지(之)라는 허사가 얼마나 다양하게 활용되는지 살펴볼 수 있는 어투이다. 孝子之至를 효자[孝子]의[之] 지극함[至]이라고 새기지만, 孝子之至를 至孝子로 보고 지극히[至] 효자 노릇함[孝子]으로 새겨 지(至)를 마치 부사처럼 새겨도 되고, 지(至)를 마치 동사처럼 여기고 효자 노릇을[孝子] 지극히 함[至]으로

새겨도 무방하다. 이를 통해 한문투에는 품사 노릇이 문법적으로 결정돼 있지 않음을 알 수 있을 것이다. 다만 지효자(至孝子)에서 효자(孝子)를 강조하려고 전치시키면서 아무런 뜻이 없는 허사인 지(之)를 덧붙였다고 여기면 문맥을 잡아 문의를 건지는 데 편할 것이다.

효도 효(孝), 아들 자(子), ~의 지(之), 지극할 지(至), 없을 막(莫), 큰 대(大), ~보다 더 호(乎), 높일 존(尊), 어버이 친(親)

尊親之至莫大乎以天下養(존친지지막대호이천하양)

▶ 어버이를[親] 높임[尊]의[之] 지극함에는[至] 천하[天下]로[以] 봉양하는 것[養]보다[乎] 더 큰 일은[大] 없다[莫].

존친지지막대호이천하양(尊親之至莫大乎以天下養)은 〈A莫大乎B〉꼴로 비교를 나타내는 어투이다. 〈A(尊親之至)에는 B(以天下養)보다 더[乎] 큰 일은[大] 없다[莫]〉 尊親之至莫大乎以天下養에서 막(莫)은 〈없을 무(無)〉와 같고, 호(乎)는 영어의 more than과 같으며, 〈A莫大乎B〉의 막대호(莫大乎)를 하나의 관용구라고 여기면 편하다.

존친지지막대호이천하양(尊親之至莫大乎以天下養)에서 존친지지(尊親之至)는 부사구이고, 막(莫)은 자동사이며, 대(大)는 주어이고, 호이천하양(乎以天下養)은 부사구이므로, 尊親之至莫大乎以天下養은 영어의 1형식 같은 문장이다. 물론 尊親之至莫大乎以天下養의 존친지지(尊親之至)에서도 앞에서와 같이 지(之)라는 허사가 얼마나 다양하게 활용되는지 살펴볼 수 있다. 尊親之至를 존친[尊親]의[之] 지극함[至]이라고 새기게 되지만, 尊親之至를 至尊親으로 보고 지극히[至] 존친함[尊親]으로 새겨 지(至)를 마치 부사처럼 여기고 새겨도 되고, 지(至)를 마치 동사처럼 여기고 존친을[尊親] 지극히 함[至]으로 새겨도 무방하니, 한문투에는 품사 노릇이 문법적으로 결정돼 있지 않음을 알 수 있을 것이다. 다만 至尊親에서 존친(尊親)을 강조하기 위해 전치시키면서 아무런 뜻이 없는 허사 지(之)를 덧붙였다고 여기면 문맥을 잡아 문의를 건지는 데 편할 것이다.

높일 존(尊), 어버이 친(親) ~의 지(之), 지극할 지(至), 없을 막(莫), 큰 대(大), ~보다 더 호(乎), 써 이(以), 보살필 양(養)

爲天子父尊之至也(위천자부존지지야)

▶ 천자의[天子] 아버지가[父] 됨은[爲] 높임[尊]의[之] 지극한 것[至]이다[也].

위천자부존지지야(爲天子父尊之至也)는 〈AB也〉꼴로 영어의 2형식 문장과 같은 어투이다. 〈A(爲天子父)는 B(尊之至)이다[也]〉 爲天子父尊之至也에서 위천자부(爲天子父)는 주부이고, 존지지(尊之至)는 보어이며, 야(也)는 〈~이다 야(也)〉이며 문미의 어조사이다. 그리고 爲天子父에서 천자부(天子父)는 天子之父를 줄인 어투이다. 천자[天子]의[之] 부친[父]. 물론 尊之至也는 尊親之至也를 줄인 어투이다.

> 될 위(爲), 높임 자(子), 높일 존(尊), ~의 지(之), 지극한 것 지(至), ~이다 야(也)

以天下養養之至也(이천하양양지지야)

▶ 천하[天下]로[以] (어버이를) 모시는 것은[養] 모심[養]의[之] 지극함[至]이다[也].

이천하양양지지야(以天下養養之至也)는 〈AB也〉꼴로 영어의 2형식 문장과 같은 어투이다. 〈A(以天下養)는 B(養之至)이다[也]〉 以天下養養之至也에서 이천하양(以天下養)은 주부이고, 양지지(養之至)는 보어이며, 야(也)는 〈~이다야[也]〉이고 어조사로 마침표 구실을 한다. 그리고 주부인 以天下養에서 이천하(以天下)는 양(養)을 꾸며주는 부사구이다. 養之至也를 모심[養]의[之] 지극함[至]이라고 새기면 養之至也에서 양지(養之)가 지(至)를 꾸며주는 형용사로 보고 새긴 셈이 되고, 더없는[之至] 모심[養]이라고 새기면 지지(至之)가 양(養)을 꾸며주는 형용사로 보고 새긴 셈이다. 어느 쪽이 우리말답게 새긴 말인지 생각해보면 한문투의 문맥을 벗어나지 않으면서 자유롭게 새길 수 있을 것이다.

> 써 이(以), 모실 양(養), ~의 지(之), 지극할 지(至), ~이다 야(也)

詩曰(시왈) 永言孝思(영언효사)

▶ 시[詩]가 말해준다[曰]. "늘[永] (효도를) 따르고[言] 효도를[孝] 생각한다[思]."

영언효사(永言孝思)는 시왈(詩曰)의 목적절로, 永言孝 而永思孝를 사언 시구(四言詩句)로 한 어투이며, 되풀이되는 영(永)과 효(孝)가 생략되었다. 永言孝思에서 영(永)은 언(言)을 꾸미는 부사이고, 언(言)은 목적어를 생략한 타동사이며, 효(孝)는 사(思) 앞으로 도치된 목적어이고, 사(思)는 타동사로 여기고 새긴다. 永言孝思에서 영(永)은 〈길 장(長)〉과 같고, 언(言)은 〈따를 종(從)〉과 같이 여기고 새기면 문맥과 걸맞게 된다.

길 영(永), 따를 언(言), 효도 효(孝), 생각할 사(思)

孝思維則(효사유칙)

▶ **효도를[孝] 생각하고[思] (효도를) 법도로[則] 받든다[維].**

효사유칙(孝思維則)은 思孝 而維孝則에서 되풀이되는 효(孝)를 생략하고, 사언 시구로 한 어투이다. 孝思維則에서 효(孝)는 사(思) 앞으로 도치된 목적어이고, 사(思)는 타동사이며, 유(維)는 목적어인 효(孝)를 생략한 타동사이고, 칙(則)은 유(維)를 꾸며주는 부사로 여기고 새긴다. 孝思維則에서 유(維)는 여기서 〈간직할 지(持)〉와 같고 유지(維持)의 줄임말로 여기고, 칙(則)은 〈법도 법(法)〉과 같고 법칙(法則)의 줄임말로 여기고 새긴다.

마음 속[念]에서 효도가 떠나지 않아야 효성임을 맹자가 밝히고 있다. 그래서 永言孝思의 영언(永言)을 장념(長念)으로 새기기도 한다. 늘[長] 마음에서 떠나지 않는다[念]. 효성(孝誠)이란 이처럼 영언(永言)의 효도이다. 깜박 잊고 있다가 새삼스럽게 효도하는 것은 효성이 없는 겉치레 효도일 뿐이다. 늘 잊고 있다가 어쩌다 어버이가 생각이 나서 효도한다면 효성이 없는 효도라는 것을 잊지 말라. 그래서 효도를 법으로 받든다[維則]고 맹자가 제자(咸丘蒙)에게 밝혀주고 있다. 영언효사(永言孝思) 효사유칙(孝思維則)의 입장에서 본다면 효자와 씨가 말라버린 지 참으로 오래됐다.

효도 효(孝), 생각할 사(思), 받들 유(維), 법 칙(則)

此之謂也(차지위야)

▶ **이는[此] 그것을[之] 일컬음[謂]이다[也].**

차지위야(此之謂也)는 앞의 내용을 몰아서 정리해주고 있다. 此之謂也의 차(此)는 맹자가 인용한 시구의 내용을 나타내고, 지(之)는 앞서 맹자 자신이 밝힌 효자지지(孝子之至)를 가리키는 지시어이다.

이 차(此), 그것 지(之), 일컬을 위(謂), ~이다 야(也)

書曰(서왈)

▶ 『서경(書經)』이[書] 말해주고 있다[曰].

서왈(書曰)의 서(書) 즉 『서경(書經)』은 금문(今文)의 『서경(書經)』이 아닌 위고문(僞古文)의 『서경(書經)』이라고 볼 수 있다. 금문의 『서경』에는 맹자가 인용한 내용은 없고, 위고문의 『서경』에는 맹자가 여기서 인용한 내용이 「대우모(大禹謨)」 편에 보이기 때문이다.

서경 서(書), 말해줄 왈(曰)

祗載見瞽瞍(지재견고수) 夔夔齊栗(기기제률) 瞽瞍亦允若(고수역윤약)

▶ 일들을[載] 공경히 하고[祗] 부친을[瞽瞍] 만났고[見] 조심조심 하고[夔夔] 삼가[齊] 두려워했으며[栗], (순의 부친인) 고수도[瞽瞍] 또한[亦] 진심으로[允] (아들을 만나기를) 그같이 했다[若].

지재견고수(祗載見瞽瞍)는 舜祗載而舜見瞽瞍를 줄인 어투이다. 그러니 祗載見瞽瞍는 영어의 3형식 중문과 같다고 보고 祗載見瞽瞍를 祗載와 見瞽瞍로 나누어 새기면 문맥을 잡아 문의를 건지기가 쉽다. 祗載見瞽瞍에서 지(祗)는 〈공경할 경(敬)〉과 같고 타동사이며, 재(載)는 〈일 사(事)〉와 같고 지(祗)의 목적어이며 견(見)은 타동사이고, 고수(瞽瞍)는 견(見)의 목적어이다.

일을 제쳐두고 아버지(瞽瞍)부터 만나는 것이 효성을 다함이 아니란 말이다. 자식이 제 할 일을 공경하게 잘 처리할수록 부모의 마음은 더 없이 편안해진다. 어버이의 마음을 편안하게 하는 것보다 더 귀한 효도는 없다. 오히려 제 할 일을 일을 제쳐두고 아버지(瞽瞍)부터 만나는 것이 불효이다.

기기제률(夔夔齊栗)은 舜夔夔 而舜齊栗을 줄인 어투이다. 순(舜)이 아버지(瞽瞍)를 뵐 때의 몸가짐과 마음가짐을 말하고 있다. 夔夔齊栗에서 기기(夔夔)는 외발짐승[夔]을 비유하여 조심조심 하는 몸가짐을 형상화하고, 제률(齊栗)은 마음가짐을 가리키는 말로 제(齊)는 여기서 〈삼갈 근(謹)〉과 같으며, 율(栗)은 여기서 〈두려워할 구(懼)〉와 같다.

고수역윤약(瞽瞍亦允若)은 영어의 2형식 문장과 같은 어투이다. 瞽瞍亦允若에서 고수(瞽瞍)는 주어이고, 역(亦)과 윤(允)은 자동사인 약(若)을 꾸며주는 부사이다. 그러니 瞽瞍亦允若의 골격은 고수약(瞽瞍若)이다. 〈A若〉을 하나의 관용어구로 알아두면 편하다. 〈A도 그같이 한다[若]〉

고수는 순에게 아비 노릇을 하기는커녕 오히려 순을 죽이려고 했던 자이다. 그런 아비를 순은 한 번도 원망한 적 없이 자신의 효성이 부족한 탓이라고 하늘을 우러러 탄식했었다. 이러한 효성(孝誠)에 감복한 요임금이 순에게 양위(讓位)하여 천자가 되었을 때에서야 제 잘못을 뉘우치게 된 고수. 그 고수도 순을 만날 때 순 앞에서 기기(夔夔)했고 제률(齊栗)했음을 나타냄이 곧 瞽瞍亦允若의 약(若)이다. 그리고 이 약(若)은 고수가 순을 아들로 만나지 않고 천자(天子)로 만나고 있음을 뜻한다.

공경할 지(祗), 일 재(載), 만날 견(見), 소경 고(瞽), 소경 수(瞍), 조심할 기(夔), 삼갈 제(齊), 두려워할 률(栗), 또한 역(亦), 진실로 윤(允), 같을 약(若)

是爲父不得而子也(시위부부득이자야)

▶ 이는[是] 아버지로[父] 하여금[爲] (순을) 아들[子]처럼[而] 취하지 않게 한 것[不得]이다[也].

시위부부득이자야(是爲父不得而子也)는 是爲父不得舜而子也를 줄인 어투로 여기면 문맥이 잡힌다. 그리고 위(爲)가 여기서 〈하여금 사(使)〉와 같은 사역동사 구실을 한다고 여기면 쉽게 문의를 건질 수 있다. 是爲父不得而子也에서 시(是)는 주어이고, 위(爲)는 사역동사이며, 부(父)는 목적어이고, 부득(不得)은 목적격 보어이며, 이자(而子)는 부사구이다. 是爲父不得而子也에서 득(得)은 〈취할 취(取)〉와 같고 이(而)는 〈같을 여(如)〉와 같다.

아들(舜)이 부친을 만나면서[見] 조심조심 하고[夔夔] 삼가[齊] 두려워하니[栗] (순의 부친인 고수도 (아들을 만나면서) 또한[亦] 진심으로[允] 아들에게 조심조심 하고[夔夔] 삼가[齊] 두려한[栗] 까닭을 스승(孟子)이 제자(咸丘蒙)에게 是爲父不得而子也라고 마지막으로 정리해주고 있다. 아들은 고수를 아버지로 모시고 만나지만, 고수는 순을 아들로서 만나는 것이 아니라 천자가 된 아들을 만나고 있다. 이러한 경우를 두고 어찌 순이 천자가 되어서는 제 아버지마저도 신하로 대했다고 말할 수 있겠느냐고 제자에게 정언(正言)해주고 있다. 자식이 부모에게 바치는 효성이란 변함없이 한결같지만, 부모가 그 효성을 받아들일 때는 알맞은 경우를 따라야 한다. 아버지라고 해서 천자가 된 아들을 자식으로 다룰 수 없는 법이니, 그러한 법을 군신의 관계로 따지지 말라 한다. 그러나 세상에는 아비는 높은 자리에 있는 자식을 팔아 한몫 보려고 하고, 자식은 높은 자리에 있는 아비를 팔아 한 자리 차지하려고 수작을 부리는 탓에 효성도 저울질되고 마는 경우가 허다하다.

이 시(是), 하여금 위(爲), 아비 부(父), 아니 부(不), 취할 득(得), ~처럼 이(而), 아들 자(子), ~이다 야(也)

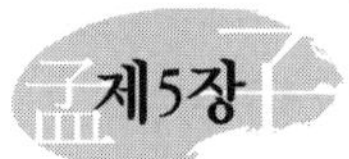

제5장

5장은 장구가 길어서 네 단락으로 나누었다. 내용 때문에 네 단락으로 나눈 것이 아니라 이해를 돕기 위해서 나누었다. 이 장에서는 만장(萬章)이 묻고 맹자께서 대답해준다. 만장이 요(堯)가 순(舜)에게 천자의 자리[位]를 양위한 일을 묻고 맹자가 그 양위를 "부(否)"라고 단언하고, "천불언(天不言) 이행여사시지(以行與事示之)"라고 천명(天命)을 간명하게 밝히는 것으로 시작하여, 이행여사시지(以行與事示之)의 행(行)과 사(事)를 조근(朝覲)·송옥(訟獄)·구가(謳歌)의 예로써 구체적으로 밝혀준다. 이렇게 밝힘으로써 요임금이 순에게 양위했다는 상식을 뒤엎고 왜 그렇게 말할 수 있는지 맹자가 그 까닭을 상설(詳說)하는 것이 이 장의 논지다. 5장은 천명에 관한 유가(儒家)의 입장을 간명하게 살펴볼 수 있게 하여 왜 민심(民心)이 곧 천심(天心)이라 하는지 눈여겨보게 한다.

【문지(聞之) 1】

천불언(天不言)

【원문(原文)】

萬章이 問曰 堯以天下與舜이라 하니 有諸이까 孟子曰 否라 天
만장 문왈 요이천하여순 유제 맹자왈 부 천
子不能以天下與人이니라 然則舜有天下也는 孰與之이까 曰
자불능이천하여인 연즉순유천하야 숙여지 왈
天이 與之니라 天이 與之者는 諄諄然命之乎이까 曰 否라 天은
천 여지 천 여지자 순순연명지호 왈 부 천
不言하고 以行與事로 示之而已矣니라
불언 이행여사 시지이이의

【해독(解讀)】

만장이 물어 여쭈었다[萬章問曰]. "요가 천하를 순에게 주었답니다[堯以天下與舜]. 그런 일이 있었습니까[有諸]?" 맹자가 말해주었다[孟子曰]. "(그런 것) 아니다[否]. 천자는 천하를 사람에게 줄 수 없다[天子不能以天下與人]." (이에 만장이 여쭈었다.) "그러나 순이 천하를 차지한 것인데[然則舜有天下也] 무엇이 (천하를) 그에게 준 것입니까[孰與之]?" (맹자가) 말해주었다[曰]. "하늘이 천하를 주었다[天與之]." (이에 만장이 여쭈었다.) "하늘이 그에게 주었다면[天與之者] (하늘이) 타이르듯이 그에게 명령한 것입니까[諄諄然命之乎]?" (맹자가) 말해주었다[曰]. "(그런 것) 아니다[否]. 하늘은 말하지 않는다[天不言]. (하늘은) 일과 행위로써 명령을 보여줄 뿐이다[以行與事示之而已矣]."

【담소(談笑)】

萬章問曰(만장문왈) 堯以天下與舜(요이천하여순) 有諸(유제)

▶ **만장이[萬章] 물어[問] 여쭈었다[曰]. "요가[堯] 천하[天下]를[以] 순에게[舜] 주었답니다[與]. 그런 일이 있었습니까[有諸]?"**

요이천하여순(堯以天下與舜)에서 이천하(以天下)를 제외하고 요여순(堯與舜)으로만 보면 문맥을 잡아내기가 쉽다. 堯以天下與舜에서 요(堯)는 주어이고, 이천하(以天下)는 직접목적구이며, 여(與)는 여격 타동사이고, 순(舜)은 간접목적어이다. 따라서 堯以天下與舜은 영어의 4형식 문장과 같은 어투이다. 그러나 여(與)가 ~에게 ~을 준다는 뜻의 동사인지 ~과 함께라는 뜻의 전치사 구실을 하는지 문맥을 살펴 판단해야 한다. 한문투에서 글자마다 품사가 결정되어 있지 않기 때문이다. 堯以天下與舜에서 여(與)는 〈以A與B〉 또는 〈與B以A〉꼴로 알아두면 편하다. 〈B에게 A를[以] 주다[與]〉 堯以

天下與舜의 이(以)를 토씨 구실을 하는 허사로 보아도 된다.

유제(有諸)는 유지호(有之乎)의 지호(之乎)를 제(諸) 한 글자로 줄인 것이다. 평서문이면 제(諸)는 지어(之於)의 줄임이고, 의문문이면 지호(之乎)의 줄임이다. 제(諸)로 발음해도 되고 그냥 저(諸)라고 발음해도 무방하다. 유제(有諸)를 유지호(有之乎)로 고쳐보면 제(諸)가 앞의 내용을 대신하면서 의문사 구실을 함께 하고 있음을 알 수 있다. 그래서 유제(有諸)를 그런 일이 있느냐[有諸]고 새긴다.

만장(萬章)은 제(齊)나라 사람으로 맹자의 제자이고, 만(萬)은 성씨이고, 장(章)은 이름이다. 「등문공장구(滕文公章句) 하(下)」 5장에서도 맹자와 만장의 문답을 보았다. 제나라 승주(滕州) 남만촌(南萬村)에 만장의 묘(墓)가 있다고 한다. 조씨우(趙氏佑)의 『온고록(溫故錄)』을 보면, 만장은 맹문(孟門)의 고제(高弟)였으므로 맹자와 문답이 많았고 맹자의 문하로서 만장의 공이 위대하다고 전해주고 있다.

일만 만(萬), 글 장(章), 물을 문(問), 요임금 요(堯), ~를 이(以), 줄 여(與), 순임금 순(舜), 있을 유(有), 지호(之乎) 제(諸)

否(부)

▶ (그런 것) 아니다[否]

부(否)는 상대의 말을 틀린 것[違者]으로 보고 부정하는 구실을 한다. 스승(孟子)이 만장(萬章)이 말한 요이천하여순(堯以天下與舜)을 틀린 말이라며 부정하고 있다.

아닐 부(否)

天子不能以天下與人(천자불능이천하여인)

▶ 천자가[天子] 천하[天下]를[以] 사람에게[人] 줄[與] 수 없다[不能].

천자불능이천하여인(天子不能以天下與人)에서 以天下를 제외하고 天子不能與舜으로만 보면 문맥을 잡아내기가 쉽다. 天子不能以天下與舜에서 천자(天子)는 주어이고, 불능(不能)은 여격동사인 여(與)를 돕는 조동사이며, 이천하(以天下)는 여(與)의 직접목적구이고, 여(與)는 여격 타동사이며, 순(舜)은 간접목적어로 여기면 天子不能以天下與舜은 영어의 4형식 문장과 같다. 그러나 여(與)가 ~에게 ~을 준다는 뜻의 동사인지 ~과 함께라는 뜻의 전치사 구실을 하는지 문맥을 살펴 판단해야 한다. 한문투에서는 글자의 품사가 정해져 있지 않기 때문이다. 天子不能以天下與舜에서 여(與)는 〈以A與B〉 또는 〈與B以A〉꼴로 알아두면 편하다. 〈B에게 A를[以] 주다[與]〉 天子不能以天下與舜의 이(以)를 토씨 구실을 하는 허사로 보아도 된다.

아니 불(不), 할 수 있을 능(能), ~을 이(以), 줄 여(與)

然則舜有天下也(연즉순유천하야)

▶ **그러나[然則] 순이[舜] 천하를[天下] 차지한 것[有]이다[也].**

연즉순유천하야(然則舜有天下也)는 유(有)를 타동사처럼 보느냐 자동사처럼 보느냐에 따라 새김이 달라진다. 然則舜有天下也에서 연즉(然則)은 이(而)와 같은 구실을 하므로 문맥에 따라 그리고, 그러나, 그렇다면 등으로 새긴다. 여기선 그러나[然則]로 새기면 문맥에 맞는다. 舜有天下也에서 유(有)를 자동사 〈있을 유(有)〉로 보면 舜有天下也를 순에게[舜] 천하가[天下] 있다는 것[有]이다[也]로 새기고, 유(有)를 타동사 〈가질 유(有)〉로 보면 舜有天下也를 순이[舜] 천하를[天下] 가진 것[有]이다[也]로 새긴다. 여기서는 문맥으로 보아 舜有天下也의 유(有)를 타동사로 보고 새기는 쪽이 마땅하다.

그럴 연(然), 곧 즉(則), 순임금 순(舜), 가질 유(有), ~이다 야(也)

孰與之(숙여지)

▶ **무엇이[孰] (천하를) 그에게[之] 준 것입니까[與]?**

숙여지(孰與之)는 孰以天下與之를 줄인 어투이다. 같은 내용을 결코 반복하지 않는 어투가 곧 한문투이다. 孰與之에서 숙(孰)은 의문사로 주어이다. 숙(孰)은 문맥에 따라 which, what 등의 뜻을 나타낸다. 〈누구 수(誰), 무엇 숙(孰)〉 이렇게 외워두면 편리하다. 孰與之에서 지(之)는 순(舜)을 가리키는 지시대명사로 여긴다.

누구 숙(孰), 줄 여(與), 그 지(之)

天與之(천여지)

▶ 하늘이[天] 그에게[之] 주었다[與].

천여지(天與之)는 숙여지(孰與之)란 물음에 대한 해답이다. 天與之의 지(之) 역시 순(舜)을 가리키는 지시대명사이다.

하늘 천(天), 줄 여(與), 그 지(之)

天與之者(천여지자) 諄諄然命之乎(순순연명지호)

▶ 하늘이[天] 천하를[之] 주었다[與]면[者] (하늘이) 타이르듯이[諄諄然] 그에게[之] 명령한 것[命]입니까[乎]?

천여지자(天與之者)는 순순연명지호(諄諄然命之乎)의 종속절이다. 天與之者의 자(者)는 여기서 어조사이다. 어조사인 자(者)는 문맥에 따라 알맞은 뜻으로 새겨도 되고 무시해도 된다. 여기서는 〈~면 자(者)〉로 새기면 문맥이 통하고, 이런 자(者)는 영어의 조건의 부사절을 이끄는 If와 같은 구실을 한다고 여기면 편하다.

순순연명지호(諄諄然命之乎)는 주절로서 諄諄然天命之乎에서 천(天)을 생략한 어투이다. 순순연(諄諄然)은 자상한 말로 타이르는 모습을 말하는 부사구이고, 命之乎에서 명(命)은 〈명령할 령(令)〉과 같고 명령(命令)의 줄임말로 여기고 새기고, 지(之)는 순(舜)을 가리키는 지시대명사이다.

하늘 천(天), 줄 여(與), 그 지(之), ~면 자(者), 타이를 순(諄), 명령할 명(命), 그것 지(之), 인가 호(乎)

否(부)

▶ (그런 것) 아니다[否].

부(否)는 상대의 말을 틀린 것[違者]으로 보고 부정하는 구실을 한다. 만장(萬章)이 말한 순순연명지(諄諄然命之)를 틀린 말이라며 부정하고 있다.

아닐 부(否)

天不言(천불언)

▶ 하늘은[天] 말하지[言] 않는다[不].

천불언(天不言)은 天不言命之에서 언(言)의 목적구인 명지(命之)를 생략해버린 어투로, 목적구가 생략되었지만 영어의 3형식 문장처럼 여기고 새기면 문맥이 잡힌다.

하늘 천(天), 아니 불(不), 말할 언(言)

以行與事示之而已矣(이행여사시지이이의)

▶ (하늘은) 일[事]과[與] 행위[行]로써[以] 명령을[之] 보여줄[示] 뿐이다[而已矣].

이행여사시지이이의(以行與事示之而已矣)는 以行與事天示之而已矣에서 주어인 천(天)을 생략한 어투로 영어의 3형식 문장과 같다. 以行與事示之而已矣에서 이행여사(以行與事)는 부사구이고, 시(示)는 타동사이며, 지(之)는 앞의 명지(命之)를 대신하는 지시대명사이고, 이이의(而已矣)는 문장의 내용을 강조하는 문미의 어조사이다. 이행여사(以行與事)에서 이(以)는 〈써 용(用)〉과 같고 〈以A〉 또는 〈A以〉로 매우 다양한 뜻을 나타낸다. 여기서는 〈A(行與事)를 이용해서[以]〉로 새기면 문맥이 쉽게 잡히고, 여(與)는 여기서 전치사로 〈함께 여(與)〉이다.

맹자가 천명(天命)을 간명하게 밝히고 있다. 본래 성현의 말은 간단해서 듣기가 쉽지만 많이 생각하게 한다. 천불언(天不言)이야말로 천명을 간명하게 밝힌 단언이다. 천묵시(天默示)란 말이다. 하늘은 말하지 않고 행사(行事)로써[以] 하늘이 명령하는 바를 보여준다 함이 곧 천명의 밝힘이다. 이러한 밝힘으로써 맹자는 요임금이 순에게 양위했다는 상식을 뒤엎고 천명(天命)으로 천자의 자리[位]에 순임금이 오르게 되었음을 천명(闡明)하고 있다. 여기서 왜 천명이 민주주의의 근본이요, 시원(始原)인지 생각할 수 있다.

써 이(以), 행동할 행(行), 함께(~과) 여(與), 일 사(事), 보여줄 시(示), 그것 지(之), 어조사 이(而), 그칠 이(已), 어조사 의(矣)

【문지(聞之) 2】

폭지어민(暴之於民)

【원문(原文)】

曰 以行與事로 示之者는 如之何이꼬 曰 天子는 能薦人於天이
왈 이행여사 시지자 여지하 왈 천자 능천인어천

언정 不能使天으로 與之天下며 諸侯는 能薦人於天子인정 不能
불능사천 여지천하 제후 능천인어천자 불능

使天子로 與之諸侯며 大夫는 能薦人於諸侯인정 不能使諸侯로
사천자 여지제후 대부 능천인어제후 불능사제후

與之大夫라 昔者에 堯薦舜於天 而天受之하고 暴之於民 而民
여지대부 석자 요천순어천 이천수지 포지어민 이민

受之하니 故曰 天不言하고 以行與事로 示之而已矣하나니라
수지 고왈 천불언 이행여사 시지이이의

【해독(解讀)】

(만장이) 여쭈었다[曰]. "일과 행동으로 주는 뜻을 보여준다는 것은[以行與事示之者] 어떤 것입니까[如之何]?" (맹자가) 말해주었다[曰]. "천자는 하늘에 사람을 천거할 수 있지만[天子能薦人於天] 하늘로 하여금 (천자 자신이 천거한) 인간에게 천하를 주게 할 수는 없고[不能使天與之天下], 제후는 천자에게 사람을 천거할 수 있으나[諸侯能薦人於天子] 천자로 하여금 인간에게 제후를 주게 할 수는 없으며[不能使天子與之諸侯], 대부는 제후에게 사람을 천거할 수 있으나[大夫能薦人於諸侯] 제후로 하여금 인간에게 대부를 주게 할 수는 없다[不能使諸侯與之大夫]. 옛날에[昔者] 요임금이 하늘에 순을 천거했고[堯薦舜於天] 그리고 하늘이 그를 받아주었으며[而天受之], (하늘이) 백성에게 그를 드러내보였고[暴之於民], 그리고 백성이 그를 받아주었다[而民受之]. 그래서 말한다[故曰]. '하늘은 말하지 않고[天不言] 일과 행동으로 그 뜻을 보여주는 것뿐이다[以行與事示之而已矣].' "

【담소(談笑)】

以行與事示之者(이행여사시지자) 如之何(여지하)

▶ 일[事]과[與] 행동[行]으로[以] 그 뜻을[之] 보여준다는[示] 것은[者] 어떤 것입니까[如之何]?

이행여사시지자(以行與事示之者)는 天以行與事示之者에서 천(天)을 생략한 어투로, 영어로 치면 목적절이며 명사절과 같은 구실을 한다. 以行與事示之者의 자(者)는 영어의 that절에서 that과 같다고 여기면 문맥을 잡아 새기는 데 편할 것이다.

여지하(如之何)는 의문문 어투이다. 如之何는 하여지(何如之)의 여지(如之)를 강조하기 위해 도치시킨 어투이다. 무엇이[何] 그것과[之] 같습니까[如]? 如之何의 지(之)는 앞에 있는 내용인 이행여사시지자(以行與事示之者)

를 가리키는 지시대명사이지만, 허사이므로 무시하고 새겨도 된다.

써 이(以), 행동할 행(行), 함께(~과) 여(與), 일 사(事), 보여줄 시(示), 그것 지(之), 것 자(者), 같을 여(如), 그것 지(之), 어찌 하(何)

天子能薦人於天(천자능천인어천) 不能使天與之天下(불능사천여지천하)

▶ 천자는〔天子〕 하늘〔天〕에〔於〕 사람을〔人〕 천거할〔薦〕 수 있지만〔能〕 하늘로〔天〕 하여금〔使〕 (자신이 천거한) 인간에게〔之〕 천하를〔天下〕 주게〔與〕 할 수는 없다〔不能〕.

천자능천인어천(天子能薦人於天)은 〈A薦B於C〉꼴로 영어의 3형식 문장과 같은 어투이다. 〈A(天子)가 C(天)에게[於] B(人)를 천거하다[薦]〉 天子能薦人於天에서 천자(天子)는 주어이고, 능(能)은 영어의 can과 같은 조동사이며, 천(薦)은 타동사이고, 인(人)는 직접목적어이며, 어천(於天)은 간접목적어 구실을 하는 부사구이다. 天子能薦人於天의 천(薦)은 〈천거할 거(擧)〉와 같고 천거(薦擧)의 줄임말로 여기고 새긴다.

불능사천여지천하(不能使天與之天下)는 天子不能使天與人天下에서 반복되는 주어인 천자(天子)를 생략하고, 인(人)을 지시대명사인 지(之)로 대신한 사역문이다. 〈A使BC〉꼴로 〈A(天子)는 B(天)로 하여금[使] C(與人天下)하게 한다〉 不能使天與人天下에서 주어인 천자(天子)는 생략되었고, 불능(不能)은 영어의 can not과 같은 조동사이며, 사[使]는 사역동사이고, 천(天)은 사[使]의 목적어이며, 여지천하(與之天下)는 목적격 보어이다. 목적격 보어인 여지천하(與之天下)에서 여(與)는 여격동사이고 〈줄 시(施)〉와 같고, 지(之)는 여기서 간접목적이 구실을 하는 지시대명사이고, 천하(天下)는 여(與)의 직접목적어이다. 〈與AB〉 또는 〈與B於A〉 〈A(之)에게 B(天下)를 주다[與]〉

가능할 능(能), 천거할 천(薦), ~에게 어(於), 하여금 사(使), 줄 여(與), 그에게 지(之)

諸侯能薦人於天子(제후능천인어천자) 不能使天子與之諸侯(불능사천자여지제후)

▶ 제후는〔諸侯〕 천자〔天子〕에게〔於〕 사람을〔人〕 천거할〔薦〕 수 있지만

[能], 천자로[天子] 하여금[使] (자신이 천거한) 천자에게[之] 제후를[諸侯] 주게[與] 할 수는 없다[不能].

제후능천인어천자(諸侯能薦人於天子)는 〈A薦B於C〉꼴로 영어의 3형식 문장과 같은 어투이다. 〈A(諸侯)가 C(天子)에게[於] B(人)를 천거하다[薦]〉 諸侯能薦人於天子에서 제후(諸侯)는 주어, 능(能)은 영어의 can과 같은 조동사, 천(薦)은 타동사이고, 인(人)는 직접목적어이고, 어천자(於天子)는 간접목적어 구실하는 부사구이다. 天子能薦人於天의 천(薦)은 〈천거할 거(擧)〉와 같고 천거(薦擧)의 줄임말로 여기고 새긴다.

불능사천자여지제후(不能使天子與之諸侯)는 諸侯不能使天子與之諸侯에서 반복되는 주어인 제후(諸侯)를 생략하고, 인(人)을 지시대명사인 지(之)로 대신한 사역문이다. 〈A使BC〉꼴로 〈A(諸侯)는 B(天子)로 하여금[使] C(與之諸侯)하게 한다〉 不能使天子與之諸侯에서 주어인 제후(諸侯)는 생략되었고, 불능(不能)은 영어의 can not과 같은 조동사이며, 사(使)는 사역동사이고, 천자(天子)는 사[使]의 목적어이며, 여지제후(與之諸侯)는 목적격 보어이다. 목적격 보어인 여지제후(與之諸侯)에서 여(與)는 여격동사로 〈줄 시(施)〉와 같고, 지(之)는 여기서 간접목적어 구실을 하는 지시대명사이고, 제후(諸侯)는 여(與)의 직접목적어이다. 〈與AB〉 또는 〈與B於A〉 〈A(之)에게 B(天下)를 주다[與]〉

모두 제(諸), 임금 후(侯), 가능할 능(能), 천거할 천(薦), ~에게 어(於), 하여금 사(使), 줄 여(與), 그에게 지(之)

大夫能薦人於諸侯(대부능천인어제후) 不能使諸侯與之大夫(불능사제후여지대부)

▶ 대부는[大夫] 제후[諸侯]에게[於] 사람을[人] 천거할[薦] 수 있지만[能], 제후로[諸侯] 하여금[使] (자신이 천거한) 인간에게[之] 대부를[大夫] 주게[與] 할 수는 없다[不能].

대부능천인어제후(大夫能薦人於諸侯)는 〈A薦B於C〉꼴로 영어의 3형식 문장과 같은 어투이다. 〈A(大夫)가 C(諸侯)에게[於] B(人)를 천거하다[薦]〉 諸侯能薦人於天子에서 대부(大夫)는 주어이고, 능(能)은 영어의 can과 같은 조동사이며, 천(薦)은 타동사이고, 인(人)는 직접목적어이며, 어제후(於諸

侯)는 간접목적어 구실을 하는 부사구이다. 大夫能薦人於諸侯의 천(薦)은 〈천거할 거(擧)〉와 같고 천거(薦擧)의 줄임말로 여기고 새긴다.

불능사제후여지대부(不能使諸侯與之大夫)는 大夫不能使諸侯與之大夫에서 반복되는 주어인 대부(大夫)를 생략하고, 인(人)을 지시대명사인 지(之)로 대신한 사역문이다. 〈A使BC〉꼴로 〈A(大夫)는 B(諸侯)로 하여금[使] C(與之大夫)를 하게 한다〉 不能使諸侯與之大夫에서 주어인 대부(大夫)는 생략되었고, 불능(不能)은 영어의 can not과 같은 조동사이며, 사(使)는 사역동사이고, 제후(諸侯)는 사(使)의 목적어이며, 여지대부(與之大夫)는 목적격 보어이다. 목적격 보어인 여지대부(與之大夫)에서 여(與)는 여격동사이고 〈줄 시(施)〉와 같고, 지(之)는 여기서 간접목적어 구실을 하는 지시대명사이며, 대부(大夫)는 여(與)의 직접목적어이다. 〈與AB〉 또는 〈與B於A〉 〈A(之)에게 B(天下)를 주다[與]〉

맹자가 만장에게 진인사대천명(盡人事待天命)을 자세히 설명해주고 있다. 사람이 하는 일을 정성껏 다하되, 그 일의 길흉이나 선악이나 성패는 사람의 뜻대로 결정되는 것이 아니라 하늘이 결정하는 대로 따를 수밖에 없음을 천자(天子)·제후(諸侯)·대부(大夫)를 들어 밝히고 있다. 천자라 하여 제 뜻대로 사람을 천자로 만들어줄 수 없고, 천자라 하여 제 뜻대로 사람을 제후로 만들어줄 수 없으며, 제후라 하여 제 뜻대로 사람을 대부로 만들어줄 수 없다. 인간에게 천하를 주는 것은 천자가 아니라 하늘[天]이므로 한 인간이 천자가 되는 것도 하늘의 시킴[天命]으로 가능하고, 한 인간이 제후가 되는 것도 하늘의 시킴[天命]으로 가능하며, 한 인간이 대부가 되는 것도 하늘의 시킴[天命]으로 가능하다는 것이다. 이러한 천명은 사람의 말을 적은 교서 따위로 내려지는 벼슬자리가 아니다. 오로지 하늘의 시킴[天命]은 말하지 않는 것[不言]임을 스승(孟子)이 제자(萬章)에게 구체적인 예를 들어 자세히 설명하고 있다.

큰 대(大), 사내 부(夫), 가능할 능(能), 천거할 천(薦), ~에게 어(於), 하여금 사(使), 줄 여(與), 그에게 지(之)

昔者(석자) 堯薦舜於天(요천순어천) 而天受之(이천수지) 暴之於民(포지어민) 而民受之(이민수지)

▶ 옛[昔]날에[者] 요임금이[堯] 하늘[天]에[於] 순을[舜] 천거했고[薦], 그리고[而] 하늘이[天] 그를[之] 받아주었으며[受], (하늘이) 백성[民]에게[於] 그를[之] 드러내보였고[暴], 그리고[而] 백성이[民] 그를[之] 받아주었다[受].

석자(昔者)는 옛적이란 뜻의 부사구이다. 옛[昔]적에[者].

요천순어천(堯薦舜於天)에서 요(堯)는 주어이고, 천(薦)은 타동사이며, 순(舜)은 목적어이고, 어(於)는 간접목적어를 이끄는 토씨로 〈~에게 어(於)〉이다. 하늘[天]에게[於].

이천수지(而天受之)에서 이(而)는 연접의 연사인 〈그리고 이(而)〉이고, 천(天)은 주어이며, 수(受)는 타동사이고, 지(之)는 직접목적어이므로, 천수지(天受之)는 영어의 3형식 문장과 같은 어투이다. 天受之에서 수(受)는 〈용납할 용(容)〉과 같고 수용(受容)의 줄임말로 여기고, 지(之)는 순(舜)을 대신하는 지시대명사이다.

포지어민(暴之於民)은 天暴之於民에서 되풀이되는 천(天)을 생략한 영어의 3형식 문장과 같은 어투이다. 暴之於民에서 포(暴)는 〈드러내 보일 현(顯)〉과 같고 타동사이며, 지(之)는 순(舜)을 가리키는 지시대명사로 목적어이고, 어민(於民)은 부사구로 간접목적어이다. 暴之於民의 포(暴)는 숨김없고 사정없이 드러내 보임을 뜻하므로 현현(顯現)보다 강조의 뜻이 있다. 하늘의 명령은 사정없고 공평하며 정대하게 드러나므로 그 드러냄을 포(暴)라 한다.

이민수지(而民受之)에서 이(而)는 연접의 연사인 〈그리고 이(而)〉이고, 민(民)은 주어이며, 수(受)는 타동사이고, 지(之)는 직접목적어로 민수지(民受之)는 영어의 3형식 문장과 같은 어투이다. 民受之에서 수(受)는 〈용납할 용(容)〉과 같고 수용(受容)의 줄임말로 여기고, 지(之)는 순(舜)을 대신하는 지시대명사이다.

옛 석(昔), 때 자(者), 요임금 요(堯), 천거할 천(薦), 순임금 순(舜), ~에 어(於), 그리고 이(而), 받을 수(受), 그 지(之), 드러낼 포(暴), 백성 민(民)

故曰(고왈) 天不言(천불언) 以行與事示之而已矣(이행여사시지이이의)

▶ 그래서[故] 말한다[曰]. "하늘은[天] 말하지[言] 않고[不] 일[事]과[與] 행동[行]으로[以] 그 뜻을[之] 보여주는 것[示]뿐이다[而已矣]."

고왈(故曰)은 시고왈(是故曰)을 줄인 꼴이다. 위의 내용[是]이므로[故] 다음처럼 말한다[曰]는 뜻으로 쓰인다. 앞의 내용을 근거로 하여 판단이나 결론을 내릴 때 쓰이는 셈이다.

천불언(天不言)에서 천(天)은 주어이고, 언(言)은 목적어를 갖추지 않은 타동사이므로 天不言은 영어의 3형식 문장과 같은 어투이다. 天不言에서 언(言)을 발언(發言)의 줄임으로 보고 새기면 문맥이 분명해질 것이다.

이행여사시지이이의(以行與事示之而已矣)는 天以行與事示之而已矣에서 되풀이되는 주어인 천(天)을 생략하였고, 以行與事示之而已矣는 〈(A)B而已矣〉꼴로 영어의 2형식 문장과 같은 어투이다. 〈AB而已矣〉꼴은 〈AB也〉의 야(也)를 이이의(而已矣)로 바꾸어 단언함을 더욱 강조하는 어투이다. 以行與事示之而已矣에서 이행여사(以行與事)는 타동사인 시(示)를 꾸며주는 부사구이고, 지(之)는 天不言에서 언(言)을 대신하는 지시대명사이다. 행여사(行與事)로써[以] 말씀을[之] 보여주는 것[示]뿐이다[而已矣].

천명(天命)은 천자(天子)나 군왕(君王)을 통해서 드러나지 않는다. 오로지 백성[民]을 통해서만 나타나는 것이 유가(儒家)의 천명이다. 그래서 유가는 동민심(同民心)을 천명으로 보고 그 동민심에서 치도(治道)를 찾아낸다. 동민심으로부터 비롯되는 치도를 맹자는 행인정(行仁政) · 발정시인(發政施仁) · 여민해락(與民偕樂) 등으로 밝힌다. 이러한 치도라면 천수지(天受之)와 민수지(民受之)가 하나[一]가 되어야한다. 모든 군왕이나 정치하는 자들에게 하늘은[天] 말하지[言] 않고[不] 일[事]과[與] 행동[行]으로[以] 그 뜻을[之] 보여주는 것[示]뿐이라[而已矣]는 말보다 더 무서운 단언은 없다. 이처럼 맹자는 요가 순에게 양위한 것이 아니라 하늘[天]이 순에게 천자의 자리를 주었고 백성이 하늘의 뜻을 받아들였다고 밝혀 천자가 하늘의 심부름꾼이요, 백성의 심부름꾼임을 천명한다. 군왕들이 왜 맹자를 입으로만 앞세우면서 마음 속으로 무서워하고 저어하는지 알 수 있다.

그러므로 고(故), 말할 왈(曰), 하늘 천(天), 아니 불(不), 말할 언(言), 행동할 행(行), ~과 여(與), 일 사(事), 보일 시(示), 그것 지(之), 어조사 이(而), 그칠 이(已), 어조사 의(矣)

【문지(聞之) 3】

천여지(天與之)

【원문(原文)】

曰 敢問薦之於天하고 而天이 受之하고 暴之於民하여 而民이 受之는 如何이꼬 曰 使之主祭하고 而百神이 享之하면 是는 天이 受之요 使之主事하여 而事治하고 百姓이 安之면 是는 民이 受之也이라 天이 與之하고 人이 與之라 故로 曰 天子는 不能以天下與人이라 한다 舜이 相堯한지 二十有八載하니 非人之所能爲也이고 天也이니라

왈 감문천지어천 이천 수지 포지어민 이민 수지 여하 왈 사지주제 이백신 향지 시 천 수지 사지주사 이사치 백성 안지 시 민 수지야 천 여지 인 여지 고 왈 천자 불능이천하여인 순 상요 이십유팔재 비인지소능위야 천야

【해독(解讀)】

(만장이) 여쭈었다[曰]. "감히 여쭙겠습니다만[敢問], 하늘에 사람을 천거하고 그러면 하늘이 그를 받아들이고[薦之於天而天受之] (하늘이) 백성에게 그를 보여주고 그러면 백성이 그를 받아들임이란[暴之於民而民受之] 어떤 것인지요[如何]?" (맹자가) 말해주었다[曰]. "그(천자)로 하여금 제사를 주관하게 하고[使之主祭] 그리고 백신이 그 제사를 받아들이면[而百神享之] 이는 하늘이 그를 받아들인 것이고[是天受之], (하늘이) 그로 하여금 나랏일을 주관하게 하고 그러면 나랏일이 다스려지고[使之主事而事治] 백성이 그 일을 편안해 하면[百姓安之] 이는 백성이 그를 받아들인 것이다[是民受之也]. 하늘이 그에게 (천하를) 주었고[天與之], 백성이 그에게 (천하를) 주었다[人與之]. 그러므로[故] 천자는 천하를 어느 한 사람에게 줄 수 없다[天子不能以天下與人]. 순이 28년 동안이나 요임금을 도왔으니[舜相堯二十有八載] 그것은 사람이 해낼 수 있는 바가 아닌 것이고[非人之所能爲也], 하늘이 할 수 있는 것이다[天也]고 말한다[曰]."

【담소(談笑)】

敢問(감문)薦之於天(천지어천) 而天受之(이천수지) 暴之於民(포지어민) 而民受之(이민수지) 如何(여하)

▶ 감히[敢] 여쭙겠습니다만[問], 하늘[天]에[於] 사람을[之] 천거하고[薦] 그러면[而] 하늘이[天] 그를[之] 받아들이고[受] (하늘이) 백성[民]에게[於] 그를[之] 보여주고[暴] 그러면[而] 백성이[民] 그를[之] 받아들임이란[受] 어떤 것인지요[如何]?

감문(敢問)은 오감문(吾敢問)에서 주어인 오(吾)를 생략한 어투이며, 제자가 스승에게 여쭈어볼 때 쓰는 관용어이다. 감히[敢] 여쭙겠습니다[問].

천지어천(薦之於天)은 天子薦之於天에서 되풀이되는 주어인 천자(天子)를 생략한 영어의 3형식 문장과 같은 어투이다. 薦之於天에서 천(薦)은 타동사이고, 지(之)는 목적어이며, 어(於)는 간접목적어를 이끄는 토씨(~에게) 구실을한다. 薦之於天의 천(薦)은 〈천거할 거(擧)〉와 같고 천거(薦擧)의 줄임말로 여기고 새긴다.

이천수지(而天受之)의 이(而)는 연접의 연사인 〈그러면 이(而)〉로 새기면 문맥이 통하고, 天受之에서 천(天)은 주어이며, 수(受)는 타동사로 〈받아들일 용(容)〉과 같고 수용(受容)의 줄임말로 여기고 새기고, 지(之)는 지시대명사이다.

포지어민(暴之於民)은 天暴之於民에서 되풀이되는 천(天)을 생략한 영어의 3형식 문장과 같은 어투이다. 暴之於民에서 포(暴)는 〈드러내 보일 현(顯)〉과 같고 타동사이며, 지(之)는 지시대명사로 목적어이고, 어민(於民)은 부사구로 간접목적어이다.

이민수지(而民受之)의 이(而)는 연접의 연사인 〈그러면 이(而)〉로 새기면 문맥이 통하고, 民受之에서 민(民)은 주어이며, 수(受)는 타동사로 〈받아들일 용(容)〉과 같고 수용(受容)의 줄임말로 여기고 새기며, 지(之)는 지시대명사이다.

여하(如何)는 여지하(如之何)의 줄임이고 의문형 어투이다.

감히 감(敢), 물을 문(問), 천거할 천(薦), 그를 지(之), ~에 어(於), 그러면 이(而), 받을 수(受), 드러낼 포(暴), 백성 민(民), 같을 여(如), 어찌 하(何)

使之主祭(사지주제) 而百神享之(이백신향지) 是天受之(시천수지)

▶ 그(천자)로[之] 하여금[使] 제사를[祭] 주관하게 하고[主], 그리고[而] 백신(천지)이[百神] 그 제사를[之] 받아들이면[享] 이는[是] 하늘이[天] 그를[之] 받아들임이다[受].

사지주제(使之主祭)는 天使之主祭에서 반복되는 주어인 천(天)을 생략한 어투로 영어의 사역문 문장과 같다. 使之主祭의 사(使)는 사역동사이므로 영어의 make him do it처럼 여기고 지(之)로 하여금[使] 제(祭)를 주(主)하게 한다고 새기면, 使之主祭의 문맥을 잡아내 쉽게 문의를 건질 수 있다. 使之主祭에서 지(之)는 목적어이고 천자(天子)를 대신하는 지시대명사이며, 주제(主祭)는 목적격 보어이고, 제(祭)는 주(主)의 목적어이며, 주(主)는 〈맡아할 관(管)〉과 같고 주관(主管)의 줄임말로 여기고 새긴다.

이백신향지(而百神享之)는 영어의 3형식 문장과 같은 어투이다. 이(而)는 연접의 연사인 〈그리고 이(而)〉이고, 百神享之에서 백신(百神)은 주어이며 천지(天地)를 뜻하고, 향(享)은 〈받을 흠(歆)〉과 같고 흠향(歆享)의 줄임말로 여기며 〈통할 형(亨)〉과 혼동하지 않도록 주의한다. 지(之)는 사지주제(使之主祭)의 제(祭)를 가리키는 지시대명사이다. 물론 향지(享之)를 수지(受之)와 같은 뜻으로 보고 새겨도 무방하다.

시천수지(是天受之)는 是天受之也를 줄인 것으로 영어의 2형식 문장과 같은 〈AB也〉꼴 어투이다. 〈A(是)는 B(天受之)이다[也]〉 是天受之에서 시(是)는 주어이고, 천수지(天受之)는 보어이다. 是天受之의 지(之)는 천자(天子)를 가리키는 지시대명사로 여기고 새긴다.

하여금(시킬) 사(使), 그 지(之), 주관할 주(主), 제사 제(祭), 그리고 이(而), 천지 신(神), 받을 향(享), 그것 지(之), 이 시(是), 받을 수(受)

使之主事(사지주사) 而事治(이사치) 百姓安之(백성안지) 是民受之也(시민수지야)

▶ 그(천자)로[之] 하여금[使] 나랏일을[事] 주관하게 하고[主] 그리고[而] 나랏일이[事] 다스려지고[治] 백성이[百姓] 그 일을[之] 편히 생각하면[安] 이는[是] 백성이[民] 그를[之] 받아들인 것[受]이다[也].

사지주사(使之主事)는 天使之主事에서 반복되는 주어인 천(天)을 생략한 어투이고, 영어의 사역문과 같은 문장이다. 使之主祭에서 지(之)는 목적어이고 천자(天子)를 대신하는 지시대명사이며, 주사(主事)는 목적격 보어이고, 사(事)는 주(主)의 목적어이며, 주(主)는 〈맡아할 관(管)〉과 같고 주관(主管)의 줄임말로 여기고 새긴다.

이사치(而事治)는 영어 수동태의 2형식 문장과 같은 어투이다. 而事治에서 이(而)는 연접의 연사인 〈그리고 이(而)〉이고, 〈사(事)〉는 주어이며, 〈치(治)〉는 수동태 자동사로 여기고 〈다스릴 치(治)〉가 아니라 〈다스려질 치(治)〉로 새기면 문맥이 잡힌다.

백성안지(百姓安之)는 영어 3형식 문장과 같은 어투이다. 百姓安之에서 백성(百姓)은 주어로서 이 또한 백성을 천지(天地)로 보는 관점이고, 안(安)은 〈즐거워할 락(樂)〉과 같고 안락(安樂)의 줄임말로 여기며, 지(之)는 사지주사(使之主事)의 사(事)를 가리키는 지시대명사이다.

시민수지야(是民受之也)는 〈AB也〉꼴로 영어의 2형식 문장과 같은 어투이다. 〈A(是)는 B(天受之)이다[也]〉 是民受之也에서 시(是)는 주어이고, 천수지(天受之)는 보어이다. 是民受之也의 지(之)는 천자(天子)를 가리키는 지시대명사로 여기고 새긴다.

하여금(시킬) 사(使), 그 지(之), 주관할 주(主), 일 사(事), 그리고 이(而), 성씨 성(姓), 즐거워할 안(安), 그것 지(之), 이 시(是), 백성 민(民), 받을 수(受), ~이다 야(也)

天與之(천여지) 人與之(인여지) 故曰(고왈) 天子不能以天下與人(천자불능이천하여인)

▶ **하늘이[天] 그에게[之] (천하를) 주었고[與] 백성이[人] 그에게[之] (천하를) 주었다[與]. 그러므로[故] 천자는[天子] 천하[天下]를[以] 개인에게[人] 줄[與] 수 없다고[不能] 말한다[曰].**

천여지(天與之)는 天與之天下를 줄인 어투이다. 앞의 문맥을 살펴 생략된 내용을 보충하면서 새기면 문맥을 잡아내기가 쉽다. 天與之는 직접목적어가 생략되었지만 영어의 4형식 문장과 같은 어투이다. 天與之에서 천(天)은 주어이고, 여(與)는 여격동사이며, 지(之)는 한 사람 즉 특정인[人]을 가리키는 지시대명사로 간접목적어 구실을 한다. 여격동사인 여(與)는 〈與AB〉의 B를 도치시키면 〈以B與A〉로 바뀐다고 알아두면 편하다. 〈A에게 B를 주다[與]〉 〈A에게 B를[以] 주다[與]〉

인여지(人與之)는 人與之天下를 줄인 어투로, 직접목적어가 생략된 영어의 4형식 문장 같다. 人與之에서 인(民)은 주어이고, 여(與)는 여격동사이며, 지(之)는 한 사람 즉 특정인[人]을 가리키는 지시대명사로 간접목적어 구실을 한다. 여(與)는 여격동사로 〈與AB〉의 B를 도치시키면 〈以B與A〉로 바뀐다. 〈A에게 B를 주다[與]〉, 〈A에게 B를[以] 주다[與]〉

고왈(故曰)은 是故曰을 줄인 꼴이다. 위의 내용[是]이므로[故] 다음처럼 말한다[曰]는 뜻으로 쓰인다. 앞의 내용을 근거로 하여 판단이나 결론을 내릴 때 쓰이는 관용구이다.

천자불능이천하여인(天子不能以天下與人)은 天子不能與人天下에서 직접목적어인 천하(天下)를 강조하려고 도치시키면서 이천하(以天下)로 한 어투이다. 天子不能以天下與人은 영어의 4형식 문장과 같은 어투로 천자(天子)는 주어이고, 불능(不能)은 여격동사 여(與)를 돕는 조동사이며, 이천하(以天下)는 직접목적어 구실을 하는 목적구이고, 인(人)은 여(與)의 직접목적어이다.

줄 여(與), 그 지(之), 그러므로 고(故), 능할 능(能), 써 이(以)

舜相堯二十有八載(순상요이십유팔재) 非人之所能爲也(비인지소능위야) 天也(천야)

▶ **순이[舜] 요임금을[堯] 28[二十有八] 년간[載] 도왔다[相]. (이런 일은) 사람[人]이[之] 해낼[爲] 수 있는[能] 바가[所] 아닌 것[非]이고[也], 하늘이 할 수 있는 것[天]이다[也].**

순상요이십유팔재(舜相堯二十有八載)는 영어의 3형식 문장과 같은 어투이다. 舜相堯二十有八載에서 순(舜)은 주어이고, 상(相)은 타동사로 〈도울 조(助)〉와 같고 상조(相助)의 줄임말로 여기며, 이십유팔재(二十有八載)는 시간의 부사구이고, 재(載)는 〈해 년(年)〉과 같다.

비인지소능위야(非人之所能爲也)는 是非人之所能爲也에서 주어인 시(是)를 생략한 〈A非B也〉꼴의 어투이다. 〈(A는) B(人之所能爲)가 아닌 것

[非]이다[也]〉 非人之所能爲也는 영어의 2형식 문장과 같은 어투이고, 비(非)는 人之所能爲를 부정한다. 인지소능위(人之所能爲)는 소인능위(所人能爲)에서 인(人)을 강조하려고 도치시키면서 인지(人之)로 한 어투이다. 人之所能爲와 같은 꼴에서 소(所)는 영어의 what he did it의 what 같다고 여기면 문맥을 잡기 쉽고, 지(之)는 주격 토씨[格]인 허사라고 여기면 편할 것이다. 人之所能爲를 사람[人]이[之] 할[爲] 수 있는[能] 바[所]라고 새긴다.

천야(天也)는 是天之所能爲也에서 순상요이십유팔재(舜相堯二十有八載)를 나타내면서 주어인 지시대명사 시(是)를 생략한 어투이다. 이렇게 생략된 내용을 알아채야, 하늘[天]이다[也]로 문맥을 잡지 않고 하늘[天]이[之] 할[爲] 수 있는[能] 것[所]이다[也]로 문맥을 잡아 天也를 새길 수 있다. 한문투에선 생략되었을지라도 우리말로 새길 경우는 생략된 내용을 보충해주어야 문맥이 자연스럽게 통한다.

맹자가 제자(萬章)에게 백성의 마음[民心]이 왜 하늘의 마음[天心]인지 자세히 설명하고 있다. 천자가 천지에 제사를 올린다 함은 나랏일[國事]을 백성이 바라는 바에 따라 수행할 것임을 천지에 알리는 주제(主祭)이다. 이러한 주제는 이미 국사(國事)를 백성이 편안하도록 하겠다는 천자의 고지인 셈이다. 이를 맹자가 백성안지(百姓安之)라고 밝히고 있다. 여기서 유가가 밝히는 천명(天命)이란 곧 여민해락(與民偕樂)의 행인정(行仁政)임을 다시금 확인할 수 있다. 그러니 천명을 시쳇말로 한다면 민주정신의 지도(至道)를 밝힘이리고 말할 수 있을 것이다. 이러한 맹자의 천명관(天命觀)을 오로지 성군만 좋아하지 어느 폭군이나 독재자가 좋아할 리 없다.

순임금 순(舜), 도울 상(相), 요임금 요(堯), 년 재(載), 아닌 것 비(非), ~이 지(之), 바 소(所), 능할 능(能), 할 위(爲), ~이다 야(也)

【문지(聞之) 4】

천시자아민시(天視自我民視)

【원문(原文)】

堯崩하고 三年之喪畢에 舜이 避堯之子於南河之南이어늘 天下
요붕 삼년지상필 순 피요지자어남하지남 천하

諸侯朝覲者 不之堯之子而之舜하며 訟獄者 不之堯之子而之舜하고 謳歌者 不謳歌堯之子而謳歌舜하니라 故로 曰 天也이라 夫然後에 之中國하여 踐天子位焉하고 而居堯之宮하여 逼堯之子면 是는 簒也이지 非天與也이니라 泰書에 曰 天視自我民視하고 天聽自我民聽이라 하니 此之謂也이니라

제후조근자 부지요지자이지순 송옥자 부지요지자이지순 구가자 불구가요지자이구가순 고 왈 천야 부연후 지중국 천천자위언 이거요지궁 핍요지자 시 찬야 비천여야 태서 왈 천시자아민시 천청자아민청 차지위야

【해독(解讀)】

"요임금이 서거하고[堯崩] 삼년의 상이 끝나자[三年之喪畢], 순은 남하의 남쪽으로 가서 요임금의 아들을 피했다[舜避堯之子於南河之南]. 천하에 제후들이 조근(朝覲)하면[天下諸侯朝覲者] (제후들은) 요임금의 아들한테로 가지 않고서 (제후들은) 순한테로 갔다[不之堯之子而之舜]. 송사가 나서 죄를 묻게 되면[訟嶽者] (제후들은) 요임금의 아들한테로 가지 않고 순에게로 갔고[不之堯之子而之舜], 구가(謳歌)하는 사람들은[謳歌者] 요임금의 아들을 구가하지 않고 순을 구가했다[不謳歌堯之子而謳歌舜]. 그래서 하늘이 (순에게 천자의 자리를) 준 것이라고 말한다[故曰天也]. 무릇 그런 뒤에야[夫然後] 중국으로 가서[之中國] 천자의 자리에 올랐던 것이다[踐天子位焉]. 그러나 (그렇지 않고 순이) 요임금의 궁에 머물러서 요임금의 아들을 핍박했다면[而居堯之宮逼堯之子] 이는 (순이) 빼앗는 것이지 하늘이 (순에게) 준 것은 아닌 것이다[是簒也非天與也]. 「태서」에 이런 말이 있다[泰書曰]. '하늘이 바라봄은 우리의 백성을 통해서 바라보고[天視自我民視] 하늘이 들음은 우리의 백성을 통해서 듣는다[天聽自我民聽]. 이러한 「태서」의 말은 위와 같은 경우를 말한 것이다[此之謂也].'"

【담소(談笑)】

堯崩(요붕) 三年之喪畢(삼년지상필)

▶ 요임금이[堯] 서거하고[崩] 삼년[三年]의[之] 상이[喪] 끝났다[畢].

요붕(堯崩)은 영어의 1형식 문장과 같은 어투이다. 堯崩에서 요(堯)는 주어이고, 붕(崩)은 자동사로 〈죽을 조(殂)〉와 같다.

삼년지상필(三年之喪畢) 역시 영어의 1형식 문장과 같은 어투이다. 三年

之喪畢에서 삼년지(三年之)는 상(喪)을 꾸며주는 형용사구이고, 상(喪)은 주어이며, 필(畢)은 자동사로 〈마칠 경(竟)〉과 같고 필경(畢竟)의 줄임말로 여긴다. 삼년지상(三年之喪) 같은 어투는 〈A之B〉꼴로 여기고 지(之)를 잘 정리해두면 문맥을 잡아 새기는 데 편하다. 〈A가[之] B, A를[之] B, A의[之] B, A하는[之] B, B하는[之] A〉 등 허사로서 지(之)는 다양하게 토씨[格]나 형용사구 구실을 한다.

요임금 요(堯), 천자가 죽을 붕(崩), 상복 입을 상(喪), 끝날 필(畢)

舜避堯之子於南河之南(순피요지자어남하지남)

▶ 순은[舜] 남하[南河]의[之] 남녘[南]에서[於] 요임금[堯]의[之] 아들을[子] 피했다[避].

순피요지자어남하지남(舜避堯之子於南河之南)은 영어의 단문 같은 어투로 볼 수도 있고, 舜避堯之子於南河之南을 舜避堯之子 而舜於南河之南의 줄임으로 보고 영어의 복문 같은 어투로 새길 수도 있다.

먼저 舜避堯之子於南河之南을 단문처럼 여기고 영어의 3형식 문장처럼 보면 순(舜)은 주어, 피(避)는 타동사, 요지자(堯之子)는 목적구, 어남하지남(於南河之南)은 부사구이고, 於南河之南의 어(於)는 〈~에서 우(于)〉의 뜻으로 어조사이다. 그러나 舜避堯之子於南河之南을 舜避堯之子 而舜於南河之南의 줄임으로 보면 於南河之南의 어(於)는 〈머물 거(居), 갈 왕(往)〉 등과 같은 뜻으로 자동사 구실을 한다. 이처럼 한문투에서 한자들은 다양한 뜻을 나타내므로 문맥을 잡기에 따라 그 새김이 다양해질 수 있음을 주의한다.

舜避堯之子於南河之南을 단문으로 보고 새기면, 순은[舜] 남하[南河]의[之] 남녘[南]에서[於] 요임금[堯]의[之] 아들을[子] 피했다[避]고 새길 수 있다. 그러나 舜避堯之子於南河之南을 복문으로 보고 새기면, 순은[舜] 요임금[堯]의[之] 아들을[子] 피해[避] 남하[南河]의[之] 남녘에[南] 머물렀다[於] 또는 순은[舜] 요임금[堯]의[之] 아들을[子] 피해[避] 남하[南河]의[之] 남녘으로[南] 갔다[於]고 새길 수도 있다. 이렇듯 舜避堯之子於南河之南을 여러 갈래로 새길 수 있는 것은 어(於)가 〈살(머물) 거(居), 갈 왕(往), 대신할 대(代), 여기 차(此), ~보다 비(比)〉 등처럼 다양한 뜻을 나타내는 동시에 어조사 구실까지 하기 때문이다.

피할 피(避), ~의 지(之), 아들 자(子), ~에서 어(於), 남녘 남(南), 강 하(河)

天下諸侯朝覲者(천하제후조근자) 不之堯之子而之舜(부지요지자이지순)

▶ 천하의[天下] 제후들이[諸侯] 조근한다[朝覲]면[者] (제후들은) 요임금[堯]의[之] 아들한테로[子] 가지[之] 않고[不]서[而] (제후들은) 순한테로[舜] 갔다[之].

천하제후조근자(天下諸侯朝覲者)와 같은 어투에서는 맨 끝의 자(者)를 어떻게 새기느냐에 따라 뜻이 달라진다. 한문투에서 자(者)는 여러 구실을 하기 때문이다. 〈~하는 사람 자(者)〉, 〈~하는 것 자(者)〉로 자주 쓰이지만, 자(者)는 〈이 차(此)〉의 뜻도 있고 어조사로도 쓰여 영어의 부사절을 이끄는 when, if와 같은 구실을 하는 경우가 있다. 天下諸侯朝覲者에서 자(者)를 영어의 when, if과 같은 구실을 하는 어조사로 보고 새기는 편이 앞뒤 문맥의 흐름에 걸맞지 싶다. 천하[天下] 제후가[諸侯] 조근할[朝覲] 때[者] 또는 천하[天下] 제후가[諸侯] 조근한다[朝覲]면[者]으로 새기는 것이 문맥과 걸맞다는 말이다. 이는 곧 天下諸侯朝覲者를 영어의 부사절처럼 여기고 새기자는 말이다.

부지요지자이지순(不之堯之子而之舜)은 天下諸侯不之堯之子 而天下諸侯之舜를 줄인 어투이다. 천하제후조근자(天下諸侯朝覲者)의 주절이 곧 부지요지자이지순(不之堯之子而之舜)이므로, 天下諸侯朝覲者 不之堯之子而之舜은 두 개의 복문으로 이루어진 어투이다. 不之堯之子에서 앞의 지(之)는 〈갈 왕(往), 이를 지(至)〉와 같고 자동사이지만, 뒤의 지(之)는 〈A之B〉꼴로 여기선 소유격 토씨 〈~의 지(之)〉로 허사이다. 이처럼 한문투에서는 한 글자가 다양한 품사 구실을 할 수 있다. 그리고 而之舜의 지(之)도 〈갈 왕(往), 이를 지(至)〉와 같고 자동사이다.

조근(朝覲)이란 일정한 시기에 제후들이 천자를 찾아가 뵙는 제도를 말한다. 천자였던 요(堯)가 죽자 제후들이 요의 아들[堯之子]한테로 가서 조근하지 않고 순(舜)을 찾아가 조근했다는 사실을 통해 맹자는 사람이 누구에게도 천자의 자리를 물려줄 수 없음을 밝히고 있다. 이처럼 맹자는 천자의 대물림을 부정한다.

모두 제(諸), 임금 후(侯), 조회 조(朝), 만나볼 근(覲), 어조사 자(者), 아니 부(不), 갈 지(之), ~의 지(之), 그러나 이(而)

訟獄者(송옥자) 不之堯之子而之舜(부지요지자이지순)

▶ 송사가 나서[訟] 죄를 묻는[獄]면[者] (제후들은) 요임금[堯]의[之] 아들한테로[子] 가지[之] 않고[不]서[而] (제후들은) 순한테로[舜]갔다[之].

송옥자(訟獄者)는 天下諸侯訟獄者를 줄인 어투로 부지요지자이지순(不之堯之子而之舜)의 종속절로 부사절이다. 訟獄者에서 송(訟)은 동사로 〈다툴 쟁(爭)〉과 같고 여기선 송사(訟事)의 줄임말로 여기고, 옥(獄) 역시 동사로 옥사(獄事)의 줄임말이고 죄의 유무를 심문하는 일이므로 송(訟)과 같으며, 자(者)는 여기서 어조사로 영어의 종속접속사와 같이 〈~면 자(者)〉로 영어의 if처럼 여기면 편하다.

부지요지자이지순(不之堯之子而之舜)은 天下諸侯不之堯之子 而天下諸侯之舜를 줄인 어투이다. 송옥자(訟獄者)의 주절이 곧 不之堯之子而之舜이므로 訟獄者 不之堯之子而之舜은 두 개의 복문으로 이루어진 문장이다. 不之堯之子에서 앞의 지(之)는 〈갈 지(之)〉로 자동사이지만, 뒤의 지(之)는 〈A之B〉꼴로 허사인 〈~의 지(之)〉이다. 그리고 而之舜의 지(之)도 〈갈 지(之)〉로 자동사이다.

송옥(訟獄)은 국사(國事)를 말해준다. 인간의 세간(世間)은 이해(利害)로 얽혀 있다. 나랏일이란 이러한 이해를 슬기롭게 다스리는 데 송옥(訟獄)의 국사를 치러야 한다. 이러한 국사를 제후들이 요(堯)의 아들이 아니라 순(舜)을 찾아와 논의했음을 맹자가 밝히고 있다. 천하는 순을 천자로 받들고 있음을 말해준다.

송사할 송(訟), 죄를 물을 옥(獄), 어조사 자(者), 아니 부(不), 갈 지(之), ~의 지(之), 그러나 이(而)

謳歌者(구가자) 不謳歌堯之子而謳歌舜(불구가요지자이구가순)

▶ (천자를) 칭송할[謳歌] 때면[者] (제후들은) 요임금[堯]의[之] 아들을[子] 칭송하지[謳歌] 않고[不]서[而] 순[舜]을 칭송했다[謳歌].

구가자(謳歌者)는 天下諸侯謳歌者를 줄인 어투로, 불구가요지자이구가

순(不謳歌堯之子而謳歌舜)의 종속절로 부사절이다. 謳歌者의 구(謳)는 짧게 노래함이고, 가(歌)는 길게 노래하는 함이다. 구가(謳歌)는 칭송(稱頌)과 같다. 높은 덕을 찬미하여 노래하는 것이 곧 구가(謳歌)이다. 구가는 천자의 덕을 찬미하여 노래하는 것이다.

불구가요지자이구가순(不謳歌堯之子而謳歌舜)은 구가자(謳歌者)의 주절이고 天下諸侯不謳歌堯之子 而天下諸侯謳歌舜을 줄인 어투이다. 不謳歌堯之子而謳歌舜은 영어의 3형식 중문과 같은 어투이다.

노래할 구(謳), 노래할 가(歌), 어조사 자(者)

故曰(고왈) 天也(천야)

▶ 그래서[故] 하늘이 (순에게 천자의 자리를) 준 것[天]이라[也] 말한다[曰].

고왈(故曰)은 시고왈(是故曰)을 줄인 꼴이다. 위의 내용[是]이므로[故] 다음처럼 말한다[曰]는 뜻으로 쓰인다. 앞의 내용을 근거로 하여 판단이나 결론을 내릴 때 쓰이는 관용구이다.

천야(天也)는 천여순야(天與舜也)를 줄인 어투이다. 하늘이[天] 순에게[舜] 부여한 것[與]이다[也]. 물론 天也를 천사제후야(天使諸侯也)의 줄임으로 여기고 새겨도 안 될 것은 없다. 하늘이[天] 제후들을[諸侯] 시킨 것[使]이다[也]. 여기서도 한문투가 얼마나 반복하기를 마다 하는 어투인지 알 수 있다. 그래서 한문투의 문의를 건져내는 데 문맥을 놓치면 어렵게 되고 만다.

그러므로 고(故), 말할 왈(曰), 하늘 천(天), ~이다 야(也)

夫然後之中國(부연후지중국) 踐天子位焉(천천자위언)

▶ 무릇[夫] 그런[然] 뒤에야[後] 천자의 도읍으로[中國] 가서[之] 천자의[天子] 자리로[位] 부임한 것[踐]이다[焉].

부연후지중국(夫然後之中國)은 夫然後舜之中國에서 주어인 순(舜)을 생략한 어투이다. 夫然後之中國에서 부연후(夫然後)는 시간의 부사구이고, 부연(夫然)은 앞에서 열거한 조근자(朝覲者)·송옥자(訟獄者)·구가자(謳歌者) 등을 묶어 후(後)를 꾸며주고 있다. 夫然後之中國에서 지(之)는 〈갈 왕(往)〉과 같고 자동사이며, 중국(中國)은 여기서는 나라 이름이라기보다는 천자가 머무는 도읍 즉 중원(中原)을 뜻한다.

천천자위언(踐天子位焉) 역시 舜踐天子位焉에서 주어인 순(舜)을 생략한 어투이다. 踐天子位焉에서 천(踐)은 타동사이고 〈부임할 취(就)〉와 같고 천조(踐阼)의 줄임말로 여기고 새기며, 천자위(天子位)는 목적구이다. 임금의 자리를 이어받다[踐阼]. 물론 천자위(天子位)는 천자지위(天子之位)를 줄인 말로 언(焉)은 마침표인 구실을 하는 어조사이다.

무릇 부(夫), 그럴 연(然), 뒤 후(後), 갈 지(之), 가운데 중(中), 나라 국(國), 부임할 천(踐), 자리 위(位), ~이다 언(焉)

而居堯之宮(이거요지궁) 逼堯之子(핍요지자) 是簒也非天與也(시찬야비천여야)

▶ **그러나[而] (그렇지 않고 순이) 요임금[堯]의[之] 궁에[宮] 머물러서[居] 요임금[堯]의[之] 아들을[子] 핍박했다면[逼], 이는[是] (순이) 빼앗는 것[簒]이지[也] 하늘이[天] (순에게) 준 것은[與] 아닌 것[非]이다[也].**

이거요지궁(而居堯之宮)은 而舜居堯之宮에서 주어인 순(舜)이 생략된 어투로, 영어의 1형식처럼 여기고 새긴다. 而居堯之宮에서 이(而)는 역접의 연사로 영어의 but과 같고, 거(居)는 〈머물 주(住)〉와 같고 거주(居住)의 줄임말로 여기고 새기며, 장소의 부사구인 요지궁(堯之宮)에서 요지(堯之)는 궁(宮)을 꾸며준다.

핍요지자(逼堯之子)는 舜逼堯之子에서 주어인 순(舜)이 생략되었고, 영어의 3형식 문장과 같은 어투이다. 逼堯之子에서 핍(逼)은 〈억누를 박(迫)〉과 같고 핍박(逼迫)의 줄임말로 여기고 새기며, 목적구인 요지자(堯之子)에서 요지(堯之)는 자(子)를 꾸며준다.

시찬야비천여야(是簒也非天與也)는 〈是A非B也〉꼴로 알아두면 편하다. 〈이는(是) A(簒)이지[也] B(天與)가 아닌 것[非]이다[也]〉 〈是A非B也〉꼴은 영어의 ~ not B ~ but A를 떠올리면 이해하기 쉬울 것이다. 是簒也非天與也에서 시(是)는 거요지궁(居堯之宮)과 핍요지자(逼堯之子)를 몰아서 가리키는 지시어이고, 찬(簒)은 〈빼앗을 탈(奪)〉과 같고 찬탈(簒奪)의 줄임말로 여기며, 비천여야(非天與也)에서 여(與)는 〈줄 시(施)〉와 같고 시여(施與)의 줄임말로 여기고 새긴다.

그러나 이(而), 머물 거(居), 요임금 요(堯), ~의 지(之), 궁궐 궁(宮), 핍박할 핍(逼), 이 시(是), 빼앗을 찬(簒), 아닌 것 비(非), 줄 여(與), ~이다 야(也)

泰書曰(태서왈)

▶ (『서경(書經)』의) 태서가[泰書] 말한다[曰].

태서왈(泰書曰)의 태서(泰書)는 『서경(書經)』의 한 편명으로 짐작된다. 그러나 지금 전하는 『서경』에는 제4편 「주서(周書)」에 〈태서(泰誓)〉 장이 상중하(上中下)로 있지만, 여기서 맹자가 인용한 말은 나오지 않는다.

클 태(泰), 글 서(書), 말할 왈(曰)

天視自我民視(천시자아민시) 天聽自我民聽(천청자아민청)

▶ 하늘은[天] 우리[我] 백성의[民] 바라봄을[視] 쫓아서[自] 바라보고[視], 하늘은[天] 우리[我] 백성의[民] 들음을[聽] 따라서[自] 듣는다[聽].

천시자아민시(天視自我民視)는 天視自我民之視를 줄인 어투로 허사인 〈~의 지(之)〉를 생략했고, 天視自我民視에서 천(天)은 주어이고, 시(視)는 자동사이며, 자아민시(自我民視)는 부사구이다. 天視自我民視에서 앞의 시(視)는 동사이고 뒤의 시(視)는 명사이며, 自我民의 자(自)는 〈~부터 유(由), 좇을 종(從)〉과 같고, 아(我)는 단수 〈나 아(我)〉가 아니라 복수인 〈우리의 아(我)〉이다. 이처럼 한문투에서는 글자마다 품사 구실을 자유자재로 하고, 단수 · 복수의 경우도 그렇다.

천청자아민청(天聽自我民聽)은 天聽自我民之聽을 줄인 어투로 허사인 〈~의 지(之)〉를 생략하였고, 天聽自我民聽에서 천(天)은 주어이며, 청(聽)은 자동사이고, 자아민청(自我民聽)은 부사구이다. 天聽自我民聽에서 앞의 청(聽)은 동사이고 뒤의 청(聽)은 명사이며, 自我民의 자(自)는 〈~부터 유(由), 좇을 종(從)〉과 같고, 아(我)는 단수 〈나 아(我)〉가 아니라 복수인 〈우리의 아(我)〉이다. 이처럼 한문투에서는 글자마다 품사 구실을 자유자재로 하고 단수 · 복수의 경우도 그렇다.

하늘 천(天), 볼 시(視), ~부터 자(自), 우리 아(我), 백성 민(民), 들을 청(聽)

此之謂也(차지위야)

▶ 이러한 『태서(泰書)』의 말은[此] 위와 같은 경우를[之] 말한 것[謂]이다[也].

차지위야(此之謂也)는 하나의 관용어처럼 쓰이므로 알아두면 편할 것이다. 此之謂也에서 차(此)는 맹자가 『태서(泰書)』에서 인용한 말을 가리키는 지시어이고, 지(之)는 맹자가 사례를 들어 밝힌 모든 내용을 몰아서 가리키는 지시대명사이다.

맹자가 제자(萬章)가 물었던 이행여사시지자(以行與事示之者)를 요붕(堯崩)을 통하여 순과 요의 아들[堯之子] 사이의 관계를 밝힌 다음, 천하의 제후들이 조근(朝覲) · 송옥(訟獄) · 구가(謳歌)를 어떻게 했는지를 들어서 하늘의 행동[天之行]과 하늘의 처사[天之事]를 구체적으로 밝혀주고 있다. 이렇게 함으로써 요가 순에게 천자의 자리를 물려준 것[讓位]이 아니라 하늘[天]이 순에게 천자의 자리를 준 것임을 증언한 다음, 하늘이 보여줌[天視]을 "천시자아민시(天視自我民視) 천청자아민청(天聽自我民聽)" 이란 말로써 밝혀주고 있다. 이제 맹자가 말하는 천(天)은 우리 백성[我民]을 통해서 행동하고[行] 일함[事]을 명시하여 천명(天命)이 곧 민본(民本)임을 정언(正言)하고 있다. 그러니 천명이란 백성의 편이지 군왕의 편이 아님이 분명하다. 하늘을 팔아 백성을 괴롭히는 군왕과 치자(治者)는 획죄어천(獲罪於天)하는 놈이다. 하늘을 팔지 말라. 하늘을 속이고 죄를 지으면 무소도(無所禱)라고 공자가 단언했다. 빌[禱] 곳[所]도 없다[無].

이 차(此), 그것 지(之), 일컬을 위(謂), ~이다 야(也)

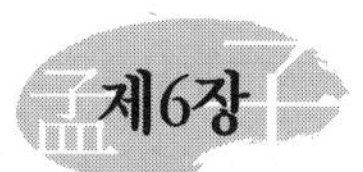

제6장

6장 역시 장구가 길어서 6단락으로 나누었다. 내용 때문에 단락을 그렇게 나눈 것이 아니라 이해를 돕기 위해서이다. 이 장에서도 만장(萬章)이 묻고 맹자께서 대답해준다. 물론 앞 장에 이어서 천명을 구체적인 사례를 들어서 밝혀준다. 특히 천명(天命)을 천야(天也)와 명야(命也)로 나누어 설명해놓아 유가(儒家)가 밝히는 천명이 보다 간명하게 주역(紬繹)되고 있다. 맹자의 풀이[紬繹]는 늘 항간의 상식들이 얼마나 맹랑한 것인지를 헤아려 살펴보게 한다. 이 장에서도 치도(治道)는 하늘의 뜻이지 인간에 의해 조작될 수 없음을 천하지민(天下之民)을 빌어 밝히고 있으며, 여민해락(與民偕樂) 역시 천명에 근거하고 있음을 다시 한번 확인하게 하는 장이다.

【문지(聞之) 1】

지어우이덕쇠(至於禹而德衰)

【원문(原文)】

萬章(만장)이 曰(왈) 人(인)이 有言(유언)하되 至於禹而德衰(지어우이덕쇠)하여 不傳於賢而傳於子(부전어현이전어자)라하니 有諸(유제)이까 孟子曰(맹자왈) 否(부)라 不然也(불연야)이라 天(천)이 與賢則與賢(여현즉여현)하고 天與子則與子(천여자즉여자)니라

【해독(解讀)】

만장이 여쭈었다[萬章曰]. "사람들한테 떠도는 말이 있습니다[人有言]. '우에 이르러서는 덕이 쇠미해져[至於禹而德衰] (천자의 자리가) 현자에게 주어지지 못해서 (천자의) 아들에게 주어졌다[不傳於賢而傳於子].' 그런 말이 맞습니까[有諸]?" 맹자가 말해주었다[孟子曰]. "(그런 것) 아니다[否]. 그렇지 않은 것이다[不然也]. 하늘이 현자에게 (천자의 자리를) 주면 곧 현자에게 주어지고[天與賢則與賢], 하늘이 천자의 아들에게 주면 곧 그 아들에게 주어진다[天與子則與子]."

【담소(談笑)】

人有言(인유언)

▶ (세상) 사람들한테[人] 떠도는 말이[言] 있습니다[有].

인유언(人有言)은 〈A有B〉꼴로 〈있을 유(有)〉로 새기면 B가 주어가 되고 A는 부사가 되어 영어의 1형식 문장과 같고, 〈가질 유(有)〉로 새기면 A가 주어가 되고 B는 목적어가 되어 영어의 3형식 문장과 같은 어투가 된다. 人有言에서 유(有)를 〈있을 유(有)〉로 새기는 것이 문맥과 걸맞다. 항간에 떠도는 말이 있다고 말하는 어투가 곧 人有言이다.

사람들 인(人), 있을 유(有), 말씀 언(言)

至於禹而德衰(지어우이덕쇠) 不傳於賢而傳於子(부전어현이전어자)

▶ 우[禹]에[於] 이르러[至]서는[而] 덕이[德] 약해져[衰] (천자의 자리가) 현자[賢]에게[於] 주어지지[傳] 못해[不]서[而] (천자의) 아들[子]에게[於] 주어졌다[傳].

지어우이덕쇠(至於禹而德衰)는 天下至於禹 而德衰에서 주어인 천하(天下)가 생략되었다고 여기면 문맥이 잡힐 것이다. 지어우(至於禹)는 주어가 생략된 영어의 1형식 문장과 같고, 이덕쇠(而德衰)의 이(而)는 연접의 연사이며, 덕(德)은 주어이고, 쇠(衰)는 수동형 동사로 여기면 문맥이 잡힐 것이다. 그러니 至於禹而德衰는 영어의 중문과 같은 어투이다. 至於禹而德衰에서 지(至)는 〈이를 도(到)〉와 같고, 우(禹)는 하(夏)나라의 개조(開祖)인 우왕(禹王)을 말하며, 쇠(衰)는 〈약할 약(弱)〉과 같고 쇠약(衰弱)의 줄임말로 여기고 새긴다.

부전어현이전어자(不傳於賢而傳於子)는 天子之位不傳於賢者而傳於天子之子를 줄인 어투이다. 문맥에 따라 충분히 보충할 수 있는 내용이라면 사정없이 생략하는 것이 곧 한문투라고 여기면 편하다. 不傳於賢而傳於子는 영어의 수동태 중문과 같은 어투이다. 不傳於賢而傳於子에서 전(傳)은 〈줄 수(授)〉와 같고 전수(傳授)의 줄임말로 여기고, 어(於)는 간접목적격 토씨 구실을 하며, 현(賢)은 〈현명할 명(明)〉과 같고 현자(賢者)의 줄임으로 여긴다.

이를 지(至), ~에 어(於), 우임금 우(禹), 그리고 이(而), 큰 덕(德), 약할 쇠(衰), 아니 부(不), 전할 전(傳), ~에게 어(於), 현명할 현(賢), 아들 자(子)

有諸(유제)

▶ 그런 말이 맞습니까[有諸]?

유제(有諸)는 여기서 유지호(有之乎) 또는 유시호(有是乎)를 줄인 어투이다. 有諸의 제(諸)는 저(諸)라고 발음해도 상관없고, 의문문이면 지호(之乎) 또는 시호(是乎)의 축약을 나타내고 긍정문이면 지어(之於)의 축약으로 여긴다.

있을 유(有), 지호(之乎) 제(諸)

否(부) 不然也(불연야)

▶ (그런 것) 아니다[否]. 그렇지 않은 것[不然]이다[也].

부(否)는 틀렸음을 밝혀 불허(不許)하는 것이다. 부(否)는 여기서 〈틀릴 위(違)〉와 같다.

불연야(不然也)는 是不然也에서 주어인 시(是)를 생략한 어투이다. 물론 시(是)는 만장(萬章)이 말한 항간에 떠도는 말[言]의 내용을 가리키는 지시어이다. 不然也는 당치 않음을 잘라 밝히는 말이니 이 역시 불허(不許)함이다.

틀릴 부(否), 않을 부(不), 그럴 연(然), ~이다 야(也)

天與賢則與賢(천여현즉여현) 天與子則與子(천여자즉여자)

▶ 하늘이[天] 현자에게[賢] (천자의 자리를) 주면[與] 곧[則] 현자에게[賢] 주어지고[與], 하늘이[天] 천자의 아들에게[子] 주면[與] 곧[則] 그 아들에게[子] 주어진다[與].

천여현즉여현(天與賢則與賢)은 天以天子之位與賢者 則天以天子之位與賢者를 줄인 어투이다. 天與賢則與賢에서 천(天)은 주어이고, 여(與)는 동사이며, 현(賢)은 간접목적어이므로, 직접목적어가 생략되어 있지만 天與賢則與賢은 영어의 4형식 복문과 같고, 여기서 여(與)는 여격동사이다. 여(與)는 〈與AB〉의 B를 도치시키면 〈以B與A〉로 바뀐다고 알아두면 편하다. 〈A에게 B를 주다[與]〉, 〈A에게 B를[以] 주다[與]〉

천여자즉여자(天與子則與子)는 天以天子之位與天子之子 則天以天子之位與天子之子를 줄인 어투이다. 天與子則與子에서 천(天)은 주어이고, 여(與)는 동사이며, 자(子)는 간접목적어이므로, 직접목적어가 생략되어 있지만 天與子則與子는 영어의 4형식 복문과 같고, 여기서 여(與)는 여격동사이다. 여(與)는 〈與AB〉의 B를 도치시키면 〈以B與A〉로 바뀐다고 알아두면 편하다. 〈A에게 B를 주다[與]〉, 〈A에게 B를(以) 주다[與]〉

맹자는 제자(萬章)에게 천불언(天不言) 이행여사시지(以行與事示之)를 천여현즉여현(天與賢則與賢)과 천여자즉여자(天與子則與子)로써 각인시켜 주고 있다. 말하지 않고 행동과 사실로써 보여주는 천(天)의 행사(行事)는 인(人)의 행사가 아니란 말이다. 사람은 상대적으로 행사하지만 천(天)은 절대적으로 행사한다. 주면[與] 주고[與] 빼앗으면[簒] 빼앗는다[簒]. 이렇고 저렇고 말하여 변명하지 않는 천(天)이니, 덕이 강해지거나 약해진다면 그런 덕은 하늘의 덕이 아니란 말이다. 그러니 천(天)에는 덕쇠(德衰)란 없다. 그러므로 만장(萬章)이 들은 인유언(人有言) 지어우이덕쇠(至於禹而德衰)는 부(否)요 불연(不然)이라고 맹자는 단언한다. 문장이 아니라 대화임을 상기한다면, 맹자의 화술이 얼마나 간명하면서도 정확한지 느낄 수 있다. 본래 성현은 군소리를 하지 않는다. 이 또한 천불언(天不言)일 따름이다.

하늘 천(天), 줄 여(與), 현명한 현(賢), 곧 즉(則), 아들 자(子)

【문지(聞之) 2】

순천우어천(舜薦禹於天)

【원문(原文)】

昔者에 舜이 薦禹於天 十有七年에 舜崩하고 三年之喪畢에 禹
석자 순 천우어천 십유칠년 순붕 삼년지상필 우
가 避舜之子於陽城이어늘 天下之民이 從之를 若堯崩之後에 不
피순지자어양성 천하지민 종지 약요붕지후 부
從堯之子而從舜也이니라 禹가 薦益於天 七年에 禹崩하고 三年
종요지자이종순야 우 천익어천 칠년 우붕 삼년
之喪畢에 益이 避禹之子於箕山之陰이어늘 朝覲訟獄者 不之益
지상필 익 피우지자어기산지음 조근송옥자 부지익
而之啓하여 曰 吾君之子也라 하며 謳歌者 不謳歌益而謳歌啓
이지계 왈 오군지자야 구가자 불구가익이구가계
하여 曰 吾君之子也라하니라
왈 오군지자야

【해독(解讀)】

"옛적에[昔者] 순임금이 우를 하늘에 천거한 지[舜薦禹於天] 17년에[十有七年] 순임금이 서거하고[舜崩] 삼년의 상이 끝나자[三年之喪畢] 우는 양성으로 가서 순임금의 아들을 피했다[禹避舜之子於陽城]. 천하의 백성이 우를 따름이[天下之民從之] 요임금의 서거 뒤에 요임금의 아들을 따르지 않고 순을 따랐던 것과 같은 것이었다[若堯崩之後不從堯之子而從舜也]. 우임금이 익을 하늘에 천거한 지[禹薦益於天] 7년에[七年] 우임금이 서거하고[禹崩] 삼년의 상이 끝나자[三年之喪畢] 익은 기산의 북쪽으로 가서 우임금의 아들을 피했다[益避禹之子於箕山之陰]. (제후들이) 조근하고[朝覲] 송사가 나서 죄를 묻게 되면[訟獄者] (제후들은) 익한테로 가지 않고서 (제후들은) 계한테 가서[不之益而之啓] (새 천자는) 내 임금의 아들이라고 말한 것이다[曰吾君之子也]. (제후들이 천자의 덕을) 칭송한다면[謳歌者] (제후들은) 익을 칭송하지 않고서 (제후들은) 계를 칭송하면서[不謳歌益而謳歌啓] (새 천자는) 내 임금의 아들이라고 말한 것이다[曰吾君之子也]."

【담소(談笑)】

昔者(석자) 舜薦禹於天十有七年(순천우어천십유칠년) 舜崩(순붕)

▶ 옛적에[昔者] 순임금이[舜] 하늘[天]에[於] 우를[禹] 천거해[薦] 17년이 지나[十有七年] 순임금이[舜] 서거했다[崩].

석자(昔者)는 시간을 가리키는 부사구이다.

순천우어천십유칠년(舜薦禹於天十有七年)은 自舜薦禹於天至十有七年을 줄인 어투이다. 〈自A至B〉꼴로 알아두면 편하다. 〈A(舜薦禹於天)로부터[自] B(十有七年)에 이르러[至]〉 말하자면 〈自A至B〉는 영어의 from A to B와 같다고 여기면 편하다. 舜薦禹於天에서 순(舜)은 주어, 천(薦)은 타동사, 우(禹)는 목적어, 어천(於天)은 부사구이므로, 舜薦禹於天은 영어의 3형식 문장과 같은 어투이다. 舜薦禹於天의 천(薦)은 〈천거할 거(擧)〉와 같고 천거(薦擧)의 줄임말로 여기고, 우(禹)는 하(夏)나라 개조(開祖)인 우왕(禹王)을 말하며, 어(於)는 간접목적어로 토씨 구실을 하는 어조사이다. 十有七年에서 유(有)는 어조사에 불과하고 아무런 뜻이 없다.

순붕(舜崩)은 영어의 1형식 문장과 같은 어투이다. 舜崩에서 순(舜)은 주어이고, 붕(崩)은 자동사로 〈죽을 조(殂)〉와 같다.

하늘에 사람을 천거함[薦人於天]이야말로 천명(天命)을 이해하는 데 지도리 구실을 한다. 천지(天地)에 제물로 바치는 것이 아니라 백성을 위해 국사를 얼마나 잘 처리할 수 있는지 시험해보는 일이 곧 천인어천(薦人於天)이다. 백성이 좋아하면 하늘도 좋아하고 백성이 싫어하면 하늘도 싫어한다는 것이다. 그래서 맹자가 "천시자아민시(天視自我民視) 천청자아민청(天聽自我民聽)"을 인용한 것이다. 하늘은[天] 우리[我] 백성의[民] 바라봄을[視] 좇아서[自] 바라보고[視] 하늘은[天] 우리[我] 백성의[民] 들음을[聽] 따라서[自] 듣는다[聽].

옛 석(昔), 것 자(者), 천거할 천(薦), 우임금 우(禹), ~에게 어(於), 어조사 유(有), 서거할 붕(崩)

三年之喪畢(삼년지상필) 禹避舜之子於陽城(우피순지자어양성)

▶ **삼년[三年]의[之] 상이[喪] 끝나고[畢] 우는[禹] 양성[陽城]에서[於] 순임금[舜]의[之] 아들을[子] 피했다[避].**

삼년지상필(三年之喪畢) 역시 영어의 1형식 문장과 같은 어투이다. 三年之喪畢에서 삼년지(三年之)는 상(喪)을 꾸며주는 형용사구이고, 상(喪)은 주어이며, 필(畢)은 자동사로 〈마칠 경(竟)〉과 같고 필경(畢竟)의 줄임말로 여긴다. 三年之喪 같은 어투는 〈A之B〉꼴로 여기고 지(之)를 잘 정리해두면 문맥을 잡아 새기는 데 편하다. 〈A가[之] B, A를[之] B, A의[之] B, A하는[之] B, B하는[之] A〉처럼 허사로서 지(之)가 다양하게 토씨[格] 구실을 하거나 형용사구로 쓰임을 알아두면 편하다.

우피순지자어양성(禹避舜之子於陽城)을 영어의 단문처럼 볼 수도 있고, 禹避舜之子於陽城을 禹避舜之子 而禹於陽城의 줄임으로 보고 영어의 복문처럼 여기고 새길 수도 있다. 禹避堯之子於陽城을 단문처럼 여기고 영어의 3형식 같은 어투로 보면 우(禹)는 주어, 피(避)는 타동사, 순지자(舜之子)는 목적구, 어양성(於陽城)은 부사구가 되고, 於陽城의 어(於)는 〈~에서 우(于)〉와 같은 어조사 구실을 한다. 그러나 禹避舜之子於陽城을 禹避舜之子 而禹於陽城의 줄임으로 보면, 於陽城의 어(於)는 〈머물 거(居), 갈 왕(往)〉 등과 같은 뜻의 자동사로 보게 된다. 이처럼 한자들은 다양한 뜻을 나타내므로 문맥을 잡기에 따라 그 새김이 다양해질 수 있음을 주의해야 한다. 禹避舜之子於陽城을 단문으로 보고 새기면, 우는[禹] 양성[陽城]에서[於] 순임금[舜]의[之] 아들을[子] 피했다[避]고 새길 수 있다. 그러나 복문으로 보고 새기면, 우는[禹] 순임금[舜]의[之] 아들을[子] 피해[避] 양성에[陽城] 머물렀다[於] 또는 우는[禹] 순임금[舜]의[之] 아들을[子] 피해[避] 양성으로[陽城] 갔다[於]고 새길 수도 있다. 이렇게 여러 갈래로 새길 수 있는 것은 어(於)가 〈살(머물) 거(居), 갈 왕(往), 대신할 대(代), 여기 차(此), ~보다 비(比)〉 등처럼 다양한 뜻을 나타내면서 동시에 어조사 구실까지 하기 때문이다.

상복 입을 상(喪), 끝날 필(畢), 우임금 우(禹), 피할 피(避), ~의 지(之), 아들 자(子), ~에서 어(於), 볕 양(陽), 성곽 성(城)

天下之民從之(천하지민종지) 若堯崩之後(약요붕지후) 不從堯之子而從舜也(부종요지자이종순야)

▶ 세상[天下]의[之] 백성이[民] 그를[之] 따름이[從] 요임금[堯] 서거[崩]의[之] 뒤에[後] 요임금[堯]의[之] 아들을[子] 따르지[從] 않고[不] 순을[舜] 따랐던 것과[從] 같은 것[若]이었다[也].

천하지민종지약요붕지후부종요지자이종순야(天下之民從之若堯崩之後不從堯之子而從舜也)와 같이 긴 구문은 문맥을 잡으려면 끊어서 새겨야 쉽다. 그러려면 구문의 골격을 살펴야 한다. 天下之民從之若堯崩之後不從堯之子而從舜也의 골격을 잡으려면 먼저 주어·동사·목적어 또는 주어·동사·보어에 해당하는 글자를 찾아내야 한다. 그리고 天下之民從之若堯崩之後不從堯之子而從舜也에서 맨 끝에 있는 야(也)를 주목하면 〈AB也〉꼴을 떠올리게 될 것이다. 〈AB也〉는 영어의 2형식 문장과 같은 어투이다. 따라서 〈A(天下之民從之) B(若堯崩之後不從堯之子而從舜)也〉로 天下之民從之若堯崩之後不從堯之子而從舜也를 가름할 수 있을 것이다. 그런 다음 여기서 약(若)은 〈~과 같을 여(如)〉의 뜻으로 보면 문맥이 통하고, 〈A는 B와 같은 것[若]이다[也]〉 즉 〈A(天下之民從之)는 B(不從堯之子而從舜) 같은 것[若]이다[也]〉로 새길 수 있다. 그러니 天下之民從之若堯崩之後不從堯之子而從舜也에서 천하지민종지(天下之民從之)는 주어이고, 약부종요지자이종순(若不從堯之子而從舜)은 보어이며, 요붕지후(堯崩之後)는 시간의 부사구이고, 야(也)는 문장을 끝맺는 어조사이다. 약(若)은 한문투에서 매우 다양한 뜻을 나타낸다. 〈같을 여(如), 너 여(汝), 순할 순(順)〉 등과 같고, 〈만약 약(若), 및 약(若)〉 등의 뜻도 있으므로 문맥을 잡을 때 주의해야 한다.

~의 지(之), 백성 민(民), 따를 종(從), 그 지(之), 같을 약(若), 서거할 붕(崩), 뒤 후(後), ~이다 야(也)

禹薦益於天七年(우천익어천칠년) 禹崩(우붕)

▶ 우임금이[禹] 하늘[天]에[於] 익을[益] 천거해[薦] 7년이 지나[七年]

우임금이[禹] 서거했다[崩].

우천익어천칠년(禹薦益於天七年)은 自禹薦益於天至七年을 줄인 어투로, 〈自A至B〉꼴로 알아두면 편하다. 〈A(禹薦益於天)로부터[自] B(七年)에 이르러[至]〉 말하자면 〈自A至B〉는 영어의 from A to B와 같다고 여기면 편하다. 우천익어천(禹薦益於天)에서 우(禹)는 주어, 천(薦)은 타동사, 익(益)은 목적어, 어천(於天)은 부사구이므로, 禹薦益於天은 영어의 3형식 문장과 같다. 禹薦益於天의 천(薦)은 〈천거할 거(擧)〉와 같고 천거(薦擧)의 줄임말로 여기고, 익(益)은 우왕(禹王)을 도운 재상 벌의 신하이며, 어(於)는 간접목적어의 토씨 구실을 하는 어조사이다.

우붕(禹崩)은 영어의 1형식 문장과 같은 어투이다. 禹崩에서 우(禹)는 주어이고, 붕(崩)은 자동사로 〈죽을 조(殂)〉와 같다.

우임금 우(禹), 천거할 천(薦), 이로울 익(益), ~에게 어(於), 서거할 붕(崩)

三年之喪畢(삼년지상필) 益避禹之子於箕山之陰(익피우지자어기산지음)

▶ 삼년[三年]의[之] 상이[喪] 끝나고[畢] 익은[益] 기산[箕山]의[之] 북쪽[陰]에서[於] 우임금[禹]의[之] 아들을[子] 피했다[避].

삼년지상필(三年之喪畢) 역시 영어의 1형식 문장과 같은 어투이다. 三年之喪畢에서 삼년지(三年之)는 상(喪)을 꾸며주는 형용사구이고, 상(喪)은 주어이며, 필(畢)은 자동사로 〈마칠 경(竟)〉과 같고 필경(畢竟)의 줄임말로 여긴다. 三年之喪 같은 어투는 〈A之B〉꼴로 여기고 지(之)를 잘 정리해두면 문맥을 잡아 새기는 데 편하다. 허사로서 지(之)가 〈A가[之] B, A를[之] B, A의[之] B, A하는[之] B, B하는[之] A〉 등 다양하게 토씨[格] 구실을 하거나 형용사구 구실을 함을 알아두면 편하다.

익피우지자어기산지음(益避禹之子於箕山之陰)은 영어의 단문과 같은 어투로 볼 수도 있고, 益避禹之子於箕山之陰을 益避禹之子 而益於箕山之陰의 줄임으로 보고 영어의 복문과 같은 어투로 여기고 새길 수도 있다. 益避禹之子於箕山之陰을 단문처럼 여기고 영어의 3형식과 같은 어투로 보면, 익(益)은 주어, 피(避)는 타동사, 우지자(禹之子)는 목적구, 어기산지음(於箕山之陰)은 부사구이고, 於箕山之陰의 어(於)는 〈~에서 우(于)〉 같은 뜻의 어조사이다. 그러나 益避禹之子於箕山之陰을 益避禹之子 而益於箕山之陰의 줄임으로 보면, 於箕山之陰의 어(於)는 〈머물 거(居), 갈 왕(往)〉 등과 같은 뜻의 자동사로 보게 된다. 이처럼 한문투에서 한자들은 다양한 뜻을 나타내므로 문맥에 따라 그 새김이 다양해질 수 있음을 주의한다. 益避禹之子於箕山之陰을 단문으로 보면, 우는[禹] 양성[陽城]에서[於] 순임금[舜]의[之] 아들을[子] 피했다[避]고 새길 수 있다. 그러나 복문으로 보고 새기면, 익은[益] 우임금[禹]의[之] 아들을[子] 피해[避] 기산[箕山]의[之] 북쪽[陰]에[於]머물렀다[於]고 새길 수도 있고, 익은[益] 우임금[禹]의[之] 아들을[子] 피해[避] 기산[箕山)의[之] 북쪽으로 갔다[於]고 새길 수도 있다. 이렇게 여러 갈래로 새길 수 있는 것은 어(於)가 〈살(머물) 거(居), 갈 왕(往), 대신할 대(代), 여기 차(此), ~보다 비(比)〉 등처럼 뜻을 다양하게 나타내면서 동시에 어조사 구실까지 하기 때문이다.

> ~의 지(之), 상복 입을 상(喪), 끝날 필(畢), 우임금 우(禹), 피할 피(避), ~의 지(之), 아들 자(子), ~에서 어(於), 볕 양(陽), 성곽 성(城)

朝覲訟獄者(조근송옥자) 不之益而之啓(부지익이지계) 曰吾君之子也(왈오군지자야)

▶ (제후들이) 조근하고[朝覲] 송사가 나서[訟] 죄를 묻게되[獄]면[者] (제후들은) 익한테로[益] 가지[之] 않고[不]서[而] (제후들은) 계한테로[啓] 가서[之] (새 천자는) 내[吾] 임금[君]의[之] 아들이라고[子] 말한 것[曰]이다[也].

조근송옥자(朝覲訟獄者)는 天下諸侯朝覲訟獄者를 줄인 어투로 부지익이지계(不之益而之啓)의 종속절이다. 조근(朝覲)은 제후가 일정한 기간에 천자를 배알하는 것이고, 訟獄의 송(訟)은 목적어가 생략된 타동사로 〈다툴 쟁(爭)〉과 같으며 여기선 송사(訟事)의 줄임말로 여기며, 옥(獄) 역시 동사로 옥사(獄事)의 줄임말이고 죄의 유무를 심문하는 일이므로 송(訟)과 같고, 자(者)는 여기서 어조사로 영어의 종속접속사와 같은 〈~면 자(者)〉로 영어의 if처럼 여기면 편하다.

부지익이지계(不之益而之啓)는 天下諸侯不之益 而天下諸侯之啓를 줄인 어투이다. 천하제후조근송옥자(天下諸侯朝覲訟獄者)의 주절이 곧 不之益而

之啓이므로, 天下諸侯朝覲訟獄者 不之益而之啓는 영어로 치면 두 개의 복문으로 이루어진 어투이다. 不之益而之啓에서 지(之)는 〈갈 왕(往), 이를 지(至)〉와 같고 자동사이다.

왈오군지자야(曰吾君之子也)는 天下諸侯曰啓吾君之子也를 줄인 어투이다. 〈AB也〉꼴을 생각하면 曰吾君之子也의 문맥이 잡힐 것이다. 〈A(天下諸侯)가 B(吾君之子)라고 말한 것[曰]이다[也]〉 주어인 제후(諸侯)는 생략되었고, 왈오군지자(曰吾君之子)는 보어이며, 야(也)는 〈~이다 야(也)〉로 마치 영어 2형식 문장의 be동사와 같다. 曰吾君之子也를 曰啓吾君之子也로 계(啓)를 보충하면 문맥이 잡힐 것이다. (우왕의 아들인) 계가[啓] 내[吾] 임금[君]의[之] 아들이라고[子] 말하는 것[曰]이다[也].

> 조회 조(朝), 만나볼 근(覲), 송사할 송(訟), 죄를 물을 옥(獄), ~면 자(者), 아니 부(不), 그러나 이(而), 갈 지(之), 말할 왈(曰), 나 오(吾), 임금 군(君), ~의 지(之)

謳歌者(구가자) 不謳歌益而謳歌啓(불구가익이구가계) 曰吾君之子也(왈오군지자야)

▶ (제후들이 천자의 덕을) 칭송한다[謳歌]면[者] (제후들은) 익을[益] 칭송하지[謳歌] 않고[不]서[而] (제후들은) 계를[啓] 칭송하면서[謳歌] (새 천자는) 내[吾] 임금[君]의[之] 아들이라고[子] 말한 것[曰]이다[也].

구가자(謳歌者)는 天下諸侯謳歌者를 줄인 어투로, 불구가익이구가계(不謳歌益而謳歌啓)의 종속절로 부사절 구실을 한다. 구가자(謳歌者)에서 구가(謳歌)는 천자의 덕을 노래함이니 덕을 칭송함이고, 자(者)는 여기서 어조사로 영어의 종속접속사와 같은 〈~면 자(者)〉로 영어의 if처럼 여기면 편하다.

불구가익이구가계(不謳歌益而謳歌啓)는 天下諸侯不謳歌益 而天下諸侯謳歌啓를 줄인 어투이다. 구가자(謳歌者)의 주절이 곧 不謳歌益而謳歌啓이므로, 天下諸侯謳歌者 不謳歌益而謳歌啓는 영어로 치면 두 개의 복문으로 이루어진 어투이다.

왈오군지자야(曰吾君之子也)는 天下諸侯曰啓吾君之子也를 줄인 어투로, 〈AB也〉꼴을 생각하면 문맥이 잡힐 것이다. 〈A(天下諸侯)가 B(吾君之子)라고 말한 것[曰]이다[也]〉 주어인 제후(諸侯)는 생략되었고, 왈오군지자(曰吾君之子)는 보어이며, 야(也)는 〈~이다 야(也)〉로 마치 영어의 2형식 문장의

be동사와 같다. 曰吾君之子也를 曰啓吾君之子也로 계(啓)를 보충하면 문맥이 잡힐 것이다. (우왕의 아들인) 계가[啓] 내[吾] 임금[君]의[之] 아들이라고[子] 말하는 것[曰]이다[也].

내 뜻대로 안 되는 것이 있음을 설명하고 있다. 사람은 누구나 제가 바라는 대로 되기를 원하지만 그런 바람은 부질없게 되기 일쑤다. 천지가 내 것이 아니듯 세상도 내 것이 아니란 이치를 깨닫기까지는 많은 세월이 흐른다고 되는 일이 아니다. 다만 현명한 사람이 있고 그렇지 못한 사람이 있을 뿐이고 현명한 사람을 만나기는 참으로 어려우나 그렇지 못한 사람을 만나기는 어려울 게 하나도 없다. 그래서 천지 세상은 사람의 것이 아니란 이치를 깨우치지 못해 이러쿵저러쿵 쓸 데 없는 말들이 많다. 맹자는 지금 풍문에 무작정 걸려들지 말라는 가르침을 제자(萬章)에게 내리고 있다.

노래할 구(謳), 노래할 가(歌), ~면 자(者), 아니 불(不), 열 계(啓), 그러나 이(而), 말할 왈(曰), 나 오(吾), 임금 군(君), ~의 지(之)

【문지(聞之) 3】

막지위이위자천야(莫之爲而爲者天也)

【원문(原文)】

丹朱之不肖에 舜之子亦不肖하여 舜之相堯하고 禹之相舜也는
단주지불초 순지자역불초 순지상요 우지상순야
歷年이 多하여 施澤於民이 久하고 啓는 賢하여 能敬承繼禹之道
역년 다 시택어민 구 계 현 능경승계우지도
하며 益之相禹也는 歷年이 少하여 施澤於民이 未久하니 舜禹益
익지상우야 역년 소 시택어민 미구 순우익
이 相去久遠이라 其子賢不肖는 皆天也이지 非人之所能爲也이
상거구원 기자현불초 개천야 비인지소능위야
니 莫之爲而爲者는 天也이고 莫之致而至者는 命也이니라
막지위이위자 천야 막지치이지자 명야

【해독(解讀)】

"단주가 (아버지 요를) 닮지 못하고[丹朱之不肖] 순의 아들이 또한 (아버지 순을) 닮지 못하여[舜之子亦不肖] 순이 요를 도왔고[舜之相堯], 우가 순을 도운 것이다[禹之相舜也]. (그렇게) 지나간 세월이 오랜지라[歷年多] (그 사이에) 백성에게 은택을 베풂이 오래였다[施澤於民久]. (우왕의 아들인) 계는 현명하였고[啓賢], 우임금의 치도를 받들어 이어갈 수 있었다[能敬承繼禹之道].

(그러나) 익이 우를 도운 것이다[益之相禹也]. (그렇게) 지낸 세월이 짧은지라[歷年少] (그 사이에) 백성에게 은택을 베풂이 오래지 못했다[施澤於民未久]. 순과 우와 익은 이나저나 오래되고 옛적이다[舜禹益相去久遠]. 제 아들이 잘나고 못나고는 다 하늘이 하는 것이지[其子賢不肖皆天也] 사람이 할 수 있는 것은 아닌 것이다[非人之所能爲也]. 어떤 것이든 하지 않았음에도 한 것은 하늘이고[莫之爲而爲者天也], 어떤 것이든 부르지 않았음에도 닥친 것은 명이다[莫之致而至者命也]."

【담소(談笑)】

丹朱之不肖(단주지불초) 舜之子亦不肖(순지자역불초) 舜之相堯(순지상요) 禹之相舜也(우지상순야)

▶ **단주[丹朱]가[之] (아버지인 요를) 닮지[肖] 못하고[不] 순[舜]의[之] 아들이[子] 또한[亦] (아버지인 순을) 닮지[肖] 못하여[不] 순[舜]이[之] 요를[堯] 도왔고[相], 우[禹]가[之] 순을[舜] 도운 것[相]이다[也].**

단주지불초(丹朱之不肖)는 〈A之B〉꼴로 丹朱之不肖堯의 요(堯)를 생략한 어투이다. 〈A之B〉의 지(之)는 허사로 A와 B의 관계를 말해주는 토씨[格]로 〈~가 지(之), ~이 지(之), ~을 지(之), ~의 지(之)〉 등으로 A와 B를 이어준다. 丹朱之不肖의 지(之)를 소유격 허사로 보면 단주[丹朱]의[之] 불초[不肖]라고 새길 것이고, 주격 허사로 보면 단주[丹朱]가[之] 불초(不肖)라고 새길 수 있을 것이다. 단주[丹朱]의[之] 불초[不肖]에서 불초(不肖)는 명사이므로 단주[丹朱]의[之] 불초함[不肖]으로 새겨 영어의 구[phrase]처럼 될 것이고, 단주[丹朱]가[之] 불초[不肖]에서 불초[不肖]는 동사이므로 단주[丹朱]가[之] 불초[不肖]하다고 새겨 영어의 문장(sentence)처럼 될 것이다. 이처럼 한문투는 자유롭게 새기도록 하는 어투임을 명심해야 한다. 丹朱之不肖에서 단주(丹朱)는 요(堯)의 아들 이름[名]이고, 초(肖)는 여기선 〈닮을 사(似)〉와 같고 〈쇠약할 약(弱)〉의 뜻일 때는 발음이 소(肖)이므로 주의한다. 불초(不肖)는 하나의 관용어로 아버지를 닮지 못해 현명치 못하고 부덕하다는 말로 통한다.

순지자역불초(舜之子亦不肖)는 舜之子亦不肖舜의 순(舜)을 생략한 어투이다. 그러므로 舜之子亦不肖는 초(肖)의 목적어인 순(舜)이 생략된 영어의 3형식 문장과 같은 어투이다. 舜之子亦不肖에서 순지자(舜之子)는 주부이고, 역(亦)은 부사이며, 불(不)은 부정사(否定詞)이고, 초(肖)는 목적어가 없는 타동사이다.

순지상요(舜之相堯)의 지(之)를 주격 토씨인 〈~가 지(之)〉로 보고 새기면 문의가 쉽게 잡힐 것이다. 이는 舜之相堯를 문장처럼 여기고 새긴다는 말이다. 그렇지 않고 舜之相堯의 지(之)를 소유격 토씨인 〈~의 지(之)〉로 여기면 舜之相堯를 구(句)로 여기고 새기게 되어 우리말로 잘 옮겨지지 않을 것이다. 우리말은 구보다 문장을 위주로 하는 말이기 때문이다. 한문투의 문맥을 우리말로 새기면서 잡아야 문의를 건지기 쉽다. 물론 舜之相堯는 순지상요야(舜之相堯也)의 야(也)를 생략한 어투로 보아도 된다. 순[舜]이[之] 요를[堯] 도운 것[相]이다[也] 또는 순[舜]이[之] 요를[堯] 도운 것[相]임[也] 등으로 새기면서 舜之相堯也의 문맥을 잡는다. 舜之相堯也에서 상(相)은 〈도울 조(助)〉와 같고, 상조(相助)의 줄임말로 여긴다.

우지상순야(禹之相舜也)의 야(也)는 여기서 한 문장이 끝남을 알려준다. 한문투 중간에 야(也)가 있으면 어조나 어세를 드러내기 위한 어조사 구실을 하지만, 한문투 끝에 있으면 영어의 마침표와 같은 구실을 하는 어조사로 우리말 ~이다 정도로 여기고 새긴다. 禹之相舜也의 지(之)는 주격 토씨인 〈~가 지(之)〉로 보고 禹之相舜也를 새기면, 문맥을 잡아 문의를 건져내기가 쉽다. 우[禹]가[之] 순을[舜] 도운 것[相]이다[也]로 새기면, 禹之相舜也는 영어의 2형식 같은 어투가 될 것이다. 그러나 禹之相舜也의 끝에 야(也)가 없이 禹之相舜이라면, 우[禹]가[之] 순을[舜] 도왔다[相] 고 새겨 禹之相舜은 영어의 3형식 같은 어투가 될 것이다. 禹之相舜也에서 상(相)은 〈도울 조(助)〉와 같고 상조(相助)의 줄임말로 여긴다.

붉을 단(丹), 붉을 주(朱), 어조사 지(之), 아니 불(不), 닮을 초(肖), 또 역(亦), 도울 상(相), ~이다 야(也)

歷年多(역년다)

▶ (그렇게) 지낸[歷] 세월이[年] 오래였다[多].

역년다(歷年多)는 其歷年多에서 기(其)를 생략한 영어의 2형식 문장과 같은 어투이다. 其歷年多에서 기(其)는 순지상요(舜之相堯)와 우지상순(禹之相舜)을 정해주는 구실을 하므로 마치 영어의 정관사 the와 같다. 그러나 한문투에선 그런 기(其)를 생략해버린다. 대화의 화술이지 문체(文體)가 아니므로 그런 기(其)는 생략되기 일쑤이다.

지날 역(歷), 해 년(年), 많을 다(多)

施澤於民久(시택어민구)

▶ (그 사이에) 백성[民]에게[於] 은택을[澤] 베풂이[施] 오래였다[久].

시택어민구(施澤於民久) 역시 其施澤於民久에서 기(其)를 생략한 영어의 2형식 문장과 같은 어투이다. 其施澤於民久에서 기(其)는 바로 앞의 역년다(歷年多)를 정해주는 구실을 해 마치 영어의 정관사 the와 같다. 여기서도 대화의 화술이지 문체가 아니므로 그런 기(其)를 생략하였다. 其施澤於民久에서 시(施)는 〈베풀 설(設)〉과 같고 시설(施設)의 줄임말로 여기고 새기고, 택(澤)은 〈덕택 덕(德)〉과 같고 덕택(德澤)의 줄임말로 여기며, 구(久)는 〈길 장(長)〉과 같고 장구(長久)의 줄임말로 여긴다.

베풀 시(施), 덕택 택(澤), ~에게 어(於), 백성 민(民), 오래 구(久)

啓賢(계현) 能敬承繼禹之道(능경승계우지도)

▶ (우왕의 아들인) 계는[啓] 현명하였고[賢] 우임금[禹]의[之] 치도를[道] 받들어[敬] 이어갈[承繼] 수 있었다[能].

계현(啓賢)에서 계(啓)는 주어이고, 현(賢)은 보어이므로 영어의 2형식 문장과 같은 어투이다. 계(啓)는 현명하다[賢]는 의미인데, 啓賢의 계(啓)는 우(禹)임금의 아들 이름이고, 현(賢)은 〈밝을 명(明)〉과 같고 현명(賢明)의 줄임말로 여기고 새긴다.

능경승계우지도(能敬承繼禹之道)는 而啓能敬承繼禹之道에서 연접의 연사인 〈그리고 이(而)〉와 주어인 계(啓)를 생략해버린 어투이다. 물론 能敬承繼禹之道는 能敬禹之道와 能承禹之道 그리고 能繼禹之道를 하나처럼 묶어버린 어투이다. 한문투는 결코 반복하여 나열하지 않고 사정없이 생략해버린다. 그러므로 能敬承繼禹之道는 주어는 생략되었지만 영어의 3형식 문장과 같은 구문 3개가 하나처럼 묶인 어투이다. 能敬承繼禹之道에서 능(能)은 경승계(敬承繼)의 조동사이고, 경승계(敬承繼)는 타동사이며, 우지도(禹之道)는 목적어이다.

인도할 계(啓), 현명할 현(賢), 잘할 능(能), 받들 경(敬), 이을 승(承), 이을 계(繼), 우임금 우(禹), ~의 지(之), 치도 도(道)

益之相禹也(익지상우야) 歷年少(역년소) 施澤於民未久(시택어민미구)

▶ 익[益]이[之] 우를[禹] 도운 것[相]이다[也]. (그렇게) 지낸[歷] 세월이[年] 짧은지라[少] (그 사이에) 백성[民]에게[於] 덕택을[澤] 베풂이[施] 오래지[久] 못했다[未].

익지상우야(益之相禹也)의 야(也)는 여기서 한 문장이 끝남을 알 수 있게 한다. 야(也)가 끝에 있으면 영어의 마침표(period)와 같은 어조사로 여기고 우리말 ~이다 정도로 새긴다. 益之相禹也의 지(之)는 주격 토씨인 〈~가 지(之)〉로 보고 益之相禹也를 새기면 문맥을 잡아 문의를 건져내기가 쉽다. 익[益]이[之] 우를[禹] 도운 것[相]이다[也]로 새겨, 益之相禹也는 영어의 2형식 문장과 같은 어투가 될 것이다. 그러나 益之相禹也의 끝에 야(也)가 없이 益之相禹也라면, 익[益]이[之] 우를[禹] 도왔다[相]고 새기게 돼 益之相禹는 영어의 3형식 문장과 같은 어투가 될 것이다. 益之相禹也에서 상(相)은 〈도울 조(助)〉와 같고 상조(相助)의 줄임말로 여긴다.

역년소(歷年少)는 其歷年少에서 기(其)를 생략한 영어의 2형식 문장과 같은 어투이다. 其歷年少에서 기(其)는 익지상우야(益之相禹也)를 정해주는 구실을 하므로 영어의 정관사 the와 같다. 그러나 한문투에선 그런 기(其)를 생략해버린다. 대화의 화술이지 문체가 아니니 그런 기(其)는 생략되기 일쑤이다.

시택어민미구(施澤於民未久) 역시 其施澤於民未久에서 기(其)를 생략한 영어의 2형식 문장과 같은 어투이다. 其施澤於民未久에서 기(其)는 바로 앞의 역년다(歷年多)를 정해주므로 마치 영어의 정관사 the와 같다. 여기서도 대화의 화술이지 문체가 아니니 그런 기(其)를 생략한 것이다. 其施澤於民未久에서 시(施)는 〈베풀 설(設)〉과 같고 시설(施設)의 줄임말로 여기고 새기며, 택(澤)은 〈덕택 덕(德)〉과 같고 덕택(德澤)의 줄임말로 여기며, 구(久)는 〈길 장(長)〉과 같고 장구(長久)의 줄임말로 여긴다.

우(禹)임금이 자신을 대신하여 천자(天子)의 일을 돌보게 익(益)을 선택한 것은 곧 천인어천(薦人於天)의 행사인 셈이다. 우임금이 하늘[天]에[於] 천거한[薦] 인간이[人] 어찌 현명치 못한 인간이겠는가. 다만 익이 우를 받들어 치도(治道)를 섭정한 기간이 짧아[未久] 백성[民]에게[於] 은택을[澤] 베풂이[施] 짧았고[未久], 우임금의 아들인 계(啓)가 부왕(父王)을 닮아 현명했기 때문에 익에게로 천자의 자리가 가지 않고 아들(啓)에게로 이어진 것이지, 천자의 자리를 인간(禹)이 인간[子]에게 물려준 것이 아님을 맹자가 역설하고 있다.

이로울 익(益), ~이 지(之), 도울 상(相), ~이다 야(也), 지날 역(歷), 해 년(年), 많을 다(多), 베풀 시(施), 못 택(澤), ~에게 어(於), 백성 민(民), 오래 구(久)

舜禹益相去久遠(순우익상거구원)

▶ 순과[舜] 우와[禹] 익은[益] 이나저나[相] 오래되고[去] 옛적이다[久遠].

순우익상거구원(舜禹益相去久遠)은 문맥을 잡는 데 여러 설들이 분분한 대목이다. 그러나 문맥의 흐름으로 보아 순우익(舜禹益) 세 사람의 공통점은 모두 다 천자의 섭정이 된 일이고, 서로 다른 점은 그 섭정의 기간이다. 그러니 舜禹益相去久遠을 순우익지상거구원(舜禹益之相去久遠)으로 보고, 舜禹益之相去久遠에서 순우익지상거(舜禹益之相去)를 주부로 보고 구원(久遠)을 보어로 보아 舜禹益相去久遠을 영어의 2형식 같은 문장으로 여기고 새기면, 문맥에 걸맞은 문의를 건질 수 있을 것이다. 舜禹益相去久遠의 거(去)를 〈떨어질 격(隔)〉과 같은 뜻으로 보고, 상(相)은 거(去)를 꾸며주는 부사로 보고 새긴다.

서로 상(相), 오래될 거(去), 오래 구(久), 멀 원(遠)

其子賢不肖皆天也(기자현불초개천야) 非人之所能爲也(비인지소능위야)

▶ 제[其] 아들이[子] 잘나고[賢] 못나고는[不肖] 다[皆] 하늘이 하는 것[天]이지[也] 사람[人]이[之] 할[爲] 수 있는[能] 것은[所] 아닌 것[非]이다[也].

기자현불초개천야비인지소능위야(其子賢不肖皆天也非人之所能爲也)처럼 긴 구문의 문맥을 잡으려면 먼저 주부와 술부로 나누어 골격을 가름해보는 것이 그 지름길이다. 其子賢不肖皆天也非人之所能爲也 같은 어투에서 개(皆)와 야(也)를 주목하면 골격을 잡기 쉬워진다. 기자현불초(其子賢不肖)는 주부이고, 개(皆)는 부사이며, 천야비인지소능위야(天也非人之所能爲也)는 술부로 보어가 되므로, 其子賢不肖皆天也非人之所能爲也는 〈AB也〉꼴로 영어의 2형식 같은 문장임을 알 수 있다. 〈A(其子賢不肖)는 모두[皆] B(天也非人之所能爲也)이다〉 그리고 술부인 天也非人之所能爲也는 〈A非B〉꼴로 〈A(天)이지[也] B(人之所能爲)가 아니란 것[非]이다[也]〉로 새긴다. 〈A非B〉꼴은 〈A이지 B가 아니다[非]〉로 알아두면 편하다. 人之所能爲의 문맥을 잡으려면 所人能爲의 인(人)을 전치하면서 인지(人之)가 되었다고 여긴다. 그래서 人之所能爲의 지(之)를 주격 토씨(~가) 구실을 하는 허사라고 한다.

그 기(其), 아들 자(子), 현명할 현(賢), 닮을 초(肖), 모두 개(皆), 하늘 천(天), ~이야 야(也), 아닐 비(非), ~이 지(之), 바 소(所), 잘할 능(能), 할 위(爲)

莫之爲而爲者天也(막지위이위자천야) 莫之致而至者命也(막지치이지자명야)

▶ 어떤 것이든[之] 하지[爲] 않았음[莫]에도[而] 한[爲] 것은[者] 하늘이[天]이고[也], 어떤 것이든[之] 부르지[致] 않았음[莫]에도[而] 닥친[至] 것은[者] 명[命]이다[也].

막지위이위자천야(莫之爲而爲者天也)는 〈AB也〉꼴로 영어의 2형식 문장과 같은 어투이다. 〈A(莫之爲而爲者)는 B(天)이다[也]〉 莫之爲而爲者天也에서 막지위이위자(莫之爲而爲者)는 주부이고, 천(天)은 보어이며, 야(也)는 ~이다 정도로 새긴다. 막지(莫之)의 막(莫)은 부정사(否定詞)로 〈않을 물(勿)〉과 같고, 지(之)는 위에서 어떤 것이든이라고 새겼지만 무시해버려도 된다. 다시 말해 막지위(莫之爲)를 그냥 막위(莫爲)로 여기고 새겨도 되는데, 그것은 지(之)를 허사로 보기 때문이다.

막지치이지자명야(莫之致而至者命也) 역시 〈AB也〉꼴로 영어의 2형식 문장과 같은 어투이다. 〈A(莫之致而至者)는 B(命)이다[也]〉 莫之致而至者命也에서 막지치이지자(莫之致而至者)는 주부이고, 명(命)은 보어이며, 야(也)는 ~이다 정도로 새긴다. 막지(莫之)의 막(莫)은 부정사(否定詞)로 〈않을 물(勿)〉과 같고, 지(之)는 허사로 보고 무시해도 된다.

자식을 들어서 천명(天命)을 구체적으로 밝힌다. 어느 부모가 제 자식이 못나기를 바라겠는가. 요순도 부모로서는 다 제 자식이 잘나기를 바라게 마련이다. 그러나 그런 바람은 요순일지라도 뜻대로 해볼 수 없다. 그래서 자식농사는 사람의 바람대로 되지 않는다고 한다. 사람이 할 수 있는 일이 있지만 사람이 결코 할 수 없는 일이 있음을 알라. 그러면 천명을 조금이라도 짐작해볼 수 있을 것이다. 하지만 지금 세상은 천명의 뜻을 우습게 보고 팽개쳐버린 탓에 그만큼 사람들이 모질고 사나워져 살기가 힘들다. 이런 세상을 인화물(人化物)의 천하라 하고, 천명을 저버린 인간을 일러 인화물(人化物)이라 한다. 인간이 인간을 생명으로 보지 않고 물건으로 보는 것이 인화물이다.

않을 막(莫), 허사 지(之), 할 위(爲), 그러나 이(而), 것 자(者), 부를 치(致), 이를 지(至), 시킬 명(命), ~이다 야(也)

【문지(聞之) 4】

천지소폐(天之所廢)

【원문(原文)】

匹夫而有天下者는 德必若堯禹하고 而又有天子薦之者니 故로 仲尼不有天下하였다 繼世以有天下라도 天之所廢는 必若桀紂者也이다 故로 益伊尹周公이 不有天下이다

필부이유천하자 덕필약요우 이우유천자천지자 고 중니불유천하 계세이유천하 천지소폐 필약걸주자야 고 익이윤주공 불유천하

【해독(解讀)】

"필부로서 천하를 차지하는 사람의[匹夫而有天下者] 덕은 반드시 요우와 같아야 한다[德必若堯禹]. 그리고 또한 천자가 그런 사람을 (하늘에) 천거하는 일이 있어야 한다[而又有天子薦之者]. (그런 일이 없었기) 때문에 공자는 천하를 갖지 못했다[故仲尼不有天下]. 대를 이음으로써 천하를 가짐을[繼世以有天下] 하늘이 폐지하는 바는[天之所廢] 반드시 걸과 주와 같은 것이다[必若桀紂者也]. (그렇기) 때문에 익과 이윤과 주공이 천하를 갖지 않았다[故益伊尹周公不有天下]."

【담소(談笑)】

匹夫而有天下者(필부이유천하자) 德必若堯禹(덕필약요우)

▶ 필부[匹夫]로서[而] 천하를[天下] 차지하는[有] 사람의[者] 덕은[德] 반드시[必] 요[堯] 우와[禹] 같아야 한다[若].

필부이유천하자(匹夫而有天下者)와 같은 어투를 새기려면 유(有)를 잘 알아야 한다. 유(有)가 자동사로 〈있을 유(有)〉일 때와 타동사로 〈가질 유(有)〉일 때를 살펴서 새겨야 문맥이 잡히기 때문이다. 〈A有B〉에서 유(有)가 자동사이면 〈A에 B가 있다〉로 새기고, 타동사면 〈A가 B를 가진다〉고 새긴다. 匹夫而有天下者에서 이(而)는 어조사니 ~로서 정도의 뜻이고, 有天下者의 유천하(有天下)는 자(者)를 꾸며주는 형용사절이며, 자(者)는 형용사절의 선행사 구실을 하고, 匹夫而有天下者는 바로 뒤의 덕(德)을 꾸며준다.

덕필약요우(德必若堯禹)는 〈A若B〉꼴로 영어의 2형식 문장과 같은 어투로 알아두면 편하다. 〈A(德)는 B(堯禹)와 같다[若]〉 德必若堯禹에서 덕(德)은 주어이고, 필(必)은 부사이며, 약(若)은 자동사이고, 요우(堯禹)는 보어이다. 德必若堯禹의 약(若)은 여기서 〈같을 여(如)〉와 같다. 물론 德必若堯禹은 其德必若堯禹之德을 줄인 것이다. 其德必若堯禹之德의 기(其)는 바로 앞의 필부이유천하자(匹夫而有天下者)를 한정해주는 영어의 정관사 the와 같은 구실을 하는데, 대화의 어투여서 생략되었다.

짝 필(匹), 사내 부(夫), 어조사 이(而), 가질 유(有). 놈 자(者), 큰 덕(德), 반드시 필(必), 같을 약(若)

而又有天子薦之者(이우유천자천지자)

▶ 그리고[而] 또한[又] 천자가[天子] 그런 사람을[之] (하늘에) 천거하는[天] 일이[者] 있어야 한다[有].

이우유천자천지자(而又有天子薦之者)는 而又匹夫而有天下者有天子薦之於天者에서 앞 문맥으로 보충할 수 있는 필부이유천하자(匹夫而有天下者)와 어천(於天)을 생략한 어투이다. 그러므로 而又有天子薦之者는 〈A有B〉꼴의 어투이다. 말하자면 〈A(匹夫而有天下者)有B(天子薦之於天者)〉꼴로 문맥을 잡을 수 있다. 〈A有B〉에서 유(有)가 자동사로 〈있을 유(有)〉면 〈A에 B가 있다〉로 새기고, 유(有)가 타동사로 〈가질 유(有)〉면 〈A가 B를 가진다〉

고 새겨야 문맥에 걸맞는다. 여기서는 〈A(匹夫而有天下者)有B(天子薦之於天者)〉의 유(有)를 자동사 〈있을 유(有)〉로 새기면 문맥에 걸맞은 문의를 건질 수 있다. 〈A(匹夫而有天下者)한데 B(天子薦之於天者)가 있다[有]〉 而又有天子薦之者에서 이(而)는 연접의 연사인 〈그리고 이(而)〉이고, 우(又)는 〈또한 역(亦)〉과 같고 부사이며, 유(有)는 자동사이고, 천자천지(天子薦之)는 자(者)를 꾸며주는 형용사절이며, 자(者)는 〈것 자(者)〉로 유(有)의 주어이다. 그러니 而又有天子薦之者의 골격은 有(天子薦之)者로, (天子가 그 사람을[之] 薦擧하는) 일이[者] 있다[有]고 새겨 문맥을 잡는다.

그리고 이(而), 또 우(又), 있을 유(有), 천거할 천(天), 그 지(之), 것 자(者)

故(고) 仲尼不有天下(중니불유천하)

▶ (그런 일이 없었기) 때문에[故] 공자는[仲尼] 천하를[天下] 갖지[有] 못했다[不].

고(故)는 無天子薦仲尼於天者故를 줄인 것이다. 천자가[天子] 중니를[仲尼] 하늘[天]에[於] 천거한[薦] 일이[者] 없었기[無] 때문에[故]. 이렇게 생략한다 해도 문맥의 흐름을 잡고 있으면 생략된 내용을 보충해갈 수 있다고 보는 어투가 곧 한문투이다. 그러므로 한문투를 새길 때 문맥을 놓치면 문의를 건질 수 없게 된다.

중니불유천하(仲尼不有天下)는 〈A不有B〉꼴로 영어의 3형식 문장과 같은 어투이다. 여기선 유(有)를 타동사 〈가질 유(有)〉로 보아야 문맥이 잡히기 때문이다. 〈A(仲尼)가 B(天下)를 갖지[有] 못했다[不]〉 중니(仲尼)는 공자(孔子)의 이름이다.

필부(匹夫)로서 공자는 요우(堯禹)에 버금가는[仲] 덕성을 갖추었지만, 그런 공자를 알아보고 하늘에다[於天] 즉 백성에게[於民] 공자를 천거한[薦] 천자가 없었기 때문에 공자가 천거를 얻지 못한 안타까움을 맹자가 제자(萬章)에게 고(故)를 앞세워 단언하여 밝히고 있다. 중니(仲尼)의 중(仲)은 〈버금 중(仲)〉이니 누구에게 버금간다는 말인가? 요순과 버금간다는 말일 게다. 공자의 무엇이 그렇게 버금간다는 말인가? 이(尼)가 요순과 버금간다는 말일 게다. 중니(仲尼)의 니(尼)는 화(和)로 통한다. 어울림[和], 그것은 곧 덕성이다. 공자가 덕성을 요우(堯禹)만큼 갖추었지만, 중니를 알아보고 하늘에 천거한 천자가 없었음을 한탄하고 있는 맹자의 뜻을 음미해볼 일이다. 요(堯)가 없었더라면 아무리 덕성이 하늘 같았던 순(舜)도 한 필부로서 농부에 불과했다. 옥돌도 갈아주어야 옥이 되는 법이다.

때문에 고(故), 버금 중(仲), 화할 니(尼), 못할 부(不), 가질 유(有)

繼世以有天下天之所廢(계세이유천하천지소폐) 必若桀紂者也(필약걸주자야)

▶ 대를[世] 이음[繼]으로서[以] 천하를[天下] 가짐을[有] 하늘[天]이[之] 폐지하는[廢] 것은[所] 반드시[必] 걸과[桀] 주와[紂] 같은[若] 것[者]이다[也].

계세이유천하천지소폐필약걸주자야(繼世以有天下天之所廢必若桀紂者也)는 〈A若B者也〉꼴로 영어의 2형식 문장과 같은 어투이다. 〈A(繼世以有天下天之所廢)는 B(桀紂)와 같은[若] 것[者]이다[也]〉 繼世以有天下天之所廢必若桀紂者也에서 계세이유천하천지소폐(繼世以有天下天之所廢)는 주부이고, 필약걸주자(必若桀紂者)는 술부로 보어이며, 야(也)는 종지부(終止符)로 ~이다의 뜻을 가진 어조사이다. 그리고 繼世以有天下天之所廢必若桀紂者也에서 주부인 계세이유천하천지소폐(繼世以有天下天之所廢)는 天之所廢繼世以有天下에서 폐(廢)의 목적구인 계세이유천하(繼世以有天下)를 강조하려고 전치시킨 어투이고, 술부인 필약걸주자야(必若桀紂者也)에서 필(必)은 약(若)을 꾸며주는 부사이고, 약걸주(若桀紂)는 자(者)를 꾸며주는 형용사절이며, 자(者)는 약(若)의 보어이다. 약걸주(若桀紂)의 약(若)은 〈같을 여(如)〉와 같다.

이을 계(繼), 세대 세(世), 써 이(以), 가질 유(有), ~이 지(之), 바 소(所), 폐할 폐(廢), 반드시 필(必), 같을 약(若), 홰 걸(桀), 껑거리끈 주(紂), 것 자(者), ~이다 야(也)

故(고) 益伊尹周公不有天下(익이윤주공불유천하)

▶ (그렇기) 때문에[故] 익과[益] 이윤과[伊尹] 주공이[周公] 천하를[天下] 갖지[有] 않았다[不].

고(故)는 有天之所廢者故의 줄임이다. 하늘[天]이[之] 폐지하는[廢] 바가

[所] 있는[有] 것[者]이므로[故]. 이렇게 생략한다 해도 문맥의 흐름을 잡고 있으면 생략된 내용을 보충해갈 수 있다고 보는 어투가 곧 한문투이다.

익이윤주공불유천하(益伊尹周公不有天下)는 益不有天下 而伊尹不有天下 而周公不有天下를 줄인 어투로, 영어의 3형식 같은 문장 셋을 하나처럼 묶은 것이다. 한문투는 반복되는 내용이라면 사정없이 생략해버리는 어투임을 늘 잊어서는 안 된다. 益伊尹周公不有天下에서 익이윤주공(益伊尹周公)은 주부이고, 불(不)은 부정사(否定詞)이며, 유(有)는 〈얻을 득(得), 취할 취(取), 가질 보(保)〉 등과 같은 뜻을 나타내는 타동사이고, 천하(天下)는 유(有)의 목적어이다.

천자(天子)가 하늘에 자신을 천거해주지 않으면 결코 천자의 자리를 넘보지 않는 것이 대인(大人)의 도리이고, 천거하지도 않았는데 억지로 천자의 자리를 빼앗는 짓은 소인(小人)의 탐욕이다. 탐욕은 하늘에 죄를 짓는 단골이다. 탐욕이 크면 클수록 천벌은 그만큼 무섭고 크다. 대인은 알고 소인은 이를 모른다. 익이윤주공(益伊尹周公) 세 사람은 천하의 대인이니 그것을 모를 리 없었다. 그래서 세세년년 현자(賢者)로 칭송받는다.

때문에 고(故), 이로울 익(益), 저 이(伊), 다스릴 윤(尹), 두루 주(周), 공변될 공(公), 않을 불(不), 얻을 유(有)

【문지(聞之) 5】

이윤상탕(伊尹相湯)

【원문(原文)】

伊尹이 相湯하여 以王於天下러니 湯이 崩커늘 太丁은 未立하고 外丙은 二年이고 仲壬은 四年이러니 太甲이 顚覆湯之典刑이어늘 伊尹이 放之於桐한지 三年에 太甲이 悔過하고 自怨自艾於桐하여 處仁遷義三年하고 以聽伊尹之訓已也하여 復歸于亳하니라

(이윤 상탕 이왕어천하 탕 붕 태정 미립 외병 이년 중임 사년 태갑 전복탕지전형 이윤 방지어동 삼년 태갑 회과 자원자애어동 처인천의삼년 이청이윤지훈이야 복귀우박)

【해독(解讀)】

"이윤이 탕을 도와주어서 (탕은) 천하에 왕 노릇을 했다[伊尹相湯以王於天下]. 탕이 세상을 떠나자[湯崩] 태정은 (태자였으나 이미 죽어서 (왕위에)

오르지 못했고[太丁未立], 외병은 이년간 (왕위에 올랐고)[外丙二年], 중임은 사년간 왕위에 올랐다[仲壬四年]. 태갑은 탕의 법도를 거꾸로 뒤집어엎었다[太甲顚覆湯之典刑]. 이윤은 그를 동으로 내쳤다[伊尹放之於桐]. (쫓겨난 지) 삼년간 태갑은 잘못을 뉘우치고[三年太甲悔過] 동에서 스스로 원망하고 스스로 다스렸고[自怨自艾於桐], 삼년을 (불인을 버리고) 어질게 살고 (불의를 버리고) 올바름으로 옮겨갔다[處仁遷義三年]. 그리하여 (태갑은) 이윤의 교훈을 따랐던 것뿐이다[以聽伊尹之訓已也]. (그리고 태갑은) 박으로 되돌아왔다[復歸於亳]."

【담소(談笑)】

伊尹相湯以王於天下(이윤상탕이왕어천하)

▶ 이윤이[伊尹] 탕을[湯] 도와주어[相]서[以] (탕은) 천하[天下]에[於] 왕 노릇을 했다[王].

이윤상탕이왕어천하(伊尹相湯以王於天下) 같은 어투를 새기려면 이(以)를 잘 알아야 한다. 伊尹相湯 是以湯王於天下를 줄인 어투가 伊尹相湯以王於天下이다. 伊尹相湯以王於天下의 이(以)가 시이(是以)의 줄임임을 알아채면 문맥을 잡아내기가 쉽다. 그런[是] 까닭에[以]. 이(以)는 〈써 용(用), 거느릴 솔(率), 함께 여(與), 다스릴 치(治), 생각할 사(思), 할 위(爲)〉 등을 대신하므로 문맥에 따라 걸맞은 뜻을 찾아야 한다. 여기서 이(以)는 시이(是以)의 줄임으로 〈까닭 인(因)〉과 같고, 시(是)는 바로 앞의 내용을 가리키는 지시어이지만 생략되었다. 伊尹相湯以王於天下에서 이윤(伊尹)은 주어이고, 상(相)은 타동사이며, 탕(湯)은 목적어이고, 이왕어천하(以王於天下)는 결과의 부사구이므로, 伊尹相湯以王於天下는 마치 영어의 3형식 문장과 같은 어투이다.

탕(湯)은 상(商)나라의 개조(開祖)인 탕왕(湯王)이다. 하(夏)나라의 말왕(末王)인 걸(桀)이 포악무도하여 제후들이 덕이 있는 탕을 섬기자, 탕은 박(亳)에서 군사를 일으켜 걸왕(桀王)을 남소(男巢)로 추방하고 현자(賢者)인 이윤(伊尹)을 재상으로 삼아 요순(堯舜)의 덕치를 베풀었다. 탕왕의 성씨는 자(子)이고, 이름은 이(履)이며, 은탕(殷湯)·성탕(成湯) 등으로 불리기도 한다.

저 이(伊), 다스릴 윤(尹), 도울 상(相), 탕임금 탕(湯), 까닭 이(以), 왕 노릇 할 왕(王), ~에서 어(於)

湯崩(탕붕)

▶ 탕이[湯] 세상을 떠났다[崩].

탕붕(湯崩)은 영어의 1형식 문장과 같은 어투이다. 湯崩에서 탕(湯)은 주어이고, 붕(崩)은 자동사로 〈죽을 조(殂)〉와 같다.

탕임금 탕(湯), 죽을 붕(崩)

太丁未立(태정미립) 外丙二年(외병이년) 仲壬四年(중임사년)

▶ 태정은[太丁] (왕위에) 오르지[立] 못했고[未], 외병은[外丙] 이년간[二年] (왕위에 올랐고), 중임은[仲壬] 사년간[四年] (왕위에 올랐다).

태정미립(太丁未立)의 태정(太丁)은 주어이고, 미(未)는 부정사(否定詞)이며, 입(立)은 자동사이므로, 太丁未立은 영어의 1형식 문장과 같은 어투이다. 태정(太丁)은 탕(湯)의 태자(太子)로 위(位)에 오르지 못하고 죽었다.

외병이년(外丙二年)은 外丙立二年에서 입(立)을 생략한 어투로, 외병(外丙)은 주어이고, 이년(二年)은 부사이므로, 外丙二年은 동사가 생략된 영어의 1형식 문장과 같은 어투이다. 외병(外丙)은 왕위에 오른 지 2년 만에 퇴위당했다는 말이다.

중임사년(仲壬四年)은 仲壬立四年에서 입(立)을 생략한 어투로, 중임(仲壬)은 주어이고, 사년(四年)은 부사이므로, 仲壬四年은 동사가 생략된 영어의 1형식 문장과 같은 어투이다. 중임(仲壬)은 왕위에 오른 지 4년 만에 퇴위딩했다는 말이다.

대를 이어 왕위에 오른다 해도 선왕의 덕치를 본받지 않으면 왕위에 머물 수 없었음을 말해준다. 임금의 아들이라 해도 현자가 아니면 천하를 취할 수 없음을 맹자가 제자(萬章)에게 밝혀주고 있다. 물론 외병이년(外丙二年) 중임사년(仲壬四年)의 이년(二年)·사년(四年)을 나이로 새기는 경우도 있으나, 문맥의 흐름상 외병립이년(外丙立二年) 중임립사년(仲壬立四年)으로 보고 새기는 편이 걸맞다고 생각된다.

클 태(太), 성할 정(丁), 아닐 미(未), 설 립(立), 바깥 외(外), 남녘 병(丙), 버금 중(仲), 짊어질 임(壬)

太甲顚覆湯之典刑(태갑전복탕지전형)

▶ 태갑은[太甲] 탕[湯]의[之] 법도를[典刑] 거꾸로[顚] 뒤집어엎었다[覆].

태갑전복탕지전형(太甲顚覆湯之典刑)과 같은 어투는 문장의 골격을 먼저 찾아야 문맥을 잡기 쉽다. 태갑복전형(太甲覆典刑)이 太甲顚覆湯之典刑의 골격인 셈이다. 太甲覆典刑은 〈A覆B〉꼴로 태갑(太甲)은 주어이고, 복(覆)은 타동사이며, 전형(典刑)은 목적어이다. 〈A(太甲)는 B(典刑)를 뒤집었다[覆]〉 太甲顚覆湯之典刑에서 전(顚)은 복(覆)을 꾸며주는 부사이고, 탕지(湯之)는 전형(典刑)을 꾸며주는 형용사이다.

태갑(太甲)은 탕(湯)의 손자이니 탕의 아들들은 왕재(王材)가 못 되었던 모양이다. 천자(天子)였던 탕이 왜 이윤(伊尹)을 하늘에 천거하지 않았을까? 아마도 탕은 대를 잇고 싶었던 모양이다. 이윤은 스스로 천자가 되려고 획책하지 않고 탕의 아들이 안 되면 손자라도 대를 잇게 하려고 했으니 철저하게 천명을 따랐던 셈이다. 그런데도 태갑이 선왕의 법도를 저버리는 짓을 범하고 말았다.

클 태(太), 껍질 갑(甲), 거꾸로 할 전(顚), 뒤집힐 복(覆), 탕임금 탕(湯), ~의 지(之), 법 전(典), 법 형(刑)

伊尹放之於桐(이윤방지어동)

▶ 이윤은[伊尹] 그를[之] 동[桐]으로[於] 내쳤다[放].

이윤방지어동(伊尹放之於桐)은 영어의 3형식 문장과 같은 어투이다. 伊尹放之於桐에서 이윤(伊尹)은 주어이고, 방(放)은 타동사이며, 지(之)는 목적어이고, 어동(於桐)은 장소의 부사구이다. 伊尹放之於桐의 지(之)는 태갑(太甲)을 대신하는 지시대명사이고, 어동(於桐)의 동(桐)은 지명이다.

탕(湯) 밑에서 재상을 지낸 이윤(伊尹)이 천자의 자리에 오른 뒤라도 탕의 치도를 따르지 않으면 퇴위시킬 수 있었으니, 천명(天命)이 살아 있었던 시대였음을 맹자가 상기시키고 있다. 천명의 시대란 요샛말로 하면 민주시대를 말한다. 천명은 곧 백성의 바람으로 새길 수 있기 때문이다. 백성이 바라지 않는 임금이라면 하늘의 이름으로 퇴위시키는 이윤은 천명의 대리인인 셈이다. 백성을 함부로 파는 치자(治者)들이 대통령을 탄핵한들 백성이 말을 들어주지 않는 것은 탄핵한 무리도 천명을 어기고 있는 탓임을 헤아리게 한다.

저 이(伊), 다스릴 윤(尹), 내칠 방(放), 그 지(之), ~어디로 어(於), 고을이름 동(桐)

三年太甲悔過(삼년태갑회과) 自怨自艾於桐(자원자애어동) 處仁遷義三年(처인천의삼년)

▶ (쫓겨난 지) 삼년간[三年] 동[桐]에서[於] 태갑은[太甲] 잘못을[過] 뉘우치고[悔] 스스로[自] 원망하고[怨] 스스로[自] 다스렸고[艾], 삼년을[三年] (불인을 버리고) 어질게[仁] 살았고[處] (불의를 버리고) 올바르게[義] 변했다[遷].

삼년태갑회과(三年太甲悔過)에서 삼년(三年)은 시간의 부사구이고, 태갑(太甲)은 주어이며, 회(悔)는 타동사인 본동사이고, 과(過)는 목적어이므로, 영어의 3형식 문장과 같은 어투이다. 회(悔)는 〈고칠 개(改), 뉘우칠 오(懊), 한탄할 한(恨)〉 등과 같은 뜻이고, 과(過)는 〈허물 건(愆), 그릇될 오(誤), 넘을 월(越)〉 등과 같은 뜻을 나타낸다.

자원자애어동(自怨自艾於桐)은 太甲自怨於楝 而太甲自艾於桐에서 주어인 태갑(太甲)과 장소의 부사구인 어동(於桐)을 되풀이되는 내용이므로 생략하고, 두 구문을 하나로 묶은 어투이다. 自怨自艾於桐에서 자(自)는 원(怨)과 애(艾)를 꾸며주는 부사로 보고 새길 수도 있고, 원(怨)과 애(艾)의 목적어로 보고 새길 수도 있다. 이처럼 한문투는 결정지어진 품사가 없고 문맥에 따라 새길 수 있는 어투이다. 자(自)를 원(怨)과 애(艾)를 꾸며주는 부사로 보면 원(怨)과 애(艾)는 자동사이고, 자(自)를 원(怨)과 애(艾)의 목적어로 보면 원(怨)과 애(艾)는 타동사가 된다. 원(怨)은 여기선 원망할 한(恨)과 같고, 애(艾)는 여기서 〈다스릴 치(治)〉와 같은 뜻으로 새긴다.

처인천의삼년(處仁遷義三年)은 太甲處仁於楝三年 而太甲遷義於楝三年에서 앞 문맥으로 보충할 수 있으므로 주어인 태갑(太甲)과 장소의 부사구인 어동(於楝)과 되풀이되는 삼년(三年)을 생략하고, 두 구문을 하나로 묶은 어투이다. 處仁에서 처(處)는 자동사인 본동사이고, 인(仁)은 처(處)를 꾸미는 부사이다. 遷義三年에서 천(遷)은 수동태인 자동사로 본동사이고, 의(義)는 천(遷)을 꾸미는 부사이다. 處仁의 처(處)는 〈살 거(居)〉와 같고 거처(居處)의 줄임말로 여기고, 遷義三年의 천(遷)은 〈바뀔 변(變), 역(易)〉 등과 같고 영어의 be changed를 떠올리면 문맥을 잡기 쉽다.

뉘우칠 회(悔), 허물 과(過), 스스로 자(自), 원망할 원(怨), 다스릴 애(艾), ~에서 어(於), 땅이름 동(桐), 머물 처(處), 어짊 인(仁), 옮길 천(遷), 옳을 의(義)

以聽伊尹之訓已也(이청이윤지훈이야)

▶ 그리하여[以] (태갑은) 이윤[伊尹]의[之] 교훈을[訓] 따랐던 것[聽]뿐이다[已也].

이청이윤지훈이야(以聽伊尹之訓已也)는 是以太甲聽伊尹之訓已也에서 시(是)와 태갑(太甲)을 생략한 어투이다. 시이(是以)의 시(是)는 앞의 내용을 묶어서 가리키는 지시어이고, 이(以)는 여기서 〈때문에 인(因)〉과 같으며, 한문투에서는 대개 시이(是以)의 시(是)를 생략한다. 以聽伊尹之訓已也에서 이(以)는 원인의 부사이고, 주어인 태갑(太甲)은 생략되었고, 청(聽)은 타동사이며, 이윤지훈(伊尹之訓)은 목적구이고, 이야(已也)는 단정적인 종지부(終止符)이다. 물론 伊尹之訓에서는 〈A之B〉꼴을 떠올려 〈A(伊尹)의[之] B(訓)〉로 새긴다. 以聽伊尹之訓已也의 청(聽)은 〈따를 종(從)〉과 같고, 훈(訓)은 〈가르칠 교(敎)〉와 같고 교훈(敎訓)의 줄임말로 여기고 새긴다.

때문에 이(以), 알아들을 청(聽), ~의 지(之), 가르칠 훈(訓), 그칠 이(已), ~이다 야(也)

復歸于亳(복귀우박)

▶ 박[亳]으로[于] 되돌아왔다[復歸].

복귀어박(復歸於亳)은 太甲復歸於亳에서 주어인 태갑(太甲)을 생략해버린 영어의 1형식 문장과 같은 어투이다. 복(復)은 〈돌아올 반(返)〉과 같고, 귀(歸)는 〈돌아올 환(還)〉과 같고 귀환(歸還)의 줄임말로 여기고 새긴다. 여기서 복귀(復歸)는 떠났던 지역으로 되돌아왔다는 뜻만이 아니라 다시 천자의 자리로 돌아왔음을 뜻하기도 한다. 박(亳)은 탕왕(湯王)의 도읍을 말한다.

불초(不肖)했던 태갑(太甲)이 스스로를 채찍질하여 현자(賢者)로 탈바꿈하게 되었음을 밝히고 있다. 자신은 어질게 할 수도 있고 바르게 할 수도 있다. 반대로 자신을 불인(不仁)으로 내칠 수도 있고 불의(不義)로 타락하게 할 수도 있다. 이처럼 자신이 자신을 귀하게 할 수도 있고 천하게 할 수도 있다. 불초(不肖)는 자신을 천하게 하고, 현(賢)은 자신을 귀하게 함을 깨우침이 곧 태갑의 뉘우침[悔]이다. 뉘우침에 이르기 위해서는 앞서서 부끄러워할 줄 알아야 한다. 태갑은 자신의 불초(不肖)를 부끄러워할 줄 알았다.

돌아올 복(復), 돌아올 귀(歸), ~(어디)로 우(于), 땅이름 박(亳)

【문지(聞之) 6】

주공지불유천하(周公之不有天下)

【원문(原文)】

周公之不有天下는 猶益之於夏와 伊尹之於殷也이니라 孔子曰
주공지불유천하 유익지어하 이윤지어은야 공자왈
唐虞는 禪하고 夏后殷周는 繼하니 其義一也니라고 하였니라
당우 선 하후은주 계 기의일야

【해독(解讀)】

"주공이 천하를 취하지 않았음은[周公之不有天下] 하나라에서 익이 (그랬던 것과) 은나라에서 이윤이 (그랬던 것과) 같은 것이다[猶益之於夏伊尹之於殷也]. 공자가[孔子] 말했다[曰]. '도당과 유우는 선양하였고[唐虞禪] 하후와 은과 주는 계승하였는데[夏后殷周繼], 그 뜻은 동일한 것이다[其義一也].'"

【담소(談笑)】

周公之不有天下(주공지불유천하) 猶益之於夏(유익지어하)

▶ 주공[周公]이[之] 천하를[天下] 취하지[有] 않았음은[不] 하나라[夏]에서[於] 익[益]이[之] (그랬던 것과) 같은 것이다[猶].

주공지불유천하유익지어하(周公之不有天下猶益之於夏)와 같은 어투를 새기려면 〈A猶B〉꼴 어투를 상기하면 된다. 〈A(周公之不有天下)는 B(益之於夏)와 같다[猶]〉 周公之不有天下猶益之於夏에서 주공지불유천하(周公之不有天下)는 주부이고, 유(猶)는 타동사이며, 익지어하(益之於夏)는 유(猶)의 목적구이므로, 영어의 3형식 문장과 같은 어투가 곧 周公之不有天下猶益之於夏인 셈이다. 유(猶)는 여기서 〈같을 여(如)〉와 같다. 물론 周公之不有天下猶益之於夏는 周公之不有天下猶益之不有天下於夏也에서 반복되는 두 번째 불유천하(不有天下)와 야(也)를 생략했지만, 우리말로 새길 경우에는 보충해서 새기는 것이 문맥과 걸맞은 문의를 건져낼 수 있다.

두루 주(周), 공변될 공(公), ~이 지(之), 취할 유(有), 같을 유(猶), 이로울 익(益), ~에서 어(於), 하나라 하(夏)

伊尹之於殷也 (이윤지어은야)

▶ **(주공이 천하를 취하지 않았음은) 은나라[殷]에서[於] 이윤[伊尹]이[之] (그랬던 것과) 같은 것[猶]이다[也].**

이윤지어은야(伊尹之於殷也)는 周公之不有天下猶伊尹之於殷也에서 반복되는 주공지불유천하유(周公之不有天下猶)를 생략해버린 어투이다. 그러니 伊尹之於殷也를 새기려면 역시 〈A猶B〉꼴 어투를 상기하면 된다. 〈A(周公之不有天下)는 B(伊尹之於殷)와 같다[猶]〉 伊尹之於殷也에서 주부인 주공지불유천하(周公之不有天下)와 타동사 유(猶)는 생략되었고, 유(猶)의 목적구인 이윤지어은야(伊尹之於殷也)만 남았지만, 영어의 3형식 문장과 같은 어투로 여기고 새긴다. 이처럼 글자가 생략되었지만, 우리말로 새길 경우에는 보충해서 새겨야 문맥과 걸맞은 문의를 건져낼 수 있다.

저 이(伊), 다스릴 윤(尹), ~이 지(之), ~에서 어(於), 은나라 은(殷), ~이다 야(也)

孔子曰(공자왈) 唐虞禪(당우선) 夏后殷周繼(하후은주계) 其義一也(기의일야)

▶ **공자가[孔子] 말했다[曰]. "도당과[唐] 유우는[虞] (천자의 자리를) 양위하였고[禪], 하후와[夏后] 은과[殷] 주는[周] (대를 이어) 계승하였으나[繼], 그[其] 뜻은[義] 동일한 것[一]이다[也]."**

당우선(唐虞禪)은 陶唐氏禪天子之位於舜 而有虞氏禪天子之位於禹를 간명하게 줄인 어투이다. 唐虞禪의 당(唐)은 도당씨(陶唐氏)의 줄임으로 요(堯)를 일컫고, 우(虞)는 유우씨(有虞氏)의 줄임으로 순(舜)을 일컬으며, 선(禪)은 〈넘겨줄 양(讓)〉과 같고 선양(禪讓)의 줄임말로 여기고 새긴다.

하후은주계(夏后殷周繼)는 夏后繼天子之位以其子 而殷繼天子之位以其子 而周繼天子之位以其子를 줄인 어투이다. 하후은주계(夏后殷周繼)는 〈A繼B以C〉꼴을 줄인 어투이다. 〈A가 C로써[以] B를 계승하다[繼]〉 계(繼)는 〈이을 승(承)〉과 같고 계승(繼承)의 줄임말로 여기고 새긴다.

기의일야(其義一也)는 〈AB也〉꼴로 영어의 2형식 문장과 같은 어투이다.

〈(A(其義)는 B(一)이다[也]〉 其義一也에서 기(其)는 도당선(唐虞禪)과 하후은주계(夏后殷周繼)를 묶어서 대신하는 관형사로 영어의 the와 같고, 의(義)는 〈뜻 의(意)〉와 같고 의의(意義)의 줄임말로 여기며, 일(一)은 〈한 가지 동(同)〉과 같고 동일(同一)의 줄임말로 여기고 새긴다.

맹자가 공자의 말을 빌려 위와 같이 밝히고 있지만, 어디서 공자가 그렇게 밝혔는지 알려져 있지 않다. 그러니 그냥 맹자의 말이라고 여겨도 무방한 것이 맹자의 생각도 천명(天命)을 벗어나서는 성립되지 않는 까닭이다. 천자(天子)가 제 자리[位]를 현자(賢者)에게 넘겨주든 제 자식에게 승계하든 천명에 따른 것이니 다를 바 없음을 밝히고 있다. 이는 곧 백성이 바라는 천자라면 선양(禪讓)이든 승계든 다를 바가 없다는 것이다. 천자는 백성의 어버이 노릇을 해야지 주인 노릇을 하면 안 된다는 것이 천명에 따른 천자의 위[位]란 말이다. 맹자의 여민해락(與民偕樂)이 왜 천명을 주역(紬繹)함인지 여기서 알 수 있다. 백성과[民] 함께[與] 다 같이[偕] 즐긴다[樂]. 이것이 천명의 치도(治道)인 셈이다. 이보다 더 나은 민주주의는 없다.

도당씨(陶唐氏) 당(唐), 유우씨(有虞氏) 우(虞), 사양할 선(禪), 하나라 하(夏), 임금 후(后), 은나라 은(殷), 주나라 주(周), 그 기(其), 뜻 의(義), 같을 일(一), ~이다 야(也)

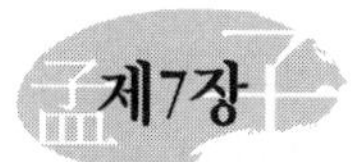

제7장

7장 역시 장구가 길어서 네 단락으로 나누었다. 내용 때문에 단락을 그렇게 나눈 것이 아니라 이해를 돕기 위해서이다. 이 장에서도 만장이 묻고 맹자께서 대답해준다. 물론 앞 장에 이어서 천명(天命)을 더욱 구체적인 사례로 이윤(伊尹)을 들어 밝혀준다. 이 장의 요점은 이윤락요순지도(伊尹樂堯舜之道)에서 찾을 수 있다. 흔모애요(欣慕愛樂)를 한 마디로 〈즐길 락(樂)〉이라 한다. 요순의 도를 기뻐하고[欣] 그리며[慕] 사랑하고[愛] 좋아하는[樂] 행동이 곧 하늘의 시킴[天命]을 좇는 삶임을 이윤(伊尹)과 탕(湯)의 만남을 들어 맹자가 사정없이 웅변하고 있다. 세상의 소인배를 향한 성현의 노여움을 느낄 수 있는 장이다. 특히 맹자가 설파하는 왕기(枉己)·욕기(辱己)란 말씀이 우리를 부끄럽고 뜨끔하게 하는 장이다.

【문지(聞之) 1】

일개불이취제인(一介不以取諸人)

【원문(原文)】

萬章이 問曰 人이 有言하되 伊尹이 以割烹要湯이라 하니 有諸이까 孟子曰 否라 不然也이라 伊尹이 耕於有莘之野 而樂堯舜之道焉하여 非其義也이고 非其道也이면 祿之以天下라도 弗顧也하며 繫馬千駟라도 弗視也이고 非其義也이며 非其道也이면 一介를 不以與人하고 一介를 不以取諸人하니라

(만장 문왈 인 유언 이윤 이할팽요탕 유제 맹자왈 부 불연야 이윤 경어유신지야 이락요순지도언 비기의야 비기도야 녹지이천하 불고야 계마천사 불시야 비기의야 비기도야 일개 불이여인 일개 불이취제인)

【해독(解讀)】

만장이 물어 여쭈었다[萬章問曰]. "사람들한테 떠도는 말이 있습니다[人有言]. 이윤이 요리하는 것을 이용해 탕에게 (자기를 써달라고) 요구했다는데[伊尹以割烹要湯] 그런 말이 맞습니까[有諸]?" 맹자가 말해주었다[孟子曰]. "(그런 것) 아니다[否]. 그렇지 않은 것이다[不然也]. 이윤은 신나라의 들에서 밭갈이를 했다[伊尹耕於有莘之野]. 그리고 (이윤은) 거기서 요순의 도를 즐겼다[而樂堯舜之道焉]. 요순의 의가 아닌 것이고[非其義也] 요순의 도가 아닌 것이라면[非其道也] 천하를 가지고 그에게 녹을 주어도[祿之以天下] (이윤은) 거들떠보지도 않았던 것이고[弗顧也], 말 천 필을 맨 것일지라도[繫馬千駟] (이윤은 그런 것에) 눈길 한번 주지 않은 것이다[弗視也]. 요순의 의가 아닌 것이고[非其義也] 요순의 도가 아닌 것이라면[非其道也] 그 까닭으로 한낱 하찮은 것이라도 남에게 주지 않았고[一介不以與人], 그 까닭으로 한낱 하찮은 것이라도 남들로부터 취하지 않았다[一介不以取諸人]."

【담소(談笑)】

人有言(인유언)

▶ **(세상) 사람들한테[人] 떠도는 말이[言] 있다[有].**

인유언(人有言)은 〈A有B〉꼴로 〈있을 유(有)〉로 새기면 B가 주어이고, A

는 부사이므로, 영어의 1형식 문장과 같다. 하지만 〈가질 유(有)〉로 새기면 A가 주어이고, B는 목적어이므로, 영어의 3형식 문장과 같은 어투가 된다. 人有言에서 유(有)를 〈있을 유(有)〉로 새기는 것이 문맥과 걸맞다. 항간에 떠도는 말이 있다는 뜻이다.

사람들 인(人), 있을 유(有), 말씀 언(言)

伊尹以割烹要湯(이윤이할팽요탕)

▶ **이윤이[伊尹] 요리하는 것을[割烹] 이용해[以] 탕에게[湯] (자기를 써 달라고) 요구했다[要].**

이윤이할팽요탕(伊尹以割烹要湯)을 伊尹要湯以割烹으로 어순을 고쳐보면 문의가 우리말답게 쉽게 잡힌다. 그러면 伊尹以割烹要湯에서 이할팽(以割烹)이 타동사 요(要)를 꾸며주는 부사구임을 알아낼 수 있고, 탕(湯)을 간접목적어로 여기고 탕에게[湯]로 새긴다. 伊尹以割烹要湯에서 이(以)는 〈써 용(用)〉과 같고, 할(割)은 〈나눌 분(分)〉과 같으므로 분할(分割)의 줄임말로 여기고, 팽(烹)은 〈삶을 자(煮)〉와 같고, 요(要)는 〈구할 구(求)〉와 같아 요구(要求)의 줄임말로 여기고 새긴다. 할팽(割烹)은 여기서 요리하는 솜씨로 이해한다.

저 이(伊), 다스릴 윤(尹), 써 이(以), 자를 할(割), 삶을 팽(烹), 구할 요(要), 탕임금 탕(湯)

有諸(유제)

▶ **그런 말이 맞습니까[有諸]?**

유제(有諸)는 여기서 유지호(有之乎) 또는 유시호(有是乎)를 줄인 말이다. 有諸의 제(諸)는 저(諸)라고 발음해도 상관없고, 의문문이면 지호(之乎) 또는 시호(是乎)의 축약으로, 긍정문이면 지어(之於)의 축약으로 쓰인다.

유신씨(有莘氏)가 공상(空桑)이란 곳에서 갓난애를 데려다 어느 요리사에게 기르게 했고, 이수(伊水)로 옮겨와 살았는데, 그 갓난애가 커서 이윤(伊尹)이란 이름으로 불리게 되었다 한다. 탕(湯)이 유신씨의 딸에게 청혼하여 유신씨의 딸이 탕의 비(妃)로 시집을 가자 이윤이 그 딸을 시종하는 잉신(媵臣)으로 따라갔다 한다. 탕을 만나게 된 이윤이 기막힌 맛을 앞세워 물과 불을 조절하고 물고기와 육류의 온갖 맛과 채소와 과일의 온갖 맛을 열거하고 천자가 아니면 그런 맛을 갖추기 어렵다고 말했다는 이야기가 『여씨춘추(呂氏春秋)』「본미편(本味篇)」에 나온다. 또한 반고(班固)는 『위문지(魏文誌)』에서 이윤을 소설가자류(小說家者類)에 넣기도 했고, 『한비자(韓非子)』에도 이와 비슷한 이야기가 보인다. 그러나 『사기(史記)』에 보면 이윤이 도를 행해서 천자께 이르고자 해도 길이 없던 차에 유신씨의 딸을 수행하는 신하가 되어 탕을 만나게 되었다는 말이 전한다. 아마도 만장이 이윤에 관한 이런 설들을 듣고 사실 여부를 알려고 했던 모양이다.

있을 유(有), 지호(之乎) 제(諸)

否(부) 不然也(불연야)

▶ (그런 것) 아니다[否]. 그렇지 않은 것[不然]이다[也].

부(否)는 틀렸음을 밝혀 불허(不許)함이다. 부(否)는 여기서 〈틀릴 위(違)〉와 같다.

불연야(不然也)는 是不然也를 줄인 말로 주어인 시(是)가 생략되었다. 물론 시(是)는 만장이 말한 항간에 떠도는 말[言]의 내용을 가리키는 지시어이다. 不然也는 당치 않음을 잘라 밝힌 것이니 이 역시 불허(不許)함이다.

틀릴 부(否), 않을 부(不), 그럴 연(然), ~이다 야(也)

伊尹耕於有莘之野(이윤경어유신지야)

▶ 이윤은[伊尹] 신나라[有莘]의[之] 들[野]에서[於] 밭갈이를 했다[耕].

이윤경어유신지야(伊尹耕於有莘之野)에서 경(耕)은 자동사로 〈밭갈 려(犁)〉와 같고 경작(耕作)의 줄임말이고, 어유신지야(於有莘之野)는 경(耕)을 꾸며주는 부사구이며, 於有莘之野의 유신지야(有莘之野)는 〈A之B〉꼴로 〈A(有莘)의[之] B(野)〉이다. 유신(有莘)은 이윤(伊尹)이 농사짓고 살았다는 신(莘)나라를 말한다.

저 이(伊), 다스릴 윤(尹), 밭갈이할 경(耕), ~에서 어(於), 어조사 유(有), 긴 모양 신(莘), ~의 지(之), 들 야(野)

而樂堯舜之道焉(이락요순지도언)

▶ 그리고[而] (이윤은) 거기서[焉] 요순[堯舜]의[之] 도를[道] 즐겼다[樂].

이락요순지도언(而樂堯舜之道焉)은 而伊尹樂堯舜之道焉에서 주어인 이윤(伊尹)을 생략한 〈A樂B〉꼴로 영어의 3형식 문장과 같다. 〈A(伊尹)가 B(堯舜之道)를 즐긴다[樂]〉 而樂堯舜之道焉에서 언(焉)은 어시(於是)를 축약한 것이다. 말하자면 어유신씨(於有莘氏)가 어시(於是)로 줄었고, 이 어시(於是)가 다시 언(焉)으로 줄었다. 언(焉)은 이 외에도 〈어찌 언(焉), 어떻게 언(焉), 무엇 언(焉), ~보다 언(焉)〉처럼 다양한 뜻을 나타낸다.

만장이 들은 이야기란 낭설에 불과한 것임을 맹자가 분명하게 다잡아주고 있다. 이윤을 재밋거리로 삼지 말라는 의미다. 현자(賢者)는 믿고 받들어야지 재미삼아 이야깃거리로 삼아서는 안 된다. 그러므로 이윤은 현자이지 요리사가 아닌 것이다. 이윤이 요순의 도를 즐겼다[樂]는 것은 요순에 관한 시를 읊으며 살았고, 요순에 관한 책들을 탐독하면서 요순을 흔모(欣慕)하고 애요(愛樂)했음을 말한다. 이윤이 요순을 기뻐하고[欣] 사모하며[慕] 사랑하고[愛] 좋아했음[樂]을 묶어서 도(道)라고 한 셈이다.

그리고 이(而), 즐길 락(樂), ~의 지(之), 길 도(道), 이에 언(焉)

非其義也(비기의야) 非其道也(비기도야) 祿之以天下(녹지이천하) 弗顧也(불고야)

▶ 요순의[其] 의가[義] 아닌 것[非]이고[也] 요순의[其] 도가[道] 아닌 것[非]이라면[也], 천하를[天下] 가지고[以] 그에게[之] 녹을 주어도[祿] (이윤은) 거들떠보지도[顧] 않았던 것[弗]이다[也].

비기의야비기도야록지이천하불고야(非其義也非其道也祿之以天下弗顧也)와 같은 긴 문장은 끊어서 문맥을 잡아가야 한다. 물론 문의에 근거하여 끊어야 하지만, 먼저 야(也)를 끊는 기준으로 삼으면 편하다. 즉 非其義也非其道也祿之以天下弗顧也를 먼저 야(也)를 기준으로 끊으면 비기의야(非其義也) 비기도야(非其道也) 녹지이천하불고야(祿之以天下弗顧也)처럼 셋으로 나눌 수 있다. 여기서 祿之以天下弗顧也는 동사를 중심으로 문맥을 살펴보면 녹지이천하(祿之以天下) 불고야(弗顧也)로 나눌 수 있다. 그러면 非其義也非其道也祿之以天下弗顧也는 〈A(非其義也) B(非其道也) C(祿之以天

下) D(弗顧也)〉처럼 ABCD로 나누어지고, 〈A하고 B하면 C라도 D한다〉고 문맥의 흐름을 잡을 수 있다. 한문투에는 우리말에 있는 ~하고 ~하면 ~라도 ~한다 등의 접속사가 없다. 非其義也非其道也祿之以天下弗顧也를 〈A하고 B하면 C라도 D한다〉고 새겨보면 조건 · 양보 등을 갖춘 영어의 복문 같은 어투임을 알 수 있다.

비기의야(非其義也)의 야(也)는 ~면 정도의 뜻을 내는 어조사이고, 非其義也는 영어의 조건절과 같다. 기(其)는 非堯舜之義也의 요순지(堯舜之)를 대신하는 관형사이므로 기(其)를 그[其] 대신 요순의[其]로 새겨도 된다. 非其義也에서 기의(其義)는 요순지덕행(堯舜之德行)을 말하기 때문이다. 맹자는 이윤이 요순의 덕행을 실천하면서 살았음을 만장에게 말해주고 있다.

비기도야(非其道也)의 야(也) 역시 ~면 정도의 뜻을 나타내는 어조사이고, 非其道也도 영어의 조건절과 같다. 기(其)는 非堯舜之義也의 요순지(堯舜之)를 대신하는 관형사이므로 기(其)를 그[其] 대신에 요순의[其]로 새겨도 된다. 非其道也에서 기도(其道)는 앞에 나온 낙요순지도(樂堯舜之道)의 도(道)를 말한다.

녹지이천하(祿之以天下)의 지(之)는 이윤(伊尹)을 대신하는 지시대명사이고, 이(以)는 ~을 이용해서 또는 ~을 가지고 등으로 새긴다. 祿之以天下는 문맥상 영어의 양보절과 같다. 천하를[天下] 가지고[以] 이윤에게[之] 녹을 준다 해도[祿]. 녹(祿)은 〈작위를 줄 작(爵)〉과 같고 작록(爵祿)의 줄임말이다.

불고야(弗顧也)는 伊尹弗之顧也를 줄인 말이다. 伊尹弗之顧也에서 주어인 이윤(伊尹)과 고(顧)의 목적어인 지(之) 즉 녹(祿)을 생략해버린 〈AB也〉꼴로, 弗顧也는 非其義也非其道也祿之以天下의 주절 구실을 한다. (이윤은 그런 작록을) 거들떠보지도[顧] 않는 것[弗]이다[也]. 요순의 도의(道義)를 흔모(欣慕)하고 애요(愛樂)하는 이윤이 어찌 탕에게 벼슬자리를 구걸하겠느냐고 맹자가 제자(萬章)에게 대질러주고 있다. 본래부터 벼슬을 구걸하는 놈은 소인배일 뿐이다. 소인배는 요순의 도의를 즐길 줄 모르고 오로지 현자 대인(大人)만이 요순을 갈망한다.

> 아닐 비(非), 그 기(其), ~면 야(也), 길 도(道), 녹을 줄 록(祿), 그 지(之), 써(가지고) 이(以), 않을 불(弗), 돌아볼 고(顧), ~이다 야(也)

繫馬千駟(계마천사) 弗視也(불시야)

▶ 말[馬] 천[千] 필을[駟] 묶음일지라도[繫] (이윤은 그런 것에) 눈길 한번 주지[視] 않은 것[弗]이다[也].

계마천사불시야(繫馬千駟弗視也)는 非其義也非其道也祿之以繫馬千駟弗視也를 줄인 어투이다. 祿之以繫馬千駟弗視也에서 녹지이(祿之以)를 생략한 繫馬千駟弗視也를 동사 구실하는 글자를 중심으로 문맥을 살펴보면 繫馬千駟 弗視也로 나눌 수 있다. 비록 간명하게 줄어들었지만, 非其義也非其道也祿之以繫馬千駟弗視也는 〈A(非其義也) B(非其道也) C(祿之以繫馬千駟) D(弗視也)〉처럼 (AB)CD로 나누어지고, (A하고 B하면) C라도 D한다고 문맥의 흐름을 잡아보면 繫馬千駟弗視也의 문맥을 잡아 문의를 건져낼 수 있다. 주절인 불시야(不視也)는 이윤불지시야(伊尹不之視也)를 줄인 것이고, 여기서 지(之)는 계마천사(繫馬千駟)를 대신하는 지시대명사이다.

임금이 타는 수레라도 네 마리의 말이 끌면 족하다. 그래서 그런 수레를 사마(駟馬)라 하지 않는가. 천 마리의 말을 묶어 끌어주는 수레를 녹(祿)으로 준다 함이 계마천사(繫馬千駟)가 아닌가. 이는 녹봉(祿俸) 따위로 이윤을 모실 수 없음을 뜻한다. 이윤을 신하로 두려면 요순의 버금은 되어야 한다는 말이다.

묶을 계(繫), 말 마(馬), 말 사(駟), 않을 불(弗), 볼 시(視), ~이다 야(也)

非其義也(비기의야) 非其道也(비기도야) 一介不以與人(일개불이여인)

▶ 요순의[其] 의가[義] 아닌 것[非]이고[也] 요순의[其] 도가[道] 아닌 것[非]이라면[也], 그 까닭으로[以] 한낱[一] 하찮은 것이라도[介] 남에게[人] 주지[與] 않았다[不].

비기의야비기도야일개불이여인(非其義也非其道也一介不以與人)과 같은 긴 어투는 끊어서 문맥을 잡아야 한다. 물론 문의에 근거하여 끊어야 하지만, 먼저 야(也)를 끊는 기준으로 삼으면 편하다. 즉 非其義也非其道也一介不以與人를 먼저 야(也)를 기준으로 끊으면 비기의야(非其義也) 비기도야(非其道也) 일개불이여인(一介不以與人)처럼 3등분이 된다. 그리고 이 셋 중에서 어느 것이 주절인지를 정하면 나머지는 영어의 종속절처럼 알맞은 접속사를 보충해주면 문맥이 잡힌다. 非其義也非其道也一介不以與人에서 비기의야(非其義也)와 비기도야(非其道也)는 조건절이고, 일개불이여인(一介不以與人)을 주절로 보면 문맥에 걸맞은 문의가 드러난다.

주절인 일개불이여인(一介不以與人)은 시이이윤불여인이일개(是以伊尹不與人一介)에서 주어인 이윤(伊尹)을 생략하고, 여(與)의 목적어인 일개(一介)를 강조하려고 전치시키고, 시이(是以) 또는 소이(所以)를 이(以)로 줄여 타동사인 여(與) 앞에 둔 어투이다. 그런 까닭으로[以] 하찮은 것 하나라도[一介] 남에게[人] 주지[與] 않는다[不]. 일개(一介)의 개(介)는 〈하찮은 것 개(芥)〉와 같고, 시이(是以) 또는 소이(所以)의 이(以)와 소(所)는 앞의 비기의야(非其義也)와 비기도야(非其道也)를 묶어 대신하는 지시어이다.

아닐 비(非), 그 기(其), ~면 야(也), 길 도(道), 한날 일(一), 하찮은 것 개(介), 까닭 이(以), 줄 여(與), 타인 인(人)

一介不以取諸人(일개불이취제인)

▶ (또한) 그 까닭으로[以] 한낱[一] 하찮은 것이라도[介] 남들[人]로부터[諸] 취하지[取] 않았다[不].

일개불이취제인(一介不以取諸人) 역시 而非其義也非其道也一介不以取諸人이 줄어든 말이다. 이비기의야비기도야(而非其義也非其道也)는 반복되는 내용이므로 생략되었다. 그리고 一介不以取諸人은 是以伊尹不取一介於人에서 주어인 이윤(伊尹)을 생략하고, 취(取)의 목적어인 일개(一介)를 강조하기 위해 전치시키고, 시이(是以) 또는 소이(所以)를 이(以)로 줄여 타동사 취(取) 앞에 둔 어투이다. 그런 까닭으로[以] 한낱[一] 하찮은 것이라도[介] 남들[人]로부터[諸] 취하지[取] 않는다[不]. 일개(一介)의 개(介)는 〈하찮은 것 개(芥)〉와 같고, 시이(是以) 또는 소이(所以)의 이(以)와 소(所)는 생략된 비기의야(非其義也)와 비기도야(非其道也)를 묶어 대신하는 지시어이다. 그리고 一介不以取諸人에서 취제인(取諸人)은 취지어인(取之於人)이 줄어든 것임을 알아야 문맥을 쉽게 잡을 수 있다. 앞에서 유제(有諸)를 살피면서 보았듯이 有諸의 제(諸)는 저(諸)라고 발음해도 상관없고, 의문문이면 지호(之乎) 또는 시호(是乎)의 축약을 나타내고, 긍정문이면 지어(之於)의 축약으로 쓰임을 상기하면 된다. 그러니 一介不以取之於人의 지어(之於)를 제(諸)로 축약한 어투이다.

현자는 결코 아첨도 않고 홍정도 않는다. 그런 짓거리는 소인배가 능사로 삼을 뿐이다. 대인에게 있다면 정도(正道)일 뿐 술수란 없다. 그런데 오로지 요순(堯舜)의[之] 도를[道] 즐기는[樂] 이윤(伊尹)이 요리 솜씨[割烹] 하나를 내세워 탕(湯)에게 작록(爵祿)을 구걸했겠는가? 맹자가 제자에게 이렇듯 반문하고 있다. 아무리 맹자일지라도 이쯤 되어서는 어조가 거세지고 사나워질 수밖에 없음을 느낄 수 있고, 맹자 역시 얼마나 요순의 도의를 흔모(欣慕)하고 애요(愛樂)하는지 알 만하다.

한날 일(一), 하찮은것 개(介), 써 이(以), 취할 취(取), ~부터 제(諸), 타인 인(人)

【문지(聞之) 2】

탕삼사왕빙지(湯三使王聘之)

【원문(原文)】

湯이 使人以幣聘之한데 囂囂然曰 我何以湯之聘幣爲哉리오 我豈若處畎畝之中하여 由是以樂堯舜之道哉리오 湯이 三使往聘之한대 旣而幡然改曰 與我處畎畝之中하여 由是以樂堯舜之道로는 吾豈若使是君爲堯舜之君哉며 吾豈若使是民爲堯舜之民哉며 吾豈若於吾身에 親見之哉리오

탕 사인이폐빙지 효효연왈 아하이탕지빙폐위재 아기약처견묘지중 유시이요요순지도재 탕 삼사왕빙지 기이번연개왈 여아처견묘지중 유시이요요순지도 오기약사시군위요순지군재 오기약사시민위요순지민재 오기약어오신 친견지재

【해독(解讀)】

“탕이 사람을 시켜 예물을 보내 이윤을 모셔 오게 하자[湯使人以幣聘之] (이에 이윤이) 태연한 모습으로 말했다[囂囂然曰]. ‘탕이 초빙한 예물을 갖고 내가 무엇을 할 것인가[我何以湯之聘幣爲哉]? ‘(탕이 초빙한 예물이) 밭 가운데 살며 그로 말미암아서 내가 요순의 도를 좋아하는 것과 어찌 같을 것인가[我豈若處畎畝之中由是以樂堯舜之道哉]?’ 탕이 세 번이나 (사람을) 시켜 가게 해서 그를 모셔 오게 하자[湯三使往聘之] (이윤은) 그제야 돌이키는 모습으로 (첫 마음을) 고쳐 말했네[旣而幡然改曰]. ‘밭의 가운데 살면서 그로 말미암아서 요순의 도를 좋아하는 것과[與我處畎畝之中由是以樂堯舜之道] 내가 이 임금을 시켜서 요순의 임금이 되게 하는 것이 어찌 같을 것인가[吾

豈若使是君爲堯舜之君哉]? (그리고 밭의 가운데 살면서 그로 말미암아서 요순의 도를 좋아하는 것과) 내가 이 백성을 시켜서 요순의 백성이 되게 하는 것이 (나에게) 어찌 같을 것인가[吾豈若使是民爲堯舜之民哉]? (밭의 가운데 살면서 그로 말미암아서 요순의 도를 좋아하는 것과) 내가 친히 탕임금을 뵙는 것이 내 자신에게 어찌 같을 것인가[吾豈若於吾身親見之哉]?' "

【담소(談笑)】

湯使人以幣聘之(탕사인이폐빙지)

▶ **탕이[湯] 사람을[人] 시켜[使] 예물을[幣] 보내[以] 이윤을[之] 모셔 오게 했다[聘]**

탕사인이폐빙지(湯使人以幣聘之)는 사역문이다. 湯使人以幣聘之의 어순을 湯使人聘之以幣처럼 바꾸어보면 〈A使BC〉꼴의 사역문임을 알 수 있어 문맥을 잡기가 쉬울 것이다. 〈A(湯)는 B(人)를 시켜[使] C(聘之)하게 한다〉로 탕사인빙지(湯使人聘之)를 우리말로 새길 수 있다. 湯使人以幣聘之의 이폐(以幣)는 빙(聘)을 꾸며주는 부사구로 여기고 새긴다. 물론 湯使人以幣聘之의 이(以)를 동사로 보고, 湯使人以幣 而湯使人聘之를 줄여 하나로 묶었다고 봐도 된다. 한문투는 글자마다 품사가 결정되어 있지 않으므로 문맥을 따라 새긴다. 湯使人以幣聘之에서 사(使)는 〈하여금 령(令)〉과 같고 사령(使令)의 줄임말이고, 이(以)는 〈써 용(用)〉과 같으며, 폐(幣)는 〈예물 백(帛)〉과 같고 폐백(幣帛)의 줄임말이고, 빙(聘)은 〈부를 소(召)〉와 같고 초빙(招聘)의 줄임말이고, 지(之)는 이윤을 가리키는 지시대명사이다.

이윤이 탕에게 벼슬을 구걸한 것이 아님을 밝히고 있다. 이폐(以幣)는 예물을 갖추어 이윤을 예로써 대우했음을 뜻하고, 빙지(聘之)는 탕이 이윤을 예로써 초빙했음을 의미한다.

탕임금 탕(湯), 시킬 사(使), 써 이(以), 예물 폐(幣), 초빙할 빙(聘), 그 지(之)

囂囂然曰(효효연왈)

▶ **(이에 이윤이) 태연한[囂囂] 모습으로[然] 말했다[曰].**

효효연왈(囂囂然曰)은 伊尹囂囂然曰에서 주어인 이윤(伊尹)을 생략한 말이다. 효효연(囂囂然)은 사사로운 욕심이 없는 태연한 모습을 뜻한다.

들렐 효(囂), 그럴 연(然), 말할 왈(曰)

我何以湯之聘幣爲哉(아하이탕지빙폐위재)

▶ 탕[湯]이[之] 초빙한[聘] 예물을[幣] 갖고[以] 내가[我] 무엇을[何] 할 것[爲]인가[哉]?

아하이탕지빙폐위재(我何以湯之聘幣爲哉)는 〈하(何)~재(哉)〉꼴로 반문하는 어투이다. 我何以湯之聘幣爲哉 같은 문장에서는 위(爲)의 구실을 알아야 문맥을 잡기가 쉽다. 〈爲A以B〉꼴을 떠올리면 我何以湯之聘幣爲哉의 문맥은 쉽게 잡힌다. 〈B(湯之聘幣)를 이용해[以] A(何)를 한다[爲] 또는 삼는다[爲]〉 我何以湯之聘幣爲哉에서 아(我)는 주어이고, 하(何)는 위(爲)의 목적어이며, 이탕지빙폐(以湯之聘幣)는 위(爲)를 꾸며주는 부사구이고, 재(哉)는 ~인가 정도의 어조사이므로, 我何以湯之聘幣爲哉는 영어의 3형식 문장과 같은 의문문으로 새긴다.

나 아(我), 무엇 하(何), 써 이(以), ~이 지(之), 초빙할 빙(聘), 예물 폐(幣), 할 위 (爲), 어조사 재(哉)

我豈若處畎畝之中由是以樂堯舜之道哉(아기약처견묘지중유시이요요순지도재)

▶ (탕이 초빙한 예물이) 밭[畎畝]의[之] 가운데[中] 살면서[處] 그로[是] 말미암아[由]서[以] 내가[我] 요순[堯舜]의[之] 도를[道] 좋아하는 것과[樂] 어찌[豈] 같을 것[若]인가[哉]?

아기약처견묘지중유시이요요순지도재(我豈若處畎畝之中由是以樂堯舜之道哉)는 湯之聘幣豈若處畎畝之中由是以我樂堯舜之道哉에서 주어인 탕지빙폐(湯之聘幣)를 생략하고, 〈좋아할 요(樂)〉의 주어인 아(我)를 강조하려고 기약(豈若) 앞으로 도치시킨 어투이다. 여기서는 기약(豈若)과 유시이(由是以)의 쓰임새를 알아야 쉽게 문맥을 잡을 수 있다. 〈A豈若B哉〉이 湯之聘幣豈若處畎畝之中由是以我樂堯舜之道哉의 기본 골격이다. 〈A(湯之聘幣)가 어찌[豈] B(我樂堯舜之道)하는 것과 같은 것[若]이겠는가[哉]?〉 그리고 我豈若處畎畝之中由是以樂堯舜之道哉에서 처견묘지중유시이(處畎畝之中由是以)를 제거하면 기약아요요순지도재(豈若我樂堯舜之道哉)의 골격, 즉 중심

구조가 쉽게 드러나 문의가 잡힌다. 〈좋아할 요(樂)〉를 꾸며주는 원인의 부사구인 處畎畝之中由是以는 由處畎畝之中以에서 處畎畝之中을 유(由) 앞으로 옮기고 그 빈 자리에 지시어인 시(是)를 넣어 유시이(由是以)로 한 어투이다. 그래서 〈A由是以〉로 알아두면 편하다. 〈A 로[是] 말미암아[由]서[以]〉 〈A不若B〉와 〈A豈若B〉에서 약(若)은 〈같을 여(如), 유(猶)〉 등과 같은 뜻이지만 이밖에도 약(若)은 다양한 뜻을 나타낸다. 〈너 약(若)〉은 〈너 이(而), 여(汝)〉 등과 같고, 약(若)이 조건(~이라면)을 나타내기도 한다.

탕(湯)임금이 폐백을 징표로 삼아 초빙해주는 것이 초야에서 밭을 갈면서 요순(堯舜)의 도(道)를 좋아하는 것만 못하다고 이윤(伊尹)이 탕을 거절했음을 맹자가 제자(萬章)에게 단언해주고 있다. 현자는 궁궐을 멀리하고 산중을 벗하려고 하는 법이다. 다만 소인배만 썩은 고깃덩이 같은 권력을 두고 으르렁거릴 뿐임을 어찌 모르느냐고 가르쳐주고 있다.

어찌 기(豈), 같을 약(若), 머물러 살 처(處), 발도랑 견(畎), 밭이랑 묘(畝), ~의 지(之), 말미암을 유(由), 이 시(是), 때문에 이(以), 좋아할 요(樂) (또는 즐길 락(樂), 도리 도(道), ~인가 재(哉)

湯三使往聘之(탕삼사왕빙지)

▶ **탕이[湯] 세 번이나[三] (사람을) 시켜[使] 가게 하여[往] 그를[之] 모셔 오게 했다[聘]**

탕삼사왕빙지(湯三使往聘之)는 湯三使人往 而使人聘之에서 사역동사인 사(使)의 목적어인 인(人)을 생략해버리고 湯三使往聘之로 묶은 어투이다. 반복되는 내용이면 사정없이 생략하는 것이 한문투이다. 湯三使往聘之의 지(之)는 이윤(伊尹)을 가리키는 지시대명사이다.

세 번 삼(三), 시킬 사(使), 갈 왕(往), 부를 빙(聘), 그 지(之)

旣而幡然改曰(기이번연개왈)

▶ **(이윤은) 그제야[旣而] 돌이키는[幡] 모습으로[然] (첫 마음을) 고쳐[改] 말했다[曰].**

기이번연개왈(旣而幡然改曰)은 旣而幡然改伊尹曰에서 왈(曰)의 주어인 이윤(伊尹)을 생략한 어투이다. 기이(旣而)의 이(而)는 어조사로 아무런 뜻이 없고, 번(幡)은 여기서 〈돌이킬 반(反)〉과 같으며, 개(改)는 개심(改心)의 줄임으로 새기는 편이 문맥에 걸맞다.

이미 기(旣), 어조사 이(而), 돌이킬 번(幡), 그럴 연(然), 고칠 개(改)

與我處畎畝之中由是以樂堯舜之道(여아처견묘지중유시이요요순지도) 吾豈若使是君爲堯舜之君哉(오기약사시군위요순지군재)

▶ 밭[畎畝]의[之] 가운데[中] 살면서[處] 그로[是] 말미암아[由]서[以] 요순[堯舜]의[之] 도를[道] 좋아하는 것과[樂] 내가[吾] 이[是] 임금을[君] 시켜서[使] 요순[堯舜]의[之] 임금이[君] 되게 하는 것이[爲] 나[我]에게[與] 어찌[豈] 같을 것[若]인가[哉]?

여아처견묘지중유시이요요순지도오기약사시군위요순지군재(與我處畎畝之中由是以樂堯舜之道吾豈若使是君爲堯舜之君哉)는 긴 문장이지만, 〈A豈若B哉〉꼴을 알면 쉽게 골격을 가름하여 문맥을 잡아낼 수 있다. 與我處畎畝之中由是以樂堯舜之道吾豈若使是君爲堯舜之君哉의 골격을 다음과 같이 잡아볼 수 있다. 〈與我A(處畎畝之中由是以樂堯舜之道)豈若B(吾使是君爲堯舜之君)哉〉 이것을 다음처럼 나누어 새길 수 있다. 〈나[我]에게[與] A(處畎畝之中由是以樂堯舜之道)가 B(吾使是君爲堯舜之君)와 어찌[豈] 같을 것[若]인가[哉]?〉 與我處畎畝之中由是以樂堯舜之道吾豈若使是君爲堯舜之君哉의 골격이 요요순지도기약사오사시군위요순지군재(樂堯舜之道豈若使吾使是君爲堯舜之君哉)임을 찾아내면 문맥은 쉽게 잡힌다. 그리고 오기약사시군위요순지군재(吾豈若使是君爲堯舜之君哉)는 豈若吾使是君爲堯舜之君哉에서 사(使)의 주어인 오(吾)를 강조하기 위해 기(豈) 앞으로 도치시킨 것을 알아야 문맥을 잡는 데 편하다.

~에게 여(與), 나 아(我), 어찌 기(豈), 같을 약(若), 머물러 살 처(處), 밭도랑 견(畎), 밭이랑 묘(畝), ~의 지(之), 말미암을 유(由), 이 시(是), 때문에 이(以), 좋아할 요(樂), 도리 도(道), 나 오(吾), 이 시(是), 임금 군(君), ~의 지(之), ~인가 재(哉)

吾豈若使是民爲堯舜之民哉(오기약사시민위요순지민재)

▶ (밭의 가운데 살면서 그로 말미암아서 요순의 도를 좋아하는 것과) 내가[吾] 이[是] 백성을[民] 시켜서[使] 요순[堯舜]의[之] 백성이[民] 되게 하는 것이[爲] (나에게) 어찌[豈] 같을 것[若]인가[哉]?

오기약사시민위요순지민재(吾豈若使是民爲堯舜之民哉) 역시 〈A豈若B哉〉꼴로, 주부의 내용은 앞에 나온 내용이기 때문에 생략되어 술부만 남았다. 물론 吾豈若使是民爲堯舜之民哉에서 생략된 주부는 앞에 나온 여아처견묘지중유시이요요순지도(與我處畎畝之中由是以樂堯舜之道)의 요요순지도(樂堯舜之道)이다. 그리고 술부만 남은 吾豈若使是民爲堯舜之民哉는 豈若吾使是君爲堯舜之君哉에서 사(使)의 주어인 오(吾)를 강조하기 위해 기(豈) 앞으로 도치시켰음을 알아내야 吾豈若使是民爲堯舜之民哉의 문맥을 잡기 쉬워진다.

> 나 오(吾), 어찌 기(豈), 같을 약(若), 이 시(是), 백성 민(民), 될 위(爲), ~의 지(之), ~인가 재(哉)

吾豈若於吾身親見之哉(오기약어오신친견지재)

▶ (밭의 가운데 살면서 그로 말미암아서 요순의 도를 좋아하는 것과) 내가[吾] 친히[親] 탕임금을[之] 뵙는 것이[見] 내[吾] 자신[身]에게[於] 어찌[豈] 같을 것[若]인가[哉]?

오기약어오신친견지재(吾豈若於吾身親見之哉) 역시 〈A豈若B哉〉꼴로, 주부의 내용은 앞에 나온 내용이어서 생략되어 술부만 남았다. 물론 吾豈若於吾身親見之哉에서 생략된 주부는 앞에 나온 여아처견묘지중유시이요요순지도(與我處畎畝之中由是以樂堯舜之道)의 요요순지도(樂堯舜之道)이다. 그리고 술부만 남은 吾豈若於吾身親見之哉는 豈若吾親見之哉에서 견(見)의 주어인 오(吾)를 강조하기 위해 기(豈) 앞으로 도치시켰음을 알아야 吾豈若於吾身親見之哉의 문맥을 잡는 데 편하다. 어오신(於吾身)은 여아(與我)와 같은 말이다. 내[吾] 자신[身]에게[於]는 나[我]에게[與]와 같은 말이다. 〈~에게 여(與)〉와 〈~에게 어(於)〉는 여기서 전치사 구실을 한다.

여아(與我)~어오신(於吾身)이라 하여 이윤(伊尹)이 도도하게 독백하는 모습을 맹자가 제자(萬章)에게 힘주어 드러내주는 모습이 선연할 만큼 맹자의 화술이 도도하고 표표(飄飄)하게 울려온다. 이윤이 맹자의 입을 통하여 "오사시군위요순지군(吾使是君爲堯舜之君) 오사시민위요순지민(吾使是民爲堯舜之民)"이라고 독백하고 있지만 이윤이 조금도 오만스럽지 않는 까닭은 무엇일까? 요순 같은 임금으로 만들고 요순의 부림을 받는 백성을 만들겠다고 독백으로 다짐하는 이윤이야말로 넘치는 해일 같고, 하늘을 찌르는 고봉(高峰) 같다. 백성을 천지(天地)로 여기면 요순(堯舜)이고, 임금을 어버이로 따르면 요순의 백성이다. 임금이 대인(大人)이면 그 백성도 대인이 된다. 대통령이 대인이면 국민도 대인이 된다. 그러나 임금이나 대통령이 소인배이면 끼리끼리 패를 지어 천하가 아수라장처럼 혼란스럽다. 오죽하면 공자가 "소인동이불화(小人同而不和)"라고 단언했겠는가. 소인배는[小人] 패거리 짓되[同] 서로 어울리지[和] 않는다[不]. 이윤 같은 군자는 화이부동(和而不同)할 뿐이다. 서로 어울리되[和] 패거리 짓지[同] 않는다[不].

나 오(吾), 어찌 기(豈), 같을 약(若), ~에게 어(於), 몸 신(身), 친히 친(親), 만나볼 견(見), 그 지(之), ~인가 재(哉)

【문지(聞之) 3】

천지생차민야(天之生此民也)

【원문(原文)】

天之生此民也는 使先知로 覺後知하고 使先覺으로 覺後覺也이다 予는 天民之先覺者也이니 予將以斯道로 覺斯民也이니 非予覺之而誰也이리오 思天下之民이 匹夫匹婦有不被堯舜之澤者어든 若己推而內之溝中하니 其自任以天下之重이 如此라 故로 就湯而說之하여 以伐夏救民하였다

천지생차민야 사선지 각후지 사선각 각후각야 여 천민지선각자야 여장이사도 각사민야 비여각지이수야 사천하지민 필부필부유불피요순지택자 약기추이내지구중 기자임이천하지중 여차 고 취탕이설지 이벌하구민

【해독(解讀)】

"하늘이 낸 이 백성이란[天之生此民也] 먼저 아는 이를 시켜서 뒤에 아는 이를 깨닫게 하고[使先知覺後知], 먼저 깨달은 이를 시켜서 뒤에 깨달은 이를 깨닫게 하는 것이다[使先覺覺後覺也]. 나는 하늘이 낸 백성의 선각자이니[予天民之先覺者也] 나는 이 도리를 써서 이 백성을 마땅히 일깨워줄 것이다

[予將以斯道覺斯民也]. 내가 이 백성을 일깨우지 않으면 누가 할 것인가[非予覺之而誰也]? (이윤은) 천하의 백성인 모든 남녀에게 요순의 은혜를 미치지 못하는 일이 있으면(생기면) 자기가 백성을 도랑 속으로 처넣는 것같이 생각하였다[思天下之民匹夫匹婦有不被堯舜之澤者若己推而內之溝中]. 천하의 큰 일을 하려고 그가 자임한 것은 이와 같다[其自任以天下之重如此]. 그래서[故] (이윤은) 탕을 좇아서 그를 설득했다[故就湯而說之]. 그리하여 (이윤은 탕으로 하여금) 하나라를 정벌케 하여 백성을 구해내게 했다[以伐夏救民]."

【담소(談笑)】

天之生此民也使先知覺後知(천지생차민야사선지각후지) 使先覺覺後覺也(사선각각후각야)

▶ 하늘[天]이[之] 낸[生] 이[此] 백성[民]이란[也] 먼저[先] 아는 이를[知] 시켜서[使] 뒤에[後] 아는 이를[知] 깨닫게 하고[覺], 먼저[先] 깨달은 이를[覺] 시켜서[使] 뒤에[後] 깨달은 이를[覺] 깨닫게 하는 것[覺]이다[也].

천지생차민야사선지각후지(天之生此民也使先知覺後知)는 〈AB也〉꼴로 영어의 2형식 문장과 같다. 한 구문 안에서는 중간의 야(也)를 생략하고 맨 끝에 한번만 야(也)를 두어 구문을 마감하는 것이 한문투이다. 〈A(天之生此民也)는 B(使先知覺後知)이다[也]〉 그러니 天之生此民也使先知覺後知의 천지생차민야(天之生此民也)는 주부이고, 사선지각후지(使先知覺後知)는 술부로 보어이다. 天之生此民也使先知覺後知에서 보어인 使先知覺後知는 〈使A覺B〉꼴의 어투이다. 〈A를 시켜[使] B를 각[覺]하게 한다〉 〈A(先知)를 시켜[使] B(後知)를 깨닫게 한다[覺]〉고 여기면 使先知覺後知의 문맥이 잡힐 것이다. 使先知覺後知에서 사(使)는 영어의 사역 동명사 내지 사역 부정사(不定詞)와 같고, 선지(先知)는 목적어이며, 각후지(覺後知)는 목적격 보어이고, 각후지(覺後知)의 각(覺)을 영어의 to 없는 부정사(不定詞)처럼 여기면 使先知覺後知의 문맥을 잡기 쉽다. 그리고 선지(先知)를 선지자(先知者), 후지(後知)를 후지자(後知者)로 여기면 문맥의 문의를 쉽게 건질 수 있다. 먼저[先] 아는[知] 사람[者]을 그냥 선지(先知)라 할 수 있고, 뒤처져[後] 아는[知] 사람[者]을 그냥 후지(後知)라고 말할 수 있는 것이 한문투이다.

사선각각후각야(使先覺覺後覺也)는 주부가 생략된 〈AB也〉꼴로, 역시 영어의 2형식 문장과 같다. 끝에 있는 야(也)로써 한 구문이 끝남을 알 수 있다. 주어인 A(天之生此民也)는 생략되었고, 보어인 B(使先覺覺後覺也)만으로 된 어투인 셈이다. 보어인 사선각각후각이(使先覺覺後覺也)는 〈使A覺B也〉꼴로 〈A(先覺)를 시켜[使] B(後覺)를 깨닫게 하는 것[覺]이다[也]〉로 새기면 使先覺覺後覺也의 문맥이 잡힌다. 使先覺覺後覺也에서 사(使)는 영어의 사역 동명사 내지 사역 부정사와 같고, 선각(先覺)은 목적어이며, 각후각(覺後覺)은 목적격 보어이고, 각후각(覺後覺)의 각(覺)을 영어의 to 없는 부정사처럼 여기면 使先覺覺後覺也의 문맥을 잡기 쉽다. 그리고 선각(先覺)을 선각자(先覺者), 후각(後覺)을 후각자(後覺者)로 여기면 문맥의 문의를 쉽게 건질 수 있다. 먼저[先] 깨달은[覺] 사람[者]을 그냥 선각(先覺)이라 할 수 있고, 뒤처져[後] 깨달은[覺] 사람[者]을 그냥 후각(後覺)이라고 말할 수 있는 것이 한문투이다.

> 낼 생(生), 이 차(此), 백성 민(民), ~이란 야(也), 시킬 사(使), 먼저 선(先), 알 지(知), 깨달을 각(覺), 뒤 후(後), ~이다 야(也)

予天民之先覺者也(여천민지선각자야)

▶ 나는[予] 하늘이 낸[天] 백성[民]의[之] 선각자[先覺者]이다[也].

여천민지선각자야(予天民之先覺者也) 역시 〈AB也〉꼴로 영어의 2형식 문장과 같다. 한문투에서 〈AB也〉와 〈A是B〉가 영어의 2형식 문장과 같은 전형이다. 予天民之先覺者也에서 좀더 어세를 더해 말하면 여시천민지선각자(予是天民之先覺者)이다. 여(予)는 천민지선각자(天民之先覺者)이다[是]. 予天民之先覺者也에서 보어인 천민지선각자(天民之先覺者)의 천민(天民)은 앞에 나왔던 천지생차민(天之生此民)을 줄인 것으로 보는 것이 문맥에 걸맞다. 그래서 天民之先覺者의 천민(天民)을 하늘의[天] 백성[民]으로 새기는 것보다 하늘[天]이[之] 낸[生] 백성[民]으로 새기는 것이 문맥에 걸맞다.

> 나 여(予), 하늘 천(天), 백성 민(民), ~의 지(之), 먼저 선(先), 깨달을 각(覺), 놈 자(者), ~이다 야(也)

予將以斯道覺斯民也(여장이사도각사민야)

▶ 나는[予] 이[斯] 도리를[道] 써서[以] 이[斯] 백성을[民] 마땅히[將] 일깨워줄 것[覺]이다[也].

여장이사도각사민야(予將以斯道覺斯民也)에서 부사구인 이사도(以斯道)를 제외하고 먼저 여장각사민야(予將覺斯民也)만 살피면 予將以斯道覺斯民也 역시 〈AB也〉꼴로 영어의 2형식 문장과 같음을 알아내 쉽게 문맥이 잡힌다. 영어에서는 조동사와 동사 사이에 다른 품사가 들어가지 않지만, 한문투에서는 그 사이에 부사가 자주 들어간다. 그 대표적인 경우가 〈以A〉 또는 A를 생략한 이(以)이다. 그러므로 여기에서는 予將(以斯道)覺斯民也처럼 문맥을 살펴 여장각사민야(予將覺斯民也)가 골격임을 알아채야 한다. 予將覺斯民也에서 술부인 장각사민(將覺斯民)의 장(將)은 영어의 will · shall처럼 미래시제를 나타내므로 나는[予] 이[斯] 백성을[民] 일깨워줄 것[將覺]이다[也]라고 새긴다. 予將(以斯道)覺斯民也에서 斯道의 사(斯)는 선각자지(先覺者之)를 대신하고, 斯民의 사(斯)는 천지생(天之生)을 대신하는 지시어이며, 이사도(以斯道)를 선각자의[斯] 도리를[道] 활용하여[以]라고 새겨도 되고, 사민(斯民)을 하늘이 낸[斯] 백성[民]이라고 새겨도 된다.

나 여(予), 마땅히 ~할 장(將), 써 이(以), 이 사(斯), 도리 도(道), 일깨울 각(覺), ~이다 야(也)

非予覺之而誰也(비여각지이수야)

▶ 내가[予] 이 백성을[之] 일깨우지[覺] 않으면[非~而] 누가 할 것[誰]인가[也]?

비여각지이수야(非予覺之而誰也)는 〈非A而B也〉꼴로, 부정의 조건절을 가진 영어의 복문과 같은 非予覺之而誰覺之也를 줄인 어투이다. 〈非A而B也〉에서 〈비(非) ~ 이(而)〉는 영어의 unless를 떠올리면 알아채기 쉽다. 〈A가 아니라면[非 ~ 而] B이다[也]〉 그러니 非予覺之而誰也의 비여각지이(非予覺之而)는 부정의 조건절로 종속절인 셈이고, 수야(誰也)가 주절인 셈이다. 물론 수야(誰也)는 수각지야(誰覺之也)의 줄임으로 주어인 수(誰)만 남고, 보어인 각지(覺之)는 앞에 이미 나온 내용이므로 생략되었다. 誰也의 수(誰)는 의문사 〈누구 수(誰)〉이므로 誰也의 야(也)는 〈~이다 야(也)〉가 아니라 〈~인가 야(也)〉로 새긴다.

아닐 비(非), 나 여(予), 일깨울 각(覺), 그 지(之), 어조사 이(而), 누구 수(誰),

~인가 야(也)

思天下之民(사천하지민) 匹夫匹婦有不被堯舜之澤者(필부필부유불피요순지택자) 若己推而內之溝中(약기추이내지구중)

▶ (이윤은) 천하[天下]의[之] 백성인[民] 모든 남녀에게[匹夫匹婦] 요순[堯舜]의[之] 은혜를[澤] 미치지 못하는[不被] 일이[者] 있으면[有] 자기가[己] 백성을[之] 도랑[溝] 속으로[中] 처넣는 것[推而內]같이[若] 생각하였다[思].

사천하지민필부필부유불피요순지택자약기추이내지구중(思天下之民匹夫匹婦有不被堯舜之澤者若己推而內之溝中)은 긴 문장이지만, 유(有)와 약(若)의 쓰임새를 알면 문맥을 잡아 가름하여 골격을 쉽게 찾아낼 수 있다.

먼저 〈A有B〉와 〈A若B〉꼴을 상기하면 천하지민필부필부유불피요순지택자약기추이내지구중(天下之民匹夫匹婦有不被堯舜之澤者若己推而內之溝中)이 사(思)의 목적절임을 알 수 있고, 思天下之民匹夫匹婦有不被堯舜之澤者若己推而內之溝中이 사(思)의 주어가 생략된 영어의 3형식 문장과 같은 어투임을 알아채고 그 골격을 다음처럼 잡아낼 수 있다. 〈思 A(天下之民匹夫匹婦有不被堯舜之澤者)若B(己推而內之溝中)〉, 〈A는 B 같음을[若] 생각한다[思]〉

그리고 〈있을 유(有)〉이면 〈A에 B가 있다[有]〉이고, 〈가질 유(有)〉이면 〈A가 B를 갖는다[有]〉고 새기는 점을 상기하면서 A(天下之民匹夫匹婦有不被堯舜之澤者)를 다음처럼 새긴다. 천하지민인[天下之民] 모든 남녀에게[匹夫匹婦] 요순의 혜택을[堯舜之澤] 입지 못하는[不被] 일이[者] 있는(생기는) 것은[有], 또는 천하지민인[天下之民] 모든 남녀가[匹夫匹婦] 요순의 혜택을[堯舜之澤] 입지 못하는[不被] 일을[者] 가지는(당하는) 것은[有].

그리고 〈A는 B 같다[若]〉 또는 〈A라면 B 같다[若]〉를 상기하면서 〈A若B(己推而內之溝中)〉를 다음처럼 새긴다. 〈A라면 자기 자신이[己] 백성을[之] 도랑[溝] 속으로[中] 처넣는 것[推而內] 같다고[若] (이윤은) 생각했다[思]〉 그러므로 思天下之民匹夫匹婦有不被堯舜之澤者若己推而內之溝中을 먼저 〈思A若B〉로 묶어 〈思A若B〉의 〈A若B〉를 사(思)의 목적절로 정리하면, 길게 이어진 문장의 골격이 잡혀 〈A라면 B같이 생각한다[思]〉고 새길 수 있다. 그러면 사(思)의 주어인 이윤(伊尹)이 생략된 구문임을 알 수 있고, 천하지민필부필부유불피요순지택자약기추이내지구중(天下之民匹夫匹婦有不被堯舜之澤者若己推而內之溝中)이 사(思)의 목적절같이 되어 영어의 3형식 문장과 같음을 알 수도 있다.

불피요순지택자(不被堯舜之澤者)는 〈A者〉꼴로 〈A하는 것[者]〉으로 보고 다음처럼 새긴다. 요순지택(堯舜之澤)을 불피(不被)하는 것[者]. 〈것 자(者)〉는 〈일, 놈, 자(者) 등으로 문맥에 따라 뜻을 선택하면 된다.

약기추이내지구중(若己推而內之溝中)에서 기추이내지구중(己推而內之溝中)은 〈~과 같을 약(若)〉이다. 물론 己推而內之溝中은 기추지구중이기내지구중(己推之溝中而己內之溝中)에서 반복되는 내용을 생략한 것이다. 己推而內之溝中에서 기(己)는 〈몸 신(身)〉과 같고 〈나 아(我)〉를 강조하려는 기신(己身) 내지 자기자신(自己自身)의 줄임말로서 추(推)와 내(內)의 주어이고, 내(內)는 타동사로 ~을 밀어넣는다는 뜻이며, 지(之)는 천민(天民)을 가리키는 대명사이고, 구중(溝中)은 부사구이다.

생각할 사(思), 짝 필(匹), 사내 부(夫), 아낙 부(婦), 있을 유(有), 미칠 피(被), ~의 지(之), 은혜 택(澤), 일 자(者), 같을 약(若), 나 기(己), 밀 추(推), 넣을 내(內), 그 지(之), 도랑 구(溝), 가운데 중(中)

其自任以天下之重如此(기자임이천하지중여차)

▶ 천하[天下]의[之] 큰 일을[重] 하려고[以] 그가[其] 자임한 것은[自任] 이와[此] 같다[如].

기자임이천하지중여차(其自任以天下之重如此)는 〈A如B〉꼴로 〈A若B〉꼴과 쓰임새가 같다. 〈A(其自任以天下之重)는 B(此)와 같다[如]〉 그러니 其自任以天下之重如此는 영어의 3형식 문장과 같은 어투로, 기자임이천하지중(其自任以天下之重)은 여(如)의 주어이고, 여(如)는 타동사이며, 차(此)는 여(如)의 목적어이다. 其自任以天下之重如此에서 기(其)는 이윤지(伊尹之)를 대신하는 관형사이고, 자(自)는 임(任)을 돕는 부사이며, 이(以)는 〈할 위(爲)〉와 같고, 以天下之重의 이(以)는 영어의 in order to do처럼 여기면 문맥에 걸맞고, 여(如)는 〈~과 같을 약(若)〉과 같다.

그 기(其), 스스로 자(自), 맡길 임(任), 할 이(以), ~의 지(之), 무거울 중(重), 같을 여(如), 이 차(此)

故就湯而說之(고취탕이설지)

▶ **그래서[故] (이윤은) 탕을[湯] 좇아[就]서[而] 그를[之] 설득했다[說].**

고취탕이설지(故就湯而說之)는 故伊尹就湯而伊尹說之에서 주어인 이윤(伊尹)을 생략한 영어의 3형식 중문과 같다. 故就湯而說之의 고(故)는 앞에 서술한 내용을 근거로 판단이나 결론에 이름을 말해주는 접속사이고, 취(就)는 여기서 〈좇을 종(從)〉과 같으며, 설(說)은 〈알릴 고(告)〉와 같고, 설득(說得)의 줄임말이며, 지(之)는 탕(湯)을 대신하는 대명사이다.

좇을 취(就), 탕임금 탕(湯), 그리고 이(而), 말할 설(說), 그 지(之)

以伐夏救民(이벌하구민)

▶ **그리하여[以] (이윤은 탕으로 하여금) 하나라를[夏] 정벌케 하여[伐] 백성을[民] 구해내게 했다[救].**

이벌하구민(以伐夏救民)은 是以伊尹使湯伐夏 而伊尹使救民를 간명하게 한 문장이다. 是以伐夏救民에서 시이(是以)의 시(是)는 앞의 내용인 취탕이설지(就湯而說之)를 가리키는 지시어이지만 생략하고 그냥 이(以)만 쓰는 경우가 대부분이고, 이럴 경우의 이(以)는 그렇게 하여[以] 정도로 새기면 문맥에 걸맞게 된다. 以伐夏救民에서 벌하(伐夏)의 벌(伐)과 구민(救民)의 구(救)는 사역동사로 여겨야 문맥에 맞는다. 친다[伐]가 아니라 치게 한다[伐]로, 구한다[救]가 아니라 구제하게 한다[救]고 새겨야 한다.

선각자(先覺者)란 누구인가? 무엇보다 백성을 편안케 하는 사람이다. 선각자는 군자요 대인이어야 한다. 그러자면 이윤(伊尹) 같아야 한다. 백성이 괴로워하면 자신이 잘못한 탓이라고 믿는 이윤 같아야 선각자이다. 그래서 맹자는 이윤을 서슴없이 현자의 자리로 모시고 있다. 이윤을 두고 뱉은 이런저런 낭설들은 소인배의 시샘에 불과함을 왜 맹자가 제자(萬章)에게 길게 길게 상설해야 했겠는가? 군자를 깎아내리지 말라는 것이다. “군자회덕(君子懷德) 소인회토(小人懷土)”란 공자의 말씀이 절절하다. 군자는[君子] (백성을 돕는) 덕을[德] 품고[懷] 소인배는[小人] (저한테만 재물이 되어줄) 땅을

[土] 품는다[懷]. 그러니 맹자의 입을 통하여 듣게 된 이윤의 도도한 절규를 오만방자하다고 말하지 말라.

할 이(以), 칠 벌(伐), 하나라 하(夏), 구제할 구(救), 백성 민(民)

【문지(聞之) 4】

왕기이정인자(枉己而正人者)

【원문(原文)】

吾未聞枉己而正人者也이르니 況辱己以正天下者乎겠나 聖人
오미문왕기이정인자야 황욕기이정천하자호 성인
之行이 不同也이다 或遠或近하고 或去或不去하나 歸는 潔其身
지행 부동야 혹원혹근 혹거혹불거 귀 결기신
而已矣이다 吾聞其以堯舜之道로 要湯했지 未聞以割烹也이다
이이의 오문기이요순지도 요탕 미문이할팽야
伊尹曰 天誅造攻은 自牧宮은 朕載自亳이라 하였다
이윤왈 천주조공 자목궁 짐재자박

【해독(解讀)】

"자기를 굽게 하고 그러면서 남들을 바르게 한다는 사람은 내가 들어보지 못한 것이다[吾未聞枉己而正人者也]. 하물며 자신을 더럽히는 짓을 하면서 세상을 바르게 한다는 놈을 (내가 들었겠는가) 말이야[況辱己以正天下者乎]! 성인의 행동은 같지 않은 것이니[聖人之行不同也], 혹은 (임금을) 멀리하기도 하고 혹은 가까이하기도 하며[或遠或近], 혹은 (임금을) 물러가기도 하고 혹은 물러나지 않는다[或去或不去]. (성인의 행동은 제 자신으로) 돌아와 제 자신을 깨끗하게 하는 것뿐이다[歸潔其身而已矣]. 이윤이 요순의 도를 가지고 탕에게 요구했다고 들었지[吾聞其以堯舜之道要湯] (나는) 요리솜씨를 가지고 (요구했다는 것은) 듣지도 못한 것이다[未聞以割烹也]. 이윤이 말했다[伊尹曰], '하늘이 벌하고 공격을 한 것은 (걸이 있던) 목궁을 좇았고[天誅造攻自牧宮], 내가 (그 공격을) 시작한 것은 (탕이 있는) 박궁을 좇았다[朕載自亳]."

【담소(談笑)】

吾未聞枉己而正人者也(오미문왕기이정인자야)

▶ 자기를[己] 굽게 하고[枉] 그러면서[而] 남들을[人] 바르게 한다는[正] 사람은[者] 내가[吾] 들어보지 못한 것[未聞]이다[也].

오미문왕기이정인자야(吾未聞枉己而正人者也)는 吾未聞枉己而正人者를 보다 강한 어조로 단언하는 어투이다. 오미문왕기이정인자(吾未聞枉己而正人者)는 영어의 3형식 문장과 같지만, 吾未聞枉己而正人者也의 야(也)를 〈~이다 야(也)〉로 고집하면 영어의 1형식 문장같이 된다. 그러나 吾未聞枉己而正人者也일지라도 우리말로는 吾未聞枉己而正人者처럼 여기고 새기는 것이 문의가 더 잘 드러난다. 말하자면 〈吾未聞A〉라면 〈나는[吾] A를 (여태껏) 못[未] 들었다[聞]〉고 새기면 되지만, 〈吾未聞A也〉라면 〈A를 (여태껏) 내가[吾] 못[未] 들은 것[聞]이다[也]〉로 새기게 되어 우리말답지 않다. 그래서 吾未聞枉己而正人者也의 야(也)를 〈~이다 야(也)〉로 보지 않고, 뜻 없는 어조사 정도로 여기고 그냥 吾未聞枉己而正人者로 새겨도 문의에는 아무런 흠이 없다. 〈굽을 왕(枉)〉과 〈바를 정(正)〉은 서로 반대말이다.

왕기(枉己)란 자기(自己)를 버리는 것이다. 자기 닦기[修身]를 버리고 제대로 집안 단속[齊家]을 버린 놈이 곧 왕기(枉己)의 인간이다. 수신제가(修身齊家)를 근거로 한 치인(治人)이 곧 정인(正人)이다. 나쁜 놈[枉己]이 남[人]을 바르게 할 수 없음은 너무나 분명한 일이다. 스승(孟子)은 제자(萬章)한테 무섭게 말해줄 수밖에 없다.

나 오(吾), 아닐 미(未), 들을 문(聞), 굽을 왕(枉), ~면서 이(而), 바르게 할 정(正), 남들 인(人), 놈 자(者), ~이다 야(也)

況辱己以正天下者乎(황욕기이정천하자호)

▶ **하물며[況] 자신을[己] 더럽히는 짓을[辱] 하면서[以] 세상을[天下] 바르게 한다는[正] 놈을[者] (내가 들었겠는가) 말이야[乎]!**

황욕기이정천하자호(況辱己以正天下者乎)는 〈況A乎〉꼴의 반문하는 어투로, 況吾聞辱己以正天下者乎에서 오문(吾聞)을 생략하였다. 그러니 況辱己以正天下者乎는 주어인 오(吾)와 타동사 문(聞)은 생략되고, 부사구인 욕기이(辱己以)와 목적어인 정천하자(正天下者)만 남은 〈況A乎〉의 관용어투이다. 〈하물며[況] A(辱己以正天下者)이겠나[乎]!〉 況辱己以正天下者乎에서 정(正)을 꾸며주는 부사구인 욕기이(辱己以)는 이욕기(以辱己)의 욕기(辱己)를 강조하려고 이(以) 앞으로 도치시킨 어투이고, 정천하자(正天下者)는 〈A者〉꼴로 A(正天下)가 자(者)를 꾸며주는 형용사절임을 알고 있으면 문맥 잡기가 쉽다. 욕기(辱己)의 욕(辱)은 〈욕될 치(恥)〉와 같고 치욕(恥辱)의 줄임말로 여긴다.

나를 당당하게 함[正己]도 내가 하고, 나를 치욕스럽게 함[辱己]도 내가 한다. 욕기(辱己)는 곧 자기(自欺)이다. 무자기(毋自欺)·물욕기(勿辱己) 같은 말씀이다. 자신을[自] 속이지[欺] 말라[毋]. 자기를[己] 욕되게 하지[辱] 말라[勿]. 하나도 다를 게 없다. 욕기(辱己)하면서 세상을 다스려보겠다는 놈, 그 놈이야말로 천하에 사기꾼이 아닌가! 스승은 지금 제자를 면박하다 공박하고 있다. 이윤(伊尹)을 폄하하지 말라.

하물며 황(況), 더럽힐 욕(辱), 자신 기(己), 할 이(以), 바를 정(正), 놈 자(者), ~이랴 호(乎)

聖人之行不同也(성인지행부동야)

▶ **성인[聖人]의[之] 행동은[行] 같지 않은 것[不同]이다[也].**

성인지행부동야(聖人之行不同也)는 〈AB也〉꼴로 영어의 2형식 문장과 같다. 〈A(聖人之行)는 B(不同)이다[也]〉 聖人之行不同也에서 성인지행(聖人之行)은 주부이고, 부동(不同)은 술부로 보어이며, 야(也)는 ~이다로 새기는 어조사이다. 물론 聖人之行에서 성인지(聖人之)는 행(行)을 꾸며주는 형용사이다. 聖人之行을 〈A之B〉꼴 알아두면 편하다. 〈A의[之] B, A가[之] B, A하는[之] B〉 등으로 말이다.

성인의 행동은 무엇과 다르단 말인가? 소인의 행동과 다르단 말이다. 성인의 행동은 회덕(懷德)으로 말미암아 따라서 행동하고, 소인배는 회토(懷土)로 말미암아 따라서 행동하는 까닭이다. 소인배는 이해로 놀아나고 성인은 도덕으로 행동한다. 여전히 스승은 지금 제자의 정수리를 치고 있다. 이윤(伊尹)을 폄하하지 말라.

성스러울 성(聖), ~의 지(之), 행동 행(行), 아니 부(不), 같을 동(同), ~이다 야(也)

或遠或近(혹원혹근) 或去或不去(혹거혹불거)

▶ **혹은[或] (임금을) 멀리하기도 하고[遠] 혹은[或] 가까이하기도 하며[近], 혹은[或] (임금을) 물러가기도 하고[去] 혹은[或] 물러나지 않는다[不去].**

혹원혹근(或遠或近)은 或聖人之行遠 或聖人之行近에서 반복되는 내용이므로 주어인 성인지행(聖人之行)을 생략하고, 원(遠)과 근(近)의 목적어마저도 생략하고 동사만 남겨둔 어투이다. 앞 문맥을 살펴 생략된 내용을 보충하면서 새겨야 문맥에 걸맞은 문의를 건질 수 있다.

혹거혹불거(或去或不去) 역시 或聖人之行去 或聖人之行不去에서 반복되는 내용이므로 주어인 성인지행(聖人之行)을 생략하고, 거(去)와 불거(不去)의 목적어마저도 생략하고 동사만 남겨둔 어투이다. 이 역시 앞의 문맥을 살펴 생략된 내용을 보충하면서 새겨야 문맥에 걸맞은 문의를 건질 수 있다.

군자는 덕(德)이 있다면 가까이하고 떠나지 않으며, 덕이 없다면 멀리하거나 떠나버린다. 그래서 권세를 탐하고 들붙는 소인배와 다르다. 붙어먹을 거리가 있으면 늘어지고, 그럴 만한 거리가 없어지면 헌신짝처럼 팽개치는 소인배의 행동거지는 비할 데 없이 더럽고 추하다. 스승이 지금 제자의 간담을 치고 있다. 이윤(伊尹)을 폄하하지 말라.

혹은 혹(或), 멀리할 원(遠), 가까이할 근(近), 물러갈 거(去), 아니 불(不)

歸潔其身而已矣(귀결기신이이의)

▶ (성인의 행동은 제 자신으로) 돌아와[歸] 제[其] 자신을[身] 깨끗하게 하는 것[潔]뿐이다[而已矣].

귀결기신이이의(歸潔其身而已矣)는 聖人之行歸潔其身而已矣에서 반복되는 내용이므로 주어인 성인지행(聖人之行)을 생략하고, 보어 구실을 하는 술부만 남긴 어투이다. 歸潔其身而已矣는 〈AB也〉꼴로 야(也) 대신에 이이의(而已矣)로써 어세를 더하였다. 〈A는 B하는 것뿐이다[而已矣]〉 만약에 歸潔其身而已矣가 아니라 歸潔其身이라면 평범한 어투로 (제 자신으로) 돌아와[歸] 제[其] 자신을[身] 깨끗이 한다[潔]고 새긴다. 그러나 (제 자신으로) 돌아와[歸] 제[其] 자신을[身] 깨끗하게 하는 것[潔]뿐이다[而已矣]로 새기면, 어세를 이이의(而已矣)로써 더하여 단호하게 다짐하고 강조하는 어투가 된다.

귀결기신(歸潔其身)이야말로 직기(直己)요 정기(正己)요 수기(守己)요 수기(修己)이다. 이를 두고 맹자는 "구즉득지(求則得之)"라고 절규한다. 구하라[求]. 그러면[則] 그것을[之] 얻는다[得]. 그것[之]이란 곧 〈나 기(己)〉를 말한다. 어떻게 구(求)하란 말인가? 결기신(潔其身)함이 곧 그 구(求)함이다. 알겠느냐고 만장에게 다그치고 있다. 이윤(伊尹)을 폄하하지 말라. 이윤은 요순에 버금간다.

돌아올 귀(歸), 깨끗이 할 결(潔), 그 기(其), 몸 신(身), 어조사 이(而), 그칠 이(已), 어조사 의(矣)

吾聞其以堯舜之道要湯(오문기이요순지도요탕)

▶ 나는[吾] 그분이[其] 요순[堯舜]의[之] 도를[道] 가지고[以] 탕에게[湯] 요구했다고[要] 들었다[聞].

오문기이요순지도요탕(吾聞其以堯舜之道要湯)은 〈A聞B〉꼴로 영어의 3형식 문장과 같다. 〈A(吾)는 B(其以堯舜之道要湯)를 들었다[聞]〉 문(聞)의 목적절인 기이요순지도요탕(其以堯舜之道要湯)의 기(其)가 이윤지(伊尹之)를 대신하는 관형사임을 알아야 문맥을 잡기 쉽다. 말하자면 其以堯舜之道要湯을 伊尹之要湯以堯舜之道로 고쳐보면 其以堯舜之道要湯의 문맥이 쉽게 잡힌다. 이윤이[之] 요순[堯舜]의[之] 도[道]로써[以] 탕에게[湯] 요구했던 것을[要]이라고 새긴다. 其以堯舜之道要湯의 요(要)는 〈요구할 구(求)〉와 같고 요구(要求)의 줄임말로 여긴다.

나 오(吾), 들을 문(聞), 그 기(其), ~가지고 이(以), 방도 도(道), 요구할 요(要)

未聞以割烹也(미문이할팽야)

▶ (나는) 요리솜씨를[割烹] 가지고[以] (요구했다는 것은) 듣지도[聞] 못한 것[未]이다[也].

미문이할팽야(未聞以割烹也)는 주어인 A(吾)가 생략되었지만 〈(A)未聞B〉꼴로 영어의 3형식 문장과 같다. 그러니 未聞以割烹也는 吾未聞其以割烹要湯也를 간명하게 한 어투이다. 〈B(以割烹)를 못 들었다[未聞]〉 이처럼 한문투는 무슨 내용이든 반복되면 사정없이 생략해버리므로 생략된 내용을 앞 문맥에서 찾아내 보충하지 않으면 문의를 건져내기가 쉽지 않다.

아닐 미(未), 들을 문(聞), ~가지고 이(以), 자를 할(割), 삶을 팽(烹), ~이다 야(也)

天誅造攻自牧宮(천주조공자목궁) 朕載自亳(짐재자박)

▶ 하늘이〔天〕 벌하고〔誅〕 공격〔攻〕한 것은〔造〕 (걸이 있던) 목궁을〔牧宮〕 좇았고〔自〕, 내가〔朕〕 (그 공격을) 시작한 것은〔載〕 (탕이 있는) 박궁을〔亳〕 좇았다〔自〕.

천주조공자목궁(天誅造攻自牧宮)은 〈A自B〉꼴로 영어의 3형식 문장과 같다. 〈A(天誅造功)가 B(牧宮)를 좇았다[自]〉 天誅造攻自牧宮에서 천주조공(天誅造功)은 주절로 주어이고, 자(自)는 타동사이며, 목궁(牧宮)은 목적구이다. 天誅造攻自牧宮의 주(誅)는 〈벌줄 벌(罰)〉과 같고 주벌(誅罰)의 줄임말로 여기고, 조(造)는 〈지을 작(作)〉과 같고, 조작(造作)의 줄임말로 여기며, 공(攻)은 〈칠 격(擊)〉과 같고 공격(攻擊)의 줄임말로 여기고, 자(自)는 〈좇을 종(從)〉과 같고, 목궁(牧宮)은 하(夏)나라 폭군인 걸왕(桀王)이 있던 궁궐을 말한다.

짐재자박(朕載自亳) 역시 〈A自B〉꼴로 영어의 3형식 문장과 같다. 〈A(朕載)가 B(亳)를 좇았다[自]〉 朕載自亳에서 짐재(朕載)는 주절로 주어이고, 자(自)는 타동사이며, 박(亳)은 목적어이다. 朕載自亳의 짐(朕)은 〈나 여(予)〉와 같고, 진시황(秦始皇) 이전에는 짐(朕)은 보통명사 1인칭으로 쓰였다. 朕載自亳의 재(載)는 여기선 〈시작할 시(始)〉와 같고, 자(自)는 〈좇을 종(從)〉과 같으며, 박(亳)은 땅이름으로 새겨도 되지만 목궁(牧宮)에 대한 박궁(亳宮)으로 여기는 것이 문맥에 걸맞다.

이렇듯 당당한 이윤이 요리솜씨[割烹] 따위로 탕(湯)을 꼬드겨 벼슬자리 하나를 구걸했다고 믿느냐고 제자(萬章)에게 면박을 주어 오금을 저리게 한다. 마치 선사(禪師)가 몽둥이[棒]로 등짝을 후리면서 할(喝)하는 풍경처럼 떠오른다. "이놈(萬章)아 요순(堯舜)을 흔모(欣慕)한 이윤(伊尹)을 폄하하지 말라." 말벼락이 따로 없다. 이를 두고 한 말이다. 하늘[天]을 얕보고 입을 함부로 놀리는 주둥이는 본래 소인배의 철면피에 붙어 있는 헛구멍일 뿐이다. 맹자가 어디 만장만 이렇듯 꾸짖겠는가. 우리 모두를 향해 욕기(辱己)하지 말라 매질해둔 것이 분명하다.

벌 주(誅), 지을 조(造), 공격 공(攻), 좇을 자(自), 기를 목(牧), 집 궁(宮), 나 짐(朕), 시작할 재(載), 땅이름 박(亳)

제8장

8장 역시 장구가 길어서 네 단락으로 나누었다. 내용 때문에 단락을 그렇게 나눈 것이 아니라 이해를 돕기 위해서이다. 이 장에서도 만장이 묻고 맹자께서 대답해준다. 공자의 수난 시기에 공자가 어떻게 대했던가를 맹자가 밝히는 장이다. 유명(有命)에 따라 수신(守身)함이 곧 예(禮)이며 의(義)임을 살펴보게 하는 장이다. 진이례(進以禮) 퇴이례(退以禮)를 헤아려 지킴이 치자의 도리이고, 그 도리를 따름이 곧 유명임을 깊이 헤아려보게 하는 장이다.

【문지(聞之) 1】

유명(有命)

【원문(原文)】

萬章이 問曰 或이 謂하기를 孔子於衛에 主癰疽하고 於齊에 主侍人瘠環이라 하니 有諸乎이까 孟子曰 否라 不然也이라 好事者爲之也이다 於衛에 主顔讐由하니 彌子之妻與子路之妻로 兄弟也이라 彌子謂子路曰 孔子主我면 衛卿을 可得也이라 하여 子路以告하니 孔子曰 有命이라 하였다

(만장 문왈 혹 위 공자어위 주옹저 어제 주시인척환 유제호 맹자왈 부 불연야 호사자위지야 어위 주안수유 미자지처여자로지처 형제야 미자위자로왈 공자주아 위경 가득야 자로이고 공자왈 유명)

【해독(解讀)】

만장이 물어 여쭈었다[萬章問曰]. "공자께서 위나라에서 옹저를 주인으로 삼아 머물렀다고 어떤 사람이 말했답니다[或謂孔子於衛主癰疽]. (그리고 공자께서는) 제나라에서는 궁궐의 시중꾼인 척환을 주인으로 삼아 머물렀답니다[於齊主侍人瘠環]. 그런 말이 맞습니까[有諸乎]?" 맹자가 말해주었다[孟子曰]. "(그런 것) 아니다[否]. 그렇지 않은 것이다[不然也]. 일 좋아하는 자들이 그런 말을 지어낸 것이다[好事者爲之也]. (공자께서는) 위나라에서 안수유를 주인으로 삼아 머물렀다[於衛主顔讐由]. 자로의 아내와 미자의 아내는

자매이다[彌子之妻與子路之妻兄弟也]. 미자가 자로에게 일러 말했다[彌子謂子路曰]. '공자가 나를 주인으로 삼아 머물러주면[孔子主我] 위나라의 높은 벼슬은 얻을 수 있는 것이다[衛卿可得也].' 그리하여 자로가 (공자께) 아뢰었다[子路以告]. 공자가 말했다[孔子曰]. '천명이 있다[有命].'"

【담소(談笑)】

或謂孔子於衛主癰疽(혹위공자어위주옹저)

▶ 공자께서[孔子] 위나라[衛]에서[於] 옹저를[癰疽] 주인 삼아 머물렀다고[主] 어떤 사람이[或] 말했다[謂].

혹위공자어위주옹저(或謂孔子於衛主癰疽)는 〈A謂B〉꼴로 영어의 3형식 문장과 같다. 〈A(或)가 B(孔子於衛主癰疽)라고 말했다[謂]〉 或謂孔子於衛主癰疽에서 혹(或)은 주어이고, 위(謂)는 타동사이며, 공자어위주옹저(孔子於衛主癰疽)는 목적절이다. 목적절인 孔子於衛主癰疽에서 공자(孔子)는 주어이고, 주(主)는 타동사이며, 옹저(癰疽)는 목적어이고, 어위(於衛)는 공자를 꾸며준다. 孔子於衛主癰疽에서 주(主)가 타동사이므로, ~를 주인으로 삼아 머문다고 새기면 문맥에 걸맞은 문의를 건질 수 있다. 말하자면 孔子於衛主癰疽는 손님[賓]으로서 공자(孔子)가 옹저(癰疽)의 집에 머물렀음을 말해준다. 그리고 孔子於衛主癰疽의 옹저(癰疽)를 등창이나 종기를 고치는 의원이라고 새기는 경우도 있고, 위령공(衛靈公)이 부인과 같은 수레를 타고 갈 때 환관인 옹거(雍渠)가 참승(驂乘)하고 공자(孔子)를 차승(次乘)하게 했다는 글이 『사기(史記)』「공자세가(孔子世家)」에 보인다면서 그 환관인 옹거가 옹저(癰疽)라는 설도 있지만, 그렇게 따지지 않아도 된다. 떠도는 낭설을 두고 시비를 걸면 걸수록 별말만 더해지니 말이다.

어떤 사람 혹(或), 말할 위(謂), 클 공(孔), ~에서 어(於), 위나라 위(衛), 주인으로 삼을 주(主), 등창 옹(癰), 등창 저(疽)

於齊主侍人瘠環(어제주시인척환)

▶ 제나라[齊]에서는[於] (공자께서) 궁궐의 시중꾼인[侍人] 척환을[瘠環] 주인으로 삼아 머물렀다[主].

어제주시인척환(於齊主侍人瘠環)은 或謂孔子於齊主侍人瘠環에서 반복되는 내용인 혹위공자(或謂孔子)를 생략한 어투이다. 말하자면 목적절의 술부만 남은 것이다. 그러나 우리말로 새길 때는 생략된 내용을 앞의 문맥에서 찾아내 보충해야 문맥을 잡아 문의를 건지기가 쉽다. 於齊主侍人瘠環에서 시인(侍人)은 궁중에서 시중드는 환관(宦官) 즉 내시를 말하고, 척환(瘠環)의 척(瘠)은 성씨이고 환(環)은 이름이다.

~에서 어(於), 제나라 제(齊), 주인으로 삼을 주(主), 모실 시(侍), 여윌 척(瘠), 고리 환(環)

有諸乎(유제호)

▶ 그런 말이 맞습니까[有諸乎]?

유제호(有諸乎)는 유지호(有之乎)와 같다. 유제호(有諸乎)를 유제(有諸)로 줄여 쓰기도 한다. 有諸의 제(諸)는 저(諸)라고 발음해도 상관없고, 의문문이면 지호(之乎) 또는 시호(是乎)의 축약을 나타내고, 긍정문이면 지어(之於)의 축약으로 쓰인다.

있을 유(有), 지호(之乎) 제(諸)

否(부) 不然也(불연야)

▶ (그런 것) 아니다[否]. 그렇지 않은 것[不然]이다[也].

부(否)는 틀렸음을 밝혀 불허(不許)함이다. 부(否)는 여기서 〈틀릴 위(違)〉와 같다.

불연야(不然也)는 是不然也를 줄인 것으로, 주어인 시(是)가 생략되었다. 물론 시(是)는 만장(萬章)이 말한 항간에 떠도는 말[言]의 내용을 가리키는 지시어이다. 不然也는 당치 않음을 잘라 밝히는 말이니 이 역시 불허(不許)함이다.

틀릴 부(否), 않을 부(不), 그럴 연(然), ~이다 야(也)

好事者爲之也(호사자위지야)

▶ 일[事] 좋아하는[好] 자들이[者] 그런 말을[之] 지어낸 것[爲]이다[也].

호사자위지야(好事者爲之也)는 〈AB也〉꼴로 영어의 2형식 문장과 같다. 〈A(好事者)는 B(爲之)한 것이다[也]〉 만약에 문장 끝에 야(也)가 없이 好事者爲之였다면 호사자가[好事者] 그것을[之] 지어냈다[爲]고 새기므로 영어의

3형식 문장과 같아질 것이다. 好事者爲之를 好事者爲之也라고 한 것은 단언하는 어투라고 여기면 편하다.

일을 꾸미거나 없는 말을 만들어 세상을 맹랑하게 흔들기 좋아하는 무리가 어느 세상에나 있는 법이다. 그런 무리를 비꼬아 말하면, 이른바 호사자(好事者)들이다. 허우대 하나는 멀쩡하게 꾸미고서 놀부 같은 심술로 남이 잘 되면 배 아파하는 무리들이 떠벌이는 입질 따위는 한 귀로 듣고 한 귀로 흘려라. 그래서 맹자는 제자(萬章)에게 "부(否) 불연야(不然也)"라고 잘라 말해준다.

좋아할 호(好), 일 사(事),놈 자(者), 만들 위(爲), 그 지(之), ~이다 야(也)

於衛主顔讐由(어위주안수유)

▶ (공자께서는) 위나라[衛]에서[於] 안수유를[顔讐由] 주인으로 삼아 머물렀다[主].

어위주안수유(於衛主顔讐由)는 孔子於衛主顔讐由에서 반복되는 주어인 공자(孔子)가 생략되었다. 於衛主顔讐由에서 주어인 공자(孔子)는 생략되고, 주(主)는 타동사이며, 안수유(顔讐由)는 목적어이고, 어위(於衛)는 장소를 가리키는 부사이다. 於衛主顔讐由에서 주(主)가 타동사이므로 ~를 주인으로 삼아 머문다고 새기면 문맥에 걸맞은 문의를 건질 수 있다. 말하자면 손님[賓]으로서 공자가 안수유(顔讐由)의 집에 머물렀음을 맹자가 밝히고 있다. 안수유(顔讐由)는 위(衛)나라의 현대부(賢大夫)로 안(顔)은 성씨이고, 수유(讐由)는 이름이다. 『사기(史記)』「공자세가(孔子世家)」에서는 안탁추(顔濁鄒)로 되어 있다.

현대부는 대부들 중에서도 비록 세력은 약해도 가장 추앙받는 자를 말한다. 위나라에서 존경받던 현대부인 안수유의 집에서 머물렀던 공자께서 왜 내시나 의원의 집에 머물러 만에 하나라도 매관(買官) 따위의 오해를 사겠는가. 그럴 바에 가장 세력이 강한 총신(寵臣)의 집에 머물 일이 아니냐고 맹자가 만장을 공박(攻駁)하는 중이다.

~에서 어(於), 위나라 위(衛), 주인으로 삼을 주(主), 얼굴 안(顔), 바로잡을 수(讐), 까닭 유(由)

彌子之妻與子路之妻兄弟也(미자지처여자로지처형제야)

▶ 자로[子路]의[之] 아내[妻]와[與] 미자[彌子]의[之] 아내는[處] 자매[兄弟]이다[也].

미자지처여자로지처형제야(彌子之妻與子路之妻兄弟也)는 〈AB也〉꼴로 영어의 2형식 문장과 같다. 〈A(彌子之妻與子路之妻)는 B(兄弟)이다[也]〉 만약에 문장 끝에 야(也)가 없이 彌子之妻與子路之妻兄弟였다면 영어의 2형식 문장처럼 새기겠지만, 彌子之妻與子路之妻兄弟也라 하면 보다 더 단언하는 어투이다.

미자(彌子)는 위령공(衛靈公)의 총신(寵臣)이었던 미자하(彌子瑕)이다. 총신은 임금의 총애를 한몸에 받는 신하이니 가장 강력한 세도를 누리는 자일 터이다. 더구나 그런 자의 아내가 공자가 아끼는 제자(子路)의 처와 자매 사이라니 벼슬을 구하는 데 금상첨화가 아닌가. 그런 인맥을 마다하고 공자께서 왜 현대부(賢大夫)인 안수유(顔讐由)의 집에 묵었겠는가? 맹자가 제자(萬章)에게 호사자들의 입방아가 얼마나 터무니없는 말장난인지 대질러주고 있다.

> 두루 미(彌), 존칭 자(子), ~의 지(之), 아내 처(妻), ~함께 여(與), 형님 형(兄), 아우 제(弟), ~이다 야(也)

彌子謂子路曰(미자위자로왈) 孔子主我衛卿可得也(공자주아위경가득야)

▶ 미자가[彌子] 자로에게[子路] 일러[謂] 말했다[曰]. "공자가[孔子] 나를[我] 주인으로 삼아 머물러주면[主] 위나라의[衛] 높은 벼슬은[卿] 얻을 수 있는 것[可得]이다[也]."

미자위자로왈(彌子謂子路曰)은 彌子謂子路而彌子曰을 줄인 어투로, 미자가[彌子] 자로에게[子路] 알려주려고[謂] 미자가[彌子] 말했다[曰]로 새기면 문맥이 잡힌다.

공자주아위경가득야(孔子主我衛卿可得也)를 〈AB也〉꼴 어투로 보면, 공자주아(孔子主我)는 주부가 되고, 위경가득야(衛卿可得也)는 술부로 보여가 영어의 2형식 단문과 같다. 그러나 孔子主我衛卿可得也를 孔子主我와 衛卿可得也로 나누어 새기면 孔子主我는 조건의 종속절이 되고, 衛卿可得也는 주절이 되어 孔子主我衛卿可得也는 조건절을 갖춘 복문처럼 된다. 어느 경우든 문맥의 문의를 만족시켜줄 수 있는 쪽을 선택하여 새기는 것이 바람직하다. 여기서는 孔子主我衛卿可得也를 복문으로 여기고 새겼다.

두루 미(彌), 존칭 자(子), 일컬을 위(謂), 길 로(路), 주인으로 삼아 머물 주(主), 나 아(我), 위나라 위(衛), 벼슬 경(卿), 가할 가(可), 얻을 득(得), ~이다 야(也)

子路以告(자로이고)

▶ **그리하여[以] 자로가[子路] (공자께) 아뢰었다[告].**

자로이고(子路以告)는 是以子路告孔子를 줄인 것이다. 是以子路告孔子에서 앞의 내용을 가리키는 시(是)를 생략하면 남은 이(以)가 동사 앞에 오는 것이 한문투의 특징이므로 以子路告라 하지 않고 子路以告라고 하였다.

존칭 자(子), 길 로(路), 써 이(以), 고할 고(告)

有命(유명)

▶ **천명이[命] 있다[有].**

유명(有命)은 〈A有B〉꼴의 어투로 A는 생략되고 有B만 남았다. 有命의 유(有)는 〈있을 유(有)〉로 새기는 편이 문맥에 걸맞다. 〈(A에는) B(命)가 있다[有]〉 생략된 A의 내용은 위경가득(衛卿可得)으로써 충분히 유추할 수 있다.

위(衛)나라에서 경대부(卿大夫) 같은 벼슬을 한다면, 그것은 하늘이 시키는 것[天命]이어야지 총신이 제 임금을 꼬여서 할 일이 아니다. 공자가 불의(不義)를 범하겠는가? 자로(子路)는 쓸데없이 입을 놀려 성인을 서글프게 한 셈이다. 성인은 긴 말을 하지 않는다. 그냥 유명(有命) 이 한 마디로도 간담을 서늘케 하고도 남는다.

있을 유(有), 천명 명(命)

【문지(聞之) 2】

무의무명(無義無命)

【원문(原文)】

孔子는 進以禮하고 退以禮하여 得之不得에 曰有命이라 하니 而
공자 진이례 퇴이례 득지부득 왈유명 이

主癰疽與侍人瘠環이면 是는 無義無命也이니라
주 옹 저 여 시 인 척 환 시 무 의 무 명 야

【해독(解讀)】

"공자께서는 예로써 (벼슬에) 나아갔고[孔子進以禮] 예로써 물러난다[退以禮]. 벼슬을 얻고 못 얻고는[得之不得] 천명이 있다고 (공자께서) 말한 것이다[曰有命]. 그러니 궁궐의 시중꾼인 척환과 옹저를 주인 삼아 머물렀다면[而主癰疽與侍人瘠環], 이는 예의도 없고 천명도 없는 것이다[是無義無命]."

【담소(談笑)】

孔子進以禮(공자진이례)

▶ 공자께서는[孔子] 예[禮]로써[以] (벼슬에) 나아갔다[進].

공자진이례(孔子進以禮)는 영어의 1형식 문장과 같다. 孔子進以禮에서 이(以)는 〈써 용(用)〉과 같고, 예(禮)는 예의(禮義)의 줄임말로 여긴다.

클 공(孔), 존칭 자(子), 나아갈 진(進), 써 이(以), 예의 례(禮)

退以禮(퇴이례)

▶ (공자께서는) 예[禮]로써[以] (벼슬에서) 물러났다[退].

퇴이례(退以禮)는 孔子退以禮를 줄인 어투로 역시 영어의 1형식 문장과 같다. 退以禮에서 이(以)는 〈써 용(用)〉과 같고, 예(禮)는 예의(禮義)의 줄임말로 여긴다.

물러갈 퇴(退), 써 이(以), 예의 례(禮)

得之不得曰有命(득지부득왈유명)

▶ 벼슬을[之] 얻고[得] 못[不] 얻고는[得] 천명이[命] 있다고[有] (공자께서) 말했다[曰].

득지부득왈유명(得之不得曰有命)은 孔子曰得之不得有命의 어순을 달리한 어투이다. 孔子曰得之不得有命에서 주어인 공자(孔子)는 반복되는 내용이므로 생략하고, 曰得之不得有命에서 왈(曰)의 목적절인 득지부득유명(得之不得有命)에서 부사구인 득지부득(得之不得)을 강조하기 위해 본동사 왈(曰) 앞으로 도치시켰다고 여기면 맹자의 어세와 어조를 함께 느낄 수 있다.

얻을 득(得), 그것 지(之), 못할 부(不), 말할 왈(日), 있을 유(有), 천명 명(命)

而主癰疽與侍人瘠環(이주옹저여시인척환) 是無義無命也(시무의무명야)

▶ 그러니[而] 궁궐의 시중꾼인[侍人] 척환[瘠環]과[與] 옹저를[癰疽] 주인 삼아 머물렀다면[主], 이는[是] 예의도[義] 없고[無] 천명도[命] 없는 것[無]이다[也].

이주옹저여시인척환시무의무명야(而主癰疽與侍人瘠環是無義無命也)는 〈A是B也〉꼴을 알면 쉽게 문맥을 잡을 수 있다. 〈A(主癰疽與侍人瘠環)이면 이는[是] B(無義無命)이다[也]〉 주옹저여시인척환(主癰疽與侍人瘠環)을 조건의 종속절로 여기고, 시무의무명야(是無義無命也)를 주절로 여겨 主癰疽與侍人瘠環是無義無命也를 영어의 복문처럼 새기면 쉽게 문의를 건져낼 수 있다. 주절인 是無義無命也는 〈AB也〉꼴로 시(是)는 주어이고, 무의무명(無義無命)은 보어이며, 야(也)는 우리말 ~이다처럼 종결어미이다.

천명(天命)을 따라 몸가짐을 삼가면 예(禮)이다. 벼슬이란 백성을 다스리는 일이니 백성을 편안케 할 수 있다면 벼슬길에 오르고, 그렇지 않다면 벼슬을 초개(草芥)처럼 여긴다. 이것이 공자께서 밝힌 유명(有命)이란 말씀이다. 유명(有命)의 명(命) 즉 천명을 따르면 예(禮)이고, 그 예를 지키면 의(義)이다. 그래서 금민위비왈의(禁民爲非日義)라고 한다. 백성이[民] 그른 짓을[非] 하는 것을[爲] 금함을[禁] 의라[義] 한다[日]. 여기서 비(非)란 이미 맹자가 밝힌 왕기(枉己)의 짓이요 욕기(辱己)의 짓이다. 말하자면 내가 나를 천하게 하는 짓이 곧 내가 범하는 그른 짓[非]이다. 공자께서 그런 비(非)를 범할 리 없다. 그러나 제 한 몸 출세하겠다고 잔수작 부리는 소인의 무리는 자신을 권세 앞에 버리고 조아린다. 어디 공자께서 그러겠는가? 여전히 만장(萬章)은 우리를 대신해서 혼이 나는 중이다.

그러니 이(而), 주인으로 삼아 머물 주(主), 등창 옹(癰), 등창 저(疽), ~와 여(與), 모실 시(侍), 여윌 척(瘠), 고리 환(環), 이것 시(是), 없을 무(無), 천명 명(命), ~이다 야(也)

【문지(聞之) 3】

공자당액(孔子當阨)

【원문(原文)】

孔子不悅於魯衛하고 遭宋桓司馬將要而殺之하니 微服而過宋
공자불열어로위 조송환사마장요이살지 미복이과송
하셨다 是時에 孔子當阨하여 主司城貞子 爲陳侯周臣하셨다
시시 공자당액 주사성정자 위진후주신

【해독(解讀)】

"노나라와 위나라에서 공자께서는 환영받지 못했고[孔子不悅於魯衛], 송나라 환사마는 (공자를) 미리 대기하다가 공자를 죽이려는 일을 당해[遭宋桓司馬將要而殺之] 알아보지 못하게 옷차림을 하고서 (공자께서는) 송나라를 지나쳤다[微服而過宋]. 이 때에 공자께서는 괴로움을 당했고[是時孔子當阨] (공자께서는) 진나라 후주의 신하로 있던 사성정자를 주인으로 삼아 머물렀다[主司城貞子爲陳侯周臣]."

【담소(談笑)】

孔子不悅於魯衛(공자불열어로위)

▶ **노나라[魯]와 위나라[衛]에서[於] 공자께서는[孔子] 환영받지 못했다[不悅].**

공자불열어로위(孔子不悅於魯衛)에서 어로위(於魯衛)의 어(於)를 어떻게 새기느냐에 따라 孔子不悅於魯衛의 문의가 달라질 수 있다. 어로위(於魯衛)의 어(於)를 〈~에서 어(於)〉로 보면 孔子不悅於魯衛는 영어의 수동태와 같은 문장으로 새길 것이고, 어로위(於魯衛)의 어(於)를 〈~을 어(於)〉로 보면 孔子不悅於魯衛는 영어의 3형식 문장처럼 새길 것이다. 어(於)는 장소를 가리키는 어조사 〈~에서 어(於)〉 구실도 하고, 목적격 토씨 〈~을(를) 어(於)〉 구실도 하기 때문이다. 물론 어(於)는 문맥에 따라 〈갈 왕(往), 대신할 대(代), 살 거(居)〉 등의 뜻도 있지만, 여기선 〈~에서 어(於)〉 내지 〈~을 어(於)〉로 볼 수 있다. 우리말은 수동태보다 능동태를 선호하므로 孔子不悅於魯衛의 어(於)를 〈~에서 어(於)〉로 본다면, 不悅孔子於魯衛처럼 여기고 노나라[魯] 위나라[衛]에서[於] 공자를[孔子] 좋아하지 않았다[不悅]고 새기면 우리말답게 된다. 그러나 어(於)를 목적격 토씨 〈~를 어(於)〉로 본다면, 孔子

不悅於魯衛를 공자는[孔子] 노나라[魯] 위나라[衛]를[於] 좋아하지 않았다[不悅]고 새길 것이다. 그러나 여기선 공자께서 노나라와 위나라에서 환대받지 못했다고 새기는 편이 문맥에 걸맞다고 본다.

까마귀 싸우는 골에 백로야 가지 마라. 노나라 위나라는 까마귀 싸우는 골이었을 터이다. 소인배는 대인을 질시하고 성인이라면 더욱 치워내려고 꼼수를 부린다. 그런 소인배들의 틈새에서 어찌 공자가 환영을 받겠는가.

클 공(孔), 존칭 자(子), 아니 불(不), 좋아할 열(悅), ~에서 어(於), 나라이름 로(魯), 위나라 위(衛)

遭宋桓司馬將要而殺之(조송환사마장요이살지) 微服而過宋(미복이과송)

▶ 송나라[宋] 환사마가[桓司馬] (공자를) 미리[將] 대기하다[要]가[而] 공자를[之] 죽이려는[殺] 일을 당해[遭] (공자께서) 알아보지 못하게[微] 옷차림을 하고[微服]서[而] 송나라를[宋] 지나갔다[過].

조송환사마장요이살지(遭宋桓司馬將要而殺之)는 〈A遭B〉꼴로 영어의 3형식 문장과 같은 어투이고, 여기에서는 주어 A가 생략되었다. 물론 遭宋桓司馬將要而殺之는 孔子遭宋桓司馬將要孔子 而孔子遭宋桓司馬將殺孔子를 줄여놓은 어투이다. 〈A(孔子)는 B(宋桓司馬將要而殺之)하려는 일을 당했다[遭]〉 遭宋桓司馬將要而殺之에서 조(遭)는 〈만날 봉(逢)〉과 같고, 환사마(桓司馬)는 송나라의 사마(司馬)인 환퇴(桓魋)이고, 사마(司馬)는 군사를 맡은 벼슬이름이며, 장(將)은 〈곧 즉(卽)〉과 같고, 요(要)는 〈맞을 요(邀)〉와 같고, 살(殺)은 여기서 〈죽일 륙(戮)〉과 같고 살육(殺戮)의 줄임말이며, 지(之)는 공자를 가리키는 지시대명사이다.

미복이과송(微服而過宋)은 孔子微服而孔子過宋을 줄인 어투이다. 微服而過宋에서 복(服)을 꾸미는 미(微)는 부사로 〈숨길 닉(匿)〉과 같고, 복(服)은 〈옷차림을 할 복(服)〉으로 동사이므로 미복(微服)은 변장(變裝)과 같은 말이다. 過宋에서 과(過)는 〈통과할 통(通)〉과 같고 통과(通過)의 줄임말로 여긴다.

맹자가 공자께서 변장하고[微服] 송나라를 피해갔다고 말한다 해서 공자를 겁쟁이라고 몰지 말라. 『논어(論語)』「술이(述而)」편 22장에 보면 "천생

덕어여(天生德於予) 환퇴기여여하(桓魋其如予何)"라고 위험에 처한 소회(所懷)를 공자가 의연하게 밝혀두니 말이다. 하늘이[天] 나[予]에게[於] 선천적으로[生] 덕을 내렸다[德]. 환퇴(桓魋) 그자가[其] 나를[予] 어쩌겠나[如何]? 하늘이 환퇴를 택한다면 나(孔子)는 살육당할 터이나, 그렇지 않다면 죽을 리 없음을 제자들에게 말한 셈이다. 그런데 왜 맹자는 변장하고 송나라를 지나쳤다고 할까? 구더기 무섭다고 장 담그지 않겠는가? 독을 깨끗이 씻으면 그만이다. 공자의 미복(微服)은 구더기를 씻어내는 일과 같다.

일을 당할 조(遭), 송나라 송(宋), 푯말 환(桓), 맡을 사(司), 병마 마(馬), 곧 장(將), 대기할 요(要), 그리고 이(而), 죽일 살(殺), 그 지(之), 숨길 미(微), 옷 복(服), 지나갈 과(過)

是時孔子當阨(시시공자당액)

▶ **이[是] 때에[時] 공자께서는[孔子] 괴로움을[阨] 당했다[當].**

이시공자당액(是時孔子當阨)은 〈A當B〉꼴로 영어의 3형식 문장과 같다. 〈A(孔子)는 B(阨)를 당했다[當]〉 是時孔子當阨에서 시시(是時)는 부사이고, 공자(孔子)는 주어이고, 당(當)은 타동사이며, 액(阨)은 목적어이다. 액(阨)은 〈괴로운 곤(困), 액(厄)〉 등과 같고 액곤(阨困)의 줄임말로 여긴다.

시시(是時)는 공자께서 노나라의 사구(司寇)로 재직하다 밀려났던 때이다. 사구란 검찰총장쯤 되는 높은 벼슬이다. 공자께서 사구를 맡았으니 백성한테 노략질을 일삼던 소인배 벼슬아치들이 온갖 잔꾀를 동원해서 공자를 축출하려 했을 터이다. 조정의 소인배들이 살아남기 위해, 임금 앞에 나가 공자를 내쳐달라고 온갖 거짓부렁을 마다하지 않았을 터이니, 공자일지라도 얼마나 곤액(困厄)스럽고 곤혹(困惑)스러웠겠는가. 맹자의 당액(當阨)이란 이 한 마디로 공자를 향한 맹자의 흔모(欣慕)가 선연하다.

이 시(是), 때 시(時), 당할 당(當), 괴로움 액(阨)

主司城貞子爲陳侯周臣(주사성정자위진후주신)

▶ **(공자께서는) 진나라[陳] 후주의[侯周] 신하로[臣] 있던[爲] 사성정자를[司城貞子] 주인으로 삼아 머물렀다[主].**

주사성정자위진후주신(主司城貞子爲陳侯周臣)은 孔子主司城貞子爲陳侯

周臣에서 반복되는 내용인 공자(孔子)를 생략한 〈A主B〉꼴의 어투이다. 〈손님으로 A(孔子)가 B(司城貞子)를 주인으로 삼아 머물렀다[主]〉 主司城貞子爲陳侯周臣에서 공자주사성정자(孔子主司城貞子)를 주절처럼 보고, 위진후주신(爲陳侯周臣)은 司城貞子를 꾸며주는 형용사절처럼 여길 수도 있다. 또한 主司城貞子爲陳侯周臣을 孔子主司城貞子 而孔子爲陳侯周臣의 줄임으로 본다면 (공자께서는) 사성정자를[司城貞子] 주인으로 삼아 머물렀고[主], (그리고 공자께서는) 진나라[陳] 후주의[侯周] 신하가[臣] 되었다[爲]고 새길 수 있다. 그러나 문맥으로 보아 공자가 진(陳)나라 후주(侯周)의 신하가 되었다고 보기는 어렵다. 그래서 主司城貞子爲陳侯周臣의 爲陳侯周臣이 司城貞子를 꾸며주는 형용사절이라고 여기게 된다.

공자께서 험난한 처지에 처했을 때 권력가의 집에 머문 것이 아니라 눈에 뜨이지 않을 사람 집에 머물렀음을 맹자가 밝히고 있다. 이때는 공자께서 잠행할 때이니, 선량한 사람을 주인으로 삼아 거처를 삼았다 함은 권력가에 빌붙어 위기를 모면하려고 하지 않았음을 말한다. 그래서 위나라 광(匡)이란 곳에서도 "광인기여여하(匡人其余如何)"라고 공자는 술회했다. 광 고을[匡] 사람[人] 그가[其] 나를[余] 어쩌겠는가[如何]? 백로가 까마귀 떼로부터 쫓김을 당하는 꼴이나, 공자는 하늘을 믿었지 세도에 기대지 않았음을 맹자가 단언하고 있다.

주인으로 삼아 머물 주(主), 맡을 사(司), 성곽 성(城), 바를 정(貞), 될 위(爲), 진나라 진(陳), 임금 후(侯), 두루 주(周), 신하 신(臣)

【문지(聞之) 4】

하이위공자(何以爲孔子)

【원문(原文)】

吾聞에 觀近臣하되 以其所爲主하고 觀遠臣하되 以其所主한다
오문 관근신 이기소위주 관원신 이기소주

하니 若孔子主癰疽與侍人瘠環이시면 何以爲孔子리오
약공자주옹저여시인척환 하이위공자

【해독(解讀)】

"내 듣기로는[吾聞] 주인으로 여기는 바 손님을 가지고 가까운 데서 온 신

하를 살피고[觀近臣以其所爲主], 주인으로 삼아 머물고 있는 바 집주인을 비추어 먼 데서 온 신하를 살핀다[觀遠臣以其所主]. 만약에 공자께서 시인척환이나 옹저를 주인으로 삼아 머물렀다면[若孔子主癰疽與侍人瘠環] 무엇을 가지고 공자를 칭하겠나[何以爲孔子]?"

【담소(談笑)】

吾聞(오문) 觀近臣以其所爲主(관근신이기소위주)

▶ 주인으로[主] 여기는[爲] 바[所] 손님을[其] 가지고[以] 가까운 데서 온[近] 신하를[臣] 살핀다고[觀] 나는[吾] 들었다[聞].

오문관근신이기소위주(吾聞觀近臣以其所爲主)는 〈吾聞A〉꼴로 영어의 3형식 문장과 같다. 吾聞觀近臣以其所爲主에서 관근신이기소위주(觀近臣以其所爲主)를 문(聞)의 목적구로 여기고 새긴다. 〈나는[吾] A(觀近臣以其所爲主)를 들었다[聞]〉 觀近臣以其所爲主에서 이기소위주(以其所爲主)는 관(觀)을 꾸며주는 부사구이고, 이(以)는 〈써 용(用)〉과 같아 우리말로는 ~을 가지고[以] 또는 ~을 비추어[以] 정도로 새기며, 以其所爲主에서 기(其)는 머물고 있는 손님[賓]을 말하고, 위(爲)는 〈생각할 사(思)〉와 같다. 특히 以其所爲主에서 소위주(所爲主)는 기(其)를 수식하는 형용사절처럼 여기고, 소(所)를 영어의 관계대명사처럼 여기면 편하다. 주인으로[主] 생각하는[爲] 바[所] 손님[其]이라고 새긴다.

> 나 오(吾), 들을 문(聞), 살필 관(觀), 가까울 근(近), 써(가지고) 이(以), 그 기(其), 바 소(所), 여길 위(爲), 주인 주(主)

觀遠臣以其所主(관원신이기소주)

▶ 주인으로 삼아 머물고 있는[主] 바[所] 집주인을[其] 비추어[以] 먼 데서 온[遠] 신하를[臣] 살핀다[觀].

관원신이기소주(觀遠臣以其所主)는 吾聞觀遠臣以其所主에서 반복되는 내용이므로 오문(吾聞)을 생략하였다. 말하자면 오문(吾聞)의 목적구만 남은 것이다. 觀遠臣以其所主에서 이기소주(以其所主)는 관(觀)을 꾸며주는 부사구이고, 이(以)는 〈써 용(用)〉과 같아 우리말로는 ~을 가지고 또는 ~을 비추어 정도로 새긴다. 이기소위주(以其所爲主)에서 주(主)는 명사이지만, 이기소주(以其所主)에서 주(主)는 동사이다. 以其所主의 기(其)는 집주인을 말하고, 위(爲)는 〈생각할 사(思)〉와 같다. 특히 以其所主에서 소주(所主)는 기(其)를 수식하는 형용사절로 여기면 문맥 잡기가 쉽다. 주인으로 삼아 머물고 있는[主] 바[所] 집주인[其]이라고 새긴다.

근신(近臣)은 도읍에 사는 신하이고, 원신(遠臣)은 도읍으로 온 사람을 말한다. 말하자면 원신은 빈객(賓客)을 말하고, 근신은 주인을 말한다. 원신은 어떤 근신을 주인으로 삼아 머무는가를 살피면 그를 알 수 있고, 근신은 어떤 원신을 손님으로 삼아 머물게 한다는 말이다. 유취(類聚)라 하지 않는가. 사람도 끼리끼리 모이는 법이란 말이다.

살필 관(觀), 멀 원(遠), 써(가지고, 비추어) 이(以), 그 기(其), 바 소(所), 주인으로 삼아 머물 주(主)

若孔子主癰疽與侍人瘠環(약공자주옹저여시인척환) 何以爲孔子(하이위공자)

▶ 만일[若] 공자가[孔子] 궁궐의 시중꾼인[侍人] 척환[瘠環]과[與] 옹저를[癰疽] 주인 삼아 머물렀다면[主] 무엇을[何] 비추어[以] 공자를[孔子] 생각하겠나[爲]?

약공자주옹저여시인척환(若孔子主癰疽與侍人瘠環)은 조건을 가리키는 종속절로 여긴다. 若孔子主癰疽與侍人瘠環에서 약(若)을 영어 If절의 If처럼 여기는 것이다.

하이위공자(何以爲孔子)는 주절이고, 何以吾與汝爲孔子를 줄인 어투로 여기면 사제(師弟) 사이의 대화가 얼마나 절절한가를 절감할 수 있다. 너[汝]와[與] 내가[吾] 무엇을[何] 비추어[以] 공자를[孔子] 생각하겠는가[爲]? 何以爲孔子에서 하이(何以)의 이(以)는 문맥에 따라 〈때문에 인(因), 써 용(用)〉으로 새길 수 있다. 何以爲孔子에서 이(以)는 〈써 용(用)〉과 같고 무엇을[何] 이용해서[以]로 새기면 문맥이 통하므로 하이(何以)를 무엇을[何] 가지고[以], 무엇을[何] 비추어[以] 등으로 새긴다.

맹자는 제자(萬章)에게 공자를 질시하는 소인배의 낭설을 믿지 말라고 경고한다. 소인배들이 입질하는 대로라면 공자가 임금의 등창이나 고치는 의원 정도란 말인가. 아니면 임금을 시중드는 환관 정도란 말인가. 당치도 않는 말질을 가지고 진위 여부를 알려고 나(孟子)한테 물어야 하느냐고 제자

(萬章)를 정신 차리게 "하이위공자(何以爲孔子)"라고 반문하고 있다. 어찌 만장한테만 반문하겠나? 성인을 폄하하지 말라.

만약 약(若), 주인으로 삼아 머물 주(主), 등창 옹(癰), 등창 저(疽), ~와 여(與), 모실 시(侍), 여윌 척(瘠), 고리 환(環), 무엇 하(何), 가지고(비추어) 이(以), 생각할 위(爲)

제9장

9장 역시 장구가 길어서 세 단락으로 나누었다. 내용 때문에 단락을 그렇게 나눈 것이 아니라 이해를 돕기 위해서다. 이 장에서 백리해(百里奚)가 왜 현자인가를 밝혀 맹자는 현자(賢者)를 해명해준다. 이 장에서 맹자의 이야기를 듣게 되면 『주역(周易)』 「계사전(繫辭傳)」에 나오는 "극수지래지위점(極數知來之謂占) 통변지위사(通變之謂事)"라는 말이 연상된다. 온갖 경우를[數] 다 살펴[極] 앞날을[來] 알아냄[知], 그것을[之] 점(占)이라 하고[謂], 통하면[通] 변화함[變] 그것을[之] 일[事]이라 한다[謂]. 백리해는 앞날을 정확히 가늠해 현명하게 대처하였음을 군신의 간(諫)을 통하여 구체적으로 밝혀 맹자가 제자(萬章)를 일깨워주는 장이다.

【문지(聞之) 1】

백리해불간(百里奚不諫)

【원문(原文)】

萬章이 問曰 或曰 百里奚自鬻於秦養牲者五羊之皮로 食牛하여 以要秦穆公이라 하니 信乎이까 孟子曰 否라 不然也이라 好事者爲之也이다 百里海는 虞人也이다 晉人이 以垂棘之璧과 與屈產之乘으로 假道於虞하여 以伐虢이어늘 宮之奇는 諫하고 百里奚는 不諫하였다

만장 문왈 혹왈 백리해자육어진양생자오양지피 사우 이요진목공 신호 맹자왈 부 불연야 호사자위지야 백리해 우인야 진인 이수극지벽 여굴산지승 가도어우 이벌괵 궁지기 간 백리해 불간

【해독(解讀)】

만장이 물어 여쭈었다[萬章問曰]. "어떤 사람이 말했답니다[或曰]. '백리해가 진나라의 희생우를 기르는 사람에게 다섯 마리 양의 가죽을 받고 자신을 팔아[百里奚自鬻於秦養牲者五羊之皮], (진나라의) 제물로 쓸 소를 먹였고[食牛], 그렇게 하여 진나라 목공에게 (벼슬을) 요구했다[以要秦穆公].' (이런 말이) 참말인가요[信乎]?" 맹자가 말해주었다[孟子曰]. "(그런 것) 아니다[否]. 그렇지 않은 것이다[不然也]. 일 좋아하는 자들이 그런 말을 지어낸 것이다[好事者爲之也]. 백리해는 우나라 사람이다[百里奚虞人也]. 진나라 사람들이 굴에서 나온다는 마필과 수극의 옥을 이용하여 우나라로부터 길을 빌렸다[晉人以垂棘之璧與屈產之乘假道於虞]. 그렇게 하여 (진나라 사람들이) 괵나라를 쳤다[以伐虢]. (그런 일을 우공에게) 궁지기는 간했지만[宮之奇諫], 백리해는 간하지 않았다[百里奚不諫]."

【담소(談笑)】

百里奚自鬻於秦養牲者五羊之皮(백리해자육어진양생자오양지피)

▶ 백리해가[百里奚] 진나라의[秦] 희생우를[牲] 기르는[養] 사람[者]에게[於] 다섯 마리[五] 양[羊]의[之] 가죽을[皮] 받고 자신을[自] 팔았다[鬻].

백리해자육어진양생자오양지피(百里奚自鬻於秦養牲者五羊之皮)는 〈A鬻BC〉꼴로 영어의 3형식 문장과 같으며, 육(鬻)의 쓰임새를 알아야 문맥을 잡아 새길 수 있다. 〈A(百里奚)가 C(五羊之皮)를 받고 B(自)를 팔았다[鬻]〉 百里奚自鬻於秦養牲者五羊之皮에서 백리해(百里奚)는 주어, 자(自)는 육(鬻)의 목적어, 육(鬻)은 타동사, 어진양생자(於秦養牲者)와 오양지피(五羊之皮)는 육(鬻)을 수식하는 부사구로 여기면 문맥을 잡을 수 있다. 생(牲)은 제물로 쓰일 소[牛]를 뜻하고, 육(鬻)은 〈팔 매(賣), 먹여줄 사(食)〉 등과 같지만 여기선 〈팔 육(鬻)〉으로 새겨야 문맥이 통한다.

백리해(百里奚)의 백리(百里)는 성씨이고 해(奚)는 이름이며, 우(虞)나라의 현인(賢人)이다. 백리해가 진(秦)나라 목공(穆公)을 설득시킬 기회를 찾기 위해 진나라 종묘(宗廟)의 제물로 쓸 희생(犧牲)을 맡아 기르는 사람에게 자신이 희생의 소를 키워준다는 조건으로 양 다섯 마리를 받아 가죽옷을 지어 목공에게 선물로 바쳐 스스로를 팔았다고 백리해를 헐뜯는 오양지피(五羊之皮)의 고사를 앞세워, 만장이 자육(自鬻)이란 설을 묻고 있다.

일백 백(百), 마을 리(里), 어찌 해(奚), 스스로 자(自), 팔 육(鬻), ~에게 어(於), 진나라 진(秦), 기를 양(養), 제물로 쓸 소 생(牲), 놈 자(者), 다섯 오(五), 양 양(羊), ~의 지(之), 가죽 피(皮)

食牛(사우)

▶ **(백리해가 진나라의) 제물로 쓸 소를[牛] 먹였다[食].**

사우(食牛)는 百里奚食牛를 줄인 것이다. 사우(食牛)의 사(食)는 〈먹여줄 육(鬻)〉과 같고, 우(牛)는 일상에서 잡아먹을 축우(畜牛)가 아니라 하늘에 제사지낼 희생(犧牲)을 말한다. 여기서 사(食)는 〈먹여줄 사(食), 먹을 식(食)〉처럼 발음이 달라지므로 주의한다. 우리가 일상적으로 쓰는 식모(食母)라는 말은 틀린 것이고 사모(食母)라고 해야 맞는 말이다.

먹여줄 사(食), 소 우(牛)

以要秦穆公(이요진목공)

▶ **그렇게 하여[以] 진나라[秦] 목공에게[穆公] (벼슬을) 요구했다[要].**

이요진목공(以要秦穆公)은 是以百里奚要秦穆公을 줄인 것이다. 是以百里奚要秦穆公에서 시이(是以)의 시(是)는 앞에 나온 내용 즉 사우(食牛)를 대신하는 지시어인데 생략되는 경우가 대부분이며, 주어인 백리해(百里奚)는 반복되는 내용이므로 생략하여 이요진목공(以要秦穆公)이 되었다. 以要秦穆公에서 이(以)는 〈써 용(用)〉과 같아 시(是)를 이용해서[以] 정도로 이해하면 문의를 건지기가 쉽고, 요(要)는 〈요구할 구(求)〉와 같고 요구(要求)의 줄임말로 새긴다.

써 이(以), 요구할 요(要), 진나라 진(秦), 화목할 목(穆), 공변될 공(公)

信乎(신호)

▶ **참말[信]인가[乎]?**

신호(信乎)는 유신호(有信乎)를 줄인 말이다. 믿을 것이[信] 있음[有]인가[乎]? 백리해(百里奚)는 우(虞)나라의 현인(賢人)으로 백리(百里)는 성(姓)이고, 해(奚)는 이름이다. 백리해가 다섯 마리 양가죽을 봉급으로 받고 진나라 종묘(宗廟)의 제향(祭享)에 쓸 희생(犧牲)을 기르는 양생자(養牲者) 노릇을 하면서 진나라 목공에게 벼슬을 요구할 기회를 노렸다는 고사가 여러 가지로 전해지고 있다. 만장이 이러한 고사를 묻고 있다.

믿을 신(信), ~인가 호(乎)

否(부) 不然也(불연야)

▶ (그런 것) 아니다[否]. 그렇지 않은 것[不然]이다[也].

부(否)는 틀렸음을 밝혀 불허(不許)하는 것이다. 부(否)는 여기서 〈틀릴 위(違)〉와 같다.

불연야(不然也)는 是不然也를 줄인 말로, 주어인 시(是)를 생략한 어투이다. 물론 시(是)는 만장이 말한 항간에 떠도는 말[言]의 내용을 가리키는 지시어이다. 不然也는 당치 않음을 잘라 밝힘이니 이 역시 불허(不許)함이다.

틀릴 부(否), 않을 부(不), 그럴 연(然), ~이다 야(也)

好事者爲之也(호사자위지야)

▶ 일[事] 좋아하는[好] 자들이[者] 그런 말을[之] 지어낸 것[爲]이다[也].

호사자위지야(好事者爲之也)는 〈AB也〉꼴로 영어의 2형식 문장과 같다. 〈A(好事者)는 B(爲之)한 것이다[也]〉 만약에 문장 끝에 야(也) 없이 好事者爲之이면, 호사자가[好事者] 그것을[之] 지어냈다[爲]고 새겨 영어의 3형식 문장과 같아질 것이다. 好事者爲之을 好事者爲之也라고 하면 단언하는 어투로 들린다.

좋아할 호(好), 일 사(事), 놈 자(者), 만들 위(爲), 그 지(之), ~이다 야(也)

百里奚虞人也(백리해우인야)

▶ 백리해는[百里奚] 우나라[虞] 사람[人]이다[也].

백리해우인야(百里奚虞人也)는 〈AB也〉꼴로 영어의 2형식 문장과 같다. 〈A(百里奚)는 B(虞人)이다[也]〉 百里奚虞人也에서 백리해(百里奚)은 주어이고, 우인(虞人)은 보어이며, 야(也)는 영어의 be동사와 같고 우리말로는 ~이다와 같은 어조사이다.

일백 백(百), 마을 리(里), 어찌 해(奚), 우나라 우(虞), ~이다 야(也)

晉人以垂棘之璧與屈產之乘假道於虞(진인이수극지벽여굴산지승가도어우)

▶ 진나라[晉] 사람들이[人] 굴에서[屈] 생산된다[產]는[之] 마필[乘]과[與] 수극[垂棘]의[之] 보석들을[璧] 이용하여[以] 우나라[虞]로부터[於] 길을[道] 빌렸다[假].

진인이수극지벽여굴산지승가도어우(晉人以垂棘之璧與屈產之乘假道於虞)와 같은 어투는 구문의 골격을 먼저 찾아내면 문맥을 잡기가 쉽다. 晉人以垂棘之璧與屈產之乘假道於虞에서 진인가도(晉人假道)가 골격이고, 나머지 이수극지벽여굴산지승(以垂棘之璧與屈產之乘)과 어우(於虞)는 진인가도(晉人假道)에서 타동사인 가(假)를 꾸며주는 부사구이다. 그러니 진나라[晉] 사람들이[人] 길을[道] 빌렸다[假]는 것이 주된 내용이다.

이수극지벽여굴산지승(以垂棘之璧與屈產之乘)은 〈以A與B〉 꼴이다. 〈B(屈產之乘)와[與] A(垂棘之璧)를 이용하여[以]〉 수극(垂棘)은 진(晉)나라의 옥 산지이고, 굴산지승(屈產之乘)의 굴(屈)은 진나라의 말 산지로 병마(兵馬)를 생산하는 지명이며, 승(乘)은 네 마리의 말이 끄는 수레이지만 여기선 그 수레를 비유해 사필(四匹)의 말 내지 양마(良馬)를 뜻한다. 수극지벽(垂棘之璧)은 垂棘之地所出之璧을 줄인 어투이다. 수극[垂棘]의[之] 땅에서[地] 나오는[出] 바[所]의[之] 옥[璧]. 굴산지승(屈產之乘)은 屈之地所產之乘을 줄인 어투이다. 굴[屈]의[之] 땅에서[地] 생산된[產] 바[所]의[之] 양마[乘]. 그러니 수극지벽(垂棘之璧)과 굴산지승(屈產之乘)을 〈A之B〉 꼴로 여기고 〈A之〉가 B를 꾸며준다고 새기면 편하다.

진나라 진(晉), 써 이(以), 드리울 수(垂), 멧대추나무 극(棘), ~의 지(之), ~과 여(與), 굽을 굴(屈), 낳을 산(產), 탈 승(乘), 빌릴 가(假), 길 도(道), ~로부터 어(於), 우나라 우(虞)

以伐虢(이벌괵)

▶ 그렇게 하여[以] (진나라 사람들은) 괵나라를[虢] 쳤다[伐].

이벌괵(以伐虢)은 是以晉人伐虢을 줄인 말이다. 是以晉人伐虢에서 주어인 진인(晉人)은 반복되는 내용이므로 생략되었고, 시이(是以)의 시(是)는 바로 앞의 내용을 대신하는 지시어지만 대부분 생략해버리고 이(以)만 동사 앞에 두는 것이 한문투의 어투이다. 시이(是以)는 그것을[是] 이용하여[以]로 새길 수 있으나, 대부분 그렇게 하여[以]로 새기면 문맥과 통한다. 괵(虢)은 우(虞)나라 남쪽에 있던 작은 나라의 이름이다.

써 이(以), 칠 벌(伐), 나라이름 괵(虢)

宮之奇諫(궁지기간)

▶ **궁지기는[宮之奇] (우공을) 바른말로 일깨웠다[諫].**

궁지기간(宮之奇諫)은 〈A諫B〉꼴로 영어의 3형식 문장과 같지만, 간(諫)의 목적어가 생략되었다. 〈A(宮之奇)는 B를 바른말로 일깨웠다[諫]〉 간(諫)은 직언이오인(直言以悟人)이라고 풀이된다. 바른[直] 말[言]로[以] 사람을[人] 깨우쳐줌[悟]을 간(諫)이라 한다.

궁지기(宮之奇)는 우(虞)나라의 현신(賢臣)으로, 진(晉)나라에 길을 빌려주면 우선은 괵(虢)나라를 친다고 하지만 결국에는 진나라가 우나라를 칠 터이니 진나라의 청을 들어주지 말라고 우공(虞公)에게 간하였다.

집 궁(宮), 갈 지(之), 기이할 기(奇), 바른말로 깨우쳐줄 간(諫)

百里奚不諫(백리해불간)

▶ **백리해는[百里奚] (우공을) 바른말로 일깨우지[諫] 않았다[不].**

백리해불간(百里奚不諫)은 〈A不諫B〉꼴로 영어의 3형식 문장과 같지만 간(諫)의 목적어가 생략된 어투이다. 〈A(百里奚)는 B를 바른말로 일깨우지[諫] 않았다[不]〉

간(諫)은 직언이오인(直言以悟人)이라고 풀이된다. 바른[直] 말[言]로[以] 사람을[人] 깨우쳐줌[悟]을 간(諫)이라 한다. 백리해(百里奚)도 우나라의 현신이었지만 궁지기처럼 간하지 않았기에 입놀리기를 좋아하는 무리들로부터 진나라의 희생우를 기르는 사람에게 다섯 마리 양의 가죽을 받고 자신을 팔았다는 입질을 당하게 되었음을 맹자가 제자(萬章)에게 일깨워주고 있다.

일백 백(百), 마을 리(里), 어찌 해(奚), 아니 불(不), 바른말로 깨우쳐줄 간(諫)

【문지(聞之) 2】

불가간이불간(不可諫而不諫)

【원문(原文)】

知虞公之不可諫而去하고 之秦하니 年已七十矣라 曾不知以食牛干秦穆公之爲汙也면 可謂智乎아 不可諫而不諫하니 可謂不智乎아 知虞公之將亡而先去之하니 不可謂不智也아

지우공지불가간이거 지진 연이칠십의 증부지이사우간진목공지위오야 가위지호 불가간이불간 가위부지호 지우공지장망이선거지 불가위부지야

【해독(解讀)】

"(백리해가) 우공이 간함을 받아들일 수 없음을 알았기 때문에[知虞公之不可諫] 그래서 (백리해는 우공을) 떠나[而去] (백리해가) 진나라로 갔을 때는[之秦] 나이 이미 일흔이었던 것이다[年已七十矣]. (희생으로 쓸) 소 먹임을 이용하여 진공에게 (벼슬을) 요구하는 짓이 허물이 됨을 (일흔이 된 백리해가) 이에도 몰랐다면[曾不知以食牛干秦穆公之爲汙也] (백리해를) 지혜롭다고 말할 수 있는 것인가[可謂智乎]? 바른말로 일깨워줄 수 없어서 일깨워주지 않았음을 슬기롭지 않다고 일컬을 수 있는 것인가[不可諫而不諫可謂不智乎]? 우공이 장차 망할 것을 알고서 미리 우공을 떠난 것을[知虞公之將亡而先去之] 지혜롭지 않다고 일컬을 수 없는 것이다[不可謂不知也]."

【담소(談笑)】

知虞公之不可諫(지우공지불가간) 而去(이거) 之秦(지진) 年已七十矣(연이칠십의)

▶ (백리해가) 우공[虞公]이[之] 간함을 받아들일[諫] 수 없음을[不可] 알았기 때문에[知] 그래서[而] (백리해는 우공을) 떠나[去] (백리해가) 진나라로[秦] 갔을 때는[之] 나이[年] 이미[已] 일흔이었던 것[七十]이다[矣].

지우공지불가간이거지진년이칠십의(知虞公之不可諫而去之秦年已七十矣)와 같이 긴 구문은 먼저 골격을 잡아 나누어보면 문맥을 쉽게 잡을 수 있다. 한문투의 골격도 영어처럼 동사를 기준으로 잡으면 된다. 먼저 知虞公之不可諫而去之秦年已七十矣에서 동사 구실을 하는 글자가 〈알 지(知), 떠날 거(去), 갈 지(之)〉임을 찾아내야 한다. 물론 지진(之秦)의 지(之)를 〈갈 왕(往)〉과 같은 뜻으로 잡아내기가 쉽지 않을 수도 있다. 그러나 지(之) 뒤에 장소가 오면 〈갈 지(之)〉로 새겨보는 버릇이 필요하다. 그러면 知虞公之

不可諫而去之秦年已七十矣를 다음처럼 나누어볼 수 있다. 지우공지불가간(知虞公之不可諫), 이거(而去), 지진(之秦), 연이칠십의(年已七十矣). 여기서 생략된 주어인 백리해(百里奚)를 보충하면 知虞公之不可諫은 百里奚知虞公之不可諫, 而去는 而百里奚去, 之秦은 而百里奚之秦, 年已七十矣는 百里奚之年已七十矣를 줄인 어투임을 알 수 있다. 그러면 우리말로 백리해(百里奚)가 우공[虞公]이[之] 간함을 받아들일[諫] 수 없음을[不可] 알고[知]서[而] (백리해는 우공을) 떠나[去] (백리해가) 진나라로[秦] 갔을 때는[之] 나이[年] 이미[已] 일흔이었던 것[七十]이다[矣]로 새겨볼 수 있어 문맥과 문의를 건질 수 있다. 한문투에는 영어의 부사절을 이끄는 when, if, since, though 등의 종속접속사가 따로 없으므로 문맥에 따라 때면 때, 양보면 양보, 조건이면 조건 등으로 보충해준다. 지우공지불가간이거지진(知虞公之不可諫而去之秦)까지를 3개의 부사절로 보고 연이칠십의(年已七十矣)를 주절로 보면, 知虞公之不可諫而去之秦年已七十矣를 영어의 복문처럼 여겨 문맥을 잡아 문의를 건질 수 있다.

지우공지불가간(知虞公之不可諫)은 百里奚知虞公之不可諫을 줄인 어투이다. (백리해가) 우공이[虞公] 일깨움을 받아들일[諫] 수 없음을[不可] 알았다[知]. 이처럼 생략된 내용을 보충해서 새기면 우리말로 그 문의를 건져내기가 쉽다. 知虞公之不可諫의 불가간(不可諫)은 영어의 수동태와 같다. 간할 수 없다[不可諫]처럼 새길 것이 아니라 간을 받아들일 수 없다[不可諫]고 새겨야 문맥이 통한다. 물론 知虞公之不可諫을 知不可諫虞公으로 여기고 우공에게[虞公] 간할[諫] 수 없다[不可]처럼 능동태로 새기면 훨씬 우리말다워진다. 한문투에는 영어처럼 수동 · 능동의 문법이 따로 정해져 있지 않다고 여기면 편하다. 知虞公之不可諫은 원인의 부사절이고, 주절인 연이칠십의(年已七十矣)의 종속절이다.

이거(而去)는 而百里奚去虞公을 줄인 어투이다. 그래서[而] (백리해는 우공을) 떠났다[去]. 이처럼 생략된 내용을 보충해서 새기면 우리말로 그 문의를 건져내기가 쉽다. 而百里奚去虞公은 시간의 부사절이고, 주절인 연이칠십의(年已七十矣)의 종속절이다.

지진(之秦)은 而百里奚之秦을 줄인 어투이다. (백리해는) 진나라로[秦] 갔다[之]. 而百里奚之秦은 시간의 부사절이고, 주절인 연이칠십의(年已七十矣)

의 종속절이다.

연이칠십의(年已七十矣)는 百里奚之年已七十矣를 줄인 어투이다. 〈AB矣〉꼴로 〈AB也〉꼴처럼 영어의 2형식 문장과 같다. 백리해[百里奚]의[之] 나이는[年] 이미[已] 일흔이었던 것[七十]이다[矣]. 年已七十矣는 지우공지불가간이거지진(知虞公之不可諫而去之秦)을 종속절로 거느린 주절이다.

왜 궁지기(宮之奇)는 간(諫)했고 백리해(百里奚)는 불간(不諫)했는지를 맹자가 제자(萬章)에게 분명히 해주고 있다. 우공(虞公)이 벽옥(碧玉)과 명마(名馬)에 탐이 나서 우(虞)나라의 미래 따위는 나 몰라 하는 어리석은 주군임을 백리해는 알았지만, 궁지기는 몰라 헛수고만 한 셈이다. 진실로 현명하다면 헛수고로 그칠 짓을 하지 않는다. 억지를 부리면 현(賢)도 비현(非賢)이다. 비현(非賢)이면 고집이다. 왜 공자가 물고(勿固)하라 했겠는가. 어리석은 주군에게 충신들이 늘 도로(徒勞)에 그치고 말았음을 역사에서 누누이 본다. 백리해가 우공을 떠난 것은 궁즉변(窮則變)을 택한 현명함이다.

알 지(知), 우나라 우(虞), 다 공(公), ~에게 지(之), 아니 불(不), 가할 가(可), 바른말로 깨우쳐줄 간(諫), 그래서 이(而), 떠날 거(去), 갈 지(之), 나라이름 진(秦), 나이 년(年), 이미 이(已), ~이다 의(矣)

曾不知以食牛干秦穆公之爲汙也(증부지이사우간진목공지위오야) 可謂智乎(가위지호)

▶ (희생으로 쓸) 소[牛] 먹임을[食] 이용하여[以] 진공에게[秦公] (벼슬을) 요구하는 짓[干]이[之] 허물이[汙] 됨을[爲] (일흔이 된 백리해가) 이에도[曾] 몰랐다[不知]면[也] (백리해를) 지혜롭다고[智] 말할[謂] 수 있는 것[可]인가[乎]?

증부지이사우간진목공지위오야가위지호(曾不知以食牛干秦穆公之爲汙也可謂智乎)는 〈A也B乎〉꼴을 하나의 관용문처럼 알고 있으면 문맥을 쉽게 잡을 수 있다. 〈A면[也] B인가[乎]?〉 그러면 〈A(曾不知以食牛干秦穆公之爲汙)면[也] B(可謂智)인가[乎]?〉처럼 먼저 가름해볼 수 있다. 그리고 曾不知以食牛干秦穆公之爲汙也는 영어에서 조건의 부사절과 같고, 可謂智乎가 의문문으로 주절임을 알 수 있다.

증부지이사우간진목공지위오야(曾不知以食牛干秦穆公之爲汙也)는 百里

奚曾不知以食牛百里奚之干秦穆公之爲汙也에서 반복되는 내용이므로 백리해(百里奚)와 백리해지(百里奚之)를 생략한 어투이다. 백리해(百里奚)는 주어이고, 증(曾)은 부지(不知)를 꾸며주는 부사이며, 부지(不知)는 타동사이고, 이사우백리해지간진목공지위오(以食牛百里奚之干秦穆公之爲汙)는 목적절이며, 야(也)는 영어의 조건문 if처럼 여기고 새긴다. 특히 목적절인 以食牛百里奚之干秦穆公之爲汙의 문맥을 잘 살펴야 한다. 그러려면 以食牛百里奚之干秦穆公之爲汙에서 이사우(以食牛)는 〈요구할 간(干)〉을 수식해주는 부사구이고, 백리해지간진목공(百里奚之干秦穆公)은 〈될 위(爲)〉의 주부이며, 〈허물 오(汙)〉는 위(爲)의 보어임을 짚어내 다음처럼 새겨볼 수 있다. 사우를[食牛] 이용하여[以] 백리해[百里奚]가[之] 진목공에게[秦穆公] (벼슬을) 요구하는 짓[干]이[之] 허물로[汙] 됨을[爲]. 以食牛百里奚之干秦穆公爲汙에서 사(食)는 〈먹여 키워줄 육(鬻)〉과 같고, 간(干)은 〈요구할 요(要)〉와 같고, 오(汙)는 〈더러울 오(汚)〉와 같다.

가위지호(可謂智乎)는 百里奚可謂智乎에서 반복되는 내용인 백리해(百里奚)를 생략한 어투이다. 위(謂)는 〈謂AB〉꼴을 상기하면 된다. 말하자면 可謂百里奚智乎에서 百里奚를 전치해 百里奚可謂智乎가 된 어투임을 상기하고 百里奚를 생략했다고 여긴다. 〈A를 B라고 일컫다[謂]〉

> 이에 증(曾), 먹일 사(食), 소 우(牛), 구할 간(干), 나라이름 진(秦), ~이 지(之), 될 위(爲), 허물 오(汙), ~면 야(也), 일컬을 위(謂), 지혜로울 지(智), 인가 호(乎)

不可諫而不諫可謂不智乎(불가간이불간가위부지호)

▶ 바른말로 일깨워줄[諫] 수 없어[不可]서[而] 일깨워주지 않았음을[不諫] 슬기롭지 않다고[不智] 일컬을 수 있는 것[可謂]인가[乎]?

불가간이불간가위부지호(不可諫而不諫可謂不智乎)는 〈謂AB〉꼴을 상기하면 문맥이 잡힌다. 말하자면 可謂不可諫而不諫不智乎에서 불가간이불간(不可諫而不諫)을 전치해 不可諫而不諫可謂不智乎가 된 어투임을 상기하고, 불가간이불간(不可諫而不諫)을 가위(可謂)의 주부로 보면 가위(可謂)를 수동태처럼 새기고, 목적구로 여기면 가위(可謂)를 능동태로 새긴다. 즉 바른말로 일깨워줄[諫] 수 없어[不可]서[而] 일깨워주지 않았음이[不諫] 슬기롭지 않다고[不智] 일컬어질 수 있는 것[可謂]인가[乎]?로 새기면 不可諫而不諫可謂不智乎의 不可諫而不諫을 주어로 보고, 可謂不智乎의 가위(可謂)를 수동태로 새긴 것이다. 그러나 바른말로 일깨워줄[諫] 수 없어[不可]서[而] 일깨워주지 않았음을[不諫] 슬기롭지 않다고[不智] 일컬을 수 있는 것[可謂]인가[乎]?로 새기면 不可諫而不諫可謂不智乎의 不可諫而不諫을 주어로 보고, 可謂不智乎의 가위(可謂)를 능동태로 새긴 것이다.

아니 불(不), 가할 가(可), 바른말로 일깨울 간(諫), 그래서 이(而), 일컬을 위(謂), 지혜로울 지(智), ~인가 호(乎)

知虞公之將亡而先去之(지우공지장망이선거지) 不可謂不智也(불가위부지야)

▶ 우공[虞公]이[之] 장차[將] 망할 것을[亡] 알고[知]서[而] 미리[先] 우공을[之] 떠난 것을[去] 지혜롭지 않다고[不智] 일컬을 수 없는 것[不可謂]이다[也].

지우공지장망이선거지불가위부지야(知虞公之將亡而先去之不可謂不智也)는 〈AB也〉꼴로 영어의 2형식 문장과 같다. 〈A(知虞公之將亡而先去之)는 B(不可謂不智)인 것이다[也]〉 知虞公之將亡而先去之不可謂不智也에서 지우공지장망이선거지(知虞公之將亡而先去之)는 주부이고, 불가위부지(不可謂不智)는 보어이며, 야(也)는 ~이다 의 뜻으로 어조사이다. 물론 百里奚之知虞公之將亡而百里奚之先去之不可謂不智也에서 반복되는 내용인 백리해지(百里奚之)를 생략한 어투이다. 말하자면 의미상 주어인 백리해[百里奚]가[之]를 생략해버린 것이다. 선거지(先去之)의 지(之)는 우공(虞公)을 대신하는 지시대명사이다.

현자는 헛수고하지 않는다. 백리해는 우공에게 간해도 가납(加納)하지 않을 것임을 알았고, 궁지기는 몰랐다. 그래서 지자불언(知者不言) 언자부지(言者不知)이다. 아는 사람은[知者] 말하지 않고[不言] 말하는 사람은[言者] 모른다[不知]. 이쯤 되면 백리해가 불간(不諫)하고 우나라를 떠나 진나라로 간 까닭을 알 것이다. 군자라면 거즉관기상(居則觀其象)하고 완기사(玩其辭)한다는 역(易)의 말씀이 새삼스럽다. (군자가) 거처하면[居] 곧[則] 저마다의[其] 짓들을[象] 살피고[觀], (군자는) 저마다의[其] 말을[辭] 완미한다[玩]. 그래서 현자는 함부로 거동하지 않으며 함부로 말하지 않는다.

알 지(知), 우나라 우(虞), ~이 지(之), 장차 장(將), 망할 망(亡), 그래서 이(而), 먼저 선(先), 떠날 거(去), 그 지(之), 일컬을 위(謂), 지혜로울 지(智), ~인가 호(乎)

【문지(聞之) 3】

자륙이성기군(自鬻以成其君)

【원문(原文)】

時擧於秦하야 知穆公之可與有行也라 而相之하니 可謂不智乎아 相秦而顯其君於天下하여 可傳於後世하니 不賢而能之乎아 自鬻以成其君을 鄕黨自好者도 不爲어늘 而謂賢者爲之乎아

시거어진 지목공지가여유행야 이상지 가위부지호 상진이현기군어천하 가전어후세 불현이능지호 자육이성기군 향당자호자 불위 이위현자위지호

【해독(解讀)】

"그때 (백리해는) 진나라에서 (목공을) 받들면서[時擧於秦] 목공은 (자기와) 함께 일을 취할 수 있음을 (백리해가) 안 것이다[知穆公之可與有行也]. 그런데 (백리해가 목공을) 도움을 슬기롭지 않다고 일컬을 수 있는 것인가[而相之可謂不智乎]? (백리해가) 진나라를 도왔다[相秦]. 그래서 (백리해가) 진나라의 임금을 온 세상에 드러내[而顯其君於天下] (백리해가) 후세에 (목공을) 전해지게 할 수 있었다[可傳於後世]. (백리해가) 현명하지 않았다면 (백리해가) 그런 일을 할 수 있었겠는가[不賢而能之乎]? 자기를 팔아넘겨서 제 임금을 이루게 함은[自鬻以成其君] 자기를 유명하게 하려는 시골뜨기 놈도 하지 않는다[鄕黨自好者不爲]. 그런데 현자가 그런 짓을 한다고 말한다는 것인가[而謂賢者爲之乎]?"

【담소(談笑)】

時擧於秦(시거어진) 知穆公之可與有行也(지목공지가여유행야)

▶ 그때[時] (백리해는) 진나라[秦]에서[於] (목공을) 받들면서[擧] 목공[穆公]은[之] (자기와) 함께[與] 일을[行] 취할[有] 수 있음을[可] (백리해가) 안 것[知]이다[也].

시거어진지목공지가여유행야(時擧於秦知穆公之可與有行也)와 같은 어투

는 먼저 동사 구실을 하는 글자부터 찾아내면 문맥을 잡기가 쉽다. 時擧於秦知穆公之可與有行也에서 동사 구실을 하는 글자는 거(擧), 지(知), 유(有)인데 그 동사들이 서로 어떤 관계인지 꼭 살펴야 하고, 동사 앞에 주어 구실하는 글자가 없다면 생략된 것임을 늘 기억해야 한다. 時百里奚擧於秦 百里奚知穆公之可與百里奚有行也에서 반복되는 백리해(百里奚)를 생략한 어투이므로 시백리해거어진(時百里奚擧於秦)과 백리해지목공지가여백리해유행야(百里奚知穆公之可與百里奚有行也)로 나누어 문맥을 잡을 수 있다.

시거어진(時擧於秦)은 時百里奚擧於秦에서 반복되는 백리해(百里奚)를 생략한 시간의 부사절로, 時擧於秦에서 거(擧)는 〈받들 경(擎)〉과 같고, 백리해지목공지가여백리해유행야(百里奚知穆公之可與百里奚有行也)가 주절이다. 이제 百里奚가 생략된 지목공지가여유행야(知穆公之可與有行也)가 〈AB也〉꼴로 영어의 2형식 문장과 같음을 알 수 있다. 〈A(百里奚)가 B(知虞公之將亡而先去之)인 것이다[也]〉 보어인 지목공지가여유행야(知穆公之可與有行也)에서 목공지가여유행(穆公之可與有行)은 지(知)의 목적구이고, 穆公之可與有行에서 목공지(穆公之)의 지(之)는 주격 토씨(~은)이며, 야(也)는 ~이다로 새기는 어조사이다. 穆公之可與有行에서 유행(有行)의 유(有)는 〈취할 취(取)〉와 같고, 穆公之可與有行을 목공[穆公]은[之] 함께[與] 일을[行] 취할[有] 수 있음[可]이라고 새겨 지(知)의 목적어로 하면 문맥에 걸맞은 문의가 된다.

때 시(時), 오를 거(擧), ~에서 어(於), 나라이름 진(秦), 알 지(知), 화목할 목(穆), ~이 지(之), 가할 가(可), 함께 여(與), 취할 유(有), 행동 행(行), ~이다 야(也)

而相之可謂不智乎(이상지가위부지호)

▶ 그런데[而] (백리해가) 목공을[之] 도움을[相] 슬기롭지 않다고[不智] 일컬을 수 있는 것[可謂]인가[乎]?

이상지가위부지호(而相之可謂不智乎)는 〈謂AB〉꼴로 영어의 5형식 문장과 같다. 〈A(相之)를 B(不智)라고 일컬을 수 있다[可謂]〉 而相之可謂不智乎에서 이(而)는 〈그런데 이(而)〉로 연사이고, 상(相)은 타동사로 〈도울 조(助)〉와 같으며, 지(之)는 목공(穆公)을 대신하는 지시대명사이고, 부지(不智)는 목적격 보어이다.

우공이 백리해의 도움을 받을 만한 그릇이 못되는 주군(主君)이었다면, 목공은 그의 도움을 받을 만한 그릇이었음을 말하고 있다. 덕(德)이 담길 그릇은 크고 욕(欲)이 담길 그릇은 작다. 현명한 사람은 그릇이 크고 작음을 알고 현명하지 못한 사람은 그 점을 모른다. 덕을 담을 수 없는 그릇에다 아무리 덕을 담아보라고 간(諫)해본들 소용 없는 노릇임을 알기 때문에 덕을 담을 수 있는 주군을 찾아 진(秦)나라에 온 것임을 밝히고 있다.

그런데 이(而), 도울 상(相), 그 지(之), 일컬을 위(謂), 지혜로울 지(智), ~인가 호(乎)

相秦(상진) 而顯其君於天下(이현기군어천하)

▶ (백리해가) 진나라를[秦] 도왔다[相]. 그래서[而] (백리해가) 진나라의[其] 임금을[君] 온 세상[天下]에[於] 드러냈다[顯].

상진이현기군어천하(相秦而顯其君於天下)는 百里奚相秦 而百里奚顯其君於天下에서 반복되는 백리해(百里奚)를 생략한 어투이다. 그래서 相秦而顯其君於天下는 영어의 3형식 문장의 중문과 같으므로 상진(相秦)과 이현기군어천하(而顯其君於天下)로 나누어 새기면 문맥에 걸맞은 문의를 건질 수 있다. 相秦而顯其君於天下에서 상(相)은 〈도울 조(助)〉와 같고, 현(顯)은 〈나타날 저(著)〉와 같고 현저(顯著)의 줄임말로 유명하게 했다는 말이다.

도울 상(相), 나라이름 진(秦), 그래서 이(而), 드러낼 현(顯), 그 기(其), 임금 군(君), ~에 어(於)

可傳於後世(가전어후세)

▶ (백리해가) 후세[後世]에[於] (목공을) 전해지게 할 수 있었다[可傳].

가전어후세(可傳於後世)는 百里奚可傳其君於後世를 줄인 말이다. 그러니 주어와 목적어가 생략된 채로 술부만 남은 셈이다. 可傳於後世만을 새기면 후세[後世]에[於] 전해지게 할[傳] 수 있다[可]가 되어 문맥을 잡는 데 도움이 안 된다. 그러나 생략된 내용을 보충하면 문맥이 잡힌다.

가할 가(可), 전할 전(傳), ~에 어(於), 뒤 후(後), 세상 세(世)

不賢而能之乎(불현이능지호)

▶ (백리해가) 현명하지[賢] 않았다[不]면[而] (백리해가) 그런 일을[之] 할 수 있었겠는가[能 ~ 乎]?

불현이능지호(不賢而能之乎)는 百里奚不賢而百里奚能之乎에서 백리해(百里奚)를 생략한 어투로, 불현이(不賢而)를 조건의 부사절인 종속절로 보고 능지호(能之乎)를 주절로 보고 새기면 문맥이 통한다. 不賢而能之乎에서 이(而)는 문맥에 따라 알맞은 연사의 의미로 바뀌는 어조사로 여기고, 能之의 지(之)는 앞 내용인 상진이현기군어천하(相秦而顯其君於天下)와 가전어후세(可傳於後世)를 대신해서 가리키는 지시대명사이다.

목공은 백리해가 현자(賢者)임을 알았고, 우공은 그런 줄 몰랐다. 현자를 몰라보면 망하고, 알아보고 그를 따르면 흥한다. 현자는 흥망을 점칠 수 있으니 현자라야 현자의 말을 듣는다. 그래서 두 손바닥이 맞아야 소리가 난다고 한다. 우공과 백리해는 서로 어긋났고, 목공과 백리해는 서로 걸맞았다. 그래서 현자는 현자를 찾아 주유(周遊)한다. 그러니 현자의 떠돎을 입질하지 말라.

아니 불(不), 현명할 현(賢), ~면 이(而), 잘할 능(能), 그것 지(之), ~인가 호(乎)

自鬻以成其君鄕黨自好者不爲(자육이성기군향당자호자불위)

▶ 자기를[自] 팔아넘김[鬻]으로써[以] 제[其] 임금을[君] 이루게 함은[成] 자기를[自] 유명하게 하려는[好] 시골뜨기[鄕黨] 놈도[者] 하지 않는다[不爲].

자육이성기군향당자호자불위(自鬻以成其君鄕黨自好者不爲)는 〈A不爲B〉꼴로 영어의 3형식 문장과 같은데, 목적어인 B(自鬻以成其君)를 주어인 A(鄕黨自好者) 앞으로 도치시켜 목적어의 내용을 강조하고 있다. 그러니 自鬻以成其君鄕黨自好者不爲를 鄕黨自好者不爲自鬻以成其君으로 환원시켜 보면, 향당[鄕黨]의 자호자(自好者)도 자육(自鬻)을 이용하여[以] 성기군(成其君)을 하지 않는다[不爲]로 문맥을 대강 짚어낼 수 있다. 自鬻以成其君에서 자육(自鬻)은 자기매도(自己賣渡)와 같은 뜻이다. 자기를[自] 팔아넘김[鬻]. 自鬻以成其君에서 자육(自鬻)은 여기선 〈팔 매(賣)〉와 같다. 鄕黨自好者不爲의 자호자(自好者)는 이름을 내서 유명해지고 싶은 작자들을 말한다. 유명인이 되려고 안달하는 자가 곧 자호자인데 소인배를 말한다.

스스로 자(自), 팔 육(鬻), 써 이(以), 이룰 성(成), 그 기(其), 임금 군(君), 고을 향(鄕), 무리 당(黨), 좋아할 호(好), 놈 자(者), 할 위(爲)

而謂賢者爲之乎(이위현자위지호)

▶ 그런데[而] 현자가[賢者] 그런 짓을[之] 한다고[爲] 말한다는 것[謂]인가[乎]?

이위현자위지호(而謂賢者爲之乎) 역시 반문하는 어투이다. 而謂賢者爲之乎에서 지(之)는 앞에 나온 자육(自鬻)을 대신하는 지시대명사이다. 현자가 자기를 팔아넘기는 짓을 하겠느냐고 스승(孟子)이 제자(萬章)에게 반문하고 있다. 而謂賢者爲之乎의 지(之)를 사제(師弟)가 나눈 대화의 발단인 백리해자육어진양생자오양지피 사우이요진목공(百里奚自鬻於秦養牲者五羊之皮 食牛以要秦穆公)을 나타낸다고 보면 더욱 분명해진다. 만장이 스승께 백리해가[百里奚] 진나라의[秦] 희생우를[牲] 기르는[養] 사람[者]에게[於] 다섯 마리[五] 양[羊]의[之] 가죽을[皮] 받고 자신을[自] 팔고[鬻] 제물로 쓸 소[牛] 먹이기를[食] 이용하여[以] 진나라[秦] 목공에게[穆公] (벼슬을) 요구했다[要]는 것이 맞는 말이냐고 물은 데 대한 마지막 결론이 곧 謂賢者爲之乎란 말이다.

현자(賢者)는 앞날을 그냥 기다리지 않는다. 앞날을 살펴 신독(愼獨)함이 현자의 지래(知來)가 아닌가. 앞날을 미리 살펴 알아주는 것이 곧 점(占)이다. 현자는 스스로 점치지 점쟁이를 찾아가지 않는다. 그리하여 궁(窮)한데 머물지 않고 통(通)한데도 옮겨가 일[事]을 도모한다. 그래서 현자는 통변(通變)이 곧 사(事)임을 안다. 만장에게 지(智)와 부지(不智)을 누누이 반문으로 다그친 까닭이 무엇이겠는가? 백리해는 앞날을 미리 살펴 통변을 도모했고 궁지기는 그렇게 하지 못했음을 밝혀줌으로써 현자를 분명히 일깨워준다.

그런데 이(而), 일컬을 위(謂), 현명할 현(賢), 사람 자(者), 할 위(爲), 그것 지(之)

【五篇】

만장장구_하(萬章章句_下)

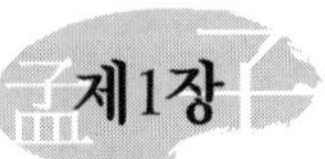

제1장

1장은 장구가 길어서 다섯 단락으로 나누었다. 내용 때문에 단락을 그렇게 나눈 것이 아니라 이해를 돕기 위해서이다. 이 장은 유가(儒家)의 성현이 한 자리에 모인 셈이다. 백이(伯夷)의 청(淸), 이윤(伊尹)의 임(任), 유하혜(柳下惠)의 화(和)를 통하여 공자가 왜 고금을 관류하는 성인인가를 구체적으로 일깨워주려는 맹자의 절절한 뜻을 헤아릴 수 있게 한다. 그리고 이 장에서 맹자가 공자를 성지시자(聖之時者)로 추앙하는 모습을 바라볼 수 있다. 성인의 성덕(聖德)을 청임화(淸任和)로 분변(分辨)한 다음, 궁사(弓師)의 교력(巧力)을 성인의 성지(聖智)와 대비하여 성인의 시중(時中)을 절묘하게 간파해준다. 그리하여 이 장에서 유가의 성(聖)을 본래대로 살필 수 있게 하므로 이 장은 매우 소중하다.

【문지(聞之) 1】

치즉진(治則進) 난즉퇴(亂則退)

【원문(原文)】

孟子曰 伯夷는 目不視惡色하고 耳不聽惡聲하며 非其君不事하
맹자왈 백이 목불시악색 이불청악성 비기군불사

고 非其民不使하여 治則進하고 亂則退라 橫政之所出과 橫民之
비기민불사 치즉진 난즉퇴 횡정지소출 횡민지

所止에 不忍居也이고 思與鄕人處를 如以朝衣朝冠으로 坐於塗
소지 불인거야 사여향인처 여이조의조관 좌어도

炭也이러니 當紂之時에 居北海之濱하여 以待天下之淸也이라
탄야 당주지시 거북해지빈 이대천하지청야

故로 聞伯夷之風者는 頑夫廉하고 儒夫有立志한다
고 문백이지풍자 완부렴 유부유립지

【해독(解讀)】

맹자가 말했다[孟子曰]. "백이는 눈으로 사나운 빛깔을 보지 않았고[伯夷目不視惡色] 귀로는 사나운 소리를 듣지 않았으며[耳不聽惡聲], 자신이 모시는 임금이 아니면 섬기지 않았고[非其君不事] 자신의 백성이 아니면 부리지 않았으며[非其民不使], (조정이) 다스려지면 곧 나아갔고[治則進] 혼란스러우면 곧 물러났다[亂則退]. 횡포한 정사가 출현하는 곳이나[橫政之所出] 횡포한 인간들이 머물러 있는 곳은[橫民之所止] (백이가) 참고 살지 못할 곳이다[不忍居也]. 마을 사람들과 더불어 머묾은 조회(朝會)의 정장을 차리고서 진흙 묻은 숯덩이에 앉은 것 같다고 여긴 것이다[思與鄕人處如以朝衣朝冠坐於塗炭也]. 폭군 주(紂)의 때를 당하자[當紂之時] (백이는) 북해의 물가에서 살았고[居北海之濱], 그러면서 (백이는) 세상이 맑아지기를 기다렸던 것이다[以待天下之淸也]. 그러므로 백이의 풍모를 듣는 사람이라면[聞伯夷之風者] 우둔한 이도 조촐해지고[頑夫廉] 소심한 이도 꿋꿋한 뜻을 취하게 된다[懦夫有立志]."

【담소(談笑)】

伯夷目不視惡色(백이목불시악색) 耳不聽惡聲(이불청악성) 非其君不事(비기군불사) 非其民不使(비기민불사) 治則進(치즉진) 亂則退(난즉퇴) 橫政之所出(횡정지소출) 橫民之所止(횡민지소지) 不忍居也(불인거야)

▶ 백이는[伯夷] 눈으로[目] 더러운[惡] 빛깔을[色] 보지[視] 않았고[不], 귀로는[耳] 더러운[惡] 소리를[聲] 듣지[聽] 않았으며[不], 자신이 모시는[其] 임금이[君] 아니면[非] 섬기지[事] 않았고[不], 자신의[其] 백성이[民] 아니면[非] 부리지[使] 않았으며[不], (조정이) 다스려지면[治] 곧[則] 나아갔고[進], 혼란스러우면[亂] 곧[則] 물러났다[退]. 횡포한[橫] 정사가[政] 출현하는[出] 곳이나[所] 횡포한[橫] 인간들이[民] 머물러 있는[止] 곳은[所] (백이가) 참고[忍] 살지 못할 곳[不居]이다[也].

백이목불시악색(伯夷目不視惡色)은 〈A不視B〉꼴로 영어의 3형식 문장과 같다. 伯夷目不視惡色에서 백이(伯夷)는 주어이고, 목(目)은 불시(不視)를 꾸며주는 부사이며, 불시(不視)는 타동사이고, 악색(惡色)은 불시(不視)의 목적어이다. 악색(惡色)은 오색(汚色)·추색(醜色)과 같은 말로 악(惡)은 여기서 〈더러울 추(醜), 오(汚)〉 등과 같은 말이다.

백이(伯夷)는 고죽군(孤竹君)의 장자(長子)이다. 고죽군은 은(殷)나라 주왕(紂王)의 한 제후였다. 백이와 숙제(叔齊)가 주(紂)의 학정을 피해 주(周)나라로 갔더니 주나라 무왕(武王)이 주왕을 멸하였다. 이에 그들은 주왕의 제후인 무왕이 주왕을 멸한 것은 신하가 임금을 멸한 것이니 옳지 않다면서, 주나라 곡식을 먹을 수 없다고 수양산으로 들어가 고사리를 캐먹고 살다가 굶어죽었다고 한다. 이런 고사가 사마천(司馬遷)의 『사기(史記)』「열전(列傳)」에 나온다. 공자는 백이를 좋게 평하고 있다. 백이를 도량이 넓다고 평했기 때문이다. 그러나 맹자는 공자와는 다른 견해를 갖고 있음이 보인다. 「공손추장구(公孫丑章句)」 9장에서 백이의 도량(度量)을 백이애(伯夷隘)라고 평했기 때문이다. 백이는[伯夷] 도량이 좁다[隘]. 공자는 『논어(論語)』「공야장(公冶長)」 편 23장에서 다음과 같이 백이를 평했다. "백이숙제(伯夷叔齊)는 불념구악(不念舊惡)이라 원시용희(怨是用希)니라." 백이와[伯夷] 숙제는[叔齊] 지나간[舊] 악을[惡] 마음에 두지 않았다[不念]. 그래서[是用] 원망함이란[怨] 거의 없었다[希].

이불청악성(耳不聽惡聲) 역시 〈A不視B〉꼴로 영어의 3형식 문장과 같다. 伯夷耳不視惡聲에서 백이(伯夷)는 주어이고, 이(耳)는 불청(不聽)을 꾸며주는 부사이며, 불청(不聽)은 타동사이고, 악성(惡聲)은 불청(不聽)의 목적어이다. 악성(惡聲)은 오성(汚聲)·추성(醜聲)과 같은 말로 악(惡)은 여기서 〈더러울 추(醜)〉와 같지만 〈사나울 악(惡)〉으로 새겨도 무방하다.

비기군불사(非其君不事)는 〈非AB〉꼴의 관용문으로 알아두면 문맥을 잡는 데 편하다. 〈A(其君)가 아니면[非] B(不事)한다〉 非其君不事는 非其君伯夷不事君이 줄어든 어투로 非其君의 비(非)를 영어의 unless처럼 여기고, 불사(不事)는 주어가 생략된 주절로 여기면 문맥이 잡힌다. 非其君의 기(其)는 백이지(伯夷之)를 줄인 관형사로 여기고, 不事의 사(事)는 〈섬길 봉(奉)〉과 같고 봉사(奉事)의 줄임말로 새긴다.

비기민불사(非其民不使) 역시 〈非AB〉꼴로 관용문처럼 알아두면 문맥을 잡는 데 편하다. 〈A(其民)가 아니면[非] B(不使)한다〉 非其民不使는 非其民伯夷不使民이 줄어든 어투로 非其民의 비(非)를 영어의 unless처럼 여기고, 불사(不使)는 주어가 생략된 주절로 여기면 문맥이 잡힌다. 非其民의 기(其)는 백이지(伯夷之)를 줄인 관형사로 여기고, 不使의 사(使)는 〈부릴 역(役)〉

과 같고 역사(使役)의 줄임말로 새긴다.

치즉진(治則進)은 〈A則B〉꼴로 治其國 則伯夷進을 줄인 것이다. 영어의 If절을 갖춘 복문처럼 여기고 새긴다. 〈A(治)면 곧[則] B(進)한다〉 治則進에서 동사인 치(治)만 남은 조건의 종속절처럼 여기고, 진(進) 역시 동사만 남은 주절로 여겨 治則進을 새기며, 즉(則)은 어조사로 무시하고 새겨도 된다. (조정이 나라를) 다스리면[治] (백이는 벼슬길로) 나아갔다[進]고 치즉진(治則進)을 새긴다.

난즉퇴(亂則退) 역시 〈A則B〉꼴로 亂其國 則伯夷退를 줄인 것이다. 영어의 If절을 갖춘 복문처럼 새긴다. 〈A(亂)면 곧[則] B(退)한다〉 亂則退에서 동사인 난(亂) 동사만 남은 조건의 종속절처럼 여기고, 퇴(退) 역시 동사만 남은 주절로 여겨 亂則退를 새기며, 즉(則)은 어조사로 무시하고 새겨도 된다. (조정이 나라를) 어지럽히면[亂] (백이는 벼슬길에서) 물러났다[進]고 난즉퇴(亂則退)를 새긴다.

횡정지소출(橫政之所出)은 所橫政出에서 출(出)의 주어인 횡정(橫政)을 강조하려고 소(所) 앞으로 전치시켜 놓은 어투이다. 所橫政出의 소(所)를 영어의 the place where 정도로 이해하고, 所橫政出의 횡정출(橫政出)을 선행사인 소(所)를 꾸며주는 형용사절로 여기면 橫政之所出의 문맥을 잡기 쉽다. 횡정(橫政)이[之] 출현하는[出] 곳[所]. 횡정지소출(橫政之所出)에서 지(之)는 주격 토씨(~이)이고, 횡(橫)은 〈사나울 포(暴)〉와 같고 횡포(橫暴)의 준입말로 새긴다. 所橫政出은 뒤에 나오는 불인거야(不忍居也)의 거(居)를 꾸며주는 장소를 나타내는 부사구이다.

횡민지소지불인거야(橫民之所止不忍居也)는 伯夷橫民之所止不忍居也에서 주어인 백이(伯夷)가 생략된 〈AB也〉꼴로 영어의 2형식 문장과 같다. 橫民之所止不忍居也에서 횡민지조지(橫民之所止)는 앞에 나온 횡정지소출(橫政之所出)과 함께 불인거(不忍居)의 거(居)를 꾸며주는 부사구이고, 불인거(不忍居)는 보어이며, 야(也)는 ~이다 정도의 뜻을 나타내는 어조사이다. 橫民之所止의 소(所)는 지(止)의 주어로 영어의 the place where 정도로 이해하고, 所橫民止의 횡민(橫民)을 소(所) 앞으로 옮기면서 횡민지(橫民之)가 되었다. 그러니 소(所)는 형용사절의 선행사 같은 구실을 한다고 여기면 橫民之所止의 문맥을 잡기 쉽다. 횡민(橫民)이[之] 머물러 있는[止] 곳[所]. 횡민지소지(橫民之所止)에서 지(之)는 주격 토씨(~이)이고, 횡(橫)은 〈사나울 포(暴)〉와 같고 횡포(橫暴)의 줄임말로 새긴다.

맏 백(伯), 온화할 이(夷), 눈 목(目), 볼 시(視), 더러울 악(惡), 빛깔 색(色), 귀 이(耳), 들을 청(聽), 소리 성(聲), 아닐 비(非), 제 기(其), 않을 불(不), 섬길 사(事), 부릴 사(使), 다스려질 치(治), 곧 즉(則), 나아갈 진(進), 혼란할 란(亂), 물러날 퇴(退), 가로지를 횡(橫), 정사 정(政), ~이 지(之), 곳 소(所), 날 출(出), 멈출 지(止), 참을 인(忍), 머물러 살 거(居), ~이다 야(也)

思與鄕人處如以朝衣朝冠坐於塗炭也(사여향인처여이조의조관좌어도탄야)

▶ 마을[鄕] 사람들과[人] 더불어[與] 머묾은[處] 조회[朝會]의 정장을[朝衣朝冠] 차리고서[以] 진흙 묻은[塗] 숯덩이[炭]에[於] 앉은 것[坐] 같다고[如] 여긴 것[思]이다[也].

사여향인처여이조의조관좌어도탄야(思與鄕人處如以朝衣朝冠坐於塗炭也)는 伯夷思與鄕人處如以朝衣朝冠坐於塗炭也에서 주어인 백이(伯夷)가 생략된 〈AB也〉꼴로, 영어의 2형식 문장과 같다. 〈A(伯夷)는 B(與鄕人處如以朝衣朝冠坐於塗炭)라고 생각한 것[思]이다[也]〉 思與鄕人處如以朝衣朝冠坐於塗炭也에서 사여향인처여이조의조관좌어도탄(思與鄕人處如以朝衣朝冠坐於塗炭)은 보어이고, 야(也)는 ~이다 정도의 뜻으로 문장을 끝맺는 어조사이다. 그러니 思與鄕人處如以朝衣朝冠坐於塗炭也에서 여향인처여이조의조관좌어도탄(與鄕人處如以朝衣朝冠坐於塗炭)은 사(思)의 목적절로 볼 수 있다. 與鄕人處如以朝衣朝冠坐於塗炭 같은 어투의 문맥을 잡으려면 동사 노릇하는 글자를 먼저 찾아내야 한다. 與鄕人處如以朝衣朝冠坐於塗炭에서 동사가 여(如)임을 알고 〈A如B〉꼴을 떠올리면 문맥이 쉽게 잡힌다. 〈A(與鄕人處)는 B(以朝衣朝冠坐於塗炭)와 같다[如]〉 그러면 與鄕人處如以朝衣朝冠坐於塗炭을 향인(鄕人)과 더불어[與] 처(處)함은 조의조관(朝衣朝冠)으로써[以] 도탄(塗炭)에[於] 앉음과[坐] 같다[如]고 그 대강을 짚어 사(思)와 연결시켜 새길 수 있을 것이다.

생각할 사(思), 더불어 여(與), 고을 향(鄕), 머물 처(處), 같을 여(如), 써 이(以),

조회받을 조(朝), 옷 의(衣), 모자 관(冠), 앉을 좌(坐), ~에 어(於), 진흙 도(塗), 숯 탄(炭), ~이다 야(也)〉

當紂之時(당주지시) 居北海之濱(거북해지빈) 以待天下之淸也(이대천하지청야)

▶ 폭군인 주[紂]의[之] 때를[時] 당하자[當] (백이는) 북해[北海]의[之] 물가에서[濱] 살았고[居], 그러면서[以] 세상[天下]이[之] 맑아지기를[淸] 기다렸던 것[待]이다[也].

당주지시(當紂之時)는 伯夷當紂之時에서 주어인 백이(伯夷)를 생략한 어투이다. 當紂之時에서 동사인 당(當)은 〈당할 치(値)〉와 같고, 주(紂)는 은(殷)나라 즉 상(商)나라 말왕(末王)인 폭군을 말하며, 시(時)는 시대(時代)의 줄임말로 여긴다. (백이가) 폭군 주왕[紂]의[之] 시대를[時] 당했다[當].

거북해지빈(居北海之濱) 역시 伯夷居北海之濱에서 주어인 백이(伯夷)를 생략한 어투이다. 居北海之濱에서 동사인 거(居)는 〈머물러 살 처(處)〉와 같고, 빈(濱)은 〈갓 제(際)〉와 같다. (백이는) 북해[北海]의[之] 가에서[濱] 살았다[居]. 한문투에는 문맥을 이어주는 접속사가 없기 때문에 우리말로 한문투의 문맥을 옮기려면 당주지시(當紂之時)와 거북해지빈(居北海之濱)의 관계를 말해주는 접속사를 보충해야 한다. 만일 영어라면 當紂之時 앞에 When을 보충하여 시간의 종속절로 하고, 居北海之濱을 주절로 할 것이다. 그러므로 여기서는 當紂之時 居北海之濱을 영어의 복문처럼 여기고 새기면 편하다.

이대천하지청야(以待天下之淸也)는 是以伯夷待天下之淸也에서 시이(是以)의 시(是)를 줄이고, 주어인 백이(伯夷)를 생략한 어투이다. 물론 시이(是以)의 시(是)는 앞에 나온 당주지시 거북해지빈(當紂之時 居北海之濱)을 나타내는 지시어이다. 시이(是以)를 줄인 이(以)는 우리말로 그렇게 하여 또는 그래서 정도로 새긴다. 그렇게 하여[以] (백이는) 세상[天下]이[之] 맑아지기를[淸] 기다렸던 것[待]이다[也]. 以待天下之淸也에서 대(待)는 타동사로 〈기다릴 사(俟)〉와 같고, 천하지청(天下之淸)의 지(之)는 소유격 토씨(~의)보다는 주격 토씨(~가 · ~이)로 새기면 우리말답게 되며, 청(淸)은 맑다고 새길 것이 아니라 맑아지다로 새기면 문맥이 통한다.

당할 당(當), 주임금 주(紂), ~의 지(之), 때 시(時), 살 거(居), 북녘 북(北), 바다 해(海), 물가 빈(濱), 써 이(以), 기다릴 대(待), ~가 지(之), 맑을 청(淸), ~이다 야(也)

故(고)

▶ 그러므로[故]

고(故)는 고왈(故曰) 또는 시고왈(是故曰)을 줄인 꼴이다. 위의 내용[是]이므로[故] 다음처럼 말한다[曰]는 뜻이다. 앞의 내용을 근거로 하여 판단이나 결론을 내릴 때 쓰인다.

그러므로 고(故)

聞伯夷之風者(문백이지풍자) 頑夫廉(완부렴)

▶ 백이[伯夷]의[之] 풍모를[風] 듣는[聞] 사람이라면[者] 우둔한[頑] 이도[夫] 조촐해진다[廉].

문백이지풍자(聞伯夷之風者)는 다음에 이어지는 완부렴(頑夫廉)과 연결지어 살펴야 한다. 조건의 종속절로 보고 새겨야 하는 까닭이다. 聞伯夷之風者에서 자(者)는 여기서 영어의 the man who와 같음을 잘 살피면 문맥을 쉽게 잡을 수 있다. 물론 자(者)는 한문투에서 〈놈 자(者), 것 자(者)〉 외에도 〈이 차(此)〉 대신 쓰이기도 하고 어조사 구실도 하지만, 여기선 〈놈 자(者)〉로 보고 ~하는 사람이라면[者]으로 새겨야 문백이지풍자(聞伯夷之風者) 완부렴(頑夫廉)의 문맥이 잡힌다.

완부렴(頑夫廉)은 문백이지풍자(聞伯夷之風者)의 주절로 영어의 2형식 문장과 같다. 頑夫廉에서 완(頑)은 〈꽉 막힌 고(固)〉와 같고 완고(頑固)의 줄임말로 여기며, 염(廉)은 〈조촐할 결(潔), 맑을 청(淸)〉과 같고 청렴하다가 아니라 청렴해진다고 새기면 문맥이 통한다.

들을 문(聞), 맏 백(伯), 온화할 이(夷), ~의 지(之), 풍모 풍(風), 놈 자(者), 완고할 완(頑), 사내 부(夫), 검소할 렴(廉)

儒夫有立志(유부유립지)

▶ 소심한[儒] 이도[夫] 꿋꿋한 뜻을[立志] 취하게 된다[有].

유부유립지(儒夫有立志)는 앞에 나온 문백이지풍자(聞伯夷之風者)를 종속절로 갖는 주절로, 영어의 3형식 문장과 같다. 儒夫有立志는 〈A有B〉꼴로 유(有)가 자동사 〈있을 유(有)〉이면 〈A有B〉의 A는 부사이고, B가 주어이므로 〈A에 B가 있다[有]〉고 새긴다. 그러나 유(有)가 타동사 〈가질 유(有)〉이면 〈A有B〉의 A는 주어이고, B는 목적어이므로 〈A가 B를 갖는다[有]〉고 새긴다. 儒夫有立志에서 유(有)는 타동사로 〈취할 취(取)〉와 같고, 입지(立志)는 꿋꿋한 뜻이라고 여긴다.

맹자가 이미 앞 「공손추장구(公孫丑章句) 상(上)」 9장에서 "백이애(伯夷隘) 유하혜불공(柳下惠不恭) 애여불공(隘與不恭) 군자불유야(君子不由也)"라고 백이(伯夷)를 평했었다. 백이는[伯夷] 속이 좁고[隘] 유하혜는[柳下惠] 공손하지 않다[不恭]. 공손하지 않음과[與不恭] 좁은 소견머리는[隘] 군자가[君子] 취하지 않는 것[由]이다[也]. 이처럼 맹자는 백이를 대범하지 못하고 결벽증이 심하다고 비판했었다. 그러나 여기선 공자의 뜻에 따라 백이의 청렴을 높이 사주고 있다.

부드러울 유(儒), 사내 부(夫), 취할 유(有), 세울 립(立), 뜻 지(志)

【문지(聞之) 2】

치역진(治亦進) 난역진(亂亦進)

【원문(原文)】

伊尹曰 何事非君이고 何使非民이까 하니 治亦進하고 亂亦進하여
이윤왈 하사비군 하사비민 치역진 난역진
曰 天之生斯民也는 使先知로 覺後知하고 使先覺으로 覺後覺
왈 천지생사민야 사선지 각후지 사선각 각후각
也하나니 予는 天民之先覺者也이니 予將以斯道로 覺斯民也하리
야 여 천민지선각자야 여장이사도 각사민야
라 하며 思天下之民이 匹夫匹婦有不被堯舜之澤者어든 若己推
사천하지민 필부필부유불피요순지택자 약기추
而內之溝中하니 其自任以天下之重也
이내지구중 기자임이천하지중야

【해독(解讀)】

"이윤이 말했다[伊尹曰]. '누구를 섬긴들 임금이 아니겠는가[何事非君]? 누구를 부린들 백성이 아니겠는가[何使非民]? (세상이) 다스려져도 또한 나아가고[治亦進] (세상이) 혼란스러워도 또한 나아간다[亂亦進].' 그리고 다음

처럼 말하였다[曰]. '하늘이 낸 이 백성이란[天之生斯民也] 먼저 아는 이를 시켜서 뒤에 아는 이를 깨닫게 하고[使先知覺後知], 먼저 깨달은 이를 시켜서 뒤에 깨달은 이를 깨닫게 하는 것이다[使先覺覺後覺也]. 나는 하늘이 낸 백성의 선각자이니[予天民之先覺者也] 나는 이 도리를 써서 이 백성을 마땅히 일깨워줄 것이다[予將以斯道覺斯民也].' (이윤은) 천하의 백성인 모든 남녀에게 요순의 은혜를 미치지 못하는 일이 있으면(생기면) 자기가 백성을 도랑 속으로 처넣는 것같이 생각하였다[思天下之民匹夫匹婦有不被堯舜之澤者若己推而內溝中]. 천하의 큰 일을 하려고 그가 자임한 것이다[其自任以天下之重也]."

【담소(談笑)】

何事非君(하사비군)

▶ **누구를[何] 섬긴들[事] 임금이[君] 아니겠는가[非]?**

하사비군(何事非君)은 〈何A非B〉꼴로 관용문처럼 여기고 알아두면 편하다. 〈A한들 B가 아니겠는가[非]?〉 〈何A非B〉에서 하(何)는 문맥에 따라 영어의 who, what, why, how 등의 의문사 구실을 한다. 여기선 하(何)를 who로 여기면 문맥이 잡힌다.

> 누구 하(何), 섬길 사(事), 아닐 비(非), 임금 군(君)

何使非民(하사비민)

▶ **누구를[何] 부린들[使] 백성이[民] 아니겠는가[非]?**

하사비민(何使非民) 역시 〈何A非B〉꼴로 관용문처럼 여기고 알아두면 편하다. 〈A한들 B가 아니겠는가[非]?〉 〈何A非B〉에서 하(何)는 문맥에 따라 영어의 who, what, why, how 등의 의문사 구실을 한다. 여기선 하(何)를 who로 여기면 문맥이 잡힌다.

> 누구 하(何), 부릴 사(使), 아닐 비(非), 백성 민(民)

治亦進(치역진) 亂亦進(난역진)

▶ **(세상이) 다스려져도[治] 또한[亦] 나아가고[進] (세상이) 혼란스러워도[亂] 또한[亦] 나아간다[進].**

치역진(治亦進)은 〈A亦B〉꼴로 영어의 양보절인 though절과 같은 복문으로 여기고 새긴다. 〈A(治)해도 또한[亦] B(進)한다〉 治其國 亦我進을 줄인 어투로, 治亦進에서 치(治)는 동사만 남은 양보의 종속절처럼 여기고, 진(進) 역시 동사만 남은 주절로 여기며, 역(亦)은 어조사로 무시하고 새겨도 된다. (조정이 나라를) 다스려도[治] (나는) 나아간다[進]고 치역진(治亦進)을 새긴다.

난역진(亂亦進) 역시 〈A亦B〉꼴로 영어의 양보절인 though절과 같은 복문으로 여기고 새긴다. 〈A(亂)해도 또한[亦] B(進)한다〉 亂其國 亦我進을 줄인 어투로, 亂亦進에서 난(亂)은 동사만 남은 양보의 종속절처럼 여기고, 진(進) 역시 동사만 남은 주절로 여기고 새기며, 역(亦)은 어조사로 무시하고 새겨도 된다. (조정이 나라를) 혼란스럽게 해도[亂] (나는) 나아간다[進]고 난역진(亂亦進)을 새긴다.

다스려질 치(治), 또 역(亦), 나아갈 진(進), 혼란스러울 란(亂)

天之生斯民也(천지생사민야) 使先知覺後知(사선지각후지) 使先覺覺後覺也(사선각각후각야)

▶ 하늘[天]이[之] 낸[生] 이[斯] 백성[民]이란[也], 먼저[先] 아는 이를[知] 시켜서[使] 뒤에[後] 아는 이를[知] 깨닫게 하고[覺], 먼저[先] 깨달은 이를[覺] 시켜서[使] 뒤에[後] 깨달은 이를[覺] 깨닫게 하는 것[覺]이다[也].

천지생사민야사선지각후지(天之生斯民也使先知覺後知)는 〈AB也〉꼴로 영어의 2형식 문장과 같다. 한 구문 안에서는 중간의 야(也)를 생략하고 맨 끝에 한번만 야(也)를 두어 구문을 끝맺는 것이 한문투의 특징이다. 〈A(天之生斯民也)는 B(使先知覺後知)이다[也]〉 天之生斯民也使先知覺後知에서 천지생사민야(天之生斯民也)는 주부이고, 사선지각후지(使先知覺後知)는 술부로 보어이다.

천지생사민야사선지각후지(天之生斯民也使先知覺後知)에서 보어인 사선지각후지(使先知覺後知)는 〈使A覺B〉꼴의 어투이다. 〈A를 시켜[使] B를 각(覺)하게 한다〉, 〈A(先知)를 시켜[使] B(後知)를 깨닫게 한다[覺]〉고 새기면 使先知覺後知의 문맥이 잡힌다. 使先知覺後知에서 사(使)는 영어의 사역동명사 내지 사역부정사와 같고, 선지(先知)는 목적어이며, 각후지(覺後知)는 목적격 보어이고, 각후지(覺後知)의 각(覺)을 영어의 to 없는 부정사(不定

詞)처럼 여기면 使先知覺後知의 문맥을 잡기 쉽다. 그리고 선지(先知)를 선지자(先知者), 후지(後知)를 후지자(後知者)로 새기면 문맥의 문의를 쉽게 건질 수 있다. 먼저[先] 아는[知] 사람[者]을 그냥 선지(先知)라 할 수 있고, 뒤처져[後] 아는[知] 사람[者]을 그냥 후지(後知)라 할 수 있는 것이 한문투의 어투이다.

사선각각후각야(使先覺覺後覺也)는 주부가 생략된 〈AB也〉꼴로 역시 영어의 2형식 문장과 같다. 끝에 있는 야(也)로써 구문이 끝남을 알려준다. 주어인 A(天之生斯民也)는 생략되었고 보어인 B(使先覺覺後覺也)만으로 이루어져 있다. 보어인 사선각각후각야(使先覺覺後覺也)는 〈使A覺B也〉꼴로 〈A(先覺)를 시켜[使] B(後覺)를 깨닫게 하는 것[覺]이다[也]〉로 새기면 문맥이 잡힌다. 使先覺覺後覺也에서 사(使)는 영어의 사역동명사 내지 사역부정사와 같고, 선각(先覺)은 목적어이며, 각후각(覺後覺)은 목적격 보어이고, 각후각(覺後覺)의 각(覺)을 영어의 to 없는 부정사(不定詞)처럼 여기면 使先覺覺後覺也의 문맥을 잡기 쉽다. 그리고 선각(先覺)을 선각자(先覺者), 후각(後覺)을 후각자(後覺者)로 새기면 문맥의 문의를 쉽게 건질 수 있다. 먼저[先] 깨달은[覺] 사람[者]을 그냥 선각(先覺)이라 할 수 있고, 뒤처져[後] 깨달은[覺] 사람[者]을 그냥 후각(後覺)이라 할 수 있는 것이 한문투의 어투이다.

> 낼 생(生), 이 사(斯), 백성 민(民), ~이란 야(也), 시킬 사(使), 먼저 선(先), 알 지(知), 깨달을 각(覺), 뒤 후(後), ~이다 야(也)

予天民之先覺者也(여천민지선각자야)

▶ 나는[予] 하늘이 낸[天] 백성[民]의[之] 선각자[先覺者]이다[也].

여천민지선각자야(予天民之先覺者也)는 〈AB也〉꼴로 역시 영어의 2형식 문장과 같다. 한문투에서 〈AB也〉와 〈A是B〉가 전형적인 영어의 2형식 문장과 같다. 予天民之先覺者也를 좀 더 강하게 말하면 여시천민지선각자(予是天民之先覺者)로 할 수 있다. 여(予)는 천민지선각자(天民之先覺者)이다[是]. 予天民之先覺者也에서 보어인 천민지선각자(天民之先覺者)의 천민(天民)은 앞에 나왔던 천지생차민(天之生此民)을 줄인 말로 보는 편이 문맥에 걸맞다. 그래서 天民之先覺者의 천민(天民)을 하늘의[天] 백성[民]으로 새기는 것보다 하늘[天]이[之] 낸[生] 백성[民]으로 새기는 편이 문맥에 걸맞다.

나 여(予), 하늘 천(天), 백성 민(民), ~의 지(之), 먼저 선(先), 깨달을 각(覺), 놈 자(者), ~이다 야(也)

予將以斯道覺斯民也(여장이사도각사민야)

▶ 나는[予] 이[斯] 도리를[道] 써서[以] 이[斯] 백성을[民] 마땅히[將] 일깨워줄 것[覺]이다[也].

여장이사도각사민야(予將以斯道覺斯民也)에서 부사구인 이사도(以斯道)를 제외하고 먼저 여장각사민야(予將覺斯民也)만 살피면 予將以斯道覺斯民也 역시 〈AB也〉꼴로 역시 영어의 2형식 문장과 같음을 알 수 있어 쉽게 문맥이 잡힌다. 영어에서는 조동사와 동사 사이에 다른 품사가 들어가지 않지만, 어투에서는 그 사이에 부사가 자주 들어가는 어투가 있다. 그 대표적인 경우가 〈以A〉 또는 A를 생략한 이(以)이다. 그러니 한문투에서는 予將(以斯道)覺斯民也처럼 문맥을 살펴 여장각사민야(予將覺斯民也)가 골격임을 찾아내는 연습이 필요하다. 予將覺斯民也에서 술부인 장각사민(將覺斯民)의 장(將)은 영어의 will · shall처럼 미래시제를 나타내는 구실을 한다. 나는[予] 이[斯] 백성을[民] 일깨워줄 것[將覺]이다[也]. 予將(以斯道)覺斯民也에서 사도(斯道)의 사(斯)는 선각자지(先覺者之)를 대신하고, 사민(斯民)의 사(斯)는 천지생(天之生)을 대신하는 지시어이므로 이사도(以斯道)를 선각자의[斯] 도리를[道] 활용하여[以]라고 새겨도 되고, 사민(斯民)을 하늘이 낸[斯] 백성[民]이라고 새겨도 된다.

나 여(予), 마땅히 ~할 장(將), 써 이(以), 이 사(斯), 도리 도(道), 일깨울 각(覺), ~이다 야(也)

思天下之民(사천하지민) 匹夫匹婦有不被堯舜之澤者(필부필부유불피요순지택자) 若己推而內之溝中(약기추이내지구중)

▶ (이윤은) 천하[天下]의[之] 백성인[民] 모든 남녀에게[匹夫匹婦] 요순[堯舜]의[之] 은혜를[澤] 미치지 못하는[不被] 일이[者] 있으면[有] 자기가[己] 백성을[之] 도랑[溝] 속으로[中] 처넣는 것[推而內]같이[若] 생각하였다[思].

사천하지민필부필부유불피요순지택자약기추이내지구중(思天下之民匹

夫匹婦有不被堯舜之澤者若己推而內之溝中)이 긴 문장이지만, 유(有)와 약(若)의 쓰임새를 알고 있으면 문맥을 잡아 골격을 쉽게 찾아낼 수 있다. 먼저 〈A有B〉와 〈A若B〉꼴을 상기하면 천하지민필부필부유불피요순지택자약기추이내지구중(天下之民匹夫匹婦有不被堯舜之澤者若己推而內之溝中)이 사(思)의 목적절임을 알 수 있다. 따라서 思天下之民匹夫匹婦有不被堯舜之澤者若己推而內之溝中은 사(思)의 주어가 생략된 영어의 3형식 문장과 같으므로 그 골격을 다음처럼 잡아낼 수 있다. 〈思A(天下之民匹夫匹婦有不被堯舜之澤者)若B(己推而內之溝中)〉, 〈A는 B 같음을[若] 생각한다[思]〉

그리고 〈있을 유(有)〉이면 〈A에 B가 있다[有]〉이고, 〈가질 유(有)〉이면 〈A가 B를 갖는다[有]〉고 새기는 것을 상기하면서 〈A(天下之民匹夫匹婦有不被堯舜之澤者)〉를 다음처럼 새긴다. 천하지민인[天下之民] 모든 남녀에게[匹夫匹婦] 요순의 혜택을[堯舜之澤] 입지 못하는[不被] 일이[者] 있는(생기는) 것은[有] 또는 천하지민인[天下之民] 모든 남녀가[匹夫匹婦] 요순의 혜택을[堯舜之澤] 입지 못하는[不被] 일을[者] 가지는(당하는) 것은[有].

그리고 〈A는 B와 같다[若]〉 또는 〈A라면 B와 같다[若]〉임을 상기하면서 〈A若B(己推而內之溝中)〉를 다음처럼 새긴다. 〈A라면 자기 자신이[己] 백성을[之] 도랑[溝] 속으로[中] 처넣는 것[推而內] 같다고[若] (이윤은) 생각했다[思]〉

정리하면 思天下之民匹夫匹婦有不被堯舜之澤者若己推而內之溝中을 먼저 〈思A若B〉로 묶어 〈思A若B〉의 〈A若B〉가 사(思)의 목적절임을 찾아내면 문장 전체의 골격이 잡혀 〈A라면 B같이[若] 생각한다[思]〉고 새길 수 있다. 그러면 사(思)의 주어인 이윤(伊尹)이 생략된 구문임을 알 수 있고, 천하지민필부필부유불피요순지택자약기추이내지구중(天下之民匹夫匹婦有不被堯舜之澤者若己推而內之溝中)이 사(思)의 목적절 이 되어 영어의 3형식 문장과 같음을 알 수 있다.

불피요순지택자(不被堯舜之澤者)는 〈A者〉꼴로 〈A하는 것[者]〉으로 보고 다음처럼 새긴다. 요순지택(堯舜之澤)을 불피(不被)하는 것[者]. 〈것 자(者)〉는 〈일, 놈 자(者)〉 등으로 문맥에 따라 뜻이 달라지는 글자이다.

약기추이내지구중(若己推而內之溝中)에서 기추이내지구중(己推而內之溝中)은 〈~과 같을 약(若)〉의 목적절이다. 물론 己推而內之溝中은 己推之溝中而己內之溝中에서 반복되는 내용을 생략한 어투이다. 己推而內之溝中에서 기(己)는 〈몸 신(身)〉과 같고, 〈나 아(我)〉를 강조하려는 기신(己身) 내지 자기자신(自己自身)의 줄임말이고, 추(推)와 내(內)의 주어이다. 내(內)는 타동사로 ~을 밀어 넣다의 뜻이며, 지(之)는 천민(天民)을 지시하는 대명사이고, 구중(溝中)은 부사구이다.

생각할 사(思), 짝 필(匹), 사내 부(夫), 아낙 부(婦), 있을 유(有), 미칠 피(被), ~의 지(之), 은혜 택(澤), 일 자(者), 같을 약(若), 나 기(己), 밀 추(推), 넣을 내(內), 그 지(之), 도랑 구(溝), 가운데 중(中)

其自任以天下之重也(기자임이천하지중야)

▶ 천하[天下]의[之] 큰 일을[重] 하려고[以] 그가[其] 스스로[自] 맡은 일[任]이다[也].

기자임이천하지중야(其自任以天下之重也)는 是其自任以天下之重也에서 바로 앞의 내용을 나타내는 지시어이면서 동시에 주어인 시(是)를 보충될 수 있으므로 생략하고 술부만 남긴 〈AB也〉 꼴이다. 〈A(是)는 B(其自任以天下之重)이다[也]〉 其自任以天下之重也에서 기(其)는 이윤지(伊尹之)를 대신하는 관형사로 임(任)의 의미상 주어이고, 자(自)는 임(任)을 꾸미는 부사이며, 임(任)은 영어의 동명사와 같으므로 영어의 동명사구를 떠올리면 기자임(其自任)의 문맥이 쉽게 잡힐 것이다. 말하자면, 其自任은 영어의 his doing for himself를 연상해보면 其自任의 문맥이 쉽게 잡히고, 동시에 왜 자(自)가 임(任)을 꾸며주는 부사 구실을 하는지 알아채기가 쉽다는 말이다. 그가(his) 스스로(for himself) 하는 것(doing) = 그가[其] 스스로[自] 맡은 것[任]. 임(任)은 여기서 〈일할 사(事)〉와 같다.

백이(伯夷)가 맑음[淸]의 화신이라면 이윤(伊尹)은 맡은 일[任]의 화신인 셈이다. 치세(治世)와 치인(治人)에서 백이의 청렴도 지선(至善)이고 이윤의 중임(重任)도 지선이다. 백이는 청렴에만 매달린 셈이나 이윤은 정도(正道)에 따라 중임에 제 몸을 바친 셈이니, 백이보다 이윤의 도량이 너그럽고 후한 셈이다.

그 기(其), 스스로 자(自), 맡길 임(任), 할 이(以), ~의 지(之), 무거울 중(重), ~이다 야(也)

【문지(聞之) 3】

비부관(鄙夫寬) 박부돈(薄夫敦)

【원문(原文)】

柳下惠는 不羞汙君하고 不辭小官하며 進不隱賢하되 必以其道하고 遺佚而不怨하며 阨窮而不憫한다 與鄕人處하되 由由然不忍去也하여 爾爲爾오 我爲我니 雖袒裼裸裎於我側이라도 爾焉能浼我哉리오 故로 聞柳下惠之風者는 鄙夫寬하고 薄夫敦한다

유하혜 불수오군 불사소관 진불은현 필이기도 유일이불원 액궁이불민 여향인처 유유연불인거야 이위이 아위아 수단석라정어아측 이언능매아재 고 문유하혜지풍자 비부관 박부돈

【해독(解讀)】

"유하혜는 더러운 임금을 부끄러워하지 않았고[柳下惠不羞汙君], 낮은 관직이라도 사양하지 않았으며[不辭小官], (벼슬에) 나아가 (자신이) 현명하다는 것을 감추지 않았고[進不隱賢], 자신의 방도를 반드시 썼으며[必以其道], 내쳐지면 숨어버리고 (자신을 내친 자를) 원망하지 않았고[遺佚而不怨], 옹색해지고 가난해져도 근심하지 않았다[阨窮而不憫]. 마을 사람들과 함께 거처하면서[與鄕人處] 아랑곳 않고 차마 (그들을) 버리고 떠나지 않은 것이다[由由然不忍去也]. 너는 너이고[爾爲爾], 나는 나이다[我爲我]. 내 옆에서 웃옷을 벗어 웃통을 보이거나 옷을 다 벗어 벌거숭이라 한들[雖袒裼裸裎於我側] 너희가 어찌 나를 더럽힐 수 있는 것이겠나[爾焉能浼我哉]! 그러므로[故] 유하혜의 풍모를 듣는 사람이라면[聞柳下惠之風者] 비루한 이도 너그러워지고[鄙夫寬] 야박한 이도 후해진다[薄夫敦]."

【담소(談笑)】

柳下惠不羞汙君(유하혜불수오군)

▶ **유하혜는[柳下惠] 더러운[汙] 임금을[君] 부끄럽게 여기지 않았다[不羞].**

유하혜불수오군(柳下惠不羞汙君)은 〈A不羞B〉꼴로 영어의 3형식 문장과 같다. 〈A(柳下惠)는 B(汙君)를 부끄럽게 여기지 않았다[不羞]〉 柳下惠不羞汙君에서 유하혜(柳下惠)는 주어, 수(羞)는 타동사, 오군(汙君)은 수(羞)의 목적어이다. 수(羞)는 〈부끄러울 치(恥)〉와 같고 수치(羞恥)의 줄임말로 여기고, 오(汙)는 〈더러울 오(汚)〉와 같다.

유하혜(柳下惠)의 성은 전(展), 이름은 금(禽)이며, 유하(柳下)란 곳에서

살았고, 혜(惠)는 시호(諡號)이다. 여기서 『논어(論語)』에 드러난 그에 대한 인물평을 들어 유하혜의 됨됨이를 생각하면 도움이 된다. 『논어』 「미자(微子)」 편 2장에 유하혜의 풍모(風貌)가 잘 드러나 있다. "직도이사인(直道而事人)이면 언왕이불삼출(焉往而不三黜)이며 왕도이사인(枉道而事人)이면 하필거부모지방(何必居父母之邦)." 도를[道] 곧게 하고[直]서[而] 사람을[人] 섬긴다면[事] 어디로[焉] 간다고[往] 한들[而] 세 번을[三] 쫓겨나지 않겠는가[黜]? (반대로) 도를[道] 굽게 하고[枉]서[而] 사람을[人] 섬긴다면[事] 부모[父母]의[之] 나라를[邦] 떠날[去] 필요가[必] 어찌 있겠나[何]? 어디나 세상은 매일반이므로 자신이 직도(直道)를 따르면 그만이란 말이니 유하혜의 인품이 대인의 풍모이다.

성씨 유(柳), 은혜 혜(惠), 부끄러워할 수(羞), 더러울 오(汙)

不辭小官(불사소관)

▶ **낮은[小] 관직이라도[官] 사양하지[辭] 않았다[不].**

불사소관(不辭小官)은 柳下惠不辭小官에서 주어인 유하혜(柳下惠)를 생략한 어투이다. 不辭小官에서 사(辭)는 동사로 〈양보할 양(讓)〉과 같고 사양(辭讓)의 줄임말로 여기고, 소관(小官)은 사(辭)의 목적어이므로 不辭小官은 영어의 3형식 문장과 같다.

사양할 사(辭), 작을 소(小), 관직 관(官)

進不隱賢(진불은현)

▶ **(벼슬에) 나아가[進] (자신이) 현명하다는 것을[賢] 감추지[隱] 않았다[不].**

진불은현(進不隱賢)은 柳下惠進 而柳下惠不隱其賢에서 반복되는 주어인 유하혜(柳下惠)와 연접의 이(而)와 관형사인 기(其)를 생략한 영어의 중문과 같은 어투이다. 進不隱賢에서 진(進)은 자동사이고, 은(隱)은 타동사이며, 현(賢)은 은(隱)의 목적어로 보고 새기면 문맥이 통한다. 進不隱賢의 현(賢)을 직도이사인(直道而事人)으로 헤아리면 유하혜의 현명함[賢]을 더 잘 이해할 수 있다. 도를[道] 곧게 하고[直] 사람들을[人] 받음[事]을 숨기지 않고 서슴없이 단행했다는 말로 불은(不隱)을 새겨볼 수 있기 때문이다. 그러니 불은현(不隱賢)은 불왕도(不枉道)란 말과 통한다. 도를[道] 굽히지 않음[不枉]이유하혜의 뜻인 셈이다.

나아갈 진(進), 숨길 은(隱), 현명할 현(賢)

必以其道(필이기도)

▶ **자신의[其] 방도를[道] 반드시[必] 썼다[以].**

필이기도(必以其道) 역시 柳下惠必以其道에서 주어인 유하혜(柳下惠)를 생략한 영어의 3형식 문장과 같다. 必以其道에서 필(必)은 타동사인 이(以)를 꾸며주는 부사이고, 기도(其道)는 이(以)의 목적어이다. 必以其道의 이(以)는 〈쓸 용(用)〉과 같고, 기도(其道)의 도(道)는 〈방법 방(方)〉과 같고 방도(方道)의 줄임말로 여긴다.

반드시 필(必), 할 이(以), 그 기(其), 길 도(道)

遺佚而不怨(유일이불원)

▶ **내쳐지면[遺] 숨어버리고[佚] (자신을 내친 자를) 원망하지 않았다[不怨].**

유일이불원(遺佚而不怨)은 柳下惠遺 柳下惠佚 而柳下惠不怨을 한 문장처럼 줄인 어투이다. 반복되는 내용을 생략하는 어투가 심한 한문투의 특징을 알지 못하면 문맥을 잡기 어렵다. 柳下惠遺 柳下惠佚으로 보충해놓고 보면 유일(遺佚)의 유(遺)를 조건의 종속절로 여기고 새겨야 문맥이 통한다. 내쳐지면[遺] (따지지 않고 그냥) 숨어버린다[佚]. 遺佚而不怨에서 유(遺)는 〈버릴 기(棄)〉와 같고 유기(遺棄)의 줄임말로 여기면서 수동태인 〈버려진 유(遺)〉로 새겨야 문맥이 통한다. 遺佚而不怨에서 일(佚)은 〈숨을 은(隱), 둔(遁)〉 등과 같고 은일(隱佚)의 줄임말로 여기고, 원(怨)은 〈원망할 한(恨)〉과 같고 원한(怨恨)의 줄임말로 여긴다.

버릴 유(遺), 숨을 일(佚), 원망할 원(怨)

阨窮而不憫(액궁이불민)

▶ **옹색해지고[阨] 가난해져도[窮] 근심하지 않았다[不憫].**

액궁이불민(阨窮而不憫) 역시 주어인 유하혜(柳下惠)를 생략하여 술부만 남은 어투이다. 阨窮而不憫에서 액(阨)과 궁(窮)을 종속절의 술부로 보고, 불민(不憫)을 주절의 술부로 보고 새기면 문맥이 통한다. 그래서 阨窮而不

憫의 이(而)를 양보절로 이끌어주는 어조사 정도로 여기고 무시해도 된다. 유하혜(柳下惠)는 액궁(阨窮)해도[而] 불민(不憫)했다. 민(憫)은 여기서 〈근심할 우(憂)〉와 같다.

옹색할 액(阨), 곤궁할 궁(窮), 근심할 민(憫)

與鄕人處(여향인처) 由由然不忍去也(유유연불인거야)

▶ 마을[鄕] 사람들과[人] 함께[與] 거처하면서[處] 아랑곳 않고[由由然] 차마[忍] (그들을) 버리고 떠나지[去] 않은 것[不]이다[也].

여향인처유유연불인거야(與鄕人處由由然不忍去也)와 같은 어투의 문맥을 잡으려면 동사 구실을 하는 글자부터 찾아내 구문의 골격을 살펴야 한다. 與鄕人處에서는 처(處), 由由然不忍去에서는 거(去)가 동사 구실을 하므로 柳下惠處與鄕人 柳下惠由由然不忍去鄕人也을 줄여 與鄕人處由由然不忍去也가 된 것을 알 수 있다. 유하혜[柳下惠]가 향인[鄕人]들과 함께[與] 거처하면서[處] 유하혜는 (그들을) 아랑곳 않고[由由然] 차마[忍] (양인들을) 떠나지 못했던 것[不去]이다[也]라고 與鄕人處由由然不忍去也의 문맥을 잡을 수 있다. 與鄕人處由由然不忍去也에서 처(處)는 〈머물러 살 거(居)〉와 같고, 유유연(由由然)은 자신 있는 모습을 뜻하며 유유연(油油然)과 같고, 인(忍)은 거(去)를 꾸며주는 부사이며, 거(去)는 〈버릴 기(棄)〉와 같다.

더불어 여(與), 고을 향(鄕), 머물 처(處), 마음 든든할 유(由), 참을 인(忍), 갈 거(去), ~이다 야(也)

爾爲爾(이위이) 我爲我(아위아)

▶ 너는[爾] 너[爾]이고[爲], 나는[我] 나[我]이다[爲].

이위이(爾爲爾)의 위(爲)는 여기서 영어의 be동사와 같다. 이런 위(爲)는 〈~이다 시(是)〉와 같다고 봐도 된다. 爾爲爾의 앞 이(爾)는 주격이고, 뒤의 이(爾)는 보어이다. 이처럼 한문투에는 격(格)이 따로 결정돼 있지 않음을 기억하면 문맥을 잡기 편하다.

아위아(我爲我)의 위(爲) 역시 영어의 be자동사처럼 여기면 문맥을 잡기 편하다. 이런 위(爲)는 〈~이다 시(是)〉와 같은 뜻이다. 我爲我의 앞 아(我)〉는 주격이고, 뒤의 아(我)는 보어이다.

너 이(爾), ~이다 위(爲), 나 아(我)

雖袒裼裸裎於我側(수단석라정어아측) 爾焉能浼我哉(이언능매아재)

▶ 내[我] 옆[側]에서[於] 웃옷을 벗어 웃통을 보이거나[袒裼] 옷을 다 벗어 벌거숭이라[裸裎] 해도[雖] 너희가[爾] 어찌[焉] 나를[我] 더럽힐[浼] 수 있는 것[能]이겠나[哉].

수단석라정어아측(雖袒裼裸裎於我側)은 뒤에 이어지는 내용을 돕는 종속절로 마치 영어의 양보절과 같다. 〈雖A〉꼴로 알아두면 편하다. 〈A라 할지라도[雖]〉 단석(袒裼)은 육단(肉袒)과 같은 말로 어깨나 팔뚝이 드러나게 웃통을 벗어젖힌 것을 말하고, 나정(裸裎)은 옷을 홀랑 벗어 알몸이 되는 꼴이다. 단석라정(袒裼裸裎)은 무례한 짓거리를 범하는 패거리를 비유한 말이다.

이언능매아재(爾焉能浼我哉)의 이(爾)는 왕도(枉道)의 무리, 즉 버르장머리 없는 인간들을 말한다고 생각하면 된다. 언(焉)은 여기서 부사 구실을 하는 〈어찌 안(安), 오(惡)〉 등과 같다. 浼我의 매(浼)는 〈더러울 오(汚)〉와 같다. 그리고 〈焉A哉〉가 하나의 관용문을 이끈다고 여기면 편하다. 〈어찌[焉] A하겠는가[哉]?〉

옷 벗어 들어 멜 단(袒), 옷 벗어 멜 석(裼), 벌거벗을 라(裸), 벌거숭이 정(裎), 옆 측(側), 어찌 언(焉), 더럽힐 매(浼)

故(고)

▶ 그래서[故]

고(故)는 고왈(故曰) 또는 시고왈(是故曰)을 줄인 말이다. 위의 내용[是]이므로[故] 다음처럼 말한다[曰]는 뜻으로 쓰인다. 앞의 내용을 근거로 하여 판단이나 결론을 내릴 때 쓰인다.

그러므로 고(故)

聞柳下惠之風者(문유하혜지풍자) 鄙夫寬(비부관)

▶ 유하혜[柳下惠]의[之] 풍모를[風] 듣는[聞] 사람이라면[者] 비루한[鄙]이는[夫] 너그러워진다[寬].

문유하혜지풍자(聞柳下惠之風者)는 다음에 이어지는 비부관(鄙夫寬)과 연결지어 살펴야 한다. 왜냐하면 조건의 종속절로 보고 새겨야 하기 때문이다. 聞柳下惠之風者에서 자(者)는 여기서 영어의 the man who와 같은 구실을 하고 있음을 잘 살펴야 문맥을 쉽게 잡을 수 있다. 물론 자(者)는 〈놈 자(者), 것 자(者)〉 외에도 〈이 차(此)〉의 뜻도 있고 어조사 구실도 하지만, 여기선 〈놈 자(者)〉로 보고 ~하는 사람이라면[者]으로 새겨야 문유하혜지풍자(聞柳下惠之風者) 비부관(鄙夫寬)의 문맥이 잡힌다.

비부관(鄙夫寬)은 문유하혜지풍자(聞柳下惠之風者)의 주절로 영어의 2형식 문장과 같다. 鄙夫寬에서 비(鄙)는 〈비루한 루(陋)〉와 같고 비루(鄙陋)의 줄임말로 여기고, 관(寬)은 〈너그러울 유(裕)〉와 같고 너그럽다가 아니라 너그러워진으로 새기면 문맥이 통한다.

들을 문(聞), 풍모 풍(風), 놈 자(者), 비루할 비(鄙), 사내 부(夫), 관대할 관(寬)

薄夫敦(박부돈)

▶ 야박한[薄] 이도[夫] 후해진다[敦].

박부돈(薄夫敦) 역시 앞의 문유하혜지풍자(聞柳下惠之風者)의 주절로 영어의 2형식 문장과 같다. 薄夫敦에서 박(薄)은 〈적을 소(少)〉와 같고 덕(德)이 적어[少] 박덕(薄德)함을 말하고, 돈(敦)은 〈두터울 후(厚)〉와 같으므로 돈후(敦厚)의 줄임말로 여기고 새긴다. 그러니 박부돈(薄夫敦)은 박덕한 놈이 후덕한 인간으로 바뀜을 말하는 셈이다.

맹자가 「공손추장구(公孫丑章句]」 9장에서는 유하혜를 달갑지 않게 품평하였음을 살펴보았다. 거기서 한 벼슬아치로 보면 유하혜를 높이 살 만하지만, 유하혜가 행인정(行仁政)을 널리 펴는 일[事人]을 자신의 뜻으로만 여겼기에 그를 군자로 볼 수 없었던 게 아닐까 싶다고 했었다. 그러나 여기서 보면 맹자가 유하혜의 인품을 대인의 풍모로 보고 있으니, 한 단면으로써 인간을 재단할 수 없음을 깨우쳐주고 있다. 벼슬길의 진퇴를 놓고 보면 백이(伯夷)와 유하혜 두 사람이 서로 달리 보이겠지만, 저마다 신념에 따라 빚어지는 아집(我執)의 입장에서 본다면 그 둘을 똑같이 바라볼 수도 있다.

얇을(적을) 박(薄), 돈독할 돈(敦)

【문지(聞之) 4】

공자성지시자야(孔子聖之時者也)

【원문(原文)】

孔子之去齊에 接淅而行하고 去魯에 曰 遲遲吾行也이라 하니 去父母國之道也이다 可以速而速하고 可以久而久하며 可以處而處하고 可以仕而仕함이 孔子也이다 孟子曰 伯夷는 聖之清者也요 伊尹은 聖之任者也요 柳下惠는 聖之和者也요 孔子는 聖之時者也이다

공자지거제 접석이행 거로 왈 지지오행야 거부모국지도야 가이속이속 가이구이구 가이처이처 가이사이사 공자야 맹자왈 백이 성지청자야 이윤 성지임자야 유하혜 성지화자야 공자 성지시자야

【해독(解讀)】

“공자께서 제나라를 떠날 때는[孔子之去齊] (밥 지으려고) 씻어 일어야 할 쌀을 (물에서) 건져 가지고 곧장 길을 서둘렀다[接淅而行]. (그러나) (공자께서) 노나라를 떠날 때는 다음처럼 말했다[魯去曰]. ‘(노나라를 떠나기는) 내 발걸음이 더디고 디디기만 하는 것이다[遲遲吾行也].’ (발걸음을 더디게 함은) 조국을 떠나는 도리인 것이다[去父母國之道也]. 빨리 할 수 있다면 빨리 하는 것과[可以速而速] 더디 할 수 있다면 더디게 하는 것과[可以久而久] 머물 수 있다면 머무는 것과[可以處而處] 벼슬을 할 수 있다면 벼슬을 하는 것이[可以仕而仕] 공자인 것이다[孔子也].” 맹자가 말했다[孟子曰]. “백이는 성인으로서 맑고 맑은 사람이고[伯夷聖之淸者也], 이윤은 성인으로서 맡은 바를 다하는 사람이며[伊尹聖之任者也], 유하혜는 성인으로서 화목을 다하는 사람이다[柳下惠聖之和者也]. (그러나) 공자는 성인으로서 때를 알아 알맞게 다하는 사람이다[孔子聖之時者也].”

【담소(談笑)】

孔子之去齊接淅而行(공자지거제접석이행)

▶ 공자[孔子]께서[之] 제나라를[齊] 떠날 때는[去] (밥 지으려고) 씻어 일어야 할 쌀을[淅] (물에서) 건져 가지고[接]서[而] 길을 서둘러 떠났다[行].

공자지거제접석이행(孔子之去齊接淅而行)에서 공자지거제(孔子之去齊)는 〈A之去B〉꼴로, 주어에 어조사 지(之)를 더해 강조하는 어투로 영어의 3, 형식 문장과 같다. 〈A(孔子)께서[之] B(齊)를 떠났다[去]〉 경우에 따라선 이

런 지(之) 대신에 인이불인(人而不仁)처럼 이(而)로 대신하여 주어를 강조하기도 한다. 인불인(人不仁)을 인이불인(人而不仁)으로 하여 강조한 어투와 같다는 말이다. 사람이[人] 어질지[仁] 않다[不], 사람[人]이면서[而] 어질지[仁] 않다[不].

공자지거제(孔子之去齊)에서 거(去)는 〈떠나갈 리(離)〉와 같다. 그러나 孔子之去齊는 독립된 구문이 아니라 접석이행(接淅而行)과 이어진 구문이다. 그러므로 孔子之去齊接淅而行은 孔子之去齊 孔子之接淅 而孔子之行에서 앞 문맥으로 보충할 수 있으므로 되풀이되는 공자지(孔子之)를 생략하고, 3개의 구문을 하나처럼 묶어버린 문장이다. 그러므로 孔子之去齊接淅而行을 孔子之去齊 孔子之接淅 而孔子之行처럼 여기고 서로의 관계를 살펴야 전체 문맥을 잡을 수 있다. 공자지거제(孔子之去齊) 때에 공자지접석(孔子之接淅)했고 그리고[而] 공자지행(孔子之行)했다고 서로의 관계를 지어보면 문맥이 잡힌다. 그래서 공자지거제(孔子之去齊)를 시간의 종속절로 여기고, 접석이행(接淅而行)을 주절로 여기고 새기면 孔子之去齊接淅而行의 전체 문맥이 잡힌다. 말하자면 孔子之去齊接淅而行은 영어의 복문과 같은 문장이다.

공자지거제접석이행(孔子之去齊接淅而行)에서 공자지(孔子之)는 주어이고, 거(去)는 타동사로 종속절의 본동사이며, 제(齊)는 거(去)의 목적어이다. 接淅而行의 접석(接淅)은 공자지접석(孔子之接淅)과 같기 때문에 주어인 공자지(孔子之)는 생략되었지만 접(接)은 타동사로 구문의 본동사이고, 석(淅)은 접(接)의 목적어이므로 영어의 3형식 문장처럼 여기고 문맥을 잡는다. 接淅而行의 이행(而行)은 공자지행(孔子之行)과 같기 때문에 주어인 공자지(孔子之)는 생략되었지만, 행(行)은 자동사로 구문의 본동사이므로 영어의 1형식 문장처럼 여기고 문맥을 잡는다. 接淅而行의 접(接)은 〈(물에서 손으로 건져내) 가질 지(持)〉와 같고, 석(淅)은 밥을 짓기 위해 물에 겨와 돌을 가려낸 쌀을 뜻한다. 접석이행(接淅而行)은 밥 짓는 시간을 참지 못할 만큼 밥 지을 쌀을 그냥 건져서 몸에 지니고 서둘러 바삐 떠나버림을 뜻한다.

클 공(孔), 존칭 자(子), ~가 지(之), 떠날 거(去), 제나라 제(齊), 손으로 건져 가질 접(接), 쌀을 씻어 일 석(淅), 그리고 이(而), 갈 행(行)

去魯曰遲遲吾行也(거로왈지지오행야)

▶ (공자가) 노나라를[魯] 떠날 때[去] 내[吾] 발걸음이[行] 떨어지지 않는다고[遲遲] 말했던 것[曰]이다[也].

거로왈지지오행야(去魯曰遲遲吾行也)는 孔子去魯曰遲遲吾行也에서 주어인 공자(孔子)가 생략된 어투이지만 영어의 3형식 문장과 같다. 去魯曰遲遲吾行也에서 거로(去魯)는 왈(曰)을 꾸미는 시간의 부사구이며, 왈(曰)은 보어이고, 지지오행(遲遲吾行)은 왈(曰)의 목적절이며, 야(也)는 구문을 결정짓는 어조사(~이다)이다. 왈(曰)의 목적절인 遲遲吾行은 吾行遲遲에서 지지(遲遲)를 전치한 어투로 여기고 새긴다. 그러니 遲遲吾行에서 지지(遲遲)는 자동사로 겹동사이면서 절의 본동사 구실을 하고, 오(吾)는 소유격이며, 행(行)은 절의 주어이다. 나의[吾] 발걸음이[行] 더디고[遲] 더디다[遲]. 그리고 孔子去魯曰遲遲吾行也를 孔子去魯孔子曰遲遲吾行也에서 되풀이되는 공자(孔子)를 생략한 어투로 여기면 孔子去魯曰遲遲吾行也를 영어의 복문처럼 여기고 문맥을 잡는다. 이렇게 하면 孔子去魯를 시간의 종속절로 보고, 孔子曰遲遲吾行也를 주절로 보고 문맥을 잡을 수 있다. 공자가[孔子] 노나라를[魯] 떠났을 때[去] 내[吾] 발걸음이[行] 떨어지지 않는다고[遲遲] 공자가[孔子] 말했던 것[曰]이다[也]로 문맥을 잡을 수 있다는 말이다. 孔子去魯의 거(去)는 〈떠날 리(離)〉와 같고, 遲遲吾行의 지(遲)는 〈더딜 완(緩)〉과 같으며, 행(行)은 여기선 〈걸음 보(步)〉와 같고 보행(步行)의 줄임말로 여기고 새긴다.

한편 공자왈지지오행야(孔子曰遲遲吾行也)에서 야(也)를 무시하고 공자거로왈지지오행(孔子去魯曰遲遲吾行)으로 여기고 문맥을 잡으면 孔子去魯曰遲遲吾行은 영어의 3형식 문장 같은 어투가 되어 다음처럼 문맥이 잡힌다. 공자가[孔子] 노나라를[魯] 떠날 때[去] 내[吾] 발걸음이[行] 떨어지지 않는다고[遲遲] 말했다[曰]. 그러나 간접화법의 화술을 생각한다면 孔子去魯曰遲遲吾行也의 야(也)를 무시할 수 없다.

떠날 거(去), 나라이름 로(魯), 말할 왈(曰), 더딜 지(遲), 나 오(吾), 발걸음 행(行), ~이다 야(也)

去父母國之道也(거부모국지도야)

▶ (발걸음을 더디게 함은) 조국을[父母國] 떠나[去]는[之] 도리인 것

[道]이다[也].

거부모국지도야(去父母國之道也) 역시 遲遲吾行也去父母國之道也에서 주부인 지지오행야(遲遲吾行也)를 생략하고 보어인 술부인 去父母國之道也만 남긴 어투로, 영어의 2형식 문장과 같은 〈A也B也〉꼴이다. 〈A라는 것은[也] B라는 것이다[也]〉 그러나 대개는 〈A也B也〉에서 앞의 야(也)를 생략해버리고 〈AB也〉꼴을 취한다. 去父母國之道也에서 거부모국지(去父母國之)까지는 도(道)를 꾸며주므로, 도(道)는 영어로 치면 去父母國之의 선행사 같은 구실을 하는 후행사로 여기면 문맥을 잡기 편하다. 같은 형용사절이라도 영어에서는 꾸며줄 말의 뒤에, 한문투에서는 꾸며줄 말의 앞에 온다고 생각하면 편하다. 그래서 去父母國之道也에서 지(之)를 형용사절을 이끄는 관계사로 여기고 〈A之B〉꼴로 알아두면 편하다. 〈A하는[之] B〉 그래서 조국을[父母國] 떠남[去]의[之]로 새기면 우리말답지 않게 들리므로, 조국을[父母國] 떠나[去]는[之] 도리인 것[道]이다[也]로 새기면 우리말답게 들린다.

떠나갈 거(去), 아비 부(父), 어미 모(母), 나라 국(國), ~하는 지(之), 도리 도(道), ~이다 야(也)

可以速而速(가이속이속) 可以久而久(가이구이구) 可以處而處(가이처이처) 可以仕而仕(가이사이사) 孔子也(공자야)

▶ 빨리 할[速] 수 있다[可以]면[而] 빨리 하는 것과[速], 더디 할[久] 수 있다[可以]면[而] 더디게 하는 것과[久], 머물[處] 수 있다[可以]면[而] 머무는 것과[處], 벼슬할[仕] 수 있다[可以]면[而] 벼슬하는 것이[仕] 공자인 것[孔子]이다[也].

가이속이속(可以速而速)은 孔子也의 주부인 〈AB也〉꼴로 영어의 2형식 문장과 같지만 보어가 생략되어 있다. 可以速而速에서 가이(可以)는 ~할 수 있다는 뜻으로 앞의 속(速)을 돕는 조동사이고, 이(而)는 연접의 연사이며, 뒤의 속(速)은 영어의 동명사처럼 빨리 하는 것이라고 새기면 孔子也의 주부로서 문맥과 걸맞게 된다. 〈빨리 할[速] 수 있다[可以]. 그러면[而] 빨리 한다[速]〉고 새기면 문장이 되고, 빨리 할[速] 수 있다[可以]면[而] 빨리 하는 것[速]이라고 새기면 구(句)가 된다. 여기선 可以速而速이 孔子也의 주부이므로 독립된 문장이 아니라 구처럼 여긴다. 〈可以A〉꼴을 알아두면 편하다.

〈A할 수 있다[可以]〉 한문투에서 동사 앞에 있는 가(可), 능(能), 족(足), 가이(可以), 족이(足以), 가능(可能), 득(得) 등은 영어의 can과 같다고 여기면 편하다.

가이구이구(可以久而久) 역시 孔子也의 주부인 〈AB也〉꼴로, 영어의 2형식 문장과 같지만 보어가 생략되어 있다. 可以久而久에서 가이(可以)는 ~할 수 있다는 뜻으로 앞의 구(久)를 돕는 조동사이고, 이(而)는 연접의 연사 이며, 뒤의 구(久)는 영어의 동명사처럼 더디 하는 것이라고 새기면 孔子也의 주부로서 문맥과 걸맞게 된다. 여기선 可以久而久가 孔子也의 주부이므로 독립된 문장이 아니라 구로 새긴다. 〈可以A〉꼴을 알아두면 편하다. 〈A할 수 있다[可以]〉 한문투에서 동사 앞에 있는 가(可), 능(能), 족(足), 가이(可以), 족이(足以), 가능(可能), 득(得) 등은 영어의 can과 같다.

가이처이처(可以處而處) 역시 孔子也의 주부인 〈AB也〉꼴로, 영어의 2형식 문장과 같지만 보어가 생략되어 있다. 可以處而處에서 가이(可以)는 ~할 수 있다는 뜻으로 앞의 처(處)를 돕는 조동사이고, 이(而)는 연접의 연사이며, 뒤의 처(處)는 영어의 동명사처럼 머무는 것이라고 새기면 孔子也의 주부로서 문맥과 걸맞게 된다. 여기선 可以處而處가 孔子也의 주부이므로 독립된 문장이 아니라 구처럼 여긴다. 〈可以A〉꼴을 알아두면 편하다. 〈A할 수 있다[可以]〉 한문투에서 동사 앞에 있는 가(可), 능(能), 족(足), 가이(可以), 족이(足以), 가능(可能), 득(得) 등은 영어의 can과 같다.

가이사이사(可以仕而仕) 역시 孔子也의 주부인 〈AB也〉꼴로, 영어의 2형식 문장과 같지만 보어가 생략되어 있다. 可以仕而仕에서 가이(可以)는 ~할 수 있다는 뜻으로 앞의 사(仕)를 돕는 조동사이고, 이(而)는 연접의 연사이며, 뒤의 사(仕)는 영어의 동명사처럼 벼슬하는 것이라고 새기면 孔子也의 주부로서 문맥과 걸맞게 된다. 여기선 可以仕而仕가 孔子也의 주부이므로 독립된 문장이 아니라 구처럼 여긴다. 〈可以A〉꼴을 알아두면 편하다. 〈A할 수 있다[可以]〉 한문투에서 동사 앞에 있는 가(可), 능(能), 족(足), 가이(可以), 족이(足以), 가능(可能), 득(得) 등은 영어의 can과 같다.

공자야(孔子也)는 〈AB也〉꼴의 B也로, 앞의 세 주부인 가이속이속(可以速而速) 가이구이구(可以久而久) 가이처이처(可以處而處) 가이사이사(可以仕而仕) 등의 보어 구실을 하는 술부이다. 孔子也를 공자[孔子]이다[也]로 새겨도 되지만, 문맥의 어세로 보아 공자인 것[孔子]이다[也]로 새기는 것이 야(也)를 더한 어조가 살아난다.

옳을 가(可), 써 이(以), 빨리할 속(速), 어조사 이(而), 더디게 할 구(久), 머물 처(處), 벼슬할 사(仕), ~이다 야(也)

伯夷聖之清者也(백이성지청자야)

▶ **백이는[伯夷] 성인[聖]으로서[之] 맑고 맑은[清] 사람[者]이다[也].**

백이성지청자야(伯夷聖之淸者也)는 〈AB也〉꼴로 영어의 2형식 문장과 같다. 伯夷聖之淸者也에서 백이(伯夷)는 주어이고, 자(者)는 보어인 동시에 성지청(聖之淸)의 후행사로서 마치 영어 형용사절의 선행사와 같고, 야(也)는 영어의 be동사처럼 ~이다 정도의 뜻이다. 伯夷聖之淸者也에서 청(淸)은 〈맑을 징(澄)〉과 같고 청징(淸澄)의 줄임말로 여기고, 청징(淸澄)은 거탁(去濁). 원예(遠穢)의 뜻을 응축한 말이다. 혼탁함을[濁] 떠나[去] 더러움을[穢] 멀리 함[遠]이 곧 성인(聖人)의 맑고 맑음[淸]이다.

맏 백(伯), 온화할 이(夷), 성인 성(聖), 어조사 지(之), 맑을 청(清), 사람 자(者), ~이다 야(也)

伊尹聖之任者也(이윤성지임자야)

▶ **이윤은[伊尹] 성인[聖]으로서[之] 맡은 바를 다하는[任] 사람[者]이다[也].**

이윤성지임자야(伊尹聖之任者也) 역시 〈AB也〉꼴로 영어의 2형식 문장과 같다. 伊尹聖之任者也에서 이윤(伊尹)은 주어이고, 자(者)는 보어인 동시에 성지임(聖之任)의 후행사로서 마치 영어의 형용사절의 선행사와 같고, 야(也)는 영어의 be동사와 같이 ~이다 정도로 새긴다. 伊尹聖之任者也에서 임(任)은 임무(任務)의 줄임말로, 임무(任務)는 맡은 일[事]을 정도(正道)로써 완수함을 말한다. 군자무본(君子務本)을 전제로 하는 임(任)이 곧 성지임(聖之任)의 맡은 바 일[任]인 셈이다. 군자는[君子] 근본을[本] 지켜 애씀[務]이 곧 성인(聖人)의 맡음[任]이다.

저 이(伊), 다스릴 윤(尹), 성인 성(聖), 어조사 지(之), 맡을 임(任), 사람 자(者), ~이다 야(也)

柳下惠聖之和者也(유하혜성지화자야)

▶ 유하혜는[柳下惠] 성인[聖]으로서[之] 화목을 다하는[和] 사람[者]이다[也].

유하혜성지화자야(柳下惠聖之和者也) 역시 〈AB也〉꼴로 영어의 2형식 문장과 같다. 柳下惠聖之和者也에서 유하혜(柳下惠)는 주어이고, 자(者)는 보어인 동시에 성지화(聖之和)의 후행사로서 영어 형용사절의 선행사와 같고, 야(也)는 영어의 be동사처럼 ~이다 정도의 뜻이다. 화야자천하지달도야(和也者天下之達道也)의 어울림[和]이 곧 성지화(聖之和)의 어울림[和]인 셈이다. 어울림[和]이란[也] 것은[者] 온 세상[天下]이[之] 정도를[道] 이루는 것[達]이다[也].

> 성씨 유(柳), 은혜 혜(惠), 성인 성(聖), 어조사 지(之), 화목할 화(和), 사람 자(者), ~이다 야(也)

孔子聖之時者也(공자성지시자야)

▶ 공자는[孔子] 성인[聖]으로서[之] 때를 알아 알맞게 다하는[時] 사람[者]이다[也].

공자성지시자야(孔子聖之時者也) 역시 〈AB也〉꼴로 영어의 2형식 문장과 같다. 孔子聖之時者也에서 공자(孔子)는 주어이고, 자(者)는 보어인 동시에 성지시(聖之時)의 후행사로서 영어 형용사절의 선행사와 같고, 야(也)는 영어의 be동사처럼 ~이다 정도의 뜻이다. 孔子聖之時者也에서 시(時)는 군자지중용야군자이시중(君子之中庸也君子而時中也)의 때에 알맞게 함[時]이다. 성지시(聖之時)의 때[時]는 시중(時中)의 때[時]이다. 때[時]에 청(淸)이 정도(正道)라면 그 청(淸)을 다하고, 때[時]에 임(任)이 정도라면 그 임(任)을 다하며, 때[時]에 화(和)가 정도라면 그 화(和)를 다함이 곧 성지시(聖之時)의 때[時]가 함축하는 뜻이다.

공자를 성인 중에서 으뜸으로 삼는 까닭을 맹자는 성지시(聖之時)로써 매우 간명하게 갈파하고 있다. 공자는 백이(伯夷)의 청(淸), 이윤(伊尹)의 임(任), 유하혜(柳下惠)의 화(和)를 두루 때에 알맞게 다하는 성인의 화신임을 맹자가 천명하고 있다. 이는 공자가 중용(中庸)의 화신(化身)이란 말로 새겨들어도 되고, 맹자가 『중용(中庸)』에 나오는 공자의 말씀 그대로를 따라서 성지시(聖之時)라고 했음을 살펴 들을 수 있다.

군자중용(君子中庸)이고 소인반중용(小人反中庸)이다. 군자지중용야(君子之中庸也)는 군자이시중야(君子而時中也)이고, 소인지중용야(小人之中庸也)는 소인이무기탄야(小人而無忌憚也)이다. 군자는[君子] 중용이고[中庸], 소인은[小人] 반중용이다[反中庸]. 군자[君子]의[之] 중용[中庸]이란[也] 군자[君子]로서[而] 때에[時] 알맞게 함[中]이고[也], 소인[小人]의[之] 중용[中庸]이란[也] 소인[小人]으로서[而] (염치도 없고 체면도 없어) 거리낌이라곤[忌憚] 없는 것[無]이다[也].

클 공(孔), 존칭 자(子), 성인 성(聖), 어조사 지(之), 때 시(時), 사람 자(者), ~이다 야(也)

【문지(聞之) 5】

공자지위집대성(孔子之謂集大成)

【원문(原文)】

孔子之謂集大成이니 集大成也者는 金聲而玉振之也이다 金聲也者는 始條理也이고 玉振之也者는 終條理也이니 始條理者는 智之事也이고 終條理者는 聖之事也이다 智는 譬則巧也이고 聖은 譬則力也이니 由射於百步之外也이다 其至는 爾力也이나 其中은 非爾力也이다

(공자지위집대성 집대성야자 금성이옥진지야 금성야자 시조리야 옥진지야자 종조리야 시조리자 지지사야 종조리자 성지사야 지 비즉교야 성 비즉력야 유사어백보지외야 기지 이력야 기중 비이력야)

【해독(解讀)】

"공자는 대성을 이룬 분이라 한다[孔子之謂集大成]. 집대성이란 것은[集大成也者] 옥소리가 쇠소리 그것을 거두어들여 정리하는 것이다[金聲而玉振之也]. 쇠소리란 것은 (팔음이란) 가지의 다스림을 시작하는 것이고[金聲也者始條理也], 옥소리가 그 소리(쇠소리)를 거두어들임이란 것은 (팔음이란) 가지의 다스림을 마치는 것이다[玉振之也者終條理也]. (팔음이란) 가지의 다스림을 시작하는 것은 지자의 일이고[始條理者智之事也], (팔음이란) 가지의 다스림을 마치는 것은 성자의 일이다[終條理者聖之事也]. 비유하면 곧 지혜로움은 기교이고[智譬則巧也], 비유하면 곧 성스러움은 힘이다[聖譬則力也]. (이들로) 말미암아 백 걸음의 밖으로부터 활을 쏘는 것이다[由射於百步之外

也]. (네가 활로 쏜) 화살이 (과녁에) 이름은 그대의 힘이지만[其至爾力也], (네가 활로 쏜) 화살이 (과녁에) 적중함은 그대의 힘이 아니다[其中非爾力也]."

【담소(談笑)】

孔子之謂集大成(공자지위집대성)

▶ 공자[孔子]는[之] 대성을[大成] 이룬 분[集]이라 한다[謂].

공자지위집대성(孔子之謂集大成)은 〈謂AB〉꼴을 〈A之謂B〉로 바꾸어 A를 강조하는 어투이다. 영어로 치면 〈謂AB〉의 능동형을 〈A之謂B〉의 수동형으로 바꾸어 A를 강조한 어투이다. 〈A(孔子)를 B(集大成)라고 일컫는다[謂]〉

공자지위집대성(孔子之謂集大成)의 집대성(集大成)은 악(樂)에서 전문적으로 쓰이는 말이다. 집대성이란 팔음극해(八音克諧)하여 무상탈륜(無相奪倫)하고 신인이화(神人以和)한다는 것이 악(樂)의 대성(大成)이다. 그 대성을 이루어냄을 일러 집대성이라 한다. 집대성(集大成)의 집(集)은 여기서 〈이룰 성(成)과 같다. 팔음이[八音] 조화를[諧] 다하여[克] (팔음이) 서로[相] 질서를[倫] 빼앗지[奪] 않으면[無] 그 조화로써[以] 천지와[神] 인간이[人] 하나가 된다[和]. 그러니 집대성(集大成)의 대성(大成)이란 팔음극해(八音克諧)의 조화[諧]를 이루어냄[集]이다. 팔음(八音)은 쇠[金] · 실[絲] · 대[竹] · 박[匏] · 나무[木] · 흙[土] · 가죽[革] · 돌[石]의 8가지로 만든 악기의 소리를 말한다. 팔음(八音)을 화(和)하게 함이 대성(大成)이고, 한음(一音)을 화(和)하게 함이 소성이다. 이러한 집대성을 비유로 들어 맹자는 공자가 삼성(三聖)의 일을 도와 이루었음을 밝히려고 한다. 백이(伯夷)의 소성인 청(淸)과, 이윤(伊尹)의 소성인 임(任)과, 유하혜(柳下惠)의 소성인 화(和)를 공자께서 팔음극해(八音克諧)처럼 두루 모아 이루었음[集大成]을 맹자가 밝히고 있다.

> 클 공(孔), 존칭 자(子), 그 지(之), 일컬을 위(謂), 이룰 집(集), 큰 대(大), 이룰 성(成)

集大成也者金聲而玉振之也(집대성야자금성이옥진지야)

▶ 집대성[集大成]이란[也] 것은[者] 옥소리가[玉] 쇠[金]소리[聲] 그것을[之] 거두어들여 정리하는 것[振]이다[也].

집대성야자금성이옥진지야(集大成也者金聲而玉振之也)는 〈A也者B也〉꼴로 영어의 2형식 문장과 같다. 〈A也者B也〉가 〈A也B也〉로 되고, 〈A也B也〉가 〈AB也〉꼴로 간명해지는 것이 한문투이다. 그러니 集大成也者金聲而玉振之也는 집대성금성이옥진지야(集大成金聲而玉振之也)보다 주어인 집대성(集大成)을 강조한 어투이다. 주어의 내용에 야자(也者) 또는 야(也)를 더하면 어세와 어조가 강해진다. 集大成也者金聲而玉振之也에서 집대성야자(集大成也者)는 주부이고, 금성이옥진지(金聲而玉振之)는 술부로서 보어이며, 야(也)는 영어의 be동사처럼 ~이다 정도의 뜻을 나타내는 어조사이다.

금성이옥진지야(金聲而玉振之也)는 옥성진금성(玉聲振金聲)을 단언하는 어투로 바꿔놓은 것이다. 옥[玉]소리가[聲] 쇠[金]소리[聲]를 거두어들인다[振]는 말투보다 옥[玉]소리가[聲] 쇠[金]소리[聲] 그것을[之] 거두어들이는 것[振]이다[也]가 단언하는 어투로 들리고, 玉聲振金聲에서 목적어인 금성(金聲)을 강조하는 어투가 金聲而玉振之也인 셈이다. 금성(金聲)을 전치시키면서 의미없는 어조사인 이(而)를 더하고, 옥성(玉聲)의 성(聲)은 반복되므로 생략하고, 타동사인 진(振) 뒤에 허사 지(之)를 더한 어투가 곧 金聲而玉振之也이고, 진(振)은 여기서 〈거두어들여 정리할 수(收)〉와 같다.

이룰 집(集), 큰 대(大), 이룰 성(成), ~이란 야(也), 것 자(者), 쇠 금(金), 소리 성(聲), 어조사 이(而), 구슬 옥(玉), 거두어들일 진(振), 그 지(之), ~이다 야(也)

金聲也者始條理也(금성야자시조리야)

▶ 쇠[金]소리[聲]란[也] 것은[者] (팔음이란) 가지의[條] 다스림을[理] 시작하는 것[始]이다[也].

금성야자시조리야(金聲也者始條理也)는 〈A也者B也〉꼴로 영어의 2형식 문장과 같다. 〈A也者B也〉가 〈A也B也〉로 되고, 〈A也B也〉가 〈AB也〉꼴로 간명해지는 것이 한문투이다. 그러니 金聲也者始條理也는 금성시조리야(金聲始條理也)보다 주어인 금성(金聲)을 강조한 어투이다. 주어에 야자(也者) 또는 야(也)를 더하면 강한 어세와 어조가 더해지는 셈이다. 金聲也者始條理也에서 금성야자(金聲也者)는 주부이고, 시조리(始條理)는 술부로서 보어이며, 야(也)는 영어의 be동사처럼 ~이다 정도로 새긴다. 그러니 金聲也者

始條理也는 금성시조리(金聲始條理)를 강조한 어투이며, 金聲始條理는 〈A始B〉꼴로, 영어의 3형식 문장과 같다. 〈A(金聲)는 B(條理)를 시작한다[始]〉 그러나 金聲始條理를 금성시조리야(金聲始條理也)로 하면 〈AB也〉꼴로, 영어의 2형식 문장처럼 여기고 새긴다. 〈A(金聲)는 B(條理)를 시작하는 것[始]이다[也]〉

금성야자시조리야(金聲也者始條理也)의 조리(條理)는 팔음극해(八音克諧)를 이룩하는 과정을 말하는 악(樂)의 전문용어이다. 조리(條理)의 조(條)는 〈가지 조(條)〉를 뜻하지만 그 가지는 곧 팔음(八音)을 뜻하며, 조리(條理)의 이(理)는 〈다스려질 리(理)〉를 뜻하지만 그 다스려짐은 팔음(八音)이 서로 어우러지는 것을 의미하니 시쳇말로 한다면 연주(演奏)를 뜻한다. 팔음(八音)의 어우러짐[條理]이 금성(金聲)으로부터 시작된다는 것을 맹자가 힘주어 밝힌 말이 金聲也者始條理也이며, 이는 금성(金聲)을 시발(始發)로 하여 다른 소리들이 시작된다는 말이다.

~이란 야(也), 것 자(者), 쇠 금(金), 소리 성(聲), 것 자(者), 시작할 시(始), 가지 조(條), 다스릴 리(理), ~이다 야(也)

玉振之也者終條理也(옥진지야자종조리야)

▶ **옥소리가[玉] 그 소리[金聲]를[之] 거두어들임[振]이란[也] 것은[者] (팔음이란) 가지의[條] 다스림을[理] 마치는 것[終]이다[也].**

옥진지야자종조리야(玉振之也者終條理也)는 〈A也者B也〉꼴로 영어의 2형식 문장과 같다. 〈A也者B也〉가 〈A也B也〉로 되고, 〈A也B也〉가 〈AB也〉꼴로 간명해지는 것이 한문투이다. 그러니 玉振之也者終條理也는 옥진지종조리야(玉振之終條理也)보다 주어인 옥진지(玉振之)를 강조한 셈이다. 주어에 야자(也者) 또는 야(也)를 더하면 강한 어세와 어조가 더해진다고 여기면 편하다. 玉振之也者終條理也에서 옥진지야자(玉振之也者)는 주부이고, 종조리(終條理)는 술부로서 보어이며, 야(也)는 영어의 be동사처럼 ~이다로 새긴다. 그러니 玉振之也者終條理也는 玉振之終條理를 강조한 어투이며, 玉振之終條理는 〈A終B〉꼴로 영어의 3형식 문장과 같다. 〈A(玉振之)는 B(條理)를 마친다[終]〉 그러나 玉振之終條理를 玉振之終條理也로 하면 〈AB也〉꼴로 영어의 2형식 문장처럼 여기고 새긴다. 〈A(玉振之)는 B(條理)를 마

친다는 것[終]이다[也]〉

옥진지야자종조리야(玉振之也者終條理也)에서 옥진지(玉振之)의 진(振)은 〈거두어들일 수(收)〉와 같고, 지(之)는 앞에 나온 금성(金聲)을 가리키는 지시대명사이다. 팔음(八音)의 어우러짐[條理]이 옥성(玉聲)으로써 마친다는 것을 맹자가 힘주어 밝힌 말이 玉振之也者終條理也이며, 이는 돌소리[玉聲]를 끝으로 하여 다른 소리들이 끝난다는 말이다.

구슬 옥(玉), 거두어들일 진(振), 그 지(之), ~이다 야(也), 것 자(者), 마칠 종(終), 가지 조(條), 다스릴 리(理)

始條理者智之事也(시조리자지지사야)

▶ (팔음이란) 가지의[條] 다스림을[理] 시작하는[始] 것은[者] 지자[智]의[之] 일[事]이다[也].

시조리자지지사야(始條理者智之事也)는 〈A者B也〉꼴로 영어의 2형식 문장과 같다. 始條理者智之事也에서 시조리자(始條理者)는 주어이고, 동시에 자(者)는 시조리(始條理)의 후행사로서 영어의 형용사절의 선행사와 같고, 지지사(智之事)는 보어이며, 야(也)는 영어의 be동사처럼 ~이다 정도의 뜻이다. 지지사(智之事)의 지(智)를 지자(智者)의 준말로 새겨 지혜(智慧)의 준말로 여겨도 되는데, 문맥에 걸맞은 쪽을 택한다. 이를 한문투의 융통이라고 해도 좋다. 지지사(智之事)의 지(智)를 지자(智者)로 여기면 지혜로운[智] 사람[者]이[之] 하는 일[事]로 새겨 지[之]를 주격 토씨(~이)처럼 새기고, 지지사(智之事)의 지(智)를 지혜(智慧)로 여기면 지혜로움[智]의[之] 일[事]로 새겨 지(之)를 소유격 토씨(~의)처럼 새기므로 한문투에 융통성이 있다는 말이다.

시작할 시(始), 가지 조(條), 다스릴 리(理), 것 자(者), 슬기로울 지(智), ~의 지(之), 일 사(事), ~이다 야(也)

終條理者聖之事也(종조리자성지사야)

▶ (팔음이란) 가지의[條] 다스림을[理] 마치는[終] 것은[者] 성자[聖]의[之] 일[事]이다[也].

종조리자성지사야(終條理者聖之事也) 역시 〈A者B也〉꼴로 영어의 2형식 문장과 같다. 終條理者聖之事也에서 종조리자(終條理者)는 주어이고, 동시에 자(者)는 종조리(終條理)의 후행사로서 영어 형용사절의 선행사와 같고, 성지사(聖之事)는 보어이며, 야(也)는 영어의 be동사처럼 ~이다 정도의 뜻이다. 성지사(聖之事)의 성(聖)을 성자(聖者)의 준말로 여기고 새겨도 되고 성덕(聖德)의 준말로 여겨도 되는데, 문맥에 걸맞은 쪽을 택한다. 성지사(聖之事)의 성(聖)을 성자(聖者)로 여기면 성스러운[聖] 사람[者]이[之] 하는 일[事]로 새겨 지(之)를 주격 토씨(~이)처럼 새기고, 성지사(聖之事)의 성(聖)을 성덕(聖德)으로 여기면 성스러움[聖]의[之] 일[事]로 새겨 지(之)를 소유격 토씨(~의)처럼 새기므로, 한문투에는 융통성이 있다고 하는 것이다.

마칠 종(終), 가지 조(條), 다스릴 리(理), 것 자(者), 성스러울 성(聖), ~의 지(之), 일 사(事), ~이다 야(也)

智譬則巧也(지비즉교야)

▶ 비유하면[譬] 곧[則] 지혜로움은[智] 기교[巧]이다[也].

지비즉교야(智譬則巧也)는 譬則智巧也로 영어의 복문 같은 어투를 바꿔 놓은 구문이다. 譬則智巧也에서 비(譬)는 조건의 부사절이고, 즉(則)은 무시해도 되는 어조사이며, 지교야(智巧也)는 〈AB也〉꼴로 영어의 2형식 문장과 같은 어투로 주절이다. 譬則智巧也에서 비(譬)는 〈비유할 유(喩)〉와 같고 비유(譬喩)의 줄임말로 여기고 새기고, 교(巧)는 〈재주 기(技)〉와 같고 기교(技巧)의 줄임말로 여기고 새긴다.

슬기로울 지(智), 비유할 비(譬), 곧 즉(則), 기교 교(巧), ~이다 야(也)

聖譬則力也(성비즉력야)

▶ 비유하면[譬] 곧[則] 성스러움은[聖] 힘[力]이다[也].

성비즉력야(聖譬則力也)는 譬則聖力也로 영어의 복문과 같은 어투를 바꿔놓은 구문이다. 譬則聖力也에서 비(譬)는 조건의 부사절이고, 즉(則)은 무시해도 되는 어조사이며, 성력야(聖力也)는 〈AB也〉꼴로 영어의 2형식 문장과 같은 어투로 주절이다. 譬則聖力也에서 비(譬)는 〈비유할 유(喩)〉와 같고 비유(譬喩)의 줄임말로 여기고 새기고, 역(力)은 〈힘줄 근(筋)〉과 같고 근력(筋力)의 줄임말로 여기고 새긴다.

성스러울 성(聖), 비유할 비(譬), 곧 즉(則), 힘 력(力), ~이다 야(也)

由射於百步之外也(유사어백보지외야)

▶ (이로) 말미암아[由] 백[百] 걸음[步]의[之] 밖[外]으로부터[於] 활을 쏘는 것[射]이다[也].

유사어백보지외야(由射於百步之外也)는 由是弓師射於百步之外也에서 유시(由是)의 시(是)를 생략하고, 사(射)의 주어인 궁사(弓師)는 일반주어이므로 생략한 〈AB也〉꼴의 어투이다. 由射於百步之外也에서 유(由)는 〈말미암을 종(從), 자(自)〉 등과 같고 유시(由是)의 줄임이며, 시(是)는 앞에 나온 교(巧)와 역(力)을 묶어서 나타내는 지시어이고, 사(射)는 보어이며, 어백보지외(於百步之外)는 사(射)를 꾸며주는 부사구이고, 야(也)는 영어의 be동사처럼 ~이다 정도의 뜻이다. 그래서 由射於百步之外也의 유(由)를 우리말로 새길 때는 생략된 내용을 보충하여 이로[是] 말미암아[由] 또는 기교와[巧] 힘으로[力] 말미암아[由]라고 새기면 문맥에 걸맞은 문의를 건질 수 있다.

말미암을 유(由), 활을 쏠 사(射), ~부터 어(於), 걸음 보(步), ~의 지(之), 바깥 외(外), ~이다 야(也)

其至爾力也(기지이력야)

▶ (네가 활로 쏜) 화살이[其] (과녁에) 이름은[至] 너의[爾] 힘[力]이다[也].

기지이력야(其至爾力也)는 〈AB也〉꼴로 영어의 2형식 문장과 같다. 其至爾力也에서 기지(其至)는 주어이고, 이력(爾力)은 보어이며, 야(也)는 영어의 be동사같이 ~이다의 뜻으로 종지부 구실을 하는 어조사이다. 其至爾力也에서 지(至)는 〈이를 도(到)〉와 같고, 이(爾)는 〈너 여(汝), 너 여(女), 너 이(而)〉 등과 같은데 여기서는 소유격(너의)이고, 역(力)은 〈힘 근(筋)〉과 같고 근력(筋力)의 줄임말로 여기고 새긴다.

그 기(其), 이를 지(至), 너의 이(爾), 힘 력(力), ~이다 야(也)

其中非爾力也(기중비이력야)

▶ (네가 활로 쏜) 화살이[其] (과녁에) 적중함은[中] 너의[爾] 힘이[力] 아닌 것[非]이다[也].

기중비이력야(其中非爾力也) 역시 〈AB也〉꼴로 영어의 2형식 문장과 같다. 其中非爾力也에서 기중(其中)은 주어이고, 비(非)는 자동사이며, 이력(爾力)은 보어이고, 야(也)는 영어의 be동사같이 ~이다의 뜻으로 종지부 구실을 하는 어조사이다. 其中非爾力也은 其中不是爾力의 부시(不是)를 비(非)로 쓴 문장이다. 기중(其中)은 이력(爾力)이 아닌 것이다[不是], 기중(其中)은 이력(爾力)이 아닌 것[非]이다[也]. 其中非爾力也에서 중(中)은 〈맞힐 적(的)〉과 같고 비(非)는 부시(不是)와 같으며, 이(爾)는 〈너 여(汝), 너 여(女), 너 이(而)〉 등과 같은데 여기선 소유격(너의)이다.

맹자의 화술이 얼마나 절묘한가. 활쏘기의 교력을 가지고[以射之巧力] 성지(聖智)의 두 자가 담은 뜻을 절묘하게 밝혀주고 있음을 보라. 공자는 청임화(淸任和)의 성지를 궁사의 교력(巧力)처럼 모두 다 갖추었지만, 백이(伯夷)는 맑음[淸]을 발휘하는 힘[力]은 강하지만 그 힘을 요리하는 재주[巧]는 약했고, 이윤(伊尹)은 소임을 다하는 힘[力]은 강하지만 그 힘을 요리하는 재주[巧]는 약했으며, 유하혜(柳下惠)는 화목을 다하는 힘[力]은 강하지만 그 힘을 요리하는 재주[巧]는 약했으니, 공자야말로 집대성(集大成)의 성인(聖人)임을 맹자가 천명하고 있다. 말하자면 공자는 시중(時中)의 성인이지만, 삼성(三聖)은 시중(時中)에 미흡했음을 들어서 성인의 참모습을 절묘한 비유로 설명하고 있다. 힘이 세어서 화살이 과녁에 도달한들 적중하지 못한다면 공연히 과녁에 상처만 입히는 일이 세상에는 너무나 많지 않은가.

그 기(其), 맞힐 중(中), 아닐 비(非), 너의 이(爾), 힘 력(力), ~이다 야(也)

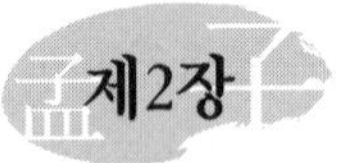

제2장

2장은 장구가 길어서 네 단락으로 나누었다. 내용 때문에 단락을 그렇게 나눈 것이 아니라 이해를 돕기 위해서이다. 주(周)나라 왕실의 반(班)과 작록(爵祿)을 북궁기(北宮錡)가 묻고 맹자가 대답하는 장이다. 특히 맹자가 가장 말단의 관직인 하사(下士)와 관직에 종사하는 서인(庶人)의 봉록(俸祿)에 관해서 상설(詳說)하고 있음을 주목하게 된다. 맹자가 바라는 치도(治道)는 행인정(行仁政)에 있으므로 말단 관직이 썩으면 그 치도가 뿌리 내릴 수 없음을 유추하게 하는 장이다.

【문지(聞之) 1】

주실반작록(周室班爵祿)

【원문(原文)】

北宮錡問曰 周室班爵祿也는 如之何이까 孟子曰 其詳은 不可得聞也이다 諸侯惡其害己也이고 而皆去其籍했다 然而軻也는 嘗聞其略也이다 天子一位요 公一位요 侯一位요 伯一位요 子男同一位이니 凡五等也이다 君一位요 卿一位요 大夫一位요 上士一位요 中士一位요 下士一位니 凡六等也이다

복궁기문왈 주실반작록야 여지하 맹자왈 기상 불가득문야 제후오기해기야 이개거기적 연이가야 상문기략야 천자일위 공일위 후일위 백일위 자남동일위 범오등야 군일위 경일위 대부일위 상사일위 중사일위 하사일위 범육등야

【해독(解讀)】

북궁기가 여쭈었다[北宮錡問曰]. "주나라 왕실의 서열과 위계와 녹봉이란[周室班爵祿也] 무엇과 같았습니까[如之何]?" 맹자가 말해주었다[孟子曰]. "그에 관한 상세함은 알려질 수 없었던 것이다[其詳不可得聞也]. 제후들은 그것이 자기들을 해칠까 싫어했던 것이다[諸侯惡其害己也]. 그래서 (제후들이) 그 문서들을 모두 없애버렸다[而皆去其籍]. 그러나 내가 말이야 일찍이 그 대략을 들었던 것이다[然而軻也嘗聞其略也]. 천자가 한 자리이고[天子一位], 공이 한 자리이며[公一位], 후가 한 자리이며[侯一位], 백이 한 자리이고[公一位], 자와 남이 동급으로 한 자리이니[子男同一位], 무릇 (서열은) 다섯 등급이다[凡五等也]. 군이 한 자리이고[君一位], 경이 한 자리이며[卿一位], 대부가 한 자리이고[大夫一位], 상사가 한 자리이며[上士一位], 중사가 한 자리이고[中士一位], 하사가 한 자리이니[下士一位], 무릇 (서열은) 여섯 등급이다[凡六等也]."

【담소(談笑)】

北宮錡問曰(북궁기문왈)

▶ **북궁기가[北宮錡] 여쭈었다[問曰].**

북궁기문왈(北宮錡問曰)은 北宮錡問於孟子 而北宮錡曰於孟子를 줄인 어

투이다. 북궁기가[北宮錡] 맹자[孟子]께[於] 물었다[問]. 그리고[而] 북궁기가[北宮錡] 맹자[孟子]께[於] 말했다[曰]. 이처럼 한문투에서는 으레 알 수 있거나 반복되는 내용이라면 사정없이 생략한다. 북궁기(北宮錡)의 북궁(北宮)은 성(姓)이고, 기(錡)는 이름이며, 위(衛)나라 사람이다. 그 외에는 미상(未詳)이다.

> 북녘 북(北), 집 궁(宮), 솥 기(錡), 물을 문(問), 가로 왈(曰)

周室班爵祿也如之何(주실반작록야여지하)

▶ 주나라[周] 왕실의[室] 서열과[班] 위계와[爵] 녹봉[祿]이란[也] 무엇과 같았습니까[如之何]?

주실반작록야여지하(周室班爵祿也如之何)는 〈A如之何〉꼴로 영어의 3형식 의문문과 같다. 周室班爵祿也如之何에서 주실반작록야(周室班爵祿也)는 주부이고, 여(如)는 타동사이며, 지(之)는 뜻 없는 허사이고, 하(何)는 의문사로 여(如)의 목적어이다. 〈A(周室班爵祿也)는 무엇과 같은가[如之何]?〉 여지하(如之何)를 ~은 무엇과 같은가?란 뜻의 관용어로 알아두면 편하다. 周室班爵祿也如之何에서 실(室)은 왕실(王室)을 말하고, 반(班)은 〈벌려 설 렬(列)〉과 같고 반열(班列)의 줄임말로 여긴다. 작(爵)은 〈벼슬 위(位)〉와 같고 작위(爵位)의 줄임말로 여기며, 녹(祿)은 〈급료 봉(俸)〉과 같고 녹봉(祿俸)의 줄임말로 여기고 새긴다.

> 주나라 주(周), 집 실(室), 벌려 설 반(班), 신분의 위계 작(爵), 녹봉 록(祿), ~이다 야(也), 같을 여(如), 무엇 하(何)

其詳不可得聞也(기상불가득문야)

▶ 그에 관한[其] 상세함은[詳] 알려질[聞] 수 없었던 것[不可得]이다[也].

기상불가득문야(其詳不可得聞也)는 〈AB也〉꼴로 영어의 2형식 문장과 같다. 其詳不可得聞也에서 기상(其詳)은 주어이고, 불가득문(不可得聞)은 보어이며, 야(也)는 영어의 be동사처럼 ~이다 정도로 여긴다. 〈A(其詳)는 B(不可得聞)이다[也]〉 其詳不可得聞也에서 불가득(不可得)은 불가능(不可能)과 같고 영어의 cannot처럼 부정의 조동사이고, 문(聞)은 수동형으로 새겨야 문맥에 걸맞게 된다. 알[聞] 수 없다[不可得]가 아니라 알려질[聞] 수 없다[不可得]로 새겨야 문맥에 걸맞다. 물론 능동 · 수동을 무시하고 능동인 것처럼 대상(其詳)은 알[聞] 수 없는 것[不可得]이다[也]로 새겨도 된다.

그 기(其), 상세할 상(詳), 아니 불(不), 가할 가(可), 얻을 득(得), 들어서 알 문(聞), ~이다 야(也)

諸侯惡其害己也(제후오기해기야)

▶ **제후들은[諸侯] 그것이[其] 자기들을[己] 해칠까[害] 미워했던 것[惡]이다[也].**

제후오기해기야(諸侯惡其害己也) 역시 〈AB也〉꼴로 영어의 2형식 문장과 같다. 諸侯惡其害己也에서 제후(諸侯)는 주어이고, 오기해기(惡其害己)는 보어이며, 야(也)는 영어의 be동사처럼 ~이다 정도로 새긴다. 〈A(諸侯)는 B(惡其害己)이다[也]〉 諸侯惡其害己也에서 오(惡)는 〈미워할 증(憎)〉과 같고, 기(其)는 기상(其詳)을 대신하며 영어의 it와 같고, 해(害)는 〈해할 상(傷)〉과 같고 상해(傷害)의 줄임말로 여긴다. 기(己)는 제후(諸侯)를 대신하는 대명사이고, 여기서는 영어의 them과 같다. 만약 諸侯惡其害己也에서 야(也)를 없애고 諸侯惡其害己로 쓰면 영어의 3형식 문장과 같다. 제후[諸侯]는 기해기(其害己)를 오(惡)했다.

모두 제(諸), 임금 후(侯), 싫어할 오(惡), 그 기(其), 해칠 해(害), 자기 기(己), ~이다 야(也)

而皆去其籍(이개거기적)

▶ **그래서[而] (제후들이) 그[其] 문서들을[籍] 모두[皆] 없애버렸다[去].**

이개거기적(而皆去其籍)은 而諸侯皆去其籍에서 반복되는 주어이므로 제후(諸侯)를 생략해버린 어투이다. 而皆去其籍에서 이(而)는 영어의 and so와 같은 연사이고, 〈모두 개(皆)〉는 타동사인 거(去)를 꾸며주는 부사이며, 적(籍)은 〈글 전(典)〉과 같고 전적(典籍)의 줄임말이며 거(去)의 목적어이다.

그래서 이(而), 모두 개(皆), 치울 거(去), 그 기(其), 문서 적(籍)

然而軻也嘗聞其略也(연이가야상문기략야)

▶ 그러나[然而] 내가[軻] 말이야[也] 일찍이[嘗] 그[其] 대략을[略] 들었던 것[聞]이다[也].

연이가야상문기략야(然而軻也嘗聞其略也)는 〈A也B也〉꼴로 강한 어조를 띤 어투로, 영어의 2형식 문장과 같다. 然而軻也嘗聞其略也에서 연이(然而)는 역접의 연사로 영어의 but과 같고, 가야(軻也)는 주어이며, 〈일찍이 상(嘗)〉은 타동사 문(聞)을 꾸며주는 부사이고, 약(略)은 문(聞)의 목적어이며, 상문기략(嘗聞其略)은 술부로서 보어이고, 야(也)는 영어의 be동사처럼 ~이다 정도로 새긴다. 然而軻也嘗聞其略也에서 가야(軻也)의 가(軻)는 맹자(孟子)의 이름이고, 야(也)는 주어를 강조해주는 어조사이니 무시하고 새겨도 되고, 상(嘗)은 〈일찍이 증(曾)〉과 같고, 약(略)은 〈간략할 간(簡)〉과 같고 간략(簡略)의 줄임말로 여기고 새긴다.

그럴 연(然), 어조사 이(而), 맹자의 이름 가(軻), 어조사 야(也), 일찍이 상(嘗), 들을 문(聞), 그 기(其), 간략할 략(略), ~이다 야(也)

天子一位(천자일위)

▶ 천자가[天子] 한[一] 자리이다[位].

천자일위(天子一位)는 天子一位也 또는 天子是一位를 줄인 어투로 영어의 2형식 문장과 같다. 천자가[天子] 한 자리[一位]이다[也·是].

하늘 천(天), 아들 자(子), 하나 일(一), 자리 위(位)

公一位(공일위)

▶ 공이[公] 한[一] 자리이다[位].

공일위(公一位)는 公一位也 또는 公是一位를 줄인 어투로 영어의 2형식 문장과 같다. 공이[公] 한 자리[一位]이다[也·是].

두루 공(公), 하나 일(一), 자리 위(位)

侯一位(후일위)

▶ 후가[候] 한[一] 자리이다[位].

후일위(侯一位)는 侯一位也 또는 侯是一位를 줄인 어투로 영어의 2형식 문장과 같다. 후가[侯] 한 자리[一位]이다[也 · 是].

임금 후(侯), 하나 일(一), 자리 위(位)

伯一位(백일위)

▶ **백이[伯] 한[一] 자리이다[位].**

백일위(伯一位)는 伯一位也 또는 伯是一位를 줄인 어투로 영어의 2형식 문장과 같다. 백이[伯] 한 자리[一位]이다[也 · 是].

맏 백(伯), 하나 일(一), 자리 위(位)

子男同一位(자남동일위)

▶ **자와[子] 남이[男] 동급으로[同] 한[一] 자리이다[位].**

자남일위(子男一位)는 子男一位也 또는 子南是一位를 줄인 어투로 영어의 2형식 문장과 같다. 자와[子] 남이[男] 같은 급수로[同] 한 자리[一位]이다[也 · 是].

5등 벼슬 자(子), 5등 벼슬 남(男), 하나 일(一), 자리 위(位)

凡五等也(범오등야)

▶ **무릇[凡] (서열은) 다섯[五] 등급[等]이다[也].**

범오등야(凡五等也)는 凡班五等也에서 주어인 반(班)이 생략되었지만 역시 〈AB也〉꼴의 어투로, 영어의 2형식 문장과 같다. 무릇[凡] 서열은[班] 다섯[五] 등급[等]이다[也]. 凡五等也에서 범(凡)은 보어인 오등(五等)을 꾸며주는 부사이고, 야(也)는 영어의 be동사처럼 ~이다 정도로 새긴다.

무릇 범(凡), 다섯 오(五), 등급 등(等), ~이다 야(也)

君一位(군일위)

▶ **임금이[君] 한[一] 자리이다[位].**

군일위(君一位)는 君一位也 또는 君是一位를 줄인 어투로 영어의 2형식 문장과 같다. 임금이[君] 한 자리[一位]이다[也 · 是].

임금 군(君), 하나 일(一), 자리 위(位)

卿一位(경일위)

▶ 경이[卿] 한[一] 자리이다[位].

경일위(卿一位)는 卿一位也 또는 卿是一位를 줄인 어투로 영어의 2형식 문장과 같다. 경이[卿] 한 자리[一位]이다[也 · 是].

벼슬 경(卿), 하나 일(一), 자리 위(位)

大夫一位(대부일위)

▶ 대부가[大夫] 한[一] 자리이다[位].

대부일위(大夫一位)는 大夫一位也 또는 大夫是一位를 줄인 어투로 영어의 2형식 문장과 같다. 대부가[大夫] 한 자리[一位]이다[也 · 是].

큰 대(大), 사내 부(夫), 하나 일(一), 자리 위(位)

上士一位(상사일위)

▶ 상사가[上士] 한[一] 자리이다[位].

상사일위(上士一位)는 上士一位也 또는 上士是一位를 줄인 어투로 영어의 2형식 문장과 같다. 상사가[上士] 한 자리[一位]이다[也 · 是].

윗 상(上), 선비 사(士), 하나 일(一), 자리 위(位)

中士一位(중사일위)

▶ 중사가[中士] 한[一] 자리이다[位].

중사일위(中士一位)는 中士一位也 또는 中士是一位를 줄인 어투로 영어의 2형식 문장과 같다. 중사가[中士] 한 자리[一位]이다[也 · 是].

가운데 중(中), 선비 사(士), 하나 일(一), 자리 위(位)

下士一位(하사일위)

▶ 하사가[下士] 한[一] 자리이다[位].

하사일위(下士一位)는 下士一位也 또는 下士是一位를 줄인 어투로 영어의 2형식 문장과 같다. 하사가[下士] 한 자리[一位]이다[也 · 是].

아래 하(下), 선비 사(士), 하나 일(一), 자리 위(位)

凡六等也(범육등야)

▶ 무릇[凡] (서열은) 여섯[六] 등급[等]이다[也].

범육등야(凡六等也)는 凡班六等也에서 주어인 반(班)이 생략되었지만 역시 〈AB也〉꼴로 영어의 2형식 문장과 같다. 무릇[凡] 서열은[班] 여섯[六] 등급[等]이다[也]. 凡六等也에서 범(凡)은 보어인 육등(六等)을 꾸며주는 부사이고, 야(也)는 영어의 be동사처럼 ~이다 정도로 새긴다.

맹사가 천자(天子)의 나라였던 주(周)나라 관직의 서열[班]을 천자(天子)·공(公)·후(侯)·백(伯)·자(子)·남(男) 등 5등급으로 분류하여 밝혀주고, 그 당시 제후국이 간직했던 관직의 서열[班]을 군(君)·경(卿)·대부(大夫)·상사(上士)·중사(中士)·하사(下士) 등 6등급으로 분류하여 밝히고 있다. 이로써 천자국에는 5등급의 벼슬이 있고, 제후국에는 6등급의 벼슬이 있었음을 알 수 있다.

무릇 범(凡), 여섯 육(六), 등급 등(等), ~이다 야(也)

【문지(聞之) 2】

천자지제(天子之制)

【원문(原文)】

天子之制(천자지제)는 地方千里(지방천리)이고 公侯(공후)는 皆方百里(개방백리)이며 伯(백)은 七十里(칠십리)이고 子男(자남)은 五十里(오십리)이니 凡四等(범사등)이다 不能五十里(불능오십리)는 不達於天子(부달어천자)하여 附於諸侯(부어제후)하니 曰附庸(왈부용)이라 한다 天子之卿(천자지경)은 受地視侯(수지시후)하고 大夫(대부)는 受地視伯(수지시백)하며 元士(원사)는 受地視子男(수지시자남)한다

【해독(解讀)】

"천자의 제도는 (다스리는) 땅이 사방으로 천 리이고[天子之制地方千里], 공과 후는 똑같이 (다스리는 땅이) 사방으로 백 리이며[公侯皆方百里], 백은 (다스리는 땅이 사방으로) 칠십 리이고[伯七十里], 자와 남은 (다스리는 땅이 사방으로) 오십 리이니[子男五十里] (주 왕실의 작록은) 무릇 네 등급이다[凡四等]. (땅의 사방이) 오십 리가 되지 못하면[不能五十里] 천자에까지 이르지 못하고[不達於天子] 제후에게 부속되고[附於諸侯] 부용이라 한다[曰附庸]. 천

자의 경이 땅을 받는 것은 후와 대등하고[天子之卿受地視侯], 대부가 땅을 받는 것은 백과 같으며[大夫受地視伯], 원사가 땅을 받는 것은 자남과 같다[元仕受地視子男]."

【담소(談笑)】

天子之制地方千里(천자지제지방천리)

▶ 천자[天子]의[之] 제도는[制] (천자가 다스리는) 땅이[地] 사방으로[方] 천 리이다[千里].

천자지제지방천리(天子之制地方千里)는 天子之制是地方千里에서 〈~이다 시(是)〉를 생략한 어투이다. 〈A是B〉를 그냥 〈AB〉로 줄여버리는 것이 한문투에서는 빈번한 편이다. 〈A(天子之制)는 B(地方千里)이다〉 天子之制地方千里에서 천자지제(天子之制)의 제(制)는 주어이고, 지방천리(地方千里)는 술부로 보어이다. 특히 天子之制에서 천자지(天子之)는 제(制)를 꾸며 주어인 제(制)는 천자지(天子之)의 후행사인 셈이다. 영어의 형용사절은 선행사를 꾸며주지만, 한문투의 형용사절은 후행사를 꾸며주는 편이다. 특히 한문투에서 다양한 구실을 하는 지(之)를 〈A之B〉꼴로 여기고 다음 4가지 정도를 잘 알아두면 문맥을 잡는 데 편하다. 〈A가[之] B함 = 주격 토씨(~이 · ~가), A를[之] B함 = 목적격 토씨(~을 · ~를), A의[之] B = 소유격 토씨(~의), A 한[之] B = 꾸며주는 어조사(~하는)〉

> 하늘 천(天), 아들 자(子), ~의 지(之), 제도 제(制), 땅 지(地), 사방 방(方), 일천 천(千), 거리 리(里)

公侯皆方百里(공후개방백리)

▶ 공과[公] 후는[侯] 똑같이[皆] (다스리는 땅이) 사방으로[方] 백 리이다[百里].

공후개방백리(公侯皆方百里)는 公侯之制皆地方百里를 줄인 어투로 역시 〈A是B〉를 그냥 〈AB〉로 줄여버린 셈이다. 〈A(公侯)는 B(方百里)이다〉 公侯皆方百里에서 공후(公侯)는 주어이고, 방백리(方百里)는 술부로 보어이다. 公侯皆方百里에서 개(皆)는 방백리(方百里)를 꾸며주는 부사이다. 公侯皆方百里의 공(公)은 벼슬이름으로 5등급의 벼슬 즉 오작(五爵) 중에서 우두머리[首]를 말하고, 후(侯)는 공(公)과 버금가는 벼슬이름을 말한다. 공

(公)과 후(侯)는 관직이 천자(天子)의 명(命)을 받아 다스릴 수 있는 땅의 넓이가 사방으로 백 리(百里)라는 뜻이다.

두루 공(公), 임금 후(侯), 모두 개(皆), 일백 백(百), 거리 리(里)

伯七十里(백칠십리)

▶ 백은[伯] (다스리는 땅이 사방으로) 칠십 리이다[七十里].

백칠십리(伯七十里)는 伯之制地方七十里를 줄인 어투로 역시 〈A是B〉를 그냥 〈AB〉로 줄여버린 셈이다. 〈A(伯)는 B(七十里)이다〉 伯七十里에서 백(伯)은 주어이고, 칠십리(七十里)는 술부로 보어이다. 伯七十里에서 백(伯)은 오작(五爵) 중에서 3번째 가는 벼슬이름이다. 백(伯)이란 관직이 천자의 명을 받아 다스릴 수 있는 땅의 넓이가 사방으로 칠십 리(七十里)라는 뜻이다.

맏 백(伯), 일곱 칠(七), 열 십(十), 거리 리(里)

子男五十里(자남오십리)

▶ 자와[子] 남은[男] (다스리는 땅이 사방으로) 오십 리이다[五十里].

자남오십리(子男五十里) 역시 子男之制地方五十里를 줄인 어투로 역시 〈A是B〉를 그냥 〈AB〉로 줄여버린 셈이다. 〈A(子男)는 B(五十里)이다〉 子男五十里에서 자남(子男)은 주어이고, 오십리(五十里)는 술부로 보어이다. 子男五十里에서 자(子)와 남(男)은 오자(五爵) 중에서 말단(末端)에 해당하는 벼슬이름이다. 자(子)와 남(男)이란 관직이 천자의 명을 받아 다스릴 수 있는 땅의 넓이가 사방으로 오십 리(五十里)라는 뜻이다.

벼슬이름 자(子), 벼슬이름 남(男), 다섯 오(五), 열 십(十), 거리 리(里)

凡四等(범사등)

▶ (주왕실의 작록은) 무릇[凡] 네 등급이다[四等].

범사등(凡四等)은 앞의 문맥을 살펴보면 周室之爵祿凡四等을 줄인 어투임을 알 수 있다. 이 역시 〈A是B〉에서 주어인 A를 생략해버리고 술부인 B만 남긴 셈이다. 〈A(周室之爵祿)는 B(四等)이다〉 凡四等에서 범(凡)은 보어인 사등(四等)을 꾸며주는 부사이다.

무릇 범(凡), 넉 사(四), 등급 등(等)

不能五十里(불능오십리) 不達於天子(부달어천자) 附於諸侯(부어제후) 曰附庸(왈부용)

▶ (땅의 사방이) 오십 리가[五十里] 되지 못하면[不能] 천자[天子]에까지[於] 이르지 못하고[不達] 제후[諸侯]에게[於] 부속되고[附] 부용[附庸]이라 한다[曰].

불능오십리(不能五十里)는 앞의 문맥을 살펴보면 地方不能五十里를 줄인 어투임을 알 수 있다. 이 역시 〈A是B〉에서 주어인 A를 생략해버리고 술부인 B만 남긴 셈이다. 〈A(地方)는 B(不能五十里)이다〉 不能五十里에서 능(能)은 자동사 〈될 위(爲)〉와 같고 오십리(五十里)는 보어이므로 不能五十里는 주어가 생략된 영어의 2형식 문장과 같다.

부달어천자(不達於天子) 역시 地方不達於天子를 줄인 어투이다. 이 역시 주어인 지방(地方)을 생략해버리고 술부인 不達於天子만 남긴 어투이다. 〈(A(地方)는 B(不達於天子)한다〉 不達於天子에서 달(達)은 자동사 〈이를 도(到)〉와 같고 도달(到達)의 줄임말로 여기고 새기며, 어천자(於天子)는 달(達)을 꾸며주는 부사구이고, 어(於)는 어조사로 ~에까지 정도로 새긴다. 그러니 不達於天子는 주어가 생략된 영어의 1형식 문장 같다.

부어제후(附於諸侯) 역시 地方附於諸侯를 줄인 어투임을 알 수 있다. 이 역시 주어인 지방(地方)을 생략해버리고 술부인 附於諸侯만 남긴 어투이다. 〈A(地方)는 B(附於諸侯)한다〉 附於諸侯에서 부(附)는 〈맡길 속(屬)〉과 같고 수동태로 부속(附屬) 내지의 줄임말로 여기고 새기고, 어제후(於諸侯)는 부(附)를 꾸며주는 부사구이며, 어(於)는 ~에게로 새기는 어조사이다. 그러니 附於諸侯 역시 주어가 생략된 영어의 수동태 2형식 문장과 같다.

왈부용(曰附庸)의 왈(曰)은 시위지(是謂之)를 간명하게 그냥 왈(曰)이라고 한 셈이다. 그러니 曰附庸을 是謂之附庸으로 바꾸어보면, 사방으로 오십 리가 채 못 되어 제후(諸侯)한테 부속된 지방을 부용(附庸)이라고 불렀음을 알 수 있다. 그러니 부용은 작은 지방이어서 천자(天子)가 자남(子男)에게 작록(爵祿)으로 줄 수 없는 땅인 셈이다.

못할 불(不), 될 능(能), 거리 리(里), 이를 달(達), ~에게 어(於), 붙을 부(附), 모두 제(諸), 임금 후(侯), 이를 왈(曰), 쓸 용(庸)

天子之卿受地視侯(천자지경수지시후)

▶ 천자[天子]의[之] 경이[卿] 땅을[地] 받는 것은[受] 후와[侯] 대등하다[視].

천자지경수지시후(天子之卿受地視侯)와 같은 어투의 문맥을 잡으려면 먼저 구문의 골격을 이루는 주부와 술부를 살펴야 한다. 天子之卿受地視侯에서 주부는 천자지경수지(天子之卿受地)이고, 술부는 시후(視侯)임을 찾아내면 곧장 天子之卿受地視侯의 문맥이 잡힌다. 天子之卿受地視侯는 天子之卿之受地視侯之受地를 줄여놓은 어투이다. 특히 천자지경지수지(天子之卿之受地)에서 앞의 지(之)는 소유격 토씨(~의)이고, 뒤의 지(之)는 주격 토씨(~가)이지만 반복되므로 뒤의 것을 생략한 어투임을 알면 문맥을 잡는 데 편리하다. 그러면 天子之卿受地를 천자[天子]의[之] 경[卿]이[之] 땅을[地] 받는 것[受]이라고 새길 수 있다. 天子之卿受地視侯에서 시(視)는 〈대등할 비(比)〉와 같고 〈A視B〉꼴의 어투이다. 〈A(天子之卿受地)는 B(候)와 대등하다[視]〉 天子之卿受地視侯에서 천자지경수지(天子之卿受地)가 주부로서 주어이고, 시후(視候)가 술부로서 시(視)가 후(侯)를 목적어로 삼고 있으므로, 天子之卿受地視侯는 영어의 3형식 문장과 같다.

~의 지(之), 벼슬 경(卿), 받을 수(受), 영지 지(地), 대등할 시(視), 임금 후(侯)

大夫受地視伯(대부수지시백)

▶ 대부가[大夫] 땅을[地] 받는 것은[受] 백과[伯] 대등하다[視].

대부수지시백(大夫受地視伯) 역시 문맥을 잡으려면 먼저 주부와 술부를 살펴야 한다. 大夫卿受地視伯에서 주부는 대부수지(大夫受地)이고, 술부는 시백(視伯)임을 찾아내면 곧장 大夫卿受地視伯의 문맥이 잡힌다. 大夫卿受地視伯은 大夫之受地視伯之受地를 줄여놓은 어투임을 알 수 있다. 특히 大夫之受地視伯之受地에서 주격 토씨(~가)인 지(之)를 생략한 어투라고 알면 된다. 그러면 大夫之受地를 대부[大夫]가[之] 땅을[地] 받는 것[受]이라고 새길 수 있다. 大夫卿受地視伯에서 시(視)는 〈대등할 비(比)〉와 같고, 〈A視B〉꼴이다. 〈A(大夫受地)는 B(伯)와 대등하다[視]〉 大夫受地視伯에서 대부수지

(大夫受地)가 주부로서 주어이고, 시백(視伯)이 술부로서 시(視)가 백(伯)을 목적어로 삼고 있으므로, 大夫卿受地視伯는 영어의 3형식 문장과 같다.

큰 대(大), 사내 부(夫), 받을 수(受), 영지 지(地), 대등할 시(視), 벼슬이름 백(伯)

元仕受地視子男(원사수지시자남)

▶ 원사가[元士] 땅을[地] 받는 것은[受] 자남과[子男] 대등하다[視].

원사수지시자남(元仕受地視子男) 역시 문맥을 잡으려면 먼저 주부와 술부를 살펴야 한다. 元仕受地視子男에서 주부는 원사수지(元士受地)이고 술부는 시자남(視子男)임을 찾아내면 곧장 元仕受地視子男의 문맥이 잡힌다. 그리고 元仕受地視子男이 元仕之受地視子男之受地를 줄여놓은 어투임을 알 수 있다. 특히 元仕之受地視子男之受地에서 지(之)는 주격 토씨(~가)이지만 생략되었다. 그러므로 元士之受地를 원사[元士]가[之] 땅을[地] 받는 것[受]이라고 새길 수 있다. 元仕受地視子男에서 시(視)는 〈대등할 비(比)〉와 같고 〈A視B〉꼴이다. 〈A(元士受地)는 B(子男)와 대등하다[視]〉 元士受地視子男에서 원사수지(元士受地)가 주부로서 주어이고, 시자남(視子男)이 술부로서 시(視)가 자남(子男)을 목적어로 삼고 있으므로, 元仕受地視子男은 영어의 3형식 문장과 같다.

으뜸 원(元), 선비 사(士), 받을 수(受), 영지 지(地), 대등할 시(視), 벼슬이름 자(子), 벼슬이름 남(男)

【문지(聞之) 3】

군십경록(君十卿祿)

【원문(原文)】

大國은 地方百里이니 君은 十卿祿이고 卿祿은 四大夫이며 大夫는 倍上士이고 上士는 倍中士이며 中士는 倍下士이며 下士與庶人在官者는 同祿하니 祿足以代其耕也이다 次國은 地方七十里이니 君은 十卿祿이고 卿祿은 三大夫이며 大夫는 倍上士이고 上
대국 지방백리 군 십경록 경록 사대부 대부 배상사 상사 배중사 중사 배하사 하사여서인재관자 등록 녹족이대기경야 차국 지방칠십리 군 십경록 경록 삼대부 대부 배상사 상

士는 倍中士이며 中士는 倍下士이며 下士與庶人在官者이고 同
사 배중사 중사 배하사 하사여서인재관자 동
祿하니 祿足以代其耕也이다 小國은 地方五十里이니 君은 十卿
록 녹족이대기경야 소국 지방오십리 군 십경
祿이고 卿祿은 二大夫이며 大夫는 倍上士이고 上士는 倍中士이
록 경록 이대부 대부 배상사 상사 배중사
며 中士는 倍下士이며 下士與庶人在官者이고 同祿하니 祿足以
중사 배하사 하사여서인재관자 동록 녹족이
代其耕也이다
대기경야

【해독(解讀)】

"큰 나라의 땅이 사방 백 리이면[大國地方百里] (그 대국의) 임금은 경의 봉록의 열 배였고[君十卿祿], 경의 봉록은 대부의 것을 네 배로 했으며[卿祿四大夫], 대부의 봉록은 상사의 것을 곱절로 했고[大夫倍上士], 상사의 봉록은 중사의 것을 곱절로 했으며[上士倍中士], 중사의 봉록은 하사의 것을 곱절로 했고[中士倍下士], 하사는 서인으로 관직에 있는 사람과 함께 한 가지로 봉급을 받고[下士與庶人在官者同錄], (그리고 하사의) 봉급은 그것으로써 그 자신의 농사일을 대신해줄 수 있는 것이다[祿足以代其耕也]. 그 다음 나라의 땅이 사방 칠십 리이면[次國地方七十里] (그 나라의) 임금은 경의 봉록의 열 배였고[君十卿祿], 경의 봉록은 대부의 것을 세 배로 했으며[卿祿三大夫], 대부의 봉록은 상사의 것을 곱절로 했고[大夫倍上士], 상사의 봉록은 중사의 것을 곱절로 했으며[上士倍中士], 중사의 봉록은 하사의 것을 곱절로 했고[中士倍下士], 하사는 서인으로 관직에 있는 사람과 함께 한 가지로 봉급을 받고[下士與庶人在官者同錄], (그리고 하사의) 봉급은 그것으로써 그 자신의 농사일을 대신해줄 수 있는 것이다[祿足以代其耕也]. 작은 나라의 땅이 사방 오십 리이면[小國地方五十里] (그 나라의) 임금은 경의 봉록의 열 배였고[君十卿祿], 경의 봉록은 대부의 것을 두 배로 했으며[卿祿二大夫], 대부의 봉록은 상사의 것을 곱절로 했고[大夫倍上士], 상사의 봉록은 중사의 것을 곱절로 했으며[上士倍中士], 중사의 봉록은 하사의 것을 곱절로 했고[中士倍下士], 하사는 서인으로 관직에 있는 사람과 함께 한 가지로 봉급을 받고[下士與庶人在官者同錄], (그리고 하사의) 봉급은 그것으로써 그 자신의 농사일을 대신해줄 수 있는 것이다[祿足以代其耕也]."

【담소(談笑)】

大國地方百里(대국지방백리) 君十卿祿(군십경록)

▶ 큰[大] 나라의[國] 땅이[地] 사방[方] 백 리이면[百里] 그 임금은[君] 경의[卿] 봉록의[祿] 열 배였다[十].

대국지방백리군십경록(大國地方百里君十卿祿)은 대국지방백리(大國地方百里)와 군십경록(君十卿祿)으로 나누어 보아야 문맥이 잡힌다. 그리고 大國地方百里와 君十卿祿이 어떤 관계인지 살펴서 서로 연결해주어야 문맥의 흐름이 잡힐 것이다. 이른바 두 구문 사이에 주종(主從) 관계를 살펴야 된다는 말이다. 大國地方百里를 조건의 종속절로 하고 君十卿祿을 주절로 하면 大國地方百里 君十卿祿의 문맥이 잡힌다.

조건의 종속절인 대국지방백리(大國地方百里)에서 주어는 지(地)이고, 방(方)은 보어인 백리(百里)를 꾸며주는 부사이다. 주절인 군십경록(君十卿祿)에서 군(君)은 주어이고, 경지록(卿之祿)를 줄인 경록(卿祿)은 타동사인 십(十)의 목적어이다. 君十卿祿에서 십(十)은 〈열 배로 할 십(十)〉으로 타동사이다. 그러니 大國地方百里 君十卿祿은 조건의 부사절을 지닌 복문으로 여기고 새긴다.

큰 대(大), 나라 국(國), 땅 지(地), 사방 방(方), 일백 백(百), 거리 리(里), 임금 군(君), 열 배로 할 십(十), 벼슬 경(卿), 봉록 록(祿)

卿祿四大夫(경록사대부)

▶ 경의[卿] 봉록은[祿] 대부의 것을[大夫] 네 배로 한다[四].

경록사대부(卿祿四大夫)는 卿之祿四大夫之祿을 줄인 어투이다. 그래서 卿祿四大夫를 새기려면 먼저 생략된 내용을 보충해야 문맥에 걸맞은 문의를 건질 수 있다. 경록(卿祿)을 경지록(卿之祿)의 줄임으로 여기고 경[卿]의[之] 녹[祿]으로 새길 줄 알면 편하고, 대부(大夫)를 대부지록(大夫之祿)의 줄임으로 알고 대부[大夫]의[之] 것[祿]으로 새길 줄 알면 편하다. 卿祿四大夫에서 경록(卿祿)의 녹(祿)이 주어이고, 사(四)는 네 배로 한다는 뜻의 타동사이며, 대부(大夫)는 목적어이므로, 卿祿四大夫는 영어의 3형식 문장과 같다.

벼슬 경(卿), 봉록 록(祿), 네 배로 할 사(四), 큰 대(大), 사내 부(夫)

大夫倍上士(대부배상사)

▶ **대부의 것은[大夫] 상사의 것을[上士] 곱절로 한다[倍].**

대부배상사(大夫倍上士)는 大夫之祿倍上士之祿을 줄인 어투이다. 그래서 大夫倍上士를 새기려면 먼저 생략된 내용을 보충해야 문맥에 걸맞은 문의를 건질 수 있다. 대부(大夫)를 대부지록(大夫之祿)의 줄임으로 여기고 대부[大夫]의[之] 녹[祿]으로 새길 줄 알면 편하고, 상사(上士)를 상사지록(上士之祿)의 줄임으로 알고 상사[上士]의[之] 것[祿]으로 새길 줄 알면 편하다. 大夫倍上士에서 대부(大夫)는 주어이고, 배(倍)는 곱절로 한다는 뜻의 타동사이며, 상사(上士)는 목적어이므로, 大夫倍上士는 영어의 3형식 문장과 같다.

큰 대(大), 사내 부(夫), 갑절로 할 배(倍), 위 상(上), 선비 사(士)

上士倍中士(상사배중사)

▶ **상사의 것은[上士] 중사의 것을[中士] 곱절로 한다[倍].**

상사배중사(上士倍中士)는 上士之祿倍中士之祿을 줄인 어투이다. 그래서 上士倍中士를 새기려면 먼저 생략된 내용을 보충해야 문맥에 걸맞은 문의를 건질 수 있다. 상사(上士)를 상사지록(上士之祿)의 줄임으로 여기고 상사[上士]의[之] 녹[祿]으로 새길 줄 알면 편하고, 중사(中士)를 중사지록(中士之祿)의 줄임으로 알고 중사[中士]의[之] 것[祿]으로 새길 줄 알면 편하다. 上士는 倍中士에서 상사(上士)는 주어이고, 배(倍)는 곱절로 한다는 뜻의 타동사이며, 중사(中士)는 목적어이므로, 上士倍中士는 영어의 3형식 문장과 같다.

위 상(上), 선비 사(士), 갑절로 할 배(倍), 가운데 중(中)

中士倍下士(중사배하사)

▶ **중사의 것은[中士] 중사의 것을[下士] 곱절로 한다[倍].**

중사배하사(中士倍下士)는 中士之祿倍下士之祿을 줄인 어투이다. 그래서 中士倍下士를 새기려면 먼저 생략된 내용을 보충해야 문맥에 걸맞은 문의를 건질 수 있다. 중사(中士)를 중사지록(中士之祿)의 줄임으로 여기고 중사

[中士]의[之] 녹[祿]으로 새길 줄 알면 편하고, 하사(下士)를 하사지록(下士之祿)의 줄임으로 알고 하사[下士]의[之] 것[祿]으로 새길 줄 알면 편하다. 中士倍下士에서 중사(中士)는 주어이고, 배(倍)는 곱절로 한다는 뜻의 타동사이며, 下士는 목적어이므로, 中士倍下士는 영어의 3형식 문장과 같다.

가운데 중(中), 선비 사(士), 갑절로 할 배(倍), 아래 하(下)

下士與庶人在官者同祿(하사여서인재관자동록)

▶ 하사는[下士] 서인으로서[庶人] 관에[官] 있는[在] 사람과[者] 함께[與] 한 가지로[同] 봉급을 받는다[祿].

하사여서인재관자동록(下士與庶人在官者同祿)과 같은 어투의 문맥을 잡으려면 먼저 구문의 골격을 이루는 주부와 술부를 살펴야 한다. 下士與庶人在官者同祿의 주부는 하사(下士)이고, 술부는 동록(同祿)이며, 여서인재관자(與庶人在官者)는 수동태 동사인 녹(祿)을 꾸며주는 부사구임을 찾아내면 곧장 下士與庶人在官者同祿의 문맥이 잡힌다. 부사구인 여서인재관자(與庶人在官者)를 제외하고 먼저 하사동록(下士同祿)의 문맥을 잡으면 다음과 같다. 하사는[下士] 한 가지로[同] 봉급을 받는다[祿]. 그리고 與庶人在官者에서 여(與)는 영어의 with처럼 전치사와 같은 어조사이고, 서인재관(庶人在官)은 자(者)를 꾸며주는 형용사절이다. 〈與在A者〉꼴이 제법 많이 쓰이기 때문에 〈與在A者〉꼴을 관용어로 알아두면 편하다. 〈A에 있는[在] 사람과[者] 함께[與]〉. 〈與在A者〉를 〈與人於A〉로 쓰기도 한다. 〈A에 있는[於] 사람과[人] 함께[與]〉

아래 하(下), 선비 사(士), 함께 여(如), 많을 서(庶), 있을 재(在), 벼슬 관(官), 놈 자(者), 한 가지 동(同), 봉급을 받는 록(祿)

祿足以代其耕也(녹족이대기경야)

▶ (하사의) 봉급은[祿] 그것으로써[以] 그 자신의[其] 농사를[耕] 대신해 줄 수 있는 것[足代]이다[也].

녹족이대기경야(祿足以代其耕也)는 〈AB也〉꼴로 영어의 2형식 문장과 같다. 물론 祿足以代其耕也는 是以下士之祿足代其耕也를 줄인 어투이다. 祿足以代其耕也를 새기려면 이(以)의 구실을 잘 알아야 한다. 여기서 이(以)는 시이(是以)의 줄임으로 이것을[是] 가지고[以]로 새긴다. 그리고 시이(是以)의 시(是)는 앞의 내용을 대신하고, 시(是)를 생략하면 이(以)는 동사 앞에 놓인다. 是以下士之祿足代其耕也에서 시(是)와 하사지(下士之)를 생략하여 祿足以代其耕也가 된 것을 알면, 祿足以代其耕也가 하사가 받는 봉급으로 하사가 직접 농사짓는 일을 대신하기에 충분하다는 뜻임을 알 수 있다.

녹봉 록(祿), 가할 족(足), 써 이(以), 대신할 대(代), 농사지을 경(耕), ~이다 야(也)

次國地方七十里(차국지방칠십리) 君十卿祿(군십경록)

▶ 그 다음[次] 나라의[國] 땅이[地] 사방[方] 칠십 리이면[七十里] 그 임금은[君] 경의[卿] 봉록의[祿] 열 배였다[十].

차국지방칠십리군십경록(次國地方七十里君十卿祿)은 차국지방칠십리(次國地方七十里)와 군십경록(君十卿祿)으로 나누어야 문맥이 잡힌다. 그리고 次國地方七十里와 君十卿祿이 어떤 관계인지 살펴서 서로 연결해야 문맥의 흐름이 잡힌다. 이른바 두 구문 사이에 주종 관계를 살펴야 된다는 말이다. 次國地方七十里를 조건의 종속절로 하고, 君十卿祿을 주절로 하면 次國地方七十里 君十卿祿의 문맥이 잡힌다.

조건의 종속절인 차국지방칠십리(次國之地方七十里)에서 주어는 지(地)이고, 방(方)은 보어인 칠십리(七十里)를 꾸며주는 부사이다. 주절인 군십경록(君十卿祿)에서 군(君)은 주어이고, 경지록(卿之祿)을 줄인 경록(卿祿)은 타동사인 십(十)의 목적어이다. 君十卿祿에서 십(十)은 〈열 배로 할 십(十)〉으로 타동사이다. 그러니 次國地方七十里 君十卿祿은 조건의 부사절을 지닌 복문으로 여기고 새긴다.

다음 차(次), 나라 국(國), 땅 지(地), 사방 방(方), 거리 리(里), 임금 군(君), 열 배로 할 십(十), 벼슬 경(卿), 봉록 록(祿)

卿祿三大夫(경록삼대부)

▶ 경의[卿] 봉록은[祿] 대부의 것을[大夫] 세 배로 한다[三].

경록삼대부(卿祿三大夫)는 卿之祿三大夫之祿을 줄인 어투이다. 그래서 卿祿三大夫를 새기려면 먼저 생략된 내용을 보충해야 문맥에 걸맞은 문의를 건질 수 있다. 경록(卿祿)을 경지록(卿之祿)을 줄인 것으로 알고 경[卿]의[之] 녹[祿]으로 새길 줄 알면 편하고, 대부(大夫)를 대부지록(大夫之祿)의 줄임으로 알고 대부[大夫]의[之] 것[祿]으로 새길 줄 알면 편하다. 卿祿三大夫에서 경록(卿祿)의 녹(祿)이 주어이고, 삼(三)은 세 배로 한다는 뜻의 타동사이며, 대부(大夫)는 목적어이므로, 卿祿三大夫는 영어의 3형식 문장과 같다.

벼슬 경(卿), 봉록 록(祿), 세 배로 할 삼(三), 큰 대(大), 사내 부(夫)

小國地方五十里(소국지방오십리) 君十卿祿(군십경록)

▸ 작은[小] 나라의[國] 땅이[地] 사방[方] 오십 리이면[五十里] 그 임금은[君] 경의[卿] 봉록의[祿] 열 배였다[十].

소국지방오십리군십경록(小國地方五十里君十卿祿)은 소국지방오십리(小國地方五十里)와 군십경록(君十卿祿)으로 나누어 살펴야 문맥이 잡힌다. 그리고 小國地方五十里와 君十卿祿이 어떤 관계인지 살펴서 서로 연결해야 문맥의 흐름이 잡힌다. 이른바 두 구문 사이에 주종 관계를 살펴야 된다는 말이다. 小國地方五十里를 조건의 종속절로 하고, 君十卿祿을 주절로 하면 小國地方五十里 君十卿祿의 문맥이 잡힌다.

조건의 종속절인 소국지방오십리(小國之地方五十里)에서 주어는 지(地)이고, 방(方)은 보어인 오십리(五十里)를 꾸며주는 부사이다. 주절인 군십경록(君十卿祿)에서 군(君)은 주어이고, 경지록(卿之祿)을 줄인 경록(卿祿)은 타동사 십(十)의 목적어이다. 君十卿祿에서 십(十)은 〈열 배로 할 십(十)〉으로 타동사이다. 그러니 小國地方五十里 君十卿祿은 조건의 부사절을 지닌 복문으로 여기고 새긴다.

작을 소(小), 나라 국(國), 땅 지(地), 사방 방(方), 거리 리(里), 임금 군(君), 열 배로 할 십(十), 벼슬 경(卿), 봉록 록(祿)

卿祿二大夫(경록이대부)

▸ 경의[卿] 봉록은[祿] 대부의 것을[大夫] 곱절로 한다[二].

경록이대부(卿祿二大夫)는 卿之祿二大夫之祿을 줄인 어투이다. 그래서 卿祿二大夫를 새기려면 먼저 생략된 내용을 보충해야 문맥에 걸맞은 문의를 건질 수 있다. 경록(卿祿)을 경지록(卿之祿)의 줄인 것으로 여기고, 경[卿]의[之] 녹[祿]으로 새길 줄 알면 편하고, 대부(大夫)를 대부지록(大夫之祿)의 줄임으로 알고 대부[大夫]의[之] 것[祿]으로 새길 줄 알면 편하다. 卿祿二大夫에서 경록(卿祿)의 녹(祿)이 주어이고, 이(二)는 두 배로 한다는 뜻의 타동사이며, 대부(大夫)는 목적어이므로, 卿祿二大夫는 영어의 3형식 문장과 같다.

벼슬 경(卿), 봉록 록(祿), 곱절로 할 이(二), 큰 대(大), 사내 부(夫)

【문지(聞之) 4】

서인재관자(庶人在官者)

【원문(原文)】

耕者之所獲은 一夫百畝이니 百畝之糞에 上農夫는 食九人하고 上次는 食八人하며 中은 食七人하고 中次는 食六人하며 下는 食五人이니 庶人在官者는 其祿이 以是爲差한다

경자지소획 일부백묘 백묘지분 상농부 사구인 상차 사팔인 중 사칠인 중차 사육인 하 사오인 서인재관자 기록 이시위차

【해독(解讀)】

"농사짓는 사람이 획득하는 바는 한 농부에게 백묘였다[耕者之所獲一夫百畝]. 백묘를 가꾸면[百畝之糞] 우수한 농부는 아홉 사람을 먹인다[上農夫食九人]. 상농부의 다음은 여덟 사람을 먹이며[上次食八人], 중간 농부는 일곱 사람을 먹이고[中食七人], 중간 농부의 다음은 여섯 사람을 먹이며[中次食六人], 아래 농부는 다섯 사람을 먹인다[下食五人]. 서인으로 관직에 있는 자들의[庶人在官者] 그 녹봉은 이것으로써 (녹봉의) 차등을 삼았다[其祿以是爲差]."

【담소(談笑)】

耕者之所獲一夫百畝(경자지소획일부백묘)

▶ 농사짓는[耕] 사람[者]이[之] 획득하는[獲] 바는[所] 한[一] 농부에게[夫] 백묘이다[百畝].

경자지소획일부백묘(耕者之所獲一夫百畝)는 〈AB〉꼴로 영어의 2형식 문장과 같다. 〈A(耕者之所獲)는 B(一夫百畝)이다〉 耕者之所獲一夫百畝를 耕

者之所獲百畝於一夫로 고치면 경자지소획(耕者之所獲)이 주부이고, 일부(一夫)는 백묘(百畝)를 돕는 부사구이며, 백묘(百畝)가 보어임을 알 수 있어 耕者之所獲一夫百畝의 문맥을 잡을 수 있다. 특히 耕者之所獲一夫百畝의 주부인 경자지소획(耕者之所獲)과 같은 어투를 잘 새겨둘 필요가 있다. 耕者之所獲의 소(所)는 영어에서 선행사를 포함하는 관계대명사 what과 같다고 여기면 편하다. 다음처럼 영역(英譯)해보면 耕者之所獲의 소(所)를 이해할 수 있다. 耕者之所獲 = what the farmer get. 所耕者獲에서 획(獲)의 주어인 경자(耕者)를 전치하면서 허사인 지(之)를 더했으므로, 耕者之所獲의 지(之)를 주격 토씨(~가)처럼 여기고 새긴다. 耕者之所獲에서 획(獲)은 〈얻어낼 득(得)〉과 같고 획득(獲得)의 줄임말로 여기며, 一夫百畝의 묘(畝)는 백보(百步)의 넓이를 말한다. 일보(一步)는 육척(六尺)의 넓이이므로 백묘(百畝)는 천보(千步)의 넓이인 경작지를 말한다.

밭갈 경(耕), 놈 자(者), ~가 지(之), 바 소(所), 얻을 획(獲), 하나 일(一), 사내 부(夫), 일백 백(百), 밭넓이 묘(畝)

百畝之糞(백묘지분) 上農夫食九人(상농부사구인)

▶ 백묘[百畝]를[之] 가꾸면[糞] 우수한[上] 농부는[農夫] 아홉[九] 사람을[人] 먹인다[食].

백묘지분상농부사구인(百畝之糞上農夫食九人)과 같은 어투는 구문의 주동사(主動詞)를 먼저 살펴야 문맥을 잡기 쉽다. 百畝之糞上農夫食九人에서 주동사는 〈먹일 사(食)〉이므로, 사(食) 앞의 농부(農夫)는 사(食)의 주어이고, 사(食) 뒤의 구인(九人)은 사(食)의 목적어이다. 그리고 百畝之糞의 지(之)는 여러 가지로 새길 수 있으므로 문맥에 가장 걸맞은 쪽을 택한다. 백묘[百畝]의[之] 가꿈[糞], 백묘[百畝]를[之] 가꿈[糞], 백묘[百畝]가[之] 가꿈[糞] 등으로 새길 수 있다는 말이다. 이처럼 지(之)는 토씨 구실을 자유롭게 하는 허사이다. 百畝之糞이면 上農夫가 九人을 먹여살린다[食]. 이제 百畝之糞上農夫食九人은 上農夫糞百畝 上農夫食九人에서 상농부(上農夫)를 생략하고, 분백묘(糞百畝)의 백묘(百畝)를 전치시키면서 허사인 지(之)를 더하여 百畝之糞이 되었다고 정리해볼 수 있다. 그러니 百畝之糞上農夫食九人은 백묘지분(百畝之糞)이 조건의 부사구이고, 상농부사구인(上農夫食九人)은 영어의 3형식 문장과 같다. 百畝之糞에서 분(糞)은 〈가꿀 배(培), 치(治)〉 등과 같고, 밭에 거름을 주어 농토(農土)를 기름지게 한다는 뜻의 〈가꿀 분(糞)〉이다. 上農夫食九人에서 상(上)은 〈우수할 우(優)〉와 같고, 사(食)는 〈먹여 길러줄 죽(鬻)〉과 같으며 발음이 〈먹을 식(食)〉이 아닌 〈먹일 사(食)〉임을 주의한다.

일백 백(百), 밭넓이 묘(畝), ~를 지(之), 가꿀 분(糞), 우수할 상(上), 농사 농(農), 사내 부(夫), 먹일 사(食), 아홉 구(九)

上次食八人(상차사팔인)

▶ **상농부의[上] 다음은[次] 여덟[八] 사람을[人] 먹인다[食].**

상차사팔인(上次食八人)은 上農夫之此食八人을 줄인 어투이고, 〈A食B〉꼴로 영어의 3형식 문장과 같다. 上次食八人에서 상차(上次)는 주어이고, 사(食)는 타동사이며, 팔인(八人)은 목적어이다. 상차(上次)는 팔인(八人)을 먹인다[食]고 새겨보면 上次食八人의 문맥이 잡힌다.

우수할 상(上), 다음 차(次), 먹일 사(食), 여덟 팔(八)

中食七人(중사칠인)

▶ **중간 농부는[中] 일곱[七] 사람을[人] 먹인다[食].**

중사칠인(中食七人)은 中農夫食七人을 줄인 어투이고, 〈A食B〉꼴로 영어의 3형식 문장과 같다. 中食七人에서 중(中)은 주어이고, 사(食)는 타동사이며, 칠인(七人)은 목적어이다. 중(中)은 칠인(七人)을 먹인다[食]고 새겨보면 中食七人의 문맥이 잡힌다.

가운데 중(中), 먹일 사(食), 일곱 칠(七)

中次食六人(중차사육인)

▶ **중간 농부의[中] 다음은[次] 여섯[六] 사람을[人] 먹인다[食].**

중차사육인(中次食六人)은 中農夫之次食六人을 줄인 어투이고, 〈A食B〉꼴로 영어의 3형식 문장과 같다. 中次食六人에서 중차(中次)는 주어이고, 사(食)는 타동사이며, 육인(六人)은 목적어이다. 중차(中次)는 육인(六人)을 먹인다[食]고 새겨보면 中次食六人의 문맥이 잡힌다.

가운데 중(中), 다음 차(次), 먹일 사(食), 여섯 육(六)

下食五人(하사오인)

▶ 아래 농부는[下] 다섯[五] 사람을[人] 먹인다[食].

하사오인(下食五人)은 下農夫食五人을 줄인 어투이고, 〈A食B〉꼴로 영어의 3형식 문장과 같다. 下食五人에서 하(下)는 주어이고, 사(食)는 타동사이며, 오인(五人)은 목적어이다. 하(下)는 오인(五人)을 먹인다[食]고 새겨보면 下食五人의 문맥이 잡힌다.

아래 하(下), 먹일 사(食), 다섯 오(五)

庶人在官者其祿以是爲差(서인재관자기록이시위차)

▶ 서인으로[庶人] 관직에[官] 있는[在] 자[者]의[其] 녹봉은[祿] 이를[是] 가지고[以] (녹봉의) 차등을[差] 삼았다[爲].

서인재관자기록이시위차(庶人在官者其祿以是爲差) 역시 구문의 주동사를 먼저 살펴야 문맥 잡기가 쉽다. 庶人在官者其祿以是爲差에서 주동사는 〈삼을 위(爲)〉이다. 따라서 위(爲) 앞의 서인재관자기록(庶人在官者其祿)은 위(爲)의 주부이고, 위(爲) 뒤의 차(差)는 위(爲)의 목적어이다. 그리고 이시(以是)의 시(是)는 앞에서 열거한 농부의 서열을 나타내는 지시어이고, 이시(以是)의 이(以)는 〈써 용(用)〉과 같고 이것을[是] 가지고[以]로 새긴다. 그리고 庶人在官者其祿以是爲差에서 주동사 위(爲)는 한문투에서 다양한 뜻을 나타내는 글자이므로 문맥에 걸맞은 뜻을 찾아야 문의를 건질 수 있다. 여기선 〈爲A以B〉로 관용어처럼 자주 쓰인다. 〈B를 가지고[以] A를 삼는다[爲]〉 그리고 위(爲)의 주부인 서인재관자기록(庶人在官者其祿)은 먼저 기(其)의 쓰임새를 잘 알아야 그 문맥을 잡을 수 있다. 〈A之B〉에서 A가 길면 허사인 지(之) 대신에 관형사인 기(其)를 쓰는 경우가 흔하므로 庶人在官者其祿을 서인재관자(庶人在官者)의[其] 녹(祿)이라고 문맥을 잡을 수 있다. 그리고 庶人在官者에서 서인재관(庶人在官)은 자(者)를 꾸며주는 형용사절이다. 관(官)에 있는[在] 사람[者].

맹자가 북궁기(北宮錡)에게 반작록(班爵祿) 중에서 관직의 서열[班]을 간략하게 정리한 다음 관직에 따라 받는 녹봉(祿俸)을 상설해주는 이유는, 맹자가 밝히는 치도(治道)의 근간인 행인정(行仁政)을 펴는 데 공정한 녹봉이 시행되어야 하기 때문이다. 탐관오리(貪官汚吏)가 무성하면 공정한 녹봉의 체계가 무너지고, 그러면 백성이 도탄에 빠지고 말아 인정의 베풀어짊[行仁政]은 무산되고 만다. 특히 관직 중에서 맨 말단인 하사(下士)의 녹(祿)과 선비가 되지 못했지만 관직에 있는 서인(庶人)의 녹(祿)을 농부의 서열을 들어 상설한 것이 맹자의 뜻을 절실하게 해준다.

많을 서(庶), 있을 재(在), 벼슬 관(官), 놈 자(者), 그 기(其), 봉록 록(祿), 써 이(以), 이 시(是), 삼을 위(爲), 차등 차(差)

제3장

3장은 장구가 길어서 네 단락으로 나누었다. 내용 때문에 단락을 그렇게 나눈 것이 아니라 이해를 돕기 위해서이다. 만장이 스승(孟子)께 문우(問友)하는 장이다. 그래서 이 장을 통하여 유가의 교우관(交友觀)을 살펴보게 한다. 그 교우관은 우기덕(友其德)하라는 말씀으로 요약될 수 있다. 그[其] 덕을[德] 벗하라[友]. 그러니 이해를 따라 이루어지는 친목과 사교는 결코 교우가 아님을 알려준다. 그리고 우기덕(友其德)의 궁행(躬行)이 귀귀존현(貴貴尊賢)이라고 이 장에서 밝혀진다. 귀인을 귀하게 여기고[貴貴] 현인은 존경하라[尊賢]. 왜 벗[友]이 곧 즐거움[樂]인지 살펴 알게 하는 장이다.

【문지(聞之) 1】

우야자우기덕야(友也者友其德也)

【원문(原文)】

萬章이 問曰 敢問友하나이다 孟子曰 不挾長하고 不挾貴하며 不挾兄弟而友한다 友也者友其德也이니 不可以有挾也이다
만장 문왈 감문우 맹자왈 불협장 불협귀 불협형제이우 우야자우기덕야 불가이유협야

【해독(解讀)】

만장이 여쭈었다[萬章問曰]. "벗 사귀는 것을 감히 여쭙니다[敢問友]." 맹자가 말해주었다[孟子曰]. "(벗을 사귐은) 나이 많음을 끼우지 않고[不挾長], (벗을 사귐은) 존귀함을 끼우지[挾] 않으며[不挾貴], (벗 사귐은) 형제를 끼우지 않고서 벗을 사귄다[不挾兄弟而友]. 벗이란 것은 사귈 사람의 덕을 사귄다는 것이다[友也者友其德也]. (그러니 벗 사귐에는 여타의 다른 것들의) 끼움이 있을 수 없다는 것이다[不可以有挾也]."

【담소(談笑)】

萬章問曰(만장문왈)

▶ 만장이[萬章] 물어[問] 여쭈었다[曰].

만장문왈(萬章問曰)은 萬章問於孟子 而萬章曰於孟子를 줄인 어투이다. 만장이[萬章] 맹자[孟子]께[於] 물었다[問]. 그리고[而] 만장이[萬章] 맹자[孟子]께[於] 말했다[曰]. 이처럼 으레 알 수 있거나 반복되는 내용이라면 사정없이 생략하는 어투가 곧 한문투이다. 만장의 만(萬)은 성씨이고 장(章)은 이름이다. 만장은 제나라 사람으로 맹문(孟門)의 고제(高弟)이다. 「등문공장구(滕文公章句) 하(下)」 5장에서 이미 맹자와 만장의 문답을 본 바가 있다. 제(齊)나라 승주(勝州) 남만촌(南萬村)에 만장의 묘가 있다고 한다.

일만 만(萬), 글 장(章), 물을 문(問), 말할 왈(曰)

敢問友(감문우)

▶ 감히[敢] 벗을 사귐을[友] 여쭙니다[問].

감문우(敢問友)는 萬章敢問友於孟子를 줄인 어투이다. 敢問友는 〈A問B〉꼴로 주어인 A(萬章)가 생략되었지만 영어의 3형식 문장과 같다. 〈(A가) B(友)를 물었다[問]〉 敢問友에서 감(敢)은 타동사 문(問)을 꾸며주는 부사이고, 우(友)는 목적어이다. 특히 敢問友에서 우(友)를 명사의 〈벗 우(友)〉로 새길 것이 아니라 〈벗을 사귈 우(友)〉 즉 교우(交友)의 줄임말로 여기고 새겨야 문맥과 걸맞은 문의를 얻을 수 있다. 한자는 구문에 따라 품사 구실을 자유롭게 구실을 따라 한다는 것을 모르면 문맥을 잡을 수 없다. 敢問友에서의 우(友)는 영어의 동명사 구실을 한다고 여기면 문맥이 통한다.

감히 감(敢), 물을 문(問), 벗 사귈 우(友)

不挾長(불협장)

▶ (벗을 사귐은) 자신이 연장자임을[長] 끼우지[挾] 않는다[不].

불협장(不挾長)은 友者不挾長을 줄인 어투로, 〈A挾B〉꼴에서 주어인 〈A(友者)〉는 생략되었지만 영어의 3형식 문장과 같다. 〈(A는) B(長)를 불협[不挾]한다〉 不挾長에서 불(不)은 협(挾)을 부정하며, 협(挾)은 타동사이고, 장(長)은 목적어이다. 不挾長의 협(挾)은 〈끼울 액(掖)〉과 같고, 장(長)은 연장자(年長者)를 뜻한다.

나이를 앞세워 대접받기를 바라는 놈은 못난 놈이다. 덕이 있으면 나이가 어려도 존경받고, 덕이 없으면 나이가 많아도 손가락질 받는다. 하물며 벗을 사귀는 데 나이를 앞세워 호기를 부려서야 어찌 교우할 수 있겠는가. 이처럼 일상에 관한 맹자의 말씀은 매우 쉽고 간명하다. 본래 성현의 말씀은 어렵지 않은 법이다.

아니 불(不), 낄 협(挾), 나이들 장(長)

不挾貴(불협귀)

▶ (벗을 사귐은) 존귀함을[貴] 끼우지[挾] 않는다[不].

불협귀(不挾貴)는 友者不挾貴를 줄인 어투로, 〈A挾B〉꼴에서 주어인 〈A(友者)〉는 생략되었지만 영어의 3형식 문장과 같다. 〈(A는) B(貴)를 불협[不挾]한다〉 不挾貴에서 불(不)은 협(挾)을 부정하며, 협(挾)은 타동사이고, 귀(貴)는 목적어이다. 不挾貴의 협(挾)은 〈끼울 액(掖)〉과 같고, 귀(貴)는 존귀(尊貴)를 뜻한다.

부귀와 권세, 그리고 명성 등을 존귀하게 여기는 것이 상식이다. 부귀를 보고 벗을 사귄다면 벗이 아니라 재물을 얻으려는 짓이고, 권세를 보고 벗을 사귄다면 관직을 이용하려는 짓이며, 명성을 보고 사귀려는 짓은 편승해 보려는 짓이지 교우가 아니다. 교우(交友)란 사람과 사람이 사귀는 짓이지, 그 외 다른 것들이 끼어들면 용인(用人)에 불과한 짓이다. 용인은 소인배들이 쓰고 있는 교우의 탈바가지일 뿐이다. 맹자의 간명한 말씀으로 소인회토(小人懷土)라고 밝힌 공자의 뜻을 깨달을 알 수 있다.

아니 불(不), 낄 협(挾), 귀할 귀(貴)

不挾兄弟而友(불협형제이우)

▶ (벗을 사귐은) 형제를[兄弟] 끼우지[挾] 않고[不]서[而] 벗을 사귄다[友].

불협형제이우(不挾兄弟而友)는 友者不挾兄弟而友者友를 줄인 어투로, 〈(A)挾B〉꼴과 〈(A)友〉꼴에서 주어인 〈A(友者)〉가 생략되었지만 영어의 3형식 문장과 영어의 1형식 문장 같은 어투를 하나로 묶었다. 〈(A는) B(兄弟)를 불협[不挾]하고 그리고[而] 벗[友]한다〉 不挾兄弟而友에서 불(不)은 협(挾)을 부정하며, 협(挾)은 타동사이고, 형제(兄弟)는 목적어이며, 이(而)는 연접의 연사이지만 무시해도 되는 어조사이고, 우(友)는 사귄다는 뜻으로 자동사이다. 不挾兄弟而友의 협(挾)은 〈끼울 액(掖)〉과 같고, 형제(兄弟)는 형제가 누리고 있는 위세(威勢) 따위를 함축하고 있다고 여기면 不挾兄弟에 숨은 문의를 건질 수 있으며, 이우(而友)의 우(友)는 〈사귈 교(交)〉와 같고 교우(交友)의 줄임말로 여긴다.

형이 세도가(勢道家)이니 그 아우[弟]와 사귀어 한몫 보겠다면, 그런 짓은 용인(用人)의 친목이지 교우가 아니다. 아우가 세도가이거나 재력가라서 그 형을 가까이한다면, 그 또한 용인의 친목이지 교우가 아니다. 사교나 친목은 교우이기 어렵다. 사람을 사귀는 것이 아니라 사람에 붙어 있는 것을 사귀는 꼴이니, 손가락에 끼워져 있는 금가락지를 탐내는 도둑과 사귀는 꼴이다. 그래서 불협형제(不挾兄弟)하라 한다. 오로지 사람만을 사귀라 함이 不挾兄弟而友의 우(友)이다. 이보다 더 간명한 교우의 정도(正道)는 없을 것이다. 왜 세상에 진정한 교우를 보기 어려운지 알 만하다.

아니 불(不), 낄 협(挾), 맏이 형(兄), 아우 제(弟), 그리고 이(而), 벗 사귈 우(友)

友也者友其德也(우야자우기덕야)

▶ 벗[友]이란[也] 것은[者] 그 사람의[其] 덕을[德] 사귄다는 것[友]이다[也].

우야자우기덕야(友也者友其德也)는 友友其德也에서 주어인 우(友)를 강조하려고 우야자(友也者)라고 한 것으로, 〈AB也〉꼴로 영어의 2형식 문장과 같다. 友也者友其德也에서 우야자(友也者)는 주부이고, 우기덕(友其德)은 보어이며, 야(也)는 영어의 be동사처럼 ~이다 정도로 새긴다. 〈A(友也者)는

B(友其德)이다[也]〉 友也者友其德也에서 앞의 우(友)는 〈벗 우(友)〉로 명사이고, 뒤의 우(友)는 타동사로 〈사귈 교(交)〉와 같고 교우(交友)의 줄임말로 여기고 새긴다.

벗 우(友), ~이란 야(也), 것 자(者), 벗을 사귈 우(友), 그의 기(其), 큰 덕(德), ~이다 야(也)

不可以有挾也(불가이유협야)

▶ (그러니 벗 사귐에는 여타의 다른 것들의) 끼움이[挾] 있을[有] 수 없다는 것[不可以]이다[也].

불가이유협야(不可以有挾也)는 友也者不可以有其挾也를 줄인 어투로, 〈AB也〉꼴로 영어의 2형식 문장과 같다. 友也者友不可以有其挾也에서 주부인 우야자(友也者)를 생략하고, 술부인 불가이유기협야(不可以有其挾也)에서 기(其)를 생략하고 不可以有挾也만 남긴 어투이다. 물론 不可以有其挾也의 기(其)는 장지(長之), 귀지(貴之) 형제지(兄弟之) 등을 대신하는 관형사이다. 不可以有挾也에서 불가이유협(不可以有挾)은 보어이고, 야(也)는 영어의 be동사처럼 ~이다 정도로 새긴다. 〈(A(友也者)는) B(不可以有挾)이다[也]〉 不可以有挾也에서 불가이(不可以)는 불능(不能)과 같은 조동사이고, 유(有)는 자동사로 〈있을 유(有)〉이며, 협(挾)은 명사로 〈끼움 액(掖)〉과 같다. 유(有)가 자동사로 〈있을 유(有)〉이면 주어를 뒤에 두고, 타동사로 〈가질 유(有)〉이면 주어를 앞에 두는 것을 알면 不可以有挾也의 문맥 잡기가 쉽다. 不可以有挾也의 협(挾)이 유(有)의 주어인지 목적어인지를 살펴서 선택해야 문맥이 잡힌다. 협(挾)을 유(有)의 주어로 보고 不可以有挾也를 새겨야 문맥의 흐름에 걸맞는다. 끼움이[挾] 있을[有] 수 없다는 것[不可以]이다[也].

벗을 사귐[交友]은 친목도 아니고 사교도 아니고 용인(用人)도 아니다. 오로지 교우(交友)란 애인(愛人)이며 교신(交信)이다. 사람을 사랑하는 마음이 곧 덕(德)이요, 믿음[信]을 사귀는[交] 마음이 곧 덕이다. 그래서 공자(孔子)가 군자회덕(君子懷德)이라고 단언했다. 소인은 가슴 속에 땅을 품지만[小人懷土], 군자는 가슴 속에 덕을 품는다[君子懷德]. 가슴 속에 땅을 품고 있는 소인배는 벗을 사귈 줄 모르고 사람을 이용만 하려고 눈독을 들인다. 배반(背叛)·질시(嫉視)·시기(猜忌) 등의 무기탄(無忌憚)이 왜 세상에서 범람

하겠는가? 교우는 없고 온갖 친목이나 사교 등의 탈을 쓰고 속고 속이려는 심술 탓이 아닌가. 소인배는 덕을 사랑할 줄 모르고, 재물이나 권세・지위・명성 따위를 사랑하려고만 덤빈다. 그러니 맹자의 마디마디 말씀이 우리를 부끄럽게 하고야 만다. 벗을 사귐이란[友也者] 덕을 사귐이다[友其德也]. 이보다 더 간명한 교우의 정도(正道)란 없다.

아니 불(不), 가할 가(可), 어조사 이(以), 있을 유(有), 끼일 협(挾), ~이다 야(也)

【문지(聞之) 2】

유오우인언(有五友人焉)

【원문(原文)】

孟獻子는 百乘之家也이다 有五友人焉하니 樂正裘와 牧仲이요
맹헌자 백승지가야 유오우인언 악정구 목중
其三人則予忘之矣이다 獻子之與此五人者는 友也나 無獻子之
기삼인즉여망지의 헌자지여차오인자 우야 무헌자지
家者也이니 此五人者亦有獻子之家면 則不與之友矣이다 非惟
가자야 차오인자역유헌자지가 즉불여지우의 비유
百乘之家爲然也이다 雖小國之君이라도 有之한다
백승지가위연야 수소국지군 유지

【해독(解讀)】

"맹헌자는 백승의 집안 사람이다[孟獻子百乘之家也]. 그에게는 벗으로 사귄 다섯 명이 있었다[有五友人焉]. (그 오우인 중에) 악정구와 목중이[樂正裘牧仲] (있었는데) 그 세 사람은 곧 내가 잊어버렸다[其三人則予忘之矣]. 헌자(獻子)가 이 다섯 사람과 어울린 것은 교우한 것이고[獻子之與此五人者友矣], (헌자가 이 다섯 사람과 어울린 것은 그 중에) 헌자의 가인이 없었던 것이다[無獻子之家者也]. 이 다섯 사람이 (헌자와 어울린) 것 또한 헌자의 가인이 있었더라면[此五人者亦有獻子之家] (그들도) 그 더불어 사귀지 않았을 것이다[則不與之友矣]. 오직 백승의 가인만 그렇게 하는 것은 아닌 것이다[非惟百乘之家爲然也]. 작은 나라의 임금일지라도 그런 일을 취했다[雖小國之君有之]."

【담소(談笑)】

孟獻子百乘之家也(맹헌자백승지가야)

▶ 맹헌자는[孟獻子] 백승[百乘]의[之] 집안 사람[家]이다[也].

맹헌자백승지가야(孟獻子百乘之家也)는 孟獻子百乘之家人也를 줄인 〈AB也〉꼴로, 영어의 2형식 문장과 같다. 〈A(孟獻子)는 B(百乘之家)이다[也]〉 孟獻子百乘之家人也에서 맹헌자(孟獻子)는 주어이고, 백승지가인(百乘之家人)은 보어이며, 야(也)는 ~이다 정도의 뜻으로 문미(文尾)의 어조사이다. 맹헌자(孟獻子)는 노나라의 경(卿)으로 그의 부(父)인 맹장자(孟莊子)를 이어 노(魯)나라를 다스렸다. 백승지가(百乘之家)란 경대부(卿大夫)의 집을 말하며, 백승(百乘)이란 전차(戰車) 백량(百輛)을 말한다.

맏이 맹(孟), 바칠 헌(獻), 존칭 자(子), 수레 승(乘), ~의 지(之), 집안 가(家), ~이다 야(也)

有五友人焉(유오우인언)

▶ 그이한테는[焉] 벗으로 사귀었던[友] 다섯 명이[五人] 있었다[有].

유오우인언(有五友人焉)은 有五友人於孟獻子를 줄인 〈有A於B〉꼴로, 영어의 1형식 문장과 같다. 〈B에게[於] A가 있다[有]〉 물론 〈有A於B〉의 〈於B〉를 자동사 〈있을 유(有)〉 앞으로 옮기면 〈B有A〉가 된다고 여기면 편하다. 〈B에게(한테) A가 있다[有]〉 물론 유(有)가 타동사로 〈가질 유(有)〉이면 〈A有B〉는 영어의 3형식 문장과 같다. 그러므로 유(有)가 자동사로 〈있을 유(有)〉인지 타동사로 〈가질 유(有)〉인지 문맥에 따라 살펴야 문의를 건질 수 있다. 有五友人焉에서 유(有)가 주동사이고, 오우(五友)는 인(人)을 꾸며주는 형용사이며, 인(人)은 주어이고, 언(焉)은 어시(於是) 즉 어맹헌자(於孟獻子)를 축약한 말로 문미의 어조사 구실까지 한다.

있을 유(有), 다섯 오(五), 벗 우(友), 이에 언(焉)

樂正裘牧仲(악정구목중)

▶ (그 오우인 중에) 악정구와[樂正裘] 목중이[牧仲] (있었다).

악정구목중(樂正裘牧仲)은 五友人有樂正裘 而五友人有牧仲에서 반복되는 내용들을 생략해버리고 주어들만 남긴 어투이다. 따라서 생략된 내용을 보충해야 우리말의 문맥에 걸맞은 문의를 건질 수 있다. 악정구(樂正裘)의 악정(樂正)은 성씨이고 이름이 구(裘)이며, 목중(牧仲)의 목(牧)은 성씨이고 중(仲)은 이름이다. 이들은 후덕하여 현량한 사람들로 벼슬은 없었다고 한다.

풍류 악(樂), 바를 정(正), 갖옷 구(裘), (마소를) 칠 목(牧), 버금 중(仲)

其三人則予忘之矣(기삼인즉여망지의)

▶ **그[其] 세[三] 사람은[人] 곧[則] 내가[予] 잊어버렸다[忘].**

기삼인즉여망지의(其三人則予忘之矣)는 여망기삼인(予忘其三人)을 강조한 어투이다. 그러니 其三人則予忘之矣에서 즉(則)·지(之)·의(矣) 등은 별 뜻 없는 허사로 보아도 된다. 허사는 어조나 어세 등에 영향을 미칠 뿐, 문맥을 잇는 문의에는 영향을 미치지 않기 때문에 무시하고 문맥을 잡아도 된다. 其三人則予忘之矣에서 즉(則)은 발어사이고, 지(之)는 전치된 목적어인 기삼인(其三人)을 대신할 뿐이며, 의(矣)는 야(也)와 같은 어조사이다.

그 기(其), 곧 즉(則), 나 여(予), 잊을 망(忘), 그것 지(之), 어조사 의(矣)

獻子之與此五人者友也(헌자지여차오인자우야)

▶ **헌자[獻子]가[之] 이[此] 다섯[五] 사람과[人] 어울린[與] 것은[者] 교우한 것[友]이다[也].**

헌자지여차오인자우야(獻子之與此五人者友也)는 〈A也者B者也〉를 〈A者B者也〉로 줄이고, 〈A者B者也〉를 다시 〈AB也〉꼴로 간명하게 한 어투로, 영어의 2형식 문장과 같다. 〈A者B也〉는 〈AB也〉보다 주어인 A를 강조한 어투이다. 獻子之與此五人者는 〈A之B者〉꼴의 관용어투를 알면 문맥을 쉽게 잡을 수 있다. 〈A가[之] B하는 것[者]〉의 경우도 있고 〈A를[之] B하는 것[者]〉의 경우도 있으니 문맥에 따라 선택해서 새긴다. 여기선 〈A之B者〉의 지(之)를 주격 토씨(~가)로 여기면 문맥이 통한다.

헌자지여차오인자(獻子之與此五人者)에서 헌자지여차오인(獻子之與此五人)은 자(者)를 꾸며주는 형용사절이고, 자(者)는 후행사이며, 여(與)는 〈~와 어울릴 화(和), 무리 중(衆)〉 등과 같은 뜻이다. 그러니 獻子之與此五人者友也에서 주어는 자(者)이고, 우(友)는 보어이며, 야(也)는 영어의 be동사와 같은 어조사이다. 물론 獻子之與此五人者友也의 우(友)는 〈벗 우(友)〉가 아니라 〈사귈 우(友)〉로 새겨야 문맥이 통한다. 한문자는 고정된 품사를 갖지 않으며 구문에 따라 자유롭게 품사 구실을 하는 것을 알아야 한다.

바칠 헌(獻), 존칭 자(子), ~가 지(之), 어울릴 여(與), 이 차(此), 것 자(者), 교우할 우(友), ~이다 야(也)

無獻子之家者也(무헌자지가자야)

▶ (헌자가 이 다섯 사람과 어울린 것은 그 중에) 헌자[獻子]의[之] 가인이[家] 없었던[無] 것[者]이다[也].

무헌자지가자야(無獻子之家者也)는 獻子之與此五人者無獻子之家者也에서 주부인 헌자지여차오인자(獻子之與此五人者)를 생략하여 술부인 無獻子之家者也만 남은 〈(A者)B者 也〉꼴로, 영어의 2형식 문장과 같다. 〈(A者는) B한 것[者]이다[也]〉 無獻子之家者也에서 지(之)는 소유격 토씨(~의)이고, 가(家)는 가인(家人) 내지 가문(家門)의 뜻으로 새기면 문맥이 통한다.

없을 무(無), 바칠 헌(獻), 존칭 자(子), ~의 지(之), 가인 가(家), ~이다 야(也)

此五人者亦有獻子之家(차오인자역유헌자지가) 則不與之友矣(즉불여지우의)

▶ 이[此] 다섯[五] 사람이[人] (헌자와 어울린) 것[者] 또한[亦] 헌자[獻子]의[之] 가인이[家] 있었더라면[有] (그들도) 그와[之] 더불어[與] 사귀지 않았을 것[不友]이다[矣].

차오인자역유헌자지가즉불여지우의(此五人者亦有獻子之家則不與之友矣)는 〈A則B〉꼴로, 영어의 조건이나 양보절을 둔 복문과 같은 어투이다. 〈A(此五人者亦有獻子之家)하면 곧[則] B(不與之友矣)한다〉 此五人者亦有獻子之家則不與之友矣에서 즉(則)을 중심으로 앞의 차오인자역유헌자지가(此五人者亦有獻子之家)는 조건의 부사절로 여기고, 뒤의 불여지우의(不與之友矣)는 주절로 여기면 此五人者亦有獻子之家則不與之友矣의 문맥이 잡힌다.

조건의 부사절 차오인자역유헌자지가(此五人者亦有獻子之家)에서 차오인자(此五人者)를 그대로 새기려고 하면 그 문맥을 잡을 수 없다. 차오인지여헌자자(此五人之與獻子者)를 줄인 어투임을 알아야 문맥을 잡아 새길 수 있다. 그리고 주절인 불여지우의(不與之友矣)에서도 여(與)를 〈더불어 이(以)〉로 새길 것인지 〈어울릴 화(和)〉로 새길 것인지 살펴서 선택해야 문맥이 잡히며, 不與之友矣의 지(之)는 토씨 구실을 하는 허사가 아니라 맹헌자(孟獻子)를 대신하는 대명사이며, 不與之友矣의 불(不)은 우(友)를 부정하고, 여지(與之)는 우(友)를 돕는 부사구이며, 우(友)는 명사 〈벗 우(友)〉가 아니라 동사 〈사귈 우(友)〉이므로, 不與之友矣를 不友與之矣처럼 여기고 새기면 문맥이 잡힌다. 그와[之] 더불어[與] 사귀지[友] 않는다[不].

이 차(此), 것 자(者), 또한 역(亦), 있을 유(有), 바칠 헌(獻), 존칭 자(子), ~의 지(之), 곧 즉(則), 아니 불(不), 더불어 여(與), 그 지(之), 사귈 우(友), 어조사 의(矣)

非惟百乘之家爲然也(비유백승지가위연야)

▶ **오직[惟] 백승[百乘]의[之] 가인만[家] 그렇게[然] 하는 것은[爲] 아닌 것[非]이다[也].**

비유백승지가위연야((非惟百乘之家爲然也)는 〈A非B也〉꼴로, A는 생략된 채로 영어의 2형식 문장과 같고, 비(非)는 여기서 부정문을 이끈다. 〈(A는) B하는 것이 아닌 것[非]이다[也]〉 다시 말해 非惟百乘之家爲然也는 주부는 생략된 채로 보어인 술부만 남아 있다. 非惟百乘之家爲然也에서 비(非)는 유백승지가위연(惟百乘之家爲然)을 부정하고, 유(惟)는 〈오직 독(獨)〉과 같고 부사이다.

아닐 비(非), 오직 유(惟), 수레 승(乘), ~의 지(之), 가문 가(家), 할 위(爲), 그럴 연(然), ~이다 야(也)

雖小國之君有之(수소국지군유지)

▶ **작은[小] 나라[國]의[之] 임금[君]일지라도[雖] 그런 일을[之] 취했다[有].**

유소국지군유지(雖小國之君有之)는 〈A有B〉꼴로, 유(有)를 자동사 〈있을 유(有)〉로 보면 B가 주어이고 A는 부사구이므로, 영어의 1형식 문장과 같다. 만약 유(有)를 타동사 〈가질(취할) 유(有)〉로 보면 A가 주어이고 B는 목적어이므로, 영어의 3형식 문장과 같은 어투가 된다. 雖小國之君有之의 유(有)를 자동사보다 타동사로 보고 〈취할 취(取)〉와 같은 뜻으로 새기는 것이 문맥에 걸맞다. 雖小國之君有之의 지(之)는 그렇게 함[爲然]을 대신하는 대명사이다.

맹헌자(孟獻子)는 노(魯)나라 경대부(卿大夫)로 제후국(諸侯國)의 임금[君] 다음으로 제2인자의 권세를 누렸으니, 그 권세를 이용해보려는 부류들이 많았을 터이다. 그런 부류와는 교우할 수 없다. 서로 이용할 가치가 있으니까 서로 친하게 지내는 것은 결코 교우가 아니란 말이다. 이해상관(利害相關)으로 이루어지는 친소(親疎)는 회토(懷土)의 홍정이요 거래이지 회덕(懷德)의 나눔이 아니다. 교우란 서로 덕을 나누는 것이다. 친목이나 사교를 교우(交友)라고 말하지 말라.

~일지라도 수(雖), 작을 소(小), 나라 국(國), ~의 지(之), 임금 군(君), 취할 유(有), 그것 지(之)

【문지(聞之) 3】

오어자사즉사지의(吾於子思則師之)

【원문(原文)】

費惠公曰 吾於子思則師之矣이고 吾於顔般則友之矣이며 王順長息則事我者也이다 非惟小國之君도 爲然也이다 雖大國之君이라도 亦有之한다 晉平公之於亥唐也이다 入云則入하고 坐云則坐하며 食云則食하여 雖蔬食菜羹이라도 未嘗不飽하니 蓋不敢不飽也이다 然이나 終於此而已矣이다

비혜공왈 오어자사즉사지의 오어안반즉우지의 왕순장식즉사아자야 비유소국지군 위연야 수대국지군 역유지 진평공지어해당야 입운즉입 좌운즉좌 식운즉식 수소사채갱 미상불포 개불감불포야 연 종어차이이의

【해독(解讀)】

"비나라 혜공이 말했다[費惠公曰]. '나는 자사를 곧 스승으로 모신 것이고[吾於子思則師之矣], 나는 안반을 곧 벗으로 사귄 것이며[吾於顔般則友之矣], 왕순과 장식은 곧 나를 섬긴 사람들이다[王順長息則事我者也].' 오직 작은 나라의 임금만 그렇게 한 것은 아닌 것이다[非惟小國之君爲然也]. 대국의 임금일지라도 역시 그런 일을 취했다[雖大國之君亦有之]. 진나라 평공이 해당에게 들라고 말하면 곧장 (해당은) 들어왔고[晉平公之於亥唐也入云則入], (평공이 해당에게) 앉으라고 말하면 곧장 (해당은) 앉았으며[坐云則坐], (평공이 해당에게) 먹자고 말하면 곧장 (해당은) 먹었다[食云則食]. (평공과 해당에겐) 거친 밥과 나물국일지라도 일찍이 배불리 먹지 않음이 없었다[雖蔬食菜

羹未嘗不飽]. (서로 권하다 보니) 무릇 배불리 먹지 않을 수 없었던 것이다[蓋不敢不飽也]. 그러나 이렇게 끝냈을 뿐이었다[然終於此而已矣]."

【담소(談笑)】

費惠公曰(비혜공왈)

▶ 비나라[費] 혜공이[惠公] 말했다[曰].

비혜공왈(費惠公曰)의 비(費)는 노(魯)나라의 비읍(費邑)이란 설도 있고, 춘추시대(春秋時代) 진(晉)나라와 정(鄭)나라 사이에 있었던 소국(小國)이란 설도 있다.

나라이름 비(費), 은혜 혜(惠), 임금 공(公), 말할 왈(曰)

吾於子思則師之矣(오어자사즉사지의)

▶ 나는[吾] 자사[子思]를[於] 곧[則] 스승으로 모신 것[師之]이다[矣].

오어자사즉사지의(吾於子思則師之矣)는 오사자사(吾師子思)를 완곡하게 말하려고 어조사인 어(於)·즉(則)·의(矣) 등을 발어사로 쓴 어투이다. 나는[吾] 자사를[子思] 스승으로 삼았다[師]는 어투는 매우 평범한 말씨지만, 어자사(於子思)로 전치하고 말을 이어주는 즉(則)을 더하고, 허사 지(之)와 구문을 매듭짓는 의(矣)를 더하여 격조를 더한 어투가 吾於子思則師之矣이다. 그러니 吾於子思則師之矣에서 어(於)·즉(則)·지(之)·의(矣) 등을 무시하고 새겨도 문맥에 걸맞은 문의를 건지는 데 아무런 지장이 없다. 자사(子思)는 노(魯)나라 사람으로 공자(孔子)의 손자인 공급(孔伋)이다. 젊어서는 위(衛)나라에서 벼슬을 했지만, 노나라로 돌아와 목공(穆公)으로부터 빈사(賓師)의 예우를 받았다. 공자의 제자인 증삼(曾參)이 자사의 스승이며, 자사의 문인(門人)이 맹자에게 학문을 전수하여 사맹학파(思孟學派)를 형성하였다. 그러니 자사는 맹자의 할아버지 스승인 셈이다.

나 오(吾), 어조사 어(於), 존칭 자(子), 생각할 사(思), 어조사 즉(則), 스승으로 받들 사(師), 그 지(之), 어조사 (~이다) 의(矣)

吾於顔般則友之矣(오어안반즉우지의)

▶ 나는[吾] 안반[顔般]을[於] 곧[則] 벗으로 사귄 것[友之]이다[矣].

오어안반즉우지의(吾於顔般則友之矣)는 오우안반(吾友顔般)을 완곡하게 말하려고 어조사인 어(於)·즉(則)·의(矣) 등을 발어사로 쓴 어투이다. 나는[吾] 안반을[顔般] 벗으로 삼았다[友]는 매우 평범한 말씨지만, 어안반(於顔般)으로 전치하고 말을 이어주는 즉(則)을 더하고, 허사 지(之)와 구문을 매듭짓는 의(矣)를 더하여 격조를 더한 말씨가 吾於子思則師之矣이다. 그러니 吾於顔般則友之矣에서 어(於)·즉(則)·지(之)·의(矣) 등을 무시하고 새겨도 문맥에 걸맞은 문의를 건지는 데 아무런 지장이 없다. 안반(顔般)은 혜공(惠公)과 교우한 현량(賢良)으로 알려져 있을 뿐이다.

나 오(吾), 어조사 어(於), 얼굴 안(顔), 돌릴 반(般), 어조사 즉(則), 벗으로 사귈 우(友), 그 지(之), 어조사 (~이다) 의(矣)

王順長息則事我者也(왕순장식즉사아자야)

▶ 왕순과[王順] 장식은[長息] 나를[我] 섬긴[事] 사람들[者]이다[也].

왕순장식즉사아자야(王順長息則事我者也)는 〈AB也〉꼴로, 영어의 2형식 문장과 같다. 〈A(王順長息)는 B(事我者)이다[也]〉 王順長息則事我者也에서 왕순장식(王順長息)은 주부이고, 사아자(事我者)는 술부이며, 야(也)는 영어의 be동사처럼 ~이다의 뜻으로 마침표 구실을 하는 어조사이고, 즉(則) 또한 곧[則] 정도의 뜻을 나타내지만 무시해도 되는 어조사이다. 王順長息則事我者也에서 술부인 사아자(事我者)는 〈A者〉꼴로 사아(事我)는 형용사절이고, 자(者)는 후행사이다. 〈A하는 사람[者]〉 또는 〈A하는 것[者]〉 왕순(王順)과 장식(長息)도 혜공(惠公)을 섬긴 현량(賢良)으로 알려져 있을 뿐이다.

임금 왕(王), 순할 순(順), 길 장(長), 쉴 식(息), 곧 즉(則), 섬길 사(事), 나를 아(我), 놈 자(者), ~이다 야(也)

非惟小國之君爲然也(비유소국지군위연야)

▶ 오직[惟] 작은[小] 나라[國]의[之] 임금만[君] 그렇게[然] 하는 것은[爲] 아닌 것[非]이다[也].

비유소국지군위연야((非惟小國之君爲然也)는 〈A非B也〉꼴로 A는 생략된 채로 영어의 2형식 문장과 같고, 비(非)는 여기서 부정문을 이끈다. 〈(A는) B하는 것이 아닌 것[非]이다[也]〉 非惟小國之君爲然也는 주부는 생략된 채 보어 구실을 하는 술부만 남은 어투이다. 非惟小國之君爲然也에서 비(非)는 유소국지군위연(惟小國之君爲然)을 부정하고, 유(惟)는 〈오직 독(獨)〉과 같고 부사이다.

아닐 비(非), 오직 유(惟), 작을 소(小), 나라 국(國), ~의 지(之), 임금 군(君), 할 위(爲), 그럴 연(然), ~이다 야(也)

雖大國之君亦有之(수대국지군역유지)

▶ **큰[大] 나라[國]의[之] 임금[君]일지라도[雖] 그런 일을[之] 취했다[有].**

수대국지군역유지(雖大國之君亦有之)는 〈A有B〉꼴로, 유(有)를 자동사 〈있을 유(有)〉로 보면 B가 주어이고 A는 부사구이므로, 영어의 1형식 문장과 같다. 그러나 유(有)를 타동사 〈가질(취할) 유(有)〉로 보면 A가 주어이고 B는 목적어이므로, 영어의 3형식 문장 같은 어투가 된다. 雖大國之君亦有之의 유(有)를 자동사보다 타동사로 보고 〈취할 취(取)〉와 같은 뜻으로 새기는 것이 문맥에 걸맞다. 雖小國之君有之의 지(之)는 그렇게 함[爲然]을 대신하는 대명사이고, 역(亦)은 어조사로 위연(爲然)을 꾸며주는 부사이다.

~일지라도 수(雖), 큰 대(大), 나라 국(國), ~의 지(之), 임금 군(君), 또한 역(亦), 취할 유(有), 그것 지(之)

晉平公之於亥唐也入云則入(진평공지어해당야입운즉입)

▶ **진나라[晉] 평공[平公]이[之] 해당[亥唐]에게[於] 들라고[入] 말하면[云] 곧장[則] (해당은) 들어왔다[入].**

진평공지어해당야입운즉입(晉平公之於亥唐也入云則入)은 진평공운입어해당즉해당입야(晉平公云入於亥唐則亥唐入也)를 완곡하게 말하려고 어순을 바꾼 문장이다. 晉平公之於亥唐也入云則入은 〈A則B〉꼴로 영어에서 조건이나 양보절을 가진 복문과 같은 어투이다. 晉平公之於亥唐也入云則入에서 진평공지어해당야입운(晉平公之於亥唐也入云)은 조건절이고, 즉입(則入)이 주절이다. 물론 주절인 則入은 즉해당입(則亥唐入)에서 주어인 해당(亥唐)을 줄인 어투이다. 그러나 晉平公之於亥唐也入云則入에서 조건절인 晉平公之於亥唐也入云이 〈A之B〉꼴임을 알면 晉平公之於亥唐也入云의 골격을 쉽게 찾아내 문맥을 잡을 수 있다. 〈A之B〉꼴은 〈A가[之] B한다〉이므로 晉平公之於亥唐也入云에서 〈A之B〉의 B는 〈말할 운(云)〉이고, 晉平公之

於亥唐也入云을 晉平公之云入於亥唐也로 어순을 바꾸면 평범한 어투로 되돌려놓을 수 있다. 晉平公之於亥唐也入云은 마치 우리말처럼 나열된 문장이다. 평공이[平公之] 해당에게[於亥唐] 말이야[也] 들라고[入] 말하다[云]. 이처럼 한문투는 화자의 의도에 따라 어순을 자유자재로 바꾸어 놓을 수 있으므로, 한문투를 이해하기 위해서는 어순과 허사를 잘 살펴야 한다는 말이 생긴 것이다.

나라이름 진(晉), 평평할 평(平), 임금 공(公), ~이 지(之), ~에게 어(於), 간직할 해(亥), 황당할 당(唐), 어조사 야(也), 들 입(入), 말할 운(云), 곧 즉(則)

坐云則坐(좌운즉좌)

▶ (평공이 해당에게) 앉으라고[坐] 말하면[云] 곧장[則] (해당은) 앉았다[坐].

좌운즉좌(坐云則坐)는 晉平公之於亥唐也坐云則坐를 줄인 어투로, 진평공운좌어해당즉해당좌야(晉平公云坐於亥唐則亥唐坐也)를 완곡한 말투로 어순을 바꾼 문장이다. 晉平公之於亥唐也坐云則坐는 〈A則B〉꼴로 영어에서 조건이나 양보절을 가진 복문과 같은 어투이다. 晉平公之於亥唐也坐云則坐에서 진평공지어해당야좌운(晉平公之於亥唐也坐云)은 조건절이고, 즉좌(則坐)가 주절이다. 물론 주절인 則坐는 즉해당좌(則亥唐坐)에서 주어인 해당(亥唐)을 줄인 어투이다. 조건절인 晉平公之於亥唐也坐云이 〈A之B〉꼴임을 알면 晉平公之於亥唐也坐云의 골격을 쉽게 찾아내 문맥을 잡을 수 있다. 晉平公之於亥唐也入云을 晉平公之云入於亥唐也로 어순을 바꾸면 문맥을 쉽게 잡을 수 있다.

앉을 좌(坐), 말할 운(云), 곧 즉(則)

食云則食(식운즉식)

▶ (평공이 해당에게) 먹자고[食] 말하면[云] 곧장[則] (해당은) 먹었다[食].

식운즉식(食云則食)은 晉平公之於亥唐也食云則食을 줄인 어투로, 진평공운식어해당즉해당식야(晉平公云食於亥唐則亥唐食也)를 완곡하게 말하려고 어순을 바꾼 문장이다. 晉平公之於亥唐也食云則食은 〈A則B〉꼴로 영어에서 조건이나 양보절을 가진 복문과 같은 어투이다. 晉平公之於亥唐也食云則食에서 진평공지어해당야식운(晉平公之於亥唐也食云)은 조건절이고,

즉식(則食)이 주절이다. 물론 주절인 則食은 즉해당식(則亥唐食)에서 주어인 해당(亥唐)을 줄인 것이다. 조건절인 晉平公之於亥唐也食云이 〈A之B〉꼴임을 알면 晉平公之於亥唐也食云의 골격을 쉽게 찾아내 문맥을 잡을 수 있다. 晉平公之於亥唐也食云을 晉平公之云入於亥唐也로 어순을 바꾸면 문맥을 쉽게 잡을 수 있다.

먹을 식(食), 말할 운(云), 곧 즉(則)

雖蔬食菜羹未嘗不飽(수소사채갱미상불포)

▶ (평공과 해당에겐) 거친[蔬] 밥과[食] 나물[菜] 국[羹]이라도[雖] 일찍이[嘗] 배불리 먹지 않음이[不飽] 없었다[未].

수소사채갱미상불포(雖蔬食菜羹未嘗不飽)는 平公與亥唐未嘗不飽雖蔬食菜羹에서 반복되는 부사구인 평공여해당(平公與亥唐)을 생략하고, 타동사 포(飽)의 목적어인 소사채갱(蔬食菜羹)을 전치하고, 수(雖)를 목적어 앞에 더하여 어조를 높인 어투이다. 그러니 雖蔬食菜羹未嘗不飽를 未嘗不飽雖蔬食菜羹으로 어순을 바꾸어보면 雖蔬食菜羹未嘗不飽를 영어의 3형식 문장처럼 여기고 문맥을 잡아 문의를 건질 수 있다.

수소사채갱미상불포(雖蔬食菜羹未嘗不飽)에서 미상불포(未嘗不飽)는 〈A未不B〉 또는 〈A未非B〉꼴 관용문으로 알아두면 편하다. 〈A에는 B하지 않는 것이[不] 없다[未]〉, 〈A에는 B하는 것이 아닌 것이란[非] 없다[未]〉 미상불(未嘗不)과 미상비(未嘗非)는 이중부정으로 강한 긍정을 나타낸다. 그래서 〈未嘗不A〉를 〈아닌 게 아니라 A한다〉고 새기고, 〈일찍이 상(嘗)〉은 불(不)을 꾸며주는 부사이다. 그러니 雖蔬食菜羹未嘗不飽에서 불포소사채갱(不飽蔬食菜羹)은 주부이고, 미(未)는 〈없을 무(無)〉같이 주어 뒤에 두는 자동사로서 영어의 1형식 문장 같은 어투를 이끈다. 사(食)는 〈먹을 식(食), 먹일 사(食)〉이므로 발음에 주의한다.

~일지라도 수(雖), 벼 소(蔬), 밥 사(食), 나물 채(采), 국 갱(羹), 없을 미(未), 일찍이 상(嘗), 아니 불(不), 배부를 포(飽)

蓋不敢不飽也(개불감불포야)

▶ (평공과 해당은) 무릇[蓋] 배불리 먹지[飽] 않을 수 없었던 것[不敢不]

이다[也].

개불감불포야(蓋不敢不飽也)와 같은 어투는 앞의 불(不)이 〈없을 미(未)〉와 같음을 알아야 문맥을 잡을 수 있다. 蓋不敢不飽也는 蓋未敢不飽也와 같은 어투이다. 그러니 〈無A也〉, 〈未A也〉, 〈不A也〉 등은 모두 〈A가 없다는 것[無·未·不]이다[也]〉로 새긴다고 알아두면 편하다. 蓋不敢不飽也에서 개(蓋)는 부사로 〈무릇 범(凡)〉과 같고, 불감불(不敢不)은 〈不敢不A〉꼴로 알아두면 편하다. 〈감히[敢] A하지 않음[不A]이 없다[不]〉 이는 곧 아닌 게 아니라 A한다는 말이다. 不敢不飽에서 앞의 불(不)은 〈아닐 미(未)〉와 같아 주어를 뒤에 두는 자동사이고, 감(敢)은 불포(不飽)를 꾸며주는 부사이고, 불포(不飽)의 불(不)은 포(飽)를 부정하는 미정사(未定辭)이다. 그러니 불(不)은 영어의 not과 같은 구실도 하지만, There is no~처럼 〈없을 무(無)〉와도 같다. 不敢不飽의 포(飽)는 蓋不敢不飽也에서 주어로 영어의 동명사 구실을 하고, 야(也)는 ~이다 정도의 뜻으로 새기는 어조사이다.

무릇 개(蓋), 아니 불(不), 감히 감(敢), 배부를 포(飽), ~이다 야(也)

然終於此而已矣(연종어차이이의)

▶ 그러나[然] 이렇게[於此] 끝냈을[終] 뿐이었다[而已矣].

연종어차이이의(然終於此而已矣)는 이이의(而已矣)를 문미(文尾)에 더하여 종어차(終於此)를 강조하여 어조와 어세를 더하여 단언하는 어투이다. 然終於此而已矣에서 연(然)은 연이(然而)의 줄임이며 영어의 but과 같고, 종(終)은 〈끝낼 필(畢)〉과 같고, 어차(於此)는 이렇게란 뜻의 관용구이고, 이이의(而已矣)는 이이(而已)와 같고 단언해두는 종미사(終尾辭)이다. 〈A而已矣〉로 알아두면 편하다. 〈A할 뿐이다[而已矣]〉

평공(平公)과 해당(亥唐)이 만나서 거친 밥과 나물국으로 만족하면서 교우했음을 맹자가 말하고 있다. 해당은 평공을 달리 이용할 생각을 하지 않았으니, 그들은 친목이나 사교 따위를 앞세워 특혜나 이권을 나누지 않았다는 말이다. 벗이란 만나서 마음 편히 정을 나누면 그만이다. 그런 참뜻을 〈배부를 포(飽)〉 한 글자로 맹자는 남김없이 드러내고 있다. 현자(賢者)의 말씀에는 군더더기란 없다.

그러나 연(然), 끝낼 종(終), ~에서 어(於), 이 차(此), 어조사 이(而), 어조사 이(已), 어조사 의(矣)

【문지(聞之) 4】

천자이우필부야(天子而友匹夫也)

【원문(原文)】

弗與共天位也이고 弗與治天職也이며 弗與食天祿也이니 士之尊賢者也이지 非王公之尊賢也이다 舜이 尙見帝어늘 帝館甥于貳室하고 亦饗舜하여 迭爲賓主하니 是는 天子而友匹夫也이다 用下敬上을 謂之貴貴라 하고 用上敬下를 謂之尊賢이라 하니 貴貴尊賢의 其義一也이다

(불여공천위야 불여치천직야 불여식천록야 사지존현자야 비왕공지존현야 순 상견제 제관생우이실 역향순 질위빈주 시 천자이우필부야 용하경상 위지귀귀 용상경하 위지존현 귀귀존현 기의일야)

【해독(解讀)】

"(평공은 해당과) 더불어 하늘이 준 지위를 함께하지 않았던 것이고[弗與共天位也], (평공은 해당과) 더불어 하늘이 준 직분을 비교하지 않았던 것이며[弗與治天職也], (평공은 해당과) 더불어 하늘이 준 녹봉을 먹지 않았던 것이다[弗與食天祿也]. (위와 같이 하는 것은) 선비가 현자를 존대함이지[士之尊賢者也] 왕공이 현자를 존대함이 아닌 것이다[非王公之尊賢也]. 순이 (신분이) 높아져 요임금을 뵙자[舜尙見帝] 요임금은 사위를 부궁에 묵게 했다[帝館甥于貳室]. 또한 (요임금은) 순에게 향연을 베풀어주었고[亦饗舜] 번갈아 빈주가 되기도 했다[迭爲賓主]. 이는 천자이면서 필부와 사귄 것이다[是天子而友匹夫也]. 아랫사람으로써 윗사람을 공경하는 것 그것을 귀한 사람을 귀히 여기는 것이라 하고[用下敬上謂之貴貴], 윗사람으로써 아랫사람을 공경하는 것 그것을 현명한 사람을 존경하는 것이라 한다[用上敬下謂之尊賢]. 귀인을 귀하게 여기고 현인을 존경한다는 그 뜻은 같은 것이다[貴貴尊賢其義一也]."

【담소(談笑)】

弗與共天位也(불여공천위야)

▶ (평공은 해당과) 더불어[與] 하늘이 준[天] 지위를[位] 함께 하지 않았던 것[弗共]이다[也].

불여공천위야(弗與共天位也)는 是平公與亥唐弗共天位也에서 앞의 내용을 묶어서 나타내는 지시어 시(是)와, 술부의 주부인 평공(平公)과 해당(亥唐)을 생략해버린 어투이다. 그러니 弗與共天位也는 주어 시(是)가 생략된 채 술부인 弗與共天位也만 남은 〈AB也〉꼴로, 영어의 2형식 문장과 같다. 〈A(是)는 B(弗與共天位)이다[也]〉 弗與共天位也에서 공(共)은 〈함께 할 동(同)〉과 같고 공동(共同)의 줄임말로 여기고, 공(共)은 영어의 동명사 처럼 함께 하는 것[共]으로 새기면 문맥이 통한다. 弗與共天位의 불(弗)은 〈아니 불(不)〉과 같고 공(共)을 부정하며, 여(與)는 공(共)을 꾸며주는 부사이고, 천위(天位)는 동명사 구실을 하는 공(共)의 목적어이다.

아닐 불(弗), 함께 여(與), 함께 할 공(共), 하늘이 준 천(天), 지위 위(位), ~이다 야(也)

弗與治天職也(불여치천직야)

▶ (평공은 해당과) 더불어[與] 하늘이 준[天] 직분을[職] 비교하지 않았던 것[弗治]이다[也].

불여치천직야(弗與治天職也) 역시 是平公與亥唐弗治天職也에서 앞의 내용을 묶어서 나타내주는 지시어 시(是)와, 술부의 주부인 평공(平公)과 해당(亥唐)을 생략해버린 어투이다. 그러니 弗與治天職也는 주어인 시(是)가 생략된 채 술부 弗與治天職也만 남은 〈AB也〉꼴로, 영어의 2형식 문장과 같다. 〈A(是)는 B(弗與治天職)이다[也]〉 弗與治天職也에서 치(治)는 〈비교할 교(校)〉와 같고, 치(治)는 영어의 동명사처럼 비교하는 것[治]으로 새기면 문맥이 통한다. 弗與治天職의 불(弗)은 〈아니 불(不)〉과 같고 치(治)를 부정하며, 여(與)는 치(治)를 꾸며주는 부사이고, 천직(天職)은 동명사 구실을 하는 치(治)의 목적어이다.

아닐 불(弗), 함께 여(與), 비교할 치(治), 하늘이 준 천(天), 직분 직(職), ~이다 야(也)

弗與食天祿也(불여식천록야)

▶ (평공은 해당과) 더불어[與] 하늘이 준[天] 녹봉을[祿] 먹지 않았던 것[弗食]이다[也].

불여식천록야(弗與食天祿也) 역시 是平公與亥唐弗食天祿也에서 앞의 내용을 묶어서 나타내주는 지시어 시(是)와, 술부의 주부인 평공(平公)과 해당(亥唐)을 생략해버린 어투이다. 그러니 弗與食天祿也는 주어인 시(是)가 생략된 채 술부인 弗與食天祿也만 남은 〈AB也〉꼴로, 영어의 2형식 문장과 같다. 〈A(是)는 B(弗與食天祿)이다[也]〉 弗與食天祿也에서 식(食)은 〈먹을 여(茹)〉와 같고, 식(食)은 영어의 동명사처럼 먹는 것[食治]으로 새기면 문맥이 통한다. 弗與食天祿의 불(弗)은 〈아니 불(不)〉과 같고 식(食)을 부정하며, 여(與)는 식(食)을 꾸며주는 부사이고, 천록(天祿)은 동명사 구실을 하는 식(食)의 목적어이다.

평공(平公)과 해당(亥唐) 사이에는 천위(天位)도 상관 없었고, 천직(天職)이나 천록(天祿)도 상관없었다. 오로지 평공은 해당의 마음을 누렸고, 해당은 평공의 마음을 누렸을 뿐이다. 몸은 둘이되 마음이 하나이면 그것이 곧 벗[友]이다. 사람과 사람이 아부하고 시샘하며 다투고 어기는 짓들은 모두 권세와 명성, 출세와 관록 등을 탐하는 노림수 때문이다. 그런 노림수를 다 버리면 참으로 인간관계는 모든 속박을 벗어난다. 평공과 해당은 참으로 홀가분하게 만나 즐거움을 누렸음을 맹자가 밝히고 있다.

아닐 불(弗), 함께 여(與), 먹을 식(食), 하늘이 준 천(天), 녹봉 록(祿), ~이다 야(也)

士之尊賢者也非王公之尊賢也(사지존현자야비왕공지존현야)

▶ (위와 같이 하는 것은) 선비[士]가[之] 현자를[賢者] 존대함[尊]이지[也] 왕공[王公]이[之] 현자를[賢] 존대함이[尊] 아닌 것[非]이다[也].

사지존현자야비왕공지존현야(士之尊賢者也非王公之尊賢也)는 是士之尊賢人者也 而是非王公之尊賢人者也를 줄인 〈是A也非B也〉꼴로, 관용어투로 알아두면 편하다. 〈이는[是] A이지[也] B가 아닌 것[非]이다[也]〉 士之尊賢者也非王公之尊賢也는 주어인 시(是)는 생략되었고 술부만 남은 어투이다. 물론 생략된 시(是)는 앞서의 내용을 묶어 나타내주는 지시어이다. 이런 의미상의 주어인 시(是)는 한문투에서 생략되는 것이 보통이다. 사지존현자야(士之尊賢者也)와 같은 어투에서는 어조사인 야(也)를 무시해버리고 士之尊賢者만을 새겨도 된다. 士之尊賢者에서 사지존현(士之尊賢)은 자(者)를 꾸며주는 형용사절이고, 자(者)는 후행사이다. 士之尊賢에서 지(之)는 주격 토씨(~가)인 허사이고, 현(賢)을 현인(賢人)의 줄임말로 여기면 士之尊賢의 문맥을 잡아 문의를 건질 수 있다. 선비[士]가[之] 현인을[賢] 존대한다[尊]. 그리고 士之尊賢者를 다음처럼 새길 수 있다. 선비[士]가[之] 현인을[賢] 존대하는[尊] 것[者]. 非王公之尊賢也는 〈非A也〉꼴로 알아두면 편하다. 〈A가 아닌 것[非]이다[也]〉 비왕공지존현야(非王公之尊賢也)는 非王公之尊賢者也로 여기고 새기고, 여기서도 지(之)는 주격 토씨(~가)인 허사이다.

선비[士]는 덕을 누리는 사람이고, 왕공(王公)은 천위(天位)·천직(天職)·천록(天祿)을 가진 사람이다. 임금[王公]이라도 벗을 사귀려면[交友] 임금을 버리고 선비가 되어야 한다는 것이 맹자의 교우관이다. 벼슬아치를 꿈꾸는 선비[士]는 여기서 맹자가 밝히고 있는 선비가 아니다. 궁궐을 초개처럼 여기고 천지를 노니는 선비가 평공(平公)이 만났던 해당(亥唐)이다. 해당은 평공을 필부(匹夫)로 돌아오게 한다. 불가(佛家)의 선사(禪師)들은 이런 경지를 꽉 쥐고 있는 것을 놓아버리라 한다.

선비 사(士), ~가 지(之), 받들 존(尊), 밝을 현(賢), 것 자(者), ~이다 야(也), 아닐 비(非), 임금 왕(王), 임금 공(公)

舜尚見帝(순상견제) 帝館甥于貳室(제관생우이실)

▶ 순이[舜] (신분이) 높아져[尚] 요임금을[帝] 뵙자[見] 요임금은[帝] 사위를[甥] 부궁[貳室]에서[于] 묵게 했다[館].

순상견제(舜尚見帝)는 舜爲尙 以後舜見於帝를 줄여 한 단락으로 묶은 어투이다. 순이[舜] 높아[尙]졌다[爲]. 그런 뒤에[以後] 순이[舜] 황제[帝]를[於] 만났다[見]. 舜爲尙 以後舜見於帝에서 위(爲), 이후(以後), 어(於) 등을 생략하고 舜尙見帝처럼 말해도 아무런 지장이 없다. 한문투는 철저한 의미 단위로 전달되기 때문이다. 舜尙見帝에서 상(尙)은 〈높을 상(上)〉과 같고, 농사짓던 필부(匹夫)가 요(堯)의 사위[甥]가 되었음을 말한다. 그러니 순상(舜尙)을 순이[舜] 요[堯]의 사위가 되어서[尙]라고 새겨도 된다. 舜尙見帝에서 견제(見帝)는 견어제(見於帝)인데 목적격 토씨(~를)인 어(於)를 생략하는 경우가 더 많다.

제관생우이실(帝館甥于貳室)은 〈A館B〉꼴로 영어의 3형식 문장과 같다.

〈A(帝)는 B(甥)를 묵게 했다[館]〉 帝館甥于貳室에서 제(帝)는 주어이고, 관(館)은 타동사이며 〈머무를 사(舍)〉와 같고 관사(館舍)의 줄임말로 여기고, 생(甥)은 사위를 뜻하니 요(堯)가 순의 구(舅) 즉 장인[舅]이 되었음을 말하고, 우(于)는 〈~에서 어(於)〉와 같고 우이실(于貳室)은 장소의 부사구이며, 이실(貳室)은 정궁(正宮) 다음인 부궁(副宮)을 말한다.

순임금 순(舜), 높을 상(尙), 볼 견(見), 요임금 제(帝), 머물 관(館), 사위 생(甥), ~에서 우(于), 두 번째 이(貳), 집 실(室)

亦饗舜(역향순) 迭爲賓主(질위빈주)

▶ 또한[亦] (요임금은) 순에게[舜] 향연을 베풀어주었고[饗] 번갈아[迭] 빈주가[賓主] 되기도 했다[爲].

역향순(亦饗舜)은 亦帝饗舜에서 반복되는 내용이므로 제(帝)를 생략한 영어의 3형식 문장과 같다. 亦饗舜에서 향(饗)은 타동사로 잔치를 베풀어 대접한다는 뜻이고, 향연(饗宴)의 줄임말로 여긴다. 순에게[舜] 잔치를 베풀어주었다[饗].

질위빈주(迭爲賓主)는 帝與舜迭爲賓主에서 주부인 제여순(帝與舜)을 생략한 어투이지만, 迭爲賓主를 영어의 2형식 문장처럼 여기면 문맥을 잡아 문의를 건질 수 있다. 迭爲賓主에서 질(迭)은 〈갈마들(번갈아) 체(遞)〉와 같고 자동사 위(爲)를 꾸며주고, 빈주(賓主)는 보어이다. 향연(饗宴)에서 요임금[帝]이 주(主)로 순(舜)이 빈(賓)으로 예(禮)를 갖추었다가, 다시 요임금[帝]이 빈(賓)으로 순(舜)이 주(主)로 예를 갖추었음을 迭爲賓主가 나타낸다.

또 역(亦), 연회할 향(饗), 순임금 순(舜), 갈마들 질(迭), 손님 빈(賓), 주인 주(主)

是天子而友匹夫也(시천자이우필부야)

▶ 이는[是] 천자[天子]이면서[而] 필부와[匹夫] 사귄 것[友]이다[也].

시천자이우필부야(是天子而友匹夫也)는 〈AB也〉꼴로 영어의 2형식 문장과 같다. 〈A(是)는 B(天子而友匹夫)이다[也]〉 是天子而友匹夫也에서 시(是)는 앞의 내용인 질위빈주(迭爲賓主)를 나타내는 지시어이고, 천자이우필부(天子而友匹夫)는 보어이며, 야(也)는 ~이다 정도로 새기면 되고 구문이 끝남을 나타내주는 어조사이다. 天子而友匹夫는 天子之友匹夫와 같지만, 이

(而)는 어조나 어세를 강조해주는 어조사이다. 천자[天子]가[之] 필부와[匹夫] 사귄다[友], 천자[天子]이면서[而)] 필부와[匹夫] 사귄다[友].

이 시(是), 존칭 자(子), ~면서 이(而), 사귈 우(友), 짝 필(匹), 사내 부(夫), ~이다 야(也)

用下敬上謂之貴貴(용하경상위지귀귀)

▶ 아랫사람[下]으로써[用] 윗사람을[上] 공경하는 것[敬] 그것을[之] 귀한 사람을[貴] 귀히 여기는 것[貴]이라 한다[謂].

용하경상위지귀귀(用下敬上謂之貴貴)는 문맥으로 보아 用下人敬上人謂之貴貴人으로 여기고 새기는 것이 문맥에 걸맞은 문의를 얻을 수 있다. 用下人敬上人謂之貴貴人에서 인(人)을 모조리 생략해버리고 用下敬上謂之貴貴라고 해도 문맥의 흐름을 따라 문의를 건질 수 있는 것은 한문투이기 때문이다. 用下敬上謂之貴貴는 〈謂AB〉꼴을 〈A謂之B〉꼴로 바꾼 것이다. 〈謂AB〉꼴은 거의 쓰이지 않고 〈A謂之B〉꼴로 쓰이는 편이다. 위(謂)는 영어의 call처럼 5형식 문장을 이끄는 동사로 여긴다. 다만 〈A謂之B〉는 목적어인 A를 전치시키고 그 빈 자리에 허사 지(之)를 두는 어투임을 기억하고, B는 목적격 보어이다. 用下敬上謂之貴貴에서 용(用)은 〈써 이(以)〉와 같고, 경(敬)은 〈공경할 공(恭)〉과 같고 동명사 구실을 하므로 공경하는 것[敬]으로 새기고, 위(謂)는 〈일컬을 칭(稱)〉과 같고, 지(之)는 〈그 지(之)〉로 무시하고 새겨도 되는 허사이고, 귀귀(貴貴)의 앞 귀(貴)는 동명사로 〈귀하게 여길 귀(貴)〉이고, 뒤의 귀(貴)는 귀인(貴人)의 줄임이지만 그냥 명사처럼 앞 귀(貴)의 목적어로 여긴다. 用下敬上謂之貴貴에서 허사 지(之)를 무시해버리고 아랫사람[下]으로써[用] 윗사람을[上] 공경하는 것을[敬] 귀한 사람을[貴] 귀히 여기는 것[貴]이라 한다[謂]고 새겨도 된다.

써 용(用), 아래 하(下), 공경할 경(敬), 위 상(上), 일컬을 위(謂), 그 지(之), 귀히 여길 귀(貴), 귀할 귀(貴)

用上敬下謂之尊賢(용상경하위지존현)

▶ 윗사람[上]으로써[用] 아랫사람을[下] 공경하는 것[敬] 그것을[之] 현명한 사람을[賢] 존경하는 것[尊]이라 한다[謂].

용상경하위지존현(用上下敬下謂之尊賢)은 문맥으로 보아 用上人敬下人謂之尊賢人으로 여기고 새기는 편이 문맥에 걸맞은 문의를 얻을 수 있다. 用上人敬下人謂之尊賢人에서 인(人)을 모조리 생략해버리고 用上敬下謂之尊賢이라 해도 문맥의 흐름을 따라 문의를 건질 수 있는 것은 한문투이기 때문이다. 用上敬下謂之尊賢은 〈謂AB〉꼴을 〈A謂之B〉꼴로 바꾼 것이다. 〈謂AB〉꼴은 거의 쓰이지 않고 〈A謂之B〉꼴로 쓰이는 편이다. 위(謂)는 영어의 call처럼 5형식 문장을 이끄는 동사로 여기면 된다. 다만 〈A謂之B〉는 목적어인 A를 전치시키고 그 빈 자리에 허사 지(之)를 두는 어투임을 기억하고, B는 목적격 보어이다. 用上敬下謂之尊賢에서 용(用)은 〈써 이(以)〉와 같고, 경(敬)은 〈공경할 공(恭)〉과 같고 동명사이므로 공경하는 것[敬]으로 새기고, 위(謂)는 〈일컬을 칭(稱)〉과 같고, 지(之)는 〈그 지(之)〉로 무시해버리고 새겨도 되는 허사이고, 존현(尊賢)의 존(尊)은 동명사로 〈존경하는 것(尊)〉이고, 뒤의 현(賢)은 현인(賢人)의 줄임이지만 그냥 명사처럼 앞 존(尊)의 목적어로 여긴다. 用上敬下謂之尊賢에서 허사 지(之)를 무시해버리고 윗사람[上]으로써[用] 아랫사람을[下] 공경하는 것[敬] 그것을[之] 현명한 사람을[賢] 존경하는 것[尊]이라 한다[謂]고 새겨도 된다.

> 써 용(用), 위 상(上), 공경할 경(敬), 아래 하(下), 일컬을 위(謂), 그 지(之), 존경할 존(尊), 밝음 현(賢)

貴貴尊賢其義一也(귀귀존현기의일야)

▶ 귀인을[貴] 귀하게 여기고[貴] 현인을[賢] 존경한다는[尊] 그[其] 뜻은[義] 같은 것[一]이다[也].

귀귀존현기의일야(貴貴尊賢其義一也)는 〈AB也〉꼴로 영어의 2형식 문장과 같다. 〈A(其義)는 B(一)이다[也]〉 貴貴尊賢其義一也에서 기(其)는 앞의 내용인 귀귀존현(貴貴尊賢)을 받아 관형사 구실을 하고 주어인 의(義)를 꾸며주고 일(一)은 〈같을 동(同)〉과 같고 동일(同一)의 줄임말로 보어이고, 야(也)는 ~이다 정도로 새기며 구문이 끝남을 나타내는 어조사이다. 특히 貴貴尊賢은 한문투에서는 품사가 따로 없음을 잘 드러내는 어투이다. 貴貴尊賢을 귀귀(貴貴)와 존현(尊賢)으로 나누어 읽어보자. 貴貴의 앞 귀(貴)는 동사 또는 동명사처럼 여기고, 뒤 귀(貴)는 앞 귀(貴)의 목적어인 명사로 여긴다. 마찬가지로 尊賢의 존(尊)은 동사 또는 동명사처럼 여기고, 현(賢)은 존(尊)의 목적어로 명사 구실을 한다고 여기면 문맥을 잡을 수 있고 문의를 건질 수 있다.

왜 『논어(論語)』를 열면 1편 1장에 "유붕자원방래(有朋自遠方來) 불역락호(不亦樂乎)"라고 공자께서 환호했는지 알 만하다. 맹자의 교우관은 유가의 삶이란 붕우(朋友)로 엮어지는 삶이 근도(近道)임을 새삼 확인하게 해준다. 귀귀존현(貴貴尊賢)이 곧 맹자가 밝힌 교우관의 벼리[紀]로 분명해진다. 벗[友]이란 서로 귀인(貴人)으로 새겨 귀인(歸仁)함이요, 서로 현인(賢人)으로 새겨 귀명(歸明)함이 아닌가! 그래서 벗[友]은 둘이든 셋이든 백이든 모두 하나[一]일 뿐이다. 모두 하나를 덕(德)이라 한다. 벗을 사귐[交友]이란 덕을 누림이요 덕을 나눔이다. 따지고 보면 유가에서 말하는 오상(五常, 仁義禮智信)이 덕의 나눔이요 누림이 아닌가. 그래서 맹자는 만장에게 우기덕(友其德)하라고 가르치는 중이다. 물론 우리 모두를 향해 교우(交友)를 설파하는 중이다.

귀히 여길 귀(貴), 귀함 귀(貴), 존경할 존(尊), 밝음 현(賢), 그 기(其), 뜻 의(義), 같을 일(一), ~이다 야(也)

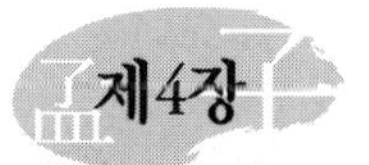

제4장

4장은 장구가 길어서 다섯 단락으로 나누었다. 앞서 만장이 교우(交友)를 물어본 다음 교제(交際)를 묻고 있는 장이다. 예를 갖춰 폐백(幣帛)을 가지고 오는 제후들을 마다 않고 다 만나주는 스승(孟子)이 마땅찮아 제자(萬章)가 스승을 힐문(詰問)하려는 저의를 두고 교제를 묻고 있다는 설이 있는 장이다. 그러나 이런 설이란 말장난이기 쉽고, 유가(儒家)의 치세(治世)는 교제를 떠날 수 없으니 스승께 물어보아야 할 문제라고 생각하면 그만이다. 이 장은 유가의 교제관(交際觀)을 살펴 출사관(出仕觀)의 근거를 찾아볼 수 있게 하는 장이다. 공자의 공(恭)·관(寬)·신(信)·민(敏)·혜(惠)를 돌이켜보게 한다는 생각도 들게 하는 장이다. 공(恭)·관(寬)·신(信)·민(敏)·

혜(惠)는 공자가 밝혀놓은 출사의 봉사정신이다. 이러한 봉사정신을 갖추고 출사의 여건이 갖추어지면 유가는 출사를 치도(治道)의 방편으로 삼는다.

삼가(三家) 중에서 유가만 출사(出仕)의 청운(青雲)을 추구한다. 그러나 불가나 도가는 부질없는 부운(浮雲)이라 하여 청운의 꿈을 부질없어 한다. 맹자는 이 장에서 치도(治道)의 출사를 공자를 통하여 만장에게 밝혀주고 있다. 공자의 행가(行可)·제가(際可)·공양(公養) 등 셋을 들어 출사관(出仕觀)을 일깨워준다. 정도(正道)가 행해지고[行可] 예로써 교제가 행해지며[際可] 현자를 양성해내는[公養] 징조가 보이면 벼슬을 하고[出仕], 그렇지 않으면 벼슬 하기[出仕]를 거두는 것이 유가의 기본적인 출사관임을 이 장에서 살펴볼 수 있다.

【문지(聞之) 1】

감문교제(敢問交際)

【원문(原文)】

萬章이 問曰 敢問交際는 何心也이까 孟子曰 恭也이니라 曰 卻之卻之爲不恭은 何哉이까 曰 尊者賜之어든 其所取之者義乎인가 不義乎인가 而後受之라 以是爲不恭이니 故弗卻也이니라

만장 문왈 감문교제 하심야 맹자왈 공야 왈 각지각지위불공 하재 왈 존자사지 기소취지자의호 불의호 이후수지 이시위불공 고불각야

【해독(解讀)】

만장이 물어 여쭈었다[萬章問曰]. "교제하는 것을 감히 여쭙니다[敢問交際]. 어떤 마음가짐입니까[何心也]?" 맹자가 말해주었다[孟子曰]. "(교제하는 마음은 상대를) 공경하는 것이다[恭也]." (만장이) 여쭈었다[曰]. "(폐백 같은) 그런 것을 물리치라면서[卻之] 그런 것을 물리침은 공손치 않다고 하는 것은[卻之爲不恭] 어인 까닭입니까[何哉]?" (맹자가) 말해주었다[曰]. "존귀한 사람이 그것을 주는데[尊者賜之] 그것을 취하는 그 짓이 의인지 불의인지[其所取之者義乎不義乎] (따져본) 뒤에 그것을 받겠다고[而後受之] 하면 이는 불공을 행하게 된다[以是爲不恭]. 그러므로 (존자가 보낸 폐백이라면 그것을) 사양하지 않는 것이다[故弗卻也]."

【담소(談笑)】

萬章問曰(만장문왈)

▶ 만장이[萬章] 물어[問] 여쭈었다[曰].

만장문왈(萬章問曰)은 萬章問於孟子 而萬章曰於孟子을 줄인 어투이다. 만장이[萬章] 맹자[孟子]께[於] 물었다[問]. 그리고[而] 만장이[萬章] 맹자[孟子]께[於] 말했다[曰]. 이처럼 으레 알 수 있거나 반복되는 내용을 사정없이 생략하는 어투가 곧 한문투이다. 만장(萬章)의 만(萬)은 성씨(姓氏)이고, 장(章)은 이름이다. 만장은 제(齊)나라 사람으로 맹문(孟門)의 고제(高弟)이다.

> 일만 만(萬), 글 장(章), 물을 문(問), 말할 왈(曰)

敢問交際何心也(감문교제하심야)

▶ 감히[敢] 교제하는 것은[交際] 어떤[何] 마음가짐[心]이냐고[也] 여쭙니다[問].

감문교제하심야(敢問交際何心也)는 〈A問B〉꼴로, 주어인 A(萬章)가 생략되었지만 영어의 3형식 문장과 같다. 〈(A가) B(交際何心也)를 물었다[問]〉 敢問交際何心也에서 감(敢)은 타동사인 문(問)을 꾸며주는 부사이고, 교제하심야(交際何心也)는 목적절이다. 목적절인 交際何心也에서 교제(交際)는 주어이고, 하심(何心)은 보어이며, 야(也)는 앞에 하(何)가 있으므로 ~인가의 뜻을 나타내는 어조사이다.

교우(交友)를 물었던 만장이 곧 이어 스승께 교제(交際)를 묻고 있다. 예를 갖춰 폐백(幣帛)을 가져오는 제후들을 모두 마다 않고 만나주는 스승(孟子)이 마땅찮아 제자(萬章)가 스승을 힐문(詰問)하려는 저의에서 교제를 묻고 있다는 설이 있지만, 교우를 물었으니 뒤이어 교제를 물어본 것이라고 순수하게 생각하고 사제의 문답을 살펴봄이 차라리 낫지 싶다.

> 감히 감(敢), 물을 문(問), 사귈 교(交), 사이 제(際), 어떤 하(何), 마음가짐 심(心), ~인가 야(也)

恭也(공야)

▶ (교제하는 마음은 상대를) 공경하는 것[恭]이다[也].

공야(恭也)는 交際之心恭也 또는 其心恭也를 줄인 어투로 이 역시 〈AB也〉꼴에서 주부인 A(交際之心)는 생략되고 술부인 B(恭)也만 남은 어투이다. 공(恭)은 〈겸손하고 사양할 손(遜)〉과 같고 공손(恭遜) 또는 공겸(恭謙)의 줄임말로 여긴다. 공손(恭遜)·공겸(恭謙)·겸손(謙遜)은 모두 같은 말로 교제(交際)하는 마음의 근원이다.

『논어(論語)』「양화(陽貨)」편 6장에서 자장(子張)이 공자(孔子)께 어짊[仁]을 묻고 있다. 공(恭)·관(寬)·신(信)·민(敏)·혜(惠) 이 다섯[五者]을 실천할 수 있다면 인(仁)이라 할 수 있다고 공자가 답한다. 그리고 공자는 공손하면[恭] 곧[則] 욕을 보지 않는다[不侮]고 자장(子張)에게 당부한다. 공(恭)이 없다면 관(寬)·신(信)·민(敏)·혜(惠) 등도 부질없음을 알려준다. 자벌(自伐)·자시(自是)·자긍(自矜)하면서 교제할 수 없다. 제 자랑하고[自伐] 저만 옳고[自視] 저 잘났다[自矜]고 떠벌려서는 남들의 손가락질만 받지 사람들과 사귀면서 세파를 헤쳐갈 수 없다. 건방 떨지 말고 늘 자신을 낮추고 남을 높여주려는 마음가짐이 곧 맹자가 밝히는 공(恭)이다. 맹자는 늘 한 마디로 우리네 정수리를 친다.

공경할 공(恭), ~이다 야(也)

卻之(각지) 卻之爲不恭(각지위불공) 何哉(하재)

▶ (폐백 같은) 그런 것을[之] 물리치라면서[卻] 그런 것을[之] 물리침은[卻] 공손치 않다[不恭] 하는 것은[爲] 어인 까닭[何]입니까[哉]?

각지(卻之)는 〈卻A〉꼴로 영어의 명령문 같은 어투이다. 〈A를 물리쳐라[卻]〉 卻之의 각(卻)은 〈물리칠 퇴(退)〉와 같지만 여기선 〈사양할 각(卻)〉으로 여기고 〈받을 수(受)〉의 반대말로 보는 편이 문맥에 걸맞고, 지(之)는 〈그것 지(之)〉처럼 부정대명사로 여긴다.

각지위불공하재(卻之爲不恭何哉)는 일반 의문문인 何卻之爲不恭哉에서 주부인 卻之爲不恭을 강조하려고 전치시킨 어투이다. 그러니 卻之爲不恭何哉는 〈何A哉〉꼴의 반문하는 의문문으로 영어의 2형식 문장과 같다. 卻之爲不恭何哉에서 각지위불공(卻之爲不恭)은 주부이고, 하재(何哉)는 술부이다. 卻之爲不恭에서 각(卻)은 사양한다는 불수(不受)의 뜻이고, 지(之)는 〈그것 지(之)〉이며, 위(爲)는 〈행할 행(行)〉과 같다. 술부인 하재(何哉)의 하(何)는 〈까닭 하(何)〉로 보어이고, 재(哉)는 하(何)를 받는 의문어조사이므로 〈~인가 재(哉)〉 정도로 새긴다.

여기서 각지(卻之)의 지(之)를 제후(諸侯)가 자신과 접촉해달라고 맹자께 보내온 예물, 즉 폐백(幣帛)을 나타낸다고 보는 것이 보통이다. 아마도 맹자께서 폐백 따위는 사양하라고 말했지만 또한 폐백을 물리침은 불공(不恭)하다고 말했던 모양이라, 그 까닭을 만장이 스승(孟子)께 묻는 중이다. 이를 두고 힐문(詰問)한다고까지 말하지만 그렇게 몰아갈 것은 없다. 제자가 스승께 어떤 문제이든 연유를 물어 살펴 깨치려는 것은 가상한 일이니 말이다.

물리칠 각(卻), 그것 지(之), 행할 위(爲), 아니 불(不), 공손할 공(恭), 왜 하(何), 의문어조사 재(哉)

尊者賜之(존자사지) 其所取之者義乎不義乎(기소취지자의호불의호) 而後受之(이후수지) 以是爲不恭(이시위불공)

▶ 존귀한[尊] 사람이[者] 그것을[之] 주는데[賜], 그가[其] 그것을[之] 취하는[取] 짓[所]이[者] 의[義]인지[乎] 불의[不義]인지[乎] (따져본) 뒤에[以後] (그자가) 그것을[之] 받겠다고[受] 한다면[以是] 불공을[不恭] 범하게 된다[爲].

존자사지기소취지자의호불의호이후수지(尊者賜之其所取之者義乎不義乎而後受之)처럼 본래 한문투는 구문을 끊거나 띄어 쓰지 않는다. 물론 오늘날에는 구미(歐美)소리글의 영향을 받아 구문을 끊어 단락을 지어 문맥의 흐름을 잡기에 편해졌지만, 그전의 한문투는 문자를 나열하여 구문을 이었다. 이는 뜻글이므로 가능한 것이다. 그러나 尊者賜之其所取之者義乎不義乎而後受之를 존자사지(尊者賜之) 기소취지자의호불의호(其所取之者義乎不義乎) 이후수지(而後受之)로 끊어 읽어야 우리말답게 문맥을 찾아낼 수 있다. 우리말은 구문과 구문 사이를 이어주는 접속사가 끼어들어야 문맥이 통하므로 한문투에서 생략된 접속사를 보충해야 한다. 그리고 긴 한문투를 끊을 때 주부와 술부를 한 단위로 끊어가면 편하다.

존자사지(尊者賜之)는 주절인 기소취지자의호불의호(其所取之者義乎不義乎)의 종속절로, 시간의 부사절로 여기면 문맥이 통한다. 이시위불공(以是爲不恭)할 때라고 이어주면 其所取之者義乎不義乎와 문맥이 통한다는 말이다. 尊者賜之에서 존자(尊者)는 주어이고, 사(賜)는 타동사로 〈하사할 석(錫)〉과 같고, 지(之)는 〈그것 지(之)〉로 여기선 폐백(幣帛)을 나타내는 지시대명사로 여긴다.

기소취지자의호불의호(其所取之者義乎不義乎)는 〈AB乎〉꼴로 영어의 2형식 의문문과 같다. 〈A(其所取之者)는 B(義)인가[乎] B(不義)인가[乎]?〉 물론 其所取之者義乎不義乎는 其所取之者義乎 而其所取之者不義乎에서 기소취지자(其所取之者)를 반복되는 내용이므로 생략하고 한 구문처럼 묶은 어투이다. 其所取之者義乎不義乎는 주부인 其所取之者에서 자(者)를 잘 새겨야 문맥이 잡힌다. 〈A者〉꼴은 〈A하는 사람[者] 또는 A하는 것[者]〉일 경우와 〈A가[者]〉 또는 〈A면[者]〉의 경우처럼 어조사로 A의 토씨 구실을 하는 경우가 있음을 알아야 한다. 其所取之者에서 자(者)는 其所取之의 주격 토씨(~가)로 새기면 문맥이 통한다. 그가[其] 그것을[之] 취하는[取] 바[所]가[者] 또는 그가[其] 그것을[之] 취하는[取] 것[所]이[者]. 其所取之者義乎不義乎에서 기소취지자(其所取之者)는 주부이고 의호불의호(義乎不義乎)는 술부이다.

기소취지자(其所取之者)는 주부로 所其取之者에서 취(取)의 주어인 지시대명사 기(其)가 전치된 어투임을 알아채면 문맥이 쉽게 잡힌다. 그러니 〈所A爲B者〉 꼴로 알아두면 〈A가 B를 하는[爲] 바[所]가[者]〉 또는 〈A가 B를 하는[爲] 바의[所] 것[者]〉 이처럼 한문투에서 자(者)를 토씨 구실을 하는 어조사로 보고 문맥을 잡을 수도 있고, 〈A之事〉 또는 〈A之人〉를 〈A者〉로 줄인 경우로 보고 문맥을 잡을 수도 있다. 그러므로 문맥에 따라 걸맞게 선택해 새겨주어야 하는 자(字)가 곧 자(者)인 셈이다. 其所取之者에서 자(者)를 주격 토씨(~이) 어조사로 여기고 문맥을 잡았고, 기소취지자의호불의호(其所取之者義乎不義乎)에서 주어는 소(所)인 셈이다. 의호불의호(義乎不義乎)는 술부로 의(義)와 불의(不義)는 보어이고, 호(乎)는 〈~인가 호(乎)〉로 의문어조사이다.

이후수지而後受之)는 이후기수지(而後其受之)에서 수(受)의 주어인 기(其)를 앞 문맥으로 보충할 수 있으므로 생략한 어투로, 주절인 이시위불공(以是爲不恭)의 종속절로 조건의 부사절 구실을 한다. 而後受之에서 이후(而後)는 영어의 and then처럼 그런 다음[而後] 정도로 새기는 접속사이고, 而後受之의 주어는 생략되었지만 수(受)는 타동사이고, 지(之)는 목적어로서 영어 3형식 문장과 같은 어투이다.

이시위불공(以是爲不恭)에서 이시(以是)는 위(爲)를 꾸며주는 부사구로서 이렇게[是] 하면[以] 정도로 새기고, 以是爲不恭은 주어가 생략된 〈爲A〉꼴로 영어 3형식 문장과 같은 어투이다. 以是爲不恭의 위(爲)는 〈행할 행(行)〉과 같고 타동사이며, 불공(不恭)은 위(爲)의 목적어이다. 이러면[以是] 불공을[不恭] 행한다[爲]. 以是爲不恭에서 이시(以是)의 이(以)는 〈할 위(爲), 행(行)〉 등과 같고, 이시(以是)의 시(是)는 앞의 내용을 몰아서 나타내는 지시어이다. 그러므로 이시(以是)는 이후수지(而後受之)의 어조를 강조하려고 반복한 어구(語句)이므로 생략해버리고 문맥을 잡아도 문의는 달라지지 않는다.

존귀할 존(尊), 사람 자(者), 줄 사(賜), 그것 지(之), 그 기(其), 바 소(所), 취할 취(取), ~이 자(者), 옳을 의(義), ~인가 호(乎), 그리고 이(而), 뒤 후(後), 받을 수(受), 써 이(以), 이 시(是), 행할 위(爲), 아니 불(不), 공손할 공(恭)

故弗卻也(고불각야)

▶ 그러므로[故] (존자가 보낸 폐백이라면 그것을) 사양하지 않는 것[弗卻]이다[也].

고불각야(故弗卻也)는 단언하는 어투가 느껴지고 간명하다. 그러나 문맥과 걸맞은 문의를 건지려면 생략된 내용을 보충해보는 편이 좋다. 故尊者之賜者弗卻也를 故弗卻也로 간명하게 말했다고 여기면 문맥에 걸맞은 문의를 건질 수 있다. 물론 故弗卻也는 주어가 생략되고 술부만 남은 〈AB也〉꼴로, 영어의 2형식 문장과 같다. 〈(A(尊者之賜者)는 B(弗卻)이다[也]〉, 존자[尊者]가[之] 선물한[賜] 것은[者] 물리치지 않는 것[弗卻]이다[也].

그러므로 고(故), 아닐 불(弗), 사양할 각(卻), ~이다 야(也)

【문지(聞之) 2】

기교야이도(其交也以道)

【원문(原文)】

曰 請無以辭卻之이나 以心卻之하여 曰其取諸民之不義也 而以他辭로 無受면 不可乎이까 曰 其交也는 以道이고 其接也는 以禮면 斯는 孔子도 受之矣이니라

(왈 청무이사각지 이심각지 왈기취제민지불의야 이이타사 무수 불가호 왈 기교야 이도 기접야 이례 사 공자 수지의)

【해독(解讀)】

(만장이) 여쭈었다[曰]. "청컨대[請] 말로써 (즉 겉으로는) 그것을 물리침은 없지만[無以辭卻之] 마음으로써 (즉 속으로는) 그것을 물리침은 있고[以心卻之], 말하자면 백성한테서 그런 것을 취함이 불의이니[曰其取諸民之不義也] 다른 말로써 (즉 듣기 좋은 말을 해서 그것을) 받지 않는 것도[而以他辭無受] 불가한 것인지요[不可乎]?" (맹자가) 말해주었다[曰]. "그런 사귐이 정도로써 사귀는 것이고[其交也以道] 그런 접촉이 예의로써 접하는 것이면[其接也以禮], 곧 공자께서도 그것을 받아주는 것이다[斯孔子受之矣]."

【담소(談笑)】

請(청)

▶ **청컨대[請]**

청(請)은 윗사람에게 무엇을 물어볼 때 공손함을 표시하는 발어사 정도로 여긴다. 감문(敢問)처럼 청(請) 역시 삼가 물어보겠다는 어조를 더한 어투이다.

여쭐 청(請)

無以辭卻之(무이사각지) 以心卻之(이심각지)

▶ **말[辭]로써[以] (즉 겉으로는) 그것을[之] 물리침은[卻] 없지만[無] 마음[心]으로써[以] (즉 속으로는) 그것을[之] 물리침은 있다[卻].**

무이사각지(無以辭卻之)는 주어가 〈없을 무(無)〉 뒤에 있는 〈無A〉꼴로, 영어의 1형식 문장과 같다. 〈無A〉는 영어의 There is no A를 떠올리면 새기기 편하다. 〈A(卻之)는 없다[無]〉 無以辭卻之에서 무(無)는 자동사이고, 이사(以辭)는 각(卻)을 돕는 부사구이며, 각(卻)은 동명사와 같으면서 주어이며, 지(之)는 각(卻)의 목적어이다. 無以辭卻之에서 각(卻)은 사양한다는 불수(不受)의 뜻이고, 지(之)는 〈그것 지(之)〉로 부정대명사이며, 이사(以辭)는 겉으로는 정도로 새긴다.

이심각지(以心卻之)는 〈없을 무(無)〉가 생략된 어투로 볼 것이냐, 아니면 〈없을 무(無)〉와 대(對)를 이룬다 보고 〈있을 유(有)〉가 생략된 어투로 볼 것이냐를 먼저 앞뒤 문맥을 살펴 결정해야 한다. 앞의 무이사각지(無以辭卻之)의 이사(以辭)와 이심각지(以心卻之)의 이심(以心)을 상대로 보고, 이심각지(以心卻之)는 유이심각지(有以心卻之)를 줄인 것으로 보면 문맥에 걸맞은 문의를 건질 수 있다. 마음[心]으로써[以] 그것을[之] 물리침은[卻] 있다[有]. 以心卻之에서 각(卻)은 사양한다는 불수(不受)의 뜻이고, 지(之)는 〈그것 지(之)로 부정대명사이며, 이심(以心)은 속으로는[以心]을 뜻한다 여기고 새긴다.

없을 무(無), 써 이(以), 말씀 사(辭), 사양할 각(卻), 그것 지(之), 마음 심(心)

曰其取諸民之不義也(왈기취제민지불의야) 而以他辭無受不可乎(이이타사무수불가호)

▶ 말하자면[曰] 백성[民]한테서 그런 것을[諸] 취함이[其取] 불의[不義]이니[也] 다른[他] 말[辭]로써[以] (즉 듣기 좋은 말을 해서 그것을) 받지 않는 것도[無受] 불가한 것[不可]인지요[乎]?

왈기취제민지불의야(曰其取諸民之不義也)의 맨 앞에 있는 왈(曰)은 어조를 돕는 발어사로 허사와 같기 때문에 무시하고 其取諸民之不義也만 새겨도 문맥에 걸맞은 문의를 건지는 데 아무 상관이 없다. 앞뒤 문맥으로 따지면, 먼저 나온 이심각지(以心卻之)의 마음 속[心]에 있는 생각을 만장이 한 예로 其取諸民之不義也라고 말했다고 볼 수 있다. 즉 其取諸民之不義는 이심(以心)의 심(心)을 말해본 만장의 화술인 셈이다. 其取諸民之不義也에서 제(諸)가 지어(之於)의 축약임을 알고 其取之於民之不義也로 새길 수 있어야 문맥 잡기가 쉽다. 백성[民]으로부터[於] 그것을[之] 취하는 것은[其取] 불의[不義]이다[也]. 그리고 其取의 기(其)는 취(取)가 명사임을 밝혀준다.

이이타사무수불가호(而以他辭無受不可乎)는 〈AB乎〉꼴로 영어의 2형식 의문문과 같다. 〈AB也〉가 평서문이라면 〈AB乎〉는 의문문이다. 而以他辭無受不可乎에서 이(而)는 역접의 연사로 영어의 but처럼 여기고, 以他辭無受不可乎에서 이타사무수(以他辭無受)는 주부이며, 불가호(不可乎)는 술부로 불가(不可)는 보어이고, 호(乎)는 의문어조사이다. 주부인 以他辭無受에서 이(以)는 〈써 용(用)〉과 같고, 무(無)는 〈아니할 불(弗)〉과 같으며, 수(受)는 〈받아가질 취(取)〉와 같고 수취(收取)의 줄임말로 여긴다. 以他辭無受의 이타사(以他辭)는 다른[他] 말을[辭] 가지고[以]라고 새기겠지만, 상대가 듣기 좋은 핑계를 대서란 속뜻으로 새겨들으면 문맥에 걸맞은 문의를 건질 수 있다.

발어사 왈(曰), 그 기(其), 취할 취(取), 지어(之於) 제(諸), 백성 민(民), ~이 지(之), 아니 불(不), 옳을 의(義), ~이다 야(也), 그러나 이(而), 써 이(以), 다른 타(他), 말씀 사(辭), 아니할 무(無), 받을 수(受), 가할 가(可), ~인가 호(乎)

其交也以道(기교야이도) 其接也以禮(기접야이례) 斯孔子受之矣(사공자수지의)

▶ 그런[其] 사귐[交]이[也] 정도[道]로써[以] 사귀는 것이고 그런[其] 접촉[接]이[也] 예의[禮]로써[以] 접하는 것이면, 곧[斯] 공자께서도[孔子] 그것을[之] 받아주는 것[受]이다[矣].

기교야이도(其交也以道)는 뒤에 나오는 사공자수지의(斯孔子受之矣)를 주절로 하는 조건의 종속절로, 其交也以道交也를 줄인 어투이다. 이는 〈A也B也〉꼴로 영어의 2형식 문장과 같다. 其交也以道交也에서 기교야(其交也)는 주부이고, 이도교야(以道交也)는 술부이다. 술부인 以道交也에서 이도(以道)는 보어로 동명사 구실을 하는 교(交)를 꾸며주는 부사구이고, 야(也)는 ~이다 정도의 뜻을 나타내는 어조사이다. 其交也以道交也를 其交也以道로 줄여 쓴 것에서 반복되거나 문맥상 유추할 수 있는 내용이라면 모두 생략하는 한문의 특징이 잘 드러난다. 그러나 우리말로 새길 때는 생략된 내용을 보충해야 문맥에 걸맞은 문의가 드러난다. 其交也以道의 교(交)는 교제(交際)로 여기고, 도(道)는 정도(正道)의 줄임말로 여기면 문맥이 통한다.

기접야이례(其接也以禮) 역시 뒤에 나오는 사공자수지의(斯孔子受之矣)를 주절로 하는 조건의 종속절로, 其接也以禮接也를 줄여 쓴 어투이다. 이는 〈A也B也〉꼴로 영어의 2형식 문장과 같다. 其接也以禮接也에서 기접야(其接也)는 주부이고, 이례접야(以禮接也)는 술부이다. 술부인 以禮接也에서 이례(以禮)는 보어로 동명사 구실을 하는 접(接)을 꾸며주는 부사구이고, 야(也)는 ~이다 정도의 뜻을 나타내는 어조사이다. 其接也以禮接也를 其接也以禮로 줄인 것 역시 반복되거나 문맥상 유추할 수 있는 내용이라면 생략하는 한문투의 특징을 잘 보여준다. 其接也以禮의 접(接)은 접촉(接觸)으로 여기고, 예(禮)는 예의(禮儀)의 줄임말로 여기면 문맥이 통한다.

사공자수지의(斯孔子受之矣)는 앞의 기교야이도기접야이례(其交也以道

其接也以禮)를 조건의 종속절로 하는 주절로, 其交也以道 其接也以禮 斯孔子受之는 〈A則B〉꼴로 영어의 복문과 같다. 주절인 斯孔子受之矣에서 사(斯)는 〈곧 즉(則)〉과 같으며, 孔子受之矣에서 수(受)는 〈받을 취(取)〉와 같고 수취(收取)의 줄임말로 여기고 새긴다.

맹자의 고제(高弟)인 만장(萬章)은 참으로 끈질기다. 여간해서 야단맞을 소리를 스승 앞에서 안 하는 법인데, 만장은 무릅쓰고 끈질기게 묻는다. 이타사(以他辭)란 결국 거짓부렁이 되고 만다. 듣기 좋은 말로 사양하면 되지 않겠느냐고 떠보고 있으니 만장은 참으로 맹랑하다. 그러나 이놈 봐라 하고 역정을 내면 큰 스승이 아니다. 제자의 속을 꿰뚫어보고 꼼짝 못하게 심중을 찔러주면 가르침은 한결 더 살아나는 법이다. 정도로써[以道] 교제[交際]하라. 그리고 예의로써[以禮] 접촉하라. 이는 곧 직기(直己)하라 함이요 무자기(毋自欺)하라 함이 아닌가. 속에 없는 말을 지껄여 거짓부렁으로 자기를 속인다면 존자(尊者)를 대하는 마음가짐이겠는가? 맹자가 만장에게 면박을 주고 있다. 자기를[己] 곧게 한다[直]. (자신이) 자신을[自] 속이지[欺] 말라[無].

그 기(其), 사귈 교(交), 어조사 야(也), 써 이(以), 정도 도(道), 접촉할 접(接), 예의 례(禮), 곧 사(斯), 클 공(孔), 존칭 자(子), 받아줄 수(受), 그것 지(之), 어조사 의(矣)

【문지(聞之) 3】

은수하(殷受夏)

【원문(原文)】

萬章曰 今有禦人於國門之外者 其交也가 以道이고 其餽也가 以禮면 斯可受禦與이까 曰 不可하다 康誥에 曰 殺越人于貨하고 閔不畏死를 凡民이 罔不譈라 하니 是不待敎而誅者也이니 殷受夏하고 周受殷은 所不辭也이지만 於今爲烈이니 如之何其受之與리오

만장왈 금유어인어국문지외자 기교야 이도 기궤야 이례 사가수어여 왈 불가 강고 왈 살월인우화 도 민불외사 범민 망불대 시부대교이주자야 은수하 주수은 소불사야 어금위렬 여지하기수지여

【해독(解讀)】

만장이 여쭈었다[萬章曰]. "지금 도성의 밖에서 (흉기로 재물을 뺏으려고) 사람을 가로막는 놈이 있다고 하겠습니다[今有禦人於國門之外者]. 그런 자의 사귐이 정도로써 사귀는 것이고[其交也以道] 그런 자의 보냄이 예의로써 (선물을) 보냄이라면[其餽也以禮] 곧 사람을 가로막는 짓을 용납해도 되는 것인가요[斯可受禦與]?" (맹자가) 말해주었다[曰]. "불가하다[不可]. 강고에 이런 말이 있다[康誥曰]. '재물 때문에 사람을 죽여 쓰러뜨리고서도[殺越人于貨] 감연히 죽임을 두려워하지 않으면[閔不畏死] 온 백성이 (그런 자를) 미워하지 않을 수 없다[凡民罔不譈].' 이 같은 놈은 교령을 기다리지 않고서도 죽일 놈이다[是不待教而誅者也]. 은나라는 하나라를 물려받았고[殷受夏] 주나라는 은나라를 물려받았다[周受殷]. (이런 물려받음은) 그만두지 않을 것이다[所不辭也]. (그것은) 지금까지도 빛나는 것이다[於今爲烈]. 어찌 백성한테서 빼앗을 것을 받을 것인가[如之何其受之與]?"

【담소(談笑)】

今有禦人於國門之外者(금유어인어국문지외자)

▶ **지금[今] 도성[國門]의[之] 밖[外]에서[於] (흉기로 재물을 뺏으려고) 사람을[人] 가로막는[禦] 놈이[者] 있다고 하겠습니다[有].**

금유어인어국문지외자(今有禦人於國門之外者)는 〈A有B〉꼴로 주어가 〈있을 유(有)〉 뒤에 온다. 〈A(今)에 B(禦人於國門之外者)가 있다[有]〉 今有禦人於國門之外者에서 금(今)은 시간의 부사이고, 유(有)는 〈있을 유(有)〉로 자동사이며, 어인어국문지외자(禦人於國門之外者)는 주부이다. 禦人於國門之外者에서 어인어국문지외(禦人於國門之外)는 〈A者〉꼴로 자(者)를 꾸며주는 형용사절이고, 자(者)는 후행사므로, 今有禦人於國門之外者에서 유(有)의 주어를 자(者)로 보면 문맥이 잡힌다. 〈A(禦人於國門之外)하는 놈[者]〉 今有禦人於國門之外者에서 어(禦)는 〈멈추게 할 지(止)〉와 같고, 국문(國門)은 도성(都城)을 말하며, 외(外)는 외부(外部)의 줄임말로 여기고 새긴다.

이제 금(今), 있을 유(有), 막을 어(禦), ~에서 어(於), 문 문(門), ~의 지(之), 바깥 외(外), 놈 자(者)

其交也以道(기교야이도) 其餽也以禮(기궤야이례) 斯可受禦與(사가수어여)

▶ 그런 자의[其] 사귐[交]이[也] 정도[道]로써[以] 사귀는 것이고 그런 자의[其] 보냄[餽]이[也] 예의[禮]로써[以] 보내는 것이면, 곧[斯] 사람을 가로막는 짓을[禦] 용납해도 되는 것[可受]인가요[與]?

기교야이도(其交也以道)는 뒤에 나오는 사가수어여(斯可受禦與)를 주절로 하는 조건의 종속절로, 其交也以道交也를 생략한 어투이다. 이는 〈A也B也〉꼴로 영어의 2형식 문장과 같다. 其交也以道交也에서 기교야(其交也)는 주부이고, 이도교야(以道交也)는 술부이다. 술부인 以道交也에서 이도(以道)는 보어이며 동명사와 같으면서 교(交)를 꾸며주는 부사구이고, 야(也)는 ~이다 정도의 뜻을 나타내는 어조사이다. 其交也以道交也를 其交也以道로 줄여 쓴 것에서 문맥상 보충할 수 있는 내용이라면 모두 생략하는 한문투의 특징이 잘 드러난다. 그러나 우리말로 새길 때는 생략된 내용을 보충해야 문맥에 걸맞은 문의가 드러난다. 其交也以道의 기(其)는 앞서 나온 어인어국문지외자(禦人於國門之外者)를 대신해주는 관형사이므로 그런 놈의[其] 정도로 새기면 문맥이 통하고, 교(交)는 교제(交際)의 줄임말로 여기며, 도(道)는 정도(正道)의 줄임말로 여기면 문맥이 통한다.

기궤야이례(其餽也以禮) 역시 뒤에 나오는 사가수어여(斯可受禦與)를 주절로 하는 조건의 종속절로, 其餽也以禮餽也를 생략한 어투이다. 이는 〈A也B也〉꼴로 영어의 2형식 문장과 같다. 其餽也以禮餽也에서 기궤야(其餽也)는 주부이고, 이례궤야(以禮餽也)는 술부이다. 술부인 以禮餽也에서 이례(以禮)는 보어이며 동명사 구실을 하는 궤(餽)를 꾸며주는 부사구이고, 야(也)는 ~이다 정도의 뜻을 나타내는 어조사이다. 其餽也以禮餽也를 其餽也以禮로 줄여 쓴 것에서 문맥상 보충할 수 있는 내용이라면 생략하는 한문투의 어투를 단적으로 보여주고 있다. 其餽也以禮의 궤(餽)는 〈증여할 이(貽)〉와 같고, 예(禮)는 예의(禮儀)의 줄임말로 여기면 문맥이 통한다.

사가수어여(斯可受禦與)는 앞의 기교야이도기궤야이례(其交也以道其餽也以禮)를 조건의 종속절로 하는 주절로, 기교야이도기궤야이례사가수어여(其交也以道其餽也以禮斯可受禦與)는 〈A斯(則)B〉꼴로 영어의 복문과 같은 문장이다. 주절인 斯可受禦與에서 사(斯)는 〈곧 즉(則)〉과 같고, 可受禦與

에서 수(受)는 〈용납할 용(容)〉과 같고 수용(受容)의 줄임말로 여기고 새기고, 어(禦)는 타동사인 수(受)의 목적어이므로 명사로 보고 (재물을 빼앗으려고 사람을) 가로막는 짓으로 새기면 문맥이 통하고, 여(與)는 〈~인가 여(與)〉로 구문의 말미에서 의문어조사 구실을 한다. 특히 가수어여(可受禦與)에서 어(禦)를 가로막는 짓거리로 새겨도 되고, 가로막고 빼앗은 물건으로 새겨도 된다. 여기선 가로막는 짓거리[禦]로 보고 새겼다.

도성 밖에서 사람을 가로막고 빼앗는 짓거리를 범하는 자를 지방에서 백성을 수탈하는 제후로 상상하면서 만장의 말을 들으면 된다. 그런 제후가 현자와 교제하려고 정도(正道)를 앞세우고 백성한테서 빼앗은 물건을 현자한테 보냄[禦]이 예의에 어긋남이 없으니, 그 물건을 현자가 받는다면 그 현자가 제후의 빼앗는 짓을 용납하는 것이 아니냐고 만장이 스승(孟子)께 예를 들어 반문하고 있다.

그 기(其), 사귈 교(交), 어조사 야(也), 써 이(以), 정도 도(道), 보낼 궤(餽), 예의 례(禮), 곧 사(斯), 가할 가(可), 용납할 수(受), 가로막을 어(禦), ~인가 여(與)

不可(불가)

▸ 불가하다[不可].

불가(不可)는 불가수어(不可受禦)를 줄인 어투이다. 만장이 하나의 예를 들어 반문한 내용을 스승(孟子)이 한 마디로 부정하고 있다. 누구보다도 패자(霸者)를 미워하는 현자(賢者)가 곧 맹자이다. 그런 맹자가 사람을 가로막고 빼앗는 짓거리[禦]를 용납할 수 있겠는가. 만장은 참으로 맹랑한 고제(高弟)로다. 그러나 스승은 불가(不可)한 까닭을 근거를 들어 밝혀준다.

아니 불(不), 가할 가(可)

康誥曰(강고왈) 殺越人于貨(살월인우화) 閔不畏死(민불외사) 凡民罔不譈(범민망불대)

▸ 강고에[康誥] 이런 말이 있다[曰]. "재물[貨] 때문에[于] 사람을[人] 죽여[殺] 쓰러뜨리고서도[越] 감연히[閔] 죽임을[死] 두려워하지 않으면[不畏] 온[凡] 백성이[民] 미워하지[譈] 않을 수 없다[罔不]."

강고왈(康誥曰)의 강고(康誥)는 『서경(書經)』「주서(周書)」 11장을 말한다. 주(周)나라 성왕(成王)이 은(殷)나라를 정벌한 다음 은나라를 양분하여 한쪽은 미자(微子)를 봉(封)하여 송(宋)나라라 했고, 다른 쪽은 강숙(康叔)에게 봉하여 위(衛)나라라 했다. 강숙을 위나라의 제후로 보내면서 성왕이 그에게 치국(治國)을 일깨워주는 내용이 곧 11장 강고(康誥)이다. 맹자는 강고에 있는 내용을 인용하여 만장에게 일깨워주고 있다.

살월인우화(殺越人于貨)는 바로 뒤 민불외사(閔不畏死)와 연결되는 시간의 부사절로 보고 새기면 문맥이 통한다. 殺越人于貨에서 월(越)은 〈쓰러뜨릴 전(顚)〉과 같고, 우(于)는 〈~때문에 어(於)〉와 같으며, 화(貨)는 〈재물 재(財)〉와 같다. 재물[貨] 때문에[于] 사람을[人] 죽여[殺] 쓰러뜨리고서도[越].

민불외사(閔不畏死)는 바로 뒤 범민망불대(凡民罔不譈)와 연결되는 조건의 부사절로 보고 새기면 문맥이 통한다. 감히[閔] 죽임을[死] 두려워하지 않는다면[不畏]. 맹자는 민(閔)이라 했지만, 강고(康誥)에는 민(暋)으로 돼 있다. 〈감연히 민(暋)〉

범민망불대(凡民罔不譈)는 살월인우화(殺越人于貨)와 민불외사(閔不畏死)의 주절로 여기고 새기면 문맥이 통한다. 그러니 범민망불대(凡民罔不譈)는 시간의 부사절인 살월인우화(殺越人于貨)와 조건의 부사절인 민불외사(閔不畏死)를 거느린 영어의 복문과 같은 어투이다. 凡民罔不譈에서 망(罔)은 〈없을 무(無)〉와 같고, 대(譈)는 〈미워하고 죽일 대(憝)〉와 같다. 맹자는 대(譈)라고 했으나, 강고(康誥)에는 대(憝)로 되어 있다.

여기서 맹지가 인용한 부분이 『서경(書經)』에는 이렇게 되어 있다. "범민자득죄(凡民自得罪)하고 구양간귀(寇攘姦宄)하며 살월인우화(殺越人于貨)하면서도 민불외사(暋不畏死)어든 망불대(罔弗憝)하라." 무릇[凡] 백성이[民] 스스로[自] 죄를[罪] 짓고[得] 도적질하고[寇] 약탈하며[攘] 안에서 소란을 피우고[姦] 밖에서 난동을 피우면서도[宄] 재물[貨] 때문에[于] 사람을[人] 죽여[殺] 쓰러뜨리면서도[越] 감히[暋] 죽임을[死] 두려워하지 않으면[不畏] 미워하지[憝] 않을 수 없다[罔弗]. 몇 글자들이 서로 다르지만 같은 내용이다. 범민(凡民)이 서로 다른 자리에 있음을 주목한다. 강고(康誥)의 망불대(罔弗憝)는 강숙망불대(康叔罔弗憝)이고 맹자는 범민망불대(凡民罔不譈)라고 했지만 백성을 못살게 하는 놈을 백성은 미워할 수밖에 없음을 밝히고 있으니, 여민동락(與民同樂)이란 맹자의 정신을 살피면서 들어야 한다. 백성의 것을 함부로 빼앗지 말라 한다. 그런 것은 정도(正道)일 리 없고 예의(禮儀)일 리 없음을 어찌 모르는가? 맹자가 힐난(詰難)하고 있다.

편안할 강(康), 가르칠 고(誥), 가로 왈(曰), 죽일 살(殺), 쓰러뜨릴 월(越), 때문에 우(于), 재물 화(貨), 감히 민(閔), 아니 불(不), 두려워할 외(畏), 죽음 사(死), 무릇 범(凡), 백성 민(民), 없을 망(罔), 미워할 대(譈)

是不待教而誅者也(시부대교이주자야)

▶ 이 같은 놈은[是] 교령을[教] 기다리지 않고[不待]서도[而] 죽일[誅] 놈[者]이다[也].

시부대교이주자야(是不待教而誅者也)는 〈AB也〉꼴로 영어의 2형식 문장과 같다. 〈A(是)는 B(者)이다[也]〉 是不待教而誅者也에서 시(是)는 주어이고, 자(者)는 보어이며, 야(也)는 영어의 be동사처럼 ~이다 정도로 새긴다. 그리고 부대교이주(不待教而誅)는 자(者)를 꾸며주는 형용사이다. 이는 〈A者〉꼴이다. 〈A하는 것[者], A하는 놈[者]〉

몰매 맞아 죽을 놈을 말하고 있다. 백성이 분노하면 태산도 허물어지고 만다. 백성이 강물이라면 임금은 그 위에 뜬 쪽배라고 순자(荀子)가 밝혔는데, 순자를 싫어하는 맹자가 같은 줄기의 말을 하고 있다. 조선시대 선조에게 이 말을 들이댔던 남명(南冥)이 사약을 기다렸던 일화도 따지고 보면 백성을 괴롭히지 말라 함이다. 임금이든 제후든 백성을 괴롭히면 천벌을 받아야 한다. 그러니 칼자루 쥔 놈들이 맹자를 어찌 좋아하겠는가.

이 시(是), 아니 부(不), 기다릴 대(待), 법령 교(教), 어조사 이(而), 죽일 주(誅), 놈 자(者), ~이다 야(也)

殷受夏(은수하) 周受殷(주수은) 所不辭也(소불사야)

▶ 은나라는[殷] 하나를[夏] 물려받았고[受], 주나라는[周] 은나라를[殷] 물려받았다[受]. (이런 물려받음은) 그만두지 않을[不辭] 것[所]이다[也].

은수하(殷受夏)는 〈A受B〉꼴로 영어의 3형식 문장과 같다. 〈A(殷)가 B(夏)를 물려받다[受]〉 하지만 이런 어투는 앞의 문맥을 살펴 뜻을 보충해야 이해가 된다. 말하자면 은수법도어하(殷受法度於夏)라고 여기고 새기면 구문의 뜻이 걸맞게 된다. 은나라는[殷] 하나라[夏]로부터[於] 법도를[法度] 받았다[受].

주수은(周受夏)은 〈A受B〉꼴로 영어의 3형식 문장과 같다. 〈A(周)가 B(殷)를 물려받다[受]〉 이 또한 주수법도어은(周受法度於殷)이라 여기고 새기면 구문의 뜻이 걸맞게 된다. 주나라는[周] 은나라[殷]로부터[於] 법도를[法度] 받았다[受].

소불사야(所不辭也)는 시소불사야(是所不辭也)에서 주어인 시(是)를 생략하고 술부만 남긴 〈(A)B也〉꼴이다. 물론 是所不辭也를 시불사자야(是不辭者也)라고 고쳐도 된다. 所不辭也에서 불사(不辭)는 소(所)를 꾸며주는 형용사절이다. 그러니 소(所)가 형용사절의 선행사이고, 자(者)는 형용사절의 후행사로 여기고 알아두면 편하다. 所不辭也의 사(辭)는 불수(不受)와 같으므로, 불사(不辭)는 막불수(莫不受)로 새긴다. 물려받지[受] 않을 수 없는[莫不] 바[所]이다[也].

법도(法度)란 필요에 따라 급조될 수 없다. 대물림되는 법도라야 본래 면목이 유지된다. 전통이 살아 있어야 제 얼굴이 깎이지 않는단 말이다. 은수하(殷受夏) 주수은(周受殷)은 문화의 대물림이요 역사의 본류를 말한다. 지금 우리는 한수조(韓受朝)의 대물림을 깡그리 팽개치고 서양 것으로 새 집을 짓고 살다보니 심신이 온갖 아토피에 걸려 사는 일이 간지럽기 짝이 없다. 소불사(所不辭)는 시쳇말로 하면 바로 전통의 이음새를 말해준다.

은나라 은(殷), 받을 수(受), 하나라 하(夏), 주나라 주(周), 것 소(所), 사양할 사(辭), ~이다 야(也)

於今爲烈(어금위렬)

▶ (그것은) 지금[今]까지도[於] 빛나는 것[烈]이다[爲].

어금위렬(於今爲烈)은 〈A爲B〉꼴로 문맥에 따라 새긴다. 그 까닭은 위(爲)가 다양한 구실을 하기 때문이다. 〈할 위(爲) = 조(造), 다스릴 위(爲) = 치(治), 하여금 위(爲) = 사(使), 지을 위(爲) = 저(著), 이룰 위(爲) = 성(成), 행할 위(爲) = 행(行), 생각할 위(爲) = 사(思), 배울 위(爲) = 학(學), 흉내낼 위(爲) = 의(擬), ~ 때문에 위(爲) = 소이(所以), 어조사 위(爲) = 시(是) = 야(也)〉 등으로 위(爲)는 다양한 뜻을 나타내면서 다양한 품사 구실을 한다. 어금위렬(於今爲烈)에서 위(爲)는 어조사 〈~이다 위(爲)〉로 새기면 문맥이 통한다. 於今爲烈에서 어금(於今)은 시간의 부사구이고, 열(烈)은 보어이며 〈빛날 광(光), 아름다울 미(美)〉 등과 같다. 於今爲烈을 於今烈也로 여기고 새기면 문맥을 잡기 편하다. 지금까지[於今] 빛나는 것[烈]이다[也].

~까지 어(於), 지금 금(今), 어조사(~이다) 위(爲), 빛날 렬(烈)

如之何其受之與(여지하기수지여)

▶ 어찌[如之何] 백성한테서 빼앗은 것을[其] 받을 것[受]인가[與]?

여지하기수지여(如之何其受之與)는 〈如之何A與〉꼴로 강한 의문문 어투이다. 〈어찌[如之何] A 하겠나[與]?〉 〈如之何 ~ 與〉와 〈何如之 ~ 乎〉 등은 전형적인 한문투의 의문문이다. 如之何其受之與에서 지(之)는 허사이다. 허사는 어조를 돕는 어조사로, 뜻이 없으므로 무시해도 된다. 如之何其受之與의 기수지(其受之)를 수기(受其)로 여기고 새긴다. 기(其)를 수(受) 앞으로 내고 그 빈 자리에 뜻 없는 허사인 지(之)를 두었다고 여기면 편하다. 如之何其受之與의 기(其)는 만장이 스승(孟子)께 물었던 사가수어여(斯可受禦與)의 어(禦)를 나타내는 대명사이다. 어(禦)는 여기서 백성으로부터 빼앗은 것을 말한다. 그러니 如之何其受之與의 기(其)를 기어(其禦)의 줄임으로 보고 백성한테서 빼앗은 것으로 여기고 새긴다.

이제 「등문공장구(滕文公章句) 하(下)」 7장에서 다룬 공자와 양화(陽貨)의 일화를 여기서 떠올리면, 만장이 말한 공자수지(孔子受之)를 만장 자신이 스스로 알아채리라. 양화는 대부(大夫)로 백성을 수탈하는 어자(禦者) 노릇을 일삼았다. 그런 양화가 공자를 뵙고자 했지만 공자는 예(禮)가 없는 그를 만나주지 않았다. 그러자 공자가 없는 틈을 타서 양화가 살찐 돼지새끼 한 마리를 공자의 집으로 보냈다. 대부가 물건을 보냈는데 집에 없어서 직접 받지 못했으면 대부의 집 문간에서 절을 하는 것이 법도였다. 공자는 양화가 집에 없을 때를 살펴 양화의 집 문간으로 가서 절했다. 뇌물을 받아 다시 뇌물로 써서 높은 자리에 올라가려는 탐관(貪官)이야말로 전형적인 어자(禦者)이다. 지금도 어자들이 백성을 등치는 일이 허다하다. 함부로 선물을 받지 말라.

갈을 여(如), 허사 지(之), 어찌 하(何), 그 기(其), 받을 수(受), 허사 지(之), 의문어조사 여(與)

【문지(聞之) 4】

공자역렵교(孔子亦獵較)

【원문(原文)】

曰 今之諸侯는 取之於民也가 猶禦也이라도 苟善其禮際矣면 斯君子도 受之라 하시니 敢問何說也이까 曰 子以爲有王者作이면 將此今之諸侯而誅之乎인가 其敎之不改而後에 誅之乎아 夫謂非其有而取之者를 盜也는 充類至義之盡也니라 孔子之仕於魯也에 魯人이 獵較어늘 孔子亦獵較하니 獵較도 猶可어늘 而況受其賜乎아

왈 금지제후 취지어민야 유어야 구선기례제의 사군자 수지 감문하설야 왈 자이위유왕자작 장차금지제후이주지호 기교지불개이후 주지호 부위비기유이취지자 도야 충류지의지진야 공자지사어로야 노인 엽교 공자역렵교 엽교 유가 이 황수기사호

【해독(解讀)】

(만장이) 여쭈었다[曰]. “지금의 제후가 백성한테서 재물을 취하는 것이 (길 가는 사람을) 가로막고 재물을 빼앗는 짓과 같다 해도[今之諸侯取之於民也猶禦也] (제후가) 적어도 그 예의와 교제를 잘한다면 [苟善其禮際矣] 곧 군자기 제후의 선물을 받는다니[斯君子受之] 어떤 말씀이신지 감히 여쭙겠습니다[敢問何說也].” (맹자가) 말해주었다[曰]. “자네의 생각대로 임금 노릇을 할 자가 나와서 (인정을) 시작한다면[子以爲有王者作], (그 왕자가) 마구 지금의 제후들을 죽일 것인가[將此今之諸侯而誅之乎]? (아니면 왕자가) 제후에게 경고했으나 (그 제후가) 고치지 않으면[其敎之不改] 그런 뒤에 그 제후를 죽일 것인가[而後誅之乎]? 제 소유가 아닌 것을 취한 자를 무릇 도적으로 모는 것은[夫謂非其有而取之者盜也] 지나친 착함과 지나친 의리만을 다한 것이다[充類至義之盡也]. 공자가 노나라에서 벼슬할 때에[孔子之仕於魯也] 노나라 사람이 사냥 시합을 하면[魯人獵較] 공자 또한 (마다 않고) 사냥 시합을 했다[孔子亦獵較]. 사냥으로 견주기도 오히려 가하거늘[獵較猶可] 하물며 제후의 선물을 받는다 해서 어쩌랴[而況受其賜乎]?”

【담소(談笑)】

今之諸侯取之於民也猶禦也(금지제후취지어민야유어야) 苟善其禮際矣(구선기례제의) 斯君子受之(사군자수지)

▶ 지금[今]의[之] 제후가[諸侯] 백성[民]한테서[於] 재물을[之] 취하는 것[取]이[也] (길 가는 사람을) 가로막고 재물을 빼앗는 짓과[禦] 같아[猶]도[也] 적어도[苟] 그[其] 예의와[禮] 교제를[際] 잘한다[善]면[矣] 군자는[君子] 곧[斯] 제후의 선물을[之] 받는다[受].

금지제후취지어민야유어야구선기례제의사군자수지(今之諸侯取之於民也猶禦也苟善其禮際矣斯君子受之)는 〈AB斯C〉꼴로 영어의 복문과 같다. 〈A라도 B면 곧[斯] C한다〉〈AB斯C〉의 사(斯)는 〈곧 즉(則)〉과 같다. 금지제후취지어민야유어야(今之諸侯取之於民也猶禦也)는 양보절이고, 구선기례제의(苟善其禮際矣)는 조건절이며, 군자수지(君子受之)는 주절이다.

금지제후취지어민야유어야(今之諸侯取之於民也猶禦也)는 주절인 군자수지(君子受之)의 양보절이고, 〈AB也〉를 강조한 〈A也B也〉꼴로 영어의 2형식 문장과 같다. 주부 A를 〈A也〉로 하여 어조를 강조한 어투이므로 금지제후취지어민야(今之諸侯取之於民也)의 야(也)는 주격 토씨(~이)인 어조사인 셈이고, 유어야(猶禦也)는 술부로 유(猶)는 타동사 〈같을 여(如)〉와 같고 어(禦)는 〈가로막을 지(止)〉와 같고 목적어이며 유어(猶禦)는 보어이다. 그래서 今之諸侯取之於民也猶禦也를 금지제후취지어민(今之諸侯取之於民)이[也] 유어(猶禦)이다[也]로 읽어보면 문맥이 잡히고, 전체로 보면 양보절이므로 猶禦也의 야(也)를 양보절 토씨(~라도)로 바꿔주면 된다. 어조사는 문맥에 따라 구실을 따라하는 허사이다. 今之諸侯取之於民也猶禦也에서 금지(今之)의 지(之)는 토씨(~의) 구실을 하는 허사이고, 취지(取之)의 지(之)는 〈그것 지(之)〉로 지시대명사이다.

구선기례제의(苟善其禮際矣)는 諸侯苟善其禮際矣에서 주어인 제후(諸侯)를 생략한 〈(A)善B〉꼴이다. 〈(A가) B를 잘한다[善]〉 (諸侯)苟善其禮際矣는 영어의 3형식 조건문과 같다. 苟善其禮際矣에서 의(矣)는 〈즉 사(斯)〉 앞에 있으면 영어의 if 구실을 하는 야(也)와 같다. 그러니 적어도[苟] 그[其] 예제를[禮際]를 잘한다[善]면[矣]으로 새기면 문맥이 잡힌다. 그래서 苟善其禮際矣를 구선기례제(苟善其禮際)이면[矣]이라고 읽어보면 문맥을 잡을 수 있다.

사군자수지(斯君子受之)에서 사(斯)는 〈곧 즉(則)〉과 같고, 조건이나 양보절을 이어주는 구실을 한다. 君子受之는 영어의 3형식 문장과 같다. 군자가[君子] 그것을[之] 받는다[受]. 君子受之에서 지(之)는 제후지사(諸侯之賜)의 줄임인 기사(其賜)를 대신하는 지시대명사이다. 지시대명사 지(之)는 문맥에 따라 구체적인 뜻으로 바꿔주면 문맥의 문의를 쉽게 건질 수 있다. 제후[諸侯]의[之] 선물[賜].

> 이제 금(今), 허사(~의) 지(之), 모두 제(諸), 임금 후(侯), 취할 취(取), 그것 지(之), ~부터 어(於), 백성 민(民), 어조사(~이) 야(也), 같을 유(猶), 가로막고 빼앗을 어(禦), 어조사(~여도) 야(也), 적어도 구(苟), 잘할 선(善), 그 기(其), 예의 례(禮), 교제 제(際), 어조사(~면) 의(矣), 곧 사(斯), 임금 군(君), 존칭 자(子), 받을 수(受), 그 지(之)

敢問何說也(감문하설야)

▶ 어떤[何] 말씀[說]이신지[也] 감히[敢] 여쭙겠습니다[問].

감문하설야(敢問何說也)는 吾敢問何說也에서 주어인 〈나 오(吾)〉를 생략하고 술부만 남긴 〈(A)問B〉꼴로, 영어의 3형식 문장과 같다. 敢問何說也에서 감(敢)은 문(問)을 꾸며주는 부사이고, 문(問)은 타동사이며, 하설야(何說也)는 문(問)의 목적절이다. 何說也에서 야(也)는 의문어조사 〈~인가 야(也)〉로 새긴다.

> 감히 감(敢), 여쭐 문(問), 어떤 하(何), 말씀 설(說), ~인가 야(也)

子以爲有王者作(자이위유왕자작) 將此今之諸侯而誅之乎(장차금지제후이주지호)

▶ 자네의[子] 생각[爲]대로[以] 임금 노릇 할[王] 자가[者] 나와서[有] (인정을) 시작한다면[作] (그 왕자가) 마구[將此] 지금[今]의[之] 제후들을[諸侯] 죽일 것[誅]인가[乎]?

자이위유왕자작(子以爲有王者作)은 조건의 종속절이다. 子以爲有王者作은 子以爲有王者而王者作을 줄인 어투이다. 반복되는 내용을 생략하는 것이 한문투이다. 접속사 이(而)도 생략해버린 子以爲有王者作은 두 구문을 하나처럼 묶은 어투이다. 子以爲有王者作에서 子以爲有王者는 〈있을 유(有)〉가 들어간 〈A有B〉꼴로 영어의 1형식 문장과 같다. 〈A有B〉에서 A는 부사이고, B가 주어이다. 〈A(子以爲)로 B(王者)가 있다[有]〉 그리고 작(作)은 주어도 목적어도 다 생략된 채 타동사 구실을 하면서 남은 어투이다. 그러니 문맥에서 걸맞은 내용을 찾아내 목적어를 보충하면 문맥이 통한다. 왕자(王者)가 작(作)한다면 으레 인정(仁政)일 것이므로 아예 생략했다고 여긴다. 그리고 자이위(子以爲)는 자네 생각대로, 자네가 생각한 대로, 자네의 생각을 가지고 등의 뜻을 가진 하나의 관용어로 알아두면 편하다. 자이위(子以爲)의 위(爲)는 〈생각할 사(思)〉와 같다.

장차금지제후이주지호(將此今之諸侯而誅之乎)는 자이위유왕자작(子以爲有王者作)의 주절인 의문문이다. 將此今之諸侯而誅之乎는 將此今之諸侯而王者誅之乎에서 반복되는 주어인 왕자(王者)가 생략된 어투이다. 그리고 將此今之諸侯而誅之乎와 같은 어투에선 어조사 이(而)와 허사 지(之)를 알아야 문맥을 잡기 쉽다. 將此今之諸侯而誅之乎는 將此誅今之諸侯乎에서 금지제후(今之諸侯)를 강조하려고 전치시키면서 어조사 이(而)가 붙은 셈이고, 빈 자리에 지(之)를 채워 將此今之諸侯而誅之乎가 되었다. 맹자의 화술은 강유(剛柔)가 분명하다. 굳세고 부드러움을 말수에 척척 절묘하게 활용한다. 將此誅今之諸侯乎는 만장에게 공박하는 듯 반문하는 셈이다.

자네 자(子), 써 이(以), 생각 위(爲), 있을 유(有), 임금 노릇 할 왕(王), 사람 자(者), 일할 작(作), 장차 장(將), 이 차(此), 이제 금(今), ~의 지(之), 모두 제(諸), 임금 후(侯), 어조사 이(而), 죽일 주(誅), 허사 지(之), ~인가 호(乎)

其敎之不改(기교지불개) 而後誅之乎(이후주지호)

▶ (아니면 왕자가) 제후에게[其] 경고했으나[敎] (그 제후가) 고치지 않으면[不改] 그런 뒤에[而後] 그 제후를[之] 죽일 것[誅]인가[乎]?

기교지불개(其敎之不改)도 조건의 종속절이다. 其敎之不改는 王者敎諸侯 而諸侯不改過를 마구 줄여놓은 어투이다. 생략하지 않고 王者敎諸侯 而諸侯不改過처럼 되어 있다면 우리말로 문맥을 쉽게 잡을 수 있다. 생략이 심한 어투 탓으로 우리말로 한문투의 문맥을 잡아내기가 쉽지 않은 경우가 허다하다. 그러니 문맥을 살펴 생략된 내용을 보충해주는 습관을 길러두면 한문투를 새기는 데 편하다. 말하자면 불개(不改)는 거의 불개과(不改過)로 새기면 문맥에 걸맞은 문의를 건질 수 있다. 과오를[過] 고치지 않는다[不改]. 其教之不改를 其教之而不改로만 읽어도 문맥을 잡을 수 있다. 其教之는 教其에서 기(其)를 전치시키고 그 빈 자리에 허사 지(之)를 둔 어투이다. 허사는 뜻이 없으므로 무시하고 새긴다. 其教之의 교(教)는 〈고할 고(告)〉와 같다.

이후주지호(而後誅之乎)는 기교지불개(其教之不改)의 주절이 되는 의문문이다. 而後誅之乎는 而後王者誅之乎를 줄인 어투이다. 이후(而後)는 연후(然後)와 같다. 그 뒤에[而後]. 而後誅之乎의 지(之)는 과오를 고치지 않은 제후(諸侯)를 가리키는 지시대명사이다. 여기서 지(之)를 과오를 고치지 않는 제후로 새기면 문의가 선명해진다.

왕자(王者)가 나타나서 어자(禦者) 노릇을 한 제후를 당장 죽일 것인가 아니면 어자(禦者)의 과오를 경고한 다음 그래도 과오를 고치지 않으면 그 제후를 주살(誅殺)할 것인가? 어느 편이 왕자다운 결행이냐고 스승이 제자에게 반문하고 있다. 과유불급(過猶不及)이란 말이 있다. 지나치면 모자람만 못한 법이다. 스승은 제자를 날카롭게만 키우는 것이 아니라 모난 것을 무디게도 키워주어야 하는 법이다.

그 기(其), 고할 교(教), 허사 지(之), 아니 불(不), 고칠 개(改), 어조사 이(而), 뒤 후(後), 죽일 주(誅), 그 지(之), ~인가 호(乎)

夫謂非其有而取之者盜也(부위비기유이취지자도야) 充類至義之盡也(충류지의지진야)

▶ 제[其] 소유가[有] 아닌 것을[非] 취한[取] 자를[者] 무릇[夫] 도적으로[盜] 모는 것[謂]은[也] 지나친[充] 착함과[類] 지나친[至] 의리만[義]을[之] 다한 것[盡]이다[也].

부위비기유이취지자도야충류지의지진야(夫謂非其有而取之者盜也充類至義之盡也)는 〈A也B也〉꼴로 영어의 2형식 문장과 같다. 〈A(夫謂非其有而取之者盜)는[也] B(充類至義之盡)이다[也]〉 夫謂非其有而取之者盜也充類至義之盡也에서 부위비기유이취지자도야(夫謂非其有而取之者盜也)는 주부이고 영어로 치면 주절이고, 충류지의지진야(充類至義之盡也)는 술부이고 영어로 치면 술부이다.

부위비기유이취지자도야(夫謂非其有而取之者盜也)는 〈謂AB〉꼴로 영어의 5형식 문장과 같다. 〈A(非其有而取之者)를 B(盜)라 칭한다[謂]〉 夫謂非其有而取之者盜也는 위(謂)의 목적어인 비기유이취지자(非其有而取之者)가 取非其有者에서 비기유(非其有)를 강조하려고 취(取) 앞으로 옮기고 어조사 이(而)를 더했고 그 빈 자리에 허사 지(之)를 더한 어투임을 알면, 문맥을 쉽게 잡을 수 있다. 그러므로 먼저 夫謂非其有而取之者盜也의 문맥을 쉽게 잡으려면 부위자도야(夫謂者盜也)가 夫謂非其有而取之者盜也의 골격임을 알아야 한다. 夫謂非其有而取之者盜也에서 비기유이취지(非其有而取之)는 자(者)를 꾸며주는 형용사이다. 즉 〈A者〉꼴이다. 〈A(非其有而取之)하는 자[者]〉 도(盜)는 목적격 보어이다. 非其有而取之가 取非其有의 목적어인 비기유(非其有)를 전치시켜 강조하려는 어조임을 알아야 문맥을 쉽게 잡을 수 있다. 非其有而取之에서 어조사 이(而), 허사 지(之) 등은 非其有를 전치시키면서 필요한 발어사이다. 非其有而取之에서 비기유(非其有)는 非其所有의 줄임이다. 제 소유, 제 것 등을 기소유(其所有) 또는 기유(其有)라 하는데 〈非A〉꼴로 알아두면 편하다. 〈A(其有)가 아닌 것[非]〉

술부인 충류지의지진야(充類至義之盡也)에서 충류지의지(充類至義之)는 진(盡)을 꾸며주는 형용사구이고, 진(盡)은 보어이다. 〈A之B〉꼴은 다음 네 가지만 알아도 문맥을 잡기 쉽다. 〈A가[之] B, A의[之] B, A를[之] B, A하는[之] B〉 여기선 〈A(充類至義)를[之] B(盡)한 것〉으로 새긴다. 충류(充類)의 유(類)는 여기서 〈착할 선(善)〉과 같다. 지의(至義)의 의(義)는 의리(義理)의 줄임말로 여긴다.

무릇 부(夫), 말할 위(謂), 아닐 비(非), 그 기(其), 가질 유(有), 어조사 이(而), 취할 취(取), 허사 지(之), 놈 자(者), 도둑 도(盜), 어조사(~은) 야(也), 찰 충(充), 착할 유(類), 지극할 지(至), 뜻 의(義), 어조사(~이) 지(之), 다할 진(盡), ~이다 야(也)

孔子之仕於魯也(공자지사어로야) 魯人獵較(노인렵교) 孔子亦獵較(공자역렵교)

▶ 공자[孔子]가[之] 노나라[魯]에서[於] 벼슬할[仕] 때에[也] 노나라[魯]

사람이[人] 사냥[獵] 시합을 하면[較] 공자[孔子] 또한[亦] (마다 않고) 사냥[獵] 시합을 했다[較].

공자지사어로야노인렵교공자역렵교(孔子之仕於魯也魯人獵較孔子亦獵較)는 영어로 치면 시간의 부사구와 조건절 그리고 주절로 이루어진 복문과 같다. 다시 말해 문맥으로 보아 공자지사어로야(孔子仕仕於魯也)는 시간의 부사구이고, 노인렵교(魯人獵較)는 조건의 부사절이며, 공자역렵교(孔子亦獵較)는 주절이다.

공자지사어로야(孔子之仕於魯也)는 공자사어로(孔子仕於魯)를 구(句)처럼 바꾼 어투이다. 공자가[孔子] 노나라[魯]에서[於] 벼슬했다[仕]를, 공자[孔子]가[之] 노나라[魯]에서[於] 벼슬함[仕]으로 바꾸었다는 말이다. 한문투에서는 영어의 when, if, though 등 부사절을 이끄는 종속접속사들이 따로 정해져 있지 않고 문맥에 따라 자유롭게 부사절로 여기고 새기는 편이다. 그래서 문맥에 따라 孔子之仕於魯也를 시간의 부사구로 보고, 〈어조사 야(也)〉를 시간을 나타내는 in 정도로 여기고 〈~ 때에 야(也)〉로 여기고 새긴다.

노인렵교(魯人獵較)는 문맥에 따라 조건의 부사절로 여기고 새기면 문맥이 통한다. 魯人獵較를 독립시켜 보면 노인이[魯人] 사냥으로[獵] 겨룬다[較]고 새긴다. 그러나 뒤의 공자역렵교(孔子亦獵較)와 문맥을 맞추면 魯人獵較를 조건절로 해야 문맥이 통한다. 노인이[魯人] 사냥으로[獵] 겨루려면[較]으로 새겨야 孔子亦獵較와 문맥이 통한다는 말이다. 엽교(獵較)의 엽(獵)은 수렵(狩獵)의 줄임말로 여기고, 교(較)는 〈견줄 비(比)〉와 같고 비교(比較)의 줄임말로 본다.

공자역렵교(孔子亦獵較)는 주절이다. 노인(魯人)이 사냥으로[獵] 겨루자고 제의하면 공자도 제의에 응해 엽교(獵較)했다는 말이다. 물론 여기서 맹자가 말하는 노인(魯人)은 노(魯)나라에서 어자(禦者)에 속하는 대부 정도의 사람일 터이다. 제 백성을 후리는 대부(大夫)가 공자에게 엽교(獵較)하자고 하면 피하지 않고 엽교했다는 말이다. 孔子亦獵較에서 역(亦)은 〈또 우(又)〉와 같다.

클 공(孔), 존칭 자(子), ~가 지(之), 벼슬할 사(仕), ~에서 어(於), 노나라 로(魯), 어조사(~때에) 야(也), 사냥할 렵(獵), 견줄 교(較), 또 역(亦)

獵較猶可而況受其賜乎(엽교유가이황수기사호)

▶ 사냥으로[獵] 견주기도[較] 오히려[猶] 가하거늘[可] 하물며[而況] 제후의[其] 선물을[賜] 받는다 해서[受] 어쩌랴[乎]?

엽교유가이황수기사호(獵較猶可而況受其賜乎)는 〈A而況B乎〉꼴 어투이다. 〈A(獵較猶可)하거늘 하물며[而況] B(受其賜)를 어쩌랴[乎]〉 엽교유가(獵較猶可)는 양보의 부사절이고, 이황수기사호(而況受其賜乎)가 반문(反問)으로 주절이다.

엽교유가(獵較猶可)의 유(猶)는 〈오히려 상(尙)〉과 같고, 가(可)는 〈좋을 능(能)〉과 같고 가능(可能)의 줄임말로 여긴다. 물론 엽교(獵較)의 엽(獵)은 〈사냥할 수(狩)〉와 같고 수렵(狩獵)의 줄임말이고, 교(較)는 〈견줄 비(比)〉와 같고 비교(比較)의 줄임말로 여긴다.

이황수기사호(而況受其賜乎)는 而況孔子受其賜乎를 줄인 어투이며, 〈而況(又況 · 于況) ~ 乎(哉)〉의 관용구문으로 알아두면 편하다. 〈하물며[而況 · 又況 · 于況] ~ 함에 있어서랴[乎]〉 而況受其賜乎에서 기(其)는 제후지사(諸侯之賜)의 제후지(諸侯之)를 대신한 것이다. 제후[諸侯]의[之] 선물[賜]을 그[其] 선물[賜]로 대신했지만, 문맥에 따라 구체적인 뜻을 주어 제후의[其] 선물[賜]로 새기면 문맥의 문의가 드러난다.

사리(事理)의 중용(中庸)을 들어서 만장을 깨우치고 있다. 이 역시 과불급(過不及)을 가르쳐준다. 편식(偏食)이 몸에 나쁘듯이 편벽(偏僻)도 마음에 몹시 나쁘다. 세상을 두 눈으로 보아야지 애꾸로 보지 말라 한다. 인간의 세상엔 선악이 있으니 선만 보아서도 안 되고 악만 보아서도 안 된다. 물론 지극한 선에 머묾에 있음[在止於至善]은 크나큼을 배우는 길[大學之道]이지 인간세(人間世)의 현실에는 선악이 병존함을 잊지 말라는 뜻이다. 극단적으로 생각하지 말라 한다.

사냥할 렵(獵), 견줄 교(較), 오히려 유(猶), 가할 가(可), 어조사(그런데) 이(而), 하물며 황(黃), 받을 수(受), 선물 사(賜), 어조사(~어쩌랴) 호(乎)

【문지(聞之) 5】

위지조야(爲之兆也)

【원문(原文)】

曰 然則孔子之仕也는 非事道與이까 曰 事道也이니라 事道면 奚獵較也이까 曰 孔子先簿正祭器하사 不以四方之食供簿正하시니라 曰 奚不去也이이까 曰 爲之兆也이니 兆足以行矣而不行而後에 去하니 是以로 未嘗有所終三年淹也이니라 孔子는 有見行可之仕하고 有際可之仕하며 有公養之仕하니 於季桓子見行可之仕이요 於衛靈公 有際可之仕也이요 於衛孝公에 有公養之仕也이니라

왈 연즉공자지사야 비사도여 왈 사도야 사도 해렵교야 왈 공자선부정제기 불이사방지식공부정 왈 해불거야 왈 위지조야 조족이행의이불행 이후 거 시이 미상유소종삼년엄야 공자 유견행가지사 유제가지사 유공양지사 어계환자견행가지사 어위령공 유제가지사야 어위효공 유공양지사야

【해독(解讀)】

(만장이) 여쭈었다[曰]. "그렇다면 공자님의 출사가[然則孔子之仕也] 정도를 따름이 아닌 것인가요[非事道與]?" (맹자가) 말해주었다[曰]. "(공자님의 출사는) 정도를 따른 것이다[事道也]." "정도를 따랐다면[事道] 어찌 사냥으로 시합한 것인가요[奚獵較也]?" (맹자가) 말해주었다[曰]. "공자는 먼저 (제기를) 대장에 기록하고 (그런 다음에) 제기를 결정하였지[孔子先簿正祭器], (공자는) 사방의 음식물을 가지고 (제물을) 괴거나 대장에 기록해두거나 정하지 않았다[不以四方之食供簿正]." 만장이 여쭈었다[曰]. "(공자께서는) 어째서 물러나지 않은 것인가요[奚不去也]?" (맹자가) 말해주었다[曰]. "(치도를 행할 수 있는) 다스림의 징조인 것이다[爲之兆也]. 다스림의 징조로써 그 징조가 만족스럽게 행해지다가 행해지지 않으면[兆足以行矣而不行] 곧장 (공자는) 물러났다[而後去]. 이렇기 때문에 (공자께서) 삼 년이나 오래도록 마쳤던 바가 일찍이 없었던 것이다[是以未嘗有所終三年淹也]. (그 징조에서 치도를) 행할 수 있음을 보임이 있다면 공자께서는 출사했고[孔子有見行可之仕], (그 징조에 예로써) 교제할 수 있다면 (공자는) 출사했으며[有際可之仕], (그 징조에) 현자를 길러냄이 있다면 (공자는) 출사했다[有公養之仕]. 계환자한테서 (치도를) 행할 수 있음을 보고서 (공자께서는) 출사했고[於季桓子見行可之仕], 위령공한테 (예로써) 교제할 수가 있어서 (공자께서는) 출사했던 것이며[於衛靈公有際可之仕也], 위효공한테 (예로써) 현자를 길러냄이 있다면 (공자께서는) 출사했던 것이다[於衛孝公有公養之仕也]."

【담소(談笑)】

然則孔子之仕也非事道與(연즉공자지사야비사도여)

▶ 그렇다면[然則] 공자님[孔子]의[之] 출사[仕]가[也] 정도를[道] 따름이[事] 아닌 것[非]인가요[與]?

연즉공자지사야비사도여(然則孔子之仕也非事道與)는 〈A也非B與〉꼴로 〈A非B與〉의 주어인 A에 야(也)를 더하여 강조하는 어투이고, 영어의 2형식 의문문과 같다. 〈A(孔子之仕)가[也] B(事道)가 아닌 것[非]인가[與]?〉 然則孔子之仕也非事道與에서 연즉(然則)은 말을 이어주는 부사구이고, 공자지사야(孔子之仕也)는 주부이며, 비사도여(非事道與)는 술부이다. 非事道與에서 비(非)는 불시(不是)이고, 사도(事道)는 보어이며, 여(與)는 불시(不是) 대신에 비(非)로 하면 의문문일 때 〈~이다 야(也)〉가 아닌 의문어조사 〈~인가 여(與)〉로 여긴다. 말하자면 비사도여(非事道與)는 불시사도(不是事道)를 더 강조하여 부정한 셈이다. 非事道與에서 사(事)는 〈따를 종(從)〉과 같고 종사(從事)의 줄임말로 여기고, 도(道)는 정도(正道) 또는 도리(道理) 등으로 여기고 새긴다. 긍정문인 〈A是B〉와 〈AB也〉를 부정문으로 하면 〈A不是B〉와 〈A非B也〉가 된다고 알아두면 편하다. 〈A是B〉의 시(是)는 어조사 〈~이다 야(也)〉와 같은 어조사이다.

그럴 연(然), 곧 즉(則), 클 공(孔), 존칭 자(子), ~의 지(之), 벼슬할 사(仕), 어조사(~가) 야(也), 아닌 것 비(非), 따를 사(事), 정도 도(道), 의문어조사(~인가) 여(與)

事道也(사도야)

▶ (공자님의 출사는) 정도를[道] 따른 것[事]이다[也].

사도야(事道也)는 孔子之仕也事道也를 줄인 어투이다. 주부를 생략하고 보어인 술부만 남긴 셈이다. 한문투는 결코 같은 내용을 반복하지 않는다. 사도(事道)는 이행도위사야(以行道爲事也)를 뜻한다. 도를[道] 행함[行]으로써[以] 일을[事] 삼는 것[爲]이다[也].

따를 사(事), 정도 도(道)

事道(사도) 奚獵較也(해렵교야)

▶ 정도를[道] 따랐다면[事] 어찌[奚] 사냥으로[獵] 시합한 것[較]인가요[也]?

사도(事道)는 문맥상 해렵교야(奚獵較也)를 주절로 하는 조건의 부사절이다. 事道는 孔子之仕事道에서 주부인 공자지사(孔子之仕)를 생략하고 술부인 사도(事道)만 남긴 어투이다. 그러니 事道는 주어가 생략된 영어의 3형식 문장과 같다. 事道에서 사(事)는 타동사이고, 도(道)는 목적어이다. 정도를[道] 따른다[事]. 사도(事道)를 사도야(事道也)로 여기면, 정도를[道] 따르는 것[事]이다[也]가 된다. 〈爲A〉와 〈爲A也〉로 알아두면 편하다. 〈A를 한다[爲]〉, 〈A를 하는 것[爲]이다[也]〉 야(也)는 영어로 치면 동사 do(爲)를 동명사 doing(爲) 또는 부정사 to do(爲)로 바꾸는 구실을 한다.

해렵교야(奚獵較也)는 奚孔子獵較也에서 반복되는 공자(孔子)를 생략하고, 의문사 해(奚)를 앞머리에 더한 〈AB也〉꼴로 영어의 2형식 문장과 같다. 엽교(獵較)는 사냥으로[獵] 시합한다[教]고 새기고, 엽교야(獵較也)는 사냥으로[獵] 시합하는 것[較]이다[也]로 새기며, 해렵교야(奚獵較也)는 어찌[奚] 사냥으로[獵] 시합하는 것[較]인가[也]로 알아두면 편하다. 물론 엽교(獵較)만 이렇다는 것이 아니다. 야(也)와 해(奚)를 덧붙임으로써 문의가 달라지는 것을 알아두면 한문투의 문맥을 새기기에 편리하다.

공자가 출사(出仕)하여 엽교(獵較)로써 권문(權門)과 교제를 했다면 사도(事道)에 어긋남이 아니냐고 묻자, 맹자가 단호하게 "사도야(事道也)"라고 단인한다. 유가는 시비(是非) 가림을 피하지 않는다. 불가라면 만장은 한방[一棒] 얻어맞았을 터이다. 다만 유자(儒者)는 시비지심(是非之心)을 지(智)로 인정하므로 사제 사이에 토론이 가능하다. 그러나 만장이 "비사도(非事道)"라고 하니 스승은 단호하다.

따를 사(事), 정도 도(道), 어찌 해(奚), 사냥할 렵(獵), 견줄 교(較), ~인가 야(也)

孔子先簿正祭器(공자선부정제기)

▶ 공자는[孔子] 먼저[先] (제기를) 대장에 기록하고[簿] (그런 다음에) 제기를[祭器] 결정하였다[正].

공자선부정제기(孔子先簿正祭器)는 孔子先簿祭器 而後孔子正祭器를 줄인 어투이다. 한문투의 문맥을 잡으려면 생략된 내용을 보충해야 하는데,

대개 반복되는 내용이 생략되기 쉽다. 孔子先簿正祭器는 〈A簿B〉와 〈A正B〉꼴로 영어의 중문(重文)과 같은 어투이다. 〈A(孔子)가 B(祭器)를 대장에 기록했다[簿]〉 〈A(孔子)가 B(祭器)를 결정했다[正]〉 孔子先簿正祭器에서 공자(孔子)는 주어이고, 선(先)은 부(簿)를 꾸미는 부사이며, 부(簿)와 정(正)은 타동사이고, 제기(祭器)는 목적어이다. 그리고 孔子先簿正祭器에서 부(簿)는 〈치부할 적(籍)〉과 같고 부기(簿記)의 줄임말로 여기고, 정(正)은 〈정할 정(定)〉과 같고 정정(正定)의 줄임말로 여기고 새긴다.

클 공(孔), 존칭 자(子), 먼저 선(先), 대장에 기록할 부(簿), 정할 정(正), 제사 제(祭), 그릇 기(器)

不以四方之食供簿正(불이사방지식공부정)

▶ (공자는) 사방[四方]의[之] 음식물을[食] 가지고[以] (제물을) 괴거나[供] 대장에 기록해두거나[簿] 정하지[正] 않았다[不].

불이사방지식공부정(不以四方之食供簿正)은 孔子不供祭物在祭器之上以四方之食 而孔子不簿祭物以四方之食 而孔子不簿祭物以四方之食를 간명하게 줄인 어투이다. 공자는[孔子] 사방[四方]의[之] 음식물을[食] 가지고[以] 제기[祭器]의[之] 위[上]에다[在] 제물을[祭物] 괴지[供] 않았다[不]. 不以四方之食供簿正에서 이사방지식(以四方之食)은 공부정(供簿正)을 꾸미는 부사구이고, 불(不)은 공부정(供簿正)을 부정하고, 공부정(供簿正)은 목적어가 생략되었지만 타동사이다. 以四方之食의 이(以)는 〈써 용(用)〉과 같고, 식(食)은 〈먹을 식(食)〉과 〈먹일 사(食)〉로 발음이 다른 것을 주의한다.

공자는 제사(祭祀)를 되는 대로 올리지 않았음을 들어 엽교(獵較)와 제물(祭物)은 아무런 상관이 없음을 밝히고 있다. 제물을 마련하려고 엽교(獵較)한 것이 아니라 엽교로써 교제하자니 엽교(獵較)했을 뿐임을 밝힌다. 공자는 제기(祭器)를 먼저 기록해서 정리한 다음 제물을 마련해 제기에 괴었지 제물이 있으니까 편의에 따라 제상에 올리지 않았음을 밝혀 제사의 사도(事道)를 밝히고 있다.

아니 불(不), 써 이(以), 고을 방(方), ~의 지(之), 먹을거리 식(食), 이바지할 공(供), 기록할 부(簿), 정할 정(正)

奚不去也(해불거야)

▶ (공자께서는) 어째서[奚] 물러나지 않은 것[不去]인가요[也]?

해불거야(奚不去也)는 奚孔子不去也에서 주어인 공자(孔子)를 생략한 어투로 하공자불거호(何孔子不去乎)를 완곡하게 말한 의문문이다. 奚不去也의 거(去)는 〈물러날 퇴(退)〉와 같고 퇴거(退去)의 줄임말로 여기고 새기고, 의문사 해(奚)가 있으므로 야(也)는 의문어조사 〈~인가 야(也)〉로 새긴다.

어찌 해(奚), 아니 불(不), 물러갈 거(去), ~인가 야(也)

爲之兆也(위지조야)

▶ (치도를 행할 수 있는) 다스림[爲]의[之] 징조인 것[兆]이다[也].

위지조야(爲之兆也)는 〈AB也〉꼴로 영어의 2형식 문장과 같지만, 주어인 A는 생략되고 보어인 B만 남은 어투이다. 爲之兆也는 是爲之兆也에서 불거(不去)를 나타내는 지시어 시(是)를 생략하였다. 爲之兆也에서 위지(爲之)는 조(兆)를 꾸며주는 형용사이다. 위[爲]의[之] 조(兆)이다[也]로 읽어보면 문맥이 통한다. 爲之兆也의 조(兆)는 〈점괘 복(卜)〉과 같고 징조(徵兆)의 줄임말로 여긴다. 『주역(周易)』「계사전(繫辭傳) 상(上)」5단락에 "극수지래(極數知來) 지위점(之謂占)"이 나온다. 운수를[數] 궁구하여[極] 미래를[來] 알아본다[知]. 이를[之] 점[占]이라 한다[謂].

치세(治世)의 상황을 면밀히 살펴 출사하여 정도를 행할 수 있는 징후가 보이면 출사해서 정도(正道)를 실현했음을 스승이 만장에게 단언하고 있다. 그러므로 나아갈 때가 되면 나아가고 물러갈 때가 되면 물러간다. 군자도 요행을 바라지 않거늘 하물며 공자가 요행을 바라고 출사하겠는가? 여전히 반문하여 만장을 일깨워주려고 스승은 단호하다.

다스릴 위(爲), ~의 지(之), 조짐 조(兆), ~이다 야(也)

兆足以行矣而不行(조족이행의이불행) 而後去(이후거)

▶ 다스림의 징조로써[以] 징조가[兆] 만족스럽게[足] 행해지다[行]가[矣而] 행해지지 않으면[不行] 곧장[而後] (공자는) 물러났다[去].

조족이행의이불행(兆足以行矣而不行)은 是以兆足行矣 而兆不行을 줄인 어투이다. 是以兆足行矣에서 시이(是以)의 시(是)는 앞의 위지조(爲之兆)를 가리키는 지시어이다. 시이(是以)의 시(是)를 생략하고 남은 이(以)를 동사 앞에 두는 것이 한문투이다. 그러므로 兆足以行矣而不行을 兆足行矣而不行으로 읽으면 문맥이 잡힌다. 兆足行矣而不行에서 조(兆)는 주어이고, 족(足)은 행(行)을 꾸미는 부사이며, 행(行)은 수동형 동사이고, 의이(矣而)는 발어사이다. 발어사·어조사·허사 등은 어조와 어세를 높일 뿐 뜻이 없으므로 무시해도 된다.

이후거(而後去)는 而後孔子去를 줄인 어투이다. 而後去의 거(去)는 〈물러날 퇴(退)〉와 같고 퇴거(退去)의 줄임말로 여긴다.

> 조짐 조(兆), 만족할 족(足), 써 이(以), 행할 행(行), 발어사 의(矣), 발어사 이(而), 아니 불(不), 그리고 이(而), 뒤 후(後), 물러갈 거(去)

是以未嘗有所終三年淹也(시이미상유소종삼년엄야)

▶ **이렇기[是] 때문에[以] (공자께서) 삼 년이나[三年] 오래도록[淹] 마쳤던[終] 바가[所] 일찍이[嘗] 없었던 것[未有]이다[也].**

시이미상유소종삼년엄야(是以未嘗有所終三年淹也)는 是以孔子未嘗有所終三年淹也를 줄인 어투이고, 이는 〈없을 미유(未有)〉의 〈A有B〉꼴로 영어의 1형식 문장과 같다. 〈A(孔子)에게 B(所終三年淹)가 없었다[未有]〉 是以未嘗有所終三年淹也에서 시이(是以)는 원인의 부사구이고, 〈일찍이 상(嘗)〉은 미유(未有)를 꾸며주는 부사이며, 소(所)는 미유(未有)이 주어이고, 종삼년엄(終三年淹)은 소(所)를 꾸며주는 형용사절이며, 소(所)는 종삼년엄(終三年淹)의 선행사 구실을 하고, 엄(淹)은 종(終)을 꾸며주는 부사이다. 所終三年淹의 종(終)은 〈마칠 료(了)〉와 같고 종료(終了)의 줄임말로 여기고, 엄(淹)은 〈오래 구(久)〉와 같고 엄구(淹久)의 줄임말로 여기고 새긴다.

> 이 시(是), 때문에 이(以), 아닐 미(未), 일찍이 상(嘗), 있을 유(有), 바 소(所), 마칠 종(終), 해 년(年), 오래될 엄(淹)

孔子有見行可之仕(공자유견행가지사)

▶ **(그 징조에서 치도를) 행할[行] 수 있음을[可] 보임이[見] 있으면[有] 공자께서[孔子]는[之] 출사했다[仕].**

공자유견행가지사(孔子有見行可之仕)는 其兆有見行可 孔子仕를 하나로 묶은 어투로, 공자(孔子)를 전치시켜 강조하고 있다. 孔子有見行可之仕는 한문투의 문법에 따른 어투가 아니라 맹자의 어조를 담은 맹자의 화술이다. 孔子有見行可之仕에서 지(之)는 공자를 전치시키고 빈 자리에 둔 허사이지, 유견행가(有見行可)로 하여금 사(仕)를 꾸며주게 하는 어조사 지(之)가 아니다. 孔子有見行可之仕에서 유견행가(有見行可)를 조건의 부사절로 보고, 공자사(孔子仕)를 주절로 보면 문맥이 통한다. 유견행가(有見行可)는 〈있을 유(有)〉의 〈A有B〉꼴로 영어의 1형식 문장과 같다. 〈A(其兆)에 B(見行可)가 있다[有]〉 그리고 有見行可의 견행가(見行可)는 문맥에 따라 見其兆之可行의 줄임으로 볼 수 있다. 물론 見其兆之可行의 기조(其兆)는 앞서 맹자가 말했던 위지조(爲之兆)를 나타낸다. (치도를 행할 수 있는) 다스림[爲]의[之] 징조[兆].

> 클 공(孔), 존칭 자(子), 있을 유(有), 보일 견(見), 행할 행(行), 가할 가(可), 허사 지(之), 벼슬할 사(仕)

有際可之仕(유제가지사)

▶ **(그 징조에 예로써) 교제할[際] 수[可] 있다면[有] (공자는) 출사했다[仕].**

유제가지사(有際可之仕)는 其兆有際可 孔子仕를 하나로 묶은 어투로, 공자(孔子)를 전치시켜 강조하였다. 孔子有際可之仕의 어투 역시 한문투의 문법을 따른 것이 아니라 맹자의 어조를 담은 맹자의 화술이다. 孔子有際可之仕에서 지(之)는 공자를 전치시키고 빈 자리에 둔 허사이지, 유제가(有際可)로 하여금 사(仕)를 꾸며주게 하는 어조사 지(之)가 아니다. 그리고 孔子有際可之仕에서 유제가(有際可)를 조건의 부사절로 보고, 공자사(孔子仕)를 주절로 보면 문맥이 통한다. 유제가(有際可)는 〈있을 유(有)〉의 〈A有B〉꼴로 영어의 1형식 문장과 같다. 〈A(其兆)에 B(際可)가 있다[有]〉 그리고 有際可의 제가(際可)는 문맥에 따라 가제이례(可際以禮)의 줄임으로 볼 수 있고, 여기서 제(際)는 〈사귈 교(交)〉와 같고 교제(交際)의 줄임말로 여기고 새긴다. 물론 有際可는 其兆有可際以禮를 줄인 어투이다. 그[其] 징조에[兆] 예[禮]로써[以] 교제할[際] 수[可] 있다[有]의 줄임이다. 기조(其兆)는 앞서 맹자가 말했던 위지조(爲之兆)를 나타낸다. (치도를 행할 수 있는) 다스림[爲]의

[之] 징조[兆].

있을 유(有), 교체 제(際), 가할 가(可), 허사 지(之), 벼슬할 사(仕)

有公養之仕(유공양지사)

▶ (그 징조에) 현자를[公] 길러냄이[養] 있다면[有] (공자는) 출사했다[仕].

유공양지사(有公養之仕)는 其兆有公養 孔子仕를 한 구문으로 묶되, 공자(孔子)를 전치시켜 강조한 어투이다. 孔子有公養之仕의 어투 역시 한문투의 문법을 따른 것이 아니라 맹자의 어조를 담은 맹자의 화술이다. 孔子有公養之仕에서 지(之)는 공자를 전치시키고 빈 자리에 둔 허사이지, 유공양(有公養)으로 하여금 사(仕)를 꾸미게 하는 어조사 지(之)가 아니다. 그리고 孔子有公養之仕에서 유공양(有公養)을 조건의 부사절로 보고, 공자사(孔子仕)를 주절로 보면 문맥이 통한다. 유공양(有公養)은 〈있을 유(有)의 〈A有B〉꼴로 영어의 1형식 문장과 같다. 〈A(其兆)에 B(公養)이 있다[有]〉 그리고 有公養의 공양(公養)은 양현지례(養賢之禮)의 뜻으로 문맥에 따라 볼 수 있다. 물론 有公養은 其兆有養公以禮의 어순을 달리해놓은 어투이다. 그[其] 징조에[兆] 예[禮]로써[以] 공명을[公] 길러냄이[養] 있다[有]. 有公養의 공(公)은 〈밝을 명(明)〉과 같고 공명(公明)의 줄임말로 여기고, 양(養)은 〈길러낼 육(育)〉과 같고 양육(養育)의 줄임말로 여기고 새긴다. 공명(公明)은 현자(賢者)를 비유한다. 그래서 공양(公養)을 일러 현자(賢者)의 양성(養成)이라고 일컫는다.

있을 유(有), 밝을 공(公), 길러낼 양(養), 허사 지(之), 벼슬할 사(仕)

於季桓子見行可之仕(어계환자견행가지사)

▶ 계환자[季桓子]한테서[於] (치도를) 행할[行] 수 있음을[可] 보고서[見] (공자께서는) 출사했다[仕].

어계환자견행가지사(於季桓子見行可之仕)는 於季桓子有見行可 孔子仕를 줄인 어투이다. 문맥에 따라 살펴보면 충분히 보충할 수 있으므로 주어인 공자(孔子)를 생략하고, 어계환자유견행가(於季桓子有見行可)에서 유(有)가 반복되므로 생략하여 於季桓子見行可가 되었고, 孔子仕에서 공자(孔子)를 전치시켰음을 나타내려고 허사 지(之)를 두어 之仕가 되었다. 於季桓子見行

可之仕에서 지(之)는 어계환자견행가(於季桓子見行可)로 하여금 사(仕)를 꾸미게 하는 어조사 지(之)가 아니고, 주절에서 주어인 공자(孔子)가 전치되었으나 반복되므로 생략되었음을 나타내는 허사임을 알아채면 문맥이 쉽게 잡힌다.

어계환자견행가(於季桓子有見行可)를 원인의 부사절로 보고, 공자사(孔子仕)를 주절로 보면 문맥의 문의를 건질 수 있다. 어계환자견행가(於季桓子見行可)에 〈있을 유(有)〉가 생략되었지만 〈있을 유(有)〉의 〈A有B〉꼴로 영어의 1형식 문장과 같다. 〈(A(季桓子)한테서 B(見行可)가 있어서[有]〉 그리고 견행가(見行可)는 見其兆之可行의 줄임으로 문맥에 따라 새기면 걸맞은 문의를 건질 수 있다. 물론 見其兆之可行의 기조(其兆)는 앞서 맹자가 말했던 위지조(爲之兆)를 나타낸다. (치도를 행할 수 있는) 다스림[爲]의[之] 징조[兆]. 계환자(季桓子)는 노(魯)나라의 권문(權門)으로 계씨(季氏) 가문의 수장이었다. 『논어(論語)』「계씨(季氏)」 편 3장과 「미자(微子)」 편 4장에 보면 계환자가 언급되고 있다.

~에서 어(於), 끝 계(季), 푯대 환(桓), 존칭 자(子), 볼 견(見), 행할 행(行), 가할 가(可), 허사 지(之), 벼슬할 사(仕)

於衛靈公有際可之仕也(어위령공유제가지사야)

▶ 위령공[衛靈公]한테[於] (예로써) 교제할[際] 수가[可] 있어서[有] (공자께서는) 출사했던 것[仕]이다[也].

어위령공유제가지사야(於衛靈公有際可之仕也)는 於衛靈公際可 孔子仕也에서 공자(孔子)를 강조하려고 전치시켜 孔子於衛靈公有際可之仕也로 만든 후, 되풀이되는 공자(孔子)를 생략하고 於衛靈公有際可之仕也로 줄인 어투이다. 문맥상 충분히 보충할 수 있는 내용이면 사정없이 생략하는 어투가 곧 한문투이다. 어위령공유제가지사야(於衛靈公有際可之仕也)에서 공자(孔子)를 전치시킨 후 생략되었음을 나타내려고 허사 지(之)를 두어 之仕也라고 한 어투이다. 於衛靈公有際可之仕也에서 지(之)는 어위령공유제가(於衛靈公有際可)로 하여금 사(仕)를 꾸미게 하는 어조사 지(之)가 아니고, 주절의 주어인 공자(孔子)가 전치되고 다시 반복되므로 생략되었음을 나타내는 허사임을 알아채면 문맥이 쉽게 잡힌다.

어위령공유제가(於衛靈公有際可)를 원인의 부사절로 보고, 공자사(孔子仕)를 주절로 보면 문맥의 문의를 건질 수 있다. 有際可의 제(際)는 〈사귈 교(交)〉와 같고 교제(交際)의 줄임말로 여기고 새긴다. 於衛靈公有際可之仕也는 〈있을 유(有)〉의 〈A有B〉꼴로 영어의 1형식 문장과 같다. 〈(A(衛靈公)한테서 B(際可)가 있어서[有]〉 그리고 有際可의 제가(際可)는 其兆之可際以禮의 줄임으로 문맥에 따라 새기면 문맥에 걸맞은 문의를 건질 수 있다. 물론 有其兆之際可의 기조(其兆)는 앞서 맹자가 말했던 위지조(爲之兆)를 나타낸다. (예로써 교제할 수 있는) 다스림[爲]의[之] 징조[兆]. 위령공(衛靈公)은 B.C.534 ~ 493까지 재위했고, 재위 38년에 공자가 위(衛)나라에 갔을 때 영공(靈公)은 공자가 노(魯)나라에서 받았던 녹봉과 같은 봉록(俸祿)을 공자께 주었다 한다.

~에서 어(於), 위나라 위(衛), 신령할 령(靈), 존칭 공(公), 있을 유(有), 교제할 제(際), 가할 가(可), 허사 지(之), 벼슬할 사(仕), ~이다 야(也)

於衛孝公有公養之仕也(어위효공유공양지사야)

▶ 위효공[衛孝公]한테[於] (예로써) 현자를[公] 길러냄이[養] 있다면[有] (공자께서는) 출사했던 것[仕]이다[也].

어위효공유공양지사야(於衛孝公有公養之仕也)는 於衛孝公有公養 孔子仕也에서 공자(孔子)를 강조하려고 전치시킨 孔子於衛孝公有公養之仕也에서 되풀이되는 공자(孔子)를 생략하고 於衛孝公有公養之仕也로 줄인 어투이다. 어위효공유공양지사야(於衛孝公有公養之仕也)에서 공자(孔子)를 전치시켜 생략했음을 나타내려고 허사 지(之)를 두어 之仕也라고 한 어투이다. 於衛孝公有公養之仕也에서 지(之)는 어위효공유공양(於衛孝公有公養)으로 하여금 사(仕)를 꾸미게 하는 어조사 지(之)가 아니고 주절의 주어인 공자(孔子)가 전치되었으나 반복되므로 생략되었음을 나타내는 허사임을 알아채면 문맥은 쉽게 잡힌다.

어위효공유공양(於衛孝公有公養)을 원인의 부사절로 보고, 공자사(孔子仕)를 주절로 보면 문맥의 문의를 건질 수 있다. 於衛孝公有公養之仕也는 〈있을 유(有)〉의 〈A有B〉꼴로 영어의 1형식 문장과 같다. 〈A(衛孝公)한테서 B(公養)이 있어서[有]〉 그리고 有公養의 공양(公養)은 其兆之養公의 줄임으로, 문맥에 따라 새기면 걸맞은 문의를 건질 수 있다. 물론 有其兆之公養의 기조(其兆)는 앞서 맹자가 말했던 위지조(爲之兆)를 나타낸다. (예로써 교제할 수 있는) 다스림[爲]의[之] 징조[兆]. 유공양(有公養)의 공(公)은 〈밝을 명(明)〉과 같고 공명(公明)의 줄임말로 여기고, 양(養)은 〈길러낼 육(育)〉과 같고 양육(養育)의 줄임말로 여기고 새긴다. 공명(公明)은 현자(賢者)를 비유하므로 공양(公養)을 일러 현자(賢者)의 양성(養成)이라고 일컫는다. 위효공은 『춘추(春秋)』와 『사기(史記)』에는 그 기록이 보이지 않는다. 다만 맹자가 여기서 말한 위효공(衛孝公)이 위령공의 아들인 출공첩(出公輒)을 말하는 것이 아닌가 하는 설만 있다.

삼가(三家) 중에서 유가(儒家)만 출사를 목표로 삼는다. 출사하여 치도(治道)를 온 세상에 펼치는 것이 유가의 청운(青雲)이다. 그러나 불가(佛家)와 도가(道家) 양가는 그 청운을 부운(浮雲)이라 하여 부질없어 한다. 맹자는 행인정(行仁政)·여민동락(與民同樂)을 위한 왕도(王道)·왕자(王者)를 실현하기 위하여 치도(治道)의 출사를 공자를 통하여 만장에게 강조하고 있다. 맹자는 만장에게 행가(行可)·제가(際可)·공양(公養) 등 셋을 들어 출사의 진퇴를 밝히고 있다. 그러니 정도(正道)가 행해지고[行可] 예(禮)로써 교제가 행해지고[際可] 현자를 양성해내는[公養] 징조가 보이면 벼슬하고[出仕], 행가(行可)·제가(際可)·공양(公養) 등의 징조가 없으면 출사를 거두는 것이 유가의 기본적인 출사관임을 맹자가 만장에게 역설하고 있다.

~에서 어(於), 위나라 위(衛), 효도 효(孝), 존칭 공(公), 밝을 공(公), 길러낼 양(養), 벼슬할 사(仕), ~이다 야(也)

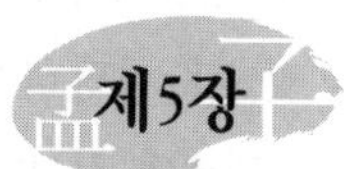

제5장

5장은 출사(出仕)의 정신을 말하고 있는 장이다. 먹고 살기 위한 벼슬아치라면 책무를 다하여 녹봉을 받으면 그만이지 치세(治世)의 시비를 논할 처지가 아님을 밝히고 있는 장이다. 치세를 넘보는 관리는 제 책무를 등한시하는 꼴이니 나라에 죄를 짓는 것이고, 벼슬을 하면서 정도(正道)를 행하지 않고 도리를 저버리면 자신을 스스로 부끄럽게 하는 짓임을 밝히는 장으로, 출사의 정신이 분명하게 드러나 있다.

【문지(聞之)】

위비이언고죄야(位卑而言高罪也)

【원문(原文)】

孟子曰 仕는 非爲貧也이나 而有時乎爲貧하며 娶妻는 非爲養也이나 而有時乎爲養한다 爲貧者는 辭尊居卑하고 辭富居貧한다 辭富居貧이 惡乎宜乎아 抱關擊柝이리라 孔子嘗爲委吏矣하여 曰 會計를 當而已矣라 하고 嘗爲乘田矣하여 曰 牛羊을 茁壯長而已矣라 하였다 位卑而言高는 罪也이고 立乎人之本朝而道不行은 恥也이다

맹자왈 사 비위빈야 이유시호위빈 취처 비위양야 이유시호위양 위빈자 사존거비 사부거빈 사부거빈 오호의호 포관격탁 공자상위위리의 왈 회계 당이이의 상위승전의 왈 우양 촬장장이이의 위비이언고 죄야 입호인지본조이도불행 치야

【해독(解讀)】

맹자가 말했다[孟子曰]. "벼슬을 하는 것은 가난을 극복하려는 것은 아닌 것이다[仕非爲貧也]. 그러나 때로는 가난을 극복해준다[而有時乎爲貧]. 아내를 맞아들임은 집안일을 시키려는 것은 아닌 것이다[娶妻非爲養也]. 그러나 때때로 집안일을 하게 된다[而有時乎爲養]. 가난을 다스리려는 사람은[爲貧者] 존귀함을 저버리고 비천함에 머물러 살고[辭尊居卑], 부유함을 저버리고 곤궁함에 머물러 산다[辭富居貧]. 부유함을 저버리고 빈곤에 머물러 산다면[辭富居貧] 어디가 마땅할까[惡乎宜乎]? 문지기나 야경꾼이지[抱關擊柝]. 공자께서 일찍이 위리(委吏)를 지냈던 것이다[孔子嘗爲委吏矣]. (위리를 지냈던 공자께서) 말했다[曰]. '계수를 맞춤을 마땅히 하는 것뿐이다[會計當而已矣]. (공자께서) 일찍이 승전(乘田)을 지냈던 것이다[嘗爲乘田矣]. (승전을 지냈던 공자께서) 말했다[曰]. '소와 양을 살찌고 건장하게 키우는 것뿐이다[牛羊茁壯長而已矣].' 벼슬자리가 낮으면서도 말이 고답함은 죄를 짓는 짓이고[位卑而言高罪也], 남의 조정에 서 있으면서 도리를 행하지 않음은 부끄러운 것이다[立乎人之本朝而道不行恥也]."

【담소(談笑)】

仕非爲貧也(사비위빈야) 而有時乎爲貧(이유시호위빈)

▶ 벼슬을 하는 것은[仕] 가난을[貧] 극복하려는 것은[爲] 아닌 것[非]이다[也]. 그러나[而] 때로는[有時乎] 가난을[貧] 극복해준다[爲].

사비위빈야(仕非爲貧也)는 〈A非B也〉꼴로 영어의 2형식 문장과 같다. 〈A(仕)는 B(非爲貧)이다[也]〉 仕非爲貧也에서 사(仕)는 주어이고, 비(非)는 불시(不是)이며, 위빈(爲貧)은 보어이고, 야(也)는 불시(不是) 대신에 비(非)로 하면 종결어조사로 문미에 붙고 ~이다 정도로 새긴다. 말하자면 仕非爲貧也는 仕不是爲貧을 더 강조하여 부정한 어투이다. 사(仕)는 위빈(爲貧)이 아니다[不是]라고 읽어보면 문맥이 잡힌다. 긍정문인 〈A是B〉를 부정문으로 하려면 〈A不是B〉 또는 〈A非B也〉가 된다. 〈A是B〉의 시(是)는 어조사 〈~이다 야(也)〉와 같은 어조사 구실을 한다. 말하자면 〈A是B〉와 〈AB也〉는 같은 꼴의 어투이다. 〈A는 B이다[是 · 也]〉 仕非爲貧也의 사(仕)는 〈벼슬을 할 환(宦)〉과 같고 출사(出仕)의 줄임말로 여기고 새기고, 비(非)는 불시(不是)와 같고, 위(爲)는 여러 가지 뜻을 나타내는 글자이므로 문맥에 따라 알맞은 뜻을 찾아야 하는데 여기에서는 〈다스릴 치(治)〉와 같다.

이유시호위빈(而有時乎爲貧)은 而有時乎仕爲貧에서 주어인 사(仕)를 생략한 어투이다. 而有時乎爲貧에서 이(而)와 유시호(有時乎)는 구문을 돕는 부속이고, 위빈(爲貧)이 구문의 골격이다. 비록 주어가 생략되었지만 〈A爲B〉꼴로 영어의 3형식 문장과 같다. 而有時乎爲貧에서 이(而)는 역접의 연사로 영어의 but처럼 새기고, 유시호(有時乎)는 관용어로 영어의 sometime처럼 때로는 정도로 새기며, 위(爲)는 타동사 〈다스릴 치(治)〉와 같고, 빈(貧)은 〈곤궁할 곤(困)〉과 같고 빈곤(貧困)의 줄임말로 여기고 새긴다.

자신의 빈곤을 타파하려고 벼슬길에 오르는 인간은 탐관오리(貪官汚吏)밖에 될 것이 없다. 벼슬하는 것[出仕]은 정도(正道)를 행하여 모든 사람들이 편안하게 살아가도록 봉사하기 위함이다. 벼슬은 공(公)을 위함이지 사(私)를 위함이 아니다. 왜 벼슬아치를 일러 공복(公僕)이라 하는가? 백성의 머슴인 까닭이다. 그러나 백성을 등쳐먹는 벼슬아치들은 많아도 공복은 늘 드물다.

벼슬을 할 사(仕), 아닌 것 비(非), 다스릴 위(爲), 가난 빈(貧), ~이다 야(也), 그러나 이(而), 있을 유(有), 때 시(時), 어조사 호(乎)

娶妻非爲養也(취처비위양야) 而有時乎爲養(이유시호위양)

▶ 아내를[妻] 맞아들임은[娶] 집안일을[養] 시키려는 것은[爲] 아닌 것[非]이다[也]. 그러나[而] 때때로[有時乎] 집안일을[養] 하게 된다[爲]

취처비위양야(娶妻非爲養也)는 〈A非B也〉꼴로 영어의 2형식 문장과 같다. 〈A(娶妻)는 B(非爲養)이다[也]〉 娶妻非爲養也에서 취처(娶妻)는 주어이고, 비(非)는 불시(不是)이며, 위양(爲養)은 보어이고, 야(也)는 불시(不是) 대신에 비(非)를 쓰면 종결어조사로 문미에 붙고 ~이다 정도로 새긴다. 말하자면 娶妻非爲養也는 娶妻不是爲養을 더 강조하여 부정한 어투이다. 취처(娶妻)는 위양(爲養)이 아니다[不是]로 읽으면 문맥이 잡힌다. 긍정문인 〈A是B〉를 부정문으로 하려면 〈A不是B〉 또는 〈A非B也〉가 된다. 〈A是B〉의 시(是)는 어조사인 〈~이다 야(也)〉와 같은 구실을 한다. 娶妻非爲養也에서 취(娶)는 〈취할 취(取)〉와 같고, 비(非)는 불시(不是)와 같으며, 위(爲)는 여러 가지 뜻을 갖는 글자이므로 문맥에 따라 알맞은 뜻을 찾아야 하는데 여기선 〈시킬 역(役)〉과 같은 뜻으로 새기고, 양(養)은 〈밥 지을 취(炊), 먹일 향(享)〉 등과 같다. 여기선 양(養)을 집안에서 여러 가지 허드렛일을 한다는 뜻으로 새긴다.

이유시호위양(而有時乎爲養)은 而有時乎仕爲養에서 주어인 취처(娶妻)를 생략한 어투이다. 而有時乎爲養에서 이(而)와 유시호(有時乎)는 구문의 부속이고, 위양(爲養)이 구문의 골격이다. 비록 주어가 생략되었지만 〈A爲B〉꼴로 영어의 3형식 문장과 같다. 而有時乎爲養에서 이(而)는 역접의 연사로 영어의 but처럼 여기고 새기고, 유시호(有時乎)는 관용어로 영어의 sometime처럼 때로는 정도로 새기며, 위(爲)는 타동사 〈다스릴 치(治)〉와 같고, 양(養)은 〈밥 지을 취(炊), 먹일 향(享)〉 등과 같고 양육(養育)의 줄임말로 여기고 새긴다.

장가를 들어 아내를 맞이함[娶妻]은 후사(後嗣)를 잇기 위해서지 집안에서 밥이나 짓고 온갖 허드렛일을 시키려고 아내를 맞이함은 아니다. 물론 아내가 가사를 돌보지만 취처(娶妻)의 근본은 대(代)를 잇는 데 있음을 맹자가 밝히고 있다. 부부란 선조(先祖)와 후사(後嗣)를 이어주는 남녀란 말이다. 물론 요새 사람들은 후사란 생각은 엷어지고 둘이서 즐길 수 있으면 그만이라고 여기고 조상은 마음에 없다.

장가들 취(娶), 아내 처(妻), 아닌 것 비(非), 시킬 위(爲), 밥 지을 양(養), ~이다 야(也), 그러나 이(而), 있을 유(有), 때 시(時), 어조사 호(乎)

爲貧者辭尊居卑(위빈자사존거비) 辭富居貧(사부거빈)

▶ **가난을[貧] 다스리려는[爲] 사람은[者] 존귀함을[尊] 저버리고[辭] 비천함에[卑] 머물러 살고[居], 부유함을[富] 저버리고[辭] 곤궁함에[貧] 머물러 산다[居].**

위빈자사존거비(爲貧者辭尊居卑)는 爲貧者辭尊 而爲貧者居卑에서 되풀이되는 위빈자(爲貧者)를 생략한 어투로 영어의 3형식 문장의 복문과 같다. 爲貧者辭尊居卑에서 위빈자(爲貧者)는 주부이고, 사존(辭尊)과 거비(居卑)는 술부이다. 辭尊에서 사(辭)는 타동사이고, 존(尊)은 목적어이다. 居卑의 거(居) 역시 타동사이고, 비(卑) 역시 목적어이다. 위빈자(爲貧者) 같은 어투를 〈A者〉꼴로 알아두면 편하다. 〈A하는 것[者]〉 또는 〈A하는 사람[者]〉 爲貧者에서 위빈(爲貧)은 자(者)를 꾸며주는 형용사절이고, 자(者)는 후행사 구실을 한다. 辭尊居卑에서 사(辭)는 〈사양할 양(讓)〉과 같고 사양(辭讓)의 줄임말로 여기고, 존(尊)은 〈소중할 귀(貴)〉와 같고 존귀(尊貴)의 줄임말로 여기며, 거(居)는 〈머물 처(處)〉와 같고 거처(居處)의 줄임말로 여기고, 비(卑)는 〈천할 천(賤)〉과 같고 비천(卑賤)의 줄임말로 여긴다. 물론 존(尊)을 〈높을 고(高)〉로 여기고 높은 자리[高位]로 새겨도 무방하고, 비(卑)를 〈낮을 하(下)〉로 여기고 낮은 자리[下位]로 새겨도 무방하다.

사부거빈(辭富居貧) 역시 주부인 위빈자(爲貧者)가 생략되었지만 영어의 3형식 문장의 복문과 같다. 辭富居非에서 사(辭)는 〈사양할 양(讓)〉과 같고 사양(辭讓)의 줄임말로 여기고, 부(富)는 〈넉넉할 유(裕)〉와 같고 부유(富裕)의 줄임말로 여기며, 거(居)는〈머물 처(處)〉와 같고 거처(居處)의 줄임말로 여기고, 빈(貧)은 〈곤궁할 곤(困)〉과 같고 빈곤(貧困)의 줄임말로 여기고 새긴다.

가난을 극복하고 부자가 되려는 사람의 마음은 아무리 재물이 많아도 궁핍을 면하지 못한다. 탐욕의 굴레에 목을 매면 숨을 거두기까지 목이 메도 숨이 끊어지는 줄 모른다. 이처럼 가난이 불러오는 탐욕은 끝없는 수렁이다. 그 수렁에 빠지면 스스로 존귀함을 저버리고 비천한 꼴로 늘 굶은 개처럼 쪼들리며 킁킁거리고 산다. 재물에 걸신 들린 인간치고 너그럽고 넉넉한 놈 없다. 재물이 많을수록 곤궁하고 분수에 맞으면 부유하다는 말을 맹자가 떠올려주고 있다. 부유한 삶은 재물로 따지는 것이 아니라 마음의 도량으로 따진다. 인색한 부자의 도량이란 한 홉이나 될까? 재물이 많을수록 마음이 가난에 쪼들리게 된다는 말은 거짓말이 아니다. 맹자는 거짓말하지 않는다.

다스릴 위(爲), 가난 빈(貧), 놈 자(者), 사양할 사(辭), 귀할 존(尊), 비천할 비(卑), 머물 거(居), 부유할 부(富), 곤궁할 빈(貧)

辭富居貧(사부거빈) 惡乎宜乎(오호의호) 抱關擊柝(포관격탁)

▶ 부유함을[富] 저버리고[辭] 빈곤에[貧] 머물러 산다면[居] 어디가[惡乎] 마땅할까[宜乎]? 문지기나[抱關] 야경꾼이지[擊柝].

사부거빈(辭富居貧)은 주부인 위빈자(爲貧者)가 생략되었지만, 뒷말 오호의호(惡乎宜乎)에 따른 조건의 종속절로 보고 새기면 문맥이 통한다. 한문투에는 주절과 종속절이 따로 없다. 문맥에 따라 구문의 역할을 살펴보는 것이 문맥을 잡는 데 편하다.

오호의호(惡乎宜乎)는 앞 말 사부거빈(辭富居貧)의 주절이다. 이 惡乎宜乎는 맹자 자신의 자문(自問)이지 만장(萬章)에게 반문(反問)하는 어투는 아니다. 惡乎宜乎를 其位惡乎宜乎로 여기고 새기면 문맥이 통한다. 其位惡乎宜乎에서 기위(其位)는 주어이고 오호(惡乎)는 의호(宜乎)를 꾸며주며, 의(宜)는 보어이고, 호(乎)는 의문어조사이다. 그러니 惡乎宜乎는 주어가 생략된 영어의 2형식 문장과 같다. 오(惡)는 여기서 〈어디 하(何)〉와 같은 뜻의 〈어디 오(惡)〉로서, 그 밖에도 〈모질 악(惡) = 불선(不善), 더러울 악(惡) = 추(醜), 나쁠 악(惡) = 불량(不良), 미워할 오(惡) = 증(憎), 부끄러울 오(惡) = 치(恥), 어디 오(惡) = 하(何)〉 등의 뜻이 있다.

포관격탁(抱關擊柝)은 앞 오호의호(惡乎宜乎)의 자문(自問)에 대한 자답(自答)인 셈이다. 포관(抱關)은 성문을 지키는 문지기를 말하고, 격탁(擊柝)

은 밤마다 딱따기를 들고 딱딱 소리를 내며 야경을 도는 순라꾼을 말한다. 직급이 낮아 봉급이 낮은 일자리를 예로 든 셈이다.

가난을 면해보려고 벼슬을 일자리쯤으로 여기는 사람은 치세(治世)의 정도(正道)에 뜻이 없는 자이다. 그런 자는 낮은 자리에서 호구지책(糊口之策)을 마련하면서 늘 쪼들리면서 옹색하게 살아갈 뿐이다. 이는 가난에 매달려 사는 편이지 가난을 극복하는 것은 아니다. 정도를 행할 뜻을 품고 벼슬에 나간 사람은 존귀한 자리를 얻고 녹봉이 많아 따라서 가난도 면할 수 있는 일이다. 치도(治道)의 근본을 잃지 말라 한다.

사양할 사(辭), 부유할 부(富), 머물 거(居), 곤궁할 빈(貧), 어디 오(惡), 어조사 호(乎), 마땅할 의(宜), 잡을 포(抱), 빗장 관(關), 칠 격(擊), 딱따기 탁(柝)

孔子嘗爲委吏矣(공자상위위리의)

▶ 공자께서[孔子] 일찍이[嘗] 위리를[委吏] 지냈던 것[爲]이다[矣].

공자상위위리의(孔子嘗爲委吏矣)는 〈A爲B矣〉꼴로 영어의 2형식 문장과 같다. 〈A(孔子)는 B(委吏)가 된 것[爲]이다[矣]〉 물론 孔子嘗爲委吏矣에서 의(矣)는 문미에서 마침표 구실을 하는 어조사에 불과하므로 무시해버리고 〈A(孔子)는 B(委吏)가 되었다[爲]〉고 새겨도 무방하다. 그러나 어조사는 어조를 드러내므로 그 어조를 살려서 새기는 편이 낫지 싶다. 孔子嘗爲委吏矣에서 공자(孔子)는 주어이고, 〈일찍이 상(嘗)〉은 위(爲)를 꾸며주는 부사이며, 위(爲)는 〈될 성(成)〉과 같고 위성(爲成)의 줄임말로 영어의 become처럼 새기고, 위리(委吏)는 보어로 위적(委積) 즉 창고를 지키고 출납하는 일을 맡는 하급관리를 말한다.

클 공(孔), 존칭 자(子), 일찍이 상(嘗), 될 위(爲), 맡길 위(委), 벼슬아치 리(吏), 어조사 의(矣)

曰(왈) 會計當而已矣(회계당이이의)

▶ (위리를 지냈던 공자께서) 말했다[曰]. "계수를[計] 맞춤을[會] 마땅히 하는 것[當]뿐이다[而已矣]."

왈회계이이의(曰會計當而已矣)는 孔子曰會計當而已矣에서 주어인 공자(孔子)를 생략한 어투이다. 曰會計當而已矣에서 왈(曰)은 타동사이고, 會計

當而已矣는 왈(曰)의 목적절이다. 회계당이이의(會計當而已矣)를 吾當會計而已矣로 여기고 새기면 문맥에 걸맞은 문의를 쉽게 건질 수 있다. 나는[吾] 계수[計] 맞춤을[會] 당연히 하는 것[當]뿐이다[而已矣]. 會計當而已矣에서 회계(會計)는 당(當)의 목적어이고, 당(當)은 〈마땅할 의(宜)〉와 같고 당연(當然)의 줄임말이며, 이이의(而已矣)는 관용어미로 의(矣)를 강조하는 어투이다. 물론 而已矣의 이(已)는 〈그칠 지(止)〉와 같다.

공자가 맡은 바 직급에 따른 책무를 다하면 된다는 것을 밝히고 있다. 회계(會計)는 위리(委吏)의 책무이다. 낮은 직급은 맡겨진 책무만 완수하면 그만이다. 그런 벼슬살이가 하급관리의 치도(治道)인 셈이다.

말할 왈(曰), 맞출 회(會), 셀 계(計), 어조사 이(而), 그칠 이(已), 어조사 의(矣)

嘗爲乘田矣(상위승전의)

▶ (공자께서) 일찍이[嘗] 승전을[乘田] 지냈던 것[爲]이다[矣].

상위승전의(嘗爲乘田矣)는 孔子嘗爲乘田矣에서 주어인 공자(孔子)가 생략된 어투이다. 이 역시 〈(A)爲B矣〉꼴로 영어의 2형식 문장과 같다. 〈A(孔子)는 B(乘田)가 된 것[爲]이다[矣]〉 물론 嘗爲乘田矣에서 의(矣)는 문미에서 마침표 구실을 하는 어조사에 불과하므로 무시하고 〈A(孔子)는 B(乘田)이 되었다[爲]〉고 새겨도 무방하다. 嘗爲乘田矣에서 〈일찍이 상(嘗)〉은 위(爲)를 꾸며주는 부사이며, 위(爲)는 〈될 성(成)〉과 같고 위성(爲成)의 줄임말로 영어의 become처럼 여기고, 승전(乘田)은 보어이며 원유(苑囿)에서 가축을 기르는 하급관리를 뜻한다. 승전(乘田)의 책무를 추목(芻牧)이라고 한다. 건초로[芻] 키운다[牧].

일찍이 상(嘗), 될 위(爲), 탈 승(乘), 밭 전(田), 어조사 의(矣)

曰(왈) 牛羊茁壯長而已矣(우양촬장장이이의)

▶ (승전을 지냈던 공자께서) 말했다[曰]. "소와[牛] 양을[羊] 살찌고[茁] 건장하게[壯] 키우는 것[長]뿐이다[而已矣]."

왈우양촬장장이이의(曰牛羊茁壯長而已矣)는 孔子曰牛羊茁壯長而已矣에서 주어인 공자(孔子)를 생략한 어투이다. 孔子曰牛羊茁壯長而已矣에서 왈(曰)은 타동사이고, 우양촬장장이이의(牛羊茁壯長而已矣)는 왈(曰)의 목적절이다. 우양촬장장이이의(牛羊茁壯長而已矣)를 茁壯長牛羊而已矣로 여기고 새기면 문맥에 걸맞은 문의를 쉽게 건질 수 있다. 나는[吾] 소와[牛] 양을[羊] 살찌게[茁] 건장하게[壯] 키우는 것[長]뿐이다[而已矣]. 牛羊茁壯長而已矣에서 우양(牛羊)은 장(長)의 목적어이고, 촬(茁)과 장(壯)은 타동사인 장(長)을 꾸며주는 부사이며, 이이의(而已矣)는 관용어미로 의(矣)를 강조하는 어투이다. 물론 而已矣의 이(已)는 〈그칠 지(止)〉와 같다. 牛羊茁壯長而已矣의 촬(茁)은 발음에 주의해야 한다. 〈풀싹 줄(茁), 살찔 촬(茁), 떡잎 절(茁)〉 등 발음이 세 가지이고, 장(壯)은 여기서 〈클 대(大)〉와 같고 장대(壯大)의 줄임말로 여기며, 장(長)은 〈기를 양(養)〉과 같고 장대(長大)의 줄임말로 여기고 새긴다.

공자가 맡은 바 직급에 따른 책무를 다하면 된다는 것을 밝히고 있다. 줄장장우양(茁壯長牛羊)은 승전(乘田)의 책무이다. 낮은 직급은 맡겨진 책무만 완수하면 그만이다. 그런 벼슬살이가 하급관리의 치도(治道)인 셈이다.

말할 왈(曰), 소 우(牛), 양 양(羊), 살찔 촬(茁), 씩씩할 장(壯), 자랄 장(長), 어조사 이(而), 그칠 이(已), 어조사 의(矣)

位卑而言高罪也(위비이언고죄야)

▶ **벼슬자리가[位] 낮으면[卑]서도[而] 말이[言] 고상함은[高] 죄짓는 짓[罪]이다[也].**

위비이언고죄야(位卑而言高罪也)는 〈AB也〉꼴로 영어의 2형식 문장과 같다. 〈A(位卑而言高)는 B(罪)이다[也]〉 물론 位卑而言高罪也를 位卑而言高是罪也로 여기고, 位卑而言高를 조건의 종속절로 보고, (是)罪也를 주절로 보고 새겨도 문맥이 통한다. 그러나 여기선 位卑而言高罪也의 위비이언고(位卑而言高)를 주부로 보고, 죄야(罪也)를 술부로 보고 새겼다. 位卑而言高罪也에서 位卑而言高는 주부로서 주절이 된다. 位卑而言高는 영어의 2형식 같은 구문 두 개가 접속사 이(而)로 연결된 중문(重文)과 같다. 位卑而言高에서 위(位)와 언(言)은 주어이고, 비(卑)와 고(高)는 보어이다. 位卑而言高의 위(位)는 〈자리 직(職)〉과 같고 직위(職位)의 줄임말이고, 비(卑)는 〈낮을 하(下)〉와 같고 비하(卑下)의 줄임말로 여기며, 언고(言高)의 고(高)는 〈높일 상(尙)〉과 같고 고상(高尙)의 줄임말로 여긴다.

직급이 낮으면서 행인정(行仁政)이니 여민동락(與民同樂)이니 지껄이면서 제가 맡은 일은 소홀히 한다면, 녹을 받아먹으면서 제 할 일을 저버리고 있으니 죄짓는 짓을 범하고 만다는 말이다. 하급관리가 상급관리 흉내를 내면 어느 나라든 거덜나고 만다. 그러니 죄치고는 대죄(大罪)이다. 맹자의 말씀을 칼로 친다면 양날이면서 칼질은 단칼이다.

자리 위(位), 낮을 비(卑), 말씀 언(言), 고상할 고(高), 죄지을 죄(罪), ~이다 야(也)

立乎人之本朝而道不行恥也(입호인지본조이도불행치야)

▶ 남[人]의[之] 조정[本朝]에[乎] 서 있으면[立]서[而] 도리를[道] 행하지 않음은[不行] 부끄러운 것[恥]이다[也].

입호인지본조이도불행치야(立乎人之本朝而道不行恥也)는 〈AB也〉꼴로 영어의 2형식 문장과 같다. 〈A(立乎人之本朝而道不行)는 B(恥)이다[也]〉 물론 立乎人之本朝而道不行恥也를 立乎人之本朝而道不行 是恥也로 여기고 立乎人之本朝而道不行을 조건의 종속절로 보고, (是)恥也를 주절로 보고 새겨도 문맥이 통한다. 그러나 여기선 立乎人之本朝而道不行恥也의 입호인지본조이도불행(立乎人之本朝而道不行)을 주부로 보고, 치야(恥也)를 술부로 보고 새겼다. 立乎人之本朝而道不行恥也에서 立乎人之本朝而道不行은 주부로서 주절이 된다. 立乎人之本朝而道不行에서 입호인지본조(立乎人之本朝)는 영어의 1형식 문장과 같고, 도불행(道不行)은 목적어인 도(道)가 도치되어 있지만 영어의 3형식 같은 문장이 접속사 이(而)로 연결된 중문(重文) 같은 주절이다. 立乎人之本朝而道不行恥也에서 호(乎)는 〈~에서 어(於)〉와 같고 본조(本朝)는 조정(朝庭) 내지 정부(政府)란 뜻이고, 도(道)는 치도(治道) 내지 도리(道理)의 뜻으로 새기며, 치(恥)는 〈부끄러울 수(羞)〉와 같고 수치(羞恥)의 줄임말로 여기고 새긴다.

녹봉을 받는 관리가 되어 관리의 정도(正道)를 벗어나고 관리의 도리(道理)를 저버려 치도(治道)를 팽개친다면 자신을 수치스럽게 하는 짓이다. 수치란 스스로 자신을 더럽히고 천하게 하는 짓이다. 맹자가 수신(守身)하라고 함은 바로 자신을 수치로부터 벗어나 살라 함이다. 탐관오리야말로 수치의 꼴불견이다. 정말 맹자의 말씀은 단칼이다.

설 립(立), ~에서 호(乎), 남 인(人), ~의 지(之), 본래 본(本), 조정 조(朝), ~면서 이(而), 도리 도(道), 아니 불(不), 행할 행(行), 부끄러울 치(恥), ~이다 야(也)

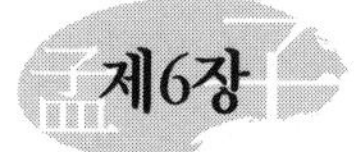

제6장

6장은 세 단락으로 나누어 살펴볼 것이다. 장이 길기 때문이지 내용 때문에 그렇게 가름한 것은 아니다. 6장은 벼슬아치[士官]의 본분을 현자(賢者)를 빌어서 밝혀준다. 녹봉(祿俸) 때문에 출사(出仕)를 하는 것이 아니라 임금의 행인정(行仁政)을 보필하기 위하여 출사 함을 밝혀주면서, 궤(餽)를 비유로 들어 임금과 신하의 관계를 동시에 밝혀주고 있다. 이 장에서 궤(餽)는 임금이 현자에게 하사하는 먹을거리[食]를 말한다. 이런 궤(餽)만으로 현자를 임금이 존경하고 부양할 수 없는 까닭을 이 장에서 살필 수 있다. 먼저 현자를 등용하면서 부양하고 양성해야 하는 것임을 분명히 한다. 여기서 다시 맹자는 요순(堯舜)의 고사(故事)를 들어서 왕공(王公)과 현자의 관계를 분명히 하고 있다. 현자는 왕자(王者)를 앙망하는 사람임을 되새겨보게 하는 장이다.

【문지(聞之) 1】

사지불탁제후(士之不託諸侯)

【원문(原文)】

萬章曰 士之不託諸侯는 何也이까 孟子曰 不敢也이다 諸侯失
만 장 왈 사 지 불 탁 제 후 하 야 맹 자 왈 불 감 야 제 후 실
國而後에 託於諸侯는 禮也이다 士之託於諸侯는 非禮也이다 萬
국 이 후 탁 어 제 후 예 야 사 지 탁 어 제 후 비 례 야 만
章曰 君餽之粟이면 則受之乎이까 曰 受之니라 受之는 何義也이
장 왈 군 궤 지 속 즉 수 지 호 왈 수 지 수 지 하 의 야
까 曰 君之於氓也에 固周之니라 曰 周之則受하고 賜之則不受
왈 군 지 어 맹 야 고 주 지 왈 주 지 즉 수 사 지 즉 불 수
는 何也이까 曰 不敢也이다 曰 敢問其不敢은 何也이까 曰 抱關
하 야 왈 불 감 야 왈 감 문 기 불 감 하 야 왈 포 관
擊柝者皆有常職하여 以食於上하나 無常職而賜於上者를 以爲
격 탁 자 개 유 상 직 이 사 어 상 무 상 직 이 사 어 상 자 이 위

不恭也이다
불 공 야

【해독(解讀)】

만장이 여쭈었다[萬章曰]. "벼슬아치가 제후에게 의탁하지 않음은 어째서입니까[士之不託諸侯何也]?" 맹자가 말했다[孟子曰]. "(벼슬아치는) 감히 (그렇게) 못하는 것이다[不敢也]. 제후가 나라를 잃은 뒤에는 다른 제후에게 의탁하는 것은 예이지만[諸侯失國而後託於諸侯禮也], 벼슬아치가 제후에게 의탁함은 예가 아닌 것이다[士之託於諸侯非禮也]." 만장이 여쭈었다[萬章曰]. "임금이 그에게 곡식을 보내주면[君餽之粟] 곧 (벼슬아치는) 그것을 받아도 되는 것입니까[則受之乎]?" (맹자가) 말했다[曰]. "(벼슬아치가) (임금이 내리는) 곡식을 받아도 된다[受之]." "그것을 받는 것은 무슨 뜻인 것입니까[受之何義也]?" (맹자가) 말했다[曰]. "임금은 본래 유민을 구휼해주는 것이다[君之於氓也固周之]." (만장이) 여쭈었다[曰]. "그를 구제해준다면 곧 받고[周之則受] 그에게 하사하면 곧 받지 않는 것은[賜之則不受] 왜입니까[何也]?" (맹자가) 말했다[曰]. "(직분을 그만둔 벼슬아치는) 감히 (하사받지) 못하는 것이다[不敢也]." (만장이) 여쭈었다[曰]. "벼슬을 그만둔 벼슬아치는 감히 (하사받지) 못하는 것은 왜인지 감히 여쭙습니다[敢問其不敢何也]." (맹자가) 말했다[曰]. "성문을 지키거나 야경을 도는 사람들은 모두 늘 직분을 갖기 때문에 임금으로부터 부양을 받지만[抱關擊柝者皆有常職以食於上], 일정한 직분이 없으면서 임금으로부터 하사받는 것은 그로써 무엄함을 짓는 것이다[無常職而賜於上者以爲不恭也]."

【담소(談笑)】

士之不託諸侯何也(사지불탁제후하야)

▶ **벼슬아치[士]가[之] 제후에게[諸侯] 의탁하지 않음은[不託] 어째서[何]입니까[也]?**

사지불탁제후하야(士之不託諸侯何也)는 〈AB也〉꼴로 영어의 2형식 의문문과 같다. 〈A(士之不託諸侯)는 B(何)인가[也]?〉 士之不託諸侯何也에서 사지불탁제후(士之不託諸侯)는 주부이고, 하(何)는 보어이며, 야(也)는 앞의 의문사 때문에 호(乎)와 같이 〈~인가 야(也)〉로 새긴다. 주부인 士之不託諸

侯에서 지(之)를 잘 알고 있어야 문맥을 잡는 데 편하다. 〈A之B〉꼴로 적어도 네 가지 정도는 알아두는 것이 편하다. 〈A가[之] B, A의[之] B, A를[之] B, A하는[之] B〉 특히 〈A가[之] B〉의 경우는 B를 동사로 새겨야 한다. 〈A(士)가[之] B(不託)한다〉 士之不託諸侯의 제후(諸侯) 앞에 〈~에게 어(於)〉를 두어 士之不託於諸侯로 해도 되므로 〈~에게 어(於)〉가 생략되었다고 본다.

선비 사(士), ~가 지(之), 아니 불(不), 의탁할 탁(託), 모두 제(諸), 임금 후(侯), 왜 하(何), ~인가 야(也)

不敢也(불감야)

▶ (벼슬아치는) 감히[敢] (그렇게) 못 하는 것[不]이다[也].

불감야(不敢也)는 士不敢託諸侯에서 반복되는 내용을 모두 생략한 어투이다. 士不敢託諸侯에서는 동사 탁(託)을 부정하는 부정사(否定詞)이지만, 不敢也의 불(不)을 부정대명사로 여기고 못 하는 것[不]으로 새기면 문맥과 통한다. 물론 不敢也의 야(也)는 어조사이므로 무시하고, 감히[敢] 못 한다[不]고 불[不]을 마치 동사처럼 새긴다. 한문투에는 결정된 품사가 따로 없다.

못할 불(不), 감히 감(敢), ~이다 야(也)

諸侯失國而後託於諸侯禮也(제후실국이후탁어제후례야)

▶ 제후가[諸侯] 나라를[國] 잃은[失] 뒤에는[而後] 다른 제후[諸侯]에게[於] 의탁하는 것은[託] 예[禮]이다[也].

제후실국이후탁어제후례야(諸侯失國而後託於諸侯禮也)는 〈AB也〉꼴로 영어의 2형식 문장과 같다. 〈A(諸侯失國而後託於諸侯)는 B(禮)이다[也]〉 諸侯失國而後託於諸侯禮也에서 제후실국이후탁어제후(諸侯失國而後託於諸侯)는 주부이고, 예(禮)는 보어이며, 야(也)는 〈~이다 야(也)〉로 구문을 끝맺는 어조사이다. 주부인 諸侯失國而後託於諸侯에서 제후실국이후(諸侯失國而後)는 시간의 종속절이고, 탁어제후(託於諸侯)가 주절이다. 그러므로 諸侯失國而後託於諸侯禮也의 주어는 託於諸侯이다. 물론 주절인 託於諸侯는 諸侯託於他諸侯에서 반복된 내용이나, 문맥으로 보아 알 수 있는 내용을 생략한 어투이다. 말하자면 諸侯託於諸侯라 해도 뒤의 제후(諸侯)는 다른 제후(諸侯)란 것을 알 수 있으므로 타(他)를 생략한 것이다. 그리고 시간의 종속절인 諸侯失國而後의 이후(而後)는 영어의 after처럼 여기고 새긴다. 영어에서는 종속접속사가 절 앞에 오지만, 한문투에서는 뒤에 온다. 〈A而後 = After A〉 〈A 뒤에[而後]〉 물론 託於諸侯에서 〈~에게 어(於)〉를 생략해도 된다. 한문투에는 영어의 전치사처럼 꼭 써야 하는 것이 아니라, 어조사이니 생략해버리는 경우가 오히려 더 흔하다.

모두 제(諸), 임금 후(侯), 잃을 실(失), 나라 국(國), 어조사 이(而), 뒤 후(後), 의탁할 탁(託), ~에게 어(於), 예의 례(禮), ~이다 야(也)

士之託於諸侯非禮也(사지탁어제후비례야)

▶ **벼슬아치[士]가[之] 제후에게[諸侯] 의탁함은[託] 예가[禮] 아닌 것[非]이다[也].**

사지탁어제후비례야(士之託於諸侯非禮也)는 〈A非B也〉꼴로 영어의 2형식 문장과 같다. 〈A(士之託於諸侯)는 B(非禮)이다[也]〉 士之託於諸侯非禮也에서 사지탁어제후(士之託於諸侯)는 주어이고, 비(非)는 불시(不是)이고, 예(禮)는 보어이며, 야(也)는 불시(不是) 대신에 비(非)로 하면 종결어조사로 문미에 붙고 ~이다 정도로 새긴다. 말하자면 士之託於諸侯非禮也는 士之託於諸侯不是非禮를 더 강조하여 부정한 어투인 셈이다. 士之託於諸侯는 예가[禮] 아니다[不是]로 읽으면 문맥이 잡힌다. 긍정문인 〈A是B〉를 부정문으로 하면 〈A不是B〉 또는 〈A非B也〉가 된다. 〈A是B〉의 시(是)는 어조사 〈~이다 야(也)〉와 같다. 말하자면 〈A是B〉와 〈AB也〉는 같은 꼴 어투이다. 〈A는 B이다[是·也]〉 士之託於諸侯非禮也의 사(士)는 〈벼슬 관(官)〉과 같고 사관(士官)의 줄임말로 여기고, 탁(託)은 〈의탁할 의(依)〉와 같고 의탁(依託)의 줄임말로 여기며, 비(非)는 불시(不是)와 같고, 예(禮)는 예의(禮儀)의 줄임말로 새긴다.

제후(諸侯)가 나라를 잃어버리면 다른 제후에게 의탁할 수 있지만, 벼슬아치가 제 자리를 잃게 되면 제후에게 빌붙어 살 수 없다는 말이다. 제후가 제 나라를 잃게 되면 다른 나라로 갈 수밖에 없지만, 벼슬아치가 제 자리를 잃게 되면 나라로부터 녹(祿)를 받을 수 없다. 관직을 놓친 벼슬아치는 제 고장에서 다른 일을 찾아나서야 한다. 그런 까닭에 벼슬아치는 관직에서 물러나면 낙향하여 농사를 짓든 훈장 노릇을 하든지 밥벌이를 해야 한다. 이런 탓으로 메뚜기 한철로 여기는 벼슬아치가 생겨나 탐관오리가 득실거리게 된다.

선비 사(士), ~가 지(之), 의탁할 탁(託), ~에게 어(於), 모두 제(諸), 아닌 것 비(非), 예의 례(禮), ~이다 야(也)

君餽之粟則受之乎(군궤지속즉수지호)

▶ 임금이[君] 그에게[之] 곡식을[粟] 보내주면[餽] 곧[則] (벼슬아치는) 그것을[之] 받아도 되는 것[受]입니까[乎]?

군궤지속즉수지호(君餽之粟則受之乎)는 〈A則B〉꼴로 조건의 부사절을 둔 영어의 복문과 같은 어투이다. 〈A(君餽之粟)면 곧[則] B(受之)인가[乎]?〉 물론 〈A則B〉의 A가 문맥에 따라 양보의 부사절인 경우도 있다. 〈A라도 곧[則] B한다〉 군궤지속(君餽之粟)에서 궤(餽)는 〈음식물을 보낼 향(餉)〉과 같고 궤향(餽餉)의 줄임말로 여기고, 지(之)는 대명사로 간접목적어 〈그에게 지(之)〉이고, 속(粟)은 껍질을 벗기지 않은 곡식을 말한다. 受之乎에서 수(受)는 〈용납할 용(容)〉과 같고 수용(受容)의 줄임말로 여기고, 지(之)는 앞에 나온 속(粟)을 가리키는 지시대명사인 〈그것 지(之)〉이다.

임금 군(君), 보낼 궤(餽), 그에게 지(之), 곡식 속(粟), 곧 즉(則), 받을 수(受), 그것 지(之), ~인가 호(乎)

受之(수지)

▶ (벼슬아치가) (임금이 내리는) 곡식을[之] 받아도 된다[受].

수지(受之)는 士受之에서 반복되는 사(士)를 생략한 어투이다. 주어인 사(士)를 생략했지만, 受之는 영어의 3형식 문장과 같다. 受之에서 수(受)는 타동사이고, 지(之)는 목적어이다. 受之에서 수(受)는 〈용납할 용(容)〉과 같고 수용(受容)의 줄임말로 여기고, 지(之)는 앞에 나온 곡식[粟]을 가리키는 지시대명사인 〈그것 지(之)〉이다.

받을 수(受), 그것 지(之)

受之何義也(수지하의야)

▶ **그것을[之] 받는 것은[受] 무슨[何] 뜻인 것[義]입니까[也]?**

수지하의야(受之何義也)는 〈AB也〉꼴로 영어의 2형식 의문문과 같다. 〈A(受之)는 B(何義)인가[也]?〉 受之何義也에서 수지(受之)는 주부이고, 何義의 의(義)는 보어이며, 야(也)는 앞의 의문사 하(何) 때문에 호(乎)와 같이 〈~인가 야(也)〉이다. 주부인 受之에서 지(之)는 허사 지(之)가 아니라 대명사 지(之)로 〈그것 지(之)〉이다. 何義也에서 하(何)는 보어인 의(義)를 꾸며주는 의문형용사이고, 의(義)는 여기선 〈뜻 의(意)〉와 같고 의의(意義)의 줄임말로 여기고 새긴다.

스승(孟子)이 수지(受之)라고 잘라 말하자 지체 없이 무슨 뜻이냐[何義]고 되묻는 만장(萬章)을 보라. 무엄하다고 볼 수도 있지만 스승한테서 하나라도 더 배우려는 제자를 스승은 멀리하지 않는 법이다.

받을 수(受), 그것 지(之), 무슨 하(何), 뜻 의(義), ~인가 야(也)

君之於氓也固周之(군지어맹야고주지)

▶ **임금[君]은[之] 진실로[固] 유민[氓]을[於] 구휼해 주는 것[周]이다[也].**

군지어맹야고주지(君之於氓也固周之)는 君固周於氓也의 군(君)을 군지(君之)로 하여 주어인 군(君)을 강조하고, 어맹(於氓)을 전치시켜 타동사인 주(周)의 목적어를 강조하는 어투이다. 君之於氓也固周之에서 군지(君之)의 지(之)는 주격 토씨(~은) 구실을 하는 허사이고, 주지(周之)의 지(之)는 어맹(於氓)을 전치시키고 그 빈 자리에 뜻 없는 허사 지(之)를 더한 어투이다. 그러므로 周之의 지(之)를 무시하고 주어맹(周於氓)으로 새기면 문맥을 잡아 문의를 건질 수 있다. 周於氓의 어(於)는 목적격 토씨(~을) 구실을 하는 어조사이다. 君之於氓也固周之에서 맹(氓)은 〈백성 민(民)〉과 같고 우민(愚民) 내지 유민(流民)을 뜻하고, 고(固)는 본연(本然)과 같은 뜻으로 〈진실로 고(固)〉이며, 주(周)는 〈구제할 구(救)〉와 같다.

임금 군(君), 허사 지(之), ~을 어(於), 유민 맹(氓), 어조사 야(也), 진실로 고(固), 구휼할 주(周), 그들 지(之)

周之則受賜之則不受何也(주지즉수사지즉불수하야)

▶ 그를[之] 구제해준다면[周] 곧[則] 받고[受] 그에게[之] 하사한다면[賜] 곧[則] 받지 않는 것은[不受] 왜[何]입니까[也]?

주지즉수사지즉불수하야(周之則受賜之則不受何也)는 周之則受何也 而賜之則不受何也 두 구문을 하나처럼 묶어둔 어투이다. 그러니 〈A何也〉꼴이 겹쳐 있다. 〈A(周之則受)는 왜[何]인가[也]?〉, 〈그리고[而] A(賜之則不受)는 왜[何]인가[也]?〉 周之則受賜之則不受何也에서 주지즉수사지즉불수(周之則受賜之則不受)는 주부이고, 하야(何也)는 술부로 하(何)는 보어이다. 周之則受에서 주(周)는 〈구제할 구(救)〉와 같고 지(之)는 직접목적격으로 3인칭 대명사인 그를 뜻하고, 수(受)는 〈받을 용(容)〉과 같고 수용(受容)의 줄임말로 여긴다. 그를[之] 구제한다[周]. 賜之則不受에서 사(賜)는 〈줄 여(予)〉와 같고 사여(賜與)의 줄임말로 여기고, 지(之)는 간접목적격으로 3인칭 대명사 그에게를 뜻한다. 그에게[之] 하사한다[賜]. 사(賜)를 상여(上予)라고 한다. 임금이[上] 준다[予].

> 구휼할 주(周), 그 지(之), 곧 즉(則), 받을 수(受), 하사할 사(賜), 그에게 지(之), 안이할 불(不), 왜 하(何), ~인가 야(也)

不敢也(불감야)

▶ (직분을 그만둔 벼슬아치는) 감히[敢] (하사받지) 못하는 것[不]이다[也].

불감야(不敢也)는 士不敢賜也에서 반복되는 내용을 모두 생략한 어투이다. 不敢賜에서는 동사 사(賜)를 부정하는 부정사(否定詞)이지만, 不敢也의 불(不)을 부정대명사로 보고 못하는 것[不]으로 새기면 문맥과 통한다. 물론 不敢也의 야(也)는 어조사이므로 무시하고, 감히[敢] 못 한다[不]고 불(不)을 마치 동사처럼 새겨도 된다. 한문투에는 결정된 품사가 따로 없다.

> 못할 불(不), 감히 감(敢), ~이다 야(也)

敢問其不敢何也(감문기불감하야)

▶ 벼슬을 그만둔 벼슬아치가[其] 감히[敢] (하사받지) 못하는 것은[不] 왜[何]인지[也] 감히[敢] 여쭙니다[問].

감문기불감하야(敢問其不敢何也)는 〈A問B〉꼴로 영어의 3형식 문장과 같다. 물론 주어인 A는 생략되고 술부만 있는 어투이다. 〈(A가) B(其不敢何也)를 묻는다[問]〉 敢問其不敢何也에서 감(敢)은 타동사 문(問)을 꾸며주는 부사이고, 기불감하야(其不敢何也)는 문(問)의 목적절이다. 목적절인 其不敢何也는 〈A何也〉꼴로 기불감(其不敢)은 주부이고, 하야(何也)는 술부이며, 하(何)는 보어이다. 其不敢의 기(其)는 토씨 구실을 하는 관형사이다. 말하자면 其不敢을 구(句)처럼 여기면 기(其)를 소유격 〈그의 기(其)〉로 새기고, 其不敢을 절(節)처럼 여기면 기(其)를 주격인 〈그가 기(其)〉로 새긴다. 其不敢을 구로 새기면 그의[其] 감히[敢] 못 하는 것[不]으로 새기게 될 것이고, 其不敢을 절로 새기면 그가[其] 감히[敢] 못 하는 것[不]으로 새기게 된다. 우리말로 한문투의 문맥을 잡으려면 其不敢을 절로 새기는 것이 문의를 쉽게 건질 수 있다.

감히 감(敢), 물을 문(問), 그 기(其), 아니 불(不), 왜 하(何), ~인지 야(也)

抱關擊柝者皆有常職(포관격탁자개유상직) 以食於上(이사어상)

▶ 성문을 지키거나[抱關] 야경을 도는[擊柝] 사람들은[者] 모두[皆] 늘[常] 직분을[職] 갖기[有] 때문에[以] 임금[上]으로부터[於] 부양받는다[食].

포관격탁자개유상직이사어상(抱關擊柝者皆有常職以食於上)과 같은 어투의 문맥을 잡으려면 이(以)를 잘 파악해야 한다. 이(以)는 영어의 전치사 같은 구실을 하면서 동시에 후치사도 된다. 〈A以〉인 경우도 있고, 〈以A〉인 경우도 있다는 말이다. 〈A 때문에[以]〉 영어라면 늘 because of A일 것이다. 〈A以〉인 경우나 〈以A〉인 경우에 A의 내용이 길면 A를 전치시키고 〈A是以〉로 하는 것이 보통이다. 그러므로 抱關擊柝者皆有常職以食於上을 抱關擊柝者皆有常職 是以抱關擊柝者皆食於上으로 생각하고 끊어 읽으면 문맥을 쉽게 잡을 수 있다. 〈포관격탁자(抱關擊柝者)는 상직(常職)을 개유(皆有)한다. 이[是] 때문에[以] 포관격탁자(抱關擊柝者)는 모두[皆] 임금[上]으로부터[於] 부양받는다[食]〉 그러므로 抱關擊柝者皆有常職以食於上에서 포관격탁자개유상직이(抱關擊柝者皆有常職以)는 수동태 동사인 사(食)를 꾸며주는 부사구이고, 어상(於上) 역시 사(食)를 꾸며주는 부사구이다. 물론 사(食)의 주어는 포관격탁자(抱關擊柝者)이지만, 되풀이되므로 생략해버렸다. 이(以)의 목적격인 포관격탁자개유상직(抱關擊柝者皆有常職)에선 유(有)를 잘 알아두어야 한다. 자동사 〈있을 유(有)〉이면 유(有)는 주어를 뒤에 두고, 타동사 〈가질 유(有)〉이면 주어를 앞에 둔다. 〈A有B〉의 유(有)가 자동사 〈있을 유[有]〉이면 〈A에 B가 있다[有]〉고 1형식 문장처럼 새기고, 타동사 〈가질 유(有)〉이면 〈A가 B를 갖다[有]〉고 3형식 문장처럼 새긴다. 여기선 抱關擊柝者皆有常職의 유(有)를 〈가질 유(有)〉로 보고, 포관격탁자(抱關擊柝者)를 주어로, 상직(常職)을 목적어로 새겼다. 포관격탁자(抱關擊柝者)가 상직(常職)을 모두[皆] 가진다[有]. 포관격탁자(抱關擊柝者) 또는 포관격탁(抱關擊柝)은 하급 벼슬아치를 비유하는 관용어인 셈이다. 그리고 食於上의 食는 〈먹일 사(食)〉 즉 〈부양받을 사(食)〉이고 〈먹을 식(食)〉이 아니다.

잡을 포(抱), 빗장 관(關), 칠 격(擊), 딱따기 탁(柝), 놈 자(者), 모두 개(皆), 가질 유(有), 늘 상(常), 직분 직(職), 때문에 이(以), 부양받을 사(食), ~로부터 어(於), 임금 상(上)

無常職而賜於上者以爲不恭也(무상직이사어상자이위불공야)

▶ 일정한[常] 직분이[職] 없으면서[無而] 임금[上]으로부터[於] 하사받는[賜] 것은[者] 그로써[以] 무엄함을[不恭] 짓는 것[爲]이다[也].

무상직이사어상자이위불공야(無常職而賜於上者以爲不恭也) 역시 이(以)를 잘 알아야 문맥을 쉽게 잡을 수 있다. 無常職而賜於上者以爲不恭也에서 무상직이사어상자이(無常職而賜於上者以) 다음에 있는 무상직이사어상자(無常職而賜於上者)가 되풀이되는 내용이므로 생략되고 위불공야(爲不恭也)만 남은 것을 알아채면 단번에 문맥이 잡힌다. 말하자면 無常職而賜於上者以 無常職而賜於上者爲不恭也임을 알아채면 〈AB也〉꼴로 영어의 2형식 문장과 같음을 알아낼 수 있는 것이다. 〈無常職而賜於上하는 것[者] 때문에[以] A(無常職而賜於上者)는 B(爲不恭)이다[也]〉

벼슬아치[士官]는 직분(職分)이 없다면 이미 벼슬아치가 아니다. 벼슬아치가 아니면서 하사를 받으면 녹봉(祿俸)을 공짜로 받아먹는 꼴이다. 그래서 백성을 위해서 일하는 자리를 떠나게 되면 임금으로부터 하사받을 수 없다. 공직을 떠나서 봉급을 받을 수 없다. 그러나 이를 어긴다면 맹자는 불공(不恭)이라고 단언한다. 무엄(無嚴)한 짓이 불공이다. 하늘이 무섭지 않다는 짓[無嚴]보다 더한 불경(不敬)은 없다. 불공(不恭)·불경(不敬)·무엄(無嚴)

모두 다 탐관오리가 짓는 노략질이다. 그러니 나라로부터 구호를 받는 것과 나라로부터 녹봉을 받는 것은 같을 수가 없다.

없을 무(無), 늘 상(常), 직분 직(職), 어조사(~면서) 이(而), 하사받을 사(賜), ~부터 어(於), 임금 상(上), 것 자(者), 때문에 이(以), 할 위(爲), 아니 불(不), 공경할 공(恭), ~이다 야(也)

【문지(聞之) 2】

자사불열(子思不悅)

【원문(原文)】

曰 君이 餽之則受之라 하시니 不識케이다 可常繼乎이까 曰 穆公
왈 군 궤 지 즉 수 지 불 식 가 상 계 호 왈 목 공
之於子思也에 亟問하고 亟餽鼎肉이어늘 子思不悅하여 於卒也에
지 어 자 사 야 기 문 기 궤 정 육 자 사 불 열 어 졸 야
摽使者하여 出諸大門之外하고 北面稽首再拜而不受 曰今而後
표 사 자 출 제 대 문 지 외 북 면 계 수 재 배 이 불 수 왈 금 이 후
에 知君之犬馬畜伋이라 하니 蓋自時로 臺無餽也하니 悅賢不能
지 군 지 견 마 축 급 개 자 시 대 무 궤 야 열 현 불 능
擧요 又不能養也이면 可謂悅賢乎아
거 우 불 능 양 야 가 위 열 현 호

【해독(解讀)】

만장이 여쭈었다[曰]. "임금이 먹을거리를 보내주면 곧 그것을 받는 것은 늘 계속될 수 있는 것인지 (저는) 모르겠습니다[君餽之則受之不識可常繼乎]." (맹자가) 말했다[曰]. "목공이 자사에게 자주 문안을 드리고 자주 요릿거리 고기를 보냈다[穆公之於子思也亟問亟餽鼎肉]. 자사께서는 (목공의 처사를) 기뻐하지 않았다[子思不悅]. 마지막엔 보내온 사람을 밀쳐내 대문의 바깥으로 그를 내보내고[於卒也摽使者出諸大門之外], (자사께서) 북쪽으로 향해 머리를 땅에 닿도록 하여 두 번 절하고서 (목공이 보낸 궤를) 받지 않으면서[北面稽首再拜而不受] 말했다[曰]. '이제부터는 임금께서 저 급을 개나 말로 키우는 것임을 알겠나이다[今而後知君之犬馬畜伋].' 대개 이로부터 하인에게 먹을거리를 보내는 일이 없었던 것이다[蓋自是臺無餽也]. 현자를 기뻐한다면서 (현자를) 잘 등용하지 않고 또한 (현자를) 잘 양성하지 않는다면[悅賢不能擧又不能養也] (목공이) 현자를 기뻐한다고 말할 수 있는 것인가[可謂悅賢乎]?"

【담소(談笑)】

君餽之則受之不識可常繼乎(군궤지즉수지불식가상계호)

▶ 임금이[君] 먹을거리를[之] 보내주면[餽] 곧[則] 그것을[之] 받는 것은[受]늘 [常] 계속될 수 있는 것[可繼]인지[乎] (저는) 모르겠습니다[不識].

군궤지즉수지불식가상계호(君餽之則受之不識可常繼乎)는 강조할 내용일수록 전치시키는 어투를 잘 보여주고 있다. 왜냐하면 君餽之則受之不識可常繼乎는 不識君餽之則受之可常繼乎인 까닭이다. 말하자면 〈A不識B〉꼴에서 주어인 A가 생략된 영어의 3형식 문장 같은 어투이다. 〈A(吾)는 B(君餽之則受之可常繼乎)를 모른다[不識]〉 不識君餽之則受之可常繼乎에서 군궤지즉수지가상계호(君餽之則受之可常繼乎)를 타동사 식(識)의 목적절로 여기면 君餽之則受之不識可常繼乎의 문맥이 잡힌다. 물론 중간에 있는 불식(不識)을 삽입절로 보고, 군궤지즉수지(君餽之則受之)를 조건의 부사절로 보면서, 가상계호(可常繼乎)를 주절로 보고 다음과 같이 새겨도 된다. 임금이[君] 먹을거리를[之] 보내주고[餽] 곧[則] 그것을[之] 받는다면[受] 모르겠습니다만[不識] 늘[常] (그렇게 주고받음이) 계속될 수 있는 것[可繼]인가요[乎]? 그리고 君餽之則受之에서 그것을[之] 보내주고[餽] 그것을[之] 받고[受]처럼 지(之)를 문맥에 따라 다르게 새겨도 되고, 지(之)를 무시하고 궤지(餽之) · 수지(受之)를 그냥 보내주고[餽] · 받고[受] 등으로 새겨도 무방하다. 君餽之則受之不識可常繼乎에서 궤(餽)는 〈음식물을 보낼 향(餉)〉과 같고 궤향(餽餉)의 줄임말로 여기고, 지(之)는 대명사로 직접목적어인 그것을[之]로 새기며, 수(受)는 〈용납할 용(容)〉과 같고 수용(受容)의 줄임말로 여기고, 수지(受之)의 지(之) 역시 직접목적어인 그것을[之]로 새긴다.

임금 군(君), 보낼 궤(餽), 허사 지(之), 곧 즉(則), 받을 수(受), 아니 불(不), 알 식(識), 가할 가(可), 늘 상(常), 이을 계(繼), ~인가 호(乎)

穆公之於子思也亟問亟餽鼎肉(목공지어자사야기문기궤정육)

▶ 목공[穆公]이[之] 자사[子思]에게[於] 자주[亟] 문안을 드리고[問] 자주[亟] 요릿거리 고기를[鼎肉] 보냈다[餽].

목공지어자사야기문기궤정육(穆公之於子思也亟問亟餽鼎肉)은 穆公亟問亟餽鼎肉於子思也에서 어자사(於子思也)를 전치시키면서, 주격 구실도 하는 허사 지(之)를 더해 어조와 어세를 더한 어투이다. 그러므로 穆公之於子思也亟問亟餽鼎肉을 穆公亟問亟餽鼎肉於子思也로 돌려놓고 보면 문맥이 쉽게 잡힌다. 물론 穆公之於子思也亟問亟餽鼎肉은 穆公之於子思也亟問 而穆公之於子思也亟餽鼎肉을 줄인 어투이다. 되풀이되는 목공지어자사야(穆公之於子思也)를 생략하여 하나의 구문처럼 만들어버린 문장이 곧 穆公之於子思也亟問亟餽鼎肉인 셈이다.

목공지어자사야기문(穆公之於子思也亟問)에서 목공(穆公)은 주어이고, 지(之)는 주격 토씨(~은)인 허사이며, 어(於)는 간접목적어 토씨(~에게)인 어조사이고, 야(也)는 어자사(於子思)를 전치할 때 덧붙인 어조사이므로 무시해도 되고, 기(亟)는 문(問)을 꾸미는 부사이며, 문(問)은 자동사이다. 그러므로 穆公之於子思也亟問의 골격은 목공문어자사(穆公問於子思)이다. 목공은[穆公] 자사[子思]에게[於] 문안을 드렸다[問]. 기궤정육(亟餽鼎肉)에서도 기(亟)는 궤(餽)를 꾸미는 부사이며, 궤(餽)는 타동사이고, 정육(鼎肉)은 궤(餽)의 직접목적어이다. 穆公之於子思也亟問亟餽鼎肉에서 기(亟)는 〈자주 빈(頻)〉과 같고, 발음이 극(亟)이면 〈빠를 삭(數)〉과 같은 뜻이므로 발음에 주의해야 할 글자이다. 정육(鼎肉)은 요리하도록 잘 손질해놓은 고기를 말한다.

노(魯)나라 목공(穆公)이 공자(孔子)의 손자인 자사(子思)를 잘 모시려고 했던 모양이다. 자사의 이름은 급(伋)이었고, 맹자는 자사(子思)의 손자뻘 제자이므로 맹자 역시 자사의 문인(門人)인 셈이다.

화목할 목(穆), 존칭 공(公), 어조사(~이) 지(之), ~에게 어(於), 생각할 사(思), 존칭 자(子), 어조사(~이다) 야(也), 자주 기(亟), 문안드릴 문(問), 보낼 궤(餽), 솥 정(鼎), 고기 육(肉)

子思不悅(자사불열)

▶ 자사께서는[子思] (목공의 처사를) 기뻐하지 않았다[不悅].

자사불열(子思不悅)은 열(悅)의 목적어에 해당하는 내용이 이미 앞에 나왔으므로 생략해버린 어투이다. 말하자면 목공지기문기궤정육(穆公之亟問亟餽鼎肉)을 줄인 어투이다. 子思不悅의 열(悅)은 〈기뻐할 열(悅)〉과 같다.

생각할 사(思), 존칭 자(子), 아니 불(不), 기뻐할 열(悅)

於卒也 摽使者(어졸야표사자) 出諸大門之外(출제대문지외)

▶ 마지막[卒]엔[於] 보내온[使] 사람을[者] 밀쳐서[摽] 대문[大門]의[之] 바깥[外]으로 그를[諸] 내보냈다[出].

어졸야표사자출제대문지외(於卒也摽使者出諸大門之外)는 子思摽使者 而子思出諸大門之外於卒也에서 반복되는 주어인 자사(子思)가 생략되었고, 어졸야(於卒也)를 전치시킨 어투이다. 於卒也摽使者出諸大門之外에서 어(於)는 여기선 시간을 나타내는 어조사 〈~에 어(於)〉이고, 졸(卒)은 〈끝 말(末)〉과 같고, 야(也)는 무시하고 새겨도 되는 어조사이며, 표(摽)는 〈칠 격(擊)〉과 같고, 사자(使者)는 심부름하는 용인(用人)과 같고, 제(諸)는 지어(之於)를 축약한 것으로 저(諸)로 발음하기도 한다. 出之於大門之外의 지어(之於)를 제(諸)로 축약하여 出諸大門之外가 되었다. 대문[大門]의[之] 밖[外]으로[於] 보내온 사람을[之] 내보냈다[出]. 於卒也摽使者出諸大門之外에서 표사자(摽使者)의 표(摽)를 주목하게 된다. 〈칠 격(擊)〉과 같은 뜻을 가진 표(摽)이니, 목공(穆公)의 사자(使者)를 자사(子思)가 결국엔[於卒] 사정없이 밀쳐서 집 밖으로 내쳤음을 암시하는 까닭이다. 몇 번은 참았던 자사의 내면을 여기서 잘 느낄 수 있다.

~에 어(於), 마지막 졸(卒), 어조사 야(也), 손짓할 표(摽), 내보낼 출(出), 지어(之於) 제(諸), 큰 대(大), 문간 문(門), ~의 지(之), 바깥 외(外)

北面稽首再拜而不受(북면계수재배이불수)

▶ (자사께서) 북쪽으로[北面] 머리를[首] 땅에 닿도록 하여[稽] 두 번[再] 절하고[拜]서[而] (목공이 보내준 제를) 받지 않았다[不受].

북면계수재배이불수(北面稽首再拜而不受) 역시 子思北面稽首 而子思再拜 而子思不受 세 구문을 하나로 묶은 어투이다. 北面稽首再拜而不受에서 북면(北面)은 계수(稽首)의 타동사인 계(稽)를 꾸미는 부사이고, 수(首)는 계(稽)의 목적어이며, 재(再)는 자동사인 배(拜)를 꾸미는 부사이다. 북면(北面)은 신하가 임금을 향해 서 있는 방향을 말하며, 계수(稽首)는 돈수(頓首)보다도 더 머리를 조아려 땅에 닿도록 허리를 굽히는 자세를 말하고, 수(受)

는 〈받을 용(容)〉과 같고 수용(受容)의 줄임말로 여긴다. 물론 불수(不受)는 불수목공지궤(不受穆公之餽)를 줄인 말로 여기면 문맥이 잡힌다. 목공이 보내준[穆公之] 먹을거리를[餽] 받지 않았다[不受].

북녘 북(北), 낯 면(面), 저촉할 계(稽), 머리 수(首), 다시 재(再), 절 배(拜), 그리고 이(而), 아니 불(不), 받을 수(受)

今而後知君之犬馬畜伋(금이후지군지견마축급)

▶ **이제부터는[今而後] 임금[君]께서[之] 급을[伋] 개나[犬] 말로[馬] 키움을[畜] 알겠다[知].**

금이후지군지견마축급(今而後知君之犬馬畜伋)은 〈A知B〉꼴로 영어의 3형식 문장과 같다. 〈(A는) B(君之犬馬畜伋)를 알았다[知]〉 今而後知君之犬馬畜伋에서 금이후(今而後)는 타동사 지(知)를 꾸미는 시간의 부사구이고, 군지견마축급(君之犬馬畜伋)은 지(知)의 목적절로 여기면 문맥이 잡힌다. 목적절인 君之犬馬畜伋에서 군지(君之)의 지(之)는 주격 토씨(~이)인 어조사이고, 견마(犬馬)는 목적절에서 타동사 축(畜)을 꾸미는 부사구이며, 급(伋)은 축(畜)의 목적어로 여긴다. 임금[君]이[之] 개나 말로[犬馬] 자신을[伋] 키운다[畜]. 君之犬馬畜伋에서 축(畜)은 〈마소를 칠 목(牧)〉과 같고 목축(牧畜)의 줄임말로 여기고 새기고, 급(伋)은 자사(子思)의 이름이다.

노(魯)나라 임금인 목공(穆公)은 대접하는 뜻으로 먹을거리[餽] 정육(鼎肉)을 하사품으로 자사(子思)에게 자주 보냈던 모양이다. 물건으로 대접하는 짓은 소인이 좋아하지만, 대인은 예를 벗어난 대우를 바라지 않는다. 예의에 어긋난 하사품이라면 대인은 거들떠보지도 않는다. 하물며 현자(賢者)라면 더 말할 것이 없다. 자사가 임금의 고깃덩이나 받아먹고 고마워할 줄 알았다면 목공이 우둔했던 것이다. 가축은 먹이만 주면 되지만 사람은 마음을 먼저 사야 한다.

이제 금(今), 어조사 이(而), 뒤 후(後), 알 지(知), 개 견(犬), 말 마(馬), 기를 축(畜), 자사의 이름 급(伋)

蓋自是臺無餽也(개자시대무궤야)

▶ **대개[蓋] 이[是]로부터[自] 하인에게[臺] 먹을거리를 보내는 일이[餽]**

없었던 것[無]이다[也].

개자시대무궤야(蓋自是臺無餽也)는 〈A無B〉꼴을 〈A無B也〉로 하여 강조한 어투이다. 말하자면 〈A(臺)에는 B(餽)가 없었다[無]〉의 어세를 강조하려고 〈A(臺)에는 B(餽)가 없었던 것[無]이다[也]〉고 한 것이다. 〈없을 무(無)〉는 주어를 뒤에 둔다고 여기면 편하다. 蓋自是臺無餽也에서 개(蓋)는 〈대개 범(凡)〉과 같고, 자(自)는 〈~부터 종(從)〉과 같으며, 대(臺)는 여기선 임금이 보낸 사자(使者)를 말하고 자동사인 무(無)를 꾸미는 부사이며, 궤(餽)는 〈음식물을 보낼 향(餉)〉과 같고 궤향(餽餉)의 줄임말로 여기며 여기선 무(無)의 주어이다.

대개 개(蓋), ~부터 자(自), 이 시(是), 임금이 보낸 사자(使者) 대(臺), 없을 무(無), 보낼 궤(餽), 어조사 야(也)

悅賢不能擧又不能養也(열현불능거우불능양야) 可謂悅賢乎(가위열현호)

▶ 현자를[賢] 기뻐한다면서[悅] (현자를) 잘[能] 등용하지 않고[不擧] 또한[又] (현자를) 잘[能] 양성하지 않는다[不養]면[也], (목공이) 현자를[賢] 기뻐한다고[悅] 말할 수 있는 것[可謂]인가[乎]?

열현불능거우불능양야가위열현호(悅賢不能擧又不能養也可謂悅賢乎)는 먼저 생략된 내용을 살펴서 보충하면 문맥 잡기가 편하다. 悅賢不能擧又不能養也可謂悅賢乎는 子思悅賢者而子思不能擧賢者 又子思悅賢者而子思不能養賢者 世人可謂穆公悅賢乎에서 반복되는 내용들을 생략하여 간명하게 한 어투이다. 그리고 悅賢不能擧又不能養也可謂悅賢乎와 같은 어투의 문맥을 잡으려면 어조사 구실을 하는 야(也)를 주목해야 한다. 구문 가운데 야(也)가 있으면 일단 야(也)를 끊어 읽는 표시로 생각하면 편하다. 즉 悅賢不能擧又不能養也 可謂悅賢乎로 끊어 읽어보면 문맥 잡기가 쉽다. 문맥은 열거되는 내용의 관계로, 그 관계를 분명하게 해주는 것이 접속사 또는 종속접속사이다. 영어나 우리말은 그런 관계사들이 잘 드러나 있지만, 한문투에는 어조사 등이 그 역활을 자유롭게 한다.

열현불능거우불능양야(悅賢不能擧又不能養也)의 야(也)를 영어의 If처럼 여기고 悅賢不能擧又不能養也를 조건의 종속절로 삼고, 가위열현호(可謂悅

賢乎)를 주절로 삼아 새기면 悅賢不能擧又不能養也可謂悅賢乎의 문맥을 쉽게 잡을 수 있다. 悅賢不能擧에서 열(悅)은 〈기뻐할 열(說)〉과 같고 희열(喜悅)의 줄임말로 여기고, 현(賢)은 〈밝을 명(明)〉과 같고 현자(賢者)의 줄임말로 여기며, 거(擧)는 〈받들 격(擊)〉과 같고 거용(擧用)의 줄임말로 여긴다. 又不能養也에서 우(又)는 〈다시 갱(更)〉과 같고, 양(養)은 〈길러낼 육(育)〉과 같고 양성(養成)의 줄임말로 여긴다. 可謂悅賢乎에서 가(可)는 〈가능할 능(能)〉과 같고 가능(可能)의 줄임말로 여기고, 위(謂)는 〈일컬을 칭(稱)〉과 같으므로 〈謂AB〉로 알아두면 편하다. 〈A가 B를 한다고 칭한다[謂]〉 말하자면 영어의 5형식 문장처럼 여기고 〈謂AB〉를 새긴다. 〈A(穆公)이 B(悅賢)한다고 말할 수[可謂] 있는가[乎]?〉 그러므로 可謂悅賢乎를 가위목공열현호(可謂穆公悅賢乎)처럼 생략된 내용을 보충하면 문맥이 쉽게 잡힌다.

임금이 현자(賢者)를 기뻐한다면 먹을거리로 현자를 대접할 것은 아니다. 현자를 등용해 행인정(行仁政)을 시행할 일이고, 나라의 미래를 위해 현자를 육성하여 어진[仁] 정사가[政] 베풀어지는[行] 기틀을 끊임없이 마련하는 일이다. 그래야 임금이 성군(聖君)이 될 수 있는 법이다. 그러나 현자에게 고깃근[鼎肉]이나 내린다고 해서 현자를 드높이고 양성하는 것은 아니다. 목공(穆公)이 자사(子思)로부터 면박을 당해도 싸다.

기뻐할 열(悅), 밝을 현(賢), 아니 불(不), 잘할 능(能), 들 거(擧), 또 우(又), 양성 할 양(養), 어조사(~이면) 야(也), 가할 가(可), 일컬을 위(謂), 의문어조사(~인가) 호(乎)

【문지(聞之) 3】

왕공지양현자야(王公之養賢者也)

【원문(原文)】

曰 敢問國君이 欲養君子인댄 如何斯可謂養矣이까 曰 以君命
왈 감문국군 욕양군자 여하사가위양의 왈 이군명
將之어든 再拜稽首而受하나니 其後에 廩人이 繼粟하고 庖人이
장지 재배계수이수 기후 늠인 계속 포인
繼肉하여 不以君命將之니 子思以爲鼎肉이 使己僕僕爾亟拜也
계육 불이군명장지 자사이위정육 사기복복이기배야
이라 非養君子之道也이라 하니라 堯之於舜也에 使其子九男으로
비양군자지도야 요지어순야 사기자구남

事之하고 二女로 女焉하고 百官牛羊倉廩을 備하여 以養舜於畎畝
사지 이녀 여언 백관우양창름 비 이양순어견묘
之中이러니 後에 擧而加諸上位라 故로 曰王公之尊賢者也이니라
지중 후 거이가제상위 고 왈왕공지존현자야

【해독(解讀)】

(만장이) 여쭈었다[曰]. "임금이 군자를 양성하고 싶다면 어떻게 해야 (임금이) 군자를 양성한다고 말할 수 있는 것인지 감히 여쭈겠습니다[敢問國君欲養君子如何斯可謂養矣]." (맹자가) 말했다[曰]. "임금의 명령으로써 보냈을 때는[以君命將之] (신하는) 두 번 절하고 머리를 조아리고서 (임금이 보내온 것을) 받는다[再拜稽首而受]. 그런 뒤로는[其後] 곳집지기가 곡식을 이어 보내고[廩人繼粟] 부엌지기가 고기를 이어 보내지[庖人繼肉], (반복해서) 임금의 명령으로써 그것을 보내지 않는다[不以君命將之]. 목공이 보내준 것 때문에 정육이 자기로 하여금 번거롭게 자주 절하게 한다고 생각한 것이다[子思以爲鼎肉使己僕僕爾亟拜也]. (위와 같은 일은) 군자의 도리를 양성함이 아닌 것이다[非養君子之道也]. 요임금은 자신의 아들 아홉을 시켜서 순을 받들어 모시게 했고[堯之於舜也使其子九男事之], (요임금은 자신의) 두 딸을 순에게 시집가게 했으며[二女女焉], (요임금은 자신의 자녀를 시켜) 모든 관원과 소 양과 온갖 식량을 두루 갖추게 하였고[百官牛羊倉廩備], 그렇게 하여 (요임금의 아들들과 딸들로 하여금 순이 농사짓는) 밭의 가운데서 순을 부양하게 했다[以養舜於畎畝之中]. 그 뒤에 (요임금은 순을) 등용했고 그리고 윗자리로 이르게 했다[後擧而加諸上位]. 그래서[故] (그런 일이) 왕공이 현자를 존경하는 것이라고 말한다[曰王公之尊賢者也]."

【담소(談笑)】

敢問(감문) 國君欲養君子(국군욕양군자) 如何斯可謂養矣(여하사가위양의)

▶ 감히[敢] 여쭈겠습니다만[問], 임금이[國君] 군자를[君子] 양성하고[養] 싶다면[欲] 어떻게 해야[如何斯] (임금이) 군자를[斯] 양성한다고[養] 말할 수 있는 것[可謂]인지요[矣]?

감문(敢問)은 아랫사람이 윗사람에게 여쭐 때 쓰는 관용문이다. 감히[敢] 여쭈겠습니다[問]. 이렇게 예를 갖춘 다음 물어볼 내용을 말한다.

국군욕양군자여하사가위양의(國君欲養君子如何斯可謂養矣)와 같은 어투의 문맥을 잡으려면 여하(如何)를 주목해야 한다. 〈A如何B〉꼴을 생각하면 문맥을 쉽게 잡을 수 있다. 〈A如何B〉에서 A는 종속절이고, B가 주절임을 상기해야 한다. 대개 여하(如何) 앞에 있는 A는 시간(A할 때), 조건(A하면), 양보(A라도) 등의 부사절이다. 말하자면 國君欲養君子如何斯可謂養矣에서 국군욕양군자(國君欲養君子)를 시간이나 조건의 부사절로 하고, 여하사가위양의(如何斯可謂養矣)를 의문문인 주절로 하면, 國君欲養君子如何斯可謂養矣의 문맥이 쉽게 잡힌다. 國君欲養君子를 임금이[國君] 군자를[君子] 양성하고[養] 싶어한다면[欲] 또는 임금이[國君] 군자를[君子] 양성하고[養] 싶어할 때[欲] 등으로 새기고, 如何斯可謂養矣를 의문문인 주절로 새기면 國君欲養君子如何斯可謂養矣의 문맥이 잡힌다. 이처럼 한문투에는 영어의 when, if, though 등에 해당하는 관계사가 없다. 如何斯可謂養矣는 如何可謂國君養君子矣를 줄인 어투이다. 국군이[國君] 군자를[君子] 양성하는 것을[養] 어떻게[如何] 말할 수 있는 것[可謂]인가[矣]? 如何斯可謂養矣에서 사(斯)는 〈이차(此)〉와 같고 군자(君子)를 나타내는 지시어이고, 의(矣)는 여하(如何)의 의문어조사이므로 〈~인가 호(乎)〉와 같이 여기고 새긴다.

감히 감(敢), 물을 문(問), 나라 국(國), 임금 군(君), 하고자할 욕(欲), 양성할 양(養), 클 군(君), 존칭 자(子), 같을 여(如), 어찌 하(何), 이에 사(斯), 가할 가(可), ~인가 의(矣)

以君命將之(이군명장지) 再拜稽首而受(재배계수이수)

▶ 임금의[君] 명령[命]으로써[以] 보냈을 때는[將之] (신하는) 두 번[再] 절하고[拜] 머리를[首] 조아리고[稽]서[而] (임금이 보내온 것을) 받는다[受].

이군명장지(以君命將之)는 以君命國君將之於臣下를 줄인 어투이다. 임금의[君] 명령[命]으로써[以] 임금이[國君] 신하[臣下]에게[於] 그것을[之] 보낸다[將]. 그러나 한문투는 문맥으로 보충할 수 있는 내용이면 사정없이 생략해 버리는 어투가 매우 심하다. 그런 어투 때문에 以君命國君將之於臣下를 以君命將之로 줄여 간명하게 하였다. 以君命將之에서 장(將)은 〈행할 행(行)〉과 같고 〈보내줄 장(將)〉으로 새겨야 문맥이 통하고, 장지(將之)의 지(之)는 지시대명사로 보고 〈그것 지(之)〉로 새겨도 되지만 그냥 무시하고 보낸다

[將之]로 새겨도 된다. 以君命將之는 다음의 내용과 문맥을 연결하면 시간 내지 조건의 부사절이 된다. 군명[君命]으로써[以] 그것을[之] 보내면[將] 또는 군명[君命]으로써[以] 그것을[之] 보낼 때[將].

재배계수이수(再拜稽首而受)는 臣下再拜 而臣下稽首 而臣下受之를 줄인 어투이다. 再拜稽首而受는 앞의 이군명장지(以君命將之)를 시간 또는 조건의 부사절로 둔 주절이다. 再拜稽首而受에서 재(再)는 자동사인 배(拜)를 꾸미는 부사이고, 수(首)는 계(稽)의 목적어이다. 계수(稽首)는 돈수(頓首)보다도 더 머리를 조아려 땅에 닿도록 허리를 굽히는 자세를 말하고, 수(受)는 〈받을 용(容)〉과 같고 수용(受容)의 줄임말로 여긴다.

써 이(以), 임금 군(君), 명령 명(命), 보낼 장(將), 그것 지(之), 다시 재(再), 조아릴 계(稽), 절 배(拜), 머리 수(首), 그리고 이(而), 받을 수(受)

其後(기후) 廩人繼粟(늠인계속) 庖人繼肉(포인계육) 不以君命將之(불이군명장지)

▶ **그런[其] 뒤로는[後] 곳집지기가[廩人] 곡식을[粟] 이어 보내고[繼] 부엌지기가[庖人] 고기를[肉] 이어 보내지[繼], (반복해) 임금의[君] 명령[命]으로써[以] 그것을[之] 보내지 않는다[不將].**

기후(其後)는 뒤의 내용을 두루 꾸미는 시간의 부사구이다. 그[其] 뒤로부터는[後].

늠인계속(廩人繼粟)에서 늠인(廩人)은 곡식을 쌓아둔 곳집을 관리하는 사람이다. 이 늠인(廩人)이 왕명을 받들어 곡식[粟]을 계속 배달해준다[繼]는 것이다. 廩人繼粟에서 계(繼)는 〈이을 속(續)〉과 같고 계속(繼續)의 줄임말로 여기고 새긴다. 물론 廩人繼粟을 廩人繼將粟로 보고 곳집지기가[廩人] 곡식을[粟] 이어서[繼] 보낸다[將]고 새기면, 〈이을 계(繼)〉는 〈보낼 장(將)〉을 꾸미는 부사가 된다.

포인계육(庖人繼肉)에서 포인(庖人)은 주방에서 요리하는 사람이다. 이 포인(庖人)이 왕명을 받들어 고기[肉]를 계속 배달해준다[繼]는 것이다. 庖人繼肉에서 계(繼)는 〈이을 속(續)〉과 같고 계속(繼續)의 줄임말로 여기고 새긴다. 물론 庖人繼肉을 庖人繼將肉로 보고 부엌지기가[庖人] 고기를[肉] 이어서[繼] 보낸다[將]고 새기면, 앞서와 마찬가지로 〈이을 계(繼)〉는 〈보낼 장

(將)〉을 꾸미는 부사가 된다.

불이군명장지(不以君命將之)는 以君命國君不將之에서 주어인 국군(國君)을 생략한 어투이다. 以君命不將之라 않고 불(不)을 전치시켜 不以君命將之로 한 것은 부정을 강조하기 위해서이다. 말하자면 not보다 never가 더 강한 어조라고 여기면 편하다. 왕명으로써 한 번만 보내지 다시는 그렇게 하지 않는다는 것이다. 왕명으로 보내오면 받을 때마다 두 번[再] 절하고[拜] 머리를[首] 조아리고[稽]서[而] (임금이 보내온 것을) 받는[受] 신하(臣下)의 예(禮)를 갖추어야 하기 때문이다.

그 기(其), 뒤 후(後), 곳집 름(廩), 이을 계(繼), 곡식 속(粟), 요리사 포(庖), 고기 육(肉), 아니 불(不), 써 이(以), 임금 군(君), 명령 명(命), 보낼 장(將), 그것 지(之)

子思以爲鼎肉使己僕僕爾亟拜也(자사이위정육사기복복이기배야)

▶ 목공이 보내준 것 때문에[以] 정육이[鼎肉] 자기로[己] 하여금[使] 번거롭게[僕僕爾] 자주[亟] 절하게 한다고[拜] 생각한 것[爲]이다[也].

자사이위정육사기복복이기배야(子思以爲鼎肉使己僕僕爾亟拜也)는 〈A爲B〉꼴로 영어의 3형식 문장과 같다. 〈A(子思)가 B(鼎肉使己僕僕爾亟拜)를 위(爲)한다〉 한문투에서 위(爲)는 문맥에 따라 매우 다양한 뜻을 나타낸다. 〈할 위(爲) = 조(造), 다스릴 위(爲) = 치(治), 하여금 위(爲) = 사(使), 인연 위(爲) = 연(緣), 만들 위(爲) = 산(産), 지을 위(爲) = 저(著), 행할 위(爲) = 행(行), 생각할 위(爲) = 사(思), 배울 위(爲) = 학(學), 써 위(爲) = 所以(소이), 도울 위(爲) = 助(조), 호위할 위(爲) = 護(호)〉 이처럼 위(爲)는 문맥에 따라 뜻이 매우 다양하다. 여기선 위(爲)를 〈생각할 사(思)〉로 여기고 새기면 문맥이 통한다.

자사이위정육사기복복이기배야(子思以爲鼎肉使己僕僕爾亟拜也)는 是以子思爲鼎肉使己僕僕爾亟拜也의 시이(是以)에서 시(是)를 생략하고 이(以)를 동사 위(爲) 앞으로 옮긴 어투이다. 이[是] 때문에[以]. 물론 시이(是以)의 시(是)는 앞에서 언급한 목공지궤(穆公之餽)를 받는 지시어이기 때문에 생략되었다. 子思以爲鼎肉使己僕僕爾亟拜也에서 자사(子思)는 주어이고, 이(以)는 원인의 부사이며, 위(爲)는 타동사이며, 정육사기복복이기배(鼎肉使己僕僕爾亟拜)는 위(爲)의 목적절이다. 鼎肉使己僕僕爾亟拜는 〈A使BC〉꼴로 사역문 한문투이다. 〈A가 B로 하여금[使] C하게 한다〉 〈A(鼎肉)가 B(己)로 하여금[使] C(拜)하게 한다〉 위(爲)의 목적절인 鼎肉使己僕僕爾亟拜에서 정육(鼎肉)은 주어이며, 사(使)는 사역동사이고, 기(己)는 사(使)의 목적어이고, 복복이(僕僕爾)와 기(亟)는 목적격 보어인 배(拜)를 꾸며주는 부사이다. 정육이[鼎肉] 자기로[己] 하여금[使] 번거롭게[僕僕爾] 자주[亟] 절하게 한다[拜]. 번잡한 모양새[僕僕爾].

존칭 자(子), 생각할 사(思), 써 이(以), 생각할 위(爲), 솥 정(鼎), 고기 육(肉), 하여금 사(使), 자기 기(己), 번거로울 복(僕), 어조사 이(爾), 자꾸 기(亟), 절할 배(拜), ~이다 야(也)

非養君子之道也(비양군자지도야)

▶ (위와 같은 일은) 군자[君子]의[之] 도리를[道] 양성함이[養] 아닌 것[非]이다[也].

비양군자지도야(非養君子之道也)는 是非養君子之道也에서 주어인 시(是)를 생략한 부정문이다. 〈A非B也〉꼴로 영어의 2형식 문장과 같다. 〈A(是)는 B(非君子之道)이다[也]〉 非養君子之道也에서 주어인 시(是)는 생략되었고, 비(非)는 불시(不是)이며, 養君子之道는 보어이고, 야(也)는 불시(不是) 대신에 비(非)로 하면 종결어조사로 문미에 붙고 ~이다 정도로 새긴다. 말하자면 非養君子之道也는 不是君子之道를 더 강조하여 부정한 어투이다. 그것은[是] 군자지도(君子之道)가 아니다[不是]라고 읽으면 문맥이 잡힌다. 긍정문 〈A是B〉를 부정문으로 하면 〈A不是B〉 또는 〈A非B也〉가 된다. 〈A是B〉의 시(是)는 어조사 〈~이다 야(也)〉와 같은 어조사이다.

아닌 것 비(非), 양성할 양(養), 클 군(君), 존칭 자(子), ~의 지(之), 도리 도(道), ~이다 야(也)

堯之於舜也使其子九男事之(요지어순야사기자구남사지)

▶ 요임금[堯]은[之] 자신의[其] 아들[子] 아홉을[九男] 시켜서[使] 순[舜]을[於] 받들어 모시게 했다[事].

요지어순야사기자구남사지(堯之於舜也使其子九男事之)는 어순야(於舜也)를 전치시키면서, 주격 구실도 하는 허사 지(之)를 더해 어조와 어세를 더한 어투이다. 그러므로 堯之於舜也使其子九男事之를 堯使其子九男事於舜也로 돌려놓고 보면 문맥이 쉽게 잡힌다. 堯之於舜也使其子九男事之에서 요(堯)는 주어이고, 지(之)는 주격 토씨(~이) 구실을 하는 허사이며, 어(於) 역시 목적격 토씨(~을) 구실을 하는 어조사이고, 야(也)는 어순(於舜)이 전치되며 붙은 어조사이므로 무시고 새긴다. 堯之於舜也使其子九男事之에서 기(其)는 요지(堯之)를 줄인 관형사로, 요[堯]의[之] 아들[子]을 기자[其子]로 줄인 셈이다. 堯之於舜也使其子九男事之에서 사(事)는 〈받들 봉(奉)〉과 같고 봉사(奉事)의 줄임말로 여기고, 사지(事之)의 지(之)는 전치된 어순을 대신하는 허사이므로 무시해도 된다.

요임금 요(堯), 허사(~이) 지(之), 어조사(~을) 어(於), 순임금 순(舜), ~이다 야(也), 하여금 사(使), 그 기(其), 아들 자(子), 사내 남(男), 받들어 모실 사(事), 허사(그) 지(之)

二女女焉(이녀녀언)

▶ (그리고 요임금은 자신의) 두[二] 딸들을[女] 순에게[焉] 시집가게 했다[女].

이녀녀언(二女女焉)은 堯使其女二女女於舜을 줄인 어투이다. 堯使其女二女女於舜에서 반복되는 요사(堯使)와, 문맥으로 보충할 수 있는 기녀(其女)를 생략한 어투임을 알아야 문맥을 잡기 쉽다. 二女女焉에서 이녀(二女)의 여(女)는 명사이고, 여언(女焉)의 여(女)는 사역동사인 사(使)의 목적격 보어로 부정사(不定詞)구실을 하며, 언(焉)은 어시(於是)의 축약으로 어순(於舜)을 한 마디로 줄여 언(焉)으로 한 셈이다. 二女女焉 한문투에는 품사가 따로 결정된 것이 없음을 분명히 말해주고 있다. 어순에 따라 의미 단위로 나열된다고 여기고 문맥을 잡는다.

요임금이 아홉 아들과 두 딸을 시켜 초야(草野)에서 농사짓는 순(舜)을 받들게 했다는 고사(故事)는 이미 「만장장구(萬章章句) 상(上)」 1장에 다음처럼 나왔었다. "요임금은[帝] 자신의[其] 자녀[子] 아홉[九] 아들과[男] 두[二] 딸[女]을 시켜[使] 모든[百] 관원과[官] 소[牛] 양[羊]과 온갖 식량을[倉廩] 두루 갖추게 하였다[備]. 그렇게 하여[以] (요임금의 아들들과 딸들이) (순이 농사짓는) 밭[畎畝]의[之] 가운데[中]에서[於] 순을[舜] 받들게 했다[事]." 여기서 맹자가 만장에게 말해준 것과 같은 내용이다. 군왕이 현자(賢者)를 등용하기 전에 현자를 부양(扶養)하는 본보기로 다시 맹자가 만장에게 환기시켜주고 있다. 요(堯)는 순(舜)을 궁궐로 불러들이지 않고 순이 사는 곳으로 자녀들을 보내 순을 받들게 했음을 맹자는 힘주어 밝히고 있다.

두 이(二), 시집보낼 녀(女), 어시(於是) 언(焉)

百官牛羊倉廩備(백관우양창름비) 以養舜於畎畝之中(이양순어견묘지중)

▶ (요임금은 자신의 자녀를 시켜) 모든[百] 관원과[官] 소[牛] 양[羊]과 온갖 식량을[倉廩] 두루 갖추게 하였고[備], 이렇게 하여[以] (요임금의 아들들과 딸들이) (순이 농사짓는) 밭[畎畝]의[之] 가운데[中]서[於] 순을[舜] 부양하게 했다[養].

백관우양창름비이양순어견묘지중(百官牛羊倉廩備以養舜於畎畝之中)과 같은 어투의 문맥을 잡으려면 이(以)를 주목해야 한다. 百官牛羊倉廩備以養舜於畎畝之中에서 이(以)가 후치사임을 알면 문맥을 잡기 쉽다. 말하자면 百官牛羊倉廩備以를 以備百官牛羊倉廩으로 어순을 바꿀 수 있음을 알면 〈A以〉 또는 〈以A〉꼴로 새길 수 있게 된다. 〈A(備百官牛羊倉廩)〉함으로써[以], 백관[百官] 우양[牛羊] 창름[倉廩]을 구비함[備]으로써[以]. 그러나 〈A以〉에서 A의 내용이 너무 길 때에는 A를 따로 새기고, A 대신에 지시어 시(是)를 이용해 시이(是以)로 여기면 문맥 잡기가 쉽다. 말하자면 百官牛羊倉廩備以養舜於畎畝之中을 백관우양창름비시이양순어견묘지중(百官牛羊倉廩備 是以養舜於畎畝之中)으로 여기고 새기면 편하다. 百官牛羊倉廩備에서 백관우양창름(百官牛羊倉廩)은 〈갖출 비(備)〉의 목적어를 전치시킨 어투이므로 備百官牛羊倉廩으로 여기고 새긴다. 그리고 百官牛羊倉廩備 是以養舜於畎畝之中이 모두 사역문임을 알아야 문맥을 잡아 문의를 건질 수 있다. 堯使九男二女備百官牛羊倉廩 是以堯使九男二女養舜於畎畝之中에서 반복되는 요사구남이녀(堯使九男二女)와 문맥으로 보충할 수 있는 시(是)를 생략해버린 어투가 곧 百官牛羊倉廩備以養舜於畎畝之中이다.

위의 고사(故事)에서 견묘지중(畎畝之中)은 매우 깊은 뜻이 담긴 말이다. 처음부터 순(舜)이 농사짓고 있는 밭으로 나가서 요(堯)임금의 자녀들이 순의 밭일을 도와주었다는 말로 들어서는 안 된다. 요임금이 순을 궁궐로 불러도 오지 않으니 할 수 없어서 순이 있는 곳으로 요임금이 자녀들을 보내 현자(賢者)인 순을 부양(扶養)하게 한 점을 새기면, 순이 출사(出仕)보다 효(孝)를 더 중시했음을 알 수 있다. 불효를 범하고 출사하는 것은 현자의 도리가 아니다.

모든 백(百), 관리 관(官), 소 우(牛), 양 양(羊), 양식창고 창(倉), 곳집 름(廩), 갖출 비(備), 써 이(以), 부양할 양(養), 순임금 순(舜), ~에서 어(於), 밭도랑 견(畎), 밭이랑 묘(畝), ~의 지(之), 가운데 중(中)

後擧而加諸上位(후거이가제상위)

▶ **그 뒤에[後] (요임금은 순을) 등용했고[擧] 그리고[而] 위[上] 자리[位]로[諸] 이르게 했다[加].**

후거이가제상위(後擧而加諸上位)는 其後堯擧舜 而堯加舜於上位에서 되풀이되거나 문맥으로 보충될 수 있는 내용을 생략한 어투이다. 後擧而加諸上位에서 후(後)는 기후(其後)를 줄인 시간의 부사이고, 거(擧)는 堯擧舜에서 주어인 요(堯)와 목적어인 순(舜)을 생략하고 타동사 거(擧)만 남긴 어투이고, 가제상위(加舜於上位)는 요가순어상위(堯加舜於上位)에서 가(加)의 주어인 요(堯)를 생략하고, 가(加)의 목적어인 순(舜)과 장소를 나타내는 〈어조사(~에) 어(於)〉를 〈지어(之於) 제(諸)〉로 줄인 것이다. 그러니 加諸上位는 堯加舜於上位를 줄인 어투이다. 요가[堯] 윗자리[上位]로[於] 순을[舜] 이르게 했다[加]. 後擧而加諸上位에서 거(擧)는 〈받들 격(擊)〉과 같고 거용(擧用)의 줄임말로 여기고, 가(加)는 〈미칠 급(及)〉과 같고 가계(加階) 내지 가급(加給)의 줄임말로 여기고 새긴다. 임금의 자리[上位]까지[於] 순을[舜] 오르게 했다[加]고 加諸上位를 새기면 문맥에 걸맞은 문의를 건질 수 있다.

뒤 후(後), 등용할 거(擧), 그리고 이(而), 미칠 가(加), 지어(至於) 제(諸), 위 상(上), 자리 위(位)

故曰(고왈)

▶ **그래서[故] 말한다[曰].**

고왈(故曰)은 시고왈(是故曰)을 줄인 형태다. 위의 내용[是]이므로[故] 다음처럼 말한다[曰]는 뜻이다. 앞의 내용을 근거로 하여 판단이나 결론을 내릴 때 쓰이고, 고왈(故曰)을 줄여 그냥 고(故)로 할 때가 보통이다. 시고왈(是故曰)의 고(故)는 승상기하(承上起下)의 연접 구실을 하므로 영어의 therefore와 같다.

그러므로 고(故), 말할 왈(曰)

王公之尊賢者也(왕공지존현자야)

▶ 임금[王]님[公]이라면[之] 현자를[賢者] 존경해야 하는 것[尊]이다[也].

왕공지존현자야(王公之尊賢者也)는 王公尊賢者를 강조하여 단언하는 어투이다. 임금[王]님은[公] 현자를[賢者] 존경한다[尊]. 평범한 주어인 왕공(王公)을 왕공지(王公之)로 하여 주격 토씨를 강조하고, 동사인 존(尊)에는 야(也)를 덧붙여 어세를 더하는 어투이다. 임금[王]님[公]이라면[之] 현자를[賢者] 존경해야 하는 것[尊]이다[也]. 물론 王公之尊賢者也를 是王公之尊賢者也의 줄임으로 보고 〈AB也〉꼴로 새겨도 된다. 是王公之尊賢者也에서 시(是)는 주어이고, 왕공지존현자야(王公之尊賢者也)는 술부로 보어가 되어 영어의 2형식 문장과 같다. 그래서 요임금이 시킨 것은[是] 임금[王]님[公]이라면[之] 현자를[賢者] 존경해야 하는 것[尊]이다[也]라고 새기게 될 것이다. 王公之尊賢者也에서 존(尊)은 〈존경할 경(敬)〉과 같고 존경(尊敬)의 줄임말로 여기고, 현(賢)은 〈밝을 명(明)〉과 같고, 현자(賢者)는 현명한[賢明] 사람[者]이다.

임금이라면 무엇보다 먼저 현자(賢者)를 알아보고 등용해야 하고 동시에 부양(扶養)해야 한다는 것이다. 현자가 없으면 행인정(行仁政)이 불가능하기 때문이다. 행인정을 이룰 수 없다면 왕도(王道)가 무너지고, 왕도가 무너지면 왕자(王者)가 패자(霸者)에게 밀려나기 때문이다. 패자는 인정을 베푸는 척하면서 학정(虐政)을 서슴지 않는다. 그래서 맹자는 "이력가인자패(以力假仁者霸)라 하고 이덕행인자왕(以德行仁者王)"이라고 했다. 힘[力]으로써[以] 어진[仁] 척하는[假] 것이[者] 패[霸]이고, 덕[德]으로써[以] 인을[仁] 행하는[行] 것이[者] 왕이다[王]. 현자가 있어야 임금은 왕자(王者)가 되고, 왕자가 되어야 왕도(王道)를 펴서 발정시인(發政施仁)하여 여민개락(與民皆樂)할 수 있다. 정치를[政] 시작하여[發] 인을[仁] 베푼다[施]. 백성과[民] 함께[與] 다같이[皆] 즐긴다[樂]. 그러려면 임금은 무엇보다 먼저 현자를 등용하고[擧] 부양하며[扶]

양성해야[養] 하는 것임을 맹자가 요순(堯舜)의 고사를 들어 강조하고 있다. 그러므로 목공지궤(穆公之餽) 따위로 자사(子思)가 감읍(感泣)할 리 없다.

임금 왕(王), 존칭 공(公), 존경할 존(尊), 사람 자(者), ~이다 야(也)

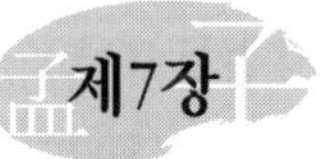

제7장

7장은 장이 길어 다섯 단락으로 나누어 살펴보는데 내용 때문에 그렇게 나누는 것은 아니다. 「이루장구(離婁章句) 상(上)」 19장에서 살폈던 "수숙위대(守孰爲大) 수신위대(守身爲大)"를 상기시키는 장이다. 어느 것을[孰] 지킴이[守] 중대한가[爲大] 자신을[身] 지킴이[守] 중대하다[爲大]. 허물로부터 스스로 자신을 지키는 일이 어떠한가를 살펴보게 한다. 목공(穆公)과 자사(子思)의 고사(故事) 그리고 경공(景公)과 우인(虞人)의 고사를 적시(摘示)하여 교제(交際)의 예(禮)와 의(義)를 엄하게 밝힌다. 특히 『시경(詩經)』「소아(小雅)」〈대동편(大東篇)〉 3 ~ 6구를 들어 군자의 교제와 소인의 교제를 상찰(詳察)하게 한다. "주도여저(周道如底) 기직여시(其直如矢) 군자소이(君子所履) 소인소시(小人所視)"를 두고두고 음미하게 하는 장이다. 주나라의[周] 길은[道] 숫돌[底] 같고[如] 그[其] 곧음은[直] 화살[矢] 같다[如]. (그 문과 주나라 도는) 군자가[君子] 밟고 가는[履] 곳이고[所] 소인이[小人] 보기만 하는[視] 곳이다[所]. 참으로 인생을 엮는 교제(交際)에서 수신(守身)하라는 장이다.

【문지(聞之) 1】

불감견제후(不敢見諸侯)

【원문(原文)】

萬章曰 敢問不見諸侯는 何義也이까 孟子曰 在國曰市井之臣
만장왈 감문불견제후 하의야 맹자왈 재국왈시정지신

이요 在野曰草莽之臣이라 皆謂庶人이니 庶人이 不傳質爲臣하여
재야왈초망지신 개위서인 서인 부전지위신

는 不敢見諸侯가 禮也이다
불감견제후 예야

【해독(解讀)】

만장이 여쭈었다[萬章曰]. "감히 여쭈겠습니다만[敢問] 제후를 만나지 못하는 것은 무슨 뜻인지요[不見諸侯何義也]?" 맹자가 말했다[孟子曰]. "도성 안에 있으면 시정의 신하라 하고[在國曰市井之臣] 초야에 있으면 초망의 신하라 한다[在野曰草莽之臣]. (이들을) 모두 서인이라 한다[皆謂庶人]. 서인이 (사람을 통해 임금에게) 폐백을 전하지 않아 신하가 되지 못하면[庶人不傳質爲臣] (서인이) 감히 제후를 만나지 않는 것이 예이다[不敢見諸侯禮也]."

【담소(談笑)】

敢問(감문) 不見諸侯何義也(불견제후하의야)

▶ 감히[敢] 여쭈겠습니다만[問] 제후를[諸侯] 만나지 못하는 것은[不見] 무슨[何] 뜻[義]인지요[也]?

감문불견제후하의야(敢問不見諸侯何義也)는 〈敢問A也〉꼴로 영어의 3형식 의문문과 같다. 불견제후하의야(不見諸侯何義也)는 의문절로 타동사 문(問)의 목적절이다. 목적절인 不見諸侯何義也에서 불견제후(不見諸侯)는 주부이고, 술부인 하의야(何義也)에서 의(義)는 보어이다. 불견제후(不見諸侯)는 하의(何義)인가[也]?로 새기면 문맥이 잡힌다. 물론 不見諸侯何義也를 不見諸侯何也로 줄여도 된다. 不見諸侯何義也에서 견(見)은 〈볼 견(見), 드러날 현(見)〉 등으로 발음이 달라지는 것을 주의해야 하고, 〈만나볼 회(會)〉와 같으며, 회견(會見)의 줄임말로 여기고 새긴다. 의(義)는 〈뜻 의(意)〉와 같고, 의의(意義)의 줄임말로 여기고 새긴다. 不見諸侯何義也에서 무슨[何] 뜻[義]인가[也]?의 하의야(何義也)를 줄여 하야(何也)로 쓰기도 한다. 또한 하위야(何爲也) 역시 하야(何也)로 줄이기도 하므로 문맥에 따라 알맞게 선택하여 새긴다.

> 감히 감(敢), 물을 문(問), 아니 불(不), 볼 견(見), 모두 제(諸), 임금 후(侯), 무슨 하(何), 뜻 의(義), ~인가 야(也)

在國曰市井之臣(재국왈시정지신)

▶ 도성 안에[國] 있으면[在] 시정[市井]의[之] 신하[臣]라 한다[曰].

재국왈시정지신(在國曰市井之臣)은 〈A曰B〉꼴로 관용문과 같다. 〈A(在國)라면 B(市井之臣)라 한다[曰]〉 물론 百姓在國百姓曰市井之臣에서 주어인 백성(百姓)을 생략한 어투이다. 〈있을 재(在)〉는 주어를 앞에 두고, 〈있을 유(有)〉는 주어를 뒤에 두는 경우를 기억하면 편하다. 〈A在B〉는 〈A가 B에 있다[在]〉로 새기고, 〈A有B〉는 〈A에 B가 있다[有]〉로 새긴다. 在國日市井之臣에서 재국(在國)은 조건의 부사절이고, 왈시정지신(日市井之臣)은 주절이므로 在國日市井之臣은 영어의 복문과 같은 어투이다. 물론 주절인 日市井之臣의 왈(日)을 수동태 동사처럼 여기고 말해진다[日]고 새겨도 되지만, 우리말은 수동태를 꺼리므로 그냥 ~라 한다[日]고 새기는 것이 낫다.

있을 재(在), 도성 안 국(國), 일컬을 왈(曰), 도시 시(市), 우물 정(井), ~의 지(之), 신하 신(臣)

在野曰草莽之臣(재야왈초망지신)

▶ 초야에[野] 있으면[在] 초망[草莽]의[之] 신하[臣]라 한다[曰].

재야왈초망지신(在野日草莽之臣) 역시 〈A日B〉꼴로 하나의 관용문과 같다. 〈A(在野)라면 B(草莽之臣)라 한다[日]〉 물론 百姓在野百姓日草莽之臣에서 주어인 백성(百姓)을 생략한 어투이다. 〈있을 재(在)〉는 주어를 앞에 두고, 〈있을 유(有)〉는 주어를 뒤에 둔다. 〈A在B〉는 〈A가 B에 있다[在]〉로 새기고, 〈A有B〉는 〈A에 B가 있다[有]〉고 새긴다. 在野日市井之臣에서 재야(在野)는 조건의 부사절이고, 왈초망지신(日草莽之臣)은 주절이므로 在野日草莽之臣은 영어의 복문과 같다. 물론 주절인 日草莽之臣의 왈(日)은 수동태 동사처럼 보고 새기겠지만, 우리말은 수동태를 꺼리므로 그냥 ~라 한다[日]고 새긴다. 초망(草莽)은 초야(草野)와 같은 말로 도성 밖을 말한다.

있을 재(在), 들 야(野), 일컬을 왈(曰), 풀 초(草), 잡초 망(莽), ~의 지(之), 신하 신(臣)

皆謂庶人(개위서인)

▶ (이들을) 모두[皆] 서인[庶人]이라 한다[謂].

개위서인(皆謂庶人)은 兩皆謂庶人에서 양(兩)을 생략한 어투이다. 皆謂庶人은 〈謂AB〉에서 〈A謂B〉로 바꾸고 주어 A(兩)를 생략한 어투이다. 〈A를 B라고 일컫는다[謂]〉 또는 〈A는 B라고 일컬어진다[謂]〉 이처럼 한문투에는 수동 · 능동이 따로 없고 문맥에 따라 수동 · 능동을 선택하지만, 우리말로는 능동으로 새기는 쪽이 편하다. 皆謂庶人에서 〈모두 개(皆)〉는 위(謂)를 꾸미는 부사이고, 서인(庶人)은 보어이다. 서인(庶人)은 백성(百姓)과 같은 말이다.

모두 개(皆), 일컬을 위(謂), 많을 서(庶), 사람 인(人)

庶人不傳質爲臣(서인부전지위신)

▶ 서인이[庶人] (사람을 통해 임금에게) 폐백을[質] 전하지 않아[不傳] 신하가[臣] 되지 못한다[不爲].

서인부전지위신(庶人不傳質爲臣)은 庶人不傳質而庶人不爲臣을 줄인 어투이다. 그러므로 庶人不傳質爲臣에서 부정사(否定詞)인 불(不)은 전지(傳質)와 위신(爲臣)을 함께 부정한다고 보아야 문맥이 통한다. 庶人不傳質爲臣을 庶人不傳質 而庶人不爲臣으로 보고 서인이[庶人] (사람을 통해 임금에게) 폐백을[質] 전하지 않아[不傳] 신하가[臣] 되지 못한다[不爲]로 새겨야 문맥이 통한다. 庶人不傳質爲臣에서 전지(傳質)는 임금과 교제(交際)를 갖기 위하여 사람을 통하여 헌상품(獻上品) 즉 폐백(幣帛)을 전달함을 말한다. 위신(爲臣)은 (임금의) 신하가[臣] 된다[爲]는 말이다. 庶人不傳質爲臣은 이어지는 불감견제후례야(不敢見諸侯禮也)와 문맥을 따지면 庶人不傳質爲臣은 조건의 부사절로 종속절이 되고, 不敢見諸侯禮也는 주절이 되어 庶人不傳質爲臣과 不敢見諸侯禮也는 하나의 복문으로 여기고 문맥을 잡는다.

많을 서(庶), 사람 인(人), 아니 부(不), 전할 전(傳), 폐백 지(質), 될 위(爲), 신하 신(臣)

不敢見諸侯禮也(불감견제후례야)

▶ (서인이) 감히[敢] 제후를[諸侯] 만나지 않는 것이[不見] 예의[禮]이다[也].

불감견제후례야(不敢見諸侯禮也)는 庶人之不敢見諸侯禮也에서 문맥에 따라 보충될 수 있는 내용인 서인지(庶人之)을 생략한 어투이다. 서인[庶人]이[之] 감히[敢] 제후를[諸侯] 만나지 않는 것[不見]. 그러므로 不敢見諸侯禮也는 〈AB也〉꼴로 영어의 2형식 문장과 같다. 〈A(不敢見諸侯)는 B(禮)이다[也]〉 주부인 불감견제후(不敢見諸侯)에서 감(敢)은 타동사인 견(見)을 꾸미는 부사이고, 특히 견(見)은 〈볼 견(見), 드러날 현(見)〉 등으로 다르게 발음되는 것을 주의해야 하고 친견(親見)의 줄임말로 여기고 새긴다. 앞에서 살폈듯이 不敢見諸侯禮也는 서인부전지위신(庶人不傳質爲臣)의 주절이고, 庶人不傳質爲臣은 不敢見諸侯禮也의 종속절이므로 다음과 같이 문맥을 이룬다. 서인이[庶人] (사람을 통해 임금에게) 폐백을[質] 전하지 않아[不傳] 신하가[臣] 되지 못한다면[不爲], (서인이) 감히[敢] 제후를[諸侯] 만나지 않는 것이[不見] 예의[禮]이다[也]. 이처럼 한문투의 문맥은 전후 구문의 관계로 드러나게 된다.

백성한테 무슨 폐백거리가 있을 것인가. 백성이 임금을 만나기란 하늘의 별따기보다도 더 어려운 일이다. 그래서 맹자가 "불감견제후(不敢見諸侯)"라고 한 것이다. 그러나 제후(諸侯)가 현자(賢者)와 교제하려면 제후 쪽에서부터 먼저 예를 갖추어 존경을 표시해야 한다는 것이 맹자의 주장이다. 그런 주장의 근거를 맹자는 앞에서 살핀 요순(堯舜)의 고사(故事)에 두고 있으니 군왕들이 함부로 입질할 수 없다.

아니 불(不), 감히 감(敢), 볼 견(見), 모두 제(諸), 임금 후(侯), 예의 례(禮), ~이다 야(也)

【문지(聞之) 2】

왕견불의야(往見不義也)

【원문(原文)】

萬章曰 庶人召之 役 則往役하고 君欲見之하여 召之면 則不往
만장왈 서인소지 역 즉왕역 군욕견지 소지 즉불왕
見之는 何也이까 曰 往役은 義也이고 往見은 不義也이다 且君之
견지 하야 왈 왕역 의야 왕견 불의야 차군지
欲見之也는 何爲也哉오 曰 爲其多聞也이며 爲其賢也니이다 曰
욕견지야 하위야재 왈 위기다문야 위기현야 왈
爲其多聞也 則天子도 不召師어든 而況諸侯乎아 爲其賢也 則
위기다문야 즉천자 불소사 이황제후호 위기현야 즉
吾未聞欲見賢而召之也이니라
오미문욕견현이소지야

【해독(解讀)】

만장이 여쭈었다[萬章曰]. "서인을 소집해 부리면 곧장 가서 부역을 합니다[庶人召之役則往役]. 임금이 (서인으로 사는) 현자를 만나고 싶어 그를 불러도 곧장 (그 현자가 임금에게) 가서 임금을 만나지 않는 것은 왜인지요[君

欲見之召之則不往見之何也]?" (맹자가) 말했다[曰]. "(소집에 응한 서인이) 가서 사역을 하는 것은 의(義)이지만[往役義也], (서인으로 사는 현자가 임금의 부름을 받고) 가서 만나는 것은 불의(不義)이다[往見不義也]. 그런데 임금이 (서인(庶人)으로 사는) 현자를 만나려고 하는 것은 무엇 때문이란 말인가[且君之欲見之也何爲也哉]?" (만장이) 여쭈었다[曰]. "(임금이 현자를 만나려고 하는 것이) 그가 많이 들어서 알기 때문이고[爲其多聞也], 그가 현자이기 때문입니다[爲其賢也]." (맹자가) 말했다[曰]. "그가 많이 들어서 아는 때문이라면 곧 천자도 스승을 불러들이지 않거늘[爲其多聞也則天子不召師], 그런데 하물며 제후가 그러할 수 있겠느냐[而況諸侯乎]? 그가 현자이기 때문이라면 (임금이) 현자를 보고 싶어서 그를 불러드렸다는 말을 나는 여태껏 들어보지 못한 것이다[爲其賢也則吾未聞欲見賢而召之也]."

【담소(談笑)】

庶人召之役則往役(서인소지역즉왕역)

▶ 서인을[庶人] 소집해[召之] 부리면[役] 곧[則] 가서[往] 부역한다[役].

서인소지역즉왕역(庶人召之役則往役)은 召庶人 而役庶人 則庶人往 而庶人役에서 되풀이되는 서인(庶人)을 생략한 어투이다. 庶人召之役則往役의 서인소지(庶人召之)는 召庶人에서 서인(庶人)을 전치시키고, 허사인 지(之)를 더한 어투로 여기면 편하다. 그래서 庶人召之의 소지(召之)를 수동태로 보고 서인이[庶人] 소집당한다[召之]로 새겨도 되지만, 우리말은 수동을 꺼리므로 소서인(召庶人)으로 여기고 서인을[庶人] 소집한다[召]로 새기는 것이 자연스럽다. 그리고 庶人召之役則往役과 같은 어투는 〈A則B〉꼴로 〈A하면 곧[則] B한다〉고 새기면 문맥이 잡힌다. 庶人召之役則往役에서 서인소지역(庶人召之役)을 조건의 부사절처럼 여기고, 왕역(往役)을 주절로 여기고 새기면 문맥이 잡힌다. 庶人召之役則往役에서 소(召)는 〈부를 호(呼)〉와 같고 소집(召集)의 줄임말로 여기고, 역(役)은 〈부릴 사(使)〉와 같고 사역(使役)의 줄임말로 여기며, 〈왕(往)〉은 〈갈 거(去)〉와 같고, 왕역(往役)은 소집에 응해서 부역한다고 새겨도 된다.

많을 서(庶), 사람 인(人), 부를 소(召), 허사 지(之), 부릴 역(役), 곧 즉(則), 갈 왕(往)

君欲見之召之則不往見之何也(군욕견지소지즉불왕견지하야)

▶ 임금이[君] (서인으로 사는) 현자를[之] 만나고[見] 싶어[欲] 그를[之] 불러도[召] 곧장[則] 가서[往] 임금을[之] 만나지 않는 것은[不見] 왜[何]인지요[也]?

군욕견지소지즉불왕견지하야(君欲見之召之則不往見之何也)는 〈A則B〉꼴로 〈A해도 곧[則] B한다〉고 새기면 문맥이 잡힌다. 君欲見之召之則不往見之何也에서 군욕견지소지(君欲見之召之)를 양보의 부사절로 여기고, 불왕견지하야(不往見之何也)를 주절로 여기면 君欲見之召之則不往見之何也의 문맥이 잡힌다. 양보의 부사절인 君欲見之召之는 君欲見之 而君欲召之를 줄인 어투로, 여기서 지(之)는 서인(庶人)으로 사는 현자(賢者)를 가리키는 부정대명사로 여기고 새기면 문의를 건질 수 있다. 주절인 不往見之何也는 其人之不往見之何也를 줄인 어투로 여기면 문의가 잡힌다. 임금이 부른[其] 사람[人]이[之] 가서[往] 임금을[之] 만나지 않는 것은[不見] 어째서[何]인가[也]? 물론 주절인 不往見之何也는 〈AB何也〉꼴로 영어의 2형식 의문문과 같다. 君欲見之召之에서 군(君)은 군왕(君王)의 줄임말로 여기고, 욕(欲)은 영어의 hope to와 같은 뜻으로 타동사 견(見)을 돕는 조동사이며, 지(之)는 〈그 지(之)〉로 부정대명사이고, 소(召)는 〈부를 호(呼)〉와 같고 소집(召集)의 줄임말로 여기고 새긴다. 그리고 견(見)의 발음이 〈볼 견(見), 드러날 현(見)〉 등 두 가지임을 주의하고, 〈만나볼 회(會)〉와 같은 뜻이며 회견(會見)의 줄임말로 여긴다. 不往見之何也의 하야(何也)는 하의야(何義也) 또는 하위야(何爲也)의 줄임말로 여긴다. 무슨[何] 뜻[義]인가[也]? 어떤[何] 까닭[爲]인가[也]? 하의야(何義也)를 그냥 하야(何也)로 줄이기도 하고, 하위야(何爲也) 역시 하야(何也)로 줄이기도 하므로 문맥에 따라 알맞게 선택해서 새긴다.

임금 군(君), 바랄 욕(欲), 볼 견(見), 그 지(之), 부를 소(召), 곧 즉(則), 아니 불(不), 갈 왕(往), 왜 하(何), ~인가 야(也)

往役義也(왕역의야)

▶ (소집에 응한 서인이) 가서[往] 사역하는 것은[役] 의[義]이다[也].

왕역의야(往役義也)는 庶人之往役義也에서 문맥으로 보충할 수 있는 내용인 서인지(庶人之)를 생략한 어투이다. 서인[庶人]이[之] 가서[往] 사역하는 것은[役]. 往役義也는 〈AB也〉꼴로 영어의 2형식 문장과 같다. 〈A(往役)는 B(義)이다[也]〉 往役義也에서 왕역(往役)은 주부이고, 의야(義也)는 술부이며, 의(義)는 보어이다. 역(役)은 〈부릴 사(使)〉와 같고 사역(使役)의 줄임말로 여기고, 往役義也에서 왕(往)은 〈갈 거(去)〉와 같고 왕역(往役)은 소집에 응해서 부역한다로 새기며, 역(役)은 〈부릴 사(使)〉와 같고 사역(使役)의 줄임말로 여기고 새긴다.

갈 왕(往), 부릴 역(役), 옳을 의(義), ~이다 야(也)

往見 不義也(왕견 불의야)

▶ (서인으로 사는 현자가 임금의 부름을 받고) 가서[往] 만나는 것은[見] 불의[不義]이다[也].

왕견불의야(往見不義也)는 庶人之往見不義也에서 문맥으로 보충할 수 있는 서인지(庶人之)를 생략한 어투이다. 서인[庶人]이[之] 가서[往] 만나는 것은[見]. 往見不義也는 〈AB也〉꼴로 영어의 2형식 문장과 같다. 〈A(往見)는 B(不義)이다[也]〉 往見不義也에서 왕견(往見)은 주부이고, 불의야(不義也)는 술부이며, 불의(不義)는 보어이다. 往見不義也에서 왕(往)은 〈갈 거(去)〉와 같고, 왕견(往見)은 임금의 부름에 응해서 임금을 만나는 것으로 이해하며, 견(見)은 발음이 〈볼 견(見), 드러날 현(見)〉 등 두 가지임을 주의하면 편하다. 여기서 견(見)은 〈만나볼 회(會)〉와 같고 회견(會見)의 줄임말로 여긴다.

갈 왕(往), 볼 견(見), 아니 불(不), 옳을 의(義), ~이다 야(也)

且君之欲見之也何爲也哉(차군지욕견지야하위야재)

▶ 그런데[且] 임금[君]이[之] (서인으로 사는) 현자를[之] 만나려고 하는 것[欲見]은[也] 무엇[何] 때문[爲]이란[也] 말인가[哉]?

차군지욕견지야하위야재(且君之欲見之也何爲也哉)는 〈AB何也〉꼴에서 영어의 2형식 의문문을 더 강한 의문문 어투로 만들려고 〈AB何也哉〉꼴로 어세를 더한 것이다. 〈A(君之欲見之也)는 B(何爲)이란[也] 말인가[哉]?〉 구문의 앞머리에 있는 차(且)는 〈또 우(又)〉와 같고, 여기선 그런데[且] 정도의 의미로 문맥을 잇는 관계사 구실을 한다. 君之欲見之也何爲也哉에서 군지욕견지야(君之欲見之也)는 주부이고, 하위야재(何爲也哉)는 술부이며, 하위(何

爲)는 보어이고, 〈야(何) ~ 하야(也哉)〉의 야재(也哉)는 의문문의 강한 어조사이다. 〈하(何) ~ 야(也)〉는 〈무엇[何] ~ 인가[也]?〉이지만, 〈하(何) ~ 야재(也哉)〉는 〈무엇[何] ~ 이란[也] 말인가[哉]?〉 정도로 새기면 문맥에 걸맞다.

군지욕견지야(君之欲見之也)에서 군(君)은 군왕(君王)의 줄임말로 여기고, 君之의 지(之)는 주격 토씨(~이)인 어조사이다. 見之의 견(見)은 〈만나볼 회(會)〉와 같고 회견(會見)의 줄임말로 여기며, 지(之)는 서인(庶人)으로 사는 현자(賢者)를 나타내는 부정대명사로 여기면 문의를 건질 수 있다. 한문투에서는 품사가 따로 정해져 있지 않음을 늘 주목하면서 문맥을 잡아가야 한다. 君之欲見之也에서 欲見의 욕(欲)은 영어의 hope to처럼 여기고, 타동사 견(見)을 돕는 조동사이다.

군지욕견지야하위야재(君之欲見之也何爲也哉)에서 술부인 하위야재(何爲也哉)의 위(爲)는 〈까닭 소이(所以)〉와 같은 〈까닭 위(爲)〉로 새긴다. 특히 한문투에서 위(爲)는 매우 다양한 뜻이 있으므로 문맥에 따라 뜻을 찾아야 한다. 〈할 위(爲) = 조(造), 다스릴 위(爲) = 치(治), 생각할 위(爲) = 사(思), 배울 위(爲) = 학(學), 하여금 위(爲) = 사(使), 지을 위(爲) = 저(著), 이룰 위(爲) = 성(成), 보호할 위(爲) = 호(護), 도울 위(爲) = 조(助), 까닭 위(爲) = 소이(所以), 어조사 위(爲)〉 등이 그 예이다. 그리고 何爲也哉는 하위야(何爲也)를 강조한 의문문 어투인데 대부분 하야(何也)로 줄인다. 그러니 의문문을 만드는 하야(何也)는 하의야(何義也) 또는 하위야(何爲也)의 줄임말로 여기고 새긴다. 무슨[何] 뜻[義]인가[也]? 어떤[何] 까닭[爲]인가[也]? 무슨[何] 뜻[義]인가[也]?의 하의야(何義也)를 그냥 하야(何也)로 줄이기도 하고, 〈무슨[何] 까닭[爲]인가[也]?〉의 하위야(何爲也) 역시 하야(何也)로 줄이기도 하므로 문맥에 따라 알맞게 선택하여 새긴다.

또 차(且), 임금 군(君), 어조사(~이) 지(之), 하고자 할 욕(欲), 볼 견(見), 대명사(그) 지(之), 어조사(~은) 야(也), 무엇 하(何), 까닭 위(爲), 어조사(~인가) 야(也), 어조사(~인가) 재(哉)

爲其多聞也(위기다문야)

▶ (임금이 현자를 만나려고 하는 것은) 그가[其] 많이[多] 들어서 아는[聞] 때문[爲]이다[也].

위기다문야(爲其多聞也)는 君之欲見之也爲其多聞也의 〈A也B也〉꼴에서 〈A(君之欲見之也)〉를 생략한 어투로, 술부만 남긴 영어의 2형식 문장과 같다. 특히 〈A也爲B也〉꼴을 하나의 관용구문으로 알아두면 편하다. 〈A라는 것이란[也] B라는 것 때문[爲]이다[也]〉 爲其多聞也에서 관형사인 기(其)는 현자지(賢者之)를 대신한다고 여기면 문맥이 쉽게 잡힌다. 현자[賢者]의[其] 또는 현자[賢者]가[其]로 새길 수 있다. 다문(多聞)은 박학다식(博學多識)함을 말한다. 널리[博] 배워[學] 많이[多] 안다[識]. 그의[其] 많이[多] 아는 것[聞]으로 새기는 것보다, 그가[其] 많이[多] 아는 것[聞]으로 새기는 것이 우리말로 문맥을 잡는 데 편하다.

까닭 위(爲), 그 기(其), 많은 다(多), 들을 문(聞), ~이다 야(也)

爲其賢也(위기현야)

▶ (임금이 현자를 만나려고 하는 것이) 그가[其] 현자이기[賢] 때문[爲]이다[也].

위기현야(爲其賢也)는 君之欲見之也爲其賢也의 〈A也B也〉꼴에서 〈A(君之欲見之也)〉를 생략한 어투로, 술부만 남긴 영어의 2형식 문장과 같다. 특히 〈A也爲B也〉꼴을 하나의 관용구문으로 알아두면 문맥 잡기가 편하다. 〈A라는 것이란[也] B라는 것 때문[爲]이다[也]〉 爲其賢也에서 관형사인 기(其)는 현자지(賢者之)를 대신한다고 여기면 문맥이 쉽게 잡힌다. 현자[賢者]의[其] 또는 현자[賢者]가[其]로 새길 수 있다. 현(賢)은 현명(賢明)의 줄임말로 여긴다. 그의[其] 현명함[賢] 또는 그가[其] 현명한 것[賢]으로 새긴다. 이처럼 관형사인 기(其)가 토씨[格] 구실을 자유롭게 하는 경우가 많다.

까닭 위(爲), 그 기(其), 밝을 현(賢), ~이다 야(也)

爲其多聞也則天子不召師(위기다문야즉천자불소사) 而況諸侯乎(이황제후호)

▶ 그가[其] 많이[多] 들어서 아는[聞] 때문[爲]이라면[也] 곧[則] 천자도[天子] 스승을[師] 불러들이지 않거늘[不召], 그런데[而] 하물며[況] 제후가[諸侯] 그러할 수 있겠느냐[乎]?

위기다문야즉천자불소사이황제후호(爲其多聞也則天子不召師而況諸侯

乎)는 구문이 길지만 〈A而況B乎〉란 관용구문을 알고 있으면 쉽게 문맥을 잡아낼 수 있다. 〈A하거늘 그런데[而] 하물며[況] B이겠는가[乎]?〉, 〈A(爲其多聞也則天子不召師)하거늘 그런데[而] 하물며[況] B(諸侯)하겠는가[乎]?〉 그러므로 爲其多聞也則天子不召師而況諸侯乎는 전후 문맥을 관계 짓는 관계사인 이황(而況)을 중심으로 앞을 양보의 부사절로 새기고, 뒤를 주절로 보고 새기면 문맥을 잡아 문의를 건질 수 있다.

양보의 부사절인 위기다문야즉천자불소사(爲其多聞也則天子不召師)를 독립시켜보면 〈A則B〉꼴로 〈A(爲其多聞也)〉는 조건의 부사절이고, 〈B(天子不召師)〉는 주절이며, 영어의 복문과 같은 어투이다. 천자(天子)도(가) 사(師)를 불소(不召)한다고 읽으면 문맥이 잡힌다. 그러나 뒤의 이황제후호(而況諸侯乎)와 관계를 지어보면 爲其多聞也則天子不召師를 양보의 부사절로, 而況諸侯乎를 주절로 보고 문맥을 잡을 수 있다. 물론 주절인 而況諸侯乎는 而況諸侯召師乎에서 되풀이되는 소사(召師)을 생략한 어투이다. 爲其多聞也則天子不召師에서 다문(多聞)은 박학다식(博學多識)함을 말한다. 널리[博] 배워[學] 많이[多] 안다[識]. 그리고 소(召)는 〈부를 호(呼)〉와 같고 소환(召喚)의 줄임말로 여기고 새기며, 사(師)는 〈어른 장[長]〉과 같고 스승으로 삼을 사람[長]을 뜻한다. 而況諸侯乎에서 황(況)은 〈하물며 신(矧)〉과 같고 제후(諸侯)는 군왕(君王)이지만 천자(天子)의 신하(臣下)이다.

까닭 위(爲), 그 기(其), 많을 다(多), 들을 문(聞), ~이다 야(也), 곧 즉(則), 부를 소(召), 스승 사(師), 그런데 이(而), 하물며 황(況), 모두 제(諸), 임금 후(侯), ~이랴 호(乎)

爲其賢也(위기현야) 則吾未聞欲見賢而召之也(즉오미문욕견현이소지야)

▶ 그가[其] 현자이기[賢] 때문[爲]이라면[也] (임금이) 현자를[賢] 보고 싶어[欲見]서[而] 그를[之] 불러들였다는 것을[召] 나는[吾] 여태껏 들어보지 못했다[未聞].

위기현야즉오미문욕견이소지야(爲其賢也則吾未聞欲見賢而召之也)는 구문이 길지만, 〈A也則B也〉란 관용구문을 알고 있으면 쉽게 문맥을 잡아낼 수 있다. 〈A하는 것이면[也] 곧[則] B하는 것이다[也]〉 爲其賢也則吾未聞欲

見賢而召之也에서 즉(則)을 중심으로 하여 앞의 위기현야(爲其賢也)는 조건의 부사절이고, 오미문욕견현이소지야(吾未聞欲見賢而召之也)는 주절인 영어의 복문과 같은 어투이다. 〈A(爲其賢也)하는 것이라면[也] 곧[則] B(吾未聞欲見賢而召之)하는 것이다[也]〉

주절인 오미문욕견현이소지야(吾未聞欲見賢而召之也)는 〈A未聞B〉꼴로 영어의 3형식 문장과 같다. 〈A(吾)는 B(欲見賢而召之也)를 여태껏 듣지 못했다[未聞]〉 불문(不聞)의 불(不)은 그냥 문(聞)을 부정하지만, 미문(未聞)의 미(未)는 과거부터 지금까지 즉 여태껏이란 시한을 개입시켜 부정한다. 여태껏 들어보지 못했다[未聞]. 물론 吾未聞欲見賢而召之也에서 미문(未聞)의 목적절인 욕견현이소지야(欲見賢而召之也)는 君之欲見賢而召之也에서 주어인 군지(君之)를 문맥으로 보충할 수 있는 내용이기 때문에 생략한 어투이다. 임금[君]이[之] 현자를[賢] 만나고[見] 싶어[欲] 그래서[而] 그를[之] 불러들인 것[召]을[也]. 물론 欲見賢而召之也의 야(也)를 무시하고 새겨도 된다. 불러들인 것[召]을[也], 그냥 불러들인 것을[召]로 여기고 새겨도 된다는 말이다. 어조사를 무시해도 문의를 건지는 데 지장을 주지 않는다. 어조사란 어조와 어세 등을 도울 뿐이기 때문이다.

선생(先生)이 임금[郡王]보다 더 높은 존칭임을 상기하게 한다. 임금에겐 힘[力]이 있지만 스승[師]에겐 덕(德)이 있다. 덕(德)이 본(本)이고, 역(力)이 말(末)이다. 근본은 귀하고 말단은 천한 것이다. 천한 것이 귀한 것을 불러들일 수 없음이 예(禮)이고 의(義)이다. 그래서 군왕은 스승 노릇을 할 수 있는 현자(賢者)를 찾아가 만나야지 궁궐로 불러들여서 만날 수 없음을 맹자가 단언하고 있다. 이 또한 요순(堯舜)의 고사(故事)에 근거를 둔 발언이다. 그러나 왕자(王者)라면 맹자의 말을 듣겠지만, 패자(霸者)는 맹자를 비웃는다. 패자는 권력으로 세상을 쥐락펴락하는 것을 정도(正道)라고 우격다짐하는 어자(禦者)에 불과한 까닭이다. 백성을 후려쳐 등쳐먹는 놈[禦者]이 어찌 현자를 대접하겠는가. 패자를 노리는 군왕의 눈은 병장기만 볼 뿐 현자를 보지 못한다. 이렇게 생각해보면 왜 맹자가 "오미문(吾未聞)"이라고 힘주어 말했는지 알 만하다.

까닭 위(爲), 그 기(其), 밝을 현(賢), ~이다 야(也), 곧 즉(則), 나 오(吾),

아닐 미(未), 들을 문(聞), 바랄 욕(欲), 볼 견(見), 현명할 현(賢), 부를 소(召), 그 지(之), ~이다 야(也)

【문지(聞之) 3】

자사불열(子思不悅)

【원문(原文)】

穆公이 亟見於子思曰 古에 千乘之國이 以友士하니 何如이까
목 공 기 견 어 자 사 왈 고 천 승 지 국 이 우 사 하 여
子思不悅曰 古之人有言曰 事之云乎인정 豈曰 友之云乎하니
자 사 불 열 왈 고 지 인 유 언 왈 사 지 운 호 기 왈 우 지 운 호
子思不悅也는 豈不曰 以位 則子는 君也이고 我는 臣也이니 何
자 사 불 열 야 기 불 왈 이 위 즉 자 군 야 아 신 야 하
敢與君友也이며 以德 則子는 事我者也이니 奚可以與我友리오
감 여 군 우 야 이 덕 즉 자 사 아 자 야 해 가 이 여 아 우
千乘之君이 求與之友而不可得也이거늘 而況可召與아 齊景公
천 승 지 군 구 여 지 우 이 불 가 득 야 이 황 가 소 여 제 경 공
이 田하면서 招虞人以旌한데 不至어늘 將殺之라 志士는 不忘在
전 초 우 인 이 정 부 지 장 살 지 지 사 불 망 재
溝壑이고 勇士는 不忘喪其元이라 하니 孔子는 奚取焉일까 取非
구 학 용 사 불 망 상 기 원 공 자 해 취 언 취 비
其招不往也이다
기 초 불 왕 야

【해독(解讀)】

"(노나라) 목공이 자사를 자주 만나보고 말했다[穆公亟見於子思曰]. '옛날에 천승의 국군이 사(士)를 벗으로 삼았다는 것은 어찌된 것인가요[古千乘之國以友士何如]?' (목공의 말을) 좋아하지 않은 자사가 말했다[子思不悅曰]. '옛 사람에게 섬긴다고 일컫는 말씀이 있지 않습니까[古之人有言曰事之云乎]? 어찌 사귄다고 일컫습니까[豈曰友之云乎]?' 자사가 (목공의 말을) 좋아하지 않은 것이란 어찌 (다음과 같은) 일컬음이 아니겠는가[子思不悅也豈不曰]. 직위로 말한다면 곧 그대는 임금이고 나는 신하이거늘[以位則子君也我臣也] (내가) 어찌 감히 임금과 더불어 벗으로 사귀겠는가[何敢與君友也]? 덕으로 말한다면 곧 그대는 나를 섬길 자이거늘[以德則子事我者也] 어찌 (그대가) 나와 더불어 벗할 수 있겠는가[奚可以與我友]? 천승의 임금이 그와 더불어 벗하고자 해도 그럴 수 없는 것이거늘[千乘之君求與之友而不可得也] 그런데 하물며 (제후가 그를) 불러들일 수 있겠는가[而況可召與]? 제나라 경공

이 사냥하면서[齊景公田] 깃기를 가지고 원유지기를 손짓으로 불렀지만[招虞人以旌] (그 원유지기가 경공에게) 이르지 않자[不至] (경공이) 그 원유지기를 막 죽이려고 했다[將殺之]. 지사는 (늘 곤궁하니 죽어도 관을 마련할 돈이 없으므로 죽어서 제 주검이) 개천이나 구덩이에 있을 것을 잊지 않고[志士不忘在溝壑], 용사는 (전쟁터에 나가면 생사를 가리지 않고 싸우다 죽을 수 있으므로) 제 목숨을 잃게 될 것을 잊지 않는다[勇士不忘喪其元]. 공자께서는 그 사냥터 관리인한테서 무엇을 취했겠는가[孔子奚取焉]? 경공의 부름이 (법도에 맞지) 않는 것이라 (죽음을 무릅쓰고) 가지 않았음을 (공자께서) 취한 것이다[取非其招不往也]."

【담소(談笑)】

穆公亟見於子思曰(목공기견어자사왈)

▶ (노나라) 목공이[穆公] 자사[子思]를[於] 자주[亟] 만나보고[見] 말했다[曰].

목공기견어자사왈(穆公亟見於子思曰)은 穆公亟見於子思 而穆公曰에서 되풀이 되는 목공(穆公)을 생략하고 하나의 구문처럼 묶은 어투이다. 穆公亟見於子思曰에서 목공(穆公)은 주어이고, 기(亟)는 타동사인 견(見)을 꾸미는 부사이며, 어(於)는 목적격 토씨(~를)인 어조사이고, 자사(子思)는 견(見)의 목적어이다. 穆公亟見於子思曰에서 극(亟)는 〈빠를 극(亟) = 질(疾), 급할 극(亟) = 급(急)〉 등의 뜻이 있지만, 여기서는 〈자주 기(亟) = 빈(頻)〉임을 살펴야 한다. 穆公亟見於子思曰에서 견(見)은 〈만나볼 회(會)〉와 같고 회견(會見)의 줄임말로 여기며, 견어자사(見於子思)에서 어(於) 없이 그냥 견자사(見子思)로 새겨도 된다.

화목할 목(穆), 존칭 공(公), 자주 기(亟), 볼 견(見), ~을 어(於), 존칭 자(子), 생각할 사(思), 말할 왈(曰)

古千乘之國以友士何如(고천승지국이우사하여)

▶ 옛날에[古] 천승[千乘]의[之] 국군이[國] 사를[士] 벗으로[友] 삼았다는 것은[以] 어찌된 것인가[何如]?

고천승지국이우사하여(古千乘之國以友士何如)는 〈A如B〉꼴로 영어의 2형식 문장과 같다. 〈A(千乘之國以友士)는 무엇과[何] 같은가[如]?〉 古千乘之國

以友士何如에서 고(古)는 시간을 나타내는 부사이고, 천승지국이우사(千乘之國以友士)는 주부이며, 하여(何如)는 여하(如何)의 하(何)를 강조해 전치한 어투이다. 千乘之國以友士에서 천승지국(千乘之國)의 국(國)은 국군(國君)의 줄임말이고 제후(諸侯)를 뜻하며, 이(以)는 〈할 위(爲)〉와 같고, 이우사(以友士)는 사를[士] 벗으로[友] 삼는다[以]는 뜻이다.

옛날 고(古), 일천 천(千), 수레 승(乘), ~의 지(之), 나라 국(國), 할 이(以), 벗 우(友), 선비 사(士), 무엇 하(何), 같을 여(如)

子思不悅曰(자사불열왈)

▶ (목공의 말을) 좋아하지 않은[不悅] 자사가[子思] 말했다[曰].

자사불열왈(子思不悅曰)은 子思不悅其言 而子思曰에서 문맥으로 보충할 수 있는 기언(其言)을 생략하고, 반복되는 자사(子思)를 생략한 어투이다. 자사는[子思] 목공의[其] 말을[言] 좋아하지 않았다[不悅]. 그래서[而] 자사가[子思] 다음처럼 말했다[曰]. 이렇게 생략된 내용을 다 보충해서 새기면 문맥이 쉽게 잡힌다. 子思不悅曰에서 열(悅)은 〈좋아할 열(說)〉과 같고, 여기서 왈(曰)은 〈이를 위(謂), 일컬을 칭(稱)〉이란 뜻이 아니고 말해준다[語端]는 뜻으로 새긴다.

존칭 자(子), 생각할 사(思), 아니 불(不), 좋아할 열(悅), 말할 왈(曰)

古之人有言曰事之云乎(고지인유언왈사지운호) 豈曰友之云乎(기왈우지운호)

▶ 옛 사람에게[古之人] 섬긴다고[事] 일컫는[曰] 말씀이[言] 있지[有] 않은가[之云乎]? 어찌[豈] 사귄다고[友] 일컫는단[曰] 말인가[之云乎]?

고지인유언왈사지운호(古之人有言曰事之云乎)는 반문하는 어투이다. 〈A之云乎〉꼴로 알아두면 문맥을 잡는 데 편하다. 〈A(有言曰事)하지 않은가[之云乎]?〉 반문을 이끄는 〈之云乎〉의 지(之)는 뜻 없는 허사이며, 운(云)도 뜻 없는 허사이다. 〈之云乎〉의 지운(之云)이 의문어조사인 호(乎)에서 반문하는 어조를 이끌어낸다고 여기고 새기면 편하다. 古之人有言曰事之云乎는 〈A有B〉꼴로 영어의 1형식 문장과 같다. 〈A(古之人)에 B(言)가 있다[有]〉 古之人有言曰事之云乎에서 고지인(古之人)은 자동사 〈있을 유(有)〉를 꾸미는 부사구이고, 언(言)은 유(有)의 주어이며, 왈사(曰事)는 언(言)을 꾸미는 형용사절처럼이고, 지운호(之云乎)는 문미에 쓰여 반문하는 어조사이다. 古之人有言曰事之云乎에서 사(事)는 〈섬길 봉(奉)〉과 같고 봉사(奉事)의 줄임말로 여긴다.

기왈우지운호(豈曰友之云乎)는 穆公有言豈曰友之云乎에서 되풀이되는 목공유언(穆公有言)을 생략한 어투이다. 豈曰友之云乎에서 기(豈)는 〈어찌 언(焉)〉과 같고 왈(曰)을 꾸미는 부사이다. 어찌[豈] 벗으로 사귄다고[友] 일컫는단[曰] 말인가[之云乎]? 豈曰友之云乎에서 우(友)는 교우(交友)의 줄임말로 여기고 새긴다.

옛날 고(古), ~의 지(之), 있을 유(有), 말씀 언(言), 이를 왈(曰), 섬길 사(事), 어조사 지(之), 어조사 운(云), 어조사 호(乎), 어찌 기(豈), 사귈 우(友)

子思不悅也豈不曰(자사불열야기불왈)

▶ 자사가[子思] (목공의 말을) 좋아하지 않은 것[不悅]이란[也] 어찌[豈] (다음과 같은) 일컬음이 아니겠는가[不曰].

자사불열야기불왈(子思不悅也豈不曰)은 〈A豈不B〉꼴로 반문하는 어투이다. 〈A(子思不悅也)란 어찌[豈] B(曰)가 아니겠는가[不?]〉 〈AB也〉꼴을 반어적으로 강조한 구문이 곧 〈A豈不B〉이다. 그러므로 〈A(子思不悅也)는 B(曰)이다[也]〉를 강조해서 반문하는 어투가 곧 〈A豈不B〉이다. 子思不悅也豈不曰에서 열(悅)은 〈좋아할 열(說)〉과 같고, 기(豈)는 〈어찌 언(焉)〉과 같고 반어법의 어투를 이끌어낸다.

존칭 자(子), 생각할 사(思), 아니 불(不), 좋아할 열(悅), ~이란 야(也), 어찌 기(豈), 아니 불(不), 말할 왈(曰)

以位則子君也我臣也(이위즉자군야아신야) 何敢與君友也(하감여군우야)

▶ 직위로[位] 말한다면[以] 곧[則] 그대는[子] 임금[君]이고[也] 나는[我] 신하[臣]이거늘[也] (내가) 어찌[何] 감히[感] 임금과[君] 더불어[與] 벗으로 사귀[友]겠는가[也]?

이위즉자군야아신야(以位則子君也我臣也)는 〈以A則B也〉꼴을 상기하면 문맥이 쉽게 잡힌다. 〈A로 말하면[以] 곧[則] B이다[也]〉 〈以A則B也〉꼴은 〈擧A則B也〉꼴과 같으니 여기서 이(以)는 〈들 거(擧), 말할 위(謂)〉 등과 같다. 以位則子君也我臣也는 以位則子君也 而以位則我臣也에서 되풀이되는 이사위즉(而以位則)을 생략한 어투이다. 〈以A則B也〉에서 즉(則)을 전후로 앞은 조건의 부사절이고 뒤가 주절인 〈A則B〉꼴로, 영어에서 조건절을 지닌 복문과 같다. 그러니 以位則子君也我臣也에는 주절이 둘 있는 셈이다. 자군야(子君也)에서 〈그대 자(子)〉는 주어이고, 〈임금 군(君)〉은 보어이며, 야(也)는 어조사(~이다)이다. 역시 아신야(我臣也)에서 〈나 아(我)〉는 주어이고, 〈신하 신(臣)〉은 보어이며, 야(也)는 어조사(~이다)이다.

하감여군우야(何敢與君友也)는 何我敢與君友也에서 문맥으로 보충할 수 있으므로 아(我)을 생략한 어투이다. 何敢與君友也는 〈何AB也〉꼴로, 〈AB也〉의 의문문이다. 何敢與君友也에서 하(何)는 영어의 how와 같고, 감(敢)은 〈벗으로 사귈 우(友)〉를 꾸미는 부사이며, 여군(與君) 역시 우(友)를 꾸미는 부사구이고, 우(友)는 보어이며, 야(也)는 〈하(何) ~ 야(也)〉이므로 의문어조사(~인가) 호(乎)와 같은 구실을 한다. 어떻게[何] (내가) 감히[敢] 임금과[君] 더불어[與] 벗으로 사귄단 것[友]인가[也]? 물론 ~사귀겠는가? 또는 ~사귄단 말인가? 등으로 새겨도 된다.

> 말할 이(以), 자리 위(位), 곧 즉(則), 그대 자(子), 임금 군(君), ~이다 야(也), 나 아(我), 신하 신(臣), ~이다 야(也), 어찌 하(何), 감히 감(敢), 더불어 여(與), 벗으로 사귈 우(友)

以德則子事我者也(이덕즉자사아자야) 奚可以與我友(해가이여아우)

▶ 덕으로[德] 말한다면[以] 곧[則] 그대는[子] 나를[我] 섬기는[事] 자[者]이거늘[也], 어찌[奚] (그대가) 나와[我] 더불어[與] 벗[友]할 수 있겠는가[可以]?

이덕즉자사아자야(以德則子事我者也)는 〈以A則B也〉꼴을 상기하면 문맥이 쉽게 잡힌다. 〈A로 말하면[以] 곧[則] B이다[也]〉 〈以A則B也〉꼴은 〈擧A則B也〉꼴과 같으니 여기서 이(以)는 〈들 거(擧), 말할 위(謂)〉 등과 같다. 또한 以德則子事我者也는 즉(則)을 전후로 앞은 조건의 부사절이고 뒤가 주절인 〈A則B〉꼴로, 영어에서 조건절을 지닌 복문과 같다. 자사아자야(子事我者也)에서 〈그대 자(子)〉는 주어이고, 사아자(事我者)는 술부이며, 사아(事我)는 자(者)를 꾸미는 형용사절이고, 자(者)는 보어이며, 야(也)는 어조사(~이다)이다. 특히 사아자(事我者)를 〈A者〉꼴로 알아두면 편하다. 〈A하는 사람[者]〉 또는 〈A하는 것[者]〉 등으로 알아두면 편하다는 말이다. 그러니 〈A者〉에서 A는 자(者)를 꾸미는 형용사이고, 자(者)는 후행사로 영어의 선행사 구실을 한다고 여긴다. 나를[我] 섬기는[事] 사람[者].

해가이여아우(奚可以與我友)는 奚子可以與我友에서 문맥으로 보충할 수 있는 자(子)를 생략한 어투이다. 奚可以與我友를 何可以與我友로 여기고 새겨도 된다. 해(奚)는 〈어찌 하(何)〉와 같기 때문이다. 奚可以與我友에서 해(奚) 역시 영어의 how와 같고, 여아(與我)는 타동사인 이(以)를 꾸미는 부사구이며, 可以의 가(可)는 영어의 can처럼 여기면 되고, 이(以)는 위(爲)와 더불어 영어에서 여러 동사를 대신하는 do 동사와 같은 구실을 한다. 그러니 가이우(可以友)를 가우(可友)라고 해도 되는 셈이다. 벗할 수 있다[可友]. 어떻게[奚] (그대[子]가) 나와[我] 더불어[與] 벗[友]할 수 있는가[可以]?

맹자가 목공(穆公)의 처사를 좋아하지 않는[不悅] 까닭을 자리로 말하면[以位] 군신(君臣)의 관계일 터이니 서로 벗할 수 없고[不可以友], 덕으로 말하면[以德] 사제(師弟)의 관계일 터이니 그 또한 서로 벗할 수 없음[不可以友]을 들어서 만장(萬章)에게 밝혀주고 있다. 교우(交友)를 통하여 군신의 예(禮)와 의(義)를 밝힌 셈이고, 사제의 예와 의를 밝힌 셈이다. 유가(儒家)는 예를 따라 지키고, 의를 따라 지키면 그것이 곧 지어지선(止於至善)이다. 더 없는[至] 선[善]에[於] 머물러라[止]. 지선(至善)을 벗어나면 군자도 좋아하지 않는다[不悅].

말할 이(以), 큰 덕(德), 곧 즉(則), 그대 자(子), 섬길 사(事), 사람 자(者), ~이다 야(也), 어찌 해(奚), 가할 가(可), 할 이(以), 더불어 여(與), 나 아(我), 벗 우(友)

千乘之君求與之友而不可得也(천승지군구여지우이불가득야) 而況(이황) 可召與(가소여)

▶ 천승[千乘]의[之] 임금이[君] 그와[之] 더불어[與] 벗하고자[求友] 해

도[而] 그럴 수 없는 것[不可得]이거늘[也], 그런데[而] 하물며[況] (제후가 그를) 불러들일 수[可召] 있겠는가[與]?

천승지군구여지우이불가득야이황가소여(千乘之君求與之友而不可得也而況可召與)는 긴 구문이지만 〈A也而況B與〉의 골격만 알아두면 쉽게 문맥을 잡을 수 있다. 〈A이거늘[也] 그런데[而] 하물며[況] B이겠는가[與]?〉 千乘之君求與之友而不可得也而況可召與에서 이황(而況)을 전후하여 앞을 양보의 부사절처럼 여기고, 뒤를 주절에 반문하는 의문문처럼 여기면 문맥이 쉽게 잡힌다. 즉 천승지군구여지우이불가득야(千乘之君求與之友而不可得也)는 양보의 부사절이고 가소여(可召與)가 주절이다. 그리고 이황(而況)은 그런데[而] 하물며[況]로 새겨도 되고, 그냥 이(而)를 무시하고 하물며[況]로 새겨도 된다.

양보의 부사절인 천승지군구여지우이불가득야(千乘之君求與之友而不可得也)는 千乘之君求與之友而千乘之君不與之可得友也에서 되풀이되는 내용인 (千乘之君與之友)을 생략한 어투이고, 구(求)는 〈바랄 욕(欲)〉과 같고 동사 우(友)를 돕는 조동사이며, 우(友)는 〈사귈 교(交)〉와 같고 교우(交友)의 줄임말로 여기며, 불가득(不可得)은 할 수 없다는 뜻으로 영어의 can not처럼 여기고, 〈어조사 야(也)〉를 ~이거늘 정도로 새기면 문맥이 잡힌다. 주절인 가소여(可召與)는 千乘之君可召之與에서 되풀이되는 내용인 천승지군(千乘之君)과 지(之)을 생략한 어투이고, 소(召)는 〈부를 호(呼)〉와 같고 소환(召喚)의 줄임말로 여긴다.

군자무본(君子務本)이다. 군자는[君子] 근본을[本] 애써 한다[務]. 물론 이는 지어지선(止於至善)의 삶 때문이다. 임금일지라도 어긋나면 군자는 임금을 저어하고 멀리한다. 하물며 어긋난 군주와 어느 군자가 사귈 것인가. 어긋난 군왕이란 발정시인(發政施仁)을 못하는 군주를 말한다. 정사를[政] 펴서[發] 인을[仁] 베푼다[施]. 군자는 왕도(王道)를 따라 군왕(君王)을 모시되[事] 벗하지[友] 않는다. 그래서 모실 수 있는 왕자(王者)를 군자는 늘 찾아 헤맬 뿐 벗을 찾는 것은 아니다.

일천 천(千), 수레 승(乘), ~의 지(之), 임금 군(君), 구할 구(求), 더불어 여(與), 그 지(之), 벗할 우(友), 그러나 이(而), 아니 불(不), 가할 가(可), 취할 득(得), ~이거늘 야(也), 그런데 이(而), 하물며 황(況), 부를 소(召), ~인가 여(與)

齊景公田(제경공전) 招虞人以旌(초우인이정) 不至(부지) 將殺之(장살지)

▶ 제나라[齊] 경공이[景公] 사냥하면서[田] (대부를 부를 때 쓰는) 정목기를[旌] 가지고[以] 나라의 사냥터를 관리하는 관리를[虞人] 손짓으로 오라고 했으나[招], (그 관리는 경공에게) 다가가지 않아서[不至] (경공이) 그 관리를[之] 죽이려고 했다[將殺].

제경공전초우인이정부지장살지(齊景公田招虞人以旌不至將殺之)와 같이 띄어쓰지 않고 나열해놓은 것이 본래의 한문투이다. 한문투의 문맥을 쉽게 잡아보기 위하여 齊景公田 招虞人以旌 不至 將殺之처럼 구문 나누기를 해놓은 것은 서양의 독법(讀法)을 본떠서 비롯된 것이고, 원래는 齊景公田招虞人以旌不至將殺之처럼 연이어진 어순으로 되어 있다. 이러한 한문투의 문맥을 잡으려면 이어진 어순의 골격을 찾아내 그 골격을 기준 삼아 나누어 볼 수밖에 없다. 한문투 구문의 골격을 다행히도 영어와 비슷한 데가 많으므로, 영어의 문법을 빗대어 억지스럽더라도 견주어보면 한문투의 문맥을 잡는 데 도움이 된다. 영어의 3형식 문장과 같은 한문투의 골격은 주어 + 타동사 + 목적어로 문맥을 잡아보고, 영어의 2형식 문장과 같은 한문투의 골격은 주어 + 자동사 + 보어로 문맥을 잡아보며, 영어의 1형식 문장과 같은 한문투의 골격은 주어 + 자동사로 문맥을 잡아본다. 어느 경우든 먼저 동사를 중심으로 골격을 찾아야 한다. 齊景公田招虞人以旌不至將殺之에서 〈사냥할 선(田), 부를 초(招), 써 이(以), 이를 지(至), 죽일 살(殺)〉 등 다섯 글자가 동사이다. 이 다섯을 중심으로 齊景公田招虞人以旌不至將殺之를 나누면 齊景公田 招虞人 以旌 不至 將殺之로 구문이 나누어진다.

제경공전(齊景公田)은 제나라[齊] 경공이[景公] 사냥했다[田]고 새겨지니 영어의 1형식 문장과 같은 셈이고, 초우인(招虞人)은 원유지기를[虞人] 불렀다[招]고 새겨지니 주어는 없고 목적어만 있는 영어의 3형식 문장과 같은 셈이며, 이정(以旌)은 깃기를[旌] 가지고[以]로 새겨지니 주어는 없고 목적어만 있는 영어의 3형식 문장과 같은 셈이고, 부지(不至)는 이르지[至] 않았다[不]고 새겨지니 주어 · 목적어 또는 주어 · 보어도 없고 자동사만 있는 영어의 1형식 문장과 같은 셈이고, 장살지(將殺之)는 그를[之] 막[將] 죽이려 했다[殺]고 새겨지니 주어는 없고 목적어만 있는 영어의 3형식 문장과 같은 셈이다. 부사절, 형용사절, 부사구, 형용사구 등은 구문의 골격이 아님을 명심하면서 齊景公田 招虞人 以旌 不至 將殺之을 위와 같이 각각 나누어 새겨본다. 구문마다 사이를 관계 지으면 문맥이 드러나게 된다. 동사는 반드시 주어를 간직하므로 齊景公田 招虞人 以旌 不至 將殺之를 齊景公田 齊景公招虞人 齊景公以旌 虞人不至 齊景公將殺之으로 보충해보면 다음처럼 문맥을 이을 수 있다. 제경공전(齊景公田)하면서 제경공초우인(齊景公招虞人)하면서 제경공이정(齊景公以旌)했을 때 초인부지(虞人不至)하자 제경공장살지(齊景公將殺之)하려 했다. 齊景公田 齊景公招虞人 齊景公以旌까지는 시간의 부사절로 새기고, 虞人不至를 원인의 부사절로 새기며, 齊景公將殺之를 주절로 새기면 齊景公田招虞人以旌不至將殺之의 문맥이 잡힌다.

제경공전(齊景公田)에서 전(田)은 〈사냥할 렵(獵)〉과 같고 전렵(田獵)의 줄임말로 여기고, 초우인이정(招虞人以旌)에서 초(招)는 손짓으로 부르는 짓인 수호(手呼)를 뜻하고, 우인(虞人)은 임금의 사냥터인 원유(園囿)를 지키는 벼슬아치를 말하며, 정(旌)은 천자가 사기를 고무하기 위하여 사용하는 새의 깃을 단 깃발을 말한다. 不至의 지(至)는 여기서 〈다다를 도(到)〉와 같고, 將殺之의 장(將)은 여기서 미래시제를 드러내며 영어의 will과 같고, 살(殺)은 〈죽일 륙(戮)〉과 같고 살육(殺戮)의 줄임말로 여기며, 지(之)는 우인(虞人)을 대신하는 지시대명사이다.

그리고 초우인이정(招虞人以旌) 부지(不至)에서 부지(不至)를 이해하려면 「집주(集註)」의 다음과 같은 내용이 도움이 된다. "우인(虞人)은 수원유지리야(守苑囿之吏也)라 초대부이정(招大夫以旌)하고 초우인이피관(招虞人以皮冠)이라." 우인(虞人)은 나라의 사냥터를[苑囿] 지키는[守] 관리[吏]이고, 깃발을[旌] 써서[以] 대부를[大夫] 부르고[招], 피관을[皮冠] 써서[以] 사냥터 관리를[虞人] 부른다[招]. 경공(景公)이 대부를 부르는 방법으로 사냥터 관리를 불렀기에, 그 관리는 경공이 불러들이는 법도에 어긋났으므로 경공의 부름에 응하지 않았던[不至] 것이다.

제나라 제(齊), 태양 경(景), 존칭 공(公), 사냥할 전(田), 부를 초(招), 헤아릴 우(虞), 써 이(以), 새 깃을 단 기 정(旌), 아니 부(不), 이를 지(至), ~할 장(將), 죽일 살(殺), 그 지(之)

志士不忘在溝壑(지사불망재구학)

▶ 지사는[志士] (늘 곤궁하니 죽어도 관을 마련할 돈이 없으므로 죽어서 제 주검이) 개천이나[溝] 구덩이에[壑] 있을 것을[在] 잊지 않는다[不忘].

지사불망재구학(志士不忘在溝壑)은 〈A不忘B〉꼴로 영어의 3형식 문장과 같다. 〈A(志士)는 B(在溝壑)를 잊지 않는다[不忘]〉 志士不忘在溝壑은 志士不忘己在溝壑에서 문맥에 따라 보충할 수 있는 기(己)를 생략한 어투이다. 志士不忘在溝壑에서 지사(志士)는 주어이고, 망(忘)은 타동사이며, 재구학(在溝壑)은 목적구이다.

뜻 지(志), 선비 사(士), 아니 불(不), 잊을 망(忘), 있을 재(在), 해자 구(溝), 개천 학(壑)

勇士不忘喪其元(용사불망상기원)

▶ 용사는[勇士] (전쟁터에 나가면 생사를 가리지 않고 싸우다 죽을 수 있으므로) 제[其] 목숨을[元] 잃게 될 것을[喪] 잊지 않는다[不忘].

용사불망상기원(勇士不忘喪其元)은 〈A不忘B〉꼴로 영어의 3형식 문장과 같다. 〈A(勇士)는 B(喪其元)를 잊지 않는다[不忘]〉 勇士不忘喪其元은 勇士不忘己喪其元에서 문맥에 따라 보충될 수 있는 기(己)를 생략한 어투이다.勇士不忘喪其元에서 용사(勇士)는 주어이고, 망(忘)은 타동사이며, 상기원(喪其元)은 목적구이다. 喪其元의 상(喪)은 〈잃을 실(失)〉과 같고 상실(喪失)의 줄임말로 여기고, 원(元)은 여기서 〈목숨 명(命)〉으로 새기면 문맥이 통한다.

용감할 용(勇), 선비 사(士), 아니 불(不), 잊을 망(忘), 잃을 상(喪), 그 기(其), 으뜸 원(元)

孔子奚取焉(공자해취언) 取非其招不往也(취비기초불왕야)

▶ 공자께서는[孔子] 그 사냥터 관리인한테서[焉] 무엇을[奚] 거두었겠는가[取]? 경공의[其] 부름은[招] (법도에) 어긋나서[非] (죽음을 무릅쓰고) 가지 않음을[不往] (공자께서) 취한 것[取]이다[也].

공자해취언(孔子奚取焉)은 奚孔子取於虞人에서 공자(孔子)를 존대하려고자 전치시키고, 어시(於是)를 언(焉) 한 글자로 축약한 어투로, 어시(於是)의 시(是)는 우인(虞人)을 나타내는 지시어이다. 孔子奚取焉은 영어의 3형식 문장과 같다. 孔子奚取焉에서 해(奚)는 〈무엇 하(何)〉와 같고 영어의 what처럼 여기고, 취(取)는 여기선 〈거둘 수(收)〉와 같고 수취(收取)의 줄임말로 여긴다.

취비기초불왕야(取非其招不往也)는 孔子取非其招不往也에서 되풀이되는 주어인 공자(孔子)가 생략되고, 보어 구실을 하는 술부만 남은 영어의 2형식 문장과 같다. 말하자면 取非其招不往也는 〈AB也〉꼴이다. 取非其招不往也에선 비기초(非其招)가 원인의 부사구이고, 취불왕(取不往)이 取非其招不往也의 골격임을 알아내야 取非其招不往也의 문맥이 쉽게 잡힌다. 그러면 取非其招不往也에서 불왕(不往)이 취(取)의 목적어임을 알 수 있게 되어 경공의[其] 초청이[招] 어긋났기 때문에[非] (공자가 경공한테) 가지 않는 쪽을[不往] 취한 것[取]이다[也]로 새길 수 있어서 取非其招不往也의 문의를 건질 수 있다.

제(齊)나라 경공(景公)과 우인(虞人)의 고사(故事)는 「등문공장구(滕文公章句) 하(下)」 1장에도 그대로 나와 있다. 깃발[旌]은 제후가 대부를 부를 때 쓰고, 제후가 우인을 호출할 때면 피관(皮冠)을 이용하는 것이 법도이다. 제후가 그 법도를 이기고 우인을 불렀기 때문에 우인이 응하지 않는 것은 군신(君臣) 사이의 의(義)이다. 의를 어기고 신(臣)이 제후를 만날 수 없는 일임을 경공과 우인 사이의 고사를 들어 준엄하게 밝히고 있다.

클 공(孔), 존칭 자(子), 무엇 해(奚), 거둘 취(取), 이에 언(焉), 아닌 것 비(非), 그 기(其), 손짓으로 부를 초(招), 갈 왕(往), ~이다 야(也)

【문지(聞之) 4】

초우인하이(招虞人何以)

【원문(原文)】

曰 敢問招虞人何以이까 曰 以皮冠한다 庶人以旃하고 士以旂하
왈 감문초우인하이 왈 이피관 서인이전 사이기
며 大夫以旌한다 以大夫之招로 招虞人이거늘 虞人死不敢往하니
대부이정 이대부지초 초우인 우인사불감왕
以士之招로 招庶人하면 庶人豈敢往哉리오 況乎以不賢人之招
이사지초 초서인 서인기감왕재 황호이불현인지초
로 招賢人乎이까 欲見賢人而不以其道는 猶欲其入而閉之門也
초현인호 욕견현인이불이기도 유욕기입이폐지문야
이다

【해독(解讀)】

(만장이) 여쭈었다[曰]. "무엇을 가지고 원유지기를 손짓으로 부르는지 감히 여쭙니다[敢問招虞人何以]." (맹자가) 말했다[曰]. "(제후는 원유지기를 손짓으로 부를 때) 가죽 모자를 가지고 하며[以皮冠], 무늬 없는 붉은 천으로 만든 기를 가지고 백성을 부르고[庶人以旃], 날아오르는 용들을 그린 기를 가지고 선비를 부르며[士以旂], 새 깃을 단 기를 가지고 대부를 부른다[大夫以旌]. 대부를 부르는 손짓을 써서 원유지기를 손짓으로 불렀다[以大夫之招招虞人]. (그래서) 원유지기가 죽음으로 감히 가지 않았다[虞人死不敢往]. 선비를 부르는 손짓을 써서 백성을 손짓으로 부른다면[以士之招招庶人] 백성이 어찌 감히 가겠는가[庶人豈敢往哉]? 하물며 현인을 부르지 못할 짓을 써서[況乎以不賢人之招] (어찌 감히) 현인을 손짓으로 부른다는 것인가[招賢人乎]? 현인을 만나고자 하면서 그 법도를 쓰지 않음은[欲見賢人而不以其道] 현인이 들어오기를 바라면서도 (현인이 들어올) 문을 닫아둠과 같은 것이다[猶欲其入而閉之門也]."

【담소(談笑)】

敢問招虞人何以(감문초우인하이)

▶ 무엇을[何] 가지고[以] 원유지기를[虞人] 손짓으로 부르는지[招] 감히[敢] 여쭈었다[問].

감문초우인하이(敢問招虞人何以)는 敢問何以招虞人을 공손한 어조로 하려고 하이(何以)를 뒤로 돌린 어투이다. 〈敢問A〉는 윗사람에게 묻는 어투이다. 〈감히[敢] A를 여쭙다[問]〉 敢問招虞人何以는 주어가 생략된 영어의 3형식 문장과 같다. 물론 敢問招虞人何以는 敢問何以齊景公招虞人에서 문맥으로 보충할 수 있는 제경공(齊景公)을 생략한 어투이다. 敢問招虞人何以에서 감(敢)은 타동사인 문(問)을 꾸미는 부사이고, 招虞人何以는 문(問)의 목적절이다. 招虞人何以에서 하이(何以)는 초(招)를 꾸미는 부사구이고, 우인(虞人)은 초(招)의 목적어이며, 초(招)는 목적절의 타동사로 여기면 문맥이 잡힌다. 무엇을[何] 가지고[以] 원유지기를[虞人] 손짓으로 부르는가[招]?

감히 감(敢), 물을 문(問), 손짓으로 부를 초(招), 헤아릴 우(虞), 무엇 하(何), 가지고 이(以)

以皮冠(이피관)

▶ (제후는 원유지기를 손짓으로 부를 때) 가죽[皮] 모자를[冠] 가지고 한다[以].

이피관(以皮冠)은 諸侯招虞人以皮冠에서 문맥으로 보충할 수 있는 내용이므로 제후초우인(諸侯招虞人)을 생략하고, 생략된 초(招)를 꾸미는 부사구만 남긴 어투이다. 한문투는 결코 같은 내용을 되풀이하지 않는다. 피관(皮冠)은 제후가 사냥할 때 쓰는 가죽 모자를 말한다. 피관을 가지고 우인(虞人)을 손짓으로 부는 것[招]이 제후가 사냥터에서 우인을 부르는 법도이다.

가지고 이(以), 가죽 피(皮), 모자 관(冠)

庶人以旃(서인이전) 士以旂(사이기) 大夫以旌(대부이정)

▶ 무늬 없는 붉은 천으로 만든 기를[旃] 가지고[以] 백성을 부르고[庶人], 날아오르는 용들을 그린 기를[旂] 가지고[以] 선비를 부르며[士], 새 깃을 단 기를[旌] 가지고[以] 대부를 부른다[大夫].

서인이전(庶人以旃)은 諸侯招庶人以旃에서 문맥으로 보충할 수 있는 제후초(諸侯招)를 생략하고, 생략된 초(招)를 꾸미는 부사구만 남긴 어투이다. 전(旃)은 제후가 사냥할 때 백성을 부르는 깃발을 말한다. 전(旃)은 무늬 없이 붉은 천으로 만든 깃발이다. 전(旃)을 가지고 백성을 손짓으로 부르는 것[招]이 제후가 사냥터에서 백성을 부르는 법도이다.

사이기(士以旂)는 諸侯招士以旂에서 문맥으로 보충할 수 있는 제후초(諸侯招)를 생략하고, 생략된 초(招)를 꾸미는 부사구만 남긴 어투이다. 기(旂)는 제후가 사냥할 때 선비를 부르는 깃발을 말한다. 기(旂)는 날아오르는 용들(飛龍)을 그려넣은 깃발이다. 기(旂)를 가지고 선비를 손짓으로 부르는 것[招]이 제후가 사냥터에서 선비를 부르는 법도이다.

대부이정(大夫以旌)은 諸侯招大夫以旌에서 문맥으로 보충할 수 있는 제후초(諸侯招)을 생략하고, 생략된 초(招)를 꾸미는 부사구만 남긴 어투이다. 정(旌)은 제후가 사냥할 때 대부를 부르는 깃발을 말한다. 정(旌)은 새의 깃털을 단 깃발이다. 정(旌)을 가지고 대부를 손짓으로 부르는 것[招]이 제후가 사냥터에서 대부를 부르는 법도이다.

많을 서(庶), 가지고 이(以), 무늬 없이 붉은 천으로 만든 기 전(旃), 선비 사(士), 비룡(飛龍)을 그려넣은 기 기(旂), 새 깃을 단 기 정(旌)

以大夫之招招虞人(이대부지초초우인) 虞人死不敢往(우인사불감왕)

▶ **대부[大夫]를[之] 부르는 손짓을[招] 써서[以] 원유지기를[虞人] 손짓으로 불렀다[招]. (그래서) 원유지기는[虞人] 죽음으로[死] 감히[敢] 가지 않았다[不往].**

이대부지초초우인(以大夫之招招虞人)은 諸侯招虞人以大夫之招에서 문맥으로 보충할 수 있는 제후(諸侯)를 생략하고, 술부만 남긴 어투이다. 以大夫之招招虞人에서 이대부지초(以大夫之招)는 타동사인 초(招)를 꾸미는 부사구이고, 우인(虞人)은 초(招)의 목적어이다. 以大夫之招의 초(招)는 명사이다. 손짓으로 부르기[招]. 招虞人의 초(招)는 타동사이다. ~를 손짓으로 부른다[招]. 특히 以大夫之招의 지(之)를 〈A之B〉꼴로 알아두면 문맥 잡기가 쉽다. 〈A가[之] B, A의[之] B, A를[之] B, A에게[之] B, A하는[之] B〉 등으로 정리하면 편하다. 이런 구실을 하는 지(之)를 허사 또는 어조사로 여긴다. 以大夫之招의 지(之)를 〈A(大夫)를[之] B(招)함〉으로 새긴다.

우인사불감왕(虞人死不敢往)은 영어의 1형식 문장과 같다. 虞人死不敢往에서 우인(虞人)은 주어이고, 사(死)와 감(敢)은 자동사인 왕(往)을 꾸미는 부사이다. 죽음을 무릅쓰고[死] 감히[敢] 가지 않았다[不往].

왜 유원(囿苑)지기가 죽음을 무릅쓰고 경공(景公)의 부름에 응하지 않았는가? 경공이 사냥터의 법도를 어기고 우인(虞人)을 불렀기 때문이다. 법도를 어기면 덕(德)과 예(禮)가 동시에 허물어진다. 덕과 예를 따르는 삶이 곧 삶의 법도인 까닭이다. 군왕도 이 법도를 벗어나면 천할 뿐이다. 왜 공자가 "도지이덕(道之以德)하고 제지이예(齊之以禮)하면 유치차격(有恥且格)한다"고 했겠는가. 덕을[德] 가지고[以] 사람을[之] 이끌고[道] 예를[禮] 가지고[以] 사람을[之] 다지면[齊], 부끄러움을[恥] 느끼고[有] 또한[且] 착해진다[格]. 법도를 따라 죽음을 무릅쓴 우인을 죽이겠다니 아무리 제후인들 경공(景公)은 천하고 우인(虞人)은 귀하다.

쓸(가지고) 이(以), 큰 대(大), 사내 부(夫), 어조사(~를) 지(之), 손짓으로 부를 초(招), 헤아릴 우(虞), 죽을 사(死), 아니 불(不), 감히 감(敢), 갈 왕(往)

以士之招招庶人(이사지초초서인) 庶人豈敢往哉(서인기감왕재)

▶ 선비[士]를[之] 부르는 손짓을[招] 써서[以] 백성을[庶人] 손짓으로 부른다면[招], 백성이[庶人] 어찌[豈] 감히[敢] 가겠는가[往哉].?

이사지초초서인(以士之招招庶人)은 諸侯招庶人以士之招에서 문맥으로 보충할 수 있는 제후(諸侯)를 생략하고, 술부만 남긴 어투이다. 以士之招招庶人에서 이사지초(以士之招)는 타동사인 초(招)를 꾸미는 부사구이고, 서인(庶人)은 초(招)의 목적어이다. 以士之招의 초(招)는 명사이다. 손짓으로 부르기[招]. 招庶人의 초(招)는 타동사이다. ~를 손짓으로 부른다[招]. 특히 以士之招의 지(之)를 〈A之B〉꼴로 잘 외우고 있으면 문맥 잡기가 쉽다. 〈A가[之] B, A의[之] B, A를[之] B, A에게[之] B, A하는[之] B〉 등으로 정리하면 편하다는 말이다. 以士之招의 지(之)를 〈A(士)를[之] B(招)함〉으로 새긴다.

서인기감왕재(庶人豈敢往哉)는 〈A豈敢B哉〉꼴로 영어의 1형식 문장과 같은 반문하는 어투이다. 〈A(庶人)이 어찌[豈] 감히[敢] B(往)하겠는가[哉]?〉 庶人豈敢往哉에서 서인(庶人)은 주어이고, 기(豈)와 감(敢)은 자동사인 왕(往)을 꾸미는 부사이며, 재(哉)는 기(豈)와 묶어 반문하는 어조사(~인가)이다. 〈어찌[豈] ~하겠는가[哉]?〉

쓸(가지고) 이(以), 선비 사(士), 어조사(~를) 지(之), 손짓으로 부를 초(招), 많을 서(庶), 어찌 기(豈), 감히 감(敢), 갈 왕(往), 어조사(~인가) 재(哉)

況乎以不賢人之招招賢人乎(황호이불현인지초초현인호)

▶ 하물며[況乎] 현인[賢人]을[之] 부르지 못할 짓을[不招] 써서[以] (어찌 감히) 현인을[賢人] 손짓으로 부른다는 것[招]인가[乎]?

황호이불현인지초초현인호(況乎以不賢人之招招賢人乎)는 況乎諸侯豈敢招賢人乎以不賢人之招에서 문맥으로 보충할 수 있는 제후기감(諸侯豈敢)을 생략하고, 況乎招賢人乎以不賢人之招에서 타동사 초(招)를 꾸미는 부사구인 이불현인지초(以不賢人之招)를 황호(況乎) 다음으로 전치시킨 어투이다. 앞의 호(乎)는 어조를 돕는 허사이므로 아무런 뜻이 없고, 끝의 호(乎)는 의

문어조사로 〈~인가 호(乎)〉이다. 물론 황호(況乎)는 이황(而況)과 같다. 以不賢人之招를 以不招賢人로 여기고 새기면 문맥을 쉽게 잡을 수 있다. 현인을[賢人] 부르지 못함을[不招] 이용해서[以].

하물며 황(況), 어조사 호(乎), 써 이(以), 현명할 현(賢), ~를 지(之), 손짓으로 부를 초(招), ~인가 호(乎)

欲見賢人而不以其道猶欲其入而閉之門也(욕견현인이불이기도유욕기입이폐지문야)

▶ 현인을[賢人] 만나려고[欲見] 하면서[而] 그[其] 법도를[道] 쓰지 않음은[不以], 현인이[其] 들어오기를[入] 바라면서[欲]도[而] (현인이 들어올) 문[門]을[之] 닫아걺과[閉] 같은 것[猶]이다[也].

욕견현인이불이기도유욕기입이폐지문야(欲見賢人而不以其道猶欲其入而閉之門也)는 〈A猶B也〉꼴로 영어의 2형식 문장과 같다. 〈A는 B와 같은 것[猶]이다[也]〉, 〈A(欲見賢人而不以其道)는 B(欲其入而閉之門)와 같은 것[猶]이다[也]〉 欲見賢人而不以其道猶欲其入而閉之門也에서 욕견현인이불이기도(欲見賢人而不以其道)는 자동사 유(猶)의 주부이고, 보어인 욕기입이폐지문야(欲其入而閉之門也)는 유(猶)의 술부이다. 欲見賢人에서 욕(欲)은 타동사 견(見)을 돕는 조동사이고, 견(見)은 〈만날 회(會)〉와 같고 회견(會見)의 줄임말로 여기며, 而不以其道에서 이(而)는 연접의 연사이고, 不招賢人以道를 줄여 不以其道로 했으므로 법도를[道] 가지고[以] 현인을[賢人] 부르지 않는 것[不招]이라고 새기면 문맥에 걸맞은 문의를 건질 수 있다. 유(猶)는 〈같을 여(如), 같을 사(似)〉 등과 같다. 欲其入而閉之門也는 欲其入而欲門閉也를 欲門閉也에서 되풀이되는 욕(欲)을 생략하고 閉之門也로 해버린 어투이다. 그가[其] 들어오기를[入] 바라면서도[欲而] 문을[門] 닫아두기를[閉] 바라는 것[欲]. 한문투에서 욕(欲)은 영어의 hope to do와 같다.

이제 왜 자사(子思)가 목공(穆公)의 말을 좋아하지 않았는지[不悅] 만장(萬章)도 알았을 것이다. 윗사람일수록 법도를 따라 인생을 경영해야 한다. 칼자루 쥐었다고 난도질하려는 인간은 천하에 못난 소인배이다. 소인배는 자신은 건방지면서 남이 건방지면 멱살잡기를 마다 않는 자이다. 불한당(不汗黨)이 따로 없다. 제후랍시고 현인을 마구잡이로 대한다면 그런 제후가 바로 불한당이다. 누가 불한당을 좋아하겠는가. 그러니 입을 가볍게 놀려서는 안 된다. 왜 군자라면 신기독(愼其獨)하라 하는지 알 만하다. 스스로[其] 자신을[獨] 신중히 하라[愼].

바랄 욕(欲), 만날 견(見), 현명할 현(賢), ~면서 이(而), 아니 불(不), 써 이(以), 그 기(其), 법도 도(道), 같을 유(猶), 들 입(入), 닫을 폐(閉), 어조사(~을) 지(之), 문 문(門), ~이다 야(也)

【문지(聞之) 5】

군자소이(君子所履)

【원문(原文)】

曰 夫義는 路也이고 禮는 門也이다 惟君子能由是路면 出入是門也이다 詩云 周道如底하니 其直如矢하고 君子所履이요 小人所視라 한다 萬章曰 孔子는 君이 命召여든 不俟駕而行하니 然則孔子는 非與이까 曰 孔子는 當仕에 有官職이라 而以其官召之也이다

왈 부의 노야 예 문야 유군자능유시로 출입시문야 시운 주도여저 기직여시 군자소리 소인소시 만장왈 공자 군 명소 불사가이행 연즉공자 비여 왈 공자 당사 유관직 이이기관소지야

【해독(解讀)】

(맹자가) 말했다[曰]. “무릇 의란 사람이 다니는 길이고[夫義路也], 예는 문이다[禮門也]. 오직 군자가 이 길을 능히 따라[惟君子能由是路] 이 문을 나고 드는 것이다[出入是門也]. 『시경』에 있는 시가 말해준다[詩云]. ‘주나라의 길은 숫돌 같고[周道如底], 그 곧음은 화살 같다[其直如矢]. (그 문과 주나라 도는) 군자가 밟고 가는 곳이고[君子所履], 소인이 보기만 하는 곳이다[小人所視].’” 만장이 여쭈었다[萬章曰]. “임금이 공자로 하여금 오라 하면[孔子君命召] (공자께서는 임금이 보내는) 가마를 기다리지 않고서 행했습니다[不俟駕而行]. 그렇다면 공자께서 잘못한 것인가요[然則孔子非與]?” (맹자가) 말했다[曰]. “공자께서 벼슬할 당시에[孔子當仕] (공자께) 관직이 있었다[有官職]. 그리고 (임금은) 그 관직으로써 공자를 불렀던 것이다[而以其官召之也].”

【담소(談笑)】

夫義路也(부의로야)

▶ **무릇[夫] 의란[義] 사람이 다니는 길[路]이다[也].**

부의로야(夫義路也)는 〈AB也〉꼴로 영어의 2형식 문장과 같다. 〈A(義)는 B(路)이다[也]〉 〈무릇 부(夫)〉는 강조하는 어조사 정도로 여긴다. 夫義路也에서 주어는 의(義)이고, 노(路)는 보어이며, 야(也)는 영어의 be 동사처럼 ~이다 정도로 새긴다. 〈AB也〉와 〈A是B〉는 같은 꼴로 여긴다. 〈~이다 야(也) = 이다 시(是)〉

무릇 부(夫), 옳을 의(義), 길 로(路), ~이다 야(也)

禮門也(예문야)

▶ **예는[禮] 문[門]이다[也].**

예문야(禮門也) 역시 〈AB也〉꼴로 영어의 2형식 문장과 같다. 〈A(禮)는 B(門)이다[也]〉 禮門也에서 예(禮)는 주어이고, 문(門)은 보어이며, 야(也)는 영어의 be 동사처럼 ~이다 정도로 새긴다. 〈AB也〉와 〈A是B〉는 같은 꼴로 새겨두면 편하다. 〈~이다 야(也) = 이다 시(是)〉

예의 례(禮), 들고나는 문(門), ~이다 야(也)

惟君子能由是路(유군자능유시로) 出入是門也(출입시문야)

▶ **오직[惟] 군자가[君子] 이[是] 길을[路] 능히[能] 따라[由] 이[是] 문을[門] 나고[出] 드는 것[入]이다[也].**

유군자능유시로(惟君子能由是路)는 〈A由B〉꼴로 영어의 3형식 문장과 같다. 〈A(君子)가 B(路)를 따른다[由]〉 惟君子能由是路에서 유(惟)는 부사로 〈오직 유(唯)〉와 같고, 능(能)은 〈잘할 가(可)〉와 같고 영어의 조동사 can과 같으며, 유(由)는 타동사이며 〈말미암을 종(從)〉과 같고, 시로(是路)의 시(是)는 의지(義之)를 대신하는 지시어이다. 의지로(義之路) = 시로(是路).

출입시문야(出入是門也)는 而君子出是門 而君子入是門也에서 되풀이되는 군자(君子)와 시문(是門)을 생략하고 하나로 이은 어투이다. 말하자면 영어의 3형식 문장 둘을 하나로 만든 셈이다. 시문(是門)의 시(是)는 예지(禮之)를 대신하는 지시어이다. 예지문(禮之門) = 시문(是門).

오직 유(惟), 임금 군(君), 존칭 자(子), 능할 능(能), 따를(말미암을) 유(由),

이 시(是), 길 로(路), 날 출(出), 들 입(入), 이 시(是), 들고나는 문(門), ~이다 야(也)

詩云(시운) 周道如底(주도여저) 其直如矢(기직여시) 君子所履(군자소리) 小人所視(소인소시)

▶『시경(詩經)』에 있는 시가[詩] 말해준다[云]. "주나라의[周] 길은[道] 숫돌[底] 같고[如] 그[其] 곧음은[直] 화살[矢] 같다[如]. (그 문과 주나라 도는) 군자가[君子] 밟고 가는[履] 곳이고[所] 소인이[小人] 보기만 하는[視] 곳이다[所]."

주도여저(周道如底)는 〈A如B〉꼴로 영어의 2형식 문장과 같다. 〈A(周道)는 B(底) 같다[如]〉 周道如底에서 주(周)는 도(道)를 꾸미는 형용사이고, 도(道)는 주어이며, 여(如)는 자동사이고, 저(底)는 보어이다. 저(底)는 여기서 〈고운 숫돌 지(砥), 거친 숫돌 여(礪)〉와 같지만 뜻이 깊은 글자이다. 〈이룰 저(底) = 치(致), 정할 저(底) = 정(定), 이를 저(底) = 지(至), 그칠 저(底) = 지(止), 밑 저(底) = 하(下)〉 그래서 저(底)는 수기(修己)를 말해주는 비유로 새겨들으면 된다. (칼을 숫돌에 갈듯이) 나를[己] 닦는다[修].

기직여시(其直如矢)는 〈A如B〉꼴로 영어의 2형식 문장과 같다. 〈A(其直)는 B(矢) 같다[如]〉 其直如矢에서 기(其)는 직(直)을 꾸미는 관형사이고, 직(直)은 주어이며, 여(如)는 자동사이고, 시(矢)는 보어이다. 시(矢)는 〈화살 전(箭)〉과 같고, 〈곧은 화살 시(矢)〉는 〈곧을 직(直)〉과 통한다.

군자소리(君子所履)는 周道與其門是君子所履에서 문맥에 따라 보충될 수 있는 주도여기문시(周道與其門是)를 생략하고 술부만 남긴 어투이다. 그[其] 문[門]과[與] 주나라[周] 도는[道] 군자가[君子] 밟고 가는[履] 곳[所]이다[是]. 君子所履는 〈A之所B〉꼴에서 허사인 지(之)를 생략하고 그냥 〈A(君子)所B(履)〉로 한 어투이다. 〈A가[之] B하는 바[所]〉 君子所履에서 소(所)는 영어의 선행사와 같다고 여기고 영어의 관계대명사 what을 떠올리면 문맥을 잡기 쉽다. ~하는 바[所], ~하는 것[所], ~하는 곳[所]. 君子所履는 君子之所履를 줄인 어투이고, 所君子履에서 이(履)의 주어인 군자(君子)를 전치시킨 어투이다. 그러니 君子之所履와 君子之履者는 같은 어투이다. 군자[君子]가[之] 밟고 가는[履] 것[者]. 이처럼 소(所)가 선행사 구실을 한다면 자(者)는 후행사 구실을 하는 셈이다.

소인소시(小人所視)는 周道與其門是小人所視에서 문맥에 따라 보충될 수 있는 주도여기문시(周道與其門是)를 생략하고 술부만 남긴 어투이다. 그[其] 문[門]과[與] 주나라[周] 도는[道] 소인이[小人] 보고 가는[視] 곳[所]이다[是]. 小人所視는 〈A之所B〉꼴에서 허사인 지(之)를 생략하고 그냥 〈A(小人)所B(視)〉로 한 어투이다. 〈A가[之] B하는 바[所]〉 小人所視에서 소(所)는 영어의 선행사처럼 여기고 영어의 관계대명사 what을 떠올리면 문맥을 잡기 쉽다. ~하는 바[所], ~하는 것[所], ~하는 곳[所]. 小人所視는 小人之所視를 줄인 어투이고, 所小人視에서 시(視)의 주어 소인(小人)을 전치시킨 어투이다. 그러니 小人之所視와 小人之視者는 같은 어투이다. 소인[小人]이[之] 보고만 가는[視] 것[者]. 이처럼 소(所)가 선행사라면 자(者)는 후행사이다.

시중(時中)에 적중하려면 곧은 화살[矢]처럼 곧아야 한다. 그래서 공자가 "군자구저기(君子求諸己)"라고 밝혀두었다. 군자는[君子] 자신[己]의 잘못을[諸] 책한다[求]. 그러나 "소인구제인(小人求諸人)"이라 한다. 소인은[小人] 남[人]의 잘못만을[諸] 책한다[求]. 맹자도 「등문공장구(滕文公章句) 하(下)」 1장에서 "왕기자미유능직인자야(枉己者未有能直人者也)"라고 밝혔다. 자기를[己] 굽히는[枉] 사람 중에[者] 남을[人] 곧게 펴줄[直] 수 있는[能] 사람은[者] 아직 없는 것[未有]이다[也]. 소인은 정도(正道)를 말로만 하고 실천하지 않는다. 그래서 소인배는 남을 탓하고 핑계를 댄다. 그러나 군자는 정도를 실천하고 말하지 않는다. 그래서 군자는 자신을 탓하고 부끄러워한다. 군자는 날마다 자신을 숫돌[底]에 갈고[履] 소인배는 자신을 갈고 닦는[履] 군자를 비아냥거리며 구경만 한다[視].

시경 시(詩), 말해줄 운(云), 주나라 주(周), 길 도(道), 같을 여(如), 숫돌 저(底), 그 기(其), 곧을 직(直), 화살 시(矢), 곳 소(所), 임금 군(君), 밟을 리(履), 작을 소(小), 볼 시(視)

孔子君命召(공자군명소) 不俟駕而行(불사가이행) 然則孔子非與(연즉공자비여)

▶ 임금이[君] 공자로[孔子] 하여금[命] 오라 하면[召] (공자께서는 임금이 보내주는) 가마를[駕] 기다리지 않고[不俟]서[而] 행했다[行]. 그렇다면

[然則] 공자께서[孔子] 잘못한 것[非]인가[如]?

공자군명소(孔子君命召)는 君命孔子召에서 사역동사 명(命)의 목적어인 공자(孔子)를 앞으로 보낸 어투이다. 유가(儒家)에서는 공자를 늘 구문 맨 앞에 두려고 한다. 孔子君命召는 〈A命BC〉꼴로 영어의 사역문 같은 어투이다. 〈A(君)가 (孔子)로 하여금[命] C(召)하게 한다〉 孔子君命召에서 공자(孔子)는 명(命)의 목적어이고, 군(君)은 명(命)의 주어이며, 소(召)는 목적격보어이다. 孔子君命召의 명(命)은 〈시킬 사(使)〉와 같고 사명(使命)의 줄임말로 여기고, 소(召)는 〈부를 호(呼)〉와 같고 소환(召喚)의 줄임말로 여긴다. 문맥으로 보아 孔子君命召는 조건의 부사절이 된다.

불사가이행(不俟駕而行)은 孔子不俟駕而孔子行에서 문맥으로 보충될 수 있는 공자(孔子)를 생략한 어투로, 영어의 중문(重文)과 같다. 不俟駕而行에서 사(俟)는 〈기다릴 대(待)〉와 같고, 가(駕)는 〈수레 거(車)〉와 같다.

연즉공자비여(然則孔子非與)는 〈A非與〉꼴로 완곡한 의문문 어투이다. 〈A(孔子)는 잘못한 것[非]인가요[與]?〉 반대로 〈A是與〉라면 〈A는 잘한 것[是]인가요[與]?〉로 새긴다. 연즉(然則)은 연이(然而)와 같고, 가정을 나타내는 부사구로 여긴다.

사냥터에서 제후의 부름에 응하지 않았던 우인(虞人)과 달리 공자는 임금이 부르기만 하면 부리나케 달려갔으니 잘못한 것[非]이 아니냐고 어렵사리 만장(萬章)이 여쭈어보고 있다. 당돌한 질문이라기보다는 군자소리(君子所履)의 이(履)를 묻고 있다. 말하자면 길[路]과 문(門)을 법도에 따라 출입(出入)한 것인가를 묻고 있다.

클 공(孔), 존칭 자(子), 임금 군(君), 하여금 명(命), 부를 소(召), 아니 불(不), 기다릴 사(俟), 가마 가(駕), 그리고 이(而), 갈 행(行), 그럴 연(然), 곧 즉(則), 잘못한 것 비(非), ~인가 여(與)

孔子當仕(공자당사) 有官職(유관직) 而以其官召之也(이이기관소지야)

▶ 공자께서[孔子] 벼슬할[仕] 당시에[當] (공자께) 관직이[官職] 있었다[有]. 그리고[而] (임금은) 그[其] 관직[官]으로써[以] 공자를[之] 불렀던 것[召]이다[也].

공자당사(孔子當仕)는 當孔子仕에서 공자(孔子)를 전치시킨 어투이다. 당(當)을 영어의 when처럼 여기고 새긴다. 그러니 孔子當仕는 시간의 부사절로 영어의 1형식 문장과 같은 셈이다. 사(仕)는 자동사이고, 출사(出仕)의 줄임말로 여기고 새긴다. 벼슬을 하다[仕].

유관직(有官職)은 孔子有官職에서 되풀이되는 주어인 공자(孔子)가 생략된 어투이다. 〈A有B〉꼴로, 유(有)가 자동사로 〈있을 유(有)〉이면 〈A에 B가 있다[有]〉고 새기고, 타동사로 〈가질 유(有)〉이면 〈A가 B를 갖다[有]〉처럼 문맥에 따라 선별해서 새긴다. 여기선 유(有)를 자동사로 보고 새기는 것이 문맥에 걸맞다. (공자께) 관직이[官職] 있었다[有]. 有官職은 앞의 공자당사(孔子當仕)를 시간의 부사절로 갖는 주절로 보면 문맥이 잡힌다.

이이기관소지야(而以其官召之也)는 而以其官君召之也에서 문맥으로 보충될 수 있는 군(君)을 생략한 〈AB也〉꼴로, 영어의 2형식 문장과 같다. 〈(A(君)는 B(召之)이다[也]〉 而以其官召之也에서 이(而)는 연접의 연사인 〈그리고 이(而)〉이고, 이기관(以其官)은 타동사 소(召)를 꾸미는 부사구이며, 지(之)는 공자(孔子)를 대신하는 지시대명사이고, 야(也)는 구문의 마침표 구실하는 어조사로 ~이다 정도로 새긴다. 부사구인 以其官의 이(以)를 잘 알고 있어야 而以其官召之也의 골격을 쉽게 잡을 수 있다. 이(以)는 한문투에서 다양한 뜻을 나타내기 때문이다. 여기서 이(以)는 〈써 용(用)〉과 같고, 其官의 기(其)는 孔子之官의 공자지(孔子之)를 대신하는 관형사이다. 특히 이(以)를 다음처럼 정리하면 문맥을 잡기 편하다. 〈할 이(以) = 위(爲), 써 이(以) = 용(用), 거느릴 이(以) = 솔(率), 까닭 이(以) = 인(因), 함께 이(以) = 여(與)〉

사제의 문답이 군자신기독야(君子愼其獨也)를 생각나게 한다. 군자는[君子] 자기[其] 자신을[獨] 삼가는 것[愼]이다[也]. 소인배는 독불장군처럼 착각하고 살지만 군자는 자신이 지을 수 있는 허물[過]이 얼마나 무서운지 잘 안다. 그래서 군자는 법도에 어긋나는 일을 결코 범하지 않으려고 자신이 홀로 있음[其獨]을 삼간다[愼]. 군왕이라도 법도에 어긋나서 부르면 군왕의 부름[召]에 응하지 않음이 군자의 교제이다. 〈허물 과(過)〉야말로 정도(正道)를 어김이다. 마땅하지 않으면 군자는 응하지 않는다. 정도를 어기고 말기 때문이다. 그래서 맹자는 수신(守身)하라고 단언한다. 자신을[身] 지켜라[守].

클 공(孔), 존칭 자(子), 당시 당(當), 벼슬할 사(仕), 있을 유(有), 벼슬 관(官), 자리 직(職), 그리고 이(而), 써 이(以), 그 기(其), 부를 소(召), 그 지(之), ~이다 야(也)

제8장

8장은 스승(孟子)과 제자(萬章) 사이의 긴긴 문답이 끝맺는 장이다. 그 끝맺음은 상우(尙友) 이 한 마디로 요약된다. 벗을[友] 숭상하라[尙]. 이 장을 통하여 상우(尙友)를 깊이 헤아릴 수 있고 왜 『논어(論語)』 첫머리에다 유붕자원방래(有朋自遠方來)가 〈즐거울 락(樂)〉이라고 단언해두었는지 뼈저리게 느낄 수 있다. 멀리[遠]서[自] 지금[方] 찾아오는[來] 벗이[朋] 있다[有]. 〈벗 붕(朋)〉이란 〈벗 우(友)〉를 더불어 누리는 문하(門下)가 아닌가. 성현을 벗으로 삼으려고 멀리서 찾아오는 이들[朋]이야말로 상우(尙友)의 무리들임을 일깨워주는 장이다. 맹자의 설파(說破)로써 유붕(有朋)이 곧 상우(尙友)의 문도(門徒)들임을 깨우칠 수 있게 하는 장이다.

【문지(聞之)】

시상우야(是尙友也)

【원문(原文)】

孟子謂萬章曰 一鄕之善士면 斯友一鄕之善士하고 一國之善士면 斯友一國之善士하며 天下之善士면 斯友天下之善士니라 以天下之善士로 爲未足하고 又尙論古之人하나니 頌其詩하고 讀其書하면 不知其人可乎아 是以로 論其世也이니 是尙友也이다

맹자위만장왈 일향지선사 사우일향지선사 일국지선사 사우일국지선사 천하지선사 사우천하지선사 이천하지선사 위미족 우상론고지인 송기시 독기서 부지기인가호 시이 논기세야 시상우야

【해독(解讀)】

맹자가 만장에게 말해주었다[孟子謂萬章曰]. "한 고을의 선한 선비라면[一鄕之善士] 곧 한 고을의 선한 선비와 벗으로 사귀고[斯友一鄕之善士], 한

나라의 선한 선비라면[一國之善士] 곧 한 나라의 선한 선비와 벗으로 사귀며[斯友一國之善士], 천하의 선한 선비라면[天下之善士] 곧 천하의 선한 선비와 벗으로 사귀어라[斯友天下之善士]. 천하의 선한 선비로써도 (벗으로 사귀는데) 만족하지 못한다고 생각하면[以天下之善士爲未足] 또한 옛 사람을 숭상하며 헤아려라[又尙論古之人]. 옛 사람의 시를 읊고[頌其詩] 옛 사람의 글을 읽어라[讀其書]. (그런데도) 옛 사람을 알지 못할 수 있겠는가[不知其人可乎]? 이로써 옛 사람의 생애를 헤아려보는 것이고[是以論其世也], 이것이 벗을 숭상하는 것이다[是尙友也]."

【담소(談笑)】

一鄕之善士(일향지선사) 斯友一鄕之善士(사우일향지선사)

▶ 한[一] 고을[鄕]의[之] 선한[善] 선비라면[士] 곧[斯] 한[一] 고을[鄕]의[之] 선한[善] 선비와[士] 벗으로 사귀어라[友].

일향지선사사우일향지선사(一鄕之善士斯友一鄕之善士)는 〈A斯B〉꼴로 〈A則B〉꼴과 같고, 조건의 부사절을 둔 영어의 복문과 같은 어투이다. 〈A(一鄕之善士)하면 곧[斯] B(友一鄕之善士)한다〉 그러므로 一鄕之善士斯友一鄕之善士와 같은 어투는 사(斯)를 중심으로 앞을 조건이나 양보의 부사절인 구실을 종속절로 보고, 뒤를 주절로 보면 문맥이 쉽게 잡힌다.

일향지선사(一鄕之善士)는 汝一鄕之善士에서 문맥으로 보충할 수 있는 주어인 여(汝)를 생략한 어투로, 조건의 부사절처럼 여기면 문맥이 통한다. 네가[汝] 한 고을[一鄕]의[之] 선사라면[善士]. 一鄕之善士에서 일향지(一鄕之)는 선사(善士)를 꾸미는 형용사구이고, 一鄕之善士를 〈A之B〉로 알아두면 편하다. 〈A가[之] B, A를[之] B, A에게[之] B, A의[之] B, A하는[之] B〉에서처럼 허사 지(之)를 잘 정리하면 문맥을 잡는 데 편하다.

사우일향지선사(斯友一鄕之善士)는 斯汝友一鄕之善士에서 문맥으로 보충될 수 있는 여(汝)를 생략한 어투로, 주절처럼 여기면 문맥이 통한다. 네가[汝] 한 고을[一鄕]의[之] 선사와[善士] 벗으로 사귀어라[友]. 스승(孟子)이 제자(萬章)를 불러 당부하는 문답으로 볼 수 있으므로 청유문으로 여기고 새긴다. 友一鄕之善士에서 우(友)는 타동사이고, 선사(善士)는 목적어이며, 일향지(一鄕之)는 선사(善士)를 꾸미는 형용사구이고, 일향지선사(一鄕之善士)를 〈A之B〉로 알아두면 편하다. 〈A가[之] B, A를[之] B, A에게[之] B, A의

[之] B, A하는[之] B〉 友一鄕之善士에서 우(友)는 〈사귈 교(交)〉와 같고 교우(交友)의 줄임말로 여기고 새긴다.

한 일(一), 고을 향(鄕), 어조사(~의) 지(之), 선할 선(善), 선비 사(士), 벗으로 사귈 우(友), 어조사(곧) 사(斯)

一國之善士(일국지선사) 斯友一國之善士(사우일국지선사)

▶ 한[一] 나라[國]의[之] 선한[善] 선비라면[士] 곧[斯] 한[一] 나라[國]의[之] 선한[善] 선비와[士] 벗으로 사귀어라[友].

일국지선사사우일국지선사(一國之善士斯友一國之善士)는 〈A斯B〉꼴로 〈A則B〉꼴과 같고, 조건의 부사절을 둔 영어의 복문과 같다. 〈A(一國之善士)하면 곧[斯] B(友一國之善士)한다〉 그러므로 一國之善士斯友一國之善士와 같은 어투는 사(斯)를 중심으로 앞을 조건이나 양보의 부사절인 종속절로 보고, 뒤를 주절로 보면 문맥이 쉽게 잡힌다.

일국지선사(一國之善士)는 汝一國之善士에서 문맥으로 보충할 수 있는 주어 여(汝)를 생략한 어투로, 조건의 부사절처럼 여기고 새기면 문맥이 통한다. 네가[汝] 한 나라[一國]의[之] 선사라면[善士]. 생략된 주어를 〈너 여(汝)〉로 보충해줄 수 있는 것은 맹자위만장왈(孟子謂萬章曰)이 있기 때문이다. 스승께서[孟子] 제자를[萬章] 불러서[謂] 말해주었다[曰]. 一國之善士에서 일국지(一國之)는 선사(善士)를 꾸미는 형용사구이고, 一國之善士를 〈A之B〉로 알아두면 편하다. 〈A가[之] B, A를[之] B, A에게[之] B, A의[之] B, A하는[之] B〉처럼 허사 지(之)를 잘 정리하면 문맥을 잡는 데 편하다.

사우일국지선사(斯友一國之善士)는 斯汝友一國之善士에서 문맥으로 보충할 수 있는 주어인 여(汝)를 생략한 어투로, 주절처럼 여기면 문맥이 통한다. 네가[汝] 한 나라[一國]의[之] 선사와[善士] 벗으로 사귀어라[友]. 스승(孟子)이 제자(萬章)를 불러 당부해두는 문답으로 볼 수 있으므로 청유문으로 여기고 새긴다. 友一國之善士에서 우(友)는 타동사이고, 선사(善士)는 목적어이며, 일국지(一國之)는 선사(善士)를 꾸미는 형용사구이고, 一國之善士를 〈A之B〉로 알아두면 편하다. 〈A가[之] B, A를[之] B, A에게[之] B, A의[之] B, A하는[之] B〉 友一國之善士에서 우(友)는 〈사귈 교(交)〉와 같고 교우(交友)의 줄임말로 여기고 새긴다.

한 일(一), 나라 국(國), 어조사(~의) 지(之), 선할 선(善), 선비 사(士), 벗으로 사귈 우(友). 어조사(곧) 사(斯)

天下之善士(천하지선사) 斯友天下之善士(사우천하지선사)

▶ 천하[天下]의[之] 선한[善] 선비라면[士] 곧[斯] 천하[天下]의[之] 선한[善] 선비와[士] 벗으로 사귀어라[友].

천하지선사사우천하지선사(天下之善士斯友天下之善士)는 〈A斯B〉꼴로 〈A則B〉꼴과 같고 조건의 부사절을 둔 영어의 복문과 같은 어투이다. 〈A(天下之善士)하면 곧[斯] B(友天下之善士)한다〉 그러므로 天下之善士斯友天下之善士와 같은 어투는 사(斯)를 중심으로 앞을 조건이나 양보의 부사절인 종속절로 보고, 뒤를 주절로 보면 문맥이 쉽게 잡힌다.

천하지선사(天下之善士)는 吾天下之善士에서 문맥으로 보충할 수 있는 주어인 여(汝)를 생략한 어투로, 조건의 부사절처럼 여기고 새기면 문맥이 통한다. 〈네가[汝] 천하[天下]의[之] 선사라면[善士]〉 天下之善士에서 천하지(天下之)는 선사(善士)를 꾸미는 형용사구이고, 天下之善士를 〈A之B〉로 알아두면 편하다. 〈A가[之] B, A를[之] B, A에게[之] B, A의[之] B, A하는[之] B〉에서처럼 허사 지(之)를 잘 정리하면 문맥을 잡는 데 편하다.

사우천하지선사(斯友天下之善士)는 斯吾友天下之善士에서 문맥으로 보충할 수 있는 주어인 여(吾)를 생략한 어투로, 주절처럼 여기고 새기면 문맥이 통한다. 네가[汝] 천하[天下]의[之] 선사와[善士] 벗으로 사귀어라[友]. 스승(孟子)이 제자(萬章)를 불러 당부해두는 문답으로 볼 수 있으므로 청유문으로 여기고 새긴다. 友天下之善士에서 우(友)는 타동사이고, 선사(善士)는 목적어이며, 천하지(天下之)는 선사(善士)를 꾸미는 형용사구이고, 天下之善士를 〈A之B〉로 알아두면 편하다. 〈A가[之] B, A를[之] B, A에게[之] B, A의[之] B, A하는[之] B〉 友天下之善士에서 우(友)는 〈사귈 교(交)〉와 같고 교우(交友)의 줄임말로 여기고 새긴다.

하늘 천(天), 아래 하(下), 어조사(~의) 지(之), 선할 선(善), 선비 사(士), 어조사(곧) 사(斯), 벗으로 사귈 우(友)

以天下之善士爲未足(이천하지선사위미족) 又尙論古之人(우상론고지인)

▶ 천하[天下]의[之] 선한[善] 선비[士]로써도[以] (벗으로 사귀는 데) 만족하지 못한다고[未足] 생각한다면[爲], 또한[又] 옛[古之] 사람을[人] 숭상하며[尙] 헤아려라[論].

이천하지선사위미족우상론고지인(以天下之善士爲未足又尙論古之人)의 문맥을 잡으려면 〈또 우(又)〉를 주목해야 한다. 우(又)가 앞뒤 구문의 관계사 구실을 하기 때문이다. 以天下之善士爲未足又尙論古之人처럼 구문을 나누어볼 수 있다. ~하면 또한[又] ~한다고 앞뒤의 말을 연결짓는 것이 곧 우(又)가 도와주는 문맥이다. 그래서 이천하지선사위미족(以天下之善士爲未足)하면 또한[又] 우상론고지인(尙論古之人)한다고 새길 수 있다.

이천하지선사위미족(以天下之善士爲未足)은 〈爲A以B〉꼴을 떠올리면 문맥을 잡기 쉽다. 〈B로써[以] A(未足)를 생각한다[爲]〉 以天下之善士爲未足는 汝爲未足以天下之善士에서 문맥으로 보충할 수 있는 주어인 여(汝)를 생략하고, 타동사 위(爲)를 꾸미는 이천하지선사(以天下之善士)를 전치시킨 어투이다. 以天下之善士爲未足의 이(以)는 〈써 용(用)〉과 같고, 위(爲)는 〈생각할 사(思)〉와 같으며, 미족(未足)은 부족(不足)과 같은 말이다.

상론고지인(尙論古之人)은 尙論古之人 而論古之人에서 문맥으로 보충할 수 있는 주어인 여(汝)를 생략하고, 되풀이되는 고지인(古之人)을 생략한 어투이다. 상론고지인(尙論古之人)은 영어의 3형식 명령문 중문과 같다. 尙論古之人에서 상(尙)은 여기선 〈숭상할 숭(崇)〉과 같고 숭상(崇尙)의 줄임말로 여기고, 논(論)은 〈생각할 사(思)〉와 같다. 특히 상(尙)은 한문투에서 다양한 뜻을 갖고 있으므로 잘 정리하면 문맥을 잡는 데 편하다. 〈높일 상(尙) = 존(尊), 숭상할 상(尙) = 숭(崇), 귀히 여길 상(尙) = 귀(貴), 더할 상(尙) = 가(加), 꾸밀 상(尙) = 식(飾), 짝지을 상(尙) = 배(配), 제 자랑할 상(尙) = 긍(矜), 주관할 상(尙) = 주(主), 오히려 상(尙) = 유(猶), 일찍 상(尙) = 증(曾), 거의 상(尙) = 서기(庶幾)〉

고지인(古之人)은 성현(聖賢)을 말한다. 성현이 남긴 경문은 한 시대에 얽매이지 않고 문화와 더불어 변함없이 관류(貫流)한다. 성현의 말씀은 한 시대로 끝나는 학설이나 주의(主義) · 주장(主張)이 아니다. 성현의 말씀은 인류를 관류한다. 그래서 성현을 벗[友]으로 받들고 사는 것보다 더 소중한 삶은 없다.

써 이(以), 하늘 천(天), 아래 하(下), 어조사(~의) 지(之), 선할 선(善), 선비 사(士), 생각할 위(爲), 아닐 미(未), 만족할 족(足), 또 우(又), 숭상할 상(尙), 헤아릴 론(論), 옛 고(古)

頌其詩(송기시) 讀其書(독기서) 不知其人可乎(부지기인가호)

▶ 옛 사람의[其] 시를[詩] 기리고[頌] 옛 사람의[其] 글을[書] 읽어라[讀]. (그런데도) 옛 사람을[其人] 알지 못할[不知] 수[可] 있겠는가[乎]?

송기시(頌其詩)는 문맥으로 보아 청유문으로 새기는 편이 문맥에 걸맞다. 頌其詩에서 송(頌)은 타동사이고, 기시(其詩)는 목적어이다. 頌其詩의 송(頌)은 〈칭송할 찬(讚)〉과 같고 찬송(讚頌)의 줄임말로 여기고, 其詩의 기(其)는 고지인(古之人)을 대신하는 관형사처럼 새기며, 시(詩)는 시가(詩歌) 내지 시문(詩文)의 줄임말로 여기고 새긴다.

독기서(讀其書)도 청유문으로 새기는 편이 문맥에 걸맞다. 讀其書에서 독(讀)은 타동사이고, 기서(其書)는 목적어이다. 讀其書의 독(讀)은 〈글 읽을 송(誦)〉과 같고 독송(讀誦)의 줄임말로 여기고, 其書의 기(其)는 고지인(古之人)을 대신하는 관형사처럼 새기며, 서(書)는 경서(經書)의 줄임말로 여기고 새긴다.

부지기인가호(不知其人可乎)는 可不知其人乎에서 부지기인(不知其人)을 강조하려고 전치한 어투이다. 한문투에서는 앞에 나온 내용이 강조된다고 여기면 편하다. 不知其人可乎는 可知其人을 강조하는 반어적인 반문의 어투이다. 不知其人可乎는 성현(聖賢)의 시문(詩文)을 기리고[頌] 성현의 경서(經書)를 독송(讀誦)한다면 성현을 모를 수 없다고 강조한 반문이다.

기릴 송(頌), 그 기(其), 노래 시(詩), 읽을 독(讀), 글 서(書), 아니 부(不), 알 지(知), 가할 가(可), ~인가 호(乎)

是以論其世也(시이론기세야)

▶ 이[是]로써[以] 옛 사람의[其] 생애를[世] 헤아려 살피는 것[論]이다[也].

시이론기세야(是以論其世也)는 是以汝論其世也에서 문맥에 따라 보충할 수 있는 주어인 여(汝)를 생략한 〈AB也〉꼴로, 영어의 2형식 문장과 같다. 〈A(汝)는 B(論其世)이다[也]〉 是以汝論其世也에서 시이(是以)는 타동사인 논(論)을 꾸미는 부사구이고, 이로써[是以]·이 때문에[是以]·이렇게 하여[是以] 등으로 새긴다. 물론 시이(是以)의 시(是)는 앞에 나온 내용을 묶어서 나타내주는 지시어이고, 이(以)는 〈써 용(用), 때문에 인(因)〉 등과 같다. 이(以)를 다음처럼 잘 정리하면 문맥을 잡는 데 편하다. 〈할 이(以) = 위(爲), 써 이(以) = 용(用), 거느릴 이(以) = 솔(率), 까닭 이(以) = 인(因), 함께 이(以) = 여(與)〉

이 시(是), 써 이(以), 헤아릴 론(論), 그 기(其), 일평생 세(世), ~이다 야(也)

是尙友也(시상우야)

▶ 이것이[是] 벗을[友] 숭상하는 것[尙]이다[也].

시상우야(是尙友也)는 〈AB也〉꼴로 영어의 2형식 문장과 같다. 〈A(是)는 B(尙友)이다[也]〉 是尙友也에서 주어인 시(是)는 앞에 나온 내용을 묶어서 나타내주는 지시어이고, 상우(尙友)는 보어이며, 〈~이다 야(也)〉는 마침표 구실을 하는 어조사이다. 특히 상(尙)은 한문투에서 다양한 뜻을 갖고 있으므로 잘 정리하면 문맥을 잡는 데 편하다. 〈높일 상(尙) = 존(尊), 숭상할 상(尙) = 숭(崇), 귀히 여길 상(尙) = 귀(貴), 더할 상(尙) = 가(加), 꾸밀 상(尙) = 식(飾), 짝지을 상(尙) = 배(配), 제 자랑할 상(尙) = 긍(矜), 주관할 상(尙) = 주(主), 오히려 상(尙) = 유(猶), 일찍 상(尙) = 증(曾), 거의 상(尙) = 서기(庶幾)〉

스승(孟子)이 제자(萬章)와 긴긴 문답을 펼쳐왔다. 그렇게 긴 문답을 나눈 그 참뜻은 바로 상우(尙友), 이 한 마디로 압축된다. 벗을[友] 숭상하라[尙]. 상우(尙友)란 성현을 벗[友]으로 삼아 존경하라 함[尊]이다. 상우(尙友)란 성현을 벗[友]으로 삼아 귀히 여기라 함[貴]이다. 상우(尙友)란 성현을 벗[友]으로 삼아 짝하라 함[配]이다. 상우(尙友)란 성현을 벗[友]으로 삼아 자랑하라 함[矜]이다. 상우(尙友)란 성현을 벗[友]으로 삼아 주인으로 받들라 함[主]이다. 그러면 절로 성현의 평생(平生)을 벗[友]으로 삼아 살 수 있다. 상우야말로 인생을 엮는 교제의 극치임을 스승(孟子)이 제자(萬章)에게 절절하게 말씀해주고 있다. 어찌 만장에게만 그렇게 하겠는가. 우리 모두에게 성현을 벗으로 삼아 살라고 간(諫)하고 있다.

이것 시(是), 숭상할 상(尙), 벗 우(友), ~이다 야(也)

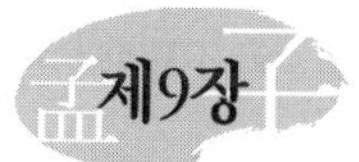

제9장

9장은 제(齊)나라 선왕(宣王)이 맹자께 경대부(卿大夫)의 직무를 묻고 있는 장이다. 경(卿)이란 높은 벼슬의 직무는 다름 아닌 간(諫)임을 맹자가 단언해두고 있다. 직언이오인(直言以悟人), 이를 간(諫)이라 한다. 곧은[直] 말[言]로써[以] 사람을[人] 깨우쳐준다[悟]. 그러니 간(諫)은 현자(賢者)의 말[言]이다. 현자가 경의 벼슬자리에 있으면 적시에 간(諫)할 수 있게 된다. 그래서 임금이 잘못을 범하면 서슴없이 간하는 벼슬이 경임을 맹자가 단언하고 있는 장이다.

【문지(聞之)】

군유과즉간(君有過則諫)

【원문(原文)】

齊宣王이 問卿하자 孟子曰 王은 何卿之問也이까 王曰 卿이 不
제선왕 문경 맹자왈 왕 하경지문야 왕왈 경 부
同乎이까 曰 不同하니 有貴戚之卿이고 有異姓之卿하나이다 王曰
동호 왈 부동 유귀척지경 유이성지경 왕왈
請問貴戚之卿하나이다 曰 君有大過則諫하고 反覆之而不聽則
청문귀척지경 왈 군유대과즉간 반복지이불청즉
易位니이다 王이 勃然變乎色하니 曰 勿異也하소서 王이 問臣함에
역위 왕 발연변호색 왈 물이야 왕 문신
臣이 不敢不以正對니이다 王이 色定 然後에 請問異姓之卿하나
신 불감불이정대 왕 색정 연후 청문이성지경
曰 君有過則諫하고 反覆之而不聽則去니이다
왈 군유과즉간 반복지이불청즉거

【해독(解讀)】

제나라 선왕이 경의 일을 묻자[齊宣王問卿] 맹자가 말해주었다[孟子曰]. "임금께서는 어떤 경을 묻는 것입니까[王何卿之問也]?" 임금이 말했다[王曰]. "경은 다 같지 않은 것인가요[卿不同乎]?" (맹자가) 말해주었다[曰]. "같

지 않습니다[不同]. (경에는) 귀척의 경이 있고[有貴戚之卿] 이성의 경이 있습니다[有異姓之卿].” 임금이 말했다[王曰]. “귀척의 경을 묻고 싶습니다[請問貴戚之卿].” (맹자가) 말해주었다[曰]. “임금한테 큰 잘못이 있으면 곧장 간언하고[君有大過則諫], 그 간언을 계속해 되풀이해도 (임금이) 들어주지 않으면 곧장 임금을 바꿉니다[反覆之而不聽則易位]. 〈또는 (임금이) 간언을 덮어두고서 (임금이) 그 간언을 들어주지 않는다면 (귀척의 경들이) 임금을 바꿉니다[反覆之而不聽則易位]”〉 임금이 발끈하여 얼굴을 바꾸었다[王勃然變乎色]. (맹자가) 말해주었다[曰]. “(제 말씀에는) 이상할 것이 없는 것입니다[勿異也]. 임금께서 신에게 물으셔서[王問臣] 신은 정도로써 대답할 수밖에 없습니다[臣不敢不以正對].” 임금은 안색을 평정하고 그런 뒤에 청하여 이성의 경을 물었다[王色定然後請問異姓之卿]. (맹자가) 말해주었다[曰]. “임금한테 잘못이 있으면 곧장 간언하고[君有過則諫], 그 간언을 계속해 되풀이해도 (임금이) 들어주지 않으면 곧장 (임금을) 떠납니다[反覆之而不聽則去]. 〈또는 (임금이) 간언을 덮어두고서 (임금이) 그 간언을 들어주지 않는다면 (이성의 경들이 임금을) 떠납니다[反覆之而不聽則去]”〉

【담소(談笑)】

齊宣王問卿(제선왕문경)

▶ **제나라[齊] 선왕이[宣王] 경의 일을[卿] 물었다[問].**

제선왕문경(齊宣王問卿)은 〈A問B〉꼴로 영어의 3형식 문장과 같다. 〈A(齊宣王)가 B(卿)를 묻다[問]〉 물론 齊宣王問卿은 齊宣王問卿於孟子에서 문맥으로 보충할 수 있는 어맹자(於孟子)를 생략한 어투이다. 맹자[孟子]에게[於]. 齊宣王問卿에서 제(齊)는 주어인 선왕(宣王)을 꾸미고, 문(問)은 타동사이며, 경(卿)은 목적어이다. 문경(問卿)은 경(卿)이란 벼슬의 임무를 물은 것이다. 경(卿)은 경대부(卿大夫)로 상대부(上大夫)라고도 하며, 천자(天子)나 제후(諸侯)가 두는 최고의 관직을 말한다.

제 나라 제(齊)

王何卿之問也(왕하경지문야)

▶ **임금께서는[王] 어떤[何] 경[卿]을[之] 묻는 것[問]입니까[也]?**

왕하경지문야(王何卿之問也)는 〈AB也〉의 의문형 어투로, 영어의 2형식 문장과 같다. 〈A(王)는 B(何卿)인가[也]?〉 王何卿之問也에서 왕(王)은 주어이고, 전치된 하경지(何卿之)는 타동사인 문(問)의 목적구이다. 何卿之의 하(何)는 경(卿)을 꾸미는 의문사이고, 경(卿)은 타동사 문(問)의 목적어이며, 지(之)는 목적격 토씨(~을) 정도로 여기는 허사이다. 의문사 하(何) 뒤 구문 끝에 있는 야(也)는 〈~이다 야(也)〉가 아니라 〈~인가 야(也)〉로써 마침표 구실을 하는 어조사이다. 하경(何卿)은 여기서 어떤[何] 경[卿]으로 새기면 문맥이 통한다.

임금 왕(王), 어떤 하(何), 벼슬 경(卿), 허사(~을) 지(之), 물을 문(問), ~인가 야(也)

卿不同乎(경부동호)

▶ 경은[卿] 다 같지 않은 것[不同]인가요[乎]?

경부동호(卿不同乎)는 〈AB也〉의 의문형 어투로, 영어의 2형식 문장과 같다. 〈A(卿)는 B(不同)인가[乎]?〉 卿不同乎에서 경(卿)은 주어이고, 부동(不同)은 보어이며, 卿不同乎에 의문사가 없기 때문에 〈~인가 호(乎)〉로써 마침표 구실을 하는 어조사이다. 卿不同乎의 동(同)은 〈같을 일(一)〉과 같고 동일(同一)의 줄임말로 여기고 새긴다.

경(卿)이면 다 같은 신하로서 경이지 별다른 경이 있느냐고 선왕(宣王)이 맹자께 반문하고 있다.

벼슬 경(卿), 아니 불(不), 같을 동(同), ~인가 호(乎)

不同(부동) 有貴戚之卿(유귀척지경) 有異姓之卿(유이성지경)

▶ 같지 않다[不同]. (경에는) 귀척[貴戚]의[之] 경이[卿] 있고[有] 이성[異姓]의[之] 경이[卿] 있다[有].

부동(不同)은 卿不同에서 문맥으로 보충할 수 있는 주어인 경(卿)을 생략한 영어의 1형식 문장과 같다. 선왕(宣王)이 경부동(卿不同)이냐[乎]고 묻자, 맹자가 그렇다[不同]고 대답한 것이다.

유귀척지경(有貴戚之卿)은 卿有貴戚之卿에서 문맥으로 보충할 수 있는 부사인 경(卿)을 생략한 영어의 1형식 문장과 같은 〈A有B〉꼴 어투이다. 〈A(卿)에는 B(貴戚之卿)가 있다[有]〉 〈A有B〉에서 유(有)가 〈있을 유(有)〉

로 자동사이면 A는 부사가 되고 B가 주어가 되며, 유(有)가 〈가질 유(有)〉로 타동사이면 A가 주어가 되고 B는 목적어가 되어 영어의 3형식 문장과 같다. 貴戚之卿의 지(之)를 잘 정리해두면 문맥을 잡는 데 편하다. 〈A가[之] B, A의[之] B, A를[之] B, A에게[之] B, A하는[之] B〉 등처럼 〈A之B〉에서 A之는 B를 꾸미는 형용사구이지만, 토씨 구실을 하는 지(之)가 허사이기 때문에 구문에 뜻을 주는 품사 구실은 하지 않는다. 그러나 허사를 무시하면 한문투의 문맥을 잡기 어렵다. 有貴戚之卿에서 귀척(貴戚)은 왕과 매우 가까운 혈연의 친척을 말한다.

유이성지경(有異姓之卿) 역시 卿有異姓之卿에서 문맥으로 보충할 수 있는 부사인 경(卿)을 생략한 영어의 1형식 문장과 같은 〈A有B〉꼴 어투이다. 〈A(卿)에는 B(貴戚之卿)가 있다[有]〉 〈A有B〉에서 유(有)가 〈있을 유(有)〉로 자동사이면 A는 부사가 되고 B가 주어가 되며, 유(有)가 〈가질 유(有)〉로 타동사이면 A가 주어가 되고 B는 목적어가 되어 영어의 3형식 문장과 같다. 有異姓之卿에서 이성지경(異姓之卿)의 지(之)를 잘 정리해두면 문맥을 잡는 데 편하다. 〈A가[之] B, A의[之] B, A를[之] B, A에게[之] B, A하는[之] B〉 등처럼 〈A之B〉에서 A之는 B를 꾸미는 형용사구이지만, 토씨 구실을 하는 지(之)를 허사로 이해하면 편하다. 有異姓之卿에서 이성(異姓)은 왕과 성씨가 다른 권문세력(權門勢力)의 벌열(閥閱)을 말한다.

맹자가 경대부를 귀척(貴戚)과 이성(異姓)으로 양분하여 간명하게 밝히고 있다. 천자는 제후와 대부를 거느리고, 제후 역시 대부를 거느리고 세상을 경영했다.

> 아니 불(不), 같을 동(同), 있을 유(有), 귀할 귀(貴), 겨레 척(戚), ~의 지(之), 벼슬 경(卿), 다를 이(異), 성씨 성(姓)

請問貴戚之卿(청문귀척지경)

▶ 귀척[貴戚]의[之] 경을[卿] 묻고[問] 싶다[請].

청문귀척지경(請問貴戚之卿)은 齊宣王請問貴戚之卿於孟子에서 문맥으로써 보충할 수 있는 제선왕(齊宣王)과 어맹자(於孟子) 등을 생략해버린 〈A問B〉꼴로, 영어의 3형식 문장과 같다. 〈A(齊宣王)가 B(貴戚之卿)를 묻고 싶어한다[請問]〉 請問貴戚之卿에서 청(請)은 문(問)을 꾸미는 부사이고, 문

(問)은 타동사이며, 귀척지경(貴戚之卿)은 목적구이다. 貴戚之卿의 지(之)를 잘 정리해두면 문맥을 잡는 데 편하다. 〈A가[之] B, A의[之] B, A를[之] B, A에게[之] B, A하는[之] B〉 등처럼 〈A之B〉에서 A之는 B를 꾸미는 형용사구이지만, 토씨 구실을 하는 지(之)는 허사이므로 구문에 뜻을 주는 품사 구실은 하지 않는다.

청할 청(請), 물을 문(問), 귀할 귀(貴), 겨레 척(戚), ~의 지(之), 벼슬 경(卿)

君有大過則諫(군유대과즉간) 反覆之而不聽則易位(반복지이불청즉역위)

▶ 임금한테[君] 큰[大] 잘못이[過] 있으면[有] 곧장[則] 간언하고[諫], 그 간언을[之] 계속해 되풀이해도[反覆而] (임금이) 들어주지 않으면[不聽] 곧장[則] 임금을[位] 바꾼다[易]. 〈또는 임금이[君] 간언을[之] 덮어두고[反覆] 그리고[而] 임금이[君] 그 간언을[之] 들어주지 않으면[不聽] (귀척의 경들이) 임금을[位] 바꾼다[易]〉

군유대과즉간(君有大過則諫)은 〈A則B〉꼴로 A(君有大過)는 조건의 부사절이고, B(諫)는 주절인 영어의 복문과 같은 어투이다. 〈A(君有大過)하면 곧[則] B(諫)한다〉 조건의 부사절인 군유대과(君有大過)는 〈A有B〉꼴로 영어의 1형식 문장과 같다. 〈A(君)한테 B(大過)가 있다[有]〉 〈A有B〉에서 유(有)가 〈있을 유(有)〉로 자동사이면 A는 부사이고 B가 주어이며, 유(有)가 〈가질 유(有)〉로 타동사이면 A가 주어이고 B는 목적어이므로 영어의 3형식 문장과 같다. 여기선 유(有)를 자동사 〈있을 유(有)〉로 보고 새기는 것이 문맥과 걸맞다. 주절인 간(諫)은 貴戚之卿諫於君에서 문맥을 따라 보충될 수 있는 주어인 귀척지경(貴戚之卿)과 내용인 어군(於君)을 생략하고 동사 간(諫)만 남긴 어투이다. 君有大過則諫에서 과(過)는 〈허물 죄(罪), 건(愆)〉 등과 같고 죄과(罪過)의 줄임말로 여기고, 대과(大過)란 나라를 망하게 하는 짓을 말한다. 간(諫)은 〈간할 쟁(諍)〉과 같고, 잘못을 깨우쳐주려는 직언을 간(諫)이라 한다.

반복지이불청즉역위(反覆之而不聽則易位) 역시 〈A則B〉꼴로 A(反覆之而不聽)는 조건의 부사절이고, B(易位)는 주절이며, 영어의 복문과 같은 어투이다. 조건의 부사절인 반복지이불청(反覆之而不聽)에서 반복(反覆)을 어떻게 새기느냐에 따라서 문맥이 달라진다. 〈되풀이 반(反), 되풀이 복(覆)〉으로 여기고 되풀이한다고 새기면 貴戚之卿反覆之 而君不聽之로 문맥을 잡아 귀척[貴戚]의[之] 경들이[卿] 간언을[之] 되풀이해도[反覆] 그러나[而] 임금이[君] 그 간언을[之] 들어주지 않는다[不聽]로 새기게 된다. 그러나 〈덮을 반(反), 덮을 복(覆)〉으로 여기고 덮는다고 새기면 君反覆之 而君不聽之로 문맥을 잡아 임금이[君] 간언을[之] 덮어두고[反覆] 그리고[而] 임금이[君] 그 간언을[之] 들어주지 않는다[不聽]를 새기게 된다. 이처럼 한자는 서로 상반되는 뜻을 간직하고 있는 경우가 허다하다. 〈되풀이할 반(反), 되풀이할 복(覆)〉인 동시에 〈덮고 엎을 반(反), 덮고 엎을 복(覆)〉 등의 뜻도 있다. 물론 반복(反覆)을 되풀이한다[反覆]고 새기는 쪽이 통례이지만, 반복(反覆)을 덮는다[反覆]고 새길 수도 있다.

임금이 나라를 망하게 하는 쪽으로 죄를 지으면 임금을 갈아치울 수 있는 것이 귀척지경(貴戚之卿)들이 해야 할 임무라고 거침없이 직언하고 있다. 성현은 결코 감언(甘言)하지 않는다. 성현은 고언(苦言)하고 직언(直言)하여 정신을 차리게 한다. 그래서 된 인간은 성현의 말씀을 귀담고, 그른 인간은 성현의 말씀을 비웃는다.

임금 군(君), 있을 유(有), 큰 대(大), 허물 과(過), 곧 즉(則), 간언할 간(諫), 되풀이할 반(反), 뒤집을 복(覆), 그것 지(之), ~그래도 이(而), 아니 불(不), 들어줄 청(聽), 바꿀 역(易), 자리 위(位)

王勃然變乎色(왕발연변호색)

▶ **임금은[王] 발끈하여[勃然] 얼굴[色]을[乎] 바꿨다[變].**

왕발연변호색(王勃然變乎色)은 王勃然 而王變乎色에서 문맥으로 보충할 수 있는 주어인 왕(王)을 생략한 영어의 중문과 같은 어투이다. 왕발연(王勃然)은 영어의 2형식 문장과 같고, 변호색(變乎色)은 주어가 생략되었지만 영어의 3형식 문장과 같다. 王勃然에서 왕(王)은 주어이고, 발(勃)은 연(然)을 꾸미는 부사이며, 연(然)은 형용사로 보어이다. 變乎色에서 변(變)은 타동사이고, 호(乎)는 목적격 토씨(~을) 구실을 하는 어조사이며, 색(色)은 변(變)의 목적어이다. 王勃然變乎色에서 발(勃)은 〈화낼 노(怒)〉와 같고, 색(色)은 〈얼굴 안(顔)〉과 같고 안색(顔色)의 줄임말로 여기고 새긴다.

임금 왕(王), 화난 모양 발(勃), 그런 연(然), 변할 변(變), 어조사(~을) 호(乎), 얼굴 색(色)

勿異也(물이야)

▶ (내 말에는) 이상할 것[異] 없는 것[勿]이다[也].

물이야(勿異也)의 물(勿)은 여기서 〈없을 무(無)〉와 같다. 그러니 〈A無B也〉를 상기하면 문맥이 잡힌다. 〈A에는 B가 없는 것[無]이다[也]〉 勿異也는 吾言勿異也에서 문맥으로 보충할 수 있는 오언(吾言)을 생략하고, 자동사 물(勿)과 주어 이(異)와 어조사 야(也)로 이루어진 영어의 1형식 문장처럼 여기고 새긴다.

없을 물(勿), 이상할 이(異), ~이다 야(也)

王問臣(왕문신) 臣不敢不以正對(신불감불이정대)

▶ 임금께서[王] 신에게[臣] 물어서[問] 신은[臣] 정도[正]로써[以] 대답할[對] 수밖에 없다[不敢不].

왕문신(王問臣)은 王問貴戚之卿於臣에서 문맥으로 보충할 수 있는 귀척지경(貴戚之卿)을 생략하고, 간접목적어 토씨(~에게)인 어조사 어(於)마저 생략한 어투이다. 그러니 王問臣은 직접목적어인 귀척지경(貴戚之卿)이 생략된 영어의 4형식 문장과 같다. 그리고 王問臣은 문맥으로 따지면 원인의 부사절로 종속절 구실을 한다.

신불감불이정대(臣不敢不以正對)는 왕문신(王問臣)을 원인의 부사절로 둔 주절이다. 臣不敢不以正對에서 신(臣)은 주어이고, 불감불(不敢不)은 이중부정으로 ~할 수밖에 없다는 뜻으로 영어의 can not but처럼 조동사로 대(對)를 돕고, 이정(以正)은 대(對)를 꾸미는 부사구이며, 대(對)는 타동사이다. 臣不敢不以正對에서 이정(以正)의 이(以)는 〈써 용(用)〉과 같고, 정(正)은 정도(正道)의 줄임으로 보면 문맥이 통한다. 정도[正]로써[以], 정도를[正] 가지고[以]. 대(對)는 〈답할 답(答)〉과 같고 대답(對答)의 줄임말로 여기고 새긴다.

임금 왕(王), 물을 문(問), 신하 신(臣), 아니 불(不), 감히 감(敢), 써 이(以), 바를 정(正), 대할 대(對)

王色定(왕색정) 然後請問異姓之卿(연후청문이성지경)

▶ 임금은[王] 안색을[色] 안정하고[定] 그런[然] 뒤에[後] 이성[異姓]의[之] 경을[卿] 청하여[請] 물었다[問].

왕색정(王色定)은 王定色으로 어순을 바꿔 새기면 문맥이 통한다. 王色定에서 왕(王)은 주어이고, 색(色)은 타동사인 정(定)의 목적어이다. 정(定)은 〈편안할 안(安)〉과 같고 안정(安定)의 줄임말로 여기면 문맥이 잡힌다.

연후청문이성지경(然後請問異姓之卿)은 然後王請問異姓之卿於孟子에서 문맥으로써 보충할 수 있는 주어인 왕(王)과 어맹자(於孟子)를 생략한 영어의 3형식 문장과 같다. 然後請問異姓之卿의 연후(然後)는 시간의 부사구로 영어의 and then처럼 여기고, 청(請)은 문(問)을 꾸미는 부사이며, 문(問)은 타동사이고, 이성지경(異姓之卿)은 목적구이다. 異姓之卿의 지(之)를 잘 정리해두면 문맥을 잡는 데 편하다. 〈A가[之] B, A의[之] B, A를[之] B, A에게[之] B, A하는[之] B〉 등처럼 〈A之B〉에서 A之가 B를 꾸미는 형용사구라고 여기고, 위와 같이 토씨 구실을 하는 지(之)를 허사로 이해하면 편하다. 有異姓之卿에서 이성(異姓)은 왕과 성씨가 다른 권문세력(權門勢力)의 벌열(閥閱)을 말한다.

> 임금 왕(王), 얼굴 색(色), 정할 정(定), 그럴 연(然), 뒤 후(後), 청할 청(請), 물을 문(問), 다를 이(異), 성씨 성(姓), ~의 지(之), 벼슬 경(卿)

君有過則諫(군유과즉간) 反覆之而不聽則去(반복지이불청즉거)

▶ 임금한테[君] 잘못이[過] 있으면[有] 곧장[則] 간언하고[諫] 그 간언을[之] 계속해 되풀이해도[反覆而] (임금이) 들어주지 않으면[不聽] 곧장[則] (임금을) 떠난다[去]. 〈또는 임금이[君] 간언을[之] 덮어두고[反覆] 그리고[而] 임금이[君] 그 간언을[之] 들어주지 않는다면[不聽] (이성의 경들은 임금을) 떠난다[去]〉

군유과즉간(君有過則諫)은 〈A則B〉꼴로 A(君有過)는 조건의 부사절이고, B(諫)는 주절이며, 영어의 복문과 같은 어투이다. 〈A(君有過)하면 곧[則] B(諫)한다〉 조건의 부사절인 군유과(君有過)는 〈A有B〉꼴로 영어의 1형식 문장과 같다. 〈A(君)한테 B(過)가 있다[有]〉 〈A有B〉에서 유(有)가 〈있을 유(有)〉로 자동사이면 A는 부사이고 B가 주어이며, 유(有)가 〈가질 유(有)〉로 타동사이면 A가 주어이고 B는 목적어이므로 영어의 3형식 문장과 같다. 여기선 유(有)를 자동사 〈있을 유(有)〉로 보고 새기는 것이 문맥과 맞다. 주절인 간(諫)은 異姓之卿諫於君에서 문맥을 따라 보충할 수 있는 주어인 이성지경(異姓之卿)와 내용인 어군(於君)을 생략하여, 동사인 간(諫)만 남은 어투이다. 君有過則諫에서 과(過)는 〈허물 죄(罪), 건(愆)〉 등과 같고 죄과(罪過)의 줄임말로 여기고, 간(諫)은 〈간할 쟁(諍)〉과 같고 잘못을 깨우쳐주려는 직언(直言)을 간(諫)이라 한다.

반복지이불청즉거(反覆之而不聽則去) 역시 〈A則B〉꼴로 A(反覆之而不聽)는 조건의 부사절이고, B(去)는 동사만 남았지만 주절이며, 영어의 복문과 같은 어투이다. 조건의 부사절인 반복지이불청(反覆之而不聽)에서 반복(反覆)을 어떻게 새기느냐에 따라서 문맥을 달리 잡을 수 있다. 〈되풀이 반(反), 되풀이 복(覆)〉으로 여기고 되풀이한다고 새기면, 貴戚之卿反覆之 而君不聽之로 문맥을 잡아 귀척[貴戚]의[之] 경들이[卿] 간언을[之] 되풀이해도[反覆] 그러나[而] 임금이[君] 그 간언을[之] 들어주지 않는다[不聽]로 새기게 된다. 그러나 〈덮을 반(反), 덮을 복(覆)〉으로 여기고 덮는다고 새기면, 君反覆之 而君不聽之로 문맥을 잡아 임금이[君] 간언을[之] 덮어두고[反覆] 그리고[而] 임금이[君] 그 간언을[之] 들어주지 않는다[不聽]로 새기게 된다. 이처럼 한자는 서로 상반되는 뜻을 간직하고 있는 경우가 허다하다. 〈되풀이할 반(反), 되풀이할 복(覆)〉인 동시에 〈덮을 반(反), 덮을 복(覆)〉 등의 뜻도 있다는 말이다. 물론 반복(反覆)을 되풀이한다[反覆]고 새기는 쪽이 통례이지만, 반복(反覆)을 덮는다[反覆]고 새길 수도 있다.

임금 군(君), 있을 유(有), 허물 과(過), 곧 즉(則), 간언할 간(諫), 되풀이할 반(反), 되풀이할 복(覆), 그것 지(之), ~그래도 이(而), 아니 불(不), 들어줄 청(聽), 떠날 거(去)

【六篇】

고자장구_상(告子章句_上)

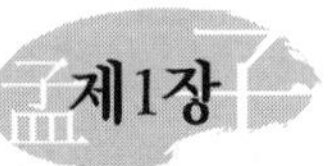

1장은 맹자의 성론(性論)이 간직한 단서가 드러나 있는 장이다. 인의(仁義)는 성(性)이 그냥 그대로 드러남이지 인간이 조작할 수 없는 덕성(德性)임을 밝히는 장이다. 고자(告子)가 성(性)을 버드나무에 비유하고 인의를 그 버드나무 가지로 엮어 만든 그릇에 비유하자, 그런 고자의 생각이 옳지 않음을 지적하는 장이다. 인간의 성(性)과 인간의 인의(仁義)를 둘로 보고 분별하지 말라 함이요, 인간의 본성(本性)이 곧 인의이니 성과 인의는 하나라는 것이다. 맹자의 성선설(性善說)을 이해하려면 그 하나임을 모르고선 그 성선설의 깨우침이 불가능함을 알 수 있게 하는 장이다.

【문지(聞之)】

솔천하지인이화인의자(率天下之人而禍仁義者)

【원문(原文)】

告子曰 性은 猶杞柳也이고 義는 猶桮棬也이니 以人性爲仁義는
고 자 왈 성 유 기 류 야 의 유 배 권 야 이 인 성 위 인 의

猶以杞柳爲桮棬이다 孟子曰 子能順杞柳之性而以爲桮棬乎아
유 이 기 류 위 배 권 맹 자 왈 자 능 순 기 류 지 성 이 이 위 배 권 호

將戕賊杞柳而後에 以爲桮棬也라 如將戕賊杞柳而以爲桮棬이
장 장 적 기 류 이 후 이 위 배 권 야 여 장 장 적 기 류 이 이 위 배 권

면 則亦將戕賊人해 以爲仁義與아 率天下之人而禍仁義者는
즉 역 장 장 적 인 이 위 인 의 여 솔 천 하 지 인 이 화 인 의 자

必子之言夫일세
필 자 지 언 부

【해독(解讀)】

고자가 말했다[告子曰]. "본성은 버들 같은 것이고[性猶杞柳也], 의는 나뭇가지로 엮어 만든 그릇 같은 것이다[義猶桮棬也]. 사람의 본성으로 인의를

이룩하는 것은 버드나무 가지를 가지고 버드나무 가지로 엮은 그릇을 만드는 것과 같다[以人性爲仁義猶以杞柳爲桮棬]." 맹자가 말했다[孟子曰]. "그대는 버드나무의 본성을 따라서 그 본성을 가지고 버드나무 가지로 엮은 그릇을 만들 수 있는 것인가[子能順杞柳之性而以爲桮棬乎]? (자네가) 곧장 버드나무를 상하게 하고 해친 뒤에[將戕賊杞柳而後] 그것을 가지고 그릇을 만드는 것이다[以爲桮棬也]. 만약 (그대가) 곧장 버드나무를 상하게 하고 해쳐서 그것을 가지고 버드나무 그릇을 만든다면[如將戕賊杞柳而以爲桮棬], 곧 또한 곧장 사람을 상하게 하고 해침으로써 인과 의를 이룬다는 것인가[則亦將戕賊人以爲仁義與]? 온 세상의 인간들을 끌어다가 인과 의에 재앙을 입히는 것은 반드시 자네의 말일세[率天下之人而禍仁義者必子之言夫]!"

【담소(談笑)】

告子曰(고자왈)

▶ 고자가[告子] 말했다[曰].

고자왈(告子曰)의 고자(告子)는 맹자(孟子)와 동시대 사람이다. 성씨는 고(告), 이름은 불해(不害)이다. 생몰 연대는 불분명하다. 고자는 유가(儒家)와 묵가(墨家)의 도를 연구하였다 한다. 맹자는 태어날 때 인간의 성(性)은 선하다 했고, 순자(荀子)는 태어날 때 인간의 성은 악하다고 했다. 고자는 인간의 성에는 선악이 없고 교육에 따라 변화할 수 있다고 주장한다.

고할 고(告), 존칭 자(子), 가로되 왈(曰)

性猶杞柳也(성유기류야) 義猶桮棬也(의유배권야)

▶ 본성은[性] 버들[杞柳] 같은 것[猶]이고[也], 의는[義] 나뭇가지로 엮어 만든 그릇[桮棬] 같은 것[猶]이다[也].

성유기류야(性猶杞柳也)는 〈A猶B也〉꼴로 영어의 2형식 문장과 같다. 〈A(性)는 B(杞柳)와 같은 것[猶]이다[也]〉 性猶杞柳也에서 성(性)은 주어이고, 유(猶)는 자동사이며, 기류(杞柳)는 유(猶)의 보어이고, 〈어조사(~이다) 야(也)〉는 마침표이다. 性猶杞柳也에서 성(性)은 목숨의 근원인 본성(本性)의 줄임말로 여기고, 유(猶)는 〈같을 여(如), 약(若), 사(似)〉 등과 같고, 기류(杞柳)는 버들가지를 이용할 수 있는 버드나무들을 말한다.

의유배권야(義猶桮棬也) 역시 〈A猶B也〉꼴로 영어의 2형식 문장과 같다.

〈A(義)는 B(桮棬)와 같은 것[猶]이다[也]〉 義猶桮棬也에서 의(義)는 주어이고, 유(猶)는 자동사이며, 배권(桮棬)은 유(猶)의 보어이고, 어조사(~이다) 야(也)는 마침표이다. 義猶桮棬也에서 의(義)는 목숨을 누리는 근거인 의리(義理)의 줄임말로 여기고, 유(猶)는 〈같을 여(如), 약(若), 사(似)〉 등과 같고, 유(猶)가 한문투에서 부사 구실을 할 때는 〈오히려 상(尙)〉과 같다. 배권(桮棬)은 버들가지를 이용해 엮어 만든 다양한 그릇들을 말한다.

본성 성(性), 같을 유(猶), 갯버들 기(杞), 버들 류(柳), ~이다 야(也), 의리 의(義), 나뭇가지로 엮어 만든 그릇 배(桮), 나뭇가지로 엮어 만든 그릇 권(棬)

以人性爲仁義猶以杞柳爲桮棬(이인성위인의유이기류위배권)

▶ 사람의[人] 본성[性]으로[以] 인의를[仁義] 이룩하는 것은[爲] 버드나무 가지를[杞柳] 가지고[以] 버드나무 가지로 엮은 그릇을[桮棬] 만드는 것과[爲] 같다[猶].

이인성위인의유이기류위배권(以人性爲仁義猶以杞柳爲桮棬)은 〈A猶B〉 꼴로 영어의 2형식 문장처럼 여기고 새긴다. 〈A(以人性爲仁義)는 B(以杞柳爲桮棬)와 같다[猶]〉 以人性爲仁義猶以杞柳爲桮棬에서 이인성위인의(以人性爲仁義)는 주부이고, 이기류위배권(以杞柳爲桮棬)은 술부이며 보어 구실을 한다. 주부인 以人性爲仁義는 以人性人之爲仁義에서 문맥으로써 보충될 수 있는 내용인 인지(人之)를 생략한 어투이다. 인성[人性]으로[以] 사람[人]은[之] 인의를[仁義] 이룩하는 것[爲]. 술부인 以杞柳爲桮棬 역시 以杞柳人之爲桮棬에서 문맥으로써 보충될 수 있는 내용인 인지(人之)를 생략한 어투이다. 기류(杞柳)로[以] 사람[人]이[之] 배권(桮棬)을 만드는 것[爲].

특히 한문투에서 위(爲)는 문맥에 따라 매우 다양한 뜻을 나타내므로 주의한다. 〈할 위(爲) = 조(造), 다스릴 위(爲) = 치(治), 생각할 위(爲) = 사(思), 배울 위(爲) = 학(學), 하여금 위(爲) = 사(使), 지을 위(爲) = 저(著), 이룰 위(爲) = 성(成), 보호할 위(爲) = 호(護), 도울 위(爲) = 조(助), 까닭 위(爲) = 소이(所以), 어조사 위(爲)〉 등으로 새길 수 있다. 주부인 以人性爲仁義의 위(爲)는 〈이룰 성(成)〉과 같다고 여기면 문맥이 잡히고, 술부인 以杞柳爲桮棬의 위(爲)는 〈지을 저(著), 지을 작(作)〉 등과 같이 여기면 문맥이 잡힌다. 그리고 〈爲A以B〉를 〈B를 가지고[以] A를 만든다[爲 = 作], 이룩한다[爲 = 成], 삼는다[爲 = 思]〉 등으로 새길 수 있는 관용구로 알아두면 한문투의 문맥을 잡는 데 편리하다.

> 써 이(以), 사람 인(人), 본성 성(性), 이룰 위(爲), 어질 인(仁), 의리 의(義), 같을 유(猶), 갯버들 기(杞), 버들 류(柳), 나뭇가지로 엮어 만든 그릇 배(桮), 나뭇가지로 엮어 만든 그릇 권(棬)

子能順杞柳之性而以爲桮棬乎(자능순기류지성이이위배권호)

▶ 그대는[子] 버드나무[杞柳]의[之] 본성을[性] 따르고[順而] 그 본성을 가지고[以] 버드나무 가지로 엮은 그릇을[桮棬] 만들 수 있는 것[能爲]인가[乎]?

자능순기류지성이이위배권호(子能順杞柳之性而以爲桮棬乎)는 〈A順B〉와 〈A爲B〉를 연접의 연사인 이(而)로 묶은 영어의 중문(重文)과 같다. 그러므로 子能順杞柳之性而以爲桮棬乎을 子能順杞柳之性乎와 是以子能爲桮棬乎 둘로 나누어 문맥을 잡으면 쉽게 잡힌다. 子能順杞柳之性乎에서는 되풀이되는 호(乎)를 생략하였고, 是以子能爲桮棬乎에서는 되풀이되는 자능(子能)과 문맥으로 보충될 수 있는 시(是)를 생략하였다. 〈그대는[子] 버드나무[杞柳]의[之] 본성을[性] 따를 수 있는 것[能順]인가[乎]? 그리고[而] 그대는[子] 그 본성을[是] 가지고[以] 버드나무 가지로 엮은 그릇을[桮棬] 만들 수 있는 것[能爲]인가[乎]?〉 이런 두 의문문을 묶은 어투가 곧 子能順杞柳之性而以爲桮棬乎인 셈이다.

자능순기류지성(子能順杞柳之性)의 순(順)은 〈따를 종(從)〉과 같고 순종(順從)의 줄임말로 여기면 쉽고, 기류지성(杞柳之性)의 지(之)를 잘 알아두면 문맥 잡기가 편하다. 〈A가[之] B, A의[之] B, A를[之] B, A에게[之] B, A하는[之] B〉 등처럼 〈A之B〉에서 A之가 B를 꾸미는 형용사구라고 여기고, 위와 같이 토씨 구실을 하는 지(之)를 허사로 이해하고 있으면 편하다. 杞柳之性의 지(之)는 소유격(~의) 토씨 구실을 하는 허사인 셈이다. 이위배권호(以爲桮棬乎)의 이(以)는 시이(是以)에서 시(是)를 생략한 어투로, 시이(是以)이면 구문 앞에 두고, 시(是)를 생략하면 동사 앞에 둔다.

맹자가 고자에게 버드나무[杞柳] 그냥 그대로[性]를 가지고 그릇[桮棬]을 만들 수 있느냐고 묻고 있다. 이는 누구도 버드나무[杞柳] 그냥 그대로[性]를 가지고 그릇[桮棬]을 만들 수 없음을 맹자가 고자에게 밝히고 있는 셈이다.

그대 자(子), 잘할 능(能), 따를 순(順), 갯버들 기(杞), 버들 류(柳), ~의 지(之), 본성 성(性), 그리고 이(以), 만들 위(爲), 나뭇가지로 엮어 만든 그릇 배(桮), 나뭇가지로 엮어 만든 그릇 권(棬), ~인가 호(乎)

將戕賊杞柳(장장적기류) 而後以爲桮棬也(이후이위배권야)

▶ (자네가) 곧장[將] 버드나무를[杞柳] 상하게 하고[戕] 해친[賊] 뒤에[而後] 그것을 가지고[以] 버드나무 그릇을[桮棬] 만드는 것[爲]이다[也].

장장적기류(將戕賊杞柳)는 子將戕杞柳 而子將賊杞柳에서 문맥으로 보충될 수 있는 주어인 자(子)와, 되풀이되는 장(將)과 기류(杞柳)를 한번씩 생략한 영어의 3형식 문장과 같다. 자네가[子] 오히려[將] 버드나무를[杞柳] 상하게 하고[戕] 그리고[而] 자네가[子] 오히려[將] 버드나무를[杞柳] 해친다[賊]. 將戕賊杞柳에서 장(將)은 〈곧장 즉(卽)〉과 같고, 장(戕)은 〈상하게 할 상(傷)〉과 같으며, 적(賊)은 〈해칠 잔(殘)〉과 같고, 장적(戕賊)은 쳐서 죽인다는 뜻의 상잔(傷殘)과 뜻이 같다. 장적(戕賊) = 상잔(傷殘). 그러므로 장적기류(戕賊杞柳)는 버드나무 가지를[杞柳] 쳐서 죽인다[戕賊]고 새기면 문맥이 통한다.

이후이위배권야(而後以爲桮棬也)는 而後是以子爲桮棬也에서 문맥으로 보충될 수 있는 시(是)와 주어인 자(子)를 생략한 어투로, 영어의 2형식 문장과 같다. 以爲桮棬也의 이(以)는 시이(是以)에서 시(是)를 생략한 어투로, 시이(是以)이면 구문 앞에 두고, 시(是)를 생략하면 동사 앞에 두며, 비록 시(是)가 생략되어 이(以)만 남았을지라도 시이(是以)로 여기고 새기는 것이 문맥 잡기가 편하다. 而後以爲桮棬也에서 이후(而後)는 시간의 부사구로 영어의 and then과 같고, 위(爲)는 여기서 〈만들 작(作), 저(著)〉 등과 같으며, 〈爲A以B〉를 관용문처럼 여기고 다음처럼 알아두면 편하다. 〈B를 가지고[以] A를 만든다[爲 = 作], 이룩한다[爲 = 成], 삼는다[爲 = 思]〉

곧 장(將), 상하게 할 장(戕), 해칠 적(賊), 갯버들 기(杞), 버들 류(柳), 그리고 이(而), 뒤 후(後), 써 이(以), 나뭇가지로 엮어 만든 그릇 배(桮), 나뭇가지로 엮어 만든 그릇 권(棬), ~이다 야(也)

如將戕賊杞柳而以爲桮棬(여장장적기류이이위배권) 則亦將戕賊人以爲仁義與(즉역장장적인이위인의여)

▶ 만약[如] (그대가) 곧장[將] 버드나무를[杞柳] 상하게 하고[戕] 해쳐[賊]서[而] 그것을 가지고[以] 버드나무 그릇을[桮棬] 만든다면[爲], 곧[則] 또한[亦] 곧장[將] 사람을[人] 상하게 하고[戕] 해침[賊]으로써[以] 인과[仁] 의를[義] 이룬다는 것[爲]인가[與]?

여장장적기류이이위배권즉역장장적인이위인의여(如將戕賊杞柳而以爲桮棬則亦將戕賊人以爲仁義與)는 긴 구문이지만 〈A則B〉꼴을 먼저 상기한 다음, 즉(則)의 앞은 조건이나 양보의 부사절로 여기고, 뒤는 주절로 여기면 문맥이 쉽게 잡힌다. 如將戕賊杞柳而以爲桮棬는 조건의 부사절이고, 亦將戕賊人以爲仁義與가 주절이다. 한문투가 길 때는 구문을 나누어서 문맥을 잡아보는 것이 편하다.

여장장적기류이이위배권(如將戕賊杞柳而以爲桮棬)은 如子將戕賊杞柳而是以子爲桮棬에서 되풀이되는 주어인 자(子)를 생략하고, 문맥으로써 보충될 수 있는 시이(是以)에서 시(是)를 생략한 어투이다. 만일[如] 그대가[子] 곧장[將] 기류(杞柳)를 장적(戕賊)하여 그래서[而] 그대가[子] 그것을 가지고[以] 배권(桮棬)을 만든다면[爲]. 如將戕賊杞柳에서 여(如)는 〈만약 약(若)〉과 같고 영어의 if처럼 여기고 새기고, 장(將)은 〈곧장 즉(卽)〉과 같으며, 장(戕)은 〈상하게 할 상(傷)〉과 같고, 적(賊)은 〈해칠 잔(殘)〉과 같으며, 장적(戕賊)은 처시 죽인다는 상잔(傷殘)과 뜻이 같다. 而以爲桮棬에서 이(而)는 〈그리고, 또는 그래서 이(而)〉이고, 이(以)는 시이(是以)의 줄임으로 〈써 용(用)〉과 같으며, 위(爲)는 〈만들 저(著), 작(作)〉 등과 같고 〈爲A以B〉를 관용문처럼 여기고 다음처럼 알아두면 편하다. 〈B를 가지고[以] A를 만든다[爲 = 作], 이룩한다[爲 = 成], 삼는다[爲 = 思]〉

주절인 역장장적인이위인의여(亦將戕賊人以爲仁義與)는 子亦將戕賊人而是以子爲仁義與에서 되풀이되는 주어인 자(子)를 생략하고, 문맥으로써 보충될 수 있는 이시이(而是以)에서 이시(而是)를 생략한 어투로서, 구문 끝의 여(與)로써 완곡한 반문 구실을 한다. 물론 시이(是以)에서 생략된 시(是)는 장적인(戕賊人)을 나타내는 지시어이다. 亦將戕賊人以爲仁義與에서 역(亦)은 〈또 우(又)〉와 같고, 장(將)은 〈곧 즉(卽)〉과 같고, 여기서도 〈爲A

以B〉를 관용문으로 알고 있으면 문맥을 잡기가 쉽고, 위(爲)를 〈이룰 성(成)〉과 같이 여기고 새기면 문맥이 잡히며, 문미의 여(與)는 의문사 내지 감탄사 구실을 하는 어조사(~인가)이다.

만약 여(如), 곧 장(將), 상하게 할 장(戕), 해칠 적(賊), 갯버들 기(杞), 버들 유(柳), 그리고 이(而), 써 이(以), 만들 위(爲), 나뭇가지로 엮어 만든 그릇 배(桮), 나뭇가지로 엮어 만든 그릇 권(棬), 곧 즉(則), 또 역(亦), 이룰 위(爲), 어질 인(仁), 의리 의(義), ~인가 여(與)

率天下之人而禍仁義者(솔천하지인이화인의자) 必子之言夫(필자지언부)

▶ 온 세상[天下]의[之] 인간들을[人] 이끌어다가[率而] 인과[仁] 의에[義] 재앙을 입히는[禍] 것은[者] 반드시[必] 자네[子]의[之] 말[言]일세[夫]!

솔천하지인이화인의자필자지언부(率天下之人而禍仁義者必子之言夫)는 〈A者B夫〉꼴로 영어의 2형식 감탄문 문장과 같다. 〈A(率天下之人而禍仁義)하는 것은[者] B(必子之言)일세[夫]!〉 率天下之人而禍仁義者必子之言夫와 같은 어투는 자(者)를 잘 알고 있으면 문맥 잡기가 쉽다. 솔천하지인이화인의자(率天下之人而禍仁義者)를 〈A者〉꼴로 알아두면 편하다. 〈A하는 사람[者]〉 또는 〈A하는 것[者]〉 그러니 〈A者〉에서 A는 자(者)를 꾸미는 형용사이고, 자(者)는 후행사이지만 영어의 선행사처럼 여긴다. 천하지인(天下之人)을 끌어다가[率而] 인의(仁義)에 재앙을 입히는[禍] 것[者]. 그러니 率天下之人而禍仁義者必子之言夫에서 주부는 솔천하지인이화인의자(率天下之人而禍仁義者)이고 필자지언부(必子之言夫)는 술부이다. 주부인 率天下之人而禍仁義者에서 솔천하지인이화인의(率天下之人而禍仁義)는 주어인 자(者)를 꾸미는 형용사절이고, 술부인 必子之言夫에서 필(必)은 술부를 꾸미는 부사이며, 언(言)은 보어이며, 자지언(子之言)에서 자지(子之)는 언(言)을 꾸미는 형용사이다. 자지언(子之言)은 〈A之B〉꼴로 다음처럼 알아두면 편하다. 〈A가[之] B, A의[之] B, A를[之] B, A에게[之] B, A하는[之] B〉 여기서는 A之가 B를 꾸미는 형용사구라고 여기고, 위와 같이 토씨 구실을 하는 지(之)를 허사로 이해하면 편하다.

인간의 성정(性情)과 인의에 관한 논란은 끊임없이 물고 물린다. 성(性)의 참모습[情]을 밝히는 것은 인간의 능력 밖에 있다는 생각도 들게 한다. 그래서 구구한 성론(性論)이 제기되어왔다. 맹자(孟子)와 고자(告子) 사이의 대화는 토론의 범주에 든다. 지금 맹자가 고자의 주장을 장적(戕賊)이란 말로써 반박하고 있다. 버드나무[杞柳]는 천명(天命)이지만 버들가지로 엮어 만든 그릇[桮棬]은 인간이 만든 것[器]이다. 인의(仁義)는 인간이 만든 것[器物]이 아님을 모른다면 맹자의 성선설을 가까이할 수 없다. 왜 공자가 군자불기(君子不器)라고 단언했겠는가? 군자는[君子] 인간의 것을 연연하지 않는다[不器]. 버드나무는 버드나무가 누릴 인의가 있을 터이고, 사람은 사람이 누릴 인의가 있는 법[天命]이란 말이다. 사람을 해치면서 인간의 본성을 말할 수 없고, 인간의 본성을 말할 수 없다면 인간의 인의도 말할 수 없다. 고자야 입을 닥쳐라.

이끌 솔(率), 하늘 천(天), 아래 하(下), ~의 지(之), 인간 인(人), ~면서 이(而), 불행하게 하는 화(禍), 것 자(者), 반드시 필(必), 그대 자(子), ~의 지(之), 말 언(言), ~일세 부(夫)

제2장

2장 역시 본성에 관한 장이다. 고자(告子)가 "성단수(性湍水)"라고 논쟁을 걸자, 맹자(孟子)는 "인지성선(人之性善) 수지취하(水之就下)"로써 걸어오는 시비를 작살내버린다. 맹자의 밝음[賢明]이 용솟음치는 장이다. 참으로 공자가 밝힌 군자부쟁(君子不爭)이란 말씀이 실감나는 장이다. 물이 늘 아래[下]를 좇듯이[就] 성(性)은 선(善)을 좇는다[就]. 수지취하(水之就下)는 맹자의 성선설(性善說)을 간명하게 해석해주는 눈금임을 2장에서 알 수 있다.

【문지(聞之)】

인성지선야(人性之善也)

【원문(原文)】

告子曰 性은 猶湍水也이다 決諸東方則東流하고 決諸西方則西
고 자 왈 성 유 단 수 야 결 제 동 방 즉 동 류 결 제 서 방 즉 서

流한다 人性之無分於善不善也는 猶水之無分於東西也이다 孟
류 인 성 지 무 분 어 선 불 선 야 유 수 지 무 분 어 동 서 야 맹

子曰 水信無分於東西이고 無分於上下乎아 人性之善也는 猶
자 왈 수 신 무 분 어 동 서 무 분 어 상 하 호 인 성 지 선 야 유

水之就下也이니 人無有不善하고 水無有不下이다 今夫水를 搏
수 지 취 하 야 인 무 유 불 선 수 무 유 불 하 금 부 수 박

而躍之면 可使過顙이고 激而行之면 可使在山이니라 是豈水之
이 약 지 가 사 과 상 격 이 행 지 가 사 재 산 시 기 수 지

性哉리오 其勢則然也이니 人之可使爲不善이 其性亦猶是也
성 재 기 세 즉 연 야 인 지 가 사 위 불 선 기 성 역 유 시 야

이다

【해독(解讀)】

고자가 말했다[告子曰]. "천성은 소용돌이치는 물과 같은 것이다[性猶湍水也]. 동녘 방향으로 물을 흐르게 하면 곧장 (그 물은) 동쪽으로 흐르고[決諸東方則東流], 서녘 방향으로 물을 흐르게 하면 곧장 (그 물은) 서쪽으로 흐른다[決諸西方則西流]. 착함이나 착하지 않음으로 인간 본성의 나누어짐이 없음은 동쪽이나 서쪽으로 물의 본성의 나누어짐이 없음과 같은 것이다[人性之無分於善不善也猶水之無分於東西也]." 맹자가 말했다[孟子曰]. "물에는 동서로 나누어짐이 진정으로 없고 상하로 나누어짐이 없다는 것인가[水信無分於東西無分於上下乎]? 인간 본성이 착함이란 물이 아래를 좇음과 같은 것이다[人性之善也猶水之就下也]. 사람들의 본성에 선하지 않음이 있을 리 없고[人無有不善], 물의 본성에 아래로 흐름을 취하지 않음이 있을 리 없다[水無有不下]. 지금 (우리가) 저 물을 손바닥으로 쳐서 그 물을 튀게 하면[今夫水搏而躍之] (우리는 그 물로) 하여금 이마를 지나가게 할 수 있고[可使過顙], 보를 막아 흘려 들여서 저 물을 흘러가게 하면[激而行之] (저 물로) 하여금 산에 머물게 할 수도 있다[可使在山]. 이런 것들이 어찌 물의 본성이리오[是豈水之性哉]! 그물을 치고 밀어 올리는 힘들이 곧 (물을) 그렇게 하는 것이다[其勢則然也]. 사람들은 (자신들로) 하여금 착하지 않음을 짓게 할 수 있는데[人之可使爲不善], 인간의 천성 또한 물의 경우와 같은 것일세[其性亦猶是也]."

【담소(談笑)】

告子曰(고자왈)

▶ 고자가[告子] 말했다[曰].

고자왈(告子曰)의 고자는 맹자와 동시대 사람이다. 성씨는 고(告), 이름은 불해(不害)이다. 생몰 연대는 불분명하다. 고자는 유가(儒家)와 묵가(墨家)의 도를 연구하였다 한다.

고할 고(告), 존칭 자(子), 말할 왈(曰)

性猶湍水也(성유단수야)

▶ 천성은[性] 소용돌이치는[湍] 물과[水] 같은 것[猶]이다[也].

성유단수야(性猶湍水也)는 〈A猶B也〉꼴로 영어의 2형식 문장과 같다. 〈A(性)는 B(湍水)와 같은 것[猶]이다[也]〉 性猶湍水也에서 성(性)은 주어이고, 유(猶)는 자동사이며, 단수(湍水)는 유(猶)의 보어, 〈어조사(~이다) 야(也)〉는 마침표 구실을 한다. 性猶湍水也에서 성(性)은 목숨의 근원인 본성(本性) 내지 천성(天性)의 줄임말로 여기고, 유(猶)는 〈같을 여(如), 약(若), 사(似)〉 등과 같고, 단수(湍水)는 소용돌이치며 흐르는 물을 말한다.

본성 성(性), 같을 유(猶), 소용돌이칠 단(湍), 물 수(水), ~이다 야(也)

決諸東方則東流(결제동방즉동류)

▶ 동녘[東] 방향[方]으로 물을[諸] 흐르게 하면[決] 곧장[則] (그 물은) 동쪽으로[東] 흐른다[流].

결제동방즉동류(決諸東方則東流)는 決之於東方則其水東流에서 지어(之於)를 제(諸)로 축약하여 바꾸고, 문맥으로 보충될 수 있는 내용인 기수(其水)를 생략한 어투로 〈A則B〉꼴로 영어의 복문과 같다. 〈A(決諸東方)하면 곧[則] B(其水東流)한다〉 〈A則B〉에서 A는 조건 내지 양보의 부사절이고, B가 주절이라고 여기면 문맥 잡기가 쉽다.

결제동방즉동류(決諸東方則東流)에서 제(諸)의 역할을 모르면 문맥 잡기가 어렵다. 제(諸)의 뜻이 〈모두 반(般)〉과 같다면 그 발음은 제(諸)이고, 지어(之於)를 축약한 저(諸)라면 그 발음은 저(諸)이지만 그냥 제(諸)라고 발음해도 된다. 그러니 지어(之於)를 축약한 저(諸)도 〈지어(之於) 제(諸)〉로 알아두면 한문투의 문맥을 잡는 데 편하다. 決諸東方을 우리말로 새길 때는 제(諸)를 之於로 풀어서 동방(東方)으로[於] 물을[之] 흘려보낸다[決]고 새겨야 우리말다워진다. 則東流에서 즉(則)은 어조사이고, 동(東)은 자동사로 유(流)를 꾸미는 부사이며, 주어인 기수(其水)는 생략된 셈이다. 우리말로 옮길 때는 생략된 내용일지라도 보충해주면 문맥을 잡아 문의를 건지기가 쉽다. 決諸東方則東流에서 결(決)은 〈물길 틀 행(行)〉과 같고 결행(決行)의 줄임말로 여기고, 유(流) 역시 〈물 흘러갈 행(行)〉과 같고 유행(流行)의 줄임말로 여기고 새긴다.

물 흐르게 할 결(決), 지어(之於) 제(諸), 동녘 동(東), 향 방(方), 곧 즉(則), 흐를 류(流)

決諸西方則西流(결제서방즉서류)

▶ 서녘[西] 방향[方]으로 물을[諸] 흐르게 하면[決] 곧장[則] (그 물은) 서쪽으로[西] 흐른다[流].

결제서방즉서류(決諸西方則西流)는 決之於西方則其水西流에서 지어(之於)를 제(諸)로 축약하고, 문맥으로 보충될 수 있는 내용인 기수(其水)를 생략한 어투로, 〈A則B〉꼴로 영어의 복문 문장과 같다. 〈A(決諸西方)하면 곧[則] B(西流)한다〉 〈A則B〉에서 A는 조건 내지 양보의 부사절, B가 주절이라고 여기면서 새기면 문맥 잡기가 쉽다.

결제서방즉서류(決諸西方則西流)에서 제(諸)의 역할을 모르고 있으면 문맥 잡기가 어렵게 된다. 지어(之於)를 축약한 제(諸)를 〈지어(之於) 제(諸)〉로 알아두면 한문투의 문맥을 잡는 데 편하다. 決諸西方을 우리말로 새길 때는 제(諸)를 之於로 풀어서 서방[西方]으로[於] 물을[之] 흘려보낸다[決]고 새겨야 우리말답게 된다. 則西流에서 즉(則)은 어조사이고, 서(西)는 자동사로 유(流)를 꾸미는 부사이고, 주어인 기수(其水)는 생략된 셈이다. 우리말로 옮길 때는 생략된 내용일지라도 보충해주면 문맥을 잡아 문의를 건지기가 쉽다. 決諸西方則西流에서 결(決)은 〈물길 틀 행(行)〉과 같고 결행의 줄임말로 여기고, 유(流) 역시 〈물 흘러갈 행(行)〉과 같고 유행(流行)의 줄임말로 여기고 새긴다.

물 흐르게 할 결(決), 지어(之於) 제(諸), 서녘 서(西), 향 방(方), 곧 즉(則),

흐를 류(流)

人性之無分於善不善也(인성지무분어선불선야) 猶水之無分於東西也(유수지무분어동서야)

▶ 착함이나[善] 착하지 않음[不善]으로[於] 인간[人] 본성[性]의[之] 나누어짐이[分] 없음[無]이란[也], 동쪽이나[東] 서쪽[西]으로[於] 물[水] 본성[性]의[之] 나누어짐이[分] 없음과[無] 같은 것[猶]이다(也).

인성지무분어선불선야유수지무분어동서야(人性之無分於善不善也猶水之無分於東西也)와 같은 어투의 문맥을 잡으려면 먼저 어조사인 야(也)를 주목하지 않으면 안 된다. 야(也)가 비록 어조사이지만 구문의 매듭을 갈래짓는 표지 구실을 하기 때문이다. 그러므로 人性之無分於善不善也猶水之無分於東西也와 같은 어투를 만나면 〈A也猶B也〉처럼 구문을 간략하게 가름해 보면 문맥을 쉽게 잡아낼 수 있을 것이다. 〈A(人性之無分於善不善)란[也] B(水之無分於東西)와 같은 것[猶]이다[也]〉로 새겨볼 수 있다. 人性之無分於善不善也猶水之無分於東西也에서 인성지무분어선불선야(人性之無分於善不善也)는 주부이고, 유수지무분어동서야(猶水之無分於東西也)는 술부이다. 술부인 猶水之無分於東西也에서 유(猶)는 자동사이고, 수지무분어동서(水之無分於東西)는 보어이며, 야(也)는 마침표 구실을 하는 어조사로 ~이다 정도로 새긴다. 그러니 人性之無分於善不善也猶水之無分於東西也는 영어의 2형식 문장과 같다.

주부인 인성지무분어선불선야(人性之無分於善不善也)에서 人性之無分의 지(之)와 무(無)의 구실을 잘 모르면 문맥을 잡아내기가 어렵다. 먼저 人性之無分의 무(無)를 자동사인 〈없을 무(無)〉로 볼 것이냐 아니면 타동사인 〈갖지 않을 무(無)〉로 볼 것이냐에 따라 人性之無分에서 無分의 분(分)이 격(格) 구실을 달리하게 된다. 人性之無分에서 무(無)가 자동사로 〈없을 무(無)〉이면 분(分)은 주어로 인성[人性]의[之] 나누어짐이[分] 없다[無]고 새기지만, 되고, 무(無)가 타동사로 〈갖지 않을 무(無)〉라면 분(分)은 목적어로 인성[人性]이[之] 나누어짐을[分] 갖지 않는다[無]고 새길 것이다. 이처럼 허사 역할을 다양하게 하는 지(之)를 잘 정리해두지 않으면 문맥을 잡는 데 어렵게 된다. 그러니 허사인 지(之)를 〈A之B〉꼴로 다음처럼 알아두면 편하다. 〈A가[之] B, A의[之] B, A를[之] B, A에게[之] B, A하는[之] B〉 등처럼 A之B에서 A之가 B를 꾸미는 형용사구라고 여기고, 위와 같이 토씨 구실을 하는 지(之)를 허사로 이해하면 한문투의 문맥 잡기가 편하다. 물론 지(之)는 〈갈 거(去)〉와 같은 뜻으로 자동사 역할도 한다.

술부인 유수지무분어동서야(猶水之無分於東西也) 역시 수지무분(水之無分)의 지(之)와 무(無)의 구실을 잘 모르면 문맥을 잡아내기가 어렵다. 먼저 水之無分의 무(無)를 자동사인 〈없을 무(無)〉로 볼 것이냐 아니면 타동사인 〈갖지 않을 무(無)〉로 볼 것이냐에 따라 水之無分에서 無分의 분(分)이 격(格) 구실을 달리하게 된다. 水之無分에서 무(無)가 자동사로 〈없을 무(無)〉이면 분(分)은 주어가 되어 물[水]의[之] 나누어짐이[分] 없다[無]고 새길 것이고, 무(無)가 타동사로 〈갖지 않을 무(無)〉라면 분(分)은 목적어가 되어 물[水]이[之] 나누어짐을[分] 갖지 않는다[無]고 새길 것이다. 이처럼 한문투에서 허사 구실을 다양하게 하는 지(之)를 잘 정리해두지 않으면 문맥 잡기가 어렵다. 그러니 허사인 지(之)를 〈A之B〉꼴로 다음처럼 알아두면 편하다. 〈A가[之] B, A의[之] B, A를[之] B, A에게[之] B, A하는[之] B〉 등처럼 〈A之B〉에서 A之가 B를 꾸미는 형용사구라고 여기고, 위와 같이 토씨 구실을 하는 지(之)를 허사로 이해하면 문맥 잡기가 편하다. 물론 지(之)는 〈갈 거(去)〉와 같은 뜻으로 자동사 구실도 한다. 猶水之無分於東西也에서 유(猶)는 〈같을 여(如), 약(若), 사(似)〉 등과 같고, 유(猶)가 부사이면 〈오히려 상(尙)〉과 같고, 분(分)은 〈가릴 간(揀)〉과 같고 분간(分揀)의 줄임말로 여긴다.

면박을 당한 고자가 다시 물[水]을 들어 반박하고 있다. 물의 흐름을 사람 마음대로 조절할 수 있듯이 인성(人性)도 사람 자신이 조절할 수 있다고 고자가 맹자께 강변(强辯)하고 있다. 결수(決水)란 치수(治水)이니 사람[人]이 물[水]을 다스리는 짓이다. 사람이 물을 다스린다고 한들 물의 본성을 다스려 돌로 만들 수 없는 법임을 고자는 모르고 덤벼들고 있다. 그러나 짖던 개도 호랑이를 만나면 짖던 주둥이를 다물고 숨을 곳을 찾아야 한다.

사람 인(人), 천성 성(性), ~이 지(之), 없을 무(無), 나누어질 분(分), ~으로 어(於), 착할 선(善), 아니 불(不), ~이란 야(也), 같을 유(猶), 물 수(水), 동녘 동(東), 서녘 서(西), ~이다 야(也)

水信無分於東西(수신무분어동서) 無分於上下乎(무분어상하호)

▶ 물에는[水] 동서[東西]로[於] 나누어짐이[分] 진정으로[信] 없고[無] 상하[上下]로[於] 나누어짐이[分] 없다는 것[無]인가[乎]?

수신무분어동서(水信無分於東西)는 水信無分於東西乎의 호(乎)가 뒤에서 되풀이되므로 생략한 어투이다. 水信無分於東西는 〈A無B〉꼴로 영어의 1형식 문장과 같다. 〈A(水)에는 B(分)가 없다[無]〉 水信無分於東西에서 구문의 골격은 무분(無分)일 뿐이다. 水信無分於東西에서 수(水)·신(信)·어동서(於東西) 등은 자동사인 무(無)를 꾸미는 부사이고, 분(分)은 무(無)의 주어이다. 水信無分於東西에서 신(信)은 〈진실로 진(眞)〉과 같고, 분(分)은 〈가릴 간(揀)〉과 같고 분간(分揀)의 줄임말로 여긴다.

무분어상하호(無分於上下乎)는 水信無分於上下乎에서 수신(水信)을 되풀이되는 내용이므로 생략한 어투이다. 無分於上下乎 역시 〈(A)無B〉꼴로 영어의 1형식 문장과 같다. 〈(A(水)에는 B(分)가 없다[無]〉 無分於上下乎에서 구문의 골격은 역시 무분(無分)일 뿐이다. 無分於上下乎에서 어상하(於上下)는 자동사인 무(無)를 꾸미는 부사구이고, 분(分)은 무(無)의 주어이며, 의문어조사인 호(乎)는 ~인가 정도로 새긴다. 無分於上下乎에서 분(分)은 〈가릴 간(揀)〉과 같고 분간(分揀)의 줄임말로 여긴다.

맹자가 수류(水流)의 동서(東西)로 비유를 든 고자(告子)에게 수류(水流)의 상하(上下)를 들어 면박하고 있다. 조주(趙州) 선사(禪師)의 화두가 떠오른다. 합취구구(合取狗口). 개[狗] 주둥이[口] 닥쳐라[合取].

물 수(水), 진실로 신(信), 없을 무(無), 나누어질 분(分), ~으로 어(於), 동녘 동(東), 서녘 서(西), ~인가 호(乎)

人性之善也(인성지선야) 猶水之就下也(유수지취하야)

▶ 인간[人] 본성[性]이[之] 착함[善]이란[也] 물[水]이[之] 아래를[下] 좇음과[就] 같은 것[猶]이다[也].

인성지선야유수지취하야(人性之善也猶水之就下也)와 같은 어투의 문맥을 잡으려면 먼저 어조사인 야(也)를 주목하지 않으면 안 된다. 야(也)가 비록 어조사이지만 구문의 매듭을 짓는 표지 구실을 하기 때문이다. 그러므로 人性之善也猶水之就下也와 같은 어투를 만나면 〈A也猶B也〉처럼 구문의 골격을 가름해보면 문맥을 쉽게 잡을 수 있다. 〈A(人性之善)란[也] B(水之就下)와 같은 것[猶]이다[也]〉고 새길 수 있다. 人性之善也猶水之就下也에서 인성지선야(人性之善也)는 주부이고, 유수지취하야(猶水之就下也)는 술부이다. 술부인 猶水之就下也에서 유(猶)는 자동사이고, 수지취하(水之就下)는 보어이며, 야(也)는 마침표 구실을 하는 어조사로 ~이다 정도로 새긴다. 그러니 人性之善也猶水之就下也는 영어의 2형식 문장과 같은 셈이다.

주부인 인성지선야(人性之善也)에서 人性之善의 지(之)의 구실을 잘 모르면 문맥을 잡아내기 어렵다. 허사인 지(之)를 〈A之B〉꼴로 다음처럼 알아두면 편하다. 〈A가[之] B, A의[之] B, A를[之] B, A에게[之] B, A하는[之] B〉 등처럼 〈A之B〉에서 A之가 B를 꾸미는 형용사구라고 여기고, 위와 같이 토씨 구실을 하는 지(之)를 허사로 이해하면 한문투의 문맥을 잡기 편하다. 물론 지(之)는 〈갈 거(去)〉와 같은 뜻으로 자동사이기도 하다.

술부인 유수지취하야(猶水之就下也)에서 지(之)의 구실을 잘 모르면 문맥을 잡아내기 어렵다. 한문투에서 허사 구실을 다양하게 하는 지(之)를 잘 정리하지 않으면 문맥을 잡는 데 어렵다. 그러니 허사인 지(之)를 〈A之B〉꼴로 다음처럼 알아두면 편하다. 〈A가[之] B, A의[之] B, A를[之] B, A에게[之] B, A하는[之] B〉 등처럼 A之B에서 〈A之〉가 B를 꾸미는 형용사구라고 여기고, 위와 같이 토씨 구실을 하는 지(之)를 허사로 이해하면 어투의 문맥을 잡기 편하다. 물론 지(之)는 〈갈 거(去)〉와 같은 뜻으로 자동사이기도 하다. 猶水之就下也에서 유(猶)는 〈같을 여(如), 약(若), 사(似)〉 등과 같고, 유(猶)는 부사가 되면 〈오히려 상(尙)〉과 같다고 여기고 새긴다.

맹자가 성(性)을 수지취하(水之就下)라고 비유한 것은 노자의 상선약수(上善若水)와 통한다. 지극한 선은[上善] 물과[水] 같다[若]. 취하(就下)·하심(下心) 모두 성선(性善)을 밝히는 말이다. 성선은 본성은[性] 선하다[善]는 풀이가 아니라 본성은[性] 선이다[善]란 말씀임을 맹자가 밝혀주고 있다.

사람 인(人), 천성 성(性), ~이 지(之), 착할 선(善), 같을 유(猶), 물 수(水), 좇을 취(就), 아래 하(下), ~이다 야(也)

人無有不善(인무유불선) 水無有不下(수무유불하)

▶ 사람들의 본성에[人] 선하지 않음이[不善] 있을 리[有] 없고[無], 물의

본성에[水] 아래로 흐름을 취하지 않음이[不下] 있을 리[有] 없다[無].

인무유불선(人無有不善)은 人之性無有不善에서 되풀이되므로 인지성(人之性)의 지성(之性)을 생략하고 人無有不善으로 줄인 어투이다. 그러니 人無有不善의 인(人)을 인지성(人之性)으로 여기고 새겨야 우리말답게 人無有不善의 문맥을 잡아 문의를 건질 수 있다. 이처럼 한문투의 극심한 생략을 늘 유념하지 않으면 문맥 잡기가 어렵다. 그리고 문맥으로 보아 人無有不善의 〈사람 인(人)〉을 단수가 아니라 〈사람들 인(人)〉인 복수로 보고 새기면 문의가 더욱 뚜렷해진다. 한문투에서는 단수 · 복수가 따로 없고 문맥에 따라 단수 · 복수를 정하면 된다. 〈A無B〉꼴을 강조한 꼴이 곧 〈A無有B〉꼴이라고 알아두면 편하다. 〈A에는 B가 없다[無]〉를 강조한 어투가 곧 〈A에는 B가 있을 리[有] 없다[無]〉인 셈이다. 人無有不善에서 인(人)은 자동사인 무(無)를 돕는 부사이고, 유불선(有不善)은 무(無)의 주부이다.

수무유불하(水無有不下)는 水之性無有不就下에서 되풀이되므로 수지성(水之性)의 지성(之性)과 불취하(不就下)의 취(就)를 생략하고 水無有不下로 간명하게 한 어투이다. 그러니 水無有不善의 수(水)를 수지성(水之性)으로 여기고, 동시에 불하(不下)를 불취하(不就下)로 여기고 새겨야 우리말답게 水無有不下의 문맥을 잡아 문의를 건질 수 있다. 극심한 생략을 일삼는 한문투의 특징을 유념하지 않으면 그 문맥 잡기가 어렵다. 〈A無B〉꼴을 강조한 꼴이 곧 〈A無有B〉라고 알아두면 편하다. 〈A에는 B가 없다[無]〉를 강조한 것이 곧 〈A에는 B가 있을 리[有] 없다[無]〉인 셈이다. 水無有不下에서 인(人)은 자동사인 무(無)를 돕는 부사이고, 유불하(有不下)는 무(無)의 주부이다.

> 사람 인(人), 없을 무(無), 있을 유(有), 아니 불(不), 착할 선(善), 물 수(水), 아래 하(下)

今夫水搏而躍之(금부수박이약지) 可使過顙(가사과상)

▶ 지금[今] 저[夫] 물을[水] 손바닥으로 쳐[搏]서[而] 그 물을[之] 튀게 하면[躍] (그 물로) 하여금[使] 이마를[顙] 지나가게[過] 할 수 있다[可].

금부수박이약지(今夫水搏而躍之)는 今我搏夫水而我躍之에서 일반주어인 〈우리 아(我)〉를 생략하고, 〈칠 박(搏)〉의 목적어인 부수(夫水)를 전치시켜 어조를 강하게 한 어투이다. 그러니 今夫水搏而躍之는 영어의 중문과 같은 셈이다. 今夫水搏而躍之에서 금(今)은 시간의 부사이고, 부(夫)는 수(水)의 관형사이며, 이(而)는 연접의 연사이다. 今夫水搏而躍之에서 수(水)는 〈칠 박(搏)〉의 목적어이고, 박(搏)은 타동사이며, 〈떠오를 약(躍)〉은 타동사이고, 지(之)는 약(躍)의 목적어인 지시대명사이다. 그러니 今夫水搏而躍之의 골격은 수박(水搏)과 약지(躍之)인 셈이다. 구문의 골격은 한문투에서도 영어처럼 주어 · 동사 · 목적어 · 보어 등으로 이루어진다고 여기면 쉽다. 그리고 문맥으로 따져보면 今夫水搏而躍之는 뒤에 나오는 가사과상(可使過顙)을 돕는 조건의 부사절이다. 문맥이란 문장과 문장 사이의 연계의 관계를 말한다. 今夫水搏而躍之에서 부(夫)는 〈저 기(其)〉와 같은 관형사이고, 박(搏)은 〈손바닥으로 칠 격(擊)〉과 같고 박격(搏擊)의 줄임말로 여기며, 약(躍)은 〈뛸 도(跳)〉와 같고 도약(跳躍)의 줄임말로 여기고, 지(之)는 여기서 지시대명사이다. 한문투에서 지(之)는 허사이기도 하고, 〈갈 거(去)〉와 같은 뜻으로 동사이기도 하며, 〈이 시(是)〉와 같은 지시어이기도 한다.

가사과상(可使過顙)은 我可使夫水過顙에서 일반주어인 〈우리 아(我)〉와 되풀이되는 내용인 기수(夫水)를 생략한 사역문의 어투이다. 우리는[我] 저[夫] 물로[水] 하여금[使] 이마를[顙] 지나쳐 가게[過] 할 수 있다[可]. 可使過顙은 조건의 부사절인 금부수박이약지(今夫水搏而躍之)에 대한 주절이다. 可使過顙은 〈A使BC〉꼴로 한문투에서 대표적인 사역문이다. 〈A는 B로 하여금[使] C하게 한다〉 可使過顙에서 과(過)는 〈지나칠 통(通)〉과 같고 통과(通過)의 줄임말로 여기고, 상(顙)은 사람의 얼굴에서 이마를 뜻한다.

이제 금(今), 저 부(夫), 물 수(水), 손바닥으로 칠 박(搏), 그리고 이(而), 뛰어오를 약(躍), 그것 지(之), 할 가(可), 하여금 사(使), 지나갈 과(過), 이마 상(顙)

激而行之(격이행지) 可使在山(가사재산)

▶ **보를 막아 흘려 들여[激]서[而] 저 물을[之] 흘러가게 하면[行] (저 물로) 하여금[使] 산에[山] 머물게[在] 할 수도 있다[可].**

격이행지(激而行之)는 今我激夫水而我行之에서 일반주어인 〈우리 아(我)〉를 생략하고, 〈흘러들게 칠 격(激)〉의 목적어인 부수(夫水)를 생략한 어투이다. 그러니 激而行之는 영어의 중문과 같은 셈이다. 激而行之에서

〈흘러들게 칠 격(激)〉은 타동사이며, 〈흘러가게 할 행(行)〉 역시 타동사이고, 지(之)는 행(行)의 목적어인 지시대명사이다. 그러니 激而行之의 골격은 격(激)과 행지(行之)인 셈이다. 한문투의 구문의 골격은 주어 · 동사 · 목적어, 보어 등으로 이루어지는 까닭이다. 그리고 문맥으로 따져보면 激而行之는 뒤에 나오는 가사재산(可使在山)을 돕는 조건의 부사절이다. 문맥이란 문장과 문장 사이의 연계의 관계를 말한다. 激而行之에서 격(激)은 보를 막아 물을 흘러들게 한다는 뜻이고, 행(行)은 〈흘러가게 할 류(流)〉와 같고 유행(流行)의 줄임말로 여기며, 지(之)는 여기서 지시대명사이다. 한문투에서 지(之)는 허사이기도 하고, 〈갈 거(去)〉와 같은 뜻으로 동사이기도 하며, 〈이 시(是)〉와 같은 지시어이기도 하다.

가사재산(可使在山)은 我可使夫水在山에서 일반주어인 〈우리 아(我)〉와 되풀이되는 내용인 기수(夫水)를 생략한 사역문이다. 우리는[我] 저[夫] 물로[水] 하여금[使] 산에서[山] 머물러 있게[在] 할 수 있다[可]. 可使在山은 조건의 부사절인 격이행지(激而行之)의 주절이다. 可使在山은 〈A使BC〉꼴로 한문투에서 대표적인 사역문이다. 〈A는 B로 하여금[使] C하게 한다〉 可使在山에서 재(在)는 〈머물 거(居)〉와 같다.

흘러들게 칠 격(激), 그리고 이(而), 흘릴 행(行), 그것 지(之), 할 가(可), 하여금 사(使), 있을 재(在), 뫼 산(山)

是豈水之性哉(시기수지성재)

▶ 이런 것들이[是] 어찌[豈] 물[水]의[之] 본성[性]이리오[哉]!

시기수지성재(是豈水之性哉)는 〈A豈B哉〉꼴로 반어적으로 반문하는 어투이다. 말하자면 〈AB也〉꼴을 비틀어 반문하는 셈이다. 〈A(是)가 어찌[豈] B(水之性)이리오[哉]!〉 是豈水之性哉에서 재(哉) 대신에 호(乎)를 써서 是豈水之性乎로 하면 노골적인 의문문이 된다. 〈A(是)가 어찌[豈] B(水之性)인가[乎]?〉 是豈水之性哉에서 시(是)는 앞서서 예로 든 모든 내용을 나타내는 지시어로 주어이며, 기(豈)는 어조를 높이는 부사이며 〈어찌 안(安)〉과 같고, 수지성(水之性)은 보어이므로, 是豈水之性哉는 영어의 2형식 문장과 같은 셈이다. 물론 수지성(水之性)에서 수지(水之)는 성(性)을 꾸미는 형용사이다. 수지성(水之性)의 지(之)는 허사로써 토씨 구실을 하며, 이런 지(之)를 잘 정리해두어야 한다. 허사인 지(之)를 〈A之B〉꼴로 다음처럼 알아두면 편하다. 〈A가[之] B, A의[之] B, A를[之] B, A에게[之] B, A하는[之] B〉 등처럼 〈A之B〉에서 A之가 B를 꾸미는 형용사구라고 여기고, 위와 같이 토씨 구실을 하는 지(之)를 허사로 이해하면 한문투의 문맥을 잡기 편하다.

이 시(是), 어찌 기(豈), 물 수(水), ~의 지(之), 천성 성(性), 어조사(~이리오) 재(哉)

其勢則然也(기세즉연야)

▶ **그물을 치고 밀어 올리는[其] 힘들이[勢] 곧[則] (물을) 그렇게 하는 것[然]이다[也].**

기세즉연야(其勢則然也)는 〈AB也〉꼴로 영어의 2형식 문장과 같다. 〈A(其勢)가 B(然)이다[也]〉 其勢則然也에서 기세(其勢)는 주어이고, 즉(則)은 어조사이며, 연(然)은 보어이고, 야(也)는 마침표 구실을 하며 〈~이다〉 정도로 새긴다. 其勢則然也에서 기세(其勢)의 기(其)는 영어의 the처럼 관형사이지만, 박지세(搏之勢)의 박지(搏之)와 격지세(激之勢)의 격지(激之)를 대신하는 것으로 여기고 새기면 其勢則然也의 문맥에 걸맞은 문의를 건질 수 있다. 그러므로 기세(其勢)를 그[其] 힘[勢]이라고 새기는 것보다, 그물을 치고 밀어 올리는[其] 힘들이[勢]라고 새겨야 문의를 건져낼 수 있다.

그 기(其), 힘 세(勢), 곧 즉(則), 그런 것 연(然), ~이다 야(也)

人之可使爲不善(인지가사위불선)

▶ **사람들[人]은[之] 자신들로 하여금[使] 착하지 않음을[不善] 범하게 할 수 있다[可爲].**

인지가사위불선(人之可使爲不善)의 문맥을 잡으려면 먼저 사역문의 어투를 떠올리면 그 문맥을 잡아내기가 쉽다. 〈A使BC〉가 한문투에서 사역문의 어투이다. 〈A(人)는 B(人)로 하여금[使] C(不善)를 하게 한다[爲]〉 그러니 人之可使爲不善는 人可使人爲不善에서 인(人)이 되풀이되므로 주어인 앞의 人을 생략하고, 사역동사 사(使)의 목적어인 인(人)을 전치시켜 인지(人之)로 한 어투인 셈이다. 人可使人爲不善을 영어에서처럼 문장(sentence)으로 친다면, 人之可使爲不善을 구(phrase)처럼 여길 수 있다. 사람들은[人] 사람들로[人] 하여금[使] 불선을[不善] 짓게 할 수 있다[可爲]는 문장이고, 사람들[人]의[之] 하여금[使] 불선을[不善] 짓게 할 수 있음[可爲]은 구(句)이다. 그러나 우리말에 비추어 人之可使爲不善을 사람들[人]의[之] 하여금[使] 불선을[不善] 짓게 할 수 있음[可爲]처럼 새긴다면 말이 되지 않을 정도로 어색한 어투가 되어버린다. 그러니 人之可使爲不善일지라도 人可使人爲不善처럼 여기고 새겨야 人之可使爲不善의 문맥을 우리말에 어울리게 잡아 문의를 걸맞게 건질 수 있다. 그래서 人之可使爲不善을 人可使人爲不善으로 여기고 사람들[人]은[之] 자신들로 하여금[使] 착하지 않음을[不善] 범하게 할 수 있다[可爲]고 새긴 것이다. 人之可使爲不善에서 위(爲)는 〈할 조(造)〉와 같다. 한문투에서 위(爲)는 매우 다양한 뜻을 나타내므로 다음과 같이 잘 정리하여 문맥에 따라 걸맞은 뜻을 건져내야 한다. 〈할 위(爲)=조(造), 다스릴 위(爲)=치(治), 생각할 위(爲)=사(思), 배울 위(爲)=학(學), 하여금 위(爲)=사(使), 지을 위(爲)=저(著), 이룰 위(爲)=성(成), 보호할 위(爲)=호(護), 도울 위(爲)=조(助), 까닭 위(爲)=소이(所以), 어조사 위(爲)〉

> 사람들 인(人), ~은 지(之), 가할 가(可), 하여금 사(使), 할 위(爲), 아니 불(不), 착할 선(善)

其性亦猶是也(기성역유시야)

▶ **인간의[其] 천성[性] 또한[亦] 물의 경우[是]와 같은 것[猶]이다[也].**

기성역유시야(其性亦猶是也)는 〈A猶B也〉꼴로 영어의 2형식 문장과 같다. 〈A(其性)는 B(是) 같은 것[猶]이다[也]〉 其性亦猶是也에서 기성(其性)은 주어이고, 역(亦)은 어조사로 부사이며, 유(猶)는 자동사이고, 시(是)는 유(猶)의 보어이며, 〈어조사(~이다) 야(也)〉는 마침표 구실을 한다. 其性亦猶是也에서 기(其)는 인지성(人之性)의 인지(人之)를 대신하는 관형사이고, 시(是)는 앞서 나온 기세즉연야(其勢則然也)를 나타내는 지시어이다. 其性亦猶是也에서 성(性)은 목숨의 근원인 본성(本性) 내지 천성(天性)의 줄임말로 여기고, 유(猶)는 〈같을 여(如), 약(若), 사(似)〉 등과 같다.

고자(告子)가 성유단수야(性猶湍水也)라고 아는 척했다가 맹자의 말 한 마디로 입이 없어지고만 꼴이다. "인지성선야유수지취하야(人之性善也猶水之就下也)"란 말씀이 곧 고자의 혀를 묶어버린 그 한 마디일 터이다. 물의 본성

[水之性]이 취하(就下)이듯이, 사람의 본성[人之性]은 선(善)이다. 물을 치면 [博] 튀듯이 사람도 치면 노기(怒氣)를 내고, 심하면 사람이 사람을 살해한다. 살기(殺氣)야말로 불선(不善)이다. 인간의 살기는 인간의 본성 그 자체로써 빚어지는 것이 아니다. 왜 노자(老子)가 "복귀어영아(復歸於嬰兒)"라고 했나? 갓난애[嬰兒]로[於] 돌아가라[復歸]. 맹자의 성선설을 잘 살펴보면 공맹(孔孟)과 노장(老莊)이 천명(天命)을 두고 논쟁하지 않음을 알 수 있다. 인간의 천성(天性) 내지 본성(本性)은 천명(天命)이지 인욕(人欲)이 아니다. 고자가 이를 모르고 하룻강아지 범 무서운 줄 모르고 시비를 걸고 있을 뿐이다.

그 기(其), 천성 성(性), 또한 역(亦), 같을 유(猶), 그 같을 시(是), ~이다 야(也)

제3장

3장 역시 본성에 관한 장이다. 고자(告子)가 생지위성(生之謂性)라고 밝히자 맹자(孟子)가 소의 본성[牛之性]과 사람의 본성[人之性]을 같다고 보느냐고 반문하여 고자의 설왕설래(說往說來)를 막아버리는 장이다. 군자부쟁(君子不爭)이라 하지만, 맹자는 거침없이 반론을 제기하여 유가(儒家)의 본성관(本性觀)을 간명하게 변론하는 장이다.

【문지(聞之)】

인지성(人之性)

【원문(原文)】

告子曰 生之謂性也이다 孟子曰 生之謂性也는 猶白之謂白與
고자왈 생지위성야 맹자왈 생지위성야 유백지위백여

아 曰 然하다 白羽之白也는 猶白雪之白이고 白雪之白은 猶白
왈 연 백우지백야 유백설지백 백설지백 유백

玉之白與아 曰 然하다 然則犬之性은 猶牛之性이고 牛之性은 猶
옥지백여 왈 연 연즉견지성 유우지성 우지성 유

人之性與아
인지성여

【해독(解讀)】

고자가 말했다[告子曰]. "난 것을 천성이라 일컫는 것이다[生之謂性也]." 맹자가 말했다[孟子曰]. "난 것을 천성이라 일컫는 것이란 흰 것을 희다고 말함과 같은 것인가[生之謂性也猶白之謂白與]." (고자가) 말했다[(曰]. "그렇다[然]." (맹자가 곧장 되받았다) "하얀 깃털의 하양이 하얀 눈의 하양과 같고[白羽之白也猶白雪之白], 하얀 눈의 하양은 하얀 구슬의 하양과 같다는 것인가[白雪之白猶白玉之白與]?" (고자가) 말했다[曰]. "그렇다[然]." (맹자가 되받았다) "그렇다면 곧[然則] 개의 천성은 소의 천성과 같고[犬之性猶牛之性], 소의 천성은 사람의 천성과 같은 것인가[牛之性猶人之性與]?"

【담소(談笑)】

生之謂性也(생지위성야)

▶ 난 것[生]을[之] 천성이라[性] 일컫는 것[謂]이다[也].

생지위성야(生之謂性也)는 〈A之謂B也〉꼴로 영어의 5형식 문장과 같다. 〈A(生)를[之] B(性)라 일컫는 것[謂]이다[也]〉 生之謂性也는 謂生性也에서 목적어인 생(生)을 생지(生之)로 하여 전치시킨 어투가 곧 生之謂性也이다. 물론 謂生性也의 어투는 드문 편이어서 生之謂性也의 어투로 자주 드러난다. 그리고 生之謂性也에서 허사인 지(之)의 구실을 어떻게 보느냐의 문제는 한마디로 잘라 말할 수는 없다. 그러나 生之謂性也의 지(之)를 토씨 구실을 하는 허사로 여기는 것이 가장 걸맞다고 생각한다. 토씨 구실을 하는 지(之)를 잘 정리해두면 그때그때 문맥에 따라 적절하게 허사인 지(之)를 우리말로 새길 수 있다. 그러니 허사인 지(之)를 〈A之B〉꼴로 다음처럼 알아두면 편하다. 〈A가[之] B, A의[之] B, A를[之] B, A에게[之] B, A하는[之] B〉 등처럼 〈A之B〉에서 A之가 B를 꾸미는 형용사구라고 여기고, 위와 같이 토씨인 지(之)를 허사로 이해하면 한문투의 문맥을 잡기 편하다. 이밖에 지(之)는 〈갈 거(去)〉와 같은 뜻도 있고, 〈그것 시(是)〉와 같기도 하다. 물론 生之謂性也에서 지(之)를 토씨인 허사로 보지 않고, 동격의 대명사처럼 여기고 생(生) 그것을[之] 성이라[性]하는 것[謂]이다[也]로 새겨도 된다. 이처럼 한문투는 그 맛[文味]을 자유롭게 낸다고 여기는 편이 편하다. 生之謂性也에서 생(生)은 태생(胎生)의 줄임말로 여기고, 생긴 대로의 생(生)으로 새기면 문맥이 통한다.

〈날 생(生)〉은 천명(天命)의 다른 말로 들어야 할 것이다. 그러면 왜 생(生) 그것을 목숨[天命]이라고 하는지 알 수 있다. 이번에는 고자가 노자(老子)와 같은 말을 하고 있다. 노자는 "만물추구(萬物芻狗)"라고 했다. 온갖 것은[萬物] (모두 다) 풀강아지이다[芻狗]. 사람도[人] 풀강아지[芻狗]이고 지렁이[土龍]도 풀강아지[芻狗]이며 개든 소든 다 풀강아지[芻狗]인 셈이니, 생(生)을 자연으로 보면 차별할 것 없다. 이는 도가(道家)의 입장이다. 2장에선 맹자가 도가와 통하는 말을 했었다. 이에 고자(告子)가 도가와 같은 입장에서 시비(是非)를 걸고 있는 중이다.

날 생(生), ~을 지(之), 일컬을 위(謂), 천성 성(性), ~이다 야(也)

生之謂性也猶白之謂白與(생지위성야유백지위백여)

▶ **난 것[生]을[之] 천성이라[性] 일컫는 것[謂]이란[也] 흰 것[白]을[之] 희다고[白] 말함과[謂] 같은 것[猶]인가[與]?**

생지위성야유백지위백여(生之謂性也猶白之謂白與)와 같은 어투의 문맥을 잡으려면 먼저 어조사인 야(也)를 주목해야 한다. 야(也)가 비록 어조사이지만 구문을 매듭을 짓는 표지 구실도 하기 때문이다. 그러므로 生之謂性也猶白之謂白與와 같은 어투를 만나면 〈A也猶B也〉처럼 구문의 골격을 가름해보면 문맥을 쉽게 잡을 수 있다. 〈A(生之謂性)이란[也] B(白之謂白)와 같은 것[猶]인가[與]〉로 새겨볼 수 있다. 生之謂性也猶白之謂白與에서 생지위성야(生之謂性也)는 주절이고, 유백지위백여(猶白之謂白與)는 술부이며, 백지위백(白之謂白)은 유(猶)의 보어이며, 여(與)는 의문어조사로 마침표 구실을 하여 〈~인가〉 정도로 새긴다. 그러니 生之謂性也猶白之謂白與는 영어의 2형식 문장과 같은 셈이다.

생지위성야유백지위백여(生之謂性也猶白之謂白與)에서 지(之)의 구실을 잘 모르면 문맥 잡기가 어렵다. 허사인 지(之)를 〈A之B〉꼴로 다음처럼 알아두면 편하다. 〈A가[之] B, A의[之] B, A를[之] B, A에게[之] B, A하는[之] B〉 등처럼 〈A之B〉에서 A之가 B를 꾸미는 형용사구라고 여기고, 위와 같이 토씨 구실을 하는 지(之)를 허사로 이해하면 문맥을 잡기 편하다. 물론 지(之)가 〈갈 거(去)〉와 같은 동사이기도 하고, 〈그것 시(是)〉와 같은 지시대명사이기도 하며, 자동사이기도 하다. 生之謂性也猶白之謂白與에서 유(猶)는

〈같을 여(如), 약(若), 사(似)〉 등과 같고, 유(猶)가 한문투에서 부사이면 〈오히려 상(尙)〉과 같다고 여기고 새긴다.

날 생(生), ~을 지(之), 일컬을 위(謂), 천성 성(性), ~이란 야(也), 같을 유(猶), 흰 것 백(白), ~을 지(之), ~인가 여(與)

然(연)

▶ 그렇다[然]

연(然)은 긍정하는 대답이다. 부정하는 대답은 불연(不然)이다. 영어로 친다면 연(然)은 Yes인 셈이고, 불연(不然)은 No인 셈이다.

그러할 연(然)

白羽之白也猶白雪之白(백우지백야유백설지백) 白雪之白猶白玉之白與(백설지백유백옥지백여)

▶ 하얀[白] 깃털[羽]의[之] 하양[白]이[也] 하얀[白] 눈[雪]의[之] 하양과[白] 같고[猶], 하얀[白] 눈[雪]의[之] 하양은[白] 하얀[白] 구슬[玉]의[之] 하양과[白] 같다는 것[猶]인가[與]?

백우지백야유백설지백(白羽之白也猶白雪之白)은 白羽之白也猶白雪之白與에서 의문어조사인 여(與)를 생략한 어투이다. 뒤이어 의문어조사인 여(與)가 되풀이되므로 앞의 것을 생략한 셈이다. 白羽之白也猶白雪之白는 〈A也猶B與〉처럼 골격을 가름해보면 문맥을 쉽게 잡을 수 있다. 〈A(白羽之白)이란[也] B(白雪之白)와 같은 것[猶]인가[與]〉라고 새길 수 있다. 말하자면 〈A也猶B與〉는 의문문이고, 〈A也猶B也〉는 2형식 평서문을 강조하는 어투라고 새기면 문맥을 잡는 데 편하다. 白羽之白也猶白雪之白에서 보듯이 한문투에서는 품사가 따로 정해져 있지 않다. 白羽之白也에서 앞의 백(白)은 우(羽)를 꾸며주는 형용사이고, 뒤의 백(白)은 명사이다. 이처럼 품사가 자유롭게 쓰인다. 그리고 白羽之白也猶白雪之白에서 지(之)는 소유격 토씨 구실을 하는 허사이다. 백우(白羽)의[之] 백(白).

백설지백유백옥지백여(白雪之白猶白玉之白與) 역시 〈A也猶B與〉꼴로 영어의 2형식 의문문과 같다. 물론 白雪之白也猶白玉之白與에서 주부인 백설지백야(白雪之白也)의 야(也)는 되풀이되므로 생략되었다. 白雪之白也猶白

玉之白與에서 유(猶)는 자동사로 〈같을 여(如), 약(若), 사(似)〉 등과 같고, 의문어조사인 〈~인가 여(與)〉는 의문어조사인 〈~이냐 호(乎)〉보다 완곡한 말씨로 반문하는 어조사라고 여긴다.

위와 같은 맹자의 반문에 고자(告子)가 곧장 그렇다[然]고 응했다. 그러자 다시 맹자는 고자에게 설왕설래할 기회를 주지 않고 연이어 반문해버리는 광경이 이어진다.

흰 백(白), 깃털 우(羽), ~의 지(之), 하양 백(白), ~이란 야(也), 같을 유(猶), 눈 설(雪), 구슬 옥(玉), ~인가 여(與)

然則犬之性猶牛之性(연즉견지성유우지성) 牛之性猶人之性與(우지성유인지성여)

▶ **그렇다면[然] 곧[則] 개[犬]의[之] 천성은[性] 소[牛]의[之] 천성과[性] 같고[猶], 소[牛]의[之] 천성은[性] 사람[人]의[之] 천성과[性] 같은 것[猶]인가[與]?**

연즉견지성유우지성(然則犬之性猶牛之性)은 〈A則B〉꼴로 조건의 부사절을 둔 영어의 복문과 같다. 〈A(然)면 곧[則] B(犬之性猶牛之性)인가[與]?〉 물론 然則犬之性猶牛之性與에서 의문어조사인 여(與)를 생략한 어투이다. 뒤이어 의문어조사 여(與)가 되풀이되므로 앞의 것을 생략한 것이고, 견지성유우지성(犬之性猶牛之性)은 然則犬之性猶牛之性의 주절이다. 犬之性猶牛之性에서 지(之)는 소유격 토씨로 허사이다. 견(犬)의[之] 성(性). 허사인 지(之)를 〈A之B〉꼴로 다음처럼 알아두면 편하다. 〈A가[之] B, A의[之] B, A를[之] B, A에게[之] B, A하는[之] B〉 등처럼 〈A之B〉에서 A之가 B를 꾸미는 형용사구라고 여기고, 위와 같이 토씨 구실을 하는 지(之)를 허사로 이해하면 문맥을 잡기가 편하다. 물론 지(之)는 〈갈 거(去)〉와 같은 뜻도 있고, 〈그것 시(是)〉와 같은 뜻도 있다.

우지성유인지성여(牛之性猶人之性與)는 然則牛之性猶人之性與에서 되풀이되는 내용인 연즉(然則)을 생략한 의문문이다. 牛之性猶人之性與에서 지(之)는 소유격 토씨인 허사이다. 견(犬)의[之] 성(性). 유(猶)는 자동사로 〈같을 여(如), 약(若), 사(似)〉 등과 같고, 의문어조사인 〈~인가 여(與)〉는 의문어조사인 〈~이냐 호(乎)〉보다 완곡한 말씨로 반문하는 의문어조사로 여기고 새긴다.

고자(告子)가 밝힌 생지위성(生之謂性)이 맞다[是]고 하면, 유가(儒家)가 주장하는 인수지변(人獸之辨)은 틀리다[非]고 해야 한다. 그러니 맹자가 발끈할 수밖에 없다. 만물이 모두 천명(天命)에 따른 것이란 점에선 양가(兩家)가 서로 같다. 그러나 유가는 만물은 저마다의 본성이 달라 분별된다 하고, 도가는 다 같으니까 분별할 것이 없다고 한다. 여기서 양가는 서로 길[道]을 달리한다. 고자는 도가의 길에 서 있고, 맹자는 유가의 길에 서 있는 셈이다. 그러니 맹자가 성난 불같이 고자에게 반문하자 고자의 입이 닫히고 만다. 맹자는 고자와 논쟁을 하자는 것이 아니라 말도 안 되는 소리 말라는 게다.

그럴 연(然), 곧 즉(則), 개 견(犬), ~의 지(之), 천성 성(性), 같을 유(猶), 소 우(牛), 사람 인(人), ~인가 여(與)

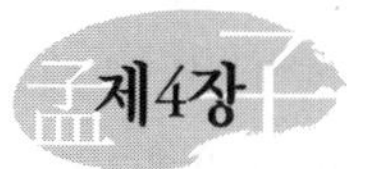

제4장

4장을 두 단락으로 나누어서 살펴보려고 한다. 편의상 단락을 나눈 것일 뿐 내용 때문에 그렇게 단락을 나눈 것은 아니다. 4장에서는 고자(告子)가 인의를 내외(內外)라고 주장한다. 인(仁)은 안[內]에 해당하고, 의(義)는 밖[外]에 해당한다면서 역시 양분하여 인의를 분별하려고 한다. 이에 맹자는 인의가 무슨 기물(器物)이냐고 반문하여 고자의 생각이 어긋나 있음을 간명하게 일축해버리는 장이다.

【문지(聞之) 1】

하이위인내의외야(何以謂仁內義外也)

【원문(原文)】

告子曰(고자왈) 食色(식색)이 性也(성야)이니 仁(인)은 內也(내야)이고 非外也(비외야)이며 義(의)는 外也(외야)이고 非內也(비내야)니이다 孟子曰(맹자왈) 何以謂仁內義外也(하이위인내의외야)오 曰(왈) 彼長而我長(피장이아장)

之이지 非有長於我也이니 猶彼白而我白之이다 從其白於外也
지 비 유 장 어 아 야 유 피 백 이 아 백 지 종 기 백 어 외 야

라 故로 謂之外也한다 曰 異於白이다 馬之白也는 無以異於白
고 위 지 외 야 왈 이 어 백 마 지 백 야 무 이 이 어 백

人之白也어니와 不識케라 長馬之長也는 無以異於長人之長與
인 지 백 야 불 식 장 마 지 장 야 무 이 이 어 장 인 지 장 여

아 且謂長者義乎아 長之者義乎아
차 위 장 자 의 호 장 지 자 의 호

【해독(解讀)】

고자가 말했다[告子曰]. "식욕과 색욕이 본성이다[食色性也]. 어짊은 (본성의) 안이지 (본성의) 밖은 아닌 것이고[仁內也非外也], 옳음은 (본성의) 밖이지 (본성의) 안은 아닌 것이다[義外也非內也]." 맹자가 말했다[孟子曰]. "무슨 까닭으로 어짊을 안이고 옳음을 밖이라 말하는 것인가[何以謂仁內義外也]? (고자가) 말했다[曰]. "저 사람이 나이가 많아서 내가 그를 모시는 것이지[彼長而我長之] 나에게 나이 많음이 있는 것은 아닌 것이다[非有長於我也]. 저것이 희어서 내가 저것을 희다 하는 것과 같다[猶彼白而我白之]. 바깥으로 그것의 하양을 좇은 것이기[從其白於外也] 때문에[故] 그 하양을 바깥이라고 말한 것이다[謂之外也]." (맹자가) 말했다[曰]. "(인의란) 하양과는 다르다[異於白]. 말의 흰색이라면[馬之白也] 하얀 사람의 흰색과 다를 까닭이 없는 것이다[無以異於白人之白也]. 모르기는 해도[不識] 늙은 말의 늙음이라면[長馬之長也] 늙은 사람의 늙음과 다를 까닭이 없는 것일까[無以異於長人之長與]? 또 늙은 것을 옳음이라 말할 것인가[且謂長者義乎]? 늙음을 받드는 것을 옳음이라 하겠는가[長之者義乎]?"

【담소(談笑)】

食色性也(식색성야)

▶ 식욕과[食] 색욕이[色] 본성[性]이다[也].

식색성야(食色性也)는 食性也 而色性也를 하나처럼 묶은 어투이다. 말하자면 〈AB也〉꼴 구문 둘을 하나처럼 묶었다는 말이다. 그러니 食色性也는 〈AB也〉꼴로 영어의 2형식 문장과 같은 어투이다. 〈A(食色)는 B(性)이다[也]〉 食色性也에서 식색(食色)은 주부이고, 성(性)은 보어이다. 食色性也에서 식(食)은 〈먹을 식(食)〉으로 식욕(食欲)의 줄임말로 여기고, 색(色)은 〈암수 색(色)〉으로 색욕(色欲)의 줄임말로 여기고 새긴다. 그리고 〈AB也〉

꼴은 〈A是B〉꼴과 같다. 〈A是B〉의 시(是)는 〈이 시(是)〉의 지시어가 아니라 〈~이다 야(也)〉와 같이 어조사이다.

먹을 식(食), 이성 색(色), 천성 성(性), ~이다 야(也)

仁內也非外也(인내야비외야)

▶ 어짊은[仁] (본성의) 안[內]이지[也] (본성의) 밖은[外] 아닌 것[非]이다[也].

인내야비외야(仁內也非外也)는 仁性之內也 而仁非性之外也에서 문맥으로 보충될 수 있는 내용이 성지(性之)와 되풀이되는 내용이 인(仁)을 생략하여 영어로 친다면 중문을 단문처럼 줄인 것이다. 仁內也非外也는 〈AB也〉꼴과 〈A非B也〉꼴을 하나처럼 묶어둔 것이다. 〈인은[仁] 내[內]이다[也]. 그리고[而] 인은[仁] 밖이[外] 아닌 것[非]이다[也]〉를, 인은[仁] 내[內]이지[也] 밖이[外] 아닌 것[非]이다[也]로 줄인 어투가 곧 仁內也非外也이다. 특히 〈A非B也〉에서 비(非)는 B를 부정하면서, 동시에 A의 보어인 〈아닌 것 비(非)〉라고 알아두면 한문투의 문맥을 잡는 데 편하다.

어질 인(仁), 안 내(內), ~이지 야(也), 아닌 것 비(非), 바깥 외(外), ~이다 야(也)

義外也非內也(의외야비내야)

▶ 옳음은[義] (본성의) 밖[外]이지[也] (본성의) 안은[內] 아닌 것[非]이다[也].

의외야비내야(義外也非內也)는 義性之外也 而義非性之內也에서 문맥으로 보충될 수 있는 내용인 성지(性之)와, 되풀이되는 내용인 의(義)를 생략하여 하나로 묶어버린 어투이다. 義外也非內也는 〈AB也〉꼴과 〈A非B也〉꼴을 하나처럼 묶어둔 것이다. 〈옳음은[義] 밖[外]이다[也]. 그리고[而] 옳음은[義] 안이[內] 아닌 것[非]이다[也]〉를, 옳음은[義] 밖[外]이지[也] 안이[內] 아닌 것[非]이다[也]로 줄인 어투가 곧 義外也非內也이다. 〈A非B也〉에서 비(非)는 B를 부정하면서, 동시에 A의 보어인 〈아닌 것 비(非)〉라고 알아두면 편하다.

옳을 의(義), 안 내(內), ~이지 야(也), 아닌 것 비(非), 바깥 외(外), ~이다 야(也)

何以謂仁內義外也(하이위인내의외야)

▶ 무슨[何] 까닭으로[以] 어짊을[仁] 안이고[內] 옳음을[義] 밖이라[外] 말하는 것[謂]인가[也]?

하이위인내의외야(何以謂仁內義外也)는 何以故子謂仁內也 而何以故子謂義外也에서 되풀이되는 내용인 하이(何以)와, 문맥으로 보충될 수 있는 내용인 자(子)을 생략한 어투로 〈A謂BC〉꼴이다. 생략된 내용을 보충해보면 何以謂仁內義外也는 영어의 5형식 의문문 둘을 하나처럼 묶은 것임을 알 수 있다. 〈A(子)는 B를 C라고 말한다[謂]〉 만약에 의미상 주어인 〈그대 자(子)〉를 생략하는 경우라면 〈A謂BC〉를 〈B之謂C〉로 바꾼다. 〈B를[之] C라 말한다[謂]〉 〈A謂BC〉에서 A는 주어이고, B는 목적어이며, C는 목적격 보어라고 여긴다.

하이위인내의외야(何以謂仁內義外也)에서 하이(何以)가 하이고(何以故)의 고(故)를 생략한 원인의 의문부사구임을 알아야, 야(也)가 〈~인가 호(乎)〉와 같은 것을 알아채고 何以謂仁內義外也의 문맥을 쉽게 잡아낼 수 있다. 그러므로 何以謂仁內義外也에서 이(以)를 잘 정리해두어야 한다. 이(以)는 한문투에서 매우 다양한 구실을 하면서 다양한 뜻을 나타내기 때문에 다음처럼 정리해두면 편하다. 특히 이(以)는 〈以A〉 또는 〈A以〉꼴로 잘 정리해둘수록 편리하다. 이(以)는 〈以A〉처럼 전치사로, 또는 〈A以〉처럼 후치사 구실을 자유롭게 한다. 〈할 이(以) = 위(爲), 써 이(以) = 용(用), 생각할 이(以) = 사(思), 거느릴 이(以) = 솔(率), 때문에 이(以) = 인(因), 더불어 이(以) = 여(與), 하여금 이(以) = 사(使), 이미 이(以) = 이(已)〉 물론 〈까닭 이(以)〉로 명사 구실도 하는데, 주로 유이(有以)·무이(無以) 꼴일 때가 대부분이다.

> 무엇 하(何), 때문에 이(以), 말할 위(謂), 어짊 인(仁), 안 내(內), 옳음 의(義), 밖 외(外), ~인가 야(也)

彼長而我長之非有長於我也(피장이아장지비유장어아야) 猶彼白而我白之(유피백이아백지)

▶ 저 사람이[彼] 나이가 많아[長]서[而] 내가[我] 그를[之] 모시는 것이지[長] 나[我]에게[於] 나이 많음이[長] 있는 것은[有] 아닌 것[非]이란[也],

저것이[彼] 희어[白]서[而] 내가[我] 저것을[之] 희다 하는 것과[白] 같다[猶].

피장이아장지비유장어아야유피백이아백지(彼長而我長之非有長於我也猶彼白而我白之)는 구문이 길지만 〈A也猶B也〉, 〈A也猶B〉, 〈A猶B也〉, 〈A猶B〉 등의 꼴을 알고 있다면 쉽게 彼長而我長之非有長於我也猶彼白而我白之의 골격을 가름하여 문맥을 잡을 수 있다. 彼長而我長之非有長於我也猶彼白而我白之는 〈A也猶B〉꼴로 영어의 2형식 문장과 같다. 〈A(彼長而我長之非有長於我)란[也] B(彼白而我白之)와 같다[猶]〉 彼長而我長之非有長於我也猶彼白而我白之에서 피장이아장지비유장어아야(彼長而我長之非有長於我也)는 자동사인 유(猶)의 주부이고, 피백이아백지(彼白而我白之)는 유(猶)의 보어이다.

피장이아장지비유장어아야(彼長而我長之非有長於我也)는 〈A非B也〉꼴로 영어의 2형식 부정문과 같다. 〈A(彼長而我長之)는 B(有長於我)가 아닌 것[非]이다[也]〉 彼長而我長之非有長於我也에서 피장이아장지(彼長而我長之)는 주부이고, 비(非)는 보어이며, 유장어아(有長於我)는 비(非)를 꾸며준다. 특히 〈A非B也〉에서 비(非)는 B를 부정하면서, 동시에 A의 보어인 〈아닌 것 비(非)〉라고 알아두면 한문투의 문맥을 잡는 데 편하다. 〈A는 B가 아닌 것[非]이다[也]〉 그리고 彼長而我長之非有長於我也를 보면 한문투에는 결정된 품사가 없음을 분명하게 알 수 있다. 彼長而我長之非有長於我也에서 장(長)은 세 번에 걸쳐 나오지만 저미다 뜻을 달리하고 있다. 彼長而我長之非有長於我也에서 피장(彼長)의 장(長)은 〈늙을 로(老)〉와 같아 형용사인 〈나이 많을 장(長)〉이고, 장지(長之)의 장(長)은 〈받들 봉(奉)〉과 같아 동사인 〈받들 장(長)〉이며, 유장(有長)의 장(長)은 명사인 〈연장(年長) 장(長)〉이다. 이처럼 한문투에서는 같은 글자라도 품사 구실을 자유롭게 한다. 그런 까닭에 문맥을 놓치면 문의를 건질 수 없게 된다.

유피백이아백지(猶彼白而我白之)는 彼長而我長之非有長於我也猶彼白而我白之의 술부이다. 한문투에서 주부의 구문이 길면 주부와 술부를 나누어 새기는 것이 문맥 잡기가 편하다. 猶彼白而我白之에서 유(猶)는 자동사로 〈같을 여(如), 약(若), 사(似)〉 등과 같고, 보어인 彼白而我白之에서 피백(彼白)의 백(白)은 형용사로 〈휠 소(素)〉와 같아 영어의 white와 같고, 아백지

(我白之)의 백(白)은 타동사로 〈희다 한다 백(白)〉처럼 영어의 whiten과 같다고 여긴다. 이처럼 한문투에서는 품사가 따로 결정되어 있지 않음을 늘 유념하면서 문맥을 잡아가려고 노력해야 한다. 한문투를 문맥에 따른 어투라고 말할 정도이다. 猶彼白而我白之에서 彼白而我白之를 따로 떼어내 하나의 중문처럼 여기고 문맥을 잡은 다음, 유(猶)의 보어로 해주면 문맥을 잡을 수 있다. 〈저것이[彼] 희다[白]. 그래서[而] 내가[我] 저것을[之] 희다 한다[白]〉고 먼저 새긴 다음, 저것이[彼] 희어[白]서[而] 내가[我] 저것을[之] 희다 하는 것과[白] 같다[猶]고 새기면 猶彼白而我白之의 문맥이 잡혀 문의를 건질 수 있다는 말이다. 백(白)은 한문투에서 여러 가지 뜻을 나타낸다. 〈흰 백(白) = 소(素), 밝을 백(白) = 명(明), 빛 백(白) = 광(光), 맑을 백(白) = 결(潔), 말할 백(白) = 고(告), 없을 백(白) = 무(無)〉 등이다.

> 저 피(彼), 나이 많을 장(長), 그래서 이(而), 나 아(我), 모실 장(長), 그 지(之), 아닌 것 비(非), 있을 유(有), ~에게 어(於), ~이다 야(也), 같을 유(猶)

從其白於外也(종기백어외야) 故謂之外也(고위지외야)

▶ **바깥[外]으로[於] 그것의[其] 하양을[白] 따른 것[從]이기[也] 때문에[故] 그 하양을[之] 바깥이라고[外] 말한 것[謂]이다[也].**

종기백어외야고위지외야(從其白於外也故謂之外也)와 같은 어투에서는 먼저 고(故)를 주목해야 한다. 〈A故B〉꼴로 그 문맥을 가늠해볼 수 있기 때문이다. 〈A(從其白於外也)한다. 그래므로[故] B(謂之外也)한다〉고 먼저 새겨보면 從其白於外也故謂之外也의 문맥이 잡힌다. 〈A故B〉꼴은 〈A(從其白於外也)〉와 〈B(謂之外也)〉를 나누어서 마치 독립구문처럼 여기고 새기면 문맥을 잡아 문의를 건져내기 쉽다.

종기백어외야(從其白於外也)는 我從其白於外也에서 문맥으로 보충될 수 있으므로 주어인 아(我)를 생략한 어투이다. 從其白於外也에서 종(從)은 타동사이며 〈따를 수(隨)〉와 같고, 기백(其白)은 종(從)의 목적어이며, 어외(於外)는 종(從)을 돕는 부사구이고, 야(也)는 ~이다 정도로 새기는 문미의 어조사이다. 從其白於外는 바깥[外]으로[於] 그것의[其] 하양을[白] 따른다[從]고 새겨 영어의 3형식 문장과 같고, 從其白於外也는 〈바깥[外]으로[於] 그것의[其] 하양을[白] 따른 것[從]이다[也]라고 새겨 영어의 2형식 문장과 같게 되니, 어떻게 새기든 문맥의 내용에는 상관없다. 이처럼 어조사 내지 허사는 구문의 내용에 영향을 미치지 않고, 다만 어조나 어세를 드러나게 하는 정도라고 여기면 편하다.

고(故)는 시고왈(是故曰)을 줄인 꼴이다. 위의 내용[是]이므로[故] 다음처럼 말한다[曰]는 뜻으로 쓰인다. 앞의 내용을 근거로 하여 판단이나 결론을 내릴 때 쓰이는 셈이다. 시고왈(是故曰)을 시고(是故)로 줄이거나 고왈(故曰)로 줄이기도 하고, 그냥 고(故)라고 하는 경우가 보통이다.

위지외야(謂之外也)는 我謂之外也에서 역시 문맥으로 보충될 수 있으므로 주어인 아(我)를 생략한 어투이다. 謂之外也에서 위(謂)는 타동사로 〈고할 고(告)〉와 같고, 지(之)는 앞에 나온 기백(其白)을 나타내는 지시대명사이며, 외(外)는 목적격 보어이고, 야(也)는 ~이다 정도로 새기는 문미의 어조사이다. 謂之外也에서 야(也)를 뺀 謂之外는 그 하양을[之] 바깥이라고[外] 말한다[謂]고 새겨 영어의 5형식 문장과 같게 되고, 야(也)를 살린 謂之外也는 그 하양을[之] 바깥이라고[外] 말한 것[謂]이다[也]로 새겨 영어의 2형식 문장과 같게 된다. 〈謂AB〉꼴로 알아두면 편하다. 〈A를 B라고 말한다[謂]〉

고자(告子)가 인의(仁義)를 내외(內外)로 분별하니, 인(仁)은 나[我]의 안[內]에 있고 의(義)는 나[我]의 밖[外]에 있는 것이 되고 만다. 이런 분별은 따지고 보면 궤변에 불과하다. 인의는 모두 마음을 떠날 수 없으므로 인의는 심성(心性)이다. 인의를 한 마디로 선(善)이라 해도 될 것이요, 덕(德)이라 해도 될 일이다. 고자처럼 나누어 말할 것 없다. 장지(長之)는 인(仁)이고 백지(白之)는 의(義)라고 아는 척하지 말라. 인의를 둘[二]로 보면 다 헛소리다.

따를 종(從), 그 기(其), 흰색 백(白), ~으로 어(於), 바깥 외(外), ~이기 야(也), 때문에 고(故), 말할 위(謂), 그것 지(之), ~이다 야(也)

異於白(이어백)

▶ (인의란) 하양[白]과는[於] 다르다[異].

이어백(異於白)은 仁義異於白에서 문맥으로 보충될 수 있으므로 주어인 인의(仁義)를 생략한 어투이다. 異於白에서 이(異)는 같지 않다[不同]는 뜻으로 자동사이고, 어백(於白)은 이(異)를 돕는 부사구이다. 〈A異於B〉꼴로 알아두면 편하다. 〈A는 B와[於] 다르다[異]〉 異於白에서 이(異)는 부동(不

同)·불합(不合)과 같고, 서로 다르다[相異]는 뜻으로 여기면 쉽게 문의가 잡힌다. 異於白에서 어(於)는 어조사이며 영어의 from과 같다고 여기고, 백(白)은 명사로 백색(白色)의 줄임말로 여기고 새긴다. 어(於)는 한문투에서 여러 가지 뜻을 나타낸다. 〈어조사 어(於), 갈 어(於) = 왕(往), 머물러 살 어(於) = 거(居), 대신할 어(於) = 대(代), 이 어(於) = 차(此), ~보다 어(於) = 비(比)〉 등이다.

맹자는 고자(告子)에게 인의(仁義)를 내외(內外)로 비유할 수 없음은 물론이고, 의(義)가 설령 바깥[外]이라 한들 색깔[白] 따위로 비유될 수 없음을 분명히 해두고자 먼저 "이어백(異於白)"이라고 단서를 달고 있다. 이는 고자의 비유가 걸맞지 않다는 말이다.

다를 이(異), ~과 어(於), 하얀(흰색) 백(白)

馬之白也(마지백야) 無以異於白人之白也(무이이어백인지백야)

▶ **말[馬]의[之] 흰색[白]이라면[也] 하얀[白] 사람[人]의[之] 흰색[白]과[於] 다를[異] 까닭이[以] 없는 것[無]이다[也].**

마지백야무이이어백인지백야(馬之白也無以異於白人之白也)는 〈A無B〉꼴로 영어의 1형식 문장과 같다. 〈A(馬之白也)라면 B(以異於白人之白)가 없는 것[無]이다[也]〉 馬之白也無以異白人之白也에서 이(以)가 까닭[以]으로 명사이면서 〈없을 무(無)〉의 주어임을 알지 못하면 문맥을 잡기가 어렵다. 馬之白也無以異白人之白也의 무이(無以)는 관용어처럼 쓰이는 어투이다. 〈A無以B〉꼴과 〈A有以B〉꼴을 함께 알아두면 편하다. 〈A라면 B할 까닭이[以] 없다[無]〉, 〈A라면 B할 까닭이[以] 있다[有]〉 한문투에서 이(以)는 매우 다양한 품사 구실을 하면서 다양한 뜻을 나타내므로 다음처럼 정리해두면 문맥을 잡는 데 편하다. 이(以)는 〈以A〉 또는 〈A以〉꼴로 잘 정리해둘수록 편리하다. 이(以)는 〈以A〉처럼 전치사로, 또는 〈A以〉처럼 후치사 구실을 자유롭게 하기 때문이다. 〈할 이(以) = 위(爲), 써 이(以) = 용(用), 생각할 이(以) = 사(思), 거느릴 이(以) = 솔(率), 때문에 이(以) = 인(因), 더불어 이(以) = 여(與), 하여금 이(以) = 사(使), 이미 이(以) = 이(已)〉 물론 〈까닭 이(以)〉로 명사구실도 하는데 주로 유이(有以)·무이(無以) 꼴일 때가 대부분이다.

말 마(馬), ~의 지(之), 흰색 백(白), 어조사 야(也), 없을 무(無), 까닭 이(以), 다를 이(異), ~과 어(於), 흰 백(白), ~의 지(之), 하양(흰색) 백(白), ~이다 야(也)

不識(불식)

▶ **모른다[不識].**

불식(不識)은 말하다가 중간에 별 뜻 없이 말을 이어가는 삽입구에 불과하다. 상대편에게 반문하면서 상대편을 거슬리지 않게 하려는 말 이음새가 곧 불식(不識)이다.

아니 불(不), 알 식(識)

長馬之長也(장마지장야) 無以異於長人之長與(무이이어장인지장여)

▶ **늙은[長] 말[馬]의[之] 늙음[長]이라면[也] 늙은[長] 사람[人]의[之] 늙음[長]과[於] 다를[異] 까닭이[以] 없는 것[無]일까[與].**

장마지장야무이이어장인지장여(長馬之長也無以異於長人之長與)는 〈A無B與〉꼴로 영어의 1형식 문장과 같다. 〈A(長馬之長也)라면 B(以異於長人之長)가 없는 것[無]이다[與]〉 長馬之長也無以異於長人之長與에서 이(以)가 까닭[以]로 명사이면서 〈없을 무(無)〉의 주어임을 알지 못하면 문맥 잡기가 어렵나. 長馬之長也無以異於長人之長與의 무이(無以)는 관용이치럼 쓰이는 어투에 속한다. 〈A無以B〉꼴과 〈A有以B〉꼴을 함께 알아두면 편하다. 〈A라면 B할 까닭이[以] 없다[無]〉, 〈A라면 B할 까닭이[以] 있다[有]〉 한문투에서 이(以)는 매우 다양한 구실을 하면서 다양한 뜻을 나타내므로 잘 정리해두면 문맥을 잡는 데 편하다. 長馬之長與에서 앞의 장(長)은 마(馬)를 꾸미는 형용사로 〈늙을 장(長)〉으로 새기고, 뒤의 장(長)은 명사인 〈늙음 장(長)〉이다. 無以異於長人之長也에서 무(無)는 자동사이고, 이(以)는 〈까닭 이(以)〉로 명사이며 무(無)의 주어이고, 이어장인지장(異於長人之長)은 이(以)를 꾸며주는 형용사절로 여기고 새기면 문맥이 통한다. 이어장인지장(異於長人之長)에서도 앞의 장(長)은 인(人)을 꾸미는 형용사로 〈늙을 장(長)〉으로 새기고, 뒤의 장(長)은 명사이며 〈늙음 장(長)〉이다. 이처럼 한문투에는 품사가 결정되어 있지 않음을 늘 유념하면서 문맥을 살펴야 한다.

늙을 장(長), 말 마(馬), 늙음 장(長), 어조사 야(也), 없을 무(無), 까닭 이(以), 다를 이(異), ~과 어(於), ~인가 여(與)

且謂長者義乎(차위장자의호)

▶ 또[且] 늙은[長] 사람을[者] 옳음이라[義] 말할 것[謂]인가[乎]?

차위장자의호(且謂長者義乎)는 且子謂長者義乎에서 문맥에 따라 보충될 수 있는 주어인 〈그대 자(子)〉를 생략한 어투이다. 且謂長者義乎는 〈謂AB〉 꼴로 영어의 5형식 문장과 같다. 〈A(長者)를 B(義)라고 말한다[謂]〉 물론 끝에 의문어조사 〈~인가 호(乎)〉가 붙어 있으므로 〈A(長者] B(義)라고 말하겠는가[謂乎]?〉로 새긴다. 장자(長者)는 윗사람, 손윗사람, 덕이 높은 사람, 신분이 높은 사람 등으로 여러 뜻이 있고 불교에선 십덕(十德)을 갖춘 선도(善徒)를 장자(長者)라고 하지만, 여기선 장자(長者)를 노인(老人)과 같은 말로 여기고 새기면 문맥과 걸맞아진다. 물론 且謂長者義乎에서 장자(長者)를 늙은[長] 것[者]으로 새길 수도 있고, 늙은[長] 사람[者]으로 새길 수도 있다. 아래 ⑤를 살펴보면 알 수 있다. 이는 자(者)가 한문투에서 다양한 뜻을 나타내는 까닭이다. 자(者)를 아래와 같이 정리하여 알아두면 한문투의 문맥을 잡아 문의를 건져내는 데 쉽고 편하다.

① 주어를 강조하는 자(者) : 〈A者B也〉, 〈A란 것은[者] B이다[也]〉

② 주어와 술부를 강조하는 자(者) : 〈A者B者也〉, 〈A란 것은[者] B란 것[者]이다[也]〉 A와 B를 아울러 강조한다.

③ 가정의 어조사 구실을 하는 자(者) : 〈A者B〉, 〈A하면[者] B한다〉 여기서 자(者)는 영어 조건절의 종속접속사인 If와 같다.

④ 어조사인 자(者) : 〈AB者〉, 〈A는 B이다[者]〉. 구문 끝에 붙어 야(也)와 같은 구실을 한다.

⑤ 지(之) + 명사를 축약하는 자(者) : 지지인불혹(知之人不惑)의 지인(之人)을 자(者)로 축약하여 지자불혹(知者不惑)이라고 하는데, 이러한 자(者)가 한문투에 자주 쓰인다. 〈것 자(者), 놈 자(者)〉이고, 이런 구실 때문에 자(者)를 대명사로 여길 수도 있다.

또 차(且), 말할 위(謂), 늙을 장(長), 사람 자(者), 옳음 의(義), ~인가 호(乎)

長之者義乎(장지자의호)

▶ 늙음을[之] 받드는[長] 것을[者] 옳음[義]이라 하겠는가[乎]?

장지자의호(長之者義乎) 역시 子謂長之者義乎에서 문맥에 따라 보충될 수 있는 내용이므로 주어인 〈그대 자(子)〉와 타동사인 〈말할 위(謂)〉를 생략하고, 목적구인 장지자(長之者)와 목적격 보어인 의(義)만 남기고 의문어 조사 〈~인가 호(乎)〉를 붙인 어투이다. 이 역시 영어의 5형식 문장과 같은 어투로 여기고 새겨야 우리말답게 문맥이 잡힌다. 한문투는 되풀이되는 내용을 사정없이 생략해버린다. 이 점을 늘 유의하면서 우리말로 새길 때는 생략된 내용을 보충해주어야 한문투의 문맥을 잡아 문의를 건질 수 있다. 그래서 長之者義乎일지라도 謂長之者義乎로 여기고 새겨야 우리말로 長之者義乎의 문맥을 잡아낼 수 있다.

長之者義乎의 장(長)은 문맥을 따라 걸맞은 뜻을 〈받들 장(長) = 봉(奉) = 사(事)〉로 보고 타동사인 〈받든다(長)〉는 뜻으로 새긴다. 물론 자전(字典)의 장(長)을 열어보아도 〈받들 장(長) = 봉(奉)〉이란 풀이가 없을 것이고 또한 〈늙을 장(長) = 노(老)〉란 풀이도 없을 것이다. 그러나 〈길 장(長)〉에서 충분히 유추하여 문맥에 걸맞은 뜻을 〈늙을 장(長), 받들 장(長)〉으로 뜻을 주어 새길 수 있다. 한문투의 글자들이 이런 까닭에 문맥의 문미(文味)를 깊이 따져보라는 것이다. 장(長)은 한문투에서 다양한 뜻을 나타낸다. 〈길 장(長) = 짧을 단(短)의 반대, 늘 장(長) = 상(常), 영원할 장(長) = 영(永) = 원(遠), 오랠 장(長) = 구(久), 착할 장(長) = 선(善), 많을 장(長) = 다(多), 뛰어날 장(長) = 우(優), 클 장(莊) = 대(大), 나아갈 장(長) = 진(進), 잴 장(長)〉 등 문맥에 따라 여러 가지 다양한 뜻을 나타내는 글자가 바로 장(長)이다.

어찌 인의(仁義)를 안팎으로 분별하고 색깔을 들어 풀이할 수 있단 말인가? 어찌 노인 즉 장자(長者)를 모신다 해서 그 마음가짐을 몰아서 인(仁)이라 하여 안[內]이라 할 수 있는가? 늙은이의 백발을 보고 하얗[白]이라고 말한다고 해서 어찌 의(義)가 되고 겉[外]이란 말인가? 인의를 그렇게 분별하는 것은 인의를 알지 못하고 말하는 것에 불과할 뿐이다. 노자가 지자불언(知者不言)하고 언자부지(言者不知)라고 한 말이 앞선다. 아는[知] 사람은

[者] 말하지 않고[不言] 말하는[言] 사람은[者] 알지 못한다[不知]. 고자는 언자(言者)이고 맹자는 지자(知者)인 셈이다. 지자가 언자에게 반문하면 말문을 닫을수록 수렁에 덜 빠질 수 있다. 고자는 이를 모르고 입을 연다.

받들 장(長), 그것 지(之), 것 자(者), 옳음 의(義), ~인가 호(乎)

【문지(聞之) 2】

기자역유외여(耆炙亦有外與)

【원문(原文)】

曰 吾弟則愛之하고 秦人之弟不愛也이니 是以我爲悅者也니이다 故로 謂之內니이다 長楚人之長하고 亦長吾之長하니 是以長爲悅者也니이다 故로 謂之外也니이다 曰 耆秦人之炙이라면 無以異於耆吾炙이니 夫物則亦有然者也이라 然則耆炙亦有外與아

왈 오제즉애지 진인지제불애야 시이아위열자야 고 위지내 장초인지장 역장오지장 시이장위열자야 고 위지외야 왈 기진인지자 무이이어기오자 부물즉역유연자야 연즉기자역유외여

【해독(解讀)】

(고자가) 말했다[曰]. "내 아우가 곧 그것을 사랑하지만 진나라 사람의 아우는 (그것을) 사랑하지 않는 것이라면[吾弟則愛之秦人之弟不愛也], 이 때문에 나는 기뻐하는 사람이 되는 것이다[是以我爲悅者也]. 그래서[故] 그것(悅者)을 안이라 말한다[謂之內]. 초나라 사람의 나이든 이를 모시고 또한 우리의 나이든 이를 모시면[長楚人之長亦長吾之長] 이 때문에 나이든 이들은 기뻐하는 사람이 되는 것이다[是以長爲悅者也]. 그래서[故] 그것(長者)을 밖이라고 한 것이다[謂之外也]." (맹자가) 말했다[曰]. "진나라 사람의 불고기를 좋아하는 것이면 내 불고기를 좋아하는 것과 다를 까닭이 없다[耆秦人之炙無以異於耆吾炙]. 무릇 물건에는 곧 또한 그런 것이 있는 것이다[夫物則亦有然者也]. 그렇다면 곧 불에 구운 고기를 좋아하는데도 또한 바깥이 있다는 것인가[然則耆炙亦有外與]?"

【담소(談笑)】

吾弟則愛之秦人之弟不愛也(오제즉애지진인지제불애야) 是以我爲悅者也(시이아위열자야)

▶ 내[吾] 아우가[弟] 곧[則] 그것[長者]을[之] 사랑하지만[愛] 진나라[秦]

사람[人]의[之] 아우는[弟] (그것을) 사랑하지 않는 것[不愛]이면[也] 이[是] 때문에[以] 나는[我] 기뻐하는[悅] 사람이[者] 되는 것[爲]이다[也].

오제즉애지진인지제불애야시이아위열자야(吾弟則愛之秦人之弟不愛也是以我爲悅者也)는 긴 어투이지만 구문 끝에 붙여서 구문을 결정하는 야(也)와 지시어인 시(是)를 주목하면 吾弟則愛之秦人之弟不愛也是以我爲悅者也의 골격을 쉽게 찾아낼 수 있다. 吾弟則愛之秦人之弟不愛也是以我爲悅者也의 시(是)는 오제즉애지진인지제불애야(吾弟則愛之秦人之弟不愛也)를 대신해 주는 지시어이므로 是以我爲悅者也에서 이(以)를 사역동사인 〈하여금 이(以)〉로 보고 새길 수도 있고, 이(以)를 원인을 나타내는 〈때문에 이(以)〉로 보고 새길 수도 있다. 吾弟則愛之秦人之弟不愛也는 시(是)의 동격절이니 吾弟則愛之秦人之弟不愛也是以我爲悅者也의 주절인 시이아위열자야(是以我爲悅者也)의 골격을 먼저 살펴보는 것이 吾弟則愛之秦人之弟不愛也是以我爲悅者也의 문맥을 잡기 편하다. 是以我爲悅者也의 시이(是以)를 새기는 데 따라 是以我爲悅者也의 골격은 두 경우로 나누어진다. 구문 끝에 야(也)가 붙었으므로 두 경우 모두 영어의 2형식 문장처럼 새기게 되지만, 야(也)를 생략한 是以我爲悅者의 경우에는 시이(是以)에 따라 그 새김이 달라진다. 이 부분은 뒤에서 자세히 살펴볼 것이다.

吾弟則愛之秦人之弟不愛也是以我爲悅者也에서 시(是)의 동격절인 오제즉애지진인지제불애야(吾弟則愛之秦人之弟不愛也)를 독립시켜 본다면 구문 끝의 야(也)가 구문을 결정짓는 어조사로 〈~이다 야(也)〉이지만, 뒤이어지는 시이아위열자야(是以我爲悅者也)와 합쳐서 본다면 ~이면 정도의 어조사라고 보면 된다. 吾弟則愛之秦人之弟不愛也의 불애(不愛)는 불애지(不愛之)에서 지(之)가 되풀이되는 내용이어서 생략한 어투이다. 吾弟則愛之秦人之弟不愛也에서 즉(則)은 어조사이고, 애(愛)는 〈좋아할 호(好), 친할 친(親)〉과 같고 애호(愛好)·애친(愛親)의 줄임말로 여기고 새기고, 애지(愛之)의 지(之)는 〈그것 지(之)〉로 나[吾]를 나타내는 지시대명사이며, 진인지제(秦人之弟)의 지(之)는 소유격 토씨인 〈~의 지(之)〉로 허사이다.

是以我爲悅者也에서 시(是)는 앞의 내용인 오제즉애지진인지제불애야(吾弟則愛之秦人之弟不愛也)를 나타내주는 지시어이고, 시이(是以)의 이(以)를 〈때문에 인(因)〉과 같다고 보면 시이(是以)는 부사구이고, 是以我爲

悅者也의 아(我)는 주어이고, 위열자(爲說者)는 술부로 보어이다. 그러나 시이(是以)의 이(以)를 〈하여금 사(使)〉와 같다고 보면 是以我爲悅者也의 시(是)가 주어이고, 아(我)는 이(以)의 목적어이며, 위열자(爲說者)는 목적격 보어이다. 그래서 是以我爲悅者也에서 끝의 야(也)를 없애고 是以我爲悅者로 하여 〈때문에 이(以)〉로 여기고 새기면, 이[是] 때문에[以] 나는[我] 기뻐하는 사람이[悅者] 된다[爲]고 새겨 영어의 2형식 문장과 같게 된다. 그러나 是以我爲悅者의 이(以)를 사역동사인 〈하여금 이(以)〉로 보고 새기면, 이는[是] 나로[我] 하여금[以] 기뻐하는 사람이[悅者] 되게 한다[爲]고 새겨 영어의 5형식 문장과 같게 된다. 위의 두 경우 중에서 어느 쪽을 택하든 吾弟則愛之秦人之弟不愛之也是以我爲悅者也의 문맥과 어긋나지 않는 문의를 건질 수 있다. 그러나 시이(是以)의 이(以)를 사역동사로 보는 경우보다 원인을 나타내는 부사구로 여기고 새기는 것이 더 우리말답게 새겨지는 경우가 많다고 알아두면 한문투의 문맥을 잡는 데 편하다. 是以我爲悅者也에서 열자(悅者)의 열(悅)은 〈기뻐할 열(說)〉과 같다.

나의 오(吾), 아우 제(弟), 곧 즉(則), 그것 지(之), 진나라 진(秦), ~의 지(之), 아니 불(不), ~이면 야(也), 이 시(是), 하여금 이(以), 나 아(我), 될 위(爲), 기뻐할 열(悅), 것 자(者), ~이다 야(也)

故(고)

▶ **그러므로[故]**

고(故)는 시고왈(是故曰)을 줄인 꼴이다. 위의 내용[是]이므로[故] 다음처럼 말한다[曰]는 뜻으로 쓰인다. 앞의 내용을 근거로 하여 판단이나 결론을 내릴 때 쓰이는 셈이다. 시고왈(是故曰)을 시고(是故)로 줄이거나 고왈(故曰)로 줄이기도 하고, 그냥 고(故)라고 하는 경우가 보통이다.

그러므로 고(故)

謂之內(위지내)

▶ **그것[悅者]을[之] 안[內]이라 한다[謂].**

위지내(謂之內)는 我謂之內에서 되풀이되는 주어인 아(我)를 생략한 〈謂AB〉꼴로 영어의 5형식 문장과 같다. 〈A(之)를 B(內)라 한다[謂]〉 謂之內의 위(謂)는 타동사이며 〈말할 고(告)〉와 같고, 목적어인 지(之)는 앞에 나온 열자(悅者)를 나타내는 지시대명사이고, 내(內)는 목적격 보어이다. 謂之內의 지(之)를 인(仁)을 나타내는 지시대명사로 보아도 된다.

고자(告子)가 밝힌 시이아위열자야(是以我爲悅者也)의 열자(悅者)는 동생이 나를 친애(親愛)하기 때문에 내가[吾] 기쁘게 된[悅] 것[者]이므로, 그 친애(親愛)는 곧 인(仁)이니 내(內)라 할 수 있다고 강변(强辯)하는가. 인(仁)이 물론 친친(親親)이기도 하다. 그러나 애인(愛人)이 아니면 인(仁)일 수 없음을 고자여 외면하는가? 모든 사람들을[人] 사랑한다[愛]. 이것이 곧 현자(賢者)의 애지(愛之)임을 고자가 외면하고 있다.

말할 위(謂), 그것 지(之), 안 내(內)

長楚人之長亦長吾之長(장초인지장역장오지장) 是以長爲悅者也(시이장위열자야)

▶ 초나라[楚] 사람[人]의[之] 나이든 이를[長] 모시고[長] 또한[亦] 우리[吾]의[之] 나이든 이를[長] 모시면[長] 이[是] 때문에[以] 나이든 이들은[長] 기뻐하는[悅] 사람이[者] 되는 것[爲]이다[也].

장초인지장역장오지장시이장위열자야(長楚人之長亦長吾之長是以長爲悅者也)는 긴 어투이지만 구문 끝에 붙여서 구문을 결정하는 야(也)와 지시어인 시(是)를 주목하면 長楚人之長亦長吾之長是以長爲悅者也의 골격을 쉽게 찾아낼 수 있다. 長楚人之長亦長吾之長是以長爲悅者也의 시(是)는 장초인지장역장오지장(長楚人之長亦長吾之長)을 대신해주는 지시어이므로 是以長爲悅者也에서 이(以)를 사역동사인 〈하여금 이(以)〉로 보고 새길 수도 있고, 이(以)를 원인을 나타내는 〈때문에 이(以)〉로 보고 새길 수도 있다. 장초인지장역장오지장(長楚人之長亦長吾之長)은 시(是)의 동격절이고, 시이장위열자야(是以長爲悅者也)가 주절이다.

장초인지장역장오지장(長楚人之長亦長吾之長)을 독립시켜 본다면 長楚人之長 而亦長吾之長으로 영어의 중문과 같다. 長楚人之長亦長吾之長에서 역(亦)은 어조사이고, 長楚人之長에서 앞의 장(長)은 〈받들 장(長)〉으로 타동사이고, 뒤의 장(長)은 장자(長者)의 줄임말로 〈나이든 이 장(長)〉으로 명사이다. 長楚人之長亦長吾之長에서 지(之)는 모두 소유격 토씨 구실을 하는 〈~의 지(之)〉로 허사이고, 오지장(吾之長)의 오(吾)는 〈우리 오(吾)〉로 복수이다.

시이장위열자야(是以長爲悅者也)에서 시(是)는 앞의 내용인 장초인지장역장오지장(長楚人之長亦長吾之長)을 가리키는 지시어이고, 시이(是以)의 이(以)를 〈때문에 인(因)〉과 같다고 보면 시이(是以)는 부사구이며, 장(長)은 是以長爲悅者也의 주어이고, 위열자(爲說者)는 술부로 보어이다. 그러나 시이(是以)의 이(以)를 〈하여금 사(使)〉와 같다고 보면 是以長爲悅者也의 시(是)가 주어이고, 장(長)은 이(以)의 목적어이며, 위열자(爲說者)는 목적격 보어이다. 그래서 是以長爲悅者也에서 끝의 야(也)를 없애고 是以長爲悅者로 하여 〈때문에 이(以)〉로 여기면, 이[是] 때문에[以] 나이든 이들은[長] 기뻐하는 사람들이[悅者] 된다[爲]고 새겨 영어의 2형식 문장과 같게 된다. 그러나 是以長爲悅者의 이(以)를 사역동사 〈하여금 이(以)〉로 여기면, 이는[是] 나이든 이들로[長] 하여금[以] 기뻐하는 사람이[悅者] 되게 한다[爲]로 새겨 영어의 5형식 문장처럼 된다. 위의 두 경우 중에서 어느 쪽을 택하든 長楚人之長亦長吾之長是以長爲悅者也의 문맥과 어긋나지 않는 문의를 건질 수는 있다. 그러나 시이(是以)의 이(以)를 사역동사로 보는 것보다 원인을 나타내는 부사구로 여기고 새기는 것이 더 우리말답게 새겨지는 경우가 많다고 알아두면 문맥을 잡는 데 편리하다. 是以長爲悅者也에서 열자(悅者)의 열(悅)은 〈기뻐할 열(說)〉과 같다.

받들 장(長), 초나라 초(楚), ~의 지(之), 연장자 장(長), 또한 역(亦), 우리 오(吾), 이 시(是), 때문에 이(以), 될 위(爲), 기뻐할 열(悅), 사람 자(者), ~이다 야(也)

故(고)

▶ **그러므로[故]**

고(故)는 시고왈(是故曰)을 줄인 꼴이다. 위의 내용[是]이므로[故] 다음처럼 말한다[曰]는 뜻으로 쓰인다. 앞의 내용을 근거로 하여 판단이나 결론을 내릴 때 쓰이는 셈이다. 시고왈(是故曰)을 시고(是故)로 줄이거나 고왈(故曰)로 줄이기도 하는데, 그냥 고(故)라고 하는 경우가 보통이다.

그러므로 고(故)

謂之外也(위지외야)

▶ 그것(長者)을[之] 밖[外]이라 한다[謂].

위지외(謂之外)는 我謂之外에서 되풀이되는 주어인 아(我)를 생략한 〈謂AB〉꼴로 영어의 5형식 문장과 같다. 〈A(之)를 B(外)라한다[謂]〉 謂之外의 위(謂)는 타동사이며 〈말할 고(告)〉와 같고, 목적어인 지(之)는 앞에 나온 장자(長者)를 나타내는 지시대명사이며, 외(外)는 목적격 보어이다. 謂之外의 지(之)를 의(義)를 나타내는 지시대명사로 보아도 된다.

고자(告子)가 밝힌 시이장위열자야(是以長爲悅者也)의 열자(悅者)는 존경받기 때문에 기쁘게 하는[悅] 것[者]이므로, 의[義]를 밖[外]이라 할 수 있다고 강변하고 있다. 초나라 사람들만 연장자를 모시는 것이 아니라 우리 모두가 연장자를 모시므로 친족이 아니라도 모든 손윗사람[長者]을 모시는 것[敬長]이 옳음[義]이니 의(義)를 외(外)라고 강변하는 중이다. 인(仁)을 행하면 그 행(行)이 곧 의(義)임을 고자는 외면하는가? 모든 연장자를 모시는 일이야말로 현자의 애지(愛之)가 아닌가. 그러니 고자여 인의(仁義)를 분별해 둘로 보지 말라. 하물며 어찌 인의를 내외(內外)로 양분한단 말인가. 현자라면 압이경지(押而敬之)하고 외이애지(畏而愛之)함을 고자여 모른 척하는가? (남에게) 친근하되[押而] 남을[之] 존경하고[敬] (남을) 두려워하되[畏而] 그 남을[之] 사랑한다[愛].

말할 위(謂), 그것 지(之), 밖 외(外)

耆秦人之炙(기진인지자) 無以異於耆吾炙(무이이어기오자)

▶ 진나라[秦] 사람[人]의[之] 불고기를[炙] 좋아하는 것이면[耆] 내[吾] 불고기를[炙] 좋아하는 것[耆]과[於] 다를[異] 까닭이[以] 없다[無].

기진인지자무이이어기오자(耆秦人之炙無以異於耆吾炙)는 〈A無B〉꼴로 영어의 1형식 문장과 같다. 〈A(耆秦人之炙)라면 B(以異於耆吾炙)가 없다[無]〉 耆秦人之炙無以異於耆吾炙에서 이(以)가 까닭[以]으로 명사이면서 〈없을 무(無)〉의 주어이다. 명사로서 〈없을 무(無)〉의 주어인 〈까닭 이(以)〉를 알아채지 못하면 耆秦人之炙無以異於耆吾炙의 문맥을 잡기가 어렵다. 耆秦人之炙無以異於耆吾炙의 기(耆)는 〈좋아할 기(嗜), 호(好)〉와 같고 기호(嗜好)의 줄임말로 여기고, 자(炙)는 번육(燔肉)을 말한다고 여긴다. 耆

秦人之炙無以異於耆吾炙의 무이(無以)는 관용어처럼 쓰이는 어투에 속한다. 〈A無以B〉꼴과〈A有以B〉꼴을 함께 알아두면 편하다. 〈A라면 B할 까닭이[以] 없다[無]〉, 〈A라면 B할 까닭이[以] 있다[有]〉

한문투에서 이(以)는 매우 다양한 품사 구실을 하면서 다양한 뜻을 나타내므로 다음처럼 정리해두면 문맥을 잡는 데 편하다. 이(以)는 〈以A〉 또는 〈A以〉꼴로 잘 정리해두면 편리하다. 이(以)는 〈以A〉처럼 전치사로 또는 〈A以〉처럼 후치사 역할을 자유롭게 하기 때문이다. 〈할 이(以) = 위(爲), 써 이(以) = 용(用), 생각할 이(以) = 사(思), 거느릴 이(以) = 솔(率), 때문에 이(以) = 인(因), 더불어 이(以) = 여(與), 하여금 이(以) = 사(使), 이미 이(以) = 이(已)〉 물론 〈까닭 이(以)〉로 명사 구실도 하는데 주로 유이(有以)·무이(無以) 꼴일 때가 대부분이다.

인의(仁義)가 무슨 기물이라면 내외니 장단이니 대소니 귀천 따위로 분별할 수 있을 터란 말이다. 그런데 어찌 인의가 기물이겠는가 말이다. 본성은 결코 사람의 기물이 아니라 천명임을 의심치 말라. 인성(人性) 즉 인간의 본성(本性)을 사람의 것[人之所有]으로 여기지 말라 함이 양가(兩家)의 외침이다. 맹자는 불고기[炙]를 예로 들어 고자의 어처구니없는 말겨루기를 패주고 있는 중이다.

좋아할 기(耆), 진나라 진(秦), ~의 지(之), 구운 고기 자(炙), 없을 무(無), 까닭 이(以), 다를 이(異), ~과 어(於), 나의 오(吾)

夫物則亦有然者也(부물즉역유연자야)

▶ 무릇[夫] 물건이라면[物] 곧[則] 또한[亦] 그런[然] 점이[者] 있는 것[有]이다[也].

부물즉역유연자야(夫物則亦有然者也)는 구문 끝에 야(也)를 붙여 〈AB也〉꼴로 영어의 2형식 문장과 같지만, 그 야(也)를 무시하고 부물즉역유연자(夫物則亦有然者)의 골격을 살펴보면 夫物則亦有然者也의 문맥을 잡기 쉬워진다. 夫物則亦有然者에서 즉(則)과 역(亦)은 어조사이므로 제외하면, 부물유연자(夫物有然者)가 골격을 이룬다. 이 夫物有然者의 끝에 야(也)을 붙여 부물유연자야(夫物有然者也)로 하면 마치 영어의 2형식 문장처럼 새기게 된다. 그러나 夫物則亦有然者의 골격인 夫物有然者의 유(有)를 자동사

〈있을 유(有)〉로 보면 마치 영어의 1형식 문장처럼 새기게 되고, 夫物則亦有然者의 유(有)를 타동사인 〈가질 유(有)〉로 본다면 夫物則亦有然者를 마치 영어의 3형식 문장처럼 새길 수도 있다는 말이다.

무릇[夫] 물건에는[物] 그런[然] 점이[者] 있다[有]. 이런 새김은 부물유연자(夫物有然者)의 유(有)를 자동사인 〈있을 유(有)〉로 보고 마치 영어의 1형식 문장처럼 새긴 셈이다. 이러한 夫物有然者에 구문을 결정짓는 야(也)를 붙여 부물유연자야(夫物有然者也)로 하면 다음처럼 새기게 된다는 것이다. 무릇[夫] 물건에는[物] 그런[然] 점이[者] 있다는 것[有]이다[也].

무릇[夫] 물건은[物] 그런[然] 점을[者] 간직한다[有]. 이런 새김은 부물유연자(夫物有然者)의 유(有)를 타동사 〈가질 유(有)〉로 보고 마치 영어의 3형식 문장처럼 새긴 셈이다. 이러한 夫物有然者에 구문을 결정짓는 야(也)를 붙여 부물유연자야(夫物有然者也)로 한다면 다음처럼 새기게 된다는 것이다. 무릇[夫] 물건은[物] 그런[然] 점을[者] 간직한다는 것[有]이다[也].

夫物有然者也에서 부물(夫物)은 주어이고, 유연자(有然者)는 보어이므로 영어의 2형식 문장처럼 새긴다는 말이다. 그리고 夫物有然者에서 부불(夫物)은 주어이고, 유(有)는 〈가질 유(有)〉로 타동사이며, 연자(然者)는 유(有)의 목적어이므로 영어의 3형식 문장처럼 새긴다는 말이다. 夫物有然者也에서 부물(夫物)은 주어이고 유연자(有然者)는 보어라는 말이 잘 이해되지 않으면, 夫物有然者也를 夫物是有然者로 바꿔보면 이해가 쉬울 것이다. 〈AB也〉와 〈A是B〉는 같은 문맥의 어투이다. 〈A(夫物)는 B(有然者)이다[也]〉, 〈A(夫物)는 B(有然者)이다[是]〉

무릇(저) 부(夫), 물건 물(物), 곧 즉(則), 또한 역(亦), 있을 (또는 가질) 유(有), 그럴 연(然), 것 자(者), ~이다 야(也)

然則耆炙亦有外與(연즉기자역유외여)

▶ **그렇다면[然] 곧[則] 불에 구운 고기를[炙] 좋아하는데[耆] 또한[亦] 바깥이[外] 있다는 것[有]인가[與]?**

연즉기자역유외여(然則耆炙亦有外與)는 〈A則B與〉꼴로 영어 의문문의 복문과 같다. 〈A(然)면 곧[則] B(耆炙亦有外)인가[與]?〉 然則耆炙亦有外與는 子言如是則耆炙亦有外與에서 자언여시(子言如是)를 연(然)으로 축약한 어투이다. 그대가[子] 그와[是] 같이[如] 말한다면[言]. 그러니 然則耆炙亦有外與에서 연(然)은 조건의 부사절이고, 기자역유외여(耆炙亦有外與)가 주절이다. 然則耆炙亦有外與에서 연(然)은 〈그렇다할 연(然)〉 즉 언여시(言如是)와 같고, 자(炙)는 〈고기 구울 번(燔)〉과 같고 여기선 번육(燔肉)을 말하며, 유(有)는 〈가질 유(有)〉로 타동사로 새기는 것보다 〈있을 유(有)〉 자동사로 보고 새기는 것이 문맥과 통한다.

맹자가 먹을거리를 예로 들어 기자(耆炙)의 기(耆)가 안[內]이냐고 반문하고, 동시에 그 기자(耆炙)를 두고 나의[吾] 기자(耆炙)라면 안[內]이고 남의[他人] 기자(耆炙)라면 밖[外]이라고 분별해도 되겠느냐고 반문하고 있다. 그리고 위와 같이 고자(告子)의 어긋남을 고자에게 되돌려주려고 반문한 것이다. 인의를 기물처럼 여기고 인의를 안팎이라고 궤변을 늘어놓지 못하게 한다.

그럴 연(然), 곧 즉(則), 좋아할 기(耆), 불에 구운 고기 자(炙), 또한 역(亦), 있을 유(有), 바깥 외(外), ~인가 여(與)

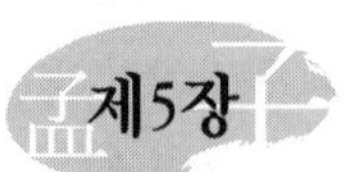

제5장

5장을 두 단락으로 나누어서 살피려고 한다. 편의상 단락을 나눈 것일 뿐 내용 때문에 그렇게 나눈 것은 아니다. 5장은 의(義)가 밖에 있다[義在外]는 주장과 의(義)가 안에 있다[義在內]는 주장이 부딪치고 있다. 맹자는 의(義)를 두고 내외(內外)를 따져 설왕설래(說往說來)하려는 입을 제자를 통하여 묶어버리는 수법을 보여주는 장이다. 말장난 같다는 생각이 들기도 하지만, 5장은 맹자의 존심(存心)을 떠올려 다시 살펴보게 하는 장이기도 하다.

【문지(聞之) 1】

이고맹자(以告孟子)

【원문(原文)】

孟季子問公都子曰 何以謂義內也오 曰 行吾敬이라 故로 謂之
맹계자문공도자왈 하이위의내야 왈 행오경 고 위지

內也이다 鄕人이 長於伯兄一歲면 則誰敬인가 曰 敬兄한다 酌則
내 야 향 인 장 어 백 형 일 세 즉 수 경 왈 경 형 작 즉

誰先인가 曰 先酌鄕人이니라 所敬은 在此이고 所長은 在彼하니
수 선 왈 선 작 향 인 소 경 재 차 소 장 재 피

果在外하지 非由內也이다 公都子不能答하여 以告孟子하였다
과 재 외 비 유 내 야 공 도 자 불 능 답 이 고 맹 자

【해독(解讀)】

맹계자가 공도자에게 물어 말했다[孟季子問公都子曰]. "무엇 때문에 옳음을 안이라 하는 것인가[何以謂義內也]?" (맹계자가) 말했다[曰]. "나의 존경심을 (내가) 행하기 때문에 그것을 안이라 하는 것이다[行吾敬故謂之內也]. 한 마을 사람이 맏형보다 한 살 더 많다면 곧 (둘 중에서) 누구를 존경할까[鄕人長於伯兄一歲則誰敬]?" (맹계자가) 답하고 물었다[曰]. "형님을 존경한다[敬兄]. (그러나) (술을) 따른다면 곧 누구에게 먼저 할까[酌則誰先]?" 맹계자가 말했다[曰]. "한 마을 사람에게 먼저 (술을) 따라준다[先酌鄕人]. 존경받을 바는 여기에 있고[所敬在此], 대접받을 바는 저기에 있다[所長在彼]. 과연 (대접받는 바가) 밖에 있음은 안에서 비롯되는 것은 아닌 것이다[果在外非由內也]." 공도자는 (맹계자를) 응대할 수 없었다[公都子不能答]. 맹계자의 말을 가지고 (공도자가) 맹자께 알렸다[以告孟子].

【담소(談笑)】

孟季子問公都子曰(맹계자문공도자왈)

▶ 맹계자가[孟季子] 공도자에게[公都子] 물어[問] 말했다[曰].

맹계자(孟季者)는 신원이 분명치 않은 사람이다. 다만 맹중자(孟仲子)의 동생이 아닌가 싶다는 추측이 있고, 맹계자의 맹(孟)은 잘못 붙은 것[衍文]일 뿐 그냥 계자(季子)이고 고자(告子)처럼 의외설(義外說)을 주장한 논객이란 말도 있다. 공도자(公都子)는 맹자의 제자로 제(齊)나라 사람이다.

왈(曰)로 이어져 맹계자 혼자서 수다를 떠는 꼴이다. 공도자는 묵묵부답하고 수다를 들어주고만 있다. 자문자답한 셈이니 논쟁이랄 것도 없고 대화랄 것도 없다.

맏이 맹(孟), 막내 계(季), 존칭 자(子), 물을 문(問), 공변될 공(公), 도읍 도(都), 말할 왈(曰)

何以謂義內也(하이위의내야)

▶ 무엇[何] 때문에[以] 옳음을[義] 안[內]이라 하는 것[謂]인가[也]?

하이위의내야(何以謂義內也)에서 구문 끝의 의문어조사인 야(也)를 무시하면 何以謂義內는 〈謂AB〉꼴로 영어의 5형식 의문문과 같고, 의문어조사 〈~인가 야(也)〉를 살려 새기면 영어의 2형식 의문문과 같다. 何以謂義內를 우리말로 새긴다면 무엇[何] 때문에[以] 옳음을[義] 안[內]이라 하는가?[謂]로 새길 것이고, 何以謂義內也로 새긴다면 위와 같이 무엇[何] 때문에[以] 옳음을[義] 안[內]이라 하는 것[謂]인가?[也]라고 새기게 돼 〈AB也〉꼴의 어투로 문맥을 잡아가게 된다. 물론 何以謂義內也에서 주어인 A는 생략되어 있고, 하이(何以)는 원인의 부사구이며, 위의내(謂義內)는 보어이고, 야(也)는 하이(何以)의 하(何)가 의문사이므로 〈~인가 호(乎)〉와 같은 구실을 하게 되므로 何以謂義內也를 영어의 2형식 의문문처럼 여기고 문맥을 잡는다.

무엇 하(何), 때문에 이(以), 말할 위(謂), 옳음 의(義), 안 내(內), ~인가 야(也)

行吾敬故謂之內也(행오경고위지내야)

▶ 나의[吾] 존경심을[敬] (내가) 행하기[行] 때문에[故] 그것을[之] 안[內]이라 하는 것[謂]이다[也].

행오경고위지내야(行吾敬故謂之內也)와 같은 어투는 고(故)를 주목하여 문맥을 잡아야 편하다. 行吾敬故謂之內也를 〈A故B〉꼴로 여기고 문맥을 잡는다. 〈A故B〉꼴은 경우에 따라서 〈A한다. 그러므로[故] B한다〉고 문맥을 잡을 수도 있고, 〈A 때문에[故] B한다〉고 문맥을 잡을 수도 있다. 〈그러므로 고(故)〉는 영어의 therefore와 같고, 〈때문에 고(故)〉는 영어에서 원인의 부사절을 이끄는 since와 같다고 여기면 편하다. 行吾敬故謂之內也에서 고(故)를 〈때문에 고(故)〉로 여기고 문맥을 잡으면 行吾敬故謂之內也에서 행오경고(行吾敬故)는 원인의 부사절 구실로 종속절과 같고, 위지내야(謂之內也)는 주절이 되어 영어의 복문처럼 여기고 行吾敬故謂之內也의 문맥을 잡는다. 〈A故B〉꼴의 어투에서 〈A한다. 그러므로[故] B한다〉고 문맥을 잡아야 우리말답게 되는 경우가 〈A 때문에[故] B한다〉고 문맥을 잡는 경우보다 훨씬 빈번하므로, 고(故)를 다음처럼 알아두면 문맥을 잡기 편하다. 말하자면 고(故)는 시고왈(是故曰)을 줄인 꼴로, 위의 내용[是]이므로[故] 다음처럼 말한다[曰]는 뜻으로 쓰인다. 앞의 내용을 근거로 하여 판단이나 결론을 내릴 때 쓰이는 셈이다. 시고왈(是故曰)을 시고(是故)로 줄이거나 고왈(故曰)로 줄이기도 하는데, 그냥 고(故)라고 하는 경우가 보통이다.

행오경(行吾敬)은 吾行吾敬에서 되풀이되는 내용이므로 주어인 오(吾)를 생략한 어투이다. 吾行吾敬에서 앞의 오(吾)는 주격인 〈내가 오(吾)〉이고, 뒤의 오(吾)는 소유격인 〈나의 오(吾)〉인 셈이다. 이처럼 한문투에서는 토씨 구실을 자유롭게 함을 늘 유념하면서 문맥을 잡아야 한다. 行吾敬의 오경(吾敬)을 오지경(吾之敬)으로 여기고 새긴다. 나[吾]의[之] 존경심[敬].

위지내야(謂之內也)는 〈謂AB〉꼴로 영어의 5형식 문장과 같은데, 구문 끝에 〈~이다 야(也)〉를 붙여 謂之內也가 되어 영어의 2형식 문장처럼 바뀐 셈이다. 謂之內이면 謂之內의 지(之)를 목적어로 보고, 내(內)를 목적격 보어로 보고 문맥을 잡아 그것을[之] 안[內]이라 한다[謂]고 새긴다. 그러나 謂之內也면 〈AB也〉꼴에서 주어인 A가 생략된 채로 보어인 〈B(謂之內)也〉만의 어투로 보고 그것을[之] 안[內]이라 하는 것[謂]이다[也]로 새긴다. 謂之內也의 지(之)는 行吾敬의 오경(吾敬)을 대신하는 지시대명사이다.

맹계자(孟季子)가 공도자(公都子)에게 "하이위의내야(何以謂義內也)"냐고 물었지만 공도자가 응대해주지 못하자, 맹계자 자신이 "행오경고위지내야(行吾敬故謂之內也)"라고 자답(自答)하고 있는 중이다. 공도자가 맹계자와 논쟁하지 못한 셈이다.

행할 행(行), 나 오(吾), 공경 경(敬), 때문에(그러므로) 고(故), 말할 위(謂), 그것 지(之), 안 내(內), ~인가 야(也)

鄕人長於伯兄一歲則誰敬(향인장어백형일세즉수경)

▶ **한 마을 사람이[鄕人] 맏형[伯兄]보다[於] 한 살[一歲] 더 많다면[長] 곧[則] (둘 중에서) 누구를[誰] 존경할까[敬]?**

향인장어백형일세즉수경(鄕人長於伯兄一歲則誰敬)은 〈A즉B〉꼴로 영어의 의문문 복문과 같다. 〈A(鄕人長於伯兄一歲)면 곧[則] B(誰敬)인가?〉 鄕人長於伯兄一歲則誰敬에서 향인장어백형일세(鄕人長於伯兄一歲)는 조건의 부사절과 같고, 수경(誰敬)이 주절이며, 영어의 복문과 같다. 鄕人長於伯兄一歲則誰敬에서 향인(鄕人)은 한 마을 사람을 말하고, 백(伯)은 〈만 맹(孟)〉

과 같으며, 수(誰)는 〈누구 숙(孰)〉, 〈무엇 하(何)〉 등과 같고 여기선 영어의 whom처럼 의문사로 목적어이며, 경(敬)은 〈높일 존(尊), 공(恭)〉과 같고 존경(尊敬)의 줄임말로 여기고 새긴다. 특히 鄕人長於伯兄一歲則誰敬에서 어(於)가 〈~보다 어(於)〉로 영어의 more ~ than과 같은 구실함을 알아채지 못하면 鄕人長於伯兄一歲則誰敬에서 자동사인 〈나이 많을 장(長)〉을 새기기 어렵다. 어(於)는 한문투에서 다양한 뜻을 나타내면서 다양한 구실을 하므로 아래처럼 정리하면 편리하다.

① 대상을 나타내는 〈於A〉, 〈A에게[於]〉
② 원인을 나타내는 〈於A〉, 〈A 때문에[於]〉
③ 장소나 출발점을 나타내는 〈於A〉, 〈A에서[於]〉
④ 수동을 나타내는 동사 + 〈於A〉, 〈A에 의해서[於] ~당해진다〉
⑤ 목적격(토씨) 구실을 하는 〈於A〉, 〈A를(을)[於]〉
⑥ 비교를 나타내는 〈於A〉, 〈A보다[於]〉
⑦ 어지(於之)이면 언(焉)으로 축약되고, 지어(之於)이면 제(諸)로 축약되기도 한다.

맹계자가 공도자에게 "하이위의내야(何以謂義內也)"에 대하여 스스로 응대해주고 다시 "수경(誰敬)이겠느냐"고 공도자에게 묻고 있다. 그러나 이번에도 공도자가 응대해주지 못하자, 맹계자 자신이 자답(自答)하고 만다. 그러니 메아리 없는 언설(言說)이 되고 만 셈이다.

마을 향(鄕), 나이 많을 장(長), ~보다 어(於), 맏 백(伯), 형제 형(兄), 나이 세(歲), 곧 즉(則), 누구 수(誰), 존경할 경(敬)

敬兄(경형)

▶ 형님을[兄] 존경한다[敬].

경형(敬兄)은 人人敬兄에서 보충될 수 있는 일반주어인 모든 사람[人人]을 생략한 어투로, 영어의 3형식 문장과 같다. 敬兄에서 경(敬)은 타동사이고, 형(兄)은 경(敬)의 목적어이다. 敬兄에서 경(敬)은 〈높일 존(尊), 공(恭)〉과 같고 존경(尊敬)의 줄임말로 여기고 새긴다.

존경할 경(敬), 형님 형(兄)

酌則誰先(작즉수선)

▶ (술을) 따른다면[酌] 곧[則] 누구에게[誰] 먼저 할까[先]?

작즉수선(酌則誰先)은 人人酌酒 則人人誰先酌에서 일반주어인 인인(人人)과, 문맥으로 보아 보충될 수 있는 〈술 주(酒)〉를 생략한 〈A則B〉꼴로 조건의 부사절을 둔 영어의 복문과 같다. 〈A(酌)하면 곧[則] B(誰先)할까?〉 酌則誰先에서 작(酌)은 작주(酌酒)의 줄임말로 여기고, 선(先)을 선작주(先酌酒)의 줄이면서 타동사인 작(酌)을 돕는 부사처럼 여기면, 酌則誰先의 문맥을 잡아 걸맞은 문의를 건질 수 있다. 말하자면 수선(誰先)을 누구에게[誰] 먼저 할까[先]라고 새기는 대신에 수선작주(誰先酌酒)로 여기고 누구에게[誰] 술을[酒] 먼저[先] 따라줄까[酌]로 새기면 문맥에 걸맞은 문의가 쉽게 잡힌다는 말이다. 물론 의문사인 수(誰) 때문에 酌則誰先을 의문문으로 새기게 된다. 酌則誰先의 수(誰)는 〈누구 숙(孰)〉, 〈무엇 하(何)〉 등과 같고, 여기선 영어의 to whom처럼 의문사인 간접목적어이다.

따를 작(酌), 곧 즉(則), 누구 수(誰), 먼저 선(先)

先酌鄕人(선작향인)

▶ 한 마을 사람에게[鄕人] 먼저[先] (술을) 따라준다[酌].

선작향인(先酌鄕人)은 先酌酒鄕人에서 문맥으로 보충될 수 있는 내용인 주(酒)를 생략했지만, 영어의 4형식 문장처럼 여기고 새기면 문맥이 잡힌다. 先酌鄕人에서 선(先)은 여격동사인 작(酌)을 돕는 부사이고, 향인(鄕人)은 작(酌)의 간접목적어라고 여기면 문맥이 잡힌다.

먼저 선(先), 따를 작(酌), 한 마을 향(鄕)

所敬在此(소경재차)

▶ 존경받을[敬] 바는[所] 여기에[此] 있다[在].

소경재차(所敬在此)는 〈A在B〉꼴로 영어의 1형식 문장과 같다. 〈A(所敬)가 B(此)에 있다(在)〉 말하자면 〈A在B〉꼴은 〈B有A〉꼴과 같은 셈이다. 所敬人在此는 人之所敬在此에서 문맥으로 보충될 수 있는 내용인 인지(人之)를 생략한 것이다. 물론 人之所敬在此은 所敬人在此에서 능동태인 〈존경할 경(敬)〉의 목적어인 인(人)을 전치시키면서 인지(人之)가 되었다고 여기면,

경(敬)은 수동태인 〈존경받는 경(敬)〉으로 새겨야 문맥이 잡힌다. 人之所敬에서 소경(所敬)은 인지(人之)의 인(人)을 꾸며주는 형용사절과 같다. 존경받는[敬] 바[所]의[之] 사람[人]. 그러므로 所敬在此에서는 경(敬)을 수동태로 새겨야 문맥이 잡힌다. 所敬在此의 소경(所敬)을 존경하는[敬] 바[所]가 아니라 존경받는[敬] 바[所]로 새긴다는 말이다. 그리고 所敬在此에서 재(在)를 〈있을 존(存)〉이 아니라 〈살필 찰(察)〉로 보고 〈살펴질 재(在)〉로 새길 수도 있지만, 〈있을 재(在)〉로 새기는 것이 더 문맥에 걸맞다. 所敬在此의 차(此)는 〈안쪽 내(內)〉를 대신한다. 한문투에서 소(所)는 다양한 구실을 하므로 다음과 같이 정리해두면 문맥을 잡는 데 편리하다.

① 형용사절의 선행사 what과 같은 경우 : 〈A之所B〉, 〈A가(~를, ~에게) B할 바[所]〉

② 소이(所以) 뒤에 동사가 오는 경우 : 〈所以A〉, 〈A하는 바의[所] 까닭[以]〉

③ A가 수동태인지 능동태인지 살펴 새기는 경우 : 〈所以A者〉, 〈A하는 까닭인[以] 바의[所] 것[者]〉

바 소(所), 존경받을 경(敬), 있을 재(在), 여기 차(此)

所長在彼(소장재피)

▶ **대접받을[長] 바는[所] 저기에[彼] 있다[在].**

소장재피(所長在彼)는 〈A在B〉꼴로 영어의 1형식 문장과 같다. 〈A(所長)가 B(彼)에 있다[在]〉 〈A在B〉꼴은 〈B有A〉꼴과 같다. 所長人在彼는 人之所長在此에서 문맥으로 보충될 수 있는 내용인 인지(人之)를 생략한 어투이다. 물론 人之所長在彼는 所長人在彼에서 능동태인 〈대접할 장(長)〉의 목적어인 인(人)을 전치시키면서 인지(人之)가 되었다고 여기면, 장(長)은 수동태인 〈대접받는 장(長)〉으로 새겨야 문맥이 잡힌다. 人之所長에서 소장(所長)은 인지(人之)의 인(人)을 꾸며주는 형용사절이다. 대접받는[長] 바[所]의[之] 사람[人]. 그러므로 所長在彼에서는 장(長)을 수동태로 새겨야 문맥이 잡힌다. 所長在彼의 소장(所長)을 대접하는[長] 바[所]가 아니라 대접받는[長] 바[所]로 새긴다는 말이다. 앞서 소경재차(所敬在此)의 소경(所敬)을 존경하는[敬] 바[所]가 아니라 존경받는[敬] 바[所]로 새긴 것과 마찬가지다.

그리고 所長在彼에서 재(在)를 〈있을 존(存)〉이 아니라 〈살필 찰(察)〉로 보고 〈살펴질 재(在)〉로 새길 수도 있지만, 〈있을 재(在)〉로 새기는 것이 더 문맥에 걸맞다. 所長在彼의 피(彼)는 〈바깥 외(外)〉를 대신한다.

바 소(所), 대접받을 장(長), 있을 재(在), 저기 피(彼)

果在外非由內也(과재외비유내야)

▶ 과연[果] (대접받는 바가) 밖에[外] 있음은[在] 안에서[內] 비롯되는 것은[由] 아닌 것[非]이다[也].

과재외비유내야(果在外非由內也)는 果所長在外 而所長非由內也에서 문맥으로 보충될 수 있는 내용이므로 주어인 소장(所長)을 생략한 어투이다. 果在外非由內也에서 과재외(果在外)는 영어의 1형식 문장과 같고, 비유내야(非由內也)는 주어인 소장(所長)이 생략었지만 영어의 2형식 문장과 같으므로, 果在外非由內也는 영어의 중문과 같은 어투이다. 果在外非由內也에서 유내(由內)의 유(由)는 〈비롯할 종(從), 자(自)〉와 같다. 한문투에서 유(由)는 여러 가지 뜻을 나타낸다. 〈비롯할 유(由) = 종(從) = 자(自), 행할 유(由) = 행(行), 까닭 유(由) = 이(理), 인할 유(由) = 인(因)〉 등이다. 果在外非由內也의 유(由)는 〈비롯될 유(由)〉로 여기고 새기면 문맥이 통한다.

과연 과(果), 있을 재(在), 바깥 외(外), 아닌 것 비(非), 비롯할 유(由), 안 내(內), ~이다 야(也)

公都子不能答(공도자불능답)

▶ 공도자는[公都子] (맹계자를) 응대할[答] 수 없었다[不能].

공도자불능답(公都子不能答)은 公都子不能答孟季子에서 문맥에 따라 보충될 수 있으므로 타동사인 답(答)의 목적어를 생략한 어투이다. 그러니 公都子不能答은 목적어가 생략된 영어의 3형식 문장과 같다. 公都子不能答에서 답(答)은 〈응대할 대(對)〉와 같고 대답(對答)의 줄임말로 여기고 새긴다.

공변될 공(公), 도읍 도(都), 존칭 자(子), 아니 불(不), 잘할 능(能), 대할 답(答)

以告孟子(이고맹자)

▶ 맹계자의 말을 가지고[以] (공도자가) 맹자께[孟子] 알렸다[告].

이고맹자(以告孟子)는 是以公都子告孟子에서 문맥으로 보충될 수 있으므로 시이(是以)의 시(是)와 주어인 공도자(公都子)를 생략하였지만, 영어의 1형식 문장과 같다. 그러므로 以告孟子의 이(以)를 시이(是以)로 여기고 앞서의 내용을 묶어서 가리키는 시(是)를 보충해서 새겨야 우리말로 以告孟子의 문맥을 잡을 수 있다.

이고맹자(以告孟子)에서 이(以)는 〈써 용(用)〉과 같고, 자동사인 고(告)를 돕는 부사이고, 맹자(孟子)는 고(告)의 간접목적어이다. 물론 以告孟子의 이(以)를 〈하여금 사(使)〉와 같다고 여기고 시이공도자고맹자(是以公都子告孟子)로 보고 새길 수도 있지만, 시이(是以)를 고(告)를 돕는 부사구로 보고 以告孟子를 새기는 것이 문맥에 더 걸맞다. 以告孟子의 이(以)를 〈하여금 이(以)〉로 보면 以告孟子를 다음과 같이 새길 수 있다. 이는[是] 공도자로[公都子] 하여금[以] 맹자께[孟子] 고하게 했다[告]. 이렇게 새길 수 있는 것은 以告孟子의 이(以)가 한문투에서 다양한 구실을 하고 다양한 뜻을 나타내기 때문인데, 다음처럼 정리하면 문맥을 잡는 데 편하다. 이(以)는 〈以A〉 또는 〈A以〉꼴로 잘 정리해둘수록 편리하다. 이(以)는 〈以A〉처럼 전치사로 또는 〈A以〉처럼 후치사 역할을 자유롭게 한다. 〈할 이(以) = 위(爲), 써 이(以) = 용(用), 생각할 이(以) = 사(思), 거느릴 이(以) = 솔(率), 때문에 이(以) = 인(因), 더불어 이(以) = 여(與), 하여금 이(以) = 사(使), 이미 이(以) = 이(已)〉 물론 〈까닭 이(以)〉로 명사 구실도 하는 데 주로 유이(有以)·무이(無以) 꼴일 때가 대부분이다.

경인(敬人)에 관한 맹계자의 논설(論說)이 옳은지 스승(孟子)께 물어보기 위해서 고(告)했으니 고자질하려는 것은 아니다. 적어도 맹자의 제자이니 공도자는 맹계자의 논설이 온당치 못함을 알았을 터이다. 말이 말을 낳는다고, 말을 위한 말 같아서 고소하다는 생각이 들기도 한다. 본래 전국시대(戰國時代) 백가(百家)들이 거의 대부분 말쟁이들이 아니던가.

써 이(以), 고할 고(告), 맏 맹(孟), 존칭 자(子)

【문지(聞之) 2】

용경재형(庸敬在兄)

【원문(原文)】

孟子曰 敬叔父乎아 敬弟乎아 하면 彼將曰 敬叔父라 할게다 曰
맹자왈 경숙부호 경제호 피장왈 경숙부 왈
弟爲尸면 則誰敬인가 하면 彼將曰 敬弟라 할게다 曰 惡在其敬叔
제위시 즉수경 피장왈 경제 왈오재기경숙
父也오 하면 彼將曰 在位故也라 할터니 子亦曰 在位故也라 하라
부야 피장왈 재위고야 자역왈 재위고야
庸敬은 在兄하고 斯須之敬은 在鄕人하니라 季子聞之曰 敬叔父
용경 재형 사수지경 재향인 계자문지왈 경숙부
則敬하고 敬弟則敬하니 果在外요 非由內也이다 公都子曰 冬日
즉경 경제즉경 과재외 비유내야 공도자왈 동일
則飮湯하고 夏日則飮水하니 然則飮食도 亦在外也이다
즉음탕 하일즉음수 연즉음식 역재외야

【해독(解讀)】

맹자가 말했다[孟子曰]. "숙부를 존경하는 것인가[敬叔父乎] 아우를 존경하는 것인가 하면[敬弟乎] 그자는 곧장 숙부를 존경한다고 말할 게다[彼將曰敬叔父]. 아우가 시동(尸童)이 된다면 곧 누구를 공경하느냐고 (맹계자에게) 말해보게[曰弟爲尸則誰敬]. (그러면) 그자는 곧장 아우를 공경한다고 말할게다[彼將曰敬弟]. 그자가 숙부를 존경한다 함은 어디 있는 것이냐고 (맹계자에게) 말해보게[曰惡在其敬叔父也]. (자네가 맹계자에게 그렇게 묻는다면) 그자는 곧장 (아우가) 신위에 있기 때문이라고 말할 게다[彼將曰在位故也]. 자네가 덩달아 (아우가) 신위에 있기 때문이라고 맞장구쳐주게[子亦曰在位故也]. 늘 공경함은 형께 있고[庸敬在兄] 잠시의 공경함은 마을 사람에게 있다네[斯須之敬在鄕人]." 맹계자기 공도자의 말을 듣고 말했다[季子聞之曰]. "숙부를 공경해도 곧 공경함이고[敬叔父則敬] 아우를 공경해도 곧 공경함이니[敬弟則敬], 과연 (공경함은) 밖에 있지[果在外] 안에서 비롯됨은 아닌 것이오[非由內也]." 공도자가 (맹계자에게) 말해주었다[公都子曰]. "겨울날이면 곧 뜨거운 물을 마시고[冬日則飮湯] 여름날이면 곧 찬물을 마신다[夏日則飮水]. 그렇다면 곧 마시고 먹은 것 또한 밖에 있다는 것이지요[然則飮食亦在外也]"

【담소(談笑)】

敬叔父乎(경숙부호) 敬弟乎(경제호) 彼將曰敬叔父(피장왈경숙부)

▶ 숙부를[叔父] 존경하는 것[敬]인가[乎]? 아우를[弟] 존경하는 것[敬]인가[乎]? (자네가 맹계자에게 묻는다면) 그자는[彼] 곧장[將] 숙부를[叔父] 존경한다고[敬] 말할 게다[曰].

경숙부호(敬叔父乎)는 子問孟季子曰 敬叔父乎에서 문맥으로 보충될 수 있으므로 자문맹계자왈(子問孟季子曰)을 생략한 것이다.

경제호(敬弟乎) 역시 子問孟季子曰 敬弟乎에서 문맥으로 보충될 수 있으므로 자문맹계자왈(子問孟季子曰)을 생략한 것이다.

피장왈경숙부(彼將曰敬叔父)는 彼將曰吾敬叔父에서 문맥으로 보충될 수 있으므로 오(吾)를 생략한 어투이다. 彼將曰敬叔父에서 피(彼)는 주어이고, 장(將)은 왈(曰)을 꾸미는 부사이며, 경숙부(敬叔父)는 왈(曰)의 목적절로 새기면 彼將曰敬叔父의 문맥을 영어의 3형식 문장처럼 새길 수 있다. 彼將曰敬叔父에서 피(彼)는 맹계자(孟季子)를 나타내고 영어의 He처럼 여기고, 장(將)은 〈곧장 즉(卽)〉과 같으며, 경(敬)은 〈높일 존(尊), 공(恭)〉과 같고 존경(尊敬)의 줄임말로 여기고 새긴다.

스승(孟子)이 제자(公都子)를 훈수하고 있다. 마치 맹자의 문하에서 만들어낸 콩트 같다는 생각마저 든다. 정말로 맹자가 공도자에게 이렇게 훈수를 해주었을까? 맹자가 어찌 맹계자를 일소에 붙이지 않고 궁하게 몰아가게 하는지 모를 일이다. 하여튼 스승이 제자에게 덫을 만들어주고 있는 중이다.

존경할 경(敬), 아재비 숙(叔), 아비 부(父), ~인가 호(乎), 아우 제(弟), 그 피(彼), 곧장 장(將), 말할 왈(曰)

曰弟爲尸則誰敬(왈제위시즉수경)

▶ **아우가[弟] 시동(尸童)이[尸] 된다면[爲] 곧[則] 누구를[誰] 공경하느냐고[敬] (맹계자에게) 말하게 했다[曰].**

왈제위시즉수경(曰弟爲尸則誰敬)은 孟子使公都子曰弟爲尸則誰敬에서 문맥으로 유추할 수 있는 내용인 맹자사공도자(孟子使公都子)를 생략하고, 영어로 치면 목적격 보어인 曰弟爲尸則誰敬만 남긴 어투이다. 맹자는[孟子] 공도자를[公都子] 시켜[使] 아우가[弟] 시동(尸童)이[尸] 된다면[爲] 곧[則] 누구를[誰] 공경하느냐고[敬] (맹계자에게) 말하게 했다[曰]. 말하자면, 孟子使公都子曰弟爲尸則誰敬과 His teacher recommended him to say A를 대비해보면 孟子使公都子는 His teacher recommended him에 해당하고, 왈제위시즉수경(曰弟爲尸則誰敬)은 to say A에 해당하며, 왈(曰)은 to say에 해당하고, 제위시즉수경(弟爲尸則誰敬)은 A에 해당된다. 맹자는[孟子] 공도자를[公都子]

를 시켜[使] 아우가[弟] 시동(尸童)이[尸] 된다면[爲] 곧[則] 누구를[誰] 공경하느냐고[敬] (맹계자에게) 말하게 했다[曰]. 그의 선생은(His teacher) 그에게(him) A를 말해보라고(to say) 권했다(recommended). 이렇게 대비해보면 사역문에서 목적격 보어인 to say A 부분인 曰弟爲尸則誰敬만 남긴 셈이다. 그러니 孟子使公都子曰弟爲尸則誰敬에서 孟子使公都子가 생략되었다 해도 曰弟爲尸則誰敬을 영어의 사역문처럼 여기고 새겨야 문맥이 잡힌다.

왈제위시즉수경(曰弟爲尸則誰敬)에서 위(爲)는 〈될 성(成)〉과 같고 성위(成爲)의 줄임말로 여기고, 시(尸)는 제사를 지낼 때 죽은 조상 대신으로 신위(神位)에 나가 앉아 있는 아이[尸童]를 말하며, 수(誰)는 〈누구 숙(孰)〉, 〈무엇 하(何)〉 등과 같고 여기선 영어의 whom처럼 의문사로 직접목적어이고, 경(敬)은 〈받들 공(恭)〉과 같고 공경(恭敬)의 줄임말로 여기고 새긴다.

말해볼 왈(曰), 아우 제(弟), 시동 시(尸), 곧 즉(則), 누구 수(誰), 존경할 경(敬)

彼將曰敬弟(피장왈경제)

▶ (자네가 맹계자에게 묻는다면) 그자는[彼] 곧장[將] 아우를[弟] 공경한다고[敬] 말할 게다[曰].

피장왈경제(彼將曰敬弟)는 彼將曰吾敬弟에서 문맥으로 보충될 수 있으므로 오(吾)를 생략한 어투이다. 彼將曰敬弟에서 피(彼)는 주어이고, 장(將)은 왈(曰)을 꾸미는 부사이며, 경제(敬弟)는 왈(曰)의 목적절로 여기면 彼將曰敬弟의 문맥을 영어의 3형식 문장처럼 잡고 새길 수 있다. 彼將曰敬弟에서 피(彼)는 맹계자(孟季子)를 나타내고 영어의 He처럼 여기고, 장(將)은 〈곧장 즉(卽)〉과 같으며, 경(敬)은 〈높일 존(尊), 공(恭)〉과 같고 여기선 공경(恭敬)의 줄임말로 여기고 새긴다.

그 피(彼), 곧장 장(將), 말할 왈(曰), 공경할 경(敬), 아우 제(弟)

曰惡在其敬叔父也(왈오재기경숙부야)

▶ 그자가[其] 숙부를[叔父] 존경한다 함은[敬] 어디[惡] 있는 것[在]이냐고[也] (맹계자에게) 말하게 했다[曰].

왈오재기경숙부야(曰惡在其敬叔父也)는 孟子使公都子曰惡在其敬叔父也

에서 문맥으로 유추될 수 있는 내용인 맹자사공도자(孟子使公都子)를 생략하고 영어로 친다면 목적격 보어인 日惡在其敬叔父也만 남긴 어투이다. 말하자면 孟子使公都子日惡在其敬叔父也와 His teacher recommended him to say A를 대비해본다면, 맹자사공도자(孟子使公都子)는 His teacher recommended him에 해당하고 왈오재기경숙부야(日惡在其敬叔父也)는 to say A에 해당하며, 왈(日)은 to say에 해당하고, 오재기경숙부야(惡在其敬叔父也)는 A에 해당한다. 맹자는[孟子] 공도자를[公都子] 시켜[使] 그자가[其] 숙부를[叔父] 존경한다 함은[敬] 어디[惡] 있는 것[在]이냐고[也] (맹계자에게) 말하게 했다[日]. 그의 선생은(His teacher) 그에게(him) A를 말해보라고(to say) 권했다(recommended). 이렇게 대비해보면 사역문에서 목적격 보어인 to say A와 같은 日惡在其敬叔父也만 남긴 셈이다. 그러니 孟子使公都子日惡在其敬叔父也에서 孟子使公都子가 생략되었다 해도 日惡在其敬叔父也를 영어의 사역문처럼 여기고 새겨야 문맥이 잡힌다.

왈제위시즉수경(日惡在其敬叔父也)에서 오(惡)는 발음이 〈악할 악(惡)〉이 아니라 〈어찌 오(惡)〉이다. 〈악할 악(惡), 모질 악(惡), 미워할 오(惡)〉 등과 같이 뜻과 발음이 달라짐을 주의한다. 그리고 日惡在其敬叔父也에서 〈惡在A〉를 하나의 관용구처럼 알아두면 한문투의 문맥을 잡는 데 편하다. 〈A는 어디[惡] 있는가[在]?〉, 〈A는 어찌[惡] 되었는가[在]?〉 그러니 〈惡在A〉는 〈A를 왜[惡] 아니 하는가[在]?〉의 뜻으로 여기고, 새기면 문맥에 걸맞은 문의를 쉽게 건질 수 있다. 그러니 惡在其敬叔父也를 다음처럼 새기면 오히려 문맥에 걸맞은 문의를 건질 수 있다. 그대는[其] 숙부를[叔父] 존경한다고[敬] 어찌[惡] 하지 않는 것[在]인가[也]?

왈오재기경숙부야(日惡在其敬叔父也)에서 기경숙부(其敬叔父) 같은 어투는 우리말로 새기려면 어색해진다. 其敬叔父를 영어로 옮겨본다면 his respecting the uncle처럼 쉽게 동명사구문으로 옮겨볼 수 있지만, 우리말로 옮기려면 其敬叔父를 구(句)로 여기지 말고 절(節)처럼 여기고 새겨야 우리말다워지는 경우가 허다하다. 其敬叔父를 그냥 그대로 옮겨보면 그[其] 존경[敬] 숙부[叔父]처럼 돼 우리말이 되지 않는다. 그러나 그가[其] 숙부를[叔父] 존경함[敬]이라고 옮기면 우리말답게 된다. 이처럼 우리말은 구(句, phrase) 위주가 아니라 절(節, clause) 내지 문장(文章, sentence) 위주이다.

말할 왈(曰), 어찌 오(惡), 있을 재(在), 그 기(其), 존경할 경(敬), 아재비 숙(叔), 아비 부(父), ~인가 야(也)

彼將曰在位故也(피장왈재위고야)

▶ (자네가 맹계자에게 그렇게 묻는다면) 그자는[彼] 곧장[將] (아우가) 신위에[位] 있기[在] 때문[故]이라고[也] 말할 게다[曰].

피장왈재위고야(彼將曰在位故也)는 彼將曰弟在神位故也에서 문맥으로 보충될 수 있으므로 제(弟)와, 신위(神位)의 신(神)을 생략한 어투이다. 彼將曰在位故也에서 피(彼)는 주어이고, 장(將)은 왈(曰)을 꾸미는 부사이며, 재위고야(在位故也)는 왈(曰)의 목적절로 여기면, 彼將曰在位故也의 문맥을 영어의 3형식 문장처럼 잡고 새길 수 있다. 彼將曰在位故也에서 피(彼)는 맹계자(孟季子)를 나타내고 영어의 He처럼 여기고, 장(將)은 〈곧장 즉(卽)〉과 같으며, 재(在)는 〈있을 존(存)〉과 같고, 고(故)는 앞의 내용을 이어[承上] 뒤의 내용을 일으키게 하는[起下] 〈그러므로 고(故)〉가 아니라 어떤 일에 대한 이유를 나타내는 〈까닭 고(故)〉이다. 즉 〈A故〉의 어투이다. 〈A故〉에서 A는 고(故)를 꾸며주는 형용사절과 같다. 在位故에서 재위(在位)가 고(故)를 꾸며준다. 〈A(在位)하는 까닭[故]〉 그러니 彼將曰在位故也에서 고(故)는 왈(曰)이 목적어이다.

그 피(彼), 곧장 장(將), 말할 왈(曰), 있을 재(在), 자리 위(位), 까닭 고(故), ~이다 야(也)

子亦曰在位故也(자역왈재위고야)

▶ 자네가[子] 덩달아[亦] (아우가) 신위에[位] 있기[在] 때문[故]이라고[也] 맞장구쳐 주게[曰].

자역왈재위고야(子亦曰在位故也)는 〈A曰B〉꼴로 영어의 3형식 문장과 같다. 말하자면 You(子) also(亦) say(曰) that(在位故也)처럼 여기고 새기면 子亦曰在位故也의 문맥이 잡힌다. 子亦曰在位故也에서 자(子)는 호칭으로 〈그대 자(子)〉이고, 재(在)는 〈있을 존(存)〉과 같으며, 고(故)는 앞서와 마찬가지로 어떤 일에 대한 이유를 나타내는 〈까닭 고(故)〉이다.

스승이 제자(公都子)에게 훈수해준 덫에 맹계자가 걸려들게 될 것임을 자역왈(子亦曰)로써 눈치챌 수 있으리라. 맹계자의 말을 받아 같은 말로 맞장구쳐주라[子亦曰]고 훈수를 해주고선, 스승은 제자에게 경(敬)의 예의를 다음처럼 간명하게 일깨워준다. 어찌 선생이 제자와 더불어 말을 가지고 희롱하겠으며 해코지하려는 훈수나 덫을 놓겠는가. 일석이조의 결실을 얻고자 맹자가 공도자에게 훈수를 두었음을 다음 가르침으로 알 수 있게 된다.

자네 자(子), 또한 역(亦), 맞장구칠 왈(曰), 있을 재(在), 자리 위(位), 까닭 고(故), ~이다 야(也)

庸敬在兄(용경재형) 斯須之敬在鄉人(사수지경재향인)

▶ 늘[庸] 공경함은[敬] 형께[兄] 있고[在] 잠시[斯須]의[之] 공경함은[敬] 마을 사람에게[鄕人] 있다[在].

용경재형(庸敬在兄)은 〈A在B〉꼴에서 〈있을 재(在)〉로 여기면 영어의 1형식 문장처럼 〈A가 B에 있다[在]〉고 새기고, 〈살필 재(在)〉로 여기면 영어의 3형식 문장처럼 〈A가 B를 살핀다[在]〉고 새긴다. 그러나 〈A在B〉꼴은 〈있을 재(在)〉의 경우가 대부분이다. 庸敬在兄의 용(庸)은 〈늘 상(常)〉과 같다.

사수지경재향인(斯須之敬在鄕人) 역시 〈있을 재(在)〉의 〈A在B〉꼴로, 영어의 1형식 문장과 같다. 〈A(斯須之敬)는 B(鄕人)에 있다[在]〉 斯須之敬在鄕人에서 사수(斯須)는 잠시(暫時), 즉 순간순간이란 뜻이다. 斯須之敬는 지(之)가 허사인 〈A之B〉꼴이다. 斯須之敬의 사수지(斯須之)는 경(敬)을 꾸미는 형용사이다. 한문투에서 허사인 지(之)를 〈A之B〉꼴로 다음처럼 정리해 두면 편하다. 〈A가[之] B, A의[之] B, A를[之] B, A에게[之] B, A하는[之] B〉 등처럼 〈A之B〉에서 A之가 B를 꾸미는 형용사구라고 새긴다.

용경(庸敬)의 경(敬)은 마음 속에서 떠나지 않는 공경(恭敬)하는 마음이고, 사수지경(斯須之敬)의 경(敬)은 경우에 따라 존경하는 마음이다. 아우가 형님을 존경하는 마음은 늘 사무쳐 있지만, 한 마을의 연장자를 존경하는 마음은 경우에 따를 뿐이지 늘 마음 속에 사무쳐 있는 것은 아니다. 그러나 어느 경이든 존경하는 마음은 심중(心中)에서 비롯되지 마음 밖에서 비롯되는 것은 아님을 맹자가 제자에게 밝혀주고 있다. 형님에 대한 아우의 공경심은 아우의 마음 안에 있는 셈이고, 존경하는 마음은 늘 마음에 간직돼 있다. 『주역(周易)』의 「십익(十翼)」 〈곤괘문언(坤卦文言)〉에 있는 말씀이 떠오른다. "경의립이불고(敬義立而不孤)." 경의(敬義)가 곧 덕(德)인데 덕이 밖에 있다는 생각은 헛소리인 셈이다.

늘 용(庸), 공경할 경(敬), 있을 재(在), 형님 형(兄), 이 사(斯), 모름지기 수(須), ~의 지(之), 마을 향(鄕)

季子聞之曰(계자문지왈) 敬叔父則敬(경숙부즉경) 敬弟則敬(경제즉경) 果在外(과재외) 非由內也(비유내야)

▶ 맹계자가[季子] 공도자의 말을[之] 듣고[聞] 말했다[曰]. "숙부를[叔父] 공경해도[敬] 곧[則] 공경함이고[敬] 아우를[弟] 공경해도[敬] 곧[則] 공경함이니[敬], 과연[果] (공경함은) 밖에[外] 있지[在] 안에서[內] 비롯되는 것은[由] 아닌 것[非]이다[也]."

계자문지왈(季子聞之曰)은 季子聞之 而季子曰에서 문맥으로 보충될 수 있는 내용을 생략한 어투이다. 季子聞之曰에서 지(之)는 공도자지언(公都子之言)을 나타내는 지시대명사이고, 문(聞)의 목적어이다.

경숙부즉경(敬叔父則敬)은 吾敬叔父則是敬也에서 문맥으로 보충될 수 있는 오(吾)와 시(是) 그리고 반복되는 야(也)를 생략한 어투이다. 敬叔父則敬은 〈A則B〉꼴로 조건절이나 양보절을 간직한 영어의 복문과 같다. 敬叔父則敬에서 경숙부(敬叔父)는 양보의 부사절이고, 즉(則)은 어조사에 불과하며, 경(敬)은 주절인 셈이다. 敬叔父則敬에서 경(敬)은 〈높일 존(尊), 공(恭)〉과 같고, 여기선 공경(恭敬) 또는 존경(尊敬)의 줄임말로 여기고 새긴다.

경제즉경(敬弟則敬) 역시 吾敬弟則是敬也에서 문맥으로 보충될 수 있는 오(吾)와 시(是) 그리고 반복되는 야(也)를 생략한 어투이다. 敬弟則敬 또한 〈A則B〉꼴로 조건절이나 양보절을 간직한 영어의 복문과 같다. 敬弟則敬에서 경제(敬弟)는 양보의 부사절이고, 즉(則)은 어조사에 불과하며, 경(敬)은 주절인 셈이다. 敬弟則敬에서 경(敬)은 〈높일 존(尊), 공(恭)〉과 같고, 여기선 공경(恭敬) 또는 존경(尊敬)의 줄임말로 여기고 새긴다.

과재외비유내야(果在外非由內也)는 果敬在外 而敬非由內也에서 문맥으로 보충될 수 있는 내용이므로 주어인 경(敬)을 생략한 어투이다. 果在外非由內也에서 과재외(果在外)는 영어의 1형식 문장과 같고, 비유내야(非由內

也)는 주어인 경(敬)이 생략되었지만 영어의 2형식 문장 같으므로, 果在外非由內也는 영어의 중문과 같다. 果在外非由內也의 유(由)는 〈비롯될 유(由)〉로 여기고 새기면 문맥이 통한다. 果在外非由內也에서 유내(由內)의 유(由)는 〈비롯할 종(從), 자(自)〉와 같다. 한문투에서 유(由)는 여러 가지 뜻을 나타낸다. 〈비롯할 유(由) = 종(從) = 자(自), 행할 유(由) = 행(行), 까닭 유(由) = 이(理), 인할 유(由) = 인(因)〉 등이 있다.

막내 계(季), 존칭 자(子), 들을 문(聞), 그것 지(之), 말할 왈(曰), 공경할 경(敬), 곧 즉(則), 과연 과(果), 바깥 외(外), 아닌 것 비(非), 비롯할 유(由), ~이다 야(也)

公都子曰(공도자왈) 冬日則飮湯(동일즉음탕) 夏日則飮水(하일즉음수) 然則飮食亦在外也(연즉음식역재외야)

▶ 공도자가[公都子] (맹계자에게) 말해주었다[曰]. "겨울[冬] 날이면[日] 곧[則] 뜨거운 물을[湯] 마시고[飮], 여름[夏] 날이면[日] 곧[則] 찬물을[水] 마신다[飮]. 그렇다면[然] 곧[則] 마시고 먹은 것[飮食] 또한[亦] 밖에 [外] 있다는 것[在]이지요[也]."

동일즉음탕(冬日則飮湯)은 冬日則人飮湯에서 일반주어인 인(人)을 생략했지만 영어의 3형식 문장과 같다. 冬日則飮湯에서 동일(冬日)은 시간을 나타내는 부사이고, 즉(則)은 어조사로 무시해도 되며, 음(飮)은 타동사이고, 탕(湯)은 목적어이다. 탕(湯)은 열수(熱水)를 뜻한다. 끓여서 뜨거운 물(熱水).

하일즉음수(夏日則飮水)는 夏日則人飮水에서 일반주어인 인(人)을 생략했지만 영어의 3형식 문장과 같다. 夏日則飮水에서 하일(夏日)은 시간을 나타내는 부사이고, 즉(則)은 어조사로 무시해도 되며, 음(飮)은 타동사이고, 수(水)는 목적어이다. 수(水)는 냉수(冷水) 즉 찬물을 말한다.

연즉음식역재외야(然則飮食亦在外也)는 〈A則B也〉꼴로 영어의 복문과 같다. 〈A(然)면 곧[則] B(飮食亦在外)이다[也]〉 然則飮食亦在外也는 子言如是則飮食亦在外也에서 자언여시(子言如是)를 연(然)으로 축약한 어투이다. 그대가[子] 그와[是]같이[如] 말한다면[言]. 그러니 然則飮食亦在外也에서 연(然)은 조건의 부사절이고, 음식역재외야(飮食亦在外也)가 주절이다. 然則

飮食亦在外也에서 연(然)은 〈그렇다 할 연(然)〉 즉 언여시(言如是)와 같고, 음식(飮食)은 모든 먹을거리를 뜻하고 주어이며, 재(在)는 〈있을 존(存)〉과 같고 자동사이며, 외(外)는 장소를 나타내는 부사이고, 야(也)는 구문 끝에 붙어 결정짓는 어조사로 〈~이다〉 정도로 새긴다.

존경할 대상이 밖에 있다고 존경하는 것[敬者]도 밖에 있다는 말이냐고 공도자가 맹계자의 입을 닥치게 하는 재갈이 곧 연즉음식재외(然則飮食亦在外)이다. 스승의 훈수를 받고나자 논쟁의 고삐를 쥐는 공도자의 화술이 깔끔하다. 먹을거리가[飮食] 상(床) 위에 있다고 해서 뱃속으로 들어가버려도 음식은 늘 외재적(外在的)이란 말이냐고 맹계자의 말꼬리를 잡아 오금을 박고 있는 공도자가 갑자기 똑똑해 보인다. 그러나 인자(仁者)와 경자(敬者)를 두고 말놀이를 할 일이 아니다. 공자(孔子)께서 『논어(論語)』「옹야(雍也)」편 17장에서 "인지생야직(人之生也直)"이라고 정언(定言)해두고 있다. 사람[人]의[之] 삶[生]이란[也] 곧다[直]. 애인자(愛人者)와 유예자(有禮者)의 삶이란 늘 곧다[直]. 맹자가 말하는 존심(存心)도 공자가 밝힌 직(直)을 이어받음에 불과하다. 이미 「이루장구(離婁章句) 하(下)」 28장에서 "군자이인존심(君子以仁存心) 이례존심(以禮存心)"이라고 맹자가 선언하지 않았던가. 존심(存心)하라. 이는 마음이 인의(仁義)를 떠나지 말라 함이다. 마음이 밖에 있다고 할 놈 없을 터이니 인의(仁義)가 밖에 있다고 하는 입을 틀어막는 덫을 스승(孟子)이 제자(公都子)에게 건네준 셈이다. 군자는[君子] 어짊을[仁] 생각하면서[以] 마음을[心] 살펴 간수하고[存], 예의를[禮] 생각하면서[以] 마음을[心] 살펴 간수한다[存].

공변될 공(公), 도읍 도(都), 말할 왈(曰), 겨울 동(冬), 날 일(日), 어조사 즉(則), 마실 음(飮), 물끓일 탕(湯), 여름 하(夏), 그럴 연(然), 또한 역(亦), 먹을 식(食), ~이다 야(也)

제6장

6장을 세 단락으로 나누어서 살피려고 한다. 편의상 단락을 나눈 것일 뿐 내용 때문에 그렇게 나눈 것은 아니다. 6장은 맹자의 성선설(性善說)을 터득하는 데 지도리가 될 수 있는 장이니 매우 중요하다. 뿐만 아니라 동북아문화권에서 유가(儒家)가 구축한 심학(心學)의 근거를 살펴보는 데 실마리를 풀어주는 장이기도 하다. 유가에서 사덕(四德)으로 받드는 인의예지(仁義禮智)가 간명하게 규명돼 있는 까닭이다. 나아가 맹자가 밝히는 수신(守身)의 수(守)를 구체적으로 해석할 수 있는 근거를 찾아볼 수 있고, 유가의 심학은 공자의 수신(修身)과 맹자의 수신(守身)으로 통하지 관념으로 치닫는 성리학의 보증 노릇을 하지 않는 것을 알려준다. 구즉득지(求則得之)하지만 사즉실지(舍則失之)한다는 선언은 무엇 때문에 내가 나를 지켜야 하는가의 문제를 끊임없이 자문하게 한다는 생각이 들게 하는 장이고, 공자의 인능홍도(人能弘道)를 음미하여 해석해보는 장이기도 하다.

【문지(聞之) 1】

금왈성선(今日性善)

【원문(原文)】

公都子曰 告子曰性無善無不善也이라 하고 或曰 性可以爲善하며 可以爲不善하니 是故로 文武興則民好善하고 幽厲興則民好暴한다 하고 或曰 有性善하고 有性不善하니 是故로 以堯爲君而有象하고 以瞽瞍爲父而有舜하며 以紂爲兄之子요 且以爲君而有微子啓요 王子比干이라 하니 今日性善하시니 然則彼皆非與이까

공도자왈 고자왈성무선무불선야 혹왈 성가이위선 가이위불선 시고 문무흥즉민호선 유려흥즉민호포 혹왈 유성선 유성불선 시고 이요위군이유상 이고수위부이유순 이주위형지자 차이위군이유미자계 왕자비간 금왈성선 연즉피개비여

【해독(解讀)】

공도자가 (맹자께) 여쭈었다[公都子曰]. "고자가 말했습니다[告子曰]. '본성에는 착함도 없고 착하지 않음도 없는 것이다[性無善無不善也].' 어떤 이는 말했습니다[或曰]. '본성은 선할 수도 있고[性可以爲善] 불선할 수도 있다[可以爲不善]. 이런 까닭에[是故] 문왕과 무왕이 일어나면 곧장 사람들은 착하기를 좋아하고[文武興則民好善], 유왕이나 여왕이 일어나면 곧장 사람들

은 포악하기를 좋아한다[幽厲興則好暴].' 어떤 이는 말했습니다[或曰]. '선한 본성도 있고[有性善] 불선한 본성도 있다[有性不善]. 이런 까닭에[是故] 요로써 임금을 삼고서도 상이 나왔고[以堯爲君而有象], 고수로써 아버지를 두고서도 순이 나왔으며[以瞽瞍爲父而有舜], 주로써 형의 아들로 두고[以紂爲兄之子] 또한 주로써 임금을 삼고서도 미자계와 (주로써 형을 두고서도) 왕자 비간이 나왔다[且以爲君而有微子啓王子比干].' (선생께서) 이제 본성은 착하다고 말씀하시니[今曰性善] 그렇다면 곧 저 사람들 모두 옳지 않다는 것입니까[然則彼皆非與]?"

【담소(談笑)】

告子曰(고자왈) 性無善無不善也(성무선무불선야)

▶ **고자가[告子] 본성에는[性] 착함도[善] 없고[無] 착하지 않음도[不善] 없는[無] 것이라고[也] 말했다[曰].**

고자왈성무선무불선야(告子曰性無善無不善也)는 〈A曰B〉꼴로 영어의 3형식 문장의 중문과 같은 어투이다. 告子曰性無善無不善也는 告子曰性無善 而告子曰性無不善也에서 되풀이되는 내용인 고자왈성(告子曰性)을 생략하고 하나의 구문처럼 묶은 어투란 말이다. 그래서 〈A(告子)는 B(性無善無不善也)를 말했다[曰]〉고 새겨보면 문맥이 잡힌다. 告子曰性無善無不善也에서 고자(告子)는 주어이고, 왈(曰)은 타동사이며, 성무선(性無善)과 무불선(無不善)은 왈(曰)의 목적절이다. 물론 告子曰性無善無不善也를 우리말로 새길 경우에는 왈(曰)의 목적절 부분을 따로 떼어내 하나의 문장처럼 처리하는 것이 오히려 자연스럽다. 고자가[告子] 본성에는[性] 착함도[善] 없고[無] 착하지 않음도[不善] 없는[無] 것이라고[也] 말했다[曰]보다, 〈고자가[告子] 말했다[曰]. 본성에는[性] 착함도[善] 없고[無] 착하지 않음도[不善] 없는[無] 것이다[也]〉로 새기는 것이 문의를 전하는 데 더 편한 방편이다. 性無善無不善也의 무(無)는 자동사인 〈없을 무(無)〉이다. 〈A無B〉꼴로 〈A(性)에는 B(善)가 없다[無]〉고 새긴다. 〈A無B〉꼴은 〈A有B〉꼴과 함께 알아두면 편하다. 〈A에 B가 있다[有]〉

고할 고(告), 존칭 자(子), 말할 왈(曰), 본성 성(性), 없을 무(無), 착할 선(善), 아니 불(不), ~이다 야(也)

或曰(혹왈) 性可以爲善(성가이위선) 可以爲不善(가이위불선) 是故(시고) 文武興則民好善(문무흥즉민호선) 幽厲興則民好暴(유려흥즉민호포)

▶ 어떤 이는[或] 말했다[曰]. "본성은[性] 선[善] 할[以爲] 수도 있고[可] 불선[不善]할[以爲] 수도 있다[可]. 이런[是] 까닭에[故] 문왕과[文] 무왕이[武] 흥하면[興] 곧장[則] 사람들은[民] 선하기를[善] 좋아하고[好], 유왕이나[幽] 여왕이[厲] 일어나면[興] 곧장[則] 사람들은[民] 포악하기를[暴] 좋아한다[好]."

혹왈(或曰)은 〈A曰B〉꼴로 영어의 3형식 문장의 중문과 같다.〈A가 B를 말한다[曰]〉 그러나 혹왈(或曰)의 목적절(B) 부분들을 따로 분리하여 마치 독립구문처럼 여기고 새기는 것이 오히려 〈A曰B〉 전체의 문맥을 잡아 문의를 건져내기 쉽고 편하다. 或曰에서 혹(或)은 혹자(或者)의 줄임말로 주어이고, 왈(曰)은 타동사이다.

성가이위선가이위불선(性可以爲善可以爲不善)은 혹왈(或曰)의 목적절이다. 그러므로 或曰性可以爲善 而或曰可以爲不善에서 되풀이되는 내용인 혹왈(或曰)을 생략하고 하나의 구문처럼 묶어둔 어투가 性可以爲善可以爲不善이다. 性可以爲善可以爲不善에서 가(可)는 영어의 can처럼 생각하고, 〈~할 수 있다 가(可)〉는 능(能) · 족(足) · 득(得) 등과 같고, 이에 이(以)를 더하여 가이(可以) · 족이(足以) 등으로 쓰면 조동사로 여긴다. 가위(可爲)보다 가이위(可以爲)로 하면 어세가 강해진다. 그러므로 가이(可以)는 가(可)의 강조형이라고 생각해도 된다.

한문투에서 이(以)와 위(爲)는 여러 뜻을 나타내므로 잘 정리해서 문맥에 따라 가장 걸맞은 뜻을 선택한다. 이(以)를 다음과 같이 정리하면 문맥을 잡아 문의를 건져내는 데 편하다. 이(以)는 〈以A〉 또는 〈A以〉꼴로 잘 정리해 둘수록 편리하다. 이(以)는 〈以A〉처럼 전치사로 또는 〈A以〉처럼 후치사 노릇을 자유롭게 하기 때문이다. 〈할 이(以) = 위(爲), 써 이(以) = 용(用), 생각할 이(以) = 사(思), 거느릴 이(以) = 솔(率), 때문에 이(以) = 인(因), 더불어 이(以) = 여(與), 하여금 이(以) = 사(使), 이미 이(以) = 이(已)〉 물론 〈까닭 이(以)〉로 명사 구실도 하는 데 주로 유이(有以) · 무이(無以) 꼴일 때가 대부분이다.

위(爲)는 다음과 같이 정리하면 한문투의 문맥을 잡아 문의를 건져내는 데 편하다. 〈할 위(爲) = 조(造), 생각할 위(爲) = 사(思), 하여금 위(爲) = 사(使), 만들 위(爲) = 산(産), 이룰 위(爲) = 성(成), 배울 위(爲) = 학(學), 다스릴 위(爲) = 치(治), 도울 위(爲) = 조(助), 호위할 위(爲) = 호(護), 칭할 위(爲) = 칭(稱)〉 이외에도 문맥에 따라 다양하게 뜻을 구사하는 것이 위(爲)이다. 어조사로 쓰이기도 하고 소이(所以)처럼 〈까닭 위(爲)〉 구실도 한다.

시고(是故)의 시(是)는 앞서 나온 내용인 성가이위선가아위불선(性可以爲善可以爲不善)을 나타내주는 지시어이고, 고(故)는 〈A故〉로 〈그러므로 고(故)〉가 아니라 〈때문에 고(故)〉이다. 〈A故〉를 영어의 because of A처럼 알아두면 편하다. 물론 시고(是故)는 뒤의 내용을 돕는 원인의 부사구이다.

문무흥즉민호선유려흥즉민호포(文武興則民好善幽厲興則民好暴) 역시 혹왈(或曰)의 목적절이다. 文武興則民好善幽厲興則民好暴를 문무흥즉민호선(文武興則民好善)과 유려흥즉민호포(幽厲興則民好暴)로 따로 나누어 새기면 是故文武興則民好善幽厲興則民好暴의 문맥을 잡아 문의를 건져내기 쉽다. 文武興則民好善은 〈A則B〉꼴로 조건의 부사절을 둔 영어의 복문과 같다. 〈A(文武興)하면 곧[則] B(民好善)한다〉 文武興則民好善에서 문무(文武)는 문왕여무왕(文王與武王)을 간명히 한 것이다. 무왕[武王]과[與] 문왕[文王]을 문무(文武)로 줄였다는 말이다. 무왕과 문왕은 주(周)나라를 세운 성왕(聖王)이라고 유가(儒家)는 칭송한다. 文武興則民好善에서 흥(興)은 〈일어날 기(起)〉와 같고 흥기(興起)의 줄임말로 여기고, 민(民)은 백성(百姓)을 말하며 호(好)는 여기선 〈사랑할 애(愛)〉와 같고 애호(愛好)의 줄임말로 여기고 새긴다. 幽厲興則民好暴 역시 〈A則B〉꼴로 조건의 부사절을 둔 영어의 복문과 같다. 〈A((幽厲興)하면 곧[則] B(民好暴)한다〉 幽厲興則民好暴에서 유려(幽厲)는 유왕여여왕(幽王與厲王)을 간명히 한 어구이다. 유왕[幽王]과[與] 여왕[厲王]을 줄여 유려(幽厲)로 줄였다는 말이다. 유왕과 여왕은 주(周)나라를 망하게 한 폭군이라고 유가(儒家)는 비하한다. 幽厲興則民好暴에서 흥(興)은 〈일어날 기(起)〉와 같고 흥기(興起)의 줄임말로 여기고, 민(民)은 백성(百姓)을 말하며, 호(好)는 여기선 〈친할 친(親)〉으로 보면 앞서의 호선(好善)과 호포(好暴)를 구별하여 새길 수 있다. 포악함과[暴] 친해진다[好].

어떤 이 혹(或), 말할 왈(曰), 본성 성(性), 가능 가(可), 할 이(以), 될 위(爲), 아니 불(不), 이 시(是), 까닭 고(故), 문왕 문(文), 무왕 무(武), 일어날 흥(興), 곧 즉(則), 백성 민(民), 사랑할 호(好), 착함 선(善), 유왕 유(幽), 여왕 여(厲), 친할 호(好), 포악할 포(暴)

或曰(혹왈) 有性善有性不善(유성선유성불선) 是故(시고) 以堯爲君而有象(이요위군이유상) 以瞽瞍爲父而有舜(이고수위부이유순) 以紂爲兄之子且以爲君(이주위형지자차이위군) 而有微子啓(이유미자계) 王子比干(왕자비간)

▶ 어떤 이는[或] 말했다[曰]. "선한[善] 본성도[性] 있고[有] 불선한[不善] 본성도[性] 있다[有]. 이런[是] 까닭에[故] 요[堯]로써[以] 임금을[君] 삼고[爲]서도[而] 상이[象] 나왔고[有], 고수[瞽瞍]로써[以] 아버지를[父] 두고[爲]서도[而] 순이[舜] 나왔으며[有], 주[紂]로써[以] 형[兄]의[之] 아들로[子] 두고[爲] 또한[且] 주[紂]로써[以] 임금을[君] 삼고[爲]서도[而] 미자계와[微子啓] (주로써 형을 두고서도) 왕자[王者] 비간이[比干] 나왔다[有].

혹왈(或曰)은 〈A曰B〉꼴로 영어의 3형식 문장의 중문과 같다.〈A가 B를 말한다[曰]〉 그러나 혹왈(或曰)의 목적절(B) 부분들을 따로 분리하여 마치 독립된 구문처럼 여기고 새겨가는 것이 오히려 〈A曰B〉 전체의 문맥을 잡아 문의를 건져내기 쉽고 편하다. 或曰에서 혹(或)은 혹자(或者)의 줄임말로 주어이고, 왈(曰)은 타동사이다.

유성선유성불선(有性善有性不善)은 人有性善 而人有性不善에서 일반적이고 되풀이되는 내용이므로 부사인 인(人)을 생략한 〈A有B〉꼴로 영어의 1형식 문장과 같고, 혹왈(或曰)의 목적절이다. 有性善有性不善을 유성선(有性善)과 유성불선(有性不善)으로 나누어 새기는 편이 문맥을 잡아 문의를 건져내기 편하다. 성선이[性善] 있고[有] 성불선이[性不善] 있다[有]. 물론 유성선(有性善)에서 유(有)는 〈있을 유(有)〉로 자동사이고, 성(性)은 유(有)의 주어이며, 선(善)은 성(性)을 꾸미는 형용사이다.

시고(是故)의 시(是)는 앞서 나온 내용인 성가이위선가아위불선(性可以爲善可以爲不善)을 나타내는 지시어이고, 고(故)는 〈A故〉로 〈그러므로 고

(故)〉가 아니라 〈때문에 고(故)〉이다. 〈A故〉를 영어의 because of A처럼 알아두면 편하다. 물론 시고(是故)는 뒤의 내용을 돕는 원인의 부사구이다.

이요위군이유상(以堯爲君而有象)은 天命以堯爲君 而堯有象에서 문맥으로 보충될 수 있는 내용이므로 타동사 위(爲)의 주어인 천명(天命)을 생략하고, 자동사 유(有)를 돕는 부사인 요(堯)를 되풀이되므로 생략하여 以堯爲君而有象으로 줄인 어투이다. 天命以堯爲君 而堯有象에서 앞뒤 내용으로 보아 이(而)는 역접의 연사이므로 〈하늘이[天命] 요를[堯] 가지고[以] 임금으로[君] 삼았다[爲]. 그러나[而] 요한테서[堯] 상이[象] 나왔다[有]〉고 새길 수 있다. 天命以堯爲君 而堯有象을 줄인 以堯爲君而有象은 다음처럼 새길 수 있다. 요를[堯] 가지고[以] 임금으로[君] 삼았지[爲]만[而] 상이[象] 나왔다[有]고 새긴다. 물론 以堯爲君而有象이 天命以堯爲君 而堯有象을 줄인 어투란 점을 알고 새긴다면 문맥의 문의를 더욱 분명하게 찾아낼 수 있다. 以堯爲君而有象에서 〈爲A以B〉꼴을 관용어처럼 알아두면 문맥을 잡는 데 편하다. 〈A를 가지고[以] B로 삼다[爲]〉 〈爲A以B〉는 마치 영어의 make A of B처럼 여기고 새긴다. 〈B를 가지고(of) A로 삼다(make)〉, 〈B를 가지고(of) A를 만든다(make)〉 以堯爲君而有象의 상(象)은 순(舜)임금의 배다른 동생으로 순을 시기하여 죽이려고 했다.

요(堯)임금이 덕치(德治)로써 다스린 세상에서도 제 이복형인 순(舜)을 살해하고자 했던 흉악한 놈[象]이 나왔으니 요임금이 덕치를 베푼들 성불선(性不善)은 이쩔 수 없다는 말이다. 요샛말로 하면 본성은 유전되지도 않고 상속되지도 않는다는 것이다. 그러므로 요의 본성 같은 선한 성(性)도 있고 상의 본성 같은 불선한 성(性)도 있다면서 전국시대(戰國時代)의 논객들이 혀를 내둘렀던 모양이다.

이고수위부이유순(以瞽瞍爲父而有舜)은 舜以瞽瞍爲父 而瞽瞍有舜에서 문맥으로 보충될 수 있는 내용이므로 타동사 위(爲)의 주어인 순(舜)을 생략하고, 자동사 유(有)를 돕는 부사인 고수(瞽瞍)를 되풀이되는 내용이므로 생략하고 以瞽瞍爲父而有舜으로 줄인 어투이다. 天倫以瞽瞍爲父 而瞽瞍有舜에서 앞뒤 내용으로 보아 이(而)는 역접의 연사이므로 〈하늘이[天倫] 고수를[瞽瞍] 가지고[以] 아버지로[父] 삼았다[爲]. 그러나[而] 고수한테서[瞽瞍] 순이[舜] 나왔다[有]〉고 天倫以瞽瞍爲父 而瞽瞍有舜을 새길 수 있다. 天倫以瞽瞍

爲父 而瞽瞍有舜을 줄인 以瞽瞍爲父而有舜은 다음처럼 새길 수 있다. 고수를[瞽瞍] 가지고[以] 아버지로[父] 삼았지[爲]만[而] 순이[舜] 나왔다[有]. 물론 以瞽瞍爲父而有舜이 天倫以瞽瞍爲父 而瞽瞍有舜을 줄인 어투임을 알고 새긴다면 문맥의 문의를 더욱 분명하게 찾아낼 수 있다. 以瞽瞍爲父而有舜에서도 〈爲A以B〉꼴을 관용어처럼 여기고 알아두면 문맥을 잡는 데 편하다. 〈A(瞽瞍)를 가지고[以] B(父)로 삼다[爲]〉

독부(毒父)의 화신(化身)인 고수(瞽瞍) 같은 인간한테서 순(舜) 같은 효자의 화신이 아들로 태어났으니 성선(性善)이 따로 있고 성불선(性不善)이 따로 있지 않느냐고 사례를 들고 있는 중이다. 살인자의 아들이 살인자가 되는 것은 아니란 말이다. 이런 말을 부정(否定)할 사람은 없다. 그러니 얼핏 들으면 옳은 말이란 생각이 들 수도 있는 일이다. 늘 궤변이란 귀를 솔깃하게 하는 법이다. 거기에 솔깃하면 개미귀신에게 홀리고 만다.

이주위형지자차이위군이유미자계왕자비간(以紂爲兄之子且以爲君而有微子啓王子比干)은 微子啓以紂爲兄之子且以爲君而有微子啓 而王子比干以紂爲兄且以爲君而有王子比干의 중문에서 문맥으로 보충될 수 있으므로 되풀이되는 내용을 생략한 어투이다. 그러니 (微子啓)以紂爲兄之子且以爲君而有微子啓와 (王子比干)以紂爲兄且以爲君而有王子比干으로 나누어 새겨보면, 以紂爲兄之子且以爲君而有微子啓王子比干의 문맥을 잡아 문의를 더욱 분명하게 건질 수 있다. 〈미자계는[微子啓] 주[紂]로써[以] 형[兄]의[之] 아들로[子] 두고[爲] 또한[且] 주[紂]로써[以] 임금을[君] 삼았다[爲]. 그러나[而] 미자계가[微子啓] 있었다[有]〉, 〈왕자[王子] 비간은[比干] 주[紂]로써 형[兄]을 두고[爲] 또한[且] 주[紂]로써[以] 임금을[君] 삼았다[爲]. 그러나[而] 왕자[王者] 비간이[比干] 나왔다[有]〉 以紂爲兄之子且以爲君而有微子啓王子比干에서 이(而)는 역접의 연사이며 영어의 but처럼 여기고, 以紂爲兄之子且以爲君而有微子啓王子比干 역시 〈爲A以B〉꼴을 관용어처럼 여기고 알아두면 문맥을 잡는 데 편하다. 〈A(紂)를 가지고[以] B(兄之子)로 삼다[爲]〉 미자계(微子啓)는 폭군의 화신인 은(殷)나라 말왕(末王) 주(紂)의 숙부(叔父)를 말하고, 비간(比干)은 주의 이복 동생을 말한다. 주가 폭군 노릇을 일삼자 미자계는 미친 척하고 백성 속에 숨어서 살았고, 비간은 주에게 왕도(王道)를 버리지 말라고 요청했는데 주가 비간의 심장을 뽑아서 황하(黃河)에 던져 고깃밥이 되게 했다는 포악한 고사가 전해진다.

미자계와 비간의 본성은 선하고 폭군 주의 본성은 불선하다는 사례로 혹자(或者)가 열거한 셈이다. 요순(堯舜)이 성군(聖君)이니 성선(性善)의 화신(化身)이고 걸주(桀紂)는 폭군(暴君)이니 성불선(性不善)의 화신이라고 변설(辨說)을 늘어놓았던 말쟁이[論客]들이 전국시대에 많았을 터이다.

어떤 이 혹(或), 말할 왈(曰), 있을 유(有), 본성 성(性), 착할 선(善), 아니 불(不), 써 이(以), 요임금 요(堯), 삼을 위(爲), 임금 군(君), 어조사(~도) 이(而), 짓 상(象), 소경 고(瞽), 소경 수(瞍), 아비 부(父), 순임금 순(舜), 주왕 주(紂), 형님 형(兄), ~의 지(之), 아들 자(子), 또 차(且), 작을 미(微), 존칭 자(者), 열 계(啓), 견줄 비(比), 방패 간(干)

今曰性善(금왈성선) 然則彼皆非與(연즉피개비여)

▶ **이제[今] 본성은[性] 착하다고[善] 말한다[曰]. 그렇다면[然] 곧[則] 저 사람들[彼] 모두[皆] 옳지 않다는 것[非]인가[與]?**

금왈성선(今曰性善)은 今夫子曰性善에서 문맥으로 보충될 수 있는 주어인 부자(夫子)를 생략한 어투이다. 이제[今] 선생께서는[夫子] 본성은[性] 착하다고[善] 말씀하신다[曰]. 비록 주어가 생략돼 있지만 今曰性善은 〈A曰B〉 꼴로 영어의 3형식 문장과 같은 어투이다. 〈A(夫子)는 B(性善)를 말한다[曰]〉 今曰性善에서 금(今)은 시간의 부사이고, 왈(曰)은 타동사이며, 성선(性善)은 목적구이다.

연즉피개비여(然則彼皆非與)는 〈A則B〉의 꼴로 영어의 복문과 같은 어투이다. 〈A(然)면 곧[則] B(彼皆非與)인가〉 然則彼皆非與는 夫子言如是則彼皆非與에서 부자언여시(夫子言如是)를 연(然) 한 글자로 축약한 어투이다. 선생께서[夫子] 그와[是]같이[如] 말씀하신다면[言]. 그러니 然則彼皆非與서 연(然)은 조건의 부사절이고, 피개비여(彼皆非與)가 주절이다. 然則彼皆非與에서 연(然)은 〈그렇다 할 연(然)〉 즉 언여시(言如是)와 같고, 피(彼)는 〈그들 타(他), 문(們)〉 등과 같고 주어이며, 개(皆)는 부사이고, 비(非)는 자동사이며, 여(與)는 의문 어조사 〈~인가 여(與)〉이다.

제자(公都子)가 스승(孟子)께 맹자사상(孟子思想)의 근간인 성선설을 묻고 있다. 성무선(性無善)·성무불선(性無不善)이란 주장도 있고, 성선(性

善)・성불선(性不善)이란 주장들은 모두 옳지 않은 논쟁이냐고 묻고 있다.

이제 금(今), 말할 왈(曰), 본성 성(性), 착할 선(善), 그럴 연(然), 곧 즉(則), 저희 피(彼), 모두 개(皆), 그를 비(非), ~인가 여(與)

【문지(聞之) 2】

구즉득지(求則得之) 사즉실지(舍則失之)

【원문(原文)】

孟子曰 乃若其情則可以爲善矣이니 乃所謂善也이다 若夫爲不善은 非才之罪也이니라 惻隱之心을 人皆有之하고 羞惡之心을 人皆有之하며 恭敬之心을 人皆有之하며 是非之心을 人皆有之하니 惻隱之心은 仁也이고 羞惡之心은 義也이고 恭敬之心은 禮也이며 是非之心은 智也이니 仁義禮智는 非由外鑠我也이고 我固有之也이지만 弗思耳矣이다 故로 曰 求則得之하고 舍則失之라 한다 或相倍蓰而無算者는 不能盡其才者也이니라

맹자왈 내약기정즉가이위선의 내소위선야 약부위불선 비재지죄야 측은지심 인개유지 수오지심 인개유지 공경지심 인개유지 시비지심 인개유지 측은지심 인야 수오지심 의야 공경지심 예야 시비지심 지야 인의예지 비유외삭아야 아고유지야 불사이의 고 왈 구즉득지 사즉실지 혹상배사이무산자 불능진기재자야

【해독(解讀)】

맹자가 말한다[孟子曰]. "참으로 본성이 움직인다면 곧 (그 본성은) 선할 수 있는 것이다[乃若其情則可以爲善矣]. 참으로 이른바 (본성이란) 선한 것이다[乃所謂善也]. 만약 무릇 (사람이) 불선을 행한다면 (이는) 본성 바탕의 죄는 아닌 것이다[若夫爲不善非才之罪也]. 슬퍼하고 불쌍해한다는 마음 그것은 사람에게 다 있고[惻隱之心人皆有之], 부끄럽고 싫어한다는 마음 그것은 사람에게 다 있으며[羞惡之心人皆有之], 공손하고 공경한다는 마음 그것은 사람에게 다 있고[恭敬之心人皆有之], 옳다 하고 그르다 한다는 마음 그것은 사람에게 다 있다[是非之心人皆有之]. 슬퍼하고 불쌍해한다는 마음이 인(仁)이고[惻隱之心仁也], 부끄럽고 싫어한다는 마음이 의(義)이며[羞惡之心義也], 공손하고 공경한다는 마음이 예(禮)이고[恭敬之心禮也], 옳다 하고 그르다 한다는 마음이 지(智)이다[是非之心智也]. 인과 의와 예와 지는 밖으로부터 나를 녹인 것이 아닌 것이고[仁義禮智非由外鑠我也], 내가 본래부터

그것을 지닌 것임을 생각해내지 않은 것일 뿐이다[我固有之也弗思耳矣]. 그러므로 말한다[故曰]. '구하면 곧 그것을 얻고[求則得之] 버리면 곧 그것을 잃는다[舍則失之].' 늘 인의예지(仁義禮智)를 구함을 견줘본다면 서로 곱절 다섯 곱절인데[或相倍蓰], 인의예지(仁義禮智)를 헤아려봄이 없는 사람은[而無算者] 제 본성의 바탕을 다하지 못하는 사람이다[不能盡其才者也]."

【담소(談笑)】

乃若其情則可以爲善矣(내약기정즉가이위선의)

▶ 참으로[乃若] 본성이[其] 움직인다면[情] 곧[則] (그 본성은) 선[善]할[爲] 수 있는 것[可以]이다[矣].

내약기정즉가이위선의(乃若其情則可以爲善矣)는 〈A則B〉꼴로 조건의 부사절을 둔 영어의 복문과 같은 어투이다. 〈A(乃若其情)하면 곧[則] B(可以爲善)이다[矣]〉 乃若其情則可以爲善矣에서 내약기정(乃若其情)은 조건의 부사구이고, 즉(則)은 어조사로 곧 정도로 새기며, 가이위선의(可以爲善矣)는 주절이다.

乃若其情則可以爲善矣에서 부사구인 내약기정(乃若其情)의 약(若)을 〈따를 순(順)〉과 같다고 보고 이내[乃] 본성의[其] 움직임을[情] 따른다면[若]처럼 조건의 부사절로 새기기도 한다. 그러나 乃若其情의 내약(乃若)을 어조를 더하는 발어사로 보고, 其情의 기(其)는 性之情의 성지(性之)를 대신하는 관형사로 보고 其情의 정(情)은 성지동(性之動)을 말하므로 기정(其情)을 성지동(性之動)으로 새기면 문의가 분명해진다. 즉 기정(其情)을 성지정(性之情)으로 보고 본성[性]의[之] 움직임[情]으로 구로 새길 수 있고, 이 구를 절로 풀어서 새기면 더욱 우리말답게 된다. 본성[性]이[之] 움직이면[情].

乃若其情則可以爲善矣에서 주절인 가이위선의(可以爲善矣)는 성가위선이정의(性可爲善以情矣)를 줄인 영어의 3형식 문장과 같다. 性可爲善以情矣에서 일반주어로서 문맥으로 보충될 수 있는 주어인 성(性)과, 이(以)의 목적어인 정(情)을 생략한 어투가 곧 可以爲善矣이다. 본성은[性] 움직임[情]으로써[以] 선[善]해질[爲] 수 있는 것[可]이다[矣].

성정(性情)은 곧 성지동(性之動)을 말한다. 본성의 움직임[性之動]을 한마디로 정(情)이라 한다. 감정(感情)·감동(感動)이라 하면 좀더 뜻이 분명하게 드러난다. 온갖 사물을 만나면 본성이 움직인다 함이 정(情)이고 동(動)이다. 그러니 맹자는 본성이 사물을 만나는 그 자체를 선하다[爲善]고 본 것이다. 이는 철저한 인간성의 믿음을 말하는 셈이다. 인간성을 의심치 말라 함이 성선설의 기조인 셈이다.

곧 내(乃), 따를 약(若), 그 기(其), 움직일 정(情), 곧 즉(則), 가할 가(可), 써 이(以), 할 위(爲), 착할 선(善), ~이다 의(矣)

乃所謂善也(내소위선야)

▶ 참으로[乃] 이른[謂]바[所] (본성이란) 선한 것[善]이다[也].

내소위선야(乃所謂善也)는 乃所謂性善也에서 성(性)을 전치한 乃性之所謂善也에서 성지(性之)를 생략한 어투로 영어의 5형식 문장과 같다. 발어사인 내(乃)는 문맥의 문의에 영향을 미치지 않으므로 무시하고, 소위선야(所謂善也)의 구문을 살핀다.

성지소위선야(性之所謂善也)에서 성지(性之)를 생략해버리고 소위선야(所謂善也)로 줄이는 경우가 한문투에선 매우 빈번하다. 그러니 性之所謂善也의 지(之)를 잘 알아두어야 所謂善也와 같은 어투의 문맥을 잡기 쉽다. 性之所謂善也에서 소(所)의 뒤에 있는 동사를 살펴 토씨 구실을 하는 지(之)를 허사로 정한 다음, 지(之)의 격(格)을 정하는 것이 편하다. 말하자면 性之所謂善也를 소위성선야(所謂性善也)로 보고 性之所謂善也를 새길 것이냐, 아니면 소성위선야(所性謂善也)로 보고 性之所謂善也를 새길 것이냐에 따라 지(之)의 토씨 구실이 달라진다. 所性謂善也로 보고 性之所謂善也를 새긴다면, 지(之)를 주격으로 보고 위(謂)를 수동태로 여겨 성[性]이[之] 선이라[善] 일컬어지는[謂] 바[所]라고 새겨 소위선야(所謂善也)는 영어의 2형식 문장과 같다. 그러나 所謂性善也로 보고 性之所謂善也를 새긴다면 지(之)를 목적격으로 보고 위(謂)를 능동태로 새기므로 성[性]을[之] 선이라[善] 일컫는[謂] 바[所]라고 여겨 소위선야(所謂善也)는 영어의 5형식 문장과 같다. 그리고 소위선야(所謂善也)의 소(所)는 영어의 What is called Good의 what(that which)와 같은 것을 알면 한문투의 문맥을 잡기 편하다. 그러나 所謂善也와 같은 꼴의 어투를 우리말로 옮길 때는 이른[謂]바[所] 선[善]이다[也]라고 새기는 것이 통례처럼 돼 있다. 〈所謂A也〉꼴이면 〈이른바[所謂] A이다[也]〉이고, 〈所謂A〉꼴이면 〈이른바[所謂] A〉로 새긴다는 말이다.

한문투에서 허사 지(之)를 〈A之B〉꼴로 다음처럼 알아두면 편하다. 〈A가[之] B, A의[之] B, A를[之] B, A에게[之] B, A하는[之] B〉 여기서 A之는 B를 꾸미는 형용사구라고 여기고 새긴다.

소(所)를 아래와 같이 정리하면 한문투의 문맥을 잡는 데 편하다.

① 형용사절의 선행사 what과 같은 경우 : 〈A之所B〉, 〈A가(~를, ~에게) B할 바[所]〉

② 소이(所以) 뒤에 동사가 오는 경우 : 〈所以A〉, 〈A하는 바의[所] 까닭[以]〉

③ A가 수동태인지 능동태인지 살펴 새기는 경우 : 〈所以A者〉, 〈A하는 까닭인[以] 바의[所] 것[者]〉

어조사 내(乃), 바 소(所), 일컬을 위(謂), 착할 선(善), ~이다 야(也)

若夫爲不善非才之罪也(약부위불선비재지죄야)

▶ 만약[若] 무릇[夫] (사람이) 불선을[不善] 행한다면[爲] (이는) 본성 바탕[才]의[之] 죄는[罪] 아닌 것[非]이다[也].

약부위불선비재지죄야(若夫爲不善非才之罪也)는 若夫人爲不善 是非其才之罪也에서 문맥으로 보충될 수 있는 내용들인 인(人)과 시(是), 그리고 기(其)를 생략한 어투이다. 若夫爲不善非才之罪也는 가정의 부사절을 둔 영어의 복문과 같다. 若大爲不善非才之罪也에서 약부위불선(若夫爲不善)은 조건의 부사절이고, 비재지죄야(非才之罪也)는 주절이다. 若夫爲不善에서 약(若)은 여기서 가설사(假說辭)이다. 是非其才之罪也에서 앞의 위불선(爲不善)을 나타내는 시(是)와 성지(性之)를 대신하는 관형사 기(其)를 생략하고 있지만, 非才之罪也는 〈A非B也〉꼴로 영어의 2형식 문장과 같은 어투로 주어이다. 〈A(是)는 B(才之罪)가 아닌 것[非]이다[也]〉 非才之罪也의 재(才)는 〈바탕 질(質)〉과 같고 재질(才質)의 줄임말로 여기고 새긴다. 若夫爲不善의 약(若)은 한문투에서 다양한 뜻을 나타내는 글자이므로 잘 정리해두면 문맥을 잡기 편하다.

약(若)은 매우 다양한 뜻을 구사하므로 알아두면 한문투의 문맥을 잡는 데 편하다. 대명사이기도 하고 자동사이기도 하며 종속접속사이기도 하므로 늘 주의해야 한다.

① 약(若) : 대명사로 〈너 여(汝)〉와 같다.

② 약(若) : 종속접속사로 〈만약 ~ 한다면〉. 다만, 〈약(若)~자(者)〉의 꼴로 자(者)가 약(若)에 호응하여 같이 쓰이는 경우가 가끔 있다.

③ 〈약(若) ~ 자(者)〉 : 종속접속사. ~처럼(비교의 부사절 구실을 한다).

④ 〈A若B〉 : 〈A若B〉와 같고, 〈A와 B는 같다〉는 뜻이다. 두 대상을 비교한다.

⑤ 〈A若B〉 : 〈A若B〉와 같고, 〈A 또는 B〉의 뜻이다. 두 대상 중에서 선택한다.

⑥ 약(若) : 여차(如此)의 합음(合音)으로 쓰이는 경우. 이여차소위(以如此所爲)를 이약소위(以若所爲)로 줄여주는 구실을 하는 약(若)이다. 이같이[若] 행하는[爲] 바[所]로써[以].

⑦ 불교에선 약(若)을 야(若)로 발음하여 반야(般若)로 읽는다.

만약 약(若), 무릇 부(夫), 행할 위(爲), 아니 불(不), 착할 선(善), 아닌 것 비(非), 바탕 재(才), ~의 지(之), 죄 죄(罪), ~이다 야(也)

惻隱之心人皆有之(측은지심인개유지)

▶ **슬퍼하고[惻] 불쌍해한다[隱]는[之] 마음[心] 그것은[之] 사람에게[人] 다[皆] 있다[有].**

측은지심인개유지(惻隱之心人皆有之)는 人皆有惻隱之心에서 측은지심(惻隱之心)을 강조하려고 전치시키고, 그 자리에 허사 지(之)를 둔 어투이다. 그러니 惻隱之心人皆有之를 인개유측은지심(人皆有惻隱之心)으로 보고 새겨도 된다. 슬퍼하고 불쌍해한다[惻隱]는[之] 마음은[心] 사람에게[人] 다[皆] 있다[有]. 惻隱之心은 〈A之B〉꼴로 〈A(惻隱)하는[之] B(心)〉로 새기고, A之는 B를 꾸며주는 형용사이다. 인개유지(人皆有之)는 〈A有B〉꼴로, 유(有)를 타동사인〈가질 유(有)〉로 보면 〈A(人)가 B(之)를 갖는다[有]〉고 새겨 영어의 3형식 문장과 같아진다. 그러나 자동사인 〈있을 유(有)〉로 본다면 〈A(人)에게 B(之)가 있다[有]〉고 새겨 영어의 1형식 문장 같은 어투가 된다. 여기선 惻隱之心人皆有之의 유(有)를 자동사인 〈있을 유(有)〉로 보고 새긴 셈이다.

불쌍히 여길 측(惻), 불쌍히 여길 은(隱), ~하는 지(之), 마음 심(心), 모두 개(皆), 있을 유(有), 그것 지(之)

羞惡之心人皆有之(수오지심인개유지)

▶ **부끄럽고[羞] 싫어한다[惡]는[之] 마음[心] 그것은[之] 사람에게[人] 다[皆] 있다[有].**

수오지심인개유지(羞惡之心人皆有之)는 人皆有羞惡之心에서 수오지심(羞惡之心)을 강조하려고 전치시키고, 그 자리에 허사 지(之)를 둔 어투이다. 그러니 羞惡之心人皆有之를 인개유수오지심(人皆有羞惡之心)으로 보고 새겨도 된다. 부끄럽고 싫어한다[羞惡]는[之] 마음은[心] 사람에게[人] 다[皆] 있다[有]. 羞惡之心 역시 〈A之B〉꼴로 〈A(羞惡)하는[之] B(心)〉로 새기고, A之는 B를 꾸며주는 형용사이다. 인개유지(人皆有之)는 〈A有B〉꼴로, 유(有)를 타동사 〈가질 유(有)〉로 보면 〈A(人)가 B(之)를 갖는다[有]〉처럼 영어의 3형식 문장으로 새기게 된다. 그러나 자동사 〈있을 유(有)〉로 보면 〈A(人)에게 B(之)가 있다[有]〉처럼 영어의 1형식 문장으로 새긴다.

부끄러워할 수(羞), 싫어할 오(惡), ~하는 지(之), 마음 심(心), 모두 개(皆), 있을 유(有), 그것 지(之)

恭敬之心人皆有之(공경지심인개유지)

▶ **공손하고[恭] 공경한다[敬]는[之] 마음[心] 그것은[之] 사람에게[人] 다[皆] 있다[有].**

공경지심인개유지(恭敬之心人皆有之)는 人皆有恭敬之心에서 공경지심(恭敬之心)을 강조하려고 전치시키고, 그 자리에 허사 지(之)를 둔 어투이다. 그러니 恭敬之心人皆有之를 인개유공지심(人皆有恭敬之心)으로 보고 새긴다. 공손하고 공경한다[恭敬]는[之] 마음은[心] 사람에게[人] 다[皆] 있다[有]. 恭敬之心 역시 〈A之B〉꼴로 〈A(恭敬)하는[之] B(心)〉로 새기고, A之는 B를 꾸며주는 형용사이다. 인개유지(人皆有之)는 〈A有B〉꼴로, 유(有)를 타동사 〈가질 유(有)〉로 보면 〈A(人)가 B(之)를 갖는다[有]〉고 새겨 영어의 3형식 문장과 같아진다. 그러나 자동사 〈있을 유(有)〉로 보면 〈A(人)에게 B(之)가 있다[有]〉고 새겨 영어의 1형식 문장과 같다.

공손할 공(恭), 공경할 경(敬), ~하는 지(之), 마음 심(心), 모두 개(皆), 있을 유(有), 그것 지(之)

是非之心人皆有之(시비지심인개유지)

▶ 옳다 하고[是] 그르다 한다[非]는[之] 마음[心] 그것은[之] 사람에게[人] 다[皆] 있다[有].

시비지심인개유지(是非之心人皆有之)는 人皆有是非之心에서 시비지심(是非之心)을 강조하려고 전치시키고, 그 자리에 허사 지(之)를 둔 어투이다. 그러니 是非之心人皆有之를 인개유시비지심(人皆有是非之心)으로 보고 새긴다. 옳다 하고 그르다 한다[是非]는[之] 마음은[心] 사람에게[人] 다[皆] 있다[有]. 시비지심(是非之心) 역시 〈A之B〉꼴로 〈A(是非)하는[之] B(心)〉로 새기고, A之는 B를 꾸며주는 형용사이다. 인개유지(人皆有之)는 〈A有B〉꼴로 유(有)를 타동사 〈가질 유(有)〉로 보면 〈A(人)가 B(之)를 갖는다[有]〉처럼 영어의 3형식 문장으로 새기게 되고, 자동사 〈있을 유(有)〉로 보면 〈A(人)에게 B(之)가 있다[有]〉처럼 영어의 1형식 문장으로 새긴다.

옳을 시(是), 그를 비(非), ~하는 지(之), 마음 심(心), 모두 개(皆), 있을 유(有), 그것 지(之)

惻隱之心仁也(측은지심인야)

▶ 슬퍼하고[惻] 불쌍해 한다[隱]는[之] 마음이[心] 인[仁]이다[也].

측은지심인야(惻隱之心仁也)는 〈AB也〉꼴로 영어의 2형식 문장과 같은 어투이다. 〈A(惻隱之心)는 B(仁)이다[也]〉 惻隱之心仁也에서 측은지심(惻隱之心)은 주부이고, 인(仁)은 보어이며, 야(也)는 구문 끝에 붙은 어조사로 〈~이다 야(也)〉이다. 물론 惻隱之心은 〈A之B〉꼴로 A之는 B를 꾸며주는 형용사이다. 〈A하는[之] B〉

인자(仁者)는 애인(愛人)한다. 친친(親親)으로만 그쳐서는 어짊이 만족되지 않는다. 피붙이를 사람하고[親親] 나아가 남을 사랑함[愛人]이 크나큰 어짊[仁]이다. 제 사람만 사랑하는 짓은 결국 불인(不仁)으로 통한다. 인(仁)이란 무엇인가? 인은 나로 하여금 측은지심(惻隱之心)을 발휘하게 한다.

불쌍히 여길 측(惻), 불쌍히 여길 은(隱), ~하는 지(之), 마음 심(心), 어질 인(仁), ~이다 야(也)

羞惡之心義也(수오지심의야)

▶ 부끄럽고[羞] 싫어한다[惡]는[之] 마음이[心] 의[義]이다[也].

수오지심의야(羞惡之心義也)는 〈AB也〉꼴로 영어의 2형식 문장과 같은 어투이다. 〈A(羞惡之心)는 B(義)이다[也]〉 羞惡之心義也에서 수오지심(羞惡之心)은 주부이고, 의(義)는 보어이며, 야(也)는 구문 끝에 붙은 어조사로 〈~이다 야(也)〉이다.

내가 선하지 못함을 내 스스로 부끄러워하고 그런 내 자신을 싫어함이 곧 의(義)이다. 의는 남에게 요구할 것이 아니다. 남의 불의(不義)를 탓하는 것이 아니라 맨 먼저 자신의 불의를 탓한다. 그래서 공자가 "과즉물탄개(過則勿憚改)하라" 했다. 잘못했다면[過] 곧장[則] 꺼리지[憚] 말고[勿] 고쳐라[改]. 그러면 누구나 바로 의이다. 의란 무엇인가? 의는 나로 하여금 수오지심(羞惡之心)을 발휘하게 한다.

부끄러워할 수(羞), 싫어할 오(惡), ~하는 지(之), 마음 심(心), 옳음 의(義), ~이다 야(也)

恭敬之心禮也(공경지심예야)

▶ 공손하고[恭] 공경한다[敬]는[之] 마음이[心] 예[禮]이다[也].

공경지심예야(恭敬之心禮也)는 〈AB也〉꼴로 영어의 2형식 문장과 같다. 〈A(恭敬之心)는 B(禮)이다[也]〉 恭敬之心禮也에서 공경지심(恭敬之心)은 주부이고, 예(禮)는 보어이며, 야(也)는 구문 끝에 붙은 어조사로 〈~이다 야(也)〉이다.

공(恭)은 받들어 모시는 마음[敬]이 밖으로 드러남을 말하고, 경(敬)은 마음 속으로 공(恭)을 주도하는 마음이다. 그래서 예(禮)의 마음가짐을 경(敬)이라 하고, 예의 몸가짐을 공(恭)이라 한다. 예란 무엇인가? 예는 나로 하여금 공경지심(恭敬之心)을 발휘하게 한다.

공손할 공(恭), 공경할 경(敬), ~하는 지(之), 예의 례(禮), ~이다 야(也)

是非之心智也(시비지심지야)

▶ **옳다 하고[是] 그르다 한다[非]는[之] 마음이[心] 지[智]이다[也].**

시비지심지야(是非之心智也)는 〈AB也〉꼴로 영어의 2형식 문장과 같다. 〈A(是非之心)는 B(智)이다[也]〉 是非之心智也에서 시비지심(是非之心)은 주부이고, 예(禮)는 보어이며, 야(也)는 구문 끝에 붙은 어조사로 〈~이다 야(也)〉이다.

시(是)는 무엇을 그렇고 맞고 옳다고 하는 마음이고, 비(非)는 무엇을 아니고 틀리고 그르다고 하는 마음이다. 흑백을 가리고 진가(眞假)를 가려 무엇이 참[眞]이고 거짓[假]인지 분간하려는 시비지심(是非之心)을 삼가(三家) 중에서 유가(儒家)만 덕(德)에 포함시킨다. 불교(佛敎)가 밝히는 지혜인 반야(般若), 도가(道家)가 밝히는 지혜인 현동(玄同)은 시비(是非)를 떠나라 한다. 그러나 유가는 지(智)를 숭상한다. 지(智)란 무엇인가? 지는 나로 하여금 시비지심(是非之心)을 발휘하게 한다.

옳을 시(是), 그를 비(非), ~하는 지(之), 마음 심(心), 지혜 지(智), ~이다 야(也)

仁義禮智非由外鑠我也(인의예지비유외삭아야)

▶ **인과[仁] 의와[義] 예와[禮] 지는[智] 밖[外]으로부터[由] 나를[我] 녹인 것이[鑠] 아닌 것[非]이다[也].**

인의예지비유외삭아야(仁義禮智非由外鑠我也)는 〈A非B也〉꼴로 영어의 2형식 문장과 같다. 〈A(仁義禮智) B(由外鑠我]가 아닌 것[非]이다[也]〉 仁義禮智非由外鑠我也에서 인의예지(仁義禮智)는 주부이고, 비(非)는 보어이며, 유외삭아(由外鑠我)는 비(非)의 동격절이며, 야(也)는 ~이다 정도로 새기는 구문 끝에 두는 어조사이다. 仁義禮智非由外鑠我也에서 유외(由外)의 유(由)는 〈비롯할 종(從), 자(自)〉와 같고, 외삭아(外鑠我)에서 삭(鑠)은 〈녹일 소(銷)〉와 같다. 유(由)는 여러 가지 뜻을 나타낸다. 〈비롯할 유(由) = 종(從) = 자(自), 행할 유(由) = 행(行), 까닭 유(由) = 이(理), 인할 유(由) = 인(因)〉

어짊 인(仁), 의(義), 예의 례(禮), 지혜 지(智), 아닌 것 비(非), ~부터 유(由), 바깥 외(外), 녹일 삭(鑠), 나 아(我), ~이다 야(也)

我固有之也弗思耳矣(아고유지야불사이의)

▶ 내가[我] 본래부터[固] 그것을[之] 가진 것[有]임을[也] 생각해내지[思] 않은 것일[弗] 뿐이다[耳矣].

아고유지야불사이의(我固有之也弗思耳矣)는 我固有之也 而我弗思之耳矣에서 반복되는 아(我)와 지(之)를 생략한 어투로, 영어의 중문과 같다. 我固有之也弗思耳矣와 같은 어투는 구문 끝에 붙어 구문을 결정짓는 〈어조사 야(也)〉를 주목하면 아고유지야(我固有之也)와 불사이의(弗思耳矣)로 나누어 문맥을 잡아 새길 수 있다.

아고유지야(我固有之也)는 〈A有B也〉꼴로, 동사인 유(有)를 자동사 〈있을 유(有)〉로 보고 새기면 B를 주어로 하여 〈A(我)에 B(之)가 있는 것[有]이다[也]〉로 새기게 된다. 그러나 유(有)를 타동사 〈가질 유(有)〉로 보고 새기면 A를 주어로 하고 B를 목적어로 하여 〈A(我)가 B(之)를 간직하는 것[有]이다[也]〉로 새기게 된다. 여기선 我固有之也의 유(有)를 타동사 〈간직할 유(有)〉로 보고 새겼고, 我固有之也의 지(之)는 인의예지(仁義禮智)를 나타내는 지시대명사이다.

불사이의(弗思耳矣)는 구문의 끝맺음을 강조하는 어조를 내려고 이의(耳矣)를 붙여 단언해두는 어투이다. 불사의(弗思矣)라면 생각하지[思] 않은 것[弗]이다[矣] 정도로 새기고, 불사이의(弗思耳矣)라면 생각하지[思] 않은 것일[弗] 뿐이다[矣]로 새겨 어세를 더해주면 된다. 구문 끝에 강조형 어조사로 붙이는 이의(耳矣)는 이이(而已)와 이이의(而已矣)와 같다. ~인 뿐이다[耳矣].

인의예지(仁義禮智)는 선천적인 본성이지 후천적인 능력이 아님을 맹자가 밝히고 있다. 공자도 인능홍도(人能弘道)라고 밝혀두었지 인능사도(人能思道)라고 말하지 않았다. 사람은[人] 도를[道] 넓힐[弘] 수 있다[能]. 인간에게 이미 도는 본래부터 마련돼 있으니 넓혀야 하는 것이지, 새로 만들어내는 것은 아니란 말이다. 도를 따라 본성이 선천적으로 마련돼 있음을 맹자가 밝히고 있는 중이다.

나 아(我), 본래 고(固), 가질 유(有), 그것 지(之), 어조사 야(也), 아닐 불(弗), 생각할 사(思), 어조사 이(耳), 어조사(~이다) 의(矣)

故曰(고왈)

고왈(故曰)은 시고왈(是故曰)을 줄인 꼴이다. 위의 내용[是]이므로[故] 다음처럼 말한다[曰]는 승상기하(承上起下)의 뜻으로 쓰인다. 앞의 내용을 근거로 하여 판단이나 결론을 내릴 때 쓰이는 셈이고, 고왈(故曰)을 줄여 그냥 고(故)로 할 때가 더 보통이다. 시고왈(是故曰)의 고(故)는 승상기하(承上起下)의 연접이므로 영어의 therefore와 같다고 여긴다.

그러므로 고(故), 말할 왈(曰)

求則得之舍則失之(구즉득지사즉실지)

▶ 구하면[求] 곧[則] 그것을[之] 얻고[得] 버리면[舍] 곧[則] 그것을[之] 잃는다[失].

구즉득지(求則得之)는 人求之則人得之에서 문맥으로 보충될 수 있는 주어인 인(人)과, 되풀이되는 내용인 지(之)를 앞쪽에서 생략한 〈A則B〉꼴로 조건의 부사절을 둔 영어의 복문과 같은 어투이다. 求則得之에서 구(求)는 조건의 부사절이고, 즉(則)은 곧장[則] 정도로 새기거나 무시해도 되는 어조사이며, 득지(得之)는 주절이다. 물론 득지(得之)의 지(之)는 성선(性善)을 대신하는 지시대명사로 여기고 새기면 문의를 건질 수 있다.

사즉실지(舍則失之)는 人舍之則人失之에서 문맥으로 보충될 수 있는 주어인 인(人)과 되풀이되는 내용인 지(之)를 앞쪽에서 생략한 〈A則B〉꼴로, 조건의 부사절을 둔 영어의 복문과 같은 어투이다. 舍則失之에서 사(舍)는 조건의 부사절이고, 즉(則)은 곧장[則] 정도로 새기거나 무시해도 되는 어조사이며, 사지(舍之)는 주절이다. 물론 사지(舍之)의 지(之)는 성선(性善)을 대신하는 지시대명사로 여기고 새기면 문의를 건질 수 있다.

맹자는 수신(守身)의 참뜻을 선언하고 있다. 왜 수신위대(守身爲大)라고 「이루장구(離婁章句) 상(上)」 19장에서 단언했는지 여기서도 알아챌 수 있는 일이다. 나를[身] 지킴이[守] 크다[爲大]. 구즉득지(求則得之)는 내 본성(本性)을 성선(性善)이게 나를[身] 지킴[守]임을 알아채게 하고, 내 본성(本性)을 성선(性善)이게 나를[身] 지킴[守]을 내 자신이 팽개침이 곧 사즉실지(舍則失之)임을 뼈저리게 한다.

구할 구(求), 곧 즉(則), 얻을 득(得), 그것 지(之), 버릴 사(舍), 잃을 실(失)

或相倍蓰而無算者不能盡其才者也(혹상배사이무산자불능진기재자야)

▶ 늘[或] (인의예지를 구함을 견줘본다면) 서로[相] 곱절[倍] 다섯 곱절[蓰]인데[而] (인의예지를) 헤아려봄이[算] 없는[無] 사람은[者] 제 본성의[其] 바탕을[才] 다하지[盡] 못하는[不能] 사람[者]이다[也].

혹상배사이무산자불능진기재자야(或相倍蓰而無算者不能盡其才者也)는 〈A者B者也〉꼴로 영어의 2형식 문장과 같다. 〈A라는 것은[者] B라는 것[者]이다[也]〉 또는 〈A라는 사람은[者] B라는 사람[者]이다[也]〉 或相倍蓰而無算者不能盡其才者也에서 혹상배사이무산자(或相倍蓰而無算者)는 주부이고, 불능진기재자(不能盡其才者)는 술부이며, 야(也)는 구문 끝에 붙이는 어조사로 ~이다 정도로 새긴다. 或相倍蓰而無算者不能盡其才者也처럼 주부와 술부가 길면, 나누어서 구문의 골격을 살펴보는 것이 문맥을 잡아내기 쉽다.

혹상배사이무산자불능진기재자야(或相倍蓰而無算者不能盡其才者也)의 문맥을 잡기가 혼란스러울 수 있다. 或相倍蓰而無算者에서 혹상(或相)의 상(相)을 〈서로 공(共)〉과 같은 뜻으로 바로 뒤의 배사(倍蓰)만을 돕는 부사로 보고, 늘[或] 서로[相] 곱절이거나[倍] 다섯 곱절이 된다[蓰]고 새길 수도 있다. 그러나 혹상(或相)의 상(相)을 〈볼 시(視)〉와 같은 뜻으로 보고 늘[或] 바라본다면[相]처럼 새겨 조건의 부사절로 보면, 倍蓰而無算者不能盡其才者也의 배사(倍蓰)만 돕는 부사가 아니라 倍蓰而無算者不能盡其才者也 전체를 돕는 쪽으로 새기게 되어 或相倍蓰而無算者不能盡其才者也의 새김이 달라질 수 있다. 여기선 주부인 倍蓰而無算者의 배사(倍蓰)만을 돕는 부사로 보고 새겼다.

혹상배사이무산자(或相倍蓰而無算者)는 앞에서 전개된 문맥에 비추어 或人之所求仁義禮智相倍蓰而無算其求者를 줄인 어투로 보고 새기면 문의가 분명해진다. 이처럼 한문투의 문맥을 잡아 우리말로 새길 경우에는 늘 생략된 내용을 앞서의 내용에서 찾아내 보충해주려는 노력이 필요하다. 〈늘[或] 인간들[人]이[之] 인의예지를[仁義禮智] 구하려는[求] 바가[所] 곱절도 되고[倍] 다섯 곱절도 된다[蓰]. 그러나[而] 그[其] 구함을[求] 헤아려봄이[算] 없는[無] 사람은[者]〉이라고 새기면 或相倍蓰而無算者의 문의가 분명하게 드러난다. 물론 或相倍蓰而無算者가 〈A者〉꼴임을 알아채고 〈A(或相倍蓰而無算)하는 사람[者]〉으로 먼저 문맥을 잡을 줄 알아야 한다. 〈A者〉에서 A는 자(者)를 꾸며주는 형용사 내지 형용사절이다. 或相倍蓰而無算者에서 이(而)는 말을 이어주는 어조사 구실을 하므로 배사(倍蓰)와 무산(無算)의 관계를 따져서 알맞은 뜻을 주면 되므로, 여기서 이(而)는 배사(倍蓰)인데도[而] 무산하는[無算] 정도로 말을 이어주면 或相倍蓰而無算의 문맥을 잡아 자(者)를 꾸며줄 수 있다. 或相倍蓰而無算者에서 배(倍)는 곱절로 된다는 뜻으로 자동사이고, 사(蓰)는 다섯 곱절이 된다는 뜻으로 자동사이며, 무(無)는 〈없을 무(無)〉로 자동사이고, 산(算)은 〈헤아릴 수(數)〉와 같고 산수(算數)의 줄임말이다. 『집주(集註)』는 혹상배사이무산(或相倍蓰而無算)의 산(算)을 "사자지심인소고유(四者之心人所固有) 단인자불사불구지이(但人自不思不求之耳)"라고 풀이하고 있다. 인간이[人] 본래부터[固] 간직하고 있는[有] 바의[所] 네 가지 마음[四者之心] 그것을[之] 다만[但] 인간[人] 스스로[自] 생각지도 않고[不思] 구하지도 않는다[不求].

불능진기재자야(不能盡其才者也) 역시 〈A者〉꼴임을 알아채고 〈A(不能盡其才)하는 사람[者]〉으로 먼저 문맥을 잡을 줄 알아야 한다. 〈A者〉에서 A는 자(者)를 꾸며주는 형용사 내지 형용사절임을 알아챈다면 不能盡其才者也의 문맥을 잡아 문의를 쉽게 건질 수 있다. 不能盡其才者也에서 진(盡)은 〈다할 실(悉)〉과 같고 극진(極盡)의 줄임말로 여기고 새기고, 기재(其才)의 기(其)는 성지(性之)를 대신하는 관형사이고 재(才)는 〈바탕 질(質)〉과 같고 재질(才質)의 줄임말로 여기고 새긴다. 본성(本性)의[其] 바탕[才]을 남김없이 구한다[求] 함이 곧 不能盡其才者也의 진(盡)이다.

「이루장구(離婁章句) 상(上)」 19장에서 맹자가 밝힌 "수신수지본야(守身守之本也)"란 말씀이 떠오른다. 나를[身] 지킴이[守] 지킴[守]의[之] 근본[本]이다[也]. 내가 본래부터 간직하고 태어난 본성[性]의 바탕에 본래부터 있는 사자지심(四者之心)을 더없이 확충함이 곧 수신(守身)임을 설파하고 있다. 공자의 수신(修身), 맹자의 수신(守身)은 모두 인능홍도(人能弘道)란 한 길로 통한다. 인간이[人] 도를[道] 넓힐[弘] 수 있다[能]. 그 도(道)를 구하라[求].

그러면 그 도를 얻을 것이다[得]. 그러나 그 도를 버려두면[舍] 그 도를 잃는다[失]. 인간에게 얻고[得] 잃음[失]이 있음을 맹자가 밝히고 있다. 그러니 맹자의 "구즉득지(求則得之) 사즉실지(舍則失之)"는 공자가 『논어(論語)』「이인(里仁)」편 11장에서 "군자회덕(君子懷德) 소인회토(小人懷土)"라고 정언(正言)해두었다. 큰 사람은[君子] 덕을[德] 품고[懷] 작은 사람은[小人] 땅을[土] 품는다[懷]. 요새 맹자의 구즉득지(求則得之)를 따르는 사람은 하나도 없는 셈이다. 왜냐하면 우리 모두 소인회토(小人懷土)를 향해 질주하고 있는 불나방 같은 삶을 엮어가고 있는 까닭이다. 세상이 용광로인 것을 알기까지 우리는 스스로 분신(焚身)하고 있다. 수신(守身)은 버리고 수토(守土)에 매달리고 있는 것이다. 그래서 우리는 지금 돈[金錢]을 좇아 분신(焚身)하는 불나방처럼 산다.

언제나 혹(或), 볼 상(相), 곱 배(倍), 다섯 곱 사(蓰), 어조사 이(而), 없을 무(無), 셀 산(算), 사람 자(者), 아니 불(不), 할 능(能), 다할 진(盡), 그 기(其), 바탕 재(才), ~이다 야(也)

【문지(聞之) 3】

천생증민(天生蒸民)

【원문(原文)】

詩曰 天生蒸民하고 有物有則이고 民之秉夷라 好是懿德이라 하거늘 孔子曰 爲此詩者는 其知道乎인저 故로 有物이면 必有則이니 民之秉夷也라 故로 好是懿德이라 하였다

시왈 천생증민 유물유칙 민시병이 호시의덕 공자왈 위차시자 기지도호 고 유물 필유칙 민지병이야 고 호시의덕

【해독(解讀)】

"시가 말한다[詩曰]. '하늘이 백성을 낳고[天生蒸民] 온갖 것이 있으니 법칙이 있다[有物有則]. 백성은 변함없는 도를 지니고[民之秉夷] (백성은) 이 아름다운 덕을 좋아한다[好是懿德].' 공자가 말했다[孔子曰]. '이 시를 지은 사람은 그 상도를 알았을 게다[爲此詩者其知道乎]. 그러므로[故] 온갖 것이 있으니 반드시 법칙이 있고[有物必有則], 백성이 변함없는 도를 지니는 것이다[民之秉夷也]. 그러므로[故] (백성은) 아름다운 덕을 좋아한다[好是懿德].'"

【담소(談笑)】

詩曰(시왈)

▶ (『시경(詩經)』의) 시가 말한다[詩曰].

시왈(詩曰)의 시(詩)는 『시경(詩經)』의 「대아(大雅)」 제3 탕지십(蕩之什)의 6번째 시편(詩篇)을 말한다. 이 시편은 8장으로 되어 있고 사언(四言) 팔구(八句)로 장을 이루고 있다. 맹자가 인용한 시구(詩句)는 1장의 1~4구이다.

『시경(詩經)』 시(詩), 말할 왈(曰)

天生蒸民(천생증민)

▶ 하늘이[天] 백성을[蒸民] 낳았다[生].

천생증민(天生蒸民)은 〈A生B〉꼴로 영어의 3형식 문장과 같은 어투이다. 〈A(天)가 B(蒸民)를 낳다[生]〉 天生蒸民에서 생(生)은 〈낳을 산(産)〉과 같고 생산(生産)의 줄임말로 여기고 타동사이며, 증민(蒸民)의 증(蒸)은 〈무리 중(衆)〉과 같고 백성(百姓)을 뜻하며, 여기서 증민(蒸民)은 생(生)의 목적어이다.

하늘 천(天), 날 생(生), 무리 증(蒸), 백성 민(民)

有物有則(유물유칙)

▶ 온갖 것이[物] 있으니[有] 법칙이[則] 있다[有].

유물유칙(有物有則)은 〈A有B〉꼴로 영어의 1형식 문장으로 된 중문과 같다. 有物有則은 有物 而有則에서 연접의 연사인 이(而)를 생략하고 한 구문처럼 묶은 어투이다. 有物有則의 유(有)는 여기서 〈있을 유(有)〉로 자동사이고, 부사 A는 생략되었으며, 유물(有物)의 물(物)과 유칙(有則)의 칙(則)은 유(有)의 주어이다. 유물(有物)의 물(物)은 온갖 것을 뜻하고 사물(事物)의 줄임말이며, 유칙(有則)의 칙(則)은 〈법칙 법(法)〉과 같고 법칙(法則)의 줄임말로 여기고 새긴다.

사람만 하늘이 낳은 것이 아니라 온갖 것을 하늘이 낳았음을 말한다. 온갖것[物]을 하늘이 낳았다는 생각은 양가(兩家)가 동의한다. 『장자(莊子) 하(下)』 「달생(達生)」 편 1장에 "천지자위위만물지부모야(天地者爲萬物之父

母也)"란 말이 있다. 천지란[天地] 것은[者] 온갖 것[萬物]의[之] 어버이가[父母] 되는 것[爲]이다[也]. 이는 천생(天生)과 같은 말이다. 그러니 타고난 본성은 인간의 것이 아니라 하늘의 것이란 말이다.

있을 유(有), 온갖 것 물(物), 법 칙(則)

民之秉夷(민지병이)

▶ 백성[民]은[之] 변함없는 도를[夷] 지닌다[秉].

민지병이(民之秉夷)는 〈A秉B〉꼴로 영어의 3형식 문장과 같다. 〈A(民之)는 B(夷)를 잡는다[秉]〉 民之秉夷에서 지(之)는 허사로 주격 토씨(~는)이며, 민병이(民秉夷)를 사언 시구로 맞추려고 주어인 민(民)을 민지(民之)로 한 셈이니 무시하고 새겨도 된다. 民之秉夷에서 병(秉)은 〈잡을 집(執)〉과 같고, 이(夷)는 여기서 〈항상 상(常)〉과 같고 여기서 이(夷)는 유물유칙(有物有則)이란 상도(常道)를 뜻한다고 여긴다. 民之秉夷의 이(夷)가 〈법칙 이(彝)〉로 되어 있는 본(本)도 있다.

백성 민(民), ~은 지(之), 잡을 병(秉), 항상 이(夷)

好是懿德(호시의덕)

▶ (백성은) 이[是] 아름다운[懿] 덕을[德] 좋아한다[好].

호시의덕(好是懿德)은 民好是懿德에서 사언의 시구를 맞추기 위해 민(民)을 생략했지만, 〈A好B〉꼴로 영어의 3형식 문장과 같은 어투이다. 〈A(民)는 B(是懿德)를 좋아한다[好]〉 好是懿德의 호(好)는 〈좋아할 애(愛)〉와 같고 애호(愛好)의 줄임말로 여기고, 시(是)는 바로 앞 시구인 민지병이(民之秉夷)의 이(夷)를 나타내는 지시어이며, 의덕(懿德)은 시(是)의 동격어로 상도(常道)를 뜻하는 이(夷)를 풀이한 말이다. 의덕(懿德)의 의(懿)는 〈아름다울 미(美)〉와 같다.

좋아할 호(好), 이 시(是), 아름다울 의(懿), 큰 덕(德)

爲此詩者其知道乎(위차시자기지도호)

▶ 이[此] 시를[詩] 지은[爲] 사람은[者] 그[其] 상도를[道] 알았을 것[知]이다[乎].

위차시자기지도호(爲此詩者其知道乎)는 〈A知B〉꼴로 영어의 3형식 문장과 같다. 〈A(爲此詩者)는 B(其道)를 알았을 것[知]이다[乎]〉 爲此詩者其知道乎와 같은 어투의 문맥을 잡으려면 구문의 골격을 먼저 알아채야 쉽게 문맥을 잡을 수 있다. 구문의 골격은 주어 + 동사 + 목적어(보어)이므로 爲此詩者其知道乎의 골격은 자지도(者知道)인 셈이다. 왜냐하면 爲此詩者其知道乎에서 爲此詩는 자(者)를 꾸며주는 형용사절이고, 지(知)는 도(道)를 목적어로 둔 타동사이며, 기(其)는 어조를 위해 전치되어 있지만 도(道)를 꾸미는 관형사로 여기고, 구문 속에 의문사가 없으면 구문 끝에 있는 호(乎)는 〈~이다 야(也)〉와 같다고 여기기 때문이다. 爲此詩者는 〈A者〉꼴로 〈A하는 자[者]〉로 새긴다.

공자가 『시경(詩經)』의 「대아(大雅)」 제3 탕지십(蕩之什) 6번째 시편(詩篇)을 보고 위와 같이 말했다고 맹자가 밝히고 있지만, 어디에 그렇게 말해 놓았는지 알 수 없다고 한다.

지을 위(爲), 이 차(此), 『시경』 시(詩), 사람 자(者) 그 기(其), 알 지(知), 길 도(道), 어조사(~이다) 호(乎)

故(고)

▶ **그러므로[故]**

고(故)는 고왈(故曰)의 줄임이고, 고왈(故曰)은 시고왈(是故曰)의 줄인 꼴이다. 위의 내용[是]이므로[故] 다음처럼 말한다[曰]는 승상기하(承上起下)의 뜻으로 쓰인다. 앞의 내용을 근거로 하여 판단이나 결론을 내릴 때 쓰이는 셈이고, 고왈(故曰)을 줄여 그냥 고(故)로 할 때가 더 많다. 시고왈(是故曰)의 고(故)는 승상기하(承上起下)의 연접이므로 영어의 therefore와 같다고 여긴다.

그러므로 고(故), 말할 왈(曰)

有物必有則(유물필유칙)

▶ **온갖 것이[物] 있으니[有] 반드시[必] 법칙이[則] 있다[有].**

유물필유칙(有物必有則)은 〈A有B〉꼴로, 영어의 1형식 문장으로 된 복문과 같다. 有物必有則은 유물유칙(有物有則)을 강조한 어투이다. 有物有則은

有物 而有則으로 보아 영어의 중문과 같지만, 有物必有則은 유물(有物)을 조건의 부사절로 보고 필유칙(必有則)을 주절로 보고 새겨야 문맥과 걸맞게 된다. 有物必有則의 유(有)는 여기서 〈있을 유(有)〉로 자동사이고, 부사 A는 생략되었으며, 유물(有物)의 물(物)은 주어이고, 필(必)은 유칙(有則)의 유(有)를 돕는 부사이며, 칙(則)은 유(有)의 주어이다. 유물(有物)의 물(物)은 온갖 것을 뜻하고 사물(事物)의 줄임말이며, 유칙(有則)의 칙(則)은 〈법칙 법(法)〉과 같고 법칙(法則)의 줄임말로 여기고 새긴다.

있을 유(有), 온갖 것 물(物), 반드시 필(必), 법 칙(則)

民之秉夷故好是懿德(민지병이고호시의덕)

▶ **백성[民]은[之] 변함없는 도를[夷] 지니기[秉] 때문에[故] (백성은) 이[是] 아름다운[懿] 덕을[德] 좋아한다[好].**

민지병이고호시의덕(民之秉夷故好是懿德)은 〈A故B〉꼴로 원인의 부사절을 둔 영어의 복문과 같다. 〈A(民之秉夷) 때문에[故] B(好是懿德)한다〉 民之秉夷故好是懿德에서 민지병이고(民之秉夷故)는 원인의 부사절이고, 호시의덕(好是懿德)는 주절이다.

민지병이고(民之秉夷故)의 고(故)는 영어에서 원인의 종속접속사인 since처럼 여기고 새기면 문맥이 잡힌다. 다만 since는 부사절 앞에 있지만, 고(故)는 뒤에 있다고 여긴다. 그러니 〈때문에 고(故)〉는 영어의 종속접속사인 since와 같은 구실을 하고, 〈그리므로 고(故)〉는 앞의 내용을 이어서[承上] 새로운 내용을 끌어내는[起下] therefore와 같은 구실을 한다고 나누어서 고(故)를 정리해두면 문맥을 잡는 데 편하다. 그리고 民之秉夷는 〈A秉B〉꼴로 영어의 3형식 문장과 같다. 〈A(民之)는 B(夷)를 잡는다[秉]〉 民之秉夷에서 지(之)는 허사로 주격 토씨(~는)이며, 민병이(民秉夷)를 사언 시구로 맞추려고 주어인 민(民)을 민지(民之)로 한 셈이니 무시하고 새겨도 된다. 民之秉夷에서 병(秉)은 〈잡을 집(執)〉과 같고, 이(夷)는 여기서 〈항상 상(常)〉과 같고, 이(夷)는 유물유칙(有物有則)이란 상도(常道)를 뜻한다고 여긴다. 民之秉夷의 이(夷)가 〈법칙 이(彝)〉로 되어 있는 본(本)도 있다.

호시의덕(好是懿德)은 원인의 부사절인 인민지병이고(民之秉夷故)의 주절이다. 民好是懿德에서 사언의 시구를 맞추려고 주어인 민(民)을 생략했지만, 〈A好B〉꼴로 영어의 3형식 문장과 같다. 〈A(民)는 B(是懿德)를 좋아한다[好]〉 好是懿德의 호(好)는 〈좋아할 애(愛)〉와 같고 애호(愛好)의 줄임말로 여기고, 시(是)는 바로 앞 시구(詩句) 민지병이(民之秉夷)의 이(夷)를 나타내는 지시어이며, 의덕(懿德)은 시(是)의 동격으로 상도(常道)를 뜻하는 이(夷)를 풀이한 말이다. 의덕(懿德)의 의(懿)는 〈아름다울 미(美)〉와 같다.

맹자가 자신이 밝히는 성선(性善)이란 자신이 생각해낸 주장이 아님을 『시경(詩經)』과 공자(孔子)의 말씀을 빌어서 제자(公都子)에게 밝히고 있다. 조선조(朝鮮朝)의 유자(儒者)들을 공론(空論)에 빠지게 했던 성리학(性理學)의 연원이 맹자가 밝힌 성선(性善)에 있음을 상기해본다면 살펴들어야 할 내용이다. 다만 맹자의 성선은 인간이란 존재의 존엄성이 어디에 있는가를 규명할 수 있는 단서를 제시해주고 있다는 점에선 의심할 것이 없다. 물론 서양에서는 성선이란 존엄성이 발견되지 않는다. 성현(聖賢)의 말씀은 이론(理論)을 위함이 아니라 인간의 삶을 위함이다. 이점을 늘 생각하면서 맹자의 성선을 경청하면서 맹자의 수신(守身)을 살펴볼 일이다.

백성 민(民), ~은 지(之), 잡을 병(秉), 항상 이(夷), 때문에 고(故), 좋아할 호(好), 이 시(是), 아름다울 의(懿), 큰 덕(德)

제7장

7장을 세 단락으로 나누어 살피려고 한다. 편의상 단락을 나눈 것일 뿐 내용 때문에 그렇게 나눈 것은 아니다. 7장은 맹자가 밝힌 성선(性善)의 참뜻이 간명하게 잘 드러내고 있다. 이의지열아심(理義之悅我心)은 추환지열아구(芻豢之悅我口)와 같다[猶]. 이 한 구문으로써 맹자가 주장하는 성선의 참뜻을 누구나 저마다 새겨서 나름대로 터득케 하는 장이 곧 이 7장이다. 온갖 것에 두루 통하는 이치와[理] 온갖 것에 두루 통하는 마땅함[義]이[之] 우리의[我] 마음을[心] 기쁘게 하는 것은[悅] 고기[芻豢]가[之] 우리의[我] 입을[口] 기쁘게 하는 것과[悅] 같다[猶]. 이러함을 맹자는 일러 소동연(所同然)이라고 밝혀두었다. 심지리의(心之理義)를 한 마디로 하면 성(性)이고, 그 성을 맹자가 선(善)이라 풀이한 것이 곧 맹자가 밝힌 성선(性善)임을 심지열아심(心之悅我心) 한 마디로 밝혀준 셈이다. 그리고 맹자가 인간의 절대평등을 말하여 성선(性善)이라 단언했음을 알 수 있게 해주는 장이 7장이다.

【문지(聞之) 1】

성인여아동류자(聖人與我同類者)

【원문(原文)】

孟子曰 富歲에는 子弟多賴하고 凶歲에는 子弟多暴하니 非天之
맹 자 왈 부 세 자 제 다 뢰 흉 세 자 제 다 포 비 천 지

降才爾殊也이다 其所以陷溺其心者然也이다 今夫麰麥播種而
강 재 이 수 야 기 소 이 함 닉 기 심 자 연 야 금 부 모 맥 파 종 이

耰之하여 其地同하고 樹之時又同하면 浡然而生하여 至於日至
우 지 기 지 동 수 지 시 우 동 발 연 이 생 지 어 일 지

之時皆熟矣이다 雖有不同이나 則地有肥磽하며 雨露之養과 人
지 시 개 숙 의 수 유 부 동 즉 지 유 비 교 우 로 지 양 인

事之不齊也이다 故로 凡同類者는 擧相似也인데 何獨至於人而
사 지 부 제 야 고 범 동 류 자 거 상 사 야 하 독 지 어 인 이

疑之인가 聖人도 與我同類者이다 故로 龍子曰 不知足而爲屨라
의 지 성 인 여 아 동 류 자 고 용 자 왈 부 지 족 이 위 구

도 我知其不爲蕢也이다
아 지 기 불 위 궤 야

【해독(解讀)】

맹자가 말했다[孟子曰]. "풍년이면 젊은이들이 매우 얌전하고[富歲子弟多賴] 흉년이면 젊은이들이 매우 포악해진다[凶歲子弟多暴]. (이는) 하늘이 내린 본성의 바탕이 이같이 달라진 것은 아닌 것이다[非天之降才爾殊也]. 사람의 마음을 빠지게 하는 까닭인 바 그것이 그렇게 한 것이다[其所以陷溺其心者然也]. 이제 무릇 보리나 밀 씨앗을 뿌리고서 그 씨앗을 흙으로 묻어주고[今夫麰麥播種而耰之], 그 심은 자리가 같고 또 그 씨앗을 심은 시기가 같아[其地同樹之時又同] 싹이 터서 자라[浡然而生] 하지의 무렵에 이르면[至於日至之時] 모두 여무는 것이다[皆熟矣]. (보리와 밀의 영금에) 같지 않음이 있다 해도[雖有不同] 곧 땅에 비옥함과 척박함이 있어서이고[則地有肥磽], 빗물의 길러줌과[雨露之養] 사람의 손길이 같지 않은 것이다[人事之不齊也]. 그러므로[故] 무릇 같은 종류의 것은 모두 서로 같은 것이다[凡同類者擧相似也]. 어찌 유독 사람한테 이른다면 그러함을 의심하는가[何獨至於人而疑

之]? 성인도 우리와 동일한 무리의 사람이다[聖人與我同類者]. 그러므로[故] 용자가 말했다[龍子曰]. '발을 모르고 그러면서 신발을 만들어도[不知足而爲屨] 나는 그것이 삼태기로 만들어지지 않음을 아는 것이다[我知其不爲蕢也].'"

【담소(談笑)】

富歲子弟多賴(부세자제다뢰)

▶ 풍년이면[富歲] 젊은이들이[子弟] 매우[多] 얌전하다[賴].

부세자제다뢰(富歲子弟多賴)는 〈A賴〉꼴로 영어의 1형식 문장과 같다. 富歲子弟多賴에서 부세(富歲)는 시간을 나타내는 부사이고, 자제(子弟)는 뇌(賴)의 주어이며, 다(多)는 뇌(賴)를 돕는 부사이고, 뇌(賴)는 자동사이다. 부세(富歲)는 풍년과 같은 말이고, 자제(子弟)는 청년과 같은 말이며, 뇌(賴)는 〈온순할 순(順)〉과 같다고 보면 문맥과 통한다. 물론 이 뇌(賴)를 두고 〈착할 선(善)〉, 〈왁자할 적(藉)〉, 〈게으를 난(嬾)〉 등으로 보려는 설들이 분분하지만, 여기선 뒤이어 나오는 〈포악할 포(暴)〉와 상대되는 뜻으로 새기는 것이 문맥의 문의와 걸맞다.

풍부할 부(富), 해 세(歲), 아들 자(子), 아우 제(弟), 많을 다(多), 얌전할 뢰(賴)

凶歲子弟多暴(흉세자제다포)

▶ 흉년이면[凶歲] 젊은이들이[子弟] 매우[多] 포악해진다[暴].

흉세자제다포(凶歲子弟多暴)는 〈A暴〉꼴로 영어의 1형식 문장과 같다. 凶歲子弟多暴에서 흉세(凶歲)는 시간을 나타내는 부사이고, 자제(子弟)는 포(暴)의 주어이며, 다(多)는 포(暴)를 돕는 부사이고, 포(暴)는 자동사이다. 흉세(凶歲)는 흉년과 같은 말이고, 자제(子弟)는 청년과 같은 말이며, 포(暴)는 〈사나울 악(惡)〉과 같고 포악(暴惡)의 줄임말로 여긴다.

쌀독에서 인심 난다는 속담이 있다. 배부르면 사람은 순순하고 굶주리면 사람은 흉흉하다. 그러니 선하던 사람이 악한 사람으로 표변할 수도 있다는 말이다. 이러한 선악은 타고날 때 물려받은 본성 때문이 아니라 밖의 것들 탓으로 사람이 선할 수도 있고 악할 수도 있는 것이지, 선인(善人) 따로 악인(惡人) 따로 정해져 태어나지 않는다.

흉할 흉(凶), 해 세(歲), 아들 자(子), 아우 제(弟), 많을 다(多), 포악할 포(暴)

非天之降才爾殊也(비천지강재이수야)

▶ (이는) 하늘[天]이[之] 내린[降] 본성의 바탕이[才] 이같이[爾] 달라진 것은[殊] 아닌 것[非]이다[也].

비천지강재이수야(非天之降才爾殊也)는 是非天之降才爾殊也에서 주어이면서 앞의 내용을 나타내주는 지시어인 시(是)를 생략하고 있지만, 〈A非B也〉꼴로 영어의 2형식 문장과 같다. 〈A非B也〉에서 A는 주어이고, 비(非)는 보어이며, B는 비(非)의 동격 내지 동격절이다. 〈A(是)는 B(天之降才爾殊)가 아닌 것[非]이다[也]〉 非天之降才爾殊也에서 보어인 비(非)의 동격절이 되는 천지강재이수(天之降才爾殊)와 같은 어투의 문맥을 잡으려면, 天之降才爾殊의 지(之)와 이(爾)가 天之降才爾殊에서 어떤 구실을 하는지 알아채지 못하면 天之降才爾殊의 문맥을 잡아내기가 어렵다. 天之降才爾殊에서 지(之)는 허사로서 주격 토씨이고, 이(爾)는 여차(如此)를 축약하고 있다. 그리고 天之降才爾殊의 골격이 재수(才殊)임을 알아채야 天之降才爾殊의 문맥을 제대로 잡아내 문의를 건질 수 있다. 天之降才爾殊에서 천지강(天之降)은 재(才)를 꾸며주는 형용사절이고, 재(才)는 주어이며, 수(殊)는 형용사로 보어이다. 그래서 天之降才爾殊를 다음처럼 새길 수 있다. 하늘[天]이[之] 내린[降] 바탕이[才] 다르다[殊]. 그러므로 非天之降才爾殊의 비(非)는 天之降才爾殊를 부정하는 것이다. 非天之降才爾殊의 강(降)은 〈내릴 하(下)〉와 같고 하강(下降)의 줄임말로 여기고 새기고, 수(殊)는 〈다를 이(異)〉와 같고 수이(殊異)의 줄임말로 여기고 새긴다.

한문투에서 허사 지(之)를 〈A之B〉꼴로 다음처럼 알아두면 편하다. 〈A가[之] B, A의[之] B, A를[之] B, A에게[之] B, A하는[之] B〉 등처럼 〈A之B〉에서 A之가 B를 꾸미는 형용사구라고 여기고 새긴다. 非天之降才爾殊의 지(之)는 〈A가[之] B〉와 같은 주격 구실을 한다.

한문투에서 이(爾)는 다양한 뜻을 나타낸다. 〈너 이(爾) = 여(汝), 가까울 이(爾) = 근(近), 그러할 이(爾) = 연(然), 그 이(爾) = 기(其), 오직 이(爾) = 유(唯), 어조사(뿐이다) 이이(爾已) = 이이(而已)〉

아닌 것 비(非), 하늘 천(天), 어조사(~이) 지(之), 내릴 강(降), 바탕 재(才), 여차(如此) 이(爾), 다를 수(殊), ~이다 야(也)

其所以陷溺其心者然也(기소이함닉기심자연야)

▶ 사람들의[其] 마음을[心] 빠지게 하는[陷溺] 까닭인[以] 바[所] 그[其] 것이[者] 그렇게 한 것[然]이다[也].

기소이함닉기심자연야(其所以陷溺其心者然也)는 〈AB也〉꼴로 영어의 2형식 문장과 같다. 〈A(其所以陷溺其心者)는 B(然)이다[也]〉 其所以陷溺其心者然也에서 기소이함닉기심자(其所以陷溺其心者)는 주부이고, 연(然)은 보어이며, 야(也)는 구문 끝에 붙는 어조사(~이다)이다. 其所以陷溺其心者然也와 같은 한문투의 문의를 건지려면 其所以陷溺其心者然也에서 주부인 其所以陷溺其心者의 문맥을 잡아야 한다. 其所以陷溺其心者에서 〈A者〉꼴을 더욱 분명하게 하는 어투가 〈其A者〉임을 안다면 소이함닉기심(所以陷溺其心)은 자(者)를 꾸미는 형용사절임을 알아챌 수 있다. 즉 〈A(所以陷溺其心)하는 그[其] 것[者]〉으로 새겨보면 其所以陷溺其心者의 문맥에 걸맞은 문의를 건질 수 있다. 其所以陷溺其心者에서 앞의 기(其)는 자(者)를 꾸미는 관형사이고, 기심(其心)의 기(其)는 人之心의 인지(人之)를 대신하는 관형사이며, 함닉(陷溺)은 겹동사로 빠진다는 뜻이고, 연(然)은 여차(如此)와 같다. 이와[此] 같다[如]. 특히 其所以陷溺其心者에서 소이(所以)는 〈所以A〉꼴로 정리하면 편하다. 〈A하는 까닭인[以] 바[所]〉

〈소(所)〉를 아래와 같이 정리해두면 한문투의 문맥을 잡는 데 편하다.

① 형용사절의 선행사 what과 같은 경우 : 〈A之所B〉, 〈A가(~를, ~에게) B할 바[所]〉

② 소이(所以) 뒤에 동사가 오는 경우 : 〈所以A〉, 〈A하는 바의[所] 까닭[以]〉

③ A가 수동태인지 능동태인지 살펴 새기는 경우 : 〈所以A者〉, 〈A하는 까닭인[以] 바의[所] 것[者]〉

그 기(其), 바 소(所), 까닭 이(以), 빠지게 할 함(陷), 빠지게 할 닉(溺), 그 기(其), 마음 심(心), 것 자(者), 그렇게 할 연(然), ~이다 야(也)

今夫麰麥播種而耰之(금부모맥파종이우지) 其地同樹之時又同(기지동수지시우동) 浡然而生(발연이생) 至於日至之時(지어일지지시) 皆熟矣(개숙의)

▶ 이제〔今〕 무릇〔夫〕 보리나〔麰〕 밀을〔麥〕 심어〔播種〕서〔而〕 그 씨앗을〔之〕 흙으로 묻어주고〔耰〕, 그〔其〕 자리가〔地〕 같고〔同〕 또〔又〕 그것을〔之〕 심은〔樹〕 시기가〔時〕 같아〔同〕 싹이 터〔浡然〕서〔而〕 자라〔生〕 하지〔日至〕의〔之〕 무렵〔時〕에〔於〕 이르면〔至〕, 모두〔皆〕 여무는 것〔熟〕이다〔矣〕.

금부모맥파종이우지기지동수지시우동발연이생지어일지지시개숙의(今夫麰麥播種而耰之其地同樹之時又同浡然而生至於日至之時皆熟矣) 같은 매우 긴 한문투는 서구의 구문을 접촉한 뒤로 구문을 구분하여 띄어쓰기를 하게 된 셈이다. 今夫麰麥播種而耰之其地同樹之時又同浡然而生至於日至之時皆熟矣를 보면 왜 한문투에서 문맥이 문의를 파악해내는 지도리 구실을 하는지 알 수 있다. 今夫麰麥播種而耰之其地同樹之時又同浡然而生至於日至之時皆熟矣에다 구두점을 넣어주지 않으면 해독하기 어렵다는 말이다. 今夫麰麥播種而耰之其地同樹之時又同浡然而生至於日至之時皆熟矣을 끊어 읽으려면 구문 속의 동사를 먼저 주목하면 쉽다. 今夫麰麥播種 而耰之 其地同樹之時又同 浡然而生 至於日至之時 皆熟矣 이렇게 끊어놓으면 문맥 잡기가 한결 쉽다.

금부모맥파종(今夫麰麥播種)에서 금부(今夫)는 발어사 정도의 구실을 하므로 무시해버리고 모맥파종(麰麥播種)만 새거도 된다. 麰麥播種은 播種麰麥에서 모맥(麰麥)을 전치시킨 어투인 셈이고, 파종(播種)은 〈심을 파(播)〉와 〈심을 종(種)〉의 겹동사로 같은 뜻이다.

이우지(而耰之)에서 이(而)는 연접의 연사인 〈그리고 이(而)〉이고, 우(耰)는 흙으로 묻어준다는 뜻이며, 지(之)는 모맥(麰麥)을 대신하는 지시대명사이다.

기지동(其地同)의 기(其)는 파종지(播種地)를 대신하는 관형사이고, 지(地)는 〈밭 전(田)〉과 같고 전지(田地)의 줄임말로 보고 새기고, 동(同)은 〈같을 일(一)〉과 같고 동일(同一)의 줄임말로 여기고 새긴다.

수지시우동(樹之時又同)은 樹之之時又同에서 지(之)가 되풀이되므로 지시대명사인 뒤의 지(之)를 생략하고 허사인 지(之)만 남긴 어투이다. 樹之時

又同에서 수지(樹之)는 시(時)를 꾸미는 형용사구이다. 樹之時의 수(樹)는 〈나무 수(樹)〉가 아니라 여기선 〈심을 수[樹]〉이다. 심은[樹之] 때[時].

발연이생(浡然而生)은 麰麥浡然 而麰麥生에서 되풀이되는 내용인 모맥(麰麥)을 생략한 어투로 영어의 중문과 같다. 浡然而生에서 발(浡)은 〈돋아날 기(起)〉와 같고, 생(生)은 〈자랄 장(長)〉과 같고 생장(生長)의 줄임말로 여기며, 연이(然而)는 마치 영어의 and so와 같다. 그래서[然而].

지어일지지시(至於日至之時) 역시 麰麥至於日至之時에서 되풀이되는 내용인 모맥(麰麥)을 생략한 어투로 영어의 1형식 문장과 같다. 至於日至之時에서 앞의 지(至)는 〈이를 도(到)〉와 같고, 일지(日至)의 지(至)는 〈절후(節侯) 지(至)〉로 하지(夏至)를 뜻하며, 어(於)는 시점(時點)을 나타내는 〈~에 어(於)〉이고, 日至之時에서 일지지(日至之)는 시(時)를 꾸며주는 형용사구이다. 하지[日至]의[之] 때[時].

개숙의(皆熟矣) 역시 麰麥皆熟矣에서 되풀이되는 내용인 모맥(麰麥)을 생략한 어투로 영어의 2형식 문장과 같다. 皆熟矣의 개(皆)는 부사이고, 숙(熟)은 〈무르익을 난(爛)〉과 같고 난숙(爛熟)의 줄임말로 여기고 새긴다.

보리 모(麰), 밀 맥(麥), 심을 파(播), 심을 종(種), 그리고 이(而), 흙으로 덮을 우(耰), 그것 지(之), 그 기(其), 땅 지(地), 같을 동(同), 심을 수(樹), 때 시(是), 일어날 발(浡), 그럴 연(然), 살아날 생(生), 이를 지(至), ~에 어(於), 날 일(日), 절후 지(至), ~의 지(之), 때 시(時), 모두 개(皆), 여물 숙(熟), ~이다 의(矣)

雖有不同則地有肥磽(수유부동즉지유비교) 雨露之養人事之不齊也(우로지양인사지부제야)

▶ (보리와 밀의 영금에) 같지 않음이[不同] 있다[有] 해도[雖] 곧[則] 땅에[地] 비옥함과[肥] 척박함이[磽] 있어서이고[有], 빗물[雨露]의[之] 길러줌과[養] 사람의[人] 손길[事]이[之] 같지 않은 것[不齊]이다[也].

수유부동즉지유비교우로지양인사지부제야(雖有不同則地有肥磽雨露之養人事之不齊也) 역시 긴긴 한문투에서 문맥을 놓치면 문의를 파악해낼 수 없는 까닭을 잘 보여준다. 雖有不同則地有肥磽雨露之養人事之不齊也에다 구두점을 넣지 않으면 해독하기가 어렵다. 雖有不同則地有肥磽雨露之養人

事之不齊也을 끊어 읽으려면 구문 속의 동사를 먼저 주목하면 쉽다. 雖有不同 則地有肥磽 雨露之養 人事之不齊也 이렇게 끊으면 문맥을 잡기가 한결 쉽다.

수유부동즉지유비교(雖有不同則地有肥磽)는 〈A則B〉꼴로 조건의 부사절 내지 양보의 부사절을 둔 영어의 복문과 같다. 〈A(雖有不同)라도 곧[則] B(地有肥磽)한다〉 雖有不同則地有肥磽에서 수유부동(雖有不同)은 양보의 부사절이며, 지유비교(地有肥磽)는 주절이다. 雖有不同은 영어의 1형식 문장과 같은 양보절이고, 雖有不同의 수(雖)는 양보를 나타내는 영어의 종속접사인 Though와 같다고 여기고 새기고, 유(有)는 자동사로 〈있을 유(有)〉이며, 부동(不同)은 유(有)의 주어이며 차이(差異)와 같은 말이다. 地有肥磽 역시 영어의 1형식 문장 같은 양보절이고, 地有肥磽의 지(地)는 자동사 유(有)를 돕는 부사이며 〈밭 전(田)〉과 같고, 비(肥)는 〈비옥한 옥(沃)〉과 같고 비옥(肥沃)의 줄임말로 여기고, 교(磽)는 〈척박할 박(薄)〉과 같고 교척(磽瘠)의 줄임말로 여기고 새긴다.

우로지양인사지부제야(雨露之養人事之不齊也)는 雨露之養不齊也 而人事之不齊也에서 되풀이되는 내용인 부제야(不齊也) 중에서 앞의 것을 생략한 어투로 〈AB也〉꼴이며, 영어의 중문과 같다. 그러므로 우로지양(雨露之養)과 인사지(人事之)는 주부이고, 부제(不齊)는 보어이며, 야(也)는 구문 끝에 붙어서 ~이다 정도로 구문을 결정짓는 어조사이다. 雨露之養의 지(之)는 소유격의 허사이고, 우로(雨露)의[之] 길러줌[養]으로 새기고, 人事之의 지(之)는 주격의 허사로 여기고 사람의[人] 손길[事]이[之]로 새긴다. 부제(不齊)는 부동(不同)과 같고 차이(差異)와 같은 말이다.

밭에 심은 보리와 밀이 풍작일 수도 있고 흉작일 수도 있음은 보리와 밀 때문이 아니다. 땅이 비옥하고 비가 순조롭게 와주고 농부의 손길이 정성스럽다면 보리와 밀은 따라서 풍성하게 여문다. 그러나 땅이 척박하고 가물고 농부가 게으르다면 보리와 밀은 여물지 못한다. 이는 보리 탓이 아니란 말이다. 이는 보리와 밀의 본성 때문에 풍작도 되고 흉작도 된다는 것이 아님을 밝힌 것이다. 참으로 맹자는 맹모삼천(孟母三遷)의 아들임이 틀림없다.

비록 수(雖), 있을 유(有), 아니 부(不), 같을 동(同), 곧 즉(則), 땅 지(地), 비옥할 비(肥), 척박할 교(磽), 비 우(雨), 이슬 로(露), ~의 지(之), 기를 양(養), 일 사(事), 어조사(~가) 지(之), 고를 제(齊), ~이다 야(也)

故(고)

▶ **그러므로[故]**

고(故)는 고왈(故曰)의 줄임이고, 고왈(故曰)은 시고왈(是故曰)을 줄인 꼴이다. 위의 내용[是]이므로[故] 다음처럼 말한다[曰]는 뜻으로 쓰인다. 앞의 내용을 근거로 하여 판단이나 결론을 내릴 때 쓰이는 셈이고, 고왈(故曰)을 줄여 그냥 고(故)로 할 때가 더 보통이다. 시고왈(是故曰)의 고(故)는 승상기하(承上起下)의 연접(連接) 구실을 하므로 영어의 therefore와 같다고 여긴다.

그러므로 고(故)

凡同類者舉相似也(범동류자거상사야)

▶ **무릇[凡] 같은[同] 종류의[類] 것은[者] 모두[舉] 서로[相] 같은 것[似]이다[也].**

범동류자거상사야(凡同類者舉相似也)는 〈AB也〉꼴로 영어의 2형식 문장과 같다. 〈A(凡同類者)는 B(舉相似)이다[也]〉 凡同類者舉相似也에서 범동류자(凡同類者)는 주부이고, 거상사(舉相似)는 술부이며, 야(也)는 구문 끝에 붙어서 ~이다 정도로 구문을 결정짓는 어조사이다. 주부인 凡同類者에서 범동류(凡同類)는 〈A者〉꼴이고, A(凡同類)는 자(者)를 꾸며주는 형용사구이다. 술부인 舉相似에서 거(舉)는 〈모두 개(皆)〉와 같고 상(相)을 꾸미는 부사이며, 상(相)은 보어인 사(似)를 꾸며주는 부사이고, 사(似)는 〈같을 초(肖)〉와 같다. 그러니 凡同類者舉相似也의 골격은 자사야(者似也)임을 알아채면 문맥에 걸맞은 문의를 쉽게 건져낼 수 있다.

무릇 범(凡), 같을 동(同), 무리 류(類), 것 자(者), 모두 거(舉), 서로 상(相), 같을 사(似), ~이다 야(也)

何獨至於人而疑之(하독지어인이의지)

▶ 어찌[何] 유독[獨] 사람[人]에게[於] 미친다면[至] 곧[而] 본성을[之] 의심하는가[疑]?

하독지어인이의지(何獨至於人而疑之)는 子獨至於人 而何子疑之에서 문맥으로 보충될 수 있는 〈그대 자(子)〉를 생략하고 의문사인 하(何)를 전치시켰으며, 조건의 부사절을 둔 영어의 복문과 같다. 何獨至於人而疑之에서 이(而)는 어조사인 즉(則)과 같다. 그러니 〈A(獨至於人)하면 곧[而] B(何疑之)하는가?〉로 何獨至於人而疑之를 새기면 문맥에 걸맞은 문의를 쉽게 건질 수 있다. 何獨至於人而疑之에서 하(何)는 의(疑)를 꾸며주지만 의문사이므로 구문 맨 앞으로 전치시킨 어투이다. 조건의 부사절인 독지어인(獨至於人)에서 독(獨)은 지(至)를 꾸며주는 부사이고, 지(至)는 〈미칠 도(到)〉와 같으며, 어(於)는 여기서 간접목적어 토씨(~에게) 구실을 하는 어조사이다. 주절인 이의지(而疑之)에서 이(而)는 여기서 〈곧 즉(則)〉과 같은 어조사이며, 타동사 의(疑)는 〈의심할 혹(惑)〉과 같고 의혹(疑惑)의 줄임말로 여기고, 지(之)는 문맥으로 보아 인지성(人之性)을 대신하는 지시대명사이다. 특히 의(疑)는 한문투에서 다양한 뜻을 나타내고 뜻에 따라 발음이 다양하다. 〈의심할 의(疑) = 혹(惑), 두려워할 의(疑) = 공(恐), 혐의할 의(疑) = 혐(嫌), 정할 응(疑) = 정(定), 바로 설 을(疑) = 정립(正立)〉

어찌 하(何), 오로지 독(獨), 미칠 지(至), ~에게 어(於), 어조사 이(而), 의심할 의(疑), 그것 지(之)

聖人與我同類者(성인여아동류자)

▶ 성인도[聖人] 우리[我]와[與] 동일한[同] 무리의[類] 사람이다[者].

성인여아동류자(聖人與我同類者)는 〈AB〉꼴로 영어의 2형식 문장과 같다. 〈A(聖人)도 B(與我同類者]이다〉 聖人與我同類者에서 성인(聖人)은 주어이고, 여아동류(與我同類)는 자(者)를 꾸며주는 형용사절이며, 자(者)는 보어이다. 물론 한문투에서 영어의 2형식 문장과 같은 〈AB〉꼴을 보다 더 단언하려는 어투로 한다면 〈AB也〉꼴로 하게 된다. 만약에 聖人與我同類者를 성인여아동류자야(聖人與我同類者也)라고 했다면, 성인도[聖人] 우리[我]와[與] 동일한[同] 무리의[類] 사람이다[者]를 성인도[聖人] 우리[我]와[與] 동일한[同] 무리의[類] 사람인 것[者]이다[也]로 새길 수 있다. 聖人與我同類者에서 여아(與我)는 동(同)을 꾸미는 부사구이고, 여아(與我)의 아(我)는 단수로 〈나 아(我)〉가 아니라 복수로 〈우리 아(我)〉이다. 이처럼 한문투에서는 단수 · 복수가 따로 없고 문맥에 따라 단수인지 복수인지 가려서 정해주어야 한다.

성스러울 성(聖), 함께 여(與), 우리 아(我), 같을 동(同), 무리 류(類), 사람 자(者)

故(고)

▶ **그러므로[故]**

고(故)는 고왈(故曰)의 줄임이고 고왈(故曰)은 시고왈(是故曰)을 줄인 꼴이다. 위의 내용[是]이므로[故] 다음처럼 말한다[曰]는 뜻으로 쓰인다. 앞의 내용을 근거로 하여 판단이나 결론을 내릴 때 쓰이는 셈이고 고왈(故曰)을 줄여 그냥 고(故)로 할 때가 더 보통이다. 시고왈(是故曰)의 고(故)는 승상기하(承上起下)의 연접이므로 영어의 therefore와 같은 구실을 한다고 여긴다.

그러므로 고(故)

龍子曰(용자왈) 不知足而爲屨我知其不爲蕢也(부지족이위구아지기불위궤야)

▶ **용자가 말했다[龍子曰]. "발을[足] 모르고[不知] 그러면서[而] 신발을[屨] 만들어도[爲], 나는[我] 그것이[其] 삼태기로[蕢] 만들어지지 않음을[不爲] 아는 것[知]이다[也]."**

용자왈(龍子曰)의 용자(龍子)는 옛날의 성인으로만 알려져 있지 상세하게 알려진 것은 없다.

부지족이위구아지기불위궤야(不知足而爲屨我知其不爲蕢也)는 문맥으로 보아 양보의 부사절을 둔 영어의 복문과 같다. 먼저 不知足而爲屨我知其不爲蕢也를 부지족(不知足) 이위구(而爲屨) 아지기불위궤야(我知其不爲蕢也)처럼 끊어서 따로 나누어 새겨보면 문맥이 잡히고 문의가 드러나게 된다. 〈발을[足] 모른다[不知]. 그러고[而] 신을[屨] 만든다[爲]. 나는[我] 그것이[其] 삼태기로[蕢] 만들어지지 않음을[不爲] 아는 것[知]이다[也]〉 이 세 구문이 논리적으로 서로 어떤 관계인지 따져보는 것이 곧 문맥잡기다. 위 세 구문의 논리관계는 다음과 같다. 발을[足] 모르고[不知]서도[而] 신을[屨] 만들어도[爲] 나는[我] 그것이[其] 삼태기로[蕢] 만들어지지 않음을[不爲] 아는 것[知]이다[也]. 이렇게 새겨보면 왜 不知足而爲屨我知其不爲蕢也에서 부지족이위구(不知足而爲屨)를 양보의 부사절로 새기고, 아지기불위궤야(我知其不爲蕢也)를 주절로 새기는지 알아챌 수 있다.

부지족(不知足)에서 부지(不知)는 타동사이고, 족(足)은 타동사인 지(知)의 목적어이다. 이위구(而爲屨)에서 이(而)는 영어의 and같이 연접의 접속사인 어조사이고, 위(爲)는 〈만들 조(造)〉와 같고 위조(爲造)의 줄임말로 여기고, 구(蕢)는 마혜(麻鞋) 즉 삼으로 만든 신발을 뜻하고 타동사인 위(爲)의 목적어이다.

아지기불위궤야(我知其不爲蕢也)는 我知其屨不爲蕢也에서 구(屨)가 되풀이되는 내용이므로 생략한 〈AB也〉꼴로 영어의 2형식 문장과 같다. 〈A(我)는 B(知其不爲蕢)하는 것이다(也)〉 영어의 2형식 문장의 골격이 주어 + 보어이므로 我知其不爲蕢也를 그렇게 골격을 살펴보면 문맥 잡기가 쉬워진다. 말하자면 我知其不爲蕢也에서 아(我)는 주어이고, 知其不爲蕢의 지(知)가 보어로 보고, 기불위궤(其不爲蕢)를 지(之)의 목적절로 보면 我知其不爲蕢也의 문맥이 잡힌다. 나는[我] 그것이[其] 삼태기로[蕢] 만들어지지 않음을[不爲] 아는 것[知]이다[也]. 만약에 구문 끝에 붙어 구문을 결정짓는 어조사 야(也)를 무시하고 我知其不爲蕢也를 아지기불위궤(我知其不爲蕢)로 여기고 새기면, 나는[我] 그것이[其] 삼태기로[蕢] 만들어지지 않음을[不爲] 안다[知]고 새길 것이다. 물론 我知其不爲蕢也를 我知其不爲蕢로 여기고 새겨도 문맥의 문의에는 상관없다고 보아도 된다.

신발 다르고 삼태기 다르듯이 동류(同類)가 아니면 서로 다르다고 보는 것이 유가(儒家)의 생각이다. 사람은 사람끼리 그 본성이 다 같고, 노루는 노루끼리 본성이 다 같으며, 보리는 보리끼리 밀은 밀끼리 본성이 다 같지만, 사람과 짐승 식물 등은 저마다 본성이 다르다고 보는 것이 유가의 인수지변(人獸之辨)이다. 이전 전제 밑에서 성인(聖人) 범인(凡人) 다를 것 없고 사람[人]의 본성은 다 같다는 맹자의 말을 들어야 한다. 이 생각은 불교(佛教)의 범성불이(凡聖不二)와 통한다. 범인[凡] 성인[聖] 따로 없다[不二]. 그러나 도가(道家)는 만물을 싸잡아 동류자(同類者)로 본다. 그래서 노자(老子)는 "만물추구(萬物芻狗)"라고 단언한다. 온갖 것은[萬物] 풀강아지이다[芻狗]. 범인도 성인도 개도 돼지도 지렁이도 하루살이도 질경이도 다 가릴 것 없이 풀강아지[芻狗]란 말이다. 이는 만물(萬物)이 하나로 동류자(同類者)란 말이다. 그러니 유가(儒家)의 동류자는 만물을 하나[一]로 보는 것은 아니다. 그러나 성인의 본성(本性)과 범인의 본성(本性)은 다 하늘이 내린 것이니 다를 것이 없다는 생각은, 인간 존재는 본래부터 평등하다는 생각으로 통한다. 그러므로 서양에는 없는 천성(天性) 내지 본성은 존재의 평등을 보장해준다.

용 룡(龍), 존칭 자(子), 말할 왈(曰), 아니할 부(不), 알 지(知), 발 족(族), 어조사(~면서) 이(而), 만들 위(爲), 신발 구(屨), 나 아(我), 그 기(其), 만들어질 위(爲), 삼태기 궤(簣), ~이다 야(也)

【문지(聞之) 2】

천하지족동야(天下之足同也)

【원문(原文)】

屨之相似는 天下之足이 同也이리라 口之於味에 有同耆也하니
구지상사 천하지족 동야 구지어미 유동기야

易牙는 先得我口之所耆者也이다 如使口之於味也에 其性與人
역아 선득아구지소기자야 여사구지어미야 기성여인

殊하여 若犬馬之與我不同類也이면 則天下何耆를 皆從易牙之
수 약견마지여아부동류야 즉천하하기 개종역아지

於味也이겠나 至於味라면 天下期於易牙이니 是는 天下之口相
어미야 지어미 천하기어역아 시 천하지구상

似也이다 惟耳도 亦然하니 至於聲하여는 天下期於師曠하니 是는
사야 유이 역연 지어성 천하기어사광 시

天下之耳相似也이다 惟目도 亦然하니 至於子都하여는 天下莫
천하지이상사야 유목 역연 지어자도 천하막

不知其姣也이니 不知子都之姣者는 無目者也이다
부지기교야 부지자도지교자 무목자야

【해독(解讀)】

"신발이 서로 같음은 천하의 발이 같은 것이다[屨之相似天下之足同也]. 입의 맛에는 다같이 좋아함이 있는 것이다[口之於味有同耆也]. 역아는 우리 입이 좋아하는 바의 것을 먼저 터득했던 것이다[易牙先得我口之所耆者也]. 만

약에 입이 맛을 보는 것으로 하여금 인간에게 주어진 인간의 본성을 달리하게 하고[如使口之於味也其性與人殊], 만약에 (입이 맛을 보는 것으로 하여금) 개와 말이 우리와 같게 해[若犬馬之與我] (인간이란) 무리를 같지 않게 한다면[不同類也], 곧 천하에서 어떤 기호가 역아의 맛을 모두 다 따를 것인가[則天下何耆皆從易牙之於味也]? 맛에 이르면[至於味] 온 세상이 역아에게 기대한다[天下期於易牙]. 이는 온 세상의 입이 서로 같다는 것이다[是天下之口相似也]. 귀도 또한 그렇다[惟耳亦然]. 소리에 이르면[至於聲] 온 세상이 사광에게 기대한다[天下期於師曠]. 이는 온 세상의 귀가 서로 같다는 것이다[是天下之耳相似也]. 눈도 역시 그렇다[惟目亦然]. 자도에 이르면[至於子都] 온 세상이 그녀의 아름다움을 알지 않을 수 없었던 것이다[天下莫不知其姣也]. 자도의 아름다움을 알지 못하는 사람은 (아름다움을 볼 줄 아는) 눈이 없는 사람이다[不知子都之姣者無目者也]."

【담소(談笑)】

屨之相似天下之足同也(구지상사천하지족동야)

▶ 신발[屨]이[之] 서로[相] 같은 것은[似] 천하[天下]의[之] 발이[足] 같은 것[同]이다[也].

구지상사천하지족동야(屨之相似天下之足同也)는 〈AB也〉꼴로 영어의 2형식 문장과 같다. 屨之相似天下之足同也에서 구지상사(屨之相似)는 주부이고, 천하지족동(天下之足同)은 술부로 보어이며, 야(也)는 구문 끝에 붙어 구문을 결정짓는 어조사로 ~이다 정도로 새긴다.

주부인 구지상사(屨之相似)에서 지(之)가 허사로 토씨[格] 구실을 하는 〈A之B〉꼴로 어떤 토씨인지 살펴 우리말로 새겨야 한다. 屨之相似를 신발[屨]의[之] 서로[相] 같음[似]으로 새기면 지[之]를 소유격 토씨로 본 셈이고, 신발[屨]이[之] 서로[相] 같음[似]으로 새기면 지(之)를 주격 토씨로 본 셈이다. 이 중에서 우리말다운 것은 屨之相似의 지(之)를 소유격 토씨(~의)보다는 주격 토씨(~이)로 보고 새기는 쪽임을 알 수 있다. 이는 우리말이 구(句) 중심이라기보다 절(節) 중심의 어투임을 보여준다. 屨之相似에서 구(屨)는 삼(麻)으로 만든 신발[鞋] 즉 마혜(麻鞋)를 말하고, 상(相)은 사(似)를 꾸며주는 부사이며, 사(似)는 〈같을 초(肖)〉와 같다.

술부인 천하지족동(天下之足同) 역시 〈A之B〉꼴로, 지(之)가 어떤 토씨 구실을 하는지 살펴야 天下之足同의 문맥을 잡아낼 수 있다. 天下之足을 천하[天下]의[之] 발[足]로 새길 수 있으니 지(之)는 소유격 토씨(~의) 구실을 하는 것이 확실하다. 만약에 天下之足同을 하나의 독립문으로 본다면 천하[天下]의[之] 발이[足] 같다[同]고 새기겠지만, 여기선 술부로 보어이므로 천하[天下]의[之] 발이[足] 같은 것[同]이라고 구처럼 새기게 된다. 天下之足同의 동(同)은 〈같을 일(一)〉과 같고, 동일(同一)의 줄임말로 여기고 새긴다.

신발 구(屨), ~가 지(之), 서로 상(相), 같을 사(似), 하늘 천(天), 아래 하(下), ~의 지(之), 발 족(足), 같을 동(同), ~이다 야(也)

口之於味有同耆也(구지어미유동기야)

▶ 입[口]의[之] 맛[味]에는[於] 다같이[同] 좋아함이[耆] 있는 것[有]이다[也].

구지어미유동기야(口之於味有同耆也)는 於口味有同耆也에서 구(口)를 강조하려고 전치시키면서 허사 지(之)를 더해 구지(口之)로 했으므로 〈A有B〉꼴이고, 영어의 2형식 문장과 같다. 〈A(口之於味)에는 B(同耆)가 있는 것[有]이다[也]〉 口之於味有同耆也에서 구지어미(口之於味)는 유(有)를 돕는 부사구이고, 유(有)는 주어를 뒤에 두는 〈있을 유(有)〉이며, 동기(同耆)는 유(有)의 주어이며, 야(也)는 구문을 결정하는 어조사(~이다)이다. 口之於味有同耆也에서 야(也)를 제외하고 口之於味有同耆로 여기고 우리말로 새긴다면 입[口]의[之] 맛[味]에는[於] 다같이[同] 좋아함이[耆] 있다[有]처럼 영어의 1형식 문장으로 새길 것이다. 그러나 口之於味有同耆也를 우리말로 새긴다면 입[口]의[之] 맛[味]에는[於] 다같이[同] 좋아함이[耆] 있다는 것[有]이다[也]처럼 새겨 동기(同耆)가 주어이고, 유(有)는 보어로 영어의 2형식 문장과 같이 새길 것이다. 어느 경우일지라도 문맥의 문의는 상관없고 다만 어조에만 차이가 있다고 여기면 편하다.

구지어미(口之於味)를 어구미(於口味)로 돌려놓고 보아야 우리말로 口之於味의 문맥을 잡아 문의를 건질 수 있다. 원래 구미(口味)이므로 口之於味에서 허사 지(之)를 살려서 입[口]의[之] 맛[味]이라고 해야 하는 것은 아니고, 지(之)를 무시해버리고 입맛[口味]으로 새겨도 된다. 동기(同耆)의 동(同)은

〈같을 일(一)〉과 같고 동일(同一)의 줄임말로 여기고 새기고, 기(耆)는 〈좋아할 기(嗜), 호(好)〉 등과 같고 기호(耆好)의 줄임말로 여기고 새긴다.

입 구(口), ~의 지(之), ~에 어(於), 맛 미(味), 있을 유(有), 한 가지 동(同), 좋아할 기(耆), ~이다 야(也)

易牙先得我口之所耆者也(역아선득아구지소기자야)

▶ 역아는[易牙] 우리[我] 입[口]이[之] 좋아하는[耆] 바의[所] 것을[者] 먼저[先] 터득했던 것[得]이다[也].

역아선득아구지소기자야(易牙先得我口之所耆者也)는 〈AB也〉꼴로 영어의 2형식 문장과 같다. 〈A(易牙)는 B(先得我口之所耆者)한 것이다[也]〉 易牙先得我口之所耆者也에서 역아(易牙)는 주어이고, 선득아구지소기자(先得我口之所耆者)는 보어이며, 야(也)는 구문을 결정하는 어조사(~이다)이다. 만약에 구문 끝에 〈어조사 야(也)〉가 없이 易牙先得我口之所耆者면 〈A得B〉꼴로 영어의 3형식 문장같이 여기고 새길 것이다. 〈A(易牙)는 B(我口之所耆者)를 터득했다[得]〉 易牙先得我口之所耆者也를 역아선득아구지소기자(易牙先得我口之所耆者)로 여기고 새겨도 문맥에 따른 문의는 달라지지 않으므로 야(也)를 무시하고 새겨도 되는 셈이다.

역아선득아구지소기자(易牙先得我口之所耆者)에서 역아(易牙)는 제(齊)나라 환공(桓公) 때 요리를 잘 한다고 천하에 이름이 났던 옹무(雍巫)의 자(字)이다. 요새로 말한다면 천하에 제일가는 요리장(料理匠 · chief)이었던 셈이다. 易牙先得我口之所耆者에서 선(先)은 득(得)을 돕는 부사이고, 득(得)은 〈알 지(知)〉와 같고 득지(得知)의 줄임말로 여기고 새기고, 특히 我口之所耆者와 같은 어투의 문맥을 잡으려면 먼저 我口之所耆者를 所我口耆者로 환원해보는 것이 그 열쇠이다. 그러면 관용어 같은 〈所A者〉를 떠올리면 된다. 〈A(我口耆)하는 바의[所] 것[者]〉으로 새겨져 所A가 자(者)의 동격임을 알아채면 我口之所耆者의 문맥을 쉽게 잡아낼 수 있다. 우리[我] 입[口]이[之] 좋아하는[耆] 바의[所] 것[者]. 我口之所耆者의 아(我)는 복수로 소유격이므로 우리의[我]이고, 기(耆)는 〈좋아할 기(嗜), 호(好)〉 등과 같고 기호(耆好)의 줄임말로 여긴다.

바꿀 역(易), 이빨 아(牙), 먼저 선(先), 터득할 득(得), 우리 아(我), 입 구(口), ~이 지(之), 바 소(所), 좋아할 기(耆), 것 자(者), ~이다 야(也)

如使口之於味也其性與人殊若犬馬之與我不同類也(여사구지어미야기성여인수약견마지여아부동류야) 則天下何耆皆從易牙之於味也(즉천하하기개종역아지어미야)

▶ 만약에[如] 입[口]이[之] 맛을[味] 보는 것[於]으로[也] 하여금[使] 인간에게[人] 주어진[與] 인간의[其] 본성을[性] 달리하게 하고[殊], 만약에[若] (입이 맛을 보는 것으로 하여금) 개와[犬] 말[馬]이[之] 우리와[我] 같게 해[與] (인간이란) 무리를[類] 같지 않게 한다[不同]면[也], 곧[則] 천하에[天下] 어떤[何] 기호가[耆] 역아[易牙]의[之] 맛[味]을[於] 모두 다[皆] 따를 것[從]인가[也]?

여사구지어미야기성여인수약견마지여아부동류야즉천하하기개종역아지어미야(如使口之於味也其性與人殊若犬馬之與我不同類也則天下何耆皆從易牙之於味也)는 매우 긴 구문의 한문투이지만 먼저 즉(則)을 주목하여 〈A則B〉꼴을 떠올리고, 앞의 A 부분은 문맥에 따라 조건 내지 양보의 부사절이고 뒤 B 부분이 주절인 영어의 복문과 같은 어투임을 알아내면, 如使口之於味也其性與人殊若犬馬之與我不同類也則天下何耆皆從易牙之於味也의 문맥을 잡아 문의를 건질 수 있다. 그러니 먼저 〈A(如使口之於味也其性與人殊若犬馬之與我不同類也)면 곧[則] B(天下何耆皆從易牙之於味)할 것인가[也]?〉로 대강의 문맥을 짚어보는 과정이 필요하다.

여사구지어미야기성여인수약견마지여아부동류야(如使口之於味也其性與人殊若犬馬之與我不同類也)는 〈A則B〉꼴에서 A에 해당되므로 조건 내지 양보의 부사절임을 상기하면, 먼저 영어에서 if와 같은 구실을 하는 여(如)와 약(若)을 주목하게 된다. 그러면 如使口之於味也其性與人殊若犬馬之與我不同類也가 如使口之於味也其性與人殊 而若使口之於味也犬馬之與我不同類也에서 되풀이되는 내용인 사구지어미야(使口之於味也)를 생략하고 두 조건절을 하나같이 묶어놓은 어투임을 알아챌 수 있다. 그러니 如使口之於味也其性與人殊若犬馬之與我不同類也를 여사구지어미야기성여인수(如使口之於味也其性與人殊)와 이약사구지어미야견마지여아부동류야(而若使口之

於味也犬馬之與我不同類也)로 나누어 새겨보면 如使口之於味也其性與人殊若犬馬之與我不同類也의 문맥을 잡을 수 있게 된다.

여사구지어미야기성여인수(如使口之於味也其性與人殊)는 〈만약 여(如)〉의 조건절 구문으로 〈使A殊B〉꼴이고, 영어의 사역문(make A do B)과 같다. 〈만약[如] A(口之於味也)로 하여금[使] B(其性與人)를 달리하게 한다면[殊]〉으로 새기면 문맥에 걸맞은 문의를 건져낼 수 있으므로, 如使口之於味也其性與人殊를 여사구지어미야수기성여인(如使口之於味也殊其性與人)으로 여기고 새긴다. 다만, 수(殊)의 목적구인 기성여인(其性與人)이 수(殊) 앞으로 전치된 어투란 점을 알아채면 쉽다. 한문투의 어순은 화자의 어조나 어세에 따라 자류롭게 구문 속에서 자리를 잡는 어투가 심하다. 그리고 如使口之於味也其性與人殊에서 야(也)의 구실을 눈여겨보면 문맥을 잡기가 한결 쉽다. 사역동사인 사(使)의 목적구를 결정짓는 야(也)가 구문 가늠을 분명하게 해주기 때문이다. 만약에 야(也)가 없이 如使口之於味其性與人殊라면 문맥을 잡기가 혼란스럽다.

사(使)의 목적구인 구지어미야(口之於味也)에서 지(之)와 어(於)를 잘 정리하고 있을수록 口之於味也의 문맥을 잡기가 쉽다. 먼저 〈A之B〉꼴임을 알아채야 한다. 〈A之B〉에서 B는 명사 아니면 동사이게 마련이다. 그러면 어(於)가 영어에서 전치사 같은 어조사가 아니라 동명사 구실을 하는 것을 알아챌 수 있다. 어(於)가 동사이면 다음과 같이 다양한 뜻을 나타낸다. 〈있을 어(於) = 재(在), 머물 어(於) = 거(居), 의지할 어(於) = 의(依), 할 어(於) = 위(爲), 대신할 어(於) = 대(代), 머물 어(於) = 주(住)〉 口之於味也의 어(於)는 영어의 do처럼 대리동사인 〈할 위(爲)〉와 같다고 보면, 어미(於味)를 맛을[味] 본다[於]고 새길 수 있다. 물론 자전(字典)에서 어(於) 조(條)를 보아도 맛을 본다는 뜻은 없다. 다만 〈할 위(爲), 머물 주(住)〉와 같다는 점에서, 유추해서 문맥에 맞는 뜻을 찾아주어야 한다. 이제 〈A(口)之B(於味)〉의 지(之)가 어떤 토씨 구실을 하는지 살펴보면 된다. 입[口]의[之] 맛을[味] 보는 것[於] 쪽이 우리말다운지 입[口]이[之] 맛을[味] 보는 것[於] 쪽이 우리말다운지 살펴보면, 〈A(口)之B(於味)〉의 지(之)를 소유격(~의) 토씨보다 주격(~이) 토씨로 여기고 새기는 것이 더 나음을 알 수 있다.

그리고 如使口之於味也其性與人殊에서 수(殊)의 목적구인 기성여인(其

性與人)에서 기(其)는 인지(人之)를 대신하는 관형사이고, 여(與)는 〈허락할 허(許)〉 또는 〈줄 시(施)〉 등과 같은 뜻으로 능동이 아니라 수동으로 새겨야 문맥이 통함을 알아채면 其性與人을 다음처럼 새길 수 있다. 인간에게[人] 허락된[與] 인간의[其] 본성[性]. 이제 如使口之於味也其性與人殊를 다음처럼 새길 수 있게 된다. 만약에[如] 입[口]이[之] 맛을[味] 보는 것[於]으로[也] 하여금[使] 인간에게[人] 주어진[與] 인간의[其] 본성을[性] 달리하게 한다면[殊].

한문투에서 어(於)는 매우 다양하게 어조사 구실을 하므로, 마치 영어의 모든 전치사를 망라한다는 생각이 들게 한다.

① 대상을 나타내는 〈於A〉, 〈A에게[於]〉

② 원인을 나타내는 〈於A〉, 〈A 때문에[於]〉

③ 장소나 출발점을 나타내는 〈於A〉, 〈A에서[於]〉

④ 수동을 나타내는 동사 + 〈於A〉, 〈A에 의해서[於] ~당해진다〉

⑤ 목적격(토씨) 구실을 하는 〈於A〉, 〈A를(을)[於]〉

⑥ 비교를 나타내는 〈於A〉, 〈A보다[於]〉

⑦ 어지(於之)이면 언(焉)으로 축약되고, 지어(之於)이면 제(諸)로 축약되기도 한다.

그리고 어(於)는 〈있을 어(於) = 재(在), 머물 어(於) = 거(居), 의지할 어(於) = 의(依), 할 어(於) = 위(爲), 대신할 어(於) = 대(代), 머물 어(於) = 주(住)〉 등 문맥에 다양한 따라 뜻을 나타내므로 늘 어(於)에 담긴 뜻을 살펴 선택해야 한다.

약견마지여아부동류야(若犬馬之與我不同類也) 역시 〈만약 약(若)〉의 조건절 구문이고, 〈使A與B〉꼴로 영어의 사역문과 같다. 다만 而若使口之於味也犬馬之與我 而若使口之於味也不同人之類也에서 되풀이되는 내용인 약사구지어미야(若使口之於味也)를 생략하고 若犬馬之與我不同類也로 줄인 어투이다. 그러니 둘로 나누어 먼저 약견마지여아(若犬馬之與我)의 문맥을 잡은 다음, 부동류야(不同類也)의 문맥을 잡아가는 것이 若犬馬之與我不同類也의 문맥을 잡는 데 편하다.

약견마지여아(若犬馬之與我)에서 〈같을 여(與)〉가 make A do B의 〈do〉와 같음을 알아채고 생략된 내용을 보충해주면 若犬馬之與我를 다음처럼 새길 수 있다. 만약에[若] (입이 맛을 보는 것으로 하여금) 개와[犬] 말[馬]이[之]

우리와[我] 같게 한다면[與]. 若犬馬之與我에서 여(與)를 〈같을 여(如)〉와 같이 여기고 새기면 문맥이 통한다. 한문투에서 여(與)는 다양한 뜻을 나타낸다. 〈더불어 여 = 이(以), 좋아할 여(與) = (호(好)), 허락할 여(與) = 허(許), 미칠 여(與) = 급(及), 같을 여(與) = 여(如), 기다릴 여(與) = 대(待),어울릴 여(與) = 화(和), 셈할 여(與) = 수(數), 무리 여(與) = 중(衆), 줄 여(與) = 시(施)〉 그리고 여(與)는 A를 버리고 B를 택하는 관용구문을 이루기도 한다. 〈與其A 孰若(豈若)B〉, 〈A하느니 B하는 것이 낫지 않겠는가?〉 또는 〈與(其)A 寧B = 與A 不如B = 與A 無寧B = 與A 若B〉, 〈A 하느니 B하는 것이 낫다〉

부동류야(不同類也) 역시 〈만약 약(若)〉의 조건절 구문으로 〈使A不與B〉꼴이며, 영어의 사역문과 같다. 다만 若使口之於味也不同人之類也에서 되풀이되는 내용인 약사구지어미야(若使口之於味也)와, 문맥으로 보충될 수 있는 내용인 인지류(人之類)의 人之를 생략하고 不同類也로 줄인 어투이다. 不同類也에서 〈같을 동(同)〉이 make A do B의 do와 같음을 알아채고 생략된 내용을 보충해주면 不同類也를 다음처럼 새길 수 있다. 만약에[若] (입이 맛을 보는 것으로 하여금) (인간이란) 무리를[類] 같지 않게 한다[不同]면[也]. 不同類也에서 동(同)은 〈하나 같을 일(一)〉과 같고 동일(同一)의 줄임말로 여기고 새기고, 유(類)는 〈종류 종(種)〉과 같고 종류(種類)의 줄임말로 여기고 새긴다. 한문투에서 유(類)는 다양한 뜻을 나타낸다. 〈착할 유(類) = 선(善), 같을 유(類) = 초(肖), 견줄 유(類) = 비(比), 나눌 유(類) = 분(分), 무리 유(類) = 등(等), 종류 유(類) = 종(種)〉

천하하기개종역아지어미야(天下何耆皆從易牙之於味也)는 〈A從B〉꼴로 영어의 3형식 의문문과 같은 어투이며, 주절이다. 〈A(何耆)가 B(易牙之於味)를 따를 것[從]인가[也]?〉 天下何耆皆從易牙之味也에서 천하(天下)는 장소를 나타내는 부사이고, 하기(何耆)는 주어이며, 개(皆)는 타동사인 종(從)을 꾸며주는 부사이고, 역아지(易牙之)는 미(味)를 꾸며주는 형용사구이며, 미(味)는 종(從)의 목적어이고, 하기(何耆)의 하(何)가 의문사이므로 야(也)는 〈~인가 호(乎)〉처럼 여기고 새긴다. 그러니 天下何耆皆從易牙之味也의 골격은 하기종미(何耆從味)인 셈이다. 어떤[何] 기호가[耆] 맛을[味] 따를까[從]? 天下何耆皆從易牙之味也에서 타동사 종(從)은 〈따를 수(隨)〉와 같고, 수종(隨從)의 줄임말로 여기고 새긴다.

만약 여(如), 하여금 사(使), 입 구(口), ~의 지(之), 할 어(於), 맛 미(味), 어조사(~이라면) 야(也), 그 기(其), 본성 성(性), 줄 여(與), 달리할 수(殊), 같을 약(若), 개 견(犬), 말 마(馬), 우리 아(我), 아니 부(不), 같을 동(同) 무리 류(類), 곧 즉(則), 무슨 하(何), 좋아할 기(耆), 모두 개(皆), 따를 종(從), 바꿀 역(易), 이빨 아(牙), ~인가 야(也)

至於味(지어미) 天下期於易牙(천하기어역아) 是天下之口相似也(시천하지구상사야)

▶ 맛[味]에[於] 이르면[至] 온 세상이[天下] 역아[易牙]에게[於] 기대한다[期]. 이는[是] 온 세상[天下]의[之] 입이[口] 서로[相] 같다는 것[似]이다[也].

지어미천하기어역아시천하지구상사야(至於味天下期於易牙是天下之口相似也)에서 지어미(至於味)는 지어차(至於此)의 관용구를 떠올리면 조건의 부사구임을 알 수 있다. 입맛[味]에[於] 이른다면[至]. 그러면 天下期於易牙是天下之口相似也는 〈A是B也〉꼴로 영어의 중문과 같다. 물론 〈A是B也〉꼴과 〈A是B〉꼴을 잘 분별해서 정리하면 문맥 잡기가 편하다. 〈A是B也〉의 시(是)는 앞의 내용을 나타내주는 지시어이지만, 〈A是B〉의 시(是)는 어조사로 〈AB也〉의 야(也)처럼 ~이다 정도로 새긴다. 〈A한다. 이는[是] B하는 것이다[也]〉 〈A는 B이다[是]〉 그래서 天下期於易牙是天下之口相似也를 천하기어역아(天下期於易牙)와 시천하지구상사야(是天下之口相似也)로 나누어 문맥을 잡게 된다. 천하가[天下] 역아[易牙]를[於] 기대한다[期]. 이것은[是] 천하[天下]의[之] 입이[口] 서로[相] 같다는 것[似]이다[也].

천하기어역아(天下期於易牙)에서 천하(天下)는 주어이고, 기(期)는 타동사이며 〈기대할 대(待)〉와 같고 기대(期待)의 줄임말로 여기고, 어(於)는 여기서 목적격 토씨(~를) 정도의 어조사이며, 역아(易牙)는 기(期)의 목적어이다. 한문투에서 어(於)는 다양한 구실을 하는 어조사이다. 마치 한문투는 〈어(於)〉 하나로 영어에 있는 전치사 역할을 거의 다한다는 생각이 들 정도이다.

시천하지구상사야(是天下之口相似也)는 〈AB也〉꼴로 영어의 2형식 문장과 같다. 본래 〈AB也〉꼴은 〈AB者也〉에서 자(者)를 생략한 어투이다. 그러니 是天下之口相似也를 是天下之口相似者也로 여기고 새기면 문맥을 잡기가 쉽고, 시(是) 바로 앞의 내용인 천하기어역아(天下期於易牙)를 나타내는 지시어로 주어이며, 천하지구상사(天下之口相似)는 생략된 자(者)를 꾸며주는 형용사절이다. 천하[天下]의[之] 입이[口] 서로[相] 같다는[似] 것[者]이다[也]. 그래서 是天下之口相似也에서 비록 자(者)가 생략되었지만 天下之口相似를 天下之口相似者처럼 여기고, 상사(相似)를 서로[相] 같다는 것[似]으로 새겨 문맥을 잡게 된다. 天下之口相似에서 천하지(天下之)는 구(口)를 꾸며주고, 상(相)은 사(似)를 꾸며줌을 알아채면 문맥을 잡기가 쉽다. 天下之口相似에서 지(之)는 소유격 토씨(~의)인 허사로 여긴다. 한문투에서 허사인 지(之)를 잘 알아둘수록 문맥 잡기가 쉽다. 한문투에서 지(之)만큼 문맥을 잡는 데 혼란스럽게 하는 허사도 없기 때문이다. 그런 지(之)이니 다음 다섯 가지 정도는 잘 정리해야 문맥을 잡는 데 편하다. 〈A가[之] B = 주격 토씨, A의[之] B = 소유격 토씨, A를[之] B = 목적격 토씨, A한[之] B = A를 형용사로 만든다, B한[之] A = B를 형용사로 만든다〉 물론 〈A之B〉에서 之는 자유롭게 문맥에 따라 토씨[格] 구실을 한다고 여기면 편하다. 그리고 지시대명사인 경우가 한문투에서 매우 빈번하고, 지(之)는 〈갈 거(去)〉와 같은 뜻으로 동사로도 쓰인다.

이를 지(至), ~에 어(於), 맛 미(味), 기대할 기(期), ~을 어(於), 바꿀 역(易), 이빨 아(牙), 이 시(是), ~의 지(之), 입 구(口), 서로 상(相), 같을 사(似), ~이다 야(也)

惟耳亦然(유이역연)

▶ **귀[耳]도[惟] 또한[亦] 그렇다[然].**

유이역연(惟耳亦然)은 〈A亦然〉 꼴로 거의 관용문과 같고 영어의 2형식 문장과 같다. 〈A(耳) 역시[亦] 그렇다[然]〉 惟耳亦然에서 유(惟)는 주어 이(耳)를 강조하는 어조사이고, 역(亦)은 보어인 연(然)을 꾸미는 부사이며, 연(然)은 여기서 여차(如此)를 축약한 자이다. 그와[此] 같다[如].

어조사(~도) 유(惟), 귀 이(耳), 또 역(亦), 그럴[如此] 연(然)

至於聲(지어성) 天下期於師曠(천하기어사광) 是天下之耳相似也(시천하지이상사야)

▶ 소리[聲]에[於] 이르면[至] 온 세상이[天下] 사광[師曠]에게[於] 기대한다[期]. 이는[是] 온 세상[天下]의[之] 귀가[耳] 서로[相] 같다는 것[似]이다[也].

지어성천하기어사광시천하지이상사야(至於聲天下期於師曠是天下之耳相似也)에서 지어성(至於聲)은 지어차(至於此)의 관용구를 떠올리면 조건의 부사구임을 알 수 있다. 소리[聲]에[於] 이른다면[至]. 그러면 天下期於師曠是天下之耳相似也는 〈A是B也〉꼴로 영어의 중문과 같다. 그래서 天下期於師曠是天下之耳似也를 천하기어사광(天下期於師曠)과 시천하지이상사야(是天下之耳相似也)로 나누어 문맥을 잡게 된다. 천하가[天下] 사광[師曠]을[於] 기대한다[期]. 이것은[是] 천하[天下]의[之] 귀가[耳] 서로[相] 같다는 것[似]이다[也].

천하기어사광(天下期於師曠)에서 천하(天下)는 주어이고, 기(期)는 타동사이며 〈기대할 대(待)〉와 같고 기대(期待)의 줄임말로 여기고, 어(於)는 여기서 목적격 토씨(~를)인 어조사이고, 사광(師曠)은 기(期)의 목적어이다. 한문투에서 어(於)는 다양한 어조사 구실을 한다는 것을 늘 유념하면서 문맥과 알맞은 토씨를 찾아 어조사 어(於)를 새겨야 한다. 사광(師曠)은 주(周)나라의 악사(樂師)로서 음률의 미묘한 데까지 이르렀다 한다.

시천하지이상사야(是天下之耳相似也)는 〈AB也〉꼴로 영어의 2형식 문장과 같다. 본래 〈AB也〉꼴은 〈AB者也〉에서 자(者)를 생략한 어투임을 알아두면 편하다. 그러니 是天下之耳相似也를 시천하지이상사자야(是天下之耳相似者也)로 여기고 새기면 문맥을 잡기 쉽다. 是天下之耳相似也의 시(是)는 바로 앞의 내용인 천하기어사광(天下期於師曠)을 나타내는 지시어로 주어이고, 천하지이상사(天下之耳相似)는 생략된 자(者)를 꾸며주는 형용사절이다. 천하[天下]의[之] 귀가[耳] 서로[相] 같다는[似] 것[者]이다[也]. 그래서 是天下之耳相似也에서 비록 자(者)가 생략되었지만 천하지이상사(天下之耳相似)를 天下之耳相似者처럼 여기고, 상사(相似)를 서로[相] 같다는 것[似]으로 새겨 문맥을 잡는다. 天下之耳相似에서 천하지(天下之)는 이(耳)를 꾸며주고, 상(相)은 사(似)를 꾸며줌을 알아채면 문맥 잡기가 쉽다. 天下之

耳相似에서 지(之)는 소유격 토씨(~의)인 허사로 여긴다.

이를 지(至), ~에 어(於), 소리 성(聲), 기대할 기(期), ~을 어(於), 스승 사(師), 밝을 광(曠), 이 시(是), ~의 지(之), 귀 이(耳), 서로 상(相), 같을 사(似), ~이다 야(也)

惟目亦然(유목역연)

▶ 눈[目]도[惟] 역시[亦] 그렇다[然].

유목역연(惟目亦然)은 〈A亦然〉꼴로 거의 관용문과 같고 영어의 2형식 문장과 같은 어투이다. 〈A(目) 역시[亦] 그렇다[然]〉 惟目亦然에서 유(惟)는 주어 목(目)을 강조하는 어조사이고, 역(亦)은 보어인 연(然)을 꾸미는 부사이며, 연(然)은 여기서 여차(如此)를 축약한 자이다. 그와[此] 같다[如].

어조사(~도) 유(惟), 눈 목(目), 또 역(亦), 그럴[如此] 연(然)

至於子都(지어자도) 天下莫不知其姣也(천하막부지기교야)

▶ 자도[子都]에[於] 이르면[至] 온 세상에는[天下] 그녀의[其] 아름다움을[姣] 알지[知] 않을 수 없었던 것[莫不]이다[也].

지어자도천하막부지기교야(至於子都天下莫不知其姣也)에서 지어자도(至於子都)는 지어차(至於此)의 관용구를 떠올리면 조건의 부사구임을 알 수 있다. 자도[子都]에[於] 이른다면[至]. 그러면 天下莫不知其姣也는 〈A是B也〉꼴로 영어의 중문과 같은 어투임을 알 수 있다. 본래 〈AB也〉꼴은 〈AB者也〉에서 자(者)를 생략해버린 어투임을 늘 명심해두면 편하다. 그러니 天下莫不知其姣也를 천하막부지기교야(天下莫不知其姣者也)로 여기고 새기면 문맥 잡기가 쉽다. 막부지기교(莫不知其姣)는 생략된 자(者)를 꾸며주는 형용사절이다. 그녀의[其] 아름다움을[姣] 알지[知] 않을 수 없다는[莫不] 것[者]이다[也]. 그래서 天下莫不知其姣也에서 비록 자(者)가 생략되었지만 莫不知其姣를 莫不知其姣者처럼 여기고, 알지 않을 수 없다[莫不知]를 알지 않을 수 없다는 것[莫不知]으로 새겨 문맥을 잡게 된다. 天下莫不知其姣也에서 막불(莫不)은 영어에서 이중부정이 강력한 긍정을 나타내듯이 한문투에서 그런 구실을 하는 셈이니, 〈莫不A〉를 관용구처럼 알아두면 편하다. 〈A하지 않을 수 없다[莫不]〉 天下莫不知其姣也의 기(其)는 자도지(子都之)를 대신하는 관형사이고, 교(姣)는 〈아름다울 미(美)〉와 같고 교태(姣態)의 줄임말로 여기고 새긴다. 자도(子都)는 『시경(詩經)』〈정풍(鄭風)〉의 열 번째 시편(詩篇) 3 ~ 4 시구(詩句)인 "불견자도(不見子都) 내견광차(乃見狂且)" 에 자도(子都)가 나온다. 자(子)는 남자의 호칭이므로 자도(子都)는 미녀(美女)가 아니라 미남(美男)을 말하는 셈이다. 멋진 임을 뵈러 왔더니[不見子都] 만나보니 못난 놈이네[乃見狂且].

이를 지(至), ~에 어(於), 호칭 자(子), 도(都), 없을 막(莫), 아니 부(不), 알 지(知), 그 기(其), 아름다울 교(姣), ~이다 야(也)

不知子都之姣者無目者也(부지자도지교자무목자야)

▶ 자도[子都]의[之] 아름다움을[姣] 알지 못하는[不知] 사람은[者] 눈이[目] 없는[無] 사람[者]이다[也].

부지자도지교자무목자야(不知子都之姣者無目者也)는 〈AB也〉꼴로 영어의 2형식 문장과 같다. 〈A(不知子都之姣者)는 B(無目者)이다[也]〉 不知子都之姣者無目者也에서 부지자도지교자(不知子都之姣者)는 주부이고, 무목자(無目者)는 술부로 보어이며, 야(也)는 구문을 결정짓는 어조사로 ~이다 정도로 새긴다. 주부인 不知子都之姣者에서 부지자도지교(不知子都之姣)는 자(者)를 꾸며주는 형용사절이고, 不知子都之姣에서 부지(不知)는 타동사이며, 자도지(子都之)는 교(姣)를 꾸미는 형용사구이고, 교(姣)는 부지(不知)의 목적어이다. 자도[子都]의[之] 예쁨을[姣] 모르는[不知]. 그러니 不知子都之姣者에서 자(者)는 영어의 who와 같이 보고 새기면 문맥이 잡히고, 교(姣)는 〈아름다울 미(美)〉와 같다.

어느 사람의 입이든 달면 달다 하지 쓰다 하지 않는다. 어느 사람의 귀든 아름다운 소리를 지겨운 소리라 하지 않는다. 어느 눈이든 아름다움을 보기 좋아하지 추한 것을 보고 싶어하지 않는다. 이처럼 사람의 이목구비가 근본에서 보면 다를 바가 없다고 맹자가 밝히고 있는 중이다.

아니 부(不), 알 지(知), 호칭 자(子), 도(都), ~의 지(之), 아름다울 교(姣), 사람 자(者), 없을 무(無), 눈 목(目), ~이다 야(也)

【문지(聞之) 3】

이의지열아심(理義之悅我心)

【원문(原文)】

故로 曰 口之於味也에 有同耆焉하고 耳之於聲也에 有同聽焉
고 왈 구지어미야 유동기언 이지어성야 유동청언

하며 目之於色也에 有同美焉하니 至於心하여 獨無所同然乎아
목지어색야 유동미언 지어심 독무소동연호

心之所同然者는 何也이까 謂理也이며 義也이니 聖人은 先得我
심지소동연자 하야 위리야 의야 성인 선득아

心之所同然耳라 故로 理義之悅我心은 猶芻豢之悅我口니라
심지소동연이 고 이의지열아심 유추환지열아구

【해독(解讀)】

"그러므로[故] 말하겠다[曰]. 입이 맛을 보기라면 입맛에는 (서로) 다 같은 기호가 있고[口之於味也有同耆焉], 귀가 소리를 듣기라면 귀에는 (서로) 다 같은 듣기가 있으며[耳之於聲也有同聽焉], 눈이 색깔을 보기라면 눈에는 (서로) 다 같은 탐미가 있다[目之於色也有同美焉]. 마음에 이르면 오로지 모두 다 같다는 바가 없다는 것인가[至於心獨無所同然乎]?" "마음이 모두 다 같다는 바의 것이란 무슨 뜻입니까[心之所同然者何也]?" "(그것을) 온갖 것에 두루 통하는 이치라 하는 것이고[謂理也], (그것을) 온갖 것에 두루 통하는 마땅함이라 하는 것이다[義也]. 성인은 우리의 마음이 모두 다 같다는 바를 먼저 터득했다는 것뿐이다[聖人先得我心之所同然耳]. 그러므로[故] 온갖 것에 두루 통하는 이치와 온갖 것에 두루 통하는 마땅함이 우리의 마음을 기쁘게 하는 것은 고기가 우리의 입을 기쁘게 하는 것과 같다[理義之悅我心猶芻豢之悅我口]."

【담소(談笑)】

故(고)

▶ **그러므로[故]**

고(故)는 고왈(故曰)의 줄임이고, 고왈(故曰)은 시고왈(是故曰)을 줄인 꼴이다. 위의 내용[是]이므로[故] 다음처럼 말한다[曰]는 뜻으로 쓰인다. 앞의 내용을 근거로 하여 판단이나 결론을 내릴 때 쓰이는 셈이고, 고왈(故曰)을 줄여 그냥 고(故)로 할 때가 더 보통이다. 시고왈(是故曰)의 고(故)는 승상기하(承上起下)의 연접(連接)이므로 영어의 therefore와 같은 구실을 한다고 여긴다.

그러므로 고(故)

口之於味也有同耆焉(구지어미야유동기언)

▶ 입[口]이[之] 맛을[味] 보기[於]라면[也] 입맛에는[焉] (서로) 다 같은[同] 기호가[耆] 있다[有].

구지어미야유동기언(口之於味也有同耆焉)은 口之於味也有同耆於是의 어시(於是)를 언(焉)으로 축약하여 구문을 결정지은 〈A有B〉꼴로, 영어의 1형식 문장과 같다. 〈A(口之於味也)에는 B(同耆焉)가 있다[有]〉 口之於味也有同耆焉에서 구어지미야(口之於味也)는 부사구이다. 口之於味也有同耆於是에서 부사구인 口之於味也의 지(之)와 어(於)를 잘 정리하고 있어야 口之於味也의 문맥을 잡기가 쉽다. 먼저 〈A之B〉꼴을 상기하면 편하다. 〈A之B〉에서 B는 명사 아니면 동사이게 마련이므로, 어(於)가 영어에서 전치사 같은 어조사가 아니라 동명사와 같은 것을 알아챌 수 있다. 어(於)는 동사일 때 다음과 같은 다양한 뜻을 나타낸다. 〈있을 어(於) = 재(在), 머물 어(於) = 거(居), 의지할 어(於) = 의(依), 할 어(於) = 위(爲), 대신할 어(於) = 대(代), 머물 어(於) = 주(住)〉 口之於味也의 어(於)는 영어의 do 동사처럼 대리동사인 〈할 위(爲)〉와 같다고 보면 어미(於味)를 맛을[味] 본다[於]고 새길 수 있게 된다. 이제 〈A(口)之B(於味)〉의 지(之)가 어떤 토씨 구실을 하는지 살펴본다. 입[口]의[之] 맛을[味] 보는 것[於]이 우리말다운지 입[口]이[之] 맛을[味] 보는 것[於]이 우리말다운지 살펴보면, 〈A(口)之B(於味)〉의 지(之)를 소유격(~의) 토씨보다 주격(~이) 토씨로 여기고 새기는 것이 더 우리말답다는 것을 알 수 있다.

구지어미야유동기언(口之於味也有同耆焉)에서 유(有)는 〈있을 유(有)〉로 자동사이고, 동기(同耆)는 주어이며, 언(焉)은 어시(於是)의 축약으로 동기(同耆)의 동(同)을 꾸며주는 부사구이다. 구문 끝에 붙어 구문을 결정짓는 야(也)보다 언(焉)은 더 강하게 결정짓는다. 언(焉)은 한문투에서 다양한 구실을 하므로 〈언(焉)〉을 다음처럼 정리하면 편리하다.

① 〈어찌(어떻게) 언(焉)〉 = 하(何) → 〈爲A焉爲B〉, 〈A를 하는데[爲] 어찌[焉] B를 하겠나[爲]?〉

② 〈~보다 더 언(焉)〉 = 어(於) = 호(乎) → 〈爲A焉爲B〉, 〈B를 하는 것

[爲]보다도 더[焉] A를 한다[爲]〉

③ 〈이윽고 언(焉)〉 → 〈爲A焉爲B〉, 〈A를 하더니[爲] 이윽고[焉] B를 한다[爲]〉

④ 〈무엇 언(焉)〉 = 하(何) → 〈焉爲〉, 〈무엇을[焉] 하는가[爲]?〉

⑤ 〈이것 저것 언(焉)〉 → 어시(於是)를 축약한 경우

입 구(口), ~의 지(之), 할 어(於), 맛 미(味), 어조사(~이라면) 야(也), 있을 유(有), 같을 동(同), 좋아할 기(耆), 어시(於是) 언(焉)

耳之於聲也有同聽焉(이지어성야유동청언)

▶ 귀[耳]가[之] 소리를[聲] 듣기[於]라면[也] 귀에는[焉] (서로) 다 같은[同] 듣기가[聽] 있다[有].

이지어성야유동청언(耳之於聲也有同聽焉)은 耳之於聲也有同聽於是의 어시(於是)를 언(焉)으로 축약하여 구문을 결정지은 〈A有B〉꼴로, 영어의 1형식 문장과 같다. 〈A(耳之於聲也)에는 B(同聽焉)가 있다[有]〉 耳之於聲也有同聽焉에서 이어지성야(耳之於聲也)는 부사구이다. 耳之於聲也有同聽焉에서 부사구인 耳之於聲也의 지(之)와 어(於)를 잘 정리하고 있어야 耳之於聲也의 문맥 잡기가 쉽다. 먼저 〈A之B〉꼴을 상기하면 편하다. 〈A之B〉에서 B는 명사 아니면 동사이게 마련이다. 그러면 어(於)가 영어에서 전치사 같은 어조사가 아니라 동명사와 같다는 것을 알아챌 수 있다. 〈어(於)〉는 동사일 때면 다음처럼 다양한 뜻을 나타낸다. 〈있을 어(於) = 재(在), 머물 어(於) = 거(居), 의지할 어(於) = 의(依), 할 어(於) = 위(爲), 대신할 어(於) = 대(代), 머물 어(於) = 주(住)〉 耳之於聲也의 어(於)는 영어의 do 동사처럼 대리동사 〈할 위(爲)〉와 같다고 보면 어성(於聲)을 소리를[聲] 듣는다[於]고 새길 수 있게 된다. 이제 〈A(耳)之B(於聲)〉의 지(之)가 어떤 토씨 구실을 하는지 살펴본다. 귀[耳]의[之] 소리를[聲] 듣는 것[於]. 쪽이 우리말다운지 귀[耳]가[之] 소리를[聲] 듣는 것[於]이 우리말다운지 살펴보면, 〈A(耳)之B(於聲)〉의 지(之)를 소유격(~의) 토씨보다 주격(~가) 토씨로 여기고 새김이 더 나은 것을 알 수 있다.

이지어성야유동청언(耳之於聲也有同聽焉)에서 유(有)는 〈있을 유(有)〉로 자동사이고, 동청(同聽)은 주어이며, 언(焉)은 어시(於是)의 축약으로 동청

(同聽)의 동(同)을 꾸며주는 부사구이다. 구문 끝에 붙어 구문을 결정짓는 야(也)보다 언(焉)은 더 강하게 결정짓는다.

입 구(口), ~의 지(之), 할 어(於), 소리 성(聲), 어조사(~이라면) 야(也), 있을 유(有), 같을 동(同), 들을 청(聽), 어시(於是) 언(焉)

目之於色也有同美焉(목지어색야유동미언)

▶ 눈[目]이[之] 색깔을[色] 보기[於]라면[也] 눈에는[焉] (서로) 다 같은[同] 탐미가[美] 있다[有].

목지어색야유동미언(目之於色也有同美焉)은 目之於色也有同美於是의 어시(於是)를 언(焉)으로 축약하여 구문을 결정지은 〈A有B〉꼴로, 영어의 1형식 문장과 같다. 〈A(目之於色也)에는 B(同美焉)가 있다[有]〉 目之於色也有同美焉에서 목어지색야(目之於色也)는 부사구이다. 目之於色也有同美焉에서 부사구인 目之於色也의 지(之)와 어(於)를 잘 정리하고 있어야 目之於色也의 문맥을 잡기가 쉽다. 먼저 〈A之B〉꼴을 상기하면 편하다. 〈A之B〉에서 B는 명사 아니면 동사이게 마련이다. 그러면 어(於)가 영어에서 전치사 같은 어조사가 아니라 동명사와 같은 것을 알아챌 수 있다. 〈어(於)〉는 동사일 때면 다음과 같이 다양한 뜻을 낸다. 〈있을 어(於) = 재(在), 머물 어(於) = 거(居), 의지할 어(於) = 의(依), 할 어(於) = 위(爲), 대신할 어(於) = 대(代), 머물 어(於) = 주(住)〉 目之於色也의 어(於)는 영어의 do 동사처럼 대리동사인 〈할 위(爲)〉와 같다고 보면 어색(於色)을 색깔을[色] 본다[於]고 새길 수 있다. 이제 〈A(目)之B(於色)〉의 지(之)가 어떤 토씨 구실을 하는지 살펴본다. 눈[目]의[之] 색깔을[色]보는 것[於]이 우리말다운지 눈[目]이[之] 색깔을[色] 보는 것[於] 쪽이 우리말다운지 살펴보면, 〈A(目)之B(於色)〉의 지(之)를 소유격(~의) 토씨보다 주격(~가) 토씨로 여기고 새김이 더 나은 것을 알 수 있다.

목지어색야유동미언(目之於色也有同美焉)에서 유(有)는 〈있을 유(有)〉로 자동사이고, 동미(同美)는 주어이며, 언(焉)은 어시(於是)의 축약으로 동미(同美)의 동(同)을 꾸며주는 부사구이다. 구문 끝에 붙어 구문을 결정짓는 야(也)보다 언(焉)은 더 강하게 결정짓는다. 다 같은[同] 아름다움이[美] 있다[有]고만 새기면 문맥이 통하지 않는다. 동미(同美)의 미(美)를 문맥으로 미루어 알맞은 뜻을 찾으려면 다 같은[同] 아름다움을 보려 함이[美] 있다[有]고 새기게 될 것이다.

눈 목(目), ~의 지(之), 할 어(於), 색깔 색(色), 어조사(~이라면) 야(也), 있을 유(有), 같을 동(同), 아름다울 미(美), 어시(於是) 언(焉)

至於心獨無所同然乎(지어심독무소동연호)

▶ **마음[心]에[於] 이르면[至] 오로지[獨] 모두 다[同] 같다는[然] 바가[所] 없다는 것[無]인가[乎]?**

지어심독무소동연호(至於心獨無所同然乎)에서 지어심(至於心)은 지어차(至於此)의 관용구를 떠올리면 부사구임을 알 수 있다. 마음[心]에[於] 이른다면[至]. 그러면 獨無所同然乎가 〈A無B乎〉꼴에서 부사구 A가 생략된 채로 영어의 1형식 문장과 같음을 알 수 있다. 그래서 至於心獨無所同然乎는 조건의 부사절을 둔 영어의 복문과 같다.

독무소동연호(獨無所同然乎)에서 독(獨)은 자동사인 〈없을 무(無)〉를 꾸며주는 부사이고 소(所)는 무(無)의 주어이며, 동연(同然)은 소(所)를 선행사로 갖는 형용사절이다. 특히 所同然 같은 한문투의 문맥을 잡으려면 먼저 소(所)를 잘 알고 있으면 편하다. 선행사인 소(所)는 영어의 what did A의 what과 같은 구실을 한다고 여기면 이해하기 쉽다. 소동연(所同然)의 동(同)은 〈모두 공(共), 같을 제(齊)〉 등과 같고 공동(共同) 또는 동일(同一)의 줄임말로 여기고, 연(然)은 여시(如是)를 축약한 〈그렇다 할 연(然)〉이니 동연(同然)은 상동(相同)을 말한다. 즉 마음의 본바탕[才]은 사람이라면 모두 서로[相] 같다[同] 함이 곧 여기서의 동연(同然)이다.

맹자가 제자(公都子)에게 성선(性善)을 가르치기 위하여 여기까지 긴긴 이야기를 설파(說破)해온 셈이다. 태어난 인간을 성선(性善)과 성불선(性不善)으로 그 본성을 양분할 수 없음을 이해시키려고 스승(孟子)이 이목구(耳目口)를 예로 들어 소동연(所同然)을 살펴준 다음, 왜 유독 사람의 마음[心]에만 하나같은 바가 없겠는가[無所同然乎]라고 반문하는 중이다.

이를 지(至), ~에 어(於), 마음 심(心), 오로지 독(獨), 없을 무(無), 바 소(所), 모두다 동(同), 그럴 연(然)

心之所同然者何也(심지소동연자하야)

▶ 마음[心]이[之] 하나같이[同] 그러할[然] 바의[所] 것이란[者] 무엇[何]입니까[也]?

심지소동연자하야(心之所同然者何也)는 〈AB也〉꼴로 영어의 2형식 의문문과 같다. 〈A(心之所同然者)는 B(何)인가[也]?〉 心之所同然者何也에서 심지소동연자(心之所同然者)는 주부이고, 하(何)는 보어이며, 야(也)는 의문사 하(何) 뒤에 있는 어조사이므로 〈~인가 호(乎)〉와 같다. 心之所同然者는 소심동연자(所心同然者)에서 심(心)을 소(所) 앞으로 전치시키면서 심지(心之)로 한 어투임을 알면, 심(心)이 동연(同然)의 주어이므로 심지(心之)의 지(之)가 주격 토씨(~이)임을 알아챌 수 있다. 마음[心]이[之]똑같이[同] 그러할[然] 바의[所] 것[者]으로 새길 수 있고, 심지소동연(心之所同然)이 곧 자(者)의 동격절임을 알아챌 수도 있다. 연(然)은 한문투에서 다양한 뜻을 나타낸다. 〈사를 연(然) = 소(燒), 허락할 연(然) = 허(許), 그럴 듯한 연(然) = 여(如), 그럴 연(然) = 여시(如是), 그렇게 연(然) = 이야(而也), 그러나 연(然) = 연즉(然則)〉 등이 그 예이다. 心之所同然者의 연(然)은 〈그럴 연(然) = 여시(如是)〉과 같다고 여기고 새긴다.

제자(公都子)가 스승(孟子)께 심지소동연자(心之所同然者)가 무슨 뜻이냐고 묻고 있다. 제자가 묻고 스승이 답하는 것은 가르침의 줄기이다. 스승의 말씀이라도 납득할 수 없으면 솔직하게 물어야지 모르면서 아는 척하면 스승께 죄를 짓는 법이다. 스승께 모르면서 아는 척 감추는 짓은 하늘에 죄를 짓는 것과 같다. 어찌 공도자(公都子)가 이를 모르겠나? 그래서 솔직하게 묻고 있다.

마음 심(心), 어조사(~이) 지(之), 바 소(所), 한 가지 동(同), 그럴 연(然), 무엇 하(何), ~인가 야(也)

謂理也義也(위리야의야)

▶ (그것을) 온갖 것에 두루 통하는 이치라[理] 하는 것[謂]이고[也], (그것을) 온갖 것에 두루 통하는 마땅함이라[義] 하는 것[謂]이다[也].

위리야의야(謂理也義也)는 是之謂理也 而是之謂義也에서 문맥으로 보충될 수 있는 내용인 시지(是之)를 생략하고, 되풀이되는 내용이므로 시지위

(是之謂)를 생략한 어투로, 목적어인 시((是)는 생략되었지만 영어의 5형식 문장과 같다. 물론 謂是理也 而謂是義也의 줄임이라고 보아도 된다. 〈謂AB〉에서 목적어인 A를 전치시키면 〈A之謂B〉꼴이 된다. 〈謂AB〉의 위(謂)는 능동으로 새기면 〈A를 B라고 일컫는다[謂]〉이고, 〈A之謂B〉의 위(謂)를 수동으로 보고 〈A가 B라고 일컬어진다[謂]〉고 새기면 〈A之謂B〉의 지(之)를 주격 토씨(~가)로 여기고 새긴 셈이지만, 〈A之謂B〉의 A之는 A가 전치된 것이므로 지(之)를 목적격 토씨(~를)로 보고 그냥 〈A를 B라고 일컫는다[謂]〉로 새겨도 된다.

이(理)는 만물에 두루 통하는 이치(理致)이다. 입으로 맛을 보고 귀로는 소리를 듣고 눈으로는 색깔을 보는 것 등이 곧 눈・코・입의 이(理)이고, 입으로 맛을 봄은 마땅함이고 입으로 색깔을 본다고 하면 마땅치 못함이다. 그러므로 사물에 두루 통하는 원칙이면 이(理)이고, 사물에 두루 통하는 당연(當然)이면 의(義)이다. 그래서 마음의 의리(義理)를 일러 항심(恒心)이라 한다. 한결같은 마음가짐이 곧 심지소동연(心之所同然)이란 말이다. 이를 불교(佛教)는 평상심(平常心)이라 하고, 도가(道家)는 현동(玄同)이라 한다. 선(善)이란 바로 한결같은 마음가짐을 떠날 수 없는 것을 맹자가 밝히고 있는 중이다.

일컬을 위(謂), 이치 리(理), ~이다 야(也), 마땅할 의(義)

聖人先得我心之所同然耳(성인선득아심지소동연이)

▶ 성인은[聖人] 우리의[我] 마음[心]이[之] 모두 다[同] 같다는[然] 바를[所] 먼저[先] 터득했다는 것[得]뿐이다[耳].

성인선득아심지소동연이(聖人先得我心之所同然耳)는 〈A得B〉꼴로 영어의 3형식 문장과 같다. 〈A(聖人)는 B(我心之所同然)를 터득했다[得]〉 聖人先得我心之所同然耳에서 성인(聖人)은 주어이고, 선(先)은 타동사인 득(得)을 꾸미는 부사이며, 아심지소동연(我心之所同然)은 득(得)의 목적절로 여기면 편하다. 물론 聖人先得我心之所同然耳에서 아심지소동연(我心之所同然)은 所我心同然에서 아심(我心)을 소(所) 앞으로 전치시키면서 아심지(我心之)가 된 것이다. 따라서 我心之所同然을 所我心同然으로 환원해본다면 영어에서 선행사를 포함한 관계대명사 what과 같은 소(所)가 득(得)의 목적어이고, 所我心同然의 아심동연(我心同然)은 소(所)를 선행사로 하는 형용사절로 보고 새겨도 안 될 것은 없다. 聖人先得我心之所同然耳의 이(耳)는 구문 끝에 붙어 구문을 강력하게 결정짓는 어조사(~뿐이다)이며, 이의(耳矣)의 줄임으로 보면 된다. 我心之所同然에서 동(同)은 〈모두 공(共), 같을 제(齊)〉 등과 같고 공동(共同) 또는 동일(同一)의 줄임말로 여기고, 연(然)은 여시(如是)를 축약한 〈그렇다 할 연(然)〉이니, 여기서 동연(同然)은 상동(相同)을 말한다.

성스러울 성(聖), 먼저 선(先), 터득할 득(得), 우리의 아(我), 마음 심(心), ~이 지(之), 바 소(所), 모두 다 동(同), 같을 연(然), ~뿐이다 이(耳)

故(고)

▶ **그러므로[故]**

고(故)는 고왈(故曰)의 줄임이고 고왈(故曰)은 시고왈(是故曰)을 줄인 꼴이다. 위의 내용[是]이므로[故] 다음처럼 말한다[曰]는 뜻으로 쓰인다. 앞의 내용을 근거로 하여 판단이나 결론을 내릴 때 쓰이는 셈이고, 고왈(故曰)을 줄여 그냥 고(故)로 할 때가 더 보통이다. 시고왈(是故曰)의 고(故)는 승상기하(承上起下)의 연접(連接)이므로 영어의 therefore와 같은 구실을 한다고 여긴다.

그러므로 고(故)

理義之悅我心猶芻豢之悅我口(이의지열아심유추환지열아구)

▶ **온갖 것에 두루 통하는 이치와[理] 온갖 것에 두루 통하는 마땅함[義]이[之] 우리의[我] 마음을[心] 기쁘게 하는 것은[悅] 고기[芻豢]가[之] 우리의[我] 입을[口] 기쁘게 하는 것과[悅] 같다[猶].**

이의지열아심유추환지열아구(理義之悅我心猶芻豢之悅我口)는 〈A猶B〉 꼴로 영어의 2형식 문장과 같다. 〈A(理義之悅我心)는 B(芻豢之悅我口)와 같다[猶]〉 理義之悅我心猶芻豢之悅我口에서 이의지열아심(理義之悅我心)은 주부이고, 유(猶)는 자동사이며, 추환지열아구(芻豢之悅我口)는 술부로 보어이다. 理義之悅我心은 〈A之B〉 꼴로 지(之)를 토씨인 허사로 여기느냐 아니면 지시대명사로 보느냐에 따라 그 새김이 달라질 수 있지만, 理義之悅我

心의 문의는 달라지지 않고 어조나 어세가 달라질 뿐이다. 〈A之悅B〉를 〈A 그것이[之] B를 기쁘게 한다[悅]〉고 새기면 지(之)를 A의 동격 대명사처럼 여기고 새긴 셈이고, 〈A가[之] B를 기쁘게 한다[悅]〉고 새기면 지(之)를 주격 토씨인 어조사로 여기고 새긴 셈이다. 여기선 理義之悅我心과 芻豢之悅我口의 지(之)를 주격 토씨인 어조사로 여기고 새겼다. 芻豢之悅我口에서 추(芻)는 꼴을 먹여 키우는 소 · 염소 등 가축을 말하고, 환(豢)은 곡식을 먹여 키우는 돼지나 개 등 가축을 말한다. 그런 가축의 육류를 들어 추환(芻豢)이라고 한다. 芻豢之悅我口에서 열(悅)은 〈기쁘게 할 열(說), 희(喜)〉 등과 같고 희열(喜悅)의 줄임말로 여기고, 아구(我口)의 아(我)는 소유격이면서 단수(나의)가 아니라 복수(우리의)이다. 한문투에선 단수 · 복수가 따로 없고 문맥에 따라 걸맞게 새긴다.

심지리의(心之理義)를 한 마디로 하면 성(性)이고 그 성(性)을 맹자가 풀이하기를 선(善)이라 한 것이 곧 맹자가 밝힌 성선(性善)임을 이의지열아심(理義心之悅我心) 한 마디로 밝혔고, 그 理義心之悅我心을 추환지열아구(芻豢之悅我口) 한 마디로 구체적으로 비유해 풀었다. 맛있는 고기를 사람의 입들이 모두 다 좋아하듯이 사람의 마음도 선(善)을 좋아한다는 말이다. 선(善)을 싫어하고 악(樂)을 좋아하는 놈, 그 놈은 사람도 아니고 짐승도 아니며 숨만 쉬는 살덩어리에 불과한 놈이란 말이다. 그러니 맹자의 성선설(性善說)을 두고 함부로 주둥이 놀리지 말 일이다.

이치 리(理), 마땅할 의(義), 어조사(~가) 지(之), 기쁘게 할 열(悅), 우리의 아(我), 마음 심(心), 같을 유(猶), 풀을 베어 묶은 꼴 추(芻), 곡식을 먹여 키울 환(豢)

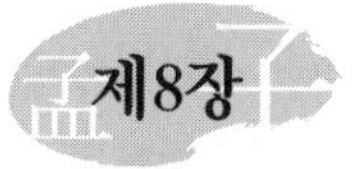

제8장

8장은 두 단락으로 나누어 살필 것이다. 내용 때문이 아니라 편의상 그렇게 나누었다. 8장에서도 맹자는 심성(心性)은 본래 선(善)임을 연이어 밝히고 있다. 심성이란 생각은 동북아문화권의 정신을 일구는 원천인 셈이다.

심(心)의 성(性)이란 문제 제기는 서양에서는 없는 쪽이다. 서양의 심리학(Psychology)에는 마음 그 자체를 뜻하는 심(心)이란 생각이 없다. 마음과 사물의 관계에서 빚어지는 의(意)를 떠나면 서양의 심리는 생각을 잇지 못한다. 물론 잠재의식이란 말을 하고 있지만, 심성의 입장에서 본다면 그 또한 의(意)에 불과하다. 심성을 맹자가 선(善)으로 규정하고 그 선을 버리지 말라고 다시 강조하고 있다. 8장은 "조즉존(操則存) 사즉망(舍則亡)"란 공자의 말[孔子曰]로써 맹자의 성선(聖善)이 옹호되고 있는 장이다.

【문지(聞之) 1】

기단주지소위유곡망지의(其旦晝之所爲有梏亡之矣)

【원문(原文)】

孟子曰 牛山之木은 嘗美矣였으나 以其郊於大國也라 斧斤이
맹자왈 우산지목 상미의 이기교어대국야 부근

伐之하니 可以爲美乎아 是其日夜之所息과 雨露之所潤에 非
벌지 가이위미호 시기일야지소식 우로지소윤 비

無萌蘖之生焉이언만 牛羊이 又從而牧之라 是以로 若彼濯濯也
무맹얼지생언 우양 우종이목지 시이 약피탁탁야

이니 人이 見其濯濯也이니 以爲未嘗有材焉이라 하니 此豈山之
인 견기탁탁야 이위미상유재언 차기산지

性也哉리오 雖存乎人者인들 豈無仁義之心哉리오만 其所以放
성야재 수존호인자 기무인의지심재 기소이방

其良心者亦猶斧斤之於木也이니 旦旦而伐之이니 可以爲美乎
기량심자역유부근지어목야 단단이벌지 가이위미호

아 其日夜之所息과 平旦之氣에 其好惡與人相近也者幾希어늘
기일야지소식 평단지기 기호오여인상근야자기희

則其旦晝之所爲에 有梏亡之矣라
즉기단주지소위 유곡망지의

【해독(解讀)】

맹자가 말했다[孟子曰]. "우산(牛山)의 나무들은 일찍이 아름다웠던 것이다[牛山之木嘗美矣]. 큰 나라에서 그 산이 (수도의) 교외에 있는 까닭이라[以其郊於大國也] 도끼들이 그 산을 짓밟았다[斧斤伐之]. 이래서야 (우산이) 아름다워질 수 있겠는가[可以爲美乎]? 밤으로 우산의 나무들이 돋아나는 바이고 비이슬로 적셔져 자라는 바이니 이는 우산에서 싹과 움의 돋아남이 없음은 아닌 것이다[是其日夜之所息雨露之所潤非無萌蘖之生焉]. 또 소와 양들이 (사람들을) 따라왔고 (사람들이) 그것들을 풀어놓고 쳤다[牛羊又從而牧之].

이 때문에 저 산이 벌거숭이 같은 것이다[是以若彼濯濯也]. 사람들은 우산의 벌거숭이만을 보는 것이고[人見其濯濯也], (그래서 그) 때문에 (사람들은) 일찍이 우산에는 재목이 없었다고 생각하는 것이다[以爲未嘗有材焉]. 이런 것이 어찌 산의 본디란 말인가[此豈山之性也哉]? 사람 주변에 있는 것들일지라도[雖存乎人者] (그것들한테) 어찌 인의의 마음이 없다는 것인가[豈無仁義之心哉]? 그 선량한 마음을 내버린 바 그 까닭이란 것은[其所以放其良心者] 역시 도끼가 나무를 찍는 것과 같은 것이다[亦猶斧斤之於木也]. 날마다 우산(牛山)의 나무들을 짓밟았다[旦旦而伐之]. 이래서야 (우산이) 아름다워질 수 있겠는가[可以爲美乎]? 밤에는 양심이 돋아나는 바이고[其日夜之所息] 아침에는 (양심이) 힘을 내는 바이니[平旦之氣], 양심의 내버림을 좋아함이나 싫어함이 남들과 서로 거의 같다는 것이 어찌 드물까 마는[其好惡與人相近幾希], 곧장 낮이면 양심이 행한 바에는 그 양심을 교란하고 잃어버림이 있는 것이다[則其旦晝之所爲有梏亡之矣]."

【담소(談笑)】

牛山之木嘗美矣(우산지목상미의)

▶ **우산[牛山]의[之] 나무들은[木] 일찍이[嘗] 아름다웠던 것[美]이다[矣].**

우산지목상미의(牛山之木嘗美矣)는 〈AB也〉와 같은 〈AB矣〉꼴로 영어의 2형식 문장과 같다. 〈A(牛山之木)는 B(美)이다[矣]〉 牛山之木嘗美矣에서 우산지목(牛山之木)은 주부이고, 상(嘗)은 시간을 나타내는 부사이며, 미(美)는 보어이고, 의(矣)는 구문 끝에 붙어 구문을 결정짓는 어조사로 ~이다 정도로 새긴다. 물론 牛山之木에서 우산지(牛山之)는 목(木)을 꾸미는 형용사이므로 牛山之木嘗美矣에서 목(木)이 주어라고 보아도 된다. 牛山之木은 〈A之B〉꼴로 가장 빈번한 어투에 속하므로 〈A之B〉에서 허사 지(之)를 잘 정리해둘수록 한문투의 문맥을 잡는 데 편하다. 우산(牛山)은 지금 산동성(山東省) 남부에 있는 산으로 제(齊)나라 수도 근교에 있었던 산이고 맹자가 제(濟)나라에 있을 때라 그 산을 비유로 들었다고 보면 되고, 牛山之木嘗美矣의 상(嘗)은 여기선 〈일찍이 증(曾)〉과 같다.

한문투에서 지(之)만큼 문맥을 잡는 데 혼란스럽게 하는 허사도 없을 것이다. 그런 지(之)이니 다음 5가지 정도는 잘 정리해두어야 문맥을 잡는 데 편하다.

〈A가[之] B = 주격 토씨, A의[之] B = 소유격 토씨, A를[之] B = 목적격 토씨, A한[之] B = A를 형용사로 만든다, B한[之] A = B를 형용사로 만든다〉 물론 〈A之B〉에서 之는 문맥에 따라 자유롭게 토씨[格] 구실을 한다고 여기면 편하다. 그리고 지(之)는 지시대명사인 경우가 매우 빈번하고, 〈갈 거(去)〉와 같은 뜻으로 동사 구실도 한다.

소 우(牛), 뫼 산(山), ~의 지(之), 나무 목(木), 일찍이 상(嘗), 아름다울 미(美), ~이다 의(矣)

以其郊於大國也(이기교어대국야) 斧斤伐之(부근벌지)

▶ 큰[大] 나라[國]에서[於] 그 산이[其] (수도의) 교외에 있는[郊] 까닭[以]이라[也] 도끼들이[斧斤] 그 산을[之] 짓밟았다[伐].

이기교어대국야부근벌지(以其郊於大國也斧斤伐之)와 같은 어투의 문맥을 잡으려면 먼저 구문을 결정짓는 〈어조사 야(也)〉를 주목하고 以其郊於大國也斧斤伐之를 이기교어대국야(以其郊於大國也)와 부근벌지(斧斤伐之)로 나누어 앞뒤의 문맥을 살펴보는 과정이 필요하다. 그러면 이기교어대국야(以其郊於大國也) 때문에 부근벌지(斧斤伐之)했다고 문맥을 잡을 수 있다. 以其郊於大國也斧斤伐之에서 以其山郊於大國也가 문맥으로 보충될 수 있는 산(山)을 생략한 원인의 부사절이고, 부근벌지(斧斤伐之)가 주절이므로, 以其郊於大國也斧斤伐之는 원인의 부사절을 둔 영어의 복문과 같은 어투로 문맥을 잡아볼 수 있다.

이기교어대국야(以其郊於大國也)에서 이(以)는 마치 영어에서 원인의 종속접속사인 since처럼 여기고, 기(其)는 우산(牛山)을 대신하는 지시어로 자동사인 교(郊)의 주어이며, 어대국(於大國)은 장소의 부사구이고, 야(也)는 구문을 끊어 읽게 하는 구두점처럼 여기면 以其郊於大國也斧斤伐之의 문맥이 잡힌다. 以其郊於大國也에서 이(以)는 〈까닭 인(因)〉과 같고, 기교(其郊)의 기(其)는 우산(牛山)을 나타내주는 지시어이며, 교(郊)는 근교에 있다는 뜻으로 자동사이다.

한문투에는 품사가 결정돼 있지 않고 구문의 문맥에 따라 자유롭게 품사 구실을 한다. 이런 점을 늘 유념해야 문맥을 잡는 데 편하다. 이(以)를 정리해둔다면 어투의 문맥을 잡아 문의를 건져내는 데 편하다. 이(以)는 〈以A〉

또는 〈A以〉꼴로 잘 정리할수록 편리하다.

부근벌지(斧斤伐之)는 斧斤伐牛山之木에서 문맥으로 보충될 수 있는 내용인 우산지목(牛山之木)을 생략하고, 牛山之木을 지시대명사인 지(之)로 대신한 어투임을 알아채면 斧斤伐之의 문맥을 잡아 문의를 건질 수 있다. 말하자면 부근(斧斤)이 벌지(伐之)한다로 끊어 읽으면 문맥이 잡힌다. 斧斤伐之는 영어의 3형식 문장과 같다. 도끼들이[斧斤] 우산의 나무들을[之] 짓밟았다[伐]고 새기면 부근벌지(斧斤伐之)의 문맥은 잡힌 셈이다. 벌(伐)은 〈칠 정(征), 흙을 갈아 눕힌 우(耦)〉 등과 같고 정벌(征伐)의 줄임말로 여기고 새긴다.

까닭 이(以), 그 기(其), 교외 교(郊), ~에서 어(於), 큰 대(大), 나라 국(國), 어조사 야(也), 도끼 부(斧), 도끼 근(斤), 칠 벌(伐), 그것 지(之)

可以爲美乎(가이위미호)

▶ 이러니[以] (우산이) 아름다워[美]질[爲] 수 있겠는가[可乎]?

가이위미호(可以爲美乎)는 是以牛山可爲美乎에서 문맥으로 보충될 수 있는 내용인 시이(是以)의 시(是)와 우산(牛山)을 생략한 어투로, 영어의 2형식 의문문과 같은 어투이다. 是以牛山可爲美乎의 시(是)는 앞의 내용을 묶어서 나타내는 지시어이고, 시(是)를 생략하고 남은 이(以)를 동사 앞으로 후치시킨 것을 알면 可以爲美乎와 같은 어투의 문맥이 쉽게 잡힌다. 〈可爲A〉꼴은 한문투에서 매우 빈번한 편이다. 대부분의 경우 〈可爲A〉에서 A를 명사처럼 여기면 가위(可爲)는 영어의 can do처럼 여기고 새기고, A를 형용사처럼 여기면 가위(可爲)를 영어의 can be처럼 새기면 된다. 可以爲美乎에서 미(美)를 아름다움(beauty)처럼 명사로 여긴다면 아름다움을[美] 이룩할[爲] 수 있겠는가?[可乎]로 새길 것이고, 미(美)를 아름다운(beautiful)처럼 형용사로 여긴다면 아름다워[美]질[爲] 수 있겠는가?[可乎]로 새길 수 있다. 이는 한문투에서 위(爲)가 매우 다양한 뜻을 나타내는 까닭이다.

능할 가(可), 써 이(以), 될 위(爲), 아름다울 미(美), ~인가 호(乎)

是其日夜之所息雨露之所潤非無萌蘖之生焉(시기일야지소식우로지소윤비무맹얼지생언)

▶ 밤으로[日夜] 우산(牛山)의 나무들이[其] 돋아나는[息] 바이고[所] 비이슬로[雨露] 적셔져 자라는[潤] 바이니[所], 이는[是] 우산에서[焉] 싹과[萌] 움[蘖]의[之] 돋아남이[生] 없음은[無] 아닌 것이다[非].

시기일야지소식우로지소윤비무맹얼지생언(是其日夜之所息雨露之所潤非無萌蘖之生焉)은 매우 긴 어투이지만 〈是非無A也〉꼴을 알아두면 是其日夜之所息雨露之所潤非無萌蘖之生焉의 문맥 잡기가 쉽다. 〈이는[是] A가 없음은[無] 아닌 것[非]이다[也]〉 물론 여기선 是非無A也의 야(也) 대신에 어시(於是)의 부사구이기도 한 언(焉)으로 구두점을 찍어놓은 셈이므로 〈是非無A焉〉과 〈是非無A也〉를 같은 꼴로 여겨도 된다. 是其日夜之所息雨露之所潤非無萌蘖之生焉에서 먼저 기일야지소식우로지소윤(其日夜之所息雨露之所潤)을 떼어내 비무맹얼지생언(是非無萌蘖之生焉)과 어떤 관계인지 살펴가면 是其日夜之所息雨露之所潤非無萌蘖之生焉의 문맥을 잡을 수 있다. 其日夜之所息雨露之所潤과 是非無萌蘖之生焉이 인과관계임을 알아챌 수 있다. 또한 其日夜之所息雨露之所潤은 원인의 부사절인 종속절이고, 是非無萌蘖之生焉이 주절임을 확인하면 是其日夜之所息雨露之所潤非無萌蘖之生焉의 문맥이 구체적으로 잡힌다. 일야(日夜)는 한밤[一夜]을 말한다. 한문투에서 식(息)은 문맥에 따라 여러 가지 뜻을 나타낸다. 〈쉴 식(息) = 휴(休), 그칠 식(息) = 지(止), 처할 식(息) = 처(處), 날 식(息) = 생(生)〉 등이 그 예이다.

시비무맹얼지생언(是非無萌蘖之生焉)은 영어의 2형식 문장과 같다. 是非無萌蘖之生焉에서 시(是)는 주어이고, 비(非)는 보어이며, 무맹얼지생(無萌蘖之生)은 비(非)의 동격절이고, 언(焉)은 어시야(於是也)와 같은 어조사이다. 그러니 是非無萌蘖之生焉을 시비무맹얼지생어시야(是非無萌蘖之生於是也)로 여기고 새기면 쉽게 문맥이 잡힌다. 물론 於是也의 시(是)는 우산(牛山)을 나타내는 지시어이므로, 是非無萌蘖之生焉의 언(焉)을 우산(牛山)에서[焉]라고 새기면 우리말답게 된다.

이 시(是), 그 기(其), 낮 일(日), 밤 야(夜), 허사(~으로) 지(之), 바 소(所), 돋을 식(息), 비 우(雨), 이슬 로(露), 윤택할 윤(潤), 아닌 것 비(非), 없을 무(無),

싹 맹(萌), 그루터기에 돋아난 움 얼(蘖), 어조사(~의) 지(之), 날 생(生), 어시(於是) 언(焉)

牛羊又從而牧之(우양우종이목지)

▶ 또[又] 소와[牛] 양들이[羊] (사람들을) 따라와[從]서[而] (사람들이) 그것들을[之] 풀어놓고 친다[牧].

우양우종이목지(牛羊又從而牧之)는 牛羊又從人於牛山 而人牧之於牛山에서 종(從)의 목적어인 인(人)과 목(牧)의 주어인 인(人) 그리고 문맥으로 보충될 수 있는 내용인 어우산(於牛山)을 생략한 어투로, 영어의 중문처럼 여기고 새기면 문맥이 잡힌다. 우산[牛山]으로[於]. 牛羊又從而牧之에서 우양(牛羊)은 타동사 종(從)의 주어이고, 우(又)는 부사이며 이(而)는 연접의 연사이고, 목(牧)은 타동사이며, 지(之)는 우양(牛羊)을 대신하는 지시대명사이다. 牛羊又從而牧之에서 종(從)은 〈따를 수(隨)〉와 같고 수종(隨從)의 줄임말로 여기고 새기고, 목(牧)은 〈기를 축(畜)〉과 같고 목축(牧畜)의 줄임말로 여기고 새긴다. 한문투에서 목(牧)은 문맥에 따라 다양한 뜻을 나타낸다. 〈기를 목(牧) = 축(畜) 다스릴 목(牧) = 치(治) 임할 목(木) = 임(臨) 살필 목(牧) = 찰(察) 맡을 목(牧) = 사(司)〉 등이다.

소 우(牛), 면양 양(羊), 또 우(又), 따라올 종(從), 그리고 이(而), 칠 목(牧)

是以若彼濯濯也(시이약피탁탁야)

▶ 이[是] 때문에[以] 저 산이[彼] 벌거숭이[濯濯] 같은 것[若]이다[也].

시이약피탁탁야(是以若彼濯濯也)는 〈AB也〉꼴로 영어의 2형식 문장과 같다. 〈A(彼)는 B(若濯濯)이다[也]〉 是以若彼濯濯也는 원인의 부사구인 시이(是以)와 보어인 약(若)을 강조하기 위해 주어인 피(彼)가 약(若)의 뒤로 갔다고 여긴다. 한문투는 문법으로 어순을 구속하지 않고 말하는 사람의 의도에 따라 자유롭게 대응해주는 어투인 셈이다. 是以若彼濯濯也를 시이피약탁탁야(是以彼若濯濯也)로 여기고 새기면 문맥이 쉽게 잡힌다. 是以若彼濯濯也에서 시(是)는 앞서의 내용을 묶어서 나타내주는 지시어이고, 이(以)는 〈때문에 인(因)〉과 같고, 약(若)은 여기서 〈같을 유(猶)〉와 같으며, 피(彼)는 우산(牛山)을 나타내주는 〈저 피(彼)〉이며, 탁탁(濯濯)은 씻어낸 듯 말끔한 모양을 말한다.

이 시(是), 때문에 이(以), 같을 약(若), 저 피(彼), 씻을 탁(濯), ~이다 야(也)

人見其濯濯也(인견기탁탁야) 以爲未嘗有材焉(이위미상유재언)

▶ 사람들은[人] 우산의[其] 벌거숭이만을[濯濯] 보는 것[見]이고[也], (그래서 그) 때문에[以] (사람들은) 일찍이[嘗] 우산에는[焉] 재목이[材] 없었다고[未有] 생각하는 것이다[爲].

인견기탁탁야이위미상유재언(人見其濯濯也以爲未嘗有材焉)은 人見其濯濯也 而是以人爲未嘗有材焉에서 문맥으로 보충될 수 있는 시이(是以)의 시(是)와 되풀이되는 내용인 인(人)을 생략한 어투로, 영어의 중문과 같은 어투이다. 人見其濯濯也以爲未嘗有材焉에서 구문을 결정해주는 야(也)를 주목해 인견기탁탁야(人見其濯濯也)와 이위미상유재언(以爲未嘗有材焉)으로 나누어 문맥을 잡아 새기면 문의가 문맥에 걸맞게 드러난다. 사람들은[人] 우산의[其] 벌거숭이만[濯濯] 보는 것[見]이다[也]. 그리고[而] 그[是] 때문에[以] 일찍이[嘗] 우산에는[焉] 재목이[材] 없었다고[未有] 생각하는 것이다[爲]. 以爲未嘗有材焉에서 이(以)는 〈때문에 인(因)〉과 같고, 위(爲)는 여기서 〈생각할 사(思)〉, 또는 〈일컬을 위(謂)〉와 같으며, 미상유(未嘗有)는 일찍이 없었다는 뜻의 관용어로 미증유(未曾有)와 같고, 언(焉)은 어시야(於是也)의 축약으로 여기고 새기면 문맥이 잡힌다. 어투에서 이(以)와 위(爲)는 다음과 같이 잘 정리해둘수록 문맥 잡기가 편하다.

이(以)는 〈以A〉처럼 전치사로, 또는 〈A以〉처럼 후치사 구실을 자유롭게 한다. 〈할 이(以) = 위(爲), 써 이(以) = 용(用), 생각할 이(以) = 사(思), 거느릴 이(以) = 솔(率), 때문에 이(以) = 인(因), 더불어 이(以) = 여(與), 하여금 이(以) = 사(使), 이미 이(以) = 이(已)〉 물론 〈까닭 이(以)〉로 명사 구실도 하는데, 주로 유이(有以)·무이(無以) 꼴일 때가 대부분이다.

위(爲)는 다음과 같이 정리하면 한문투의 문맥을 잡아 문의를 건지는 데 편하다. 〈할 위(爲) = 조(造), 생각할 위(爲) = 사(思), 하여금 위(爲) = 사(使), 만들 위(爲) = 산(産), 이룰 위(爲) = 성(成), 배울 위(爲) = 학(學), 다스릴 위(爲) = 치(治), 도울 위(爲) = 조(助), 호위할 위(爲) = 호(護), 칭할 위

(爲) = 칭(稱)〉 이 외에도 문맥에 따라 다양한 뜻을 나타내는 것이 위(爲)이다. 어조사도 구실도 하고 소이(所以)와 같은 구실을 하여 〈까닭 위(爲)〉로도 새긴다. 한문투에서 위(爲)를 영어에서 온갖 동사들을 대신해줄 수 있는 do처럼 여겨도 된다.

볼 견(見), 그 기(其), 씻어낼 탁(濯), 어조사 야(也), 때문에 이(以), 생각할 위(爲), 아닐 미(未), 일찍이 상(嘗), 있을 유(有), 재목 재(材), 어시(於是) 언(焉)

此豈山之性也哉(차기산지성야재)

▶ 이런 것이[此] 어찌[豈] 산[山]의[之] 본디[性]란[也] 말인가[哉]?

차기산지성야재(此豈山之性也哉)는 〈AB也〉꼴의 어투로 영어의 2형식 문장과 같다. 〈A(此)는 B(山之性)이란 말인가[也哉]?〉 此豈山之性也哉에서 차(此)는 주어이고, 산지성(山之性)은 보어이며, 〈어찌 기(豈)〉는 부사이고, 〈개(豈)~야재(也哉)〉는 반문투의 의문문 어조를 띤다.

이 차(此), 어찌 기(豈), 뫼 산(山), 어조사(~의) 지(之), 본성 성(性), ~이다 야(也), ~인가 재(哉)

雖存乎人者(수존호인자) 豈無仁義之心哉(기무인의지심재)

▶ 사람[人] 주변에[乎] 있는[存] 것들[者]일지라도[雖] (그것들한테) 어찌[豈] 인의[仁義]의[之] 마음이[心] 없다는 것[無]인가[哉]?

수존호인자기무인의지심재(雖存乎人者豈無仁義之心哉)는 〈雖A豈無B哉〉꼴은 반문하는 관용문이다. 〈A일지라도[雖] 어찌[豈] B가 없다는 것[無]인가[哉]?〉 雖存乎人者豈無仁義之心哉를 〈A(存乎人者)일지라도[雖] 어찌[豈] B(仁義之心)가 없다는 것[無]인가[哉]?〉처럼 끊어보면 문맥이 잡힌다. 또한 雖存乎人者豈無仁義之心哉는 〈A無B〉꼴로 영어의 1형식 문장과 같다. 〈A(雖存乎人者)일지라도 B(仁義之心)가 없다[無]〉 雖存乎人者豈無仁義之心哉에서 수존호인자(雖存乎人者)는 양보의 부사구이고, 기(豈)는 자동사인 무(無)를 꾸미는 부사이며, 인의지심(仁義之心)은 무(無)의 주어이며, 재(哉)는 감탄문 내지 반문의 어조사(~이가)이다.

수호존인자(雖存乎人者)의 문맥을 잡으려면 〈A者〉꼴을 잘 정리할수록 편하다. 雖存乎人者에서 존호인(存乎人)은 자(者)를 꾸며주는 형용사절이고, 자(者)는 후행사(後行詞)이다. 〈A(存乎人)하는 것[者]〉 雖存乎人者에서 수(雖)는 가령(假令)과 같고, 존(存)은 〈있을 재(在)〉와 같고 존재(存在)의 줄임말로 여기고 새기고, 호(乎)는 〈~에게 어(於)〉와 같은 어조사이다.

인의(仁義)는 만물에 두루 통한다는 뜻을 밝히고 있다. 인의의 마음가짐이 사람들 사이에서만 두루 통하는 이치[理]이거나 마땅함[義]이 아니란 말이다. 초목도 인의를 바라고 조수(鳥獸)도 인의를 바라며 지렁이도 인의를 바란다 한다. 이는 곧 목숨이 있는 것이면 무엇이든 인의를 바라지 불인(不仁)과 불의(不義)를 바라지 않음을 말한다. 모든 목숨을 사랑하고 귀하게 여기는 마음이 곧 소동연(所同然)의 마음임을 밝히고 있다. 온갖 목숨을 사랑하라. 이는 삼가(三家)의 공통분모이며, 극동문화가 구축한 천명(天命)의 지도리[樞]인 셈이다.

비록 수(雖), 있을 존(存), ~에게 호(乎), 것 자(者), 어찌 기(豈), 간직하지 않을 무(無), 어질 인(仁), 옳음 의(義), ~의 지(之), 마음 심(心), ~인가 재(哉)

其所以放其良心者(기소이방기량심자) 亦猶斧斤之於木也(역유부근지어목야)

▶ **그[其] 선량한[良] 마음을[心] 내버린[放] 그런[其] 바의[所] 까닭이란[以] 것은[者] 역시[亦] 도끼[斧斤]가[之] 나무를[木] 찍는 것과[於] 같은 것[猶]이다[也].**

기소이방기량심자역유부근지어목야(其所以放其良心者亦猶斧斤之於木也) 같이 긴 어투의 문맥을 잡으려면 먼저 주동사를 주목해야 한다. 그렇게 하면 其所以放其良心者亦猶斧斤之於木也에서 유(猶)를 주목하여 〈A猶B也〉 꼴을 떠올리면 문맥이 잡히고, 영어의 2형식 문장 같은 어투임을 알아챌 수 있다. 其所以放其良心者亦猶斧斤之於木也에서 기소이방기량심자(其所以放其良心者)는 주부이고, 역(亦)은 자동사 유(猶)를 꾸며주는 부사이며, 부근지어목(斧斤之於木)은 보어이고, 야(也)는 구문을 결정짓는 ~이다 정도의 어조사이다.

주부인 기소이방기량심자(其所以放其良心者)는 〈所以A者〉의 관용문을 상기하면 문맥을 잡기 쉽다. 〈A(放其良心)하는 바[所] 그[其] 까닭인[以] 것[者]〉 보어인 부근지어목(斧斤之於木)에선 토씨인 허사 지(之)를 주목하고

〈A之B〉꼴을 상기하면 문맥을 잡을 수 있다. B가 명사라면 〈A의[之] B〉로 대부분 새길 수 있고, B가 동사나 동명사라면 〈A가[之] B한다〉 또는 〈A를[之] B한다〉 등으로 새기는 경우가 대부분이다. 부근지어목(斧斤之於木)의 어(於)는 타동사적 동명사이므로 도끼[斧斤]가[之] 나무를[木] 찍는 것[於]이라고 새긴다. 물론 어(於)를 자전(字典)에서 찾아보아도 찍는다는 뜻은 없다. 문맥을 따라 斧斤之於木의 어(於)를 〈찍을 작(斫)〉과 같이 보고 새길 뿐이다. 이처럼 한문투에선 문맥에 걸맞은 뜻을 찾아야 하는 경우가 허다하다. 그러므로 其所以放其良心者亦猶斧斤之於木也와 같은 어투의 문맥을 잡아 새기려면 소이(所以)의 쓰임새와 어(於)의 쓰임새를 잘 정리할수록 편하다.

소(所)를 아래와 같이 정리해두면 한문투의 문맥을 잡는 데 편하다.

① 형용사절의 선행사 what과 같은 경우 : 〈A之所B〉, 〈A가(~를, ~에게) B할 바[所]〉

② 소이(所以) 뒤에 동사가 오는 경우 : 〈所以A〉, 〈A하는 바의[所] 까닭[以]〉

③ A가 수동태인지 능동태인지 살펴 새기는 경우 : 〈所以A者〉, 〈A하는 까닭인[以] 바의[所] 것[者]〉

한문투에서 어(於)는 매우 다양하게 어조사 구실을 하므로 마치 영어의 모든 전치사를 망라한다는 생각을 갖게 한다.

① 대상을 나타내는 〈於A〉, 〈A에게[於]〉

② 원인을 나타내는 〈於A〉, 〈A 때문에[於]〉

③ 장소나 출발점을 나타내는 〈於A〉, 〈A에서[於]〉

④ 수동을 나타내는 동사 + 〈於A〉, 〈A에 의해서[於] ~당해진다〉

⑤ 목적격(토씨) 구실을 하는 〈於A〉, 〈A를(을)[於]〉

⑥ 비교를 나타내는 〈於A〉, 〈A보다[於]〉

⑦ 어지(於之)이면 언(焉)으로 축약되고, 지어(之於)이면 제(諸)로 축약되기도 한다.

그리고 어(於)는 〈있을 어(於) = 재(在), 머물 어(於) = 거(居), 의지할 어(於) = 의(依), 할 어(於) = 위(爲), 대신할 어(於) = 대(代), 머물 어(於) = 주(住)〉 등 문맥에 따라 여러 뜻을 나타내므로 늘 어(於)에 담긴 뜻을 살펴 선택해야 한다.

그 기(其), 바 소(所), 까닭 이(以), 내칠 방(放), 선할 양(良), 것 자(者), 또 역(亦), 같을 유(猶), 도끼 부(斧), 도끼 근(斤), 어조사(~가) 지(之), 나무 목(木), ~이다 야(也)

旦旦而伐之(단단이벌지)

▶ **날마다[旦旦而] 우산(牛山)의 나무들을[之] 짓밟았다[伐].**

단단이벌지(旦旦而伐之)는 旦旦而人伐之에서 문맥으로 보충될 수 있는 내용이므로 인(人)을 생략해버린 어투로, 영어의 3형식 문장과 같다. 旦旦而伐之에서 단단이(旦旦而)는 시간의 부사구이고, 벌(伐)은 〈칠 정(征), 흙을 갈아 눕힌 우(耦)〉 등과 같고 정벌(征伐)의 줄임말로 여기고 새기고, 지(之)는 우산지목(牛山之木)을 대신하는 지시대명사이다.

아침 단(旦), 어조사 이(而), 칠 벌(伐), 그것 지(之)

可以爲美乎(가이위미호)

▶ **이러니[以] (우산이) 아름다워[美]질[爲] 수 있겠는가[可乎]?**

가이위미호(可以爲美乎)는 是以牛山可爲美乎에서 문맥으로 보충될 수 있는 내용인 시이(是以)의 시(是)와 우산(牛山)을 생략한 어투로, 영어의 2형식 의문문과 같다. 是以牛山可爲美乎의 시(是)는 앞의 내용을 묶어서 나타내는 지시어이고, 시(是)를 생략하고 남은 이(以)를 동사 앞으로 후치기킨 것을 알면 可以爲美乎와 같은 어투의 문맥이 쉽게 잡힌다. 〈可爲A〉꼴은 한문투에서 매우 빈번한 편이다. 대부분의 경우 〈可爲A〉에서 A를 명사처럼 여기고 새기면 가위(可爲)는 영어의 can do처럼 여기고 새기고, A를 형용사처럼 여기고 새기면 가위(可爲)를 영어의 can be처럼 여기고 새긴다. 可以爲美乎에서 미(美)를 아름다움(beauty)처럼 명사로 여긴다면 아름다움을[美] 이룩할[爲] 수 있겠는가?[可乎]로 새길 것이고, 미(美)를 아름다운(beautiful)으로 새겨 형용사로 여긴다면 아름다워[美]질[爲] 수 있겠는가?[可乎]로 새길 수 있다는 말이다. 이는 한문투에서 위(爲)가 매우 다양한 뜻을 나타내는 까닭이다.

위(爲)를 다음과 같이 정리하면 한문투의 문맥을 잡아 문의를 건져내는 데 편하다. 〈할 위(爲) = 조(造), 생각할 위(爲) = 사(思), 하여금 위(爲) = 사

(使), 만들 위(爲) = 산(産), 이룰 위(爲) = 성(成), 배울 위(爲) = 학(學), 다스릴 위(爲) = 치(治), 도울 위(爲) = 조(助), 호위할 위(爲) = 호(護), 칭할 위(爲) = 칭(稱)〉

이 외에도 문맥에 따라 다양하게 뜻을 나타내는 것이 위(爲)이다. 어조사이기도 하고, 소이(所以)와 같은 구실을 하여 〈까닭 위(爲)〉로 새기기도 한다. 한문투에서 위(爲)를 영어에서 온갖 동사들을 대신해줄 수 있는 do와 같다고 여겨도 된다.

능할 가(可), 써 이(以), 될 위(爲), 아름다울 미(美), ~인가 호(乎)

其日夜之所息(기일야지소식) 平旦之氣(평단지기) 其好惡與人相近也者幾希(기호오여인상근야자기희) 則其旦晝之所爲有梏亡之矣(즉기단주지소위유곡망지의)

▶ 밤이면[日夜] 양심이[其] 돋아나는[息] 바이고[所] 아침에는[平旦] (양심이) 힘을 내는 바이니[氣] 양심의 내버림을[其] 좋아함이나[好] 싫어함이[惡] 남들[人]과[與] 서로[相] 거의 같다[近]는[也] 것이[者] 어찌[幾] 드물까마는[希], 곧장[則] 낮이면[旦晝] 양심이[其] 행한[爲] 바에는[所] 양심을[之] 교란하고[梏] 잃어버림이[亡] 있는 것[有]이다[矣].

기일야지소식평단지기기호오여인상근야자기희즉기단주지소위유곡망지의(其日夜之所息平旦之氣其好惡與人相近也者幾希則其旦晝之所爲有梏亡之矣)같이 긴 어투의 문맥을 잡으려면 먼저 주동사를 주목하거나, 아니면 구문을 결정짓는 어조사를 주목해야 한다. 그렇게 하면 긴 어투일지라도 문맥을 갈래지어볼 수 있게 된다. 其日夜之所息平旦之氣其好惡與人相近也者幾希則其旦晝之所爲有梏亡之矣에서 구문을 전후로 나누어주는 구실을 하는 어조사 즉(則)을 주목하면, 其日夜之所息平旦之氣其好惡與人相近也者幾希則其旦晝之所爲有梏亡之矣를 〈A則B〉꼴로 나누어 A는 양보 내지 조건의 부사절로 여기고 B를 주절로 여기면, 〈A(其日夜之所息平旦之氣其好惡與人相近也者幾希)하면 곧(則) B(其旦晝之所爲有梏亡之矣)한다〉고 새겨볼 수 있어서 문맥의 큰 갈래를 잡을 수 있다. A와 B의 관계로 보아 A를 양보절로 보고, B를 주절로 새기는 것이 문맥에 걸맞은 문의를 얻어낼 수 있다. 그러므로 其日夜之所息平旦之氣其好惡與人相近也者幾希則其旦晝之所爲有梏

亡之矣를 마치 영어에서 양보절을 둔 복문처럼 여기고 새기면 문맥을 잡아가는 실마리를 찾을 수 있다.

기일야지소식평단지기기호오여인상근야자기희(其日夜之所息平旦之氣其好惡與人相近也者幾希)를 〈A也者幾希〉꼴로 그 대강을 잡아볼 수 있지만, 문맥을 잡기가 쉽지 않다. 〈A이란[也] 것은[者] 기희[幾希]하다〉 그 까닭은 其日夜之所息平旦之氣其好惡與人相近也者幾希에서 〈A也者〉의 부분인 〈A(其日夜之所息平旦之氣其好惡與人相近)〉을 어떻게 끊어 읽어야 할지 망설여지기 때문이다. 한문투의 문맥은 앞서의 내용을 근거로 잡아가야 하므로 앞의 내용을 대신해주는 지시어나 관형사 등을 주목하게 된다. 그러면 먼저 其日夜之所息平旦之氣其好惡與人相近也者幾希에서 그 기(其)가 영어의 the와 같은 관형사인지 it과 같은 지시어인지 찾아내야 한다. 여기서는 그 기(其)가 바로 앞의 방기양심(放其良心)을 나타내는 것으로 보아야 문맥이 통한다. 그러면 기일야지소식(其日夜之所息)의 기(其)가 앞의 기양심(其良心)을 대신하는 지시어로 〈돋아날 식(息)〉의 주어이며, 기호오(其好惡)의 기(其)는 방기양심(放其良心)을 대신하는 지시어로 호오(好惡)의 목적어라고 여기면 문맥에 걸맞은 문의가 드러나게 된다. 말하자면 기일야지소식(其日夜之所息)의 기(其)는 양심(良心)을 대신하고, 기호오(其好惡)의 기(其)는 비양심(非良心)을 대신한다는 말이다.

其日夜之所息平旦之氣其好惡與人相近也者幾希에서 기일야지소식(其日夜之所息)을 所其息日夜로 옮겨보고, 평단지기(平旦之氣)는 其平旦之所氣에서 되풀이되는 내용인 기(其)와 소(所)를 생략한 어투이므로 所其氣平旦으로 옮겨보면, 其日夜之所息平旦之氣 부분을 다음처럼 나누어 새길 수 있다. 〈밤에는[日夜] 양심이[其] 돋아나는[息] 바[所]. 그리고 아침에는[平旦] 양심이[其] 힘내는[氣] 바[所]〉 위와 같이 문맥을 잡아보면 其日夜之所息與人相近也者幾希, 而平旦之氣與人相近也者幾希, 而其好惡與人相近也者幾希처럼 3개의 양보절에서 되풀이되는 내용인 여인상근야자기희(與人相近也者幾希)를 맨 뒤에만 남기고 생략해 하나처럼 묶어둔 어투가 其日夜之所息平旦之氣其好惡與人相近也者幾希임을 알 수 있다. 그리고 其日夜之所息平旦之氣其好惡與人相近也者幾希則其旦晝之所爲有梏亡之矣가 밤낮의 시간대 별로 방기양심(放其良心)의 문제를 다루고 있는 어투임을 또한 파악하게 되어 문맥이 잡힌다. 일야(日夜)는 한밤을 말하고 평단(平旦)은 아침을 말하며 단주(旦晝)는 한낮을 말한다.

기일야지소식평단지기기호오여인상근야자기희즉기단주지소위유곡망지의(其日夜之所息平旦之氣其好惡與人相近也者幾希則其旦晝之所爲有梏亡之矣)에서 주절인 기단주지소위유곡망지의(其旦晝之所爲有梏亡之矣)는 〈A有B矣〉꼴로 영어의 1형식 문장이나 2형식 문장같이 여기고 새겨도 되는 어투이다. 〈A(其旦晝之所爲)에는 B(梏亡之)가 있다는 것[有]이다[矣]〉처럼 〈어조사 의(矣)〉를 살리면 B(梏亡之)는 주어이고, 유(有)는 있다는 것[有]으로 새겨 명사로 보어이게 되므로 영어의 2형식 문장같이 새긴 셈이다. 그러나 〈A(其旦晝之所爲)에는 B(梏亡之) 있다[有]〉처럼 〈어조사 의(矣)〉를 무시하면 B(梏亡之)는 주어이고, 유(有)는 〈있을 유(有)〉로 자동사이므로, 영어의 1형식 문장같이 새긴 셈이다. 이처럼 한문투에서 구문을 결정짓는 〈어조사 야(也), 의(矣)〉 등은 무시하고 새겨도 문의에는 지장이 없는 셈이다.

기단주지소위유곡망지의(其旦晝之所爲有梏亡之矣)에서 기단주지소위(其旦晝之所爲)를 所其爲旦晝로 옮겨 새기면 우리말로 쉽게 其旦晝之所爲의 문맥을 잡을 수 있다. 한낮에[旦晝] 양심이[其] 행하는[爲] 바[所]. 其旦晝之所爲有梏亡之矣에서 곡(梏)은 〈어지럽힐 교(攪), 난(亂)〉 등과 같고, 망(亡)은 〈잃어버릴 실(失)〉과 같고 실망(失望)의 줄임말로 여기고 새긴다. 곡망지(梏亡之)의 지(之)는 본심(本心) 즉 양심(良心)을 말한다.

밤마다 양심(良心) 즉 본심(本心)인 선(善)을 따라 살겠노라 다짐하고 아침마다 선(善)한 인간이 되리라 다짐하고 집을 나가면서도, 사람들이 한낮에 행동하는 바에는 아침저녁으로 다짐했던 양심을 곡망(梏亡)하는 일들이 일어나고 만다는 일상(日常)을 맹자가 밝히고 있다. 못된 소인배라도 밤이 되면 선해질 수 있다고 보는 맹자의 바람이 애달플 뿐이다. 곡망(梏亡)의 곡(梏)은 본래 수갑을 뜻하는 〈차꼬 계(械)〉와 같다. 인간은 왜 죄를 짓고 쇠고랑을 차게 되는가? 선(善)을 저버리게 한 이욕(利欲) 탓으로 인간은 쇠고랑을 제 손에 채운다. 맹자는 지금 소인배를 한탄하고 있는 중이다. 공자의 말씀이 사무친다. "군자유어의(君子喩於義) 소인유어리(小人喩於利)." 군자는[君子] 의[義]를[於] 밝히고[喩] 소인은[小人] 이[利]를[於] 밝힌다[喩]. 맹자의 성선(性善)은 이의(理義)의 본심(本心)이요, 맹자가 질타하는 성불선(性不善)

은 이욕(利欲)의 사심(私心)이다. 맹자가 밝힌 방기양심(放其良心이란 곧 소인배가 날마다 범하는 이욕(利欲)의 사심(私心)을 말한다. 밤마다 성선을 다짐하면서도 낮이면 그 성선을 저버리는 인간이란 무리를 성현(聖賢)은 내치지 않고 애달파 한다.

그 기(其), 낮 일(一), 밤 야(夜), 허사(~으로) 지(之), 바 소(所), 돋아날 식(息), 고를 평(平), 아침 단(旦), 기운낼 기(氣), 좋아할 호(好), 싫어할 오(惡), 함께 여(與), 남들 인(人), 서로 상(相), 가까울 근(近), 어조사(~이란) 야(也), 것 자(者), 어찌 기(幾), 드물 희(希), 곧 즉(則), 낮 주(晝), 행할 위(爲), 있을 유(有), 교란할 곡(梏), 잃을 망(亡), 그것 지(之), 어조사(~이다) 의(矣)

【문지(聞之) 2】

조즉존(操則存) 사즉망(舍則亡)

【원문(原文)】

梏之反覆則其夜氣不足以存이고 夜氣不足以存則其違禽獸不遠矣이다 人見其禽獸也而以爲未嘗有才焉者라하니 是豈人之情也哉리오 故로 苟得其養이면 無物不長이고 苟失其養이면 無物不消이다 孔子曰 操則存하고 舍則亡이라 出入無時하여 莫知其鄕은 惟心之謂與인저 했다

곡지반복즉기야기부족이존 야기부족이존즉기위금수불원의 인견기금수야이이위미상유재언자 시기인지정야재 고 구득기양 무물부장 구실기양 무물불소 공자왈 조즉존 사즉망 출입무시 막지기향 유심지위여

【해독(解讀)】

“양심을 교란함이 되풀이되면[梏之反覆] 곧장 그 교란 때문에 밤에 자란 양심의 생기가 (낮이면) 남아날 수 없다[則其夜氣不足以存]. 양심의 교란 때문에 밤에 자란 (양심의) 그 생기가 (낮이면) 남아날 수 없다면 곧 그 생기와 어김은 새 짐승과 멀지 않은 것이다[夜氣不足以存則其違禽獸不遠矣]. 사람들은 그 어김을 새 짐승으로 알아보는 것이다[人見其禽獸也]. 그런데 그 점을 가지고 사람한테는 일찍이 본성의 바탕이 없다고 생각하는 것 그것이 어찌 인간의 참모습이겠는가[而以爲未嘗有才焉者是豈人之情也哉]? 그러므로[故] 진실로 그것을 길러주는 힘을 얻는다면 자라지 않을 것이란 없고[苟得其養無物不長], 진실로 그것을 길러주는 힘을 잃는다면 사라지지 않을 것이

란 없다[苟失其養無物不消]. 공자가 말했다[孔子曰]. '잡으면 곧 남고[操則存] 놓으면 곧 잃는다[舍則亡]. 나고 듦에 때도 없이[出入無時] 그 본디를 모른다는 것은[莫知其鄕] 오로지 마음을 말한 것일 게다[惟心之謂與].'"

【담소(談笑)】

梏之反覆(곡지반복) 則其夜氣不足以存(즉기야기부족이존)

▶ 양심을[之] 교란함이[梏] 되풀이되면[反覆] 곧장[則] 그 교란 때문에[以] 밤에 자란[夜] 양심의[其] 생기가[氣] (낮이면) 남아날[存] 수 없다[不足].

곡지반복즉기야기부족이존(梏之反覆則其夜氣不足以存)은 〈A則B〉꼴로 영어의 복문과 같은 어투이다. 즉(則)을 중심으로 A는 조건 내지 양보의 부사절로 여기고, B는 주절처럼 여기고 새기면 梏之反覆則其夜氣不足以存의 문맥이 잡힌다. 〈A則B〉꼴의 어투는 부사절과 주절을 나누어서 문맥을 잡는 것이 편하다.

곡지반복(梏之反覆)에서 곡지(梏之)는 주부이고 반복(反覆)은 겹동사이다. 물론 곡지(梏之)를 주부로 보면 겹동사인 반복(反覆)을 수동으로 새겨야 문맥이 통한다. 우리말은 수동보다 능동을 주로 하는 어투이므로 곡지반복(梏之反覆)을 반복곡지(反覆梏之)로 보고 새겨도 무방하다. 곡지[梏之]가 반복[反覆]된다. 곡지[梏之]를 반복[反覆]한다. 동사의 태(態)를 바꾸어 새긴들 어조(語調)의 문제이지 문의의 문제가 아님을 알 수 있다. 곡지(梏之)의 곡(梏)은 〈어지럽힐 교(攪), 난(亂)〉 등과 같고, 지(之)는 여기서 앞의 내용에 있는 양심(良心)을 나타내는 지시대명사로 여기고 〈그것 지(之)〉를 양심(良心)이라고 새겨도 된다.

기야기부족이존(其夜氣不足以存)은 是以其夜氣不足存에서 문맥으로 보충될 수 있는 내용인 시이(是以)의 시(是)를 생략하고, 남은 이(以)를 동사 앞에 둔 어투이다. 是以其夜氣不足存의 시(是)는 앞의 곡지(梏之)를 가리키는 지시어이다. 그러니 其夜氣不足以存을 其夜氣不足存以梏之로 여기고 새기면 우리말로 어투의 문맥을 잡기 쉽다. 양심을[之] 교란하는 것[梏] 때문에[以] 밤에 자란[夜] 양심의[其] 기운이[氣] (낮이면) 남아날[存] 수 없다[不足]고 其夜氣不足以存을 새길 수 있다는 말이다. 특히 其夜氣不足以存의 〈밤 야(夜)〉를 밤에 자란[夜]으로 새길 수 있는 것은, 其夜氣不足以存의 기야(其夜)

를 앞에 나온 기일야지소식(其日夜之所息)의 줄임으로 보고 새길 수 있기 때문이다. 이처럼 한문투에는 문맥을 벗어나 뜻을 내는 자(字)는 없다고 생각해도 된다.

교란할 곡(梏), 잃을 망(亡), 그것 지(之), 되돌릴 반(反), 반전할 복(覆), 곧 즉(則), 그 기(其), 밤 야(夜), 생기 기(氣), 아니 부(不), 만족할 족(足), 때문에 이(以), 있을 존(存)

夜氣不足以存(야기부족이존) 則其違禽獸不遠矣(즉기위금수불원의)

▶ 양심의 교란 때문에[以] 밤에 자란[夜] (양심의) 그[其] 생기가[氣] (낮이면) 남아날[存] 수 없다면[不足], 곧[則] 그 생기와[其] 어김은[違] 새[禽] 짐승과[獸] 멀지 않은 것[不遠]이다[矣].

야기부족이존즉기위금수불원의(夜氣不足以存則其違禽獸不遠矣)는 〈A則B〉꼴로 영어의 복문과 같은 어투이다. 즉(則)을 중심으로 A는 조건 내지 양보의 부사절로 여기고, B는 주절처럼 여기고 새기면 夜氣不足以存則其違禽獸不遠矣의 문맥이 잡힌다. 야기부족이존(夜氣不足以存)은 조건의 부사절이고, 기위금수불원의(其違禽獸不遠矣)는 주절이다. 〈A則B〉꼴의 어투는 부사절과 주절을 나누어서 문맥을 잡는 것이 편하다.

야기부족이존(夜氣不足以存)에서 야기(夜氣)는 주부이고, 부족(不足)은 조동사로 마치 영어의 can not과 같고, 이(以)는 시이(是以)의 줄임으로 원인의 부사이며, 존(存)은 자동사 〈있을 재(在)〉와 같다. 여기서도 야기(夜氣)의 〈밤 야(夜)〉를 밤에 자란[夜]으로 새겨주면 문맥에 걸맞은 문의가 더 잘 드러난다.

기위금수불원의(其違禽獸不遠矣)는 夜氣之違不遠禽獸矣에서 야기지위(夜氣之違)의 야기지(夜氣之)를 관형사인 기(其)로 대신하여 기위(其違)로 줄이고, 금수(禽獸)를 불원(不遠) 앞으로 전치시킨 어투로, 영어의 2형식 문장과 같다. 其違禽獸不遠矣에서 기위(其違)는 주어이고, 금수(禽獸)는 불원(不遠)을 돕는 부사이며, 불원(不遠)은 구문을 결정짓는 〈어조사 의(矣)〉가 있으므로 멀지 않은 것[不遠]으로 새기므로 보어가 된다. 물론 〈어조사 의(矣)〉를 무시하고 其違禽獸不遠矣를 其違禽獸不遠으로 여기고, 그 생기와

[其] 어긋남은[違] 금수와[禽獸] 멀지 않은 것[不遠]이다[矣]를 그 생기와[其] 어긋남은[違] 금수와[禽獸] 멀지 않다[不遠]고 새길 수도 있다. 이렇게 해도 단언해두려는 어조가 달라질 뿐이지 문맥의 문의를 어긋나게 하는 것은 아니다. 其違禽獸不遠矣에서 위(違)는 〈어길 배(背)〉와 같고, 위배(違背)의 줄임말로 여기고 새긴다.

그 기(其), 밤 야(夜), 생기 기(氣), 아니 부(不), 만족할 족(足), 때문에 이(以), 있을 존(存), 곧 즉(則), 어길 위(違), 새 금(禽), 짐승 수(獸), 아니 불(不), 멀 원(遠), ~이다 의(矣)

人見其禽獸也(인견기금수야)

▶ **사람들은[人] 그 어김을[其] 새[禽] 짐승으로[獸] 알아보는 것[見]이다[也].**

인견기금수야(人見其禽獸也)는 人見其違禽獸也에서 문맥으로 보충될 수 있는 내용이므로 기위(其違)의 〈어길 위(違)〉를 생략한 어투이다. 물론 人見其禽獸也는 〈AB也〉꼴로 영어의 2형식 문장과 같다. 물론 구문을 결정짓는 〈어조사 야(也)〉가 없이 人見其禽獸라면, 영어의 5형식 문장처럼 여기고 사람들은[人] 그 어김을[其] 금수로[禽獸] 알아본다[見]고 새기게 된다. 그러면 人見其禽獸에서 기(其)는 견(見)의 목적어로, 금수(禽獸)는 목적격 보어로 보고 새긴 셈이다. 다만 단언해두려는 어조가 달라질 뿐이지 문맥의 문의를 어긋나게 하는 것은 아니다. 人見其禽獸也에서 견(見)은 〈알아볼 식(識), 시(視)〉 등과 같다.

사람들 인(人), 볼 견(見), 그 기(其), 새 금(禽), 짐승 수(獸), ~이다 야(也)

而以爲未嘗有才焉者(이이위미상유재언자) 是豈人之情也哉(시기인지정야재)

▶ **그런데[而] 그 점을 가지고[以] 사람한테는[焉] 일찍이[嘗] 본성의 바탕이[才] 없다고[未有] 생각하는[爲] 것[者], 그것이[是] 어찌[豈] 인간[人]의[之] 참모습[情]이겠는가[也哉]?**

이이위미상유재언자시기인지정야재(而以爲未嘗有才焉者是豈人之情也哉)는 자시(者是)를 주목하면 〈A者是B〉꼴로 보고 而以爲未嘗有才焉者是豈

人之情也哉의 문맥을 쉽게 잡을 수 있다. 〈A하는 것[者] 이것은[是] B한다〉 그러니 以爲未嘗有才焉者是豈人之情也哉의 문맥을 잡으려면 이위미상유재언자(以爲未嘗有才焉者)와 시기인지정야재(是豈人之情也哉)를 나누어 문맥을 잡아보면 편하다.

이위미상유재언자(以爲未嘗有才焉者)는 是以爲未嘗有才於之者에서 앞의 인견기금수야(人見其禽獸也)를 나타내는 지시어 시(是)를 문맥으로 보충될 수 있으므로 생략하고, 어지(於之) 즉 어인(於人)을 언(焉)으로 축약한 어투이다. 以爲未嘗有才焉者에서 자(者)가 후행사이고, 이위미상유재언(以爲未嘗有才焉)이 자(者)를 꾸며주는 형용사절이라고 여기면 문맥은 쉽게 잡힌다. 以爲未嘗有才焉者에서 이(以)는 〈써 용[用]〉과 같고 여기선 그런 점을 가지고[以]라고 새기면 문맥이 통하며, 위(爲)는 〈생각할 사(思)〉와 같고, 미상유(未嘗有)는 한 관용어처럼 여기고 일찍이 없었다[未嘗有]로 알아두면 편하고, 재(才)는 〈바탕 질(質)〉과 같고 재질(才質)의 줄임말로 여기고, 언(焉)은 어지(於之) 즉 어인(於人)의 축약으로 사람한테[焉] 정도로 새기면 문맥이 통한다. 한문투의 문맥을 잡을 때 이(以), 위(爲), 자(者) 등의 자를 잘 정리하면 매우 편하다.

이(以)를 다음과 같이 정리하면 한문투의 문맥을 잡아 문의를 건져내는데 편하다. 이(以)는 〈以A〉 또는 〈A以〉꼴로 잘 정리해둘수록 편리하다. 이(以)는 〈以A〉처럼 전치사로, 또는 〈A以〉처럼 후치사 구실을 자유롭게 하는 까닭이다. 〈할 이(以) = 위(爲), 써 이(以) = 용(用), 생각할 이(以) = 사(思), 거느릴 이(以) = 솔(率), 때문에 이(以) = 인(因), 더불어 이(以) = 여(與), 하여금 이(以) = 사(使), 이미 이(以) = 이(已)〉 물론 〈까닭 이(以)〉로 명사 구실도 하는데, 주로 유이(有以)·무이(無以) 꼴일 때가 대부분이다.

위(爲)를 다음과 같이 정리하면 한문투의 문맥을 잡아 문의를 건져내는데 편하다. 〈할 위(爲) = 조(造), 생각할 위(爲) = 사(思), 하여금 위(爲) = 사(使), 만들 위(爲) = 산(産), 이룰 위(爲) = 성(成), 배울 위(爲) = 학(學), 다스릴 위(爲) = 치(治), 도울 위(爲) = 조(助), 호위할 위(爲) = 호(護), ⑩ 칭할 위(爲) = 칭(稱)〉 이 외에도 문맥에 따라 다양한 뜻을 나타내는 것이 위(爲)이다. 어조사이기도 하고 소이(所以)와 같은 구실을 하여 〈까닭 위(爲)〉로 새기기도 한다. 한문투에서 위(爲)를 영어에서 온갖 동사들을 대신해줄 수 있는 do와 같다고 여겨도 된다.

자(者) 역시 잘 정리하면 한문투의 문맥을 잡는 데 편하다. 적어도 아래 다섯 가지만큼은 암기해둘수록 문맥을 잡는 데 도움이 된다.

① 주어를 강조하는 자(者) : 〈A者B也〉, 〈A란 것은[者] B이다[也]〉

② 주어와 술부를 강조하는 자(者) : 〈A者B者也〉, 〈A란 것은[者] B란 것[者]이다[也]〉 A와 B를 아울러 강조한다.

③ 가정의 어조사 구실을 하는 자(者) : 〈A者B〉, 〈A하면[者] B한다〉 여기서 자(者)는 영어 조건절의 종속접속사인 If와 같다.

④ 어조사인 자(者) : 〈AB者〉, 〈A는 B이다[者]〉. 구문 끝에 붙어 야(也)와 같은 구실을 한다.

⑤ 지(之) + 명사를 축약하는 자(者) : 지지인불혹(知之人不惑)의 지인(之人)을 자(者)로 축약하여 지자불혹(知者不惑)이라고 하는데, 이러한 자(者)가 한문투에 자주 쓰인다. 〈것 자(者), 놈 자(者)〉이고, 이런 구실 때문에 자(者)를 대명사로 여길 수도 있다.

시기인지정야재(是豈人之情也哉)에서 시(是)는 이위미상유재언자(以爲未嘗有才焉者)의 자(者)와 동격이면서 주어이고, 기(豈)는 부사이며, 인지정(人之情)은 보어이고, 야재(也哉)는 의문어조사(~인가)이다. 是豈人之情也哉는 〈A豈B也哉〉꼴로 영어의 2형식 의문문과 같은 어투이다. 〈A(是) 어찌[豈] B(人之情)이겠는가[也哉]?〉 是豈人之情也哉의 정(情)은 〈실상 실(實)〉과 같고, 참모습[情實]이란 뜻으로 새긴다.

그런데 이(而), 써 이(以), 생각할 위(爲), 아닐 미(未), 일찍이 상(嘗), 있을 유(有), 바탕 재(才), 어시 언(焉), 것 자(者), 이 시(是), 어찌 기(豈), ~의 지(之), 실상 정(情), ~인가 야(也), ~인가 재(哉)

故(고)

▶ 그러므로[故]

고(故)는 고왈(故曰)의 줄임이고, 고왈(故曰)은 시고왈(是故曰)을 줄인 꼴이다. 위의 내용[是]이므로[故] 다음처럼 말한다[曰]는 뜻으로 쓰인다. 앞의 내용을 근거로 하여 판단이나 결론을 내릴 때 쓰이는 셈이고, 고왈(故曰)을 줄여 그냥 고(故)로 할 때가 더 보통이다. 시고왈(是故曰)의 고(故)는 승상기하(承上起下)의 연접이므로 영어의 therefore와 같다고 여긴다.

그러므로 고(故)

苟得其養無物不長(구득기양무물부장)

▶ **진실로[苟] 그것을[其] 길러주는 힘을[養] 얻는다면[得] 자라지 않을[不長] 것이란[物] 없다[無].**

구득기양무물부장(苟得其養無物不長)은 〈A無B〉꼴로 영어의 1형식 문장과 같다. 〈A(苟得其養)면 B(物不長)가 없다[無]〉 苟得其養無物不長에서 구득기양(苟得其養)은 부사구 내지 부사절이고, 무물부장(無物不長)이 문장 내지 주절이다. 苟得其養無物不長의 苟得其養을 부사구로 보고 새기든 부사절로 보고 새기든 문맥의 문의가 상하지 않게 우리말답게 새길 수 있다. 진실로[苟] 그[其] 길러줌을[養] 얻음이라면[得]이라고 새긴다면 苟得其養을 부사구로 보고 새긴 것이고, 진실로[苟] 그[其] 길러줌을[養] 얻는다면[得]이라고 새긴다면 苟得其養을 부사절로 보고 새긴 것이다. 苟得其養을 부사절로 보고 새기는 것이 더 우리말답다는 것을 알 수 있다. 그리고 苟得其養의 기양(其養)을 기양기(其養氣)에서 기(氣)의 생략으로 여기고 새기면 문맥에 걸맞은 문의가 더 잘 드러난다. 양심을[其] 길러주는[養] 기운[氣].

무물부장(無物不長)에서 무(無)는 〈없을 무(無)〉로 자동사이며 주어를 뒤에 두고, 물(物)은 주어이며, 부장(不長)은 물(物)을 꾸며주는 형용사구처럼 여기고 새긴다. 無物不長의 물(物)은 사물(事物)의 줄임말로 여기고, 장(長)은 〈자랄 생(生)〉과 같고 생장(生長)의 줄임말로 여기고 새긴다. 장(長)은 한문투에서 문맥에 따라 다양한 뜻을 나타낸다. 〈길 장(長). 짧을 단(短)의 반대, 늘 장(長) = 상(常), 클 장(長) = 대(大), 오랠 장(長) = 구(久), 착할 장(長) = 선(善), 나아갈 장(長) = 진(進), 많을 장(長) = 다(多), 자랄 장(長) = 생(生)〉

진실로 구(苟), 얻을 득(得), 그 기(其), 기를 양(養), 없을 무(無), 온갖 것 물(物), 아니 불(不), 자랄 장(長)

苟失其養無物不消(구실기양무물불소)

▶ **진실로[苟] 그것을[其] 길러주는 힘을[養] 잃는다면[失] 사라지지 않을**

[不消] 것이란[物] 없다[無].

구실기양무물부소(苟失其養無物不消)은 〈A無B〉꼴로 영어의 1형식 문장과 같다. 〈A(苟失其養)면 B(物不消)가 없다[無]〉 苟失其養無物不消에서 구실기양(苟失其養)은 부사구 내지 부사절이고, 무물부소(無物不消)가 문장 내지 주절이다. 苟失其養無物不消의 苟失其養을 부사구로 보고 새기든 부사절로 보고 새기든 문맥의 문의가 상하지 않게 우리말답게 새길 수 있다. 진실로[苟] 그[其] 길러줌을[養] 잃음이라면[失]처럼 새긴다면 苟失其養을 부사구로 보고 새긴 것이고, 진실로[苟] 그[其] 길러줌을[養] 잃는다면[失]이라고 새긴다면 苟失其養을 부사절로 보고 새긴 것이다. 苟失其養을 부사절로 보고 새기는 것이 더 우리말답다는 것을 알 수 있다. 그리고 苟失其養의 기양(其養)을 기양기(其養氣)에서 기(氣)의 생략으로 여기고 새기면 문맥에 걸맞은 문의가 더 잘 드러난다. 양심을[其] 길러주는[養] 기운[氣]. 苟失其養의 실(失)은 〈잃을 망(亡)〉과 같고 망실(亡失)의 줄임말로 여기고 새긴다.

무물불소(無物不消)에서 무(無)는 〈없을 무(無)〉로 자동사이며 주어를 뒤에 두고, 물(物)은 주어이며, 불소(不消)는 물(物)을 꾸며주는 형용사구처럼 여기고 새긴다. 無物不消의 물(物)은 사물(事物)의 줄임말로 여기고, 소(消)는 〈사라질 멸(滅)〉과 같고 소멸(消滅)의 줄임말로 여기고 새긴다.

진실로 구(苟), 잃을 실(失), 그 기(其), 기를 양(養), 없을 무(無), 온갖 것 물(物), 아니 불(不), 사라질 소(消)

孔子曰(공자왈) 操則存(조즉존) 舍則亡(사즉망) 出入無時(출입무시) 莫知其鄕(막지기향) 惟心之謂與(유심지위여)

▶ 공자가 말했다[孔子曰]. "잡으면[操] 곧[則] 남고[存] 놓으면[舍] 곧[則] 잃는다[亡]. 나고[出] 듦에[入] 때도[時] 없이[無] 그[其] 본디를[鄕] 모른다는 것은[莫知] 오로지[惟] 마음[心]을[之] 말한 것[謂]일 게다[與]."

조즉존사즉망출입무시막지기향유심지위여(操則存舍則亡出入無時莫知其鄕惟心之謂與)가 공자의 말씀[孔子曰]이라고 맹자가 밝히고 있지만, 그 출전은 알려진 게 없다. 맨 끝의 유심지위여(惟心之謂與)는 공자의 말씀에 대한 맹자의 견해로 보아야 한다는 설도 있지만, 전체를 공자의 말씀으로 보는 것이 문맥으로 보아 더 낫지 싶다. 操則存舍則亡出入無時莫知其鄕惟心之謂

與 같은 긴 어투의 구문은 먼저 문맥의 문의를 따라 끊어 읽어야 하지만, 그 문의를 건져내기가 처음부터 쉬운 일은 결코 아니다. 그러니 구문 안의 어조사와 동사를 주목하면서 구문의 단락을 짓는 연습을 끊임없이 하면 한문투와 친숙해지면서 문맥의 문의를 따라가며 새길 수 있다. 조즉존사즉망(操則存舍則亡)에서는 어조사인 즉(則)을 주목하면 조즉존(操則存)하고 사즉망(舍則亡)한다고 새길 수 있고, 출입무시막지기향유심지위여(出入無時莫知其鄕惟心之謂與)에서는 동사를 주목하면 출입무시(出入無時)하고 막지기향(莫知其鄕)하며 유심지위(惟心之謂)한다고 새길 수 있다. 그리고 구문을 부드럽게 결정짓는 〈어조사 여(與)〉의 어조를 살려 ~일게다[與] 정도로 구문을 끝맺으면, 操則存舍則亡出入無時莫知其鄕惟心之謂與의 문맥을 잡아 문의를 건질 수 있다.

조즉존(操則存)은 〈A則B〉꼴로 영어의 복문과 같은 어투이다. 즉(則)을 중심으로 A는 조건 내지 양보의 부사절로, B는 주절로 여기고 새기면 조즉존(操則存)의 문맥이 잡힌다. 操則存은 주어와 목적어를 다 생략해버리고 동사만 남겨둔 어투이다. 앞서의 문맥에 따라 생략된 내용을 보충해보면 인조기량심즉기량심존인(人操其良心則其良心存人)쯤 될 것이다. 사람이[人] 제[其] 양심을[良心] 잡고 있다면[操] 곧[則] 그[其] 양심은[良心] 사람에게[人] 남아 있다[存]. 그러니 操則存의 조(操)가 단 한 글자이지만 부사절로 여기고 잡는다면[操]으로 새기고, 존(存)은 주절로 여기고 남아 있다[存]로 새긴다. 操則存의 조(操)는 〈잡을 파(把), 움켜쥘 악(握)〉 등과 같고, 존(存)은 〈있을 재(在)〉와 같다.

사즉망(舍則亡) 역시 〈A則B〉꼴로 영어의 복문과 같은 어투이다. 舍則亡 역시 주어와 목적어를 다 생략해버리고 동사만 남겨둔 어투이다. 앞서의 문맥에 따라 생략된 내용을 보충해보면 인사기량심즉인망기량심(人舍其良心則人亡其良心)쯤 될 것이다. 사람이[人] 제[其] 양심을[良心] 버린다면[舍] 곧[則] 사람은[人] 그[其] 양심을[良心] 잃어버린다[亡]. 그러니 舍則亡의 사(舍)를 부사절로 여겨 버린다면[舍]으로 새기고, 망(亡)을 주절로 여겨 잃어버린다[亡]로 새긴다. 舍則亡의 사(舍)는 〈버릴 사(捨)〉와 같고, 망(亡)은 〈잃어버릴 실(失)〉과 같다.

출입무시(出入無時)는 〈A無B〉꼴로 영어의 1형식 문장과 같다. 자동사인

〈없을 무(無)〉는 주어를 뒤에 둔다. 〈A(出入)에는 B(時)가 없다[無]〉 물론 출입무시(出入無時)는 出無時 而入無時를 줄여 하나의 구문처럼 한 어투이다. 出入無時에서 출입(出入)은 부사구이고, 시(時)는 주어이다.

막지기향(莫知其鄕)은 人莫知其鄕에서 일반주어인 인(人)을 생략한 〈A莫知B〉꼴로, 영어의 3형식 문장과 같다. 〈A(人)는 B(其鄕)를 모른다[莫知]〉 莫知其鄕에서 막(莫)은 지(知)를 부정하고 〈아니 불(不), 아니할 무(無)〉 등과 같고, 지(知)는 〈알 식(識)〉과 같고 지식(知識)의 줄임말로 여기고 새긴다.

유심지위여(惟心之謂與)는 惟謂心與에서 심(心)을 동사인 위(謂) 앞으로 전치시키면서 심지(心之)로 한 어투로 보면 된다. 그러니 심지위(心之謂)를 謂心으로 여기고 마음을[心] 일컬음이다[謂]로 새긴다. 그런데 심지위(心之謂)의 지(之)를 목적격 토씨(~을)인 허사로 보지 않고, 지시대명사로 보고 마음[心] 그것을[之] 일컫는다[謂]고 새기자는 주장도 있다. 그러나 지(之)를 허사로 보고 心之謂를 마음[心]을[之] 일컫는다[謂]고 새긴다. 惟心之謂與에서 유(惟)와 여(與)는 惟心之謂의 어조나 어세에 영향을 미치지 문의에 관여하는 것은 아니다. 惟心之謂에서 유(惟)는 부사이고 〈오직 독(獨)〉과 같다.

민둥산이 되어버린 우산(牛山)을 비유로 들어 마음의 본성(性)은 선(善)임을 해명해주고 있다. 우산(牛山)이 어찌 본래부터 민둥산이었겠느냐고 반문함으로써 어찌 마음[心]이 본래부터 불선(不善)이겠느냐고 반증하고 있다. 밤마다 사람은 성선(性善)을 늘릴 수 있는 양심(良心)을 다짐하면서도 낮이면 그 다짐을 저버리는 짓을 범해 민둥산 같은 마음으로 표변하는 것이 어찌 마음 본바탕 때문이냐고, "곡망지(梏亡之)"라 단언하여 우리 소인배를 질타한다. 온갖 이욕(利欲) 탓으로 제 양심을 교란하고[梏] 양심을 저버리고[亡] 제 삶을 민둥산처럼 만드는 것이 아니냐고 질타한다. 그래서 공자는 "군자회덕(君子懷德)하고 소인회토(小人懷土)" 한다고 한탄해두었지 싶다. 군자는[君子] 덕을[德] 품고[懷] 소인배는[小人] 땅을[土] 품는다[懷]. 땅을 버리고 덕을 품어보라. 그러면 온 사람의 마음이 선(善)임을 안다는 말이다. 이는 주장이 아니라 참말이다.

클 공(孔), 존칭 자(子), 말할 왈(曰), 잡을 조(操), 곧 즉(卽), 남을 존(存), 놓을 사(舍), 잃을 망(亡), 날 출(出), 들 입(入), 없을 무(無), 때 시(時), 아닐 막(莫), 알 지(知), 본디 향(鄕), 오로지 유(惟), 마음 심(心), ~을 지(之), 일컬을 위(謂), 인저 여(與)

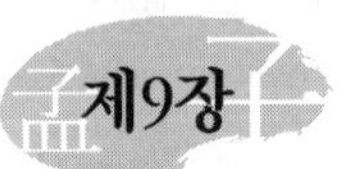

제9장

9장에서도 맹자는 심성(心性)은 본래 선(善)임을 연이어 밝혀 성선(性善)의 참뜻을 상설(詳說)하고 있다. 임금과 신하의 관계를 사례로 설정하여 임금이 왕도(王道)를 걸을 수도 있고 또한 왕도(枉道)에 빠질 수도 있음을 설득력 있게 따져가는 장이다. 맹자의 언어는 어김없이 맞물려 돌아가는 톱니바퀴 같음을 이 장에서 만날 수 있다. 특히 9장은 새삼 맹자가 밝히는 행인정(行仁政)의 여부를 곰곰이 생각하게 한다. 어진[仁] 정사를[政] 베풀어라[行]. 그러면 그것이 곧 천하가 두루 통해 편안한 세상의 길[王道]로 통한다. 그러나 행인정(行仁政)을 저버리면 천하가 꽉 막혀 불안한 세상의 길[枉道]로 접어든다. 왕도(王道)를 저버리게 하는 짓[枉道]을 밥 먹듯이 하는 간신배(姦臣輩)들을 통탄하고 있는 맹자가 선연한 장이다.

【문지(聞之)】

무혹호왕지부지(無或乎王之不智)

【원문(原文)】

孟子曰 無或乎王之不智也이고 雖有天下易生之物也이나 一日暴之요 十日寒之면 未有能生者也이니 吾見亦罕矣요 吾退而寒之者至矣니 吾如有萌焉에 何哉리오 今夫奕之爲數는 小數也이나 不專心致志 而不得也이니 奕秋는 通國之善奕者也이다

맹자왈 무혹호왕지부지야 수유천하이생지물야 일일폭지 십일한지 미유능생자야 오현역한의 오퇴이한지자지의 오여유맹언 하재 금부혁지위수 소수야 부전심치지 이부득야 혁추 통국지선혁자야

使奕秋誨二人奕이어든 其一人專心致志하여 惟奕秋之爲聽하고
사혁추회이인혁 기일인전심치지 유혁추지위청
一人은 雖聽之나 一心에 以爲有鴻鵠에 將至어든 思援弓繳而
일인 수청지 일심 이위유홍곡 장지 사원궁작이
射之하면 雖與之俱學이라도 弗若之矣러니 爲是其智弗若與아
사지 수여지구학 불약지의 위시기지불약여
曰 非然也이다
왈 비연야

【해독(解讀)】

맹자가 말했다[孟子曰]. "임금이 슬기롭지 못함을 이상히 여기지 말 것이다[無或乎王之不智也]. 비록 하늘 아래서 쉽게 자라나는 것들이 있을지라도[雖有天下易生之物也] 하룻 동안 그것들에게 햇볕을 쪼여주다가[一日暴之] 열흘 동안 그것들에게서 햇볕을 거두면[十日寒之] 능히 살 수 있는 것은 아직은 없는 것이다[未有能生者也]. 내가 (임금을) 만나보지만 (그런 기회는) 역시 드문 것이다[吾見亦罕矣]. 내가 (제왕을) 물러나면 곧장 제왕(齊王)을 춥게 할 자가 (제왕한테) 다가간다는 것이다[吾退而寒之者至矣]. 내가 임금에게 새싹이 돋아나게 해준들 무엇 하겠나[吾如有萌焉何哉]? 말하자면 바둑을 두는 기술이란 대단치 않은 기술이다[今夫奕之爲數小數也]. 마음을 오로지하여 뜻을 다하지 않으면 곧 (바둑 두기를) 잘할 수 없는 것이다[不專心致志而不得也]. 바둑을 두는 추(秋)는 바둑을 잘 두어 온 나라에 알려졌던 사람이다[奕秋通國之善奕者也]. 바둑을 두는 추로 하여금 두 사람에게 바둑을 가르치게 하는데[使奕秋誨二人奕], 그 중 한 사람은 마음을 오로지하여 뜻을 다해[其一人專心致志] 오직 바둑을 두는 추의 가르침을 경청하고[惟奕秋之爲聽], (다른) 한 사람은[一人] 비록 그 가르침을 듣지만[雖聽之] 한 마음을 가지고 앞으로 다가올 기러기가 있으리라 짐작하고서[一心以爲有鴻鵠將至] 활시위를 당겨서 기러기를 쏘리라 생각한다면[思援弓繳而射之], 비록 경청하는 사람과 같이 함께 배운다 해도[雖與之俱學] 경청하는 그와 같지 않을 것이다[弗若之矣]. 이는 그들(두 사람)의 지혜가 같지 않은 까닭이겠는가[爲是其智不若與]? 말하건대[曰] (이는) 그와 같은 것은 아닌 것이다[非然也]."

【담소(談笑)】

無或乎王之不智也(무혹호왕지부지야)

▶ 임금[王]이[之] 슬기롭지 못함[不智]을[乎] 이상하게 여기지[或] 말 것

〔無〕이다〔也〕.

무혹호왕지부지야(無或乎王之不智也)는 〈無A也〉꼴로, 영어의 문장 형식을 빌려 빗대보기가 어쭙잖은 어투이다. 〈無A〉는 〈A가 없다[無]〉고 새길 경우에는 영어의 1형식에 빗댈 수 있고, 〈A하지 말라[無]〉고 새길 경우에는 영어의 명령문처럼 여기고 새길 수 있다. 그러나 〈無A也〉의 경우에는 〈A가 없는 것[無]이다[也]〉 또는 〈A하지 말라는 것[無]이다[也]〉로 새기게 되어 영어의 문장형식을 빗대어 견줘보기가 어렵다. 다만 〈A가 없다[無]〉고 새길 경우에 무(無)는 〈없을 무[無]〉로 자동사이고, 〈A하지 말라[無]〉고 새길 경우에는 부정사(否定詞)로 동사 A를 돕는 구실을 한다. 無或乎王之不智也에서 혹(或)을 동사로 여기면 이상히 여기지[或] 말라[無]고 새기고, 혹(或)을 명사로 여기면 이상히 여길 것[或] 없다[無]고 새기게 된다. 이처럼 한문투에서는 글자들이 자유롭게 품사 구실을 한다고 생각하면 편하다. 그러니 임금[王]이[之] 슬기롭지 못함[不智]을[乎] 이상히 여기지[或] 말 것[無]이다[也] 대신에, 임금[王]이[之] 슬기롭지 못함[不智]을[乎] 이상히 여길 것[或] 없는 것[無]이다[也]로 새겨도 된다는 말이다. 왕지부지(王之不智)에서도 허사인 지(之)를 임금[王]의[之] 슬기롭지 못함[不智]으로 새겨 소유격 토씨(~의)로 여길 수도 있고, 임금[王]이[之] 슬기롭지 못함[不智]으로 새겨 주격 토씨(~이)로 여길 수도 있다고 여기면 편하다. 無或乎王之不智也에서 혹(或)은 〈의심할 혹(惑)〉과 같고 의혹(疑惑)을 떠올리면 되고, 호(乎)는 목적격 토씨인 〈~을 어(於)〉와 같다.

한문투에서 지(之)만큼 문맥을 잡는 데 혼란스럽게 하는 허사도 없을 것이다. 그런 지(之)이니 다음 5가지 정도는 잘 정리해두어야 문맥을 잡는 데 편하다. 〈A가[之] B = 주격 토씨, A의[之] B = 소유격 토씨, A를[之] B = 목적격 토씨, A한[之] B = A를 형용사로 만든다, B한[之] A = B를 형용사로 만든다〉 물론 〈A之B〉에서 지(之)는 문맥에 따라 자유롭게 토씨[格] 구실을 한다고 여기면 편하다. 그리고 지시대명사인 경우가 매우 빈번하고, 〈갈 거(去)〉와 같은 뜻으로 동사 구실도 한다.

하지 말 무(無), 이상히 여길 혹(或), 어조사(~을) 호(乎), 임금 왕(王), 어조사(~의) 지(之), 아니 부(不), 슬기로울 지(智)

雖有天下易生之物也(수유천하이생지물야) 一日暴之(일일폭지) 十日寒之(십일한지) 未有能生者也(미유능생자야)

▶ 비록[雖] 하늘 아래에[天下] 쉽게[易] 자라나[生]는[之] 것들이[物] 있을지[有]라도[也] 하룻 동안[一日] 그것들에게[之] 햇볕을 쪼여주다가[暴], 열흘 동안[十日] 그것들에게[之] 햇볕을 거두면[寒] 능히[能] 살 수 있는[生] 것은[者] 여태껏 없는 것[未有]이다[也].

수유천하이생지물야일일폭지십일한지미유능생자야(雖有天下易生之物也一日暴之十日寒之未有能生者也) 같은 긴 구문인 경우에는 구문을 결정지어 주는 〈어조사 야(也)〉를 먼저 주목해보면 문맥을 가름해보기가 쉽다. 雖有天下易生之物也一日暴之十日寒之未有能生者也에서 먼저 雖有天下易生之物也 一日暴之十日寒之未有能生者也처럼 끊어본다는 말이다. 그리고 一日暴之十日寒之未有能生者也에선 허사나 지시어 지(之)를 주목하면 一日暴之 十日寒之 未有能生者也처럼 끊어볼 수 있다. 雖有天下易生之物也一日暴之十日寒之未有能生者也에서 수유천하이생지물야(雖有天下易生之物也)는 〈비록 수(雖)〉가 앞머리에 있으므로 영어의 양보절임을 알 수 있다. 그리고 一日暴之 十日寒之 未有能生者也에서 일일폭지(一日暴之) 십일한지(十日寒之)는 조건의 부사절처럼 새기면 미유능생자야(未有能生者也)와 문맥이 통할 수 있음을 알게 된다. 그러면 雖有天下易生之物也一日暴之十日寒之未有能生者也는 하나의 양보절과 두 조건절을 가진 영어의 복문과 같은 어투로 문맥을 잡을 수 있다.

수유천하이생지물야(雖有天下易生之物也)는 한문투의 양보절 꼴인 〈雖A也〉를 상기하면 문맥이 잡힌다. 〈비록[雖] A할지라도[也]〉 물론 〈雖A也〉에서 雖A(有天下易生之物)처럼 〈어조사 야(也)〉를 생략하는 경우가 더 빈번하다. 〈비록 A할지라도[雖]〉 雖有天下易生之物也는 〈A有B〉꼴로 영어의 1형식 문장같이 여기고 절로 새긴다. 雖有天下易生之物也에서 수(雖)는 영어의 though와 같고, 유(有)는 〈있을 유(有)〉로 자동사이고, 천하(天下)는 장소의 부사이며, 이생지(易生之)는 물(物)을 꾸며주는 형용사이고, 물(物)은 유(有)의 주어이며, 야(也)는 〈수(雖)~야(也)〉의 야(也)로 어조사(~라도)로 새긴다. 이생지(易生之)의 이(易)는 여기서 〈바꿀 역(易)〉이 아니고 〈쉬울 이(易)〉이고, 생(生)을 꾸미는 부사이다. 쉽게[易] 자라나[生]는[之].

일일폭지(一日暴之)는 一日天地暴之에서 문맥으로 보충될 수 있는 내용이므로 천지(天地)를 생략한 어투이다. 一日暴之에서 일일(一日)은 시간의 부사구이고, 폭(暴)은 〈햇볕 쪼여줄 건(乾)〉과 같고, 지(之)는 앞의 이생지물(易生之物)을 나타내는 지시대명사이다. 하룻동안만[一日] 그것을[之] 햇볕을 쪼여준다[暴]. 일일폭지(一日暴之)를 미유능생자야(未有能生者也)와 연결지어보면 一日暴之와 조건의 관계임을 알아챌 수 있다.

십일한지(十日寒之) 역시 十日天地寒之에서 문맥으로 보충될 수 있는 내용이므로 천지(天地)를 생략한 어투이다. 十日寒之에서 십일(十日)은 시간의 부사구이고, 한(寒)은 〈햇볕을 거둘 냉(冷)〉과 같고, 지(之)는 앞의 이생지물(易生之物)을 나타내는 지시대명사이다. 열흘 동안만[十日] 그것을[之] 햇볕을 거둔다[寒]. 십일한지(十日寒之)를 미유능생자야(未有能生者也)와 연결지어 보면 十日寒之와 조건의 관계임을 알아챌 수 있다.

미유능생자야(未有能生者也)는 雖有天下易生之物也 一日暴之 十日寒之 未有能生者也에서 주절이지만, 독립시켜 본다면 〈未有A〉꼴로 〈A는 여태껏(에부터 지금까지) 있어본 적이 없다[未有]〉는 뜻이다. 그러니 〈無A〉보다 더 강한 어투인 셈이다. 〈A가 없다(無)〉 물론 미유능생자야(未有能生者也)는 天下未有能生者也에서 내용으로 보충될 수 있는 내용이므로 천하(天下)를 생략한 어투이다. 未有能生者也에서 미유(未有)는 여태껏 없었다[未有]는 뜻으로 자동사이고, 능생(能生)은 자(者)를 꾸미는 형용사이며, 자(者)는 〈것 자(者)〉로 주어이며, 야(也)는 구문을 결정짓는 어조사(~이다)이다.

비록 수(雖), 있을 유(有), 쉬울 이(易), 자랄 생(生), 어조사(~하는) 지(之), 것 물(物), 어조사(~라도) 야(也), 날 일(日), 햇볕 쪼일 폭(暴), 그것 지(之), 열 십(十), 햇볕 거둘 한(寒),아닐 미(未), 잘할 능(能), 살 생(生), 것 자(者), ~이다 야(也)

吾見亦罕矣(오현역한의)

▶ 내가[吾] (임금을) 만나보지만[見)] (그런 기회는) 역시[亦] 드문 것[罕]이다[矣].

오현역한의(吾見亦罕矣)는 吾見齊王 而是亦罕矣에서 문맥으로 보충될 수 있는 제왕(齊王)과 이시(而是)를 생략한 어투로, 영어의 중문과 같다. 〈나는

[吾] 제나라[齊] 임금을[王] 만난다[見]. 그러나[而] 그것은[是] 드문 것[罕]이다[矣]〉 吾見亦罕矣의 현(見)은 〈뵐 알(謁)〉과 같고 알현(謁見)의 줄임말로 여기고 새기고, 한(罕)은 〈드물 희(稀), 과(寡)〉 등과 같다.

> 나 오(吾), 알현할 현(見), 또 역(亦), 드물 한(罕), ~이다 의(矣)

吾退而寒之者至矣(오퇴이한지자지의)

▶ 내가[吾] (제왕을) 물러나면[退] 곧장[而] 제왕(齊王)을[之] 춥게 할[寒] 자가[者] (제왕한테) 다가간다는 것[至]이다[矣].

오퇴이한지자지의(吾退而寒之者至矣)는 吾退齊王 而寒之者至齊王矣에서 문맥으로 보충될 수 있는 제나라 임금[齊王]을 생략한 어투로, 영어의 중문과 같은 어투이다. 〈내가[吾] 제나라[齊] 임금을[王] 물러난다[退]. 그러면[而] 제왕한테서[之] 햇볕을 거둘[寒] 자가[者] 제왕한테[齊王] 붙어나는(이르는) 것[至]이다[矣]〉 吾退而寒之者至矣에서 퇴(退)는 〈물러갈 거(去)〉와 같고, 이(而)는 어조사로 〈곧 즉(則)〉과 같으며, 한지자지의(寒之者至矣)에서 한지(寒之)는 자(者)를 꾸며주는 형용사이고, 자(者)는 주어이며 〈놈 자(者)〉이고, 지(至)는 〈이를 도(到)〉와 같고, 의(矣)는 구문을 결정짓는 어조사(~이다)이다. 한(寒)은 〈찰 냉(冷)〉과 같다.

> 나 오(吾), 물러갈 퇴(退), 곧 이(而), 햇볕을 거둘(춥게 할) 한(寒), 그 지(之), 놈 자(者), 이를 지(至), ~이다 의(矣)

吾如有萌焉何哉(오여유맹언하재)

▶ 내가[吾] 임금에게[焉] 새싹이[萌] 돋아나게[有] 해준들[如] 무엇 하겠나[何哉]?

오여유맹언하재(吾如有萌焉何哉)는 〈A何哉〉꼴로 알아두면 편하다. 〈A 한들 무엇하겠나[何哉]?〉 吾如有萌焉何哉는 양보의 종속절을 둔 영어의 복문과 같은 어투이다. 물론 吾如有萌焉何哉를 吾如有萌焉 而何其萌爲哉에서 문맥으로 보충될 수 있는 〈그러나 이(而)〉와 기맹위(其萌爲)를 생략해버린 어투로 여기면 영어의 중문처럼 새길 수도 있다. 〈내가[吾] 임금에게[焉] 싹이[萌] 있게[有] 해준다[如]. 그러나[而] 그[其] 싹이[萌] 무엇을[何] 할 것[爲]인가[哉]?〉 이렇게 여기고 새기면 吾如有萌焉何哉를 중문처럼 여기고 새긴 셈이다. 그러나 吾如有萌焉何哉에서 오여유맹언(吾如有萌焉)까지를 양보의 종속절처럼 여기고, 하재(何哉)를 주절로 보고 복문으로 여기고 위와 같이 새기는 것이 문맥과 걸맞는 문의가 더 잘 드러나는 편이다. 한문투의 구문은 결정된 문법이란 틀로 구속할 수 없음을 늘 유념할 필요가 있다.

나 오(吾), 줄 여(如), 있을 유(有), 싹 맹(萌), 어시(於是) 언(焉), 무엇 하(何), 어조사(~인가) 재(哉)

今夫奕之爲數小數也(금부혁지위수소수야)

▶ **말하자면[今夫] 바둑[奕]을[之] 두는[爲] 기술이란[數] 대단치 않은[小] 기술[數]이다[也].**

금부혁지위수소수야(今夫奕之爲數小數也)는 〈AB也〉꼴로, 영어의 2형식 문장과 같은 어투이다. 〈A(奕之爲數)는 B(小數)이다[也]〉 今夫奕之爲數小數也에서 혁지위수(奕之爲數)는 주어이고, 소수(小數)는 보어이며, 야(也)는 구문을 결정짓는 어조사(~이다)이다. 今夫奕之爲數小數也에서 금부(今夫)는 말머리에 오는 발어사이고, 주부인 혁지위수(奕之爲數)는 위혁수(爲奕數)에서 〈할 위(爲)〉의 목적어인 혁(奕)을 전치시키면서 혁지(奕之)가 되었다고 여기면 혁지위수(奕之爲數)의 지(之)가 목적격 토씨(~을) 구실을 하는 허사임을 알아채 혁지위수(奕之爲數)의 문맥을 잡아 문의를 건질 수 있다. 奕之爲數에서 혁(奕)은 〈바둑 기(碁)〉와 같고, 위(爲)는 〈행할 행(行)〉과 같으며, 수(數)는 〈기술 기(技)〉와 같다.

말머리 금(今), 어조사 부(夫), 바둑 혁(奕), ~을 지(之), 할 위(爲), 기술 수(數), 적을 소(小), ~이다 야(也)

不專心致志而不得也(부전심치지이부득야)

▶ **마음을[心] 오로지하여[專] 뜻을[志] 다하지[致] 않으면[不] 곧[而] (바둑 두기를) 잘할 수 없는 것[不得]이다[也].**

부전심치지이부득야(不專心致志而不得也)는 人不專心致志 而人不得爲奕也에서 문맥으로 보충될 수 있는 내용인 일반주어 인(人)과 위혁(爲奕)을 생략한 어투로 여기면 영어의 중문처럼 새길 수도 있다. 〈사람이[人] 전심치지[專心致志] 않는다[不]. 그러면[而] 그 사람은[人] 바둑을[奕] 둘[爲] 수 없다[不

득] 이는 不專心致志而不得也의 이(而)를 접속사인 〈그러면 이(而)〉로 여기고 중문처럼 여기고 새긴 셈이다. 그러나 不專心致志而不得也에서 부전심치지(不專心致志)까지를 조건의 종속절처럼 여기고, 부득야(不得也)를 주절로 보고 복문으로 여기고 위와 같이 새기는 편이 문맥과 걸맞은 문의를 건질 수 있는 편이다. 물론 不專心致志而不得也를 복문으로 여기면 이(而)는 〈곧 즉(則)〉과 같은 어조사 구실을 한다.

> 아니 부(不), 오로지할 전(專), 마음 심(心), 다할 치(致), 뜻 지(志), 그러면 이(而), 잘할 득(得)

奕秋通國之善奕者也(혁추통국지선혁자야)

▶ 바둑을 두는[奕] 추는[秋] 바둑을[奕] 잘 두어[善] 온 나라에[國] 알려졌던[通之] 사람[者]이다[也].

혁추통국지선혁자야(奕秋通國之善奕者也)는 〈AB也〉꼴로 영어의 2형식 문장과 같은 어투이다. 〈A(奕秋)는 B(通國之善奕者)이다[也]〉 奕秋通國之善奕者也에서 혁추(奕秋)는 주어이고, 통국지선혁자(通國之善奕者)는 술부로 자(者)가 보어이고, 야(也)는 구문을 결정짓는 어조사(~이다)이다. 奕秋通國之善奕者也에서 주부인 혁추(奕秋)의 혁(奕)은 추(秋)를 꾸며주는 형용사이고, 술부인 통국지선혁자(通國之善奕者)에서 통국지선혁(通國之善奕)은 보어인 자(者)를 꾸며주는 형용사절이다. 奕秋通國之善奕者也에서 혁(奕)은 〈바둑 기(碁)〉와 같고, 추(秋)는 바둑을 잘 두었다는 사람의 이름[名]이다.

> 바둑 혁(奕), 사람이름 추(秋), 통할 통(通), 나라 국(國), 어조사(~하는) 지(之), 잘할 선(善), 바둑 둘 혁(奕), 사람 자(者), ~이다 야(也)

使奕秋誨二人奕(사혁추회이인혁) 其一人專心致志(기일인전심치지) 惟奕秋之爲聽(유혁추지위청) 一人雖聽之一心以爲有鴻鵠將至(일인수청지일심이위유홍곡장지) 思援弓繳而射之(사원궁작이사지) 雖與之俱學(수여지구학) 弗若之矣(불약지의)

▶ 혁추로[奕秋] 하여금[使] 두[二] 사람에게[人] 바둑을[奕] 가르치게 하는데[誨] 그 중[其] 한[一] 사람은[人] 마음을[心] 오로지하여[專] 뜻을[志] 다해[致] 오직[惟] 혁추[奕秋]의[之] 가르침을[爲] 경청하고[聽],

(다른) 한[一] 사람은[人] 비록[雖] 혁추의 가르침을[之] 듣기는 하지만[聽] 한[一] 마음을[心] 가지고[以] 앞으로[將] 다가올[至] 기러기가[鴻鵠] 있으리라[有] 짐작하고서[爲] 활[弓] 시위를[繳] 당겨[援]서[而] 기러기를[之] 쏘리라[射] 생각한다면[思], 비록[雖] (딴 생각하는 사람이) 전력을 다해 배우는 사람과[之] 함께[與] 똑같이 다[俱] 배운다 해도[學] 전력을 다해 배우는 사람과[之] 같지[若] 않을 것[不]이다[矣].

사혁추회이인혁기일인전심치지유혁추지위청일인수청지일심이위유홍곡장지사원궁작이사지수여지구학불약지의(使奕秋誨二人奕其一人專心致志惟奕秋之爲聽一人雖聽之一心以爲有鴻鵠將至思援弓繳而射之雖與之俱學弗若之矣)는 매우 긴 어투이지만 구문을 결정짓는 〈어조사 의(矣)〉가 단 한 번밖에 없으므로 하나의 구문으로 문맥을 잡게 마련이다. 한문투의 문맥을 잡는데 구문을 끊어주는 기표(記標)가 되는 어조사 내지 허사가 없으면 동사들을 살펴 긴 구문을 가름해 볼 수밖에 없다. 그러면 사혁추회이인혁(使奕秋誨二人奕) 기일인전심치지(其一人專心致志) 유혁추지위청(惟奕秋之爲聽) 일인수청지일심이위유홍곡장지(一人雖聽之一心以爲有鴻鵠將至) 사원궁격이사지(思援弓繳而射之) 수여지구학(雖與之俱學) 불약지의(弗若之矣)와 같이 끊어서 구문의 단락을 매길 수 있다.

사혁추회이인혁기일인전심치지유혁추지위청일인수청지일심이위유홍곡장지사원궁작이사지수여지구학불약지의(使奕秋誨二人奕其一人專心致志惟奕秋之爲聽一人雖聽之一心以爲有鴻鵠將至思援弓繳而射之雖與之俱學弗若之矣)에서 사혁추회이인혁(使奕秋誨二人奕)으로 한 단락을 지을 수 있는 것은 사역동사인 사(使) 때문이다. 사역동사 사(使)는 〈使A誨BC〉꼴 어투를 이룬다. 〈A(奕秋)로 하여금[使] B(二人)에게 C(奕)를 가르치게 한다[誨]〉

使奕秋誨二人奕其一人專心致志惟奕秋之爲聽一人雖聽之一心以爲有鴻鵠將至思援弓繳而射之雖與之俱學弗若之矣에서 기일인전심치지(其一人專心致志)로 한 단락을 지울 수 있는 것은 〈오로지할 전(專)〉과 〈다할 치(致)〉가 타동사이기 때문이다. 물론 其一人專心致志는 其中一人專心 而其中一人致志에서 문맥으로 보충될 수 있는 중(中)과 되풀이되는 기일인(其一人)을 생략한 어투이다. 두 사람 중에서[其] 한 사람은[一人] 전심[專心]하고 치지[致志]한다고 새겨보면 其一人專心致志의 문맥이 잡히고 단락 짓게 된 까닭도 알아챌 수 있다.

使奕秋誨二人奕其一人專心致志惟奕秋之爲聽一人雖聽之一心以爲有鴻鵠將至思援弓繳而射之雖與之俱學弗若之矣에서 유혁추지위청(惟奕秋之爲聽)으로 한 단락을 지을 수 있는 것은 〈들을 청(聽)〉이 타동사이기 때문이다. 물론 惟奕秋之爲聽은 其一人聽惟奕秋之爲에서 되풀이되는 기일인(其一人)을 생략하고 〈들을 청(聽)〉의 목적구인 유혁추지위(惟奕秋之爲)를 청(聽) 앞으로 전치시킨 어투이다. 두 사람 중에서[其] 한 사람은[一人] 오로지[惟] 혁추[奕秋]의[之] 가르침을[爲] 경청한다[聽]고 새겨보면, 惟奕秋之爲聽의 문맥이 잡히고 단락을 짓게 된 까닭도 알아챌 수 있다. 惟奕秋之爲聽에서 위(爲)는 명사이고 〈가르칠 회(誨), 교(敎)〉와 같은 뜻으로 새기면 문맥이 통한다. 물론 惟奕秋之爲聽의 청(聽)을 수동태 자동사로 여기고 오로지[惟] 혁추[奕秋]의[之] 가르침이[爲] 경청된다[聽]고 새겨 惟奕秋之爲聽의 문맥을 잡아도 되겠지만, 청(聽)을 그냥 능동태로 여기고 혁추지위(奕秋之爲)를 전치된 목적구로 여기고 문맥을 잡는 편이 우리말에는 자연스럽다.

使奕秋誨二人奕其一人專心致志惟奕秋之爲聽一人雖聽之一心以爲有鴻鵠將至思援弓繳而射之雖與之俱學弗若之矣에서 일인수청지일심이위유홍곡장지(一人雖聽之一心以爲有鴻鵠將至)로 한 단락을 지은 다음 다시 수청지(雖聽之) 일심이일인위유홍곡장지(一心以一人爲有鴻鵠將至)로 양분할 수 있는 것은 〈들을 청(聽)〉과 위(爲)가 타동사 구실을 하기 때문이다. 물론 수청지(雖聽之)는 雖一人聽之에서 되풀이되는 일인(一人)을 생략한 어투이고, 지(之)는 앞에 나온 혁추지위(奕秋之爲)를 대신하는 지시대명사이다. 一心以一人爲有鴻鵠將至에서 일심이(一心以)의 이(以)는 〈써 용(用)〉과 같고, 유홍곡장지(有鴻鵠將至)는 위(爲)의 목적구이다. 有鴻鵠將至는 〈有A〉꼴로 〈A(鴻鵠)가 있다[有]〉고 새기면 문맥이 잡힌다. 有鴻鵠將至에서 〈다가올 지(至)〉를 꾸며주는 장(將)은 미래시제를 나타내는 부사이므로 장차[將] 날아올[至]로 새기고 홍곡(鴻鵠)을 꾸며주는 형용사 구실을 한다. 장지(將至)할 홍곡(鴻鵠)이 있다[有]고 새기면 有鴻鵠將至의 문맥이 잡힌다. 一心以一人爲有鴻鵠將至에서 일인(一人)은 위(爲)의 주어이고, 타동사인 위(爲)는 여기서 〈생각할 사(思)〉와 같다. 딴 생각을[一心] 가지고[以] 다른 한 사람은[一人] 장차[將] 날아올[至] 기러기가[鴻鵠] 있을 것임을[有] 생각한다[爲]고 새기면, 一心以一人爲有鴻鵠將至의 문맥이 잡히고 문의(文意)가 드러난다.

使奕秋誨二人奕其一人專心致志惟奕秋之爲聽一人雖聽之一心以爲有鴻鵠將至思援弓繳而射之雖與之俱學弗若之矣에서 사원궁작이사지(思援弓繳而射之)로 한 단락을 지을 수 있는 것은 〈생각할 사(思)〉와 〈쏠 사(射)〉가 타동사이기 때문이다. 思援弓繳而射之는 而一人思援弓繳而射之에서 문맥으로 보충될 수 있는 접속사인 〈그리고 이(而)〉와 되풀이되는 일인(一人)을 생략한 어투로, 영어의 중문처럼 여기고 새긴다. 그리고[而] (기러기를 기다리는) 한 사람은[一人] 활시위를[弓繳] 당겨[援]서[而] 기러기를[之] 쏘리라[射] 생각한다[思]고 새겨보면 思援弓繳而射之의 문맥이 잡히고 문의가 드러난다. 思援弓繳而射之에서 원궁작이사지(援弓繳而射之)는 사(思)의 목적구이다. 思援弓繳而射之의 원(援)은 〈당길 인(引), 잡을 집(執)〉 등과 같고, 사지(射之)의 지(之)는 앞의 홍곡(鴻鵠)을 대신하는 지시대명사이다.

使奕秋誨二人奕其一人專心致志惟奕秋之爲聽一人雖聽之一心以爲有鴻鵠將至思援弓繳而射之雖與之俱學弗若之矣에서 수여지구학(雖與之俱學)으로 한 단락을 지을 수 있는 것은 양보의 종속절을 이끄는 〈비록 수(雖)〉와 학(學)이 타동사이기 때문이다. 雖與之俱學은 雖一人與之俱學奕秋之爲에서 문맥으로 보충될 수 있으므로 되풀이되는 일인(一人)과 역시 문맥으로 보충될 수 있는 혁추지위(奕秋之爲)를 생략한 어투로, 영어의 양보절와 같이 여기고 새긴다. 비록[雖] (기러기를 기다리는) 한 사람이[一人] (혁추의 가르침을 경청하는) 그 사람과[之] 더불어[與] 혁추[奕秋]의[之] 가르침을[爲] 함께[俱] 배울지라도[學]로 새겨보면 雖與之俱學의 문맥이 잡히고 문의가 드러난다. 雖與之俱學에서 구(俱)는 학(學)을 꾸미는 부사이고 〈함께 해(偕)〉와 같다.

使奕秋誨二人奕其一人專心致志惟奕秋之爲聽一人雖聽之一心以爲有鴻鵠將至思援弓繳而射之雖與之俱學弗若之矣에서 불약지의(弗若之矣)는 종결구문이다. 一人弗若之矣에서 되풀이되는 일인(一人)을 생략한 弗若之矣는 〈A弗若B〉꼴로 영어의 2형식 문장과 같은 어투이다. 〈(A는) B(之)와 같지 않다[弗若]〉 (기러기를 기다리는) 한 사람은[一人] (혁추(奕秋)의 가르침을 경청하는) 그 사람과[之] 같지 않는 것[弗若]이다[矣]로 새겨보면 弗若之矣의 문맥이 잡히고 문의가 드러난다. 弗若之矣의 불(弗)은 불(不)과 같고, 약(若)은 여기서 〈같을 사(似), 유(猶)〉 등과 같다.

하여금 사(使), 바둑 혁(奕), 사람이름 추(秋), 가르칠 회(誨), 그 기(其), 오로지 할 전(專), 마음 심(心), 다할 치(致), 뜻 지(志), 오로지 유(惟), 가르칠 위(爲), 들을 청(聽), 비록 수(雖), 그것 지(之), 마음 심(心), 써 이(以), 생각할 위(爲), 있을 유(有), 기러기 홍(鴻), 따오기 곡(鵠), 장차 장(將), 이를 지(至), 생각할 사(思), 당길 원(援), 활 궁(弓), 줄 작(繳), 어조사 이(而), 쏠 사(射), 그것 지(之), 더불어 여(與), 그 지(之), 함께 구(俱), 배울 학(學), 아닐 불(弗), 같을 약(若), ~이다 의(矣)

爲是其智弗若與(위시기지불약여)

▶ 이는[是] 두 사람의[其] 지혜가[智] 같지[若] 않은[弗] 까닭[爲]이겠는가[與]?

위시기지불약여(爲是其智弗若與)는 〈爲是A〉꼴로 하나의 관용구문처럼 여기고 암기해두는 것이 편하다. 〈이는[是] A(其智不若) 때문이다[爲]〉 爲是其智弗若與의 끝에 의문어조사인 〈~인가 여(與)〉가 있으므로, 이는[是] A(其智弗若) 때문[爲]인가?[與]로 새기면 爲是其智弗若與의 문맥이 잡힌다. 爲是其智不若與에서 시(是)는 앞서의 내용을 나타내주는 지시어이고, 기(其)는 이인지(二人之)를 대신하는 관형사이며, 지(智)는 자동사인 약(若)의 주어이고, 불(弗)은 약(若)을 부정하는 부정사(否定詞)이다. 爲是其智弗若與의 지(智)는 〈슬기로울 예(睿), 밝을 명(明)〉 등과 같고 지혜(智慧)의 줄임말로 여기고, 약(若)은 〈같을 여(如), 유(猶)〉 등과 같다. 약(若)은 한문투의 문맥을 잡는 데 매우 다양한 뜻을 구사한다. 대명사이기도 하고 자동사이기도 하며 종속접속사이기도 하므로 늘 주의해야 하는 글자이다.

위(爲)를 다음과 같이 정리하면 한문투의 문맥을 잡아 문의를 건지는 데 편하다. 〈할 위(爲) = 조(造), 생각할 위(爲) = 사(思), 하여금 위(爲) = 사(使), 만들 위(爲) = 산(産), 이룰 위(爲) = 성(成), 배울 위(爲) = 학(學), 다스릴 위(爲) = 치(治), 도울 위(爲) = 조(助), 호위할 위(爲) = 호(護), 칭할 위(爲) = 칭(稱)〉 이 외에도 문맥에 따라 다양한 뜻을 구사하는 것이 위(爲)이다. 그래서 위(爲)를 영어에서 온갖 동사들을 대신하는 대리동사인 do와 같다고 여겨도 된다. 그리고 위(爲)는 뜻 없는 어조사이기도 하고, 소이(所以)와 같은 구실을 하여 〈까닭 위(爲)〉로 새기기도 한다. 그리고 〈爲A所B〉꼴에서 위(爲)는 영어의 수동태의 be 동사와 같고, B를 과거분사처럼 여기게 한다. 〈A에 의해서 B하여진 바[所]이다[爲]〉

까닭 위(爲), 이 시(是), 그(그들의) 기(其), 슬기로움 지(智), 아닐 불(弗), 같을 약(若), 어조사(~인가) 여(與)

曰(왈) 非然也(비연야)

▶ **말하건대[曰] (이는) 그와 같은 것은[然] 아닌 것[非]이다[也].**

왈비연야(曰非然也)는 曰是非然也에서 문맥으로 보충될 수 있는 내용인 시(是)를 생략했지만, 〈A非B也〉꼴로 영어의 2형식 문장과 같은 어투이다. 曰是非然也의 왈(曰)은 말을 이어갈 발어사 정도로 여기고 말하건대[曰]로 새겨주면 되고, 주어인 시(是)는 생략되었고, 비(非)는 보어이며, 연(然)은 여차(如此)를 축약한 자이고, 여차(如此)의 차(此)는 기지약(其智若)을 나타내는 지시어이다. 그러므로 曰非然也는 왈비기지약야(曰非其智若也)를 왈비여차야(曰非如此也)로 줄인 어투가 다시 왈비연야(曰非然也)로 간명해진 어투이다.

스승(孟子)이 제자(公都子)에게 성선(性善)의 참모습을 터득할 수 있도록 예를 들어서 상설(詳說)해주는 모습이 사도(師道)의 정도(正道)를 사무치게 한다. 이제 폭지(暴之)와 한지(寒之)의 숨은 뜻을 누구나 알 수 있을 것이다. 맹자가 임금을 만나 왕도(王道)로 이끌어가려고 정성을 다한 마음이 폭지(暴之)로 드러나고, 임금한테 붙어서 한사코 왕도(枉道)로 유인하려고 온갖 술수를 마다하지 않는 간신(姦臣)들의 마음이 한지(寒之)로 드러난다. 성군(聖君)과 폭군(暴君)이 따로 없다. 신하들이 성선(性善)으로 제 임금을 보좌하면 임금은 행인정(行仁政)의 왕도(王道)를 걷게 되어 성군(聖君)으로 거듭난다. 그러나 신하들이 성선(性善)을 마다하고 임금을 흐리게 하면 임금은 행인정(行仁政)을 저버리고 왕도(枉道)를 걷게 되어 폭군으로 치닫는다. 성선(性善)의 왕도(王道)를 굽히려는 수작[枉道]을 하지 말라 한다.

말이어 갈 왈(曰), 아닌 것 비(非), 그럴 연(然), ~이다 야(也)

제10장

10장은 세 단락으로 나누어 살필 것이다. 내용 때문에 아니라 편의상 단락을 나누었다. 맹자는 10장에서 장엄하게 의(義)를 밝힌다. 사생이취의(舍生而取義)보다 더 장엄한 정언(定言)은 없을 터이다. 삶을 버리고[舍生] 의를 취한다[取義]. 의(義)는 삶을 부끄럽지 않게 한다. 그러니 의는 삶이 천명(天命)임을 다짐하고 실천하는 마음가짐이라고 볼 수 있다. 그러니 맹자가 말하는 의는 곧 인(仁)의 실천으로 통한다. 공자는 인(仁)을 강조하고 맹자는 의(義)를 강조한다고 나누어 말하지 말라. 맹자는 공자의 인을 삶으로써 실천하라 하는 것뿐이니 의를 통하여 공자의 인을 넓히고 있을 뿐이다. 10장에서 맹자의 이러한 의의 실마리를 만나볼 수 있다.

【문지(聞之) 1】

사생이취의자야(舍生而取義者也)

【원문(原文)】

孟子曰 魚我所欲也이다 熊掌亦我所欲也이다 二者를 不可得兼
맹자왈 어아소욕야 웅장역아소욕야 이자 불가득겸
이면 舍魚而取熊掌者也이다 生亦我所欲也이고 義亦我所欲也
사어이취웅장자야 생역아소욕야 의역아소욕야
이다 二者를 不可得兼이면 舍生而取義者也이다 生亦我所欲이나
이자 불가득겸 사생이취의자야 생역아소욕
所欲이 有甚於生者라 故로 不爲苟得也이고 死亦我所惡이나 所
소욕 유심어생자 고 불위구득야 사역아소오 소
惡가 有甚於死者라 故로 患有所不辟也이다
오 유심어사자 고 환유소불피야

【해독(解讀)】

맹자가 말했다[孟子曰]. "물고기는 내가 원하는 것이고[魚我所欲也] 곰발바닥 또한 내가 원하는 것이다[熊掌亦我所欲也]. 두 가지를 둘 다 얻을 수 없다면[二者不可得兼] 물고기를 그만두고서 곰발바닥을 취할 것이다[舍魚而取熊掌者也]. 삶 또한 내가 원하는 것이고[生亦我所欲也], 옳음 또한 내가 원하는 것이다[義亦我所欲也]. 두 가지를 둘 다 얻을 수 없다면[二者不可得兼] 삶

을 그만두고서 옳음을 취할 것이다[舍生而取義者也]. 삶 또한 내가 원하는 것이지만[生亦我所欲] 원하는 것에는 삶보다 더 극심한 것이 있다[所欲有甚於生者]. 그러므로[故] (내가 바라는 것은) 구차스럽게 (삶을) 취하지 않는 것이다[不爲苟得也]. 죽음 또한 내가 싫어하는 것이지만[死亦我所惡] 싫어하는 것에는 죽음보다 더 극심한 것이 있다[所惡有甚於死者]. 그러므로[故] (죽음을 싫어하는 것에는) 환난을 피하지 못할 것이 있다는 것이다[患有所不辟也]."

【담소(談笑)】

魚我所欲也(어아소욕야)

▶ **물고기는[魚] 내가[我] 원하는[欲] 것[所]이다[也].**

어아소욕야(魚我所欲也)는 〈AB也〉꼴로 영어의 2형식 문장과 같다. 〈A(魚)는 B(我所欲)인 것이다[也]〉 魚我所欲也에서 어(魚)는 주어이고, 술부인 아소욕(我所欲)에서 소(所)는 보어이며, 야(也)는 구문을 결정짓는 어조사(~이다)이다. 魚我所欲也의 아소욕(我所欲)은 소아욕(所我欲)에서 아(我)가 소(所) 앞으로 전치된 것으로 여기고 새긴다. 魚我所欲也의 소(所)는 마치 영어의 what I want의 what처럼 여기면 알아채기가 쉽다. 내가(I) 원하는(want) 것(what), 내가[我] 원하는[欲] 것[所]. 그리고 아소욕야(我所欲也)와 같은 어투는 위아소욕(爲我所欲)과 함께 알아두면 한문투의 문맥을 잡는 데 편하다. 위아소욕(爲我所欲)에서 위(爲)는 아소욕(我所欲)의 욕(欲)을 수동태로 새기게 하는 것을 꼭 기억해야 한다. 내가[我] 원하는[欲] 것[所]이다[也], 나에 의해서[我] 원해진[欲] 것[者]이다[爲]. 위인소용(爲人所用)이란 어투로 알아두면 편하다. 사람에 의해서[人] 이용된[用] 것[所]이다[爲]. 위인소용(爲人所用)의 위(爲)는 수동태를 이끄는 어조사 정도로 여긴다. 물론 위인소용(爲人所用)을 소용어인(所用於人)으로 바꾸어도 수동태처럼 새긴다. 사람에[人] 의해서[於] 이용되는[用] 바[所].

물고기 어(魚), 나 아(我), 바(것) 소(所), 바랄 욕(欲), ~이다 야(也)

熊掌亦我所欲也(웅장역아소욕야)

▶ **곰발바닥[熊掌] 또한[亦] 내가[我] 원하는[欲] 것[所]이다[也].**

웅장역아소욕야(熊掌亦魚我所欲也)는 〈AB也〉꼴로 영어의 2형식 문장과 같다. 〈A(熊掌)는 B(我所欲)인 것이다[也]〉 熊掌亦我所欲也에서 웅장(熊掌)은 주어이고, 역(亦)은 어조사로 부사이며, 술부인 아소욕(我所欲)에서 소(所)는 보어이고, 야(也)는 구문을 결정짓는 어조사(~이다)이다. 熊掌亦我所欲也의 아소욕(我所欲)은 소아욕(所我欲)에서 아(我)가 소(所) 앞으로 전치된 것으로 여기고 새긴다.

곰 웅(熊), 발바닥 장(掌), 또 역(亦), 나 아(我), 바(것) 소(所), 바랄 욕(欲), ~이다 야(也)

二者不可得兼(이자불가득겸) 舍魚而取熊掌者也(사어이취웅장자야)

▶ 두[二] 가지를[者] 둘 다 얻을[兼] 수 없다면[不可得] 물고기를[魚] 그만두고[舍]서[而] 곰발바닥을[熊掌] 취할[取] 것[者]이다[也].

이자불가득겸사어이취웅장자야(二者不可得兼舍魚而取熊掌者也)는 구문을 단락 짓지 않고선 문맥 잡기가 어렵다. 二者不可得兼舍魚而取熊掌者也에서 영어의 조동사인 구실을 하는 불가득(不可得)을 주목하면 이자불가득겸(二者不可得兼)까지 끊어볼 수 있다. 그러면 二者不可得兼舍魚而取熊掌者也를 二者不可得兼 而是舍魚而取熊掌者也처럼 단락을 나누어 문맥을 잡을 수 있다. 물론 문맥으로 보충될 수 있는 내용이므로 이시(而是)를 생략한 셈이다. 물론 이시(而是)의 시(是)는 아소욕(我所欲)을 대신하는 지시어이다. 〈두[二] 가지를[者] 둘 다 언을[兼] 수 없다[不可得]. 그러면[而] 이는[是] 물고기를[魚] 그만두고[舍]서[而] 곰발바닥을[熊掌] 취할[取] 것[者]이다[也]〉로 새겨서 二者不可得兼舍魚而取熊掌者也를 영어의 중문처럼 새긴 셈이다. 그러나 二者不可得兼舍魚而取熊掌者也에서 이자불가득겸(二者不可得兼)까지를 조건의 부사절처럼 여기고, 사어이취웅장자야(舍魚而取熊掌者也)를 주절로 여기고 새긴다면, 二者不可得兼舍魚而取熊掌者也는 영어의 복문과 같다. 어느 경우이든 문맥은 통한다. 二者不可得兼을 不可得兼二者로 여기고 이자(二者)를 〈겸할 겸[兼]〉의 목적어로 여기고 이자(二者)를 겸할[兼] 수 없다[不可得]고 새겨도 되고, 二者不可得兼에서 이자(二者)를 〈둘 언을 겸(兼)〉의 주어로 여기고 이자[二者]가 둘 다 얻어질[兼] 수 없다[不可得]고 새겨도 되지만, 우리말다운 새김을 택하는 편이 낫다. 여기서 겸(兼)은 양득

(兩得)과 같다. 불가득(不可得)은 영어의 cannot처럼 여긴다. 舍魚而取熊掌者也에서 사(舍)는 〈버릴 사(捨)〉와 같고, 취(取)는 〈가질 득(得)〉과 같고 취득(取得)의 줄임말로 여기고 새기고, 사어이취웅장(舍魚而取熊掌)까지는 자(者)를 꾸며주는 형용사절로 여긴다. 물고기를[魚] 버리고[舍而] 웅장을(熊掌) 취하는[取] 것[者].

두 이(二), 것 자(者), 아니 불(不), 가할 가(可), 얻을 득(得), 둘 얻을 겸(兼), 버릴 사(舍), 물고기 어(魚), 그리고 이(而), 취할 취(取), 곰 웅(熊), 발바닥 장(掌), ~이다 야(也)

生亦我所欲也(생역아소욕야)

▶ **삶[生] 또한[亦] 내가[我] 원하는[欲] 것[所]이다[也].**

생역아소욕야(生亦我所欲也)는 〈AB也〉꼴로 영어의 2형식 문장과 같다. 〈A(生)는 B(我所欲)인 것이다[也]〉 生亦我所欲也에서 생(生))은 주어이고, 역(亦)은 어조사로 부사이며, 술부인 아소욕(我所欲)에서 소(所)는 보어이고 야(也)는 구문을 결정짓는 어조사(~이다)이다. 生亦我所欲也의 아소욕(我所欲)은 소아욕(所我欲)에서 아(我)가 소(所) 앞으로 전치된 것으로 여기고 새긴다. 그리고 아소욕야(我所欲也) 같은 어투는 위아소욕(爲我所欲)과 함께 알아두면 한문투의 문맥을 잡는 데 편하다. 위아소욕(爲我所欲)에서 위(爲)는 아소욕(我所欲)의 욕(欲)을 수동태로 새기게 하는 것을 꼭 기억해야 한다. 내가[我] 원하는[欲] 것[所]이다[也], 나에 의해서[我] 원해진[欲] 것[者]이다[爲]. 위인소용(爲人所用)이란 꼴로 알아두면 편하다. 사람에 의해서[人] 이용된[用] 것[所]이다[爲]. 위인소용(爲人所用)의 위(爲)는 수동태를 이끄는 어조사 정도로 여긴다. 물론 위인소용(爲人所用)을 소용어인(所用於人)으로 해도 수동태처럼 새긴다. 사람에[人] 의해서[於] 이용되는[用] 바[所].

삶 생(生), 또 역(亦), 나 아(我), 바(것) 소(所), 바랄 욕(欲), ~이다 야(也)

義亦我所欲也(의역아소욕야)

▶ **옳음[義] 또한[亦] 내가[我] 원하는[欲] 것[所]이다[也].**

의역아소욕야(義亦我所欲也)는 〈AB也〉꼴로 영어의 2형식 문장과 같다. 〈A(義)는 B(我所欲)인 것이다[也]〉 義亦我所欲也에서 의(義)는 주어이고, 역

(亦)은 어조사로 부사이며, 술부인 아소욕(我所欲)에서 소(所)는 보어이고, 야(也)는 구문을 결정짓는 어조사(~이다)이다. 義亦我所欲也의 아소욕(我所欲)은 소아욕(所我欲)에서 아(我)가 소(所) 앞으로 전치된 것으로 여기고 새긴다. 義亦我所欲也의 의(義)는 만물에 두루 통하는 마땅함[當然]을 뜻한다.

옳음 의(義), 또 역(亦), 나 아(我), 바(것) 소(所), 바랄 욕(欲), ~이다 야(也)

二者不可得兼(이자불가득겸) 舍生而取義者也(사생이취의자야)

▶ 두[二] 가지를[者] 둘 다 얻을[兼] 수 없다면[不可得] 삶을[生] 그만두고[舍]서[而] 옳음을[義] 취할[取] 것[者]이다[也].

이자불가득겸사생이취의자야(二者不可得兼舍生而取義者也)는 구문을 단락 짓지 않고선 문맥 잡기가 어렵다. 二者不可得兼舍生而取義者也에서 영어로 치면 조동사인 불가득(不可得)을 주목하면 이자불가득겸(二者不可得兼)까지 끊어볼 수 있다. 그러면 二者不可得兼舍生而取義者也를 二者不可得兼 而是舍生而取義者也처럼 단락을 나누어 문맥을 잡을 수 있다. 물론 문맥으로 보충될 수 있는 내용이므로 이시(而是)를 생략한 셈이다. 이시(而是)의 시(是)는 아소욕(我所欲)을 대신하는 지시어이다. 〈두[二] 가지를[者] 겸할[兼] 수 없다[不可得]. 그러면[而] 이는[是] 삶을[生] 그만두고[舍]서[而] 옳음을[義] 취할[取] 것[者]이다[也]〉로 새기면 二者不可得兼舍生而取義者也를 영어의 중문처럼 새긴 셈이다. 그러나 二者不可得兼舍生而取義者也에서 이자불가득겸(二者不可得兼)까지를 조건의 부사절처럼 여기고, 사생이취의자야(舍生而取義者也)를 주절로 여기고 새긴다면, 二者不可得兼舍生而取義者也를 영어의 복문과 같다. 어느 경우이든 한문투의 문맥은 통한다. 二者不可得兼을 不可得兼二者로 여기고 이자(二者)를 〈둘 얻을 겸(兼)〉의 목적어로 여기고 이자(二者)를 둘 다 얻을[兼] 수 없다[不可得]고 새겨도 되고, 二者不可得兼에서 이자(二者)를 둘 얻을 겸(兼)의 주어로 여기고 이자(二者)가 둘 다 얻어질[兼] 수 없다[不可得]고 새겨도 되지만, 우리말다운 새김을 택하는 편이 낫다. 여기서 겸(兼)은 양득(兩得)과 같다. 불가득(不可得)은 영어의 cannot처럼 여긴다. 舍生而取義者也에서 사(舍)는 〈버릴 사(捨)〉와 같고 취(取)는 〈가질 득(得)〉과 같고 취득(取得)의 줄임말로 여기고 새기고, 사생이취의(舍生而取義)까지는 자(者)를 꾸며주는 형용사절이라고 여긴다. 舍生而取義者也의 의(義)는 만물에 두루 통하는 마땅함[當然]을 뜻한다.

두 이(二), 것 자(者), 아니 불(不), 가할 가(可), 얻을 득(得), 둘 얻을 겸(兼), 버릴 사(舍), 삶 생(生), 그리고 이(而), 취할 취(取), 옳음 의(義), ~이다 야(也)

生亦我所欲(생역아소욕) 所欲有甚於生者(소욕유심어생자)

▶ 삶[生] 또한[亦] 내가[我] 원하는[欲] 것이지만[所], 원하는[欲] 것에는[所] 삶[生]보다[於] 더 극심한[甚] 것이[者] 있다[有].

생역아소욕소욕유심어생자(生亦我所欲所欲有甚於生者)는 구문을 단락 짓지 않고선 문맥 잡기가 어렵다. 生亦我所欲所欲有甚於生者에서 되풀이되는 소욕(所欲)을 주목하면 생역아소욕(生亦我所欲)까지 끊어볼 수 있다. 그러면 生亦我所欲所欲有甚於生者를 生亦我所欲 所欲有甚於生者처럼 단락을 나누어 문맥을 잡을 수 있다. 그리고 앞뒤의 관계를 살펴 연결하면 문맥이 잡힌다. 생역아소욕(生亦我所欲)이라도 소욕유심어생자(所欲有甚於生者)한다고 관계를 지어주면 문맥이 통한다는 말이다. 그러면 生亦我所欲所欲有甚於生者는 生亦我所欲을 양보의 종속절로 하고, 所欲有甚於生者를 주절로 한 영어의 복문과 같은 어투임을 알아챌 수 있다.

생역아소욕(生亦我所欲)은 생역시아소욕(生亦是我所欲) 또는 생역아소욕야(生亦我所欲也)에서 어조사인 〈~이다 시(是)〉와 야(也)를 생략해버린 어투이다. 그러니 生亦我所欲은 〈A是B〉 또는 〈AB也〉꼴로 영어의 2형식 문장과 같은 어투임을 알아채면 쉽게 문맥이 잡힌다. 만일 生亦我所欲이 독립 구문이라면 〈A(生)는 B(我所欲)이다〉로 문맥을 잡겠지만, 전체 문맥에서 양보절 구실을 하므로 〈A(生)는 B(我所欲)이지만〉으로 새겨 문맥을 잡으면 된다. 生亦我所欲에서 생(生)은 주어이고, 역(亦)은 어조사로 부사이며, 아소욕(我所欲)은 술부이다. 술부인 我所欲은 我之所欲에서 주격(~가) 어조사인 지(之)를 생략한 어투로, 我所欲은 所我欲에서 욕(欲)의 주어인 아(我)를 소(所) 앞으로 전치한 것을 알아채야 我所欲의 문맥이 쉽게 잡힌다. 그러므로 生亦我所欲을 生亦所我欲으로 여기고 새겨야 생은[生] 내가[我] 바라는[欲] 바이다[所]로 쉽게 문맥을 잡아낼 수 있고, 동시에 生亦我所欲에서 생(生)이 주어이고 소(所)가 보어임을 알아채 영어의 2형식 문장과 같은 어투로 여기고 쉽게 문맥을 잡을 수 있다.

소욕유심어생자(所欲有甚於生者)는 생역아소욕(生亦我所欲)의 주절이고, 〈A有B〉꼴로 영어의 1형식 문장과 같다. 〈A(所欲)에 B(甚於生者)가 있다[有]〉 所欲有甚於生者에서 소욕(所欲)은 부사구이고, 유(有)는 〈있을 유(有)〉로 자동사이며, 심어생자(甚於生者)가 주부이고, 자(者)는 유(有)의 주어이다. 甚於生者에서 심어생(甚於生)은 자(者)를 꾸며주는 형용사구이고, 甚於生者의 어(於)는 〈~보다 어(於)〉로 비교급이다. 한문투에서 어(於)는 마치 영어의 거의 모든 전치사 구실을 도맡아한다고 여겨도 될 만큼 다양한 어조사 구실을 한다.

① 대상을 나타내는 〈於A〉, 〈A에게[於]〉
② 원인을 나타내는 〈於A〉, 〈A 때문에[於]〉
③ 장소나 출발점을 나타내는 〈於A〉, 〈A에서[於]〉
④ 수동을 나타내는 동사 + 〈於A〉, 〈A에 의해서[於] ~당해진다〉
⑤ 목적격(토씨) 구실을 하는 〈於A〉, 〈A를(을)[於]〉
⑥ 비교를 나타내는 〈於A〉, 〈A보다[於]〉
⑦ 어지(於之)이면 언(焉)으로 축약되고, 지어(之於)이면 제(諸)로 축약되기도 한다.

그리고 어(於)는 〈있을 어(於) = 재(在), 머물 어(於) = 거(居), 의지할 어(於) = 의(依), 할 어(於) = 위(爲), 대신할 어(於) = 대(代), 머물 어(於) = 주(住)〉 등 문맥에 따라 다양한 뜻을 나타내므로 늘 어(於)의 뜻을 살펴 선택해야 한다.

삶 생(生), 또 역(亦), 나 아(我), 바(것) 소(所), 바랄 욕(欲), 있을 유(有), 지나칠 심(甚), ~보다 어(於), 것 자(者)

故(고)

▶ 그러므로[故]

고(故)는 고왈(故曰)의 줄임이고, 고왈(故曰)은 시고왈(是故曰)을 줄인 꼴이다. 위의 내용[是]이므로[故] 다음처럼 말한다[曰]는 뜻으로 쓰인다. 앞의 내용을 근거로 하여 판단이나 결론을 내릴 때 쓰이는 셈이고, 고왈(故曰)을 줄여 그냥 고(故)로 할 때가 더 보통이다. 시고왈(是故曰)의 고(故)는 승상기하(承上起下)의 연접이므로 영어의 therefore와 같은 구실을 한다.

그러므로 고(故)

不爲苟得也(불위구득야)

▶ (내가 바라는 것은) 구차스럽게[苟] (삶을) 취하지[得] 않는 것[不爲]이다[也].

불위구득야(不爲苟得也)는 我所欲不爲苟得生也에서 문맥으로 보충될 수 있는 내용인 아소욕(我所欲)과 생(生)을 생략한 어투이다. 주부인 아소욕(我所欲)은 생략되고 술부인 불위구득(不爲苟得)만 남았지만, 不爲苟得也는 〈AB也〉꼴로 영어의 2형식 문장과 같다. 不爲苟得也에서 구(苟)는 득(得)을 꾸미는 부사이고, 득(得)은 〈취할 취(取)〉와 같고 취득(取得)의 줄임말로 여기고 새긴다. 不爲苟得也는 구차스럽게[苟] 취하지[得] 않는 것[不爲]이다[也]로 새긴다. 만약 不爲苟得也에 구문을 결정짓는 야(也)가 없이 불위구득(不爲苟得)이라면, 不爲苟得을 영어의 3형식 문장처럼 여기고 구차스럽게[苟] 취하지[得] 않는다[不爲]고 새긴다.

아니 불(不), 할 위(爲), 구차하게 구(苟), 취할 득(得), ~이다 야(也)

死亦我所惡(사역아소오) 所惡有甚於死者(소오유심어사자)

▶ 죽음[死] 또한[亦] 내가[我] 싫어하는[惡] 것이지만[所], 싫어하는[惡] 것에는[所] 죽음[死]보다[於] 더 극심한[甚] 것이[者] 있다[有].

사역아소오소오유심어사자(死亦我所惡所惡有甚於死者)는 구문을 단락 짓지 않고선 문맥 잡기가 어렵다. 死亦我所惡所惡有甚於死者에서 되풀이되는 소욕(所欲)을 주목하면 사역아소오(死亦我所惡)까지 끊어볼 수 있다. 그러면 死亦我所惡所惡有甚於死者를 死亦我所惡 所惡有甚於死者처럼 단락을 나누어 문맥을 잡을 수 있다. 그리고 앞뒤 관계를 살펴 연결하면 문맥이 잡힌다. 즉 사역아소오(死亦我所惡)이라도 소오유심어사자(所惡有甚於死者)한다고 관계를 지어주면 문맥이 통한다. 그러면 死亦我所惡所惡有甚於死者는 死亦我所惡를 양보의 종속절로 하고, 所惡有甚於死者를 주절로 하는 영어의 복문과 같은 어투임을 알아챌 수 있다.

사역아소오(死亦我所惡)는 死亦我所惡所惡有甚於死者 안에서 양보의 종속절로 여긴다. 말하자면 수사역아소오(雖死亦我所惡)라 여기고 새기면 소오유심어사자(所惡有甚於死者)와 문맥이 잡힌다는 말이다. 死亦我所惡는 〈AB〉꼴로 영어의 2형식 문장과 같다. 〈A(死)는 B(我所惡)이다〉 死亦我所惡에서 사(死)는 주어이고, 역(亦)은 어조사로 부사이며, 술부인 아소오(我所惡)에서 소(所)는 보어이다.

소오유심어사자(所惡有甚於死者)는 사역아소오(死亦我所惡)의 주절이고, 〈A有B〉꼴로 영어의 1형식 문장과 같다. 〈A(所惡)에 B(甚於死者)가 있다[有]〉 所惡有甚於死者에서 소오(所惡)는 부사구이고, 유(有)는 〈있을 유(有)〉로 자동사이며, 심어사자(甚於死者)가 주부이며, 자(者)는 유(有)의 주어이다. 甚於死者에서 심어사(甚於死)는 자(者)를 꾸며주는 형용사구이고, 甚於死者의 어(於)는 〈~보다 어(於)〉로 비교급이다.

죽음 사(死), 또 역(亦), 나 아(我), 바(것) 소(所), 싫어할 오(惡), 있을 유(有), 지나칠 심(甚), ~보다 어(於), 것 자(者)

故(고)

▶ **그러므로[故]**

고(故)는 고왈(故曰)의 줄임이고, 고왈(故曰)은 시고왈(是故曰)을 줄인 꼴이다. 위의 내용[是]이므로[故] 다음처럼 말한다[曰]는 뜻으로 쓰인다. 앞의 내용을 근거로 하여 판단이나 결론을 내릴 때 쓰이는 셈이고, 고왈(故曰)을 줄여 그냥 고(故)로 할 때가 더 보통이다. 시고왈(是故曰)의 고(故)는 승상기하(承上起下)의 연접이므로 영어의 therefore와 같은 구실을 한다고 여긴다.

그러므로 고(故)

患有所不辟也(환유소불피야)

▶ **(죽음을 싫어하는 것에는) 근심을[患] 피하지 못할[不辟] 것이[所] 있다는 것[有]이다[也].**

환유소불피야(患有所不辟也)는 소오유소불피환야(所惡有所不辟患也)에서 문맥으로 보충될 수 있는 소오(所惡)를 생략하고, 환(患)을 〈있을 유(有)〉 앞으로 전치시킨 어투로, 영어의 2형식 문장과 같다. 患有所不辟也에서 환(患)은 불피(不辟)의 목적어이고, 소불피(所不辟)는 자동사인 〈있을 유

(有)〉의 주어이며, 유(有)는 소불피(所不辟)의 보어이다.

환유소불피야(患有所不辟也)는 환난을[患] 피하지 못할[不辟] 것이[所] 있다는 것[有]이다[也]로 새긴다. 만약 患有所不辟也에서 구문을 결정짓는 야(也) 없이 환유소불피(患有所不辟)라면, 患有所不辟를 영어의 1형식 문장처럼 여기고 환난을[患] 피하지 못할[不辟] 것이[所] 있다[有]로 새긴다. 患有所不辟也에서 구문을 결정짓는 야(也)를 무시하고 患有所不辟로 여기고 새겨도 문맥의 문의는 다치지 않고, 어투의 어조나 어세에 차이가 있을 뿐이다. 患有所不辟也의 환(患)은 〈근심 우(憂)〉와 같고 우환(憂患)의 줄임말로 여기고 새기고, 피(辟)는 〈피할 피(避)〉와 같다.

맹자가 삶[生]과 옳음[義] 중에서 하나를 택한다면 생[生]을 버리고[舍] 의[義]를 택한다[取]는 무서운 말을 남기고 있다. 이는 곧 삶을 구차스럽게 구걸하여 자신의 삶을 부끄럽게 하지 않는다는 발언이다. 삶이 귀한 줄 알아야 삶을 구걸하지 않고 삶을 당당하게 할 수 있는 법이다. 이러한 법을 충직(忠直)이라 한다. 무엇에 충실하고 정직하단 말인가? 의(義)에 그렇다 함이다. 삶을 더없이 소중하게 함이 곧 성선(性善)의 실행(實行)일 터이다. 성선(性善)을 실행하며 그런 삶이 곧 의(義)이다. 맹자가 왜 의(義)를 수오지심(羞惡之心)이라 했는지 여기서 알 수 있다. 삶을 부끄러워하는 마음이 곧 의(義)란 말이다. 이 얼마나 무서운 말씀인가. 날마다 구차스럽게 사는 우리를 참으로 부끄럽게 하고 있다.

근심 환(患), 있을 유(有) 바 소, 아니 불(不), 피할 피(辟), ~이다 야(也)

【문지(聞之) 2】

소욕유심어생자(所欲有甚於生者)

【원문(原文)】

如使人之所欲莫甚於生이면 則凡可以得生者를 何不用也이고
여사인지소욕막심어생 즉범가이득생자 하불용야
使人之所惡莫甚於死者면 則凡可以辟患者를 何不爲也이리오
사인지소오막심어사자 즉범가이피환자 하불위야
由是則生而有不用也하고 由是則可以辟患而有不爲也이다 是
유시즉생이유불용야 유시즉가이피환이유불위야 시
故로 所欲有甚於生者하고 所惡有甚於死者하니 非獨賢者有是
고 소욕유심어생자 소오유심어사자 비독현자유시

心也이다 人皆有之언마는 賢者能勿喪耳이다 一簞食와 一豆羹을
심야 인개유지 현자능물상이 일단사 일두갱
得之則生하고 弗得則死라도 嘑爾而與之면 行道之人도 弗受하
득지즉생 불득즉사 호이이여지 행도지인 불수
며 蹴爾而與之면 乞人도 不屑也이다
축이이여지 걸인 불설야

【해독(解讀)】

"만약 사람이 원하는 바로 하여금 삶보다 더 심한 것이 없게 한다면[如使人之所欲莫甚於生] 곧 무릇 삶을 취할 수 있는 것을 어찌 이용하지 않을 것인가[則凡可以得生者何不用也]? (만약) 사람이 싫어하는 바로 하여금 죽음보다 더 심한 것이 없게 한다면[使人之所惡莫甚於死者] 곧 무릇 환난을 피할 수 있는 것을 어찌 행하지 않을 것인가[則凡可以辟患者何不爲也]? 이를 따르면 곧 살아가면서 (삶보다 더 심한 것을) 이용하지 않음이 생기는 것이고[由是則生而有不用也], 이를 따르면 곧 환난을 피할 수 있고 그래서 (죽음보다 더 심한 것을) 하지 않음이 생기는 것이다[由是則可以辟患而有不爲也]. 이렇기 때문에[是故] 원하는 것에는 삶보다 더 극심한 것이 있고[所欲有甚於生者], 싫어하는 것에는 죽음보다 더 극심한 것이 있다[所惡有甚於死者]. (이는) 오로지 현자만이 이런 마음을 간직한다는 것은 아닌 것이다[非獨賢者有是心也]. 사람들은 모두 그런 마음을 간직하고 있지만[人皆有之], 현자만 능히 (그런 마음을) 상실하지 않는 것뿐이다[賢者能勿喪耳]. 한 대그릇의 밥과[一簞食] 한 나무그릇의 국[一豆羹] 그것들을 받아먹으면 곧 살고[得之則生] 받아먹지 않으면 곧 죽을지라도[弗得之則死], 엣다 처먹어라 소리쳐서 먹거리를 준다면[嘑爾而與之] 길을 가는 사람도 (그 먹을거리를) 받지 않고[行道之人弗受], 발로 차듯이 그것들을 준다면[蹴爾而與之] 거지도 달갑게 여기지 않는 것이다[乞人不屑也]."

【담소(談笑)】

如使人之所欲莫甚於生(여사인지소욕막심어생) 則凡可以得生者何不用也(즉범가이득생자하불용야)

▶ 만약[如] 사람[人]이[之] 원하는[欲] 바로[所] 하여금[使] 삶[生]보다[於] 더 심한 것이[甚] 없게 한다면[莫] 곧[則] 무릇[凡] 삶을[生] 취할[得] 수 있는[可以] 것을[者] 어찌[何] 이용하지 않을 것[不用]인가[也]?

여사인지소욕막심어생즉범가이득생자하불용야(如使人之所欲莫甚於生則凡可以得生者何不用也)는 〈A則B也〉꼴로 영어의 복문과 같다. 즉(則)을 중심으로 앞은 양보 내지 조건의 종속절이고, 뒤는 주절이다. 그러니 如使人之所欲莫甚於生則凡可以得生者何不用也에서 여사인지소욕막심어생(如使人之所欲莫甚於生)은 조건절을 이끄는 〈만약 여(如)〉가 앞머리에 있으므로 조건의 부사절이고, 즉범가이득생자하불용야(則凡可以得生者何不用也)는 주절이다.

여사인지소욕막심어생(如使人之所欲莫甚於生)은 如人使人之所欲莫甚於生에서 문맥으로 보충될 수 있는 일반주어인 인(人)을 생략한 〈使A莫B〉꼴로 영어의 사역문과 같다. 〈A(人之所欲)로 하여금[使] B(甚於生)를 없게 한다[莫]〉 如使人之所欲莫甚於生에서 사(使)는 〈하여금 령(令)〉과 같고 사역동사이고, 인지소욕(人之所欲)은 사(使)의 목적구이며, 막심어생(莫甚於生)은 목적격 보어이다. 如使人之所欲莫甚於生에서 막(莫)은 〈없을 무(無)〉와 같고, 심(甚)은 막(莫)의 주어이며, 어(於)는 〈~보다 어(於)〉로 비교급 구실을 한다. 如使人之所欲莫甚於生의 막심어생(莫甚於生)이 막심어생자(莫甚於生者)로 되어 있다면 심어생(甚於生)은 자(者)를 꾸미는 형용사구가 되고, 심(甚)은 형용사이며, 자(者)가 막(莫)의 주어가 된다. 莫甚於生을 새기면 삶[生]보다[於] 더 극심한 것[甚]이 없다[莫]가 되고, 莫甚於生者를 새긴다면 삶[生]보다[於] 더 극심한[甚] 것이[者] 없다[莫]가 된다.

즉범가이득생자하불용야(則凡可以得生者何不用也)는 則何人不用凡可以得生者也에서 일반주어인 인(人)을 생략하고, 용(用)의 목적구인 범가이득생자(凡可以得生者)를 앞으로 도치시켜 凡可以得生者를 강조하는 의문문이다. 凡可以得生者에서 범가이득생(凡可以得生)은 자(者)를 꾸며주는 형용사절이고, 가이(可以)는 득(得)을 꾸며주는 조동사이며, 생(生)은 득(得)의 목적어이다. 무릇[凡] 삶을[生] 획득할[得] 수 있는[可以] 것[者].

만약 여(如), 하여금 사(使), 어조사(~이) 지(之), 바 소(所), 원할 욕(欲), 없을 막(莫), 지나칠 심(甚), ~보다 어(於), 삶 생(生), 곧 즉(則), 무릇 범(凡), 가할 가(可), 써 이(以), 취할 득(得), 것 자(者), 어찌 하(何), 쓸 용(用), ~인가 야(也)

使人之所惡莫甚於死者(사인지소오막심어사자) 則凡可以辟患者何不爲也(즉범가이피환자하불위야)

▶ (만약) 사람[人]이[之] 싫어하는[惡] 바로[所] 하여금[使] 죽음[死]보다[於] 더 극심한[甚] 것이[者] 없게 한다면[莫] 곧[則] 무릇[凡] 우환을[患] 피할[辟] 수 있는[可以] 것을[者] 어찌[何] 이용하지 않을 것[不爲]인가[也]?

사인지소오막심어사즉범가이피환자하불위야(使人之所惡莫甚於死者則凡可以辟患者何不爲也)는 〈A則B也〉꼴로 영어의 복문과 같다. 즉(則)을 중심으로 앞은 양보 내지 조건의 종속절이고, 뒤는 주절이다. 그러니 使人之所惡莫甚於死者則凡可以辟患者何不爲也에서 사인지소오막심어사자(使人之所惡莫甚於死者)는 조건절을 이끄는 〈만약 여(如)〉가 생략된 문맥이므로 조건의 부사절이고, 즉범가이피환자하불위야(則凡可以辟患者何不爲也)는 주절이다.

사인지소오막심어사자(使人之所惡莫甚於死者)는 如人使人之所欲莫甚於死者에서 되풀이되는 〈만약 여(如)〉와 문맥으로 보충될 수 있는 일반주어인 인(人)을 생략한 어투로, 〈使A莫B〉꼴로 영어의 사역문과 같다. 〈A(人之所惡)로 하여금[使] B(甚於死者)를 없게 한다[莫]〉 使人之所欲莫甚於死者에서 사(使)는 〈하여금 령(令)〉과 같고 사역동사이며, 인지소오(人之所惡)는 사(使)의 목적구이며, 막심어사자(莫甚於死者)는 목적격 보어이다. 막심어사자(莫甚於死者)에서 막(莫)은 〈없을 무(無)〉와 같고, 심어사(甚於死)는 자(者)를 꾸미는 형용사구이며, 어(於)는 〈~보다 어(於)〉로 비교급 구실을 하는 셈이다. 죽음[死]보다[於] 극심한[甚] 것은[者] 없다[莫].

즉범가이피환자하불위야(則凡可以辟患者何不爲也)는 則何人不爲凡可以辟患者也에서 일반주어인 인(人)을 생략하고, 위(爲)의 목적구인 범가이피환자(凡可以辟患者)를 앞으로 도치시켜 凡可以辟患者를 강조하는 의문문이다. 凡可以辟患者에서 범가이피환(凡可以辟患)은 자(者)를 꾸며주는 형용사절이고, 가이(可以)는 피(辟)를 꾸며주는 조동사이며, 사(死)는 피(辟)의 목적어이다. 무릇[凡] 환난을[患] 피할[辟] 수 있는[可以] 것[者]. 則凡可以辟患者何不爲也에서 피(辟)는 〈피할 피(避)〉와 같고, 환(患)은 〈근심 우(憂)〉와 같고 우환(憂患)의 줄임말로 여기고 새기고, 위(爲)는 〈행할 행(行), 쓸 용

(用)〉 등과 같다.

하여금 사(使), 어조사(~이) 지(之), 바 소(所), 싫어할 오(惡), 없을 막(莫), 지나칠 심(甚), ~보다 어(於), 죽음 사(死), 것 자(者), 곧 즉(則), 무릇 범(凡), 가할 가(可), 써 이(以), 피할 피(辟), 근심 환(患), 어찌 하(何), 할 위(爲), ~인가 야(也)

由是則生而有不用也(유시즉생이유불용야)

▶ 이를[是] 따르면[由] 곧[則] 살아가[生]면서[而] (삶보다 더 심한 것을) 이용하지 않음이[不用] 있는 것[有]이다[也].

유시즉생이유불용야(由是則生而有不用也)는 〈A則B也〉꼴로 영어의 복문과 같다. 즉(則)을 중심으로 앞은 양보 내지 조건의 종속절이고 뒤는 주절이다. 그러니 由是則生而有不用也에서 유시(由是)는 조건의 종속절로 부사절이고 즉생이유불용야(則生而有不用也)는 주절이다.

유시(由是)는 如人由是에서 문맥으로 보충될 수 있는 〈만약 여(如)〉와 일반주어인 인(人)을 생략한 영어의 3형식 문장과 같다. 유시(由是)는 〈따를 종(從), 행할 행(行)〉 등과 같고 타동사이며, 시(是)는 앞서 나온 내용인 여사인지소욕막심어생즉범가이득생자하불용야(如使人之所欲莫甚於生則凡可以得生者何不用也)를 나타내는 지시어이다. 유(由)는 한문투에서 다양한 뜻을 나타내므로 문맥을 살펴 알맞은 뜻을 찾아야 문의를 건질 수 있다. 〈말미암을 유(由) = 자(自) = 종(從), 행할 유(由) = 행(行), 쓸 유(由) = 용(用), 까닭 유(由) = 이(理), 때문에 유(由) = 인(因), 지날 유(由) = 경(經)〉 등에서 문맥에 맞는 뜻으로 새긴다.

즉생이유불용야(則生而有不用也)에서 즉(則)은 말을 잇는 어조사이므로 무시하고 구문의 골격을 살피면 된다. 생이유불용야(生而有不用也)는 인생(人生) 이유불용심어생자야(而有不用甚於生者也)에서 일반주어인 인(人)과, 불용(不用)의 목적구인 심어생자(甚於生者)를 문맥으로 보충될 수 있으므로 생략한 어투로, 마치 영어의 중문처럼 여기고 새기면 문맥이 잡힌다. 生而有不用也에서 생(生)은 자동사이고, 이(而)는 연접의 연사인 어조사이며, 유(有)는 〈있을 유(有)〉로 자동사이고, 불용(不用)은 유(有)의 주어이다. 따라서 則生而有不用也를 다음처럼 새겨서 문맥을 잡을 수 있다. 〈살아간다[生].

그래서[而] 삶[生]보다[於] 더 심한[甚] 것들을[者] 이용하지 않는 짓이[不用] 생기는 것[有]이다[也]〉 여기서는 〈있을 유(有)〉를 〈생길 유(有)〉로 새기면 우리말답게 된다.

따를 유(由), 이 시(是), 곧 즉(則), 살아갈 생(生), 어조사(~면서) 이(而), 있을 유(有), 아니 불(不), 쓸 용(用), ~이다 야(也)

由是則可以辟患而有不爲也(유시즉가이피환이유불위야)

▶ 이를[是] 따르면[由] 곧[則] 우환을[患] 피할[辟] 수 있고[可以] 그래서[而] (죽음보다 더 심한 것을) 하지 않음이[不爲] 생기는 것[有]이다[也].

유시즉가이피환이유불위야(由是則可以辟患而有不爲也) 역시 〈A則B也〉 꼴로 영어의 복문과 같다. 즉(則)을 중심으로 앞은 양보 내지 조건의 종속절이고, 뒤는 주절이다. 그러니 由是則可以辟患而有不爲也에서 유시(由是)는 조건의 종속절로 부사절이고, 즉가이피환이유불위야(則可以辟患而有不爲也)는 주절이다.

유시(由是)는 如人由是에서 문맥으로 보충될 수 있는 〈만약 여(如)〉와 일반주어인 인(人)을 생략한 영어의 3형식 문장과 같다. 유시(由是)는 〈따를 종(從), 행할 행(行)〉 등과 같고 타동사이며, 시(是)는 앞서 나온 내용인 사인지소오막심어사즉범가이피환자하불위야(使人之所惡莫甚於死者則凡可以辟患者何不爲也)를 나타내는 지시어이다. 유(由)는 한문투에서 다양한 뜻을 나타내므로 문맥을 살펴 알맞은 뜻을 찾아야 문의를 건질 수 있다.

즉가이피환이유불위야(則可以辟患而有不爲也)에서 즉(則)은 말을 잇는 어조사이므로 무시하고 구문의 골격을 살피면 된다. 可以辟患而有不爲也는 인가이피환(人可以辟患) 이유불위심어사자야(而有不爲甚於死者也)에서 일반주어인 인(人)과 불위(不爲)의 목적구인 심어사자(甚於死者)를 문맥으로 보충될 수 있으므로 생략한 어투로, 마치 영어의 중문처럼 여기고 새기면 문맥이 잡힌다. 可以辟患而有不爲也에서 가이(可以)는 타동사인 피(辟)를 돕는 조동사이고, 환(患)은 피(辟)의 목적어이며, 이(而)는 연접의 연사인 어조사이고, 유(有)는 〈있을 유(有)〉로 자동사이고, 불위(不爲)는 유(有)의 주어이다. 可以辟患而有不爲也를 다음처럼 새겨서 문맥을 잡을 수 있다. 〈환난을[患] 피할[辟] 수 있다[可以]. 그래서[而] 죽음[死]보다[於] 더 심한[甚] 것들을[者] 행하지 않는 짓들이[不爲] 생기는 것[有]이다[也]〉 可以辟患而有不爲也에서 가이(可以)는 가득(可得)·가이득(可以得) 등과 같고 마치 영어의 can과 같은 구실을 한다고 여기고, 피(辟)는 〈피할 피(避)〉와 같고, 환(患)은 〈근심 우(憂)〉와 같고 우환(憂患)의 줄임말로 새기고, 위(爲)는 여기서 〈행할 행(行), 쓸 용(用)〉 등과 같다.

따를 유(由), 이 시(是), 곧 즉(則), 가할 가(可), 써 이(以), 피할 피(辟), 근심 환(患), 그래서 이(而), 있을 유(有), 아니 불(不), 할(쓸) 위(爲), ~이다 야(也)

是故(시고)

▶ **이러[是]하므로[故]**

시고(是故)는 시고왈(是故曰)을 줄인 꼴이다. 위의 내용[是]이므로[故] 다음처럼 말한다[曰]는 뜻으로 쓰인다. 앞의 내용을 근거로 하여 판단이나 결론을 내릴 때 쓰이고, 시고왈(是故曰)을 줄여 그냥 고(故)라고 할 때가 더 보통이다. 시고왈(是故曰)의 고(故)는 승상기하(承上起下)의 연접이므로 영어의 therefore와 같은 구실을 한다. 앞의 내용을[上] 이어서[承] 새로운 내용을[下] 제기한다[起].

이 시(是), 그러므로 고(故)

所欲有甚於生者(소욕유심어생자)

▶ **원하는[欲] 것에는[所] 삶[生]보다[於] 더 극심한[甚] 것이[者] 있다[有].**

소욕유심어생자(所欲有甚於生者)는 〈A有B〉꼴로 영어의 1형식 문장과 같다. 〈A(所欲)에 B(甚於生者)가 있다[有]〉 所欲有甚於生者에서 소욕(所欲)은 부사구이고, 유(有)는 〈있을 유(有)〉로 자동사이며, 심어생자(甚於生者)는 주부이며, 자(者)는 유(有)의 주어이다. 甚於生者에서 심어생(甚於生)은 자(者)를 꾸며주는 형용사구이고, 甚於生者의 어(於)는 〈~보다 어(於)〉로 비교급이다. 한문투에서 어(於)는 마치 영어의 거의 모든 전치사 구실을 도맡아 한다고 여겨도 될 만큼 다양한 어조사 구실을 한다.

바(것) 소(所), 바랄 욕(欲), 있을 유(有), 지나칠 심(甚), ~보다 어(於), 것 자(者)

所惡有甚於死者(소오유심어사자)

▶ 싫어하는[惡] 것에는[所] 죽음[死]보다[於] 더 극심한[甚] 것이[者] 있다[有].

소오유심어사자(所惡有甚於死者)는 〈A有B〉꼴로 영어의 1형식 문장과 같다. 〈A(所惡)에 B(甚於死者)가 있다[有]〉 所惡有甚於死者에서 소오(所惡)는 부사구이고, 유(有)는 〈있을 유(有)〉로 자동사이며, 심어사자(甚於死者)는 주부이며, 자(者)는 유(有)의 주어이다. 甚於死者에서 심어사(甚於死)는 자(者)를 꾸며주는 형용사구이고, 甚於死者의 어(於)는 〈~보다 어(於)〉로 비교급이다.

바(것) 소(所), 싫어할 오(惡), 있을 유(有), 지나칠 심(甚), ~보다 어(於), 것 자(者)

非獨賢者有是心也(비독현자유시심야)

▶ 오로지[獨] 현자만이[賢者] 이런[是] 마음을[心] 간직하는 것은[有] 아닌 것[非]이다[也].

비독현자유시심야(非獨賢者有是心也)는 是非獨賢者有是心也에서 문맥으로 보충될 수 있는 내용이므로 주어인 시(是)를 생략한 어투이다. 그러니 非獨賢者有是心也는 〈A非B也〉꼴로 영어의 2형식 문장과 같다. 〈A(是)는 B(獨賢者有是心)가 아닌 것[非]이다[也]〉 非獨賢者有是心也에서 비(非)는 생략된 주어인 시(是)의 보어이고, 독현자유시심(獨賢者有是心)은 비(非)의 동격절이며, 야(也)는 구문을 결정짓는 어조사(~이다)이다. 非獨賢者有是心也에서 독(獨)은 〈오로지 유(惟)〉와 같고 부사이며, 현(賢)은 〈밝을 명(明)〉과 같고, 유(有)는 타동사인 〈가질 유(有)〉로 여기고 새기는 편이 문맥에 한결 걸맞고, 시심(是心)의 시(是)는 앞에 있는 소욕유심어생자(所欲有甚於生者)와 소오유심어사자(所惡有甚於死者)를 나타내는 지시어로 심(心)을 꾸미는 형용사이다.

〈아닌 것 비(非)〉의 동격절인 독현자유시심(獨賢者有是心)의 유(有)를 자동사 〈있을 유(有)〉로 여기고 새기면, 獨賢者有是心을 영어의 1형식 문장처럼 여기고 다음처럼 새길 수 있다. 오로지[獨] 현자에게만[賢者] 이런[是] 마음이[心] 있다[有]. 그러나 獨賢者有是心의 유(有)를 타동사 〈가질 유(有)〉로 여기고 새긴다면, 獨賢者有是心을 영어의 3형식 문장처럼 여기고 다음처럼 새길 것이다. 오로지[獨] 현자만이[賢者] 이런[是] 마음을[心] 간직한다[有]. 이렇게 한 가지만을 고집하지 않으므로, 한문투는 문맥을 따르되 독자의 선택을 용인하는 어투라고 여기면 편하다.

아닌 것 비(非), 오직 독(獨), 밝을 현(賢), 사람 자(者), 간직할 유(有), 이러한 시(是), 마음 심(心), ~이다 야(也)

人皆有之(인개유지)

▶ **사람들은[人] 모두[皆] 그런 마음을[之] 간직하고 있다[有].**

인개유지(人皆有之)는 人皆有是心의 시심(是心)을 지시대명사인 지(之)로 쓴 어투이다. 人皆有之는 〈A有B〉꼴로 자동사 〈있을 유(有)〉로 여기면 〈A(人)에는 B(之)가 있다[有]〉처럼 人皆有之를 영어의 1형식 문장같이 새길 수 있고, 타동사 〈가질 유(有)〉로 여기면 〈A(人)는 B(之)를 간직한다[有]〉고 새겨 人皆有之를 영어의 3형식 문장같이 새길 수 있다. 어느 쪽이든 문맥에 따른 문의는 다르지 않지만 어조나 어세가 달라질 뿐이다. 人皆有之의 개(皆)는 〈모두 해(偕)〉와 같고 유(有)를 꾸며주는 부사이다.

사람들 인(人), 모두 개(皆), 간직할 유(有), 그것 지(之)

賢者能勿喪耳(현자능물상이)

▶ **현자만[賢者] 능히[能] (그런 마음을) 상실하지 않는 것[勿喪]뿐이다[耳].**

현자능물상이(賢者能勿喪耳)는 賢者能勿喪之耳에서 문맥으로 보충될 수 있으므로 〈잃어버릴 상(喪)〉의 목적어인 지(之)를 생략한 어투이다. 구문을 결정짓는 〈어조사 이(耳)〉는 보다 더 내용을 단언하는 어조를 띈다. ~이다[也]를 ~뿐이다[耳]로 써서 단언하는 어조를 강하게 한다는 말이다. 賢者能勿喪耳를 賢者能勿喪으로 여기고 새기면, 현자는[賢者] 능히[能] (그런 마음을) 상실하지 않는다[勿喪]가 되어 賢者能勿喪을 마치 영어의 3형식 문장처럼 새길 수 있다. 그러나 賢者能勿喪耳의 이(耳)가 느끼게 하는 어조를 살리면 현자만[賢者] 능히[能] (그런 마음을) 상실하지 않는 것[勿喪]뿐이다[耳]가 되어 賢者能勿喪耳를 마치 영어의 2형식 문장처럼 새기게 된다. 이 역시 어느 쪽이든 문맥에 따른 문의는 다르지 않고, 어조나 어세가 달라질 뿐이다.

밝을 현(賢), 사람 자(者), 잘할 능(能), 아닐 물(勿), 잃을 상(喪), 어조사(~뿐이다) 이(耳)

一簞食一豆羹得之則生(일단사일두갱득지즉생) 弗得則死(불득즉사) 嘑爾而與之(호이이여지) 行道之人弗受(행도지인불수)

▶ 한[一] 대그릇의[簞] 밥과[食] 한[一] 나무그릇의[豆] 국[羹] 그것들을[之] 받아먹으면[得] 곧[則] 살고[生] 받아먹지 않으면[弗得] 곧[則] 죽는다고 해도[死] 처먹어라 소리쳐서[嘑爾而] 먹거리를[之] 준다면[與], 길을[道] 가는[行之] 사람도[人] (그 먹거리를) 받지[受] 않는다[弗].

일단사일두갱득지즉생불득즉사호이이여지행도지인불수(一簞食一豆羹得之則生弗得則死嘑爾而與之行道之人弗受)처럼 긴 어투는 어조사들을 먼저 주목하거나 동사부터 주목하면서 구문을 단락 지어보는 것이 문맥 잡기가 편하다. 그러므로 먼저 어조사인 즉(則)과 이(而)를 주목하면, 一簞食一豆羹得之則生弗得則死嘑爾而與之行道之人弗受를 一簞食一豆羹得之則生 弗得則死 嘑爾而與之 行道之人弗受로 구문을 갈래지을 수 있다. 그러면 一簞食一豆羹得之則生得得則死嘑爾而與之行道之人弗受에는 4개의 독립구문이 모여 있음을 알 수 있다. 이 독립구문들이 서로 어떤 관계를 맺어 一簞食一豆羹得之則生得得則死嘑爾而與之行道之人弗受의 큰 구문을 이루는지 살피면 一簞食一豆羹得之則生得得則死嘑爾而與之行道之人弗受의 문맥을 잡아낼 수 있다.

일단사일두갱득지즉생(一簞食一豆羹得之則生)은 得一簞食一豆羹則生에서 일단사일두갱(一簞食一豆羹)을 전치시키고 그 자리에 허사인 지(之)를 둔 어투임을 알 수 있다. 그러니 一簞食一豆羹得之則生에서 지(之)를 무시하고 (한[一] 대그릇의[簞] 밥과[食] 한[一] 나무그릇의[豆] 국을[羹]) 받아먹으면[得] 곧[則] 산다[生]고 새겨도 된다. 그리고 사(食)는 발음에 주의해야 한다. 〈먹을 식(食), 밥 사(食), 먹여줄 사(食)〉

불득즉사(弗得則死)는 弗得一簞食一豆羹則死에서 문맥으로 보충할 수 있는 일단사일두갱(一簞食一豆羹)을 생략한 어투임을 알 수 있다. 그러니 (한[一] 대그릇의[簞] 밥과[食] 한[一] 나무그릇의[豆] 국을[羹]) 받아먹지 않으면[不得] 곧[則] 죽는다[死]고 새기게 된다.

호이이여지(嘑爾而與之)에서 호이이(嘑爾而)는 〈줄 여(與)〉를 꾸며주는 부사구이다. 호이(嘑爾)는 호연(嘑然)과 같다. 멸시하는 어조로 소리치는 모습이 호이(嘑爾)이다. 처먹어라 소리치면서[嘑爾] 그것들을[之] 준다[與]고 새긴다.

행도지인불수(行道之人弗受)에서 행도지(行道之)는 인(人)을 꾸며주는 형용사구이고, 인(人)은 주어이며, 불(弗)은 타동사인 수(受)를 부정하는 부정사(否定詞)이다. 물론 行道之人弗受는 行道之人弗受之에서 지시대명사인 지(之)를 생략한 어투이다. 길을[道] 가는[行之] 사람도[人] (그 먹거리를) 받지[受] 않는다[弗]고 새긴다.

위와 같은 4개의 독립구문들이 하나의 큰 구문을 이루려면 서로를 이어주는 연계사(連繫辭)가 있어야 하지만, 한문투에서는 그런 연계사를 거의 무시하는 어투가 극심한 편이다. 그러나 우리말은 그런 연계사를 무시하면 문맥이 잡히지 않아 토막말이 되고 만다. 그래서 一簞食一豆羹得之則生 得得則死 嘑爾而與之 行道之人弗受를 일단사일두갱득지즉생(一簞食一豆羹得之則生)하고 불득즉사(弗得則死)하더라도 호이이여지(嘑爾而與之)하면 행도지인불수(行道之人弗受)한다고 이음말[連繫辭]을 주어야 문맥이 우리말로 잡힌다. 그러므로 一簞食一豆羹得之則生得得則死嘑爾而與之行道之人弗受에서 일단사일두갱득지즉생불득즉사(一簞食一豆羹得之則生 得得則死)는 양보의 종속절이고, 호이이여지(嘑爾而與之)는 조건의 종속절이며, 행도지인불수(行道之人弗受)가 주절이 되어 영어의 복문과 같은 어투로 여기고 一簞食一豆羹得之則生得得則死嘑爾而與之行道之人弗受의 문맥을 잡아본다.

하나 일(一), 대그릇 단(簞), 밥 사(食), 나무제기 두(豆), 얻을 득(得), 그것 지(之), 곧 즉(則), 살 생(生), 아닐 불(弗), 죽을 사(死), 소리칠 호(嘑), 그럴 이(爾), 어조사 이(而), 줄 여(與), 갈 행(行), 길 도(道), 어조사(~하는) 지(之), 받을 수(受)

蹴爾而與之(축이이여지) 乞人不屑也(걸인불설야)

▶ 발로 차듯이[蹴爾而] 그것들을[之] 준다면[與] 거지도[乞人] 달갑게 여기지 않는 것[不屑]이다[也].

축이이여지걸인불설야(蹴爾而與之乞人不屑也)는 一簞食一豆羹得之則生弗得則死蹴爾而與之乞人不屑也에서 되풀이되는 내용인 일단사일두갱득지즉생불득즉사(一簞食一豆羹得之則生 得得則死)를 생략한 어투로, 蹴爾而與之乞人不屑也만 남아 조건의 종속절과 주절만 있는 셈이다. 축이이여지(蹴爾而與之)에서 축이이(蹴爾而)는 〈줄 여(與)〉를 꾸며주는 부사구이다. 축이(蹴爾)는 축연(蹴然)과 같다. 멸시하는 모습으로 발짓으로 밀어주는 모습이 축이(蹴爾)이다. 처먹어라 발짓으로 밀어주면서[蹴爾] 그것들을[之] 준다[與]고 새긴다. 물론 蹴爾而與之의 이(爾)는 여기서 〈그럴 연(然)〉과 같고, 지(之)는 일단사(一簞食) 일두갱(一豆羹)을 나타내는 지시대명사이다. 사(食)는 발음에 주의해야 한다. 〈먹을 식(食), 밥 사(食), 먹여줄 사(食)〉

걸인불설야(乞人不屑也)는 〈AB也〉꼴로 영어의 2형식 문장과 같다. 〈A(乞人)는 B(不屑)하는 것이다[也]〉 乞人不屑也에서 걸인(乞人)은 주어이고, 불설(不屑)은 보어이며, 야(也)는 구문을 결정짓는 어조사(~이다)이다. 물론 乞人不屑也는 乞人不屑之也에서 되풀이되는 〈그것 지(之)〉를 생략한 어투이다. 乞人不屑也의 설(屑)은 여기서 〈조촐할 결(潔)〉과 같고, 불설(不屑)은 좋아하지 않는다[不好]는 뜻이다.

삶을 구차스럽게 구걸하지 않는 것은 삶이란 소중하고 숭고한 까닭이다. 삶이란 천명(天命)이므로 하늘이 물려준 그 삶을 내가 천하게 할 수 없다. 맹자가 밝히는 의(義)는 곧 삶을 당당하고 떳떳이 하는 마음가짐이요, 그 마음가짐을 실천하는 마땅함이다. 그런 마땅함을 버린 삶은 성선(性善)을 저버리고 인간의 소욕(所欲)이 짓는 불의(不義)임을 맹자가 밝히고, 사람이 사람을 천하게 할 수 없음을 또한 밝히고 있다. 인개유지(人皆有之)는 곧 인간에게 마음의 바탕은 누구나 다 성선(性善)임을 밝힌 맹자의 정신이다. 이는 마치 불성(佛性)은 편재(遍在)한다는 불교(佛教)와 통한다.

발로 찰 축(蹴), 그럴 이(爾), 어조사 이(而), 줄 여(與), 그것 지(之), 거지 걸(乞), 아니 불(不), 달갑게 여길 설(屑), ~이다 야(也)

【문지(聞之) 3】

만종즉불변례의이수지(萬鍾則不辨禮義而受之)

【원문(原文)】

萬鍾則不辨禮義而受之하니 萬鍾이 於我何加焉이리오 爲宮室之美와 妻妾之奉이 所識窮乏者得我與인가 鄕爲身엔 死而不受다가 今爲宮室之美하야 爲之하고 鄕爲身엔 死而不受다가 今爲妻妾之奉하야 爲之하며 鄕爲身엔 死而不受다가 今爲所識窮乏者得我而爲之하나니 是亦不可以已乎아 此之謂失其本心이다

만종즉불변례의이수지 만종 어아하가언 위궁실지미 처첩지봉 소식궁핍자득아여 향위신 사이불수 금위궁실지미 위지 향위신 사이불수 금위처첩지봉 위지 향위신 사이불수 금위소식궁핍자득아이위지 시역불가이이호 차지위실기본심

【해독(解讀)】

"만종록(萬鍾祿)이라면 곧장 예나 의를 가리지 않고서 그것을 받는다[萬鍾則不辨禮義而受之]. 만종이 자기에게 무엇을 더해줄 것인가[萬鍾於我何加焉]? 사는 집의 아름다움을 위함인가[爲宮室之美]? 아내와 첩의 받듦을 위해서인가[妻妾之奉]? 아는 바 궁하고 가난한 사람이 자기를 탐하게 하려는 것인가[所識窮乏者得我與]? 예전엔 자신을 위해 죽어도 (만종을) 받지 않더니[鄕爲身死而不受] 지금은 사는 집의 아름다움 위하여 그것을 받고[今爲宮室之美爲之], 예전엔 자신을 위해 죽어도 (만종을) 받지 않더니[鄕爲身死而不受] 지금은 아내와 첩의 받듦을 위하여 그것을 받고[今爲妻妾之奉爲之], 예전엔 자신을 위해 죽어도 (만종을) 받지 않더니[鄕爲身死而不受] 지금은 (자기를) 아는 바 궁하고 가난한 사람이 자기를 탐하기를 위해서 그것을 받는다[今爲所識窮乏者得我而爲之]. 이런 짓들은 또한 그만둘 수 없는 것인가[是亦不可以已乎]? 이런 짓들을 제 본래 마음을 잃어버림이라 일컫는다[此之謂失其本心]."

【담소(談笑)】

萬鍾則不辨禮義而受之(만종즉불변례의이수지)

▶ **만종록(萬鍾祿)이라면[萬鍾] 곧장[則] 예나[禮] 의를[義] 가리지 않고[不辨]서[而] 그것을[之] 받는다[受].**

만종즉불변례의이수지(萬鍾則不辨禮義而受之)는 〈A則B〉꼴로 영어의 복문과 같다. 즉(則)을 중심으로 앞은 양보 내지 조건의 종속절이고, 뒤는 주절이다. 그러니 萬鍾則不辨禮義而受之에서 만종(萬鍾)은 조건절처럼 여기고, 불변례의이수지(不辨禮義而受之)를 주절로 여긴다. 〈A(萬鍾)라면 곧[則]

B(不辨禮義而受之)한다〉

만종(萬鍾)은 〈A則B〉꼴 앞(A)에 있으므로 만종이라면[萬鍾]으로 새긴다. 만종(萬鍾)은 아주 많은 봉록(俸祿)을 말한다. 1종(一鍾)은 6석(石) 4두(斗)이니 엄청난 봉록이다. 봉록이란 요샛말로 한다면 연봉(年俸)에 해당한다.

불변례의이수지(不辨禮義而受之)는 萬鍾則不辨禮義而受之에서 주절이다. 不辨禮義而受之는 불변례의(不辨禮義)와 수지(受之)가 연접의 어조사인 이(而)로 연결되어 있고, 영어의 3형식 문장이 둘 있는 중문과 같다. 〈불변례의(不辨禮義)한다. 그리고[而] 수지(受之)한다〉고 새겨보면 不辨禮義而受之의 문맥이 잡힌다. 불변례의(不辨禮義)는 주어가 생략되었고, 예의(禮義)는 변(辨)의 목적어이며, 불(不)은 변(辨)을 부정하는 부정사(否定詞)이다. 변(辨)은 〈분별할 별(別)〉과 같고 분변(分辨)의 줄임말로 여기고 새긴다. 수지(受之)에서 지(之)는 수(受)의 목적어이고, 앞에 나온 만종(萬鍾)을 대신하는 지시대명사이다.

일만 만(萬), 6석(石) 4두(斗) 종(鍾), 곧 즉(則), 예의 례(禮), 옳음 의(義), 그리고 이(而), 받을 수(受), 그것 지(之)

萬鍾於我何加焉(만종어아하가언)

▶ 만종이[萬鍾] 자기[我]에게[於] 무엇을[何] 더해줄 것[加]인가[焉]?

만종어아하가언(萬鍾於我何加焉)은 何萬鍾加於我焉에서 주어인 만종(萬鍾)과 부사구인 어아(於我)를 전치한 어투로, 영어의 3형식 의문문과 같다. 萬鍾於我何加焉에서 하(何)는 의문사로 가(加)의 목적어이고, 어(於)는 간접목적격 토씨(~에게) 구실을 하는 어조사이며, 아(我)는 〈나 아(我)〉보다 〈자기 아(我)〉로 새겨야 문맥에 더 걸맞고, 언(焉)은 야(也)보다 단호하게 구문을 결정짓는 어조사로 〈의문사 하(何)〉와 함께 있으면 〈~인가 언(焉)〉으로 새긴다.

일만 만(萬), 6석(石) 4두(斗) 종(鍾), ~에게 어(於), 나(자기) 아(我), 무엇 하(何), 더해줄 가(加), ~인가 언(焉)

爲宮室之美(위궁실지미)

▶ 사는 집[宮室]의[之] 아름다움을[美] 위하여[爲](인가?)

위궁실지미(爲宮室之美)는 爲宮室之美受之與에서 문맥으로 보충될 수 있는 내용인 수지여(受之與)를 생략하여, 수지여(受之與)에서 타동사인 수(受)를 꾸며주는 부사구인 爲宮室之美만 남은 어투이다. 이처럼 한문투는 반복되거나 문맥으로 보충될 수 있는 내용이라면 사정없이 생략해버리는 어투가 극심한 편이다. 그러나 생략된 부분을 보충해주면 우리말로 한문투의 문의를 얻는 데 도움이 된다. 그래서 爲宮室之美를 사는 집[宮室]의[之] 아름다움[美] 위하여[爲]로만 새기는 것보다, 爲宮室之美受之與로 여기고 사는 집[宮室]의[之] 아름다움[美]을 위하여[爲] 만종을[之] 받는다는 것[受]인가?[與]로 새기면 爲宮室之美의 문의가 더 분명히 드러나게 된다.

위하여 위(爲), 집 궁(宮), 집 실(室), ~의 지(之), 아름다움 미(美)

妻妾之奉(처첩지봉)

▶ **아내와[妻] 첩[妾]의[之] 받듦을[奉] (받고자인가?)**

처첩지봉(妻妾之奉)은 爲妻妾之奉受之與에서 문맥으로 보충될 수 있는 내용인 위(爲)와 수지여(受之與)를 생략하여, 수지여(受之與)에서 타동사인 수(受)를 꾸며주는 부사구인 妻妾之奉만 남은 어투이다. 그러나 우리말로 새겨 문맥을 잡을 때는 생략된 부분을 보충해주면 우리말로 문의를 얻는 데 도움이 된다. 그래서 처첩(妻妾)의[之] 받듦[奉]만 새기는 것보다, 爲妻妾之奉受之與로 여기고 아내와[妻] 첩[妾]의[之] 받듦을[奉] 위하여[爲] 만종을[之] 받는다는 것[受]인가?[與]로 妻妾之奉을 새기면 妻妾之奉의 문의가 더 분명히 드러나게 된다. 妻妾之奉의 봉(奉)은 〈받들 사(事)〉와 같고 봉사(奉事)의 줄임말로 여기고 새긴다. 특히 妻妾之奉 같은 어투에서는 〈A之B〉꼴을 상기하여 허사인 지(之)를 잘 살펴서 새길 필요가 있다.

한문투에서 지(之)만큼 문맥을 잡는 데 혼란스럽게 하는 허사도 없다. 그런 지(之)이니 다음 5가지 정도는 잘 정리해두어야 문맥을 잡는 데 편하다. 〈A가[之] B = 주격 토씨, A의[之] B = 소유격 토씨, A를[之] B = 목적격 토씨, A한[之] B = A를 형용사로 만든다, B한[之] A = B를 형용사로 만든다〉 물론 〈A之B〉에서 지(之)는 문맥에 따라 자유롭게 토씨[格] 구실을 한다고 여기면 편하다. 그리고 지시대명사인 경우가 매우 빈번하고, 지(之)는 〈갈 거(去)〉와 같은 뜻의 동사로도 쓰인다.

아내 처(妻), 첩 첩(妾), ~의 지(之), 받들 봉(奉)

所識窮乏者得我與(소식궁핍자득아여)

▶ (자기를) 아는[識] 바[所] 궁하고[窮] 가난한[乏] 사람이[者] 자기를[我] 탐하게 하려는 것[得]인가[與]?

소식궁핍자득아여(所識窮乏者得我與)는 영어의 3형식 의문문과 같다. 所識窮乏者得我與에서 소식궁핍(所識窮乏)은 자(者)를 꾸며주는 형용사절이고, 자(者)는 타동사인 득(得)의 주어이며, 아(我)는 득(得)의 목적어이고, 여(與)는 완곡한 의문문을 결정짓는 어조사(~인가)이다. 所識窮乏者得我與에서 소식(所識)은 기소식지인(己所識之人)의 줄임말로 관용어처럼 여기고 새긴다. 자기를[己] 알아주는[識] 바[所]의[之] 사람[人]이니 소식[所識]은 자기를 알아주는 사람[所識]을 뜻한다. 궁핍자(窮乏者)는 극히 가난한[窮乏] 사람[者]을 뜻하고, 궁핍(窮乏)은 극빈(極貧)과 같은 말이다. 所識窮乏者得我與의 득(得)은 〈탐할 탐(貪)〉과 같다. 나한테서 이득을 보려고 함이 곧 득아(得我)이다.

그리고 소식궁핍자득아(所識窮乏者得我) 같은 어투에서는 소식궁핍자(所識窮乏者)의 어투 때문에 문맥 잡기가 어렵다. 소식궁핍자(所識窮乏者)는 기소식지자이궁핍자(己所識之者而窮乏者)가 줄어든 꼴임을 알아채야 겨우 문맥이 잡힌다. 자기를[己] 아는[識] 바[所]의[之] 사람[者]이며[而] 궁하고[窮] 가난한[乏] 사람[者].

만종(萬鍾)이란 엄청난 녹봉(祿俸)을 예로 들어 유심어생자(有甚於生者)의 심자(甚者)를 맹자가 쉽게 풀어주고 있는 중이다. 삶[生]보다[於] 심한[甚] 것[者]이란 곧 물욕(物欲)임을 알 수 있다. 말하자면 일단사(一簞食) 일두갱(一豆羹)으로 만족하지 못하고 삶을 호화롭게 하겠다는 탐욕(貪欲)이 결국 삶[生]을 천하게 함을 밝히고 있다. 맹자가 아무리 밝힌들 우리 소인들은 물욕으로 삶을 짓밟기를 마다하지 않는다. 소인회토(小人懷土)를 맹자가 서글퍼하고 있다. 소인배는[小人] 땅을[土] 품는다[懷].

바 소(所), 알 식(識), 궁할 궁(窮), 가난할 핍(乏), 놈 자(者), 탐할 득(得), 나(자기) 아(我), ~인가 여(與)

鄕爲身死而不受(향위신사이불수) 今爲宮室之美爲之(금위궁실지미위지)

▶ 예전엔[鄕] 자신을[身] 위해[爲] 죽어[死]도[而] (만종을) 받지 않더니[不受] 지금은[今] 사는 집[宮室]의[之] 아름다움을[美] 위하여[爲] 그것을[之] 받는다[爲].

향위신사이불수금위궁실지미위지(鄕爲身死而不受今爲宮室之美爲之)는 鄕爲身死而不受 而今爲宮室之美爲之에서 역접의 어조사인 〈그러나 이(而)〉를 생략하고 하나로 묶은 어투이지만, 영어의 중문처럼 여기고 새기면 문맥이 잡힌다. 시점을 나타내주는 〈옛 향(鄕)〉과 〈이제 금(今)〉을 주목해도 두 구문으로 나눌 수 있음을 알아챌 수 있다.

향위신사이불수(鄕爲身死而不受)는 鄕爲身死而不受之에서 문맥으로 보충될 수 있는 지시대명사인 〈그것 지(之)〉를 생략한 어투로, 영어의 중문처럼 여기고 새기면 문맥이 잡힌다. 鄕爲身死而不受에서 향(鄕)은 〈예전 향(鄕)〉으로 시간의 부사이고, 위신(爲身)은 목적의 부사구이며, 사(死)는 자동사이고, 이(而)는 어조사(~도)이며, 불수지(不受之)의 지(之)는 지시대명사인 〈그것 지(之)〉로 수(受)의 목적어이므로, 鄕爲身死而不受는 영어의 1형식 문장과 3형식 문장으로 이루어진 중문과 같다. 그리고 鄕爲身死而不受에서 위신(爲身)의 위(爲)는 영어의 전치사 for와 같은 어조사이다. 자신을[身] 위하여[爲].

금위궁실지미위지(今爲宮室之美爲之)는 영어의 중문처럼 새기면 문맥이 잡힌다. 今爲宮室之美爲之에서 금(今)은 〈이제 금(今)〉으로 시간의 부사이고, 위궁실지미(爲宮室之美)는 목적의 부사구이며, 위지(爲之)의 위(爲)는 타동사이고 〈받을 수(受)〉와 같고, 지(之)는 지시대명사인 〈그것 지(之)〉로 위(爲)의 목적어이므로, 今爲宮室之美爲之는 영어의 3형식 문장과 같다. 그리고 今爲宮室之美爲之에서 위궁실지미(爲宮室之美)의 위(爲)는 영어의 전치사 for와 같은 어조사이고, 위지(爲之)의 위(爲)는 타동사이다. 이처럼 한문투에선 품사가 따로 있는 것이 아니라 구문 안에서 자유롭게 품사 구실을 한다. 이런 점에서 한문투는 비문법(非文法)의 어투로 생각해두는 편이 것하다.

위(爲)를 다음과 같이 정리해두면 한문투의 문맥을 잡아 문의를 건져내는 데 편하다. 〈할 위(爲) = 조(造), 생각할 위(爲) = 사(思), 하여금 위(爲) = 사(使), 만들 위(爲) = 산(産), 이룰 위(爲) = 성(成), 배울 위(爲) = 학(學), 다스릴 위(爲) = 치(治), 도울 위(爲) = 조(助), 호위할 위(爲) = 호(護), 칭할 위(爲) = 칭(稱)〉 이 외에도 문맥에 따라 다양한 뜻을 구사하는 것이 위(爲)〉이다. 이처럼 한문투에서 위(爲)를 영어에서 온갖 동사들을 대신해 대리동사인 do와 같다고 여겨도 된다. 그리고 위(爲)는 뜻없는 어조사이기도 하고, 소이(所以)와 같은 구실을 하여 〈까닭 위(爲)〉이기도 하며, 〈爲A所B〉꼴에서 위(爲)는 영어의 수동태의 be동사와 같이 여기고 B는 과거분사처럼 여기고 새긴다. 〈A에 의해서 B하여진 바[所]이다[爲]〉

옛 향(鄕), 위하여 위(爲), 자신 신(身), 죽을 사(死), 어조사 이(而), 아니 불(不), 받을 수(受), 이제 금(今), 집 궁(宮), 집 실(室), ~의 지(之), 아름다움 미(美), 받을 위(爲), 그것 지(之)

鄕爲身死而不受(향위신사이불수) 今爲妻妾之奉爲之(금위처첩지봉위지)

▶ **예전엔[鄕] 자신을[身] 위해[爲] 죽어[死]도[而] (만종을) 받지 않더니[不受], 지금은[今] 아내와[妻] 첩[妾]의[之] 받듦을[奉] 위하여[爲] 그것을[之] 받는다[爲].**

향위신사이불수금위처첩지봉위지(鄕爲身死而不受今爲妻妾之奉爲之)는 鄕爲身死而不受 而今爲妻妾之奉爲之에서 역접의 어조사인 〈그러나 이(而)〉를 생략하고 하나로 묶은 어투이지만, 영어의 중문처럼 여기고 새기면 문맥이 잡힌다. 시점을 나타내주는 〈옛 향(鄕)〉과 〈이제 금(今)〉을 주목해도 두 구문으로 나눌 수 있음을 알아챌 수 있다.

향위신사이불수(鄕爲身死而不受)는 鄕爲身死而不受之에서 문맥으로 보충될 수 있는 지시대명사인 〈그것 지(之)〉를 생략한 어투로, 영어의 중문처럼 여기고 새기면 문맥이 잡힌다. 鄕爲身死而不受에서 향(鄕)은 〈예전 향(鄕)〉으로 시간의 부사이고, 위신(爲身)은 목적의 부사구이며, 사(死)는 자동사이고, 이(而)는 어조사(~도)이며, 불수지(不受之)의 지(之)는 지시대명사인 〈그것 지(之)〉로 수(受)의 목적어이므로, 鄕爲身死而不受는 영어의 1형식 문장과 3형식 문장으로 이루어진 중문과 같다. 그리고 鄕爲身死而不受

에서 위신(爲身)의 위(爲)는 영어의 전치사 for와 같은 어조사이다. 자신을[身] 위하여[爲].

금위처첩지봉위지(今爲妻妾之奉爲之)는 영어의 3형식 문장처럼 새기면 여기고 문맥이 잡힌다. 今爲妻妾之奉爲之에서 금(今)은 〈이제 금(今)〉으로 시간의 부사이고, 위처첩지봉(爲妻妾之奉)은 목적의 부사구이며, 위지(爲之)의 위(爲)는 타동사이고 〈받을 수(受)〉와 같고, 지(之)는 지시대명사인 〈그것 지(之)〉로 위(爲)의 목적어이므로, 今爲妻妾之奉爲之는 영어의 3형식 문장과 같다. 그리고 今爲妻妾之奉爲之에서 위궁실지미(爲妻妾之奉)의 위(爲)는 영어의 전치사 for와 같은 어조사이고, 위지(爲之)의 위(爲)는 타동사이다. 이처럼 한문투에선 품사가 따로 있는 것이 아니라 구문 안에서 자유롭게 품사 구실을 하는 편이다. 이런 점에서 한문투를 비문법(非文法)의 어투로 생각해두는 것이 편하다.

> 옛 향(鄕), 위하여 위(爲), 자신 신(身), 죽을 사(死), 어조사 이(而), 아니 불(不), 받을 수(受), 이제 금(今), 아내 처(妻), 첩 첩(妾), ~의 지(之), 받듦 봉(奉) 받을 위(爲), 그것 지(之)

鄕爲身死而不受(향위신사이불수) 今爲所識窮乏者得我而爲之(금위소식궁핍자득아이위지)

▶ 예전엔[鄕] 자신을[身] 위해[爲] 죽어[死]도[而] (만종을) 받지 않더니[不受], 지금은[今] (자기를) 아는[識] 바[所] 궁하고[窮] 가난한[乏] 사람이[者] 자기를[我] 탐하기를[得] 위해서[爲而] 그것을[之] 받는다[爲].

향위신사이불수금위소식궁핍자득아이위지(鄕爲身死而不受今爲所識窮乏者得我而爲之)는 鄕爲身死而不受 而今爲所識窮乏者得我而爲之에서 역접의 어조사인 〈그러나 이(而)〉를 생략하고 하나로 묶은 어투이지만, 영어의 중문처럼 새기면 문맥이 잡힌다. 시점을 나타내주는 〈옛 향(鄕)〉과 〈이제 금(今)〉을 주목해도 두 구문으로 나눌 수 있음을 알아챌 수 있다.

향위신사이불수(鄕爲身死而不受)는 鄕爲身死而不受之에서 문맥으로 보충될 수 있는 지시대명사인 〈그것 지(之)〉를 생략한 어투로, 영어의 중문처럼 새기면 문맥이 잡힌다. 鄕爲身死而不受에서 향(鄕)은 〈예전 향(鄕)〉으로 시간의 부사이고, 위신(爲身)은 목적의 부사구이며, 사(死)는 자동사이고,

이(而)는 어조사(~도)이며, 불수지(不受之)의 지(之)는 지시대명사인 〈그것 지(之)〉로 수(受)의 목적어이므로, 鄕爲身死而不受는 영어의 1형식 문장과 3형식 문장으로 이루어진 중문과 같다. 그리고 鄕爲身死而不受에서 위신(爲身)의 위(爲)는 영어의 전치사 for와 같은 어조사이다. 자신을[身] 위하여[爲].

금위소식궁핍자득아이위지(今爲所識窮乏者得我而爲之)는 금위소식궁핍자득아(今爲所識窮乏者得我)까지를 목적절로 보고, 위지(爲之)를 주절로 삼아 영어의 복문과 같은 어투로 새기면 문맥이 잡힌다. 今爲所識窮乏者得我而爲之에서 금(今)은 〈이제 금(今)〉으로 시간의 부사이고, 위소식궁핍자득아(爲所識窮乏者得我)는 목적의 부사절이며, 이(而)는 말을 잇는 발어사이므로 무시해도 되고, 위지(爲之)의 위(爲)는 타동사로 〈받을 수(受)〉와 같고, 지(之)는 지시대명사인 〈그것 지(之)〉로 위(爲)의 목적어이므로, 今爲所識窮乏者得我而爲之는 영어의 복문과 같다. 그리고 今爲所識窮乏者得我에서 위(爲)는 영어의 In order that과 같은 어조사로, 위지(爲之)의 위(爲)는 타동사이다. 이처럼 한문투에선 품사가 따로 있는 것이 아니라 구문 안에서 자유롭게 품사 구실을 하는 어투임을 위(爲)로도 알 수 있다. 所識窮乏者得我에서 소식(所識)은 기소식지인(己所識之人)의 줄임말로 관용어처럼 된 말이다. 자기를[己] 알아주는[識] 바[所]의[之] 사람[人]이니 소식(所識)은 자기를 알아주는 사람[所識]을 뜻한다. 궁핍자(窮乏者)는 극히 가난한[窮乏] 사람[者]을 뜻하고, 궁핍(窮乏)은 극빈(極貧)과 같은 말이다. 所識窮乏者得我與의 득(得)은 〈탐할 탐(貪)〉과 같다. 나한테서 이득을 보려고 함이 곧 득아(得我)이다. 그리고 소식궁핍자득아(所識窮乏者得我) 같은 어투에서는 소식궁핍자(所識窮乏者)의 어투 때문에 문맥 잡기가 어렵다. 소식궁핍자(所識窮乏者)는 기소식지자이궁핍자(己所識之者而窮乏者)를 줄인 것임을 알아채야 겨우 문맥이 잡힌다. 자기를[己] 아는[識] 바[所]의[之] 사람[者]이며[而] 궁하고[窮] 가난한[乏] 사람[者].

옛 향(鄕), 위하여 위(爲), 자신 신(身), 죽을 사(死), 어조사 이(而), 아니 불(不), 받을 수(受), 이제 금(今), 바 소(所), 알 식(識), 궁할 궁(窮), 가난할 핍(乏), 놈 자(者), 탐할 득(得), 나(자기) 아(我), 그리고 이(而), 받을 위(爲), 그것 지(之)

是亦不可以已乎(시역불가이이호)

▶ 이런 짓들은[是] 또한[亦] 그칠[已] 수 없는 것[不可以]인가[乎]?

시역불가이이호(是亦不可以已乎)는 영어의 1형식 의문문과 같다. 是亦不可以已乎에서 시(是)는 앞서 나온 3가지 내용을 묶어서 나타내는 지시어로 주어이며, 역(亦)은 어조사이고, 불가이(不可以)는 자동사인 이(已)를 부정하는 부정사(否定詞)이고, 이(已)는 〈그칠 지(止)〉와 같고, 호(乎)는 의문문을 결정짓는 어조사(~인가)이다.

> 이것들 시(是), 또한 역(亦), 아니 불(不), 가할 가(可), 할 이(以), 그칠 이(已), ~인가 호(乎)

此之謂失其本心(차지위실기본심)

▶ 이 짓들[此]을[之] 제[其] 본래[本] 마음을[心] 잃어버림이라[失] 일컫는다[謂].

차지위실기본심(此之謂失其本心)은 〈謂AB〉꼴로 영어의 5형식 문장과 같다. 〈A(此)를 B(失其本心)이라고 일컫는다[謂]〉 此之謂失其本心은 人謂此失其本心에서 일반주어인 인(人)을 생략하고, 위(謂)의 목적어인 차(此)를 전치시키면서 차지(此之)로 한 셈이다. 따라서 차지(此之)의 지(之)를 목적격 토씨(~를)인 허사로 보고, 실기본심(失其本心)은 목적격 보어로 새기면, 此之謂失其本心의 문맥이 잡힌다.

맹자의 말씀을 경청하다보면 왜 조선조 유림들이 불교를 배척했는지 모를 일이다. 맹자가 말하는 본심(本心)이나 불교에서 말하는 불성(佛性)이나 다를 바가 없다. 다만 유가(儒家)는 군자(君子)와 소인(小人)으로 나누고 불교(佛敎)는 보살(菩薩)과 범부(凡夫)로 나누지만, 군자든 소인이든 본심은 다 같고 보살이든 범부이든 불성을 다 같다 하니, 도를 두고 말한다면 다른 길은 아닌 셈이다. 맹자가 물욕을 질타하는 모습을 보면 노자의 길로도 통하고 선가의 길로도 통한다. 하여튼 맹자는 물욕을 질타하는 중이다.

> 이것들 차(此), 어조사(~를) 지(之), 일컬을 위(謂), 잃을 실(失), 그 기(其), 본래 본(本), 마음 심(心)

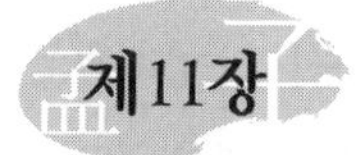

제11장

11장은 맹자가 인의(仁義)를 간명하게 정언(正言)하는 장이다. "인인심(仁人心) 의인로(義人路)"란 말씀보다 더 간명한 정언을 만나기 어렵다. 앞 장에서 살펴본 소욕(所欲) 탓으로 인의(仁義)를 저버린 마음을 맹자가 방심(放心)이라고 정해두고 있다. 방심(放心)하지 말라. 이는 사물(事物)에 주의하란 말이 아니다. 마음이 인의(仁義)를 떠나지 말라 함이다. 이를 이 장에서 잘 새김질할 수 있고, 동북아문화권에서 구축한 학문(學問)의 길[道]이 어디서 시원(始原)하는지 헤아려보게 하는 장이다.

【문지(聞之)】

학문지도무타(學問之道無他)

【원문(原文)】

孟子曰 仁은 人心也이고 義는 人路也이다 舍其路而弗由이고 放
맹 자 왈 인 인 심 야 의 인 로 야 사 기 로 이 불 유 방
其心而不知求하니 哀哉라 人이 有鷄犬이 放則知求之하되 有放
기 심 이 부 지 구 애 재 인 유 계 견 방 즉 지 구 지 유 방
心而不知求하니 學問之道에 無他이다 求其放心而已矣이다
심 이 부 지 구 학 문 지 도 무 타 구 기 방 심 이 이 의

【해독(解讀)】

맹자가 말했다[孟子曰]. "어짊은 사람의 마음이고[仁人心也], 옳음은 사람의 길이다[義人路也]. 그 길을 버리고서 (그 길을) 따르지 않고[舍其路而弗由], 그 마음을 놓아버리고서 (그 마음을) 구할 줄 모르니 슬픈 일이로다[放其心而不知求哀哉]. 사람들은 또 닭이나 개를 내놓으면 곧 그것들을 찾아낼 줄 알지만[人有鷄犬放則知求之], (사람들은) 또 마음을 내놓고서도 (마음을) 찾을 줄 모른다[有放心而不知求]. 학문의 길에는 다른 길은 없다[學問之道無他]. (학문의 길이란) 인간들이 내쳐버린 마음을 찾는 것일 뿐이다[求其放心而已矣]."

【담소(談笑)】

仁人心也(인인심야)

▶ 어짊은[仁] 사람의[人] 마음[心]이다[也].

인인심야(仁人心也)는 〈AB也〉꼴로 영어의 2형식 문장과 같다. 〈A(仁)는 B(人心)이다[也]〉 仁人心也는 仁人之心也에서 어조사 토씨(~의) 구실을 하는 지(之)를 생략한 어투로, 인(仁)은 주어이고, 인심(人心)은 보어이며, 야(也)는 구문을 결정짓는 어조사(~이다)이다.

어짊 인(仁), 사람 인(人), 마음 심(心), ~이다 야(也)

義人路也(의인로야)

▶ 옳음은[義] 사람의[人] 길[路]이다[也].

의인로야(義人路也)는 〈AB也〉꼴로 영어의 2형식 문장과 같다. 〈A(義)는 B(人路)이다[也]〉 義人路也는 義人之路也에서 어조사 토씨(~의) 구실을 하는 지(之)를 생략한 어투로, 의(義)는 주어이고, 인로(人路)는 보어이며, 야(也)는 구문을 결정짓는 어조사(~이다)이다.

옳음 의(義), 사람 인(人), 길 로(路), ~이다 야(也)

舍其路而弗由(사기로이불유)

▶ 그[其] 길을[路] 버리고[舍]서[而] (그 길을) 따르지[由] 않는다[弗]

사기로이불유(舍其路而弗由)는 人舍其路而人弗由之에서 되풀이되는 일반주어인 인(人)과 문맥으로 보충될 수 있는 기로(其路)를 대신하는 지시대명사 지(之)를 생략한 어투로, 연접의 연사인 이(而)로 이어지므로 영어의 중문과 같다. 舍其路而弗由에서 사(舍)는 타동사이고, 기로(其路)는 사(舍)의 목적어가 되므로 사기로(舍其路)는 영어의 3형식 문장과 같고, 불(弗)은 유(由)를 부정하는 부정사(否定詞)이고, 유(由)가 타동사이므로 불유(弗由) 역시 목적어가 생략되어 있지만 영어의 3형식 문장과 같다. 舍其路而弗由에서 사(舍)는 〈내버릴 사(捨)〉와 같고, 기로(其露)의 기(其)는 의지로(義之路)의 의지(義之)를 대신하는 관형사이며, 불(弗)은 〈아니 불(不)〉과 같으며, 유(由)는 〈따를 종(從)〉과 같다.

버릴 사(舍), 그 기(其), 길 로(路), 그리고 이(而), 아닐 불(弗), 따를 유(由)

放其心而不知求哀哉(방기심이부지구애재)

▶ 그[其] 마음을[心] 놓아버리고[放]서[而] (그 마음을) 구할 줄[求] 모르니[不知] 슬픈 일[哀]이로다[哉].

방기심이부지구애재(放其心而不知求哀哉)는 〈AB哉〉꼴로 영어의 2형식 문장과 같다. 〈A(放其心而不知求)는 B(哀)로다[哉]〉 물론 放其心而不知求哀哉의 끝에 있는 어조사인 재(哉)를 주목하면 방기심이부지구(放其心而不知求)까지를 주부로 끊고, 애(哀)를 보어로 삼고, 재(哉)는 〈~이다 야(也)〉보다 어조를 강하게 하면서 구문을 결정짓는 구실을 한다고 여길 수 있다. 그리고 放其心而不知求哀哉에서처럼 주부인 A(放其心而不知求)가 길면 방기심이부지구(放其心而不知求) 시애재(是哀哉)처럼 새기는 편이 문맥 잡기가 쉽다. 방기심(放其心)하고 그리고[而] 부지구(不知求)한다. 이는[是] 애재(哀哉)처럼 문맥을 짚어보면 放其心而不知求哀哉의 문의가 잘 드러난다. 그러니 放其心而不知求 是哀哉에서 방기심이부지구(放其心而不知求)를 나타내는 지시어 시(是)를 생략한 어투가 放其心而不知求哀哉라고 여기고, 방(放)은 여기서 〈내버릴 기(棄)〉와 같고 방기(放棄)의 줄임말로 여긴다.

놓을 방(放), 그 기(其), 마음 심(心), 그리고 이(而), 아니 부(不), 알 지(知), 구할 구(求), 슬플 애(哀), 어조사(~도다) 재(哉)

人有鷄犬放則知求之(인유계견방즉지구지)

▶ 사람들은[人] 또[有] 닭이나[鷄] 개를[犬] 내놓으면[放] 곧[則] 그것들을[之] 찾아낼 줄[求] 안다[知].

인유계견즉지구지(人有鷄犬放則知求之)는 〈A則B〉꼴로 영어의 복문과 같다. 즉(則)을 중심으로 앞은 양보 내지 조건의 종속절이고, 뒤는 주절이다. 그러니 人有鷄犬放則知求之에서 인유계견방(人有鷄犬放)은 조건절처럼 여기고, 지구지(知求之)를 주절로 여긴다. 〈A(人有鷄犬放)라면 곧[則] B(知求之)한다〉

인유계견방(人有鷄犬放)에서 人有鷄犬放을 人放鷄犬처럼 고쳐 읽으면 문맥을 쉽게 잡을 수 있으며, 영어의 3형식 문장과 같다. 人有鷄犬放에서 유

(有)는 우리말에서 말을 하다가 에 · 또 등으로 발어사를 넣듯이 그런 역할을 하는 것이지 실사(實辭) 역할을 하는 것은 아니다. 계견(鷄犬)은 방(放)의 목적어를 전치시켜 어세를 더한 어투이니 人有鷄犬放을 人放鷄犬처럼 고쳐 새기면 문맥을 쉽게 잡을 수 있다. 人有鷄犬放의 유(有)는 여기서 〈또 우(又)〉 정도로 어조사로 보아도 되고, 방(放)은 〈내놓을 출(出)〉과 같고 방출(放出)의 줄임말로 여기고 새긴다.

지구지(知求之)는 人知求之에서 되풀이되는 주어인 인(人)을 생략한 영어의 3형식 문장과 같다. 知求之에서 지(知)는 타동사이고, 구(求)는 지(知)의 목적어이며, 지(之)는 계견(鷄犬)을 대신하는 지시대명사로 구(求)의 목적어이다. 知求之에서 지(知)는 〈알 식(識)〉과 같고, 구(求)는 〈찾을 색(索)〉과 같고 구색(求索)의 줄임말로 여긴다.

한문투에서 유(有)는 여러 가지 뜻을 나타낸다. 〈있을 유(有), 취할 유(有) = 취(取), 얻을 유(有), 가질 유(有) = 보(保), 친할 유(有) = 친(親), 또 유(有) = 우(又), 과연 유(有) = 과연(果然)〉 등이다.

또 유(有), 닭 계(鷄), 개 견(犬), 내놓을 방(放), 곧 즉(則), 알 지(知), 찾을 구(求), 그것들 지(之)

有放心而不知求(유방심이부지구)

▶ **(그러나 사람들은) 또[有] 마음을[心] 내놓고[放]서도[而] [마음을] 찾을 줄[求] 모른다[不知].**

유방심이부지구(有放心而不知求)는 人有放心 而人不知求之에서 되풀이되는 인(人)과 방심(放心)을 나타내는 지시대명사인 지(之)를 생략한 영어의 중문과 같다. 역접의 어조사인 〈그러나 이(而)〉로 영어의 3형식 문장 같은 두 구문이 이어진 문장이다. 有放心에서 유(有)는 〈또 우(又)〉와 같고 발어사이며, 방(放)은 〈내버릴 기(棄)〉와 같고 방기(放棄)의 줄임말로 여기고, 심(心)은 방(放)의 목적어이며 인의지심(仁義之心)으로 여기고 문의를 헤아리면 된다. 而不知求에서 이(而)는 역접의 어조사인 〈그러나 이(而)〉로 영어의 but과 같고, 지(知)는 〈알 식(識)〉과 같고 타동사이며, 구(求)는 〈찾을 색(索)〉과 같고 구색(求索)의 줄임말로 여긴다. 물론 而不知求의 이(而)를 영어의 접속사처럼 여기고 새겨도 된다.

또 유(有), 내놓을 방(放), 마음 심(心), 그리고 이(而), 아니 부(不), 찾을 구(求), 그것들 지(之)

學問之道無他(학문지도무타)

▶ 학문[學問]의[之] 길에는[道] 다른 것은[他] 없다[無].

학문지도무타(學問之道無他)는 學問之道無他道에서 되풀이되는 도(道)를 생략한 〈A無B〉꼴로 영어의 1형식 문장과 같다. 〈A(學問之道)에는 B(他)가 없다[無]〉 무(無)가 〈없을 무(無)〉로 자동사이면 주어를 그 뒤에 둔다고 여긴다. 學問之道無他에서 학문지도(學問之道)는 부사구이며, 무(無)는 자동사이고, 타(他)는 주어이다. 學問之道는 〈A之B〉에서 학문지(學問之)는 도(道)를 꾸미는 형용사구이고, 지(之)는 토씨 구실의 허사이다.

한문투에서 지(之)만큼 문맥을 잡는 데 혼란스럽게 하는 허사도 없다. 그런 지(之)이니 다음 5가지 정도는 잘 정리해야 문맥을 잡는 데 편하다. 〈A가[之] B = 주격 토씨, A의[之] B = 소유격 토씨, A를[之] B = 목적격 토씨, A한[之] B = A를 형용사로 만든다, B한[之] A = B를 형용사로 만든다〉 물론 〈A之B〉에서 지(之)는 자유롭게 문맥에 따라 토씨[格] 구실을 한다면 여기면 편하다. 그리고 지시대명사인 경우가 매우 빈번하게 나타나고, 지(之)는 〈갈 거(去)〉와 같은 뜻으로 동사가 되기도 한다.

배울 학(學), 물을 문(問), ~의 지(之), 길 도(道), 없을 무(無), 다른 것 타(他)

求其放心而已矣(구기방심이이의)

▶ (학문의 길이란) 인간들이[其] 내쳐버린[放] 마음을[心] 찾는 것[求]일 뿐이다[而已矣].

구기방심이이의(求其放心而已矣)는 주어인 A는 생략되어 있지만 〈AB也〉꼴을 매우 강하게 단언하는 어투로, 영어의 2형식 문장과 같다. 學問之道求其放心而已矣에서 주어인 학문지도(學問之道)가 되풀이되므로 생략되고 보어인 구기방심(求其放心)만 있고, 이이의(而已矣)는 하나의 관용어구로 이의(耳矣)와 같고 ~뿐이다 정도로 새긴다.

조선조에서 성리학(性理學)이 왜 기승을 부렸는지 알 만하다. 인의(仁義)를 내쳐버린 마음을 인의의 마음으로 되찾아내는 일을 유일한 학문(學問)의 길[道]로 여기고 치우쳐버렸으니, 마음을 소욕(所欲)으로 이끌어가는 사물을 천시하는 쪽으로 기울어져버려 곧 조선조 성리학이 공론(空論)으로 치달은 듯싶다. 맹자는 인의를 생활화하자고 했지 철학화하지 않았음을 유림(儒林)들이 외면했던 탓이다. 학자에 불과한 주자(朱子)의 말을 통해서 공맹(孔孟)을 들을 것이 아니라 성현(聖賢)인 공맹의 말씀과 직통했으면 오늘날에도 유가(儒家)는 깃발을 날릴 터이다. 주자망국(朱子亡國)이란 말은 공맹(孔孟)과는 아무런 관련이 없음을 여기서 알 수 있다.

찾을 구(求), 그 기(其), 내버린 방(放), 어조사 이(而), 그칠 이(已), ~이다 의(矣)

제12장

12장은 맹자가 방심(放心)을 아주 쉽게 풀어주는 장이다. 사람들은 손가락이 탈나면 큰 일인줄 알면서도 마음을 팽개쳐버리고도 그런 줄조차 모른다. 손가락이 중한지 마음이 중한지 한번 견주어보게 하는 장이다. 얼핏 들으면 별 것 아닌 이야기 같지만 헤아릴수록 우리를 부끄럽게 하는 장이다. 부지류(不知類) 이 한 마디가 우리를 꼼짝도 못하게 후려치는 장이다.

【문지(聞之)】

지불약인(指不若人)

【원문(原文)】

孟子曰 今有無名之指가 屈而不信이라도 非疾痛害事也이나 如
맹 자 왈 금 유 무 명 지 지 굴 이 불 신 비 질 통 해 사 야 여
有能信之者면 則不遠秦楚之路할터이니 爲指之不若人也이다
유 능 신 지 자 즉 불 원 진 초 지 로 위 지 지 불 약 인 야
指不若人 則知惡之하되 心不若人 則不知惡하니 此之謂不知
지 불 약 인 즉 지 오 지 심 불 약 인 즉 부 지 오 차 지 위 부 지
類也이다
류 야

【해독(解讀)】

맹자가 말했다[孟子曰]. "이제 또 무명지 손가락이 꼬부라져서 펴지지 않

는대서[今有無名之指屈而不信] 질병이나 통증이나 일을 방해함은 아닌 것이다[非疾痛害事也]. 만약 손가락을 잘 펼 수 있는 사람이 있다면[如有能信之者] 곧 진나라 초나라의 길도 (사람들은) 멀다 하지 않음은[則不遠秦楚之路] 손가락이 남들과 같지 않기 때문인 것이다[爲指之不若人也]. 손가락이 남들과 같지 않으면 곧 남들과 같지 않은 손가락을 싫어할 줄 안다[指不若人則知惡之]. (그러나) 마음이 남들과 같지 않으면 곧 (남들과 같지 않은 마음을) 싫어할 줄 모른다[心不若人則不知惡]. 이를 견주어 어느 것이 소중한지 따져볼 줄 모름이라 일컫는 것이다[此之謂不知類也]."

【담소(談笑)】

今有無名之指屈而不信(금유무명지지굴이불신) 非疾痛害事也(비질통해사야)

▶ 이제[今] 또[有] 약손가락이[無名之指] 꼬부라져[屈]서[而] 펴지지 않는대서[不信] 질병이나[疾] 통증이나[痛] 일을[事] 방해함은[害] 아닌 것[非]이다[也].

금유무명지지굴이불신비질통해사야(今有無名之指屈而不信非疾痛害事也)는 〈A非B也〉꼴로 영어의 2형식 문장과 같다. 〈A(今有無名之指屈而不信)는 B(非疾痛害事)이다[也]〉 今有無名之指屈而不信非疾痛害事也에서 금유무명지지굴이불신(今有無名之指屈而不信)까지는 주절로 주부이고, 비질통해사(非疾痛害事)는 술부로 비(非)는 보어이며 질통해사(疾痛害事)는 비(非)의 동격절이고, 야(也)는 구문을 결정짓는 어조사(~이다)이다.

금유무명지지굴이불신(今有無名之指屈而不信)에서 유(有)는 여기서 〈또 우(又)〉 정도로 어조사로 보아도 되고, 무명지지(無名之指)는 주어이며, 무명지(無名指)는 약손가락을 말하고, 굴(屈)은 자동사이며 〈굽을 곡(曲)〉과 같고, 이(而)는 연접의 연사(그리고)이고, 불(不)은 신(信)을 부정하는 부정사(否定詞)이며, 신(信)은 자동사이며 〈펼 신(伸)〉과 같다. 손가락이란 굴신(屈伸)이 자유롭다.

비질통해사야(非疾痛害事也)에서 비(非)는 불시(不是)와 같고 보어이며, 질(疾)은 비(非)의 동격이고 〈병 병(病)〉과 같고 질병(疾病)의 줄임말로 여기고 새기고, 통(痛)은 비(非)의 동격이며 〈아플 고(苦)〉와 같고 고통(苦痛)의 줄임말로 여기며, 해(害)는 비(非)의 동격이고 〈방해할 방(妨)〉과 같고 방해(妨害)의 줄임말로 여기고, 사(事)는 해(害)의 목적어이며 〈사건 건(件)〉과 같고 사건(事件)의 줄임말로 여긴다.

한문투에서 비(非)는 다양한 구실을 하면서 다양한 뜻을 나타낸다. 〈아닌 것 비(非) = 부시(不是), 그를 비(非) = 부정(不正), 나무랄 비(非) = 자(訾), 어길 비(非) = 위(違), 몹쓸 비(非) = 악(惡), 없을 비(非) = 무(無)〉

이제 금(今), 또 유(有), 없을 무(無), 이름 명(名), ~의 지(之), 손가락 지(指), 굽혀질 굴(屈), 그리고 이(而), 아니 불(不), 펼 신(信), 아닌 것 비(非), 아플 질(疾), 아플 통(痛), 해칠 해(害), 일 사(事), ~이다 야(也)

如有能信之者則不遠秦楚之路(여유능신지자즉불원진초지로) 爲指之不若人也(위지지불약인야)

▶ **만약[如] 손가락을[之] 펼[信] 수 있는[能] 사람이[者] 있다면[有] 진나라[秦] 초나라[楚]의[之] 길 도[路] (사람들은) 멀다 하지 않음은[不遠] 손가락[指]이[之] 남들과[人] 같지 않기[不若] 때문인 것[爲]이다[也].**

여유능신지자즉불원진초지로위지지불약인야(如有能信之者則不遠秦楚之路爲指之不若人也)는 구문을 결정짓는 야(也)까지를 한 구문으로 보아야 하지만, 如有能信之者則不遠秦楚之路爲指之不若人也에서 먼저 여유능신지자즉불원진초지로(如有能信之者則不遠秦楚之路)까지 문맥을 잡은 다음 위지지불약인야(爲指之不若人也)와 문맥을 연결하면 如有能信之者則不遠秦楚之路爲指之不若人也의 문의를 건지기 쉽다. 왜냐하면 如有能信之者則不遠秦楚之路 而不遠秦楚之路爲指之不若人也에서 되풀이되는 내용인 불원진초지로(不遠秦楚之路)를 생략한 어투가 如有能信之者則不遠秦楚之路爲指之不若人也이기 때문이다. 그러므로 여유능신지자즉불원진초지로시위지지불약인야(如有能信之者則不遠秦楚之路 是爲指之不若人也)로 여기고 새기면 문맥 잡기가 쉽다.

여유능신지자즉불원진초지로(如有能信之者則不遠秦楚之路)는 〈A則B〉꼴로 영어의 복문과 같다. 즉(則)을 중심으로 앞은 양보 내지 조건의 종속절이고, 뒤가 주절이다. 그러니 如有能信之者則不遠秦楚之路에서 여유능신지자(如有能信之者)는 〈만약 여(如)〉가 앞머리에 있으므로 조건절처럼 여기고, 불원진초지로(不遠秦楚之路)를 주절로 여긴다. 〈A(如有能信之者)하면 곧[則] B(不遠秦楚之路)한다〉 조건절인 如有能信之者에서 〈여(如)〉는 영어의 if와 같은 구실을 하고, 유(有)는 〈있을 유(有)〉로 자동사이며, 능신지(能信之)는 자(者)를 꾸미는 형용사구이고, 자(者)는 유(有)의 주어이다. 특히 능신지자(能信之者)는 〈A者〉꼴로 잘 정리해두면 한문투의 문맥을 잡는 데 편하다. 能信之者의 지(之)는 손가락[指]을 나타내는 지시대명사로 여기고 (굽은) 손가락을[之] 잘 펼 수 있는[能信] 사람[者]이라고 새긴다.

불원진초지로위지지불약인야(不遠秦楚之路爲指之不若人也)는 〈A爲B也〉꼴이다. 〈A(不遠秦楚之路)는 B(指之不若人) 때문인 것[爲]이다[也]〉 不遠秦楚之路爲指之不若人也에서 불원진초지로(不遠秦楚之路)는 주어이고, 위지지불약인(爲指之不若人)은 보어이며, 야(也)는 구문을 결정짓는 어조사(~이다)이다. 진나라 초나라 사이[秦楚]의[之] 길을[路] 멀다 하지 않는 것은[不遠] 손가락[指]이[之] 남들과[人] 같지 않기[不若] 때문인 것[爲]이다[也]. 不遠秦楚之路爲指之不若人也와 같은 어투에서 허사 지(之)를 잘 정리해두지 않으면 문맥 잡기가 쉽지 않다. 진초지로(秦楚之路)의 지(之)를 소유격 토씨(~의)로 새기고, 지지불약인(指之不若人)의 지(之)를 주격 토씨(~이)로 새기면, 우리말로 진초지로(秦楚之路)와 지지불약인(指之不若人)의 문맥을 잡을 수 있다.

위(爲)를 다음과 같이 정리하면 한문투의 문맥을 잡아 문의를 건지는 데 편하다. 〈할 위(爲) = 조(造), 생각할 위(爲) = 사(思), 하여금 위(爲) = 사(使), 만들 위(爲) = 산(産), 이룰 위(爲) = 성(成), 배울 위(爲) = 학(學), 다스릴 위(爲) = 치(治), 도울 위(爲) = 조(助), 호위할 위(爲) = 호(護), 칭할 위(爲) = 칭(稱)〉 이 외에도 문맥에 따라 다양한 뜻을 구사하는 것이 위(爲)이다. 이처럼 한문투에서 위(爲)를 영어에서 온갖 동사들을 대신하는 대리동사인 do와 같다고 여겨도 된다. 그리고 위(爲)는 뜻 없는 어조사이기도 하고, 소이(所以)와 같은 구실을 하여 〈까닭 위(爲)〉이기도 하며, 〈爲A所B〉꼴에서 위(爲)는 영어의 수동태의 be동사와 같고 B는 과거분사처럼 여기게 한다. 〈A에 의해서 B하여진 바[所]이다[(爲]〉

만약 여(如), 있을 유(有), 능할 능(能), 펼 신(信), 그것 지(之), 사람 자(者), 곧 즉(則), 아니 불(不), 멀 원(遠), 진나라 진(秦), 초나라 초(楚), ~의 지(之), 길 로(路)

指不若人則知惡之(지불약인즉지오지)

▶ 손가락이[指] 남들과[人] 같지 않으면[不若] 곧[則] 남들과 같지 않은 손가락을[之] 싫어할 줄[惡] 안다[知].

지불약인즉지오지(指不若人則知惡之)는 〈A則B〉꼴로 영어의 복문과 같다. 즉(則)을 중심으로 앞은 양보 내지 조건의 종속절이고, 뒤는 주절이다. 그러니 指不若人則知惡之에서 지불약인(指不若人)을 조건절처럼 여기고, 지오지(知惡之)를 주절로 여긴다. 〈A(指不若人)하면 곧[則] B(知惡之)한다〉 指不若人에서 지(指)는 주어이고, 약(若)은 타동사로 〈같을 유(猶)〉와 같으며, 知惡之에서 지(知)는 타동사이고, 오(惡)는 목적어이며, 지(之)는 오(惡)의 목적어이면서 손가락[指]을 나타내는 지시대명사이다. 그리고 知惡之의 오(惡)를 영어의 동명사처럼 여기면 지(之)가 오(惡)의 목적어임을 이해하기 쉽다. 오(惡)는 〈악할 악(惡), 싫어할 오(惡)〉로 발음에 주의해야 하는 글자이다.

> 손가락 지(指), 아니 불(不), 같을 약(若), 남들 인(人), 곧 즉(則), 알 지(知), 싫어할 오(惡), 그것 지(之)

心不若人則不知惡(심불약인즉부지오)

▶ 마음이[心] 남들과[人] 같지 않으면[不若] 곧[則] (남들과 같지 않은 마음을) 싫어할 줄[惡] 모른다[不知].

심불약인즉부지오(心不若人則不知惡) 역시 〈A則B〉꼴로 영어의 복문과 같다. 즉(則)을 중심으로 앞은 양보 내지 조건의 종속절이고, 뒤는 주절이다. 그러니 心不若人則不知惡에서 심불약인(心不若人)을 조건절처럼 여기고 부지오(不知惡)를 주절로 여긴다. 〈A(心不若人)하면 곧[則] B(不知惡)한다〉 心不若人에서 심(心)은 주어이고, 약(若)은 타동사이고 〈같을 유(猶)〉와 같으며, 부지오(不知惡)는 不知惡之에서 문맥으로 보충될 수 있는 내용이므로 심(心)을 나타내는 지시대명사인 지(之)를 생략한 어투이다. 不知惡에서 지(知)는 타동사이고, 오(惡)는 목적어이고 〈싫어할 혐(嫌)〉과 같고 혐오(嫌惡)의 줄임말로 여기고 새긴다. 오(惡)는 〈악할 악(惡), 싫어할 오(惡)〉로 발음을 주의해야 한다.

마음 심(心), 아니 불(不), 같을 약(若), 남들 인(人), 곧 즉(則), 알 지(知), 싫어할 오(惡)

此之謂不知類也(차지위부지류야)

▶ 이[此]를[之] 견주어 어느 것이 소중한지 따져볼 줄[類] 모름이라[不知] 일컫는 것[謂]이다[也].

차지위부지류야(此之謂不知類也)는 〈AB也〉꼴로 영어의 2형식 문장 같은 어투이지만, 구문을 결정짓는 〈어조사 야(也)〉를 무시하고 〈A之謂B〉꼴로 여기고 영어의 5형식 문장처럼 여기고 새겨도 문맥이 잡힌다. 〈A(此)를 B(不知類)라고 일컫는다[謂]〉 此之謂不知類也에서 차(此)는 위(謂)의 목적어인 차(此)를 전치시키면서 차지(此之)로 한 것이니 차지(此之)의 지(之)를 목적격 토씨(~를)인 허사로 보고, 부지류(不知類)는 목적격 보어로 여기고 새기면 此之謂不知類也의 문맥이 잡힌다. 此之謂不知類也에서 유(類)는 〈견줄 비(比)〉와 같고 유추(類推)의 줄임말로 여기고 새기면 문맥이 통한다. 무엇을 견주어 어느 것이 소중한지 따져볼 줄 모름을 일러 부지류(不知類)라 한다.

지금은 더 없을 만큼 부지류(不知類)의 세상이다. 얼굴이 예뻐야 행세를 하지 마음이 고와선 쪽박 들기 십상인 세상이다. 겉만 채비하고 속은 진탕처럼 팽개쳐두고 아자아자 고함치면서 너나나나 다투며 사는 세상이다. 마음이 소중하냐? 돈이 소중하냐? 견주어[類] 물어볼 것 없다. 돈이면 그만이지 마음이 무슨 밥 먹여주느냐고 너도 나도 삿대질한다. 그러니 마음과 사물을 견주어볼 줄 우리는 모두 잊었다. 그러니 우리는 틀림없이 부지류(不知類)의 군상(群像)이니 맹자의 말씀 앞에서 고개 들기가 천만근이다.

이 차(此), 어조사(~를) 지(之), 일컬을 위(謂), 아니 부(不), 알 지(知), 견줄 유(類), ~이다 야(也)

제13장

13장은 앞 장에서 강조했던 부지류(不知類)를 더 살펴보게 하고 있다. 동재(桐梓)를 심어 가꾸면 좋은 재목(材木)이 된다는 것은 다 알면서, 몸을 닦아 지키면 즉 수신(守身)하면 누구나 인의(仁義)를 저버리지 않는 현자(賢者)가 될 수 있음을 헤아리지 않음을 질타하고 있다. 불사심(弗思甚)과 부지류(不知類)는 같은 말씀이다. 불사심(弗思甚) 이 한 마디가 우리네 오금을 저리게 한다.

【문지(聞之)】

불사심야(弗思甚也)

【원문(原文)】

孟子曰 拱把之桐梓를 人苟欲生之면 皆知所以養之者한다 至於身而不知所以養之者하니 豈愛身이 不若桐梓哉리오 弗思甚也
맹자왈 공파지동재 인구욕생지 개지소이양지자 지어신이부지소이양지자 기애신 불약동재재 불사심야

【해독(解讀)】

맹자가 말했다[孟子曰]. "두 손아귀나 한 손아귀의 오동나무나 가래나무 그것을 사람들이 진실로 기르고 싶다면 (사람들은) 그것을 재배하는 바의 까닭이란 것을 (사람들은) 모두 다 안다[拱把之桐梓人苟欲生之皆知所以養之者]. 몸에 이르면[至於身] (사람들은) 그것을 수양하는 바의 까닭이란 것을 모른다[而不知所以養之者]. 어찌 몸을 아낌이 오동나무나 가리나무를 (아낌만) 같지 않을(못할) 것인가[豈愛身不若桐梓哉]? 생각하지 않음이 심한 것이다[弗思甚也]."

【담소(談笑)】

拱把之桐梓人苟欲生之(공파지동재인구욕생지) 皆知所以養之者(개지소이양지자)

▶ 두 손아귀나[拱] 한 손아귀[把]의[之] 오동나무나[桐] 가래나무[梓] 그것을[之] 사람들이[人] 진실로[苟] 기르고[生] 싶다면[欲] (사람들은) 그것을[之] 재배하는[養] 바의[所] 까닭이란[以] 것을[者] (사람들은) 모두 다[皆] 안다[知].

공파지동재인구욕생지개지소이양지자(拱把之桐梓人苟欲生之皆知所以養之者)와 같이 긴 어투에서는 먼저 단락을 나누어야 하는지 살펴본 다음 문맥을 잡는다. 그렇게 하려면 먼저 구문 안에 어조사가 있는지 살펴보고, 없으면 동사를 주목하여 단락을 구분하면 편하다. 拱把之桐梓人苟欲生之皆知所以養之者에는 구문을 결정짓는 어조사가 없으므로, 동사인 생(生)과 지(知)를 주목하면 문맥을 잡을 실마리를 찾을 수 있다. 공파지동재인구욕생지(拱把之桐梓人苟欲生之)와 개지소이양지자(皆知所以養之者)로 나눌 수 있다는 말이다. 이 두 구문이 어떤 관계로 이어지는지 살피면 拱把之桐梓人苟欲生之皆知所以養之者의 문맥은 잡힌다. 拱把之桐梓人苟欲生之가 조건절이고 皆知所以養之者가 주절인 것을 拱把之桐梓人苟欲生之皆知所以養之者의 문맥에서 알아챌 수 있다.

공파지동재인구욕생지(拱把之桐梓人苟欲生之)는 人苟欲生拱把之桐梓에서 타동사 생(生)의 목적구인 공파지동재(拱把之桐梓)를 전치시키고 그 빈자리를 지(之)로 메웠다고 여긴다. 이런 지(之)를 허사로 여긴다면 무시하고 새기고, 지시대명사로 여긴다면 〈그것 지(之)〉로 새긴다. 사람이[人] 정말로[苟] 공파지동재(拱把之桐梓)를 기르고 싶다면[欲生]으로 새기면 지(之)를 허사로 여긴 셈이고, 사람이[人] 정말로[苟] 공파지동재(拱把之桐梓) 그것을[之] 기르고 싶다면[欲生]으로 새기면 지(之)를 지시대명사로 새긴 셈이다. 어느 쪽으로 새기든 문맥의 문의는 달라지지 않는다.

개지소이양지자(皆知所以養之者)는 人皆知所以養之者에서 되풀이되는 주어이므로 인(人)을 생략한 어투로, 영어의 3형식 문장과 같다. 皆知所以養之者에서 개(皆)는 부사이고, 지(知)는 타동사이며, 所以養之者의 자(者)는 목적어이고, 소이양지(所以養之)는 자(者)를 꾸미는 동격절이며, 지(之)는 공파지동재(拱把之桐梓)를 나타내는 지시대명사이다. 물론 소이양지(所以養之)는 인지소이양지(人之所以養之)에서 양(養)의 주부인 인지(人之)를 생략한 어투이다. 사람[人]이[之] 그것을[之] 재배하는[養] 바의[所] 까닭[以].

皆知所以養之者의 이(以)는 〈까닭 인(因)〉과 같고, 양(養)은 〈심을 재(栽), 북돋을 배(培)〉와 같고, 재배(栽培)한다는 뜻이다. 皆知所以養之者와 같은 한문투에서 소(所)의 구실을 모르면 문맥 잡기가 어렵다. 소(所)를 아래처럼 정리해두면 문맥을 잡는 데 편하다.

① 형용사절의 선행사 what과 같은 경우 : 〈A之所B〉, 〈A가(~를, ~에게) B할 바[所]〉

② 소이(所以) 뒤에 동사가 오는 경우 : 〈所以A〉, 〈A하는 바의[所] 까닭[以]〉

③ A가 수동태인지 능동태인지 살펴 새기는 경우 : 〈所以A者〉, 〈A하는 까닭인[以] 바의[所] 것[者]〉

두 손아귀 공(拱), 한 손아귀 파(把), ~의 지(之), 오동나무 동(桐), 가래나무 재(梓), 사람 인(人), 진실로 구(苟), 원할 욕(欲), 길러낼 생(生), 그것 지(之), 모두 개(皆), 알 지(之), 바 소(所), 써 이(以), 재배할 양(養), 것 자(者)

至於身而不知所以養之者(지어신이부지소이양지자)

▶ **몸[身]에[於] 이르면[至而] (사람들은) 그것을[之] 수양하는[養] 바의[所] 까닭이란[以] 것을[者] 모른다[不知].**

지어신이부지소이양지자(至於身而不知所以養之者)는 구문 안에 어조사 이(而)가 있으니 至於身 而不知所以養之者처럼 단락을 나눌 수 있다. 물론 人至於身 而人不知所以養之者에서 되풀이되는 주어인 인(人)을 생략한 어투이다. 〈(사람들이) 몸[身]에[於] 이른다[至]. 그러면[而] (사람들은) 제 몸을[之] 수양하는[養] 바의[所] 까닭이란[以] 것을[者] 모른다[不知]〉고 새긴다면 至於身而不知所以養之者를 마치 영어의 중문처럼 여기고 새긴 셈이다. 그러나 몸[身]에[於] 이르면[至而] (사람들은) 제 몸을[之] 수양하는[養] 바의[所] 까닭이란[以] 것을[者] 모른다[不知]고 새긴다면, 至於身而不知所以養之者를 마치 영어의 복문처럼 여기고 至於身而不知所以養之者의 지어신(至於身)을 조건절로 여기고 새긴 셈이다. 물론 어느 쪽으로 새기든 문맥의 문의는 달라지지 않는다. 至於身而不知所以養之者에서 지(至)는 〈미칠 급(及)〉과 같으며, 이(以)는 〈까닭 인(因)〉과 같고, 양(養)은 〈닦을 수(修)〉와 같고 수양(修養)의 줄임말로 여기고 새긴다.

이를 지(至), ~에 어(於), 몸(목숨) 신(身), 어조사(~면) 이(而), 아니 부(不), 알 지(知), 바 소(所), 까닭 이(以), 재배할 양(養), 그것 지(之), 것 자(者)

豈愛身不若桐梓哉(기애신불약동재재)

▶ 어찌[豈] 몸을[身] 아낌이[愛] 오동나무나[桐] 가래나무를[梓] (아낌만) 같지 않을(못할) 것[不若]인가[哉]?

기애신불약동재재(豈愛身不若桐梓哉)는 〈A不若B〉꼴에 〈기(豈) ~ 재(哉)〉를 더해 영어의 2형식 의문문과 같다. 〈A(愛身)가 B(桐梓)만 같지 않다[不若]〉 〈A(愛身)가 B(桐梓)만 같지 못하다[不若]〉 이처럼 불약(不若)은 두 경우로 새길 수 있다. 〈개(豈) ~ 재(哉)〉는 〈하(何) ~ 재(哉)〉와 같고 의문문이 되게 한다. 豈愛身不若桐梓哉는 豈人之愛身不若人之愛桐梓哉에서 되풀이되는 인지(人之)와 애(愛)를 생략한 어투이고, 기(豈)는 〈어찌 하(何)〉와 같고, 애(愛)는 〈아낄 친(親)〉과 같고 친애(親愛)의 줄임말로 여기고, 약(若)은 〈같을 유(猶), 사(似)〉 등과 같고, 재(哉)는 〈~인가 호(乎)〉처럼 의문문을 결정짓는 어조사(~인가)이다.

어찌 기(豈), 아낄 애(愛), 몸(목숨) 신(身), 아니 불(不), 같을 약(若), 오동나무 동(桐), 가래나무 재(梓), ~인가 재(哉)

弗思甚也(불사심야)

▶ 생각하지[思] 않음이[弗] 심한 것[甚]이다[也].

불사심야(弗思甚也)는 〈AB也〉꼴로 영어의 2형식 문장과 같다. 물론 弗思甚也는 人之弗思甚也에서 문맥으로 보충될 수 있는 내용인 인지(人之)를 생략한 어투이다. 사람[人]이[之] 생각하지 않음이[弗思] 심한 것[甚]이다[也]. 弗思甚也에서 불사(弗思)는 주어이고, 심(甚)은 보어이며, 야(也)는 구문을 결정짓는 어조사(~이다)이다.

아닐 불(弗), 생각할 사(思), 심할 심(甚), ~이다 야(也)

제14장

14장은 앞 장에서 강조했던 애신(愛身)을 더욱더 살펴보게 한다. 몸에는 소대(小大)가 있고 귀천(貴賤)이 있음을 밝히고 있다. 맹자가 애신(愛身)하라, 수신(守身)하라 할 때 그 신(身)은 심신(心身)을 아울러 말하고 있음을 이 장에서 알 수 있다. 마음[心]이 크고 귀한 것[貴大]이며, 몸은 작고 천한 것[小賤]이 맹자가 밝혀놓은 인품(人品)이다. 귀대(貴大)는 근본이며, 소천(小賤)은 말단이다. 말단이 근본을 따라 가야지 말단이 근본을 제쳐서는 안 된다. 우리는 말단을 근본으로 삼고 근본을 말단으로 삼아 빨래줄에 거꾸로 매달린 빨래처럼 살아가고 있음을 성찰하게 하는 장이다. 소천(小賤)을 가지고 귀대(貴大)를 해치지 말라. 이 말씀을 경청하게 하는 장이다.

【문지(聞之)】

무이소해대(無以小害大) 무이천해귀(無以賤害貴)

【원문(原文)】

孟子曰 人之於身也는 兼所愛한다 兼所愛則兼所養也이다 無尺
맹자왈 인지어신야 겸소애 겸소애즉겸소양야 무척

寸之膚를 不愛焉 則無尺寸之膚를 不養也이니 所以考其善不
촌지부 불애언 즉무척촌지부 불양야 소이고기선불

善者는 豈有他哉리오 於己에 取之而已矣이다 體有貴賤하고 有
선자 기유타재 어기 취지이이의 체유귀천 유

小大하니 無以小害大하며 無以賤害貴니 養其小者는 爲小人이
소대 무이소해대 무이천해귀 양기소자 위소인

고 養其大者는 爲大人이니 今有場師하야 舍其梧檟하고 養其樲
양기대자 위대인 금유장사 사기오가 양기이

棘면 則爲賤場師焉이다 養其一指하고 而失其肩背而不知也이면
극 즉위천장사언 양기일지 이실기견배이부지야

則爲狼疾人也이다 飮食之人을 則人賤之矣이다 爲其養小이고
즉위낭질인야 음식지인 즉인천지의 위기양소

以失大也이다 飮食之人이 無有失也이면 則口腹이 豈適爲尺寸
이실대야 음식지인 무유실야 즉구복 기적위척촌

之膚哉리오
지부재

【해독(解讀)】

맹자가 말했다[孟子曰]. "사람이 몸에 의지하는 것은 아끼는 바를 다 함께 한다[人之於身也兼所愛]. 아끼는 바를 다 같이 한다면 곧 기르는 바도 다 같이 하는 것이다[兼所愛則兼所養也]. 한 자 한 치의 살이라도 몸에서 아끼지 않음이 없다면 곧 한 자 한 치의 살이라도 기르지 않음이 없는 것이다[無尺寸之膚不愛焉則無尺寸之膚不養也]. 기르기를 잘하고 못하고를 살펴보는 바의 까닭이란 것에 어찌 다른 것이 있을 것인가[所以考其善不善者豈有他哉]? 제 몸에서 기르기를 잘하고 못하고를 취하는 것뿐이다[於己取之而已矣]. 몸에는 귀한 것과 천한 것이 있고[體有貴賤] 작은 것과 큰 것이 있다[有小大]. 작은 것을 가지고 큰 것을 해치지 말고[無以小害大], 천한 것을 가지고 귀한 것을 해치지 말라[無以賤害貴]. 그 작은 것을 기르는 사람은 소인이 되고[養其小者爲小人], 그 큰 것을 기르는 사람은 대인이 된다[養其大者爲大人]. 이제 또 정원사가 정원의 오동나무와 가리나무를 내버리고 멧대추나무와 가시나무를 기른다면 곧 (그런 정원사는) 천한 정원사가 되는 것이다[今有場師舍其梧檟養其樲棘則爲賤場師焉]. 제 한 손가락을 위한다면서 제 등과 어깨를 잃어버림을 모르는 것이면[養其一指而失其肩背而不知也] 곧 (그런 인간은) 낭질에 걸린 인간이 되는 것이다[則爲狼疾人也]. 마시고 먹기만 하는 인간이라면 사람들은 그런 인간을 천하게 여기는 것이다[飮食之人則人賤之矣]. (그런 일은) 그 사람이 작은 것을 위함으로써 큰 것을 잃는 까닭이다[爲其養小以失大也]. 마시고 먹기만 하는 인간한테 잃는 것이 있지 않는 것이라면[飮食之人無有失也] 곧 입과 배가 단지 한 자 한 촌의 살로만 될 것인가[則口腹豈適爲尺寸之膚哉]?"

【담소(談笑)】

人之於身也兼所愛(인지어신야겸소애)

▶ **사람[人]이[之] 몸에[身] 의지한다는 것[於]은[也] 아끼는[愛] 바를[所] 다 함께 한다[兼].**

인지어신야겸소애(人之於身也兼所愛)는 〈A兼B〉꼴로 영어의 3형식 문장과 같다. 〈A(人之於身也)는 B(所愛)를 겸한다[兼]〉 人之於身也兼所愛에서 인지어신야(人之於身也)는 주부이고, 겸(兼)은 타동사이며, 소애(所愛)의 소(所)는 목적어이고, 애(愛)는 소(所)를 선행사로 하는 형용사절이다. 人之

於身也兼所愛의 인지어신야(人之於身也)를 마치 주절처럼 여기고, 인지(人之)가 절(節) 안에서 주어이고, 어(於)가 타동사이며, 신(身)이 목적어이고, 야(也)가 주절을 결정짓는 어조사(~은)라고 여기고 새기면, 人之於身也兼所愛에서 人之於身也의 문맥이 잡힌다. 사람[人]이[之] 몸에[身] 의지한다는 것[於]은[也]. 그리고 人之於身也兼所愛에서 겸(兼)은 〈다할 진(盡), 함께할 구(俱)〉와 같고, 소애(所愛)는 인지소애(人之所愛) 즉 소인애(所人愛)에서 되풀이되는 내용인 인지(人之)가 생략되었으며, 소애(所愛)의 소(所)는 영어형용사절의 선행사와 같은 구실을 한다. 말하자면 What man values의 what과 같은 구실을 한다고 여긴다. 사람[人]이[之] 아끼는[愛] 것[所], 사람이(man) 아끼는(values) 것(what). 말하자면 소애(所愛) = 애자(愛者)로 알아두면 편하다. 소(所)는 선행사이고 자(者)는 후행사인 셈이다. 人之於身也의 문맥을 잡으려면 어(於)를 잘 알고 있어야 한다. 어(於)는 매우 다양하게 어조사 구실을 해 마치 영어의 모든 전치사를 망라한다는 생각을 갖게 한다.

① 대상을 나타내는 〈於A〉, 〈A에게[於]〉
② 원인을 나타내는 〈於A〉, 〈A 때문에[於]〉
③ 장소나 출발점을 나타내는 〈於A〉, 〈A에서[於]〉
④ 수동을 나타내는 동사 + 〈於A〉, 〈A에 의해서[於] ~당해진다〉
⑤ 목적격(토씨) 구실을 하는 〈於A〉, 〈A를(을)[於]〉
⑥ 비교를 나타내는 〈於A〉, 〈A보다[於]〉
⑦ 어지(於之)이면 언(焉)으로 축약되고, 지어(之於)이면 제(諸)로 축약되기도 한다.

그리고 어(於)는 〈있을 어(於) = 재(在), 머물 어(於) = 거(居), 의지할 어(於) = 의(依), 할 어(於) = 위(爲), 대신할 어(於) = 대(代), 머물 어(於) = 주(住)〉 등 문맥에 따라 뜻이 달라지므로 늘 어(於)의 뜻을 살펴 선택해야 한다.

사람 인(人), ~이 지(之), 의지할 어(於), 몸 신(身), ~은 야(也), 다 함께 할 겸(兼), 바 소(所), 아낄 애(愛)

兼所愛則兼所養也(겸소애즉겸소양야)

▶ 아끼는〔愛〕 바를〔所〕 다 함께 한다면〔兼〕 곧〔則〕 기르는〔養〕 바도〔所〕 다 함께 하는 것〔兼〕이다〔也〕.

겸소애즉겸소양야(兼所愛則兼所養也)는 〈A則B〉꼴로 영어의 복문과 같다. 즉(則)을 중심으로 앞은 양보 내지 조건의 종속절이고, 뒤는 주절이다. 그러니 兼所愛則兼所養也에서 겸소애(兼所愛)는 조건절처럼 여기고, 겸소양야(兼所養也)를 주절로 여긴다. 〈A(兼所愛)면 곧[則] B(兼所養也)한다〉 兼所愛에서 겸(兼)은 타동사이고, 소(所)는 목적어이며, 애(愛)는 소(所)를 선행사로 하는 형용사절이다. 兼所愛에서 겸(兼)은 〈다할 진(盡), 함께할 구(俱)〉 등과 같고, 애(愛)는 〈아낄 친(親)〉과 같다. 兼所養也에서도 겸(兼)은 타동사이고, 소(所)는 목적어이며, 양(養)은 소(所)를 선행사로 하는 형용사절이며, 야(也)는 구문을 결정짓는 어조사(~이다)이다. 兼所養也에서 양(養)은 〈기를 배(培)〉와 같고 배양(培養)의 줄임말로 여기고 새긴다. 겸소양야(兼所養也)에서 양(養)은 〈기를 장(長)〉과 같다.

다할 겸(兼), 바 소(所), 아낄 애(愛), 기를 양(養), ~이다 야(也)

無尺寸之膚不愛焉(무척촌지부불애언) 則無尺寸之膚不養也(즉무척촌지부불양야)

▶ 한 자〔尺〕 한 치〔寸〕의〔之〕 살이라도〔膚〕 몸에서〔焉〕 아끼지 않음이〔不愛〕 없다면〔無〕, 곧〔則〕 한 자〔尺〕 한 치〔寸〕의〔之〕 살이라도〔膚〕 기르지 않음이〔不養〕 없는 것〔無〕이다〔也〕.

무척촌지부불애즉무척촌지부불양야(無尺寸之膚不愛焉則無尺寸之膚不養也) 역시 〈A則B〉꼴로 영어의 복문과 같다. 즉(則)을 중심으로 앞은 양보 내지 조건의 종속절이고, 뒤는 주절이다. 그러니 無尺寸之膚不愛焉則無尺寸之膚不養也에서 무척촌지부불애언(無尺寸之膚不愛焉)은 조건절처럼 여기고, 무척촌지부불양야(無尺寸之膚不養也)를 주절로 여긴다. 〈A(無尺寸之膚不愛焉)면 곧[則] B(無尺寸之膚不養也)한다〉 無尺寸之膚不愛焉에서 무(無)는 〈없을 무(無)〉로 자동사이고, 척촌지부(尺寸之膚)는 애(愛)의 목적구이며, 불(不)은 애(愛)를 부정하는 부정사(否定詞)이고, 애(愛)는 주어이며, 언(焉)은 어시(於是)의 줄임 즉 어신(於身)의 줄임으로 여기고 몸에서[焉]라고 새긴다.

무척촌지부불애언(無尺寸之膚不愛焉)은 〈A無B〉꼴로 영어의 1형식 문장과 같다. 〈(A에는) B가 없다[無]〉 無不愛尺寸之膚焉에서 척촌지부(尺寸之膚)를 도치시켰다고 여기면 無尺寸之膚不愛焉의 문맥이 잡힌다. 무척촌지부불양야(無尺寸之膚不養也) 역시 無不養尺寸之膚에서 척촌지부(尺寸之膚)를 도치시킨 어투로 여기면 無尺寸之膚不養의 문맥이 잡힌다. 無尺寸之膚不養에서 무(無)는 〈없을 무(無)〉로 자동사이고, 척촌지부(尺寸之膚)는 양(養)의 목적구이며, 불(不)은 양(養)을 부정하는 부정사이고, 양(養)은 무(無)의 주어이며, 야(也)는 구문을 결정짓는 어조사(~이다)이다.

그리고 〈無不爲A〉란 관용구문을 암기하고 있으면 無尺寸之膚不愛焉則無尺寸之膚不養也의 문맥을 잡는 데 편하다. 〈A를 하지 않음이[不爲] 없다[無]〉이니 〈A를 모조리 해버린다[無不爲]〉 또는 〈A를 남김없이 다해버린다[無不爲]〉〉고 새긴다. 그러니 〈無不爲A〉란 이중부정인 셈이다. 〈無不愛A〉라면 〈A를 모조리 아낀다[無不愛]〉 또는 〈A를 남김없이 아낀다[無不愛]〉로 새긴다는 말이다. 무척존지부불양야(無尺寸之膚不養也)에서 양(養)은 〈기를 장(長)〉과 같다.

없을 무(無), 자 척(尺), 마디 촌(寸), ~의 지(之), 살 부(膚), 아니 불(不), 아낄 애(愛), 이에 언(焉), 곧 즉(則), 기를 양(養), ~이다 야(也)

所以考其善不善者(소이고기선불선자) 豈有他哉(기유타재)

▶ 기르기를[其] 잘하고[善] 못하고를[不善] 살펴보는[考] 바의[所] 까닭이란[以] 것에[者] 어찌[豈] 다른 것이[他] 있을 것[有]인가[哉]?

소이고기선불선자기유타재(所以考其善不善者豈有他哉)는 所以考其善不善者豈有他者哉에서 되풀이되는 글자인 타자(他者)의 자(者)를 생략한 어투이고, 〈A有B〉꼴로 영어의 1형식 문장과 같으므로 〈기(豈) ~ 재(哉)〉로써 의문문이다. 〈A(所以考其善不善者)에는 어찌[豈] B(他)가 있을 것[有]인가[哉]?〉 所以考其善不善者豈有他哉에서 소이고기선불선자(所以考其善不善者)는 부사구이고, 기(豈)는 의문사로 부사이며, 유(有)는 〈있을 유(有)〉로 자동사이고, 타(他)는 주어이며, 재(哉)는 기(豈)와 함께 하여 의문어조사(~인가)이다. 所以考其善不善者豈有他哉에서 이(以)는 〈까닭 인(因)〉과 같고,

고(考)는 〈살필 찰(察)〉과 같고 고찰(考察)의 줄임말로 여기고 새기며, 기선(其善)의 기(其)는 문맥으로 보아 양지(養之)를 대신하는 관형사이고, 선(善)은 〈잘할 교(巧)〉와 같고, 기(豈)는 〈어찌 하(何)〉와 같다. 특히 所以考其善不善者와 같은 어투에서 所以考其善不善이 자(者)의 동격절임을 알면 문맥 잡기가 쉽다. 기선불선(其善不善)을 고찰하는[考] 바의[所] 까닭인[以] 것[者].

바 소(所), 까닭 이(以), 살필 고(考), 그 기(其), 잘할 선(善), 못할 불(不), 것 자(者), 어찌 기(豈), 있을 유(有), 다른것 타(他), ~인가 재(哉)

於己取之而已矣(어기취지이이의)

▶ 자기 몸[己]에서[於] 기르기를 잘하고 못하고를[之] 취하는(결정하는) 것일[取] 뿐이다[而已矣].

어기취지이이의(於己取之而已矣)는 〈取A〉꼴로 영어의 3형식 문장과 같다. 〈A(之)를 취한다[取]〉 於己取之而已矣에서 어기(於己)는 취(取)를 돕는 부사구이고, 취(取)는 타동사이며, 지(之)는 〈그것 지(之)〉로 목적어이고, 이이의(而已矣)는 구문을 단호하게 결정짓는 어조사(~뿐이다)이다.

수양(修養)을 잘하고 못하고는 내 자신에 달려 있다. 수신(守身)은 바로 내가 나를 지키는 일이지 남이 나를 지켜주지는 못한다. 잘 지킬 것인지 아니면 잘못 지킬 것인지 스스로 결정하라[自決] 한다. 취지(取之)는 자결(自決)하라 함이다. 한 치도 틈이 없어 무섭다.

~에서 어(於), 자기 기(己), 취할 취(取), 그것 지(之), 어조사 이(而), 그칠 이(已), 어조사 의(矣)

體有貴賤有小大(체유귀천유소대)

▶ 몸에는[體] 귀한 것과[貴] 천한 것이[賤] 있고[有], 작은 것과[小] 큰 것이[大] 있다[有].

체유귀천유소대(體有貴賤有小大)는 體有貴賤 而體有小大에서 되풀이되는 체(體)를 생략한 어투이고, 〈A有B〉꼴로 여기선 영어의 1형식 문장이 둘 있는 중문과 같다. 體有貴賤에서 체(體)는 부사이고, 유(有)는 〈있을 유(有)〉로 자동사이며 주어를 뒤에 두고, 귀천(貴賤)은 유(有)의 주어이다. 有

小大에서도 유(有)는 〈있을 유(有)〉로 자동사이고, 소대(小大)는 유(有)의 주어이다. 물론 유(有)가 〈가질 유(有)〉로 타동사이면 〈A有B〉꼴은 영어의 3형식 문장과 같아진다. 〈A가 B를 갖는다[有]〉

몸 체(體), 있을 유(有), 소중할 귀(貴), 천할 천(賤), 작을 소(小), 큰 대(大)

無以小害大(무이소해대)

▶ 작은 것을[小] 가지고[以] 큰 것을[大] 해치지[害] 말라[無].

무이소해대(無以小害大)는 〈無害A〉꼴로 영어의 3형식 명령문 같은 어투가 될 수도 있고, 영어의 1형식 문장 같은 어투도 될 수 있다. 〈無害A〉의 해(害)를 동사처럼 새기면 무(無)는 〈~하지 말 물(勿), 무(毋)〉 등과 같아 동사를 부정하는 부정사(否定詞)로 〈無害A〉를 명령문으로 만들어 〈A를 해치지[害] 말라[無]〉고 새길 수 있다. 그러나 무(無)가 〈없을 무(無)〉로 자동사라면 해(害)를 명사처럼 새겨야 문맥에 맞으므로, 〈無害A〉는 영어의 1형식 문장과 같아져 〈A하는 해가[害] 없다[無]〉고 새길 수 있다. 이처럼 문맥을 앞뒤로 살펴 글자마다에 문맥과 걸맞은 뜻을 찾아야 한다. 無以小害大에서 무(無)는 해(害)를 부정하는 부정사이고, 이소(以小)는 해(害)를 꾸미는 부사구이며, 해(害)는 타동사이고, 대(大)는 목적어이다. 無以小害大에서 이(以)는 〈써 용(用)〉과 같다. 특히 한문투에서 이(以)는 늘 잘 익히고 있어야 문맥 잡기가 쉽다. 그리고 한문투에서 위(爲)는 영어의 do처럼 대리동사인 셈이니 〈無爲A〉꼴로 알아두면 편하다. 〈A를 하지[爲] 말라[無]〉

이(以)를 다음처럼 정리하면 문맥을 잡아 문의를 건지는 데 편하다. 이(以)는 〈以A〉 또는 〈A以〉꼴로 잘 정리해둘수록 편리하다. 이(以)는 〈以A〉처럼 전치사로 또는 〈A以〉처럼 후치사 노릇을 자유롭게 하기 때문이다. 〈할 이(以) = 위(爲), 써 이(以) =용(用), 생각할 이(以) = 사(思), 거느릴 이(以) = 솔(率), 때문에 이(以) = 인(因), 더불어 이(以) = 여(與), 하여금 이(以) = 사(使), 이미 이(以) = 이(已)〉 물론 〈까닭 이(以)〉로 명사 구실도 하는데 주로 유이(有以)·무이(無以) 꼴이 대부분이다.

~하지 말라 무(無), 써(가지고) 이(以), 작은 것 소(小), 해칠 해(害), 큰 것 대(大)

無以賤害貴(무이천해귀)

▶ 천한 것을[賤] 가지고[以] 귀한 것을[貴] 해치지[害] 말라[無].

무이천해귀(無以賤害貴)는 〈無害A〉꼴로 영어의 3형식 명령문같이 될 수도 있고, 영어의 1형식 문장처럼 될 수도 있다. 〈無害A〉의 해(害)를 동사처럼 새기면, 무(無)는 〈~하지 말 물(勿), 무(毋)〉 등과 같아 동사를 부정하는 부정사(否定詞)로 〈無害A〉를 명령문으로 만들어 〈A를 해치지[害] 말라[無]〉고 새길 수 있다. 그러나 무(無)가 〈없을 무(無)〉로 자동사이면 해(害)를 명사처럼 새겨야 문맥에 맞으므로 〈無害A〉는 영어의 1형식 문장처럼 되어 〈A하는 해가[害] 없다[無]〉고 새길 수 있다. 無以小害大에서 무(無)는 해(害)를 부정하는 부정사이고, 이천(以賤)은 해(害)를 꾸미는 부사구이며, 해(害)는 타동사이고, 귀(貴)는 목적어이다. 無以賤害貴에서 이(以)는 〈써 용(用)〉과 같다.

~하지 말라 무(無), 써(가지고) 이(以), 천한 것 천(賤), 해칠 해(害), 귀한 것 귀(貴)

養其小者爲小人(양기소자위소인)

▶ 그[其] 작은 것을[小] 기르는[養] 사람은[者] 소인이[小人] 된다[爲].

양기소자위소인(養其小者爲小人)은 동사인 위(爲)를 자동사로 여기고 새기면 〈A爲B〉꼴은 영어의 2형식 문장과 같아지고, 위(爲)를 타동사로 여기고 새기면 〈A爲B〉꼴은 영어의 3형식 문장처럼 된다. 이는 위(爲)가 다양한 역할을 할 수 있음을 말해준다. 養其小者爲小人에서 양기소(養其小)는 자(者)를 꾸며주는 형용사절이고, 자(者)는 주어이며, 위(爲)는 자동사이고, 소인(小人)은 보어이다. 養其小者爲小人의 위(爲)는 자동사로 〈된다는 성(成)〉과 같고 성위(成爲)의 줄임말로 여긴다. 특히 養其小者 같은 어투를 〈A者〉꼴로 정리해두면 문맥 잡기가 쉽다. 〈A하는 사람[者]〉 또는 〈A하는 것[者]〉 養其小者爲小人에서 양(養)은 〈기를 장(長)〉과 같고 위(爲)는 〈될 성(成)〉과 같다.

기를 양(養), 그 기(其), 작은 것 소(小), 사람 자(者), 될 위(爲), 사람 인(人)

養其大者爲大人(양기대자위대인)

▶ **제 몸의[其] 큰 것을[大] 기르는[養] 사람은[者] 대인이[大人] 된다[爲].**

양기대자위대인(養其大者爲大人)은 동사인 위(爲)를 자동사 〈될 위(爲)〉로 새기면 문맥이 통하고, 〈A爲B〉꼴로 영어의 2형식 문장과 같아진다. 養其大者爲大人에서 양기소(養其大)는 자(者)를 꾸며주는 형용사절이고, 자(者)는 주어이며, 위(爲)는 자동사이고, 대인(大人)은 보어이다. 養其大者爲大人의 위(爲)는 자동사로 〈된다는 성(成)〉과 같고, 성위(成爲)의 줄임말로 여긴다. 특히 養其小者 같은 어투를 〈A者〉꼴로 정리해두면 문맥 잡기가 쉽다. 〈A하는 사람[者]〉 또는 〈A하는 것[者]〉 養其大者爲大人에서 양(養)은 〈기를 장(長)〉과 같고, 위(爲)는 〈될 성(成)〉과 같다.

기를 양(養), 그 기(其), 큰 것 대(大), 사람 자(者), 될 위(爲), 사람 인(人)

今有場師舍其梧檟養其樲棘(금유장사사기오가양기이극) 則爲賤場師焉(즉위천장사언)

▶ **이제[今] 또[有] 정원사가[場師] 정원의[其] 오동나무와[梧] 가리나무를[檟] 내버리고[舍] 멧대추나무와[樲] 가시나무를[棘] 기른다면[養], 곧[則] (그런 정원사는) 천한[賤] 정원사가[場師] 되는 것[爲]이다[焉].**

금유장사사기오가양기이극즉위천장사언(今有場師舍其梧檟養其樲棘則爲賤場師焉)과 같은 긴 어투에선 즉(則)을 주목하면 문맥을 잡을 수 있는 실마리를 찾을 수 있다. 今有場師舍其梧檟養其樲棘則爲賤場師焉은 〈A則B〉꼴로 영어의 복문처럼 문맥을 잡을 수 있는 까닭이다. 즉(則)을 중심으로 앞은 양보 내지 조건의 종속절이고, 뒤는 주절이다. 그러니 今有場師舍其梧檟養其樲棘則爲賤場師焉에서 금유장사사기오가양기이극(今有場師舍其梧檟養其樲棘)은 문맥에 따라 조건절처럼 여기고, 위천장사언(爲賤場師焉)을 주절로 여기면 今有場師舍其梧檟養其樲棘則爲賤場師焉이 영어의 복문과 같은 어투임을 알 수 있다.

조건절인 금유장사사기오가양기이극(今有場師舍其梧檟養其樲棘)은 今有場師舍其梧檟 而場師養其樲棘에서 되풀이되는 주어인 장사(場師)를 생략하고 한 구문처럼 묶은 어투로 영어에서 3형식 문장이 둘로 된 중문과 같다. 금유(今有)는 발어사 구실을 하므로 제쳐두고 場師舍其梧檟養其樲棘에서 장사사기오가(場師舍其梧檟)의 골격을 보면 장사(場師)는 주어이고, 사(舍)는 타동사이며, 기오가(其梧檟)는 목적어로 영어의 3형식 문장과 같다는 것을 알 수 있다. 장사(場師)가 기오가(其梧檟)를 버린다[舍]고 새길 수 있다는 말이다. 今有場師舍其梧檟養其樲棘에서 양기이극(養其樲棘)의 골격을 보면 주어인 장사(場師)는 생략된 셈이고, 양(養)은 타동사이며, 기이극(其樲棘)은 목적어로 영어의 3형식 문장 같은 어투임을 알 수 있다. (장사가) 기이극(其樲棘)을 기른다[養]고 새길 수 있다. 場師舍其梧檟養其樲棘에서 장사(場師)는 정원을 가꾸는 벼슬아치인 원정(園丁)을 말하고, 사(舍)는 〈버릴 사(捨)〉와 같으며, 오(梧)는 〈오동나무 동(桐)〉과 같고, 가(檟)는 〈가리나무 재(梓)〉와 같으며, 양(養)은 〈기를 배(培)〉와 같고, 이극(樲棘)은 재목(材木)으로 쓸 수 없는 가시나무를 말한다.

주절인 위천장사언(爲賤場師焉)은 場師爲賤場師焉에서 되풀이되는 주어인 장사(場師)가 생략된 영어의 2형식 문장과 같다. 爲賤場師焉에서 위(爲)는 자동사이고, 천(賤)은 장사(場師)를 꾸미는 형용사이며, 장사(場師)는 보어이고, 언(焉)은 야(也)보다 더 강하게 구문을 결정짓는 어조사(~이다)이다.

유가(儒家)는 사람을 군자(君子)와 소인(小人)으로 나누어 품평한다. 목숨[命]으로 본다면 사람은 다 같지만, 수양(修養)의 입장에서 본다면 사람은 같을 수 없음을 유가는 강조한다. 이욕(利欲)의 버림[舍]이 귀대(貴大)이고, 이욕(利欲)의 취함[取]이 천소(賤小)이다. 맹자가 말하는 대인(大人)은 대장부(大丈夫)요 군자(君子)로 통한다. 대인은 귀대를 닦고[養] 소인은 이욕(利欲)을 닦는다. 인간에 대한 이러한 유가의 대비(對比)는 공자로부터 비롯된 셈이다. 『논어(論語)』에서 공자는 군자와 소인을 누누이 대비하고 있다. 그 중에서 군자주이불비(君子周而不比) 소인비이부주(小人比而不周) 하나만 보아도 대인과 소인이 얼마나 다른 인간인지 알 수 있다. 군자는[君子] 두루 통하지[周]만[而] 견주지 않는다[不比]. 소인은[小人] 견주지[比]만[而] 두루 통하지 않는다[不周]. 여기서 양기소자(養其小者)와 양기대자(養其大者)를 서로 살펴 헤아려볼 수 있을 것이다.

이제 금(今), 또 유(有), 마당 장(場), 벼슬 사(師), 버릴 사(舍), 그 기(其),

오동나무 오(梧), 가리나무 가(檟), 기를 양(養), 멧대추나무 이(樲), 가시나무 극(棘), 곧 즉(則), 될 위(爲), 천할 천(賤), 어조사(~이다) 언(焉)

養其一指而失其肩背而不知也(양기일지이실기견배이부지야) 則爲狼疾人也(즉위낭질인야)

▶ 제[其] 한[一] 손가락을[指] 위한다[養]면서[而] 제[其] 등과[肩] 어깨를[背] 잃어버림[失]을[而] 모른다는 것[不知]이면[也], 곧[則] (그런 인간은) 낭질에 걸린[狼疾] 인간이[人] 되는 것[爲]이다[也].

양기일지이실기견배이부지야즉위낭질인야(養其一指而失其肩背而不知也則爲狼疾人也)는 〈A則B〉꼴로 영어의 복문과 같다. 즉(則)을 중심으로 앞은 양보 내지 조건의 종속절이고 뒤는 주절이다. 그러니 養其一指而失其肩背而不知也則爲狼疾人也에서 양기일지이실기견배이부지야(養其一指而失其肩背而不知也)는 조건절처럼 여기고, 위낭질인야(爲狼疾人也)를 주절로 여기면 문맥이 잡힌다. 〈A(養其一指而失其肩背而不知也)이라면 곧[則] B(爲狼疾人也)한다〉

조건절인 양기일지이실기견배이부지야(養其一指而失其肩背而不知也)는 養其一指 而不知失其肩背也에서 부지(不知)의 목적구(目的句)인 실기견배(失其肩背)를 도치시키면서 어조사인 이(而)를 부지(不知) 앞에 둔 어투이다. 따라서 두 번째 이(而)는 아무런 뜻이 없는 어조사이니 허사처럼 여기고 무시해도 된다. 養其一指에서 양(養)은 〈몸 위할 생(生)〉과 같고, 양생(養生)의 줄임말이며, 병들지 않게 함을 뜻한다. 失其肩背而不知也에서 실(失)은 〈놓칠 상(喪)〉과 같고, 상실(喪失)의 줄임말로 여기고 새기고, 여기서 실(失)은 어깨와 등에 병이 들어 못 쓰게 됨을 뜻한다.

주절인 위낭질인야(爲狼疾人也)는 其人爲狼疾人也에서 문맥으로 보충될 수 있는 주어이므로 그런 사람[其人]을 생략한 어투로, 영어의 2형식 문장과 같다. 낭질인(狼疾人)이란 무엇이 귀하고 큰지 헤아리지 못하는 인간을 말한다. 이리[狼]는 달리면서도 위험이 뒤따라오나 살피려고 자주 되돌아보는 습성이 있지만, 등줄기에 병이 나면 되돌아볼 수 없어서 위험을 당하고 만다는 데서 나온 말이 낭질(狼疾)이다. 爲狼疾人也에서 위(爲)는 〈될 성(成)〉과 같고, 성위(成爲)의 줄임말로 여기고 새긴다.

몸 위할 양(養), 그 기(其), 하나 일(一), 손가락 지(指), 어조사 이(而), 잃을 실(失), 어깨 견(肩), 등 배(背), 아니 부(不), 알 지(知), 어조사(~이면) 야(也), 곧 즉(則), 될 위(爲), 이리 낭(狼), 병 질(疾), 사람 인(人), ~이다 야(也)

飮食之人(음식지인) 則人賤之矣(즉인천지의)

▶ **마시고[飮] 먹기만[食]하는[之] 인간이면[人], 곧[則] 사람들은[人] 그런 인간을[之] 천하게 여기는 것[賤]이다[矣].**

음식지인즉인천지의(飮食之人則人賤之矣) 역시 〈A則B〉꼴이지만 A가 절이 아니라 구이므로 영어의 단문과 같고 영어의 3형식 문장과 같다. 〈A(飮食之人)이면[則] B(人賤之)이다[矣]〉 즉(則)을 중심으로 앞은 양보 내지 조건의 종속절이거나 구(句)이고, 뒤는 주절이다. 그러니 飮食之人則人賤之矣에서 음식지인(飮食之人)은 조건의 부사구이고, 인천지의(人賤之矣)가 주절로, 영어의 3형식 문장과 같은 어투로 여기고 새기면 飮食之人則人賤之矣의 문맥이 잡힌다. 飮食之人則人賤之矣에서 지(之)를 알지 못하면 문맥 잡기가 어렵다. 飮食之人則人賤之矣에서 飮食之人의 지(之)는 어조사 내지 허사인 〈~하는 지(之)〉이고, 人賤之矣의 지(之)는 〈그것 지(之)〉로 음식지인(飮食之人)을 대신하는 지시대명사이다. 그러니 지(之)를 잘 익혀두어야 문맥을 잡는 데 편하다. 음식(飮食)의 식(食)은 동사면 〈먹을 식(食)〉, 명사면 〈밥 사(食)〉이므로 발음에 주의해야 하고, 인천지의(人賤之矣)에서 인(人)은 사람들[人]로 복수이며, 천(賤)은 타동사이고 천하게 여기다(취급한다)는 뜻으로 천시(賤視)의 줄임말로 여기고 새긴다.

마실 음(飮), 먹을 식(食), 어조사(~하는) 지(之), 사람 인(人), 곧 즉(則), 사람들 인(人), 천하게 여길 천(賤), 그 지(之), ~이다 의(矣)

爲其養小以失大也(위기양소이실대야)

▶ **(그런 일은) 그 사람이[其] 작은 것을[小] 위함[養]으로써[以] 큰 것을[大] 잃는[失] 까닭이 되는 것[爲]이다[也].**

위기양소이실대야(爲其養小以失大也)는 是爲其養小以失大也에서 문맥으로 보충될 수 있는 주어이므로 시(是)를 생략한 어투로, 영어의 2형식 문장과 같다. 爲其養小以失大也에서 위(爲)는 자동사이고, 기양소이(其養小

以)는 실(失)을 꾸며주는 부사구이며, 실(失)은 위(爲)의 보어이고, 대(大)는 실(失)의 목적어이다.

爲其養小以失大也에서 爲失大以其養小也처럼 어순을 고쳐보면 우리말 어순과 엇비슷해져 爲其養小以失大也의 문맥 잡기가 쉬워진다. 그러자면 기양소이(其養小以)의 이(以)를 잘 익혀두어야 할 것이다. 이(以)는 〈A以〉로 후치사가 되기도 하고, 〈以A〉로 전치사가 되기도 하면서 다양하게 동사 구실을 하므로 익혀두기가 매우 까다롭다. 여기선 A(其養小)를 범함으로써 [以] 정도로 여기고 새기면 爲其養小以失大也의 문의가 잘 드러나게 된다. 그리고 한문투에서 〈A爲B〉꼴은 문맥에 따라 매우 다양하게 새길 수밖에 없다. 위(爲)가 영어에서 do 대리동사처럼 역할을 하면서 동시에 어조사도 되기 때문이다. 爲其養小以失大也에서 위(爲)는 마치 영어의 cause같이 여기고 새기면 문맥이 통한다. A caused B = 〈A爲B〉, 〈A는 B 때문이었다(爲 = caused)〉 爲其養小以失大也에서 위(爲)는 〈원인이 되는 인(因)〉과 같고, 양(養)은 〈몸 위할 생(生)〉과 같으며, 실(失)은 〈잃을 상(喪)〉과 같다고 여긴다.

까닭이 되는 위(爲), 그 기(其), 몸 위할 양(養), 작은 것 소(小), 써 이(以), 잃을 실(失), 큰 것 대(大), ~이다 야(也)

飮食之人無有失也(음식지인무유실야) 則口腹豈適爲尺寸之膚哉(즉구복기적위척촌지부재)

▶ **마시고[飮] 먹기만[食] 하는[之] 인간한테[人] 잃는 것이[失] 있지[有] 않는 것[無]이라면[也], 곧[則] 입과[口] 배가[腹] 어찌[豈] 단지[適] 한 자[尺] 한 촌[寸]의[之] 살로만[膚] 될 것[爲]인가[哉]?**

음식지인무유실야즉구복기적위척촌지부재(飮食之人無有失也則口腹豈適爲尺寸之膚哉) 역시 〈A則B〉꼴로 영어의 복문과 같다. 즉(則)을 중심으로 앞은 양보 내지 조건의 종속절이고, 뒤는 주절이다. 그러니 飮食之人無有失也則口腹豈適爲尺寸之膚哉에서 음식지인무유실야(飮食之人無有失也)는 조건절처럼 여기고, 구복기적위척촌지부재(口腹豈適爲尺寸之膚哉)를 주절로 여기고 새기면 문맥이 잡힌다. 〈A(飮食之人無有失也)이라면 곧[則] B(口腹豈適爲尺寸之膚哉)한다〉

조건절인 음식지인무유실야(飮食之人無有失也)를 독립구문으로 보고 문맥을 잡아보면 무(無)를 자동사로 여기고 〈없을 무(無)〉로 보고 새길 수도 있으며, 무(無)를 〈있을 유(有)〉를 부정하는 부정사(否定詞)로 보고 새길 수도 있다. 위에선 무(無)를 부정사로 보고 새겼다. 〈A無有B〉에서 〈A에는 B가 있음이[有] 없다[無]〉고 새기면 유(有)가 무(無)의 주어가 되고, 〈A에는 B가 있지[有] 않다[無]〉고 새기면 유(有)가 자동사이고, B가 유(有)의 주어가 된다. 물론 어느 쪽으로 새기든 飮食之人無有失也의 문의는 같으니 우리말다운 쪽을 선택하면 된다. 飮食之人無有失也에서 음식지인(飮食之人)은 부사구이고, 무(無)는 유(有)를 부정하는 부정사로 보았고, 실(失)은 유(有)의 주어이고, 야(也)는 조건절을 결정짓는 어조사(~이면)이다. 飮食之人의 음식지(飮食之)는 인(人)을 꾸며주는 형용사이다. 음식(飮食)의 식(食)은 동사면 〈먹을 식(食)〉, 명사면 〈밥 사(食)〉이므로 그 발음에 주의해야 한다.

주절인 구복기적위척촌지부재(口腹豈適爲尺寸之膚哉)를 독립구문으로 보고 문맥을 잡아보면 구복(口腹)은 주어이고, 기(豈)는 의문부사이며, 적(適)은 위(爲)를 꾸미는 부사이고, 위(爲)는 자동사이며, 척촌지(尺寸之)는 부(膚)를 꾸미는 형용사이고, 부(膚)는 보어이며, 재(哉)는 〈어찌 기(豈)〉가 앞에 있으므로 의문어조사(~인가)가 되어, 口腹豈適爲尺寸之膚哉는 영어의 2형식 의문문과 같아진다. 口腹豈適爲尺寸之膚哉에서 기(豈)는 〈어찌 하(何)〉와 같고, 적(適)은 〈단지 시(啻)〉와 같으며, 위(爲)는 〈될 성(成)〉과 같고 성위(成爲)의 줄임말로 여기고 새긴다.

마시고 먹기만 노리고 심지(心志)를 상실한 인간이라면 그 인간은 식충(食蟲)일 뿐이고, 그 입은 밥 구멍이고 그 배는 밥통에 불과하다는 말이다. 심지를 양생(養生)하려고 음식이 필요한 것이란 말이다. 심지를 저버린 인간의 구복(口腹)이란 한낱 살덩어리에 불과하다고 맹자가 맹타하고 있다. 수신(守身)하는 심지를 잃고 살지 말라 한다. 심신 중에서 마음[心]이 크고[大] 귀하며[貴], 몸[身]은 작고[小] 천하다[賤]는 것이 맹자가 보는 인품이다. 크고[大] 귀함[貴]이란 근본(根本)을 말함이요 작고[小] 천함[賤]이란 말단(末端)을 말함이다. 이른바 식물인간처럼 살지 말라 함이다. 맹자의 입장에서 본다면 우리는 거의 식물인간처럼 살아가고 있는 셈이다. 몸만 다듬지 인의(仁義)를 극진히 하는 마음을 팽개친 꼴이니 말이다.

마실 음(飮), 먹을 식(食) 어조사(~하는) 지(之), 사람 인(人), 않을 무(無), 있을 유(有), 잃어버림 실(失), 어조사(~이면) 야(也), 곧 즉(則), 입 구(口), 배 복(腹), 어찌 기(豈), 단지 적(適), 될 위(爲), 자 척(尺), 마디 촌(寸), ~의 지(之), 살 부(膚), ~인가 재(哉)

제15장

15장은 앞 장에서 설파해온 바를 정리하는 장이다. 제자(公都子)가 묻고 다시 스승(孟子)이 간명하게 대자(大者)와 소자(小者)가 무엇이고, 귀자(貴者)와 천자(賤者)가 무엇이며, 대인(大人)과 소인(小人)이 무엇인지 명시해 주는 장이다. 제 마음[心]을 밝혀 군건히 하는 사람이 대인(大人)이고, 그런 제 마음이 곧 대자(大者)이며 귀자(貴者)임을 분명하게 하는 장이다. 제 마음[心]을 내팽개치고 몸만 챙기는 놈[者]이 소인(小人)이며, 마음이 나가버린 몸뚱이가 소자(小者)요 천자(賤者)임을 천명하는 장이다. 그래서 15장은 우리를 섬뜩하게 하고 면목 없게 하는 장이다.

【문지(聞之)】

종기대체위대인(從其大體爲大人)

【원문(原文)】

公都子問曰 鈞是人也인데 或爲大人이고 或爲小人은 何也이까
공도자문왈 균시인야 혹위대인 혹위소인 하야
孟子曰 從其大體爲大人이고 從其小體爲小人이다 曰 鈞是人
맹자왈 종기대체위대인 종기소체위소인 왈 균시인
也인데 或從其大體하고 或從其小體는 何也이까 曰 耳目之官은
야 혹종기대체 혹종기소체 하야 왈 이목지관
不思而蔽於物하니 物交物則引之而已矣이다 心之官則思한다
불사이폐어물 물교물즉인지이이의 심지관즉사
思則得之하고 不思則不得也이다 比天之所與我者라 先立乎其
사즉득지 불사즉부득야 비천지소여아자 선립호기
大者면 則其小者不能奪也이니 此爲大人而已矣이다
대자 즉기소자불능탈야 차위대인이이의

【해독(解讀)】

공도자가 (맹자께) 여쭈어 물었다[公都子問曰]. "이 사람이란 같은 것입니다[鈞是人也]. 어떤 이는 큰 사람이 되고[或爲大人] 어떤 이는 작은 사람이 되는 것은[或爲小人] 무슨 까닭입니까[何也]?" 맹자가 말했다[孟子曰]. "제 큰 몸을 따라가면 큰 사람이 되고[從其大體爲大人] 제 작은 몸을 따라가면 작은 사람이 된다[從其小體爲小人]." (공도자가 여쭈어) 말했다[曰]. "이 사람이란 같은 것입니다[鈞是人也]. 어떤 이는 큰 몸을 따르고[或從其大體] 어떤 이는 작은 몸을 따르는 것은[或從其小體] 무슨 까닭입니까[何也]?" (맹자가) 말했다[曰]. "귀와 눈의 맡은 일은 생각하지 않고 그리고 사물에 의해 가려진다[耳目之官不思而蔽於物]. 온갖 것들이 온갖 것들을 오고가면 곧 (온갖 것들이) 눈과 귀를 끌어들일 뿐이다[物交物則引之而已矣]. 마음의 맡은 일이라면 곧 생각하는 것[心之官則思]. (마음이) 생각하면 곧 (마음은) 온갖 것을 터득하고[思則得之], (마음이) 생각하지 않으면 곧 (마음은 온갖 것을) 터득하지 못하는 것이다[不思則不得也]. 하늘이 우리에게 준 바의 것을 견주어서[比天之所與我者] 그 큰 것을 먼저 밝혀 굳게 한다면[先立乎其大者], 곧 그 작은 것이 (그 큰 것을) 잃어버릴 수 없는 것이다[則其小者不能奪也]. 이것이 큰 사람이 되는 것뿐이다[此爲大人而已矣]."

【담소(談笑)】

鈞是人也(균시인야)

▸ 이[是] 사람이란[人] 같은 것[鈞]이다[也].

균시인야(鈞是人也)는 〈AB也〉꼴로 영어의 2형식 문장과 같다. 〈A(是人)는 B(鈞)이다[也]〉 鈞是人也는 시인균야(是人鈞也)에서 균(鈞)을 강조하기 위하여 주어 앞으로 전치시킨 어투로, 영어의 2형식 문장과 같다. 鈞是人也에서 균(鈞)은 보어이고, 시(是)는 관형사이며, 인(人)은 주어이고, 야(也)는 구문을 결정짓는 어조사(~이다)이다. 鈞是人也에서 균(鈞)은 〈같을 동(同)〉과 같고, 시(是)는 〈그 기(其)〉와 같지만 어조가 더 강한 관형사이다.

같을 균(鈞), 이 시(是), 사람 인(人), ~이다 야(也)

或爲大人或爲小人何也(혹위대인혹위소인하야)

▶ 어떤 이는[或] 큰[大] 사람이[人] 되고[爲] 어떤 이는[或] 작은[小] 사람이[人] 되는 것은[爲] 무슨 까닭[何]인가[也]?

혹위대인혹위소인하야(或爲大人或爲小人何也)는 或爲大人何也 而或爲小人何也에서 되풀이되는 내용인 하야(何也)를 생략한 〈A爲B〉꼴로, 영어의 2형식 문장 같은 두 개의 구문이 겹친 꼴이므로 영어의 중문처럼 여기고 새긴다. 그러니 或爲大人或爲小人何也에서 혹위대인(或爲大人)과 혹위소인(或爲小人)은 주부이고, 하(何)는 보어이며, 야(也)는 의문문 구문을 결정짓는 어조사(~인가)이다. 或爲大人은 혹자위대인(或者爲大人)에서 문맥으로 보충될 수 있으므로 자(者)를 꾸미는 혹(或)만 남기고 자(者)를 생략한 어투로 여긴다. 어떤[或] 사람은[者] 큰 사람이[大人] 된다[爲]. 그러니 或爲大人의 혹(或)을 혹자(或者)로 여기고 새겨야 우리말로 통한다. 或爲小人은 혹자위소인(或者爲小人)에서 문맥으로 보충될 수 있으므로 자(者)를 꾸미는 혹(或)만 남기고 자(者)를 생략한 어투로 여긴다. 어떤[或] 사람은[者] 작은 사람이[小人] 된다[爲]. 何也는 하고야(何故也)에서 〈까닭 고(故)〉가 생략된 어투이다. 무슨(어떤)[何] 까닭[故]인가[也]? 何也의 하(何) 역시 하고(何故)로 여기고 새겨야 우리말로 통한다.

어떤 혹(或), 될 위(爲), 큰 대(大), 사람 인(人), 작을 소(小), 무엇 하(何), ~인가 야(也)

從其大體爲大人(종기대체위대인)

▶ 제[其] 큰[大] 몸을[體] 따라 가면[從] 큰[大] 사람이[人] 된다[爲].

종기대체위대인(從其大體爲大人)은 〈A爲B〉꼴로 영어의 2형식 문장과 같다. 〈A爲B〉꼴이 영어에서 부정사구(否定詞句)가 주어인 To do A became B꼴과 같은 경우가 자주 등장한다. 〈A를 하면(to do) B가 되었다(became)〉, 〈A를 하면 B가 된다[爲]〉 從其大體爲大人에서 종기대체(從其大體)는 주어이고, 위(爲)는 자동사이며, 대인(大人)은 보어이다. 從其大體爲大人의 종(從)은 〈따를 수(隨)〉와 같고, 위(爲)는 〈될 성(成)〉과 같고 성위(成爲)의 줄임말로 여긴다.

따를 종(從), 그 기(其), 큰 대(大), 몸 체(體), 될 위(爲), 사람 인(人)

從其小體爲小人(종기소체위소인)

▶ 제[其] 작은[小] 몸을[體] 따라 가면[從] 작은[小] 사람이[人] 된다[爲].

종기소체위소인(從其小體爲小人)은 〈A爲B〉꼴로 영어의 2형식 문장과 같다. 從其小體爲小人에서 종기소체(從其小體)는 주어이고, 위(爲)는 자동사이며, 소인(小人)은 보어이다. 從其小體爲小人의 종(從)은 〈따를 수(隨)〉와 같고, 위(爲)는 〈될 성(成)〉과 같고 성위(成爲)의 줄임말로 여긴다.

맹자는 심신(心身)을 다 체(體)로 보고 있다. 심(心)도 목숨[命]의 근본[體]이고, 신(身)도 그 근본[體]이란 말이다. 다만 심(心)이 앞[先]이고 뒤[身]임을 알라는 것뿐이다. 그러니 심신(心身)을 아울러 견준다면 심(心)은 신(身)에 대하여 근본(根本)이고, 신(身)은 심(心)에 대하여 말단(末端)이란 말이다. 그러니 맹자는 마음만 취하고 몸을 버리란 말은 결코 하지 않는다. 몸닦기를 뒤로 하고 마음닦기를 먼저 하라 할 뿐이다. 이런 말씀을 낡았다고 하는 인간은 살덩어리에 불과하다.

따를 종(從), 그 기(其), 작은 소(小), 몸 체(體), 될 위(爲), 사람 인(人)

鈞是人也(균시인야)

▶ 이[是] 사람이란[人] 같은 것[鈞]이다[也].

균시인야(鈞是人也)는 〈AB也〉꼴로 영어의 2형식 문장과 같다. 〈A(是人)는 B(鈞)이다[也]〉 鈞是人也는 시인균야(是人鈞也)에서 균(鈞)을 강조하기 위하여 주어 앞으로 전치시킨 어투로, 영어의 2형식 문장과 같다. 鈞是人也에서 균(鈞)은 보어이고, 시(是)는 관형사이며, 인(人)은 주어이고, 야(也)는 구문을 결정짓는 어조사(~이다)이다. 鈞是人也에서 균(鈞)은 〈같을 동(同)〉과 같고, 시(是)는 〈그 기(其)〉와 같지만 어조가 더 강한 관형사이다.

같을 균(鈞), 이 시(是), 사람 인(人), ~이다 야(也)

或從其大體或從其小體何也(혹종기대체 혹종기소체하야)

▶ 어떤 이는[或] 큰[大] 몸을[體] 따르고[從] 어떤 이는[或] 작은[小] 몸을[體] 따르는 것은[從] 무슨 까닭[何]인가[也]?

혹종기대체혹종기소체하야(或從其大體或從其小體何也)는 (或從其大體何也) 而(或從其小體何也)에서 되풀이되는 내용인 하야(何也)를 생략한 어투로 〈A從B〉꼴이고, 영어의 3형식 문장 같은 어투가 2개 겹쳐 있으므로 영어의 중문처럼 여기고 새긴다. 그러니 或從其大體或從其小體何也에서 혹종기대체(或從其大體)와 혹종기소체(或從其小體)는 주부이고, 하(何)는 보어이며, 야(也)는 의문문 구문을 결정짓는 어조사(~인가)이다. 或從其大體或從其小體의 혹(或)은 혹자(或者)의 자(者)를 생략한 어투이고, 자(者)를 꾸미는 혹(或)만 남긴 어투로 여긴다. 어떤[或] 사람은[者]. 그러니 或從其大體或從其小體의 혹(或)을 혹자(或者)로 여기고 새겨야 우리말로 통한다. 或爲小人은 혹자위소인(或者爲小人)에서 문맥으로 보충될 수 있으므로 자(者)를 꾸미는 혹(或)만 남기고, 자(者)를 생략한 어투로 여긴다. 하야(何也)의 하(何)는 하고(何故)의 고(故)를 생략한 어투이다. 무슨(어떤)[何] 까닭[故]인가[也]? 何也의 하(何) 역시 하고(何故)로 여기고 새겨야 우리말로 통한다.

> 어떤 혹(或), 따를 종(從), 그 기(其), 큰 대(大), 몸 체(體), 작을 소(小), 무엇 하(何), ~인가 야(也)

耳目之官不思而蔽於物(이목지관불사이폐어물)

▶ **귀와[耳] 눈[目]의[之] 맡은 일은[官] 생각하지 않고[不思], 그리고[而] 사물에[物] 의해[於] 가려진다[蔽].**

이목지관불사이폐어물(耳目之官不思而蔽於物)은 耳目之官不思 而耳目之官蔽於物에서 되풀이되는 이목지관(耳目之官)을 생략한 어투로, 두 문장이 겹친 중문과 같다. 중문과 같은 어투는 각각의 구문을 독립문처럼 여기고 문맥을 먼저 잡아보는 쪽이 편하다. 이목지관불사(耳目之官不思)와 이목지관폐어물(耳目之官蔽於物)를 나누어 먼저 문맥을 잡아보자는 말이다.

이목지관불사(耳目之官不思)에서 이목지(耳目之)는 관(官)을 꾸미는 형용사구이고, 관(官)은 주어이며, 불(不)은 사(思)의 부정사(否定詞)이고, 사(思)는 자동사이다. 그러니 이목지관불사(耳目之官不思)는 영어의 1형식 문장과 같다. 耳目之官不思에서 어조사 내지 허사 구실을 하는 지(之)를 잘 정리해두면 耳目之官不思의 문맥을 쉽게 잡을 수 있다. 耳目之官을 이목(耳目)의[之] 관(官)으로 새겨도 되므로 지(之)는 소유격 토씨(~의)가 되기도 하고, 이목(耳目)이란[之] 관(官)으로 새겨도 되므로 지(之)는 동격 토씨(~이란) 구실도 하며, 이목(耳目)이[之] 관(官)으로 새겨도 되므로 지(之)는 주격 토씨(~이) 구실도 할 수 있다. 이처럼 여러 경우 중에서 우리말답게 새겨지는 토씨를 선택하면 耳目之官의 문맥을 쉽게 잡을 수 있다. 이목(耳目)이[之] 관(官)으로 새길 경우에는 관(官)을 영어에서 동명사를 새기듯이 하면 된다. 耳目之官의 관(官)은 〈맡은 일 사(司)〉와 같다. 이목(耳目)이[之] 맡아하기[官]. 그러므로 허사 지(之)를 〈A之B〉꼴로 알아두면 편리하다.

한문투에서 지(之)만큼 문맥을 잡는 데 혼란스럽게 하는 허사도 없다. 그런 지(之)이니 다음 5가지 정도는 잘 정리해두어야 문맥을 잡는 데 편하다. 〈A가[之] B = 주격 토씨, A의[之] B = 소유격 토씨, A를[之] B = 목적격 토씨, A한[之] B = A를 형용사로 만든다, B한[之] A = B를 형용사로 만든다〉 물론 〈A之B〉에서 지(之)는 자유롭게 문맥에 따라 토씨[格] 구실을 한다고 여기면 편하다. 그리고 지시대명사인 경우가 한문투에서 매우 빈번하고, 지(之)는 〈갈 거(去)〉와 같은 뜻으로 동사 구실도 한다.

육안(肉眼)을 감아버리면 밝게 뜨는 눈이 있다는 말을 상기(想起)하면 된다. 여기서 맹자가 말하는 이목(耳目)은 얼굴에 달린 눈과 귀를 한다. 마음이 생각을 깊이 하려면 귀를 막고 눈을 감고 입을 다물고 하는 편이 낫다. 이를 생각해보면 왜 이목이 생각하지 못한다[不思]고 말했는지 알 수 있다. 심안(心眼)은 사물(事物)을 보지 않는다. 다만 생각할 뿐이니 말이다.

귀 이(耳), 눈 목(目), 어조사(~의) 지(之), 맡은 일 관(官), 아니 불(不), 생각할 사(思), 그리고 이(而), 가릴 폐(蔽), 어조사(~의해) 어(於), 온갖 것 물(物)

物交物則引之而已矣(물교물즉인지이이의)

▶ 온갖 것들이[物] 온갖 것들을[物] 오고가면[交] 곧[則] (온갖 것들이) 눈과 귀를[之] 끌어들일[引] 뿐이다[而已矣].

물교물즉인지이이의(物交物則引之而已矣)는 〈A則B〉꼴로 영어의 복문과 같다. 즉(則)을 중심으로 앞은 양보 내지 조건의 종속절이고, 뒤는 주절이다. 그러니 物交物則引之而已矣에서 물교물(物交物)은 문맥으로 보아 조건절처럼 여기고 인지이이의(引之而已矣)를 주절로 여기고 새기면 문맥이 잡힌다. 〈A(物交物)라면 곧[則] B(引之而已矣)한다〉 物交物則引之而已矣는 物

交物則物物引之而已矣에서 문맥으로 보충될 수 있는 내용이므로 인지(引之)의 주어인 물물(物物)을 생략한 어투이다. 物交物則引之而已矣에서 물(物)은 사물(事物)의 줄임말로 여기고 새기고, 교(交)는 〈올 왕(往)〉과 〈갈 래(來)〉를 합친 말과 같고, 인(引)은 〈이끌 견(牽)〉과 같고 견인(牽引)의 줄임말로 여기고, 새기고, 인지(引之)의 지(之)는 이목(耳目)을 대신하는 지시대명사이며, 이이의(而已矣)는 구문을 결정짓고 단언하는 어조사(~뿐이다)인 관용구이다.

온갖 것 물(物), 서로 만나는 오고갈 교(交), 곧 즉(則), 이끌 인(引), 그것 지(之), 어조사 이(而), 그칠 이(已), ~이다 의(矣)

心之官則思(심지관즉사)

▶ 마음[心]의[之] 맡은 일이라면[官] 곧[則] 생각하는 것이다[思].

심지관즉사(心之官則思)는 心之官思也를 딱 잘라 강조한 어투로, 영어의 2형식 문장처럼 여기고 새긴다. 〈A則B〉꼴에서 A가 문장이 아니고 구이면, 〈AB也〉를 강조해 〈A則B也〉로 하는 어투로 새긴다. 〈A(心之官)는 B(思)하는 것이다[也]〉의 어세를 더하기 위해 〈A(心之官)이라면 B(思)하는 것〉으로 잘라 단언한 어조를 느낄 수 있으면 된다. 心之官則思은 心之官思也로 여기고 새기면 우리말로 心之官則思의 문맥을 쉽게 잡을 수 있다. 그러니 心之官則思의 사(思)를 생각한다[思]로 새기는 것보다, 생각하는 것[思]으로 새겨 心之官則思의 사(思)를 심지관(心之官)의 보어로 여기고 새기면 心之官則思의 문맥에 걸맞은 문의가 드러난다. 心之官則思의 관(官)은 〈맡은 일 사(司)〉와 같고, 사(思)는 영어의 동명사를 상기하면 된다. 말하자면 心之官則思의 사(思)를 명사(thought), 동사(think), 동명사(thinking) 중에서 생각하는 것(thinking)으로 여기고 새기면 心之官則思의 문맥이 잡힌다는 말이다.

마음 심(心), ~의 지(之), 맡은 일 관(官), 어조사(곧) 즉(則), 생각하는 것 사(思)

思則得之(사즉득지)

▶ (마음이) 생각하면[思] 곧[則] (마음은) 온갖 것을[之] 터득한다[得].

사즉득지(思則得之)는 心思物則心得之에서 문맥으로 보충될 수 있는 내용이므로 심(心)과 사(思)의 목적어이자 주어인 물(物)을 생략한 〈A則B〉꼴로, 영어의 복문과 같다. 즉(則)을 중심으로 앞은 양보 내지 조건의 종속절이고 뒤는 주절이다. 그러니 思則得之에서 사(思)는 외자이지만 심사(心思)의 줄임이므로 조건절처럼 여기고, 득지(得之)를 주절로 여기고 새기면 문맥이 잡힌다. 〈A(思)라면 곧[則] B(得之)한다〉 思則得之에서 사(思)는 타동사이고, 득(得)도 타동사이며, 지(之)는 물(物)을 나타내는 지시대명사이며, 득(得)은 여기서 〈얻을 획(獲)〉과 같고 획득(獲得)의 줄임말로 여기고 새긴다.

생각할 사(思), 곧 즉(則), 터득할 득(得), 그것 지(之)

不思則不得也(불사즉부득야)

▶ (마음이) 생각하지 않으면[不思] 곧[則] (마음은 온갖 것을) 터득하지 못하는 것[不得]이다[也].

불사즉부득야(不思則不得也)는 心不思物則心不得之也에서 문맥으로 보충될 수 있는 내용이므로 심(心)과 사(思)의 목적어이자 주어인 물(物)과 득(得)의 목적어를 생략한 〈A則B〉꼴로, 영어의 복문과 같다. 즉(則)을 중심으로 앞은 양보 내지 조건의 종속절이고, 뒤는 주절이다. 그러니 不思則不得也에서 불사(不思)는 심사(心不思)의 줄임이므로 조건절처럼 여기고, 부득야(不得也)를 주절로 여기고 새기면 문맥이 잡힌다. 〈A(不思)라면 곧[則] B(不得)하는 것이다[也]〉 不思則不得也에서 불(不)은 사(思)의 부정사(否定詞)이고, 사(思)는 타동사이며, 부(不)는 득(得)의 부정사(否定詞)이고, 득(得)은 心不得也의 득(得)이므로 보어이며, 야(也)는 구문을 결정짓는 어조사(~이다)이다. 마음이[心] 터득하지 못하는 것[不得]이다[也]. 不思則不得也에서 득(得)은 여기서 〈얻을 획(獲)〉과 같고, 획득(獲得)의 줄임말로 여기고 새긴다.

아니 불(不), 생각할 사(思), 곧 즉(則), 터득할 득(得), ~이다 야(也)

比天之所與我者先立乎其大者(비천지소여아자선립호기대자) 則其小者不能奪也(즉기소자불능탈야)

▶ 하늘[天]이[之] 우리에게[我] 준[與] 바의[所] 것을[者] 견주어서[比]

그[其] 큰[大] 것[者]을[乎] 먼저[先] 밝혀 굳게 한다면[立], 곧[則] 그[其] 작은[小] 것이[者] (그 큰 것을) 잃어버릴 수 없는 것[不能奪]이다[也].

비천지소여아자선립호기대자즉기소자불능탈야(比天之所與我者先立乎其大者則其小者不能奪也) 역시 〈A則B〉꼴로 영어의 복문과 같다. 즉(則)을 중심으로 앞은 양보 내지 조건의 종속절이고, 뒤는 주절이다. 그러니 〈A則B〉로 영어의 복문과 같다. 즉(則)을 중심으로 앞은 양보 내지 조건의 종속절이고, 뒤는 주절이다. 그러므로 比天之所與我者先立乎其大者則其小者不能奪也에서 비천지소여아자선립호기대자(比天之所與我者先立乎其大者)를 조건절처럼 여기고, 즉기소자불능탈야(其小者不能奪也)를 주절로 여기고 새기면 문맥이 잡힌다. 〈A(比天之所與我者先立乎其大者)라면 곧[則] B(其小者不能奪也)한다〉

조건절인 비천지소여아자선립호기대자(比天之所與我者先立乎其大者)는 人比天之所與我者 而人先立乎其大者則其小者不能奪也에서 일반주어인 인(人)을 생략한 어투로, 두 문장이 겹친 영어의 중문과 같은 어투이다. 比天之所與我者에서 비(比)는 타동사이고, 천지소여아(天之所與我)는 자(者)를 꾸미는 동격절이며, 자(者)는 비(比)의 목적어이므로, 영어의 3형식 문장과 같다. 先立乎其大者에서 선(先)은 입(立)을 꾸미는 부사이고, 입(立)은 자동사이며, 호(乎)는 어조사(~에서)이고, 기대(其大)는 자(者)를 꾸미는 형용사이며, 자(者)는 영어의 전치사 같은 호(乎)와 함께 입(立)의 목적구이다. 기대자(其大者)에[乎] 먼저[先] 선다[立]. 比天之所與我者先立乎其大者에서 천지소여아자(天之所與我者)와 같은 어투의 문맥을 잡지 못하면 比天之所與我者先立乎其大者의 문맥을 잡기가 어렵다. 천지소여아자(天之所與我者)는 소천여아자(所天與我者)에서 여(與)의 주어인 천(天)을 전치시키면서 천지(天之)로 한 어투임을 안다면 지(之)가 주격 토씨(~이)임을 알 수 있고, 동시에 〈所A者〉의 所A가 자(者)의 동격절임을 알고 있다면 天之所與我者의 문맥을 잡아 하늘[天]이[之] 우리에게[我] 준[與] 바의[所] 것[者]이라고 새길 수 있게 된다. 〈所A者〉를 〈A인 바의[所] 것[者]〉으로 알아두면 편하다. 比天之所與我者先立乎其大者에서 비(比)는 〈견줄 교(較)〉와 같고 비교(比較)의 줄임말로 여기고, 여(與)는 〈줄 수(授)〉와 같고 수여(授與)의 줄임말로 여기며, 입(立)은 〈굳게 할 견(堅), 밝게 할 명(明)〉 등과 같고, 호(乎)는 목적격 토씨(~을) 구실을 한다.

주절인 기소자불능탈야(其小者不能奪也)는 其小者不能奪其大者也에서 문맥으로 보충될 수 있는 내용이므로 탈(奪)의 목적어인 기대자(其大者)를 생략한 〈AB也〉꼴로 영어의 2형식 문장과 같다. 其小者不能奪也에서 기소자(其小者)는 주부이고, 불능탈(不能奪)은 술부로 보어이며, 야(也)는 구문을 결정짓는 어조사(~이다)이다. 不能奪에서 불(不)은 탈(奪)의 부정사(否定詞)이며, 능(能)은 부사이고, 탈(奪)은 영어의 동명사처럼 보어 역할을 한다. 잃어버릴 수 없는 것[不能奪]. 불능(弗能)은 불능(不能)과 같고, 탈(奪)은 〈잃어버릴 실(失)〉과 같다.

견줄 비(比), 하늘 천(天), ~이 지(之), 바 소(所), 줄 여(與), 우리 아(我), 것 자(者), 먼저 선(先), 굳게 할 입(立), ~에서 호(乎), 그 기(其), 큰 대(大), 곧 즉(則), 작을 소(小), 아니 불(不), 능히 능(能), 잃어버릴 탈(奪), ~이다 야(也)

此爲大人而已矣(차위대인이이의)

▶ **이것이[此] 큰[大] 사람이[人] 되는 것[爲]뿐이다[而已矣].**

차위대인이이의(此爲大人而已矣)는 〈AB也〉꼴을 강조하는 영어의 2형식 문장과 같다. 〈A(此)는 B(爲大人)것뿐이다[而已矣]〉 此爲大人而已矣에서 차(此)는 주어이고, 위대인(爲大人)은 술부로 보어이며, 이이의(而已矣)는 구문을 결정짓는 〈어조사(~이다) 야(也)〉보다 더 강력하게 어조와 어세를 드러내면서 구문을 결정짓는 관용구로 알아두면 편하다. 此爲大人而已矣의 차(此)는 시(是)와 같지만 어조를 더 강하게 하는 구실을 하고, 여기서 차(此)는 앞에서 지적된 비천지소여아자선립호기대자(比天之所與我者先立乎其大者)를 나타내는 지시어로 여기고 새긴다.

이제 대자(大者)와 소자(小者)가 무엇이고, 귀자(貴者)와 천자(賤者)가 무엇이며, 대인(大人)과 소인(小人)이 무엇인지 분명해졌다. 제 마음[心]을 밝혀 굳건히 하는 사람이 대인(大人)이고, 제 마음이 곧 대자(大者)이며 귀자(貴者)이고, 제 마음[心]을 내팽개치고 몸만 챙기는 놈[者]이 소인(小人)이며, 마음이 나가버린 몸뚱이가 소자(小者)요 천자(賤者)임을 분명히 알 수 있게 되었다. 몸이란 마음을 굳건하고 밝게 갖춘 뒤라야 귀하고 큰 것임을 우리는 비웃듯이 산다. 마음은 내팽개치고 돈뭉치 싸들고 성형하자는 군상(群像)이 우리네 자화상이 된 지경이니 맹자 앞에 누구나 오금을 펼 수 없다.

이 차(此), 될 위(爲), 큰 대(大), 사람 인(人), 어조사 이(而), 그칠 이(已), ~이다 의(矣)

제16장

16장은 맹자가 대인과 소인의 갈림길이 어디에 있는지 분명하게 설파하는 장이다. 대인은 천작(天爵)을 순종하고 누리면서 살고, 소인은 천작을 버리고 인작(人爵)만을 노리고 사는 데서 두 인품이 나누어짐을 알 수 있다. 천작은 하늘이 내린 벼슬이고, 인작은 인간이 만들어내는 벼슬이다. 천작은 모든 사람에게 두루 내리는 벼슬이지만, 인작은 탐해야 가질 수 있는 벼슬이다. 천작이란 벼슬을 유가(儒家)와 도가(道家)는 다 같이 선(善) 또는 덕(德)이라 한다. 다만 그 선덕(善德)에 대한 해명이 서로 다를 뿐이다. 유가는 그 선덕을 인의충신(仁義忠信)으로 정언하고, 도가는 그것을 무위자연(無爲自然)으로 정하는 것뿐이다. 유가에서 말하는 대인은 그 선덕을 누리며 살고, 소인은 그 선덕을 팽개치면서 산다는 사실을 16장에서 분명히 드러내고 있다.

【문지(聞之)】

유천작자(有天爵者) 유인작자(有人爵者)

【원문(原文)】

孟子曰 有天爵者하고 有人爵者하니 仁義忠信인 樂善不倦은
맹 자 왈 유 천 작 자 유 인 작 자 인 의 충 신 낙 선 불 권

此天爵也이고 公卿大夫 此人爵也이니 古之人修其天爵而人爵
차 천 작 야 공 경 대 부 차 인 작 야 고 지 인 수 기 천 작 이 인 작

從之러니라 今之人은 修其天爵하여 以要人爵하고 既得人爵而
종 지 금 지 인 수 기 천 작 이 요 인 작 기 득 인 작 이

棄其天爵하니 則惑之甚者也이다 終亦必亡而已矣이다
기 기 천 작 즉 혹 지 심 자 야 종 역 필 망 이 이 의

【해독(解讀)】

맹자가 말했다[孟子曰]. "하늘이 내린 벼슬이란 것이 있고[有天爵者], 인간이 내린 벼슬이란 것이 있다[有人爵者]. 어짊 · 옳음 · 충성 · 믿음이란 착함을 즐거워하고 게을리하지 않는 것 이것이 하늘이 내린 벼슬이고[仁義忠信樂善不倦此天爵也], 공경과 대부 이것은 인간이 내리는 벼슬이다[公卿大夫此人爵也]. 옛날의 사람은 자신의 천작을 닦고 그리고 인작이 천작을 따랐지만[古之人修其天爵而人爵從之], 지금의 사람은 천작을 닦음으로써 인작을 요구하고[今之人修其天爵以要人爵], 이미 인작을 갖게 되면 자신의 천작을 져버린다[既得人爵而棄其天爵]. 그런즉 (지금의 사람들은) 미혹됨이 극심한 자들이니[則惑之甚者也], (미혹됨이 심한 자들은) 끝내 또한 틀림없이 망하는 것뿐이다[終亦必亡而已矣]."

【담소(談笑)】

有天爵者(유천작자)

▶ **하늘이 내린 벼슬이란[天爵] 것이[者] 있다[有].**

유천작자(有天爵者)는 〈有A〉꼴로 영어의 1형식 문장과 같다. 〈A(天爵者)가 있다[有]〉 有天爵者에서 유(有)는 〈있을 유(有)〉로 자동사이며, 천작(天爵)은 자(者)의 동격이고, 자(者)는 유(有)의 주어이다. 〈A者〉꼴에서 A가 자(者)를 꾸미는 형용사이면 〈A하는 것[者]〉으로 새기고, A가 자(者)와 동격이면 〈A란 것[者]〉으로 새긴다. 천작자(天爵者)에선 천작(天爵)을 자(者)의 동격으로 보고 새기는 편이 문맥과 걸맞다. 천작이란[天爵] 것[者]. 천작(天爵)은 하늘이 내리는 작위(爵位) 즉 하늘이 내린 벼슬을 뜻한다.

있을 유(有), 하늘 천(天), 벼슬 작(爵), 것 자(者)

有人爵者(유인작자)

▶ **인간이 내린 벼슬이란[人爵] 것이[者] 있다[有].**

유인작자(有人爵者)는 〈有A〉꼴로 영어의 1형식 문장과 같다. 〈A(人爵者)가 있다[有]〉 有人爵者에서 유(有)는 〈있을 유(有)〉로 자동사이며, 인작(人爵)은 자(者)의 동격이고, 자(者)는 유(有)의 주어이다. 〈A者〉꼴에서 A가 자(者)를 꾸미는 형용사이면 〈A하는 것[者]〉으로 새기고, A가 자(者)와 동격이면 〈A이란 것[者]〉으로 새긴다. 인작자(人爵者)에서도 역시 인작(人爵)을 자

(者)의 동격으로 보고 새기는 편이 문맥과 걸맞다. 인작이란[人爵] 것[者]. 인작(人爵)은 인간이 내리는 작위(爵位) 즉 하늘이 내린 벼슬을 뜻한다.

있을 유(有), 사람 인(人), 벼슬 작(爵), 것 자(者)

仁義忠信樂善不倦(인의충신락선불권)

▶ 어짊[仁], 옳음[義], 충성[忠], 믿음인[信] 착함을[善] 즐거워하고[樂] 게을리 하지 않는다[不倦].

인의충신락선불권(仁義忠信樂善不倦)은 仁義忠信樂善 而仁義忠信不倦善에서 되풀이되는 내용인 인의충신(仁義忠信)과 선(善)을 생략하여 하나의 구문처럼 만든 어투로, 영어의 중문과 같다. 仁義忠信樂善不倦은 영어의 3형식 문장 같은 두 구문이 겹친 어투이다. 인의충신(仁義忠信)을 한 마디로 선(善) 또는 덕(德)이라 한다. 그러니 仁義忠信樂善不倦에서 인의충신(仁義忠信)과 선(善)은 동격이고 낙(樂)의 목적어이며, 낙(樂)은 타동사이고, 불(不)은 권(倦)의 부정사(否定詞)이며, 권(倦)은 타동사이다. 仁義忠信樂善不倦을 다음처럼 새긴다. 인의충신인[仁義忠信]인 선을[善] 즐거워하고[樂] 게을리하지 않는다[不倦]. 仁義忠信樂善不倦에서 낙(樂)은 〈기뻐할 열(悅)〉과 같고 열락(悅樂)의 줄임말로 새기고, 권(倦)은 〈게을리할 태(怠)〉와 같고 권태(倦怠)의 줄임말로 여기고 새긴다.

어짊 인(仁), 옳음 의(義), 충성 충(忠), 믿음 신(信), 즐거워할 락(樂), 착함 선(善), 아니 불(不), 게을리할 권(倦)

此天爵也(차천작야)

▶ 이것이[此] 하늘이 내린 벼슬[天爵]이다[也].

차천작야(此天爵也)는 〈AB也〉꼴로 영어의 2형식 문장과 같다. 〈A(此)는 B(天爵)이다[也]〉 차(此)는 주어이며, 천작(天爵)은 보어이고, 야(也)는 구문을 결정짓는 어조사(~이다)이다. 此天爵也에서 차(此)는 앞의 내용인 인의충신락선불권(仁義忠信樂善不倦)을 나타내는 지시어이며, 차(此)는 시(是)보다 강한 어조를 느끼게 한다.

이 차(此), 하늘 천(天), 벼슬 작(爵), ~이다 야(也)

公卿大夫此人爵也(공경대부차인작야)

▶ 공경과[公卿] 대부[大夫] 이것은[此] 인간이 내리는[人] 벼슬[爵]이다[也].

공경대부차인작야(公卿大夫此人爵也)는 〈AB也〉꼴로 영어의 2형식 문장과 같다. 〈A(此)는 B(人爵)이다[也]〉 차(此)는 주어이며, 인작(人爵)은 보어이고, 야(也)는 구문을 결정짓는 어조사(~이다)이다. 此人爵也에서 차(此)는 앞의 내용인 공경대부(公卿大夫)를 나타내는 지시어이며, 차(此)는 시(是)보다 강한 어조를 느끼게 하고, 공경대부(公卿大夫)는 차(此)의 동격 구실을 한다.

공변될 공(公), 벼슬 경(卿), 큰 대(大), 사내 부(夫), 이 차(此), 사람 인(人), 벼슬 작(爵), ~이다 야(也)

古之人修其天爵而人爵從之(고지인수기천작이인작종지)

▶ 옛날[古]의[之] 사람은[人] 자신의[其] 천작을[天爵] 닦고[修] 그리고[而] 인작이[人爵] 천작을[之] 따랐다[從].

고지인수기천작이인작종지(古之人修其天爵而人爵從之)는 영어의 3형식 문장이 겹친 중문과 같다. 고지인수기천작(古之人修其天爵)과 인작종지(人爵從之)를 나누어 각각의 골격을 살펴보면 古之人修其天爵而人爵從之의 문맥을 잡을 수 있다. 古之人修其天爵에서 고지인(古之人)의 인(人)은 주어이고, 수(修)는 타동사이며, 기천작(其天爵)은 목적어가 되어 영어의 3형식 문장과 같다. 古之人修其天爵에서 수(修)는 〈닦을 칙(飭)〉과 같고, 수칙(修飭)의 줄임말로 여기고 새긴다. 人爵從之에서 인작(人爵)은 주어이고, 종(從)은 타동사이며, 지(之)는 목적어이므로, 人爵從之는 영어의 3형식 문장과 같다. 人爵從之에서 종(從)은 〈따를 수(隨)〉와 같고, 지(之)는 천작(天爵)을 나타내는 지시대명사이다.

옛 고(古), ~의 지(之), 사람 인(人), 닦을 수(修), 그 기(其), 하늘 천(天), 벼슬 작(爵), 그리고 이(而), 따를 종(從), 그것 지(之)

今之人修其天爵以要人爵(금지인수기천작이요인작) 旣得人爵(기득인작) 而棄其天爵(이기기천작)

▶ 지금[今]의[之] 사람은[人] 천작을[天爵] 닦음[修]으로써[以] 인작을

[人爵] 요구하고[要], 이미[旣] 인작을[人爵] 갖게 되면[得而] 자신의[其] 천작을[天爵] 져버린다[棄].

금지인수기천작이요인작기득인작이기기천작(今之人修其天爵以要人爵旣得人爵而棄其天爵)과 같은 어투에서는 본동사를 중심으로 구문의 골격을 살펴보면 문맥 잡기가 쉽다. 본동사란 주어와 목적어나 보어를 거느린 동사를 말하고, 주어 + 동사 + 목적어나 주어 + 동사 + 보어가 구문의 골격을 이룬다고 여기고 동사를 중심으로 골격을 살핀다. 今之人修其天爵以要人爵旣得人爵而棄其天爵에서 구문의 골격은 人要人爵 旣得人爵 棄其天爵으로 살펴, 今之人修其天爵以要人爵 旣得人爵 而棄其天爵처럼 끊어 읽을 수 있다. 우리말은 서로를 이어주는 관계사가 있지만 한문투는 우리말과 달리 관계사가 거의 없는 어투이다. 없는 관계사를 떠올리면서 어투를 살펴야 문맥을 잡을 수 있음을 유념해야 한다. 구문의 골격을 제외한 부분들은 부사나 형용사가 되고 어조사 구실을 하게 된다.

금지인수기천작이요인작(今之人修其天爵以要人爵)에서 그 골격이 인요인작(人要人爵)이므로 금지인(今之人)의 금지(今之)는 인(人)을 꾸며주는 형용사이고, 수기천작이(修其天爵以)는 타동사인 요(要)를 꾸며주는 부사이며, 인작(人爵)은 요(要)의 목적어이므로, 今之人修其天爵以要人爵은 영어의 3형식 문장과 같은 문맥임을 알 수 있다. 특히 수기천작이(修其天爵以)를 이수기천작(以修其天爵〉으로도 할 수 있어서 한문투에서 이(以)는 전치사와 후치사를 더불어 한다고 알아두면 편하다. 제[其] 천작을[天爵] 닦기를[修] 이용하여[以], 제[其] 천작을[天爵] 닦기를[修] 가지고서[以], 제[其] 천작을[天爵] 닦음[修]으로써[以]. 〈써 용(用)〉과 같은 이(以)는 경우에 따라 알맞게 새긴다. 今之人修其天爵以要人爵을 지금 사람은[今之人] 제 천작을 닦기를 이용하여[修其天爵以] 인작을[人爵] 요구한다[要]로 새길 수 있다.

기득인작(旣得人爵)에서 그 골격이 득인작(得人爵)이므로 주어인 금지인(今之人)은 생략된 셈이고, 기(旣)는 타동사인 득(得)을 꾸며주는 부사이며, 인작(人爵)은 득(得)의 목적어이므로, 旣得人爵은 영어의 3형식 문장 같은 문맥임을 알 수 있다. 旣得人爵을 이미[旣] 인작을[人爵] 취득했다[得]고 새길 수 있다.

이기기천작(而棄其天爵)에서 그 골격이 기기천작(棄其天爵)이므로 주어인 금지인(今之人)은 생략된 셈이고, 이(而)는 연접의 연사이고, 기(棄)는 타동사이며, 천작(天爵)은 기(棄)의 목적어이고, 기(其)는 천작(天爵)의 관형사이므로, 而棄其天爵은 영어의 3형식 문장과 같다. 而棄其天爵을 그리고[而] 제 천작을[其天爵] 버린다[棄]로 새길 수 있다.

위와 같이 今之人修其天爵以要人爵과 旣得人爵 그리고 而棄其天爵을 각각 독립시켜서 문맥을 잡은 다음 今之人修其天爵以要人爵旣得人爵而棄其天爵을 이어주는 관계사를 보충해주면 우리말로 문맥을 잡아 새길 수 있다. 특히 〈旣爲A而爲B〉를 하나의 관용문처럼 여기고 알아두면 편하다. 〈A를 한[爲] 뒤에는[旣 · 而] B를 한다[爲]〉 그리고 〈旣爲A而爲B〉를 〈爲A而後爲B〉로 해도 됨을 알아두면 더 편하다. 〈A를 한[爲] 이후에[而後] B를 한다[爲]〉

이제 금(今), ~의 지(之), 사람 인(人), 닦을 수(修), 그 기(其), 하늘 천(天), 벼슬 작(爵), 써 이(以), 요구할 요(要), 사람 인(人), 이미 기(旣), 취할 득(得), 그러면 이(而), 버릴 기(棄)

則惑之甚者也(즉혹지심자야)

▶ 그런즉[則] (지금의 사람들은) 미혹됨[惑]이[之] 극심한[甚] 자들[者]이다[也].

즉혹지심자야(則惑之甚者也)는 〈AB也〉꼴로 영어의 2형식 문장과 같다. 〈(A(今之人)은) B(惑之甚者)이다[也]〉 則惑之甚者也에서 즉(則)은 〈곧 즉(則)〉으로 어조사이고, 혹지심(惑之甚)은 자(者)를 꾸며주는 형용사구이며, 자(者)는 보어이고, 야(也)는 구문을 결정짓는 어조사(~이다)이다. 특히 惑之甚者를 〈A者〉꼴로 A가 자(者)를 꾸며주는 형용사라고 알아두면 편하다. 〈A하는 것[者]〉 또는 〈A하는 사람[者]〉

곧 즉(則), 미혹될 혹(惑), ~이 지(之), 극심할 심(甚), 놈 자(者), ~이다 야(也)

終亦必亡而已矣(종역필망이이의)

▶ (미혹됨이 심한 자는) 끝내[終] 또한[亦] 틀림없이[必] 망하는 것[亡]뿐이다[而已矣].

종역필망이이의(終亦必亡而已矣)는 〈AB也〉꼴을 강조하는 영어의 2형식 문장과 같다. 물론 주어인 A는 생략되어 있다. 〈(A는) B(亡)인 것뿐이다[而已矣]〉 終亦必亡而已矣는 今之人終亦必亡而已矣에서 문맥으로 보충될 수 있는 내용인 주어이므로 금지인(今之人)을 생략한 어투이다. 終亦必亡而已矣에서 종(終)·역(亦)·필(必) 등은 모두 망(亡)을 꾸미는 부사이고, 망(亡)은 보어이며, 이이의(而已矣)는 구문을 결정짓는 〈어조사(~이다) 야(也)〉보다 더 강력하게 어조와 어세를 드러내면서 구문을 결정짓는 관용구로 알아두면 편하다.

맹자가 약 2300년 전에 이렇게 말했지만 지금도 변한 것은 없다. 벼슬하기 전에는 너도 나도 인의충신(仁義忠信)을 남보다 돈독히 한다고 공언하다가, 벼슬자리를 차고 나면 언제 그랬냐는 듯이 표변해버리는 고관(高官)들을 수도 없이 보게 된다. 선(善)을 버리고 법(法)을 앞세워 권력을 휘두르는 꼬락서니는 틀림없이 기기천작(棄其天爵)이다. 성현(聖賢)의 말씀은 한 시대로 그치지 않는다. 왜냐하면 고개 들고 높은 자리에 올랐다가 쇠고랑차고 고개 숙이고 감옥으로 가는 경우가 빈번하기 때문이다.

끝 종(終), 또 역(亦), 반드시 필(必), 망할 망(亡), 어조사 이(而), 그칠 이(已), ~이다 의(矣)

제17장

17장은 맹자가 다시금 천작(天爵)과 인작(人爵)을 대비하고 있는 장이다. 인작을 고량(膏粱)과 문수(文繡)로 비유하고, 천작을 영문(令聞)·광예(廣譽)로 비유해주고 있다. 고량의 포만(飽滿)과 문수의 호사(豪奢)는 권불십년(權不十年)으로 통하고, 광덕(光德)인 천작은 변함없이 밝다는 것을 천명하는 장이다.

【문지(聞之)】

기포이덕(旣飽以德)

【원문(原文)】

孟子曰 欲貴者는 人之同心也이다 人人이 有貴於己者이지만 弗思耳이다 人之所貴者는 非良貴也이니 趙孟之所貴는 趙孟이 能賤之니라 詩云 旣醉以酒요 旣飽以德이라 하니 言飽乎仁義也이다 所以不願人之膏粱之味也이다 令聞廣譽施於身이라 所以不願人之文繡也이다

맹자왈 욕귀자 인지동심야 인인 유귀어기자 불사이 인지소귀자 비량귀야 조맹지소귀 조맹 능천지 시운 기취이주 기포이덕 언포호인의야 소이불원인지고량지미야 영문광예시어신 소이불원인지문수야

【해독(解讀)】

맹자가 말했다[孟子曰]. "귀한 것을 바람은 사람들의 한결같은 마음이다[欲貴者人之同心也]. 사람마다 제 몸뚱이보다 더 귀한 것을 간직하고 있다[人人有貴於己者]. (다만 사람들이 몸뚱이보다 더 귀한 것을) 마음쓰지 않는 것뿐이다[弗思耳]. 사람이 귀히 여기는 바의 것이란 으뜸으로 귀한 것은 아닌 것이다[人之所貴者非良貴也]. 조맹이 귀히 여긴 바 그것을 조맹이 천하게 할 수 있다[趙孟之所貴趙孟能賤之]. 『시경(詩經)』이 말하고 있다[詩云]. '이미 술로써 취하고[旣醉以酒] 이미 덕으로써 배부르다[旣飽以德].' (이 시구들은) 인의를 만끽함을 말한 것이다[言飽乎仁義也]. (이는) 남들의 살찐 고기와 맛난 곡식의 진미를 원하지 않는 바의 까닭인 것이다[所以不願人之膏粱之味也]. 좋은 소문과 널리 알려진 명예가 자신에게 베풀어진 것은[令聞廣譽施於身] 남들의 수를 놓아 멋진 옷을 바라지 않는 바의 까닭인 것이다[所以不願人之文繡也]."

【담소(談笑)】

欲貴者人之同心也(욕귀자인지동심야)

▶ **귀한[貴] 것을[者] 바람은[欲] 사람들[人]의[之] 한결같은[同] 마음[心]이다[也].**

욕귀자인지동심야(欲貴者人之同心也)는 〈AB也〉꼴로 영어의 2형식 문장과 같다. 〈A(欲貴者)는 B(人之同心)이다[也]〉 欲貴者人之同心也에서 욕귀자(欲貴者)는 주부이고, 인지동심(人之同心)은 술부이며, 야(也)는 구문을 결정짓는 어조사(~이다)이다. 주부인 욕귀자(欲貴者)에서 귀자(貴者)를 욕(欲)의 목적어로 보고 귀한[貴] 것을[者] 바라는 것[欲]으로 새길 수도 있고,

욕귀(欲貴)가 자(者)를 꾸미는 형용사구로 여기고 귀함을[貴] 바라는[欲] 것[者]으로 새길 수도 있다. 어느 쪽이든 문의를 달리하는 것은 아니지만 욕귀자(欲貴者)의 귀자(貴者)를 욕(欲)의 목적어로 여기고 새겼고, 욕(欲)을 욕귀자인지동심야(欲貴者人之同心也)의 주어로 삼았다. 술부인 인지동심(人之同心)에서 인지(人之)와 동(同)은 심(心)을 꾸미는 형용사이고, 심(心)은 보어이다. 그러니 欲貴者人之同心也의 골격은 욕심야(欲心也)이거나 자심야(者心也)이다. 인지동심(人之同心)의 동(同)은 〈한결같은 일(一)〉과 같고 동일(同一)의 줄임말로 여기고 새긴다.

바랄 욕(欲), 귀할 귀(貴), 것 자(者), 사람들 인(人), ~의 지(之), 같을 동(同), 마음 심(心), ~이다 야(也)

人人有貴於己者(인인유귀어기자)

▶ 사람마다[人人] 제 몸뚱이[己]보다[於] 더 귀한[貴] 것을[者] 지니고 있다[有].

인인유귀어기자(人人有貴於己者)는 〈A有B〉꼴로, 유(有)를 자동사인 〈있을 유(有)〉로 여기고 새기면 A는 부사이고 B가 주어가 되므로 〈A(人人)에 B(貴於己者)가 있다[有]〉로 새겨서 영어의 1형식 문장과 같다. 그러나 유(有)를 타동사인 〈가질 유(有)〉로 여기고 새기면 A가 주어이고 B가 목적어가 되어 〈A(人人)가 B(貴於己者)를 간직한다[有]〉로 새겨서 영어의 3형식 문장과 같다. 그러므로 〈A有B〉꼴은 전후 문맥을 잘 살펴서 걸맞게 선택해 문맥을 잡아간다. 人人有貴於己者에서 귀어기자(貴於己者)의 문맥을 잡지 못하면 人人有貴於己者의 문맥을 잡을 수 없다. 인인(人人)은 사람들마다[人人]로, 귀어기자(貴於己者)는 〈A者〉꼴을 상기하면 〈A(貴於己]하는 것[者]〉으로 문맥을 잡는다. 貴於己者에서 귀어기(貴於己)는 자(者)를 꾸미는 형용사 구실을 한다는 말이고, 貴於己者의 어(於)는 비교의 어조사(~보다)이며, 기(己)는 〈몸뚱이 기(己)〉이다. 몸뚱이[己]보다[於] 더 귀한[貴] 것[者].

사람 인(人), 가질(있을) 유(有), 귀할 귀(貴), ~보다 어(於), 몸 기(己), 것 자(者)

弗思耳(불사이)

▶ (몸뚱이보다 더 귀한 것을 사람들이) 마음쓰지 않는 것[弗思]뿐이다[耳].

불사이(弗思耳)는 人人弗思貴於己者耳에서 되풀이되는 인인(人人)과 귀어기자(貴於己者)를 생략한 어투로, 주어와 목적어가 다 생략되었지만 영어의 3형식 문장과 같다. 弗思耳에서 불(弗)은 사(思)의 부정사(否定詞)이고 〈아닐 무(毋), 물(勿), 불(不)〉 등과 같으며, 이(耳)는 야(也)보다 구문의 결정을 단호하게 하는 어조사(~뿐이다)이다.

아니 불(弗), 생각할 사(思), 어조사(~뿐이다) 이(耳)

人之所貴者非良貴也(인지소귀자비량귀야)

▶ 사람[人]이[之] 귀히 여기는[貴] 바의[所] 것이란[者] 으뜸가는[良] 귀한 것은[貴] 아닌 것[非]이다[也].

인지소귀자비량귀야(人之所貴者非良貴也)는 〈A非B也〉꼴로 영어의 2형식 문장과 같다. 〈A(人之所貴者)는 B(良貴)가 아닌 것[非]이다[也]〉 人之所貴者非良貴也는 人之所貴者非良貴者也에서 되풀이되는 뒤의 자(者)를 생략한 어투이므로, 人之所貴者非良貴也의 양귀(良貴)를 양귀자(良貴者)로 여기고 새기면 人之所貴者非良貴也의 문맥이 우리말로 쉽게 잡힌다. 으뜸으로[良] 귀한[貴] 것[者]. 人之所貴者非良貴也에서 인지소귀자(人之所貴者)는 주부이고, 비(非)는 보어이며, 양귀(良貴)는 비(非)의 동격이고, 야(也)는 구문을 결정짓는 어조사(~이다)이다.

人之所貴者非良貴也에서 인지소귀자(人之所貴者)의 문맥을 잡지 못하면 人之所貴者非良貴也의 전체 문맥을 잡을 수 없다. 인지소귀자(人之所貴者)는 〈A者〉꼴을 상기하면 〈A(人之所貴)하는 것[者]〉으로 문맥을 잡게 된다. 人之所貴者에서 인지소귀(人之所貴)가 자(者)를 꾸미는 형용사 구실한다는 말이다. 人之所貴者는 所人貴者에서 인(人)을 소(所) 앞으로 전치시켜 인지(人之)로 했다고 여기면 왜 지(之)가 여기서 주격 토씨(~이) 구실을 하는지 알아챌 수 있다. 인간[人]이[之] 귀히 여기는[貴] 바의[所] 것[者]. 그러니 人之所貴者非良貴也에서 자(者)가 주어인 셈이다.

사람 인(人), ~이 지(之), 바 소(所), 귀하게 여길 귀(貴), 것 자(者), 아닌 것 비(非), 좋을 량(良), 귀한 것 귀(貴), ~이다 야(也)

趙孟之所貴趙孟能賤之(조맹지소귀조맹능천지)

▶ 조맹[趙孟]이[之] 귀히 여긴[貴] 바[所] 그것을[之] 조맹이[趙孟] 천하게 할[賤] 수 있다[能].

조맹지소귀조맹능천지(趙孟之所貴趙孟能賤之)는 趙孟能賤趙孟之所貴에서 천(賤)의 목적격인 조맹지소귀(趙孟之所貴)를 전치시키고 그 빈 자리에 허사 지(之)를 둔 어투임을 알아채면, 趙孟之所貴趙孟能賤之를 조맹능천조맹지소귀(趙孟能賤趙孟之所貴)로 여기고 문맥을 잡을 수 있다. 趙孟之所貴趙孟能賤之는 趙孟能賤趙孟之所貴의 술부를 강조하는 어조를 더해줄 뿐이지 문의를 달리하는 것은 아니다. 그러므로 趙孟之所貴趙孟能賤之에서 지(之)를 무시하고 趙孟能賤趙孟之所貴로 여기고, 조맹은[趙孟] 자신[趙孟]이[之] 귀히 여긴[貴] 바를[所] 천하게 할[賤] 수 있다[能]고 새겨도 된다는 말이다. 趙孟之所貴는 소조맹귀(所趙孟貴)에서 조맹(趙孟)을 소(所) 앞으로 전치하면서 조맹지(趙孟之)로 된 것임을 알아채면 趙孟之所貴를 소조맹귀(所趙孟貴)로 여기고 새길 수 있다. 조맹이[趙孟] 귀히 여긴[貴] 바[所]. 趙孟之所貴의 소(所)는 what he did의 what과 같은 구실을 한다고 여기면 편하다. 그가(he) 했던(did) 바(what), 그가[彼] 했던[爲] 바[所].

조맹(趙孟)은 진(晉)나라 경대부(卿大夫)의 이름이다. 경대부는 대부 중에서 우두머리 벼슬이니 인작(人爵)을 내릴 수 있다. 조맹이 인작을 내려 사람을 귀하게도 하지만, 내린 인작을 삭탈(削奪)해 사람을 비천(卑賤)하게도 만들 수 있다. 이처럼 인작은 귀천(貴賤)을 변덕스럽게 함을 지적한 말이다. 장자(莊子)도 인작을 썩은 고깃덩이라고 했다.

> 성씨 조(趙), 맏이 맹(孟), ~이 지(之), 귀히 여길 귀(貴), 능할 능(能), 천하게 할 천(賤), 그것 지(之)

詩云(시운) 旣醉以酒(기취이주) 旣飽以德(기포이덕)

▶ 『시경(詩經)』이[詩] 말하고 있다[云] "이미[旣] 술[酒]로써[以] 취하고[醉] 이미[旣] 덕[德]으로써[以] 배부르다[飽]."

시운(詩云)의 시(詩)는 『시경(詩經)』에 있는 시(詩)를 말한다. 맹자가 여기서 인용한 시(詩)는 「대아(大雅)」 생민지습(生民之什)의 〈기취(旣醉)〉이다.

기취이주(旣醉以酒)는 기취(旣醉)의 1장 첫 시구(詩句)이다. 旣醉以酒에서 기(旣)는 취(醉)를 꾸미는 부사이고, 취(醉)는 자동사이며, 이주(以酒)는 취(醉)를 꾸미는 부사구이다. 旣醉以酒의 이(以)는 〈써 용(用)〉과 같다.

기포이덕(旣飽以德)은 기취(旣醉)의 1장 둘째 시구이다. 旣飽以德에서 기(旣)는 포(飽)를 꾸미는 부사이고, 포(飽)는 자동사이며, 이덕(以德)은 포(飽)를 꾸미는 부사구이다. 旣飽以德의 포(飽)는 〈배부를 만(滿)〉과 같고 포만(飽滿)의 줄임말로 여기고 새기고, 이(以)는 여기서도 〈써 용(用)〉과 같다.

시경 시(詩), 이를 운(云), 이미 기(旣), 취할 취(醉), 써 이(以), 술 주(酒), 배부를 포(飽), 큰 덕(德)

言飽乎仁義也(언포호인의야)

▶ (이 시구들은) 인의[仁義]를[乎] 만끽함을[飽] 말한 것[言]이다[也].

언포호인의야(言飽乎仁義也)는 是言飽乎仁義也에서 앞의 두 시구를 나타내는 지시어이면서 주어인 시(是)를 생략한 〈AB也〉꼴로, 영어의 2형식 문장과 같다. 〈A(是)는 B(言飽乎仁義)이다[也]〉 言飽乎仁義也에서 구문을 결정짓는 〈어조사 야(也)〉를 무시하고 언포호인의(言飽乎仁義)로 여기고 새긴다면, 言飽乎仁義를 영어의 3형식 문장처럼 여기고 인의[仁義]를[乎] 만끽함을[飽] 말한다[言]고 새긴다. 이처럼 言飽乎仁義也의 야(也)는 어조사 노릇만 하므로 무시하고 새겨도 言飽乎仁義也의 문의는 달라질 것은 없고, 다만 어조가 다를 뿐이다. 그러나 〈어조사 야(也)〉를 살려서 言飽乎仁義也를 새기면, 言飽乎仁義也에서 언(言)은 보어가 되어 영어의 2형식 문장처럼 言飽乎仁義也를 새기게 된다. 인의[仁義]를[乎] 만끽함을[飽] 말한 것[言]이다[也].

맹자는 천작(天爵)을 더없이 누리고 있음을 밝히려고 『시경(詩經)』의 「대아(大雅)」 〈기취(旣醉)〉의 시편을 인용한 셈이다. 맹자는 기포이덕(旣飽以德)의 기(旣)를 천작을 오래오래 누려온 뜻으로 인용하고, 포이덕(飽以德)을 천작을 더없이 만끽하고 있다는 뜻으로 인용하고 있다. 덕(德), 이 한 마디는 곧 천작을 말한다. 맹자는 덕(德) = 선(善) = 인의(仁義)를 천작이라고 정언하고 있다.

말할 언(言), 배부를 포(飽), 어조사(~를) 호(乎), 어질 인(仁), 옳음 의(義), ~이다 야(也)

所以不願人之膏粱之味也(소이불원인지고량지미야)

▶ (이는) 남들[人]의[之] 살찐 고기와[膏] 맛난 곡식[粱]의[之] 진미를[味] 원하지 않는[不願] 바의[所] 까닭인 것[以]이다[也].

소이불원인지고량지미야(所以不願人之膏粱之味也) 역시 是所以不願人之膏粱之味也에서 앞의 두 시구를 나타내는 지시어이면서 주어인 시(是)를 생략한 〈AB也〉꼴로 영어의 2형식 문장과 같다. 〈A(是)는 B(所以不願人之膏粱之味)이다[也]〉 所以不願人之膏粱之味也와 같은 어투에서는 〈所以爲A〉꼴을 상기하면 문맥 잡기가 쉽다. 〈A를 하는[爲] 바의[所] 까닭[以]〉 물론 〈所以爲A〉를 〈A를 하는[爲] 까닭인[以] 바[所]〉로 새겨도 된다. 소이(所以)는 서로 동격이기 때문이다. 所以不願人之膏粱之味也에서 소(所)는 영어에서 선행사를 포함한 관계대명사 what과 같은 구실을 한다고 보고 不願人之膏粱之味를 소(所)를 관계대명사로 갖춘 형용사절로 여기고, 〈까닭 이(以)〉를 소(所)의 동격으로 여기면, 所以不願人之膏粱之味也의 문맥이 잡힌다. 형용사절인 불원인지고량지미(不願人之膏粱之味)에서 불(不)은 원(願)의 부정사(否定詞)이고, 원(願)은 타동사이며, 인지고량지미(人之膏粱之味의 미(味)는 원(願)의 목적어이다. 인지고량지미(人之膏粱之味)에서 지(之)는 소유격 토씨(~의)인 허사이고, 인지(人之)는 고량(膏粱)을 꾸미고, 고량지(膏粱之)는 미(味)를 꾸미는 형용사이다. 남들[人]의[之] 고량[膏粱]의[之] 맛[味].

고량(膏粱)은 인작(人爵)을 비유한 말이다. 덕(德)의 만끽은 고플 줄 몰라 항상(恒常)이지만, 고량은 아무리 배불리 먹어도 하루도 못 가 배고파진다. 인작이 탐욕을 짝하고 있다는 뜻이다. 여기 고량의 맛[味]을 권력의 맛으로 빗대어 생각해본다면 맹자의 속뜻을 쉽사리 알아차릴 수 있는 일이다.

바 소(所), 까닭 이(以), 아니 불(不), 바랄 원(願), 남들 인(人), ~의 지(之), 살진 고기 고(膏), 맛있는 곡식 량(粱), 맛 미(味), ~이다 야(也)

令聞廣譽施於身(영문광예시어신) 所以不願人之文繡也(소이불원인지문수야)

▶ 좋은 소문과[令聞] 널리 알려진 명예가[廣譽] 자신[身]에게[於] 베풀어진 것은[施] 남들[人]의[之] 수를 놓아 멋진 옷을[文繡] 바라지 않는[不願] 바의[所] 까닭인 것[以]이다[也].

영문광예시어신소이불원인지문수야(令聞廣譽施於身所以不願人之文繡也)는 〈AB也〉꼴로 영어의 2형식 문장과 같다. 〈A(令聞廣譽施於身)는 B(所以不願人之文繡)이다[也]〉 물론 令聞廣譽施於身所以不願人之文繡也는 令聞施於身所以不願人之文繡 而廣譽施於身所以不願人之文繡也에서 되풀이되는 내용인 시어신소이불원인지문수야(施於身所以不願人之文繡也)를 생략하고 하나의 구문처럼 만든 어투이다. 令聞廣譽施於身所以不願人之文繡也에서 영문광예시어신(令聞廣譽施於身)은 주부이고, 소이불원인지문수야(所以不願人之文繡)는 보어이다.

주부인 영문광예시어신(令聞廣譽施於身)에서 영문(令聞)과 광예(廣譽)는 주어이고, 시(施)는 〈갖추어진 구(俱)〉와 같고, 어(於)는 간접목적격 토씨(~에게)인 어조사이며, 신(身)은 자신(自身)의 줄임말로 여기고 새기면 令聞廣譽施於身의 문맥이 잡힌다. 자신[身]에게[於] 영문과[令聞] 광예가[廣譽] 베풀어진 것은[施]. 술부인 소이불원인지문수야(所以不願人之文繡也)에서 소(所)는 영어의 what과 같은 구실을 한다고 보고 不願人之文繡를 소(所)를 관계대명사로 갖춘 형용사절로 여기고, 〈까닭 이(以)〉를 소(所)의 동격으로 여기면 所以不願人之文繡也의 문맥이 잡힌다. 형용사절인 不願人之文繡에서 불(不)은 원(願)의 부정사(否定詞)이고, 원(願)은 타동사이며, 인지(人之)는 문수(文繡)를 꾸미고, 문수(文繡)는 원(願)의 목적어이다. 남들[人]의[之] 문수를[文繡] 불원하는[不願] 바의[所] 까닭인 것[以].

영문(令聞) 광예(廣譽)는 곧 광덕(光德)을 말한다. 덕(德)이란 빛과 같아 온 세상을 비춘다. 그래서 덕이 높은 사람은 온 세상이 받든다. 이보다 더한 명예가 어디 있을 것인가. 문수(文繡)는 고관들이 입는 아름답게 수를 놓은 옷을 말한다. 그러니 문수는 인작(人爵)을 비유해준다. 문수는 벗겨지고 말지만, 광덕인 천작(天爵)은 해와 같다. 관복(官服)에 놓인 수를 화려하다 말라. 권불십년(權不十年)이니 반드시 해지고야 만다.

좋을 령(令), 소문 문(聞), 넓을 광(廣), 명예 예(譽), 갖출(베풀어질) 시(施), ~에게 어(於), 몸 신(身), 바 소(所), 까닭 인(因), 아니 불(不), 바랄 원(願), 남들 인(人), ~의 지(之), 고운 문(文), 수 수(繡), ~이다 야(也)

제18장

18장은 맹자가 인(仁)과 불인(不仁)을 대비하는 장이다. 인(仁)을 물[水]로 비유하고 불인(不仁)을 불[火]로 비유하여 어짊과 어질지 않음을 명쾌하고 쉽게 풀이하고 있는 장이다. 참으로 성현의 말씀은 알아듣기가 쉽다. 그래서 더욱 우리를 부끄럽게 하고야 만다. 노자가 밝힌 상선약수(上善若水)가 떠오른다. 으뜸인 선은[上善] 물과[水] 같다[若].

【문지(聞之)】

인지승불인야(仁之勝不仁也)

【원문(原文)】

孟子曰 仁之勝不仁也는 猶水勝火라 今之爲仁者는 猶以一杯
맹자왈 인지승불인야 유수승화 금지위인자 유이일배
水救一車薪之火也이다 不熄則謂之水不勝火라하니 此又與於
수구일거신지화야 불식즉위지수불승화 차우여어
不仁之甚者也이다 亦終必亡而已矣이다
불인지심자야 역종필망이이의

【해독(解讀)】

맹자가 말했다[孟子曰]. "어짊이 어질지 못함을 이기는 것이란 물이 불을 이기는 것과 같다[仁之勝不仁也猶水勝火]. 요새 어짊을 행하는 사람들은 한 잔의 물을 가지고 한 수레 땔나무의 불길을 잡으려는 것과 같은 것이다[今之爲仁者猶以一杯水救一車薪之火也]. (한 잔의 물로써 한 수레 땔감의 불길이) 꺼지지 않으면 곧장 (요새 사람들은) 그것을 물이 불을 이기지 못하는 것이라고 떠벌인다[不熄則謂之水不勝火]. 이는 또 어질지 않음이 극심한 자들을 편들어주는 것이다[此又與於不仁之甚者也]. (불인이 극심한 자는) 또한 끝내 반드시 망하는 것뿐이다[亦終必亡而已矣]."

【담소(談笑)】

仁之勝不仁也(인지승불인야) 猶水勝火(유수승화)

▶ 어짊[仁]이[之] 어질지 못함을[不仁] 이기는 것[勝]이란[也] 물이[水]

불을[火] 이기는 것과[勝] 같다[猶].

인지승불인야유수승화(仁之勝不仁也猶水勝火)는 〈A猶B〉 꼴로 영어의 2형식 문장과 같다. 〈A(仁之勝不仁也)는 B(水勝火)와 같다[猶]〉 仁之勝不仁也猶水勝火에서 인지승불인야(仁之勝不仁也)는 주부이고, 유(猶)는 자동사이며, 수승화(水勝火)는 보어이다. 仁勝不仁猶水勝火에서 주어인 인승불인(仁勝不仁)의 어조와 어세를 강화하려고 인지승불인야(仁之勝不仁也)로 한 어투라고 여긴다. 다시 말해 인이[仁] 불인을[不仁] 이겨냄[勝]을 인[仁]이[之] 불인을[不仁] 이겨낸 것[勝]이란[也]으로 어조를 강하게 한 어투이지, 仁勝不仁猶水勝火를 仁之勝不仁也猶水勝火로 했다 하여 문맥의 문의가 달라지는 것은 아니다. 仁之勝不仁也猶水勝火에서 仁之勝不仁也의 지(之)를 주격 토씨(~이) 구실을 하는 허사로 여기고 새기는 편이 우리말답게 문맥을 잡아갈 수 있다. 이는 마치 영어에서 동명사 구문의 소유격을 주격으로 새기는 경우와 같다. his winning them에서 그의(his) 그들을(them) 이김(winning)이라고 하면 우리말로 his winning them의 문맥을 잡지 못한다. 그가(his) 그들을(them) 이김(winning)이라고 새겨야 우리말로 his winning them의 문맥이 잡히는 것을 떠올리면 왜 仁之勝不仁也의 지(之)를 주격 토씨(~이) 구실을 하는 허사로 여기는지 알 수 있다. 仁之勝不仁也猶水勝火에서 유(猶)는 〈같을 약(若), 여(如), 여(與)〉 등과 같다.

성현은 말을 어렵게 하지 않는다. 물이 불을 이긴다는 사실은 어린애도 알 수 있다. 학자가 인(仁) 불인(不仁)을 현학적으로 말하지 성현은 물불을 들어 아주 쉽게 일깨워준다. 불길을 물이 잡듯이 어짊[仁]은 어질지 못함[不仁]을 잡는다.

어짊 인(仁), ~이 지(之), 이길 승(勝), 아니 불(不), ~이란 야(也), 같을 유(猶), 물 수(水), 불 화(火)

今之爲仁者(금지위인자) 猶以一杯水救一車薪之火也(유이일배수구일거신지화야)

▶ 요새[今之] 어짊을[仁] 행하는[爲] 사람들은[者] 한 잔의[一杯] 물을[水] 가지고[以] 한 수레[一車] 땔나무[薪]의[之] 불길을[火] 끄려는 것과[救] 같은 것[猶]이다[也].

금지위인자유이일배수구일거신지화야(今之爲仁者猶以一杯水救一車薪之火也)는 〈AB也〉꼴로 영어의 2형식 문장과 같다. 〈A(今之爲仁者)는 B(猶以一杯水救一車薪之火)이다[也]〉 今之爲仁者猶以一杯水救一車薪之火也에서 금지위인자(今之爲仁者)는 주부이고, 유이일배수구일거신지화야(猶以一杯水救一車薪之火)는 술부이다.

今之爲仁者猶以一杯水救一車薪之火也에서 주부인 금지위인자(今之爲仁者)에서 금지위인(今之爲仁)은 자(者)를 꾸미는 형용사절이고, 자(者)는 영어의 관계대명사와 같다고 여기면 今之爲仁者의 문맥을 잡을 수 있다. 〈A者〉꼴을 상기하면 今之爲仁者의 문맥이 잡힌다. 〈A(今之爲仁)하는 것[者]〉

今之爲仁者猶以一杯水救一車薪之火也의 술부인 유이일배수구일거신지화야(猶以一杯水救一車薪之火)에서 이일배수(以一杯水)는 구일거신지화(救一車薪之火)의 구(救)를 꾸며주는 부사구임을 알아채면, 유이일배수구일거신지화(猶以一杯水救一車薪之火)를 유구일거신지화이일배수(猶救一車薪之火以一杯水)처럼 어순을 바꾸어볼 수 있어서 猶以一杯水救一車薪之火의 문맥 잡기가 쉽다. 말하자면 猶以一杯水救一車薪之火를 〈猶救A以B〉처럼 여기고 그 문맥을 잡아보면 쉽다. 〈B를 가지고[以] A를 구하는 것과[救] 같은 것[猶]〉 또는 〈B로써[以] A를 구하는 것과[救] 같은 것[猶]〉으로 짚어보면 猶以一杯水救一車薪之火의 문맥이 잡힌다는 말이다. 一車薪之火의 일거신지(一車薪之)는 화(火)를 꾸미는 형용사구이다. 한수레 땔감[一車薪]의[之] 불길[火]. 猶以一杯水救一車薪之火에서 유(猶)는 영어의 동명사와 같은 구실을 하고 〈같을 것 약(若), 여(如), 여(與)〉 등과 같으며, 이(以)는 여기선 〈써 용(用)〉과 같고, 구(救)는 〈끌 진(鎭)〉과 같고 구화(救火)의 〈끌 구(救)〉이다. 구화이수(救火以水)를 떠올리면 猶以一杯水救一車薪之火의 문맥이 쉽게 잡힌다. 물을[水] 이용하여[以] 불을[火] 끔과[救] 같은 것[猶].

한 수레의 땔나무에 붙은 불을 한 잔의 물로 끌 수 없는 일이다. 어짊을 행함[爲仁]이 너무도 인색하니 온 세상이 불인의 불길로 뒤덮인다고 밝히는 중이다. 유가의 위인(爲仁)은 불교의 자비(慈悲)와 같고 도가의 검자(儉慈)와 같다. 물 한잔의 어짊으로 어찌 요원의 불길을 잡겠느냐고 맹자가 세상을 향해 꾸짖고 있다.

이제 금(今), ~의 지(之), 행할 위(爲), 어질 인(仁), 사람 자(者), 같을 유(猶), 써 이(以), 하나 일(一), 잔 배(杯), 물 수(水), 끌 구(救), 수레 거(車), 땔나무 신(薪), 불 화(火), ~이다 야(也)

不熄則謂之水不勝火(불식즉위지수불승화)

▶ (한 잔의 물로써 한 수레 땔감의 불길이) 꺼지지 않으면[不熄] 곧장[則] (요새 사람들은) 그것을[之] 물이[水] 불을[火] 이기지 못하는 것이라고[不勝] 떠벌인다[謂].

불식즉위지수불승화(不熄則謂之水不勝火)는 〈A則B〉꼴로 영어의 복문과 같다. 즉(則)을 중심으로 앞은 양보 내지 조건의 종속절이고, 뒤는 주절이다. 그러니 不熄則謂之水不勝火에서 불식(不熄)은 조건절처럼 여기고, 위지수불승화(謂之水不勝火)를 주절로 여기고 새기면 문맥이 잡힌다. 〈A(不熄)라면 곧[則] B(謂之水不勝火)한다〉

조건절인 불식(不熄)은 일거신지화불식이일배수(一車薪之火不熄以一杯水)에서 문맥으로 보충될 수 있는 주어인 일거신지화(一車薪之火)와 부사구인 이일배수(以一杯水)를 생략한 어투이다. 不熄의 식(熄)은 〈꺼질 멸(滅)〉과 같다. 不熄則謂之水不勝火에서 주절인 위지수불승화(謂之水不勝火)는 금지인위지수불승화(今之人謂之水不勝火)에서 문맥으로 보충될 수 있는 주어인 금지인(今之人)을 생략한 〈謂AB〉꼴로, 영어의 5형식 문장과 같다. 〈A(之)를 B(水不勝火)라고 일컫는다[謂]〉 謂之水不勝火에서 위(謂)는 타동사이고, 지(之)는 앞의 불식(不熄)을 나타내는 지시대명사로 위(謂)의 목적어이며, 수불승화(水不勝火)는 목적격 보어이다.

아니 불(不), 꺼질 식(熄), 곧 즉(則), 일컬을 위(謂), 그것 지(之), 물 수(水), 이길 승(勝), 불 화(火)

此又與於不仁之甚者也(차우여어불인지심자야)

▶ 이는[此] 또[又] 어질지 않음[不仁]이[之] 극심한[甚] 자들을[者] 편들어주는 것[與]이다[也].

차우여어불인지심자야(此又與於不仁之甚者也)는 〈AB也〉꼴로 영어의 2형식 문장과 같다. 〈A(此)는 B(又與於不仁之甚者)이다[也]〉 此又與於不仁之甚

者也에서 차(此)는 주어이고, 우여어불인지심자(又與於不仁之甚者)는 술부이고, 야(也)는 구문을 결정짓는 어조사(~이다)이다.

此又與於不仁之甚者也에서 주어인 차(此)는 바로 앞의 내용인 금지인위지수불승화(今之人謂之水不勝火)를 나타내는 지시어이다. 此又與於不仁之甚者也에서 술부인 우여어불인지심자야(又與於不仁之甚者也)의 우(又)는 부사이고, 여(與)는 동명사이며, 어(於)는 어조사로 목적격 토씨(~을)이고, 불인지심(不仁之甚)은 자(者)를 꾸미는 형용사절이며, 자(者)는 영어의 관계대명사와 같다. 물론 영어에서 관계대명사는 형용사절 앞에 오지만 한문투에서 자(者)는 뒤에 온다. 그래서 〈A者〉꼴을 알아두면 편하다. 〈A(不仁之甚)하는 사람[者]〉 그리고 불인지심(不仁之甚)의 지(之)는 문맥에 따라 다양하게 어조사 내지 허사가 되므로 〈A之B〉꼴로 잘 정리해두면 문맥 잡기가 편하다. 불인지심자(不仁之甚者)의 지(之)를 여기선 주격 토씨(~이)로 새기면 문맥이 통한다. 불인(不仁)이[之] 극심한[甚] 사람[者].

이 차(此), 또 우(又), 편들 여(與), ~을 어(於), 아니 불(不), 어짊 인(仁), ~이 지(之), 놈 자(者), ~이다 야(也)

亦終必亡而已矣(역종필망이이의)

▶ **(불인이 극심한 자는) 또한[亦] 끝내[終] 반드시[必] 망하는 것[亡] 뿐이다[而已矣].**

역종필망이이의(亦終必亡而已矣)는 〈AB也〉꼴을 강조하는 영어의 2형식 문장과 같다. 물론 주어인 A는 생략되어 있다. 〈(A는) B(亡)인 것일 뿐이다[而已矣]〉 亦終必亡而已矣는 不仁之甚者終亦必亡而已矣에서 문맥으로 보충될 수 있는 내용이므로 주어인 불인지심자(不仁之甚者)를 생략한 어투이다. 亦終必亡而已矣에서 역(亦)·종(終)·필(必) 등은 모두 망(亡)을 꾸미는 부사이고, 망(亡)은 보어이고, 이이의(而已矣)는 구문을 결정짓는 야(也)보다 더 강력하게 어조와 어세를 드러내면서 구문을 결정짓는 관용구로 알아두면 편하다. ~뿐이다[而已矣].

한 잔의 물로 한 개비의 성냥불을 끌 수는 있을지언정, 한 잔의 물로 한 수레의 땔감에 붙은 불길을 끌 수 없는 노릇이 아닌가. 이를 두고 물이 불을 이기지 못한다고 떠벌인다면 더 없이 어리석고 미욱한 놈의 짓이다. 대인은 위인(爲仁)이 반드시 위불인(爲不仁)을 이긴다고 믿고 따르지만 소인은 의심하면서 인(仁)을 행함[爲]이 몹시 인색하다. 불인(不仁)을 범하는 인간은 반드시 그 끝이 흉하다. 이를 공자는 "획죄어천(獲罪於天) 무소도(無所禱)"라고 했다. 하늘[天]에[於] 죄를[罪] 지으면[獲] 빌[禱] 곳도[所] 없다[無]. 그러니 맹자의 역종필망(亦終必亡)은 결코 악담일 수 없다.

또 역(亦), 끝 종(終), 반드시 필(必), 망할 망(亡), 어조사 이(而), 그칠 이(已), ~이다 의(矣)

제19장

19장은 맹자가 인(仁)을 오곡(五穀)에 비유해 다시금 쉽게 풀이하고 있는 장이다. 설익은 오곡은 양식거리가 못 되듯이 어설픈 인(仁)은 결국 불인(不仁)에 불과함을 사무치게 하는 장이다. 위인(爲仁)·숙인(熟仁)·수신(守身)을 하나로 하여 헤아리게 하는 장이다. 잘 영근 오곡처럼 인(仁)을 여물게 하라[熟]고 당부하는 장이다.

【문지(聞之)】

부인역재호숙지(夫仁亦在乎熟之)

【원문(原文)】

孟子曰 五穀者는 種之美者也이나 苟爲不熟이면 不如荑稗다
맹자왈 오곡자 종지미자야 구위불숙 불여이패
夫仁도 亦在乎熟之而已矣이다
부인 역재호숙지이이의

【해독(解讀)】

맹자가 말했다[孟子曰]. "오곡이란 것은 곡물 종자들 중에서 좋은 것들이다[五穀者種之美者也]. (오곡일지라도) 진실로 여물지 않게 된다면 비름이나 피만도 못하다[苟爲不熟不如荑稗]. 무릇 어짊은 역시 그 어짊을 익힘에 있다는 것일 뿐이다[夫仁亦在乎熟之而已矣]."

【담소(談笑)】

五穀者種之美者也(오곡자종지미자야)

▶ 오곡[五穀]이란 것은[者] 곡물 종자들[種] 중에서[之] 좋은[美] 것들[者]이다[也].

오곡자종지미자야(五穀者種之美者也)는 〈AB也〉꼴로 영어의 2형식 문장과 같다. 〈A(五穀者)는 B(種之美者)이다[也]〉 五穀者種之美者也에서 오곡자(五穀者)는 주어이고, 종지미자(種之美者)의 자(者)는 보어이며, 야(也)는 구문을 결정짓는 어조사(~이다)이다. 五穀者種之美者也의 구문 골격은 오곡자종지미(五穀種之美)이다. 五穀種之美에서 주어인 오곡(五穀)을 강조하려고 오곡자(五穀者)로 했고, 종지미(種之美)에서 보어인 미(美)를 강조하려고 종지미자(種之美者)로 한 어투로서, 어조나 어세가 달라질 뿐이지 문의가 달라지지는 않는다. 특히 종지미자(種之美者)의 지(之)는 종[種]의[之] 미자(美者)로 읽어야 하지만, 우리말로 문맥을 이으려면 여러 곡물들[種] 중에서[之] 좋은 것[美者]이라고 새기는 것이 자연스럽다. 그러니 지(之)가 허사로서 토씨 구실을 할 때 지(之)를 우리말답게 맞춰야 할 때가 많다.

다섯 오(五), 곡물 곡(穀), 것 자(者), 종자 종(種), ~의 지(之), ~이다 야(也), 좋을 미(美)

苟爲不熟不如荑稗(구위불숙불여이패)

▶ (오곡이라도) 진실로[苟] 여물지 않게[不熟] 되면[爲] 비름이나[荑] 피만도[稗] 못하다[不如].

구위불숙불여이패(苟爲不熟不如荑稗)는 苟五穀者爲不熟 是不如荑稗에서 문맥으로 보충될 수 있는 내용인 오곡자(五穀者)와 시(是)를 생략한 어투이다. 苟爲不熟不如荑稗는 〈A不如B〉꼴을 상기하면 문맥이 쉽게 잡힌다. 〈A는 B 같지 않다[不如]〉 또는 〈A는 B만 못하다[不如]〉 이처럼 전후의 문맥에 따라 불여(不如)를 알맞게 새겨줄 필요가 있다. 그리고 〈A不如B〉의 어조를 강하게 하려고 〈苟A 是不如B〉라 하여 관용문처럼 굳어진 어투가 곧 苟爲不熟不如荑稗이다. 〈진실로[苟] A(爲不熟)라면 이는[是] B(荑稗)만 못하다[不如]〉 그러니 苟爲不熟不如荑稗에서 구위불숙(苟爲不熟)을 마치 조건의 종속절처럼 여기고, 불여이패(不如荑稗)를 주절처럼 여기고 苟爲不熟不如

萬稗를 새기면 문맥이 통한다. 苟爲不熟不如萬稗에서 위불숙(爲不熟) 같은 어투는 영어의 be, get, become 등이 형용사나 과거분사 등과 합친 경우를 연상해 위(爲)를 새기면 문맥 잡기가 쉽다. 여물지 않게[不熟] 되다[爲].

진실로 구(苟), 될 위(爲), 아니 불(不), 익을 숙(熟), 같을 여(如), 비름 이(萬), 피 패(稗)

夫仁亦在乎熟之而已矣(부인역재호숙지이이의)

▶ 무릇[夫] 어짊은[仁] 역시[亦] 그 어짊을[之] 익힘[熟]에[乎] 있다는 것일[在] 뿐이다[而已矣].

부인역재호숙지이이의(夫仁亦在乎熟之而已矣)는 〈AB也〉꼴을 강조하는 영어의 2형식 문장과 같다. 〈A(夫仁)는 B(亦在乎熟之)인 것일 뿐이다[而已矣]〉 夫仁亦在乎熟之而已矣에서 부(夫)는 인(仁)을 꾸미는 형용사이고, 인(仁)은 주어이며, 역(亦)은 자동사인 재(在)를 꾸미는 부사이고, 호(乎)는 어조사(~에)이며, 숙(熟)은 동명사 구실을 하고, 지(之)는 숙(熟)의 목적어이며, 이이의(而已矣)는 구문을 결정짓는 야(也)보다 더 강력하게 어조와 어세를 드러내면서 구문을 결정짓는 관용구로 알아두면 편하다. ~뿐이다[而已矣]. 夫仁亦在乎熟之而已矣를 부인역재호숙지(夫仁亦在乎熟之)로 여기고 새기면 〈A在B〉꼴로 영어의 1형식 문장과 같다. 〈A(夫仁)는 역시[亦] B(熟之)에[乎] 있다[在]〉 夫仁亦在乎熟之에서 어조사인 호(乎)를 무시하고 夫仁亦在熟之처럼 여기고 새겨도 된다.

설익은 오곡의 쭉정이는 먹지 못할지라도 비름나물로 부황을 막을 수 있고 피죽으로 연명할 수 있으니, 설익은 오곡보다 차라리 이패(萬稗)가 나을 수도 있다는 말이다. 선무당이 사람 잡는다고 어진 척하면서 불인(不仁)을 일삼는 무리를 보면 맹자의 이 말씀이 한 치의 틀림도 없음을 알 수 있는 일이다. 위인(爲仁)이 숙인(熟仁)으로 통해야 수신(修身)하고 수신(守身)할 수 있음을 여기서 사무칠 수 있다.

무릇 부(夫), 어짊 인(仁), 또 역(亦), 있을 재(在), ~에 호(乎), 익힐 숙(熟), 그것 지(之), 어조사 이(而), 그칠 이(已), ~이다 의(矣)

제20장

20장은 맹자가 앞 장에서 밝힌 숙인(熟仁)을 알아듣기 쉽게 풀이해주는 장이다. 명궁(名弓)인 예(羿)가 궁술을 가르치는 경우를 들어 숙인의 교습을 밝히고 대장(大匠)을 들어서 숙인의 학습을 밝히고 있다. 특히 제멋대로 숙인함이 아니라 목수가 규구(規矩)를 이용해 재목을 다듬듯이 인(仁) 역시 그런 규구로 익혀야 함을 역설하고 있다. 그러니 20장에서 맹자가 말하는 학자는 어짊[仁]을 익히는 사람을 말하지 인(仁)을 설(說)하는 사람을 말하지 않는다. 쉼 없이 숙인에 온 뜻을 다하고 그 인(仁)을 실천하는 사람이 20장에서 맹자가 밝히고 있는 학자임을 명심하게 하는 장이다.

【문지(聞之)】

필지어구(必志於彀)

【원문(原文)】

孟子曰 羿之教人射에 必志於彀하니 學者도 亦必志於彀하니라
맹 자 왈 예 지 교 인 사 필 지 어 구 학 자 역 필 지 어 구

大匠이 誨人에 必以規矩하니 學者도 亦必以規矩니라
대 장 회 인 필 이 규 구 학 자 역 필 이 규 구

【해독(解讀)】

맹자가 말했다[孟子曰]. "(명궁인) 예가 사람에게 활쏘기를 가르치는 것은 반드시 활 당기기에 전심한다[羿之教人射必志於彀]. (인을) 익히는 사람도 반드시 (인의 활을) 당기기에 전심한다[學者亦必志於彀]. 큰 목수가 사람을 가르치는 것은 반드시 그림쇠와 곱자를 이용한다[大匠誨人必以規矩]. (인을) 익히는 사람도 또한 반드시 그림쇠와 곱자를 이용한다[學者亦必以規矩]."

【담소(談笑)】

羿之教人射必志於彀(예지교인사필지어구)

▶ (명궁인) 예[羿]가[之] 사람에게[人] 활쏘기를[射] 가르치는 것은[教] 반드시[必] 활 당기기[彀]에[於] 전심한다[志].

예지교인사필지어구(羿之教人射必志於彀)는 영어의 1형식 문장처럼 여기고 문맥을 잡거나, 아니면 영어의 복문처럼 여기고 문맥을 잡아도 된다. 羿之教人射必志於彀에서 예지교인사(羿之教人射)를 주부로 여기고, 지(志)를 자동사로 여기며, 어구(於彀)를 부사구로 여기고 새기면 羿之教人射必志於彀를 영어의 1형식 문장처럼 문맥을 잡게 된다. 그러나 羿之教人射必志於彀에서 예지교인사(羿之教人射)를 조건절로 보고 羿之教人射必志於彀를 새겨도 문맥이 통하므로, 羿之教人射必志於彀를 영어의 복문처럼 문맥을 잡아도 된다. 이는 필지어(必志於) 때문이다. 〈A必志於B〉꼴은 하나의 관용문처럼 여겨도 된다. 〈A라면 B에[於] 전심해야 한다[必志]〉 그러니 (명궁인) 예[羿]가[之] 사람에게[人] 활쏘기를[射] 가르치는 것은[教] 반드시[必] 활 당기기[彀]에[於] 전심한다[志]를, (명궁인) 예[羿]가[之] 사람에게[人] 활쏘기를[射] 가르치면[教] (활쏘기를 배우는 사람은) 활 당기기[彀]에[於] 전심해야만 한다[志]고 새겨도 羿之教人射必志於彀의 문의는 달라지지 않고, 다만 어조와 어세가 달라질 뿐이다.

羿之教人射必志於彀의 예지교인사(羿之教人射)에서 허사 지(之)를 잘 알고 있어야 예지교인사(羿之教人射)의 문맥을 잡을 수 있다. 예(羿)가[之] 사람들에게[人] 활쏘기를[射] 가르친다[教]고 문맥을 잡으려면 지(之)가 주격 토씨(~가)임을 알고 있어야 한다. 羿之教人射必志於彀에서 교(教)는 〈가르칠 회(誨)〉와 같고 교습(教習)의 줄임말로 여기고 새기고, 사(射)는 화살을 쏘는 궁술(弓術)을 뜻하며, 구(彀)는 활시위를 당기는 궁술(弓術)을 뜻하고, 예(羿)는 하(夏)나라 말엽 유궁국(有窮國)의 국군(國君)으로 활을 잘 쏘기로 이름이 났고 사냥을 좋아했다.

사람이름 예(羿), ~이 지(之), 가르칠 교(教), 사람 인(人), 활쏘기 사(射), 반드시 필(必), 뜻 둘 지(志), ~에 어(於), 활 당김 구(彀)

學者亦必志於彀(학자역필지어구)

▶ (인을) 익히는[學] 사람도[者] 또한[亦] 반드시[必] (인의 활을) 당기기[彀]에[於] 전심한다[志].

학자역필지어구(學者亦必志於彀) 역시 영어의 1형식 문장처럼 문맥을 잡거나 아니면 영어의 복문처럼 문맥을 잡아도 된다. 學者亦必志於彀에서 학자(學者)를 주부로 여기고, 지(志)를 자동사로 여기며, 어구(於彀)를 부사구로 여기고 새기면 學者亦必志於彀를 영어의 1형식 문장처럼 문맥이 잡아지지만, 學者亦必志於彀에서 학자(學者)를 조건절처럼 여기고 學者亦必志於彀를 새겨도 문맥이 통하므로 學者亦必志於彀를 영어의 복문처럼 문맥을 잡아도 된다. 이는 필지어(必志於) 때문이다. 〈A必志於B〉꼴은 하나의 관용문처럼 여겨도 된다. 〈A라면 B에[於] 전심해야 한다[必志]〉 그러니 (인(仁)을) 익히는[學] 사람도[者] 반드시[必] (인의 활을) 당기기[彀]에[於] 전심한다[志]를, (인을) 익히는[學] 사람이라면[者] 반드시[必] (인의 활을) 당기기[彀]에[於] 전심해야만 한다[志]고 새겨도 學者亦必志於彀의 문의는 달라지지 않고 다만 어조와 어세가 달라질 뿐이다. 學者亦必志於彀의 학(學)은 〈배워 익힐 습(習)〉과 같고 학습(學習)의 줄임말로 여기고, 구(彀)는 활시위를 당기는 궁술(弓術)에 비유하여 숙인(熟仁)을 밝히고 있다.

배울 학(學), 사람 자(者), 또 역(亦), 반드시 필(必), 뜻 들 지(志), ~에 어(於), 당길 구(彀)

大匠誨人必以規矩(대장회인필이규구)

▶ **큰[大] 목수가[匠] 사람을[人] 가르치는 것은[誨] 반드시[必] 그림쇠와[規] 곱자를[矩] 이용한다[以].**

대장회인필이규구(大匠誨人必以規矩)에서 회(誨)를 본동사로 보고 이규구(以規矩)를 부사구처럼 여기면, 영어의 3형식 문장처럼 大匠誨人必以規矩의 문맥을 잡을 수 있다. 그리고 大匠誨人必以規矩의 이(以)를 본동사로 보고 大匠誨人必以規矩의 문맥을 잡으면, 그 또한 영어의 3형식 문장처럼 大匠誨人必以規矩의 문맥을 잡을 수 있다. 나아가 필(必)을 본동사를 꾸미는 부사로 여기면 대장회인(大匠誨人)을 조건절처럼 여기고, 大匠誨人 大匠必以規矩로써 大匠誨人必以規矩의 문맥을 잡을 수도 있다. 이처럼 여러 갈래로 문맥을 잡아 새길 수 있는 경우가 흔하다.

큰[大] 목수가[匠] 사람을[人] 가르치는 것은[誨] 반드시[必] 그림쇠와[規] 곱자를[矩] 이용한다[以]고 새긴다면, 大匠誨人必以規矩의 대장회인(大匠誨人)을 주부로 여기고, 이(以)를 타동사인 본동사로 보고, 규구(規矩)를 이(以)의 목적어로 여기고 새긴 셈이다. 큰[大] 목수는[匠] 반드시[必] 그림쇠와[規] 곱자[矩]로써[以] 사람을[人] 가르친다[誨]고 새긴다면, 大匠誨人必以規矩의 대장(大匠)을 주어로 여기고, 회(誨)를 타동사인 본동사로 보고 인(人)·회(誨)의 목적어로 여기고, 이규구(以規矩)를 회(誨)를 꾸미는 부사구로 여긴 셈이다. 큰[大] 목수가[匠] 사람을[人] 가르친다면[誨] (그는) 반드시[必] 그림쇠와[規] 곱자를[矩] 이용한다[以]고 새긴다면, 大匠誨人必以規矩의 대장회인(大匠誨人)을 조건절처럼 여기고, 필이규구(必以規矩)를 주절처럼 여기고서 大匠誨人必以規矩를 영어의 복문으로 문맥을 잡을 셈이다. 大匠誨人必以規矩를 새기는 세 가지 예를 보고 한문투가 얼마나 자유롭게 의사전달을 문맥을 따라 전달하는 어투인지 알 수 있을 것이다.

大匠誨人必以規矩의 대장(大匠)은 온갖 기술의 명장(名匠)을 뜻하지만 여기선 규구(規矩)라는 연장을 이용한다[以]고 하므로 대장(大匠)은 도목수(都木手)를 뜻하는 셈이고, 회(誨)는 〈가르칠 교(敎)〉와 같으며, 이규구(以規矩)의 이(以)는 〈쓸 용(用)〉과 같고, 〈그림쇠 규(規)〉와 〈곱자 구(矩)〉는 목수의 모든 연장을 뜻한다.

큰 대(大), 목수(장인) 장(匠), 가르칠 회(誨), 사람 인(人), 반드시 필(必), 써 이(以), 그림쇠 규(規), 곱자 구(矩)

學者亦必以規矩(학자역필이규구)

▶ (인을) 익히는[學] 사람도[者] 또한[亦] 반드시[必] 그림쇠와[規] 곱자를[矩] 이용한다[以].

학자역필이규구(學者亦必以規矩)는 영어의 3형식 문장과 같다. 물론 學者亦必以規矩를 學者亦誨人必以規矩에서 문맥으로 보충될 수 있는 내용인 회인(誨人)이 생략된 어투로 여기고 學者亦必以規矩의 문맥을 잡을 수도 있다. 그러나 學者亦必以規矩에서 학자(學者)는 주어이고, 이(以)가 본동사로 타동사이며, 규구(規矩)를 이(以)의 목적어로 보고 새기는 것이 문맥과 걸맞다. 學者亦必以規矩의 이(以)는 〈쓸 용(用)〉과 같다.

배울 학(學), 사람 자(者), 또 역(亦), 반드시 필(必), 써 이(以), 그림쇠 규(規), 곱자 구(矩)

【六篇】

고자장구_하(告子章句_下)

제1장

1장은 두 단락으로 나누어 살필 것이다. 내용 때문이 아니라 편의상 그렇게 나누었다. 1장은 예(禮)를 살펴보게 하여, 앞에서 말했던 대장(大匠)과 규구(規矩)의 관계를 헤아려 인간(人間)과 예의(禮儀)의 관계를 헤아려 살펴보게 하는 장이다. 예의란 사리(事理)의 본말(本末)을 따져서, 말단(末端)은 근본(根本)을 따라야지 본말을 같이 놓고선 사리를 마땅히 터득할 수 없음을 통절하게 하는 장이다. 왜 공자가 군자무본(君子務本)이라 했는지 깨우쳐주는 장이다. 군자는[君子] 근본에[本] 애쓴다[務].

【문지(聞之) 1】

예여식숙중(禮與食孰重)

【원문(原文)】

任人有問屋廬子曰 禮與食孰重인가 曰 禮重이다 曰 色與禮孰
임 인 유 문 옥 로 자 왈 예 여 식 숙 중 왈 예 중 왈 색 여 례 숙

重인가 曰 禮重이다 曰 以禮食則飢而死하고 不以禮食則得食이
중 왈 예 중 왈 이 례 식 즉 기 이 사 불 이 례 식 즉 득 식

라도 必禮乎이까 親迎則不得妻하고 不親迎則得妻라도 必親迎
필 례 호 친 영 즉 부 득 처 불 친 영 즉 득 처 필 친 영

乎이까 屋廬子不能對하여 明日에 之鄒하여 以告孟子했다
호 옥 로 자 불 능 대 명 일 지 추 이 고 맹 자

【해독(解讀)】

한 임나라 사람이 있었는데[任人有] (그가) 옥로자에게 물어 말했다[問屋廬子曰]. "먹는 것과 예는 어느 것이 소중합니까[禮與食孰重]?" (옥로자가) 말했다[曰]. "예가 소중하오[禮重]." (임나라 사람이) 말했다[曰]. "예와 여색은 어느 것이 소중합니까[色與禮孰重]?" (옥로자가) 말했다[曰]. "예가 소중

하오[禮重].” (임나라 사람이) 말했다[曰]. “예의를 차려서 먹으려면 곧장 굶주려서 죽지만[以禮食則飢而死], 예의를 차리지 않고 먹으면 곧장 먹을 수 있어도[不以禮食則得食] 반드시 예의를 차려야 하는 것일까요[必禮乎]? 예를 갖추어 아내를 맞이한다면 곧 아내를 들이지 못하고[親迎則不得妻], 예를 갖추지 않고 아내를 맞이한다면 곧 아내를 들인다 해도[不親迎則得妻] 반드시 예를 갖추어 아내를 맞이해야 하는 것일까요[必親迎乎]?” 옥로자는 (임나라 사람을) 대응할 수 없어서[屋廬子不能對] 다음 날로 (옥로자는) 추나라로 가서[明日之鄒] (옥로자는) 임나라 사람의 말로써 맹자께 고했다[以告孟子].

【담소(談笑)】

任人有問屋廬子曰(임인유문옥로자왈)

▶ 임나라[任] 사람이[人] 있었는데[有] (그가) 옥로자에게[屋廬子] 물어[問] 말했다[曰].

임인유문옥로자왈(任人有問屋廬子曰)은 任人有 而任人問屋廬子曰에서 되풀이되는 내용이므로 이임인(而任人)을 생략한 어투로, 한 구문으로 묶었지만 영어의 중문과 같다. 유(有)가 〈있을 유(有)〉로 자동사이면 주어를 뒤에 두는 것이 보통이지만 앞에 두는 경우도 얼마든지 있다. 물론 〈가질 유(有)〉로 타동사인 경우라면 늘 주어를 앞에 둔다. 任人有問屋廬子曰을 有任人 而其人問屋廬子曰로 보고 새기면 任人有問屋廬子曰의 문맥을 잡기가 쉽다. 즉 〈한 임나라[任] 사람이[人] 있었다[有]. 그런데[而] 그[其] 사람이[人] 옥로자에게[屋廬子] 물어[問] 말했다[曰]〉고 여기고 새기면 任人有問屋廬子曰의 문맥이 잡힌다는 말이다. 옥로자(屋廬子)는 맹자의 제자로, 성씨가 옥로(屋廬)이고 이름이 연(連)이란 것만 알려져 있지 그 밖에는 미상(未詳)이다.

> 맡길 임(任), 사람 인(人), 있을 유(有), 물을 문(問), 집 옥(屋), 밥그릇 로(盧), 존칭 자(子), 말할 왈(曰)

禮與食孰重(예여식숙중)

▶ 먹는 것[食]과[與] 예는[禮] 어느 것이[孰] 소중한가[重]?

예여식숙중(禮與食孰重)은 의문대명사인 숙(孰)이 이끄는 의문문이다. 禮與食孰重은 禮與食孰爲重에서 문맥으로 보충될 수 있는 내용이므로 영어의 be동사와 같은 위(爲)를 생략한 어투라고 여긴다. 말하자면 숙위중(孰爲

重)의 위(爲)는 which is valuable의 is와 같으므로 위(爲)를 생략해버린 어투가 禮與食孰重이다. 그러니 禮與食孰重에서 구문의 골격을 숙중(孰重)으로 여기고 새기면 禮與食孰重의 문맥이 잡힌다. 숙(孰)은 의문대명사로 주어이고 중(重)은 보어이다. 어느 것이[孰] 소중한가[重]? 그러므로 예여식(禮與食)을 숙(孰)의 동격으로 보면 먹는 것[食]과[與] 예는[禮] 어느 것이[孰] 소중한가[重]라고 새기게 되고, 예여식(禮與食)을 중(重)을 꾸미는 부사구로 보면 먹는 것[食]과[與] 예 중에서[禮] 어느 것이[孰] 소중한가[重]로 새기게 된다. 그러나 禮與食孰重과 같은 어투 즉 〈A與B孰C〉꼴에서 〈A與B〉를 숙(孰)의 동격으로 보고 새기는 것이 대부분이다. 〈A와[與]B는 어느 것이[孰] C한가?〉 禮與食孰重에서 여(與)는 어조사(~와)이고, 식(食)은 식사(食事)의 줄임말로 여기고, 숙(孰)은 〈누구 수(誰), 어느 것 하(何)〉 등과 같다. 여기선 숙(孰)은 하(何)와 같다. 물론 숙(孰)이가 의문대명사 구실만 하는 것은 아니다. 숙(孰)은 〈살필 심(審), 익을 숙(熟)〉 등과 같은 뜻을 나타내므로 문맥을 살펴 새겨야 한다.

예의 례(禮), 어조사(~과) 여(與), 먹는 것 식(食), 어느 것 숙(孰), 귀중할 중(重)

禮重(예중)

▶ 예가[禮] 소중하다[重].

예중(禮重)은 영어의 2형식 문장과 같다. 물론 禮爲重에서 문맥으로 보충될 수 있는 내용인 위(爲)를 생략한 어투로 보아도 된다. 禮重에서 예(禮)는 주어이고, 중(重)은 보어이다. 禮重에서 예(禮)는 예의(禮儀)의 줄임말로 여기고, 중(重)은 〈귀할 귀(貴)〉와 같고 귀중(貴重)의 줄임말로 여긴다.

예의 례(禮), 귀중할 중(重)

色與禮孰重(색여례숙중)

▶ 예[禮]와[與] 여색은[色] 어느 것이[孰] 소중한가[重]?

색여례숙중(色與禮孰重) 역시 의문대명사인 숙(孰)이 이끄는 의문문이다. 色與禮孰重은 色與禮孰爲重에서 문맥으로 보충될 수 있는 내용이므로 위(爲)를 생략한 어투로 여긴다. 色與禮孰重에서 구문의 골격을 숙중(孰重)으로 보고 새기면 色與禮孰重의 문맥이 잡힌다. 숙(孰)은 의문대명사로 주어이고, 중(重)은 보어이다. 어느 것이[孰] 소중한가[重]? 色與禮孰重을 〈A與B孰C〉꼴이라고 알아두면 편하다. 〈A와[與] B는 어느 것이[孰] C한가?〉 色與禮孰重에서 여(與)는 어조사(~와)이고, 색(色)은 여색(女色)의 줄임말로 여기고, 숙(孰)은 하(何)와 같다. 물론 숙(孰)은 〈살필 심(審), 익을 숙(熟)〉 등과 같은 뜻을 나타내므로 문맥을 살펴 새겨야 한다.

여색 색(色), ~와 여(與), 예의 례(禮), 어느 것 숙(孰), 소중할 중(重)

禮重(예중)

▶ **예가[禮] 소중하다[重].**

예중(禮重)은 영어의 2형식 문장과 같다. 물론 禮爲重에서 문맥으로 보충될 수 있는 내용인 위(爲)를 생략한 어투로 보아도 된다. 禮重에서 예(禮)는 주어이고, 중(重)은 보어이다. 禮重에서 예(禮)는 예의(禮儀)의 줄임말로 여기고, 중(重)은 〈귀할 귀(貴)〉와 같고 귀중(貴重)의 줄임말로 여긴다.

예의 례(禮), 귀중할 중(重)

以禮食則飢而死(이례식즉기이사) 不以禮食則得食(불이례식즉득식) 必禮乎(필례호)

▶ **예의를[禮] 차려서[以] 먹으면[食] 곧장[則] 굶주려[飢]서[而] 죽지만[死], 예의를[禮] 차리지 않고[不以] 먹으면[食] 곧장[則] 먹을[食] 수 있어도[得] 반드시[必] 예의를 차려야 하는 것[禮]인가[乎]?**

이례식즉기이사불이례식즉득식필례호(以禮食則飢而死不以禮食則得食必禮乎)는 〈A必B乎〉꼴의 의문문이다. 〈A(以禮食則飢而死不以禮食則得食)라도 반드시[必] B(禮)하는 것인가[乎]?〉 以禮食則飢而死不以禮食則得食必禮乎에서 필례호(必禮乎)가 주절이고, 이례식즉기이사불이례식즉득식(以禮食則飢而死不以禮食則得食)은 종속절임을 알아채야 以禮食則飢而死不以禮食則得食必禮乎의 문맥이 잡힌다.

종속절인 이례식즉기이사불이례식즉득식(以禮食則飢而死不以禮食則得食)은 이례식즉기이사(以禮食則飢而死)와 불이례식즉득식(不以禮食則得食)으로 나눌 수 있으므로 〈A則B〉꼴의 두 구문으로 된 어투이다. 이들을 각각 독립구문으로 본다면 〈A則B〉꼴은 영어의 복문과 같다. 즉(則)을 중심으로 앞은 양보 내지 조건의 종속절이고, 뒤는 주절이다. 以禮食則飢而死를 독립구문으로 여기고 문맥을 잡으면 이례식(以禮食)은 조건절이고, 기이사(飢而死)는 주절이다. 이례식(以禮食)의 이(以)는 〈써 용(用)〉과 같고, 예(禮)는 목적어이며, 식(食)은 자동사가 되어 이례(以禮) 이식(而食)으로 여기고 새긴다. 예를[禮] 이용해[以] 그리고[而] 먹는다[食]이니, 예를 차려[以禮] 먹는다면[食]으로 새긴다. 기이사(飢而死)의 기(飢)는 〈굶주릴 아(餓)〉와 같고 기아(飢餓)의 줄임말로 여기고 새긴다. 이렇게 하여, 예의를[禮] 갖추고[以] 먹는다면[食] 굶주리고[飢] 그래서[而] 죽는다[死]로 以禮食則飢而死의 문맥을 잡을 수 있다. 不以禮食則得食 역시 독립구문으로 여기고 문맥을 잡으면, 불이례식(不以禮食)은 조건절이고 득식(得食)은 주절이므로 예의를[禮] 갖추지[以] 않고[不] 먹는다면[食] 먹을[食] 수 있다[得]로 不以禮食則得食의 문맥을 잡을 수 있다. 이렇게 以禮食則飢而死와 不以禮食則得食을 나누어 문맥을 잡은 다음 두 구문을 이어줄 관계사(關係詞)를 주면, 以禮食則飢而死不以禮食則得食은 다음처럼 문맥이 잡힌다. 예의를[禮] 갖추고[以] 먹는다면[食] 굶주려[飢]서[而] 죽겠지만[死], 예의를[禮] 갖추지[以] 않고[不] 먹는다면[食] 먹을[食] 수 있다[得]. 그리고 주절인 필례호(必禮乎)와의 관계사를 따지면, 以禮食則飢而死不以禮食則得食을 양보절로 하면 주절과 문맥이 통함을 알아챌 수 있다.

주절인 필례호(必禮乎)를 독립구문으로 볼 때 필(必)을 타동사로 여기면 예(禮)는 목적어가 되어 예를[禮] 필요로 하는가[必乎]로 必禮乎의 문맥이 잡히고, 필(必)을 부사로 보고 예(禮)를 동사로 여기면 반드시[必] 예를 갖추어야 하는가[禮乎]로 必禮乎의 문맥이 잡힌다. 그렇지만 必禮乎에서 필(必)을 부사로 여기고 새기는 것이 전후의 문맥과 걸맞다.

써 이(以), 예의 례(禮), 먹을 식(食), 곧 즉(則), 굶을 기(飢), 어조사(~서) 이(而), 죽을 사(死), 아니 불(不), 할 수 있을 득(得), 반드시 필(必), ~인가 호(乎)

親迎則不得妻(친영즉부득처) 不親迎則得妻(불친영즉득처) 必親迎乎(필친영호)

▶ 예를 갖추어 아내를 맞이한다면[親迎] 곧[則] 아내를[妻] 들이지 못하고[不得], 예를 갖추지 않고 아내를 맞이한다면[不親迎] 곧[則] 아내를[妻]

들인다 해도[得] 반드시[必] 예를 갖추어 아내를 맞이해야 하는가[親迎乎]?

친영즉부득처불친영즉득처필친영호(親迎則不得妻不親迎則得妻必親迎乎) 역시 〈A必B乎〉꼴의 의문문 어투이다. 〈A(親迎則不得妻不親迎則得妻)라도 반드시[必] B(親迎)하는 것인가[乎]?〉 親迎則不得妻不親迎則得妻必親迎乎에서 필친영호(必親迎乎)가 주절이고, 친영즉부득처불친영즉득처(親迎則不得妻不親迎則得妻)가 종속절임을 알아채야 親迎則不得妻不親迎則得妻必親迎乎의 문맥이 잡힌다.

종속절인 친영즉부득처불친영즉득처(親迎則不得妻不親迎則得妻)는 친영즉부득처(親迎則不得妻)와 불친영즉득처(不親迎則得妻)로 나눌 수 있으므로 〈A則B〉꼴 두 구문으로 된 어투이다. 이들을 각각 독립구문으로 본다면 〈A則B〉꼴은 영어의 복문과 같다. 즉(則)을 중심으로 앞은 양보 내지 조건의 종속절이고, 뒤는 주절이다. 親迎則不得妻를 독립구문으로 여기고 문맥을 잡으면 친영(親迎)은 조건절이고, 부득처(不得妻)는 주절이다. 친영(親迎)은 혼인(婚姻)에서 갖추어져야 하는 여섯 번째 의례(儀禮)이다. 신랑 될 남자 집에서 신부 될 여자 집에 혼인을 청하는 납채(納采), 혼일을 정한 여자의 장래 운수를 점칠 때 여자 어머니의 이름을 묻는 문명(問名), 신랑 집에서 혼인할 날짜를 정해서 신부 집으로 보내는 납길(納吉), 신랑 집에서 신부 집으로 푸른 비단과 붉은 비단을 보내는 납징(納徵), 혼례(婚禮)를 치를 일시를 친지들에게 알리는 고기(告期), 그리고 친영(親迎)하여 신부를 맞아들이는 의례(儀禮)가 곧 혼인이 성사되는 육례(六禮)이다. 그러니 친영(親迎)이란 납채(納采)·문명(問名)·납길(納吉)·납징(納徵)·고기(告期) 등을 의례(儀禮)에 따랐음을 뜻한다.

주절인 필친영호(必親迎乎)를 독립구문으로 볼 때, 필(必)을 타동사로 여기면 친영(親迎)은 목적어가 되어 친영을[親迎] 필요로 하는가[必乎]로 必親迎乎의 문맥을 잡게 되고, 필(必)을 부사로 보고 친영(親迎)을 동사로 여기면 반드시[必] 친영해야 하는가[親迎乎]로 必親迎乎의 문맥을 잡게 된다. 必親迎乎에서도 필(必)을 부사로 여기고 새기는 것이 전후의 문맥과 걸맞다.

친밀할 친(親), 맞이할 영(迎), 곧 즉(則), 아니 불(不), 취할 득(得), 아내 처(妻), 반드시 필(必), ~인가 호(乎)

屋廬子不能對(옥로자불능대)

▶ **옥로자는[屋廬子] (임나라 사람을) 대응할[對] 수 없었다[不能].**

옥로자불능대(屋廬子不能對)는 屋廬子不能對任人에서 문맥으로 보충될 수 있는 내용이므로 임인(任人)을 생략한 어투로, 영어의 3형식 문장과 같다. 屋廬子不能對에서 옥로자(屋廬子)는 주어이고, 불(不)은 대(對)의 부정사(否定詞)이며, 능(能)은 타동사인 대(對)를 돕는 조동사이다. 불능대(不能對)의 불능(不能)을 영어의 cannot 같다고 여기면 편하다. 屋廬子不能對에서 대(對)는 〈응대할 응(應)〉과 같고 대응(對應)의 줄임말로 여긴다.

> 집 옥(屋), 밥그릇 로(盧), 존칭 자(子), 아니 불(不), 잘할 능(能), 응대할 대(對)

明日之鄒(명일지추)

▶ **다음 날로[明日] (옥로자는) 추나라로[鄒] 갔다[之].**

명일지추(明日之鄒)는 明日屋廬子之鄒에서 문맥으로 보충될 수 있는 내용이므로 주어인 옥로자(屋廬子)를 생략한 어투로, 영어의 1형식 문장과 같다. 明日屋廬子之鄒에서 명일(明日)은 시간의 부사이고, 지(之)는 자동사이며, 추(鄒)는 장소의 부사이다. 明日屋廬子之鄒에서 지(之)는 〈갈 거(去)〉와 같고, 추(鄒)는 임(任)나라에서 하룻길 거리에 있는 맹자의 고국(故國)으로 지금의 산동성(山東省) 추평현(鄒平縣) 근처이다.

> 밝을 명(明), 날 일(日), 갈 지(之), 추나라 추(鄒)

以告孟子(이고맹자)

▶ **(옥로자는) 임나라 사람의 말로써[以] 맹자께[孟子] 고했다[告].**

이고맹자(以告孟子)는 是以屋廬子告孟子에서 문맥으로 보충될 수 있는 내용이므로 앞서의 내용을 나타내는 지시어인 시(是)와 주어인 옥로자(屋廬子)를 생략한 어투로, 고(告)의 직접목적어는 없지만 영어의 4형식 문장같이 여기고 새기면 문맥이 잡힌다. 以告孟子에서 이(以)는 〈써 용(用)〉과 같고 고(告)는 〈여쭐 계(啓)〉와 같고, 계고(啓告)의 줄임말로 여기고 새긴다.

임(任)나라 사람이 예(禮)와 식색(食色) 중에서 어느 것이 소중하냐고 묻고 있지만, 그 임나라 사람은 예보다 식색이 더 소중하다는 생각을 갖고 옥로자(屋廬子)에 묻고 있는 중이다. 이런 자에게 옥로자가 그냥 예가[禮] 소중하다[重]고 되풀이해준들 소용없는 일이다. 소인배의 외고집은 설득(說得)보다 설파(說破)라야 효험이 있고, 선가(禪家)의 방망이[棒]이라야 혼쭐이 나는 법이다. 소인은 여러 방[棒] 터져도 안 된다.

써 이(以), 알릴 고(告), 맏 맹(孟), 존칭 자(子)

【문지(聞之) 2】

불췌기본이제기말(不揣其本而齊其末)

【원문(原文)】

孟子曰 於答是也何有리 不揣其本而齊其末이면 方寸之木을 可使高於岑樓이다 金重於羽者는 豈謂一鉤金與一輿羽之謂哉리오 取食之重者와 與禮之輕者而比之면 奚翅食重이며 取色之重者와 與禮之輕者而比之면 奚翅色重이리오 往應之曰 紾兄之臂而奪之食則得食하고 不紾則不得食이라도 則將紾之乎이까 踰東家牆而摟其處子則得妻하고 不摟則不得妻라도 則將摟之乎이까 해라

(맹자왈 어답시야하유 불췌기본이제기말 방촌지목 가사고어잠루 금중어우자 기위일구금여일여우지위재 취식지중자 여례지경자이비지 해시식중 취색지중자 여례지경자이비지 해시색중 왕응지왈 진형지비이탈지식즉득식 부진즉부득식 즉장진지호 유동가장이루기처자즉득처 불루즉부득처 즉장루지호)

【해독(解讀)】

맹자가 말해주었다[孟子曰]. "그런 것을 응답함에 무슨 어려움이 있을 것인가[於答是也何有]? 그 근본을 미루어 헤아리지 않고서 (그 근본과) 그 말단을 같게 한다면[不揣其本而齊其末] 사방 한 치의 나무로 하여금 산봉우리보다 더 높다 할 수 있게 한다[方寸之木可使高於岑樓]. 쇠가 깃털보다 더 무겁다는 것이[金重於羽者] 어찌 한 수레의 깃털과 한낱 갈고랑이 쇳조각을 일컬어 말하는 것인가[豈謂一鉤金與一輿羽之謂哉]? 예가 간단한 경우와 먹는 것이 중대한 경우를 취해[取食之重者與禮之輕者] 그리고 그것을 견주어본다면[而比之] 어찌 먹는 것만 소중하겠는가[奚翅食重]? 예가 간단한 경우와 여색이 중대한 경우를 취해서 그것을 견주어보면[取色之重者與禮之輕者而比之] 어찌 여색만 소중하겠는가[奚翅色重]? (자네는) 가서 임나라 사람을 응대해 (다음처럼) 말해주어라[往應之曰]. '형님의 팔을 비틀어서 형님이 먹는 것을

빼앗으면 곧장 먹을 수 있고[紾兄之臂而奪之食則得食] (형님의 팔을) 비틀지 않으면 곧 먹을 것을 얻을 수 없다면[不紾則不得食], 곧장 형님의 팔을 장차 비틀 것인가[則將紾之乎]? 동쪽 집의 담장을 뛰어넘어서 그 집의 처녀를 납치하면 곧 아내를 얻고[踰東家牆而摟其處子則得妻] 납치하지 않으면 곧 아내를 얻지 못한다 하면[不摟則不得妻], 곧장 그 처녀를 장차 납치할 것인가[則將摟之乎]?'"

【담소(談笑)】

於答是也何有(어답시야하유)

▶ 그런 것을[是] 응대함[答]에[於] 무슨 어려움이[何] 있을 것[有]인가[也]?

어답시야하유(於答是也何有)는 何有於答是也에서 부사인 어답시(於答是)를 강조하려고 하(何) 앞으로 〈어조사 야(也)〉를 붙여서 전치시킨 어투로, 〈A有B也〉꼴로 영어의 2형식 의문문과 같다. 유(有)가 〈있을 유(有)〉로 자동사이면 주어를 뒤에 두지만, 여기선 주어가 의문사인 하(何)이므로 유하(有何)가 아니라 하유(何有)로 했다고 여긴다. 於答是也何有에서 어답시(於答是)는 부사구이고, 하(何)는 주어이며, 유(有)는 〈있을 유(有)〉로 자동사이고, 야(也)는 〈하(何)~야(也)〉꼴로 의문문을 결정짓는 어조사(~인가)이다.

스승이 제자에게 과시할 리 없으므로 어답시야하유(於答是也何有)는 그따위 망발을 혼내주지 못했느냐고 나무라는 어조가 느껴진다. 성현(聖賢)의 제자라고 해서 모두가 다 영특할 리 없으니, 제자(屋盧子)로 하여금 임인(任人)이 다시는 입놀림을 못하게 한 방[棒] 혼쭐을 내주라는 스승의 역성도 묻어난다.

~에 어(於), 대답할 답(答), 그 시(是), ~인가 야(也), 무엇 하(何), 있을 유(有)

不揣其本而齊其末(불췌기본이제기말) 方寸之木可使高於岑樓(방촌지목가사고어잠루)

▶ 그[其] 근본을[本] 미루어 헤아리지 않고[不揣]서[而] (그 근본과) 그[其] 말단을[末] 같게 한다면[齊] 사방[方] 한 치[寸]의[之] 나무로[木] 하여금 산봉우리[岑樓]보다[於] 더 높다[高] 할 수 있게 한다[可使].

불췌기본이제기말방촌지목가사고어잠루(不揣其本而齊其末方寸之木可使

高於岑樓)와 같은 어투는 구문의 골격을 살펴야 문맥을 잡을 수 있다. 구문의 골격은 주어 + 본동사 + 목적어 또는 보어로 이루지게 마련이다. 이런 골격을 주목하면 不揣其本而齊其末方寸之木可使高於岑樓에서 본동사가 췌(揣), 제(齊), 사(使) 등이므로 不揣其本而齊其末方寸之木可使高於岑樓를 不揣其本 而齊其末 方寸之木可使高於岑樓처럼 셋으로 구분하여 서로의 관계를 살피면 전체의 문맥을 잡아갈 수 있다. 불췌기본(不揣其本)하고 그래서[而] 제기말(齊其末)하면 방촌지목가사고어잠루(方寸之木可使高於岑樓)한다고 구문과 구문의 관계를 따져보면 문맥이 잡힌다는 것이다. 그러면 불췌기본이제기말(不揣其本而齊其末)은 조건절이고, 방촌지목가사고어잠루(方寸之木可使高於岑樓)는 사역문으로 주절임을 알아챌 수 있다.

조건절인 불췌기본이제기말(不揣其本而齊其末)은 人不揣其本 而人齊其末與其本에서 문맥으로 보충될 수 있는 내용이므로 일반주어인 인(人)과 기말(其末)의 동격구인 여기본(與其本)을 생략한 어투로, 영어의 3형식 문장 둘이 겹친 중문과 같다. 사람이[人] 그 근본을[其本] 미루어 헤아리지 않고[不揣] 그래서[而] 그 근본[其本]과[與] 그 말단을[其末] 같게 한다면[齊]처럼 不揣其本而齊其末의 문맥이 잡힌다. 不揣其本而齊其末에서 췌(揣)는 〈헤아릴 량(量)〉과 같고 췌탁(揣度)의 줄임말로 여기고 새기고, 제(齊)는 〈가지런히 할 등(等)〉과 같고 제등(齊等)의 줄임말로 여기고 새긴다.

주절인 방촌지목가사고어잠루(方寸之木可使高於岑樓)는 〈A使B高〉꼴로 영어의 사역문 같은 어투에서 주어인 A는 생략되었고, 사역동사인 사(使)의 목적어 B가 전치되었다고 여기고 새기면, 方寸之木可使高於岑樓의 문맥을 잡을 수 있다. 말하자면 是可使方寸之木高於岑樓에서 주어인 시(是)를 생략하고 마치 영어의 수동태처럼 목적어를 주어로 한 어투가 方寸之木可使高於岑樓란 말이다. 물론 생략된 주어인 시(是)는 조건절인 내용을 대신하는 지시어이다. (근본을 헤아리지 않고서 근본과 말단을 같게 한다면) 이는[是] 방촌지목으로 하여금[方寸之木] (제가 뿌리 내리고 있는) 산봉우리[岑樓]보다[於] 더 높다고[高] 하게 할 수 있다[可使]. 方寸之木可使高於岑樓에서 방촌지목(方寸之木)은 사방[方] 일촌[寸]의[之] 나무[木]라고 꼭 새겨야 하는 것은 아니고 아주 작은 나무[小木]를 강하게 밝힌 어투에 불과하고, 가(可)는 사(使)의 조동사로 영어의 can과 같은 구실을 하며, 고(高)는 영어의 사역문에서 목적격 보어이며, 어(於)는 비교급 어조사로 than과 같은 구실을 하므로 고(高)를 높다(high)가 아니라 더 높다(higher)고 새기고, 잠루(岑樓)는 언덕이나 산의 봉우리를 말한다.

산마루에 서 있는 나무가 제 뿌리를 내리고 살게 해주는 산보다 더 높다고 한다면 그보다 더한 건방은 없을 터이다. 산과 나무를 생각할 때 산이 근본(根本)이고 나무가 말단(末端)이란 이치(理致)를 헤아리지 못하면, 산마루에 있는 나무가 제 키만큼 산보다 더 높다고 우김질할 인간이 있다는 것이다. 본말(本末)을 헤아리지 않고[不揣] 본말을 동일시하다 보면[齊] 궤변(詭辯)도 나오고 세상은 헝클어진 실타래처럼 수라장이 되고 만다.

아니 불(不), 미루어 헤아릴 췌(揣), 그 기(其), 근본 본(本), 어조사(~그러면서) 이(而), 같게 할 제(齊), 말단 말(末), 모 방(方), 마디 촌(寸), ~의 지(之), 나무 목(木), 가할 가(可), 하여금 사(使), 높을 고(高), ~보다 어(於), 봉우리 잠(岑), 봉우리 루(樓)

金重於羽者(금중어우자) 豈謂一鉤金與一輿羽之謂哉(기위일구금여일여우지위재)

▶ 쇠가[金] 깃털[羽]보다[於] 더 무겁다는[重] 것이[者] 어찌[豈] 한[一] 수레의[輿] 깃털[羽]과[與] 한낱[一] 갈고랑이[鉤] 쇳조각[金]을[之] 일컬어[謂] 말하는 것[謂]인가[哉]?

금중어우자기위일구금여일여우지위재(金重於羽者豈謂一鉤金與一輿羽之謂哉)는 〈A豈謂B哉〉꼴로, 영어의 3형식 의문문 같은 어투이다. 〈A(金重於羽者)가 어찌[豈] B(一鉤金與一輿羽之謂)를 말하는 것[謂]인가[哉]?〉 金重於羽者豈謂一鉤金與一輿羽之謂哉에서 금중어우자(金重於羽者)는 주어이고, 기(豈)는 타동사로 본동사인 위(謂)를 꾸미는 부사이며, 일구금여일여우지위(一鉤金與一輿羽之謂)는 본동사 위(謂)의 목적구이고, 재(哉)는 〈어찌 기(豈)〉와 더불어 의문문을 결정짓는 어조사(~인가)이다. 주어인 金重於羽者에서 금중어우(金重於羽)는 자(者)를 꾸며주는 형용사절처럼 여기고 새긴다. 쇠가[金] 깃털[羽]보다[於] 더 무거운[重] 것[者]. 본동사 위(謂)의 목적구인 일구금여일여우지위(一鉤金與一輿羽之謂)는 謂一鉤金與一輿羽에서 일구금여일여우(一鉤金與一輿羽)를 위(謂) 앞으로 전치시키면서 허사인 지(之)를 더한 어투로 여기면 金重於羽者豈謂一鉤金與一輿羽之謂哉의 문맥이 잡힌다. 金重於羽者에서 어(於)는 비교급 어조사(~보다)이다. 豈謂一鉤金與一輿羽之謂哉에서 기(豈)는 〈어찌 하(何)〉와 같고, 구(鉤)는 〈쇠고리 구(鉤)〉로 작은 쇳조각으로 여기고, 여(與)는 어조사(~과)가 되어 영어의 both ~ and와 같다고 여기고 여(輿)는 〈수레 거(車)〉와 같고, 지(之)는 목적격 토씨(~을) 구실을 하는 허사 내지 어조사로 여긴다.

쇠가 깃털보다 무겁다고 해서 쇳조각 하나가 한 수레 실린 깃털 뭉치보다 더 무겁다고 우긴다면 천하에 그런 바보는 없다. 경중(輕重)의 이치(理致)를 경우에 따라 헤아리지 못하고, 무턱대고 무거운 것은 늘 무겁고 가벼운 것은 늘 가볍다는 외고집 인간은 외통수로 물에 빠져도 건져낼 수 없는 놈이다.

쇠 금(金), 무거울 중(重), ~보다 어(於), 깃털 우(羽), 것 자(者), 어찌 기(豈), 일컬을 위(謂), 한낱 일(一), 갈고랑이 구(鉤), ~과 여(與), 수레 여(輿), ~을 지(之), ~인가 재(哉)

取食之重者與禮之輕者而比之(취식지중자여례지경자이비지) 奚翅食重(해시식중)

▶ 예[禮]가[之] 간단한[輕] 경우[者]와[與] 먹는 것[食]이[之] 중대한[重] 경우를[者] 취해[取]서[而] 그것을[之] 견주어본다면[比] 어찌[奚] 먹는 것[食]만[翅] 소중하겠는가[重]?

취식지중자여례지경자이비지해시식중(取食之重者與禮之輕者而比之奚翅食重)과 같은 어투에선 의문사인 해(奚)를 주목하면 取食之重者與禮之輕者而比之奚翅食重의 문맥 잡기가 쉽다. 해(奚)를 중심으로 앞은 종속절이고 뒤는 주절이면서 의문문 어투임을 알아채면 전체의 문맥이 잡힌다. 그러니 取食之重者與禮之輕者而比之奚翅食重에서 취식지중자여례지경자이비지(取食之重者與禮之輕者而比之)와 해시식중(奚翅食重)으로 구분하여 영어의 복문 같이 여기면 종속절과 주절의 관계를 따져 전체의 문맥을 잡을 수 있다. 말하자면 取食之重者與禮之輕者而比之의 종속절이 원인의 절인가 조건의 절인가 양보의 절인가 시간의 절인가 등을 살펴서 주절과 이어주면 된다는 말이다. 그러면 조건의 절인 取食之重者與禮之輕者而比之가 주절인 奚翅食重과 이어져야 서로 뜻이 통함[文脈]을 알 수 있게 된다. A(食之重者與

禮之輕者)를 취하여[取] 그리고[而] A를[之] 비교한다면[比] 어찌[奚] 오직[翅] 식[食]만이 중[重]한가? 이렇게 대강을 잡아 읽어보면 전체의 문맥이 잡힌다. 한문투에는 의미들만 나열돼 있지 우리말처럼 말을 이어주는 관계사가 거의 전무하므로 한문투의 문맥을 잡는 노력을 쏟지 않으면 안 된다.

취식지중자여예지경자(取食之重者與禮之輕者)는 〈取A與B〉꼴인 셈이다. 〈B와[與] A를 취한다[取]〉 食之重者에서 식지중(食之重)은 자(者)를 꾸미는 형용사이다. 다만 食之重者에서 지(之)가 어떤 토씨 구실을 하는지 주목해야 한다. 먹는 것[食]의[之] 중한[重] 것[者]과 먹는 것[食]이[之] 중한[重] 것[者]. 중에서 우리말다운 쪽을 선택해 문맥을 잡아가면 편하다는 말이다. 그러니 식지중자(食之重者)와 예지경자(禮之輕者)의 지(之)를 주격 토씨(~이)라고 여긴다. 주절인 해시식중(奚翅食重)에서 해(奚)는 〈어찌 기(豈)〉와 같고, 시(翅)는 〈오직 시(啻)〉와 같고 둘 다 부사이며, 식(食)은 주어이고, 중(重)은 보어가 되므로 영어의 2형식 의문문 어투이다.

> 취할 취(取), 먹을 식(食), ~이 지(之), 중대할 중(重), 것 자(者), ~과 여(與), 예의 례(禮), 가벼울 경(輕), 그리고 이(而), 견줄 비(比), 그것 지(之), 어찌 해(奚), ~뿐 시(翅)

取色之重者與禮之輕者而比之(취색지중자여례지경자이비지) 奚翅色重(해시색중)

▶ 예[禮]가[之] 간단한[輕] 경우[者]와[與] 여색[色]이[之] 중대한[重] 경우를[者] 취해[取]서[而] 그것을[之] 견주어본다면[比] 어찌[奚] 여색[色]만[翅] 소중하겠는가[重]?

취색지중자여례지경자이비지해시색중(取色之重者與禮之輕者而比之奚翅色重)과 같은 어투에선 의문사인 해(奚)를 주목하면 取色之重者與禮之輕者而比之奚翅色重의 문맥 잡기가 쉽다. 해(奚)를 중심으로 앞은 종속절이고 뒤는 주절이면서 의문문 어투임을 알아채면 전체의 문맥이 잡힌다. 그러니 取色之重者與禮之輕者而比之奚翅色重에서 취색지중자여례지경자이비지(取色之重者與禮之輕者而比之)와 해시색중(奚翅色重)으로 구분하여 영어의 복문같이 여기면 종속절과 주절의 관계를 따져 전체의 문맥을 잡을 수 있다. 取色之重者與禮之輕者而比之가 조건의 절로 주절인 奚翅色重과 이어지면 뜻이 통함[文脈]을 알 수 있게 된다.

취색지중자여례지경자(取色之重者與禮之輕者)는 〈取A與B〉꼴인 셈이다. 〈B와[與] A를 취한다[取]〉 色之重者에서 색지중(色之重)은 자(者)를 꾸미는 형용사이다. 색지중자(色之重者)와 예지경자(禮之輕者)의 지(之)를 주격 토씨(~이)로 여기고 새긴다. 주절인 해시색중(奚翅色重)에서 해(奚)는 〈어찌 기(豈)〉와 같고, 시(翅)는 〈오직 시(啻)〉와 같고 둘 다 부사이며, 색(色)은 주어이고, 중(重)은 보어가 되므로 영어의 2형식 의문문 어투이다.

취할 취(取), 여색 색(色), ~이 지(之), 중대할 중(重), 것 자(者), ~과 여(與), 예의 례(禮), 가벼울 경(輕), 그리고 이(而), 견줄 비(比), 그것 지(之), 어찌 해(奚), ~뿐 시(翅)

往應之曰(왕응지왈)

▶ (자네가 임나로) 가서[往] 임나라 사람을[之] 응대해[應] (다음처럼) 말해주어라[曰].

왕응지왈(往應之曰)은 吾子往任 而吾子應之 而吾子曰에서 문맥으로 보충될 수 있는 내용이므로 주어인 자네[吾子]를 생략하고, 세 문장을 하나처럼 묶은 어투이다. 왕(往)은 〈갈 지(之), 거(去)〉 등과 같고, 응(應)은 〈대응할 대(對)〉와 같으며, 지(之)는 앞에서 나온 임인(任人)을 나타내는 지시대명사이다.

갈 왕(往), 응대할 응(應), 그 지(之), 말해줄 왈(曰)

紾兄之臂而奪之食則得食(진형지비이탈지식즉득식) 不紾則不得食(부진즉부득식) 則將紾之乎(즉장진지호)

▶ 형님[兄]의[之] 팔을[臂] 비틀어[紾]어[而] 형님이[之] 먹는 것을[食] 빼앗으면[奪] 곧장[則] 먹을[食] 수 있고[得] (형님의 팔을) 비틀지 않으면[不紾] 곧[則] 먹을 것을[食] 얻을 수 없다면[不得], 곧[則] 형님의 팔을[之] 장차[將] 비틀 것[紾]인가[乎]?

진형지비이탈지식즉득식부진즉부득식즉장진지호(紾兄之臂而奪之食則得食不紾則不得食則將紾之乎)와 같은 어투에서는 즉(則)을 주목하면 紾兄之臂而奪之食則得食不紾則不得食則將紾之乎의 문맥을 잡을 수 있는 실마리를 찾을 수 있다. 〈A則B〉꼴이면 영어의 복문과 같다. 즉(則)을 중심으로 앞은 양보 내지 조건의 종속절이고, 뒤는 주절이다. 그러니 紾兄之臂而奪之食則得食不紾則不得食則將紾之乎에서 즉(則)이 세 번에 걸쳐 나오므로 영어의 복문과 같은 어투가 셋이 겹쳐 있는 셈이어서 紾兄之臂而奪之食則得食 不紾則不得食 則將紾之乎처럼 나눌 수 있다.

진형지비이탈지식즉득식(紾兄之臂而奪之食則得食)에서 진형지비이탈지식(紾兄之臂而奪之食)은 종속절이고 득식(得食)이 주절이 되므로, 진형지비이탈지식(紾兄之臂而奪之食)하면 곧[則] 득식(得食)한다고 읽어보면 紾兄之臂而奪之食則得食의 문맥이 잡힌다. 紾兄之臂而奪之食則得食에서 진(紾)과 탈(奪)은 타동사이고, 형지비(兄之臂)의 비(臂)는 진(紾)의 목적어이고, 지식(之食)의 식(食)은 탈(奪)의 목적어이다. 특히 紾兄之臂而奪之食에서 두 번째 지(之)가 형지(兄之)를 대신하는 소유격 지시대명사임을 알아채야 紾兄之臂而奪之食의 문맥을 잡을 수 있다. 진(紾)은 〈비틀 열(捩)〉과 같고, 탈(奪)은 〈빼앗을 약(掠)〉과 같고 약탈(掠奪)의 줄임말로 여기고 새긴다.

주절인 장진지호(將紾之乎)는 子將紾之乎에서 문맥으로 보충될 수 있는 〈그대 자(子)〉를 생략한 어투로, 영어의 2형식 의문문과 같다. 그대는[子] 장차[將] 형님의 팔을[之] 비틀 것[紾]인가[乎]? 將紾之乎의 장(將)은 시간의 부사이고, 지(之)는 형지비(兄之臂)를 대신하는 지시대명사이며, 호(乎)는 의문문을 결정짓는 어조사(~인가)이다.

비틀 진(紾), 형님 형(兄), ~의 지(之), 팔 비(臂), 그리고 이(而), 빼앗을 탈(奪), 그의 지(之), 먹을 것 식(食), 곧 즉(則), 얻을 득(得), 장차 장(將), 그것 지(之), ~인가 호(乎)

踰東家牆而摟其處子則得妻(유동가장이루기처자즉득처) 不摟則不得妻(불루즉부득처) 則將摟之乎(즉장루지호)

▶ 동쪽[東] 집의[家] 담장을[牆] 뛰어넘어[踰]서[而] 그 집의[其] 처녀를[處子] 납치하면[摟] 곧[則] 아내를[妻] 얻고[得] 납치하지 못하면[不摟] 곧 아내를[妻] 얻지 못한다 하면[不得] 곧장[則] 그 처녀를[之] 장차[將] 납치할 것[摟]인가[乎]?

유동가장이루기처자즉득처불루즉부득처즉장루지호(踰東家牆而摟其處子

則得妻不摟則不得妻則將摟之乎)와 같은 어투에서는 즉(則)을 주목하면 踰東家牆而摟其處子則得妻不摟則不得妻則將摟之乎의 문맥을 잡을 수 있는 실마리를 찾을 수 있다. 〈A則B〉꼴이면 영어의 복문과 같다. 즉(則)을 중심으로 앞은 양보 내지 조건의 종속절이고, 뒤는 주절이다. 그러니 踰東家牆而摟其處子則得妻不摟則不得妻則摟之乎에서 즉(則)이 세 번에 걸쳐 나오므로 영어의 복문과 같은 어투가 셋이 겹쳐 있는 셈이어서 踰東家牆而摟其處子則得妻 不摟則不得妻 則將摟之乎처럼 나눌 수 있게 된다.

유동가장이루기처자즉득처(踰東家牆而摟其處子則得妻)에서 유동가장이루기처자(踰東家牆而摟其處子)는 종속절이고, 득처(得妻)는 주절이 되어 유동가장이루기처자(踰東家牆而摟其處子)하면 곧[則] 득처(得妻)한다고 읽어보면 踰東家牆而摟其處子則得妻의 문맥이 잡힌다. 踰東家牆而摟其處子則得妻에서 유(踰)와 누(摟)는 타동사이고, 동가장(東家牆)의 장(牆)은 유(踰)의 목적어이며, 처자(處子)는 누(摟)의 목적어이다. 踰東家牆而摟其處子則得妻의 유(踰)는 〈넘을 월(越)〉과 같고 유월(踰越)의 줄임말로 여기고 누(摟)는 〈품을 포(抱)〉와 같으며, 처자(處子)는 처녀(處女)와 같은 말이다.

주절인 장루지호(將摟之乎)는 子將摟之乎에서 문맥으로 보충될 수 있는 〈그대 자(子)〉를 생략한 어투로, 영어의 2형식 의문문과 같다. 그대는[子] 장차[將] 동쪽 집의 처녀를[之] 품어낼 것[摟]인가[乎]? 장루지호(將摟之乎)의 지(之)는 동가처자(東可處子)를 대신하는 지시대명사이고, 호(乎)는 의문문을 결정짓는 어조사(~인가)이다.

성현의 가르침이란 위와 같다. 고상한 말이나 심오한 이론을 앞세워 사람을 가르치지 않는다. 생활 속에서 일어날 수 있는 일들을 일깨워서 사람이 사람답게 사는 길을 열어주려고 한다. 옥로자(屋盧子)는 스승을 모신 덕으로 임(任)나라 사람의 입에 채워줄 재갈을 얻어가지고 돌아와 그 임인(任人)의 입을 열지 못하게 했을 터이다. 어느 세상이나 입에다 재갈을 물려야 할 무례한 인간들이 넘쳐나 온 사람의 비윗장을 건드린다.

넘을 유(踰), 동녘 동(東), 집 가(家), 담벼락 장(牆), 그리고 이(而), 두 팔로 끌어안을 루(摟), 그 기(其), 곳 처(處), 자녀 자(子), 곧 즉(則), 취할 득(得), 아내 처(妻), 장차 장(將), 그녀 지(之), ~인가 호(乎)

제2장

2장은 두 단락으로 나누어 살필 것이다. 내용 때문이 아니라 편의상 그렇게 나누었다. 2장에서 맹자가 요순(堯舜)의 도를 매우 간명하게 정언(正言)하고 있음을 확인하게 된다. 요순의 도가 효제(孝弟)의 도로 정언(定言)되고 있다. 이는 맹자가 요순을 통하여 대인(大人) 대자(大者)의 본분을 밝혀두고자 함임을 알 수 있다. 효제(孝弟)를 다하면 누구나 요순이 된다 함이니, 불교(佛敎)에서 자오(自悟)하면 누구나 불타(佛陀)가 된다는 말과 다를 게 없다. 효제가 바로 어짊[仁]을 더없이 실행함이니, 누구나 인자(仁者)가 되어 대인이 될 수 있는 길[道]을 터놓고 있는 장이다.

【문지(聞之) 1】

요순지도효제이이의(堯舜之道孝弟而已矣)

【원문(原文)】

曹交問曰 人皆可以爲堯舜이라 하니 有諸乎이까 孟子曰 然하다
조교문왈 인개가이위요순 유제호 맹자왈 연
交聞文王十尺湯九尺이라하니 今交九尺四寸以長이지만 食粟而
교문문왕십척탕구척 금교구척사촌이장 식률이
已이니 如何則可이까 曰 奚有於是리오 亦爲之而已矣니라 有人
이 여하즉가 왈 해유어시 역위지이이의 유인
於此하여 力不能勝一匹雛면 則爲無力人矣이요 今日擧百鈞이
어차 역불능승일필추 즉위무력인의 금일거백균
면 則爲有力人矣니 然則擧烏獲之任이면 是亦爲烏獲而已矣니
즉위유력인의 연즉거오획지임 시역위오획이이의
夫人豈以不勝爲患哉리오 弗爲耳이라 徐行後長者를 謂之弟라
부인기이불승위환재 불위이 서행후장자 위지제
하고 疾行先長者를 謂之不弟라하니 夫徐行者는 豈人所不能哉
질행선장자 위지부제 부서행자 기인소불능재
리오 所不爲也이니 堯舜之道는 孝弟而已矣이다
소불위야 요순지도 효제이이의

【해독(解讀)】

조교가 물어 말했다[曺交問曰]. "사람은 모두 다 요순이 될 수 있다는데[人皆可以爲堯舜] 사람한테 그런 일이 있는 것인가요[有諸乎]?" 맹자가 말해주

었다[孟子曰]. "그렇소[然]." "문왕은 (키가) 10척이고 탕왕은 (키가) 9척이라고 저는 들었습니다[交聞文王十尺湯王九尺]. 지금 저는 9척 4촌으로써 키가 크면서도 곡식만 축내고 있을 뿐이니[今交九尺四寸以長食粟而已] 어찌하면 좋겠습니까[如何則可]?" (맹자가) 말해주었다[曰]. "키와 무슨 까닭이 있겠소[奚有於是]? 역시 그것을 해보는 것뿐이오[亦爲之而已矣]. 여기에 한 사람이 있다고 합시다[有人於此]. 힘이 한 쌍의 병아리도 이길 수 없다면 [力不能勝一匹雛] 곧 (그런 사람은) 힘이 없는 사람으로 되는 것이오[則爲無力人矣]. 오늘은 (그 어떤 사람이) 삼천 근을 든다면[今日擧百鈞] 곧 (그 사람은) 힘이 있는 사람으로 되는 것이지요[則爲有力人矣]. 그렇다면[然] 곧 (그 사람은) 오획이 들었던 것을 들었지요[則擧烏獲之任]. 이는 역시 (그 사람이) 오획이 된 것일 뿐이오[是亦爲烏獲而已矣]. 무릇 사람들은 어찌 해내지 못하리라 생각하고 근심만 하는 것인지요[夫人豈以不勝爲患哉]? (무릇 사람들은 그런 것을) 해보지 않는 것뿐이오[弗爲耳], 나이 많은 이 뒤에서 서서히 가는 것 그것을 공경이라 일컫고[徐行後長者謂之弟], 나이 많은 이 앞에서 달리듯 걷는 것 그것을 불공이라 일컫지요[疾行先長者謂之不弟]. 무릇 서서히 가는 것이 어찌 사람이 할 수 없는 것인가요[夫徐行者豈人所不能哉]? (무릇 사람들이 서행을) 하지 않는 것이지요[所不爲也]. 요순의 도는 효제일 뿐이오[堯舜之道孝弟而已矣]."

【담소(談笑)】

曺交問曰(조교문왈)

▶ 조교가[曺交] 물어[問] 말했다[曰].

조교문왈(曺交問曰)은 曺交問孟子 而曺交曰에서 문맥으로 보충될 수 있는 맹자(孟子)와 되풀이되는 조교(曺交)를 생략해 하나의 구문처럼 묶은 어투이다. 조교(曺交)는 조(曺)나라 국군(國君)의 동생 교(交)라는 설(說)도 있고, 그냥 미상(未詳)의 인물이라고도 한다.

성씨 조(曺), 사귈 교(交), 물을 문(問), 말할 왈(曰)

人皆可以爲堯舜(인개가이위요순)

▶ 사람은[人] 모두 다[皆] 요순이[堯舜] 될[爲] 수 있다[可以].

인개가이위요순(人皆可以爲堯舜)은 〈A爲B〉꼴로 영어의 2형식 문장과 같다. 人皆可以爲堯舜에서 인(人)은 주어이고 개(皆)는 부사이며 가이(可以)는 위(爲)의 조동사가 구실을 하므로 영어의 can과 같고, 요순(堯舜)은 보어이다. 人皆可以爲堯舜에서 개(皆)는 〈모두 해(偕)〉와 같고, 위(爲)는 여기서 〈될 성(成)〉과 같고 성위(成爲)의 줄임말로 여기고 새긴다.

사람 인(人), 모두 개(皆), 가할 가(可), 써 이(以), 될 위(爲), 요임금 요(堯), 순임금 순(舜)

有諸乎(유제호)

▶ **사람한테 그런 일이[諸] 있는 것[有]인가[乎]?**

유제호(有諸乎) 같은 어투에서는 제(諸)의 쓰임새를 모르고선 그 문맥을 잡기가 어렵다. 有諸乎는 유지어인호(有之於人乎)에서 지어인(之於人)을 제(諸) 한 자로 줄인 어투인 까닭이다. 이런 구실을 하는 제(諸)를 〈지어(之於) 제(諸)〉 또는 〈지호(之乎) 제(諸)〉라고 한다. 〈모두 제(諸)〉 또는 〈지어(之於) 저(諸)〉로 그 발음이 다르지만, 그냥 제(諸)로 발음해도 된다. 그러니 유제호(有諸乎)를 우리말로 새길 때는 유지어인호(有之於人乎)로 여기고 새겨야 有諸乎의 문맥을 우리말로 잡을 수 있다. 사람[人]한테[於] 그런 일이[之] 있는 것[有]인가[乎]?

있을 유(有), 지어(之於) 제(諸), ~인가 乎

然(연)

▶ **그렇다[然].**

연(然)은 상대방의 말을 긍정해주는 답이다. 이런 뜻의 연(然)은 여시(如是)와 같다. 그렇다[然]. 말을 부정하면 불연(不然)이다. 불연(不然)은 불여시(不如是)와 같고, 줄여서 부시(不是)로 하기도 한다. 그렇지 않다[不然].

그러할 연(然)

交聞文王十尺湯九尺(교문문왕십척탕구척)

▶ **문왕은[文王] (키가) 10척이고[十尺] 탕왕은[湯王] (키가) 9척이라고[九尺] 제가[交] 들었다[聞].**

교문문왕십척탕왕구척(交聞文王十尺湯王九尺)은 交聞文王十尺 而交聞

湯王九尺에서 되풀이되는 내용인 교문(交聞)을 생략하고 한 구문처럼 묶은 어투로, 영어의 3형식 문장이 겹친 중문 같은 어투이다. 交聞文王十尺湯王九尺에서 교(交)는 주어이고, 문(聞)은 타동사이며, 문왕십척(文王十尺)과 탕왕구척(湯王九尺)은 목적절이다. 交聞文王十尺湯王九尺의 교(交)는 조교(曺交) 자신이 자신의 이름을 들어 자신을 낮추고 상대를 높이는 입장을 나타낸다.

사귈 교(交), 들을 문(聞), 글 문(文), 임금 왕(王), 열 십(十), 자 척(尺), 탕임금 탕(湯), 아홉 구(九)

今交九尺四寸以長食粟而已(금교구척사촌이장식률이이)

▶ 지금[今] 저는[交] 9척[九尺] 4촌[四寸]으로[以] 키가 크면서도[長] 곡식만[粟] 축내고 있을[食] 뿐이다[而已].

금교구척사촌이장식률이이(今交九尺四寸以長食粟而已)는 今交九尺四寸以長 交食粟而已에서 되풀이되는 교(交)를 생략한 영어의 복문과 같은 어투이다. 금교구척사촌이장(今交九尺四寸以長)을 금교장이구척사촌(今交長以九尺四寸)으로 어순을 바꾸어보면 우리말로 今交九尺四寸以長의 문맥을 잡기가 쉽다. 왜냐하면 今交九尺四寸以長에서 금(今)은 시간의 부사이고, 교(交)는 주어이며, 장(長)은 보어이고, 구척사촌이(九尺四寸以) 즉 구척사촌(以九尺四寸)은 장(長)을 꾸미는 부사구이기 때문이다. 이(以)는 〈A以〉 또는 〈以A〉 등으로 A의 전치사 또는 후치사로 여긴다. 그리고 식률이이(食粟而已)와의 관계를 살피면 今交九尺四寸以長을 양보절로, 食粟而已를 주절로 여기고 새기면 今交九尺四寸以長食粟而已의 문맥이 잡혀 다음처럼 새길 수 있다. 지금[今] 저는[交] 9척[九尺] 4촌[四寸]으로[以] 크지만[長], 곡물만[粟] 먹어치우는 것[食]뿐이다[而已]. 今交九尺四寸以長食粟而已의 이(以)는 〈써 용(用)〉과 같고, 장(長)은 신장(身長)의 줄임말로 여기고 율(粟)은 〈곡물 곡(穀)〉과 같고, 이이(而已)는 구문을 강하게 결정짓는 〈어조사(~뿐이다) 이(耳)〉와 같다.

지금 금(今), 사귈 교(交), 아홉 구(九), 자 척(尺), 넉 사(四), 마디 촌(寸), 어조사 이(而), 그칠 이(已)

如何則可(여하즉가)

▶ 어찌하면[如何] 곧[則] 좋겠는가[可]?

여하즉가(如何則可)는 〈A則B〉꼴이지만, 관용문으로 여기고 알아두면 편한 한문투이다. 연사인 즉(則)을 무시하고, 무엇을[何] 하면[如] 좋을까[可]?로 알아두면 편하다. 여하즉가(如何則可)와 하여즉가(何如則可)는 같다.

갈을 여(如), 무엇 하(何), 곧 즉(則), 좋을 가(可)

奚有於是(해유어시)

▶ 이[是]와[於] 무슨 까닭이[奚] 있겠는가[有]?

해유어지(奚有於是)는 奚故有於是에서 문맥으로 보충될 수 있는 고(故)를 생략한 〈A有B〉꼴로 영어의 1형식 문장과 같은 어투이다. 〈A(於是)에 B(奚)가 있는 것인가[有]?〉 해유어시(奚有於是)를 於是有奚로 어순을 바꿔 놓으면 奚有於是의 문맥이 잡힌다. 그러나 奚有於是는 해(奚)가 의문사이므로 전치된 어투이다.

무엇 해(奚), 있을 유(有), ~과 어(於), 그 시(是)

亦爲之而已矣(역위지이이의)

▶ 역시[亦] 그것을[之] 해 보는 것[爲]뿐이다[而已矣].

역위지이이의(亦爲之而已矣)는 〈AB也〉를 강조하는 꼴로, 영어의 2형식 문장과 같다. 물론 亦爲之而已矣는 〈AB而已矣〉에서 A는 생략되고 보어인 B(爲之)만 남긴 채 어조를 강하게 하고 있는 어투이다. 亦爲之而已矣에서 역(亦)은 부사이고, 위(爲)는 타동사이며, 지(之)는 요순(堯舜)을 대신하는 지시대명사로 여기고 새겨야 문맥과 통하며, 이이의(而已矣)는 구문을 강하게 결정짓는 어조사(~뿐이다)이다. 亦爲之而已矣의 위(爲)는 〈따를 종(從)〉과 같다고 여기면 문맥의 문의가 잘 드러난다. 역시[亦] 요순(堯舜)을[之] 따라 하는 것[爲]뿐이다[而已矣].

또 역(亦), 도모할 위(爲), 그것 지(之), 어조사 이(而), 그칠 이(已), ~이다 의(矣)

有人於此(유인어차)

▶ 여기[此]에[於] 한 사람이[人] 있다고 하자[有].

유인어차(有人於此)는 〈有A於此〉꼴로 〈여기[此]에[於] A가 있다[有]〉고 예를 들어 말하는 어투이다. 〈有A於此〉는 하나의 관용문으로 알아두면 편하다.

있을 유(有), 사람 인(人), ~에 어(於), 여기 차(此)

力不能勝一匹雛(역불능승일필추) 則爲無力人矣(즉위무력인의)

▶ **힘이[力] 한[一] 쌍의[匹] 병아리도[雛] 이길[勝] 수 없다면[不能], 곧[則] (그런 사람은) 힘이[力] 없는[無] 사람이[人] 되는 것[爲]이다[矣].**

역불능승일필추즉위무력인의(力不能勝一匹雛則爲無力人矣)는 〈A則B〉꼴로 영어의 복문과 같은 어투이다. 즉(則)을 중심으로 앞은 양보 내지 조건의 종속절이고, 뒤는 주절이다. 그러니 力不能勝一匹雛則爲無力人矣에서 역불능승일필추(力不能勝一匹雛)를 조건절처럼 여기고, 위무력인의(爲無力人矣)를 주절로 여기고 새기면 문맥이 잡힌다. 〈A(力不能勝一匹雛)라면 곧[則] B(爲無力人矣)한다〉 그러니 力不能勝一匹雛則爲無力人矣의 문맥을 잡으려면 조건의 종속절인 力不能勝一匹雛와 주절인 爲無力人矣를 나누어, 먼저 각각의 문맥을 잡는 것이 편하다.

조건절인 역불능승일필추(力不能勝一匹雛)에서 역(力)은 주어이고, 불능(不能)은 타동사인 승(勝)의 부정사(否定詞)로 마치 영어의 cannot과 같은 셈이고, 일필(一匹)은 목적어인 추(雛)를 꾸미는 형용사이고, 추(雛)는 승(勝)의 목적어이다.

주절인 위무력인의(爲無力人矣)는 其人爲無力人矣에서 문맥으로 보충될 수 있는 내용이므로 그 사람[其人]을 생략한 어투로, 주어가 생략되었지만 영어의 2형식 문장과 같다. 그런[其] 사람은[人] 힘이[力] 없는[無] 사람이[人] 되는 것[爲]이다[矣]. 爲無力人矣에서 위(爲)는 보어이고, 무력인(無力人)의 무력(無力)은 인(人)을 꾸미는 형용사절이고, 인(人)은 위(爲)의 보어이고, 의(矣)는 구문을 결정짓는 어조사(~이다)이다. 無力人은 힘이[力] 없는[無] 사람[人]으로 새긴다.

힘 력(力), 아니 불(不), 가능할 능(能), 이길 승(勝), 하나 일(一), 짝 필(匹), 병아리 추(雛), 곧 즉(則), 될 위(爲), 없을 무(無), 사람 인(人), ~이다 의(矣)

今日擧百鈞(금일거백균) 則爲有力人矣(즉위유력인의)

▶ 오늘은[今日] (그 어떤 사람이) 삼천 근을[百鈞] 든다면[擧] 곧[則] (그 사람은) 힘이[力] 있는[有] 사람이[人] 되는 것[爲]이다[矣].

금일거백균즉위유력인의(今日擧百鈞則爲有力人矣)는 〈A則B〉꼴로 영어의 복문과 같다. 즉(則)을 중심으로 앞은 양보 내지 조건의 종속절이고, 뒤는 주절이다. 그러니 今日擧百鈞則爲有力人矣에서 금일거백균(今日擧百鈞)을 조건절처럼 여기고, 위유력인의(爲有力人矣)를 주절로 여기고 새기면 문맥이 잡힌다. 〈A(今日擧百鈞)라면 곧[則] B(爲有力人矣)한다〉 그러니 今日擧百鈞則爲有力人矣의 문맥을 잡으려면 조건의 종속절인 今日擧百鈞과 주절인 爲有力人矣를 나누어 먼저 각각의 문맥을 잡는 것이 편하다.

조건절인 금일거백균(今日擧百鈞)은 今日有人擧百鈞에서 주어인 유인(有人)을 생략한 어투이고, 〈A擧B〉꼴로 영어의 3형식 문장과 같다. 〈(A(有人)가) B(百鈞)를 들어올린다[擧]〉 今日擧百鈞에서 금일(今日)은 시간의 부사이고, 거(擧)는 타동사이며, 백균(百鈞)의 균(鈞)은 거(擧)의 목적어이다. 今日擧百鈞의 거(擧)는 〈들 강(扛)〉과 같고 거양(擧揚)의 줄임말로 여기고 새기고, 균(鈞)은 30근(斤)을 나타내는 단위이다. 백균(百鈞)은 삼천근(千斤)을 말한다.

주절인 위유력인의(爲有力人矣)는 有人爲有力人矣에서 되풀이되는 내용이므로 유인(有人)을 생략한 어투로, 주어가 생략되었지만 영어의 2형식 문장과 같다. 爲有力人矣에서 위(爲)는 주절의 보어이고, 유력인(有力人)의 유력(有力)은 인(人)을 꾸미는 형용사절이고, 인(人)은 위(爲)의 보어이고, 의(矣)는 구문을 결정짓는 어조사(~이다)이다. 힘이[力] 있는[有] 사람이[人] 되는 것[爲]이다[矣].

지금 금(今), 날 일(日), 들 거(擧), 일백 백(百), 서른 근 균(鈞), 곧 즉(則), 될 위(爲), 있을 유(有), ~이다 의(矣)

然則擧烏獲之任(연즉거오획지임)

▶ 그렇다면[然] 곧[則] (그 사람은) 오획[烏獲]이[之] 들었던 것을[任] 들었다[擧].

연즉거오획지임(然則擧烏獲之任) 역시 〈A則B〉꼴로 영어의 복문과 같은 어투이다. 즉(則)을 중심으로 앞은 양보 내지 조건의 종속절이고, 뒤는 주절이다. 그러니 然則擧烏獲之任에서 연(然)을 조건절처럼 여기고, 거오획지임(擧烏獲之任)을 주절로 여기고 새기면 문맥이 잡힌다. 〈A(然)라면 곧(則) B(擧烏獲之任)한다〉 然則擧烏獲之任의 문맥을 잡으려면 조건의 종속절인 然과 주절인 擧烏獲之任을 나누어, 먼저 각각의 문맥을 잡는 것이 편하다.

조건절인 연(然)은 말을 긍정하는 것이다. 이런 뜻의 연(然)은 여시(如是)와 같다. 그렇다[然]. 말을 부정하면 불연(不然)이다. 불연(不然)은 불여시(不如是)와 같고 줄여 부시(不是)로 하기도 한다. 그렇지 않다[不然].

주절인 거오획지임(擧烏獲之任)은 有人擧烏獲之任에서 되풀이되는 내용이므로 유인(有人)을 생략한 어투로, 주어가 생략돼 있지만 영어의 2형식 문장과 같은 어투이다. 擧烏獲之任에서 거(擧)는 타동사이고, 오획지임(烏獲之任)에서 오획지(烏獲之)는 임(任)을 꾸미는 형용사이고, 임(任)은 거(擧)의 목적어이다. 오획[烏獲]의[之] 맡은 것[任]을 문맥에 따라 오획(烏獲)이[之] 들어 올린 것[任]으로 새기는 것이 문맥의 문의를 더 분명하게 하므로, 오획지임(烏獲之任)의 지(之)를 소유격 토씨(~의)보다 주격 토씨(~이)로 새기는 것이 우리말답게 오획지임(烏獲之任)의 문맥을 잡을 수 있다. 擧烏獲之任의 거(擧)는 〈들 강(扛)〉과 같고 거양(擧揚)의 줄임말로 여기고 새기고, 오획(烏獲)은 옛날부터 전해오는 천균(千鈞)을 들어올렸다는 대역사(大力士)의 이름이고, 지(之)는 토씨인 허사이고, 임(任)은 〈일 사(事)〉와 같고 여기선 소거(所擧)로 새기면 문맥의 문의가 분명해진다. 들어올린[擧] 것[所].

> 그럴 연(然), 곧 즉(則), 들 거(擧), 까마귀 오(烏), 얻을 획(獲), ~의 지(之), 맡은일 임(任)

是亦爲烏獲而已矣(시역위오획이이의)

▶ 이는[是] 역시[亦] (그 사람이) 오획이[烏獲] 된 것일[爲] 뿐이다[而已矣].

시역위오획이이의(是亦爲烏獲而已矣)는 〈AB也〉꼴의 어조를 강조하는 어투로, 영어의 2형식 문장과 같다. 〈A(是)는 B(爲烏獲)일 뿐이다[而已矣]〉 是亦爲烏獲而已矣에서 시(是)는 주어이고, 역(亦)은 부사이며, 위(爲)는 보어이고, 오획(烏獲)은 위(爲)의 보어이며, 이이의(而已矣)는 구문을 강하게 결정짓는 어조사(~뿐이다)이다. 是亦爲烏獲而已矣에서 시(是)는 거오획지임(擧烏獲之任)을 나타내는 지시어이고, 역(亦)은 〈또 우(又)〉와 같고, 위(爲)는 〈될 성(成)〉과 같고 성위(成爲)의 줄임말로 여기고 새기며, 이이의(而已矣)는 이이(而已) 또는 이(耳)와 같은 어조사이다. ~뿐이다[而已矣].

9척 4촌의 장신으로 오획(烏獲)만큼 힘을 쓰면 조교(曺交) 그대도 대력사(大力士) 오획(烏獲)이 되는 것이고, 그대가 위인(爲仁)을 다하면 요순(堯舜)도 될 수 있다고 맹자가 조교(曺交)에게 곧바로 말해주고 있다. 그냥 바라는 대로 되는 것이란 세상에는 없다. 왜 콩 심은 데 콩 나고 팥 심은 데 팥이 나는가 말이다. 키 큰 놈 싱겁다는 말을 조교(曺交)는 들어도 싸다.

이 시(是), 또한 역(亦), 될 위(爲), 까마귀 오(烏), 얻을 획(獲), 어조사 이(而), 그칠 이(已), ~이다 의(矣)

夫人豈以不勝爲患哉(부인기이불승위환재)

▶ 무릇[夫] 사람들이[人] 어찌[豈] 해내지 못하리라[不勝] 생각하고[以] 근심만[患] 하는 것[爲]인가[哉]?

부인기이불승위환재(夫人豈以不勝爲患哉)는 〈A豈爲B哉〉꼴로 영어의 2형식 의문문과 같은 어투이다. 〈A(人)는 어찌[豈] A(患)만 하는 것[爲]인가[哉]?〉 夫人豈以不勝爲患哉에서 인(人)은 주어이고, 기(豈)는 의문부사이며, 이불승(以不勝)은 보어인 위(爲)를 꾸미는 부사구이며, 환(患)은 위(爲)의 목적어이고, 재(哉)는 기(豈)와 함께 의문어조사(~인가)이다. 夫人豈以不勝爲患哉와 같은 어투에서 이불승(以不勝)의 이(以)를 잘 정리해두고 있지 않으면 문맥을 잡기가 어렵다. 물론 夫人豈以不勝爲患哉에서 이불승(以不勝)은 영어의 분사구로 치면 분사구(分詞句)와 같다고 여기고, 이(以)를 분사(~ing)처럼 여기면, 이불승(以不勝)이 위(爲)를 꾸며줌을 알아채기가 쉽다. 夫人豈以不勝爲患哉에서 기(豈)는 〈어찌 하(何)〉와 같고, 이(以)는 〈써 용(用)〉이나 〈생각할 사(思)〉 등과 같다고 여기고 새긴다. 이기지 못할 것을[不勝] 생각하면서[以] 또는 이기지 못할 것임[不勝]으로써[以] 등으로 새길 수 있다는 말이다. 夫人豈以不勝爲患哉에서 위(爲)는 〈할 조(造)〉와 같고, 환(患)은 〈근심 우(憂)〉와 같고 우환(憂患)의 줄임말로 여기고 새긴다.

무릇 부(夫), 사람들 인(人), 어찌 기(豈), 생각할 이(以), 아니 불(不), 해낼 승(勝), 할 위(爲), 근심 환(患), ~인가 재(哉)

弗爲耳(불위이)

▶ (무릇 사람들은 그런 것을) 해보지 않는 것[弗爲]뿐이다[耳].

불위이(弗爲耳)는 夫人弗爲之耳에서 되풀이되는 부인(夫人)과 문맥에 따라 보충될 수 있는 내용인 지(之)를 생략한 어투로, 주어가 생략돼 있지만 영어의 2형식 문장과 같은 어투이다. 弗爲耳에서 불(弗)은 보어인 위(爲)의 부정사(否定詞)이고, 이(耳)는 구문을 결정짓는 야(也)보다 강하게 결정짓는 어조사(~뿐이다)이다. 弗爲耳에서 불(弗)은 〈하지 않을 무(毋), 물(勿)〉 등과 같고, 위(爲)는 〈할 조(造)〉와 같고, 이(耳)는 이이(而已)와 같다.

아닐 불(弗), 할 위(爲), ~뿐이다 이(耳)

徐行後長者謂之弟(서행후장자위지제)

▶ 나이 많은[長] 이[者] 뒤에서[後] 서서히[徐] 걷는 것[行], 그것을[之] 공경이라[弟] 일컫는다[謂].

서행후장자위지제(徐行後長者謂之弟)는 人謂徐行後長者弟에서 일반주어인 인(人)을 생략하고, 위(謂)의 목적구인 서행후장자(徐行後長者)를 전치시키고 그 자리에 허사 지(之)를 둔 어투로, 영어의 5형식 문장과 같다. 徐行後長者謂之弟에서 서행후장자(徐行後長者)는 타동사인 위(謂)의 전치된 목적구이고, 지(之)는 전치된 목적구의 허사이며 제(弟)는 목적격 보어이다.

徐行後長者謂之弟의 서행후장자(徐行後長者)는 두 갈래로 문맥을 잡아 새길 수 있다. 하나는 서행후장자(徐行後長者)의 장(長)을 〈어른 장(長)〉처럼 명사로 보면, 서행후장(徐行後長)은 자(者)를 꾸며주는 형용사절처럼 여기고 문맥을 잡아볼 수 있으므로 자(者)는 위(謂)의 목적어가 된다. 다른 하나는 서행후장자(徐行後長者)의 장(長)을 〈나이 많은 장(長)〉처럼 형용사로 보면, 자(者)를 꾸미는 형용사로 장자(長者)가 되고 후(後)는 영어의 전치사구실을 하므로 서행후장자(徐行後長者)가 목적구가 된다. 연장자[長] 뒤에서[後] 천천히[徐] 걷는[行] 것[者]. 연장자[長者] 뒤에서[後] 천천히[徐] 걷는 것[行]. 徐行後長者謂之弟의 제(弟)는 〈공경 제(弟)〉로 〈받들어 모실 봉(奉),

사(事)〉 등과 같다.

서서히 서(徐), 갈 행(行), 뒤 후(後), 어른 장(長), 사람 자(者), 일컬을 위(謂), 그것 지(之), 공경 제(弟)

疾行先長者謂之不弟(질행선장자위지부제)

▶ **나이 많은[長] 이[者] 앞에서[先] 달리듯[疾] 걷는 것[行], 그것을[之] 불공이라[不弟] 일컫는다[謂].**

질행선장자위지부제(疾行先長者謂之不弟)는 人謂疾行先長者不弟에서 일반주어인 인(人)을 생략하고, 위(謂)의 목적구인 질행선장자(疾行先長者)를 전치시키고 그 자리에 허사 지(之)를 둔 어투로, 영어의 5형식 문장과 같다. 疾行先長者謂之不弟에서 질행선장자(疾行先長者)는 타동사인 위(謂)의 전치된 목적구이고, 지(之)는 전치된 목적구의 허사이며, 부제(不弟)는 목적격 보어이다.

疾行先長者謂之不弟의 질행선장자(疾行先長者)는 두 갈래로 문맥을 잡아 새길 수 있다. 먼저 질행선장자(疾行先長者)의 장(長)을 〈어른 장(長)〉처럼 명사로 보면 질행선장(疾行先長)은 자(者)를 꾸며주는 형용사절처럼 여기고 문맥을 잡아볼 수 있으므로 자(者)는 위(謂)의 목적어가 된다. 다른 하나는 질행선장자(疾行先長者)의 장(長)을 〈나이 많은 장(長)〉처럼 형용사로 보면 자(者)를 꾸미는 형용사로 장자(長者)가 되고 후(後)는 영어의 전치사 구실을 하므로 질행선장자(疾行先長者)는 목적구가 된다. 연장자[長] 앞에서[先] 달리듯[疾] 걷는[行] 것[者]. 연장자[長者] 앞에서[先] 달리듯[疾] 걷는 것[行]. 疾行先長者謂之不弟의 부제(不弟)는 불공(不恭) 즉 버르장머리 없는 짓을 말한다.

달릴 질(疾), 갈 행(行), 앞 선(先), 어른 장(長), 사람 자(者), 일컬을 위(謂), 그것 지(之), 아니 부(不), 공경 제(弟)

夫徐行者豈人所不能哉(부서행자기인소불능재)

▶ **무릇[夫] 서서히[徐] 가는[行] 것이[者] 어찌[豈] 사람이[人] 할 수 없다는[不能] 것[所]인가[哉]?**

부서행자기인소불능재(夫徐行者豈人所不能哉)는 〈A豈B哉〉꼴로 영어의

2형식 의문문 같은 어투이다. 〈A(夫徐行者)는 어찌[豈] A(人所不能)인가[哉]?〉 夫徐行者豈人所不能哉에서 부(夫)는 부사이고, 서행자(徐行者)는 주부이고, 기(豈)는 의문부사이며, 인소불능(人所不能)은 술부이며, 재(哉)는 개(豈)와 함께 의문어조사(~인가)이다. 주부인 서행자(徐行者)에서 서행(徐行)은 자(者)를 꾸며주는 형용사절이므로 夫徐行者豈人所不能哉의 주어는 자(者)이고, 술부인 인소불능(人所不能)은 소인불능(所人不能)으로 여길 수 있으니 夫徐行者豈人所不能哉의 보어는 소(所)이다. 물론 인소불능(人所不能)은 인지소불능(人之所不能)에서 지(之)를 생략한 어투로 여기고 새긴다. 夫徐行者豈人所不能哉의 기(豈)는 〈어찌 하(何)〉와 같다.

질행(疾行)은 힘들지만 서행(徐行)은 힘이 들지 않는다. 서행은 여기서 공경함[弟]을 비유하고, 질행은 불공함[不弟]을 비유하고 있다. 공경하는 마음으로 공경하는 행동을 하는 것은 서행과 같아 하기 쉽고, 질행은 버르장머리 없는 짓이라 하기 어렵다고 밝히는 맹자의 화술(話術)이 우리를 꼼짝 못하게 한다. 하기 쉬운 공경(恭敬)을 저버리고, 하기 힘든 불공(不恭)을 늘 범하고 있는 우리를 부끄럽게 한다.

무릇 부(夫), 서서히 서(徐), 갈 행(行), 것 자(者), 어찌 기(豈), 사람 인(人), 바 소(所), 아니 불(不), 잘할 능(能), ~인가 재(哉)

所不爲也(소불위야)

▶ (무릇 사람들이 서행을) 하지 않는[不爲] 것[所]이다[也].

소불위야(所不爲也)는 徐行人所不爲也에서 문맥으로 보충될 수 있으므로 주어인 서행(徐行)과 불위(不爲)의 주어인 인(人)을 생략한 〈AB也〉꼴로, 영어의 2형식 문장과 같은 어투이다. 〈(A(徐行)는) B(所不爲)이다[也]〉 所不爲也에서 소(所)는 보어이고, 불위(不爲)는 비록 주어인 인(人)이 생략돼 있지만 형용사절이며, 야(也)는 구문을 결정짓는 어조사(~이다)이다.

바 소(所), 아니 불(不), 할 위(爲), ~이다 야(也)

堯舜之道孝弟而已矣(요순지도효제이이의)

▶ 요순[堯舜]의[之] 도는[道] 효제[孝弟]일 뿐이다[而已矣].

요순지도효제이이의(堯舜之道孝弟而已矣)는 〈AB也〉꼴의 어조를 강조하는 어투로, 영어의 2형식 문장과 같다. 〈A(堯舜之道)는 B(孝弟)일 뿐이다[而已矣]〉 堯舜之道孝弟而已矣에서 요순지도(堯舜之道)의 도(道)는 주어이고, 효제(孝弟)는 보어이며, 이이의(而已矣)는 구문을 강하게 결정짓는 어조사(~뿐이다)이다. 堯舜之道孝弟而已矣에서 堯舜之道의 요순지(堯舜之)는 도(道)를 꾸미도록 지(之)가 소유격 토씨(~의)구실을 한다. 요순[堯舜]의[之] 길[道].

요순(堯舜)이 걸어갔던 삶의 길[道]은 서행(徐行)하는 길이지 질행(疾行)하는 길이 아니다. 이는 걷기 편한 길이지 걷기 힘든 길이 아님을 말한다. 『논어(論語)』「학이(學而)」편 2장에 나오는 유자(有子)의 말을 생각나게 한다. "효제야자(孝弟也者) 기위인지본여(其爲仁之本與)." 효제[孝弟]란[也] 것[者] 그것은[其] 인[仁]의[之] 근본[本]이니라[與]. 대인은 남을 공경하고 자신을 낮추는 마음가짐과 행동인 효제(孝弟)의 길을 서행하기가 매우 쉽다 하고, 소인은 그 길을 서행하기가 어렵다 하면서 버르장머리 없이 질주하면서 남을 얕보고 깔보며 산다. 그러면서 왜 요순(堯舜)이 될 수 없느냐고 푸념하지 말라고 우리를 질타하고 있다.

요임금 요(堯), 순임금 순(舜), ~의 지(之), 길 도(道), 효성 효(孝), 공경 제(弟), 어조사 이(而), 그칠 이(已), ~이다 의(矣)

【문지(聞之) 2】

부도약대로연(夫道若大路然)

【원문(原文)】

子服堯之服하고 誦堯之言하며 行堯之行하면 是는 堯而已矣요
자복요지복 송요지언 행요지행 시 요이이의

子服桀之服하고 誦桀之言하며 行桀之行하면 是는 桀而已矣요
자복걸지복 송걸지언 행걸지행 시 걸이이의

曰 交得見於鄒君이면 可以假館이니 願留而受業於門하노이다
왈 교득견어추군 가이가관 원류이수업어문

曰 夫道는 若大路然하니 豈難知哉리오 人病不求耳이니 子歸而求之면 有餘師리라
왈 부도 약대로연 기난지재 인병불구이 자귀이구지 유여사

【해독(解讀)】

"그대가 요(堯)의 옷을 입고[子服堯之服] 요의 말씀을 암송하며[誦堯之言]

요의 행동을 행하면[行堯之行] 그것이 요일 뿐이고[是堯而已矣], 그대가 걸(桀)의 옷을 입고[子服桀之服] 걸의 말을 암송하며[誦桀之言] 걸의 행동을 행하면[行桀之行] 그것이 걸일 뿐이오[是桀而已矣]." (조교가) 말했다[曰]. "제가 추나라 구왕을 만날 수 있으니[交得見於鄒君] 그리하여 객사를 빌릴 수 있으니[可以假館] (선생께서 객사에) 머물러서 (제가 선생의) 문하에서 학문을 전수받기를 바랍니다[願留而受業於門]." (맹자가) 말해주었다[曰]. "무릇 길은 한 길의 모습과 같은데[夫道若大路然] (인간들이) 어찌 (그 도를) 알기를 어려워할 것인가[豈難知哉]? 사람들이 (그 길을 알고자) 추구하지 않음이 병통일 뿐이오[人病不求耳]. 그대가 (추나라로) 돌아가서 선생을 구하면[子歸而求之] 많은 스승들이 있을 것이오[有餘師]."

【담소(談笑)】

子服堯之服誦堯之言行堯之行(자복요지복송요지언행요지행)是堯而已矣(시요이이의)

▶ 그대가[子] 요[堯]의[之] 옷을[服] 입고[服] 요[堯]의[之] 말씀을[言] 암송하며[誦] 요[堯]의[之] 행동을[行] 행하면[行], 그것이[是] 요[堯]일 뿐이다[而已矣].

자복요지복송요지언행요지행시요이이의(子服堯之服誦堯之言行堯之行是堯而已矣)는 子服堯之服 而子誦堯之言 而子行堯之行 是堯而已矣에서 되풀이되는 이자(而子)를 생략한 어투로, 세 조건절 내지 세 동격절과 하나의 주절로 이루어진 영이의 복문 또는 단문과 같은 어투이다. 세 조건절을 是堯而已矣의 주어인 시(是)의 동격절로 여기면, 영어의 단문처럼 여기고 子服堯之服誦堯之言行堯之行是堯而已矣의 문맥을 잡아도 된다는 말이다. 그러나 〈A是B也〉의 경우에는 〈A란 그것은[是] B이다[也]〉보다 〈A하면 그것이[是] B이다[也]〉로 새기는 것이 더 문맥과 걸맞을 때가 많다. 여기선 자복요지복송요지언행요지행(子服堯之服誦堯之言行堯之行)까지를 세 조건절로 보고, 시요이이의(是堯而已矣)를 주절로 여기고 새겨 子服堯之服誦堯之言行堯之行是堯而已矣의 문맥을 잡았다.

조건절인 자복요지복송요지언행요지행(子服堯之服誦堯之言行堯之行)을 셋으로 끊어 문맥을 잡는 까닭은 본동사가 셋이기 때문이다. 세 조건절은 모두 영어의 3형식 문장과 같은 어투이다. 子服堯之服에서 자(子)는 주어이고, 복(服)은 타동사이며 요지(堯之)는 명사인 복(服)을 꾸미는 소유격이고, 명사인 복(服)은 타동사인 복(服)의 목적어이다. 이처럼 한문투에서는 한 글자가 문맥을 따라 자유롭게 품사 구실을 하는 것을 늘 유념해야 한다. 誦堯之言에서 송(誦)은 타동사이며, 요지(堯之)는 명사인 언(言)을 꾸미는 소유격이고, 명사인 언(言)은 송(誦)의 목적어이다. 行堯之行에서 행(行)은 타동사이며, 요지(堯之)는 명사인 행(行)을 꾸미는 소유격이고, 명사인 행(行)은 타동사인 행(行)의 목적어이다. 그리고 주절인 시요이이의(是堯而已矣)의 시(是)는 앞의 내용을 나타내는 지시어로 주어이며, 요(堯)는 보어이고, 이이의(而已矣)는 구문을 강하게 결정짓는 어조사(~뿐이다)이다. 子服堯之服에서 자(子)는 〈그대 자(子)〉로 호칭이며, 만일 조교(曹交)가 맹자의 제자였다면 오자(吾子)라고 호칭했을 것이다.

그대 자(子), 입을 복(服), 요임금 요(堯), ~의 지(之), 옷 복(服), 암송할 송(誦), 말씀 언(言), 행할 행(行), 행동 행(行), 이 시(是), 어조사 이(而), 그칠 이(已), ~이다 의(矣)

子服桀之服誦桀之言行桀之行(자복걸지복송걸지언행걸지행) 是桀而已矣(시걸이이의)

▶ **그대가[子] 걸[桀]의[之] 옷을[服] 입고[服] 걸[桀]의[之] 말을[言] 암송하며[誦] 걸[桀]의[之] 행동을[行] 행하면[行], 그것이[是] 걸[桀]일 뿐이다[而已矣].**

자복걸지복송걸지언행걸지행시걸이이의(子服桀之服誦桀之言行桀之行是桀而已矣)는 子服桀之服 而子誦桀之言 而子行桀之行 是桀而已矣에서 되풀이되는 이자(而子)를 생략한 어투로, 세 조건절 내지 세 동격절과 하나의 주절로 이루어진 영어의 복문 또는 단문과 같은 어투이다. 세 조건절을 是桀而已矣의 주어인 시(是)의 동격절로 여기면, 영어의 단문과 같은 한문투로 여기고 子服桀之服誦桀之言行桀之行是桀而已矣의 문맥을 잡아도 된다는 말이다. 그러나 〈A是B也〉의 경우에는 〈A란 그것은[是] B이다[也]〉보다 〈A하면 그것이[是] B이다[也]〉로 새기는 것이 더 문맥과 걸맞을 때가 많다. 그래서 자복걸지복송걸지언행걸지행(子服桀之服誦桀之言行桀之行)까지를 세 조건절로 보고, 시걸이이의(是桀而已矣)를 주절로 여기고 새겨 子服桀之服

誦桀之言行桀之行是桀而已矣의 문맥을 잡았다.

조건절인 자복걸지복송걸지언행걸지행(子服桀之服誦桀之言行桀之行)을 셋으로 끊어 문맥을 잡는 까닭은 본동사가 셋이기 때문이다. 子服桀之服에서 자(子)는 주어이고, 복(服)은 타동사이며, 걸지(桀之)는 명사인 복(服)을 꾸미는 소유격이고, 명사인 복(服)은 타동사인 복(服)의 목적어이다. 誦桀之言에서 송(誦)은 타동사이며, 걸지(桀之)는 명사인 언(言)을 꾸미는 소유격이고, 명사인 언(言)은 송(誦)의 목적어이다. 行桀之行에서 행(行)은 타동사이며, 걸지(桀之)는 명사인 행(行)을 꾸미는 소유격이고, 명사인 행(行)은 타동사인 행(行)의 목적어이다. 그리고 주절인 시걸이이의(是桀而已矣)에서 시(是)는 앞의 내용을 나타내는 지시어로 주어이며, 걸(桀)은 보어이고, 이이의(而已矣)는 구문을 강하게 결정짓는 어조사(~뿐이다)이다. 子服堯之服에서 자(子)는 〈그대 자(子)〉로 호칭이다.

그대 자(子), 입을 복(服), 걸임금 걸(桀), ~의 지(之), 옷 복(服), 암송할 송(誦), 말씀 언(言), 행할 행(行), 행동 행(行), 이 시(是), 어조사 이(而), 그칠 이(已), ~이다 의(矣)

交得見於鄒君(교득견어추군) 可以假館(가이가관) 願留(원류) 而受業於門(이수업어문)

▶ 제가[交] 추나라[鄒] 구왕을[君] 만날[見] 수 있으니[得] 그리하여[以] 객사를[館] 빌릴[假] 수 있으니[可] (선생께서 객사에) 머물면[留]서[而] 제가 (선생의) 문하[門]에서[於] 가르침을[業] 받기를[受] 바란다[願].

교득견어추군가이가관원류이수업어문(交得見於鄒君可以假館願留而受業於門)은 交得見於鄒君 可以假館 願留 而受業於門 등으로 나누어져 네 단락이 하나인 것처럼 돼 있는 어투이다. 이는 交得見於鄒君可以假館願留而受業於門에 본동사가 4개 있다는 말과 같다. 견(見), 가(假), 원(願), 수(受) 등이 본동사이다. 구문의 골격은 본동사를 중심으로 주어 목적어 또는 보어로 이루어진다. 그러니 交得見於鄒君可以假館願留而受業於門은 4개의 골격으로 짜인 어투임을 알 수 있다. 이러한 어투의 문맥을 잡으려면 각각 나누어 먼저 문맥을 잡아 서로 관계를 따져가면 편하다.

교득견어추군(交得見於鄒君)은 〈A見B〉꼴로 영어의 3형식 문장과 같은 어투이다. 〈A(交)는 B(於鄒君)를 만난다[見]〉 交得見於鄒君에서 교(交)는 주어이고, 득(得)은 견(見)을 돕는 조동사이며, 견(見)은 타동사이고, 어(於)는 어조사인 목적격 토씨(~을)이며, 추군(鄒君)은 목적어이다. 交得見於鄒君의 교(交)는 조교(曺交)를 뜻하니 저[交]로 새기고, 득(得)은 〈잘할 능(能)〉과 같아 영어의 can과 같은 구실을 하고, 견(見)은 〈만나볼 회(會)〉와 같고 회견(會見)의 줄임말로 여기고, 어(於)는 어조사 목적격 토씨(~을)이지만 없어도 무방하고, 군(君)은 군왕(君王)의 줄임말로 여긴다.

가이가관(可以假館)은 是以交可假館에서 시이(是以)의 시(是)를 생략하고 이(以)를 본동사 앞으로 옮기고 주어인 교(交)를 생략한 어투로, 영어의 3형식 문장과 같은 어투이다. 그것을[是] 이용해서[以] 조교가[交] 객사를[館] 빌릴[假] 수 있다[可]. 시이(是以)의 시(是)는 견어추군(見於鄒君)을 나타내는 지시어이다. 可以假館에서 가(可)는 〈잘할 능(能)〉과 같고 조동사이고, 이(以)는 〈써 용(用)〉과 같고, 가(假)는 〈빌릴 차(借)〉와 같고 가차(假借)의 줄임말로 여기고, 관(館)은 객사(客舍)를 말한다. 한문투에서 가(假)는 문맥에 따라 여러 뜻을 나타내므로 잘 정리해두면 편하다. 〈거짓 가(假) = 비진(非眞), 잠시 가(假) = 비구(非久), 클 가(假) = 대(大), 까닭 가(假) = 인(因), 아름다울 가(假) = 미(美), 빌려줄 가(假) = 대(貸), 용서할 가(假) = 서(恕), 가령 가(假) = 설사(說辭), 여가 가(假) = 가(暇)〉

원류(願留)는 交願夫子與交留於館에서 문맥으로 보충될 수 있으므로 부자여교(夫子與交)와 어관(於館)을 생략한 어투로, 본동사만 남았지만 영어의 3형식 문장과 같은 어투로 여기고 새기면 문맥에 걸맞은 문의가 드러난다. 저는[交] 저와[交] 함께[與] 선생께서[夫子] 객사[館]에서[於] 머무시기를[留] 바란다[願]를, 한문투는 그냥 머물기를[留] 바란다[願]로 간단히 해버린 셈이다. 願留의 원(願)은 〈바랄 망(望)〉과 같고, 유(留)는 〈묵을 숙(宿)〉과 같고 유숙(留宿)의 줄임말로 여기고 새긴다.

이수업어문(而受業於門)은 而交願受業於夫子之門下에서 되풀이되는 내용인 교원(交願)을 생략하고, 문맥으로 보충될 수 있으므로 어부자지문하(於夫子之門下)를 그냥 어문(於門)으로 줄인 어투로, 영어의 3형식 문장과 같은 어투이다. 그리고[而] 저는[交] 선생[夫子]의[之] 문하[門下]에서[於] 가르침을[業] 받기를[受] 바란다[願]를, 그냥 문하[門]에서[於] 가르침을[業] 받기를

[受]로 간단히 줄여서 말해둔 셈이다. 而受業於門의 수(受)는 〈받을 납(納)〉과 같고 수납(受納)의 줄임말로 여기고, 업(業)은 〈일 사(事)〉와 같고, 문(門)은 문하(門下)의 줄임말로 여긴다.

조교(曺交)는 맹자께 제 가정교사가 되어주기를 바란다. 하룻강아지 같다고나 할까. 요순(堯舜)의 도(道)는 효제(孝弟)를 실천하는 삶으로 이루지는 줄 아직도 모르는 조교를 맹자가 모를 리 없다. 효제의 길이란 스스로 걸어가야지 남의 등에 업혀서 갈 수 없는 길임을 조교 같은 인간이 어이 알리.

사귈 교(交), 잘할 득(得), 볼 견(見), ~을 어(於), 추나라 추(鄒), 임금 군(君), 잘할 가(可), 써 이(以), 빌릴 가(假), 객사 관(館), 바랄 원(願), 머물 류(留), 그리고 이(而), 받을 수(受), 일 업(業), ~에서 어(於), 문 문(門)

夫道若大路然(부도약대로연)

▶ 무릇[夫] 길은[道] 한[大] 길[路] 모습과[然] 같다[若].

부도약대로연(夫道若大路然)은 〈A若B〉꼴로 영어의 2형식과 문장과 같은 어투이다. 〈A(夫道)는 B(大路然)와 같다[若]〉 夫道若大路然에서 도(道)는 주어이고, 약(若)은 자동사이며, 대로(大路)는 연(然)을 꾸미는 형용사이고, 연(然)은 보어이다. 夫道若大路然의 약(若)은 〈같을 여(如), 유(猶)〉와 같고, 연(然)은 〈모습 모(貌)〉와 같다.

무릇 부(夫), 길 도(道), 같을 약(若), 큰 대(大), 길 로(路), 모습 연(然)

豈難知哉(기난지재)

▶ (인간들이) 어찌[豈] (그 도를) 알기를[知] 어려워할 것[難]인가[哉]?

기난지재(豈難知哉)는 人豈難知其道哉에서 문맥으로 보충될 수 있으므로 주어인 인(人)과 지(知)의 목적어인 기도(其道)를 생략한 어투로, 〈기(豈)~재(哉)〉의 의문문 꼴이며, 영어의 3형식 문장과 같은 어투이다. 豈難知哉에서 개(豈)는 의문부사이고, 난(難)은 타동사이며, 지(知)는 난(難)의 목적어이며, 재(哉)는 기(豈)와 함께 의문어조사(~인가)이다. 이러한 豈難知哉의 문맥을 잡아 문의를 건지려면 人豈難知其道哉를 간명하게 한 어투임을 알아채면 편하다. 인간이[人] 어찌[豈] 그[其] 도를[道] 알기를[知] 어려워할 것[難]인가[哉]를, 그냥 어찌[豈] 알기를[知] 어려워할 것[難]인가[哉]로 간단히 줄여서 말해둔 어투인 셈이다. 豈難知哉에서 기(豈)는 〈어찌 하(何)〉와 같고, 〈어려울 난(難)〉은 쉽지 않다[不易]는 뜻이고, 지(知)는 〈알 식(識)〉과 같다.

어찌 개(豈), 어려울 난(難), 알 지(知), ~인가 재(哉)

人病不求耳(인병불구이)

▶ 사람들이[人] (그 길을 알려고) 추구하지[求] 않음을[不] 근심할[病] 뿐이다[耳].

인병불구이(人病不求耳)는 吾病人之不求知其道에서 문맥으로 보충될 수 있으므로 주어인 오(吾)를 생략하고, 인지불구(人之不求)의 인지(人之)를 인(人)으로 전치하여 강조하려고 人病不求耳로 한 어투로 여기고 새기면 문맥의 문의를 건질 수 있다. 물론 인지(人之)를 인(人)으로 줄이지 않고 인지(人之) 그대로 전치하여 人之病不求耳가 되면 인지불구(人之不求)보다는 인지병(人之病)으로 새겨질 가능성이 있는데, 인(人)으로 줄여 그런 가능성을 배제한 것을 알아채면 人病不求耳의 문맥을 쉽게 잡을 수 있다. 나는[吾] 인간[人]이[之] 그[其] 도를[道] 알기를[知] 추구하지[求] 않음을[不] 근심할[病] 뿐이다[耳]를, 그냥 사람들이[人] 추구하지[求] 않음을[不求] 근심할[病] 뿐이다[耳]로 간단히 줄여서 말해둔 셈이다. 人病不求耳에서 병(病)은 〈근심할 우(憂)〉와 같고, 구(求)는 〈찾을 색(索)〉과 같고 구색(求索)의 줄임말로 여기고 새기고, 이(耳)는 구문을 강하게 종결짓는 어조사(~뿐이다)이다.

사람들 인(人), 근심할 병(病), 아니할 불(不), 찾을 구(求), ~뿐 이(耳)

子歸而求之有餘師(자귀이구지유여사)

▶ 그대가[子] (정나라로) 돌아가[歸]서[而] 도를[之] 찾으면[求] 많은[餘] 스승들이[師] 있을 것이다[有].

자귀이구지유여사(子歸而求之有餘師)는 子歸於鄭 而子求之 而子有餘師에서 되풀이되는 〈그대 자(子)〉를 생략하고, 문맥으로 보충될 수 있는 歸於鄭의 어정(於鄭)을 생략한 어투로, 세 구문을 하나처럼 만든 영어의 복문과 같은 어투이다. 子歸而求之有餘師에서 본동사가 귀(歸), 구(求), 유(有) 셋이므로 子歸而求之有餘師를 세 문장 내지 구문으로 나누어 각각 문맥을 잡아본 다음, 각 구문이 서로 어떤 관계인지 살펴보면 子歸而求之有餘師의 전체 문맥을 잡을 수 있다. 말하자면 子歸而求之有餘師에서 자귀이구지(子歸而求之)가 조건절이고, 유여사(有餘師)가 주절인 영어의 복문과 같은 어투로 여기고, 자귀이구지(子歸而求之)하면 유여사(有餘師)한다고 새기면 전체의 문맥이 잡힌다는 말이다.

자귀(子歸)는 歸於鄭에서 장소를 나타낼 어정(於鄭)이 생략된 어투로 영어의 1형식 문장과 같은 어투이다. 그대가[子] 정나라[鄭]로[於] 돌아간다[歸]. 子歸에서 자(子)는 주어이고, 귀(歸)는 자동사이다. 귀(歸)는 〈돌아갈 환(還)〉과 같고 귀환(歸還)의 줄임말로 여기고 새긴다. 한문투에서 귀(歸)는 문맥에 따라 여러 뜻을 나타내므로 잘 정리해두면 편하다. 〈돌아갈 귀(歸) = 환(還), 던질 귀(歸) = 투(投), 따라붙을 귀(歸) = 부(附), 허락할 귀(歸) = 허(許), 사물의 끝 귀(歸) = 종(終), 먹일 궤(歸) = 향(餉)〉

이구지(而求之)는 而子求之에서 되풀이되는 자(子)를 생략한 어투로, 영어의 3형식 문장과 같은 어투이다. 그리고[而] 그대가[子] 그것을[之] 구한다[求]. 而求之에서 이(而)는 연접의 연사이고, 구(求)는 타동사이며, 지(之)는 도(道)를 대신하는 지시대명사이다. 而求之의 구(求)는 〈찾을 색(索)〉과 같고 구색(求索)의 줄임말로 여기고 새긴다.

유여사(有餘師)는 子有餘師에서 되풀이되는 자(子)를 생략한 어투로, 영어의 1형식 또는 3형식 문장과 같은 어투이다. 有餘師의 유(有)를 자동사 〈있을 유(有)〉로 여기면 有餘師의 사(師)가 주어인 영어의 1형식 문장과 같은 어투가 되고, 다동시 〈가질 유(有)〉로 여기면 사(師)가 목적어인 영어의 1형식 문장과 같은 어투가 된다. (그대에게) 남아도는[餘] 선생이[師] 있을 것이다[有]. (그대에게) 남아도는[餘] 선생을[師] 가질 것이다[有]. 어느 쪽이든 문맥의 문의는 달라지지 않는다. 다만 어조로 보아 〈있을 유(有)〉로 여기고 有餘師의 문맥을 잡는 쪽이 자연스럽다. 有餘師의 여(餘)는 〈남을 요(饒)〉와 같고, 여유(餘裕)의 줄임말로 여기고 새긴다.

그대 자(子), 돌아갈 귀(歸), 그리고 이(而), 찾을 구(求), 그 지(之), 있을 유(有), 남을 여(餘), 스승 사(師)

제3장

3장은 두 단락으로 나누어 살필 것이다. 내용 때문이 아니라 편의상 그렇게 나누었다. 3장에서도 맹자는 효(孝)를 말씀한다. 효의 길[道]을 2장에서 밝혔으니 효도의 실천을 3장에서 밝힌다. 『시경(詩經)』의 〈소반(小弁)〉과 〈개풍(凱風)〉을 빌어서 효자가 갖추어야 할 원(怨)과 불원(不怨)을 살펴 매우 간명하면서도 곡진하게 효성(孝誠)을 정언(正言)하고 있는 장이다.

【문지(聞之) 1】

소반지원친친야(小弁之怨親親也)

【원문(原文)】

公孫丑曰 高子曰 小弁은 小人之詩也라 하니이다 孟子曰 何以言之오 曰怨이라 하니이다 曰 固哉라 高叟之爲詩也여 有人於此하여 越人이 關弓而射之이어든 則己談笑而道之는 無他라 疏之也이다 其兄이 關弓而射之이어든 則己垂涕泣而道之는 無他라 戚之也이니 小弁之怨은 親親也이다 親親은 仁也이다 固矣夫라 高叟之爲詩也여

공손추왈 고자왈 소반 소인지시야 맹자왈 하이언지 왈원 왈고재 고수지위시야 유인어차 월인 완궁이사지 즉기담소이도지 무타 소지야 기형 완궁이사지 즉기수체읍이도지 무타 척지야 소반지원 친친야 친친 인야 고의부 고수지위시야

【해독(解讀)】

공손추가 물어 여쭈었다[公孫丑問曰]. "고자가 말했습니다[高子曰]. '〈소반〉은 소인의 시가이다[小弁小人之詩也].'" 맹자가 말해주었다[孟子曰]. "무엇 때문에 (고자가) 그리 말했는가[何以言之]?" (공손추가) 여쭈었다[曰]. "원망하기 때문이랍니다[怨]." (맹자가) 말해주었다[曰]. "고루하도다[固哉]! 고노인이 시를 생각한 것이란[高叟之爲詩也]. 여기에 한 사람이 있다고 하자[有人於此]. 월나라 사람이 활에 화살을 걸고서 사람을 쏘았다면[越人關弓而射之] 곧 그 어떤 사람 자신은 그 사건을 지껄이고 웃음거리로 삼으면서 이야

기할 것이다[則己談笑而道之]. (그것엔) 다른 것은 없고[無他], (이는) 월나라 사람을 소홀히 한 짓이다[疏之也]. 제 형님이 활에 화살을 걸어서 사람을 쏘았다면[其兄關弓而射之] 곧 그 사람 자신이 간청하듯 눈물을 흘리며 읍소하면서 그 사건을 이야기할 것이다[則己垂涕泣而道之]. (그것엔) 다른 것은 없고[無他]. (이는) 제 형님을 피붙이로 여기는 짓이다[戚之也]. 소반의 원망은 피붙이를 아끼는 것이다[小弁之怨親親也]. 부모를 친애함은 어진 것이다[親親仁也]. 고루하도다! 고 노인이 시를 생각한 것이란[固矣夫高叟之爲詩也]."

【담소(談笑)】

公孫丑問曰(공손추문왈)

▶ **공손추가[公孫丑] 물어 여쭈었다[曰].**

공손추문왈(公孫丑問曰)의 공손추(公孫丑)는 제(齊)나라 사람으로 맹자의 제자. 공손(公孫)은 성씨(姓氏)이고, 이름은 추(丑)이고, 정사(政事)에 뛰어났다는 설(說)이 있다. 『맹자(孟子)』 제2편(第二篇) 「공손추장구(公孫丑章句)」에 등장한 그 제자 공손추(公孫丑)이다.

두루 공(公), 후손 손(孫), 사람 이름 추(丑), 물을 문(問), 말할 왈(曰)

高子曰(고자왈) 小弁小人之詩也(소반소인지시야)

▶ **고자가[高子] 말했다[曰]. "〈소반〉은[小弁] 소인[小人]의[之] 시가[詩] 이다[也]."**

고사왈소반소인지시야(高子曰小弁小人之詩也)는 〈A曰B〉꼴로 영어의 3형식 문장과 같은 어투이다. 〈A(高子)는 B(小弁小人之詩也)라고 말한다[曰]〉 高子曰小弁小人之詩也에서 고자(高子)는 주어이고, 왈(曰)은 타동사이며 소반소인지시야(小弁小人之詩也)는 목적절이라고 여기고 새긴다.

고자왈(高子曰)의 고자(高子)는 제(齊)나라 사람으로, 맹자가 고수(高叟)라고 부르는 것으로 보아 맹자 당시에 연로(年老)한 사람이었던 모양이다. 『맹자(孟子)』 제2편(第二篇) 「공손추장구(公孫丑章句)」 하(下) 12장과 다음 제7편 「진심장구(盡心章句)」 하(下) 21장에서도 고자(高子)가 등장하지만, 동일인인지는 알 수 없다.

소반소인지시야(小弁小人之詩也)는 고자왈(高子曰)의 목적절이지만, 小弁小人之詩也의 문맥을 잡으려면 독립구문으로 보고 그 골격을 살피는 쪽이 편하다. 小弁小人之詩也는 〈AB也〉꼴로 영어의 2형식 문장과 같은 어투이다. 〈A(小弁)는 B(小人之詩也)이다[也]〉 小弁小人之詩也에서 〈소반(小弁)〉은 주어이고, 소인지(小人之)는 시(詩)를 꾸미는 형용사구이고, 시(詩)는 보어이며, 야(也)는 구문을 결정짓는 어조사(~이다)이다. 小弁小人之詩也의 소반(小弁)은 『시경(詩經)』「소아(小雅)」 제4 절남산지습(節南山之什)의 일곱째 시편(詩篇)을 말한다. 〈소반(小弁)〉은 남의 모함을 받아 어버이로부터 버림받은 억울함과 슬픔을 읊은 시(詩)로 알려져 있다. 이는 〈소반(小弁)〉에 대한 맹자의 촌평(寸評)과 통한다고 말할 수 있다. 물론 〈소반(小弁)〉에 대해 모시설(毛詩說)과 노시설(魯詩說)은 서로 다른 고사(故事)를 빌어 평하고 있지만, 전처의 아들이 후처의 이간질로 쫓겨나 버림받은 억울함을 말하고 있다는 점만은 서로 같다.

> 높을 고(高), 존칭 자(子), 말할 왈(曰), 작을 소(小), 이름 반(弁), ~의 지(之), 시가 시(詩), ~이다 야(也)

何以言之(하이언지)

▶ 무엇[何] 때문에[以] (고자가) 그리 말했는가[言之]?

하이언지(何以言之)는 何以高子言之에서 문맥으로 보충될 수 있으므로 주어인 고자(高子)를 생략한 어투로, 영어의 3형식 문장과 같은 어투이다. 무엇[何] 때문에[以] 고자가[高子] 그리 말했는가[言之]? 何以言之에서 하이(何以)는 타동사인 언(言)을 꾸미는 의문부사구이고, 지(之)는 앞의 내용인 소반소인지시야(小弁小人之詩也)를 나타내는 지시대명사이다. 물론 하이(何以)는 하이고(何以故)의 줄임으로 여기고 새겨도 된다. 무슨[何]] 까닭[故] 때문에[以].

> 무엇 하(何), 때문에 이(以), 말할 언(言), 그것 지(之)

怨(원)

▶ 원망하기 때문이다[怨].

원(怨)은 高子曰以怨小弁小人之詩也에서 맹자가 물은 하이언지(何以言之)로써 보충될 수 있는 내용을 모두 생략한 어투이다. 원망하기[怨] 때문에[以] 〈소반〉은[小弁] 소인[小人]의[之] 시[詩]라고[也] 고자가[高子] 말했다[曰].

원(怨)은 〈원망 한(恨), 원수 구(仇), 분낼 에(恚)〉 등을 포함한 마음 속을 말한다.

남을 향한 원망(怨望)의 심기(心機)야말로 불인(不仁)이다. 그러나 자신을 향한 원망은 회한(悔恨)이다. 스스로를 뉘우치고[悔] 스스로를 한탄함[恨]이란 스스로 불인을 범한 잘못을 뉘우치는 일이다. 이러한 뉘우침이야말로 인(仁)으로 돌아오는 원(怨)이다. 고자(高子)는 〈소반(小弁)〉의 원(怨)을 남을 향한 원망으로 보았고, 맹자는 〈소반(小弁)〉의 원(怨)을 자신을 향한 원망으로 보았으므로 시(詩)의 해석이 서로 달라진 셈이다. 대인(大人)은 스스로를 원망하고 소인(小人)은 남을 원망한다. 고자는 소인인 셈이다.

원망할 원(怨)

固哉(고재) 高叟之爲詩也(고수지위시야)

▶ **고루하도다[固哉]! 고[高] 노인[叟]이[之] 시를[詩] 생각한 것[爲]이란[也].**

고재고수지위시야(固哉高叟之爲詩也)는 〈AB哉〉꼴로 영어의 2형식 감탄문과 같은 어투이다. 〈A(高叟之爲詩也)라니 B(固)하도다[哉]!〉 固哉高叟之爲詩也에서 고재(固哉)는 술부로 보어이고, 고수지위시야(高叟之爲詩也)는 주부이다. 高叟之爲詩也固哉에서 고재(固哉)의 어조를 강하게 하려고 주부 앞으로 전치시킨 어투가 固哉高叟之爲詩也이다. 固哉高叟之爲詩也의 고(固)는 〈고루할 비(鄙), 고루할 루(陋)〉 등과 같고 고루(固陋)의 줄임말로 여기고, 재(哉)는 구문을 놀라움이나 감탄으로 결정짓는 어조사(~로다)이며, 고수지위시야(高叟之爲詩也)는 高叟爲詩에서 주격인 고수(高叟)를 소유격인 고수지(高叟之)로 하여 문장을 구(句)로 바꾼 어투로 여기면 高叟之爲詩也의 문맥을 잡기가 쉽다. 영어의 He did A를 His doing A의 동명사 구문으로 바꾼 것과 같다고 여기면, 高叟爲詩에서 高叟之爲詩也로 바뀐 어투를 이해하기 쉽다. 그가(He) A를 했다(did), 그의(his) A를 했음(doing). 고수가[高叟] 시를[詩] 생각했다[爲], 고수[高叟]의[之] 시를[詩] 생각함[爲]. 그의(his) A를 했음(doing)이나 고수[高叟]의[之] 시를[詩] 생각함[爲]처럼 구로 새기면 우리 말답지 않기 때문에 문장이나 절로 환원해서 고수[高叟]가[之] 시를[詩] 생각함[爲]이라고 새겨 문맥을 잡는다. 그러니 高叟之爲詩也의 지(之)를 소유격 토씨(~의)가 아니라 주격 토씨(~가)로 새기면 문맥이 우리말로 잡힌다. 高叟之爲詩也의 위(爲)는 여기서 〈생각할 사(思)〉와 같다.

위(爲)를 다음과 같이 정리해두면 한문투의 문맥을 잡아 문의를 건져내는 데 편하다. 〈할 위(爲) = 조(造), 생각할 위(爲) = 사(思), 하여금 위(爲) = 사(使), 만들 위(爲) = 산(産), 이룰 위(爲) = 성(成), 배울 위(爲) = 학(學), 다스릴 위(爲) = 치(治), 도울 위(爲) = 조(助), 호위할 위(爲) = 호(護), 칭할 위(爲) = 칭(稱)〉 이 외에도 문맥에 따라 다양한 뜻을 구사하는 것이 위(爲)이다. 한문투에서 위(爲)를 영어에서 온갖 동사들을 대신하는 대리동사인 do와 같다고 여겨도 된다. 그리고 위(爲)는 뜻 없는 어조사 구실도 하고, 소이(所以)와 같은 구실을 하여 〈까닭 위(爲)〉로도 쓰이며, 〈爲A所B〉꼴에서 위(爲)는 영어 수동태의 be 동사와 같고 B를 과거분사처럼 여기게 한다. A에 의해서 B하여진 바[所]이다[爲].

> 고루할 고(固), 감탄 어조사(~로다) 재(哉), 높을 고(高), 노인 수(叟), ~이 지(之), 생각할 위(爲), 시가 시(詩), ~이다 야(也)

有人於此(유인어차)

▶ **여기[此]에[於] 한 사람이[人] 있다고 하자[有].**

유인어차(有人於此)는 〈有A於此〉꼴로, 〈여기[此]에[於] A가 있다[有]〉고 예를 말들어 하는 어투이다. 〈有A於此〉는 하나의 관용문으로 알아두면 편하다.

> 있을 유(有), 사람 인(人), ~에 어(於), 여기 차(此)

越人關弓而射之(월인완궁이사지) 則己談笑而道之(즉기담소이도지)

▶ **월나라[越] 사람이[人] 활에[弓] 화살을 걸어[關]서[而] 사람을[之] 쏘았다면[射] 곧[則] 그 사람 자신은[己] 그 사건을[之] 지껄이고[談] 웃음거리로 삼으면[笑]서[而] 이야기할 것이다[道].**

월인완궁이사지즉기담소이도지(越人關弓而射之則己談笑而道之)는 〈A則B〉꼴로 영어의 복문과 같은 어투이다. 즉(則)을 중심으로 앞은 양보 내지 조건의 종속절이고, 뒤는 주절이다. 그러니 越人關弓而射之則己談笑而道之

에서 월인완궁이사지(越人關弓而射之)는 조건절처럼 여기고, 기담소이도지(己談笑而道之)를 주절로 여기고 새기면 문맥이 잡힌다. 〈A(越人關弓而射之〉)라면 곧[則] B(己談笑而道之)한다〉

조건절인 월인완궁이사지(越人關弓而射之)는 越人關弓 而越人射之에서 되풀이되는 월인(越人)을 생략한 어투로, 영어의 3형식 문장 둘을 겹친 중문과 같다. 越人關弓에서 월인(越人)은 주어이고, 완(關)은 타동사이며, 궁(弓)은 목적어이다. 월인이[越人] 활에[弓] 화살을 먹인다[關]. 而射之에서 이(而)는 연접의 연사이고, 사(射)는 타동사이며, 지(之)는 목적어이다. 그리고[而] (월나라 사람이) 그것을[之] 쏜다[射]. 越人關弓而射之에서 완궁(關弓)은 완시대궁(關矢待弓)의 줄임말로 관용어이다. 화살을[矢] 걸어[關] 활을[弓] 당긴다[待]. 사지(射之)의 지(之)는 사람[人]을 나타내는 지시대명사로 여기고 새기면 문맥의 문의가 잘 드러난다.

주절인 기담소이도지(己談笑而道之)는 己談之 而己笑之 而己道之에서 되풀이되는 기(己)와 지(之)를 생략한 어투로, 영어의 3형식 문장 셋이 겹친 중문과 같은 셈이다. 되풀이되는 내용이면 사정없이 생략하는 한문의 버릇을 늘 유념하면서 문맥을 잡아가야 한다. 己談笑而道之에서 기(己)는 앞에 나온 유인어차(有人於此)의 어떤 사람[人]을 가리키는 그 사람 자신[己身]을 말한다. 담(談)은 편한 마음으로 말함이고, 소(笑)는 웃음거리로 삼음이며, 道之의 도(道)는 여기서 〈말할 언(言)〉과 같고, 지(之)는 앞 조건절인 월인완궁이사지(越人關弓而射之)를 나타내는 지시어이다. 이는 살인한 사건을 이야깃거리로 삼는 경우를 말하고 있다.

월나라 월(越), 사람 인(人), 화살먹일 완(關), 활 궁(弓), 그리고 이(而), 쏠 사(射), 그 지(之) 곧 즉(則), 자기 기(己), 말할 담(談), 웃을 소(笑), ~면서 이(而), 이야기할 도(道), 그것 지(之)

無他(무타)

▶ (그것엔) 다른 것은[他] 없다[無].

무타(無他)는 是無他者에서 거의 시(是)와 자(者)를 생략해버린 말로, 무타(無他)는 관용문처럼 되어버린 어투이다. 그것엔[是] 다른[他] 것은[者] 없다[無]. 그러니 우리말로 무타(無他)의 문맥을 잡으려면 시무타자(是無他者)

로 여기고 새기면 문맥의 문의가 잘 드러난다. 물론 是無他者의 시(是)는 앞에 나온 기담소이도지(己談笑而道之)를 나타내는 지시어이다.

없을 무(無), 다른 것 타(他)

疏之也(소지야)

▶ (이는) 월나라 사람을[之] 소홀히 한 짓[疏]이다[也].

소지야(疏之也)는 是疏之也에서 문맥으로 보충될 수 있는 내용이므로 주어인 시(是)를 생략해 보어만 남긴 문장으로, 영어의 2형식 문장과 같은 어투이다. 물론 생략된 시(是)는 앞에 나온 기담소이도지(己談笑而道之)를 나타내는 지시어이다. 疏之也에서 소(疏)는 영어의 동명사나 부정사(不定詞)와 같으면서 보어이고, 지(之)는 소(疏)의 목적어이며, 야(也)는 구문을 결정짓는 어조사(~이다)이다. 疏之也의 소(疏)는 〈멀 원(遠)〉과 같고 소홀(疏忽)의 줄임말로 여기고 새기고, 지(之)는 사람에게 활질을 한 월인(越人)을 나타내는 지시대명사이다.

소홀히 할 소(疏), 그 지(之), ~이다 야(也)

其兄關弓而射之(기형완궁이사지) 則己垂涕泣而道之(즉기수체읍이도지)

▶ 제[其] 형님이[兄] 활에[弓] 화살을 걸어[關]서[而] 사람을[之] 쏘았다면[射], 곧[則] 그 사람 자신은[己] 간청하듯[垂] 울면서[涕] 읍소하면[泣]서[而] 그 사건을[之] 이야기할 것이다[道].

기형완궁이사지즉기수체읍이도지(其兄關弓而射之則己垂涕泣而道之)는 〈A則B〉꼴로 영어의 복문과 같은 어투이다. 즉(則)을 중심으로 앞은 양보 내지 조건의 종속절이고, 뒤는 주절이다. 그러니 其兄關弓而射之則己垂涕泣而道之에서 기형완궁이사지(其兄關弓而射之)는 조건절처럼 여기고, 기수체읍이도지(己垂涕泣而道之)를 주절로 여기고 새기면 문맥이 잡힌다. 〈A(其兄關弓而射之)라면 곧[則] B(己垂涕泣而道之)한다〉

조건절인 기형완궁이사지(其兄關弓而射之)는 其兄關弓 而其兄射之에서 되풀이되는 기형(其兄)을 생략한 어투로, 영어의 3형식 문장 둘을 겹친 중문과 같은 한문투이다. 其兄關弓에서 기형(其兄)은 주어이고, 완(關)은 타동사이며, 궁(弓)은 목적어이다. 제 형님이[其兄] 활에[弓] 화살을 먹인다[關]. 而射之에서 이(而)는 연접의 연사이고, 사(射)는 타동사이며, 지(之)는 목적어이다. 그리고[而] (제 형님이) 그것을[之] 쏜다[射]. 其兄關弓而射之에서 완궁(關弓)은 완시대궁(關矢待弓)의 줄임말로 관용어이다. 화살을[矢] 걸어[關] 활을[弓]당긴다[待]. 사지(射之)의 지(之)는 사람[人]을 나타내는 지시대명사로 여기고 새기면 문맥의 문의가 잘 드러난다.

주절인 기수체읍이도지(己垂涕泣而道之)는 己垂涕泣 而己道之에서 되풀이되는 기(己)를 생략한 문장으로, 영어의 1형식 문장과 3형식 문장이 겹친 중문과 같은 어투이다. 己垂涕泣而道之의 기(己)는 앞에 나온 유인어차(有人於此)의 어떤 사람[人]을 가리키는 그 사람 자신[己身]을 말하고, 수(垂)는 천한 사람이 귀한 사람에게 간원(懇願)할 때 쓰는 말로 읊조리면서[垂] 정도의 뜻으로 체읍(涕泣)을 꾸미는 부사이고, 체읍(涕泣)은 〈울 체(涕), 울 읍(泣)〉의 겹동사이며, 道之의 도(道)는 여기서 〈말할 언(言)〉과 같고, 지(之)는 앞 조건절인 기형완궁이사지(其兄關弓而射之)를 나타내는 지시어이다. 이는 제 형의 살인 사건을 읍소(泣訴)하는 경우를 말하고 있다.

그 기(其), 형님 형(兄), 형(關), 활 궁(弓), 그리고 이(而), 쏠 사(射), 그 지(之), 곧 즉(則), 자기 기(己), 간청하듯 수(垂), 울 체(涕), 울 읍(泣), ~면서 이(而), 이야기할 도(道), 그것 지(之)

無他(무타)

▶ (그것엔) 다른 것은[他] 없다[無].

무타(無他)는 是無他者에서 거의 시(是)와 자(者)를 생략해버린 말로, 무타(無他)는 관용문처럼 되어버린 어투이다. 그것엔[是] 다른[他] 것은[者] 없다[無]. 그러니 우리말로 무타(無他)의 문맥을 잡으려면 시무타자(是無他者)로 여기고 새기면 문맥의 문의가 잘 드러난다. 물론 是無他者의 시(是)는 앞에 나온 기수읍이도지(己垂涕泣而道之)를 나타내는 지시어이다.

없을 무(無), 다른 것 타(他)

戚之也(척지야)

▶ (이는) 제 형님을[之] 피붙이로 여기는 짓[戚]이다[也].

척지야(戚之也)는 是戚之也에서 문맥으로 보충될 수 있는 내용이므로 주어인 시(是)를 생략해 보어만 남긴 어투로, 영어의 2형식 문장과 같다. 물론 생략된 시(是)는 앞에 나온 기수체읍이도지(己垂涕泣而道之)를 나타내는 지시어이다. 戚之也에서 척(戚)은 영어의 동명사나 부정사(不定詞)와 같으면서 보어이고, 지(之)는 척(戚)의 목적어이며, 야(也)는 구문을 결정짓는 어조사(~이다)이다. 戚之也의 척(戚)은 〈겨레 친(親)〉과 같고 친척(親戚)의 줄임말로 여기고 새기고, 지(之)는 사람에게 활을 쏜 기형(其兄)을 나타내는 지시대명사이다.

친척 척(戚), 그 지(之), ~이다 야(也)

小弁之怨親親也(소반지원친친야)

▶ 소반[小弁]의[之] 원망은[怨] 피붙이를[親] 아끼는 것[親]이다[也].

소반지원친친야(小弁之怨親親也)는 〈AB也〉꼴로 영어의 2형식 문장과 같은 어투이다. 〈A(小弁之怨)는 B(親親)이다[也]〉 小弁之怨親親也에서 소반지(小弁之)는 원(怨)을 꾸미는 형용사구이고, 원(怨)은 주어이며, 친(親)은 영어의 동명사 내지 부정사(不定詞)와 같으면서 보어이고, 친(親)은 명사로 앞 친(親)의 목적어이며, 야(也)는 구문을 결정짓는 어조사(~이다)이다. 小弁之怨親親也의 지(之)는 소유격 토씨(~의)인 어조사이다. 원(怨)은 여기서 〈원망 한(恨), 원수 구(仇), 분낼 에(恚)〉 등을 포함한 남을 향한 마음 속을 말하는 것이 아니라 자책(自責)하는 원망(怨望)을 뜻하는 쪽으로 헤아리면 小弁之怨親親也의 문맥에 걸맞은 문의를 알아챌 수 있다.

작을 소(小), 시(詩) 이름 반(弁), ~의 지(之), 아낄 친(親), 피붙이 친(親), ~이다 야(也)

親親仁也(친친인야)

▶ 부모를[親] 친애함은[親] 어진 것[仁]이다[也].

친친인야(親親仁也)는 〈AB也〉꼴로 영어의 2형식 문장과 같은 어투이다. 〈A(親親)는 B(仁)이다[也]〉 親親仁也에서 친친(親親)은 주어이고, 인(仁)은 보어이며, 야(也)는 구문을 결정짓는 어조사(~이다)이다. 親親仁也에서 앞의 친(親)은 타동사이며 〈사랑하고 아끼는 애(愛)〉와 같고, 뒤의 친(親)은 명사이고 〈부모 친(親), 친족 친(親)〉이고, 인(仁)은 인자(仁者)의 줄임으로 여기면 문맥의 문의가 드러난다.

> 아낄 친(親), 부모(친족) 친(親), 어질 인(仁), ~이다 야(也)

固矣夫(고의부) 高叟之爲詩也(고수지위시야)

▶ **고루[固]하도다[矣夫]! 고[高] 노인[叟]이[之] 시를[詩] 생각한 것[爲]이란[也].**

고재고수지위시야(固矣高叟之爲詩也)는 〈AB矣夫〉꼴로 영어의 2형식 감탄문과 같은 어투이다. 〈A(高叟之爲詩也)라니 B(固)하도다[矣夫]!〉 固矣夫高叟之爲詩也에서 고의부(固矣夫)는 술부로 보어이고, 고수지위시야(高叟之爲詩也)는 주부이다. 高叟之爲詩也固矣夫에서 고의부(固矣夫)의 어조를 강하게 하려고 주부 앞으로 전치시킨 어투가 固矣夫高叟之爲詩也이다. 固矣夫高叟之爲詩也의 고(固)는 〈고루할 비(鄙), 루(陋)〉 등과 같고 고루(固陋)의 줄임말로 여기고, 의부(矣夫)는 재(哉)와 같고 감탄구문을 결정짓는 어조사(~로다)이며, 고수지위시(高叟之爲詩也)는 高叟爲詩에서 주격인 고수(高叟)를 소유격인 고수지(高叟之)로 하여 문장을 구(句)로 바꾼 어투로 여기면 高叟之爲詩也의 문맥을 잡기가 쉽다.

『중용(中庸)』 4편(篇)에 "인자인야(仁者人也)이고 친친위대(親親爲大)"라고 나온다. 인이란[仁] 것은[者] 사람다움인 것[人]이고[也] 친족을[親] 아낌은[親] 크다[爲大]. 맹자의 친친(親親) 역시 친친위대(親親爲大)의 친친(親親)이다. 친족(親族) 중에서 부모보다 더 큰 것[大者]은 없다. 그래서 자식이 부모의 사랑을 받지 못할 때 부모를 원망하는 것이 아니라 부모의 사랑을 못 받는 자신을 원망함이 곧 순(舜)이 보인 원(怨)이다. 맹자는 앞에서 요순(堯舜)의 도(道)를 효제(孝弟)라 했으니 그 효제를 원(怨)을 들어서 풀어주고 있다. 부모를 탓하지 마라. 못난 자신을 탓함이 친친(親親)의 원(怨)이다.

> 고루할 고(固), 감탄어조사 의(矣), 감탄어조사 부(夫), 높을 고(高), 노인 수(叟), ~이 지(之), 생각할 위(爲), 시가 시(詩), ~이다 야(也)

【문지(聞之) 2】

순기지효의(舜其至孝矣)

【원문(原文)】

曰 凱風何以不怨이까 曰 凱風은 親之過小者也이고 小弁은 親之過大者也이니 親之過大而不怨이면 是는 愈疏也이고 親之過小而怨이면 是는 不可磯也이니 愈疏도 不孝也이고 不可磯도 亦不孝也이다 孔子曰 舜은 其至孝矣인저 五十而慕라 하시니라

왈 개풍하이불원 왈 개풍 친지과소자야 소반 친지과대자야 친지과대이불원 시 유소야 친지과소이원 시 불가기야 유소 불효야 불가기 역불효야 공자왈 순 기지효의 오십이모

【해독(解讀)】

(공손추가) 여쭈었다[曰]. "〈개풍〉은 무엇 때문에 원망하지 않는 것입니까[凱風何以不怨]?" (맹자가) 말해주었다[曰]. "〈개풍〉은 어버이의 허물이 작은 것이고[凱風親之過小者也], 〈소반〉은 어버이의 허물이 큰 것이다[小弁親之過大者也]. 어버이의 허물이 크지만 원망하지 않으면 이는 점점 더 소원해지는 것이고[親之過大而不怨是愈疏也], 어버이의 허물이 작지만 원망하면[親之過小而怨] 이는 (어버이를) 감동시킬 수 있는 것이다[是不可磯也]. (어버이와) 점점 더 소원해지는 것도 불효이고[愈疏不孝也], (어버이를) 감동시킬 수 없는 것도 또한 불효이다[不可磯亦不孝也]. 공자가 말했다[孔子曰]. '순은 더없는 효자로다[舜其至孝矣], 쉰 살에도(부모를) 사모했으니[五十而慕]!'"

【담소(談笑)】

凱風何以不怨(개풍하이불원)

▶ 〈개풍〉은[凱風] 무엇[何] 때문에[以] 원망하지 않는 것입니까[不怨]?

개풍하이불원(凱風何以不怨)은 凱風何以不怨詩乎에서 문맥으로 보충될 수 있으므로 보어인 시(詩)를 꾸며주는 불원(不怨)만 남기고 시(詩)와 의문어조사인 〈~인가 호(乎)〉를 생략한 어투이지만, 영어의 2형식 문장과 같다. 〈어째서[何以] 〈개풍〉은[凱風] 원망하지 않는[不怨] 시[詩]인가[乎]?〉 그리고 凱風何以不怨은 何以凱風不怨에서 개풍(凱風)을 강조하려고 의문부사구인 하이(何以) 앞으로 전치시킨 어투이다. 凱風何以不怨에서 개풍(凱風)은 주어이고, 하이(何以)는 원(怨)을 꾸미는 의문부사구이며, 불(不)은 원(怨)의 부정사(否定詞)이고, 원(怨)은 자동사로 여기고 새기면 凱風何以不怨의 문맥이 잡힌다.

〈개풍(凱風)〉은 『시경(詩經)』「국풍(國風)」 제3 패(邶)의 일곱 번째 시편

(詩篇)을 말한다. 위(衛)나라에 음란(淫亂)한 세태가 만연해 자식 일곱을 둔 홀어미도 바람기를 견디지 못하자, 아들 일곱이 홀어미의 마음을 편하게 하여 홀어미의 마음이 동요하지 않게 하였음을 찬미(讚美)한 노래라 하여 〈개풍(凱風)〉을 효자시(孝子詩)로 일컫는다.

즐길 개(凱), 노래 풍(風), 무엇 하(何), 때문에 이(以), 아니 불(不), 원망할 원(怨)

凱風親之過小者也(개풍친지과소자야)

▶ 〈개풍〉은[凱風] 어버이[親]의[之] 허물이[過] 작은[小] 것[者]이다[也].

개풍친지과소자야(凱風親之過小者也)는 〈AB也〉꼴로 영어의 2형식 문장과 같은 어투이다. 〈A(凱風)는 B(親之過小者)이다[也]〉 凱風親之過小者也에서 개풍(凱風)은 주어이고, 친지과소(親之過小)는 자(者)를 꾸며주는 형용사절과 같고, 자(者)는 보어이며, 야(也)는 구문을 결정짓는 어조사(~이다)이다. 형용사절 구실을 하는 친지과소(親之過小)에서 친지(親之)는 과(過)를 꾸미고 과(過)는 주어이며, 소(小)는 보어이다. 어버이[親]의[之] 허물이[過] 작은[小]. 凱風親之過小者也에서 친(親)은 부모(父母) 즉 어버이를 말하고, 과(過)는 〈허물 건(愆)〉과 같고 과오(過誤)의 줄임말로 여기고 새긴다.

즐길 개(凱), 노래 풍(風), 어버이 친(親), ~의 지(之), 허물 과(過), 작을 소(小), 것 자(者), ~이다 야(也)

小弁親之過大者也(소반친지과대자야)

▶ 〈소반〉은[小弁] 어버이[親]의[之] 허물이[過] 큰[大] 것[者]이다[也].

소반친지과대자야(小弁親之過大者也)는 〈AB也〉꼴로 영어의 2형식 문장과 같은 어투이다. 〈A(小弁)는 B(親之過大者)이다[也]〉 小弁親之過大者也에서 소반(小弁)은 주어이고, 친지과대(親之過大)는 자(者)를 꾸며주는 형용사절과 같고, 자(者)는 보어이며, 야(也)는 구문을 결정짓는 어조사(~이다)이다. 형용사절 구실을 하는 친지과대(親之過大)에서 친지(親之)는 과(過)를 꾸미고, 과(過)는 주어이며, 대(大)는 보어이다. 어버이[親]의[之] 허물이[過] 큰[大]. 小弁親之過大者也에서 친(親)은 부모(父母) 즉 어버이를 말하고, 과(過)는 〈허물 건(愆)〉과 같고 과오(過誤)의 줄임말로 여기고 새긴다.

작을 소(小), 이름 반(弁), 어버이 친(親), ~의 지(之), 허물 과(過), 큰 대(大), 것 자(者), ~이다 야(也)

親之過大而不怨(친지과대이불원) 是愈疏也(시유소야)

▶ 어버이[親]의[之] 허물이[過] 크지[大]만[而] 원망하지 않으면[不怨], 이는[是] 점점 더[愈] 소원해지는 것[疏]이다[也].

친지과대이불원시유소야(親之過大而不怨是愈疏也)는 〈A是B〉꼴로 조건절이나 양보절을 둔 영어의 복문과 같은 어투이다. 〈A하면(해도) 이는[是] B한다〉 물론 〈A是B〉에서 A를 시(是)의 동격 또는 동격절로 보고 새겨도 문맥의 문의는 달라지지 않는다. 〈A인 이는[是] B한다〉 그러나 A를 종속절로 여기고 새기는 것이 자연스러울 때가 훨씬 더 많다. 親之過大而不怨是愈疏也에서 친지과대이불원(親之過大而不怨)을 조건절로 보고, 시유소야(是愈疏也)를 주절로 보고 새기면, 親之過大而不怨是愈疏也의 문맥이 잡히고 그에 걸맞은 문의를 건질 수 있다.

조건절인 친지과대이불원(親之過大而不怨)은 親之過大而不怨親之過에서 되풀이되는 친지과(親之過)를 생략하고 한 구문처럼 합쳐놓은 어투로, 영어의 2형식 문장과 3형식으로 이루어진 복문과 같다. 親之過大에서 친지과(親之過)의 과(過)는 주어이고 대(大)는 보어이며 이(而)는 역접의 연사인 〈그러나 이(而)〉이고, 불(不)은 원(怨)의 부정사(否定詞)이고, 목적어는 생략돼 있지만 원(怨)은 타동사이다. 親之過大而不怨을 독립구문으로 여기고 생략된 내용을 보충해서 새기면 문맥에 걸맞은 문의가 드러난다. 어버이[親]의[之] 허물이[過] 크다[大]. 그러나[而] (자식들이 어버이의 허물을) 원망하지 않는다[不怨].

주절인 시유소야(是愈疏也)는 〈AB也〉꼴로 영어의 2형식 문장과 같은 어투이다. 〈A(是)는 B(愈疏)이다[也]〉 是愈疏也에서 시(是)는 주어이고, 유(愈)는 소(疏)를 꾸미는 형용사이며, 영어의 동명사와 같은 소(疏)는 보어이고, 야(也)는 구문을 결정짓는 어조사(~이다)이다. 물론 是愈疏也의 시(是)는 앞의 내용인 親之過大而不怨을 나타내는 지시어이다. 이는[是] 점점 더[愈] 소원해지는 것[疏]이다[也].

어버이 친(親), ~의 지(之), 허물 과(過), 큰 대(大), 그러나 이(而), 아니 불(不), 원망할 원(怨), 이 시(是), 점점 더 유(愈), 소원해질 소(疏), ~이다 야(也)

親之過小而怨(친지과소이원) 是不可磯也(시불가기야)

▶ 어버이[親]의[之] 허물이[過] 작지[小]만[而] 원망하면[怨] 이는[是] (어버이를) 감동시킬[磯] 수 없는 것[不可]이다[也].

친지과소이원시불가기야(親之過小而怨是不可磯也)는 〈A是B〉꼴로 조건절이나 양보절을 둔 영어의 복문과 같은 어투이다. 〈A하면(해도) 이는[是] B한다〉 물론 〈A是B〉에서 A를 시(是)의 동격 또는 동격절로 보고 새겨도 문맥의 문의는 달라지지 않는다. 〈A인 이는[是] B한다〉 그러나 A를 종속절로 여기고 새기는 것이 자연스러울 때가 훨씬 더 많다. 親之過小而怨是不可磯也에서 친지과소이원(親之過小而怨)을 조건절로 보고 시불가기야(是不可磯也)를 주절로 보고 새기면, 親之過小而怨是不可磯也의 문맥이 잡히고 그에 걸맞은 문의를 건질 수 있다.

조건절인 친지과소이원(親之過小而怨)은 親之過小 而怨親之過에서 되풀이되는 친지과(親之過)를 생략하고 한 구문처럼 합쳐놓은 어투로, 영어의 2형식 문장과 3형식으로 이루어진 복문과 같다. 親之過小에서 친지과(親之過)의 과(過)는 주어이고, 소(小)는 보어이며, 이(而)는 역접의 연사인 〈그러나 이(而)〉이고, 목적어가 생략돼 있지만 원(怨)은 타동사이다.

주절인 시불가기야(是不可磯也)는 〈AB也〉꼴로 영어의 2형식 문장과 같은 어투이다. 〈A(是)는 B(不可磯)이다[也]〉 是不可磯也에서 시(是)는 주어이고 불가(不可)는 기(磯)를 부정하는 조동사이며, 영어의 동명사와 같은 기(磯)는 보어이고, 야(也)는 구문을 결정짓는 어조사(~이다)이다. 물론 是不可磯也의 시(是)는 앞의 내용인 친지과소이원(親之過小而怨)을 나타내는 지시어이다. 이는[是] 감격시킬[磯] 수 없는 것[不可]이다[也]. 물론 是不可磯也에서 기(磯)의 새김을 두고 이설(異說)이 많은 편이지만, 〈여울돌 기(磯)〉 즉 물이[水] 돌을[石] 친다[激]는 뜻을 근거로 생각의 폭을 넓히면 자녀가 어버이의 마음을 감동시켜 뉘우치게 할 수 있다는 새김이 가능하므로 기(磯)를 〈부딪쳐 흐를 격(激)〉과 같다고 여기고 새겼다.

어버이 친(親), ~의 지(之), 허물 과(過), 작을 소(小), 그러나 이(而), 원망할 원(怨), 이 시(是), 아니 불(不), 가할 가(可), 여울돌 기(磯), ~이다 야(也)

愈疏不孝也(유소불효야)

▶ (어버이와) 점점 더[愈] 소원해짐은[疏] 불효[不孝]이다[也].

유소불효야 (愈疏不孝也)는 〈AB也〉꼴로 영어의 2형식 문장과 같은 어투이다. 〈A(愈疏)는 B(不孝)이다[也]〉 愈疏不孝也에서 유(愈)는 소(疏)를 꾸미는 형용사이고, 소(疏)는 주어이며, 불효(不孝)는 보어이고, 야(也)는 구문을 결정짓는 어조사(~이다)이다.

점점 더 유(愈), 소원해질 소(疏), ~이다 야(也)

不可磯亦不孝也(불가기역불효야)

▶ (어버이를) 감동시킬[磯] 수 없는 것도[不可] 또한[亦] 불효[不孝]이다[也].

불가기역불효야(不可磯亦不孝也)는 〈AB也〉꼴로 영어의 2형식 문장과 같은 어투이다. 〈A(不可磯)는 B(不孝)이다[也]〉 不可磯亦不孝也에서 불가(不可)는 기(磯)를 부정하고, 기(磯)는 주어이며, 불효(不孝)는 보어이고, 야(也)는 구문을 결정짓는 어조사(~이다)이다.

아니 불(不), 가할 가(可), 여울돌 기(磯), 또한 역(亦), 아니 불(不), 효도 효(孝), ~이다 야(也)

孔子曰(공자왈) 舜其至孝矣(순기지효의) 五十而慕(오십이모)

▶ 공자가[孔子] 말했다[曰]. "순은[舜] 더없는[其至] 효자[孝]이다[矣]. 쉰 살[五十]에도[而] (부모를) 사모했으니[慕]!"

순기지효의오십이모(舜其至孝矣五十而慕)는 舜五十 而舜慕親 舜其至孝子矣에서 문맥을 살펴 보충될 수 있는 내용인 모친(慕親)의 친(親)과 효자(孝子)의 자(子)를 생략하고 되풀이되는 주어들인 순(舜)을 생략한 어투로 영어의 복문과 같다. 말하기로 따지면 오십이모순기지효의(五十而慕舜其至孝矣)가 순서일 것이다. 그런데 舜其至孝矣五十而慕처럼 서로 도치된 어투는 순(舜)을 강조하려는 어조를 드러내기 위해서이다. 순(舜)을 강조하려고 한 공자(孔子)의 뜻이 잘 드러난 셈이다. 舜其至孝矣五十而慕에서 순기지효의(舜其至孝矣)는 주절이고, 오십(五十)은 시간의 종속절이며, 이모(而慕)는 원인의 종속절인 셈이다. (순은) 쉰 살이면[五十]서도[而] (순이 어버이를) 사모했으니[慕] 순이야[舜]말로[其] 더없는[至] 효자[孝]이다[矣]. 舜其至孝矣에서 기(其)는 관형사인 기(其)보다 어조사인 쪽이니 무시해도 되고, 五十而慕에서 모(慕)는 〈아낄 애(愛)〉와 같고 애모(愛慕)의 줄임말로 여기고 새긴다.

효성(孝誠)을 노래한 〈소반(小弁)〉과 〈개풍(凱風)〉을 들어서 효자의 효도를 간명하게 말씀한다. 효자는 부모의 허물을 외면하지 않는다. 부모의 허물이 크면 클수록 더욱 더 부모를 아껴야 하고, 부모의 허물이 작으면 작을수록 부모를 감동시킬 수 있는 정성을 기울여야 함이 효도이고 효성임을 밝혀주고 있다.

클 공(孔), 존칭 자(子), 말할 왈(曰), 순임금 순(舜), 어조사 기(其), 지극할 지(至), 효도 효(孝), ~이다 의(矣), 다섯 오(五), 열 십(十), ~면서 이(而), 사모할 모(慕)

제4장

4장은 두단락으로 나누어 살필 것이다. 내용 때문이 아니라 편의상 그렇게 나누었다. 4장에서는 맹자와 송경(宋牼)의 대화를 통하여 인의(仁義)와 이(利)를 대비하고, 이(利)가 왜 불인(不仁)과 불의(不義)로 이어져 세상을 불안하게 하는지 군신(君臣)·부자(夫子)·형제(兄弟)의 인간관계가 이(利)로써 절단(絶斷)나는 경우를 들어 헤아려보게 하는 장이다. 『맹자(孟子)』에서 맹자가 일갈(一喝)했던 "하필왈리(何必曰利)"가 여기서도 대단한 설득력을 발휘하는 장이다.

【문지(聞之) 1】

송경장지초(宋牼將之楚)

【원문(原文)】

宋牼이 將之楚할 때 孟子遇於石丘하여 曰 先生은 將何之오 하니
송경 장지초 맹자우어석구 왈 선생 장하지

曰 吾聞秦楚構兵이라 我將見楚王하여 說而罷之하되 楚王이 不
왈 오문진초구병 아장견초왕 세이파지 초왕 불

悅이면 我將見秦王하여 說而罷之하려니 二王이 我將有所遇焉이
열 아장견진왕 세이파지 이왕 아장유소우언

리라 曰 軻也는 請無問其詳이오 願聞其指하니 說之將何如오 曰
왈 가야 청무문기상 원문기지 설지장하여 왈

我將言其不利也하리라
아장언기불리야

【해독(解讀)】

송경이 또 초나라로 가려고 할 때[宋牼將之楚] 맹자가 석구에서 (그를) 우연히 만났다[孟子遇於石丘] (맹자가) 말했다[曰]. "선생은 장차 어디로 가려고 합니까[先生將何之]?" (송경이) 말했다[曰]. "나는 진나라와 초나라가 전쟁하리라고 들었소[吾聞秦楚構兵]. 나는 장차 초나라 왕을 직접 만나[我將見楚王] (내가 초왕을) 달래서 전쟁을 내치게 할 것이오[說而罷之]. 초나라 왕이 (내 유세를) 기뻐하지 않으면[楚王不悅] 나는 또 진나라 왕을 직접 만나[我將見秦] (나는 진왕을) 달래서 전쟁을 내치게 할 것이오[說而罷之]. 두 임금, 그 중에서 나는 장차 (나를) 대접해주는 쪽을 취할 것이오[二王我將有所遇焉]." (맹자가) 말했다[曰]. "저로서는 청컨대 그 상세함을 묻지 않겠지만[軻也請無問其詳] 그 지시와 그것을 어떻게 알릴지를 듣고 싶습니다[願聞其指說之將何如]." (송경이) 말했다[曰]. "나는 장차 전쟁의 이롭지 못함을 말할 것이오[我將言其不利也]."

【담소(談笑)】

宋牼將之楚(송경장지초) 孟子遇於石丘(맹자우어석구)

▶ **송경이[宋牼] 초나라로[楚] 막[將] 가려고 할 때[之] 맹자가[孟子] 석구[石丘]에서[於] (그를) 우연히 만났다[遇].**

송경장지초맹자우어석구(宋牼將之楚孟子遇於石丘)와 같은 어투에선 구문의 골격을 이루는 본동사를 살펴서 문맥을 잡는 것이 편하다. 宋牼將之楚孟子遇於石丘에서 〈갈 지(之)〉와 〈조우할 적(適)〉이 본동사임을 알아채면

문맥은 쉽게 잡힌다. 宋牼將之楚孟子遇於石丘를 송경장지초(宋牼將之楚)와 맹자우어석구(孟子遇於石丘)로 나누어서 각각 문맥을 잡아본 다음 두 문장의 관계를 살펴 전체의 문맥을 잡아볼 수 있다는 말이다. 한문투의 골격은 주어 + 본동사 + 목적어 또는 주어 + 본동사 + 보어 등으로 짜인다고 여기면 편하다. 나누어진 문장 사이의 관계를 살펴 다 문장인지 절의 관계인지 따져보면, 영어의 중문처럼 여기고 문맥을 잡을지 아니면 영어의 복문처럼 여기고 문맥을 잡을지 알아챌 수 있다. 그렇게 해보면 宋牼將之楚까지는 시간의 종속절이고, 孟子遇於石丘가 주절이며, 영어의 복문과 같은 어투임을 알 수 있다.

송경장지초(宋牼將之楚)에서 송경(宋牼)은 주어이고 장(將)은 미래시제를 나타내는 정도의 어조사이며, 지(之)는 자동사이고, 초(楚)는 어초(於楚)에서 어(於)가 생략된 셈이니 부사로 여기면 문맥이 잡힌다. 초나라[楚]로[於]. 한문투에는 우리말과 영어에서처럼 때에(when)와 같은 관계부사가 없는 편이므로 송경장지초(宋牼將之楚)할 때에라고 보충해주면 된다. 宋牼將之楚의 지(之)는 〈갈 거(去)〉와 같고 자동사이다.

송경(宋牼)은 전국시대(戰國時代)에 평화주의자로 통한다. 제(齊)나라 선왕(宣王) 때 송견(宋鈃)이 곧 송경(宋牼)이라 한다. 『장자(莊子)』「천하편(天下篇)」에 등장하는 송견(宋鈃)은 천하의 안녕을 바라고 인명을 구출하기 위하여 모욕과 고통을 참고 자신의 생각을 펴면서 돌아다녔다. 평등(平等)을 상징하는 화산관(華山冠)을 쓰고 다니면서 남의 싸움을 말리고 전쟁을 만류하면서 군왕들을 설득하고 백성을 가르쳤으나, 세상은 그의 말을 듣지 않았다 한다. 물론 『장자(莊子)』「소요유편(逍遙遊篇)」과 『한비자(韓非子)』「현학편(顯學篇)」 등에 나오는 송영자(宋榮子) 역시 송경(宋牼)으로 짐작된다.

주절인 맹자우어석구(孟子遇於石丘)는 孟子遇宋牼於石丘 또는 孟子遇之於石丘에서 문맥으로 보충될 수 있는 내용인 송경(宋牼) 또는 지시대명사 지(之)를 생략한 어투로, 영어의 3형식 문장과 같다. 孟子遇於石丘에서 맹자(孟子)는 주어이고, 우(遇)는 타동사이며, 어석구(於石丘)는 장소의 부사구이다. 맹자는[孟子] 석구[石丘]에서[於] 송경을[之] 우연히 만났다[遇]. 孟子遇於石丘의 우(遇)는 〈마주칠 조(遭)〉와 같고 조우(遭遇)의 줄임말로 여기고, 석구(石丘)는 송(宋)나라의 지명(地名)이란 설이 있다.

맹자는 제(齊)나라를 떠나고 송경(宋牼)은 초(楚)나라로 가던 길에서 맹자와 송경이 우연히 마주치게 되었던 모양이다. 孟子遇於石丘의 우(遇)자로써 그 정황을 짐작할 수 있다. 〈만날 우(遇)〉가 길에서 서로 만남[路上相逢]을 뜻하는 까닭이다.

성씨 송(宋), 정강이뼈 경(牼), 어조사 장(將), 갈 지(之), 초나라 초(楚), 맏 맹(孟), 존칭 자(子), 만날 우(遇), ~에서 어(於), 돌 석(石), 언덕 구(丘)

先生將何之(선생장하지)

▶ 선생은[先生] 장차[將] 어디로[何] 가려고 합니까[之]?

선생장하지(先生將何之)는 先生將之於何處에서 〈의문사 하(何)〉만 동사 앞에 두고 어처(於處)를 생략한 어투로, 영어의 1형식 문장과 같은 어투이다. 先生將何之에서 선생(先生)은 주어이고, 장(將)은 미래시제를 나타내는 어조사 정도로 새기며, 하(何)는 하처(何處)의 줄임으로 장소의 부사이고, 지(之)는 자동사이다. 선생은[先生] 장차[將] 어디로[何] 가려고 합니까[之]? 맹자가 송경(宋牼)을 선생(先生)이라고 호칭한 것으로 보아 송경이 맹자보다 연장자임을 알 수 있다.

먼저 선(先), 날 생(生), 장차 장(將), 어떤 하(何), 갈 지(之)

吾聞秦楚構兵(오문진초구병)

▶ 나는[吾] 진나라와[秦] 초나라가[楚] 전쟁한다고[構兵] 들었다[聞].

오문진초구병(吾聞秦楚構兵)은 영어의 3형식 문장과 같은 어투이다. 吾聞秦楚構兵에서 오(吾)는 주어이고, 문(聞)은 타동사이며, 진초구병(秦楚構兵)은 목적절로 여기고 새기면 吾聞秦楚構兵의 문맥이 잡힌다. 吾聞秦楚構兵에서 구(構)는 〈모을 합(合)〉과 같고, 구병(構兵)은 전쟁(戰爭)을 한다는 뜻이다.

나 오(吾), 들을 문(聞), 진나라 진(秦), 초나라 초(楚), 모을 구(構), 병사 병(兵)

我將見楚王說而罷之(아장견초왕세이파지)

▶ 나는[我] 장차[將] 초나라[楚] 왕을[王] 직접 만나[見] (나는 초왕을) 달래[說]서[而] 전쟁을[之] 내치게 할 것이다[罷].

아장견초왕세이파지(我將見楚王說而罷之)는 我將見楚王 我說楚王 而我使楚王罷構兵에서 되풀이되는 아(我)와 초왕(楚王) 그리고 아사(我使)를 생략하고 구병(構兵)을 지시대명사인 지(之)로 대신한 어투로, 영어의 복문과 같다. 我將見楚王 我說楚王 而我使楚王罷構兵을 보면 본동사가 셋임을 알 수 있으므로 我將見楚王說而罷之는 세 문장 내지 절 또는 세 구문이 하나처럼 돼 있는 셈이다. 각각의 구문이 서로 어떤 관계인지 살피면 我將見楚王說而罷之의 문맥을 잡을 수 있다. 아장견초왕(我將見楚王)하여 세(說)하고 그래서[而] 파지(罷之)한다고 읽어보면 문맥이 잡힌다는 말이다. 특히 我將見楚王說而罷之의 파지(罷之)는 그것을[之] 내친다[罷]가 아니라 그것을[之] 내치게 한다[罷]고 새겨야 문맥이 통하므로, 罷之의 파(罷)는 영어의 사역문에서 목적격 보어로 to 없는 부정사(不定詞)같이 여기고 새겨야 문맥이 통한다. 그래서 파지(罷之)를 我使楚王罷構兵의 줄임으로 보고 새기게 된다. 내가[我] 초왕으로 하여금[楚王] 전쟁을[之] 내치게[罷] 시킬 것이다[使].

我將見楚王說而罷之의 견(見)은 〈만나볼 회(會)〉와 같고 회견(會見)의 줄임말로 여기고, 세(說)는 〈달랠 유(誘)〉와 같고 유세(遊說)의 줄임말로 여기고 특히 〈고할 설(說), 달랠 세(說), 기꺼울 열(說)〉 등 발음을 주의해야 한다. 我將見楚王說而罷之의 파(罷)는 〈내칠 폐(廢)〉와 같고, 파진(罷陣)의 줄임말로 여기고 〈고달플 피(罷), 그칠 패(罷), 내칠 파(罷)〉 등 발음을 주의해야 한다. 군사진지를 내친다[罷陣].

나 아(我), 장차 장(將), 만나볼 견(見), 초나라 초(楚), 임금 왕(王), 달랠 세(說), 그리고 이(而), 내칠 파(罷), 그것 지(之)

楚王不悅我將見秦王說而罷之(초왕불열아장견진왕세이파지)

▶ 초나라[楚] 왕이[王] (내 유세를) 기뻐하지 않으면[不悅] 나는[我] 장차[將] 진나라[秦] 왕을[王] 직접 만나[見] (나는 진왕을) 달래[說]서[而] 전쟁을[之] 내치게 할 것이다[罷].

초왕불열아장견진왕세이파지(楚王不悅我將見秦王說而罷之)는 楚王不悅 我將見秦王 我說秦王而我使秦王罷構兵에서 되풀이되는 아(我)와 진왕(秦王) 그리고 아사(我使)를 생략하고 구병(構兵)을 지시대명사인 지(之)로 대신한 어투로 영어의 복문과 같은 어투이다. 楚王不悅 我將見秦王 我說秦王

而我使秦王罷構兵을 보면 본동사가 넷임을 알 수 있으므로 楚王不悅我將見秦王說而罷之는 네 문장 내지 절 또는 네 구문이 하나처럼 돼 있는 셈이다. 각각의 구문이 서로 어떤 관계인지 살피면 楚王不悅我將見秦王說而罷之의 문맥을 잡을 수 있다. 楚王不悅我將見秦王說而罷之를 초왕불열(楚王不悅)하면 아장견진왕(我將見秦王)하여 세(說)하고 그래서[而] 파지(罷之)한다고 읽어보면 문맥이 잡힌다는 말이다. 그러니 초왕불열(楚王不悅)을 조건절로 하고, 아장견진왕(我將見秦王)·세(說)·이파지(而罷之)를 모두 주절로 삼아 새기면 楚王不悅我將見秦王說而罷之의 문맥이 잡힌다. 특히 파지(罷之)는 그것을[之] 내친다[罷]가 아니라 그것을[之] 내치게 한다[罷]고 새겨야 문맥이 통하므로, 罷之의 파(罷)는 영어의 사역문에서 목적격 보어로 to 없는 부정사(不定詞)같이 여기고 새겨야 문맥이 통한다. 그래서 파지(罷之)를 我使秦王罷構兵의 줄임으로 보고 새기게 된다. 내가[我] 진왕으로 하여금[秦王] 전쟁을[之] 내치게[罷] 시킬 것이다[使]. 楚王不悅我將見秦王說而罷之의 열(悅)은 〈기뻐할 열(說)〉과 같고 열락(悅樂)의 줄임말로 여기고, 견(見)은 〈만나볼 회(會)〉와 같고 회견(會見)의 줄임말로 여기고, 세(說)는 〈달랠 유(誘)〉와 같고 유세(遊說)의 줄임말로 여긴다. 특히 〈고할 설(說), 달랠 세(說), 기꺼울 열(說)〉 등 발음을 주의해야 한다. 楚王不悅我將見秦王說而罷之의 파(罷)는 〈내칠 폐(廢)〉와 같고 파진(罷陣)의 줄임말로 여기고, 〈고달플 피(罷), 그칠 패(罷), 내칠 파(罷)〉 등 발음을 주의해야 한다.

초나라 초(楚), 임금 왕(王), 아니 불(不), 기뻐할 열(悅), 나 아(我), 또 장(將), 만나볼 견(見), 진나라 진(秦), 달랠 세(說), 그리고 이(而), 내칠 파(罷), 그것 지(之)

二王我將有所遇焉(이왕아장유소우언)

▶ 두[二] 임금[王] 중에서[焉] 나는[我] 장차[將] (나를) 대접해주는[遇] 쪽을[所] 취할 것이다[有].

이왕아장유소우언(二王我將有所遇焉)은 我將有所遇於二王에서 이왕(二王)을 강조하려고 전치시키고 二王我將有所遇於之로 할 것을 다시 어지(於之)를 언(焉)으로 축약한 어투로, 영어의 3형식 문장과 같다. 二王我將有所遇焉에서 이왕(二王)은 언(焉)과 함께 부사구이고, 아(我)는 주어이며, 장

(將)은 부사이고, 유(有)는 타동사이며, 소우(所遇)는 목적절이다. 특히 소우(所遇)의 소(所)는 영어에서 선행사 없는 형용사절의 what과 같은 구실을 한다고 여긴다. 〈所爲A〉는 what does A와 같은 꼴이란 말이다. A를 하는[爲] 것[所], A를 하는(does) 것(what). 二王我將有所遇焉에서 유(有)는 〈취할 취(取)〉와 같고, 우(遇)는 〈대접해줄 대(待)〉와 같고 대우(待遇)의 줄임말로 여기고 새기고, 언(焉)은 어지(於之)의 축약(縮約)인 동시에 구문을 결정짓는 어조사(~이다)이다. 이런 구실을 하는 언(焉)을 〈어지(於之) 언(焉)〉으로 알아두면 편하다.

두 이(二), 임금 왕(王), 나 아(我), 장차 장(將), 취할 유(有), 바 소(所), 대접할 우(遇), 어지(於之) 언(焉)

軻也請無問其詳(가야청무문기상) 願聞其指說之將何如(원문기지설지장하여)

▶ **저[軻]로서는[也] 청컨대[請] 그[其] 상세함을[詳] 묻지[問] 않겠지만[無] 그[其] 지시와[指] 그것을[之] 장차[將] 어떻게[何如] 알릴지를[說] 듣고[聞] 싶다[願].**

가야청무문기상원문기지설지장하여(軻也請無問其詳願聞其指說之將何如)는 軻也請無問其詳 而軻也願聞其指 而軻也願聞說之將何如에서 되풀이되는 가야(軻也)와 가야원문(軻也願聞)이 생략된 어투로, 영어의 복문과 같다. 軻也請無問其詳 而軻也願聞其指 而軻也願聞說之將何如를 보면 본동사가 셋임을 알 수 있으므로 軻也請無問其詳願聞其指說之將何如는 세 문장 내지 절 또는 세 구문이 하나처럼 돼 있는 셈이다. 각각의 구문이 서로 어떤 관계인지 살피면 軻也請無問其詳願聞其指說之將何如의 문맥을 잡을 수 있다. 軻也請無問其詳願聞其指說之將何如를 가야청무문기상(軻也請無問其詳)하겠지만 원문기지(願聞其指)하고 설지장여아(說之將何如)인가로 읽어보면 문맥이 잡힌다는 말이다. 그러니 가야청무문기상(軻也請無問其詳)을 양보절로 하고 원문기지(願聞其指), 설지장하여(說之將何如)를 두 주절로 삼아 새기면 軻也請無問其詳願聞其指說之將何如의 문맥이 잡힌다.

가야청무문기상(軻也請無問其詳)의 가(軻)는 맹자의 이름[名]인데 자신을 낮추어 호칭하는 어투이고, 야(也)는 그 낮춤을 더 강조해주는 어조사이며,

청(請)은 부사이고, 무(無)는 〈하지 않을 무(毋)〉와 같고, 상(詳)은 〈자세할 심(審)〉과 같고 상설(詳說)의 줄임말로 여긴다. 원문기지설지장하여(願聞其指說之將何如)의 원(願)은 〈하고자 할 욕(欲)〉과 같고, 지(指)는 〈가리킬 시(示)〉와 같고 지시(指示)의 줄임말로 여기며, 설(說)은 〈알릴 고(告)〉와 같고, 설지(說之)의 지(之)는 앞의 기지(其指)를 대신하는 지시대명사이며, 하여(何如)는 영어의 how와 같은 의문사로 여긴다.

굴대 가(軻), 어조사 야(也), 청할 청(請), 않을 무(無), 물을 문(問), 그 기(其), 상세한 것 상(詳), 바랄 원(願), 들을 문(聞), 요점 지(指), 알릴 설(說), 그것 지(之), 장차 장(將), 무엇 하(何), 같을 여(如)

我將言其不利也(아장언기불리야)

▶ **나는[我] 장차[將] 전쟁의[其] 이롭지 못함을[不利] 말할 것[言]이다[也].**

아장언기불리야(我將言其不利也)는 〈AB也〉꼴로 영어의 2형식 문장과 같은 어투이다. 〈A(我)는 B(言其不利)이다[也]〉 我將言其不利也에서 아(我)는 주어이고, 장(將)은 언(言)을 꾸미는 부사가 되어 마치 영어에서 미래시제를 나타내게 하는 will과 같고, 언(言)은 보어이며, 기(其)는 구병지(構兵之)를 대신하는 관형사이며, 불리(不利)는 언(言)의 목적어이고, 야(也)는 구문을 결정짓는 어조사(~이다)이다. 물론 我將言其不利也에서 어조사인 야(也)를 무시하고 我將言其不利로 여기고 새기면, 언(言)은 타동사 구실을 하여 영어의 3형식 문장처럼 여기고 새기게 된다. 문맥은 달라지지만 문의는 상하지 않는 편이다.

나 아(我), 장차 장(將), 말할 언(言), 그 기(其), 아니 불(不), 이로울 리(利), ~이다 야(也)

【문지(聞之) 2】

불왕자미지유야(不王者未之有也)

【원문(原文)】

曰 先生之志則大矣나 先生之號則不可리이다 先生이 以利로
왈 선생지지즉대의 선생지호즉불가 선생 이리

說秦楚之王이면 秦楚之王이 悅於利하여 以罷三軍之師하려니
세진초지왕 진초지왕 열어리 이파삼군지솔
是는 三軍之士樂罷而悅於利也이다 爲人臣者가 懷利以事其君
시 삼군지사락파이열어리야 위인신자 회리이사기군
하고 爲人子者가 懷利以事其父하며 爲人弟者가 懷利以事其兄
위인자자 회리이사기부 위인제자 회리이사기형
하면 是는 君臣父子兄弟終去仁義하고 懷利以相接하니 然而不
시 군신부자형제종거인의 회리이상접 연이불
亡者는 未之有也이다 先生이 以仁義로 說秦楚之王이면 秦楚之
망자 미지유야 선생 이인의 세진초지왕 진초지
王이 悅於仁義하여 而罷三軍之師하려니 是는 三軍之士樂罷而
왕 열어인의 이파삼군지솔 시 삼군지사락파이
悅於仁義也이다 爲人臣者가 懷仁義以事其君하고 爲人子者가
열어인의야 위인신자 회인의이사기군 위인자자
懷仁義以事其父하며 爲人弟者가 懷仁義以事其兄하면 是는 君
회인의이사기부 위인제자 회인의이사기형 시 군
臣父子兄弟去利하고 懷仁義以相接也이니 然而不王者는 未之
신부자형제거리 회인의이상접야 연이불왕자 미지
有也인데 何必曰利리오
유야 하필왈리

【해독(解讀)】

(맹자가) 말했다[曰]. "선생의 뜻이라면 곧 크나큰 것입니다[先生之志則大矣]. (그러나) 선생의 주장이라면 곧 불가합니다[先生之號則不可]. 선생이 이득을 가지고 진초의 임금들을 달랜다면[先生以利說秦楚之王] (선생은) 진초의 임금들로 하여금 이득을 좋아하게 할 것입니다[秦楚之王悅於利]. 그렇게 하여 (진초의 임금들이) 삼군의 통솔을 내치겠지요[以罷三軍之師]. 이는 삼군의 병사들이 내침을 즐거워하는 것이고 또한 이득을 기뻐하는 것입니다[是三軍之士樂罷而悅於利也]. 남의 신하 된 사람이 이득을 품음으로써 제 임금을 섬기고[爲人臣者懷利以事其君], 남의 아들 된 사람이 이득을 품음으로써 제 아버지를 섬기며[爲人子者懷利以事其父], 남의 아우 된 사람이 이득을 품음으로써 제 형님을 섬긴다면[爲人弟者懷利以事其兄], 이는 군신과 부자와 형제가 끝내 인의를 버리고 이득을 품음으로써 서로 사귀는 것입니다[是君臣父子兄弟終去仁義懷利以相接]. 그러고서도 망하지 않은 자야말로 여태껏 없는 것입니다[然而不亡者未之有也]. 선생이 인의를 가지고 진초의 임금들을 달랜다면[先生以仁義說秦楚之王] (선생은) 진초의 임금들로 하여금 인의를 좋아하게 할 것입니다[秦楚之王悅於仁義]. 그렇게 하여 (진초의 임금들이)

삼군의 통솔을 내치겠지요[而罷三軍之帥]. 이는 삼군의 병사들이 내침을 즐거워하는 것이고 또한 인의를 기뻐하는 것입니다[是三軍之士樂罷而悅於仁義也]. 남의 신하 된 사람이 인의를 품음으로써 제 임금을 섬기고[爲人臣者懷仁義以事其君], 남의 아들 된 사람이 인의를 품음으로써 제 아버지를 섬기며[爲人子者懷仁義以事其父], 남의 아우 된 사람이 인의를 품음으로써 제 형님을 섬긴다면[爲人弟者懷仁義以事其兄], 이는 군신과 부자와 형제가 끝내 이득을 버리고 인의를 품음으로써 서로 사귀는 것입니다[是君臣父子兄弟去利懷仁義以相接也]. 그러고서도 왕 노릇을 하지 못한 사람이야말로 여태껏 없었습니다[然而不王者未之有也]. 어찌 한사코 이득만을 말하십니까[何必曰利]?"

【담소(談笑)】

先生之志則大矣(선생지지즉대의)

▶ **선생[先生]의[之] 뜻이라면[志] 곧[則] 크나큰 것[大]이다[矣].**

선생지지즉대의(先生之志則大矣)는 〈AB也〉꼴로, 영어의 2형식 문장과 같은 어투이다. 〈A(先生之志)는 B(大)이다[矣]〉 물론 先生之志則大矣를 先生之志則是大矣에서 시(是)를 생략한 문맥으로 여기고 先生之志則大矣의 문맥을 잡아도 된다. 선생[先生]의[之] 뜻이라면[志] 곧[則] 그것은[是] 크나큰 것[大]이다[矣]. 先生之志則大矣에서 즉(則)을 어조사로 보고 무시하고 先生之志大矣로 여기고 새겨도 문의는 상하지 않는다.

先生之志의 지(之)는 소유격 토씨(~의)이다. 지(之)를 잘 정리해둘수록 문맥을 잡기가 쉽다. 한문투에서 지(之)만큼 문맥을 잡는 데 혼란스럽게 하는 허사도 없다. 그런 지(之)이니 다음 다섯 가지 정도는 잘 정리해두어야 문맥을 잡는 데 편할 것이다. 〈A가[之] B = 주격 토씨, A의[之] B = 소유격 토씨, A를[之] B = 목적격 토씨, A한[之] B = A를 형용사로 만든다, B한[之] A = B를 형용사로 만든다〉 물론 〈A之B〉에서 지(之)는 자유롭게 문맥에 따라 토씨[格] 구실을 한다고 여기면 편하다. 그리고 지시대명사인 경우가 한문투에서 매우 빈번하고, 〈갈 거(去)〉와 같은 뜻으로 동사 구실도 한다.

먼저 선(先), 날 생(生), ~의 지(之), 뜻 지(志), 곧 즉(則), 큰 대(大), ~이다 의(矣)

先生之號則不可(선생지호즉불가)

▶ 선생[先生]의[之] 주장이라면[號] 곧[則] 불가하다[不可].

선생지호즉불가(先生之號則不可)는 〈A不可〉꼴로 영어의 1형식 문장과 같은 어투이다. 〈A(先生之號)는 B[不可]하다〉 물론 先生之號則不可를 先生之號則是不可에서 시(是)를 생략한 문맥으로 여기고 先生之號則不可의 문맥을 잡아도 된다. 선생[先生]의[之] 주장이라면[號] 곧[則] 그것은[是] 불가하다[不可]. 先生之號則不可에서 즉(則)을 어조사로 보고 무시하고 先生之號不可로 여기고 새겨도 문의는 상하지 않는다. 先生之號의 지(之)는 소유격 토씨(~의) 구실을 한다.

먼저 선(先), 날 생(生), ~의 지(之), 부르짖음 호(號), 곧 즉(則), 아니 불(不), 가할 가(可)

先生以利說秦楚之王(선생이리세진초지왕) 秦楚之王悅於利(진초지왕열어리)

▶ 선생이[先生] 이득을[利] 가지고[以] 진초[秦楚]의[之] 임금들을[王] 달랜다면[說], (선생은) 진초[秦楚]의[之] 임금들로 하여금[王] 이득[利]을[於] 좋아하게 할 것이다[悅].

선생이리세진초지왕진초지왕열어리(先生以利說秦楚之王秦楚之王悅於利)는 先生以利說秦楚之王 先生使秦楚之王悅於利에서 문맥으로 보충될 수 있는 내용이므로 선생사(先生使)를 생략한 문장으로, 영어의 복문과 같은 어투이다. 선생은[先生] 진초[秦楚]의[之] 임금들로 하여금[王] 이득[利]을[於] 좋아하게[悅] 시킬 것이다[使]. 先生以利說秦楚之王秦楚之王悅於利에서 되풀이되는 진초지왕(秦楚之王)을 생략하지 않은 것은 되풀이된 秦楚之王이 열(悅)의 주어가 아니라 생략된 사역동사인 사(使)의 목적어이기 때문이다. 따라서 秦楚之王悅於利을 선생사진초지왕열어리(先生使秦楚之王悅於利)처럼 사역문으로 새길 수 있다. 先生以利說秦楚之王秦楚之王悅於利에는 본동사가 둘 있는 셈이니 두 개의 문장 내지 절 또는 구문이 하나처럼 돼 있는 셈이다. 각각의 구문이 서로 어떤 관계인지 살피면 先生以利說秦楚之王秦楚之王悅於利의 문맥을 잡을 수 있다. 先生以利說秦楚之王秦楚之王悅於利를 선생이리세진초지왕(先生以利說秦楚之王) 진초지왕열어리(秦楚之王悅於

利)하게 한다고 읽어보면 문맥이 잡힌다는 말이다. 그러니 선생이리세진초지왕(先生以利說秦楚之王)을 조건절로 하고, 진초지왕열어리(秦楚之王悅於利)를 주절로 삼아 새기면 先生以利說秦楚之王秦楚之王悅於利의 문맥이 잡힌다.

선생이리세진초지왕(先生以利說秦楚之王)의 이(以)는 〈써 용(用)〉과 같다. 이득을[利] 활용하여[以] 정도로 이리(以利)를 새긴다. 先生以利說秦楚之王의 이(利)는 〈얻을 득(得)〉과 같고 이득(利得)의 줄임말로 여기고 새기고, 세(說)는 〈달랠 유(誘)〉와 같고 유세(誘說)의 줄임말로 여기고 새기면 문맥이 통한다. 물론 〈설명할 설(說)〉로 여기고 새길 수도 있지만, 〈달랠 세(說)〉로 새기는 것이 문맥과 더 잘 통한다. 〈달랠 세(說), 설명할 설(說), 기뻐할 열(說)〉 등 발음에 주목할 자(字)이다. 진초지왕열어리(秦楚之王悅於利)의 열(悅)은 〈기뻐할 락(樂), 열(說)〉 등과 같고 열락(悅樂)의 줄임말로 여기고, 어(於)는 목적격 토씨(~을) 구실을 한다.

먼저 선(先), 날 생(生), 써(가지고) 이(以), 이득 리(利), 달랠 세(說), 진나라 진(秦), 초나라 초(楚), ~의 지(之), 임금 왕(王), 기뻐할 열(悅), 어조사(~을) 어(於)

以罷三軍之帥(이파삼군지솔)

▶ 그렇게 하여[以] (진초의 임금들이) 삼군[三軍]의[之] 통솔을[帥] 내칠 것이다[罷].

이파삼군지솔(以罷三軍之帥)는 是以秦楚之王罷三軍之帥에서 되풀이되는 주어 진초지왕(秦楚之王)과 앞서 나온 열어리(悅於利)를 나타내는 지시어 시(是)를 생략한 어투로, 영어의 3형식 문장과 같다. 이를[是] 활용하여[以] 진초[秦楚]의[之] 임금들은[王] 삼군[三軍]의[之] 장수들을[帥] 내칠 것이다[罷]. 以罷三軍之帥에서 이(以)는 시이(是以)의 줄임으로 부사구이고, 파(罷)는 타동사이며, 삼군지(三軍之)는 수(帥)를 꾸미는 형용사구이고 솔(帥)은 파(罷)의 목적어이다. 以罷三軍之帥의 이(以)는 〈써 용(用)〉과 같고, 파(罷)는 〈내칠 폐(廢)〉와 같고, 솔(帥)은 〈거느릴 령(領)〉과 같다. 솔(帥)의 발음을 주의해야 한다. 〈거느릴 솔(帥), 장수 수(帥)〉

써 이(以), 내칠 파(罷), 셋 삼(三), 군사 군(軍), ~의 지(之), 거느릴 솔(帥)

是三軍之士樂罷(시삼군지사락파) 而悅於利也(이열어리야)

▶ 이는[是] 삼군[三軍]의[之] 병사들이[士] 내침을[罷] 즐거워하는 것이고[樂] 또한[而] 이득[利]을[於] 기뻐하는 것[悅]이다[也].

시삼군지사락파이열어리야(是三軍之士樂罷而悅於利也)는 是三軍之士樂罷也 而是三軍之士悅於利也에서 되풀이되는 시(是)와 삼군지사(三軍之士)를 생략한 〈AB也〉꼴로, 영어의 2형식 문장 둘이 겹친 복문과 같은 어투이다. 〈A(是)는 B(三軍之士樂罷)이고[也] 또한[而] (是는 三軍之士가) B(悅於利)이다[也]〉 그러니 시삼군지사락파(是三軍之士樂罷)와 이열어리야(而悅於利也)로 나누어 문맥을 살펴 전체의 문맥을 살피면 편하다. 是三軍之士樂罷는 是三軍之士樂罷也의 줄임이므로 시(是)는 주어이고, 삼군지사락파(三軍之士樂罷)는 술부로 보어인 명사절과 같다. 三軍之士樂罷에서 삼군지(三軍之)는 사(士)를 꾸미는 형용사구이고, 낙(樂)은 타동사이며, 파(罷)는 낙(樂)의 목적어이다. 삼군[三軍]의[之] 병사들이[士] 내침을[罷] 즐거워하는 것[樂]. 삼군지사(三軍之士)의 사(士)는 〈병사 병(兵)〉과 같고 병사(兵士)의 줄임말로 여긴다. 而悅於利也에서 이(而)는 〈또한 이(而)〉이고, 열(悅)은 타동사이며, 어(於)는 목적격 토씨(~을) 구실을 하는 어조사이고, 이(利)는 열(悅)의 목적어이며, 야(也)는 구문을 결정짓는 어조사(~이다)이다.

이 시(是), 셋 삼(三), 군사 군(軍), ~의 지(之), 병사 사(士), 즐거워할 락(樂), 내침 파(罷), 또한 이(而), 기뻐할 열(悅), 어조사(~을) 어(於)

爲人臣者懷利以事其君(위인신자회리이사기군)

▶ 남의[人] 신하[臣] 된[爲] 사람이[者] 이득을[利] 품음[懷]으로써[以] 제[其] 임금을[君] 섬긴다[事].

위인신자회리이사기군(爲人臣者懷利以事其君)은 〈A事B〉꼴로 영어의 3형식 문장과 같은 어투이다. 〈A(爲人臣者)는 B(其君)를 섬긴다[事]〉 爲人臣者懷利以事其君에서 위인신(爲人臣)은 자(者)를 꾸미는 형용사절이고, 자(者)는 주어이며, 회리이(懷利以)는 타동사인 사(事)를 꾸미는 부사구이고, 기군(其君)은 사(事)의 목적어이다. 그러니 爲人臣者懷利以事其君의 골격은 주어인 자(者)와 본동사인 사(事)와 그리고 목적어인 군(君)이다. 한문투의 문맥을 잡을 때 골격을 먼저 살피면 편하다. 爲人臣者懷利以事其君의 위

(爲)는 〈될 성(成)〉과 같고 성위(成爲)의 줄임말로 여기고, 회(懷)는 〈품을 포(抱)〉와 같고 회포(懷抱)의 줄임말로 여기며, 사(事)는 〈받들 봉(奉)〉과 같고 봉사(奉事)의 줄임말로 여기고 새긴다.

될 위(爲), 남의 인(人), 신하 신(臣), 사람 자(者), 품을 회(懷), 이득 리(利), 써 이(以), 섬길 사(事), 그 기(其), 임금 군(君)

爲人子者懷利以事其父(위인자자회리이사기부)

▶ 남의[人] 자식[子] 된[爲] 사람이[者] 이득을[利] 품음[懷]으로써[以] 제[其] 아버지를[父] 섬긴다[事].

위인자자회리이사기부(爲人子者懷利以事其父)는 〈A事B〉꼴로 영어의 3형식 문장과 같은 어투이다. 〈A(爲人子者)는 B(其父)를 섬긴다[事]〉 爲人子者懷利以事其父에서 위인자(爲人子)는 자(者)를 꾸미는 형용사절이고, 자(者)는 주어이며, 회리이(懷利以)는 타동사인 사(事)를 꾸미는 부사구이며, 기부(其父)는 사(事)의 목적어이다. 爲人子者懷利以事其父의 위(爲)는 〈될 성(成)〉과 같고 성위(成爲)의 줄임말로 여기고, 회(懷)는 〈품을 포(抱)〉와 같고 회포(懷抱)의 줄임말로 여기며, 사(事)는 〈받들 봉(奉)〉과 같고 봉사(奉事)의 줄임말로 여기고 새긴다.

될 위(爲), 남의 인(人), 아들 자(子), 사람 자(者), 품을 회(懷), 이득 리(利), 써 이(以), 섬길 사(事), 그 기(其), 아비 부(父)

爲人弟者懷利以事其兄(위인제자회리이사기형)

▶ 남의[人] 아우[弟] 된[爲] 사람이[者] 이득을[利] 품음[懷]으로써[以] 제[其] 형님을[兄] 섬긴다[事].

위인제자회리이사기형(爲人弟者懷利以事其兄)은 〈A事B〉꼴로 영어의 3형식 문장과 같은 어투이다. 〈A(爲人弟者)는 B(其兄)를 섬긴다[事]〉 爲人弟者懷利以事其兄에서 위인제(爲人弟)는 자(者)를 꾸미는 형용사절이고, 자(者)는 주어이며, 회리이(懷利以)는 타동사인 사(事)를 꾸미는 부사구이고, 기형(其兄)은 사(事)의 목적어이다. 爲人弟者懷利以事其兄의 위(爲)는 〈될 성(成)〉과 같고 성위(成爲)의 줄임말로 여기고, 회(懷)는 〈품을 포(抱)〉와 같고 회포(懷抱)의 줄임말로 여기며, 사(事)는 〈받들 봉(奉)〉과 같고 봉사

(奉事)의 줄임말로 여기고 새긴다.

될 위(爲), 남의 인(人), 아우 제(弟), 사람 자(者), 품을 회(懷), 이득 리(利), 써 이(以), 섬길 사(事), 그 기(其), 형님 형(兄)

是君臣父子兄弟終去仁義懷利以相接(시군신부자형제종거인의회리이상접)

▶ 이는[是] 군신과[君臣] 부자와[父子] 형제가[兄弟] 끝내[終] 인의를[仁義] 버리는 것이고[去], 이득을[利] 품음[懷]으로써[以] 서로[相] 사귀는 것이다[接].

시군신부자형제종거인의회리이상접(是君臣父子兄弟終去仁義懷利以相接)은 是君臣父子兄弟終去仁義也 而是君臣父子兄弟懷利以相接也에서 되풀이되는 시(是)와 군신부자형제(君臣父子兄弟)와 구문을 결정짓는 〈어조사(~이다) 야(也)〉가 생략된 문장으로, 영어의 복문과 같은 어투이다. 是君臣父子兄弟終去仁義懷利以相接에는 본동사가 둘 있는 셈이니 두 문장 내지 절 또는 두 구문이 하나처럼 돼 있는 셈이다. 각각의 구문이 서로 어떤 관계인지 살피면 是君臣父子兄弟終去仁義懷利以相接의 문맥을 잡을 수 있다. 是君臣父子兄弟終去仁義懷利以相接를 시(是)는 군신부자형제종거인의(君臣父子兄弟終去仁義) 회리이상접(懷利以相接)이다로 읽어보면 是君臣父子兄弟終去仁義懷利以相接의 문맥이 잡힌다는 말이다. 그러면 是君臣父子兄弟終去仁義懷利以相接이 〈A是B〉꼴에서 B임을 알아챌 수 있다. 〈A(爲人臣者懷利以事其君 爲人子者懷利以事其父 爲人弟者懷利以事其兄)라면 이는[是] B(君臣父子兄弟終去仁義懷利以相接)이다〉 그러므로 위인신자회리이사기군(爲人臣者懷利以事其君) 위인자자회리이사기부(爲人子者懷利以事其父) 위인제자회리이사기형(爲人弟者懷利以事其兄)까지는 조건절이고, 시군신부자형제종거인의회리이상접(是君臣父子兄弟終去仁義懷利以相接)은 주절임을 알아챌 수 있다.

주절인 시군신부자형제종거인의회리이상접(是君臣父子兄弟終去仁義懷利以相接)에서 시(是)는 앞 조건절의 내용을 몰아서 나타내주는 지시어로 주어이며, 군신부자형제종거인의(君臣父子兄弟終去仁義)와 회리이상접(懷利以相接)은 동격절로 보어이므로, 是君臣父子兄弟終去仁義懷利以相接은 영어의 2형식 문장과 같은 어투로 문맥이 잡힌다. 시(是)는 군신부자형제종거인의(君臣父子兄弟終去仁義)이고 회리이상접(懷利以相接)이다로 새겨보면 是君臣父子兄弟終去仁義懷利以相接의 문맥이 잡힌다.

是君臣父子兄弟終去仁義懷利以相接에서 군신부자형제종거인의(君臣父子兄弟終去仁義)와 회리이상접(懷利以相接)은 시(是)의 동격절로, 명사절이면서 보어이다. 君臣父子兄弟終去仁義에서 군신부자형제(君臣父子兄弟)는 주어이고, 종(終)은 타동사인 거(去)를 꾸미는 부사이며, 인의(仁義)는 거(去)의 목적어이다. 懷利以相接에서 회리이(懷利以)는 자동사인 접(接)을 꾸미는 부사구이고, 상(相)은 접(接)을 꾸미는 부사이다. 是君臣父子兄弟終去仁義에서 종(終)은 〈끝 말(末)〉과 같고 종말(終末)의 줄임말로 여기고, 거(去)는 〈버릴 기(棄)〉와 같고 제거(除去)의 줄임말로 여기고 새긴다. 懷利以相接에서 회(懷)는 〈품을 포(抱)〉와 같고 회포(懷抱)의 줄임말로 여기고, 이(利)는 〈얻을 득(得)〉과 같고 이득(利得)의 줄임말로 여기고, 이(以)는 여기선 〈써 용(用)〉과 같고, 상(相)은 〈서로 공(共)〉과 같고, 접(接)은 〈사귈 교(交)〉와 같고 교접(交接)의 줄임말로 여기고 새긴다.

이 시(是), 임금 군(君), 신하 신(臣), 아비 부(父), 아들 자(子), 형님 형(兄), 아우 제(弟), 마침내 종(終), 버릴 거(去), 어질 인(仁), 옳을 의(義), 품을 회(懷), 이득 리(利), 써 이(以), 서로 상(相), 사귈 접(接)

然而不亡者未之有也(연이불망자미지유야)

▶ **그러고서도[然而] 망하지 않은[不亡] 자야말로[者] 여태껏 없는 것[未有]이다[也].**

연이불망자미지유야(然而不亡者未之有也)는 然而未有不亡者也에서 유(有)의 주어인 불망자(不亡者)를 전치시키고 허사인 지(之)를 유(有) 앞에 둔 셈이니, 〈A有B〉꼴로 영어의 1형식 문장과 같은 어투이다. 한문투의 문맥을 잡을 때 허사인 지(之)를 무시해도 문의는 상하지 않는다. 그래서 然而不亡者未之有也의 문맥을 우리말로 잡을 때면 연이미유불망자야(然而未有不亡者也)로 여기고 새긴다. 〈A(然而)에는 B(不亡者)가 없는 것[未有]이다[也]〉 然而不亡者未之有也에서 연이(然而)는 자동사인 유(有)를 꾸미는 부사구이고, 불망(不亡)은 자(者)를 꾸미는 형용사절이며, 자(者)는 유(有)의 주어이고, 미(未)는 처음부터 지금까지란 시간의 뜻을 더하면서 유(有)의 부정사(否定詞)이고, 지(之)는 불망자(不亡者)를 대신하는 허사이며, 유(有)는 〈있을 유(有)〉로 자동사이고, 야(也)는 구문을 결정짓는 어조사(~이다)이다. 연이(然而)는 연이후(然而後)의 줄임으로 여기고 새기면 문맥이 통하고, 미유(未有)를 무유(無有)와 같다고 여기고 있은 적이[有] 여태껏 없었다[未]고 새겨도 然而不亡者未之有也의 문맥은 통한다. 그런[然] 뒤에도[而後] 망하지 않은[不亡] 자가[者] 있은 적은[有] 여태껏 없었던 것[未]이다[也]. 그러나 미유(未有)의 미(未)를 유(有)를 부정하는 부정사(否定詞) 즉 영어의 cannot과 같은 구실로 보고 문맥을 잡는 편이 자연스럽다.

위와 같이 맹자는 송경(宋牼)에게 유불리(有不利)를 따져 군왕(君王)을 만나서 유세하는 것이 왜 부당한지 설파(說破)하고 있다. 온 사람들이 이득만 따지는 쪽으로 기울어지면 온 세상 자체가 아수라장이 되어 오히려 전쟁판이 된다는 말이다. 이 세상 모든 목숨 중에서 오로지 인간만이 간직한 〈믿을 신(信)〉의 덕(德)은 산산조각나고, 강자(强者)만 살아남는 패도(霸道)의 세상이 된다는 것이다. 평화주의자라는 송경(宋牼)이 결과적으로 전쟁을 부추기는 패도의 앞잡이인 셈이 아니냐며 다그치는 중이다.

그럴 연(然), 그리고 이(而), 아니 불(不), 망할 망(亡), 놈 자(者), 없을 미(未), 그 지(之), 있을 유(有), ~이다 야(也)

先生以仁義說秦楚之王(선생이인의세진초지왕) 秦楚之王悅於仁義(진초지왕열어인의)

▶ **선생이[先生] 인의를[仁義] 가지고[以] 진초[秦楚]의[之] 임금들을[王] 달랜다면[說] (선생은) 진초[秦楚]의[之] 임금들로 하여금[王] 인의[仁義]를[於] 좋아하게 할 것이다[悅].**

선생이인의세진초지왕진초지왕열어인의(先生以仁義說秦楚之王秦楚之王悅於仁義)는 先生以仁義說秦楚之王 先生使秦楚之王悅於仁義에서 문맥으로 보충될 수 있는 내용이므로 선생사(先生使)를 생략한 어투로, 영어의 복문과 같은 어투이다. 선생은[先生] 진초[秦楚]의[之] 임금들로 하여금[王] 인의[仁義]를[於] 좋아하게[悅] 시킬 것이다[使]. 先生以仁義說秦楚之王秦楚之王悅於仁義에서 되풀이되는 진초지왕(秦楚之王)을 생략하지 않은 것은 되풀이된 秦楚之王이 열(悅)의 주어가 아니라 생략된 사역동사인 사(使)의 목적어인 까닭이다. 따라서 秦楚之王悅於仁義를 선생사진초지왕열어인의(先生使秦楚之王悅於仁義)처럼 사역문으로 잡을 수 있다. 先生以仁義說秦楚之王秦楚之王悅於仁義에는 본동사가 둘 있는 셈이니 두 문장 내지 절 또는 두 구문이 하나처럼 돼 있는 셈이다. 각각의 구문이 서로 어떤 관계인지 살피면 先生以仁義說秦楚之王秦楚之王悅於仁義의 문맥을 잡을 수 있다. 先生以仁義說秦楚之王秦楚之王悅於仁義를 선생이인의세진초지왕(先生以仁義說秦楚之王)하면 진초지왕열어인의(秦楚之王悅於仁義)하게 한다고 읽어보면 문맥이 잡힌다는 말이다. 그러니 선생이인의세진초지왕(先生以仁義說秦楚之王)을 조건절로 하고 진초지왕열어인의(秦楚之王悅於仁義)를 주절로 삼아 새기면 先生以仁義說秦楚之王秦楚之王悅於仁義의 문맥이 잡힌다. 先生以仁義說秦楚之王의 이(以)는 〈써 용(用)〉과 같다. 인의를[仁義] 활용하여[以] 정도로 이인의(以仁義)를 새긴다. 先生以仁義說秦楚之王의 이(以)는 〈써 용(用)〉과 같고, 세(說)는 〈달랠 유(誘)〉와 같고 유세(誘說)의 줄임말로 여기고 새기면 문맥이 통한다. 물론 〈설명할 설(說)〉로 여기고 새길 수도 있지만, 〈달랠 세(說)〉로 새기는 것이 문맥과 더 통한다. 〈달랠 세(說), 설명할 설(說), 기뻐할 열(說)〉 등 발음에 주목할 자(字)이다. 秦楚之王悅於仁義의 열(悅)은 〈기뻐할 락(樂), 열(說)〉 등과 같고 열락(悅樂)의 줄임말로 여기고, 어(於)는 목적격 토씨(~을) 구실을 한다.

먼저 선(先), 날 생(生), 써(가지고) 이(以), 어짊 인(仁), 옳음 의(義), 달랠 세(說), 진나라 진(秦), 초나라 초(楚), ~의 지(之), 임금 왕(王), 기뻐할 열(悅), 어조사(~을) 어(於)

以罷三軍之帥(이파삼군지솔)

▶ **그렇게 하여[以] (진초의 임금들이) 삼군[三軍]의[之] 통솔을[帥] 내칠 것이다[罷].**

이파삼군지솔(以罷三軍之帥)은 是以秦楚之王罷三軍之帥에서 되풀이되는 주어 진초지왕(秦楚之王)과 앞서 나온 열어리(悅於利)를 나타내는 지시어 시(是)를 생략한 어투로, 영어의 3형식 문장과 같은 어투이다. 이를[是] 활용하여[以] 진초[秦楚]의[之] 임금들은[王] 삼군[三軍]의[之] 장수들을[帥] 내칠 것이다[罷]. 以罷三軍之帥에서 이(以)는 시이(是以)의 줄임으로 부사구이고, 파(罷)는 타동사이며, 삼군지(三軍之)는 솔(帥)을 꾸미는 형용사구이고, 솔(帥)은 파(罷)의 목적어이다. 以罷三軍之帥의 이(以)는 〈써 용(用)〉과 같고 파(罷)는 〈내칠 폐(廢)〉와 같고, 솔(帥)은 〈거느릴 령(領)〉과 같다. 솔(帥)의 발음을 주의해야 한다. 〈거느릴 솔(帥), 장수 수(帥)〉로 발음이 달라지기 때문이다.

써 이(以), 내칠 파(罷), 셋 삼(三), 군사 군(軍), ~의 지(之), 거느림 솔(帥)

是三軍之士樂罷(시삼군지사락파) 而悅於仁義也(이열어인의야)

▶ 이는[是] 삼군[三軍]의[之] 병사들이[士] 내침을[罷] 즐거워하는 것이고[樂] 또한[而] 인의[仁義]를[於] 기뻐하는 것[悅]이다[也].

시삼군지사락파이열어인의야(是三軍之士樂罷而悅於仁義也)는 是三軍之士樂罷也 而是三軍之士悅於仁義也에서 되풀이되는 시(是)와 삼군지사(三軍之士)를 생략한 〈AB也〉꼴로, 영어의 2형식 문장 둘이 겹친 복문같은 어투이다. 〈A(是)는 B(三軍之士樂罷)이고[也] 또한[而] (是는 三軍之士가) B(悅於仁義)이다[也]〉 그러니 시삼군지사락파(是三軍之士樂罷)와 이열어인의야(而悅於仁義也)를 나누어 문맥을 살펴 전체의 문맥을 살피면 편하다. 是三軍之士樂罷는 是三軍之士樂罷也의 줄임이므로 시(是)는 주어이고, 삼군지사락파(三軍之士樂罷)는 술부로 보어인 명사절과 같다. 三軍之士樂罷에서 삼군지(三軍之)는 사(士)를 꾸미는 형용사구이고, 낙(樂)은 타동사이며, 파(罷)는 낙(樂)의 목적어이다. 삼군[三軍]의[之] 병사들이[士] 내침을[罷] 즐거워하는 것[樂]. 삼군지사(三軍之士)의 사(士)는 〈병사 병(兵)〉과 같고 병사(兵士)의 줄임말로 여긴다. 而悅於仁義也에서 이(而)는 〈또한 이(而)〉이고, 열(悅)은 타동사이며, 어(於)는 목적격 토씨(~을) 구실을 하는 어조사이고, 인의(仁義)는 열(悅)의 목적어이며, 야(也)는 구문을 결정짓는 어조사(~이다)이다.

이 시(是), 셋 삼(三), 군사 군(軍), ~의 지(之), 병사 사(士), 즐거워할 락(樂), 내침 파(罷), 또한 이(而), 기뻐할 열(悅), 어짊 인(仁), 옳음 의(義), 어조사(~을) 어(於), 이득 리(利)

爲人臣者懷仁義以事其君(위인신자회인의이사기군)

▶ 남의[人] 신하[臣] 된[爲] 사람이[者] 인의를[仁義] 품음[懷]으로써[以] 제[其] 임금을[君] 섬긴다[事].

위인신자회인의이사기군(爲人臣者懷仁義以事其君)은 〈A事B〉꼴로, 영어의 3형식 문장과 같은 어투이다. 〈A(爲人臣者)는 B(其君)를 섬긴다[事]〉 爲人臣者懷仁義以事其君에서 위인신(爲人臣)은 자(者)를 꾸미는 형용사절이고, 자(者)는 주어이며, 회인의이(懷仁義以)는 타동사인 사(事)를 꾸미는 부사구이며, 기군(其君)은 사(事)의 목적어이다. 그러니 爲人臣者懷仁義以事其君의 골격은 주어인 자(者)와 본동사인 사(事)와 그리고 목적어인 군(君)이다. 한문투의 문맥을 잡을 때 골격을 먼저 살피면 편하다. 爲人臣者懷仁義以事其君의 위(爲)는 〈될 성(成)〉과 같고 성위(成爲)의 줄임말로 여기고, 회(懷)는 〈품을 포(抱)〉와 같고 회포(懷抱)의 줄임말로 여기며, 사(事)는 〈받들 봉(奉)〉과 같고 봉사(奉事)의 줄임말로 여기고 새긴다.

될 위(爲), 남의 인(人), 신하 신(臣), 사람 자(者), 품을 회(懷), 어질 인(仁), 옳음 의(義), 써 이(以), 섬길 사(事), 그 기(其), 임금 군(君)

爲人子者懷仁義以事其父(위인자자회인의이사기부)

▶ 남의[人] 자식[子] 된[爲] 사람이[者] 인의를[仁義] 품음[懷]으로써[以] 제[其] 아버지를[父] 섬긴다[事].

위인자자회인의이사기부(爲人子者懷仁義以事其父)는 〈A事B〉꼴로 영어의 3형식 문장과 같은 어투이다. 〈A(爲人子者)는 B(其父)를 섬긴다[事]〉 爲人子者懷仁義以事其父에서 위인자(爲人子)는 자(者)를 꾸미는 형용사절이고, 자(者)는 주어이며, 회인의이(懷仁義以)는 타동사인 사(事)를 꾸미는 부사구이고, 기부(其父)는 사(事)의 목적어이다. 爲人子者懷仁義以事其父의 위(爲)는 〈될 성(成)〉과 같고 성위(成爲)의 줄임말로 여기고, 회(懷)는 〈품을 포(抱)〉와 같고 회포(懷抱)의 줄임말로 여기며, 사(事)는 〈받들 봉(奉)〉과 같고 봉사(奉事)의 줄임말로 여기고 새긴다.

될 위(爲), 남의 인(人), 아들 자(子), 사람 자(者), 품을 회(懷), 어질 인(仁), 옳음 의(義), 써 이(以), 섬길 사(事), 그 기(其), 아비 부(父)

爲人弟者懷仁義以事其兄(위인제자회인의이사기형)

▶ 남의[人] 아우[弟] 된[爲] 사람이[者] 인의를[仁義] 품음[懷]으로써[以] 제[其] 형님을[兄] 섬긴다[事].

위인제자회인의이사기형(爲人弟者懷仁義以事其兄)은 〈A事B〉꼴로 영어의 3형식 문장과 같은 어투이다. 〈A(爲人弟者)는 B(其兄)를 섬긴다[事]〉 爲人弟者懷仁義以事其兄에서 위인제(爲人弟)는 자(者)를 꾸미는 형용사절이고, 자(者)는 주어이며, 회인의이(懷仁義以)는 타동사인 사(事)를 꾸미는 부사구이며, 기형(其兄)은 사(事)의 목적어이다. 爲人弟者懷仁義以事其兄의 위(爲)는 〈될 성(成)〉과 같고 성위(成爲)의 줄임말로 여기고, 회(懷)는 〈품을 포(抱)〉와 같고 회포(懷抱)의 줄임말로 여기고, 사(事)는 〈받들 봉(奉)〉과 같고 봉사(奉事)의 줄임말로 여기고 새긴다.

될 위(爲), 남의 인(人), 아우 제(弟), 사람 자(者), 품을 회(懷), 어질 인(仁), 옳음 의(義), 써 이(以), 섬길 사(事), 그 기(其), 형님 형(兄)

是君臣父子兄弟去利懷仁義以相接也(시군신부자형제거리회인의이상접야)

▶ 이는[是] 군신과[君臣] 부자와[父子] 형제가[兄弟] 이득을[利] 버리는 것이고[去] 인의를[仁義] 품음[懷]으로써[以] 서로[相] 사귀는[接] 것이다[也].

시군신부자형제거리회인의이상접야(是君臣父子兄弟去利懷仁義以相接也)는 是君臣父子兄弟去利也 而是君臣父子兄弟懷仁義以相接也에서 되풀이되는 시(是)와 군신부자형제(君臣父子兄弟)를 생략하고 구문을 결정짓는 〈어조사(~이다) 야(也)〉를 생략한 어투로, 영어의 복문과 같은 어투이다. 是君臣父子兄弟去利懷仁義以相接也에는 본동사가 둘 있는 셈이니 두 문장 내지 절 또는 두 구문이 하나처럼 돼 있는 셈이다. 각각의 구문이 서로 어떤 관계인지 살피면 是君臣父子兄弟去利懷仁義以相接也의 문맥을 잡을 수 있다. 是君臣父子兄弟去利懷仁義以相接也를 시(是)는 군신부자형제거리(君臣父子兄弟去利) 회인의이상접야(懷仁義以相接也)이다로 읽어보면 是君臣父子兄弟去利懷仁義以相接也의 문맥이 잡힌다는 말이다. 그러면 是君臣父子兄弟去利懷仁義以相接也가 〈A是B〉꼴에서 B임을 알아챌 수 있다. 〈A(爲人臣者懷仁義以事其君 爲人子者懷仁義以事其父 爲人弟者懷仁義以事其兄)라면 이는[是] B(君臣父子兄弟去利懷仁義以相接也)이다〉 그러므로 위인신자회인의이사기군(爲人臣者懷仁義以事其君) 위인자자회인의이사기부(爲人子者懷仁義以事其父) 위인제자회인의이사기형(爲人弟者懷仁義以事其兄)까지는 조건절이고, 시군신부자형제거리회인의이상접야(是君臣父子兄弟去利懷仁義以相接也)가 주절임을 알아챌 수 있다.

주절인 시군신부자형제거리회인의이상접야(是君臣父子兄弟去利懷仁義以相接也)에서 시(是)는 앞 조건절의 내용을 몰아서 나타내주는 지시어로 주어이며, 군신부자형제거리(君臣父子兄弟去利)와 회인의이상접야(懷仁義以相接)은 동격절로 보어이므로 是君臣父子兄弟去利懷仁義以相接也는 영어의 2형식 문장과 같은 어투로 문맥이 잡힌다. 시(是)는 군신부자형제거리(君臣父子兄弟去利)이고 회인의이상접야(懷仁義以相接也)라고 새겨보면 是君臣父子兄弟去利懷仁義以相接也의 문맥이 잡힌다. 是君臣父子兄弟去利懷仁義以相接也에서 군신부자형제거리(君臣父子兄弟去利)와 회인의이상접야(懷仁義以相接也)는 시(是)의 동격절로 명사절인 보어이다. 君臣父子兄弟去利에서 군신부자형제(君臣父子兄弟)는 주어이고, 이(利)는 거(去)의 목적어이다. 懷仁義以相接也에서 회인의이(懷仁義以)는 자동사인 접(接)을 꾸미는 부사구이고, 상(相)은 접(接)을 꾸미는 부사이다. 是君臣父子兄弟去利에서 거(去)는 〈버릴 기(棄)〉와 같고 제거(除去)의 줄임말로 여기고 새긴다. 懷仁義以相接也에서 회(懷)는 〈품을 포(抱)〉와 같고 회포(懷抱)의 줄임말로 여기고, 이(以)는 〈써 용(用)〉과 같으며, 상(相)은 〈서로 공(共)〉과 같고, 접(接)은 〈사귈 교(交)〉와 같고 교접(交接)의 줄임말로 여기고 새긴다.

이 시(是), 임금 군(君), 신하 신(臣), 아비 부(父), 아들 자(子), 형님 형(兄), 아우 제(弟), 버릴 거(去), 이득 리(利), 품을 회(懷), 어짊 인(仁), 옳음 의(義), 써 이(以), 서로 상(相), 사귈 접(接), ~이다 야(也)

然而不王者未之有也(연이불왕자미지유야)

▶ **그러고서도[然而] 왕 노릇 못할[不王] 사람이야말로[者] 여태껏 없는 것[未有]이다[也].**

연이불왕자미지유야(然而不王者未之有也)는 然而未有不王者也에서 유(有)의 주어인 불왕자(不王者)를 전치시키고 허사인 지(之)를 유(有) 앞에 둔 어투로, 〈A有B〉꼴이고 영어의 1형식 문장과 같은 어투이다. 한문투의 문맥을 잡을 때 허사인 지(之)를 무시해도 문의는 상하지 않는다. 그래서 然而不王者未之有也의 문맥을 우리말로 잡을 때면 연이미유불왕자야(然而未有不王者也)로 여기고 새긴다. 〈A(然而)에는 B(不王者)가 없는 것[未有]이다[也]〉 然而不王者未之有也에서 연이(然而)는 자동사인 유(有)를 꾸미는 부사구이고, 불왕(不王)은 자(者)를 꾸미는 형용사절이며, 자(者)는 유(有)의 주어이고, 미(未)는 처음부터 지금까지란 시간의 뜻을 더하면서 유(有)의 부정사(否定詞)이고, 지(之)는 불왕자(不王者)를 대신하는 허사이며, 유(有)는 〈있을 유(有)〉로 자동사이고 야(也)는 구문을 결정짓는 어조사(~이다)이다. 연이(然而)는 연이후(然而後)의 줄임으로 여기고 새기면 문맥이 통하고, 미유(未有)를 무유(無有)와 같다고 여기고 있은 적이[有] 여태껏 없었다[未]고 새겨도 然而不王者未之有也의 문맥은 통한다. 그런[然] 뒤에도[而後] 왕 노릇 못한[不王] 자가[者] 있은 적은[有] 여태껏 없었던 것[未]이다[也]. 그러나 미유(未有)의 미(未)를 유(有)를 부정하는 부정사 즉 영어의 cannot처럼 여기고 문맥을 잡는 편이 자연스럽다. 불왕자(不王者)의 왕(王)은 임금 노릇을 한다[王]는 뜻으로 명사가 아니라 동사이다.

그럴 연(然), 그리고 이(而), 아니 불(不), 왕 노릇 할 왕(王), 사람 자(者), 없을 미(未), 그 지(之), 있을 유(有), ~이다 야(也)

何必曰利(하필왈리)

▶ 어찌[何] 한사코[必] 이득만을[利] 말하는가[曰]?

하필왈리(何必曰利)는 何先生必曰利에서 문맥으로 보충될 수 있으므로 주어인 선생(先生)을 생략한 어투로, 영어의 3형식 의문문과 같은 어투이다. 何必曰利에서 하(何)는 의문부사이고, 필(必)은 타동사인 왈(曰)을 꾸미는 부사이며, 왈(曰)은 〈말해줄 어(語)〉와 같고, 이(利)는 〈얻을 득(得)〉과 같고 이득(利得)의 줄임말로 여기고 새긴다.

『맹자(孟子)』 제1편 「양혜왕장구(梁惠王章句)」 상(上) 1장 첫머리에 맹자는 양(梁)나라 혜왕(惠王)에게 "하필왈리(何必曰利)"라고 설파하면서 인의(仁義)라는 것이 있음을 역설(力說)하는 장면이 나온다. 이만큼 맹자는 인간의 이욕(利欲)을 두려워하고 인의(仁義)를 주창한 인간주의자이다. 송경(宋

牼)에게도 맹자는 다름없는 뜻을 펴, 이득(利得)의 추구는 인간으로 하여금 끊임없는 전화(戰禍)를 불러옴을 상기시키려고 인의(仁義)와 이(利)를 대비(對比)하여 설파(說破)하고 있다. 맹자의 말을 듣고 나면 평화주의자로 자칭했던 송경이 패도(霸道)의 길을 트고 있으니 송경이 얼마나 엉뚱한지 누구나 살필 수 있다. 현자는 논쟁을 하되 시비(是非)를 위한 논쟁은 하지 않는다. 그래서 군자부쟁(君子不爭)이라 한다. 어찌 왕도(王道)와 패도(霸道)를 두고 시비하겠는가.

어찌 하(何), 반드시 필(必), 말할 왈(曰), 이득 리(利)

제5장

5장은 『논어(論語)』에서 공자가 밝힌 군자무본(君子務本)을 상기(想起)시킨다. 폐백(幣帛)을 봉상(奉上)하는 향(享)을 통하여 맹자 자신의 진퇴를 살펴보게 하는 장이다. 맹자의 처신을 통하여 군자신기독야(君子愼其獨也)를 살펴볼 수도 있는 장이다. 군자는[君子] 제[其] 홀로를[獨] 삼가는 것[愼]이다[也]. 예물(禮物)을 바치는 예절인 향(享)의 근본은 예(禮)이고, 그 말단(末端)은 폐백이란 물(物)이다. 말단인 물(物)이 앞서고 근본인 예(禮)가 뒤지면 군자는 스스로를 삼간다. 군자무본(君子務本)인 까닭이다. 군자는[君子] 근본을[本] 애쓴다[務]. 5장은 맹자가 출처(出處)와 진퇴(進退)를 예(禮)에 따라 행함을 보여주는 장이다.

【문지(聞之)】

향다의(享多儀)

【원문(原文)】

孟子居鄒때 季任이 爲任處守이었다 以幣交하니 受之而不報했다
맹자거추 계임 위임처수 이폐교 수지이불보

處於平陸때 儲子爲相이었다 以幣交하니 受之而不報했다 他日에
처어평륙 저자위상 이폐교 수지이불보 타일

由鄒之任때 見季子하고 由平陸之齊때는 不見儲子했다 屋盧子
유추지임 견계자 유평륙지제 불견저자 옥로자
喜曰 連이 得間矣라 問曰 夫子之任 때는 見季子하고 之齊 때는
희왈 연 득간의 문왈 부자지임 견계자 지제
不見儲子하니 爲其爲相與잇가 曰 非也이다 書에曰 享은 多儀하
불견저자 위기위상여 왈 비야 서 왈 향 다의
니 儀不及物이면 曰不享이니 惟不役志于享이라 하니 爲其不成
의불급물 왈불향 유불역지우향 위기불성
享也이다 屋盧子悅해 或問之하니 屋盧子曰 季子는 不得之鄒이
향야 옥로자열 혹문지 옥로자왈 계자 부득지추
고 儲子得之平陸한다
저자득지평륙

【해독(解讀)】

맹자가 추나라에 살 때[孟子居鄒] 계임이 임나라의 유수가 되었다[季任爲任處守]. (계임이) 폐백을 보내서 (맹자와) 사귀려고 했을 때 (맹자가) 그것을 받았지만 그러나 (계임에게 가서) 고마움을 갚지는 않았다[以幣交受之而不報]. (맹자가) 평륙에 머물렀을 때 저자가 재상(宰相)으로 있었다[處於平陸儲子爲相]. (저자가) 폐백을 보내서 (맹자와) 사귀려고 했을 때 (맹자가) 그것을 받았지만 그러나 (저자에게) 고마움을 갚지는 않았다[以幣交受之而不報]. 훗날 (맹자가) 추나라를 지나 임나라로 가서 (맹자는) 계자를 찾아가 만났다[他日由鄒之任見季子]. (맹자가) 평륙을 지나 제나라로 가면서도 (맹자는) 저자를 만나보지 않았다[由平陸之齊不見儲子]. 옥로자가 기뻐하며 말했다[屋盧子喜曰]. "내가 그 간극을 상득해볼 것이다[連得間矣]." (옥로자가 맹자께) 물어 여쭈었다[問曰]. "선생께서 임나라로 가셔서는 계자를 만나보시고[夫子之任見季子] 제나라에 가셔서는 저자를 만나보지 않은 것은[之齊不見儲子] (저자가) 재상이기 때문에 (선생께서) 그리 하신 것인가요[爲其爲相與]?" (맹자가) 말해주었다[曰]. (그런 것은) "아닌 것이다[非也]. 『서경(書經)』이 말해주고 있다[書曰]. 예물을 바침에는 많은 예의가 있는데[享多儀], 예의가 예물에 미치지 못한다면 예의에 어긋난 바침이라 말하고[儀不及物曰不享] (불향이란) 예물을 바침에 오직 뜻을 쓰지 않은 것이다惟不役志于享]. (『서경』이) 위 같이 밝힌 것은 공물의 바침을 (예를 갖춰) 이루어지지 않았기 때문이다[爲其不成享也]." 옥로자가 기뻐하니 [屋盧子悅] 어떤 이가 기뻐함을 물었다[或問之]." 옥로자가 말해주었다[屋盧子曰]. "계자는 추나라로 갈 수 없었지만

[季子不得之鄒], 저자는 평륙으로 갈 수 있었다[儲子得之平陸]."

【담소(談笑)】

孟子居鄒季任爲任處守(맹자거추계임위임처수)

▶ **맹자가[孟子] 추나라에[鄒] 살 때[居] 계임이[季任] 임나라의[任] 유수가[處守] 되었다[爲].**

맹자거추계임위임처수(孟子居鄒季任爲任處守)와 같은 어투에선 구문의 골격을 이루는 본동사를 살펴서 문맥을 잡는 것이 편하다. 孟子居鄒季任爲任處守에서 〈살 거(居)〉와 〈될 위(爲)〉가 본동사임을 알아채면 문맥은 쉽게 잡힌다. 孟子居鄒季任爲任處守를 맹자거추(孟子居鄒)와 계임위임처수(季任爲任處守)로 나누어서 각각 문맥을 잡아본 다음, 두 문장의 관계를 살펴 전체의 문맥을 잡아볼 수 있다는 말이다. 한문투의 골격은 주어 + 본동사 + 목적어 또는 주어 + 본동사 + 보어 등으로 짜인다고 여기면 편하다. 나누어진 문장 사이의 관계를 살펴 다 문장인지 절의 관계인지 따져보면 한문투를 영어의 중문처럼 여기고 문맥을 잡을지, 아니면 영어의 복문처럼 여기고 문맥을 잡을지 알아챌 수 있다. 그렇게 하면 孟子居鄒까지는 시간의 종속절이고 季任爲任處守가 주절인 영어의 복문과 같은 어투임을 알 수 있다.

시간의 종속절인 맹자거추(孟子居鄒)는 영어의 1형식 문장과 같은 어투이다. 孟子居鄒에서 맹자(孟子)는 주어이고, 거(居)는 자동사이며, 추(鄒)는 장소의 부사이다. 맹자가[孟子] 추나라에서[鄒] 살았다[居]고 새기면 孟子居鄒는 하나의 문장인 셈이지만, 여기선 시간의 종속절이므로 맹자가[孟子] 추나라에서[鄒] 살았을 때[居]로 새기게 된다. 이처럼 한문투에선 영어의 when 같은 시간접속사가 따로 없다고 여기면 편하다. 孟子居鄒의 거(居)는 〈머물 처(處)〉와 같고 거처(居處)의 줄임말로 여기고 새긴다.

주절인 계임위임처수(季任爲任處守)는 〈A爲B〉꼴로 위(爲)가 자동사이면 영어의 2형식 문장과 같은 어투가 주로 되고, 타동사이면 영어의 3형식 문장과 같은 어투가 된다. 그러니 위(爲)가 본동사일 때면 자동사로 새겨야 할지 타동사로 새겨야 할지 따지면서 문맥을 잡아가야 한다. 여기선 〈A(季任)가 B(任處守)로 되다[爲]〉로 새기면 문맥이 통하므로, 계임위임처수(季任爲任處守)는 영어의 2형식 문장과 같은 어투인 셈이다. 季任爲任處守의 계임(季任)은 임(任)나라 국군(國君)의 막내동생을 말한다. 임(任)나라 왕이 추

(鄒)나라 임금을 만나려고 나라를 비운 사이, 계(季)가 그를 대리하여 임나라를 맡고 있었음을 처수(處守)란 말로 알 수 있다. 처수(處守)는 유수(留守)와 같은 말로, 비운 자리를 비운 기간 동안 대행(代行)하는 직위를 말한다. 季任爲任處守의 위(爲)는 〈될 성(成)〉과 같고 성위(成爲)의 줄임말로 여기고 새긴다.

만 맹(孟), 존칭 자(子), 살 거(居), 추나라 추(鄒), 막내 계(季), 임나라 임(任), 될 위(爲), 곳 처(處), 지킬 수(守)

以幣交受之而不報(이폐교수지이불보)

▶ (계임이) 폐백을[幣] 보내서[以] (맹자와) 사귀려고 했을 때[交] (맹자가) 그것을[之] 받았지만[受], 그러나[而] (계임에게 가서) 고마움을 갚지는 않았다[不報].

이폐교수지이불보(以幣交受之而不報)는 季任以幣交孟子 孟子受之 而孟子不報季任에서 문맥으로써 보충될 수 있는 내용들을 모두 생략한 어투로, 영어의 복문과 같은 어투이다. 以幣交受之而不報와 같은 어투의 문맥을 잡으려면 구문의 골격을 이루는 본동사를 살펴서 문맥을 잡는다. 以幣交受之而不報에서 〈사귈 교(交)〉와 〈받을 수(受)〉 그리고 〈갚을 보(報)〉가 본동사임을 알아채면 문맥은 쉽게 잡힌다. 以幣交受之而不報를 이폐교(以幣交)와 수지(受之)와 이불보(而不報)로 나누어서 각각 문맥을 잡아본 다음, 세 문장의 관계를 살펴 전체의 문맥을 잡을 수 있다는 말이다. 한문투의 골격은 주어 + 본동사 + 목적어 또는 주어 + 본동사 + 보어 등으로 짜인다고 여기면 편하다. 나누어진 문장 사이의 관계를 살펴 모두 다 문장인지 서로 절의 관계인지 따져보면 한문투를 영어의 중문처럼 여기고 문맥을 잡을지 아니면, 영어의 복문처럼 여기고 문맥을 잡을지 알아챌 수 있다. 그렇게 하면 以幣交는 시간의 종속절이고, 受之와 而不報가 주절인 영어의 복문과 같은 어투임을 알 수 있다. 즉 이폐교(以幣交)할 때 수지(受之)하고 이불보(而不報)했다고 새기면 以幣交受之而不報의 문맥을 잡을 수 있다.

시간의 종속절인 이폐교(以幣交)에서 이폐(以幣)는 부사구이고, 교(交)는 종속절의 본동사이다. 以幣交의 이(以)는 〈써 용(用)〉과 같고, 폐(幣)는 〈비단 백(帛)〉과 같고 폐백(幣帛)의 줄임말이며, 폐백(幣帛)은 예물(禮物)을 말한다. 예물을[幣] 써서[以] 즉 예물을[幣] 가지고[以]이고, 교(交)는 〈사귈 접(接)〉과 같고 교접(交接)의 줄임말로 여기고 새긴다.

주절인 수지이불보(受之而不報)에서 수(受)는 타동사로 본동사이고 지(之)는 폐(幣)를 나타내는 지시대명사이며, 이(而)는 역접의 연사인 〈그러나 이(而)〉이고, 불(不)은 보(報)의 부정사(否定詞)이다. 受之而不報의 수(受)는 〈용납할 용(容)〉과 같고 수용(受容)의 줄임말로 여기고, 보(報)는 〈대답할 답(答)〉과 같고 보답(報答)의 줄임말로 여긴다.

써 이(以), 폐백 폐(幣), 사귈 교(交), 받을 수(受), 그것 지(之), 그러나 이(而), 아니 불(不), 갚을 보(報)

處於平陸儲子爲相(처어평륙저자위상)

▶ (맹자가) 평륙[平陸]에[於] 머물렀을 때[處] 저자가[儲子] 재상으로[相] 있었다[爲].

처어평륙저자위상(處於平陸儲子爲相)은 孟子處於平陸 儲子爲相에서 문맥으로써 보충될 수 있는 내용인 맹자(孟子)를 생략한 어투로, 영어의 복문과 같은 어투이다. 處於平陸儲子爲相과 같은 어투의 문맥을 잡으려면 구문의 골격을 이루는 본동사를 살펴서 문맥을 잡는다. 處於平陸儲子爲相에서 〈머물 처(處)〉와 〈될 위(爲)〉가 본동사임을 알아채면 문맥은 쉽게 잡힌다. 處於平陸儲子爲相을 처어평륙(處於平陸)과 저자위상(儲子爲相)으로 나누어서 각각 문맥을 잡아본 다음 두 문장의 관계를 살펴 전체의 문맥을 잡는다. 나누어진 문장 사이의 관계를 살펴 모두 다 문장인지 서로 절의 관계인지 따져보면 한문투를 영어의 중문처럼 여기고 문맥을 잡을지, 아니면 영어의 복문처럼 여기고 문맥을 잡을지 알아챌 수 있다. 그렇게 하면 處於平陸은 시간의 종속절이고, 儲子爲相이 주절인 영어의 복문과 같은 어투임을 알 수 있다. 처어평륙(處於平陸)할 때 저자위상(儲子爲相)했다고 새기면 處於平陸儲子爲相의 문맥을 잡을 수 있다.

시간의 종속절인 처어평륙(處於平陸)에서 처(處)는 자동사로 본동사이고, 어(於)는 장소를 나타내는 어조사(~에서)이며, 평륙(平陸)은 제(齊)나라의 하읍(下邑)으로 산동성(山東省) 문상현(汶上縣) 북부에 있던 지명(地名)이다. 處於平陸의 처(處)는 〈머물 거(居)〉와 같고 거처(居處)의 줄임말로 여기고, 어(於)는 〈~에서 우(于)〉와 같고, 육(陸)은 〈땅 지(地)〉와 같고 육지(陸地)의 줄임말로 여긴다.

주절인 저자위상(儲子爲相)에서 저자(儲子)는 주어이고, 위(爲)는 자동사로 본동사이며, 상(相)은 보어가 되므로 영어의 2형식 문장과 같은 어투이다. 儲子爲相의 저(儲)는 〈버금 부(副)〉와 같고, 위(爲)는 〈될 성(成)〉과 같고 성위(成爲)의 줄임말로 여기고, 상(相)은 여기선 재상(宰相)이란 관직(官職)의 줄임말이다.

머물 처(處), ~에서 어(於), 고를 평(平), 땅 륙(陸), 버금 저(儲), 존칭 자(子), 될 위(爲), 재상 상(相)

以幣交受之而不報(이폐교수지이불보)

▶ **(저자가) 폐백을[幣] 보내서[以] (맹자와) 사귀려고 했을 때[交] (맹자가) 그것을[之] 받았지만[受], 그러나[而] (저자에게 가서) 고마움을 갚지는 않았다[不報].**

이폐교수지이불보(以幣交受之而不報)는 儲子以幣交孟子 孟子受之 而孟子不報儲子에서 문맥으로써 보충될 수 있는 내용들을 모두 생략한 어투로, 영어의 복문과 같은 어투이다. 以幣交受之而不報와 같은 어투의 문맥을 잡으려면 구문의 골격을 이루는 본동사를 살펴서 문맥을 잡는다. 以幣交受之而不報에서 〈사귈 교(交)〉와 〈받을 수(受)〉 그리고 〈갚을 보(報)〉가 본동사임을 알아채면 문맥은 쉽게 잡힌다. 以幣交受之而不報를 이폐교(以幣交)와 수지(受之)와 이불보(而不報)로 나누어서 각각 문맥을 잡아본 다음, 세 문장의 관계를 살펴 전체의 문맥을 잡을 수 있다는 말이다. 한문투의 골격은 주어 + 본동사 + 목적어 또는 주어 + 본동사 + 보어 등으로 짜인다고 여기면 편하다. 나누어진 문장 사이의 관계를 살펴 모두 다 문장인지 서로 절의 관계인지 따져보면 한문투를 영어의 중문처럼 여기고 문맥을 잡을지, 아니면 영어의 복문처럼 여기고 문맥을 잡을지 알아챌 수 있다. 그렇게 하면 이폐교(以幣交)는 시간의 종속절이고, 수지(受之)와 이불보(而不報)가 주절인 영어의 복문과 같은 어투임을 알 수 있다. 즉 이폐교(以幣交)할 때 수지(受之)하고 이불보(而不報)했다고 새기면 以幣交受之而不報의 문맥을 잡을 수 있다.

시간의 종속절인 이폐교(以幣交)에서 이폐(以幣)는 부사구이고, 교(交)는 종속절의 본동사이다. 以幣交의 이(以)는 〈써 용(用)〉과 같고, 폐(幣)는 〈비단 백(帛)〉과 같고 폐백(幣帛)의 줄임말로 여기고, 폐백(幣帛)은 예물(禮物)을 말한다. 예물을[幣] 써서[以] 즉 예물을[幣] 가지고[以]이고, 교(交)는 〈사귈 접(接)〉과 같고 교접(交接)의 줄임말로 여기고 새긴다.

주절인 수지이불보(受之而不報)에서 수(受)는 타동사로 본동사이고, 지(之)는 폐(幣)를 나타내는 지시대명사이며, 이(而)는 역접의 연사인 〈그러나 이(而)〉이고, 불(不)은 보(報)의 부정사(否定詞)이다. 受之而不報의 수(受)는 〈용납할 용(容)〉과 같고 수용(受容)의 줄임말로 여기고, 보(報)는 〈대답할 답(答)〉과 같고 보답(報答)의 줄임말로 여긴다.

써 이(以), 폐백 폐(幣), 사귈 교(交), 받을 수(受), 그것 지(之), 그러나 이(而), 아니 불(不), 갚을 보(報)

他日由鄒之任見季子(타일유추지임견계자)

▶ **훗날[他日] (맹자가) 추나라를[鄒] 지나[由] 임나라에[任] 가서[之] (맹자는) 계자를[季子] 찾아가 만났다[見].**

타일유추지임견계자(他日由鄒之任見季子)는 他日孟子由鄒 而孟子之任 而孟子見季子에서 문맥으로써 보충될 수 있는 맹자(孟子)를 생략한 어투로 영어의 중문과 같은 어투이다. 他日由鄒之任見季子와 같은 한문투의 문맥을 잡으려면 구문의 골격을 이루는 본동사를 살펴서 문맥을 잡는다. 他日由鄒之任見季子에서 〈지나갈 유(由)〉와 〈갈 지(之)〉 그리고 〈만나볼 견(見)〉이 본동사임을 알아채면 문맥은 쉽게 잡힌다. 他日由鄒之任見季子를 타일유추(他日由鄒)와 지임(之任)과 견계자(見季子)로 나누어서 각각 문맥을 잡아본 다음, 세 문장의 관계를 살펴 전체의 문맥을 잡는다. 세 문장이 모두 다 문장인지 서로 절의 관계인지 따져보면 한문투를 영어의 중문처럼 여기고 문맥을 잡을지, 아니면 영어의 복문처럼 여기고 문맥을 잡을지 알아챌 수 있다. 그렇게 하면 他日由鄒之任見季子는 세 문장이 하나의 중문처럼 묶인 어투임을 알 수 있다. 타일유추(他日由鄒)하고 지임(之任)하여 견계자(見季子)했다고 새기면 他日由鄒之任見季子의 문맥을 잡을 수 있다.

타일유추지임견계자(他日由鄒之任見季子)에서 타일(他日)은 시간의 부사구이며, 유(由)는 본동사로 타동사이고, 추(鄒)는 목적어이며, 지(之)는 본동사로 자동사이고, 임(任)은 장소의 부사이며, 견(見)은 본동사로 타동사이다. 他日由鄒之任見季子의 유(由)는 〈지나갈 경(經)〉과 같고 경유(經由)의 줄임말로 여기고, 추(鄒)는 맹자의 본국(本國)이며, 지(之)는 〈갈 왕(往)〉과 같고, 견(見)은 〈만나볼 회(會)〉와 같고 회견(會見)의 줄임말로 여긴다.

다른 타(他), 날 일(日), 지날 유(由), 추나라 추(鄒), 갈 지(之), 임나라 임(任), 볼 견(見), 막내 계(季), 존칭 자(子)

由平陸之齊不見儲子(유평륙지제불견저자)

▶ (맹자가) 평륙을[平陸] 지나[由] 제나라로[齊] 가면서도[之] (맹자는) 저자를[儲子] 만나보지 않았다[不見].

유평륙지제불견저자(由平陸之齊不見儲子)는 孟子由平陸 而孟子之齊 而孟子不見儲子에서 문맥으로써 보충될 수 있는 맹자(孟子)를 생략한 어투로 영어의 복문과 같은 어투이다. 由平陸之齊不見儲子와 같은 어투의 문맥을 잡으려면 구문의 골격을 이루는 본동사를 살펴서 문맥을 잡는다. 由平陸之齊不見儲子에서 〈지나갈 유(由)〉와 〈갈 지(之)〉 그리고 〈만나볼 견(見)〉이 본동사임을 알아채면 문맥은 쉽게 잡힌다. 由平陸之齊不見儲子를 유평륙(由平陸)과 지제(之齊)와 불견저자(不見儲子)로 나누어서 각각 문맥을 잡아본 다음, 세 문장의 관계를 살펴 전체의 문맥을 잡는다. 세 문장이 모두 다 문장인지 서로 절의 관계인지 따져보면, 한문투를 영어의 중문처럼 여기고 문맥을 잡을지 아니면 영어의 복문처럼 여기고 문맥을 잡을지 알아챌 수 있다. 그렇게 하면 由平陸之齊不見儲子는 세 문장이 하나의 중문처럼 묶인 어투임을 알 수 있다. 유평륙(由平陸)하고 지제(之齊) 불견저자(不見儲子)했다고 새기면 由平陸之齊不見儲子의 문맥이 잡힌다.

유평륙지제불견저자(由平陸之齊不見儲子)에서 유(由)는 본동사로 타동사이고, 평륙(平陸)은 목적어이며, 지(之)는 본동사로 자동사이고, 제(齊)는 장소의 부사이며, 불(不)은 견(見)의 부정사(否定詞)이며, 견(見)은 본동사로 타동사이다. 由平陸之齊不見儲子의 유(由)는 〈지나갈 경(經)〉과 같고 경유(經由)의 줄임말로 여기고, 지(之)는 〈갈 왕(往)〉과 같고, 견(見)은 〈만나볼 회(會)〉와 같고 회견(會見)의 줄임말로 여긴다.

지날 유(由), 고를 평(平), 땅 륙(陸), 갈 지(之), 제나라 제(齊), 아니 불(不), 볼 견(見), 버금 저(儲), 존칭 자(子)

屋盧子喜曰(옥로자희왈) 連得間矣(연득간의)

▶ 옥로자가[屋盧子] 기뻐하며[喜] 말했다[曰]. "내가[連] 그 간극을[間] 상득해볼 것[得]이다[矣]."

옥로자희왈연득간의(屋盧子喜曰連得間矣)는 屋盧子喜 而屋盧子曰連得間矣에서 되풀이되는 내용인 옥로자(屋盧子)를 생략한 어투로, 영어의 중문과 같은 어투이다. 〈옥로자희(屋盧子喜)했다. 그리고[而] 왈연득간의(曰連得間矣)했다〉고 새겨보면 屋盧子喜曰連得間矣의 문맥이 잡힌다. 옥로자(屋盧子)는 앞 1장에서 임나라 사람(任人)과 논쟁을 할 수 없어서 도움을 청하러 갔던 맹자의 제자이고, 옥로(屋盧)는 성씨이고 이름은 연(連)이다. 옥로자(屋盧子)는 계임(季任)과 저자(儲子)에 대한 스승(孟子)의 처신(處身)이 다른 점을 물어볼 수 있게 되어 기뻤던[喜] 모양이다. 왈(曰)은 타동사이고, 연득간의(連得間矣)는 목적절이다. 목적절인 連得間矣에서 연(連)은 주어이고 득간(得間)은 보어이며, 의(矣)는 구문을 결정짓는 어조사(~이다)이다. 連得間矣의 연(連)은 옥로자(屋盧子)의 이름이고, 득(得)은 여기서 〈맺을 계(契), 합칠 합(合)〉과 같은 뜻으로 상득(相得)의 줄임말로 여기고, 간(間)은 〈사이 극(隙)〉과 같고 간극(間隙)의 줄임말로 여기고 새기면 득간(得間)의 문의를 알아챌 수 있다. 저는[連] 그 간극을[間] 상득해볼 것[得]이다[矣].

집 옥(屋), 밥그릇 로(盧), 존칭 자(子), 기뻐할 희(喜), 말할 왈(曰), 이을 연(連), 얻을 득(得), 사이 가(間), ~이다 의(矣)

問曰(문왈) 夫子之任見季子(부자지임견계자) 之齊不見儲子(지제불견저자) 爲其爲相與(위기위상여)

▶ (옥로자가 맹자께) 물어[問] 여쭈었다[曰]. "선생께서[夫子] 임나라로[任] 가서[之] 계자를[季子] 만나보고[見] 제나라에[齊] 가서는[之] 저자를[儲子] 만나보지 않은 것은[不見] (저자가) 재상이기[相] 때문에[爲] 그렇게[其] 한 것[爲]인가요[與]?"

문왈부자지임견계자지제불견저자위기위상여(問曰夫子之任見季子之齊不

見儲子爲其爲相與)는 屋盧子問孟子曰 夫子之任而夫子見季子 夫子之齊而夫子不見儲子 夫子爲其爲相與에서 문맥으로 보충될 수 있으므로 되풀이되는 내용들을 생략한 어투로, 영어의 3형식 의문문과 같은 어투이다. 물론 부자지임견계자(夫子之任見季子)와 지제불견저자(之齊不見儲子)가 위기위상여(爲其爲相與)에서 앞 위(爲)의 목적절로 전치된 어투이고 기(其)가 두 목적절을 대신하는 지시어임을 알아채야, 夫子之任見季子之齊不見儲子爲其爲相與가 영어의 3형식 의문문과 같은 어투임을 알아채고 전체의 문맥을 잡을 수 있다. 그러므로 夫子之任見季子之齊不見儲子爲其爲相與의 주절은 爲其爲相與이고, 夫子之任見季子之齊不見儲子는 목적절인 셈이다.

목적절인 부자지임견계자(夫子之任見季子)에서 부자(夫子)는 주어이고 지(之)는 자동사로 본동사이며, 임(任)은 장소의 부사이고, 견(見)은 타동사로 본동사이고, 계자(季子)는 견(見)의 목적어이므로, 夫子之任見季子를 독립해서 본다면 영어의 1형식 문장과 3형식 문장으로 이루어진 영어의 중문과 같은 어투이다. 夫子之任見季子의 부자(夫子)는 선생(先生)을 뜻하는 존칭이고, 지(之)는 〈갈 왕(往)〉과 같고, 견(見)은 〈만나볼 회(會)〉와 같고 회견(會見)의 줄임말로 여긴다.

역시 목적절인 지제불견저자(之齊不見儲子)에서 지(之)는 자동사로 본동사이며, 제(齊)는 장소의 부사이고, 불(不)은 견(見)의 부정사(否定詞)이며 견(見)은 타동사로 본동사이고, 저자(儲子)는 견(見)의 목적어이므로, 之齊不見儲子를 독립시켜 본다면 영어의 1형식 문장과 3형식 문장으로 된 영어의 중문과 같은 어투이다. 之齊不見儲子의 지(之)는 〈갈 왕(往)〉과 같고, 견(見)은 〈만나볼 회(會)〉와 같고 회견(會見)의 줄임말로 여긴다.

주절인 위기위상여(爲其爲相與)에서 앞의 위(爲)는 타동사로 본동사이고, 기(其)는 지시어로 목적어이며, 위상(爲相)은 부사구이고 위(爲)는 소이(所以)와 같고, 상(相)은 재상(宰相)의 줄임말로 여긴다. 爲其爲相與의 위(爲)를 잘 정리해두지 않고선 전체의 문맥을 잡기가 어렵다. 爲其爲相與의 앞 위(爲)는 〈할 행(行)〉과 같고 행위(行爲)의 줄임말로 여기고, 뒤의 위(爲)는 〈까닭 소이(所以)〉와 같은 구실을 한다. 재상인[相] 까닭에[爲] 그것을[其] 했다[爲].

한문투에서 위(爲)를 다음과 같이 정리해둔다면 한문투의 문맥을 잡아 문의를 건져내는 데 편하다. 〈할 위(爲) = 조(造), 생각할 위(爲) = 사(思), 하여금 위(爲) = 사(使), 만들 위(爲) = 산(産), 이룰 위(爲) = 성(成), 배울 위(爲) = 학(學), 다스릴 위(爲) = 치(治), 도울 위(爲) = 조(助), 호위할 위(爲) = 호(護), 칭할 위(爲) = 칭(稱)〉 이 외에도 문맥에 따라 다양한 뜻을 구사하는 것이 위(爲)인 셈이다. 이처럼 한문투의 위(爲)를 영어에서 온갖 동사들을 대신해 대리동사인 do 같다고 여겨도 된다. 그리고 위(爲)는 뜻 없는 어조사 구실도 하고, 소이(所以)와 같은 구실을 하여 〈까닭 위(爲)〉로도 새기며, 〈爲A所B〉꼴에서 위(爲)는 영어의 수동태의 be 동사와 같고, B를 과거분사처럼 여기게 한다. 〈A에 의해서 B하여진 바[所]이다[爲]〉

물을 문(問), 말할 왈(曰), 사내 부(夫), 존칭 자(子), 갈 지(之), 임나라 임(任), 만나볼 견(見), 막내 계(季), 제나라 제(齊), 아니 불(不), 버금 저(儲), 할 위(爲), 그 기(其), 때문에 위(爲), 재상 상(相), ~인가 여(與)

非也(비야)

▶ (그런 것은) 아닌 것[非]이다[也].

비야(非也)는 夫子之任見季子之齊不見儲子非爲其爲相也에서 주어인 부자지임견계자지제불견저자(夫子之任見季子之齊不見儲子)를 생략하고, 비(非)의 동격절인 위기위상(爲其爲相)을 생략하여, 보어인 비(非)와 구문을 결정짓는 〈어조사(~이야) 야(也)〉만으로 이루어진 영어의 2형식 문장과 같은 어투이다. 그러니 여기서 비야(非也)는 〈A非B也〉꼴로 여기고 새겨야 非也의 문의가 잘 드러난다. 〈A(夫子之任見季子之齊不見儲子)는 B(爲其爲相)가 아닌 것[非]이다[也]〉 물론 옥로자(屋盧子)의 물음을 부정(否定)하는 대답으로 보고 비야(非也)를 부시(不是)와 같다고 보고 새겨도 무방하지만, 非也는 〈A非B也〉꼴이 생략된 어투로 새기는 것이 더 낫다. 아니다[不是].

아닌 것 비(非), 이다 야(也)

書曰(서왈) 享多儀(향다의) 儀不及物曰不享(의불급물왈불향) 惟不役志于享(유불역지우향)

▶ 『서경(書經)』이[書] 말해주고 있다[曰]. "예물을 바침에는[享] 많은[多] 예의가 있는데[儀] 예의가[儀] 예물에[物] 미치지 못한다면[不及] 예의에

어긋난 바침이라[不享] 말하고[曰], (불향이란) 예물을 바침[享]에[于] 오직[惟] 뜻을[志] 쓰지 않은 것이다[不役].

서왈(書曰)은 『서경(書經)』 제4편 「주서(周書)」 15장 〈낙고(洛誥)〉에 있는 말을 맹자가 인용하고 있는 것이다.

향다의(享多儀)는 〈A有B〉꼴에서 〈있을 유(有)〉가 생략된 꼴로 여기고 새기면 문맥이 통한다. 〈A(享)에는 많은[多] 예의가[儀] 있다[有]〉 그러니 享多儀를 영어의 1형식 문장과 같은 어투로 여기고 새긴다. 享多儀에서 향(享)은 부사이고, 다(多)는 의(儀)를 꾸미는 형용사이며, 의(儀)는 주어이고, 자동사로 본동사인 〈있을 유(有)〉는 생략된 셈이다. 享多儀의 향(享)은 〈드릴 봉(奉)〉과 같고 봉헌(奉獻)의 뜻이다. 특히 향(享)은 〈바칠 향(享), 통할 형(亨), 삶을 팽(亨) = 팽(烹)〉 등으로 뜻에 따라 발음을 달리함을 주목해둘 자(字)이다. 다(多)는 〈많을 중(衆)〉과 같고 중다(衆多)의 줄임말로 여기고, 의(儀)는 예의(禮意)를 말한다. 예(禮)로써 정성(精誠)을 다함[禮意]이 의(儀)이다.

의불급물왈불향(儀不及物曰不享)은 〈A曰B〉꼴로 영어의 3형식 문장과 같은 어투이다. 〈A(儀不及物)는 B(不享)를 말해준다[曰]〉 儀不及物曰不享에서 의불급물(儀不及物)은 주절이고, 왈(曰)은 타동사이며, 불향(不享)은 목적구이다. 주절인 儀不及物에서 의(儀)는 주어이고, 불(不)은 급(及)의 부정사(否定詞)이며, 물(物)은 목적어이다. 예절이[儀] 예물을[物] 미치지 못함은[不及]. 儀不及物曰不享의 의(儀)는 예절(禮節)을 뜻하고, 급(及)은 〈미칠 체(逮)〉와 같고, 물(物)은 여기서 폐물(幣物)의 줄임으로 바치는 예물(禮物)을 뜻하고, 불향(不享)은 예(禮)에서 벗어난 성실치 않은 바침을 말한다.

유불역지우향(惟不役志于享)은 惟不享是不役志于享에서 문맥으로 보충될 수 있는 불향시(不享是)를 생략한 어투로 여기고 새기면 문맥이 통한다. 그러니 惟不役志于享은 〈A是B〉꼴로 영어의 2형식 문장과 같은 어투인 셈이다. 〈A(不享)는 B(不役志于享)이다[是]〉 惟不役志于亨은 보어인 술부만 남은 셈이다. 惟不役志于亨에서 유(惟)는 어조사이고, 불(不)은 역(役)의 부정사(否定詞)이며, 역(役)은 영어의 동명사와 같으면서 보어이며, 지(志)는 역(役)의 목적어이고, 우향(于享)은 역(役)을 돕는 부사구이다. 예물을 바침[享]에[于] (예의의) 뜻을[志] 쓰지 않음이다[不役]. 惟不役志于亨의 유(惟)는

〈오직 독(獨)〉과 같고, 역(役)은 〈쓸 용(用)〉과 같고 용역(用役)의 줄임으로 여기고, 지(志)는 여기선 예의(禮意)를 말하며 우(于)는 〈~에 어(於)〉와 같고, 향(享)은 〈바침 봉(奉)〉과 같고 예물(禮物)을 봉헌(奉獻)함을 향(享)이라 한다. 특히 향(享)은 〈바칠 향(享), 통할 형(亨), 삶을 팽(亨) = 팽(烹)〉 등으로 뜻에 따라 발음을 달리한다.

군자는 예(禮)에 어긋나면 행하지 않는다. 이러한 삶을 거이(居易)라 한다. 편히 산다 함은 예의(禮意)를 다하여 산다는 것이다. 그러면 마음이 편키 때문이다. 예(禮)를 저버리고 과분한 선물을 앞세운다면 예물(禮物)이 예의(禮意)를 능멸하는 짓이다. 그러니 예물을 받고 주되, 예의(禮意) 즉 예(禮)의 정성을 다해야 한다는 것이 곧 군자(君子)의 신독(愼獨)이다. 홀로 삼간다[愼獨].

서경 서(書), 말할 왈(曰), (예물을) 바침 향(享), 많을 다(多). 예의 의(儀), 아니 불(不), 미칠 급(及), 물건 물(物), 오직 유(惟), 쓸 역(役), 뜻 지(志), ~에 우(于)

爲其不成享也(위기불성향야)

▶ (『서경(書經)』이) 위같이[其] 밝힌 것은[爲] 공물의 바침이[享] (예를 갖춰) 이루어지지 않았기[不成] 때문이다[也].

위기불성향야(爲其不成享也)는 〈AB故也〉꼴로 새기면 문맥이 통한다. 즉 爲其不成享故也에서 문맥으로 보충될 수 있으므로 고(故)를 생략한 어투인 셈이니 爲其不成享也는 영어의 2형식 문장과 같은 어투이다. 〈A(爲其)는 B(不成享)이다[也]〉 爲其不成享也에서 위기(爲其)는 주어이고, 불성향(不成享)은 보어인 고(故)의 동격구이지만 고(故)가 생략돼 있으므로 구문을 결정짓는 〈어조사(~이다) 야(也)〉를 ~ 때문이다[也]로 새기면 문맥이 통한다.

맹자가 자신이 인용한 『서경(書經』의 말을 "위기불성향야(爲其不成享也)"라고 제자(屋盧子)에게 해석해주고, 계자(季子)를 손수 찾아가 만나보았지만 저자(儲子)를 찾아가 만나지 않았던 연유를 헤아리게 해준다. 따라서 계자(季子)는 임(任)나라의 군왕을 대행하니까 가서 만나보고 저자(儲子)는 제(齊)나라 하읍(下邑)의 수장(首長)이니 가서 만나지 않은 것이냐고 물었던 제자(屋盧子)의 짧은 생각을 깨우쳐주려는 스승(孟子)의 배려가 드러나고 있다.

칭할 위(爲), 그 기(其), 아니 불(不), 이룰 성(成), 바침 향(享), ~이다 야(也)

屋盧子悅或問之(옥로자열혹문지)

▶ 옥로자가[屋盧子] 기뻐하니[悅] 어떤 이가[或] 기뻐함을[之] 물었다[問].

옥로자열혹문지(屋盧子悅或問之)는 屋盧子悅 或問之於屋盧子에서 문맥으로 보충될 수 있는 내용들을 생략한 어투로, 영어의 복문과 같은 어투이다. 옥로자희(屋盧子悅)할 때 혹문지(或問之)했다고 새기면 屋盧子悅或問之의 문맥이 잡히므로, 옥로자열(屋盧子悅)을 시간의 종속절로 여기고, 혹문지(或問之)를 주절로 여기고 새기면 屋盧子悅或問之의 문맥이 잡힌다는 말이다. 屋盧子悅或問之의 열(悅)은 〈기뻐할 희(喜)〉와 같고 희열(喜悅)의 줄임말로 여기고, 혹(或)은 혹자(或者)의 줄임말이며, 지(之)는 열(悅)을 나타내는 지시대명사이다.

집 옥(屋), 밥그릇 로(盧), 존칭 자(子), 기뻐할 열(悅), 어떤 이 혹(或), 물을 문(問), 그것 지(之)

季子不得之鄒(계자부득지추)

▶ 계자는[季子] 추나라로[鄒] 갈[之] 수 없었다[不得].

계자부득지추(季子不得之鄒)는 영어의 1형식 문장과 같은 어투이다. 季子不得之鄒에서 계자(季子)는 주어이고, 부득(不得)은 지(之)의 부정사(否定詞)로 마치 영어의 cannot과 같고, 지(之)는 자동사이며, 추(鄒)는 장소의 부사이다. 季子不得之鄒의 부득(不得)은 불능(不能)과 같고, 지(之)는 〈갈 왕(往)〉과 같다.

막내 계(季), 존칭 자(子), 아니 부(不), 잘할 득(得), 갈 지(之), 추나라 추(鄒)

儲子得之平陸(저자득지평륙)

▶ 저자는[儲子] 평륙으로[平陸] 갈[之] 수 있었다[得].

저자득지평륙(儲子得之平陸)은 영어의 1형식 문장과 같은 어투이다. 儲子得之平陸에서 저자(儲子)는 주어이고, 득(得)은 지(之)를 돕는 조동사로 마치 영어의 can과 같고, 지(之)는 자동사이며, 평륙(平陸)은 장소의 부사이다. 儲子得之平陸의 득(得)은 〈잘할 능(能)〉과 같고, 지(之)는 〈갈 왕(往)〉

과 같다.

계자(季子)는 군왕(君王)을 대행하는 처수(處守)였으니 그 자리를 비우고 맹자를 만나러 추(鄒)나라로 갈 수 없었지만, 저자(儲子)는 자신이 재상(宰相)으로 있는 평륙(平陸)에 맹자가 있었으니 얼마든지 찾아가 만날 수 있었으나 저자(儲子)는 예물만 보낸 셈이니 불성향(不成享)의 예물(禮物)만 보낸 셈이다. 향(享)의 근본은 예(禮)가 근본(根本)이고, 물(物)이 말단(末端)이다. 근본이 어긋나면 군자는 말단을 두고 근심하지 않는다.

버금 저(儲), 존칭 자(子), 잘할 득(得), 갈 지(之), 고를 평(平), 땅 륙(陸)

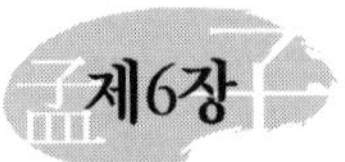

제6장

6장은 견득사의(見得思義)를 생각나게 하는 장이다. 맹자가 제(齊)나라의 객경(客卿)으로 있다가 왕도(王道)가 이루어지기 어려움을 알고 속절없이 떠나려고 할 때, 순우곤(淳于髡)이란 제(齊)나라의 변사(辯士)가 현자(賢者)란 무익하다고 시비를 걸고 나오자, 맹자가 그의 무지를 너그럽게 일깨워주고 현자의 유익을 깨우치게 하는 장이다. 이득을[利] 보면[見] 의로운가를[義] 생각하라[思].

【문지(聞之) 1】

군자역인이이의(君子亦仁而已矣)

【원문(原文)】

淳于髡이 曰 先名實者는 爲人也이고 後名實者는 自爲也이다 夫子는 在三卿之中하여 名實이 未加於上下而去之하니 仁者는 固如此乎이까 孟子曰 居下位하고 不以賢事不肖者는 伯夷也이고 五就湯하고 五就桀者는 伊尹也이며 不惡汚君하고 不辭小官者
(순우곤 왈 선명실자 위인야 후명실자 자위야 부자 재삼경지중 명실 미가어상하이거지 인자 고여차호 맹자왈 거하위 불이현사불초자 백이야 오취탕 오취걸자 이윤야 불오오군 불사소관자)

는 柳下惠也이니 三子者는 不同道이나 其趨는 一也이라 一者何
유하혜야 삼자자 부동도 기추 일야 일자하
也이까 曰 仁也이다 君子亦仁而已矣이다 何必同이리오
야 왈 인야 군자역인이이의 하필동

【해독(解讀)】

순우곤이 말했다[淳于髡曰]. "명성과 실적을 앞세우는 것은 남을 위한 것이고[先名實者爲人也], 명성과 실적을 뒤로 하는 것은 자신을 위한 것인데[後名實者自爲也], 선생은 삼경에 속해 있으면서도[夫子在三卿之中] 위아래에 명성도 실적도 더하지 않고[名實未加於上下] 그리고서도 그 벼슬을 버렸습니다[而去之]. 어진 사람은 본래 이와 같이 하는 것입니까[仁者固如此乎]?" (이에) 맹자가 말해주었다[孟子曰]. "아래 자리에 살면서도[居下位] 현명함으로써 현명치 못한 자를 섬기지 않은 것은 백이이고[不以賢事不肖者伯夷也], 다섯 번이나 탕왕에게 나아갔고 다섯 번이나 걸왕에게 나아간 것은 이윤이며[五就湯五就桀者伊尹也], 더러운 임금을 싫어하지 않고 작은 관직을 사양하지 않았던 것은 유하혜이오[不惡汚君不辭小官者柳下惠也]. 세 분의 사람들이 방도를 달리 했지만 그분들의 추구는 하나인 것이오[三子者不同道其趨一也]." (이에 순우곤이 물었다) "하나같다는 것은 무엇입니까[一者何也]?" (맹자가) 말해주었다[曰]. "(그것은) 어짊이오[仁也]. 군자는 역시 어짊일 뿐이오[君子亦仁而已矣] (군자가) 어찌 반드시 (방도를) 같이 하겠소[何必同]?"

【담소(談笑)】

淳于髡曰(순우곤왈)

▶ 순우곤이[淳于髡] 말했다[曰].

순우곤왈(淳于髡曰)의 순우곤(淳于髡)은 제(齊)나라의 변사(辯士) 정도로 알려져 있고, 순우(淳于)는 성씨이고 곤(髡)은 이름(名)이다. 맹자의 제자라는 설(說)도 있지만, 말을 거는 자세로 보아 제자로 보기가 어려운 편이다.

순박할 순(淳), 행할 우(于), 머리 깎을 곤(髡)

先名實者(선명실자) 爲人也(위인야)

▶ 명성과[名] 실적을[實] 앞세우는[先] 것은[者] 남을[人] 위한 것[爲]이다[也].

선명실자위인야(先名實者爲人也)는 〈AB也〉꼴로 영어의 2형식 문장과 같은 어투이다. 〈A(先名實者)는 B(爲人)이다[也]〉 先名實者爲人也에서 선명실자(先名實者)는 주부이고, 위인(爲人)은 보어이며, 야(也)는 구문을 결정짓는 어조사(~이다)이다. 주부인 先名實者에서 선명실(先名實)은 영어에서 관계대명사 what과 같은 구실을 하는 자(者)를 꾸미는 형용사절이고, 선(先)은 타동사이고, 명실(名實)은 선(先)의 목적어이다. 명실을[名實] 앞세우는[先] 것[者]. 先名實者爲人也의 선(先)은 〈먼저할 선지(先之)〉와 같고, 명(名)은 명성(名聲)·명예(名譽)의 줄임말로 여기고, 실(實)은 실적(實績)의 줄임말로 여기고 새기고, 위(爲)는 〈도울 조(助)〉와 같고, 인(人)은 타인(他人)의 줄임말로 여기고 복수로 새기면 문맥이 통한다.

앞세울 선(先), 명성 명(名), 실적 실(實), 것 자(者), 위할 위(爲), 남들 인(人), ~이다 야(也)

後名實者(후명실자) 自爲也(자위야)

▶ **명성과[名] 실적을[實] 뒤로 하는[先] 것은[者] 자신을[自] 위한 것[爲] 이다[也].**

후명실자자위야(後名實者自爲也)는 〈AB也〉꼴로 영어의 2형식 문장과 같은 어투이다. 〈A(後名實者)는 B(自爲)이다[也]〉 後名實者自爲也에서 후명실자(後名實者)는 주부이고, 자위(自爲)는 보어이며, 야(也)는 구문을 결정짓는 어조사(~이다)이다. 주부인 後名實者에서 후명실(後名實)은 자(者)를 꾸미는 형용사절이고, 후(後)는 타동사이고, 명실(名實)은 후(後)의 목적어이다. 명실을[名實] 뒤로 하는[後] 것[者]. 後名實者自爲也의 후(後)는 〈뒤로 할 후지(後之)〉와 같고, 명(名)은 명성(名聲) 명예(名譽)의 줄임말로 여기고, 실(實)은 실적(實績)의 줄임말로 여기고 새기고, 위(爲)는 〈도울 조(助)〉와 같고, 자(自)는 자기(自己)의 줄임말로 여기고 새긴다.

뒤로 할 후(後), 명성 명(名), 실적 실(實), 것 자(者), 위할 위(爲), 자신 자(自), ~이다 야(也)

夫子在三卿之中(부자재삼경지중) 名實未加於上下(명실미가어상하) 而去之(이거지)

▶ 선생은[夫子] 삼경[三卿]에[之] 속해[中] 있으면서도[在] 임금과[上] 수하[下]에게[於] 명성도[名] 실적도[實] 더하지 못하고[未加]서[而] 그 벼슬을[之] 버렸다[去].

부자재삼경지중명실미가어상하이거지(夫子在三卿之中名實未加於上下而去之)와 같은 어투에선 구문의 골격을 이루는 본동사를 살펴서 문맥을 잡는 것이 편하다. 夫子在三卿之中名實未加於上下而去之에서 〈있을 재(在)〉와 〈더할 가(加)〉와 〈버릴 거(去)〉가 본동사임을 알아채면 문맥은 쉽게 잡힌다. 夫子在三卿之中名實未加於上下而去之를 부자재삼경지중(夫子在三卿之中)과 명실미가어상하(名實未加於上下)와 이거지(而去之)로 나누어서 각각 문맥을 잡아본 다음, 서로의 문장의 관계를 살펴 전체의 문맥을 잡아볼 수 있다는 말이다. 한문투의 골격이란 주어 + 본동사 + 목적어 또는 주어 + 본동사 + 보어 등으로 짜인다고 여기면 편하다. 골격을 살핀 다음 나누어진 문장 사이의 관계를 살펴 모두 다 문장인지 절의 관계인지 따져보면, 한문투를 영어의 중문처럼 여기고 문맥을 잡을지 아니면 영어의 복문처럼 여기고 문맥을 잡을지 알아챌 수 있다. 그러자면 먼저 구문을 본동사 위주로 나누어 각각을 독립구문으로 가정하고 문맥을 잡아 새긴 다음, 서로의 논리적 관계를 살펴보면 복문으로 문맥을 잡을지 중문으로 문맥을 잡을지 가늠해 결정해서 전체 문맥을 잡아갈 수 있다. 다시 말해 夫子在三卿之中과 名實未加於上下와 而去之를 각각 독립문으로 여기고 새겨본다는 말이다.

부자재삼경지중(夫子在三卿之中)은 夫子在於三卿之中에서 어조사인 〈~에 어(於)〉를 생략한 어투이므로 夫子在三卿之中에서 부자(夫子)는 주어이고, 재(在)는 자동사인 〈있을 재(在)〉로 본동사이며, 삼경지중(三卿之中)은 어삼경지중(於三卿之中)이므로 재(在)를 꾸미는 부사구이므로, 부자가[夫子] 삼경[三卿]의[之] 한 분[中]으로[於] 있었다[在]로 새겨 문맥을 잡을 수 있다. 夫子在三卿之中의 부자(夫子)는 여기선 존칭(尊稱)으로 선생(先生)과 같은 말이고, 재(在)는 〈있을 존(存)〉과 같고, 경(卿)은 경대부(卿大夫)로 영의정에 해당하는 벼슬이며, 지(之)는 소유격 토씨(~의)인 어조사이고, 중(中)은 〈안 내(內)〉와 같다.

명실미가어상하(名實未加於上下)는 夫子未加名實於上 而夫子未加名實於下에서 앞 문맥으로 보충될 수 있으므로 주어인 부자(夫子)를 생략하고, 가(加)의 목적구인 명실(名實)을 전치하고, 되풀이되는 미가어(未加於)를 생략하여 두 구문을 하나로 묶은 수동태 어투이다. 부자는[夫子] 상하[上下]에게[於] 명실을[名實] 더하지 못했다[未加]는 능동태 어투가, 상하[上下]에게[於] 명실이[名實] 더해지지 못했다[未加]는 수동태 어투로 바뀌었다는 말이다. 따라서 名實未加於上下에서 명실(名實)은 주어이고, 미(未)는 가(加)의 부정사(否定詞)이며, 가(加)는 수동태 자동사이고, 어상하(於上下)는 가(加)를 꾸미는 부사구임을 알아채면 쉽게 문맥이 잡힌다. 名實未加於上下의 명실(名實)은 명성실적(名聲實績)의 줄임말이고, 미(未)는 〈못할 불(不)〉과 같고, 가(加)는 〈더할 증(增)〉과 같고 증가(增加)의 줄임말로 여기며, 어(於)는 어조사 〈~에게 여(與)〉와 같다.

이거지(而去之)는 夫子去其卿에서 앞 문맥으로 보충될 수 있으므로 거(去)의 주어인 부자(夫子)를 생략하고, 기경(其卿)을 지시대명사인 지(之)로 대신한 어투이다. 而去之에서 이(而)는 역접의 연사이고, 거(去)는 타동사이며, 지(之)는 거(去)의 목적어이므로, 그러나[而] (선생은) 경대부를[之] 버렸다[去]고 새겨 문맥이 잡힌다. 而去之의 거(去)는 여기선 〈버릴 기(棄)〉와 같다.

이렇게 부자재삼경지중(夫子在三卿之中)을 독립구문으로 여기고 부자가[夫子] 삼경[三卿]의[之] 한 분[中]으로[於] 있었다[在]고 문맥을 잡고, 명실미가어상하(名實未加於上下)를 독립구문으로 여기고 상하[上下]에게[於] 명실이[名實] 더해지지 못했다[未加]고 문맥을 잡고, 이거지(而去之)를 독립구문으로 여기고 그리고[而] (선생은) 경대부를[之] 버렸다[去]고 문맥을 잡아 서로의 논리적 관계를 따져보면, 다음처럼 전체 문맥을 잡을 수 있을 것이다. 부자가[夫子] 삼경[三卿]의[之] 한 분[中]으로[於] 있었을 때[在] 상하[上下]에게[於] 명실이[名實] 더해지지 못했지만[未加], 그러나[而] (선생은) 경대부를[之] 버렸다[去]. 그러므로 부자재삼경지중명실미가어상하이거지(夫子在三卿之中名實未加於上下而去之)에서 夫子在三卿之中은 시간의 부사절이 되고, 名實未加於上下와 而去之는 주절이 되므로, 영어의 복문처럼 여기고 전체 문맥을 잡을 수 있다.

사내 부(夫), 존칭 자(者), 있을 재(在), 석 삼(三), 벼슬 경(卿), ~의 지(之), 가운데 중(中), 명성 명(名), 실적 실(實), 아닐 미(未), 더할 가(加), ~에게 어(於), 윗 상(上), 아래 하(下), 그러나 이(而), 버릴 거(去), 그것 지(之)

仁者固如此乎(인자고여차호)

▶ 어진[仁] 사람은[者] 굳게[固] 이와[此] 같이 하는 것[如]인가[乎]?

인자고여차호(仁者固如此乎)는 〈AB乎〉꼴로 영어의 2형식 의문문과 같은 어투이다. 〈A(仁者)는 B(如此)인가[乎]?〉 仁者固如此乎에서 인자(仁者)는 주어이고, 고(固)는 여(如)를 꾸미는 부사이며, 여(如)는 영어의 동명사와 같은 구실을 하면서 보어이고, 차(此)는 여(如)의 목적어이며, 호(乎)는 의문문을 결정짓는 어조사(~인가)이다. 仁者固如此乎의 고(固)는 〈굳게 견(堅)〉 또는 〈고집스럽게 집(執)〉 등과 같고 견고(堅固)의 줄임말로 여기고, 여(如)는 〈같을 사(似), 약(若), 유(猶)〉 등과 같다.

어질 인(仁), 사람 자(者), 굳을 고(固), 같이할 여(如), 이 차(此), ~인가 호(乎)

居下位不以賢事不肖者(거하위불이현사불초자) 伯夷也(백이야)

▶ 아래[下] 자리에[位] 살면서[居] 현명함[賢]으로써[以] 현명치 못한 자를[不肖] 섬기지 않은[不事] 것은[者] 백이[伯夷]이다[也].

거하위불이현사불초자백이야(居下位不以賢事不肖者伯夷也)는 〈AB也〉꼴로 영어의 2형식 문장과 같은 어투이다. 〈A(居下位不以賢事不肖者)는 B(伯夷)이다[也]〉 居下位不以賢事不肖者伯夷也에서 거하위(居下位)와 불이현사불초(不以賢事不肖)는 자(者)를 꾸며주는 형용사절이고, 백이(伯夷)는 보어이며, 야(也)는 구문을 결정짓는 어조사(~이다)이다. 居下位의 거(居)는 〈처할 처(處)〉와 같고 거처(居處)의 줄임말로 여기고, 不以賢事不肖者의 이(以)는 〈써 용(用)〉과 같고, 현(賢)은 〈밝음 명(明)〉과 같고 현명(賢明)의 줄임말로 여기고, 초(肖)는 〈닮을 사(似)〉와 같고, 불초(不肖)는 불현(不賢)과 같은 말이다. 물론 백이(伯夷)는 상(商)나라에 속했던 고죽국(孤竹國)의 왕자였으나, 아버지인 고죽군(孤竹君)이 죽자 계승(繼承)을 않고 은둔(隱遁)했다는 현자(賢者)로 이름은 윤(允)이다.

살 거(居), 아래 하(下) 자리 위(位), 아니 불(不), 까닭 이(以), 밝을 현(賢), 섬길 사(事), 닮을 초(肖), 것 자(者), 맏 백(伯), 온화할 이(夷)

五就湯五就桀者(오취탕오취걸자) 伊尹也(이윤야)

▶ **다섯 번이나[五] 탕왕에게[湯] 나아갔고[就] 다섯 번이나[五] 걸왕에게[桀] 나아간[就] 것은[者] 이윤[伊尹]이다[也].**

오취탕오취걸자이윤야(五就湯五就桀者伊尹也)는 〈AB也〉꼴로 영어의 2형식 문장과 같은 어투이다. 〈A(五就湯五就桀者)는 B(伊尹)이다[也]〉 五就湯五就桀者伊尹也에서 오취탕(五就湯)과 오취걸(五就桀)은 자(者)를 꾸며주는 형용사절이고, 이윤(伊尹)은 보어이며, 야(也)는 구문을 결정짓는 어조사(~이다)이다. 五就湯五就桀者伊尹也의 오(五)는 오회(五回)의 줄임말로 여기고, 취(就)는 〈좇을 종(從)〉고 같고, 탕(湯)은 상(商)나라의 개조(開祖)인 탕왕(湯王)이고, 걸(桀)은 탕왕(湯王)에 의해서 멸망한 하(夏)나라의 말왕(末王) 걸왕(桀王)이다. 이윤(伊尹)은 탕왕(湯王)을 위해 여러 차례 걸왕(桀王)에게 나아갔으나, 무도(無道)한 걸왕을 탕왕으로 하여금 치게 하여 천하를 평정하게 하고 상(商)나라를 세우게 하였다.

다섯 오(五), 나아갈 취(就), 탕임금 탕(湯), 걸임금 걸(桀), 것 자(者), 저 이(伊), 다스릴 윤(尹), ~이다 야(也)

不惡汚君不辭小官者(불오오군불사소관자) 柳下惠也(유하혜야)

▶ **더러운[汚] 임금을[君] 싫어하지 않고[不惡] 작은[小] 관직을[官] 사양하지 않았던[不辭] 것은[者] 유하혜[柳下惠]이다[也].**

불오오군불사소관자유하혜야(不惡汚君不辭小官者柳下惠也)는 〈AB也〉꼴로 영어의 2형식 문장과 같은 어투이다. 〈A(不惡汚君不辭小官者)는 B(柳下惠)이다[也]〉 不惡汚君不辭小官者柳下惠也에서 불오오군(不惡汚君)과 불사소관(不辭小官)은 자(者)를 꾸며주는 형용사절이고, 유하혜(柳下惠)는 보어이며, 야(也)는 구문을 결정짓는 어조사(~이다)이다. 不惡汚君不辭小官者柳下惠也의 오(汚)는 〈싫어할 혐(嫌)〉과 같고 혐오(嫌惡)의 줄임말로 여기고, 오(惡)는 〈혼탁할 탁(濁)〉과 같으며, 사(辭)는 〈사양할 양(讓)〉과 같고 사양(辭讓)의 줄임말로 여기고, 소관(小官)은 낮은 관직(官職)을 말한다. 유하혜(柳下惠)는 노(魯)나라 현자(賢者). 성씨는 전(展)이고 이름은 금(禽) 또는 획(獲)이고, 유하(柳下)에 살아서 그의 호(號)가 되었고, 그 문인(門人)들이 혜(惠)라고 사시(私諡)하여서 유하혜(柳下惠)라고 불리게 되었다.

아니 불(不), 싫어할 오(惡), 더러울 오(汚), 임금 군(君), 사양할 사(辭), 작을 소(小), 관직 관(官), 것 자(者), 버들 유(柳), 아래 하(下), 은혜 혜(惠), ~이다 야(也)

三子者不同道(삼자자부동도) 其趨一也(기추일야)

▶ 세[三] 분의[子] 사람들은[者] 방도를[道] 달리했지만[不同] 그 분들의[其] 취함은[趨] 하나인 것[一]이다[也].

삼자자부동도기추일야(三子者不同道其趨一也)와 같은 어투의 문맥을 잡으려면 구문의 골격을 이루는 본동사를 살펴서 문맥을 잡는다. 三子者不同道其趨一也에서 〈같을 동(同)〉이 본동사이고, 〈같을 일(一)〉이 보어지만 야(也)가 없다면 본동사가 되는 것을 알아채면, 三子者不同道其趨一也의 문맥은 쉽게 잡힌다. 三子者不同道其趨一也를 삼자자부동도(三子者不同道)와 기추일야(其趨一也)로 나누어서 각각 문맥을 잡아본 다음, 두 문장의 관계를 살펴 전체의 문맥을 잡을 수 있다는 말이다. 한문투의 골격은 주어 + 본동사 + 목적어 또는 주어 + 본동사 + 보어 등으로 짜인다고 여기면 편하다. 나누어진 문장 사이의 관계를 살펴 모두 다 문장인지 서로 절의 관계인지 따져보면, 한문투를 영어의 중문처럼 여기고 문맥을 잡을지 아니면 영어의 복문처럼 여기고 문맥을 잡을지 알아챌 수 있다. 그렇게 하면 三子者不同道는 양보의 종속절이고, 其趨一也가 주절인 영어의 복문과 같은 어투임을 알 수 있다. 삼자자부동도(三子者不同道)하지만 기추일야(其趨一也)이다라고 새기면 三子者不同道其趨一也의 문맥이 잡힌다.

양보의 종속절인 삼자자부동도(三子者不同道)에서 삼자(三子)는 자(者)를 꾸미는 형용사절이고, 자(者)는 주어이며, 부(不)는 동(同)의 부정사(否定詞)이고, 동(同)은 타동사이고, 도(道)는 목적어이다. 三子者不同道의 자(子)는 존칭(尊稱)이고, 동(同)은 〈하나 같은 일(一)〉과 같고 동일(同一)의 줄임말로 여기고, 도(道)는 여기서 〈방법 방(方)〉과 같고 방도(方道)의 줄임말로 여긴다.

주절인 기추일야(其趨一也)에서 기(其)는 추(趨)를 꾸미는 관형사이고, 추(趨)는 주어이며, 일(一)은 보어이고, 야(也)는 구문을 결정짓는 어조사(~이다)이다. 其趨一也의 기(其)는 삼자지(三子者)를 대신하는 관형사이고, 추(趨)는 〈취할 취(取)〉를 대신할 수 있으니 〈취할 취(取)〉로 여기고 새기고, 일(一)은 〈하나 같은 동(同)〉과 같고 동일(同一)의 줄임말로 여기고 새기며, 야(也)는 구문을 결정짓는 어조사(~이다)이지만 무시하고 其趨一也를 其趨一로 여기고 새겨도 문맥에 따른 문의는 상하지 않는다. 그 분들의[其] 취함은[趨] 하나인 것[一]이다[也]처럼 야(也)를 살려 새겨도 되고, 그 분들의[其] 취함은[趨] 하나같았다[一]처럼 야(也)를 무시하고 새겨도 된다는 말이다. 其趨一也는 영어의 2형식 문장처럼 일(一)을 보어로 여길 수 있지만, 其趨一은 영어의 1형식 문장처럼 일(一)을 자동사로 여길 수 있다. 문의는 달라지지 않고, 어조에 따른 어투가 달라질 뿐이라고 생각하면 된다.

석 삼(三), 존칭 자(子) 사람 자(者), 아니 부(不), 같을 동(同), 방도 도(道), 그 기(其), 좇을 추(趨), 같을 일(一), ~이다 야(也)

一者何也(일자하야)

▶ 하나 같다는[一] 것은[者] 무엇[何]인가[也]?

일자하야(一者何也)는 〈AB也〉꼴로 영어의 2형식 문장과 같은 어투이다. 〈A(一者)는 B(何)인가[也]?〉 一者何也에서 일(一)은 자(者)를 꾸며주는 형용사절이고, 자(者)는 주어이며, 하(何)는 의문명사로 보어이고, 야(也)는 하(何)와 함께 의문문을 결정짓는 어조사(~인가)이다. 一者何也의 일(一)은 〈하나 같은 동(同)〉과 같고 동일(同一)의 줄임말로 여기고, 하(何)는 〈무엇 갈(曷)〉과 같고 영어의 의문사 what과 같다고 여긴다.

하나 같은 일(一), 것 자(者), 무엇 하(何), ~인가 야(也)

仁也(인야)

▶ (그것은) 어짊[仁]이다[也].

인야(仁也)는 一者仁也에서 문맥으로 보충될 수 있으므로 주어인 일자(一者)를 생략하고 술부인 인야(仁也)만 남긴 어투로, 〈AB也〉꼴로 영어의 2형식 문장과 같은 어투이다.

어짊 인(仁), ~이다 야(也)

君子亦仁而已矣(군자역인이이의)

▶ 군자는[君子] 역시[亦] 인자[仁]일뿐이다[而已矣].

군자역인이이의(君子亦仁而已矣)는 〈AB也〉꼴의 어조를 강조한 어투로, 영어의 2형식 문장과 같은 어투이다. 〈A(君子)는 B(仁)일뿐이다[而已矣]〉 君子亦仁而已矣에서 군자(君子)는 주어이고, 역(亦)은 부사이며, 인(仁)은 보어이고, 이이의(而已矣)는 구문을 강하게 결정짓는 어조사이다. 이이(而已)와 이이의(而已矣)는 구문을 강하게 결정짓는 어조사의 관용구로 알아두면 편하다. 君子亦仁而已矣의 역(亦)은 〈또 우(又)〉와 같고, 인(仁)은 인자(仁者)의 줄임으로 보고 새기면 문맥이 통하고, 이(已)는 〈그칠 지(止)〉와 같지만 여기선 이이의(而已矣)를 하나의 어조사로 여기고 새긴다. ~일 뿐이다[而已矣].

임금 군(君), 존칭 자(子), 또한 역(亦), 어짊 인(仁), 어조사 이(而), 그칠 이(已), ~이다 의(矣)

何必同(하필동)

▶ (군자가) 어찌[何] 반드시[必] (방도를) 같이 하겠는가[同]?

하필동(何必同)은 何君子必同道에서 문맥으로 보충될 수 있는 내용들인 주어인 군자(君子)와 목적어인 도(道)를 생략하고 본동사만 남긴 어투이지만, 영어의 3형식 문장처럼 여기고 새기면 문맥이 통한다. 何必同에서 하(何)는 의문부사이고 필(必)은 동(同)을 꾸미는 부사이며, 동(同)은 타동사로 본동사이다. 何必同의 동(同)은 〈같이 할 일(一)〉과 같고, 동일(同一)의 줄임말로 여기고 새긴다.

맹자가 밝히는 인(仁)은 바로 인(人) · 인심(人心) · 애인(愛人) · 무불애(無不愛)를 말한다. 그러한 인(人)을 행(行)하면 왕(王)이라고 맹자는 밝혔다. 행인이왕(行仁而王)이 바로 그러함이다. 인을[仁] 행한다[行]면[而] (누구나) 왕이 된다[王]. 그러한 인(仁)은 오로지 합천리(合天理)로 통한다. 사람을 사랑하는 것[愛人]만 인(仁)은 아니다. 꽃이 피고 나비가 나는 것 또한 인(仁)으로 통한다. 하늘이 초목을 사랑하므로 꽃이 피고 하늘이 나비를 사랑하므로 날 수 있다는 생각이 곧 합천리(合天理)인 까닭이다. 그러니 인(仁)을 애인(愛人)이라 함은 천애인(天愛人)이지 인애인(人愛人)이 아님을 사무쳐야 한다. 하늘이 만물을 사랑하듯 사람도 따라서 만물과 더불어 사람을 사랑하라 함이 인(仁)이다. 그래서 인(仁)은 무엇보다 먼저 무사(無私)를 요구한다. 사사로운 것이[私] 없음[無]을 일러 무사(無邪)라 한다. 사악함이[邪] 없다[無]. 그러므로 무사(無私)하여 무사(無邪)하다면 합천리(合天理)이고 그러면 인(仁)이며, 그 인(仁)을 행하는 사람이 곧 군자(君子)이다. 군자가 인(仁)을 어떻게 행하는가? 여기에 어찌 하나만의 방도가 있겠느냐고 맹자가 반문하여 단언(斷言)하고 있다.

어찌 하(何), 반드시 필(必), 같이할 동(同)

【문지(聞之) 2】

우불용백리해이망(虞不用百里奚而亡)

【원문(原文)】

曰 魯穆公之時에 公儀子爲政하고 子柳子思爲臣이로되 魯之削
왈 노목공지시 공의자위정 자류자사위신 노지삭
也滋甚하니 若是乎賢者之無益於國也잇가 曰 虞不用百里奚而
야자심 약시호현자지무익어국야 왈 우불용백리해이
亡하고 秦穆公用之而霸라 不用賢則亡하니 削을 何可得與리오
망 진목공용지이패 불용현즉망 삭 하가득여

【해독(解讀)】

(순우곤이) 말했다[曰]. "노나라 목공 때 공의자가 정사를 맡아보고 자류와 자사는 신하이었지만[魯穆公之時公儀子爲政子柳子思爲臣] 노나라의 쇠약이야말로 더욱 심했습니다[魯之削也滋甚]. 이와 같다는 것입니까[若是乎]? 나라에 현자의 무익함이란[賢者之無益於國也]." (맹자가) 말해주었다[曰]. "우나라는 백리해를 등용하지 않아서 망했지만[虞不用百里奚而亡] 진나라 목공은 그를 등용해서 (천하에) 으뜸이 되었소[秦穆公用之而霸]. (나라가) 현자를 등용치 않으면 곧장 망하오[不用賢而亡]. 어찌 (나라의 패망이 나라의) 쇠약해짐과 같을 수 있을 것이오[削何可得與]?"

【담소(談笑)】

魯穆公之時公儀子爲政(노목공지시공의자위정) 子柳子思爲臣(자류자사위신) 魯之削也滋甚(노지삭야자심)

▶ 노나라[魯] 목공[穆公]의[之] 때[時] 공의자가[公儀子] 정사를[政] 맡아보고[爲] 자유와[子柳] 자사는[子思] 신하[臣]였지만[爲], 노나라[魯]의[之] 약화[削]야말로[也] 더욱[滋] 심했다[甚].

노목공지시공의자위정자류자사위신로지삭야자심(魯穆公之時公儀子爲政子柳子思爲臣魯之削也滋甚)과 같은 어투의 문맥을 잡으려면 구문의 골격을 이루는 본동사를 살펴서 문맥을 잡는다. 魯穆公之時公儀子爲政子柳子思爲臣魯之削也滋甚에서 〈할(맡을) 위(爲)〉와 〈될 위(爲)〉와 〈극심할 심(甚)〉이 본동사임을 알아채면 魯穆公之時公儀子爲政子柳子思爲臣魯之削也滋甚의 문맥은 쉽게 잡힌다. 魯穆公之時公儀子爲政子柳子思爲臣魯之削也滋甚을 노목공지시공의자위정(魯穆公之時公儀子爲政)과 자류자사위신(子柳子思爲臣) 그리고 노지삭야자심(魯之削也滋甚)으로 나누어서 각각 문맥을 잡아본 다음, 서로의 관계를 살펴 전체의 문맥을 잡을 수 있다는 말이다. 한문투의 골격은 주어 + 본동사 + 목적어 또는 주어 + 본동사 + 보어 등으로 짜인다고 여기면 편하다. 나누어진 문장 사이의 관계를 살펴 모두 다 문장인지 서로 절의 관계인지 따져 문맥을 잡을 수 있다. 그렇게 문맥을 따져보면 魯穆公之時公儀子爲政과 子柳子思爲臣이 양보의 종속절이고, 魯之削也滋甚이 주절인 영어의 복문과 같은 어투임을 알아챌 수 있다. 노목공지시(〈魯穆公之時)에 공의자위정(公儀子爲政)하고 자유자사위신(子柳子思爲臣)이었지만 노지삭야자심(魯之削也滋甚)이라고 새기면 魯穆公之時公儀子爲政子柳子思爲臣魯之削也滋甚의 문맥이 잡힌다.

양보의 종속절인 노목공지시공의자위정(魯穆公之時公儀子爲政)에서 노목공지시(魯穆公之時)는 시간의 부사구이고, 공의자(公儀子)는 주어이며, 위(爲)는 타동사로 본동사이고, 정(政)은 목적어이므로, 영어의 3형식 문장처럼 여기고 새기는 어투이다. 魯穆公之時公儀子爲政에서 노목공지(魯穆公之)는 시(時)를 꾸미는 형용사구이고, 지(之)는 소유격 토씨(~의)이며, 위(爲)는 여기서 〈맡을 위(委)〉와 같고, 정(政)은 정사(政事)의 줄임말로 여기고 새긴다. 공의자(公儀子)는 노(魯)나라 재상(宰相)으로 공의(公儀)는 성씨이고, 이름은 휴(休)이고 노(魯)나라 현자(賢者)이다.

양보의 종속절인 자류자사위신(子柳子思爲臣)은 子柳爲臣 而子思爲臣에서 되풀이되는 내용인 위신(爲臣)을 생략하고 하나의 구문처럼 묶었으며, 영어의 2형식 문장과 같은 어투이다. 子柳子思爲臣에서 자류(子柳)와 자사(子思)는 주어이고, 위(爲)는 자동사로 본동사이며, 신(臣)은 보어이다. 子柳子思爲臣의 위(爲)는 〈될 성(成)〉과 같고 성위(成爲)의 줄임말로 여기고, 신(臣)은 신하(臣下)의 줄임말이다. 자류(子柳)·자사(子思)는 노(魯)나라의 현자(賢者)들이다. 특히 자사(子思)는 공자의 손자로 이름은 급(伋)이고, 자사(子思)는 자(字)이다.

주절인 노지삭야자심(魯之削也滋甚)은 영어의 1형식 문장과 같은 어투이다. 魯之削也滋甚에서 노지삭야(魯之削也)는 주부이고, 자(滋)는 심(甚)을 꾸미는 부사이며, 심(甚)은 자동사로 본동사이다. 물론 魯之削也滋甚의 자(滋)를 타동사로 여기고 〈다할 자(滋)〉로 새기면, 심(甚)은 목적어가 되어 魯之削也滋甚을 영어의 3형식 문장과 같은 어투로 여기고 문맥을 잡는다. 노나라[魯]의[之] 약화[削]야말로[也] 심함을[甚]더했다[滋]고 문맥을 잡게 된다는 말이다. 그러나 우리말로 魯之削也滋甚을 잡으려면 자(滋)를 부사로 여기고 새기는 것이 자연스럽다. 魯之削也滋甚의 지(之)는 소유격 토씨(~의)이고, 삭(削)은 〈약할 약(弱)〉과 같고, 야(也)는 주어를 강조하는 어조사(~야말로)이며, 자(滋)는 〈더욱 익(益)〉과 같고, 심(甚)은 〈심할 극(劇)〉과 같고 극심(極甚)의 줄임말로 여기고 새긴다.

노나라 로(魯), 화목할 목(穆), 공변될 공(公), ~의 지(之), 때 시(時), 거동 의(儀), 존칭 자(子), 할 위(爲), 정사 정(政), 버들 류(柳), 생각 사(思), 될 위(爲), 신하 신(臣), 약할 삭(削), 어조사 야(也), 더욱 자(滋), 심할 심(甚)

若是乎賢者之無益於國也(약시호현자지무익어국야)

▶ 이와[是] 같다는 것[若]인가[乎]? 나라[國]에[於] 현자[賢者]의[之] 무익함[無益]이란[也].

약시호현자지무익어국야(若是乎賢者之無益於國也)는 賢者之無益於國也若是乎에서 어조(語勢)를 더하려고 술부를 전치시킨 〈A若B乎〉꼴로, 영어의 2형식 의문문과 같은 어투이다. 〈A(賢者之無益於國也)는 B(是)와 같은 것[若]인가[乎]?〉 若是乎賢者之無益於國也에서 약(若)은 자동사이고, 시(是)

는 보어이며, 현자지무익어국(賢者之無益於國)은 주부이고, 야(也)는 주부의 어조를 강하게 하는 어조사이다. 물론 若是乎賢者之無益於國也를 賢者之無益於國也若是乎로 여기고 새겨도 문맥에 따른 문의는 상하지 않는다. 나라[國]에[於] 현자[賢者]의[之] 무익함[無益]이란[也] 이와[是] 같다는 것[若]인가[乎]? 若是乎賢者之無益於國也의 약(若)은 〈같을 여(如), 유(猶)〉 등과 같고, 시(是)는 앞의 내용을 모두 나타내는 지시어이며, 호(乎)는 의문문을 결정짓는 어조사(~인가)이고, 현(賢)은 〈밝을 명(明)〉과 같다.

특히 한문투에서 현자지무익어국(賢者之無益於國)과 같은 어투의 문맥을 잡으려면 지(之)와 무(無)를 잘 알고 있으면 편하다. 賢者之無益於國의 무(無)를 〈없을 무(無)〉로 여기고 새기면 지(之)는 간접목적격 토씨(~에게) 구실을 하고, 익(益)은 주어이고, 어국(於國)은 장소의 부사구가 되므로, 현자[賢者]에게[之] 유익함이[益] 나라[國]에[於] 없음[無]처럼 새겨 賢者之無益於國의 문맥을 잡을 것이다, 만약 무(無)를 〈아니 불(不)〉로 여기고 새긴다면 지(之)는 주격 토씨(~가)가 되고, 익(益)은 영어의 동명사와 같은 구실을 하며, 어국(於國)은 장소의 부사구가 되므로, 현자[賢者]가[之] 나라[國]에[於] 유익하지[益] 않음[無]으로 새겨 賢者之無益於國의 문맥을 잡게 된다는 말이다.

순우곤(淳于髡)이 맹자께 현자(賢者)의 무용론(無用論)을 거세게 주장하는 중이다. 그러자 맹자가 아래와 같이 말해주어 단견을 순우곤(淳于髡) 스스로 헤아려보게 한다. 성현은 스스로 헤아려 짧은 생각을 버리게 한다.

갈을 약(若), 이 시(是). ~인가 호(乎), 밝을 현(賢), 사람 자(者), ~의 지(之), 없을 무(無), 이로움 익(益), ~에 어(於), 나라 국(國), 어조사(~야란) 야(也)

虞不用百里奚而亡(우불용백리해이망)

▶ **우나라는[虞] 백리해를[百里奚] 등용하지 않아[不用]서[而] 망했다[亡].**

우불용백리해이망(虞不用百里奚而亡)은 虞不用百里奚而虞亡에서 되풀이되는 내용인 우(虞)를 생략한 어투로, 영어의 3형식 문장과 1형식 문장으로 이루어진 중문과 같은 어투이다. 虞不用百里奚而亡에서 우(虞)는 주어이고, 불(不)은 용(用)의 부정사(否定詞)이며, 용(用)은 타동사이고, 백리해(百里奚)는 목적어이며, 이(而)는 연접의 연사이고, 망(亡)은 자동사이다. 虞不用百里奚而亡의 용(用)은 〈사람을 올려 쓸 등(登)〉과 같고 등용(登用)의 줄임말로 여기고, 망(亡)은 〈패망할 패(敗)〉와 같고 패망(敗亡)의 줄임말로 여긴다. 백리해(百里奚)는 우(虞)나라의 현자(賢者). 백리(百里)는 성씨이고, 해(奚)는 이름이다.「만장장구(萬章章句) 상(上)」 제9장에서 살폈던 인물이다. 백리해(百里奚)의 오양지피(五羊之皮)란 고사(故事)는 설(說)들이 분분하지만, 그 고사로 유명하다.

우나라 우(虞), 아니 불(不), 쓸 용(用), 일백 백(百), 거리 리(里), 어찌 해(奚), 그래서 이(而), 망할 망(亡)

秦穆公用之而霸(진목공용지이패)

▶ 진나라[秦] 목공은[穆公] 그를[之] 등용해[用]서[而] (천하에) 으뜸이 되었다[霸].

진목공용지이패(秦穆公用之而霸)는 秦穆公用之而穆公霸에서 되풀이되는 내용인 목공(穆公)을 생략한 어투로, 영어의 3형식 문장과 1형식 문장으로 이루어진 중문과 같은 어투이다. 秦穆公用之而霸에서 목공(穆公)은 주어이고, 용(用)은 타동사이며, 지(之)는 목적어이고, 이(而)는 연접의 연사이며, 구실을 하고 패(霸)는 자동사이다. 秦穆公用之而霸의 용(用)은 〈사람을 올려 쓸 등(登)〉과 같고 등용(登用)의 줄임말로 여기고, 패(霸)는 모든 제후(諸侯)들의 권한을 틀어쥐고 제후들을 다스리는 으뜸이 된다는 뜻이니 패(霸)는 망(亡)의 반대말이다.

현자(賢者)인 백리해(百里奚)를 저버린 탓으로 우(虞)나라는 패망했고, 진(秦)나라 목공은 그를 등용한 덕으로 천하에 패자(霸者)가 되었다. 그래도 현자가 나라에 무익(無益)한지 생각해보라고 한다. 하나만 알고 둘을 모르면 우둔하게 마련이다.

진나라 진(秦), 화목할 목(穆), 공변될 공(公), 쓸 용(用), 그 지(之), 그래서 이(而), 으뜸 패(霸)

不用賢則亡(불용현즉망)

▶ (나라가) 현자를[賢] 등용치 않으면[不用] 곧장[則] 망한다[亡].

불용현이망(不用賢而亡)은 國不用賢者而國亡에서 문맥으로 보충될 수 있는 내용들이므로 국(國)과 자(者)를 생략한 어투로, 영어의 3형식 문장과

1형식 문장으로 된 복문과 같은 어투이다. 不用賢而亡에서 불(不)은 용(用)의 부정사(否定詞)이고, 용(用)은 타동사이고 현(賢)은 목적어이고, 이(而)는 문맥으로 보아 〈곧 즉(則)〉과 같은 어조사 구실을 하고, 망(亡)은 자동사이다. 不用賢而亡의 용(用)은 〈사람을 올려 쓸 등(登)〉과 같고 등용(登用)의 줄임말로 여기고, 현(賢)은 현자(賢者)의 줄임으로 여기고, 망(亡)은 〈패망할 패(敗)〉와 같으며, 패망(敗亡)의 줄임말로 여긴다.

아니 불(不), 쓸 용(用), 밝을 현(賢), 곧 즉(則), 망할 망(亡)

削何可得與(삭하가득여)

▶ **어찌[何] (나라의 패망이 나라의) 쇠약해짐과[削] 같을 수 있을 것[可得]인가[與]?**

삭하가득여(削何可得與)는 何削可得亡與에서 문맥으로 보충될 수 있는 망(亡)을 생략하고 주어인 삭(削)을 강조하려고 〈의문사 하(何)〉 앞으로 전치시킨 어투이고, 득(得)의 목적어인 망(亡)이 생략되었지만 영어의 3형식 문장과 같은 어투이다. 削何可得與에서 삭(削)은 주어이고, 하(何)는 의문부사이며, 가(可)는 타동사인 득(得)을 돕는 조동사이고, 여(與)는 완곡한 의문문을 결정짓는 어조사(~인가)이다. 削何可得與에서 삭(削)은 〈쇠약 약(弱)〉과 같고, 득(得)은 〈같을 합(合)〉과 같다. 〈A得B = A合B〉, A는 B와 (그 가치가) 같다[得].

나라가 쇠약해진 것[削]과 나라가 망해버린 것[亡]이 어찌 같다는 말인가. 노(魯)나라가 현자를 등용치 않았더라면 쇠약해지기는커녕 망했을 것이고, 우(虞)나라가 현자를 등용했더라면 쇠약해질지언정 망하지는 않았을 터인데 어찌 현자(賢者)는 나라에 무익(無益)하다고 억지를 부리느냐고 면박하는 중이다. 하나만 알고 둘을 모르면 입을 놀리면 놀릴수록 스스로 재갈을 무는 법이다. 본래 변사(辯士)란 입 하나 믿고 덜렁거리다 덫에 걸린 쥐처럼 되는 법이다.

약할 삭(削), 어찌 하(何), 가할 가(可), 같을 득(得), 의문 어조사(~인가) 여(與)

【문지(聞之) 3】

군자소위중인고불식야(君子之所爲衆人固不識也)

【원문(原文)】

曰 昔者에 王豹處於淇而河西善謳하고 綿駒處於高唐而齊石善歌하며 華周杞梁之妻善哭其夫而變國俗하니 有諸內면 必形諸外하니 爲其事而無其功者를 髡은 未嘗覩之也이니 是故로 無賢者也이라 有則髡必識之니이다 曰 孔子爲魯司寇하시니 不用하고 從而祭에 燔肉不至어늘 不稅冕而行하니 不知者는 以爲爲肉也이라 하고 其知者는 以爲爲無禮也이라 하니 乃孔子則欲以微罪行하여 不欲爲苟去하니 君子之所爲를 衆人은 固不識也이다

왈 석자 왕표처어기이하서선구 면구처어고당이제석선가 화주기량지처선곡기부이변국속 유제내 필형제외 위기사이무기공자 곤 미상도지야 시고 무현자야 유즉곤필식지 왈 공자위로사구 불용 고 종이제 번육부지 불탈면이행 부지자 이위위육야 기지자 이위위무례야 내공자즉욕이미죄행 불욕위구거 군자지소위 중인 고불식야

【해독(解讀)】

(순우곤이) 말했다[曰]. "옛적에[昔者] 왕표가 기수에 살았고[王豹處於淇] 그래서 하서 사람들은 소리를 좋아했고[而河西善謳], 면구가 고당에 살았고[綿駒處於高唐] 그래서 제석 사람들은 노래를 좋아했으며[而齊石善歌], 화주와 기량의 처들은 그들의 죽은 남편에게 곡을 잘했고[華周杞梁之妻善哭其夫] 그래서 나라의 풍속을 바꾸었습니다[而變國俗]. 안에 무엇이 있음은 반드시 밖으로 그 무엇을 나타냅니다[有諸內必形諸外]. 제 일을 했다는데도 그 공로가 없다는 것[爲其事而無其功者] 그런 경우를 저는 여태껏 보지 못한 것입니다[髡未嘗覩之也]. 이런 까닭으로 현자가 없다는 것입니다[是故無賢者也]. (현자가) 있다면 곧장 제가 그 현자를 알아봅니다[有則髡必識之]." (맹자가) 말해주었다[曰]. "공자가 노나라의 사구를 맡고 있었지만 중용되지 않았소[孔子爲魯司寇不用]. (군왕을) 수종하여서 제사에 참례했는데[從而祭] 번육이 오지 않아[燔肉不至] 면복을 벗지 않고서 자리를 떠나버렸소[不稅冕而行]. (예를) 모르는 사람은 이로써 번육 까닭임을 생각할 것이고[不知者以爲爲肉也], 그것을 아는 사람은 이로써 무례한 까닭임을 생각할 것이오[其知者以爲爲無禮也]. (이런 일은) 바로 공자께서 곧장 작은 죄를 이용해서 떠나기를 바라서였지[乃孔子則欲以微罪行] 구차하게 그만두기를 밝히고 싶지 않아서였소[不欲爲苟去]. 보통 사람들은 군자가 하는 바를 본래 알지 못하는 것이오[君子之所爲衆人固不識也]."

【담소(談笑)】

昔者王豹處於淇(석자왕표처어기) 而河西善謳(이하서선구)

▶ 옛적에[昔者] 왕표가[王豹] 기수[淇]에[於] 살았고[處] 그래서[而] 하서 사람들은[河西] 소리를[謳] 좋아했다[善].

석자왕표처어기이하서선구(昔者王豹處於淇而河西善謳)와 같은 어투의 문맥을 잡으려면 구문의 골격을 이루는 본동사를 살펴서 문맥을 잡는다. 昔者王豹處於淇而河西善謳에서 〈살 처(處)〉와 〈좋아할 선(善)〉이 본동사임을 알아채면 昔者王豹處於淇而河西善謳의 문맥은 쉽게 잡힌다. 昔者王豹處於淇而河西善謳를 석자왕표처어기(昔者王豹處於淇)와 이하서선구(而河西善謳)로 나누어서 각각 문맥을 잡아본 다음, 두 문장의 관계를 살펴 전체의 문맥을 잡을 수 있다는 말이다. 한문투의 골격은 주어 + 본동사 + 목적어 또는 주어 + 본동사 + 보어 등으로 짜인다고 여기면 편하다. 나누어진 문장 사이의 관계를 살펴 모두 다 문장인지 서로 절의 관계인지 따져 문맥을 잡을 수 있다. 그렇게 문맥을 따져보면 昔者王豹處於淇와 而河西善謳가 연접(連接)의 접속사인 이(而)로 이어진 영어의 중문과 같은 어투임을 알아챌 수 있다. 석자(昔者)에 왕표처어기(王豹處於淇)하고 그래서[而] 하서선구(河西善謳)한다고 새기면 昔者王豹處於淇而河西善謳의 문맥이 잡힌다.

석자왕표처어기(昔者王豹處於淇)에서 석자(昔者)는 시간의 부사구이고, 왕표(王豹)는 주어이며 처(處)는 자동사로 본동사이고, 어기(於淇)는 장소를 나다내는 부사구이므로 영어의 1형식 문장과 같은 어투이다. 昔者王豹處於淇에서 석자(昔者)는 과거를 말할 때 쓰는 관용어이고, 처(處)는 〈살 거(居)〉와 같고 거처(居處)의 줄임말로 여기고, 기(淇)는 기수(淇水)로 황하(黃河) 서쪽에서 흐르고 위(衛)나라 서울을 흐르는 강 이름이다. 왕표(王豹)는 위(衛)나라 사람으로 소리를 잘했다는 창인(唱人)이다.

이하서선구(而河西善謳)에서 이(而)는 〈그래서 이(而)〉로 연사이고, 하서(河西)는 주어이며, 선(善)은 타동사로 본동사이고, 구(謳)는 목적어이다. 而河西善謳의 하서(河西)는 황하(黃河) 서쪽에 사는 사람들을 말하고 선(善)은 〈좋아할 호(好)〉와 같고 선호(善好)의 줄임말로 여기고, 구(謳)는 〈노래 가(歌)〉와 같고 구가(謳歌)의 줄임말로 여긴다.

옛 석(昔), 것 자(者), 임금 왕(王), 표범 표(豹), 살 처(處), ~에서 어(於), 강이름 기(淇), 그래서 이(而), 물 하(河), 서녘 서(西), 좋아할 선(善), 소리 구(謳)

綿駒處於高唐(면구처어고당) 而齊石善歌(이제석선가)

▶ 면구가[綿駒] 고당[高唐]에[於] 살았고[處] 그래서[而] 제석 사람들은[齊石] 노래를[歌] 좋아했다[善].

면구처어고당이제석선가(綿駒處於高唐而齊石善歌)와 같은 어투의 문맥을 잡으려면 구문의 골격을 이루는 본동사를 살펴서 문맥을 잡는다. 綿駒處於高唐而齊石善歌에서 〈살 처(處)〉와 〈좋아할 선(善)〉이 본동사임을 알아채면 綿駒處於高唐而齊石善歌의 문맥은 쉽게 잡힌다. 綿駒處於高唐而齊石善歌를 면구처어고당(綿駒處於高唐)과 이제석선가(而齊石善歌)로 나누어서 각각 문맥을 잡아본 다음, 두 문장의 관계를 살펴 전체의 문맥을 잡을 수 있다는 말이다. 나눈 다음 모두 다 문장인지 서로 절의 관계인지 따져 문맥을 잡을 수 있다. 그렇게 문맥을 따져보면 綿駒處於高唐과 而齊石善歌가 연접의 연사인 이(而)로 이어진 영어의 중문과 같은 어투임을 알아챌 수 있다. 면구처어고당(綿駒處於高唐)하고 그래서[而] 제석선가(齊石善歌)한다고 새기면 綿駒處於高唐而齊石善歌의 문맥이 잡힌다.

면구처어고당(綿駒處於高唐)에서 면구(綿駒)는 주어이며, 처(處)는 자동사로 본동사이고, 어고당(於高唐)은 장소를 나타내는 부사구가 되어 영어의 1형식 문장과 같은 어투이다. 綿駒處於高唐에서 처(處)는 〈살 거(居)〉와 같고 거처(居處)의 줄임말로 여기고, 어(於)는 〈~에서 우(于)〉와 같고, 고당(高唐)은 제(齊)나라 서부에 있던 읍(邑) 이름이고, 면구(綿駒)는 제(齊)나라 사람으로 노래를 잘했다는 가인(歌人)이다.

이제석선가(而齊石善歌)에서 이(而)는 〈그래서 이(而)〉로 연사이고, 제석(齊石)은 주어이고, 선(善)은 타동사로 본동사이며, 가(歌)는 목적어이다. 而齊石善歌의 제석(齊石)은 제(齊)나라 서쪽에 사는 사람들을 말하고, 선(善)은 〈좋아할 호(好)〉와 같고 선호(善好)의 줄임말로 여기고, 가(歌)는 〈노래 구(謳)〉와 같고 구가(謳歌)의 줄임말로 여긴다.

솜옷 면(綿), 망아지 구(駒), 살 처(處), 높은 고(高), 허풍 당(唐), 그래서 이(而),

가지런할 제(齊), 돌 석(石), 잘할 선(善), 노래 가(歌)

華周杞梁之妻善哭其夫(화주기량지처선곡기부) 而變國俗(이변국속)

▶ 화주와[華周] 기량[杞梁]의[之] 처들은[妻] 그들의[其] 죽은 남편에게[夫] 곡을[谷] 잘했고[善] 그래서[而] 나라의[國] 풍속을[俗] 바꾸었다[變].

화주기량지처선곡기부이변국속(華周杞梁之妻善哭其夫而變國俗)과 같은 어투의 문맥을 잡으려면 구문의 골격을 이루는 본동사를 살펴서 문맥을 잡는다. 華周杞梁之妻善哭其夫而變國俗에서 〈잘할 선(善)〉과 〈바꿀 변(變)〉이 본동사임을 알아채면 華周杞梁之妻善哭其夫而變國俗의 문맥은 쉽게 잡힌다. 華周杞梁之妻善哭其夫而變國俗을 화주기량지처선곡기부(華周杞梁之妻善哭其夫)와 이변국속(而變國俗)으로 나누어서 각각 문맥을 잡아본 다음, 두 문장의 관계를 살펴 전체의 문맥을 잡을 수 있다. 그렇게 문맥을 따져보면 華周杞梁之妻善哭其夫와 而變國俗이 연접의 연사인 이(而)로 이어진 영어의 중문과 같은 어투임을 알아챌 수 있다. 화주기량지처선곡기부(華周杞梁之妻善哭其夫)하고 그래서[而] 변국속(變國俗)한다고 새기면 華周杞梁之妻善哭其夫而變國俗의 문맥이 잡힌다.

화주기량지처선곡기부(華周杞梁之妻善哭其夫)는 華周之妻善哭其夫 而杞梁之妻善哭其夫에서 되풀이되는 내용을 생략해 하나의 구문처럼 묶은 어투로, 영어의 3형식 두 문장으로 된 중문과 같다. 華周杞梁之妻善哭其夫에서 화주기량지(華周杞梁之)는 처(妻)를 꾸미는 형용사구이고, 처(處)는 주어이며, 선(善)은 타동사로 본동사이고, 곡(哭)은 영어의 동명사와 같으면서 선(善)의 목적어이며, 기부(其夫)는 곡(哭)의 목적어가 되므로, 華周杞梁之妻善哭其夫는 영어의 3형식 문장과 같은 어투이다. 華周杞梁之妻善哭其夫에서 화주(華周)는 제(齊)나라의 대부(大夫)로 화(華)는 성씨이고, 주(周)는 자(字)이고, 이름은 선(旋)이다. 기량(杞梁) 역시 제(齊)나라의 대부(大夫)로 기(杞)는 성씨이고, 양(梁)은 자이고, 이름은 식(殖)이다. 두 대부는 모두 전사(戰死)하여 그들의 아내가 슬프게 울어 성(城)이 무너졌다는 고사(故事)가 있다. 華周杞梁之妻善哭其夫의 선(善)은 〈잘할 량(良)〉과 같고, 곡(哭)은 호곡(號哭)의 줄임말이고, 여기선 망자(亡者)를 슬퍼하는 울음을 뜻하므로 기부(其夫)를 그들의[其] 죽은 남편들[夫]이라고 새기면 문맥이 통한다.

이변국속(而變國俗)은 而其妻變國俗에서 되풀이되는 내용인 기처(其妻)를 생략한 어투로, 영어의 3형식 문장과 같은 어투이다. 而變國俗에서 이(而)는 〈그래서 이(而)〉로 연사이고, 변(變)은 타동사로 본동사이며, 국속(國俗)은 목적어이다. 而變國俗의 변(變)은 〈바꿀 역(易)〉과 같고 변역(變易)의 줄임말로 여기고, 국속(國俗)은 국풍(國風)과 같은 말로 백성(百姓)의 풍속을 말한다.

꽃 화(華), 두루 주(周), 갯버들 기(杞), 들보 량(梁), ~의 지(之), 잘할 선(善), 울 곡(哭), 그 기(其), 남편 부(夫), 그래서 이(而), 변화시킬 변(變), 나라 국(國), 풍속 속(俗)

有諸內必形諸外(유제내필형제외)

▶ 안[內]에 무엇이[諸] 있음은[有] 반드시[必] 바깥[外]으로 그 무엇을[諸] 나타낸다[形].

유제내필형제외(有諸內必形諸外)는 〈A必形B〉꼴로 영어의 3형식 문장과 같다. 〈A(有諸內)는 B(諸外)로 반드시[必] 드러낸다[形]〉 有諸內必形諸外에서 유제내(有諸內)는 주어이고, 필(必)은 부사이며, 형(形)은 타동사로 본동사이고, 제외(諸外)는 목적어 겸 부사구 구실을 동시에 다한다. 有諸內는 유지어내(有之於內)에서 지어(之於)를 제(諸)로 축약한 어투이고, 유(有)는 영어의 부정사(不定詞 : to be)나 동명사(動名詞 : being) 구실을 하고, 지(之)는 유(有)의 주어이며, 어내(於內)는 부사구이므로, 有諸內가 형(形)의 주부를 이루고 있다. 안[內]에[於] 그 것이[之] 있음은[有]. 有諸內必形諸外의 필(必)은 필연(必然)의 줄임말로 여기고, 형(形)은 〈나타낼 현(現)〉과 같다.

있는 것 유(有), 지어(之於) 제(諸), 안 내(內), 반드시 필(必), 나타낼 형(形), 바깥 외(外)

爲其事而無其功者(위기사이무기공자) 髡未嘗覩之也(곤미상도지야)

▶ 제[其] 일을[事] 했다는데[爲]도[而] 그[其] 공로가[功] 없다는[無] 것[者] 그런 경우를[之] 나는[髡] 여태껏[嘗] 보지 못한 것[未覩]이다[也].

위기사이무기공자곤미상도지야(爲其事而無其功者髡未嘗覩之也)는 〈AB也〉꼴로 영어의 2형식 문장과 같다. 물론 구문을 결정짓는 야(也)를 무시하고 爲其事而無其功者髡未嘗覩之로 爲其事而無其功者髡未嘗覩之也의 문맥을 살피면 〈A覩B〉꼴이 되어 영어의 3형식 문장과 같은 어투로 새길 것이다. 〈A(髡)는 B(爲其事而無其功者未嘗覩之)이다[也]〉 爲其事而無其功者髡未嘗覩之也에서 위기사이무기공자(爲其事而無其功者)는 타동사로 본동사인 도(覩)의 목적절이고, 곤(髡)은 도(覩)의 주어이며, 미(未)는 도(覩)의 부정사(否定詞)이고, 상(嘗)은 도(覩)를 꾸미는 부사이며, 지(之)는 전치된 爲其事而無其功者의 허사이므로 무시해도 되며, 야(也)는 구문을 결정짓는 어조사(~이다)이다. 그러므로 爲其事而無其功者髡未嘗覩之也를 髡未嘗覩爲其事而無其功者也로 여기고 새기면 우리말로 쉽게 문맥을 잡을 수 있다. 곤[髡]은 위기사이무기공자(爲其事而無其功者)를 여태껏[嘗] 본 적이 없다는 것[未覩]이다[也]. 만일 야(也)와 허사인 지(之)를 무시하고 髡未嘗覩爲其事而無其功者로 여기고 새기면 爲其事而無其功者髡未嘗覩之也의 문의가 분명해진다. 나 곤은[髡] 여태껏[嘗] 제[其] 일을[事] 했는데[爲]도[而] 그[其] 효과가[功] 없다는[無] 것을[者] 본 적이 없다[未覩]. 그러므로 한문투에 자주 등장하는 허사 지(之)와 구문을 결정짓는 〈어조사 야(也)〉를 무시하고 새겨도 문맥과 그 문의는 상하지 않는다고 보아도 된다.

목적절인 위기사이무기공자(爲其事而無其功者)에서 위기사이무기공(爲其事而無其功)은 자(者)를 꾸미는 형용사절이므로 〈A者〉꼴인 셈이다. 〈A(爲其事而無其功)하는 것[者]〉 爲其事而無其功者의 위(爲)는 〈할 행(行)〉과 같고, 위사(爲事)는 행사(行事)와 같은 말이고, 기(其)는 사(事)의 관형사이고, 사(事)는 〈임무 직(職)〉과 같고, 무(無)는 자동사로 주어를 뒤에 두는 〈없을 무(無)〉이며, 공(功)은 〈공로 로(勞)〉와 같고 공로(功勞)의 줄임말로 여긴다. 爲其事而無其功者는 도(覩)의 목적절이므로, 그[其] 일을[事] 하고[爲]서도[而] 그[其] 공적이[功] 없다는[無] 것을[者]로 새긴다.

술부인 미상도지야(未嘗覩之也)에서 미(未)는 〈못할 불(不)〉과 같고, 도(覩)는 〈볼 견(見)〉과 같고 목도(目睹)의 줄임말로 여긴다.

할 위(爲), 그 기(其), 일 사(事), 어조사 이(而), 없을 무(無), 효과 공(功),

것 자(者), 머리 깎을 곤(髡), 못할 미(未), 일찍 상(嘗), 볼 도(覩), 그것 지(之), ~이다 야(也)

是故無賢者也(시고무현자야)

▶ 이런[是] 까닭으로[故] 현자가[賢者] 없다는 것[無]이다[也].

시고무현자야(是故無賢者也)는 〈AB也〉꼴로 영어의 2형식 문장과 같다. 물론 구문을 결정짓는 야(也)를 무시하고 是故無賢者로 是故無賢者也의 문맥을 잡으면, 〈A覩B〉꼴이 되어 영어의 1형식 문장처럼 새길 것이다. 즉 현자는[賢者] 없다[無]고 새겨 영어의 1형식 문장과 같은 어투로 문맥을 잡을 것이다. 그러나 야(也)를 살린다면 현자는[賢者] 없는 것[無]이다[也]로 새겨 영어의 2형식 문장과 같은 어투로 문맥을 잡을 것이다. 是故無賢者也에서 시(是)는 바로 앞의 내용을 나타내는 지시어로 고(故)를 꾸미고, 시고(是故)는 원인의 부사구이며, 무(無)는 보어이며 현자(賢者)는 주어이고, 야(也)는 구문을 결정짓는 어조사(~이다)이다.

이 시(是), 까닭 고(故), 없는 것 무(無), 밝을 현(賢), 사람 자(者), ~이다 야(也)

有則髡必識之(유즉곤필식지)

▶ (현자가) 있다면[有] 곧장[則] 내가[髡] 그를[之] 반드시[必] 알아본다[識].

유즉곤필식지(有則髡必識之)는 有賢者則髡必識之에서 문맥으로 보충될 수 있는 내용인 현자(賢者)를 생략한 어투이고, 〈A則B〉꼴로 영어의 복문과 같다. 즉(則)을 중심으로 앞은 양보 내지 조건의 종속절이고 뒤는 주절이다. 그러니 有則髡必識之에서 유(有)는 조건절처럼 여기고, 곤필식지(髡必識之)를 주절로 여기고 새기면 有則髡必識之의 문맥이 잡힌다. 〈A(有)라면 곧[則] B(髡必識之)한다〉 有則髡必識之에서 유(有)는 자동사 〈있을 유(有)〉로 조건의 종속절이고, 주절인 髡必識之에서 곤(髡)은 주어이고, 필(必)은 타동사로 본동사인 식(識)을 꾸미는 부사이며, 지(之)는 현자(賢者)를 대신하는 지시대명사이다. 有則髡必識之의 식(識)은 〈알 지(知)〉와 같고 지식(知識)의 줄임말로 여기고 새긴다.

변사(辯士)라서 혀를 잘 놀리고 있다. 지금 순우곤(淳于髡)이 맹자 앞에서 맹자를 우롱하고 있는 중이다. 현자(賢者)를 앞에 두고 현자가 없다고 입방아를 찧고 있으니 말이다. 그래도 현자는 성을 내지 않는다. 현자는 늘 하심(下心)으로 사는 까닭이다. 현자는 자기를 낮추는 마음[下心]으로 살고 소인은 방자한 마음인 만심(慢心)으로 산다. 현자를 앞에 두고 못 보면서도 현자를 알아본다고 떠드는 입을 조주선사(趙州禪師)가 잘 갈파해두었다. 구구(狗口). 개주둥이[狗口]. 그러나 맹자는 허물을 일깨워 깨우치게 하려고 아래와 같이 타일러준다. 현자는 군자부쟁(君子不爭)을 어기지 않는다. 군자는[君子] 논쟁하지 않는다[不爭].

있을 유(有), 곧 즉(則), 머리 깎을 곤(髡), 반드시 필(必), 알아볼 식(識), 그 지(之)

孔子爲魯司寇不用(공자위로사구불용)

▶ **공자가[孔子] 노나라의[魯] 사구를[司寇] 맡고 있었지만[爲] 중용되지 않았다[不用].**

공자위로사구불용(孔子爲魯司寇不用)은 孔子爲魯司寇 而孔子不用에서 되풀이되는 내용인 공자(孔子)를 생략한 어투로, 영어의 중문처럼 孔子爲魯司寇不用의 문맥을 잡을 수도 있고 영어의 복문같이 孔子爲魯司寇不用의 문맥을 잡을 수도 있다. 중문으로 보는 경우라면 孔子爲魯司寇不用를 〈공자가[孔子] 노나라의[魯] 사구를[司寇] 맡고 있었다[爲]. (그러나 공자는) 중용되지 않았다[不用]〉고 새길 것이고, 복문으로 여기는 경우라면 공자가[孔子] 노나라의[魯] 사구를[司寇] 맡고 있었지만[爲] 중용되지 않았다[不用]고 새긴다는 말이다. 孔子爲魯司寇不用에서 공자위로사구(孔子爲魯司寇)까지를 양보의 종속절로 보고, 불용(不用)을 주절로 여기고 새기는 것이 자연스럽다.

양보의 종속절인 공자위로사구(孔子爲魯司寇)에서 공자(孔子)는 주어이고, 위(爲)는 타동사로 본동사이고, 노사구(魯司寇)는 목적어이므로 영어의 3형식 문장과 같은 어투이다. 孔子爲魯司寇의 위(爲)는 여기서 〈맡을 임(任)〉과 같고, 사구(司寇)는 오늘날 법무부장관과 같은 직책의 벼슬이다. 주절인 불용(不用)은 주어는 생략되고 본동사만 남은 어투로 영어의 수동태와 같다. 등용하지 않았다[不用]가 아니라 등용되지 않았다[不用]고 새겨야 문맥이 통한다는 말이다. 不用의 용(用)은 〈사람을 올려 쓸 등[登]〉과 같고, 여기선 중용(重用)의 줄임말로 여기고 새긴다.

클 공(孔), 존칭 자(子), 말을 위(爲), 노나라 로(魯), 맡을 사(司), 도둑 구(寇), 아니 불(不), 쓸 용(用)

從而祭(종이제) 燔肉不至(번육부지) 不稅冕而行(불탈면이행)

▶ (군왕을) 수종하여[從]서[而] 제사에 참례하였는데[祭] 번육이[燔肉] 오지 않아[不至] 면복을[冕] 벗지 않고[不稅]서[而] 떠나버렸다[行].

종이제번육부지불탈면이행(從而祭燔肉不至不稅冕而行)과 같은 어투의 문맥을 잡으려면 구문의 골격을 이루는 본동사를 살펴서 문맥을 잡는다. 從而祭燔肉不至不稅冕而行에서 〈따를 종(從)〉, 〈제사에 참례할 제(祭)〉, 〈벗을 탈(稅)〉, 〈갈 행(行)〉이 본동사임을 알아채면 從而祭燔肉不至不稅冕而行의 문맥은 쉽게 잡힌다. 從而祭燔肉不至不稅冕而行은 孔子從 而孔子祭 而燔肉不至 而孔子不稅冕 而孔子行에서 되풀이되는 주어들인 공자(孔子)를 생략한 어투로 영어의 중문으로 또는 복문으로 새길 수 있는 어투이다. 〈공자가[孔子] (군왕을) 수종했다[從]. 그리고[而] 공자가[孔子] 제사에 참례했다[祭]. 그러나[而] 번육이[燔肉] (공자께) 오지 않았다[不至]. 그래서[而] 공자는[孔子] 면복을[冕] 벗지 않고[不稅]서[而] (그 자리를) 떠나버렸다[行]〉처럼 새기면 從而祭燔肉不至不稅冕而行의 문맥을 영어의 중문같이 여기고 잡은 셈이다. 만약 공자가[孔子] (군왕을) 수종하여[從]서[而] 공자가[孔子] 제사에 참례했을 때[祭] 번육이[燔肉] (공자께) 오지 않았기 때문에[不至] 공자는[孔子] 면복을[冕] 벗지 않고[不稅]서[而] (그 자리를) 떠나버렸다[行]처럼 새기면, 從而祭燔肉不至不稅冕而行의 문맥을 영어의 복문같이 여기고 잡은 셈이다. 從而祭燔肉不至不稅冕而行에서 종이제(從而祭)까지를 시간의 종속절로 보고, 번육부지(燔肉不至)를 원인의 종속절로 보고, 불탈면이행(不稅冕而行)을 주절로 여기고 새기는 것이 從而祭燔肉不至不稅冕而行의 문맥이 자연스럽다. 종이제(從而祭)할 때 번육부지(燔肉不至)했기 때문에 불탈면이행(不稅冕而行)했다고 새기는 것이 자연스럽다는 말이다.

종이제(從而祭)에서 종(從)은 주어와 목적어가 다 생략된 어투로, 종(從)은 타동사로 본동사이고, 제(祭)는 주어가 생략된 채로 자동사로 본동사이다. 從而祭의 종(從)은 〈따를 수(隨)〉와 같고 수종(隨從)의 줄임말로 여기고, 제(祭)는 〈제사지낼 사(祀)〉와 같고 제사(祭祀)의 줄임말로 여긴다. 從

而祭를 시간의 종속절로 보고 새겼다. 수종하여[從] 그리고[而] 제를 올렸을 때[祭].

번육부지(燔肉不至)는 燔肉不至於孔子에서 문맥으로 보충될 수 있는 내용이므로 어공자(於孔子)를 생략한 어투로, 영어의 1형식 문장과 같다. 공자[孔子]에게[於]. 燔肉不至에서 번육(燔肉)은 주어이고, 부(不)는 지(至)의 부정사(否定詞)이며, 지(至)는 〈이를 도(到)〉와 같다. 번육(燔肉)은 교외(郊外)에서 천제(天祭)를 올릴 때 제물(祭物)로 올리는 불에 구운[燔] 고기[肉]를 말하고, 그 번육(燔肉)은 제(祭)가 끝나면 참여한 사람들에게 골고루 나누어주는 것이 제례(祭禮)이다. 그러나 燔肉不至는 그런 제례가 무시되어 예(禮)가 없는 제사를 올렸음을 말해준다. 燔肉不至를 원인의 종속절로 보고 새겼다. 번육이[燔肉] (공자에게) 오지 않았기 때문에[不至].

불탈면이행(不稅冕而行)은 孔子不稅冕 而孔子行에서 문맥으로 보충될 수 있는 내용이므로 공자(孔子)를 생략한 어투로, 영어의 3형식 문장과 1형식 문장으로 이루어진 중문과 같은 어투이다. 不稅冕而行에서 불(不)은 탈(稅)의 부정사(否定詞)이고, 탈(稅)는 타동사로 본동사이며, 면(冕)은 목적어이고, 행(行)은 자동사이다. 不稅冕而行의 탈(稅)는 〈벗을 탈(脫), 놓을 사(舍), 치(置)〉 등과 같고, 면(冕)은 제사(祭祀)에 입는 면복(冕服)의 줄임말로 여기고, 행(行)은 〈갈 거(去)〉와 같다.

제사(祭祀)를 올릴 때 입는 제복(祭服)인 면복(冕服)을 입은 채로 제(祭)의 자리를 떠났다 한은 누구에게도 말하지 않고 곧장 공자가 그 자리를 서슴없이 떠났음을 말한다. 예(禮)를 벗어난 제(祭)란 있을 리 없으므로 공자가 어찌 그런 제(祭)에 머무를 수 있겠는가. 안연(顔淵)에게 "비례물시(非禮勿視) 비례물청(非禮勿聽) 비례물언(非禮勿言) 비례물동(非禮勿動)" 하라고 했던 공자가 비례(非禮)의 제사(祭祀) 자리에 어찌 머물러 있었겠는가. 예가[禮] 아닐 것이면[非] 보지[視] 말고[勿], 예가[禮] 아닐 것이면[非] 듣지[聽] 말고[勿], 예가[禮] 아닐 것이면[非] 말하지[言] 말고[勿], 예가[禮] 아닐 것이면[非] 동하지[動] 말라[勿].

따를 종(從), 그리고 이(而), 제사지낼 제(祭), 구울 번(燔), 고기 육(肉), 아닐 부(不), 이를 지(至), 벗을 탈(稅), 면류관 면(冕), 갈 행(行)

不知者以爲爲肉也(부지자이위위육야)

▶ (제례를) 모르는[不知] 사람은[者] 이로써[以] 번육[肉] 까닭임을[爲] 생각할 것[爲]이다[也].

부지자이위위육야(不知者以爲爲肉也)는 是以不知者爲爲肉也에서 앞의 내용을 나타내주는 지시어인 시(是)를 생략하고, 남은 이(以)를 보어인 위(爲) 앞으로 옮긴 어투로, 영어의 2형식 문장과 같은 어투이다. 不知者以爲爲肉也에서 부지자(不知者)는 주부이고, 위위육(爲爲肉)은 술부이며, 야(也)는 구문을 결정짓는 어조사(~이다)이다. 不知者以爲爲肉也에서 부지(不知)는 자(者)를 꾸미는 형용사절이고, 자(者)는 주어이며, 이(以)는 보어인 위(爲)를 꾸미는 부사이고, 위육(爲肉)은 보어인 위(爲)의 목적어이다. 不知者以爲爲肉也의 앞의 위(爲)는 〈생각할 사(思)〉와 같고, 뒤의 위(爲)는 〈까닭 소이(所以)〉와 같다고 여기면 不知者以爲爲肉也의 문맥이 쉽게 잡힌다.

위(爲)를 다음과 같이 정리해두면 한문투의 문맥을 잡아 문의를 건져내는 데 편하다. 〈할 위(爲) = 조(造), 생각할 위(爲) = 사(思), 하여금 위(爲) = 사(使), 만들 위(爲) = 산(産), 이룰 위(爲) = 성(成), 배울 위(爲) = 학(學), 다스릴 위(爲) = 치(治), 도울 위(爲) = 조(助), 호위할 위(爲) = 호(護), 칭할 위(爲) = 칭(稱)〉 이 외에도 문맥에 따라 다양한 뜻을 구사하는 것이 위(爲)이다. 한문투에서 위(爲)를 영어에서 온갖 동사들을 대신하는 대리동사인 do와 같다고 여겨도 된다. 그리고 위(爲)는 뜻 없는 어조사 구실도 하고, 소이(所以)와 같은 구실을 하여 〈까닭 위(爲)〉로도 새기며, 〈爲A所B〉꼴에서 위(爲)는 영어의 수동태의 be 동사와 같고, B를 과거분사처럼 여기게 한다. 〈A에 의해서 B하여진 바[所]이다[爲]〉

아닐 부(不), 알 지(知), 사람 자(者), 써 이(以), 생각할 위(爲), 까닭 위(爲), 고기 육(肉), ~이다 야(也)

其知者以爲爲無禮也(기지자이위위무례야)

▶ 그것을[其] 아는[知] 사람은[者] 이로써[以] 무례한[無禮] 까닭임을[爲] 생각할 것[爲]이다[也].

기지자이위위무례야(其知者以爲爲無禮也)는 是以其知者爲爲無禮也에서 앞의 내용을 나타내주는 지시어 시(是)를 생략하고, 남은 이(以)를 보어인 위(爲) 앞으로 가져간 어투로, 영어의 2형식 문장과 같다. 其知者以爲爲無禮也에서 기자자(其知者)는 주부이고, 위위무례(爲爲無禮)는 술부이며, 야(也)는 구문을 결정짓는 어조사(~이다)이다. 其知者以爲爲無禮也에서 부지(不知)는 자(者)를 꾸미는 형용사절이고, 자(者)는 주어이며, 이(以)는 보어인 위(爲)를 꾸미는 부사이고, 위무례(爲無禮)는 보어인 위(爲)의 목적어이다. 其知者以爲爲無禮也의 앞의 위(爲)는 〈생각할 사(思)〉와 같고, 뒤의 위(爲)는 〈까닭 소이(所以)〉와 같다고 여기면 其知者以爲爲無禮也의 문맥은 쉽게 잡힌다.

천제(天祭)의 예(禮)를 아는 사람이라면 제사(祭祀)가 무례(無禮)하므로 공자가 면복(冕服)을 입은 채로 자리를 떠났음을 알 것이고, 천제(天祭)의 예(禮)를 모르는 사람이라면 번육을 못 받아 심기가 상해 공자가 떠났을 것이라고 생각할 것이다. 소인배는 공자를 쩨쩨하다고 비웃을 것이고, 군자는 그렇게 떠난 공자를 우러러볼 것이란 말이다. 본래부터 부처의 눈에는 부처만 보이고, 돼지 눈에는 돼지만 보이는 법이다.

그 기(其), 알 지(知), 사람 자(者), 써 이(以), 생각할 위(爲), 까닭 위(爲), 고기 육(肉), ~이다 야(也)

乃孔子則欲以微罪行(내공자즉욕이미죄행) 不欲爲苟去(불욕위구거)

▶ (이는) 바로[乃] 공자가[孔子] 곧장[則] 작은[微] 죄를[罪] 이용해서[以] 떠나기를[行] 바라서였지[欲], 구차하게[苟] 그만두기를[去] 밝히고[爲] 싶지 않아서였다[不欲].

내공자즉욕이미죄행불욕위구거(乃孔子則欲以微罪行不欲爲苟去)는 此乃孔子則欲以微罪行 而孔子不欲爲苟去에서 문맥으로 보충 될수 있는 〈이 차(此)〉와 되풀이되는 내용인 공자(孔子)를 생략한 어투로, 영어의 중문과 같다. 〈此乃A〉꼴을 상기(想起)하면 乃孔子則欲以微罪行不欲爲苟去의 문맥을 쉽게 잡을 수 있다. 〈이는[此] 바로[乃] A이다〉 물론 此乃孔子則欲以微罪行 而孔子不欲爲苟去의 차(此)는 앞에 나온 번육부지불세면이행(燔肉不至不稅冕而行)을 나타내는 지시어이다.

내공자즉욕이미죄행(乃孔子則欲以微罪行)에서 내(乃)는 부사이고, 공자

(孔子)는 주어이며, 즉(則)은 어조사이고, 욕(欲)은 타동사이고, 이미죄(以微罪)는 행(行)을 꾸미는 부사구이며, 행(行)은 영어의 부정사(不定詞)와 같은 욕(欲)의 목적어이다. 바로[乃] 공자는[孔子] 곧장[則] 미죄를[微罪] 이용해서[以] 떠나기를[行] 바랐다[欲]. 乃孔子則欲以微罪行의 내(乃)는 〈바로 즉(卽)〉과 같고, 욕(欲)은 〈바랄 원(願)〉과 같고, 이(以)는 〈쓸 용(用)〉과 같고, 미(微)는 여기선 〈작을 세(細)〉와 같고 미세(微細)의 줄임말로 여기고, 행(行)은 〈갈 왕(往)〉과 같다. 특히 미(微)는 한문투에서 다양한 뜻을 나타내므로 잘 정리해두면 문맥을 잡는 데 편하다. 〈작을 미(微) = 세(細), 은밀할 미(微) = 은(隱), 희미할 미(微) = 불명(不明), 아닐 미(微) = 비(非), 없을 미(微) = 무(無), 쇠약할 미(微) = 쇠(衰), 천할 미(微) = 천(賤)〉

바로 내(乃), 클 공(孔), 존칭 자(子), 곧 즉(則), 바랄 욕(欲), 써 이(以), 작을 미(微), 죄 죄(罪), 행할 행(行), 아니 불(不), 할 위(爲), 구차스러울 구(苟), 떠날 거(去)

君子之所爲衆人固不識也(군자지소위중인고불식야)

▶ **보통 사람들은[衆人] 군자[君子]가[之] 하는[爲] 바를[所] 본래[固] 알지 못하는 것[不識]이다[也].**

군자지소위중인고불식야(君子之所爲衆人固不識也)는 〈AB也〉꼴로 영어의 2형식 문장과 같은 어투이다. 君子之所爲衆人固不識也는 衆人固不識君子之所爲也에서 불식(不識)의 목적절인 군자지소위(君子之所爲)를 강조하려고 전치시킨 어투인 셈이다. 그러니 君子之所爲衆人固不識也에서 군자지소위(君子之所爲)는 불식(不食)의 목적절이고, 중인(衆人)은 주어이며, 고(固)는 부사이며, 불식(不識)은 보어이고, 야(也)는 구문을 결정짓는 어조사(~이다)이다. 물론 君子之所爲衆人固不識也의 〈어조사 야(也)〉를 무시하면 君子之所爲衆人固不識을 영어의 3형식 문장같이 여기고 문맥을 잡게 된다. 보통 사람들은[衆人] 군자[君子]가[之] 하는[爲] 바를[所] 본래[固] 알지 못한다[不識]. 그러면 불식(不識)의 식(識)은 타동사가 되는 셈이다.

특히 군자지소위(君子之所爲)와 같은 어투를 잘 알아두면 문맥을 잡기가 쉽다. 君子之所爲는 소군자위(所君子爲)에서 위(爲)의 주어인 군자(君子)를 소(所) 앞으로 전치시키면서 토씨 구실을 하는 지(之)를 더해 군자지(君子

之)로 한 어투로 여기고 소위(所爲)를 하나의 절로 보면 지(之)를 주격 토씨(~가)로 새긴다. 그러나 소위(所爲)를 한 낱말로 보는 구로 여기면, 지(之)를 소유격 토씨(~의)로 새겨 君子之所爲의 문맥을 잡게 된다. 군자[君子]가[之] 하는[爲] 바[所], 군자[君子]의[之] 하는[爲] 바[所]. 지(之)를 주격 토씨로 새기는 것이 우리말로는 자연스럽다.

소인배(衆人)는 군자무본(君子務本)을 몰라보는 까닭에 건방을 떨고 남을 헐뜯길 좋아한다. 순우곤(淳于髡) 역시 소인 나부랭이에 불과하니 입방아를 찧다가 맹자의 회초리를 맞고 있는 중이다. 군자는[君子] 근본에[本] 애쓴다[務].

임금 군(君), 존칭 자(子), ~의(~가) 지(之), 바 소(所), 할 위(爲), 무리 중(衆), 사람 인(人), 본래 고(固), 아니 불(不), 알 식(識), ~이다 야(也)

제7장

7장은 세 단락으로 편의상 나누어 살펴본다. 7장은 맹자가 삼왕(三王)을 왕도(王道)의 사표(師表)로 삼고, 오패(五霸)를 선정(善政)을 추구하는 패도(霸道)의 본보기로 밝히고 있는 장이다. 삼왕의 왕도는 치세(治世)의 최선(最善)이고 오패의 패도는 치세의 차선(次善)은 된다고 맹자는 보고 있는 셈이다. 왜 오패의 패도가 치세의 차선인지 7장에서 맹자가 제시하는 오금(五禁)을 살펴보면 분명해진다. 그러므로 7장은 패도가 선정으로 통할 수 있는 근거를 맹자가 제시하고 있는 장이다.

【문지(聞之) 1】

천자토이불벌(天子討而不伐)

【원문(原文)】

孟子曰(맹자왈) 五霸者(오패자)는 三王之罪人也(삼왕지죄인야)이고 今之諸侯(금지제후)는 五霸之罪人也(오패지죄인야)이며 今之大夫(금지대부)는 今之諸侯之罪人也(금지제후지죄인야)이다 天子適諸侯(천자적제후)를 曰巡(왈순)

狩라하고 諸侯朝於天子를 曰述職이라하니 春省耕而補不足하며
수 제후조어천자 왈술직 춘성경이보부족

秋省斂而助不給한다 入其疆하여 土地辟하고 田野治하며 養老
추성렴이조불급 입기강 토지벽 전야치 양로

尊賢하고 俊傑이 在位면 則有慶이니 慶以地라 入其疆하여 土地
존현 준걸 재위 즉유경 경이지 입기강 토지

荒蕪하고 遺老失賢하며 掊克이 在位하면 則有讓이라 一不朝則
황무 유로실현 부극 재위 즉유양 일부조즉

貶其爵하고 再不朝則削其地하며 三不朝則六師로 移之하니 是
폄기작 재부조즉삭기지 삼부조즉육사 이지 시

故로 天子는 討而不伐하고 諸侯는 伐而不討한다
고 천자 토이불벌 제후 벌이불토

【해독(解讀)】

맹자가 말해주었다[孟子曰]. "다섯 패자는 세 임금의 죄인이고[五霸者三王之罪人也], 지금의 제후들은 오패의 죄인이며[今之諸侯五霸之罪人也], 지금의 대부들은 지금의 제후들의 죄인이다[今之大夫今之諸侯之罪人也]. 천자가 제후에게 가는 것을 순수라 일컫고[天子適諸侯曰巡狩], 제후가 천자에게 조회하는 것을 술직이라 일컫는다[諸侯朝於天子曰述職]. 봄에는 밭갈이를 살피게 하여서 부족한 것을 도와주게 하고[春省耕而補不足], 가을에는 거두어들임을 살피게 하여서 넉넉지 못함을 도와주게 한다[秋省斂而助不給]. (가을이면 천자는) 제후의 봉지에 들어가[入其疆] 토지가 개간되고[土地辟] 전야가 정리되며[田野治] 늙은이를 봉양하고 현자를 받들며[養老尊賢] 뛰어난 인재가 관직에 있으면[俊傑在位] 곧 (제후는) 상을 받고 땅으로 치하받는다[則有慶慶以地]. (가을이면 천자는) 제후의 봉지에 들어가[入其疆] 토지가 거칠어지고[土地荒蕪] 늙은이를 저버리고 현자를 저버리며[遺老失賢] 조세를 과하게 부과하여 백성을 해치는 무리들이 관직에 있으면[掊克在位] 곧 (제후는) 견책을 당한다[則有讓]. (제후가) 한번 입조하지 않으면 곧 그의 작록을 감하고[一不朝則貶其爵], (제후가) 두 번 조회하지 않으면 곧 그의 봉지를 삭감하며[再不朝則削地], (제후가) 세 번 조회하지 않으면 곧 천자의 군사가 그 제후의 봉지로 이동한다[三不朝則六師移之]. 이 때문에 천자는 (제후의) 죄를 다스리지만 그러나 (제후의 봉지를) 정벌하지 않고[是故天子討而不伐], 제후는 (다른 제후의 봉지를) 정벌하지만 그러나 (다른 제후의) 죄를 다스리지 못한다[諸侯伐而不討]."

【담소(談笑)】

五霸者三王之罪人也(오패자삼왕지죄인야)

▶ **다섯[五] 패자는[霸者] 세[三] 임금[王]의[之] 죄인[罪人]이다[也]**

오패자삼왕지죄인야(五霸者三王之罪人也)는 〈AB也〉꼴로 영어의 2형식 문장과 같은 어투이다. 〈A(五霸者)는 B(三王之罪人)이다[也]〉 五霸者三王之罪人也에서 오패자(五霸者)는 주어이고, 삼왕지(三王之)는 죄인(罪人)을 꾸미는 형용사구이며, 죄인(罪人)은 보어이고, 야(也)는 구문을 결정짓는 어조사(~이다)이다. 패자(霸者)는 천자(天子)를 형식적으로 종주(宗主)로 삼으면서 무력(武力)으로 다른 제후(諸侯)들을 통솔하면서 이족(異族)의 침입을 막고 중원(中原)을 관장하는 강대한 제후를 말한다. 오패(五霸)는 제(齊)나라 환공(桓公)·진(晉)나라 문공(文公)·진(秦)나라 목공(穆公)·송(宋)나라 양공(襄公)·초(楚)나라 장왕(莊王) 등 이들은 주대(周代)의 패자(霸者)를 말하는 조기(趙岐)의 설(說)도 있고, 제(齊)나라 환공(桓公)·진(晉)나라 문공(文公)·초(楚)나라 장왕(莊王)·오왕(吳王) 합려(闔閭)·월왕(越王) 구천(句踐) 등을 드는 순자(荀子)의 설(說)도 있지만, 여기선 조기(趙岐)의 설이 타당한 편이다. 삼왕(三王)은 하(夏)나라의 우왕(禹王), 상(商)나라의 탕왕(湯王), 주(周)나라의 문왕(文王)을 말한다.

왕(王)이란 인(仁)을 베푸는 덕치(德治)로 백성을 안거(安居)하게 하는 임금을 말한다. 반면에 패(霸)를 맹자는 이력가인자(以力假仁者)로 밝히고 있다. 힘을[力] 가지고[以] 어짊을[仁] 가장하는[假] 것[者]이 패다[霸]. 어짊[仁]을 버리고 힘[力]을 택했으니 패자(霸者)는 왕자(王者)에게 죄인(罪人)이란 말이다.

> 다섯 오(五), 으뜸 패(霸), 놈 자(者), 석 삼(三), 임금 왕(王), ~의 지(之), 죄 죄(罪), 사람 인(人), ~이다 야(也)

今之諸侯五霸之罪人也(금지제후오패지죄인야)

▶ **지금[今]의[之] 제후들은[諸侯] 오패[五霸]의[之] 죄인[罪人]이다[也].**

금지제후오패지죄인야(今之諸侯五霸之罪人也)는 〈AB也〉꼴로 영어의 2형식 문장과 같은 어투이다. 〈A(諸侯)는 B(五霸之罪人)이다[也]〉 今之諸侯五霸之罪人也에서 금지(今之)는 제후(諸侯)를 꾸미는 형용사구이고, 제후(諸

侯)는 주어이고, 오패지(五霸之)는 죄인(罪人)을 꾸미는 형용사구이며, 죄인(罪人)은 보어이고, 야(也)는 구문을 결정짓는 어조사(~이다)이다.

이제 금(今), ~의 지(之), 모두 제(諸), 임금 후(侯), 다섯 오(五), 으뜸 패(霸), 놈 자(者), 죄 죄(罪), 사람 인(人), ~이다 야(也)

今之大夫今之諸侯之罪人也(금지대부금지제후지죄인야)

▶ **지금[今]의[之] 대부들은[大夫] 지금[今]의[之] 제후들[諸侯]의[之] 죄인[罪人]이다[也].**

금지대부금지제후지죄인야(今之大夫今之諸侯之罪人也)는 〈AB也〉꼴로 영어의 2형식 문장과 같은 어투이다. 〈A(今之大夫)는 B(今之諸侯之罪人)이다[也]〉 今之大夫今之諸侯之罪人也에서 금지(今之)는 대부(大夫)를 꾸미는 형용사구이고, 대부(大夫)는 주어이며, 금지제후지(今之諸侯之)는 죄인(罪人)을 꾸미는 형용사구이고, 죄인(罪人)은 보어이며, 야(也)는 구문을 결정짓는 어조사(~이다)이다.

지금의 제후(諸侯)는 과거의 패자(霸者)보다 더 힘[力]만 믿고 인(仁)을 멀리하므로 지금의 제후는 과거의 제후에게 죄인이고, 지금의 대부는 지금의 제후보다 더 힘을 믿고 어짊[仁]을 베풀 줄 모르니 지금의 제후에게 죄인이다. 인(仁)을 가장하는 짓거리들이 더욱 심해졌음을 맹자가 질타하는 중이다.

이제 금(今), ~의 지(之), 큰 대(大), 사내 부(夫), 모두 제(諸), 임금 후(侯), 죄 죄(罪), 사람 인(人), ~이다 야(也)

天子適諸侯曰巡狩(천자적제후왈순수)

▶ **천자가[天子] 제후에게[諸侯] 가는 것을[適] 순수라[巡狩] 일컫는다[曰].**

천자적제후왈순수(天子適諸侯曰巡狩)는 〈A曰B〉꼴로 영어의 수동태 2형식 문장과 같은 어투이다. 〈A(天子適諸侯)는 B(巡狩)라고 일컬어진다[曰]〉 그러나 〈A曰B〉꼴은 〈曰AB〉꼴에서 목적어인 A가 주어로 나간 것으로 보고 〈A를 B로 일컫는다[曰]〉고 새기는 것이 우리말로 天子適諸侯曰巡狩의 문맥을 잡을 때 자연스럽다. 우리말은 수동태보다 능동태를 선호하는 까닭이다. 말하자면 〈A曰B〉의 2형식 문장을 〈曰AB〉의 5형식 문장으로 새기는 것이 우리말로 天子適諸侯曰巡狩의 문맥을 잡기가 쉽다는 말이다. 天子適諸侯曰巡狩에서 천자적제후(天子適諸侯)는 주절이고, 왈(曰)은 수동태 자동사이며 순수(巡狩)는 보어이다. 순수(巡狩)란 천자(天子)가 무위(武威)를 갖추고 제후(諸侯)의 봉지(封地)를 순시하는 행사(行事)를 말한다. 주절인 天子適諸侯에서 천자(天子)는 절의 주어이고, 적(適)은 자동사로 절의 본동사이며, 제후(諸侯)는 장소를 나타내는 부사이다. 天子適諸侯의 적(適)은 〈갈 왕(往), 이를 지(至)〉와 같다.

하늘 천(天), 아들 자(子), 갈 적(適), 모두 제(諸), 임금 후(侯), 일컬을 왈(曰), 돌 순(巡), 사냥 수(狩)

諸侯朝於天子曰述職(제후조어천자왈술직)

▶ 제후가[諸侯] 천자[天子]에게[於] 조회받는 것을[朝] 술직이라[述職] 일컫는다[曰].

제후조어천자왈술직(諸侯朝於天子曰述職)은 〈A曰B〉꼴로 영어의 수동태 2형식 문장과 같은 어투이다. 〈A(諸侯朝於天子)는 B(述職)라고 일컬어진다[曰]〉 그러나 〈A曰B〉꼴은 〈曰AB〉꼴에서 목적어인 A가 주어로 나간 것으로 보고 〈A를 B로 일컫는다[曰]〉고 새기는 것이 우리말로 諸侯朝於天子曰述職의 문맥을 잡을 때 쉽다. 〈A曰B〉의 2형식 문장을 〈曰AB〉의 5형식 문장으로 새기는 것이 우리말로 諸侯朝於天子曰述職의 문맥을 잡기가 쉬운 편이나. 諸侯朝於天子曰述職에서 제후조어천자(諸侯朝於天子)는 주절이고, 왈(曰)은 수동태 자동사이며, 술직(述職)은 보어이다. 술직(述職)은 제후(諸侯)가 천자(天子)를 배알(拜謁)하는 예(禮)를 말한다.

모두 제(諸), 임금 후(侯), 조회할 조(朝), ~에게 어(於), 하늘 천(天), 아들 자(子), 일컬을 왈(曰), 아뢸 술(述), 임무 직(職)

春省耕而補不足(춘성경이보부족)

▶ 봄에는[春] 밭갈이를[耕] 살피게 하여[省]서[而] 부족한 것을[不足] 도와주게 한다[補].

춘성경이보부족(春省耕而補不足)은 春天子使諸侯省耕 而天子使諸侯補不足에서 문맥으로 보충될 수 있으므로 천자사제후(天子使諸侯)를 생략한 어투로, 목적격 보어만 남긴 영어의 5형식 문장 둘을 묶은 중문과 같다. 〈봄이면[春] 천자는[天子] 제후로[諸侯] 하여금[使] 밭갈이를[耕] 살피게 한다[省]. 그리고[而] 천자는[天子] 제후로[諸侯] 하여금[使] 부족한 것을[不足] 도와주게 한다[補]〉 春省耕而補不足에서 춘(春)은 시간의 부사이고, 성(省)은 영어의 부정사(不定詞)와 같은 목적격 보어이고, 경(耕)은 성(省)의 목적어이며, 이(而)는 연접의 연사인 〈그리고 이(而)〉이고, 보(補) 역시 영어의 부정사(不定詞)와 같으면서 목적격 보어이고, 부족(不足)은 보(補)의 목적어이다. 春省耕而補不足의 성(省)은 〈살필 찰(察)〉과 같고 성찰(省察)의 줄임말로 여기고, 경(耕)은 경작(耕作)의 줄임말로 봄 농사(農事)를 말하며, 보(補)는 〈도울 비(裨)〉와 같고 보강(補强)의 줄임말로 여긴다.

봄 춘(春), 살필 성(省), 밭갈이 경(耕), 그리고 이(而), 도울 보(補), 아닐 부(不), 만족할 족(足)

秋省斂而助不給(추성렴이조불급)

▶ 가을에는[秋] 거두어들임을[斂] 살피게 하여[省]서[而] 넉넉지 못함을[不給] 도와주게 한다[助].

추성렴이조불급(秋省斂而助不給)은 秋天子使諸侯省斂 而天子使諸侯助不給에서 문맥으로 보충될 수 있으므로 천자사제후(天子使諸侯)를 생략한 어투로, 목적격 보어만 남긴 영어의 5형식 문장 둘을 묶은 중문과 같다. 〈가을이면[秋] 천자는[天子] 제후로[諸侯] 하여금[使] 추수를[斂] 살피게 한다[省]. 그리고[而] 천자는[天子] 제후로[諸侯] 하여금[使] 넉넉지 못함을[不給] 도와주게 한다[助]〉 秋省斂而助不給에서 추(秋)는 시간의 부사이고, 성(省)은 영어의 부정사(不定詞)와 같으면서 목적격 보어이고, 염(斂)은 성(省)의 목적어이며, 이(而)는 연접의 연사인 〈그리고 이(而)〉이고, 조(助) 역시 영어의 부정사(不定詞)와 같으면서 목적격 보어이고, 불급(不給)은 보(補)의 목적어이다. 秋省斂而助不給의 성(省)은 〈살필 찰(察)〉과 같고 성찰(省察)의 줄임말로 여기고, 염(斂)은 〈거두어들임 수(收)〉와 같고 수렴(收斂)의 줄임말로 가을걷이 농사(農事)를 말하며, 조(助)는 〈도울 보(補)와 같고 보조(補助)의 줄임말로 여긴다.

가을 추(秋), 살필 성(省), 거두어들임 렴(斂), 그리고 이(而), 도와줄 조(助), 아니 불(不), 넉넉함 급(給)

入其疆土地辟田野治養老尊賢俊傑在位(입기강토지벽전야치양로존현준걸재위) 則有慶慶以地(즉유경경이지)

▶ (가을이면 천자는) 제후의[其] 봉지에[疆] 들어가[入] 토지가[土地] 개간되고[辟] 전야가[田野] 정리되며[治], 늙은이를[老] 봉양하고[養] 현자를[賢] 받들며[尊], 뛰어난 인재가[俊傑] 관직에[位] 있으면[在] 곧[則] (제후는) 상을[慶] 받고[有] 땅[地]으로[以] 치하받는다[慶].

입기강토지벽전야치양로존현준걸재위즉유경경이지(入其疆土地辟田野治養老尊賢俊傑在位則有慶慶以地)와 같은 어투의 문맥을 잡으려면 구문의 골격을 이루는 본동사(本動詞)를 살펴서 문맥을 잡는다. 入其疆土地辟田野治養老尊賢俊傑在位則有慶慶以地에서 〈들 입(入)〉과 〈개간할 벽(辟)〉, 〈다스릴 치(治)〉, 〈봉양할 양(養)〉, 〈받들 존(尊)〉, 〈있을 재(在)〉, 〈취할 유(有)〉와 〈칭찬할 경(慶)〉 등 본동사가 여덟이므로 8개의 구문으로 된 어투임을 알아채면 入其疆土地辟田野治養老尊賢俊傑在位則有慶慶以地의 문맥은 쉽게 잡힌다. 入其疆土地辟田野治養老尊賢俊傑在位則有慶慶以地을 入其疆과 土地辟과 田野治와 養老와 그리고 尊賢, 俊傑在位, 有慶, 慶以地 등으로 나누어서 각각 문맥을 잡아본 다음, 이들의 관계를 살펴 전체의 문맥을 잡을 수 있다는 말이다. 한문투의 골격은 주어 + 본동사 + 목적어 또는 주어 + 본동사 + 보어 등으로 짜인다고 여기면 편하다. 나누어진 문장 사이의 관계를 살펴 모두 다 문장인지 서로 절의 관계인지 따져 문맥을 잡을 수 있다. 모두가 문장이라면 入其疆土地辟田野治養老尊賢俊傑在位則有慶慶以地를 중문처럼 여기고 문맥을 잡고, 서로 절의 관계라면 조건 · 양보 · 시간 등의 관계를 지어서 복문처럼 여기고 새기면 入其疆土地辟田野治養老尊賢俊傑在位則有慶慶以地의 전체 문맥을 잡을 수 있다. 물론 먼저 入其疆土地辟田野治養老尊賢俊傑在位則有慶慶以地에서 즉(則)을 주목하면 전체가 〈A則B〉꼴로 영어의 복문과 같은 어투임을 먼저 알아챌 수 있다. 즉(則)을 중심으로 앞은 양보 내지 조건의 종속절이고, 뒤는 주절이다. 그러니 入其疆土地辟田野治養老尊賢俊傑在位則有慶慶以地에서 입기강토지벽전야치양로존현준

결재위(入其疆土地辟田野治養老尊賢俊傑在位)까지는 조건절처럼 여기고, 유경경이지(有慶慶以地)를 주절로 여기고 새기면 문맥이 잡힌다. 〈A(入其疆土地辟田野治養老尊賢俊傑在位)라면 곧[則] B(有慶慶以地)한다〉

조건의 종속절인 입기강(入其疆)은 秋天子入其疆에서 문맥으로 보충될 수 있는 내용이므로 추천자(秋天子)를 생략한 어투로, 영어의 1형식 문장과 같은 어투이다. 입(入)은 자동사이고, 기강(其疆)은 장소의 부사구이다. 기강(其疆)에서 기(其)는 제후지(諸侯之)를 대신하는 관형사이고, 강(疆)은 지역의 경계를 말하는 지경(地境)을 뜻하지만 여기선 천자(天子)가 제후(諸侯)에게 내린 봉지(封地)를 말한다.

조건의 종속절인 토지벽(土地辟)은 天子省土地辟에서 문맥으로 보충될 수 있는 내용이므로 천자성(天子省)을 생략해 영어의 5형식 문장과 같은 어투에서 목적격 보어인 술부만 남긴 문장이다. 그래서 土地辟은 토지가[土地] 개간된다[辟]고 수동태로 새기면 문맥이 통한다. 土地辟의 벽(辟)은 〈땅을 갈 간(墾)〉과 같고 개간(開墾)의 뜻이고, 벽(壁)은 〈피할 피(避)〉와 같으면 그 발음은 피이고 〈임금 왕(王), 사악할 사(邪), 편벽될 편(偏)〉 등과 같으면 그 발음은 벽이므로 주의한다.

조건의 종속절인 전야치(田野治)는 天子省田野治에서 문맥으로 보충될 수 있는 내용이므로 천자성(天子省)을 생략해, 영어의 5형식 문장과 같은 어투에서 목적격 보어인 술부만 남긴 문장이다. 그래서 田野治는 밭과[田] 들이[野] 정리된다[治]고 수동태로 새기면 문맥이 통한다. 田野治의 치(治)는 〈다듬을 공(攻)〉과 같고 전야(田野)를 정리(整理)한다는 뜻이다.

조건의 종속절인 양로존현(養老尊賢)은 天子省諸侯養老 而天子省諸侯尊賢에서 문맥으로 보충될 수 있는 내용이므로 천자성제후(天子省諸侯)를 생략한 영어의 3형식 문장과 같은 어투로, 목적절의 술부만 남긴 두 구문을 하나처럼 묶었다. 그래서 養老尊賢은 제후가[諸侯] 늙은이들을[老] 봉양하고[養] 현자를[賢] 존경하는 것을[尊] 천자가[天子] 살펴본다[省]고 새기면 문맥의 문의가 드러난다. 養老尊賢의 양(養)은 여기선 〈봉양할 봉(奉)〉과 같고 봉양(奉養)의 줄임말로 여기고, 노(老)는 노인(老人)의 줄임말이고, 존(尊)은 〈공경할 경(敬)〉과 같고 존경(尊敬)의 줄임말로 여기고, 현(賢)은 〈밝을 명(明)〉과 같고 여기선 현자(賢者) 내지 현인(賢人)의 줄임말로 여기고 새긴다.

조건의 종속절인 준걸재위(俊傑在位)는 天子省俊傑在位에서 문맥으로 보충될 수 있는 내용이므로 천자성(天子省)을 생략한 영어의 3형식 문장과 같은 어투로, 목적절인 술부만 남았다. 俊傑在位는 〈A在B〉꼴로 영어의 1형식 문장과 같은 어투이다. 〈A(俊傑)는 B(位)에 있다[在]〉 俊傑在位에서 준걸(俊傑)은 주어이며, 재(在)는 자동사이고, 위(位)는 재(在)를 꾸미는 부사이다. 俊傑在位의 준(俊)은 〈빼어날 수(秀), 걸(傑)〉 등과 같고 준재(俊才)의 줄임말로 여기고, 걸(傑)은 〈빼어날 수(秀), 준(俊)〉과 같고 호걸(豪傑)의 줄임말로 여기며, 재(在)는 자동사인 〈있을 유(有)〉와 같지만 재(在)는 주어를 앞에 두는 반면 유(有)는 뒤에 둔다. 俊傑在位의 위(位)는 〈벼슬 작(爵)〉과 같고 작위(爵位)의 줄임말로 여긴다.

주절인 유경경이지(有慶慶以地)는 諸侯有慶 而諸侯慶以地에서 문맥으로 보충될 수 있는 내용이므로 주어인 제후(諸侯)를 생략한 어투로, 영어의 3형식 문장과 2형식 문장의 수동태를 하나처럼 묶은 문장이다. 그래서 有慶慶以地를 (제후는) 상을[慶] 취하고[有] (제후는) 땅[地]으로[以] 치하받는다[慶]고 새기면 문맥이 통한다. 有慶慶以地에서 유(有)는 〈취할 취(取)〉와 같고, 앞의 경(慶)은 명사로 〈경사(慶事) 경(慶)〉 즉 상(賞)을 뜻하고, 뒤의 경(慶)은 〈칭찬할 하(賀)〉와 같고 경하(慶賀)의 줄임말로 수동태로 여기고 새기고, 이(以)는 〈써 용(用)〉과 같다.

들 입(入), 그 기(其), 지경 강(疆), 흙 토(土), 땅 지(地), 땅갈 벽(辟), 발 전(田), 들 야(野). 다스려질 치(治), 늙은이 로(老), 봉양할 양(養), 받들 존(尊), 현자 현(賢), 뛰어날 준(俊), 뛰어날 걸(傑), 있을 재(在), 벼슬 위(位), 곧 즉(則), 취할 유(有), 경사 경(慶), 칭찬할 경(慶), 써 이(以), 땅 지(地)

入其疆土地荒蕪遺老失賢掊克在位(입기강토지황무유로실현부극재위) 則有讓(즉유양)

▶ (가을이면 천자는) 제후의[其] 봉지에[疆] 들어가[入] 토지가[土地] 거칠어지고[荒蕪] 늙은이를[老] 저버리고[遺] 현자를[賢] 잃어버리며[失] 조세를 과하게 부과하여 백성을 해치는 무리들이[掊克] 관직에[位] 있으면[在] 곧[則] (제후한테) 물러나는 일이[讓] 생긴다[有].

입기강토지황무유로실현부극재위즉유양(入其疆土地荒蕪遺老失賢掊克在位則有讓)과 같은 어투의 문맥을 잡으려면 구문의 골격을 이루는 본동사(本動詞)를 살펴서 문맥을 잡는다. 入其疆土地荒蕪遺老失賢掊克在位則有讓에서 〈들 입(入)〉과 〈거칠어질 황(荒)〉, 〈잡초가 우거질 무(蕪)〉, 〈버릴 유(遺)〉, 〈잃을 실(失)〉, 〈있을 재(在)〉, 〈취할 유(有)〉 등 본동사가 일곱이므로 7개의 구문으로 된 어투임을 알아채면 入其疆土地荒蕪遺老失賢掊克在位則有讓의 문맥은 쉽게 잡힌다. 入其疆土地荒蕪遺老失賢掊克在位則有讓을 入其疆과 土地荒蕪와 遺老失賢과 掊克在位와 有讓 등으로 나누어서 각각 문맥을 잡아본 다음, 이들의 관계를 살펴 전체의 문맥을 잡을 수 있다는 말이다. 나누어진 문장 사이의 관계를 살펴 모두 다 문장인지 서로 절의 관계인지 따져 문맥을 잡을 수 있다. 모두가 문장이라면 入其疆土地荒蕪遺老失賢掊克在位則有讓을 중문처럼 여기고 문맥을 잡고, 서로 절의 관계라면 조건·양보·시간 등의 관계를 지어서 복문처럼 여기고 새기면 入其疆土地荒蕪遺老失賢掊克在位則有讓의 전체 문맥을 잡을 수 있다. 물론 먼저 入其疆土地荒蕪遺老失賢掊克在位則有讓에서 즉(則)을 주목하면 전체가 〈A則B〉꼴로 영어의 복문과 같은 어투임을 먼저 알아챌 수 있다. 즉(則)을 중심으로 앞은 양보 내지 조건의 종속절이고, 뒤는 주절이다. 그러니 入其疆土地荒蕪遺老失賢掊克在位則有讓에서 입기강토지황무유로실현부극재위(入其疆土地荒蕪遺老失賢掊克在位)까지를 조건절처럼 여기고, 유양(有讓)을 주절로 여기고 새기면 문맥이 잡힌다. 〈A(入其疆土地荒蕪遺老失賢掊克在位)라면 곧[則] B(有讓)한다〉

조건의 종속절인 입기강(入其疆)은 秋天子入其疆에서 문맥으로 보충될 수 있는 내용이므로 추천자(秋天子)를 생략한 어투로, 영어의 1형식 문장과 같다. 입(入)은 자동사이고, 기강(其疆)은 장소의 부사구이다. 기강(其疆)에서 기(其)는 제후지(諸侯之)를 대신하는 관형사이고, 강(疆)은 지역의 경계를 말하는 지경(地境)을 뜻하지만 여기선 천자(天子)가 제후(諸侯)에게 내린 봉지(封地)를 말한다.

조건의 종속절인 토지황무(土地荒蕪)는 天子省土地荒蕪에서 문맥으로 보충될 수 있는 내용이므로 천자성(天子省)을 생략해, 영어의 3형식 문장과 같은 어투에서 목적절인 술부만 남았다. 土地荒蕪의 황무(荒蕪)를 능동태가 아니라 수동태로 여기고 새기면 문맥이 통한다. 즉 土地荒蕪는 토지가[土地] 거칠고[荒蕪]가 아니라 토지가[土地] 거칠어지고[荒蕪]처럼 수동태로 새긴다는 말이다. 土地荒蕪의 황(荒)은 〈거칠 무(蕪)〉와 같다. 천자가[天子] 토지가[土地] 거칠어진 것을[荒蕪] 살펴본다[省]고 새겨보면 왜 토지황무(土地荒蕪)를 성(省)의 목적절로 여기는지 알 수 있다.

조건의 종속절인 유로실현(遺老失賢)은 天子省諸侯遺老 而天子省諸侯失賢에서 문맥으로 보충될 수 있는 내용이므로 천자성제후(天子省諸侯)를 생략한 영어의 3형식 문장과 같은 어투로, 목적절인 술부만 남긴 두 구문을 하나처럼 묶었다. 그래서 遺老失賢은 (제후가) 늙은이들을[老] 저버리고[遺]현자를[賢] 잃는다[奪]고 새기면 문맥이 통한다. 遺老失賢의 유(遺)는 〈버릴 기(棄)〉와 같고 유기(遺棄)의 줄임말로 여기고, 노(老)는 노인(老人)의 줄임말이며, 실(失)은 〈잃을 상(喪)〉과 같고 상실(喪失)의 줄임말로 여기고, 현(賢)은 〈밝을 명(明)〉과 같고 여기선 현자(賢者) 내지 현인(賢人)의 줄임말로 여기고 새긴다.

조건의 종속절인 부극재위(掊克在位)는 天子省掊克在位에서 문맥으로 보충될 수 있는 내용이므로 천자성(天子省)을 생략한 영어의 3형식 문장과 같은 어투로 목적절인 술부만 남겼다. 掊克在位는 〈A在B〉꼴로 영어의 1형식 문장과 같은 어투이다. 〈A(掊克)는 B(位)에 있다[在]〉 掊克在位에서 부극(掊克)은 주어이며, 재(在)는 자동사이고, 위(位)는 재(在)를 꾸미는 부사이나. 掊克在位의 부(掊)는 〈거둘 렴(斂)〉과 같고 극(克)은 〈세금 많이 거둘 부(掊)〉와 같으므로 부극(掊克)은 가렴(苛斂)과 같은 말로 여기고, 재(在)는 자동사인 〈있을 유(有)〉와 같지만 재(在)는 주어를 앞에 두는 반면 유(有)는 뒤에 둔다. 掊克在位의 부극(掊克)은 백성으로부터 과도한 조세를 거두어들이는 벼슬아치들을 말하고, 위(位)는 〈벼슬 작(爵)〉과 같고 작위(爵位)의 줄임말로 여긴다.

주절인 유양(有讓)은 諸侯有讓에서 문맥의 내용으로 보충될 수 있으므로 유(有)를 꾸미는 부사인 제후(諸侯)를 생략한 어투이다. 有讓은 〈A有B〉꼴의 어투이다. 유(有)가 자동사 〈있을 유(有)〉이면 그 주어를 뒤에 두어 〈A에 B가 있다[有]〉고 문맥을 잡고, 타동사 〈가질 유(有)〉이면 〈A가 B를 갖는다[有]〉고 문맥을 잡는다. 有讓의 〈유(有)〉를 자동사로 여기고 제후(諸侯)에게 물러나는 일이[讓] 있다[有]로 문맥을 잡는 것이 자연스럽다. 그러니 有讓에서 유(有)는 자동사로 본동사이고, 양(讓)은 주어이다. 有讓의 양(讓)은 여기선 〈물러남 퇴(退)〉와 같고, 퇴양(退讓)의 줄임말로 여기고 새긴다.

들 입(入), 그 기(其), 지경 강(疆), 흙 토(土), 땅 지(地), 거칠 황(荒), 거칠 무(蕪), 버릴 유(遺), 늙은이 로(老), 잃을 실(失), 현자 현(賢), 헤칠 부(掊), 이겨낼 극(克), 있을 재(在), 벼슬 위(位), 곧 즉(則), 취할 유(有), 물러날 양(讓)

一不朝則貶其爵(일부조즉폄기작)

▶ **(제후가) 한번[一] 조회에 참석하지 않으면[不朝] 곧[則] 그의[其] 작록을[爵] 감한다[貶].**

일부조즉폄기작(一不朝則貶其爵)은 〈A則B〉꼴로 영어의 복문과 같은 어투이다. 즉(則)을 중심으로 앞은 양보 내지 조건의 종속절인 경우가 대부분이고, 뒤는 주절이다. 그러니 一不朝則貶其爵에서 일부조(一不朝)는 조건절처럼 여기고, 폄기작(貶其爵)을 주절로 여기고 새기면 문맥이 잡힌다. 〈A(一不朝)라면 곧[則] B(貶其爵)한다〉

조건의 종속절인 일부조(一不朝)는 諸侯一不朝에서 문맥으로 보충될 수 있는 내용으로 주어인 제후(諸侯)를 생략한 어투로, 영어의 1형식 문장과 같다. 一不朝에서 일(一)은 조(朝)를 꾸미는 부사이고, 부(不)는 조(朝)의 부정사(否定詞)이며, 조(朝)는 자동사이다. 一不朝의 일(一)은 일회(一回)의 줄임말로 여기고 새기고, 조(朝)는 조회(朝會)의 줄임말이다. 제후(諸侯)가 천자(天子)를 배알(拜謁)하고 시정(視政)함을 조회(朝會)라 한다.

주절인 폄기작(貶其爵)은 天子貶諸侯之爵에서 문맥으로 보충될 수 있는 내용으로 주어인 천자(天子)를 생략하고 제후지(諸侯之)를 관형사인 기(其)로 대신한 어투로, 영어의 3형식 문장과 같다. 貶其爵에서 폄(貶)은 타동사이고, 주절의 본동사이며, 기(其)는 작(爵)의 관형사이고, 작(爵)은 여기선 작록(爵祿)의 줄임말이다.

한 번 일(一), 아닐 부(不), 조회에 참석할 조(朝), 곧 즉(則), 감할 폄(貶), 그 기(其), 작록 작(爵)

再不朝則削其地(재부조즉삭기지)

▶ (제후가) 두 번[再] 조회에 참석하지 않으면[不朝] 곧[則] 그의[其] 봉지를 [地] 삭감한다[削].

재부조즉삭기지(再不朝則削其地)는 〈A則B〉꼴로 영어의 복문과 같은 어투이다. 즉(則)을 중심으로 앞은 양보 내지 조건의 종속절인 경우가 대부분이고 뒤는 주절이다. 그러니 再不朝則削其地에서 재부조(再不朝)는 조건절처럼 여기고, 삭기지(削其地)를 주절로 여기고 새기면 문맥이 잡힌다. 〈A(再不朝)라면 곧[則] B(削其地)한다〉

조건의 종속절인 재부조(再不朝)는 諸侯再不朝에서 문맥으로 보충될 수 있는 내용으로 주어인 제후(諸侯)를 생략한 어투로, 영어의 1형식 문장과 같다. 再不朝에서 재(再)는 조(朝)를 꾸미는 부사이고, 부(不)는 조(朝)의 부정사(否定詞)이며, 조(朝)는 자동사이다. 再不朝의 재(再)는 재회(再回)의 줄임말로 여기고 새기고, 조(朝)는 조회(朝會)의 줄임말로 여긴다.

주절인 삭기지(削其地)는 天子削諸侯之地에서 문맥으로 보충될 수 있는 내용으로 주어인 천자(天子)를 생략하고 제후지(諸侯之)를 관형사인 기(其)로 대신한 어투로, 영어의 3형식 문장과 같다. 削其地에서 삭(削)은 타동사이며, 주절의 본동사이다. 削其地의 삭(削)은 〈덜어낼 감(減)〉과 같고 삭감(削減)의 줄임말로 여기고, 기(其)는 지(地)의 관형사이고, 지(地)는 여기선 봉지(封地)의 줄임말이다.

두 번 재(再), 아닐 부(不), 조회에 참석할 조(朝), 곧 즉(則), 깎을 삭(削), 그 기(其), 땅 지(地)

三不朝則六師移之(삼부조즉육사이지)

▶ (제후가) 세 번[三] 조회에 참석하지 않으면[不朝] 곧[則] 천자의 군사가 [六師] 그 제후의 봉지로[之] 이동한다[移].

삼부조즉육사이지(三不朝則六師移之)는 〈A則B〉꼴로 영어의 복문과 같은 어투이다. 즉(則)을 중심으로 앞은 양보 내지 조건의 종속절인 경우가 대부분이고, 뒤는 주절이다. 그러니 三不朝則六師移之에서 삼부조(三不朝)는 조건절처럼 여기고, 육사이지(六師移之)는 주절로 여기고 새기면 문맥이 잡힌다. 〈A(三不朝)라면 곧[則] B(六師移之)한다〉

조건의 종속절인 삼부조(三不朝)는 諸侯三不朝에서 문맥으로 보충될 수 있는 내용으로 주어인 제후(諸侯)를 생략한 어투로, 영어의 1형식 문장과 같다. 三不朝에서 삼(三)은 조(朝)를 꾸미는 부사이고, 부(不)는 조(朝)의 부정사(否定詞)이며, 조(朝)는 자동사이다. 三不朝의 삼(三)은 삼회(三回)의 줄임말로 여기고 새기고 조(朝)는 조회(朝會)의 줄임말로 여긴다.

주절인 육사이지(六師移之)는 六師移其地에서 되풀이되는 내용이므로 기지(其地)를 지시대명사인 지(之)로 대신한 어투로, 영어의 2형식 수동태 문장과 같다. 六師移之에서 육사(六師)는 주어이고 이(移)는 수동태로 자동사이며 주절의 본동사이고, 지(之)는 장소의 부사이다. 六師移之의 육사(六師)는 천자(天子)가 통솔하는 육군(六軍)을 말하며, 이(移)는 이동(移動)의 줄임말로 여기고, 지(之)는 앞에 있는 기지(其地)를 대신한다. 기(其)는 지(地)의 관형사이고, 지(地)는 여기선 봉지(封地)의 줄임말이다. 천자(天子) 휘하에는 육사(六師)가 있고, 제후(諸侯) 밑에는 삼사(三師)가 있다.

> 세 번 삼(三), 아닐 부(不), 조회에 참석할 조(朝), 곧 즉(則), 여섯 육(六), 군사 사(師), 옮길 이(移), 그 지(之)

是故天子討而不伐(시고천자토이불벌)

▶ 이[是] 때문에[故] 천자는[天子] (제후의) 죄를 다스리지만[討] 그러나 [而] (제후의 봉지를) 정벌하지 않는다[不伐].

시고천자토이불벌(是故天子討而不伐)은 是故天子討諸侯之罪 而天子不伐其封地에서 문맥으로 보충될 수 있는 내용들이므로 제후지죄(諸侯之罪)와 기봉지(其封地) 그리고 되풀이되는 내용인 천자(天子)를 생략한 어투로, 영어의 3형식 문장 둘로 된 중문과 같다. 是故天子討而不伐에서 시고(是故)는 원인의 부사구이고, 시고(是故)의 시(是)는 앞에 제시된 내용을 나타내주는 지시어이다. 그리고 是故天子討而不伐의 이(而)는 역접의 연사인 〈그러나 이(而)〉로 새기면 문맥이 통한다. 天子討에서 천자(天子)는 주어이고, 목적어가 생략되었지만 토(討)는 타동사이며 〈다스릴 치(治)〉와 같고 토죄(討罪)의 줄임말로 여기면 문맥이 통한다. 不伐의 불(不)은 벌(伐)의 부정사(否定詞)이고, 벌(伐)은 주어와 목적어가 다 생략된 셈이지만 타동사이고 〈칠 정(征)〉과 같고 정벌(征伐)의 줄임말로 여긴다.

이 시(是), 때문에 고(故), 하늘 천(天), 아들 자(子), 다스릴 토(討), 그러나 이(而), 아니 불(不), 칠 벌(伐)

諸侯伐而不討(제후벌이불토)

▶ **제후는[諸侯] (제후의 봉지를) 정벌하지만[伐] 그러나[而] (다른 제후의) 죄를 다스리지 못한다[不討].**

제후벌이불토(諸侯伐而不討)는 是故天子討諸侯之罪 而天子不伐其封地에서 문맥으로 보충될 수 있는 내용들이므로 제후지죄(諸侯之罪)와 기봉지(其封地) 그리고 되풀이되는 내용인 천자(天子)를 생략한 어투로, 영어의 3형식 문장 둘로 된 중문과 같다. 是故天子討而不伐에서 시고(是故)는 원인의 부사구이고, 시고(是故)의 시(是)는 앞에 제시된 내용을 나타내주는 지시어이다. 그리고 是故天子討而不伐의 이(而)는 역접의 연사인 〈그러나 이(而)〉로 새기면 문맥이 통한다. 天子討에서 천자(天子)는 주어이고, 목적어가 생략되었지만 토(討)는 타동사인 셈이고 〈다스릴 치(治)〉와 같고 토죄(討罪)의 줄임말로 여기면 문맥이 통한다. 不伐의 불(不)은 벌(伐)의 부정사(否定詞)이고, 벌(伐)은 주어와 목적어가 다 생략되었지만 타동사이고 〈칠 정(征)〉과 같고 정벌(征伐)의 줄임말로 여긴다.

맹자가 왕자(王者)와 패자(霸者)를 살펴 헤아리게 하면서, 천자(天子)와 제후(諸侯)의 군신(君臣) 관계를 분명하게 밝혀주고 있다. 오패(五霸)가 삼왕(三王)의 죄인(罪人)인 것은 오패(五霸)가 발정시인(發政施仁)의 왕도(王道)를 버렸기 때문임을 단언(斷言)하고 있다. 법을 힘으로 믿고 힘[力]의 치세(治世)는 법치(法治)라는 이름 아래 백성을 옭아매는 학정(虐政)으로 치닫게 되는 경우가 허다하다. 그래서 맹자는 패자(霸者)를 죄인이라고 단언하고 있다. 이미 맹자가 2천 3백여 년 전에 민주화(民主化)의 바람을 일으킨 셈이다.

모두 제(諸), 임금 후(侯), 칠 벌(伐), 그러나 이(而), 아니 불(不), 다스릴 토(討)

【문지(聞之) 2】

오패자루제후이벌제후자야(五霸者摟諸侯以伐諸侯者也)

【원문(原文)】

五霸者는 摟諸侯하여 以伐諸侯者也이다 故曰五霸者는 三王之
오 패 자 누 제 후 이 벌 제 후 자 야 고 왈 오 패 자 삼 왕 지
罪人也이다 五霸에 桓公爲盛하여 葵丘之會에서 諸侯束牲載書
죄 인 야 오 패 환 공 위 성 규 구 지 회 제 후 속 생 재 서
而不歃血했다 初命曰 誅不孝하고 無易樹子하며 無以妾爲妻라하
이 불 삽 혈 초 명 왈 주 불 효 무 역 수 자 무 이 첩 위 처
고 再命曰 尊賢育才하여 以彰有德이라하며 三命曰 敬老慈幼하
재 명 왈 존 현 육 재 이 창 유 덕 삼 명 왈 경 로 자 유
고 無忘賓旅라하고 四命曰 士無世官하고 官事無攝하며 取士必
무 망 빈 려 사 명 왈 사 무 세 관 관 사 무 섭 취 사 필
得하고 無專殺大夫라하고 五曰 無曲防하고 無遏糴하며 無有封
독 무 전 살 대 부 오 왈 무 곡 방 무 알 적 무 유 봉
而不告라하고 曰 凡我同盟之人은 旣盟之後에 言歸于好라 했다
이 불 고 왈 범 아 동 맹 지 인 기 맹 지 후 언 귀 우 호

【해독(解讀)】

"다섯 패자는 제후들을 끌어 모았고[五霸者摟諸侯] 그렇게 하여 다른 제후를 정벌한 자들이다[以伐諸侯者也]. 그래서 다섯 패자들은 삼왕의 죄인들이라고 말하는 것이고[故曰五霸者三王之罪人也], 오패 중에서 (제나라) 환공이 강성하게 되었다[五霸桓公爲盛]. 규구의 회맹에서 제후들은 제물로 올릴 소를 묶어두고 맹약한 문서를 (제물로 올린 소에) 얹어두었고 그러나 (혈맹의 표시로) 피를 입에 찍어 바르지는 않았다[葵丘之會諸侯束牲載書而不歃血]. 첫째 명령은 밝혔다[初命曰]. '불효자를 죽이고[誅不孝], 천자가 제후에게 정해준 양자를 바꾸지 말고[無易樹子], 첩으로 아내를 삼지 말라[無以妾爲妻].' 둘째 명령은 밝혔다[再命曰]. '현자를 받들고 인재를 육성함으로써 덕이 있음을 밝혀라[尊賢育才以彰有德].' 셋째 명령은 밝혔다[三命曰]. '늙은이를 공경하고 어린이를 사랑하며[敬老慈幼], 손님과 여인을 홀대하지 말라[無忘賓旅].' 넷째 명령은 밝혔다[四命曰]. 선비에게 관직을 세습하지 말고[士無世官], 관청의 일거리를 겸임하지 말고[官事無攝], 선발된 선비를 반드시 채용하고[取士必得], 대부를 (제후) 마음대로 살해하지 말라[無專殺大夫]. 다섯째로 밝혔다[五曰]. '제방을 굽히지 말고[無曲防], 양곡을 사들임을 막지 말고[無遏糴], 봉지를 취하고서도 (그 일을 천자에게) 고하지 아니하기를 말라[無有封而不告].' (맹약서의 끝은) 밝혔다[曰]. '무릇 우리는 맹약을 같이한 사람들이니[凡我同盟之人] 맹약을 끝낸 뒤로는[旣盟之後] (우리 모두) 우호적인

관계로 부디 돌아가자[言歸于好].'"

【담소(談笑)】

五霸者摟諸侯(오패자루제후) 以伐諸侯者也(이벌제후자야)

▶ 다섯[五] 패자는[霸者] 제후들을[諸侯] 끌어 모았고[摟] 그렇게 하여 [以] 다른 제후를[諸侯] 정벌한[伐] 자들[者]이다[也].

오패자루제후이벌제후자야(五霸者摟諸侯以伐諸侯者也)는 〈AB也〉꼴로 영어의 2형식 문장과 같은 어투이다. 〈A(五霸者)는 B(摟諸侯以伐諸侯者)이다[也]〉 五霸者摟諸侯以伐諸侯者也에서 오패자(五霸者)는 주어이고, 누제후이벌제후(摟諸侯以伐諸侯)는 술부이며, 자(者)는 보어이고, 야(也)는 구문을 결정짓는 어조사(~이다)이다. 五霸者摟諸侯以伐諸侯者也에서 이(以) 자가 후치사임을 알아채면 五霸者摟諸侯以伐諸侯者也의 문맥은 쉽게 잡힌다. 왜냐하면 누제후이(摟諸侯以)가 벌(伐)을 꾸미는 부사구이기 때문이다. 그러니 五霸者摟諸侯以伐諸侯者也의 골격은 오패자벌제후자야(五霸者伐諸侯者也)인 셈이다. 오패자는[五霸者] 다른 제후를[諸侯] 정벌한[伐] 자[者]이다[也]. 摟諸侯以伐諸侯者를 〈A者〉〉꼴로 알아채면 누제후이벌제후(摟諸侯以伐諸侯)가 자(者)를 꾸미는 형용사절임을 알 수 있다. 그러면 〈A(摟諸侯以伐諸侯)하는 자들[者]〉이라고 문맥을 잡아볼 수 있다. 제후들을[諸侯] 끌어 모음[摟]으로써[以] (끼어들지 않은 다른) 제후를[諸侯] 정벌한[伐] 자들[者]. 摟諸侯以伐諸侯者也의 누(摟)는 〈끌 견(牽)〉과 같고 누수(摟捜)의 줄임말로 여기고, 이(以)는 〈써 용(用)〉과 같고, 벌(伐)은 〈칠 정(征)〉과 같고 정벌(征伐)의 줄임말로 여긴다.

패자(霸者)는 천자(天子)를 형식적으로 종주(宗主)로 삼으면서 무력(武力)으로 다른 제후(諸侯)들을 통솔하면서 이족(異族)의 침입을 막고 중원(中原)을 관장하는 강대한 제후를 말한다. 오패(五霸)는 제(齊)나라 환공(桓公), 진(晉)나라 문공(文公) · 진(秦)나라 목공(穆公) · 송(宋)나라 양공(襄公) · 초(楚)나라 장왕(莊王) 등 주대(周代)의 패자(霸者)를 말하는 조기(趙岐)의 설(說)도 있고, 제(齊)나라 환공(桓公) · 진(晉)나라 문공(文公) · 초(楚)나라 장왕(莊王) · 오왕(吳王) 합려(闔閭) · 월왕(越王) 구천(句踐) 등을 드는 순자(荀子)의 설(說)도 있지만, 여기선 조기(趙岐)의 설이 타당한 편이다.

다섯 오(五), 으뜸 패(霸), 놈 자(者), 끌어당길 루(摟), 모두 제(諸), 임금 후(侯), 써 이(以), 칠 벌(伐), ~이다 야(也)

故曰(고왈) 五霸者三王之罪人也(오패자삼왕지죄인야)

▶ **그래서[故] 다섯[五] 패자들은[霸者] 삼왕[三王]의[之] 죄인들이라고[罪人] 말하는 것[曰]이다[也].**

고왈오패자삼왕지죄인야(故曰五霸者三王之罪人也)는 故人曰五霸者三王之罪人也에서 일반주어인 인(人)이 문맥으로 보충될 수 있으므로 늘 생략된 〈故曰B〉꼴로, 주어가 생략됐지만 영어의 3형식 문장과 같다. 故曰五霸者三王之罪人也에서 고왈(故曰)은 시고왈(是故曰)의 줄인 꼴이다. 위의 내용[是]이므로[故] 다음처럼 말한다[曰]는 뜻으로 쓰인다. 앞의 내용을 근거로 하여 판단이나 결론을 내릴 때 쓰이는 셈이고, 고왈(故曰)을 줄여 그냥 고(故)로 할 때가 더 보통이다. 시고왈(是故曰)의 고(故)는 승상기하(承上起下)의 연접이므로 영어의 therefore와 같은 구실을 한다. 앞의 내용을[上] 이어서[承] 새로운 내용을[下] 제기한다[起]. 그러니 故曰五霸者三王之罪人也에서 오패자삼왕지죄인야(五霸者三王之罪人也)는 타동사인 왈(曰)의 목적절인 셈이다. 〈그래서[故] B(今之諸侯五霸之罪人)라고[也] 말한다[曰]〉 왈(曰)의 목적절인 五霸者三王之罪人也는 〈AB也〉꼴로 영어의 2형식 문장과 같다. 〈A(五霸者)는 B(三王之罪人)이다[也]〉 五霸者三王之罪人也에서 오패자(五霸者)는 주어이고, 삼왕지(三王之)는 죄인(罪人)을 꾸미는 형용사구이며, 죄인(罪人)은 보어이고, 야(也)는 구문을 결정짓는 어조사(~이다)이다.

그러므로 고(故), 말할 왈(曰), 다섯 오(五), 으뜸 패(霸), 놈 자(者), 석 삼(三), 임금 왕(王), ~의 지(之), 죄 죄(罪), ~이다 야(也)

五霸桓公爲盛(오패환공위성)

▶ **오패 중에서[五霸] (제나라) 환공이[桓公] 강성함을[盛] 이루었다[爲].**

오패환공위성(五霸桓公爲盛)은 〈A爲B〉꼴로 영어의 3형식 문장과 같은 어투이다. 〈A(桓公)는 B(盛)를 이루었다[爲]〉 五霸桓公爲盛에서 오패(五霸)는 환공(桓公)의 동격이고, 환공(桓公)은 주어이며, 위(爲)는 타동사로 본동사이고, 성(盛)은 위(爲)의 목적어이다. 물론 五霸桓公爲盛의 본동사인 위

(爲)를 자동사로 여기고 성(盛)을 형용사로 여기고 새기면, 五霸桓公爲盛은 영어의 2형식 문장과 같은 어투로 문맥을 잡게 된다. 이처럼 한문투는 품사를 결정하지 않는 어투이므로 문맥에 가장 걸맞은 쪽을 택해 새긴다. 자동사인 위(爲)는 마치 영어의 be 동사와 같다고 여기면 편하다. 五霸桓公爲盛의 성(盛)은 여기선 〈큰 대(大)〉와 같고 강성(强盛)의 줄임말로 여기고, 강대(强大)의 뜻으로 새기면 문맥과 통한다.

다섯 오(五), 으뜸 패(霸), 푯말 환(桓), 두루 공(公), 될 위(爲), 클 성(盛)

葵丘之會諸侯束牲(규구지회제후속생) 載書(재서) 而不歃血(이불삽혈)

▶ 규구[葵丘]의[之] 회맹에서[會] 제후들은[諸侯] 제물로 올릴 소를[牲] 묶어두고[束] 맹약한 문서를[書] (제물로 올린 소에) 얹어두었고[載], 그러나[而] (혈맹의 표시로) 피를[血] 입에 찍어 바르지는 않았다[不歃].

규구지회제후속생재서이불삽혈(葵丘之會諸侯束牲載書而不歃血)은 葵丘之會諸侯束牲 而諸侯載書於牲之上 而諸侯不歃血에서 문맥으로 보충될 수 있는 내용인 어생지상(於牲之上)과 되풀이되는 제후(諸侯)를 생략한 어투로 영어의 3형식 문장 셋으로 된 중문과 같다. 제후들은[諸侯] 희생[牲]의[之] 위[上]에[於] 맹약의 서를[書] 얹었다[載]. 葵丘之會諸侯束牲載書而不歃血과 같은 어투의 문맥을 잡으려면 먼저 본동사를 찾아내면 편하다. 〈묶을 속(束)〉, 〈실을 재(載)〉 그리고 〈마실 삽(歃)〉 등이 본동사인 세 문장 내지 구문이 하나처럼 묶인 어투임을 알아챌 수 있다. 그러면 葵丘之會諸侯束牲載書而不歃血을 葵丘之會諸侯束牲, 載書, 而不歃血 등으로 나누어 각각의 문맥을 잡아볼 수 있다. 규구지회제후속생(葵丘之會諸侯束牲)에서 규구지회(葵丘之會)는 장소의 부사구이고, 제후(諸侯)는 주어이며, 속(束)은 타동사이고 생(牲)은 속(束)의 목적어인 문맥을 잡아볼 수 있다. 그리고 재서(載書)에서 재(載)는 타동사이고, 서(書)는 재(載)의 목적어로 여기고 문맥을 잡아볼 수 있다. 이불삽혈(而不歃血)에서 이(而)는 역접의 연사인 〈그러나 이(而)〉이고, 불(不)은 삽(歃)의 부정사(否定詞)이며, 삽(歃)은 타동사이고, 혈(血)은 삽(歃)의 목적어로 여기고 문맥을 잡아볼 수 있게 된다.

규구지회제후속생(葵丘之會諸侯束牲)의 규구(葵丘)는 송(宋)나라에 있던 지명(地名)으로 지금 하남성(河南省) 고성현(考城縣) 동부 지역쯤이고, 지(之)는 소유격 토씨(~의)이며, 회(會)는 〈모을 합(合)〉과 같고 회합(會合)의 줄임말로 여기고 새기고, 속(束)은 〈묶을 박(縛)〉과 같고 속박(束縛)의 줄임말로 여기고 새기며, 생(牲)은 희생(犧牲)의 줄임말로 통째로 제(祭)에 올린 소(牛) 내지 가축의 제물(祭物)을 말한다. 규구[葵丘]의[之] 회합에서[會] 제후들은[諸侯] 희생의 소를[牲] 묶어두었다[束]. 載書의 재(載)는 〈실을 승(乘)〉과 같고, 서(書)는 맹약(盟約)을 기록한 문서(文書)의 줄임말로 여긴다. (제후들은 희생의 소[牛] 위에 맹약의 문서를[書]) 얹어두었다[載]. 而不歃血의 삽(歃)은 〈마실 음(飮)〉과 같지만 특히 삽혈(歃血)이라고 하면 입에 피를 찍어 바르고 맹약하는 의례(儀禮)를 뜻한다. (제후들은) 입에 피를 찍어 바르고 맹세하지는 않았다[不歃血].

해바라기 규(葵), 언덕 구(丘), ~의 지(之), 모임 회(會), 모두 제(諸), 임금 후(侯), 묶을 속(俗), 통째로 제사에 올리는 소 생(牲), 실을 재(載), 글 서(書), 그러나 이(而), 아니 불(不), 입에 피 찍어 바를 삽(歃), 피 혈(血)

初命曰(초명왈) 誅不孝無易樹子無以妾爲妻(주불효무역수자무이첩위처)

▶ 첫째[初] 명령은[命] 밝혔다[曰]. "불효자를[不孝] 죽이고[誅] 천자가 제후에게 정해준 양자를[樹子] 바꾸지[易] 말고[無] 첩[妾]으로[以] 아내를[妻] 삼지[爲] 말라[無]."

초명왈주불효무역수자무이첩위처(初命曰誅不孝無易樹子無以妾爲妻)는 〈A曰B〉꼴로, 영어의 3형식 문장과 같다. 〈A(初命)는 B(誅不孝無易樹子無以妾爲妻)를 말한다[曰]〉 그러나 〈A(初命)는 말한다[曰]. B(誅不孝無易樹子無以妾爲妻)하라〉고 명령문처럼 새기는 것이 문맥과 더 걸맞을 경우가 많다. 여기선 〈A曰B〉의 B를 명령문처럼 여기고 새기는 것이 초명왈(初命曰)에서 명(命)의 뜻을 드러나게 해 문맥의 문의가 더 잘 드러난다.

왈(曰)의 목적절인 주불효무역수자무이첩위처(誅不孝無易樹子無以妾爲妻)와 같은 어투의 문맥을 잡으려면 구문의 골격을 먼저 살피는 것이 편하다. 그러자면 誅不孝無易樹子無以妾爲妻에서 본동사인 자(字)를 먼저 주목해야 된다. 誅不孝無易樹子無以妾爲妻에서 〈죽일 주(誅)〉, 〈바꿀 역(易)〉, 〈삼을 위(爲)〉 등이 본동사이므로 왈(曰)의 목적절은 주불효(誅不孝), 무역수자(無易樹子), 무이첩위처(無以妾爲妻) 등 세 절임을 알아챌 수 있다.

주불효(誅不孝)에서 주(誅)는 타동사이고 〈죽일 살(殺)〉과 같고 주살(誅殺)의 줄임말로 여기고 새기고, 불효(不孝)는 주(誅)의 목적어이고 불효자(不孝子)의 줄임말로 여기고 새기면 문맥이 통한다. 불효자를[不孝] 죽여라[誅].

무역수자(無易樹子)에서 무(無)는 〈하지 말 물(勿), 무(毋)〉 등과 같고 역(易)의 부정사(否定詞)이고, 역(易)은 타동사이고 〈바꿀 환(換)〉과 같고, 수자(樹子)는 제후(諸侯)한테 후사(後嗣)가 없을 때 천자(天子)가 정해주는 양자(養子)를 말한다. 수자(樹子)의 수(樹)는 〈세울 립(立)〉과 같다. 수자를[樹子] 바꾸지[易] 말라[無].

무이첩위처(無以妾爲妻)에서 무(無)는 〈하지 말 물(勿), 무(毋)〉 등과 같고 위(爲)의 부정사(否定詞)이고, 이(以)는 〈써 용(用)〉과 같고, 위(爲)는 타동사이며 〈만들(삼을) 조(造)〉와 같다. 〈以A爲B〉를 하나의 관용구로 여기고 알아두는 편이 편하다. 〈B로(以) A를 삼다[爲]〉 첩[妾]으로[以] 아내를[妻] 삼지[爲] 말라[無].

첫째 초(初), 명령 명(命), 일컬을 왈(曰), 죽일 주(誅), 아니 불(不), 효도 효(孝), 하지 말 무(無), 바꿀 역(易), 세울 수(樹), 아들 자(子), 써 이(以), 첩 첩(妾), 삼을 위(爲), 아내 처(妻)

再命曰(재명왈) 尊賢育才以彰有德(존현육재이창유덕)

▶ 둘째[再] 명령은[命] 밝혔다[曰]. "현자를[賢] 받들고[尊] 인재를[才] 육성함[育]으로써[以] 덕이[德] 있음을[有] 밝혀라[彰]."

재명왈존현육재이창유덕(再命曰尊賢育才以彰有德)은 〈A曰B〉꼴로 영어의 3형식 문장과 같다. 〈A(再命)는 B(尊賢育才以彰有德)을 말한다[曰]〉 그러나 〈A(再命)는 말한다[曰]. B(尊賢育才以彰有德)하라〉고 명령문처럼 새기는 것이 문맥과 더 걸맞을 경우가 많다. 여기선 〈A曰B〉의 B를 명령문처럼 여기고 새기는 것이 재명왈(初命曰)에서 명(命)의 뜻을 드러나게 해 문맥의 문의가 더 잘 드러난다.

왈(曰)의 목적절인 존현육재이창유덕(尊賢育才以彰有德)은 〈彰A以B〉꼴로 영어의 3형식 명령문 같은 어투이다. 〈B(尊賢育才)로써[以] A(有德)를 밝혀라[彰]〉 尊賢育才以彰有德에서 이(以)가 존현육재(尊賢育才)의 후치사임을 알아채야 尊賢育才以彰有德의 문맥을 잡기가 쉽다. 그러면 존현육재이(尊賢育才以)가 타동사인 창(彰)을 꾸미는 부사구임을 알아챌 수 있고, 유덕(有德)은 창(彰)의 목적구임을 알아챌 수 있다. 존현육재로써[尊賢育才以] 유덕을[有德] 밝혀라[彰].

둘째 재(再), 명령 명(命), 일컬을 왈(曰), 받들 존(尊), 밝을 현(賢), 키울 육(育), 인재 재(才), 써 이(以), 밝힐 창(彰), 있을 유(有), 큰 덕(德)

三命曰(삼명왈) 敬老慈幼無忘賓旅(경로자유무망빈려)

▶ **셋째[三] 명령은[命] 밝혔다[曰]. "늙은이를[老] 공경하고[敬] 어린이를[幼] 사랑하며[慈] 손님과[賓] 나그네를[旅] 홀대하지[忘] 말라[無]."**

삼명왈경로자유무망빈려(三命曰敬老慈幼無忘賓旅)는 〈A曰B〉꼴로 영어의 3형식 문장과 같다. 〈A(三命)는 B(敬老慈幼無忘賓旅)를 말한다[曰]〉 그러나 〈A(三命)는 말한다[曰]. B(敬老慈幼無忘賓旅)하라〉고 명령문처럼 새기는 것이 문맥과 더 걸맞을 경우가 많다. 여기선 〈A曰B〉의 B를 명령문처럼 여기고 새기는 것이 더 낫다.

왈(曰)의 목적절인 경로자유무망빈려(敬老慈幼無忘賓旅) 같은 어투의 문맥을 잡으려면 구문의 골격을 먼저 살펴 敬老慈幼無忘賓旅에서 본동사인 자(字)를 먼저 주목해야 된다. 敬老慈幼無忘賓旅에서 〈받들 경(敬)〉, 〈사랑할 자(慈)〉, 〈잊을 망(忘)〉 등이 본동사이므로 왈(曰)의 목적절은 경로(敬老), 자유(慈幼), 무망빈려(無忘賓旅) 등 세 절임을 알아챌 수 있다.

경로(敬老)에서 경(敬)은 타동사이고 〈공경 공(恭)〉과 같고 공경(恭敬)의 줄임말로 여기고 새기고, 노(老)는 경(敬)의 목적어이며 노인(老人)의 줄임말로 여긴다. 자유(慈幼)에서 자(慈)는 타동사이고 〈사랑할 애(愛)〉와 같고 자애(慈愛)의 줄임말로 여기고 새기고, 유(幼)는 자(慈)의 목적어이고 유아(幼兒)의 줄임말로 여긴다. 무망빈려(無忘賓旅)에서 무(無)는 망(忘)의 부정사(否定詞)이고, 망(忘)은 〈깜짝할 홀(忽)〉과 같고 홀대(忽待)의 뜻으로 새기면 문맥이 통하고 빈(賓)은 망(忘)의 목적어이며 〈손님 객(客)〉과 같고 빈객(賓客)의 줄임말로 여기고, 여(旅)는 여인(旅人)의 줄임말로 사(士)의 신분이지만 관직을 가지지 않은 채로 관아에서 기식(寄食)하고 있는 객(客)을 말한다. 무망빈려(無忘賓旅)는 관직(官職)이 없을지라도 선비를 홀대(忽待)하지 말라 함이다.

셋째 삼(三), 명령 명(命), 일컬을 왈(曰), 받들 경(敬), 늙은이 로(老), 사랑할 자(慈), 어린이 유(幼), 하지 말 무(無), 잊을 망(忘), 손님 빈(賓), 나그네 려(旅)

四命曰(사명왈) 士無世官官事無攝取士必得無專殺大夫(사무세관관사무섭취사필득무전살대부)

▶ 넷째[四] 명령은[命] 밝혔다[曰]. "선비에게[士] 관직을[官] 세습하지[世] 말고[無] 관청의[官] 일거리를[事] 겸임하지[攝] 말고[無] 선비를[士] 찾아서[取] 반드시[必] 채용하고[得] 대부를[大夫] 마음대로[專] 살해하지[殺] 말라[無]."

사명왈사무세관관사무섭취사필득무전살대부(四命曰士無世官官事無攝取士必得無專殺大夫)는 〈A曰B〉꼴로 영어의 3형식 문장과 같은 어투이다. 〈A(四命)는 B(士無世官官事無攝取士必得無專殺大夫)를 말한다[曰]〉 그러나 〈A(四命)는 말한다[曰]. B(士無世官官事無攝取士必得無專殺大夫)하라〉고 명령문처럼 새기는 것이 문맥과 더 걸맞을 경우가 많다. 여기선 〈A曰B〉의 B를 명령문처럼 여기고 새기는 것이 사명왈(四命曰)에서 명(命)의 뜻을 드러나게 해 문맥의 문의가 더 잘 드러난다.

왈(曰)의 목적절인 사무세관관사무섭취사필득무전살대부(士無世官官事無攝取士必得無專殺大夫)와 같은 어투의 문맥을 잡으려면 구문의 골격을 먼저 살피는 편이 편하다. 그러자면 士無世官官事無攝取士必得無專殺大夫에서 본동사인 자(字)를 먼저 주목해야 된다. 士無世官官事無攝取士必得無專殺大夫에서 〈세습할 세(世)〉, 〈당길 섭(攝)〉, 〈취할 취(取)〉, 〈얻을 득(得)〉, 〈죽일 살(殺)〉 등이 본동사이므로 왈(曰)의 목적절은 사무세관(士無世官), 관사무섭(官事無攝), 취사(取士), 필득(必得), 무전살대부(無專殺大夫) 등 다섯 절임을 알아챌 수 있다. 물론 취사(取士)와 필득(必得)은 취사필득(取士必得)으로 묶어 새기므로 왈(曰)의 목적절을 네 절로 보아도 된다.

사무세관(士無世官)은 영어의 3형식 부정문과 같은 어투이고, 士無世官에서 사(士)는 어사(於士) 즉 선비[士]에게[於]로 여기고 새길 수 있으므로 士

無世官의 사(士)는 부사이고, 무(無)는 세(世)의 부정사(否定詞)이며, 세(世)는 타동사이며 〈물려줄 습(襲)〉과 같고 세습(世襲)의 줄임말로 여기고 새기고, 관(官)은 관직(官職)의 줄임말로 여기고 새기면 문맥이 통한다. 선비에게[士] 벼슬자리를[官] 세습하지[世] 말라[無].

관사무섭(官事無攝)은 無攝官事에서 관사(官事)를 전치시킨 어투로, 영어의 3형식 부정문과 같은 어투이다. 官事無攝에서 관사(官事)는 섭(攝)의 목적어이고, 무(無)는 섭(攝)의 부정사(否定詞)이며, 섭(攝)은 타동사이고 〈모두 총(摠), 잡을 지(持)〉를 합친 총지(摠持)의 뜻과 같고 섭행(攝行)의 줄임말로 겸해서 일을 맡아한다는 뜻으로 새기면 문맥이 통한다. 관청의 일을[官事] 겸임하지[攝] 말라[無].

취사필득(取士必得)은 取士 而必得士에서 되풀이되는 사(士)를 생략한 어투로, 영어의 3형식 명령문 둘이 합쳐져 있는 셈이다. 取士必得의 취(取)는 타동사이고 〈찾아낼 색(索)〉과 같고, 사(士)는 취(取)의 목적어이며, 필(必)은 득(得)을 꾸미는 부사이고, 득(得)은 타동사이며 〈얻을 획(獲)〉과 같고 획득(獲得)의 줄임말로 여기고 새기면 문맥이 통한다. 선비를[士] 찾아서[取] 반드시[必] 얻어라[得].

무전살대부(無專殺大夫)에서 무(無)는 〈하지 말 물(勿), 무(毋)〉 등과 같고 살(殺)의 부정사(否定詞)이고, 전(專)은 살(殺)을 꾸미는 부사이고 〈오로지 독(獨)〉과 같고 전독(專獨)의 줄임말로 여기고 새기고, 살(殺)은 타동사이며 〈죽일 주(誅)〉와 같고 주살(誅殺)의 줄임말로 여기고, 대부(大夫)는 살(殺)의 목적어이므로 無專殺大夫는 영어의 3형식 명령문과 같은 어투이다. 독단으로[專] 대부를[大夫] 죽이지[殺] 말라[無].

넷째 사(四), 명령 명(命), 일컬을 왈(曰), 선비 사(士), 하지 말 무(無), 세습할 세(世), 벼슬 관(官), 관청 관(官), 일 사(事), 당길 섭(攝), 찾을 취(取), 반드시 필(必), 얻을 득(得), 마음대로 전(專), 죽일 살(殺), 큰 대(大), 사내 부(夫)

五曰(오왈) 無曲防無遏糴無有封而不告(무곡방무알적무유봉이불고)

▶ 다섯째로[五] 밝혔다[曰]. "제방을[防] 굽히지[曲] 말고[無] 양곡을 사들임을[糴] 막지[遏] 말고[無] 봉지를[封] 취하지[有] 말고[無] 그러나[而]

구문을 가름해보는 것이 편하다. 凡我同盟之人旣盟之後言歸于好와 같은 어투에서는 허사(虛辭)인 지(之)를 주목하면 끊어 새길 수 있는 꼬투리를 잡을 수 있다.

범아동맹지인(凡我同盟之人)에서 동맹지인(同盟之人)이 〈A之B〉꼴임을 상기(想起)하면 동맹지(同盟之)가 인(人)을 꾸미는 형용사절임을 알아챌 수 있다. 그러면 凡我同盟之人의 아(我)가 주어이며, 인(人)이 보어임을 알아챌 수 있다. 무릇[凡] 우리는[我] 맹약을[盟] 같이한[同之] 사람들이다[人]. 이렇게 새겨보면 凡我同盟之人을 凡我是同盟之人에서 ~이다인 시(是)가 생략된 〈A是B〉의 꼴로 여기고 凡我同盟之人의 문맥을 잡을 수 있다. 〈A(我)는 B(同盟之人)이다[是]〉 그리고 凡我是同盟之人을 영어의 2형식 문장과 같은 어투로 새길 수 있다.

기맹지후언귀우호(旣盟之後言歸于好)는 旣盟之後我言歸于好에서 문맥으로 보충될 수도 있고 되풀이되므로 주어인 아(我)를 생략한 어투로, 영어의 1형식 문장과 같다. 旣盟之後言歸于好에서 기맹지후(旣盟之後)는 시간의 부사구이고 언(言)은 귀우호(歸于好)를 간곡하게 하려는 어조를 더해주는 어조사임을 알아채면 귀(歸)가 자동사로 본동사임을 알 수 있고, 우호(于好)는 귀(歸)를 꾸미는 부사구이다. 물론 旣盟之後言歸于好에서도 기맹지후(旣盟之後)가 〈A之B〉꼴임을 상기(想起)하면 기맹지(旣盟之)가 후(後)를 꾸미는 형용사절임을 알아챌 수 있다. 맹약을[盟] 끝낸[旣之] 뒤로[後]. 〈A之B〉의 지(之)가 허사 구실을 하면 새길 때 아무런 의미가 없다. 영어에서 관계대명사가 이어주기만 하지 뜻이 없는 것과 같은 셈이다. the time when A did B, A가 B를 했던(did) 그(the) 시간(time)처럼 시간의 관계대명사인 when을 우리말로 무시하고 새기듯이, 〈A之B〉에서 지(之)가 형용사구 내지 형용사절을 이끌어줄 때는 허사로서 뜻이 없다는 말이다.

위와 같이 살펴보면 범아동맹지인기맹지후언귀우호(凡我同盟之人旣盟之後言歸于好)가 서로 어떤 문맥의 관계인지 알아챌 수 있다. 범아동맹지인(凡我同盟之人)이기 때문에 기맹지후언귀우호(旣盟之後言歸于好)하자고 凡我同盟之人旣盟之後言歸于好의 전체 문맥을 잡을 수 있다는 말이다. 그러므로 凡我同盟之人旣盟之後言歸于好에서 범아동맹지인(凡我同盟之人)은 원인의 종속절이고, 기맹지후언귀우호(旣盟之後言歸于好)는 주절이 되어 영어의 복문과 같은 어투로 문맥이 잡힌다. 既盟之後言歸于好의 기(旣)는 〈끝낼 필(畢)〉과 같고 언(言)은 어조사(부디) 정도로 새기고, 귀(歸)는 〈돌아갈 환(還)〉과 같고, 귀환(歸還)의 줄임말로 여기고 새기고 우(于)는 〈~으로 어(於)〉와 같고 호(好)는 우호(友好)〉의 줄임말로 여기고 새기면 문맥이 통한다. 특히 언(言)이 본동사 앞에 놓이면 뜻 없이 어조만 더해주는 어조사인 경우가 있음을 주의한다.

일컬을 왈(曰), 무릇 범(凡), 우리 아(我), 같이할 동(同), 맹세 맹(盟), 어조사(~한) 지(之), 사람들 인(人), 끝낼 기(旣), 뒤 후(後), 어조사 언(言), 돌아갈 귀(歸), ~으로 우(于), 우호 호(好)

【문지(聞之) 3】

금지제후개범차오금(今之諸侯皆犯此五禁)

【원문(原文)】

今之諸侯는 皆犯此五禁하니 故曰 今之諸侯는 五霸之罪人也이다 長君之惡은 其罪小하고 逢君之惡은 其罪大하니 今之大夫는 皆逢君之惡하니 故曰 今之大夫는 今之諸侯之罪人也이다

금지제후 개범차오금 고왈 금지제후 오패지죄인야 장군지악 기죄소 봉군지악 기죄대 금지대부 개봉군지악 고왈 금지대부 금지제후지죄인야

【해독(解讀)】

"지금의 제후들은 모두 이 다섯 항의 금지를 범했다[今之諸侯皆犯此五禁]. 그래서 지금의 제후들은 오패의 죄인이라고 말한다[故曰今之諸侯五霸之罪人也]. 임금의 죄악을 조장한다면[長君之惡] 그 죄는 작고[其罪小], 임금의 죄악에 영합한다면[逢君之惡] 그 죄는 크다[其罪大]. 지금의 대부들은 모두 임금의 죄악과 영합한다[今之大夫皆逢君之惡]. 그래서 지금의 대부들은 지금의 제후의 죄인이라고 말한다[故曰今之大夫今之諸侯之罪人也]."

【담소(談笑)】

今之諸侯皆犯此五禁(금지제후개범차오금)

▶ 지금[今]의[之] 제후들은[諸侯] 모두[皆] 이[此] 다섯 항의[五] 금지를[禁] 범했다[犯].

금지제후개범차오금(今之諸侯皆犯此五禁)은 〈A犯B〉꼴로 영어의 3형식

문장과 같은 어투이다. 〈A(今之諸侯)는 B(此五禁)를 범했다[犯]〉 今之諸侯皆犯此五禁에서 금지제후(今之諸侯)는 주어이고, 개(皆)는 부사이며, 범(犯)은 타동사로 본동사이고, 차오금(此五禁)은 범(犯)의 목적어이다. 今之諸侯皆犯此五禁에서 금지제후(今之諸侯)의 지(之)는 소유격 토씨(~의)이고, 개(皆)는 〈다 구(俱)〉와 같고, 범(犯)은 〈범할 간(干)〉과 같고, 차(此)는 〈이 시(是)〉와 같고, 금(禁)은 〈금할 겁(刦)〉과 같고 금지(禁止)의 줄임말로 여기고 새긴다. 오금(五禁)은 위에 열거한 다섯 조항에 걸쳐 지적된 금지내용을 말한다.

이제 금(今), ~의 지(之), 모두 제(諸), 임금 후(侯), 모두 개(皆), 범할 범(凡), 이 차(此), 다섯 오(五), 금할 금(禁)

故曰(고왈) 今之諸侯五霸之罪人也(금지제후오패지죄인야)

▶ 그래서[故] 지금[今]의[之] 제후들은[諸侯] 오패[五霸]의[之] 죄인[罪人]이라고[也] 말한다[曰].

고왈금지제후오패지죄인야(故曰今之諸侯五霸之罪人也)는 故人曰今之諸侯五霸之罪人也에서 일반주어인 인(人)을 문맥으로 보충될 수 있으므로 생략한 〈故曰B〉꼴로, 주어가 생략됐지만 영어의 3형식 문장과 같은 어투이다. 故曰今之諸侯五霸之罪人也에서 고왈(故曰)은 시고왈(是故曰)의 줄인 꼴이다. 위의 내용[是]이므로[故] 다음처럼 말한다[曰]는 뜻으로 쓰인다. 앞의 내용을 근거로 하여 판단이나 결론을 내릴 때 쓰이는 셈이고, 고왈(故曰)을 줄여 그냥 고(故)로 할 때가 더 보통이다. 시고왈(是故曰)의 고(故)는 승상기하(承上起下)의 연접이므로 영어의 therefore와 같은 구실을 한다고 여긴다. 앞의 내용을[上] 이어서[承] 새로운 내용을[下] 제기한다[起]. 그러니 故曰今之諸侯五霸之罪人也에서 금지제후오패지죄인야(今之諸侯五霸之罪人也)는 타동사인 왈(曰)의 목적절인 셈이다. 〈그래서[故] B(今之諸侯五霸之罪人)이라고[也] 말한다[曰]〉 왈(曰)의 목적절인 今之諸侯五霸之罪人也는 〈AB也〉꼴로 영어의 2형식 문장과 같은 어투이다. 〈A(今之諸侯)는 B(五霸之罪人)이다[也]〉 今之諸侯五霸之罪人也에서 금지제후(今之諸侯)는 주어이고, 오패지(五霸之)는 죄인(罪人)을 꾸미는 형용사구이며, 죄인(罪人)은 보어이고, 야(也)는 구문을 결정짓는 어조사(~이다)이다.

그래서 고(故), 말할 왈(曰), 이제 금(今), ~의 지(之), 모두 제(諸), 임금 후(侯), 다섯 오(五), 으뜸 패(霸), ~의 지(之), 죄 죄(罪), 사람 인(人), ~이다 야(也)

長君之惡其罪小(장군지악기죄소)

▶ 임금[君]의[之] 죄악을[惡] 조장한다면[長] 그[其] 죄는[罪] 작다[小].

장군지악기죄소(長君之惡其罪小)는 영어의 복문과 같은 어투이다. 長君之惡其罪小에서 장군지악(長君之惡)을 조건의 종속절로 여기고, 기죄소(其罪小)를 주절로 여기고 새기면 長君之惡其罪小의 문맥이 잡힌다. 물론 長君之惡을 其罪小의 죄(罪)를 꾸미는 형용사절로 보고 임금[君]의[之] 죄악을[惡] 조장하는[長] 그[其] 죄는[罪] 작다[小]고 새겨도 문맥은 통한다. 그러나 長君之惡을 大夫長君之惡에서 문맥으로 보충될 수 있으므로 주어인 대부(大夫)를 생략한 어투로 여기고, 대부가[大夫] 임금[君]의[之] 죄악을[惡] 조장한다면[長]으로 새기는 것이 문맥의 문의를 더 잘 드러낸다. 長君之惡의 장(長)은 타동사이고 〈더할 증(增)〉과 같고 조장(助長)의 줄임말로 여기고 새기고 군지(君之)는 악(惡)을 꾸미는 형용사이며, 지(之)는 소유격 토씨(~의) 구실을 하고, 악(惡)은 장(長)의 목적어이며 죄악(罪惡)의 줄임말로 여기고 새기므로, 조건의 종속절인 長君之惡은 영어의 3형식 절과 같은 어투이다.

주절인 기죄소(其罪小)는 其罪是小에서 문맥으로 보충될 수 있으므로 영어의 be 동사 같은 구실을 하는 시(是)를 생략한 어투로, 영어의 2형식 절과 같다. 其罪小에서 기(其)는 죄(罪)의 관형사이고, 죄(罪)는 주어이고, 소(小)는 보어이다.

더할 장(長), 임금 군(君), ~의 지(之,) 죄악 악(惡), 그 기(其), 죄 죄(罪), 작을 소(小)

逢君之惡其罪大(봉군지악기죄대)

▶ 임금[君]의[之] 죄악에[惡] 영합한다면[逢] 그[其] 죄는[罪] 크다[大].

봉군지악기죄대(逢君之惡其罪大)는 영어의 복문과 같은 어투이다. 逢君之惡其罪大에서 봉군지악(逢君之惡)을 조건의 종속절로 여기고, 기죄대(其罪大)를 주절로 여기고 새기면 逢君之惡其罪大의 문맥이 잡힌다. 물론 逢君之惡을 其罪大의 죄(罪)를 꾸미는 형용사절로 보고 임금[君]의[之] 죄악을[惡]

영합하는[逢] 그[其] 죄는[罪] 크다[大]고 새겨도 문맥은 통한다. 그러나 逢君之惡을 大夫逢君之惡에서 문맥으로 보충될 수 있으므로 주어인 대부(大夫)를 생략한 어투로 여기고, 대부가[大夫] 임금[君]의[之] 죄악을[惡] 조장한다면[長]으로 새기는 것이 문맥의 문의를 더 잘 드러낸다. 逢君之惡의 봉(逢)은 〈맞을 영(迎)〉과 같고 영합(迎合)의 뜻으로 새기면 문맥이 통하고 타동사이며, 군지(君之)는 악(惡)을 꾸미는 형용사이며, 지(之)는 소유격 토씨(~의) 구실을 하고, 악(惡)은 봉(逢)의 목적어이며 죄악(罪惡)의 줄임말로 여기고 새기므로, 조건의 종속절인 逢君之惡은 영어의 3형식 절과 같다.

주절인 기죄대(其罪大)는 其罪是大에서 문맥으로 보충될 수 있으므로 영어의 be 동사 같은 구실을 하는 시(是)를 생략한 어투로, 영어의 2형식 절과 같다. 其罪大에서 기(其)는 죄(罪)의 관형사이고, 죄(罪)는 주어이고, 대(大)는 보어이다.

영합할 봉(逢), 임금 군(君), ~의 지(之), 죄악 악(惡), 그 기(其), 죄 죄(罪), 클 대(大)

今之大夫皆逢君之惡(금지대부개봉군지악)

▶ **지금[今]의[之] 대부들은[大夫] 모두[皆] 국군[君]의[之] 죄악을[惡] 영합한다[逢].**

금지대부개봉군지악(今之大夫皆逢君之惡)은 〈A逢B〉꼴로 영어의 3형식 문장과 같은 어투이다. 〈A(今之大夫)는 B(君之惡)를 영합한다[逢]〉 今之大夫皆逢君之惡에서 금지대부(今之大夫)는 주어이고, 개(皆)는 부사이고, 봉(逢)은 타동사로 본동사이며, 君之惡의 군지(君之)는 악(惡)을 꾸미는 형용사이고, 악(惡)은 봉(逢)의 목적어이다. 今之大夫皆逢君之惡에서 금지대부(今之大夫)의 지(之)는 소유격 토씨(~의)이고, 개(皆)는 〈다 구(俱)〉와 같고, 봉(逢)은 〈영합할 영(迎)〉과 같고, 악(惡)은 봉(逢)의 목적어이며 죄악(罪惡)의 줄임말로 여기고 새긴다.

이제 금(今), ~의 지(之), 큰 대(大), 사내 부(夫), 모두 개(皆), 영합할 봉(逢), 임금 군(君), 죄악 악(惡)

故曰今之大夫今之諸侯之罪人也(고왈금지대부금지제후지죄인야)

▶ 그래서[故] 지금[今]의[之] 대부들은[大夫] 지금[今]의[之] 제후[諸侯]의[之] 죄인[罪人]이라고[也] 말한다[曰].

고왈금지대부금지제후지죄인야(故曰今之大夫今之諸侯之罪人也)는 〈故人曰今之大夫今之諸侯之罪人也〉에서 일반주어인 〈인(人)〉을 문맥으로 보충할 수 있으므로 생략한 〈故曰B〉꼴로, 주어가 생략됐지만 영어의 3형식 문장과 같다. 〈故人曰今之大夫今之諸侯之罪人也〉에서 고왈(故曰)은 시고왈(是故曰)을 줄인 꼴이다. 위의 내용[是]이므로[故] 다음처럼 말한다[曰]는 뜻으로 쓰인다. 앞의 내용을 근거로 하여 판단이나 결론을 내릴 때 쓰이는 셈이고, 고왈(故曰)을 줄여 그냥 고(故)로 할 때가 더 흔하다. 시고왈(是故曰)의 고(故)는 승상기하(承上起下)의 연접이므로 영어의 therefore와 같은 구실을 한다고 여긴다. 앞의 내용을[上] 이어서[承] 새로운 내용을[下] 제기한다[起]. 그러니 故人曰今之大夫今之諸侯之罪人也에서 금지대부금지제후지죄인야(今之大夫今之諸侯之罪人也)는 타동사인 왈(曰)의 목적절인 셈이다. 그래서[故] B(今之大夫今之諸侯之罪人)이라고[也] 말한다[曰]. 왈(曰)의 목적절인 今之大夫今之諸侯之罪人也는 〈AB也〉꼴로, 영어의 2형식 문장과 같은 어투이다. 〈A(今之大夫)는 B(今之諸侯之罪人)이다[也]〉 今之大夫今之諸侯之罪人也에서 금지대부(今之大夫)는 주어이고, 금지제후지(今之諸侯之)는 죄인(罪人)을 꾸미는 형용사구이며, 죄인(罪人)은 보어이고, 야(也)는 구문을 결정짓는 어조사(~이다)이다.

맹자는 삼왕(三王)을 치세(治世)의 최선(最善)으로 보고 오패(五霸)를 치세(治世)의 차선(次善)으로 보았음을 알 수 있다. 오패(五霸)는 선정(善政)을 하려고 오금(五禁)을 맹약(盟約)했기 때문이다. 그러나 지금의 제후나 대부 즉 치자(治者)들은 오패(五霸)가 맹약한 오금(五禁)마저 저버리고 왕도(王道)를 짓밟고 있으므로 백성 앞에 죄인이라고 단언하고 있다. 권세를 틀어쥔 군왕과 대부를 죄인이라고 질타하는 맹자(孟子)가 환영받을 리 없었던 셈이다. 오늘날 맹자가 환생(還生)한다면 백성들은 환호하겠지만, 권력(權力)의 칼자루를 쥔 무리로부터는 몰매를 맞을 것이 틀림없다.

그래서 고(故), 말할 왈(曰), 이제 금(今), ~의 지(之), 큰 대(大), 사내 부(夫),

모두 제(諸), 임금 후(侯), 죄 죄(罪), 사람 인(人), ~이다 야(也)

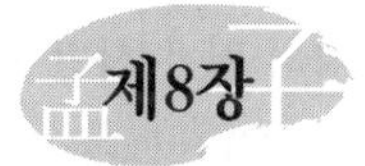

제8장

8장은 2단락으로 나누어 살필 것이다. 내용 때문이 아니라 편의상 그렇게 나누었다. 8장은 앞 장에서 밝힌 봉군지악(逢君之惡)이 왜 대죄(大罪)인가를 살펴 헤아리게 한다. 앙민(殃民)보다 더 큰 대죄(大罪)는 없다. 대죄를 범하려는 국군을 도와 장군이 되겠다는 신자(愼子)란 인물을 향하여 군자지사군(君子之事君)을 밝혀주는 맹자가 왜 왕자(王者)의 왕도(王道)를 절규하는지 뼈저리게 하는 장이다.

【문지(聞之) 1】

불교민이용지위지앙민(不敎民而用之謂之殃民)

【원문(原文)】

魯欲使愼子爲將軍이니 孟子曰 不敎民而用之를 謂之殃民이라
노욕사신자위장군 맹자왈 불교민이용지 위지앙민

하니 殃民者는 不容於堯舜之世이다 一戰勝齊하여 逐有南陽이라
앙민자 불용어요순지세 일전승제 수유남양

도 然且不可하다 愼子勃然不悅하며 曰 此則滑釐所不識也이로
연차불가 신자발연불열 왈 차즉활리소불식야

소이다 曰 吾明告子하리라 天子之地方千里이니 不千里면 不足
왈 오명고자 천자지지방천리 불천리 부족

以待諸侯이고 諸侯之地方百里이니 不百里이면 不足以守宗廟
이대제후 제후지지방백리 불백리 부족이수종묘

典籍이니라
전적

【해독(解讀)】

노나라가 신자(愼子)로 하여금 장군이 되기를 바랐다[魯欲使愼子爲將軍]. 맹자가 말해주었다[孟子曰]. “백성을 가르치지 않고서(전쟁에 동원하여) 백성을 남용함 그것을 백성을 재앙으로 빠뜨림이라고 말하오[不敎民而用之謂之殃民]. 백성을 재앙에 빠뜨리는 짓은 요순의 세상에서는 용납되지 않았소

[殃民者不容於堯舜之世]. 한번 싸워서 제나라를 이겨[一戰勝齊] 마침내 남양을 취한다손[逐有南陽] 치더라도 안 되오[然且不可].” 신자가 발끈해 불쾌해 하면서 그런 것이란 곧 나 활리(滑釐)가 알지 못하는 바라고 말했다[愼子勃然不悅曰此則滑釐所不識也]. (맹자가) 말해주었다[曰]. “내 그대에게 분명하게 말해주겠소[吾明告子]. 천자의 땅은 사방 천 리이고[天子之地方千里] (천자의 땅이) 천 리가 안 되면[不千里] (천자가) 그 땅을 가지고 제후를 대접하는 데 부족하오[不足以待諸侯]. 제후의 땅은 사방 백 리이오[諸侯之地方百里]. (제후의 땅이) 백 리가 안 되면[不百里] (제후가) 그 땅을 가지고 종묘와 전적을 지킬 수 없소[不足以守宗廟典籍].”

【담소(談笑)】

魯欲使愼子爲將軍(노욕사신자위장군)

▶ **노나라가[魯] 신자로[愼子] 하여금[使] 장군이[將軍] 되기를[爲] 바랐다[欲].**

노욕사신자위장군(魯欲使愼子爲將軍)은 〈A欲B〉꼴로 영어의 3형식 문장과 같은 어투이다. 〈A(魯)는 B(使愼子爲將軍)를 바란다[欲]〉 魯欲使愼子爲將軍에서 노(魯)는 주어이고, 욕(欲)은 타동사로 본동사이며, 사신자위장군(使愼子爲將軍)은 욕(欲)의 목적절이다. 욕(欲)의 목적절인 使愼子爲將軍은 영어의 사역문과 같은 어투로 사(使)는 사역동사이고, 신자(愼子)는 사(使)의 목적어이며, 위장군(爲將軍)은 목적격 보어이다. 위장군(爲將軍)의 위(爲)를 영어 사역문의 부정사(不定詞)와 같다고 여긴다. 위(爲)가 order him to do A의 to do와 같은 구실을 한다는 말이다. 신자(愼子)는 법가(法家)인 신도(愼到)라는 설(說)이 있지만 확실한 것은 아니다.

노나라 노(魯), 하고자할 욕(欲), 시킬 사(使), 삼갈 신(愼), 존칭 자(子), 삼을 위(爲), 장수 장(將), 군사 군(軍)

不敎民而用之謂之殃民(불교민이용지위지앙민)

▶ **백성을[民] 가르치지 않고[不敎]서[而] (전쟁에 동원하여) 백성을[之] 부림[用], 그것을[之] 백성을[民] 재앙으로 빠뜨림이라고[殃] 말한다[謂].**

불교민이용지위지앙민(不敎民而用之謂之殃民)은 謂不敎民而用之殃民에서 위(謂)의 목적구인 불교민이용지(不敎民而用之)를 전치시키고 그 자리에 허사 지(之)를 둔 〈謂AB〉꼴로, 영어의 5형식 문장과 같은 어투이다. 不敎民而用之謂之殃民에서 불교민이용지(不敎民而用之)는 위(謂)의 목적구이고, 지(之)는 앞으로 나간 不敎民而用之를 대신하는 허사이므로 무시하고 새겨도 되고, 앙민(殃民)은 목적격 보어이다. 不敎民而用之의 교(敎)와 용(用)을 영어의 부정사(不定詞)나 동명사 구실을 한다고 여기고, 앙민(殃民)의 앙(殃) 역시 부정사 내지 동명사 구실을 한다고 여기면 不敎民而用之謂之殃民의 문맥을 잡기가 쉽다. 不敎民而用之謂之殃民의 교(敎)는 〈가르칠 훈(訓)〉과 같고 교훈(敎訓)의 줄임말로 여기고, 용(用)은 〈부릴 사(使)〉와 같고, 위(謂)는 〈말할 위(爲)〉와 같고, 지(之)는 민(民)을 대신하는 지시대명사이고, 앙(殃)은 〈재앙 화(禍)〉와 같고 재앙(災殃)의 줄임말로 여긴다. 그리고 백성을[民] 가르치지 않고[不敎]서[而] (전쟁에 동원하여) 백성을[之] 부림[用] 그것을[之] 백성을[民] 재앙으로 빠뜨림이라고[殃] 말한다[謂]로 새겨 不敎民而用之謂之殃民에서 위지(謂之)의 지(之)를 지시대명사로 여기고 새겼지만, 위지(謂之)의 지(之)를 허사로 여기고 무시해도 된다. 백성을[民] 가르치지 않고[不敎]서[而] (전쟁에 동원하여) 백성을[之] 부림을[用] 백성을[民] 재앙으로 빠뜨림이라고[殃]말한다[謂].

아니 불(不), 가르칠 교(敎), 백성 민(民), 그리고 이(而), 쓸 용(用), 그 지(之), 일컬을 위(謂), 재앙에 빠뜨릴 앙(殃)

殃民者不容於堯舜之世(앙민자불용어요순지세)

▶ **백성을[民] 재앙에 빠뜨리는[殃] 짓은[者] 요순[堯舜]의[之] 세상[世]에서는[於] 용납되지 않았다[不容].**

앙민자불용어요순지세(殃民者不容於堯舜之世)는 堯舜不容殃民者於堯舜之世에서 주어인 요순(堯舜)을 생략해버리고 불용(不容)의 목적구인 앙민자(殃民者)가 주어가 된 어투로, 3형식 문장이 수동태로 바뀌어 1형식 문장처럼 되었다. 물론 殃民者不容於堯舜之世의 앙민자(殃民者)를 전치된 목적어로 여기고 새기면, 殃民者不容於堯舜之世를 요순[堯舜]의[之] 세상[世]에서는[於] 백성을[民] 재앙에 빠뜨리는[殃] 짓을[者] 용납하지 않았다[不容]와 같이 불용(不容)을 능동태로 새겨도 된다. 불용(不容)의 용(容)은 〈용납할 수(受)〉와 같고, 수용(受容)의 줄임말로 여기고 새기면 문맥이 통한다.

재앙에 빠뜨릴 앙(殃), 백성 민(民), 것 자(者), 아니 불(不), 용납될 용(容), ~에서 어(於), 요임금 요(堯), 순임금 순(舜), 세상 세(世)

一戰勝齊逐有南陽然且不可(일전승제축유남양연차불가)

▶ 한번[一] 싸워서[戰] 제나라를[齊] 이겨[勝] 마침내[逐] 남양을[南陽] 취한다손[有] 치더라도[然且] 안 된다[不可].

일전승제축유남양연차불가(一戰勝齊逐有南陽然且不可)는 魯一戰齊 而魯勝齊 而魯逐齊 而魯有南陽 然且 殃民者不可에서 문맥으로 보충될 수 있으므로 되풀이되는 노(魯)와 앙민자(殃民者)를 생략한 어투로, 다섯 구문이 마치 하나처럼 묶여 있다. 노나라가[魯] 한번[一] 제나라와[齊] 싸워서[戰] 그리고[而] 노나라가[魯] 제나라를[齊] 이겨[勝] 그리고[而] 노나라가[魯] 제나라를[齊] 마침내[逐] 그리고[而] 노나라가[魯] 남양을[南陽] 취한다[有] 해도[然且] 백성을[民] 재앙으로 빠뜨리는[殃] 짓은[者] 불가하다[不可]. 여기서 한문투가 되풀이되는 내용이면 사정없이 생략해버리는 어투임을 잘 알 수 있다. 一戰勝齊逐有南陽然且不可에서 연차(然且)를 주목하면, 〈A然且B〉꼴의 영어의 복문과 같은 어투로 여기고 문맥을 잡아볼 수 있다. 〈A然且B〉의 연차(然且)는 양보의 종속절을 이끄는 후치사 구실을 하므로 마치 연차(然且)가 영어의 though와 같은 같다고 여길 수 있는 까닭이다. 〈A(一戰勝齊逐有南陽)일지라도[然且] B(不可)한다〉 一戰勝齊逐有南陽然且不可에서 일전승제축유남양연차(一戰勝齊逐有南陽然且)까지는 양보의 종속절인 셈이고, 불가(不可)는 주절인 셈이다.

一戰勝齊의 일(一)은 일회(一回)의 줄임말로 여기고 새기고, 전(戰)을 꾸미는 부사이며, 전(戰)은 동사이며 〈싸울 투(鬪)〉와 같고 전투(戰鬪)의 줄임말로 여기고, 승(勝)은 〈질 부(負)〉의 반대말로 승리(勝利)의 줄임말로 여기고 새긴다. 逐有南陽의 축(逐)은 〈마침내 수(遂)〉와 같고, 유(有)는 〈취할 취(取)〉와 같고, 남양(南陽)은 제(齊)나라의 수도이다. 然且不可의 가(可)는 〈허락할 허(許)〉와 같고 허가(許可)의 줄임말로 여기고 새기면 문맥이 통한다.

한번 일(一), 싸울 전(戰), 이길 승(勝), 제나라 제(齊), 마침내 축(逐), 취할 유(有), 남녘 남(南), 볕 양(陽), 그럴 연(然), 또 차(且), 아니 불(不), 가할 가(可)

愼子勃然不悅(신자발연불열) 曰此則滑釐所不識也(왈차즉활리소불식야)

▶ 신자가[愼子] 발끈해[勃然] 불쾌해하면서[不悅] 그런 것이란[此] 곧[則] 나 활리가[滑釐] 알지 못하는[不識] 것[所]이라고[也] 말했다[曰].

신자발연불열왈차즉활리소불식야(愼子勃然不悅曰此則滑釐所不識也)는 愼子勃然不悅 而愼子曰此則滑釐所不識也에서 문맥으로 보충될 수 있으므로 되풀이되는 신자(愼子)를 생략한 어투로, 영어의 1형식 문장과 3형식 문장을 하나처럼 묶어놓은 것이다. 그러므로 愼子勃然不悅 而愼子曰此則滑釐所不識也의 문맥을 잡으려면 먼저 신자발연불열(愼子勃然不悅)과 왈차즉활리소불식야(曰此則滑釐所不識也)를 나누어 문맥을 잡아보면 편하다.

신자발연불열(愼子勃然不悅)에서 신자(愼子)는 주어이고, 발연(勃然)은 부사구이며 불(不)은 열(悅)의 부정사(否定詞)이고, 열(悅)은 자동사이므로, 愼子勃然不悅이 영어의 1형식 문장과 같은 어투임을 알아챌 수 있다. 愼子勃然不悅에서 발연(勃然)의 발(勃)은 〈성난 노(怒)〉와 같고, 연(然)은 〈그럴 여시(如是)〉와 같아 성난[勃] 모습[然]을 뜻하며, 열(悅)은 〈기뻐할 열(說)〉과 같다.

왈차즉활리소불식야(曰此則滑釐所不識也)는 주어인 신자(愼子)가 생략된 〈(A)曰B〉꼴로 영어의 3형식 문장과 같은 어투이다. 〈A(愼子)는 B(此則滑釐所不識)이라고[也] 말한다[曰]〉 그러나 〈A(愼子)는 말한다[曰]. B(此則滑釐所不識)이다[也]〉로 새겨도 문맥의 문의는 달라지지 않는다. 다만 어조가 좀 달라질 뿐이다. 曰此則滑釐所不識也에서 왈(曰)은 타동사이고, 차즉활리소불식야(此則滑釐所不識也)는 목적절이므로, 曰此則滑釐所不識也가 영어의 3형식 문장과 같은 어투임을 알아챌 수 있다. 此則滑釐所不識也에서 차(此)는 주어이며, 즉(則)은 어조사(곧)이고, 활리(滑釐)는 불식(不識)의 주어이며, 소(所)는 형용사절의 선행사이며 보어이고, 불식(不識)은 형용사절의 본동사이며, 야(也)는 구문을 결정짓는 어조사(~이다)이다. 此則滑釐所不識也와 같은 어투에서 활리소불식(滑釐所不識)은 所滑釐不識에서 활리(滑釐)가 소(所) 앞으로 전치되었음을 알아채지 못하면 문맥을 잡기가 어렵다. 활리[滑釐]가 알지 못하는[不識] 바[所]. 그래서 滑釐所不識에서 활리(滑釐)가 불식(不識)의 주어이고, 소(所)를 선행사로 하는 형용사절인 셈이다. 활리(滑

釐)는 신자(愼子)의 이름이다.

성씨 신(愼), 존칭 자(子), 우쩍 일어날 발(勃), 모양 연(然), 아니 불(不), 기쁠 열(悅), 말할 왈(曰), 그 차(此), 곧 즉(則), 미끄러울 활(滑), 다스릴 이(釐), 바(것) 소(所), 아니 불(不), 알 식(識), ~이다 야(也)

吾明告子(오명고자)

▶ 내가[吾] 그대에게[子] 확실하게[明] 가르쳐주겠다[告].

오명고자(吾明告子)는 吾明告於子에서 〈~에게 어(於)〉가 생략되었다고 볼 수 있으니 영어의 1형식 문장과 같은 어투이다. 吾明告子에서 오(吾)는 주어이고, 명(明)은 고(告)를 꾸며주는 부사이며, 고(告)는 자동사로 본동사이고, 자(子)는 어자(於子)의 줄임으로 볼 수 있으므로 부사구이다. 吾明告子에서 명(明)은 〈확실할 확(確)〉과 같고 명확(明確)의 줄임말로 여기고, 고(告)는 〈가르쳐줄 교(敎)〉와 같고 고시(告示)의 줄임말로 여기면 문맥이 통하고, 자(子)는 2인칭 〈그대 자(子)〉이다.

나 오(吾), 분명하게 명(明), 알려줄 고(告), 그대 자(子)

天子之地方千里(천자지지방천리)

▶ 천자[天子]의[之] 땅은[地] 사방[方] 천 리이다[千里].

천자지지방천리(天子之地方千里)는 天子之地爲方千里에서 문맥으로 보충될 수 있는 자동사인 〈되다 위(爲)〉를 생략한 어투로, 〈A爲B〉꼴로 쳐서 영어의 2형식 문장과 같다. 〈A(天子之地)는 B(千里)가 되다[爲]〉 天子之地方千里에서 천자지(天子之)는 지(地)를 꾸미는 형용사구이고, 지(地)는 주어이며, 방(方)은 천리(千里)를 꾸미는 형용사이고, 천리(千里)는 보어이다. 天子之地는 〈A之B〉꼴로 지(之)의 구실을 잘 정리해두면 문맥을 잡기가 편하다.

한문투에서 지(之)만큼 문맥을 잡는 데 혼란스럽게 하는 허사도 없다. 그런 지(之)이니 다음 5가지 정도는 잘 정리해두어야 문맥을 잡는 데 편할 것이다. 〈A가[之] B = 주격 토씨, A의[之] B = 소유격 토씨, A를[之] B = 목적격 토씨, A한[之] B = A를 형용사로 만든다, B한[之] A = B를 형용사로 만든다〉 물론 〈A之B〉에서 지(之)는 자유롭게 문맥에 따라 토씨[格] 구실한다고 여기면 편하다. 그리고 지(之)는 지시대명사인 경우가 한문투에서 매우 빈번하고, 〈갈 거(去)〉와 같은 뜻으로 동사로도 새긴다.

하늘 천(天), 아들 자(子), ~의 지(之), 땅 지(地), 사방 방(方), 일천 천(千), 거리 리(里)

不千里不足以待諸侯(불천리부족이대제후)

▶ (천자의 땅이) 천 리가[千里] 안 되면[不] (천자가) 그 땅을 가지고[以] 제후를[諸侯] 접할[待] 수 없다[不足].

불천리부족이대제후(不千里不足以待諸侯)는 天子之地不是千里 是以天子不足待諸侯에서 문맥으로 보충될 수 있는 천자지지(天子之地)와 不是의 시(是)와 대(待)의 주어인 천자(天子)를 생략하고 하나로 묶어놓은 어투로, 영어의 복문과 같다. 천자[天子]의[之] 땅이[地] 천 리가[千里] 안 되면[不是] 천자가[天子] 그런 땅을[是] 써서[以] 제후를[諸侯] 대접하는 데[待] 부족하다[不足]. 한문투는 생략이 몹시 심한 어투임을 늘 유념하면서 문맥을 잡아가야 한다. 不千里不足以待諸侯의 문맥을 잡으려면 먼저 불천리(不千里)와 부족이대제후(不足以待諸侯)를 나누어 서로의 관계를 살펴보면 不千里가 조건의 종속절이고, 不足以待諸侯가 주절인 복문의 문맥임을 알아챌 수 있다. 不千里의 불(不)은 불시(不是)의 줄임이고, 不足以待諸侯의 부족(不足)은 대(待)의 부정어이며, 이(以)는 시이(是以)의 줄임이고, 대(待)는 타동사로 본동사이고, 제후(諸侯)는 대(待)의 목적어가 되므로, 不足以待諸侯만을 보면 영어의 3형식 문장과 같은 어투이다. 不足以待諸侯의 부족(不足)은 부득(不得)·불능(不能)과 같고, 이(以)는 〈써 용(用)〉과 같고, 대(待)는 〈접할 접(接)〉과 같고 대접(待接)의 줄임말로 여기고 새기면 문맥이 통한다.

안될 불(不), 일천 천(千), 거리 리(里), 아닐 부(不), 만족할 족(足), 써 이(以), 대접할 대(待), 모두 제(諸), 임금 후(侯)

諸侯之地方百里(제후지지방백리)

▶ 제후[諸侯]의[之] 땅은[地] 사방[方] 백 리이다[百里].

제후지지방백리(諸侯之地方百里)는 諸侯之地爲是百里에서 문맥으로 보충될 수 있는 자동사인 〈되다 위(爲)〉를 생략한 어투로, 〈A爲B〉꼴로 쳐서 영어의 2형식 문장과 같은 어투이다. 〈A(諸侯之地)는 B(百里)가 되다[爲]〉

諸侯之地方百里에서 제후지(諸侯之)는 지(地)를 꾸미는 형용사구이고, 지(地)는 주어이며, 방(方)은 백리(百里)를 꾸미는 형용사이고, 백리(百里)는 보어이다.

모두 제(諸), 임금 후(侯), ~의 지(之), 땅 지(地), 사방 방(方), 일백 백(百), 거리 리(里)

不百里不足以守宗廟典籍(불백리부족이수종묘전적)

▶ (제후의 땅이) 백 리가[百里] 안 되면[不] (제후가) 그 땅을 가지고[以] 종묘와[宗廟] 전적을[典籍] 지킬[守] 수 없다[不足].

불백리부족이수종묘전적(不百里不足以守宗廟典籍)은 諸侯之地不是千里是以諸侯不足守宗廟典籍에서 문맥으로 보충될 수 있는 제후지지(諸侯之地)와 불시(不是)의 시(是)와 수(守)의 주어인 제후(諸侯)를 생략하고 하나로 묶어놓은 어투로, 영어의 복문과 같다. 제후[諸侯]의[之] 땅이[地] 백 리가[百里] 안 되면[不是] 제후가[諸侯] 그런 땅을[是] 써서[以] 종묘와[宗廟] 전적을[典籍] 지키는 데[守] 부족하다[不足]. 이처럼 한문투는 생략이 몹시 심하다.

不百里不足以守宗廟典籍의 문맥을 잡으려면 먼저 불백리(不百里)와 부족이수종묘전적(不足以守宗廟典籍)을 나누어 서로의 관계를 살펴보면 不百里가 조건의 종속절이고, 不足以守宗廟典籍이 주절인 복문의 문맥임을 알아챌 수 있다. 不百里의 불(不)은 불시(不是)의 줄임이고, 不足以守宗廟典籍의 부족(不足)은 수(守)의 부정어이며, 이(以)는 시이(是以)의 줄임이고, 수(守)는 타동사로 본동사이고, 종묘(宗廟)와 전적(典籍)은 수(守)의 목적어가 되므로, 不足以守宗廟典籍만을 보면 영어의 3형식 문장과 같은 어투이다. 不足以守宗廟典籍의 부족(不足)은 부득(不得)·불능(不能)과 같고, 이(以)는 〈써 용(用)〉과 같고, 수(守)는 〈지킬 호(護)〉와 같고 수호(守護)의 줄임말로 여기고 새기면 문맥이 통하고, 종묘(宗廟)는 사당(祠堂)인 셈이고, 전적(典籍)은 사직(社稷)의 법전(法典)과 문서(文書)와 서적(書籍) 등을 종합한 말이다.

안될 불(不), 일백 백(百), 거리 리(里), 아니 부(不), 만족할 족(足), 써 이(以), 지킬 수(守), 마루 종(宗), 사당 묘(廟), 법전 전(典), 문서 적(籍)

【문지(聞之) 2】

지어인이이(志於仁而已)

【원문(原文)】

周公之封於魯에 爲方百里也이니 地非不足이나 而儉於百里하고 太公之封於齊也에 亦爲方百里也이니 地非不足也이나 而儉於百里했다 今魯方百里者五이니 子以爲有王者作則魯在所損乎아 在所益乎아 徒取諸彼하여 以與此라도 然且仁者不爲어든 況於殺人以求之乎아 君子之事君也는 務引其君以當道하여 志於仁而已이다

주공지봉어로 위방백리야 지비부족 이검어백리 태공지봉어제야 역위방백리야 지비부족야 이검어백리 금로방백리자오 자이위유왕자작즉로재소손호 재소익호 도취제피 이여차 연차인자불위 황어살인이구지호 군자지사군야 무인기군이당도 지어인이이

【해독(解讀)】

"노나라에 주공의 봉지는 사방 백 리가 되었던 것이오[周公之封於魯爲方百里也]. (차지할 수 있는) 땅이 부족한 것은 아닌 것이지만[地非不足] 그러나 (주공은) 백 리로 (봉지를) 줄였소[而儉於百里]. 제나라에 태공의 봉지란[太公之封於齊也] 역시 사방 백 리가 되었던 것이오[亦爲方百里也]. (차지할 수 있는) 땅이 부족한 것은 아닌 것이오[地非不足也]. 그러나 (태공은) 백 리로 (봉지를) 줄였소[而儉於百里]. 지금 노나라의 사방 백 리 되는 것이 다섯이오[今魯方百里者五]. 사방 백 리 다섯 배나 되는 땅을 가지고 왕 노릇을 할 사람이 나와서 왕 노릇을 한다고 그대가 생각해본다면[子以爲有王者作] 곧 노나라가 (땅을) 줄인 처지에 있는 것인가[則魯在所損乎]? (아니면 지금 노나라가) (땅을) 더한 처지에 있는 것인가[在所益乎]? 빈 손으로 저 나라로부터 취하여 그것을 가지고 이 나라에 준다손[徒取諸彼以與此] 치더라도[然且] 인자(仁者)는 (그런 짓을) 하지 않거늘[仁者不爲], 하물며 (그대는) 사람들을 죽임으로써 땅을 얻어낼 것이오[況於殺人以求之乎]? 군자가 임금을 받드는 것이란 (군자가) 제 임금을 인도함으로써 정도를 순응하여 어짊에 뜻을 두도록 애쓰는 것뿐이오[君子之事君也務引其君以當道志於仁而已]."

【담소(談笑)】

周公之封於魯爲方百里也(주공지봉어로위방백리야)

▶ 노나라[魯]에[於] 주공[周公]의[之] 봉지는[封] 사방[方] 백 리가[百里] 되었던 것[爲]이다[也].

주공지봉어로위방백리야(周公之封於魯爲方百里也)는 〈AB也〉꼴로 영어의 2형식 문장과 같은 어투이다. 〈A(周公之封)는 B(爲方百里)이다[也]〉 周公之封於魯爲方百里也에서 주공지봉어로(周公之封於魯)는 주부이고, 위방백리(爲方百里)는 술부이며, 야(也)는 구문을 결정짓는 어조사(~이다)이다. 주부인 周公之封於魯에서 주공지(周公之)는 주어인 봉(封)을 꾸미는 형용사구이고, 봉(封)은 주어이며, 어로(於魯)는 봉(封)을 꾸미는 형용사구이다. 술부인 爲方百里也에서 위(爲)는 영어의 동명사처럼 된 것[爲]으로 새기고, 방(方)은 백리(百里)를 꾸미는 형용사이고, 백리(百里)는 위(爲)의 보어이다.

두루 주(周), 벼슬 공(公), ~의 지(之), 봉해질 봉(封), ~에 어(於), 노나라 로(魯), 될 위(爲), 사방 방(方), 일백 백(百), 거리 리(里), ~이다 야(也)

地非不足(지비부족) 而儉於百里(이검어백리)

▶ (차지할 수 있는) 땅이[地] 부족한 것은[不足] 아닌 것이다[非]. 그러나[而] (주공은) 백리[百里]로[於] (봉지를) 줄였다[儉].

지비부족이검어백리(地非不足而儉於百里)는 〈그러나 이(而)〉로 역접된 영어의 중문과 같은 어투이다. 물론 地非不足而儉於百里의 지비부족(地非不足)까지를 양보의 종속절로 보고, 地非不足而儉於百里를 영어의 복문처럼 여기고 새겨도 문맥의 문의는 상하지 않는다. 땅이[地] 부족한 것은[不足] 아닌 것이지[非]만[而] 백 리[百里]로[於] 줄였다[儉]로 해석해도 된다는 말이다.

지비부족(地非不足)은 〈A非B〉꼴로 영어의 2형식 부정문으로 여기고 새긴다. A는 주어이고, 비(非)는 보어이며, B는 비(非)의 동격이다. 〈A非B〉꼴을 〈A非B也〉꼴로 하는 경우가 더 많은 편이다. 〈A는 B가 아닌 것[非]이다[也]〉

이검어백리(而儉於百里)는 而周公儉其封於百里에서 문맥으로 보충될 수 있는 내용이므로 검(儉)의 주어인 주공(周公)과 목적어인 기봉(其封)을 생략한 어투로 여기고 새기면 문맥이 통하므로, 영어의 3형식 문장과 같은 셈이다. 而儉於百里의 이(而)는 역접의 연사인 〈그러나 이(而)〉이고, 검(儉)은 〈적게 할 소(少)〉와 같고 검소(儉少)의 줄임말로 여기고 새기고, 어(於)는 장소·시간 등을 나타내는 어조사이므로 문맥에 따라 자유롭게 뜻을 새겨 준다.

주(周)나라 무왕(武王)의 친제(親弟)인 주공(周公)을 노(魯)나라 제후로 봉했으나, 그의 아들 백금(伯禽)이 봉지(封地)를 받아 노공(魯公)이 되었다. 주공(周公)의 이름은 단(旦)이다. 주공은 땅이 남아돌아 사방 백 리보다 더 넓게 차지할 수 있었지만, 백 리로 줄여 봉지(封地)로 삼았다는 말이다.

땅 지(地), 아닌 것 비(非), 아닐 부(不), 흡족할 족(足), 그러나 이(而), 적게 할 검(儉), ~로 어(於), 일백 백(百), 거리 리(里)

太公之封於齊也(태공지봉어제야) 亦爲方百里也(역위방백리야)

▶ 제나라[齊]에[於] 태공[太公]의[之] 봉지[封]란[也] 역시[亦] 사방[方] 백리가[百里] 되었던 것[爲]이다[也].

태공지봉어제야역위방백리야(太公之封於齊也亦爲方百里也)는 〈A也B也〉꼴로 영어의 2형식 문장과 같은 어투이다. 〈A(太公之封於齊)란[也] B(亦爲方百里)이다[也]〉 太公之封於齊也亦爲方百里也에서 태공지봉어제야(太公之封於齊也)는 주절이고, 역위방백리(亦爲方百里)는 술부로 보어이며, 야(也)는 구문을 결정짓는 어조사(~이다)이다. 주절인 太公之封於齊也에서 태공지(太公之)는 주어인 봉(封)을 꾸미는 형용사구이고, 봉(封)은 주어이며, 어제(於齊)는 봉(封)을 꾸미는 형용사구이고, 야(也)는 주절의 어조사(~란)로서 어세를 더해준다. 술부로 보어인 亦爲方百里也에서 역(亦)은 위(爲)를 꾸미는 부사이고, 위(爲)는 영어의 동명사처럼 된 것(爲)으로 새기고, 방(方)은 백리(百里)를 꾸미는 형용사이고, 백리(百里)는 위(爲)의 보어이다.

클 태(太), 벼슬 공(公), ~의 지(之), 봉지 봉(封), ~에 어(於), 제나라 제(齊) ~은 야(也), 역시 역(亦), 될 위(爲), 사방 방(方), 일백 백(百), 거리 리(里), ~이다 야(也)

地非不足也(지비부족야) 而儉於百里(이검어백리)

▶ (차지할 수 있는) 땅이[地] 부족한 것은[不足] 아닌 것[非]이다[也]. 그러나[而] (태공은) 백리[百里]로[於] (봉지를) 줄였다[儉].

지비부족야이검어백리(地非不足也而儉於百里)는 〈그러나 이(而)〉로 역접된 영어의 중문과 같은 어투이다. 물론 地非不足也而儉於百里의 지비부족야(地非不足也)까지를 양보의 종속절로 보고, 地非不足也而儉於百里를 영어의 복문처럼 여기고 새겨도 문맥의 문의는 상하지 않는다. 땅이[地] 부족한 것은[不足] 아닌 것[非]이지[也]만[而] 백 리[百里]로[於] 줄였다[儉]고 해석해도 된다는 말이다.

지비부족야(地非不足也)는 〈A非B也〉꼴로 영어의 2형식 부정문으로 여기고 새길 수 있다. A는 주어이고, 비(非)는 보어이며, B는 비(非)의 동격이고, 야(也)는 구문을 결정짓는 어조사(~이다)이다.

이검어백리(而儉於百里)는 而周公儉其封於百里에서 문맥으로 보충될 수 있는 내용이므로 검(儉)의 주어인 주공(周公)과 목적어인 기봉(其封)을 생략한 어투로 여기고 새기면 문맥이 통하므로, 영어의 3형식 문장과 같은 셈이다. 而儉於百里의 이(而)는 역접의 연사인 〈그러나 이(而)〉이고, 검(儉)은 〈적게 할 소(少)〉와 같고 검소(儉少)의 줄임말로 여기고 새기고, 어(於)는 장소 · 시간 등을 나타내는 어조사이므로 문맥에 따라 자유롭게 뜻을 새겨준다.

태공(太公)은 제(齊)나라 시봉자(始封者) 즉 첫 제후(諸侯)인 강태공(姜太公) 여상(呂尙)을 말한다. 태공 역시 땅이 남아돌아 사방 백 리보다 더 넓게 차지할 수 있었지만, 백 리로 줄여 봉지(封地)로 삼았다는 말이다.

땅 지(地), 아닌 것 비(非), 아닐 부(不), 흡족할 족(足), 그러나 이(而), 적게 할 검(儉), ~로 어(於), 일백 백(百), 거리 리(里)

今魯方百里者五(금로방백리자오)

▶ 지금[今] 노나라의[魯] 사방[方] 백 리 되는[百里] 것이[者] 다섯(배)이다[五].

금로방백리자오(今魯方百里者五)는 今之魯之爲方百里者五에서 문맥으로 보충될 수 있으므로 금지(今之)의 지(之)와 노지위(魯之爲)의 지위(之爲)

를 생략한 어투로, 영어의 2형식 문장과 같다. 今魯方百里者五에서 금로방백리자(今魯方百里者)는 주부이고, 오(五)는 보어이다. 물론 今魯方百里者에서 금로방백리(今魯方百里)는 〈A者〉꼴로 자(者)를 꾸미는 형용사절이므로 今魯方百里者五의 주어는 곧 자(者)인 셈이다. 〈A(今魯方百里)하는 것[者]〉 今魯方百里者五의 오(五)를 오배(五倍)로 여기고 새기면 문맥이 통한다. 다섯[五] 배[倍].

지금 금(今), 노나라 로(魯), 사방 방(方), 일백 백(百), 거리 리(里), 것 자(者), 다섯 오(五)

子以爲有王者作(자이위유왕자작) 則魯在所損乎(즉로재소손호)

▶ 사방백리 다섯 배나 되는 땅을 가지고[以] 왕 노릇 할[王] 자가[者] 나와서[有] 일한다고[作] 그대가[子] 생각해본다면[爲], 곧[則] 노나라가[魯] 줄어든[損] 처지에[所] 있는 것[在]인가[乎]?

자이위유왕자작즉로재소손호(子以爲有王者作則魯在所損乎)는 〈A則B〉꼴로 영어의 복문과 같은 어투이다. 즉(則)을 중심으로 앞은 양보 내지 조건의 종속절인 경우가 대부분이고, 뒤는 주절이다. 그러니 子以爲有王者作則魯在所損乎에서 자이위유왕자작(子以爲有王者作)은 조건절처럼 여기고, 노재소손호(魯在所損乎)를 주절로 여기고 새기면 문맥이 잡힌다. 〈A(子以爲有王者作)라면 곧[則] B(魯在所損)인가[乎]?〉

조건의 종속절인 자이위유왕자작(子以爲有王者作)은 是以子爲有王者 而王者作에서 바로 앞의 내용인 금로방백리자오(今魯方百里者五)을 가리키는 지시어인 시(是)를 생략하고, 이(以)를 본동사 앞에 두고, 작(作)의 주어인 왕자(王者)는 되풀이되는 내용이므로 생략한 어투로, 마치 영어의 중문과 같다. 子以爲有王者作에서 자(子)는 2인칭 호칭인 〈그대 자(子)〉로 주어이고, 이(以)는 시이(是以)의 줄임으로 부사이며, 위(爲)는 타동사로 본동사이고, 유왕자(有王者)는 위(爲)의 목적절이고, 작(作)은 왕자작(王者作)의 줄임으로 볼 수 있으므로 역시 위(爲)의 목적절이다. 그래서 子以爲有王者作을 마치 영어의 중문처럼 여기고 새기면 子以爲有王者作의 문맥이 잡힌다. 子以爲有王者作의 위(爲)는 〈생각할 사(思)〉와 같고, 유(有)는 〈있을 유(有)〉

이고, 왕자(王者)는 유(有)의 주어이고, 작(作)은 〈일할 사(事)〉와 같다.

주절인 노재소손호(魯在所損乎)는 〈A在B乎〉꼴로 영어의 2형식 의문문과 같은 어투이다. 〈A(魯)가 B(所損)에 있는 것[在]인가[乎]?〉 魯在所損乎는 魯在所損地乎에서 문맥으로 보충될 수 있으므로 손지(損地)의 지(地)를 생략한 것이다. 魯在所損乎에서 노(魯)는 주어이고, 재(在)는 보어이며, 소손(所損)은 장소의 부사절이고, 호(乎)는 의문문을 결정짓는 어조사(~인가)이다. 魯在所損乎에서 재(在)는 〈있을 존(存)〉과 같고 존재(存在)의 줄임말로 여기고, 소(所)는 〈곳 처(處)〉와 같고, 손(損)은 〈덜 감(減)〉과 같다.

그대 자(子), 써 이(以), 생각할 위(爲), 있을 유(有), 왕노릇할 왕(王), 일할 작(作), 곧 즉(則), 노나라 로(魯), 있을 재(在), 곳 소(所), 줄 손(損), ~인가 호(乎)

在所益乎(재소익호)

▶ (지금 노나라가 땅을) 더한[益] 처지에[所] 있는 것[在]인가[乎]?

재소익호(在所益乎)는 子以爲有王者作則魯在所益地乎에서 되풀이되는 내용인 자이위유왕자작즉로(子以爲有王者作則魯)와, 문맥으로 보충될 수 있는 내용이므로 所益地乎의 지(地)를 생략한 어투로, 영어의 2형식 의문문과 같다. 在所損乎에서 재(在)는 보어이며, 소익(所益)은 장소의 부사절이며, 호(乎)는 의문문을 결정짓는 어조사(~인가)이다. 在所損乎에서 재(在)는 〈있을 존(存)〉과 같고 존재(存在)의 줄임말로 여기고 새기고, 소(所)는 〈곳 처(處)〉와 같고, 익(益)은 〈더할 증(增)〉과 같다.

있을 재(在), 곳 소(所), 늘어날 익(益), ~인가 호(乎)

徒取諸彼以與此然且(도취제피이여차연차) 仁者不爲(인자불위) 況於殺人以求之乎(황어살인이구지호)

▶ 빈 손으로[徒] (그대가) 저 나라[彼]로부터[諸] 취하여[取] 그것을 가지고[以] 이 나라에[此] 준다손[與] 치더라도[然且] 인자는[仁者] (그런 짓을) 하지 않거늘[不爲], 하물며[況於] (그대는) 사람들을[人] 죽임[殺]으로써[以] 땅을[之] 얻어낼 것[求]인가[乎]?

도취제피이여차연차인자불위황어살인이구지호(徒取諸彼以與此然且仁者不爲況於殺人以求之乎)와 같이 긴 어투의 문맥을 잡으려면 먼저 구문의 골격을 살펴 구문을 나누어 보는 것이 문맥을 잡기가 쉽다. 徒取諸彼以與此然且仁者不爲況於殺人以求之乎에서 〈취할 취(取)〉, 〈줄 여(與)〉, 〈할 위(爲)〉, 〈구할 구(求)〉 등이 본동사임을 주목하면 徒取諸彼, 以與此, 然且仁者不爲, 況於殺人以求之乎 넷으로 나누어 서로의 관계를 살펴 徒取諸彼以與此然且仁者不爲況於殺人以求之乎의 문맥을 잡아보게 된다. 그러나 구문 안에 관용어가 있는 경우에는 그 관용어부터 주목하면 문맥을 잡을 수 있는 실마리를 쉽게 찾을 수 있다. 徒取諸彼以與此然且仁者不爲況於殺人以求之乎에서 연차(然且)와 황어(況於)를 주목하면 〈A然且B況於C〉의 꼴로 徒取諸彼以與此然且仁者不爲況於殺人以求之乎의 문맥을 잡아볼 수 있게 된다. 〈A한다손 쳐도[然且] B하거늘 하물며[況於] C한다〉 그래서 한문투에서 점층법 서술의 대표적인 관용구가 곧 황어(況於)임을 상기하면 徒取諸彼以與此然且仁者不爲況於殺人以求之乎의 문맥은 다음처럼 쉽게 잡힌다. 〈A(徒取諸彼以與此)한다손 쳐도[然且] B(仁者不爲)하거늘 하물며(況於) C(殺人以求之乎)인가?〉

도취제피이여차연차인자불위(徒取諸彼以與此然且仁者不爲)까지는 연차(然且)를 주목하면 〈A然且B〉꼴로 영어의 복문처럼 여기고 문맥을 잡아볼 수 있다. 〈A然且B〉의 연차(然且)는 양보의 종속절을 이끄는 후치사로 여기면 연차(然且)를 영어의 though처럼 여기고 새길 수 있는 까닭이다. 〈A(徒取諸彼以與)한다손 치더라도[然且] B(仁者不爲)한다〉 徒取諸彼以與此然且仁者不爲에서 도취세피이여차연차(徒取諸彼以與此然且)까지는 양보의 종속절인 셈이고, 인자불위(仁者不爲)는 주절이다. 그러므로 徒取諸彼以與此然且仁者不爲는 영어의 복문과 같은 어투로 여기고 새기면 문맥이 잡힌다.

양보의 종속절인 도취제피이여차연차(徒取諸彼以與此然且)는 徒子取之於彼 是以子與此然且에서 문맥으로 보충될 수 있는 〈그대 자(子)〉를 생략하고 지어(之於)를 제(諸)로 축약한 어투로, 두 구문이 연차(然且)로써 양보의 종속절을 이루고 있다. (싸우지 않고) 빈 손으로[徒] 그대가[子] 저 사람[彼]으로부터[於] 그것을[之] 취하고[取] 그것을[是] 가지고[以] 그대가[子] 이 사람에게[此] 준다[與]해도[然且]. 徒取諸彼以與此然且에서 도(徒)는 부사이고, 취(取)는 타동사로 본동사이며, 제(諸)는 지어(之於)의 줄임이므로 제피(諸彼)는 취(取)의 목적어와 부사 구실을 함께 하고, 이(以)는 시이(是以)의 줄임으로 부사이며 여(與)는 타동사로 본동사이고, 차(此)는 여(與)의 간접목적어이다. 徒取諸彼의 도(徒)는 〈빈 공(空)〉과 같고 여기선 공수(空手)와 같은 뜻으로 어떤 무기를 들지 않고 빈 손으로 정도로 새기면 문맥이 통하고, 취(取)는 〈얻어낼 득(得)〉과 같고 취득(取得)의 줄임말로 여기고, 제(諸)는 지어(之於)의 줄임이고, 피(彼)는 차(此)의 상대(相對)를 뜻한다.

주절인 인자불위(仁者不爲)는 仁者不爲之에서 문맥으로 보충될 수 있는 내용이므로 위(爲)의 목적어인 〈그것 지(之)〉를 생략한 어투로, 영어의 3형식 문장과 같다. 어진[仁] 사람은[者] 그런 짓을[之] 하지 않는다[不爲].

황어살인이구지호(況於殺人以求之乎)의 황어(況於)는 앞에 서술된 내용보다 뒤에 서술되는 내용을 더욱 강조하는 어투로 점층법 서술을 이끄는 관용구이다. 況於殺人以求之乎는 況於子殺人以求之乎에서 문맥으로 보충될 수 있으므로 구(求)의 주어인 〈그대 자(子)〉를 생략한 어투로, 영어의 3형식 의문문과 같다. 況於子殺人以求之乎에서 황어(況於)는 구문 전체의 어조를 더하는 부사이고, 살인이(殺人以)는 구(求)를 꾸미는 부사구이며, 구(求)는 타동사로 본동사이고, 지(之)는 구(求)의 목적어이며, 호(乎)는 의문문을 결정짓는 어조사(~인가)이다. 況於子殺人以求之乎의 구(求)는 〈탐낼 탐(貪)〉과 같고 탐구(貪求)의 줄임말로 새기고, 지(之)는 지(地)를 대신하는 지시대명사로 여긴다.

점층법 서술의 관용구들을 정리해두면 한문투의 문맥을 잡는 데 편하다. 황어(況於), 이황(而況), 황호(況乎), 황우(況于), 황하(況何), 비유(非惟), 비독(非獨), 비독(匪獨), 비도(非徒), 비단(非但) 등이 〈A하거늘 하물며[而況] B한다〉는 점층법 서술의 관용어투이다. 점층법이란 A의 내용보다 B의 내용을 더 강조하는 서술이다.

> 빈손 도(徒), 취할 취(取), 지어(之於) 제(諸), 저 피(彼), 써 이(以), 줄 여(與), 이 차(此), 그럴 연(然), 또 차(且), 어질 인(仁), 사람 자(者), 아니 불(不), 할 위(爲)

君子之事君也(군자지사군야) 務引其君以當道志於仁而已(무인기군이당도지어인이이)

▶ 군자[君子]가[之] 임금을[君] 받드는 것[事]이란[也] (군자가) 제[其] 임금을[君] 인도함[引]으로써[以] 정도를[道] 순응하여[當] 어짊[仁]에

[於] 뜻을 두도록[志] 애쓰는 것[務]뿐이다[而已]

군자지사군야무인기군이당도지어인이이(君子之事君也務引其君以當道志於仁而已)와 같이 긴 어투의 문맥을 잡으려면 먼저 구문을 결정짓는 어조사를 주목하면서 구문의 골격을 살펴 구문을 나누어보면 문맥을 잡기 쉽다. 君子之事君也務引其君以當道志於仁而已에서 구문을 결정짓는 〈어조사 야(也)〉와 이이(而已)를 주목하면, 먼저 君子之事君也務引其君以當道志於仁而已가 〈A也B也〉를 강조하는 어투인 〈A也B而已〉꼴로 영어의 2형식 문장과 같은 어투임을 알아챌 수 있다. 〈A(君子之事君也)이란 B(務引其君以當道志於仁)하는 것일 뿐이다[而已]〉 여기서 君子之事君也務引其君以當道志於仁而已를 군자지사군야(君子之事君也)와 무인기군이당도지어인이이(務引其君以當道志於仁而已)로 나누어 전체의 문맥을 잡을 수 있다.

주부인 군자지사군야(君子之事君也)에서 사(事)를 타동사로 보고 문맥을 잡을 수도 있고, 마치 영어의 동명사처럼 여기고 문맥을 잡을 수도 있다. 먼저 사(事)를 타동사로 여기면 君子之事君也는 주절이 되므로 군자[君子]가[之] 임금을[君] 섬기는 것[事]이란[也]으로 문맥을 잡는다. 그리고 동명사같이 여기면 주부가 되므로 군자[君子]의[之] 임금을[君] 섬김[事]이란[也]으로 문맥을 잡게 되지만, 아무래도 우리말답지 않게 부자연스럽다. 그래서 사(事)를 동명사같이 여기더라도 군자지(君子之)는 사(事)를 꾸미는 형용사처럼 의미상 주어로 여기고, 사(事)는 동명사처럼 받든다[事]가 아니라 받드는 것[事] 또는 받듦[事]으로 새기고, 군(君)은 사(事)의 목적어로 여기면 문맥이 통하므로, 야(也)는 君子之事君을 강조하는 주격 토씨(~이란)임을 알아챌 수 있다. 君子之事君也의 지(之)는 주격 토씨(~가)인 어조사이고, 사(事)는 〈받들 봉(奉)〉과 같고 봉사(奉事)의 줄임말로 여기고 새기면 문맥이 통한다.

술부인 무인기군이당도지어인이이(務引其君以當道志於仁而已)를 독립시켜본다면 君子務引其君以當道而已 而君子務引其君以志於仁而已에서 되풀이되는 내용인 군자(君子), 이이(而已), 무(務), 인기군이(引其君以) 등을 생략한 어투로, 영어의 1형식 문장 둘로 이루어진 중문과 같다. 務引其君以當道志於仁而已에서 무(務)는 자동사로 영어의 동명사와 같은 보어이고, 인기군이(引其君以)는 방법의 부사구이며, 당도(當道)는 목적의 부사구이고, 지어인(志於仁) 역시 목적의 부사구이며, 이이(而已)는 술부의 구문을 강하게 결정짓는 어조사(~뿐이다)이다. 그러니 생략된 내용을 다 보충해서 務引其君以當道志於仁而已를 君子務引其君以當道而已 而君子務引其君以志於仁而已처럼 여기고 다음처럼 새겨보면, 務引其君以當道志於仁而已의 문맥이 지닌 문의를 분명하게 알아챌 수 있다. 군자가[君子] 제[其] 임금을[君] 인도함[引]으로써[以] 정도를[道] 마주하도록[當] 애쓰는 것[務]뿐이고[而已] 그리고[而] 군자가[君子] 제[其] 임금을[君] 인도함[引]으로써[以] 어짊[仁]에[於] 뜻을 두도록[志] 애쓰는 것[務]뿐이다[而已]. 특히 무인기군이당도(務引其君以當道)와 같은 한문투는 이(以)가 같은 뜻이면서도 〈A以〉처럼 후치사 구실과 〈以A〉처럼 전치사 구실을 자유롭게 하는 것을 알고 있으면 문맥을 잡기 쉽다. 말하자면 務引其君以當道를 務當道以引其君으로 어순을 바꾸어보면 문맥을 잡기가 쉽다는 말이다. 務引其君以當道의 무(務)는 〈힘쓸 면(勉)〉과 같고 무직(無職)의 줄임말로 여기고 새기면 문맥이 통하고, 인(引)은 〈인도할 도(導)〉와 같고 인도(引導)의 줄임말로 여기고 새기고, 이(以)는 〈써 용(用)〉과 같고 당(當)은 〈순응할 순(順)〉과 같고, 도(道)는 정도(正道) 내지 인도(仁道)로 여기고 새기면 문맥이 통한다. 志於仁而已의 지(志)는 심지(心之)와 같으므로 지재어인이이(志在於仁而已)로 여기고 새기면 문맥이 통한다. 마음이[心] 가는 것[之]이[志] 어짊[仁]에[於] 있는 것[在]뿐이다[而已].

맹자는 신자(愼子)에게 국군의 악(惡)을 부추겨 영합하지 말라고 질타하고 있다. 전쟁을 하여 백성을 재앙으로 몰아가 땅을 빼앗겠다는 국군의 탐욕에 영합하려는 신자(愼子)에게 군자라면 임금을 정도로 인도하고 오로지 어짊에 뜻을 두어야지 땅빼앗기에 뜻을 둔다면 신자(愼子)란 인간은 소인회토(小人懷土)의 소인배에 지나지 않는다고 질타하고 있다. 신자(愼子) 너는 대죄(大罪)를 범하려고 하려느냐고 추궁하고 있다.

클 군(君), 존칭 자(子), ~가 지(之), 섬길 사(事), 임금 군(君), ~이란 야(也), 힘쓸 무(務), 끌 인(引), 그 기(其), 써 이(以), 마땅할 당(當), 길 도(道), 뜻할 지(志), ~에 어(於), 어질 인(仁), 어조사 이(而), 그칠 이(已)

제9장

9장은 8장에서 밝힌 앙민(殃民)을 거쳐 왜 민적(民賊)이 되는지를 밝혀준다. 여기서 맹자는 군신(君臣)의 관계가 정도(正道)가 아니라 이해(利害)로 얽혀져 백성을 노략질하는 사도(邪道)를 마다하지 않음을 질타하고 있다. 군왕과 더불어 폭군의 대명사인 걸왕(桀王)으로 치닫게 하는 신하(臣下)란 백성의 도둑일 뿐임을 맹자가 단언(斷言)하고 있는 장이다.

【문지(聞之)】

금지소위량신(今之所謂良臣)

【원문(原文)】

孟子曰 今之事君者曰我能爲君辟土地하고 充府庫라하니 今之所謂良臣은 古之所謂民賊也이다 君不鄕道하여 不志於仁而求富之면 是富桀也이다 我能爲君約與國하여 戰必克이라하니 今之所謂良臣은 古之所謂民賊也이다 君不鄕道하여 不志於仁而求爲之强戰이면 是輔桀也이다 由今之道하고 無變今之俗이면 雖與之天下라도 不能一朝居也이다

맹자왈 금지사군자왈아능위군벽토지 충부고 금지소위량신 고지소위민적야 군불향도 부지어인이구부지 시부걸야 아능위군약여국 전필극 금지소위량신 고지소위민적야 군불향도 부지어인이구위지강전 시보걸야 유금지도 무변금지속 수여지천하 불능일조거야

【해독(解讀)】

맹자가 말해주었다[孟子曰]. "지금 임금을 받들겠다는 사람들은 말한다[今之事君者曰]. 자신이 임금을 위하여 땅을 넓혀서[我能爲君辟土地] 관청의 곳간을 채울 수 있다[充府庫]. 오늘날의 이른바 좋은 신하란 옛날에 이른바 백성의 도둑이다[今之所謂良臣古之所謂民賊也]. 임금이 정도를 향하지 않고[君不鄕道] 어짊에 뜻을 두지 않는데[不志於仁] 그런 임금을 부유해지기를 바라는 것이면[而求富之], 이는 걸(桀)을 부자가 되게 하는 것이다[是富桀也]. (지금 임금을 받들겠다는 사람들은) 내가 임금을 도와 나라들과 맹약하

여[我能爲君約與國] (내가) 싸워서 반드시 이길 수 있다(고 말한다)[戰必克]. 오늘날의 이른바 좋은 신하란 옛날에 이른바 백성의 도둑이다[今之所謂良臣古之所謂民賊也]. 임금이 정도를 향하지 않고[君不鄕道] 어짊에 뜻을 두지 않는데도[不志於仁] 그런 임금을 도와 억지로 전쟁하기를 바란다면[而求爲之强戰] 이는 걸(桀)을 도와주는 것이다[是輔桀也]. 지금의 방도를 따르고[由今之道] 지금의 습성을 바꾸지 않고[無變今之俗] 그런 군왕에게 온세상을 준다고 해도[雖與之天下] (그런 군왕은 천하를) 하루아침도 보존할 수 없는 것이다[不能一朝居也]."

【담소(談笑)】

今之事君者曰(금지사군자왈) 我能爲君辟土地充府庫(아능위군벽토지충부고)

▶ **지금[今之] 임금을[君] 받들겠다는[事] 사람들은[者] 자신이[我] 임금을[君] 도와[爲] 땅을[土地] 넓혀서[辟] 관청의[府] 곳간을[庫] 채울[充] 수 있다고[能] 말한다[曰].**

금지사군자왈아능위군벽토지충부고(今之事君者曰我能爲君辟土地充府庫)는 〈A曰B〉꼴로 영어의 3형식 문장과 같은 어투이다. 〈A(今之事君者)는 B(我能爲君辟土地充府庫)라고 말한다[曰]〉 今之事君者曰我能爲君辟土地充府庫에서 금지사군자(今之事君者)까지는 주부이고, 왈(曰)은 타동사로 본동사이며, 아능위군벽토지(我能爲君辟土地)와 충부고(充府庫)는 왈(曰)의 목적절이다.

왈(曰)의 주부인 금지사군자(今之事君者)에서 금지(今之)는 자(者)를 꾸미는 형용구이고, 군(君)은 사(事)의 목적어이지만, 금지사군(今之事君)까지는 자(者)를 꾸미는 형용사절이다. 今之事君者의 자(者)는 왈(曰)의 주어이다. 今之事君者의 사(事)는 〈받들 봉(奉)〉과 같고 봉사(奉事)의 줄임말로 여기고 새긴다.

왈(曰)의 목적절인 아능위군벽토지충부고(我能爲君辟土地充府庫)는 我能爲君 而我能辟土地 而我能充府庫에서 되풀이되는 내용인 아능(我能)을 생략한 어투로, 영어의 중문과 같은 문장이다. 그러니 我能爲君辟土地充府庫에는 본동사가 〈도울 위(爲)〉, 〈모아 넓힐 벽(辟)〉, 〈채울 충(充)〉 등 셋이므로 세 문장이 하나로 묶인 어투인 셈이다. 생략된 내용을 보충해서 다음과 같이 새겨보면 我能爲君辟土地充府庫의 문맥이 잡히고 그 문의가 분명하게 드러난다. 내가[我] 임금을[君] 도울[爲] 수 있고[能] 땅을[土地] 모아 넓힐[辟] 수 있다[能]. 그리고[而] 내가[我] 관청의 곳간을[府庫] 채울[充] 수 있다[能].

아능위군벽토지충부고(我能爲君辟土地充府庫)에서 아(我)는 주어이고, 능(能)은 위(爲)·벽(辟)·충(充) 등의 조동사이며, 군(君)은 위(爲)의 목적어이고, 토지(土地)는 벽(辟)의 목적어이며, 부고(府庫)는 충(充)의 목적어이다. 我能爲君의 위(爲)는 〈위할 조(助)〉와 같다. 我能爲君辟土의 벽(辟)은 문맥에 따라 전혀 다른 뜻을 내는 경우가 허다하므로 주의해야 한다. 여기선 〈크게 할 대(大)〉와 〈모을 취(聚)〉를 합한 취대(聚大)의 뜻으로 새기면 문맥이 통한다. 땅을[土地] 모아 크게 한다[辟]. 充府庫의 충(充)은 〈채울 만(滿)〉과 같고 충만(充滿)의 줄임말로 여기고 새기고, 부고(府庫)는 관청(官廳)의 곡식창고를 말한다.

벽(辟)은 한문투에서 매우 다양한 뜻을 나타내므로 문맥에 걸맞은 뜻을 알맞게 찾아주어야 한다. 〈법 벽(辟) = 법(法), 형벌 벽(辟) = 형(刑), 죽일 벽(辟) = 주(誅), 다스릴 벽(辟) = 치(治), 끝낼 벽(辟) = 필(畢), 임금 벽(辟) = 군(君)(天子·諸侯·長官·長), 클 벽(辟) = 대(大), 통할 벽(辟) = 통(通), 밝을 벽(辟) = 명(明), 모을 벽(辟) = 취(聚), 잃을 벽(辟) = 손(損), 사악할 벽(辟) = 사(邪), 지울 벽(辟) = 제(除), 부를 벽(辟) = 소(召)〉 등 매우 다양한 뜻이 있다.

이제 금(今), ~의 지(之), 받들 사(事), 임금 군(君), 사람 자(者), 말할 왈(曰), 나 아(我), 잘할 능(能), 위할 위(爲), 모을 벽(辟), 흙 토(土), 땅 지(地), 채울 충(充), 관청 부(府), 곳간 고(庫)

今之所謂良臣(금지소위량신) 古之所謂民賊也(고지소위민적야)

▶ 오늘날[今]의[之] 이른[謂]바[所] 좋은[良] 신하란[臣] 옛날[古]의[之] 이른[謂]바[所] 백성의[民] 도둑[賊]이다[也].

금지소위량신고지소위민적야(今之所謂良臣古之所謂民賊也)는 〈AB也〉꼴로 영어의 2형식 문장과 같은 어투이다. 〈A(今之所謂良臣)는 B(古之所謂民賊)이다[也]〉 今之所謂良臣古之所謂民賊也에서 금지소위량신(今之所謂良

臣)까지는 주부이고, 고지소위민적(古之所謂民賊)까지는 술부로 보어이며 야(也)는 구문을 결정짓는 어조사(~이다)〉이다.

주부인 금지소위량신(今之所謂良臣)은 今之人所謂良臣에서 소(所) 앞으로 전치된 인(人)을 문맥으로 보충할 수 있으므로 생략한 어투로, 今之所謂人良臣으로 여기고 새기면 문맥이 쉽게 잡힌다. 〈所謂AB〉꼴로 여기고 새기면 되는 까닭이다. 〈B(良臣)라고 일컬어지는[謂] 바[所] A(人)란〉 그렇지만 〈所謂B〉를 〈이른바[所謂] B〉라고 새기는 것이 일반적이다. 今之所謂良臣에서 소(所)는 형용사절의 선행사이다.

술부인 고지소위민적(古之所謂民賊) 역시 古之人所謂民賊에서 소(所) 앞으로 전치된 인(人)을 문맥으로 보충할 수 있으므로 생략한 어투로, 古之所謂人民賊으로 여기고 새기면 문맥이 쉽게 잡힌다. 〈所謂AB〉꼴로 여기면 되는 까닭이다. 〈B(民賊)라고 일컬어지는[謂] 바[所] A(人)란〉 그렇지만 〈所謂B〉를 〈이른바[所謂] B〉라고 새기는 것이 일반적이다. 古之所謂民賊에서 소(所)는 형용사절의 선행사이고, 민적(民賊)은 민지적(民之賊)의 줄임이므로 백성[民]의[之] 도둑[賊]으로 새기고, 적(賊)은 〈도적 구(寇), 도(盜)〉 등과 같고 도적(盜賊)의 줄임말로 여기고 새긴다.

이제 금(今), ~의 지(之), 바 소(所), 일컬을 위(謂), 좋을 량(良), 신하 신(臣), 옛 고(古), 백성 민(民), 도둑 적(賊), ~이다 야(也)

君不鄕道不志於仁而求富之(군불향도부지어인이구부지) 是富桀也(시부걸야)

▶ **임금이[君] 정도를[道] 향하지 않고[不鄕] 어짊[仁]에[於] 뜻을 두지 않는 데[不志]도[而] 그런 임금이[之] 부유해지기를[富] 바라는 것이면[求], 이는[是] 걸을[桀] 부자가 되게 하는 것[富]이다[也].**

군불향도부지어인이구부지시부걸야(君不鄕道不志於仁而求富之是富桀也)는 〈AB也〉꼴의 어조를 강하게 하는 어투가 〈A是B也〉임을 알면 문맥을 잡기 편하다. 〈A하면 이는[是] B하는 것이다[也]〉 〈A是B也〉의 A를 조건의 종속절처럼 여기고 새기면 문맥에 걸맞은 문의가 잘 드러난다. 그래서 〈A是B也〉꼴을 영어의 복문과 같은 어투로 여기고 새기는 것이다. 〈A(君不鄕道不志於仁而求富之)하면 이는[是] B(富桀)하는 것이다[也]〉 군불향도부지어인이구부지(君不鄕道不志於仁而求富之)까지는 조건의 종속절이고, 시부걸야(是富桀也)가 주절이라는 말이다.

조건의 종속절인 군불향도부지어인이구부지(君不鄕道不志於仁而求富之)를 독립시켜보면 君不鄕道 而君不志於仁 而其臣下求富之에서 되풀이되는 군(君)과 문맥으로 보충될 수 있는 내용인 기신하(其臣下)를 생략한 어투로, 세 문장이 하나로 묶인 영어의 중문과 같다. 다음처럼 새겨보면 왜 君不鄕道不志於仁而求富之를 중문처럼 여기고 새기는지 알아챌 수 있다. 〈임금이[君] 도를[道] 향하지 않는다[不鄕]. 그리고[而] 임금이[君] 인[仁]에[於] 뜻을 두지 않는다[不志]. 그런데도[而] 그 임금의[其] 신하는[臣下] 그 임금을[之] 부유해지기를[富] 바란다[求]〉 君不鄕道에서 향(鄕)은 〈향할 향(向)〉과 같고, 도(道)는 정도(正道) 내지 인도(仁道)의 줄임말로 여기고 새긴다. 不志於仁의 지(志)는 심지(心之)와 같으므로 지부재어인(志不在於仁)으로 여기고 새기면 문맥이 통한다. 마음이[心] 가는 것[之]이[志] 어짊[仁]에[於] 있지 않다[不在]. 인[仁]에[於] 뜻이 없다[不志]는 말이다.

이구부지(而求富之)의 이(而)는 역접의 연사이고, 而其臣下求富之에서 문맥으로 보충될 수 있으므로 그런 임금의[其] 신하[臣下]를 생략한 어투로, 영어의 3형식 문장과 같다. 이(而)는 그런데도[而] 정도로 새기면 문맥이 통한다. 求富之의 구(求)는 타동사이고 〈바랄 욕(欲)〉과 같고, 부(富)는 욕(欲)의 목적어이며 〈부유해질 유(裕)〉와 같고 부유(富裕)의 줄임말로 여기고 새기고, 지(之)는 군(君)을 나타내는 지시대명사이다.

주절인 시부걸야(是富桀也)에서 시(是)는 주어이면서 바로 앞의 내용인 군불향도부지어인이구부지(君不鄕道不志於仁而求富之)를 나타내는 지시어이고, 부(富)는 〈부자 되게 할 풍(豊)〉과 같고 풍부(豊富)의 줄임말로 여기고 새기고, 걸(桀)은 하(夏)나라 말왕(末王)으로 성씨는 사(姒)이고 이름은 이계(履癸)이다. 무도(無道)한 학정(虐政)을 일삼아 은(殷)나라 말왕(末王)인 주(紂)와 함께 폭군의 전형이 되어왔다.

임금 군(君), 아니 불(不), 향할 향(鄕), 길 도(道), 뜻할 지(志), ~에 어(於), 어짊 인(仁), 그리고 이(而), 바랄 구(求), 부자 되게 할 부(富), 그것 지(之), 이 시(是), 걸 왕 걸(桀), ~이다 야(也)

我能爲君約與國戰必克(아능위군약여국전필극)

▶ (지금 임금을 받들겠다는 사람들은) 내가[我] 임금을[君] 도와[爲] 나라들[國]과[與] 맹약하여[約] (내가) 싸워서[戰] 반드시[必] 이길[克] 수 있다[能](고 말한다).

아능위군약여국전필극(我能爲君約與國戰必克)은 今之事君者曰我能爲君而我能約與國 而我能爲君戰 而我能爲君必克에서 문맥으로 보충될 수 있는 내용인 금지사군자왈(今之事君者曰)과 되풀이되는 내용인 아능위군(我能爲君)을 생략한 어투로, 영어의 중문과 같은 어투이다. 그러니 我能爲君約與國戰必克에는 본동사가 〈도울 위(爲)〉, 〈맹약할 약(約)〉, 〈싸울 전(戰)〉, 〈이길 극(克)〉 등 넷이므로 네 문장이 하나로 묶인 셈이다. 생략된 내용을 보충해서 다음과 같이 새겨보면 我能爲君約與國戰必克의 문맥이 잡히고 그 문의가 분명하게 드러난다. 〈내가[我] 임금을[君] 도울[爲] 수 있고[能] 나라들[國]과[與] 맹약할[約] 수 있다[能]. 그리고[而] 내가[我] 싸울[戰] 수 있고[能] 그래서[而] 내가[我] 반드시[必] 이길[克] 수 있다[能]〉

아능위군(我能爲君)에서 아(我)는 주어이고, 능(能)은 위(爲)·약(約)·전(戰)·극(克) 등의 조동사이며, 위(爲)는 타동사이고 〈위할 조(助)〉와 같고, 군(君)은 위(爲)의 목적어이다. 約與國의 약(約)은 자동사이며 〈맹세할 서(誓)〉와 같고 서약(誓約)의 줄임말로 여기고, 여국(與國)은 약(約)을 꾸미는 부사구이고, 여(與)는 〈더불어 이(以)〉와 같다. 戰必克의 전(戰)은 자동사이고 〈싸울 투(鬪)〉와 같고 전투(戰鬪)의 줄임말로 여기고, 필(必)은 극(克)을 꾸미는 부사이고, 극(克)은 자동사이고 〈이길 승(勝)〉과 같다.

나 아(我), 잘할 능(能), 위할 위(爲), 임금 군(君), 맹약할 약(約), ~과 여(與), 나라 국(國), 싸울 전(戰), 반드시 필(必), 이길 극(克)

今之所謂良臣(금지소위량신) 古之所謂民賊也(고지소위민적야)

▶ 오늘날[今]의[之] 이른[謂]바[所] 좋은[良] 신하란[臣] 옛날[古]의[之] 이른[謂]바[所] 백성의[民] 도둑[賊]이다[也].

금지소위량신고지소위민적야(今之所謂良臣古之所謂民賊也)는 〈AB也〉꼴로 영어의 2형식 문장과 같은 어투이다. 〈A(今之所謂良臣)는 B(古之所謂民賊)이다[也]〉 今之所謂良臣古之所謂民賊也에서 금지소위량신(今之所謂

良臣)까지는 주부이고, 고지소위민적(古之所謂民賊)까지는 술부로 보어이며 야(也)는 구문을 결정짓는 어조사(~이다)〉이다.

주부인 금지소위량신(今之所謂良臣)은 今之人所謂良臣에서 소(所) 앞으로 전치된 인(人)을 문맥으로 보충될 수 있으므로 생략한 어투로, 今之所謂人良臣으로 여기고 새기면 문맥이 쉽게 잡힌다. 〈所謂AB〉꼴로 여기고 새기면 되는 까닭이다. 〈B(良臣)라고 일컬어지는[謂] 바[所] A(人)란〉 그렇지만 〈所謂B〉를 〈이른바[所謂] B〉라고 새기는 것이 일반적이다. 今之所謂良臣에서 소(所)는 형용사절의 선행사이다.

술부인 고지소위민적야(古之所謂民賊也) 역시 古之人所謂民賊也에서 소(所) 앞으로 전치된 인(人)을 문맥으로 보충될 수 있으므로 생략한 어투로, 古之所謂人民賊也로 여기고 새기면 문맥이 쉽게 잡힌다. 〈所謂AB〉꼴로 여기면 되는 까닭이다. 〈B(民賊)라고 일컬어지는[謂] 바[所] A(人)란〉 그렇지만 〈所謂B〉를 〈이른바[所謂] B〉라고 새기는 것이 일반적이다. 古之所謂民賊也에서 소(所)는 형용사절의 선행사이고, 민적(民賊)은 민지적(民之賊)의 줄임이니 백성[民]의[之] 도둑[賊]으로 새기고, 적(賊)은 〈도적 구(寇), 도(盜)〉 등과 같고 도적(盜賊)의 줄임말로 여기고 새긴다.

이제 금(今), ~의 지(之), 바 소(所), 일컬을 위(謂), 좋을 량(良), 신하 신(臣), 옛 고(古), 백성 민(民), 도둑 적(賊), ~이다 야(也)

君不鄕道不志於仁而求爲之强戰(군불향도부지어인이구위지강전) 是輔桀也(시보걸야)

▶ 임금이[君] 정도를[道] 향하지 않고[不鄕] 어짊[仁]에[於] 뜻을 두지 않는데[不志]도[而] 그런 임금을[之] 도와[富] 억지로[强] 전쟁하기를[戰] 바란다면[求] 이는[是] 걸을[桀] 도와주는 것[輔]이다[也].

군불향도부지어인이구위지강전시보걸야(君不鄕道不志於仁而求爲之强戰是輔桀也)는 〈AB也〉꼴의 어조를 강하게 하는 어투가 〈A是B也〉임을 알면 문맥을 잡기 편하다. 〈A하면 이는[是] B하는 것이다[也]〉 〈A是B也〉의 A를 조건의 종속절처럼 여기고 새기면 문맥에 걸맞은 문의가 잘 드러난다. 그래서 〈A是B也〉꼴을 영어의 복문과 같은 어투로 여기고 새기는 것이다. 〈A(君不鄕道不志於仁而求爲之强戰)하면 이는[是] B(輔桀)하는 것이다[也]〉 군불향도부지어인이구위지강전(君不鄕道不志於仁而求爲之强戰)까지는 조건의 종속절이고, 시보걸야(是輔桀也)가 주절이라는 말이다.

조건의 종속절인 군불향도부지어인이구위지강전(君不鄕道不志於仁而求爲之强戰)을 독립시켜본다면 君不鄕道 而君不志於仁 而其臣下求爲之 而其臣下求强戰에서 되풀이되는 군(君)과 문맥으로 보충될 수 있는 내용인 기신하구(其臣下求)를 생략한 어투로, 네 문장이 하나로 묶인 영어의 중문과 같다. 따라서 다음처럼 새겨보면 왜 君不鄕道不志於仁而求爲之强戰을 중문처럼 여기고 새기는지 알아챌 수 있다. 〈임금이[君] 도를[道] 향하지 않는다[不鄕]. 그리고[而] 임금이[君] 인[仁]에[於] 뜻을 두지 않는다[不志]. 그런데도[而] 그 임금의[其] 신하가[臣下] 그 임금을[之] 도와[爲] 억지로[强] 전쟁하기를[戰] 바란다[求]〉 君不鄕道에서 향(鄕)은 〈향할 향(向)〉과 같고, 도(道)는 정도(正道) 내지 인도(仁道)의 줄임말로 여기고 새긴다. 不志於仁의 지(志)는 심지(心之)와 같으므로 지부재어인(志不在於仁)으로 여기고 새기면 문맥이 통한다. 마음이[心] 가는 것[之]이[志] 어짊[仁]에[於] 있지 않다[不在]. 인[仁]에[於] 뜻이 없다[不志]는 말이다.

이구위지강전(而求爲之强戰)의 이(而)는 역접의 연사이고, 而其臣下求爲之 而其臣下强戰에서 문맥으로 보충될 수 있으므로 그런 임금의[其] 신하[臣下]를 생략한 어투이며, 영어의 3형식 문장과 같다. 이(而)는 그런데도[而] 정도로 새기면 문맥이 통한다. 求爲之强戰의 구(求)는 타동사이고 〈바랄 욕(欲)〉과 같고, 위(爲)는 〈도울 조(助)〉와 같고 구(求)의 목적어이며 강(强)은 부사이며, 〈지나칠 과(過)〉와 같고, 전(戰)은 자동사이고, 〈싸울 투(鬪)〉와 같고 전쟁(戰爭)의 줄임말로 여기고 새기면 문맥이 통한다.

주절인 시보걸야(是輔桀也)에서 시(是)는 주어이면서 바로 앞의 내용인 군불향도부지어인이구위지강전(君不鄕道不志於仁而求爲之强戰)을 나타내는 지시어이고, 보(輔)는 〈도울 필(弼)〉과 같고 보필(輔弼)의 줄임말로 여기고 새기고, 걸(桀)은 하(夏)나라 말왕(末王)으로 폭군의 전형이다.

임금 군(君), 아니 불(不), 향할 향(鄕), 길 도(道), 뜻할 지(志), ~에 어(於), 어짊 인(仁), 그리고 이(而), 바랄 구(求), 위할 위(爲), 그 지(之), 강요할 강(强), 싸움 전(戰), 이 시(是), 도울 보(輔), 걸 왕 걸(桀), ~이다 야(也)

由今之道(유금지도) 無變今之俗(무변금지속) 雖與之天下(수여지천하) 不能一朝居也(불능일조거야)

▶ 지금[今]의[之] 방도를[道] 따르고[由] 지금[今]의[之] 습성을[俗] 바꾸지[變] 않고[無] 그런 군왕에게[之] 온 세상을[天下] 준다[與] 해도[雖] (그런 군왕은 천하를) 하루아침도[一朝] 보존할[居] 수 없는 것[不能]이다[也].

유금지도무변금지속수여지천하불능일조거야(由今之道無變今之俗雖與之天下不能一朝居也)와 같은 긴 어투의 문맥을 잡으려면 먼저 골격을 살펴 본동사를 찾아내 구문을 나누는 편이 문맥을 잡기가 쉽다. 구문의 골격은 주어 + 동사 + 목적어 또는 주어 + 동사 + 보어로 이루진다고 여긴다. 由今之道無變今之俗雖與之天下不能一朝居也에서 〈따를 유(由)〉, 〈바꿀 변(變)〉, 〈줄 여(與)〉, 〈보존할 거(居)〉 등 본동사가 넷이므로 由今之道無變今之俗雖與之天下不能一朝居也는 由今之道, 無變今之俗, 雖與之天下, 不能一朝居也 네 문장이 하나처럼 묶인 셈이다. 네 문장 사이의 상호관계를 살피면 由今之道無變今之俗雖與之天下不能一朝居也의 문맥이 잡힌다. 수여지천하(雖與之天下)는 〈비록 수(雖)〉로 양보의 종속절임을 알 수 있고, 유금지도(由今之道)와 무변금지속(無變今之俗)을 조건의 종속절로 하면 불능일조거야(不能一朝居也)와 문맥이 연결된다. 유금지도(由今之道)하고 무변금지속(無變今之俗)하면 수여지천하(雖與之天下)해도 불능일조거야(不能一朝居)할 것이다[也]고 문맥을 잡아볼 수 있다는 말이다.

조건의 종속절인 유금지도(由今之道)는 君由今之道에서 문맥으로 보충될 수 있으므로 유(由)의 주어인 군(君)을 생략한 어투로, 영어의 3형식 문장과 같다. 由今之道에서 유(由)는 타동사이고, 금지(今之)는 도(道)를 꾸미는 형용사구이며, 도(道)는 유(由)의 목적어이다. 由今之道의 유(由)는 〈따를 종(從)〉과 같고, 도(道)는 방도(方道)의 줄임말로 새기면 문맥이 통한다.

조건의 종속절인 무변금지속(無變今之俗)은 君無變今之俗에서 문맥으로 보충될 수 있으므로 유(由)의 주어인 군(君)을 생략한 어투로, 영어의 3형식 문장과 같다. 無變今之俗에서 무(無)는 변(變)의 부정사(否定詞)이고, 변(變)은 타동사이고 금지(今之)는 속(俗)을 꾸미는 형용사구이며, 속(俗)은 변(變)의 목적어이다. 無變今之俗의 변(變)은 〈바꿀 역(易)〉과 같고 변역(變易)의 줄임말로 여기고, 속(俗)은 습성(習性)의 줄임말로 여기고 새기면 문맥이 통한다.

수여지천하(雖與之天下)에서 수(雖)는 한문투에서 양보의 종속접속사 즉 대표적인 연사이다. 그래서 雖與之天下는 양보의 종속절임을 바로 알 수 있다. 雖天子與之天下에서 문맥으로 보충될 수 있으므로 여(與)의 주어인 천자(天子)를 생략한 어투로, 영어의 4형식 문장과 같다. 천자가[天子] 그런 군왕에게[之] 천하를[天下] 준다고[與]해도[雖]. 雖與之天下에서 여(與)는 여격동사이고, 지(之)는 〈임금 군(君)〉을 나타내는 지시대명사로 여(與)의 간접목적어이며, 천하(天下)는 여(與)의 직접목적어이다. 雖與之天下의 여(與)는 〈줄 수(授)〉와 같고 수여(授與)의 줄임말로 새기면 문맥이 통한다.

주절인 불능일조거야(不能一朝居也)는 君不能一朝居天下也에서 문맥으로 보충될 수 있으므로 거(居)의 주어인 군(君)과 목적어인 천하(天下)를 생략한 어투이지만, 不能一朝居也는 〈AB也〉꼴로 영어의 2형식 문장과 같다. 〈(A(君)는) B(不能一朝居)인 것이다[也]〉 不能一朝居也에서 불능(不能)은 거(居)의 조동사이고, 일조(一朝)는 시간의 부사구이며, 거(居)는 목적어가 생략되었지만 타동사처럼 동명사 구실을 하고 보어이다. 不能一朝居也의 거(居)는 〈보존할 존(存)〉과 같고, 야(也)는 구문을 결정짓는 어조사(~이다)이다. 물론 不能一朝居也의 야(也)를 무시하고 不能一朝居로 새기면 영어의 3형식 문장같이 여기고 새기게 된다. 하루아침도[一朝] (천하를) 보존할 수 없다[不能居]. 그러나 〈어조사 야(也)〉를 살려서 새기면 영어의 3형식 문장같이 여기고 새기게 된다. 하루아침도[一朝] (천하를) 보존할 수 없다는 것[不能居]이다[也]. 구문 형식이 달라도 문의는 달라지지 않는다.

한문투에서 가정(假定)의 연사(連辭) 즉 종속접속사의 연사(連辭) 구실을 하는 자(字)는 매우 다양한 편이다. 〈(~일지라도) 수(雖) = 영(令) = 종(從) = 약(若) = 구(苟) = 여(如) = 즉(則) = 사(使) = 이(而) = 정(正) = 탈(脫)〉 등이 있고, 복자(復字)된 가정(假定)의 연사(連辭)도 다양한 편이다. 〈(~일지라도) 가설(假說) = 약사(若使) = 차사(且使) = 설사(設使) = 정사(正使) = 가령(假令) = 제령(弟令) = 적제령(籍弟令) = 유여(有如) = 여유(如有) = 구위(苟爲) = 탈기(脫其) = 탈오(脫誤)〉 등이 그 예이다.

이제 왜 맹자가 당대의 제후(諸侯)와 대부(大夫)들을 오패(五霸)의 죄인

(罪人)이라 단언하는지 알 수 있게 되었다. 앙민(殃民)으로 그치지 않고 민적(民賊)으로 표변한 치자(治者)라면 획죄어천(獲罪於天)의 무리들이다. 공자가 이미 하늘[天]에[於] 죄를[罪] 지으면[獲] 빌[禱] 곳도[所] 없다[無]고 천명해두었다. 분명 맹자는 공자(孔子)를 따르는 성현(聖賢)임이 분명하다.

따를 유(由), 지금 금(今), ~의 지(之), 방법 도(道), 아닐 무(無), 바꿀 변(變), 습성 속(俗), 비록 수(雖), 줄 여(與), 그에게 지(之), 하늘 천(天), 아래 하(下), 아니 불(不), 잘할 능(能), 하나 일(一), 아침 조(朝), 보존할 거(居), ~이다 야(也)

제10장

10장은 맹자가 위국(爲國)의 방도를 밝히고 있는 장이다. 나라를[國] 다스린다[爲] 함은 곧 백성이 부담하는 조세(租稅)를 떠나서 생각할 수 없음을 밝히고 그 세법(稅法)은 요순(堯舜)이 남긴 십일조(十一租)를 엄수(嚴守)하지 않으면 안 되는 까닭을 밝히고 있다. 십일조(十一租)보다 덜하면 나라가 미개(未開)해지고, 더하면 백성이 학정(虐政)에 시달림을 분명히 하고 있는 장이다.

【문지(聞之)】

대맥소맥야(大貉小貉也)

【원문(原文)】

白圭曰 吾欲二十而取一하니 何如이까 孟子曰 子之道貉道也이
백규왈 오욕이십이취일 하여 맹자왈 자지도맥도야

다 萬室之國에 一人陶則可乎이까 曰 不可하니 器不足用也이다
만실지국 일인도즉가호 왈 불가 기부족용야

曰 夫貉五穀不生하고 惟黍生之하니 無城郭宮室宗廟祭祀之禮
왈 부맥오곡불생 유서생지 무성곽궁실종묘제사지례

하고 無諸侯幣帛饔飧하며 無百官有司라 故로 二十取一而足也
무제후폐백옹손 무백관유사 고 이십취일이족야

이다 今居中國하여 去人倫하고 無君子면 如之何其可也리오 陶以寡로도 且不可以爲國어든 況無君子乎이까 欲輕之於堯舜之道者는 大貉小貉也이고 欲重之於堯舜之道者는 大桀小桀也이다
금거중국 거인륜 무군자 여지하기가야 도이과 차불가이위국 황무군자호 욕경지어요순지도자 대맥소맥야 욕중지어요순지도자 대걸소걸야

【해독(解讀)】

백규가 말했다[白圭曰]. "저는 20분의 일을 취하고 싶습니다[吾欲二十而取一]. 어떻겠습니까[何如]?" 맹자가 말해주었다[孟子曰]. "당신의 방도는 오랑캐의 방도인 것이오[子之道貉道也]. 만호의 나라에서 한 사람이 그릇을 빚는다면 곧 (그런 일이) 가능할 것인가[萬室之國一人陶則可乎]?" (백규가) 말했다[曰]. "(그런 일은) 가하지 않습니다[不可]. (그러면) 그릇들이 흡족하게 쓰이지 못합니다[器不足用也]." (맹자가) 말해주었다[曰]. "무릇 맥에는 오곡이 자라지 못하고[夫貉五穀不生] 오직 거기서는 기장만 나고[惟黍生之], 성곽 궁실 종묘 제사의 예의도 없고[無城郭宮室宗廟祭祀之禮], 제후 폐백 옹손도 없으며[無諸侯幣帛饔飧], 백관이나 유사도 없소[無百官有司]. 그러므로[故] 이십에서 일을 취해도 흡족할 것이오[二十取一而足也]. 지금 중국에 살면서[今居中國] 인륜을 버리고[去人倫] 군자를 부정한다고[無君子] 그런다면[如之] 어떻게 그런 일이 가능할 것이오[何其可也]? 도자기로써 부족하다손[陶以寡] 쳐도 그로써 나라를 다스릴 수 없거늘[且不可以爲國] 하물며 (그대는) 군자를 부정하겠소[況無君子乎]? 요순의 방도보다 세금을 경감하기를 바라는 사람은[欲輕之於堯舜之道者] 큰 오랑캐거나 작은 오랑캐이오[大貉小貉也]. 요순의 방도보다 더 세금을 무겁게 하기를 바라는 사람은[欲重之於堯舜之道者] 큰 폭군이거나 작은 폭군이오[大桀小桀也]."

【담소(談笑)】

白圭曰(백규왈) 吾欲二十而取一何如(오욕이십이취일하여)

▶ 백규가 말했다[白圭曰]. "내가[吾] 20분[二十]의[而] 일을[一] 취하고[取] 싶은 것을[欲] 어떻게 생각하는가[何如]?"

백규왈오욕이십이취일하여(白圭曰吾欲二十而取一何如)는 〈A曰B〉꼴로 영어의 3형식 문장과 같은 어투이다. 〈A(白圭)는 B(吾欲二十而取一何如)라고 말했다[曰]〉 白圭曰吾欲二十而取一何如에서 백규(白圭)는 주어이고,

왈(曰)은 타동사이며, 오욕이십이취일하여(吾欲二十而取一何如)는 왈(曰)의 목적절로 여기고 새기면 白圭曰吾欲二十而取一何如의 문맥이 잡힌다. 『사기(史記)』「화식열전(貨殖列傳)」에 보면 백규(白圭)의 백(白)은 성씨이고, 규(圭)는 자(字)이며, 이름은 단(丹)으로 알려져 있다. 위(魏)나라 무후(武候) 때 시세의 변화를 낙관(樂觀)하면서, 남이 버리면 자신은 취하고 남이 취하면 자신은 버리면서 음식을 간소하게 하고, 기호(嗜好)를 억제하면서 의복을 검소하게 입고 노고(勞苦)를 종들과 같이 하였지만, 시세(時勢)를 탈 때면 맹수같이 민첩하였다고 한다. 수입(收入)을 꾀할 때는 이윤(伊尹)과 여상(呂尙)처럼 했고, 손빈(孫臏)과 오기(吳起)의 병법(兵法)을 썼고, 상앙(商鞅)의 법치(法治)를 취했다고 한다. 당시 제후(諸侯)들은 10분의 1 이상을 세금으로 부과했으나, 백규(白圭)는 이를 역행(逆行)하여 20분의 1로 과세하겠다며 맹자의 의중을 묻는 중이다. 맹자께 묻고 있는 백규(白圭)는 위(魏)나라 무후(武候) 때의 그 백규(白圭)가 아닌 별개의 인물이란 설(說)도 있다.

왈(曰)의 목적절인 오욕이십이취일하여(吾欲二十而取一何如)는 何如子爲吾欲二十而取一에서 문맥으로 보충될 수 있는 내용인 자위(子爲)를 생략한 〈생각할 위(爲)〉의 목적절이다. 그리고 吾欲二十而取一에서 이십이(二十而)의 이(而)는 어조사로 무시해도 되고, 취(取)를 꾸미는 부사구이다. 이십[二十]에서[而]. 정도로 새긴다. 吾欲二十而取一何如는 〈A何如〉꼴로 영어의 3형식 의문문처럼 여기고 문맥을 잡는다. 여하(如何)가 의문문인 경우에는 주어와 본동사인 자위(子爲), 여위(汝爲) 등을 생략해버린다. 그래서 〈A何如〉꼴을 〈A를 어떻게 생각하는가[何如]?〉로 알아두면 편하다. 〈A(吾欲二十而取一)를 어떻게 생각하는가[何如]?〉 吾欲二十而取一何如에서 오욕이십이취일(吾欲二十而取一)까지는 생략된 자위(子爲)의 위(爲)의 목적절로 여기고, 하여(何如)를 의문부사로 여기되 어떻게 생각하는가[何如]로 새기면 문맥이 잡힌다. 〈선생은[子] A(〈吾欲二十而取一)를 어떻게[何如] 생각합니까[爲]?〉

오욕이십이취일(吾欲二十而取一)에서 오(吾)는 주어이고, 욕(欲)은 타동사이고 이십이일(二十而一)은 취(取)의 목적구이며, 취(取)는 욕(欲)의 목적어로 여기면서 새기면 문맥이 잡힌다. 영어의 want to do A를 연상하면 욕

취(欲取)를 취(取)의 부정사(不定詞)이면서 욕(欲)의 목적어로 보고 문맥을 잡을 수 있다는 말이다. 吾欲二十而取一何如의 욕(欲)은 〈하고자 할 원(願)〉과 같고, 이십이취일(二十而取一)은 20[二十]에서[而] 하나를[一] 취한다[取]. 함이니 20분의 일을 취한다는 말이고, 취(取)는 〈얻어낼 득(得)〉과 같고 취득(取得)의 줄임말로 여기고 새긴다. 그리고 吾欲二十而取一何如의 하여(何如)는 여하(如何)와 같고, 영어의 how와 같은 의문부사이다.

흰 백(白), 홀 규(圭), 말할 왈(曰), 나 오(吾), 바랄 욕(欲), 어조사 이(而), 취할 취(取), 어떠할 하(何), 어떠할 여(如)

子之道貉道也(자지도맥도야)

▶ 당신[子]의[之] 방도는[道] 오랑캐의[貉] 방도인 것[道]이다[也].

자지도맥도야(子之道貉道也)는 子之道貉之道也에서 되풀이되는 지(之)를 생략한 어투이고, 〈AB也〉꼴로 영어의 2형식 문장과 같은 어투이다. 〈A(子之道)는 B(貉道)인 것이다[也]〉 子之道貉道也에서 자지(子之)는 도(道)를 꾸미는 형용사구이고, 도(道)는 주어이고, 맥도(貉道)의 도(道)는 보어이며, 야(也)는 구문을 결정짓는 어조사(~이다)이다. 子之道貉道也의 자(子)는 〈그대 여(汝)〉의 존칭이고, 지(之)는 소유격 토씨(~의)이며, 도(道)는 〈방법 방(方)〉과 같고 방도(方道)의 줄임말로 여기고, 맥(貉)은 중국의 북방 민족을 오랑캐로 비하한 것이며, 맥족(貉族)은 미개(未開)하여 수입의 20분의 일을 세금으로 부과했다 한다.

그대 자(子), ~의 지(之), 방도 도(道), 오랑캐 맥(貉), ~이다 야(也)

萬室之國一人陶則可乎(만실지국일인도즉가호)

▶ 만호[萬室]의[之] 나라에서[國] 한[一] 사람이[人] 그릇을 빚는다면[陶] 곧[則] (그런 일이) 가능할 것[可]인가[乎]?

만실지국일인도즉가호(萬室之國一人陶則可乎)는 〈A則B乎〉꼴로 영어의 복문의 의문문과 같은 어투이다. 萬室之國一人陶則可乎는 즉(則)을 중심으로 앞은 양보 내지 조건의 종속절인 경우가 대부분이고, 뒤는 주절이다. 그러니 萬室之國一人陶則可乎에서 만실지국일인도(萬室之國一人陶)를 조건절처럼 여기고, 가호(可乎)를 주절로 여기고 새기면 문맥이 잡힌다. 〈A(萬

室之國一人陶)면 곧[則] B(可)한 것인가[乎]?〉

조건의 종속절인 만실지국일인도(萬室之國一人陶)에서 만실지국(萬室之國)은 장소의 부사구이고, 만실지(萬室之)는 국(國)을 꾸미는 형용사구이며, 지(之)는 소유격 토씨(~의) 구실을 하고, 일인(一人)은 주어이고, 도(陶)는 그릇을 빚는다[陶]는 뜻으로 자동사이다. 주절인 가호(可乎)는 기가호(其可乎)에서 주어인 기(其)를 생략한 어투로, 〈AB乎〉꼴로 영어의 2형식 의문문과 같다. 〈A(其)는 B(可)한 것인가?[乎]〉 그런 일이[其] 가능한 것[可]인가?[乎] 기가호(其可乎)의 기(其)는 〈이 시(是)〉와 같으며, 바로 앞의 내용을 나타내주는 지시대명사이다.

일만 만(萬), 집 실(室), ~의 지(之), 나라 국(國), 하나 일(一), 사람 인(人), 그릇빚을 도(陶), 곧 즉(則), 가할 가(可), ~인가 호(乎)

不可(불가)

▶ (그런 일은) 가하지 않다[不可].

불가(不可)는 其不可에서 문맥으로 보충될 수 있는 내용이므로 주어인 기(其)를 생략한 어투로, 영어의 1형식 문장과 같은 어투이다. 불가(不可)는 불능(不能), 불가능(不可能) 등과 같은 말로 여기고 새긴다.

아니 불(不), 가할 가(可)

器不足用也(기부족용야)

▶ (그러면) 그릇들이[器] 흡족하게[足] 쓰이지 못한다[不用].

기부족용야(器不足用也)는 然而器不足用也에서 문맥으로 보충될 수 있는 내용인 연이(然而) 또는 여차(如此) 등의 연사(連辭)를 생략했지만, 器不足用也는 〈AB也〉꼴로 영어의 2형식 문장과 같은 어투이다. 그렇다면[然而]. 器不足用也의 용(用)을 수동태로 새겨야 문맥이 통한다. 쓴다는 용[用]이 아니라 쓰인다는 용[用]이란 말이다. 물론 器不足用也를 不足用器也로 여기고 새기면 용(用)을 능동태로 새길 수 있고, 오히려 우리말답게 된다. 그릇을[器] 흡족하게[足] 사용하지 못한다[不用]. 문의가 상하지 않으므로 器不足用也를 不足用器也로 여기고 새겨도 된다. 器不足用也에서 기(器)는 주어이고 도기(陶器)의 줄임말로 새기고, 부(不)는 용(用)의 부정사(否定詞)이고, 족

(足)은 용(用)을 꾸미는 부사이며, 야(也)는 구문을 결정짓는 어조사(~이다)이다.

그릇 기(器), 아닐 부(不), 흡족하게 족(足), 쓸 용(用)

夫貉五穀不生(부맥오곡불생)

▶ 무릇[夫] 맥에는[貉] 오곡이[五穀] 자라지 못한다[不生].

부맥오곡불생(夫貉五穀不生)은 〈A不生〉꼴로 영어의 1형식 문장과 같은 어투이다. 〈A(五穀)가 나지 못한다[不生]〉. 夫貉五穀不生에서 부(夫)는 맥(貉)을 꾸미는 형용사이고, 맥(貉)은 장소의 부사이며, 오곡(五穀)은 주어이고, 불(不)은 생(生)의 부정사(否定詞)이며, 생(生)은 자동사로 본동사이다. 夫貉五穀不生의 맥(貉)은 여기선 맥족(貉族)이 사는 지역을 말하고, 오곡(五穀)은 쌀과 보리 · 조 · 콩 · 기장 등을 말하고, 생(生)은 〈자랄 장(長)〉과 같고 생장(生長)의 줄임말로 여기고 새긴다.

무릇 부(夫), 오랑캐 맥(貉), 다섯 오(五), 곡식 곡(穀), 아니 불(不), 자랄 생(生)

惟黍生之(유서생지)

▶ 오직[惟] 거기서는[之] 기장만[黍] 자란다[生].

유서생지(惟黍生之)는 〈A生〉꼴로 영어의 1형식 문장과 같은 어투이다. 〈A(黍)가 자란다[不生]〉. 惟黍生之에서 유(惟)는 서(黍)를 꾸미는 형용사이고, 서(黍)는 주어이며, 생(生)은 자동사로 본동사이고, 지(之)는 맥(貉)을 나타내는 지시대명사이면서 장소의 부사이다. 惟黍生之의 유(惟)는 〈오로지 독(獨)〉과 같고 서(黍)는 오곡(五穀)의 하나인 기장을 말하고, 생(生)은 〈자랄 장(長)〉과 같고, 생장(生長)의 줄임말로 여기고, 지(之)는 맥(貉)을 나타내는 지시대명사이다.

오직 유(惟), 기장 서(黍), 자랄 생(生), 그 지(之)

無城郭宮室宗廟祭祀之禮(무성곽궁실종묘제사지례)

▶ 성곽[城郭], 궁실[宮室], 종묘[宗廟], 제사[祭祀]의[之] 예의가[禮] 없다[無].

무성곽궁실종묘제사지례(無城郭宮室宗廟祭祀之禮)는 〈A無B〉꼴로 영어의 1형식 문장과 같은 어투이다. 무(無)가 〈없을 무(無)〉로 자동사일 때면 주어를 뒤에 둔다. 〈A(貉)에는 B(城郭宮室宗廟祭祀之禮)가 없다[無]〉 無城郭宮室宗廟祭祀之禮는 貉無城郭 而貉無宮室 而貉無宗廟 而貉無祭祀之禮에서 되풀이되는 맥(貉)과 무(無)를 생략하고 한 구문처럼 묶은 어투로, 무(無)의 주어가 넷이다. 성곽(城郭)은 이중으로 쌓은 성을 말하며, 그 안쪽을 성(城)이라 하고 바깥쪽을 곽(郭)이라 한다. 궁실(宮室)은 궁궐(宮闕)을 말하고, 종묘(宗廟)는 사직(社稷)의 사당(祠堂)을 말하며, 제사(祭祀)는 천지(天地)의 신령(神靈)에게 제물(祭物)을 바치고 정성을 다하는 것이며, 향사(享祀) 또는 제향(祭享)과 같은 말이고, 제사지례(祭祀之禮)의 지(之)는 소유격 토씨(~의)이고, 예(禮)는 예의(禮儀)의 줄임말이다.

> 없을 무(無), 성의 안쪽 성(城), 성의 바깥쪽 곽(郭), 집 궁(宮), 집 실(室), 마루 종(宗), 사당 묘(廟), 제사 제(祭), 제사 사(祀), ~의 지(之), 예의 례(禮)

無諸侯幣帛饔飧(무제후폐백옹손)

▶ **제후[諸侯], 폐백[幣帛], 옹손도[饔飧] 없다[無].**

무제후폐백옹손(無諸侯幣帛饔飧)은 〈A無B〉꼴로 영어의 1형식 문장과 같은 어투이다. 무(無)가 〈없을 무(無)〉로 자동사일 때면 주어를 뒤에 둔다. 〈A(貉)에는 B(諸侯幣帛饔飧)가 없다[無]〉 無諸侯幣帛饔飧은 貉無諸侯 而貉無幣帛 而貉無饔飧에서 되풀이되는 맥(貉)과 무(無)를 생략하고 한 구문처럼 묶은 어투로, 무(無)의 주어가 셋이다. 제후(諸侯)는 천자(天子)가 봉(封)한 군왕(君王)을 말하고, 폐백(幣帛)은 제후(諸侯)가 천자(天子)께 진상하는 예물(禮物)이며, 옹손(饔飧)의 옹(饔)은 아침밥을 말하고, 손(飧)은 저녁밥을 말한다.

> 없을 무(無), 모두 제(諸), 임금 후(侯), 비단 폐(幣), 비단 백(帛), 아침밥 옹(饔), 저녁밥 손(飧)

無百官有司(무백관유사)

▶ **백관[百官], 유사[有司]도 없다[無].**

무백관유사(無百官有司)는 〈A無B〉꼴로 영어의 1형식 문장과 같은 어투이다. 무(無)가 〈없을 무(無)〉로 자동사일 때면 주어를 뒤에 둔다. 〈A(貉)에는 B(百官有司)가 없다[無]〉 無百官有司는 貉無百官 而貉無有司에서 되풀이되는 맥(貉)과 무(無)를 생략하고 한 구문처럼 묶은 어투로, 무(無)의 주어가 둘이다. 백관(百官)은 관직(官職)을 말하고, 유사(有司)는 관아(官衙)의 벼슬아치를 말한다.

맥족(貉族)은 제도(制度)와 문물(文物)을 두루 갖춘 나라를 형성하지 못하고 있음을 위와 같이 맹자가 백규(白圭)에게 밝히는 중이다.

없을 무(無), 일백 백(百), 관직 관(官), 있을 유(有), 관리 사(司)

故(고)

▶ **그러므로[故]**

고(故)는 고왈(故曰)의 줄임이고 고왈(故曰)은 시고왈(是故曰)을 줄인 꼴이다. 위의 내용[是]이므로[故] 다음처럼 말한다[曰]는 뜻으로 쓰인다. 앞의 내용을 근거로 하여 판단이나 결론을 내릴 때 쓰이는 셈이고, 고왈(故曰)을 줄여 그냥 고(故)로 할 때가 보통이다. 시고왈(是故曰)의 고(故)는 승상기하(承上起下)의 연접이므로 영어의 therefore와 같은 구실을 한다고 여긴다. 앞의 내용을[上] 이어서[承] 새로운 내용을[下] 제기한다[起].

그러므로 고(故)

二十取一而足也(이십취일이족야)

▶ **이십에서[二十] 일을[一] 취해[取]도[而] 흡족할 것[足]이다[也].**

이십취일이족야(二十取一而足也)는 〈AB也〉꼴로 영어의 2형식 문장과 같은 어투이다. 〈A(取一)는 B(足)한 것이다[也]〉 二十取一而足也에서 이십(二十)은 취(取)를 꾸미는 부사이고, 취(取)는 타동사로 동명사 내지 부정사(不定詞)와 같으면서 주어이고, 일(一)은 취(取)〉의 목적어이며, 이(而)는 어조사(~도)이고, 족(足)은 보어이며 〈흡족할 족(足)〉이 아니라 〈흡족한 것 족(足)〉으로 새겨야 문맥이 통하고 야(也)는 구문을 결정짓는 어조사(~이다)이다.

두 이(二), 열 십(十), 취할 취(取), 하나 일(一), 어조사 이(而), 흡족할 것 족(足), ~이다 야(也)

今居中國(금거중국) 去人倫無君子如之(거인륜무군자여지) 何其可也(하기가야)

▶ 지금[今] 중국에[中國] 살면서[居] 인륜을[人倫] 버리고[去] 군자를[君子] 부정한다고[無] 그[之]런다면[如] 어떻게[何] 그런 일이[其] 가능할 것[可]인가[也]?

금거중국거인륜무군자여지하기가야(今居中國去人倫無君子如之何其可也)의 문맥을 잡으려면 여지하(如之何)를 주목하면 쉽다. 〈A如之何B也〉꼴을 하나의 관용문처럼 여기면 今居中國去人倫無君子如之何其可也의 문맥을 잡기가 쉽다는 말이다. 〈A한다고 그런다면[如之] 어떻게[何] B할 것인가[也]?〉, 〈今居中國하면서 去人倫하고 無君子한다고 그런다면[如之] 어떻게[何] B(其可)할 것인가[也]?〉 〈A如之何B也〉꼴에서 지(之)는 A를 대신하는 지시대명사로 여길 수도 있고, A를 가정문을 이끄는 〈~면 여(如)〉 앞으로 전치시켜 그 빈 자리에 있는 허사로 여기고 새길 수 있다. 여지(如之)의 지(之)를 거인륜무군자(去人倫無君子)를 대신하는 지시대명사로 여기면 여지(如之)를 그렇다[之] 하면[如]으로 새기게 되고, 허사로 여기면 지(之)를 무시하고 하면[如]만으로 새기게 된다. 그러므로 今居中國去人倫無君子如之何其可也는 시간과 조건의 종속절을 지닌 영어의 복문과 같은 어투인 셈이다. 금거중국(今居中國)은 시간의 종속절이고, 거인륜무군자여지(去人倫無君子如之)까지는 조건의 종속절이고, 하기가야(何其可也)는 주절이다.

시간의 종속절인 금거중국(今居中國)은 今子居中國에서 문맥으로 보충될 수 있는 〈그대 자(子)〉를 생략한 어투로, 영어의 1형식 문장같이 여기고 새긴다. 今居中國에서 금(今)은 거(居)를 꾸미는 시간의 부사이고, 거(居)는 자동사로 시간의 종속절에서 본동사이며, 중국(中國)은 장소의 부사이다. 지금[今] (그대가) 중국에[中國] 거처하면서[居].

조건의 종속절인 거인륜무군자여지(去人倫無君子如之)는 如子去人倫 而如子無君子如之에서 문맥으로 보충될 수 있으므로 주어인 〈그대 자(子)〉와 되풀이되는 여(如)를 생략하고 여거인륜무군자(如去人倫無君子)로 한 어투에서, 거인륜무군자(去人倫無君子)를 여(如) 앞으로 전치시키고 그 빈 자리에 허사 지(之)를 두어 거인륜무군자여지(去人倫無君子如之)가 되었다. 거인륜(去人倫)하고 무군자(如無君子)한다면[如]. 去人倫의 거(去)는 〈버릴 기(棄)〉와 같고, 無君子의 무(無)는 〈부정할 부(否)〉와 같고, 如之의 여(如)는 조건의 종속절을 이끄는 〈만약 ~ 한다면 약(若)〉과 같고, 지(之)는 지시대명사로 여길 수도 있고 허사로도 여길 수 있다.

주절인 하기가야(何其可也)는 〈AB也〉꼴로 영어의 2형식 문장같이 여기고 새긴다. 何其可也에서 하(何)는 의문부사이고, 기(其)는 주어이며, 가(可)는 보어이고, 야(也)는 하(何)와 함께 의문문을 결정짓는 어조사(~인가)이다. 何其可也에서 기(其)는 지시대명사로 앞에 나온 이십취일(二十取一)을 대신한다. 그와 같은 일이[其] 가능할 것[可]인가[也]?

이제 금(今), 살 거(居), 가운데 중(中), 나라 국(國), 버릴 거(去), 사람 인(人), 도리 륜(倫), 부정할 무(無), 클 군(君), 존칭 자(子), ~한다면 여(如), 그 지(之), 어떻게 하(何), 그 기(其), 가할 가(可), ~인가 야(也)

陶以寡且不可以爲國(이과차불가이위국) 況無君子乎(도황무군자호)

▶ **도자기[陶]로써[以] 부족하다손[寡] 쳐도[且] 그로써[以] 나라를[國] 다스릴[爲] 수 없거늘[不可], 하물며[況] (그대는) 군자를[君子] 부정하겠는가[無乎]?**

도이과차불가이위국황무군자호(陶以寡且不可以爲國況無君子乎)는 〈차(且) ~ 황(況)〉을 주목하면 점층법서술의 문맥임을 알아챌 수 있는 어투이다. 말하자면 〈A且B況C〉라는 꼴로 관용문의 골격을 간직한 어투란 말이다. 〈A한다손 쳐도[且] B하거늘 하물며[況] C한다〉 그래서 한문투에서 점층법서술의 대표적인 관용구가 바로 〈차(且) ~ 황(況)〉꼴임을 상기한다면 陶以寡且不可以爲國況無君子乎의 문맥은 다음처럼 쉽게 잡힌다. 〈A(陶以寡)한다손 쳐도[且] B(不可以爲國)하거늘 하물며[況] C(無君子乎)인가?〉 〈A且B況C〉의 관용(慣用)꼴은 〈A然且B況於C〉꼴의 줄임으로 여긴다. 陶以寡且不可以爲國況無君子乎에서 도이과차불가이위국(陶以寡且不可以爲國)까지는 가정의 종속절인 셈이고, 황무군자호(況無君子乎)가 주절이므로 陶以寡且不可以爲國況無君子乎는 영어의 복문의 의문문 같은 어투인 셈이다.

양보의 종속절인 도이과차불가이위국(陶以寡且不可以爲國)은 陶以寡 然且是以子不可爲國에서 문맥으로 보충될 수 있으므로 시이(是以)의 시(是)와 주어인 〈그대 자(子)〉를 생략한 어투로, 독립시켜 보면 영어의 중문 같은 어투인 셈이다. 〈도자기를[陶] 쓰는데[以] 적다[寡]. 그렇더라도[且] 그것[是]으로써[以] 그대는[子] 나라를[國] 다스릴[爲] 수 없다[不可]〉 陶以寡에서 도이(陶以)는 과(寡)를 꾸미는 부사구이고, 과(寡)는 자동사로 본동사이며, 陶以寡의 도(陶)는 도기(陶器)의 줄임말로 여기고, 이(以)는 〈써 용(用)〉과 같고, 과(寡)는 〈적을 소(少)〉와 같고 과소(寡少)의 줄임말로 여기고 새긴다. 且不可以爲國에서 차(且)는 연차(然且)의 줄임으로 부사이고, 불(不)은 위(爲)의 부정사(否定詞)이며, 가(可)는 위(爲)의 조동사이며, 이(以)는 시이(是以)의 줄임으로 위(爲)를 꾸미는 부사이며, 위(爲)는 타동사로 가정의 종속절의 본동사이고, 국(國)은 위(爲)의 목적어이다. 且不可以爲國의 이(以)는 〈써 용(用)〉과 같고 위(爲)는 〈다스릴 치(治)〉와 같다.

주절인 황무군자호(況無君子乎)는 況子無君子乎에서 문맥으로 보충될 수 있는 〈그대 자(子)〉를 생략한 〈AB乎〉꼴로, 영어의 2형식 의문문과 같은 어투이다. 〈A(子)가 B(無君子)할 것인가[乎]?〉 況無君子乎에서 황(況)은 점층법 서술을 이끄는 부사이고, 무(無)는 타동사이며, 군자(君子)는 무(無)의 목적어이고 호(乎)는 의문문을 결정짓는 어조사(~인가)이다. 況無君子乎의 황(況)은 〈하물며 신(矧)〉과 같고, 무(無)는 〈부정할 부(否)〉와 같고 여기선 타동사이다.

> 도자기 도(陶), 써 이(以), 적을 과(寡), 또 차(且), 아니 불(不), 가할 가(可), 써 이(以), 다스릴 위(爲), 나라 국(國), 하물며 황(況), 부정할 무(無), 클 군(君), 존칭 자(子), ~인가 호(乎)

欲輕之於堯舜之道者(욕경지어요순지도자) 大貉小貉也(대맥소맥야)

▶ 요순[堯舜]의[之] 방도[道]보다 더[於] 세금을[之] 가볍게 하기를[輕] 바라는[欲] 사람은[者] 큰[大] 오랑캐거나[貉] 작은[小] 오랑캐[貉]이다[也].

욕경지어요순지도자대맥소맥야(欲輕之於堯舜之道者大貉小貉也)는 〈AB也〉꼴로 영어의 2형식 문장과 같은 어투이다. 〈A(欲輕之於堯舜之道者)는 B(大貉小貉)이다[也]〉 欲輕之於堯舜之道者大貉小貉也에서 욕경지어요순지도자(欲輕之於堯舜之道者)는 주부이고, 대맥소맥(大貉小貉)은 보어이며, 야

(也)는 구문을 결정짓는 어조사(~이다)이다. 물론 欲輕之於堯舜之道者大貉小貉也는 欲輕之於堯舜之道者大貉也 而欲輕之於堯舜之道者小貉也에서 되풀이되는 내용인 욕경지어요순지도자(欲輕之於堯舜之道者)를 생략한 어투로, 영어의 중문과 같은 구문을 하나로 묶은 어투이다.

주부인 욕경지어요순지도자(欲輕之於堯舜之道者)는 〈A者〉꼴로, 자(者)가 형용사절을 이끄는 후행사와 같다. 즉 欲輕之於堯舜之道者에서 욕경지어요순지도(欲輕之於堯舜之道)는 자(者)를 꾸미는 형용사절이다. 〈A(欲輕之於堯舜之道)하는 사람[者]〉 欲輕之於堯舜之道者에서 욕(欲)은 타동사로 형용사절의 본동사이고, 경(輕)은 영어의 부정사(不定詞)와 같으면서 욕(欲)의 목적어이며, 지(之)는 경(輕)의 목적어로 지시대명사이고, 어(於)는 비교법인 〈~보다 더 어(於)〉이고, 요순지도(堯舜之道)의 지(之)는 소유격 토씨(~의) 구실을 하며 도(道)는 〈방도 방(方)〉과 같고 방도(方道)의 줄임말로 여긴다. 欲輕之於堯舜之道者의 경(輕)은 〈무거울 중(重)〉의 반대말로 여기고, 앞의 지(之)는 세금(稅金)을 나타내는 지시대명사이고, 뒤의 지(之)는 소유격 토씨(~의)이다. 술부로 보어인 대맥소맥(大貉小貉)의 대학(大貉)은 더 미개한 맥족(貉族), 소학(小貉)은 덜 미개한 맥족(貉族)으로 여긴다.

바랄 욕(欲), 가벼울 경(輕), 그것 지(之), ~보다 어(於), 요임금 요(堯), 순임금 순(舜), ~의 지(之), 방도 도(道), 놈 자(者), 큰 대(大), 오랑캐 맥(貉), 작을 소(小), ~이다 야(也)

欲重之於堯舜之道者(욕중지어요순지도자) 大桀小桀也(대걸소걸야)

▶ 요순[堯舜]의[之] 방도[道]보다 더[於] 세금을[之] 무겁게 하기를[重] 바라는[欲] 사람은[者] 큰[大] 폭군이거나[桀] 작은[小] 폭군[桀]이다[也].

욕중지어요순지도자대걸소걸야(欲重之於堯舜之道者大桀小桀也)는 〈AB也〉꼴로 영어의 2형식 문장과 같은 어투이다. 〈A(欲重之於堯舜之道者)는 B(大桀小桀)이다[也]〉 欲重之於堯舜之道者大桀小桀也에서 욕중지어요순지도자(欲重之於堯舜之道者)는 주부이고, 대걸소걸(大桀小桀)은 보어이고, 야(也)는 구문을 결정짓는 어조사(~이다)이다. 물론 欲重之於堯舜之道者大桀小桀也는 欲重之於堯舜之道者大桀也 而欲重之於堯舜之道者小桀也에서 되풀이되는 내용인 욕중지어요순지도자(欲重之於堯舜之道者)를 생략한 어투로 영어의 중문과 같은 구문을 하나로 묶은 어투이다.

주부인 욕중지어요순지도자(欲重之於堯舜之道者)는 〈A者〉꼴로 자(者)가 형용사절을 이끄는 후행사 구실을 한다. 欲重之於堯舜之道者에서 욕중지어요순지도(欲重之於堯舜之道)가 자(者)를 꾸미는 형용사절이라는 말이다. 〈A(欲重之於堯舜之道)하는 사람[者]〉 欲重之於堯舜之道者에서 욕(欲)은 타동사로 형용사절의 본동사이고, 중(重)은 영어의 부정사(不定詞)와 같으면서 욕(欲)의 목적어이며, 지(之)는 중(重)의 목적어로 지시대명사이고, 어(於)는 비교법인 〈~보다 더 어(於)〉이고, 요순지도(堯舜之道)의 지(之)는 소유격 토씨(~의)이며, 도(道)는 〈방도 방(方)〉과 같고 방도(方道)의 줄임말로 여긴다. 欲重之於堯舜之道者의 중(重)은 〈가벼울 경(輕)〉의 반대말로 여기고, 앞의 지(之)는 세금(稅金)을 나타내는 지시대명사이고, 뒤의 지(之)는 소유격 토씨(~의)이다. 술부로 보어인 대걸소걸(大桀小桀)의 대걸(大桀)은 더 포악한 폭군을 말하고, 소걸(小桀)은 덜 포악한 폭군으로 여긴다.

맹자가 위국(爲國)의 방도(方道)를 말하고 있다. 그 방도의 근간은 바로 조세(租稅)이다. 백성에게 부과하는 세금(稅金)은 무조건 가볍기만 해서 되는 것도 아니고, 폭군처럼 사정없이 무겁게만 해서도 안 되는 까닭을 밝히고 있다. 조세의 방도는 요순(堯舜)이 남긴 세법(稅法)을 따라 하면 된다는 것을 밝히고 있다.

바랄 욕(欲), 무거울 중(重), 그것 지(之), ~보다 어(於), 요임금 요(堯), 순임금 순(舜), ~의 지(之), 방도 도(道), 놈 자(者), 큰 대(大), 폭군 걸(桀), 작을 소(小), ~이다 야(也)

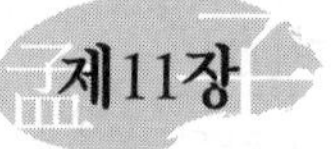

제11장

11장은 소인배(小人輩)가 치자(治者)가 되면 살기 힘든 세상이 됨을 보여주는 장이다. 자국(自國)만 유리하면 되고 타국(他國)이야 불리하든 말든 상관없다는 생각이 얼마나 불인(不仁)한 짓인지 헤아리게 하는 장이다. 홍수

(洚水)란 인자(仁者)가 싫어하는 것[惡]이란 맹자의 지적이 우리로 하여금 많은 것을 생각하게 한다.

【문지(聞之)】

인인지소오야(仁人之所惡也)

【원문(原文)】

白圭曰 丹之治水也愈於禹하다 孟子曰 子過矣이다 禹之治水는 水之道也이다 是故로 禹는 以四海爲壑이나 今에 吾子는 以鄰國爲壑이라 水逆行을 謂之洚水니 洚水者는 洪水也이다 仁人之所惡也이니 吾子過矣이다

【해독(解讀)】

백규가 말했다[白圭曰]. "제가 물을 다스린 것이[丹之治水也] 우임금보다 더 뛰어납니다[愈於禹]." 맹자가 말해주었다[孟子曰]. "그대가 잘못한 것이오[子過矣]. 우임금이 물을 다스린 것은 물의 길이오[禹之治水水之道也]. 위의 내용이므로[是故] 우임금은 사해를 가지고 물이 모여드는 곳으로 삼았소[禹以四海爲壑]. 지금 당신은 가까운 나라들을 가지고 물이 모여드는 곳을 삼았소[今吾子以鄰國爲壑]. 물이 거슬러 흐름 그것을 벅차게 흐르는 물이라 하오[水逆行謂之洚水]. 벅차게 흐르는 물이란 것은 큰 물이오[洚水者洪水也]. (홍수란) 어진 사람이 싫어하는 바이오[仁人之所惡也]. 당신은 잘못한 것이오[吾子過矣]."

【담소(談笑)】

白圭曰(백규왈) 丹之治水也愈於禹(단지치수야유어우)

▶ 백규가 말했다[白圭曰]. "내[丹]가[之] 물을[水] 다스린 것[治]이[也] 우임금[禹]보다 더[於] 뛰어나다[愈]."

백규왈단지치수야유어우(白圭曰丹之治水也愈於禹)는 〈A曰B〉꼴로 영어의 3형식 문장과 같은 어투이다. 〈A(白圭)는 B(丹之治水也愈於禹)라고 말했다[曰]〉 白圭曰丹之治水也愈於禹에서 백규(白圭)는 주어이고, 왈(曰)은 타동사이며, 단지치수야유어우(丹之治水也愈於禹)는 왈(曰)의 목적절로 여기

고 새기면 白圭曰丹之治水也愈於禹의 문맥이 잡힌다. 『사기(史記)』「화식열전(貨殖列傳)」에 보면 백규(白圭)의 백(白)은 성씨이고, 규(圭)는 자(字)이며, 이름은 단(丹)이며, 위(魏)나라 무후(武候) 때 인물로 알려져 있다.

왈(曰)의 목적절인 단지치수야유어우(丹之治水也愈於禹)를 독립된 구문으로 보면, 본동사인 유(愈)가 자동사이므로 영어의 1형식 문장과 같다. 丹之治水也愈於禹에서 단지치수야(丹之治水也)는 주부이고, 유(愈)는 자동사로 본동사이며, 어우(於禹)는 유(愈)를 꾸미는 비교의 부사구이다. 주부인 丹之治水也에서 단(丹)은 치(治)의 주어이고, 지(之)는 주격(~이) 또는 소유격 토씨(~의)이고, 치(治)는 영어의 동명사 구실을 하며, 수(水)는 치(治)의 목적어이고, 야(也)는 주부를 강하게 결정짓는 어조사로 주격 토씨(~이란)로 여긴다. 丹之治水也愈於禹의 단(丹)은 백규(白圭)의 이름이고, 유(愈)는 〈나을 승(勝)〉과 같고, 어(於)는 비교법 어조사로 〈~보다 더 어(於)〉로 새기고, 우(禹)는 순(舜)임금 때 치산치수(治山治水)를 다했고 하(夏)나라의 개조(開祖)인 우(禹)임금을 말한다.

자벌(自伐)하고 자긍(自矜)하는 인간은 못난 치에 속한다. 백규(白圭)는 스스로 제 자랑을 하고[自伐] 스스로 잘 났다고[自矜] 맹자 앞에서 너스레를 떨고 있는 중이다. 백규(白圭)는 군자불량(君子不諒)을 어기고 있다. 군자는[君子] 완고하지 않다[不諒]. 잘못되었음을 알아도 고칠 줄 모르는 짓[不諒]인 줄 모르면 소인(小人)이게 마련이다.

흰 백(白), 홀 규(圭), 말할 왈(曰), 붉을 단(丹), ~가 지(之), 다스릴 치(治), 물 수(水), ~이 야(也), 뛰어날 유(愈), ~보다 더 어(於), 우임금 우(禹)

子過矣(자과의)

▶ **그대가[子] 잘못한 것[過]이다[矣].**

자과의(子過矣)는 영어의 2형식 문장과 같은 어투이다. 子過矣에서 자(子)는 주어이고, 과(過)는 보어이며, 의(矣)는 구문을 결정짓는 어조사(~이다)이다. 子過矣의 자(子)는 여기선 〈그대 여(汝)〉와 같은 호칭으로 여기고, 과(過)는 〈잘못한 죄(罪)〉와 같고 죄과(罪過)의 줄임말로 여기며, 의(矣)는 야(也)와 같다.

그대 자(子), 잘못함 과(過), ~이다 의(矣)

禹之治水水之道也(우지치수수지도야)

▶ 우임금[禹]이[之] 물을[水] 다스린 것은[治] 물[水]의[之] 길[道]이다[也].

우지치수수지도야(禹之治水水之道也)는 〈AB也〉꼴로 영어의 2형식 문장과 같은 어투이다. 〈A(禹之治水)는 B(水之道)이다[也]〉 禹之治水水之道也에서 우지치수(禹之治水)는 주부이고, 수지도(水之道)는 술부이며, 야(也)는 구문을 결정짓는 어조사(~이다)이다. 주부인 禹之治水에서 우지(禹之)는 치(治)의 의미상 주어이고, 치(治)는 영어의 동명사와 같으면서 주어이며, 수(水)는 치(治)의 목적어이다. 禹之治水의 치(治)가 Yu(禹)' s managing water의 동명사인 managing와 같은 구실을 한다는 말이다. 물론 禹之治水의 지(之)를 주격 토씨(~이)로 새기지 않고 소유격 토씨(~의)로 여기고 우임금[禹]의[之] 치수[治水]로 새겨도 된다. 이처럼 토씨인 지(之)는 문맥에 걸맞게 새기면 될 뿐, 결정된 것이 아니다. 한문투에는 결정된 어법이 없는 편이다. 술부인 水之道에서 수지(水之)는 도(道)를 꾸미는 형용사구이고, 지(之)는 소유격 토씨(~의)이다. 그러므로 禹之治水水之道也의 주어는 치(治)이고, 보어는 도(道)인 셈이다.

우(禹)임금은 물이 가는 대로 물길을 터서 물을 다스렸다는 말이다. 물의 자연을 따라 물이 하는 대로 해주었던 것이 곧 우(禹)임금의 치수(治水)이다. 그러니 우(禹)임금의 치수(治水)는 오늘날 우리가 알고 있는 수자원(水資源) 개발 같은 것이 아니다.

우임금 우(禹), ~이(~의) 지(之), 다스릴 치(治), 물 수(水), 길 도(道), ~이다 야(也)

是故(시고)

▶ 위의 내용[是]이므로[故]

시고(是故)는 시고왈(是故曰)을 줄인 꼴이다. 위의 내용[是]이므로[故] 다음처럼 말한다[曰]는 뜻으로 쓰인다. 앞의 내용을 근거로 하여 판단이나 결론을 내릴 때 쓰이는 셈이고, 고왈(故曰)로 줄이기도 하고 그냥 고(故)로 할 때가 더 흔하다. 시고왈(是故曰)의 고(故)는 승상기하(承上起下)의 연접이므로 영어의 therefore와 같은 구실을 한다고 여긴다. 앞의 내용을[上] 이어서 [承] 새로운 내용을[下] 제기한다[起].

이 시(是), 그러므로 고(故)

禹以四海爲壑(우이사해위학)

▶ **우임금은[禹] 사해를[四海] 가지고[以] 물이 모여드는 곳을[壑] 삼았다[爲].**

우이사해위학(禹以四海爲壑)은 영어의 3형식 문장과 같은 어투이다. 禹以四海爲壑에서 우(禹)는 주어이고, 이사해(以四海)는 위(爲)를 꾸미는 부사구이며, 위(爲)는 타동사로 본동사이고, 학(壑)은 위(爲)의 목적어이다. 〈爲A以B〉의 관용(慣用)을 상기하면 禹以四海爲壑의 문맥을 잡기가 쉽다. 〈B로[以] A를 삼다[爲]〉 또는 〈B로[以] A를 생각한다[爲]〉 禹以四海爲壑의 이(以)는 〈써 용(用)〉과 같고, 위(爲)는 〈생각할 사(思)〉와 같고, 학(壑)은 〈구렁 갱(坑)〉과 같다. 학(壑)은 여기서 물이 흘러가 모여드는 곳[壑]으로 새기면 문맥과 통한다.

우임금 우(禹), 써 이(以), 넉 사(四), 바다 해(海), 생각할 위(爲), 구렁 학(壑)

今吾子以鄰國爲壑(금오자이린국위학)

▶ **지금[今] 당신은[吾子] 붙어 있는[鄰] 나라들을[國] 가지고[以] 물이 모여드는 곳을[壑] 삼았다[爲].**

금오자이린국위학(今吾子以鄰國爲壑)은 영어의 3형식 문장과 같은 어투이다. 今吾子以鄰國爲壑에서 금(今)은 시간의 부사이고, 오자(吾子)는 주어이고, 이린국(以鄰國)은 위(爲)를 꾸미는 부사구이며, 위(爲)는 타동사로 본동사이고, 학(壑)은 위(爲)의 목적어이다. 〈爲A以B〉의 관용(慣用)을 상기하면 今吾子以鄰國爲壑의 문맥을 잡기가 쉽다. 〈B로[以] A를 삼다[爲]〉 또는 〈B로[以] A를 생각한다[爲]〉 今吾子以鄰國爲壑의 이(以)는 〈써 용(用)〉과 같고, 위(爲)는 〈생각할 사(思)〉와 같고, 학(壑)은 〈구렁 갱(坑)〉과 같다. 학(壑)은 여기서 물이 흘러가 모여드는 곳[壑]으로 새기면 문맥과 통한다.

이제 금(今), 나의 오(吾), 그대 자(子), 써 이(以), 가까울 린(鄰), 나라 국(國), 생각할 위(爲), 구렁 학(壑)

水逆行謂之洚水(수역행위지홍수)

▶ 물이[水] 거슬러[逆] 흐름[行] 그것을[之] 벅차게 흐르는[洚] 물[水]이라 한다[謂].

수역행위지홍수(水逆行謂之洚水)는 〈謂AB〉꼴로 영어의 5형식 문장과 같은 어투이다. 〈A(水逆行)를 B(洚水)라고 일컫는다[謂]〉 水逆行謂之洚水는 人謂水之逆行洚水에서 문맥으로 보충될 수 있는 일반주어인 인(人)과 위(謂)의 목적구인 수지역행(水之逆行)의 지(之)를 생략하고 위(謂) 앞으로 전치하고 그 빈 자리에 허사 지(之)를 둔 어투이고, 水逆行謂之洚水의 홍수(洚水)는 목적격 보어이다. 水逆行謂之洚水의 역(逆)은 〈거스를 반(反)〉과 같고 반역(反逆)의 줄임말로 여기고, 위지(謂之)의 지(之)를 무시하고 새겨도 되며, 홍수(洚水)의 홍(洚)은 〈물 벅차게 흐를 홍(洪)〉과 같고, 홍수(洚水)는 홍수(洪水)와 같은 말이다.

물 수(水), 거슬러 역(逆), 흐를 행(行), 일컬을 위(謂), 그 지(之), 물 벅차게 흐를 홍(洚)

洚水者洪水也(홍수자홍수야)

▶ 벅차게 흐르는[洚] 물이란[水] 것은[者] 큰[洪] 물[水]이다[也].

홍수자홍수야(洚水者洪水也)는 〈AB也〉꼴로 영어의 2형식 문장과 같은 어투이다. 〈A(洚水者)는 B(洪水)이다[也]〉 洚水者洪水也에서 홍수자(洚水者)는 주부이고, 홍수(洪水는 보어이며, 야(也)는 구문을 결정짓는 어조사(~이다)이다. 주부인 洚水者는 〈A者〉꼴로 여기선 주어를 강조하는 경우로서 〈A란 것[者]〉으로 새기고, 홍수(洪水)는 물길이 벅차게 흘러 피해를 입히는 큰 물을 말한다.

물 벅차게 흐를 홍(洚), 물 수(水), 것 자(者), 클 홍(洪), ~이다 야(也)

仁人之所惡也(인인지소오야)

▶ (홍수란) 어진[仁] 사람[人]이[之] 싫어하는[惡] 바[所]이다[也].

인인지소오야(仁人之所惡也)는 洚水者所仁人惡也에서 주어인 홍수자(洚水者)를 생략하고, 소인인오(所仁人惡)〉에서 오(惡)의 주어인 인인(仁人)을 소(所) 앞으로 전치하면서 주격 토씨(~이) 구실을 하는 지(之)를 더해 인인지(仁人之)로 했다고 여기면 仁人之所惡也의 문맥이 잡힌다. 그러니 仁人之所惡也는 주어가 생략된 〈(A)B也〉꼴로, 영어의 2형식 문장과 같은 어투로 여기고 새긴다. 〈(A(洚水者)는) B(仁人之所惡)이다[也]〉

그러나 仁人之所惡也와 같은 어투의 문맥을 잡으려면 소(所)가 형용사절을 이끄는 관계대명사 구실을 하는 것을 알아채야 편하다. 仁人之所惡也에서 소(所)가 마치 영어에서 선행사를 포함한 관계대명사인 what과 같다고 여긴다. 다시 말해 what he did의 what과 같은 구실을 소(所)가 한다는 말이다. 그가(he) 했던(did)것(what), 인인이[仁人] 싫어하는[惡] 것[所]. 仁人之所惡也의 〈오(惡)〉는 〈싫어할 염(厭)〉과 같고, 염오(厭惡)의 줄임말로 여기고 새긴다.

어질 인(仁), 사람 인(人), ~은 지(之), 바 소(所), 싫어할 오(惡), ~이다 야(也)

吾子過矣(오자과의)

▶ 당신은[吾子] 잘못한 것[過]이다[矣].

오자과의(吾子過矣)는 영어의 2형식 문장과 같은 어투이다. 吾子過矣에서 오자(吾子)는 주어이고, 과(過)는 보어이며, 의(矣)는 구문을 결정짓는 어조사(~이다)이다. 吾子過矣의 오(吾)는 소유격이며, 자(子)는 여기선 〈그대 여(汝)〉와 같은 호칭으로 여기고, 과(過)는 〈잘못한 죄(罪)〉와 같고 죄과(罪過)의 줄임말로 여기며, 의(矣)는 야(也)와 같다고 여긴다.

백규(白圭)는 오페(五霸)가 맹세했던 오금(五禁)에 들어 있는 무곡방(無曲防)을 어긴 셈이다. 왜 제방을[防] 굽히지[曲] 말라[無]고 오패(五霸)가 맹세했겠는가? 이웃 나라에 홍수의 피해를 주지 않기 위해서이다. 그런데 백규는 제나라만 유리하고 인접한 나라들을 홍수로 피해를 입히는 짓을 자행하고서 우(禹)임금보다 더 나은 치수(治水)라고 자벌(自伐)하고 있으니 맹자가 그냥 둘 리 없다. 오늘날 국익(國益)이란 말이 얼마나 비수(匕首) 같은 속셈인지 새삼 알 만하다. 백성한테 죄인 노릇을 하면서 큰소리치는 소인배들을 얼마든지 볼 수 있다. 사람 세상은 변한 것이 별로 없다.

나의 오(吾), 그대 자(子), 잘못한 것 과(過), ~이다 의(矣)

제12장

12장은 맹자가 마치 공자(孔子)가 그랬듯이 군자를 강조하고 있는 장이다. 군자불량(君子不亮)이란 이 한 마디로 공자의 회덕(懷德)을 상기하게 하고 『대학(大學)』의 필신기독(必愼其獨)을 명심하게 한다. 맹자가 군자라면 남으로부터 신용부터 얻어야 하고, 무엇보다 먼저 덕을 품어야 하며[懷德], 스스로 자기를 삼가는 것[必愼其獨]을 갖추어야 함을 〈미더울 량(亮)〉 한 마디로 단언해둔 장이다.

【문지(聞之)】

군자불량(君子不亮)

【원문(原文)】

孟子曰 君子不亮이면 惡乎執이리오
맹자왈 군자불량 오호집

【해독(解讀)】

맹자가 말했다[孟子曰]. "군자가 미덥지 않다면[君子不亮] 무엇을 잡을(의지할) 것인가[惡乎執]?"

【담소(談笑)】

君子不亮惡乎執(군자불량오호집)

▶ **군자가[君子] 미덥지 않다면[不亮] 무엇을[惡] 잡을(의지할)[執] 것인가[乎]?**

군자불량오호집(君子不亮惡乎執)은 〈A惡乎B〉의 관용(慣用)을 상기하면 영어의 복문과 같은 한문투임을 알아챌 수 있다. 〈A(君子不亮)하다면 어찌[惡] B(執)할 것인가[乎]?〉 君子不亮惡乎執은 조건의 종속절을 둔 영어의 복문과 같은 어투임을 알 수 있다. 君子不亮까지 조건의 종속절로 여기고, 오호집(惡乎執)을 주절로 여기고 새기면 문맥이 잡힌다는 말이다. 조건의 종속절인 君子不亮에서 군자(君子)는 주어이고, 불(不)은 양(亮)의 부정사(否定詞)이며 양(亮)은 자동사로 본동사이다. 君子不亮의 량(亮)은 〈미더울 량

(諒), 신(信)〉 등과 같다. 주절 惡乎執에서 오(惡)는 집(執)의 목적어이고, 호(乎)는 의문문을 결정짓는 어조사(~인가)이며, 집(執)은 타동사로 주절의 본동사이다. 惡乎執의 오(惡)는 〈무엇 하(何)〉와 같고, 집(執)은 〈잡을 포(捕)〉와 같다.

클 군(君), 존칭 자(子), 아니 불(不), 미더울 량(亮), 어디 오(惡), ~인가 호(乎), 잡을 집(執)

제13장

13장은 맹자가 호선(好善)을 밝힌 장이다. 호선이 곧 행인(行仁)이며 호인(好仁)이고 공자가 밝힌 회덕(懷德)임을 헤아려 살펴보게 하는 장이다. 동시에 불호선(不好善)을 아울러 헤아릴 수 있는 장이다. 참첨(讒諂)·면유(面諛)가 곧 불호선(不好善)이 짓임을 확인해주고, 선정(善政)·인정(仁政)·덕치(德治) 등이 호선(好善)의 실행임을 알 수 있게 해주는 장이다.

【문지(聞之) 1】

기위인야호선(其爲人也好善)

【원문(原文)】

魯欲使樂正子爲政이러니 孟子曰 吾聞之하고 喜而不寢이라 公孫丑曰 樂正子는 强乎이까 曰 否라 有知慮乎이까 曰 否라 多聞識乎이까 曰 否라 然則奚爲喜而不寢이까 曰 其爲人也好善이니라

노욕사악정자위정 맹자왈 오문지 희이불침 공손추왈 악정자 강호 왈부 유지려호 왈부 다문식호 왈부 연즉해위희이불침 왈 기위인야호선

【해독(解讀)】

노나라가 악정자(樂正子)로 하여금 정사를 맡게 하려고 했다[魯欲使樂正子爲政]. 맹자가 말했다[孟子曰]. "나는 그것을 듣고 기뻤고 그래서 잠을 이루지 못했다[吾聞之喜而不寢]." 공손추가 악정자는 굳세냐고 물었다[公孫丑曰樂正子强乎]. (맹자가) 말했다[曰]. "그렇지 않다[否]." "(악정자한테는) 지

식과 사려가 있다는 것인가요[有知慮乎]?" (맹자가) 말했다[曰]. "그렇지 않다[否]." "(악정자한테는) 많은 견문과 학식이 있다는 것인가요[多聞識乎]?" (맹자가) 말했다[曰]. "그렇지 않다[否]." "그렇다면 곧 어찌 기쁨을 이루어서 잠자지 못한 것인가요[然則奚爲喜而不寢]?" (맹자가) 말했다[曰]. "그의 사람됨이란 착함을 좋아한다[其爲人也好善]."

【담소(談笑)】

魯欲使樂正子爲政(노욕사악정자위정)

▶ 노나라가[魯] 악정자로[樂正子] 하여금[使] 정사를[政] 맡게[爲] 하려고 했다[欲].

노욕사악정자위정(魯欲使樂正子爲政)은 〈A欲B〉꼴로 영어의 3형식 문장과 같은 어투이다. 〈A(魯)는 B(使樂正子爲政)를 바랐다[欲]〉 魯欲使樂正子爲政에서 노(魯)는 주어이고, 욕(欲)은 타동사로 본동사이며, 사악정자위정(使樂正子爲政)은 욕(欲)의 목적구이다.

욕(欲)의 목적구인 사악정자위정(使樂正子爲政)에서 사(使)는 영어의 부정사(不定詞)와 같으면서 사역동사이며, 악정자(樂正子)는 사(使)의 목적어이고, 위정(爲政)의 위(爲) 역시 영어의 부정사와 같고, 목적격 보어인 정(政)은 위(爲)의 목적어이다. 欲使樂正子爲政은 영어의 desire to allow him to do the governmental affairs를 연상하면 알아채기 쉽다. 欲使樂正子爲政의 사(使)를 to allow와 비교해보고, 위(爲)를 to do와 비교해보면 알아채기 쉽다. 그로(樂正子 = him) 하여금(使 = to allow) 정사(政事)를(政 = the governmental affairs) 하게 했다(爲 = to do). 위정(爲政)의 위(爲)는 〈맡을 임(任)〉과 같고, 정(政)은 정사(政事)의 줄임말로 여기고 새긴다. 악정자(樂正子)는 맹자의 제자로 악정(樂正)은 성씨이고, 이름은 극(克)이다.

> 노나라 로(魯), 바랄 욕(欲), 하여금 사(使), 풍류 악(樂), 바를 정(正), 존칭 자(子), 맡을 위(爲), 정사 정(政)

吾聞之喜而不寢(오문지희이불침)

▶ 나는[吾] 그것을[之] 듣고[聞] 기뻤고[喜] 그래서[而] 잠을 이루지 못했다[不寢].

오문지희이불침(吾聞之喜而不寢)은 孟子曰吾聞之喜而不寢에서 왈(曰)의 목적절이다. 왈(曰)의 목적절인 吾聞之喜而不寢은 吾聞之 而吾喜 而吾不寢에서 되풀이되는 내용인 이오(而吾)를 생략한 어투로, 오문지(吾聞之)는 영어의 3형식 문장과 같은 어투이고, 희(喜)는 자동사로 본동사만 남은 영어의 1형식 문장과 같은 어투이며, 이불침(而不寢) 역시 자동사로 본동사만 남은 영어의 1형식 문장과 같은 어투이다. 오문지(吾聞之)의 지(之)는 앞서의 내용인 노욕사악정자위정(魯欲使樂正子爲政)을 나타내는 지시대명사이고, 희(喜)는 〈기뻐할 열(悅)〉과 같고 희열(喜悅)의 줄임말로 여기고, 침(寢)은 〈잠잘 면(眠)〉과 같다. 불침(不寢)은 불면(不眠)과 같은 말이다.

나 오(吾), 들을 문(聞), 그것 지(之), 기뻐할 희(喜), 그래서 이(而), 아니 불(不), 잠잘 침(寢)

公孫丑曰(공손추왈) 樂正子强乎(악정자강호)

▶ 공손추가[公孫丑] 악정자는[樂正子] 굳세냐고[强乎] 물었다[曰].

공손추왈악정자강호(公孫丑曰樂正子强乎)는 〈A曰B〉꼴로 영어의 3형식 문장과 같다. 公孫丑曰樂正子强乎에서 공손추(公孫丑)는 주어이고, 왈(曰)은 타동사로 본동사이며, 악정자강호(樂正子强乎)는 왈(曰)의 목적절이다. 공손추(公孫丑) 역시 맹자의 제자로 공손(公孫)은 성씨이고, 추(丑)는 이름이다. 왈(曰)의 목적절인 樂正子强乎는 영어의 2형식 의문문과 같다. 樂正子强乎에서 악정자(樂正子)는 목적절의 주어이고, 강(强)은 형용사로 보어이며, 호(乎)는 목적절을 의문문으로 결정짓는 어조사(~인가)이다. 樂正子强乎의 강(强)은 불굴(不屈)의 뜻으로 여기고 새기면 문맥이 통한다.

두루 공(公), 새싹 손(孫), 사람이름 추(丑), 풍류 악(樂), 바를 정(正), 존칭 자(子), 굳셀 강(强), 인가 호(乎)

曰否(왈부)

▶ (맹자가) 그렇지 않다고[否] 말했다[曰].

왈부(曰否)는 孟子曰否에서 되풀이되는 맹자(孟子)를 생략한 어투로, 영어의 3형식 문장과 같다. 曰否에서 왈(曰)은 타동사로 본동사이고, 부(否)는 목적어이다. 부(否)는 불긍(不肯)의 뜻이다. 긍정하지 않을 때 부(否)라고 한다.

말할 왈(曰), 인정치 않을 부(否)

有知慮乎(유지려호)

▶ (악정자한테는) 지식과[知] 사려가[慮] 있다는 것[有]인가[乎]?

유지려호(有知慮乎)는 公孫丑曰樂正子有知慮乎에서 문맥으로 보충될 수 있는 내용이므로 주어인 공손추왈악정자(公孫丑曰樂正子)를 생략하고 왈(曰)의 목적절만 남긴 어투이다. 왈(曰)의 목적절인 有知慮乎에서 유(有)를 타동사인 〈간직할 유(有)〉로 새기면, 有知慮乎의 지려(知慮)는 유(有)의 목적어가 되므로 영어의 3형식 의문문과 같은 목적절로 새기게 된다. 그러나 有知慮乎에서 유(有)를 자동사인 〈있을 유(有)〉로 새기면 지려(知慮)는 유(有)의 주어가 되므로 영어의 1형식 의문문과 같은 목적절로 새기게 된다. (악정자가) 지식과[知] 사려를[慮] 간직한 것[有]인가[乎]〉로 새기면 有知慮乎의 유(有)를 타동사로 여기고 새긴 셈이고, (악정자한테) 지식과[知] 사려가[慮] 있는 것[有]인가[乎]로 새기면 有知慮乎의 유(有)를 자동사로 여기고 새긴 것이다. 有知慮乎의 지(知)는 〈알 식(識)〉과 같고 지식(知識)의 줄임말로 여기고, 여(慮)는 〈생각 사(思)〉와 같고 사려(思慮)의 줄임말로 여긴다.

간직할 유(有), 알 지(知), 생각할 려(慮), ~인가 호(乎)

曰否(왈부)

▶ (맹자가) 그렇지 않다고[否] 말했다[曰].

왈부(曰否)는 孟子曰否에서 되풀이되는 맹자(孟子)를 생략한 어투로, 영어의 3형식 문장과 같다. 曰否에서 왈(曰)은 타동사로 본동사이고, 부(否)는 목적어이다. 부(否)는 불긍(不肯)의 뜻이다. 긍정하지 않을 때 부(否)라고 한다.

말할 왈(曰), 인정치 않을 부(否)

多聞識乎(다문식호)

▶ (악정자한테는) 많은[多] 견문과[聞] 학식이[慮] 있다는 것인가[乎]?

다문식호(多聞識乎)는 公孫丑曰樂正子有多聞識乎에서 문맥으로 보충될 수 있는 내용이므로 주어인 공손추왈악정자유(公孫丑曰樂正子有)를 생략하고, 생략된 유(有)의 주부만 남긴 어투이다. 왈(曰)의 목적절인 有多聞識乎에서 유(有)가 생략되었지만 유(有)를 타동사인 〈간직할 유(有)〉로 새기면 다문식(多聞識)은 생략된 유(有)의 목적구가 되므로 영어의 3형식 의문문과 같은 목적절로 새기게 된다. 그러나 有多聞識乎에서 유(有)를 자동사인 〈있을 유(有)〉로 새기면 다문식(多聞識)은 생략된 유(有)의 주부가 되므로 영어의 1형식 의문문과 같은 목적절로 새기게 된다. (악정자가) 많은[多] 견문과[聞]과 학식을[識] 간직한 것[有]인가[乎]로 새기면 (有)多聞識乎의 유(有)를 타동사로 여기고 새긴 셈이고 (악정자한테) 많은[多] 견문과[聞]과 학식이[識] 있다는 것[有]인가[乎]로 새기면 有多聞識乎의 유(有)를 자동사로 여기고 새긴 것이다. 多聞識乎의 다(多)는 문식(聞識)을 꾸미는 형용사이고, 문(聞)은 견문(見聞)의 줄임말이며, 식(識)은 학식(學識)의 줄임말로 여긴다.

> 많을 다(多), 들을 문(聞), 알 식(識), ~인가 호(乎)

曰否(왈부)

▶ (맹자가) 그렇지 않다고[否] 말했다[曰].

왈부(曰否)는 孟子曰否에서 되풀이되는 맹자(孟子)를 생략한 어투로, 영어의 3형식 문장과 같다. 曰否에서 왈(曰)은 타동사로 본동사이고, 부(否)는 목적어이다. 부(否)는 불긍(不肯)의 뜻이다. 긍정하지 않을 때 부(否)라고 한다.

> 말할 왈(曰), 인정치 않을 부(否)

然則奚爲喜而不寢(연즉해위희이불침)

▶ 그렇다면[然] 곧[則] 어찌[奚] 기쁨을[喜] 이루고[爲] 그래서[而] 잠자지 못한 것인가[不寢]?

연즉해위희이불침(然則奚爲喜而不寢)은 公孫丑曰然則奚孟子爲喜 而奚孟子不寢에서 문맥으로 보충될 수 있는 내용이므로 주어인 공손추왈(公孫丑曰)과 되풀이되는 맹자(孟子)와 해맹자(奚孟子)를 생략하여 왈(曰)의 목적절인 然則奚爲喜而不寢만 남은 〈A則B〉꼴로, 영어의 복문과 같은 어투이다. 然則奚爲喜而不寢은 즉(則)을 중심으로 앞은 양보 내지 조건의 종속절인 경우가 대부분이고, 뒤는 주절이다. 그러니 然則奚爲喜而不寢에서 연(然)은 조건절처럼 여기고, 해위희이불침(奚爲喜而不寢)을 주절로 여기고 새기면 문맥이 잡힌다. 〈A(然)라면 곧[則] B(奚爲喜而不寢)한가?〉 그러니 왈(曰)의 목적절인 然則奚爲喜而不寢을 조건의 종속절을 지닌 영어의 복문처럼 여기고 새기면 然則奚爲喜而不寢의 문맥이 잡힌다.

주절인 해위희이불침(奚爲喜而不寢)에서 해(奚)는 의문문을 이끄는 의문부사이고, 위(爲)는 타동사로 본동사이며, 희(喜)는 위(爲)의 목적어이고, 이(而)는 연접(連接)의 접속사 즉 연사(連辭)인 〈그래서 이(而)〉이고, 불(不)은 침(寢)의 부정사(否定詞)이며, 침(寢)은 자동사로 본동사이다. 奚爲喜而不寢의 해(奚)는 〈하(何) ~ 야(也)〉와 같고, 위(爲)는 〈이룰 성(成)〉과 같으며, 희(戱)는 〈기쁨 희(喜)〉와 같고 희열(喜悅)의 줄임말로 여기고, 침(寢)은 〈잠잘 면(眠)〉과 같고 불침(不寢)과 불면(不眠)은 같은 뜻이다.

그럴 연(然), 곧 즉(則), 어찌 해(奚), 이룰 위(爲), 기쁠 희(喜), 그래서 이(而), 아니 불(不), 잠잘 침(寢)

曰其爲人也好善(왈기위인야호선)

▶ (맹자가) 그의[其] 사람[人]됨[爲]이[也] 착함을[善] 좋아한다고[好] 말했다[曰].

왈기위인야호선(曰其爲人也好善)은 孟子曰其爲人也好善에서 문맥으로 보충될 수 있으므로 왈(曰)의 주어인 맹자(孟子)를 생략한 어투로, 영어의 3형식 문장과 같다. 비록 기위인야호선(其爲人也好善)을 왈(曰)의 목적절로 그 문맥을 잡지만 그냥 독립구문처럼 여기고 문맥을 잡아 새기는 것이 문의를 건지기가 쉽다. 〈맹자가 말했다[曰]. 그의[其] 사람[人] 됨[爲]이[也] 착함을[善] 좋아한다[好]〉고 새겨도 된다는 말이다. 其爲人也好善을 독립된 문장으로 여기면 영어의 3형식 문장과 같은 어투가 된다. 其爲人也好善에서 기위인야(其爲人也)는 주절 또는 주부이고, 호(好)는 타동사로 본동사이며 선(善)은 호(好)의 목적어이다. 기위인야(其爲人也)는 선(善)을 호(好)한다.

기위인야(其爲人也)는 〈AB也〉꼴로 영어의 절같이 여기고 새길 수도 있고, 영어의 구같이 여기고 새길 수도 있다. 其爲人也를 절로 여기면 기(其)

는 주격이고 위(爲)는 자동사이며, 인(人)은 위(爲)의 보어가 되므로, 다음처럼 새기게 된다. 그가[其] 사람[人] 된다는 것[爲]이[也]. 그러나 其爲人也를 구로 여기면 기(其)는 소유격이고 위(爲)는 영어의 동명사와 같으며, 인(人)은 보어가 되므로 다음처럼 새기게 된다. 그의[其] 사람[人] 됨[爲]이[也]. 말하자면 其爲人也를 영어로 번역해본다면 That he is human처럼 볼 수도 있고, His being human처럼 볼 수도 있다는 말이다. 영어에서는 격(格)이 문법적으로 결정돼 있지만 한문투에서는 그런 결정이란 없으므로 기(其)를 주격으로 여기고 새길 수도 있고, 소유격으로 여기고 새길 수도 있다는 말이다.

호선(好善) · 호인(好仁) · 행인(行仁)은 다 같은 말이다. 선(善)은 곧 인(仁)을 말함이요 동시에 덕(德)을 말함이다. 선(善) · 덕(德) · 인(仁), 이는 다 천명(天命)으로 통한다. 선(善)이란 사람이 지어낸 것이 아니란 말이다. 그러니 호선(好善)을 사천(事天)으로 새겨도 된다. 선[善]을 좋아함[好]은 곧 하늘[天]을 받듦[事]인 까닭이다. 여기서 왜 맹자가 악정자(樂正子)가 정사(政事)를 맡게 되자 기뻐서 잠못 이루었는지 그 까닭을 알 수 있다. 호선(好善)은 맹자가 바라고 바라는 행인정(行仁政)과 발정시인(發政施仁)의 출발이기 때문이다. 호선(好善)은 어진[仁] 정사를[政] 행함[行]과 정사를[政] 시작하면[發] 어짊을[仁] 베풂[施]의 근원이 된다. 그래서 맹자는 잠못 이루고 기뻐했다.

말할 왈(曰), 그의 기(其), 될 위(爲), 사람 인(人), ~이란 야(也), 좋아할 호(好), 착할 선(善)

【문지(聞之) 2】

호선우어천하(好善優於天下)

【원문(原文)】

好善이 足乎이까 曰 好善이 優於天下어든 而況魯國乎아 夫苟好善 則四海之內皆將輕千里而來하여 告之以善하고 夫苟不好善 則人將曰訑訑予旣已知之矣라하려니 訑訑之聲音顔色이 距
호선 족호 왈 호선 우어천하 이황로국호 부구 호선 즉사해지내개장경천리이래 고지이선 부구불호 선 즉인장왈이이여기이지지의 이이지성음안색 거

人於千里之外라 士止於千里之外 則讒諂面諛之人이 至矣러니
인어천리지외 사지어천리지외 즉참첨면유지인 지의
與讒諂面諛之人으로 居면 國欲治인들 可得乎아
여참첨면유지인 거 국욕치 가득호

【해독(解讀)】

"선을 좋아하는 것이 충분한 것인가요[好善足乎]?" (맹자가) 말해주었다[曰]. "착하기를 좋아하면 (누구나) 천하에서 뛰어나거늘[好善優於天下] 하물며 노나라에서랴[而況魯國乎]! 무릇 (한 나라가) 진실로 선을 좋아하면[夫苟好善] 곧 온 세상의 안에서 (무릇 사람들이) 모두 천 리를 오히려 쉬이 여기고서 찾아와[則四海之內皆將輕千里而來] 선 때문에 이르렀음을 알린다[告之以善]. 무릇 (한 나라가) 진실로 선을 좋아하지 않는다면[夫苟不好善] 곧장 사람들은 자만하면서 내 벌써 그럴 줄을 알았노라고 오히려 떠들어댈 것이다[則人曰訑訑予旣已知之矣]. 제 자랑하는 목소리와 얼굴빛은 천 리의 바깥으로 사람들을 몰아낸다[訑訑之聲音顔色距人於千里之外]. 선비가 천 리의 바깥에 멈추면[士止於千里之外] 곧장 중상과 아첨과 아부하는 인간들이 다가오는 것이다[則讒諂面諛之人至矣]. 중상과 아첨과 아부하는 인간들과 함께 머문다면[與讒諂面諛之人居] 나라가 다스려지기를 바란들[國欲治] 바랄 수 있을 것인가[可得乎]?"

【담소(談笑)】

好善足乎(호선족호)

▶ 선을[善] 좋아하는 것이[好] 충분한 것[足]인가[乎]?

호선족호(好善足乎)는 〈AB乎〉꼴로 영어의 2형식 의문문과 같은 어투이다. 〈A(好善)는 B(足)한 것인가[乎]〉 好善足乎에서 호선(好善)은 주어이고 족(足)은 보어이며, 호(乎)는 의문문을 결정짓는 어조사(~인가)이다. 물론 〈AB乎〉꼴을 〈A는 B한가[乎]〉로 새기는 대신에 〈A이면 B한가[乎]〉로 새겨도, 문맥은 달라지지만 문의는 달라지지 않는다. 오히려 〈A이면 B한가[乎]〉가 우리말답게 새긴 것으로, 好善足乎를 영어의 복문같이 여기고 새겼다. 선을[善] 좋아하는 것이면[好], 충분한 것[足]인가[乎]? 好善足乎을 복문처럼 문맥을 잡았다는 것은 好善足乎의 호선(好善)을 조건의 부정사구(不定詞句)로, 족호(足乎)를 주절로 여기고 문맥을 잡았다는 말이다.

위와 같이 제자(公孫丑)가 스승(孟子)께 묻자, 맹자는 공손추(公孫丑)에게 아래와 같이 자상하게 밝혀주어 제자의 시야(視野)를 걸림 없게 해준다. 현인(賢人)의 가르침은 유가(儒家)로 말하면 중용(中庸)이고, 도가(道家)로 말하면 자연(紫煙)이며, 불교(佛敎)로 말하면 무애(無碍)이니, 사람의 마음을 확 터버린다.

좋아할 호(好), 착할 선(善), 충분한 것 족(足), 의문어조사(~인가) 호(乎)

好善優於天下(호선우어천하) 而況魯國乎(이황로국호)

▶ 착하기를[善] 좋아하면[好] (누구나) 천하[天下]에서[於] 뛰어나거늘[優], 하물며[而況] 노나라[魯國]에서랴[乎]!

호선우어천하이황로국호(好善優於天下而況魯國乎)와 같은 어투에서는 이황(而況)을 주목하면 점층법 서술의 어투임을 단번에 알아챌 수 있다. 好善優於天下而況魯國乎는 〈A而況B乎〉꼴로 점층법 감탄문으로 문맥을 잡을 수 있다는 말이다. 〈A(好善優於天下)하거늘 하물며[而況] B(魯國)하랴[乎]!〉 好善優於天下而況魯國乎는 영어의 중문과 같은 어투인 셈이다. 好善優於天下而況魯國乎는 호선우어천하(好善優於天下)와 이황로국호(而況魯國乎) 두 문장으로 짜인 어투란 말이다.

호선우어천하(好善優於天下)는 何人好善 而其人優於天下에서 문맥으로 보충될 수 있는 내용이므로 주어인 하인(何人)을 생략한 어투로, 조건의 종속절을 두 복문으로 여기면 好善優於天下의 문맥이 잡힌다. 누구나[何人] 선을[善] 좋아하면[好] 그[其] 사람은[人] 천하[天下]에서[於] 뛰어나게 된다[優]. 好善優於天下의 호(好)는 〈사랑할 애(愛)〉와 같고 애호(愛好)의 줄임말로 여기고, 선(善)은 인덕(仁德)으로 여기면 문의가 분명해지며, 우(優)는 〈빼어날 수(秀)〉와 같고 우수(優秀)의 줄임말로 여긴다. 이황로국호(而況魯國乎)는 而況於其人多優於魯國에서 기인다우어(其人多優於)를 생략해버리고 감탄구가 된 어투로, 앞의 내용보다 더 강조하는 어조를 낸다. 하물며[而況] 그런 사람은[其人] 노국[魯國]에서[於] 훨씬 더[多] 뛰어나게 된다[愚]를, 하물며[而況] 노국[魯國]에서랴[乎]의 감탄구로 말하여 그 어조를 강조했다는 말이다.

점층법 서술의 관용구들을 정리해두면 한문투의 문맥을 잡는 데 편하다.

황어(況於), 이황(而況), 황호(況乎), 황우(況于), 황하(況何), 비유(非惟), 비독(非獨), 비독(匪獨), 비도(非徒), 비단(非但) 등이 〈A하거늘 하물며[而況] B한다〉는 점층법 서술의 관용어투라고 정리해두면 된다. 점층법이란 A의 내용보다 B의 내용을 더 강조하는 서술이다.

좋아할 호(好), 착할 선(善), 뛰어날 우(優), ~에서 어(於), 하늘 천(天), 아래 하(下), 어조사 이(而), 하물며 황(況), 노나라 로(魯), 나라 국(國), 감탄어조사(~이랴) 호(乎)

夫苟好善(부구호선) 則四海之內皆將輕千里而來(즉사해지내개장경천리이래) 告之以善(고지이선)

▶ 무릇[夫] (한 나라가) 진실로[苟] 선을[善] 좋아한다면[好] 곧[則] 온 세상[四海]의[之] 안에서[內] (무릇 사람들이) 모두[皆] 천 리를[千里] 오히려[將] 쉬이 여기고[輕]서[而] 찾아와[來] 선[善] 때문에[以] 이르렀음을[之] 알린다[告].

부구호선즉사해지내개장경천리이래고지이선(夫苟好善則四海之內皆將輕千里而來告之以善)과 같이 긴 어투는 구문의 골격을 먼저 살핀 다음 본동사를 찾아내면 문맥을 잡기가 편해진다. 한문투의 구문 골격도 주어 + 동사 + 목적어 또는 주어 + 동사 + 보어 등으로 거의 영어처럼 짜이는 경우가 보통이다. 夫苟好善則四海之內皆將輕千里而來告之以善에서 〈좋아할 호(好)〉, 〈쉬이 여길 경(輕)〉, 〈올 래(來〉, 〈알릴 고(告)〉 등 본동사가 넷이므로 夫苟好善則四海之內皆將輕千里而來告之以善은 4개의 문장으로 짜인 한문투임을 알 수 있다. 이 네 문장이 어떤 문맥의 관계인지 알아내려면 즉(則)을 주목해야 한다. 夫苟好善則四海之內皆將輕千里而來告之以善의 즉(則)을 주목하면 〈A則B〉꼴로 영어의 복문과 같은 어투임을 알아챌 수 있다는 말이다. 즉(則)을 중심으로 앞 〈A(夫苟好善)〉은 조건 내지 양보의 종속절이고 뒤 〈B(四海之內皆將輕千里而來告之以善)〉이 주절임을 알 수 있다. 그러면 부구호선(夫苟好善)한다면 곧[則] 사해지내개장경천리이래(四海之內皆將輕千里而來)하여 고지이선(告之以善)한다고 문맥을 잡아볼 수 있다.

조건의 종속절인 부구호선(夫苟好善)은 夫國苟好善에서 문맥으로 보충될 수 있으므로 일반주어인 국(國)을 생략한 어투로, 영어의 3형식 문장같이 여기고 새긴다. 무릇[夫] 나라가[國] 선을[善] 좋아한다면[好]. 夫苟好善에서 부(夫)는 어조를 높이는 부사이고, 구(苟)는 호(好)를 꾸미는 부사이며, 호(好)는 타동사로 본동사이고, 선(善)은 호(好)의 목적어이므로, 夫苟好善을 영어의 3형식 문장같이 여기고 새기면 문맥이 잡힌다. 夫苟好善의 호(好)는 〈사랑할 애(愛)〉와 같고 애호(愛好)의 줄임말로 여기고 새기고, 선(善)은 인덕(仁德)으로 여기고 새긴다.

주절인 사해지내개장경천리이래고지이선(四海之內夫人皆將輕千里而來告之以善)은 四海之內夫人皆將輕千里 而四海之內夫人皆來 而四海之內夫人皆告之以善에서 되풀이되는 내용인 사해지내부인개(四海之內夫人皆)를 생략하고 세 문장을 하나처럼 묶은 어투로, 영어의 중문과 같다. 四海之內皆將輕千里에서 사해지내(四海之內)는 장소의 부사구이고, 개(皆)와 장(將)은 경(輕)을 꾸미는 부사이며, 경(輕)은 타동사로 본동사이며, 천리(千里)는 경(輕)의 목적어이다. 四海之內皆將輕千里의 사해지내(四海之內)는 온 세상[天下]을 말하고, 개(皆)는 〈모두 해(偕)〉와 같고, 장(將)은 여기선 〈오히려 상(尙)〉과 같고, 경(輕)은 〈쉬울 이(易)〉와 같고 경이(輕易)의 줄임말로 여긴다. 而來에서 이(而)는 연접의 연사인 〈그리고 이(而)〉이고, 내(來)는 자동사로 본동사이다. 그리고 告之以善은 告之以好善에서 문맥으로 보충될 수 있으므로 호선(好善)의 호(好)를 생략한 어투임을 알아채면 문맥에 걸맞은 문의를 다음처럼 쉽게 건질 수 있다. 선을[善] 좋아하기[好] 때문에[以] 이르렀음을[之] 알린다[告]. 告之以善의 고(告는 〈알릴 보(報)〉와 같고 보고(報告)의 줄임말로 여기고, 지(之)는 〈이를 지(至)〉와 같고 영어의 동명사 구실을 한다고 여기고, 이(以)는 〈까닭 인(因)〉과 같다.

무릇 부(夫), 진실로 구(苟), 좋아할 호(好), 착함 선(善), 곧 즉(則), 넉 사(四), 바다 해(海), ~의 지(之), 안 내(內), 모두 개(皆), 오히려 장(將), 얄볼 경(輕), 어조사 이(而), 올 래(來), 고할 고(告), 이를 지(之), 까닭 이(以)

夫苟不好善(부구불호선) 則人將曰訑訑予旣已知之矣(즉인장왈이이여기이지지의)

▶ 무릇[夫] (한 나라가) 진실로[苟] 선을[善] 좋아하지 않는다면[不好], 곧[則] 사람들은[人] 자만하면서[訑訑] 내[予] 벌써[旣已] 그럴 줄을[之]

알았노라고[知] 오히려[將] 떠들어댈 것[曰]이다[矣].

부구불호선즉인장왈이이여기이지지의(夫苟不好善則人將曰訑訑予旣已知之矣)는 즉(則)을 주목하면 〈A則B〉꼴로 영어의 복문과 같은 어투임을 알아챌 수 있다. 즉(則)을 중심으로 앞 A(夫苟不好善)는 조건 내지 양보의 종속절이고 뒤 B(人將曰訑訑予旣已知之矣)가 주절임을 알 수 있다는 말이다. 그러면 부구불호선(夫苟不好善)한다면 곧[則] 인장왈이이여기이지지의(人將曰訑訑予旣已知之矣)할 것이다로 문맥을 잡아볼 수 있다.

조건의 종속절인 부구불호선(夫苟不好善)은 夫國苟不好善에서 문맥으로 보충될 수 있으므로 일반주어인 국(國)을 생략한 어투로, 영어의 3형식 문장같이 여기고 새긴다. 무릇[夫] 나라가[國] 선을[善] 좋아하지 않는다면[不好]. 夫苟不好善에서 부(夫)는 어조를 높이는 부사이고, 구(苟)는 호(好)를 꾸미는 부사이며 불(不)은 호(好)의 부정사이고, 호(好)는 타동사로 본동사이며, 선(善)은 호(好)의 목적어이므로, 夫苟好善을 영어의 3형식 문장같이 여기고 새기면 문맥이 잡힌다. 夫苟好善의 호(好)는 〈사랑할 애(愛)〉와 같고 애호(愛好)의 줄임말로 여기고 새기고, 선(善)은 인덕(仁德)으로 새긴다.

주절인 인장왈이이여기이지지의(人將曰訑訑予旣已知之矣)는 〈A曰B〉꼴로 영어의 2형식 문장과 같은 어투이다. 〈A(人)는 B(訑訑予旣已知之)라고 장차[將] 말할 것[曰]이다[矣]〉 人將曰訑訑予旣已知之矣에서 인(人)은 주어이고, 장(將)은 부사이며, 왈(曰)은 타동사로 본동사이고, 이이여기이지지(訑訑予旣已知之)는 왈(曰)의 목적절이다. 訑訑予旣已知之의 이이(訑訑)는 스스로 자만하면서 남의 말을 받아들이지 않는 모양을 말하고, 여(予)는 목적절의 주어이면서 1인칭 나를 말하고, 기(旣)는 〈이미 이(已)〉와 같고, 이(已)는 여기선 〈이미 기(旣)〉와 같아 복자(復字)인 셈이고, 지(知)는 〈알 식(識)〉과 같고, 지(之)는 앞에 나온 불호선(不好善)을 나타내는 지시대명사이다. 특히 이(訑)는 〈자랑할 이(訑), 속일 타(訑), 방탕할 탄(訑)〉처럼 뜻에 따라 발음을 달리한다.

무릇 부(夫), 진실로 구(苟), 아니 불(不), 좋아할 호(好), 착할 선(善), 곧 즉(則), 사람 인(人), 오히려 장(將), 말할 왈(曰), 자랑할 이(訑), 나 여(予), 이미 기(旣), 이미 이(已), 알 지(知), 그 지(之), ~이다 의(矣)

訑訑之聲音顔色距人於千里之外(이이지성음안색거인어천리지외)

▶ 제 자랑[訑訑]의[之] 목소리와[聲音] 얼굴빛은[顔色] 천 리[千里]의[之] 바깥[外]으로[於] 사람들을[人] 내쫓는다[距].

이이지성음안색거인어천리지외(訑訑之聲音顔色距人於千里之外)는 訑訑之聲音距人於千里之外 而訑訑之顔色距人於千里之外에서 되풀이되는 내용이므로 이이지(訑訑之)와 거인어천리지외(距人於千里之外)를 생략해버리고 한 구문처럼 묶어버린 어투로, 영어의 3형식 문장 둘로 이루어진 중문과 같다. 訑訑之聲音顔色距人於千里之外에서 이이지(訑訑之)는 성음안색(聲音顔色)을 꾸미는 형용사구이고, 성음안색(聲音顔色)은 주어이며, 거(距)는 타동사로 본동사이고, 인(人)은 거(距)의 목적어이며, 어친리지외(於千里之外)는 장소의 부사구이다. 물론 於千里之外에서 천리지(千里之)는 외(外)를 꾸미는 형용사구이다. 訑訑之聲音顔色과 千里之外 같은 한문투는 〈A之B〉꼴로 정리해두면 문맥을 잡는 데 편하다. 訑訑之聲音顔色距人於千里之外의 이이(訑訑)는 스스로 자만하면서 남의 말을 받아들이지 않는 모습을 말하고, 성음(聲音)은 음성(音聲), 안색(顔色)은 용모(容貌)와 같고, 거(距)는 〈내쫓을 거(去)〉와 같다.

제자랑할 이(訑), ~의 지(之), 소리 성(聲), 소리 음(音), 얼굴 안(顔), 빛 색(色), 내쫓을 거(距), 사람들 인(人), ~으로 어(於), 일천 천(千), 거리 리(里), 바깥 외(外)

士止於千里之外(사지어천리지외) 則讒諂面諛之人至矣(즉참첨면유지인지의)

▶ 선비가[士] 천 리[千里]의[之] 바깥[外]에[於] 멈추면[止] 곧장[則] 중상과[讒] 아첨과[諂] 아부[面諛]하는[之] 인간들이[人] 다가오는 것[至]이다[矣].

사지어천리지외즉참첨면유지인지의(士止於千里之外則讒諂面諛之人至矣)는 즉(則)을 주목하면, 〈A則B〉꼴로 영어의 복문과 같은 어투임을 알아챌 수 있다. 士止於千里之外則讒諂面諛之人至矣에서 즉(則)을 중심으로 앞의 A(士止於千里之外)는 조건 내지 양보의 종속절이고, 뒤의 B(讒諂面諛之

人至矣)가 주절임을 알 수 있다는 말이다. 그러면 사지어천리지외(士止於千里之外)하면 곧장[則] 참첨면유지인지(讒諂面諛之人至)하는 것이다[矣]로 문맥을 잡아볼 수 있다.

조건의 종속절인 사지어천리지외(士止於千里之外)는 영어의 1형식 문장 같이 여기고 새긴다. 선비가[士] 천 리[千里]의[之] 밖[外]에서[於] 멈춘다[止]. 士止於千里之外에서 사(士)는 주어이고, 지(止)는 자동사로 본동사이며, 어천리지외(於千里之外)는 장소의 부사구이며, 천리지(千里之)는 외(外)를 꾸미는 형용사구이다. 士止於千里之外의 사(士)는 현자(賢者)를 말하고, 지(止)는 〈멈출 정(停)〉과 같고 정지(停止)의 줄임말로 여긴다.

주절인 참첨면유지인지의(讒諂面諛之人至矣)는 〈AB矣〉꼴로 영어의 2형식 문장과 같은 어투이다. 〈A(讒諂面諛之人)는 B(至)인 것이다[矣]〉 讒諂面諛之人至矣에서 참첨면유지(讒諂面諛之)는 인(人)을 꾸미는 형용사구이고, 인(人)은 주어이며, 지(至)는 자동사로 본동사이며, 의(矣)는 구문을 결정짓는 어조사(~이다)이다. 讒諂面諛之人至矣의 참(讒)과 첨(諂) 그리고 유(諛) 등은 〈아첨 녕(佞)〉과 같고 참녕(讒佞)·첨녕(諂佞)·아첨(阿諂)·면유(面諛) 등은 같은 말로 여긴다. 거짓말로 남을 중상하고 해치려는 사특(邪慝)한 입질을 참첨(讒諂) 또는 면유(面諛)라 한다. 讒諂面諛之人至矣의 인(人)은 간신배(奸臣輩)를 말하고, 지(至)는 〈이를 도(到)〉와 같다.

선비 사(士), 멈출 지(止), ~에서 어(於), 일천 천(千), 거리 리(里), ~의 지(之), 바깥 외(外), 곧 즉(則), 아첨 참(讒), 아첨 첨(諂), 얼굴 면(面), 아첨 유(諛), ~하는 지(之), 사람들 인(人), 이를 지(至), ~이다 의(矣)

與讒諂面諛之人居(여참첨면유지인거) 國欲治(국욕치) 可得乎(가득호)

▶ 중상과[讒] 아첨과[諂] 아부[面諛]하는[之] 인간들과[人] 함께[與] 머문다면[居] 나라가[國] 다스려지기를[治] 바란들[欲] 바랄 수 있을 것[可得]인가[乎]?

여참첨면유지인거국욕치가득호(與讒諂面諛之人居國欲治可得乎)와 같은 어투는 구문의 골격을 먼저 살핀 다음 본동사를 찾아내면 문맥을 잡기가 편해진다. 한문투에서도 구문의 골격은 주어 + 동사 + 목적어 또는 주어 + 동사 + 보어 등으로 거의 영어처럼 짜이는 경우가 보통이다. 與讒諂面諛之人居國欲治可得乎에서 〈머물 거(居)〉, 〈바랄 욕(欲)〉, 〈취할 득(得)〉 등 셋이 본동사이므로 與讒諂面諛之人居國欲治可得乎는 세 문장으로 짜인 어투임을 알 수 있다. 이 세 문장들이 서로 어떤 관계인지 알면 전체의 문맥을 알아챌 수 있다. 與讒諂面諛之人居와 國欲治와 可得乎 등의 세 구문이 하나로 묶인 한문투가 與讒諂面諛之人居國欲治可得乎인 셈이다. 그래서 여참첨면유지인거(與讒諂面諛之人居)하면 국욕치(國欲治)한들 가득호(可得乎)한가로 문맥을 잡아보면 문맥에 걸맞은 문의가 드러난다. 與讒諂面諛之人居國欲治可得乎에서 與讒諂面諛之人居까지는 조건의 종속절이고, 國欲治까지는 양보의 종속절이며, 可得乎가 주절이므로, 與讒諂面諛之人居國欲治可得乎는 영어의 복문의 의문문 같은 어투인 셈이다.

조건의 종속절인 여참첨면유지인거(與讒諂面諛之人居)는 國居與讒諂面諛之人에서 문맥으로 보충될 수 있는 내용이므로 주어인 국(國)을 생략하고 부사구인 여참첨면유지인(與讒諂面諛之人)을 본동사인 거(居) 앞으로 전치한 어투로, 영어의 1형식 문장과 같다. 與讒諂面諛之人의 여(與)는 〈더불어 이(以)〉와 같고 참(讒)과 첨(諂) 그리고 유(諛) 등은 〈아첨 녕(佞)〉과 같고, 참녕(讒佞)·첨녕(諂佞)·아첨(阿諂)·면유(面諛) 등은 같은 말로 여긴다. 거짓말로 남을 중상하고 해치려는 사악한 모략중상(謀略中傷) 등을 참첨(讒諂) 또는 면유(面諛)라 하고, 거(居)는 〈머물 처(處)〉와 같고 거처(居處)의 줄임말로 여긴다.

양보의 종속절인 국욕치(國欲治)는 영어의 수동태 문장처럼 여기고 새기면 문맥에 걸맞은 문의가 드러난다. (백성은) 나라가[國] 다스려지기를[治] 바란다[欲]. 치(治)를 능동태의 다스린다[治]가 아니라 수동태의 다스려진다[治]고 새긴다는 말이다. 물론 한문투에는 양보의 종속절을 나타내는 ~라도(though)와 같은 연사(連辭)는 없으므로 ~이면, ~라도 등을 보충해주어야 與讒諂面諛之人居國欲治可得乎의 문맥을 잡을 수 있다.

주절인 가득호(可得乎)는 民可得欲乎에서 문맥으로 보충될 수 있으므로 주어인 민(民)과 되풀이되는 욕(欲)을 생략해버린 어투로, 영어의 3형식 의문문과 같다. 可得乎의 가득(可得)은 가능(可能), 가족(可足) 등과 같고 영어의 can과 같다고 여기고, 호(乎)는 의문문을 결정짓는 어조사(~인가)

이다.

이제 맹자가 밝힌 호선(好善)이 무슨 뜻인지 제자(公孫丑)도 알게 되었고 우리도 덩달아 알게 되었다. 백 보를 양보해서 참첨면유지인(讒諂面諛之人)의 짓거리만 범하지 않아도 호선(好善)의 행(行)임을 알 수 있게 되었다. 아첨하고 아부하고 거짓말로 세상을 어둡게 하지 않으면 호선(好善)의 길임을 알 수 있게 되었다.

함께 여(與), 아첨 참(讒), 아첨 첨(諂), 얼굴 면(面), 아첨 유(諛), ~하는 지(之), 사람들 인(人), 머물 거(居), 나라 국(國), 바랄 욕(欲), 다스릴 치(治), 가할 가(可), 할 득(得), ~인가 호(乎)

제14장

14장은 맹자가 출사(出仕)의 마땅함과 그릇됨을 밝히고 있는 장이다. 유가(儒家)는 출사를 목표로 삼는다. 수기(修己)가 치인(治人)과 치세(治世)로 이어지는 까닭이다. 군자(君子)의 출사가 간명하게 잘 정리되어 있는 장이다.

【문지(聞之)】

소취삼소거삼(所就三所去三)

【원문(原文)】

陳子曰 古之君子는 何如則仕이까 孟子曰 所就三이고 所去三
진자왈 고지군자 하여즉사 맹자왈 소취삼 소거삼
이다 迎之致敬以有禮하고 言將行其言也 則就之하며 禮貌未衰
영지치경이유례 언장행기언야 즉취지 예모미쇠
나 言弗行也 則去之니라 其次는 雖未行其言也이나 迎之致敬
언불행야 즉거지 기차 수미행기언야 영지치경
以有禮 則就之하고 禮貌衰 則去之니라 其下는 朝不食하고 夕
이유례 즉취지 예모쇠 즉거지 기하 조불식 석
不食하여 飢餓不能出門户한데 君聞之曰 吾大者를 不能行其
불식 기아불능출문호 군문지왈 오대자 불능행기

道하고 又不能從其言也하여 使飢餓於我土地를 吾恥之라하고
도 우불능종기언야 사기아어아토지 오치지
周之이면 亦可受也이니 免死而已矣이라
주지 역가수야 면사이이의

【해독(解讀)】

진자가 말했다[陳子曰]. "옛날의 군자는 어떻게 하면 곧 벼슬에 나아갔습니까[古之君子何如則仕]?" 맹자가 말해주었다[孟子曰]. "(옛날의 군자가 벼슬을) 좇는 경우가 세 가지이고[所就三], (옛날의 군자가 벼슬을) 버리는 경우가 세 가지이오[所去三]. (임금이) 경의를 극진히 함으로써 군자를 맞이함에 예의가 있고[迎之致敬以有禮] 군자의 진언을 앞으로 행하겠다는 말이 있으면[言將行其言也] 곧장 (옛날의 군자는) 벼슬을 좇았고[則就之], 예의의 모양새는 미약하지 않지만[禮貌未衰] (그 자신의 말을) 행하지 않겠다는 말이 있으면[言弗行也] 곧장 (옛날의 군자는) 벼슬하기를 그만두었소[則去之]. 그 다음은 비록 그 자신의 진언을 실행하지 않는 것일지라도[其此雖未行其言也] 경의를 극진히 함으로써 자기를 맞이함에 예의가 있다면[迎之致敬以有禮] 곧 (옛날의 군자는) 벼슬을 좇았소[則就之]. 예의의 모양새가 미약한 것이면[禮貌衰] 곧장 (옛날의 군자는) 벼슬 하기를 그만두었소[則去之]. 그 밑으로는[其下], 아침에도 먹지 못하고[朝不食] 저녁에도 먹지 못해[夕不食] 굶주려서[飢餓] 집 문간을 잘 나오지 못한다는[不能出門戶] 말을 임금이 듣고[君聞之] (아래와 같이) 말했소[曰]. '크게 한다면서도 내가 그대의 방도를 잘 실행하지 못하고[吾大者不能行其道], 또한 (내가) 그대의 말을 잘 따르지 못한 것이어서[又不能從其言也] (내가 그대로) 하여금 내 땅에서 굶주리게 하였으니[使飢餓於我土地] 그런 일들을 나는 부끄러워한다[吾恥之].' (그리고 임금이) 그 자신을 구제해주면 또한 (벼슬을) 얻을 수 있는 것이지만[周之亦可受也], 죽음을 면하는 것뿐이오[免死而已矣]."

【담소(談笑)】

陳子曰(진자왈) 古之君子何如則仕(고지군자하여즉사)

▶ 진자가[陳子] 말했다[曰]. "옛날의[古之] 군자는[君子] 어떻게 하면[何如] 곧[則] 벼슬에 나아갔는가[仕]?"

고지군자하여즉사(古之君子何如則仕)는 何如則古之君子仕에서 고지군자(古之君子)를 전치한 어투로, 영어의 1형식 의문문과 같다. 古之君子何如則仕에서 고지(古之)는 군자(君子)를 꾸미는 형용사구이고 군자(君子)는 주어이며, 하여(何如)는 의문부사구이고, 즉(則)은 무시해도 되는 어조사이며, 사(仕)는 자동사로 본동사이다. 古之君子何如則仕의 하여(何如)는 〈어떻게 할 여하(如何)〉와 같고, 사(仕)는 자동사이므로 출사(出仕)의 뜻으로 새기면 문맥이 통한다. 벼슬에 나아가다[仕]. 陳子의 진(陳)은 성씨이고, 이름은 진(臻)이다.

펼 진(陳), 존칭 자(子), 말할 왈(曰), 옛 고(古), ~의 지(之), 클 군(君), 어찌 하(何), 같을 여(如), 곧 즉(則), 벼슬에 나설 사(仕)

所就三(소취삼)

▶ (옛날의 군자가 벼슬을) 좇는[就] 경우가[所] 세 가지이다[三].

소취삼(所就三)은 古之君子之所就仕是三에서 문맥으로 보충될 수 있는 내용이므로 고지군자지(古之君子之)와 사(仕) 그리고 영어의 be와 동사와 같은 시(是)를 생략한 어투로, 영어의 2형식 문장과 같다. 그러니 所就三을 〈A是B〉꼴로 여기고, 〈A(所就)는 B(三)이다[是]〉로 여기고 새기면 문맥이 통한다. 所就三에서 소취(所就)는 주절이고 삼(三)은 보어이다. 所就三의 취(就)는 〈좇을 종(從)〉과 같다.

바 소(所), 좇을 취(就), 셋 삼(三)

所去三(소거삼)

▶ (옛날의 군자가 벼슬을) 버리는[去] 경우가[所] 세 가지이다[三].

소거삼(所去三)은 古之君子之所去仕是三에서 문맥으로 보충될 수 있는 내용이므로 고지군자지(古之君子之)와 사(仕) 그리고 영어의 be동사와 같은 구실을 하는 시(是)를 생략한 어투로, 영어의 2형식 문장과 같다. 그러니 所去三을 〈A是B〉꼴로 여기고, 〈A(所去)는 B(三)이다[是]〉로 여기고 새기면 문맥이 통한다. 所去三에서 소거(所去)는 주절이고, 삼(三)은 보어이다. 所去三의 거(去)는 〈버릴 기(棄)〉와 같다.

바 소(所), 버릴 거(去), 셋 삼(三)

迎之致敬以有禮(영지치경이유례) 言將行其言也(언장행기언야) 則就之(즉취지)

▶ (임금이) 경의를[敬] 극진히 함[致]으로써[以] 자신을[之] 맞이함에[迎] 예의가[禮] 있고[有] 그자신의[其] 진언을[言] 앞으로[將] 행하겠다는[行] 말이[言] 있으면[也] 곧장[則] (옛날의 군자는) 벼슬을[之] 좇는다[就].

영지치경이유례언장행기언야즉취지(迎之致敬以有禮言將行其言也則就之)와 같은 어투의 문맥을 잡으려면 구문의 골격을 먼저 살핀 다음 본동사를 찾아내면 문맥을 잡기가 편해진다. 한문투에서도 구문의 골격은 주어 + 동사 + 목적어 또는 주어 + 동사 + 보어 등으로 거의 영어처럼 짜이는 경우가 보통이다. 迎之致敬以有禮言將行其言也則就之에서 〈있을 유(有)〉, 〈말할 언(言)〉, 〈좇을 취(就)〉 등 본동사가 셋이므로 迎之致敬以有禮言將行其言也則就之는 세 문장으로 짜인 한문투임을 알 수 있다. 이 세 문장들이 서로 어떤 관계인지 알아내면 전체의 문맥을 알아챌 수 있다. 迎之致敬以有禮와 言將行其言也와 그리고 就之 등의 세 구문이 하나로 묶인 구문이 迎之致敬以有禮言將行其言也則就之인 셈이다. 물론 迎之致敬以有禮言將行其言也則就之에서 즉(則)을 주목하고, 〈A則B〉꼴로 문맥을 잡아 즉(則)을 중심으로 앞을 조건이나 양보의 종속절로 여기고, 뒤를 주절로 여기고 문맥을 다음처럼 잡아보면 쉽게 잡히고, 문맥에 걸맞은 문의가 드러난다. 영지치경이유례(迎之致敬以有禮)하고 언장행기언야(言將行其言也)하면 곧장[則] 취지(就之)한다. 迎之致敬以有禮言將行其言也則就之에서 迎之致敬以有禮와 言將行其言也까지는 조건의 종속절이고, 就之가 주절이므로, 迎之致敬以有禮言將行其言也則就之는 영어의 복문과 같은 한문투인 셈이다.

조건의 종속절인 영지치경이유례(迎之致敬以有禮)는 迎之致敬以有禮也에서 되풀이되는 내용이므로 야(也)를 생략한 〈A有B〉꼴로, 영어의 1형식 문장과 같은 어투이다. 〈A(迎之致敬以)에 B(禮)가 있다[有]〉 그러니 迎之致敬以有禮에서 유(有)가 〈있을 유(有)〉로 자동사이고, 예(禮)가 유(有)의 주어임을 알아채야 迎之致敬以有禮의 문맥이 쉽게 잡혀 영지치경이(迎之致敬以)가 부사구임을 알 수 있다. 迎之致敬以有禮를 독립문으로 보면 영(迎)은 영어의 동명사 구실을 하고, 지(之)는 영(迎)의 목적어이며, 치경이(致敬以)는 이치경(以致敬)과 같고 영(迎)을 꾸며주는 부사구이고, 유(有)는 〈있을 유(有)〉 자동사로 본동사이고, 예(禮)는 유(有)의 주어이다. 迎之致敬以有禮의 영(迎)은 〈맞을 접(接)〉과 같고 영접(迎接)의 줄임말로 여기고, 지(之)는 고지군자(古之君子)를 나타내는 지시대명사이고, 치(致)는 〈극진히 할 극(極)〉과 같고 영어의 동명사와 같으면서 이(以)의 목적어이며, 경(敬)은 〈공경 공(恭)〉과 같고 경의(敬意)의 줄임말로 여기고, 예(禮)는 예의(禮儀)의 줄임말로 새긴다.

조건의 종속절인 언장행기언야(言將行其言也)는 有言將行其言也에서 되풀이되는 내용이므로 〈있을 유(有)〉를 생략한 〈A有B〉꼴이고, 영어의 1형식 문장과 같은 어투의 주어이고, 장행기언(將行其言)은 언(言)을 꾸미는 형용사구이다. 언(言)을 꾸미는 형용사구인 장행기언(將行其言)에서 장(將)은 행(行)을 꾸미는 부사이고, 행(行)은 영어의 동명사나 부정사(不定詞)와 같고, 〈기(其)〉는 언(言)의 관형사이며, 언(言)은 동명사인 행(行)의 목적어이다.

주절인 취지(就之)는 君子就之에서 문맥으로 보충될 수 있으므로 주어인 군자(君子)를 생략한 어투로, 영어의 3형식 문장과 같다. 就之에서 취(就)는 타동사로 본동사이고, 지(之)는 사(仕)를 나타내는 지시대명사이다. 就之의 취(就)는 〈좇을 종(從)〉과 같다.

맞이할 영(迎), 그 지(之), 극진히 할 치(致), 공경 경(敬), 써 이(以), 있을 유(有), 예의 례(禮), 말 언(言), 앞으로 장(將), 행할 행(行), 그 기(其), 어조사(~이면) 야(也), 곧 즉(則), 좇을 취(就), 그것 지(之)

禮貌未衰(예모미쇠) 言弗行也(언불행야) 則去之(즉거지)

▶ **예의의[禮] 모양새가[貌] 미약하지 않지만[未衰] (그 자신의 말을) 행하지 않겠다는[弗行] 말이[言] (있다[有])면[也] 곧장[則] (옛날의 군자는) 벼슬하기를[之] 그만두었다[去].**

예모미쇠언불행야즉거지(禮貌未衰言弗行也則去之)는 즉(則)을 주목하고 〈A則B〉꼴로 문맥을 잡는다. 즉(則)을 중심으로 앞을 조건이나 양보의 종속절로 여기고 뒤를 주절로 여기고 문맥을 다음처럼 잡아보면 쉽게 잡히고, 문맥에 걸맞은 문의가 드러난다. 예모미쇠(禮貌未衰)하지만 언불행야(言弗行也)이면 곧장[則] 거지(去之)한다. 禮貌未衰言弗行也則去之에서 禮貌未衰는 양보의 종속절로, 言弗行也는 조건의 종속절로, 去之를 주절로 여기면

禮貌未衰言弗行也則去之는 영어의 복문과 같은 어투임을 알 수 있다.

양보의 종속절인 예모미쇠(禮貌未衰)는 영어의 1형식 문장과 같은 어투이다. 禮貌未衰에서 예모(禮貌)는 절의 주어이고, 미(未)는 쇠(衰)의 부정사(否定詞)이며, 쇠(衰)는 자동사로 절의 본동사이다. 禮貌未衰의 모(貌)는 〈꼴 용(容)〉과 같고 용모(容貌)의 줄임말로 여기고, 미(未)는 〈아니 불(不)〉과 같고, 쇠(衰)는 〈미약할 약(弱)〉과 같고 쇠약(衰弱)의 줄임말로 여긴다.

조건의 종속절인 언불행야(言弗行也)는 有言弗行其言也에서 앞의 문맥으로 보충될 수 있는 내용이므로 〈있을 유(有)〉와 기언(其言)을 생략한 〈A有B〉꼴로, 영어의 1형식 문장처럼 여기고 새기면 문맥이 통한다. 言弗行也에서 언(言)은 생략된 유(有)의 주어이고, 불행(弗行)은 언(言)을 꾸미는 형용사구이다.

주절인 거지(去之)는 君子去之에서 앞의 문맥으로 보충될 수 있으므로 주어인 군자(君子)를 생략한 어투로, 영어의 3형식 문장과 같다. 去之에서 거(去)는 타동사로 본동사이고, 지(之)는 사(仕)를 나타내는 지시대명사이다. 去之의 거(去)는 〈버릴 기(棄)〉와 같다.

예의 례(禮), 모양 모(貌), 아닐 미(未), 약할 쇠(衰), 말 언(言), 아니 불(弗), 행할 행(行), 어조사(~이면) 야(也), 곧 즉(則), 버릴 거(去), 그것 지(之)

其次(기차) 雖未行其言也(수미행기언야) 迎之致敬以有禮(영지치경이유례) 則就之(즉취지)

▶ 그[其] 다음은[次] 비록[雖] 그 자신의[其] 진언을[言] 실행하지 않는다[未行] 해도[也] 경의를[敬] 극진히 함[致]으로써[以] 자기를[之] 맞이함에[迎] 예의가[禮] 있다면[有] 곧[則] (옛날의 군자는) 벼슬을[之] 좇는다[就].

기차수미행기언야영지치경이유례즉취지(其次雖未行其言也迎之致敬以有禮則就之) 역시 즉(則)을 주목하고 〈A則B〉꼴로 문맥을 잡아 즉(則)을 중심으로 앞을 조건이나 양보의 종속절로 여기고, 뒤를 주절로 여기고 문맥을 다음처럼 잡아보면 쉽게 잡히고, 문맥에 걸맞은 문의가 드러난다. 기차(其次)는 수미행기언야(雖未行其言也)해도 영지치경이유례(迎之致敬以有禮)이면 곧[則] 취지(就之)한다. 雖未行其言也迎之致敬以有禮則就之에서 雖未行其言也는 양보의 종속절로, 迎之致敬以有禮까지는 조건의 종속절로, 就之

는 주절로 여기면 雖未行其言也迎之致敬以有禮則就之가 영어의 복문과 같은 어투임을 알 수 있다.

양보의 종속절인 수미행기언야(雖未行其言也)는 雖有言未行其言也에서 앞의 문맥으로 보충될 수 있는 본동사와 주어인 유언(有言)을 생략한 셈이므로, 영어의 1형식 양보절같이 여기고 새긴다. 양보의 종속절을 이끄는 〈비록 수(雖)〉가 있으므로 알아채기가 쉽다. 雖有言未行其言也로 여기면 미행(未行)은 주어인 언(言)을 꾸미는 형용사이지만, 여기선 그냥 주어인 셈 치고 새겨도 문맥의 문의는 상하지 않고, 기언(其言)의 기(其)는 고지

군자지(古之君子之)를 대신하는 관형사이며, 야(也)는 〈雖A也〉꼴이므로 양보절을 결정짓는 어조사(~해도)이다.

조건의 종속절인 영지치경이유례(迎之致敬以有禮)는 迎之致敬以有禮也에서 되풀이되는 야(也)를 생략한 〈A有B〉꼴로, 영어의 1형식 문장과 같은 어투이다. 〈A(迎之致敬以)에 B(禮)가 있다[有]〉 그러니 迎之致敬以有禮에서 유(有)가 〈있을 유(有)〉로 자동사이고 예(禮)가 유(有)의 주어임을 알아채야 迎之致敬以有禮의 문맥이 쉽게 잡혀 영지치경이(迎之致敬以)가 부사구임을 알 수 있다. 迎之致敬以有禮를 독립구문으로 보면 영(迎)은 영어의 동명사와 같고, 지(之)는 영(迎)의 목적어이며, 치경이(致敬以)는 이치경(以致敬)과 같고 영(迎)을 꾸며주는 부사구이고, 유(有)는 자동사 〈있을 유(有)〉로 본동사이고, 예(禮)는 유(有)의 주어이다. 迎之致敬以有禮의 영(迎)은 〈맞을 접(接)〉과 같고 영접(迎接)의 줄임말로 여기고, 지(之)는 고지군자(古之君子)를 나타내는 지시대명사이며, 치(致)는 〈극진히 할 극(極)〉과 같고 영어의 동명사 같은 구실을 하면서 이(以)의 목적어이며, 경(敬)은 〈공경 공(恭)〉과 같고 경의(敬意)의 줄임말로 여기고, 예(禮)는 예의(禮儀)의 줄임말로 새긴다.

주절인 취지(就之)는 君子就之에서 앞의 문맥으로 보충될 수 있으므로 주어인 군자(君子)를 생략한 어투로, 영어의 3형식 문장과 같다. 就之에서 취(就)는 타동사로 본동사이고, 지(之)는 사(仕)를 나타내는 지시대명사이다. 就之의 취(就)는 〈좇을 종(從)〉과 같다.

그 기(其), 다음 차(次), 비록 수(雖), 아닐 미(未), 행할 행(行), 그의 기(其), 말 언(言),

어조사(~라도) 야(也), 맞이할 영(迎), 그 지(之), 극진히 할 치(致), 공경 경(敬), 써 이(以), 있을 유(有), 예의 례(禮), 곧 즉(則), 좇을 취(就), 그것 지(之)

禮貌衰(예모쇠) 則去之(즉거지)

▶ 예의의[禮] 모양새가[貌] 미약한 것[衰]이면[也] 곧장[則] (옛날의 군자는) 벼슬하기를[之] 그만두었다[去].

예모쇠즉거지(禮貌衰則去之)에서 즉(則)을 주목하고 〈A則B〉꼴로 문맥을 잡아 즉(則)을 중심으로 앞을 조건의 종속절로 여기고, 뒤를 주절로 여기고 문맥을 다음처럼 잡아보면 쉽게 잡히고, 문맥에 걸맞은 문의가 드러난다. 예모쇠(禮貌衰)이면 곧장[則] 거지(去之)한다. 禮貌衰則去之에서 禮貌衰는 조건의 종속절로 여기고, 去之를 주절로 여기면, 禮貌衰則去之가 영어의 복문과 같은 어투임을 알 수 있다.

조건의 종속절인 예모쇠(禮貌衰)는 영어의 2형식 문장과 같은 어투이다. 禮貌衰에서 예모(禮貌)는 절의 주어이고, 쇠(衰)는 보어이고, 야(也)는 조건의 종속절을 결정짓는 어조사(~이면)이다. 禮貌衰의 모(貌)는 〈꼴 용(容)〉과 같고 용모(容貌)의 줄임말로 여기고, 쇠(衰)는 〈미약할 약(弱)〉과 같고 쇠약(衰弱)의 줄임말로 여긴다.

주절인 거지(去之)는 君子去之에서 앞의 문맥으로 보충될 수 있으므로 주어인 군자(君子)를 생략한 어투로, 영어의 3형식 문장과 같은 어투이다. 去之에서 거(去)는 타동사로 본동사이고, 지(之)는 사(仕)를 나타내는 지시대명사이다. 去之의 거(去)는 〈버릴 기(棄)〉와 같다.

예의 례(禮), 모양 모(貌), 약할 쇠(衰), 곧 즉(則), 버릴 거(去), 그것 지(之)

其下(기하) 朝不食夕不食飢餓不能出門戶(조불식석불식기아불능출문호) 君聞之曰(군문지왈)

▶ 그[其] 밑으로는[下] 아침에도[朝] 먹지 못하고[不食] 저녁에도[夕] 먹지 못해[不食] 집[戶] 문간을[門] 잘[能] 나오지 못한다는[不出] 말을[之] 임금이[君] 듣고[聞] (아래와 같이) 말했다[曰].

기하조불식석불식기아불능출문호군문지왈(其下朝不食夕不食飢餓不能出門戶君聞之曰)은 其下君聞君子朝不食 而君聞君子夕不食 而君聞君子飢餓

而君聞君子不能出門戶 而君曰君子에서 앞의 문맥으로 보충될 수 있는 군자(君子)와 되풀이되는 군문(君聞)과 군(君)을 생략한 어투로, 영어의 3형식 문장 다섯을 모두 한 구문처럼 묶어둔 구문이 君聞朝不食夕不食飢餓不能出門戶曰인 셈이다. 그리고 다시 문(聞)의 목적절인 朝不食夕不食飢餓不能出門戶를 모두 전치하고 그 빈 자리에 허사 지(之)를 둔 어투가 곧 朝不食夕不食飢餓不能出門戶君聞之曰이다. 그러므로 朝不食夕不食飢餓不能出門戶君聞之曰은 영어의 3형식 문장 다섯으로 이루어진 중문과 같은 어투이다.

군문지(君聞之)에서 문(聞)의 목적절인 조불식(朝不食)은 君子朝不食에서 앞의 문맥으로 보충될 수 있는 내용이므로 주어인 군자(君子)를 생략한 어투로, 영어의 1형식 문장과 같다. 朝不食에서 조(朝)는 시간의 부사이고, 불(不)은 식(食)의 부정사이며, 식(食)은 자동사로 절의 본동사이다.

君聞之의 문(聞)의 목적절인 석불식(夕不食)은 君子夕不食에서 앞의 문맥으로 보충될 수 있는 내용이므로 주어인 군자(君子)를 생략한 어투로, 영어의 1형식 문장과 같다. 夕不食에서 석(夕)은 시간의 부사이고, 불(不)은 식(食)의 부정사(否定詞)이며, 식(食)은 자동사로 절의 본동사이다.

君聞之의 문(聞)의 목적절인 기아(飢餓)는 군자기아(君子飢餓)에서 앞의 문맥으로 보충될 수 있는 내용이므로 주어인 군자(君子)를 생략한 어투로, 영어의 1형식 문장과 같다. 飢餓에서 기(飢)는 자동사로 절의 본동사이고, 아(餓) 역시 자동사로 절의 본동사로, 겹동사를 써서 굶주림을 강조하고 있는 셈이다. 〈굶주릴 기(飢)〉와 〈굶주릴 아(餓)〉는 같은 뜻이다.

君聞之의 문(聞)의 목적절인 불능출문호(不能出門戶)는 군자불능출문호(君子不能出門戶)에서 앞의 문맥으로 보충될 수 있는 내용이므로 주어인 군자(君子)를 생략한 어투로, 영어의 3형식 문장과 같다. 不能出門戶에서 불(不)은 출(出)의 부정사(否定詞)이고, 능(能)은 출(出)을 꾸미는 부사이며, 출(出)은 타동사로 절의 본동사이며, 문호(門戶)는 출(出)의 목적어이다. 물론 不能出門戶의 불능(不能)을 마치 영어의 cannot같이 여기고 새겨도 문맥의 문의는 상하지 않을 것이다. 문호[門戶]를 나올[出] 수 없다[不能]. 문호(門戶)는 집의 출입구(出入口)를 말한다.

그 기(其), 밑 하(下), 아침 조(朝), 못할 불(不), 먹을 식(食), 저녁 석(夕),

굶주릴 기(飢), 굶주릴 아(餓), 아니 불(不), 할 능(能), 날 출(出), 문 문(門), 집 호(戶), 임금 군(君), 그 지(之), 말할 왈(曰), 들을 문(聞)

吾大者不能行其道(오대자불능행기도)

▶ 나는[吾] 크다[大]면서도[者] 그대의[其] 방도를[道] 잘[能] 실행하지 못한다[不行].

오대자불능행기도(吾大者不能行其道)는 吾恥之의 치(恥)의 목적절이다. 吾大者不能行其道를 독립구문으로 보면 영어의 3형식 문장과 같은 어투이다. 吾大者不能行其道에서 오(吾)는 주어이고, 대자(大者)는 오(吾)의 동격이며, 불(不)은 행(行)의 부정사(否定詞)이고, 능(能)은 행(行)을 꾸미는 부사로 여기고, 기(其)는 군자지(君子之)를 대신하는 관형사이며, 도(道)는 〈방도 방(方)〉과 같고 방도(方道)의 줄임말로 여긴다.

나 오(吾), 클 대(大), 어조사 자(者), 실행할 행(行), 그의 기(其), 방법 도(道)

又不能從其言也(우불능종기언야)

▶ 또한[又] (내가) 그대의[其] 말을[言] 잘[能] 따르지 못한 것[不從]이다[也].

우불능종기언야(又不能從其言也) 역시 吾恥之에서 치(恥)의 목적절이다. 又不能從其言也는 又吾不能從其言也에서 되풀이되는 오(吾)를 생략한 어투이고, 이를 독립구문으로 본다면 영어의 3형식 문장과 같다. 又不能從其言也에서 우(又)는 연사(連辭)로 부사이며, 불(不)은 종(從)의 부정사(否定詞)이고, 능(能)은 종(從)을 꾸미는 부사로 여기고, 기(其)는 군자지(君子之)를 대신하는 관형사이며, 언(言)은 종(從)의 목적어이며, 야(也)는 절을 결정짓는 어조사(~을)이다. 又不能從其言也의 종(從)은 〈따를 수(隨)〉와 같고, 언(言)은 아래에서 위로 올리는 진언(進言)으로 새기면 문맥이 통한다.

또 우(又), 아니 불(不), 할 능(能), 따를 종(從), 그의 기(其), 말 언(言), 어조사(~이고) 야(也)

使飢餓於我土地(사기아어아토지)

▶ (내가 그대로) 하여금[使] 내[我] 땅[土地]에서[於] 굶주리게 하였다[飢餓].

사기아어아토지(使飢餓於我土地) 역시 吾恥之에서 치(恥)의 목적절이다. 使飢餓於我土地는 吾使君子飢餓於我土地에서 앞의 문맥으로 보충될 수 있는 내용이므로 주어인 오(吾)와 사역동사 사(使)의 목적어인 군자(君子)를 생략한 어투로, 이를 독립구문으로 여기면 영어의 사역문과 같다. 使飢餓於我土地에서 사(使)는 사역동사이고, 기아(飢餓)는 목적격 보어이며, 어아토지(於我土地)는 장소의 부사구이다. 使飢餓於我土地의 기아(飢餓)는 영어의 사역문에서 목적격 보어인 부정사(不定詞)와 같은 구실한다고 여긴다.

하여금 사(使), 굶주릴 기(飢), 굶주릴 아(餓), ~에서 어(於), 나의 아(我), 흙 토(土), 땅 지(地)

吾恥之(오치지)

▶ **나는[吾] 그런 일들을[之] 부끄러워한다[恥].**

오치지(吾恥之)는 오문지왈(吾聞之曰)에서 왈(曰)의 목적절이다. 吾恥之의 지(之)는 치(恥)의 전치된 목적절들을 대신하는 허사이므로 무시해도 된다. 말하자면 吾恥吾大者不能行其道 而吾恥吾又不能從其言也 而吾恥吾使飢餓於我土地에서 앞의 문맥으로 보충될 수 있는 내용인 오치오(吾恥吾)를 생략하고 오치오대자불능행기도우불능종기언야사기아어아토지(吾恥吾大者不能行其道又不能從其言也使飢餓於我土地)로 하나의 구문처럼 묶은 어투란 말이다. 그리고 吾恥吾大者不能行其道又不能從其言也使飢餓於我土地에서 오대자불능행기도우불능종기언야사기아어아토지(吾大者不能行其道又不能從其言也使飢餓於我土地)를 전치하여 오대자불능행기도우불능종기언야사기아어아토지오치지(吾大者不能行其道又不能從其言也使飢餓於我土地吾恥之)로 한 셈이다. 그러므로 吾大者不能行其道又不能從其言也使飢餓於我土地吾恥之와 같은 긴 어투에서라도 맨 끝에 있는 지(之)가 허사임을 알아채기만 하면 吾大者不能行其道又不能從其言也使飢餓於我土地가 치(恥)의 목적절들로 전치된 어투임을 또한 알아챌 수 있어서 문맥을 잡을 수 있다.

吾大者不能行其道又不能從其言也使飢餓於我土地처럼 긴 어투의 문맥을 잡으려면 구문 골격의 중심인 본동사를 먼저 주목해야 한다. 吾大者不能行其道又不能從其言也使飢餓於我土地에서 〈실행할 행(行)〉, ·〈따를 종(從)〉,

〈하여금 사(使)〉 등이 본동사임을 알아챌 수 있으므로, 오치지(吾恥之)의 지(之)가 목적절 셋을 대신하고 있는 허사임을 알 수 있다. 吾恥之의 치(恥)는 〈부끄러워할 수(羞)〉와 같고 수치(羞恥)의 줄임말로 여기고 새긴다.

나 오(吾), 부끄러워할 치(恥), 그 지(之)

周之亦可受也(주지역가수야)

▶ (그리고 임금이) 그 자신을[之] 구제해주면[周] 또한[亦] (벼슬을) 얻을 수 있는 것[可受]이다[也].

주지역가수야(周之亦可受也)는 君周之 君子亦可受仕也에서 앞의 문맥으로 보충될 수 있는 내용들을 생략한 어투로, 영어의 복문과 같다. 군주지(君周之)에서 주어인 군(君)이 생략되고, 군자역가수야(君子亦可受仕也)에서 주어인 군자(君子)와 수(受)의 목적어인 사(仕)가 생략되었다는 말이다. 그리고 두 구문 사이의 관계를 따져보면 周之亦可受也의 문맥은 다음처럼 잡힌다. 군주지(君周之)하면 군자역가수사야(君子亦可受仕也)이다. 그러면 주지(周之)를 조건의 종속절처럼 여기고, 역가수야(亦可受也)를 주절로 여기고 새기면 문맥에 걸맞은 문의가 드러난다. 周之의 주(周)는 〈굶주린 자를 먹여 살릴 주(賙)〉와 같고, 지(之)는 고지군자(古之君子)를 나타내는 지시대명사이다. 亦可受也의 역(亦)은 〈또한 우(又)〉와 같고, 어조사이며, 가(可)는 〈가히 긍(肯)〉과 같고, 수(受)는 〈얻을 득(得)〉과 같고, 야(也)는 구문을 결정짓는 어조사(~이다)이다.

구제해줄 주(周), 그 지(之), 또한 역(亦), 가할 가(可), 얻을 수(受), ~이다 야(也)

免死而已矣(면사이이의)

▶ (그렇지만 그런 자는) 죽음을[死] 면하는 것[免]뿐이다[而已矣].

면사이이의(免死而已矣)는 其君子免死而已矣에서 앞의 문맥으로 보충될 수 있으므로 주어인 기군자(其君子)가 생략되었다고 여기면, 술부만 남았지만 영어의 2형식 문장과 같은 한문투임을 알아챌 수 있다. 免死而已矣에서 면(免)은 보어이고, 사(死)는 면(免)의 목적어이며, 이이의(而已矣)는 관용구로 이이(而已), 이(耳) 등과 같고 구문을 결정짓는 〈어조사(~이다) 의(矣)〉를 강조하는 어조사(~뿐이다)이다.

맹자는 출사(出仕)의 법도(法道)를 소취삼(所就三) 소거삼(所去三)를 밝힌 다음, 출사를 해도 되는 경우와 출사를 그만두어야 하는 경우를 간명하게 밝혀 출사의 마땅함과 그릇됨을 분명히 하고 있다.

면할 면(免), 죽음 사(死), 어조사 이(而), 그칠 이(已), ~이다 의(矣)

제15장

15장은 맹자가 앞에서 출사를 밝혔으니 이제 하늘이 어떤 사람을 찾아서 등용하게 되는지 살펴주는 장이다. 순(舜)·부열(傅說)·교력(膠鬲)·관이오(管夷吾)·손숙오(孫叔敖)·백리해(百里奚) 등이 거용(擧用)된 사례들을 들면서, 이들의 공통점이 소이동심인성(所以動心忍性)에 있음을 맹자가 정언(定言)하는 장이다.

【문지(聞之) 1】

천장강대임어시인(天將降大任於是人)

【원문(原文)】

孟子曰 舜은 發於畎畝之中하고 傅說은 擧於版築之間하며 膠鬲은 擧於魚鹽之中하고 管夷吾는 擧於士하며 孫叔敖는 擧於海하고 百里奚는 擧於市했다 故로 天將降大任於是人也이라 必先苦其心志하고 勞其筋骨하며 餓其體膚하고 空乏其身하여 行拂亂其所爲하니 所以動心忍性하여 曾益其所不能이다

맹자왈 순 발어견묘지중 부열 거어판축지간 교력 거어어염지중 관이오 거어사 손숙오 거어해 백리해 거어시 고 천장강대임어시인야 필선고기심지 노기근골 아기체부 공핍기신 행불란기소위 소이동심인성 증익기소불능

【해독(解讀)】

맹자가 말했다[孟子曰]. “순은 밭의 가운데에서 찾아내 기용되었고[舜發於畎畝之中], 부열은 성 쌓기의 틈에서 거용되었으며[傳說擧於版築之間], 교력은 생선과 소금 파는 장터의 가운데서 거용되었고[膠鬲擧於魚鹽之中], 관이오는 옥관에게 잡혀 있는 데서 거용되었고[管夷吾擧於士], 손숙오는 바닷

가에서 거용되었으며[孫叔敖擧於海], 백리해는 저자에서 거용되었다[百里奚擧於市]. 그러므로[故] 하늘이 장차 이 사람들에게 큰 일을 내리려면[天將降大任於是人也], (하늘은) 반드시 먼저 그들의 마음 두는 바를 괴롭히고[必先苦其心志], 그들의 살과 뼈를 힘들게 하며[勞其筋骨], 그들의 몸뚱이를 굶주리게 하고[餓其體膚], 그들의 자신을 궁하게 하고 막막하게 하며[空乏其身], (그들이) 하는 일은 그들이 생각했던 바를 거스르고 혼란스럽게 한다[行拂亂其所爲]. 마음을 움직여 본성을 견딘 까닭에[所以動心忍性] (그들은) 그들이 잘하지 못했던 것들을 더욱 (잘할 수 있도록) 나아가게 했다[曾益其所不能]."

【담소(談笑)】

舜發於畎畝之中(순발어견묘지중)

▶ 순은[舜] 발[畎畝]의[之] 가운데[中]에서[於] 찾아내 기용되었다[發].

순발어견묘지중(舜發於畎畝之中)은 영어의 1형식 문장과 같은 어투이다. 舜發於畎畝之中에서 순(舜)은 주어이고, 발(發)은 수동태로 본동사이며, 어견묘지중(於畎畝之中)은 장소의 부사구이다. 舜發於畎畝之中의 발(發)은 〈찾아낼 견(見)〉과 같고 발견(發見)의 줄임말로 여기고, 어(於)는 〈~에서 우(于)〉와 같고, 견묘(畎畝)는 밭[田]을 말하고, 견묘지중(畎畝之中)은 〈A之B〉꼴로 견묘지(畎畝之)는 중(中)을 꾸미는 형용사구이다. 〈A(畎畝)의[之] B(中)〉 순(舜)은 역산(歷山)에서 농부로 있을 때 30세에서야 요(堯)임금에게 발탁돼 등용되었다.

순임금 순(舜), 찾아낼 발(發), ~에서 어(於), 밭도랑 견(畎), 밭이랑 묘(畝), ~의 지(之), 가운데 중(中)

傅說擧於版築之間(부열거어판축지간)

▶ 부열은[傅說] 성 쌓기[版築]의[之] 틈[間]에서[於] 거용되었다[擧].

부열거어판축지간(傅說擧於版築之間)은 영어의 1형식 문장과 같은 어투이다. 傅說擧於版築之間에서 부열(傅說)은 주어이고, 거(擧)는 수동태로 본동사이며, 어판축지간(於版築之間)은 장소의 부사구이다. 傅說擧於版築之間의 거(擧)는 〈들 강(扛)〉과 같고 거용(擧用)의 줄임말로 여기고, 어(於)는 〈~에서 우(于)〉와 같고, 판축지간(版築之間)은 〈A之B〉꼴로 판축지(版築之)는 간(間)을 꾸미는 형용사구이다. 〈A(版築)의[之] B(間)〉 판축(版築)은 성

(城)을 쌓는 현장을 말한다. 은(殷)나라 사람으로 부열(傅說)은 축성(築城) 하는 공사판에서 일하고 있었는데, 은왕(殷王) 무정(武丁)이 유능함을 알아보고 그를 등용했다고 한다.

스승 부(傅), 기쁠 열(說), 들 거(擧), ~에서 어(於), 널 판(版), 쌓을 축(築), ~의 지(之), 사이 간(間)

膠鬲擧於魚鹽之中(교력거어어염지중)

▶ **교력은[膠鬲] 생선과 소금 파는 장터[魚鹽]의[之] 가운데[中]서[於] 거용되었다[擧].**

교력거어어염지중(膠鬲擧於魚鹽之中)은 영어의 1형식 문장과 같은 어투이다. 膠鬲擧於魚鹽之中에서 교력(膠鬲)은 주어이고, 거(擧)는 수동태로 본동사이며, 어어염지중(於魚鹽之中)은 장소의 부사구이다. 膠鬲擧於魚鹽之中의 거(擧)는 〈들 강(扛)〉과 같고 거용(擧用)의 줄임말로 여기고, 어(於)는 〈~에서 우(于)〉와 같고, 어염지중(魚鹽之中)은 〈A之B〉꼴로 어염지(魚鹽之)는 중(中)을 꾸미는 형용사구이다. 〈A(魚鹽)의[之] B(中)〉 어염(魚鹽)은 생선과 소금을 파는 상점을 말하니 생선과 소금을 파는 장터로 여기고 새긴다. 교력(膠鬲)은 은(殷)나라 말왕(末王)인 주(紂)가 무도한 폭군임을 알아채고 생선과 소금을 팔면서 살았는데, 주(周)나라 문왕(文王)이 그를 알아보고 등용했다고 한다.

굳을 교(膠), 솥 력(鬲), ~에서 어(於), 생선 어(魚), 소금 염(鹽), ~의 지(之), 가운데 중(中)

管夷吾擧於士(관이오거어사)

▶ **관이오는[管夷吾] 옥관에게 잡혀 있는 데[士]서[於] 거용되었다[擧].**

관이오거어사(管夷吾擧於士)는 영어의 1형식 문장과 같은 어투이다. 管夷吾擧於士에서 관이오(管夷吾)는 주어이고, 거(擧)는 수동태로 본동사이며, 어사(於士)는 장소의 부사구이다. 管夷吾擧於士의 거(擧)는 〈들 강(扛)〉과 같고 거용(擧用)의 줄임말로 여기고, 어(於)는 〈~에서 우(于)〉와 같고, 사(士)는 옥관(獄官) 즉 감옥의 간수(看守)를 말한다. 관이오(管夷吾)는 제(齊)나라 환공(桓公)을 도와 제후(諸侯)들을 규합하여 환공을 패(霸)로 칭하게 한 관중(管仲)을 말한다. 관중과 포숙(鮑叔)의 고사(故事)를 알아야 管夷吾擧於士의 사(士)의 뜻을 새길 수 있다. 환공의 형인 공자규(公者糾)를 도와 받들고 노(魯)나라에 있었는데, 한번은 제(齊)나라 환공과 싸워 패배하여 노나라의 보호를 받지 못하게 되어 제나라 옥관(獄官)에 의해 압송되자, 포숙이 환공에게 관중을 천거(薦擧)하여 관중은 수인(囚人) 상태에서 등용되었다는 고사를 상기하면 管夷吾擧於士의 사(士)를 옥관(獄官)으로 새기는 까닭을 알 수 있다.

피리 관(管), 온화할 이(夷), 나 오(吾), 들 거(擧), ~에서 어(於), 옥관 사(士)

孫叔敖擧於海(손숙오거어해)

▶ 손숙오는[孫叔敖] 바닷가[海]에서[於] 거용되었다[擧].

손숙오거어해(孫叔敖擧於海)는 영어의 1형식 문장과 같은 어투이다. 孫叔敖擧於海에서 손숙오(孫叔敖)는 주어이고, 거(擧)는 수동태로 본동사이며, 어해(於海)는 장소의 부사구이다. 孫叔敖擧於海의 거(擧)는 〈들 강(扛)〉과 같고 거용(擧用)의 줄임말로 여기고, 어(於)는 〈~에서 우(于)〉와 같고, 해(海)는 해안(海岸)의 줄임말로 여기고 새긴다. 손숙오(孫叔敖)는 초(楚)나라 사람으로 바닷가에 살고 있었는데, 초(楚)나라 장왕(莊王)이 그를 알아보고 요새로 치면 국무총리에 해당하는 영윤(令尹)으로 등용했다고 한다.

새싹 손(孫), 젊을 숙(叔), 시끄러울 오(敖), 들 거(擧), ~에서 어(於), 바다 해(海)

百里奚擧於市(백리해거어시)

▶ 백리해는[百里奚] 저자[市]에서[於] 거용되었다[擧].

백리해거어시(百里奚擧於市)는 영어의 1형식 문장과 같은 어투이다. 百里奚擧於市에서 백리해(百里奚)는 주어이고, 거(擧)는 수동태로 본동사이며, 어시(於市)는 장소의 부사구이다. 百里奚擧於市의 거(擧)는 〈들 강(扛)〉과 같고 거용(擧用)의 줄임말로 여기고, 어(於)는 〈~에서 우(于)〉와 같고 시(市)는 시정(市井)의 줄임말로 여긴다. 백리해(百里奚)는 『맹자(孟子)』「만장장구(萬章章句) 상(上)」 9장에서 이미 등장했던 인물이고, 백리(百里)는 성씨이고 해(奚)는 이름이다. 우(虞)나라의 현인(賢人)이다. 백리해가 진(秦)나라 목공(穆公)을 설득시킬 기회를 찾기 위해 진나라 종묘(宗廟)의 제물(祭物)로 쓸 희생(犧牲)을 맡아 기르는 사람에게 자신이 희생의 소를 키워준다는 조건으로 양 다섯 마리를 받아 가죽옷을 지어 목공에게 선물로 바쳐 자신을 팔았다고 백리해를 헐뜯는 오양지피(五羊之皮)란 고사(故事)가 있다.

일백 백(百), 마을 리(里), 어찌 해(奚), 들 거(擧), ~에서 어(於), 저자 시(市)

故(고)

▶ **그러므로[故]**

고(故)는 고왈(故曰)의 줄임이고, 고왈(故曰)은 시고왈(是故曰)을 줄인 꼴이다. 위의 내용[是]이므로[故] 다음처럼 말한다[曰]는 뜻으로 쓰인다. 앞의 내용을 근거로 하여 판단이나 결론을 내릴 때 쓰이는 셈이고, 고왈(故曰)을 줄여 그냥 고(故)로 할 때가 더 보통이다. 시고왈(是故曰)의 고(故)는 승상기하(承上起下)의 연접이므로 영어의 therefore와 같은 구실한다고 여긴다. 앞의 내용을[上] 이어서[承] 새로운 내용을[下] 제기한다[起].

그러므로 고(故)

天將降大任於是人也(천장강대임어시인야) 必先苦其心志(필선고기심지)

▶ **하늘이[天] 장차[將] 이[是] 사람들[人]에게[於] 큰 일을[大任] 내리려[降]면[也] 반드시[必] 먼저[先] 그들의[其] 마음[心] 두는 바를[志] 고단케 한다[苦].**

천장강대임어시인야필선고기심지(天將降大任於是人也必先苦其心志)와 같은 어투의 문맥을 잡으려면 구문의 골격을 살펴 본동사를 먼저 주목하면 편하다. 그 골격은 주어 + 동사 + 목적어 또는 주어 + 동사 + 보어 등으로 이루어진다고 여긴다. 이런 골격에서 그 중심은 곧 본동사이므로 본동사를 먼저 주목하는 것이다. 天將降大任於是人也必先苦其心志에서 〈내릴 강(降)〉과 〈수고롭게 할 고(苦)〉가 본동사이므로 天將降大任於是人也必先苦其心志는 두 개의 구문으로 이루어진 어투임을 알아챌 수 있다. 다음으로 天將降大任於是人也必先苦其心志에서 필(必)을 주목하게 된다. 〈A必B〉꼴은 〈A則B〉꼴과 상통하는 까닭이다. A 쪽은 조건 내지 양보의 종속절이고, B가 주절이라고 여기면 문맥에 걸맞은 문의가 드러나게 된다. 〈A(天將降大任於是人也)하면 B(必先苦其心志)한다〉고 새겨보면 문맥이 통한다는 말이다.

조건의 종속절인 천장강대임어시인야(天將降大任於是人也)에서 천(天)은 주어이고, 장(將)은 시간의 부사이며, 강(降)은 타동사로 본동사이고, 대임(大任)은 강(降)의 목적어이고, 어시인(於是人)의 강(降)의 간접목적구이며, 야(也)는 절(節)을 종결짓는 어조사(~면) 정도로 새긴다. 天將降大任於是人也의 장(將)은 〈장차 점(漸)〉과 같고, 강(降)은 〈내릴 하(下)〉와 같고 강하(降下)의 줄임말로 여기고, 임(任)은 〈일 사(事)〉와 같고 대임(大任)은 대사(大事)와 같은 말이며, 어(於)는 간접목적어 토씨(~에게)인 〈~에게 여(與)〉와 같고, 시인(是人)의 인(人)은 복수로 〈사람들 인(人)〉으로 새긴다.

주절인 필선고기심지(必先苦其心志)는 天必先苦其心志也에서 되풀이되는 내용이므로 주어인 천(天)과 주절을 결정짓는 〈어조사 야(也)〉를 생략한 어투로, 영어의 3형식 문장과 같다. 필(必)과 선(先)은 타동사로 본동사인 고(苦)를 꾸미는 부사이고, 심지(心志)는 고(苦)의 목적어이다. 必先苦其心志의 필(必)은 여기선 〈반드시 필(必)〉로 뒤에 이어지는 내용을 결정짓는 정사(定辭)이며, 선(先)은 〈먼저 시(始)〉와 같고, 고(苦)는 〈고단할 로(勞)〉와 같고 기(其)는 〈그들의 기(其)〉로 새기면 문맥이 통하며 심지지(心之志)의 줄임으로 여기고 마음[心]이[之] 가는 바[志]로 새긴다.

> 하늘 천(天), 장차 장(將), 내릴 강(降), 큰 대(大), 맡길 임(任), ~에게 어(於), 이 시(是), 사람들 인(人), 어조사(~면) 야(也), 반드시 필(必), 먼저 선(先), 괴롭힐 고(苦), 그들의 기(其), 마음 심(心), 뜻 지(志)

勞其筋骨(노기근골)

▶ **(하늘이 장차 이 사람들에게 큰 일을 내리자면 반드시 먼저) 그들의[其] 살과[筋] 뼈를[骨] 고단케 한다[勞].**

노기근골(勞其筋骨)은 天必先勞其筋骨에서 되풀이되는 내용인 천필선(天必先)을 생략한 어투이고, 영어의 3형식 문장과 같으며, 조건의 종속절인 천장강대임어시인야(天將降大任於是人也)의 주절이다. 勞其筋骨에서 로(勞)는 타동사로 주절의 본동사이고, 기근골(其筋骨)은 노(勞)의 목적구이다. 勞其筋骨의 로(勞)는 〈고단할 고(苦)〉와 같고, 기(其)는 〈그들의 기

(其)〉로 새기면 문맥이 통하며, 근골(筋骨)은 몸뚱이[身體]를 말한다.

힘들게 할 로(勞), 그들의 기(其), 근육 근(筋), 뼈 골(骨)

餓其體膚(아기체부)

▶ (하늘이 장차 이 사람들에게 큰 일을 내리려면 반드시 먼저) 그들의[其] 몸뚱이를[體膚] 굶주리게 한다[餓].

아기체부(餓其體膚)는 天必先餓其體膚에서 되풀이되는 내용인 천필선(天必先)을 생략한 어투이고, 영어의 3형식 문장과 같으며, 조건의 종속절인 천장강대임어시인야(天將降大任於是人也)의 주절이다. 餓其體膚에서 아(餓)는 타동사로 주절의 본동사이고, 기체부(其體膚)는 아(餓)의 목적구이다. 餓其體膚의 아(餓)는 〈굶주리게 할 기(飢)〉와 같고, 기(其)는 〈그들의 기(其)〉로 새기면 문맥이 통하며, 체부(體膚)는 몸뚱이[身體]를 말한다.

굶주릴 아(餓), 그들의 기(其), 몸 체(體), 살갗 부(膚)

空乏其身(공핍기신)

▶ (하늘이 장차 이 사람들에게 큰일을 내리려면 반드시 먼저) 그들의[其] 자신을[身] 궁하게 하고[空] 막막하게 한다[乏].

공핍기신(空乏其身) 역시 天必先空乏其身에서 되풀이되는 내용인 천필선(天必先)을 생략한 어투로 영어의 3형식 문장과 같으며, 조건의 종속절인 천장강대임어시인야(天將降大任於是人也)의 주절이다. 空乏其身에서 공(空)과 핍(乏)은 타동사로 주절의 본동사이고, 기신(其身)은 공핍(空乏)의 목적구이다. 空乏其身의 공(空)은 〈궁할 궁(窮)〉과 같고, 핍(乏)은 〈끊어질 절(絶)〉과 같고 핍절(乏絶)의 줄임말로 여기고, 기(其)는 〈그들의 기(其)〉로 새기면 문맥이 통하며, 신(身)은 자신(自身)을 말한다.

빈 공(空), 가난할 핍(乏), 그들의 기(其), 자신 신(身)

行拂亂其所爲(행불란기소위)

▶ (그들의) 하는 일들은[行] 그들이[其] 생각했던[爲] 바를[所] 거스르고[拂] 혼란스럽게 한다[亂].

행불란기소위(行拂亂其所爲)는 其行拂其所爲 而其行亂其所爲에서 되풀

이되므로 기(其)와 행(行)을 생략하고 두 구문을 하나로 묶은 어투로 영어의 3형식 문장과 같다. 行拂亂其所爲에서 행(行)은 주어이고, 불(拂)과 난(亂)은 본동사이며, 기소위(其所爲)는 불(拂)과 난(亂)의 목적구이다. 行拂亂其所爲의 행(行)은 시행(施行)의 줄임말로 여기고 새기면 문맥이 통하고, 불(拂)은 〈거스를 역(逆)〉과 같고 난(亂)은 〈어지럽힐 혼(混)〉과 같고 혼란(混亂)의 줄임말로 여기고, 기소위(其所爲)의 기(其)는 위(爲)의 주어이므로 〈그들이 기(其)〉로 새기면 문맥이 통하며, 위(爲)는 〈생각할 사(思)〉와 같다.

하는 일 행(行), 거스를 불(拂), 어지럽힐 란(亂), 그들이 기(其), 바 소(所), 생각할 위(爲)

所以動心忍性曾益其所不能(소이동심인성증익기소불능)

▶ **마음을[心] 움직여[動] 본성을[性] 견딘[忍] 까닭에[所以] (그들로 하여금) 그들이[其] 잘하지 못했던[不能] 것들을[所] 더욱[曾] (잘할 수 있도록) 나아가게 했다[益].**

소이동심인성증익기소불능(所以動心忍性曾益其所不能)은 所以動心曾益其所不能 而所以忍性曾益其所不能에서 되풀이되는 소이(所以)와 증익기소불능(曾益其所不能)을 생략하고 한 구문처럼 묶은 어투이다. 마음을[心] 움직인[動] 까닭에[所以] (그들은) 그들이[其] 잘하지 못했던[不能] 것들을[所] 더욱[曾] 잘하게 되었고[益], 본성을[性] 견딘[忍] 까닭에[所以] (그들은) 그들이[其] 잘하지 못했던[不能] 것들을[所] 더욱[曾] 잘하게 되었다[益]에서 중복되는 내용을 생략하면 위와 같이 새긴다는 말이다. 所以動心忍性의 소이(所以)는 〈까닭 인(因)〉과 같고, 동심(動心)은 발심(發心)과 같고, 인성(忍性)은 극기(克己)와 같다. 曾益其所不能의 증(曾)은 〈더욱 증(增)〉과 같고, 익(益)은 〈나아갈 진(進)〉과 같고, 능(能)은 〈잘할 승(勝)〉과 같다.

군자구저기(君子求諸己)하고 소인구저인(小人求諸人)한다는 공자의 말씀을 생각나게 한다. 군자는[君子] 자기[己]한테서 잘못을[諸] 책하고[求] 소인은[小人] 남들[人]한테서 잘못을[諸] 책한다[求]. 그래서 군자(君子)는 사명(俟命)하고 소인은 원망(怨望)한다. 그래서 소인은 고난을 견디지 못하고 쓰러지고 대인은 고난을 겪고 향상(向上)한다. 하늘이 내린 대임(大任)이란 고난을 겪고 난 다음이라야 하늘이 내림을, 맹자가 참으로 쉽게 사례를 들어주고선 우리를 꼼작 못하게 한다.

바 소(所), 써 이(以), 움직일 동(動), 마음 심(心), 참을 인(忍), 본성 성(性), 더욱 증(曾), 나아갈 익(益), 그들이 기(其), 아니 불(不), 잘할 능(能)

【문지(聞之) 2】

인항과연후능개(人恒過然後能改)

【원문(原文)】

人恒過 然後에 能改하니 困於心하고 衡於慮 而後에 作하며 徵
인항과 연후 능개 곤어심 형어려 이후 작 징
於色하고 發於聲 而後에 喩한다 入則無法家拂士하고 出則無敵
어색 발어성 이후 유 입즉무법가필사 출즉무적
國外患者는 國恒亡이다 然後에 知生於憂患 而死於安樂也이다
국외환자 국항망 연후 지생어우환 이사어안락야

【해독(解讀)】

"사람은 늘 잘못하고 난 그런 뒤에야 (잘못을) 고칠 수 있고[人恒過然後能改], 마음으로 애태우고[困於心] 생각으로 저울질해보고[衡於慮] 그런 뒤에 분발하며[而後作], 낯빛으로 나타내고[徵於色] 목소리로 드러내고[發於聲] 그런 뒤에야 깨우친다[而後喩]. 들어서도 곧 법을 따르는 세가도 보필하는 선비들도 없고[入則無法家拂士] 나가서도 곧 적국도 외환도 없다면[出則無敵國外患者], 나라는 늘 망한다[國恒亡]. 그런 뒤에야 (사람들은) 우환에선 살아남지만 안락에선 사라짐을 알아채는 것이다[然後知生於憂患而死於安樂也]."

【담소(談笑)】

人恒過然後能改(인항과연후능개)

▶ 사람은[人] 늘[恒] 잘못하고 난[過] 그런[然] 뒤에야[後] 고칠[改] 수 있다[能].

인항과연후능개(人恒過然後能改)는 연후(然後)를 영어에서 시간의 부사절을 이끄는 종속접속사처럼 여기면 복문과 같고, 그냥 시간의 부사구인 연사(連辭)로 여기면 중문처럼 여길 수 있다. 人恒過然後能改에서 인항과연후(人恒過然後)를 시간의 부사절처럼 여기고 능개(能改)를 주절로 여기면 人恒過然後能改는 영어의 복문과 같고, 人恒過然後能改에서 인항과(人恒過)

를 한 문장으로 여기고 연후능개(然後能改)의 연후(然後)를 타동사로 본동사인 개(改)를 꾸미는 부사구로 여기면 人恒過然後能改는 영어의 중문과 같다는 말이다. 어느 쪽으로 문맥을 잡든 문의는 상하지 않는다. 人恒過에서 인(人)은 주어이고, 항(恒)은 자동사로 본동사인 과(過)를 꾸미는 부사이다. 然後能改에서 연후(然後)는 타동사로 본동사인 개(改)를 꾸미는 부사구이고, 능(能)은 개(改)를 돕는 조동사이고 개(改)는 타동사로 본동사이다. 人恒過의 항(恒)은 〈늘 상(常)〉과 같고 항상(恒常)의 줄임말로 여기고, 과(過)는 〈잘못 오(誤)〉와 같고 과오(過誤)의 줄임말로 여기고 새긴다. 能改의 능(能)은 〈할 수 있을 가(可)〉와 같고 가능(可能)의 줄임말로 여기고, 개(改)는 여기선 〈고칠 경(更)〉과 같다.

공자는 "과이불개(過而不改)면 시위과의(是謂過矣)이다" 고 말했다. 맹자가 이를 따라 말하고 있는 셈이다. 잘못하고[過]서도[而] 고치지 않으면[不改] 그런 짓을[是] 잘못[過]이라 하는 것[謂]이다[矣]. 잘못이든 허물이든 범했으면 뉘우치고 고친다면 잘 고친 것[能改]이니, 허물 짓지 않는다고 큰소리치는 놈일수록 알고 보면 더럽기 짝이 없다. 맹자가 밝히고 있는 고칠 수 있다(能改)는 말이 무섭게 들린다.

> 사람 인(人), 늘 항(恒), 잘못할 과(過), 그럴 연(然), 뒤 후(後), 잘 능(能), 고칠 개(改)

困於心(곤어심) 衡於慮(형어려) 而後作(이후작)

▶ **마음[心]으로[於] 애태우고[困] 생각[慮]으로[於] 저울질해보고[衡] 그런 뒤에야[而後] 분발한다[作].**

곤어심형어려이후작(困於心衡於慮而後作) 역시 이후(而後)를 영어에서 시간의 부사절을 이끄는 종속접속사처럼 여기면 복문과 같고, 그냥 시간의 부사구인 연사로 여기면 중문 같은 어투로 새길 수 있다. 困於心衡於慮而後作에서 〈곤어심(困於心)하고 형어려(衡於慮)한다. 그리고[而] 나서야[後] 작[作]한다〉고 새기면 困於心衡於慮而後作이 세 구문으로 되어 있는 것임을 알 수 있고, 복문이 아니라 중문으로 새기는 것이 문맥과 걸맞음을 알아챌 수 있다.

곤어심(困於心)은 人困於心에서 문맥으로 보충될 수 있으므로 주어인 인

(人)을 생략한 어투로, 영어의 1형식 문장과 같은 셈이다. 困於心에서 곤(困)은 자동사이고, 어심(於心)은 곤(困)을 꾸미는 부사구이며, 곤(困)은 〈고심할 고(苦)〉와 같고 곤고(困苦)의 줄임말로 여기고, 어심(於心)의 심(心)은 심중(心中)의 줄임말로 여기고 새긴다.

형어려(衡於慮) 역시 人衡於慮에서 문맥으로 보충될 수 있으므로 주어인 인(人)을 생략한 어투로, 영어의 1형식 문장과 같은 셈이다. 衡於慮에서 형(衡)은 자동사이고, 어려(於慮)는 형(衡)을 꾸미는 부사구이며, 형(衡)은 〈헤아릴 량(量)〉과 같다고 보면 문맥과 통하는 편이다. 『집주(集註)』에서는 형(衡)을 〈가로막을 횡(橫)〉과 같다고 보고, 따라주지 않는다[不順]는 뜻의 횡색(橫塞)처럼 새겼다. 그리고 衡於慮의 여(慮)는 〈생각 념(念)〉과 같고 염려(念慮)의 줄임말로 여기고 새기면 문맥이 통한다.

이후작(而後作) 역시 而後人作에서 문맥으로 보충될 수 있으므로 주어인 인(人)을 생략한 어투로 영어의 1형식 문장과 같은 셈이다. 而後作에서 이후(而後)는 연후(然後)와 같고, 작(作)은 자동사이고 〈일어날 흥(興)〉과 같고 자극을 받아 분기(奮起)한다는 뜻으로 여기면 문맥이 통한다.

맹자가 노자(老子)의 자지자명(自知者明)을 연상(聯想)시키는 말을 하고 있다. 자신을[人] 아는[知] 사람은[者] 현명하다[明]. 자신을 알아보려면 무엇보다 먼저 제 마음을 애쓰게[困] 해야 하고, 제 생각을 요모조모 헤아리게 하는[衡] 노심초사(勞心焦思)를 겪지 않고선 누구이든 현명해질 수 없음을 밝히고 있다. 현자(賢者)라면 늘 자명(自明)하다. 자신을[自] 밝힌다[明].

> 애태울 곤(困), ~으로 어(於), 마음 심(心), 저울질 할 형(衡), 생각 려(慮), 그리고 이(而), 뒤 후(後), 분발할 작(作)

徵於色(징어색) 發於聲(발어성) 而後喩(이후유)

▶ **낯빛[色]으로[於] 나타내고[徵] 목소리[聲]로[於] 드러내고[發] 그런 뒤에야[而後] 깨우친다[喩].**

징어색발어성이후유(徵於色發於聲而後喩) 역시 이후(而後)를 영어에서 시간의 부사절을 이끄는 종속접속사처럼 여기면 복문과 같고, 그냥 시간의 부사구인 연사(連辭)로 여기면 중문처럼 여길 수 있다. 徵於色發於聲而後喩에서 〈징어색(徵於色)하고 발어성(發於聲)한다. 그리고[而] 나서야[後] 유

[喩]한다〉고 새기면 徵於色發於聲而後喩가 세 구문으로 되어 있는 것을 알 수 있고 복문이 아니라 중문으로 새기는 것이 문맥과 걸맞음을 알아챌 수 있다.

징어색(徵於色)은 人徵於色에서 문맥으로 보충될 수 있으므로 주어인 인(人)을 생략한 어투로, 영어의 1형식 문장과 같은 셈이다. 徵於色에서 징(徵)은 자동사이고, 어색(於色)은 징(徵)을 꾸미는 부사구이며, 징(徵)은 〈효험할 험(驗)〉과 같고 징험(徵驗)의 줄임말로 여기면 〈나타낼 징(徵)〉으로 새길 수 있음을 알아챌 수 있고, 어색(於色)의 색(色)은 안색(顔色)의 줄임말로 여기고 새긴다.

발어성(發於聲) 역시 人發於聲에서 문맥으로 보충될 수 있으므로 주어인 인(人)을 생략한 어투로, 영어의 1형식 문장과 같은 셈이다. 發於聲에서 발(發)은 자동사이고, 어성(於聲)은 발(發)을 꾸미는 부사구이며, 발(發)은 〈찾아낼 견(見)〉과 같고 발견(發見)의 줄임말로 여기고, 어성(於聲)의 성(聲)은 음성(音聲)의 줄임말로 여기고 새긴다.

이후유(而後喩) 역시 而後人喩에서 문맥으로 보충될 수 있으므로 주어인 인(人)을 생략한 어투로, 영어의 1형식 문장과 같은 셈이다. 而後喩에서 이후(而後)는 연후(然後)와 같고, 유(喩)는 자동사이고 〈깨우칠 효(曉)〉와 같다.

맹자가 노자(老子)의 지인자지(知人者智)를 연상(聯想)시키는 말을 하고 있다. 남을[人] 알아보는[知] 사람은[者] 지혜롭다[智]. 남들이 살고 있는 세상을 알아볼 줄 알아야 살아남을 수 있다. 남의 안색(顔色)에 나타나는 징조(徵兆)를 알아채지 못하고 남의 음성(音聲)에 드러나는 뜻을 새기지 못하면 누구든 깨우칠 수 없는 노릇이다. 지혜로운 인간은 목매는 짓을 범하지 않는 법이다. 아둔한 인간일수록 제 옹고집 탓으로 망하는 법임을 맹자가 밝히고 있는 중이다. 아둔할수록 자신을 담금질하라 한다.

나타낼 징(徵), ~으로 어(於), 낯빛 색(色), 드러날 발(發), 목소리 성(聲), 그리고 이(而), 뒤 후(後), 깨우칠 유(喩)

入則無法家拂士(입즉무법가필사) 出則無敵國外患者(출즉무적국외환자) 國恒亡(국항망)

▶ 들어서도[入] 곧[則] 법을 따르는 세가도[法家] 보필하는[拂] 선비들도

[士] 없고[無], 나가서도[出] 곧[則] 적국도[敵國] 외환도[外患] 없다[無]면[者], 나라는[國] 늘[恒] 망한다[亡].

입즉무법가필사출즉무적국외환자국항망(入則無法家拂士出則無敵國外患者國恒亡)과 같은 긴 어투의 문맥을 잡으려면 구문의 골격을 이루는 본동사를 주목하면서 구문을 결정짓는 어조사 등을 주목하면 문맥을 잡기가 편하다. 入則無法家拂士出則無敵國外患者國恒亡에서 입즉무(入則無)와 출즉무(出則無)를 주목하고, 어조사인 자(者)를 주목하면, 入則無法家拂士出則無敵國外患者國恒亡의 문맥은 쉽게 잡힌다. 그리고 入則無法家拂士出則無敵國外患者國恒亡은 入則無法家拂士者國恒亡 而出則無敵國外患者國恒亡에서 문맥으로 보충될 수 있고 되풀이되는 자(者)와 국항망(國恒亡)을 생략한 어투로, 영어의 복문과 같다. 나아가 入則無法家拂士出則無敵國外患者國恒亡에서 〈A則B者〉꼴을 상기하면 입즉무법가필사출즉무적국외환자(入則無法家拂士出則無敵國外患者)까지는 종속절이고, 국항망(國恒亡)이 주절임을 알아챌 수 있다. 〈A라도 곧[則] B면[者]〉, 〈A(入)라도 곧[則] B(無法家拂士)라면[者] (그리고) A(出)라도 곧[則] B(無敵國外患)라면[者]〉 이처럼 〈A則B者〉꼴에서 A를 양보의 종속절로 여기고 B를 조건절로 여기고 새기면, 入則無法家拂士出則無敵國外患者國恒亡의 문맥이 잡힌다.

입즉무법가필사(入則無法家拂士)는 入國 則其國無法家拂士者에서 주절인 국항망(國恒亡)으로 미루어 보충될 수 있으므로 入國의 국(國)과 기국(其國) 그리고 어조사(~면)인 자(者) 등을 생략한 어투로, 양보와 조건의 종속절이 함께 있는 셈이다. 입국[入國]해도 곧[則] 기국(其國)에 법가[法家]와 필사[拂士]가 없다[無]면[者]이라고 읽어보면, 入則無法家拂士의 문맥이 잡힌다. 入則無法家拂士의 입(入)은 타동사로 양보절의 본동사이고, 무(無)는 자동사 〈없을 무(無)〉로 조건절의 본동사이며, 법가(法家)와 필사(拂士)는 무(無)의 주어이므로, 無法家拂士는 〈(A)無B〉꼴로 영어의 1형식 문장과 같다. 〈(A에) B(法家拂士)가 없다[無]〉 入則無法家拂士의 법가(法家)는 학파(學派)로서의 법가(法家)가 아니라 법도(法度)를 지키는 세가(勢家)를 말하고, 필사(拂士)는 나랏일[國事]을 잘 보필하는 신하를 말한다. 入則無法家拂士의 필(拂)은 〈도울 보(輔), 필(弼)〉 등과 같고, 〈거스를 역(逆)〉과 같을 때는 그 발음이 불(拂)이므로 발음에 주의한다.

출즉무적국외환자(出則無敵國外患者) 역시 出國 則其國無敵國外患者에서 주절인 국항망(國恒亡)으로 미루어 보충될 수 있으므로 出國의 국(國)과 기국(其國) 등을 생략한 어투로, 양보와 조건의 종속절이 함께 있는 어투인 셈이다. 출국[出國]해도 곧[則] 기국(其國)에 적국[敵國]과 외환[外患]이 없다[無]면[者]이라고 읽어보면, 出則無敵國外患者의 문맥이 잡힌다. 出則無敵國外患者의 출(出)은 타동사로 양보절의 본동사이고, 무(無)는 자동사 〈없을 무(無)〉로 조건절의 본동사이며, 적국(敵國)과 외환(外患)은 무(無)의 주어이므로, 無敵國外患은 〈(A)無B〉꼴로 영어의 1형식 문장과 같다. 〈(A에) B(敵國外患)가 없다[無]〉 出則無敵國外患者에서 무적국외환(無敵國外患)이 조건의 종속절이므로 無敵國外患者의 자(者)는 여기선 조건절을 결정짓는 어조사(~면) 이다.

국항망(國恒亡)은 입즉무법가필사출즉무적국외환자(入則無法家拂士出則無敵國外患者)의 주절이다. 國恒亡은 영어의 1형식 문장과 같은 어투이다. 國恒亡에서 국(國)은 주어이고, 항(恒)은 망(亡)을 꾸미는 부사이며, 망(亡)은 자동사로 본동사이며 〈사라질 멸(滅)〉과 같고 멸망(滅亡)의 줄임말로 여기고 새기면 문맥이 통한다.

들 입(入), 곧 즉(則), 없을 무(無), 법도 법(法), 가문 가(家), 도와줄 필(拂), 선비 사(士), 날 출(出), 맞설 적(敵), 나라 국(國), 바깥 외(外), 걱정 환(患), 어조사(~면) 자(者), 늘 항(恒), 망할 망(亡)

然後知生於憂患而死於安樂也(연후지생어우환이사어안락야)

▶ 그런[然] 뒤에야[後] (사람들은) 우환[憂患]에선[於] 살아남지[生]만[而] 안락[安樂]에선[於] 사라짐을[死] 알아채는 것[知]이다[也].

연후지생어우환이사어안락야(然後知生於憂患而死於安樂也)는 然後人知生於憂患而死於安樂也에서 주어로서 앞의 문맥으로 보충될 수 있는 인(人)을 생략했지만, 〈AB也〉꼴로 영어의 2형식 문장과 같은 어투이다. 然後知生於憂患而死於安樂也에서 연후(然後)는 시간의 부사구이고, 지(知)는 보어이며, 생어우환(生於憂患)과 사어안락(死於安樂)은 지(知)의 목적구이며, 이(而)는 역접의 연사이고, 야(也)는 구문을 결정짓는 어조사(~이다)이다. 生於憂患의 생(生)은 생존(生存)의 줄임말로 여기면 문맥이 통하고, 우환(憂

患)은 시련(試鍊)과 간난(艱難)을 뜻하고, 死於安樂의 사(死)는 사멸(死滅)의 줄임말로 여기면 문맥이 통하고, 안락(安樂)은 태만(怠慢)과 방심(放心)을 뜻한다고 여기면 문맥의 문의와 통한다.

시련과 고난을 두려워하는 나라가 있다면 한 개인과 마찬가지로 그런 나라는 패망하고 만다는 이치를 밝히고 있다. 온실 속의 화초(花草)는 들판에 나오면 살아남지 못하는 법. 강성한 나라는 들꽃으로 피어야 제 향기를 뿜어내는 법. 용비어천가(龍飛御天歌)의 "불휘 기픈 남간 바라매 아니 뮐쌔, 새미 기픈 므른 가마래 아니 그츨쌔" 도 이를 경계하였음이 아닌가. 출사(出仕)를 하고 싶은가? 그렇다면 백성을 위해 고난과 신고(辛苦)를 외면하지 말라 한다.

그럴 연(然), 뒤 후(後), 알 지(知), 살 생(生), ~에서 어(於), 걱정 우(憂), 근심 환(患), 그러나 이(而), 죽을 사(死), 편안할 안(安), 즐거움 락(樂), ~이다 야(也)

제16장

16장은 맹자가 당신의 교육관을 매우 간명하게 드러내고 있는 장이다. 본받게 가르칠 인간도 있고 스스로 터득해야 할 인간도 있다. 성현의 가르침이란 위인(爲人)에 있음이 분명하게 드러나고 있다. 맹자가 밝힌 불설지교회(不屑之教誨)를 두고두고 새겨 스스로 수성(脩省)하게 하는 장이다. 배우기 전에 먼저 수기(修己)하고 성찰하라는 장이다.

【문지(聞之)】

교역다술의(教亦多術矣)

【원문(原文)】

孟子曰 教亦多術矣이다 予不屑之教誨也者는 是亦教誨之而已矣이다
(맹자왈 교역다술의 여불설지교회야자 시역교회지이이의)

【해독(解讀)】

맹자가 말했다[孟子曰]. “가르침은 역시 여러 방법들이다[敎亦多術矣]. 내가 그를 조촐히 여기지 않아 가르치지 않는 것이라면[予不屑之敎誨也者] 이 역시 (그 사람을) 가르치는 것일 따름이다[是亦敎誨之而已矣].”

【담소(談笑)】

敎亦多術矣(교역다술의)

▶ 가르침은[敎] 역시[亦] 여러[多] 방법들[術]이다[矣].

교역다술의(敎亦多術矣)는 〈AB矣〉꼴로 영어의 2형식 문장과 같은 어투이다. 敎亦多術矣에서 교(敎)는 주어이고, 역(亦)은 어조사이면서 부사이며, 다(多)는 술(術)을 꾸미는 형용사이며 술(術)은 보어이고, 의(矣)는 구문을 결정짓는 어조사(~이다)이다. 그러니 敎亦多術矣의 골격은 교술(敎術)인 셈이다. 교(敎)는 술(術)이다가 敎亦多術矣의 구문을 이루는 골격이란 말이다. 물론 敎亦多術矣를 〈있을 유(有)〉를 생략한 어투로 여기고 敎亦有多術矣로 새긴다면 교(敎)는 〈있을 유(有)〉를 꾸미는 부사이고, 술(術)이 유(有)의 주어가 되어 영어의 1형식 문장과 같은 어투로 여기고 새긴다. 가르침에는[敎] 역시[亦] 여러[多] 방법들이[術] 있다는 것[有]이다[矣]로 새긴다는 말이다. 그러나 敎亦多術矣의 교(敎)를 주어로 보고 술(術)을 보어로 여기고 새기는 것이 자연스럽다. 敎亦多術矣의 교(敎)는 〈가르칠 훈(訓)〉과 같고 교훈(敎訓)의 줄임말로 여기고 새기고, 술(術)은 여기선 〈방법 술(術)〉로 여기고 새긴다.

가르칠 교(敎), 또한 역(亦), 많을 다(多), 방법 술(術), ~이다 의(矣)

予不屑之敎誨也者(여불설지교회야자) 是亦敎誨之而已矣(시역교회지이이의)

▶ 내가[予] 그를[之] 조촐히 여기지 않아[不屑] 가르치지 않는 것[敎誨]이라면[也者] 이[是] 역시[亦] (그 사람을) 가르치는 것일[敎誨] 따름이다[而已矣].

여불설지교회야자시역교회지이이의(予不屑之敎誨也者是亦敎誨之而已矣)는 야자(也者)를 주목하면 문맥이 쉽게 잡힌다. 영어의 복문과 같은 어투임을 알아챌 수 있는 까닭이다. 予不屑之敎誨也者是亦敎誨之而已矣에서 여불설지교회야자(予不屑之教誨也者)는 조건의 종속절이고, 시역교회지이이의(是亦教誨之而已矣)는 주절이다.

조건의 종속절인 여불설지교회야자(予不屑之教誨也者)는 予不屑之而予不教誨之也者에서 되풀이되는 여불(予不)과 지(之)를 생략한 어투임을 알아채면 문맥이 쉽게 잡힌다. 내가[予] 그를[之] 조촐히 여기지 않아[不屑] 그래서[而] 내가[予] 그를[之] 가르치지 않는 것[不教誨]이라면[也者]을, 내가[予] 그를[之] 조촐히 여기지 않아[不屑] 가르치지 않는 것[不教誨]이라면[也者]으로 줄여서 새기면 予不屑之教誨也者의 문의가 드러난다는 말이다. 『집주(集註)』는 불설지교회(不屑之教誨)를 다음처럼 설명하고 있다. "불이기인위결(不以其人爲潔) 이거절지(而拒絶之) 소위불설지교회야(所謂不屑之教誨也)." 그[其] 사람을[人] 두고[以] 조촐하다고[屑] 여기지 않아[不爲] 그래서[而] 그를[之] 거절함이[拒絶] 이른바[所謂] 불설지교회(不屑之教誨)이다[也]. 마음이 깨끗하지 못한 자가 찾아와 가르침을 구해도 거절한다 함이 불설지교회(不屑之教誨)이다. 그러므로 予不屑之教誨也者에서 여(予)는 주어이고 역(亦)은 어조를 돕는 어조사로 부사이며, 불(不)은 설(屑)과 교회(教誨)의 부정사(否定詞)이고, 설(屑)과 교회(教誨)는 타동사로 절의 본동사이고, 야자(也者)는 절을 결정짓는 어조사(~이라면)이다. 교회(教誨)는 겹동사인 셈이다. 予不屑之教誨也의 설(屑)은 〈조촐할 결(絜), 결(潔), 청(淸)〉 등과 같고, 지(之)는 어떤 사람[其人] 정도로 부정대명사인 셈이고, 교회(教誨)는 서로 같은 뜻으로 겹동사로 가르치고[教] 가르친다[誨]는 뜻을 강조하는 어투이다.

주절인 시역교회지이이의(是亦教誨之而已矣)는 〈AB而已矣〉꼴로 영어의 2형식 문장과 같은 어투이다. 是亦教誨之而已矣에서 시(是)는 予不屑之教誨也의 불설지교회(不屑之教誨)를 나타내는 지시어이면서 주어이고, 역(亦)은 어조를 돕는 부사이며, 교회(教誨)는 보어로 영어의 동명사 구실을 하며, 지(之)는 교회(教誨)의 목적어이고, 이이의(而已矣)는 구문을 결정짓는 강조형 어조사(~뿐이다)로 이이(而已)·이(已)·이(耳) 등과 같다. 이[是] 또한[亦] 그를[之] 가르치는 것일[教誨] 따름이다[而已矣].

미운 놈에게 떡 하나 더 준다는 속담을 생각나게 한다. 떡 하나 더 먹고 잘못을 뉘우치기 바란다는 뜻의 속담 말이다. 조촐한 인간이 아니면 말로써 가르쳐주질 않고 스스로 헤아려 자신을 돌이켜보라는 뜻이 숨어 있음이다. 그러니 맹자가 수성(脩省) 또한 가르침임을 단언(斷言)하고 있는 셈이다. 스스로 닦고[脩] 스스로 자신을 살피면[省] 누구나 조촐한 인간으로 거듭날 수 있다. 조촐한 사람이란 후지은행(厚志隱行)의 인간을 말한다. 뜻이[志] 두터워[厚] 행동을[行] 드러내지 않는[隱]. 사람을 두고 조촐하다 한다. 말이 가벼우면 행동이 가볍다. 경망스러운 사람을 일러 너절하다 한다. 너절한 놈은 말로 가르쳐선 조촐한 인간이 되기 어렵다. 스스로 자신이 너절함을 깨우쳐 부끄러움을 터득하고 스스로 뉘우치지 않고선 너절한 허물을 벗어날 수 없다. 그러니 맹자가 너절한 인간을 따끔한 가르침의 회초리로 후려치는 것이다.

나 여(予), 아니 불(不), 달갑게 여길 설(屑), 어조사(~한) 지(之), 가르침 교(敎), 가르쳐 인도할 회(誨), 어조사(토) 야(也), 어조사(~면) 자(者), 이 시(是), 또한 역(亦), 그 지(之), 어조사 이(而), 어조사 이(已), 어조사 의(矣)

【七篇】
진심장구_상(盡心章句_上)

제1장

1장은 맹자가 천명관(天命觀)이 곧 생명관임을 밝히는 장이다. 진심(盡心)·지성(知性)·존심(存心)·양성(養性)이 지천(知天)·사천(事天)·사명(俟命)으로 이어짐이 곧 입명(立命)의 수신(修身)임을 정언(定言)해주는 장으로, 맹자의 사상이 응축되어 있는 장이다.

【문지(聞之)】

진기심자지기성야(盡其心者知其性也)

【원문(原文)】

孟子曰(맹자왈) 盡其心者(진기심자)는 知其性也(지기성야)이니 知其性(지기성) 則知天矣(즉지천의)이다 存其心(존기심)하여 養其性(양기성)은 所以事天也(소이사천야)이다 殀壽不貳(요수불이)하여 修身以俟之(수신이사지)는 所以立命也(소이립명야)이다

【해독(解讀)】

맹자가 말했다[孟子曰]. “제 마음을 다한다면[盡其心者] 제 천성을 아는 것이고[知其性也], 제 천성을 알면[知其性] 곧 하늘을 아는 것이며[則知天矣], 제 마음을 살피고[存其心] 제 천성을 기르는 것이[養其性] 그로써 하늘을 섬기는 것이다[所以事天也]. 요절과 장수는 둘이 아니다[殀壽不貳]. 자신을 닦음으로써 천명을 기다리는 것은[修身以俟之] 그리하여 천명을 굳건히 하는 것이다[所以立命也].”

【담소(談笑)】

盡其心者(진기심자) 知其性也(지기성야)

▶ 제[其] 마음을[心] 다한다[盡]면[者] 제[其] 천성을[性] 아는 것[知]이 다[也].

진기심자지기성야(盡其心者知其性也)의 문맥을 잡으려면 먼저 본동사인 자(字)를 주목하여 구문을 갈래지어보면 된다. 盡其心者知其性也에서 〈다할 진(盡)〉, 〈알 지(知)〉가 본동사이므로 두 구문으로 된 어투임을 알아챌 수 있다. 진기심자(盡其心者)와 지기성야(知其性也)로 가름하여 두 구문의 관계를 살피면 문맥이 잡힌다는 말이다. 그러면 盡其心者知其性也가 〈A者B也〉꼴로 조건의 종속절을 둔 영어의 복문과 같은 어투임을 알 수 있다. 〈A(盡其心)면[者] B(知其性)이다[也]〉

조건의 종속절인 진기심자(盡其心者)는 人盡其心者에서 진(盡)의 주어인 인(人)을 생략한 어투로 영어의 3형식 절과 같다. 盡其心者에서 진(盡)은 타동사로 절의 본동사이고, 기(其)는 심(心)의 관형사이며, 심(心)은 진(盡)의 목적어이고, 자(者)는 절을 결정짓는 어조사(~면) 정도로 여기고 영어의 If처럼 여긴다. 盡其心者의 진(盡)은 〈다할 실(悉)〉과 같다.

주절인 지기성야(知其性也)는 人知其性也에서 지(知)의 주어인 인(人)을 생략한 어투로 영어의 2형식 절과 같다. 知其性也에서 지(知)는 타동사로 절의 본동사이고, 기(其)는 성(性)의 관형사이며, 성(性)은 지(知)의 목적어이고, 야(也)는 절을 결정짓는 어조사(~이다)이다. 知其性也의 지(知)는 〈알 식(識)〉과 같고, 성(性)은 천성(天性) 또는 본성(本性)의 줄임말이다.

성(性)에는 인의예지(仁義禮智)란 사단(四端)이 있다고 유가(儒家)는 본다. 그 사단은 하늘의 시킴[天命]이므로 성(性)은 인간이 물려받은 천성이다. 맹자가 밝히는 진심(盡心)이란 마음에 본래부터 있는 천성인 인의예지(仁義禮智)를 남김없이 발휘하는 것을 말한다.

다할 진(盡), 그 기(其), 마음 심(心), 어조사(~면) 자(者), 알 지(之), 천성 성(性), ~이다 야(也)

知其性(지기성) 則知天矣(즉지천의)

▶ 제[其] 천성을[性] 알면[知] 곧[則] 하늘을[天] 아는 것[知]이다[矣].

지기성즉지기천의(知其性則知天矣)는 〈A則B〉꼴로 영어의 복문과 같은 어투이다. 즉(則)을 중심으로 앞은 양보 내지 조건의 종속절인 경우가 대부분이고, 뒤는 주절이다. 그러므로 知其性則知天矣에서 지기성(知其性)을 조건절로 여기고, 지천의(知天矣)를 주절로 여기고 새기면 문맥이 잡힌다. 〈A(知其性)라면 곧[則] B(知天)이다[矣]〉

조건의 종속절인 지기성(知其性) 역시 人知其性에서 지(知)의 주어인 인(人)을 생략한 어투로 영어의 3형식 절과 같다. 知其性에서 지(知)는 타동사로 절의 본동사이고, 기(其)는 성(性)의 관형사이며, 성(性)은 지(知)의 목적어이다. 知其性의 지(知)는 〈알 식(識)〉과 같고, 성(性)은 천성(天性)의 줄임말로 여긴다.

주절인 지천의(知天矣)는 人知天矣에서 지(知)의 주어인 인(人)을 생략한 어투로 영어의 2형식 절과 같다. 知天矣에서 지(知)는 타동사로 절의 본동사이고, 천(天)은 지(知)의 목적어이며, 의(矣)는 절을 결정짓는 어조사(~이다)이다. 知天矣의 지(知)는 〈알 식(識)〉과 같고, 천(天)은 천명(天命)의 줄임말로 여긴다.

성(性)은 지선(至善)의 목숨(命)인 셈이다. 내 목숨 즉 내 천성은 내가 살도록 하늘이 내린 것[天命]이다. 내가 부여받은 목숨을 유가(儒家)는 인의예지(仁義禮智) 사단(四端)으로써 밝힌다. 말하자면 유가의 인의예지는 성(性)이 드러나는 지극한 이치인 것이다. 사람의 성(性)은 곧 천(天)의 것이지 사람의 것이 아니란 말이다. 이는 동북아 문화권의 공통적인 생명관이다.

알 지(知), 그 기(其), 천성 성(性), 곧 즉(則), 하늘 천(天), ~이다 의(矣)

存其心(존기심) 養其性(양기성) 所以事天也(소이사천야)

▶ 제[其] 마음을[心] 살피고[存] 제[其] 천성을[性] 기르는 것은[養] 그리하여[以] 하늘을[天] 섬기는[事] 것[所]이다[也].

존기심양기성소이사천야(存其心養其性所以事天也)는 〈AB也〉꼴로 영어의 2형식 문장과 같다. 〈A(存其心養其性)는 B(所以事天)이다[也]〉 存其心養其性所以事天也에서 존기심양기성(存其心養其性)은 주부이고, 소이사천(所以事天)은 술부로 보어이며, 야(也)는 구문을 결정짓는 어조사(~이다)이다. 특히 所以事天也에서 이(以)의 구실을 알아야 문맥을 잡기 쉽다. 시이소사천야(是以所事天也)에서 시(是)를 생략하고 본동사인 사(事) 앞으로 후치시킨 것을 알면, 이를[是] 써[以] 하늘을[天] 섬기는[事] 바[所]이다[也]라고 새겨

所以事天也의 문맥을 잡는다. 그러면 所以事天也에서 이(以)가 왜 절의 본동사인 사(事)를 꾸미는 부사인지 알 수 있다. 물론 시이(是以)의 시(是)는 존기심양기성(存其心養其性)을 가리키는 지시어이다.

주부인 존기심(存其心)에서 존(存)은 영어의 동명사 또는 부정사(不定詞) 같은 구실을 하고, 기(其)는 심(心)의 관형사이며, 심(心)은 존(存)의 목적어이다. 存其心은 영어의 부정사구를 생각하면 문맥을 잡기 편하다. 存其心의 존(存)은 여기서 〈가질 보(保)〉보다 〈살필 찰(察)〉과 같다고 여기고 새기는 것이 문맥에 잘 어울린다.

주부인 양기성(養其性)에서 양(養) 역시 영어의 동명사 또는 부정사 같은 구실을 하고, 기(其)는 성(性)의 관형사이며, 성(性)은 양(養)의 목적어이다. 養其性 역시 영어의 부정사구를 상기하면 문맥을 잡기 편하다. 養其性의 양(養)은 〈기를 육(育)〉과 같고 양육(養育)의 줄임말로 여기고 새긴다.

술부인 소이사천야(所以事天也)의 이사천(以事天)은 소(所)를 꾸미는 형용사절로 여기면 문맥을 잡기 쉽다. 이사천(以事天)하는 바[所]라고 읽으면 문맥이 잡힌다는 말이다. 所以事天也의 소(所)를 영어의 what did A에서 what처럼 생각하면 所以事天也의 소(所)를 알아채기 쉽다. 所爲A = what did A란 말이다. A를 한[爲] 것[所] = A를 한(did) 것(what). 所以事天也의 사(事)는 〈섬길 봉(奉)〉과 같고 봉사(奉事)의 줄임말로 여기고, 천(天)은 천명(天命)의 줄임말로 여긴다.

사천(事天)은 곧 우리네 생명관을 단적으로 말해준다. 목숨을 물려준 하늘이므로 하늘을 거스르는 짓을 범하지 말라 한다. 공자(孔子)는 사천(事天)을 강조했다. 그래서 공자는 "획죄어천(獲罪於天) 무소도(無所禱)"라고 단언한다. 하늘[天]에[於] 죄를[罪] 지으면[獲] 빌[禱] 곳도[所] 없다[無]. 그러니 마음을 살펴[存心] 천성을 길러[養性] 하늘을 섬겨라[事天]. 이는 곧 인의예지(仁義禮智)로 살라 함이다.

살필 존(存), 그 기(其), 마음 심(心), 기를 양(養), 천성 성(性), 바 소(所), 써 이(以), 섬길 사(事), 하늘 천(天), 이다 ~야(也)

殀壽不貳(요수불이)

▶ 요절과[殀] 장수는[壽] 둘이[貳] 아니다[不].

요수불이(殀壽不貳)는 영어의 2형식 문장과 같은 어투이다. 殀壽不貳에서 요수(殀壽)는 주어이고, 불이(不貳)는 보어이다. 殀壽不貳의 요(殀)는 〈일찍 죽을 상(殤)〉과 같고, 수(壽)는 장수(長壽)를 말하며, 불이(不貳)는 다르지 않고 한 가지란 뜻이다. 불이(不貳)는 곧 동일(同一)을 뜻한다.

장자도 같은 말을 했다. "막수호상자이팽조위요(莫壽乎殤子而彭祖爲夭)." 일찍 죽은 아이[殤子]보다 더[乎] 장수한 이는[壽] 없고[莫], 그러나[而] (7백갑자를 살았다는) 팽조가[彭祖] 요절한 자[夭]이다[爲]. 인간이 정해둔 햇수로 목숨을 재지 말라 함이다. 요절도 하늘의 뜻이요 장수도 하늘의 뜻이니 다를 것 없다는 말이다. 보약을 먹고 운동을 해서 몸뚱이를 건장하게 한들 천명을 어찌할 수 없다. 삼가 하늘을 섬기는 정성을 다해 살라 한다.

요절 요(殀), 장수 수(壽), 아니 불(不), 두 이(貳)

修身以俟之(수신이사지) 所以立命也(소이립명야)

▶ **자신을[身] 닦음[修]으로써[以] 천명을[之] 기다리는 것은[俟] 그리하여[以] 천명을[命] 굳건히 하는 것[立]이다[也].**

수신이사지소이립명야(修身以俟之所以立命也)는 〈AB也〉꼴로 영어의 2형식 문장과 같은 어투이다. 〈A(修身以俟之)는 B(所以立命)이다[也]〉 修身以俟之所以立命也에서 수신이사지(修身以俟之)는 주부이고, 소이립명(所以立命)은 술부로 보어이며, 야(也)는 구문을 결정짓는 어조사(~이다)이다. 특히 所以立命也에서 이(以)의 구실을 알아야 문맥을 잡기 쉽다. 시이소립명야(是以所立命也)에서 시(是)를 생략하고 본동사인 입(立) 앞으로 후치시킨 것을 알면 이를[是] 써[以] 천명을[命] 굳건히 하는[立] 바[所]이다[也]라고 새겨 所以立命也의 문맥을 잡을 수 있다. 그러면 所以立命也에서 이(以)가 왜 절의 본동사인 입(立)을 꾸미는 부사인지 알 수 있다. 물론 시이(是以)의 시(是)는 수신이사지(修身以俟之)를 나타내는 지시어이다.

주부 수신이사지(修身以俟之)에서 수신이(修身以)는 이수신(以修身)과 같고 사(俟)를 꾸미는 부사구이며, 사(俟)는 영어의 동명사 또는 부정사(不定詞)와 같은 구실을 하고, 지(之)는 사(俟)의 목적어이다. 修身以俟之를 俟之以修身으로 어순을 바꾸어 새기면 쉽다. 修身以俟之는 영어의 부정사구를 상기하면 문맥을 잡기 쉽다. 修身以俟之의 수(修)는 〈닦을 근(筋), 바를 정(正)〉 등과 같고, 신(身)은 심신(心身)의 줄임말이며, 이(以)는 〈할 위(爲), 써 용(用)〉 등과 같고, 사(俟)는 〈기다릴 대(待)〉와 같고, 지(之)는 천명을 나타내는 지시어이다.

술부인 소이립명야(所以立命也)의 이립명(以立命)을 소(所)를 꾸미는 형용사절로 여기면 문맥을 잡기 쉽다. 이립명(以立命)하는 바[所]라고 읽어보면 문맥이 잡힌다는 말이다. 所以立命也의 소(所)를 영어의 what did A에서 what과 같이 여기면 所以立命也의 소(所)를 알기 쉽다. 所爲A = what did A란 말이다. A를 한[爲] 것[所] = A를 한(did) 것(what). 所以立命也의 입(立)은 여기선 〈굳건히 할 견(堅)〉과 같고 확립(確立)의 줄임말로 여기고, 명(命)은 천명(天命)의 줄임말로 여기고 새긴다.

사천(事天)의 첫째 덕목을 수기(修己) · 수신(修身) · 수기(守己) · 정기(正己) · 직기(直己) 등 여러 가지로 말하지만, 다 같은 말씀이다. 이 말씀들은 모조리 다 존기심(存其心)하여 양기성(養其性)하라는 말이다. 잠시라도 마음에서 인의예지(仁義禮智)가 떠나지 않는 삶을 살라 함이다. 이것이 곧 입명(立命)이다.

닦을 수(修), 몸 신(身), 할 이(以), 기다릴 사(俟), 그것 지(之), 굳건히 할 립(立), 명령 명(命), ~이다 야(也)

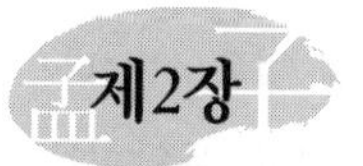

제2장

2장은 맹자가 생사관(生死觀)을 정명(正命)과 비정명(非正命)으로 정언(定言)하는 장이다. 막비명(莫非命)에서 벗어난 목숨[命]은 없다. 생명관을 이미 밝혔으니 삶[生]을 마감하는 생사관을 밝혀주어 옷깃을 여미게 하는 장이다. 행험(行險)하지 말라는 장이라고 새겨둘 장이다.

【문지(聞之)】

막비명야(莫非命也)

【원문(原文)】

孟子曰 莫非命也이니 順受其正한다 知命者는 不立乎巖牆之下한다 盡其道而死者는 正命也이나 桎梏死者는 非正命也이다
맹자왈 막비명야 순수기정 지명자 불립호암장지 하 진기도이사자 정명야 질곡사자 비정명야

【해독(解讀)】

맹자가 말했다[孟子曰]. "천명 아닌 것은 없는 것이니[莫非命也], 천명의 올바름을 순순히 받아들여라[順受其正]. (그래서) 명을 아는 사람은 돌담 밑에 서지 않는다[知命者不立乎巖牆之下]. 자신의 도리를 다하고 죽는 것은 명을 바르게 한 것이다[盡其道而死者正命也]. 발에 족쇄를 차고 손에 쇠고랑을 차고 죽는 것은 천명을 바르게 함이 아닌 것이다[桎梏死者非正命也]."

【담소(談笑)】

莫非命也(막비명야)

▶ **천명[命] 아닌 것은[非] 없는 것[莫]이다[也].**

막비명야(莫非命也)는 (莫A也)꼴로 영어의 1형식 문장과 같은 어투이다. 〈A(非命)는 없는 것[莫]이다[也]〉 莫非命也에서 막(莫)은 〈없을 무(無)〉와 같은 자동사로 본동사이고, 비(非)는 주어이며, 명(命)은 비(非)의 동격이고, 야(也)는 구문을 결정짓는 어조사(~이다)이다. 莫非命也의 막(莫)은 〈없을 무(無)〉와 같고, 비(非)는 불시(不是)와 같으며, 명(命)은 천명(天命)의 줄임말로 여긴다.

사람 목숨[人命]만 명(命)인 것은 아니다. 생멸(生滅)하는 것이면 무엇이든 명(命)이다. 영원한 것은 없다. 무엇이든 목숨[命]에 따라 있다가 없어진다. 하늘이 있으라 하므로 있고, 사라져라 하므로 사라지는 것이 목숨이란 말이다. 무엇 하나 천명(天命)을 벗어나 있을 수 없다는 뜻이 곧 막비명(莫非命)이다. 서양의 존재론(ontology)에는 막비명이 없다. 그래서 사유(思惟)의 원천(源泉)이 다를 수밖에 없다.

없을 막(莫), 아닌 것 비(非), 천명 명(命), ~이다 야(也)

順受其正(순수기정)

▶ **명의[其] 올바름을[正] 순리대로[順] 받아들여라[受].**

순수기정(順受其正)은 영어의 3형식 명령문처럼 새기면 문맥이 통한다. 順受其正에서 순(順)은 수(受)를 꾸미는 부사이고, 수(受)는 타동사이며, 기(其)는 정(正)의 관형사이고, 정(正)은 수(受)의 목적어이다. 順受其正의 순(順)은 불역(不逆)의 뜻으로 〈순리대로 순(順)〉이고, 수(受)는 〈용납할 용(容)〉과 같고 수용(受容)의 줄임말로 여기고 새기고, 기(其)는 명지(命之)를 대신하며, 정(正)은 여기서 선(善)과 같다.

선(善)만 명(命)이 아니라 악(惡)도 명(命)이다. 정(正)만 명(命)이 아니라 사(邪)도 명(命)이다. 다만 그릇됨을 용납하지 말고 올바름만 용납하라는 것이 맹자의 당부인 셈이다.

도리를 따를 순(順), 받아들일 수(受), 그 기(其), 바름 정(正)

知命者(지명자) 不立乎巖牆之下(불립호암장지하)

▶ (그래서) 명을[命] 아는[知] 사람은[者] 돌담[巖牆]의[之] 밑[下]에[乎] 서지 않는다[不立].

지명자불립호암장지하(知命者不立乎巖牆之下)는 영어의 1형식 문장과 같은 어투이다. 知命者不立乎巖牆之下에서 지명자(知命者)는 주부이고, 불(不)은 입(立)의 부정사(否定詞)이며, 입(立)은 자동사로 본동사이고, 호암장지하(乎巖牆之下)는 입(立)을 꾸미는 부사구이다. 그러므로 知命者不立乎巖牆之下의 골격은 자립(者立)이다. 주부지명자(知命者)는 지명지인(知命之人)의 지인(之人)을 자(者)로 축약한 어투이므로 〈A者〉꼴로 기억해두면 편하다. 〈A하는 사람[者]〉 또는 〈A하는 것[者]〉 여기선 〈A(知命)하는 사람[者]〉으로 새기면 문맥이 통한다. 〈A者〉꼴의 A는 자(者)를 꾸며주는 형용사 역할을 한다. 부사구인 호암장지하(乎巖牆之下)에서 호(乎)는 〈~에서 어(於)〉와 같고, 지(之)는 〈A之B〉꼴로 여기선 소유격 토씨(~의)이다. 암장(巖牆)은 무너질 위험이 늘 있는 돌담을 말한다.

한문투의 문맥을 잡는 데 자(者)의 쓰임새를 정리해두면 편하다. 적어도 아래 5가지만큼은 기억해두는 것이 문맥을 잡는 데 도움이 된다.

① 주어를 강조하는 자(者) : 〈A者B也〉, 〈A란 것은[者] B이다[也]〉

② 주어와 술부를 강조하는 자(者) : 〈A者B者也〉, 〈A란 것은[者] B란 것[者]이다[也]〉 A와 B를 아울러 강조한다.

③ 가정의 어조사 구실을 하는 자(者) : 〈A者B〉, 〈A하면[者] B한다〉 여기서 자(者)는 영어 조건절의 종속접속사인 If와 같다.

④ 어조사인 자(者) : 〈AB者〉, 〈A는 B이다[者]〉. 구문 끝에 붙어 야(也)와 같은 구실을 한다.

⑤ 지(之) + 명사를 축약하는 자(者) : 지지인불혹(知之人不惑)의 지인(之人)을 자(者)로 축약하여 지자불혹(知者不惑)이라고 하는데, 이러한 자(者)가 한문투에 자주 쓰인다. 〈것 자(者), 놈 자(者)〉이고, 이런 구실 때문에 자(者)를 대명사로 여길 수도 있다.

한문투에서 지(之)만큼 문맥을 잡기에 혼란스러운 허사도 없다. 지(之)에 대해 다음처럼 정리해두면 문맥을 잡는 데 편하다. 〈A가[之] B = 주격 토씨, A의[之] B = 소유격 토씨, A를[之] B = 목적격 토씨, A한[之] B = A를 형용사로 만든다, B한[之] A = B를 형용사로 만든다〉 이와 같이 〈A之B〉에서 지(之)는 문맥에 따라 자유롭게 토씨[格] 구실을 하고, 지시대명사로 쓰이는 경우가 매우 흔하며, 〈갈 거(去)〉와 같은 뜻으로 동사로도 쓰인다.

지명자(知命者)를 군자(君子) 또는 대인(大人)이라 하고, 명(命)을 모르는 자[者]를 소인(小人)이라 한다. 그래서 소인배는 겁 없이 돌담 밑에 서기를 마다하지 않는다. 『중용(中庸)』 3편 3장에 다음과 같은 말이 나온다. "군자거이이사명(君子居易以俟命) 소인행험이요행(小人行險以徼幸)." 군자는[君子] 평이하게[易] 삶[居]으로써[以] 명을[命] 기다리고[俟], 소인은[小人] 위험을[險] 무릅씀[行]으로써[以] 요행을[幸] 구한다[徼]. 나한테야 돌담이 무너지겠느냐고 바라지 말라. 까불면 돌담에 깔려 죽는다.

> 알 지(知), 목숨 명(命), 놈 자(者), 아니 불(不), 설 립(立), ~에서 호(乎), 바위 암(巖), 담 장(牆), ~의 지(之), 밑 하(下)

盡其道而死者(진기도이사자) 正命也(정명야)

▶ 목숨의[其] 도리를[道] 다하고[盡]서[而] 죽는[死] 것은[者] 명을[命] 바르게 한 것[正]이다[也].

진기도이사자정명야(盡其道而死者正命也)는 영어의 2형식 문장과 같은 어투이다. 盡其道而死者正命也에서 진기도이사자(盡其道而死者)는 주부이고, 정명(正命)은 술부이며, 야(也)는 구문을 결정짓는 어조사(~이다)이다.

부진기도이사자(盡其道而死者)의 자(者)를 지인(之人)의 자(者)로 보느냐 아니면 지사(之事)의 자(者)로 보느냐에 따라 새김이 달라질 수 있다. 다만 전후 문맥을 따라 걸맞은 문의를 찾아야 한다.

진기도이사자(盡其道而死者)는 역시 〈A者〉꼴이다. 〈A하는 사람[者]〉 또는 〈A하는 것[者]〉 여기선 〈A(盡其道而死)하는 것[者]〉으로 새기는 것이 문맥에 걸맞다. 〈A者〉꼴의 A를 자(者)를 꾸미는 형용사로 여기고 새긴다. 盡其道而死者의 진(盡)은 〈다할 실(悉)〉과 같고, 기(其)는 명지(命之)를 대신하는 관형사이며, 도(道)는 〈이치 리(理)〉와 같고 도리(道理)의 줄임말로 새기고, 이(而)는 연접의 연사이며, 사(死)는 〈죽을 망(亡)〉과 같고 사망(死亡)의 줄임말로 여기고, 자(者)는 지사(之事)의 축약으로 보는 편이 문맥에 걸맞다. 술부인 정명(正命)에서 정(正)은 영어의 부정사(不定詞)나 동명사와 같으면서 보어이고, 명(命)은 정(正)의 목적어이며, 야(也)는 구문을 결정짓는 어조사(~이다)이다.

명지도(命之道)를 다한 삶[生]은 명[命]의[之] 도리[道]를 다하고 맞은 죽음[死]이므로 진기도(盡其道)는 곧 정명(正命)이다. 명대로 바르게 살다가 편안히 자연사한 사람은 정명(正命)의 주인이고, 교수대에서 험하게 죽임을 당하는 놈은 정명을 어긴 획죄어천(獲罪於天)의 죄인이다. 하늘[天]에[於] 죄를[罪] 짓다[獲]. 그러니 무슨 일이 있어도 물려받은 목숨[命]을 함부로 하지 말라 함이 정명(正命)이다.

다할 진(盡), 그 기(其), 도리 도(道), 그리고 이(而), 죽을 사(死), 놈 자(者), 올바른 정(正), 천명 명(命), ~이다 야(也)

桎梏死者(질곡사자) 非正命也(비정명야)

▶ 발에 족쇄를 차고[桎] 손에 쇠고랑을 차고[梏] 죽는[死] 것은[者] 천명을[命] 바르게 함이[正] 아닌 것[非]이다[也].

질곡사자비정명야(桎梏死者非正命也) 역시 영어의 2형식 문장과 같은 어투이다. 桎梏死者非正命也에서 질곡사자(桎梏死者)는 주부이고, 비정명(非正命)은 술부이며, 야(也)는 구문을 결정짓는 어조사(~이다)이다. 주부인 질곡사자(桎梏死者)의 자(者)를 지인(之人)의 자(者)로 보느냐 아니면 지사(之事)의 자(者)로 보느냐에 따라 새김이 달라질 수 있다. 다만 전후 문맥을 따라라 걸맞은 문의를 찾아야 한다.

질곡사자(桎梏死者) 역시 〈A者〉꼴이다. 〈A하는 사람[者]〉 또는 〈A하는 것[者]〉 여기선 〈A(桎梏死)하는 것[者]〉으로 새기는 것이 문맥에 걸맞다. 〈A者〉꼴의 A는 자(者)를 꾸미는 형용사로 여기고 새긴다. 桎梏死者의 질(桎)은 발을 묶은 족쇄를 말하고, 곡(梏)은 손을 묶은 쇠고랑을 말하므로 질곡(桎梏)은 죄인을 뜻한다. 桎梏死者의 사(死)는 〈죽을 망(亡)〉과 같고 사망의 줄임말로 여기며, 자(者)는 지사(之事)의 축약으로 보면 문맥에 걸맞다. 술부인 비정명(非正命)에서 비(非)는 보어이고, 정명(正命)은 비(非)의 동격이며, 정명(正命)의 정(正)은 영어의 부정사(不定詞)나 동명사와 같고, 명(命)은 정(正)의 목적어이며, 야(也)는 구문을 결정짓는 어조사(~이다)이다.

정명(正命)은 군자의 죽음으로 통하고, 비정명(非正命)은 소인배의 죽음을 말한다. 어디 질곡의 죽음만 비정명이겠는가. 임금이 금관을 쓰고 죽어도 살아서 못된 짓거리를 일삼았다면 그 또한 소인배이니 비정명의 죽음이다. 그러니 평생을 순하게 살다가 죽음을 맞이한 초부(樵夫)의 삶이 정명의 삶이요 죽음이다. 정명과 비정명, 참으로 엄하고 무서운 말씀이다.

족쇄 질(桎), 쇠고랑 곡(梏), 죽을 사(死), 것 자(者), 아닌 것 비(非), 바르게 할 정(正), 천명 명(命), ~이다 야(也)

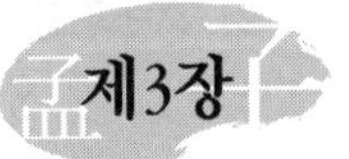

제3장

3장은 맹자가 구하면 유익한 것이 있고 구해도 무익한 것이 있음을 밝히는 장이다. 구할수록 불어나는 것[有益]이 무엇이며, 구한다 해도 불어나지 않는 것[無益]이 무엇인지 헤아리게 하는 장이다. 구하면 그것을 얻고[求則得之] 버리면 그것을 잃는다[舍則失之]는 그것이 무엇인지 살펴 성찰하게 하는 장이다.

【문지(聞之)

구즉득지사즉실지(求則得之舍則失之)

【원문(原文)】

孟子曰 求則得之하고 舍則失之하니 是는 求有益於得也이니 求在我者也이다 求之有道하고 得之有命하니 是는 求無益於得也이니 求在外者也이다
맹자왈 구즉득지 사즉실지 시 구유익어득야 구재아자야 구지유도 득지유명 시 구무익어득야 구재외자야

【해독(解讀)】

맹자가 말했다[孟子曰]. "구하면 곧 그것을 얻고[求則得之] 버려두면 곧 그것을 잃는다[舍則失之]. 이는 구해서 얻음에 이로움이 있다는 것이고[是求有益於得也], (얻음에 더해짐이 있다는 것은) 나에게 있는 것을 구한다는 것이다[求在我者也]. 그것을 구하는 데 도리가 있고[求之有道], 그 무엇을 얻어냄에는 천명이 있다[得之有命]. 이는 구해서 얻음에 더해짐이 없다는 것이다[是求無益於得也]. (얻음에 더함이 없다는 것은) 바깥에 있는 것을 구한다는 것이다[求在外者也]."

【담소(談笑)】

求則得之(구즉득지)

▶ 구하면[求] 곧[則] 그것을[之] 얻는다[得].

구즉득지(求則得之)는 人人求之則人人得之에서 문맥으로 보충할 수 있으므로 주어인 누구나 다[人人]를 생략하고, 되풀이되는 지(之)를 앞쪽에서 생략한 〈A則B〉꼴로, 영어의 복문과 같은 어투이다. 즉(則)을 중심으로 대개 앞은 양보 내지 조건의 종속절이고, 뒤는 주절이다. 그러므로 求則得之에서 구(求)는 조건절로 여기고, 득지(得之)를 주절로 여기고 새기면 문맥이 잡힌다. 〈A(求)하면 곧[則] B(得之)한다〉

구즉득지(求則得之)의 구(求)는 〈구할 요(要)〉와 같고 요구(要求)의 줄임말로 여기고, 즉(則)은 어조사(곧)이므로 무시하고 새겨도 되며, 득(得)은 〈얻을 획(獲)〉과 같고 획득(獲得)의 줄임말로 여기고, 지(之)는 앞서 1장에서 밝힌 진심(盡心) · 지성(知性) · 지천(知天) · 존심(存心) · 양성(養性)의 사천(事天)을 떠올리면 문맥의 문의가 잘 드러난다.

구할 구(求), 곧 즉(則), 얻을 득(得), 그것 지(之)

舍則失之(사즉실지)

▶ **버려두면[舍] 곧[則] 그것을[之] 잃는다[失].**

사즉실지(舍則失之)는 人人舍之則人人失之에서 문맥으로 보충할 수 있으므로 주어인 누구나 다[人人]를 생략하고 되풀이되는 지(之)를 앞쪽에서 생략한 〈A則B〉꼴로, 영어의 복문과 같은 어투이다. 즉(則)을 중심으로 앞은 대개 양보 내지 조건의 종속절이고, 뒤는 주절이다. 그러므로 舍則失之에서 사(舍)는 조건절로 여기고, 실지(失之)를 주절로 여기고 새기면 문맥이 잡힌다. 〈A(舍)하면 곧[則] B(失之)한다〉

舍則失之의 사(舍)는 〈버릴 사(捨)〉와 같고 사절(舍絶)의 줄임말로 여기고, 즉(則)은 어조사(곧)이므로 무시하고 새겨도 되며, 실(失)은 〈잃을 상(喪)〉과 같고 상실(喪失)의 줄임말로 여기고, 지(之)는 앞서 1장에서 밝힌 진심(盡心)·지성(知性)·지천(知天)·존심(存心)·양성(養性)의 사천(事天)을 떠올리면 무엇을 저버림[舍]인지 알 수 있다.

버릴 사(舍), 곧 즉(則), 잃을 실(失), 그것 지(之)

是求有益於得也(시구유익어득야)

▶ **이는[是] 구해서[求] 얻음[得]에[於] 더해짐이[益] 있다는 것[有]이다[也].**

시구유익어득야(是求有益於得也)는 〈AB也〉꼴로 영어의 2형식 문장과 같은 어투이다. 〈A(是)는 B(求有益於得)이다[也]〉 是求有益於得也에서 시(是)는 주어이고, 구유익어득(求有益於得)은 술부이며, 야(也)는 구문을 결정짓는 어조사(~이다)이다.

술부 구유익어득(求有益於得)에서 구(求)는 유(有)를 꾸미는 부사이고, 유(有)는 영어의 동명사 내지 부정사(不定詞)와 같으면서 〈있을 유(有)〉로 보어이며, 익(益)은 유(有)의 주어이고, 어득(於得)은 유(有)를 꾸미는 부사구이다. 是求有益於得也의 시(是)는 구즉득지(求則得之) 사즉실지(舍則失之)를 가리키는 지시어이고, 구(求)는 〈구할 요(要)〉와 같으며, 익(益)은 〈더할 증(增)〉과 같고, 어(於)는 〈~에 우(于)〉와 같으며, 득(得)은 〈얻을 획(獲)〉과 같고 획득(獲得)의 줄임말로 여긴다.

이 시(是), 구할 구(求), 있을 유(有), 더할 익(益), ~에 어(於), 얻을 득(得),

~이다 야(也)

求在我者也(구재아자야)

▶ (얻음에 더함이 있다는 것은) 나에게[我] 있는[在] 것을[者] 구한다는 것[求]이다[也].

구재아자야(求在我者也)는 求有益於得也求在我者也에서 되풀이되는 내용이므로 주어인 구유익어득야(求有益於得也)를 생략한 〈AB也〉꼴로, 영어의 2형식 문장과 같은 술부만으로 이루어진 어투이다. 求在我者也에서 구(求)는 영어의 동명사나 부정사와 같으면서 보어이고, 재아자(在我者)는 〈A者〉꼴로 A(在我)가 자(者)를 꾸며주고, 자(者)는 구(求)의 목적어이다. 나에게[我] 있는[在] 것을[者] 구하는 것[求].

나에게 있는 것[在我者]이란 천성(天性)의 사단(四端)인 인의예지(仁義禮智)라고 생각해보게 한다. 그 사단을 더해가는 것이 곧 구(求)함이요, 나를 닦고[修己] 나를 지킴[守己]이 곧 나에게 유익함이다.

구할 구(求), 있을 재(在), 나에게 아(我), 것 자(者), ~이다 야(也)

求之有道(구지유도)

▶ 그 무엇을[之] 구함에는[求] 도리가[道] 있다[有].

구지유도(求之有道)는 〈A有B〉꼴로 영어의 1형식 문장과 같은 어투이다. 〈A(求之)에 B(道)가 있다[有]〉 求之有道에서 구지(求之)는 유(有)를 꾸미는 부사구이고, 유(有)는 자동사로 본동사이며, 도(道)는 유(有)의 주어이다. 유(有)가 자동사 〈있을 유(有)〉이면 주어를 뒤에 둔다. 물론 〈A有B〉의 유(有)가 타동사 〈가질 유(有)〉이면 〈A가 B를 갖는다[有]〉고 새긴다. 求之有道의 구(求)는 〈구할 요(要)〉와 같고, 지(之)는 무엇인가 구하고 싶은 것을 나타내는 부정대명사이며, 도(道)는 〈이치 리(理)〉와 같고 도리(道理)의 줄임말로 여긴다.

왜 군자무본(君子務本)인가? 군자[君子]는 근본을[本] 애쓴다[務]. 왜 군자불기(君子不器)인가? 군자[君子]는 도구 노릇을 하지 않는다[不器]. 군자는 지명(知命)하므로 사명(俟命)할 줄 안다. 그러니 무엇이든 망령되게 구하지 말라 함이 구지유도(求之有道)이다.

구할 구(求), 그 무엇 지(之), 있을 유(有), 도리 도(道)

得之有命(득지유명)

▶ **그 무엇을[之] 얻어냄에는[得] 천명이[命] 있다[有].**

득지유명(得之有命)은 〈A有B〉꼴로 영어의 1형식 문장과 같은 어투이다. 〈A(得之)에 B(命)가 있다[有]〉 得之有命에서 득지(得之)는 유(有)를 꾸미는 부사구이고, 유(有)는 자동사로 본동사이며, 명(命)은 유(有)의 주어이다. 유(有)가 자동사 〈있을 유(有)〉이면 주어를 뒤에 둔다. 물론 〈A有B〉의 유(有)가 타동사 〈가질 유(有)〉이면 〈A가 B를 갖는다[有]〉고 새긴다. 得之有命의 득(得)은 〈얻어낼 획(獲)〉과 같고, 지(之)는 무엇인가 얻고 싶은 것을 나타내는 부정대명사이며, 명(命)은 천명(天命)을 말한다.

부귀영화를 얻고 싶은가? 하늘이 허락하면 얻고, 하늘이 허락하지 않으면 얻을 수 없다. 세상의 온갖 것들은 내 것도 아니요 내 뜻대로 되는 것도 아님을 알라는 것이 유명(有命)이다. 내가 누리는 목숨도 하늘이 허락하면 사는 것이고, 불허(不許)하면 죽는 것이 아닌가. 참으로 그 무엇 하나 천명 아닌 것이란 없다[莫非命]. 그러니 세상을 내 것인 양 착각하지 말라는 게다.

얻을 득(得), 그 무엇 지(之), 있을 유(有), 천명 명(命)

是求無益於得也(시구무익어득야)

▶ **이는[是] 구해서[求] 얻음[得]에[於] 더해짐이[益] 없다는 것[無]이다[也].**

시구무익어득야(是求無益於得也)는 〈AB也〉꼴로 영어의 2형식 문장과 같은 어투이다. 〈A(是)는 B(求無益於得)이다[也]〉 是求無益於得也에서 시(是)는 주어이고, 구무익어득(求無益於得)은 술부이며, 야(也)는 구문을 결정짓는 어조사(~이다)이다.

술부인 구무익어득(求無益於得)에서 구(求)는 무(無)를 꾸미는 부사이고, 무(無)는 영어의 동명사 내지 부정사(不定詞)와 같으면서 〈없을 무(無)〉로 보어이며, 익(益)은 무(無)의 주어이고, 어득(於得)은 무(無)를 꾸미는 부사구이다. 是求無益於得也의 시(是)는 구지유도(求之有道) 득지유명(得之有命)을 가리키는 지시어이고, 구(求)는 〈구할 요(要)〉와 같으며, 익(益)은 〈더할 증(增)〉과 같고, 어(於)는 〈~에 우(于)〉와 같고, 득(得)은 〈얻을 획

(獲)〉과 같고 획득(獲得)의 줄임말로 여긴다.

이 시(是), 구할 구(求), 없을 무(無), 더할 익(益), ~에 어(於), 얻을 득(得), ~이다 야(也)

求在外者也(구재외자야)

▶ (얻음에 더함이 없다는 것은) 바깥에[外] 있는[在] 것을[者] 구한다는 것[求]이다[也].

구재외자야(求在外者也)는 求無益於得也求在我者也에서 되풀이되는 내용이므로 주어인 구무익어득야(求無益於得也)를 생략한 〈AB也〉꼴로, 영어의 2형식 문장과 같은 술부만으로 된 어투이다. 求在外者也에서 구(求)는 영어의 동명사나 부정사(不定詞)와 같으면서 보어이고, 재외자(在外者)는 〈A者〉꼴로 A(在外)가 자(者)를 꾸며주고, 자(者)는 구(求)의 목적어이다. 바깥에[我] 있는[在] 것을[者] 구하는 것[求].

바깥 것[在外者]이란 세상에 있는 모든 것을 말한다. 나를 탐욕으로 치닫게 하는 모든 것들이 재외자(在外者)이다. 세상은 내 바라는 대로 되는 것이 아니기 때문이다. 하늘이 무너져도 얻어내야 한다고 억지를 부리지 말라 함이 유도(有道)요 유명(有命)이다. 바깥 것[在外者]을 얻었다 한들 그렇다고 천성(天性)의 사단(四端)인 인의예지(仁義禮智)가 불어나는 것은 아니다. 그래서 구해서 얻었다 한들 무익하다고 맹자가 정수리에 침을 놓는다.

구할 구(求), 있을 재(在), 바깥 외(外), 것 자(者), ~이다 야(也)

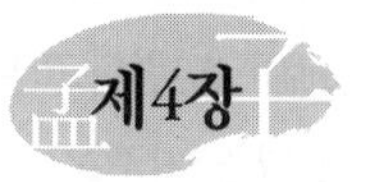

제4장

4장은 맹자가 성지(誠之)의 삶을 밝히는 장이다. 그 삶은 강서(强恕)로 풀이되고 있다. 강서(强恕)가 곧 구인(求仁)이고 행인(行仁)이며 시인(施仁)임을 확인하게 하는 장이며, 결과적으로 공자가 밝힌 일이관지(一以貫之)의 일(一)을 헤아리게 하는 장이다.

【문지(聞之)】

만물개비어아의(萬物皆備於我矣)

【원문(原文)】

孟子曰 萬物皆備於我矣이다 反身而誠하면 樂莫大焉이고 强恕而行하면 求仁이 莫近焉이다
맹자왈 만물개비어아의 반신이성 낙막대언 강서 이행 구인 막근언

【해독(解讀)】

맹자가 말했다[孟子曰]. "온갖 것이 나에게 모두 갖추어진 것이다[萬物皆備於我矣]. 자신을 돌아보고서 (자신이) 정성되다면[反身而誠] (삶의) 즐거움에 그보다 더 큰 것은 없다[樂莫大焉]. 힘써 용서하면서 살아간다면[强恕而行] 어짊을 구함에 그보다 더 가까운 것은 없다[求仁莫近焉]."

【담소(談笑)】

萬物皆備於我矣(만물개비어아의)

▶ **온갖 것이[萬物] 나[我]에게[於] 모두[皆] 갖추어진 것[備]이다[矣].**

만물개비어아의(萬物皆備於我矣)는 〈AB矣〉꼴로 영어의 2형식 문장과 같다. 萬物皆備於我矣에서 만물(萬物)은 주어이고, 개(皆)는 비(備)를 꾸미는 부사이며, 비(備)는 보어이고, 어아(於我)는 비(備)를 꾸미는 부사구이며, 의(矣)는 구문을 결정짓는 어조사(~이다)이다. 萬物皆備於我矣의 만물(萬物)은 온갖 물건을 말하는 것이 아니라 명(命)을 받아 누리는 온갖 이치를 말하고, 개(皆)는 〈모두 해(偕)〉와 같으며, 비(備)는 〈갖출 구(具)〉와 같고 구비(具備)의 줄임말로 여기고, 어(於)는 〈~에서 우(于)〉와 같으며, 아(我)는 아지심신(我之心身)으로 새기면 萬物皆備於我矣의 문의를 터득할 수 있다.

공자가 군자는 주이불비(周而不比)한다고 말한 뜻을 되새겨보게 한다. 두루 마음 쓰지[周]만[而] 견주지 않는다[不比]. 사람[人]이란 명(命)을 받아 누리는 온갖 이치가 모든 사람에게 골고루 갖추어져 있음을 군자는 알고 소인은 모른다. 그래서 군자는 부쟁(不爭)하고 소인은 날마다 경쟁한다.

많을 만(萬), 것 물(物), 모두 개(皆), 갖출 비(備), ~에게 어(於), 나 아(我), ~이다 의(矣)

反身而誠(반신이성) 樂莫大焉(낙막대언)

▶ 자신을[身] 돌아보고[反]서[而] (자신이) 정성되다면[誠] (삶의) 즐거움에[樂] 그보다 더[焉] 큰 것은[大] 없다[莫].

반신이성락막대언(反身而誠樂莫大焉)은 反身而誠樂莫大於是에서 어시(於是)를 언(焉)으로 축약한 어투로, 영어의 복문과 같다. 反身而誠樂莫大焉에서 반신이성(反身而誠)은 조건의 종속절로, 낙막대언(樂莫大焉)은 주절로 여기면 反身而誠樂莫大焉의 문맥이 통한다.

조건의 종속절인 반신이성(反身而誠)은 人人反身 而人人誠에서 문맥으로 보충할 수 있으므로 주어인 누구나 다[人人]를 생략한 어투이다. 反身而誠에서 반(反)은 타동사이고, 신(身)은 반(反)의 목적어이며, 이(而)는 연접의 연사인 〈그리고 이(而)〉이고, 성(誠)은 영어의 수동태와 같은 자동사이다. 反身而誠의 반(反)은 〈돌아볼 성(省)〉과 같고 반성(伴星)의 줄임말로 여기고, 신(身)은 자신(自身)의 줄임말로 여기며, 성(誠)은 성지(誠之)의 줄임으로 여기고 새기면 문맥이 통한다. 정성되다[誠之].

주절인 낙막대언(樂莫大焉)에서 낙(樂)은 막(莫)을 꾸미는 부사이고, 막(莫)은 자동사로 본동사이며, 대(大)는 막(莫)의 주어이고, 언(焉)은 어시(於是)의 축약이다. 여기서는 樂莫大焉의 언(焉)이 어시(於是)의 축약임을 알아야 문맥을 잡을 수 있다. 樂莫大焉의 낙(樂)은 〈즐길 희(喜)〉와 같고 열락(悅樂)의 줄임말로 여기고, 막(莫)은 〈없을 무(無)〉와 같다. 대언(大焉)은 대어시(大於是)이고, 어시(於是)의 어(於)는 비교급 어조사(~보다 더)이며, 시(是)는 앞에 나온 반신이성(反身而誠)을 가리키는 지시어이다. 그래서 대언(大焉)을 이[是]보다 더[於] 큰 것[大]으로 새긴다.

성(誠)을 모르면 만물이 왜 명(命)을 받아 누리는 온갖 이치를 뜻하는지 깨우치기 어렵다. 만물은 천지도(天之道)의 드러남이다. 그 천지도를 한 마디로 유가에선 성(誠)이라고 한다. 그 성(誠)이란 무위(無僞)다. 천지(天地) 앞에 하나도 거짓 없음[無僞]이 성(誠)이다. 그래서 한 점 거짓이 없는 삶을 일러 성지(誠之)라고 한다. 이런 성지를 『중용(中庸)』은 "택선이고집지자(擇善而固執之者)"라고 정언(定言)해두고 있다. 선을[善] 가리어[擇]서[而] 그것을[之] 꽉[固] 잡고 있는[執] 것[者]. 그러므로 성지는 진실로 선(善)인 삶이다. 그런 삶보다 더 큰 즐거움이 없다는 맹자의 말을 의심할 것 조금도 없다.

돌아볼 반(反), 자신 신(身), 성실할 성(誠), 즐거움 락(樂), 없을 막(莫), 큰 것 대(大), 이에 언(焉)

强恕而行(강서이행) 求仁莫近焉(구인막근언)

▶ 힘써[强] 용서하면[恕]서[而] 살아간다면[行] 어짊을[仁] 구함에[求] 그보다 더[焉] 가까운 것은[近] 없다[莫].

강서이행구인막근언(强恕而行求仁莫近焉)은 强恕而行求仁莫近於是에서 어시(於是)를 언(焉)으로 축약한 어투로, 영어의 복문과 같다. 强恕而行求仁莫近焉에서 강서이행(强恕而行)은 조건의 종속절로, 구인막근언(求仁莫近焉)은 주절로 여기면 强恕而行求仁莫近焉의 문맥이 통한다.

조건의 종속절 강서이행(强恕而行)은 人人强恕他人 而人人行에서 문맥으로 보충할 수 있으므로 주어인 누구나 다[人人]와 서(恕)의 목적어인 타인(他人)을 생략한 어투이다. 强恕而行에서 강(强)은 서(恕)를 꾸미는 부사이고, 서(恕)는 타동사이며, 이(而)는 연접의 연사인 〈그리고 이(而)〉이고, 행(行)은 자동사이다. 强恕而行의 강(强)은 〈힘쓸 면(勉)〉과 같고, 서(恕)는 〈어질 인(仁)〉과 같으며, 행(行)은 행사(行事)의 줄임말로 여기고 살아간다는 뜻으로 새기면 문맥이 통한다.

주절인 구인막근언(求仁莫近焉)에서 구인(求仁)은 막(莫)을 꾸미는 부사구이고, 막(莫)은 자동사로 본동사이며, 근(近)은 막(莫)의 주어이고, 언(焉)은 어시(於是)의 축약이다. 부사구 구인(求仁)의 구(求)는 영어의 동명사 내지 부정사(不定詞)와 같은 구실을 하고, 인(仁)은 구(求)의 목적어이다. 그러므로 求仁莫近焉에서 언(焉)이 어시(於是)의 축약임을 알아야 문맥이 잡힌다. 求仁莫近焉의 구(求)는 〈요구할 요(要)〉와 같고 요구(要求)의 줄임말로 여기고, 인(仁)은 애인(愛人)의 애(愛)와 같으며, 막(莫)은 〈없을 무(無)〉와 같고, 근언(近焉)은 근어시(近於是)이고 어시(於是)의 어(於)는 비교급 어조사(~보다 더)이며 시(是)는 앞에 나온 강서(强恕)를 가리키는 지시어이다. 그래서 근언(近焉)을 이[是]보다 더[於] 가까운 것[近] 즉 강서(强恕)보다 더[於] 가까운 것[近]으로 새긴다.

공자 당신이 스스로 밝힌 오도일이관지(吾道一以貫之)를 생각나게 한다. 내[吾] 도리는[道] 한 줄기[一]로[以] 관철되어 있다[貫之]. 그 하나[一]를 증자

(曾子)가 충서(忠恕)라고 밝히고 있다. 거짓 없이[忠] 어짊을 베푼다[恕]는 것이 공자가 밝힌 나의[吾] 도리[道]이다. 구인(求仁) · 행인(行仁) · 시인(施仁) 등을 한 마디로 한다면 서(恕)이다.

힘쓸 강(强), 용서할 서(恕), 그리고 이(而), 행할 행(行), 구할 구(求), 어짊 인(仁), 없을 막(莫), 가까울 근(近), 이에 언(焉)

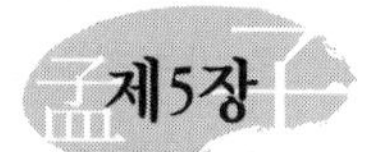

제5장

5장은 맹자가 성(性)의 사단을 쓰면서 살지만 그 까닭을 모르는 사람들이 너무나 많음을 지적하고 있는 장이다. 인의예지(仁義禮智)를 쓰고 거듭 쓰면서 사는 까닭을 안다면 누구나 다 구인(求仁)의 삶 즉 성지(誠之)의 삶을 누릴 수 있음을 깨우치게 하는 장이다.

【문지(聞之)】

행지이부저언(行之而不著焉)

【원문(原文)】

孟子曰 行之而不著焉하고 習矣而不察焉하며 終身由之而不知其道者衆也이다
맹자왈 행지이부저언 습의이불찰언 종신유지이부지기도자중야

【해독(解讀)】

맹자가 말했다[孟子曰]. "그것들을 쓰지만 그러나 그것들을 뚜렷이 밝히지 않고[行之而不著焉] (그것들을) 되풀이하면서도 그러나 그것들을 살피지 않는다[習矣而不察焉]. 죽는 날까지 그것들을 따르면서도 그러나 따르는 도리를 알지 못하는 사람들이 많은 것이다[終身由之而不知其道者衆也]."

【담소(談笑)】

行之而不著焉(행지이부저언)

▶ 그것을[之] 쓰지만[行] 그러나[而] 그것을[焉] 뚜렷이 밝혀 알고자 않는

다[不著].

행지이부저언(行之而不著焉)은 行之而不著於是에서 어시(於是)를 언(焉)으로 축약한 어투로, 영어의 중문과 같다. 行之而不著焉에서 이(而)를 역접의 연사인 〈그러나 이(而)〉로 새기면 行之而不著焉의 문맥이 통한다. 물론 行之而不著焉 역시 人人行之 而人人不著焉에서 문맥으로 보충할 수 있으므로 주어인 누구나 다[人人]를 생략한 어투이다.

행지(行之)에서 행(行)은 타동사이고, 지(之)는 행(行)의 목적어이다. 行之의 행(行)은 〈쓸 용(用)〉과 같고 실행(實行)의 줄임말로 여기고, 지(之)는 어짊[仁]뿐만 아니라 사단(四端)을 가리키는 대명사이다. 而不著焉에서 이(而)는 역접의 연사이고, 부(不)는 저(著)의 부정사(否定詞)이며, 저(著)는 타동사로 본동사이고, 언(焉)은 어시(於是)의 축약이며, 어시(於是)의 시(是)는 앞의 행지(行之)를 가리키는 지시어이다. 그러므로 而不著焉을 而不著於是로 여기고 이[是]를[於] 밝혀 알려고 하지 않는다[不著]로 새기면 문맥이 통한다. 而不著於是의 어(於)는 어조사로 목적격 토씨(~을)이다. 而不著焉의 저(著)는 〈밝힐 명(明)〉과 같고, 저명(著明)의 줄임말로 여기고 새기면 문맥이 통한다.

행할 행(行), 그것 지(之), 그러나 이(而), 아니 부(不), 밝힐 저(著), 이에 언(焉)

習矣而不察焉(습의이불찰언)

▶ (그것들을) 거듭하면[習]서도[矣] 그러나[而] 그것을[焉] 살피지 않는다[不察].

습의이불찰언(習矣而不察焉)은 習矣而不察於是에서 어시(於是)를 언(焉)으로 축약한 어투로, 영어의 중문과 같다. 習矣而不察焉에서 이(而)를 역접의 연사인 〈그러나 이(而)〉로 새기면 習矣而不察焉의 문맥이 통한다. 물론 習矣而不察焉 역시 人人習之矣 而人人不察焉에서 문맥으로 보충할 수 있으므로 주어인 누구나 다[人人]와 습(習)의 목적어인 지(之)를 생략한 어투이다.

습의(習矣)에서 습(習)은 타동사이고, 의(矣)는 어조사이지만 무시하고 새겨도 된다. 習矣의 습(習)은 〈거듭할 중(重)〉과 같고, 의(矣)는 어조를 돕는 〈어조사 야(也)〉와 같고 새기지 않아도 된다. 而不察焉에서 이(而)는 역접의 연사이고, 불(不)은 찰(察)의 부정사(否定詞)이며, 찰(察)은 타동사로 본동사이고, 언(焉)은 어시(於是)의 축약이며 어시(於是)의 시(是)는 앞의 습(習)을 가리키는 지시어이다. 그러므로 而不察焉을 而不察於是로 여기고 이[是]를[於] 살피려고 하지 않는다[不察]고 새기면 문맥이 통한다. 而不察於是의 어(於)는 어조사로 목적격 토씨(~을)이다. 而不察焉의 찰(察)은 〈살필 관(觀)〉과 같고 관찰(觀察)의 줄임말로 여기고 새기면 문맥이 통한다.

되풀이할 습(習), 어조사 의(矣), 그러나 이(而), 아니 불(不), 살필 찰(察), 이에 언(焉)

終身由之(종신유지) 而不知其道者衆也(이부지기도자중야)

▶ 죽는 날까지[終身] 그것들을[之] 따르면서도[由] 그러나[而] 따라야 하는[其] 도리를[道] 알지 못하는[不知] 사람들이[者] 많은 것[衆]이다[也].

종신유지이부지기도자중야(終身由之而不知其道者衆也)는 영어의 중문과 같은 어투이다. 終身由之而不知其道者衆也에서 이(而)를 역접의 연사인 〈그러나 이(而)〉로 새기면 終身由之而不知其道者衆也의 문맥이 통한다. 물론 終身人人由之而不知其道者衆也에서 〈따를 유(由)〉의 주어인 누구나 다[人人]를 생략한 어투이다.

종신유지(終身由之)에서 종신(終身)은 시간의 부사구이고, 유(由)는 타동사이며, 지(之)는 성(性)의 사단(四端)인 인의예지(仁義禮智)를 가리키는 지시대명사로 여기면 문맥이 통한다. 終身由之의 유(由)는 〈따를 종(從)〉과 같다. 이부지기도자중야(而不知其道者衆也)에서 이(而)는 역접의 연사이고, 不知其道者衆也는 〈AB也〉꼴로 영어의 2형식 문장과 같은 어투이다. 不知其道者衆也에서 부지기도(不知其道)는 〈A者〉꼴로 자(者)를 꾸미는 형용사구이고, 자(者)는 주어이며, 중(衆)은 보어이고, 야(也)는 구문을 결정짓는 어조사(~이다)이다. 不知其道者衆也의 지(知)는 〈알 식(識)〉과 같고, 도(道)는 〈이치 리(理)〉와 같고 도리(道理)의 줄임말로 여기고, 중(衆)은 〈많을 다(多)〉와 같고 다중(多衆)의 줄임말로 여기면 문맥이 통한다.

부(不)는 지(知)의 부정사(否定詞)이고, 지(知)는 타동사로 본동사이며, 언(焉)은 어시(於是)의 축약이고, 어시(於是)의 시(是)는 앞의 습(習)을 가리키는 지시어이다. 그러므로 而不察焉을 而不察於是로 여기고 이[是]를[於]

살피려고 하지 않는다[不察]로 새기면 문맥이 통한다. 而不察於是의 어(於)는 어조사로 목적격 토씨(~을)이다. 而不察焉의 찰(察)은 〈살필 관(觀)〉과 같고, 관찰(觀察)의 줄임말로 여기고 새기면 문맥이 통한다.

누구나 성(性)의 사단인 인의예지(仁義禮智)를 타고나기 때문에 누구에게나 그 인의예지가 구비되어 있다. 그러나 그 사단을 날마다 쓰면서 살지만 그 까닭을 밝혀 알고자 하지 않는 사람들이 많음을 맹자가 지적하고 있다. 그 까닭을 깨우치면 성지(誠之)의 삶을 누구나 누릴 수 있음을 알라고 한다.

끝 종(終), 몸 신(身), 따를 유(由), 그것들 지(之), 그러나 이(而), 아닐 부(不), 알 지(知), 그 기(其), 도리 도(道), 놈 자(者), 많을 중(衆), ~이다 야(也)

제6장

6장은 맹자가 무치(無恥)를 밝히고 있는 장이다. 부끄러워하는 사람은 부끄러움이 없다는 맹자의 말씀을 귀담아듣게 하는 장이다. 『중용(中庸)』이 밝히고 있는 무기탄(無忌憚)을 떠올리게 하는 장이다. 소인한테는 거리낌이[忌憚] 없다[無]는 말이 새삼스럽게 사무치는 장이다.

【문지(聞之)】

인불가이무치(人不可以無恥)

【원문(原文)】

孟子曰 人不可以無恥이니 無恥之恥면 無恥矣이다
맹 자 왈 인 불 가 이 무 치 무 치 지 치 무 치 의

【해독(解讀)】

맹자가 말했다[孟子曰]. "인간한테는 부끄러움이 없을 수 없고[人不可以無恥], 부끄러움이 없음을 부끄러워하면[無恥之恥] 부끄러움이[恥] 없는 것[無]이다[無恥也]."

【담소(談笑)】

人不可以無恥(인불가이무치)

▶ 인간한테는[人] 부끄러움이[恥] 없을[無] 수 없다[不可以].

인불가이무치(人不可以無恥)는 〈A有B〉꼴을 강조한 어투로, 영어의 1형식 문장과 같다. 〈A(人)에는 B(恥)가 없을 수 없다[不可以無]〉 人不可以無恥에서 인(人)은 무(無)를 꾸미는 부사이고, 불가이(不可以)는 무(無)의 부정사(否定詞)이며, 치(恥)는 무(無)의 주어이다. 人不可以無恥의 불가이무(不可以無)는 이중부정으로 강한 긍정의 뜻이므로 인유치(人有恥)를 강조하는 어투이다. 사람한테는[人] 부끄러움이[恥] 있다[有]를 강조하면 인간한테는[人] 부끄러움이[恥] 없을[無] 수 없다[不可以]가 된다. 人不可以無恥의 치(恥)는 〈부끄러움 수(羞)〉와 같고, 수치(羞恥)의 줄임말로 여기면 문맥이 통한다.

> 사람 인(人), 아니 불(不), 가할 가(可), 써 이(以), 없을 무(無), 부끄러움 치(恥)

無恥之恥(무치지치) 無恥也(무치야)

▶ 부끄러움이[恥] 없음[無]을[之] 부끄러워하면[恥] 부끄러움이[恥] 없는 것[無]이다[矣].

무치지치무치야(無恥之恥無恥也)는 〈AB也〉꼴로 영어의 2형식 문장과 같은 어투이다. 無恥之恥無恥也에서 무치지치(無恥之恥)는 조건의 부사구이고, 뒤의 무(無)는 보어이며, 치(恥)는 주어이고, 야(也)는 구문을 결정짓는 어조사(~이다)이다. 조건의 부사구인 무치지치(無恥之恥)에서 허사 지(之)를 잘 정리해두어야 無恥之恥의 문맥이 쉽게 잡힌다. 즉 恥無恥에서 앞 치(恥)의 목적구 무치(無恥)를 전치하여 無恥之恥가 된 어투임을 알아채면 無恥之恥의 문맥이 쉽게 잡힌다.

공자는 "과이불개(過而不改)면 시위과의(是謂過矣)"라고 하였다. 허물을 짓고[過]서도[而] 고치지 않으면[不改] 이를[是] 허물이라[過] 하는 것[謂]이다[矣]. 허물을 짓고[過] 고치지 않음[不改]이 부끄러움[恥]이다. 염치도 없고 뻔뻔스러운 인간이야말로 부끄러움의 살덩어리이다. 털어 먼지 안 날 놈 없다. 부끄러울 것 없다는 놈일수록 늘 시치미를 뗀다.

> 없을 무(無), 부끄러움 치(恥), ~을 지(之), 부끄러워할 치(治), ~이다 의(矣)

제7장

7장은 맹자가 치지(恥之)를 밝히고 있는 장이다. 부끄러움[恥]을 모르면서 위인(爲人)일 수 없음이 곧 유가(儒家)의 예(禮)이고 의(義)이다. 의와 예는 구인(求仁)이요 행인(行仁)이며 호인(好仁)이다. 살면서 매사(每事)를 치를 때 어질지 않았다면[不仁] 부끄러워하라는 장이다.

【문지(聞之)】

치지어인대의(恥之於人大矣)

【원문(原文)】

孟子曰 恥之於人은 大矣이다 爲機變之巧者는 無所用恥焉이다
맹자왈 치지어인 대의 위기변지교자 무소용치언
不恥不若人이면 何若人有이까
불치불약인 하약인유

【해독(解讀)】

맹자가 말했다[孟子曰]. "남들에게 부끄러워함은 중요한 것이다[恥之於人大矣]. 임기응변의 재주를 부리는 사람한테는[爲機變之巧者] 부끄러움을 써 볼 바가 없는 것이다[無所用恥焉]. 남들과 같지 않음을 부끄러워하지 않는다면 [不恥不若人] 또한 어떻게 남들과 같아지겠는가[何若人有]?"

【담소(談笑)】

恥之於人大矣(치지어인대의)

▶ 남들[人]에게[於] 부끄러워함은[恥之] 중요한 것[大]이다[矣].

치지어인대의(恥之於人大矣)는 〈AB矣〉꼴로, 〈AB也〉꼴처럼 영어의 2형식 문장과 같은 어투이다. 〈A(恥之於人)는 B(大)이다[矣]〉 恥之於人大矣에서 치지어인(恥之於人)은 주어이고, 대(大)는 보어이며, 의(矣)는 구문을 결정짓는 어조사(~이다)이다. 恥之於人大矣의 치(恥)는 〈부끄러워할 수(羞)〉와 같고 수치(羞恥)의 줄임말로 여기고, 지(之)는 그 무엇 정도로 새기면 되는 부정대명사이지만 무시하고 부끄러워함[恥之]으로 새겨도 문의는 상하지 않는다. 어인(於人)의 인(人)은 타인(他人)의 줄임말로 여기고, 대(大)는 〈중

할 중(重)〉과 같고 중대(重大)의 줄임말로 여기면 문맥이 통한다.

부끄러워할 치(恥), 그 지(之), ~에게 어(於), 남들 인(人), 중용한 대(大), ~이다 의(矣)

爲機變之巧者(위기변지교자) 無所用恥焉(무소용치언)

▶ 임기[機] 응변[變]의[之] 재주를[巧] 부리는[爲] 사람한테는[者] 부끄러움을[恥] 써볼[用] 바가[所] 없는 것[無]이다[焉].

위기변지교자무소용치언(爲機變之巧者無所用恥焉)은 〈A無B焉〉꼴로 영어의 2형식 문장과 같은 어투이다. 〈A(爲機變之巧者)에는 B(所用恥)가 없는 것[無]이다[焉]〉 爲機變之巧者無所用恥焉에서 위기변지교자(爲機變之巧者)는 무(無)를 꾸미는 부사구이고, 무(無)는 보어이며, 소용치(所用恥)는 주부이고, 언(焉)은 구문을 결정짓는 어조사(~이다)로 〈~이다 야(也)〉보다 더 강하게 구문을 결정짓는 어조사이다.

위기변지교자(爲機變之巧者)는 〈A者〉꼴로 〈A(爲機變之巧)하는 자[者]〉로 새기므로 爲機變之巧者의 위기변지교(爲機變之巧)는 자(者)를 꾸미는 형용사구이고, 자(者)는 무(無)를 꾸미는 부사이다. 자(者)를 꾸미는 爲機變之巧의 위(爲)는 영어의 분사와 같고, 기변지교(機變之巧)는 위(爲)의 목적구이다. 機變之巧는 〈A之B〉꼴로 〈A(機變)의[之] B(巧)〉이므로 기변지(機變之)는 교(巧)를 꾸미는 형용사구이고, 지(之)는 허사로 소유격 토씨(~의)이다. 그러므로 爲機變之巧者를 다음처럼 새겨 문맥을 잡는다. 임기응변[機變]의[之] 재주를[巧] 부리는[爲] 사람[者]. 爲機變之巧者의 위(爲)는 〈부릴 사(使)〉와 같고, 기변(機變)은 임기응변(臨機應變)의 줄임말로 이해득실을 따져 유리한 쪽으로 기회를 잡아 표변함을 말하며, 교(巧)는 〈재주 기(技)〉와 같고 기교(技巧)의 줄임말로 여기고 새긴다.

무소용치언(無所用恥焉)에서 구문을 결정짓는 언(焉)을 무시하고 無所用恥로 여기고 새기면 영어의 1형식 문장처럼 새기게 된다. 부끄러움을[恥] 쓸[用] 바가[所] 없다[無]. 無所用恥의 무(無)는 자동사 〈없을 무(無)〉이다. 그러나 구문의 결정을 강하게 하는 〈어조사 언(焉)〉을 살려서 새기면 영어의 2형식 문장처럼 새기게 된다. 부끄러움을[恥] 쓸[用] 바가[所] 없는 것[無]이다[焉]. 無所用恥焉의 무(無)는 영어의 동명사처럼 〈없을 것 무(無)〉로 새기고,

보어이다.

부릴 위(爲), 기회 기(機), 바뀔 변(變), 재주 교(巧), 놈 자(者), 없을 무(無), 바 소(所), 쓸 용(用), 부끄러움 치(治), ~이다 언(焉)

不恥不若人(불치불약인) 何若人有(하약인유)

▶ 남들과[人] 같지 않음을[不若] 부끄러워하지 않는다면[不恥] 또한[有] 어떻게[何] 남들과[人] 같아지겠는가[若]?

불치불약인하약인유(不恥不若人何若人有)는 吾不恥不若人 何吾若人有에서 앞의 문맥으로 보충할 수 있으므로 주어인 오(吾)를 생략했다고 여기고 새기면 不恥不若人何若人有의 문맥이 잡힌다. 不恥不若人何若人有에서 불치불약인(不恥不若人)을 조건의 조속절로 여기고, 하약인유(何若人有)를 주절로 여기고 새기면 문맥이 잡힌다는 말이다. 물론 불치불약인(不恥不若人)에서 불치(不恥)의 주어가 없으므로 치(恥)를 영어의 부정사(不定詞)처럼 여기고 조건의 부정사구로 여기고 새겨도 된다.

하약인유(何若人有)는 何若人有乎에서 문맥으로 보충할 수 있으므로 의문어조사 호(乎)를 생략한 어투로, 영어의 3형식 의문문과 같다. 何若人有에서 하(何)는 의문부사이고, 약(若)은 타동사이며, 인(人)은 약(若)의 목적어이고, 유(有)는 약(若)을 꾸미는 부사로 여기고 새기면 何若人有의 문맥이 잡힌다. 何若人有의 하(何)는 〈어찌 갈(曷)〉과 같고, 약(若)은 〈같을 사(似), 여(如)〉 등과 같으며, 유(有)는 여기선 〈또 우(又)〉와 같다.

부끄러워하는 마음과 타인과의 관계를 말하고 있다. 왜 인간이 뻔뻔스러운 철면피가 되는가? 자신이 한 짓을 부끄러워할[恥之] 줄 모르기 때문이다. 그래서 무기탄(無忌憚)의 인간은 늘 뻔뻔하다. 이런 인간은 성(性)의 사단(四端)을 타고 났으면서도 쓸 줄 모르니 인면수심(人面獸心)이란 욕을 먹는다. 얼굴만[面] 사람이지[人] 마음은[心] 짐승이다[獸]. 그러니 치지(恥之)의 지(之)를 불인(不仁)・불의(不義)・무례(無禮)・부지(不智) 등으로 새겨도 된다. 모진 놈 되지 말라.

아니 불(不), 부끄러워할 치(恥), 같을 약(若), 남들 인(人), 어찌 하(何), 또한 유(有)

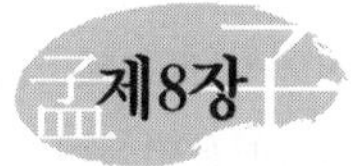

제8장

8장은 맹자가 호선(好善)을 통하여 왕자(王者)와 패자(霸者)를 다시금 헤아려보게 하는 장이다. 현왕(賢王)이 현사(賢士)를 신하로 삼아 선정(善政)할 수 있지만, 호선을 멀리하는 왕공(王公)은 현사를 신하로 둘 수 없음을 분명히 하는 장이다.

【문지(聞之)】

호선이망세(好善而忘勢)

【원문(原文)】

孟子曰 古之賢王은 好善而忘勢이라 古之賢士가 何獨不然이리오 樂其道而忘人之勢라 故로 王公이 不致敬盡禮 則不得亟見之한다 見且由不得亟어든 而況得而臣之乎아

맹자왈 고지현왕 호선이망세 고지현사 하독불연 낙기도이망인지세 고 왕공 불치경진례 즉부득기견지 견차유부득기 이황득이신지호

【해독(解讀)】

맹자가 말했다[孟子曰]. “옛날의 현명한 임금은 선을 좋아하고 그리고 세력을 잊었다[古之賢王好善而忘勢]. 옛날의 현명한 선비만 어찌 유독 그와 같지 않았겠는가[古之賢士何獨不然]? 자신의 도리를 즐기면서 남들의 세력을 잊었다[樂其道而忘人之勢]. 그러므로[故] 임금과 제후가 공경을 극진히 하여 예의를 다하지 않으면[王公不致敬盡禮] 곧 (왕공은) 그들을 자주 만나볼 수 없었다[則不得亟見之]. 만나는 것조차도 자주할 수 없거늘[見且由不得亟] 하물며 그들을 붙들어서 신하로 삼을 것이랴[而況得而臣之乎]!

【담소(談笑)】

古之賢王好善而忘勢(고지현왕호선이망세)

▶ 옛날[古]의[之] 현명한[賢] 임금은[王] 선을[善] 좋아하고[好] 그리고[而] 세력을[勢] 잊었다[忘].

고지현왕호선이망세(古之賢王好善而忘勢)는 古之賢王好善 而古之賢王忘

勢에서 되풀이되는 주어이므로 뒤의 고지현왕(古之賢王)을 생략하고, 두 구문을 연접의 연사인 〈그리고 이(而)〉로 묶은 영어의 중문과 같은 어투이다. 古之賢王好善而忘勢에서 고지현왕(古之賢王)은 주부이고, 호(好)는 타동사로 본동사이며, 선(善)은 호(好)의 목적어이고, 망(忘)은 타동사로 본동사이며, 세(勢)는 망(忘)의 목적어이다. 古之賢王은 〈A之B〉꼴로 지(之)는 소유격 토씨(~의)이다. 〈A(古)의[之] B(賢王)〉 古之賢王好善而忘勢의 현(賢)은 〈밝을 명(明)〉과 같고 현명(賢明)의 줄임말로 여기고, 호(好)는 〈좋아할 애(愛)〉와 같고 애호(愛好)의 줄임말로 여기며, 선(善)은 인의예지(仁義禮智)인 사단(四端)을 행하는 것이고, 망(忘)은 〈잊을 유(遺)〉와 같고 유망(遺忘)의 줄임말로 여기며, 세(勢)는 〈힘 력(力)〉과 같고 세력(勢力)의 줄임말로 여긴다.

현왕(賢王)은 행인정(行仁政)을 실현한 임금이다. 어진[仁] 정사를[政] 행한다[行]. 이는 구인(求仁)·호인(好仁)의 임금이 현왕이고 성군(聖君)임을 말한다. 세(勢)는 패자(霸者)가 좋아하는 힘이다. 현왕은 힘으로 치세(治世)하지 않고 행인(行仁)·시인(施仁)으로써 덕치(德治)한다. 호선(好善)은 덕치의 근원이고, 세(勢)는 패자의 밑천일 뿐이다.

옛날 고(古), ~의 지(之), 밝을 현(賢), 임금 왕(王), 좋아할 호(好), 착함 선(善), 그리고 이(而), 소홀히 여길 망(忘), 힘 세(勢)

古之賢士何獨不然(고지현사하독불연)

▶ 옛날[古]의[之] 현명한[賢] 선비만[士] 어찌[何] 유독[獨] 그와 같지 않았겠는가[不然]?

고지현사하독불연(古之賢士何獨不然)은 영어의 1형식 의문문과 같다. 古之賢士何獨不然은 何古之賢士獨不然에서 고지현사(古之賢士)를 하(何) 앞으로 옮겨 古之賢士를 강조한다. 古之賢士何獨不然에서 고지현사(古之賢士)는 주어이고, 하(何)는 의문부사이며, 독(獨)은 불연(不然)을 꾸미는 부사이고, 불(不)은 연(然)의 부정사(否定詞)이며, 연(然)은 자동사로 본동사이다. 古之賢士何獨不然의 현(賢)은 〈밝을 명(明)〉과 같고 현명(賢明)의 줄임말로 여기고, 하(何)는 〈어찌 갈(曷)〉과 같으며, 독(獨)은 〈오로지 유(唯)〉와 같고, 연(然)은 여시(如是)와 같으며, 불연(不然)은 불여시(不如是)와 같다.

왕이 호선(好善)하면 신하도 호선한다는 뜻이다. 윗물이 맑아야 아랫물이 맑다는 속담은 이를 두고 한 말일 것이다. 성군 밑에는 충신이랄 게 없다. 폭군 밑에서 호선하는 신하가 충신이 되는 법이니 말이다.

옛날 고(古), ~의 지(之), 밝을 현(賢), 선비 사(士), 어찌 하(何), 홀로 독(獨), 아니 불(不), 그럴 연(然)

樂其道而忘人之勢(낙기도이망인지세)

▶ 자신의[其] 도리를[道] 즐기고[樂] 그리고[而] 남들[人]의[之] 세력을[勢] 잊었다[忘].

낙기도이망인지세(樂其道而忘人之勢)는 古之賢王與古之賢士樂其道 而古之賢王與古之賢士忘人之勢에서 되풀이되는 주어이므로 뒤의 고지현왕여고지현사(古之賢王與古之賢士)를 생략하고, 두 구문을 연접의 연사인 〈그리고 이(而)〉로 묶은 영어의 중문과 같은 어투이다. 옛날의 현명한 선비와[古之賢士] 함께[與] 옛날의 현명한 임금[古之賢王]. 樂其道而忘人之勢에서 낙(樂)은 타동사로 본동사이고, 기도(其道)는 낙(樂)의 목적어이며, 망(忘)은 타동사로 본동사이고, 인지세(人之勢)는 망(忘)의 목적어이다. 人之勢는 〈A之B〉꼴로 지(之)는 소유격 토씨(~의)이다. 〈A(人)의[之] B(勢)〉 樂其道而忘人之勢의 낙(樂)은 〈즐거워할 열(悅)〉과 같고 열락(悅樂)의 줄임말로 여기고, 도(道)는 〈이치 리(理)〉와 같고 도리(道理)의 줄임말로 여기며, 망(忘)은 〈잊을 유(遺)〉와 같고 유망(遺忘)의 줄임말로 여기고, 세(勢)는 〈힘 력(力)〉과 같고 세력(勢力)의 줄임말로 여긴다.

즐길 락(樂), 자신의 기(其), 도리 도(道), 그리고 이(而), 소홀히 여길 망(忘), 남들 인(人), ~의 지(之), 힘 세(勢)

故(고)

▶ 그러므로[故]

고(故)는 고왈(故曰)의 줄임이고, 고왈(故曰)은 시고왈(是故曰)을 줄인 꼴이다. 위의 내용[是]이므로[故] 다음처럼 말한다[曰]는 뜻으로 쓰인다. 앞의 내용을 근거로 하여 판단이나 결론을 내릴 때 쓰이고, 고왈(故曰)을 줄여 그냥 고(故)라고 할 때가 보통이다. 시고왈(是故曰)의 고(故)는 승상기하(承上起下)의 연접으로 영어의 therefore와 같다. 앞의 내용을[上] 이어서[承] 새로운 내용을[下] 제기한다[起].

그러므로 고(故)

王公不致敬盡禮(왕공불치경진례) 則不得亟見之(즉부득기견지)

▶ **임금과[王] 제후가[公] 공경을[敬] 극진히 하여[致] 예의를[禮] 다하지 않으면[不盡] 곧[則] (왕공은) 그들을[之] 자주[亟] 만나볼[見] 수 없었다[不得].**

왕공불치경진례즉부득기견지(王公不致敬盡禮則不得亟見之)는 〈A則B〉꼴로 영어의 복문과 같은 어투이다. 즉(則)을 중심으로 앞은 대개 양보 내지 조건의 종속절이고, 뒤는 주절이다. 그러므로 王公不致敬盡禮則不得亟見之에서 왕공불치경진례(王公不致敬盡禮)를 조건절로 여기고, 부득기견지(不得亟見之)를 주절로 여기고 새기면 문맥이 잡힌다. 〈A(王公不致敬盡禮)하면 곧[則] B(不得亟見之)한다〉

조건의 종속절 왕공불치경진례(王公不致敬盡禮)는 王公不致敬 而王公不盡禮에서 되풀이되는 내용이므로 뒤의 왕공불(王公不)을 생략하고 두 조건절을 하나로 묶은 어투이다. 왕공(王公)은 주어이고, 불(不)은 치경(致敬)의 치(致)와 진례(盡禮)의 진(盡)의 부정사(否定詞)이며, 치(致)는 타동사로 절의 본동사이고, 경(敬)은 치(致)의 목적어이며, 진(盡)은 타동사로 절의 본동사이고, 예(禮)는 진(盡)의 목적어이다. 王公不致敬盡禮의 치(致)는 〈극진할 극(極)〉과 같고, 경(敬)은 〈공경 공(恭)〉과 같고 경의(敬意)의 줄임말로 여기고, 진(盡)은 〈다할 극(極)〉과 같고 극진(極盡)의 줄임말로 여기며, 예(禮)는 예의(禮儀)의 줄임말로 새긴다.

주절인 부득기견지(不得亟見之)는 則王公不得亟見之에서 되풀이되는 주어이므로 왕공(王公)을 생략한 영어의 3형식 문장과 같은 어투이다. 則不得亟見之에서 〈곧 즉(則)〉은 어조사이므로 무시해도 되고, 부득(不得)은 불가(不可)와 같고 견(見)을 부정하는 조동사이며, 기(亟)는 견(見)을 꾸미는 부사이고, 견(見)은 타동사로 주절의 본동사이며, 지(之)는 견(見)의 목적어이다. 則不得亟見之의 기(亟)는 〈자주 빈(頻)〉과 같고, 〈빠를 극(亟) = 질(疾), 급할 극(亟) = 급(急), 자주 기(亟) = 빈(頻)〉처럼 발음이 달라지는 것을 주의

한다. 견(見)은 〈만나볼 도(覩)〉와 같고 친견(親見)의 줄임말로 여기고, 지(之)는 고지현사(古之賢士)를 가리키는 지시대명사이고 복수로 새긴다.

임금 왕(王), 제후 공(公), 아니 부(不), 극진할 치(致), 공경 경(敬), 다할 진(盡), 예의 례(禮), 곧 즉(則), 가할 득(得), 자주 기(亟), 볼 견(見), 그들 지(之)

見且由不得亟(견차유부득기) 而況得而臣之乎(이황득이신지호)

▶ 만나는 것[見]조차도[且由] 자주할[亟] 수 없거늘[不得] 하물며[而況] 그들을[之] 불들어[得]서[而] 신하로 삼을 것[臣]이랴[乎].

견차유부득기이황득이신지호(見且由不得亟而況得而臣之乎)는 〈A而況B乎〉꼴로 점층법의 어투이다. 〈A(見且由不得亟)하거늘 하물며[而況] B(得而臣之)하는 것이랴[乎]!〉 〈A而況B乎〉는 A의 내용보다 B의 내용을 더 강조하는 서술이다. 見且由不得亟에서 견(見)은 주어이고, 차유(且由)는 어조를 나타내는 어조사(~조차도)로 유(由)는 〈오히려 유(猶)〉와 같으며, 부득(不得)은 기(亟)를 부정하는 조동사이고, 기(亟)는 자동사로 본동사이다. 而況得而臣之乎는 而況王公得之而王公臣之乎에서 되풀이되는 내용인 왕공(王公)과 앞쪽의 지(之)를 생략한 어투로, 영어의 3형식 두 문장을 하나로 묶은 것이다. 而況得而臣之乎에서 이황(而況)은 점층법 서술의 어조사(하물며)이고, 득(得)은 〈취할 취(取)〉와 같고 취득(取得)의 줄임말로 여기고, 신(臣)은 타동사로 본동사이며, 지(之)는 고지현사(古之賢士)를 가리키는 지시대명사이고, 호(乎)는 이황(而況)과 함께 점층법 구문을 결정짓는 어조사(~이랴)로 재(哉)와 같다.

한문투에는 점층법 서술을 나타내는 관용구가 많다. 이러한 관용구들을 정리해두면 문맥을 잡는 데 편하다. 황어(況於), 이황(而況), 황호(況乎), 황우(況于), 황하(況何), 비유(非惟), 비독(非獨), 비독(匪獨), 비도(非徒), 비단(非但) 등을 〈A하거늘 하물며[而況] B한다〉는 점층법 서술의 관용어투로 알아둔다. 점층법은 A의 내용보다 B의 내용을 더 강조하는 서술이다.

볼 견(見), 또 차(且), 오히려 유(由), 아니 부(不), 가할 득(得), 자주할 기(亟), 그런데 이(而), 하물며 황(況), 얻을 득(得), 그리고 이(而), 신하로 들 신(臣), 그들 지(之), ~이랴 호(乎)

제9장

9장은 맹자가 존덕요의(尊德樂義)로써 수신(修身)을 간명하게 정언(正言)하여 수신을 떠난 치세(治世)는 허락될 수 없음을 밝히고 있는 장이다. 궁불실의(窮不失義)를 밝혀 우리를 부끄럽게 하고, 달불리도(達不離道)를 밝혀 또한 우리를 부끄럽게 하는 장이다. 남에게 의(義)를 요구하지 말 것이요 남에게 도리를 따지지 말 것이다. 저 자신부터 존덕(尊德)하라 하고 요의(樂義)하라는 장이다.

【문지(聞之)】

궁불실의달불리도(窮不失義達不離道)

【원문(原文)】

孟子謂宋句踐曰 子好遊乎아 吾語子遊하리라 人知之라도 亦囂
맹자위송구천왈 자호유호 오어자유 인지지 역효

囂하고 人不知라도 亦囂囂니라 曰 何如斯可以囂囂矣이까 曰 尊
효 인부지 역효효 왈 하여사가이효효의 왈 존

德樂義 則可以囂囂矣이라 故로 士는 窮不失義하고 達不離道한
덕요의 즉가이효효의 고 사 궁불실의 달불리도

다 窮不失義라 故로 士得己焉하고 達不離道라 故로 民不失望
궁불실의 고 사득기언 달불리도 고 민불실망

焉이니라 古之人이 得志면 澤加於民하고 不得志면 修身見於世
언 고지인 득지 택가어민 부득지 수신현어세

하니 窮則獨善其身하고 達則兼善天下한다
궁즉독선기신 달즉겸선천하

【해독(解讀)】

맹자가 송구천에게 일러 말했다[孟子謂宋句踐曰]. "그대는 유세를 좋아하는 것이오[子好遊乎]? 내가 당신에게 유세를 말해주겠소[吾語子遊]. 남들이 당신을 알아주어도[人知之] 역시 (당신은 그들에게) 당당해야 하고[亦囂囂], 남들이 (당신을) 알아주지 않아도[人不知] 역시 (당신은 그들에게) 당당해야 하오[亦囂囂]." (송구천이) 말했다[曰]. "어떻게 하면 곧 당당해질 수 있는 것입니까[何如斯可以囂囂矣]?" (맹자가) 말해주었다[曰]. "덕을 받들고 의를 좋

아하면 곧장 그리하여 당당해질 수 있는 것이오[尊德樂義則可以囂囂矣]. 그러므로[故] 선비는 곤궁해도 의를 잃지 않고[士窮不失義], 뜻을 이루어도 도리를 벗어나지 않소[達不離道]. 곤궁해도 의를 잃지 않기 때문에[士窮不失義故] 선비는 자기를 획득하는 것이고[士得己焉], 뜻을 이루어도 도리를 벗어나지 않기 때문에[達不離道故] 백성은 선비한테 희망을 잃지 않는 것이오[民不失望焉]. 옛 사람들은 뜻을 이루면[古之人得志] 그 혜택이 백성에게 더해지게 했고[澤加於民], (옛 사람들은) 뜻을 이루지 못하면[不得志] 자신을 닦아 세상에 나타나며[修身見於世], (옛 사람들은) 곤궁하면 곧 오로지 제 자신을 선하게 하고[窮則獨善其身], (옛 사람들은 뜻을) 이루면 곧 동시에 세상을 선하게 했소[達則兼善天下]."

【담소(談笑)】

孟子謂宋句踐曰(맹자위송구천왈)

▶ 맹자가[孟子] 송구천에게[宋句踐] 일러[謂] 말했다[曰].

맹자위송구천왈(孟子謂宋句踐曰)은 孟子謂宋句踐 而孟子曰宋句踐에서 되풀이되는 맹자(孟子)와 송구천(宋句踐)을 생략한 어투로, 영어의 3형식 문장 둘이 합쳐진 중문과 같다. 孟子謂宋句踐曰에서 맹자(孟子)는 주어이고, 위(謂)는 타동사로 본동사이며, 송구천(宋句踐)은 위(謂)의 목적어이고, 왈(曰) 역시 타동사로 본동사이다. 孟子謂宋句踐曰의 위(謂)는 〈일컬을 칭(稱)〉과 같고, 왈(曰)은 〈가로되 어단(語端)〉과 같다. 송구천(宋句踐)의 송(宋)은 성씨이고, 구천(句踐)은 이름이며, 맹자와 동시대 사람으로 도덕을 주장하면서 군왕(君王)을 찾아다니면서 그들을 설복시키려고 했다고 한다.

> 맏 맹(孟), 존칭 자(子), 이를 위(謂), 송나라 송(宋), 구절 구(句), 밟을 천(踐), 말할 왈(曰)

子好遊乎(자호유호)

▶ 그대는[子] 유세를[遊] 좋아하는 것[好]인가[乎]?

자호유호(子好遊乎)는 〈AB乎〉꼴로 영어의 2형식 의문문과 같은 어투이다. 〈A(子)는 B(好遊)인가[乎]?〉 子好遊乎에서 의문을 결정짓는 〈어조사(~인가) 호(乎)〉를 무시하고 子好遊를 의문문으로 새기면 영어의 3형식 의문문처럼 문맥을 잡을 수 있다. 그러나 의문문을 결정짓는 〈어조사(~인가) 호

(乎)〉를 살리면 子好遊乎에서 자(子)는 주어로, 호(好)는 영어의 동명사나 부정사(不定詞)와 같은 구실을 하는 보어로, 유(遊)는 호(好)의 목적어로 여기고 새긴다. 즉 그대는[子] 유세를[遊] 좋아하는 것[好]인가?[乎]에서, 호[乎]를 무시하면 그대는[子] 유세를[遊] 좋아하는가?[乎]로 새기는 것이다. 어느 쪽이든 문의는 상하지 않고 어조가 달라질 뿐이다.

자호유호(子好遊乎)의 자(子)는 여기선 주격으로 〈너 이(爾), 니(你)〉 등과 같고, 호(好)는 〈좋아할 선(善)〉과 같고 호선(好善)의 줄임말로 여기고, 유(遊)는 〈유세 세(說)〉와 같고 유세(遊說)의 줄임말로 여기고 새긴다. 자기의 주장을 관철시키려고 시도하는 연설 따위를 유세라고 한다.

그대 자(子), 좋아할 호(好), 유세 유(遊), ~인가 호(乎)

吾語子遊(오어자유)

▶ 내가[吾] 당신에게[子] 유세를[遊] 말해주겠다[語].

오어자유(吾語子遊)는 영어의 4형식 문장과 같은 어투이다. 吾語子遊에서 오(吾)는 주어이고, 어(語)는 여격동사로 본동사이며, 자(子)는 어(語)의 간접목적어이고, 유(遊)는 직접목적어이다. 吾語子遊의 어(語)는 〈말해줄 고(告)〉와 같고, 자(子)는 여기선 간접목적격으로 〈너에게 이(爾), 니(你)〉 등과 같으며, 유(遊)는 〈유세 세(說)〉와 같고 유세(遊說)의 줄임말로 여기고 새긴다.

나 오(吾), 말해줄 어(語), 그대에게 자(子), 유세 유(遊)

人知之(인지지) 亦囂囂(역효효)

▶ 남들이[人] 당신을[之] 알아주어도[知] 역시[亦] (당신은 그들에게) 당당해야 한다[囂囂].

인지지역효효(人知之亦囂囂)는 人知之 子亦囂囂에서 되풀이되므로 효효(囂囂)의 주어인 〈당신 자(子)〉를 생략한 어투로, 영어의 복문과 같다. 人知之亦囂囂는 〈알아줄 지(知)〉와 〈떠들어댈 효(囂)〉가 본동사이므로 人知之亦囂囂를 人知之와 亦囂囂로 나누어 두 구문 사이의 관계를 살펴야 문맥을 잡는다. 人知之亦囂囂에서 인지지(人知之)를 양보의 종속절로, 역효효(亦囂囂)를 주절로 여기면 人知之亦囂囂의 문맥이 잡힌다. 그래서 人知之亦囂囂

를 영어의 복문과 같은 어투로 여기고 새기면 문맥이 잡힌다.

양보의 종속절인 인지지(人知之)는 영어의 3형식 절과 같은 어투이다. 人知之에서 인(人)은 주어이고, 지(知)는 타동사로 절의 본동사이며, 지(之)는 지(知)의 목적어이다. 人知之의 인(人)은 타인(他人)의 줄임말 또는 군왕으로 여기고 복수로 새기며, 지(知)는 〈알아줄 식(識)〉과 같고, 지(之)는 〈그대 자(子)〉 즉 송구천(宋句踐)을 나타내는 지시대명사로 목적격이다.

주절인 역효효(亦囂囂)는 子亦囂囂에서 주어인 〈그대 자(子)〉를 생략하고 술부만 남긴 어투로 영어의 2형식 문장과 같은 어투이다. 亦囂囂에서 역(亦)은 효효(囂囂)를 꾸미는 부사이고, 효효(囂囂)는 겹동사로 자동사이다. 물론 효효(囂囂)를 형용사로 여겨도 된다. 한문투에는 품사가 결정되어 있지 않기 때문이다. 亦囂囂의 역(亦)은 〈또 우(又)〉와 같고, 효(囂)는 〈떠들어댈 성(聲)〉과 같지만 효효(囂囂)는 관용구로서 여러 가지 뜻을 나타낸다. 저잣거리의 와글와글거리는 모습도 효효(囂囂)이고, 백성들이 탄식하며 원망하고 근심하는 모습도 효효(囂囂)이며, 자신만만하여 다른 것을 바랄 것이 없는 모습도 효효(囂囂)이다. 亦囂囂의 효효(囂囂)는 자신만만해[自得] 더 바랄 것이 없는[無欲] 모습으로 여기고 새기면 문맥이 통한다.

남들 인(人), 알아줄 지(知), 너 지(之), 또 역(亦), 떠들 효(囂)

人不知(인부지) 亦囂囂(역효효)

▶ 남들이[人] (당신을) 알아주지 않아도[不知] 역시[亦] (당신은 그들에게) 당당해야 한다[囂囂].

인부지역효효(人不知亦囂囂)는 人不知之 子亦囂囂에서 되풀이되므로 지(知)의 목적어인 지(之)와 효효(囂囂)의 주어인 〈당신 자(子)〉를 생략한 것으로, 영어의 복문과 같은 어투이다. 人知之亦囂囂는 〈알아줄 지(知)〉와 〈떠들어댈 효(囂)〉가 본동사이므로 人不知亦囂囂를 두 구문으로 나누어 문맥을 잡는다. 즉 人不知와 亦囂囂를 나누어 두 구문 사이의 관계를 살펴야 문맥이 잡힌다는 말이다. 人不知亦囂囂에서 인부지(人不知)를 양보의 종속절로, 역효효(亦囂囂)를 주절로 하면 人不知亦囂囂의 문맥이 잡힌다.

양보의 종속절인 인부지(人不知)는 지(知)의 목적어가 생략되었지만 영어의 3형식 절과 같은 어투이다. 人不知에서 인(人)은 주어이고, 부(不)는 지(知)의 부정사(否定詞)이며, 지(知)는 타동사로 절의 본동사이고, 人不知의 인(人)은 타인(他人)의 줄임말로 여기거나 군왕으로 여기고 복수로 새기며, 지(知)는 〈알아줄 식(識)〉과 같다.

주절인 역효효(亦囂囂)는 子亦囂囂에서 주어인 〈그대 자(子)〉를 생략하고 술부만 남긴 것으로, 영어의 2형식과 같은 어투이다. 亦囂囂에서 역(亦)은 효효(囂囂)를 꾸미는 부사이고, 효효(囂囂)는 겹동사로 자동사이다. 물론 효효(囂囂)를 형용사로 여겨도 된다. 한문투는 품사가 결정되어 있지 않기 때문이다. 亦囂囂의 역(亦)은 〈또 우(又)〉와 같고, 효(囂)는 〈떠들어댈 성(聲)〉과 같지만, 여기서 효효(囂囂)는 자신만만해[自得] 더 바랄 것이 없는[無欲] 모습으로 여기고 새기면 문맥이 통한다.

남들 인(人), 아닐 부(不), 알아줄 지(知), 너 지(之), 또 역(亦), 떠들 효(囂)

曰(왈) 何如斯可以囂囂矣(하여사가이효효의)

▶ (송구천이) 어떻게[何如] 하면[以] 곧[斯] 당당해질 수 있는 것[可囂囂] 이냐고[矣] 말했다[曰].

왈하여사가이효효의(曰何如斯可以囂囂矣)는 宋句踐曰何如斯我可以囂囂矣에서 문맥으로 보충할 수 있으므로 왈(曰)의 주어인 송구천(宋句踐)과, 가효효(可囂囂)의 주어인 아(我)를 생략한 어투로, 영어의 3형식 문장과 같다.

왈하여사가이효효의(曰何如斯可以囂囂矣)에서 하여사가이효효의(何如斯可以囂囂矣)는 왈(曰)의 목적절이다. 何如斯可以囂囂矣과 같은 어투는 이(以)를 잘 새겨야 문맥을 잡기 편하다. 何如以我斯可囂囂矣에서 아(我)를 생략하고 하여(何如)의 후치사인 이(以)를 본동사 앞으로 전치한 것을 알면 문맥을 잡기 쉽다. 하여이(何如以)는 관용구로 기억해두면 한문투의 문맥을 잡는 데 편하다. 무엇과[何] 같이[如] 한다면[以]. 그러므로 何如以我斯可囂囂矣에서 하여이(何如以)는 의문부사구로 조건의 부사구이고, 가(可)는 효효(囂囂)의 조동사이며, 효효(囂囂)는 겹동사로 자동사이므로 何如以我斯可囂囂矣를 영어의 2형식 의문문처럼 문맥을 잡는다. 어떻게[何如] 하면[以] 당당해질 수 있는 것[可囂囂]인가[矣]?

하여사가이효효의(何如斯可以囂囂矣)의 하(何)는 〈무엇 갈(曷)〉과 같고, 여(如)는 〈같을 약(若), 사(似)〉 등과 같으며, 사(斯)는 〈곧 즉(卽)〉과 같고,

가(可)는 〈잘할 능(能)〉과 같고 가능(可能)의 줄임말로 여기고, 효(囂)는 〈떠들어댈 성(聲)〉과 같고, 효효(囂囂)는 여기선 자신만만해[自得] 더 바랄 것이 없는[無欲] 모습으로 여기고 새긴다.

말할 왈(曰), 어찌 하(何), 같을 여(如), 곧 사(斯), 잘할 가(家), 할 이(以), 떠들어댈 효(囂), ~인가 의(矣)

曰(왈) 尊德樂義則可以囂囂矣(존덕요의즉가이효효의)

▶ (맹자가) 덕을[德] 받들고[尊] 의를[義] 좋아하면[樂] 곧장[斯] 그리하여[以] 당당해질 수 있는 것[可囂囂]이라고[矣] 말해주었다[曰].

왈존덕요의즉가이효효의(曰尊德樂義則可以囂囂矣)는 孟子曰子尊德而子樂義則是以子可以囂囂矣에서 문맥으로 보충할 수 있으므로 왈(曰)의 주어인 맹자(孟子)와, 존(尊)과 요(樂)의 주어인 자(子)를 생략한 것으로, 영어의 3형식 문장과 같은 어투이다. 曰尊德樂義則可以囂囂矣에서 존덕요의즉가이효효의(尊德樂義則可以囂囂矣)가 왈(曰)의 목적절이므로 영어의 3형식 문장처럼 새기는 것이다.

존덕요의즉가이효효의(尊德樂義則可以囂囂矣)와 같은 어투는 이(以)를 잘 새겨야 문맥을 잡기 쉽다. 則可以囂囂矣는 則是以子可囂囂矣에서 시이(是以)의 시(是)를 생략하고 본동사 앞으로 후치한 것을 알면 문맥을 잡기 쉽다. 시이(是以)의 시(是)는 앞의 내용인 존덕요의(尊德樂義)을 가리키는 지시어로, 되풀이되므로 생략하고 이(以)만 남겼다. 尊德樂義則可以囂囂矣의 존(尊)은 〈높일 귀(貴)〉와 같고 존귀(尊貴)의 줄임말로 여기고, 요(樂)는 〈좋아할 호(好)〉와 같으며, 가(可)는 〈잘할 능(能)〉과 같고 가능(可能)의 줄임말로 여기고, 효(囂)는 〈떠들어댈 성(聲)〉과 같고, 효효(囂囂)는 여기선 자신만만해[自得] 더 바랄 것이 없는[無欲] 모습으로 여기고 새긴다.

말할 왈(曰), 높일 존(尊), 큰 덕(德), 좋아할 요(樂), 옳음 의(義), 곧 즉(則), 잘할 가(家), 할 이(以), 떠들어댈 효(囂), ~인가 의(矣)

故(고)

▶ 그러므로[故]

고(故)는 고왈(故曰)의 줄임이고, 고왈(故曰)은 시고왈(是故曰)을 줄인 꼴이다. 위의 내용[是]이므로[故] 다음처럼 말한다[曰]는 뜻이다. 앞의 내용을 근거로 하여 판단이나 결론을 내릴 때 쓰이고, 고왈(故曰)을 줄여 그냥 고(故)라고 할 때가 보통이다. 시고왈(是故曰)의 고(故)는 승상기하(承上起下)의 연접으로 영어의 therefore와 같다. 앞의 내용을[上] 이어서[承] 새로운 내용을[下] 제기한다[起].

그러므로 고(故)

士窮不失義(사궁불실의) 達不離道(달불리도)

▶ 선비는[士] 곤궁해도[窮] 의를[義] 잃지 않고[不失] 뜻을 이루어도[達] 도리를[道] 벗어나지 않는다[不離].

사궁불실의달불리도(士窮不失義達不離道)는 맹자왈(孟子曰)의 목적절이지만 독립구문처럼 여기고 문맥을 잡아도 된다. 士窮不失義達不離道는 士窮士不失義 而士達士不離道에서 되풀이되는 사(士)를 생략한 것으로, 영어의 복문과 같은 어투이다. 말하자면 사궁불실의(士窮不失義)에서 사궁(士窮)은 양보의 종속절이고 불실의(不失義)는 주절이며, 달불리도(達不離道)에서 달(達)은 양보의 종속절이고 불리도(不離道)는 주절이란 말이다.

士窮不失義에서 사(士)는 궁(窮)과 실(失)의 주어이고, 궁(窮)은 자동사로 양보절의 본동사이며, 불(不)은 실(失)의 부정사(否定詞)이고, 실(失)은 타동사로 주절의 본동사이며, 의(義)는 실(失)의 목적어이다. 達不離道에서 달(達)은 주어와 목적어가 없지만 타동사로 양보절의 본동사이고, 불(不)은 이(離)의 부정사(不定詞)이며, 이(離)는 타동사로 주절의 본동사이고, 도(道)는 이(離)의 목적어이다. 士窮不失義의 궁(窮)은 〈궁색할 곤(困)〉과 같고 곤궁(困窮)의 줄임말로 여기고, 실(失)은 〈잃을 상(喪)〉과 같고 상실(喪失)의 줄임말로 여기며, 達不離道의 달(達)은 〈이룰 성(成)〉과 같고 달성(達成)의 줄임말로 여기고, 이(離)는 〈떠날 별(別)〉과 같고 별리(別離)의 줄임말로 여기며, 도(道)는 〈이치 리(理)〉와 같고 도리(道理)의 줄임말로 여긴다.

존덕(尊德)하고 요의(樂義)하면 거리낄 것이 없다. 덕을 받들고[尊德] 의를 좋아하는[樂義] 군자를 두고 공자는 탄탕탕(坦蕩蕩)하다고 한다. 공자의 탄탕탕(坦蕩蕩)은 맹자의 효효(囂囂)와 같은 말이다. 마음이 평정하여[坦] 넉넉하고 너그럽다[蕩蕩].

선비 사(士), 곤궁할 궁(窮), 아니 불(不), 잃을 실(失), 옳음 의(義), 이를 달(達), 떠날 리(離), 도리 도(道)

窮不失義故(궁불실의고) 士得己焉(사득기언)

▶ 곤궁해도[窮] 의를[義] 잃지 않기[不失] 때문에[故] 선비는[士] 자기를[己] 획득하는 것[得]이다[焉].

궁불실의고사득기언(窮不失義故士得己焉)은 맹자왈(孟子曰)의 목적절이지만 독립구문처럼 여기고 문맥을 잡아도 된다. 窮不失義故士得己焉은 士窮士不失義故 而士得己焉에서 되풀이되는 사(士)를 생략한 어투로, 영어의 복문과 같다. 말하자면 궁불실의고(窮不失義故)에서 궁(窮)은 양보의 종속절이고, 불실의고(不失義故)는 원인의 종속절이며, 사득기언(士得己焉)은 주절이다. 궁해도[窮] 의를[義] 잃지 않기[不失] 때문에[故] 선비는[士] 자신을[己] 얻는 것[得]이다[焉]. 물론 고(故)를 승상기하(承上起下)의 고(故)로 보고 〈궁해도[窮] 의를[義] 잃지 않는다[不失]. 그러므로[故] 선비는[士] 자신을[己] 얻는 것[得]이다[焉]〉로 새겨도 된다. 그러나 窮不失義故士得己焉에서 궁불실의고(窮不失義故)까지를 양보와 조건의 종속절로 보고, 사득기언(士得己焉)을 주절로 삼아 새기는 것이 문맥에 더 걸맞다.

궁불실의고사득기언(窮不失義故士得己焉)의 궁(窮)은 〈궁색할 곤(困)〉과 같고 곤궁(困窮)의 줄임말로 여기고, 실(失)은 〈잃을 상(喪)〉과 같고 상실(喪失)의 줄임말로 여기며, 득(得)은 〈얻을 획(獲)〉과 같고 획득(獲得)의 줄임말로 여기고, 기(己)는 자기(自己)의 줄임말로 여기며, 언(焉)은 구문을 단언적으로 결정짓는 어조다(~이다)이다.

곤궁할 궁(窮), 아니 불(不), 잃을 실(失), 옳음 의(義), 때문에 고(故), 선비 사(士), 얻을 득(得), 자신 기(己), ~이다 언(焉)

達不離道故(달불리도고) 民不失望焉(민불실망언)

▶ 뜻을 이루어도[達] 도리를[道] 벗어나지 않기[不離] 때문에[故] 백성은[民] 선비한테[焉] 희망을[望] 잃지 않는다[不失].

달불리도고민불실망언(達不離道故民不失望焉) 역시 맹자왈(孟子曰)의 목적절이지만 독립구문처럼 여기고 문맥을 잡아도 된다. 達不離道故民不失望

焉은 士達士不離道故民不失望於士에서 되풀이되는 사(士)를 생략하고, 어사(於士)를 언(焉)으로 축약한 어투로, 영어의 복문과 같다. 말하자면 달불리도고(達不離道故)에서 달(達)은 양보의 종속절이고 불리도고(不離道故)는 원인의 종속절이며, 민불실망언(民不失望焉)이 주절이다. 물론 고(故)를 승상기하(承上起下)의 고(故)로 보고 〈뜻을 이루어도[達] 도리를[道] 벗어나지 않는다[不離]. 그러므로[故] 백성은[民] 선비한테[焉] 희망을[望] 잃지 않는다[不失]〉로 새겨도 된다. 그러나 達不離道故民不失望焉에서 달불리도고(達不離道故)까지를 양보와 조건의 종속절로 보고, 민불실망언(民不失望焉)을 주절로 삼아 새기는 것이 문맥에 더 걸맞다.

달불리도고민불실망언(達不離道故民不失望焉)의 달(達)은 〈이룰 성(成)〉과 같고 달성(達成)의 줄임말로 여기고, 이(離)는 〈떠날 별(別)〉과 같고 별리(別離)의 줄임말로 여기며, 도(道)는 〈이치 리(理)〉와 같고 도리(道理)의 줄임말로 여기고, 민(民)은 백성(百姓)으로 새기며, 실(失)은 〈잃을 상(喪)〉과 같고 상실(喪失)의 줄임말로 여기고, 망(望)은 〈바랄 원(願)〉과 같으며, 언(焉)은 어시(於是)의 축약이고, 어시(於是)의 시(是)는 사(士)를 가리키는 지시어이다.

이룰 달(達), 아니 불(不), 떠날 리(離), 도리 도(道), 때문에 고(故), 백성 민(民), 잃을 실(失), 바랄 망(望), 이에 언(焉)

古之人得志(고지인득지) 澤加於民(택가어민)

▶ **옛날[故]의[之] 사람들은[人] 뜻을[志] 이루면[得] 그 덕택이[澤] 백성[民]에게[於] 더해지게 했다[加].**

고지인득지택가어민(古之人得志澤加於民) 역시 맹자왈(孟子曰)의 목적절이지만 독립구문처럼 여기고 문맥을 잡아도 된다. 古之人得志澤加於民은 古之人得志 而古之人加澤於民에서 되풀이되는 고지인(古之人)을 생략하고, 택(澤)을 본동사인 가(加) 앞으로 전치한 것으로, 영어의 복문과 같은 어투이다. 古之人得志澤加於民은 〈이룰 득(得)〉, 〈더할 가(加)〉 등이 본동사인 두 구문으로 된 문장이다. 말하자면 고지인득지(古之人得志)와 택가어민(澤加於民) 두 구문이 합쳐진 것이 古之人得志澤加於民이다. 이 두 구문의 관계를 살펴보면 古之人得志澤加於民의 문맥을 잡을 수 있다. 즉 고지인득지

(古之人得志)를 조건의 종속절로 여기고, 택가어민(澤加於民)을 주절로 여기고 새기면 문맥이 잡힌다. 고지인득지(古之人得志)하면 택가어민(澤加於民)한다고 새겨보면 古之人得志澤加於民의 문맥이 잡힌다는 말이다.

조건의 종속절인 고지인득지(古之人得志)는 영어의 3형식 절과 같은 어투이다. 古之人得志에서 고지(古之)는 인(人)을 꾸미는 형용사이고, 인(人)은 주어이며, 득(得)은 타동사로 절의 본동사이고, 지(志)는 득(得)의 목적어이다. 古之人得志의 고지인(古之人)은 〈A之B〉꼴로 지(之)는 A로 하여금 B를 꾸미게 한다. 고지인(古之人)의 지(之)는 여기선 소유격 토씨(~의)이다. 古之人得志의 득(得)은 〈이룰 획(獲), 성(成)〉 등과 같고, 지(志)는 심지소지(心之所之)를 한 마디로 줄인 것이다. 마음[心]이[之] 가는[之] 바[所]를 〈뜻 지(志)〉라 한다.

주절 택가어민(澤加於民)은 영어의 1형식 절과 같은 어투이다. 澤加於民에서 택(澤)은 주어이고, 가(加)는 영어의 수동태와 같은 절의 본동사이며, 어민(於民)은 가(加)를 꾸미는 부사구이다. 澤加於民을 古之人加澤於民으로 여기고, 澤加於民의 택(澤)을 가(加)의 목적어로 여기고, 가(加)를 능동태로 새기면 우리말답게 문맥을 잡아 새길 수 있다. 〈(옛 사람들은) 백성[民]에게[於] 은택을[澤] 더해주었다[加]. 그러므로 그 혜택이[澤] 백성[民]에게[於] 더해지게 했다[加]〉보다, 백성[民]에게[於] 은택을[澤] 더해주었다[加]가 우리말답다. 澤加於民의 택(澤)은 〈덕택 덕(德)〉과 같고 덕택(德澤)의 줄임말로 여기고, 가(加)는 〈더할 증(增)〉과 같고 증가(增加)의 줄임말로 여기며, 어(於)는 〈~에게 우(于)〉와 같고 민(民)은 백성(百姓)을 뜻한다.

> 옛날 고(古), ~의 지(之), 사람들 인(人), 이룰 득(得), 뜻 지(志), 은택 택(澤), 더할 가(加), ~에게 어(於), 백성 민(民)

不得志(부득지) 修身見於世(수신현어세)

▶ (옛사람들은) 뜻을[志] 이루지 못하면[不得] 자신을[身] 닦아[修] 세상[世]에[於] 나타난다[見].

부득지수신현어세(不得志修身見於世) 역시 맹자왈(孟子曰)의 목적절이지만 독립구문처럼 여기고 문맥을 잡아도 된다. 不得志修身見於世은 古之人不得志 而古之人修身 而古之人見於世에서 되풀이되는 고지인(古之人)을 생략한 어투로, 영어의 복문과 같다. 不得志修身見於世는 〈이룰 득(得)〉, 〈닦을 수(修)〉, 〈나타날 현(見)〉이 본동사인 세 구문으로 이루어져 있다. 말하자면 부득지(古之人不得志)와 수신(修身)과 현어세(見於世) 세 구문이 합쳐진 것으로, 종속절 하나와 주절 둘로 이루어진 문장이 不得志修身見於世인 것이다. 이 세 구문의 관계를 살펴보면 不得志修身見於世의 문맥이 잡힌다. 부득지(不得志)를 조건의 종속절로 여기고, 수신현어세(修身見於世)를 주절로 여겨 부득지(不得志)하면 수신현어세(修身見於世)한다고 不得志修身見於世의 문맥을 잡을 수 있다.

조건의 종속절인 부득지(不得志)는 古之人不得志에서 고지인(古之人)을 생략한 어투로, 주어가 없지만 영어의 3형식 절과 같다. 不得志에서 부(不)는 득(得)의 부정사(否定詞)이고, 득(得)은 타동사로 절의 본동사이며, 지(志)는 득(得)의 목적어이다. 不得志의 득(得)은 〈이룰 획(獲), 성(成)〉 등과 같고, 지(志)는 심지소지(心之所之)를 한 마디로 줄인 말이다. 마음[心]이[之] 가는[之] 바[所]를 〈뜻 지(志)〉라 한다.

주절인 수신현어세(修身見於世)는 古之人修身 而古之人見於世에서 문맥으로 보충될 수 있으므로 주어인 고지인(古之人)을 생략한 어투로, 영어의 중문과 같다. 修身에서 수(修)는 타동사로 주절의 본동사이고, 신(身)은 수(修)의 목적어이므로 영어의 3형식 문장과 같은 어투이다. 見於世의 현(見)은 자동사로 주절의 본동사이고, 어세(於世)는 현(見)을 꾸미는 장소의 부사구로 영어의 1형식 문장과 같은 어투이다. 修身見於世의 수(修)는 〈닦을 수(脩)〉와 같고, 신(身)은 자신(自身)의 줄임말로 여기며, 현(見)은 〈나타날 현(現), 현(顯)〉 등과 같고 〈볼 견(見), 나타날 현(見)〉처럼 발음이 달라지므로 주의해야 하며, 어(於)는 〈~에 우(于)〉와 같고, 세(世)는 세상(世上)의 줄임말로 여기고 새긴다.

수신(修身), 수기(修己), 수기(守己), 정기(正己), 극기(克己) 등 말을 달리하지만 그 뜻하는 바는 다 같다. 지극히 성지(誠之)하라 함이다. 오로지 성(性)의 사단(四端)인 인의예지(仁義禮智)로써 사는 바[誠之]가 수신(修身)이다. 이는 곧 존덕요의(尊德樂義)의 삶으로 자신을 일일신(日日新)함이 곧 수신(修身)이다.

아니 부(不), 이룰 득(得), 뜻 지(志), 닦을 수(修), 자기 신(身), 나타날 현(見), ~에 어(於), 세상 세(世)

窮則獨善其身(궁즉독선기신)

▶ (옛사람들은) 곤궁하면[窮] 곧[則] 오로지[獨] 제[其] 자신을[身] 선하게 한다[善].

궁즉독선기신(窮則獨善其身) 역시 맹자왈(孟子曰)의 목적절이지만 독립 구문처럼 여기고 문맥을 잡아도 된다. 窮則獨善其身은 古之人窮 則古之人獨善其身에서 문맥으로 보충할 수 있으므로 고지인(古之人)을 생략한 어투이고, 〈A則B〉꼴로 영어의 복문과 같다. 즉(則)을 중심으로 앞은 대개 양보 내지 조건의 종속절이고, 뒤는 주절이다. 그러므로 窮則獨善其身에서 궁(窮)을 조건절로 여기고, 독선기신(獨善其身)을 주절로 여기고 새기면 문맥이 잡힌다. 〈A(窮)하면 곧[則] B(獨善其身)한다〉

궁즉독선기신(窮則獨善其身)에서 궁(窮)은 자동사로 조건의 종속절의 본동사이고, 궁(窮)은 〈곤궁할 곤(困)〉과 같고 곤궁(困窮)의 줄임말로 여기고 새긴다. 주절인 독선기신(獨善其身)에서 독(獨)은 선(善)을 꾸미는 부사이고, 선(善)은 타동사로 주절의 본동사이며, 기(其)는 신(身)의 관형사이고, 신(身)은 선(善)의 목적어이다. 獨善其身의 독(獨)은 〈오직 유(唯)〉와 같고 유독(唯獨)의 줄임말로 여기고, 선(善)은 〈착할 량(良)〉과 같고 선량(善良)의 줄임말로 여기며, 신(身)은 자기(自己)·자신(自身) 등의 줄임말로 여긴다. 선신(善身)과 수신(修身)은 같은 말이다.

곤궁할 궁(窮), 곧 즉(則), 오로지 독(獨), 착할 선(善), 그 기(其), 자신 신(身)

達則兼善天下(달즉겸선천하)

▶ (옛사람들은 뜻을) 이루면[達] 곧[則] 아울러[兼] 세상을[天下] 선하게 했다[善].

달즉겸선천하(達則兼善天下) 또한 맹자왈(孟子曰)의 목적절이지만 독립 구문처럼 여기고 문맥을 잡아도 된다. 達則兼善天下는 古之人達志 則古之人兼善天下에서 문맥으로 보충할 수 있으므로 고지인(古之人)과 지(志)를 생략한 어투이고, 〈A則B〉꼴로 영어의 복문과 같다. 즉(則)을 중심으로 앞은 대개 양보 내지 조건의 종속절이고, 뒤는 주절이다. 그러므로 達則兼善天下에서 달(達)을 조건절로, 겸선천하(兼善天下)를 주절로 여기고 새기면 문맥이 잡힌다. 〈A(達)하면 곧[則] B(兼善天下)한다〉

달즉겸선천하(達則兼善天下)에서 달(達)은 자동사로 조건의 종속절의 본동사이고 〈이룰 성(成)〉과 같으며 달성(達成)의 줄임말로 여기고 새긴다. 주절인 겸선천하(兼善天下)에서 겸(兼)은 선(善)을 꾸미는 부사이고, 선(善)은 타동사로 주절의 본동사이며, 천하(天下)는 선(善)의 목적어이다. 兼善天下의 겸(兼)은 〈아우를 병(幷)〉과 같고, 선(善)은 〈착할 량(良)〉과 같으며 선량(善良)의 줄임말로 여기고, 천하(天下)는 세상(世上)과 같은 말이다.

옛 사람들은 뜻을 잃어도 수신(修身)하여 자신을 선(善)하게 하였고, 뜻을 이루어도 변함없이 수신하면서 세상을 더불어 선하게 하였음을 밝히고 있다. 잠시도 성지(誠之)의 삶을 버리지 않고 선비[士]의 본분을 다했음을 맹자가 밝히고 있다. 송구천(宋句踐)이란 유세(遊說)꾼에게 너는 수신하느냐고 다그치고 있다. 이러한 다그침은 우리를 향한 맹자의 질타인 셈이다. 지금 우리는 수신이란 말마저 팽개친 지 이미 오래이지 않은가. 똥 묻은 개가 겨 묻은 개를 흉보는 세상은 우리가 만든 천하가 아닌가.

이를 달(達), 곧 즉(則), 아울러 겸(兼), 착하게 할 선(善), 하늘 천(天), 아래 하(下)

제10장

10장에서 맹자는 문왕(文王)을 들어서 흥자(興者)를 밝히고 있다. 맹자가 말하는 흥자는 호선(好善)하고 존덕(尊德)하며 요의(樂義)하고 호인(好仁)하여 성지(誠之)의 삶을 누리기 위해 감동하고 분발하는 사람을 말한다. 선비[士]라면 흥자가 되어야 함을 맹자가 밝히는 장이다.

【문지(聞之)】
흥자민야(興者民也)
【원문(原文)】

孟子曰 待文王而後에 興者는 民也이니 若夫豪傑之士는 雖無文王이라도 猶興한다
맹자왈 대문왕이후 흥자 민야 약부호걸지사 수무 문왕 유흥

【해독(解讀)】

맹자가 말했다[孟子曰]. "문왕을 모신 뒤에 분발한 것은 백성이다[待文王而後興者民也]. 만약 무릇 호걸의 선비라면[若夫豪傑之士], 문왕이 없을지라도[雖無文王] (그런 선비는) 오히려 분발한다[猶興]."

【담소(談笑)】

待文王而後(대문왕이후) 興者民也(흥자민야)

▶ **문왕을[文王] 모신[待] 뒤에[而後] 분발한[興] 것은[者] 백성[民]이다[也].**

대문왕이후흥자민야(待文王而後興者民也)는 맹자왈(孟子曰)의 목적절이지만 독립구문으로 여기고 문맥을 잡아도 된다. 待文王而後興者民也는 〈A而後B〉꼴이므로 영어의 복문처럼 문맥을 잡는다. 〈A(待文王) 이후에[而後] B(興者民)이다[也]〉 待文王而後興者民也에서 대문왕이후(待文王而後)까지를 시간의 부사절로 여기고, 흥자민야(興者民也)를 주절로 여기고 새기면 待文王而後興者民也의 문맥이 잡힌다.

시간의 부사절인 대문왕이후(待文王而後)는 民待文王而後에서 문맥으로 보충할 수 있으므로 대(待)의 주어인 〈백성 민(民)〉을 생략한 어투로, 대(待)는 타동사로 절의 본동사이고, 문왕(文王)은 대(待)의 목적어이며, 이후(以後)는 시간의 부사절을 이끄는 영어의 종속접속사 After와 같다. 백성이[民] 문왕을[文王] 모신[待] 후에[以後]. 待文王而後의 대(待)는 〈대접할 우(遇)〉와 같고, 대우(待遇)의 줄임말로 여기고 새긴다.

주절 흥자민야(興者民也)는 〈AB也〉꼴로 영어의 2형식 문장과 같다. 〈A(興者)는 B(民)이다[也]〉 興者民也에서 흥자(興者)는 주어, 민(民)은 보어, 야(也)는 구문을 결정짓는 어조사(~이다)이다. 興者民也의 흥자(興者)는 〈A者〉꼴로 A는 자(者)를 꾸며주는 형용사이다. 〈A(興)하는 것[者]〉 興者民也의 흥(興)은 〈감동할 감(感)〉과 같고 흥감(興感) 또는 발흥(發興)의 줄임말로 여기고, 민(民)은 백성(百姓)을 뜻한다. 감동하여 분발한[興] 것[者].

주(周)나라를 연 문왕은 덕치(德治)로 백성을 편히 살게 했으니 유가에서

성군(聖君)의 화신으로 삼는다. 임금이 덕치를 베풀면 백성은 감동하여 분발하게 마련이다. 임금이 학정(虐政)을 펴면 백성은 곤궁하여 절망한다.

대접할 대(待), 글 문(文), 임금 왕(王), 어조사 이(而), 뒤 후(後), 분발할 흥(興), 것 자(者), 백성 민(民), ~이다 야(也)

若夫豪傑之士(약부호걸지사) 雖無文王(수무문왕) 猶興(유흥)

▶ 만약[若] 무릇[夫] 호걸[豪傑]의[之] 선비라면[士] 문왕이[文王] 없을[無]지라도[雖] (그런 선비는) 오히려[猶] 분발한다[興].

약부호걸지사수무문왕유흥(若夫豪傑之士雖無文王猶興)은 〈若A雖B〉꼴을 상기하면 쉽게 문맥이 잡힌다. 〈A(若夫豪傑之士)면[若] B(雖無文王)일지라도[雖]〉 그러므로 若夫豪傑之士雖無文王猶興은 若夫豪傑之士雖無文王豪傑之士猶興에서 되풀이되는 호걸지사(豪傑之士)를 생략한 어투로 영어의 복문과 같다. 약부호걸지사(若夫豪傑之士)는 조건의 부사구이고, 수무문왕(雖無文王)은 양보의 종속절이며, 주절인 유흥(猶興)은 주어인 호걸지사(豪傑之士)가 생략되었지만 영어의 1형식 문장과 같은 어투이다. 若夫豪傑之士의 약(若)은 〈만약 여(如)〉와 같고, 호(豪)는 〈뛰어날 준(俊)〉과 같으며, 걸(傑)은 〈빼어날 수(秀)〉와 같고 호걸(豪傑)·준걸(俊傑) 같은 말이다. 雖無文王의 수(雖)는 가령(假令)·설령(設令) 등과 같고 양보절을 이끄는 영어의 though와 같으며, 무(無)는 주어를 뒤에 두는 자동사 〈없을 무(無)〉이고, 문왕(文王)은 무(無)의 주어이다. 猶興에서 유(猶)는 여기서 〈오히려 상(尙)〉과 같고 흥(興)을 꾸미는 부사이며, 흥(興)은 자동사로 주절의 본동사이며 〈감동할 감(感)〉과 같고, 발흥(發興)의 줄임말로 여기고 새긴다.

문왕이 덕치를 베푼 뒤로 초야에 묻혀 사는 백성이 성지(誠之)의 삶을 살면서 호선(好善)·존덕(尊德)·호인(好仁)의 삶을 누리기 위해 감발(感發)했지만, 패자(霸者)를 바라는 군왕들의 학정에 시달리는 세상이 계속되었다. 이런 난세(亂世)에 치세(治世)의 큰 뜻을 둔 빼어난 선비[豪傑之士]는 오히려 백성보다 더 감발하여 시인(施仁)의 세상이 되게 한다고 맹자가 선언하고 있다. 어짊을 베푸는[施仁] 사람을 맹자는 왕자(王者)라고 부른다. 임금 노릇을 하는[王] 사람[者]을 일러 유가는 군자(君子)라 한다. 호걸지사(豪傑

之士)·군자(君子)·대인(代人)·왕자(王者) 등은 다 같은 말이고 문왕(文王)의 후예인 셈이다.

만약 약(若), 무릇 부(夫), 호걸 호(豪), 뛰어난 사람 걸(傑), ~의 지(之), 선비 사(士), 비록 수(雖), 없을 무(無), 글 문(文), 임금 왕(王), 오히려 유(猶), 분발할 흥(興)

제11장

11장은 맹자가 앞 장에서 밝힌 호걸지사(豪傑之士)를 좀 더 구체적으로 파악하게 한다. 진(晉)나라의 거부였던 한위(韓魏)의 재물을 다 준다 한들 인의예지(仁義禮智)만 못함을 사무치는 자(者)라야 남들보다 뛰어난 것을 적시(摘示)하는 장이다.

【문지(聞之)】

부지이한위지가(附之以韓魏之家)

【원문(原文)】

孟子曰(맹자왈) 附之以韓魏之家(부지이한위지가)라도 如其自視欿然(여기자시감연)이면 過人(과인)이 遠矣(원의)이다

【해독(解讀)】

맹자가 말했다[孟子曰]. "한위의 가산을 가지고 그에게 더 보태주어도[附之以韓魏之家] 그가 스스로 시큰둥한 모습을 보인다면[如其自視欿然], 남들을 뛰어넘음이 원대한 것이다[過人遠矣]."

【담소(談笑)】

附之以韓魏之家(부지이한위지가) 如其自視欿然(여기자시감연) 過人遠矣(과인원의)

▶ 한위[韓魏]의[之] 가산을[家] 가지고[以] 그에게[之] 더 보태주어도[附] 그가[其] 스스로[自] 시큰둥한 모습을[欿然] 보인다[視]면[如], 남들을[人]

뛰어넘음이[過] 원대한 것[遠]이다[矣].

부지이한위지가여기자시감연과인원의(附之以韓魏之家如其自視欿然過人遠矣)는 맹자왈(孟子曰)의 목적절이지만 독립구문으로 여기고 문맥을 잡아도 된다. 附之以韓魏之家如其自視欿然過人遠矣와 같은 구문은 문맥을 잡기가 쉽지 않다. 영어에서 부정사(不定詞)가 다양한 구실을 하듯이 한문투에도 영어의 부정사와 같은 어투가 매우 자주 쓰이고, 영어의 부정사처럼 동사를 대신하는 구실을 한다. 그러므로 附之以韓魏之家如其自視欿然過人遠矣에서 동사로 쓰이는 글자를 주목하면 문맥을 잡기가 쉽다. 附之以韓魏之家如其自視欿然過人遠矣에서 〈보태줄 부(附)〉, 〈보일 시(視)〉, 〈넘을 과(過)〉 등이 동사이므로 다음처럼 끊어서 읽을 수 있다. 부지이한위지가(附之以韓魏之家) 여기자시감연(如其自視欿然) 과인원의(過人遠矣). 이 세 구문이 서로 어떤 관계인지 살피면 전체 문맥이 잡힌다. 그리고 여기자시감연(如其自視欿然)의 여(如)를 조건절을 이끄는 〈만약 여(如)〉로 여기면 구문끼리 관계를 맺어줄 수 있다. 중간에 조건절이 오면 그 앞의 절이나 구는 대개 양보절이나 양보구이기 때문이다. 그러므로 附之以韓魏之家如其自視欿然過人遠矣를 다음과 같이 읽어볼 수 있다. 부지이한위지가(附之以韓魏之家)라도 여기자시감연(如其自視欿然)한다면 과인원의(過人遠矣)이다.

양보의 구문인 부지이한위지가(附之以韓魏之家)를 雖某人附之以韓魏之家에서 문맥으로 보충할 수 있으므로 수모인(雖某人)을 생략한 어투로 보면, 附之以韓魏之家를 양보의 종속절로 보고 새긴다. 어떤 사람이[某人] 한위[韓魏]의[之] 가재[家財]를[家] 써[以] 그에게[之] 더 보태줄[附]지라도[雖]. 그러나 附之以韓魏之家의 부(附)를 영어의 부정사(不定詞)처럼 여기면 附之以韓魏之家를 양보의 부정사구로 여기고 새긴다. 어느 쪽이든 문맥의 문의는 상하지 않는다. 한위[韓魏]의[之] 가재를[家] 써[以] 더 보태주어도[附]. 附之以韓魏之家의 부(附)는 〈더 보태줄 가(加)〉와 같고 부가(附加)의 줄임말로 여기고, 지(之)는 대명사로 간접목적어이며, 이(以)는 〈써(가지고) 용(用)〉과 같다. 韓魏之家의 한위(韓魏)는 진(晉)나라 경대부(卿大夫)로 백승지가(百乘之家)였다니 오늘날의 재벌 같은 거부(巨富)였던 셈이다. 韓魏之家의 지(之)는 소유격 토씨(~의)이고, 가(家)는 가산(家産) 또는 가재(家財)의 줄임말로 여기고 새기면 문맥이 통한다.

조건구인 여기자시감연(如其自視歃然)에서 여(如)는 조건의 종속절을 이끄는 종속접속사이고, 기(其)는 기인(其人)의 줄임으로 주어이며, 자(自)는 시(視)를 꾸미는 부사이고, 시(視)는 자동사로 절의 본동사이며, 감연(歃然)은 보어이므로 如其自視歃然은 영어의 2형식 조건절과 같다. 如其自視歃然의 여(如)는 〈만약 약(若)〉과 같고, 기(其)는 여기선 기인(其人)의 줄임말로 여기며, 자(自)는 〈스스로 궁(躬)〉과 같고, 시(視)는 〈보일 첨(瞻)〉과 같고, 감연(歃然)은 불만족한 모습[貌]을 말한다.

주절인 과인원의(過人遠矣)는 其之過人遠矣에서 〈넘을 과(過)〉의 의미상 주어인 기지(其之) 또는 기(其)를 생략했으며, 영어의 2형식 문장과 같다. 過人遠矣에서 과(過)는 영어의 부정사와 같으면서 주어이고, 인(人)은 과(過)의 목적어이며, 원(遠)은 보어이고, 의(矣)는 구문을 결정짓는 어조사(~이다)이다. 過人遠矣의 과(過)는 〈넘을 월(越)〉과 같고 과월(過越)의 줄임말로 여기면 문맥이 통하고, 원(遠)은 〈뛰어날 고(高)〉와 같고 원대(遠大)의 줄임말로 여기고 새기면 문맥이 통한다. 의(矣)는 야(也)와 같은 구실을 한다.

주어서 더해줄 부(附), 그 지(之), 써 이(以), 나라이름 한(韓), 나라이름 위(魏), ~의 지(之), 집 가(家), 만약 여(如), 그 기(其), 스스로 자(自), 볼 시(視), 시름겨워할 감(歃), 그럴 연(然), 넘을 과(過), 남들 인(人), 원대할 원(遠), ~이다 의(矣)

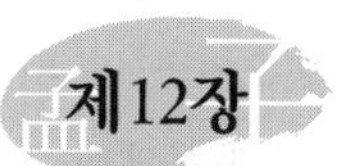

제12장

12장은 맹자가 치도(治道)를 밝히고 있는 장이다 일도(佚道)와 생도(生道)를 들어 불원(不怨)의 치세(治世)가 매우 간명하게 적시(摘示)되는 장이다. 맹자의 치세관인 행인정(行仁政) · 발정시인(發政施仁)의 왕자(王者) · 왕도(王度)를 헤아리게 하는 장이다.

【문지(聞之)】

이일도사민(以佚道使民)

【원문(原文)】

孟子曰 以佚道使民이면 雖勞라도 不怨하고 以生道殺民하면 雖死라도 不怨殺者한다
맹자왈 이일도사민 수로 불원 이생도살민 수사 불원살자

【해독(解讀)】

맹자가 말했다[孟子曰]. "편안한 길로써 백성을 부린다면[以佚道使民] 힘들지라도[雖勞] (백성은 부리는 자를) 원망하지 않는다[不怨] 살게 하는 길로써 백성을 죽인다면[以生道殺民] 죽을지라도[雖死] (백성은) 죽이는 자를 원망하지 않는다[不怨殺者]."

【담소(談笑)】

以佚道使民(이일도사민) 雖勞(수로) 不怨(불원)

▶ **편안한[佚] 길로[道]써[以] 백성을[民] 부린다면[使] 힘들[勞]지라도[雖] (백성은 부리는 자를) 원망하지 않는다[不怨].**

이일도사민수로불원(以佚道使民雖勞不怨)은 맹자왈(孟子曰)의 목적절이지만 독립구문처럼 여기고 문맥을 잡아도 된다. 以佚道使民雖勞不怨과 같은 구문은 문맥을 잡기가 쉽지 않다. 영어에서 부정사구가 다양한 구실을 하는 것처럼, 한문투에서도 영어의 부정사(不定詞)처럼 동사 구실을 하는 어투가 흔하다. 그러므로 以佚道使民雖勞不怨에서 동사로 쓰이는 글자를 주목하면 문맥을 잡기 쉽다. 以佚道使民雖勞不怨에서는 〈써 이(以)〉, 〈부릴 사(使)〉, 〈힘들 로(勞)〉, 〈원망할 원(怨)〉 등이 동사이므로 다음처럼 끊어서 읽을 수 있다. 이일도사민(以佚道使民) 수로(雖勞) 불원(不怨). 이 세 구문이 서로 어떤 관계인지 살피면 전체 문맥이 잡힌다. 그리고 수로(雖勞)의 수(雖)가 양보절 내지 양보구를 이끄는 것을 주목하면 구문의 관계를 알 수 있다. 중간에 양보절이 있으면 그 앞의 절이나 구는 대개 조건절이나 조건구가 오기 때문이다. 그러므로 다음과 같이 以佚道使民雖勞不怨를 읽어볼 수 있다. 이일도사민(以佚道使民)한다면 수로(雖勞)라도 불원(不怨)한다. 이처럼 구문의 관계를 맺어주면 以佚道使民雖勞不怨의 문맥이 잡힌다.

조건구인 이일도사민(以佚道使民)은 使民以佚道로 어순을 고쳐보면 문맥을 잡기가 쉽다. 일도(佚道)로써[以] 사민(使民)한다. 以佚道使民에서 이일

도(以佚道)는 사(使)를 꾸미는 부사구이고, 사(使)는 영어의 부정사(不定詞)와 같으며, 민(民)은 사(使)의 목적어로 조건의 부정사구를 이룬다. 以佚道의 이(以)가 바로 영어의 부정사처럼 전치사나 후치사 역할을 한다. 말하자면 〈以A〉, 〈A以〉꼴로 자유롭게 문장 안에서 부정사구 구실을 한다. 以佚道使民의 이(以)는 〈써 용(用)〉과 같고, 일(佚)은 〈편할 일(佚) = 불로(不勞), 아름다울 일(佚) = 미(美), 숨을 일(佚) = 은(隱), 허물 일(佚) = 과(過), 방탕할 일(佚) = 탕(蕩), 갈마들 질(佚) = 체(遞)〉 등에서 볼 수 있듯 음과 뜻이 다양하므로 문맥에 따라 알맞은 뜻을 선택한다. 以佚道의 일(佚)은 〈편하게 해줄 일(佚)〉로 여기고 새기면 문맥이 통한다.

양보구인 수로(雖勞)는 雖民勞에서 문맥으로 보충할 수 있으므로 주어인 민(民)을 생략한 어투로 영어의 2형식 절과 같다. 雖勞는 수(雖)가 있으므로 양보구라는 것을 쉽게 알 수 있다. 雖勞의 수(雖)는 가령(假令)·설령(設令) 등과 같이 양보의 절 내지 구를 이끌기 때문에 영어의 절이면 though, 구면 despite 정도로 여기면 편하다.

주절인 불원(不怨)은 民不怨使者에서 문맥으로 보충할 수 있으므로 주어인 민(民)과 사자(使者)를 생략하고 본동사만 남긴 영어의 3형식 문장과 같은 어투이다. 한문투는 생략이 매우 심하므로 문맥을 잡으려면 무엇보다 어떤 내용이 생략되었는지를 찾아내야 한다. 不怨에서 불(不)은 원(怨)의 부정사(否定詞)이고, 원(怨)은 목적어가 생략되었지만 타동사로 본동사이고 〈원망할 한(恨)〉과 같으며 원한(怨恨)의 줄임말로 여기고 새긴다.

맹자의 치세관이 잘 드러난다. 일도(佚道)는 마음을 편안하게 하는 삶의 길이다. 마음을 편하게 하는 삶이라면 몸이 힘들어도 그 길은 사람을 편하게 걷게 한다. 그러나 고도(苦道)는 마음을 불안하여 몸마저 병들게 하는 길이다. 백성은 마음만 편하게 해주면 태산이라도 허물라 하면 허문다. 그러니 마음 편하게 해주고 어질게 어루만져주는 사자(使者)를 백성은 몸이 힘들어도 원망하지 않는다. 일도(佚道)는 한(恨)을 씻어내고, 고도(苦道)는 한을 쌓는다. 그래서 선정(善政)은 백성의 일도(佚道)이고 학정(虐政)의 백성의 고도(苦道)이다. 선정이란 고도(苦道)가 곧 일도(佚道)로 옮겨지는 발정시인(發政施仁)의 치도(治道)인 셈이다. 정사를[政] 펴서[發] 어짊을[仁] 베푼다[施].

써 이(以), 편안할 일(佚), 길 도(道), 부릴 사(使), 백성 민(民), 비록 수(雖), 힘들 로(勞), 아니 불(不), 원망할 원(怨)

以生道殺民(이생도살민) 雖死(수사) 不怨殺者(불원살자)

▶ 살게 하는[生] 길로[道]써[以] 백성을[民] 죽인다면[殺] 죽을[死]지라도[雖] (백성은) 죽이는[殺] 자를[者] 원망하지 않는다[不怨].

이생도살민수사불원살자(以生道殺民雖死不怨殺者)는 맹자왈(孟子曰)의 목적절이지만 독립구문처럼 여기고 문맥을 잡아도 된다. 以生道殺民雖死不怨殺者와 같은 구문은 문맥을 잡기가 쉽지 않다. 영어에서 부정사구가 다양한 구실을 하듯 한문투에도 영어의 부정사(否定詞)처럼 동사 구실을 하는 어투가 매우 흔하다. 그러므로 以生道殺民雖死不怨殺者에서 동사로 쓰이는 글자를 주목하면 문맥을 잡기 쉽다. 以生道殺民雖死不怨殺者에서 〈써 이(以)〉, 〈죽일 살(殺)〉, 〈죽을 사(死)〉, 〈원망할 원(怨)〉 등이 동사이므로 以生道殺民雖死不怨殺者는 다음처럼 끊어서 읽어볼 수 있다. 이생도살민(以生道殺民) 수사(雖死) 불원살자(不怨殺者). 이 세 구문이 서로 어떤 관계를 이루는지 살피면 전체 문맥이 잡힌다. 그리고 수사(雖死)의 수(雖)가 양보절 내지 양보구를 이끄는 것을 주목하면 구문의 관계를 알 수 있다. 중간에 양보절이 있으면 그 앞의 절이나 구는 대개 조건이나 조건구가 오기 때문이다. 그러므로 다음과 같이 以生道殺民雖死不怨殺者를 읽어볼 수 있다. 이생도살민(以生道殺民)한다면 수사(雖死)라도 불원살자(不怨殺者)한다. 이처럼 구문의 관계를 맺어주면 以生道殺民雖死不怨殺者의 문맥이 잡힌다.

조건구인 이생도살민(以生道殺民)은 殺民以生道로 어순을 고쳐보면 문맥을 잡기가 쉽다. 생도(生道)로써[以] 살민(殺民)한다. 以生道殺民에서 이생도(以生道)는 살(殺)을 꾸미는 부사구이고, 살(殺)은 영어의 부정사(不定詞)와 같으며, 민(民)은 살(殺)의 목적어이므로 조건의 부정사구를 이룬다. 물론 以生道의 이(以) 역시 영어의 부정사처럼 자연스럽게 전치사나 후치사로 쓰인다. 말하자면 〈以A〉, 〈A以〉꼴로 자유롭게 문장 안에서 부정사구 구실을 한다는 말이다. 以生道殺民의 이(以)는 〈써 용(用)〉과 같고, 살(殺)은 〈죽일 륙(戮)〉과 같고 살육(殺戮)의 줄임말로 여긴다.

양보구인 수사(雖死)는 雖民死에서 문맥으로 보충할 수 있으므로 주어인 민(民)을 생략한 어투로, 영어의 2형식 절과 같다. 雖死는 수(雖)가 있으므로 양보의 구문임을 쉽게 알 수 있다. 雖死의 수(雖)는 가령, 설령 등과 같이 양보의 절 내지 구를 이끈다.

주절인 불원살자(不怨殺者)는 民不怨殺者에서 문맥으로 보충할 수 있으므로 원(怨)의 주어인 민(民)을 생략한 어투로, 영어의 3형식 문장과 같다. 한문투에서는 글자를 생략하는 것이 매우 심해서 문맥을 잡으려면 무엇보다 어떤 내용이 생략되었는지 앞의 문맥을 통해서 찾아야 한다. 不怨殺者에서 불(不)은 원(怨)의 부정사(否定詞)이고, 원(怨)은 타동사로 본동사이며, 살자(殺者)는 원(怨)의 목적어이다. 不怨殺者의 원(怨)은 〈원망할 한(恨)〉과 같고 원한(怨恨)의 줄임말로 여기고, 살(殺)은 〈죽일 륙(戮)〉과 같다. (백성을) 죽이는[殺] 자[者].

맹자의 치세관이 간명하게 드러나고 있다. 생도(生道)는 사람을 살게 하는 길이고 살도(殺道)는 사람을 죽이는 길이다. 백성 속에는 흉악하고 횡포를 일삼는 무리가 있게 마련이다. 선량한 백성을 괴롭히는 무리를 죽이는 치세(治世)는 살도가 생도로 이어지는 법이다. 선정이란 살도가 곧 생도로 옮겨지므로 이 또한 개과천선의 치도(治道)인 셈이다. 잘못을[過] 고쳐[改] 선으로[善] 옮긴다[遷].

써 이(以), 살 생(生), 길 도(道), 죽일 살(殺), 백성 민(民), 비록 수(雖), 죽을 사(死), 아니 불(不), 원망할 원(怨), 놈 자(者)

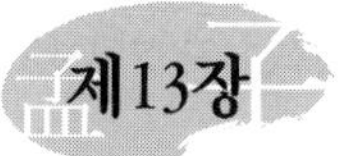

제13장

13장은 맹자가 왕자(王者)와 패자(霸者)를 대비하여 각각의 치세(治世)를 밝히는 장이다. 패자의 치세는 백성(民)의 환우여(驩虞如)로, 왕자의 치세는 백성(民)의 호호여(皞皞如)로 밝혀주고 있다. 패자의 선정(善政)은 일시적이지만 왕자의 선정은 항구적임을 헤아리게 하는 장이다.

【문지(聞之)】

왕자지심호호여야(王者之民皞皞如也)

【원문(原文)】

孟子曰 霸者之民은 驩虞如也요 王者之民은 皞皞如也이다 殺
맹 자 왈 패 자 지 민 환 우 여 야 왕 자 지 민 호 호 여 야 살

之而不怨하고 利之而不庸하며 民日遷善而不知爲之者이다 夫
지 이 불 원 이 지 이 불 용 민 일 천 선 이 부 지 위 지 자 부

君子는 所過者化하며 所存者神한다 上下與天地同流하니 豈曰
군 자 소 과 자 화 소 존 자 신 상 하 여 천 지 동 류 기 왈

小補之哉리오
소 보 지 재

【해독(解讀)】

맹자가 말했다[孟子曰]. "패자(霸子)의 백성은 기쁘고 즐거워하는 모습이고[霸者之民驩虞如也], 왕자(王者)의 백성은 밝고 넉넉해 너그러운 모습이다[王者之民皞皞如]. (왕자가) 그들을 죽여도 (백성은 왕자를) 원망하지 않고[殺之而不怨], (왕자가) 그들을 이롭게 해주어도 (백성은 왕자를) 치하하지 않으면서[利之而不庸], 백성은 날마다 착해 가면서도 그렇게 하게 하는 사람을 모른다[民日遷善而不知爲之者]. 무릇 군자가 지나가는 고장들은 교화되고[夫君子所過者化], (무릇 군자가) 머무는 고장들은 덕으로 더없이 감응되며[所存者神], 하늘땅과 더불어 위아래가 흐름을 하나같이 통한다[上下與天地同流]. (그런데) 어찌 (군자가) 백성을 대수롭지 않게 돕는다고 말할 것인가[豈曰小補之哉]"

【담소(談笑)】

霸者之民(패자지민) 驩虞如也(환우여야)

▶ 패자[霸者]의[之] 백성은[民] 기쁘고[驩] 즐거워하는[虞] 모습[如]이다[也].

패자지민환우여야(霸者之民驩虞如也)는 맹자왈(孟子曰)의 목적절이지만 독립구문처럼 여기고 문맥을 잡아도 된다. 霸者之民驩虞如也는 〈AB也〉꼴로 영어의 2형식 문장과 같은 어투이다. 〈A(霸者之民)는 B(驩虞如)인 것이다[也]〉 霸者之民驩虞如也에서 패자지민(霸者之民)은 주부이고, 환우여(驩虞如)는 술부이며, 야(也)는 구문을 결정짓는 어조사(~이다)이다.

주부 패자지민(霸者之民)에서 패자지(霸者之)는 민(民)을 꾸미는 형용사

이고, 민(民)은 패자지민환우여야(霸者之民驩虞如也)의 주어이다. 술부인 환우여(驩虞如)에서 환우(驩虞)는 여(如)를 꾸미는 형용사이고, 여(如)는 霸者之民驩虞如也의 보어이다. 霸者之民의 패자(霸者)는 제후들의 우두머리를 말하고, 지(之)는 〈A之B〉꼴로 소유격 토씨(~의)이다. 〈A(霸者)의[之] B(民)〉 驩虞如의 환(驩)은 〈기뻐할 환(歡)〉과 같고, 우(虞)는 〈즐거울 락(樂)〉과 같고, 여(如)는 〈그럴 연(然)〉과 같다. 여(如)는 다음과 같이 다양한 뜻을 나타내므로 문맥에 따라 올바른 뜻을 선택한다. 〈여(如) = 사(似), 맞먹을 여(如) = 등(等), 만약 여(如) = 약(若), 그러할 여(如) = 연(然), 어떠할 여(如) = 하(何), 이를 여(如) = 지(至), 갈 여(如) = 행(行), 미칠 여(如) = 급(給)〉 환우여(驩虞如)는 기뻐하고[驩] 즐거워하는[虞] 모습[如]이다.

> 으뜸 패(霸), 놈 자(者), ~의 지(之), 백성 민(民), 기뻐할 환(驩), 헤아릴 우(虞), 같을 여(如), ~이다 야(也)

王者之民(왕자지민) 皞皞如也(호호여야)

▶ 왕자[王者]의[之] 백성은[民] 밝고 넉넉해 너그러운[皞皞] 모습[如]이다[也].

왕자지민호호여야(王者之民皞皞如也)는 맹자왈(孟子曰)의 목적절이지만 독립구문처럼 여기고 문맥을 잡아도 된다. 王者之民皞皞如也는 〈AB也〉꼴로 영어의 2형식 문장과 같은 어투이다. 〈A(王者之民)는 B(皞皞如)인 것이다[也]〉 王者之民皞皞如也에서 왕자지민(王者之民)은 주부이고, 호호여(皞皞如)는 술부이며, 야(也)는 구문을 결정짓는 어조사(~이다)이다.

주부인 왕자지민(王者之民)에서 왕자지(王者之)는 민(民)을 꾸미는 형용사이고, 민(民)은 王者之民皞皞如也의 주어이다. 술부인 호호여(皞皞如)에서 호호(皞皞)는 여(如)를 꾸미는 형용사이고, 여(如)는 王者之民皞皞如也의 보어이다. 王者之民의 왕자(王者)는 지극한 인자(仁者)로서 성군(聖君)을 말하고, 지(之)는 〈A之B〉꼴로 소유격 토씨(~의)이다. 〈A(王者)의[之] B(民)〉 皞皞如의 호(皞)는 〈밝을 명(明)〉과 같고, 여(如)는 〈그럴 연(然)〉과 같다. 호호여(皞皞如)는 마음이 밝고 넉넉해 느긋한[皞皞] 모습[如]이다.

패자(霸子)는 이력가인(以力假仁)의 탈을 쓰기 때문에 백성이 그 속도 모르고 기쁨을 감추지 못하고 즐거운 모습이 겉으로 드러남이 환우여(驩虞如)

이다. 환우여, 그 모습은 경기장의 환호성처럼 허망할 뿐이다. 힘을[力] 이용해[以] 어진[仁] 척한다[假]. 그러나 왕자는 몸소 행인(行仁)하기 때문에 백성은 마음 편히 삶을 넉넉하고 느긋하게 누린다. 그런 백성의 마음이 밝은 모습으로 드러남이 호호여(皞皞如)이다. 호호여, 그 모습은 어머니 품안과 같아 사라지지 않는다.

왕 노릇 할 왕(王), 놈 자(者), ~의 지(之), 백성 민(民), 밝고 넉넉해 너그러울 호(皞), 같을 여(如), ~이다 야(也)

殺之而不怨(살지이불원)

▶ (왕자가) 그들을[之] 죽여[殺]도[而] (백성은 왕자를) 원망하지 않는다[不怨].

살지이불원(殺之而不怨)은 王者殺之而民不怨王者에서 앞의 문맥으로 보충할 수 있고 또 되풀이되는 내용이므로 왕자(王者)와 민(民)을 생략한 어투로, 영어의 중문과 같다. 〈왕자[王者]가 살지(殺之)한다. 그러나[而] 백성은[民] 왕자를[王者] 불원(不怨)한다〉 그러므로 殺之而不怨은 역접의 연사인 〈그러나 이(而)〉로 두 구문을 연결한 어투로, 영어의 3형식 문장과 같다. 殺之而不怨에서 살(殺)은 타동사로 본동사이고, 지(之)는 민(民)을 가리키는 지시대명사로 살(殺)의 목적어이고, 불(不)은 원(怨)의 부정사(否定詞)이며, 원(怨)은 타동사로 본동사이다. 殺之而不怨의 살(殺)은 〈죽일 륙(戮)〉과 같고, 원(怨)은 〈원망할 한(恨)〉과 같고 원한(怨恨)의 줄임말로 여기고 새긴다.

패자(霸子)의 침략을 막기 위하여 왕자(王者)가 전쟁터로 백성을 내몰아도 백성은 원망하지 않는다는 것이다. 삶의 고도(苦道)를 막고 일도(佚道)를 지키기 위해서이니 누가 누구를 원망하겠는가. 왕자는 백성과 늘 동고동락하기 때문이다.

죽일 살(殺), 그들 지(之), 그러나 이(而), 아니 불(不), 원망할 원(怨)

利之而不庸(이지이불용)

▶ (왕자가) 그들을[之] 이롭게 해주어[利]도[而] (백성은 왕자를) 치하하지 않는다[不庸].

이지이불용(利之而不庸)은 王者利之而民不庸王者에서 앞의 문맥으로 보충될 수 있고 되풀이되는 내용이므로 왕자(王者)와 민(民)을 생략한 어투로, 영어의 중문과 같다. 〈왕자(王者)가 이지(利之)한다. 그러나[而] 백성은[民] 왕자를(王者) 불용(不庸)한다〉 그러므로 利之而不庸은 두 구문을 역접의 연사인 〈그러나 이(而)〉로 연결한 어투로, 영어의 3형식 문장과 같다. 利之而不庸에서 이(利)는 타동사로 본동사이고, 고지(之)는 민(民)을 나타내는 지시대명사로 이(利)의 목적어이며, 불(不)은 용(庸)의 부정사(否定詞)이고, 용(庸)은 타동사로 본동사이다. 利之而不庸의 이(利)는 〈이로울 익(益)〉과 같고 이익(利益)의 줄임말로 여기고, 용(庸)은 〈치하할 공(功)〉과 같고 용공(庸功)의 줄임말로 여기고 새긴다.

패자(霸子)는 백성을 이용할 뿐 이롭게 하지 않으면서도 공치사를 앞세운다. 그러나 왕자(王者)는 백성을 이롭게 할 뿐 이용하지 않으니 공치사를 원할 리 없다. 왕자는 백성을 이롭게 함을 당연한 도리로 믿기 때문이고 패자는 그런 도리를 외면한다. 그래서 왕자의 백성은 새삼스럽게 왕자를 치하할 줄 모른다.

이로울 리(利), 그들 지(之), 그러나 이(而), 아니 불(不), 치하할 용(庸)

民日遷善(민일천선) 而不知爲之者(이부지위지자)

▶ 백성은[民] 날마다[日] 착해[善]가면서[遷]도[而] 그것을[之] 하게 하는[爲] 사람을[者] 모른다[不知].

민일천선이부지위지자(民日遷善而不知爲之者)는 民日遷善 而民不知爲之者에서 되풀이되는 민(民)을 생략한 어투로, 영어의 중문과 같다. 두 구문을 역접의 연사인 〈그러나 이(而)〉로 잇고 있기 때문이다.

민일천선(民日遷善)에서 민(民)은 주어이고, 일(日)은 시간의 부사이며, 천(遷)은 자동사로 본동사이고, 선(善)은 천(遷)을 꾸미는 부사이므로 民日遷善은 영어의 1형식 문장과 같다. 이부지위지자(而不知爲之者)에서 이(而)는 역접의 연사이고, 부(不)는 지(知)의 부정사(否定詞)이며, 지(知)는 타동사로 본동사이고, 위지(爲之)는 자(者)를 꾸미는 형용사이며, 자(者)는 지(知)의 목적어로 영어의 3형식 문장과 같다. 民日遷善의 민(民)은 백성(百姓)을 뜻하고, 일(日)은 일일(日日)의 줄임말로 여기고 새기면 문맥이 통하며, 천(遷)은 〈옮겨갈 이(移)〉와 같고 천이(遷移)의 줄임말로 여기고, 선(善)

은 선덕(善德) 또는 덕선(德善)의 줄임말로 여기면 문맥이 통한다. 날마다[日日]. 而不知爲之者의 이(而)는 〈그러나 이(而)〉로 여기면 문맥이 통하고 영어의 but과 같고, 지(知)는 〈알 식(識)〉과 같으며, 위(爲)는 〈시킬 사(使)〉와 같고, 지(之)는 앞의 천선(遷善)을 가리키는 지시대명사로 여기면 문맥이 통하며, 자(者)는 〈사람 자(者)〉이다. 영어에서 부정사(不定詞)나 분사가 동사나 형용사로 자유롭게 쓰이듯 한문투에서도 자주 그런 구실을 한다. 위지자(爲之者)의 위(爲)가 그 예로, 위(爲)는 여기서 자(者)를 꾸미는 형용사이다. 그것을[之] 시키는[爲] 사람[者].

패자(霸子)는 백성에게 군림하는 자벌자(自伐者)이다. 그러나 왕자(王者)는 백성을 보살피는 자명자(自明者)이다. 자벌자는 자신을 과시하면서 공치사를 일삼지만, 자명자는 자신을 살피면서 보살피기를 마다하지 않는다. 그래서 제 자랑을 일삼는 짓[自伐]을 천하다 하고, 자신을 밝히는 일[自明]을 지극히 귀하다고 한다. 도가(道家)에서도 이런 왕자를 지인(至人)이라 하여 받든다. 『노자(老子)』 2장의 "위이불시(爲而不恃)하고 공성이불거(功成而不居)"한다는 말도 역시 맹자가 밝히는 왕자와 통한다. 하고서[爲]도[而] 했다고 믿지 않고[不恃] 공이[功] 이루어져[成]도[而] 사로잡히지 않는다[不居]. 백성에게 군림하면서 과시하는 놈은 치도(治道)를 모르니 치세도 모른다.

백성 민(民), 날 일(日), 옮겨갈 천(遷), 착할 선(善), 그러나 이(而), 아니 부(不), 알 지(知), 시킬 위(爲), 그 지(之), 사람 자(者)

夫君子所過者化(부군자소과자화)

▶ **무릇[夫] 군자가[君子] 지나가는[過] 곳[所]이란[者] 교화된다[化].**

부군자소과자화(夫君子所過者化)는 영어의 수동태 2형식 문장과 같은 어투이다. 夫君子所過者化에서 본동사인 화(化)를 〈변화할 화(化)〉가 아니라 〈변화될 화(化)〉로 새겨야 문맥이 통하기 때문이다. 夫君子所過者化에서 부군자소과자(夫君子所過者)는 주부이고, 화(化)는 수동태로 본동사이므로 영어의 are changed와 같이 여기고 새겨야 문맥이 통한다.

주부인 부군자소과자(夫君子所過者)에서 부(夫)는 군자(君子)를 꾸미는 형용사와 같은 어조사이고, 군자(君子)는 과(過)의 주어이며, 소(所)는 화(化)의 주어이고, 자(者)는 주어를 강조하는 어조사(~이란)이며, 화(化)는 수동태로 본동사이다. 夫君子所過者는 夫君子之所過者에서 〈A之所B者〉꼴을 상기하고, 주격 토씨(~가)인 허사 지(之)가 생략된 것을 알면, 문맥을 잡기 쉽다. 〈A(君子)가[之] B(過)하는 곳[所]이란[者]〉 夫君子所過者化의 과(過)는 〈지나갈 경(經)〉과 같고 경과(經過)의 줄임말로 여기고, 화(化)는 〈가르침을 받을 교(教)〉와 같고 교화(教化)의 줄임말로 여긴다.

군자는 늘 수신함으로써 교화를 일삼는 사람이다. 교화는 천선(遷善)을 이르는 말이요 천선은 성지(誠之)를 이르는 말이다. 성(誠)으로 가라[之]. 함은 곧 정성을 다하여 살라는 뜻이다. 그러므로 군자의 화(化)는 천선이요 성지이다. 군자가 지나가는 곳은 교화되므로 덕풍(德風)이 분다.

무릇 부(夫), 클 군(君), 존칭 자(子), 곳 소(所), 지나갈 과(過), 어조사(~이란) 자(者), 교화될 화(化)

所存者神(소존자신)

▶ (무릇 군자가) 머무는[存] 곳[所]이란[者] 덕으로 더없이 감응된다[神].

소존자신(所存者神)은 夫君子所存者神에서 문맥으로 보충할 수 있고 되풀이되므로 부군자(夫君子)를 생략한 어투로, 영어의 수동태 2형식 문장과 같다. 所存者神에서 본동사인 신(神)을 〈감응할 신(神)〉이 아니라 〈감응될 신(神)〉으로 새겨야 문맥이 통하기 때문이다. 所存者神에서 소존자(所存者)는 주부이고, 신(神)은 수동태로 본동사이므로 영어의 are unaspirated와 같이 여기고 새겨야 문맥이 통한다.

주부인 소존자(所存者)에서 소(所)는 신(神)의 주어이고, 자(者)는 주어를 강조하는 어조사(~이란)이며, 신(神)은 수동태로 본동사이다. 所存者는 夫君子之所存者이므로 역시 〈A之所B者〉꼴을 상기하고, 주격 토씨(~가)인 허사 지(之)가 생략된 것을 알면, 所存者의 문맥을 잡기 쉽다. 〈A(君子)가 B(存)하는 곳[所]이란[者]〉 所存者神의 신(神)은 여기선 덕지극고(德之極高)의 뜻으로 신통(神通)의 줄임말로 여긴다.

『논어(論語)』「안연(顏淵)」편 19장에서 공자(孔子)는 "군자덕풍(君子德風)이고 소인덕초(小人德草)이니 초상지풍필언(草尙之風必偃)한다"고 정언(正言)하고 있다. 군자는[君子] 덕의[德] 바람이고[風] 소인은[小人] 덕의[德] 풀이다[草]. 풀은[草] 더해지는[尙之] 바람[風] 따라 눕는다[偃]. 덕의 교화가 극치를 이룸을 일러 신묘(神妙)니 신통(神通)이니 말하고, 그냥 한 글자로 신(神)이라 한다. 그런 신통을 이루는 군자가 곧 왕자(王者)이다. 그러니 소존자신(所存者神)의 신(神)은 덕으로 더 없이 감응되는 세상을 이루어준다. 덕의 바람이 불면 민초(民草)는 덕을 누리고, 부덕(不德)의 바람이 불면 민초는 사납게 소용돌이친다. 그래서 군자가 사는 고을은 화목하고, 소인배가 득실거리는 고장은 날마다 수라장이다.

바 소(所), 머물 존(存), 어조사(~이란) 자(者), 감응될 신(神)

上下與天地同流(상하여천지동류)

▶ 하늘땅과[天地] 더불어[與] 위아래가[上下] 흐름을[流] 하나같이 통한다[同]

상하여천지동류(上下與天地同流)는 영어의 3형식 문장과 같은 어투이다. 上下與天地同流에서 상하(上下)는 주어이고, 여천지(與天地)는 동(同)을 꾸미는 부사구이며, 동(同)은 타동사로 본동사이고, 유(流)는 동(同)의 목적어이다. 上下與天地同流의 상하(上下)는 교화하는 쪽과 교화받는 쪽으로 여기면 문맥이 통하고, 천지(天地)는 천지생만물(天地生萬物)의 그 천지를 말하며, 동(同)은 〈하나같이 할 일(一)〉과 같고 동일(同一)의 줄임말로 여기고, 유(流)는 〈통할 통(通)〉과 같고 유통(流通)의 줄임말로 여기고 새긴다. 하늘땅이[天地] 온갖 것을[萬物] 낳는다[生].

위 상(上), 아래 하(下), 함께 여(與), 하늘 천(天), 땅 지(地), 같이 할 동(同), 흐를 류(流)

豈曰小補之哉(기왈소보지재)

▶ 어찌[豈] (군자가) 백성을[之] 대수롭지 않게[小] 돕는다고[補] 말할 것[曰]인가[哉]?

기왈소보지재(豈曰小補之哉)는 豈曰王者小補之哉에서 문맥으로 보충할 수 있으므로 보(補)의 주어인 왕자(王者)를 생략한 어투로, 〈豈曰A哉〉꼴로 영어의 3형식 의문문과 같다. 〈어찌[豈] A(小補之)라고 말할 것[曰]인가[哉]?〉 豈曰小補之哉에서 기(豈)는 왈(曰)을 꾸미는 의문부사이고, 왈(曰)은 타동사로 본동사이며, 소보지(小補之)는 왈(曰)의 목적절 내지 목적구이다. 豈曰

小補之哉의 보(補)를 타동사로 여기면 소보지(小補之)는 주어가 생략된 목적절이 되고, 보(補)를 부정사(不定詞) 내지 동명사로 여기면 목적구가 된다. 어느 쪽이든 문의는 상하지 않으므로 문맥이 달라지는 것은 아니다. 豈曰小補之哉의 보(補)는 〈도울 비(裨)〉와 같고 보강(補强)의 줄임말로 여기고, 지(之)는 민(民)을 가리키는 지시대명사이며, 재(哉)는 〈~인가 호(乎)〉보다 부드러운 의문어조사(~이랴)로 새긴다.

맹자는 왕자(王者)의 치세를 밝히고 있다. 상하동류(上下同流)는 고하상경(高下相傾)함이요 동고동락함이다. 그러면 여천지(與天地)의 세상이 열린다. 만물은 천지와 더불어 함께 살라 함이 천명임을 왕자는 알고 패자는 모른다. 위아래가[高下] 서로[相] 의지함[傾].이 곧 맹자가 밝히는 동류(同流)이다. 이러한 왕자의 치세를 얕보지 말라고 질타한다.

어찌 기(豈), 말할 왈(曰), 작게 소(小), 도울 보(補), 그것 지(之), ~인가 재(哉)

제14장

14장은 맹자가 인언(仁言)과 인성(仁聲)을 대비하고, 선정(善政)과 선교(善敎)를 대비하여 왕자(王者)의 치세(治世)와 패자(霸者)의 치세가 왜 다른지 분명하게 단언(斷言)해놓은 장이다. 외(畏)와 애(愛)를 헤아리게 하고 득민(得民)의 경우를 헤아리게 하는 장이다.

【문지(聞之)】

선교득민심(善敎得民心)

【원문(原文)】

孟子曰 仁言은 不如仁聲之入人深也이다 善政은 不如善敎之得民也이다 善政은 民이 畏之하고 善敎는 民이 愛之한다 善政은 得民財하고 善敎는 得民心한다

(맹자왈 인언 불여인성지입인심야 선정 불여선교지득민야 선정 민 외지 선교 민 애지 선정 득민재 선교 득민심)

【해독(解讀)】

맹자가 말했다[孟子曰]. "어진 말은 어진 명성이 사람들을 깊이 파고듦만 못한 것이고[仁言不如仁聲之入人深也], 잘하는 정치는 잘하는 가르침이 백성을 얻는 것만 못한 것이다[善政不如善教之得民也]. 잘하는 정치 그것을 백성은 두려워하지만[善政民畏之], 잘하는 가르침 그것을 백성은 좋아한다[善教民愛之]. 잘하는 정치는 백성의 재물을 얻어내지만[善政得民財], 잘하는 가르침은 백성의 마음을 얻어낸다[善教得民心]."

【담소(談笑)】

仁言(인언) 不如仁聲之入人深也(불여인성지입인심야)

▶ 어진[仁] 말은[言] 어진[仁] 명성[聲]이[之] 사람들을[人] 깊이[深] 파고듦만[入] 못한 것[不如]이다[也].

인언불여인성지입인심야(仁言不如仁聲之入人深也)는 맹자왈(孟子曰)의 목적절이지만 독립구문처럼 여기고 문맥을 잡아도 된다. 仁言不如仁聲之入人深也는 〈AB也〉꼴로 영어의 2형식 문장과 같은 어투이다. 〈A(仁言)는 B(不如仁聲之入人深)하는 것이다[也]〉 仁言不如仁聲之入人深也에서 인언(仁言)은 주부이고, 불여인성지입인심(不如仁聲之入人深)은 술부이며, 야(也)는 구문을 결정짓는 어조사(~이다)이다.

주부인 일언(仁言)에서 인(仁)은 언(言)을 꾸미는 형용사이고, 언(言)은 주어이다. 술부인 불여인성지입인심(不如仁聲之入人深)에서 불(不)은 여(如)의 부정사(否定詞)이고, 여(如)는 영어의 동명사 내지 부정사(不定詞)와 같으면서 보어이고, 인성지입인심(仁聲之入人深)은 여(如)의 목적구이다. 여(如)의 목적구 仁聲之入人深에서 인성지(仁聲之)는 입(入)의 의미상 주어이고, 입(入)은 영어의 동명사와 같고, 인(人)은 입(入)의 목적어이며, 심(深)은 입(入)을 꾸미는 부사이다. 仁聲之入人深에서 지(之)를 주격 토씨(~이)로 여기든 소유격 토씨(~의)로 여기든 문의가 달라지는 것은 아니다. 인성[仁聲]의[之] 깊이[深] 인간을[人] 파고듦[入]보다 인성[仁聲]이[之] 깊이[深] 인간을[人] 파고듦[入]으로 새기는 것이 우리말다울 뿐이다. 우리말은 구의 말투보다 절의 말투를 더 선호하는 편이기 때문이다. 仁聲之入人深의 인성(仁聲)은 인자(仁者)의 평판을 세상으로부터 얻었음을 말하므로 행인(行仁)과 같은 말이다.

인언(仁言)과 인성(仁聲)을 대비하고 있다. 입으로만 어짊[仁]을 주장할 것이 아니라 어짊을 실천하라는 것이다. 호인(好仁)한다면 구인(求仁)하고 시인(施仁)함으로써 이루어지는 것이 맹자가 말하는 인성이다. 어짊을[仁] 좋아한다면[好] 그 어짊을[仁] 구하라[求]. 어짊을[仁] 구했다면[求] 그 어짊을 [仁] 베풀고[施] 행하여[行] 이룩한 명성이 곧 맹자가 밝히는 인성이다.

어질 인(仁), 말 언(言), 아니 불(不), 같을 여(如), 명성 성(聲), ~의 지(之), 들 입(入), 사람 인(人), 깊을 심(深), ~이다 야(也)

善政(선정) 不如善教之得民也(불여선교지득민야)

▶ 잘하는[善] 정치는[政] 잘하는[善] 가르침[教]이[之] 백성을[民] 얻는 것만 [得] 못한 것[不如]이다[也].

선정불여선교지득민야(善政不如善教之得民也)는 맹자왈(孟子曰)의 목적절이지만 독립구문처럼 여기고 문맥을 잡아도 된다. 善政不如善教之得民也는 〈AB也〉꼴로 영어의 2형식 문장과 같은 어투이다. 〈A(善政)는 B(不如善教之得民)하는 것이다[也]〉 善政不如善教之得民也에서 선정(善政)은 주부이고, 불여선교지득민(不如善教之得民)은 술부이며, 야(也)는 구문을 결정짓는 어조사(~이다)이다.

주부인 선정(善政)에서 선(善)은 정(政)을 꾸미는 형용사이고, 정(政)은 주어이다. 술부인 불여선교지득민(不如善教之得民)에서 불(不)은 여(如)의 부정사(否定詞)이고, 여(如)는 영어의 동명사 내지 부정사(不定詞)와 같으면서 보어이며, 선교지득민(善教之得民)은 여(如)의 목적구이다. 여(如)의 목적구 善教之得民에서 선교지(善教之)는 득(得)의 의미상 주어이고, 득(得)은 영어의 동명사와 같고, 민(民)은 득(得)의 목적어이다. 善教之得民에서 지(之)를 주격 토씨(~이)로 여기고 문맥을 잡든 소유격 토씨(~의)로 여기고 문맥을 잡든 문맥에 따른 문의가 달라지는 것은 아니다. 선교[善教]의[之] 백성을[民] 얻음[得]보다 선교[善教]가[之] 백성을[民] 얻음[得]으로 새기는 것이 우리말다울 뿐이다.

선정(善政)과 선교(善教)를 대비하고 있다. 아무리 정치를 잘한들 잘 가르치는 것만 못함을 밝히고 있다. 선정은 득민(得民)하기 어렵지만 선교는 득민을 쉽사리 이루어냄을 밝히고 있다. 왜 그러한가? 그 해답을 맹자가 간명하게 들려줄 것이다.

잘할 선(善), 정사 정(政), 아니 불(不), 같을 여(如), 가르침 교(敎), ~의 지(之), 얻을 득(得), 백성 민(民), ~이다 야(也)

善政民畏之(선정민외지)

▶ 잘하는[善] 정치[政] 그것을[之] 백성은[民] 두려워한다[畏].

선정민외지(善政民畏之)는 民畏善政보다 선정(善政)을 강조하면서 어세를 더하는 어투임을 알면 쉽게 문맥을 잡을 수 있다. 善政民畏之의 지(之)는 전치한 선정(善政)을 나타내는 허사이므로 무시하고 새겨도 되지만, 〈그것 지(之)〉로 새기면 어세를 살려줄 수 있다. 즉, 지(之)를 무시하고 잘하는[善] 정치를[政] 백성은[民] 두려워한다[畏]고 새겨도 된다. 그러므로 善政民畏之는 영어의 3형식 문장과 같은 어투이다. 善政民畏之에서 선정(善政)은 외(畏)의 목적어이고, 민(民)은 외(畏)의 주어이며, 외(畏)는 타동사로 본동사이고, 지(之)는 선정(善政)을 가리키는 허사이다. 善政民畏之의 외(畏)는 〈두려워할 구(懼)〉와 같다.

잘할 선(善), 정사 정(政), 백성 민(民), 두려워할 외(畏), 그것 지(之)

善敎民愛之(선교민애지)

▶ 잘하는[善] 가르침[敎] 그것을[之] 백성은[民] 좋아한다[愛].

선교민애지(善敎民愛之)는 民愛善敎보다 선교(善敎)를 강조하면서 어세를 더하는 어투로 여기면 문맥이 쉽게 잡힌다. 善敎民愛之의 지(之)는 전치한 선교(善敎)를 가리키는 허사이므로 무시하고 새겨도 되지만, 〈그것 지(之)〉로 새기면 어세를 살리는 구실을 한다. 즉, 지(之)를 무시하고 잘하는[善] 가르침을[敎] 백성은[民] 좋아한다[愛]고 새겨도 된다는 말이다. 그러므로 善敎民愛之는 영어의 3형식 문장과 같은 어투이다. 善敎民愛之에서 선교(善敎)는 애(愛)의 목적어이고, 민(民)은 애(愛)의 주어이며, 애(愛)는 타동사로 본동사이고, 지(之)는 선교(善敎)를 가리키는 허사이다. 善敎民愛之의 애(愛)는 〈좋아할 호(好), 요(樂)〉 등과 같다.

선정(善政)과 선교(善敎)의 서로 다른 점을 밝히고 있다. 선정을 백성은 두려워하고[畏], 선교를 백성은 좋아한다[愛]. 이 간명한 해명으로 패자(霸

者)의 치세와 왕자(王者)의 치세가 분명해진다. 선정을 베풀었다는 오패(五霸)라 한들 삼왕(三王)에 미치지 못하는 까닭을 쉽게 알 수 있게 되었다. 삼왕은 선교로 치세를 했고 오패는 선정으로 치세를 한 것이다.

잘할 선(善), 가르침 교(敎), 백성 민(民), 좋아할 애(愛), 그것 지(之)

善政得民財(선정득민재)

▶ **잘하는[善] 정치는[政] 백성의[民] 재물을[財] 얻어낸다[得].**

선정득민재(善政得民財)는 영어의 3형식 문장과 같은 어투이다. 善政得民財에서 선정(善政)은 득(得)의 주부이고, 득(得)은 타동사로 본동사이며, 민재(民財)는 득(得)의 목적구이다. 善政得民財의 득(得)은 〈취할 취(取)〉와 같고 취득(取得)의 줄임말로 여기고, 재(財)는 〈재물 물(物)〉과 같고 재화(財貨) · 재물(財物) · 재산(財産) 등의 줄임말로 여기고 새기면 문맥이 통한다.

잘할 선(善), 정사 정(政), 얻을 득(得), 백성 민(民), 재물 재(財)

善敎得民心(선교득민심)

▶ **잘하는[善] 가르침은[敎] 백성의[民] 마음을[心] 얻어낸다[得].**

선교득민심(善敎得民心)은 영어의 3형식 문장과 같은 어투이다. 善敎得民心에서 선교(善敎)는 득(得)의 주부이고, 득(得)은 타동사로 본동사이며, 민심(民心)은 득(得)의 목적구이다. 善敎得民心의 득(得)은 〈취할 취(取)〉와 같고 취득(取得)의 줄임말로 여기고 새기면 문맥이 통한다.

선정(善政)과 선교(善敎)가 서로 다른 점이 분명해졌다. 선정은 백성의 재물을 얻어내고, 선교는 백성의 마음을 사로잡는다. 이제 선정의 환우(驩虞)와 선교의 호호(皞皞)는 분명해진다. 백성의 마음을 얻는 성군(聖君)이 왜 왕자(王者)인지 분명해진다. 왕자(王者) · 선교(善敎) · 인정(仁政)이 곧 맹자가 밝히는 발정시인(發政施仁)임을 알 수 있게 되었다.

잘할 선(善), 가르침 교(敎), 얻을 득(得), 백성 민(民), 마음 심(心)

제15장

15장은 맹자가 왜 성선(性善)인가를 간명하게 제시하는 장이다. 인간이 타고난 목숨(命)이 성(性)이고, 그 성(性)이 곧 선(善)이라고 주장한 맹자의 뜻이 매우 쉽게 드러나 있는 장이다. 배우지 않아도 잘할 수 있고 이리저리 생각해보지 않아도 잘 알 수 있는 것이 인(仁)이요 의(義)임을 밝혀 성선을 터득하게 하는 장이다.

【문지(聞之)】

친친인야경장의야(親親仁也敬長義也)

【원문(原文)】

孟子曰 人之所不學而能者는 其良能也이고 所不慮而知之者는 其良知也이다 孩提之童이 無不知愛其親者며 及其長也하여 無不知敬其兄也이다 親親은 仁也이고 敬長은 義也이니 無他라 達之天下也이다

맹자왈 인지소불학이능자 기량능야 소불려이지지자 기량지야 해제지동 무부지애기친자 급기장야 무부지경기형야 친친 인야 경장 의야 무타 달지천하야

【해독(解讀)】

맹자가 말했다[孟子曰]. "사람이 배우지 않고서도 잘하는 바인 것은 그가 가장 잘하는 것이고[人之所不學而能者其良能也], 생각해보지 않고서도 그것을 아는 바인 것은 그가 가장 잘 아는 것이다[所不慮而知之者其良知也]. 어려서 손에 들려진 아이도 제 어버이를 사랑할 줄 모르지 않고[孩提之童無不知愛其親者], 그 아이가 장성하면 [及其長也] (그 아이가) 제 형님을 공경할 줄 모르지 않는 것이다[無不知敬其兄也]. 피붙이를 아낌은 인(仁)이고[親親仁也], 어른을 공경함은 의(義)이다[敬長義也]. 다른 것은 없고 [無他] 세상에서 인의(仁義)만을 달성하는 것이다[達之天下也]."

【담소(談笑)】

人之所不學而能者(인지소불학이능자) 其良能也(기량능야)

▶ 사람[人]이[之] 배우지 않고[不學]서도[而] 잘하는[能] 바인[所] 것은[者] 그가[其] 제일[良] 잘하는 것[能]이다[也].

인지소불학이능자기량능야(人之所不學而能者其良能也)는 맹자왈(孟子曰)의 목적절이지만 독립구문처럼 여기고 문맥을 잡아도 된다. 人之所不學而能者其良能也는 〈AB也〉꼴로 영어의 2형식 문장과 같은 어투이다. 〈A(人之所不學而能者)는 B(其良能)하는 것이다[也]〉 人之所不學而能者其良能也에서 인지소불학이능자(人之所不學而能者)는 주부이고, 기량능(其良能)은 술부이며, 야(也)는 구문을 결정짓는 어조사(~이다)이다.

주부인 인지소불학이능자(人之所不學而能者)에서 인지(人之)는 학(學)의 주어이고, 소(所)는 자(者)의 동격이며, 불(不)은 학(學)의 부정사(否定詞)이고, 학(學)은 자동사로 절의 본동사이며, 이(而)는 연접의 연사이고, 능(能) 역시 자동사로 절의 본동사이며, 자(者)는 주어이다. 人之所不學而能者에서 〈A之所B者〉꼴을 상기하고 주격 토씨(~이)인 허사 지(之)를 주목하면, 人之所不學而能者의 문맥을 잡기 쉽다. 〈A(人)가[之] B(不學而能)하는 바의[所] 것[者]〉 〈것 자(者)〉는 문맥에 따라 걸맞은 뜻을 찾아야 하는데, 여기서는 〈것 자(者)〉로 새기면 문맥이 통한다. 더불어 人之所不學而能者의 인지(人之)를 전치했으므로 所人不學而能者로 여기고, 所人不學而能과 자(者)를 동격으로 이어주면 人之所不學而能者의 문맥은 쉽게 잡힌다.

술부인 기량능야(其良能也)에서 기(其)는 인지(人之)를 대신하는 관형사이고, 양(良)은 능(能)을 꾸미는 형용사이며, 능(能)은 명사로 보어이다. 人之所不學而能者其良能也에서 앞의 능(能)은 동사이지만, 뒤의 능(能)은 명사임을 주의한다. 이처럼 한문투에서는 품사가 정해진 낱말이 없고 구문의 문맥에 따라 자유롭게 품사 구실을 한다는 것을 기억하면서 문맥을 잡는다.

사람 인(人), ~이 지(之), 바 소(所), 아니 불(不), 배울 학(學), 그리고 이(而), 잘할 능(能), 것 자(者), 그 기(其), 가장 량(良), ~이다 야(也)

所不慮而知之者(소불려이지지자) 其良知也(기량지야)

▶ (사람이) 생각해보지 않고[不慮]서도[而] 그것을[之] 아는[知] 바인[所] 것은[者] 그가[其] 가장 잘[良] 아는 것[知]이다[也].

소불려이지지자기량지야(所不慮而知之者其良知也)는 맹자왈(孟子曰)의 목적절이지만 독립구문처럼 여기고 문맥을 잡아도 된다. 所不慮而知之者其良知也는 人之所不慮而知之者其良知也에서 되풀이되는 내용이므로 인지(人之)를 생략한 〈AB也〉꼴로, 영어의 2형식 문장과 같은 어투이다. 〈A(所不慮而知之者)는 B(其良知)하는 것이다[也]〉 所不慮而知之者其良知也에서 소불려이지지자(所不慮而知之者)는 주부이고, 기량지(其良知)는 술부이며, 야(也)는 구문을 결정짓는 어조사(~이다)이다.

주부인 소불려이지지자(所不慮而知之者)에서 소(所)는 자(者)의 동격이고, 불(不)은 여(慮)의 부정사(否定詞)이며, 여(慮)는 자동사로 절의 본동사이고, 이(而)는 연접의 연사이며, 지(知)는 타동사로 절의 본동사이며, 지(之)는 부정대명사이고, 자(者)는 주어이다. 所不慮而知之者에서 〈所A者〉꼴을 상기하면 所不慮而知之者의 문맥을 잡기 쉽다. 〈A(不學而能)하는 바인[所] 것[者]〉 〈것 자(者)〉는 문맥에 따라 걸맞은 뜻을 찾아주는데, 여기서는〈것 자(者)〉로 새기면 문맥이 통한다.

술부인 기량지야(其良知也)에서 기(其)는 인지(人之)를 대신하는 관형사이고, 양(良)은 지(知)를 꾸미는 형용사이며, 지(知)는 명사로 보어이다. 所不慮而知之者其良知也에서 앞의 지(知)는 동사이지만, 뒤의 지(知)는 명사이다. 한문투에서는 품사가 정해진 낱말이 없고 구문의 문맥에 따라 자유롭게 품사 구실을 한다는 것을 반드시 기억하고 문맥을 잡아가야 한다.

바 소(所), 아니 불(不), 생각할 려(慮), 그리고 이(而), 알 지(知), 그것 지(之), 그 기(其), 가장 잘 량(良), 앎 지(知), ~이다 야(也)

孩提之童(해제지동) 無不知愛其親者(무부지애기친자)

▶ 어려서[孩] 손에 들려[提]진[之] 아이도[童] 제[其] 어버이를[親者] 사랑할 줄[愛] 모르지[不知] 않는다[無].

해제지동무부지애기친자(孩提之童無不知愛其親者)는 영어의 3형식 문장과 같은 어투이다. 孩提之童無不知愛其親者에서 해제지동(孩提之童)은 주부이고, 무불(無不)은 이중부정으로 강력한 긍정이며, 지(知)는 타동사로 본동사이고, 애(愛)는 영어의 동명사와 같으면서 지(知)의 목적어이고, 기친자(其親者)는 애(愛)의 목적구이다. 其親者의 기(其)는 동지(童之)를 대신하는 관형사이고, 친자(親者)는 여기서 어버이로 새기면 문맥이 통한다.

해제지동무부지애기친자(孩提之童無不知愛其親者)에서 해제지동(孩提之童)의 지(之)가 어떤 구실을 하는지 알지 못하면 문맥을 찾기 어려워진다. 그러나 〈A之B〉꼴을 알면 孩提之童의 문맥을 쉽게 잡을 수 있다. 〈A(孩提)하는[之] B(童)〉 孩提之童의 해제지(孩提之)는 동(童)을 꾸미는 형용사이고, 孩提之의 지(之)는 어조사이다. 허사 지(之)를 다음처럼 5가지 정도로 잘 정리해두어야 문맥을 잡기 편하다. 〈A가[之] B = 주격 토씨, A의[之] B = 소유격 토씨, A를[之] B = 목적격 토씨, A한[之] B = A를 형용사로 만든다, B한[之] A = B를 형용사로 만든다〉 孩提之의 지(之)는 동(童)을 꾸민다고 새기면 문맥이 통한다. 孩提之의 해(孩)는 제(提)를 꾸미는 부사이고, 제(提)는 영어의 과거분사와 같으므로 〈~하여진 지(之)〉로 새긴다. 어려서[孩] 손에 안겨[提]진[之] 아이[童]. 물론 지(之)를 무시해버리고 어려서[孩] 손에 안긴[提] 아이[童]로 새겨도 된다. 허사는 어조사이므로 문맥의 문의가 달라지지는 않는다. 無不知愛其親者의 무(無)는 〈~않을 물(勿)〉과 같고, 지(知)는 〈알 식(識)〉과 같으며, 애(愛)는 〈좋아할 호(好)〉와 같고 애호(愛好)의 줄임말로 여기고, 친자(親者)는 여기선 육친(肉親)과 같은 말이다.

어릴 해(孩), 손에 들 제(提), ~한 지(之), 어린이 동(童), 않을 무(無), 아닐 부(不), 알 지(之), 좋아할 애(愛), 그 기(其), 어버이 친(親), 사람 자(者)

及其長也(급기장야) 無不知敬其兄也(무부지경기형야)

▶ 그 아이가[其] 장성하게[長] 된다[及]면[也] (그 아이가) 제[其] 형님을[兄] 공경할 줄[敬] 모르지[不知] 않는 것[無]이다[也].

급기장야무부지경기형야(及其長也無不知敬其兄也)는 孩提之童及其長也孩提之童無不知敬其兄也에서 앞 문맥으로 보충할 수 있으므로 주어인 해제지동(孩提之童)을 생략한 어투로 영어의 복문과 같다. 及其長也無不知敬其兄也와 같은 문장은 구문을 결정지어주는 야(也)가 있으므로 구문을 끊어보기가 쉽다. 급기장야(及其長也)와 무부지경기형야(無不知敬其兄也)로 끊어서 두 구문 사이의 관계를 맺어주면 문맥이 잡힌다. 及其長也를 조건이나 시간의 종속절로 여기고, 無不知敬其兄也를 주절로 새기면 及其長也無不知敬其兄也의 문맥이 통한다. 즉 급기장야(及其長也)면 무부지경기형야(無不知敬其兄也)이다로 읽으면 된다.

조건의 종속절인 급기장야(及其長也)에서 생략된 주어가 있다고 치면 급(及)이 타동사로서 절의 본동사라고 여길 수 있지만, 여기서는 그냥 영어의 동명사나 부정사(不定詞)와 같은 조건의 부정사 내지 조건의 동명사이다. 기장(其長)은 급(及)의 목적어이고, 야(也)는 조건의 종속절을 결정짓는 어조사(~면)이다. 물론 어조사이므로 야(也)를 무시하고 새겨도 된다. 及其長也의 급(及)은 여기서 〈이를 지(至)〉와 같다.

주절인 무부지경기형야(無不知敬其兄也)에서 주절을 결정지어주는 야(也)를 무시하고 無不知敬其兄의 문맥을 잡으면 무불(無不)은 이중 부정사(否定詞)이고, 지(知)는 타동사로 주절의 본동사이며, 경기형(敬其兄)은 지(知)의 목적구가 된다. 경기형(敬其兄)을 무부지((無不知)한다. 그러나 야(也)를 살려서 문맥을 새기면 경기형(敬其兄)을 무부지하는 것(無不知)이다[也]가 되고, 무부지(無不知)는 주어가 생략되었지만 보어가 된다. 그래서 無不知敬其兄也는 〈AB也〉꼴로 영어의 2형식 문장처럼 문맥을 잡는다. 無不知敬其兄也의 무(無)는 〈않을 물(勿)〉과 같고, 지(知)는 〈알 식(識)〉과 같으며, 경(敬)은 〈공경할 공(恭)〉과 같다.

다다를 급(及), 그 기(其), 성장 장(長), ~이면 야(也), 않을 무(無), 아니 부(不), 알 지(之), 공경 경(敬), 형 형(兄), ~이다 야(也)

親親仁也(친친인야)

▶ 피붙이를[親] 아낌은[親] 인[仁]이다[也].

친친인야(親親仁也)는 〈AB也〉꼴로 영어의 2형식 문장과 같은 어투이다. 親親仁也에서 친친(親親)은 주부이고, 인(仁)은 보어이며, 야(也)는 구문을 결정짓는 어조사(~이다)이다. 親親仁也의 앞 친(親)은 영어의 동명사나 부정사(不定詞)와 같은 구실을 하고, 뒤의 친(親)은 명사로 〈피붙이 친(親)〉이며 앞 친(親)의 목적어이다.

어짊[仁]이란 피붙이로부터 비롯된다. 제 피붙이를 사랑할 줄 모르는 인간이 어찌 남을 사랑할 수 있겠는가. 남들을 제 피붙이처럼 사랑할 수 있다면 그런 어짊[仁] 곧 대인(大仁)이다. 그런 대인을 공자는 애인(愛人)이라 했다. 애인(愛人)을 연인(戀人)의 동의어라고 하지 말라.

아낄 친(親), 피붙이 친(親), 어질 인(仁), ~이다 야(也)

敬長義也(경장의야)

▶ 어른을[長] 공경함은[敬] 의[義]이다[也].

경장의야(敬長義也)는 〈AB也〉꼴로 영어의 2형식 문장과 같다. 敬長義也에서 경장(敬長)은 주부이고, 의(義)는 보어이며, 야(也)는 구문을 결정짓는 어조사(~이다)이다. 敬長義也의 경(敬)은 영어의 동명사나 부정사(不定詞)와 같고, 장(長)은 명사로 연장자(年長者)의 줄임말이며 경(敬)의 목적어이다.

사람답게 살 수 있는 이치가 의(義)이다. 부끄러움을 알고 그것을 뉘우침이 곧 의이다. 천명(天命)의 입장에서 보면 짐승이든 초목이든 다 같은 목숨이지만, 부끄러움을 뉘우친다는 점에서 보면 사람과 짐승은 다름이 분명하다. 의를 저버린 자를 짐승 같은 놈이라고 한다. 개 같은 놈이 욕이 아닐 때가 많다.

공경함 경(敬), 어른 장(長), 옳음 의(義), ~이다 야(也)

無他(무타)

▶ 다른 것은[他] 없다[無].

무타(無他)는 영어의 1형식 문장과 같다. 無他에서 무(無)는 자동사 〈없을 무(無)〉이고, 타(他)는 주어이다. 무(無)가 〈없을 무(無)〉일 때는 주어를 뒤에 둔다고 여기면 편하다. 무타(無他)는 어떤 결론에 앞서서 강조하려고 할 때 삽입하는 구문이다. 그러니 무타(無他)를 오로지의 뜻으로 여긴다.

없을 무(無), 다른 것 타(他)

達之天下也(달지천하야)

▶ 세상에서[天下] 인의를[之] 달성하는 것[達]이다[也].

달지천하야(達之天下也)는 人人達之天下也에서 문맥으로 보충할 수 있으므로 주어인 사람들[人人]을 생략했지만, 역시 〈AB也〉꼴로 영어의 2형식 문장과 같은 어투이다. 達之天下也에서 달(達)은 영어의 동명사나 부정사(不定詞)와 같으면서 보어이고, 지(之)는 달(達)의 목적어이며, 천하(天下)는 달(達)을 꾸미는 장소의 부사이다. 達之天下也의 달(達)은 〈이룰 성(成)〉과 같고 달성(達成)의 줄임말로 여기고, 지(之)는 인의(仁義)를 대신하는 지시대명사로 여기며 새긴다.

이를 달(達), 그것 지(之), 하늘 천(天), 아래 하(下), ~이다 야(也)

제16장

16장은 맹자가 앞 장에서 단호하게 결론 내렸던 달인의(達仁義)를 순(舜) 임금을 들어서 설파하고 있는 장이다. 선언(善言)과 선행(善行)을 둘로 보지 말 것이요 외면하지 말 것을 절규하는 장이다.

【문지(聞之)】

순지거심산지중(舜之居深山之中)

【원문(原文)】

孟子曰 舜之居深山之中에 與木石居하고 與鹿豕遊하니 其所以異於深山之野人者幾希러니 及其聞一善言하고 見一善行하여는 若決江河하여 沛然莫之能禦也이다

맹자왈 순지거심산지중 여목석거 여록시유 기소이이어심산지야인자기희 급기문일선언 견일선행 약결강하 패연막지능어야

【해독(解讀)】

맹자가 말했다[孟子曰]. "깊은 산의 가운데에서 순(舜)의 삶은 나무와 돌과 더불어 살았고[舜之居深山之中與木石居], (깊은 산중에서 순의 삶은) 사슴과 멧돼지와 더불어 사귀었다[與鹿豕遊]. 이렇기 때문에 심산의 야인과 순이 달랐던 바의 삶이란 거의 없었던 것이다[其所以異於深山之野人者幾希也]. 그리고[及] 그가 선한 말 한 마디를 듣거나[其聞一善言] 선한 행동 한 가지를 보면[見一善行] (강둑이) 터진 장강과 황하의 세찬 모습 같아[若決江河沛然] 그를 막아낼 수 없었던 것이다[莫之能禦也]."

【담소(談笑)】

舜之居深山之中與木石居(순지거심산지중여목석거)

▶ 깊은[深] 산[山]의[之] 가운데에서[中] 순[舜]의[之] 삶은[居] 나무와[木] 돌과[石] 더불어[與] 살았다[居].

순지거심산지중여목석거(舜之居深山之中與木石居)는 맹자왈(孟子曰)의 목적절이지만 독립구문처럼 여기고 문맥을 잡아도 된다. 舜之居深山之中與木石居는 영어의 1형식 문장과 같은 어투이다. 舜之居深山之中與木石居와 같은 어투는 구문의 골격을 찾아보면 문맥을 잡기 쉽다. 구문의 골격이란 한문투에서도 영어에서와 거의 마찬가지로 주어 + 동사 + 목적어 또는 주어 + 동사 + 보어로 이루어진다. 舜之居深山之中與木石居의 골격을 살펴보면 순지거거(舜之居居)로 드러난다. 舜之居深山之中與木石居에서 순지거(舜之居)가 주부이고, 심산지중(深山之中)은 뒤의 거(居)를 꾸미는 장소의 부사구이며, 여목석(與木石) 역시 뒤의 거(居)를 꾸미는 수단의 부사구이고, 거(居)는 자동사로 본동사이다.

순지거(舜之居)에서 순지(舜之)는 명사 거(居)를 꾸미는 형용사이고, 〈A之B〉꼴로 허사 지(之)는 토씨[格]를 나타내는 어조사이다. 그러므로 순[舜]의[之] 삶[居] 또는 순[舜]이[之] 사는 것[居]으로 새길 수 있다. 〈삶 거(居)〉로 새기면 거(居)를 명사로 본 것이고, 사는 것[居] 또는 살기[居]로 새기면 거(居)를 동명사로 여기고 순지거(舜之居)의 문맥을 잡은 것이지만, 문의는 달라지지 않으므로 문맥에 따라 새긴다. 舜之居深山之中與木石居에서 앞의 거(居)는 명사 내지 동명사이고, 끝의 거(居)는 자동사이므로 왜 한문투에서 문맥에 따라 품사를 다르게 새기는지 알 수 있다.

순임금 순(舜), ~이 지(之), 삶 거(居), 깊을 심(深), 뫼 산(山), ~의 지(之), 가운데 중(中), 더불어 여(與), 나무 목(木), 돌 석(石), 살 거(居)

與鹿豕遊(여록시유)

▶ (깊은 산중에서 순의 삶은) 사슴과[鹿] 멧돼지와[豕] 더불어[與] 사귀었다[遊].

여록시유(與鹿豕遊)는 맹자왈(孟子曰)의 목적절이지만 독립구문처럼 여기고 문맥을 잡아도 된다. 舜之居深山之中與鹿豕遊에서 되풀이되는 내용이므로 순지거심산지중(舜之居深山之中)을 생략한 어투로, 영어의 1형식 문장과 같다. 與鹿豕遊에서 여록시(與鹿豕)는 유(遊)를 꾸미는 수단의 부사구이고, 유(遊)는 자동사로 본동사이다. 與鹿豕遊의 유(遊)는 〈사귈 교(交)〉와 같고 교유(交遊)의 줄임말로 여기고 새긴다.

더불어 여(與), 사슴 록(鹿), 멧돼지 시(豕), 노닐 유(遊)

其所以異於深山之野人者(기소이이어심산지야인자) 幾希(기희)

▶ 이렇기 때문에[以] 심산[深山]의[之] 야인[野人]과[於] 순이[其] 달랐던[異] 바의[所] 삶이란[者] 거의[幾] 없었던 것[希]이다[也].

기소이이어심산지야인자기희(其所以異於深山之野人者幾希)는 〈AB也〉 꼴로 영어의 2형식 문장과 같은 어투이다. 其所以異於深山之野人者幾希에서 기소이이어심산지야인자(其所以異於深山之野人者)는 주부이고, 기희(幾希)는 보어이다. 其所以異於深山之野人者幾希에서 〈바 소(所)〉와 〈것 자(者)〉를 주목하면 구문의 골격을 쉽게 찾을 수 있다.

기소이이어심산지야인자기희(其所以異於深山之野人者幾希)에서 〈A(之)所B者〉의 꼴을 상기하고, 토씨인 허사 지(之)가 생략된 것을 알면 其所以異於深山之野人者의 문맥을 잡기 쉽다. 〈A(其)가 B(以異於深山之野人)하는 바의[所] 것[者]〉 〈것 자(者)〉는 문맥에 따라 걸맞은 뜻으로 새기는데, 여기서는 〈삶 자(者)〉로 새기면 문맥이 통한다. 더불어 其所以異於深山之野人者의 기(其)는 순지(舜之)를 대신하여 전치된 주어이므로 其所以異於深山之野人者를 순지소이이어심산지야인자(舜之所以異於深山之野人者)로 여기고, 기소이이어심산지야인(其所以異於深山之野人)과 자(者)를 동격 관계로 이으면 其所以異於深山之野人者의 문맥은 쉽게 잡힌다. 그리고 其所以異於深山之野人이 자(者)의 동격이므로 其所以異於深山之野人者幾希也의 골격은 자희(者希)이다. 것은[者] 희박하다[希]. 其所以異於深山之野人者에서 이(以)가 시이(是以)를 줄인 것임을 알면 其所以異於深山之野人者의 문맥을 잡기 쉽다. 여기서 是以의 시(是)는 앞에 나온 내용을 몰아서 가리키는 지시어이므로 其所以異於深山之野人者의 이(以)를 이렇기[是] 때문에[以]로 여기고 새기면 문맥이 통한다.

기소이이어심산지야인자(其所以異於深山之野人者)의 이(以)는 〈때문에 인(因)〉과 같고, 이(異)는 〈다를 수(殊)〉와 같으며 수이(殊異)의 줄임말로 여기고, 어(於)는 영어에서 대상을 가리키는 전치사처럼 한문투에서 다양하게 쓰이는데 여기서는 ~과[於] 정도로 새기고, 심산지야인(深山之野人)은 〈A之B〉꼴로 여기고 새긴다. 〈A(深山)의[之] B(野人)〉

술부인 기희(幾希)에서 기(幾)는 희(希)를 꾸미는 부사이고, 희(希)는 영어의 동명사와 같은 보어이다. 거의[幾] 희박한 것[希]이다[也].

그 기(其), 바 소(所), 때문에 이(以), 다를 이(異), ~에서 어(於), 깊을 심(深), 뫼 산(山), ~의 지(之), 촌 야(野), 사람 인(人), 것 자(者), 거의 기(幾), 희박할 희(希)

及其聞一善言(급기문일선언) 見一善行(견일선행) 若決江河沛然(약결강하패연) 莫之能禦也(막지능어야)

▶ 그리고[及] 그가[其] 선한[善] 말[言] 한 마디를[一] 듣거나[聞] 선한[善] 행동[行] 한 가지를[一] 보면[見] (강둑이) 터진[決] 장강과[江] 황하의[河] 세찬[沛] 모습[然] 같아[若] 그를[之] 막아낼[禦] 수[能] 없었던 것[莫]이다[也].

급기문일선언견일선행약결강하패연막지능어야(及其聞一善言見一善行若決江河沛然莫之能禦也)와 같이 긴 어투의 문맥을 잡으려면 무엇보다 동사를 중심으로 구문의 골격을 살펴야 문맥을 잡기 쉽다. 及其聞一善言見一善行若決江河沛然莫之能禦也에서는 〈없을 무(無)〉와 같은 막(莫)을 주목해야 한다. 〈A莫B〉꼴을 상기하고, A는 막(莫)을 꾸미는 부사이고 B가 막(莫)의 주어이므로 급기문일선언견일선행약결강하패연(及其聞一善言見一善行若決江河沛然)과 막지능어야(莫之能禦也)로 나누어 及其聞一善言見一善行若決江河沛然의 골격을 살피게 된다. 及其聞一善言見一善行若決江河沛然 에서 〈들을 문(聞)〉, 〈볼 견(見)〉, 〈같을 약(若)〉이 동사이므로 이들을 기준으로 세 구문으로 나누어 문맥을 잡을 수 있다. 즉 及其聞一善言 見一善行 若決江河沛然으로 끊어 읽어볼 수 있다는 말이다. 이 세 구문을 다음처럼 이어주면 문맥이 통한다. 급기문일선언(及其聞一善言)하고 견일선행(見一善行)하면 약결강하패연(若決江河沛然)같이. 그러면 급기문일선언(及其聞一善言)과 견일선행(見一善行)은 조건의 종속절이고, 약결강하패연(若決江河沛然)은 비교의 종속절이므로 及其聞一善言見一善行若決江河沛然은 두 절과 하나의 구로 이루어져 있는데, 이것을 주절 막지능어야(莫之能禦也)와 이어주면 及其聞一善言見一善行若決江河沛然莫之能禦也의 전체 문맥을 잡아갈 수 있다.

조건의 종속절 급기문일선언(及其聞一善言)에서 급(及)은 그리고, 또한 정도의 연사(連詞)이고, 其聞一善言은 영어의 3형식 절과 같은 어투이다. 其聞一善言에서 기(其)는 순(舜)을 대신하는 대명사로서 문(聞)의 주어이고, 문(聞)은 타동사로 절의 본동사이며, 일(一)은 문(聞)의 목적어이고, 선언(善言)은 일(一)의 동격이다. 及其聞一善言의 급(及)은 〈또 우(又), 차(且)〉 등과 같고, 문(聞)은 〈들을 청(聽)〉과 같고 청문(聽聞)의 줄임말로 여기며, 일(一)은 일개(一箇)의 줄임말로 여기고 새기고, 선언(善言)은 선지언(善之言)의 줄임으로 여기고 새긴다. 선을 밝히려[善]는[之] 말[言].

조건의 종속절 견일선행(見一善行)은 其見一善行에서 되풀이되므로 주어인 기(其)를 생략한 어투로, 영어의 3형식 절과 같다. 見一善行에서 견(見)은 타동사로 절의 본동사이고, 일(一) 은 견(見)의 목적어이며, 선행(善行)은 일(一)의 동격이다. 見一善行의 견(見)은 〈볼 첨(瞻)〉과 같고, 일(一) 은 일개(一箇)의 줄임말로 여기고 새기며, 선행(善行)은 선지행(善之行)의 줄임으로 여기고 새긴다. 선을 밝히려[善]는[之] 행동[行].

비교의 부사구 약결강하패연(若決江河沛然)에서 약(若)은 영어의 현재분사와 같고, 결(決)은 영어의 과거분사처럼 강하(江河)를 꾸며주고, 결강하(決江河)는 패연(沛然)을 꾸미는 형용사구이며, 패연(沛然)은 약(若)의 목적어로 여기고 문맥을 잡는다. 터진[決] 강하의[江河] 패연[沛然]같이[若]. 若決江河沛然의 약(若)은 〈같을 여(如), 사(似)〉 등과 같고, 결(決)은 〈풀 해(解)〉와 같고 해결(解決)의 줄임말로 여기며, 강하(江河)는 장강(長江)과 황하(黃河)의 줄임말이고, 패연(沛然)은 물살이 세차게 넘쳐흐르는[沛] 모습[然]을 말한다.

주절 막지능어야(莫之能禦也)에서 막(莫)은 주절의 주어이며, 지(之)는 순(舜)을 가리키는 목적격 지시대명사로 어(禦)의 목적어이고, 능(能)은 영어의 동명사와 같으면서 어(禦)의 조동사이며, 어(禦)는 막(莫)의 주어이고, 야(也)는 주절을 결정짓는 어조사(~이다)이다. 莫之能禦也의 막(莫)은 〈없을 무(無)〉와 같고, 어(禦)는 〈막을 거(拒)〉와 같고 어거(禦拒)의 줄임말로 여기고 새기면 문맥이 통한다.

선(善)을 흘려듣지 않고 선(善)을 기피하지 않음이 단호해야 한다고 순(舜)임금을 들어서 맹자가 설파하고 있다. 범인들과 똑같이 살림살이를 하지만 선을 지키고 행함에 치경(致敬)하여 진의(盡義)하였던 순임금을 들어서 우리를 부끄럽게 하고 있다.

그리고 급(及), 그 기(其), 들을 문(聞), 하나 일(一), 착할 선(善), 말 언(言), 볼 견(見), 행동 행(行), 같을 약(若), 터질 결(決), 물 강(江), 물 하(河), 늪 패(沛), 그럴 연(然), 없을 막(莫), 그것 지(之), 잘할 능(能), 막아낼 어(禦), ~이다 야(也)

제17장

17장은 맹자가 시중(時中)을 헤아려보게 하는 장이다. 때에 알맞게 하라[時中]는 군자(君子)의 중용(中庸)을 간명하게 정언(正言)하고 있다. 대인(大人)의 중용은 시중(時中)이고, 소인(小人)의 중용은 무기탄(無忌憚)이란 『중용(中庸)』 2편 1장의 말씀을 간명하게 말해주고 있는 장이다. 알맞음을[中] 활용하라[庸], 이를 분명히 밝혀 거리낌이[忌憚] 없는[無] 인간이 되지 말라고 경고하는 장이다.

【문지(聞之)】

무위기소불위(無爲其所不爲)

【원문(原文)】

孟子曰 無爲其所不爲며 無欲其所不欲하니 如此而已矣이다
맹 자 왈 무 위 기 소 불 위 무 욕 기 소 불 욕 여 차 이 이 의

【해독(解讀)】

맹자가 말했다[孟子曰]. "자기가 하지 않는 바를 (남에게) 시키지 않고[無爲其所不爲], 자기가 바라지 않는 바를 (남에게) 바라지 않는다[無欲其所不欲]. 이와 같게 하는 것뿐이다[如此而已矣]."

【담소(談笑)】

無爲其所不爲(무위기소불위)

▶ **자기가[其] 하지 않는[不爲] 바를[所] (남에게) 시키지[爲] 않는다[無].**

무위기소불위(無爲其所不爲)는 맹자왈(孟子曰)의 목적절이지만 독립구문처럼 여기고 문맥을 잡아도 된다. 無爲其所不爲는 영어의 3형식 문장도 같고, 영어의 3형식 명령문과도 같은 어투이다. 無爲其所不爲를 君子無爲其所不爲에서 문맥으로 보충할 수 있으므로 주어인 군자(君子)를 생략했다고 보고 무(無)를 〈~않을 무(無)〉로 여기면, (군자는) 자기가[其] 하지 않는[不爲] 바를[所] (남에게) 시키지[爲] 않는다[無]로 새길 수 있다. 또한 무(無)를 〈~말 무(無)〉로 여기고 자기가[其] 하지 않는[不爲] 바를[所] (남에게) 시키지[爲] 말라[無]고 명령문으로 새겨도 문맥이 통한다. 그러므로 無爲其所不爲는 한 쪽만 고집할 수 없는 문맥을 지닌 어투이다. 이러한 문맥의 성질을 간직한 것이 한문투의 묘미라고 여기면 편하다.

무위기소불위(無爲其所不爲)에서 앞의 위(爲)는 〈시킬 사(使)〉와 같고, 뒤의 위(爲)는 〈할 이(以), 조(造)〉 등과 같다. 한문투에서 위(爲)는 문맥에 따라 매우 다양한 뜻을 나타내므로 다음과 같이 잘 정리해두면 문맥을 잡기 편하다. 〈할 위(爲) = 조(造), 생각할 위(爲) = 사(思), 하여금 위(爲) = 사(使), 만들 위(爲) = 산(産), 이룰 위(爲) = 성(成), 배울 위(爲) = 학(學), 다스릴 위(爲) = 치(治), 도울 위(爲) = 조(助), 호위할 위(爲) = 호(護), 칭할 위(爲) = 칭(稱)〉 이 밖에도 문맥에 따라 다양한 뜻을 구사하는 것이 위(爲)이다. 이처럼 한문투의 위(爲)를 영어에서 온갖 동사들을 대신하는 대리동사인 do처럼 여겨도 된다. 위(爲)는 뜻 없는 어조사로도 쓰이고, 소이(所以)와 같이 〈까닭 위(爲)〉로도 쓰인다. 그리고 〈爲A所B〉꼴에서 위(爲)는 영어의 수동태 be 동사와 같고, B는 과거분사와 같다. 〈A에 의해서 B하여진 바[所]이다[爲]〉

않을 무(無), 시킬 위(爲), 자기 기(其), 바 소(所), 아니 불(不), 할 위(爲)

無欲其所不欲(무욕기소불욕)

▶ **자기가[其] 바라지 않는[不欲] 바를[所] (남에게) 바라지[欲] 않는다[無].**

무욕기소불욕(無欲其所不欲)은 맹자왈(孟子曰)의 목적절이지만 독립구문처럼 여기고 문맥을 잡아도 된다. 無欲其所不欲은 영어의 3형식 문장과도 같고, 영어의 3형식 명령문과도 같은 어투이다. 無欲其所不欲을 君子無欲其所不欲에서 문맥으로 보충할 수 있으므로 주어인 군자(君子)를 생략했다고 보고 무(無)를 〈~않을 무(無)〉로 여기면, (군자는) 자기가[其] 바라지 않는[不欲] 바를[所] (남에게) 바라지[欲] 않는다[無]고 새기는 것이 문맥에 맞는다. 그러나 무(無)를 〈~말 무(無)〉로 여기고 자기가[其] 바라지 않는[不欲] 바를[所] (남에게) 바라지[欲] 말라[無]고 명령문으로 새겨도 문맥이 통한다. 그러므로 無欲其所不欲을 어느 한쪽으로만 새길 수 있다고 고집하면 안 된다.

않을 무(無), 바랄 욕(欲), 자기 기(其), 바 소(所), 아니 불(不)

如此而已矣(여차이이의)

▶ 이와[此] 같게 하는 것[如]뿐이다[而已矣].

여차이이의(如此而已矣)는 영어의 1형식 문장과 같은 어투이다. 如此而已矣에서 여(如)는 영어의 동명사나 부정사(不定詞)와 같은 구실을 하고, 차(此)는 여(如)의 목적어이며, 이이의(而已矣)는 구문을 강하게 결정짓는 어조사(~뿐이다)이다. 如此而已矣의 여(如)는 〈같게 할 사(似)〉 또는 〈이를 지(至)〉와 같고, 차(此)는 〈이 시(是)〉와 같으며 앞의 내용을 대신하는 지시어이고, 이이의(而已矣)는 이이(而已)·이(耳)와 같이 구문을 강하게 결정짓는 어조사(~따름이다)이다.

같게 할 여(如), 이 차(此), 어조사 이(而), 어조사 이(已), 어조사 의(矣)

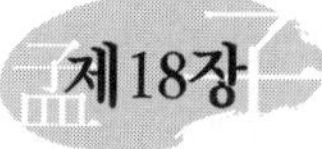

제18장

18장은 맹자가 고난(苦難)을 겪고 간난(艱難)을 극복해가는 사람(孼子)이 부귀영화를 누리며 겁 없이 살아가는 사람(嫡子)보다 세상의 이치를 더욱 절실하게 깨우치며 살아감을 밝히고 있다. 서자(庶子)를 천대하는 적자(嫡子)들보다 삶을 바라보는 마음가짐[操心]과 환난을 걱정함[慮患]이 더 민감하고[危] 깊음[深]을 통찰케 하는 장이다.

【문지(聞之)】

고신얼자(孤臣孽子)

【원문(原文)】

孟子曰 人之有德慧術知者는 恒存乎疢疾하고 獨孤臣孽子는
맹자왈 인지유덕혜술지자 항존호진질 독고신얼자
其操心也危하며 其慮患也深이라 故로 達한다
기조심야위 기려환야심 고 달

【해독(解讀)】

맹자가 말했다[孟子曰]. "사람에게 덕행과 지혜와 학술과 지식이 있다면[人之有德慧術知者] 끊임없이 열병에 사로잡히고[恒存乎疢疾], 오직 외로운 신하와 서자는[獨孤臣孽子] 그 마음가짐이 위태로움을 겁내고[其操心也危], 그 환난을 근심함이 깊다[其慮患也深]. 그러므로[故] (오직 외로운 신하와 서자는 덕혜술지에) 통달한다[達]."

【담소(談笑)】

人之有德慧術知者(인지유덕혜술지자) 恒存乎疢疾(항존호진질)

▶ 사람[人]에게[之] 덕행과[德] 지혜와[慧] 학술과[術] 지식이[知] 있다[有]면[者] 끊임없이[恒] 열병[疢疾]에[乎] 사로잡힌다[存].

인지유덕혜술지자항존호진질(人之有德慧術知者恒存乎疢疾)은 맹자왈(孟子曰)의 목적절이지만 독립구문처럼 여기고 문맥을 잡아도 된다. 人之有德慧術知者恒存乎疢疾은 영어의 복문과 같은 어투이다. 人之有德慧術知者恒存乎疢疾과 같은 어투의 문맥을 잡으려면 먼저 자(者)를 〈것 자(者)〉로 새길지 아니면 절을 결정짓는 〈어조사 자(者)〉로 새길지 가늠해보는 것이 편하다. 자(者)가 어조사이면 거의 조건의 종속절을 결정짓는 구실을 한다. 이 경우 인지유덕혜술지(人之有德慧術知)면[者] 항존호진질(恒存乎疢疾)이다로 문맥을 잡아볼 수 있다. 이와 달리 〈것 자(者)〉로 새기면 恒存乎疢疾과 의미가 이어지지 않음을 알 수 있다. 그러므로 인지유덕혜술지자(人之有德慧術知者)를 조건의 종속절로 여기고, 항존호진질(恒存乎疢疾)을 주절로 여기고 새기면 人之有德慧術知者恒存乎疢疾의 문맥이 잡힌다.

조건의 종속절인 인지유덕혜술지자(人之有德慧術知者)에서 절의 본동사

유(有)가 자동사 〈있을 유(有)〉이므로 영어의 1형식 절과 같은 어투이다. 만약 人有德慧術知者라면, 유(有)를 타동사 〈가질 유(有)〉로 여기고 사람이[人] 덕혜술지를[德慧術知] 간직한다[有]면[者]으로 새겨, 人有德慧術知者를 영어의 3형식 절처럼 새길 수 있다. 그러나 〈人之有A者〉꼴이므로 인지(人之)를 유(有)를 꾸미는 부사구로 보고 A(德慧術知)를 유(有)의 주어로 보아 덕혜술지가[德慧術知] 사람[人]에게[之] 있다[有]면[者]으로 새겨 人之有德慧術知者를 영어의 1형식 절처럼 문맥을 잡을 수 있다. 人之有德慧術知者의 지(之)는 간접목적격 토씨(~에게) 구실을 하는 어조사이고, 덕(德)은 덕행(德行), 혜(惠)는 지혜(知慧), 술(術)은 학술(學術), 지(知)는 지식(知識)의 줄임말로 새기면 문맥이 통하며, 자(者)는 〈~면 야(也)〉와 같은 어조사이다.

주절인 항존호진질(恒存乎疢疾)은 其人恒存乎疢疾에서 문맥으로 보충할 수 있으므로 존(存)의 주어인 그 사람[其人]을 생략한 어투로 영어의 1형식 절과 같은 어투이다. 恒存乎疢疾에서 항(恒)은 존(存)을 꾸미는 부사이고, 존(存)은 자동사로 절의 본동사이며, 호진질(乎疢疾)은 존(存)을 꾸미는 부사구이다. 恒存乎疢疾의 항(恒)은 〈늘 상(常)〉과 같고 항상(恒常)의 줄임말로 여기고, 존(存)은 〈있을 재(在)〉와 같고 존재(存在)의 줄임말로 여기며, 호(乎)는 〈~에 어(於)〉와 같고, 진질(疢疾)은 열병(熱病)과 같은 말이다.

선(善)을 끊임없이 행하지 않고선 살 수 없음을 맹자가 진질(疢疾)에 비유하고 있다. 앞에서 보았듯이 순(舜)임금이 선언(善言)과 선행(善行)을 둑이 터진 장강(長江)처럼 감행하는 것도 순임금의 열병인 셈이다.

사람 인(人), ~에게 지(之), 있을 유(有), 큰 덕(德), 지혜 혜(慧), 학술 술(術), 앎 지(知), 어조사(~면) 자(者), 늘 항(恒), 있을 존(存), ~에 호(乎), 열병 진(疢), 병 질(疾)

獨孤臣孼子(독고신얼자) 其操心也危(기조심야위)

▶ 오직[獨] 외로운[孤] 신하와[臣] 서자는[孼子] 그[其] 마음을[心] 가짐[操]이[也] 위태로움을 겁낸다[危].

독고신얼자기조심야위(獨孤臣孼子其操心也危)는 영어의 1형식 문장과 같은 어투이다. 獨孤臣孼子其操心也危에서 독고신얼자기조심야(獨孤臣孼子其操心也)는 주절이고, 위(危)는 자동사이다. 주절인 獨孤臣孼子其操心也

에서 독(獨)은 고신얼자(孤臣孼子)를 꾸미는 형용사이고, 고신얼자(孤臣孼子)는 주부이며, 기조심(其操心)은 술부로 보어이고, 야(也)는 주절을 결정짓는 어조사(~이란)이므로 獨孤臣孼子其操心也는 영어의 2형식 절과 같은 어투이다. 獨孤臣孼子其操心也危의 독(獨)은 〈오직 유(唯)〉와 같고 유독(唯獨)의 줄임말로 여기고, 고신(孤臣)은 임금의 총애를 받지 못하는 신하를 뜻하며, 얼자(孼子)는 서자(庶子)와 같은 말이고, 조(操)는 〈가질 지(持)〉와 같고, 위(危)는 〈상할 상(傷)〉과 같으며 상심(傷心)한다는 뜻이다.

오로지 독(獨), 외로울 고(孤), 신하 신(臣), 그루터기 얼(孼), 자식 자(子), 그 기(其), 잡을 조(操), 마음 심(心), ~이다 야(也), 겁내고 조심할 위(危)

其慮患也深(기려환야심)

▶ (오직 외로운 신하와 서자는) 그[其] 환난을[患] 근심함[慮]이[也] 깊다[深].

기려환야심(其慮患也深)은 獨孤臣孼子其慮患也深에서 문맥으로 보충할 수 있으므로 주절의 주부인 독고신얼자(獨孤臣孼子)를 생략한 어투로, 영어의 1형식 또는 2형식 문장과 같다. 其慮患也深에서 기려환야(其慮患也)는 주부이고, 심(深)은 자동사로 여기고 문맥을 잡을 수도 있고 형용사로 여기고 보어로 삼아 문맥을 잡을 수도 있다. 심(深)을 자동사로 여기면 其慮患也深을 영어의 1형식 문장처럼 문맥을 잡고, 심(深)을 형용사로 여기면 보어이므로 其慮患也深을 영어의 2형식 문장처럼 문맥을 잡는다. 其慮患也深의 여(慮)는 〈생각할 염(念)〉과 같고 염려(念慮)의 줄임말로 여기고, 환(患)은 〈어려움 난(難)〉과 같고 환난(患難)의 줄임말로 여기며, 심(深)은 〈얕을 천(淺)〉의 반대말로 새기면 문맥이 통한다.

그 기(其), 생각할 려(慮), 환난 환(患), 깊을 심(深)

故(고)

▶ 그러므로[故]

고(故)는 고왈(故曰)의 줄임이고, 고왈(故曰)은 시고왈(是故曰)을 줄인 꼴이다. 위의 내용[是]이므로[故] 다음처럼 말한다[曰]는 뜻으로 쓰인다. 앞의 내용을 근거로 하여 판단이나 결론을 내릴 때 쓰이고, 고왈(故曰)을 줄여 그냥 고(故)로 할 때가 보통이다. 시고왈(是故曰)의 고(故)는 승상기하(承上起

下)의 연접이므로 영어의 therefore를 생각하면 쉽다. 앞의 내용을[上] 이어서[承] 새로운 내용을[下] 제기한다[起].

그러므로 고(故)

達(달)

▶ **(오직 외로운 신하와 서자는 덕혜술지에) 통달한다[達].**

달(達)은 獨孤臣孽子達於德慧術知에서 문맥으로 보충할 수 있고 되풀이 되는 내용이므로 달(達)의 주어인 독고신얼자(獨孤臣孽子)와, 달(達)을 꾸미는 부사구인 어덕혜술지(於德慧術知를 생략하고 자동사로 구문의 본동사인 달(達)만 남긴 어투로, 영어의 1형식 문장과 같다. 달(達)은 〈이를 지(至)〉와 같고 통달(通達)의 줄임말로 여기고 새기면 문맥이 통한다.

통달할 달(達)

제19장

19장은 맹자가 인간을 품평하고 있는 장이다. 소인을 평한 다음 대인(大人)을 밝히는 장이다. 특히 대인을 정기이물정(正己而物正)으로 밝혀 대인의 인간됨이 확연하게 새겨지는 장이다. 그리고 정기(正己)·물정(物正)이 성기(成己)·성물(成物)로 이어져 쉽게 헤아려보게 하는 장이다.

【문지(聞之)】

정기이물정자(正己而物正者)

【원문(原文)】

孟子曰 有事君人者하니 事是君則爲容悅者也이다 有安社稷臣
맹 자 왈 유 사 군 인 자 사 시 군 즉 위 용 열 자 야 유 안 사 직 신
者하니 以安社稷爲悅者也이다 有天民者하니 達可行於天下而
자 이 안 사 직 위 열 자 야 유 천 민 자 달 가 행 어 천 하 이
後에 行之者也이다 有大人者하니 正己而物正者也이다
후 행 지 자 야 유 대 인 자 정 기 이 물 정 자 야

【해독(解讀)】

맹자가 말했다[孟子曰]. "임금을 섬기는 사람이라는 자가 있는데[有事君人者], (그런 자가) 무릇 임금을 섬기면[事是君] 곧장 (그는) 아부하는 얼굴을 짓고 (임금을) 기쁘게만 해주려는 자이다[則爲容悅者也]. 사직을 편안히 한다는 신하라는 자가 있는데[有安社稷臣者], (그는) 사직을 안녕히 함으로써 (임금을) 기쁘게 해주기를 일삼는 자이다[以安社稷爲悅者也]. 하늘이 낸 사람인 자가 있는데[有天民者], 이룩한 도가 온 세상에서 행해질 수 있는 뒤에[達可行於天下而後] (그는) 그 도를 실행하는 자이다[行之者也]. 크나큰 사람이란 자가 있는데[有大人者], (대인은) 자기를 바로하고서 온갖 것이 바로 되게 하는 자이다[正己而物正者也]."

【담소(談笑)】

有事君人者(유사군인자)

▶ 임금을[君] 섬기는[事] 사람이라는[人] 자가[者] 있다[有].

유사군인자(有事君人者)는 맹자왈(孟子曰)의 목적절이지만 독립구문처럼 여기고 문맥을 잡아도 된다. 有事君人者는 영어의 1형식 문장과 같은 어투이다. 有事君人者에서 유(有)는 자동사 〈있을 유(有)〉로 구문의 본동사이고, 사군(事君)은 인(人)을 꾸미는 형용사구이며, 인(人)은 자(者)의 동격이고, 자(者)는 유(有)의 주어이다. 그러므로 有事君人者의 구문 골격은 유자(有者)이다. 자가[者] 있다[有]. 有事君人者에서 事君의 사(事)는 영어의 분사와 같고 〈받들 봉(奉)〉과 같다. 말하자면 事君人을 영어의 the man serving the king처럼 여기면 사군(事君)이 인(人)을 꾸미는 형용사구임을 알 수 있다.

있을 유(有), 섬길 사(事), 임금 군(君), 사람 인(人), 놈 자(者)

事是君(사시군) 則爲容悅者也(즉위용열자야)

▶ (그런 자가) 무릇[是] 임금을[君] 섬기면[事] 곧장[則] 아부하는 얼굴을[容] 짓고[爲] [임금을] 기쁘게만 해주려는[悅] 자[者]이다[也].

사시군즉위용열자야(事是君則爲容悅者也)는 〈A則B〉꼴로 영어의 복문과 같은 어투이다. 즉(則)을 중심으로 앞은 대개 양보 내지 조건의 종속절이고, 뒤는 주절이다. 그러므로 事是君則爲容悅者也에서 사시군(事是君)을 조건절처럼 여기고, 위용열자야(爲容悅者也)를 주절로 여기고 새기면 문맥이 잡

힌다. 〈A(事是君)하면 곧[則] B(爲容悅者)이다[也]〉

조건의 종속절인 사시군(事是君)은 彼事是君에서 문맥으로 보충할 수 있으므로 〈그 피(彼)〉를 생략한 것으로, 영어의 3형식 절과 같다. 그자가[彼] 무릇[是] 임금을[君] 섬기면[事]. 事是君의 사(事)는 〈섬길 봉(奉)〉과 같고 봉사(奉事)의 줄임말로 여기고, 시(是)는 〈무릇 부(夫)〉와 같다.

주절인 위용열자야(爲容悅者也)는 彼爲容悅君者也에서 문맥으로 보충할 수 있으므로 주어인 〈그 피(彼)〉와 열(悅)의 목적어 군(君)을 생략한 것으로, 영어의 2형식 절과 같은 어투이다. 爲容悅者也에서 위용열(爲容悅)은 자(者)를 꾸미는 분사구이고, 자(者)는 보어이며, 야(也)는 주절을 결정짓는 어조사(~이다)이다. 그자는[彼] 위용[爲容]하고 열[悅]하는 자[者]이다[也]로 새겨보면 爲容悅者也를 영어의 2형식 절처럼 문맥을 잡는 것을 알 수 있다. 爲容悅者也의 위(爲)는 〈지을 조(造)〉와 같고, 용(容)은 아첨을 일삼는 얼굴로 새기면 문맥이 통하며, 열(悅)은 〈기쁘게 할 희(喜)〉와 같다. 爲容悅者也의 위용열(爲容悅)은 여러 말이 많은 부분이다. 『집주(集註)』는 용(容)을 아순이위용(阿徇以爲容)으로, 열(悅)을 봉영이위열(逢迎以爲悅)로 풀이하고 있다. 아부를[阿徇] 일삼는[以爲] 얼굴[容], 반갑게 맞이함을[逢迎] 일삼는[以爲] 기쁨[悅].

임금을 감싸고 휘젓는 비루한 인간형을 말하고 있다. 이런 인간형은 너절하고 더러운 소인배에 불과한 인간형이다. 어느 누가 이런 인간형을 좋아할까 싶다. 그러나 칼자루 쥔 놈을 만나면 간 쓸개 빼놓는 인간들이 이 세상에는 의외로 많다.

섬길 사(事), 무릇 시(是), 임금 군(君), 곧 즉(則), 얼굴 용(容), 기쁘게 할 열(悅), 놈 자(者), ~이다 야(也)

有安社稷臣者(유안사직신자)

▸ 사직을[社稷] 편안히 한다는[安] 신하라는[臣] 자가[者] 있다[有].

유안사직신자(有安社稷臣者)는 영어의 1형식 문장과 같은 어투이다. 有安社稷臣者에서 유(有)는 자동사 〈있을 유(有)〉로 구문의 본동사이고, 안사직(安社稷)은 신(臣)을 꾸미는 분사구이며, 신(臣)은 자(者)의 동격이고, 자(者)는 유(有)의 주어이다. 그러므로 有安社稷臣者의 구문 골격은 유자(有

者)이다. 자가[者] 있다[有]. 有安社稷臣者에서 安社稷의 안(安)은 영어의 분사와 같고, 〈편안할 녕(寧)〉과 같으며, 안녕(安寧)의 줄임말로 여기고 새긴다. 有安社稷臣者의 사직(社稷)은 군왕(君王)이 천제(天祭)를 올리는 의식을 뜻하고, 신(臣)은 대신(大臣)의 줄임말로 여기면 문맥이 통한다.

있을 유(有), 편안할 안(安), 토지의 신 사(社), 기장 직(稷), 신하 신(臣), 놈 자(者)

以安社稷爲悅者也(이안사직위열자야)

▶ (그런 자는) 사직을[社稷] 안녕히 함으로[安]써[以] (임금을) 기쁘게 해주기를[悅] 일삼는[爲] 자[者]이다[也].

이안사직위열자야(以安社稷爲悅者也)는 彼以安社稷爲悅君者也에서 문맥으로 보충할 수 있으므로 주어인 〈그 피(彼)〉와 열(悅)의 목적어 군(君)을 생략한 것으로, 영어의 2형식 문장과 같다. 以安社稷爲悅者也에서 이안사직(以安社稷)은 위(爲)를 꾸미는 부사이고, 위(爲)는 영어의 분사처럼 자(者)를 꾸미며, 열(悅)은 위(爲)의 목적어이고, 자(者)는 보어이며, 야(也)는 구문을 결정짓는 어조사(~이다)이다. 그자는[彼] 안사직[安社稷]을 이용하여[以] 열군[悅君]을 일삼는[爲] 자[者]이다[也]로 새겨보면 以安社稷爲悅者也를 왜 영어의 2형식 절처럼 문맥을 잡는지 알 수 있다. 以安社稷爲悅者也의 위(爲)는 〈생각할 사(思)〉와 같고, 열(悅)은 〈기쁘게 할 희(喜)〉와 같다.

대신의 계략을 밝히고 있다. 사직의 안녕을 도모한답시고 도모하는 짓은 낮은 신하들의 임무에 속한다. 임금을 섬기는 대신이라면 사직의 안녕이 아니라 먼저 백성의 안녕이 우선이란 말이다. 사직의 안녕을 빙자해 군왕을 기쁘게 하기를 일삼는 신하라면 불충(不忠)을 범하는 간신(姦臣)이다.

써 이(以), 편안할 안(安), 토지의 신 사(社), 기장 직(稷), 생각할 위(爲), 기쁘게 할 열(悅), 놈 자(者), ~이다 야(也)

有天民者(유천민자)

▶ 하늘이 낸[天] 사람인[民] 자가[者] 있다[有].

유천민자(有天民者)는 영어의 1형식 문장과 같은 어투이다. 有天民者에서 유(有)는 자동사 〈있을 유(有)〉로 구문의 본동사이고, 천민(天民)은 자(者)의 동격이며, 자(者)는 유(有)의 주어이다. 그러므로 有天民者의 구문 골격 역시 유자(有者)이다. 자가[者] 있다[有]. 有天民者에서 천(天)은 영어의 분사와 같이 민(民)을 꾸미고, 민(民)은 자(者)와 동격이다. 사람인[民] 자[者]. 有天民者의 천민(天民)은 「만장장구(萬章章句) 상(上)」 7장에서 맹자 자신이 만장(萬章)에게 했던 말을 떠올리면 천인(天人)과 같은 말로 새길 수 있다. 하늘이 낸[天] 사람[人]. 그 7장에서 맹자 자신은 다음과 같이 밝혔다. "여천민지선각자야(予天民之先覺者也) 여장이사도각사민야(予將以斯道覺斯民也)." 여기서 有天民者를 유천민지선각자(有天民之先覺者)로 여기고 새기면 문의가 더 선명하게 드러난다. 나는[予] 하늘이 낸[天] 백성[民]의[之] 선각자[先覺者]이다[也]. 나는[予] 앞으로[將] 이[斯] 도를[道] 가지고[以] 이[斯] 백성을[民] 깨우칠 것[覺]이다[也]. 그러므로 有天民者의 천민(天民)을 득도자(得道者) 또는 천인(天人)으로 여기고 선각자로 새기면 문맥이 통한다.

있을 유(有), 하늘이 낸 천(天), 사람 민(民), 놈 자(者)

達可行於天下而後(달가행어천하이후) 行之者也(행지자야)

▶ 이룩한 도가[達] 온세상[天下]에서[於] 행해질[行] 수 있는[可] 뒤에[而後] 그 도를[之] 실행하는[行] 자[者]이다[也].

달가행어천하이후행지자야(達可行於天下而後行之者也)는 〈A而後B〉꼴로, 영어의 복문과 같은 어투이다. 이후(而後)를 중심으로 앞을 시간의 종속절로, 뒤를 주절로 여기고 새기면 達可行於天下而後行之者也의 문맥이 잡힌다. 〈A(達可行於天下)한 뒤에(而後) B(行之者)이다[也]〉

시간의 종속절인 달가행어천하이후(達可行於天下而後)에서 달(達)은 주어이고, 가(可)는 행(行)의 조동사이며, 행(行)은 수동태로 자동사이며, 어천하(於天下)는 장소의 부사구이고, 이후(而後)는 시간의 종속접속사 정도로 여기고 새기면 達可行於天下而後의 문맥이 잡힌다. 〈A而後〉꼴로 기억하여 영어의 After A처럼 여기면 알아채기 쉽다. 〈A(達可行於天下)한 뒤에[而後] = A한 뒤에(after)〉 達可行於天下而後의 달(達)은 〈이룸 도(到)〉와 같고, 달도(達道)의 줄임말로 여기고 새긴다.

주절인 행지자야(行之者也)는 彼行之者也에서 문맥으로 보충할 수 있으므로 주어 〈그 피(彼)〉를 생략한 것으로, 영어의 2형식 절과 같은 어투이다. 그는[彼] 그것을[之] 실행하는[行] 자[者]이다[也]. 行之者也에서 행지(行之)는 자(者)를 꾸미는 형용사구 즉 분사구이고, 자(者)는 보어이며, 야(也)는 절을 결정짓는 어조사(~이다)이다. 行之者也의 지(之)는 달(達)을 대신하는 지시대명사로 여기고 새긴다.

특히 달가행어천하이후행지자야(達可行於天下而後行之者也)에서 앞의 행(行)은 수동태 〈행해질 행(行)〉으로 새기고, 뒤의 행(行)은 능동태 〈행할 행(行)〉으로 새겨야 문맥이 통한다. 이처럼 한문투에서는 동사가 능동태나 수동태로 정해져 있지 않고 문맥에 따라 달라진다.

선각자(先覺者)를 밝히고 있다. 백성 중에는 천명(天命)을 먼저 깨우친 사람[先覺者]도 있고, 그 선각자에 의해서 뒤에 깨우치게 되는 자[後覺者]도 있다는 것이 맹자의 백성관이다. 맹자가 밝히는 천명은 구인(求仁)·호인(好仁)·시인(施仁)·행인(行仁) 등의 말씀으로 풀이할 수 있다. 선각자는 천명을 행[行]하는 자[者]이므로 백성을 깨우쳐 기쁘게 하는 자이지, 군왕(君王)을 기쁘게 해주려는 자가 아니다. 그러니 여기서 천민은 군자요 대인을 일컫는다.

이룰 달(達), 가할 가(可), 행해질 행(行), ~에서 어(於), 하늘 천(天), 아래 하(下), 그리고 이(而), 뒤 후(後), 행할 행(行), 그것 지(之), 놈 자(者), ~이다 야(也)

有大人者(유대인자)

▶ **크나큰[大] 사람이란[人] 자가[者] 있다[有].**

유대인자(有大人者)는 영어의 1형식 문장과 같은 어투이다. 有大人者에서 유(有)는 자동사 〈있을 유(有)〉로 구문의 본동사이고, 대인(大人)은 자(者)의 동격이며, 자(者)는 유(有)의 주어이다. 그러므로 有大人者의 구문 골격은 유자(有者)이다. 자가[者] 있다[有].

맹자가 밝히는 대인은 열민(悅民)의 선각자이다. 대인(大人)·대장부(大丈夫)·군자(君子)는 다 같은 인품의 명칭이다. 이를 도가는 지인(至人)이라 하고, 불교는 보살(菩薩)이라 한다. 말만 다르지 같은 인품이다. 군자가 군왕을 찾는 것은 열민(悅民)을 위해서이지 열군(悅君)을 위해서가 아니다. 임금을[君] 기쁘게 하려는 짓[悅]은 간신(姦臣)의 도모일 뿐이다. 백성을[民] 기쁘게 하라[悅]. 이것이 성현들이 두루 부르짖는 도(道)이다.

있을 유(有), 큰 대(大), 사람 인(人), 놈 자(者)

正己而物正者也(정기이물정자야)

▶ (대인은) 자기를[己] 바로 하고[正]서[而] 온갖 것이[物] 바로 되게 하는[正] 자[者]이다[也]

정기이물정자야(正己而物正者也)는 彼正己而物正者也에서 문맥으로 보충할 수 있으므로 주어인 〈그 피(彼)〉 즉 대인(大人)을 생략한 〈AB也〉꼴로, 영어의 2형식 문장과 같은 어투이다. 〈A(彼)는 B(正己而物正者)이다[也]〉 正己而物正者也에서 정기이물정(正己而物正)은 자(者)를 꾸미는 형용사구 내지 분사구이고, 자(者)는 보어이며, 야(也)는 구문을 결정짓는 어조사(~이다)이다. 그리고 正己而物正者也에서 앞의 정(正)은 능동태 〈바로할 정(正)〉으로 새기고, 뒤의 정(正)은 수동태 사역동사 〈바로 되게 하는 정(正)〉으로 새겨야 문맥이 통한다. 이처럼 한문투에서는 동사의 태(態)가 정해져 있지 않고 문맥에 따라 정해지는 것을 주의하여 문맥을 잡아가야 한다.

정기(正己)란 수신재정기심(修身在正其心)의 줄임말이요 대인(大人)의 제몫이다. 제[其] 마음을[心] 바로하기[正]를 떠난 대인이란 없다. 그래서 수신(修身)하라 함은 곧 대인이 되라 함이다. 맹자가 밝힌 천민(天民)의 선각자(先覺者)도 대인일 뿐이요, 순(舜)도 하나의 대인일 뿐이다. 이런 대인은 곧 성지(誠之)의 주인이다. 성(誠)으로[誠] 가는[之] 사람. 즉 천명(天命)을 따르지 않고선 대인이 될 리 없다는 것이 맹자가 밝힌 인간의 품평이다.

바로 할 정(正), 자기 기(己), 그리고 이(而), 온갖 것 물(物), 바로 되게 하는 정(正), 놈 자(者), ~이다 야(也)

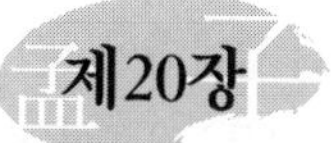

제20장

20장은 맹자가 군자의 삼락(三樂)을 밝히고 그 삼락은 왕천하(王天下)와는 상관없음을 밝히고 있는 장이다. 『중용(中庸)』 3편 3장의 군자거이이사명(君子居易而俟命)을 연상시켜주는 장이다. 군자는[君子] 평이하게[易] 삶으로[居]써[以] 하늘의 시킴을[命] 기다린다[俟]. 삼락(三樂)을 누리자면 무엇보다 거이(居易)를 벗어날 수 없음을 헤아리게 하는 장이다.

【문지(聞之)】

군자유삼락(君子有三樂)

【원문(原文)】

孟子曰(맹자왈) 君子有三樂(군자유삼락)이나 而王天下不與存焉(이왕천하불여존언)이다 父母俱存(부모구존)하고 兄弟無故(형제무고)함이 一樂也(일락야)이고 仰不愧於天(앙불괴어천)하고 俯不怍於人(부부작어인)이 二樂也(이락야)이며 得天下英才而教育之(득천하영재이교육지)가 三樂也(삼락야)이다 君子有三樂(군자유삼락)이나 而王天下不與存焉(이왕천하불여존언)이다

【해독(解讀)】

맹자가 말했다[孟子曰]. "군자에겐 세 가지 즐거움이 있지만[君子有三樂] 그러나 천하에 왕 노릇 함은 그것에 더불어 있지 않는 것이다[而王天下不與存焉]. 부모가 함께 계시고[父母俱存] 형제에 사고가 없음이[兄弟無故] 첫째 즐거움이다[一樂也]. 우러러보아도 하늘에 부끄럽지 않고[仰不愧於天] 구부려보아도 사람들에게 부끄럽지 않음이[俯不怍於人] 둘째 즐거움이다[二樂也]. 천하의 빼어난 인재들을 얻어서 그들을 가르쳐 길러냄이[得天下英才而教育之] 셋째 즐거움이다[三樂也]. 군자에겐 세 가지 즐거움이 있지만[君子有三樂], 그러나 천하에 왕 노릇 함은 그것에 더불어 있지 않는 것이다[而王天下不與存焉]."

【담소(談笑)】

君子有三樂(군자유삼락) 而王天下不與存焉(이왕천하불여존언)

▶ 군자에겐[君子] 세 가지[三] 즐거움이[樂] 있지만[有] 그러나[而] 천하에[天下] 왕 노릇 함은[王] 그것에[焉] 더불어[與] 있지 않는 것이다[不存].

군자유삼락이왕천하불여존언(君子有三樂而王天下不與存焉)은 맹자왈(孟子曰)의 목적절이지만 독립구문처럼 여기고 문맥을 잡아도 된다. 君子有三樂而王天下不與存焉는 〈A而B〉꼴로 영어의 중문과 같은 어투이다. 즉 군자

유삼락(君子有三樂)과 왕천하불여존언(王天下不與存焉) 두 구문이 등위접속사인 이(而)로 이어진 문장이다. 등위접속사 이(而)는 연접이나 역접인 연사 구실을 하는데, 여기서는 역접의 연사로 여기면 문맥이 통한다.

군자유삼락(君子有三樂)은 〈A有B〉꼴로 영어의 1형식 문장과 같은 어투이다. 〈A(君子)에 B(三樂)가 있다[有]〉 君子有三樂에서 군자(君子)는 유(有)를 꾸미는 부사이고, 유(有)는 자동사 〈있을 유(有)〉이며, 삼락(三樂)은 주어이다. 유(有)가 자동사 〈있을 유(有)〉일 때는 주어를 뒤에 둔다고 여기면 편하다. 물론 君子有三樂의 유(有)를 타동사 〈가질 유(有)〉로 여기면 군자(君子)는 주어로, 삼락(三樂)은 목적어로 보아 영어의 3형식 문장처럼 문맥이 잡힌다. 군자는[君子] 삼락을[三樂] 간직한다[有]. 그러나 여기서는 君子有三樂의 유(有)를 〈있을 유(有)〉로 여기고 새기는 것이 보다 걸맞지 싶다.

왕천하불여존언(王天下不與存焉)은 〈A存B〉꼴로 영어의 1형식 문장과 같다. 〈A存B〉꼴은 〈A在B〉꼴과 같다. 〈A(王天下) B(焉)에 있지 않다[不存]〉〈있을 유(有)〉는 주어를 뒤에 두지만, 〈있을 재(在)〉, 〈있을 존(存)〉은 주어를 앞에 둔다. 王天下不與存焉에서 왕천하(王天下)는 주부이고, 불(不)은 존(存)의 부정사(否定詞)이며, 여(與)는 존(存)을 꾸미는 부사이고, 존(存)은 자동사로 본동사이며, 언(焉)은 어시(於是)의 축약으로 존(存)을 꾸미는 부사로서 구문을 결정짓는 어조사이다. 왕천하[王天下]는 그 삼락[是]에[於] 함께[與] 들지 않는다[不存]. 王天下不與存焉의 왕(王)은 명사인 〈임금 왕(王)〉이 아니라 여기선 〈왕 노릇 할 왕(王)〉으로 영어의 동명사 내지 부정사(不定詞)와 같다. 따라서 왕천하(王天下)는 동명사구 내지 부정사구로 주부이고, 존(存)은 〈있을 재(在)〉와 같으며 존재(存在)의 줄임말로 여기고, 언(焉)은 어삼락(於三樂)을 대신하는 어시(於是)를 축약한 〈이에[於是] 언(焉)〉이다.

클 군(君), 존칭 자(子), 있을 유(有), 셋 삼(三), 즐거움 락(樂), 그러나 이(而), 왕 왕(王), 하늘 천(天), 아래 하(下), 아니 불(不), 함께 여(與), 있을 존(存), 이에 언(焉)

父母俱存(부모구존) 兄弟無故(형제무고) 一樂也(일락야)

▶ 부모가[父母] 함께[俱] 계시고[存] 형제에[兄弟] 사고가[故] 없음이[無] 첫째[一] 즐거움[樂]이다[也].

부모구존형제무고일락야(父母俱存兄弟無故一樂也)는 〈AB也〉꼴로 영어의 2형식 문장과 같다. 〈A(父母俱存兄弟無故)는 B(一樂)이다[也]〉 父母俱存兄弟無故一樂也에서 부모구존형제무고(父母俱存兄弟無故)는 주절이고, 일락(一樂)은 보어이며, 야(也)는 구문을 결정짓는 어조사(~이다)이다.

주절인 부모구존형제무고(父母俱存兄弟無故)에는 부모구존(父母俱存)과 형제무고(兄弟無故)의 두 절이 하나의 주절을 이루고 있다. 父母俱存에서 부모(父母)는 주어이고, 구(俱)는 존(存)을 꾸미는 부사이며, 존(存)은 자동사로 절의 본동사이다. 兄弟無故에서 형제(兄弟)는 무(無)를 꾸미는 부사이고, 무(無)는 자동사로 절의 본동사이며, 고(故)는 주어이다. 그러므로 영어의 1형식 절과 같은 두 절이 주절을 이루고 있다고 본다. 父母俱存의 구(俱)는 〈함께 해(偕)〉와 같고, 존(存)은 〈살 생(生)〉과 같으며 생존(生存)의 줄임말로 여긴다. 兄弟無故의 무(無)는 〈없을 막(莫)〉과 같고 주어를 뒤에 두며, 고(故)는 변고(變故)의 줄임말로 여기고 새긴다.

맹자가 친친(親親)을 인(仁)의 으뜸으로 본 까닭을 알게 해준다. 인생에서 첫째 즐거움[樂]은 곧 부모형제가 건강한 삶을 누리는 데 있다. 부모가 건강하게 사시고 형제끼리 우애가 돈독하면 그보다 더한 삶의 낙[樂]은 없다. 이런 일락(一樂)을 저버리고 출세하고 부(富)를 누리려는 소인들이 많아 세상이 살벌하다.

아비 부(父), 어머니 모(母), 함께 구(俱), 살 존(存), 형 형(兄), 아우 제(弟), 없을 무(無), 사고(탈) 고(故), 하나 일(一), 즐거움 락(樂), ~이다 야(也)

仰不愧於天(앙불괴어천) 俯不怍於人(부부작어인) 二樂也(이락야)

▶ 우러러보아도[仰] 하늘[天]에[於] 부끄럽지 않고[不愧] 구부려보아도[俯]사람들[人]에게[於] 부끄럽지 않음이[不怍] 둘째[二] 즐거움[樂]이다[也].

앙불괴어천부부작어인이락야(仰不愧於天俯不怍於人二樂也)는 〈AB也〉꼴로 영어의 2형식 문장과 같은 어투이다. 〈A(仰不愧於天俯不怍於人)는 B(二樂)이다[也]〉 仰不愧於天俯不怍於人二樂也에서 앙불괴어천부부작어인(仰不愧於天俯不怍於人)은 주절이고, 이락(二樂)은 보어이며, 야(也)는 구문을 결정짓는 어조사(~이다)이다.

주절인 앙불괴어천부부작어인(仰不愧於天俯不怍於人)은 앙불괴어천(仰不愧於天)과 부부작어인(俯不怍於人)의 두 절이 하나의 주절을 이루고 있다. 仰不愧於天에서 앙(仰)은 괴(愧)를 꾸미는 부사이고, 불(不)는 괴(愧)의 부정사(否定詞)이며, 괴(愧)는 자동사로 절의 본동사이고, 어천(於天)은 괴(愧)를 꾸미는 부사구이다. 俯不怍於人에서 부(俯)는 작(怍)을 꾸미는 부사이고, 부(不)는 작(怍)의 부정사(否定詞)이며, 작(怍)은 자동사로 절의 본동사이고, 어인(於人)은 작(怍)을 꾸미는 부사구이다. 仰不愧於天의 앙(仰)은 머리 들어[擧首] 바라봄[望]이고, 괴(愧)는 〈부끄러워할 작(怍)〉과 같으며, 어(於)는 〈~에 우(于)〉와 같다. 俯不怍於人의 부(俯)는 〈머리 숙여 면(俛)〉과 같고, 작(怍)은 〈부끄러워할 괴(愧)〉와 같으며, 어(於)는 〈~에게 우(于)〉와 같고, 인(人)은 복수로 〈사람들 인(人)〉으로 새기면 문맥이 통한다.

자기 자신이 소인배가 아니라 대인이 됨이 삶의 둘째 즐거움이라고 맹자가 밝히고 있다. 정기(正己)하여 성기(成己)하는 나 자신이야말로 삶의 즐거움이란 말이다. 치사하고 너절하고 더럽게 사는 인간들이야말로 당당하고 의젓이 살아가는 통쾌감을 알 리 없다.

우러러볼 앙(仰), 아니 불(不), 부끄러워할 괴(愧), ~에게 어(於), 하늘 천(天), 구부릴 부(俯), 부끄러워할 작(怍), 남들 인(人), 둘째 이(二), 즐거움 락(樂)

得天下英才(득천하영재) 而教育之(이교육지) 三樂也(삼락야)

▶ 천하의[天下] 빼어난[英] 인재를[才] 얻어[得]서[而] 그들을[之] 가르쳐[教] 길러냄이[育] 셋째[三] 즐거움[樂]이다[也].

득천하영재이교육지삼락야(得天下英才而教育之三樂也)는 〈AB也〉꼴로 영어의 2형식 문장과 같은 어투이다. 〈A(得天下英才而教育之)는 B(三樂)이다[也]〉 得天下英才而教育之三樂也에서 득천하영재이교육지(得天下英才而教育之)는 주부이고, 삼락(三樂)은 보어이며, 야(也)는 구문을 결정짓는 어조사(~이다)이다.

주절 득천하영재이교육지(得天下英才而教育之)는 득천하영재(得天下英才)와 이교육지(而教育之)의 두 구가 하나의 주부를 이루고 있다. 得天下英

才에서 득(得)은 영어의 동명사나 부정사(不定詞)와 같고, 천하(天下)는 영재(英才)를 꾸미는 형용사이며, 영재(英才)는 득(得)의 목적어로 동명사구 또는 부정사구를 이루고 있다. 而教育之는 而教之 而育之에서 되풀이되는 지(之)를 생략한 어투이고, 而教育之의 이(而)는 연접의 연사인 〈그리고 이(而)〉이며, 교(教)와 육(育)은 영어의 동명사나 부정사(不定詞)와 같고, 지(之)는 교(教)와 육(育)의 목적어이다. 得天下英才의 득(得)은 〈얻을 획(獲)〉과 같고 획득(獲得)의 줄임말로 여기고, 영(英)은 〈빼어날 수(秀)〉와 같고 영재(英才)와 수재(秀才)는 같은 말이다. 而教育之의 교(教)는 〈가르칠 회(誨)〉와 같고 교회(教誨)의 줄임말로 여기고, 육(育)은 〈길러낼 양(養)〉과 같고 양육(養育)의 줄임말로 여기며, 지(之)는 영재(英才)를 가리키는 지시대명사이고 복수를 새겨야 문맥과 통한다.

군자(君子)는 천민(天民) 중에서 선각자(先覺者)이지 백성을 권력으로 다스리는 치자(治者)가 아니다. 선각자란 교육자를 말한다. 영재를 모아 교육하여 온 백성을 후각자(後覺者)로 이끄는 일을 도모하는 대인은 그 자체가 곧 왕자(王者)이다. 왕 노릇 하는[王] 사람[者]은 구인(求仁)하여 시인(施仁)하고 행인(行仁)하는 군자이다. 군자의 즐거움은 선각자로서 누리는 낙(樂)이지 치자로서 누리는 것이 아니다. 그래서 맹자가 똑같은 말을 다시 되풀이한 것이다. 군자에겐[君子] 세 가지[三] 즐거움이[樂] 있지만[有] 그러나[而] 천하에[天下] 왕 노릇 함은[王] 그것에[焉] 더불어[與] 있지 않다[不存]. 여기서 군자가 즐거움을 위해 치세를 도모하지 않음을 알 수 있다. 치인(治人)하여 치세하는 왕자(王者)는 고난의 길일 수 있음을 헤아리게 한다.

얻을 득(得), 하늘 천(天), 아래 하(下), 빼어날 영(英), 인재 재(才), 그리고 이(而), 가르칠 교(教), 길러낼 육(育), 그들 지(之), 셋째 삼(三), 즐거움 락(樂), ~이다 야(也)

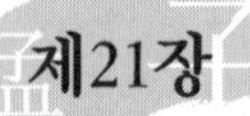

제21장

21장은 맹자가 군자의 진면목(眞面目)을 밝히고 있는 장이다. 군자의 소락(所樂)을 이어서 군자의 소성(所性)을 풀이하는 장이다. 군자가 간직한 소성(所性)의 분정고(分定故)를 살펴 헤아리게 하는 장이며, 왜 군자를 일러 직방대(直方大)라 하는지 터득하게 하는 장이다.

【문지(聞之)】

군자소성(君子所性)

【원문(原文)】

孟子曰 廣土衆民을 君子欲之이나 所樂은 不存焉이다 中天下而立하고 定四海之民을 君子樂之이나 所性은 不存焉이다 君子所性은 雖大行이나 不加焉이며 雖窮居이나 不損焉이니 分定故也이다 君子所性은 仁義禮智根於心이라 其生色也睟然 見於面하고 盎於背하며 施於四體하여 四體不言而喩이라

맹자왈 광토중민 군자욕지 소락 부존언 중천하이립 정사해지민 군자락지 소성 부존언 군자소성 수대행 불가언 수궁거 불손언 분정고야 군자소성 인의예지근어심 기생색야수연 현어면 앙어배 시어사체 사체불언이유

【해독(解讀)】

맹자가 말했다[孟子曰]. "땅을 넓히고 백성을 늘리는 것[廣土衆民], 그것을 군자가 바라기는 하지만[君子欲之] (군자가) 즐기는 바는 그런 것에 들지 않는다[所樂不存焉]. 온 세상 가운데 자리를 잡고 그리고 서서[中天下而立] 온 세상의 백성을 안정시키는 일[定四海之民], 그것을 군자가 즐기기는 하지만[君子樂之] (군자가) 천성으로 지닌 바는 그런 것에 들지 않는다[所性不存焉]. 군자가 천성으로 지닌 바가[君子所性] 크게 행해질지라도[雖大行] 그 행해짐에 더해지지 않고[不加焉], (군자는) 곤궁하게 살지라도[雖窮居] (군자의 소성이) 곤궁한 삶으로 줄어들지 않는다[不損焉]. (이는 군자의) 성분(性分)이 정해진 까닭이다[分定故也]. 군자가 천성을 지닌 바인 인의예지(仁義禮智)가 마음에 뿌리박고 있다[君子所性仁義禮智根於心]. 그것이 빛깔로 나타남이란 똑바로 보이는 모습이라[其生色也睟然] 얼굴에 드러나고[見於面], 등에도 그득하며[盎於背], 팔다리로 퍼진다[施於四體]. 온몸은 (인의예지를) 말하지 않지만 그러나 (인의예지를) 알려준다[四體不言而喩]."

【담소(談笑)】

廣土衆民(광토중민) 君子欲之(군자욕지) 所樂不存焉(소락부존언)

▶ 땅을[土] 넓히고[廣] 백성을[民] 늘리는 것[衆], 그것을[之] 군자가[君子] 바라기는 하지만[欲] (군자가) 즐기는[樂] 바는[所] 그런 것에[焉] 들어 있지 않다[存].

광토중민군자욕지소락부존언(廣土衆民君子欲之所樂不存焉)은 맹자왈(孟子曰)의 목적절이지만, 독립구문처럼 여기고 문맥을 잡아도 된다. 廣土衆民君子欲之所樂不存焉은 廣土衆民君子欲之 君子所樂不存焉에서 문맥으로 보충할 수 있고 되풀이되므로 부존(不存)의 주부인 군자소락(君子所樂)에서 낙(樂)의 주어인 군자(君子)를 생략한 어투로, 영어의 복문 (또는 중문)과 같은 어투이다.

광토중민군자욕지소락부존언(廣土衆民君子欲之所樂不存焉)과 같은 어투의 문맥을 잡으려면 구문 골격의 중심을 이루는 본동사를 주목해야 문맥을 잡기 편하다. 廣土衆民君子欲之所樂不存焉에서 〈바랄 욕(欲)〉, 〈즐길 락(樂)〉, 〈있을 존(存)〉 등 세 글자가 동사지만, 소락(所樂)은 부존(不存)의 주절이므로 광토중민군자욕지(廣土衆民君子欲之)와 소락부존언(所樂不存焉)으로 양분하여 문맥을 잡는다. 이 두 구문이 대등한 관계인지 종속의 관계인지 살펴보면 문맥이 잡힌다. 광토중민군자욕지(廣土衆民君子欲之)라도 소락부존언(所樂不存焉)한다고 새기면 문맥이 통하므로 廣土衆民君子欲之를 양보의 종속절로 여기고, 所樂不存焉를 주절로 여기며, 廣土衆民君子欲之所樂不存焉을 영어의 복문과 같은 어투로 여길 수 있다. 물론 〈광토중민군자욕지(廣土衆民君子欲之)한다. 그러나[而] 소락부존언(所樂不存焉)한다〉고 새겨도 문맥이 통하므로, 영어의 중문과 같은 어투로 여기고 문맥을 잡을 수도 있다. 여기서는 廣土衆民君子欲之所樂不存焉에 역접의 연사인 이(而)가 없으므로 廣土衆民君子欲之를 양보의 종속절로 여기고, 所樂不存焉을 주절로 여기고 문맥을 잡는 것이 자연스럽다.

양보의 종속절인 광토중민군자욕지(廣土衆民君子欲之)는 君子欲廣土衆民에서 욕(欲)의 목적구인 광토중민(廣土衆民)을 전치하고, 그 빈 자리에 허사 지(之)를 넣은 문장으로, 영어의 3형식 절과 같은 어투이다. 廣土衆民君

子欲之의 허사 지(之)를 살리면 광토중민[廣土衆民] 그것을[之] 군자가[君子] 바라지만[欲]으로 새기지만, 지[之]를 무시하고 광토중민[廣土衆民]을 군자가[君子] 바라지만[欲]으로 새겨도 된다. 그리고 廣土衆民에서 광토(廣土)의 광(廣)을 형용사로 여기면 넓은[廣] 땅[土]으로 새기고, 영어의 동명사나 부정사(不定詞)처럼 여기면 땅을[土] 넓힘[廣]으로 새길 것이다. 중민(衆民)의 중(衆) 역시 형용사로 여기면 많은[衆] 백성[民]으로 새길 것이고, 영어의 동명사나 부정사처럼 여기면 백성을[民] 많게 함[衆]으로 새길 것이다. 이처럼 한 문투는 품사가 결정되어 있지 않으므로 문맥과 가장 걸맞은 문의를 찾아야 한다. 廣土衆民君子欲之의 광(廣)은 〈넓힐(넓을) 활(闊)〉과 같고 광활(廣闊)의 줄임말로 여기고, 토(土)는 국토(國土)의 줄임말로 여기며, 중(衆)은 〈많게 할(많을) 다(多)〉와 같고 다중(多衆)의 줄임말로 여기고, 욕(欲)은 〈바랄 망(望)〉과 같고 욕망(欲望)의 줄임말로 여긴다.

주절인 소락부존언(所樂不存焉)은 君子所樂不存於是에서 낙(樂)의 주어인 군자(君子)를 생략하고 어시(於是)를 언(焉)으로 축약한 문장으로, 영어의 1형식 절과 같은 어투이다. 所樂不存於是에서 於是의 시(是)는 앞의 광토중민(廣土衆民)을 가리키는 지시어이다. 그러므로 (군자가) 즐기는[樂] 바는[所] 그것에[焉] 존재하지 않는다[不存]고 새긴다. 所樂不存焉의 낙(樂)은 〈즐길 희(喜)〉와 같고 낙희(樂喜)의 줄임말로 여기고, 〈좋아할 호(好)〉와 같을 의미일 때는 발음이 요(樂)이므로 주의한다. 존(存)은 〈있을 재(在)〉와 같고 존재(存在)의 줄임말로 여기고 새긴다.

맹사가 앞 상에서 밝힌 왕천하(王天下)가 왜 군자의 즐거움[君子所樂]에 들지 않는지를 자세히 설명하고 있다. 광토(廣土)와 중민(衆民)은 왕천하가 바라는 바[所欲]이지만, 군자가 즐길 바[所樂]는 아니란 말이다. 소락(所樂)은 스스로 이룰 수 있음[自成]이지만, 소욕(所欲)은 천명(天命)임을 군자는 알기 때문이다. 그래서 군자는 소락(所樂)하면서 사명(俟命)한다. 하늘의 시킴[命]을 기다린다[俟].

넓을 광(廣), 흙 토(土), 늘릴 중(衆), 백성 민(民), 클 군(君), 존칭 자(子), 바랄 욕(欲), 그것 지(之), 바 소(所), 즐길 락(樂), 아니 부(不), 있을 존(存), 이에 언(焉)

中天下而立(중천하이립) 定四海之民(정사해지민) 君子樂之(군자락지) 所性不存焉(소성부존언)

▶ 온 세상[天下] 가운데 자리를 잡고[中]서[而] 서서[立] 온 세상[四海]의[之] 백성을[民] 안정시키는 일[定], 그것을[之] 군자가[君子] 즐기기는 하지만[樂] (군자가) 천성으로 지닌[性] 바는[所] 그런 것에[焉] 들지 않는다[不存].

중천하이립정사해지민군자락지소성부존언(中天下而立定四海之民君子樂之所性不存焉)은 맹자왈(孟子曰)의 목적절이지만 독립구문처럼 여기고 문맥을 잡아도 된다. 中天下而立定四海之民君子樂之所性不存焉은 中天下而立定四海之民君子樂之 君子所性不存焉에서 문맥으로 보충할 수 있고 되풀이되므로 부존(不存)의 주부인 군자소성(君子所性)에서 성(性)의 주어인 군자(君子)를 생략한 문장으로, 영어의 복문(또는 중문)과 같은 어투이다.

중천하이립정사해지민군자락지소성부존(中天下而立定四海之民君子樂之所性不存焉)과 같은 어투의 문맥을 잡으려면 구문 골격의 중심을 이루는 본동사를 먼저 주목하면 문맥을 잡기 편하다. 中天下而立定四海之民君子樂之所性不存焉에서 〈가운데 잡을 중(中)〉, 〈설 립(立)〉, 〈정할 정(定)〉, 〈천성으로 지닐 성(性)〉, 〈있을 존(存)〉 등 다섯 글자가 동사이지만 중(中), 입(立), 정(定)은 각각 낙(樂)의 목적어로 영어의 동명사 또는 부정사(不定詞) 구실을 하므로 본동사가 아니고, 소성(所性)의 성(性)은 부존(不存)의 주절이므로 결국 낙(樂)과 존(存)이 본동사임을 알 수 있다. 그러므로 中天下而立定四海之民君子樂之所性不存焉은 중천하이립정사해지민군자락지(中天下而立定四海之民君子樂之)와 소성부존언(所性不存焉)으로 양분하여 문맥을 잡는다. 이 두 구문이 대등의 관계인지 종속의 관계인지 살펴보면 문맥이 잡힌다. 중천하이립정사해지민군자락지(中天下而立定四海之民君子樂之)라도 소성부존언(所性不存焉)한다고 새기면 문맥이 통하므로, 中天下而立定四海之民君子樂之를 양보의 종속절로 여기고 所性不存焉을 주절로 여기고 中天下而立定四海之民君子樂之所性不存焉을 영어의 복문과 같은 어투로 여길 수 있다. 물론 〈중천하이립정사해지민군자락지(中天下而立定四海之民君子樂之)한다. 그러나[而] 소성부존언(所性不存焉)한다〉고 새겨도 문맥이 통하므로, 영어의 중문처럼 여기고 문맥을 잡을 수도 있다. 그렇지만 中天下而立定四海之民君子樂之所性不存焉에 역접의 연사인 이(而)가 없으므로 中天下而立定四海之民君子樂之를 양보의 종속절로 여기고, 所性不存焉을 주절로 여겨 문맥을 잡는 편이 낫다.

양보의 종속절인 중천하이립정사해지민군자락지(中天下而立定四海之民君子樂之)는 君子樂中天下而立定四海之民에서 낙(樂)의 목적구 중천하이립정사해지민(中天下而立定四海之民)을 전치하고 그 빈 자리에 허사 지(之)를 넣은 문장으로, 영어의 3형식 절과 같은 어투이다. 中天下而立定四海之民君子樂之에서 허사 지(之)를 살려서 중천하이립정사해지민(中天下而立定四海之民) 그것을[之] 군자가[君子] 즐기지만[樂]으로 새겨도 되고, 지(之)를 무시하고 중천하이립정사해지민(中天下而立定四海之民)을 군자가[君子] 즐기지만[樂]으로 새겨도 된다. 그리고 中天下而立定四海之民에서 중(中), 입(立), 정(定)은 영어의 동명사나 부정사(不定詞) 구실을 하는 것을 알면 쉽게 中天下而立定四海之民君子樂之의 문맥이 잡힌다. 中天下而立定四海之民君子樂之의 중(中)은 〈가운데 자리를 잡을 앙(央)〉과 같고 중앙(中央)의 줄임말로 여기고, 입(立)은 기립(起立)의 줄임말로 여기며, 정(定)은 〈바를 정(正)〉과 같고 정정(正定)의 줄임말로 여기며, 四海之民의 사해지(四海之)는 민(民)을 꾸미는 형용사이고, 사해지(四海之)의 지(之)는 허사로 소유격 토씨(~의)이며, 사해지민(四海之民)은 천민(天民)과 같은 말이다.

주절인 소성부존언(所性不存焉)은 君子所性不存於是에서 성(性)의 주어인 군자(君子)를 생략하고 어시(於是)를 언(焉)으로 축약한 문장으로, 영어의 1형식 절과 같은 어투이다. 所性不存於是에서 於是의 시(是)는 앞의 중천하이립정사해지민(中天下而立定四海之民)을 가리키는 지시어이다. 그러므로 (군자가) 천성으로 지닌[性] 바는[所] 그것에[焉] 존재하지 않는다[不存]고 새긴다. 所性不存焉은 성(性)이 동사임을 알아야 문맥을 잡을 수 있고, 존(存)은 〈있을 재(在)〉와 같으며 존재(存在)의 줄임말로 여기고 새긴다.

가운데 자리 잡을 중(中), 하늘 천(天), 아래 하(下), 그리고 이(而), 설 립(立), 정할 정(定), 넉 사(四), 바다 해(海), ~의 지(之), 백성 민(民), 클 군(君), 존칭 자(子), 즐길 락(樂), 그것 지(之), 바 소(所), 천성으로 지닐 성(性), 아니 부(不), 있을 존(存), 이에 언(焉)

君子所性(군자소성) 雖大行(수대행) 不加焉(불가언)

▶ 군자가[君子] 천성으로 지닌[性] 바가[所] 크게[大] 행해질[行]지라도[雖] 크게 행해짐으로[焉] 더해지지 않는다[不加].

군자소성수대행불가언(君子所性雖大行不加焉)은 영어의 복문과 같은 어투이다. 君子所性雖大行不加焉에서 양보의 종속절을 이끄는 〈비록 수(雖)〉를 주목하면 수대행(雖大行)이 양보의 종속절이고, 군자소성불가언(君子所性不加焉)이 주절임을 알 수 있다.

양보의 종속절인 수대행(雖大行)은 雖君子所性大行에서 문맥으로 보충할 수 있고 되풀이되는 내용이므로 양보의 종속절의 주어인 군자소성(君子所性)을 생략한 문장으로, 영어의 2형식 절과 같은 어투이다. 雖大行에서 수(雖)는 영어에서 양보절의 종속접속사와 같고, 대(大)는 행(行)을 꾸미는 부사이며, 행(行)은 수동태로 자동사이다.

주절인 군자소성불가언(君子所性不加焉)에서 군자소성(君子所性)은 주부이고, 부(不)는 가(加)의 부정사(否定詞)이며, 가(加)는 수동태로 자동사이고, 언(焉)은 어시(於是)의 축약이다. 주부인 君子所性이 군자지소성(君子之所性)과 같다는 것을 알면, 성(性)의 주어인 군자(君子)가 소(所) 앞으로 전치된 어투임을 알아채고 문맥을 잡을 수 있다. 그래서 군자가[君子] 천성을 지닌[性] 바는[所]이라고 새겨 문맥을 잡을 수 있다. 君子所性不加焉의 가(加)는 〈더할 증(增)〉과 같고 증가(增加)의 줄임말로 여기고, 언(焉)은 어시(於是)의 축약이며 여기서 시(是)는 대행(大行)을 가리키는 지시어이므로 불가언(不加焉)을 크게 행해짐으로[焉] 불어나지 않는다[不加]고 새긴다.

> 클 군(君), 존칭 자(子), 바 소(所), 천성으로 지닐 성(性), 비록 수(雖), 큰 대(大), 길 행(行), 아니 불(不), 더해질 가(加), 이에 언(焉)

雖窮居(수궁거) 不損焉(불손언)

▶ (군자는) 곤궁하게[窮] 살[居]지라도[雖] (군자의 소성이) 곤궁한 삶으로[焉] 줄어들지 않는다[不損].

수궁거불손언(雖窮居不損焉)은 君子所性雖窮居不損焉에서 문맥으로 보충할 수 있고 되풀이되는 내용이므로 불손(不損)의 주부인 군자소성(君子所性)을 생략한 것으로, 영어의 복문과 같은 어투이다. 雖窮居不損焉에서 양보의 종속절을 이끄는 〈비록 수(雖)〉를 주목하면 雖躬居가 양보의 종속절이고, 불손언(不損焉)이 주절임을 알 수 있다.

양보의 종속절인 수궁거(雖窮居)는 雖君子所性窮居에서 문맥으로 보충할 수 있고 되풀이되는 내용이므로 양보의 종속절의 주어인 군자소성(君子所性)을 생략한 것으로, 영어의 2형식 절과 같은 어투이다. 雖窮居에서 수(雖)는 영어에서 양보절의 종속접속사와 같고, 궁(窮)은 거(居)를 꾸미는 부사이며, 거(居)는 자동사이다.

주절인 불손언(不損焉)은 君子所性不損焉에서 문맥으로 보충할 수 있고 되풀이되므로 주어인 군자소성(君子所性)을 생략한 것으로, 영어의 2형식 절과 같은 어투이다. 不損焉에서 불(不)은 손(損)의 부정사(否定詞)이고, 손(損)은 수동태로 자동사이며, 언(焉)은 어시(於是)의 축약이다. 不損焉의 손(損)은 〈줄어들 감(減)〉과 같고 감손(減損)의 줄임말로 여기고, 언(焉)은 어시(於是)의 축약이며 여기서 시(是)는 궁거(窮居)를 가리키는 지시어이므로 不損焉은 궁하게 삶으로[焉] 줄어들지 않는다[不損]고 새긴다.

비록 수(雖), 곤궁할 궁(窮), 살 거(居), 아니 불(不), 줄어들 손(損), 이에 언(焉)

分定故也(분정고야)

▶ (이는 군자의) 성분(性分)이[分] 정해진[定] 까닭[故]이다[也].

분정고야(分定故也)는 是分定故也에서 문맥으로 보충할 수 있으므로 바로 앞의 내용을 가리키는 지시어이면서 주어인 시(是)를 생략한 〈AB也〉꼴로, 영어의 2형식 문장과 같은 어투이다. 分定故也에서 분정(分定)은 고(故)를 꾸미는 영어의 분사구처럼 형용사이고, 고(故)는 보어이며, 야(也)는 구문을 결정짓는 어조사(~이다)이다. 분정(分定)에서 분(分)은 정(定)의 의미상 주어이고, 정(定)은 영어의 과거분사와 같으므로 분정(分定)을 분이[分] 정해진[定]으로 새겨서 고(故)를 꾸며주면 분정고야(分定故也)의 문맥이 잡힌다. 分定故也의 분(分)은 성분(性分)의 줄임말로, 만물과 더불어 사람도 저마다 간직한 품성(稟性)이 있음을 말한다.

만물은 저마다 품성(品性)이 있다. 사람도 타고난 천성(天性), 즉 품성(稟性)이 있다. 이를 맹자가 분정고(分定故)라고 밝히고 있다. 사람이라면 그 품성(稟性)은 서로 다 같지만, 분정고(分定故)의 정(定)을 스스로 궁달(窮達)함이 사람에 따라 달라진다. 그래서 사람에 따라 품성(品性)이 달라진다는 뜻을 分定故也의 분(分)은 담고 있다. 사람이 타고난 천성 즉 품성(稟性)은 같지만, 수기(修己)의 정도에 따라 사람마다 품성(品性)이 다름을 유가(儒家)는 강조한다. 그러므로 군자에게 分定故也의 정(定)은 정기(正己)의 수신(修身)이 더없이[窮] 이루어졌음[達]을 뜻한다. 그래서 分定故也를 성분이[分] 정기[正己]의 수신[修身]으로 더없이 이루어진[定] 까닭[故]이다[也]로 의역하면 分定故也의 문의가 더욱 분명하게 드러난다. 대인과 소인의 품성(稟性)은 같지만 분정(分定)이 서로 달라 인간의 품성(品性)이 다름을 사무쳐보라 한다.

성분 분(分), 정해질 정(定), 까닭 고(故), ~이다 야(也)

君子所性仁義禮智根於心(군자소성인의예지근어심)

▶ **군자가[君子] 천성을 지닌[性] 바인[所] 인의예지[仁義禮智]가 마음[心]에[於] 뿌리박고 있다[根].**

군자소성인의예지근어심(君子所性仁義禮智根於心)은 영어의 1형식 문장과 같은 어투이다. 君子所性仁義禮智根於心에서 군자소성(君子所性)은 인의예지(仁義禮智)와 동격이고, 인의예지(仁義禮智)는 주어이며, 근(根)은 자동사로 본동사이며, 어심(於心)은 근(根)을 꾸미는 장소의 부사구이다. 군자소성(君子所性)인 인의예지(仁義禮智)가 심[心]에[於] 뿌리박다[根]고 새기면 君子所性仁義禮智根於心의 문맥을 잡을 수 있다. 인의예지(仁義禮智)의 동격인 군자소성(君子所性)이 군자지소성(君子之所性)과 같음을 알면, 성(性)의 주어인 군자(君子)가 소(所) 앞으로 전치된 어투임을 알아채고 문맥을 잡을 수 있다. 그래서 군자가[君子] 천성을 지닌[性] 바인[所]으로 새겨 인의예지(仁義禮智)와 이으면 君子所性仁義禮智根於心의 전체 문맥은 쉽게 잡힌다.

근어심(根於心을 터득하기 위해서는 「고자장구(告子章句) 상(上)」 6장에서 맹자 자신이 밝힌 내용을 상기하면 도움이 된다. 그 6장에서 맹자는 다음처럼 정언(定言)하였다. "인의예지비유외삭아야(仁義禮智非由外鑠我也)이고 아고유지야(我固有之也)지만 불사이의(弗思耳矣)이다. 고(故)로 왈(曰)한다. 구즉득지(求則得之)하고 사즉실지(舍則失之)한다." 인과[仁] 의와[義] 예와[禮] 지는[智] 밖[外]으로부터[由] 나를[我] 녹인 것이[鑠] 아닌 것[非]이다

[也]. 내가[我] 본래부터[固] 그것을[之] 가진 것[有]임을[也] 생각해내지[思] 않은 것일[弗] 뿐이다[耳矣]. 그러므로[故] 말한다[曰]. "구하면[求] 곧[則] 그것을[之] 얻고[得], 버리면[舍] 곧[則] 그것을[之] 잃는다[失]." 대인(大人)의 마음에는 인의예지가 깊게 뿌리를 박고 있지만, 소인(小人)의 마음에는 인의예지가 잘라다가 꽂병에 꽂아둔 절화(折花)와 같아서 날마다 변죽이 심하다.

클 군(君), 존칭 자(子), 바 소(所), 천성을 지닌 성(性), 어질 인(仁), 바름 의(義), 예의 례(禮), 지혜 지(智), 뿌리내릴 근(根), ~에 어(於), 마음 심(心)

其生色也睟然(기생색야수연) 見於面(현어면) 盎於背(앙어배) 施於四體(시어사체)

▶ 그것이[其] 빛깔로[色] 나타남[生]이란[也] 뚝바로 보이는[睟] 모습이라[然] 얼굴[面]에[於] 드러나고[見] 등[背]에도[於] 그득하고[盎] 사체[四體]로[於] 퍼진다[施].

기생색야수연현어면앙어배시어사체(其生色也睟然見於面盎於背施於四體)는 其生色也睟然 而其生色也見於面 而其生色也盎於背 而其生色也施於四體에서 되풀이되므로 주어인 기생색야(其生色也)를 생략한 것으로, 영어의 중문과 같은 어투이다. 그러므로 其生色也睟然見於面盎於背施於四體는 네 구문이 하나처럼 이어진 셈이다. 여기서도 한문투가 되풀이되는 내용이라면 사정없이 생략하는 어투임이 잘 드러난다. 한문투의 문맥을 잡으려면 무엇보다 앞 내용을 잘 살펴 생략된 내용이 있는지를 살펴야 한다.

기생색아수연(其生色也睟然)는 영어의 2형식 문장과 같은 어두이나. 其生色也睟然에서 기생색야(其生色也)는 주절이고, 수연(睟然)은 술부이며, 수(睟)는 연(然)을 꾸미는 형용사이고, 연(然)은 보어이다. 其生色也睟然의 기(其)는 인의예지(仁義禮智)를 가리키는 지시어로 생(生)의 주어이고, 생(生)은 타동사로 주절의 본동사이며, 색(色)은 생(生)의 목적어이고, 야(也)는 주절을 결정짓는 어조사(~이란)이다. 其生色也睟然의 생(生)은 〈날 출(出)〉과 같고 출생(出生)의 줄임말로 여기고, 색(色)은 〈빛깔 채(彩)〉와 같고 색채(色彩)의 줄임말로 여기고 새긴다.

현어면(見於面)은 其生色也見於面에서 되풀이되는 주어인 기생색야(其生色也)를 생략한 것으로, 영어의 1형식 문장과 같은 어투이다. 見於面에서 현(見)은 자동사로 본동사이고, 어면(於面)은 현(見)을 꾸미는 부사이다. 見於面의 현(見)은 〈드러날 현(現)〉과 같고 〈드러날 현(見), 볼 견(見)〉처럼 발음이 달라지므로 주의하고, 면(面)은 〈얼굴 안(顔)〉과 같고 안면(顔面)의 줄임말로 여기고 새긴다.

앙어배(盎於背) 또한 其生色也盎於背에서 되풀이되는 주어인 기생색야(其生色也)를 생략한 것으로, 영어의 1형식 문장과 같은 어투이다. 盎於背에서 앙(盎)은 자동사로 본동사이고, 어배(於背)는 앙(盎)을 꾸미는 부사이다. 盎於背의 앙(盎)은 〈성할 성(盛)〉과 같고 앙성(盎盛)의 줄임말로 여기고, 어(於)는 〈~에 우(于)〉와 같고, 배(背)는 〈등 척(脊)〉과 같다.

시어사체(施於四體) 역시 其生色也施於四體에서 되풀이되는 주어인 기생색야(其生色也)를 생략한 것으로, 영어의 1형식 문장과 같은 어투이다. 施於四體에서 시(施)는 자동사로 본동사이고, 어사체(於四體)는 시(施)를 꾸미는 부사구이다. 施於四體의 시(施)는 〈펼 포(布)〉와 같고 포시(布施)의 줄임말로 여기고, 어(於)는 〈~에 우(于)〉와 같으며, 사체(四體)는 사지(四肢)와 같다.

심중(心中)에 뿌리박고 있는 인의예지(仁義禮智)는 숨겨지지 않는다. 인의예지는 온몸으로 드러나게 마련이다. 그래서 정기(正己) 역시 온몸으로 드러난다. 그런 모습을 일러 맹자는 수연(睟然)이라고 밝힌다. 두 눈으로 똑똑히 바라볼 수 있는 모습[睟然]으로 인의예지가 드러난다고 한다. 이러니 어찌 이력가인(以力假仁)을 할 수 있겠는가. 힘을[力] 가지고[以] 어진 척한다[假仁].

그 기(其), 살아날 생(生), 얼굴 색(色), ~이란 야(也), 바로 보일 수(睟), 모습 연(然), 드러날 현(見), ~에(로) 어(於), 얼굴 면(面), 가득할 앙(盎), 등 배(背), 퍼질 시(施), 넉 사(四), 몸 체(體)

四體不言而喻(사체불언이유)

▶ 온몸은[四體] (인의예지를) 말하지 않지만[不言] 그러나[而] (인의예지를) 알려준다[喻].

사체불어이유(四體不言而喩)는 四體不言仁義禮智而四體喩仁義禮智에서 문맥으로 보충할 수 있는 내용이므로 인의예지(仁義禮智)를 생략하고, 동시에 되풀이되는 내용으로 유(喩)의 주어인 사체(四體)를 생략한 어투로, 영어의 중문과 같은 문장이다. 즉 四體不言而喩는 사체불언(四體不言)과 유(喩)가 역접의 연사인 〈그러나 이(而)〉로 이어진 영어의 중문과 같은 어투란 말이다. 四體不言에서 사체(四體)는 주어이고, 불(不)은 언(言)의 부정사(否定詞)이며, 언(言)은 타동사로 본동사이다. 四體不言의 사체(四體)는 사지(四肢)와 같은 말로 온몸으로 여기고 새긴다. 주어인 사체(四體)와 목적어 인의예지(仁義禮智)가 생략되었지만, 유(喩)는 타동사로 본동사이다. 유(喩)는 〈알려줄 효(曉), 유(諭)〉 등과 같고 효유(曉喩)의 줄임말로 여기고 새긴다.

『주역(周易)』「십익(十翼)」〈문언전(文言傳) 곤괘(坤卦) 육이(六二)〉에서 군자를 직방대(直方大)란 말로 밝혀주고 있다. 정직하고[直] 방정하며[方] 크다[大]. 군자는 공경(恭敬)으로 마음을 정직하게 한다. 이를 직내(直內)라 한다. 군자는 의리로 몸가짐을 방정하게 한다. 이를 방외(方外)라 한다. 군자의 직내는 곧장 방외로 통함을 맹자가 수연(睟然)이란 말로 밝히고 있다. 숨길 수도 없고 감출 수도 없으며 속일 수도 없는 덕(德)이 곧 인의예지란 말이다. 참으로 인의예지야말로 직방대(直方大)가 아닌가. 부처가 얼굴[相好]로 드러나듯이 군자도 얼굴[顔色]로 드러난다.

넉 사(四), 몸 체(體), 아니 불(不), 말할 언(言), 그러나 이(而), 알려줄 유(喻)

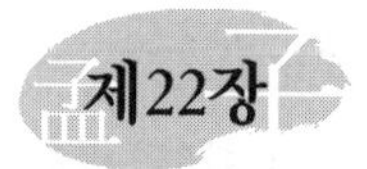

제22장

22장은 세 단락으로 나누어 살폈다. 내용이 달라서가 아니라 살펴보기 쉽게 하려고 세 단락으로 나누었을 뿐이다. 맹자가 양로(養老)의 치세(治世)를 밝히고 있는 장이다. 양로란 인간이 천명(天命)을 두려워하고 받드는 삶을 저절로 드러나게 하는 까닭에, 이 장에서 맹자는 서백(西伯) 즉 주(周)나라 개조(開祖)인 문왕(文王)을 들어서 양로의 치세를 상설(詳說)하고 있다. 사람이라면 왜 제 부모를 천지(天地)로 알고 봉양하는지 그 까닭을 헤아려 깨우치게 하는 장이다. 부모가 목숨을 물려주었으니 부모는 곧 천지임을 인간은 알고 짐승은 모른다. 이를 깨우치게 하는 장이다.

【문지(聞之)】

인인이위기귀의(仁人以爲己歸矣)

【원문(原文)】

孟子曰 伯夷辟紂하여 居北海之濱이러니 聞文王作興하고 曰 盍歸乎來리오 吾聞西伯은 善養老者라 하고 太公이 辟紂하여 居東海之濱이러니 聞文王作興하고 曰 盍歸乎來리오 吾聞西伯은 善養老者라 하니 天下에 有善養老 則仁人이 以爲己歸矣이라

맹자왈 백이피주 거북해지빈 문문왕작흥 왈 합귀호래 오문서백 선양로자 태공 피주 거동해지빈 문문왕작흥 왈 합귀호래 오문서백 선양로자 천하 유선양로 즉인인 이위기귀의

【해독(解讀)】

맹자가 말했다[孟子曰]. "백이가 주왕을 피하여 북해의 물가에 살다가[伯夷辟紂居北海之濱], 문왕이 일어났다는 것을 듣고 말했다[聞文王作興曰]. '어찌 돌아가지 않겠는가[盍歸乎來]? 나는 서백이 늙은이들을 잘 돌보는 사람이란 소문을 들었다[吾聞西伯善養老者].' 태공이 주왕을 피하여 동해의 물가에 살다가[太公辟紂居東海之濱], 문왕이 일어났다는 것을 듣고 말했다[聞文王作興曰]. '어찌 돌아가지 않겠는가[盍歸乎來]? 나는 서백이 늙은이들을 잘 돌보는 사람이란 소문을 들었다[吾聞西伯善養老者].' 이 세상에 노인들을 잘 돌보는 이가 있다면[天下有善養老] 곧장 (나는) 어진 사람으로 나의 돌아갈 곳으로 삼을 것이다[則仁人以爲己歸矣]."

【담소(談笑)】

伯夷辟紂(백이피주) 居北海之濱(거북해지빈)

▶ 백이가[伯夷] 주왕을[紂] 피하여[辟] 북해[北海]의[之] 물가에[濱] 살았다[居].

백이피주거북해지빈(伯夷辟紂居北海之濱)은 맹자왈(孟子曰)의 목적절이지만 독립구문처럼 여기고 문맥을 잡아도 된다. 伯夷辟紂居北海之濱은 伯夷辟紂 而伯夷居北海之濱에서 되풀이되는 백이(伯夷)를 생략한 문장으로, 영어의 중문과 같다. 伯夷辟紂居北海之濱과 같은 어투의 문맥을 잡으려면 구문 골격의 중심을 이루는 본동사를 먼저 주목하면 문맥을 잡기 편하다. 伯夷辟紂居北海之濱에서 〈피할 피(辟)〉, 〈살 거(居)〉 등이 본동사이므로 伯夷辟紂와 居北海之濱이 하나로 묶여 伯夷辟紂居北海之濱이 된 것이다.

백이피주(伯夷辟紂)에서 백이(伯夷)는 주어이고, 피(辟)는 타동사로 본동사이며, 주(紂)는 목적어이므로 영어의 3형식 문장과 같다. 伯夷辟紂의 피(辟)는 〈피할 피(避)〉와 같다. 백이(伯夷)는 상(商)나라 사람으로 백이숙제(伯夷叔齊)의 고사(故事)를 남긴 현자(賢者)이다. 이름은 윤(允)이고, 고죽군(孤竹君)의 아들이다. 주(紂)는 상나라 마지막 왕으로, 이름은 수(受)이다. 주(紂)는 하(夏)나라 말왕(末王)인 걸(桀)과 더불어 폭군의 대명사로 불린다.

거북해지빈(居北海之濱)은 伯夷居北海之濱에서 되풀이되는 내용이므로 백이(伯夷)를 생략한 문장으로, 영어의 1형식 문장과 같다. 居北海之濱에서 거(居)는 자동사로 본동사이고, 북해지빈(北海之濱)은 거(居)를 꾸미는 장소의 부사구이다. 居北海之濱의 거(居)는 〈머물 처(處)〉와 같고 거처(居處)의 줄임말로 여긴다. 北海之濱은 〈A之B〉꼴로 북해지(北海之)는 빈(濱)을 꾸미는 형용사이고, 지(之)는 소유격 토씨(~의)이며, 빈(濱)은 수제(水際) 즉 물가를 뜻한다.

맏이 백(伯), 온화할 이(夷), 피할 피(辟), 걸왕 주(紂), 살 거(居), 북녘 북(北), 바다 해(海), ~의 지(之), 물가 빈(濱)

聞文王作興曰(문문왕작흥왈)

▶ 문왕이[文王] 일어났다는 것을[作興] 듣고[聞] 말했다[曰].

문문왕작흥왈(聞文王作興曰)은 伯夷聞文王作興 而伯夷曰에서 문맥으로 보충할 수 있고 되풀이되는 주어인 백이(伯夷)를 생략한 문장으로, 영어의 중문과 같은 어투이다. 聞文王作興에서 문(聞)은 타동사로 본동사이고, 문왕작흥(文王作興)은 문(聞)의 목적절이다. 목적절인 文王作興에서 문왕(文王)은 절의 주어이고, 작흥(作興)은 겹동사로 〈일어날 기(起)〉와 같다. 작흥(作興)은 흥기(興起)와 같고 강성하게 되었다는 뜻이다.

들을 문(聞), 글 문(文), 임금 왕(王), 일어날 작(作), 일어날 흥(興), 말할 왈(曰)

盍歸乎來(합귀호래)

▶ 어찌[盍] 돌아가지[歸] 않겠는가[乎來]?

합귀호래(盍歸乎來)는 앞 왈(曰)의 목적절이지만 독립구문처럼 여기고 문맥을 잡아도 된다. 盍歸乎來는 何不歸乎에서 하불(何不)을 합(盍)으로 축약하고, 호(乎)에 어조사인 내(來)를 더하여 어조를 높인 문장으로, 영어의 1형식 의문문과 같은 어투이다. 歸乎來에서 합(盍)은 하불(何不)의 축약으로 의문사이고, 귀(歸)는 자동사로 본동사이며, 호(乎)는 의문문을 결정짓는 어조사(~인가)이며, 내(來) 역시 어조사이다. 盍歸乎來의 합(盍)은 하불(何不)의 축약이고 〈어찌 아니할 합(闔), 개(蓋)〉 등과 같으며, 귀(歸)는 〈돌아갈 환(還)〉과 같고 귀환(歸還)의 줄임말로 여긴다.

어찌 ~하지 않겠는가 합(盍), 돌아갈 귀(歸), ~인가 호(乎), 어조사 래(來)

吾聞西伯善養老者(오문서백선양로자)

▶ **나는[吾] 서백이[西伯] 늙은이들을[老] 잘[善] 돌보는[養] 사람이란[者] 소문을 들었다[聞].**

오문서백선양로자(吾聞西伯善養老者)는 앞 왈(曰)의 목적절이지만 독립 구문처럼 여기고 문맥을 잡아도 되고, 영어의 3형식 문장과 같은 어투이다. 吾聞西伯善養老者에서 오(吾)는 주어이고, 문(聞)은 타동사로 본동사이며, 서백선양로자(西伯善養老者)는 문(聞)의 목적절이다. 문(聞)의 목적절인 西伯善養老者에서 서백(西伯)은 목적절의 주어이고, 선양로자(善養老者)는 술부이며, 善養老者에서 선양로(善養老)는 자(者)를 꾸미는 영어의 분사구와 같고, 자(者)는 목적절의 보어이다. 善養老者에서 선(善)은 양(養)을 꾸미는 부사이고, 양(養)은 여기서 영어의 현재분사처럼 자(者)를 꾸며준다. 吾聞西伯善養老者의 문(聞)은 〈들을 청(聽)〉과 같고 청문(聽聞)의 줄임말로 여기고, 선(善)은 〈잘할 능(能)〉과 같으며, 양(養)은 〈돌볼 부(扶)〉와 같고 부양(扶養)의 줄임말로 여기고, 노(老)는 노인(老人)과 같고 복수로 새기면 문맥과 통한다.

나 오(吾), 들을 문(聞), 서녘 서(西), 맏이 백(伯), 잘할 선(善), 돌볼 양(養), 늙을 로(老), 놈 자(者)

太公辟紂(태공피주) 居東海之濱(거동해지빈)

▶ **태공이[太公] 주왕을[紂] 피하여[辟] 동해[東海]의[之] 물가에[濱] 살았다[居].**

태공피주거동해지빈(太公辟紂居東海之濱)은 맹자왈(孟子曰)의 목적절이지만 독립구문처럼 여기고 문맥을 잡아도 된다. 太公辟紂居東海之濱은 太公辟紂 而太公居東海之濱에서 되풀이되는 태공(太公)을 생략한 문장으로, 영어의 중문과 같다. 太公居東海之濱과 같은 어투의 문맥을 잡으려면 구문 골격의 중심을 이루는 본동사를 먼저 주목하면 문맥을 잡기 편하다. 太公辟紂居東海之濱에서 〈피할 피(辟)〉, 〈살 거(居)〉 등이 본동사이므로 太公辟紂와 居東海之濱이 하나로 묶인 문장이 太公辟紂居東海之濱인 셈이다.

태공피주(太公辟紂)에서 태공(太公)은 주어이고, 피(辟)는 타동사로 본동사이며, 주(紂)는 목적어이므로 영어의 3형식 문장과 같다. 太公辟紂의 피(辟)는 〈피할 피(避)〉와 같다. 태공은 강태공(姜太公), 여상(呂尙), 태공망(太公望)이라 불린다. 주(紂)는 상나라 마지막 왕으로 이름은 수(受)이다. 주(紂)는 하(夏)나라 말왕(末王)인 걸과 더불어 폭군의 대명사로 불린다.

거동해지빈(居東海之濱)은 伯夷居東海之濱에서 되풀이되는 내용이므로 백이(伯夷)를 생략한 문장으로, 영어의 1형식 문장과 같은 어투이다. 居東海之濱에서 거(居)는 자동사로 본동사이고, 동해지빈(東海之濱)은 거(居)를 꾸미는 장소의 부사구이다. 居東海之濱의 거(居)는 〈머물 처(處)〉와 같고 거처(居處)의 줄임말로 여기고, 東海之濱은 〈A之B〉꼴로 동해지(東海之)는 빈(濱)을 꾸미는 형용사이며, 지(之)는 소유격 토씨(~의)이고, 빈(濱)은 수제(水際) 즉 물가를 뜻한다.

클 태(太), 벼슬 공(公), 피할 피(辟), 걸왕 주(紂), 살 거(居), 동녘 동(東), 바다 해(海), ~의 지(之), 물가 빈(濱)

聞文王作興曰(문문왕작흥왈)

▶ 문왕이[文王] 일어났다는 것을[作興] 듣고[聞] 말했다[曰].

문문왕작흥왈(聞文王作興曰)은 伯夷聞文王作興 而伯夷曰에서 문맥으로 보충할 수 있고 되풀이되는 주어인 백이(伯夷)를 생략한 문장으로, 영어의 중문과 같은 어투이다. 聞文王作興에서 문(聞)은 타동사로 본동사이고, 문왕작흥(文王作興)은 문(聞)의 목적절이다. 목적절인 文王作興에서 문왕(文王)은 절의 주어이고, 작흥(作興)은 겹동사로 〈일어날 기(起)〉와 같다. 작흥(作興)은 흥기(興起)와 같고 강성하게 되었다는 뜻이다.

들을 문(聞), 글 문(文), 임금 왕(王), 일어날 작(作), 일어날 흥(興), 말할 왈(曰)

盍歸乎來(합귀호래)

▶ 어찌[盍] 돌아가지[歸] 않겠는가[乎來]?

합귀호래(盍歸乎來)는 앞 왈(曰)의 목적절이지만 독립구문처럼 여기고 문맥을 잡아도 된다. 盍歸乎來는 何不歸乎에서 하불(何不)을 합(盍)으로 축약하고, 호(乎)에 어조사인 내(來)를 더하여 어조를 더해주는 문장으로, 영어의 1형식 의문문과 같은 어투이다. 盍歸乎來에서 합(盍)은 하불(何不)의 축약으로 의문사이고, 귀(歸)는 자동사로 본동사이며, 호(乎)는 의문문을 결정짓는 어조사(~인가)이고, 내(來) 역시 어조사이다. 盍歸乎來의 합(盍)은 하불(何不)의 축약이고 〈어찌 아니할 합(闔), 개(蓋)〉 등과 같고, 귀(歸)는 〈돌아갈 환(還)〉과 같으며 귀환(歸還)의 줄임말로 여긴다.

어찌 ~하지 않겠는가 합(盍), 돌아갈 귀(歸), ~인가 호(乎), 어조사 래(來)

吾聞西伯善養老者(오문서백선양로자)

▶ 나는[吾] 서백이[西伯] 늙은이들을[老] 잘[善] 돌보는[養] 사람이란[者] 소문을 들었다[聞].

오문서백선양로자(吾聞西伯善養老者)는 앞 왈(曰)의 목적절이지만 독립구문처럼 여기고 문맥을 잡아도 되고, 영어의 3형식 문장과 같은 어투이다. 吾聞西伯善養老者에서 오(吾)는 주어이고, 문(聞)은 타동사로 본동사이며, 서백선양로자(西伯善養老者)는 문(聞)의 목적절이다. 문(聞)의 목적절 西伯善養老者에서 서백(西伯)은 목적절의 주어이고, 선양로자(善養老者)는 술부이며, 善養老者에서 선양로(善養老)는 자(者)를 꾸미는 영어의 분사구와 같고, 자(者)는 목적절의 보어이다. 善養老者에서 선(善)은 양(養)을 꾸미는 부사이고, 양(養)은 여기서 영어의 현재분사처럼 자(者)를 꾸며준다. 吾聞西伯善養老者의 문(聞)은 〈들을 청(聽)〉과 같고 청문(聽聞)의 줄임말로 여기고, 선(善)은 〈잘할 능(能)〉과 같고, 양(養)은 〈돌볼 부(扶)〉와 같으며 부양(扶養)의 줄임말로 여기고, 노(老)는 노인(老人)과 같고 복수로 새기면 문맥과 통한다.

나 오(吾), 들을 문(聞), 서녘 서(西), 맏이 백(伯), 잘할 선(善), 돌볼 양(養), 늙을 로(老), 놈 자(者)

天下有善養老(천하유선양로) 則仁人以爲己歸矣(즉인인이위기귀의)

▶ 이 세상에[天下] 노인들을[老] 잘[善] 돌보는 이가[養] 있다면[有] 곧장[則] (나는) 어진[仁] 사람[人]으로[以] 나의[己] 돌아갈 곳을[歸] 삼을 것[爲]이다[矣].

천하유선양로즉인인이위기귀의(天下有善養老則仁人以爲己歸矣)는 〈A則B〉꼴로 영어의 복문과 같은 어투이다. 즉(則)을 중심으로 앞은 대개 양보 내지 조건의 종속절이고, 뒤는 주절이다. 그러므로 天下有善養老則仁人以爲己歸矣에서 천하유선양로(天下有善養老)를 조건절처럼 여기고, 인인이위기귀의(仁人以爲己歸矣)를 주절로 여기고 새기면 문맥이 잡힌다. 〈A(天下有善養老)하면 곧[則] B(仁人以爲己歸矣)한다〉

종속절인 천하유선양로(天下有善養老)는 天下有善養老者에서 문맥으로 보충할 수 있는 내용이므로 〈있을 유(有)〉의 주어인 자(者)를 생략한 문장으로, 영어의 1형식 문장과 같은 어투이다. 天下有善養老에서 천하(天下)는 장소의 부사이고, 유(有)는 자동사 〈있을 유(有)〉이며, 선(善)은 양(養)을 꾸미는 부사이고, 양(養)은 영어의 현재분사와 같으며, 노(老)는 양(養)의 목적어이다. 그러므로 天下有善養老의 선양로(善養老)는 유(有)의 주부이다. 天下有善養老의 선(善)은 〈잘할 능(能)〉과 같고, 양(養)은 〈돌볼 부(扶)〉와 같으며 부양(扶養)의 줄임말로 여기고, 노(老)는 노인(老人)과 같고 복수로 새기면 문맥과 통한다.

주절인 인인이위기귀의(仁人以爲己歸矣)는 吾仁人以爲己歸矣에서 앞의 문맥으로 보충할 수 있으므로 위(爲)의 주어인 오(吾)를 생략한 문장으로, 영어의 3형식 절과 같은 어투이다. 〈A以爲B〉 내지 〈爲B以A〉꼴을 알면 仁人以爲己歸矣의 문맥은 쉽게 잡힌다. 〈A(仁人)로(以) B(己歸)를 삼는다[爲]〉 仁人以爲己歸矣에서 인인이(仁人以)는 위(爲)를 꾸미는 부사구이고, 위(爲)는 타동사로 주절의 본동사이며, 기귀(己歸)는 위(爲)의 목적어이고, 의(矣)는 주절을 결정짓는 어조사(~이다)이다. 기귀(己歸)의 기(己)는 소유격이므로 〈나의 기(己)〉로 새기고, 귀(歸)는 귀처(歸處)로 여기고 새기면 문맥이 통한다. 돌아갈[歸] 곳[處].

하늘 천(天), 아래 하(下), 있을 유(有), 잘할 선(善), 돌볼 양(養), 늙을 로(老), 곧 즉(則), 어질 인(人), 사람 인(人), 써 이(以), 삼을(생각할) 위(爲), 나 기(己), 돌아갈 귀(歸), ~이다 의(矣)

【문지(聞之) 2】

필부잠지(匹婦蠶之) 필부경지(匹夫耕之)

【원문(原文)】

五畝之宅에 樹墻下以桑하여 匹婦蠶之 則老者足以衣帛矣이고
오 묘 지 택 수 장 하 이 상 필 부 잠 지 즉 로 자 족 이 의 백 의
五母鷄二母彘를 無失其時면 老者足以無失肉矣이며 百畝之田
오 모 계 이 모 체 무 실 기 시 노 자 족 이 무 실 육 의 백 묘 지 전
을 匹夫耕之면 八口之家足以無飢矣이다
필 부 경 지 팔 구 지 가 족 이 무 기 의

【해독(解讀)】

"오백 보의 집터[五畝之宅] 담 밑을 이용해 뽕나무를 심어[樹墻下以桑] 필부가 그 뽕나무로 누에를 치면[匹婦蠶之] 곧 그리하여 노인들이 비단옷을 족히 입는 것이고[則老者足以衣帛矣], 다섯 마리 암탉과[五母鷄] 두 마리 암돼지의[二母彘] 그 번식기를 놓치지 않으면[無失其時] 그렇게 하여 노인들이 고기를 놓치지 않을 수 있는 것이며[老者足以無失肉矣], 만 보의 밭 그것을 한 사내가 경작하면[百畝之田匹夫耕之] 그렇게 하여 여덟 가구의 가족들이 굶주리지 않을 수 있는 것이다 [八口之家足以無飢矣]."

【담소(談笑)】

五畝之宅(오묘지택) 樹墻下以桑(수장하이상) 匹婦蠶之(필부잠지) 則老者足以衣帛矣(즉로자족이의백의)

▶ 오백 보[五畝]의[之] 집터[宅] 담[墻] 밑을[下] 이용해[以] 뽕나무를[桑] 심어[樹] 필부가[匹婦] 그 뽕나무로[之] 누에를 치면[蠶] 곧[則] 그리하여[以] 노인들이[老者] 비단옷을[帛] 족히[足] 입는다[衣矣].

오묘지택수장하이상필부잠지즉로자족이의백의(五畝之宅樹墻下以桑匹婦蠶之則老者足以衣帛矣)는 맹자왈(孟子曰)의 목적절이지만 독립구문처럼 여

기고 문맥을 잡아도 된다. 五畝之宅樹墻下以桑匹婦蠶之則老者足以衣帛矣는 긴 어투이지만, 〈곧 즉(則)〉을 주목하면 〈A則B〉꼴로 문맥을 쉽게 잡을 수 있다. 〈A則B〉꼴 문장은 영어의 복문과 같다. 즉(則)을 중심으로 앞은 대개 양보 내지 조건의 종속절이고, 뒤는 주절이다. 그러므로 五畝之宅樹墻下以桑匹婦蠶之則老者足以衣帛矣에서 오묘지택수장하이상필부잠지(五畝之宅樹墻下以桑匹婦蠶之)를 조건절처럼 여기고, 노자족이의백의(老者足以衣帛矣)를 주절로 여기고 새기면 문맥이 잡힌다. 〈A(五畝之宅樹墻下以桑匹婦蠶之)하면 곧[則] B(老者足以衣帛矣)한다〉

조건의 종속절인 오묘지택수장하이상필부잠지(五畝之宅樹墻下以桑匹婦蠶之)는 영어의 3형식 절과 같은 어투이다. 五畝之宅樹墻下以桑匹婦蠶之에서 오묘지택(五畝之宅)은 장소의 부사구이고, 수장하이상(樹墻下以桑)은 필부잠지(匹婦蠶之)의 잠(蠶)을 꾸미는 부사구이며, 필부(匹婦)는 조건절의 주어이고, 잠(蠶)은 타동사로 절의 본동사이며, 지(之)는 상(桑)을 가리키는 지시대명사이다. 특히 樹墻下以桑과 같은 어투는 이(以)를 잘 알고 있어야 문맥을 쉽게 잡을 수 있다. 樹墻下以桑을 樹桑以墻下로 어순을 바꿔놓으면 쉽게 문맥을 잡을 수 있기 때문이다. 樹墻下以桑에서 장하이(墻下以)는 영어의 부정사(不定詞)같이 수(樹)를 꾸미는 부사구이고, 이(以)는 전치사와 후치사로 자유롭게 쓰이고 다양한 뜻을 나타내는데 여기서는 〈이용할 용(用)〉과 같다. 樹墻下以桑의 수(樹)는 〈심을 식(植)〉과 같고 영어의 부정사와 같은 구실을 하므로 담장[墻] 밑을[下] 이용하여[以] 뽕나무를[桑] 심어[樹]로 문맥을 잡는다.

이(以)는 다음과 같이 정리해서 기억해두면 한문투의 문맥을 잡는 데 편하다. 이(以)는 〈以A〉 또는 〈A以〉꼴로 잘 정리해둘수록 편리하다. 이(以)는 〈以A〉처럼 전치사로, 또는 〈A以〉처럼 후치사 구실을 자유롭게 하기 때문이다. 그 예는 다음과 같다. 〈할 이(以) = 위(爲), 써 이(以) = 용(用), 생각할 이(以) = 사(思), 거느릴 이(以) = 솔(率), 때문에 이(以) = 인(因). 까닭 이(以)로 명사 구실도 하는데 주로 유이(有以)·무이(無以) 꼴일 때가 대부분이다, 더불어 이(以) = 여(與), 하여금 이(以) = 사(使), 이미 이(以) = 이(已)〉

주절인 노자족이의백의(老者足以衣帛矣)는 是以老者足衣帛矣에서 是以의 시(是)를 생략해버리고 남은 이(以)를 동사 앞으로 전치한 것을 알면 문맥이 쉽게 잡힌다. 물론 시이(是以)의 시(是)는 앞의 필부잠지(匹婦蠶之)를 가리키는 지시어이다. 그러므로 老者足以衣帛矣의 이(以)를 그렇게 하여[以]로 새기면 문맥이 통한다. 老者足以衣帛矣에서 노자(老者)는 주어이고, 족(足)은 의(衣)의 조동사이며, 의(衣)는 타동사로 주절의 본동사이고, 백(帛)은 의(衣)의 목적어이며, 의(矣)는 여기서 주절을 결정짓는 어조사라기보다는 하나의 구문을 결정짓는 어조사이다. 따라서 老者足以衣帛矣를 영어의 2형식 절처럼 여기고 구태여 〈~이다 의(矣)〉로 새기지 않아도 되므로 老者足以衣帛矣를 영어의 3형식 절처럼 새겨도 된다. 다시 말해 그렇게 하여[以] 노인들은[老者] 명주옷을[帛] 입을 수 있는 것[足衣]이다[矣]로 새기지 않고, 그렇게 하여[以] 노인들은[老者] 명주옷을[帛] 입을 수 있다[足衣]고 새겨도 된다는 말이다. 老者足以衣帛矣의 노자(老者)는 노인(老人)과 같은 말이고, 족(足)은 〈가할 가(可)〉와 같으며, 의(衣)는 〈옷 입을 복(服)〉과 같고 의복(衣服)의 줄임말로 여기고, 백(帛)은 〈비단 견(絹)〉과 같고 견백(絹帛)의 줄임말로 여기고, 의(矣)는 여기서 주절의 어조사가 아니라 五畝之宅樹墻下以桑匹婦蠶之則老者足以衣帛矣의 구문을 결정짓는 어조사이다.

다섯 오(五), 백보 묘(畝), ~의 지(之), 집 택(宅), 심을 수(樹), 담 장(墻), 밑 하(下), 써 이(以), 뽕나무 상(桑), 짝 필(匹), 부인 부(婦), 누에 칠 잠(蠶), 그것 지(之), 곧 즉(則), 늙을 로(老), 놈 자(者), 가할 족(足), 입을 의(衣), 비단 백(帛), ~이다 의(矣)

五母鷄二母彘(오모계이모체) 無失其時(무실기시) 老者足以無失肉矣(노자족이무실육의)

▶ 다섯 마리[五] 암탉과[母鷄] 두 마리[二] 암퇘지의[母彘] 그[其] 번식기를[時] 놓치지[失] 않으면[無] 그렇게 하여[以] 노인들이란[老者] 고기를[肉] 놓치지 않을 수 있는 것[足無失]이다[矣].

오모계이모체무실기시로자족이무실육의(五母鷄二母彘無失其時老者足以無失肉矣)는 맹자왈(孟子曰)의 목적절이지만 독립구문처럼 여기고 문맥을 잡아도 된다. 五母鷄二母彘無失其時老者足以無失肉矣는 五母鷄二母彘匹婦無失其時則老者足以無失肉矣에서 앞 문맥으로 보충할 수 있고 되풀이되는 내용이므로 무실(無失)의 주어인 필부(匹婦)와, 두 구문을 이어주는 어조사인 즉(則)을 생략한 어투로, 〈A則B〉꼴로 문맥을 쉽게 잡을 수 있다. 그러면 즉(則)을 중심으로 오모계이모체무실기시(五母鷄二母彘無失其時)를 조건의 종속절로, 노자족이무실육의(老者足以無失肉矣)를 주절로 문맥을 잡아 영어의 복문과 같은 어투로 새길 수 있다. 〈A(五母鷄二母彘無失其時)하면 B(老者足以無失肉矣)한다〉

조건의 종속절인 오모계이모체무실기시(五母鷄二母彘無失其時)는 五母鷄二母彘匹婦無失其時에서 조건절의 주어인 필부(匹婦)가 생략되었지만, 영어의 3형식 절과 같다. 五母鷄二母彘無失其時는 匹婦無失五母鷄之時 而匹婦無失二母彘之時에서 오모계(五母鷄)와 이모체(二母彘)를 전치하고 관형사 기(其)를 더해 五母鷄二母彘無失其時가 되었으므로, 기시(其時)의 시(時)를 새끼를 치는 시기로 새긴다. 그러면 五母鷄二母彘無失其時를 필부가[匹婦] 오모계[五母鷄]와 이모체의[二母彘] 그[其] 새끼 칠 시기를[時] 놓치지[失] 않는다면[無]으로 문맥을 잡아 새길 수 있다. 그러므로 五母鷄二母彘無失其時에서 오모계이모체(五母鷄二母彘)는 시(時)를 꾸미는 형용사구이고, 무(無)는 실(失)의 부정사(否定詞)이며, 실(失)은 타동사로 조건절의 본동사이고, 기시(其時)는 실(失)의 목적어로 영어의 3형식 절과 같은 어투이다.

주절인 노자족이무실육의(老者足以無失肉矣)는 是以老者足無失肉矣에서 是以의 시(是)를 생략해버리고, 남은 이(以)를 동사 앞으로 전치한 어투임을 알아채면 문맥이 쉽게 잡힌다. 물론 시이(是以)의 시(是)는 앞의 무실기시(無失其時)를 가리키는 지시어이다. 그래서 老者足以無失肉矣의 이(以)를 그렇게 하여[以]로 새기면 문맥이 통한다. 老者足以無失肉矣에서 노자(老者)는 주어이고, 족(足)은 실(失)의 조동사이며, 실(失)은 타동사로 주절의 본동사이고, 육(肉)은 실(失)의 목적어이며, 의(矣)는 여기서 주절을 결정짓는 어조사라기보다는 하나의 구문 즉 복문을 결정짓는 어조사이다. 따라서 老者足以無失肉矣를 영어의 2형식 절처럼 여기고 구태여 〈~이다 의(矣)〉로 새기지 않아도 되므로, 老者足以無失肉矣를 영어의 3형식 절처럼 여기고 새겨도 된다. 그렇게 하여[以] 노인들은[老者] 육류를[肉] 놓치지 않을 수 있는 것[足無失]이다[矣]로 새기지 않고, 그렇게 하여[以] 노인들은[老者] 육류를[肉] 놓치지 않을 수 있다[足無失]로 새겨도 된다는 말이다. 老者足以無失肉矣의 노자(老者)는 노지인(老之人)의 지인(之人)을 자(者)로 축약한 어투이므로 노자(老者)를 노인(老人)과 같다고 여기고 새기면 문맥이 통하고, 노자(老者)의 자(者)는 지(之)와 명사를 축약한 것이다. 이런 자(者)를 기억해두면 한문투의 문맥을 잡을 때 편리하다. 족(足)은 〈가할 가(可)〉와 같고, 이(以)는 〈이용할 용(用)〉과 같으며, 무(無)는 〈아니 불(不)〉과 같고, 실(失)은 〈잃을 손(損)〉과 같고 손실(損失)의 줄임말로 여기고, 육(肉)은 육식(肉食)의 줄임말로 여기며, 의(矣)는 여기서 주절의 어조사가 아니라 五母鷄二母彘無失其時老者足以無失肉의 구문을 결정짓는 어조사이다.

다섯 오(五), 어미 모(母), 닭 계(鷄), 두 이(二), 돼지 체(彘), 아닐 무(無), 잃을 실(失), 그 기(其), 때 시(時), 늙을 로(老), 놈 자(者), 가할 족(足), 고기 육(肉), ~이다 의(矣)

百畝之田匹夫耕之(백묘지전필부경지) 八口之家足以無飢矣(팔구지가족이무기의)

▶ 일만 보[百畝]의[之] 밭[田] 그것을[之] 한 사내가[匹夫] 경작하면[耕] 그렇게 하여[以] 여덟[八] 가구[口]의[之] 가족들이[家] 굶주리지 않을 수 있는 것[足無飢]이다[矣].

백묘지전필부경지팔구지가족이무기의(百畝之田匹夫耕之八口之家足以無飢矣)는 맹자왈(孟子曰)의 목적절이지만 독립구문처럼 여기고 문맥을 잡아도 된다. 百畝之田匹夫耕之八口之家無飢矣는 百畝之田匹夫耕之則八口之家足以無飢矣에서 앞 문맥으로 보충할 수 있으므로 두 구문을 이어주는 어조사 즉(則)을 생략한 어투로, 〈A則B〉꼴로 영어의 복문과 같은 어투이다. 그러므로 즉(則)을 중심으로 백묘지전필부경지(百畝之田匹夫耕之)를 조건의 종속절로, 팔구지가족이무기의(八口之家足以無飢矣)를 주절로 문맥을 잡아 영어의 복문처럼 새긴다. 〈A(百畝之田匹夫耕之)하면 B(八口之家足以無飢矣)한다〉

조건의 종속절인 백묘지전필부경지(百畝之田匹夫耕之)는 匹夫耕百畝之田에서 백묘지전(百畝之田)을 전치하고 허사 지(之)를 더해 百畝之田匹夫耕之가 되었으므로, 허사 지(之)는 구태여 새기지 않아도 된다. 百畝之田匹夫耕之에서 백묘지전(百畝之田)은 경(耕)의 목적구이고, 필부(匹夫)는 조건절의 주어이며, 경(耕)은 타동사로 절의 본동사이고, 지(之)는 허사로 백묘지전(百畝之田)을 대신하는 영어의 3형식 절과 같은 어투이다.

주절인 팔구지가족이무기의(八口之家足以無飢矣)는 是以老者足無失肉矣에서 是以의 시(是)를 생략해버리고 남은 이(以)를 동사 앞으로 전치한 것을 알면 문맥이 쉽게 잡힌다. 물론 시이(是以)의 시(是)는 앞의 필부경지(匹夫耕之)를 가리키는 지시어이다. 그래서 八口之家足以無飢矣의 이(以)를 그렇게 하여[以]로 새기면 문맥이 통한다. 八口之家足以無飢矣에서 노자(老者)는 주어이고, 족(足)은 기(飢)의 조동사이며, 기(飢)는 자동사로 주절의 본동사이고, 의(矣)는 여기서 주절을 결정짓는 어조사라기보다는 하나의 구문 즉 복문인 百畝之田匹夫耕之八口之家無飢를 결정짓는 어조사이므로, 八口之家足以無飢矣를 무시하고 영어의 3형식 절처럼 새겨도 된다. 그렇게 하여[以] 여덟[八] 가구[口]의[之] 가족들이[家] 굶주리지 않을 수 있는 것[足無飢]이다[矣]로 새기지 않고, 그렇게 하여[以] 여덟[八] 가구[口]의[之] 가족들이[家] 굶주리지 않을 수 있다[足無飢]고 새겨도 된다는 말이다. 八口之家足以無飢矣의 구(口)는 가구(家口)의 줄임말로 여기고, 노자(老者)는 노인(老人)과 같은 말이며, 족(足)은 〈가할 가(可)〉와 같고, 이(以)는 〈이용할 용(用)〉과 같으며, 무(無)는 〈아니 불(不)〉과 같고, 기(飢)는 〈굶주릴 아(餓)〉와 같고 기아(飢餓)의 줄임말로 여기며, 의(矣)는 여기서 주절의 어조사가 아니라 百畝之田匹夫耕之八口之家無飢의 구문을 결정짓는 어조사이다.

맹자는 위와 거의 같은 내용을 「양혜왕장구(梁惠王章句) 상(上)」 3장에서도 밝힌 바 있다. 수장하이상(樹墻下以桑)을 수지이상(樹之以桑)이라 했고, 오모계이모체(五母鷄二母彘) 내신에 계돈구체지축(鷄豚狗彘之畜)이라 했으며, 필부경지(匹夫耕之) 대신에 물탈기시(勿奪其時)라 했고, 노자(老者) 대신에 오십자(五十者) 또는 칠십자(七十者)라고 말했지만, 그 뜻은 위 내용과 같다. 다만 여기서는 양로(養老)를 강조하고 있다.

일백 백(百), 백보 묘(畝), ~의 지(之), 밭 전(田), 짝 필(匹), 사내 부(夫), 밭갈 경(耕), 그것 지(之), 여덟 팔(八), 식구 구(口), ~의 지(之), 가족 가(家), 가할 족(足), 써 이(以), 아닐 무(無), 굶주릴 기(飢), ~이다 의(矣)

【문지(聞之) 3】

서백선양로(西伯善養老)

【원문(原文)】

所謂西伯이 善養老者는 制其田里하고 教之樹畜하며 導其妻子하여 使養其老하니 五十엔 非帛不煖하고 七十엔 非肉不飽한다 不煖不飽를 謂之凍餒라한다 文王之民이 無凍餒之老者 此之謂也이다

소위서백 선양로자 제기전리 교지수축 도기처자 사양기로 오십 비백불난 칠십 비육불포 불난불포 위지동뇌 문왕지민 무동뇌지로자 차지위 야

【해독(解讀)】

"서백이 노인들을 잘 봉양한다고 일컫는 바의 것이란[所謂西伯善養老者] 백성의 밭 면적을 제정한 것이고[制其田里], 백성에게 (뽕나무를) 심고 (가축을) 기르기를 가르친 것이며[教之樹畜], 그들의 처자들을 이끌어서[導其妻子] 그들의 노인들을 봉양하게 한 것이다[使養其老]. (옷감이) 명주가 아닌 것이면 쉰 살의 노인은 따뜻하지 않고[五十非帛不煖], (먹을거리가) 고기가 아닌 것이면 일흔 살의 노인은 든든하지 않다[七十非肉不飽]. 따뜻하지 않음과 배부르지 않음 그것을 얼고 굶주림이라 한다[不煖不飽謂之凍餒]. 이는 문왕의 백성에는 얼고 굶주린다는 노인들이 없는 것 그것을 고한 것이다[文王之民無凍餒之老者此之謂也]."

【담소(談笑)】

所謂西伯善養老者(소위서백선양로자) 制其田里(제기전리) 教之樹畜(교지수축) 導其妻子(도기처자) 使養其老(사양기로)

▶ 서백이[西伯] 노인들을[老] 잘[善] 봉양한다고[養] 일컫는[謂] 바[所]란[者] 백성의[其] 밭[田] 면적을[里] 제정한 것이고[制], 백성에게[之] (뽕나무를) 심고[樹] (가축을) 기르기를[畜] 가르친 것이며[教], 그들의[其] 처자들을[妻子] 이끌어서[導] 그들의[其] 노인들을[老] 봉양하게[養] 한 것이다[使].

소위서백선양로자제기전리교지수축도기처자사양기로(所謂西伯善養老者制其田里教之樹畜導其妻子使養其老)는 맹자왈(孟子曰)의 목적절이지만 독립구문처럼 여기고 문맥을 잡아도 된다. 所謂西伯善養老者制其田里教之樹畜導其妻子使養其老와 같은 긴 어투의 문맥을 잡으려면 구문 골격의 중심을 이루는 본동사를 먼저 주목하면 문맥이 쉽게 잡힌다. 한문투에서도 구

문의 골격은 대개 주어 + 타동사 + 목적어 또는 주어 + 자동사 + 보어 등으로 이루어진다. 所謂西伯善養老者制其田里敎之樹畜導其妻子使養其老에서 〈일컬어질 위(謂)〉, 〈제정할 제(制)〉, 〈가르칠 교(敎)〉, 〈계도할 도(導)〉, 〈시킬 사(使)〉 등이 동사이므로 所謂西伯善養老者制其田里敎之樹畜導其妻子使養其老를 所謂西伯善養老者 制其田里 敎之樹畜 導其妻子 使養其老와 같이 나누어 문맥을 잡는다. 이들 중에서 소위서백선양로자(所謂西伯善養老者)는 〈所謂AB者〉꼴임을 알면 소(所)가 주어이고, 자(者)는 주어를 강조해주는 어조사임을 알 수 있다. 〈A를 B라고 일컫는 바[所]란[者]〉 그러면 所謂西伯善養老者의 소(所)가 制其田里敎之樹畜導其妻子使養其老의 주어임을 알 수 있다. 그리고 所謂西伯善養老者制其田里也 而所謂西伯善養老者敎之樹畜也 而所謂西伯善養老者導其妻子也 而所謂西伯善養老者使其妻子養其老也에서 되풀이되는 내용이므로 주어인 所謂西伯善養老者와 한 구문을 결정짓는 〈어조사(~이다) 야(也)〉가 반복되므로 생략하고 한 구문처럼 묶은 어투임을 알 수 있고, 〈일컬어질 위(謂)〉, 〈제정할 제(制)〉, 〈가르칠 교(敎)〉, 〈계도할 도(導)〉, 〈시킬 사(使)〉 등이 영어의 동명사나 부정사(不定詞)와 같으면서 보어임을 알 수 있다. 즉 所謂西伯善養老者制其田里敎之樹畜導其妻子使養其老는 영어의 2형식 문장과 같은 네 구문으로 이루어진 영어의 중문과 같은 문장이다.

소위서백선양로자제기전리(所謂西伯善養老者制其田里)는 〈A者B也〉꼴로 〈AB也〉의 주어인 A를 강조한 문장으로, 영어의 2형식 문장과 같은 어투이다. 〈A는 B이다[也]〉를 〈A란[者] B이다[也]〉로 하여 주어인 A를 강조한 것이다. 所謂西伯善養老者制其田里에서 소위서백양로자(所謂西伯善養老者)는 주부이고, 제기전리(制其田里)는 술부이다. 그러므로 所謂西伯善養老者制其田里는 주어인 소(所)를 강조하고 있는 어투이다. 그리고 所謂西伯善養老者制其田里는 所謂西伯善養老者制其田里也에서 되풀이되는 야(也)가 생략되었다. 주부인 所謂西伯善養老者에서 위서백선양로(謂西伯善陽老)는 소(所)를 꾸미는 형용사절이고, 소(所)가 주어이다. 술부인 制其田里에서 제(制)는 영어의 동명사 내지 부정사와 같으면서 보어이고, 기전리(其田里)는 제(制)의 목적어이다. 所謂西伯善養老者의 위(謂)는 〈일컬을 칭(稱)〉과 같고, 양(養)은 〈돌볼 부(扶)〉와 같으며 부양(扶養)의 줄임말로 여기고, 노(老)

는 노인(老人)의 줄임말로 여기고 새기면 문맥이 통한다. 制其田里의 제(制)는 〈지을 조(造)〉와 같고 제정(制定)의 줄임말로 여기고, 기(其)는 민지(民之)를 대신하는 관형사이고, 전리(田里)는 전지리(田之里)의 줄임이므로 밭[田]의[之] 잇수[里] 즉 밭의 면적[田里]을 뜻한다.

교지수축(敎之樹畜)은 而所謂西伯善養老者敎之樹也 而所謂西伯善養老者敎之畜也에서 반복되는 〈그리고 이(而)〉와 주부인 소위서백양로자(所謂西伯善養老者)와 되풀이되는 교지(敎之) 그리고 구문을 결정짓는 〈~이다 야(也)〉를 생략한 어투로, 술부만을 하나처럼 묶은 어투이지만 영어의 4형식 문장과 같다. 즉 敎之樹畜에서 교(敎)는 영어의 동명사 또는 부정사(不定詞)와 같으면서 보어이고, 지(之)는 백성(民)을 나타내는 지시대명사로 교(敎)의 간접목적어이며, 수(樹)는 영어의 부정사(不定詞)와 같고, 축(畜) 역시 영어의 부정사와 같으면서 교(敎)의 직접목적어이므로 교지수축(敎之樹畜)을 영어의 4형식 문장과 같은 어투로 여기는 것이다. 말하자면 敎之樹畜은 taught them to plant and to rear를 연상하면 문맥을 잡기 편하다. 敎之樹畜의 교(敎)는 〈가르칠 회(誨)〉와 같고 교회(敎誨)의 줄임말로 여기고, 지(之)는 어민(於民) 즉 백성[民]에게[於]와 같고, 수(樹)는 〈심을 식(植)〉과 같고 식수(植樹)의 줄임말로 여기고, 축(畜)은 〈기를 양(養)〉과 같고 축양(畜養)의 줄임말로 여긴다. 그래서 敎之樹畜을 다음처럼 새기면 敎之樹畜의 문맥이 잡힌다. 백성에게[之] 뽕나무를 심기와[樹] 닭과 돼지 기르기를[畜] 가르치는 것[敎].

도기처자(導其妻子)는 而所謂西伯善養老者導其妻子也에서 반복되는 〈그리고 이(而)〉와 주부인 소위서백양로자(所謂西伯善養老者)와 구문을 결정짓는 〈~이다 야(也)〉를 생략한 것으로, 술부만 남았지만 영어의 3형식 문장과 같다. 즉 導其妻子에서 도(導)는 영어의 동명사 또는 부정사와 같으면서 보어이고, 기처자(其妻子)는 도(導)의 목적어이므로, 導其妻子를 영어의 3형식 문장처럼 여길 수 있다. 導其妻子의 도(導)는 〈이끌 인(引)〉과 같고 인도(引導)의 줄임말로 여기고, 기(其)는 민지(民之)를 대신하는 관형사이며, 처자(妻子)는 처자녀(妻子女) 즉 가족을 뜻한다고 여기면 문맥이 통한다.

사양기로(使養其老)는 而所謂西伯善養老者使其妻子養其老也에서 반복되는 〈그리고 이(而)〉와 주부인 소위서백양로자(所謂西伯善養老者)와 기처자(其妻子), 그리고 구문을 결정짓는 〈~이다 야(也)〉를 생략한 어투로 술부만 남긴 문장이지만 영어의 사역문과 같다. 즉 使養其老에서 사(使)는 영어의 동명사 또는 부정사와 같으면서 보어이고, 양(養)은 영어의 to 없는 부정사처럼 생략된 목적어 기처자(其妻子)의 보어이며, 기로(其老)는 양(養)의 목적어이므로, 使養其老를 영어의 사역문과 같은 어투로 볼 수 있다는 말이다. 使養其老의 사(使)는 〈시킬 령(令)〉과 같고 사령(使令)의 줄임말로 여기고, 양(養)은 〈돌볼 부(扶)〉와 같고 부양(扶養)의 줄임말로 여기며, 기(其)는 처자지(妻子之)를 대신하는 관형사이고, 노(老)는 노인(老人)의 줄임말로 여기고 늙은이들로 새기면 문맥이 통한다.

맹자는 양로(養老)의 정사(政事)를 밝히고 있다. 양로의 정사야말로 맹자가 주창하는 발정시인(發政施仁)의 본보기이다. 정사의 폄이란[發政] 인의 베품[施仁]에 있음을 일러 맹자는 또한 행인정이왕(行仁政而王)이라고 밝힌다. 어진[仁] 정사를[政] 행하여[行]서[而] 왕 노릇 한다[王]. 서백 즉 주(周)나라 개조(開祖)인 문왕(文王)을 맹자는 왕자(王者)의 본보기로 삼고 있는 것이다. 군자(君子) · 대인(大人) · 왕자(王者) 다 같은 말로 귀담아들으면 된다.

> 바 소(所), 일컬어질 위(謂), 서녘 서(西), 맏이 백(伯), 잘할 선(善), 부양할 양(養), 늙은이 로(老), 놈 자(者), 제정할 제(制), 그(백성의) 기(其), 밭 전(田), 잇수 리(里), 가르칠 교(敎), 그들에게 지(之), 심을 수(樹), 기를 축(畜), 이끌 도(導), 아내 처(妻), 자녀 자(子), 시킬 사(使)

五十非帛不煖(오십비백불난)

▶ (옷감이) 명주가[帛] 아닌 것이면[非] 쉰 살의 노인은[五十] 따뜻하지 않다[不煖].

오십비백불난(五十非帛不煖)은 영어의 복문 같은 어투이다. 五十非帛不煖은 非帛五十不煖에서 오십(五十)이 전치되었다고 보고, 비백(非帛)을 조건의 종속절처럼 새겨야 문맥이 통하므로, 五十非帛不煖이 영어의 복문과 같다고 보는 것이다. 물론 五十非帛不煖을 기복비백(其複非帛) 오십세인불난(五十歲人不煖)으로 여기고 새기면 五十非帛不煖의 문맥에 걸맞은 문의를 분명하게 건져낼 수 있다. 그[其] 옷가지가[複] 깁옷이[帛] 아닌 것이면[非]

쉰[五十] 살의[歲] 사람들은[人] 따뜻하지 않다[不煖]. 그러므로 五十非帛不煖에서 비백(非帛)은 〈A非B也〉꼴에서 주어인 A와 절을 결정짓는 야(也)를 생략하고, 보어인 비(非)와 비(非)의 동격인 백(帛)을 남긴 조건의 종속절로 보면, 五十非帛不煖의 문맥이 통한다. 〈A는 B(帛)가 아닌 것[非]이면[也]〉 그리고 五十非帛不煖의 오십(五十)은 난(煖)을 꾸미는 시간의 부사가 아니라 주어로 새겨야 문맥이 통하고, 불(不)은 난(煖)의 부정사(否定詞)이며, 난(煖)은 자동사로 본동사이다. 五十非帛不煖의 비(非)는 불시(不是)와 같고, 백(帛)은 〈명주 견(絹)〉과 같고 견백(絹帛)의 줄임말로 여기며, 난(煖)은 〈따뜻할 난(暖)〉과 같고 온난(溫煖)의 줄임말로 여기고 새기면 문맥이 통한다.

다섯 오(五), 열 십(十), 아닌 것 비(非), 명주옷 백(帛), 아니 불(不), 따뜻할 난(煖)

七十非肉不飽(칠십비육불포)

▶ (먹을거리가) 고기가[肉] 아닌 것이면[非] 일흔 살의 노인은[七十] 든든하지 않다[不飽].

칠십비육불포(七十非肉不飽) 역시 영어의 복문과 같은 어투이다. 七十非肉不飽는 非肉七十不飽에서 칠십(七十)이 전치된 어투로 보고, 비육(非肉)을 조건의 종속절처럼 새겨야 문맥이 통하므로, 七十非肉不飽가 영어의 복문과 같은 어투란 말이다. 물론 七十非肉不飽를 기사비육(其食非肉) 칠십세인불포(七十歲人不飽)로 여기고 새기면 七十非肉不飽의 문맥에 걸맞은 문의가 드러난다. 그[其] 먹을거리가[食] 육류가[肉] 아닌 것이면[非] 일흔[五十] 살의[歲] 사람들은[人] 배부르지 않다[不飽]. 그러므로 七十非肉不飽에서 비육(非肉)을 〈A非B也〉꼴에서 주어인 A와 절을 결정짓는 야(也)를 생략하고, 보어인 비(非)와 비(非)의 동격인 육(肉)을 남긴 조건의 종속절로 보면, 七十非肉不飽의 문맥이 통한다. 〈A는 B(肉)가 아닌 것[非]이면[也]〉 그리고 七十非肉不飽의 칠십(七十)은 포(飽)를 꾸미는 시간의 부사가 아니라 주어로 새겨야 문맥이 통하고, 불(不)은 포(飽)의 부정사(否定詞)이며, 포(飽)는 자동사로 본동사이다. 七十非肉不飽의 비(非)는 불시(不是)와 같고, 육(肉)은 육류(肉類)의 줄임말로 여기고, 포(飽)는 포만(飽滿)의 줄임말로 여기고 새기면 문맥이 통한다. 뱃속이 든든하다[飽滿].

일곱 칠(七), 열 십(十), 아닌 것 비(非), 고기 육(肉), 아니 불(不), 배부를 포(飽)

不煖不飽謂之凍餒(불난불포위지동뇌)

▶ 따뜻하지 않음과[不煖] 배 부르지 않음[不飽], 그것을[之] 얼고[凍] 굶주림[餒]이라 한다[謂].

불난불포위지동뇌(不煖不飽謂之凍餒)는 〈人人謂AB〉꼴로 영어의 5형식 문장과 같은 어투이다. 주어가 일반적일 때 주어인 사람들[人人]을 생략하고 〈A謂之B〉꼴로 쓴 것이다. 〈사람들은[人人] A(不煖不飽)를 B(凍餒)라고 일컫는다[謂]〉 그러므로 不煖不飽謂之凍餒를 위불난불포동뇌(謂不煖不飽凍餒)로 여기고 새겨야 우리말답게 不煖不飽謂之凍餒의 문맥을 잡기 쉽다. 人人謂不煖不飽凍餒에서 일반주어인 사람들[人人]을 생략하고, 위(謂)의 목적어인 불난불포(不煖不飽)를 전치하고 그 빈 자리에 허사 지(之)를 둔 어투로, 영어의 5형식 문장처럼 생각할 수 있다. 그러므로 不煖不飽謂之凍餒에서 불난불포(不煖不飽)를 위(謂)의 주어가 아닌 목적어로 보고 허사 지(之)를 무시하고 동뇌(凍餒)를 목적격 보어로 여기고 새기면, 不煖不飽謂之凍餒의 문맥이 우리말답게 잡힌다. 不煖不飽謂之凍餒의 난(煖)은 〈따뜻한 난(暖)〉과 같고 온난(溫煖)의 줄임말로 여기고, 포(飽)는 포만(飽滿)의 줄임말로 여기며, 위(謂)는 〈일컬을 칭(稱)〉과 같고, 동(凍)은 〈얼 냉(冷)〉과 같고 냉동(冷凍)의 줄임말로 여기고, 뇌(餒)는 〈굶주릴 기(飢), 아(餓)〉 등과 같다.

아니 불(不), 따뜻할 난(煖), 배부를 포(飽), 일컬을 위(謂), 그것 지(之), 얼 동(凍), 굶주릴 뇌(餒)

文王之民無凍餒之老者(문왕지민무동뇌지로자) 此之謂也(차지위야)

▶ 이는[此] 문왕[文王]의[之] 백성에는[民] 얼고[凍] 굶주린다[餒]는[之] 노인들이[老] 없는[無] 것[者], 그것을[之] 밝힌 것[謂]이다[也].

문왕지민무동뇌지로자차지위야(文王之民無凍餒之老者此之謂也)는 〈A此之謂也〉꼴로 영어의 2형식 문장과 같은 어투이다. 〈A인 이를[此] 알린 것[謂]이다[也]〉 〈A此之謂也〉의 A와 차(此)를 동격으로 보고 위(謂)의 목적어로 새긴다. 文王之民無凍餒之老者此之謂也에서 문왕지민무동뇌지로(文王

之民無凍餒之老)를 자(者)를 꾸미는 형용사절로 여기고, 자(者)를 위(謂)의 목적어로 여기고 새길 수도 있고, 文王之民無凍餒之老를 주절로 보고 자(者)를 주어나 주절 끝에 붙는 어조사(~이란)로 여기고 새길 수도 있다. 이것은 자(者)가 한문투에서 다양한 구실을 하기 때문이다. 그러므로 文王之民無凍餒之老者此之謂也를 위문왕지민무동뇌지로자야(謂文王之民無凍餒之老者也)로 여기고 새기면 문맥을 잡아 걸맞은 문의를 건질 수 있다. 말하자면 〈A此之謂也〉를 〈謂A也〉로 여기고 새겨도 문의가 상하거나 달라지지 않는다는 뜻이다. 〈A(文王之民無凍餒之老)를 알린 것[謂]이다[也]〉

문왕지민무동뇌지로자차지위야(文王之民無凍餒之老者此之謂也)에서 문왕지민무동뇌지로자(文王之民無凍餒之老者)는 차(此)의 동격이고, 차(此)는 위(謂)의 목적어이며, 지(之)는 차(此)가 전치되었음을 알리는 허사이고, 위(謂)는 영어의 동명사 또는 부정사(不定詞)와 같으면서 보어이며, 야(也)는 구문을 결정짓는 어조사(~이다)이다. 그리고 文王之民無凍餒之老者에서 문왕지(文王之)는 민(民)을 꾸미는 형용사이고, 지(之)는 소유격 토씨(~의)이며, 무(無)는 〈없을 무(無)〉로 절의 본동사이고, 동뇌지(凍餒之)는 노(老)를 꾸미는 형용사이며, 지(之)는 동뇌(凍餒)를 형용사로 만드는 어조사(~하는)이고, 노(老)는 무(無)의 주어이며, 자(者)는 주절을 결정짓는 어조사(~이란)이다. 물론 文王之民無凍餒之老者에서 文王之民無凍餒之老까지를 자(者)의 동격절로 보고 〈것 자(者)〉로 여기고 문맥을 잡을 수도 있다. 문왕[文王]의[之] 백성에는[民] 얼거나[凍] 굶주리[餒]는[之] 노인들이[老] 없다는 것임[無]을[者]로 새기면 자(者)를 위(謂)의 목적절을 결정짓는 어조사(~을)로 여기는 셈이고, 문왕[文王]의[之] 백성에는[民] 얼거나[凍] 굶주리[餒]는[之] 노인들이[老] 없다는[無] 것을[者]로 새기면 자(者)를 위(謂)의 목적어로 여기는 셈이다. 이처럼 자(者)를 〈어조사 자(者)〉로 새기든 또는 〈것 자(者)〉로 새기든 문맥의 문의는 상하지 않거나 달라지지 않는다. 文王之民無凍餒之老者의 동(凍)은 〈얼 냉(冷)〉과 같고 냉동(冷凍)의 줄임말로 여기고, 뇌(餒)는 〈굶주릴 기(飢), 아(餓)〉 등과 같다.

힘없는 노약자들을 방치해두면 얼어 죽고[凍死] 굶어 죽는[餒死] 일들이 빈번하게 일어난다. 그러면 발정시인(發政施仁)의 세상일 수 없다. 목숨을 물려받은 천명을 저버린 꼴이기 때문이다. 사람은 받은 천명을 알고 짐승은 받은 천명(天命)을 모른다. 인간이면서 천명을 저버린다면 그 놈은 짐승이다. 부모가 목숨을 물려준 천지(天地)와 같음을 나 몰라라 한다면 그 놈은 짐승이요 호래자식이란 말이다. 치도(治道)란 사람을 사람답게 다스리는 길이다. 서백(西伯)은 그 길에서 벗어나지 않았음을 맹자가 쉽게 풀어주고 있다.

글 문(文), 임금 왕(王), ~의 지(之), 백성 민(民), 없을 무(無), 얼 동(凍), 굶주릴 뇌(餒) ~한 지(之), 늙은이 로(老), 것 자(者), 이차 차(此), 허사 지(之), 고할 위(謂), ~이다 야(也)

제23장

23장은 맹자가 성인(聖人)의 치세(治世)를 밝히고 있는 장이다. 맹자가 주창하는 보민이왕(保民而王)이 왜 성인의 치도(治道)이고 동시에 치세인지를 아주 쉽게 터득하게 하는 장이다. 백성이 물이나 불을 구하듯이 그렇게 양식을 간직할 수 있게 하여 넉넉히 살게 하는 치세를 숙속여수화(菽粟如水火)란 비유로 성인의 치리(治理)를 간명하게 깨우쳐주는 장이다.

【문지(聞之)】

숙속여수화(菽粟如水火)

【원문(原文)】

孟子曰 易其田疇하고 薄其稅斂하면 民可使富也이다 食之以時하고 用之以禮하면 財不可勝用也이다 民非水火不生活인데 昏暮에 叩人之門戶하여 求水火라도 無弗與者는 至足矣이니 聖人治天下에 使有菽粟을 如水火니 菽粟如水火면 而民이 焉有不仁者乎리오

맹자왈 이기전주 박기세렴 민가사부야 식지이시 용지이례 재불가승용야 민비수화불생활 혼모 고인지문호 구수화 무불여자 지족의 성인치천하 사유숙속 여수화 숙속여수화 이민 언유불인자호

【해독(解讀)】

맹자가 말했다[孟子曰]. "백성의 밭농사를 다스리고[易其田疇] 백성의 납

세를 덜어주면[薄其稅斂] 백성은 부유하게 될 수 있는 것이고[民可使富也], 철 따라 먹을거리를 먹고[食之以時] 예의 따라 물건들을 사용하면[用之以禮] 재물은 모두 다 쓸 수 없는 것이다[財不可勝用也]. 백성한테 물과 불이 없다면[民非水火] (백성은) 살지도 활동하지도 못한다[不生活]. 해질 무렵에 (어떤 사람이) 남의 집 문간을 두드려[昏暮叩人之門戶] 물이나 불을 구하면[求水火] (그것들을) 주지 않을 사람은 없다[無弗與者]. (이는) 지극히 넉넉한 것이기 때문이다[至足矣]. 성인이 천하를 다스리면[聖人治天下] 물불을 (가지)듯이 콩과 조를 가지게 한다[使有菽粟如水火]. 양식이 물불과 같다면[菽粟如水火] 백성한테 어질지 않은 사람이 어찌 있을 것인가[而民焉有不仁者乎]?"

【담소(談笑)】

易其田疇(이기전주) 薄其稅斂(박기세렴) 民可使富也(민가사부야)

▶ 백성의[其] 밭농사를[田疇] 다스리고[易] 백성의[其] 납세를[稅斂] 경감해주면[薄] 백성은[民] 부유하게[富] 될 수 있는 것[可使]이다[也].

이기전주박기세렴민가사부야(易其田疇薄其稅斂民可使富也)는 맹자왈(孟子曰)의 목적절이지만 독립구문처럼 여기고 문맥을 잡아도 된다. 易其田疇薄其稅斂民可使富也는 〈AB也〉꼴로 영어의 2형식 문장과 같다. 易其田疇薄其稅斂民可使富也에서 동사가 〈다스릴 이(易)〉, 〈덜어줄 박(薄)〉, 〈시킬 사(使)〉 등이지만, 이(易)와 박(薄)은 영어의 부정사(不定詞)나 분사와 같으므로 구문의 동사는 사(使) 하나이다. 따라서 易其田疇薄其稅斂民可使富也에서 이기전주(易其田疇)와 박기세렴(薄其稅斂)은 가사(可使)를 꾸며주는 조건의 부정사구 내지 조건의 동명사구로 여기면 민가사부야(民可使富也)와 자연스럽게 연결되고, 민가사부야(民可使富也)가 중심적인 주절이므로 易其田疇薄其稅斂民可使富也를 〈AB也〉꼴로 여기고 문맥을 잡는다.

이기전주(易其田疇)에서 이(易)는 영어의 부정사(不定詞) 또는 분사 구실을 하고, 기전주(其田疇)는 이(易)의 목적어이므로, 조건의 부정사구 또는 분사구로 여긴다. 易其田疇의 이(易)는 〈다스릴 치(治)〉와 같고, 기(其)는 민지(民之)를 대신하는 관형사이며, 주(疇)는 밭갈이의 정리를 뜻하므로 전주(田疇)는 밭농사를 말한다.

박기세렴(薄其稅斂)에서 박(薄)은 영어의 부정사 또는 분사 구실을 하고,

기세렴(其稅斂)은 박(薄)의 목적어이므로, 조건의 부정사구 또는 분사구로 여긴다. 薄其稅斂의 박(薄)은 〈덜 경(輕)〉과 같고 경박(輕薄)의 줄임말로 여기고, 세(稅)는 〈세금 조(租)〉와 같고 조세(租稅)의 줄임말로 여기며, 염(斂)은 〈거둘 수(收)〉와 같고 수렴(收斂)의 줄임말로 여긴다.

민가사부야(民可使富也)에서 민(民)은 주어이고, 가(可)는 사(使)의 조동사이며, 사(使)는 수동태로 자동사이고, 부(富)는 사(使)를 꾸미는 부사이며, 야(也)는 구문을 결정짓는 어조사(~이다) 이다. 民可使富也에 야(也)가 있으므로 사(使)를 보어로 여길 수 있지만, 야(也)를 무시하면 가(可)는 사(使)의 조동사이고, 사(使)는 수동태 자동사이며, 부(富)는 사(使)를 꾸미는 부사이므로 民可使富를 영어의 2형식 문장처럼 볼 수도 있다. 물론 民可使富也를 可使民富也로 보고 백성으로[民] 하여금[使] 부유하게 할 수 있는 것[可富]이다[也]로 새길 수도 있고, 야(也)를 무시한 可使民富로 보고 백성으로[民] 하여금[使] 부유하게[富] 할 수 있다[可]고 새길 수도 있지만, 어느 경우든 문맥의 문의는 상하거나 달라지지 않고 어조에 차이가 날 뿐이다.

다스릴 이(易), 그 기(其), 밭 전(田), 밭두둑 주(疇), 줄일 박(薄), 세금 세(稅), 거둘 염(斂), 백성 민(民), 가할 가(可), 하여금 사(使), 부유할 부(富), ~이다 야(也)

食之以時(식지이시) 用之以禮(용지이례) 財不可勝用也(재불가승용야)

▶ 철[時] 따라[以] 먹을거리를[之] 먹고[食] 예의[禮] 따라[以] 물건들을[之] 사용하면[用] 재물은[財] 모두 다[勝] 쓸 수 없는 것[不可用]이다[也].

식지이시용지이례재불가승용야(食之以時用之以禮財不可勝用也)는 〈AB也〉꼴로 영어의 2형식 문장과 같은 어투이다. 食之以時用之以禮財不可勝用也에서 동사가 〈먹을 식(食)〉, 〈부릴 용(用)〉, 〈쓰일 용(用)〉 등이지만, 식(食)와 앞의 용(用)은 영어의 부정사(不定詞)나 분사와 같은 구실을 하므로 구문의 동사는 〈쓰일 용(用)〉 하나이다. 따라서 食之以時用之以禮財不可勝用也에서 식지이시(食之以時)와 용지이례(用之以禮)는 가용(可用)을 꾸며주는 조건의 부정사구 내지 조건의 동명사구로 여기면 재불가승용야(財不可勝用也)와 연결되어 문맥이 잡히고, 또한 재불가승용야(財不可勝用也)를 중심으로 문맥을 잡을 있으므로 食之以時用之以禮財不可勝用也를 〈AB也〉꼴로 여기고 문맥을 잡아갈 수 있다.

식지이시(食之以時)에서 식(食)은 영어의 부정사(不定詞) 또는 분사와 같고, 지(之)는 식(食)의 목적어로 부정대명사이며, 이시(以時)는 식(食)을 꾸미는 시간의 부사구이므로 조건의 부정사구 또는 분사구처럼 여긴다. 食之以時의 식(食)은 〈먹을 여(茹)〉와 같고, 지(之)는 식(食)의 목적어이므로 먹을거리 정도로 새기고, 이(以)는 〈함께 여(與)〉와 같고, 시(時)는 시절(時節) 즉 계절로 새긴다. 계절을[時] 따라[以].

용지이례(用之以禮)에서 용(用)은 영어의 부정사(不定詞) 또는 분사와 같고, 지(之)는 용(用)의 목적어이며, 이례(以禮)는 용(用)을 꾸미는 부사구이므로 조건의 부정사구 또는 분사구처럼 여긴다. 用之以禮의 용(用)은 〈부릴 사(使)〉와 같고 사용(使用)의 줄임말로 여기고, 지(之)는 용(用)의 목적어이므로 물건 정도로 새기며, 이(以)는 〈함께 여(與)〉와 같고, 예(禮)는 예의(禮儀)의 줄임말로 여기고 새긴다. 예를[禮] 따라[以].

재불가승용야(財不可勝用也)에서 재(財)는 주어이고, 불(不)은 용(用)의 부정사(否定詞)이며, 가(可)는 용(用)의 조동사이고, 승(勝)은 용(用)을 꾸미는 부사이며, 용(用)은 영어의 동명사 내지 부정사(不定詞)와 같으면서 보어이므로 財不可勝用을 영어의 2형식 문장과 같은 어투로 문맥을 잡을 수 있다. 財不可勝用也의 재(財)는 〈재물 화(貨)〉와 같고 재화(財貨) 내지 재물(財物)의 줄임말로 여기고, 가(可)는 〈가할 능(能)〉과 같고, 승(勝)은 〈모조리 실(悉)〉과 같으며, 용(用)은 〈쓰일 사(使)〉와 같고 사용(使用)의 줄임말로 여긴다. 그리고 財不可勝用也를 〈어조사(~이다) 야(也)〉를 무시해버리고 財不可勝用처럼 여기고 재물은[財] 모두 다[勝] 쓰일 수 없다[不可用]고 새겨 문맥을 잡을 수도 있고, 야(也)를 살려 재물은[財] 모두 다[勝] 쓰일 수 없는 것[不可用]이다[也]로 새겨 문맥을 잡을 수도 있다. 어느 경우든 문맥의 문의는 상하거나 달라지지 않고 어조에 차이가 날 따름이다.

먹을 식(食), 그 지(之), 함께 이(以), 때 시(時) 부릴 용(用), 써 이(以), 예의 례(禮), 재물 재(在), 아니 불(不), 가할 가(可), 다할 승(勝), 쓰일 용(用), ~이다 야(也)

民非水火(민비수화) 不生活(불생활)

▶ 백성한테[民] 물과[水] 불이[火] 없다면[非] (백성은) 살거나[生] 활동하지 못한다[不活].

민비수화불생활(民非水火不生活)은 民非水火 民不生 而民不活에서 되풀이되는 내용이므로 민(民)과 불(不)을 생략한 문장으로, 영어의 복문과 같은 어투이다. 民非水火不生活에서 동사가 〈없을 비(非)〉, 〈살 생(生)〉, 〈생존할 활(活)〉 등 셋이므로 세 구문으로 이루어져 있다. 그러나 民非水火와 不生活의 관계를 이어보면 민비수화(民非水火)한다면 불생활(不生活)한다고 문맥이 잡히므로, 民非水火는 조건의 종속절이고 不生活이 주절이다. 그래서 民非水火不生活을 영어의 복문과 같은 어투로 보고 문맥을 잡는다.

조건의 종속절인 민비수화(民非水火)에서 민(民)은 비(非)를 꾸미는 부사이고, 비(非)는 〈없을 비(非)〉로 절의 본동사이며, 수화(水火)는 주어이므로 영어의 1형식 절과 같은 어투이다. 民非水火의 비(非)는 〈없을 무(無)〉와 같고, 이 경우에 비(非)는 무(無)와 마찬가지로 주어를 뒤에 둔다.

주절인 불생활(不生活)은 주어인 민(民)이 생략된 채로 술부만 남은 어투로, 불(不)은 생활(生活)의 부정사(否定詞)이고, 생(生)과 활(活)은 자동사로 주절의 본동사이므로 영어의 1형식 절과 같은 어투이다. 〈살 생(生)〉, 〈살 활(活)〉은 같은 뜻으로 겹동사로 보아도 된다.

백성 민(民), 없을 비(非), 물 수(水), 불 화(火), 아니 불(不), 살 생(生), 생존할 활(活)

昏暮叩人之門戶(혼모고인지문호) 求水火(구수화) 無弗與者(무불여자)

▶ 해질 무렵에[昏暮] (어떤 사람이) 남[人]의[之] 집[戶] 문간을[門] 두드려[叩] 물이나[水] 불을[火] 구하면[求] (그것들을) 주지 않을[弗與] 사람은[者] 없다[無].

혼모고인지문호구수화무불여자(昏暮叩人之門戶求水火無弗與者)는 昏暮某人叩人之門戶 而其人求水火 無弗與水火之人에서 문맥으로 보충할 수 있는 내용이므로 어떤 사람[某人]과 그 사람[其人] 그리고 弗與水火之人에서 수화(水火)를 생략하고 지인(之人)을 자(者)로 축약한 어투로, 영어의 복문과 같은 어투이다. 해질 무렵에[昏暮] 어떤[某] 사람이[人] 남[人]의[之] 집[戶] 문간을[門] 두드려[叩] 그 어떤[其] 사람이[人] 물이나[水] 불을[火] 구한다면[求] 물이나[水] 불을[火] 주지 않겠다[弗與]는[之] 사람은[人] 없다[無]를, 해질 무렵에[昏暮] 남[人]의[之] 집[戶] 문간을[門] 두드려[叩] 물이나[水] 불을[火] 구한다면[求] 주지 않을[弗與] 사람은[者] 없다[無]로 새겨 문맥의 문의가 오히려 번잡하지 않게 드러난다. 이처럼 한문투는 반복되는 내용이라면 사정없이 생략해버리는 어투가 극심한 것을 주의하여 문맥을 잡는다. 앞 문맥을 살펴 생략된 내용을 보충해보면 문맥을 잡기가 쉽다.

혼모고인지문호구수화무불여자(昏暮叩人之門戶求水火無弗與者)에서 동사를 주목하면 〈두드릴 고(叩)〉, 〈구할 구(求)〉, 〈없을 무(無)〉, 〈줄 여(與)〉 등이지만, 여(與)는 자(者)를 꾸미는 영어의 분사와 같으므로 昏暮叩人之門戶求水火無弗與者를 세 구문으로 나누어 문맥을 잡는다. 즉 昏暮叩人之門戶 求水火 無弗與者 등으로 나누어 문맥을 잡는다는 말이다. 이들의 관계를 이어보면 혼모고인지문호(昏暮叩人之門戶)하여 구수화(求水火)한다면 무불여자(無弗與者)로, 昏暮叩人之門戶와 求水火는 조건의 종속절이고, 無弗與者가 주절이다. 따라서 昏暮叩人之門戶求水火無弗與者를 영어의 복문과 같은 어투로 여기고 문맥을 잡으면 쉽다.

조건의 종속절인 혼모고인지문호(昏暮叩人之門戶)에서 혼모(昏暮)는 시간의 부사이고, 고(叩)는 타동사로 절의 본동사이며, 인지(人之)는 문호(門戶)를 꾸미는 형용사이고, 문호(門戶)는 고(叩)의 목적어로 주어가 생략됐지만 영어의 3형식 절과 같다. 昏暮叩人之門戶의 지(之)는 소유격 토씨(~)이고, 고(叩)는 〈두드릴 타(打)〉와 같고 타고(打叩)의 줄임말로 여긴다.

조건의 종속절인 구수화(求水火)에서 구(求)는 타동사로 절의 본동사이고, 수화(水火)는 구(求)의 목적어로 주어가 생략되어 있지만 영어의 3형식 절과 같은 어투이다. 求水火의 구(求)는 〈구할 요(要)〉와 같고 요구(要求)의 줄임말로 여긴다.

주절인 무불여자(無弗與者)에서 무(無)는 자동사 〈없을 무(無)〉로 주절의 본동사이고, 불여(弗與)는 자(者)를 꾸미는 영어의 분사와 같은 형용사이며, 자(者)는 여기서 지인(之人)의 축약으로 무(無)의 주어이다. 無弗與者의 무(無)는 〈없을 막(莫)〉과 같고, 불(弗)은 〈아니 불(不)〉과 같으며, 여(與)는 〈

줄 수(授)〉와 같고 수여(授與)의 줄임말로 여기고, 자(者)는 여기선 지(之) + 명사를 축약할 때 쓰이는 경우이다. 즉 여기선 문맥으로 보아 불여지인(弗與之人)으로 보고 새기므로 불여자(弗與者)의 자(者)를 〈사람(놈) 자(者)〉로 새긴다. 물론 문맥에 따라 〈것 자(者)〉로 새기는 경우도 많다.

해질 무렵 혼(昏), 해질 무렵 모(暮), 두드릴 고(叩), 남 인(人), ~의 지(之), 문 문(門), 집 호(户), 구할 구(求), 물 수(水), 불 화(火), 없을 무(無), 아니 불(弗), 줄 여(與), 놈 자(者)

至足矣(지족의)

▶ (이는) 지극히[至] 넉넉한 것이기[足] 때문이다[矣].

지족의(至足矣)는 是至足矣에서 문맥으로 보충할 수 있으므로 주어인 시(是)를 생략한 문장으로, 영어의 2형식 문장과 같다. 물론 至足矣를 〈是A故矣〉꼴로 보고 새기는 것이 더욱 잘 문맥이 통한다. 〈이는[是] A이기 때문[故]이다[矣]〉 그러므로 至足矣를 是至足故矣의 줄임으로 여기고 새기면 문맥의 문의가 더욱 잘 드러난다. 至足矣에서 지(至)는 족(足)을 꾸미는 부사이고, 족(足)은 영어의 동명사와 같으면서 보어이고, 의(矣)는 구문을 결정짓는 어조사(~이다)로 주어가 생략되었지만 영어의 2형식 문장과 같다. 至足矣의 지(至)는 〈더없는 극(極)〉과 같고 지극(至極)의 줄임말로 여기고, 족(足)은 〈넉넉함 풍(豊)〉과 같고 풍족(豊足)의 줄임말로 여기며, 의(矣)는 〈~이다 야(也)〉와 같다.

지극히 지(至), 넉넉한 것 족(足), ~이다 의(矣)

聖人治天下(성인치천하) 使有菽粟如水火(사유숙속여수화)

▶ 성인이[聖人] 천하를[天下] 다스리면[治] 물불을[水火] (가지)듯이[如] 콩과[菽] 조를[粟]를 가지게[有] 한다[使].

성인치천하사유숙속여수화(聖人治天下使有菽粟如水火)와 같은 어투는 먼저 어떤 글자가 동사인지를 알아야 문맥을 잡기가 편하다. 聖人治天下使有菽粟如水火에서 〈다스릴 치(治)〉, 〈시킬 사(使)〉, 〈가질 유(有)〉, 〈같이 할 여(如)〉 등이 동사이지만, 유(有)는 영어에서 to 없는 부정사(不定詞)와 같은 구실을 하고 여(如)는 영어의 전치사와 같으므로 나머지 치(治)와 사

(使) 두 글자가 동사이다. 따라서 聖人治天下使有菽粟如水火를 聖人治天下와 使有菽粟如水火 두 구문으로 나누어 문맥을 잡는데, 그 이유는 동사의 수만큼 구문이 이루어지기 때문이다. 두 구문의 관계를 이어보면 문장으로 문맥을 잡을지 아니면 절로 문맥을 잡을지 가늠할 수 있다. 성인치천하(聖人治天下)하면 사유숙속여수화(使有菽粟如水火)한다고 새기면 聖人治天下使有菽粟如水火의 문맥이 잡히므로 聖人治天下를 조건의 종속절로, 使有菽粟如水火를 주절로 여기고 문맥을 잡을 수 있다. 다시 말해서 聖人治天下使有菽粟如水火는 영어의 복문과 같은 어투로 보고 문맥을 잡을 수 있다.

조건의 종속절인 성인치천하(聖人治天下)에서 성인(聖人)은 주어이고, 치(治)는 타동사로 절의 본동사이며, 천하(天下)는 치(治)의 목적어로 영어의 3형식 절과 같다. 聖人治天下의 치(治)는 〈다스릴 리(理)〉와 같다.

주절인 사유숙속여수화(使有菽粟如水火)는 聖人使民有菽粟如水火에서 사(使)의 주어인 성인(聖人)과 목적어 민(民)을 생략했지만, 영어의 사역문과 같은 어투이다. 성인은[聖人] 백성이[民] 물불을[水火] (가지)듯이[如] 콩과[菽] 조를[粟] 갖게[有] 한다[使]를, 물불을[水火] (가지)듯이[如] 콩과[菽] 조를[粟] 갖게[有] 한다[使]고 줄여놓다는 말이다. 한문투는 문맥의 문의가 상하지만 않으면 되풀이되는 내용을 사정없이 생략하는 어투가 매우 극심함을 늘 유념하면서 문맥을 잡아가야 한다. 使有菽粟如水火에서 사(使)는 사역동사이고, 유(有)는 영어의 to 없는 부정사(不定詞)와 같은 구실을 하며, 숙속(菽粟)은 유(有)의 목적어이고, 여수화(如水火)는 유(有)를 꾸미는 부사구로 여기면 使有菽粟如水火의 문맥이 잡힌다. 使有菽粟如水火의 본동사로 사역동사 사(使)를 〈使A爲B〉꼴과 〈使爲B〉꼴로 나누어 정리해두면 편하다. 〈A로 하여금[使] B를 하게 한다[爲]〉, 〈B를 하게 한다[使爲]〉 그러므로 사유숙속(使有菽粟)을 숙속을[菽粟] 갖게 한다[使有]고 새기면 문맥이 잡힌다. 使有菽粟如水火의 사(使)는 〈시킬 역(役)〉과 같고, 유(有)는 〈가질 보(保)〉와 같고 보유(保有)의 줄임말로 여기고, 숙속(菽粟)은 양식(糧食)이란 뜻이고, 여(如)는 〈같이 사(似)〉와 같다.

성스러울 성(聖), 사람 인(人), 다스릴 치(治), 하늘 천(天), 아래 하(下), ~하게 할 사(使), 가질 유(有), 콩 숙(菽), 조 속(粟), 같이 여(如), 물 수(水), 불 화(火)

菽粟如水火(숙속여수화) 而民焉有不仁者乎(이민언유불인자호)

▶ 양식이[菽粟] 물불과[水火] 같다[如]면[而] 백성한테[民] 어질지 않은[不仁] 사람이[者] 어찌[焉] 있을 것[有]인가[乎]?

숙속여수화이민언유불인자호(菽粟如水火而民焉有不仁者乎) 역시 어떤 글자가 동사인지를 먼저 찾아내면 문맥을 잡기가 편하다. 菽粟如水火而民焉有不仁者乎에서 동사는 〈같을 여(如)〉, 〈있을 유(有)〉, 〈가질 유(有)〉 등이다. 그러므로 菽粟如水火而民焉有不仁者乎를 菽粟如水火와 而民焉有不仁者乎 두 구문으로 나누어 문맥을 잡는다. 동사의 수만큼 구문이 나뉘는 이유는 동사가 구문 골격의 중심을 이루기 때문이다. 두 구문의 관계를 이어보면 문장으로 문맥을 잡을지 아니면 절로 문맥을 잡을지 가늠할 수 있다. 숙속여수화(菽粟如水火)하면 (而民焉有不仁者乎)인가로 새기면 菽粟如水火而民焉有不仁者乎의 문맥이 잡히므로 菽粟如水火를 조건의 종속절로, 民焉有不仁者乎를 주절로 여기고 문맥을 잡을 수 있다. 결국 菽粟如水火而民焉有不仁者乎는 영어의 복문과 같은 어투로 문맥을 잡을 수 있다는 말이다.

조건의 종속절인 숙속여수화(菽粟如水火)에서 숙속(菽粟)은 주어이고, 여(如)는 타동사로 절의 본동사이며, 수화(水火)는 여(如)의 목적어로 영어의 3형식 절과 같다. 菽粟如水火의 여(如)는 〈같을 약(若), 사(似)〉 등과 같다.

주절인 이민언유불인자호(而民焉有不仁者乎)에서 이(而)는 말을 이어주는 연사(連詞) 정도의 어조사이므로 무시해도 되고, 민(民)은 유(有)를 꾸미는 부사이며, 언(焉)은 의문사로 유(有)를 꾸미는 부사이고, 유(有)는 자동사 〈있을 유(有)〉로 주절의 본동사이며, 불인(不仁)은 자(者)를 꾸미는 형용사이고, 자(者)는 유(有)의 주어이다. 유(有)가 자동사 〈있을 유(有)〉일 때는 그 주어를 뒤에 두므로 而民焉有不仁者乎는 영어의 1형식 의문문과 같은 어투이다. 而民焉有不仁者乎의 민(民)은 백성을 뜻하고, 언(焉)은 〈어찌 하(何)〉와 같으며, 불인자(不仁者)는 불인지인(不仁之人)의 지인(之人)을 자(者)로 축약한 어투이므로 〈사람 자(者)〉로 새겨야 문맥이 통한다. 만약 지물(之物)을 자(者)로 축약했다면 〈것 자(者)〉로 새긴다.

맹자가 성인의 치세를 매우 쉽게 밝히고 있다. 백성이 산하(山河)에서 마음대로 물과 불을 구할 수 있듯이 먹고 살아야 하는 양식을 그렇게 해주어

굶주리지 않고 살 수 있게 해주는 다스림[治理]이 곧 성인의 치도(治道)요 치세임을 밝히고 있다. 성인의 치세를 숙속여수화(菽粟如水火)라고 비유한 맹자의 화술은 바늘 하나 들어갈 틈이 없다. 그러니 시비 걸지 말라. 식량은[菽粟] 물불[水火] 같다[如]. 백성이 살기가 넉넉하면 백성 사이에서 어찌 불인자(不仁者)가 생기겠는가? 이 반문을 두고 아무도 입질할 수 없다.

콩 숙(菽), 조 속(粟), 같을 여(如), 물 수(水), 불 화(火), 어조사(~면) 이(而), 백성 민(民), 어찌 언(焉), 있을 유(有), 아니 불(不), 어진 인(仁), 사람 자(者)

제24장

24장은 맹자가 군자의 도(道)를 유수(流水)에 비유해 밝히고 있는 장이다. 흐르는 물은 구덩이[科]를 채우지 않으면 흐르지 않는다고 비유해 군자지지어도(君子之志於道)를 아주 간명하게 일러주는 장이다. 특히 불성장(不成章)을 깊이 헤아려 삼도(三道 : 天道 · 地道 · 人道)를 하나[一]로 하는 군자의 도를 살펴보게 하는 장이다.

【문지(聞之)】

군자지지어도야불성장부달(君子之志於道也不成章不達)

【원문(原文)】

孟子曰 孔子登東山而小魯하고 登太山而小天下하니 故로 觀於海者는 難爲水하고 遊於聖人之門者는 難爲言한다 觀水에 有術하니 必觀其瀾이고 日月에 有明하니 容光에 必照焉이다 流水之爲物也는 不盈科이면 不行하니 君子之志於道也에도 不成章이면 不達한다

(맹자왈 공자등동산이소로 등태산이소천하 고 관어해자 난위수 유어성인지문자 난위언 관수 유술 필관기란 일월 유명 용광 필조언 유수지위물야 불영과 불행 군자지지어도야 불성장 부달)

【해독(解讀)】

맹자가 말했다[孟子曰]. "공자가 동산에 올라가서 노나라를 작다고 여겼

고[孔子登東山而小魯], (공자가) 태산에 올라가서 천하를 작다고 여겼다[登太山而小天下]. 그러므로[故] 바다를 보는 사람은 물을 일컫기를 어려워하고[觀於海者難爲水], 성인의 문에서 노는 사람은 말을 하기를 어려워한다[遊於聖人之門者難爲言]. 물을 살피는 데는 기법이 있는데[觀水有術], (그 기법이란) 반드시 그 물결을 살피는 것이다[必觀其瀾]. 일월은 밝음을 지니는데[日月有明], (그 밝음은) 작은 틈새 거기에도 반드시 비추어주는 것이다[容光必照焉]. 흐르는 물이라고 일컬어지는 것이란 구멍을 채우지 않으면 흘러가지 않는다[流水之爲物也不盈科不行]. 도를 향한 군자의 뜻이 문장을 이룩하지 못한다면[君子之志於道也不成章] (그 도의 문장을) 달성하지 못한다[不達]."

【담소(談笑)】

孔子登東山而小魯(공자등동산이소로)

▶ 공자가[孔子] 동산에[東山] 올라가[登]서[而] 노나라를[魯] 작다고 여겼다[小].

공자등동산이소로(孔子登東山而小魯)는 孔子登東山 而孔子小魯에서 되풀이되는 주어이므로 공자(孔子)를 생략하고 〈그리고 이(而)〉로 연결한 영어의 중문과 같은 어투이다. 孔子登東山而小魯에서 공자(孔子)는 등(登)과 소(小)의 주어이고, 등(登)은 타동사로 본동사이며, 동산(東山)은 등(登)의 목적어이고, 이(而)는 연접의 연사이며, 소(小)는 타동사로 본동사이고, 노(魯)는 소(小)의 목적어이다. 孔子登東山而小魯의 등(登)은 〈오를 승(升)〉과 같고, 소(小)는 작다고 여긴다[小]는 뜻으로 동사이며, 노(魯)는 공자가 태어난 노국(魯國)을 말하고, 동산(東山)은 노나라 동부에 있는 산 이름이다.

클 공(孔), 존칭 자(子), 오를 등(登), 동녘 동(東), 뫼 산(山) 그리고 이(而), 작다고 여길 소(小), 노나라 로(魯)

登太山而小天下(등태산이소천하)

▶ (공자가) 태산에[太山] 올라가[登]서[而] 천하를[天下] 작다고 여겼다[小].

등태산이소천하(登太山而小天下)는 孔子登太山 而孔子小天下에서 앞의 문맥으로 보충할 수 있고 되풀이되므로 주어인 공자(孔子)를 생략하고 〈그리고 이(而)〉로 연결한 영어의 중문과 같은 어투이다. 孔子登太山而小天下에서 등(登)은 타동사로 본동사이며, 태산(太山)은 등(登)의 목적어이고, 이

(而)는 연접의 연사이며, 소(小)는 타동사로 본동사이고, 천하(天下)는 소(小)의 목적어이다. 孔子登太山而小天下의 등(登)은 〈오를 승(升)〉과 같고, 소(小)는 작다고 여긴다[小]는 뜻으로 동사이며, 태산(太山)은 태산(泰山)으로 중국에서 말하는 오악(五岳) 중의 하나이다.

오를 등(登), 클 태(太), 뫼 산(山), 그리고 이(而), 작다고 여길 소(小), 하늘 천(天), 아래 하(下)

故(고)

▶ **그러므로[故]**

고(故)는 고왈(故曰)의 줄임이고, 고왈(故曰)은 시고왈(是故曰)을 줄인 꼴이다. 위의 내용[是]이므로[故] 다음처럼 말한다[曰]는 뜻이다. 앞의 내용을 근거로 하여 판단이나 결론을 내릴 때 쓰이고, 고왈(故曰)을 줄여 그냥 고(故)로 할 때가 보통이다. 시고왈(是故曰)의 고(故)는 승상기하(承上起下)의 연접이므로 영어의 therefore처럼 여기고 새긴다. 앞의 내용을[上] 이어서[承] 새로운 내용을[下] 제기한다[起].

그러므로 고(故)

觀於海者(관어해자) 難爲水(난위수)

▶ **바다[海]를[於] 살피는[觀] 사람은[者] 물을[水] 일컫기를[爲] 어려워한다[難].**

관어해자난위수(觀於海者難爲水)는 영어의 3형식 문장과 같은 어투이다. 觀於海者難爲水에서 관어해자(觀於海者)는 주부이고, 난(難)은 타동사로 본동사이며, 위수(爲水)는 난(難)의 목적구이다. 주부인 觀於海者는 觀於海之人의 지인(之人)을 자(者)로 축약한 어투이고, 관어해(觀於海)의 관(觀)은 영어의 분사처럼 자(者)를 꾸미는 형용사 구실을 하는 분사구이며, 자(者)가 난(難)의 주어이다. 난(難)의 목적구인 위수(爲水)의 위(爲)는 영어의 동명사와 같은 난(難)의 목적어이고, 수(水)는 위(爲)의 목적어이다. 觀於海者難爲水의 관(觀)은 〈볼 찰(察)〉과 같고 관찰(觀察)의 줄임말로 여기고, 어(於)는 목적격 토씨(~를)인 어조사이며, 해(海)는 〈바다 양(洋)〉과 같고 해양(海洋)의 줄임말로 여기고, 난(難)은 〈어려울 간(艱)〉과 같고 위(爲)는 〈일컬을 위(謂)〉와 같다.

우물 안 개구리 같은 짓을 범함은 작은 것과 큰 것이 아울러 있는 줄 몰라서이다. 함부로 황하(黃河)와 황해(黃海)를 견주어 크니 작니 떠벌일 것 없다. 대소상수(大小相隨)이기 때문이다. 크고 작음은[大小] 서로[相] 따른다[隨].

살필 관(觀), ~를 어(於), 바다 해(解), 놈 자(者), 어려울 난(難), 말할 위(爲), 물 수(水)

遊於聖人之門者(유어성인지문자) 難爲言(난위언)

▶ 성인[聖人]의[之] 문[門]에서[於] 노는[遊] 사람은[者] 말을[言] 하기를[爲] 어려워한다[難].

유어성인지문자난위언(遊於聖人之門者難爲言)은 영어의 3형식 문장과 같은 어투이다. 遊於聖人之門者難爲言에서 유어성인지문자(遊於聖人之門者)는 주부이고, 난(難)은 타동사로 본동사이며, 위언(爲言)은 난(難)의 목적구이다. 주부인 유어성인지문자(遊於聖人之門者)는 遊於聖人之門之人의 지인(之人)을 자(者)로 축약한 어투이고, 유어성인지문(遊於聖人之門)의 유(遊)는 영어의 분사처럼 자(者)를 꾸미는 형용사 구실을 하는 분사구이며, 자(者)가 난(難)의 주어이다. 난(難)의 목적구 위언(爲言)의 위(爲)는 영어의 동명사와 같은 난(難)의 목적어이고, 언(言)은 위(爲)의 목적어이다. 遊於聖人之門者難爲言의 유(遊)는 〈노닐 소(逍)〉와 같고, 어(於)는 〈~에서 우(于)〉와 같으며, 난(難)은 〈어려울 간(艱)〉과 같고, 위(爲)는 〈일컬을 위(謂)〉와 같다. 특히 遊於聖人之門者의 자(者)가 지(之) + 명사 꼴을 축약한 어투임을 알아두면 문맥을 잡기 편하다. 지(之)와 인(人)을 축약한 자(者)이면 〈사람(놈) 자(者)〉이고, 지(之)와 물(物)을 축약한 자(者)이면 〈것 자(者)〉로 새긴다.

놀 유(遊), ~에서 어(於), 성스러울 성(聖), 사람 인(人), ~의 지(之), 문 문(門), 놈 자(者), 어려워할 난(難), 할 위(爲), 말 언(言)

觀水有術(관수유술)

▶ 물을[水] 살피는 데는[觀] 기법이[術] 있다[有].

관수유술(觀水有術)은 영어의 1형식 문장과 같은 어투이다. 觀水有術에서 관수(觀水)는 유(有)를 꾸미는 부사구이고, 유(有)는 자동사 〈있을 유(有)〉로 본동사이며, 술(術)은 유(有)의 주어이다. 觀水有術의 관(觀)은 〈살필 찰(察)〉과 같고 관찰(觀察)의 줄임말로 여기고, 술(術)은 〈기법 기(技)〉와 같고 기술(技術)의 줄임말로 여긴다.

살필 관(觀), 물 수(水), 있을 유(有), 기법 술(術)

必觀其爛(필관기란)

▶ (그 기법이란) 반드시[必] 그[其] 물결을[瀾] 살피는 것이다[觀].

필관기란(必觀其爛)은 其術是必觀其爛에서 되풀이되는 내용이므로 그 기법[其術]을 생략하고, 문맥으로 보충할 수 있는 〈~이다 시(是)〉를 생략한 어투로 새겨야 문맥이 통하는 영어의 2형식 문장과 같은 어투이다. 그[其] 기법은[術] 반드시[必] 그[其] 물결을[瀾] 살피는 것[觀]이다[是]. 必觀其爛에서 필(必)은 관(觀)을 꾸미는 부사이고, 관(觀)은 영어의 동명사와 같은 보어이고, 기(其)는 수지(水之)를 대신하는 관형사이며, 난(瀾)은 관(觀)의 목적어이다. 必觀其爛의 필(必)은 정사(定辭)이고, 관(觀)은 〈살피는 것 찰(察)〉과 같고, 난(瀾)은 〈물결 파(波)〉와 같고 파란(波瀾)의 줄임말로 여긴다.

반드시 필(必), 살필 관(觀), 그 기(其), 물결 란(瀾)

日月有明(일월유명)

▶ 일월은[日月] 밝음을[明] 지닌다[有].

일월유명(日月有明)은 영어의 3형식 문장과 같은 어투이다. 日月有明에서 일월(日月)은 유(有)의 주어이고, 유(有)는 타동사 〈가질 유(有)〉로 본동사이며, 명(明)은 유(有)의 목적어이다. 日月有明의 유(有)를 자동사 〈있을 유(有)〉로 보고 日月有明의 문맥을 잡으면 영어의 1형식 문장처럼 문맥을 잡게 된다. 〈있을 유(有)〉는 주어를 뒤에 두고, 타동사 〈가질 유(有)〉는 주어를 앞에 둔다는 것을 알아두면 문맥을 잡기 편하다. 여기서 일월은[日月] 밝음을[明] 지닌다[有]고 새기면 유[有]를 타동사로 여기고 문맥을 잡은 것이고, 일월에는[日月] 밝음이[明] 있다[有]고 새기면 유(有)를 자동사로 여기고 문맥을 잡은 것이다. 日月有明의 명(明)은 〈밝음 광(光)〉과 같고 광명(光明)의 줄임말로 여긴다.

날 일(日), 달 월(月), 있을 유(有), 밝음 명(明)

容光必照焉(용광필조언)

▶ (그 밝음은) 작은 틈새[容光] 그것에도[焉] 반드시[必] 비추어주는 것이다[照].

용광필조언(容光必照焉)은 其明必照容光焉에서 되풀이되는 내용이므로 그 밝음[其明]을 생략하고 용광(容光)을 전치한 것으로, 영어의 2형식 문장과 같은 어투이다. 그러므로 必照容光焉으로 여기고 새기면 문맥이 잡힌다. 그래서 그[其] 밝음은[明] 반드시[必] 작은 틈새를[容光] 비추어주는 것[照]이다[焉]. 容光必照焉에서 용광(容光)은 조(照)의 목적어이고, 필(必)은 조(照)를 꾸미는 부사이며, 조(照)는 영어의 동명사와 같은 보어이고, 언(焉)은 구문을 강하게 결정짓는 어조사(~이다)이다. 容光必照焉의 용광(容光)은 소극(小隙)과 같은 말로 작은 틈새란 뜻이고, 필(必)은 정사(定辭)이며, 조(照)는 〈비춰주는 것 요(燿)〉와 같고 조요(照燿)의 줄임말로 여기고 새기면 문맥이 통하고, 언(焉)은 여기서 구문을 결정짓는 〈어조사 야(也)〉와 같다.

모양 용(容), 빛 광(光), 반드시 필(必), 비추는 것 조(照), 이에 언(焉)

流水之爲物也(유수지위물야) 不盈科(불영과) 不行(불행)

▶ 흐르는[流] 물[水]이라고[之] 일컬어지는[爲] 것[物]이란[也] 구멍을[科] 채우지 않으면[不盈] 흘러가지 않는다[不行].

유수지위물야불영과불행(流水之爲物也不盈科不行)은 流水之爲物也不盈科 而流水之爲物也不行에서 되풀이되는 내용이므로 유수지위물야(流水之爲物也)를 생략하고 하나의 구문으로 묶은 영어의 복문과 같은 어투이다. 〈유수지위물야불영과(流水之爲物也不盈科)하면 불행(不行)한다〉고 새기면 流水之爲物也不盈科不行의 문맥이 잡힌다. 流水之爲物也不盈科不行에서 유수지위물야불영과(流水之爲物也不盈科)는 조건의 종속절이고, 불행(不行)은 주절이므로 영어의 복문과 같은 어투이다.

조건의 종속절인 유수지위물야불영과(流水之爲物也不盈科)에서 유수지위물야(流水之爲物也)는 주부이고, 불(不)은 영(盈)의 부정사(否定詞)이며, 영(盈)은 타동사로 절의 본동사이고, 과(科)는 영(盈)의 목적어로 영어의

3형식 절과 같은 어투이다. 流水之爲物也의 지(之)는 〈A之B〉꼴로 여기선 동격의 토씨(~이라는)이다. 〈A(流水)라는[之] B(爲物)〉 流水之爲物也의 지위물(之爲物)을 자(者)로 축약하여 유수자야(流水者也)로 줄이기도 한다. 유수라는[流水] 것[者]이란[也]. 流水之爲物也不盈科의 영(盈)은 〈찰 만(滿)〉과 같고 영만(盈滿)의 줄임말로 여기고, 과(科)는 〈웅덩이 감(坎)〉과 같다.

주절인 불행(不行)은 流水之爲物也不行에서 되풀이되는 주어인 유수지위물야(流水之爲物也)를 생략한 문장으로, 영어의 1형식 절과 같다. 不行에서 불(不)은 행(行)의 부정사(否定詞)이고, 행(行)은 자동사로 본동사이며 〈흐를 류(流)〉와 같고 유행(流行)의 줄임말로 새기면 문맥이 통한다.

흐를 류(流), 물 수(水), ~이 지(之), 될 위(爲), 것 물(物), ~이란 야(也), 아니 불(不), 채울 영(盈), 구멍 과(科), 갈 행(行)

君子之志於道也(군자지지어도야) 不成章(불성장) 不達(부달)

▶ 도를[道] 향한[於] 군자[君子]의[之] 뜻[志]이란[也] 문장을 이룩하지 못한다면[不成] (그 도의 문장을) 달성하지 못한다[不達].

군자지지어도야불성장부달(君子之志於道也不成章不達)처럼 긴 문장은 먼저 동사로 새기는 글자를 주목하면 문맥을 잡기 편하다. 君子之志於道也不成章不達에서 동사는 〈이룩할 성(成)〉, 〈달성할 달(達)〉이 다. 그러므로 君子之志於道也不成章不達을 君子之志於道也不成章과 不達 두 구문으로 나누어 문맥을 잡는다. 동사의 수만큼 구문을 나누는 이유는 동사가 구문 골격의 중심을 이루기 때문이다. 그리고 두 구문의 관계를 이어보면 문장으로 문맥을 잡을지 아니면 절로 문맥을 잡을지 판단할 수 있다. 군자지지어도야불성장(君子之志於道也不成章)하면 부달(不達)한다고 이어 새기면 君子之志於道也不成章不達의 문맥이 잡힌다. 그러므로 君子之志於道也不成章을 조건의 종속절로, 不達을 주절로 문맥을 잡을 수 있기 때문에 君子之志於道也不成章不達을 영어의 복문과 같은 어투로 여기는 것이다.

조건의 종속절인 군자지지어도야불성장(君子之志於道也不成章)에서 군자지지어도야(君子之志於道也)는 주부이고, 불(不)은 성(成)의 부정사(否定詞)이며, 성(成)은 타동사로 절의 본동사이고, 장(章)은 성(成)의 목적어이므로 君子之志於道也不成章은 영어의 3형식 절과 같은 어투이다. 君子之志於道也에서 君子之의 지(之)는 소유격 토씨(~의)이므로 군자지(君子之)는 지(志)를 꾸미는 형용사이고, 야(也)는 주부를 강조하는 어조사(~이란)이다. 이것만 알아도 君子之志於道也의 문맥을 잡기 쉽다. 君子之志於道也의 야(也)가 주부를 강조하는 어조를 내므로 도를[道] 향한[於] 군자[君子]의[之] 뜻[志]이란[也]으로 새긴다. 물론 야(也)를 무시하고 도를[道] 향한[於] 군자[君子]의[之] 뜻이[志]라고 새겨도 문맥의 문의는 상하지 않는다. 君子之志於道也不成章의 지(志)는 심지소지(心之所之)와 같고, 어(於)는 대향(對向)의 어조사(~에)이므로 〈향할 어(於)〉로 새기며, 성(成)은 〈이룩할 취(就)〉와 같고 성취(成就)의 줄임말로 여기고, 장(章)은 〈아름답게 드러낼 문(文)〉과 같고 문장(文章)의 줄임말로 여기고 새기면 문맥이 통한다. 마음[心]이[之] 가는[之] 바[所].

주절인 불행(不達)은 君子之志於道也不達其章에서 되풀이되는 주부인 군자지지어도야(君子之志於道也)를 생략하고, 앞 문맥으로 보충할 수 있으므로 달(達)의 목적어인 기도(其道)를 생략해 본동사만 남긴 문장이지만, 영어의 3형식 주절과 같은 어투이다. 不達의 달(達)이 타동사로 주절의 본동사이기 때문이다. 不達의 부(不)는 달(達)의 부정사(否定詞)이고, 달(達)은 타동사로 〈이룰 성(成)〉과 같고 달성(達成)의 줄임말로 여기고 새기면 문맥이 통한다.

군자가 뜻을 두는 도(道)란 천도(天道)·지도(地道)·인도(人道)를 하나로 하는 도리다. 그 도리를 육위(六位)라 하고, 그 육위를 달성함을 일러 성장(成章)이라 한다. 『주역(周易)』「설괘전(說卦傳)」에서 육위성장(六位成章)이라고 역(易)을 해석한 것을 주목하면, 군자지도(君子之道)의 도(道)와 성장(成章)의 장(章)을 헤아릴 수 있다. 천도(天道)를 이룩하여 드러냄은 음양(陰陽)이란 기운(氣運)이고, 지도(地道)를 이룩하여 드러냄은 강유(剛柔)란 성명(性命)이며, 인도(人道)를 이룩하여 드러냄은 인의(仁義)란 상덕(常德)이다. 그러므로 맹자가 여기서 밝히고 있는 성장(成章)의 장(章)은 『주역』「설괘전」이 말해주는 육위성장(六位成章)의 장(章)을 헤아리면 터득할 수 있다. 음양의 기운·강유의 성명·인의의 상덕을 모조리 성취하여 달성하지 않으면 흐르는 물이 구덩이를 다 채우지 않고선 흐르지 않듯이, 군자는 잠시도 도를 떠나지 않음을 맹자가 단언하고 있다.

클 군(君), 존칭 자(子), ~의 지(之), 뜻 지(志), ~에 어(於), 도리 도(道), 못할 불(不), 이룰 성(成), 밝음 장(章), 이룰 달(達)

제25장

25장은 맹자가 선(善)과 이(利)를 아주 쉽게 분별해주는 장이다. 인정(仁政)의 화신(化身)인 순(舜)과 도적(盜賊)의 화신(化身)인 도척(盜蹠)을 들어 선행(善行)과 이행(利行)을 간명하게 분간하게 하는 장이다. 왜 이 세상을 도적의 소굴이라고 해도 되는지 그 까닭이 잘 드러나 있는 장이다.

【문지(聞之)】

순여척지분(舜與蹠之分)

【원문(原文)】

孟子曰 鷄鳴而起하여 孳孳爲善者는 舜之徒也이다 鷄鳴而起하여 孳孳爲利者는 蹠之徒也이다 欲知舜與蹠之分이면 無他라 利與善之間也이다
(맹자왈 계명이기 자자위선자 순지도야 계명이기 자자위리자 척지도야 욕지순여척지분 무타 이여선지간야)

【해독(解讀)】

맹자가 말했다[孟子曰]. "닭이 울면 곧 일어나[鷄鳴而起] 열심히 선(善)을 행하는 사람은 순(舜)의 무리이고[孶孶爲善者舜之徒也], (새벽에) 닭이 울면 곧 일어나[鷄鳴而起] 열심히 이득을 취하는 놈은 도척의 무리이다[孶孶爲利者蹠之徒也]. 도척과 순의 다른 점을 알고 싶다면[欲知舜與蹠之分], 다른 것은 없고[無他] 선과 이욕의 차이를 (알아보면 되는 것)이다[利與善之間也]."

【담소(談笑)】

鷄鳴而起(계명이기) 孳孳爲善者(자자위선자) 舜之徒也(순지도야)

▶ (새벽에) 닭이[鷄] 울면[鳴] 곧[而] 일어나[起] 열심히[孶孶] 선을[善] 행하는[爲] 사람은[者] 순[舜]의[之] 무리[徒]이다[也].

계명이기자자위선자순지도야(鷄鳴而起孶孶爲善者舜之徒也)는 영어의 복문과 같은 어투이다. 鷄鳴而起孶孶爲善者舜之徒也와 같은 어투는 먼저 동사로 새기는 글자를 찾으면 문맥을 잡기 쉽다. 鷄鳴而起孶孶爲善者舜之徒也에서 동사는 〈울 명(鳴)〉, 〈일어날 기(起)〉, 〈행할 위(爲)〉 등이지만, 기(起)와 위(爲)는 자(者)를 꾸미는 영어의 분사와 같으므로 명(鳴)만 본동사이다. 따라서 鷄鳴而起孶孶爲善者舜之徒也를 鷄鳴과 而起孶孶爲善者舜之徒也 두 구문으로 나누어 문맥을 잡는다. 동사의 수만큼 구문이 나누어지는 이유는 동사가 구문 골격의 중심을 이루기 때문이다. 두 구문의 관계를 이어보면 문장으로 문맥을 잡을지 절로 문맥을 잡을지 가늠할 수 있다. 계명(鷄鳴)하면 이기자자위선자순지도야(而起孶孶爲善者舜之徒也)이다로 이어 새기면 鷄鳴而起孶孶爲善者舜之徒也의 문맥이 잡히므로 鷄鳴을 시간의 종속절로, 而起孶孶爲善者舜之徒也를 주절로 문맥을 잡기 때문에, 鷄鳴而起孶孶爲善者舜之徒也를 영어의 복문과 같은 어투로 여길 수 있다.

시간의 종속절인 계명(鷄鳴)에서 계(鷄)는 주어이고, 명(鳴)은 자동사로 본동사이므로 영어의 1형식 절과 같은 어투이다. 주절인 이기자자위선자순지도야(而起孶孶爲善者舜之徒也)에서 이(而)는 어조사이고, 기자자위선자(起孶孶爲善者)는 주부이며, 순지도(舜之徒)는 술부이고, 야(也)는 절을 결정짓는 어조사(~이다)이므로 영어의 2형식 절과 같은 어투이다. 주부인 起孶孶爲善者에서 기(起)는 영어의 분사와 같고, 자자(孶孶)는 위(爲)를 꾸미는 부사이며, 위(爲)도 영어의 분사처럼 자(者)를 꾸미는 분사구이고, 자(者)는 주어이다. 술부인 舜之徒는 〈A之B〉꼴로 〈A之〉가 B를 꾸미므로 순지(舜之)는 도(徒)를 꾸미는 형용사이고, 지(之)는 여기서 허사로 소유격 토씨이며, 도(徒)는 보어이다. 起孶孶爲善者의 기(起)는 〈기동할 동(動)〉과 같고 기동(起動)의 줄임말로 여기고, 자(孶)는 〈부지런할 급(汲)〉과 같으며, 자자(孶孶)와 급급(汲汲)은 부지런한 모습을 말하고, 위(爲)는 〈행할 행(行)〉과 같고 행위(行爲)의 줄임말로 여기며, 선(善)은 상덕(常德)을 뜻하고, 자(者)는 여기선 지인(之人)의 축약으로 여긴다. 起孶孶爲善之人의 지인(之人)을 자(者)로 축약해 起孶孶爲善者가 된 것이다. 舜之徒의 도(徒)는 〈무리 배(輩)〉와 같고 도배(徒輩)의 줄임말로 여기고 새기면 문맥이 통한다.

닭 계(鷄), 울 명(鳴), 곧 이(而), 일어날 기(起), 부지런할 자(孳), 행할 위(爲), 착할 선(善), 놈 자(者), 순임금 순(舜), ~의 지(之), 무리 도(徒), ~이다 야(也)

鷄鳴而起(계명이기) 孳孳爲利者(자자위리자) 蹠之徒也(척지도야)

▶ (새벽에) 닭이〔鷄〕 울면〔鳴〕 곧〔而〕 일어나〔起〕 열심히〔孳孳〕 이득을〔利〕 취하는〔爲〕 놈은〔者〕 도척〔蹠〕의〔之〕 무리〔徒〕이다〔也〕.

계명이기자자위리자척지도야(鷄鳴而起孳孳爲利者蹠之徒也)는 영어의 복문과 같은 어투이다. 鷄鳴而起孳孳爲利者蹠之徒也와 같은 어투는 먼저 동사로 새기는 글자를 주목하면 문맥을 잡기 편하다. 鷄鳴而起孳孳爲利者蹠之徒也에서 〈울 명(鳴)〉, 〈일어날 기(起)〉, 〈행할 위(爲)〉 등을 동사로 볼 수 있지만, 기(起)와 위(爲)는 자(者)를 꾸미는 영어의 분사와 같으므로 결국 명(鳴)만 본동사이다. 따라서 鷄鳴而起孳孳爲利者蹠之徒也를 鷄鳴과 而起孳孳爲利者蹠之徒也 두 구문으로 나누어 문맥을 잡는다. 동사의 수만큼 구문이 나누어지는 이유는 동사가 구문 골격의 중심을 이루기 때문이다. 두 구문의 관계를 이어보면 문장으로 문맥을 잡을지 아니면 절로 문맥을 잡을지 판단할 수 있다. 계명(鷄鳴)하면 이기자자위리자척지도야(而起孳孳爲利者蹠之徒也)이다로 이어 새기면 鷄鳴而起孳孳爲利者蹠之徒也의 문맥이 잡히므로 鷄鳴을 시간의 종속절로, 而起孳孳爲利者蹠之徒也를 주절로 문맥을 잡을 수 있다. 이런 이유로 鷄鳴而起孳孳爲利者蹠之徒也를 영어의 복문과 같은 어투로 여기는 것이다.

시간의 종속절인 계명(鷄鳴)에서 계(鷄)는 주어이고, 명(鳴)은 자동사로 본동사이므로 영어의 1형식 절과 같은 어투이다. 주절인 이기자자위리자척지도야(而起孳孳爲利者蹠之徒也)에서 이(而)는 어조사이고, 기자자위선자(起孳孳爲利者)는 주부이며, 척지도(蹠之徒)는 술부이고, 야(也)는 절을 결정짓는 어조사(~이다)이므로 영어의 2형식 절과 같은 어투이다. 주부인 起孳孳爲利者에서 기(起)는 영어의 분사와 같고, 자자(孳孳)는 위(爲)를 꾸미는 부사이며, 위(爲)도 영어의 분사처럼 자(者)를 꾸미는 분사구이고, 자(者)는 주어이다. 술부 蹠之徒는 〈A之B〉꼴로 〈A之〉가 B를 꾸미므로 척지(蹠

之)는 도(徒)를 꾸미는 형용사이고, 지(之)는 여기서 허사로 소유격 토씨이며, 도(徒)는 보어이다. 起孶孶爲利者의 기(起)는 〈기동할 동(動)〉과 같고 기동(起動)의 줄임말로 여기고, 자(孶)는 〈부지런할 급(汲)〉과 같으며, 자자(孶孶)와 급급(汲汲)은 부지런한 모습을 말하고, 위(爲)는 〈취할 취(取)〉와 같고, 이(利)는 이득(利得)을 뜻하며, 자(者)는 여기선 지인(之人)의 축약으로 여긴다. 起孶孶爲利之人의 지인(之人)을 자(者)로 축약해 起孶孶爲利者가 된 것이다. 蹠之徒의 척(蹠)은 도둑의 화신인 도척(盜蹠)을 뜻하고, 도(徒)는 〈무리 배(輩)〉와 같고 도배(徒輩)의 줄임말로 여기고 새기면 문맥이 통한다.

닭 계(鷄), 울 명(鳴), 곧 이(而), 일어날 기(起), 부지런할 자(孶), 취할 위(爲), 이득 리(利), 놈 자(者), 밟을 척(蹠), ~의 지(之), 무리 도(徒), ~이다 야(也)

欲知舜與蹠之分(욕지순여척지분) 無他(무타) 利與善之間也(이여선지간야)

▶ 도척[蹠]과[與] 순[舜]의[之] 다른 점을[分] 알고[知] 싶다면[欲] 다른 것은[他] 없고[無] 선[善]과[與] 이욕[利]의[之] 차이를[間] (알아보는 것)이다[也].

욕지순여척지분무타리여선지간야(欲知舜與蹠之分無他利與善之間也)와 같은 문장은 무타(無他)가 구문을 강조하는 삽입절과 같으므로 무타(無他)를 빼고 욕지순여척지분리여선지간야(欲知舜與蹠之分利與善之間也)로 문맥을 잡으면 편하다. 여기서 欲知舜與蹠之分無他利與善之間也는 欲知舜與蹠之分無他欲知利與善之間也에서 되풀이되는 욕지(欲知)를 생략한 어투로 〈AB也〉꼴이고, 欲知舜與蹠之分無他利與善之間也의 문맥을 잡는다. 〈A(欲知舜與蹠之分)는 B(利與善之間)이다[也]〉

욕지순여척지분무타리여선지간야(欲知舜與蹠之分無他利與善之間也)에서 욕지순여척지분(欲知舜與蹠之分)은 주부이고, 무타(無他)는 삽입절이며, 이여선지간(利與善之間)은 술부이다. 주부인 欲知舜與蹠之分에서 욕(欲)은 영어의 부정사(不定詞)와 같고, 지(知) 역시 영어의 부정사와 같으면서 욕(欲)의 목적어이고, 순여척지(舜與蹠之)는 분(分)을 꾸미는 형용사구이고, 분(分)은 지(知)의 목적어이므로, 영어의 주어 부정사구를 연상하면 欲知舜

與蹠之分의 문맥이 쉽게 잡힌다. 欲知舜與蹠之分의 여(與)는 〈A와[與] B〉꼴로 영어의 with와 같고, 분(分)은 〈차이 간(間)〉과 같으며 분간의 줄임말로 여기고 새긴다. 삽입절 無他에서 무(無)는 자동사 〈없을 무(無)〉로 삽입절의 본동사이고, 타(他)는 타자(他者)의 줄임말로 여기며 무(無)의 주어이다. 술부 利與善之間也에서 이여선지(利與善之)는 간(間)을 꾸미는 형용사구이고, 간(間)은 생략된 지(知)의 목적어이므로 영어의 보어 부정사구를 연상하면 利與善之間의 문맥이 쉽게 잡히고, 야(也)는 구문을 결정짓는 어조사(~이다)이다.

욕지순여척지분무타리여선지간야(欲知舜與蹠之分無他利與善之間也)는 생략된 내용을 보충해서 欲知舜與蹠之分無他欲知利與善之間也로 여기고 새겨야 欲知舜與蹠之分無他利與善之間也의 문맥이 지닌 문의가 더 잘 드러나고 우리말답다. 도척[蹠]과[與] 순[舜]의[之] 다른 점을[分] 알고[知] 싶다면[欲] 다른 것은[他] 없고[無] 선[善]과[與] 이욕[利]의[之] 차이[間]이다[也]로 새기는 것보다, 도척[蹠]과[與] 순[舜]의[之] 다른 점을[分] 알고[知] 싶다면[欲] 다른 것은[他] 없고[無] 선[善]과[與] 이욕[利]의[之] 차이를[間] (알아보는 것)이다[也]처럼 생략된 욕지(欲知)를 보충해서 문의가 잘 드러난다는 말이다.

선(善)은 행인(行仁)이므로 나를 이롭게 하는 것보다 남을 이롭게 하여 나를 이롭게 하려는 마음가짐이고, 이(利)는 이욕(利慾)이므로 남이야 해롭든 말든 나만 이로우면 된다는 마음가짐이니, 선심(善心)과 도심(盜心)을 뚜렷이 분간할 수 있음을 들어 선인과 악인을 아주 쉽게 분별하고 있다.

바랄 욕(欲), 알 지(知), 순임금 순(舜), ~과 여(與), 밟을 척(蹠), ~의 지(之), 차이 분(分), 없을 무(無), 다른 것 타(他), 이득 리(利), 착할 선(善), 차이 간(間), ~이다 야(也)

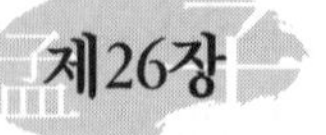

제26장

26장은 맹자가 양자(楊子)의 위아(爲我), 묵자(墨子)의 겸애(兼愛), 자막(子莫)의 집중(執中)을 통박하는 장이다. 무권(無權)의 집일(執一)로써 성인의 도를 해치고 있는 까닭을 천명하는 장이다. 동시에 군자의 중용(中庸)이 왜 시중(時中)으로 통하는지 그 까닭을 헤아리게 하는 장으로 볼 수도 있다.

【문지(聞之)】

위아겸애집중(爲我兼愛執中)

【원문(原文)】

孟子曰 楊子는 取爲我하니 拔一毛而利天下라도 不爲也이다 墨子는 兼愛하니 摩頂放踵하여 利天下라면 爲之한다 子莫은 執中하니 執中이 爲近之이나 執中無權은 猶執一也이다 所惡執一者는 爲其賊道也이니 擧一而廢百也이다

맹자왈 양자 취위아 발일모이리천하 불위야 묵자 겸애 마정방종 이천하 위지 자막 집중 집중 위근지 집중무권 유집일야 소오집일자 위기적도야 거일이폐백야

【해독(解讀)】

맹자가 말했다[孟子曰]. "양자(楊子)는 나를 위함을 취하여[楊子取爲我] 털 하나를 뽑는다면 (그 털 하나가) 세상을 이롭게 한다 해도[拔一毛而利天下] (양자는 털 하나를 뽑지) 않는 것이고[不爲也], 묵자(墨子)는 겸애를 (취하여)[墨子兼愛] 머리에서 발꿈치에 이르기까지 (온몸의 털이) 닳아도[摩頂放踵] 세상을 이롭게 한다면 [利天下] (묵자는) 그런 일을 하는 것이며[爲之], 자막(子莫)은 중간을 지킨다[莫子執中]. 집중은 성인의 도에 닮은 것이다[執中爲近之]. (그러나) 집중에 권도가 없으면[執中無權] (그 집중도) 한 가지를 고집함과 같은 것이다[猶執一也]. 한 가지만 고집하는 것을 싫어하는 바는 그것이 도리를 해치는 까닭이며[所惡執一者爲其賊道也], 한 가지만 주장하고 그래서 백 가지를 저버리는 (까닭)이다[擧一而廢百也]."

【담소(談笑)】

楊子取爲我(양자취위아) 拔一毛(발일모) 而利天下(이리천하) 不爲也(불위야)

▶ **양자는[楊子] 나를[我] 위함을[爲] 취하여[取] 털 하나를[一毛] 뽑는다[拔]면[而] (그 털 하나가) 세상을[天下] 이롭게 한다 해도[利] (양자는 털 하나를) 뽑지 않는 것[不爲]이다[也].**

양자취위아발일모이리천하불위야(楊子取爲我拔一毛而利天下不爲也)는

영어의 복문과 같은 어투이다. 楊子取爲我拔一毛而利天下不爲也와 같은 어투는 먼저 동사 구실을 하는 글자를 주목하면 문맥을 잡기 편하다. 楊子取爲我拔一毛而利天下不爲也에서 〈취할 취(取)〉, 〈위할 위(爲)〉, 〈뽑을 발(拔)〉, 〈이롭게 할 리(利)〉, 〈할 위(爲)〉 등을 동사로 볼 수 있지만, 위아(爲我)의 위(爲)는 취(取)의 목적어이고, 불위야(不爲也)의 위(爲) 역시 보어이므로 취(取), 발(拔), 이(利) 이 세 글자만 본동사이다. 따라서 楊子取爲我拔一毛而利天下不爲也를 楊子取爲我와 拔一毛와 而利天下 그리고 不爲也 등 네 구문으로 나누어 문맥을 잡아갈 수 있다. 동사의 수만큼 구문이 이루어지는 까닭은 동사가 구문의 중심 구실을 하기 때문이다. 네 구문의 관계를 이어보면 문장으로 문맥을 잡을지 아니면 절로 문맥을 잡을지 가늠할 수 있다. 양자취위아(楊子取爲我) 때문에 발일모(拔一毛)하면 이리천하(而利天下)해도 불위야(不爲也)한다고 이어 새기면 楊子取爲我拔一毛而利天下不爲也의 문맥이 잡힌다. 이렇게 楊子取爲我를 원인의 종속절로, 拔一毛를 조건의 종속절로, 而利天下를 양보의 종속절로, 不爲也를 주절로 이어 새기면 문맥을 잡을 수 있으므로, 楊子取爲我拔一毛而利天下不爲也를 영어의 복문과 같은 어투로 여기는 것이다.

원인의 종속절인 양자취위아(楊子取爲我)에서 양자(楊子)는 주어이고, 취(取)는 타동사로 본동사이며, 위(爲)는 영어의 동명사 구실을 하는 취(取)의 목적어이고, 아(我)는 위(爲)의 목적어이므로 영어의 3형식 절과 같은 어투이다. 楊子取爲我의 취(取)는 〈들 거(擧)〉와 같고 거취(擧取)의 줄임말로 여기고, 위(爲)는 〈위할 조(助)〉와 같다. 양자(楊子)는 양주(楊朱)이고, 춘추전국시대에 극단적인 이기주의를 주창한 사상가이다.

조건의 종속절인 발일모(拔一毛)는 楊子拔一毛에서 되풀이되는 주어인 양자(楊子)를 생략한 어투이다. 拔一毛에서 발(拔)은 타동사로 절의 본동사이고, 일모(一毛)는 발(拔)의 목적어이므로 영어의 3형식 절과 같은 어투이다. 물론 拔一毛의 발(拔)을 영어의 동명사나 부정사(不定詞)처럼 여기고 조건의 부정사구 내지 동명사구처럼 여기고 拔一毛의 문맥을 잡아도 된다. 拔一毛의 발(拔)은 〈뽑을 추(抽)〉와 같고 추발(抽拔)의 줄임말로 여기고 새긴다.

양보의 종속절인 이천하(利天下) 역시 楊子利天下에서 되풀이되는 주어인 양자(楊子)를 생략한 어투로 여기고 문맥을 잡는다. 利天下에서 이(利)는 타동사로 절의 본동사이고, 천하(天下)는 이(利)의 목적어이므로 영어의 3형식 절과 같은 어투이다. 물론 利天下의 이(利)를 영어의 동명사나 부정사로 여기고 양보의 부정사구 내지 동명사구처럼 여기고 利天下의 문맥을 잡아도 된다. 利天下의 이(利)는 〈이로울 익(益)〉과 같고 이익(利益)의 줄임말로 여기고 새긴다.

주절인 불위야(不爲也)는 楊子不爲之也에서 주어인 양자(楊子)는 되풀이되는 내용이므로 생략하고, 불위지(不爲之)의 지(之)는 앞의 문맥으로 보충할 수 있으므로 생략하여 보어만 남긴 어투로, 영어의 2형식 절과 같은 어투이다. 양자는[楊子] 털 하나 뽑기를[之] 하지 않는 것[不爲]이다[也]. 불위지(不爲之)의 지(之)는 앞에 나온 발일모(拔一毛)를 가리키는 지시대명사이다.

맹자가 양주의 극단적인 개인주의를 발일모(拔一毛)로 비유하여 질타하고 있다. 양주의 위아(爲我)는 행인(行仁)를 저버리는 일이니 맹자가 용인할 수 없는 주장이다.

버들 양(楊), 존칭 자(子), 취할 취(取), 위할 위(爲), 나 아(我), 뽑을 발(拔), 하나 일(一), 터럭 모(毛), 그러면 이(而), 이로울 리(利), 하늘 천(天), 아래 하(下), 아니 불(不), 할 위(爲), ~이다 야(也)

墨子兼愛(묵자겸애) 摩頂放踵(마정방종) 利天下(이천하) 爲之(위지)

▶ 묵자는[墨子] 겸애를[兼愛] (취하여) 머리에서[頂] 발꿈치에[踵] 이르기까지[放] (온몸의 털을) 갈아서라도[摩] 세상을[天下] 이롭게 한다면[利] (묵자는) 그런 일을[之] 하는 것이다[爲].

묵자겸애마정방종리천하위지(墨子兼愛摩頂放踵利天下爲之)는 墨子取兼愛摩毛頂放踵而利天下墨子爲之也에서 취겸애(取兼愛)의 취(取), 마모(摩毛)의 모(毛), 이리천하(而利天下)의 이(而), 묵자위지야(墨子爲之也)의 묵자(墨子) 그리고 야(也) 등을 되풀이되기 때문에 모조리 생략했다고 보고, 墨子取兼愛摩毛頂放踵而利天下墨子爲之也로 복원해서 문맥을 잡아야 쉽게 문의를 건질 수 있다. 한문투는 같은 말을 되풀이하지 않는 어투임을 늘 명심하면서 문맥을 잡아야 한다. 墨子兼愛摩頂放踵利天下爲之가 그런 대표적어투이다. 그래서 墨子兼愛摩頂放踵利天下爲之를 墨子取兼愛摩毛頂放踵而利天下墨子爲之也로 여기고, 墨子兼愛摩頂放踵利天下爲之를 묵자취겸애(墨子取兼愛)하여 마모정방종(摩毛頂放踵)해도 이리천하(而利天下)한다면 묵자위지(墨子爲之)하는 것이다[也]로 이어 새기면 墨子兼愛摩頂放踵利天下爲之의 문맥이 잡힌다. 즉, 墨子兼愛를 원인의 종속절로, 摩頂放踵을 양보의 종속절로, 爲之를 주절로 이어 새기면 문맥을 잡을 수 있으므로, 墨子兼愛摩頂放踵利天下爲之를 영어의 복문과 같은 어투로 보는 것이다.

원인의 종속절인 묵자겸애(墨子兼愛)는 墨子取兼愛에서 되풀이되는 취(取)를 생략한 것을 알아야 문맥을 잡을 수 있다. 그렇지 않고 墨子兼愛에서 묵자(墨子)를 주어로 보고, 겸(兼)을 애(愛)를 꾸미는 부사로 여기고, 애(愛)를 타동사 본동사로 여기고 새길 수도 있지만, 이는 문맥과 걸맞지 않는다. 묵자가[墨子] 겸해서[兼] 사랑했기 때문에[愛]보다는, 묵자가[墨子] 겸애를[兼愛] 했기 때문에[取]로 여기고 새겨야 전체 문맥과 이어지는 것을 알 수 있다. 墨子兼愛의 겸(兼)은 〈아우를 병(幷)〉과 같고, 애(愛)는 〈사랑할 자(慈)〉와 같고 자애(慈愛)의 줄임말로 여긴다. 묵자는 묵적(墨翟)을 말한다. 초(楚)나라 속지(屬地)였던 노양(魯陽) 사람으로 송(宋)나라 대부(大夫)였다는 설도 있다. 묵적은 우왕(禹王)의 도를 받들어 근검절약을 주장하면서 평화주의를 역설하였고, 묵가(墨家)사상의 개조(開祖)이다.

양보의 종속절인 마정방종(摩頂放踵)은 墨子摩毛頂放踵에서 마(摩)의 주어인 묵자(墨子)와 마(摩)의 목적어인 모(毛)를 생략한 어투로 여기고 새기면 문의가 잘 드러난다. 摩頂放踵에서 마(摩)는 타동사로 절의 본동사이고, 정방종(頂放踵)은 마(摩)를 꾸미는 부사구로, 주어와 목적어가 생략되었지만 摩頂放踵은 영어의 3형식 절과 같다. 摩頂放踵에서 머리에서[頂] 발꿈치에[踵] 이르기까지[放] 갈아서라도[摩]보다, 마(摩)의 목적어인 모(毛)를 보충하여 머리에서[頂] 발꿈치에[踵] 이르기까지[放] 온몸의 털을[毛] 갈아서라도[摩]로 새겨 문맥을 잡는 편이 문의가 더 잘 드러난다. 물론 摩頂放踵의 마(摩)를 영어의 동명사나 부정사(不定詞)로 여기고 양보의 부정사구 내지 동명사구로 보고 摩頂放踵의 문맥을 잡아도 된다. 摩頂放踵의 마(摩)는 〈갈 마(磨)〉와 같고, 방(放)은 〈이를 지(至)〉와 같다. 정방종(頂放踵)을 머리에서[頂] 발꿈치[踵]까지[放]로 새기면 결국 마정방종(摩頂放踵)은 온몸에 난 모든 털을 다 갈아버려서라도[摩頂放踵]란 뜻이 되어 문맥의 문의가 드러난다.

조건의 종속절인 이천하(利天下) 역시 墨子利天下에서 되풀이되는 주어인 묵자(墨子)를 생략했다고 보고 문맥을 잡는다. 利天下에서 이(利)는 타동사로 절의 본동사이고, 천하(天下)는 이(利)의 목적어이므로 영어의 3형식 절 같은 어투이다. 물론 利天下의 이(利)를 영어의 동명사나 부정사같이 여기고 양보의 부정사구 내지 동명사구로 보고 利天下의 문맥을 잡아도 된다. 利天下의 이(利)는 〈이로울 익(益)〉과 같고 이익(利益)의 줄임말로 여긴다.

주절인 위지(爲之)는 墨子爲之也처럼 생략된 내용을 보충해보면 爲之의 문맥의 문의가 쉽게 드러난다. 묵자는[墨子] 그 일을[之] 하는 것[爲]이다[也]. 이처럼 한문투를 우리말로 새겨 문맥을 잡을 때는 늘 생략된 내용이 무엇인지 살펴보면 문맥을 잡아 문의를 건지기 편하다. 爲之의 위(爲)는 〈행할 행(行)〉과 같고 행위(行爲)의 줄임말로 여기고, 지(之)는 마정방종(摩頂放踵)을 가리키는 지시대명사이다.

맹자가 묵적의 극단적인 겸애(兼愛)주의를 마정방종(摩頂放踵)으로 비유하여 질타하고 있다. 묵자의 겸애는 친친(親親)의 행인(行仁)을 경시하여 인(仁)의 근본을 저버리므로 맹자가 용인할 수 없는 주장이다.

먹 묵(墨), 존칭 자(子), 겸할 겸(兼), 사랑할 애(愛), 갈 마(摩), 머리 정(頂), 이를 방(放), 발꿈치 종(踵), 이로울 리(利), 하늘 천(天), 아래 하(下), 할 위(爲), 그것 지(之)

子莫執中(자막집중)

▶ **자막은[子莫] 중간을[中] 지킨다[執].**

자막집중(子莫執中)은 영어의 3형식 문장과 같은 어투이다. 莫子執中에서 자막(子莫)은 주어이고, 집(執)은 타동사로 본동사이며, 중(中)은 집(執)의 목적어이다. 물론 子莫執中을 앞 문맥으로 보충할 수 있으므로 子莫取執中에서 반복되는 취(取)가 생략된 것으로 보고 문맥을 잡을 수도 있다. 그러나 뒤의 문맥을 보면, 취(取)를 생략한 어투로 여기지 않고 집(執)을 子莫執中의 본동사로 여기고 문맥을 잡아 새기는 것이 뒤의 문맥과 더 잘 어울린다. 子莫執中의 집(執)은 〈지킬 수(守)〉와 같고, 중(中)은 여기선 양자의 위아(爲我)와 묵자의 겸애(兼愛) 사이에 있음을 말한다.

존칭 자(子), 아닐 막(莫), 지킬 집(執), 가운데 중(中)

執中爲近之(집중위근지)

▶ **집중은[執中] 성인의 도에[之] 닮은 것[近]이다[爲].**

집중위근지(執中爲近之)는 영어의 2형식 문장과 같은 어투이다. 執中爲近之에서 집중(執中)은 주어이고, 위(爲)는 자동사로 본동사이며, 근지(近之)는 보어이다. 執中爲近之에서 執中의 집(執)은 영어의 동명사나 부정사(不定詞) 구실을 하므로 주어인 부정사구 내지 동명사구이고, 近之의 근(近) 역시 영어의 동명사나 부정사 구실을 하므로 보어인 부정사구 내지 동명사구로 여기면 문맥을 잡기 쉽다. 執中爲近之의 집(執)은 〈지킬 수(守)〉와 같고, 위(爲)는 〈~이다 시(是)〉와 같으며, 근(近)은 〈닮은 것 사(似)〉와 같고 근사(近似)의 줄임말로 여기고, 지(之)는 〈그것 지(之)〉로 지시대명사이지만, 여기선 성인지도(聖人之道)를 가리킨다고 여기면 문맥이 통한다. 성인[聖人]의[之] 도[道].

지킬 집(執), 가운데 중(中), 될 위(爲), 가까운 것 근(近), 그 지(之)

執中無權(집중무권) 猶執一也(유집일야)

▶ **집중에[執中] 권도가[權] 없다면[無] (그 집중도) 한 가지를[一] 고집함과[執] 같은 것[猶]이다[也].**

집중무권유집일야(執中無權猶執一也)는 執中無權執中猶執一也에서 되풀이되는 유(猶)의 주어인 집중(執中)을 생략했다고 여기고 문맥을 잡아야 문의를 쉽게 건질 수 있다. 한문투는 같은 말을 되풀이하지 않는 어투임을 늘 명심하면서 문맥을 잡아야 한다. 또한 동사 구실을 하는 글자를 중심으로 구문의 골격을 잡아야 문맥을 잡기 쉽다는 것을 꼭 기억해야 한다. 執中無權猶執一也에서 〈없을 무(無)〉와 〈같을 유(猶)〉가 본동사이므로 執中無權猶執一也를 집중무권(執中無權)이면 유집일야(猶執一也)다로 이어 새기면 영어의 복문과 같은 어투임을 알 수 있다. 즉 執中無權猶執一也에서 執中無權이 조건의 종속절이고, 猶執一也가 주절임을 알 수 있다는 말이다.

종속절인 집중무권(執中無權)에서 집중(執中)은 무(無)를 꾸미는 부사이고, 무(無)는 자동사 〈없을 무(無)〉로 절의 본동사이며, 권(權)은 무(無)의 주어이므로 영어의 1형식 절과 같은 어투이다. 執中無權의 집(執)은 〈지킴 수(守)〉와 같고, 무(無)는 〈없을 막(莫)〉과 같으며, 권(權)은 〈도모할 모(謀)〉와 같고 권도(權道)의 줄임말로 여긴다. 비록 수단은 정도(正道)나 상도(常道)가 아닐지라도 결과가 정도 내지 상도로 이어지게 도모함이 권도(權道)의 권(權)이다.

주절인 유집일야(猶執一也)는 執中猶執一也에서 되풀이되므로 유(猶)의 주어인 집중(執中)을 생략한 〈AB也〉꼴로, 영어의 2형식 절과 같은 어투이다. 猶執一也에서 유(猶)는 자동사로 주절의 본동사이고, 집일(執一)은 유(猶)의 목적구이며, 執一의 집(執)은 영어의 부정사(不定詞) 구실을 하고, 일(一)은 집(執)의 목적어이며, 야(也)는 구문을 결정짓는 어조사(~이다)이다. 猶執一也의 유(猶)는 〈같을 여(如), 약(若), 사(似)〉 등과 같고, 집(執)은 〈지키는 것 수(守)〉와 같고 고집(固執)의 줄임말로 여기고 새기며, 일(一)은 〈한 가지 동(同)〉과 같고 동일(同一)의 줄임말로 새기면 문맥이 통한다.

자막(子莫)은 노(魯)나라의 현인으로 양자의 위아(爲我)와 묵자의 겸애(兼愛)를 절충하자는 의도에서 집중주의(執中主義)를 주창했다. 그러나 위아(爲我)와 겸애(兼愛)가 행인(行仁)의 근본을 어기는 주장이므로, 어긴 것을 절충하자는 집중(執中) 역시 행인의 근본과 어긋날 뿐이라는 이유로 맹자는 자막의 집중(執中)을 비판했다. 성인의 도(道)인 정도 내지 상도는 행인을 떠나서는 이루어지지 않음이 곧 공자의 일이관지(一以貫之)이다. 일이관지(一以貫之)의 일(一)은 집일(執一)의 하나[一]가 아니라 행인(行仁)을 말한다. 이처럼 맹자는 공자의 도(道)에서 한 발자국도 벗어나지 않는다.

> 없을 무(無), 저울질 권(權), 같을 유(猶), 한 가지 일(一), ~이다 야(也)

所惡執一者(소오집일자) 爲其賊道也(위기적도야)

▶ 한 가지만[一] 고집하는[執] 것을[者] 싫어하는[惡] 바는[所] 그것이[其] 도리를[道] 해치는[賊] 까닭[爲]이다[也].

소오집일자위기적도야(所惡執一者爲其賊道也)는 〈AB也〉꼴로 영어의 2형식 문장과 같은 어투이다. 〈A(所惡執一者)는 B(爲其賊道)이다[也]〉 所惡執一者爲其賊道也에서 소오집일자(所惡執一者)는 주부이고, 위기적도(爲其賊道)는 술부이며, 야(也)는 구문을 결정짓는 어조사(~이다)이다.

주부인 소오집일자(所惡執一者)에서 자(者)를 주부를 결정짓는 어조사로 볼 수도 있고, 지사(之事)의 축약으로 보고 〈것 자(者)〉로 새길 수도 있다. 자(者)를 주부를 결정짓는 어조사(~이란)로 여기면 한 가지만[一] 고집함을[執] 싫어하는[惡] 바[所]란[者]으로 문맥을 잡지만, 지사(之事)의 축약으로 보고 〈것 자(者)〉로 새기면 한 가지만[一] 고집하는[執] 것을[者] 싫어하는[惡] 바는[所]으로 새긴다. 여기선 所惡執一者의 자(者)를 〈것 자(者)〉로 여기고 문맥을 잡는다. 所惡執一者의 오(惡)는 〈싫어할 염(厭)〉과 같고 염오(厭惡)의 줄임말로 여기고, 집일자(執一者)는 집일지사(執一之事)의 지사(之事)를 자(者)로 축약한 어투로 여기고 〈것 자(者)〉로 새기며, 執一者의 집(執)은 영어의 분사와 같고 일(一)은 집(執)의 목적어이므로 자(者)를 꾸미는 분사구로 여기고 한 가지만을[一] 고집하는[執] 것[者]이라고 문맥을 잡는다.

술부인 위기적도야(爲其賊道也)는 爲執一之賊道也에서 집일지(執一之)를 기(其)로 대신한 어투로, 爲其賊道也의 기(其)를 구체적으로 새겨주면 문맥의 문의가 더욱 분명하게 드러난다. 執一之賊道의 적(賊)이 영어의 동명사 구실을 하는 것을 알면 執一之賊道의 문맥은 쉽게 잡힌다. 여기서 적(賊)은 영어의 his doing A의 doing 같은 구실을 한다. his doing A의 doing에서 his는 소유격이지만 주격처럼 여기고 그가(his) A를 하는 것(doing)으로 새기듯이, 爲執一之賊道의 지(之)를 소유격 토씨(~의)가 아니라 주격 토씨(~이)로 여기고 한 가지만을[一] 고집함[執]이[之] 도리를[道] 해치는[賊] 까닭[爲]이라고 문맥을 잡을 수 있으므로 爲其賊道也의 기(其)를 한 가지만을 고집함[其]이라고 새겨서 爲其賊道也의 문맥을 잡는다는 말이다. 爲其賊道也의 위(爲)는 〈까닭 소이(所以)〉와 같고, 적(賊)은 〈해칠 해(害), 상(傷)〉 등과 같고 적해(賊害)의 줄임말로 여기고 새기며, 도(道)는 도리(道理)의 줄임말로 여기고 새겨도 되지만 성인의 도[聖人之道]로 여기고 새기면 문맥의 문의가 더욱 잘 드러난다.

바 소(所), 싫어할 오(惡), 지킬 집(執), 한 가지 일(一), 까닭 위(爲), 그 기(其), 해칠 적(賊), 도리 도(道), ~이다 야(也)

擧一而廢百也(거일이폐백야)

▶ 한 가지만[一] 주장하고[擧] 그래서[而] 백 가지를[百] 저버리는[廢]

(까닭)이다[也].

거일이폐백야(擧一而廢百也)는 所惡執一者爲其擧一而廢百也에서 앞 문맥으로 보충할 수 있고 되풀이되는 내용이므로 소오집일자위기(所惡執一者爲其)까지 생략해버린 〈AB也〉꼴로, 영어의 2형식 문장과 같은 어투이다. 그러므로 擧一而廢百也는 술부만 남은 어투이다. 擧一而廢百也에서 거(擧)와 폐(廢)가 영어의 동명사 구실을 하는 것을 알면 문맥은 쉽게 잡히고, 여기에 생략된 〈까닭 위(爲)〉를 보충해서 새겨주면 擧一而廢百也의 문맥과 문의가 더 잘 드러난다. 擧一而廢百也의 거(擧)는 〈받들 격(擊)〉과 같고 거론(擧論) 내지 거양(擧揚)의 줄임말로 여기고, 폐(廢)는 〈버릴 기(棄)〉와 같고 폐기(廢棄)의 줄임말로 여기고 새기면 문맥의 문의가 잡힌다.

양자의 위아(爲我), 묵자의 겸애(兼愛), 자막의 집중(執中)은 모두 다 무권(無權)의 거일(擧一)이므로 적도(賊道)의 주장에 불과하다고 맹자가 통박하고 있다. 성인의 도(道)란 거일(擧一)로 다루어지는 도리가 아니다. 맹자가 밝히고 있는 무권(無權)을 무시중(無時中)이란 말로 이해하면 되리라. 시중이[時中] 없다[無]. 시중(時中)이란 때에 따라 삼도(三道)를 사무치게 함이 아닌가. 천도(天道)의 음양(陰陽)이란 기운(氣運), 지도(地道)의 강유(剛柔)란 성명(性命), 인도(人道)의 인의(仁義)란 지선(至善) 등이 때에[時] 알맞음[中]을 얻고 있는 삶[生]이 성인의 도(道)이다. 어찌 거일(擧一)로써 적도(賊道)하느냐고 양자, 묵자, 자막 등을 통박하는 중이다.

들 거(擧), 한 가지 일(一), 그리고 이(而), 버릴 폐(廢), 백 가지 백(百), ~이다 야(也)

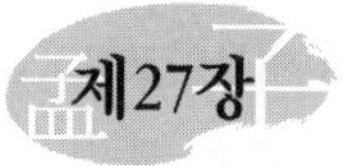

제27장

27장은 맹자가 빈천(貧賤) 때문에 상심(喪心)하지 말라고 경책(警策)하는 장이다. 항산(恒産)은 마련치 않아도 되지만, 선비라면 항심(恒心)을 간직해야 함을 밝히고 있는 장이다.

【문지(聞之)】

기자감식(飢者甘食)

【원문(原文)】

孟子曰 飢者는 甘食하고 渴者는 甘飮한다 是는 未得飮食之正也이다 飢渴이 害之也이다 豈惟口腹이 有飢渴之害리오 人心도 亦皆有害한다 人能無以飢渴之害爲心害 則不及人을 不爲憂矣이다

맹자왈 기자 감식 갈자 감음 시 미득음식지정 야 기갈 해지야 기유구복 유기갈지해 인심 역개유해 인능무이기갈지해위심해 즉불급인 불위우 의

【해독(解讀)】

맹자가 말했다[孟子曰]. "굶주린 사람은 (거친 먹을거리라도) 달게 먹고[飢者甘食], 목마른 사람은 (흙탕물이라도) 달게 마신다[渴者甘飮]. (그렇지만) 이는 음식의 제 맛을 얻지 못하는 것이다[是未得飮食之正也]. 굶주림과 목마름이 사람을 해치는 것이다[飢渴害之也]. 어찌 오직 입과 뱃속만 기갈의 상해를 입겠는가[豈惟口腹有飢渴之害]? 사람의 마음도 또한 함께 상해를 입는다[人心亦皆有害]. 기갈의 해침을 가지고 사람이 마음의 해침을 생각지 않을 수 있다면[人能無以飢渴之害爲心害], 곧[則] (자신의 부귀 따위가) 남들을 따라가지 못함을[不及人] 근심거리로 여기지 않는 것이다[不爲憂也]."

【담소(談笑)】

飢者甘食(기자감식)

▶ **굶주린[飢] 사람은[者] (거친 먹을거리라도) 맛있게[甘] 먹는다[食].**

기자감식(飢者甘食)은 영어의 1형식 문장과 같은 어투이다. 飢者甘食에서 기자(飢者)는 주부이고, 감(甘)은 식(食)을 꾸미는 부사이며, 식(食)은 자동사로 본동사이다. 그리고 飢者甘食에서 기자(飢者)는 기지인(飢之人)의 지인(之人)을 자(者)로 축약한 어투이므로 〈놈 자(者)〉로 여기고 굶주린[飢] 사람[者]으로 새긴다. 굶주리는[飢之] 사람[人] = 굶주리는[飢] 사람[者]. 飢者甘食의 기(飢)는 〈굶주릴 아(餓), 뇌(餒)〉 등과 같고, 감(甘)은 〈맛나게 미(味)〉와 같고 감미(甘味)의 줄임말로 여기고, 식(食)은 〈먹을 식(食), 먹여줄 사(食)〉처럼 발음이 달라지므로 주의하고 여기선 〈먹을 식(食)〉으로 여기고 새긴다.

굶주릴 기(飢), 놈 자(者), 달게 감(甘), 먹을 식(食)

渴者甘飮(갈자감음)

▶ 목마른[渴] 사람은[者] (흙탕물이라도) 달게[甘] 마신다[飮].

갈자감음(渴者甘飮)은 영어의 1형식 문장과 같은 어투이다. 渴者甘飮에서 갈자(渴者)는 주부이고, 감(甘)은 음(飮)을 꾸미는 부사이며, 음(飮)은 자동사로 본동사이다. 그리고 渴者甘飮에서 갈자(渴者)는 갈지인(渴之人)의 지인(之人)을 자(者)로 축약한 어투임을 알아채면 〈놈 자(者)〉로 여기고 목마른[渴] 사람[者]으로 새긴다. 목마른[渴之] 사람[人] = 목마른[渴] 사람[者]. 渴者甘飮의 갈(渴)은 욕음(欲飮)을 뜻하고, 감(甘)은 〈맛나게 미(味)〉와 같고 감미(甘味)의 줄임말로 여기고, 음(飮)은 〈삼킬 인(咽)〉과 같다.

목마를 갈(渴), 놈 자(者), 달게 감(甘), 마실 음(飮)

是未得飮食之正也(시미득음식지정야)

▶ (그렇지만) 이는[是] 음식[飮食]의[之] 제 맛을[正] 얻지 못한 것[未得]이다[也].

시미득음식지정야(是未得飮食之正也)는 〈AB也〉꼴로 영어의 2형식 문장과 같은 어투이다. 是未得飮食之正也에서 시(是)는 주어이고, 미(未)는 득(得)의 부정사(否定詞)이며 득(得)은 영어의 동명사나 부정사(不定詞)와 같으면서 보어이고, 음식지(飮食之)는 정(正)을 꾸미는 형용사구이며, 야(也)는 구문을 결정짓는 어조사(~이다)이다. 是未得飮食之正也의 시(是)는 앞의 내용을 묶어서 나타내는 지시어이고, 미(未)는 〈못할 불(不)〉과 같고, 득(得)은 〈얻을 획(獲)〉과 같고 획득(獲得)의 줄임말로 여기고, 음식지정(飮食之正)의 지(之)는 소유격 토씨(~의)이며, 정(正)은 정미(正味)의 줄임말로 여기고 새기면 문맥이 통하므로 바른 맛[正]으로 새기면 문맥에 걸맞은 문의를 건질 수 있다.

이 시(是), 못할 미(未), 얻을 득(得), 마실 음(飮) 먹을 식(識), ~의 지(之), 올바름 정(正), ~이다 야(也)

飢渴害之也(기갈해지야)

▶ 굶주림과[飢] 목마름이[渴] 사람을[之] 해치는 것[害]이다[也].

기갈해지야(飢渴害之也)는 〈AB也〉꼴로 영어의 2형식 문장과 같은 어투이다. 飢渴害之也에서 기갈(飢渴)은 주어이고, 해지(害之)는 술부이며, 야(也)는 구문을 결정짓는 어조사(~이다)이다. 술부 해지(害之)에서 해(害)는 영어의 동명사나 부정사(不定詞)와 같으면서 보어이고, 지(之)는 뒤의 문맥을 살펴보면 기갈자(飢渴者)를 가리키는 지시대명사로 새기는 것이 문맥의 전후가 통하면서 문의가 걸맞게 드러난다. 飢渴害之也의 기(飢)는 〈굶주릴 아(餓), 뇌(餒)〉 등과 같고, 갈(渴)은 욕음(欲飮)을 뜻하며, 지(之)는 소유격 토씨(~의)이고, 해(害)는 〈상할 상(傷)〉과 같고 상해(傷害)의 줄임말로 여기고 새긴다.

굶주림 기(飢), 목마름 갈(渴), 해칠 해(害), 그 지(之), ~이다 야(也)

豈惟口腹有飢渴之害(기유구복유기갈지해)

▶ 어찌[豈] 오직[惟] 입과[口] 뱃속만[腹] 기갈[飢渴]의[之] 상해를[害] 입겠는가[有]?

기유구복유기갈지해(豈惟口腹有飢渴之害)는 〈가질 유(有)〉꼴로 영어의 3형식 문장과 같은 어투이다. 물론 豈惟口腹有飢渴之害의 유(有)를 자동사 〈있을 유(有)〉로 여기면 영어의 1형식 문장과 같은 어투로 문맥을 잡는다. 어느 쪽으로 문맥을 잡든 문맥의 문의는 달라지지 않는다. 여기선 豈惟口腹有飢渴之害의 유(有)를 〈가질 유(有)〉로 보고 문맥을 잡았다. 다만 해를[害] 얻는다[有]는 새김보다 해를[害] 입는다[有]고 새기는 것이 우리말답다.

기유구복유기갈지해(豈惟口腹有飢渴之害)에서 기(豈)는 의문부사이고, 유(惟)는 구복(口腹)을 꾸미는 형용사이며, 구복(口腹)은 주어이고, 유(有)는 타동사로 본동사이며, 기갈지(飢渴之)는 해(害)를 꾸미는 형용사이고, 해(害)는 유(有)의 목적어이다. 豈惟口腹有飢渴之害의 기(豈)는 〈어찌 하(何)〉와 같고, 유(惟)는 〈오직 독(獨)〉과 같고 유독(惟獨)의 줄임말로 여기고, 기(飢)는 〈굶주릴 아(餓), 뇌(餒)〉 등과 같으며, 갈(渴)은 욕음(欲飮)을 뜻하고, 지(之)는 소유격 토씨(~의)이며, 해(害)는 〈상할 상(傷)〉과 같고 상해(傷害)의 줄임말로 여기고 새기면 문맥이 통한다.

어찌 기(豈), 오직 유(惟), 입 구(口), 배 복(腹), 얻을 유(有), 굶주림 기(飢), 목마름 갈(渴), ~의 지(之), 해로움 해(害)

人心亦皆有害(인심역개유해)

▶ **사람의[人] 마음도[心] 또한[亦] 함께[皆] 상해를[害] 입는다[有].**

인심역개유해(人心亦皆有害) 역시 〈가질 유(有)〉꼴로 영어의 3형식 문장과 같은 어투이다. 물론 人心亦皆有害의 유(有)를 〈있을 유(有)〉로 여기면 영어의 1형식 문장과 같은 어투로 문맥을 잡는다. 어느 쪽으로 문맥을 잡든 문맥의 문의는 달라지지 않는다. 여기선 人心亦皆有害의 유(有)를 〈얻을 유(有)〉로 보고 문맥을 잡는다. 다만 해를[害] 얻는다[有]는 새김보다 해를[害] 입는다[有]고 새기는 것이 우리말답다.

인심역개유해(人心亦皆有害)에서 인심(人心)은 주어이고, 역(亦)과 개(皆)는 유(有)를 꾸미는 부사이며, 유(有)는 타동사로 본동사이며, 해(害)는 유(有)의 목적어이다. 人心亦皆有害의 인심(人心)은 인지심(人之心) 즉 사람[人]의[之] 마음[心]으로 새기고, 역(亦)은 〈또 우(又)〉와 같고, 개(皆)는 〈함께 구(俱)〉와 같고, 유(有)는 〈얻을 득(得)〉과 같고, 해(害)는 〈해침 상(傷)〉과 같고 상해(傷害)의 줄임말로 여기고 새기면 문맥이 통한다.

사람의 인(人), 마음 심(心), 또한 역(亦), 함께 개(皆), 얻을 유(有), 해로움 해(害)

人能無以飢渴之害爲心害(인능무이기갈지해위심해) 則不及人不爲憂也(즉불급인불위우야)

▶ **기갈[飢渴]의[之] 해침을[害] 가지고[以] 사람이[人] 마음의[心] 해침을[害] 생각지[爲] 않을 수 있다면[能無] 곧[則] (자신의 부귀 따위가) 남들을[人] 따라가지 못함을[不及] 근심거리로[憂] 여기지 않는 것[不爲]이다[矣].**

인능무이기갈지해위심해즉불급인불위우야(人能無以飢渴之害爲心害則不及人不爲憂也)는 〈A則B〉꼴로 영어의 복문과 같은 어투이다. 즉(則)을 중심으로 앞은 대개 양보 내지 조건의 종속절이고, 뒤는 주절이다. 그러므로 人能無以飢渴之害爲心害則不及人不爲憂也에서 인능무이기갈지해위심해(人能無以飢渴之害爲心害)를 조건절처럼 여기고, 불급인불위우야(不及人不爲憂也)를 주절로 여기고 새기면 문맥이 잡힌다. 〈A(人能無以飢渴之害爲心害)

하면 곧[則] B(不及人不爲憂)이다[也]〉

조건의 종속절인 인능무이기갈지해위심해(人能無以飢渴之害爲心害)에서 인(人)은 주어이고, 능무(能無)는 위(爲)의 조동사이며, 이기갈지해(以飢渴之害)는 위(爲)를 꾸미는 부사구이고, 위(爲)는 타동사로 절의 본동사이며, 심해(心害)는 위(爲)의 목적구이므로 人能無以飢渴之害爲心害가 영어의 3형식 절과 같은 어투라고 한 것이다. 人能無以飢渴之害爲心害를 人能無爲心害以飢渴之害처럼 어순을 바꾸어보면 人能無以飢渴之害爲心害의 문맥을 잡기가 쉽다. 人能無以飢渴之害爲心害의 능무(能無)는 불능(不能)과 같고, 이(以)는 〈써 용(用)〉과 같으며, 기(飢)는 〈굶주림 아(餓), 뇌(餒)〉 등과 같고, 갈(渴)은 욕음(欲飮) 즉 물을 마시고 싶음[欲飮]이며, 지(之)는 소유격 토씨(~의)이고, 해(害)는 〈해침 상(傷)〉과 같고 상해(傷害)의 줄임말로 여기며, 위(爲)는 여기선 〈생각할 사(思)〉로 여기고 새기면 문맥이 통하고, 심해(心害)는 심지해(心之害)의 줄임으로 여기고 새긴다.

주절인 불급인불위우야(不及人不爲憂也)에서 불급인(不及人)은 주부이고, 불위우(不爲憂)는 술부이고, 야(也)는 주절을 결정짓는 어조사(~이다)이다. 주부인 不及人에서 불(不)은 급(及)의 부정사(否定詞)이고, 급(及)은 영어의 동명사나 부정사(不定詞) 구실을 하며, 인(人)은 급(及)의 목적어이다. 不及人의 급(及)은 〈미칠 체(逮)〉와 같다. 술부 不爲憂에서 불(不)은 위(爲)의 부정사이고, 위(爲)는 영어의 동명사나 부정사 구실을 하는 보어이며, 우(憂)는 위(爲)의 보어이다. 不爲憂의 위(爲) 역시 〈생각할 사(思)〉와 같고, 우(憂)는 〈근심 수(愁)〉와 같으며 우수(憂愁)의 줄임말로 여기고 새기면 문맥이 통한다.

사람 인(人), 잘할 능(能), 아니할 무(無), 써 이(以), 굶주림 기(飢), 목마름 갈(渴), ~의 지(之), 상해 해(害), 생각할 위(爲), 마음의 심(心), 곧 즉(則), 아니 불(不), 미칠 급(及), 남들 인(人), 될 위(爲), 욕 우(憂), ~이다 의(矣)

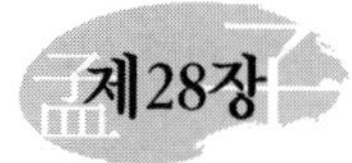

제28장

28장은 맹자가 벼슬길에 나선 선비의 본보기로 유하혜(柳下惠)를 들어서 벼슬의 작록(爵祿) 탓으로 자신의 절개를 바꿔 행인정(行仁政)의 뜻을 버려서는 안 된다고 밝히는 장이다.

【문지(聞之)】

불역기개(不易其介)

【원문(原文)】

孟子曰 柳下惠不以三公易其介니라
맹 자 왈 유 하 혜 불 이 삼 공 역 기 개

【해독(解讀)】

맹자가 말했다[孟子曰]. "유하혜는 삼공의 벼슬로 자신의 절개를 바꾸지 않았다[柳下惠不以三公易其介]."

【담소(談笑)】

柳下惠不以三公易其介(유하혜불이삼공역기개)

▶ 유하혜는[柳下惠] 삼공의 벼슬[三公]로[以] 자신의[其] 절개를[介] 바꾸지 않았다[不易].

유하혜불이삼공역기개(柳下惠不以三公易其介)는 영어의 3형식 문장과 같은 어투이다. 柳下惠不以三公易其介에서 유하혜(柳下惠)는 주어이고, 불(不)은 역(易)의 부정사(否定詞)이며, 이삼공(以三公)은 역(易)을 꾸미는 부사구이고, 역(易)은 타동사로 본동사이며, 기개(其介)는 역(易)의 목적어이다. 柳下惠不以三公易其介를 柳下惠不易其介以三公처럼 어순을 바꿔보면 문맥을 잡기 편하다. 柳下惠不以三公易其介의 이(以)는 〈써 용(用)〉과 같고, 삼공(三公)은 태사(太師)·태부(太傅)·대보(大保)라는 벼슬로 천자(天子)를 도와 천하를 다스리는 영광스러운 벼슬자리를 말하지만 여기선 일반적인 벼슬을 일컫는다고 보며, 역(易)은 〈바꿀 환(換)〉과 같고, 기(其)는 유하혜지(柳下惠之)를 대신하는 관형사이며, 개(介)는 절개의 줄임말로 분변

(分辨)을 잃지 않음을 말한다. 역(易)은 발음이 이(易)와 역(易) 2가지이며, 한문투에서 여러 뜻을 나타내므로 잘 정리해두면 문맥을 잡는 데 편하다. 〈다스릴 이(易) = 치(治), 소홀히 여길 이(易) = 홀(忽), 편할 이(易) = 안(安), 게으를 이(易) = 타(惰), 쉬울 이(易) = 불난(不難), 바꿀 역(易) = 환(換), 변할 역(易) = 변(變), (작용할) 짓 역(易) = 상(象)〉

「만장장구(萬章章句) 하(下)」 1장에서 유하혜를 두고 맹자가 이렇게 밝혔다. "유하혜[柳下惠]의[之] 풍모를[風] 듣는[聞] 사람이라면[者] 비루한[鄙] 이는[夫] 너그러워지고[寬], 야박한[薄] 이도[夫] 후해진다[敦]." 유하혜가 벼슬자리의 고하(高下)를 불문하고 맡은 벼슬이라면 행인(行仁)을 다했기 때문에 맹자도 고개를 숙인 셈이다.

버들 류(柳), 아래 하(下), 은혜 혜(惠), 아니 불(不), 써 이(以), 바꿀 역(易), 그 기(其), 절개 개(介)

제29장

29장은 맹자가 지인(知仁)·호인(好仁)·구인(求仁)이 행인(行仁)·시인(施仁)으로 이어지지 못하면 군자의 도(道)가 아님을 밝히는 장이다. 우물 파기를 비유하여 우물을 아무리 잘 판다 해도 우물물을 찾아내 마시게 할 수 없다면 우물을 폐기한 것과 다를 바 없음을 밝혀, 인의(仁義)란 삶으로 녹아들게 하는 도리(道理)임을 밝히고 있는 장이다. 공자(孔子)가 밝힌 인능홍도(人能弘道)를 헤아려 살펴보게 하는 장이다.

【문지(聞之)】

비약굴정(辟若掘井)

【원문(原文)】

孟子曰 有爲者는 辟若掘井하니 掘井九軔而不及泉이면 猶爲棄
맹자왈 유위자 비약굴정 굴정구인이불급천 유위기

井也이다
정 야

【해독(解讀)】

맹자가 말했다[孟子曰]. "인의의 행함을 취하여 질정하고 간직한 사람의 뚫어냄은 우물을 파는 것과 같다[有爲者辟若掘井]. 우물을 60척 넘게 파고서도 샘물에 이르지 못함은 우물 파기를 그만두기를 범함과 같은 것이다[掘井九軔而不及泉猶爲棄井也]."

【담소(談笑)】

有爲者(유위자) 辟若掘井(비약굴정)

▶ 인의의 행함을[爲] 취하고 질정하여 간직한[有] 사람의[者] 뚫어냄은[辟] 우물을[井] 파는 것과[掘] 같다[若].

유위자비약굴정(有爲者辟若掘井)은 영어의 2형식 문장과 같다. 有爲者辟若掘井에서 유위자비(有爲者辟)는 주부이고, 약(若)은 자동사로 본동사이며, 굴(掘)은 영어의 부정사(不定詞) 구실을 하는 보어이며, 정(井)은 굴(掘)의 목적어이므로 有爲者辟若掘井을 영어의 2형식 문장처럼 여긴다.

주부인 유위자비(有爲者辟)에서 유위자(有爲者)는 비(辟)의 의미상 주어이고, 비(辟)는 영어의 동명사나 부정사 구실을 하며 약(若)의 주어로 여기면 有爲者辟若掘井의 문맥이 잡힌다. 말하자면 유위자비(有爲者辟)를 영어의 his doing A 또는 for him to do A처럼 여기고 문맥을 잡아볼 수 있다. 그가(his) A를 하는 것(doing), 그가(for him) A를 하는 것(to do). 이처럼 영어의 동명사구나 부정사구를 연상해보면 有爲者辟에서 유위자(有爲者)가 비(辟)의 의미상 주어임을 알 수 있다.

술부인 약굴정(若掘井)에서 약(若)은 자동사로 구문의 본동사이고, 굴(掘)은 영어의 부정사 구실을 하면서 약(若)의 보어이며, 정(井)은 굴(掘)의 목적어로 여기면 若掘井을 우물을[井] 파는 것과[掘] 같다[若]고 새길 수 있다.

有爲者辟若掘井의 유위자(有爲者)는 유위지인(有爲之人)의 지인(之人)을 자(者)로 축약한 어투이므로 〈사람 자(者)〉로 새기고, 有爲者의 유위(有爲)는 자(者)를 꾸미는 형용사이며, 비(辟)는 여기선 천장(穿藏)의 뜻으로 새겨야 문맥이 통한다. 묻힌 것을[藏] 뚫어냄[穿]. 有爲者辟若掘井의 약(若)은 〈같을 여(如), 유(猶), 사(似)〉 등과 같고, 굴(掘)은 〈팔 골(搰)〉과 같다.

도가(道家)는 유위(有爲)를 버리지만, 유가(儒家)는 유위(有爲)를 높이 산다. 유위(有爲)의 유(有)는 취하고[取] 얻고[得] 질정하고[質] 간직하는[保]. 등의 여러 뜻들을 내포하고, 위(爲) 역시 생각함[思]·이룸[成]· 행함[行] 등의 여러 뜻을 내포하고 있는 것은 유가의 유위가 호인(好仁)·구인(求仁)·행인(行仁)의 뜻을 세우고 실현함을 모두 포함하기 때문이다. 그러므로 맹자가 말하는 유위자(有爲者)는 인의(仁義)의 도(道)를 널리 펴려는 사람을 뜻한다. 이런 유위자는 인간에게 매장된 인의를 파내는 광맥(鑛脈)을 찾아 채광(採鑛)하는 사람과 같아, 유위자의 비(辟)를 천장(穿藏)으로 여기고 새기면 有爲者辟若掘井의 문맥에 걸맞은 문의가 드러난다.

간직할 유(有), 행할 위(爲), 파낼 비(辟), 같을 약(若), 팔 굴(掘), 우물 정(井)

掘井九軔而不及泉(굴정구인이불급천) 猶爲棄井也(유위기정야)

▶ **우물을[井] 60척 넘게[九軔] 파고[掘]서도[而] 샘물에[泉] 이르지 못함은[不及] 우물 파기를[井] 그만두기를[棄] 범함과[爲] 같은 것[猶]이다[也].**

굴정구인이불급천유위기정야(掘井九軔而不及泉猶爲棄井也)는 〈AB也〉 꼴로 영어의 2형식 문장과 같은 어투이다. 〈A(掘井九軔而不及泉)는 B(猶爲棄井)이다[也]〉 掘井九軔而不及泉猶爲棄井也에서 굴정구인이불급천(掘井九軔而不及泉)은 주부이고, 유위기정(猶爲棄井)은 술부이며, 야(也)는 구문을 결정짓는 어조사(~이다)이다.

주부인 掘井九軔而不及泉에서 굴(掘)은 영어의 동명사나 부정사(不定詞)와 같은 구실을 하고, 정(井)은 굴(掘)의 목적어이며, 구인(九軔)은 굴(掘)을 꾸미는 깊이의 부사이고, 이(而)는 연접의 연사이며, 불(不)은 급(及)의 부정사(否定詞)이고, 급(及) 역시 영어의 동명사나 부정사(不定詞)와 같은 구실을 하며, 천(泉)은 급(及)의 목적어이다.

술부인 猶爲棄井也에서 유(猶) 역시 영어의 동명사나 부정사(不定詞)와 같은 구실을 하며 보어이고, 위(爲)는 영어의 부정사(不定詞)와 같은 구실을 하며 유(猶)의 보어이고, 기(棄)는 영어의 동명사와 같으며 위(爲)의 목적어이고, 정(井)은 기(棄)의 목적어이다. 따라서 영어의 seeming to do doing A를 연상하면 猶爲棄井也의 문맥을 쉽게 잡아볼 수 있다. seeming(猶) to do(爲) doing(棄) A(井)와 같이 연상해서 猶爲棄井也의 유(猶)가 seemimg과 같고, 위(爲)는 to do와 같으며, 기(棄)는 doing과 같다고 여기면, 猶爲棄井也의 문맥이 쉽게 잡힌다는 말이다.

掘井九軔而不及泉의 굴(掘)은 〈팔 골(搰)〉과 같고, 인(軔)은 팔척(八尺) 또는 칠척(七尺)을 뜻하며, 급(及)은 〈미칠 체(逮)〉와 같고, 천(泉)은 천수(泉水)의 줄임말로 우물물[泉水]을 뜻한다. 猶棄井也의 유(猶)는 〈같을 약(若), 여(如), 사(似)〉 등과 같고, 위(爲)는 〈마음대로 할 자(恣)〉와 같고, 기(棄)는 〈버릴 폐(廢)〉와 같고 폐기(廢棄)의 줄임말로 여긴다.

지인(知仁) · 호인(好仁) · 구인(求仁) 등이 아무리 치열하다 한들 행인(行仁) · 시인(施仁)이 뒤따라주지 않으면 무슨 소용이냐고 맹자가 밝히고 있다. 인의(仁義)란 삶으로 녹아들게 하는 사람의 길[人道]이지, 안다고 입으로 떠벌이는 지식이 아님을 우물 파기를 예로 들어 우리네 정수리를 치고 있다. 우물을 파서 누구나 우물물을 마실 수 있게 하지 않으면 아무리 우물을 깊이 판들 공자가 밝힌 인능홍도(人能弘道)와는 멀다는 것이다. 사람이[人] 도를[道] 넓힐[弘] 수 있다[能].

팔 굴(掘), 우물 정(井), 아홉 구(九), 팔척(八尺) 인(軔), 그리고 이(而), 아니 불(不), 이를 급(及), 샘물 천(泉), 같을 유(猶), 범할 위(爲), 버릴 기(棄), 우물 정(井), ~이다 야(也)

제30장

30장은 맹자가 행인(行仁)과 시인(施仁)을 다시금 되새기게 하는 장이다. 요순(堯舜)의 성지(性之), 탕무(湯武)의 신지(身之), 오패(五霸)의 가지(假之)를 들어서 간명하면서도 빈틈없이 어짊을[仁] 행하고[行] 베푸는[施] 도리(道理)가 왕자(王者)에게는 있고 패자(霸者)에게는 없는 까닭을 밝히는 장이다.

【문지(聞之)】

구가이불귀(久假而不歸)

【원문(原文)】

孟子曰 堯舜은 性之也이고 湯武는 身之也이며 五霸는 假之也이다 久假而不歸하니 惡知其非有也리오
맹자왈 요순 성지야 탕무 신지야 오패 가지야 구가이불귀 오지기비유야

【해독(解讀)】

맹자가 말했다[孟子曰]. "요순은 그것을 본성으로 타고난 것이고[堯舜性之也], 탕무는 그것을 체득한 것이며[湯武身之也], 오패는 그것을 빌린 것이다[五霸假之也]. 오래 빌리고서도 돌려주지 않는다면[久假而不歸] 어찌 그가 (그것을) 간직하지 않았음을 알 것인가[惡知其非有也]?"

【담소(談笑)】

堯舜性之也(요순성지야)

▶ **요순은[堯舜] 그것을[之] 본성으로 타고난 것[性]이다[也].**

요순성지야(堯舜性之也)는 〈AB也〉꼴로 영어의 2형식 문장과 같은 어투이다. 〈A(堯舜)는 B(性之)이다[也]〉 堯舜性之也에서 요순(堯舜)은 주부이고, 성지(性之)는 술부이며, 성지(性之)의 성(性)은 영어의 동명사나 부정사(不定詞) 구실을 하면서 보어이고, 지(之)는 〈그것 지(之)〉로 성(性)의 목적어이며, 야(也)는 구문을 결정짓는 어조사(~이다)이다. 堯舜性之也를 堯舜性之로 여기고 문맥을 잡으면 요순은[堯舜] 그것을[之] 본성으로 타고 났다[性]고 새겨 영어의 3형식 문장처럼 여기고 문맥을 잡고, 야(也)를 살려 요순은[堯舜] 그것을[之] 본성으로 타고난 것[性]이다[也]로 새기면 堯舜性之也를 영어의 2형식 문장처럼 여기고 문맥을 잡는 셈이지만, 어느 경우든 문맥에 걸맞은 문의는 상하지 않는다.

요임금 요(堯), 순임금 순(舜), 타고날 성(性), 그것 지(之), ~이다 야(也)

湯武身之也(탕무신지야)

▶ **탕무는[湯武] 그것을[之] 체득한 것[身]이다[也].**

탕무신지야(湯武身之也)는 〈AB也〉꼴로 영어의 2형식 문장과 같은 어투

이다. 〈A(湯武)는 B(身之)이다[也]〉 湯武身之也에서 탕무(湯武)는 주부이고, 신지(身之)는 술부이며, 신지(身之)의 신(身)은 영어의 동명사나 부정사(不定詞) 구실을 하면서 보어이고, 지(之)는 〈그것 지(之)〉로 신(身)의 목적어이며, 야(也)는 구문을 결정짓는 어조사(~이다)이다. 湯武身之也를 湯武身之로 여기고 문맥을 잡으면 탕무는[湯武] 그것을[之] 체득했다[身]고 새겨 영어의 3형식 문장처럼 여기고 문맥을 잡고, 야(也)를 살려 탕무는[湯武] 그것을[之] 체득한 것[身]이다[也]로 새기면 湯武身之也를 영어의 2형식 문장처럼 여기고 문맥을 잡는 편이지만, 어느 경우든 문맥에 걸맞은 문의는 상하지 않는다.

탕임금 탕(湯), 무임금 무(武), 체득할 신(身), 그것 지(之), ~이다 야(也)

五霸假之也(오패가지야)

▶ 오패는[五霸] 그것을[之] 빌린 것[假]이다[也].

오패가지야(五霸假之也)는 〈AB也〉꼴로 영어의 2형식 문장과 같은 어투이다. 〈A(五霸)는 B(假之)이다[也]〉 五霸假之也에서 오패(五霸)는 주부이고, 가지(假之)는 술부이며, 가지(假之)의 가(假)는 영어의 동명사나 부정사(不定詞) 구실을 하면서 보어이고, 지(之)는 〈그것 지(之)〉로 가(假)의 목적어이며, 야(也)는 구문을 결정짓는 어조사(~이다)이다. 五霸假之也를 五霸假之로 여기고 문맥을 잡으면 오패는[五霸] 그것을[之] 빌렸다[假]고 새겨 영어의 3형식 문장처럼 문맥을 잡고, 야(也)를 살려서 오패는[五霸] 그것을[之] 빌린 것[假]이다[也]로 새기면 五霸假之也를 영어의 2형식 문장처럼 여기고 문맥을 잡는 셈이지만, 어느 경우든 문맥에 걸맞은 문의는 상하지 않는다.

다섯 오(五), 으뜸 패(霸), 빌릴 가(假), 그것 지(之), ~이다 야(也)

久假而不歸(구가이불귀) 惡知其非有也(오지기비유야)

▶ (어떤 사람이) 오래[久] 빌리고[假]서도[而] 돌려주지 않는다면[不歸] (세상 사람들이) 어찌[惡] 그가[其] (그것을) 간직하지[有] 않음을[非] 알 것[知]인가[也]?

구가이불귀오지기비유야(久假而不歸惡知其非有也)는 某人久假之而不歸之 人人惡知其非有之也에서 일반적인 주어인 어떤 사람[某人]과 사람들[人

시]을 생략하고, 되풀이되는 내용인 〈그것 지(之)〉를 생략한 어투이다. 그러므로 久假而不歸惡知其非有也의 구가이불귀(久假而不歸)를 종속절로 보고 오지기비유야(惡知其非有也)를 주절로 보면 영어의 복문과 같은 어투인 셈이고, 久假而不歸를 조건의 동명사구 내지 부정사구로 여기면 惡知其非有也 가 〈AB也〉꼴이므로 영어의 단문과 같은 어투이다.

구가이불귀(久假而不歸)에서 구(久)는 가(假)를 꾸미는 부사이고, 가(假)는 영어의 부정사(不定詞)나 동명사와 같으며, 이(而)는 연접의 연사이고, 불(不)은 귀(歸)의 부정사(否定詞)이며, 귀(歸) 역시 영어의 부정사(不定詞)나 동명사와 같으므로 久假而不歸를 조건의 부정사구(不定詞句) 내지 동명사구로 여기고 문맥을 잡는다.

오지기비유야(惡知其非有也)에서 오(惡)는 지(知)를 꾸미는 의문부사이고, 지(知) 또한 부정사(不定詞)나 동명사와 같으면서 보어이며, 기비유(其非有)는 지(知)의 목적구이고, 야(也)는 〈오(惡)~야(也)〉이므로 의문을 결정짓는 어조사(~인가)이다. 기비유(其非有)와 같은 어투는 유(有)를 자동사 〈가질 유(有)〉로 여기면 그에게[其] 있지[有] 않음[非]으로 새겨서 기(其)가 유(有)를 꾸미는 부사가 된다. 그러나 유(有)를 타동사 〈간직할 유(有)〉로 여기면 그가[其] 갖지[有] 않음[非]으로 새겨서 기(其)가 유(有)의 주어가 된다.

구가이불귀(久假而不歸)의 구(久)는 〈오랠 장(長)〉과 같고 장구(長久)의 줄임말로 여기고, 가(假)는 여기선 〈빌릴 차(借)〉와 같고 가차(假借)의 줄임말로 여기며, 귀(歸)는 〈돌려줄 환(還)〉과 같고 귀환(歸還)의 줄임으로 여긴다. 惡知其非有也의 오(惡)는 〈어찌 하(何)〉와 같고, 지(知)는 〈알 식(識)〉과 같으며, 기(其)는 기인(其人)의 줄임으로 여기면 문맥이 통하고, 비(非)는 〈아니 불(不)〉과 같고, 유(有)는 〈간직할 보(保)〉와 같다고 여기면 문맥이 통하고, 야(也)는 〈~인가 호(乎)〉와 같다.

맹자가 다시금 행인(行仁)과 시인(施仁)을 강조하고 있다. 인의(仁義)를 실천하는 최선의 모습을 성지(性之)라고 밝힌다. 요순은 앞 장에서 말한 대로 우물파기[掘井]를 하지 않아도 샘물이 넘쳐흘러 누구나 마실 수 있게 한다. 인의를 실천하는 차선(次善)의 모습을 탕무를 들어 신지(身之)로 밝힌다. 우물파기[掘井]를 열심히 하여 샘물이 넘쳐흘러 누구나 마실 수 있게 함이 신지(身之)인 셈이다. 그리고 행인(行仁)과 시인(施仁)을 멀리하면서 그런 척하는 하는 모습이 오패(五霸)의 가지(假之)이다. 이미 맹자는 패자(霸者)를 이력가인(以力假仁)이란 정언(正言)으로 밝힌 바 있다. 힘을[力] 가지고[以] 어진[仁] 척한다[假]. 맹자는 속임수로 행인(行仁)하는 무리를 용서하지 않는다.

오래 구(久), 빌릴 가(假), 그리고 이(而), 아니 불(不), 돌려줄 귀(歸), 어찌 오(惡), 알 지(知), 그 기(其), 아닐 비(非), 간직할 유(有), ~인가 야(也)

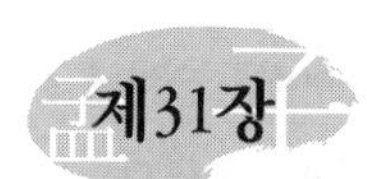

제31장

31장은 맹자가 현신(賢臣)과 간신(姦臣)을 이윤(伊尹)의 고사(故事)를 들어 아주 쉽게 분변(分辨)해주는 장이다. 현신은 군왕(君王)을 왕도(王道)로 이끌어주지만, 간신은 군왕을 무도(無道)하게 유인(誘引)하는가 하면 심하면 임금의 자리마저 빼앗아버린다고 정곡을 찌르고 있는 장이다.

【문지(聞之)】

여불압우불순(予不狎于不順)

【원문(原文)】

公孫丑曰 伊尹이 曰 予不狎于不順하고 放太甲于桐하자 民이
공손추왈 이윤 왈 여불압우불순 방태갑우동 민

大悅하고 太甲이 賢커늘 又反之함에 民이 大悅하니 賢者之爲人
대열 태갑 현 우반지 민 대열 현자지위인

臣也에 其君이 不賢이면 則固可放與이까 孟子曰 有伊尹之志
신야 기군 불현 즉고가방여 맹자왈 유이윤지지

則可이나 無伊尹之志則簒也이다
즉가 무이윤지지즉찬야

【해독(解讀)】

공손추가 여쭈었다[公孫丑曰]. "이윤이 순리를 따르지 않음을 나는 가벼이 보지 않는다고 말하고[伊尹曰予不狎于不順], (이윤이) 동 땅으로 태갑을 내치자[放太甲于桐] 백성이 크게 기뻐했으며[民大悅], 태갑이 현명해져서[太

甲賢] 다시 태갑을 (동 땅에서 박 땅으로) 돌아오게 하자[又反之] 백성이 크게 기뻐했답니다[民大悅]. 현명한 사람이 남의 신하 노릇을 하면서[賢者之爲人臣也] 그의 임금이 현명하지 못하다면[其君不賢] 곧장 (현명한 신하가 현명하지 못한 임금을) 반드시 내칠 수 있는 것인가요[則固可放與]?" 맹자가 말했다[孟子曰]. "(현명한 신하에게) 이윤의 뜻이 있다면 곧 가능하겠으나[有伊尹之志則可], (그 신하에게) 이윤의 뜻이 없다면 곧 찬탈하는 것이다[無伊尹之志則簒也]."

【담소(談笑)】

公孫丑曰(공손추왈) 伊尹曰予不狎于不順(이윤왈여불압우불순)

▶ **공손추가[公孫丑] 이윤이[伊尹] 순리를 따르지 않음[不順]을[于] 나는[予] 가벼이 보지 않는다고[不狎] 말했다고[曰] (맹자께) 여쭈었다[曰].**

공손추왈이윤왈여불압우불순(公孫丑曰伊尹曰予不狎于不順)은 영어의 3형식 문장과 같은 어투이다. 公孫丑曰伊尹曰予不狎于不順에서 공손추(公孫丑)는 주어이고, 왈(曰)은 타동사로 구문의 본동사이며 술부이고, 이윤왈여불압우불순(伊尹曰予不狎于不順)은 왈(曰)의 목적절이다. 왈(曰)의 목적절인 伊尹曰予不狎于不順에서 이윤(伊尹)은 절의 주어이고, 왈(曰)은 타동사로 절의 본동사이며, 여불압우불순(予不狎于不順)은 절의 본동사인 왈(曰)의 목적절이다. 이윤왈(伊尹曰)의 목적절인 予不狎于不順에서 여(予)는 주어이고, 불(不)은 압(狎)의 부정사(否定詞)이며, 우불순(于不順)은 압(狎)의 목적구이므로 영어의 3형식 절과 같은 어투이다. 우불순(于不順)의 우(于)는 목적격 토씨(~을)이다. 予不狎于不順의 여(予)는 〈나 아(我)〉와 같고, 압(狎)은 〈가볍게 여길 경(輕)〉과 같으며, 우(于)는 목적격 토씨 〈~을 어(於)〉와 같고, 순(順)은 〈좇을 종(從), 어울릴 화(和)〉 등과 같고 순리(順理)의 줄임말로 여기고 새기면 문맥이 통한다.

공손추(公孫丑)는 맹자의 제자로 공손(公孫)은 성씨이고, 추(丑)는 이름이다. 이윤(伊尹)은 탕왕(湯王)의 재상으로 이름은 지(摯)인데, 유신씨(有莘氏)의 들에서 농사를 짓던 농부였다. 탕왕이 예(禮)를 갖추어 세 번에 걸쳐 그를 초빙한 끝에 재상으로 삼았다 한다. 탕왕이 무도(無道)한 하(夏)나라 걸왕(桀王)에게 이윤을 보내 덕치(德治)를 권하게 했다. 걸(桀)이 거절하자이윤은 탕왕을 도와 걸을 치도록 공을 세웠다. 탕왕이 죽고 그의 손자 태갑(太甲)이 왕위에 올랐지만 무도(無道)하니 태갑을 동(桐) 땅으로 추방했다가, 태갑이 후회하고 현명해지자 다시 불러와 왕 노릇을 제대로 하게 한 인물이 이윤이다. 그래서 요(堯) 때의 순(舜), 순(舜) 때의 우(禹), 우(禹) 때의 익(益)과 같은 절대적인 재상으로 여겨진다.

공변될 공(公), 자손 손(孫), 사람이름 추(丑), 말할 왈(曰), 저 이(伊), 다스릴 윤(尹), 나 여(予), 아니 불(不), 가벼이 볼 압(狎), ~을 우(于), 순리를 따를 순(順)

放太甲于桐(방태갑우동) 民大悅(민대열)

▶ (이윤이) 동 땅[桐]으로[于] 태갑을[太甲] 내치자[放] 백성이[民] 크게[大] 기뻐했다[悅].

방태갑우동민대열(放太甲于桐民大悅)은 공손추왈(公孫丑曰)의 목적절이지만, 독립문으로 여기고 문맥을 잡아서 새겨도 된다. 放太甲于桐民大悅은 영어의 복문 또는 영어의 단문과 같은 어투로 여기고 문맥을 잡는다. 즉 放太甲于桐民大悅의 放太甲于桐을 伊尹放太甲于桐에서 주어인 이윤(伊尹)이 생략된 것으로 보고 방(放)을 절(節)의 본동사로 여기면, 放太甲于桐民大悅을 영어의 복문과 같은 어투로 문맥을 잡을 것이다. 그러나 放太甲于桐의 방(放)을 영어의 현재분사처럼 여기고 放太甲于桐을 시간의 분사구처럼 여기면, 放太甲于桐民大悅을 영어의 단문과 같은 어투로 문맥을 잡을 것이다. 여기서는 放太甲于桐民大悅의 방태갑우동(放太甲于桐)을 시간의 분사구로 여기고, 민대열(民大悅)을 주절로 보고 放太甲丁桐民大悅의 문맥을 잡는다.

시간의 분사구인 방태갑우동(放太甲于桐)에서 방(放)은 영어에서 타동사의 분사 구실을 하고, 태갑(太甲)은 방(放)의 목적어이며, 우동(于桐)은 장소의 부사구이므로 동[桐]으로[于] 태갑을[太甲] 추방하자[放]로 문맥을 잡을 수 있다. 주절인 민대열(民大悅)에서 민(民)은 주어이고, 대(大)는 열(悅)을 꾸미는 부사이며, 열(悅)은 자동사로 주절의 본동사이므로 영어의 1형식 절과 같은 어투이다. 백성이[民] 크게[大] 기뻐했다[悅]. 放太甲于桐民大悅의 방(放)은 〈귀양 보낼 축(逐)〉과 같고 방축(放逐)의 줄임말로 여기고, 우(于)는 장소를 나타내는 어조사 〈~으로 어(於)〉와 같고, 열(悅)은 〈기뻐할 희(喜)〉

와 같고 희열(喜悅)의 줄임말로 여기고 새기면 문맥이 통한다.

내칠 방(放), 클 태(太), 첫째 천간 갑(甲), ~으로 우(于), 땅이름 동(桐), 백성 민(民), 크게 대(大), 기뻐할 열(悅)

太甲賢(태갑현) 又反之(우반지) 民大悅(민대열)

▶ 태갑이[太甲] 현명해져서[賢] 다시[又] 태갑을[之] (동 땅에서 박 땅으로) 돌아오게 하자[反] 백성이[民] 크게[大] 기뻐했다[悅].

태갑현우반지민대열(太甲賢又反之民大悅)은 공손추왈(公孫丑曰)의 목적절이지만, 독립문으로 여기고 문맥을 잡아서 새겨도 된다. 太甲賢又反之民大悅은 영어의 복문과 같은 어투이다. 太甲賢又反之民大悅과 같은 어투는 먼저 구문 골격의 중심을 이루는 본동사를 찾아내 구문을 나누어 살펴야 문맥을 잡기 쉽다. 太甲賢又反之民大悅에서 〈현명할 현(賢)〉, 〈돌아오게 할 반(反)〉, 그리고 〈기뻐할 열(悅)〉이 동사이므로, 太甲賢又反之民大悅을 太甲賢과 又反之 그리고 民大悅 이렇게 셋으로 나누어 태갑현(太甲賢)해서(때문에) 우반지(又反之)하자 민대열(民大悅)했다고 서로의 관계를 이어주면 太甲賢又反之民大悅의 문맥이 드러난다. 太甲賢又反之民大悅에서 태갑현(太甲賢)을 원인의 부사절처럼 여기고, 우반지(又反之)를 시간의 분사구로 여기고, 민대열(民大悅)을 주절로 여기면 太甲賢又反之民大悅을 영어의 복문처럼 여기고 문맥을 잡는 까닭을 알 수 있다.

원인의 부사절인 태갑현(太甲賢)에서 태갑(太甲)은 주어이고, 현(賢)은 자동사로 절의 본동사이므로 태갑이[太甲] 현명해졌기 때문에[賢]로 문맥을 잡는다. 시간의 분사구 우반지(又反之)는 우선 伊尹又反之에서 주어인 이윤(伊尹)이 생략되었고, 시간의 부사절로 문맥을 잡으면 반(反)을 타동사로서 절의 본동사로 여기고 문맥을 잡는다. 그러나 반(反)을 영어의 현재분사처럼 여기고 문맥을 잡아도 되므로 又反之를 그냥 시간의 분사구로 여기고 다시[又] 그를[之] 돌아오게 했을 때[反]로 문맥을 잡는다. 한문투에는 영어에서 원인의 종속접속사인 때문에(since)나, 시간의 종속접속사인 때에(when) 등이 없으므로 문맥에 따라 보충해주면 문맥을 잡기 쉬워진다. 주절인 민대열(民大悅)에서 민(民)은 주어이고, 대(大)는 열(悅)을 꾸미는 부사이며, 열(悅)은 자동사로 주절의 본동사이다.

太甲賢又反之民大悅의 현(賢)은 〈밝을 명(明)〉과 같고 현명(賢明)의 줄임말로 여기고, 우(又)는 〈다시 역(亦)〉과 같으며, 반(反)은 〈되돌아올 환(還) 반(返)〉 등과 같고 반환(反還)의 줄임말로 여기고, 반지(反之)의 지(之)는 태갑을 가리키는 지시대명사이며, 열(悅)은 〈기뻐할 희(喜)〉와 같고 희열(喜悅)의 줄임말로 여기고 새긴다.

클 태(太), 첫째 천간 갑(甲), 밝을 현(賢), 다시 우(又), 돌아오게 할 반(反), 그 지(之), 백성 민(民), 큰 대(大), 기뻐할 열(悅)

賢者之爲人臣也(현자지위인신야) 其君不賢(기군불현) 則固可放與(즉고가방여)

▶ 현명한[賢] 사람[者]이[之] 남의[人] 신하[臣] 노릇을 하면[爲]서[也] 그의[其] 임금이[君] 현명치 못하다면[不賢] 곧장[則] (현명한 신하가 현명치 못한 임금을) 반드시[固] 내칠 수 있는 것[放]인가[與]?

현자지위인신야기군불현즉고가방여(賢者之爲人臣也其君不賢則固可放與)는 〈A則B〉꼴로 영어의 복문과 같은 어투이다. 즉(則)을 중심으로 앞은 대개 양보 내지 조건의 종속절이고, 뒤는 주절이다. 그러므로 賢者之爲人臣也其君不賢則固可放與에서 현자지위인신야기군불현(賢者之爲人臣也其君不賢)을 조건절처럼 여기고, 고가방여(固可放與)를 주절로 여기고 새기면 문맥이 잡힌다. 〈A(賢者之爲人臣也其君不賢)하면 곧[則] B(固可放)인가[與]〉? 그러나 賢者之爲人臣也其君不賢은 현자지위인신야(賢者之爲人臣也)와 기군불현(其君不賢) 두 구문을 논리적으로 이어주어야 문맥이 통하게 된다. 그래서 현자지위인신야(賢者之爲人臣也) 동안 기군불현(其君不賢)이면으로 관계를 이어주면 문맥이 통하므로, 賢者之爲人臣也를 시간의 종속절처럼 여기고, 其君不賢을 조건의 종속절처럼 여기고, 固可放與를 주절로 여기면 賢者之爲人臣也其君不賢則固可放與의 문맥이 잡힌다. 물론 시간의 종속절인 賢者之爲人臣也의 지(之)를 소유격 토씨(~의)로 여기고, 위(爲)를 영어의 동명사처럼 여기면 시간의 동명사구로 賢者之爲人臣也其君不賢을 새길 수도 있다. 어느 경우든 문의는 달라지지 않고 상하지 않는다.

시간의 종속절인 현자지위인신야(賢者之爲人臣也)에서 현자지(賢者之)는 주어이고, 위(爲)는 자동사로 절의 본동사이며, 인신(人臣)은 보어이고,

야(也)는 절을 결정짓는 어조사(~면서)이다. 賢者之爲人臣也의 현(賢)은 〈밝을 명(明)〉과 같고, 현자(賢者)의 자(者)는 현지인(賢之人)의 지인(之人)을 축약한 것이므로 〈사람 자(者)〉이며, 지(之)는 주격 토씨(~이)이고, 위(爲)는 행(行)과 같으며, 인신(人臣)은 인지신(人之臣)의 줄임으로 여기고, 야(也)는 시간의 종속절을 결정짓는 어조사이므로 ~때 , ~동안, ~면서 등으로 새긴다. 현자[賢者]가[之] 남의[人] 신하[臣] 노릇을 하는[爲] 동안[也]으로 새기면 문맥의 문의가 드러난다.

조건의 종속절인 기군불현(其君不賢)에서 기군(其君)은 주어이고, 불(不)은 현(賢)의 부정사(否定詞)이며, 현(賢)은 자동사로 절의 본동사이므로 영어의 1형식 절과 같은 어투이다. 其君不賢의 기(其)는 현자지(賢者之)를 대신하는 관형사이고, 군(君)은 〈임금 왕(王)〉과 같고 군왕(君王)의 줄임말로 여기며, 현(賢)은 〈밝을 명(明)〉과 같고 현명(賢明)의 줄임말로 여긴다. 현자의[其] 임금이[君] 현명하지 않다면[不賢]으로 새기면 문맥의 문의가 드러난다.

주절인 고가방여(固可放與)는 其臣固可放其君與에서 앞 문맥으로 보충할 수 있으므로 주어인 기신(其臣)과 목적어 기군(其君)을 생략한 어투로, 영어의 3형식 의문문과 같다. 固可放與에서 고(固)는 방(放)을 꾸미는 부사이고, 가(可)는 방(放)의 조동사이며, 방(放)은 목적어가 생략되었지만 타동사로 주절의 본동사이고, 여(與)는 완곡하게 의문문을 결정짓는 어조사(~인가요)이다. 固可放與의 고(固)는 〈반드시 필(必)〉과 같고, 가(可)는 〈잘할 능(能)〉과 같고 가능(可能)의 줄임말로 여기며, 방(放)은 〈내칠 축(逐)〉과 같고 방축(放逐)의 줄임말로 새기면 문맥이 통하고, 여(與)는 완곡한 의문어조사이다.

현자(賢者)가 신하로 있고 그 현자의 군왕(君王)이 현명하지 않고 무도(無道)하다면, 그 신하가 반드시 제 군왕을 축출해야 하지 않느냐고 제자(公孫丑)가 묻고 있다. 이윤처럼 제 군왕을 물리치기는 어렵다 쳐도 무도한 군왕 밑에서 현자라면 신하 노릇을 할 리 없고 초야에 묻힐 뿐이다.

밝을 현(賢), 놈 자(者), 어조사(~이) 지(之), 될 위(爲), 남의 인(人), 신하 신(臣), 어조사(~서) 야(也), 그 기(其), 임금 군(君), 아니 불(不), 곧 즉(則), 반드시 고(固), 가할 가(可), 내칠 방(放), ~인가 여(與)

有伊尹之志(유이윤지) 則可(유이윤지즉가)

▶ (현명한 신하에게) 이윤[伊尹]의[之] 뜻이[志] 있다면[有] 곧[則] 가능하다[可].

유이윤지지즉가(有伊尹之志則可)는 〈A則B〉꼴로 영어의 복문과 같은 어투이다. 즉(則)을 중심으로 앞은 대개 양보 내지 조건의 종속절이고, 뒤는 주절이다. 그러므로 有伊尹之志則可에서 유이윤지지(有伊尹之志)를 조건절처럼 여기고, 가(可)를 주절로 여기고 새기면 문맥이 잡힌다. 〈A(有伊尹之志)하면 곧[則] B(可)한다〉

조건절인 유이윤지지(有伊尹之志)는 其臣有伊尹之志에서 앞 문맥으로 보충할 수 있으므로 기신(其臣)을 생략한 어투이다. 其臣有伊尹之志의 유(有)를 타동사 〈간직할 유(有)〉로 보면 그[其] 신하가[臣] 이윤의[之] 뜻을[志] 간직했다면[有]으로 새겨 영어의 3형식 절처럼 문맥을 잡는다. 그러나 유(有)를 자동사 〈있을 유(有)〉로 여기면 그[其] 신하에게[臣]이윤의[之] 뜻이[志] 있다면[有]으로 새겨 영어의 1형식 절처럼 문맥을 잡는다. 어느 경우든 문맥의 문의는 달라지지 않는다. 有伊尹之志에서 이윤지(伊尹之)는 지(志)를 꾸미는 형용사이고, 지(志)는 유(有)의 주어이므로 영어의 1형식 절과 같은 어투로 여기고 위와 같이 새겼다. 伊尹之의 지(之)는 소유격 토씨(~) 구실을 하는 어조사 내지 허사이다.

주절인 가(可)는 其臣可放其君에서 앞 문맥으로 보충할 수 있고 또 되풀이되는 내용이므로 다 생략해버리고 가(可)만 남긴 것으로, 한문투가 얼마나 생략이 심한지를 살 보여준다.

> 있을 유(有), 저 이(伊), 다스릴 윤(尹), ~의 지(之), 뜻 지(志), 곧 즉(則), 가할 가(可)

無伊尹之志(무이윤지지) 則簒也(즉찬야)

▶ (그 신하에게) 이윤[伊尹]의[之] 뜻이[志] 없다면[無] 곧[則] 찬탈하는 것[簒]이다[也].

무이윤지지즉찬야(無伊尹之志則簒也)는 〈A則B〉꼴로 영어의 복문과 같은 어투이다. 즉(則)을 중심으로 앞은 대개 양보 내지 조건의 종속절이고, 뒤는 주절이다. 그러므로 無伊尹之志則簒也에서 무이윤지지(無伊尹之志)를 조건절처럼 여기고, 찬야(簒也)를 주절로 여기고 새기면 문맥이 잡힌다. 〈A(無伊尹之志)하면 곧[則] B(簒也)이다〉

조건절인 무이윤지지(無伊尹之志)는 其臣無伊尹之志에서 앞 문맥으로 보충할 수 있으므로 기신(其臣)을 생략한 어투이다. 其臣無伊尹之志의 무(無)를 자동사 〈없을 무(無)〉로 여기고 그[其] 신하에게[臣] 이윤의[之] 뜻이[志] 없다면[無]으로 새겨 영어의 1형식 절처럼 문맥을 잡는다. 無伊尹之志에서 이윤지(伊尹之)는 지(志)를 꾸미는 형용사이고, 지(志)는 무(無)의 주어이므로 영어의 1형식 절과 같다. 伊尹之의 지(之)는 소유격 토씨(~)인 어조사 내지 허사이다.

주절인 찬야(簒也)는 其臣可簒其君也에서 앞 문맥으로 보충할 수 있고 또 되풀이되는 내용이므로 다 생략해버리고 찬야(簒也)만 남긴 것으로, 한문투가 얼마나 생략을 일삼는가를 잘 보여준다. 簒也의 찬(簒)은 〈빼앗을 탈(奪)〉과 같고 찬탈(簒奪)의 줄임말로 여기고 새기면 문맥이 통한다.

현명한 신하는 임금을 성군(聖君)으로 유도하려고 진심(盡心)하고, 현명하지 못한 간신은 폭군(暴君)으로 치닫게 하거나 심하면 제 임금의 자리를 빼앗아 차고 앉는 일들이 역사에는 너무도 많다. 이윤의 경우는 그것 하나로 역사에 기록되어 있을 뿐이니 공손추(公孫丑)의 질문은 오히려 허황된 물음일 뿐이다. 맹자의 끝말인 찬야(簒也)가 참으로 섬뜩하다.

없을 무(無), 저 이(伊), 다스릴 윤(尹), ~의 지(之), 뜻 지(志), 곧 즉(則), 빼앗을 찬(簒), ~이다 야(也)

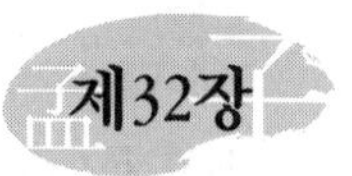

32장은 맹자가 군자의 사명(俟命)을 밝히고 있는 장이다. 공자가 밝혀둔 군자무본(君子務本)·군자불기(君子不器)·군자덕풍(君子德風)의 참뜻을 참으로 쉽고 간명하게 풀이해주는 장이다.

【문지(聞之)】

군자거시국야(君子居是國也)

【원문(原文)】

公孫丑曰 詩曰 不素餐兮라 하니 君子之不耕而食은 何也이까
공손추왈 시왈 불소찬혜 군자지불경이식 하야

孟子曰 君子居是國也에 其國用之 則安富尊榮하고 其子弟從
맹자왈 군자거시국야 기국용지 즉안부존영 기자제종

之 則孝弟忠信하나니 不素餐兮 孰大於是인가
지 즉효제충신 불소찬혜 숙대어시

【해독(解讀)】

공손추가 여쭈었다[公孫丑曰]. "(『시경(詩經)』에 있는 한) 시(詩)에서 '일하지 않고 공으로 밥을 삼키지 않는다네[不素餐兮]' 라고 말했습니다[詩曰]. (그런데) 군자가 밭 갈지 않으면서도 먹고 사는 것은[君子之不耕而食] 무슨 까닭[何]인가요[何也]?" 맹자가 말했다[孟子曰]. "군자가 그 나라에 머물러서[君子居是國也] 그 나라가 그를 활용하면[其國用之] 곧 (그 나라는) 안녕하고 부유하며 존엄하고 영광스럽고[則安富尊榮], (그리고 군자가 그 나라에 머물러서) 그 나라의 젊은이들이 그를 좇는다면[其子弟從之] 곧 (그 나라 젊은이들은) 효도하고 공경하며 정성되고 믿음직스럽다[則孝悌忠信]. 일하지 않고 공으로 밥을 삼키지 않는다네[不素餐兮]. 이것보다 어느 것이 더 위대한가[孰大於是]?"

【담소(談笑)】

詩曰(시왈) 不素餐兮(불소찬혜)

▶ (『시경(詩經)』에 있는 한) 시가[詩] '일하지 않고 공으로 밥을 삼키지 않는다[不素餐]네[兮]' 라고 말한다[曰].

시왈불소찬혜(詩曰不素餐兮)는 영어의 3형식 문장과 같은 어투이다. 詩曰不素餐兮는 공손추왈(公孫丑曰)의 목적절이지만, 독립구문처럼 여기고 문맥을 잡는 편이 편하다. 詩曰不素餐兮에서 시(詩)는 주어이고, 왈(曰)은 타동사로 본동사이며, 불소찬혜(不素餐兮)는 왈(曰)의 목적절이다.

목적절인 불소찬혜(不素餐兮)에서 불(不)은 찬(餐)의 부정사(否定詞)이고 소(素)는 찬(餐)을 꾸미는 부사이며, 찬(餐)은 자동사로 절의 본동사이고, 혜(兮)는 감탄사 정도의 어조사이다. 詩曰不素餐兮의 시(詩)는 『시경(詩經)』「위풍(魏風)」〈벌단(伐檀)〉을 말하고, 불소찬혜(不素餐兮)는 그 시의 각장

(各章)에 붙어 있는 끝 구에 해당한다. 불소찬혜(不素餐兮)을 직역하면 "공으로[素] 밥을 삼키지 않는다[不餐]네[兮]"로 새길 수 있다. 그러나 소찬(素餐)은 공도 없이 녹(祿)을 먹거나 훔치는 짓을 뜻하는 관용어이다. 不素餐兮의 소(素)는 〈빌 공(空)〉과 같고, 찬(餐)은 〈삼킬 탄(呑)〉과 같으며, 〈저녁밥 손(飧)〉과 같을 뜻일 때는 발음이 손(餐)임을 주의한다.

시경 시(詩), 말할 왈(曰), 아니 불(不) 빈 소(素), 먹을 찬(餐), 어조사 혜(兮)

君子之不耕而食(군자지불경이식) 何也(하야)

▶ 군자[君子]가[之] 밭 갈지 않으면[不耕]서도[而] 먹고 사는 것은[食] 무슨 까닭[何]인가[也]?

군자지불경이식하야(君子之不耕而食何也)는 〈AB也〉꼴로 영어의 2형식 의문문과 같은 어투이다. 물론 君子之不耕而食何也 역시 공손추왈(公孫丑曰)의 목적절이지만, 독립구문처럼 여기고 문맥을 잡는 것이 편하다. 君子之不耕而食何也에서 군자지불경이식(君子之不耕而食)까지는 주절 내지 주부이고, 하야(何也)의 하(何)는 술부이다.

주절 내지 주부인 군자지불경이식(君子之不耕而食)은 君子之不耕 而君子之食에서 되풀이되는 군자지(君子之)를 생략한 어투이다. 君子之不耕而食을 주절 내지 주부로 여기는 이유는 君子之不耕의 지(之) 때문이다. 어조사 지(之)가 주격(~는), 소유격(~의), 목적격(~을, ~에게) 구실을 다 하기 때문이다. 君子之不耕의 지(之)를 주격으로 여기면 군자[君子]가[之] 불경한다[不耕]고 새겨 경(耕)을 동사로 여기므로 君子之不耕而食을 주절로 여긴다. 그러나 君子之不耕의 지(之)를 소유격으로 여기면 군자[君子]의[之] 불경하는 것[不耕]으로 새겨 경(耕)을 영어의 동명사처럼 여기고 君子之不耕而食을 동명사구로 문맥을 잡으므로 君子之不耕而食을 주부로 여긴다. 여기서는 君子之不耕而食을 주절로 여기고 새기는 것이 우리말과 잘 어울린다.

술부인 하야(何也)는 하고야(何故也)의 줄임으로 여기면 문맥이 통한다. 무슨[何] 까닭[故]인가[也]? 何也의 하(何)는 君子之不耕而食何也에서 의문사이면서 보어이고, 야(也)는 〈하(何)~야(也)〉꼴로 〈~인가 호(乎)〉와 같다.

군자가 농부 노릇을 하지 않으면서 먹고산다면 소찬(素餐)의 신하 무리와 다를 바 없지 않느냐고 묻고 있다. 따지고 보면 우문(愚問)이다. 학자(學者)

는 어리석은[愚] 물음[問]을 비웃지만, 현자(賢者)는 우문일수록 명답(明答)으로 깨우쳐준다.

> 클 군(君), 존칭 자(子), ~가 지(之), 아니 불(不), 밭갈 경(耕), 그리고 이(而), 먹을 식(食), 무엇 하(何), ~인가 야(也)

君子居是國也(군자거시국야) 其國用之(기국용지) 則安富尊榮(즉안부존영)

▶ 군자가[君子] 그[是] 나라에[國] 머물러[居]서[也] 그[其] 나라가[國] 그를[之] 활용하면[用] 곧[則] (그 나라는) 안녕하고[安] 부유하며[富] 존엄하고[尊] 영광스럽다[榮].

군자거시국야기국용지즉안부존영(君子居是國也其國用之則安富尊榮)은 맹자왈(孟子曰)의 목적절이지만 독립구문처럼 여기고 문맥을 잡는 편이 편하다. 君子居是國也其國用之則安富尊榮은 〈A則B〉꼴로 영어의 복문과 같은 어투이다. 즉(則)을 중심으로 앞은 대개 양보 내지 조건의 종속절이고, 뒤는 주절이다. 그러므로 君子居是國也其國用之則安富尊榮에서 군자거시국야기국용지(君子居是國也其國用之)를 조건절처럼 여기고, 안부존영(安富尊榮)을 주절로 여기고 새기면 문맥이 잡힌다. 〈A(君子居是國也其國用之)하면 곧[則] B(安富尊榮)한다〉 여기서 구문을 결정짓는 야(也)를 보면 君子居是國也其國用之가 君子居是國也와 其國用之로 나누어진 어투임을 알 수 있다. 군자거시국야(君子居是國也)이고 기국용지(其國用之)하면으로 두 구문의 관계를 이어주면 문맥이 통하므로 君子居是國也其國用之를 조건의 종속절이 겹쳐진 어투로 여기고, 안부존영(安富尊榮)을 주절로 여기면 전체 문맥이 잡힌다.

조건의 종속절인 군자거시국야(君子居是國也)에서 군자(君子)는 주어이고, 거(居)는 자동사로 절의 본동사이며, 시국(是國)은 거(居)를 꾸미는 장소의 부사이고, 야(也)는 절을 결정짓고 다음 조건의 종속절과 이어주는 어조사(~서)이므로, 君子居是國也는 영어의 1형식 절과 같은 어투이다. 君子居是國也의 거(居)는 〈머물 처(處)〉와 같고 거처(居處)의 줄임말로 여기고, 시(是)는 〈그 기(其)〉와 같다.

조건의 종속절인 기국용지(其國用之)에서 기국(其國)은 주어이고, 용(用)

은 타동사로 절의 본동사이며, 지(之)는 용(用)의 목적어이므로 其國用之는 영어의 3형식 절과 같은 어투이다. 其國用之의 용(用)은 활용(活用)의 줄임말로 새기면 문맥이 통하고, 지(之)는 군자(君子)를 가리키는 지시대명사이다.

주절인 안부존영(安富尊榮)은 其國安 而其國富 而其國尊 而其國榮에서 되풀이되는 그 나라[其國]가 생략되고, 자동사들이 각 절의 본동사로서 영어의 1형식 같은 절 넷이 하나처럼 되어 있다. 安富尊榮의 안(安)은 안녕(安寧)의 줄임말로, 부(富)는 부유(富裕)의 줄임말로, 존(尊)은 존엄(尊嚴)의 줄임말로, 영(榮)은 영광(榮光)의 줄임말로 새기면 문맥의 문의가 잘 드러난다.

클 군(君), 존칭 자(子), 머물 거(居), 그 시(是), 나라 국(國), 어조사(~서) 야(也), 그 기(其), 쓸 용(用), 그 지(之), 곧 즉(則), 안녕할 안(安), 부유할 부(富), 존엄할 존(尊), 번영할 영(榮)

其子弟從之(기자제종지) 則孝弟忠信(즉효제충신)

▶ (군자가 그 나라에 머물러서) 그 나라의[其] 젊은이들이[子弟] 그를[之] 좇는다면[從] 곧[則] (그 나라 젊은이들은) 효도하고[孝] 공경하며[弟] 정성되고[忠] 믿음직스럽다[信].

기자제종지즉효제충신(其子弟從之則孝弟忠信) 역시 맹자왈(孟子曰)의 목적절이지만 독립구문처럼 여기고 문맥을 잡는 편이 편하다. 其子弟從之則孝弟忠信은 君子居是國也其子弟從之則孝弟忠信에서 되풀이되는 내용이므로 군자거시국야(君子居是國也)를 생략한 구문으로 여기고 새기면 문의가 더 잘 드러난다. 其子弟從之則孝弟忠信은 〈A則B〉꼴로 영어의 복문과 같은 어투이다. 즉(則)을 중심으로 앞은 대개 양보 내지 조건의 종속절이고, 뒤는 주절이다. 그러므로 其子弟從之則孝弟忠信에서 기자제종지(其子弟從之)를 조건절처럼 여기고, 효제충신(孝弟忠信)을 주절로 여기고 새기면 문맥이 잡힌다. 〈A(其子弟從之)하면 곧[則] B(孝弟忠信)한다〉 기자제종지(其子弟從之)하면 곧[則] 효제충신(孝弟忠信)한다로 관계를 이어주면 문맥이 통한다.

조건의 종속절인 기자제종지(其子弟從之)에서 기자제(其子弟)는 주어이고, 종(從)은 타동사로 절의 본동사이며, 지(之)는 종(從)의 목적어이므로, 영어의 3형식 절과 같은 어투이다. 其子弟從之의 기(其)는 기국지(其國之)를 대신하는 관형사이고, 자제(子弟)는 자녀형제(子女兄弟)의 줄임말로 여기며, 종(從)은 〈따를 순(順)〉과 같고 순종(順從)의 줄임말로 여기고, 지(之)는 군자(君子)를 가리키는 지시대명사이다.

주절인 효제충신(孝弟忠信)은 其子弟孝 而其子弟弟 而其子弟忠 而其子弟信에서 되풀이되는 그 나라의 자제들[其子弟]이 생략되어 있고, 자동사들이 절의 본동사로서 영어의 1형식 같은 절 넷이 하나처럼 이어진 어투이다. 孝弟忠信의 효(孝)는 효도(孝道)한다는 동사이고, 제(弟)는 여기선 〈아우 제(弟)〉가 아니라 〈공경할 제(悌)〉와 같고, 충(忠)은 충직(忠直)하다는 동사이며, 신(信) 역시 믿음직스럽다는 뜻으로 자동사이다.

그 기(其), 자녀 자(子), 형제 제(弟), 따를 종(從), 그 지(之), 곧 즉(則), 효도할 효(孝), 공경할 제(弟), 정성스러울 충(忠), 믿음직한 신(信)

不素餐兮(불소찬혜) 孰大於是(숙대어시)

▶ 일하지 않고 공으로 밥을 삼키지 않는다[不素餐]네[兮]. 이것[是]보다[於] 어느 것이[孰] 더 위대한가[大]?

불소찬혜숙대어시(不素餐兮孰大於是) 역시 맹자왈(孟子曰)의 목적절이지만 독립구문처럼 여기고 문맥을 잡는 편이 편하다. 不素餐兮孰大於是는 孰大於不素餐兮에서 불소찬혜(不素餐兮)를 전치하고, 그 빈 자리에 시(是)를 너한 어두로 여기고 문맥을 잡으면 문의가 잘 드러닌다. 말하자면 불소찬혜(不素餐兮)와 군자의 공헌(貢獻)인 안부존영(安富尊榮)·효제충신(孝弟忠信) 중에서 어느 것[孰]이 더 소중하고 위대하냐는 반문이 곧 불소찬혜숙대어시(不素餐兮孰大於是)이다.

군자무본(君子務本)하고 군자불기(君子不器)한다는 공자(孔子)의 뜻을 철저하게 따라 군자를 매우 쉽게 해명하고 있다. 군자는[君子] 근본을[本] 애쓴다[務]. 그리고 군자는[君子] (누구나 될 수 있는) 도구가 아니다[不器]. 밭갈이하는 농부는 누구나 다 할 수 있는 천직(天職)이다. 그러나 군자는 누구나 다 할 수 없는 사명(俟命)의 천직이다. 하늘의 시킴을[命] 기다리는[俟] 사람[君子]이 애쓰는 근본[本]이란 무엇인가? 이에 대한 해답을 공자가 군자덕풍

(君子德風)이라고 했다. 백성이 이 덕풍(德風)을 쏘이면 모두 다 덕초(德草)가 된다고 했다. 맹자가 밝힌 안부존영(安富尊榮)·효제충신(孝弟忠信)이 곧 덕풍을 쏘이면 소인(小人)도 덕초가 됨을 밝혀주고 있다. 우문을 던진 제자(公孫丑)에게 참으로 맹자는 현자로서 스승의 할 일을 남김없이 다하고 있는 셈이다.

아니 불(不), 빈 소(素), 먹을 찬(餐), 어조사 혜(兮), 어느 숙(孰), 클 대(大), ~보다 어(於), 이 시(是)

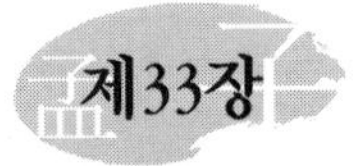

제33장

33장은 맹자가 선비[士]의 상지(尙志)를 분명하게 밝히고 있는 장이다. 선비가 숭상하는[尙] 뜻[志]은 거인유의(居仁由義)로써 완성됨을 간곡하게 전하여 대인(大人)이 되는 기본을 정언(定言)해주는 장이다.

【문지(聞之)】

거인유의(居仁由義)

【원문(原文)】

王子墊이 問曰 士는 何事이까 孟子曰 尙志한다 曰 何謂尙志이
왕자점 문왈 사 하사 맹자왈 상지 왈 하위상지

까 曰 仁義而已矣이니 殺一無罪는 非仁也이고 非其有而取之는
왈 인의이이의 살일무죄 비인야 비기유이취지

非義也이니 居惡在오 仁이 是也이다 路惡在오 義是也이다 居仁
비의야 거오재 인 시야 노오재 의시야 거인

由義면 大人之事備矣이다
유의 대인지사비의

【해독(解讀)】

왕자 점(墊)이 여쭈었다[王者墊問曰]. "선비는 무엇을 일삼는지요[士何事]?" 맹자가 말했다[孟子曰]. "뜻을 높이 받듭니다[尙志]." (왕자 점이) 여쭈었다[曰]. "뜻을 높이 받듦은 무엇을 말합니까[何謂尙志]?" (맹자가) 말했다[曰]. "어짊과 옳음일 뿐입니다[仁義而已矣]. 한 죄 없는 사람을 죽임은 어짊

이 아닌 것이고[殺一無罪非仁也], 제가 가진 것이 아닌 것인 그것을 취함은 [非其有而取之] 의가 아닌 것입니다[非義也]. (사람이) 머물 곳이 어디에 있을 것이오[居惡在]? 인(仁)이 머물 곳이지요[仁是也]. (사람이) 갈 곳이 어디에 있을 것이오[路惡在]? 의(義)가 갈 길이지요[義是也]. 의를 거쳐서 인에 머물면 [居仁由義] 대인(大人)이 할 일들이 갖추어지는 것이지요[大人之事備矣]."

【담소(談笑)】

王子墊問曰(왕자점문왈) 士何事(사하사)

▶ 왕자[王子] 점이[墊] 선비는[士] 무엇을[何] 일삼느냐고[事] (맹자께) 물어[問] 여쭈었다[曰].

왕자점문왈사하사(王子墊問曰士何事)는 영어의 3형식 문장과 같은 어투이다. 王子墊問曰士何事에서 왕자(王者)는 점(墊)의 동격이고, 점(墊)은 주어이며, 문(問)은 왈(曰)을 꾸미는 부사이고, 왈(曰)은 타동사로 구문의 본동사이며, 사하사(士何事)는 왈(曰)의 목적절이다. 목적절인 士何事는 하사사(何士事)에서 주어인 사(士)를 전치하여 어조를 더한 셈이고, 하(何)는 의문사 〈무엇 하(何)〉로 사(事)의 목적어이며, 사(事)는 타동사로 절의 본동사이므로 士何事는 영어의 3형식 의문문과 같은 어투이다. 王者墊問曰士何事의 왕자(王子)는 제(齊)나라 왕자이고, 점(墊)은 그 왕자의 이름이다. 士何事의 사(事)는 〈애쓸 무(務)〉와 같고, 사무(事務)의 줄임말로 여기고 새기면 문의가 드러난다.

임금 왕(王), 아들 자(子), 땅이 낮을 점(墊), 물어볼 문(問), 말할 왈(曰), 선비 사(士), 무엇 하(何), 일삼을 사(事)

尙志(상지)

▶ 뜻을[志] 높이 받든다[尙].

상지(尙志)는 맹자왈(孟子曰)의 목적절이지만 독립구문처럼 여기고 문맥을 잡는 편이 편하다. 尙志는 士尙志에서 앞 문맥으로 보충할 수 있으므로 주어인 사(士)가 생략되었지만, 영어의 3형식 절과 같은 어투이다. 상(尙)은 타동사로 절의 본동사이고, 지(志)는 상(尙)의 목적어이다. 尙志의 상(尙)은 〈높이 받들 숭(崇)〉과 같고 숭상(崇尙)의 줄임말로 여기고, 지(志)는 심지소지(心之所之), 즉 마음[心]이[之] 가는[之] 바[所]를 뜻한다. 그러므로 〈뜻 지

(志)〉란 마음 두는 바를 의미한다.

승상할 상(尙), 뜻 지(志)

何謂尙志(하위상지)

▶ 뜻을[志] 높이 받듦은[尙] 무엇을[何] 말하는가[謂]?

하위상지(何謂尙志)는 왕자점문왈(王子墊問曰)의 목적절이지만 독립구문처럼 여기고 문맥을 잡는 편이 편하다. 何謂尙志는 〈何謂A〉꼴로 영어의 3형식 의문문과 같은 어투이다. 〈A(尙志)는 무엇을[何] 말하는가[謂]?〉 何謂尙志에서 하(何)는 의문사로 위(謂)의 목적어이고, 위(謂)는 타동사로 의문문의 본동사이며, 상지(尙志)는 주부이다. 주부인 尙志의 상(尙)은 영어의 동명사나 부정사(不定詞) 구실을 하고, 지(志)는 그런 상(尙)의 목적어이므로 尙志는 동명사구 또는 부정사구로서 주부로 여기고 문맥을 잡으면 문의가 드러난다.何謂尙志의 위(謂)는 〈일컬을 칭(稱)〉과 같고, 상(尙)은 〈높이 받들 숭(崇)〉과 같으며 숭상(崇尙)의 줄임말로 여기고, 지(志)는 마음 두는 바를 의미한다.

무엇 하(何), 일컬을 위(謂), 승상할 상(尙), 뜻 지(志)

仁義而已矣(인의이이의)

▶ 어짊과[仁] 옳음[義]일 뿐이다[而已矣].

인의이이의(仁義而已矣)는 맹자왈(孟子曰)의 목적절이지만 독립구문처럼 여기고 문맥을 잡는 편이 편하다. 仁義而已矣는 尙志仁義而已矣에서 앞 문맥으로 보충할 수 있으므로 상지(尙志)를 생략한 어투로, 보어인 인의(仁義)만 남았지만 영어의 2형식 절과 같은 셈이다. 뜻을[志] 높이 받듦이란[尙] 인의일[仁義] 뿐이다[而已矣]에서 뜻을[志] 높이 받듦이란[尙] 주부가 생략되었다는 말이다. 仁義而已矣에서 이이의(而已矣)는 구문을 강하게 결정짓는 어조사(~뿐이다)이고, 이이(而已) 또는 이(耳) 등과 같다.

어짊 인(仁), 옳음 의(義), 어조사 이(而), 어조사 이(已), 어조사 의(矣)

殺一無罪(살일무죄) 非仁也(비인야)

▶ 한[一] 죄[罪] 없는[無] 사람을 죽임은[殺] 어짊이[仁] 아닌 것[非]

이다[也].

살일무죄비인야(殺一無罪非仁也) 역시 맹자왈(孟子曰)의 목적절이지만 독립구문처럼 여기고 문맥을 잡는 편이 편하다. 殺一無罪非仁也는 〈A非B也〉꼴로 영어의 2형식 부정문과 같은 어투이다. 〈A(殺一無罪)는 B(仁)가 아닌 것[非]이다[也]〉 殺一無罪非仁也에서 살일무죄(殺一無罪)는 주부이고, 술부 非仁也의 비(非)는 보어이며, 인(仁)은 비(非)의 동격이고, 야(也)는 구문이나 절을 결정짓는 어조사(~이다)이다.

주부인 살일무죄(殺一無罪)는 살일무죄자(殺一無罪者)에서 문맥으로 보충할 수 있으므로 자(者)를 생략한 어투이므로, 일무죄(一無罪)일지라도 한[一] 죄[罪] 없는[無] 사람[者]으로 여기고 殺一無罪의 문맥을 잡아야 문의가 드러난다. 殺一無罪에서 살(殺)은 영어의 동명사나 부정사(不定詞) 구실을 하고, 일무죄(一無罪)는 살(殺)의 목적구이므로 殺一無罪를 영어의 동명사구나 부정사구처럼 여기면 문맥을 잡기 쉽다. 殺一無罪非仁也의 살(殺)은 〈죽일 륙(戮)〉과 같고 살육(殺戮)의 줄임말로 여기고 새기고, 일(一)은 일개(一箇)의 줄임말로 여기면 일무죄(一無罪)를 일무죄자(一無罪者) 또는 일무죄지인(一無罪之人)으로 여기고 하나의[一] 죄[罪] 없는 사람[無]이라고 새길 수 있다. 이처럼 한문투는 생략된 내용을 살펴 보충해주면서 문맥을 잡아야 제대로 된 문의를 건질 수 있다.

죽일 살(殺), 하나 일(一), 없을 무(無), 죄 죄(罪), 아닌 것 비(非), 어짊 인(仁), ~이다 야(也)

非其有而取之(비기유이취지) 非義也(비의야)

▶ 제가[其] 가진 것이[有] 아닌 것[非]인[而] 그것을[之] 취함은[取] 의가[義] 아닌 것[非]이다[也].

비기유이취지비의야(非其有而取之非義也) 또한 맹자왈(孟子曰)의 목적절이지만 독립구문처럼 여기고 문맥을 잡는 것이 편하다. 非其有而取之非義也는 〈A非B也〉꼴로 영어의 2형식 부정문과 같은 어투이다. 〈A(非其有而取之)는 B(義)가 아닌 것[非]이다[也]〉 非其有而取之非義也는 取非其有非義也에서 취(取)의 목적구인 비기유(非其有)를 전치하면서 어조사인 이(而)를 더하고, 취(取) 뒤에 허사 지(之)를 더한 어투이다. 따라서 비기유[非其有]인

[而] 그것을[之] 취함은[取] 비의[非義]이다[也]로 문맥을 잡으려면 非其有而取之非義也의 지(之)의 역할을 알아야 한다. 非其有而取之非義也에서 비기유이취지(非其有而取之)는 주부이고, 비의야(非義也)는 술부이다. 非義也에서 비(非)는 보어이며, 의(義)는 비(非)의 동격이고, 야(也)는 구문이나 절을 결정짓는 어조사(~이다)이다.

주부인 비기유이취지(非其有而取之)에서 이(而)와 지(之)를 무시하고 取非其有로 여기고 문맥을 잡아도 문의는 달라지거나 상하지 않는다. 기유가[其有] 아님 것을[非] 취함은[取]으로 새겨도 非其有而取之의 문의가 상하지 않는다는 말이다. 주부인 非其有而取之의 취(取)를 영어의 동명사나 부정사(不定詞)처럼 여기고, 더불어 非其有而取之를 영어의 동명사구나 부정사구처럼 여기면 문맥을 잡기 쉽다. 非其有而取之非義也의 기유(其有)는 기유(己有)와 같고 제 것[其有]이란 말이며, 취(取)는 〈가질 득(得)〉과 같고 취득(取得)의 줄임말로 여기면 문맥이 통하고, 의(義)는 의리(義理)의 줄임말로 여기고 새기면 문맥이 통한다.

아닌 것 비(非), 그 기(其), 가진 것 유(有), 어조사 이(而), 취할 취(取), 그 지(之), 옳음 의(義), ~이다 야(也)

居惡在(거오재)

▶ 머물 곳이[居] 어디에[惡] 있겠는가[在]?

거오재(居惡在) 또한 맹자왈(孟子曰)의 목적절이지만 독립구문처럼 여기고 문맥을 잡는 것이 편하다. 居惡在는 惡人之所居在에서 문맥으로 보충될 수 있으므로 인지소(人之所)를 생략하고 거(居)를 전치하여 어조를 강조한 어투로, 영어의 1형식 의문문과 같은 어투이다. 사람[人]이[之] 머물[居] 곳이[所] 어디에[惡] 있겠는가[在]?

居惡在에서 거(居)는 영어의 동명사나 부정사(不定詞)와 같으면서 재(在)의 주어이고, 오(惡)는 의문사로 재(在)를 꾸미는 부사이며, 재(在)는 자동사인 〈있을 재(在)〉로 의문문의 본동사이다. 〈A在B〉꼴과 〈B有A〉꼴을 함께 알아두면 편하다. 〈A가 B에 있다[在]〉, 〈A가 B에 있다[有]〉 이처럼 〈있을 재(在)〉의 주어는 앞에 있고, 〈있을 유(有)〉의 주어는 뒤에 있다고 알아두면 문맥을 잡기 편하다는 말이다. 居惡在의 거(居)가 인지소거(人之所居)에서

인지소(人之所)가 생략돼 동사였던 거(居)가 동명사 내지 부정사(否定詞)가 된 어투임을 알아채면, 居惡在의 거(居)를 (인간이) 머물 곳[居]으로 여기고 새길 수 있게 된다. 居惡在의 거(居)는 〈머물 처(處)〉와 같고 거처(居處)의 줄임말로 여기고 새기면 문의가 드러나고, 오(惡)는 여기선 영어의 where처럼 장소의 의문사이므로 하처(何處)와 같고 居惡在를 의문문 어투로 만들고, 재(在)는 〈있을 유(有)〉와 같다.

머물 거(居), 어디 오(惡), 있을 재(在)

仁是也(인시야)

▶ 어짊이[仁] 머물 곳[是]이다[也].

인시야(仁是也)는 〈AB也〉꼴로 영어의 2형식 문장과 같은 어투이다. 〈A(仁)는 B(是)이다[也]〉 仁是也에서 인(仁)은 주어이고, 시(是)는 보어이며, 야(也)는 구문을 결정짓는 어조사(~이다)이다. 仁是也의 시(是)는 앞의 거(居)를 가리키는 지시어이므로 머물 곳[是]으로 새기면 문의가 잘 드러난다.

어짊 인(仁), 그것 시(是), ~이다 야(也)

路惡在(노오재)

▶ 갈 길이[路] 어디에[惡] 있겠는가[在]?

노오재(路惡在) 또한 맹자왈(孟子曰)의 목적절이지만 독립구문처럼 여기고 문맥을 잡는 것이 편하다. 路惡在는 惡人之所路在에서 문맥으로 보충될 수 있으므로 인지소(人之所)를 생략하고 노(路)를 전치하여 어조를 강조한 어투로, 영어의 1형식 의문문과 같은 어투이다. 사람[人]이[之] 갈[路] 곳이[所] 어디에[惡] 있겠는가[在]?

路惡在에서 노(路)는 영어의 동명사나 부정사(不定詞)와 같으면서 재(在)의 주어이고, 오(惡)는 의문사로 재(在)를 꾸미는 장소의 부사이며, 재(在)는 자동사인 〈있을 재(在)〉로 의문문의 본동사이다. 〈A在B〉꼴과 〈B有A〉꼴을 함께 알아두면 편하다. 〈A가 B에 있다[在]〉, 〈A가 B에 있다[有]〉 이처럼 〈있을 재(在)〉의 주어는 앞에 있고, 〈있을 유(有)〉의 주어는 뒤에 있다고 알아두면 문맥을 잡기 편하다는 말이다. 路惡在의 노(路)가 인지소로(人之所路)

에서 인지소(人之所)가 생략돼 동사였던 노(路)가 동명사 내지 부정사(否定詞)가 된 어투임을 알아채면, 路惡在의 노(路)를 (인간이) 갈 길[路]로 여기고 새길 수 있게 된다. 路惡在의 노(路)는 〈길 갈 행(行)〉과 같고 행로(行路)의 줄임말로 여기고 새기면 문의가 드러나고, 오(惡)는 여기선 영어의 where처럼 장소의 의문사이므로 하처(何處)와 같고 路惡在를 의문문 어투로 만들고, 재(在)는 〈있을 유(有)〉와 같다.

갈 길 로(路), 어디 오(惡), 있을 재(在)

義是也(의시야)

▶ 의가[義] 갈 길[是]이다[也].

의시야(義是也)는 〈AB也〉꼴로 영어의 2형식 문장과 같은 한문투이다. 〈A(義)는 B(是)이다[也]〉 義是也에서 의(義)는 주어이고, 시(是)는 보어이며, 야(也)는 구문을 결정짓는 어조사(~이다)이다. 義是也의 시(是)는 앞의 노(路)를 가리키는 지시어이므로 갈 길[是]로 새기면 문의가 잘 드러난다.

옳음 의(義), 그것 시(是), ~이다 야(也)

居仁由義大人之事備矣(거인유의대인지사비의)

▶ 의를[義] 거쳐서[由] 인에[仁] 머물면[居] 대인[大人]이[之] 할 일들이[事] 갖추어지는 것[備]이다[矣].

거인유의대인지사비의(居仁由義大人之事備矣) 또한 맹자왈(孟子曰)의 목적절이지만 독립구문처럼 여기고 문맥을 잡는 것이 편하다. 居仁由義大人之事備矣는 〈AB也〉꼴과 같은 〈AB矣〉꼴로 영어의 2형식 문장과 같은 어투이다. 먼저 居仁由義大人之事備矣에서 대인지사(大人之事)가 주어이고, 비의(備矣)가 술부임을 알아내고, 다음으로 거인유의(居仁由義)가 대인지사비의(大人之事備矣)와 어떻게 이어지는 살펴야 전체 문맥을 잡아낼 수 있다. 그래서 거인유의(居仁由義)하면 대인지사비의(大人之事備矣)이다로 이어주면 居仁由義大人之事備矣의 문맥이 통한다. 거인유의(居仁由義)를 비(備)를 꾸미는 조건의 부사구로 여기고, 대인지사비의(大人之事備矣)를 영어의 2형식 주절처럼 여기면 전체 문맥이 잡힌다는 말이다. 즉 居仁由義의 거(居)가 영어의 동명사 내지 부정사(不定詞) 구실을 하므로 居仁由義는 조건의 부정사구 내지 동명사구로 부사이고, 大人之事備矣에서 대인지사(大人之事)는 주부이며, 비(備)는 보어이고, 의(矣)는 주절을 결정짓는 어조사(~이다)임을 알아채면 居仁由義大人之事備矣의 전체 문맥이 잡힌다.

거인유의(居仁由義)의 거(居)는 〈머물 처(處)〉와 같고 거처(居處)의 줄임말로 여기고, 유(由)는 〈거칠 경(經)〉과 같고 경유(經由)의 줄임말로 여긴다. 大人之事備矣에서 주부인 大人之事의 지(之)는 주격 토씨(~이)로 여기고 대인[大人]이[之] 할 일[事]로 문맥을 잡아도 되고, 대인[大人]의[之] 일[事]로 문맥을 잡아도 된다. 대인지사비의(大人之事備矣)의 사(事)는 〈일 무(務)〉와 같고 사무(事務)의 줄임말로 여기면 문맥이 통하고, 비(備)는 〈갖춘 것 구(具)〉와 같고 구비(具備)의 줄임말로 여기면 문맥이 통하고 문의가 드러난다.

선비[士]가 숭상하는 뜻[志]을 분명히 하고 있다. 인의(仁義)를 추구하고 그 인의를 실천함이 선비의 상지(尙志)임을 분명히 하고 있다. 그리하여 선비는 대인(大人)이어야 하고, 대인의 할 일[事]이 거인유의(居仁由義)임을 맹자가 정언(定言)하고 있다.

머물 거(居), 어질 인(仁), 거쳐서 유(由), 옳음 의(義), 큰 대(大), 사람 인(人), ~의(~이) 지(之), 일 사(事), 갖출 비(備), ~이다 의(矣)

제34장

34장은 맹자가 의(義)를 밝히고 있는 장이다. 앞 장에서 의(義)를 갈 길[路]이라고 밝혔다. 의(義)는 인생(人生)의 행로(行路)를 떠날 수 없음을 다시금 밝히고 있는 장이다. 마치 공자(孔子)의 의지여차(義之與此)를 되뇌게 하는 장이다. 의리[義]를[之] 따라[與] 좇는다[此]. 대인의 의리(義理)는 대소사(大小事)를 견주지 않는다.

【문지(聞之)】

이기소자신기대자(以其小者信其大者)

【원문(原文)】

孟子曰 仲子는 不義면 與之齊國而不受를 人皆信之한다 是舍簞食豆羹之義也이다 人莫大焉 亡親戚君臣上下이어늘 以其小者로 信其大者 奚可哉이라

맹자왈 중자 불의 여지제국이불수 인개신지 시사단사두갱지의야 인막대언 망친척군신상하 이기소자 신기대자 해가재

【해독(解讀)】

맹자가 말했다[孟子曰]. "중자는 옳지 않다면 자신에게 제나라를 주어도 받지 않는다는[仲子不義與之齊國而不受] 그 점을 사람들은 모두 믿었다[人皆信之]. 이는 (불의라면) 한 대그릇의 밥과 한 나무그릇의 국이라도 버린다는 의이다[是舍簞食豆羹之義也]. 사람한테는 친척 군신 상하의 의리를 잊는 것보다 더 큰 죄는 없다[人莫大焉亡親戚君臣上下]. 그 어떤 작은 일을 미루어 그 어떤 큰 일을 어찌 밝힐 수 있을 것인가[以其小者信其大者奚可哉]?"

【담소(談笑)】

仲子不義與之齊國而不受(중자불의여지제국이불수) 人皆信之(인개신지)

▶ 중자는[仲子] 옳지 않다면[不義] 자신에게[之] 제나라를[齊國] 주어[與]도[而] 받지 않는다는[不受] 그 점을[之] 사람들은[人] 모두[皆] 믿었다[信].

중자불의여지제국이불수인개신지(仲子不義與之齊國而不受人皆信之)는 맹자왈(孟子曰)의 목적절이지만 독립구문처럼 여기고 문맥을 잡는 것이 편하다. 仲子不義與之齊國而不受人皆信之는 영어의 3형식 문장과 같은 어투로, 人皆信仲子不義與之齊國而不受에서 중자불의여지제국이불수(仲子不義與之齊國而不受)를 전치하고 그 빈 자리에 허사 지(之)를 두어 인개신지(人皆信之)가 된 어투이다. 허사 지(之)를 무시하고 사람들은[人] 모두[皆] 중자불의여지제국이불수(仲子不義與之齊國而不受)를 믿었다[信]고 새겨도 仲子不義與之齊國而不受人皆信之의 전체 문맥이 잡힌다는 말이다. 그러므로 仲子不義與之齊國而不受人皆信之에서 중자불의여지제국이불수(仲子不義與之齊國而不受)는 신(信)의 목적절이고, 인(人)은 복수로 주어이며, 개(皆)는 신(信)을 꾸미는 부사이고, 신(信)은 타동사로 구문의 본동사이며, 지(之)는 仲子不義與之齊國而不受를 나타내는 허사이다.

목적절인 중자불의여지제국이불수(仲子不義與之齊國而不受)는 仲子不義與之齊國 而仲子不受齊國에서 되풀이되는 중자(仲子)와 제국(齊國)을 생략한 어투로 여기고, 仲子不義與之齊國而不受를 不義仲子與之齊國而不受로 어순을 바꾸어보면 문맥이 쉽게 잡힌다. 그러면 仲子不義與之齊國而不受에서 중자(仲子)는 여(與)의 주어이고, 불의(不義)는 여(與)를 꾸미는 조건의 부사구이며, 여(與)는 여격동사로 절의 본동사이고, 지(之)는 간접목적어이며, 제국(齊國)은 직접목적어이고, 이(而)는 연사(連詞)의 어조사이며, 불(不)은 수(受)의 부정사(否定詞)이고, 수(受) 역시 목적절의 본동사이므로, 仲子不義與之齊國而不受는 영어의 4형식과 3형식이 합쳐진 절과 같은 어투임을 알 수 있다. 仲子不義與之齊國而不受의 여(與)는 〈줄 수(授)〉와 같고 수여(授與)의 줄임말로 여기고, 지(之)는 어중자(於仲子)를 대신하는 간접목적어이므로 중자 자신에게[之]로 여기고 새기고, 수(受)는 〈받을 수(收)〉와 같고 수수(收受)의 줄임말로 여기고 새긴다. 人皆信之의 인(人)은 인인(人人) 즉 〈사람들 인(人)〉으로 새기고, 개(皆)는 〈모두 구(俱)〉와 같고, 신(信)은 여기서 불의(不疑)와 같은 뜻이며, 지(之)는 허사로 목적절인 仲子不義與之齊國而不受가 전치되었음을 알려준다.

중자(仲子)는 맹자의 제자란 설(說)이 있는 진중자(陳仲子)를 말한다. 그는 제(齊)나라 세가대족(世家大族)의 자제였지만 난세(亂世)와 타협하기를 거부하고 어능(於陵)이란 곳에 숨어살면서 자급자족의 생활로 일관하여 염사(廉士)로 알려진 인물이다. 이미 「등문공장구(滕文公章句) 하(下)」 10장에 등장했던 인물이다.

버금 중(仲), 존칭 자(子), 아니 불(不), 옳을 의(義), 줄 여(與), 그에게 지(之), 제나라 제(齊), 나라 국(國), 어조사 이(而), 받을 수(受), 사람들 인(人), 모두 개(皆), 믿을 신(信), 그것을 지(之)

是舍簞食豆羹之義也(시사단사두갱지의야)

▶ **이는[是] (불의라면) 한 대그릇의[簞] 밥과[食] 한 나무그릇의[豆] 국이라도[羹] 버린다[舍]는[之] 의[義]이다[也].**

시사단사두갱지의야(是舍簞食豆羹之義也) 역시 맹자왈(孟子曰)의 목적절이지만 독립구문처럼 여기고 문맥을 잡는 것이 편하다. 是舍簞食豆羹之義也

는 〈AB也〉꼴로 영어의 2형식 문장과 같은 어투이다. 〈A(是)는 B(舍簞食豆羹之義)이다[也]〉 是舍簞食豆羹之義也에서 시(是)는 주어이고, 사단사두갱지의(舍簞食豆羹之義)는 술부이며, 야(也)는 구문을 결정짓는 어조사(~이다)이다. 물론 是不義舍簞食豆羹之義也에서 앞 문맥으로 보충할 수 있으므로 불의(不義)를 생략한 어투로 여기고 새기면 是舍簞食豆羹之義也의 문의가 더 잘 드러난다.

술부인 사단사두갱지의(舍簞食豆羹之義)에서 사단사두갱지(舍簞食豆羹之)는 의(義)를 꾸미는 분사구이고, 의(義)는 보어이다. 是舍簞食豆羹之義也의 시(是)는 앞의 내용을 몰아서 나타내는 지시어이고, 사(舍)는 〈버릴 사(捨)〉와 같으며, 사(食)는 〈밥(먹을거리) 사(食)〉이고, 갱(羹)은 〈국 탕(湯)〉과 같으며, 의(義)는 의리(義理)의 줄임말로 여기고 새기면 문맥이 통한다. 사(食)는 〈밥 사(食), 먹을 식(食)〉처럼 뜻에 따라 발음이 달라지므로 주의한다.

> 이 시(是), 버릴 사(舍), 대그릇 단(簞), 밥 사(食), 나무그릇 두(豆), 국 갱(羹), 어조사(~는) 지(之), 뜻 의(義), ~이다 야(也)

人莫大焉亡親戚君臣上下(인막대언망친척군신상하)

▶ **사람한테는[人] 친척[親戚] 군신[君臣] 상하[上下]의 의리를 잊는 것[亡] 보다 더[焉] 큰 죄는[大] 없다[莫].**

인막대언망친척군신상하(人莫大焉亡親戚君臣上下) 역시 맹자왈(孟子曰)의 목적절이지만 독립구문처럼 여기고 문맥을 잡는 것이 편하다. 人莫大焉亡親戚君臣上下는 人莫大焉亡親戚之義 而人莫大焉亡君臣之義 而人莫大焉亡上下之義에서 되풀이되는 인막대언망(人莫大焉亡)과 지의(之義)를 생략한 어투로, 영어의 1형식 문장 넷이 하나로 이어져 있다. 人莫大焉亡親戚君臣上下는 〈莫大於A〉꼴을 상기하면서 언(焉)이 어시(於是)의 축약임을 알아채야 문맥을 잡을 수 있다. 〈이(A)보다 더[於] 큰 것은[大] 없다[莫]〉 그런데 〈莫大於A〉의 A가 옳은 내용이면 〈莫大於A〉의 대(大)를 대사(大事)의 줄임말로 여기고, 그른 내용이면 대죄(大罪)의 줄임말로 여기고 새기는 것이 보통이다. 여기서는 막대죄어시(莫大罪於是)로 여기고 새기면 문맥이 통한다. 왜냐하면 막대언(莫大焉)의 언(焉)이 망친척군신상하(亡親戚君臣上下)를 나타내는 지시어 구실을 동시에 하고 있기 때문이다. 그리고 亡親戚君臣上下를 친척과[親戚] 군신과[君臣] 상하를[上下] 잊는 것[亡]으로 새길 것이 아니라, 친척과[親戚] 군신과[君臣] 상하[上下] 등의 의리를 잊는 것[亡]처럼 생략된 내용을 보충해서 문맥을 잡아야 우리말다운 문의가 드러난다. 말하자면, 친척의 의리[親戚] 군신의 의리[君臣] 상하의 의리[上下] 등을 잊는 것[亡]보다 더[焉] 큰 죄는[大] 없다[莫]로 새기면 우리말다운 문맥을 잡을 수 있다는 말이다.

인막대언망친척군신상하(人莫大焉亡親戚君臣上下)의 막(莫)은 여기선 〈없을 무(無)〉와 같고, 대(大)는 대죄(大罪)의 줄임으로 여기면 문맥이 통하며, 언(焉)은 어시(於是)의 축약이고, 於是의 어(於)는 비교급 〈~보다 더(於)〉이고, 시(是)는 망친척군신상하(亡親戚君臣上下)를 가리키는 지시어이며, 친척(親戚)은 친족척족(親族戚族)의 줄임말로 여기고, 군신(君臣)은 군왕신하(君王臣下)의 줄임말로 여기며, 상하(上下)는 상위하위(上位下位)의 줄임말로 여기고, 고하(高下)와 같은 말이다.

사람 인(人), 없을 막(莫), 큰 대(大), 이에 언(焉), 잊을 망(亡), 피붙이 친(親), 겨레 척(戚), 임금 군(君), 신하 신(臣), 윗 상(上), 아래 하(下)

以其小者信其大者奚可哉(이기소자신기대자해가재)

▶ 그 어떤[其] 작은[小] 일을[者] 미루어[以] 그 어떤[其] 큰[大] 일을[者] 어찌[奚] 밝힐[信] 수 있을 것[可]인가[哉]?

이기소사신기대자해가재(以其小者信其大者奚可哉) 역시 맹자왈(孟子曰)의 목적절이지만 독립구문처럼 여기고 문맥을 잡는 것이 편하다. 以其小者信其大者奚可哉는 奚人人可信其大者以其小者哉에서 신기대자이기소자(信其大者以其小者)를 의문사인 해(奚) 앞으로 전치하고, 일반주어인 사람들[人人]을 생략하여 해가재(奚可哉)를 독립시켜 반문하는 어조를 강조한 어투로, 영어의 3형식 의문문과 같다. 그러니 以其小者信其大者奚可哉의 문맥을 잡으려면 奚人人可信其大者以其小者哉처럼 어순을 되돌려놓아야 문맥을 잡기 편하다. 어찌[奚] 사람들이[人人] 그 어떤[其] 작은[小] 일을[者] 미루어[以] 그 어떤[其] 큰[大] 일을[者] 밝힐[信] 수 있을 것[可]인가?[哉]로 새겨보면 以其小者信其大者奚可哉의 문맥에 걸맞은 문의가 드러난다.

이기소자신기대자해가재(以其小者信其大者奚可哉)에서 이기소자(以其小者)는 신(信)을 꾸미는 부사구이고, 신(信)은 타동사로 구문의 본동사이며, 기대자(其大者)는 신(信)의 목적구이고, 해(奚)는 의문부사이며, 가(可)는 신(信)의 조동사이고, 재(哉)는 앞의 의문사 해(奚)를 따라 의문어조사(~인가)이다. 其小者는 기소지사(其小之事)의 지사(之事)를 자(者)로 축약한 어투이므로 〈일 자(者)〉로 새기고, 其大者의 자(者) 역시 지사(之事)의 축약으로 보아야 하므로 〈일 자(者)〉로 새긴다. 以其小者의 이(以)는 여기선 〈생각할 사(思)〉와 같고, 信其大者奚可哉의 신(信)은 〈밝힐 명(明)〉과 같고 신명(信明)의 줄임말로 여기면 문맥이 통하고, 해(奚)는 〈어찌 하(何)〉와 같으며, 가(可)는 가능(可能)의 줄임말로 여긴다.

맹자가 큰 것[大者]이든 작은 것[小者]이든 의리로 따져 경중을 두지 않고 한결 같은 중자(仲子)를 제시하며 세상 사람들을 질책하는 중이다. 소자(小者)라면 의리(義理)를 따져보지만, 대자(大者)라면 의(義)보다 이(利)를 따져 처신하는 소인배를 질타하고 있다. 공자가 밝힌 의지여차(義之與此)를 되뇌게 한다. 의리[義]를[之] 따라[與] 좇는다[此].

생각할 이(以), 그 기(其), 일 자(者), 밝힐 신(信), 큰 대(大), 어찌 해(奚), 가할 가(可), 어조사(~인가) 재(哉)

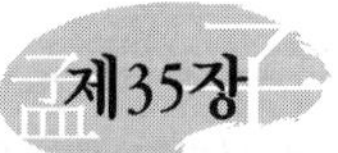

제35장

35장은 맹자가 자신의 효성관(孝誠觀)을 극단적으로 내보이고 있는 장이다. 부자(父子)는 천륜(天倫)의 관계이고, 치세(治世)는 인륜(人倫)의 관계라는 생각이 들게 하는 장이다. 효성을 위해서라면 천자(天子)의 자리도 팽개치고 아버지가 살인을 범했을지라도 감옥에서 훔쳐내 제 아버지로 모시는 것이 자식의 도리임을 밝히고 있으니, 유가(儒家)의 효성관은 곧 천명(天命)과 다름없음을 알려주는 장이다.

【문지(聞之)】

고수살인즉여지하(瞽瞍殺人則如之何)

【원문(原文)】

桃應이 問曰 舜이 爲天子요 皐陶爲士에 瞽瞍殺人 則如之何이까
도응 문왈 순 위천자 고요위사 고수살인 즉여지하
孟子曰 執之而已矣이다 然則舜은 不禁與이까 曰 夫舜이 惡得
맹자왈 집지이이의 연즉순 불금여 왈 부순 오득
而禁之리오 夫有所受之也이다 然則舜은 如之何이까 曰 舜이 視
이금지 부유소수지야 연즉순 여지하 왈 순 시
棄天下를 猶棄敝蹝也이다 竊負而逃하여 遵海濱而處하고 終身訢
기천하 유기폐사야 절부이도 준해빈이처 종신흔
然 樂而忘天下하리라
연 낙이망천하

【해독(解讀)】

도응이 여쭈었다[桃應問曰]. "순은 천자이고[舜爲天子] 고요는 신하인데[皐陶爲士] (순의 아버지인) 고수가 사람을 죽였다면[瞽瞍殺人] 곧 (고요가 그 사건을) 어떻게 했을까요[如之何]?" 맹자가 말했다[孟子曰]. "(고요는) 그를 체포하는 것뿐이다[執之而已矣]." (도응이 되묻기를) "그렇다면 순임금이 (고요가 체포하는 것을) 금하지 않을까요[然則舜不禁與]?" (맹자가) 말해주었다[曰]. "대저 순임금이 어찌 그 일을 금지시킬 수 있겠는가[夫舜惡得而禁之]? 무릇 (고요가) 그것을 받은 바가 있는 것이다[夫有所受之也]." (도응이 되묻기를) "그렇다면 순임금은 어떻게 했을까요[然則舜如之何]?" "순임금은 (자기 아버지와 천하를) 견주어보건대 헤진 짚신짝을 비리듯이 천하를 버릴 것이다[舜視棄天下猶棄敝蹝也]. (순은 제 아버지를 감옥에서) 훔쳐내 업고서 도주해[竊負而逃] 바닷가로 가서 평생토록 머물면서[遵海濱而處終身] 흔쾌한 모습으로 즐기면서 그리고 천하를 잊어버린다[訢然樂而忘天下]."

【담소(談笑)】

桃應問曰(도응문왈) 舜爲天子(순위천자) 皐陶爲士(고요위사) 瞽瞍殺人(고수살인) 則如之何(즉여지하)

▶ 도응이[桃應] (맹자께) 물어 여쭈었다[問曰]. "순은[舜] 천자[天子]이고[爲] 고요는[皐陶] 신하[士]인데[爲] (순의 아버지인) 고수가[瞽瞍] 사람을[人] 죽였다면[殺] 곧[則] (고요가 그 살인사건을) 어떻게 했을까요[如之何]?"

순위천자고요위사고수살인즉여지하(舜爲天子皐陶爲士瞽瞍殺人則如之

何)는 도응문왈(桃應問曰)의 목적절이지만, 독립구문처럼 여기고 문맥을 잡는 것이 편하다. 舜爲天子皐陶爲士瞽瞍殺人則如之何는 〈A則B〉꼴로 영어의 복문과 같은 어투이다. 즉(則)을 중심으로 앞은 대개 양보 내지 조건의 종속절이고, 뒤는 주절이다. 그러므로 舜爲天子皐陶爲士瞽瞍殺人則如之何에서 순위천자고요위사고수살인(舜爲天子皐陶爲士瞽瞍殺人)을 조건절처럼 여기고, 여지하(如之何)를 주절처럼 여기고 새기면 문맥이 잡힌다. 〈A(舜爲天子皐陶爲士瞽瞍殺人)하면 곧[則] B(如之何)한다〉 한문투의 구문 골격에서 동사가 중심이 되는데, 조건절인 舜爲天子皐陶爲士瞽瞍殺人은 동사가 〈될 위(爲)〉 둘과 〈죽일 살(殺)〉 등 셋이므로 舜爲天子와 皐陶爲士 그리고 瞽瞍殺人 이 셋으로 이루어진 어투임을 알 수 있다. 순위천자(舜爲天子)이고 고요위사(皐陶爲士)인데 고수살인(瞽瞍殺人)한다면으로 읽어보면 舜爲天子皐陶爲士瞽瞍殺人의 문맥이 잡힌다. 그러므로 舜爲天子皐陶爲士瞽瞍殺人에서 고수살인(瞽瞍殺人)만 가정의 조건절임을 알 수 있다.

순위천자(舜爲天子)에서 순(舜)은 주어이고, 위(爲)는 자동사로 본동사이며, 천자(天子)는 보어이므로 영어의 2형식 문장과 같은 어투이다. 舜爲天子는 舜是天子와 같고, 위(爲)를 생략하고 舜天子로 줄여버리기도 한다. 舜爲天子의 위(爲)는 〈이다 시(是)〉와 같고, 영어의 be 동사를 떠올리면 된다. 고요위사(皐陶爲士)에서 고요(皐陶)는 주어이고, 위(爲)는 자동사로 본동사이며, 사(士)는 보어이므로 영어의 2형식 문장과 같은 어투이다. 皐陶爲士의 고(皐)는 〈언덕 안(岸)〉과 같고, 요(陶)는 〈어울릴 화(和), 즐거울 락(樂)〉과 같아 화락(和樂)의 뜻이고, 〈도자기 도(陶), 통할 도(陶) = 창(暢), 변화할 도(陶) = 화(化)〉 등으로 발음을 달라지는 것을 주의해야 하며, 위(爲)는 〈이다 시(是)〉와 같고, 사(士)는 여기선 옥사(獄事)를 맡아보는 사사(士師)의 줄임말로 여긴다. 고요(皐陶)는 순(舜)임금 밑에서 법을 맡아 옥사를 처리했던 대신(大臣)이었다 한다. 조건의 종속절인 고수살인(瞽瞍殺人)에서 고수(瞽瞍)는 주어이고, 살(殺)은 타동사로 절의 본동사이며, 인(人)은 목적어이므로 영어의 3형식 절과 같은 어투이다. 瞽瞍殺人의 고(瞽)와 수(瞍)는 〈눈멀 맹(盲)〉과 같고, 살(殺)은 〈죽일 륙(戮)〉과 같다. 고수(瞽瞍)는 순을 몹시 미워했던 순의 아버지다. 의문사로 주절을 대신하는 여지하(如之何)는 하여(何如)와 같은데, 여기서 여(如)를 전치하면서 허사 지(之)를 더한 어투가 여지하(如之何)이고, 하(何)와 같다.

복숭아 도(桃), 응할 응(應), 물을 문(問), 말할 왈(曰), 순임금 순(舜), 될 위(爲), 하늘 천(天), 아들 자(子), 언덕 고(皐), 화락할 요(陶), 선비 사(士), 소경 고(瞽), 장님 수(瞍), 죽일 살(殺), 사람 인(人), 곧 즉(則), 어쩔 여(如), 어조사 지(之), 어쩔 하(何)

執之而已矣(집지이이의)

▶ (고요는) 그를[之] 체포할[執] 뿐이다[而已矣].

집지이이의(執之而已矣)는 맹자왈(孟子曰)의 목적절이지만 독립구문처럼 여기고 문맥을 잡는 것이 편하다. 執之而已矣는 영어의 3형식 문장과 같은 어투이다. 물론 執之而已矣의 이이의(而已矣)를 〈어조사 야(也)〉를 대신해 구문을 강하게 결정짓는 어조사(~뿐이다)로 여기고, 執之而已矣를 영어의 2형식 문장처럼 문맥을 잡을 수도 있다. 그러나 執之而已矣는 고요집지이이의(皐陶執之而已矣)에서 주어인 고요(皐陶)를 생략한 어투이므로 고요는[皐陶] 그를[之] 체포하는 것[執]뿐이다[而已矣]로 문맥을 잡기보다, 고요는[皐陶] 그를[之] 체포할[執] 뿐이다[而已矣]로 새기는 것이 더 걸맞으므로 영어의 3형식 문장처럼 여기고 문맥을 잡아도 된다.

집지이이의(執之而已矣)에서 집(執)은 타동사로 구문의 본동사이고, 지(之)는 집(執)의 목적어이며, 이이의(而已矣)는 구문을 강하게 결정짓는 어조사(~뿐이다)이다. 執之而已矣의 집(執)은 〈잡을 포(捕)〉와 같고, 지(之)는 고수(瞽瞍)를 나타내는 시시대명사이며, 이이의(而已矣)는 이이(而已) 또는 이(耳) 등과 같은 어조사이다.

잡을 집(執), 그 지(之), 어조사 이(而), 어조사 이(已), 어조사 의(矣)

然則舜不禁與(연즉순불금여)

▶ 그렇다면[然則] 순임금이[舜] (고요가 체포하는 것을) 금하지 않을[不禁]까[與]?

연즉순불금여(然則舜不禁與)는 도응문왈(桃應問曰)의 목적절이지만 독립구문처럼 여기고 문맥을 잡는 것이 편하다. 然則舜不禁與은 執之而已矣則舜不禁與에서 집지이이의(執之而已矣)를 〈그럴 연(然)〉으로 대신한 어투이므로 然則舜不禁與는 〈A則B〉꼴이므로 영어의 복문과 같은 어투로 문맥을 잡을 수도 있다. 그러나 然則舜不禁與에서 연즉(然則)을 금(禁)을 꾸미는 조건의 부사구로 보고, 영어의 단문과 같은 어투로 然則舜不禁與의 문맥을 잡아도 된다. 물론 然則舜不禁與는 연즉순불금고요지집지여(然則舜不禁皐陶之執之與)에서 앞 문맥으로 보충할 수 있는 내용이므로 고요지집지(皐陶之執之)를 생략한 어투이니 然則舜不禁與은 영어의 3형식 의문문과 같다. 然則舜不禁與에서 연즉(然則)은 조건의 부사구이고, 순(順)은 주어이며, 불(不)은 금(禁)의 부정사(否定詞)이고, 금(禁)은 타동사로 본동사이며, 여(與)는 완곡하게 의문문을 유도하는 어조사(~일까요)이다.

그럴 연(然), 곧 즉(則), 순임금 순(舜), 아니 불(不), 금할 금(禁), ~인가 여(與)

夫舜惡得而禁之(부순오득이금지)

▶ **대저[夫] 순임금이[舜] 어찌[惡] 그 일을[之] 금지시킬 수 있겠는가[得而禁]?**

부순오득이금지(夫舜惡得而禁之)는 맹자왈(孟子曰)의 목적절이지만 독립구문처럼 여기고 문맥을 잡는 것이 편하다. 夫舜惡得而禁之의 부(夫)와 이(而)는 무시해도 되는 어조사이므로 舜惡得禁之로 여기고 문맥을 잡아도 된다. 순이[舜] 어찌[惡] 그 일을[之] 금지시킬 수 있겠는가[得禁]?로 새기면 문맥이 잡힌다. 夫舜惡得而禁之에서 부(夫)는 어조를 더하는 어조사이고, 순(舜)은 주어이며, 오(惡)는 의문부사이고, 득(得)은 금(禁)을 꾸미는 조동사이며, 이(而)는 말 잇는 어조사이고, 금(禁)은 타동사로 본동사이며, 지(之)는 금(禁)의 목적어이므로 夫舜惡得而禁之는 영어의 3형식 의문문과 같은 어투이다. 夫舜惡得而禁之의 오(惡)는 〈어찌 하(何)〉와 같고, 득(得)은 여기선 〈가할 가(可)〉와 같으며, 금(禁)은 제지(制止)한다는 뜻이고, 지(之)는 고요지집고수(皐陶之執瞽瞍)를 가리키는 지시대명사이다. 고요[皐陶]가[之] 고수를[瞽瞍] 체포하는 것[執].

무릇 부(夫), 순임금 순(舜), 어찌 오(惡), 가할 득(得), 어조사 이(而), 금할 금(禁), 그 지(之)

夫有所受之也(부유소수지야)

▶ 무릇[夫] (고요가) 그것을[之] 받은[受] 바가[所] 있는 것[有]이다[也].

부유소수지야(夫有所受之也) 역시 맹자왈(孟子曰)의 목적절이지만 독립구문처럼 여기고 문맥을 잡는 것이 편하다. 夫有所受之也는 夫有皐陶之所受之也에서 문맥으로 보충할 수 있으므로 부사인 고요지(皐陶之)를 생략한 어투로, 〈A有B〉꼴을 단정하는 어조를 더하기 위해 〈A有B也〉가 된 셈이니 夫有所受之也를 영어의 1형식 문장과 같은 어투로 여기고 문맥을 잡아도 된다. 무릇[夫] (고요가) 그것을[之] 받은[受] 바가[所] 있다[有]를, 무릇[夫] (고요가) 그것을[之] 받은[受] 바가[所] 있는 것[有]이다[也]로 어조를 바꾸었다는 말이다.

부유소수지야(夫有所受之也)에서 소수지(所受之)가 고요지소수지(皐陶之所受之)에서 고요지(皐陶之)가 생략한 어투임을 알아채지 못하면, 夫有所受之也의 문맥을 잡아 문의를 건져내기기 쉽지 않다. 〈所A爲B〉꼴이 〈A之所爲B〉꼴로 바뀐 것을 알아야 한다는 말이다. 〈所A爲B〉에서 A를 소(所) 앞으로 전치하면 〈A之所爲B〉꼴로 바뀐다. 〈所A爲B = A가 B를 하는[爲] 바[所]〉, 〈A之所爲B = A가[之] B를 하는[爲] 바[所]〉 〈所A爲B〉의 소(所)를 영어의 that he did B의 that처럼 여기면 알아채기가 쉽다. 그가(he) B를 했던(did) 것(that) = A가 B를 한[爲] 것[所]. 夫有所受之也의 수(受)는 〈받을 수(收)〉와 같고 수수(收受)의 줄임말로 여기고, 지(之)는 사지임(士之任)을 대신하는 지시대명사로 여기면 문맥이 통하고 문맥에 걸맞은 문의를 건질 수 있다. 사[士]의[之] 임무[任].

> 무릇 부(夫), 있을 유(有), 바 소(所), 받을 수(受), 그에게 지(之), ~이다 야(也)

然則舜如之何(연즉순여지하)

▶ 그렇다면[然則] 순임금은[舜] 어떻게 했을까[如之何]?

연즉순여지하(然則舜如之何)는 도응문왈(桃應問曰)의 목적절이지만 독립구문처럼 여기고 문맥을 잡는 것이 편하다. 然則舜如之何는 夫有所受之也則如之何舜爲에서 부유소수지야(夫有所受之也)를 〈그럴 연(然)〉으로 대신한 어투이고, 문맥으로 보충될 수 있으므로 〈할 위(爲)〉를 생략하고 의문부사구인 여지하(如之何) 앞으로 순(舜)을 전치하여 의문어조를 강조한 어투이다. 그러므로 然則舜如之何에서 연즉(然則)을 여지하(如之何)를 꾸미는 조건의 부사구로 보고, 然則舜如之何를 영어의 단문과 같은 어투로 문맥을 잡아도 된다. 然則舜如之何에서 연즉(然則)은 조건의 부사구이고, 순(舜)은 주어이며, 여지하(如之何)는 의문부사구이고, 연즉순여지하(然則舜如之何)의 본동사는 생략되었다. 하여(何如), 여하(如何), 여지하(如之何) 등은 다 같은 의문부사구로 여기고 어떻게로 새긴다.

그럴 연(然), 곧 즉(則), 순임금 순(舜), 어쩔 여(如), 어조사 지(之), 어찌 하(何)

舜視棄天下猶棄敝蹝也(순시기천하유기폐사야)

▶ 순임금은[舜] (자기 아버지와 천하를) 견주어보건대[視] 헤진[敝] 짚신짝을[蹝] 버리[棄]듯이[猶] 천하를[天下] 버릴 것[棄]이다[也].

순시기천하유기폐사야(舜視棄天下猶棄敝蹝也)는 맹자왈(孟子曰)의 목적절이지만 독립구문처럼 여기고 문맥을 잡는 것이 편하다. 舜視棄天下猶棄敝蹝也는 〈AB也〉꼴로 영어의 2형식 문장과 같은 어투이다. 〈A(舜)는 B(視棄天下猶棄敝蹝)이다[也]〉 舜視棄天下猶棄敝蹝也는 舜視天下與瞽瞍 而舜棄天下猶棄敝蹝也에서 앞 문맥으로 보충할 수 있으므로 舜視天下與瞽瞍에서 천하여고수(天下與瞽瞍)를 생략하고 한 구문처럼 묶은 어투로 여기면 전체 문맥을 잡기 쉽다. 순이[舜] 자기 아버지[瞽瞍]와[與] 천하를[天下] 견주고[視] 헤진[敝] 짚신짝을[蹝] 버리[棄]듯이[猶] 천하를[天下] 버릴 것[棄]이다[也].

순시기천하유기폐사야(舜視棄天下猶棄敝蹝也)에서 순(舜)은 주어이고, 시기천하유기폐사(視棄天下猶棄敝蹝)는 술부이며, 야(也)는 구문을 결정짓는 어조사(~이다)이다. 술부인 視棄天下猶棄敝蹝에서 시(視)와 기(棄)는 영어의 동명사나 부정사(不定詞) 구실을 하는 보어이고, 천하(天下)는 기(棄)의 목적어이며, 유기폐사(猶棄敝蹝)는 棄天下의 기(棄)를 꾸며주는 비교의 부사구이다. 猶棄敝蹝에서 유(猶)는 영어의 현재분사와 같고, 기(棄)는 영어의 동명사나 부정사와 같은 유(猶)의 목적어이며, 폐사(敝蹝)는 기(棄)의 목적어이다. 폐사를[敝蹝] 버리는 것[棄]같이[猶]. 舜視棄天下猶棄敝蹝也의 시(視)는 〈견줄 비(比)〉와 같고, 기(棄)는 〈버릴 연(捐), 척(擲)〉 등과 같고 기척(棄擲)의 줄임말로 여기고, 유(猶)는 〈같을 사(似)〉와 같고, 폐(敝)는 〈망가진 괴(壞)〉와 같으며, 사(蹝)는 초개(草芥) 즉 짚신을 말한다.

순임금 순(舜), 견줄 시(視), 버릴 기(棄), 하늘 천(天), 아래 하(下), 같이 유(猶), 헤진 폐(敝), 짚신 사(蹝), ~이다 야(也)

竊負而逃(절부이도) 遵海濱而處終身(준해빈이처종신) 訢然樂而忘天下(흔연락이망천하)

▶ (순은 제 아버지를 감옥에서) 훔쳐내[竊] 업고[負]서[而] 도주해[徒] 바닷가로[海濱]가서[遵] 평생토록[終身] 머물면서[處] 흔쾌한 모습으로[訢然] 즐기면서[樂] 그리고[而] 천하를[天下] 잊어버린다[忘].

절부이도준해빈이처종신흔연락이망찬하(竊負而逃遵海濱而處終身訢然樂而忘天下) 역시 맹자왈(孟子曰)의 목적절이지만 독립구문처럼 여기고 문맥을 잡는 것이 편하다. 竊負而逃遵海濱而處終身訢然樂而忘天下는 舜竊瞽瞍而舜負瞽瞍 而舜逃 而舜遵海濱 而舜處終身 而訢然舜樂 而舜忘天下에서 앞 문맥으로 보충할 수 있으므로 주어인 순(舜)과 절(竊)과 부(負)의 목적어인 고수(瞽瞍)를 생략해버리고 한 구문처럼 묶어놓은 것으로, 영어의 중문과 같은 어투이다. 竊負而逃遵海濱而處終身訢然樂而忘天下에서 〈훔칠 절(竊)〉, 〈업을 부(負)〉, 〈갈 준(遵)〉, 〈도주할 도(逃)〉, 〈머물 처(處)〉, 〈즐길 락(樂)〉, 〈잊을 망(忘)〉 등은 본동사이고, 준해빈(遵海濱)의 해빈(海濱)은 준(遵)을 꾸미는 장소의 부사이며, 처종신(處終身)의 종신(終身)은 처(處)를 꾸미는 시간의 부사이고, 흔연락(訢然樂)의 흔연(訢然)은 낙(樂)을 꾸미는 모습의 부사이며, 흔(訢)은 〈기뻐할 흔(欣)〉과 같고, 망천하(忘天下)의 천하(天下)는 망(忘)의 목적어이며, 망(忘)은 〈잊어버릴 실(失)〉과 같고 망각(忘却)의 줄임말로 여기고 새기면 문맥이 통한다.

순(舜)이 천자(天子)일지라도 효도는 천명(天命)이고 치세(治世)는 인사(人事)이므로 천자의 자리를 버리고 효도의 길을 선택한다는 말이다. 효제(孝悌)가 인(仁)의 근본이니 그 근본을 버리고 어찌 천자 노릇을 하겠는가. 이를 순(舜) 천자(天子)가 어찌 모르겠느냐고 제자(桃應)에게 사무치게 해주고 있다. 고요(皐陶)는 사사(士師)로서 옥사(獄事)의 소임을 다해야 하고, 순은 천자이기 전에 자식으로서 그 소임을 다해야 한다. 자식의 소임이란 제 애비가 살인자일지라도 효성을 마다하고 외면하면 안 되는 것이 곧 부자(父子)의 천륜(天倫)이 아니냐는 것이다. 지금 우리는 천륜 따위야 버린 지 이미 오래고 부자 사이마저도 주판질 하는 세상이 되고 말았으니 요새 사람의 귀에는 맹자의 사무침이 헛소리처럼 들릴 터이다.

훔칠 절(竊), 업을 부(負), 그리고 이(而), 도망칠 도(逃), 갈 준(遵), 바다 해(海), 갯가 빈(濱), 머물 처(處), 그칠 종(終), 몸 신(身), 기쁠 흔(訢), 그럴 연(然), 즐길 락(樂), 잊을 망(忘), 하늘 천(天), 아래 하(下)

제36장

36장은 맹자가 거인(居仁)을 강조하는 장이다. 사람은 제가 사는 환경에 따라 자신의 삶을 가꿀 수 있음을 들어서 인(仁)에 머물러 살면[居仁] 누구나 인자(仁者)가 됨을 절절히 밝히고 있는 장이다. 맹자가 인(仁)을 천하지광거(天下之廣居)로 비유하면서 인자(仁者)가 되라고 간청하는 장이다.

【문지(聞之)】

거이기양이체(居移氣養移體)

【원문(原文)】

孟子自范之齊하여 望見齊王之子하고 喟然歎曰 居移氣하고 養移體하니 大哉라 居乎인저 夫非盡人之子與아 孟子曰 王子宮室車馬衣服이 多與人同하다 而王子若彼者는 其居使之然也이니 況居天下之廣居者乎아 魯君이 之宋하여 呼於垤澤之門이어늘 守者曰 此非吾君也라 何其聲之似我君也이오 하니 此는 無他라 居相似也이다

(맹자자범지제 망견제왕지자 위연탄왈 거이기 양이체 대재 거호 부비진인지자여 맹자왈 왕자궁실거마의복 다여인동 이왕자약피자 기거사지연야 황거천하지광거자호 노군 지송 호어질택지문 수자왈 차비오군야 하기성지사아군야 차 무타 거상사야)

【해독(解讀)】

맹자가 범으로부터 제나라에 이르러[孟子自范之齊] 제나라 임금의 아들을 멀리서 바라보고[望見齊王之子] 긴 숨을 쉬며 감탄해 말했다[喟然歎曰].

"삶터가 (사람의) 기상을 바꾸고[居移氣], 받들어 돌봄이 몸을 바꾼다[養移體]. 크도다[大哉]! 삶터로다[居乎]! 대저 사람의 아들이 모두 아닌 것인가[夫非盡人之子與]?" 맹자가 말했다[孟子曰]. "왕자(王子)의 집과 거마와 의복이 사람들과 많이 동일하다[王子宮室車馬衣服多與人同]. 그런데 왕자가 그같이 된 것은[而王子若彼者] 왕자의 삶터가 왕자로 하여금 그렇게 하게 한 것이거늘[其居使之然也], 하물며 천하의 넓은 집에서 사는 것이랴[況居天下之廣居者乎]! 노나라 임금이 송나라로 가서[魯君之宋] 질택의 성문에서 (성문을 열라고) 소리쳤을 때[呼於垤澤之門], 성문지기가[守者] 말했다[曰]. '신은 나의 군주가 아니면서[此非吾君也], 어찌 당신의 목소리가 우리의 임금과 닮은 것이오[何其聲之似我君也]?' 이는 다른 것은 없고 삶터가(삶의 환경이) 서로 닮아서이다[此無他居相似也]."

【담소(談笑)】

孟子自范之齊(맹자자범지제) 望見齊王之子(망견제왕지자) 喟然歎曰(위연탄왈)

▶ **맹자가[孟子] 범[范]으로부터[自] 제나라에[齊] 이르러[之] 제나라[齊] 임금[王]의[之] 아들을[子] 멀리서 바라보고[望見], 긴 숨을 쉬며[喟然] 감탄해[歎] 말했다[曰].**

맹자자범지제망견제왕지자위연탄왈(孟子自范之齊望見齊王之子喟然歎曰)은 영어의 중문과 같은 어투이다. 孟子自范之齊望見齊王之子喟然歎曰과 같은 문장은 본동사를 중심으로 구문의 골격을 살펴 구문을 나누어 보면 전체 문맥을 잡기 쉽다. 즉, 孟子自范之齊望見齊王之子喟然歎曰에서 〈갈 지(之)〉, 〈볼 견(見)〉, 〈말할 왈(曰)〉이 동사이므로 孟子自范之齊望見齊王之子喟然歎曰이 孟子自范之齊 而孟子望見齊王之子 而孟子喟然歎曰 등 세 구문이 하나로 묶인 어투임을 알면 전체 문맥을 쉽게 알 수 있다는 말이다. 孟子自范之齊望見齊王之子喟然歎曰은 되풀이되는 맹자(孟子)를 생략한 어투이다. 〈맹자가[孟子] 범[范]으로부터[自] 제나라로[齊] 갔다[之]. 그리고而] 맹자는[孟子] 제나라[齊] 임금[王]의[之] 아들을[子] 멀리서 바라보았다[望見]. 그리고[而] 맹자는[孟子] 긴 숨을 쉬며[喟然] 감탄해[歎] 말했다[曰]〉에서 그리고[而] 맹자는[孟子]을 생략하고 다음처럼 줄인 것이다. 맹자가[孟子] 범[范]으로부터[自] 제나라로[齊] 가서[之] 제나라[齊] 임금[王]의[之] 아들을[子] 멀리서 바라보고[望見], 긴 숨을 쉬며[喟然] 감탄해[歎] 말했다[曰].

맹자자범지제(孟子自范之齊)에서 맹자(孟子)는 주어이고, 자범(自范)은 지(之)를 꾸미는 장소의 부사구이며, 지(之)는 자동사로 본동사이고, 제(齊)는 지(之)를 꾸미는 장소의 부사이므로 孟子自范之齊는 영어의 1형식 문장과 같은 어투이다. 맹자는[孟子] 범이란 곳[范]으로부터[自] 제나라로[齊] 갔다[之]. 孟子自范之齊의 자(自)는 〈~부터 유(由), 종(從)〉 등과 같고 영어의 from을 연상하면 쉽고, 범(范)은 제(齊)나라의 한 읍(邑) 이름이며, 지(之)는 〈이를 지(至)〉와 같다. 지(之)는 〈갈 왕(往), 이를 지(至)〉 등과 같은 뜻의 동사 구실도 한다.

망견제왕지자(望見齊王之子)는 孟子望見齊王之子에서 되풀이되는 맹자(孟子)를 생략한 어투이다. 孟子望見齊王之子에서 망(望)은 견(見)을 꾸미는 부사이고, 견(見)은 타동사로 본동사이며, 제왕지(齊王之)는 자(子)를 꾸미는 형용사이고, 자(子)는 견(見)의 목적어이므로, 望見齊王之子는 영어의 3형식 문장과 같은 어투이다. 望見齊王之子의 망견(望見)은 멀리서 바라본다는 뜻이고, 친견(親見)은 가까이서 마주한다는 뜻이며, 齊王之의 지(之)는 여기선 소유격 토씨(~의)이다.

위연탄왈(喟然歎曰)은 孟子喟然歎曰에서 되풀이되는 맹자(孟子)를 생략한 어투이다. 喟然歎曰에서 위연(喟然)은 왈(曰)을 꾸미는 상태의 부사구이고, 탄(歎) 역시 왈(曰)을 꾸미는 부사이며, 왈(曰)은 타동사로 본동사이므로, 喟然歎曰 역시 영어의 3형식 문장과 같은 어투이다. 喟然歎曰의 위(喟)는 크나큰[太] 숨[息]을 뜻하고 연(然)은 모습[貌]을 뜻해 위연(喟然)은 탄식하는 모습인 태식모(太息貌)를 뜻하고, 탄(歎)은 감탄(感歎)의 줄임말로 여긴다.

맏 맹(孟), 존칭 자(子), ~부터 자(自), 땅이름 범(范), 이를 지(之), 제나라 제(齊), 바라볼 망(望), 볼 견(見), 임금 왕(王), ~의 지(之), 아들 자(子), 한숨 쉴 위(喟), 그럴 연(然), 감탄할 탄(歎), 말할 왈(曰)

居移氣(거이기)

▶ **삶터가[居] (사람의) 기상을[氣] 바꾼다[移].**

거이기(居移氣)는 맹자위연탄왈(孟子喟然歎曰)의 목적절이지만, 독립구문으로 여기고 문맥을 잡는 편이 편하다. 居移氣에서 거(居)는 주어이고, 이(移)는 타동사로 절의 본동사이며, 기(氣)는 이(移)의 목적어이므로, 居移氣는 영어의 3형식 절과 같은 어투이다. 居移氣의 거(居)는 거처(居處)의 줄임말로 여기고 사는 환경이라고 새기면 문맥이 통하고, 이(移)는 〈변할 변(變)〉과 같고, 기(氣)는 기상(氣象)의 줄임말로 새기면 문의와 걸맞다.

삶터 거(居), 바꿀 이(移), 기살 기(氣)

養移體(양이체)

▶ 받들어 돌봄이[養] 몸을[體] 바꾼다[移].

양이체(養移體)는 맹자위연탄왈(孟子喟然歎曰)의 목적절이지만, 독립구문으로 여기고 문맥을 잡는 편이 편하다. 養移體에서 양(養)은 주어이고, 이(移)는 타동사로 절의 본동사이며, 체(體)는 이(移)의 목적어이므로, 養移體는 영어의 3형식 절과 같은 어투이다. 養移體의 양(養)은 〈받들 봉(奉)〉과 같고 봉양(奉養)의 줄임말로 여기고 몸을 돌봄이란 뜻으로 새기면 문맥이 통하고, 이(移)는 〈변할 변(變)〉과 같고, 체(體)는 신체(身體)의 줄임말로 여기고 새기면 문의와 걸맞다.

받들어 돌봄 양(養), 바꿀 이(移), 몸 체(體)

大哉居乎(대재거호)

▶ 크도다[大哉]! 삶터로다[居乎]!

대재거호(大哉居乎)는 맹자위연탄왈(孟子喟然歎曰)의 목적절이지만, 독립구문으로 여기고 문맥을 잡는 것이 편하다. 大哉居乎는 거대(居大)를 감탄문으로 바꾼 어투이다. 삶터는[居] 중대하다[大]를, 크도다[大哉] 삶터로다[居乎]로 어조를 바꾸어 위연탄왈(喟然歎曰)의 모습을 선연하게 느끼게 해준다.

클 대(大), 감탄사(~도다) 재(哉), 삶터 거(居), 감탄사(~로다) 호(乎)

夫非盡人之子與(부비진인지자여)

▶ 대저[夫] 사람[人]의[之] 아들이[子] 모두[盡] 아닌 것[非]인가[與]?

부비진인지자여(夫非盡人之子與) 역시 맹자위연탄왈(孟子喟然歎曰)의 목적절이지만, 독립구문으로 여기고 문맥을 잡는 것이 편하다. 夫非盡人之子與는 夫王子非盡人之子與에서 앞 문맥으로 보충할 수 있으므로 주어인 왕자(王子)를 생략한 어투로, 〈A非B也〉꼴을 연상하면 〈A非B與〉꼴로 알아챌 수 있는 영어의 2형식 의문문과 같다. 〈A(王子)는 B(人之子)가 아닌 것[非]인가[與]?〉 夫非盡人之子與에서 부(夫)는 어조를 더하는 부사이고, 비(非)는 보어이며, 진(盡)은 비(非)를 꾸미는 부사이고, 인(人)은 비(非)의 동격이며, 여(與)는 의문어조사(~인가)이다. 夫非盡人之子與의 비(非)는 불시(不是)와 같고, 진(盡)은 〈모두 개(皆)〉와 같고, 인지자(人之子)의 지(之)는 소유격 토씨(~의)이며, 여(與)는 의문문을 완곡하게 결정짓는 어조사(~인가)이다.

대저 부(夫), 아닐 비(非), 모두 진(盡), 사람 인(人), ~의 지(之), 자식 자(子), 의문사(~인가) 여(與)

王子宮室車馬衣服多與人同(왕자궁실거마의복다여인동)

▶ 왕자의[王子] 집과[宮室] 거마와[車馬] 의복이[衣服] 사람들[人]과[與] 많이[多] 동일하다[同].

왕자궁실거마의복다여인동(王子宮室車馬衣服多與人同)은 맹자왈(孟子曰)의 목적절이지만, 독립구문으로 여기고 문맥을 잡는 편이 편하다. 王子宮室車馬衣服多與人同은 王子之宮室多與人同 而王子之車馬多與人同 而王子之衣服多與人同에서 되풀이되는 왕자지(王子之)와 다여인동(多與人同)을 생략한 어투로 영어의 중문과 같다. 그러므로 王子宮室車馬衣服多與人同에서 왕자(王子)는 궁실(宮室)·거마(車馬)·의복(衣服) 등을 꾸미는 형용사이고, 궁실(宮室)·거마(車馬)·의복(衣服) 등은 주어이며, 다(多)는 동(同)을 꾸미는 부사이고, 여인(與人) 역시 동(同)을 꾸미는 부사구이며, 동(同)은 자동사로 구문의 본동사이므로 王子宮室車馬衣服多與人同은 영어의 1형식 문장 셋이 하나로 묶인 셈이다. 王子宮室車馬衣服多與人同의 다(多)는 〈많이 중(衆)〉과 같고 다중(多衆)의 줄임말로 여기고, 동(同)은 〈하나 같은 일(一)〉과 같고 동일(同一)의 줄임말로 여기고 새기면 문맥이 통한다.

임금 왕(王), 아들 자(子), 집 궁(宮), 집 실(室), 수레 거(車), 말 마(馬), 옷 의(衣), 옷 복(服), 매우 다(多), ~과 여(與), 사람들 인(人), 같을 동(同)

而王子若彼者(이왕자약피자) 其居使之然也(기거사지연야) 況居天下之廣居者乎(황거천하지광거자호)

▶ 그런데[而] 왕자가[王子] 그[彼]같이 된[若] 것은[者] 왕자의[其] 삶터가[居] 왕자로 하여금[之] 그렇게[然] 하게 한 것[使]이거늘[也], 하물며[況] 천하[天下]의[之] 넓은[廣] 집에서[居] 사는 것[居]이랴[乎]!

이왕자약피자기거사지연야황거천하지광거자호(而王子若彼者其居使之然也況居天下之廣居者乎) 역시 맹자왈(孟子曰)의 목적절이지만, 독립구문으로 여기고 문맥을 잡는 편이 편하다. 而王子若彼者其居使之然也況居天下之廣居者乎는 〈而A也況B乎〉꼴로 점층법 서술의 어투이다. 〈그런데[而] A이거늘[也] 하물며[況] B에서랴[乎]!〉 점층법이란 A의 내용보다 B의 내용을 더 강조하는 서술이다. 한문투에는 이런 점층법 서술이 매우 다양한 편이다. 황어(況於), 이황(而況), 황호(況乎), 황우(況于), 황하(況何), 비유(非惟), 비독(非獨), 비독(匪獨), 비도(非徒), 비단(非但) 등이 〈A하거늘 하물며[而況] B에서랴!〉는 점층법 서술의 관용어구라고 정리해두면 된다. 이러한 관용구 등을 알아두면 한문투의 문맥을 잡는 데 편하다. 〈그런데[而] A(王子若彼者其居使之然)하거늘[也] 하물며[況] B(居天下之廣居者)에서랴[乎]!〉 이러한 점층법 서술의 어투는 전후 구문을 나누어 마치 독립구문처럼 여기고 문맥을 잡아가는 것이 쉽고 편하다.

이왕자약피자기거사지연야(而王子若彼者其居使之然也)는 〈A者B也〉꼴로 〈AB也〉처럼 영어의 2형식 문장과 같은 어투이다. 而王子若彼者其居使之然也에서 이(而)는 그런데 정도로 새기는 연사로 어조사이고, 왕자약피자(王子若彼者)는 주부이며, 기거사지연(其居使之然)은 술부로 보어이며, 야(也)는 구문을 결정짓는 어조사(~이다)이다.

주부인 이왕자약피자(王子若彼者)는 王子之若彼之事에서 왕자지(王子之)의 지(之)를 생략했지만 약(若)의 의미상 주어로 여기고, 약(若)은 영어의 동명사 구실을 하며, 피(彼)는 앞에 나온 다여인동(多與人同)을 연상하면 그 피(彼)의 구체적인 내용을 알 수 있다. 王子若彼者는 王子之若彼之事의 지사(之事)를 자(者)로 축약한 어투이므로, 왕자약피(王子若彼)까지는 자(者)를 꾸미는 영어의 형용사 동명사구처럼 여기고 문맥을 잡는다. 왕자[王子]가[之] 그[彼]같이[若]된[之] 일[事]을, 왕자[王子]가[之] 그[彼]같이 된 [若] 것[者]으로 어투가 바뀌었지만 문의가 달라진 것은 없다.

술부인 기거사지연(其居使之然)에서 기(其)는 왕자지(王子之)를 대신하는 관형사이고, 거(居)는 거처(居處)의 줄임말로 여기고 사는 환경이란 뜻으로 새기면 문맥이 통하며, 사(使)는 〈하여금 령(令)〉과 같은 사역동사이며, 지(之)는 왕자(王子)를 나타내는 지시대명사이고, 연(然)은 목적격 보어이므로, 其居使之然과 같은 사역문을 〈A使BC〉꼴로 기억해두면 편하다. 〈A(其居)가 B(之)로 하여금[使] C[然]하게 한다〉

황거천하지광거자호(況居天下之廣居者乎)는 〈況A乎〉꼴로 기억해두면 편하다. 〈하물며[況] A(居天下之廣居者]에서랴[乎]!〉 況居天下之廣居者乎는 況王子居天下之廣居者使之然乎에서 앞 문맥으로 보충할 수 있으므로 왕자(王子)와 사지연(使之然)을 생략한 어투로, 사역문에서 주부만 남긴 셈이다. 그러므로 생략된 내용을 보충해서 況居天下之廣居者乎를 況王子居天下之廣居者使之然乎로 여기고 다음처럼 새겨보면 況居天下之廣居者乎의 문의가 분명하게 드러난다. 하물며[況] 왕자가[王子] 천하[天下]의[之] 넓은[廣] 집에서[居] 사는[居] 것은[者] 왕자로 하여금[之] 보다 더 그렇게[然] 하게 할 것[使]이려니[乎]! 況居天下之廣居者乎에서 황(況)은 어조를 더해주는 부사이고, 거(居)는 영어의 동명사처럼 자(者)를 꾸미고, 천하지광거(天下之廣居)는 거(居)를 꾸미는 장소의 부사구이며, 천하지(天下之)는 광거(廣居)를 꾸미는 형용사구이고, 광거(廣居)의 광(廣)은 거(居)를 꾸미는 형용사이며, 거(居)는 삶터의 뜻이고 명사로 거처(居處)의 줄임말이고, 居天下之廣居者의 자(者)는 居天下之廣居之事에서 지사(之事)의 축약으로 여기고 새긴다. (왕자가) 천하[天下]의[之] 넓은[廣] 집에서[居] 산다[居]는[之] 일[事]에서, (왕자가) 천하[天下]의[之] 넓은[廣] 집에서[居] 산다는[居] 것[者]으로 어투가 바뀌었을 뿐 문의는 달라진 것이 없다. 그러니 아무리 생략한들 어투가 달라져 어조나 어세가 달라질 뿐 문의가 달라지는 것은 아니므로, 한문투의 생략 버릇은 어투의 문제이지 구문의 문의를 달리하려는 서술이 아님을 유념하면 문맥을 잡기 편하다. 況居天下之廣居者乎의 황(況)은 〈하물며 신(矧)〉과 같고, 거(居)는 동명사로 사는 것[居]을 뜻하며, 지(之)는 소유격 토씨(~의)이고, 광(廣)은 〈넓을 활(闊)〉과 같고, 거(居)는 삶터[居所]의 뜻으로 명사이다. 앞의 거(居)가 동명사이고, 뒤의 거(居)가 명사이듯 한문투에서는 품사가 따로 결정되어 있지 않음을 늘 유의하면 편하다.

유가(儒家)는 어짊[仁]을 천하지광거(天下之廣居)로 비유한다. 그러니 거천하지광거자(居天下之廣居者)란 호인(好仁)의 삶[居]이고, 구인(求仁)의 삶[居]이며, 행인(行仁)의 삶[居]이요, 시인(施仁)의 삶[居]이라고 헤아리면 왜 맹자가 점층법을 동원하여 위연(喟然)해 감탄하는지 그 절절함을 알 수 있다. 왕자(王子)가 왕자(王者)가 되는 길을 맹자가 천하지광거(天下之廣居)에서 살라[居]고 탄원하는 중이다. 맹자의 여민동락(與民同樂)이 사무친다. 백성과[民] 더불어[與] 같이[同] 즐긴다[樂].

어조사(그런데) 이(而), 임금 왕(王), 아들 자(子), 같을 약(若), 저 피(彼), 것 자(者), 그 기(其), 삶터 거(居), 하게 할 사(使), 그 지(之), 그럴 연(然), 어조사(~이거늘) 야(也), 하물며 황(況), 살 거(居), 하늘 천(天), 아래 하(下), ~의 지(之), 삶터 거(居), 것 자(者), 어조사(~이랴) 호(乎)

魯君之宋呼於垤澤之門(노군지송호어질택지문)

▶ **노나라[魯] 임금이[君] 송나라에[宋] 이르러[之] 질택[垤澤]의[之] 성문[門]에서[於] (성문을 열라고) 소리쳤다[呼].**

노군지송호어질택지문(魯君之宋呼於垤澤之門)은 뒤에 이어지는 구문과 문맥을 맞추면 시간의 종속절이지만, 독립구문으로 여기고 문맥을 잡아도 된다. 魯君之宋呼於垤澤之門은 魯君之宋 而魯君呼於垤澤之門에서 되풀이되는 노군(魯君)을 생략한 어투로, 영어의 중문과 같다. 노군지송(魯君之宋)에서 노군(魯君)은 주어이고, 지(之)는 자동사로 본동사이며, 송(宋)은 장소의 부사이다. 魯君之宋의 지(之)는 〈갈 왕(往), 이를 지(至)〉 등과 같은 동사 구실도 한다. 호어질택지문(呼於垤澤之門)에서 호(呼)는 자동사로 본동사이고, 어질택지문(於垤澤之門)은 호(呼)를 꾸미는 장소의 부사구이며, 垤澤之門의 질택지(垤澤之)는 문(門)을 꾸미는 형용사이고, 지(之)는 소유격 토씨(~의)이다. 질택지문(垤澤之門)은 송(宋)나라의 성문이다. 呼於垤澤之門의 호(呼)는 〈부를 환(喚)〉과 같고, 어(於)는 〈~에서 우(于)〉와 같다.

노나라 로(魯), 임금 군(君), 이를 지(之), 송나라 송(宋), 부를 호(呼), ~에서 어(於), 개밋둑 질(垤), 못 택(澤), ~의 지(之), 문 문(門)

守者曰此非吾君也(수자왈차비오군야)

▶ 성문지기가[守者] 당신은[此] 나의[吾] 군주가[君] 아닌 것[非]이라고[也] 말했다[曰].

수자왈차비오군야(守者曰此非吾君也)는 영어의 3형식 문장과 같은 어투이다. 守者曰此非吾君也에서 수자(守者)는 주어이고, 왈(曰)은 타동사로 구문의 본동사이며, 차비오군야(此非吾君也)는 왈(曰)의 목적절이다. 목적절인 此非吾君也는 〈A非B也〉꼴로 영어의 2형식 절과 같은 어투이다. 此非吾君也에서 차(此)는 절의 주어이고, 비(非)는 보어이며, 오군(吾君)은 비(非)의 동격이고, 야(也)는 목적절을 결정짓는 어조사(~임을)이다. 차는[此] 오군이[吾君] 아닌 것[非]임을[也]. 此非吾君也에서 차(此)는 〈이 시(是)〉와 같지만 〈너 여(汝)〉와 같은 뜻으로 새기면 문의가 더 잘 드러나고, 오(吾)는 소유격 〈나의 오(吾)〉로 새기면 문맥이 통한다. 한문투는 따로 정해진 격[格]이 없다.

> 지킬 수(守), 놈 자(者), 말할 왈(曰), 당신 차(此), 아닌 것 비(非), 나의 오(吾), 임금 군(君), ~이다 야(也)

何其聲之似我君也(하기성지사아군야)

▶ 어찌[何] 당신의[其] 목소리[聲]가[之] 우리의[我] 임금과[君] 닮은 것[似]이오[也]?

하기성지사아군야(何其聲之似我君也)는 수자왈(守者曰)의 목적절이지만, 독립구문처럼 여기고 문맥을 잡으면 편하다. 何其聲之似我君也는 〈何AB也〉꼴로 영어의 2형식 의문문과 같은 어투이다. 〈어찌[何] A가 B인 것인가[也]?〉 何其聲之似我君也에서 하(何)는 의문부사이고, 기성(其聲)은 주어이며, 지(之)는 주격 토씨(~이)이고, 사(似)는 영어의 동명사 내지 부정사(不定詞) 구실을 하는 보어이고, 아군(我君)은 사(似)의 보어이며, 야(也)는 하(何)와 더불어 〈~인가 호(乎)〉와 같다. 何其聲之似我君也의 기성(其聲)을 당신의[其] 소리침[聲]이라고 새기면 문의가 더 선명해지고, 사(似)는 〈닮을 초(肖)〉와 같고, 아군(我君)의 아(我)는 소유격 〈우리의 아(我)〉로 새기면 문의가 분명해진다.

어찌 하(何), 그 기(其), 소리 성(聲), ~가 지(之), 닮을 사(似), 우리의 아(我), 임금 군(君), ~인가 야(也)

此無他居相似也(차무타거상사야)

▶ **이는[此] 다른 것[他] 없고[無] 삶터가[居] 서로[相] 닮아서[似]이다[也].**

차무타거상사야(此無他居相似也)는 〈AB也〉꼴로 영어의 2형식 문장과 같은 어투이다. 此無他居相似也에서 무타(無他)는 삽입절이므로 제외하고 차거상사야(此居相似也)로 여기고 문맥을 잡는다. 此居相似也에서 차(此)는 주어이고, 거상사(居相似)는 거지상사(居之相似)에서 지(之)를 생략한 어투로 거(居)는 사(似)의 의미상 주어이고, 상(相)은 거(居)를 꾸미는 부사이며, 사(似)는 영어의 동명사나 부정사(不定詞) 구실을 한다고 여기고, 삶의 환경이[居] 서로[相] 닮은 것[似]으로 새기면 此居相似也의 문의가 드러난다. 此居相似也의 차(此)는 〈이 시(是)〉와 같고 바로 앞의 내용을 대신하는 지시어이며, 거(居)는 삶터[居所]의 뜻으로 삶의 환경으로 여기고, 상(相)은 〈서로 공(共)〉과 같고, 사(似)는 〈닮을 초(肖)〉와 같다.

어려서부터 맹모삼천(孟母三遷)의 가르침을 받았던 맹자가 아닌가. 어머니의 가르침을 그대로 아로새기고 있는 성현(聖賢)인 셈이다. 현자(賢者)를 따라 살면 현인(賢人)이 되고 도척(盜蹠)을 따라 살면 도둑이 된다는 말이다. 그러니 삶터에 따라 선악이 드러난다. 인자(仁者)가 되고 싶다면 거인(居仁)하라.

이 차(此), 없을 무(無), 다른 것 타(他), 삶터 거(居), 서로 상(相), 닮을 사(似), ~이다 야(也)

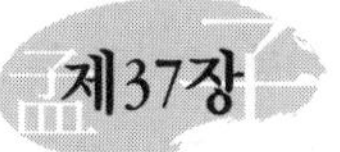

제37장

37장은 맹자가 군자의 무본(務本)을 밝히고 있는 장이다. 군자는 무례(無禮)하면 결코 머물지 않는다. 동시에 유례(有禮)하다 해도 무실(無實)이면 또한 머물지 않는다. 인(仁)의 진실함[實]이 없다면 임금도 군자(君子)를 붙들 수 없음을 밝힌 장이다.

【문지(聞之)】

공경이무실(恭敬而無實)

【원문(原文)】

孟子曰 食而不愛면 豕交之也이고 愛而不敬이면 獸畜之也이다
맹자왈 사이불애 시교지야 애이불경 수축지야
恭敬者는 幣之未將者也이다 恭敬而無實이면 君子不可虛拘이다
공경자 폐지미장자야 공경이무실 군자불가허구

【해독(解讀)】

맹자가 말했다[孟子曰]. "먹여주면서도 사랑하지 않는 것은[食而不愛] 돼지 그것과 사귀는 것이고[豕交之也], 사랑하면서도 공경하지 않음은[愛而不敬] 짐승 그것을 키우는 것이다[獸畜之也]. 공손하고 경건하다는 것은 (공경심을 나타내는) 폐백을 받들어 보내기 전 것이다[恭敬者幣之未將者也]. 공경하면서도 진실함이 없다면[恭敬而無實] 군자는 헛되게 잡힐 수 없다[君子不可虛拘]."

【담소(談笑)】

食而不愛(사이불애) 豕交之也(시교지야)

▶ **먹여주면[食]서도[而] 사랑하지 않는 것은[不愛] 돼지[豕] 그것과[之] 사귀는 것[交]이다[也].**

사이불애시교지야(食而不愛豕交之也)는 〈AB也〉꼴로 영어의 2형식 문장과 같은 어투이다. 〈A(食而不愛)는 B(豕交之)이다[也]〉 食而不愛豕交之也에서 사이불애(食而不愛)는 주부이고, 시교지(豕交之)는 술부로 보어이며, 야(也)는 구문을 결정짓는 어조사(~이다)이다.

사이불애(食而不愛)에서 사(食)와 애(愛)는 영어의 부정사(不定詞) 구실을 하므로 사이불애(食而不愛)를 주어인 부정사구처럼 여기면 食而不愛의 문맥이 잡히고, 시교지(豕交之)는 교시(交豕)에서 시(豕)를 전치하고 그 빈 자리에 허사 지(之)를 넣은 것을 알면 문맥이 잡힌다. 허사 지(之)를 무시하고 새겨도 문의는 달라지거나 상하지 않는다. 돼지[豕] 그것과[之] 사귀는 것[交]을, 돼지와[豕] 사귀는 것[交]이라고 새겨도 된다는 말이다. 食而不愛의

사(食)는 남이 나를 먹여준다는 뜻으로 〈먹일 반(飯)〉과 같고, 식(食)은 내가 먹는다는 뜻으로 〈먹을 여(茹)〉와 같고 발음을 주의해야 한다. 食而不愛의 애(愛)는 〈친할 친(親), 괴일 총(寵), 사모할 모(慕), 기뻐할 희(喜)〉 등을 하나로 묶어둔 마음가짐으로 왜 〈사랑할 애(愛)〉가 곧 인(仁)의 시발(始發)인가를 알 수 있다. 豕交之의 시(豕)는 〈돼지 돈(豚)〉과 같고, 교(交)는 〈사귈 접(接)〉과 같고 교제(交際)의 줄임말로 여기면 문맥이 통한다.

인(仁)이 없는 사귐[交]이란 노림수에 불과함을 말하고 있다. 왜 돼지를 살찌게 키우는가? 그 까닭을 생각해보면 누구나 다 알 수 있는 노림수가 아닌가. 좋은 사료를 먹여 돼지를 키운다고 하여 돼지를 사랑한다고 말할 수 없는 노릇이다. 사람이 사람을 사귀면서 그렇게 사귄다면 그런 놈은 사기꾼이다. 새끼한테 어머니 젖이 왜 좋은가? 젖 이전에 사랑이 젖어 있는 까닭이다.

먹여줄 사(食), 그러나 이(而), 아니 불(不), 사랑할 애(愛), 돼지 시(豕), 사귈 교(交), 그 지(之), ~이다 야(也)

愛而不敬(애이불경) 獸畜之也(수축지야)

▶ 사랑하면[愛]서도[而] 공경하지 않음은[不敬] 짐승[獸] 그것을[之] 키우는 것[畜]이다[也].

애이불경수축지야(愛而不敬獸畜之也)는 〈AB也〉꼴로 영어의 2형식 문장과 같은 어투이다. 〈A(愛而不敬)는 B(獸畜之)이다[也]〉 愛而不敬獸畜之也에서 애이불경(愛而不敬)은 주부이고, 수축지(獸畜之)는 술부로 보어이며, 야(也)는 구문을 결정짓는 어조사(~이다)이다.

애이불경(愛而不敬)에서 애(愛)와 경(敬)은 영어의 부정사(不定詞) 구실을 하므로 애이불경(愛而不敬)을 주어 부정사구처럼 여기면 愛而不敬의 문맥이 잡히고, 수축지(獸畜之)는 축수(畜獸)에서 수(獸)를 전치하고 그 빈 자리에 허사 지(之)를 둔 어투로 여기면 문맥이 잡힌다. 허사 지(之)를 무시하고 새겨도 문의는 달라지거나 상하지 않는다. 짐승[獸] 그것을[之] 키우는 것[畜]을, 짐승을[獸] 키우는 것[畜]이라고 새겨도 된다는 말이다. 愛而不敬의 애(愛)는 애(愛)는 〈친할 친(親), 괴일 총(寵), 사모할 모(慕), 기뻐할 희(喜)〉 등을 하나로 묶어둔 마음가짐이되, 그 마음가짐이 한결같지 않아 충성스럽지 못하면 곧 인(仁)의 시발(始發)인 애(愛)가 사라지기 때문이다. 獸

畜之의 축(畜)은 〈키울 양(養)〉과 같고 축양(畜養)의 줄임말로 여기면 문맥이 통한다.

인(仁)의 시작인 사랑[愛]은 한결같아야 한다. 쓰면 뱉고 달면 삼키는 따위로써는 사랑의 마음가짐을 유지할 수 없다. 변덕스러운 마음에는 이미 사랑이 떠나 있음이요 속셈이 콩밭에 있는 비둘기 같은 속임수에 불과하다. 충성의 마음[敬]이 없다면 사랑은 껍질에 불과함이다. 애지중지(愛之重之)한다고 사랑하는 것[愛]은 아니다. 짐승을 살뜰하게 잘 키워서 내다 파는 짓을 생각하면 알 일이다. 짐승에 충성할 놈은 없다.

사랑할 애(愛), 그러나 이(而), 아니 불(不), 공경할 경(敬), 짐승 수(獸), 기를 축(畜), 그 지(之), ~이다 야(也)

恭敬者(공경자) 幣之未將者也(폐지미장자야)

▶ 공손하고[恭] 경건하다는[敬] 것은[者] (공경심을 나타내는) 폐백[幣]을[之] 받들어 보내기 전[未將] 것[者]이다[也].

공경자폐지미장자야(恭敬者幣之未將者也)는 〈AB也〉꼴로 영어의 2형식 문장과 같은 어투이다. 〈A(恭敬者)는 B(幣之未將者)이다[也]〉 恭敬者幣之未將者也에서 공경자(恭敬者)는 주부이고, 폐지미장자(幣之未將者)는 술부로 보어이며, 야(也)는 구문을 결정짓는 어조사(~이다)이다. 恭敬者는 恭敬之事의 지사(之事)를 자(者)로 축약한 어투이므로 공경(恭敬)은 자(者)를 꾸미는 형용사이고, 자(者)는 恭敬者幣之未將者也의 주어이다. 술부인 幣之未將者는 未將幣者에서 폐(幣)를 전치하면서 허사 지(之)를 더해 폐지(幣之)가 되었으므로, 폐지(幣之)의 지(之)를 목적격 토씨(~을)인 어조사로 새긴다. 물론 幣之未將者 역시 幣之未將之事의 지사(之事)를 축약한 어투이므로, 幣之未將은 자(者)를 꾸미는 형용사구로 여기면 幣之未將者의 자(者)가 恭敬者幣之未將者也의 보어임을 알 수 있다.

공경자(恭敬者)의 공(恭)은 공손(恭遜)의 줄임말로 자신을 낮추는 마음을 뜻하고, 경(敬)은 경외(敬畏)의 줄임말로 이 역시 자신을 낮추는 마음을 뜻한다. 말하자면 하심(下心)의 존심(存心)이 곧 공경(恭敬)이다. 그러므로 공경자(恭敬者)를 공경지심(恭敬之心)에서 지심(之心)을 자(者)로 축약한 어투로 여기고 공경하는[恭敬] 마음[者]으로 새겨도 문의에 어긋나지 않는다.

폐지미장자(幣之未將者)의 폐(幣)는 폐백(幣帛)의 줄임말이고 공경심을 전하는 예물을 말하며, 지(之)는 목적격 토씨(~을)이고, 미(未)는 〈아니 불(不)〉과 같으며, 장(將)은 여기선 〈보낼 송(送), 받들 봉(奉)〉을 합친 뜻으로 〈봉송(奉送)할 장(將)〉으로 새기면 문의에 걸맞고, 幣之未將者를 幣之未將之行에서 지행(之行)을 자(者)로 축약한 어투로 여기고 봉송하지 않은[未將] 행위[者]로 새겨도 문의와 어긋나지 않는다. 폐물을 보내기 이전에 이미 공경자(恭敬者)가 있음을 말함이 곧 폐지미장자야(幣之未將者)이다.

장(將)은 매우 다양한 뜻을 나타내므로 다음처럼 잘 정리해두면 문맥을 잡기 편하다. 먼저 장(將)이 부사로 다양한 뜻을 나타내는 경우이다. 〈장차 장(將) = 점(漸), 거의 장(將) = 기(幾), 또 장(將) = 차(且), 곧 장(將) = 즉(卽), 청컨대 장(將) = 청(請), ~으로서 장(將) = 이(以), 문득 장(將) = 억연(抑然)〉 다음은 장(將)이 동사로 다양한 뜻을 나타내는 경우이다. 〈기를 장(將) = 양(養), 도울 장(將) = 조(助), 이을 장(將) = 승(承), 나아갈 장(將) = 진(進), 행할 장(將) = 행(行), 가질 장(將) = 지(持)〉 이밖에 〈장수 장(將) = 수(帥)〉처럼 명사 구실을 할 때도 있다.

맹자가 「이루장구(離婁章句) 하(下)」 28장에서 밝힌 "이인존심(以仁存心)하고 이례존심(以禮存心)한다. 인자애인(仁者愛人)하고 유례자경인(有禮者敬人)한다"는 말이 새삼스럽게 떠오른다. 어짊을[仁] 생각하면서[以] 마음을[心] 살펴 간수하고[存], 예의를[禮] 생각하면서[以] 마음을[心] 살펴 간수한다[存]. 어진[仁] 사람은[者] 남을[人] 사랑하고[愛], 예의를[禮] 갖춘[有] 사람은[者] 남을[人] 공경한다[敬]. 여기서 공경자(恭敬者)를 이인존심(以仁存心)하고 인자애인(仁者愛人)하는 마음이라고 새기면 폐백을 보내기 전의 마음가짐임을 알 수 있다. 이익을 바라보고 예물을 보내면 그것은 폐백이 아니라 뇌물에 불과함을 깨우치게 한다. 공경하는 마음은 하나의 노림수도 없는 이인존심(以仁存心)이어야 함을 맹자가 밝히고 있다. 이는 또 지소선후(知所先後)를 상기한다. 먼저 하고[先] 뒤에 하는[後] 바를[所] 알라[知].

공손 공(恭), 경건할 경(敬), 것 자(者), 예물 폐(幣), ~를 지(之), 아닐 미(未), 받들어 보낼 장(將), ~이다 야(也)

恭敬而無實(공경이무실) 君子不可虛拘(군자불가허구)

▶ 공경하면[恭敬]서도[而] 진실함이[實] 없으면[無] 군자는[君子] 헛되게[虛] 잡힐[拘] 수 없다[不可].

공경이무실군자불가허구(恭敬而無實君子不可虛拘)는 영어의 2형식 문장과 같은 어투이다. 恭敬而無實君子不可虛拘와 같은 어투의 문맥을 잡으려면 먼저 동사를 중심으로 구문을 나누어보는 것이 편하다. 恭敬而無實君子不可虛拘에서 〈공손할 공(恭)〉, 〈경외할 경(敬)〉, 〈없을 무(無)〉, 〈잡힐 구(拘)〉 등이 동사 구실을 하므로 恭敬而無實君子不可虛拘는 〈공경한다[恭敬]. 그러나[而] 실이[實] 없다[無]. 군자는[君子] 헛되이[虛] 잡힐 수 없다[不可拘]〉처럼 세 구문이 하나로 묶인 어투이다. 이 세 구문을 다음처럼 이어주면 서로 문맥이 통한다. 공경하면[恭敬]서도[而] 실이[實] 없다면[無], 군자는[君子] 헛되이[虛] 잡힐 수 없다[不可拘]. 그러므로 恭敬而無實君子不可虛拘의 공경이무실(恭敬而無實)을 某人恭敬人 而某人無實에서 주어인 모인(某人)과 목적어인 인(人)을 생략한 어투로 여기면, 공경이무실(恭敬而無實)은 조건의 종속절이 되어 恭敬而無實君子不可虛拘를 영어의 복문처럼 새길 것이다. 그러나 공경이무실(恭敬而無實)을 영어의 동명사구나 부정사구처럼 여기고 조건의 부사구로 보면 恭敬而無實君子不可虛拘를 영어의 단문처럼 새기게 된다. 어떤 사람이[某人] 사람을[人] 공경하지만[恭敬], 그러나[而] 그에게[某人] 진실함이[實] 없다면[無].

공경이무실(恭敬而無實)의 공(恭)은 공손(恭遜)의 줄임말로 자신을 낮추는 마음을 뜻하고, 경(敬)은 경외(敬畏)의 줄임말로 이 역시 자신을 낮추는 마음을 뜻하며, 이(而)는 역접의 연사이고, 무(無)는 〈없을 무(無)〉로 영어의 부정사(不定詞)나 동명사와 같은 구실을 하고, 실(實)은 무(無)의 주어이며 진실(眞實) 내지 성실(誠實)의 줄임말로 여긴다. 君子不可虛拘에서 군자(君子)는 주어이고, 불(不)은 구(拘)의 부정사(否定詞)이며, 가(可)는 구(拘)의 조동사이고, 허(虛)는 구(拘)를 꾸미는 부사이며, 구(拘)는 수동태로 자동사이므로 君子不可虛拘는 영어의 2형식 같은 어투로 문맥을 잡는다. 물론 君子不可虛拘를 人人不可虛拘君子로 여기고, 君子不可虛拘의 君子를 구(拘)의 목적어로 삼아 누구나[人人] 군자를[君子] 헛되이[虛] 잡아둘 수 없다[不可拘]고 새길 수도 있다. 오히려 君子不可虛拘를 不可虛拘君子로 여기고 새기는 것이 우리말과 잘 어울린다. 君子不可虛拘의 구(拘)는 〈잡을 집(執)〉과 같다.

군자는 무례한 폐백(幣帛) 따위에 유혹되지 않음을 말한다. 불인(不仁)하다면 불의(不義)이므로 매사에 의지여차(義之與此)인 군자가 농락당하지 않음을 말한다. 의[義]를[之] 더불어[與] 좇는다[此]. 군자는 무실(無實)의 속임수에 넘어가지 않는다. 무실은 이인존심(以仁存心)을 버렸음을 뜻한다. 어짊을 늘 생각하면서 살펴 간직하는 마음이야말로 진실함이다. 그 진실함을 떠난다면 어느 누구도 군자를 붙들어둘 수 없음을 맹자가 밝히고 있다.

공손 공(恭), 경건할 경(敬), 그리고 이(而), 없을 무(無), 진실함 실(實), 클 군(君), 존칭 자(子), 아니 불(不), 가할 가(可), 헛되게 허(虛), 잡힐 구(拘)

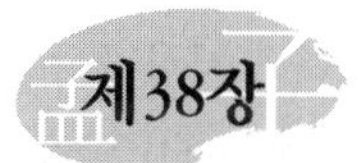

제38장

38장은 맹자가 성인(聖人)의 삶을 밝히고 있는 장이다. 사람의 형색(形色)은 다 같지만 인면수심(人面獸心)의 인간이 있음을 상기하면 이 장의 말씀이 얼마나 무서운 정언(定言)인지 살펴보게 하는 장이다. 생김새[形色]는 인간이되 인간 같지 않게 사는 인간들이 많은 세상을 돌이켜보게 하는 장이다.

【문지(聞之)】

유성인연후가이천형(惟聖人然後可以踐形)

【원문(原文)】

孟子曰 形色은 天性也이니 惟聖人然後에 可以踐形이라
맹자왈 형색 천성야 유성인연후 가이천형

【해독(解讀)】

맹자가 말했다[孟子曰]. "생김새는 하늘이 준 성품이다[形色天性也]. 오직 성인이라야[惟聖人然後] 그로써 사람 된 모습을 실천할 수 있다[可以踐形]."

【담소(談笑)】

形色天性也(형색천성야)

▶ 생김새는[形色] 하늘이 준[天] 본성[性]이다[也].

형색천성야(形色天性也)는 〈AB也〉꼴로 영어의 2형식 문장과 같은 어투이다. 〈A(形色)는 B(天性)이다[也]〉 形色天性也에서 형색(形色)은 주부이고, 천성(天性)은 보어이며, 야(也)는 구문을 결정짓는 어조사(~이다)이다. 形色에서 형(形)은 드러난 모습[貌]을 뜻하고 형모(形貌)의 줄임말로 여기며, 색(色)은 〈얼굴 안(顔)〉과 같고 안색(顔色)의 줄임말로 여긴다. 天性의 천(天)은 하늘의[天]로 새겨도 되지만 하늘이 준[天]으로 새기는 것이 문의와 걸맞고, 성(性)은 본성(本性)의 줄임말로 여기고 새긴다.

사람[人]한테만 천성이 있는 것은 아니다. 참새는 참새의 천성이 있어서 참새의 형색이 있고, 나비는 나비의 천성이 있어서 나비의 형색이 있으며, 소나무는 소나무의 천성이 있어서 소나무의 형색이 있다. 형색은 타고남이니 타고남이 곧 천성이다. 그러나 사람만이 생김새[形色] 값을 못하는 놈들이 많다. 인면수심(人面獸心)이란 말이 그래서 생겼다.

모습 형(形), 얼굴 색(色), 하늘 천(天), 본성 성(性), ~이다 야(也)

惟聖人然後(유성인연후) 可以踐形(가이천형)

▶ 오직[惟] 성인[聖人]이라야[然後] 그로써[以] 사람 된 모습을[形] 실천할 수 있다[可踐].

유성인연후가이천형(惟聖人然後可以踐形)은 惟人聖人然後 人可以踐形에서 문맥으로 보충할 수 있으므로 일반주어인 〈사람 인(人)〉을 생략한 어투로 여기고 영어의 복문과 같은 어투로 문맥을 잡는다. 즉 惟聖人然後可以踐形에서 유성인연후(惟聖人然後)를 시간의 종속절로 여기고, 가이천형(可以踐形)을 주절처럼 여기고 새기면 전체 문맥이 잡힌다. 오직[惟] 성인이 된[聖人] 뒤에야[然後] 그로써[以] (사람은) 제 형색을[形] (하늘이 바라는 대로) 실천할 수 있다[可踐]고 새기면 惟聖人然後可以踐形에 담긴 문의가 드러난다. 물론 惟聖人然後可以踐形에서 惟聖人然後를 시간의 부사구로 보고, 可以踐形을 주어가 생략된 문장으로 보고, 惟聖人然後可以踐形을 영어의 복문이 아니라 단문처럼 문맥을 잡아도 된다. 惟聖人然後可以踐形의 유(惟)는 〈오직 독(獨)〉과 같다. 성인(聖人)의 삶이란 종신토록 단 한 번도 삼도(三道)를 벗어나지 않는 정도(正道)의 삶을 말한다. 이러한 성인의 삶을 일러 맹자가 천형(踐形)이라고 정언(定言)하고 있다.

오직 유(惟), 성스러울 성(聖), 사람 인(人), 그럴 연(然), 뒤 후(後), 가할 가(可), 써 이(以), 실천할 천(踐), 모습 형(形)

제39장

39장(章)은 맹자가 상기(喪期)를 들어서 효제(孝悌)를 밝히고 있는 장이다. 효제(孝悌)는 친친(親親)의 근본이며, 친친(親親)은 인(仁)의 본분이므로 인도(人道)를 성스럽게 한다. 효제의 가르침이 왜 소중한가를 헤아리게 하는 장이다.

【문지(聞之)】

제선왕욕단상(齊宣王欲短喪)

【원문(原文)】

齊宣王이 欲短喪이어늘 公孫丑曰 爲期之喪은 猶愈於已乎이까
제 선 왕 욕 단 상 공 선 추 왈 위 기 지 상 유 유 어 이 호
孟子曰 是猶或紾其兄之臂어든 子謂之姑徐徐云爾로다 亦敎之
맹 자 왈 시 유 혹 진 기 형 지 비 자 위 지 고 서 서 운 이 역 교 지
孝弟而已矣이다 王子에 有其母死者어늘 其傅爲之請數月之喪
효 제 이 이 의 왕 자 유 기 모 사 자 기 부 위 지 청 수 월 지 상
이러니 公孫丑曰 若此者는 何如也이꼬 曰 是欲終之而不可得也
공 손 추 왈 약 차 자 하 여 야 왈 시 욕 종 지 이 불 가 득 야
이니 雖加一日이나 愈於已하니 謂夫莫之禁而弗爲者也이라
수 가 일 일 유 어 이 위 부 막 지 금 이 불 위 자 야

【해독(解讀)】

제나라 선왕이 상기(喪期)를 짧게 하려고 했다[齊宣王欲短喪]. 공손추가 여쭈었다[公孫丑曰]. "일 년의 상을 입는 것이 그래도 (상을) 그치는 것보다 낫지 않겠는지요[爲期之喪猶愈於已乎]?" 맹자가 말했다[孟子曰]. "자네 말은[是] 어떤 사람이 자네 형님의 팔뚝을 비틀자[或紾其兄之臂] 자네가 그자에게

'좀 서서히 하지 그래' 말하는 것과[子謂之姑徐徐云爾] 같네[猶]. 역시 그자에게 효제를 가르쳐줄 것뿐이다[亦敎之孝弟而已矣]." (제나라 선왕의) 왕자에게 제 어머니가 사망한 일이 일어나자[王子有其母死者] 그 왕자의 스승이 죽은 모친을 위해 수개월의 복상을 청했다[其傅爲之請數月之喪]. 공손추가 여쭈었다[公孫丑曰]. "이와 같은 것은 어떠한지요[若此者何如也]?" (맹자가) 말해주었다[曰]. "이는 삼년상을 마치고 싶지만도 할 수 없는 것이므로[是欲終之而不可得也] 비록 하루를 더해도 (복상을) 그만두는 것보다 낫다[雖加一日愈於已]. (선왕의 경우는) 대저 삼년상을 금하지 않는데도 (삼년상을) 치르지 않는 것을 일컫는 것이야[謂夫莫之禁而弗爲者也]."

【담소(談笑)】

齊宣王欲短喪(제선왕욕단상)

▶ **제나라[齊] 선왕이[宣王] 상기를[喪] 짧게 하고[短]자 했다[欲].**

제선왕욕단상(齊宣王欲短喪)은 영어의 3형식 문장과 같은 어투이다. 齊宣王欲短喪에서 제선왕(齊宣王)은 주어이고, 욕(欲)은 타동사로 본동사이며, 단(短)은 영어의 부정사(不定詞) 구실을 하며 욕(欲)의 목적어이고, 상(喪)은 단(短)의 목적어이다. 〈欲爲A〉꼴에서 위(爲) 대신에 단(短)을 대입하여 〈欲短A〉꼴로 여기면 문맥을 잡기 쉽다. 즉 〈欲爲A〉의 위(爲)가 영어의 hope to do A의 to do인 것처럼, 〈欲短A〉의 단(短)은 hope to shorten A의 to shorten처럼 여기고 문맥을 잡는 것이다. 齊宣王欲短喪의 욕(欲)은 〈바랄 원(願)〉과 같고, 단(短)은 〈길 장(長)〉의 반대말이며, 상(喪)은 상기(喪期)의 줄임말로 상복(喪服)을 입는 기간으로 여기고 새기면 문맥이 통한다.

삼년상이 길다면서 일년상으로 줄이면 어떻겠느냐고 스승(孔子)께 여쭌 제자(宰我)가 있었다. "(상을 당하고 일 년 만에) 그냥[夫] 쌀밥을[稻] 먹고[食] 그냥[夫] 비단옷을[錦] 입어도[衣] 그저[於] 너는[女] 마음이 편한 것[安]인가[乎]?"라고 묻자 재아(宰我)가 "편합니다[安]"라고 답하니, 뜻대로 하라면서 세 돌을 지나서야 어머니 품을 떠나지 않았느냐고 반문했던 공자를 떠올리게 한다. 아마도 제(齊)나라 선왕(宣王)도 재아 같았던 모양이다. 하기야 오늘날 우리야 상(喪)을 당하면 옷깃에 헝겊 한쪽 달고 마는 세상이니 상복(喪服)이니 상기(喪期)니 말할 게 없다.

제나라 제(齊), 베풀 선(宣), 임금 왕(王), 바랄 욕(欲), 짧게 할 단(短), 잃을 상(喪)

公孫丑曰(공손추왈) 爲期之喪猶愈於已乎(위기지상유유어이호)

▶ 공손추가[公孫丑] 일 년[期]의[之] 상을[喪] 입는 것이[爲] 그래도[猶] [상을] 그치는 것[已]보다 더[於] 낫지[愈] 않느냐고[乎] 말했다[曰].

공손추왈위기지상유유어이호(公孫丑曰爲期之喪猶愈於已乎)는 영어의 3형식 문장과 같은 어투이다. 公孫丑曰爲期之喪猶愈於已乎에서 공손추(公孫丑)는 주어이고, 왈(曰)은 타동사로 본동사이며, 위기지상유유어이호(爲期之喪猶愈於已乎)는 의문절로 왈(曰)의 목적절이다. 왈(曰)의 목적절인 爲期之喪猶愈於已乎를 그냥 독립구문으로 여기고 문맥을 잡아도 된다. 爲期之喪猶愈於已乎에서 위기지상(爲期之喪)은 주부이고, 유(猶)는 유(愈)를 꾸미는 부사이며, 어이(於已)는 비교를 나타내는 부사구이고, 호(乎)는 의문절을 결정짓는 어조사(~인가)이다. 爲期之喪猶愈於已乎의 위(爲)는 〈치를 행(行)〉과 같고, 기지(期之)는 일년지(一年之)와 같은 말이며, 지(之)는 여기서 소유격 토씨(~의)로 여기고, 상(喪)은 상사(喪事)의 줄임말로 여기며, 유(猶)는 여기선 〈오히려 상(尙)〉과 같고, 유(愈)는 〈나을 승(勝)〉과 같으며, 어(於)는 여기선 비교를 나타내는 어조사(~보다)이고, 이(已)는 〈그칠 지(止)〉와 같으며, 호(乎)는 의문절을 결정짓는 어조사(~인가)이다.

공변될 공(公), 자손 손(孫), 사람 이름 추(丑), 말할 왈(曰), 치를 위(爲), 일년 기(期), ~의 지(之), 잃을 상(喪), 그래도 유(猶), 나을 유(愈), ~보다 어(於), 그칠 이(已), ~인가 호(乎)

是猶或紾其兄之臂子謂之姑徐徐云爾(시유혹진기형지비자위지고서서운이)

▶ 자네 말은[是] 어떤 사람이[或] 자네[其] 형님[兄]의[之] 팔뚝을[臂] 비틀자[紾] 자네가[子] 그자에게[之] 좀[姑] 서서히 하지[徐徐] 그래[云爾] 말하는 것과[謂] 같다[猶].

시유혹진기형지비자위지고서서운이(是猶或紾其兄之臂子謂之姑徐徐云

爾)는 영어의 2형식 문장과 같은 어투이다. 是猶或紾其兄之臂子謂之姑徐徐云爾에서 시(是)는 주어이고, 유(猶)는 자동사로 본동사이며, 혹진기형지비자위지고서서운이(或紾其兄之臂子謂之姑徐徐云爾)는 유(猶)의 보어절이다. 그러나 이 보어절의 한 독립구문처럼 여기고 문맥을 잡아보면, 或紾其兄之臂와 子謂之姑徐徐云爾로 이루어진 복문임을 알 수 있다. 어떤 이가[或] 자네[其] 형님[兄]의[之] 팔뚝을[臂] 비튼다[紾]와 자네가[子] 그 어떤 이에게[之] 좀[姑] 서서히 하지[徐徐] 그래[云爾]라고 말한다[謂]는 두 구문을, 어떤 이가[或] 자네[其] 형님[兄]의[之] 팔뚝을[臂] 비틀 때[紾] 자네가[子] 그 어떤 이에게[之] 좀[姑] 서서히 하지[徐徐] 그래[云爾]라고 말한다[謂]로 문맥을 이어준 것을 알 수 있다. 그러므로 或紾其兄之臂子謂之姑徐徐云爾에서 혹진기형지비(或紾其兄之臂)는 위(謂)를 꾸며주는 시간의 종속절이고, 자위지고서서운이(子謂之姑徐徐云爾)는 유(猶)의 보어절로 여기고 문맥을 잡는다.

그러나 시유혹진기형지비자위지고서서운이(是猶或紾其兄之臂子謂之姑徐徐云爾)에서 자위지고서서운이(子謂之姑徐徐云爾)는 어조를 위하는 어조사들을 찾아내지 못하면 문맥을 잡기 어려운 편이다. 말하자면 子謂之姑徐徐云爾에서 어조를 위한 어조사 고(姑)와 운이(云爾)를 무시하고 자위지서서(子謂之徐徐)만 생각하면, 어렵지 않게 네가[子] 그에게[之] 서서히 하라고[徐徐] 말해준다[謂]고 문맥을 잡을 수 있다는 말이다. 어조를 돕는 어조사는 문맥의 문의를 상하게 하거나 달라지게 하지는 않지만, 어조사가 화술의 맛을 더하는 조미료 역할을 한다는 것을 늘 유념해두고 문맥을 잡는 편이 낫다.

시유혹진기형지비자위지고서서운이(是猶或紾其兄之臂子謂之姑徐徐云爾)의 시(是)는 앞에서 공손추(公孫丑)가 한 말을 가리키는 지시어이고, 유(猶)는 여기선 〈같을 약(若), 여(如)〉 등과 같다. 或紾其兄之臂의 혹(或)은 혹인(或人)의 줄임말로 〈어떤 사람 혹(或)〉으로 새기고, 기(其)는 공손추지(公孫丑之)를 대신하는 관형사이며, 기형지비(其兄之臂)의 지(之)는 소유격 토씨(~의)이고, 비(臂)는 〈팔뚝 굉(肱)〉과 같다. 子謂之姑徐徐云爾의 자(子)는 호칭으로 대명사 〈자네 자(子)〉이고 〈너 이(爾), 여(汝), 여(女)〉 등과 같으며, 위(謂)는 〈말해줄 위(爲)〉와 같고, 지(之)는 어떤 사람[或]을 대신하는 대명사로 간접목적격인 〈그에게 지(之)〉이며, 고(姑)는 〈또 차(且)〉와 같은 어조사이고, 서서(徐徐)는 안행(安行)과 같은 말로 천천히 하라[徐徐]는 뜻이며, 운이(云爾)는 꼬집는 어조를 띤 어조사(~그래)로 새긴다.

때리는 남편보다 말리는 시어미가 더 밉다는 속담이 생각난다. 의지여차(義之與此)를 떠난 예(禮)는 없으니 적당히 할 바엔 하지 않는 편이 낫다. 그래서 공자가 무적야(無適也)이고, 무막야(無莫也)라고 단언하지 않았는가. 옳다고 고집할 것도[適] 없는 것[無]이고[也], 안 된다고 부정할 것도[莫] 없는 것[無]이다[也]. 의[義]를[之] 따라[與] 좇을 뿐이다[此]. 제 형님의 팔뚝을 비트는 놈이 있으면 비틀지 못하게 결단을 내야 의리가 아닌가. 속임수로 구렁이 담 넘어 가듯 말라 한다.

이 시(是), 같을 유(猶), 어떤 혹(或), 비틀 진(紾), 형 형(兄), ~의 지(之), 팔 비(臂), 너 자(子), 말해줄 위(謂), 그에게 지(之), 어조사 고(姑), 천천히 할 서(徐), 어조사 운(云), 어조사 이(爾)

亦教之孝弟而已矣(역교지효제이이의)

▶ 역시[亦] 그자에게[之] 효제를[孝弟] 가르쳐줄 것[教]뿐이다[而已矣].

역교지효제이이의(亦教之孝弟而已矣)는 〈A而已矣〉꼴로 단언하는 어조를 띤 영어의 1형식 문장과 같은 어투이다. 〈A(亦教之孝弟)일 뿐이다[而已矣]〉 亦教之孝弟而已矣에서 역(亦)은 부사이고, 교(教)는 영어의 동명사나 부정사(不定詞) 구실을 하는 주어이고, 지(之)는 간접목적어이며, 효제(孝弟)는 직접목적어이고, 이이의(而已矣)는 구문을 강하게 결정짓는 어조사(~뿐이다)이나. 亦教之孝弟而已矣의 역(亦)은 〈또 차(且)〉와 같고, 교(教)는 〈가르칠 회(誨)〉와 같으며, 지(之)는 간접목적어인 〈그에게 지(之)〉이고, 효(孝)는 효도(孝道)의 줄임말로 여기며, 제(弟)는 여기선 〈아우 제(弟)〉가 아니라 〈공경 제(悌)〉와 같고, 이이의(而已矣)는 이이(而已), 이(耳) 등과 같이 구문을 강하게 결정짓는 어조사로 ~뿐이다 정도로 새긴다.

맹자가 밝힌 교지효제(教之孝弟)의 지(之)를 어찌 제나라 선왕으로만 단정하겠는가. 이 지(之)는 일 년[期]의[之] 상을[喪] 입는 것이[爲] 그래도[猶] (상을) 그치는 것[已]보다 더[於] 낫지[愈] 않느냐고[乎]고 물어본 공손추와 더불어 우리 모두를 지칭하는 지(之)가 아닌가. 삼 년 동안 젖을 먹여준 부모의 은혜를 갚는 것이 곧 삼년상인 줄 모르는 우리 모두가 바로 교지효제(教

之孝弟)의 지(之)인 셈이다.

또한 역(亦), 가르칠 교(教), 그 지(之), 효도 효(孝), 공경 제(弟), 어조사 이(而), 어조사 이(已), 어조사 의(矣)

王子有其母死者(왕자유기모사자) 其傅爲之請數月之喪(기부위지청수월지상)

▶ (제나라 선왕의) 왕자한테[王子] 그[其] 모친이[母] 사망한[死] 일이[者] 나자[有] 그 왕자의[其] 스승이[傅] 왕자를[之] 위해[爲] 몇[數] 달[月]의[之] 복상을[喪] 청했다[請].

왕자유기모사자기부위지청수월지상(王子有其母死者其傅爲之請數月之喪)과 같은 어투에선 먼저 본동사를 찾아내 구문을 나누어 문맥을 잡는 것이 편하다. 〈있을 유(有)〉, 〈위할 위(爲)〉, 〈청할 청(請)〉 등 셋이 동사 구실을 하는데, 그 중에서 위(爲)는 영어의 부정사구와 같은 구실을 하므로 王子有其母死者其傅爲之請數月之喪을 왕자유기모사자(王子有其母死者)와 기부위지청수월지상(其傅爲之請數月之喪)으로 골격을 나누어 문맥을 따로 잡아 보는 것이 편하다. 구문의 골격은 한문투에서도 영어에서처럼 주어 + 동사 + 목적어 또는 주어 + 동사 + 보어 등으로 이루어진다. 그리고 두 구문이 서로 문장의 관계이면 王子有其母死者其傅爲之請數月之喪을 영어의 중문처럼 여기고 문맥을 잡고, 서로 절의 관계이면 王子有其母死者其傅爲之請數月之喪을 영어의 복문처럼 여기고 문맥을 잡는다. 왕자유기모사자(王子有其母死者)했을 때 기부위지청수월지상(其傅爲之請數月之喪)했다고 두 구문을 이어주면 문맥이 통하므로 王子有其母死者其傅爲之請數月之喪을 영어의 복문처럼 여기고 문맥을 잡을 수 있다. 즉 王子有其母死者를 시간의 종속절로 보고, 其傅爲之請數月之喪을 주절로 보고 王子有其母死者其傅爲之請數月之喪의 문맥을 잡는다.

시간의 종속절인 왕자유기모사자(王子有其母死者)는 〈A有B〉꼴로 〈A(王子)에 B(其母死者)가 있다[有]〉, 〈왕자(王者)한테 기모사자(其母死者)가 일어났다[有]〉고 읽어보면 문맥이 잡힌다. 王子有其母死者에서 왕자(王子)는 〈있을 유(有)〉를 꾸미는 부사이고, 유(有)는 자동사로 절의 본동사이며, 기모사자(其母死者)는 유(有)의 주부이므로 王子有其母死者는 영어의 1형식 절과 같은 어투이다. 기모사자(其母死者)는 其母死之事의 지사(之事)를 자(者)로 축약한 것이므로 기모사(其母死)는 자(者)를 꾸미는 형용사절이고, 자(者)는 유(有)의 주어이다. 그[其] 어머니가[母] 사망한[死] 일[者].

주절인 기부위지청수월지상(其傅爲之請數月之喪)은 其傅爲之請數月之喪於王子에서 앞 문맥으로 보충할 수 있으므로 왕자[王子]에게[於]를 생략한 영어의 3형식 절과 같은 어투이다. 其傅爲之請數月之喪에서 기(其)는 왕자지(王子之)를 대신하는 관형사이고, 부(傅)는 청(請)의 주어이며, 위지(爲之)는 청(請)을 꾸미는 목적의 부사구이며, 청(請)은 타동사로 절의 본동사이고, 수월지(數月之)는 상(喪)을 꾸미는 형용사구이며, 상(喪)은 청(請)의 목적어이므로, 其傅爲之請數月之喪은 영어의 3형식 절과 같은 어투로 문맥을 잡는다. 其傅爲之請數月之喪의 부(傅)는 〈스승 사(師)〉와 같고, 위(爲)는 〈도울 조(助)〉와 같으며, 지(之)는 왕자(王子)를 대신하는 지시대명사로 목적격이고, 청(請)은 〈청할 걸(乞)〉과 같고 청원(請願)의 줄임말로 여기며, 수월지상(數月之喪)의 지(之)는 소유격 토씨(~의)이고, 상(喪)은 복상(服喪)의 줄임말로 여기면 문맥이 통한다. 상복을[喪] 입음[服]이란 곧 상례(喪禮)를 치름을 뜻한다.

여기서 왕자(王子)는 제나라 선왕의 아들을 말한다. 그 왕자의 생모는 선왕의 서부인(庶夫人) 즉 첩이었다. 왕자의 생모가 죽자 왕자의 스승이 선왕에게 왕자로 하여금 몇 개월이라도 복상하도록 해달라고 청원했다는 것이다.

임금 왕(王), 아들 자(子), 있을 유(有), 그 기(其), 어미 모(母), 주을 사(死), 일 자(者), 스승 부(傅), 위할 위(爲), 그 지(之), 청할 청(請), 몇 수(數), 달 월(月), ~의 지(之), 복상(服喪) 상(喪)

公孫丑曰(공손추왈) 若此者何如也(약차자하여야)

▶ 공손추가[公孫丑] 이와[此] 같은[若] 것은[者] 어떠한[何如]지[也] 여쭈었다[曰].

공손추왈약차자하여야(公孫丑曰若此者何如也)는 영어의 3형식 문장과 같은 어투이다. 公孫丑曰若此者何如也에서 공손추(公孫丑)는 주어이고, 왈(曰)은 타동사로 본동사이며, 약차자하여야(若此者何如也)는 목적절이다. 물론 公孫丑曰若此者何如也에서 若此者何如也를 독립구문처럼 여기고 문맥을 잡아도 된다. 〈공손추가[公孫丑] 여쭈었다[曰]. "이와[此] 같은[若] 것은[者] 어떠한[何如]지요[也]?〉처럼 새겨 문맥을 잡아도 된다는 말이다. 若此者何如也에서 약차자(若此者)는 주부이고, 하여(何如)는 의문사로 보어이며, 야(也)는 의문절을 결정짓는 〈어조사(~인가) 호(乎)〉와 같다. 若此者何如也의 약(若)은 〈같을 여(如)〉와 같고, 차(此)는 앞에 나온 수월지상(數月之喪)을 가리키는 지시어이고, 자(者)는 약차지사(若此之事)의 지사(之事)를 축약한 것이므로 〈것(일) 자(者)〉로 새기고, 하여(何如)는 여지하(如之何)와 같은 의문사이다. 물론 여지하(如之何)는 하여(何如)보다 의문의 어조를 강하게 하는 의문사이다.

공변될 공(公), 자손 손(孫), 사람이름 추(丑), 말할 왈(曰), 같을 약(若), 이 차(此), 것 자(者), 어떨 하(何), 어떨 여(如), ~인가 야(也)

是欲終之而不可得也(시욕종지이불가득야) 雖加一日愈於已(수가일일유어이)

▶ 이는[是] 삼년상을[之] 마치고[終] 싶지[欲]만도[而] 할 수 없는 것[不可得]이므로[也] 비록[雖] 하루를[一日] 더해도[加] (복상을) 그만두는 것[已]보다[於] 낫다[愈].

시욕종지이불가득야수가일일유어이(是欲終之而不可得也雖加一日愈於已)는 맹자왈(孟子曰)의 목적절이지만 독립구문으로 여기고 문맥을 잡는 것이 편하다. 是欲終之而不可得也雖加一日愈於已와 같은 어투에선 먼저 구문을 결정짓는 〈어조사 야(也)〉를 주목하고, 是欲終之而不可得也雖加一日愈於已를 시욕종지이불가득야(是欲終之而不可得也)와 수가일일유어이(雖加一日愈於已)로 나누어 문맥을 먼저 따로 잡아보는 것이 편하다. 그리고 두 구문이 서로 문장의 관계이면 是欲終之而不可得也雖加一日愈於已를 영어의 중문처럼 여기고 문맥을 잡고, 서로 절의 관계이면 是欲終之而不可得也雖加一日愈於已를 영어의 복문처럼 여기고 문맥을 잡는다. 시욕종지이불가득야(是欲終之而不可得也) 때문에 수가일일유어이(雖加一日愈於已)하다처럼 두 구문을 이어주면 문맥이 통하므로, 是欲終之而不可得也雖加一日愈於已를 영어의 복문처럼 여기고 문맥을 잡을 수 있다. 즉 是欲終之而不可得也를 원인의 종속절로 보고, 雖加一日愈於已를 주절로 보고 是欲終之而不可

得也雖加一日愈於已의 문맥을 잡는다.

원인의 종속절인 시욕종지이불가득야(是欲終之而不可得也)에서 시(是)는 주어이고, 욕(欲)은 타동사로 본동사이며, 종(終)은 영어의 부정사(不定詞)와 같으면서 욕(欲)의 목적어이고, 지(之)는 종(終)의 목적어이다. 〈欲爲A〉꼴에서 위(爲) 대신에 종(終)을 대입해 문맥을 잡으면 쉽다는 말이다. 즉 〈欲爲A〉의 위(爲)는 영어의 hope to do A의 to do와 같으므로, 〈欲終A〉의 종(終)을 욕(欲)의 목적어인 영어의 부정사 to finish로 여기면 문맥을 잡기가 편하다. 是欲終之而不可得也의 욕(欲)은 〈바랄 원(願)〉과 같고, 종(終)은 〈다할 궁(窮)〉과 같으며, 지(之)는 삼년상을 대신하는 지시대명사이고, 이(而)는 역접의 연사이지만 여기선 어조사(~라도)로 새기며, 불가(不可)는 득(得)의 부정사(否定詞) 또는 부정의 조동사로 여기고, 야(也)는 여기선 원인의 종속절을 결정짓는 어조사로 〈~ 때문에 야(也)〉로 새기면 문맥이 통한다. 이처럼 절을 결정짓는 어조사 야(也)는 영어의 종속접속사와 같은 구실을 한다.

주절인 수가일일유어이(雖加一日愈於已)에서 수(雖)는 가일일(加一日)을 꾸미는 부사이고, 가일일(加一日)은 유(愈)의 주부이며, 어이(於已)는 유(愈)를 꾸미는 비교의 부사구이므로 雖加一日愈於已는 영어의 1형식 절과 같은 어투이다. 주부인 加一日의 가(加)는 영어의 동명사나 부정사(不定詞) 같은 구실을 하므로, 가일일(加一日)을 영어의 동명사구나 부정사구로 여기고 비록[雖] 하루라도[一日] 더하는 것은[加]이라고 새기면 유(愈)의 주어로 문맥이 잡힌다. 雖加一日愈於已의 유(愈)는 〈나을 승(勝)〉과 같고, 어(於)는 비교를 나타내는 어조사(~보다)이며, 이(已)는 〈그만둠 지(止)〉와 같다.

죽은 어머니를 추모해 삼년상을 입고 싶어도 입을 수 없으니 하루라도 복상(服喪)하는 것이 더 나은 일이 아니냐고 맹자가 공손추를 찔끔하게 하고 있는 중이다. 왕자는 모두 왕비의 소생으로 치부되니, 생모가 왕비가 아니면 왕자는 제 생모를 위해 복상할 수 없음을 생각해보라 한다.

이 시(是), 바랄 욕(欲), 마칠 종(終), 그 지(之), 그러나 이(而), 아니 불(不), 가할 가(可), 할 득(得), 어조사(~이므로) 야(也), 비록 수(雖), 더할 가(加), 하나 일(一), 날 일(日), 나을 유(愈), ~보다 어(於), 그칠 이(已)

謂夫莫之禁而弗爲者也(위부막지금이불위자야)

▶ (선왕의 경우는) 대저[夫] 삼년상을[之] 금하지 않는[莫禁]데도[而] (삼년상을) 치르지 않는[弗爲] 것을[者] 일컫는 것[謂]이다[也].

위부막지금이불위자야(謂夫莫之禁而弗爲者也) 역시 맹자왈(孟子曰)의 목적절이지만 독립구문으로 여기고 문맥을 잡는 편이 편하다. 謂夫莫之禁而弗爲者也는 前者謂夫莫之禁而弗爲者也에서 앞 문맥으로 보충할 수 있으므로 주어인 전자(前者)를 생략한 어투로, 술부만 남았지만 〈AB也〉꼴로 영어의 2형식 문장과 같다. 謂夫莫之禁而弗爲者也에서 위(謂)는 영어의 동명사나 부정사(不定詞) 같은 구실을 하는 보어이고, 부막지금이불위자(夫莫之禁而弗爲者)는 위(謂)의 목적구이며, 야(也)는 구문을 결정짓는 어조사(~이다)이다.

위(謂)의 목적구인 夫莫之禁而弗爲者也에서 부(夫)는 어조를 더하는 부사이고, 막(莫)은 금(禁)의 부정사(否定詞)이며, 지(之)는 금(禁)의 목적어이고, 금(禁)은 자(者)를 꾸미는 형용사 또는 분사이고, 이(而)는 금(禁)과 위(爲)를 이어주는 역접의 연사이며, 불(弗)은 위(爲)의 부정사(否定詞)이고, 위(爲) 역시 자(者)를 꾸미는 형용사 또는 분사이므로, 夫莫之禁而弗爲者에서 부막지금이불위(夫莫之禁而弗爲)가 자(者)를 꾸미는 형용사구 내지 분사구라고 여기면 대저[夫] 그것을[之] 금하지 않는[莫禁]데도[而] 하지 않는[弗爲] 것을[者]로 새겨 문맥을 잡는다.

왕자의 경우는 삼년상을 하고 싶어도 못하고, 선왕의 경우는 삼년상을 할 수 있어도 하기 싫어 안 하는 경우를 들어서 효제(孝悌)를 극명하게 밝히고 있다. 삼년복상(三年服喪)이란 돌아가신 어버이를 공경하는 마음이 행동으로 이어진 인간의 도리임을 맹자가 밝히고 있다.

일컬을 위(謂), 대저 부(夫), 아닐 막(莫), 그 지(之), 금할 금(禁), 그러나 이(而), 아니 불(弗), 할 위(爲), 것 자(者), ~이다 야(也)

제40장

40장은 맹자가 군자지교(君子之敎)를 다섯 가지로 밝히고 있는 장이다. 군자는 가르치는 치도(治道)는 시우(時雨)로 비유되어 있고, 군자가 가르치는 수기(修己)는 성덕(成德)으로 드러나 있으며, 군자가 가르치는 자기 개발은 달재(達財)로 드러나 있고, 사리를 밝혀 깨우치게 하는 가르침은 문답(問答)으로 드러나 있으며, 항구적인 군자의 가르침은 사숙예(私淑艾)로 드러나 있는 장이다.

【문지(聞之)】

군자지소이교자오(君子之所以敎者五)

【원문(原文)】

孟子曰 君子之所以敎者五니 有如時雨化之者하고 有成德者하며 有達財者하고 有答問者하며 有私淑艾者하니 此五者는 君子之所以敎也이다
맹자왈 군자지소이교자오 유여시우화지자 유성덕자 유달재자 유답문자 유사숙예자 차오자 군자지소이교야

【해독(解讀)】

맹자가 말했다[孟子曰]. "군자가 활용하여 가르치는 바의 것은 다섯 가지다[君子之所以敎者五]. (군자에겐) 때맞은 비가 초목을 키워주는 것과 같은 것이 있고[有如時雨化之者], 덕을 이루게 하는 가르침이 있으며[有成德者], (군자에겐) 저마다의 재능을 이루게 하는 가르침이 있고[有達財者], (군자에겐) 서로 답하기도 하고 서로 묻기도 하는 가르침이 있으며[有問答者], (군자에겐) 홀로 사모하면서 (덕을) 닦게 하는 가르침이 있다[有私淑艾者]. 이 다섯 가지 가르침은[此五者] 군자가 활용하여 가르치는 바의 것이다[君子之所以敎也]."

【담소(談笑)】

君子之所以教者五(군자지소이교자오)

▶ 군자[君子]가[之] 써[以] 가르치는[教] 바의[所] 것은[者] 다섯 가지다[五].

군자지소이교자오(君子之所以教者五)는 영어의 2형식 문장과 같은 어투이다. 君子之所以教者五에서 군자지소이교자(君子之所以教者)는 주부이고, 오(五)는 보어이다. 주부인 君子之所以教者는 所君子以教者에서 군자(君子)를 소(所) 앞으로 전치하면서 허사 지(之)를 더한 것이므로, 군자지(君子之)의 지(之)를 주격 토씨(~가)로 여기고 문맥을 잡는다. 특히 君子之所以教者는 〈A之所爲B者〉꼴을 기억하면 쉽게 문맥이 잡힌다. 〈A가[之] B를 하는[爲] 바의[所] 것[者]〉 〈A之所爲B者〉의 소(所)가 자(者)의 동격임을 알면 君子之所以教者의 문맥은 쉽게 잡힌다. 물론 君子之所以教者는 君子之所以 而君子之所教者에서 반복되는 내용을 생략하고 하나로 묶은 것을 알면 君子之所以教者의 이(以)를 쉽게 새길 수 있다. 군자[君子]가[之] 활용하는[以] 바이고[所] 그리고[而] 군자[君子]가[之] 가르치는[教] 바의[所] 것[者]. 君子之所以教者의 이(以)는 〈쓸 용(用)〉과 같고, 교(教)는 〈가르칠 회(誨)〉와 같다.

클 군(君), 존칭 자(子), ~가 지(之), 바 소(所), 써 이(以), 가르칠 교(教), 것 자(者), 다섯 오(五)

有如時雨化之者(유여시우화지자)

▶ (군자에겐) 때맞은[時] 비가[雨] 초목을[之] 키워준다[化]는[之] 것과[者] 같은 것이[如] 있다[有].

유여시우화지자(有如時雨化之者)는 〈있을 유(有)〉의 〈A有B〉꼴로 영어의 1형식 문장과 같은 어투이다. 〈A에 B(如時雨化之者)가 있다[有]〉 자동사 〈있을 유(有)〉이면 뒤의 B가 주어이고, 영어의 1형식 문장과 같은 어투이다. 그러나 타동사 〈가질 유(有)〉이면 앞의 A가 주어이고, 영어의 3형식 문장과 같은 어투이다. 有如時雨化之者는 君子有如時雨化之者에서 앞 문맥으로 보충할 수 있으므로 유(有)를 꾸미는 부사 군자(君子)를 생략한 어투로 유(有)는 자동사로 본동사이고, 여(如)는 유(有)의 주어이며, 시우화지자(時雨化之者)의 시우화지(時雨化之)는 자(者)를 꾸미는 형용사이고, 자(者)는 여(如)의 보어로 여기면 전체 문맥이 잡힌다. 時雨化之者에서 시우(時雨)는 화(化)의 의미상 주어이고, 화(化)는 영어의 동명사와 같은 구실을 하고, 지(之)는 시우화(時雨化)로 하여금 자(者)를 꾸미게 하므로, 有如時雨化之者의 구문 골격은 유여자(有如者)이다. 것과[者] 같은 것이[如] 있다[有].

특히 시우화지자(時雨化之者)와 같은 어투는 한문투에 매우 자주 등장하므로 〈A之B〉꼴로 기억해두면 편하다. 〈A之B〉 어투가 혼란스러운 것은 경우에 따라 A가 B를 꾸미기도 하고, 반대로 B가 A를 꾸미는 경우가 있기 때문이다. 물론 A가 B를 꾸미는 경우가 대부분이다. 이러한 〈A之B〉꼴을 아래처럼 정리해두면 한문투의 문맥을 잡는 데 편하다. 〈A가[之] B = 주격 토씨, A의[之] B = 소유격 토씨, A를[之] B = 목적격 토씨, A한[之] B = A를 형용사로 만든다, B한[之] A = B를 형용사로 만든다〉 물론 〈A之B〉에서 지(之)는 문맥에 따라 자유롭게 토씨[格] 구실을 한다. 그리고 지시대명사로도 자주 쓰이고, 〈갈 거(去)〉와 〈이를 지(至)〉와 같은 뜻으로 동사 구실도 한다.

유여시우화지자(有如時雨化之者)의 유(有)는 〈있을 재(在)〉와 같고, 여(如)는 〈같을 사(似)〉와 같고 명사이며, 시우(時雨)는 때 맞게 내리는[時] 비[雨]를 뜻하고, 화(化)는 〈자라게 할 육(育)〉과 같고 화육(化育)의 줄임말로 여기며, 지(之)는 유여시우화(有如時雨化)로 하여금 자(者)를 꾸미게 하고, 자(者)는 〈것 자(者)〉이다.

군자의 가르침[教]을 시우(時雨)로 비유하고 있다. 때 맞게 내리는 비라야 초목이 한결같이 화육(化育)된다. 군자의 가르침은 무슨 지식을 전수하지 않는다. 인간으로 하여금 삼도(三道)를 두루 갖추게 하여 무엇보다 먼저 위인(爲人)의 가르침이다. 사람이[人] 되라[爲].

> 있을 유(有), 같은 것 여(如), 때 시(時), 비 우(雨), 될 화(化), 그것들 지(之), 것(가르침) 자(者)

有成德者(유성덕자)

▶ **(군자에겐) 덕을[德] 이루게 하는[成] 가르침이[者] 있다[有].**

유성덕자(有成德者)는 〈있을 유(有)〉의 〈A有B〉꼴로 영어의 1형식 문장과 같은 어투이다. 〈A에 B(成德者)가 있다[有]〉 有成德者는 有成德之教에서 지교(之教)를 자(者)로 축약한 어투이므로 〈것 자(者)〉를 〈가르침 자(者)〉로 새기는 것이 문의가 더 잘 드러난다. 有成德者에서 유(有)는 자동사로 본동사이고, 성덕(成德)은 자(者)를 꾸미는 형용사이며, 자(者)는 유(有)의 주어이다. 有成德者에서 성덕(成德)의 성(成)은 〈이룰 성(成)〉이 아니라 〈이루게 하는 성(成)〉으로 새기면 문맥이 통한다. 말하자면 有成德者는 君子有君子之使人成德者로 여기고 문맥을 잡아야 전체 문맥이 통한다. 군자에겐[君子] 군자[君子]가[之] 사람들로[人] 하여금[使] 덕을[德] 이루게 하는[成] 가르침이[者] 있다[有].

위기(爲己)·위인(爲人)은 성덕으로써 공자가 밝힌 인능홍도(人能弘道)의 홍도(弘道)를 이룩해갈 수 있다. 성덕은 성선(成善)이며 이는 곧 덕성(德性)이므로 천지인(天地人)을 하나 되게 하는 군자의 가르침이 곧 성덕지교(成德之敎)이다.

있을 유(有), 이룰 성(成), 큰 덕(德), 것 자(者)

有達財者(유달재자)

▶ (군자에겐) 저마다의 재능을[財] 이루게 하는[達] 가르침이[者] 있다[有].

유달재자(有達財者) 역시 〈있을 유(有)〉의 〈A有B〉꼴로 영어의 1형식 문장과 같은 어투이다. 〈A에 B(達財者)가 있다[有]〉 有達財者는 有達財之敎에서 지교(之敎)를 자(者)로 축약한 어투이므로 〈것 자(者)〉를 〈가르침 자(者)〉로 새기는 것이 문의가 더 잘 드러난다. 有達財者에서 유(有)는 자동사로 본동사이고, 달재(達財)는 자(者)를 꾸미는 형용사이며, 자(者)는 유(有)의 주어이다. 有達財者에서 달재(達財)의 달(達)은 〈이룰 달(達)〉이 아니라 〈이루게 하는 달(達)〉로 새기면 문맥이 통한다. 말하자면 有達財者는 君子有君子之使人達財者로 여기고 문맥을 잡아야 전체 문맥이 통한다. 군자에겐[君子] 군자[君子]가[之] 사람들로[人] 하여금[使] 저마다의 재능을[財] 이루게 하는[達] 가르침이[者] 있다[有]. 有達財者의 달(達)은 〈이루게 할 성(成)〉과 같고, 재(財)는 〈재목 재(材)〉와 같고 여기선 재물이 아니라 재능을 뜻한다.

성덕의 덕(德)은 사람됨의 벼리이므로 누구나 한결같은 가르침을 받아야 하는 근본이지만, 사람마다 간직하고 있는 재능은 저마다 다르기 때문에 저마다의 재능을 찾아내 발달시키게 하는 가르침[敎]이 곧 군자의 달재지교(達財之敎)이다. 달재[達財]의[之] 재[財].

있을 유(有), 이루게 할 달(達), 재능 재(財), 것 자(者)

有答問者(유답문자)

▶ (군자에겐) 서로 답하기도 하고[答] 서로 묻기도 하는[問] 가르침이[者] 있다[有]

유답문자(有答問者) 또한 〈있을 유(有)〉의 〈A有B〉꼴로 영어의 1형식 문장과 같은 어투이다. A에 B(答問者)가 있다(有). 有答問者는 有答問之敎에서 지교(之敎)를 자(者)로 축약한 어투이므로 〈것 자(者)〉를 〈가르침 자(者)〉로 새기는 것이 문의가 더 잘 드러난다. 有答問者에서 유(有)는 자동사로 본동사이고, 답문(答問)은 자(者)를 꾸미는 형용사이며, 자(者)는 유(有)의 주어이다. 有答問者에서 답문(答問)은 어떤 사안을 두고 대화로써 사리를 일깨워주는 가르침이고, 그것이 곧 군자의 문답지교(問答之敎)이다.

어맹수사문답(語孟隨事問答)이라고 주자(朱子)가 말했듯이, 『논어(論語)』와 『맹자(孟子)』는 주로 일[事] 따라서[隨] 묻고[問] 답한다[答]. 『대학(大學)』과 『중용(中庸)』같이 요령(要領)이 정연하게 드러나지 않고 사안 따라 정도(正道)를 찾아내게 하는 대화로써 사람을 일깨워준다. 군자의 이러한 가르침[敎], 즉 본받게 하는 가르침[斅]에만 머물지 않고 스스로 터득하게 하는 가르침[覺]으로 이끌어주는 가르침[敎]이 곧 군자의 문답지교(問答之敎)이다.

있을 유(有), 답해줄 답(答), 물어볼 문(問), 것 자(者)

有私淑艾者(유사숙예자)

▶ (군자에겐) 남몰래[私] 좋아하면서[淑] (남몰래 덕을) 닦게 하는[艾] 가르침이[者] 있다[有].

유사숙예자(有私淑艾者) 역시 〈있을 유(有)〉의 〈A有B〉꼴로 영어의 1형식 문장과 같은 어투이다. 〈A에 B(成德者)가 있다[有]〉 有私淑艾者는 君子有私淑者 而君子有私艾者에서 되풀이되는 내용 즉 군자(君子)와, 사숙자(私淑者)의 자(者)와, 사예자(私艾者)의 예(艾)를 생략한 것을 알면 전체 문맥은 쉽게 잡힌다. 〈군자에겐[君子] 남몰래[私] 좋아하게 하는[淑] 가르침이[者] 있다[有]. 그리고[而] 군자에겐[君子] 남몰래[私] 닦게 하는[艾] 가르침이[者] 있다

[有]〉를, 남몰래[私] 좋아하게 하면서[淑] 닦게 하는[艾] 가르침이[者] 있다[有]로 줄여놓은 것이다.

유사숙예자(有私淑艾者)는 有私淑艾之敎에서 지교(之敎)를 자(者)로 축약한 어투이므로 〈것 자(者)〉를 〈가르침 자(者)〉로 새기는 것이 문의가 더 잘 드러난다. 有私淑艾者에서 유(有)는 자동사로 본동사이고, 사숙예(私淑艾)는 자(者)를 꾸미는 형용사이며, 자(者)는 유(有)의 주어이다. 有私淑艾者에서 私淑艾의 사(私)는 숙예(淑艾)를 꾸미는 부사이고, 숙(淑)은 〈사모할 숙(淑)〉이 아니라 〈사모하게 하는 숙(淑)〉으로 새기고, 〈닦을 예(艾)〉가 아니라 〈닦게 하는 예(艾)〉로 새기면 문맥이 통한다. 말하자면, 有私淑艾者는 君子有君子之使人私淑艾者로 여기고 문맥을 잡아야 전체 문맥이 통한다. 군자에겐[君子] 군자[君子]가[之] 사람들로[人] 하여금[使] 홀로[私] 사모하게 하면서[淑] 닦게 하는[艾] 가르침이[者] 있다[有]. 有私淑艾者의 유(有)는 〈있을 재(在)〉와 같고, 사(私)는 여기선 〈남몰래 절(竊)〉과 같으며, 숙(淑)은 〈좋아할 선(善)〉과 같고, 예(艾)는 〈닦게 할 치(治)〉와 같고, 자(者)는 여기선 〈가르침 자(者)〉로 새기면 문맥이 통하고 문의가 더 분명히 드러난다.

맹자는 「이루장구(離婁章句) 하(下)」 22장에서 "여사숙제인야(予私淑諸人也)"라고 술회(述懷)하고 있다. 나는[予] 공자의 문도(門徒)인 사람들을[人] 통해서 공자를[諸] 남몰래[私] 좋아한 것[淑]이다[也]. 공자는 이미 죽은지 오래지만 그 성인의 가르침을 흠모하여 따라 배우고 터득해감을 일러 사숙(私淑)이라고 한 셈이다. 여기 사숙예(私淑艾)의 사숙(私淑) 역시 그와 같은 뜻으로 여긴다. 군자의 가르침은 한시적인 것이 아니라 항구적인 것이므로 사숙의 대상이 되고, 그 가르침으로 남몰래 자신을 닦을 수 있는 가르침[艾]을 받게 된다.

> 있을 유(有), 남몰래 사(私), 좋아할 숙(淑), 다스리게 하는 예(艾), 것 자(者)

此五者君子之所以敎也(차오자군자지소이교야)

▶ 이[此] 다섯 가지[五] 가르침은[者] 군자[君子]가[之] 활용하여[以] 가르치는[敎] 바의 것[所]이다[也].

차오자군자지소이교야(此五者君子之所以敎也)는 〈AB也〉꼴로 영어의 2형식 문장과 같은 어투이다. 此五者君子之所以敎也에서 차오자(此五者)는 주부이고, 군자지소이교(君子之所以教)는 술부이며, 야(也)는 구문을 결정짓는 어조사(~이다)이다. 술부인 君子之所以教는 所君子以教에서 군자(君子)를 소(所) 앞으로 전치하면서 허사 지(之)를 더한 어투이므로, 군자지(君子之)의 지(之)를 주격 토씨(~가)로 여기고 문맥을 잡는다.

차오자군자지소이교야(此五者君子之所以教也)는 此五者君子之所以也而此五者君子之所教也에서 반복되는 내용, 즉 차오자(此五者)와 군자지소(君子之所)와 야(也)를 생략하고 하나로 묶은 것을 알면 君子之所以教也의 이(以)를 쉽게 새길 수 있다. 다시 말해 〈군자[君子]가[之] 활용하는[以] 바[所]이다[也]. 그리고[而] 군자[君子]가[之] 가르치는[教] 바[所]이다[也]〉를, 이[此] 다섯 가지[五] 가르침은[者] 군자[君子]가[之] 활용하여[以] 가르치는[教] 바의 것[所]이다[也]로 줄여 합쳐놓은 것이다. 此五者君子之所以教也의 이(以)는 〈쓸 용(用)〉과 같고, 교(教)는 〈가르칠 회(誨)〉와 같다.

이 차(此), 다섯 오(五), 것 자(者), 클 군(君), 존칭 자(子), ~가 지(之), 바 소(所), 써 이(以), 가르칠 교(教), ~이다 야(也)

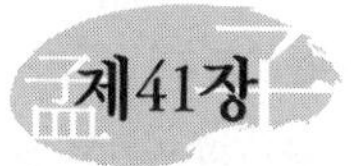

제41장

41장은 맹자가 앞 장에서 밝힌 군자지교(君子之教)가 군자지도(君子之道)와 어떤 관계인지를 밝히고 있는 장이다. 이 장은 『중용(中庸)』 4편 1장에 나오는 "성자(誠者)는 천지도야(天之道也)이고 성지자(誠之者)는 인지도야(人之道也)이다. 성자(誠者)는 불면이중(不勉而中)하고 불사이득(不思而得)하여 종용중도(從容中道)한다"는 말씀을 상기하면, 맹자가 밝힌 약여(躍如)와 중도(中道)와 종지(從之)를 헤아릴 수 있게 하는 장이다. 정성이란[誠] 것은[者] 하늘[天]의[之] 도[道]이며[也], 정성됨이란[誠之] 것은[者]은 사람[人]의[之] 도[道]이다[也]. 정성된[誠] 사람은[者] 힘들이지 않고[不勉]서도[而] 적중하고[中], 생각하지 않고[不思]서도[而] 도에[道] 적중하며[中], 그냥 절로[從容] 도에[道] 알맞다[中].

【문지(聞之)】

대장불위졸공개폐승묵(大匠不爲拙工改廢繩墨)

【원문(原文)】

公孫丑曰 道則高矣美矣나 宜若登天然이라 似不可及也이니 何不使彼로 爲可幾及而日孶孶也이고 孟子曰 大匠이 不爲拙工하여 改廢繩墨하고 羿不爲拙射하여 變其彀率이니라 君子引而不發하여 躍如也하여 中道而立이어든 能者從之니라

공손추왈 도즉고의미의 의약등천연 사불가급야 하불사피 위가기급이일자자야 맹자왈 대장 불위졸공 개폐승묵 예불위졸사 변기구률 군자인이불발 약여야 중도이립 능자종지

【해독(解讀)】

공손추가[公孫丑] 여쭈었다[曰]. "도는 곧 높은 것이고 아름다운 것이나[道則高矣美矣] 의당 하늘을 오르는 것같이 그래서[宜若登天然] (도는) 이를 수 없는 것과 같은 것입니다[不可及也]. 왜 (선생님께서) 저들로 하여금 가까이 이를 수 있도록 다듬어서 날마다 열심히 (도에) 이르게 하지 않는 것입니까[何不使彼爲可幾及而日孶孶也]?" 맹자가 말했다[孟子曰]. "큰 목수는 서툰 목수를 생각해주려고 먹줄이나 먹을 바꾸지도 않고 버리지 않으며[大匠不爲拙工改廢繩墨], 명궁인 예는 서툰 사수를 생각해주려고 자기의 활 당기는 법도를 바꾸지 않는다[羿不爲拙射變其彀率]. 군자는 (활을) 당기지만 그러나 (화살을) 날리지 않고[君子引而不發] (활쏘기를 보여주는) 생생한 모습이며[躍如也], (군자는) 정도를 맞추고 그리고 (그 도를) 확립한다[中道而立]. (정도를 맞추고 확립하기를) 할 수 있는 사람은 그 도를 좇는다[能者從之]."

【담소(談笑)】

公孫丑曰(공손추왈) 道則高矣美矣(도즉고의미의) 宜若登天然(의약등천연) 似不可及也(사불가급야)

▶ **공손추가[公孫丑] 도는[道] 곧[則] 높은 것[高]이고[矣] 아름다운 것[美]이나[矣] 의당[宜] 하늘을[天] 오르는 것[登]같이[若] 그래서[然] (도는) 이를 수 없는 것과[不可及] 같은 것[似]이라고[也] 여쭈었다[曰].**

공손추왈도즉고의미의의약등천연사불가급야(公孫丑曰道則高矣美矣宜若登天然似不可及也)는 公孫丑曰道則高矣 而公孫丑曰道則美矣 而公孫丑曰道則宜若登天然 而公孫丑曰道則似不可及也에서 문맥으로 보충할 수 있고 되

풀이되는 내용이므로 이공손추왈도즉(而公孫丑曰道則)을 생략한 어투로, 네 구문으로 이루어진 중문을 영어의 3형식 문장처럼 묶어놓은 것이다. 公孫丑曰道則高矣美矣宜若登天然似不可及也에서 공손추(公孫丑)는 주어이고, 왈(曰)은 타동사로 본동사이며, 도즉고의미의의약등천연사불가급야(道則高矣美矣宜若登天然似不可及也)는 왈(曰)의 목적절이다. 그러나 왈(曰)의 목적절인 道則高矣美矣宜若登天然似不可及也를 독립시켜서 문맥을 잡는 편이 전체 문맥을 잡기 편하다. 말하자면 道則高矣美矣와 宜若登天然과 似不可及也를 나누어서 문맥을 잡은 다음, 서로의 관계를 찾아 이어주면 道則高矣美矣宜若登天然似不可及也의 문맥이 잡힌다는 것이다. 도즉고의미의(道則高矣美矣)이지만 의약등천연(宜若登天然)이므로 사불가급야(似不可及也)이다로 토를 달아보면 문맥이 잡힌다. 그러므로 公孫丑曰道則高矣美矣宜若登天然似不可及也에서 道則高矣美矣는 양보의 종속절이고, 宜若登天然은 원인의 종속절이며, 似不可及也가 公孫丑曰의 목적절인 것을 알면, 公孫丑曰道則高矣美矣宜若登天然似不可及也의 전체 문맥이 잡힌다. 그러므로 公孫丑曰道則高矣美矣宜若登天然似不可及也의 구문 골격은 공손추왈도즉사불가급야(公孫丑曰道則似不可及也)라고 볼 수 있다. 공손추가[公孫丑] 도는[道] 곧[則] 이를 수 없는 것[不可及]이라고[也] 여쭈었다[曰]. 이런 골격 안에 양보의 종속절인 道則高矣美矣와 원인의 종속절인 (道則) 宜若登天然이 끼어 있는 셈이다.

양보의 종속절인 도즉고의미의(道則高矣美矣)에서 도(道)는 주어이고, 즉(則)은 어조사(곧)이며, 고(高)와 미(美)는 보이이고, 의(矣)는 양보설을 결정짓는 어조사(~이지만)이다. 道則高矣美矣의 도(道)는 군자의 도[君子之道]의 줄임말로 여기고 새기면 문맥이 통한다.

원인의 종속절인 의약등천연(宜若登天然)은 道則宜若登天然에서 되풀이되므로 도즉(道則)을 생략한 어투이고, 의(宜)는 연(然)을 꾸미는 부사이며, 약등천(若登天)은 연(然)을 꾸미는 부사구이고, 연(然)은 〈그런 모습 연(然)〉으로 보어이므로, (도는 곧) 하늘을[天] 오르는 것[登] 같이[若] 그런 모습이기 때문에[然]로 새기면 전체 문맥이 통한다. 〈若A然〉꼴은 자주 등장하므로 기억해두면 편하다. 〈A를 하는 것 같이[若] 그러하다[然]〉 〈若A然〉꼴은 영어의 so like doing A와 견주어보면 〈같을 약(若)〉을 알아채기 쉽다. A

를 하는 것(doing) 같이(like) 그렇다(so). 宜若登天然의 의(宜)는 〈마땅히 당(當)〉과 같고 의당(宜當)의 줄임말로 여기고, 약(若)은 〈같이 여(如)〉와 같고, 등(登)은 〈오를 승(昇)〉과 같고, 연(然)은 여시(如是)와 같다.

공손추왈(公孫丑曰)의 목적절인 사불가급야(似不可及也)는 道則似不可及也에서 도즉(道則)을 생략한 어투로, 영어의 2형식 절과 같다. (도는 곧) 이르기 불가한 것[不可及] 같은 것[似]이다[也]를, (도는 곧) 이르기 불가한 것[不可及] 같은 것[似]임을[也]로 새기면 왈(曰)의 목적절로 문맥을 이어준다는 말이다. 似不可及也에는 사(似)의 주어가 없으므로 영어의 절처럼 새길 수 없지만, 구문이나 절을 결정짓는 〈~이다 야(也)〉를 생각하면 사(似)의 주어가 생략되었다고 보고 문맥을 잡으면 어긋나지 않게 문맥의 문의를 건질 수 있다. 그러므로 似不可及也에서 사(似)는 자동사로 절의 본동사이고, 불가급(不可及)은 보어로 여기고 문맥을 잡는다. 似不可及也의 사(似)는 〈같을 유(猶), 약(若)〉 등과 같고, 급(及)은 여기선 〈이를 지(至)〉와 같으며 영어의 동명사 또는 부정사(不定詞) 같은 구실을 한다.

> 공변될 공(公), 자손 손(孫), 사람이름 추(丑), 말할 왈(曰), 도리 도(道), 곧 즉(則), 높은 것 고(高), 어조사(~이고) 의(矣), 아름다움 미(美), 의당 의(宜), 같을 약(若), 오를 등(登), 그럴 연(然), 같을 사(似), 아니 불(不), 가할 가(可), 이를 급(及), ~이다 야(也)

何不使彼爲可幾及(하불사피위가기급) 而日孳孳也(이일자자야)

▶ 왜[何] (선생님께서) 저들로[彼] 하여금 가까이[幾] 이를 수 있도록[可及] 다듬어[爲]서[而] 날마다[日] 열심히[孳孳] (도에) 이르게 하지 않는 것[不使]입니까[也]?

하불사피위가기급이일자자야(何不使彼爲可幾及而日孳孳也)는 공손추왈(公孫丑曰)의 목적절이지만 독립구문으로 보고 문맥을 잡아도 된다. 何不使彼爲可幾及而日孳孳也는 주어가 생략된 〈(A)B也〉꼴로, 영어의 2형식 의문문과 같은 어투이다. 말하자면 何不使彼爲可幾及而日孳孳也는 〈하(何)~호(乎)〉와 같은 〈하(何)~야(也)〉꼴의 의문문이다. 何不使彼爲可幾及而日孳孳也는 何夫子不使彼爲可幾及道也 而何夫子使彼爲日孳孳及道也에서 문맥으로 보충할 수 있으므로 주어인 부자(夫子)와, 급도(及道)의 도(道), 그리고 되풀이되는 하(何)와 야(也), 그리고 사피위(使彼爲)를 생략하여 술부만으로 이루어진 어투이다. 한문투의 문맥을 잡으려면 늘 어떤 내용이 생략되었는지 살핀 다음 생략된 내용을 보충해주면 문맥을 잡기 쉽다. 〈왜[何] 선생님께서는[夫子] 저들로[彼] 하여금 가까이[可幾] 도에[道] 이르도록[及] 하게 하지[爲] 않는 것[不使]입니까[也]? 그리고[而] 왜[何] 선생님께서는[夫子] 저들로[彼] 하여금 날마다[日] 열심히[孳孳] 도에[道] 이르게 하지[及] 않는 것[不使]입니까[也]?〉를, 왜[何] (선생님께서) 저들로[彼] 하여금 가까이[可幾] 이르도록[及] 하게 해[爲]서[而] 날마다[日] 열심히[孳孳] 이르게 하지 않는 것[不使]입니까[也]?로 간명하게 줄인 어투임을 알면, 何不使彼爲可幾及而日孳孳也의 문맥을 잡아 걸맞은 문의를 쉽게 건질 수 있다.

하불사피위가기급(何不使彼爲可幾及)에서 하(何)는 사(使)를 꾸미는 의문부사이고, 불(不)은 사(使)의 부정사(否定詞)이며, 사(使)는 영어의 부정사(不定詞) 같으면서 사역동사로 보어이고, 피(彼)는 사(使)의 목적어이며, 위(爲)는 영어에서 to 없는 부정사(不定詞)와 같은 목적격 보어이고, 가기(可幾)는 급(及)을 꾸미는 부사이며, 급(及)은 위(爲)의 목적어이다. 그리고 이일자자야(而日孳孳也)에서 이(而)는 연접의 연사인 〈그리고 이(而)〉이고, 일(日)은 시간의 부사이며, 자자(孳孳) 역시 생략된 급(及)을 꾸미는 부사구이고, 야(也)는 〈하(何)~야(也)〉의 야(也)이므로 〈~인가 호(乎)〉와 같고 의문문을 결정짓는 어조사(~인가)이다. 何不使彼爲可幾及의 사(使)는 〈하여금 령(令)〉과 같고, 피(彼)는 3인칭 호칭으로 여기서는 복수로 새겨야 문맥이 통하며, 위(爲)는 〈만들 조(造)〉와 같고, 가(可)는 〈잘할 능(能)〉과 같으며, 기(幾)는 〈거의 상(尙)〉과 같고, 급(及)은 〈이를 지(至)〉와 같다. 而日孳孳也의 일(日)은 일일(日日)의 줄임말로 날마다[日]의 뜻이고, 자(孳)는 〈부지런할 급(汲), 자(孜)〉 등과 같고 자자(孳孳)·급급(汲汲)·자자(孜孜) 등은 부지런히로 새긴다.

어찌(왜) 하(何), 아니 불(不), 하여금 사(使), 저 사람들 피(彼), 할 위(爲), 가할 가(可), 거의 기(幾), 이를 급(及), 그래서 이(而), 날 일(日), 부지런히 자(孳), ~인가 야(也)

大匠不爲拙工改廢繩墨(대장불위졸공개폐승묵)

▶ 큰[大] 목수는[匠] 서툰[拙] 목수를[工] 생각해주려고[爲] 먹줄이나[繩] 먹을[墨] 바꾸지도 않고[不改] 버리지 않는다[不廢].

대장불위졸공개폐승묵(大匠不爲拙工改廢繩墨)은 맹자왈(孟子曰)의 목적절이지만 독립구문으로 보고 문맥을 잡아도 된다. 大匠不爲拙工改廢繩墨은 영어의 3형식 문장과 같은 어투이다. 大匠不爲拙工改廢繩墨에서 대장(大匠)은 주어이고, 불(不)은 개(改)와 폐(廢)의 부정사(否定詞)이며 위졸공(爲拙工)은 개(改)와 폐(廢)를 꾸미는 목적의 부사구이고, 개(改)와 폐(廢)는 타동사로 구문의 본동사이며, 승묵(繩墨)은 개(改)와 폐(廢)의 목적어이다. 특히 위졸공(爲拙工)의 위(爲)는 영어의 부정사(不定詞)와 같은 구실을 하는 목적의 부사구이다. 위졸공(爲拙工)을 영어의 in order to do A처럼 여기면 위(爲)를 이해하기 쉽다. 위졸공(爲拙工)의 위(爲)가 in order to do의 to do와 같다는 말이다. 물론 大匠不爲拙工改廢繩墨은 大匠不爲拙工改繩墨 而大匠不爲拙工廢繩墨에서 되풀이되는 대장불위졸공(大匠不爲拙工)과 승묵(繩墨)을 생략한 어투이다.

대장불위졸공개폐승묵(大匠不爲拙工改廢繩墨)의 대장(大匠)은 대장인(大匠人)의 줄임말로 여기고, 위(爲)는 〈생각할 사(思)〉와 같으며, 졸공(拙工)은 졸공인(拙工人)의 줄임말로 여기고, 졸(拙)은 재주가 없다는 불교(不巧)의 뜻이며, 개(改)는 〈바꿀 역(易)〉과 같고 개역(改易)의 줄임말로 여기고, 폐(廢)는 〈버릴 기(棄)〉와 같고 폐기(廢棄)의 줄임말로 여긴다.

큰 대(大), 목수 장(匠), 아니 불(不), 생각할 위(爲), 서툴 졸(拙), 기술 공(工), 고칠 개(改), 버릴 폐(廢), 먹줄 승(繩), 먹 묵(墨)

羿不爲拙射變其彀率(예불위졸사변기구률)

▶ 명궁인 예는[羿] 서툰[拙] 사수를[射] 생각해주려고[爲] 자기의[其] 활 당기는[彀] 법도를[率] 바꾸지 않는다[不變].

예불위졸사변기구률(羿不爲拙射變其彀率)은 맹자왈(孟子曰)의 목적절이지만 독립구문으로 보고 문맥을 잡아도 된다. 羿不爲拙射變其彀率은 영어의 3형식 문장과 같은 어투이다. 羿不爲拙射變其彀率에서 예(羿)는 주어이고, 불(不)은 변(變)의 부정사(否定詞)이며, 위졸사(爲拙射)는 변(變)을 꾸미는 목적의 부사구이고, 변(變)은 타동사로 구문의 본동사이며, 기(其)는 예지(羿之)를 대신하는 관형사이고, 구률(彀率)은 변(變)의 목적어이다. 특히 위졸공(爲拙工)의 위(爲)는 영어의 부정사(不定詞)와 같은 구실을 하는 목적의 부사구이다. 羿不爲拙射變其彀率의 예(羿)는 하(夏)나라 때의 제후로 명궁의 화신이고, 위(爲)는 〈생각할 사(思)〉와 같으며, 졸사(拙射)는 졸사수(拙射手)의 줄임말로 여기고, 졸(拙)은 재주 없다는 불교((不巧)의 뜻이며, 변(變)은 〈바꿀 역(易)〉과 같고 변역(變易)의 줄임말로 여긴다.

사람이름 예(羿), 아니 불(不), 생각할 위(爲), 서툴 졸(拙), 사수 사(射), 바꿀 변(變), 그 기(其), 당길 구(彀), 법도 율(率)

君子引而不發(군자인이불발)

▶ 군자는[君子] 활을 당기지만[引] 그러나[而] (화살을) 날리지 않는다[不發].

군자인이불발(君子引而不發) 역시 맹자왈(孟子曰)의 목적절이지만 독립구문으로 보고 문맥을 잡아도 된다. 君子引而不發은 君子引弓 而君子不發矢에서 앞 문맥으로 보충할 수 있으므로 〈활 궁(弓)〉과 〈화살 시(矢)〉를 생략하고 되풀이되는 군자(君子)를 생략한 어투로, 영어의 3형식 두 문장으로 된 중문과 같다. 君子引而不發에서 군자(君子)는 주어이고, 인(引)은 목적어가 없지만 타동사로 본동사이며, 이(而)는 역접의 연사인 〈그러나 이(而)〉이고, 불(不)은 발(發)의 부정사(否定詞)이며, 발(發) 역시 목적어가 없지만 타동사로 본동사이다. 君子引而不發의 인(引)은 〈활을 당길 인(引)〉으로 개궁(開弓)과 같은 뜻이고, 발(發)은 〈쏠 사(射)〉와 같고 발사(發射)의 줄임말로 여긴다.

클 군(君), 존칭 자(子), 활 당길 인(引), 그러나 이(而), 아니 불(不), 발사할 발(發)

躍如也(약여야)

▶ (군자는 활쏘기를 보여주는) 생생한[躍] 모습[如]이다[也].

약여야(躍如也)도 맹자왈(孟子曰)의 목적절이지만 독립구문으로 보고 문맥을 잡아도 된다. 躍如也는 君子躍如也에서 되풀이되는 주어인 군자(君子)를 생략했지만, 〈AB也〉꼴로 영어의 2형식 문장과 같은 어투이다. 躍如也에서 약(躍)은 여(如)를 꾸미는 형용사이고, 여(如)는 〈같음 여(如)〉로 명사이므로 모습[如]으로 새기면 문맥이 통한다.

군자는 정도(正道)를 걷는 삶의 모습을 생생히 보여줄 뿐이다. 군자의 그 모습을 성자(誠者)라고 말해도 되리라. 그 성자는 철저한 자성(自成)이다. 그래서 성자자성야(誠者自成也)라고 『중용(中庸)』이 밝히고 있다. 정성됨이란[誠] 것은[者] 스스로[自] 이루는 것[成]이다[也]. 그러므로 여기서 맹자가 말하는 약여(躍如)는 군자의 가르침은 자신의 성자(誠者)를 생생한 모습[躍如]으로 보여주어 다른 군자가 태어나게 할 뿐이지, 군자의 아류나 꼭두각시를 길러내지 않음을 말한다.

뛸 약(躍), 모양 여(如), 이다 야(也)

中道而立(중도이립)

▶ (군자는) 정도를[道] 맞추고[中] 그리고[而] (그 도를) 확립한다[立].

중도이립(中道而立) 역시 맹자왈(孟子曰)의 목적절이지만 독립구문으로 보고 문맥을 잡아도 된다. 中道而立은 君子中道 而君子立道에서 앞 문맥으로 보충할 수 있는 내용이므로 군자(君子)와 立道의 도(道)를 생략한 어투로, 영어의 3형식 두 문장으로 된 중문과 같다. 中道而立에서 주어인 군자(君子)는 생략되었지만 중(中)은 타동사로 본동사이고, 도(道)는 중(中)의 목적어이며, 이(而)는 연접의 연사인 〈그리고 이(而)〉이고, 입(立)은 목적어가 없지만 타동사로 본동사이다. 中道而立의 중(中)은 〈맞힐 적(的)〉과 같고 적중(的中)의 줄임말로 여기고, 도(道)는 군자지도(君子之道) 즉 정도(正道)의 줄임말로 여기고 새기면 문맥이 통하며, 입(立)은 〈확실하게 할 확(確)〉과 같고 확립(確立)의 줄임말로 여기고 입도(立道)로 새기면 문맥이 통하고 문의가 분명하게 드러난다.

맞출 중(中), 정도 도(道), 그리고 이(而), 확실하게 세울 립(立)

能者從之(능자종지)

▶ (정도를 맞추고 확립하기를) 할 수 있는[能] 사람은[者] 그 도를[之] 좇는다[從].

능자종지(能者從之) 또한 맹자왈(孟子曰)의 목적절이지만 독립구문으로 보고 문맥을 잡아도 된다. 能者從之는 能中道而立者從之에서 앞 문맥으로 보충할 수 있는 내용이므로 중도이립(中道而立)을 생략한 어투로, 영어의 3형식 문장과 같다. 能者從之에서 능자(能者)는 주부이고, 종(從)은 타동사로 본동사이며, 지(之)는 종(從)의 목적어이다. 能者從之의 능(能)은 〈할 수 있는 가(可)〉와 같고 가능(可能)의 줄임말로 여기고, 자(者)는 능지인(能之人)의 지인(之人)을 축약한 자(者)이므로 〈사람 자(者)〉로 새기고, 종(從)은 〈좇을 순(順)〉과 같고 순종(順從)의 줄임말로 여기며, 지(之)는 중도(中道)의 도(道)를 가리키는 지시대명사이다.

군자가 되고 싶은가? 그렇다면 스스로 군자가 되라. 이렇게 스승이 제자에게 가르치고 있다. 군자가 되는 길을 스스로 걸어가야지 군자의 걷기를 바라보고 구경해서는 안 된다는 가르침이다. 군자의 길 걷기를 유가(儒家)는 자성자도(自成自道)라 하니 불교로 치면 보살의 길 걷기인 자도(自度)인 셈이다. 남이 시켜서 군자가 되는 것이 아니란 말이다. 군자의 도[君子之道]는 스스로 이룸[自成]이요 스스로 가는 길[自道]임을 맹자가 능자종지(能者從之)라고 밝히고 있다.

할 수 있는 능(能), 사람 자(者), 좇을 종(從), 그것 지(之)

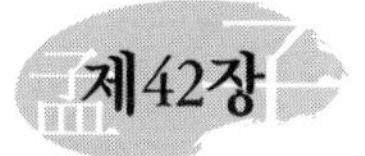

제42장

42장은 맹자가 행도(行道)를 밝히고 있는 장이다. 그래서 『중용(中庸)』 1편 1장 머리글에서 "도야자불가수유리야(道也者不可須臾離也)"라 밝혀져 있는 말씀이 상기되는 장이다. 도[道]라는[也] 것은[者] 잠시라도[須臾] 떨어질 수 없는 것[不可離]이다[也]. 그래서 맹자가 말하고 있는 순도(殉道)·순신(殉身)을 깊이 헤아려보면 공자가 밝힌 "군자중용(君子中庸)이고 소인반중용(小人反中庸)이다"는 말을 스스로 터득해보게 되는 장이다. 군자는[君子] 중용이고[中庸] 소인은[小人] 반중용이다[反中庸].

【문지(聞之)】

이도순신(以道殉身)

【원문(原文)】

孟子曰 天下有道면 以道殉身하고 天下無道면 以身殉道한다 未聞以道로 殉乎人者也이다
맹자왈 천하유도 이도순신 천하무도 이신순도 미문이도 순호인자야

【해독(解讀)】

맹자가 말했다[孟子曰]. "세상에 정도가 있으면[天下有道] 도를 써 몸을 따라가고[以道殉身], 세상에 도가 없으면[天下無道] 몸을 써 도를 따라간다[以身殉道]. (나는) 도를 써 남을 따라간다는 말을 여태껏 들어본 적이 없는 것이다[未聞以道殉乎人者也]."

【담소(談笑)】

天下有道以道殉身(천하유도이도순신)

▶ **세상에[天下] 도가[道] 있으면[有] 도를[道] 써[以] 몸을[身] 따라간다[殉].**

천하유도이도순신(天下有道以道殉身)은 맹자왈(孟子曰)의 목적절이지만 독립구문으로 보고 문맥을 잡아도 된다. 天下有道以道殉身은 영어의 복문과 같은 어투이다. 天下有道以道殉身에 〈있을 유(有)〉, 〈따라갈 순(殉)〉 두 동사가 있으므로 천하유도(天下有道)와 이도순신(以道殉身)으로 나누어 먼저 각각의 문맥을 잡은 후 서로의 관계를 이어주면 전체 문맥을 쉽게 잡을 수 있다. 천하유도(天下有道)하면 이도순신(以道殉身)한다고 토를 달면 문맥이 통한다. 즉 天下有道까지를 조건의 종속절로 보고, 以道殉身은 순(殉)의 주어가 생략되어 있지만 주절로 여기면 天下有道以道殉身의 문맥이 잡힌다. 그러므로 天下有道 吾以道殉身에서 문맥으로 보충할 수 있으므로 순(殉)의 주어인 〈나는 오(吾)〉가 생략된 어투가 以道殉身인 셈이다.

천하유도(天下有道)에서 천하(天下)는 유(有)를 꾸미는 부사이고, 유(有)는 자동사로 종속절의 동사이며 주어를 뒤에 두고, 도(道)는 유(有)의 주어이므로 영어의 1형식 절과 같은 어투이다. 以道殉身에서 이도(以道)는 순(殉)을 꾸미는 부사구이고, 순(殉)은 타동사로 절의 본동사이며, 신(身)은 순(殉)의 목적어이므로 영어의 3형식 절과 같은 어투이다. 天下有道의 천하

(天下)는 세상(世上)과 같은 뜻이고, 유(有)는 〈있을 재(在)〉와 같고, 도(道)는 정도(正道)의 줄임말로 여긴다. 以道殉身의 이(以)는 〈써 용(用)〉과 같고, 순(殉)은 〈따를 순(順), 좇을 순(循)〉과 같으며 순장(殉葬)의 순(殉)을 떠올리면 그 뜻을 이해하기 쉽다.

하늘 천(天), 아래 하(下), 있을 유(有), 도리 도(道), 써 이(以), 따라 갈 순(殉), 몸 신(身)

天下無道以身殉道(천하무도이신순도)

▶ 세상에[天下] 도가[道] 없으면[無] 몸을[身] 써[以] 도를[道] 따라간다[殉].

천하무도이신순도(天下無道以身殉道)는 맹자왈(孟子曰)의 목적절이지만 독립구문으로 보고 문맥을 잡아도 된다. 天下無道以身殉道는 영어의 복문과 같은 어투이다. 天下無道以身殉道에 〈없을 무(無)〉, 〈따라갈 순(殉)〉 두 동사가 있으므로 천하무도(天下無道)와 이신순도(以身殉道)로 나누어 먼저 각각의 문맥을 잡은 다음 서로의 관계를 이어주면 전체 문맥이 쉽게 잡힌다. 천하무도(天下無道)하면 이신순도(以身殉道)한다고 토를 달면 문맥이 통한다. 즉 天下無道까지를 조건의 종속절로 보고, 以身殉道에서 순(殉)의 주어가 생략되어 있지만 주절로 여기면 天下無道以身殉道의 문맥이 잡힌다. 그러므로 天下無道 吾以身殉道에서 앞 문맥으로 보충할 수 있으므로 순(殉)의 주어인 〈나는 오(吾)〉를 생략한 어투가 以身殉道이다.

천하무도(天下無道)에서 천하(天下)는 무(無)를 꾸미는 부사이고, 무(無)는 자동사로 종속절의 동사이며 주어를 뒤에 두고, 도(道)는 무(無)의 주어이므로 영어의 1형식 절과 같은 어투이다. 以身殉道에서 이신(以身)은 순(殉)을 꾸미는 부사구이고, 순(殉)은 타동사로 절의 본동사이며, 도(道)는 순(殉)의 목적어이므로 영어의 3형식 절과 같은 어투이다. 天下無道의 천하(天下)는 세상(世上)과 같은 뜻이고, 무(無)는 〈없을 막(莫)〉과 같으며, 도(道)는 정도(正道)의 줄임말로 여긴다. 以身殉道의 이(以)는 〈써 용(用)〉과 같고, 순(殉)은 〈따를 순(順), 좇을 순(循)〉과 같고 순장(殉葬)의 순(殉)을 떠올리면 그 뜻을 이해하기 쉽다.

하늘 천(天), 아래 하(下), 없을 무(無), 도리 도(道), 써 이(以), 몸 신(身),

따라 갈 순(殉)

未聞以道殉乎人者也(미문이도순호인자야)

▶ (나는) 도를[道] 써[以] 남[人]을[乎] 따라간다는[殉] 말을[者] 여태껏 들어본 적이 없는 것[未聞]이다[也].

미문이도순호인자야(未聞以道殉乎人者也) 역시 맹자왈(孟子曰)의 목적절이지만 독립구문으로 보고 문맥을 잡아도 된다. 未聞以道殉乎人者也는 吾未聞以道殉乎人者也에서 문맥으로 보충할 수 있으므로 주어인 〈나 오(吾)〉를 생략한 어투이지만, 〈(A)B也〉꼴로 영어의 2형식 문장과 같다. 물론 未聞以道殉乎人者也의 구문을 결정짓는 〈어조사(~이다) 야(也)〉를 무시하고 未聞以道殉乎人者로 여기고 (나는) 도를[道] 써[以] 남[人]을[乎] 따라간다는[殉] 말을[者] 여태껏 들어본 적이 없다[未聞]고 새기면, 비록 주어가 생략되었지만 未聞以道殉乎人者也는 영어의 3형식 문장과 같은 어투로 문맥을 잡게 된다. 어느 경우든 문의는 상하지 않는다. 어조사 야(也) 따위는 문의를 돋보이게 하는 어조·어세·어기(語氣)의 맛을 낸다고 여기면 편하지만, 문맥에 따라 야(也)를 살려서 문맥을 잡아주는 편이 화자(話者)의 의도를 살리는 효과가 있다.

미문이도순호인자야(未聞以道殉乎人者也)에서 미(未)는 문(聞)의 부정사(否定詞)이고, 문(聞)은 영어의 동명사 내지 부정사(不定詞) 같은 구실을 하는 보어이며, 이도순호인(以道殉乎人)은 자(者)를 꾸미는 형용사구이고, 자(者)는 문(聞)의 목적어이며, 야(也)는 구문을 결정짓는 어조사(~이다)이다. 특히 以道殉乎人者의 자(者)는 이도순호인지언(以道殉乎人之言)의 지언(之言)을 축약한 어투이므로 〈말 자(者)〉로 새기면 문맥에 걸맞은 문의가 더 분명해진다. 이러한 以道殉乎人者는 〈A者〉꼴로 A는 자(者)를 꾸미는 형용사이고, 以道殉乎人者의 순(殉)은 영어의 현재분사와 같다고 여기고 〈A(以道殉乎人)하는 말[者]〉이라고 새긴다. 그러므로 以道殉乎人者에서 이도(以道)는 현재분사인 순(殉)을 꾸미는 부사구이고, 호(乎)는 목적격 토씨인 〈~을 어(於)〉와 같으며, 인(人)은 현재분사 순(殉)의 목적어이며 복수로 새기면 문맥이 통한다. 未聞以道殉乎人者也의 미(未)는 〈아니 불(不)〉과 같고, 문(聞)은 〈들어볼 청(聽)〉과 같으며, 이(以)는 〈써 용(用)〉과 같고, 순(殉)은

〈따를 순(順), 좇을 순(循)〉과 같고 순장(殉葬)의 순(殉)을 떠올리면 그 뜻을 이해하기 쉬우며, 인(人)은 여기선 타인(他人)의 줄임말로 여기고 〈남들 인(人)〉으로 새기면 문맥이 통하고, 자(者)는 〈말 자(者)〉로 새기면 문맥이 통한다.

맹자가 군자는 죽을지언정 도(道)를 떠나 살지 않음을 밝히고 있다. 천하유도(天下有道)란 그냥 천하에 도[道]가 있다[有]는 말이 아니며, 천하무도(天下無道)는 천하에 도가 없다는 말도 아니다. 세상 사람들이 도를 따라 행하고 있다는 말이 천하유도(天下有道)이고, 그렇지 않다는 말이 천하무도(天下無道)란 말이다. 도는 있다 없다 하는 사물 같은 것이 아니다. 도는 항존(恒存)한다. 다만 사람들이 도를 저버리고 멀리할 뿐이다. 도가 없다면 우주가 없다. 그래서 주인이 죽으면 따라 죽어서 함께 묻힌다는 순장(殉葬)은 〈따라갈 순(殉)〉을 써서 순도(殉道)와 순신(殉身)을 함께 하나로 말해두고 있다. 『맹자(孟子)』를 읽은 사람과는 논쟁하지 말라는 속담이 실감난다.

아닐 미(未), 들을 문(聞), 써 이(以), 정도 도(道), 따라갈 순(殉), 어조사(~을) 호(乎), 남 인(人), 것 자(者), ~이다 야(也)

제43장

43장은 맹자가 군자지오교(君子之五敎)의 하나인 문답을 통한 가르침이 어떤 것인지 밝히고 있는 장이다. 지어지선(止於至善)에 정성되지 않으면 문답하지 않음이 곧 군자의 가르침임을 다섯 가지를 들어서 밝혀주고 있다. 협귀(挾貴)·협현(挾賢)·협장(挾長)·협유훈로(挾有勳勞)·협고(挾故)로써 물어온다면 어떤 제자라도 응대하지 않음을 밝히는 장이다. 협문(挾問)은 정성어린 물음이 아님을 알려주는 장이다.

【문지(聞之)】

협귀이문(挾貴而問)

【원문(原文)】

公都子曰 滕更之在門也에 若在所禮 而不答은 何也이까 孟子
공도자왈 등경지재문야 약재소례 이부답 하야 맹자
曰 挾貴而問하고 挾賢而問하며 挾長而問하고 挾有勳勞而問하
왈 협귀이문 협현이문 협장이문 협유훈로이문
며 挾故而問함은 皆所不答也이니 滕更이 有二焉하니라
협고이문 개소부답야 등경 유이언

【해독(解讀)】

공도자가 (맹자께) 여쭈었다[公都子曰]. "등경이 (선생님의) 문하에 있다는 것은[滕更之在門也] 예우 받을 처지에 있는 것 같은데도[若在所禮], 그러나 (선생님께서는) 답해주지 않음은 무슨 까닭이십니까[而不答何也]?" 맹자가 말했다[孟子曰]. "신분의 귀함을 속으로 믿고 오만하면서 묻는 것[挾貴而問], 재주 있음을 속으로 믿고 오만하면서 묻는 것[挾賢而問], 나이 많음을 속으로 믿고 오만하면서 묻는 것[挾長而問], 공로가 있음을 속으로 믿고 오만하면서 묻는 것[挾有勳勞而問], 옛 친분을 속으로 믿고 오만하면서 묻는 것[挾故而問], 모두 응답해주지 않는 것들이다[皆所不答也]. 등경한테는 위의 것들 중에서 두 가지가 있다[滕更有二焉]."

【담소(談笑)】

公都子曰(공도자왈) 滕更之在門也若在所禮(등경지재문야약재소례) 而不答何也(이부답하야)

▶ 공도자가[公都子] (맹자께) 등경[滕更]이[之] (선생님의) 문하에[門] 있다는 것[在]은[也] 예우 받을[禮] 처지에[所] 있는 것[在] 같은데[若]도[而] (선생님께서는) 답해주지 않음은[不答] 무슨 까닭[何]이냐고[也] 여쭈었다[曰].

공도자왈등경지재문야약재소례이부답하야(公都子曰滕更之在門也若在所禮而不答何也)는 영어의 3형식 문장과 같은 어투이다. 公都子曰滕更之在門也若在所禮而不答何也에서 공도자(公都子)는 주어이고, 왈(曰)은 타동사로 본동사이며, 등경지재문야약소례(滕更之在門也若在所禮)와 이부답하야(而不答何也)는 다 왈(曰)의 목적절이다. 왈(曰)의 목적절이 둘 이상 겹친 경우는 다음과 같이 滕更之在門也若在所禮와 而不答何也를 둘로 나누어 독립구문처럼 여기고 먼저 각각의 문맥을 잡아보면 전체 문맥을 잡기 편하다.

등경지재문야약재소례(滕更之在門也若在所禮)는 〈A若B〉꼴로 〈A(滕更之在門也)는 B(在所禮)와 같다[若]〉고 새기면 문맥이 잡힌다. 滕更之在門也若在所禮에서 등경지재문야(滕更之在門也)는 주절 또는 주부이고, 약(若)은 자동사로 절의 본동사이며, 재소례(在所禮)는 보어이므로 滕更之在門也若在所禮는 영어의 2형식 절과 같은 어투이다. 특히 滕更之在門也와 같은 어투에서 허사 지(之)를 주격 토씨(~이)로 여기면, 재(在)는 자동사 〈있을 재(在)〉로 보고 등경[滕更]이[之] 문하에[門] 있다는 것[在]이란[也]으로 문맥을 잡아 주절로 삼는다. 그러나 滕更之在門也의 지(之)를 소유격 토씨(~의)로 여기면, 재(在)는 명사 〈있음 재(在)〉로 보고 문하에[門] 등경[滕更]의[之] 있음[在]이란[也]으로 문맥을 잡아 주부로 삼는다. 그러므로 滕更之在門也에서 지(之)를 주격 토씨(~이)로 여기고 문맥을 잡아야 우리말과 잘 어울린다. 그리고 약(若)의 보어 재소례(在所禮)는 재등경지소례(在滕更之所禮)에서 문맥으로 보충할 수 있으므로 등경지(滕更之)를 생략한 어투로, 등경[滕更]이[之] 예우 받을[禮] 처지에[所]처럼 문맥을 잡으면 문의가 드러난다. 在所禮의 재(在)는 영어의 부정사(不定詞)와 같은 구실을 해 〈있는 것 재(在)〉로 약(若)의 보어이고, 소례(所禮)는 재(在)를 꾸미는 부사구이며, 소례(所禮)의 예(禮)는 수동태 부정사(不定詞)와 같은 구실을 하면서 소(所)를 꾸미기 때문에 at a situation to be respected를 연상하면 재소례(在所禮)는 쉽게 문맥이 잡힌다. 다시 말해 예우 받는(to be respected) 처지(a situation)에(at)를 연상하면 재소례(在所禮)의 문맥이 쉽게 잡힌다는 말이다.

이부답하야(而不答何也)는 而夫子不答滕更者何故也에서 문맥으로 보충할 수 있으므로 부자(夫子)와 등경자(滕更者)와 何故의 고(故)를 생략한 〈A何也〉꼴로, 영어의 2형식 의문절과 같은 어투이다. 그러나[而] 선생님께선[夫子] 등경에게[滕更] 답해주지 않는[不答] 것은[者] 무슨[何] 까닭[故]인지요[也]?를, 그러나[而] 답해주지 않는[不答] 것은[者] 무엇[何]인지요[也]?로 줄여 놓았다고 여기면 而不答何也의 문맥이 잡힌다.

등경(滕更)은 제(齊)나라 국군(國君)의 동생이니 예우해주어야 할 처지에 있다고 맹자의 제자인 공도자(公都子)는 생각했다. 그러나 스승은 등경이 문하생이라지만 보는 둥 마는 둥 했던 모양이다. 현자(賢者)라면 본래부터 임금의 동생이라고 해서 모셔줄 리 없다. 하물며 맹자가 국군의 동생이라고 유별나게 대해줄 리 없음을 공도자가 미처 몰랐던 것이다.

두루 공(公), 도읍 도(都), 존칭 자(子), 말할 왈(曰), 묶을 등(滕), 고칠 경(更), 어조사(~이) 지(之), 있을 재(在), 문하 문(門), 어조사(~은) 야(也), 같을 약(若), 곳 소(所), 예우 받을 례(禮), 어조사(~도) 이(而), 아니 부(不), 대답할 답(答), 무엇 하(何), ~인가 야(也)

挾貴而問(협귀이문) 挾賢而問(협현이문) 挾長而問(협장이문) 挾有勳勞而問(협유훈로이문) 挾故而問(협고이문) 皆所不答也(개소부답야)

▶ 신분의 귀함을[貴] 속으로 믿고 오만하면[挾]서[而] 묻는 것[問], 남보다 재주 있음을[賢] 속으로 믿고 오만하면[挾]서[而] 묻는 것[問], 나이 많음을[長] 속으로 믿고 오만하면[挾]서[而] 묻는 것[問], 공로가[勳勞] 있음을[有] 속으로 믿고 오만하면[挾]서[而] 묻는 것[問], 옛 친분을[故] 속으로 믿고 오만하면[挾]서[而] 묻는 것[問], 모두[皆] 응답해주지 않는[不答] 것들[所]이다[也].

협귀이문협현이문협장이문협유훈로이문협고이문개소부답야(挾貴而問挾賢而問挾長而問挾有勳勞而問挾故而問皆所不答也)는 맹자왈(孟子曰)의 목적절이지만, 각각 독립구문처럼 여기고 먼저 각각의 문맥을 잡는 것이 편하다. 挾貴而問挾賢而問狹長而問挾有勳勞而問挾故而問皆所不答也는 挾貴而問所不答也 而挾賢而問所不答也 而狹長而問所不答也 而挾有勳勞而問所不答也 而挾故而問所不答也에서 되풀이되는 소부답야(所不答也)를 단 한 번 개소부답야(皆所不答也)로 처리하고, 〈AB也〉꼴 다섯 구문을 하나로 묶었지만 영어의 2형식 절과 같은 어투이다. 말하자면 挾貴而問挾賢而問狹長而問挾有勳勞而問挾故而問皆所不答也에서 협귀이문(挾貴而問), 협현이문(挾賢而問), 협장이문(狹長而問), 협유훈로이문(挾有勳勞而問), 협고이문(挾故而問)은 각각 주부이고, 개(皆)는 부사이며, 소부답(所不答)은 술부이고, 야(也)는 맹자왈(孟子曰)의 목적절을 결정짓는 어조사(~이다).

협귀이문(挾貴而問)의 협(挾)은 영어의 동명사 또는 부정사(不定詞)와 같은 구실을 하고, 귀(貴)는 협(挾)의 목적어이며, 이(而)는 연접의 연사인 〈그래서 이(而)〉이고, 문(問) 역시 영어의 동명사 또는 부정사(不定詞)와 같은 구실을 하므로, 협귀이문(挾貴而問)은 동명사구 또는 부정사구로 소부답(所不答)의 주부이다. 挾貴而問의 협(挾)은 〈끼워 넣는 협(挾)〉이지만 여기선 순진하지 못하고 무엇인가 믿는 데가 있어서 오만하다는 뜻으로 넓혀 새기면 걸맞은 문의가 드러나고, 귀(貴)는 고귀(高貴)의 줄임말로 높은 신분을 뜻한다.

협현이문(挾賢而問)의 협(挾)은 영어의 동명사 또는 부정사(不定詞)와 같은 구실을 하고, 현(賢)은 협(挾)의 목적어이며, 이(而)는 연접의 연사인 〈그래서 이(而)〉이고, 문(問) 역시 영어의 동명사 또는 부정사(不定詞)와 같은 구실을 하므로, 협현이문(挾賢而問)은 동명사구 또는 부정사구로 소부답(所不答)의 주부이다. 挾賢而問의 협(挾) 또한 〈끼워 넣는 협(挾)〉이지만 여기선 순진하지 못하고 무엇인가 믿는 데가 있어서 오만하다는 뜻으로 넓혀 새기면 걸맞은 문의가 드러나고, 현(賢)은 여기선 〈밝을 명(明)〉과 같은 뜻이 아니라 〈나을 승(勝)〉과 같으며 남보다 재주가 낫다는 의미다.

협장이문(挾長而問)의 협(挾)은 영어의 동명사 또는 부정사(不定詞)와 같은 구실을 하고, 장(長)은 협(挾)의 목적어이며, 이(而)는 연접의 연사인 〈그래서 이(而)〉이고, 문(問) 역시 영어의 동명사 또는 부정사(不定詞)와 같은 구실을 하므로, 협장이문(挾長而問)은 동명사구 또는 부정사구로 소부답(所不答)의 주부이다. 挾長而問의 협(挾) 또한 〈끼워 넣는 협(挾)〉이지만 여기선 순진하지 못하고 무엇인가 믿는 데가 있어서 오만하다는 뜻으로 넓혀 새기면 걸맞은 문의가 드러나고, 장(長)은 연장(年長)의 줄임말로 여기고 남보다 나이가 많음[長]을 뜻한다.

협유훈로이문(挾有勳勞而問)의 협(挾)은 영어의 동명사 또는 부정사(不定詞)와 같은 구실을 하고, 유훈로(有勳勞)는 협(挾)의 목적구이며, 이(而)는 연접의 연사인 〈그래서 이(而)〉이고, 문(問) 역시 영어의 동명사 또는 부정사(不定詞)와 같은 구실을 하므로 협유훈로이문(挾有勳勞而問)은 동명사구 또는 부정사구로 소부답(所不答)의 주부이다. 협(挾)의 목적구 유훈로(有勳勞)의 유(有)는 영어의 동명사 내지 부정사처럼 〈있음 유(有)〉이고, 훈로(勳勞)는 유(有)의 목적어이다. 挾有勳勞而問의 협(挾) 또한 〈끼워 넣는 협(挾)〉이지만 여기선 순진하지 못하고 무엇인가 믿는 데가 있어서 오만하다는 뜻으로 넓혀 새기면 걸맞은 문의가 드러나고, 유(有)는 〈있음 재(在)〉와 같으며, 훈로(勳勞)는 공로와 같은 말로 일하여 업적을 세웠다는 뜻이다.

협고이문(挾故而問)의 협(挾)은 영어의 동명사 또는 부정사(不定詞)와 같은 구실을 하고, 고(故)는 협(挾)의 목적어이며, 이(而)는 연접의 연사인 〈그래서 이(而)〉이고, 문(問) 역시 영어의 동명사 또는 부정사(不定詞)와 같은 구실을 하므로 협고이문(挾長而問)은 동명사구 또는 부정사구로 소부답(所不答)의 주부이다. 挾故而問의 협(挾) 또한 〈끼워 넣는 협(挾)〉이지만 여기선 순진하지 못하고 무엇인가 믿는 데가 있어서 오만하다는 뜻으로 넓혀 새기면 걸맞은 문의가 드러나고, 고(故)는 연고(緣故)의 줄임말로 옛날부터 간직해온 친분[故])을 뜻한다.

술부인 소부답(所不答)은 吾所不答 또는 吾之所不答에서 오(吾) 또는 오지(吾之)를 생략한 어투로, 〈所A〉꼴로 기억해두면 편하다. 〈A(不答)하는 바[所]〉 所不答은 영어의 what not to answer와 같은 부정사구를 떠올리면 알아채기 쉽다. 所不答의 소(所)는 what과 같고, 답(答)은 to answer와 같으므로 所不答의 답(答)이 영어의 부정사(不定詞)와 같은 구실을 한다고 여기면 이해하기 쉽다는 말이다. 만약 吾所不答 또는 吾之所不答이라면 what I don' t answer와 같은 어투이므로 吾所不答 또는 吾之所不答의 소(所)는 영어의 관계대명사 what과 같고, 답(答)은 타동사로 절의 본동사가 된다. 내[吾]가[之] 대답하지 않는[不答] 바[所].

성현(聖賢)은 사람이 타고난 것을 소중히 여기는 사람만을 대접한다. 그 타고난 것을 일러 성자(誠者)라 하고 그 성자를 인간이 소중히 하는 삶을 일러 성지자(誠之者)라 한다. 정성되게 하는[誠之] 것[者]이란 선에 머묾[止於至善]을 떠나지 않으려는 사람이다. 성현은 그런 사람이라면 공손하게 예(禮)를 갖추어 응대하지만, 협문(挾問)하는 인간이라면 먼 산 보듯이 하는 법이다. 스승은 지금 이런 법을 제자에게 가르치는 중이다.

끼울 협(挾), 귀할 귀(貴), 그래서 이(而), 물을 문(問), 나을 현(賢), 나이 많음 장(長), 있을 유(有), 공 훈(勳), 일 로(勞), 친분 고(故), 모두 개(皆), 것들 소(所), 아닐 부(不), 답해줄 답(答), ~이다 야(也)

滕更有二焉(등경유이언)

▶ 등경한테는[滕更] 위의 것들 중에서[焉] 두 가지가[二] 있다[有].

등경유이언(滕更有二焉)은 〈A有B〉꼴이지만 유(有)를 자동사 〈있을 유(有)〉로 여기면 〈A에 B가 있다[有]〉고 새겨 영어의 1형식 문장과 같은 어투가 되고, 유(有)를 타동사 〈가질 유(有)〉로 여기면 〈A가 B를 가진다[有]〉고 새겨 영어의 3형식 문장과 같은 어투가 된다. 대부분 〈있을 유(有)〉로 여기고 새기는 것이 문맥에 걸맞을 때가 많다. 滕更有二焉에서 유(有)를 자동사 〈있을 유(有)〉로 여기면 등경(滕更)은 유(有)를 꾸미는 부사이고, 이(二)가 주어이며, 언(焉)은 滕更有二於是의 어시(於是)를 축약한 언(焉)이면서 동시에 구문을 결정짓는 어조사(~이다)이다. 그래서 滕更有二焉의 언(焉)은 위의 다섯 가지 중[是]에서[於]로 새기면 문맥이 통한다. 어시(於是)의 시(是)는 挾貴而問挾賢而問狹長而問挾有勳勞而問挾故而問을 가리키는 지시어이므로 위의 다섯 가지 중에서[焉]로 새기면 문맥이 잡히고 문의가 드러난다는 말이다.

아마도 등경(滕更)이 맹자의 문하에 들어와서 임금의 동생임을 믿고 거드름을 피우고, 재주가 남보다 낫다고 콧대를 높였던 모양이다. 이런 덜떨어진 인간은 소중히 대해줄수록 건방을 떨 것임을 어찌 맹자가 모르겠는가. 무시해버리는 것이 등경을 일깨워주는 회초리가 아닌가 말이다. 본래 군자지교(君子之敎)란 물렁하지 않고 매섭고 살을 에는 서릿발 같을 때가 있다.

묶을 등(滕), 고칠 경(更), 있을(가질) 유(有), 두 이(二), 이에 언(焉)

제44장

44장은 맹자가 『중용(中庸)』의 "소인행험이요행(小人行險以徼幸)"이란 말씀을 떠올리게 하는 세 부류의 소인배를 간명하게 밝히고 있는 장이다. 소인은[小人] 험한 짓을[險] 범하면[行]서[而] 요행을[幸] 바란다[徼]. 할지[不已] 말지[已]를 분간[分揀]치 못하는 인간들, 후하고[厚] 박함[薄]을 분간치 못하는 인간들, 진퇴(進退)를 막무가내로 저질러버리는 인간들이야말로 폐물(廢物) 같은 소인배들임을 맹자가 질타하는 장이다.

【문지(聞之)】

어불가이이이자(於不可已而已者)

【원문(原文)】

孟子曰 於不可已而已者는 無所不已요 於所厚者薄無所不薄也이다 其進이 銳者는 其退速하다
맹자왈 어불가이이이자 무소불이 어소후자박무소불박야 기진 예자 기퇴속

【해독(解讀)】

맹자가 말했다[孟子曰]. "그만둘 수 없는 데서도 그만두는 사람한테는[於不可已而已者] 그만두지 못할 것이란 없고[無所不已], 후할 바에서 야박하면[於所厚者薄] 야박하지 않을 바란 없는 것이며[無所不薄也], 그 나아감이 날카로운 사람은 그 물러남이 재빠르다[其進銳者其退速]."

【담소(談笑)】

於不可已而已者(어불가이이이자) 無所不已(무소불이)

▶ **그만둘 수 없는[不可已]데서[於]도[而] 그만두는[已] 사람한테는[者] 그만두지 못할[不已] 것이란[所] 없다[無].**

어불가이이이자무소불이(於不可已而已者無所不已)는 영어의 1형식 문장과 같은 어투이다. 於不可已而已者無所不已에서 어불가이이이자(於不可已而已者)는 무(無)를 꾸미는 부사이고, 무(無)는 자동사 〈없을 무(無)〉로 구문의 본동사이며, 소불이(所不已)는 주부이다. 於不可已而已者는 於不可已而已之人의 지인(之人)을 자(者)로 바꾼 어투로, 〈A之人〉의 〈A者〉꼴로 여기고 문맥을 잡는다. 〈A(於不可已而已)하는 사람[者]〉으로 새기고, 만약 〈A之事〉의 〈A者〉꼴이면 〈A하는 것[者]〉으로 새긴다.

어불가이이이자(於不可已而已者)는 已於不可已者에서 어불가이(於不可已)를 전치하면서 무시해도 되는 〈어조사 이(而)〉를 더한 어투이므로, 於不可已而已者를 已於不可已者로 여기고 문맥을 잡으면 문의가 보다 쉽게 드러난다. 그러면 於不可已而已者에서 어불가이(於不可已)가 이자(已者)의 이(已)를 꾸미는 부사구이고, 於不可已의 이(已)는 동명사와 같으며, 이자(已者)의 이(已)는 형용사절의 본동사임을 알아챌 수 있다. 於不可已而已者의 자(者)는 영어의 the man who stops at not stopping의 the man who와 같

고, 어불가이(於不可已)의 어(於)는 at not stopping의 at과 같으며, 이(已)는 at not stopping의 stopping과 같다.

무(無)의 주부인 소불이(所不已)는 其所不已 또는 其人之所不已에서 기(其) 또는 기인지(其人之)를 생략한 어투로 〈所A〉꼴로 기억해두면 편하다. 〈A(不已)하는 바[所]〉 所不已는 영어의 what not to stop과 같은 부정사구를 연상하면 이해하기 쉽다. 所不已의 소(所)는 what과 같고, 이(已)는 to stop과 같으므로 所不已의 이(已)를 영어의 부정사(不定詞)처럼 여기면 문맥을 잡기 쉽다는 말이다. 만일 其所不答 또는 其人之所不已이라면 what such man don' t stop과 같은 어투이므로 其所不已 또는 其人之所不答의 소(所)는 영어의 관계대명사 what과 같고, 이(已)는 타동사로 절의 본동사인 셈이다. 그[其] 사람[人]이[之] 그만두지 않는[不已] 바[所]. 所不已의 이(已)는 〈그칠 지(止)〉와 같다.

나에게 유익하다면 하고 나에게 불리하다면 하지 않는 인간은 선악이 따로 없다. 나에게 좋으면 선(善)이고 나에게 나쁘면 악(惡)이라는 생각으로 세상을 대하는 인간들을 두고 맹자가 질타하고 있는 중이다. 참으로 공자의 의지여차(義之與此)란 새삼스럽고 우리네 간담을 서늘케 하는 잠언(箴言)이구나 싶게 맹자가 우리네 정수리에다 침을 놓고 있다.

~에서 어(於), 아니 불(不), 가할 가(可), 그칠 이(已), 어조사(~도) 이(而), 놈 자(者), 없을 무(無), 바 소(所)

於所厚者薄(어소후자박) 無所不薄也(무소불박야)

▶ 후할[厚] 바[所]에서[於]도[者] 야박하면[薄] 야박하지 않을[不薄] 바란[所] 없는 것[無]이다[也].

어소후자박무소불박야(於所厚者薄無所不薄也)는 영어의 1형식 문장과 같은 한문투이다. 於所厚者薄無所不薄也에서 어소후자박(於所厚者薄)은 무(無)를 꾸미는 조건의 부사구이고, 무(無)는 자동사 〈없을 무(無)〉로 구문의 본동사이며, 소불박(所不薄)은 주부이다.

어소후자박(於所厚者薄)은 薄於所厚에서 於所厚를 전치하면서 무시해도 되는 어조사인 자(者)를 더한 어투이므로, 於所厚者薄를 薄於所厚로 여기면 문맥의 문의가 보다 쉽게 드러난다. 그러면 於所厚者薄에서 어소후자(於所

厚者)가 박(薄)을 꾸미는 부사구임을 알아챌 수 있다. 후할[厚] 것[所]에서[於]. 於所厚者薄의 박(薄)은 영어의 분사와 같으면서 무(無)를 꾸미는 조건의 부사로 여기면 於所厚者薄無所不薄也의 전체 문맥이 잡힌다. 於所厚者薄無所不薄也의 어소후자박(於所厚者薄)을 후할[厚] 것[所]에서[於] 야박하다면[薄]으로 새기면 문맥이 잡힌다는 말이다.

무(無)의 주부인 소불박(所不薄)은 其所不薄 또는 其人之所不薄에서 기(其) 또는 기인지(其人之)를 생략한 어투로, 〈所A〉꼴로 기억해두면 편하다. 〈A(不薄)하는 바[所]〉 所不薄은 영어의 what not to be stingy와 같은 부정사구를 떠올리면 이해하기 쉽다. 所不薄의 소(所)는 what과 같고, 박(薄)은 to be stingy와 같으므로 所不薄의 박(薄)을 영어의 부정사(不定詞)처럼 여기면 문맥을 잡기 쉽다는 말이다. 만일 其所不薄 또는 其人之所不薄이라면 what such man don' t be stingy과 같은 어투이므로 其所不薄 또는 其人之所不薄의 소(所)는 영어의 관계대명사 what과 같고, 박(薄)은 형용사처럼 절의 보어로 여긴다. 그[其] 사람[人]이[之] 야박하지 않는[不薄] 바[所]. 所不薄의 박(薄)은 〈후할 후(厚)〉의 반대말이다.

선(善)에 후[厚]하고 악(惡)에 야박하다면[薄] 맹자가 위와 같은 말을 남기지 않았을 터이다. 아무리 선이라 해도 자신에게 무익하거나 불리하면 야박하게 굴고, 악일지라도 자신에게 유리하면 오히려 후하게 구는 인간들이 세상에 넘쳐나므로 맹자가 위와 같은 말을 하고 있다. 참으로 피도 눈물도 없는 인간들이 세상에는 너무도 많다.

~에서 어(於), 바 소(所), 후하게 할 후(厚), 어조사(~도) 자(者), 박하게 할 박(薄), 없을 무(無), 아니 불(不), ~이다 야(也)

其進銳者其退速(기진예자기퇴속)

▶ **그[其] 나아감이[進] 날카로운[銳] 사람은[者] 그[其] 물러남도[退] 재빠르다[速].**

기진예자기퇴속(其進銳者其退速)은 〈A者B者也〉꼴로 영어의 2형식 문장과 같은 어투에서 자야(者也)가 생략된 문장이다. 〈A하는 사람은[者] B하는 사람이다[者]〉 또는 〈A하는 것은[者] B하는 것이다[者]〉 其進銳者其退速에서 기진예자(其進銳者)는 주부이고, 기퇴속((其退速)은 술부이다.

주부인 기진예자(其進銳者)는 기진예지인(其進銳之人)에서 지인(之人)을 자(者)로 축약한 어투이므로 〈사람 자(者)〉로 새기고, 其進銳者는 〈A者〉꼴을 떠올리면 〈A(其進銳)하는 사람[者]〉으로 새길 수 있으므로 기진예(其進銳)는 자(者)를 꾸미는 형용사절이고, 자(者)는 其進銳者其退速의 주어가 된다.

술부인 기퇴속(其退速)은 기퇴속자야(其退速者也)에서 자야(者也)를 생략한 어투이므로 그[其] 물러남도[退] 재빠르다[速]에 자야(者也)를 보충하여 그[其] 물러남도[退] 재빠른[速] 사람[者]이다[也]로 새겨도 된다. 한문투는 생략이 심한 어투이므로 생략된 내용을 늘 연상하면서 문맥을 잡아가야 편하다.

기진예자기퇴속(其進銳者其退速)의 진(進)은 〈나아갈 전(前)〉과 같고 전진(前進)의 줄임말로 여기고, 예(銳)는 〈날카로울 리(利)〉와 같고 예리(銳利)의 줄임말로 여기며, 자(者)는 여기선 지인(之人)의 축약을 축약한 〈놈 자(者)〉이고, 퇴(退)는 〈물러날 각(却)〉과 같고 퇴각(退却)의 줄임말로 여긴다.

남들의 눈치만 보고 줏대라곤 조금도 없는 인간들은 약삭빠르기가 다람쥐 같다. 용심(用心)의 지나침이 극심해 변덕스럽기 짝이 없어 사리(事理)의 본말(本末)을 헤아릴 줄 몰라 이익이 된다 싶으면 덥석 물어버리고 손해다 싶으면 또한 덥석 놓아버리는 인간에겐 신의(信義)가 없다.

그 기(其), 나아감 진(進), 날카로울 예(銳), 사람 자(者), 그 기(其), 물러갈 퇴(退), 빠를 속(速)

제45장

45장은 맹자가 친친(親親)·인민(仁民)·애물(愛物)을 들어 유가정신(儒家精神)의 요체를 간명하게 정언(定言)하고 있다. 유가의 수기(修己)·수기(守己)도 규명될 수 있고, 동시에 유가의 인수지변(人獸之辨)과 도가의 천지불인(天地不仁)을 헤아려 살펴보게 하는 장이다.

【문지(聞之)】

군자지어물야애지이비인(君子之於物也愛物而非仁)

【원문(原文)】

孟子曰 君子之於物也에 愛之而非仁하고 於民也에 仁之而不親하니 親親而仁民하고 仁民而愛物이니라
맹자왈 군자지어물야 애지이비인 어민야 인지이불친 친친이인민 인민이애물

【해독(解讀)】

맹자가 말했다[孟子曰]. "군자가 동식물을 위하는 것이란[君子之於物也] 그것들을 아껴주지만 어질게 대하지는 않고[愛之而非仁], (군자가) 백성을 위함이란[於民也] 백성을 어질게 대하지만 친밀하게 모시지는 않는다[仁之而弗親]. (군자는) 어버이를 친밀하게 모시고 그리고 백성을 어질게 대하며[親親而仁民], (군자는) 백성을 어질게 대하고 그리고 동식물을 아낀다[仁民而愛物]."

【담소(談笑)】

君子之於物也(군자지어물야) 愛之而非仁(애지이비인)

▶ **군자[君子]가[之] 동식물을[物] 위함[於]이란[也] 그것들을[之] 아껴주지[愛]만[而] 어질게 대하지는 않는다[非仁].**

군자지어물야애지이비인(君子之於物也愛之而非仁)은 君子之於物也愛之而君子之於物也非仁之에서 되풀이되는 君子之於物也와 仁之의 지(之)를 생략했지만, 〈A而B〉꼴로 영어의 중문과 같은 어투이다. 〈A이지만[而] B이다〉 君子之於物也愛之而非仁에서 군자지어물야(君子之於物也)는 주절이고, 애(愛)는 타동사로 본동사이며, 지(之)는 애(愛)의 목적어이고, 이(而)는 역접의 연사 즉 접속사이고, 비(非)는 인(仁)의 부정사(否定詞)이며, 인(仁)은 목적격은 생략되었지만 타동사로 본동사이다.

주절인 군자지어물야(君子之於物也)에서 군자(君子)는 주어이고, 지(之)는 주격 토씨(~가)로 주어를 강조해주며, 어(於)는 타동사로 주절의 본동사이고, 물(物)은 어(於)의 목적어이며, 야(也)는 주절을 결정짓는 어조사(~이란)이다. 君子之於物也愛之而非仁에서 군자지(君子之)의 지(之)는 어조사로 주격 토씨인 허사이지만 愛之의 지(之)는 於物의 물(物)을 가리키는 〈그것

들 지(之)〉로 대명사임을 알아야 문맥을 잡을 수 있다. 君子之於物也의 어(於)는 〈위할 위(爲), 조(助)〉 등과 같고, 물(物)은 물건을 뜻하는 온갖 것[物]이 아니라 동식물을 뜻하는 온갖 것[物]으로 여기고 새기면 문맥이 통하며, 야(也)는 주절을 결정짓고, 애(愛)는 〈아낄 인(吝)〉과 같고 애린(愛吝)의 줄임말로 여기고 새기면 문맥이 통하며, 비(非)는 〈아니 불(不)〉과 같고, 인(仁)은 여기선 타동사로 〈사랑할 인(仁)〉으로 새기면 문맥이 통한다. 물론 애(愛)와 인(仁)은 같은 뜻일 수 있지만, 여기선 〈아낄 애(愛)〉와 〈어질게 할 인(仁)〉을 나누어 밝히고 있다. 이처럼 한문투는 글자 하나가 문맥에 따라 여러 가지 뜻을 나타내므로 문맥을 무시하고 글자마다 고정된 뜻으로 새기면 안 된다.

클 군(君), 존칭 자(子), 어조사(~가) 지(之), 위할 어(於), 온갖 것 물(物), 어조사(~이란) 야(也), 아낄 애(愛), 그것 지(之), 그러나 이(而), 어질게 대할 인(仁)

於民也(어민야) 仁之而不親(인지이불친)

▶ (군자가) 백성을[民] 위함[於]이란[也] 백성을[之] 어질게 대하지[仁]만[而] 친밀하게 모시지는 않는다[不親].

어민야인지이불친(於民也仁之而不親)은 君子之於民也仁之 而君子之於民也不親之에서 되풀이되는 내용인 군자지(君子之)와 不親之의 지(之)를 생략했지만, 〈A而B〉꼴로 영어의 중문과 같은 어투이다. 於民也仁之而不親에서 어민야(於民也)는 주절이고, 인(仁)은 타동사로 본동사이며, 지(之)는 인(仁)의 목적어이며, 이(而)는 역접의 연사 즉 접속사이고, 불(不)은 친(親)의 부정사(否定詞)이며, 친(親)의 목적격은 생략되어 있지만 타동사로 본동사이다.

주절인 어민야(於民也)에서 주어인 군자지(君子之)가 생략되었지만 역시 어(於)는 타동사로 주절의 본동사이고, 민(民)은 어(於)의 목적어이며, 야(也)는 주절을 결정짓는 어조사(~이란)이다. 於民也仁之而不親에서 仁之의 지(之)는 於民의 민(民)을 가리키는 〈백성 지(之)〉로 대명사이다. 於民也의 어(於)는 〈위할 위(爲), 조(助)〉 등과 같고, 민(民)은 백성을 뜻하며, 인(仁)은 여기선 타동사로 〈어질게 해주는 인(仁)〉으로 새기면 문맥이 통하고, 친(親)은 〈친밀하게 모실 친(親)〉으로 새긴다.

위할 어(於), 백성 민(民), 어조사(~이란) 야(也), 어질게 대할 인(仁), 그것들 지(之), 그러나 이(而), 아니 불(不), 친밀한 친(親)

親親而仁民(친친이인민)

▶ (군자는) 어버이를[親] 친밀하게 모시고[親] 그리고[而] 백성을[民] 어질게 대한다[仁].

친친이인민(親親而仁民)은 〈A而B〉꼴로 영어의 중문과 같은 어투이다. 〈A 그리고[而] B이다〉 親親而仁民은 君子親親 而君子仁民에서 앞 문맥으로 보충할 수 있고 되풀이되는 내용이므로 주어인 군자(君子)를 생략했지만, 영어의 3형식 문장 둘이 합쳐진 중문과 같은 어투이다. 親親에서 앞의 친(親)은 타동사로 본동사이고 〈친밀하게 받들고 모실 친(親)〉이고, 뒤의 친(親)은 명사로 어버이[父母]를 뜻하는 앞 친(親)의 목적어이다. 물론 명사로 친(親)은 피붙이[親族]를 뜻하지만, 여기선 〈어버이 친(親)〉으로 여기고 새겨야 문맥에 맞는다. 而仁民의 이(而)는 연접의 연사인 〈그리고 이(而)〉이고, 인(仁)은 타동사로 본동사이며, 민(民)은 인(仁)의 목적어이다.

친밀하게 모실 친(親), 어버이 친(親), 그리고 이(而), 어질게 대할 인(仁), 백성 민(民)

仁民而愛物(인민이애물)

▶ (군자는) 백성을[民] 어질게 대하고[仁] 그리고 동식물을[物] 아낀다[愛].

인민이애물(仁民而愛物)은 〈A而B〉꼴로 영어의 중문과 같은 어투이다. 〈A 그리고[而] B이다〉 仁民而愛物은 君子仁民 而君子愛物에서 앞 문맥으로 보충할 수 있고 되풀이되는 내용이므로 주어인 군자(君子)를 생략한 어투이지만, 영어의 3형식 문장 둘이 합쳐진 중문과 같다. 仁民의 인(仁)은 타동사로 본동사이고, 민(民)은 인(仁)의 목적어이며, 而愛物의 이(而)는 연접의 연사인 〈그리고 이(而)〉이고, 애(愛)는 타동사로 본동사이며, 물(物)은 애(愛)의 목적어이다. 而愛物의 애(愛)는 여기선 〈아낄 인(吝)〉과 같고 애린(愛吝)의 줄임말로 여기고, 물(物)은 동식물로 여기고 새기면 문맥이 통한다.

군자는 재물을 천시하지 않는다. 재물을 소중하게 여기되 근본이 아니라 말단(末端)으로 여긴다. 인(仁)이란 사랑[愛]의 발원(發源)이다. 유가(儒家)

는 그 발원이 사람한테만 사무친다고 주장한다. 그래서 인도(人道)를 일러 인의(仁義)라고 정언(定言)한다. 그 인의는 사람이 가는 길이지 개나 참새나 나비나 초목이 가는 길이 아니란 말이다. 그러나 도가(道家)는 천지불인(天地不仁)이라 하여 유가의 인도(人道)를 소지(小知)라고 비판한다. 〈천지는[天地] 사람의 것이 아니다[不仁]〉 만물은 다 같다 하여 도가는 자연이라 한다. 자연의 입장에서 본다면 사람이나 지렁이나 다 같은 목숨이란 말이다. 그러나 유가는 인수지변(人獸之辨)을 앞세운다. 사람과[人] 짐승[獸]은[之] 다르다[辨].

어질게 대할 인(仁), 백성 민(民), 그리고 이(而), 아낄 애(愛), 온갖 것 물(物)

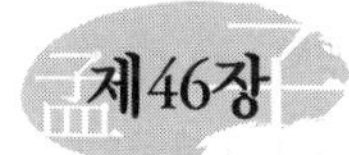

제46장

46장은 맹자가 "지소선후(知所先後)면 즉근도의(則近道矣)이다"는『대학(大學)』의 말을 생각하게 하는 장이고, 상례(喪禮)를 예로 든 대목에 이르면 장자(莊子)의 성망(誠忘)을 연상하게 하는 장이다. 말하자면 격물(格物)에 철저하지 못한 치지(致知)란 불편(不偏)으로 이어지고 맒을 경고하는 장이다. 먼저 하고[先] 뒤에 하는[後] 바를[所] 알면[知] 곧[則] 도에[道] 가까운 것[近]이다[矣].

【문지(聞之)】

당무지위급(當務之爲急)

【원문(原文)】

孟子曰 知者는 無不知也이나 當務之爲急이요 仁者는 無不愛也이나 急親賢之爲務니 堯舜之知로 而不徧物은 急先務也이요 堯舜之仁으로 不徧愛人은 急親賢也이니라 不能三年之喪 而緦小功之察하고 放飯流歠 而問無齒決이 是之謂不知務니라

맹자왈 지자 무부지야 당무지위급 인자 무불애야 급친현지위무 요순지지 이불편물 급선무야 요순지인 불편애인 급친현야 불능삼년지상 이시소공지찰 방반류철 이문무치결 시지위부지무

【해독(解讀)】

맹자가 말했다[孟子曰]. "지혜로운 사람은 알지 못함이 없기 때문에[知者無不知也] (그는) 힘쓸 것이 급하다고 여길 수 있고[當務之爲急], 어진 사람은 사랑하지 못함이 없기 때문에[仁者無不愛也] (그는) 현자와 가까이함을 서둘러 힘쓸 일로 여긴다[急親賢之爲務]. 요순의 지혜로써도 온갖 것을 두루 미치지 못함은[堯舜之知而不徧物] 먼저 할 것을 서두른 것이고[急先務也], 요순의 어짊으로써도 사람을 사랑함에 두루 미치지 못함은[堯舜之仁不徧愛人] 현자와 가까이함을 서두른 것이다[急親賢也]. 삼 년의 상을 아니하면서도[不能三年之喪而] 석 달 상 다섯 달 상을 살핀다거나[緦小功之察], 밥을 처넣고 국물을 흘리면서도[放飯流歠而] 이빨로 끊어먹는 짓이 없기를 따지는 것[問無齒決], 이 따위를 할 일을 모르는 짓이라 한다[是之謂不知務]."

【담소(談笑)】

知者無不知也(지자무부지야) 當務之爲急(당무지위급)

▶ 지혜로운[知] 사람은[者] 알지 못함이[不知] 없기[無] 때문에[也] (그는) 힘쓸[務] 것이[之] 급하다고[急] 여길 수 있다[當爲].

지자무부지야당무지위급(知者無不知也當務之爲急)은 知者無不知也 知者當務之爲急에서 되풀이되는 내용인 지자(知者)를 생략한 것으로, 영어의 복문과 같은 어투이다. 知者無不知也當務之爲急과 같은 어투에서는 먼저 〈어조사(~이므로) 야(也)〉를 주목하면 문맥을 잡기 쉽다. 知者無不知也當務之爲急을 知者無不知也와 當務之爲急으로 먼저 나누어보면 문맥이 잡히기 때문이다. 그리고 知者無不知也와 當務之爲急 사이의 관계를 살펴보면 문맥이 잡힌다. 지자무부지야(知者無不知也)이므로(때문에) 당무지위급(當務之爲急)하다고 두 구문을 이어줄 수 있다는 말이다. 그러면 知者無不知也當務之爲急의 知者無不知也까지를 원인의 종속절로 여기고, 當務之爲急까지를 주절로 여기고 문맥을 잡을 수 있다.

원인의 종속절인 지자무부지야(知者無不知也)에서 지자(知者)는 무(無)를 꾸미는 부사이고, 무(無)는 자동사 〈없을 무(無)〉로 절의 본동사이며, 부지(不知)는 무(無)의 주어이고, 야(也)는 절을 결정짓는 어조사이지만, 여기선 원인절로 새겨야 문맥이 통하므로 〈~ 때문에 야(也)〉로 새긴다. 만약 知者無不知也가 독립구문이라면 지자에겐[知者] 부지가[不知] 없는 것[無]이다

[也]로 새긴다. 그러나 知者無不知也와 當務之爲急의 문맥 관계를 생각해보면 知者無不知也를 원인절로 새기므로 지자에겐[知者] 부지가[不知] 없는 것[無] 때문에[也]로 새기면 知者無不知也와 當務之爲急이 서로 말이 이어져 문맥이 통한다.

주절인 당무지위급(當務之爲急)은 知者當爲務急에서 되풀이되는 주어인 지자(知者)를 생략하고, 위(爲)의 목적어인 무(務)를 전치하여 무지(務之)가 된 것을 알면, 〈爲AB〉꼴을 떠올리고 〈A를 B라 생각한다[爲]〉고 문맥을 잡을 수 있다. 當務之爲急에서 당(當)은 위(爲)를 꾸미는 부사이며, 무(務)는 위(爲)의 목적어이고, 지(之)는 목적격 토씨(~을) 허사이며, 위(爲)는 타동사로 주절의 본동사이고, 급(急)은 무(務)를 꾸미는 목적격 보어이다. 마땅히[當] 무[務]를[之] 급히[急] 생각한다[爲]처럼 새겨보면 當務之爲急의 문맥이 잡힌다. 當務之爲急의 당(當)은 〈당할 가(可)〉와 같고 가당(可當)의 줄임말로 여기고, 무(務)는 〈힘쓸 일 면(勉)〉과 같으며, 위(爲)는 여기선 〈생각할 사(思)〉와 같고, 급(急)은 〈급할 박(迫)〉과 같으며 급박(急迫)의 줄임말로 여긴다.

알 지(知), 놈 자(者), 없을 무(無), 아니 부(不), 어조사(~이므로) 야(也), 가할 당(當), 힘쓸 것 무(務), 생각할 위(爲), 급할 급(急)

仁者無不愛也(인자무불애야) 急親賢之爲務(급친현지위무)

▶ **어진[仁] 사람은[者] 사랑하지 못함이[不愛] 없기[無] 때문에[也] (그는) 현자와[賢] 가까이함을[親] 서둘러[急] 힘쓸 일로[務] 여긴다[爲].**

인자무불애야급친현지위무(仁者無不愛也急親賢之爲務)는 仁者無不愛也仁者急親賢之爲務에서 되풀이되는 인자(仁者)를 생략한 것으로, 영어의 복문과 같은 어투이다. 仁者無不愛也急親賢之爲務와 같은 어투 역시 〈어조사(~ 때문에) 야(也)〉를 주목하면 문맥을 잡기 쉽다. 仁者無不愛也急親賢之爲務를 仁者無不愛也와 急親賢之爲務로 먼저 나누어보면 문맥이 잡히기 때문이다. 그리고 仁者無不愛也와 急親賢之爲務 사이의 관계를 살펴보면 문맥이 잡힌다. 인자무불애야(仁者無不愛也)이므로 급친현지위무(急親賢之爲務)하다고 두 구문을 이어줄 수 있다는 말이다. 그러면 仁者無不愛也急親賢之爲務의 仁者無不愛也까지를 원인의 종속절로 여기고, 急親賢之爲務까지를 주절로 여기고 문맥을 잡을 수 있다.

원인의 종속절인 인자무불애야(仁者無不愛也)에서 인자(仁者)는 무(無)를 꾸미는 부사이고, 무(無)는 자동사 〈없을 무(無)〉로 절의 본동사이며, 불애(不愛)는 무(無)의 주어이고, 야(也)는 절을 결정짓는 어조사이지만 여기서는 원인절로 새겨야 문맥이 통하므로 〈~ 때문에 야(也)〉로 새긴다. 만약 仁者無不愛也가 독립구문이라면 인자에겐[仁者] 불애가[不愛] 없는 것[無]이다[也]로 새길 것이다. 그러나 仁者無不愛也와 急親賢之爲務의 문맥 관계를 생각해보면 仁者無不愛也를 원인절로 새기게 되므로 인자에겐[仁者] 불애가[不愛] 없는 것[無]때문에[也]로 새기면 仁者無不愛也와 急親賢之爲務가 서로 말이 이어져 문맥이 통한다.

주절인 급친현지위무(急親賢之爲務)는 仁者急親賢之爲務에서 되풀이되는 주어인 인자(仁者)를 생략하고, 위(爲)의 목적구인 급친현(急親賢)을 전치하여 급친현지(急親賢之)가 된 것을 알면, 〈爲AB〉꼴을 떠올리고 〈A를 B라 생각한다[爲]〉고 문맥을 잡을 수 있다. 急親賢之爲務에서 급(急)은 위(爲)를 꾸미는 부사이며, 친현(親賢)은 위(爲)의 목적구로 영어의 부정사구(不定詞句)와 같은 구실을 하고, 지(之)는 목적격 토씨(~을) 허사이며, 위(爲)는 타동사로 주절의 본동사이다. 친현[親賢]을[之] 무[務]로 급히[急] 생각한다[爲]처럼 새겨보면 急親賢之爲務의 문맥이 잡힌다. 急親賢之爲務의 급(急)은 〈급할 박(迫)〉과 같고 급박(急迫)의 줄임말로 여기고, 친(親)은 영어의 동명사와 같고, 현(賢)은 〈밝을 명(明)〉과 같고 현인(賢人) 내지 현자(賢者)의 줄임말로 여기고 새기면 문맥이 통하며, 위(爲)는 여기선 〈생각할 사(思)〉와 같고, 무(務)는 〈힘쓸 일 면(勉)〉과 같다.

특히 한문투에서 위(爲)는 문맥에 따라 다양한 뜻을 나타내므로 아래처럼 정리해두면 문맥을 잡는 데 편하다. 〈할 위(爲) = 조(造), 생각할 위(爲) = 사(思), 하여금 위(爲) = 사(使), 만들 위(爲) = 산(産), 이룰 위(爲) = 성(成), 배울 위(爲) = 학(學), 다스릴 위(爲) = 치(治), 도울 위(爲) = 조(助), 호위할 위(爲) = 호(護), 칭할 위(爲) = 칭(稱)〉 이 외에도 위(爲)는 영어에서 온갖 동사들을 대신하는 대리동사 do와 같은 구실을 한다. 그리고 위(爲)는 뜻 없는 어조사 구실도 하고, 소이(所以)처럼 〈까닭 위(爲)〉의 뜻으로 〈爲A所B〉꼴로도 쓰인다. 또한 위(爲)는 영어의 수동태에서 be 동사와 같고 B는 과거분

사와 같다. 〈A에 의해서 B하여진 바[所]이다[爲]〉

어질 인(仁), 놈 자(者), 없을 무(無), 아니 부(不), 사랑할 애(愛), 어조사(~이므로) 야(也), 가급할 급(急), 친할 친(親), 밝음 현(賢), 어조사(~을) 지(之), 생각할 위(爲), 힘쓸 것 무(務)

堯舜之知而不徧物(요순지지이불편물) 急先務也(급선무야)

▶ 요순[堯舜]의[之] 지혜를[知] 써서도[而] 온갖 것을[物] 두루 미치지 못함은[不徧] 먼저[先] 할 것을[務] 서두른 것[急]이다[也].

요순지지이불편물급선무야(堯舜之知而不徧物急先務也)는 〈AB也〉 꼴로 영어의 2형식 문장과 같은 어투이다. 堯舜之知而不徧物急先務也에서 요순지지이불편물(堯舜之知而不徧物)은 주부이고, 급선무(急先務)는 술부이며, 야(也)는 구문을 결정짓는 어조사(~이다)이다.

주부인 요순지지이불편물(堯舜之知而不徧物)에서 요순지지이(堯舜之知而)는 편(徧)을 꾸미는 부사구이고, 편(徧)은 영어의 부정사(不定詞)나 동명사와 같은 구실을 하므로 堯舜之知而不徧物은 부정사구 내지 동명사구로 주부이다. 요순[堯舜]의[之] 지혜를[知] 가지고서도[而] 온갖 것을[物] 두루 미치지 못함은[不徧]. 堯舜之知而不徧物의 지(之)는 소유격 토씨(~의)이고, 지(知)는 〈앎 식(識)〉이 아니라 〈슬기로움 지(智)〉와 같고 지혜(知慧)의 줄임말로 여기고, 이(而)는 여기선 〈써 이(以)〉와 같고, 편(徧)은 〈두루 미칠 주(周)〉와 같으며 주편(周徧)의 줄임말로 여기고, 물(物)은 사물(事物)의 줄임말로 여기고 새기면 문맥이 통한다.

술부인 급선무(急先務)에서 급(急)은 영어의 동명사나 부정사(不定詞)와 같은 구실을 하고, 선(先)은 무(務)를 꾸미는 형용사이며, 무(務)는 급(急)의 목적어이다. 앞선[先] 일을[務] 서둘러 한 것[急]. 急先務也의 급(急)은 〈빠를 질(疾)〉과 같고, 선(先)은 〈뒤 후(後)〉의 반대말이며, 무(務)는 〈일 사(事)〉와 같고 사무(事務)의 줄임말로 여기고 새기면 문맥이 통한다.

요임금 요(堯), 순임금 순(舜), ~의 지(之), 지혜 지(知), 써 이(而), 아니 불(不), 두루 미칠 편(徧), 온갖것 물(物), 서둘 급(急), 먼저 선(先), 할 일 무(務)

堯舜之仁不徧愛人(요순지인불편애인) 急親賢也(급친현야)

▶ 요순[堯舜]의[之] 어짊을[仁] 써서도[而] 사람을[人] 사랑함에[愛] 두루 미치지 못함은[不徧] 현자와[賢] 가까이함을[親] 서두른 것[急]이다[也].

요순지인불편애인급친현야(堯舜之仁不徧愛人急親賢也)는 〈AB也〉꼴로 영어의 2형식 문장과 같은 어투이다. 堯舜之仁而不徧愛人急親賢也에서 앞 문맥으로 보충할 수 있고 되풀이되므로 〈어조사(~으로써) 이(而)〉를 생략한 어투로 요순지인불편애인(堯舜之仁不徧愛人)은 주부이고, 급친현(急親賢)은 술부이며, 야(也)는 구문을 결정짓는 어조사(~이다)이다.

주부인 요순지인불편애인(堯舜之仁不徧愛人)에서 요순지인(堯舜之仁)은 편(徧)을 꾸미는 부사구이고, 편(徧)은 영어의 부정사(不定詞)나 동명사와 같은 구실을 하므로, 堯舜之仁不徧愛人은 부정사구 내지 동명사구로 주부이다. 요순[堯舜]의[之] 어짊으로써도[仁] 사람을[人] 사랑함에[愛] 두루 미치지 못함은[不徧]. 堯舜之仁不徧愛人의 지(之)는 소유격 토씨(~의)이고, 인(仁)은 사랑의 발원[愛之元]을 뜻하며, 편(徧)은 〈두루 미칠 주(周)〉와 같고 주편(周徧)의 줄임말로 여기고, 애(愛)는 〈사랑할 자(慈)〉와 같고 자애(慈愛)의 줄임말로 여기고 새기면 문맥이 통한다.

술부인 급친현(急親賢)에서 급(急)은 영어의 동명사나 부정사(不定詞)와 같은 구실을 하고, 친(親)은 급(急)의 목적어이며, 현(賢)은 친(親)의 목적어이다. 현자와[賢] 가까이함을[親] 서둘러 한 것[急]. 急親賢의 급(急)은 〈빠를 질(疾)〉과 같고, 친(親)은 여기선 〈친할 근(近)〉과 같고 친근(親近)의 줄임말로 여기고 새기면 문맥이 통하며, 현(賢)은 〈밝음 명(明)〉과 같고 여기선 현자(賢者)의 줄임말로 여기고 새기면 문맥이 통한다.

요순(堯舜)의 지혜와 요순의 인자(仁慈)를 사무치려면 물유본말(物有本末)을 지극히 사무쳐야 하고, 사유종시(事有終始) 또한 지극히 사무쳐야 지소선후(知所先後)를 지극히 사무칠 수 있음을 밝히고 있다. 그렇지 않으면 격물치지(格物致知)의 도리에서 멀다. 온갖 것에는[物] 근본과[本] 말단이[末] 있고[有] 일에는[事] 끝과[終] 처음이[始] 있으니[有] 먼저 하고[先] 뒤에 할[後] 바를[所] 알라[知]. 이는 대학(大學)의 도리를 깨우치는 조리(條理)임을 『대학(大學)』이 밝히고 있다. 이러한 조리를 무시하면 요순의 지혜도 두루 하지 못함을 밝히고 있다. 격물(格物)을 선불리 하고서 치지(致知)는 불가능함을 밝히고 있는 중이다. 편물(徧物)의 지혜인 치지(致知)를 이루려면 먼저 사물에 철저히 다가가 이르러보라[格] 한다.

요임금 요(堯), 순임금 순(舜), ~의 지(之), 어짊 인(仁), 아니 불(不), 두루 미칠 편(徧), 온갖 것 물(物), 서둘 급(急), 친함 친(親), 밝음 현(賢), ~이다 야(也)

不能三年之喪而緦小功之察(불능삼년지상이시소공지찰) 放飯流歠而問無齒決(방반류철이문무치결) 是之謂不知務(시지위부지무)

▶ 삼 년[三年]의[之] 상을[喪] 아니하면[不能]서도[而] 석 달 상[緦] 다섯 달 상[小功]을[之] 살핀다거나[察], 밥을[飯] 처넣고[放] 국물을[歠] 흘리면[流]서도[而] 이빨로[齒] 끊어먹는 짓이[決] 없기를[無] 따지는 것[問], 이 따위[是]를[之] 할 일을[務] 모르는 짓[不知]이라 한다[謂].

불능삼년지상이시소공지찰방반류철이문무치결시지위부지무(不能三年之喪而緦小功之察放飯流歠而問無齒決是之謂不知務)는 不能三年之喪而緦小功之察是之謂不知務와 放飯流歠而問無齒決是之謂不知務 두 구문에서 되풀이되는 시지위부지무(是之謂不知務)를 하나만 쓰고 한 구문처럼 묶은 〈謂AB〉꼴로, 영어의 5형식 문장과 같은 어투이다. 〈A를 B라고 일컫다[謂]〉〈謂AB〉꼴에서 목적어 A를 강조하려고 〈A之〉로 전치한 꼴이 〈A之謂B〉꼴임을 알면 不能三年之喪而緦小功之察放飯流歠而問無齒決是之謂不知務의 문맥은 쉽게 잡힌다. 또한 是之謂不知務의 시(是)가 불능삼년지상이시소공지찰(不能三年之喪而緦小功之察)과 방반류철이문무치결(放飯流歠而問無齒決)을 가리키는 지시어임을 알면 전체 문맥은 쉽게 잡힌다.

불능삼년지상이시소공지찰(不能三年之喪而緦小功之察)은 어조사인 이(而)를 알아야 문맥을 잡기 쉽다. 不能三年之喪而緦小功之察의 이(而)는 『논어(論語)』를 열면 맨 첫 줄에 나오는 학이시습(學而時習)의 이(而)와 같은 어조사이다. 〈A而B〉의 이(而)는 A를 강조하면서 B로 이어주는 어조사(~면서도)이다. 不能三年之喪而緦小功之察은 불능삼년지상(不能三年之喪)과 시소공지찰(緦小功之察)로 나누어지는 어투이다. 이(而)가 삼 년[三年]의[之] 상을[喪] 못한다[不能]는 구문과 석 달의 상과[緦] 다섯 달의 상을[小功]을[之] 살핀다[察]는 구문을 이어주면서 不能三年之喪을 강조하므로, 〈A(不能三年

之喪)하면서도[而] B(緦小功之察)한다〉고 문맥을 잡는다. 緦小功之察은 찰시소공(察緦小功)에서 시소공(緦小功)을 전치하면서 〈어조사(~을) 지(之)〉를 더한 어투임을 알면 문맥이 쉽게 잡힌다. 不能三年之喪而緦小功之察의 불능(不能)은 〈못할 불가(不可)〉와 같고, 상(喪)은 상복(喪服)의 줄임말로 여기고 새기며, 시(緦)는 3개월 동안 상복을 입고 벗어버리는 짓을 말하고, 소공(小功)은 5개월 동안 상복을 입고 벗어버리는 짓을 말하므로 상례(喪禮)를 저버린 짓을 뜻한다. 찰(察)은 〈살필 감(監)〉과 같고 감찰(監察)의 줄임말로 여기고 새기면 문맥이 통한다.

방반류철이문무치결(放飯流歠而問無齒決) 역시 어조사인 이(而)를 알아채면 문맥을 잡기가 한결 쉽다. 放飯流歠而問無齒決의 이(而)는 앞 말을 강조해주는 어조사로, 放飯流歠而問無齒決은 방반류철(放飯流歠)과 문무치결(問無齒決)로 나누어진다. 이(而)가 밥을[飯] 막 처먹고[放] 국물을[歠] 절절 흘린다[流]는 구문과 이빨로[齒] 끊어먹기가[決] 없기를[無] 따진다[問]는 구문을 서로 이어주면서 放飯流歠을 강조하므로, 〈A(放飯流歠)하면서도[而] B(問無齒決)한다〉고 문맥을 잡는다. 放飯流歠에서 방(放)과 유(流)는 영어의 동명사나 부정사(不定詞)와 같은 구실을 하고, 반(飯)은 방(放)의 목적어이며, 철(歠)은 유(流)의 목적어이므로 동명사구로 여기고 새기면 문맥이 잡힌다. 물론 某人放飯流歠에서 일반주어인 어떤 사람[某人]을 생략했다고 여기면, 방(放)과 유(流)는 타동사로 본동사이고, 放飯流歠而問無齒決의 이(而)는 역접의 연사인 〈그러나 이(而)〉로 새겨도 문의는 상하지 않는다. 즉 放飯流歠而問無齒決을 〈어떤 사람이[某人] 방반[放飯]하고 유철[流歠]한다. 그러나[而] 모인이[某人] 치결을[流歠] 따진다[問]〉고 새길 수 있다는 말이다. 放飯流歠而問無齒決의 방반류철(放飯流歠)은 몹시 무례하게 음식을 대하는 짓을 말하고, 치결(齒決)은 이빨 소리를 내면서 딱딱 끊어 먹는 짓을 말한다. 問無齒決에서 문(問)은 영어의 동명사나 부정사(不定詞)와 같은 구실을 하고, 무치결(無齒決)은 문(問)의 목적절이다. 無齒決에서 무(無)는 〈없을 무(無)〉로 영어의 동명사나 부정사(不定詞)와 같은 구실을 하고, 치결(齒決)은 무(無)의 목적어이므로 치결이[齒決] 없기를[無] 따진다[問]고 새기면 문맥이 잡힌다. 무례하게 밥을 먹고 국물을 후룩후룩 마셔대면서 이빨로 씹는 소리를 내지 말라고 한다면 말이 안 된다는 것을 밝히고 있다.

시지위부지무(是之謂不知務)의 시(是)는 불능삼년지상이시소공지찰(不能三年之喪而緦小功之察)과 방반류철이문무치결(放飯流歠而問無齒決)을 가리키는 지시어로 위(謂)의 목적어이다. 그리고 是之謂不知務는 謂是不知務에서 시(是)를 전치하여 시지(是之)가 된 것으로, 是之謂不知務의 지(之)는 목적격 토씨(~를)인 어조사이다. 그러므로 是之謂不知務는 謂是不知務로 여기고 영어의 5형식 문장처럼 문맥을 잡는다. 이를[是] 해야 할 일을[務] 모르는 것[不知]이라 한다[謂]. 是之謂不知務에서 시(是)는 위(謂)의 목적어이고, 부지무(不知務)는 목적격 보어로 여기면 是之謂不知務의 문맥이 잡힌다는 말이다. 是之謂不知務의 위(謂)는 〈일컬을 칭(稱)〉과 같고, 지(知)는 〈알 식(識)〉과 같으며, 무(務)는 〈일 사(事)〉와 같다.

맹자가 마치 장자(莊子)가 밝힌 성망(誠忘)을 생각나게 하는 말을 하고 있다. 잊어도 되는 것을 잊지 않고 잊어서는 안 되는 것을 잊어버린 병을 성망이라 한다. 이를 유가(儒家)의 생각으로 말한다면 격물(格物)은 팽개쳐두고 치지(致知)에만 급급해 하는 꼴이 된다. 왜 삼년상을 치러야 하는지 그 까닭을 철저하게 터득한다면 상(喪)에 관한 격물(格物)을 치열하게 한 셈이다. 그러면 3개월짜리 상이나 5개월짜리 상 따위를 두고 왈가왈부할 건더기가 없다는 맹자의 지적을 이해할 수 있다. 이처럼 예를 들어서 인간이라면 왜 인(仁)과 지(知)가 두루 통하는 덕(德)인지 그 까닭을 철저하게 터득하지 못하면 불편(不徧)의 인(仁)으로 드러나고 불편(不徧)의 지(知)로 이어짐을 격렬하게 밝히고 있다.

아니 불(不), 행할 능(能), 석 삼(三), 해 년(年), ~의 지(之), 잃음 상(喪), 어조사(~면서도) 이(而), 시마 시(緦), 작을 소(小), 일 공(功), ~을 지(之), 살필 찰(察), 내칠 방(放), 밥 반(飯), 흘릴 류(流), 국물 철(歠), 따질 문(問), 없을 무(無), 이빨 치(齒), 끊을 결(決), 이 시(是), ~을 지(之), 일컬을 위(謂), 알 지(知), 할 일 무(務)

【七篇】

진심장구_하(盡心章句_下)

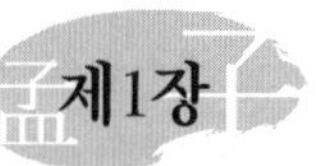

1장은 맹자가 앞 장에 밝힌 해야 할 바[務]를 다시금 밝히고 있는 장이다. 군왕(君王)의 소애(所愛)만이 구인(求仁)이고 호인(好仁)이겠는가. 인자(仁者)의 소애(所愛)란 모름지기 구인(求仁)이요 호인(好仁)일 것이다. 하물며 군왕의 소애는 더 말할 것이 없음을 헤아리게 하는 장이다. 그런 군왕이라면 호인을 행인(行仁)으로 사무치게 할 것임을 단언하는 장이다. 이를 어긴 양혜왕을 들어서 군왕이 불인자(不仁者)가 되는 꼴을 적시해 간담을 서늘하게 하는 장이다.

【문지(聞之)】

인자이기소애급기소불애(仁者以其所愛及其所不愛)

【원문(原文)】

孟子曰 不仁哉라 梁惠王也이여 仁者는 以其所愛로 及其所不
맹자왈 불인재 양혜왕야 인자 이기소애 급기소불

愛하고 不仁者는 以其所不愛로 及其所愛니라 公孫丑曰 何謂
애 불인자 이기소불애 급기소애 공손추왈 하위

也이오 梁惠王이 以土地之故로 糜爛其民而戰之하여 大敗하고
야 양혜왕 이토지지고 미란기민이전지 대패

將復之하되 恐不能勝이라 故로 驅其所愛子弟하여 以殉之하니
장복지 공불능승 고 구기소애자제 이순지

是之謂以其所不愛로 及其所愛也이리라
시지위이기소불애 급기소애야

【해독(解讀)】

맹자가 말했다[孟子曰]. “어질지 못하여라[不仁哉]! 위나라 양혜왕이란[梁惠王也]. 어진 사람은 자기가 사랑하는 바를 가지고 자기가 사랑하지 않는 바까지 (어짊이) 뻗어가고[仁者以其所愛及其所不愛], 어질지 못한 사람은 자기가 사랑하지 않는 바를 가지고 자기가 사랑하는 바까지 (어질지 못함이) 뻗어간다[不仁者以其所不愛及其所愛].” 공손추가 여쭈었다[公孫丑曰]. “무슨 말씀이신지요[何謂也]?” (맹자가 말해주었다) “위나라 양혜왕은 땅이란 이유 때문에 제 백성을 다치고 썩어 문드러지게 하면서 백성을 전쟁으로 몰아[梁惠王以土地之故糜爛其民我戰之] 크게 패했다[大敗]. (혜왕은) 또 패배를 보복하려고 했지만 이길 수 없을까 두려웠기 때문에[將復之恐不能勝故] 그가 사랑하는 바인 자제를 몰아 가지고 (자제가) 자기를 따라 죽게 했다[驅其所愛子弟以殉之]. 이를 자기가 사랑하지 않는 바를 가지고 자기가 사랑하는 바까지 (제 어질지 못함이) 뻗어가는 것이라고 말하는 것이다[是之謂其所不愛及其所愛也].”

【담소(談笑)】

不仁哉梁惠王也(불인재양혜왕야)

▶ 어질지 못하여[不仁]라[哉]! 양혜왕[梁惠王]이란[也].

불인재양혜왕야(不仁哉梁惠王也)는 梁惠王不仁哉에서 술부를 전치하면서 어조를 높이기 위해 양혜왕(梁惠王)에 야(也)를 더해 양혜왕야(梁惠王也)가 된 〈AB也〉꼴의 감탄문으로, 영어의 2형식 문장과 같은 어투이다. 따라서 不仁哉梁惠王也에서 불인(不仁)은 보어이고, 재(哉)는 감탄문을 결정짓는 어조사(~구나)이며, 양혜왕(梁惠王)은 주어이며, 야(也)는 주어를 강조해 주는 어조사(~이란)이다.

> 아니 불(不), 어질 인(仁), 어조사(~여) 재(哉), 양나라 양(梁), 은혜 혜(惠), 임금 왕(王), 어조사(~이란) 야(也)

仁者(인자) 以其所愛(이기소애) 及其所不愛(급기소불애)

▶ 어진[仁] 사람은[者] 자기가[其] 사랑하는[愛] 바를[所] 가지고[以] 자기가[其] 사랑하지 않는[不愛] 바까지[所] (그 사랑이) 뻗어간다[及].

인자이기소애급기소불애(仁者以其所愛及其所不愛)는 영어의 3형식 문장과 같은 어투이다. 仁者以其所愛及其所不愛에서 인자(仁者)는 주어이고, 이기소애(以其所愛)는 급(及)을 꾸미는 부사구이며, 급(及)은 타동사로 본동사이고, 기소불애(其所不愛)는 급(及)의 목적구이다. 특히 부사구인 이기소애(以其所愛)는 기(其)가 이인자지소애(以仁者之所愛)의 인자지(仁者之)를 대신하는 대명사로 애(愛)의 주어임을 알아야 문맥을 잡을 수 있다. 인자[仁者]가[之] 사랑하는[愛] 바를[所] 활용해서[以]. 물론 이인자지소애(以仁者之所愛)는 이소인자애(以所仁者愛)에서 인자(仁者)를 소(所) 앞으로 옮겨서 인자지(仁者之)된 것으로 여기면 이기소애(以其所愛)의 문맥이 잡힌다. 그러므로 이기소애(以其所愛)의 〈바 소(所)〉를 〈마음 소(所)〉로 여기고 인자가[其] 사랑하는[愛] 마음을[所] 가지고[以]로 새기면 문맥의 문의가 잘 드러난다. 仁者以其所愛及其所不愛의 인자(仁者)는 인지인(仁之人)의 지인(之人)을 자(者)로 축약한 어투이므로 〈사람 자(者)〉로 새기면 문맥이 통하고, 이(以)는 〈써 용(用)〉과 같고, 급(及)은 〈뻗어갈 담(覃)〉과 같다.

어진 인(仁), 사람 자(者), 써 이(以), 그 기(其), 바 소(所), 사랑할 애(愛), 뻗어갈 급(及), 아니 불(不)

不仁者(불인자) 以其所不愛(이기소불애) 及其所愛(급기소애)

▶ **어질지 못한[不仁] 사람은[者] 자기가[其] 사랑하지 않는[不愛] 바를[所] 가지고[以] 자기가[其] 사랑하는[愛] 바까지[所] (어질지 못함이) 뻗어간다[及].**

불인자이기소불애급기소애(不仁者以其所不愛及其所愛)는 영어의 3형식 문장과 같은 어투이다. 不仁者以其所不愛及其所愛에서 불인자(不仁者)는 주어이고, 이기소불애(以其所不愛)는 급(及)을 꾸미는 부사구이며, 급(及)은 타동사로 본동사이고, 기소애(其所愛)는 급(及)의 목적구이다. 특히 부사구인 이기소불애(以其所不愛)는 기(其)가 이불인자지소불애(以不仁者之所不愛)의 불인자지(不仁者之)를 대신하는 대명사로 애(愛)의 주어임을 알아야 문맥을 잡을 수 있다. 불인자[不仁者]가[之] 사랑하지 않는[不愛] 바를[所] 써서[以]. 물론 이불인자지소불애(以不仁者之所不愛)는 이소불인자불애(以所不仁者不愛)에서 불인자(不仁者)를 소(所) 앞으로 옮겨 불인자지(不仁者之)가 된 것으로 여기면 이기소불애(以其所不愛)의 문맥이 잡힌다. 그러므로 이기소불애(以其所不愛)의 〈바 소(所)〉를 〈마음 소(所)〉로 여기고 불인자가[其] 사랑하지 않는[不愛] 마음을[所] 가지고[以]로 새기면 문맥의 문의가 잘 드러난다. 不仁者以其所不愛及其所愛의 이(以)는 〈써 용(用)〉과 같고 급

(及)은 〈뻗어갈 담(覃)〉과 같다.

아니 불(不), 어진 인(仁), 사람 자(者), 써 이(以), 그 기(其), 바 소(所), 사랑할 애(愛), 뻗어갈 급(及)

公孫丑曰(공손추왈) 何謂也(하위야)

▶ 공손추가[公孫丑] 무슨[何] 말씀[謂]이냐고[也] 여쭈었다[曰].

공손추왈하위야(公孫丑曰何謂也)는 영어의 3형식 문장과 같은 어투이다. 公孫丑曰何謂也에서 공손추(公孫丑)는 주어이고, 왈(曰)은 타동사로 본동사이며, 하위야(何謂也)는 의문구로 왈(曰)의 목적구이다. 公孫丑曰何謂也의 공손추(公孫丑)는 맹자의 제자이고, 왈(曰)은 〈가로되 어(語)〉와 같다. 하(何)는 위(謂)를 명사인 〈말씀 위(謂)〉로 여기면 의문형용사로, 위(謂)를 동사인 〈일컬을 위(謂)〉로 여기면 의문부사로 여기고, 야(也)는 〈하(何)~야(也)〉꼴이므로 의문절 내지 의문구를 결정짓는 어조사(~인가)이다.

두루 공(公), 자손 손(孫), 사람이름 추(丑), 여쭐 왈(曰), 무엇 하(何), 말씀 위(謂), ~인가 야(也)

梁惠王(양혜왕) 以土地之故(이토지지고) 糜爛其民而戰之(미란기민이전지) 大敗(대패)

▶ 양혜왕은[梁惠王] 땅[土地]의[之] 연고[故] 때문에[以] 제[其] 백성을[民] 다치고 썩어 문드러지게 하면[糜爛]서[而] 백성을[之] 전쟁으로 몰아[戰] 크게[大] 패했다[敗].

양혜왕이토지지고미란기민이전지대패(梁惠王以土地之故糜爛其民而戰之大敗)와 같은 어투는 동사를 찾아내서 그 글자들을 중심으로 문장의 골격을 나누어 구문마다 따로 문맥을 잡아본 다음, 서로 이어서 전체 문맥을 잡아보는 것이 편하다. 梁惠王以土地之故糜爛其民而戰之大敗는 〈문드러질 미(糜)〉, 〈다쳐 문드러질 란(爛)〉, 〈싸울 전(戰)〉, 〈패할 패(敗)〉 등 네 동사가 있으므로 梁惠王以土地之故糜其民 而梁惠王以土地之故爛其民 而梁惠王以土地之故戰之 而梁惠王以土地之故大敗 등으로 나누고, 되풀이되는 양혜왕이토지지고(梁惠王以土地之故)를 생략한 어투이다. 결국 梁惠王以土地之故糜爛其民而戰之大敗는 영어의 3형식 문장 셋과 1형식 문장 하나가 합쳐진 영어의 중문과 같은 어투이다.

양혜왕이토지지고미란기민이전지대패(梁惠王以土地之故糜爛其民而戰之大敗)에서 양혜왕(梁惠王)은 주어이고, 이토지지고(以土地之故)는 미란(糜爛)과 전(戰)을 꾸미는 부사구이며, 미란(糜爛)은 타동사로 본동사이고, 기민(其民)은 미란(糜爛)의 목적어이고, 이(而)는 연접의 연사인 〈그리고 이(而)〉이며, 전(戰)은 타동사로 본동사이고, 지(之)는 기민(其民)을 대신하는 지시대명사이며, 대(大)는 패(敗)를 꾸미는 부사이고, 패(敗)는 자동사로 본동사이다. 以土地之故의 이(以)는 〈까닭 인(因)〉과 같고, 지(之)는 소유격 토씨(~의)이며, 고(故)는 〈인연 연(緣)〉과 같고 연고(緣故)의 줄임말로 여기고 새기면 문맥이 통한다. 糜爛其民而戰之의 미(糜)는 〈문드러질 란(爛)〉과 같고, 전(戰)은 〈싸움으로 몰 투(鬪)〉와 같으며, 지(之)는 허사로 여기고 무시하고 문맥을 잡아도 되지만 기민(其民)을 대신하는 지시대명사로 여기고 새겨도 문맥이 통한다. 大敗의 패(敗)는 〈망할 망(亡)〉과 같고 패망(敗亡)의 줄임말로 여기고 새긴다.

양나라 양(梁), 은혜 혜(惠), 임금 왕(王), 써 이(以), 땅 토(土), 땅 지(地), ~의 지(之), 연유 고(故), 문드러질 미(糜), 다쳐 헐 란(爛), 그 기(其), 백성 민(民), 그리고 이(而), 싸울 전(戰), 클 대(大), 패할 패(敗)

將復之(장복지) 恐不能勝故(공불능승고) 驅其所愛子弟以殉之(구기소애자제이순지)

▶ (혜왕은) 또[將] 패배를[之] 보복하려고 했지만[復] 이길[勝] 수 없을까[不能] 두려웠기[恐] 때문에[故] 그가[其] 사랑하는[愛] 바인[所] 자제를[子弟] 몰아[驅] 가지고[以] (자제가) 자기를[之] 따라 죽게 했다[殉].

장복지공불능승고구기소애자제이순지(將復之恐不能勝故驅其所愛子弟以殉之)와 같은 어투 역시 동사를 찾아내 그 글자들을 중심으로 문장의 골격을 나누어 따로 문맥을 잡아본 다음, 서로 이어서 전체 문맥을 잡아보는 것이 편하다. 將復之恐不能勝故驅其所愛子弟以殉之는 〈회복할 복(復)〉, 〈두려워할 공(恐)〉, 〈몰 구(驅)〉, 〈써 이(以)〉, 〈따라죽을 순(殉)〉 등 다섯 글자가 동사라고 할 수 있지만, 여기서 〈몰 구(驅)〉와 〈써 이(以)〉는 순(殉)을 꾸미는 부사구이므로 將復之恐不能勝故驅其所愛子弟以殉之는 將復之 恐不能

勝故 驅其所愛子弟以殉之 등 세 구문으로 나누어진다. 각각의 구문을 새겨 서로의 관계를 살펴 이어주면 將復之恐不能勝故驅其所愛子弟以殉之의 전체 문맥이 잡힌다. 장복지(將復之)라도 공불능승고(恐不能勝故) 때문에 구기소애자제이순지(驅其所愛子弟以殉之)했다고 새기면 전체 문맥이 통한다. 따라서 장복지(將復之)는 양보의 종속절 내지 양보의 부사구이고, 공불능승고(恐不能勝故)는 원인의 종속절 내지 원인의 부사구이며, 구기소애자제이순지(驅其所愛子弟以殉之)가 주절이므로 將復之恐不能勝故驅其所愛子弟以殉之는 영어의 복문과 같은 어투이다.

장복지(將復之)는 梁惠王將復之에서 앞 문맥으로 보충할 수 있으므로 주어인 양혜왕(梁惠王)을 생략했다고 여기면 장복지(將復之)를 양보의 종속절로 여기고 문맥을 잡을 것이고, 將復之의 복(復)을 영어의 부정사(不定詞) 구실을 한다고 여기면 양보의 부정사구로 보고 문맥을 잡을 것이다. 어느 경우든 문맥의 문의는 상하지 않기 때문에 둘 다 가능하다. 將復之의 장(將)은 여기선 〈또 차(且)〉와 같고, 복(復)은 〈갚을 보(報)〉와 같으며 보복(報復)의 줄임말로 여기고, 지(之)는 앞의 대패(大敗)를 대신하는 지시대명사로 여긴다.

공불능승고(恐不能勝故)는 梁惠王恐不能勝故에서 앞 문맥으로 보충할 수 있으므로 주어인 양혜왕(梁惠王)을 생략했다고 보면 공불능승고(恐不能勝故)를 원인의 종속절로 여기고 문맥을 잡을 것이고, 恐不能勝故의 공(恐)을 영어의 부정사(不定詞) 구실을 한다고 여기면 원인의 부정사구로 보고 문맥을 잡을 것이다. 어느 경우든 문맥의 문의는 상하지 않기 때문에 다 가능하다. 恐不能勝故의 공(恐)은 〈두려워할 구(懼)〉와 같고, 불능(不能)은 불가(不可)와 같으며, 승(勝)은 승리(勝利)의 줄임말로 여기고, 고(故)는 〈까닭 고(故)〉로 영어에서 원인의 부사절을 이끄는 since와 같다. 물론 고(故)는 〈그러므로 고(故)〉처럼 앞 내용을 뒤의 내용과 이어주는 영어의 therefore와 같을 때가 더 많다. 〈A故B〉꼴을 〈A하기 때문에[故] B한다〉는 복문과, 〈A한다. 그러므로[故] B한다〉는 중문으로 나누어 기억해두면 문맥을 잡기 편하다.

구기소애자제이순지(驅其所愛子弟以殉之)는 驅其所愛子弟以子弟殉之에서 되풀이되므로 주어인 자제(子弟)를 생략한 것으로, 영어의 3형식 절과 같은 어투이다. 그리고 구기소애자제이(驅其所愛子弟以)는 이구기소애자제

(以驅其所愛子弟)를 이(以) 앞으로 전치했다고 여기면 문맥이 잡힌다. 이(以)는 〈以A〉처럼 전치사 구실도 하고, 〈A以〉처럼 후치사 구실도 한다. 그러므로 驅其所愛子弟以殉之에서 구기소애자제이(驅其所愛子弟以)는 순(殉)을 꾸미는 부사구이고, 순(殉)은 타동사로 본동사이며, 지(之)는 생략된 양혜왕(梁惠王)을 나타내는 지시대명사이다. 驅其所愛子弟以殉之의 구(驅)는 〈몰 구(駈)〉와 같고, 이(以)는 〈써 용(用)〉과 같으며, 순(殉)은 〈따를 종(從)〉과 같다.

또 장(將), 돌이킬 복(復), 그 지(之), 두려워할 공(恐), 아니 불(不), 할 능(能), 이길 승(勝), 때문에 고(故), 몰 구(驅), 그 기(其), 바 소(所), 사랑할 애(愛), 아들 자(子), 아우 제(弟), 써 이(以), 따라 죽일 순(殉), 그들 지(之)

是之謂以其所不愛及其所愛也(시지위이기소불애급기소애야)

▶ 이[是]를[之] 자기가[其] 사랑하지 않는[不愛] 바를[所] 가지고[以] 자기가[其] 사랑하는[愛] 바까지[所] (제 어질지 못함이) 뻗어감이라고[及] 말하는 것[謂]이다[也].

시지위이기소불애급기소애야(是之謂以其所不愛及其所愛也)는 〈AB也〉꼴로 영어의 2형식 문장과 같은 어투이다. 是之謂以其所不愛及其所愛也에서 시지(是之)는 주어이고, 위(謂)는 수동태로 본동사이며, 이기소불애급이소애(以其所不愛及其所愛)는 술부이고, 야(也)는 구문을 결정짓는 어조사(~이다)이다. 그러므로 是之謂以其所不愛及其所愛也는 人人謂是以其所不愛及其所愛에서 일반주어인 사람들[人人]을 생략하고, 목적어인 시(是)를 위(謂) 앞으로 전치하면서 허사 지(之)를 더해 시지(是之)가 된 것으로, 영어의 5형식 문장이 수동태로 바뀌면 2형식 문장이 되는 경우와 같은 어투이다. 是之謂以其所不愛及其所愛에서 시지(是之)는 위(謂)의 주어이고, 위(謂)는 수동태로 본동사이며, 이기소불애급기소애(以其所不愛及其所愛)는 술부이다.

술부인 이기소불애급기소애(以其所不愛及其所愛)에서 이기소불애(以其所不愛)는 급(及)을 꾸미는 부사구이고, 급(及)은 영어의 분사와 같은 보어이며, 기소애(其所愛)는 급(及)의 목적구이다. 특히 부사구인 이기소불애(以其所不愛)는 기(其)가 이불인자지소불애(以不仁者之所不愛)의 인자지(仁者

之)를 대신하는 대명사로 애(愛)의 주어임을 알아야 문맥을 잡을 수 있다. 불인자[不仁者]가[之] 사랑하지 않는[不愛] 바를[所] 써서[以]. 물론 이불인자지소불애(以不仁者之所不愛)는 이소불인자불애(以所不仁者不愛)에서 불인자(不仁者)를 소(所) 앞으로 옮기면서 불인자지(不仁者之)가 된 것으로 여기면 이기소불애(以其所不愛)의 문맥이 잡힌다. 그러므로 이기소불애(以其所不愛)의 〈바 소(所)〉를 〈마음 소(所)〉로 여기고, 불인자가[其] 사랑하지 않는[不愛] 마음을[所] 가지고[以]라고 새기면 문의가 잘 드러난다. 不仁者以其所不愛及其所愛의 이(以)는 〈써 용(用)〉과 같고, 급(及)은 〈뻗어갈 담(覃)〉과 같다.

소애(所愛)는 인(仁)이다. 사랑하는[愛] 바[所]란 인(仁)에서 비롯되기 때문이다. 소불애(所不愛)는 불인(不仁)이다. 사랑하지 않는[不愛] 바[所]란 불인(不仁)에서 비롯되기 때문이다. 어짊[仁]은 어질지 못함[不仁]을 인(仁)으로 이르게 할 수 있지만, 어질지 못함[不仁]은 어짊마저 짓밟아버림을 위나라 양혜왕(梁惠王)의 경우를 들어 밝히고 있다. 양혜왕은 전쟁을 일삼다가 불인이 인을 짓밟는 죄를 범했다. 이는 임금이 해야 할 일[務]을 버린 탓이다.

위나라 양혜왕은 재위 28년에 대군(大軍)을 동원하여 조(趙)나라를 쳐서 수도 한단(邯鄲)을 함락시켰다. 조나라가 제(齊)나라에 원군을 청하자, 제나라 위왕(威王)이 전기(田忌)와 손빈(孫臏)을 시켜 조나라를 돕게 하여 계림(桂林)에서 위나라 군대를 격파했다. 2년 뒤에 양혜왕이 다시 조나라를 공격하자, 조나라가 다시 제나라에 청원(請援)하여 다시 조나라를 구원해주었다. 이에 양혜왕은 다시 방연(龐涓)을 장수로 하고 태자(太子) 갑(甲)을 상장(上將)으로 하여 제나라 군대를 쳤지만, 대패하여 방연은 전사하고 태자는 포로가 되고 말았다. 이처럼 양혜왕은 전쟁을 좋아하다가 전쟁으로 망했다. 칼은 칼로 망하는 법이다.

이 시(是), 어조사(~를) 지(之), 일컬어질 위(謂), 써 이(以), 그 기(其), 바 소(所), 아니 불(不), 사랑할 애(愛), 뻗어갈 급(及), ~이다 야(也)

제2장

2장은 맹자가 오패(五霸)를 삼왕(三王)의 죄인이라고 갈파했음을 상기하게 하는 장이다. 춘추(春秋)의 오패는 이미 삼왕의 중화(中和)를 저버렸다. 중(中)은 천하의 대본(大本)이고, 화(和)는 천하(天下)의 달도(達道)를 말한다. 대본(大本)이란 두루 통하는 근본을 말하므로 천명(天命)이요 또한 인의(仁義)이며 그 천명인 인의를 실천함이 곧 달도(達道)이다. 춘추시대의 치세(治世)는 이미 천하의 대본과 달도를 버리고 선전(善戰)만 앞세웠음을 질타하는 장이다.

【문지(聞之)】

춘추무의전(春秋無義戰)

【원문(原文)】

孟子曰 春秋에 無義戰하니 彼善於此則有之矣이다 征者는 上이 伐下也이니 敵國은 不相征也이다
맹자왈 춘추 무의전 피선어차즉유지의 정자 상 벌하야 적국 불상정야

【해독(解讀)】

맹자가 말했다[孟子曰]. "춘추시대에는 의로운 전쟁은 없었다[春秋無義戰]. 저 나라가 이 나라보다 잘 싸운다는 것인즉 그런 일은 있었던 것이다[彼善於此則有之矣]. 정벌이란 것은 천자가 제후를 치는 것이다[征者上伐下也]. 맞수의 나라들은 서로 치지 않는 것이다[敵國不相征也]."

【담소(談笑)】

春秋無義戰(춘추무의전)

▶ **춘추시대에는[春秋] 의로운[義] 전쟁은[戰] 없었다[無].**

춘추무의전(春秋無義戰)은 〈A無B〉로 영어의 1형식 문장과 같은 어투이다. 〈A(春秋)에는 B(義戰)가 없었다[無]〉 春秋無義戰에서 춘추(春秋)는 무(無)를 꾸미는 부사이고, 무(無)는 자동사 〈없을 무(無)〉로 주어를 뒤에 두

고, 의(義)는 전(戰)을 꾸미는 형용사이며, 전(戰)은 무(無)의 주어이다. 春秋無義戰의 춘추(春秋)는 춘추시대(春秋時代)의 줄임말로 여기고 새기고, 무(無)는 여기선 〈없을 막(莫)〉과 같으며, 의(義)는 〈바를 정(正)〉과 같고 정의(正義)의 줄임말로 여기고, 전(戰)은 〈싸움 투(鬪)〉와 같고 전쟁(戰爭)의 줄임말로 여기고 새기면 문맥이 통한다.

봄 춘(春), 가을 추(秋), 없을 무(無), 의로울 의(義), 전쟁 전(戰)

彼善於此則有之矣(피선어차즉유지의)

▶ 저 나라가[彼] 이 나라[此]보다[於] 잘 싸운다는 것[善]인즉[則] 그런 일은[之] 있었던 것[有]이다[矣].

피선어차즉유지의(彼善於此則有之矣)는 春秋有彼善戰於此矣에서 되풀이되는 부사구인 춘추(春秋)와 선전(善戰)의 전(戰)을 생략하고, 피선어차(彼善於此)를 유(有) 앞으로 전치하여 강조하면서 아무런 뜻 없는 어조사인 즉(則)을 더하고, 彼善於此를 비운 자리에 역시 무시해도 되는 지(之)를 더해 유의(有矣)가 유지의(有之矣)가 된 것으로, 영어의 1형식 문장과 같은 어투이다. 물론 彼善於此則有之矣에서 즉(則)과 지(之)와 의(矣)를 무시해버리고 有彼善於此로 여기고 문맥을 잡아도 되지만, 선(善)을 선전(善戰)의 줄임말로 여기고 새겨야 전체 문맥의 문의가 상하지 않으면서 잘 드러난다. 저것이[彼] 이것[此]보다[於] 잘한다는 것이[善] 있었다[有]고 새기는 것보다, 저 나라가[彼] 이 나라[此]보다[於] 잘 전쟁한다는 것이[善戰] 있었다[有]고 새기는 것이 문맥을 통하게 한다는 말이다.

피선어차즉유지의(彼善於此則有之矣)에서 피선어차(彼善於此)는 유(有)의 주어이고, 즉(則)은 여기선 무시해도 되는 어조사이며, 유(有)는 영어의 동명사 내지 부정사(不定詞)처럼 〈있는 것 유(有)〉로 구문의 주어이고, 지(之)는 彼善於此을 나타내는 허사이므로 무시해도 되며, 의(矣)는 구문을 결정짓는 어조사(~이다)이다. 彼善於此則有之矣의 피(彼)는 피국(彼國)으로, 차(此)는 차국(此國)으로 여기고 새기면 문맥이 통하고 걸맞은 문의가 드러나며, 어(於)는 비교해주는 어조사 〈~보다 어(於)〉로 여기고 새긴다.

저 피(彼), 잘할 선(善), ~보다 어(於), 이 차(此), 어조사 즉(則), 있을 유(有),

그것 지(之), ~이다 의(矣)

征者上伐下也(정자상벌하야)

▶ 정벌이란[征] 것은[者] 천자가[上] 제후를[下] 치는 것[伐]이다[也].

정자상벌하야(征者上伐下也)는 〈AB也〉꼴로 영어의 2형식 문장과 같은 어투이다. 征者上伐下也에서 정자(征者)는 주부이고, 상벌하(上伐下)는 술부로 보어이며, 야(也)는 구문을 결정짓는 어조사(~이다)이다. 征者上伐下也의 정자(征者)는 征之事의 지사(之事)를 자(者)로 축약한 어투이므로 〈것 자(者)〉로 새기고, 정(征)은 〈칠 벌(伐)〉과 같고 정벌(征伐)의 줄임말로 여기며, 상(上)은 상천자(上天子)의 줄임으로 보고, 하(下)는 하제후(下諸侯)의 줄임으로 여기고 새기면 문맥이 통하고 문의가 드러난다.

칠 정(征), 것 자(者), 위 상(上), 칠 벌(伐), 아래 하(下), ~이다 야(也)

敵國不相征也(적국불상정야)

▶ 맞수의[敵] 나라들은[國] 서로[相] 치지 않는 것[不征]이다[也].

적국불상정야(敵國不相征也)는 〈AB也〉로 영어의 2형식 문장과 같은 어투이다. 敵國不相征也에서 적국(敵國)은 주부이고, 불상정(不相征)은 술부로 보어이며, 야(也)는 구문을 결정짓는 어조사(~이다)이다. 敵國不相征也의 적(敵)은 〈맞수 대(對)〉와 같고 적대(敵對)의 줄임말로 여기고 새기고, 국(國)은 복수로 〈나라들 국(國)〉으로 여기고 새기며, 불(不)은 정(征)의 부정사(否定詞)이고, 상(相)은 정(征)을 꾸미는 부사로 〈서로 호(互)〉와 같고 상호(相互)의 줄임말로 여기고 새기며, 정(征)은 영어의 동명사나 부정사(不定詞)와 같으며 보어로 〈칠 벌(伐)〉과 같고 정벌(征伐)의 줄임말로 여기며, 야(也)는 구문을 결정짓는 어조사(~이다)이다.

춘추시대 오패(五霸)를 생각나게 한다. 나라가 모두 선전(善戰)만을 노렸고 천자의 명(命)을 무시했음을 밝힘이 곧 무의전(無義戰)이다. 의전(義戰)이란 천자가 무도한 제후국을 징벌하는 전쟁을 말한다. 이미 춘추시대는 군자로서 군왕이 나라를 다스리지 못했음을 맹자가 밝히고 있다.

맞수 적(敵), 나라 국(國), 아니 불(不), 서로 상(相), 칠 정(征), ~이다 야(也)

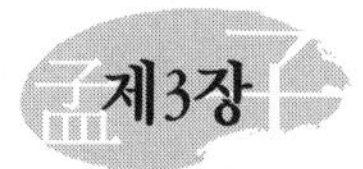

제3장

3장은 맹자가 『서경(書經)』을 어떻게 읽을 것인가를 밝히고 있는 장이다. 『서경(書經)』은 유가(儒家)의 경전이지만, 성현(聖賢)의 말씀으로만 이루어진 경전(經典)이 아니라 사관(史官)의 기록들로써 이루어진 까닭이다. 그러니 『서경』에선 사관의 기록을 통하여 성군(聖君)들의 말씀을 들어야 하므로 『서경』을 모조리 다 믿어서는 안 되는 까닭을 살펴보게 하는 장이다.

【문지(聞之)】

진신서즉불여무서(盡信書則不如無書)

【원문(原文)】

孟子曰 盡信書면 則不如無書니라 吾於武成에 取二三策而已
맹자왈 진신서 즉불여무서 오어무성 취이삼책이이
矣이다 仁人은 無敵於天下이니 以至仁으로 伐至不仁이어니 而
의 인인 무적어천하 이지인 벌지불인 이
何其血之流杵也리오
하기혈지류저야

【해독(解讀)】

맹자가 말했다[孟子曰]. "『서경(書經)』을 모조리 다 믿는다면[盡信書] 곧 그 『서경』이 없는 것만 못하다[則不如無書]. 나는 〈무성〉 편에서 두세 개 죽간(竹簡)만을 취하는 것뿐이다[吾於武成取二三策而已矣]. 어진 사람에겐 어디에도 적수란 없다[仁人無敵於天下]. 지극한 어짊으로 지극히 어질지 못함을 쳤다[以至仁伐至不仁]. 그런데 어찌 사람의 피가 절굿공이를 떠내려가게 했을 것인가[而何其血之流杵也]?"

【담소(談笑)】

盡信書則不如無書(진신서즉불여무서)

▶ 『서경』을[書] 모조리 다[盡] 믿는다면[信] 곧[則] 그 『서경』이[書] 없는 것만[無] 못하다[不如].

진신서즉불여무서(盡信書則不如無書)는 〈A則B〉꼴로 영어의 복문과 같은 어투이다. 물론 즉(則)을 어조사로 여기고 무시해도 되는 경우도 있다. 즉(則)을 중심으로 앞은 대개 양보 내지 조건의 종속절(또는 구)이고, 뒤는 주절이다. 그러므로 盡信書則不如無書에서 진신서(盡信書)를 조건절(또는 구)처럼 여기고, 불여무서(不如無書)를 주절처럼 여기고 새기면 문맥이 잡힌다. 〈A(盡信書)하면 곧[則] B(不如無書)한다〉

조건절인 진신서(盡信書)는 人人盡信書에서 일반주어인 〈사람들 인인(人人)〉을 생략한 어투로 보면 盡信書를 조건의 종속절로 문맥을 잡을 수 있고, 盡信書만으로 문맥을 잡으면 진(盡)은 신(信)을 꾸미는 부사이고, 신(信)은 영어의 부정사(不定詞)와 같은 구실을 하며, 서(書)는 신(信)의 목적어이므로 조건의 부정사구로 여기고 문맥을 잡을 수 있다.

주절인 불여무서(不如無書)는 有書不如無書에서 앞 내용으로 보충할 수 있으므로 유서(有書)를 생략한 문장으로, 영어의 2형식 절과 같은 어투이다. 『서경』이[書] 있다는 것은[有] 『서경』이[書] 없는 것만[無] 못하다[不如]. 不如無書에서 불(不)은 여(如)의 부정사(否定詞)이고, 여(如)는 자동사로 본동사이며, 무서(無書)는 보어이고, 무서(無書)의 무(無)는 영어의 부정사(不定詞)와 같은 구실을 하고, 서(書)는 무(無)의 주어이다. 『서경』이[書] 없는 것[無]. 盡信書의 진(盡)은 〈모두 개(皆)〉와 같고, 신(信)은 여기선 의심치 않는 불의(不疑)와 같으며, 서(書)는 『서경(書經)』을 말한다. 不如無書의 여(如)는 〈같을 약(若), 유(猶), 사(似)〉 등과 같고, 무(無)는 〈없을 막(莫)〉과 같으며, 서(書)는 역시 『서경』을 말한다. 不如無書를 有書不如無書로 여기고 유서는[有書] 무서만[無書] 못하다[不如]고 새겨보면 문맥과 걸맞은 문의가 잘 드러난다. 그러므로 한문투의 문맥을 잡을 때는 늘 무슨 내용이 생략되었는지를 살펴 보충해보는 과정이 꼭 필요하다.

다 진(盡), 믿을 신(信), 『서경』 서(書), 곧 즉(則), 아니 불(不), 같을 여(如), 없을 무(無)

吾於武成取二三策而已矣(오어무성취이삼책이이의)

▶ 나는[吾] 〈무성〉 편[武成]에서[於] 두세 개[二三] 죽간(竹簡)만을[策] 취하는 것[取] 뿐이다[而已矣].

오어무성취이삼책이이의(吾於武成取二三策而已矣)는 〈AB而已矣〉꼴로

〈AB也〉꼴보다 구문의 결정을 단언적으로 강조하는 어투로, 영어의 2형식 문장과 같다. 〈A(吾)는 B(取二三策)하는 것뿐이다[而已矣]〉 吾於武成取二三策而已矣에서 오(吾)는 주어이고, 어무성(於武成)은 취(取)를 꾸미는 부사구이며, 취(取)는 영어의 동명사 내지 부정사(不定詞)와 같으면서 보어이고, 이삼(二三)은 책(策)을 꾸미는 형용사이며, 책(策)은 취(取)의 목적어이고, 이이의(而已矣)는 구문을 단언적으로 결정하는 어조사(~뿐이다)이다. 吾於武成取二三策而已矣의 〈무성(武成)〉은 위고문(僞古文) 『서경(書經)』의 「주서(周書)」 5장의 편명(篇名)이고, 취(取)는 〈취할 득(得)〉과 같고 취득(取得)의 줄임말로 여기고 새기며, 책(策)은 여기서 종이가 없었던 시대에 종이 대신으로 사용했던 죽간(竹簡)을 말하고, 이이의(而已矣)는 어조사(~뿐이다) 이이(而已) 또는 이(耳) 등과 같다.

『서경(書經)』은 금문(今文)의 『서경』과 고문(古文)의 『서경』 두 종류가 전해지고 있다. 고문의 『서경』을 위고문(僞古文)이라고도 부른다. 〈무성(武成)〉은 위고문의 『서경』 「주서」에만 나와 있고, 천자의 나라인 은(殷)나라 폭군 주왕(紂王)을 제후의 나라인 주(周)나라 무왕(武王)이 징벌한 내용으로 돼 있다. 죽간으로 기록돼 있던 탓에 쪽들이 없어질 수도 있고 뒤바뀔 수도 있어서, 〈무성〉은 읽고 이해하기가 매우 어려운 편이다. 문맥이 통하지 않는 황당한 부분들도 있다. 맹자가 이런 부분들은 믿을 것이 못 된다고 밝혀 두었으니 고마운 일이다.

> 나 오(吾), ~에서 어(於), 굳셀 무(武), 이룰 성(成), 취할 취(取), 두 이(二), 석 삼(三), 죽간 책(策), 어조사 이(而), 어조사 이(已), 어조사 의(矣)

仁人無敵於天下(인인무적어천하)

▶ 어진[仁] 사람에겐[人] 어디[天下]에도[於] 적수란[敵] 없다[無].

인인무적어천하(仁人無敵於天下)는 〈A無B〉꼴로 영어의 1형식 문장과 같은 어투이다. 〈A(仁人)에는 B(敵於天下)가 없다[無]〉 仁人無敵於天下에서 인인(仁人)은 무(無)를 꾸미는 부사이고, 무(無)는 자동사 〈없을 무(無)〉로 본동사이며, 적(敵)은 무(無)의 주어이고, 어천하(於天下)는 무(無)를 꾸미는 장소의 부사구이다. 仁人無敵於天下의 인인(仁人)은 인지인(仁之人) 즉 인자(仁者)와 같고, 무(無)는 〈없을 막(莫)〉과 같으며, 적(敵)은 〈맞수 대(對)〉

와 같고 적대(敵對)의 줄임말로 여기고, 어(於)는 〈~에서 우(于)〉와 같다.

어질 인(仁), 사람 인(人), 없을 무(無), ~에 어(於), 하늘 천(天), 아래 하(下)

以至仁伐至不仁(이지인벌지불인) 而何其血之流杵也(이하기혈지류저야)

▶ 지극한[至] 어짊[仁]으로[以] 지극히[至] 어질지 못함을[不仁] 쳤다[伐]. 그런데[而] 어찌[何] 사람의[其] 피[血]가[之] 절굿공이를[杵] 떠내려가게 했을 것[流]인가[也]?

이지인벌지불인이하기혈지류저야(以至仁伐至不仁而何其血之流杵也)는 영어의 중문과 같은 어투이다. 그러므로 연접의 연사인 이(而)를 중심으로 앞 이지인벌지불인(以至仁伐至不仁)과 이하기혈지류저야(而何其血之流杵也)를 나누어서 문맥을 잡는 것이 편하다.

이지인벌지불인(以至仁伐至不仁)은 仁人以至仁伐至不仁에서 앞 문맥으로 보충할 수 있으므로 벌(伐)의 주어 인인(仁人)을 생략한 어투로, 영어의 3형식 문장과 같다. 以至仁伐至不仁에서 이지인(以至仁)은 벌(伐)을 꾸미는 수단의 부사구이고, 벌(伐)은 타동사로 본동사이며, 지불인(至不仁)은 벌(伐)의 목적구이다. 以至仁伐至不仁의 이(以)는 〈써 용(用)〉과 같고, 지(至)는 〈더없는 극(極)〉과 같고 지극(至極)의 줄임말로 여기며, 인(仁)은 〈사랑할 애(愛)〉와 같고, 벌(伐)은 〈칠 정(征)〉과 같다.

이하기혈지류저야(而何其血之流杵也)의 이(而)는 〈그런데 이(而)〉로 새기면 문맥이 통하고, 何其血之流杵也는 〈하(何)~야(也)〉꼴로 영어의 3형식 의문문과 같다. 何其血之流杵也에서 하(何)는 유(流)를 꾸미는 의문부사이고, 기혈(其血)은 주어이며, 기혈지(其血之)의 지(之)는 주격 토씨(~가)이고, 유(流)는 타동사로 본동사이며, 저(杵)는 유(流)의 목적어이고, 야(也)는 하(何)와 더불어 의문문을 결정짓는 〈어조사(~인가) 호(乎)〉와 같다. 而何其血之流杵也에서 기혈(其血)의 기(其)를 인지(人之)를 대신하는 관형사로 여기면 사람의[其] 피[血]로 새겨 문의가 더 잘 드러나고, 지(之)는 주격 토씨(~가)인 어조사로 여기면 何其血之流杵也가 하기혈류저야(何其血流杵也)의 주어인 기혈(其血)을 강조한 것임을 알 수 있다. 유(流)는 〈떠내려갈 표(漂)〉와 같고 표류(漂流)의 줄임말로 여기고, 저(杵)는 커다란 나무 등걸을 이용해 땅을 단단히 다지는 도구 같은 공이를 말한다.

위고문(僞古文)의 『서경(書經)』「주서(周書)」〈무성(武成)〉에 "전도도과(前徒倒戈)하여 공우후이배(功于後以北)하여 혈류표저(血流漂杵)했다"는 내용이 나온다. 앞[前] 무리가[徒] 창을[戈] 거꾸로 돌려[倒] 뒤[後]를[于] 침으로[功]써[以] 혈류가[血流] 절굿공이를[杵] 떠내려가게 했다[漂]. 맹자가 이러한 사관의 기록들은 글자 그대로 믿을 것이 못 된다고 단언하고 있다. 인자(仁者)의 편에 선 주(周)나라 무왕이 불인자(不仁者)인 주왕을 치면서 사람의 피로 절굿공이가 떠내려갈 만큼 참혹한 전쟁을 치를 리 없음을 들어 믿을 수 없는 내용이라고 밝히고 있다. 인자(仁者)는 천하에 무적(無敵)이니 유혈이 낭자한 싸움을 벌일 이유가 없었다고 맹자가 단언하고 있다. 이는 인자에 대한 한없는 믿음[信]인 셈이다.

써 이(以), 지극할 지(至), 어질 인(仁), 칠 벌(伐), 아니 불(不), 그런데 이(而), 어찌 하(何), 그 기(其), 피 혈(血), ~가 지(之), 흐르게 할 류(流), 절굿공이 저(杵), ~인가 야(也)

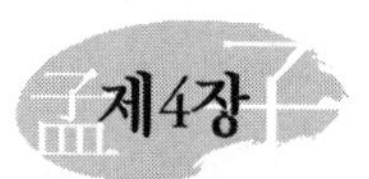

제4장

4장은 맹자가 앞 2장에서 밝힌 정자상벌하야(征者上伐下也)의 정자(征者)를 분명히 하여 용전(用戰)의 경우를 밝히고 있는 장이다. 징벌이란[征] 것은[者] 천자가[上] 제후를[下] 치는 것[伐]이다[也]. 정자(征者)란 무력(武力)으로 땅을 넓히는 것이 아니라 인(仁)으로써 불인(不仁)을 징벌하는 천명(天命)임을 새기게 하는 장이다. 이는 곧 백성이 바라는 전쟁임을 말하는 셈이다. 상(商)나라 주왕(紂王)의 학정에 시달리는 상나라 백성을 구한 무왕(武王)의 정벌은 오패(五霸)의 정벌과 다른 까닭을 살펴보게 하는 장이다.

【문지(聞之)】

언용전(焉用戰)

【원문(原文)】

孟子曰 有人曰我善爲陣하고 我善爲戰이라 하면 大罪也이니라
맹자왈 유인왈아선위진 아선위전 대죄야

國君이 好仁이면 天下에 無敵焉이니 南面而征하면 北狄이 怨하
국군 호인 천하 무적언 남면이정 북적 원

고 東面而征하면 西夷怨하여 曰奚爲後我하니라 武王之伐殷也에
동면이정 서이원 왈해위후아 무왕지벌은야

革車三百兩이요 虎賁이 三千人이러니라 王曰 無畏하라 寧爾也
혁거삼백량 호분 삼천인 왕왈 무외 영이야

라 非敵百姓也라 할 때 若崩厥角하여 稽首하니 征之爲言은 正也
비적백성야 약붕궐각 계수 정지위언 정야

이니 各欲正己也니 焉用戰이리오
각욕정기야 언용전

【해독(解讀)】

맹자가 말했다[孟子曰]. "어떤 사람이 진지를 잘 만들고 나는 전쟁을 잘 한다고 말한다면[有人曰我善爲陣我善爲戰] (그것은) 큰 죄이다[大罪也]. 나라의 임금이 어짊을 좋아한다면[國君好仁] 천하에 맞수란 없는 것이다[天下無敵焉]. (호인의 천자가) 남쪽을 향해서 (불인의 제후를) 치면[南面而征] 북녘의 오랑캐가 원망했고[北狄怨], (호인의 천자가) 동쪽을 향해서 (불인의 제후를) 치면[東面而征] 서녘의 오랑캐가 원망했다[西夷言]. (그리고 그들은) 어찌하여 우리를 뒤로 돕느냐고 호소했다[曰奚爲後我]. (주나라) 무왕이 은나라를 친 것은[武王之伐殷也] 병거 삼백 대와 용사 삼천 명이었다[革車三百兩虎賁三千人]. 무왕이 말했다[王曰]. '두려워하지 말라[無畏]. 너희를 편안하게 할 것이다[寧爾也]. 백성은 (나에게) 적이 아닌 것이다[非敵百姓也].' (이에 상나라 백성은) 저마다 이마를 땅에 닿을 듯이 머리를 조아렸다[若崩厥角稽首]. 정(征)의 뜻은 바로잡는 것이다[征之爲言正也]. 임금마다 제 나라를 바르게 하고자 한다면 어찌 (임금이) 전쟁을 부리겠는가[各欲正己也焉用戰]?"

【담소(談笑)】

有人曰我善爲陣我善爲戰(유인왈아선위진아선위전) 大罪也(대죄야)

▶ 어떤[有] 사람이[人] 진지를[陣] 잘[善] 만들고[爲] 나는[我] 전쟁을[戰] 잘[善] 한다고[爲] 말한다면[曰] (그것은) 큰[大] 죄[罪]이다[也].

유인왈아선위진아선위전대죄야(有人曰我善爲陣我善爲戰大罪也)는 〈AB

也〉꼴로 영어의 2형식 문장과 같은 어투이다. 有人日我善爲陣我善爲戰大罪也에서 유인왈아선위진아선위전(有人日我善爲陣我善爲戰)까지는 주절이고, 대죄(大罪)는 술부로 보어이며, 야(也)는 구문을 결정짓는 어조사(~이다)이다. 有人日我善爲陣我善爲戰大罪也를 有人日我善爲陣我善爲戰 是大罪也로 여기고 새기면 전체 문맥이 쉽게 잡힌다. 〈A是B〉와 〈A, 是B〉꼴을 같이 기억해두면 편하다. 〈A는 B이다[是]〉 그래서 〈A是B〉는 〈AB也〉와 같다고 여기면 편하다. 〈A, 是B〉는 주어 A가 길면 지시어인 시(是)로 주어를 간명하게 해주는 어투이다. 〈A면 이는[是] B이다〉

주절인 유인왈아선위진아선위전(有人日我善爲陣我善爲戰)은 영어의 3형식 절과 같은 어투이다. 有人日我善爲陣我善爲戰에서 유인(有人)은 주어이고, 왈(日)은 타동사로 절의 본동사이며, 아선위진(我善爲陣)과 아선위전(我善爲戰)은 왈(日)의 목적절이다. 그러므로 본래 有人日我善爲陣我善爲戰大罪也는 有人日我善爲陣我善爲戰大罪也 而有人日我善爲戰大罪也에서 되풀이되는 유인왈(有人日)과 대죄야(大罪也)를 생략하고 한 구문처럼 묶은 어투로, 영어의 2형식 문장 둘이 합쳐진 셈이다. 有人日我善爲陣我善爲戰의 유인(有人)은 혹인(或人)과 같은 말이고, 有人日의 유(有)는 〈어떤 혹(或)〉과 같으며, 왈(日)은 〈말할 어(語)〉와 같다. 유인왈(有人日)의 목적절인 아선위진(我善爲陣)에서 아(我)는 주어이고, 선(善)은 위(爲)를 꾸미는 부사이며, 위(爲)는 〈만들 축(築)〉과 같고, 진(陣)은 진영(陣營)의 줄임말이다. 군대가 집결된 곳[陣營]. 유인왈(有人日)의 목적절인 아선위전(我善爲戰)에서 아(我)는 주이이고, 선(善)은 위(爲)를 꾸미는 부사이며, 위(爲)는 〈할 작(作)〉과 같고, 전(戰)은 전쟁(戰爭)의 줄임말이다. 군대가 싸움하는 것[戰爭].

전쟁(戰)이 왜 대죄(大罪)인가? 무엇보다 먼저 천명(天命)인 어짊[仁]을 짓밟기 때문이다. 인(仁)을 짓밟으면 미란민(糜爛民)의 전화(戰禍)로 드러난다. 백성을[民] 썩어 문드러지게 하는 것[糜爛]보다 더 큰 죄는 없다.

어떤 유(有), 사람 인(人), 말할 왈(日), 나 아(我), 잘할 선(善), 만들 위(爲), 진지 진(陣), 할 위(爲), 전쟁 전(戰), 큰 대(大), 죄 죄(罪), ~이다 야(也)

國君好仁天下無敵焉(국군호인천하무적언)

▶ 나라의[國] 임금이[君] 어짊을[仁] 좋아한다면[好] 천하에[天下] 맞수란[敵] 없는 것[無]이다[焉].

국군호인천하무적언(國君好仁天下無敵焉)은 영어의 복문과 같은 어투이다. 國君好仁天下無敵焉에는 동사 〈좋아할 호(好)〉와 〈없을 무(無)〉가 있으므로 국군호인(國君好仁)과 천하무적언(天下無敵焉) 두 구문으로 나누어 먼저 문맥을 잡아본 다음, 두 구문을 논리적으로 이어주면 전체 문맥이 잡힌다. 〈국군이[國君] 인을[仁] 좋아한다[好]. 천하에[天下] 적이[敵] 없는 것[無]이다[焉]〉 이 두 구문을 국군이[國君] 인을[仁] 좋아한다면[好] 천하에[天下] 적이[敵] 없는 것[無]이다[焉]로 이어주면 두 구문의 문맥이 통한다. 이렇듯 國君好仁을 조건의 종속절로 여기고, 天下無敵焉을 주절로 여기면 國君好仁天下無敵焉의 문맥이 통하기 때문에 國君好仁天下無敵焉을 영어의 복문과 같다고 본 것이다.

조건의 종속절인 국군호인(國君好仁)에서 국군(國君)은 주어이고, 호(好)는 타동사로 절의 본동사이며 〈좋아할 애(愛)〉와 같고, 인(仁)은 호(好)의 목적어이다. 주절인 천하무적언(天下無敵焉)에서 천하(天下)는 무(無)를 꾸미는 장소의 부사이고, 무(無)는 자동사 〈없을 무(無)〉로 절의 본동사이며 주어를 뒤에 두고, 적(敵)은 무(無)의 주어이고, 언(焉)은 구문을 결정짓는 어조사(~이다)로 새겨도 되고 어기국군(於其國君)을 축약한 어시(於是)로 보고 새겨도 된다. 天下無敵焉의 언(焉)을 어시(於是)의 축약으로 여기면 언(焉)은 그런 임금에겐[焉]으로 새긴다. 그런 임금에겐[焉] 천하에[天下] 적이란[敵] 없다[無].

천하 어디에도 맞수[敵]가 없으니 싸울 상대가 없다. 적이 없으면 싸움도 없다. 그러니 호인(好仁)은 승패(勝敗)를 지워버린다. 호인(好仁), 그것은 중화(中和)의 지족(至足)으로 통한다. 천하의 대본(大本)인 중(中)을 좋아하고 천하의 달도(達道)인 화(和)를 좋아하는 성군(聖君)에겐 전쟁이 없다. 그러니 무적(無敵)이다.

나라 국(國), 임금 군(君), 좋아할 호(好), 어짊 인(仁), 하늘 천(天), 아래 하(下), 없을 무(無), 맞수 적(敵) ~이다 언(焉)

南面而征北狄怨(남면이정북적원)

▶ (호인의 천자가) 남쪽을[南] 향해[面]서[而] (불인의 제후를) 치면[征] 북녘의[北] 오랑캐가[狄] 원망했다[怨].

남면이정북적원(南面而征北狄怨)은 영어의 복문과 같은 어투이다. 물론 南面而征北狄怨은 其國君南面과 其國君南征 그리고 北狄怨其國君 등 세 구문에서 되풀이되는 내용인 기국군(其國君)과 남정(南征)의 남(南)을 생략하고 한 구문으로 합쳐 놓은 어투이다. 이같이 세 구문으로 나누어 먼저 문맥을 잡아본 다음, 세 구문이 서로 어떤 관계인지 살펴 논리적으로 이어주면 전체 문맥이 잡힌다. 그[其] 국군이[國君] 남녘을[南] 향한다[面]. 그[其] 국군이[國君] 남녘을[南] 친다[征]. 북녘의[北] 적족이[狄] 그[其] 국군을[國君] 원망한다[怨]. 그리고 세 구문의 관계를 다음처럼 이어주면 南面而征北狄怨의 전체 문맥이 잡힌다. 그[其] 국군이[國君] 남녘을[南] 향해[面]서[而] (남녘을) 친다면[征] 북녘의[北] 적족이[狄] (그 국군을) 원망한다[怨]. 이렇듯 南面而征北狄怨의 남면이정(南面而征)까지를 조건의 종속절처럼 여기고, 북적원(北狄怨)을 주절로 여기고 새겨 문맥을 잡기 때문에 南面而征北狄怨을 영어의 복문과 같다고 본 것이다.

조건의 종속절인 남면이정(南面而征)에서 주어인 호인지국군(好仁之國君)은 생략되어 있고, 남(南)은 면(面)을 꾸미는 부사이며, 면(面)은 자동사로 절의 본동사이고, 정(征)은 목적어가 생략되었지만 타동사로 절의 본동사이다. 南面而征의 면(面)은 〈향할 향(向)〉과 같고 남향(南向)의 줄임말로 여기고, 정(征)은 〈칠 벌(伐)〉과 같고 정벌(征伐)의 줄임말로 여기고 새긴다.

주절인 북적원(北狄怨)에서 북적(北狄)은 주어이고, 원(怨)은 목적어가 생략되었지만 타동사로 절의 본동사이다. 北狄怨의 적(狄)은 한족(漢族)이 주변의 이족(異族)을 비하해서 말한 적족(狄族)을 뜻한다. 한족은 동이(東夷)·북적(北狄)·남만(南蠻)·서융(西戎)이라면서 한족이 아닌 이족을 싸잡아 오랑캐라고 불렀다. 北狄怨의 원(怨)은 〈원망할 한(恨)〉과 같다.

남녘 남(南), 향할 면(面), 그래서 이(而), 칠 정(征), 북녘 북(北), 오랑캐 적(狄), 원망할 원(怨)

東面而征西夷怨(동면이정서이원)

▶ (호인의 천자가) 동쪽을[東] 향해[面]서[而] (불인의 제후를) 치면[征] 서녘의[西] 오랑캐가[夷] 원망했다[怨].

동면이정서이원(東面而征西夷怨)은 영어의 복문과 같은 어투이다. 물론 東面而征西夷怨은 其國君東面과 其國君東征 그리고 西夷怨其國君 등 세 구문에서 되풀이되는 내용인 기국군(其國君)과 동정(東征)의 동(東)을 생략하고 한 구문처럼 합쳐 놓은 어투이다. 이같이 세 구문으로 나누어 먼저 문맥을 잡아본 다음, 세 구문이 서로 어떤 관계인지 살펴 논리적으로 이어주면 전체 문맥이 잡힌다. 〈그[其] 국군이[國君] 동녘을[東] 향한다[面]. 그[其] 국군이[國君] 동녘을[東] 친다[征]. 서녘의[西] 오랑캐가[夷] 그[其] 국군을[國君] 원망한다[怨]〉 그리고 세 구문의 관계를 다음처럼 이어주면 東面而征西夷怨의 전체 문맥이 잡힌다. 그[其] 국군이[國君] 동녘을[東] 향해[面]서[而] (동녘을) 치면[征] 서녘의[西] 오랑캐가[夷] (그 국군을) 원망한다[怨]. 이처럼 東面而征西夷怨의 동면이정(東面而征)까지를 조건의 종속절처럼 여기고, 서이원(西夷怨)을 주절로 여기고 새겨 문맥을 잡으므로 東面而征西夷怨을 영어의 복문과 같은 어투라고 본 것이다.

조건의 종속절인 동면이정(東面而征)에서 주어인 호인지국군(好仁之國君)은 생략되었고, 동(東)은 면(面)을 꾸미는 부사이며, 면(面)은 자동사로 절의 본동사이고, 정(征)은 목적어가 생략되었지만 타동사로 절의 본동사이다. 東面而征의 면(面)은 〈향할 향(向)〉과 같고 동향(東向)의 줄임말로 여기고, 정(征)은 〈칠 벌(伐)〉과 같고 정벌(征伐)의 줄임말로 여기고 새긴다.

주절인 서이원(西夷怨)에서 서이(西夷)는 주어이며, 원(怨)은 목적어가 생략되어 있지만 타동사로 절의 본동사이다. 西夷怨의 이(夷)는 한족이 주변의 이족을 비하해서 말한 것이다. 西夷怨의 원(怨)은 〈원망할 한(恨)〉과 같다.

> 동녘 동(東), 향할 면(面), 그래서 이(而), 칠 정(征), 서녘 서(西), 오랑캐 이(夷), 원망할 원(怨)

曰奚爲後我(왈해위후아)

▶ (그리고 그들은) 어찌[奚] 우리를[我] 뒤로[後] 돕느냐고[爲] 호소

했다[日].

왈해위후아(日奚爲後我)는 南面而征北狄怨而日奚爲後我과 東面而征西夷怨而日奚爲後我에서 되풀이되는 내용이므로 왈해위후아(日奚爲後我)를 뒤로 후치한 문장이다. 日奚爲後我는 其民日奚爲後我에서 왈(日)의 주어인 기민(其民) 즉 북적과 서이의[其] 백성[民]을 생략한 어투로, 영어의 3형식 문장과 같다. 日奚爲後我에서 왈(日)은 타동사로 본동사이고, 해위후아(奚爲後我)는 왈(日)의 목적절이다. 목적절인 奚爲後我에서 해(奚)는 위(爲)를 꾸미는 의문부사이고, 위(爲)는 타동사로 절의 본동사이며, 후(後)는 위(爲)를 꾸미는 부사이고, 아(我)는 위(爲)의 목적어이다. 日奚爲後我의 왈(日)은 〈호소할 호(呼)〉와 같이 여기고 새기면 문의가 더 분명히 드러나고, 해(奚)는 〈어찌 하(何)〉와 같으며, 위(爲)는 〈위할 조(助)〉와 같고, 후(後)는 〈먼저 선(先)〉의 반대말로 여기고 새기며, 아(我)는 복수로 〈우리 아(我)〉와 같다.

불인(不仁)을 범하는 제후를 징벌해 달라고 북적(北狄)의 백성과 서이(西夷)의 백성이 호인(好仁)의 천자에게 호소했다고 밝히고 있다. 백성이 정벌해 달라고 하는 것은 곧 천명(天命)이니, 호인의 천자가 불인의 제후를 징벌할 수 있다고 말한다. 이는 곧 왕도(王道)가 이룩해내는 치세(治世)를 이루어준다.

말할 왈(日), 어찌 해(奚), 할 위(爲), 뒤로 할 후(後), 우리 아(我)

武王之伐殷也(무왕지벌은야) 革車三百兩虎賁三千人(혁거삼백량호분삼천인)

▶ **(주나라) 무왕[武王]이[之] 은나라를[殷] 친 것[伐]은[也] 병거[革車] 삼백[三百] 대와[兩] 용사[虎賁] 삼천[三千] 명이었다[人].**

무왕지벌은야혁거삼백량호분삼천인(武王之伐殷也革車三百兩虎賁三千人)은 〈A也B也〉꼴에서 뒤의 야(也)가 생략된 것으로, 영어의 2형식 문장과 같은 어투이다. 〈A(武王之伐殷也)는 B(革車三百兩虎賁三千人)이다〉 武王之伐殷也革車三百兩虎賁三千人에서 무왕지벌은야(武王之伐殷也)는 주절 또는 주부로, 혁거삼백량호분삼천인(革車三百兩虎賁三千人)을 보어로 여기고 새기면 문맥이 잡힌다. 武王之伐殷也를 주절 또는 주부로 여기는 것은 토씨

지(之) 때문이다. 그 이유는 〈A之B〉꼴에서 지(之)가 매우 다양한 구실을 하기 때문이다. 다시 말해 武王之伐殷也의 지(之)를 주격 토씨(~이)로 여기면 무왕[武王]이[之] 은을[殷] 치는 것[伐]은[也]으로 새겨 주절로 문맥을 잡고, 소유격 토씨(~의)로 여기면 무왕[武王]의[之] 은을[殷] 치는 것[伐]은[也]으로 새겨 주부로 문맥을 잡을 수 있다. 그러나 위에서 새긴 것처럼 지(之)를 소유격 토씨(~의)로 여기고 새기면 우리말에는 잘 어울리지 않는 어색한 문맥이 된다. 이것은 우리말이 구보다 절 위주로 문맥을 잡기 때문이다. 그래서 武王之伐殷也革車三百兩虎賁三千人의 武王之伐殷也를 주부보다는 주절로 여기고 문맥을 잡아야 우리말과 잘 어울린다.

주절인 무왕지벌은야(武王之伐殷也)에서 무왕(武王)은 주어이고, 지(之)는 주격 토씨(~이)이며, 벌(伐)은 타동사로 주절의 본동사이고, 은(殷)은 벌(伐)의 목적어이며, 야(也)는 주절을 결정짓는 어조사(~은)이다. 武王之伐殷也의 벌(伐)은 〈칠 토(討)〉와 같고 여기선 정벌(征伐)의 줄임말로 여기기보다는 토벌(討伐)의 줄임말로 여기고 새기면 문맥이 통한다.

보어인 혁거삼백량(革車三百兩)의 혁거(革車)는 병거(兵車)와 같은 말이지만 바퀴를 가죽[革]으로 휘감은 수레[車]를 말하고, 삼백량(三百兩)의 양(兩)은 수레[車] 한 대를 말하는 단위이다. 따라서 삼백량(三百兩)은 혁거(革車) 3백대를 말한다. 또 다른 보어인 호분삼천인(虎賁三千人)의 호분(虎賁)은 범같이 날랜 용사(勇士)란 뜻으로 제왕을 호위하는 병사를 일컬어 호분씨(虎賁氏)라고 불렀다. 그러므로 호분(虎賁)은 여기서 무왕(武王)의 호위병을 뜻한다.

주(周)나라 무왕(武王)이 대군을 모아 은(殷)나라를 침략하여 주왕(紂王)을 토벌한 것이 아님을 맹자가 혁거삼백량호분삼천인(革車三百兩虎賁三千人)으로써 밝히고 있다. 소규모의 군사력으로 천자(天子)의 나라였던 은나라를 침략한 것으로 볼 수 없고, 무도(無道)한 주왕을 은나라 백성이 버렸음을 암시해주고 있다. 백성이 제왕을 버리면 이미 그 제왕은 천자가 아니라 불인자(不仁者)에 불과하다. 맹자가 무왕지벌은야(武王之伐殷也)라 하여 벌(伐)이라 한 것은 호인(好仁)의 무왕이 불인(不仁)의 주왕을 징벌했음을 뜻하기도 한다. 그러나 은의 제후국이었던 주나라 무왕이 은나라 주왕을 토벌한 것은 정(征)일 수 없음을 암시하고 있는 셈이다. 이미 맹자가 앞에서 정자상벌하야(征者上伐下也)라고 밝혔다. 정벌이란[征] 것은[者] 천자가[上] 제후를[下] 치는 것[伐]이다[也]. 주나라 무왕은 아래[下]이고 은나라 주왕은 위[上]에 해당하지만, 무왕은 인자(仁者)의 편에 있었고 주왕은 불인자(不仁者)였으니 맹자가 인자가 불인자를 징벌한 것으로 본 것이다.

굳셀 무(武), 임금 왕(王), ~이 지(之), 칠 벌(伐), 은나라 은(殷), 어조사(~때에) 야(也), 가죽 혁(革), 수레 거(車), 석 삼(三), 일백 백(百), 짝 량(兩), 호랑이 호(虎), 날랠 분(賁), 일천 천(千), 사람 인(人)

王曰無畏(왕왈무외)

▶ **무왕이[王] 두려워하지[畏] 말라고[無] 말했다[曰].**

왕왈무외(王曰無畏)는 영어의 3형식 문장과 같은 어투이다. 王曰無畏에서 왕(王)은 주어이고, 왈(曰)은 타동사로 본동사이며, 무외(無畏)는 목적절이다. 王曰無畏의 왕(王)은 무왕을 말하고, 왈(曰)은 〈말할 어(語)〉와 같고, 무외(無畏)의 무(無)는 〈(~하지) 말 물(勿)〉과 같고, 외(畏)는 〈두려워할 구(懼)〉와 같다. 목적절인 무외(無畏)는 명령절로 여기고 두려워하지[畏] 말라[無]고 새기면 문맥이 통한다.

임금 왕(王), 말할 왈(曰), (~하지) 말 무(無), 두려워할 외(畏)

寧爾也(영이야)

▶ **너희를[爾] 편안하게 할 것[寧]이다[也].**

영이야(寧爾也)는 王曰我寧爾也에서 되풀이되는 왕왈(王曰)과 앞 문맥으로 보충할 수 있으므로 아(我)를 생략한 어투이지만, 영어의 3형식 문장처럼 여기고 문맥을 잡는다. 寧爾也에서 영(寧)은 목적절의 본동사이며, 이(爾)는 영(寧)의 목적어이고, 야(也)는 절을 결정짓는 어조사(~이다)이다. 寧爾也의 영(寧)은 〈편안하게 할 안(安)〉과 같고 안녕(安寧)의 줄임말로 여기고 새기고, 이(爾)는 〈너희 여(汝)〉와 같고 복수로 여기고 새기고, 야(也)는 절을 결정짓는 어조사(~이다)이다.

편안히 할 녕(寧), 너희 이(爾), ~이다 야(也)

非敵百姓也(비적백성야)

▶ **백성은[百姓] 적이[敵] 아닌 것[非]이다[也].**

비적백성야(非敵百姓也) 역시 王曰我寧爾也에서 되풀이되는 왕왈(王曰)을 생략한 어투이지만, 영어의 3형식 문장처럼 여기고 문맥을 잡는다. 非敵百姓也는 百姓非敵於我也에서 비적(非敵)을 전치하고, 앞 문맥으로 보충할 수 있으므로 어아(於我)를 생략한 어투이다. (상나라) 백성은[百姓] 나[我]에게[於] 적이[敵] 아닌 것[非]이다[也]. 왕왈(王曰)의 목적절인 비적백성야(非敵百姓也)에서 비(非)는 보어이고, 적(敵)은 비(非)의 동격이며, 백성(百姓)은 절의 주어이고, 야(也)는 절을 결정짓는 어조사(~이다)이므로 영어의 2형식 절과 같다고 여기고 非敵百姓也의 문맥을 잡는다. 非敵百姓也의 비(非)는 〈아닌 것 불시(不是)〉와 같고, 적(敵)은 〈맞수 대(對)〉와 같으며, 백성(百姓)은 〈백성 민(民)〉과 같다.

비적백성야(非敵百姓也)의 백성(百姓)은 상지민(商之民)을 뜻한다. 주왕(紂王)은 대대로 이어온 은(殷)나라를 상(商)나라로 개칭(改稱)하여 폭군으로 군림하며 백성을 도탄에 빠지게 했기 때문이다.

> 아닌 것 비(非), 맞수 적(敵), 일백 백(百), 성씨 성(姓), ~이다 야(也)

若崩厥角稽首(약붕궐각계수)

▶ **(백성은) 저마다[厥] 이마를[角] 땅에 닿을[崩] 듯이[若] 머리를[首] 조아렸다[稽].**

약붕궐각계수(若崩厥角稽首)는 百姓若崩厥角稽首에서 앞 문맥으로 보충할 수 있으므로 주어인 백성(百姓)을 생략한 어투로, 영어의 3형식 문장과 같다. 若崩厥角稽首에서 약붕궐각(若崩厥角)은 계(稽)를 구미는 부사구이고, 계(稽)는 타동사로 본동사이며, 수(首)는 계(稽)의 목적어이다. 若崩厥角稽首의 약(若)은 〈같을 사(似)〉와 같고 영어의 like doing A의 like처럼 여기고, 붕(崩)은 영어의 동명사와 같으므로 like doing A의 doing처럼 여기고, 궐(厥)은 〈그 기(其)〉와 같고, 각(角)은 붕(崩)의 목적어이다. A를 하는 것(doing)과 같이(like). 저마다[厥] 이마를[角] 땅으로 무너지게 하는 것[崩]같이[若]. 若崩厥角稽首의 계(稽)는 〈꾸벅거릴 하(下)〉와 같고, 계수(稽首)와 하수(下首)는 같은 말이다.

같이 약(若), 무너질 붕(崩), 그 궐(厥), 이마 각(角), 머리 숙일 계(稽), 머리 수(首)

征之爲言正也(정지위언정야)

▶ 정[征]의[之] 뜻은[爲言] 바로잡는 것[正]이다[也].

정지위언정야(征之爲言正也)는 〈AB也〉꼴로 영어의 2형식 문장과 같은 어투이다. 征之爲言正也에서 정지위원(征之爲言)은 주부이고, 정(正)은 보어이며, 야(也)는 구문을 결정짓는 어조사(~이다)이다. 征之爲言正也는 앞 문맥에 따라 征國之爲言正國也라고 보충해서 헤아려보면 쉽게 문의가 드러난다. 나라를[國] 정벌함[征]이[之] 말이[言] 됨은[爲] 나라를[國] 바로잡는 것[正]이다[也]로 새겨보면 문의가 잘 드러난다는 말이다. 征之爲言의 정(征)은 〈칠 벌(伐)〉과 같고 정벌(征伐)의 줄임말로 여기고, 위(爲)는 〈이루어질 성(成)〉과 같으며, 위언(爲言)은 말이 됨이니 뜻[爲言]이라고 새긴다.

칠 정(征), ~의 지(之), 될 위(爲), 말 언(言), 바로잡음 정(正), ~이다 야(也)

各欲正己也焉用戰(각욕정기야언용전)

▶ 임금마다[各] 제 나라를[己] 바르게 하고[正]자 한다[欲]면[也] 어찌[焉] 전쟁을[戰] 부리겠는가[用]?

각욕정기야언용전(各欲正己也焉用戰)은 영어의 복문과 같은 어투이다. 各欲正己也焉用戰과 같은 어투는 먼저 구문을 결정짓는 〈어조사 야(也)〉를 주목하고 각욕정기야(各欲正己也)와 언용전(焉用戰)으로 나누어 각각의 문맥을 잡아본 다음, 서로의 관계를 살펴 이어주면 전체 문맥이 잡힌다. 각욕정기야(各欲正己也)한다면 언용전(焉用戰)하겠는가라고 서로의 관계를 이어주면 문맥이 통하고, 各欲正己也를 조건의 종속절처럼 여기고, 焉用戰을 주절로 여기고 새기면 문맥이 잡힌다는 말이다. 물론 各欲正己也焉用戰은 各王欲正己國也焉其王用戰에서 앞 문맥으로 보충할 수 있으므로 각왕(各王)의 왕(王)과, 기국(己國)의 국(國)과, 기왕(其王)을 생략한 어투임을 알면 문의가 더욱 분명하게 드러난다. 저마다[各] 임금이[王] 제[己] 나라를[國] 바르게 하고[正]자한다[欲]면[也] 어찌[焉] 그런[其] 임금이[王] 전쟁을[戰] 부리겠는가[用]로 새겨보면 各王欲正己國也焉其王用戰의 문맥에 걸맞은 문의가 드러난다. 이처럼 한문투는 늘 무슨 내용이 생략되었는지를 살펴가면서 문맥을 잡는 버릇이 필요하다.

각욕정기야(各欲正己也)의 각(各)은 〈저마다 개(個)〉와 같고 각개(各個)의 줄임말로 여기고 새기고, 욕(欲)은 〈바랄 망(望)〉과 같으며, 정(正)은 〈떳떳할 상(常), 바를 직(直), 질정할 질(質)〉 등을 묶은 뜻으로 여기면 문의가 잘 드러나고, 기(己)는 자기(自己)의 줄임말로 여긴다. 焉用戰의 언(焉)은 여기선 〈어찌 해(奚)〉와 같은 의문부사이고, 용(用)은 〈부릴 사(使)〉와 같고 사용(使用)의 줄임말로 여기고, 전(戰)은 전쟁(戰爭)의 줄임말로 여기고 새기면 문맥이 통한다.

저마다 각(各), 하고자 할 욕(欲), 바를 정(正), 자기 기(己), 어조사(~면) 야(也), 어찌 언(焉), 부릴 용(用), 전쟁 전(戰)

제5장

5장은 맹자가 규구(規矩)를 남에게 줄 수 있어도 교(巧)를 빌려줄 수는 없음을 들어서 성자(誠者)를 밝히고 있는 장이다. 『중용(中庸)』에 "성자자성야(誠者自成也)이고 이도자도야(而道者道也)이다"는 말씀을 되새겨보게 하는 장이다. 정성스러운[誠] 것은[者] 스스로[自] 이루는 것[成]이고[也], 그리고[而] 도란[道] 스스로[者] 가는 것[道]이다[也]. 이처럼 인자(仁者)란 남이 시켜서 되는 길이 아님을 살펴보게 하는 장이다.

【문지(聞之)】

재장륜여불능사인교(梓匠輪輿不能使人巧)

【원문(原文)】

孟子曰 梓匠輪輿는 能與人規矩언정 不能使人巧니라
맹 자 왈 재 장 륜 여 능 여 인 규 구 불 능 사 인 교

【해독(解讀)】

맹자가 말했다[孟子曰]. "목수와 수레 만드는 장인이 남에게 연장을 빌려

줄 수 있어도[宰匠輪輿能與人規矩], 남으로 하여금 재주가 뛰어나게 할 수는 없다[不能使人巧].”

【담소(談笑)】

梓匠輪輿能與人規矩(재장륜여능여인규구) 不能使人巧(불능사인교)

▶ 목수와[梓匠] 수레 만드는 장인이[輪輿] 남에게[人] 연장을[規矩] 빌려 줄[與] 수 있어도[能], 남으로[人] 하여금[使] 재주가 뛰어나게[巧] 할 수는 없다[不能].

재장륜여능여인규구불능사인교(梓匠輪輿能與人規矩不能使人巧)는 영어의 중문과 같은 어투이다. 梓匠輪輿能與人規矩不能使人巧는 梓匠輪輿能與人規矩 而梓匠輪輿不能使人巧에서 되풀이되는 재장윤여(梓匠輪輿)를 생략하고 한 구문처럼 묶은 문장이므로, 梓匠輪輿能與人規矩不能使人巧를 영어의 중문같이 여기고 문맥을 잡을 수 있다는 말이다. 재장과[梓匠] 윤여는[輪輿] 남에게[人] 규구를[規矩] 빌려줄[與] 수 있다[能]는 구문과, 재장과[梓匠] 윤여가[輪輿] 남으로[人] 하여금[使] 재주 있게[巧] 할 수는 없다[不能]는 두 구문이 합쳐진 문장이 곧 梓匠輪輿能與人規矩不能使人巧이고, 그 두 구문이 서로 역접의 문맥임을 알 수 있다. 그러므로 梓匠輪輿能與人規矩不能使人巧는 재장륜여능여인규구(梓匠輪輿能與人規矩)와 불능사인교(不能使人巧)를 나누어 먼저 문맥을 잡는 쪽이 편하다.

재장륜여능여인규구(梓匠輪輿能與人規矩)는 梓匠能與人規矩 而輪輿能與人規矩에서 되풀이되는 내용인 능여인규구(能與人規矩)를 생략한 어투이므로 재장륜여(梓匠輪輿)는 주어이고, 능(能)은 여(與)의 조동사이며, 여(與)는 여격동사로 본동사이고, 인(人)은 여(與)의 간접목적어이며, 규구(規矩)는 여(與)의 직접목적어이므로, 영어의 4형식 문장과 같은 어투이다. 梓匠輪輿能與人規矩의 재(梓)는 소목수(小木手)를 말하고, 장(匠)은 대목수(大木手)를 말하며, 윤여(輪輿)는 수레(車)를 만드는 장인(匠人)을 말하고, 능(能)은 〈가할 가(可)〉와 같고, 여(與)는 〈줄 수(授)〉와 같고 수여(授與)의 줄임말로 여기며, 인(人)은 타인(他人)의 줄임말로 남에게[人]로 새기고, 규구(規矩)는 그림쇠[規]와 곱자[矩]를 말하지만 그냥 도구 내지 연장이라고 새기는 것이 문의가 더 잘 드러난다.

불능사인교(不能使人巧)는 梓匠輪輿不能使人巧에서 주어인 재장륜여(梓匠輪輿)가 생략된 어투이지만, 영어의 사역문처럼 여기고 새기면 문맥이 잡힌다. 말하자면 不能使人巧는 〈使AB〉꼴로 여기고 문맥을 잡을 수 있다. 〈A(人)로 하여금[使] B(巧)하게 한다〉 그러므로 不能使人巧에서 불(不)은 능(能)의 부정사(否定詞)이고, 능(能)은 사(使)의 조동사이며, 사(使)는 사역동사로 본동사이고, 인(人)은 사(使)의 목적어이며, 교(巧)는 영어의 부정사(不定詞)와 같은 구실을 한다고 여기면 不能使人巧의 문맥이 잡힌다. 다시 말해 不能使人巧를 cannot order him to do처럼 여기고 문맥을 잡아볼 수 있다는 말이다. 그로(him = 人) 하여금(order = 使) 하게 할(to do = 巧) 수 없다(cannot = 不能).

선생이 제자에게 인자(仁者)란 무엇인가를 밝혀 가르쳐줄 수는 있다. 그렇다고 그 제자가 곧 인자가 되는 것은 아니다. 인자는 스스로 이룸[自成]이고 스스로 가는 길[自道]임을 맹자가 밝히고 있다. 식자(識者)가 곧 인자는 아니지 않은가?

소목수 재(梓), 대목수 장(匠), 바퀴 륜(輪), 수레 여(輿), 잘할 능(能), 줄 여(與), 남들 인(人), 그림쇠 규(規), 곱자 구(矩), 아니 불(不), 하게 할 사(使)

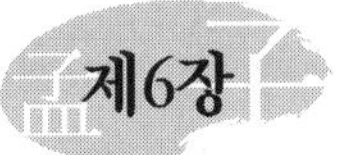

제6장

6장은 맹자가 앞 장의 규구(規矩)와 교(巧)에 숨은 뜻을 헤아려볼 수 있게 하는 장이다. 요(堯)임금이 순(舜)에게 천자가 되는 규구를 빌려주었다면, 순은 빌려 받은 그 규구로 천자(天子)의 길을 스스로 닦았음을 헤아리게 하는 장이다. 순이 초부(樵夫)처럼 보였지만 천자가 되자 천자가 될 수 있는 성품이 고유(固有)했다는 점을 들어준 맹자의 뜻이 무엇인지 드러내는 장이다.

【문지(聞之)】

순지반구녀초야(舜之飯糗茹草也)

【원문(原文)】

孟子曰 舜之飯糗茹草也에 若將終身焉이니 及其爲天子也하여
맹자왈 순지반구여초야 약장종신언 급기위천자야
被袗衣하고 鼓琴하며 二子果하고 若固有之이니라
피진의 고금 이자과 약고유지

【해독(解讀)】

맹자가 말했다[孟子曰]. "순이 마른 밥을 먹고 푸성귀를 먹는 것이[舜之飯糗茹草也] 또한 순에게는 평생 그럴 것 같았다[若將終身焉]. 순이 천자가 되었을 때[及其爲天子也] 수놓아 화려한 옷을 입음과 북을 치고 거문고를 뜯음과 두 여인의 시중듦 그런 것들이 (순에게) 본래부터 있는 것 같았다[被袗衣鼓琴二子果若固有之]."

【담소(談笑)】

舜之飯糗茹草也(순지반구여초야) 若將終身焉(약장종신언)

▶ 순[舜]이[之] 마른 밥을[糗] 먹고[飯] 푸성귀를[草] 먹는 것[茹]이[也] 또한[將] 순에게는[焉] 평생[終身] 그럴 것 같았다[若].

순지반구여초야약장종신언(舜之飯糗茹草也若將終身焉)은 영어의 2형식 문장과 같은 어투이다. 舜之飯糗茹草也若將終身焉과 같은 어투의 문맥을 잡으려면 먼저 〈어조사 야(也)〉를 주목해야 한다. 야(也)는 구문을 결정짓는 구실을 하므로 舜之飯糗茹草也若將終身焉에서 순지반구여초야(舜之飯糗茹草也)와 약장종신언(若將終身焉)으로 나누어 먼저 각각 문맥을 잡는 실마리를 제공하기 때문이다. 그러면 舜之飯糗茹草也까지가 약(若)의 주절이고, 舜之飯糗茹草也若將終身於飯糗茹草舜에서 되풀이되는 반구여초(飯糗茹草)를 생략하고 어순(於舜)을 언(焉)으로 축약한 〈A若飯糗〉꼴임을 알 수 있다. 따라서 舜之飯糗茹草也若將終身焉을 영어의 2형식 문장으로 여기고 전체 문맥을 잡을 수 있다. 〈A(舜之)가 반구하는 것(飯糗) 같다[若]〉 舜之飯糗茹草也若將終身焉에서 순지반구여초야(舜之飯糗茹草也)까지는 주절이고, 약장종신언(若將終身焉)은 술부이다.

주절인 순지반구여초야(舜之飯糗茹草也)는 舜之飯糗也 而舜之茹草也에서 되풀이되므로 반구야(飯糗也)의 야(也)와 이순지(而舜之)를 생략하고 두 절을 하나로 묶은 어투이다. 순[舜]이[之] 마른 밥을[糗] 먹는 것[飯]이[也] 그리고[而] 순[舜]이[之] 푸성귀를[草] 먹는 것[茹]이[也]에서, 순[舜]이[之] 마른 밥을[糗] 먹고[飯] 푸성귀를[草] 먹는 것[茹]이[也]로 줄인 어투로 여기면 舜之飯糗茹草也의 문맥이 잡힌다. 舜之飯糗茹草也의 반(飯)은 〈먹을 식(食)〉과 같고, 구(糗)는 들에서 먹을 수 있도록 말린 밥을 말하며, 여(茹) 역시 〈먹을 식(食)〉과 같고, 초(草)는 여기선 푸성귀 즉 채소를 말하며, 야(也)는 주절을 결정짓는 어조사(~이)이다.

술부인 약장종신언(若將終身焉)에서 약(若)은 자동사로 본동사이고, 장(將)은 약(若)을 꾸미는 부사이며, 종신(終身) 또한 약(若)을 꾸미는 시간의 부사이고, 언(焉)은 어시(於是) 즉 여기선 어순(於舜)의 축약으로 보고 순[舜]에게[於]로 새기면 若將終身焉의 문맥이 잡힌다. 그리고 若將終身焉의 약(若)은 약반구여초(若飯糗茹草)로 여기고 그럴 것 같다고 새기면 문맥이 통한다. 若將終身焉의 약(若)은 〈같을 여(如), 사(似)〉 등과 같고, 장(將)은 〈또 차(且)〉와 같으며, 종신(終身)은 필생(畢生)과 같은 말이고, 언(焉)은 여기선 어순(於舜)으로 여기고 새기면 문맥이 통한다. 순[舜]한테서[於].

순임금 순(舜), ~이 지(之), 먹을 반(飯), 마른 밥 구(糗), 먹을 여(茹), 풀 초(草), 어조사(~이) 야(也), 같을 약(若), 또 장(將), 끝 종(終), 몸 신(身), 이에 언(焉)

及其爲天子也(급기위천자야) 被袗衣鼓琴二子果若固有之(피진의고금이자과약고유지)

▶ 순이[其] 천자가 되었을[爲] 때[及也] 수놓아 화려한[袗] 옷을[衣] 입음과[被] 북을 침과[鼓] 거문고를 뜯음과[琴] 두[二] 여인의[子] 시중듦[果] 그런 것들이[之] (순에게) 본래부터[固] 있는 것[有] 같았다[若].

급기위천자야피진의고금이자과약고유지(及其爲天子也被袗衣鼓琴二子果若固有之) 역시 문맥을 잡으려면 먼저 〈어조사 야(也)〉를 주목해야 한다. 야(也)는 구문을 결정짓는 구실을 하므로 及其爲天子也被袗衣鼓琴二子果若固有之를 급기위천자야(及其爲天子也)와 피진의고금이자과약고유지(被袗衣鼓琴二子果若固有之)처럼 둘로 나누어 먼저 각각 문맥을 잡는 실마리를 제공하기 때문이다. 따라서 及其爲天子也와 被袗衣鼓琴二子果若固有之의 문맥을 따로 잡아본 후 서로 어떤 관계이지를 살펴 다음과 같이 문맥을 잡을 수 있다. 〈마침내[及] 그가[其] 천자로[天子] 되었던 것[爲]이다[也]. 진의를[袗衣] 입었고[被] 북치고[鼓] 거문고를 타고[琴] 두 사람의[二子] 시중듦[果] 그것들이[之] 본래부터[固] 있었던 것[有] 같았다[若]〉 여기서 及其爲天子也를 시간의 종속절로 여기고, 被袗衣鼓琴二子果若固有之를 주절로 여기면 及其爲天子也被袗衣鼓琴二子果若固有之의 문맥이 통한다. 말하자면, 마침내[及] 그가[其] 천자로[天子] 되었던 것[爲]이다[也]의 되었던 것[爲]이다[也]를 되었을[爲] 때[也]로 새기고, 〈어조사(~이다) 야(也)〉를 시간의 종속절을 결정짓는 어조사로 여기면 被袗衣鼓琴二子果若固有之와 문맥이 통함을 알 수 있다.

시간의 종속절인 급기위천자야(及其爲天子也)에서 급(及)은 부사이고, 기(其)는 순지(舜之)를 대신하는 지시어로 주격이며, 위(爲)는 자동사로 절의 본동사이고, 천자(天子)는 보어이며, 야(也)는 시간의 종속절을 결정짓는 어조사이다. 及其爲天子也의 급(及)은 〈때가 올 급(及)〉으로 시래(時來)와 같고, 위(爲)는 〈될 성(成)〉과 같다.

주절인 피진의고금이자과약고유지(被袗衣鼓琴二子果若固有之)는 舜若固有被袗衣鼓琴二子果에서 앞 문맥으로 보충할 수 있으므로 약(若)의 주어인 순(舜)을 생략하고, 유(有)의 주어인 피진의고금이자과(被袗衣鼓琴二子果)를 약(若) 앞으로 전치하고 그 빈 자리에 허사인 지(之)를 더한 것으로, 영어의 2형식 절과 같은 어투이다. 被袗衣鼓琴二子果若固有之에서 피진의고금이자과(被袗衣鼓琴二子果)는 유(有)의 주어이고, 약(若)은 자동사로 주절의 본동사이며, 고(固)는 유(有)를 꾸미는 부사이고, 유(有)는 영어의 부정사와 같으면서 약(若)의 보어이며, 지(之)는 피진의고금이자과(被袗衣鼓琴二子果) 등이 전치되었음을 알리는 허사이므로 무시하고 새겨도 된다. 被袗衣鼓琴二子果의 피(被)는 〈입을 복(服)〉과 같고 피복(被服)의 줄임말로 여기고, 진의(袗衣)는 여기선 천자가 입는 옷을 말하며, 고금(鼓琴)은 천자를 위한 주악(奏樂)을 말하고, 이자과(二子果)는 천자를 시중드는 시녀를 말한다. 이자과(二子果)의 자(子)는 〈사람 인(人)〉과 같고 여기선 〈여자 녀(女)〉로 여기고 새기고, 과(果)는 〈시중들 와(婐)〉와 같다. 若固有之의 약(若)은 〈같을 여(如), 유(猶), 사(似)〉 등과 같고, 고(固)는 여기선 〈이미 고(固)〉로 이연(已然)과 같으며, 유(有)는 〈있을 재(在)〉와 같고, 지(之)는 전치된 피진의고금이자과(被袗衣鼓琴二子果)를 대신하는 허사이다.

마침내 급(及), 그 기(其), 될 위(爲), 하늘 천(天), 아들 자(子), 어조사(~때) 야(也), 입을 피(被), 홑옷 진(袗), 옷 의(衣), 북칠 고(鼓), 거문고탈 금(琴), 두 이(二), 사람 자(子), 시중들 과(果), 같을 약(若), 본래 고(固), 있을 유(有), 그것들 지(之)

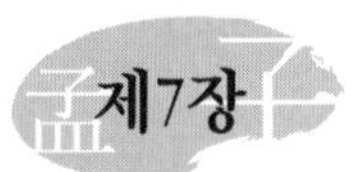

제7장

7장은 맹자가 전쟁이 빚어내는 살육(殺戮)을 매우 간명하게 적시(摘示)하고 있는 장이다. 내가 남의 부형(父兄)을 살육하면 그 남이 내 부형(父兄)을 살육한다는 사실은 효제(孝悌)가 송두리째 부정되고 만다. 효제의 부정은 곧 인의(仁義)의 부정이며, 천명(天命)의 부정이 곧 전쟁임을 헤아리게 하는 장이다.

【문지(聞之)】

지살인친지중(知殺人親之重)

【원문(原文)】

孟子曰 吾今而後에 知殺人親之重也이다 殺人之父면 人亦殺其父하고 殺人之兄이면 人亦殺其兄하니 然則非自殺之也이인정 一間耳이다

맹자왈 오금이후 지살인친지중야 살인지부 인역살기부 살인지형 인역살기형 연즉비자살지야 일간이

【해독(解讀)】

맹자가 말했다[孟子曰]. "나는 이제야 남의 피붙이를 죽임이 중죄임을 안 것이다[吾今而後知殺人親之重也]. (네가) 남의 아버지를 죽이면[殺人之父] 그 남은 또한 네 아버지를 죽이고[人亦殺其父], 남의 형님을 죽이면[殺人之兄] 그 남은 또한 네 형님을 죽인다[人亦殺其兄]. 그러니 곧 제 피붙이를 스스로 죽인 것은 아닌 것일지언정[然則非自殺之也] 조금의 차이일 뿐이다[一間耳]."

【담소(談笑)】

吾今而後知殺人親之重也(오금이후지살인친지중야)

▶ 나는[吾] 이제야[今而後] 남의[人] 피붙이를[親] 죽임[殺]이[之] 중죄인 것[重]을[也] 알았다[知].

오금이후지살인친지중야(吾今而後知殺人親之重也)는 영어의 3형식 문장과 같은 어투이다. 吾今而後知殺人親之重也에서 오(吾)는 주어이고, 금이후(今而後)는 시간의 부사이며, 지(知)는 타동사로 본동사이고, 살인지중야(殺人親之重也)는 지(之)를 주격 토씨(~이)로 여기면, 殺人親之重也를 지(知)의 목적절처럼 여기고 문맥을 잡는 셈이다. 그러나 지(之)를 소유격 토씨(~의)로 여기면 殺人親之重을 지(知)의 목적구로 문맥을 잡은 셈이므로, 吾今而後知殺人親之重也의 야(也)는 절을 결정짓는 어조사가 아니라 구문을 결정짓는 어조사(~이다)가 되어 吾今而後知殺人親之重也를 영어의 2형식 문장처럼 여기고 문맥을 잡을 수도 있다. 그러나 여기서는 殺人親之重也를 목적절로 여기고, 지(知)를 본동사로 여기고 문맥을 잡았다. 왜냐하면 나는[吾] 이제야[今而後] 남의[人] 피붙이를[親] 죽임[殺]의[之] 중죄를[重] 안 것[知]이다[也]로 새기는 것보다, 나는[吾] 이제야[今而後] 남의[人] 피붙이를[親] 죽임[殺]이[之] 중죄인 것[重]을[也] 알았다[知]고 새기는 것이 우리말답고 자연스럽기 때문이다.

목적절인 살인친지중야(殺人親之重也)에서 살(殺)은 영어의 동명사나 부정사(不定詞)와 같으면서 중(重)의 주어이고, 인(人)은 인지(人之)의 줄임으로 친(親)을 꾸미는 소유격이며, 친(親)은 살(殺)의 목적어이고, 지(之)는 주격 토씨(~이)이고, 중(重)은 보어이며, 야(也)는 목적절을 결정짓는 어조사이므로 ~을[也] 정도로 새긴다. 殺人親之重也의 살(殺)은 〈죽임 륙(戮)〉과 같고, 친(親)은 친족(親族)의 줄임으로 여기며, 중(重)은 중죄(重罪)의 줄임으로 여기고 새기면 문맥이 통한다.

> 나 오(吾), 이제 금(今), 그리고 이(而), 뒤 후(後), 알 지(之), 죽임 살(殺), 남의 인(人), 피붙이 친(親), ~이 지(之), 무거울 중(重), ~이다 야(也)

殺人之父(살인지부) 人亦殺其父(인역살기부)

▶ (네가) 남[人]의[之] 아버지를[父] 죽이면[殺] 그 남은[人] 또한[亦] 네[其] 아버지를[父] 죽인다[殺].

살인지부인역살기부(殺人之父人亦殺其父)는 영어의 복문과 같은 어투이다. 殺人之父人亦殺其父와 같은 어투의 문맥을 잡으려면 먼저 본동사를 찾아내서 동사의 수에 따라 구문을 나누어 각각 문맥을 잡아본 다음, 각각의 구문을 연결지어 전체 문맥을 잡는 것이 낫다. 殺人之父人亦殺其父에서는 〈죽일 살(殺)〉이 두 번 나오므로 殺人之父人亦殺其父를 살인지부(殺人之父)과 인역살기부(人亦殺其父)으로 나누어 문맥을 따로 잡아보는 것이 편하다. 구문의 골격은 주로 주어 + 타동사 + 목적어, 주어 + 자동사 + 보어 등으로 이루어진다.

살인지부(殺人之父)를 汝殺人之父에서 문맥으로 보충할 수 있으므로 〈너 여(汝)〉가 생략된 어투로 여기고 문맥을 잡으면, 殺人之父를 한 문장으로 여기고 네가[汝] 남[人]의[之] 아버지를[父] 죽인다[殺]고 새겨 문맥을 잡는다. 그러나 殺人之父의 살(殺)을 영어의 분사처럼 여기면, 殺人之父를 남[人]의[之] 아버지를[父] 죽이는[殺] 정도로 새겨 문맥을 잡는다. 그리고 인역살기부(人亦殺其父)에서 인(人)은 주어이고, 역(亦)은 부사이며, 살(殺)은 타동사로 본동사이고, 기(其)는 부(父)의 관형사이고, 부(父)는 살(殺)의 목적어이므로, 人亦殺其父는 영어의 3형식 문장처럼 여기고 문맥을 잡는다. 이제 殺人之父와 人亦殺其父를 논리적인 관계로 이어주면 다음과 같이 전체 문맥을 잡을 수 있다. 살인지부(殺人之父)한다면 인역살기부(人亦殺其父)한다. 즉 殺人之父人亦殺其父에서 殺人之父까지는 조건의 종속절 내지 조건의 분사구로 여기고, 人亦殺其父를 주절로 여기면 殺人之父人亦殺其父의 전체 문맥이 잡히는 것이다. 이러한 과정을 반복적으로 거치다 보면 한문투의 문맥을 잡기 쉬워진다.

살인지부인역살기부(殺人之父人亦殺其父)의 살(殺)은 〈죽일 륙(戮)〉과 같고, 인지(人之)는 타인지(他人之)로 여기고 새기면 문맥이 통하며, 지(之)는 소유격 토씨(~의)이고, 역(亦)은 〈또 우(又), 차(且)〉 등과 같고, 기(其)는 소유격 여(汝)로 여기고 〈너의 기(其)〉로 새기면 문맥이 통한다.

죽일 살(殺), 남 인(人), ~의 지(之), 아버지 부(父), 또한 역(亦), 그 기(其)

殺人之兄(살인지형) 人亦殺其兄(인역살기형)

▶ (네가) 남[人]의[之] 형님을[兄] 죽이면[殺] 그 남은[人] 또한[亦] 네

[其] 형님을[兄] 죽인다[殺].

살인지형인역살기형(殺人之兄人亦殺其兄)은 영어의 복문과 같은 어투이다. 殺人之兄人亦殺其兄과 같은 어투의 문맥을 잡으려면 먼저 본동사를 주목하고, 동사의 수에 따라 각각 나누어서 따로 문맥을 잡는 편이 낫다. 殺人之兄人亦殺其兄에서는 〈죽일 살(殺)〉이 두 번 나오므로 殺人之兄人亦殺其兄의 골격을 살인지형(殺人之兄)과 인역살기형(人亦殺其兄)으로 나누어 문맥을 따로 잡아보는 것이 편하다.

살인지형(殺人之兄)을 汝殺人之兄에서 문맥으로 보충할 수 있으므로 〈너 여(汝)〉가 생략되었다고 여기고 문맥을 잡으면, 殺人之兄을 한 문장으로 새겨서 네가[汝] 남[人]의[之] 형님을[兄] 죽인다[殺]고 문맥을 잡을 것이다. 그러나 殺人之兄의 살(殺)을 영어의 분사같이 여기면, 殺人之兄을 남[人]의[之] 형님을[兄] 죽이는[殺]. 정도로 새겨 문맥을 잡을 것이다. 그리고 인역살기형(人亦殺其兄)에서 인(人)은 주어이고, 역(亦)은 부사이며, 살(殺)은 타동사로 본동사이고, 기(其)는 형(兄)의 관형사이고, 형(兄)은 살(殺)의 목적어이므로, 人亦殺其兄은 영어의 3형식 문장과 같은 어투로 문맥을 잡는다. 이제 殺人之兄과 人亦殺其兄 사이의 관계를 이어 전체 문맥을 다음처럼 잡을 수 있다. 살인지형(殺人之兄)한다면 인역살기형(人亦殺其兄)한다. 즉 殺人之兄人亦殺其兄에서 殺人之兄까지는 조건의 종속절 내지 조건의 분사구로 여기고, 人亦殺其兄을 주절로 하여 殺人之兄人亦殺其兄의 전체 문맥이 잡힌다. 殺人之兄人亦殺其兄의 살(殺)은 〈죽일 륙(戮)〉과 같고, 인지(人之)는 타인지(他人之)로 여기고 새기면 문맥이 통하며, 지(之)는 소유격 토씨(~의)이고, 역(亦)은 〈또 우(又), 차(且)〉 등과 같으며, 기(其)는 소유격 여(汝)로 여기고 〈너의 기(其)〉로 새기면 문맥이 통한다.

죽일 살(殺), 남 인(人), ~의 지(之), 형님 형(兄), 또한 역(亦), 그 기(其)

然則非自殺之也(연즉비자살지야) 一間耳(일간이)

▶ **그러니[然] 곧[則] 제 피붙이를[之] 스스로[自] 죽인 것은[殺] 아닌 것[非]일지언정[也] 조금의[一] 차이일[間] 뿐이다[耳].**

연즉비자살지야일간이(然則非自殺之也一間耳)와 같은 어투의 문맥을 잡으려면 먼저 〈어조사 야(也)〉를 주목해야 한다. 야(也)는 구문을 결정짓는 구실을 하므로, 然則非自殺之也一間耳에서 연즉비자살지야(然則非自殺之也)와 일간이(一間耳)로 나누어 먼저 각각 문맥을 잡아보게 하는 실마리를 야(也)가 제공해주기 때문이다. 따라서 然則非自殺之也와 一間耳가 문맥상 어떤 관계인지를 살펴 각각의 문맥을 다음처럼 따로 잡아보면 전체 문맥을 잡기 쉽다. 〈그러니[然] 곧[則] 제 피붙이를[之] 스스로[自] 죽인 것은[殺] 아닌 것[非]이다[也]. 조금의[一] 차이일[間] 뿐이다[耳]〉 이렇게 따로 새겨보고 서로 어떻게 이어지는지 따져보면 然則非自殺之也와 一間耳가 어떤 문맥을 이루는지 알 수 있다. 연즉비자살지야(然則非自殺之也)일지언정 일간이(一間耳)이다로 이어주면 然則非自殺之也一間耳의 문맥이 통하고, 然則非自殺之也의 야(也)를 양보의 종속절을 결정짓는 어조사(~일지언정)로 여기면 然則非自殺之也一間耳의 전체 문맥이 잡힌다.

양보의 종속절인 연즉비자살지야(然則非自殺之也)는 然則是非自殺之也에서 살인지부형(殺人之父兄)을 지시하는 시(是)를 앞 문맥으로 보충할 수 있으므로 생략한 어투로 여기고 문맥을 잡는다. 그러니[然] 곧[則] 남의 부형을 죽임이[是] 제 피붙이를[之] 스스로[自] 죽인 것은[殺] 아닌 것[非]일지언정[也]에서 주어인 시(是)를 생략한 어투가 然則是非自殺之也란 말이다. 然則非自殺之也에서 연즉(然則)은 부사이고, 비(非)는 보어(補語)이며, 자살지(自殺之)는 비(非)의 동격이고, 야(也)는 양보의 종속절을 결정짓는 어조사로 여기고 새기면 문맥이 통한다. 然則非自殺之也의 연즉(然則)은 〈그러므로 고(故)〉와 같고, 비(非)는 아닌 것[不是]으로 새기며, 자살지(自殺之)의 자(自)는 살(殺)을 꾸미는 부사이고, 살(殺)은 영어의 동명사 또는 부정사(不定詞)와 같으면서 비(非)의 동격이며, 지(之)는 살(殺)의 목적어로 친부(親父) 친형(親兄)을 가리키는 지시대명사이다.

주절인 일간이(一間耳)는 是一間耳에서 비자살지(非自殺之)를 나타내는 지시어 시(是)를 생략하고 술부만 남긴 것으로, 영어의 2형식 주절과 같은 어투이다. 一間耳에서 일(一)은 간(間)을 꾸미는 형용사이고, 간(間)은 보어이며, 이(耳)는 주절을 강하게 결정짓는 어조사(~뿐이다)이다. 一間耳의 간(間)은 〈다를 이(異)〉로 새기면 문맥이 통하고, 일간(一間)은 무이(無異)와 같다. 다를 것이[異] 없다[無].

전쟁의 살육(殺戮)을 이보다 더 간명하면서도 정곡을 찔러 이야기할 수는 없으리라. 남을 죽인다고 생각하지 말라 한다. 내가 남을 죽이려 하면 그 남이 곧 나를 죽이려 함이 곧 전쟁이 아닌지 깊이 생각하게 한다. 성현은 결코 어려운 말을 하지 않는다.

그럴 연(然), 곧 즉(則), 아닌 것 비(非), 스스로 자(自), 죽일 살(殺), 그 지(之), 어조사(~일지언정) 야(也), 조금 일(一), 차이 간(間), ~뿐이다 이(耳)

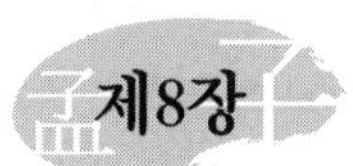

제8장

8장은 맹자가 관문(關門)을 들어서 선정(善政)과 폭정(暴政)을 헤아리게 하는 장이다. 옛날의 관문은 횡포한 짓들을 막아주기 위해서 만들었지만 지금의 관문은 횡포한 짓을 자행하기 위해서 만들어졌음을 적시하여 과도한 세금을 징수하는 폭정을 매우 간명하게 질타하고 있는 장이다.

【문지(聞之)】

고지위관야(古之爲關也)

【원문(原文)】

孟子曰 古之爲關也는 將以禦暴러니 今之爲關也는 將以爲暴로다
맹 자 왈 고 지 위 관 야 장 이 어 포 금 지 위 관 야 장 이 위 포

【해독(解讀)】

맹자가 말했다[孟子曰]. "옛 사람들이 관문을 만들었던 것은[古之爲關也] 그리하여 횡포를 막기 위해서였다[將以禦暴]. 지금 사람들이 관문을 만드는 것은[今之爲關也] 그리하여 횡포를 행하기 위해서이다[將以爲暴]."

【담소(談笑)】

古之爲關也(고지위관야) 將以禦暴(장이어포)

▶ 옛 사람들[古]이[之] 관문을[關] 만들었던 것[爲]은[也] 그리하여[以] 횡포를[暴] 막기[禦] 위해서였다[將].

고지위관야장이어포(古之爲關也將以禦暴)는 영어의 3형식 문장과 같은 어투이다. 古之爲關也將以禦暴에서 고지위관야(古之爲關也)는 주절이고,

장(將)은 타동사로 본동사이며, 이(以)는 어(禦)를 꾸미는 부사이고, 어(禦)는 영어의 부정사(不定詞)와 같으면서 장(將)의 목적어이며, 포(暴)는 어(禦)의 목적어이다.

주절인 고지위관야장이어포(古之爲關也)는 古人之爲關也에서 고인지(古人之)의 인(人)을 생략한 어투로 보고, 고지(古之)를 옛날[古]에[之]보다는 옛[古] 사람[人]이[之]로 여기고 새기면 문맥이 통하므로 古之의 지(之)는 주격 토씨(~이)이고, 위(爲)는 〈만들 조(造)〉와 같으며, 관(關)은 여기선 관문(關門)의 줄임말이고, 야(也)는 주절을 결정짓는 어조사(~은)이다.

장이어포(將以禦暴)의 장(將)은 여기선 〈도울 조(助)〉와 같고, 이(以)는 시이(是以)의 줄임이며, 〈그 시(是)〉는 관문을 나타내는 지시어이므로 그 관문을 가지고[以]로 새기면 문맥이 통하고, 어(禦)는 〈막을 한(扞)〉과 같고, 포(暴)는 〈사나울 맹(猛)〉과 같고 횡포(橫暴)의 줄임말로 여기고 새긴다.

옛 고(古), ~이 지(之), 만들 위(爲), 관문 관(關), 어조사(~은) 야(也), 도울 장(將), 써 이(以), 막을 어(禦), 횡포 포(暴)

今之爲關也(금지위관야) 將以爲暴(장이위포)

▶ **지금 사람들[今]이[之] 관문을[關] 만드는 것[爲]은[也] 그리하여[以] 횡포를[暴] 행하기[爲] 위해서이다[將].**

금지위관야장이위포(今之爲關也將以爲暴)는 영어의 3형식 문장과 같은 어투이다. 今之爲關也將以爲暴에서 금지위관야(今之爲關也)는 주절이고, 장(將)은 타동사로 본동사이며, 이(以)는 위(爲)를 꾸미는 부사이고, 위(爲)는 영어의 부정사(不定詞)와 같으면서 장(將)의 목적어이며, 포(暴)는 위(爲)의 목적어이다.

주절인 금지위관야(今之爲關也)는 今人之爲關也에서 금인지(今人之)의 인(人)을 생략한 어투로 보고 금지(今之)를 지금[今]에[之]보다는 지금[今] 사람들[人]이[之]로 여기고 새기면 문맥이 통하므로 今之의 지(之)는 주격 토씨(~이)이고, 위(爲)는 〈만들 조(造)〉와 같으며, 관(關)은 여기선 관문(關門)의 줄임말이고, 야(也)는 주절을 결정짓는 어조사(~은)이다.

장이위포(將以爲暴)의 장(將)은 여기선 〈도울 조(助)〉와 같고, 이(以)는 시이(是以)의 줄임이며, 〈그 시(是)〉는 관문을 나타내는 지시어이므로 그 관문을 가지고[以]로 새기면 문맥이 통하고, 위(爲)는 〈행할 행(行)〉과 같고, 포(暴)는 〈사나울 맹(猛)〉과 같고 횡포(橫暴)의 줄임말로 여기고 새긴다.

이제 금(今), ~이 지(之), 만들 위(爲), 관문 관(關), 어조사(~은) 야(也), 도울 장(將), 써 이(以), 행할 위(爲), 횡포 포(暴)

제9장

9장은 맹자가 행도(行道)를 버리면 수기(守己)도 불가능하고 제가(齊家)도 불가능하며 치인(治人)도 불가능함을 간명하게 밝히고 있다. 불능행어처자(不能行於妻子)의 지경보다 더한 인간의 파탄이란 있을 수 없다. 제 가솔한테까지 얼굴을 들 수 없는 지경이 곧 불능행어처자(不能行於妻子)이다. 인간이 인간으로서 그 도리를 행하는 것[行道]이 곧 위인(爲人)의 벼리임을 밝히는 장이다.

【문지(聞之)】

신불행도(身不行道)

【원문(原文)】

孟子曰 身不行道면 不行於妻子하고 使人不以道요 不能行於妻子니라
맹자왈 신불행도 불행어처자 사인불이도 불능행어처자

【해독(解讀)】

맹자가 말했다[孟子曰]. "자신이 도리를 행하지 않음은[身不行道] 아내와 자식들한테도 돌아오지 못하고[不行於妻子], 사람을 부리면서 도리를 실행하지 않음은[使人不以道] 아내와 자식들한테도 돌아갈 수 없다[不能行於妻子]."

【담소(談笑)】

身不行道(신불행도) 不行於妻子(불행어처자)

▶ **자신이[身] 도리를[道] 실행하지 않음은[不行] 아내와[妻] 자식들[子]한테도[於] 돌아가지 못한다[不行].**

신불행도불행어처자(身不行道不行於妻子)는 영어의 1형식 문장과 같은 어투이다. 身不行道不行於妻子에서 신불행도(身不行道)는 주부이고, 불행어처자(不行於妻子)는 술부이다.

주부인 신불행도(身不行道)에서 신(身)은 행(行)을 꾸미는 부사이고, 불(不)은 행(行)의 부정사(否定詞)이며, 행(行)은 영어의 부정사(不定詞)와 같으면서 주어이고, 도(道)는 행(行)의 목적어이다. 身不行道의 신(身)은 자신(自身)의 줄임말로 여기고, 행(行)은 〈쓸 용(用)〉과 같으며, 도(道)는 도리(道理)의 줄임말로 여기고 새긴다.

술부인 불행어처자(不行於妻子)에서 불(不)은 행(行)의 부정사(否定詞)이고, 행(行)은 자동사로 본동사이며, 어처자(於妻子)는 행(行)을 꾸미는 부사구이다. 不行於妻子의 행(行)은 〈돌아올 환(還)〉과 같고, 어(於)는 〈~에게 우(于)〉와 같다.

> 자신 신(身), 아니 불(不), 쓸 행(行), 도리 도(道), 돌아올 행(行), ~에게 어(於), 아내 처(妻), 자녀 자(子)

使人不以道(사인불이도) 不能行於妻子(불능행어처자)

▶ **사람을[人] 부리면서[使] 도리를[道] 실행하지 않음은[不以] 아내와[妻] 자식들[子]한테도[於] 돌아갈[行] 수 없다[不能].**

사인불이도불능행어처자(使人不以道不能行於妻子)는 영어의 1형식 문장과 같은 어투이다. 使人不以道不能行於妻子에서 사인불이도(使人不以道)는 주부이고, 불능행어처자(不能行於妻子)는 술부이다.

주부인 사인불이도(使人不以道)에서 사인(使人)은 영어의 분사구처럼 이(以)를 꾸미는 부사구이고, 불(不)은 이(以)의 부정사(否定詞)이며, 이(以)는 영어의 부정사(不定詞)와 같으면서 주어이고, 도(道)는 이(以)의 목적어이다. 使人不以道의 사(使)는 〈부릴 역(役)〉과 같고, 인(人)은 타인(他人)의 줄임말로 여기고 새기며, 이(以)는 〈쓸 용(用)〉과 같고, 도(道)는 도리(道理)의 줄임말로 여기고 새긴다.

술부인 불능행어처자(不能行於妻子)에서 불(不)은 행(行)의 부정사(否定詞)이고, 능(能)은 행(行)의 조동사이며, 행(行)은 자동사로 본동사이고, 어처자(於妻子)는 행(行)을 꾸미는 부사구이다. 不能行於妻子의 불능(不能)은 할 수 없다는 뜻인 불가(不可)와 같고, 행(行)은 〈돌아올 환(還)〉과 같으며, 어(於)는 〈~에게 우(于)〉와 같다.

부릴 사(使), 사람 인(人), 아니 불(不), 쓸 이(以), 도리 도(道), 돌아올 행(行), ~에게 어(於), 아내 처(妻), 자녀 자(子)

제10장

10장은 맹자가 앞 장에서 밝힌 행도(行道)를 다시 한번 음미하게 하는 장이다. 그 행도를 이 장의 주어덕자(周於德者)로써 음미해볼 수 있고 그 뜻을 깨칠 수 있기 때문이다. 나아가 『중용(中庸』의 "군자거이이사명(君子居易以俟命)하고 소인행험이요행(小人行險以徼幸)한다"는 군자와 소인의 처신이 어떻게 다른가를 아주 쉽게 헤아려볼 수 있게 하는 장이다. 군자는[君子] 평이한[易] 삶을[居] 써[以] 시킴을[命] 기다리고[俟] 소인은[小人] 위험을[險] 행함을[行] 써[以] 요행을[幸] 바란다[徼].

【문지(聞之)】

주어덕자(周於德者)

【원문(原文)】

孟子曰 周於利者는 凶年도 不能殺하고 周於德者는 邪世不能亂이니라
맹자왈 주어리자 흉년 불능살 주어덕자 사세불능란

【해독(解讀)】

맹자가 말했다[孟子曰]. "이익에만 골몰하는 인간은 흉년도 죽일 수 없고

[周於利者凶年不能殺], 덕에만 골몰하는 사람은 사악한 세상이라도 어지럽힐 수 없다[周於德者邪世不能亂].”

【담소(談笑)】

周於利者凶年不能殺(주어리자흉년불능살)

▶ 이익[利]에만[於] 골몰하는[周] 사람을[者] 흉년도[凶年] 죽일[殺] 수 없다[不能].

주어리자흉년불능살(周於利者凶年不能殺)은 영어의 3형식 문장과 같은 어투이다. 周於利者凶年不能殺은 凶年不能殺周於利者에서 살(殺)의 목적구인 주어리자(周於利者)를 전치하여 강조한 어투로 여기고, 周於利者凶年不能殺의 문맥을 잡는다. 목적구인 周於利者는 주어리지인(周於利之人)에서 지인(之人)을 자(者)로 축약한 어투이므로 주어리(周於利)는 자(者)를 꾸미는 형용사구이고, 周於利者의 자(者)는 살(殺)의 목적어이며, 흉년(凶年)은 주어이며, 불(不)은 살(殺)의 부정사(否定詞)이고, 능(能)은 살(殺의 조동사이고, 살(殺)은 타동사로 본동사이다. 周於利者의 주(周)는 〈치밀할 밀(密)〉과 같고 주밀(周密)의 줄임말로 여기고, 어(於)는 〈~에 우(于)〉와 같으며, 이(利)는 〈이익 익(益)〉과 같고 사리(私利)의 줄임말로 여기고, 자(者)는 周於利之人의 지인(之人)을 축약한 것이므로 〈놈 자(者)〉로 새긴다. 凶年不能殺의 흉년(凶年)은 풍년(豊年)의 반대말이고, 불능(不能)은 불가(不可)와 같으며, 살(殺)은 〈죽일 륙(戮)〉과 같고 살육(殺戮)의 줄임말로 여기고 새긴다.

마음 쏟을 주(周), ~에 어(於), 이익 리(利), 흉할 흉(凶), 해 년(年), 아니 불(不), 가할 능(能), 죽일 살(殺)

周於德者邪世不能亂(주어덕자사세불능란)

▶ 덕[德]에만[於] 골몰하는[周] 사람은[者] 사악한[邪] 세상이라도[世] 어지럽힐[亂] 수 없다[不能].

주어덕자사세불능란(周於德者邪世不能亂)은 영어의 3형식 문장과 같은 어투이다. 周於德者邪世不能亂은 周於德者邪世不能亂에서 난(亂)의 목적구인 주어덕자(周於德者)를 전치하여 강조한 어투로 여기고 문맥을 잡는다. 목적구 周於德者은 주어덕지인(周於德之人)에서 지인(之人)을 자(者)로 축약한 어투이므로 주어덕(周於德)은 자(者)를 꾸미는 형용사구이고, 周於德

者의 자(者)는 난(亂)의 목적어이며, 사세(邪世)는 주어이고, 불(不)은 난(亂)의 부정사(否定詞)이며, 능(能)은 난(亂)의 조동사이고, 난(亂)은 타동사로 본동사이다. 周於德者의 주(周)는 〈치밀할 밀(密)〉과 같고 주밀(周密)의 줄임말로 여기고, 어(於)는 〈~에 우(于)〉와 같고, 덕(德)은 대덕(大德)·상덕(常德) 등의 줄임말로 여기며, 자(者)는 周於德之人의 지인(之人)을 축약한 것이므로 〈사람 자(者)〉로 새긴다. 邪世不能亂의 사세(邪世)는 난세(亂世)와 같은 말이고, 불능(不能)은 불가(不可)와 같으며, 난(亂)은 〈어지럽힐 혼(混)〉과 같고 혼란(混亂)의 줄임말로 여기고 새긴다.

마음 쏟을 주(周), ~에 어(於), 큰 덕(德), 사악할 사(邪), 세상 세(世), 아니 불(不), 가할 능(能), 어지럽힐 란(亂)

제11장

11장은 맹자가 철두철미한 명예의 지조(志操)를 강조하고 있는 장이다. 조금치의 실리(實利) 따위에 흔들려 지조를 변덕스럽게 한다면 이미 호명(好名)이라고 할 수 없음을 밝히고 있다. 아마도 이러한 맹자의 관점 때문에 유가(儒家)가 지나친 명분에 빠져드는 경우를 보이는 것인지 생각해보게 하는 장이다.

【문지(聞之)】

호명지인(好名之人)

【원문(原文)】

孟子曰 好名之人은 能讓千乘之國하니 苟非其人이면 簞食豆羹에도 見於色한다
맹자왈 호명지인 능양천승지국 구비기인 단사두갱 현어색

【해독(解讀)】

맹자가 말했다[孟子曰]. "명예를 좋아하는 사람은 천승[千乘]의 나라도 넘

겨준다[好名之人能讓千乘之國]. 진실로 그런 사람이 아닌 것이면[苟非其人] 단사두갱이라도 얼굴에 드러난다[簞食豆羹見於色]."

【담소(談笑)】

好名之人能讓千乘之國(호명지인능양천승지국)

▶ **명예를[名] 좋아하는[好之] 사람은[人] 천승[千乘]의[之] 나라도[國] 넘겨준다[讓].**

호명지인능양천승지국(好名之人能讓千乘之國)은 영어의 3형식 문장과 같은 어투이다. 好名之人能讓千乘之國에서 호명지인(好名之人)은 주부이고, 능(能)은 양(讓)을 꾸미는 조동사이며, 양(讓)은 타동사로 본동사이고, 천승지국(千乘之國)은 양(讓)의 목적구이다.

주부인 호명지인(好名之人)의 지(之)는 〈A之B〉꼴에서 A로 하여금 B를 꾸며주는 형용사로 만드는 어조사로 여기고 새긴다. 명예를[名] 좋아한다[好]는[之] 사람[人]. 好名之人에서 호(好)는 영어의 분사와 같고, 명(名)은 호(好)의 목적어이며, 지인(之人)은 자(者)로 축약해 호명자(好名者)로 줄여도 된다.

목적구인 천승지국(千乘之國)의 지(之) 역시 A가 B를 꾸며주도록 만들지만 소유격 토씨(~의)처럼 여기고 새긴다. 천승[千乘]의[之] 나라[國]. 물론 문맥에 따라서 千乘之國의 지국(之國)을 자(者)로 축약해 천승자(千乘者)로 줄여서 말할 수도 있다. 好名之人能讓千乘之國의 호(好)는 〈좋아할 애(愛)〉와 같고 애호(愛好)의 줄임말로 여기면 문맥이 통하고, 명(名)은 명예(名譽)·명분(名分) 등의 줄임말로 여기면 문맥이 통하며, 능(能)은 〈할 수 있을 가(可)〉와 같고, 양(讓)은 〈사양할 겸(謙)〉과 같고 겸양(謙讓)의 줄임말로 여기며, 승(乘)은 〈수레 거(車)〉와 같고, 천승지국(千乘之國)은 천 대의 병거(兵車)를 거느릴 수 있는 큰 나라 즉 천자(天子)의 나라를 뜻한다. 제후(諸侯)는 오백 승을 거느리고, 대부(大夫)는 백 승을 거느린다.

> 좋아할 호(好), 명예 명(名), 어조사(~는) 지(之), 사람 인(人), 잘할 능(能), 넘겨줄 양(讓), 일천 천(千), 수레 승(乘), ~의 지(之), 나라 국(國)

苟非其人簞食豆羹見於色(구비기인단사두갱현어색)

▶ **진실로[苟] 그런[其] 사람이[人] 아닌 것이면[非] 단사두갱이라도[簞食**

豆羹] 얼굴[色]에[於] 드러난다[見].

구비기인단사두갱현어색(苟非其人簞食豆羹見於色)은 〈苟AB꼴〉로 영어의 복문과 같은 어투이다. 〈진실로[苟] A(苟非其人)하면 B(簞食豆羹見於色)한다〉 苟非其人簞食豆羹見於色에서 구비기인(苟非其人)까지는 조건의 종속절이고, 단사두갱현어색(簞食豆羹見於色)까지는 주절로 여기고 새기면 문맥이 잡힌다.

조건의 종속절인 구비기인(苟非其人)은 苟某人非其人에서 문맥으로 보충할 수 있으므로 주어 어떤 사람[某人]을 생략한 것으로, 영어의 2형식 절과 같은 어투이다. 진실로[苟] 어떤[某] 사람이[人] 명예를 좋아하는[其] 사람이[人] 아닌 것이면[非]에서 어떤 사람[某人]은 생략되었고, 비(非)는 보어이며, 기인(其人)은 비(非)의 동격으로 여기면 苟非其人의 문맥이 잡힌다.

주절인 단사두갱현어색(簞食豆羹見於色)은 영어의 1형식 절과 같은 어투이다. 簞食豆羹見於色에서 단사두갱(簞食豆羹)은 주어이고, 현(見)은 자동사로 본동사이며, 어색(於色)은 현(見)을 꾸미는 부사구이다. 簞食豆羹見於色의 단사(簞食)는 대그릇[簞]에 담은 밥[思] 즉 보잘 것 없는 것을 말하고, 두갱(豆羹)은 나무그릇[豆]에 담은 국[羹]을 말하고 이 역시 보잘 것 없는 것을 뜻하며, 현(見)은 〈드러날 현(現)〉과 같고, 어(於)는 장소를 나타내는 〈~에 우(于)〉와 같으며, 색(色)은 여기선 〈얼굴 안(顔)〉과 같고 안색(顔色)의 줄임말로 여긴다. 단사(簞食)에서처럼 사(食)는 〈밥 사(食), 먹을 식(食)〉처럼 발음을 주의해야 하고, 현(見) 역시 〈드러날 현(見), 보일 견(見)〉처럼 발음이 달라지는 것을 주의해야 한다.

진실로 구(苟), 아닌 것 비(非), 그 기(其), 사람 인(人), 대그릇 단(簞), 밥 사(食), 나무그릇 두(豆), 국 갱(羹), 드러날 현(見), ~에 어(於), 얼굴 색(色)

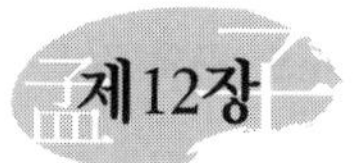

제12장

12장은 맹자가 치국(治國)을 간명하게 밝혀둔 장이다. 나라에 인자(仁者)와 현자(賢者)가 많아야 나라가 충실하고, 예의가 있어야 나라가 질서를 누리고, 정사(政事)가 있어야 나라 살림이 만족스럽게 됨을 밝히고 있는 장이다. 맹자의 치도(治道)가 간명하게 잘 드러나 있는 장이다.

【문지(聞之)】

불신인현(不信仁賢)

【원문(原文)】

孟子曰 不信仁賢 則國이 空虛하고 無禮義 則上下亂하며 無政事 則財用이 不足이니라
맹자왈 불신인현 즉국 공허 무례의 즉상하란 무정사 즉재용 부족

【해독(解讀)】

맹자가 말했다[孟子曰]. "인자와 현자를 믿지 않으면 곧 나라가 공허해지고[則國空虛], 예의가 없으면[無禮義] 곧 위아래가 어지럽고[則上下亂], 바르게 다스리는 일들이 없으면[無政事] 곧 재물의 쓰임이 부족해진다[則財用不足]."

【담소(談笑)】

不信仁賢(불신인현) 則國空虛(즉국공허)

▶ **인자와[仁] 현자를[賢] 믿지 않으면[不信] 곧[則] 나라가[國] 공허해진다[空虛].**

불신인현즉국공허(不信仁賢則國空虛)는 〈A則B〉꼴로 영어의 복문과 같은 어투이다. 물론 즉(則)을 어조사로 여기고 무시해도 되는 경우도 있다. 즉(則)을 중심으로 앞은 대개 양보 내지 조건의 종속절(또는 구)이고, 뒤는 주절이다. 그러니 不信仁賢則國空虛에서 불신인현(不信仁賢)을 조건구로 여기고, 국공허(國空虛)를 주절로 여기면 문맥이 잡힌다. 〈A(不信仁賢)하면 곧[則] B(國空虛)한다〉

조건구인 불신인현(不信仁賢)에서 불(不)은 신(信)의 부정사(否定詞)이고, 신(信)은 영어의 부정사(不定詞)와 같은 구실을 하며, 인현(仁賢)은 신(信)의 목적구이므로 영어의 not to do A처럼 여기고 새기면 不信仁賢의 문맥이 잡힌다. 인현을[仁賢] 믿지 않는 것[不信]. A를 하지 않는 것(not to do). 부정사구인 不信仁賢을 인현을[仁賢] 믿지 않는다면[不信]으로 새기면 주절

인 국공허(國空虛)와 자연스럽게 이어지며 문맥이 잡힌다. 주절 國空虛에서 국(國)은 주어이고, 공허(空虛)는 보어로 영어의 2형식 절과 같은 어투이다. 國空虛의 국(國)은 국가(國家)의 줄임말로 여기고 새기고, 공허(空虛)는 여기선 충실(充實)하지 못함을 뜻한다고 여기면 문맥이 통한다.

나라 안에 인자(仁者)와 현자(賢者)가 없다면 그런 나라는 알차지 못한 나라란 말이다. 아무리 사람이 많아도 되지못한 인간들로 가득하다면 그런 나라야말로 아우성을 일삼는 수라장일 뿐 마음 편히 살 수 없는 곳이니 그런 곳이라면 텅 빈 쭉정이나 같다.

아니 불(不), 믿을 신(信), 어질 인(仁), 밝을 현(賢), 곧 즉(則), 나라 국(國), 빌 공(空), 빌 허(虛)

無禮義(무례의) 則上下亂(즉상하란)

▶ 예의가[禮義] 없으면[無] 곧[則] 위아래가[上下] 어지럽다[亂].

무례의즉상하란(無禮義則上下亂)은 〈A則B〉꼴로 영어의 복문과 같은 어투이다. 물론 즉(則)을 어조사로 여기고 무시해도 되는 경우도 있다. 즉(則)을 중심으로 앞은 대개 양보 내지 조건의 종속절(또는 구)이고, 뒤는 주절이다. 그러니 無禮義則上下亂에서 무례의(無禮義)를 조건구처럼 여기고, 상하란(上下亂)을 주절로 여기고 새기면 문맥이 잡힌다. 〈A(無禮義)하면 곧[則] B(上下亂)한다〉

조건구인 무례의(無禮義)에서 무(無)는 영어의 부정사(不定詞)와 같은 구실을 하고, 예의(禮義)는 무(無)의 목적구이므로 영어의 not to be A처럼 여기면 無禮義의 문맥이 잡힌다. 예의가[禮義] 없는 것[無]. A가 없는 것(not to be). 부정사구인 無禮義를 예의가[禮義] 없다면[無]으로 새기면 주절인 상하란(上下亂)과 이어지므로 문맥이 잡힌다. 주절인 上下亂에서 상하(上下)는 주어이고, 난(亂)은 형용사로 보어이므로 영어의 2형식 절과 같은 어투이다. 上下亂의 상(上)은 상위(上位), 하(下)는 하위(下位)를 뜻해 신분 내지 직분(職分)을 나타낸다고 여기고, 난(亂)은 〈어지러울 혼(混)〉과 같고 혼란(混亂)의 줄임말로 여기고 새기면 문맥이 통한다.

예의가 없어지면 사양하는 마음이 없어진다. 그러면 서로 빼앗기를 일삼아 서로 신뢰가 없어진다. 그러면 난세(亂世)를 불러오고 세상은 수라장처럼 돼 인화물(人化物)의 세상으로 전락한다. 인간이[人] 물질로[物] 변화된다[化].

없을 무(無), 예의 례(禮), 바름 의(義), 곧 즉(則), 위 상(上), 아래 하(下), 어지러울 난(亂)

無政事(무정사) 則財用不足(즉재용부족)

▶ **바르게 다스리는[政] 일들이[事] 없으면[無] 곧[則] 재물의[財] 쓰임이[用] 부족해진다[不足].**

무정사즉재용부족(無政事則財用不足)은 〈A則B〉꼴로 영어의 복문과 같은 어투이다. 물론 즉(則)을 어조사로 여기고 무시해도 되는 경우도 있다. 즉(則)을 중심으로 앞은 대개 양보 내지 조건의 종속절(또는 구)이고, 뒤는 주절이다. 그러니 無無政事則財用不足에서 무정사(無政事)를 조건구처럼 여기고, 재용부족(財用不足)을 주절로 여기고 새기면 문맥이 잡힌다. 〈A(無政事)하면 곧[則] B(財用不足)한다〉

조건구인 무정사(無政事)에서 무(無)는 영어의 부정사(不定詞) 같은 구실을 하고, 정사(政事)는 무(無)의 목적구이므로 영어의 not to be A와 같은 어투로 여기면 無政事의 문맥이 잡힌다. 정사가[政事] 없는 것[無]. A가 없는 것(not to be). 부정사구인 無政事를 정사가[政事] 없다면[無]으로 새기면 주절인 재용부족(財用不足)과 이어지므로 문맥이 잡힌다. 주절인 財用不足에서 재용(財用)은 주어이고, 부족(不足)은 수동태로 자동사이므로 영어의 1형식 절과 같은 어투이다. 財用不足의 재용(財用)은 재물을[財] 활용하는 것[用]으로 여기고 새기고, 부족(不足)은 부족하다고 능동태로 새기지 않고 부족해진다고 수동태로 새기면 문맥이 통한다. 한문투에는 능동태와 수동태가 따로 정해져 있지 않고 문맥에 따라 타동사의 태(態)가 정해진다. 재용부족(財用不足)의 재(財)는 재물(財物)의 줄임말로 여기고, 용(用)은 활용(活用)의 줄임말로 여기며, 부족(不足)의 족(足)은 〈만족할 만(滿)〉과 같고, 부족(不足)은 불만(不滿)과 같은 말이다.

정사(政事)는 나라일을 바르게 처리함이다. 정도(正道)에 따라 치세(治世)가 이루어지면 정사는 따라서 정도를 택한다. 그러나 정사가 사욕에 이끌리면 학정(虐政)으로 이어진다. 학정은 나라의 살림살이가 강자의 손아귀에 들어가 나라살림이 쪼들리게 된다.

없을 무(無), 바를 정(正), 일 사(事), 곧 즉(則), 재물 재(財), 쓸 용(用), 아니 부(不), 족할 족(足)

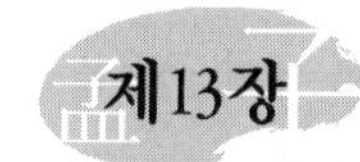

제13장

13장은 맹자가 왕자(王者)와 패자(霸者)를 분별해주고 있는 장이다. 왕자는 천자(天子)가 될 수 있어도 패자가 그렇게 될 수 없음을 밝힌 장이다. 천자는 온 세상을 얻은 치자(治者)이고 제후는 한 나라를 얻은 승자임을 헤아려 보게 하는 장이다. 온 세상을 얻었다 함은 백성의 마음을 얻었다는 것이다. 백성의 마음을 얻지 못했다면 나라가 아무리 크다 한들 천자가 될 수 없다. 그러니 작은 고을에서도 인자(仁者)가 있다면 그는 천자인 셈이다. 인자(仁者)란 백성의 마음을 얻은 사람임을 일깨워주고 있는 장이다.

【문지(聞之)】

불인이득국자(不仁而得國者)

【원문(原文)】

孟子曰 不仁而得國者는 有之矣이나 不仁而得天下者는 未之有也이니라
맹자왈 불인이득국자 유지의 불인이득천하자 미지유야

【해독(解讀)】

맹자가 말했다[孟子曰]. "어질지 않고서 나라를 거머쥔 사람[不仁而得國者] 그런 자는 있었던 것이다[有之矣] (그러나) 어질지 않고서 천하를 거머쥔 사람[不仁而得天下者] 그런 자는 여태껏 없었던 것이다[未之有也]."

【담소(談笑)】

不仁而得國者(불인이득국자) 有之矣(유지의)

▶ 어질지 않고[不仁]서[而] 나라를[國] 거머쥔[得] 사람[者] 그런 자는

[之] 있었던 것[有] 이다矣].

불인이득국자유지의(不仁而得國者有之矣)는 영어의 2형식 문장과 같은 어투이다. 不仁而得國者有之矣는 有不仁而得國者에서 〈있을 유(有)〉의 주어인 불인이득국자(不仁而得國者)를 전치하고, 그 빈 자리에 허사 지(之)를 둔 어투이다. 만약에 유불인이득국자(有不仁而得國者)로 여기고 문맥을 잡는다면 有不仁而得國者를 영어의 1형식 문장처럼 여기고 문맥을 잡을 것이다. 그러나 不仁而得國者有之矣에서 구문을 결정짓는 〈~이다 의(矣)〉를 살려서 不仁而得國者有之矣의 문맥을 잡는다면 불인이득국자(不仁而得國者)는 주부이고, 유지(有之)의 유(有)는 영어의 동명사와 같으면서 보어이며, 의(矣)는 구문을 결정짓는 어조사로 여기고 영어의 2형식 문장같이 문맥을 잡을 것이다. 그러므로 不仁而得國者有之矣에서 不仁而得國者의 자(者)를 유(有)의 주어로 여기고 문맥을 잡으면, 유(有)는 자동사 〈있을 유(有)〉로 본동사이고, 지(之)는 不仁而得國者의 자(者)를 나타내는 허사이므로 무시하고 문맥을 잡아도 되고, 의(有) 또한 구문을 결정짓는 어조사이지만 무시하고 불인이득국자(不仁而得國者)가 있었다[有]고 새겨, 不仁而得國者有之矣를 영어의 1형식 문장같이 여기고 문맥을 잡을 수도 있다.

불인이득국자유지의(不仁而得國者有之矣)의 주부인 불인이득국자(不仁而得國者)는 不仁而得國之人의 지인(之人)을 자(者)로 축약한 어투로 여기면 문맥이 통하므로 〈사람 자(者)〉로 새기고, 불인이득국(不仁而得國)은 자(者)를 꾸미는 분사로 여기고 새긴다. 불인하지[不仁]만[而] 득국한[得國] 사람[者]. 不仁而得國者의 득(得)은 〈가질 취(取)〉와 같고 취득(取得)의 줄임말로 여기고 새긴다.

> 아니 불(不), 어질 인(仁), 그러나 이(而), 취할 득(得), 나라 국(國), 놈 자(者), 있을 유(有), 그 지(之), ~이다 의(矣)

不仁而得天下者(불인이득천하자) 未之有也(미지유야)

▶ 어질지 않고[不仁]서[而] 천하를[天下] 쥔[得] 사람[者] 그런 자는[之] 여태껏 없었던 것[未有]이다[也].

불인이득천하자미지유야(不仁而得天下者未之有也)는 영어의 2형식 문장과 같은 어투이다. 不仁而得天下者未之有也는 未有不仁而得天下者也에서

〈있을 유(有)〉의 주어인 불인이득천하자(不仁而得天下者)를 전치하고, 그 빈 자리에 허사 지(之)를 둔 어투이다. 만약 미유불인이득천하자(未有不仁而得天下者)로 여기고 문맥을 잡는다면 未有不仁而得國者를 영어의 1형식 문장처럼 여기고 문맥을 잡을 것이다. 그러나 不仁而得天下者未之有也에서 구문을 결정짓는 〈~이다 야(也)〉를 살려서 문맥을 잡는다면 불인이득천하자(不仁而得天下者)는 주부이고, 미지유(未之有)의 유(有)는 영어의 동명사와 같은 보어이며, 야(也)는 구문을 결정짓는 어조사로 여기고 영어의 2형식 문장같이 문맥을 잡는다는 말이다. 그러니 不仁而得天下者未之有也에서 不仁而得天下者의 자(者)를 유(有)의 주어로 여기고 문맥을 잡는다면, 유(有)는 자동사 〈있을 유(有)〉로 본동사이고, 지(之)는 不仁而得天下者의 자(者)를 나타내는 허사이므로 무시하고 문맥을 잡아도 되며, 야(也) 또한 구문을 결정짓는 어조사이지만 무시하고 문맥을 잡아 불인이득천하자(不仁而得天下者)가 없었다(未有)고 새겨, 不仁而得天下者未之有也를 영어의 1형식 문장같이 여기고 문맥을 잡을 수도 있다.

불인이득천하자미지유야(不仁而得天下者未之有也)의 주부인 불인이득천하자(不仁而得天下者)는 不仁而得天下之人의 지인(之人)을 자(者)로 축약한 어투로 여기면 문맥이 통하므로 〈사람 자(者)〉로 새기고, 불인이득천하(不仁而得天下)는 자(者)를 꾸미는 분사로 여긴다. 불인하지[不仁]만[而] 득천하한[得天下] 사람[者]. 不仁而得天下者의 득(得)은 〈가질 취(取)〉와 같고 취득(取得)의 줄임말로 여긴다.

아니 불(不), 어질 인(仁), 그러나 이(而), 취할 득(得), 하늘 천(天), 아래 하(下), 놈 자(者), 아닐 미(未), 그 지(之), 있을 유(有), ~이다 야(也)

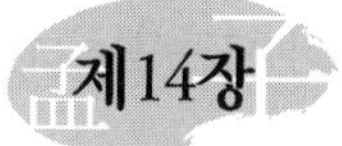

제14장

14장은 맹자가 백성은 귀하고 군왕은 대단치 않다고 단언하는 장으로 맹자의 민본사상이 적나라하게 드러난 유명한 장이다. 갈아치울 수 있는 것[變置]은 작고[小], 변치(變置)할 수 없는 것은 크다[大]. 갈아치울 수 없는 천지

(天地)가 크고 백성이 크다. 그러나 군왕은 갈아치울 수 있으므로 대단치 않다[輕]고 맹자가 단언한다. 맹자는 백성이 크고 귀함을 밝혀 왕도(王道)가 왜 백성의 길[道]인가를 살펴보게 하는 장이다.

【문지(聞之)】

민위귀(民爲貴)

【원문(原文)】

孟子曰 民이 爲貴하고 社稷이 次之하며 君이 爲輕하니라 是故로 得乎丘民이 而爲天子요 得乎天子爲諸侯요 得乎諸侯爲大夫니라 諸侯危社稷 則變置하니 犧牲이 旣成하며 粢盛이 旣潔하고 祭祀以時하되 然而旱乾水溢 則變置社稷하니라

맹자왈 민 위귀 사직 차지 군 위경 시고 득호구민 이위천자 득호천자위제후 득호제후위대부 제후위사직 즉변치 희생 기성 자성 기결 제사이시 연이한간수일 즉변치사직

【해독(解讀)】

맹자가 말했다[孟子曰]. "백성이 소중하고[民爲貴] 나라가 다음으로 소중하고[社稷次之] 임금은 대단치 않다[君爲輕]. 이런 까닭으로[是故] (누구라도) 들에서 농사짓는 백성의 마음을 얻고[得乎丘民] 그러면 천자가 되고[而爲天子], (누구라도) 천자의 마음을 얻으면 제후가 되며[得乎天子爲諸侯], (누구라도) 제후의 마음을 얻고 그러면 대부가 된다[得乎諸侯爲大夫]. 제후가 나라를 위태롭게 하면[諸侯危社稷] 곧장 갈아치운다[則變置]. 제물로 바칠 소가 이미 살찌고[犧牲旣成] 제상에 올릴 곡식이 이미 깨끗하며[粢盛旣潔] 제사가 때에 맞췄지만[祭祀以時], 그런데도[然而] 가뭄이 들고 홍수가 지면[旱乾水溢] 곧장 사직을 갈아치운다[則變置社稷]."

【담소(談笑)】

民爲貴(민위귀) 社稷次之(사직차지) 君爲輕(군위경)

▶ **백성이[民] 소중하고[爲貴] 나라가[社稷] 다음으로[次] 소중하며[之] 임금은[君] 대단치 않다[爲輕].**

민위귀사직차지군위경(民爲貴社稷次之君爲輕)은 영어의 중문과 같은 어투이다. 民爲貴社稷次之君爲輕는 民爲貴 而社稷次之 而君爲輕에서 되풀이되는 〈그리고 이(而)〉를 생략하고 한 구문처럼 묶은 어투이다. 그러니 民爲

貴社稷次之君爲輕을 民爲貴 社稷次之 君爲輕 등으로 나누어 각각 문맥을 잡은 다음 전체 문맥을 잡으면 편하다.

민위귀(民爲貴)는 민시귀(民是貴) 또는 민귀야(民貴也) 등과 같고, 영어의 2형식 문장과 같은 어투이다. 民爲貴에서 민(民)은 주어이고, 위(爲)는 어조사 〈~이다 야(也), 시(是)〉 등과 같고, 귀(貴)는 보어이다. 民爲貴의 민(民)은 백성(百姓)과 같은 말이고, 위(爲)는 영어의 be 동사와 같은 〈~이다 위(爲)〉로 〈~이다 시(是)〉와 같으며, 귀(貴)는 귀중(貴重)의 줄임말로 여기고 새긴다.

사직차지(社稷次之)는 社稷次爲貴에서 되풀이되는 위귀(爲貴)를 지(之)로 대신했으며, 영어의 2형식 문장과 같은 어투이다. 그러니 社稷次之의 지(之)를 위귀(爲貴)로 여기면 사직차지(社稷次之)의 문맥은 쉽게 잡힌다.

군위경(君爲輕)은 군시경(君是輕) 또는 군경야(君輕也) 등과 같은 말로, 영어의 2형식 문장과 같은 어투이다. 君爲輕에서 군(君)은 주어이고, 위(爲)는 어조사 〈~이다 야(也), 시(是)〉 등과 같고, 경(輕)은 보어이다. 君爲輕의 군(君)은 국군(國君)의 줄임말이고, 위(爲)는 영어의 be 동사와 같은 〈~이다 위(爲)〉로 〈~이다 시(是)〉와 같고, 경(輕)은 〈작을 소(小)〉와 같다.

백성 민(民), 어조사(~이다) 위(爲), 귀할 귀(貴), 토지의 신 사(社), 기장 직(稷), 다음 차(次), 그 지(之), 임금 군(君), 작을 경(輕)

是故(시고)

▶ 이런[是] 까닭으로[故]

시고(是故)는 시고왈(是故曰)을 줄인 말로 고왈(故曰)로도 줄이고, 고왈(故曰)은 고(故)로 줄인다. 위의 내용[是]이므로[故] 다음처럼 말한다[曰]는 뜻으로 시고(是故)를 새긴다. 앞의 내용을 근거로 하여 판단이나 결론을 내릴 때 쓰이고, 고왈(故曰)을 줄여 그냥 고(故)로 할 때가 보통이다. 시고왈(是故曰)·시고(是故)·고왈(故曰)·고(故) 등의 고(故)는 승상기하(承上起下)의 연접이므로 영어의 therefore를 연상하면 쉽다. 앞의 내용을[上] 이어서[承] 새로운 내용을[下] 제기한다[起].

이 시(是), 까닭 고(故)

得乎丘民而爲天子(득호구민이위천자)

▶ (누구라도) 들에서 농사짓는[丘] 백성의 마음[民]을[乎] 얻고[得] 나면[而] 천자가[天子] 된다[爲].

득호구민이위천자(得乎丘民而爲天子)는 人得乎丘民 而人爲天子에서 일반주어인 누구라도[人]를 생략한 어투임을 알면, 得乎丘民而爲天子를 영어의 중문처럼 여기고 문맥을 쉽게 잡을 수 있다. 得乎丘民而爲天子의 이(而)를 연접의 연사인 〈그러면 이(而)〉로 새기면 得乎丘民과 爲天子의 문맥이 통한다. 〈득호구민(得乎丘民)한다. 그러면[而] 위천자(爲天子)한다〉고 새겨보면 문맥이 통한다는 말이다. 得乎丘民而爲天子의 득(得)은 〈얻을 획(獲)〉과 같고 획득(獲得)의 줄임말로 여기고, 구민(丘民)의 구(丘)는 전야(田野)로 여기고 새기면 문맥이 통하며, 민(民)은 백성을 말하고, 위(爲)는 〈될 성(成)〉과 같고 영어의 become을 연상하면 쉽다. 천자가[天子] 되다[爲].

> 얻을 득(得), 어조사(~을) 호(乎), 모일 구(丘), 백성 민(民), 그러면 이(而), 될 위(爲), 하늘 천(天), 아들 자(子)

得乎天子爲諸侯(득호천자위제후)

▶ (누구라도) 천자의 마음[天子]을[乎] 얻고[得] 나면[而] 제후가[諸侯] 된다[爲].

득호천자위제후(得乎天子爲諸侯)는 人得乎天子 而人爲諸侯에서 일반주어인 누구라도[人]와 되풀이되는 〈그러면 이(而)〉를 생략한 것을 알면, 得乎天子爲諸侯를 영어의 중문처럼 여기고 문맥을 쉽게 잡을 수 있다. 得乎天子爲諸侯에서 연접의 연사인 〈그러면 이(而)〉가 생략된 것을 알아야 得乎天子 爲諸侯의 문맥이 잡힌다. 득호천자(得乎天子)한다. 그러면[而] 위제후(爲諸侯)한다고 새겨보면 문맥이 통한다는 말이다. 得乎天子爲諸侯의 득(得)은 〈얻을 획(獲)〉과 같고 획득(獲得)의 줄임말로 여기고, 위(爲)는 〈될 성(成)〉과 같고 영어의 become과 같다고 여기고 새긴다. 제후가[諸侯] 되다[爲].

> 얻을 득(得), 어조사(~을) 호(乎), 하늘 천(天), 아들 자(子), 될 위(爲), 모두 제(諸), 임금 후(侯)

得乎諸侯爲大夫(득호제후위대부)

▶ (누구라도) 제후의 마음[諸侯]을[乎] 얻고[得] 나면[而] 대부가[大夫] 된다[爲].

득호제후위대부(得乎諸侯爲大夫)는 人得乎諸侯 而人爲大夫에서 일반주어인 누구라도[人]와 되풀이되는 〈그러면 이(而)〉를 생략한 어투임을 알면, 得乎諸侯爲大夫를 영어의 중문처럼 여기고 문맥을 쉽게 잡을 수 있다. 得乎諸侯爲大夫에서 연접의 연사인 〈그러면 이(而)〉가 생략된 것을 알아야 得乎諸侯 爲大夫의 문맥이 잡힌다. 〈득호제후(得乎諸侯)한다. 그러면[而] 위대부(爲大夫)한다〉고 새겨보면 문맥이 통한다는 말이다. 得乎諸侯爲大夫의 득(得)은 〈얻을 획(獲)〉과 같고 획득(獲得)의 줄임말로 여기고, 위(爲)는 〈될 성(成)〉과 같고 영어의 become과 같다고 여기고 새긴다. 대부가[大夫] 되다[爲].

> 얻을 득(得), 어조사(~을) 호(乎), 모두 제(諸), 임금 후(侯), 될 위(爲), 큰 대(大), 사내 부(夫)

諸侯危社稷(제후위사직) 則變置(즉변치)

▶ 제후가[諸侯] 나라를[社稷] 위태롭게 하면[危] 곧장[則] 갈아치운다[變置].

제후위사직즉변치(諸侯危社稷則變置)는 〈A則B〉꼴로 영어의 복문과 같은 어투이다. 물론 즉(則)을 어조사로 여기고 무시해도 되는 경우도 있다. 즉(則)을 중심으로 앞은 대개 양보 내지 조건의 종속절(또는 구)이고, 뒤는 주절이다. 그러니 諸侯危社稷則變置에서 제후위사직(諸侯危社稷)을 조건절처럼 여기고, 변치(變置)를 주절로 여기고 새기면 문맥이 잡힌다. 〈A(諸侯危社稷)하면 곧[則] B(變置)한다〉

조건의 종속절인 제후위사직(諸侯危社稷)에서 제후(諸侯)는 주어이고, 위(危)는 타동사로 절의 본동사이며, 사직(社稷)은 위(危)의 목적어이다. 諸侯危社稷의 제후(諸侯)는 국군(國君)과 같은 말이고, 위(危)는 〈위태로울 험(險)〉과 같고 위험(危險)의 줄임말로 여기고 새기며, 사직(社稷)은 나라의 안녕을 비는 제단(祭壇)을 말한다. 주절인 변치(變置)는 변치제후(變置諸侯)에서 되풀이되는 내용인 제후(諸侯)를 생략한 어투이고, 변치(變置)는 〈바꿀 경(更)〉과 같다.

모두 제(諸), 임금 후(侯), 위태롭게 할 위(危), 토지의 신 사(社), 기장 직(稷), 곧 즉(則), 변경할 변(變), 둠 치(置)

犧牲旣成(희생기성) 粢盛旣潔(자성기결) 祭祀以時(제사이시) 然而旱乾水溢(연이한간수일) 則變置社稷(즉변치사직)

▶ 제물로 바칠 소가[犧牲] 이미[旣] 살찌고[成] 제상에 올릴 곡식이[粢盛] 이미[旣] 깨끗하며[潔] 제사가[祭祀] 때에[時] 맞췄지만[以], 그런데도[然而] 가뭄이 들고[旱乾] 홍수가 지면[水溢] 곧장[則] 사직을[社稷] 갈아치운다[變置].

희생기성자성기결제사이시연이한간수일즉변치사직(犧牲旣成粢盛旣潔祭祀以時然而旱乾水溢則變置社稷)과 같은 어투는 역접의 연사인 연이(然而)를 주목하면 犧牲旣成粢盛旣潔祭祀以時然而旱乾水溢則變置社稷을 희생기성자성기결제사이시(犧牲旣成粢盛旣潔祭祀以時)와 한간수일즉변치사직(旱乾水溢則變置社稷)으로 나누어 문맥을 잡을 수 있다.

희생기성자성기결제사이시(犧牲旣成粢盛旣潔祭祀以時)에서 〈성숙할 성(成)〉, 〈깨끗할 결(潔)〉, 〈쓸 이(以)〉 등이 동사이므로 희생기성(犧牲旣成)하고 자성기결(粢盛旣潔)하며 제사이시(祭祀以時)한다고 새겨 세 구문이 하나로 묶인 어투임을 알 수 있다. 犧牲旣成에서 희생(犧牲)은 주어이고, 기(旣)는 성(成)을 꾸미는 부사이며, 성(成)은 자동사로 본동사이며, 성숙(成熟)의 줄임말로 여기고 새기면 문맥이 통한다. 粢盛旣潔에서 자성(粢盛)은 주어이고, 기(旣)는 결(潔)을 꾸미는 부사이며, 결(潔)은 자동사로 본동사이며 청결(淸潔)의 줄임말로 여기고 새기면 문맥이 통한다. 祭祀以時에서 제사(祭祀)는 주어이고, 이(以)는 〈쓸 용(用)〉과 같고, 시(時)는 이(以)의 목적어이다. 희생(犧牲)은 제물로서 통째로 바치는 살찐 소를 말하고, 자성(粢盛)은 제상(祭床)에 올려놓은 모든 곡물을 말하는데 그 곡물이 깨끗하다[潔]는 것은 정성껏 마련되어 있다는 의미다. 祭祀以時에서 이시(以時)는 적시(適時)와 같은 말이고 제 때에 맞춘다는 뜻이며 실시(失時)의 반대말이다. 때를[時] 놓친다[失].

한간수일즉변치사직(旱乾水溢則變置社稷)은 〈A則B〉꼴로 영어의 복문과 같은 어투이다. 물론 즉(則)을 어조사로 여기고 무시해도 되는 경우도 있다. 즉(則)을 중심으로 앞은 대개 양보 내지 조건의 종속절(또는 구)이고, 뒤는 주절이다. 그러니 旱乾水溢則變置社稷에서 한간수일(旱乾水溢)을 조건의 종속절처럼 여기고, 변치사직(變置社稷)을 주절로 여기고 새기면 문맥이 잡힌다. 〈A(旱乾水溢)하면 곧[則] B(變置社稷)한다〉 조건의 종속절인 旱乾水溢은 旱乾地 而水溢地에서 문맥으로 보충할 수 있으므로 간(乾)과 일(溢)의 목적어인 지(地)를 생략한 어투로 여기고 새기면 旱乾水溢의 문맥이 잡힌다. 가뭄이[旱] 땅을[地] 말리고[乾] 그리고[而] 물이[水] 땅을[地] 넘치면[溢]. 旱乾水溢의 한(旱)은 〈가물 갈(渴)〉과 같고 한재(旱災)의 줄임말로 여기고, 간(乾)은 〈말릴 조(燥)〉와 같고 간조(乾燥)의 줄임말로 여기고 새기며, 수(水)는 홍수(洪水)의 줄임말로 여기고 새기고, 일(溢)은 〈넘칠 만(滿)〉과 같고 일만(溢滿)의 줄임말로 여기고 새긴다. 주절인 변치사직(變置社稷)은 天子變置社稷에서 문맥으로 보충할 수 있으므로 주어인 천자(天子)를 생략한 것으로, 영어의 3형식 절과 같은 어투이다. 變置社稷에서 변치(變置)는 타동사로 절의 본동사이고, 사직(社稷)은 목적어이다. 변치(變置)는 〈바꿀 경(更)〉과 같고, 사직(社稷)의 사(社)는 토지의 신(神)을 말하고 직(稷)은 곡물을 말한다. 변치사직(變置社稷)이란 제단을 허물고 다시 새로 제단을 쌓아 사직을 새로 다시 세움을 말하는데, 갱치사직(更置社稷)이란 말로 여기고 새긴다. 다시[更] 사직을[社稷] 세운다[治].

갈아치울 수 없는 것은 크고[大] 갈아치울 수 있는 것은 작다[小]. 백성은 갈아치울 수 없으니 크고[大], 군왕은 갈아치울 수 있으니 작다[小]. 갈아치울 수 없는 큰 것은 귀(貴)하고, 갈아치울 수 있는 작은 것은 천(賤)하다. 백성이 귀중하고 군왕이 경감하다는 맹자의 말은 이 얼마나 하늘같은 민본(民本)인가.

제물로 키우는 소 희(犧), 제물로 쓸 소 생(牲), 이미 기(旣), 성숙할 성(成), 제물로 바친 곡식 자(粢), 제상에 올린 음식 성(盛), 깨끗할 결(潔), 제사 제(祭), 제사 사(祀), 쓸 이(以), 때 시(時), 그럴 연(然), 그러나 이(而), 가물 한(旱), 말릴 간(乾), 물 수(水), 넘칠 일(溢), 곧 즉(則), 변경할 변(變), 둘 치(置), 토지의 신 사(社), 기장 직(稷)

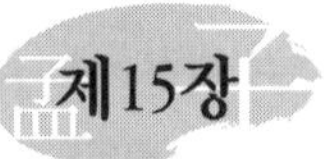

제15장

15장은 맹자가 성인(聖人)을 아주 간명하게 밝히고 있는 장이다. 이 장의 내용은 이미 「만장장구(萬章章句) 하(下)」 1장에서도 나온 바 있다. 성인의 가르침을 다시금 밝히고 있는 장이다. 인간의 완(頑)을 염(廉)으로 변화시키고, 나(懦)를 입지(立志)로 변화시키며, 인간의 박(薄)을 돈(敦)으로 변화시키고, 비(鄙)를 관(寬)으로 변화시키는 스승이 곧 성인임을 아주 쉽게 밝혀주고 있는 장이다. 더러운 마음[頑]을 밝은 마음[廉]으로, 저밖에 모르는 겁쟁이[懦]를 어진 뜻을 갖추게[立志] 변화시키며, 덕이 없는 마음[薄]을 후덕한 마음[敦]으로 변화시키고, 덕을 멀리하는 마음[鄙]을 덕을 가까이하는 마음[寬]으로 변화시킬 수 있는 스승[師]이 곧 성인임을 밝히고 있는 장이다.

【문지(聞之)】

성인백세지사야(聖人百世之師也)

【원문(原文)】

孟子曰 聖人은 百世之師也이니 伯夷柳下惠是也이다 故로 聞
맹 자 왈 성 인 백 세 지 사 야 백 이 류 하 혜 시 야 고 문
伯夷之風者는 頑夫廉하고 懦夫有立志하며 聞柳下惠之風者는
백 이 지 풍 자 완 부 렴 나 부 유 립 지 문 류 하 혜 지 풍 자
薄夫敦하고 鄙夫寬하니 奮乎百世之上하여 百世之下에 聞者莫
박 부 돈 비 부 관 분 호 백 세 지 상 백 세 지 하 문 자 막
不興起也하니 非聖人而能若是乎아 而況於親炙之者乎아
불 흥 기 야 비 성 인 이 능 약 시 호 이 황 어 친 자 지 자 호

【해독(解讀)】

맹자가 말했다[孟子曰]. "성인은 세세연년의 스승이다[聖人百世之師也]. 백이와 유하혜가 그러한 스승이다[伯夷柳下惠是也]. 백이의 풍상을 들어서 알면[聞伯夷之風者] 둔한 사내도 청렴해지고[頑夫廉], 겁 많은 사내도 꿋꿋한 뜻을 지니며[懦夫有立志], 유하혜의 풍상을 들어서 알면[聞柳下惠之風者] 야박한 사내도 도타워지고[薄夫敦], 비루한 사내도 너그러워진다[鄙夫寬]. 백대의 전에 (성인의 가르침을 받고 사람들이) 분발했던 것을 백대의 후에 듣게

된다면[奮乎百世之上百世之下聞者] (누구나) 감동하여 떨쳐 일어나지 않을 수 없는 것이다[莫不興起也]. 성인이 아니고서야 그 같은 것을 할 수 있을 것인가[非聖人而能若是乎]? 그리고 하물며 성인을 친밀히 가까이하는 경우에서랴[而況於親炙之者乎]!"

【담소(談笑)】

聖人百世之師也(성인백세지사야)

▶ 성인은[聖人] 백대[百世]의[之] 스승[師]이다[也].

성인백세지사야(聖人百世之師也)는 〈AB也〉꼴로 영어의 2형식 문장과 같은 어투이다. 聖人百世之師也에서 성인(聖人)은 주어이고, 백세지(百世之)는 사(師)를 꾸미는 형용사구이며, 사(師)는 보어이고, 야(也)는 구문을 결정짓는 어조사(~이다).

백세지사(百世之師)란 영원한 살아 있는 스승(師)이란 말이다. 그러니 성인은 어느 세상 어느 때이든 모든 사람이 본받는 스승이며 결코 죽지 않는 스승이다. 성인은 한 시대의 스승이 아니라 영원한 스승이다. 어떤 스승이란 말인가? 이에 대한 해답을 맹자는 간명하게 밝혀준다.

> 성스러울 성(聖), 사람 인(人), 일백 백(百), 세대 세(世), ~의 지(之), 스승 사(師), ~이다 야(也)

伯夷柳下惠是也(백이류하혜시야)

▶ 백이와[伯夷] 유하혜가[柳下惠] 그러한 스승[是]이다[也].

백이유하혜시야(伯夷柳下惠是也)는 〈AB也〉꼴로 영어의 2형식 문장과 같은 어투이다. 伯夷柳下惠是也는 伯夷是也 而柳下惠是也와 같은 두 구문에서 되풀이되는 시야(是也)를 생략하고 한 구문처럼 묶은 어투이다. 그러니 伯夷柳下惠是也에서 백이(伯夷)와 유하혜(柳下惠)는 주어이고, 시(是)는 보어이고, 야(也)는 구문을 결정짓는 어조사(~이다). 伯夷柳下惠是也의 시(是)는 백세지사(百世之師)를 나타내는 지시어이다.

> 맏 백(伯), 온화할 이(夷), 버들 류(柳), 아래 하(下), 은혜 혜(惠), 이 시(是), ~이다 야(也)

故(고)

▶ **그러므로[故]**

고(故)는 고왈(故曰)의 줄임이고, 고왈(故曰)은 시고왈(是故曰)을 줄인 꼴이다. 위의 내용[是]이므로[故] 다음처럼 말한다[曰]는 뜻이다. 앞의 내용을 근거로 하여 판단이나 결론을 내릴 때 쓰이고, 고왈(故曰)을 줄여 그냥 고(故)로 할 때가 보통이다. 시고왈(是故曰)의 고(故)는 승상기하(承上起下)의 연접이므로 영어의 therefore를 연상하면 쉽다. 앞의 내용을[上] 이어서[承] 새로운 내용을[下] 제기한다[起].

그러므로 고(故)

聞伯夷之風者(문백이지풍자) 頑夫廉(완부렴) 懦夫有立志(나부유립지)

▶ **백이[伯夷]의[之] 풍상[風尚]을[風] 들어서 알[聞]면[者], 둔한[頑] 사내도[夫] 청렴해지고[廉], 겁 많은[懦] 사내도[夫] 꿋꿋한[立] 뜻을[志] 지닌다[有].**

문백이지풍자완부렴나부유립지(聞伯夷之風者頑夫廉懦夫有立志)는 聞伯夷之風者頑夫廉 而聞伯夷之風者懦夫有立志에서 되풀이되는 문백이지풍자(聞伯夷之風者)를 생략한 어투로, 영어의 복문 같은 구문 둘을 하나처럼 묶었다. 聞伯夷之風者頑夫廉懦夫有立志와 같은 어투에선 먼저 자(者)를 주목하고, 자(者)의 구실을 잘 살펴야 문맥이 쉽게 잡힌다. 〈A者〉꼴은 주로 〈A하는 자[者]〉인 경우가 대부분이지만, 〈A者〉의 자(者)가 어조사로 다양하게 쓰이는 경우도 많기 때문이다. 문백이지풍자(聞伯夷之風者)면 완부렴(頑夫廉)하고 나부유립지(懦夫有立志)한다고 읽어보면, 聞伯夷之風者頑夫廉懦夫有立志의 문맥이 통한다. 그러므로 聞伯夷之風者의 자(者)는 조건의 어조사(~면)로 여기고, 풍(風)은 고매한 지조(志操)를 나타내는 풍조(風操) 내지 풍상(風尙)의 줄임말로 여기고 새긴다.

완부렴(頑夫廉)에서 완부(頑夫)는 주어이고, 염(廉)은 보어이므로 영어의 2형식 문장과 같다. 완(頑)은 〈둔할 둔(鈍), 어리석을 우(愚)〉와 같고 완악(頑惡)의 줄임말로 여기고 새기면 문맥이 통하고, 염(廉)은 〈맑을 청(淸), 검소할 검(儉)〉과 같고 청렴(淸廉)의 줄임말로 여기고 새긴다.

나부유립지(懦夫有立志)에서 나부(懦夫)는 주어이고, 유(有)는 타동사로 본동사이며, 입지(立志)는 유(有)의 목적어이므로 영어의 3형식 문장과 같은 어투이다. 懦夫有立志의 나(懦)는 〈겁낼 겁(怯)〉과 같고, 유(有)는 〈가지 보(保)〉와 같고 보유(保有)의 줄임말로 여기며, 입(立)은 〈굳을 견(堅)〉과 같고, 지(志)는 심지소지(心之所之)를 뜻한다. 마음[心]이[之] 가는[之] 바[所]. 입지(立志)는 굳센 의지[意志]를 말한다.

들을 문(聞), 맏 백(伯), 온화할 이(夷), ~의 지(之), 모양 풍(風), 어조사(~면) 자(者), 둔할 완(頑), 사내 부(夫), 곧을 렴(廉), 겁 많은 나(懦), 가질 유(有), 꿋꿋할 립(立), 뜻 지(志)

聞柳下惠之風者(문류하혜지풍자) 薄夫敦(박부돈) 鄙夫寬(비부관)

▶ 유하혜[柳下惠]의[之] 풍상[風尙]을[風] 들어서 알[聞]면[者], 경박한[薄] 사내도[夫] 도타워지고[敦], 비루한[鄙] 사내도[夫] 너그러워진다[寬].

문류하혜지풍자박부돈비부관(聞柳下惠之風者薄夫敦鄙夫寬)은 聞柳下惠之風者薄夫敦 而聞柳下惠之風者鄙夫寬에서 되풀이되는 문류하혜지풍자(聞柳下惠之風者)를 생략한 어투로, 영어의 복문 같은 구문 둘을 하나처럼 묶었다. 聞柳下惠之風者薄夫敦鄙夫寬과 같은 어투에선 먼저 자(者)를 주목하고, 자(者)의 구실을 잘 살펴야 문맥이 쉽게 잡힌다. 〈A者〉꼴은 주로 〈A하는 자[者]〉인 경우가 대부분이지만, 〈A者〉의 자(者)가 어조사로도 다양하게 쓰이기 때문이다. 문유하혜지풍자(聞柳下惠之風者)면 박부돈(薄夫敦)하고 비부관(鄙夫寬)한다고 읽어보면, 聞柳下惠之風者薄夫敦鄙夫寬의 문맥이 통한다. 그러므로 聞柳下惠之風者의 자(者)는 조건의 어조사(~면)로 여기고, 풍(風)은 고매한 지조(志操)를 나타내는 풍조(風操) 내지 풍상(風尙)의 줄임말로 여기고 새긴다.

박부돈(薄夫敦)에서 박부(薄夫)는 주어이고, 돈(敦)은 보어이므로 영어의 2형식 문장과 같은 어투이다. 박(薄)은 〈가벼울 경(輕)〉과 같고 경박(輕薄)의 줄임말로 여기고 새기면 문맥이 통하고, 돈(敦)은 〈두터울 후(厚)〉와 같고 돈후(敦厚)의 줄임말로 여기고 새긴다.

비부관(鄙夫寬)에서 비부(鄙夫)는 주어이고, 관(寬)은 보어이므로 영어의

2형식 문장과 같은 어투이다. 鄙夫寬의 비(鄙)는 〈너절할 루(陋)〉와 같고 비루(鄙陋) 줄임말로 여기고, 관(寬)은 〈너그러울 용(容)〉과 같고 관용(寬容)의 줄임말로 여기고 새기면 문맥이 통한다.

성인은 지식을 전수하는 스승이 아니다. 사람을 사람이 되게 하는 길을 터주는 스승이 성인이다. 백이(伯夷)는 완고(完固)한 인간을 청렴(淸廉)한 인간으로 변화시키고, 남의 눈치만 보는 겁쟁이[懦夫]를 인간이 굳센 의지의 인간으로 변화시킨다고 밝힌다. 유하혜(柳下惠)는 경박한 인간(薄夫)은 돈후(敦厚)한 인간으로 변화시키고, 너절한 인간(鄙夫)을 관대(寬大)한 인간으로 변화시킨다고 밝힌다. 그래서 맹자는 백이와 유하혜를 성인의 대열에 놓았다.

들을 문(聞), 버들 류(柳), 아래 하(下), 은혜 혜(惠), ~의 지(之), 모양 풍(風), 어조사(~면) 자(者), 엷을 박(薄), 사내 부(夫), 도타울 돈(敦), 비루할 비(鄙), 너그러울 관(寬)

奮乎百世之上百世之下聞者(분호백세지상백세지하문자) 莫不興起也(막불흥기야)

▶ 백대[百世]의[之] 전에[上] (성인의 가르침을 받고 사람들이) 분발했던 것을[奮] 백대[百世]의[之] 후에[下] 듣게 된다[聞]면[者] (누구나) 감동하여 떨쳐 일어나지[興起] 않을 수 없는 것[莫不]이다[也].

분호백세지상백세지하문자막불흥기야(奮乎百世之上百世之下聞者莫不興起也)는 人之奮乎百世之上乎百世之下聞者今之人莫不興起也에서 앞 문맥으로 보충할 수 있으므로 사람들[人]이[之]와 지금[今]의[之] 사람들[人]. 즉 인지(人之)와 금지인(今之人)을 생략하고, 되풀이되는 시간의 어조사인 〈~에 호(乎)〉를 생략한 문장으로, 영어의 2형식 문장과 같은 어투이다. 奮乎百世之上百世之下聞者莫不興起也와 같은 어투에선 먼저 자(者)를 주목하고, 자(者)의 구실을 잘 살펴야 문맥이 쉽게 잡힌다. 〈A者〉꼴은 주로 〈A하는 자[者]〉인 경우가 대부분이지만 〈A者〉의 자(者)가 어조사로도 다양하게 쓰이기 때문이다. 여기선 자(者)가 어조사이므로 앞뒤의 문맥을 살펴 어떤 구실을 하는지 살펴 정한다. 분호백세지상백세지후문자(奮乎百世之上百世之下聞者)면 막불흥기(莫不興起)이다[也]로 읽어보면 奮乎百世之上百世之下聞

者莫不興起也의 문맥이 통한다. 즉 奮乎百世之上百世之後聞者의 자(者)는 조건의 어조사(~면)로서 조건구를 결정짓고 있다. 물론 奮乎百世之上百世之後聞者는 乎百世之後聞奮乎百世之上者에서 문(聞)의 목적구인 분호백세지상(奮乎百世之上)을 전치하고, 乎百世之後의 〈~에 호(乎)〉를 되풀이되므로 생략한 어투임을 알면, 奮乎百世之上百世之下聞者의 문맥은 쉽게 잡힌다.

분호백세지상백세지하문자(奮乎百世之上百世之下聞者)의 분(奮)은 영어의 동명사와 같으면서 문(聞)의 목적어이고, 호(乎)는 시간의 어조사 〈~에어(於)〉와 같고, 百世之上의 백세지(百世之)는 상(上)을 꾸미는 형용사구이며, 상(上)은 위치의 상(上)이 아니라 시간의 상(上)으로 여기고 새겨야 문맥이 통하므로 〈앞 전(前)〉과 같이 여기고 새기면 문맥이 통한다. 백대[百世]의[之] 전[上]에[乎]. 百世之下의 백세지(百世之)는 하(下)를 꾸미는 형용사구이며, 하(下) 역시 위치의 하(下)가 아니라 시간의 하(下)로 여기고 새겨야 문맥이 통하므로 〈뒤 후(後)〉와 같다고 여기고 새기면 문맥이 통한다. 백대[百世]의[之] 후에[下]. 奮乎百世之上百世之下聞者의 분(奮)은 〈드날릴 양(揚), 일어날 기(起)〉 등과 같고 분기(奮起)의 줄임말로 여기고 새기고, 문(聞)은 영어의 동명사와 같은 구실을 하므로 奮乎百世之上百世之下聞者는 영어의 조건의 동명사구와 같은 어투이다. 말하자면 〈A(奮乎百世之上百世之下)聞者〉를 〈A聞者〉로 하면 영어의 in case of hearing A와 같다. in case of는 자(者)이고, hearing은 문(聞)이란 말이다. 그래서 奮乎百世之上百世之下聞者를 조건의 동명사구 같은 어투로 여기고 새기면 문맥이 잡힌다는 말이다. 奮乎百世之上百世之下聞者에서 호백세지상(乎百世之上)은 분(奮)을 꾸미는 시간의 부사구이고, 백세지하(百世之下)는 문(聞)을 꾸미는 시간의 부사구이다.

막불흥기야(莫不興起也)는 주어인 금지인(今之人)이 생략되었고, 막불(莫不)은 이중부정으로 더 강력한 긍정을 나타내 흥기(興起)를 강조하며, 흥기(興起)는 같은 뜻의 겹말로 보어이고, 야(也)는 구문을 결정짓는 어조사(~이다). 莫不興起也의 막불(莫不)은 (하지) 않을 수 없다[莫不]로 새기고 〈일어나는 것 흥(興), 일어나는 것 기(起)〉처럼 같은 뜻을 강조하기 위해 겹말을 쓴 것이다. 물론 막불(莫不)은 여기선 막부흥기(莫不興起)로 읽는다.

떨칠 분(奮), ~에 호(乎), 일백 백(百), 세대 세(世), ~의 지(之), 위(전) 상(上), 아래(후) 하(下), 들을 문(聞), 어조사(~면) 자(者), 아닐 막(莫), 아닐 부(不), 일어날 흥(興), 일어날 기(起), ~이다 야(也)

非聖人而能若是乎(비성인이능약시호)

▶ 성인이[聖人] 아니고[非]서야[而] 위의 일과[是] 같은 것을[若] 할 수 있을 것[能]인가[乎]?

비성인이능약시야(非聖人而能若是乎)는 AB乎꼴로 영어의 2형식 의문문 같은 어투이다. 非聖人而能若是乎에서 비(非)는 성인(聖人)을 부정하고, 비성인(非聖人)은 주부이며, 이(而)는 주어를 강조해주는 어조사(~서야)이고, 능(能)은 영어의 동명사나 부정사(不定詞)와 같으면서 보어이고, 약(若)은 능(能)의 목적어이며, 시(是)는 약(若)의 보어이고, 호(乎)는 의문문을 결정짓는 어조사(~인가)이다. 非聖人而能若是乎의 비(非)는 〈아닐 막(莫)〉과 같고, 이(而)는 주어를 강조하는 어조사 자야(者也)와 같으며, 능(能)은 〈할 수 있을 가(可)〉와 같고, 약(若)은 〈같은 것 사(似)〉와 같으며, 시(是)는 앞의 내용을 나타내는 지시어이다.

아닐 비(非), 성스러울 성(聖), 사람 인(人), 어조사(~서야) 이(而), 잘할 능(能), 같을 약(若), 이 시(是), ~인가 호(乎)

而況於親炙之者乎(이황어친자지자호)

▶ 그리고[而] 하물며[況於] 성인을[之] 친밀히[親] 가까이하는[炙] 경우[者]에서랴[乎]!

이황어친자지자호(而況於親炙之者乎)는 점층법 서술의 어투이다. 而況於親炙之者乎에서 〈而況於A乎〉가 점층법의 관용문 어투인 줄 모르면 문맥을 잡기 어렵다. 〈하물며[而況於] A(親炙之者)에서랴[乎]!〉 친자지자(親炙之者)의 친(親)은 자(炙)를 꾸미는 부사이고, 자(炙)는 영어의 동명사나 부정사(不定詞)와 같은 구실을 하고, 지(之)는 성인(聖人)을 가리키는 지시대명사로 자(炙)의 목적어이며, 자(者)는 여기서 지사(之事)의 축약으로 보고 새기면 친자지자(親炙之者)의 문맥이 쉽게 잡힌다. 말하자면 친자지자(親炙之者)를 친자성인지사(親炙聖人之事)임을 알아채면 문맥을 쉽게 잡을 수 있다.

한문투에는 다양한 점층법 서술의 관용구들이 많으므로 잘 정리해두면 어투의 문맥을 잡는 데 편하다. 황어(況於), 이황(而況), 황호(況乎), 황우(況于), 황하(況何), 비유(非惟), 비독(非獨), 비독(匪獨), 비도(非徒,) 비단(非但) 등이 〈A하거늘 하물며[而況] B한다〉는 점층법 서술의 관용어투이다. 점층법은 A의 내용보다 B의 내용을 더 강조하는 서술이다.

그리고 이(而), 하물며 황(況), 어조사 어(於), 친밀할 친(親), 가까이할 자(炙), 그 지(之), 경우 자(者), 어조사(~이라) 호(乎)

제16장

16장은 맹자가 유가(儒家)의 도(道)를 정언(定言)하고 있는 장이다. 유가가 밝히는 도를 이보다 더 간명하게 정언할 수 없다. 맹자의 발언은 군더더기가 조금도 없다. 유가의 도란 무엇인가? 그것은 곧 인인(仁人), 즉 어짊[仁]과 사람[人]의 합(合)이다. 이보다 더 유가의 인도(仁道)를 단언할 수 없다.

【문지(聞之)】

합이언지도야(合而言之道也)

【원문(原文)】

孟子曰 仁也者는 人也이니 合而言之면 道也이다
맹자왈 인야자 인야 합이언지 도야

【해독(解讀)】

맹자가 말했다[孟子曰]. "어짊이란 것은 사람이다[仁也者人也]. (어짊과 사람을) 합한 것 그것을 말한 것이 도이다[合而言之道也]."

【담소(談笑)】

仁也者人也(인야자인야)

▶ **어짊[仁]이란[也] 것은[者] 사람[人]이다[也].**

인야자인야(仁也者人也)는 AB也꼴로 영어의 2형식 문장과 같은 어투이다. 仁也者人也에서 인야자(仁也者)는 주부이고, 인(人)은 보어이며, 야(也)는 구문을 결정짓는 어조사(~이다)이다. 물론 仁也者人也에서 주부인 인야자(仁也者)의 야자(也者)는 仁也者人也의 주어인 인(仁)을 강조하는 어조사이다. 그러므로 仁也者人也는 仁人也를 강조한 어투이며, 나아가 仁人을 강조한 어투로 여긴다. 어짊은[仁] 사람[人]이다[也]를, 어짊[仁]이란[也] 것은[者] 사람[人]이다[也]로 강조한 어투란 말이다.

유가(儒家)는 사람에게 부여된 천명(天命)을 인(仁)이라고 본다. 천지에 천명에 따른 온갖 목숨[性]이 있지만 오로지 사람에게만 인(仁)을 명(命)하였다는 것이 곧 유가의 인수지변(人獸之辨)이라고 볼 수 있다. 사람과[人] 짐승[獸]의[之] 다름[辨]은 무엇인가? 사람에겐 인(仁)이 있지만 다른 목숨들[獸]한테는 그 인이 제대로 갖추어져 있지 않아 다르다고 유가는 인식한다. 여기서 공맹(孔孟)과 노장(老莊)이 천명을 달리 보는 갈림길이 생긴다. 그래서 노장은 천지불인(天地不仁)이라고 밝힌다. 천지는[天地] 어질지 않다[不仁].

어짊 인(仁), 어조사(~이란) 야(也), 것 자(者), 사람 인(人), ~이다 야(也)

合而言之道也(합이언지도야)

▶ (어짊과 사람을) 합한 것[合]을[而] 그것을[之] 말한 것이[言] 도[道]이다[也].

합이언지도야(合而言之道也)는 AB也꼴로 영어의 2형식 문장과 같은 어투이다. 물론 合而言之道也를 合而言之是道也에서 주어인 〈이 시(是)〉가 생략된 어투로 보면 合而言之를 영어의 조건의 부정사구 내지 동명사구처럼 여기고 문맥을 잡을 수도 있다. (어짊과 사람을) 합한 것[合而] 그것을[之] 말한다면[言] 그것은[是] 도[道]이다[也]. 合而言之道也에서 주부인 합이언지(合而言之)는 언합(言合)의 합(合)을 전치하고 어조사 이(而)를 더해 합이(合而)로 바뀌고, 또한 빈 자리에 허사 지(之)를 더한 어투로 여기고 문맥을 잡는다. 그러므로 合而言之道也를 언기합도야(言其合道也)로 여기면 문맥은 쉽게 잡힌다. 그[其] 합침을[合] 말한 것이[言] 도[道]이다[也].

유가(儒家)가 밝히는 도를 이보다 더 간명하게 정언할 수는 없으리라. 맹자의 발언은 군더더기가 조금도 없다. 유가의 도란 무엇인가? 그것은 곧 인

인(仁人), 즉 어짊[仁]과 사람[人]의 합(合)이다.

합칠 합(合), 어조사 이(而), 말할 언(言), 그 지(之), 도리 도(道), ~이다 야(也)

제17장

17장은 맹자가 군자의 거취(去就)를 다시금 밝힌 장이다. 이 장의 내용은 「만장장구(萬章章句) 하(下)」 1장에서 이미 언급하였다. 거기서 맹자는 군자의 거취를 공자를 통하여 다음과 같이 밝혔다. "가이속이속(可以速而速) 가이구이구(可以久而久) 가이처이처(可以處而處) 가이사이사(可以仕而仕)는 공자야(孔子也)." 빨리 할[速] 수 있다[可以]면[而] 빨리 하는 것과[速], 더디 할[久] 수 있다[可以]면[而] 더디게 하는 것과[久], 머물[處] 수 있다[可以]면[而] 머무는 것과[處], 벼슬을 할[仕] 수 있다[可以]면[而] 벼슬을 하는 것이[仕] 공자인 것[孔子]이다[也]. 오로지 군자는 의(義)에 따라 거취를 결정할 뿐이지만, 친친(親親)의 연민을 군자일지라도 뿌리칠 수 없음을 밝히고 있는 장이다.

【문지(聞之)】

공자거로(孔子去魯)

【원문(原文)】

孟子曰 孔子去魯에 曰遲遲라 吾行也이어 하시니 去父母國之道
맹자왈 공자거로 왈지지 오행야 거부모국지도
也이다 去齊에 接淅而行하시니 去他國之道也이니라
야 거제 접석이행 거타국지도야

【해독(解讀)】

맹자가 말했다[孟子曰]. "공자가 노나라를 떠날 때 내 발걸음이 떨어지지 않는다고 말했던 것이다[孔子去魯曰遲遲吾行也]. (이는) 어버이의 나라를 떠남의 도리다[去父母國之道也]. (공자가) 제나라를 떠났을 때는 물에 담근 쌀을 손으로 건져내서 길을 떠났다[去齊接淅而行]. (이는) 남의 나라를 떠남의 도리이다[去他國之道也]."

【담소(談笑)】

孔子去魯曰遲遲吾行也(공자거로왈지지오행야)

▶ 공자가[孔子] 노나라를[魯] 떠날 때[去] 내[吾] 발걸음이[行] 떨어지지 않는다고[遲遲] 말했던 것[曰]이다[也].

공자거로왈지지오행야(孔子去魯曰遲遲吾行也)는 영어의 3형식 문장과 같은 어투이다. 孔子去魯曰遲遲吾行也에서 공자(孔子)는 주어이고, 거로(去魯)는 왈(曰)을 꾸미는 시간의 부사구이며, 왈(曰)은 보어이고, 지지오행(遲遲吾行)은 왈(曰)의 목적절이며, 야(也)는 구문을 결정짓는 어조사(~이다)이다. 왈(曰)의 목적절인 遲遲吾行은 吾行遲遲에서 지지(遲遲)를 전치한 어투로 여기고 새긴다. 그러므로 遲遲吾行에서 지지(遲遲)는 두 개의 자동사를 겹쳐 쓴 절의 본동사이고, 오(吾)는 소유격이며, 행(行)은 절의 주어이다. 나의[吾] 발걸음이[行] 더디고[遲] 더디다[遲]. 그리고 孔子去魯曰遲遲吾行也를 孔子去魯孔子曰遲遲吾行也에서 되풀이되는 공자(孔子)를 생략한 어투로 여기면, 孔子去魯曰遲遲吾行也를 영어의 복문처럼 여기고 문맥을 잡을 수 있다. 이는 공자거로(孔子去魯)가 시간의 종속절이고, 공자왈지지오행야(孔子曰遲遲吾行也)가 주절이기 때문이다. 따라서 공자가[孔子] 노나라를[魯] 떠났을 때[去] 내[吾] 발걸음이[行] 떨어지지 않는다고[遲遲] 공자가[孔子] 말했던 것[曰]이다[也]로 문맥을 잡는다.

공자거로(孔子去魯)의 거(去)는 〈떠날 리(離)〉와 같고, 지지오행(遲遲吾行)의 지(遲)는 〈더딜 완(緩)〉과 같으며, 행(行)은 여기선 〈걸음 보(步)〉와 같고 보행(步行)의 줄임말로 여기고 새긴다. 그리고 孔子曰遲遲吾行也에서 야(也)를 무시하고 孔子去魯曰遲遲吾行으로 여기면 孔子去魯曰遲遲吾行은 영어의 3형식 문장과 같은 어투로 여기고 다음처럼 문맥을 잡을 수 있다. 공자가[孔子] 노나라를[魯] 떠날 때[去] 내[吾] 발걸음이[行] 떨어지지 않는다고[遲遲] 말했다[曰]. 그러나 간접화법의 화술을 생각한다면 孔子去魯曰遲遲吾行也의 야(也)를 무시할 수 없다.

클 공(孔), 존칭 자(子), 떠날 거(去), 노나라 로(魯), 말할 왈(曰), 더딜 지(遲), 나 오(吾), 발걸음 행(行), ~이다 야(也)

去父母國之道也(거부모국지도야)

▶ (이는) 어버이의[父母] 나라를[國] 떠남[去]의[之] 도리[道]이다[也].

거부모국지도야(去父母國之道也)는 是去父母國之道也에서 앞 문맥으로 보충할 수 있으므로 주어인 시(是)를 생략한 〈AB也〉꼴로, 영어의 2형식 문장과 같은 어투이다. 말하자면 주어가 생략된 채 술부만으로 이루어진 문장이다. 去父母國之道也에서 거부모국지(去父母國之)까지는 도(道)를 꾸미는 영어의 분사구와 같고, 도(道)는 보어이며, 야(也)는 구문을 결정짓는 어조사(~이다)이다. 去父母國之道也의 거(去)는 영어의 분사와 같은 구실을 하면서 〈떠날 리(離)〉와 같은 뜻이며, 부모국(父母國)은 거(去)의 목적구로 조국(祖國)과 같은 말이고, 도(道)는 도리(道理)의 줄임말로 여기고 새기면 문맥이 통한다.

떠날 거(去), 아비 부(父), 어머니 모(母), ~의 지(之), 도리 도(道), ~이다 야(也)

去齊接淅而行(거제접석이행)

▶ (공자가) 제나라를[齊] 떠났을 때는[去] 물에 담근 쌀을[淅] 손으로 건져내 가지고[接]서[而] 길을 떠났다[行].

거제접석이행(去齊接淅而行)은 孔子去齊 孔子接淅 而孔子行에서 앞 문맥으로 보충할 수 있으므로 주어인 공자(孔子)를 생략한 어투로, 세 개의 구문이 하나처럼 묶여 있다. 그러므로 去齊接淅而行을 孔子去齊 孔子接淅 而孔子行처럼 나누어 각각의 문맥을 새긴 다음 구문끼리 논리적으로 이어주면 전체 문맥이 잡힌다. 공자거제(孔子去齊) 때에 공자접석(孔子接淅)했고 그리고[而] 공자행(孔子行)했다고 서로의 관계를 이어주면 문맥이 잡힌다. 그래서 거제(去齊)를 시간의 종속절 내지 시간의 분사구로 여기고, 접석이행(接淅而行)을 주절로 여기고 새기면 去齊接淅而行의 전체 문맥이 잡힌다. 그러면 去齊接淅而行이 영어의 복문과 같은 어투란 걸 알 수 있다. 去齊接淅而行에서 거제(去齊)를 시간의 종속절로 여기면 주어인 공자(孔子)를 생략하고 문맥을 잡는 셈이므로, 거(去)는 타동사로 종속절의 본동사이고, 제(齊)는 거(去)의 목적어이다. 그러나 去齊의 거(去)를 영어의 분사처럼 여기면 거제(去齊)를 시간의 분사구로 여기고 문맥을 잡는 셈이므로, 去齊接淅而行을 영어의 중문처럼 여기고 문맥을 잡게 된다.

거제접석(接淅而行)에서 접석(接淅)은 공자접석(孔子接淅)과 같기 때문에 주어 공자(孔子)를 생략했지만, 접(接)은 타동사로 구문의 본동사이고, 석(淅)은 접(接)의 목적어이므로, 영어의 3형식 문장처럼 여기고 문맥을 잡는다. 또한 接淅而行의 이행(而行)은 공자행(孔子行)과 같기 때문에 주어인 공자(孔子)를 생략했지만, 행(行)이 자동사로 구문의 본동사이므로, 영어의 1형식 문장처럼 여기고 문맥을 잡는다. 接淅而行의 접(接)은 〈(물에서 손으로 건져내) 가질 지(持)〉와 같고, 석(淅)은 밥 짓고자 물에다 쌀을 씻어 겨와 돌을 가려낸 쌀[淅]을 뜻한다. 접석이행(接淅而行)은 밥 짓는 시간을 참지 못할 만큼 밥 지을 쌀을 그냥 건져서 몸에 지니고 서둘러 바삐 떠나버림을 뜻한다.

떠날 거(去), 제나라 제(齊), 손으로 건질 접(接), 물에 담근 쌀 석(淅), 그리고 이(而), 갈 행(行)

去他國之道也(거타국지도야)

▸ (이는) 남의[他] 나라를[國] 떠남[去]의[之] 도리[道]이다[也].

거타국지도야(去他國之道也)는 是去他國之道也에서 앞 문맥으로 보충할 수 있으므로 주어인 시(是)를 생략한 〈AB也〉꼴로, 영어의 2형식 문장과 같은 어투이다. 말하자면 주어가 생략된 채로 술부만으로 이루어진 문장이다. 去他國之道也에서 거타국지(去他國之)까지는 도(道)를 꾸미는 영어의 분사구와 같은 구실을 하고, 도(道)는 보어이며, 야(也)는 구문을 결정짓는 어조사(~이다)이다. 去他國之道也의 거(去)는 영어의 분사 구실을 하고 〈떠날 리(離)〉와 같으며, 타국(他國)은 거(去)의 목적구로 외국과 같은 말이고, 도(道)는 도리(道理)의 줄임말로 여기고 새기면 문맥이 통한다.

떠날 거(去), 다른 타(他), 나라 국(國), ~의 지(之), 도리 도(道), ~이다 야(也)

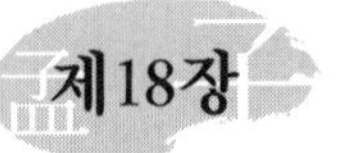

제18장

18장은 맹자가 상하지교(上下之交)를 밝히고 있는 장이다. 상하지교의 상

(上)은 성인(聖人)·군자(君子)·현인(賢人) 등으로 새기고, 하(下)는 군왕을 망라해서 모든 범인(凡人)·소인(小人) 등으로 새긴다. 그러면 상하지교(上下之交)의 교(交)란 곧 아래 사람들[下]이 성인의 가르침을 받지 못해 교화(敎化)되지 못했음을 암시하고 있는 셈이다. 그러니 성인의 교화가 없으면 세상이 곤혹스러워질 수 있음을 헤아리게 하는 장이다.

【문지(聞之)】

군자지액어진채지간(君子之戹於陳蔡之間)

【원문(原文)】

孟子曰 君子之戹於陳蔡之間은 無上下之交也이다
맹자왈 군자지액어진채지간 무상하지교야

【해독(解讀)】

맹자가 말했다[孟子曰]. "군자가 진나라와 채나라의 어간에서 곤란을 당한 데는[君子之戹於陳蔡之間] 위아래의 사귐이 없었음이다[無上下之交也]."

【담소(談笑)】

君子之戹於陳蔡之間(군자지액어진채지간) 無上下之交也(무상하지교야)

▶ **군자[君子]가[之] 진나라와[陳] 채나라[蔡]의[之] 어간[間]에서[於] 곤란을 당한 것은[戹] 위[上] 아래[下]의[之] 사귐이[交] 없었음[無]이다[也].**

군자지액어진채지간무상하지교야(君子之戹於陳蔡之間無上下之交也)는 〈A無B也〉꼴로 영어의 2형식 문장과 같은 어투이다. 〈A(君子之戹於陳蔡之間)는 B(無上下之交)가 없었음[無]이다[也]〉 君子之戹於陳蔡之間無上下之交也에서 군자지액어진채지간(君子之戹於陳蔡之間)은 주절이고, 무상하지교(無上下之交)는 술부이며, 야(也)는 구문을 결정짓는 어조사(~이다).

주절인 군자지액어진채지간(君子之戹於陳蔡之間)에서 군자지(君子之)는 주절의 주어이고, 액(戹)은 수동태로 자동사이며, 어진채지간(於陳蔡之間)은 장소의 부사구이다. 君子之戹於陳蔡之間과 같은 어투는 군자지(君子之)의 지(之)와 진채지간(陳蔡之間)의 지(之)를 잘 살펴야 문맥을 잡기 쉽다. 군자지(君子之)의 지(之)를 주격 토씨(~가)로 보면 君子之戹於陳蔡之間을 주절처럼 여기고 문맥을 잡고, 군자지(君子之)의 지(之)를 소유격 토씨(~의)로 보면 君子之戹於陳蔡之間을 주부처럼 여기고 문맥을 잡는다. 군자[君子]가[之] 진나라와[陳] 채나라[蔡]의[之] 어간[間]에서[於] 곤란을 당한 것은[戹]과 진나라와[陳] 채나라[蔡]의[之] 어간[間]에서[於] 군자[君子]의[之] 곤란을 당한 것은[戹]을 비교해보면, 군자지(君子之)의 지(之)를 주격 토씨(~가)로 여기고 새기는 것이 우리말답고 자연스럽다. 진채지간(陳蔡之間)의 지(之)는 소유격 토씨(~의)로 새긴다. 술부인 무상하지교(無上下之交)에서 무(無)는 영어의 동명사나 부정사(不定詞)와 같으면서 보어이고, 상하지(上下之)는 교(交)를 꾸미는 형용사구이며, 교(交)는 무(無)의 주어이다. 위아래[上下]의[之] 교접이[交] 없는 것[無]으로 새기면 無上下之交의 문맥이 잡힌다.

그리고 군자지액어진채지간무상하지교야(君子之戹於陳蔡之間無上下之交也)에서 구문을 결정짓는 〈어조사(~이다) 야(也)〉를 무시하고 君子之戹於陳蔡之間無上下之交처럼 여기면 〈A無B〉꼴이 되어 영어의 1형식 문장처럼 문맥을 잡을 수도 있다. 〈A(君子之戹於陳蔡之間)에는 B(上下之交)가 없는 것[無]이다[也]〉 이는 무(無)가 자동사 〈없을 무(無)〉일 때는 주어를 뒤에 두기 때문이다. 君子之戹於陳蔡之間의 액(戹)은 〈험한 꼴을 당할 곤(困), 액(厄)〉 등과 같고, 어(於)는 〈~에서 우(于)〉와 같으며, 간(間)은 〈사이 격(隔)〉과 같고 간격(間隔)의 줄임말로 여기고 새긴다. 無上下之交의 무(無)는 〈없을 막(莫)〉과 같고, 교(交)는 〈사귈 접(接)〉과 같고 교접(交接)의 줄임말로 여기고 새긴다.

여기서 군자는 곧 공자를 말한다. 공자가 진(陳)나라와 채(蔡)나라 사이의 국경에서 목숨의 위협을 당하는 곤혹을 당했던 고사(故事)를 무상하지교(無上下之交)의 탓이라고 밝히고 있다. 無上下之交의 상(上)은 현인(賢人) 내지 대인(大人)으로 새기고, 하(下)는 소인(小人)으로 새기면 無上下之交의 교(交)를 헤아릴 수 있다. 그러니 맹자는 위[上]의 가르침을 아래[下]가 받지 못한 탓이요 나아가 성인의 가르침을 받지 못한 탓으로 공자께 곤혹스러운 일이 발생했음을 밝히고 있다. 곤혹스러운 일이 발생했다고 해서 공자는 정도(正道)를 저버리지 않았고 천명(天命)을 믿어 의심치 않았다.

큰 군(君), 존칭 자(子), 어조사(~가) 지(之), 곤란을 당한 액(戹), 어조사(~에서) 어(於), 진나라 진(陳), 채나라 채(蔡), 없을 무(無), 위 상(上), 아래 하(下), 어조사(~의) 지(之), 사귈 교(交), ~이다 야(也)

제19장

19장은 공자의 인부지이불온(人不知而不慍)이란 말씀을 떠올려 헤아리게 하는 장이다. 남들이[人] 몰라준대[不知]도[而] 성내지 않는다[不慍]. 그리고 소인배의 험구(險口)에 상심할 것 없다고 맹자가 단언하는 장이다. 시기(猜忌)를 두고 근심스러운 모습[悄悄]을 지을 것이 없음을 밝히고 있는 장이다.

【문지(聞之)】

사증자다구(士憎玆多口)

【원문(原文)】

貉稽曰 稽는 大不理於口니이다 孟子曰 無傷也이오 士憎玆多口하오 詩云 憂心悄悄어늘 慍于群小라 하니 孔子也이고 肆不殄厥慍이니 亦不隕厥問이라 하니 文王也이다

학계왈 계 대불리어구 맹자왈 무상야 사증자다구 시운 우심초초 온우군소 공자야 사부진궐온 역불운궐문 문왕야

【해독(解讀)】

학계가 말했다[貉稽曰]. "저는 입질에 대단히 정 떨어집니다[稽大不理於口]." 맹자가 말했다[孟子曰]. "(남의 입질에) 속상할 것 없는 것이오[無傷也]. 선비는 그 자자한 입질들을 미워하오[士憎玆多口]. 『시경(詩經)』에 있는 시가 말해주고 있다오[詩云]. '시름하는 마음은 근심스럽고[憂心悄悄] 뭇것들에게 노여움만 산다[慍于群小].' (이런 경우가) 공자라오[孔子也]. '이제 그 성냄을 끊지 않았지만[肆不殄厥慍] 또한 그 명예도 떨어뜨리지 않았다[亦不隕厥問].' (이런 경우가) 문왕이오[文王也]."

【담소(談笑)】

貉稽曰(학계왈) 稽大不理於口(계대불리어구)

▶ 저는[稽] 입질[口]에[於] 대단히[大] 정떨어진다고[不理] 학계가[貉稽] 말했다[曰].

학계왈계대불리어구(貉稽曰稽大不理於口)는 〈A曰B〉꼴로 영어의 3형식 문장과 같은 어투이다. 〈A(貉稽)가 B(稽大不理於口)라고 말했다[曰]〉 貉稽曰稽大不理於口에서 학계(貉稽)는 주어이고, 왈(曰)은 타동사로 본동사이며, 계대불리어구(稽大不理於口)는 왈(曰)의 목적절이다. 목적절인 稽大不理於口에서 계(稽)는 주어이고, 대(大)는 이(理)를 꾸미는 부사이며, 불(不)은 이(理)의 부정사(否定詞)이고, 어구(於口)는 이(理)를 꾸미는 부사구이다. 저는[稽] (사람들의) 입질[口]에[於] 힘을 얻지 않는다[不理]. 貉稽曰稽大不理於口의 학계(貉稽)는 벼슬 살던 사람의 이름으로 학(貉)은 성씨이고, 계(稽)는 이름이다. 稽大不理於口의 이(理)는 〈힘입을 뢰(賴)〉와 같고 여기서 이(理)는 신뢰(信賴)의 뜻으로 새기면 문맥이 통하고, 구(口)는 험담을 일삼는 입질을 말한다.

> 오소리 학(貉), 머물 계(稽), 말할 왈(曰), 크게 대(大), 아니 불(不), 힘입을 리(理), 어조사(~에) 어(於), 입질 구(口)

無傷也(무상야)

▶ (남의 입질에) 속상할 것[傷] 없는 것[無]이다[也].

무상야(無傷也)는 〈A無B也〉꼴로 영어의 1형식 문장과 같은 어투이다. 無傷也는 於口無傷也에서 앞 문맥으로 보충할 수 있으므로 〈없을 무(無)〉를 꾸미는 부사인 어구(於口)가 생략된 어투이다. 〈A(於口]로 B(傷]는 없는 것[無]이다[也]〉 無傷也의 야(也)를 무시하고 無傷로 여기고 문맥을 잡으면 속상할 것이[傷] 없다[無]고 새긴다. 말하자면 〈A無B〉꼴로 이 역시 영어의 1형식 문장과 같은 어투이다. 〈A에는 B가 없다[無]〉 이는 무(無)가 자동사 〈없을 무(無)〉일 때 주어를 뒤에 두는 것을 알면 문맥을 잡기 편하다. 無傷也의 상(傷)은 〈해칠 해(害)〉와 같고 여기선 상심(傷心)의 줄임말로 여기고 새긴다.

없을 무(無), 상할 상(傷), ~이다 야(也)

士憎玆多口(사증자다구)

▶ 선비는[士] 그[玆] 자자한[多] 입질들을[口] 미워한다[憎].

사증자다구(士憎玆多口)는 영어의 3형식 문장과 같은 어투이다. 士憎玆多口에서 사(士)는 주어이고, 증(憎)은 타동사로 본동사이며, 자(玆)는 구(口)의 관형사이고, 다(多)는 구(口)를 꾸미는 형용사이며, 구(口)는 증(憎)의 목적어이다. 士憎玆多口의 증(憎)은 〈미워할 오(惡)〉와 같고 증오(憎惡)의 줄임말로 여기고 새기고, 자(玆)는 〈이 시(是), 그 기(其)〉 등과 같으며, 다구(多口)는 험구(險口)와 같은 말로 여기고 새기면 문맥이 통한다.

선비라면 뒤에서 쑤군대는 입질을 좋아할 리 없으니 상심할 것 없다고 잘라 말하고 있다. 정도를 걷고 있다면 남이 뭐라 하든 당당하기 때문이다. 다만, 그러지 못할 경우 남의 입질에 오르내리면 남의 입질을 막을 수 없다. 그래서 손바닥으로 하늘을 가릴 수 없다는 말이 생기지 않았는가. 그러니 공자의 말씀대로 여의차(與義此)면 그만이란 말이다. 올바름을[義] 더불어[與] 따른다[此].

선비 사(士), 미워할 증(憎), 그 자(玆), 많을 다(多), 입질 구(口)

詩云(시운) 憂心悄悄(우심초초) 慍于群小(온우군소)

▶ 『시경(詩經)』의 시가[詩] 말해주고 있다[云]. '시름하는[憂] 마음은[心] 근심스럽고[悄悄] 뭇것들[群小]로[于] 노여움만 산다[慍].'

시운(詩云)의 시(詩)는 『시경(詩經)』에 수록돼 있는 시를 말한다. 우심초초(憂心悄悄)는 「국풍(國風)」 제3패(邶)의 〈백주(柏舟)〉 제4장 1구의 내용이다. 憂心悄悄는 사언(四言) 시구지만, 영어의 2형식 문장처럼 여기고 문맥을 잡아도 된다. 憂心悄悄에서 우(憂)는 심(心)을 꾸미는 형용사이고, 심(心)은 주어이며, 초초(悄悄)는 보어이다. 憂心悄悄의 우(憂)는 〈근심 수(愁)〉와 같고, 초(悄)는 〈근심 우(憂)〉와 같으며, 초초(悄悄)는 근심스러워 맥이 풀린 모습을 말한다.

온우군소(慍于群小)는 「국풍(國風)」 제3패(邶)의 〈백주(柏舟)〉 제4장 2구의 내용이다. 慍于群小 역시 사언 시구지만, 憂心慍于群小로 여기고 영어의

1형식 문장처럼 문맥을 잡아도 된다. 즉 慍于群小는 憂心慍于群小之多口에서 주어 우심(憂心)과, 앞 시상으로 유추할 수 있으므로 군소지다구(群小之多口)를 군소(群小)로 줄인 것을 알면 문맥이 쉽게 잡힌다는 말이다. 우심(憂心)은 군소(群小)의[之] 다구(多口)로[于] 온(慍)한다, 시름하는[憂] 마음은[心] 근심스럽고[悄悄] 뭇것들[群小]로[于] 노여움만 산다[慍]. 慍于群小의 온(慍)은 〈노여울 노(怒)〉와 같고, 우(于)는 〈어조사(~로) 어(於)〉와 같으며, 군(群)은 〈무리 군(群), 중(衆)〉 등과 같고, 군소(群小)는 군소(群小) 또는 소인배 등과 같은 말이다.

『시경(詩經)』 시(詩), 이를 운(云), 근심할 우(憂), 마음 심(心), 근심할 초(悄), 성낼 온(慍), 어조사(~에) 우(于), 떼 군(群), 작을 소(小)

孔子也(공자야)

▶ (이런 경우가) 공자[孔子]이다[也].

공자야(孔子也)는 是孔子也에서 앞 문맥으로 보충할 수 있으므로 주어인 시(是)를 생략한 〈AB也〉꼴로, 영어의 2형식 문장처럼 여기고 문맥을 잡는다. 是孔子也에서 시(是)는 주어이고, 공자(孔子)는 보어이며, 야(也)는 구문을 결정짓는 어조사(~이다)이다.

공자는 당시 군왕의 측근들로부터 갖은 훼방과 모함을 당해 인정(仁政)의 치세(治世)를 펼칠 기회를 얻지 못했음을 맹자가 암시하고 있다.

클 공(孔), 존칭 자(子), ~이다 야(也)

肆不殄厥慍(사부진궐온) 亦不隕厥問(역불운궐문)

▶ 이제[肆] 그[厥] 성냄을[慍] 끊지 않았지만[不殄], 또한[亦] 그[厥] 명예도[問] 떨어뜨리지 않았다[不隕].

사부진궐온역불운권문(肆不殄厥慍亦不隕厥問)은 詩云肆不殄厥慍亦不隕厥問에서 앞 문맥으로 보충할 수 있으므로 시운(詩云)을 생략한 어투이다.

사부진궐온(肆不殄厥慍)은 「대아(大雅)」 제1문왕지십(文王之十)의 3편 〈면(綿)〉 제8장 1구의 내용이다. 肆不殄厥慍은 文王肆不殄厥慍에서 주어인 문왕(文王)을 생략한 시구이다. 肆不殄厥慍에서 사(肆)는 어조를 나타내기 위한 뜻 없는 어조사에 불과하지만 이제[肆] 정도로 새기고, 부(不)는 진(殄)

의 부정사(否定詞)이고, 진(殄)은 타동사로 본동사이며, 궐(厥)은 온(慍)의 관형사이고, 온(慍)은 진(殄)의 목적어이다. 肆不殄厥慍의 사(肆)는 어조를 더하려는 어조사이고, 진(殄)은 〈끊을 절(絶)〉과 같고, 궐(厥)은 〈그 기(其)〉와 같고, 온(慍)은 여기선 〈성냄 분(忿)〉과 같다.

역불운궐문(亦不隕厥問은 「대아(大雅)」 제1문왕지십(文王之十)의 3편 〈면(綿)〉 제8장 2구의 내용이다. 亦不隕厥問 역시 文王亦不隕厥問에서 주어인 문왕(文王)을 생략한 시구이다. 亦不隕厥問에서 역(亦)은 어조를 내기 위한 뜻 없는 어조사에 불과하지만 또한[亦] 정도로 새기고, 불(不)은 운(隕)의 부정사(否定詞)이며, 운(隕)은 타동사로 본동사이고, 궐(厥)은 문(問)의 관형사이며, 문(問)은 운(隕)의 목적어이다. 亦不隕厥問의 역(亦)은 어조를 더하는 어조사이고, 운(隕)은 〈떨어뜨릴 추(墜)〉와 같으며, 궐(厥)은 〈그 기(其)〉와 같고, 문(問)은 〈돌보기 휼(恤)〉과 같고 휼문(恤問)의 줄임말로 여기고 새기면 문맥이 통한다.

이제 사(肆), 아니 부(不), 끊을 진(殄), 그 궐(厥), 노여움 온(慍), 또한 역(亦), 떨어뜨릴 운(隕), 물을 문(問)

文王也(문왕야)

▶ (이런 경우가) 문왕[文王]이다[也].

문왕야(文王也)는 是文王也에서 앞 문맥으로 보충할 수 있으므로 주어인 시(是)를 생략한 〈AB也〉꼴로, 영어의 2형식 문장처럼 여기고 문맥을 잡는다. 是文王也에서 시(是)는 주어이고, 문왕(文王)은 보어이며, 야(也)는 구문을 결정짓는 어조사(~이다)이다. 그러므로 文王也는 술부만 남은 어투이다.

주(周)나라는 문왕 때까지는 주변의 미개한 부족들로부터 잦은 침입을 당해 고초를 겪었지만, 위명(威命)을 실추시키지 않으면서 주변 부족들을 돌봐주었던 문왕의 고사(故事)를 들어 훼방 놓는 무리를 두고 상심할 것 없음을 맹자가 밝히고 있다.

글 문(文), 임금 왕(王), ~이다 야(也)

제20장

20장은 맹자가 현자(賢者)와 사이비 현자를 대비하고 있는 장이다. 사물에 임하는 법도가 밝은 사람이 곧 현자이다. 그래서 현자의 법도를 소소(昭昭)로써 간명하게 직유(直喩)하고, 사이비 현자의 거짓 법도를 혼혼(昏昏)으로써 직유하여, 혹세무민(惑世誣民)이 왜 빚어지는지 살펴 헤아리게 하는 장이다.

【문지(聞之)】

현자이기소소(賢者以其昭昭)

【원문(原文)】

孟子曰 賢者는 以其昭昭로 使人昭昭어늘 今以其昏으로 使人昭昭로다
맹자왈 현자 이기소소 사인소소 금이기혼혼 사인소소

【해독(解讀)】

맹자가 말했다[孟子曰]. "현자는 자신의 밝고 밝음을 가지고 남들로 하여금 밝고 밝게 하려고 한다[賢者以其昭昭使人昭昭]. 이제는 (현자란 사람들이) 자신의 어둡고 어둠을 가지고 남들로 하여금 밝고 밝게 하려고 한다[今以昏昏使人昭昭]."

【담소(談笑)】

賢者以其昭昭使人昭昭(현자이기소소사인소소)

▶ **현자는[賢者] 자신의[其] 밝고 밝음을[昭昭] 가지고[以] 남들로[人] 하여금[使] 밝고 밝게 하려고 한다[昭昭].**

현자이기소소사인소소(賢者以其昭昭使人昭昭)는 〈A使人B〉꼴로 영어의 사역문과 같은 어투이다. 〈A(賢者)는 남으로[人] 하여금[使] B(昭昭)하게 한다〉 賢者以其昭昭使人昭昭에서 현자(賢者)는 주어이고, 이기소소(以其昭昭)는 사(使)를 꾸미는 방법의 부사구이며, 사(使)는 사역동사이고, 인(人)

은 사(使)의 목적어이며, 소소(昭昭)는 목적격 보어이다. 賢者以其昭昭使人昭昭의 현자(賢者)는 현지인(賢之人)의 지인(之人)을 자(者)로 축약한 것이므로 〈사람 자(者)〉로 새기고, 이기소소(以其昭昭)의 이(以)는 〈써 용(用)〉과 같고, 소(昭)는 〈밝을 명(明)〉과 같고, 소소(昭昭)는 사물에 임하는 법도가 밝음을 뜻한다. 사인(使人)의 사(使)는 〈부릴 역(役)〉과 같고, 인(人)은 타인(他人)의 줄임말로 여기고 새기면 문맥이 통한다.

현자(賢者)는 명자(明者)이다. 현명한 사람은 사물에 밝고 사리에 밝아 지어지선(止於至善)의 삶을 누릴 수 있다. 지극한[至] 선[善]에[於] 머묾[止]으로 삶을 누림으로 법도에 어긋날 리 없다. 그래서 현자는 사람들을 일깨워 바른 법도로 삶을 누리게 한다.

밝을 현(賢), 놈 자(者), 써 이(以), 그 기(其), 밝음 소(昭), 하여금 사(使), 남들 인(人)

今以其昏昏使人昭昭(금이기혼혼사인소소)

▶ 이제는[今] (현자란 사람들이) 자신의[其] 어둡고 어둡을[昏昏] 가지고 [以] 남들로[人] 하여금[使] 밝고 밝게 하려고 한다[昭昭].

금이기혼혼사인소소(今以其昏昏使人昭昭)는 〈A使人B〉꼴로 영어의 사역문과 같은 어투이다. 물론 〈A使人B〉에서 주어 A가 생략되고 없지만, 영어의 사역문처럼 여기고 문맥을 잡으면 쉽다. 〈남으로[人] 하여금[使] B(昭昭]하게 한다〉 今以其昏昏使人昭昭에서 이기혼혼(以其昏昏)은 사(使)를 꾸미는 방법의 부사구이며, 사(使)는 사역동사이고, 인(人)은 사(使)의 목적어이며, 소소(昭昭)는 목적격 보어이다. 今以其昏昏使人昭昭의 이기혼혼(以其昏昏)의 이(以)는 〈써 용(用)〉과 같고, 혼(昏)은 〈어둠 매(昧)〉와 같고, 혼혼(昏昏)은 사물에 임하는 법도가 밝지 못함을 뜻한다. 사인(使人)의 사(使)는 〈부릴 역(役)〉과 같고, 인(人)은 타인(他人)의 줄임말로 여기고 새기면 문맥이 통한다.

현자가 아니면서 현자인 척하는 인간들이 세상을 밝게 하겠다고 호언(豪言)하는 것은 오로지 혹세무민에 불과한 꼴이다. 어둠[昏昏]을 가지고 밝음[昭昭]을 이룰 수 없는 노릇이고, 오로지 밝음[昭昭]이라야 어둠[昏昏]을 밝음으로 바꿀 수 있는 것이 사물의 이치임을 맹자가 다짐하고 있다. 백성을[民]

얕보고[誣] 세상을[世] 현혹하는[惑] 무리들이 치자(治者) 노릇을 하면서 어찌 백성을 밝게 하겠느냐고 맹자가 반문하고 있다.

이제 금(今), 써 이(以), 그 기(其), 어둡 혼(昏), 하여금 사(使), 남들 인(人), 밝음 소(昭)

제21장

21장은 맹자가 작은 길[徑]과 큰 길[路]을 비유(比喩)해서 수신(守身)을 밝히고 있는 장이다. 경(徑)도 쉼 없이 밝고 다니면 노(路)가 되지만, 지름길(徑)도 밟지 않고 버려두면 잡초가 메워버려 길을 없애버림을 들어서 날마다 성기(成己)하지 않으면 아니됨을 단언하고 있는 장이다.

【문지(聞之)】

산경지혜간(山徑之蹊間)

【원문(原文)】

孟子謂高子曰 山徑之蹊間이 介然用之而路하고 爲間不用 則
맹자위고자왈 산경지혜간 개연용지이로 위간불용 즉
茅塞之矣이다 今茅塞子之心矣로다
모색지의 금모색자지심의

【해독(解讀)】

맹자가 고자(高子)에게 일컬어 말해주었다[孟子謂高子曰]. "작은 산길의 사람이 다닌 발자국 틈새도 잠시 동안 그 틈새를 지나다니면[山徑之蹊間介然用之] 곧장 큰 길로 되어버리고[而路], 잠시라도 (그 산길을) 지나다니지 않으면[爲間不用] 곧장 억새들이 그 길을 막아버리는 것이다[則茅塞之矣]. 그런데 억새들이 자네의 마음을 막은 것이네[今茅塞子之心矣]."

【담소(談笑)】

孟子謂高子曰(맹자위고자왈)

▶ 맹자가[孟子] 고자에게[高子] 일컬어[謂] 말해주었다[曰].

맹자위고자왈(孟子謂高子曰)은 〈A曰B〉꼴로 영어의 3형식 문장과 같은 어투이다. 그러나 왈(曰)의 목적절을 독립구문처럼 여기고 따로 문맥을 잡는 쪽이 편한 경우가 대부분이다. 孟子謂高子曰에서 맹자(孟子)는 주어이고, 위고자(謂高子)는 왈(曰)을 꾸며주는 목적의 부사구이며, 왈(曰)은 타동사로 구문의 본동사이다. 謂高子의 위(謂)는 〈말해줄 언(言)〉의 뜻으로 영어의 부정사(不定詞) 구실을 한다. 영어의 in order to say to를 연상하면 위고자(謂高子)가 왈(曰)을 꾸미는 목적의 부사구임을 알 수 있고 孟子謂高子曰의 문맥을 잡을 수 있다. 고자(高子)는 맹자의 제자이다.

맏 맹(孟), 존칭 자(子), 일컬을 위(謂), 높을 고(高), 말해줄 왈(曰)

山徑之蹊間介然用之而路(산경지혜간개연용지이로)

▶ **작은 산길[山徑]의[之] 사람이 다닌 발자국[蹊] 틈새도[間] 잠시[介然] 그 틈새를[之] 지나다니면[用] 그러면[而] (그 산길도) 큰 길로 된다[路].**

산경지혜간개연용지이로(山徑之蹊間介然用之而路)는 연접의 연사인 〈그리고 이(而)〉를 주목하면 영어의 중문 같은 어투임을 알 수 있다. 그러므로 山徑之蹊間介然用之而路를 산경지혜간개연용지(山徑之蹊間介然用之)하고 그러면[而] 노(路)가 된다고 읽어보면 山徑之蹊間介然用之而路의 문맥이 잡힌다.

산경지혜간개연용지(山徑之蹊間介然用之)는 介然人人用山徑之蹊間에서 산경지혜간(山徑之蹊間)을 전치하고 그 빈 자리에 허사 지(之)를 두어 山徑之蹊間介然用之가 되고, 일반수어이므로 용(用)의 주어인 사람들[人人]을 생략한 어투이다. 따라서 山徑之蹊間介然人用之는 영어의 3형식 문장과 같은 어투이다. (사람들[人人]이) 잠시라도[介然] 산경지혜간(山徑之蹊間) 그것을[之] 지나다닌다[用]. 물론 山徑之蹊間介然人用之에서 用之의 지(之)는 허사이므로 무시하고 잠시라도[介然] 산경지혜간(山徑之蹊間)을 지나다닌다[用]고 새겨도 문맥의 문의는 상하지 않는다. 산경(山徑)은 산에 나 있는 작은 지름길을 말하고, 혜간(蹊間)은 발자국 틈바구니를 뜻하며, 개연(介然)은 잠시 동안을 뜻하는 관용어로 위간(爲間)과 같은 말이고, 山徑之蹊間介然人用之의 용(用)은 〈지나갈 유(由)〉와 같다.

이로(而路)는 이기산경로(而其山徑路)에서 주어인 기산경(其山徑)을 앞 문맥으로 보충할 수 있으므로 생략하여 이로(而路)가 되었고, 영어의 1형식 문장과 같은 어투로 문맥을 잡을 수 있다. 而路의 노(路)는 여기선 〈큰 길 로(路)〉가 아니라 〈큰 길로 될 로(路)〉이므로 자동사이다. 그러면[而] 큰 길로 된다[路].

뫼 산(山), 작은 길 경(徑), ~의 지(之), 사람이 밟고 다녀 생긴 길 혜(蹊), 사이 간(間), 낄 개(介), 그럴 연(然), 지나다닐 용(用), 그러면 이(而), 큰 길로 된 로(路)

爲間不用則茅塞之矣(위간불용즉모색지의)

▶ **잠시라도[爲間] (그 산길을) 지나다니지 않으면[不用] 곧장[則] 억새들이[茅] 그 길을[之] 막아버리는 것[塞]이다[矣].**

위간불용즉모색지의(爲間不用則茅塞之矣)는 〈A則B〉꼴로 영어의 복문과 같은 어투이다. 물론 즉(則)을 어조사로 여기고 무시해도 되는 경우도 있다. 즉(則)을 중심으로 앞은 대개 양보 내지 조건의 종속절(또는 구)이고, 뒤는 주절이다. 그러니 爲間不用則茅塞之矣에서 위간불용(爲間不用)을 조건절처럼 여기고, 모색지의(茅塞之矣)를 주절로 여기고 새기면 문맥이 잡힌다. 〈A(爲間不用)하면 곧[[則] B(茅塞之)이다[矣]〉

조건의 종속절인 위간불용(爲間不用)은 爲間人人不用其山徑에서 앞 문맥으로 보충할 수 있으므로 일반주어 인인(人人)과 기산경(其山徑)을 생략한 어투이므로 爲間不用을 爲間人人不用其山徑으로 여기고 새기며, 영어의 3형식 절과 같은 어투이다. 사람들이[人人] 그[其] 산길을[山徑] 밟고 다니지 않는다면[不用]. 爲間不用의 위간(爲間)은 잠시 동안을 뜻하는 관용어로 개연(介然)과 같은 말이고 용(用)은 〈지나갈 유(由)〉와 같다.

주절인 모색지의(茅塞之矣)는 〈AB矣〉꼴로 영어의 2형식 주절과 같은 어투이다. 〈A(茅)가 B(塞之)이다[矣]〉 茅塞之矣에서 모(茅)는 주어이고, 색(塞)은 영어의 동명사나 부정사(不定詞)와 같으면서 보어이고, 지(之)는 색(塞)의 목적어이며, 의(矣)는 절을 결정짓는 어조사(~이다)이다. 물론 茅塞之矣에서 구문을 결정짓는 〈어조사 의(矣)〉를 무시하고 茅塞之로 여기고 문맥을 잡으면, 茅塞之矣는 영어의 3형식 주절과 같은 어투로 보고 문맥을 잡게 된다. 억새가[茅] 그 산길을[之] 막는다[塞]. 茅塞之矣의 모(茅)는 띠 즉 억새 같은 풀의 이름이고, 색(塞)은 〈막을 전(塡)〉과 같고 색전(塞

塡)의 줄임말로 여기고 새기며, 茅塞之矣의 지(之)는 앞에 나온 노(路)를 나타내는 지시대명사이고, 의(矣)는 어조사 〈~이다 야(也)〉와 같다. 특히 茅塞之矣의 색(塞)은 〈변방 새(塞), 막을 색(塞)〉처럼 발음이 달라지므로 주의한다.

될 위(爲), 사이 간(間), 아니 불(不), 지나다닐 용(用), 곧 즉(則), 억새 모(茅), 막을 색(塞), 그 지(之), ~이다 의(矣)

今茅塞子之心矣(금모색자지심의)

▶ 그런데[今] 억새들이[茅] 자네[子]의[之] 마음을[心] 막은 것[塞]이다[矣].

금모색자지심의(今茅塞子之心矣)는 〈AB矣〉꼴로 〈AB也〉꼴처럼 영어의 2형식 구문과 같은 어투이다. 〈A(茅)가 B(子之心)를 막은 것[塞]이다[矣]〉 今茅塞子之心矣에서 금(今)은 말머리에 쓰는 발어사로 그런데 정도의 뜻이고, 모(茅)는 주어이며, 색(塞)은 영어의 동명사나 부정사(不定詞)와 같으면서 보어이고, 자지(子之)는 심(心)을 꾸미는 형용사구이며, 심(心)은 색(塞)의 목적어이고, 의(矣)는 구문을 결정짓는 어조사(~이다)이다. 물론 今茅塞子之心矣에서 의(矣)를 무시하고 今茅塞子之心으로 여기고 문맥을 잡으면, 모(茅)는 주어이고, 색(塞)은 타동사로 본동사이며, 자지심(子之心)은 塞의 목적구이므로 영어의 3형식 문장과 같다. 그런데[今] 억새들이[茅] 자네[子]의[之] 마음을[心] 막았다[塞]. 물론 今茅塞子之心矣를 今茅塞子之心으로 여기고 문맥을 잡는다 해도 어조나 어세가 달라질 뿐 문의는 달라지지 않는다. 今茅塞子之心矣의 금(今)은 발어사이고, 색(塞)은 〈막을 전(塡)〉과 같고 색전(塞塡)의 줄임말로 여기고 새기며, 〈변방 새(塞), 막을 색(塞)〉처럼 발음이 달라지므로 주의한다.

말머리 말 금(今), 억새 모(茅), 막을 색(塞), 자네(너) 자(子), ~의 지(之), 마음 심(心), ~이다 의(矣)

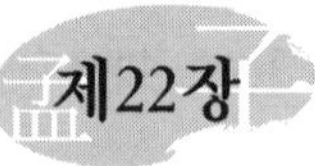

제22장

22장은 맹자가 드러나는 것만을 가지고 재단(裁斷)하지 말라고 경고하는 장이다. 그래서 격물치지(格物致知)를 다시금 헤아려 살펴보게 하고, 매사를 신독(愼獨)해야 하는 까닭을 일깨워주는 장이다.

【문지(聞之)】

성문지궤양마지력여(城門之軌兩馬之力與)

【원문(原文)】

告子曰 禹之聲이 尙文王之聲이로소이다 孟子曰 何以言之오 曰 以追蠡니이다 曰 是奚足哉리오 城門之軌는 兩馬之力與아

고자왈 우지성 상문왕지성 맹자왈 하이언지 왈 이추려 왈 시해족재 성문지궤 양마지력여

【해독(解讀)】

고자(高子)가 여쭈었다[告子曰]. "우임금의 예악이 문왕의 예악보다 낫습니다[禹之聲尙文王之聲]." 맹자가 말해주었다[孟子曰]. "(자네가) 무엇 때문에 그렇다고 말하는가[何以言之]?" (고자가) 대답했다[曰]. "닳고 닳은 종뉴 때문입니다[以追蠡]." (이에 맹자가) 말해주었다[曰]. "그것이 어찌 만족스럽다는 것인가[是奚足哉]? 성문의 바퀴자국이 두 마리 말의 힘인가[城門之軌兩馬之力與]?"

【담소(談笑)】

告子曰(고자왈) 禹之聲尙文王之聲(우지성상문왕지성)

▶ **고자가[告子] 우임금[禹]의[之] 예악이[聲] 문왕[文王]의[之] 예악보다[聲] 낫다고[尙] 말했다[曰].**

고자왈우지성상문왕지성(告子曰禹之聲尙文王之聲)은 〈A曰B〉꼴로 영어의 3형식 문장과 같은 어투이다. 그러나 왈(曰)의 목적절을 독립구문처럼 여기고 따로 문맥을 잡는 쪽이 편한 경우가 대부분이다. 告子曰禹之聲尙文王之聲에서 고자(告子)는 주어이고, 왈(曰)은 타동사로 구문의 본동사이며,

우지성상문왕지성(禹之聲尙文王之聲)은 왈(曰)의 목적절로 여기고 새기면 문맥이 잡힌다. 목적절인 禹之聲尙文王之聲에서 우지(禹之)는 성(聲)을 꾸미는 형용사구이고, 성(聲)은 주어이며, 상(尙)은 타동사로 절의 본동사이고, 문왕지(文王之) 역시 성(聲)을 꾸미는 형용사구이므로 禹之聲尙文王之聲을 영어의 3형식 절처럼 여기고 문맥을 잡을 수 있다. 한문투에서는 禹之聲처럼 〈A之B〉꼴이 매우 빈번하게 등장하므로 지(之)를 잘 정리해두면 문맥을 잡는 데 편하다. 禹之聲尙文王之聲의 우(禹)는 하(夏)나라를 열었던 성왕(聖王)인 우왕(禹王)을 말하며, 성(聲)은 예악(禮樂)을 말하고, 상(尙)은 여기서 〈A尙B〉꼴로 〈A가 B보다 낫다[尙]〉고 새긴다. 여기서 문왕(文王)은 주(周)나라를 열고 덕치로 다스려 천자(天子)의 나라가 되게 한 성왕(聖王)이다.

한문투에서 지(之)만큼 문맥을 잡는 데 혼란스럽게 하는 허사도 없다. 그런 지(之)이니 아래 5가지 정도는 잘 정리해두어야 문맥을 잡는 데 편할 것이다. 〈A가[之] B = 주격 토씨, A의[之] B = 소유격 토씨, A를[之] B = 목적격 토씨, A한[之] B = A를 형용사로 만든다, B한[之] A = B를 형용사로 만든다〉 〈A之B〉꼴에서 지(之)는 문맥에 따라 자유롭게 토씨[格] 구실을 한다. 그리고 지시대명사로도 자주 쓰이고, 〈갈 거(去), 이를 지(至)〉와 같은 뜻의 동사로도 쓰인다.

알릴 고(告), 존칭 자(子), 말해줄 왈(曰), 우임금 우(禹), ~의 지(之), 예악 성(聲), 높을 상(尙), 글 문(文), 임금 왕(王)

孟子曰(맹자왈) 何以言之(하이언지)

▶ (자네가) 무엇[何] 때문에[以] 그렇다고[之] 말하느냐고[言] 맹자가[孟子] 물었다[曰].

맹자왈하이언지(孟子曰何以言之)는 〈A曰B〉꼴로 영어의 3형식 문장과 같은 어투이다. 그러나 왈(曰)의 목적절 부분을 독립구문처럼 여기고 따로 문맥을 잡는 것이 편한 경우가 대부분이다. 孟子曰何以言之에서 맹자(孟子)는 주어이고, 왈(曰)은 타동사로 구문의 본동사이며, 하이언지(何以言之)는 왈(曰)의 목적절로 여기고 새기면 문맥이 잡힌다. 목적절인 何以言之는 何以汝言之에서 앞 문맥으로 보충할 수 있으므로 목적절의 주어인 〈너 여(汝)〉

를 생략한 어투로, 영어의 3형식 절처럼 여기고 문맥을 잡는다. 何以言之에서 하이(何以)는 의문의 부사구이고, 언(言)은 타동사로 절의 본동사이며, 지(之)는 앞에 나온 우지성상문왕지성(禹之聲尙文王之聲)을 대신하는 지시대명사로 언(言)의 목적어이다. 何以言之의 이(以)는 여기선 〈때문에 인(因)〉과 같다.

이(以)는 한문투에서 다양한 뜻을 나타내면서 다양하게 활용되므로 그 쓰임새를 잘 정리해두면 문맥을 잡아 문의를 건져낼 때 편하다. 이(以)는 〈以A〉 또는 〈A以〉꼴로 잘 정리해둘수록 편리하다. 이(以)는 〈以A〉처럼 전치사로, 또는 〈A以〉처럼 후치사로 자유롭게 활용되기 때문이다. 〈할 이(以) = 위(爲), 써 이(以) = 용(用), 생각할 이(以) = 사(思), 거느릴 이(以) = 솔(率), 때문에 이(以) = 인(因), 더불어 이(以) = 여(與), 하여금 이(以) = 사(使), 이미 이(以) = 이(已)〉 물론 〈까닭 이(以)〉로 명사로도 쓰이는데, 주로 유이(有以)나 무이(無以)꼴일 때가 대부분이다.

맏 맹(孟), 존칭 자(子), 말해줄 왈(曰), 무엇 하(何), 때문에 이(以), 말할 언(言), 그 지(之)

曰以追蠡(왈이추려)

▶ (고자가) 닳고 닳은[蠡] 종뉴[追] 때문이라고[以] 아뢰었다[曰].

왈이추려(曰以追蠡)는 吾曰禹之聲以追蠡尙文王之聲에서 앞 문맥으로 보충할 수 있으므로 왈(曰)의 주어인 〈저 오(吾)〉와 되풀이되는 우지성상문왕지성(禹之聲尙文王之聲)을 생략하고, 禹之聲尙文王之聲의 상(尙)을 꾸미는 부사구인 이추려(以追蠡)만 남긴 어투이다. 그러나 曰以追蠡를 吾曰禹之聲以追蠡尙文王之聲처럼 여기고 문맥을 잡아야 그 문의가 분명하게 드러난다. 물론 이추려(以追蠡)는 이우성지추려(以禹聲之追蠡)에서 앞 문맥으로 보충할 수 있으므로 우성지(禹聲之)를 생략한 어투이다. 이처럼 한문투의 문맥을 잡을 때는 늘 앞 문맥을 살펴 생략된 내용이 무엇인가를 살펴 보충해주면 문맥을 잡기가 쉬워진다. 曰以追蠡는 저는[吾] 우성[禹聲]의[之] 닳고 닳은[蠡] 종뉴[追] 때문에[以] 우왕[禹]의[之] 성이[聲] 문왕[文王]의[之] 성보다[聲] 낫다고[尙] 여쭈었다[曰]를, 닳고 닳은[蠡] 종뉴[追] 때문이라고[以] 여쭈었다[曰]로 줄여놓은 어투이다. 曰以追蠡의 이(以)는 〈때문에 인(因)〉과 같고,

추(追)는 여기선 쇠북[鐘]을 매다는 꼭지를 말하는 종뉴(鐘紐)를 뜻하며, 여(蠡)는 〈갉아먹을 설(齧)〉과 같다. 닳고 닳은 쇠북 꼭지[追蠡].

우왕의 악(樂)을 연주했던 쇠북[鐘]의 꼭지[追]가 벌레가 갉아먹은 것같이 닳고 닳았으니[蠡] 문왕의 악(樂)보다 더 자주 연주된 증거이고, 더 자주 연주되었음은 문왕의 악(樂)보다 더 나은 증거가 아니냐고 제자(告子)가 스승(孟子)께 아뢰었던 모양이다. 생각이 얕은 제자를 어느 스승인들 그냥 두겠는가. 하물며 맹자가 그런 제자를 그냥 그대로 내버려두고 지나치겠는가.

말할 왈(曰), 때문에 이(以), 종뉴(鐘紐) 추(追), 닳고 닳은 모양 려(蠡)

曰是奚足哉(왈시해족재)

▶ (맹자가) 그것이[是] 어찌[奚] 만족스럽다는 것[足]인가고[哉] 말해주었다[曰].

왈시해족재(曰是奚足哉)는 孟子曰是奚足哉에서 앞 문맥으로 보충할 수 있으므로 왈(曰)의 주어인 맹자(孟子)를 생략했지만, 〈A曰B〉꼴로 영어의 3형식 문장과 같은 어투이다. 曰是奚足哉에서 왈(曰)은 타동사로 구문의 본동사이고, 시해족재(是奚足哉)는 의문절로 왈(曰)의 목적절이므로 曰是奚足哉를 영어의 3형식 문장같이 여기고 문맥을 잡으면 편하다. 曰是奚足哉의 시(是)는 앞에 나온 추려(追蠡)를 나타내는 지시어로 의문절의 주어이고, 해(奚)는 의문사로 족(足)을 꾸미는 부사이며, 족(足)은 보어이며, 재(哉)는 해(奚)와 더불어 의문절을 결정짓는 어조사(~인가)이므로 是奚足哉는 영어의 2형식 의문절과 같은 어투이다. 是奚足哉의 해(奚)는 〈어찌 하(何)〉와 같고, 족(足)은 〈충분한 것 충(充)〉과 같고 충족(充足)의 줄임말로 여기고 새기며, 재(哉)는 의문어조사(~인가)인 여(與)와 같다.

말해줄 왈(曰), 그 시(是), 어찌 해(奚), 만족할 족(足), ~인가 재(哉)

城門之軌兩馬之力與(성문지궤양마지력여)

▶ 성문[城門]의[之] 바퀴자국이[軌] 두 마리[兩] 말[馬]의[之] 힘[力]인가[與]?

성문지궤양마지력여(城門之軌兩馬之力與)는 의문절로 왈(曰)의 목적절이다. 城門之軌兩馬之力與에서 성문지(城門之)는 궤(軌)를 꾸미는 형용사구이고, 궤(軌)는 주어이며, 양마지(兩馬之)는 역(力)을 꾸미는 형용사구이고, 역(力)은 보어이며, 여(與)는 의문절을 결정짓는 의문어조사(~인가)이다. 그러니 城門之軌兩馬之力與는 영어의 2형식 의문절처럼 여기고 문맥을 잡는다. 城門之軌兩馬之力與의 지(之)는 소유격 토씨(~의)이고, 궤(軌)는 궤적(軌迹)의 줄임말로 여기며, 여(與)는 〈~인가 재(哉)〉와 같이 부드러운 의문문을 이끈다.

생각이 얕으면 사물을 단순하게 보고 만다. 그렇게 얻어낸 앎이란 충분할 수가 없다. 그러면 알고 모르고를 분간 못해 모르는 것을 안다 하기 쉽고 알면서도 모르는 어리석음을 범할 수 있다. 혼미(昏迷)란 이런 불충분한 앎에서 빚어진다. 스승은 그래서 혼미한 제자를 정신 들게 회초리를 든다. 아둔하게 나온 고자(告子)를 면박을 주고 있다.

성곽 성(城), 들고나는 문 문(門), ~의 지(之), 바퀴자국 궤(軌), 두 양(兩), 말 마(馬), ~의 지(之), 힘 력(力), ~인가 여(與)

제23장

23장은 맹자가 『논어(論語)』「공야장(公冶長)」편 7장에서 공자가 자로(子路)에게 다음처럼 일깨워준 가르침을 헤아려보게 하는 장이다. "유야호용과아(由也好勇過我)하나 무소취재(無所取材)이다." 자로[由]가[也] 용기를[勇] 좋아하기는[好] 나를[我] 능가하지만[過], (자네한테는) 사리를[材] 따져보려는[取] 바가[所] 없다[無]. 막다른 골목에 이른 쥐는 고양이한테 덤빈다. 하물며 막다른 골목에 몰린 호랑이야 더 말할 게 없음을 상기한다면 어찌 무모한 일을 범하겠느냐고 따져주는 장이다. 그런 호랑이 신세인 제(齊)나라 왕을 설득해 곡창(穀倉)을 열게 했던 자신의 처사(處事)를 돌이켜보면서, 그런 무모한 짓을 되풀이한다면 멈출 줄 아는 선비들의 조롱거리가 됨을 밝혀둔 장이다. 군중 심리에 놀아나 만용을 부리지 말라 함이다.

【문지(聞之)】

시위풍부(是爲馮婦)

【원문(原文)】

齊饑어늘 陳臻曰 國人이 皆以夫子로 將復爲發棠이라 하니 殆不可復이로소이다 孟子曰 是爲馮婦也이다 晉人에 有馮婦者 善搏虎하니 卒爲善士하여 則之野할새 有衆이 逐虎하니 虎負嵎어늘 莫之敢攖하여 望見馮婦하고 趨而迎之한대 馮婦攘臂下車하니 衆皆悅之하고 其爲士者는 笑之하니라

제기 진진왈 국인 개이부자 장부위발당 태불가부 맹자왈 시위풍부야 진인 유풍부자 선박호 졸위선사 즉지야 유중 축호 호부우 막지감영 망견풍부 추이영지 풍부양비하거 중개열지 기위사자 소지

【해독(解讀)】

제나라에 기근이 들자[齊饑] 진진이 말했다[陳臻曰]. "나라 사람들 모두 선생께서 또 다시 (제왕으로) 하여금 (당읍에 있는) 곡창들을 열게 하리라 생각하겠지만[國人皆以夫子將復爲發棠], (선생께서는) 또 다시 (제왕으로 하여금 당읍에 있는 곡창들을 열게) 할 수는 없을 것입니다[殆不可復]." 맹자가 말해주었다[孟子曰]. "그것은 풍부가 되는 것이다[是爲馮婦也]. 진나라 사람으로 풍부라는 자가 있었지[晉人有馮婦者]. (풍부는) 호랑이를 맨손으로 잡기를 좋아했고[善搏虎], 나중에는 훌륭한 선비가 되었다네[卒爲善士]. 그 뒤에 (풍부가) 들에 나갔는데 범을 뒤쫓는 무리가 있었네[則之野有衆逐虎]. 범이 구석을 등지자[虎負嵎] (아무도) 감히 그 범을 범접하지 못했을 때[莫之敢攖], (무리가) 풍부를 바라보고[望見馮婦] 달려와서 그를 환영했지[趨而迎之]. 풍부가 팔을 흔들면서 수레를 내리자[馮婦攘臂下車] 군중은 모두 그를 기뻐했네[衆皆悅之]. 그런데 선비 된 자들은 그를 웃었다네[其爲士者笑之]."

【담소(談笑)】

齊饑(제기) 陳臻曰(진진왈) 國人皆以夫子將復爲發棠(국인개이부자장부위발당)

▶ 제나라에[齊] 기근이 들자[饑] 나라[國] 사람들[人] 모두[皆] 선생께서[夫子] 또[將] 다시[復] (제왕으로) 하여금[爲] (당읍에 있는) 곡창들을[棠] 열게 하리라[發] 생각하겠다고[以] 진진이[陳臻] 말했다[曰].

제기진진왈국인개이부자장부위발당(齊饑陳臻曰國人皆以夫子將復爲發

棠)은 〈A曰B〉꼴로 영어의 3형식 문장과 같은 어투이다. 그러나 왈(曰)의 목적절을 독립구문처럼 여기고 따로 문맥을 잡는 것이 편한 경우가 대부분이다. 齊饑陳臻曰國人皆以夫子將復爲發棠과 같은 어투의 문맥을 잡으려면 먼저 〈말할 왈(曰)〉을 주목해야 한다. 〈A曰B〉꼴로 齊饑陳臻曰國人皆以夫子將復爲發棠의 문맥을 먼저 대강 잡아볼 수 있기 때문이다. 즉 〈A(陳臻) B(國人皆以夫子將復爲發棠)를 말했다[曰]〉로 먼저 齊饑陳臻曰國人皆以夫子將復爲發棠의 문맥을 잡아볼 수 있다는 말이다. 그러면 齊饑陳臻曰國人皆以夫子將復爲發棠의 제기(齊饑)는 왈(曰)을 꾸며주는 시간의 부사구 내지 시간의 종속절임을 알 수 있다. 제기(齊饑)하자 진진이[陳臻] 국인개이부자장부위발당(國人皆以夫子將復爲發棠)이라고 말했다[曰]. 말하자면 齊饑陳臻曰國人皆以夫子將復爲發棠에서 제기(齊饑)는 마치 영어에서 시간의 분사구와 같고, 진진(陳臻)은 주어이며, 왈(曰)은 타동사로 구문의 본동사이고, 국인개이부자장부위발당(國人皆以夫子將復爲發棠)까지는 왈(曰)의 목적절이므로, 齊饑陳臻曰國人皆以夫子將復爲發棠을 영어의 3형식 문장과 같은 어투로 문맥을 잡을 수 있다.

제기(齊饑)에서 제(齊)는 장소의 부사이고, 기(饑)는 영어의 분사처럼 시간의 분사구로 여기면 陳臻曰國人皆以夫子將復爲發棠과 문맥이 통한다. 齊饑의 기(饑)는 〈굶주릴 아(餓)〉와 같고 기근(饑饉) 내지 기아(饑餓)의 줄임말로 여기고 새긴다. 제나라에[齊] 기근이 들자[饑].

진진왈국인개이부자장부위발당(陳臻曰國人皆以夫子將復爲發棠)에서 왈(曰)의 목적절인 국인개이부자장부위발당(國人皆以夫子將復爲發棠)은 이(以)를 타동사로 여기고, 〈A以B〉꼴을 상기하여 영어의 3형식 절처럼 여기고 문맥을 잡는다. 한문투의 구문 골격 역시 주어 + 타동사 + 목적어, 주어 + 자동사 + 보어 등으로 여기면 문맥을 잡는 데 도움이 된다. 國人皆以夫子將復爲發棠에서 국인(國人)은 절의 주어이고, 개(皆)는 이(以)를 꾸미는 부사이며, 이(以)는 타동사로 절의 본동사이고, 부자장부위발당(夫子將復爲發棠)은 이(以)의 목적절이다. 국인이[國人] 부자장부위발당(夫子將復爲發棠)을 모두[皆] 생각한다[以]고 새겨보면 國人皆以夫子將復爲發棠의 문맥이 잡힌다. 이(以)의 목적절인 夫子將復爲發棠에서 부자(夫子)는 위(爲)의 주어이고, 장(將)과 부(復)는 위(爲)를 꾸미는 부사이며, 위(爲)는 사역동사로 절의 본동사이며, 발(發)은 영어의 원형부정사와 같은 구실을 하고, 당(棠)은 발(發)의 목적어이다. 陳臻曰國人皆以夫子將復爲發棠의 진진(陳臻)은 맹자의 제자이다. 國人皆以夫子將復爲發棠의 국인(國人)은 백성과 같은 말이고, 개(皆)는 〈모두 구(俱)〉와 같으며, 이(以)는 〈생각할 사(思)〉와 같고, 부자(夫子)는 선생과 같은 존칭이며, 장(將)은 여기선 〈또 차(且)〉와 같고, 부(復)는 〈다시 우(又)〉와 같으며, 위(爲)는 〈하여금 사(使)〉와 같고, 발(發)은 〈열 개(開)〉와 같으며, 당(棠)은 지명으로 제나라에서 곡물 창고들이 가장 많았던 당읍(棠邑)을 말하지만 여기선 곡창(穀倉)을 비유한 말로 여기고 새기면 문맥이 통한다. 물론 夫子將復爲發棠은 夫子將復爲齊王發棠에서 사역동사 위(爲)의 목적어인 제나라 임금(齊王)을 생략한 어투임을 알면 문맥은 보다 쉽게 잡힌다. 그리고 부흥(復興)이나 반복(反復)에서 보듯이 복(復)은 〈다시 부(復), 돌아올 복(復)〉처럼 발음에 주의해야 한다.

또한 한문투에서 이(以)는 다음 4가지 예처럼 다양한 뜻으로 동사로 쓰이는 것을 알아두면 문맥을 잡는 데 편하다. 〈할 이(以) = 위(爲), 써 이(以) = 용(用), 생각할 이(以) = 사(思), 거느릴 이(以) = 솔(率)〉 그리고 위(爲) 역시 다음 10가지 예에서 보듯이 영어의 대리동사 do처럼 한문투에서 매우 다양한 뜻을 나타낸다. 〈할 위(爲) = 조(造), 생각할 위(爲) = 사(思), 하여금 위(爲) = 사(使), 만들 위(爲) = 산(産), 이룰 위(爲) = 성(成), 배울 위(爲) = 학(學), 다스릴 위(爲) = 치(治), 도울 위(爲) = 조(助), 호위할 위(爲) = 호(護), 칭할 위(爲) = 칭(稱)〉

> 제나라 제(齊), 굶주릴 기(饑), 늘어놓을(성씨) 진(陳), 모일(이름) 진(臻), 말할 왈(曰), 나라 국(國), 사람 인(人), 모두 개(皆), 생각할 이(以), 사내 부(夫), 존칭 자(子), 또 장(將), 다시 부(復), 하여금 위(爲), 열 발(發), 해당화(지명) 당(棠)

殆不可復(태불가부)

▶ (선생께서는) 또[殆] 다시[復] (제나라 왕으로 하여금 당읍에 있는 곡창들을 열게) 할 수는 없을 것이다[不可].

태불가부(殆不可復)는 夫子殆不可復爲發棠에서 앞 문맥으로 보충할 수도 있고 되풀이되는 내용이므로, 절의 주어인 부자(夫子)와 위발당(爲發棠)을 생략한 어투로 여기면 殆不可復의 문맥을 잡아 문의를 건질 수 있다. 殆不可復의 태(殆)는 여기선 〈또 장(將), 차(且)〉 등과 같고, 불가(不可)는 불능(不能)과 같은 말이며, 부(復)는 〈다시 우(又)〉와 같다.

맹자가 제나라에 머물렀을 때 기근이 들었을 때 제왕(齊王)으로 하여금 당읍(棠邑)의 곡창을 열어서 굶주리는 백성을 구휼하게 했던 일이 있었다. 그런데 다시 제나라에 기근이 들자 백성은 다시금 예전처럼 맹자가 제왕으로 하여금 곡창을 열게 하리라 생각하겠다고 하면서 또 다시 더 그렇게 할 수 없을 것이라고 제자(陳臻)가 스승(孟子)께 진언하고 있는 중이다.

장차 태(殆), 아니 불(不), 가할 가(可), 다시 부(不)

孟子曰(맹자왈) 是爲馮婦也(시위풍부야)

▶ 그것은[是] 풍부가[馮婦] 되는 것[爲]이라고[也] 맹자가[孟子] 말했다[曰].

맹자왈시위풍부야(孟子曰是爲馮婦也)는 〈A曰B〉꼴로 영어의 3형식 문장과 같은 어투이다. 〈A(孟子)가 B(是爲馮婦也)라고 말했다[曰]〉 孟子曰是爲馮婦也에서 맹자(孟子)는 주어이고, 왈(曰)은 타동사로 본동사이며, 시위풍부야(是爲馮婦也)는 왈(曰)의 목적절이다. 목적절인 是爲馮婦也는 〈是爲A也〉꼴로 영어의 2형식 절과 같은 어투이다. 〈이는[是] A(馮婦)가 되는 것[爲]이다[也]〉 是爲馮婦也에서 시(是)는 주어이고, 위(爲)는 자동사로 절의 본동사이며, 풍부(馮婦)는 보어이고, 야(也)는 절을 결정짓는 어조다(~이다)이다. 是爲馮婦也의 시(是)는 바로 앞에 나온 내용을 가리키는 지시어이고, 위(爲)는 〈될 변(變)〉과 같고 변위(變爲) 내지 성위(成爲)의 줄임말로 여기고 새기며, 풍부(馮婦)의 풍(馮)은 성씨이고 부(婦)는 이름[名]이다.

맏 맹(孟), 존칭 자(子), 말할 왈(曰), 이 시(是), 될 위(爲), 성씨 풍(馮), 여자 부(婦)

晉人有馮婦者(진인유풍부자)

▶ 진나라[晉] 사람으로[人] 풍부라는[馮婦] 자가[者] 있었다[有].

진인유풍부자(晉人有馮婦者)는 맹자왈(孟子曰)의 목적절이지만 독립구문으로 여기고 문맥을 잡아도 문의가 상하지 않는다. 절이지만 문장처럼 여기고 문맥을 잡으면 편하다는 말이다. 晉人有馮婦者는 晉人有馮婦之人에서 지인(之人)을 자(者)로 대신한 어투이므로, 여기서 자(者)는 〈것[物] 자(者)〉

가 아니라 〈사람[人] 자(者)〉이다. 그러니 馮婦者를 馮婦之人으로 여기고 새긴다. 풍부[馮婦]라는[之] 사람[者]. 晉人有馮婦者는 A有B꼴로 영어의 1형식 절인 같은 어투이다. 〈A(晉人)에 B(馮婦者)가 있다[有]〉 晉人有馮婦者에서 진인(晉人)은 유(有)를 꾸미는 부사구이고, 유(有)는 자동사 〈있을 유(有)〉로 주어를 뒤에 두고, 풍부(馮婦)는 자(者)의 동격이고, 자(者)는 유(有)의 주어로 여기고 새기면 문맥이 잡힌다.

진나라 진(晉), 사람들 인(人), 있을 유(有), 성씨 풍(馮), 여자 부(婦), 놈 자(者)

善搏虎卒爲善士(선박호졸위선사)

▶ (풍부는) 호랑이를[虎] 맨손으로 잡기를[搏] 좋아했고[善] 나중에는[卒] 훌륭한[善] 선비가[士] 되었다[爲].

선박호졸위선사(善搏虎卒爲善士)도 맹자왈(孟子曰)의 목적절이지만 독립시켜 문맥을 잡아도 문의는 상하지 않는다. 善搏虎卒爲善士는 馮婦善搏虎 而馮婦卒爲善士에서 앞 문맥으로 보충할 수 있고 되풀이되는 내용이므로 주어인 풍부(馮婦)를 생략한 어투이지만, 善搏虎卒爲善士를 영어의 중문처럼 여기고 새기면 문맥이 잡힌다. 그러니 선박호(善搏虎)와 졸위선사(卒爲善士)로 나누어서 문맥을 잡는 쪽이 편하다.

선박호(善搏虎)에서 선(善)은 타동사 같이 본동사이고, 박(搏)은 영어의 부정사(不定詞)와 같으면서 선(善)의 목적어이며, 호(虎)는 박(搏)의 목적어이다. 말하자면 善搏虎의 선(善)은 He likes to do A의 like와 같고, 박(搏)은 to do와 같다. 그는(He) A를 하기를(do) 좋아한다(likes).

졸위선사(卒爲善士)에서 졸(卒)은 시간의 부사이고, 위(爲)는 자동사로 본동사이며, 선(善)은 사(士)를 꾸미는 형용사이며, 사(士)는 위(爲)의 보어이므로 영어의 2형식 문장과 같은 어투이다. 나중에[卒] 좋은[善] 선비가[士] 되다[爲]. 특히 善搏虎卒爲善士에서 보듯이 앞선박(善搏)의 선(善)은 타동사이고, 뒤 선사(善士)의 선(善)은 형용사로 새기는 것처럼, 한문투에서는 품사가 따로 결정되어 있지 않고 구문 안에서 자유롭게 품사 구실을 하므로 주의한다. 善搏의 선(善)은 〈좋아할 호(好)〉와 같고 선호(善好)의 줄임말로 여기고 새기고, 善士의 선(善)은 〈좋을 량(良)〉과 같고 선량(善良)의 줄임말로 여기고 새기며, 卒爲善士의 위(爲)는 〈될 변(變)〉과 같고 변위(變爲)·성위(成爲) 등의 줄임말로 여기고 새긴다.

좋아할 선(善), 잡을 박(搏), 범 호(虎), 나중에 졸(卒), 될 위(爲), 좋을 선(善), 선비 사(士)

則之野有衆逐虎(즉지야유중축호)

▶ 그 뒤에[則] (풍부가) 들에[野] 나갔는데[之] 범을[虎] 뒤좇는[逐] 무리가[衆] 있었다[有].

즉지야유중축호(則之野有衆逐虎)도 맹자왈(孟子曰)의 목적절이지만 독립구문으로 여기고 문맥을 잡아도 문의가 상하지 않는다. 則之野有衆逐虎는 則馮婦之野有衆逐虎에서 앞 문맥으로 보충할 수 있고 되풀이되므로 갈 지(之)의 주어인 풍부(馮婦)를 생략한 어투로, 영어의 시간의 부사절을 줄인 분사구처럼 여기고 〈있을 유(有)〉의 〈A有B꼴〉로 새기면 則馮婦之野有衆逐虎는 영어의 1형식 문장과 같다.

즉지야(則之野)에서 즉(則)은 시간의 부사로 기후(其後)와 같고 선비가 되고 나서[則] 정도로 새기고, 지(之)는 〈갈 지(之)〉로 영어의 분사 와 같은 구실을 하고, 야(野)는 장소의 부사로 영어의 시간의 분사구와 같으므로 則之野는 유(有)를 꾸미는 시간의 부사구이고, 유(有)는 자동사 〈있을 유(有)〉로 주어를 뒤에 두며, 중(衆)은 유(有)의 주어이고, 축(逐)은 영어의 부정사(不定詞)와 같은 구실을 하고, 호(虎)는 축(逐)의 목적어이므로 축호(逐虎)는 중(衆)을 꾸미는 형용사적인 부정사구이다. 범을[虎] 뒤좇는[逐] 무리가[衆] 있었다[有]. 則之野有衆逐虎의 지(之)는 여기선 자동사로 〈이를 지(至)〉와 같고, 중(衆)은 〈무리 군(群)〉과 같으며 군중(群衆)의 줄임말로 여기고 새기고, 축(逐)은 〈좇을 추(追)〉와 같다.

그 뒤 즉(則), 이를 지(之), 들 야(野), 있을 유(有), 무리 중(衆), 좇을 축(逐), 범 호(虎)

虎負嵎莫之敢攖(호부우막지감영)

▶ 범이[虎] 구석을[嵎] 등지자[負] (아무도) 감히[敢] 그 범을[之] 범접하지[攖] 못했다[莫]

호부우막지감영(虎負嵎莫之敢攖) 역시 맹자왈(孟子曰)의 목적절이지만 독립구문으로 여기고 문맥을 잡아도 문의는 상하지 않는다. 虎負嵎莫之敢攖은 虎負嵎 而衆莫之敢攖에서 앞 문맥으로 보충할 수 있고 되풀이되므로 이중(而衆)을 생략한 어투로, 영어의 중문처럼 여기고 문맥을 잡을 수도 있고 영어의 복문처럼 여기고 문맥을 잡을 수도 있다. 虎負嵎莫之敢攖에서 〈질 부(負)〉, 〈다가설 영(攖)〉이 동사 구실을 하므로 虎負嵎莫之敢攖을 호부우(虎負嵎)와 막지감영(莫之敢攖)으로 나누어 문맥을 먼저 잡아볼 수 있다. 〈범이[虎] 구석을[嵎] 등졌다[負]. (아무도) 감히[敢] 그 범을[之] 범접하지[攖] 못했다[莫]〉고 새기면 두 문장을 독립해서 문맥을 잡은 셈이니, 虎負嵎莫之敢攖을 영어의 중문같이 여기고 문맥을 잡은 편이다. 그러나 범이[虎] 구석을[嵎] 등지자[負] (아무도) 감히[敢] 그 범을[之] 범접하지[攖] 못했다[莫]고 새기면 두 문장의 관계를 밝혀 虎負嵎莫之敢攖의 虎負嵎를 시간의 종속절처럼 여기고, 莫之敢攖을 주절로 여기고 문맥을 잡은 셈이니 虎負嵎莫之敢攖을 영어의 복문 같이 여기고 문맥을 잡은 경우란 말이다. 이 두 경우 중에서 虎負嵎莫之敢攖을 복문으로 여기고 문맥을 잡는 편이 문의가 더 분명하게 드러난다.

호부우(虎負嵎)의 부우(負嵎)는 막다른 골목에 몰렸다는 뜻이고, 막지감영(莫之敢攖)에서 막(莫)은 영(攖)의 부정사(否定詞)이며, 지(之)는 영(攖)의 목적어이고, 감(敢)은 영(攖)을 꾸미는 부사이며, 영(攖)은 타동사로 본동사이므로 영어의 3형식 절과 같은 어투이다. 莫之敢攖의 막(莫)은 〈못할 부(不)〉와 같고, 지(之)는 호(虎)를 나타내는 지시대명사이며, 감(敢)은 〈용감할 용(勇)〉과 같고, 영(攖)은 〈가까이할 근(近)〉과 같다.

범 호(虎), 질 부(負), 구석 우(嵎), 못할 막(莫), 그것 지(之), 감히 감(敢), 다가설 영(攖)

望見馮婦趨而迎之(망견풍부추이영지)

▶ (무리가) 풍부를[馮婦] 바라[望] 보고[見] 달려와[趨]서[而] 그를[之] 환영했다[迎].

망견풍부추이영지(望見馮婦趨而迎之) 역시 맹자왈(孟子曰)의 목적절이지만 독립구문으로 여기고 문맥을 잡아도 문의는 상하지 않는다. 望見馮婦趨而迎之는 衆望見馮婦 而衆趨之 而衆迎之에서 되풀이되는 이(而), 중(衆), 지

(之) 등을 생략한 어투로, 영어의 중문 내지 복문과 같다. 望見馮婦趨而迎之에는 〈볼 견(見)〉, 〈볼 달려갈 추(趨)〉, 〈볼 맞이할 영(迎)〉 등이 동사 구실을 하므로 望見馮婦 趨而迎之처럼 두 구문으로 나누어 문맥을 잡을 수 있다. 〈(무리가) 풍부를[馮婦] 바라[望] 보았다[見]. 달려와[趨]서[而] 그를[之] 환영했다[迎]〉처럼 새긴다면 望見馮婦趨而迎之를 영어의 중문처럼 여기고 문맥을 잡은 셈이다. 그러나 풍부를[馮婦] 바라[望] 보자마자[見] (무리가) 달려와[趨]서[而] 그를[之] 환영했다[迎]처럼 새긴다면, 望見馮婦趨而迎之의 망견풍부(望見馮婦)를 영어의 시간의 분사구문처럼 여기고 추이영지(趨而迎之)를 주절처럼 여기고 문맥을 잡은 셈이니, 望見馮婦趨而迎之를 영어의 단문처럼 문맥을 잡은 편이다. 이 두 경우 중에서 望見馮婦趨而迎之를 단문으로 여기고 문맥을 잡는 것이 문의가 더 분명히 드러난다.

망견풍부추이영지(望見馮婦趨而迎之)에서 망(望)과 견(見)은 다같이 타동사적인 현재분사이고, 풍부(馮婦)는 목적어이므로, 望見馮婦는 시간의 분사구문이며, 趨而迎之는 자동사로 본동사이고, 이(而)는 연접의 연사이며, 영(迎)은 타동사로 본동사이고, 지(之)는 영(迎)의 목적어이다. 望見馮婦의 망견(望見)은 〈멀리서 바라볼 원시(遠視)〉와 같고, 추(趨)는 〈달릴 주(走), 질(疾)〉 등과 같으며, 영(迎)은 〈맞이할 접(接)〉과 같고 영접(迎接)의 줄임말로 여기고 새긴다.

바라볼 망(望), 볼 견(見), 성씨 풍(馮), 여자 부(婦), 달릴 추(趨), 그리고 이(而), 맞이할 영(迎), 그 지(之)

馮婦攘臂下車衆皆悅之(풍부양비하거중개열지)

▶ 풍부가[馮婦] 팔을[臂] 흔들면서[攘] 수레를[車] 내리자[下] 군중은[衆] 모두[皆] 그를[之] 기뻐했다[悅].

풍부양비하거중개열지(馮婦攘臂下車衆皆悅之)도 맹자왈(孟子曰)의 목적절이지만 독립구문으로 여기고 문맥을 잡아도 문의는 상하지 않는다. 馮婦攘臂下車衆皆悅之는 馮婦攘臂 而馮婦下車 而衆皆悅之에서 되풀이되는 이(而)와 풍부(馮婦)를 생략한 어투로, 영어의 중문처럼 문맥을 잡을 수도 있고 영어의 복문처럼 문맥을 잡을 수도 있다. 馮婦攘臂下車衆皆悅之에는 〈흔들 양(攘)〉, 〈내릴 하(下)〉, 〈기뻐할 열(悅)〉이 동사 구실을 하므로 馮婦攘

臂下車衆皆悅之를 馮婦攘臂와 下車 그리고 衆皆悅之 세 구문으로 나누어 먼저 문맥을 잡아볼 수 있다. 풍부가[馮婦] 팔을[臂] 흔들었고[攘], 수레를[車] 내렸으며[下], 군중은[衆] 모두[皆] 그를[之] 기뻐했다[悅]처럼 새기면, 馮婦攘臂下車衆皆悅之를 영어의 중문처럼 문맥을 잡는 셈이다. 그러나 풍부가[馮婦] 팔을[臂] 흔들면서[攘] 수레를[車] 내리자[下] 군중은[衆] 모두[皆] 그를[之] 기뻐했다[悅]처럼 새기면, 馮婦攘臂下車까지를 시간의 종속절로 여기고, 衆皆悅之를 주절로 여기고 馮婦攘臂下車衆皆悅之의 문맥을 잡은 셈이니, 馮婦攘臂下車衆皆悅之를 영어의 복문과 같은 어투로 문맥을 잡은 편이다. 이 두 경우 중에서 馮婦攘臂下車衆皆悅之를 복문으로 여기고 문맥을 잡는 편이 문의가 더 분명히 드러난다.

풍부양비하거(馮婦攘臂下車)에서 풍부(馮婦)는 주어이고, 양(攘)은 타동사로 절의 본동사이며, 비(臂)는 양(攘)의 목적어이고, 하(下)는 타동사로 절의 본동사이며, 거(車)는 하(下)의 목적어이므로 영어의 3형식 절과 같은 구문 둘이 겹친 어투이다. 중개열지(衆皆悅之)에서 중(衆)은 주어이고, 개(皆)는 열(悅)을 꾸미는 부사이며, 열(悅)은 타동사로 주절의 본동사이며, 지(之)는 열(悅)의 목적어이므로 영어의 3형식 절과 같은 어투이다. 馮婦攘臂下車의 양(攘)은 〈흔들 요(擾)〉와 같고, 하(下)는 〈내릴 강(降)〉과 같고 하강(下降)의 줄임말로 여기고 새긴다. 衆皆悅之의 중(衆)은 〈무리 군(群)〉과 같고 군중(群衆)의 줄임말로 여기고 새기고, 개(皆)는 〈모두 구(俱)〉와 같고, 열(悅)은 〈기뻐할 열(說)〉과 같고, 지(之)는 풍부(馮婦)를 나타내는 지시대명사이다.

성씨 풍(馮), 여자 부(婦), 흔들 양(攘), 팔 비(臂), 내릴 하(下), 수레 거(車), 무리 중(衆), 모두 개(皆), 기뻐할 열(悅), 그 지(之)

其爲士者笑之(기위사자소지)

▶ **그런데[其] 선비[士] 된[爲] 자들은[者] 그를[之] 웃었다[笑].**

기위사자소지(其爲士者笑之)는 영어의 3형식 문장과 같은 어투이다. 물론 其爲士者笑之도 맹자왈(孟子曰)의 목적절이지만 독립구문으로 여기고 문맥을 잡아도 문의는 상하지 않는다. 其爲士者笑之에서 기(其)는 무시해도 되는 어조사이고, 위사자(爲士者)는 위사지인(爲士之人)의 지인(之人)을 자

(者)로 대신한 어투이므로 위사(爲士)는 자(者)를 꾸미는 형용사절이고, 자(者)는 주어이고, 소(笑)는 타동사로 본동사이며, 지(之)는 풍부(馮婦)를 가리키는 지시대명사이다.

어조사 기(其), 될 위(爲), 선비 사(士), 놈 자(者), 웃을 소(笑), 그 지(之)

제24장

24장은 맹자가 『중용(中庸)』의 천명지위성(天命之謂性)을 이목구비(耳目口鼻)와 사지(四肢)를 들어서 천성(天性)을 간명하게 밝히고, 부자(父子)·군신(君臣)·빈주(賓主)·현자(賢者)·성인(聖人)을 들어서 천명(天命)을 간명하게 밝히고 있다. 하늘[天]의 시킴[命]과 하늘[天]의 줌[性]을 헤아려 터득하는 데 이보다 더 구체적인 가르침은 없을 성싶은 장이다.

【문지(聞之)】

유명언(有命焉) 유성언(有性焉)

【원문(原文)】

孟子曰(맹자왈) 口之於味也(구지어미야)와 目之於色也(목지어색야)와 耳之於聲也(이지어성야)와 鼻之於臭也(비지어취야)와 四肢之於安佚也(사지지어안일야)는 性也(성야)이나 有命焉(유명언)이라 君子不謂性也(군자불위성야)이니라 仁之於父子也(인지어부자야)와 義之於君臣也(의지어군신야)와 禮之於賓主也(예지어빈주야)와 智之於賢者也(지지어현자야)와 聖人之於天道也(성인지어천도야)는 命也(명야)이나 有性焉(유성언)이라 君子不謂命焉(군자불위명언)이라

【해독(解讀)】

맹자가 말해주었다[孟子曰]. "입이 맛을 아는 것과[口之於味也] 눈이 빛깔을 아는 것과[目之於色也] 귀가 소리를 아는 것과[耳之於聲也] 코가 냄새를 아는 것과[鼻之於臭也] 사지가 편안함을 좇는 것은[四肢之安佚也] 본성이다[性也]. 이런 것들에는 하늘이 시킨 것이 있다[有命焉]. (그래서) 군자는 (이것

들을) 본성이라고 일컫지 않는 것이다[君子不謂性也]. 어짊이 아버지와 아들에게 있는 것과[仁之於父子也] 의리가 임금과 신하에게 있는 것과[義之於君臣也] 예의가 손님과 주인에게 있는 것과[禮之於賓主也] 지혜가 현자에게 있는 것과[智之於賢者也] 성인이 천도에 머무는 것은[聖人之於天道也] 하늘의 시킴이다[命也]. 이런 것들에는 하늘이 준 것이 있다[有性焉]. (그래서) 군자는 (이것들을) 천명이라고 일컫지 않는 것이다[君子不謂命焉]."

【담소(談笑)】

口之於味也(구지어미야) 目之於色也(목지어색야) 耳之於聲也(이지어성야) 鼻之於臭也(비지어취야) 四肢之於安佚也(사지지어안일야) 性也(성야)

▶ 입[口]이[之] 맛을[味] 아는 것[於]과[也], 눈[目]이[之] 빛깔을[色] 아는 것[於]과[也], 귀[耳]가[之] 소리를[聲] 아는 것[於]과[也], 코[鼻]가[之] 냄새를[臭] 아는 것[於]과[也], 사지[四肢]가[之] 편안함을[安佚] 좇는 것[於]은[也] 본성[性]이다[也].

구지어미야목지어색야이지어성야비지어취야사지지어안일야성야(口之於味也目之於色也耳之於聲也鼻之於臭也四肢之安佚也性也)는 A也B也꼴로 영어의 2형식 문장과 같은 한문투 다섯 구문이 하나처럼 되어 있는 한문투이다. 口之於味也目之於色也耳之於聲也鼻之於臭也四肢之安佚也性也는 口之於味也性也 而目之於色也性也 而耳之於聲也性也 而鼻之於臭也性也 而四肢之安佚也性也에서 되풀이되는 내용인 성야(性也)와 접속사 이(而)를 생략한 어투이다. 그러니 구지어미야성야(口之於味也性也)와 같은 〈A也B也〉꼴의 구문 다섯이 마치 한 구문인양 묶여 있는 어투이다. 〈A也B也〉에서 A也의 야(也)는 주절을 결정짓는 어조사로 여긴다.

구지어미야성야(口之於味也性也)에서 구지어미야(口之於味也)까지는 주절이고, 성(性)은 보어이며, 야(也)는 구문을 결정짓는 어조사(~이다)이다. 물론 口之於味也의 지(之)를 주격 토씨(~이) 어조사로 여기고 문맥을 잡으면 口之於味也가 주절이다. 그러나 口之於味也의 지(之)를 소유격 토씨(~의) 어조사로 여기고 문맥을 잡으면 口之於味也는 주부로 보아도 된다. 말하자면, 口之於味也를 주절로 여기면 지(之)는 구(口)를 주어로 만드는 주격 토씨이고, 어(於)는 타동사이며, 미(味)는 목적어이고, 야(也)는 주절을 결정짓는 어조사이다. 반면에 口之於味也를 주부로 여기면 지(之)가 구(口)를 소유격으로 만드는 소유격 토씨이고, 어(於)는 영어의 동명사 구실을 하며, 미(味)는 목적어이고, 야(也)는 주부를 결정짓는 어조사이다. 영어로 치면 口之於味也를 that the mouth knows tastes처럼 절로 보고 口之於味也의 문맥을 잡을 수도 있고, the mouth' s knowing tastes처럼 동명사구로 여기고 口之於味也의 문맥을 잡을 수도 있다는 말이다. 이처럼 토씨인 지(之)을 어떻게 새기느냐가 한문투의 문맥을 잡는 데 매우 중요하다. 입[口]이[之] 맛을[味] 안다는 것[於]은[也]처럼 口之於味也의 문맥을 절로 잡을 수도 있고, 입[口]의[之] 맛을[味] 앎[於]은[也]처럼 口之於味也의 문맥을 구로 잡을 수도 있다는 말이다. 물론 둘 중에서 口之於味也를 절로 여기고 문맥을 잡는 것이 우리말답다. 그리고 口之於味也의 어(於)는 한문투에서 다양한 품사 구실을 하는데, 특히 어(於)가 동사일 때는 전후 문맥에 따라 매우 다양한 뜻을 자유롭게 나타내므로 알맞은 뜻을 찾아주어야 한다. 여기선 口之於味也의 어(於)를 〈알 지(知)〉, 〈좇을 추(追)〉처럼 새겨야 口之於味也目之於色也耳之於聲也鼻之於臭也四肢之安佚也性也의 문맥이 통하고 문의가 잘 드러난다. 性也의 성(性)은 본성(本性)의 줄임말로 여기고 새긴다.

한문투에서 어(於)는 다음 예들처럼 매우 다양하게 어조사 구실을 하므로 마치 영어의 모든 전치사를 망라한다는 생각이 든다.

① 대상을 나타내는 〈於A〉, 〈A에게[於]〉

② 원인을 나타내는 〈於A〉, 〈A 때문에[於]〉

③ 장소나 출발점을 나타내는 〈於A〉, 〈A에서[於]〉

④ 수동을 나타내는 동사 + 〈於A〉, 〈A에 의해서[於] ~당해진다〉

⑤ 목적격(토씨) 구실을 하는 〈於A〉, 〈A를(을)[於]〉

⑥ 비교를 나타내는 〈於A〉, 〈A보다[於]〉

⑦ 어지(於之)이면 언(焉)으로 축약되고, 지어(之於)이면 제(諸)로 축약되기도 한다.

그리고 어(於)는 〈있을 어(於) = 재(在), 머물 어(於) = 거(居), 의지할 어(於) = 의(依), 할 어(於) = 위(爲), 대신할 어(於) = 대(代), 머물 어(於) = 주(住)〉 등 문맥에 따라 동사로 다양한 뜻을 나타내므로 문맥을 잡을 때 주의한다.

입 구(口), 어조사(~이) 지(之), 맛 미(味), 어조사(~과) 야(也), 알 어(於), 눈 목(目), 빛깔 색(色), 귀 이(耳), 소리 성(聲), 코 비(鼻), 냄새 취(臭), 넉 사(四), 팔다리 지(肢), 편안함 안(安), 좇을 어(於), 편안함 일(佚), 본성 성(聲), 어조사(~이다) 야(也)

有命焉(유명언)

▶ **이런 것들에는[焉] 하늘의 시킴이[命] 있다[有].**

유명언(有命焉)은 有命於是에서 어시(於是)를 언(焉)으로 축약한 〈有A〉 꼴로 영어의 There is A와 같은 어투이다. 〈거기에(焉) A(命)가 있다[有]〉 그러니 有命焉의 언(焉)을 어시(於是)로 여기고 새기면 문맥에 걸맞은 문의가 드러난다. 물론 어시(於是)의 시(是)는 口之於味也目之於色也耳之於聲也鼻之於臭也四肢之安佚也를 나타내는 지시어로 여기고 이런 것들[是]이라고 새기면 문맥이 통한다. 이런 것들에는[焉] 하늘의 가르침이[命] 있다[有]. 有命焉의 명(命)은 천명(天命)의 줄임말인 셈이고 여기서 명(命)은 〈시킴 사(使), 가르침 교(敎), 알릴 고(告)〉 등과 같은 뜻으로 새기면 천명이란 뜻에 가깝게 다가갈 수 있다. 하늘이[天] 시킨 것[命].

있을 유(有), 시킴 명(命), 이에 언(焉)

君子不謂性也(군자불위성야)

▶ **(그래서) 군자는[君子] (이것들을) 본성이라고[性] 일컫지 않는 것[不謂]이다[也].**

군자불위성야(君子不謂性也)는 君子不之謂性也에서 앞 문맥으로 보충할 수 있으므로 위(謂)의 목적어인 지시대명사 지(之)를 생략했지만, 〈AB也〉 꼴로 영어의 2형식 문장과 같은 어투이다. 君子不謂性也에서 구문을 결정짓는 〈어조사(~이다) 야(也)〉를 무시하고 君子不謂性으로 문맥을 잡는다면, 君子不謂性也를 君子不之謂性로 여기고 영어의 5형식 문장과 같은 어투로 문맥을 잡을 수 있다. 군자는[君子] 이것들을[之] 본성이라고[性] 일컫지 않는다[不謂]. 그러나 君子不謂性也의 야(也)를 살린다면, 위(謂)는 영어의 동명사와 같은 구실을 하므로 보어가 되어, 군자는[君子] (이것들을) 본성이라고[性] 일컫지 않는 것[不謂]이다[也]로 문맥을 잡게 된다는 말이다. 君子不謂性

也의 위(謂)는 〈일컬을 칭(稱)〉과 같다.

만물은 저마다 본성을 지닌다. 그 본성은 하늘의 가르침[敎]이요 하늘의 시킴[使]이요 하늘의 알림[告]이란 천명을 떠나서 성(性)을 말할 수 없음이 곧 유가의 성론(性論)이다. 천명에 따라 온갖 것[萬物]이 생사(生死)를 누린다 함이 곧 천명 즉 명(命)이며, 그 명(命)을 순종함이 성(性)인 셈이다. 입이 맛을 알고 눈이 빛깔을 알고 귀가 소리를 알고 코가 냄새를 알고 사지가 편안함을 좇는 것은 본성이지만, 내 입[口] 내 눈[目] 내 귀[耳] 내 코[鼻] 내 팔다리[四肢]라고 해서 내 마음대로 할 수 없음을 알아야 함이 곧 입[口]·눈[目]·귀[耳]·코[鼻]·사지[四肢]의 유명(有命)이다. 그러나 오늘날 인간은 천성을 잊고 산다. 말하자면 인간성의 성(性)은 천명의 성(性)이지만 이를 모르고 산다. 사람마다 성(性)이 다름을 허락한다고 요새 말하는 개성의 성(性)이란 천명의 성(性)이 아니다. 하늘은 나만을 편애하지 않는 까닭에 나만의 천성이란 없고, 내 목숨[命]을 내 것이라고 말하지 말라 함이 곧 천성이다. 그래서 군자는 몸뚱이가 제멋대로 하는 짓들을 성(性)이라 일컫지 않는다. 그래서 천성(天性)은 곧 천명(天命)이다.

클 군(君), 존칭 자(子), 아니 불(不), 일컬을 위(謂), 본성 성(性), ~이다 야(也)

仁之於父子也(인지어부자야) 義之於君臣也(의지어군신야) 禮之於賓主也(예지어빈주야) 智之於賢者也(지지어현자야) 聖人之於天道也(성인지어천도야) 命也(명야)

▶ 어짊[仁]이[之] 아버지와[父] 아들에게[子] 있는 것[於]과[也], 옳음[義]이[之] 임금과[君] 신하에게[臣] 있는 것[於]과[也], 예의[禮]가[之] 손님과[賓] 주인에게[主] 있는 것[於]과[也], 지혜[智]가[之] 현자에게[賢者] 있는 것[於]과[也], 성인[聖人]이[之] 천도에[天道] 머무는 것[於]은[也], 하늘의 시킴[命]이다[也].

인지어부자야의지어군신야예지어빈주야지지어현자야성인지어천도야명야(仁之於父子也義之於君臣也禮之於賓主也智之於賢者也聖人之於天道也命也)는 〈A也B也〉꼴로 영어의 2형식 문장과 같은 다섯 구문이 하나처럼 되어 있는 어투이다. 仁之於父子也義之於君臣也禮之於賓主也智之於賢者也聖人之於天道也命也는 仁之於父子也命也 而義之於君臣也命也 而禮之於賓主也

命也 而智之於賢者也命也 而聖人之於天道也命也에서 되풀이되는 내용인 명야(命也)와 연사 이(而)를 생략한 어투란 말이다. 그러니 仁之於父子也命也와 같은 〈A也B也〉꼴의 구문 다섯이 마치 한 구문인양 묶여 있는 어투이다. 〈A也B也〉에서 A也의 야(也)는 주절을 결정짓는 어조사로 여긴다.

인지어부자야명야(仁之於父子也命也)에서 인지어부자야(仁之於父子也)까지는 주절이고, 명(命)은 보어이며, 야(也)는 구문을 결정짓는 어조사(~이다)이다. 仁之於父子也의 지(之)를 주격 토씨(~이) 어조사로 여기고 문맥을 잡으면 仁之於父子也는 주절이고, 仁之於父子也의 지(之)를 소유격 토씨(~의) 어조사로 여기고 문맥을 잡으면 仁之於父子也는 주부로 보아도 된다. 말하자면, 仁之於父子也를 주절로 여기면 지(之)는 인(仁)을 주어로 만드는 주격 토씨이며, 어(於)는 자동사이고, 부자(父子)는 부사이며, 야(也)는 주절을 결정짓는 어조사로 볼 수 있다. 반면에 仁之於父子也를 주부로 여기면 지(之)는 인(仁)을 소유격으로 만드는 소유격 토씨이며, 어(於)는 영어의 동명사와 같은 구실을 하고, 부자(父子)는 부사이며, 야(也)는 주부를 결정짓는 어조사로 볼 수 있다. 영어로 치면 仁之於父子也를 that the love is under both father and son처럼 절로 보고 仁之於父子也의 문맥을 잡을 수도 있고, the love' s being under both father and son처럼 동명사구로 여기고 仁之於父子也의 문맥을 잡을 수도 있다는 말이다. 이처럼 토씨인 지(之)를 어떤 구실을 하는 토씨로 보고 문맥을 잡을 것인지 유의하면 한문투의 문맥을 잡는데 편하다. 어짊[仁]이[之] 부자에게[父子] 있다는 것[於]은[也]처럼 仁之於父子也의 문맥을 절로 잡을 수도 있고, 부자에게[父子] 어짊[仁]의[之] 있음[於]은[也]처럼 仁之於父子也의 문맥을 구로 잡을 수도 있다는 말이다. 물론 이 두 경우 중에서 仁之於父子也를 절로 여기고 문맥을 잡는 것이 우리말답다. 그리고 仁之於父子也의 어(於)는 한문투에서 다양한 품사 구실을 하므로 잘 정리해두어야 하며, 특히 어(於)가 동사인 경우에는 전후의 문맥에 따라 매우 다양한 뜻을 자유롭게 나타내므로 알맞은 뜻을 찾아주어야 한다. 여기선 仁之於父子也의 어(於)를 〈있을 재(在)〉와 같다고 여기고 뜻을 새기면 문의(文意)가 드러난다.

義之於君臣也 禮之於賓主也 智之於賢者也 聖人之於天道也 등도 仁之於父子也와 같은 〈A也B也〉꼴이고, 다만 聖人之於天道也의 어(於)만은 〈머물

주(住), 거(居)〉 등과 같은 뜻으로 여기고 문맥을 잡으면 문의가 잘 드러난다. 仁之於父子也義之於君臣也禮之於賓主也智之於賢者也聖人之於天道也命也에서 命也의 명(命)은 천명(天命)의 줄임말로 여기고 새긴다.

어질 인(仁), 어조사(~이) 지(之), 아비 부(父), 아들 자(子), 어조사(~은) 야(也), 옳음 의(義), 임금 군(君), 신하 신(臣), 예의 례(禮), 손님 빈(賓), 주인 주(主), 지혜 지(智), 밝을 현(賢), 놈 자(者), 성스러울 성(聖), 사람 인(人), 머물 어(於), 하늘 천(天), 도리 도(道), 시킴 명(命), ~이다 야(也)

有性焉(유성언)

▶ 이런 것들에는[焉] 하늘이 준 것이[命] 있다[有].

유성언(有性焉)은 有性於是에서 어시(於是)를 언(焉)으로 축약한 〈有A〉꼴로 영어의 There is A와 같은 어투이다. 〈거기에(焉) A(性)가 있다[有]〉 그러니 有性焉의 언(焉)을 어시(於是)로 여기고 새기면 문맥에 걸맞은 문의가 드러난다. 물론 어시(於是)의 시(是)는 仁之於父子也義之於君臣也禮之於賓主也智之於賢者也聖人之於天道也를 나타내는 지시어로 여기고 이런 것들[是]이라고 새기면 문맥이 통한다. 이런 것들에는[焉] 하늘이 준 것이[性] 있다[有]. 有性焉의 성(性)은 천성(天性) 또는 본성(本性)의 줄임말인 셈이고, 여기서 성(性)은 만물이 저마다 고루 갖춘 것으로 이는 하늘이 내린 것과 같은 뜻으로 새기면 성(性)의 뜻에 가깝게 다가갈 수 있다. 하늘이[天] 준 것[性].

있을 유(有), 본성 성(性), 이에 언(焉)

君子不謂命焉(군자불위명언)

▶ (그래서) 군자는[君子] (이것들을) 천명이라고[命] 일컫지 않는 것[不謂]이다[焉].

군자불위명야(君子不謂命焉)은 君子不之謂命也焉에서 앞 문맥으로 보충할 수 있으므로 위(謂)의 목적어인 지시대명사 지(之)를 생략한 어투이지만, 〈AB也〉꼴로 영어의 2형식 문장과 같은 어투이다. 君子不謂命焉에서 구문을 결정짓는 〈어조사(~이다) 언(焉)〉을 무시하고 君子不謂命으로 문맥을 잡는다면, 君子不謂命焉을 君子不之謂命으로 여기고 영어의 5형식 문장과 같은 어투로 문맥을 잡을 수 있다. 군자는[君子] 이것들을[之] 천명이라고[命]

일컫지 않는다[不謂]. 그러나 君子不謂命焉의 언(焉)을 살린다면, 위(謂)는 영어의 동명사와 같은 구실을 하므로 보어가 되어 군자는[君子] (이것들을) 천명이라고[命] 일컫지 않는 것[不謂]이다[也]로 문맥을 잡게 된다는 말이다. 君子不謂命也의 위(謂)는 〈일컬을 칭(稱)〉과 같다.

만물은 저마다 천명을 받는다. 그 천명 역시 하늘의 가르침[教]이요 하늘의 시킴[使]이요 하늘의 알림[告]을 순종하는 천성을 떠나서 명(命)을 말할 수 없음이 곧 유가의 천명관(天命觀)이다. 천명에 따라 온갖 것[萬物]이 천성을 누린다 함이 곧 천명 즉 명(命)이다. 부자(父子)의 천명은 어짊[仁]으로 드러나고 군신(君臣)의 천명은 옳음[義]으로 드러나며, 손님과 주인(賓主)의 천명은 예의(禮)로 드러나고, 현자(賢者)의 천명은 슬기[智]로 드러나며, 성인(聖人)의 천명은 천도(天道)로 드러난다. 그래서 부자(父子)의 인(仁)·군신(君臣)의 의(義)·빈주(賓主)의 예(禮)·현자(賢者)의 지(智)·성인(聖人)의 천도(天道)가 유명(有命)이다. 그러나 오늘날 인간은 천명을 잊고 산다. 말하자면 인명(人命)의 명(命)은 하늘의 것이지만 이를 현대인은 부정하고 산다. 사람마다 제 목숨을 저 스스로 지니고 가진 것으로 여기고 목숨을 자신의 소유로 고집한다. 이런 목숨은 천명이 아니다. 내 목숨 네 목숨은 서로 다르다는 생각이 현대인의 인명관(人命觀)에 배어 있다. 하늘은 나만을 편애하지 않는 까닭에 나만의 인명(人命)이란 없고 내 목숨[命]을 내 것이라고 말하지 말라 함이 곧 인명(人命)이다. 그래서 군자는 부자(父子)·군신(君臣)·빈주(賓主)·현자(賢者)·성인(聖人) 등을 천명이라 하지 않고 부자(父子)는 인(仁)에 머물러야, 군신(君臣)은 의(義)에 머물러야, 빈주(賓主)는 예(禮)에 머물러야, 현자(賢者)는 지(智)에 머물러야, 성인(聖人)은 천도(天道)에 머물러야만 명(命)이라고 일컬어질 수 있으므로 부자(父子)·군신(君臣)·빈주(賓主)·현자(賢者)·성인(聖人)을 두고 천명이라고 일컫지 않는다. 천명을 어긴 부자(父子)·군신(君臣)·빈주(賓主)가 얼마든지 있고, 한때는 현자(賢者)였다지(智)를 저버릴 경우도 있을 수 있고, 한때는 성인(聖人)이었다가 천도(天道)를 저버릴 경우도 있을 수 있으니, 군자는 부자(父子)·군신(君臣)·빈주(賓主)·현자(賢者)·성인(聖人)을 두고 천명이라고 일컫지 않는 셈이다.

클 군(君), 존칭 자(子), 아니 불(不), 일컬을 위(謂), 시킴 명(命), ~이다 언(焉)

제25장

25장은 맹자가 제자 악정자(樂正子)를 빌어 먼저 선(善)과 신(信)을 정의(定義)하고, 이어서 선신(善信)의 충실(充實)이 미(美)와 대(大)와 성(聖)과 신(神)으로 이어짐을 밝히고 있는 장이다. 그래서 대인(大人)이란 선인(善人)이며 동시에 신인(信人)임을 헤아리게 하는 장이고 성인(聖人)을 사무치게 하는 장이다.

【문지(聞之)】

가욕지위선(可欲之謂善)

【원문(原文)】

浩生不害問曰 樂正子는 何人也이꼬 孟子曰 善人也이고 信人
호생불해문왈 악정자 하인야 맹자왈 선인야 신인
也이니라 何謂善이며 何謂信이니꼬 曰 可欲之謂善이요 有諸己
야 하위선 하위신 왈 가욕지위선 유제기
之謂信이요 充實之謂美요 充實而有光輝之謂大요 大而化之之
지위신 충실지위미 충실이유광휘지위대 대이화지지
謂聖이요 聖而不可知之之謂神이니 樂正子는 二之中이요 四之
위성 성이불가지지지위신 악정자 이지중 사지
下也니라
하야

【해독(解讀)】

호생불해가 (맹자께) 여쭈어 말했다[浩生不害問曰]. "악정자는 어떤 사람입니까[樂正子何人也]?" 맹자가 말해주었다[孟子曰]. "(악정자는) 선한 사람이고[善人也] 믿음직한 사람이지요[信人也]." (호생불해가 다시 여쭈었다) "(악정자가) 어째서 선하고[何謂善] 어째서 믿음직한가요[何謂信]?" (맹자가) 말해주었다[曰]. "사랑할 수 있는 것을 착함이라 하고[可欲之謂善], 자신에게 선함이 있음을 믿음이라 하며[有諸己之謂信] (선이) 차고 가득 참을 아름다움이라 하고[充實之謂美], (신이) 차고 가득 차면서 빛나고 빛남이 있음을 큼이라 하며[充實而有光輝之謂大], 큼이면서 그 큼을 본받기를 걸림 없는 통함이라 하고[大而化之之謂聖], 통하지만 그러나 그 통함을 알 수 없음을 신명한다[聖而不可知之之謂神]. 악정자는 (선과 신) 둘의 가운데 있는 것이고[樂正子二之中], (미와 대와 성과 신) 넷의 아래에 있는 것이다[四之下也].”

【담소(談笑)】

浩生不害問曰(호생불해문왈) 樂正子何人也(악정자하인야)

▶ 악정자는[樂正子] 어떤[何] 사람[人]이냐고[也] 호생불해가[浩生不害] [맹자께] 여쭈어[問] 말했다[曰].

호생불해문왈악정자하인야(浩生不害問曰樂正子何人也)는 浩生不害問孟子 而浩生不害曰樂正子何人也에서 뒤의 문맥으로 보충될 수 있으므로 맹자(孟子)를 생략하고, 되풀이되는 내용이므로 호생불해(浩生不害)를 생략한 어투로, 영어의 중문과 같다. 그러니 浩生不害問曰樂正子何人也의 문맥을 잡으려면 먼저 호생불해문(浩生不害問)과 왈악정자하인야(曰樂正子何人也)로 나누어보면 쉽다. 그러면 〈호생불해가[浩生不害] 맹자께[孟子] 여쭈었다[問]. 그리고[而] 호생불해는[浩生不害] 악정자가[樂正子] 어떤[何] 사람[人]이냐고[也] 말했다[曰]〉를, 악정자는[樂正子] 어떤[何] 사람[人]이냐고[也] 호생불해가[浩生不害] (맹자께) 여쭈어[問] 말했다[曰]로 줄인 어투임을 알아챌 수 있다. 그러나 浩生不害問曰樂正子何人也에서 문(問)을 왈(曰)을 꾸미는 부사로 여기고 浩生不害問曰樂正子何人也를 영어의 3형식 문장과 같은 어투로 문맥을 잡아도 된다. 그러면 浩生不害問曰樂正子何人也에서 호생불해(浩生不害)는 주어이고, 문(問)은 부사이며, 왈(曰)은 타동사로 본동사이고, 악정자하인야(樂正子何人也)는 의문절로서 왈(曰)의 목적절로 여기고 문맥을 잡게 된다. 浩生不害問曰樂正子何人也의 호생불해(浩生不害)의 호생(浩生)은 성씨이고, 불해(不害)는 이름이며, 제(齊)나라 사람이라고 한다.

왈(曰)의 목적절인 악정자하인야(樂正子何人也)에서 악정자(樂正子)는 주어이고, 하(何)는 인(人)을 꾸미는 의문사로 형용사이며, 인(人)은 보어이고, 야(也)는 하(何)와 더불어 의문절을 결정짓는 어조사(~인가)이므로 영어의 2형식 절과 같은 어투이다. 악정자는 맹자의 제자로 악정(樂正)은 성씨이고, 이름은 극(克)이며, 노(魯)나라 평공(平公)의 신하였고, 「양혜왕장구(梁惠王章句) 하(下)」 16장에 나왔던 인물이다. 악정자가 노(魯)나라 평공으로 하여금 맹자를 만나도록 주선했지만, 함창(咸倉)의 간교(奸巧)로 인해 이루어지지 못했다는 고사가 전해진다.

클 호(浩), 날 생(生), 아니 불(不), 해칠 해(害), 물을 문(問), 말할 왈(曰), 풍류 악(樂), 바를 정(正), 존칭 자(子), 어떤 하(何), 사람 인(人), ~인가 야(也)

孟子曰(맹자왈) 善人也信人也(선인야신인야)

▶ (악정자는) 선한[善] 사람[人]이고[也] 믿음직한[信] 사람[人]이라고[也] 맹자가[孟子] (호생불해에게) 말해주었다[曰].

맹자왈선인야신인야(孟子曰善人也信人也)는 〈A曰B〉꼴로 영어의 3형식 문장과 같은 어투이다. 〈A(孟子)는 B(善人也信人也)라고 말했다[曰]〉 孟子曰善人也信人也는 孟子曰樂正子善人也 而孟子曰樂正子信人也에서 되풀이 되는 맹자왈(孟子曰)과 앞 문맥으로 보충될 수 있는 악정자(樂正子)를 생략하고 하나의 구문처럼 묶은 어투이다. 그러므로 孟子曰善人也信人也에서 맹자(孟子)는 주어이고, 왈(曰)은 타동사로 본동사이며, 선인야(善人也)와 신인야(信人也)는 주어인 악정자(樂正子)가 생략되고 보어만 남았지만 왈(曰)의 목적절로 여기면 문맥이 쉽게 잡힌다.

맏 맹(孟), 존칭 자(子), 말할 왈(曰), 착할 선(善), 사람 인(人), 믿을 신(信), ~이다 야(也)

何謂善何謂信(하위선하위신)

▶ (악정자를) 어째서[何] 선하다[善] 일컫고[謂] 어째서[何] 믿음직하다고[信] 일컫는가[謂]?

하위선하위신(何謂善何謂信)은 浩生不害問曰何夫子之謂善人 而浩生不害問曰何夫子之謂信人에서 앞 문맥으로 보충될 수 있으므로 호생불해문왈(浩生不害問曰)과 부자지(夫子之) 그리고 선인(善人)과 신인(信人)의 인(人)을 생략해버린 어투이지만, 何謂善何謂信을 〈謂AB〉꼴로 여기고 영어의 5형식 문장처럼 새기면 문맥에 따른 문의가 드러난다. 〈A(樂正子)를 B(善)라고 일컫다[謂]〉 왜[何] 선생께서[夫子] 그를[之] 선인이라[善人] 칭하고[謂] 왜[何] 선생께서[夫子] 그를[之] 신인이라[信人] 칭하느냐고[謂] 호생불해가[浩生不害] 물어[問] 말했다[曰]를, 왜[何] 착하다[善] 칭하고[謂] 왜[何] 믿음직하다고[信] 칭하는가[謂]로 줄여서 간명하게 한 어투로 여긴다. 何謂善何謂信의 위(謂)는 〈일컬을 칭(稱)〉과 같다.

왜 하(何), 일컬을 위(謂), 착할 선(善), 믿을 신(信)

可欲之謂善(가욕지위선)

▶ **사랑할 수 있는 것[可欲]을[之] 착함이라고[善] 일컫는다[謂].**

가욕지위선(可欲之謂善)은 맹자왈(孟子曰)의 목적구로 〈謂AB꼴〉이고, 영어의 부정사구(不定詞句)와 같은 어투이다. 〈謂AB〉에서 A를 A之로 하여 위(謂) 앞으로 전치한 어투가 〈A之謂B〉라고 여기면, 可欲之謂善의 문맥을 위가욕선(謂可欲善)으로 잡아서 가욕을[可欲] 선이라[善] 한다[謂]고 새길 수 있다. 그러므로 可欲之謂善의 지(之)를 허사로 여기고 목적격 토씨(~을)로 문맥을 잡는 것이 자연스럽다. 물론 可欲之謂善의 지(之)를 가욕(可欲)을 가리키는 지시대명사로 여기고 가욕[可欲] 그것을[之] 선이라[善] 칭한다[謂]고 새겨 문맥을 잡을 수도 있다. 하여튼 可欲之謂善의 가욕(可欲)을 위(謂)의 목적어로 여기고, 선(善)을 목적격 보어로 여기고 새기면, 문맥이 통하고 걸맞은 문의가 드러난다.

가욕지위선(可欲之謂善)에서 가욕지(可欲之)는 위(謂)의 목적구이고, 위(謂)는 영어의 부정사(不定詞)와 같으면서 맹자왈(孟子曰)의 목적어이고, 선(善)은 목적격 보어이다. 可欲之謂善의 가(可)는 〈가할 긍(肯)〉과 같고, 욕(欲)은 여기선 〈사랑할 애(愛)〉와 같이 여기고 새기면 문맥이 통하고, 지(之)는 허사로 여기는 것이 자연스럽고, 위(謂)는 〈일컬을 칭(稱)〉과 같다. 그러나 可欲之謂善의 욕(欲)은 다양한 뜻을 나타내므로 문맥을 살펴 걸맞은 뜻을 찾아내야 한다. 욕(欲)은 〈탐낼 욕(欲) = 탐(貪), 하고자 할 욕(欲) = 원(願), 필요할 욕(欲) = 요(要), 사랑할 욕(欲) = 애(愛)〉 등처럼 다양한 뜻을 나타내고, 〈장차 욕(欲) = 장(將)〉처럼 영어의 조동사와 같은 구실도 한다.

천명(天命)을 순종함이 선(善)이다. 그래서 「계사전(繫辭傳) 상(上)」은 "일음일양지위도(一陰一陽之謂道)이니 계지자선야(繼之者善也)요 성지자성야(成之者性也)"라고 말해준다. 음도 되고[一陰] 양도 됨[一陽]을[之] 도라[道] 하고[謂], 그 도를[之] 잇는[繼] 것이[者] 선[善]이고[也], 그 도를[之] 이루는[成] 것이[者] 성[性]이다[也]. 이 말을 잘 헤아리면 맹자가 왜 가욕(可欲)을 선(善)이라고 했는지 그 까닭을 터득할 수 있다. 유가(儒家)는 일음일양(一陰一陽)의 도(道)를 인의(仁義)라고 한다. 맹자가 밝힌 가욕(可欲)은 곧 인의

(仁義)를 사랑할 수 있음이다. 유가(儒家)의 선(善)은 곧 인의(仁義)를 사랑함[欲]이고, 도가(道家)의 선(善)은 곧 자연(自然)을 따름[順]이며, 불가(佛家)의 선(善)은 곧 자비(慈悲)를 행함[行]이다.

가할 가(可), 사랑할 욕(欲), 어조사(~을) 지(之), 착함 선(善)

有諸己之謂信(유제기지위신)

▶ **자신[己]에게 선함이[諸] 있음[有]을[之] 믿음이라[信] 한다[謂].**

유제기지위신(有諸己之謂信)은 맹자왈(孟子曰)의 목적구이고, 〈謂AB〉꼴로 영어의 부정사구와 같은 어투이다. 〈謂AB〉에서 A를 A之로 하여 위(謂) 앞으로 전치한 어투가 〈A之謂B〉라고 여기면, 有諸己之謂信의 문맥을 위유제기신(謂有諸己信)으로 잡아서 유제기를[有諸己] 신이라[信] 한다[謂]고 새길 수 있다. 그러므로 有諸己之謂信의 지(之)를 허사로 여기고 목적격 토씨(~을)로 새겨서 문맥을 잡는 것이 자연스럽다. 물론 有諸己之謂信의 지(之)를 유제기(有諸己)를 가리키는 지시대명사로 여기고, 유제기[有諸己] 그것을[之] 신이라[信] 칭한다[謂]고 새겨 문맥을 잡을 수도 있다. 하여튼 有諸己之謂信의 유제기(有諸己)를 위(謂)의 목적어로 여기고, 신(信)을 목적격 보어로 여기고 새기면 문맥이 통하고 걸맞은 문의가 드러난다. 有諸己之謂信에서 유제기지(有諸己之)는 위(謂)의 목적절이고, 위(謂)는 영어의 부정사(不定詞)와 같으면서 맹자왈(孟子曰)의 목적어이며, 신(信)은 목적격 보어로 여기면 有諸己之謂信의 문맥이 잡힌다.

유제기지위신(有諸己之謂信)의 유제기(有諸己)는 有之於己에서 지어(之於)를 제(諸)로 축약한 어투임을 알아채야 有諸己之謂信의 문맥을 쉽게 잡을 수 있다. 그러면 有諸己之謂信을 有之於己之謂信으로 여기고 문맥을 쉽게 잡아낼 수 있다. 자신[己]에게[於] 그것이[之] 있음[有]을[之] 믿음이라[信] 한다[謂]. 물론 有之於己之謂信에서 之於의 지(之)는 앞에 나온 선(善)을 나타내는 지시대명사이다. 有諸己之謂信의 유(有)는 〈있을 유(有)〉로 영어의 부정사(不定詞)와 같으면서 위(謂)의 목적어이고, 제기(諸己)는 지어기(之於己)이고, 지어기(之於己)의 지(之)는 유(有)의 주어이며, 어기(於己)는 유(有)를 꾸미는 부사구이다. 자신[己]에게 그것이[諸] 있음[有]을[之].

신(信)은 선행(善行)으로써 이루어진다. 그래서 신(信)은 수신(修身)과 천언(踐言)을 떠나서는 이루어질 수 없다. 신의가 있는 사람은 수신(修身)하고 천언(踐言)한다. 어진 사람이 되려 하고[修身] 말한 대로 실천함[踐言]이 선행(善行)이니, 선을 행함[善行]이 곧 믿음직함[信]이다. 그래서 공자도 "주충신(主忠信)하라" 했다. 성실과[忠] 신의를[信] 지켜라[主]. 선(善)을 행하라[行]. 그러면 그것이 신(信)이다.

있을 유(有), 지어(之於) 제(諸), 나 기(己), 어조사(~을) 지(之), 일컬을 위(謂), 믿음 신(信)

充實之謂美(충실지위미)

▶ (신이) 차고[充] 가득 참[實]을[之] 아름다움이라[美] 한다[謂].

충실지위미(充實之謂美)는 맹자왈(孟子曰)의 목적구이고, 〈謂AB〉꼴로 영어의 부정사구와 같은 어투이다. 充實之謂美는 信之充實之謂美에서 앞 문맥으로 보충될 수 있으므로 신지(信之)를 생략한 어투로 여기고 새기면 문맥에 걸맞은 문의가 잘 드러난다. 믿음직함[信]이[之] 차고[充] 가득 참[實]을[之] 아름다움이라[美] 한다[謂]. 〈謂AB〉에서 A를 A之로 하여 위(謂) 앞으로 전치한 어투가 〈A之謂B〉라고 여기면, 充實之謂美의 문맥을 謂充實美로 잡아서 충실을[充實] 아름다움이라[美] 한다[謂]고 새길 수 있다. 그러므로 充實之謂美의 지(之)를 허사로 여기고 목적격 토씨(~을)로 여기면서 문맥을 잡는 것이 자연스럽다. 물론 充實之謂美의 지(之)를 충실(充實)을 나타내는 지시대명사처럼 여기고, 충실[充實] 그것을[之] 미라[美] 칭한다[謂]고 새겨 문맥을 잡을 수도 있다. 하여튼 充實之謂美의 충실(充實)은 위(謂)의 목적어로 여기고, 위(謂)는 영어의 부정사(不定詞)와 같으면서 맹자왈(孟子曰)의 목적어이며, 미(美)를 목적격 보어로 여기고 새기면 문맥이 통하고 걸맞은 문의가 드러난다. 充實之謂美의 충(充)은 〈찰 실(實)〉과 같고, 실(實)은 〈찰 충(充)〉과 같아 충실(充實)은 같은 뜻의 겹말로 그 뜻을 강조하려는 어투이고, 위(謂)는 〈일컬을 칭(稱)〉과 같다.

충실(充實)은 여기선 신지충실(信之充實)이다. 믿음직함[信]의[之] 가득 함[充實]이란 곧 수신(修身)과 선행(善行)이 더없이 지극함이다. 이는 곧 성자(誠者)로 통한다. 신지충실(信之充實)은 곧 정성이란[誠] 것[者]에 맞추어지는 까닭이다. 『중용(中庸)』에 성자(誠者)는 불면이중(不勉而中)하고 불사이득(不思而得)하며 종용중도(從容中道)한다는 말씀이 곧 신지충실(信之充實)을 말하고 있는 셈이다. 힘들이지 않고[不勉]서도[而] 알맞아지고[中] 생각지 않고[不思]서도[而] 터득되고[得] 그저 그냥[從容] 도와[道] 맞아든다[中]. 의도적인 선행은 믿을 것이 못된다. 충실한 선행이 아니라 남에게 보이기 위해서 선을 행하는 짓은 위선으로 이어져 있는 까닭이다. 그래서 드러내는 선행은 불신(不信)을 벗어나지 못한다. 그러니 왜 충실함[充實]을 아름다움[美]이라 하는지 곰곰이 생각해둘 일이다. 선행이란 마음이 하는 짓[中]이므로 눈에 드러나지 않는다. 드러나는 아름다움[美色]은 눈을 즐겁게 하지만, 드러나지 않는 아름다움[善美]은 내 마음을 무엇보다 즐겁게 한다. 그래서 선미(善美)와 정직은 하나이다.

찰 충(充), 가득 찰 실(實), 어조사(~을) 지(之), 일컬을 위(謂), 아름다울 미(美)

充實而有光輝之謂大(충실이유광휘지위대)

▶ (신이) 차고[充] 가득 차[實]면서[而] 빛나고[光] 빛남이[輝] 있음[有]을[之] 큼이라[大] 한다[謂].

충실이유광휘지위대(充實而有光輝之謂大)는 맹자왈(孟子曰)의 목적구이고, 〈謂AB〉꼴로 영어의 부정사구와 같은 어투이다. 充實而有光輝之謂大는 信之充實而有光輝之謂大에서 앞 문맥으로 보충될 수 있으므로 신지(信之)를 생략한 어투로 여기고 새기면 문맥에 걸맞은 문의가 잘 드러난다. 믿음직함[信]이[之] 차고[充] 가득 차[實]면서[而] 빛나고[光] 빛남이[輝] 있음[有]을[之] 큼이라[大] 한다[謂]. 〈謂AB〉에서 A를 A之로 하여 위(謂) 앞으로 전치한 어투가 〈A之謂B〉라고 여기면, 充實而有光輝之謂大의 문맥을 謂充實而有光輝大로 잡아서 충실이유광휘를(充實而有光輝) 큼이라[大] 한다[謂]고 새길 수 있다. 그러므로 充實而有光輝之謂大의 지(之)를 허사로 여기고 목적격 토씨(~을) 구실을 한다고 여기면 문맥을 잡기 편하다. 물론 充實而有光輝之謂大의 지(之)를 충실이유광휘(充實而有光輝)를 나타내는 지시대명사로 여기고, 충실이유광휘(充實而有光輝] 그것을[之] 대라[大] 칭한다[謂]고 새겨 문맥을 잡을 수도 있다. 하여튼 充實而有光輝之謂大의 충실이유광휘(充實而有光輝)를 위(謂)의 목적어로 여기고, 대(大)를 목적격 보어로 여기고 새기면, 문맥이 통하고 걸맞은 문의가 드러난다. 充實而有光輝之謂大에서 충실이유광휘(充實而有光輝)는 위(謂)의 목적구이고, 위(謂)는 영어의 부정사(不定詞)와 같으면서 맹자왈(孟子曰)의 목적어이고, 대(大)는 목적격 보어로 여기면 充實而有光輝之謂大의 문맥이 잡힌다.

위(謂)의 목적구인 충실이유광휘(充實而有光輝)는 영어로 치면 부정사구인 셈이다. 充實而有光輝에서 충실이(充實而)는 유(有)를 꾸미는 부사구이며, 유(有)는 영어의 부정사(不定詞)와 같으면서 위(謂)의 목적어이고, 광휘(光輝)는 유(有)의 주어이다. 충실하면[充實]서도[而] 광휘가[光輝] 있음을[有]이라고 새기면 充實而有光輝의 문맥이 잡힌다. 充實而有光輝之謂大의 충(充)은 〈찰 실(實)〉과 같고 실(實)은 〈찰 충(充)〉과 같아 충실(充實)은 같은 뜻의 겹말로 그 뜻을 강조하려는 어투이고, 이(而)는 어조사(~면서)이고, 유(有)는 〈있을 재(在)〉와 같고, 〈빛날 광(光)〉은 〈빛날 휘(輝)〉와 같고 〈빛날 휘(輝)〉는 〈빛날 광(光)〉과 같아 여기서도 같은 뜻의 겹말로 그 뜻을 강조하려는 어투가 광휘(光輝)인 셈이다. 광휘(光輝)는 광화(光華), 광채(光彩)와 같은 말로 아름답게 드러남을 뜻하며, 위(謂)는 〈일컬을 칭(稱)〉과 같고, 대(大)는 〈클 태(太)〉와 같다.

충실이유광휘(充實而有光輝)는 선행의 믿음직함[信]이 저절로 드러남이다. 이런 광휘(光輝)를 불교는 대광(大光)이라 하여 불상(佛像)의 광배(光背)로써 나타내기도 한다. 이러한 광휘를 큼[大]이라고 한 것은 사기(舍己)의 선행이 드러남[光輝]이기 때문이다. 유가의 사기종인(舍己從人)을 한 마디로 하면 바로 큰 대(大)이다. 무사(無邪)·무사(無私)면 크다[大]. 자기를[己] 버리고[舍] 남을[人] 좇는다[從]. 대인(大仁)·대인(大人)·애인(愛人)이 같은 말이 아닌가. 불교는 무아(無我)를 대광(大光)이라 하고, 도가(道家)는 주내대(周乃大)라고 한다. 두루함이[周] 곧[乃] 큼이다[大]. 이처럼 대(大)는 천명(天命)의 따름[順從]으로 통한다. 세인의 관심을 끌고자 하는 선행은 위선이지 광휘가 아니란 말이다.

찰 충(充), 가득 찰 실(實), 어조사(~면서) 이(而), 있을 유(有), 빛날 광(光), 빛날 휘(輝), 어조사(~을) 지(之), 일컬을 위(謂), 큼 대(大)

大而化之之謂聖(대이화지지위성)

▶ 큼[大]이면서[而] 그 큼을[之] 본받기[化]를[之] 걸림없는 통함이라[聖]

한다[謂].

대이화지지위성(大而化之之謂聖)은 맹자왈(孟子曰)의 목적구이고, 〈謂AB〉꼴로 영어의 부정사구와 같은 어투이다. 〈謂AB〉에서 A를 A之로 하여 위(謂) 앞으로 전치한 어투가 〈A之謂B〉라고 여기면 大而化之之謂聖의 문맥을 謂大而化之聖으로 잡아서 대이화지를[大而化之] 성이라[聖] 한다[謂]고 새길 수 있다. 그러므로 大而化之之謂聖에서 뒤의 지(之)를 허사로 여기고 목적격 토씨(~을) 구실을 한다고 여기면서 문맥을 잡는 것이 자연스럽다. 물론 大而化之之謂聖에서 앞의 지(之)를 대이화지(大而化之)를 나타내는 지시대명사로 여기고, 대이화지(大而化之) 그것을[之] 성이라[聖] 칭한다[謂]고 새겨 문맥을 잡을 수도 있다. 하여튼 大而化之之謂聖의 대이화지(大而化之)를 위(謂)의 목적어로 여기고, 성(聖)을 목적격 보어로 여기고 새기면 문맥이 통하고 걸맞은 문의가 드러난다. 대이화지지위성(大而化之之謂聖)에서 대이화지지(大而化之之)는 위(謂)의 목적구이고, 위(謂)는 영어의 부정사(不定詞)와 같으면서 맹자왈(孟子曰)의 목적어이고, 성(聖)은 목적격 보어라고 여기면 大而化之之謂聖의 문맥이 잡힌다.

위(謂)의 목적구인 대이화지지(大而化之之)는 영어로 친다면 부정사구인 셈이다. 大而化之之에서 대(大)는 영어의 부정사(不定詞)와 같은 구실을 하고, 이(而)는 연접의 연사이며, 화(化) 역시 영어의 부정사(不定詞)와 같은 구실을 한다. 大而化之之에서 지지(之之)의 앞 지(之)는 화(化)의 목적어로 앞의 대(大)를 나타내는 지시대명사이고, 지지(之之)의 뒤 지(之)는 어조사로 목적격 토씨(~을)이다. 큼이면[大]서도[而] 그 큼을[之] 본받기[化]를[之]로 새기면 大而化之之의 문맥이 잡힌다.

대이화지지위성(大而化之之謂聖)의 대(大)는 〈클 태(太)〉와 같고, 이(而)는 어조사(~면서)이며, 화(化)는 〈본받을 교(敎)〉와 같고, 위(謂)는 〈일컬을 칭(稱)〉과 같고, 성(聖)은 〈통할 통(通)〉과 같다.

성(聖)은 대성(大成) · 대영(大盈) · 대직(大直) · 대교(大巧) · 대변(大辯)을 한 마디로 묶은 말씀으로 새기면 된다. 이 말씀을 터득하려면 『노자(老子)』 45장이 가장 좋은 디딤돌이다. 대성약결(大成若缺) — 큰 이룸은[大成] 모자란 것[缺] 같고[若], 대영약충(大盈若沖) — 큰 참은[大盈] 빈 것[沖] 같고[若], 대직약굴(大直若屈) — 큰 곧음은[大直] 굽은 것[屈] 같고[若], 대교약졸

(大巧若拙) — 큰 솜씨는[大巧] 서툰 것[拙] 같고[若], 대변약눌(大辯若訥) — 큰 말씀은[大辯] 어눌한 것[訥] 같다[若]. 성(聖)의 참뜻은 양가(兩家)가 다를 바가 없으니 『노자(老子)』의 말을 빌어서 유가의 성(聖)을 헤아려 새겨도 된다. 성(聖)·대통(大通)·무애(無碍) 다 같은 말씀이다. 걸림 없이 통함이 성(聖)이다.

큰 대(大), 어조사(~면서) 이(而), 본받을 화(化), 그것 지(之), 어조사(~을) 지(之), 일컬을 위(謂), 통함 성(聖)

聖而不可知之之謂神(성이불가지지지위신)

▶ **통하지만[聖] 그러나[而] 그 통함을[之] 알 수 없음[不可知]을[之] 신명함이라[神] 한다[謂].**

성이불가지지지위신(聖而不可知之之謂神)은 맹자왈(孟子曰)의 목적구이고, 〈謂AB〉꼴로 영어의 부정사구와 같은 어투이다. 〈謂AB〉에서 A를 A之로 하여 위(謂) 앞으로 전치한 어투가 〈A之謂B〉라고 여기면, 聖而不可知之之謂神의 문맥을 謂聖而不可知之神으로 잡아서 성이불가지지지를[聖而不可知之之] 신이라[神] 한다[謂]고 새길 수 있다. 그러므로 聖而不可知之之謂神에서 뒤의 지(之)를 허사로 여기고 목적격 토씨(~을)로 새기면서 문맥을 잡는 것이 자연스럽다. 물론 聖而不可知之之謂神에서 앞의 지(之)를 성이불가지지(聖而不可知之)를 나타내는 지시대명사로 여기고 성이불가지지(聖而不可知之) 그것을[之] 신이라[神] 칭한다[謂]고 새겨 문맥을 잡을 수도 있다. 하여튼 聖而不可知之之謂神의 성이불가지지지(聖而不可知之之)를 위(謂)의 목적구로 여기고, 위(謂)를 영어의 부정사(不定詞)와 같은 구실을 하는 맹자왈(孟子曰)의 목적어로 여기고, 신(神)을 목적격 보어로 여기고 새기면 문맥이 통하고 걸맞은 문의가 드러난다.

위(謂)의 목적구인 성이불가지지지(聖而不可知之之)는 영어로 치면 부정사구(不定詞句)인 셈이다. 聖而不可知之之에서 성(聖)은 영어의 부정사(不定詞)와 같은 구실을 하고, 이(而)는 역접의 연사이며, 불가(不可)는 지(知)의 부정사(否定詞)이고, 지(知) 역시 영어의 부정사(不定詞)와 같은 구실을 한다. 聖而不可知之之의 지지(之之)에서 앞의 지(之)는 지(知)의 목적어로 앞의 성(聖)을 가리키는 지시대명사이고, 뒤의 지(之)는 어조사로 목적격 토씨(~을)이다. 통하면[聖]서도[而] 그 통함을[之] 알 수 없음[不可知]을[之]로 새기면 聖而不可知之之의 문맥이 잡힌다.

성이불가지지지위신(聖而不可知之之謂神)의 성(聖)은 〈통할 통(通)〉과 같고, 이(而)는 역접의 연사인 〈그러나 이(而)〉이고, 지(知)는 〈알아볼 식(識)〉과 같고, 위(謂)는 〈일컬을 칭(稱)〉과 같고, 신(神)은 〈신명 명(明)〉과 같고, 신명(神明)·신통(神通)의 줄임말로 여기고 새기면 된다.

『서경(書經)』「대우모(大禹謨)」에 내성내신(乃聖乃神)이란 말이 있다. 통하기[聖]도 하고[乃] 신명하기[神]도 하다[乃]. 성(聖)과 신(神)은 인간의 사의(思義)로써 시비(是非) 가림을 할 수 없는 경지를 말한다. 그래서 『주역(周易)』「계사전(繫辭傳)」은 음양불측지위신(陰陽不測之謂神)이라고 밝히고 있다. 음양이[陰陽] 헤아려지지 않음[不測]을[之] 신명이라[神] 한다[謂]. 그리고 「설괘전(說卦傳)」은 신야자묘만물이위원자야(神也者妙萬物而爲言者也)라 밝히고 있다. 신명[神]이란[也] 것은[者] 온갖 것을[萬物] 묘하게 함[妙]을[而] 말해주는[爲言] 것[者]이다[也]. 이처럼 신(神)은 인간을 겸허하게 한다. 인간은 무엇이든 다 알아야 하고 알 수 있다고 믿는 것이 곧 과학(科學)이다. 과학은 부지(不知)를 거부하지만 신(神)은 과학으로는 밝힐 수 없는 경지를 말한다. 물론 聖而不可知之之謂神의 신(神)은 서양의 God을 말하는 것은 아니다. 일음일양지위도(一陰一陽之謂道)에서 일음일양(一陰一陽)의 변화(變化)를 일컫는 말이라고 여기는 것이 오히려 알맞지 싶다.

통함 성(聖), 어조사(~면서) 이(而), 아니 불(不), 가할 가(可), 알 지(知), 그것 지(之), 어조사(~을) 지(之), 일컬을 위(謂), 신묘함 신(神)

樂正子二之中四之下也(악정자이지중사지하야)

▶ 악정자는 (선과 신) 둘[二]의[之] 가운데 있는 것이고[中] (미와 대와 성과 신) 넷[四]의[之] 아래에 있는 것[下]이다[也].

악정자이지중사지하야(樂正子二之中四之下也)는 맹자왈(孟子曰)의 목적절이지만 그냥 독립구문으로 여기고 문맥을 잡아도 된다. 樂正子二之中四之下也는 樂正子二之中也 而樂正子四之下也에서 되풀이되는 야(也) 중에서 앞의 야(也)와 뒤의 악정자(樂正子)를 생략한 어투로, 영어의 중문과 같다. 正子二之中四之下也는 〈AB也〉꼴로 영어의 2형식 문장과 같은 두 구문이 하나처럼 연결된 어투이다. 〈A(樂正子)는 B(二之中四之下)이다[也]〉 樂正子二之中四之下也에서 악정자(樂正子)는 주어이고, 이지중(二之中)과 사지하야(四之下也)는 술부이다.

술부인 이지중사지하야(二之中四之下也)에서 이지(二之)는 중(中)을 꾸미는 형용사이고, 중(中)은 보어이며, 사지(四之)는 하(下)를 꾸미는 형용사이고, 하(下)는 보어이며, 야(也)는 구문을 결정짓는 어조사(~이다)이다. 二之中의 이(二)는 앞에 나온 선(善)과 신(信)을 나타내고, 지(之)는 소유격 토씨(~의)이며, 중(中)은 영어의 동명사처럼 가운 데 있는 것[中]을 뜻한다. 四之下의 사(四)는 앞에 나온 미(美)와 대(大)와 성(聖)과 신(神)을 나타내고, 지(之)는 소유격 토씨(~의)이며, 하(下)는 영어의 동명사처럼 아래에 있는 것[下]을 뜻한다.

악정자가 성인(聖人)은 아니지만 대인(大人)이란 점을 맹자가 호생불해(浩生不害)에게 단언하고 있다. 대인은 선인(善人)이면서 동시에 신인(信人)이다. 대인은 무사(無私)하고 애인(愛人)하므로 선인(善人)이며, 선행을 일삼고 살므로 신인(信人)이다. 이러한 대인은 미(美)와 대(大)와 성(聖)과 신(神)을 순종(順從)한다. 그러니 二之中의 중(中)은 선(善)과 신(信)을 실천함을 뜻하는 셈이고, 四之下의 하(下)는 미(美)와 대(大)와 성(聖)과 신(神)을 좇음[順從]을 뜻하는 셈이다.

> 풍류 악(樂), 바를 정(正), 존칭 자(子), 두 이(二), 어조사(~의) 지(之), 가운데 중(中), 넉 사(四), 아래 하(下), ~이다 야(也)

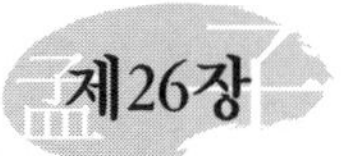

제26장

26장은 맹자가 소유(小儒)를 비판하고 있는 장이다. 소유(小儒)는 소인배의 유자(儒者)이다. 대유(大儒)는 전비(前非)를 문제 삼지 않지만, 소유는 지나간 잘못[前非]을 꼬투리로 삼아 해코지를 일삼으려 든다. 공자가 과이불개시위과의(過而不改是謂過矣)라고 밝혀둔 까닭을 소유는 모른다. 잘못하고[過]서도[而] 고치지 않는 것[不改] 이것을[是] 잘못이라[過] 하는 것[謂]이다

[矣]. 양묵(楊墨)을 사례로 들어서 잘못을 뉘우치면 용서(容恕)한다는 사리(事理)를 헤아리게 하는 장이다.

【문지(聞之)】

도양필귀어유(逃楊必歸於儒)

【원문(原文)】

孟子曰 逃墨이면 必歸於楊하고 逃楊이면 必歸於儒니 歸斯受之
맹자왈 도묵 필귀어양 도양 필귀어유 귀사수지
而已矣이다 今之與楊墨辯者는 如追放豚하니 旣入其苙이어든
이이의 금지여양묵변자 여추방돈 기입기립
又從而招之한다
우종이초지

【해독(解讀)】

맹자가 말해주었다[孟子曰]. "묵에서 도망쳐 나오면[逃墨] 반드시 양으로 돌아가고[必歸於楊], 양을 도망쳐 나오면[逃楊] 반드시 유로 돌아온다[必歸於儒]. 돌아오면 곧 그들을 받아들이는 것뿐이다[歸斯受之而已矣]. 지금 양묵을 가지고 벼르는 사람들이 달아난 돼지를 몰듯 한다[今之與楊墨辯者如追放豚]. 이미 제 우리로 들었는데 또 좇아서 (우리로 들어온) 돼지를 얽어맨다[旣入其苙又從而招之]."

【담소(談笑)】

逃墨必歸於楊(도묵필귀어양)

▶ **묵을[墨] 도망쳐 나오면[逃] 반드시[必] 양[楊]으로[於] 돌아간다[歸].**

도묵필귀어양(逃墨必歸於楊)과 같은 어투의 문맥을 잡을 때는 먼저 동사를 주목해보면 문맥을 잡기 편하다. 逃墨必歸於楊에서 〈달아날 도(逃)〉와 〈돌아갈 귀(歸)〉 두 글자를 동사로 볼 수 있다. 그러니 逃墨必歸於楊은 逃墨과 必歸於楊으로 나누어 구문의 골격을 찾아볼 수 있다. 한문투에서도 영어에서와 같이 문장 골격의 어순이 주로 주어 + 타동사 + 목적어 또는 주어 + 자동사(+ 보어) 등으로 이루어지진다. 다만, 한문투의 어순은 뜻글로 짜이기 때문에 의도에 따라 매우 자유롭게 변위(變位)되거나, 상투적인 일반주어나 되풀이되는 내용은 심하다 싶을 만큼 자주 생략된다. 逃墨必歸於楊의 경우도 상투적인 주어가 생략된 어투이다. 말하자면 人逃墨 而其人必歸於

楊에서 일반주어인 〈사람들 인(人)〉을 생략한 어투가 逃墨必歸於楊인 것이다. 〈사람들이[人] 묵을[墨] 도망쳐 나온다[逃]. 그리고[而] 그[其] 사람들은[人] 양[楊]으로[於] 반드시[必] 돌아간다[歸]〉를, 〈묵에서[墨] 도망쳐 나온다[逃]. 반드시[必] 양[楊]으로[於] 돌아간다[歸]〉처럼 줄일 수 있는 말은 죄다 생략해버리는 어투가 한문투라고 여겨도 무방하다.

도묵필귀어양(逃墨必歸於楊)은 逃墨과 必歸於楊으로 나누어 골격을 살핀 다음, 두 구문의 관계에 따라 이어주면 逃墨必歸於楊의 문맥이 잡힌다. 도묵(逃墨)하면 필귀어양(必歸於楊)한다고 새겨보면 逃墨必歸於楊의 문맥이 잡힌다는 말이다. 그러니 逃墨必歸於楊에서 도묵(逃墨)을 영어에서 조건의 분사구처럼 여기고, 필귀어양(必歸於楊)의 주어가 비록 생략돼 있지만 주절로 여기면, 逃墨必歸於楊을 영어의 1형식 문장과 같은 어투로 여기고 문맥을 잡아갈 수 있다. 그러면, 묵에서[墨] 도망쳐 나오면[逃] 반드시[必] 양[楊]으로[於] 돌아간다[歸]와 같이 새겨 逃墨必歸於楊의 문맥을 잡을 수 있다.

도묵필귀어양(逃墨必歸於楊)에서 도(逃)는 영어의 현재분사와 같은 구실을 하고 묵(墨)은 도(逃)의 목적어이므로 도묵(逃墨)은 귀(歸)를 꾸미는 조건의 분사구이고, 필(必)은 귀(歸)를 꾸미는 부사이며, 귀(歸)는 자동사로 구문의 본동사이고, 어양(於楊)은 귀(歸)를 꾸미는 장소의 부사구이므로, 逃墨必歸於楊을 영어의 1형식 문장처럼 여기고 문맥을 잡을 수 있다. 逃墨의 도(逃)는 〈빠져갈 탈(脫)〉과 같고 도피(逃避)의 줄임말로 여기고, 묵(墨)은 묵자(墨子)의 무리를 뜻하는 묵가(墨家)를 말한다. 묵가를[墨] 도망쳐 나오면[逃]. 必歸於楊의 필(必)은 〈반드시 정(定)〉과 같고 귀(歸)는 〈돌아갈 환(還)〉과 같고 귀환(歸還)의 줄임말로 여기고, 어(於)는 어조사인 〈~으로 우(于)〉와 같고, 양(楊)은 양주(楊朱) 즉 양자(楊子)의 무리를 말하는 양가(楊家)를 뜻한다.

묵자(墨子)는 겸애설(兼愛說)을 주장하고, 양주(楊朱)는 위아설(爲我說)을 주장했다. 겸애설은 유가의 친친(親親)을 부정한 셈이고, 위아설은 유가의 애인(愛人)을 부정하는 꼴이다. 그러니 양묵(楊墨)은 유가의 종지(宗旨)인 어짊[仁]을 부정하는 유파(流派)가 된다. 이러한 양묵을 맹자가 부정하는 것은 당연하다. 누구든 다같이 사랑하라[兼愛說]. 오로지 나만을 사랑하라[爲我說]. 어버이는 남달리 사랑하라[親親]. 그리고 남들을 사랑하라[愛人] 함이 유가의 종지인 행인(行仁)이다.

달아날 도(逃), 먹 묵(墨), 반드시 필(必), 돌아갈 귀(歸), 어조사(~으로) 어(於), 버들 양(楊)

逃楊必歸於儒(도양필귀어유)

▶ **양을[楊] 도망쳐 나오면[逃] 반드시[必] 유[儒]로[於] 돌아온다[歸].**

도양필귀어유(逃楊必歸於儒)와 같은 어투의 문맥을 잡을 때는 먼저 동사로 새길 수 있는 글자를 주목해보면 문맥을 잡기가 편하다. 逃楊必歸於儒에서 〈달아날 도(逃)〉와 〈돌아갈 귀(歸)〉를 동사로 여길 수 있다. 그러니 逃楊必歸於儒는 逃楊과 必歸於儒로 나누어 구문의 골격을 찾아볼 수 있다. 逃楊必歸於儒는 상투적인 주어가 생략된 문장이다. 말하자면 人逃楊 而其人必歸於儒에서 일반주어인 〈사람들 인(人)〉을 생략한 어투가 바로 逃楊必歸於儒란 말이다. 〈사람들이[人] 양을[楊] 도망쳐 나온다[逃]. 그리고[而] 그[其] 사람들은[人] 유[儒]로[於] 반드시[必] 돌아간다[歸]〉를, 〈양에서[楊] 도망쳐 나온다[逃]. 반드시[必] 유[儒]로[於] 돌아간다[歸]〉고 줄인 것이다.

도양필귀어유(逃楊必歸於儒)는 逃楊과 必歸於儒로 나누어 골격을 살핀 다음, 두 구문이 서로 어떤 관계인지 살펴서 이어주면 逃楊必歸於儒의 문맥이 잡힌다. 도양(逃楊)하면 필귀어유(必歸於儒)한다고 새겨보면 逃楊必歸於儒의 문맥이 잡힌다는 말이다. 그러니 逃楊必歸於儒에서 도양(逃楊)을 영어에서 조건의 분사구처럼 여기고, 필귀어유(必歸於儒)는 비록 주어가 비록 생략되어 있지만 주절로 여기면, 逃楊必歸於儒를 영어의 1형식 문장처럼 여기고 문맥을 잡아갈 수 있다. 그러면 양에서[楊] 도망쳐 나오면[逃] 반드시[必] 유[儒]로[於] 돌아간다[歸]와 같이 새겨 逃楊必歸於儒의 문맥을 잡을 수 있다. 逃楊必歸於儒에서 도(逃)는 영어의 현재분사와 같은 구실을 하고, 양(楊)은 도(逃)의 목적어이므로 도양(逃楊)은 귀(歸)를 꾸미는 조건의 분사구이고, 필(必)은 귀(歸)를 꾸미는 부사이며, 귀(歸)는 자동사로 구문의 본동사이고, 어유(於儒)는 귀(歸)를 꾸미는 장소의 부사구이므로, 逃楊必歸於儒를 영어의 1형식 문장처럼 여기고 문맥을 잡을 수 있다.

도양(逃楊)의 도(逃)는 〈빠져갈 탈(脫)〉과 같고 도피(逃避)의 줄임말로 여기고, 양(楊)은 양주(楊朱) 즉 양자(楊子)의 무리를 뜻하는 양가(楊家)를 말한다. 양을[楊] 도망쳐 나오면[逃]. 필귀어유(必歸於儒)의 필(必)은 〈반드시 정(定)〉과 같고, 귀(歸)는 〈돌아갈 환(還)〉과 같고 귀환(歸還)의 줄임말로 여기고, 어(於)는 어조사인 〈~으로 우(于)〉와 같고, 유(儒)는 유자(儒者)의 무리를 말하는 유가(儒家)를 뜻한다.

달아날 도(逃), 버들 양(楊), 반드시 필(必), 돌아갈 귀(歸), 어조사(~으로) 어(於), 선비 유(儒)

歸斯受之而已矣(귀사수지이이의)

▶ 돌아오면[歸] 곧[斯] 그들을[之] 받아들이는 것[受]뿐이다[而已矣].

귀사수지이이의(歸斯受之而已矣)는 〈A斯B〉꼴로 〈A則B〉꼴과 같은 어투이다. 〈A則B〉꼴과 같이 〈A斯B〉꼴 역시 영어의 복문과 같은 어투이다. 물론 사(斯)를 어조사로 여기고 무시해도 되는 경우도 있다. 사(斯)를 중심으로 앞은 양보 내지 조건의 종속절(또는 구)인 경우가 대부분이고, 뒤는 주절이다. 〈A(歸)하면 곧[斯] B(受之)할 뿐이다[而已矣]〉

귀사수지이이의(歸斯受之而已矣)는 其人歸於儒 斯儒受之而已矣에서 상투적인 주어이므로 그들[其人]을 생략하고, 앞 문맥으로 보충될 수 있으므로 어유(於儒)를 생략하고, 수(受)의 주어인 유(儒)를 생략한 어투로, 영어의 2형식 문장과 같다. 그러니 歸斯受之而已矣에서 귀(歸)를 조건의 분사구로 여기고, 수지이이의(受之而已矣)를 주절로 여기고 새기면 문맥이 잡힌다. 즉, 歸斯受之而已矣는 그들이[其人] 유가[儒]로[於] 돌아오면[歸] 곧[斯] 유가는[儒] 그들을[之] 받아들이는 것[誰] 뿐이다[而已矣]를, 돌아오면[歸] 곧[斯] 그들을[之] 받아들이는 것[受]뿐이다[而已矣]로 줄여놓은 어투란 말이다.

귀사수지이이의(歸斯受之而已矣)의 귀(歸)는 〈돌아갈 환(還)〉과 같고 귀환(歸還)의 줄임말로 여기고, 사(斯)는 여기선 〈곧 즉(則)〉과 같고, 수(受)는 〈용납할 용(容)〉과 같고 수용(受容)의 줄임말로 여기고, 수지(受之)의 지(之)는 양가(楊家)를 도망쳐 나온 사람들을 가리키는 지시대명사이고, 이이의(而已矣)는 구문을 강하게 결정짓는 어조사(~뿐이다)로 이(耳)와 같다.

돌아올 귀(歸), 곧 사(斯), 받아들일 수(受), 그들 지(之), 어조사 이(而), 어조사 이(已), 어조사 의(矣)

今之與楊墨辯者如追放豚(금지여양묵변자여추방돈)

▶ 지금[今之] 양묵을[楊墨] 가지고[與] 벼르는[辯] 사람들이[者] 달아난[放] 돼지를[豚] 모는 것[追] 같다[如].

금지여양묵변자여추방돈(今之與楊墨辯者如追放豚)은 〈A如B〉꼴로 영어의 2형식 문장과 같은 어투이다. 〈A(今之與楊墨辯者)가 B(追放豚)하는 것 같다[如]〉 今之與楊墨辯者如追放豚에서 금지여양묵변자(今之與楊墨辯者)는 주부이고, 여(如)는 자동사이며, 추방돈(追放豚)은 여(如)의 보어이다.

주부인 금지여양묵변자(今之與楊墨辯者)는 今之與楊墨辯之人에서 지인(之人)을 자(者)로 축약한 어투로, 금지(今之)는 자(者)를 꾸미는 형용사이고, 여양묵(與楊墨)은 변(辯)을 꾸미는 부사구이며, 변(辯)은 영어의 분사와 같은 구실을 하면서 자(者)를 꾸미기 때문에 결국 금지여양묵변(今之與楊墨辯)은 자(者)를 꾸미는 형용사구이다. 금지여양묵변(今之與楊墨辯)하는 사람들[者]로 今之與楊墨辯者의 문맥을 잡으면 된다는 말이다. 그러니 今之與楊墨辯者如追放豚의 주어는 자(者)이다.

여추방돈(如追放豚)에서 여(如)는 자동사이고, 추(追)는 여(如)의 보어이며, 방돈(放豚)은 추(追)의 목적구이며, 放豚의 방(放)은 돈(豚)을 꾸미는 형용사이고, 돈(豚)은 추(追)의 목적어이다. 그러니 추방돈(追放豚)의 추(追)가 영어의 부정사(不定詞)와 같다고 여기면, 방돈을(放豚) 몰이하는 것[追] 같이 한다[與]고 새겨 如追放豚의 문맥을 잡을 수 있다. 말하자면, 如追放豚을 영어로 옮겨보면 be similar to pursue a fleeing pig가 될 것이니, 如追의 추(追)가 영어의 부정사(否定詞 : to pursue)와 같은 구실을 하는 것을 알아채면 今之與楊墨辯者如追放豚의 문맥을 쉽게 잡을 수 있다는 말이다.

금지여양묵변자여추방돈(今之與楊墨辯者如追放豚)의 여(與)는 〈더불어(가지고) 이(以)〉와 같고, 변(辯)은 〈벼를 론(論), 쟁(爭)〉 등과 같고 변설(辯舌)의 줄임말로 여기고, 여(如)는 〈같을 사(似)〉와 같고, 추(追)는 〈뒤쫓을 축(逐)〉과 같고 추축(追逐)의 줄임말로 여기고, 방(放)은 〈달아날 일(逸)〉과 같고 방일(放逸)의 줄임말로 여기고 새긴다.

이제 금(今), 어조사(~에) 지(之), 더불어 여(與), 버들 양(楊), 먹 묵(墨), 벼루는 변(辯), 놈 자(者), 같이 할 여(如), 쫓을 추(追), 풀려날 방(放), 돼지 돈(豚)

旣入其苙又從而招之(기입기립우종이초지)

▶ 이미[旣] 제[其] 우리로[苙] 들었는데[入] 또[又] 쫓아[從]서[而] (우리로 들어온) 돼지를[之] 얽어맨다[招].

기입기립우종이초지(旣入其苙又從而招之)는 其豚旣入其苙 又其辯者從之而其辯者招之에서 앞 문맥으로 보충될 수 있으므로 입(入)의 주어인 기돈(其豚) 그리고 종(從)과 초(招)의 주어인 기변자(其辯者)를 생략한 어투로, 영어의 중문과 같다. 〈나갔던 돼지가[其豚] 이미[旣] 제[其] 우리로[苙] 들어왔다[入]. (그런데) 또[又] 그 말꾼들은[其辯者] 들어온 돼지를[之] 쫓아가[從]서[而] 그 돼지를[之] 얽어맨다[招]〉를, 이미[旣] 제[其] 우리로[苙] 들었는데[入] 또[又] 쫓아[從]서[而] (우리로 들어온) 돼지를[之] 얽어맨다[招]로 줄여놓은 어투가 바로 旣入其苙又從而招之다.

기입기립(旣入其苙)에서 기(旣)는 입(入)을 꾸미는 부사이고, 입(入)은 타동사로 본동사이며, 기(其)는 입(苙)의 관형사이고, 입(苙)은 입(入)의 목적어이므로, 旣入其苙는 주어가 생략돼 있지만 영어의 3형식 문장과 같은 어투이다. 우종이초지(又從而招之)에서 우(又)는 종(從)을 꾸미는 부사이고, 종(從)은 타동사로 본동사이고, 이(而)는 연접의 연사인 〈그리고 이(而)〉이고, 초(招)는 타동사로 본동사이며, 지(之)는 종(從)과 초(招)의 목적어이므로, 又從而招之는 영어의 3형식 문장으로 된 중문과 같다.

기입기립(旣入其苙)의 기(旣)는 〈이미 이(已)〉와 같고, 입(苙)은 여기선 〈(가축의) 우리 란(闌), 위(圍)〉 등과 같다. 우종이초지(又從而招之)의 우(又)는 〈또 차(且)〉와 같고, 종(從)은 〈쫓을 추(追)〉와 같고 추종(追從)의 줄임말로 여기고, 초(招)는 〈얽어맬 기(羈)〉와 같고 여기선 돼지의 네 발을 묶었다는 뜻으로 여기고 새기면 문맥에 걸맞은 문의가 드러난다.

이미 기(旣), 들 입(入), 그 기(其), 우리 립(苙), 또 우(又), 좇을 종(從), 그리고 이(而), 얽어맬 초(招), 그 지(之)

제27장

27장은 맹자가 선정(善政)과 학정(虐政)을 간명하게 밝히고 있는 장이다. 포루(布縷)와 미속(米粟)의 정(征)과 역역(力役)의 정(征)을 왜 철 따라 시행해야 하는지 살펴보게 하는 장이며, 동시에 맹자의 치세관(治世觀)인 발정시인(發政施仁)을 헤아려보게 하는 장이다. 치자(治者)로서 군자가 밝혀지는 장이다. 정사를[政] 열면[發] 어짊을[仁] 베푼다[施].

【문지(聞之)】

유포루지정(有布縷之征)

【원문(原文)】

孟子曰 有布縷之征과 粟米之征과 力役之征하니 君子用其一이요 緩其二이니 用其二이면 而民이 有莩하고 用其三이면 而父子離니라
맹자왈 유포루지정 속미지정 역역지정 군자용기일 완기이 용기이 이민 유표 용기삼 이부자 리

【해독(解讀)】

맹자가 말해주었다[孟子曰]. "베와 실의 징수와 잡곡과 쌀의 징수와 노동력을 부림의 징발이 있다[有布縷之征粟米之征力役之征]. 군자는 셋 중에서 한 가지를 시행하고 셋 중에서 두 가지를 늦춘다[君子用其一緩其二]. (한철에) 셋 중에서 두 가지를 시행하면 곧 백성은 굶어죽은 주검들로 되고[用其二而民有莩], (한철에) 그 셋을 시행하면 곧 부자도 흩어진다[用其三而父子離]."

【담소(談笑)】

有布縷之征(유포루지정) 粟米之征(속미지정) 力役之征(역역지정)

▶ 베와[布] 실[縷]의[之] 징수와[征] 잡곡과[粟] 쌀[米]의[之] 징수와[征] 노동력을[力] 부림[役]의[之] 징발이[征] 있다[有].

유포루지정속미지정력역지정(有布縷之征粟米之征力役之征)은 有布縷之征 而有粟米之征 而有力役之征에서 되풀이되는 이유(而有)를 생략한 어투로, 영어의 1형식 문장과 같은 구문 셋이 하나처럼 이어져 있다. 이렇게 〈有A〉꼴 구문 셋이 하나처럼 이어진 어투이므로 有布縷之征粟米之征力役之征은 영어의 중문과 같다. 〈A(布縷之征)가 있다[有]〉 유(有)가 자동사 〈있을 유(有)〉일 때는 주어를 뒤에 둔다. 그러니 有布縷之征에서 유(有)는 자동사 〈있을 유(有)〉로 본동사이고, 포루지(布縷之)는 정(征)을 꾸미는 형용사구이며, 정(征)은 유(有)의 주어이다. 粟米之征에서도 역시 속미지(粟米之)는 정(征)을 꾸미는 형용사구이고, 정(征)은 유(有)의 주어이다. 力役之征에서도 역시 역역지(力役之)는 정(征)을 꾸미는 형용사구이고, 정(征)은 유(有)의 주어이다.

유포루지정(有布縷之征)의 포(布)는 실로 짠 베를 말하고, 누(縷)는 〈실 사(絲)〉와 같고, 지(之)는 소유격 토씨(~의)이며, 정(征)은 〈취할 취(取)〉와 같고 여기선 징수(徵收)의 뜻이다. 속미지정(粟米之征)의 속(粟)은 곡식을 통틀어 말하고, 미(米)는 그 중에서도 쌀을 말하며, 지(之)는 역시 소유격 토씨(~의)이고, 정(征) 역시 〈취할 취(取)〉와 같고 여기서도 징수(徵收)의 뜻과 같다. 역역지정(力役之征)의 역(力)은 노동력(勞動力)을 뜻하고, 역(役)은 〈시킬 사(使)〉와 같고 사역(使役)의 줄임말로 여기고, 역역(力役)은 부역(賦役)과 같은 말이다. 力役之征의 지(之) 역시 소유격 토씨(~의)이며, 정(征)은 〈취할 취(取)〉와 같지만 여기선 징발(徵發)의 뜻으로 새기면 문맥과 걸맞다.

나라가 백성으로부터 거두어들일 것이 포루(布縷)와 속미(粟米) 그리고 역역(力役) 세 가지임을 밝히고 있다. 그 징수는 계절을 따라야 한다. 이러한 법을 정(征)이란 낱말이 지적하고 있다. 그래서 정(征)을 부지법(賦之法)으로 여기고 새기면 문맥이 더 잘 통한다. 위의 세 가지를 부과하는 법이 백성을 괴롭히지 않으면 선정(善政)이고, 백성을 괴롭히면 학정(虐政)이 되고 만다. 이를 맹자가 헤아리게 하고 있는 중이다.

있을 유(有), 베 포(布), 실 루(縷), 어조사(~의) 지(之), 취할 정(征), 오곡 속(粟), 쌀 미(米), 힘 력(力), 부릴 역(役)

君子用其一緩其二(군자용기일완기이)

▶ **군자는[君子] 셋 중에서[其] 한 가지를[一] 활용하고[用] 셋 중에서[其] 두 가지를[二] 너그럽게 한다[緩].**

군자용기일완기이(君子用其一緩其二)는 君子用其一 而君子緩其二에서 되풀이되는 내용인 군자(君子)를 생략하고 하나처럼 묶은 어투로, 영어의 3형식 문장 둘이 합쳐진 셈이다. 그러니 君子用其一緩其二을 영어의 중문처럼 여기고 문맥을 잡아도 된다. 군자용기일(君子用其一)에서 군자(君子)는 주어이고, 용(用)은 타동사로 본동사이며, 기(其)는 일(一)의 관형사이고, 일(一)은 용(用)의 목적어이므로, 君子用其一은 영어의 3형식 문장과 같다. 완기이(緩其二)에서 완(緩)의 주어인 군자(君子)가 생략되었지만 완(緩)은 타동사로 본동사이고, 기(其)는 이(二)의 관형사이며, 이(二)는 완(緩)의 목적어이므로, 緩其二 역시 영어의 3형식 문장과 같은 어투로 여기고 새기는 것이 君子用其一緩其二의 문맥을 잡기가 편하다.

군자용기일(君子用其一)의 군자(君子)는 여기선 선정을 베푸는 치자(治者)를 말하고, 용(用)은 여기선 가시행(可施行)과 같다. 시행할[施行] 수 있다[可]. 그리고 君子用其一의 기일(其一)은 포루(布縷)·속미(粟米)·역역(力役) 중에서 한 가지[一]를 뜻한다. 그러므로 君子用其一의 용(用)은 포루(布縷)·속미(粟米)·역역(力役) 중에서 한 가지[一]만 시행함을 뜻한다. 완기이(緩其二)의 완(緩)은 포루(布縷)·속미(粟米)·역역(力役) 중에서 나머지 두 가지[二]는 서둘러 시행하지 않음을 뜻한다. 緩其二의 완(緩)은 〈느릴 지(遲), 너그러울 관(寬)〉 등과 같다.

포루(布縷)는 여름[夏]에 거둠[徵收]이 포루(布縷)의 정(征)이고, 속미(粟米)는 가을[秋]에 징수함이 속미(粟米)의 정(征)이며, 역역(力役)은 겨울[冬]에 이끌어냄[徵發]이 역역(力役)의 정(征)이다. 이러한 법칙을 잘 지키는 치자(治者)가 곧 치세(治世)의 군자임을 맹자가 분명히 하고 있다. 맹자의 치세관인 발정시인(發政施仁)은 바로 이러한 징수의 법을 준수하면 성취된다.

클 군(君), 존칭 자(子), 쓸 용(用), 너그러울 완(緩), 그 기(其), 하나 일(一)

用其二而民有莩(용기이이민유표)

▶ (한철에) 셋 중에서[其] 두 가지를[二] 시행하면[用] 곧[而] 백성은[民] 굶어죽은 주검들로[莩] 된다[有].

용기이이민유표(用其二而民有莩)는 諸侯用其二 而民有莩에서 앞 문맥으로 보충될 수 있는 내용이므로 용(用)의 주어인 제후(諸侯)가 생략되었다고 보고 문맥을 잡는다. 먼저 用其二而民有莩에서 용기이(用其二)를 문장으로 보면, 用其二而民有莩를 영어의 중문처럼 여기고 문맥을 잡을 것이다. 그러나 用其二를 절로 여기면 用其二而民有莩를 영어의 복문처럼 여기고 문맥을 잡을 것이고, 用其二의 용(用)을 영어의 분사로 여기면 用其二는 분사구가 되므로 用其二而民有莩를 영어의 단문과 같은 어투로 문맥을 잡을 것이다. 이처럼 用其二而民有莩의 문맥을 결정지을 수 없는 이유는 이(而)가 다양한 구실을 하기 때문이다.

이(而)는 온갖 접속사 즉 연사로 쓰이는 동시에 어조사로도 쓰인다. 만일 용기이이민유표(用其二而民有莩)의 이(而)를 연사인 〈그러면 이(而)〉로 여기고 새기면 〈용기이(用其二)한다. 그러면[而] 민유표(民有莩)한다〉고 문맥을 잡아, 用其二而民有莩를 영어의 중문과 같은 어투로 문맥을 잡게 된다. 그러나 用其二而民有莩의 이(而)를 어조사인 〈곧 이(而)〉로 여기고 새기면, 용기이(用其二)하면 곧[而] 민유표(民有莩)한다고 문맥을 잡아 用其二而民有莩를 영어의 복문 내지 단문과 같은 어투로 문맥을 잡게 된다. 用其二而民有莩에서 용(用)을 타동사로 여기고 이(而)를 어조사(곧)로 여기면, 用其二를 조건의 종속절로 民有莩를 주절로 여기고 문맥을 잡은 셈이니, 用其二而民有莩를 영어의 복문과 같은 어투로 문맥을 잡은 셈이다. 그러나 用其二而民有莩에서 용(用)을 타동사적인 분사로 여기고 이(而)를 어조사(곧)로 여기면, 用其二를 조건의 분사구로 여기고 民有莩를 주절로 여기고 문맥을 잡은 셈이니, 用其二而民有莩를 영어의 단문과 같은 어투로 문맥을 잡은 셈이 된다는 말이다. 어떤 경우로 用其二而民有莩의 문맥을 잡든 用其二而民有莩의 문의는 상하지 않는다. 그렇지만, 用其二而民有莩에서 用其二를 조건의 분사구로 여기고 民有莩를 주절로 여겨 用其二而民有莩를 단문으로 문맥을 잡는 것이 자연스럽다.

용기이이민유표(用其二而民有莩)의 용(用)은 여기서도 가시행(可施行)과 같다. 시행할[施行] 수 있다[可]. 그리고 用其二而民有莩의 이(而)는 〈곧 즉(則)〉과 같고, 민(民)은 주어이며, 유(有)는 자동사로 본동사이고, 표(莩)는 보어이므로, 민유표(民有莩)는 영어의 2형식 문장과 같은 어투로 문맥을 잡을 수 있다. 民有莩의 민(民)은 백성을 뜻하고, 유(有)는 〈될 위(爲), 성(成)〉 등과 같고, 표(莩)는 여기선 아시(餓屍)와 같다. 굶주린[餓] 주검[屍].

여름에는 겨울과 봄에 길쌈해둔 포루(布縷)를 징수하면 농사짓는 백성에게 부담이 되지 않을 터이나, 여름에 속미(粟米)나 역역(力役)을 부과한다면 농사를 짓지 못할 것임을 밝히고 있다. 본래 학정(虐政)이란 시도 때도 없이 백성한테 포루(布縷)·미속(米粟)·역역(力役)을 부과하는 행패를 뜻한다.

쓸 용(用), 그 기(其), 어조사(곧) 이(而), 그러면 이(而), 백성 민(民), 될 유(有), 굶어죽은 주검 표(莩)

用其三而父子離(용기삼이부자리)

▶ (한철에) 그[其] 셋을[三] 시행하면[用] 곧[而] 부자도[父子] 흩어진다[離].

용기삼이부자리(用其三而父子離) 역시 諸侯用其三 而父子離에서 앞 문맥으로 보충될 수 있는 내용이므로 용(用)의 주어인 제후(諸侯)가 생략된 어투로 여기고 문맥을 잡아본다. 먼저 用其三而父子離에서 用其三을 문장으로 보면 用其三而父子離를 영어의 중문과 같은 어투로 문맥을 잡을 것이고, 用其三을 절로 보면 用其三而父子離를 영어의 복문과 같은 어투로 문맥을 잡을 것이며, 用其三의 용(用)을 영어의 분사처럼 여기면 用其三이 분사구가 되므로 用其三而父子離를 영어의 단문과 같은 어투로 문맥을 잡을 것이다. 이처럼 用其三而父子離의 문맥을 한 가지로 결정짓기 어려운 이유는 이(而)가 한문투에서 다양한 구실을 하기 때문이다.

이(而)는 온갖 접속사 즉 연사로도 쓰이고, 동시에 어조사로도 쓰인다. 만일 용기삼이부자이(用其三而父子離)의 이(而)를 연사인 〈그러면 이(而)〉로 여기고 새기면, 〈용기삼(用其三)한다. 그러면[而] 부자리(父子離)한다〉고 문맥을 잡아 用其三而父子離를 영어의 중문과 같은 어투로 문맥을 잡게 된다. 하지만 用其三而父子離의 이(而)를 어조사인 〈곧 이(而)〉로 여기고 새기면, 용기삼(用其三)하면 곧[而] 부자리(父子離)한다고 새겨 用其三而父子離를 영어의 복문 내지 단문과 같은 어투로 문맥을 잡게 된다. 用其三而父子離에서 용(用)을 타동사로 여기고 이(而)를 어조사(곧)로 여기면, 用其三을 조건의 종속절로 父子離를 주절로 여기고 문맥을 잡은 셈이니 用其三而父子離를 영어의 복문과 같은 어투로 문맥을 잡은 셈이다. 그러나 用其三而父子離에서 용(用)을 타동사적인 분사로 여기고 이(而)를 어조사(곧)로 여기면, 用其三二을 조건의 분사구로 父子離를 주절로 여기고 문맥을 잡은 셈이니 用其三而父子離를 영어의 단문과 같은 어투로 문맥을 잡게 된다. 어떤 경우로 用其三而父子離의 문맥을 잡아도 用其三而父子離의 문의는 상하지 않는다. 그렇지만 用其三而父子離에서 용기삼(用其三)을 조건의 분사구로 여기고 부자리(父子離)를 주절로 여겨 用其三而父子離를 단문으로 문맥을 잡는 것이 자연스럽다.

용기삼이부자리(用其三而父子離)의 용(用)은 여기서도 가시행(可施行)과 같다. 시행할[施行] 수 있다[可]. 그리고 用其三而父子離의 이(而)는 〈곧 즉(則)〉과 같고, 부자(父子)는 주어이며, 이(離)는 자동사로 본동사이므로, 부자리(父子離)는 영어의 1형식 문장과 같은 어투로 문맥을 잡을 수 있다. 父子離의 이(離)는 〈흩어질 산(散)〉과 같고, 이산(離散)의 줄임말로 여기고 새긴다.

나라가 황폐함은 폭군의 학정 탓임을 밝히고 있다. 먹고 살 수 없어서 부자(父子)가 흩어진다[離] 함은 가렴주구(苛斂誅求)가 극에 달함을 뜻한다. 부자(父子)는 함께 살아야 함이 천명(天命)이다. 가혹하게[苛] 거두어들이고[斂] 족여서라도[誅] 긁어냄[求]이 곧 사계절 내내 포루(布縷)와 속미(粟米)를 거두어들이고[斂] 역역(力役)을 긁어내는 짓거리이다. 그러면 부자(父子)도 한 지붕 밑에서 살 수 없을 지경이 되어 나라가 망한다. 맹자의 망국론(亡國論)은 여전히 변함없다.

쓸 용(用), 그 기(其), 석 삼(三), 어조사(곧) 이(而), 곧 이(而), 아비 부(父), 아들 자(子), 헤어질 리(離)

제28장

28장은 맹자가 제후(諸侯)가 제 나라를 잘 보살필 수 있게 하는 삼보(三寶)를 밝히고 있는 장이다. 토지(土地) · 인민(人民) · 정사(政事) 등 셋이 그 삼보임을 밝히고 이러한 삼보를 저버리고 재물만을 사욕으로 탐하는 인간은 재앙을 면할 수 없음을 밝히고 있는 장이다.

【문지(聞之)】

제후지보삼(諸侯之寶三)

【원문(原文)】

孟子曰(맹자왈) 諸侯之寶三(제후지보삼)이니 土地(토지)와 人民(인민)과 政事(정사)니라 寶珠玉者(보주옥자)는 殃必及身(앙필급신)이니라

【해독(解讀)】

맹자가 말해주었다[孟子曰]. "제후의 보물은 토지와 인민과 정사 셋이다[諸侯之寶三土地人民政事]. 재앙이 주옥을 귀히 여기는 사람 자신에게 반드시 미친다[寶珠玉者殃必及身]."

【담소(談笑)】

諸侯之寶三土地人民政事(제후지보삼토지인민정사)

▶ 제후[諸侯]의[之] 보물은[寶] 토지와[土地] 인민과[人民] 정사[政事] 셋이다[三].

제후지보삼토지인민정사(諸侯之寶三土地人民政事)는 영어의 2형식 문장과 같은 어투이다. 諸侯之寶三土地人民政事에서 제후지보(諸侯之寶)는 주부이고, 삼(三)은 보어이며, 토지인민정사(土地人民政事)는 삼(三)의 동격이다. 주부인 諸侯之寶에서 제후지(諸侯之)는 보(寶)를 꾸미는 형용사구이고, 보(寶)가 諸侯之寶三土地人民政事의 주어이다. 諸侯之寶의 보(寶)는 〈보배 진(珍)〉과 같고, 지(之)는 소유격 토씨(~의)이며, 보(寶)는 보물(寶物)의 줄

임말로 여기고 새긴다.

모두 제(諸), 임금 후(侯), 어조사(~의) 지(之), 보물 보(寶), 석 삼(三), 흙 토(土), 땅 지(地), 사람 인(人), 백성 민(民), 다스릴 정(政), 일 사(事)

寶珠玉者殃必及身(보주옥자앙필급신)

▶ 재앙이[殃] 주옥을[珠玉] 귀히 여기는[寶] 사람[者] 자신에게[身] 반드시[必] 미친다[及].

보주옥자앙필급신(寶珠玉者殃必及身)은 영어의 3형식 문장과 같은 어투이다. 寶珠玉者殃必及身에서 보주옥자(寶珠玉者)는 신(身)의 동격이고, 앙(殃)은 주어이며, 필(必)은 급(及)을 꾸미는 부사이고, 급(及)은 자동사로 본동사이며, 신(身)은 급(及)의 목적어이다. 신(身)의 동격인 寶珠玉者는 보주옥지인(寶珠玉之人)의 지인(之人)을 자(者)로 축약한 어투이고, 보주옥(寶珠玉)은 자(者)를 꾸미는 형용사적인 분사구 구실을 하며, 보(寶)는 영어의 현재분사와 같은 구실을 하면서 자(者)를 꾸미고, 주옥(珠玉)은 보(寶)의 목적어이다. 寶珠玉者의 보(寶)는 여기서 〈귀히 여길 귀(貴)〉와 같다. 殃必及身에서 앙(殃)은 〈재앙 화(禍)〉와 같고 재앙(災殃)의 줄임말로 여기고, 필(必)은 〈반드시 정(定)〉과 같고, 급(及)은 〈미칠 체(逮)〉와 같고, 신(身)은 자신(自身)의 줄임말로 여기고 새긴다.

보주옥자(寶珠玉者)는 자신을 위해서만 재물을 탐하는 인간을 말한다. 말하자면 탐욕스러운 소인(小人)이 곧 그런 자이다. 그런 소인이 제후(諸侯)가 되면 정사(政事)는 뒷전이고 백성의 재물을 약탈하는 짓으로 횡포를 부린다. 군자가 아닌 제후를 만난 백성은 가렴주구(苛斂誅求)에 시달릴 뿐이다. 맹자가 폭군(暴君)을 맹타하는 중이다.

귀하게 할 보(寶), 구슬 주(珠), 구슬 옥(玉), 놈 자(者), 재앙 앙(殃), 반드시 필(必), 미칠 급(及), 몸 신(身)

제29장

29장은 맹자가 대인(大人) 즉 군자와, 소인(小人)을 분별해주고 있는 장이다. 『중용(中庸)』의 군자거이이사명(君子居易以俟命)하고 소인행엄이요행(小人行險以徼幸)한다는 가르침을 헤아리게 하는 장이다. 군자는[君子] 조촐한 삶을[居易] 좇아[以] 하늘의 가르침을[命] 기다리고[俟] 소인은 턱없는 삶을[行險] 좇아[以] 요행을[幸] 구한다[徼]. 그러니 소인배(小人輩)의 끝이란 험하고 흉함을 새기게 하는 장이다.

【문지(聞之)】

사의분성괄(死矣盆成括)

【원문(原文)】

盆成括이 仕於齊하니 孟子曰 死矣로다 盆成括이어 盆成括이 見
분성괄 사어제 맹자왈 사의 분성괄 분성괄 견
殺이어늘 門人이 問曰 夫子는 何以知其將見殺이시이꼬 曰 其爲
살 문인 문왈 부자 하이지기장견살 왈 기위
人也가 小有才요 未聞君子之大道也하니 則足以殺其軀而已矣
인야 소유재 미문군자지대도야 즉족이살기구이이의
니라

【해독(解讀)】

분성괄이 제나라에서 벼슬하자[盆成括仕於齊] 맹자가 말해주었다[孟子曰]. "죽은 것이다 분성괄은[死矣盆成括]." 분성괄이 죽임을 당하자[盆成括見殺] 한 제자가 여쭈어 말했다[門人問曰]. "선생께서 그가 장차 죽임을 당할 줄을 무엇을 가지고 아셨습니까[夫子何以知其將見殺]?" (맹자가) 말해주었다[曰]. "그의 인간됨에 재능이 모자라고[其爲人也小有才], (그의 인간됨이) 군자의 대도를 배우지 않은 것이라면[未聞君子之大道也] 곧 그 때문에 (그의 인간됨이) 제 몸을 족히 죽이는 것일 뿐이네[則足以殺其軀而已矣]."

【담소(談笑)】

盆成括仕於齊(분성괄사어제) 孟子曰(맹자왈) 死矣盆成括(사의분성괄)

▶ 분성괄이[盆成括] 제나라[齊]에서[於] 벼슬하자[仕] 맹자가[孟子] "죽은 것[死]이다[矣] 분성괄은[盆成括]" 하고 말했다[曰].

분성괄사어제맹자왈사의분성괄(盆成括仕於齊孟子曰死矣盆成括)은 영어의 복문과 같은 어투이다. 물론 盆成括仕於齊孟子曰死矣盆成括은 盆成括仕於齊와 孟子曰死矣盆成括로 나누어 문맥을 잡지만, 서로 문맥을 이루려면 서로 관계가 맺어져야 구문 사이의 문맥이 성립된다. 〈분성괄사어제(盆成括仕於齊)했다. 맹자왈사의분성괄(孟子曰死矣盆成括)했다〉처럼 별개의 구문으로 독립시켜서는 盆成括仕於齊孟子曰死矣盆成括의 문맥이 성립되지 않는다는 말이다. 그러나 분성괄사어제(盆成括仕於齊)하자 맹자왈사의분성괄(孟子曰死矣盆成括)했다고 두 구문을 연결지어주면 문맥이 성립된다. 즉, 盆成括仕於齊孟子曰死矣盆成括에서 분성괄사어제(盆成括仕於齊)는 시간의 종속절로, 맹자왈사의분성괄(孟子曰死矣盆成括)은 주절로 여기고 문맥을 잡을 수 있다는 말이다.

시간의 종속절인 분성괄사어제(盆成括仕於齊)에서 분성괄(盆成括)은 주어이고, 사(仕)는 자동사로 절의 본동사이며, 어제(於齊)는 사(仕)를 꾸미는 장소의 부사구이므로, 盆成括仕於齊는 영어의 1형식 절과 같은 어투이다. 盆成括仕於齊에서 분성괄(盆成括)의 분성(盆成)은 성씨이고 이름이 괄(括)이며, 맹자의 문하(門下)에서 배우다가 철저하게 배우지 않고서 제(齊)나라로 돌아가 벼슬부터 했다 한다.

주절인 맹자왈사의분성괄(孟子曰死矣盆成括)에서 맹자(孟子)는 주어이고, 왈(曰)은 타동사로 본동사이며, 사의분성괄(死矣盆成括)은 왈(曰)의 목적절이므로, 孟子曰死矣盆成括은 영어의 3형식 절과 같은 어투이다. 왈(曰)의 목적절인 死矣盆成括은 盆成括死矣에서 술부인 사의(死矣)를 강조하려고 분성괄(盆成括) 앞으로 전치한 어투로, 영어의 2형식 절과 같다. 분성괄은[盆成括] 죽은 것[死]이다[矣]를, 죽은 것[死]이다[矣] 분성괄은[盆成括]로 하여 어조를 달리했다는 말이다.

동이 분(盆), 이룰 성(成), 묶음 괄(括), 벼슬할 사(仕), 어조사(~에서) 어(於),

제나라 제(齊), 맏 맹(孟), 존칭 자(子), 말할 왈(曰), 죽을 사(死), 어조사(~이다)의(矣)

盆成括見殺(분성괄견살) 門人問曰(문인문왈) 夫子何以知其將見殺(부자하이지기장견살)

▶ 분성괄이[盆成括] 죽임을[殺] 당하자[見] "선생께서[夫子] 그가[其] 장차[將] 죽임을[殺] 당할 줄을[見] 무엇을[何] 가지고[以] 아셨느냐고[知]" 한 제자가[門人] 여쭈어[問] 말했다[曰].

분성괄견살문인문왈부자하이지기장견살(盆成括見殺門人問曰夫子何以知其將見殺)은 영어의 복문과 같은 어투이다. 물론 盆成括見殺門人問曰夫子何以知其將見殺은 盆成括見殺과 門人問曰夫子何以知其將見殺로 나누어 문맥을 잡게 되지만, 서로 문맥을 이루려면 서로 관계가 맺어져야 구문 사이의 문맥이 성립된다. 〈분성괄견살(盆成括見殺)했다. 문인문왈부자하이지기장견살(門人問曰夫子何以知其將見殺)했다〉처럼 서로 독립시켜 새겨서는 盆成括見殺門人問曰夫子何以知其將見殺의 문맥이 성립되지 않는다. 그러나 분성괄견살(盆成括見殺)하자 문인문왈부자하이지기장견살(門人問曰夫子何以知其將見殺)했다고 두 구문을 이어주면 문맥이 성립된다. 즉, 盆成括見殺門人問曰夫子何以知其將見殺에서 분성괄견살(盆成括見殺)을 시간의 종속절로 여기고, 문인문왈부자하이지기장견살(門人問曰夫子何以知其將見殺)을 주절로 여기고 새기면 문맥을 잡을 수 있다는 말이다.

시간의 종속절인 분성괄견살(盆成括見殺)에서 분성괄(盆成括)은 주어이고, 견(見)은 타동사로 절의 본동사이며, 살(殺)은 견(見)의 목적어이므로, 盆成括見殺은 영어의 3형식 절과 같은 어투이다. 盆成括見殺에서 견살(見殺)의 살(殺)을 명사인 〈죽임 살(殺)〉로 여기고 죽임을[殺] 당하다[見]고 새기면, 盆成括見殺은 영어의 3형식 절과 같은 어투가 된다. 그러나 살(殺)을 동사인 〈죽일 살(殺)〉로 여기고 죽게 된다[見殺]고 새기면 盆成括見殺은 영어의 2형식 절과 같은 어투가 되는데, 이로써 견(見)을 동사 앞에 두면 그 동사를 수동태로 만든다고 알아두면 된다. 예를 들어, 갑의을(甲疑乙)의 의(疑)가 능동태의 동사라면, 을견의어갑(乙見疑於甲)의 의(疑)는 수동태의 동사이다. 갑이[甲] 을을[乙] 의심한다[疑]. 을이[乙] 갑[甲]한테서[於] 의심받다

[見疑]. 그러나 견(見)을 바로 뒤의 동사를 수동태로 만드는 어조사로 여기지 않고 〈당할 당(當)〉과 같다고 보고, 을이[乙] 갑[甲]한테서[於] 의심을[疑] 당한다[見]고 문맥을 잡는 것이 오히려 자연스럽다. 盆成括見殺에서 분성괄(盆成括)의 분성(盆成)은 성씨이고, 이름이 괄(括)이다.

주절인 문인문왈부자하이지기장견살(門人問曰夫子何以知其將見殺)에서 문인(門人)은 주어이고, 문(問)은 왈(曰)을 꾸미는 부사로 여겨도 되고, 왈(曰)은 타동사로 주절의 본동사이며, 부자하이지기장견살(夫子何以知其將見殺)은 왈(曰)의 목적절이므로, 門人問曰夫子何以知其將見殺은 영어의 3형식 절과 같은 어투이다. 왈(曰)의 목적절인 夫子何以知其將見殺은 영어의 의문절과 같은 어투이다.

부자하이지기장견살(夫子何以知其將見殺)에서 부자(夫子)는 주어이고, 하이(何以)는 지(知)를 꾸미는 수단의 부사구이며, 지(知)는 타동사로 의문절의 본동사이고, 기장견살(其將見殺)은 지(知)의 목적절이다. 지(知)의 목적절인 其將見殺에서 기(其)는 분성괄(盆成括)을 가리키는 주격대명사로서 마치 영어의 he와 같고, 장(將)은 미래시제를 나타내는 shall과 같으면서 견(見)을 꾸미는 부사이고, 견(見)은 타동사로 본동사이며, 살(殺)은 견(見)의 목적어이다. 夫子何以知其將見殺의 부자(夫子)는 선생(先生)과 같은 말이고, 하(何)는 여기선 영어의 what과 같으며, 이(以)는 〈써 용(用)〉 또는 〈때문에 인(因)〉 등과 같으므로 무엇을[何] 써[以], 무엇을[何] 가지고[以]로 새겨도 되고 무엇[何] 때문에[以]로 새겨도 된다.

동이 분(盆), 이룰 성(成), 묶음 괄(括), 당할 견(見), 죽일 살(殺), 문 문(門), 사람 인(人), 말할 왈(曰), 사내 부(夫), 존칭 자(子), 무엇 하(何), 써 이(以), 알 지(知), 그 기(其), 장차 장(將)

曰(왈) 其爲人也小有才(기위인야소유재)

▶ 그의[其] 인간[人] 됨[爲]이란[也] 재능이[在] 모자란다고[小有] (맹자가) 말해주었다[曰].

왈기위인야소유재(曰其爲人也小有才)는 孟子曰其爲人也小有才에서 앞 문맥으로 보충될 수 있으므로 되풀이되는 맹자(孟子)를 생략한 어투로, 영어의 3형식 문장과 같다. 曰其爲人也小有才에서 왈(曰)은 타동사이고, 기위인야소유재(其爲人也小有才)는 왈(曰)의 목적절이다. 왈(曰)의 목적절인 其爲人也小有才는 〈A有B〉꼴로 영어의 1형식 문장과 같은 어투이다. 〈A(其爲人也)에 B(才)가 있다[有]〉

기위인야소유재(其爲人也小有才)에서 기위인야(其爲人也)는 유(有)를 꾸미는 부사구이고, 소(小) 역시 유(有)를 꾸미는 부사이며, 유(有)는 자동사 〈있을 유(有)〉로 본동사이고, 재(才)는 유(有)의 주어이다. 其爲人也小有才에서 기위인야(其爲人也)는 盆成括之爲人也에서 분성괄지(盆成括之)를 기(其)로 줄인 어투이므로 여기서 기(其)는 그의[其] 즉 영어의 his처럼 새기고, 위(爲)는 영어의 동명사와 같은 구실을 하며, 인(人)은 동명사 위(爲)의 보어이다. 그리고 야(也)는 어조를 강조하는 어조사(~이란)로서 그의[其] 인간[人]됨[爲]의 기위인(其爲人)을, 그의[其] 인간[人]됨[爲]이란[也]의 기위인야(其爲人也)로 하여 어조를 강하게 하였다.

소유재(小有才)는 거의 관용문처럼 쓰인다. 재능이[才] 보잘것없다[小有]. 대유재(大有才) 역시 관용문처럼 쓰인다. 재능이[才] 대단하다[大有].

말할 왈(曰), 그 기(其), 될 위(爲), 사람 인(人), 어조사(~이란) 야(也), 작을 소(小), 있을 유(有), 재능 재(才)

未聞君子之大道也(미문군자지대도야) 則足以殺其軀而已矣(즉족이살기구이이의)

▶ (그의 인간됨이) 군자[君子]의[之] 대도를[大道] 배우지 않은 것[未聞]이라면[也] 곧[則] 그 때문에[以] (그의 인간됨이) 제[其] 몸을[軀] 족히[足] 죽이는 것일[殺] 뿐이다[而已矣].

미문군자지대도야즉족이살기구이이의(未聞君子之大道也則足以殺其軀而已矣) 역시 孟子曰未聞君子之大道也則足以殺其軀而已矣에서 앞 문맥으로 보충될 수 있으므로 되풀이되는 맹자왈(孟子曰)을 생략한 어투로, 영어의 3형식 문장과 같다. 그러니 未聞君子之大道也則足以殺其軀而已矣는 맹자왈(孟子曰)의 목적절이지만 그냥 독립구문처럼 여기고 문맥을 잡아보는 것이 편하다.

미문군자지대도야즉족이살기구이이의(未聞君子之大道也則足以殺其軀而已矣)는 其爲人也未聞君子之大道也則是以其爲人也足殺其軀而已矣에서 미

문(未聞)과 족살(足殺)의 주어인 기위인야(其爲人也) 그리고 시이(是以)의 시(是)를 생략한 어투로, 〈A則B〉꼴이고 영어의 복문과 같다. 未聞君子之大道也則足以殺其軀而已矣와 같은 어투의 문맥을 잡으려면 먼저 어조사인 〈곧 즉(則)〉을 주목하게 된다. 이는 〈A則B〉꼴로 문맥을 잡을 수 있기 때문이다. 〈A則B〉꼴은 영어의 복문과 같은 어투이다. 물론 즉(則)을 어조사로 여기고 무시해도 되는 경우도 있지만, 대개 즉(則)의 앞은 양보 내지 조건의 종속절(또는 구)이고 뒤는 주절이다. 그러니 未聞君子之大道也則足以殺其軀而已矣에서 미문군자지대도야(未聞君子之大道也)까지를 조건절 내지 구처럼 여기고, 족이살기구이이의(足以殺其軀而已矣)를 주절로 여기고 새기면 문맥이 잡힌다. 〈A(未聞君子之大道也)하면 곧[則] B(足以殺其軀而已矣)한다〉

조건의 종속절인 미문군자지대도야(未聞君子之大道也)에서 미(未)는 문(聞)의 부정사(否定詞)이고, 문(聞)은 영어의 현재분사와 같은 구실을 하고, 군자지(君子之)는 대도(大道)를 꾸미는 형용사구이며, 대도(大道)는 문(聞)의 목적어이고, 야(也)는 구를 강조하는 어조사(~이라면)이다. 未聞君子之大道也의 미(未)는 〈아닐 불(不)〉과 같고, 문(聞)은 〈들을 청(聽)〉과 같고, 지(之)는 소유격 토씨(~의)이며, 도(道)는 도리(道理)의 줄임말로 여긴다. 크나큰[大] 도리[道].

주절인 족이살기구이이의(足以殺其軀而已矣)의 문맥을 잡으려면 먼저 이(以)의 쓰임새와 이(以)가 시이(是以)의 줄임임을 알아야 한다. 예를 들어, 시이여가지대도(是以汝可知大道)에서 시이(是以)의 시(是)를 생략하면 여가이지대도(汝可以知大道)처럼 이(以)를 본동사 앞으로 후치시킨다. 이러한 어투를 알면 足以殺其軀而已矣의 문맥은 쉽게 잡힌다. 그[是] 때문에[以] 너는[汝] 대도를[大道] 알 수 있다[可知]. 그러니 시이(是以)의 시(是)가 생략된 汝可以知大道일지라도 이(以)를 시이(是以)로 간주하고 문맥을 잡아야 汝可以知大道의 문맥이 쉽게 잡힌다. 물론 시이(是以)의 시(是)는 앞에 나온 내용을 가리키는 지시어이다. 그러니 足以殺其軀而已矣의 이(以)는 바로 앞의 내용인 미문군자지대도야(未聞君子之大道也)를 가리키는 지시어 시(是)를 더해서 이[是] 때문에[以]로 새겨야 足以殺其軀而已矣의 문의가 드러나게 된다. 그 때문에[以] (그의 인간됨이란) 기구를[其軀] 족살하는 것일[足殺] 뿐이다[而已矣].

족이살기구이이의(足以殺其軀而已矣)에서 족(足)은 살(殺)을 꾸미는 부사이고, 이(以) 역시 살(殺)을 꾸미는 부사이며, 살(殺)은 주부가 생략되었지만 영어의 동명사 또는 부정사(不定詞)와 같으면서 보어이고, 기구(其軀)는 살(殺)의 목적어이며, 이이의(而已矣)는 구문을 강하게 결정짓는 어조사(~뿐이다)이다. 足以殺其軀而已矣의 족(足)은 〈가할 가(可)〉와 같고 이(以)는 〈때문에 인(因)〉과 같고, 살(殺)은 〈죽일 륙(戮)〉과 같고, 구(軀)는 〈몸 궁(躬)〉과 같고, 이이의(而已矣)는 어조사인 〈~뿐이다 이(耳)〉와 같다.

맹자가 제자인 문인(門人)에게 소인(小人)과, 대인(大人) 즉 군자(君子)를 가름해주고 있다. 소인은 대도(大道)를 저버리고 대인은 대도를 잠시도 떠나지 않는다. 대도의 버림을 행험(行險)이라 하고, 대도의 지킴을 사명(俟命)이라 한다. 천명을 우습게 여기고 버림[行險]. 천명을 순종해 기다림[俟命]. 분성괄(盆成括)이 사명(俟命)을 저버리고 행험(行險)을 택했으니 그에게 벼슬이란 저승사자였던 셈이다. 맹자는 그것을 알았고, 분성괄은 그런 줄 몰랐다. 그러니 분성괄(盆成括)은 죽을 것이라고 미리 말한 것은 맹자가 분성괄을 저주한 것이 아니다.

아닐 미(未), 배울 문(聞), 클 군(君), 존칭 자(子), 어조사(~의) 지(之), 큰 대(大), 도리 도(道), 어조사(~이라면) 야(也), 곧 즉(則), 충분히 족(足), 써 이(以), 죽일 살(殺), 그의 기(其), 몸 구(軀), 어조사 이(而), 어조사 이(已), 어조사 의(矣)

제30장

30장은 맹자가 당신의 사도(師道)를 "왕자불추(往者不追) 내자불거(來者不拒)"라고 천명(闡明)하고 있는 장이다. 물론 맹자의 사도만 이런 것은 아니다. 성현(聖賢)의 사도는 바다 같아 온갖 세류(細流)를 다 받아들인다. 선별해서 우열을 따져 가르치는 경우는 지식을 가르치는 교사나 교수가 하는 짓이고 위인(爲人)을 가르치는 성현은 사람을 가리지 않음을 헤아리게 하는 장이다.

【문지(聞之)】

맹자지등관어상궁(孟子之滕館於上宮)

【원문(原文)】

孟子之滕하여 館於上宮이러니 有業屨於牖上하여 館人이 求之
맹자지등 관어상궁 유업구어유상 관인 구지
弗得하다 或이 問之曰 若是乎從者之廋也여 曰 子以是爲竊屨
불득 혹 문지왈 약시호종자지수야 왈 자이시위절구
來與아 曰 殆非也이라 夫予之設科也는 往者를 不追하고 來者를
래여 왈 태비야 부여지설과야 왕자 불추 내자
不拒하사 苟以是心至커든 斯受之而已矣이니라
불거 구이시심지 사수지이이의

【해독(解讀)】

맹자가 등나라로 가다가[孟子之滕] 상궁에서 묵었다[館於上宮]. 들창 위에 삼던 신발이 있었으므로[有業屨於牖上] 객사 주인이 그것을 찾았으나 찾아내지 못했다[館人求之弗得]. 어떤 사람이 없어진 신발을 물으면서 말했다[或問之曰]. "이와 같다니[若是乎]! (맹자를) 따라온 자가 신발을 숨긴 것이다[從者之廋也]." (맹자가) 말했다[曰]. "그런 말을 하다니 당신은 (나를 따라온 사람들이) 신발짝을 훔치려고 온 것으로 생각하는 것인가[子以是爲竊屨來與]?" (그 어떤 자가) 응했다[曰]. "아마도 아니겠지요[殆非也]." (맹자가 말했다) "무릇 내가 조목을 세우는 것이란[夫予之設科也] 가는 사람을 붙들지 않고[往者不追] 오는 사람을 내치지 않습니다[來者不拒]. 진실로 옳은 마음을 가지고 오면[苟以是心至] 곧장 그자를 받아들이는 것뿐입니다[斯受之而已矣]."

【담소(談笑)】

孟子之滕館於上宮(맹자지등관어상궁)

▶ **맹자가[孟子] 등나라로[滕] 가다가[之] 상궁[上宮]에서[於] 묵었다[館].**

맹자지등관어상궁(孟子之滕館於上宮)은 孟子之滕 而孟子館於上宮에서 되풀이되는 내용이므로 이맹자(而孟子)를 생략한 어투임을 알면 孟子之滕館於上宮을 영어의 중문과 같은 어투로 여기고 문맥을 잡을 수 있다. 물론 孟子之滕館於上宮에서 맹자지등(孟子之滕)을 시간의 종속절로 여기고, 孟子之滕館於上宮을 영어의 복문으로 여기고 문맥을 잡을 수도 있다. 어느 경우든 孟子之滕館於上宮의 문의는 상하지 않는다. 맹자가[孟子] 등나라로[滕] 가다가[之] 그래서[而] 상궁이란 여관[上宮]에서[於] 투숙했다[館]고 새기면 孟

子之滕館於上宮을 영어의 중문처럼 여기고 문맥을 잡은 것이고, 맹자가[孟子] 등나라로[滕] 갈 때에[之] (맹자가) 상궁이란 여관[上宮]에서[於] 투숙했다[館]고 새기면 孟子之滕館於上宮을 영어의 복문처럼 여기고 문맥을 잡았다는 말이다.

맹자지등(孟子之滕)에서 지(之)는 〈갈 왕(往)〉과 같고, 등(滕)은 맹자 시대에 있었던 작은 제후국의 국명(國名)이다. 관어상궁(館於上宮)의 관(館)은 여기서 자동사로 〈묵을 숙(宿)〉과 같고, 다만 〈묵을 숙(宿)〉이라 하지 않고 〈묵을 관(館)〉을 쓴 것으로 미루어 상궁(上宮)을 객사(客舍)의 이름으로 여기고 새기면 문맥이 자연스럽다.

맏 맹(孟), 존칭 자(子), 갈 지(之), 등나라 등(滕), 묵을 관(館), 윗 상(上), 집 궁(宮)

有業屨於牖上(유업구어유상) 館人求之弗得(관인구지불득)

▶ **들창[牖] 위[上]에다[於] 삼던[業] 신발이[屨] 있었으므로[有] 객사 주인이[館人] 그것을[之] 찾았으나[求] 찾아내지 못했다[弗得].**

유업구어유상관인구지불득(有業屨於牖上館人求之弗得)과 같은 어투의 문맥을 잡으려면 먼저 본동사를 찾아내 구문을 나누어보아야 문맥을 잡기 편하다. 有業屨於牖上館人求之弗得에서 〈있을 유(有)〉, 〈찾을 구(求)〉, 〈취할 득(得)〉 이 세 글자를 주목하면 有業屨於屨上館人求之弗得을 有業屨於屨上 館人求之 弗得 등으로 나누어볼 수 있다. 영어에서처럼 한문투도 한 구문 안에서 동사인 글자를 중심으로 구문의 골격을 확인해보면 문맥을 잡기가 편하다. 〈유상[牖上]에[於] 업구[業屨]가 있었다[有]. 관인[館人]이 그것을[之] 구했다[求]. 불득[弗得]했다〉 이렇게 독립적으로 나누어진 구문을 새겨보고 이들이 서로 어떤 관계로 이어지는지 살펴보면 문맥이 잡힌다. 유상[牖上]에[於] 업구[業屨]가 있었으므로[有] 관인[館人]이 그것을[之] 찾았지만[求] (그러나) 찾아내지 못했다[弗得]고 세 구문을 이어보면, 유업구어유상(有業屨於牖上)과 관인구지불득(館人求之弗得)이 영어의 복문처럼 문맥이 잡힌다는 말이다. 문맥이 잘 잡히지 않는 어투일수록 동사를 먼저 살펴보고 분리한 구문이 서로 어떤 관계인지 살피는 과정이 매우 중요하다. 위와 같이 해보면 유업구어유상(有業屨於牖上) 때문에 관인구지불득(館人求之弗得)했다고 문맥을 잡을 수 있게 된다. 有業屨於牖上은 원인의 종속절이고, 館人求之弗得이 주절이다. 물론 館人求之와 弗得 사이에 역접의 연사인 〈그러나 이(而)〉가 생략되었음을 알아채면, 주절인 館人求之弗得은 館人求之 而館人弗得에서 되풀이되는 내용인 관인(館人)과 지(之)가 생략된 것을 알아챌 수 있다.

유업구어유상(有業屨於牖上)에서 유(有)는 자동사 〈있을 유(有)〉로 주어를 뒤에 두고, 업구(業屨)는 유(有)의 주부이며, 어유상(於牖上)은 유(有)를 꾸미는 장소의 부사구이므로, 영어의 1형식 절과 같은 어투이다. 다만 한문투에는 영어에서처럼 종속절을 이끄는 종속접속사가 따로 붙어 있지 않음을 상기하면서 문맥을 잡아야 한다. 말하자면 since there is A at B를 우리말로 옮길 때 A에(at) A가 있기(there is) 때문에(since)처럼 우리말과 영어에는 원인을 나타내는 때문에(since) 등이 있지만, 한문투에는 그런 단어가 없으므로 전후를 따져 더해주어야 한다고 생각하면 편하다. 물론 有業屨於牖上의 유(有)를 자동사로 여기지 않고 영어의 현재분사처럼 여기면, 有業屨於牖上은 원인의 분사구가 되어 館人求之弗得을 영어의 중문과 같은 어투로 새길 수도 있다. 有業屨於牖上의 업(業)은 〈신발을 삼는 직(織)〉과 같고, 구(屨)는 마혜(麻鞋) 즉 삼[麻]으로 삼은 신발[鞋]을 뜻하고, 어(於)은 장소를 나타내는 어조사인 〈~에 우(于)〉와 같고, 유(牖)는 벽창(壁窓) 즉 바라지창[壁窓]을 말한다. 업구(業屨)는 삼다가 두었던 신발[業屨]을 뜻한다.

관인구지불득(館人求之弗得)의 관(館)은 여기선 객사(客舍)를 뜻하고, 관인(館人)은 객사(客舍)의 주인을 말하며, 구(求)는 여기선 〈찾을 색(索)〉과 같고, 지(之)는 업구(業屨)를 나타내는 지시대명사이고, 불(弗)은 〈못할 불(不)〉과 같고, 득(得)은 〈취할 취(取)〉와 같고 취득(取得)의 줄임말로 여기고 새긴다.

있을 유(有), 일할 업(業), 신발 구(屨), ~에 어(於), 들창 유(牖), 위 상(上), 객사 관(館), 사람 인(人), 찾을 구(求), 그것 지(之), 아닐 불(弗), 취할 득(得)

或問之曰若是乎從者之廋也(혹문지왈약시호종자지수야)

▶ 어떤 사람이[或] 없어진 신발을[之] 물으면서[問] "이와[是] 같다[若]니[乎]! (맹자를) 따라온[從] 자[者]의[之] 훔친 짓[廋]이라니[也]"라고 말했다[曰].

혹문지왈약시호종자지수야(或問之曰若是乎從者之廋也)는 〈問A曰B〉꼴로 영어의 중문과 같은 어투이다. 〈A를 묻고[問] B를 말한다[曰]〉 或問之曰若是乎從者之廋也는 或問之於孟子 而或曰若是乎從者之廋也에서 문맥으로 보충될 수 있으므로 맹자에게[於孟子]와 되풀이되는 이혹(而或)을 생략하였다.

혹문지(或問之)에서 혹(或)은 주어이고, 문(問)은 타동사로 본동사이며, 지(之)는 문(問)의 목적어이므로 或問之는 영어의 3형식 문장과 같은 어투이다. 或問之의 혹(或)은 혹인(或人) 즉 어떤[或] 사람[人]의 줄임말로 여기고, 문(問)은 〈물을 신(訊)〉과 같고, 지(之)는 없어진 신발[業屨]를 가리키는 지시대명사이다.

왈약시호종자지수야(曰若是乎從者之廋也)는 而或曰若是乎從者之廋也를 줄인 어투이며, 비록 주어가 생략되어 있지만 왈(曰)을 타동사 본동사로 여기고 문맥을 잡는 것이 편하다. 曰若是乎從者之廋也에서 약시호(若是乎)는 왈(曰)의 목적절이며, 종자지수야(從者之廋也)는 지시어 시(是)의 내용을 말해주는 시(是)의 동격으로 여기면 문맥을 잡기 편하다. 그러니 曰若是乎從者之廋也는 영어의 3형식 문장과 같다. 왈(曰)의 목적절인 若是乎의 약(若)은 〈같을 여(如)〉와 같고, 시(是)는 바로 뒤의 종자지수야(從者之廋也)를 가리키는 지시어이며, 호(乎)는 의문어조사인 〈~인가 호(乎)〉로 새겨도 되고 감탄어조사인 〈~구나 호(乎)〉로 새겨도 문맥이 통한다. 이와[是] 같은[如]가[乎]? 이와[是] 같다[如]니[乎]! 若是乎는 남의 것을 훔치는 짓거리를 힐난하는 어투이다. 若是乎에서 시(是)의 동격인 從者之廋也에서 종자지(從者之)는 수(廋)를 꾸미는 형용사구이며, 야(也)는 어조사(~이라니)이다. 물론 從者之의 종(從)은 영어의 분사와 같으면서 자(者)를 꾸미고, 지(之)는 소유격 토씨(~의)이다. 從者之廋也의 종(從)은 〈따를 추(追)〉와 같고 추종(追從)의 줄임말로 여기고 새기고, 수(廋)는 〈숨길 닉(匿)〉과 같다.

어떤 이 혹(或), 물을 문(問), 그것 지(之), 말할 왈(曰), 같을 약(若), 이 시(是), 어조사(~니) 호(乎), 따를 종(從), 놈 자(者), 숨길 수(廋), 어조사(~이라니) 야(也)

曰(왈) 子以是爲竊屨來與(자이시위절구래여)

▶ (맹자가) 말했다[曰]. "그런 말을[是] 하다니[以] 당신은[子] (나를 따라온 사람들이) 신발짝을[屨] 훔치려고[竊] 온 것으로[來] 생각하는 것[爲]인가[與]?"

자이시위절구래여(子以是爲竊屨來與)는 맹자왈(孟子曰)의 목적절이지만 독립의문문처럼 여기고 문맥을 잡는 것이 문의를 건지는 데 오히려 낫다. 子以是爲竊屨來與는 영어의 3형식 문장과 같은 어투이다. 子以是爲竊屨來與에서 자(子)는 주어이고, 이시(以是)는 위(爲)를 꾸미는 분사구이며, 절구(竊屨)는 내(來)를 꾸미는 부사구이고, 내(來)는 위(爲)의 목적어이고, 여(與)는 반문의 어조사(~인가)이다. 子以是爲竊屨來與의 자(子)는 〈너 여(汝)〉와 같고 以是에서 이(以)는 〈할 위(爲)〉와 같고 영어의 현재분사와 같은 구실을 하고, 시(是)는 앞에 나온 종자지수야(從者之廋也)를 가리키는 지시어이며, 위(爲)는 〈생각할 사(思)〉와 같고, 절구(竊屨)의 절(竊)은 〈훔칠 도(盜)〉와 같고 구(屨)는 삼으로 삼은 신발 즉 마혜(麻鞋)를 뜻하고, 여기서 절구(竊屨)는 영어에서 목적의 부정사구(不定詞句)와 같은 구실을 하며, 내(來)는 〈온 것 지(至)〉와 같고, 여(與)는 어조사인 〈~인가 호(乎)〉와 같다고 여겨도 된다.

객사를 관리하던 사람[館人]이 삼으로 신발을 삼다가 방바닥에 그냥 두고 간 것을 누군가가 들창 위에 올려두었던 모양이다. 있어야 할 자리에서 없어졌으니 그 관인(館人)은 찾지 못했던 모양이다. 그런 일을 두고 객사에 머물렀던 어떤 사람이 맹자에게 (맹자를) 따라온[從] 자[者]의[之] 훔친 짓[廋]이라고 꼬투리를 잡자, 맹자가 위와 같이 그자에게 반문하고 있다.

말할 왈(曰), 그대 자(子), 할 이(以), 생각할 위(爲), 도둑질 절(竊), 신발 구(屨), 올 래(來), ~인가 여(與)

曰殆非也(왈태비야)

▶ (그 어떤 이가) 아마도[殆] 아니겠지요[非也]라고 말했다[曰].

왈태비야(曰殆非也)는 或曰殆非也에서 앞 문맥으로 보충될 수 있으므로 왈(曰)의 주어인 어떤 자[或]를 생략한 어투로, 영어의 3형식 문장과 같다. 曰殆非也에서 왈(曰)은 타동사로 본동사이고, 태비야(殆非也)는 왈(曰)의 목적절로 여기고 문맥을 잡는다. 殆非也의 태(殆)는 어조사이고, 비(非)는 절의 주어이며, 야(也)는 절을 결정짓는 어조사(~이다)이다. 물론 殆非也의 태(殆)를 영어의 maybe처럼 부사로 여겨도 된다. 비야(非也)는 시야(是也)의 반대말이다. 아니겠지요[非也]. 그렇겠지요[是也].

입방아를 놀렸던 그 어떤 자[或]가 맹자의 반문에 변죽을 울리고 있다. 겉 다르고 속 다른 입질을 소인(小人)은 서슴없이 저지른다. 마음 속은 (맹자를) 따라온[從] 자[者]의[之] 훔친 짓[廋]이라고 능치면서도 겉으로만 아니겠지요[非也] 너스레를 떨 수 있는 짓이 곧 소인배의 잔머리요 잔재주이다. 이런 말을 듣고 참말로 들어줄 현자(賢者)는 없다.

말할 왈(曰), 아마도 태(殆), 아닌 것 비(非), ~이다 야(也)

夫予之設科也(부여지설과야) 往者不追來者不拒(왕자불추래자불거)

▶ 무릇[夫] 내[予]가[之] 조목을[科] 세우는 것[設]이란[也] 가는[往] 사람을[者] 붙들지 않고[不追] 오는[來] 사람을[者] 내치지 않는 것이다[不拒].

부여지설과야왕자불추래자불거(夫予之設科也往者不追來者不拒)는 〈A也B(也)〉꼴로 영어의 2형식 문장과 같은 어투이다. 夫予之設科也往者不追來者不拒는 夫予之設科也往者不追也 而夫予之設科也來者不拒也에서 되풀이되는 내용인 부여지설과야(夫予之設科也)와 야(也)를 생략하고 두 구문을 하나처럼 합친 문장이다. 夫予之設科也往者不追來者不拒에서 부여지설과야(夫予之設科也)는 주절이고, 왕자불추(往者不追)와 내자불거(來者不拒)는 술부이다.

주절인 부여지설과야(夫予之設科也)에서 부(夫)는 〈무릇 범(凡)〉과 같고 어조사이며, 여(予)는 여기선 〈나 아(我)〉와 같고, 지(之)는 주격 토씨(~가)이며, 설(設)은 〈세울 치(置)〉와 같고 설치(設置)의 줄임말로 여기고, 과(科)는 〈조목 조(條)〉와 같고, 야(也)는 주절을 강조하면서 결정짓는 어조사(~이란)이다.

술부인 왕자불추(往者不追)는 추(追)의 목적구인 왕자(往者)를 불추(不追) 앞으로 전치한 어투이므로 往者不追를 不追往者로 어순을 고쳐 잡으면 문의가 잘 드러나고, 왕자(往者)는 왕지인(往之人)에서 지인(之人)을 자(者)

로 축약한 어투이고, 추(追)는 영어의 부정사(不定詞)와 같은 구실을 하면서 보어이다. 往者不追의 왕(往)은 〈갈 거(去)〉와 같고, 추(追)는 〈좇을 축(逐)〉과 같고 추축(追逐)의 줄임말로 여기고 새긴다.

또 다른 술부인 내자불거(來者不拒)는 거(拒)의 목적구인 내자(來者)를 불거(不拒) 앞으로 전치한 어투이므로 來者不拒를 不拒來者로 어순을 고쳐 잡으면 문의가 잘 드러나고, 내자(來者)는 내지인(來之人)에서 지인(之人)을 자(者)로 축약한 어투이며, 거(拒)는 영어의 부정사(不定詞)와 같은 구실을 하면서 보어이다. 來者不拒의 내(來)는 〈올 지(至)〉와 같고, 거(拒)는 〈거절 절(絶)〉과 같고 거절(拒絶)의 줄임말로 여기고 새긴다.

가는 자를 붙들지 않고[往者不追] 오는 자를 막지 않는다[來者不拒] 함이야말로 성현(聖賢)의 사도(師道)이다. 공자의 삼천제자 중에는 별별 인간들이 다 들어 있다고 한다. 배우겠다고 오는 자를 가려서 대하지 않음이 곧 성현(聖賢)이 가르치는 길이요 조목(條目)이다. 왕자불추(往者不追) 내자불거(來者不拒)는 맹자의 명구(名句) 중의 하나이다. 맹자가 혹자(或者)에게 종자(從者)를 가리지 않으니 도둑놈이 있을 수도 있겠지만 사람을 도둑으로 몰아 의심하는 버릇은 좋을 리 없음을 가르치고 있는 중이다. 대인(大人)은 소인(小人)을 면박하지 않고 스스로 뉘우치게 할 뿐이다.

무릇 부(夫), 나 여(予), 어조사(~가) 지(之), 세울 설(設), 조목 과(科), 어조사(~이란) 야(也), 갈 왕(往), 놈 자(者), 아니 불(不), 붙들 추(追), 올 래(來), 거절할 거(拒)

苟以是心至(구이시심지) 斯受之而已矣(사수지이이의)

▶ **진실로[苟] 옳은[是] 마음을[心] 가지고[以] 오면[至] 곧장[斯] 그자를[之] 받아들이는 것[受] 뿐이다[而已矣].**

구이시심지사수지이이의(苟以是心至斯受之而已矣)는 〈A斯B〉꼴로 〈A則B〉꼴처럼 여기고 문맥을 잡으며, 영어의 복문과 같은 어투이다. 물론 사(斯)를 어조사로 여기고 무시해도 되는 경우도 있다. 사(斯)를 중심으로 앞은 양보 내지 조건의 종속절(또는 구)인 경우가 대부분이고, 뒤는 주절이다. 그러니 苟以是心至斯受之而已矣에서 구이시심지(苟以是心至)를 조건절 내지 조건구처럼 여기고, 사수지이이의(斯受之而已矣)를 주절로 여기고 새기

면 문맥이 잡힌다. 〈A(苟以是心至)하면 곧[斯] B(斯受之而已矣)한다〉

구이시심지사수지이이의(苟以是心至斯受之而已矣)에서 구이시심지(苟以是心至)를 苟以是心來者至에서 〈올 지(至)〉의 주어인 내자(來者)가 생략되었다고 여기고 지(至)를 자동사로 여기면, 苟以是心至가 조건절이 되어 苟以是心至斯受之而已矣를 영어의 복문같이 여기고 문맥을 잡게 된다. 그러나 苟以是心至의 지(至)를 영어에서 조건구를 이루는 분사구처럼 여기면 苟以是心至斯受之而已矣를 영어의 단문 같이 여기고 문맥을 잡게 된다. 어느 쪽이든 苟以是心至斯受之而已矣의 문의는 상하지 않는다.

구이시심지(苟以是心至)에서 구(苟)는 어조사 내지 부사이고, 이시심(以是心)은 지(至)를 꾸미는 부사구이며, 지(至)는 자동사로 조건절의 본동사로도 볼 수 있고 조건구의 현재분사 구실을 한다고 볼 수도 있다. 苟以是心至의 구(苟)는 여기선 〈진실로 성(誠)〉과 같고, 이(以)는 〈써 용(用)〉과 같고 시(是)는 〈바를 정(正), 곧을 직(直)〉 등과 같아 이시심(以是心)의 시심(是心)을 바른 길을 배우고 싶은 마음의 뜻으로 새기면 문맥이 통하고, 지(至)는 〈올 래(來)〉와 같다.

사수지이이의(斯受之而已矣)는 斯予受之而已矣에서 앞 문맥으로 보충될 수 있으므로 수(受)의 주어인 〈나 여(予)〉를 생략한 어투로, 술부만 남았지만 영어의 2형식 문장처럼 여기고 문맥을 잡아도 된다. 斯受之而已矣에서 사(斯)는 어조사이고, 수(受)는 영어의 동명사 내지 부정사(不定詞)와 같은 구실을 하면서 보어이고, 지(之)는 수(受)의 목적어이며, 이이의(而已矣)는 구문을 강하게 결정짓는 어조사(~뿐이다)이다. 斯受之而已矣의 사(斯)는 여기선 〈곧 즉(則)〉과 같고, 수(受)는 〈받아들일 용(容)〉과 같고, 지(之)는 내자(來者)를 나타내는 지시대명사이며, 이이의(而已矣)는 구문을 강하게 결정짓는 어조사인 〈~뿐이다 이(耳)〉와 같다.

설령 과거에 도둑질을 했다손 쳐도 모두 바르고 곧은 마음을 가지고[以是心] 나를 따라온 사람들이니 그런 못된 생각을 가지고 험담하지 말라고 맹자가 혹자(或者)를 꾸짖고 있는 중이다. 물건을 못 찾는다고 하여 그냥 도둑당한 것으로 점치고 사람들을 도둑으로 몰아가지 말라고 가르치고 있는 중이다. 현자(賢者)는 있는 그 곳이 곧 교실(敎室)이요 만나게 되는 인연이 곧 교육이다. 그래서 현자는 학당(學堂)을 따로 지어 간판을 내걸지 않아도 선생의 할 일을 모조리 하는 법이다.

진실로 구(苟), 써 이(以), 이 시(是), 마음 심(心), 올 지(至), 곧 사(斯), 받아들일 수(受), 그 지(之), 어조사 이(而), 어조사 이(已), 어조사 의(矣)

제31장

31장은 맹자가 인의(仁義)란 한정된 것이 아니라 퍼내면 퍼낼수록 물이 용솟음치는 샘물 같아 불가승용(不可勝用)을 전제한 다음 사관(士觀)을 단언하고 있는 장이다. 선비란 인의(仁義)를 넓히며 인의(仁義)를 목숨을 걸고 말해야 하는 당사자임을 밝히고, 그렇지 못한 선비라면 선비가 아니라 말을 혓바닥으로 핥는[餂之] 무리[類]에 불과함을 잘라 말하고 있는 무서운 장이다. 여기서 첨지[餂之]란 폭군(暴君)을 핥는 개 같은 놈을 말하니 무섭다는 말이다.

【문지(聞之)】

인개유소불인(人皆有所不忍)

【원문(原文)】

孟子曰 人皆有所不忍하니 達之於其所忍이면 仁也이다 人皆有所不爲하니 達之於其所爲하면 義也이니라 人能充無欲害人之心이면 而仁을 不可勝用也이라 人能充無穿踰之心이면 而義를 不可勝用也이라 人能充無受爾汝之實이면 而無所往而不爲義也이니라 士 未可以言而言이면 是는 以言餂之也이요 可以言而不言이면 是는 以不言餂之也이니라 是皆穿踰之類也이니라

맹자왈 인개유소불인 달지어기소인 인야 인개유소불위 달지어기소위 의야 인능충무욕해인지심 이인 불가승용야 인능충무천유지심 이의 불가승용야 인능충무수이여지실 이무소왕이불위의야 사 미가이언이언 시 이언첨지야 가이언이불언 시 이불언첨지야 시개천유지류야

【해독(解讀)】

맹자가 말했다[孟子曰]. "사람마다 모두 차마 하지 못하는 것이 있다[人皆

有所不忍]. 모질게 군 그것에까지 모질게 굴지 않는 마음을 사무치게 함이 어짊이다[達之於其所忍仁也]. 사람마다 모두 하지 못하는 것이 있다[人皆有所不爲]. 행한 그것에까지 행해지지 않는 마음을 사무치게 함이 옳음이다[達之於其所爲義也]. 사람은 남들을 해치고 싶지 않으려는 마음을 충실히 할 수 있다[人能充無欲害人之心]. 그러면 어짊은 남김없이 사용될 수 없는 것이다[而仁不可勝用也]. 사람은 담장을 뚫거나 넘지 않으려는 마음을 충실히 할 수 있다[人能充無穿踰之心]. 그러면 옳음은 남김없이 사용될 수 없는 것이다[而義不可勝用也]. 사람은 업신여김을 받지 않으려는 참스러움을 충실히 할 수 있다[人能充無受爾汝之實]. 그러면 어디 가서든 옳음을 행하지 못할 바란 없는 것이다[而無所往而不爲義也]. 선비가 말을 할 수 없으나 그럼에도 말한다면[士未可以言而言], 이는 말을 가지고 말을 혓바닥으로 핥는 짓이다[是以言餂之也]. (선비가) 말을 할 수 있으나 그럼에도 말하지 못한다면[可以言而不言], 이는 말하지 않음을 가지고 말을 혓바닥으로 핥는 짓이다[是以不言餂之也]. 이것들은 모두 담장을 뚫거나 넘으려는 무리들이다[是皆穿踰之類也]."

【담소(談笑)】

人皆有所不忍(인개유소불인)

▶ **사람마다[人] 모두[皆] 차마 하지 못하는[不忍] 것이[所] 있다[有].**

인개유소불인(人皆有所不忍)은 〈A有B〉꼴로 영어의 1형식 문장처럼 문맥을 잡을 수도 있고, 영어의 3형식 문장처럼 문맥을 잡을 수도 있다. 〈A有B〉의 유(有)를 자동사 〈있을 유(有)〉로 여기고 문맥을 잡으면, A는 부사이고 B가 주어이다. 그러나 〈A有B〉의 유(有)를 타동사 〈간직할 유(有)〉로 여기고 문맥을 잡으면, A가 주어이고 B가 목적어이다. 다시 말해, 人皆有所不忍을 사람마다[人] 모두[皆] 차마 하지 못하는[不忍] 것이[所] 있다[有]고 새기면 영어의 1형식 문장처럼 문맥을 잡은 셈이고, 사람마다[人] 모두[皆] 차마 하지 못하는[不忍] 것을[所] 간직한다[有]고 새기면 영어의 3형식 문장처럼 人皆有所不忍의 문맥을 잡았다는 말이다. 어느 쪽이든 문의는 상하지 않고 어조가 달라질 뿐이다. 이처럼 한문투에서는 글자마다 구문 안에서 자유롭게 품사 구실을 하는 것을 유의하여 문맥을 잡는다. 그래서 한문투는 독자의 재량을 마음껏 허락하는 어투라고 할 수 있다.

인개유소불인(人皆有所不忍)을 영어의 1형식 문장처럼 여기면 인(人)은 유(有)를 꾸미는 부사이고, 개(皆) 역시 그런 부사이며, 유(有)는 자동사 〈있을 유(有)〉로 본동사이고, 소불인(所不忍)은 유(有)의 주부이다. 주부인 所不忍은 영어의 what does A를 떠올리면 쉽게 문맥이 잡힌다. 불인하는[不忍] 것[所], A를 하는(do) 것(what). 그러니 所不忍에서 불인(不忍)은 소(所)를 꾸미는 형용사절 같은 구실을 한다고 여긴다. 人皆有所不忍의 개(皆)는 〈모두 구(俱)〉와 같고, 인(忍)은 〈모질게 할 잔(殘)〉과 같고 잔인(殘忍)의 줄임말로 여기고 새긴다.

맹자는 아무리 잔인한 놈한테도 잔혹하게 굴지 못하는 마음이 있다고 믿는다. 맹자의 성선설(性善說)이 바로 그러한 믿음에서 비롯된다. 인간이라면 누구나 측은해하는 마음[仁]이 있음을 소불인(所不忍)이 뜻하고 있다. 인(仁)이 없는 인간이란 없다는 말이다. 이런 맹자의 믿음은 인간에 대한 한없는 아낌이다.

사람 인(人), 모두 개(皆), 있을(간직할) 유(有), 바 소(所), 아니 불(不), 차마할 인(忍)

達之於其所忍仁也(달지어기소인인야)

▶ **모질게 군[忍] 그[其]것에[所]까지[於] 모질게 굴지 않는 마음을[之] 사무치게 함이[達] 어짊[仁]이다[也].**

달지어기소인인야(達之於其所忍仁也)는 〈AB也〉꼴로 영어의 2형식 문장과 같은 어투이다. 〈A(達之於其所忍)는 B(仁)이다[也]〉 達之於其所忍仁也에서 달지어기소인(達之於其所忍)은 주부이고, 인(仁)은 보어이며, 야(也)는 구문을 결정짓는 어조사(~이다)이다.

주부인 달지어기소인(達之於其所忍)에서 달(達)은 영어의 동명사 내지 부정사(不定詞)와 같으면서 주어이고, 지(之)는 달(達)의 목적어로 앞서 나온 소불인(所不忍)을 대신하는 지시대명사이며, 어기소인(於其所忍)은 달(達)을 꾸미는 부사구이다. 其所忍은 영어의 that which does A와 같은 어투로 여기면 문맥이 쉽게 잡힌다. 모질게 군[忍] 그것[其所], A를 한(does) 그것(that which). 達之於其所忍仁也의 달(達)은 〈사무칠 통(通)〉과 같고 통달(通達)의 줄임말로 여기고, 어(於)는 여기선 어조사 〈~까지 우(于)〉와 같으며, 인(忍)은 〈모질 잔(殘)〉과 같고 잔인(殘忍)의 줄임말로 여기고 새기면 문맥이 통한다.

사람은 누구나 선악(善惡)·호오(好惡)·애증(愛憎)을 갖고 산다. 착함[善]·좋음[好]·사랑[愛]이란 심지소불인(心之所不忍)이고, 악함[惡]·싫음[惡]·미움[憎]이란 심지소인(心之所忍)이다. 마음[心]이[之] 모진[忍] 것[所]을 마음[心]이[之] 모질지 않는[不忍] 것[所]으로 사무치게 하면 곧 어짊[仁]이란 맹자의 말이 우리를 부끄럽게 하면서도 의젓하게 한다. 성현(聖賢)마다 항심(恒心)하라 함이 무엇인지 여기서 깨달을 수 있기 때문이다. 한결 같은[恒] 마음[心]으로 살라 함이 거이(居易)가 아닌가. 소인(小人)은 변덕스럽게 용케 살고[行險] 대인(大人)은 한결같아 편히 산다[居易]. 그러나 소인은 늘 그 항심을 비웃고 행험(行險)한다. 그래서 소인은 모질지 않다[不忍]가도 모질고[忍] 변덕스럽지만, 대인은 늘 모질 줄 모른다. 그래서 대인의 인(仁)을 대인(大仁)이라 하고, 소인의 인(仁)을 소인(小仁)이라 한다. 인(仁)과 불인(不仁)이 오락가락하는 것이 소인(小仁)이다.

사무칠 달(達), 그것 지(之), 어조사(~까지) 어(於), 그 기(其), 것(바) 소(所), 차마할 인(忍), 어짊 인(仁), ~이다 야(也)

人皆有所不爲(인개유소불위)

▶ **사람마다[人] 모두[皆] 하지 못하는[不爲] 것이[所] 있다[有].**

인개유소불위(人皆有所不爲)는 〈A有B〉꼴로 영어의 1형식 문장처럼 문맥을 잡을 수도 있고, 영어의 3형식 문장처럼 문맥을 잡을 수도 있다. 〈A有B〉의 유(有)를 자동사 〈있을 유(有)〉로 여기고 문맥을 잡으면, A는 부사이고 B는 주어이다. 그러나 유(有)를 타동사 〈간직할 유(有)〉로 여기고 〈A有B〉의 문맥을 잡으면, A가 주어이고 B가 목적어이다. 人皆有所不爲를 사람마다[人] 모두[皆] 하지 못하는[不爲] 것이[所] 있다[有]고 새기면 영어의 1형식 문장같이 여기고 문맥을 잡은 셈이고, 사람마다[人] 모두[皆] 하지 못하는[不爲] 것을[所] 간직한다[有]고 새기면 영어의 3형식 문장같이 여기고 人皆有所不爲의 문맥을 잡았다는 말이다.

인개유소불위(人皆有所不爲)를 영어의 1형식 문장같이 여기면 인(人)은 유(有)를 꾸미는 부사이고, 개(皆) 역시 그런 부사이며, 유(有)는 자동사 〈있을 유(有)〉로 본동사이고, 소불위(所不爲)는 유(有)의 주부이다. 주부인 所

不爲는 영어의 what does A와 같은 어투로 여기면 쉽게 문맥이 잡힌다. 불위하는[不爲] 것[所], A를 하는(do) 것(what). 그러니 所不爲에서 불인(不忍)은 소(所)를 꾸미는 형용사절 구실을 한다고 여긴다. 人皆有所不爲의 개(皆)는 〈모두 구(俱)〉와 같고, 위(爲)는 〈할 행(行)〉과 같고 행위(行爲)의 줄임말로 여기고 새긴다.

맹자는 아무리 더러운 놈한테도 더럽게 굴지 못하는 마음이 있다고 믿는다. 맹자의 성선설이 바로 그러한 믿음에서 비롯된다. 인간이라면 누구나 부끄러워하는 마음[義]이 있음을 소불위(所不爲)가 뜻하고 있다. 의(義)가 없는 인간이란 없다는 말이다. 이 또한 인간에 대한 맹자의 믿음이 한없음이다.

사람 인(人), 모두 개(皆), 있을(간직할) 유(有), 바 소(所), 아니 불(不), 할 위(爲)

達之於其所爲義也(달지어기소위의야)

▶ 행하는[爲] 그[其]것에[所]까지[於] 행하지지 않는 마음을[之] 사무치게 함이[達] 옳음[義]이다[也].

달지어기소위의야(達之於其所爲義也)는 〈AB也〉꼴로 영어의 2형식 문장과 같은 어투이다. 〈A(達之於其所爲)는 B(義)이다[也]〉 達之於其所爲義也에서 달지어기소위(達之於其所爲)는 주부이고, 의(義)는 보어이며, 야(也)는 구문을 결정짓는 어조사(~이다)이다.

주부인 달지어기소위(達之於其所爲)에서 달(達)은 영어의 동명사 내지 부정사(不定詞)와 같으면서 주어이고, 지(之)는 달(達)의 목적어이고 앞서 나온 소불위(所不爲)를 대신하는 지시대명사이며, 어기소위(於其所爲)는 달(達)을 꾸미는 부사구이다. 其所爲는 영어의 that which does A와 같은 어투로 여기면 문맥이 쉽게 잡힌다. 행한[爲] 그것[其所], A를 한(does) 그것(that which). 達之於其所爲義也의 달(達)은 〈사무칠 통(通)〉과 같고 통달(通達)의 줄임말로 여기고, 어(於)는 여기선 어조사인 〈~까지 우(于)〉와 같으며, 위(爲)는 〈행할 행(行)〉과 같고 행위(行爲)의 줄임말로 여기고 새기면 문맥이 통한다.

사무칠 달(達), 그것 지(之), 어조사(~까지) 어(於), 그 기(其), 것(바) 소(所), 행할 위(爲), 옳음 의(義), ~이다 야(也)

人能充無欲害人之心(인능충무욕해인지심) 而仁不可勝用也(이인불가승용야)

▶ 사람은[人] 남들을[人] 해치고[害] 싶지[欲] 않으려[無]는[之] 마음을[心] 충실히 할[充] 수 있다[能]. 그러면[而] 어짊은[仁] 남김없이[勝] 사용될[用] 수 없는 것[不可]이다[也].

인능충무욕해인지심이인불가승용야(人能充無欲害人之心而仁不可勝用也)와 같은 어투의 문맥을 잡으렴면 먼저 어조사 내지 연사인 이(而)를 주목하면 人能充無欲害人之心而仁不可勝用也를 人能充無欲害人之心과 而仁不可勝用也로 나누어 문맥을 잡을 수 있다. 그러니 人能充無欲害人之心而仁不可勝用也의 이(而)를 연접의 접속사 즉 연사로 여기면 人能充無欲害人之心而仁不可勝用也를 영어의 중문과 같은 어투로 문맥을 잡을 수 있고, 이(而)를 어조사인 〈곧 즉(則)〉처럼 여기면 人能充無欲害人之心而仁不可勝用也를 영어의 복문처럼 여기고 문맥을 잡게 된다. 어느 쪽이든 문의가 달라지는 것은 아니고 다만 어조의 차이가 날 뿐이다.

인능충무욕해인지심(人能充無欲害人之心)은 〈A充B〉꼴로 영어의 3형식 문장과 같은 어투이다. 〈A(人)가 B(無欲害人之心)를 가득 채운다[充]〉 人能充無欲害人之心에서 인(人)은 주어이고, 능(能)은 충(充)의 조동사이므로 영어의 can과 같고, 충(充)은 타동사로 본동사이며, 무욕해인지심(無欲害人之心)은 충(充)의 목적구이므로 人能充無欲害人之心을 마치 영어의 3형식 문장같이 여기면 문맥이 쉽게 잡힌다는 말이다. 충(充)의 목적구인 無欲害人之心에서 무욕해인지(無欲害人之)까지는 심(心)을 꾸미는 형용사구이고, 심(心)은 충(充)의 목적어이다. 그래서 人能充無欲害人之心의 골격은 인능충심(人能充心)임을 알아채면 문맥이 잡힌다. 그리고 無欲害人之는 목적어인 심(心)을 꾸미는 형용사적인 구실을 한다. 한문투에서도 구문의 골격은 주어 + 동사 + 목적어(보어)로 짜인다고 여기고 문맥을 잡아간다. 이는 곧 형용사와 부사 부분들은 구문의 부수적인 요소로 여긴다는 뜻이다. 한문투에서 가장 빈번한 어투의 하나가 인능충무욕해인지심(人能充無欲害人之心)의 無欲害人之心과 같은 〈A之B〉꼴이다. 〈A之B〉의 지(之)로써 A가 B를 꾸미는 형용사 구실을 하게 된다는 말이다. 예를 들어, 한문투에서 미인(美人)은 본래 미지인(美之人)에서 지(之)가 생략된 어투이다. 사람을[人] 해치고

[害] 싶지[欲] 않으려[無]는[之] 마음[心]으로 無欲害人之心으로 새기면 문맥이 잡힌다.

인능충무욕해인지심(人能充無欲害人之心)의 충(充)은 〈가득 채울 만(滿)〉과 같고 충만(充滿)의 줄임말로 여기고, 무(無)는 〈아닐 물(勿)〉과 같고 욕(欲)의 부정사(否定詞)이며, 해(害)는 〈해칠 상(傷)〉과 같고 상해(傷害)의 줄임말로 여기고 새긴다.

이인불가승용야(而仁不可勝用也)에서 이(而)는 〈그러면 이(而)〉로 여기고 새기면 인능충무욕해인지심(人能充無欲害人之心)과 인불가승용야(仁不可勝用也)의 문맥이 통한다. 한문투에서 이(而)는 다양하게 연접·역접의 접속사 즉 연사 구실을 한다. 仁不可勝用也에서 인(仁)은 주어이고, 불가(不可)는 부정의 조동사이며, 승(勝)은 용(用)을 꾸미는 부사이고, 용(用)은 수동태로 자동사이다. 물론 人不可勝用仁也로 여기고 사람은[人] 어짊을[仁] 남김없이[勝] 사용할[用] 수 없는 것[不可]이다[也]로 새겨도 문의는 상하지 않는다. 而仁不可勝用也의 불가(不可)는 불능(不能)과 같고, 승(勝)은 〈남김없이 실(悉)〉과 같고, 용(用)은 〈부릴 사(使)〉와 같고 사용(使用)의 줄임말로 여기고 새긴다.

> 사람 인(人), 잘할 능(能), 가득 채울 충(充), 않을 무(無), 하고자 할 욕(欲), 해칠 해(害), 남들 인(人), 어조사(~려는) 지(之), 마음 심(心), 그러면 이(而), 어짊 인(仁), 아니 불(不), 가할 가(可), 남김없이 승(勝), 쓸 용(用), ~이다 야(也)

人能充無穿踰之心(인능충무천유지심) 而義不可勝用也(이의불가승용야)

▶ **사람은[人] 담장을 뚫거나[穿] 넘지[踰] 않으려[無]는[之] 마음을[心] 충실히 할[充] 수 있다[能]. 그러면[而] 옳음은[義] 남김없이[勝] 사용될[用] 수 없는 것[不可]이다[也].**

인능충무천유지심이의불가승용야(人能充無穿踰之心而義不可勝用也)와 같은 어투의 문맥을 잡을 때는 먼저 어조사 내지 연사인 이(而)를 주목하면 人能充無穿踰之心而義不可勝用也를 人能充無穿踰之心과 而義不可勝用也로 나누어 문맥을 잡을 수 있다. 그러니 人能充無穿踰之心而義不可勝用也의 이(而)를 연접의 접속사 즉 연사로 여기면 人能充無穿踰之心而義不可勝

用也를 영어의 중문처럼 여기고 문맥을 잡을 수 있고, 이(而)를 어조사인 〈곧 즉(則)〉과 같다고 여기면 人能充無穿踰之心而義不可勝用也를 영어의 복문처럼 여기고 문맥을 잡게 된다. 어느 쪽이든 문의가 달라지는 것은 아니고 다만 어조의 차이가 날 뿐이다.

인능충무천유지심(人能充無穿踰之心)은 〈A充B〉꼴로 영어의 3형식 문장과 같은 어투이다. 〈A(人)가 B(無穿踰之心)를 가득 채운다[充]〉 人能充無穿踰之心에서 인(人)은 주어이고, 능(能)은 충(充)의 조동사이므로 영어의 can과 같고, 충(充)은 타동사로 본동사이며, 무천유지심(無穿踰之心)은 충(充)의 목적구이므로 人能充穿踰人之心을 마치 영어의 3형식 문장같이 여기면 문맥이 쉽게 잡힌다는 말이다. 충(充)의 목적구인 無穿踰之心에서 무천유지(無穿踰之)까지는 심(心)을 꾸미는 형용사구이고, 심(心)은 충(充)의 목적어이다. 그래서 人能充無穿踰之心의 골격은 인능충심(人能充心)임을 알아채면 문맥은 잡힌다. 그리고 無欲害人之는 목적어인 심(心)을 꾸미는 형용사적인 구실을 한다. 한문투에서도 구문의 골격은 주어 + 동사 + 목적어(보어)로 짜인다고 여기고 문맥을 잡아가면 된다. 담장을 뚫거나[穿] 넘지[踰] 않으려[無]는[之] 마음[心]으로 無穿踰之心을 새기면 문맥이 잡힌다.

인능충무천유지심(人能充無穿踰之心)의 충(充)은 〈가득 채울 만(滿)〉과 같고 충만(充滿)의 줄임말로 여기고, 무(無)는 〈아닐 물(勿)〉과 같고 천(穿)과 유(踰)의 부정사(否定詞)이며, 천(穿)은 〈구멍낼 혈(穴)〉과 같고, 유(踰)는 〈넘을 월(越)〉과 같다. 남의 것을 도둑질한다[穿踰].

이의불가승용야(而義不可勝用也)에서 이(而)는 〈그러면 이(而)〉로 여기고 새기면 인능충무천유지심(人能充無穿踰之心)과 의불가승용야(義不可勝用也)의 문맥이 통한다. 한문투에서 이(而)는 다양하게 연접과 역접의 접속사 즉 연사 구실을 한다. 義不可勝用也에서 의(義)는 주어이고, 불가(不可)는 부정의 조동사이며, 승(勝)은 용(用)을 꾸미는 부사이고, 용(用)은 수동태로 자동사이다. 물론 人不可勝用義也로 여기고 사람은[人] 옳음을[義] 남김없이[勝] 사용할[用] 수 없는 것[不可]이다[也]로 새겨도 문의는 상하지 않는다. 而義不可勝用也의 불가(不可)는 불능(不能)과 같고, 승(勝)은 〈남김없이 실(悉)〉과 같고, 용(用)은 〈부릴 사(使)〉와 같고 사용(使用)의 줄임말로 여기고 새긴다.

사람 인(人), 잘할 능(能), 가득 채울 충(充), 않을 무(無), 뚫을(구멍 낼) 천(穿), 넘어갈 유(踰), 어조사(~려는) 지(之), 마음 심(心), 그러면 이(而), 옳음 의(義), 아니 불(不), 가할 가(可), 남김없이 승(勝), 쓸 용(用), ~이다 야(也)

人能充無受爾汝之實(인능충무수이여지실) 而無所往而不爲義也(이무소왕이불위의야)

▶ 사람은[人] 업신여김을[爾汝] 받지[受] 않으려[無]는[之] 성실을[實] 충실히 할[充] 할 수 있다[能]. 그러면[而] 어디 가서[往]든[而] 옳음을[義] 행하지 못할[不爲] 바란[所] 없는 것[無]이다[也].

인능충무수이여지실이무소왕이불위의야(人能充無受爾汝之實而無所往而不爲義也)와 같은 어투의 문맥을 잡을 때는 먼저 어조사 내지 연사인 이(而)를 주목하면 人能充無受爾汝之實而無所往而不爲義也를 人能充無受爾汝之實와 無所往而不爲義也로 나누어 문맥을 잡을 수 있다. 그러니 人能充無受爾汝之實而無所往而不爲義也의 이(而)를 연접의 접속사 즉 연사로 여기면 人能充無受爾汝之實而無所往而不爲義也는 영어의 중문과 같은 어투로 문맥을 잡을 수 있고, 이(而)를 어조사인 〈곧 즉(則)〉과 같다고 여기면 人能充無受爾汝之實而無所往而不爲義也를 영어의 복문과 같이 문맥을 잡게 된다. 어느 쪽이든 문의가 달라지는 것은 아니고 다만 어조의 차이가 날 뿐이다.

인능충무수이여지실(人能充無受爾汝之實)은 〈A充B〉꼴로 영어의 3형식 문장과 같은 어투이다. 〈A(人)가 B(無受爾汝之實)를 가득 채운다[充]〉 人能充無受爾汝之實에서 인(人)은 주어이고, 능(能)은 충(充)의 조동사로 영어의 can과 같고, 충(充)은 타동사로 본동사이며, 무수이여지실(無受爾汝之實)은 충(充)의 목적구이므로 人能充無受爾汝之實을 영어의 3형식 문장같이 여기면 문맥이 쉽게 잡힌다는 말이다. 충(充)의 목적구인 無受爾汝之實에서 무수이여지(無受爾汝之)까지는 실(實)을 꾸미는 형용사구이고, 실(實)은 충(充)의 목적어이다. 그래서 人能充無受爾汝之實의 골격은 인능충실(人能充實)이라고 알아채면 문맥이 잡힌다. 그리고 無受爾汝之는 목적어인 실(實)을 꾸미는 형용사적인 구실을 한다. 한문투에서도 구문의 골격은 주어 + 동사 + 목적어(보어)로 짜인다고 여기고 문맥을 잡아가면 된다. 업신여김을[爾汝] 받지[受] 않으려[無]는[之] 성실[實]로 無爾汝之實을 새기면 문맥이 잡힌다.

인능충무수이여지실(人能充無受爾汝之實)의 충(充)은 〈가득 채울 만(滿)〉과 같고 충만(充滿)의 줄임말로 여기고, 무(無)는 〈아닐 물(勿)〉과 같고 수(受)의 부정사(否定詞)이며, 수(受)는 〈받아들일 납(納)〉과 같고 수납(受納)의 줄임말로 여기고 새기고, 이여(爾汝)는 업신여기는 호칭으로 상대를 가볍게 보고 천시하는 관용어이며, 실(實)은 여기선 〈참스러움 성(誠)〉과 같고 성실(誠實)의 줄임말로 새기면 문맥이 통한다.

이무소왕이불위의야(而無所往而不爲義也)에서 이(而)를 〈그러면 이(而)〉로 여기고 새기면 人能充無受爾汝之實과 無所往而不爲義也의 문맥이 통한다. 한문투에서 이(而)는 다양하게 연접과 역접의 연사 구실을 한다. 無所往而不爲義也에서 무(無)는 〈없을 무(無)〉로 영어의 동명사 내지 부정사(不定詞)와 같은 구실을 하고, 소(所)는 무(無)의 주어이며, 왕이불위의(往而不爲義)는 소(所)를 꾸미는 형용사절이다.

이무소왕이불위의야(而無所往而不爲義也)에서 왕(往)은 〈갈 거(去)〉와 같고, 이(而)는 어조사(~라도)이며, 위(爲)는 〈행할 행(行)〉과 같고 행위(行爲)의 줄임말로 여기고 새기면 문맥이 통한다.

사람 인(人), 잘할 능(能), 가득 채울 충(充), 않을 무(無), 받을 수(受), 너 이(爾), 너 여(汝), 어조사(~려는) 지(之), 참스러울 실(實), 그러면 이(而), 없을 무(無), 바 소(所), 갈 왕(往), 어조사 이(而), 없을 무(無), 아니 불(不), 행할 위(爲), 옳음 의(義), ~이다 야(也)

士未可以言而言(사미가이언이언) 是以言餂之也(시이언첨지야)

▶ **선비가[士] 말을[言] 할[以] 수 없으나[未可] 그럼에도[而] 말한다면[言] 이는[是] 말을[言] 가지고[以] 말을[之] 혓바닥으로 핥는 짓[餂]이다[也].**

사미가이언이언시이언첨지야(士未可以言而言是以言餂之也)는 〈A是B也〉꼴로 영어의 2형식 문장과 같은 어투이다. 〈A(士未可以言而言)란 이는[是] B(以言餂之)이다[也]〉 士未可以言而言是以言餂之也에서 사미가이언이언(士未可以言而言)은 시(是)의 동격절이고, 시(是)는 주어이며, 이언(以言)은 첨(餂)을 꾸미는 부사구이고, 첨(餂)은 부정사(不定詞)와 같으면서 보어이고, 지(之)는 첨(餂)의 목적어이고, 야(也)는 구문을 결정짓는 어조사(~이다)이다.

시(是)의 동격절인 사미가이언이언(士未可以言而言)은 士未可以言 而士言에서 되풀이되는 내용인 사(士)를 생략하고 두 절을 하나처럼 묶은 어투이다. 〈선비가[士] 말을[言] 할[以] 수 없다[未可]. 그러나[而] 선비는[士] 말해 버린다[言]〉 이렇게 士未可以言而言을 살펴보면 이(而)가 역접의 연사인 〈그러나 이(而)〉임을 알아챌 수 있다. 士未可以言而言에서 사(士)는 주어이고, 미(未)는 이(以)의 부정사(否定詞)이며, 가(可)는 이(以)의 조동사이고, 이(以)는 타동사로 절의 본동사이며, 언(言)은 이(以)의 목적어로 명사이고, 이(而)는 역접의 연사인 〈그러나 이(而)〉이며, 언(言)은 자동사로 절의 본동사이다. 士未可以言而言의 미가(未可)는 불가(不可)보다는 약하게 부정하는 어투이고, 이(以)는 〈할 위(爲)〉와 같고, 앞의 언(言)은 〈말 언(言)〉으로 명사이고, 뒤의 언(言)은 〈말할 언(言)〉으로 동사이다. 이처럼 한문투에서는 글자마다 자유롭게 품사 구실을 하므로 구문마다 어순을 살펴서 어떤 품사로 새겨야 할지 알아내야 문맥을 잡을 수 있다.

시이언첨지야(是以言餂之也)의 시(是)는 앞의 사미가이언이언(士未可以言而言)을 가리키는 지시어로 주어이고, 이언(以言)의 이(以)는 〈써 용(用)〉과 같고, 첨(餂)은 구취(鉤取)와 같은 말로 갈고리로[鉤] 갖는다[取]는 뜻이지만 여기선 설취(舌取)의 뜻으로 여기고 새기면 문맥이 통하고 문의가 드러난다. 혓바닥으로[舌] 핥아 갖는다[取]. 첨지(餂之)의 지(之)는 언(言)을 대신하는 지시대명사이다.

한문투에서 이(以)는 구문에 따라 다양한 뜻을 나타내므로 문맥에 따라 알맞은 뜻을 새겨주어야 한다. 다음과 같이 정리해두면 한문투의 문맥을 잡아 문의를 건져내는 데 편하다. 이(以)는 〈以A〉 또는 〈A以〉꼴로 잘 정리해 둘수록 편하다. 이(以)는 〈以A〉처럼 전치사로, 또는 〈A以〉처럼 후치사로 자유롭게 쓰이기 때문이다. 〈할 이(以) = 위(爲), 써 이(以) = 용(用), 생각할 이(以) = 사(思), 거느릴 이(以) = 솔(率), 때문에 이(以) = 인(因), 더불어 이(以) = 여(與), 하여금 이(以) = 사(使), 이미 이(以) = 이(已)〉 물론 이(以)는 이 외에도 구문에 따라서 다양한 뜻을 나타내고, 〈까닭 이(以)〉로 명사 구실도 하는데 주로 유이(有以)·무이(無以)꼴일 때가 대부분이다.

선비 사(士), 아닐 미(未), 가할 가(可), 할 이(以), 말 언(言), 그러나 이(而), 말할 언(言), 이 시(是), 써 이(以), 핥을 첨(餂), 그것 지(之), ~이다 야(也)

可以言而不言(가이언이불언) 是以不言餂之也(시이불언첨지야)

▶ (선비가) 말을[言] 할[以] 수 있으나[可] 그럼에도[而] 말하지 못한다면[不言], 이는[是] 말하지 않음을[不言] 가지고[以] 말을[之] 혓바닥으로 핥는 짓[餂]이다[也].

가이언이불언시이불언첨지야(可以言而不言是以不言餂之也)는 〈A是B也〉꼴로 영어의 2형식 문장과 같은 어투이다. 〈A(可以言而不言)란 이는[是] B(以不言餂之)이다[也]〉 可以言而不言是以不言餂之也에서 가이언이불언(可以言而不言)은 시(是)의 동격절이고, 시(是)는 주어이며, 이불언(以不言)은 첨(餂)을 꾸미는 부사구이고, 첨(餂)은 부정사(不定詞)와 같으면서 보어이며, 지(之)는 첨(餂)의 목적어이고, 야(也)는 구문을 결정짓는 어조사(~이다)이다.

시(是)의 동격절인 가이언이불언(可以言而不言)은 士可以言 而士不言에서 앞의 문맥으로 보충될 수 있고 되풀이되는 내용인 사(士)를 생략하고 두 절을 하나처럼 묶은 어투이다. 〈말을[言] 할[以] 수 있다[可]. 그러나[而] (선비는) 말하지 못한다[不言]〉 이렇게 可以言而不言을 살펴보면 이(而)가 역접의 연사인 〈그러나 이(而)〉임을 알아챌 수 있다. 可以言而不言에서 주어 사(士)는 생략되었고, 가(可)는 이(以)의 조동사이며, 이(以)는 타동사로 절의 본동사이고, 언(言)은 이(以)의 목적어로 명사이고, 이(而)는 역접의 연사인 〈그러나 이(而)〉이며, 언(言)은 자동사로 절의 본동사이다. 可以言而不言의 가(可)는 〈잘할 능(能)〉과 같고, 이(以)는 〈할 위(爲)〉와 같으며, 이언(以言)의 언(言)은 〈말 언(言)〉으로 명사이고, 불언(不言)의 언(言)은 〈말할 언(言)〉으로 동사이다. 이처럼 한문투에서는 글자마다 어떤 품사 구실을 하는지 구문마다 어순을 따라서 살펴야 문맥을 잡기 쉬워진다.

시이불언첨지야(是以不言餂之也)의 시(是)는 앞의 가이언이불언(可以言而不言)을 가리키는 지시어로 주어이고, 이언(以不言)의 이(以)는 〈써 용(用)〉과 같고, 첨(餂)은 구취(鉤取)와 같은 말로 갈고리로[鉤] 갖는다[取]는 뜻이지만 여기선 설취(舌取)의 뜻으로 여기고 새기면 문맥이 통하고 문의가 드러난다. 혓바닥으로[舌] 핥아 갖는다[取]. 첨지(餂之)의 지(之)는 언(言)을 대신하는 지시대명사이다.

가할 가(可), 할 이(以), 말 언(言), 그러나 이(而), 아니 불(不), 말할 언(言), 이 시(是), 써 이(以), 핥을 첨(餂), 그것 지(之), ~이다 야(也)

是皆穿踰之類也(시개천유지류야)

▶ **이것들은[是] 모두[皆] 담장을 뚫거나[穿] 넘으려[踰]는[之] 무리들[類]이다[也].**

시개천유지류야(是皆穿踰之類也)는 〈AB也〉꼴로 영어의 2형식 문장과 같은 어투이다. 〈A(是)는 B(皆穿踰之類)이다[也]〉 是皆穿踰之類也에서 시(是)는 주어이고, 개천유지(是皆穿踰之)는 유(類)를 꾸미는 형용사구(분사구)이며, 유(類)는 보어이고, 야(也)는 구문을 결정짓는 어조사(~이다)이다. 그러니 是皆穿踰之類也의 구문 골격이 시류야(是類也)임을 알면, 개천유지(皆穿踰之)가 유(類)의 수식구임을 알아채 문맥을 잡기 쉽다. 말하자면, 시(是)는 개천유지(皆穿踰之)한 부류[類]이다[也]로 먼저 문맥의 대강을 잡아갈 수 있다는 말이다. 그래서 한문투의 문맥을 잡는데 〈A之B〉꼴을 잘 새겨두면 편할 때가 많다. 여기서 A之는 대부분 B를 꾸민다고 알아두면 편리하다. 개천유지류(皆穿踰之類)에서 개(皆)는 천유(穿踰)를 꾸미는 부사이고, 천유(穿踰)는 영어의 현재분사와 같은 구실을 하며, 지(之)는 천유(穿踰)로 하여금 유(類)를 꾸미게 하는 어조사(~는)이다.

시개천유지류야(是皆穿踰之類也)의 시(是)는 미가이언이언(未可以言而言)하는 선비[士]와 가이언이불언(可以言而不言)하는 선비[士]를 모두 나타내는 지시어이므로 단수인 〈이것 시(是)〉가 아니라 복수인 〈이것들 시(是)〉로 새기면 문맥이 통하고 문의가 더 잘 드러난다. 이처럼 한문투에는 단수·복수 꼴이 따로 없고 문맥에 따라 정해주면 되는 경우가 대부분이다. 개천유지류(皆穿踰之類)의 개(皆)는 〈모두 구(俱)〉와 같고, 천(穿)은 〈뚫을 착(鑿)〉과 같고 천착(穿鑿)의 줄임말로 여기며, 유(踰)는 〈넘을 월(越)〉과 같고 유월(踰越)의 줄임말로 여기고, 유(類)는 〈무리 중(衆)〉과 같고 중류(衆類)의 줄임말로 여기고 새긴다.

선비[士]라면 공자가 밝힌 의지여차(義之與此)를 떠날 수 없다. 옳음만[義]을[之] 더불어[與] 따른다[此]. 말하지 말아야 할 때 말하는 선비라면 불의(不義)를 범하는 셈이고, 말해야 할 때 말하지 않으면 선비라면 그 또한 불의를 범하게 된다. 선비란 불의를 제거하고 의(義)를 드넓게 하는 당사자란 말이다. 백성 앞에 부끄러워할 줄 아는 선비라면 의지여차(義之與此)를 떠나지 않는다. 그러나 불의를 일삼는 짓[穿踰]을 범하는 선비란 폭군을 핥아주는 개 노릇을 할 뿐임을 맹자가 단언하고 있는 중이다.

이것들 시(是), 모두 개(皆), 뚫을(구멍 낼) 천(穿), 넘을 유(踰), 어조사(~려는) 지(之), 무리 류(類)

제32장

32장은 맹자가 군자구제기(君子求諸己)하고 소인구제인(小人求諸人)한다는 공자의 말씀을 환기시켜주는 장이다. 이 장에서도 맹자가 왜 공자의 정통(正統)인지 실감하게 하는 장이다. 무엇보다 군자는 불하대(不下帶)한다는 말이 우리를 뜨끔하게 한다. 왜 군자는 비굴하게 굴지 않음[不下帶]을 일삼아 사는지를 따져보게 하는 까닭이다. 덕을 지키고 덕을 닦음이 군자의 수기(守己)요 수기(修己)임을 확인해주는 장이다. 나를[己] 지키고[守] 나를[己] 닦는다[修] 함은 곧 덕(德)을 지키고 덕을 닦음이다.

【문지(聞之)】

인병사기전(人病舍其田)

【원문(原文)】

孟子曰 言近而指遠者는 善言也이고 守約而施博者는 善道也이
맹자왈 언근이지원자 선언야 수약이시박자 선도야

니 君子之言也는 不下帶而道存焉이니라 君子之守는 修其身而
군자지언야 불하대이도존언 군자지수 수기신이

天下平이니라 人病은 舍其田而芸人之田이니 所求於人者重이요
천하평 인병 사기전이운인지전 소구어인자중

而所以自任者輕이니라
이 소 이 자 임 자 경

【해독(解讀)】

맹자가 말했다[孟子曰]. "말은 가깝지만 멂을 나타내는 것이 좋은 말이고[言近而指遠者善言也], 약조를 지키면서 베풂이 크고 넓은 것이 좋은 도리다[守約而施博者善道也]. 군자의 말씀이란 허리띠 아래로 낮추지 않고서도 그 말씀에는 도리가 있다[君子之言也不下帶而道存焉]. 군자의 지킴이란 저 자신을 닦음이고 그래서 세상이 화평해진다[君子之守修其身而天下平]. 사람의 병통은 제 밭을 버려두고서 남의 밭을 김매는 짓이다[人病舍其田而芸人之田]. (이는) 남에게 책망하는 바의 것은 무겁다는 것이고[所求於人者重], 그러나 스스로 맡은 일을 할 바의 것은 가볍다는 것이다[而所以自任者輕]."

【담소(談笑)】

言近而指遠者善言也(언근이지원자선언야)

▶ 말은[言] 가깝지[近]만[而] 멂을[遠] 나타내는[指] 것이[者] 좋은[善] 말[言]이다[也].

언근이지원자선언야(言近而指遠者善言也)는 〈AB也〉꼴로 영어의 2형식 문장과 같은 어투이다. 〈A(言近而指遠者)는 B(善言)이다[也]〉 言近而指遠者善言也에서 언근이지원(言近而指遠)은 자(者)를 꾸미는 형용사절이고, 자(者)는 주어이며, 善言의 선(善)은 언(言)을 꾸미는 형용사이고, 언(言)은 보어이며, 야(也)는 구문을 결정짓는 어조사(~이다)이다.

언근이지원자선언야(言近而指遠者善言也)에서 언근이지원자(言近而指遠者)와 같은 어투를 잘 다스려야 한문투의 문맥을 잡기 편하다. 먼저 言近而指遠者와 같은 어투를 보면 〈A者〉꼴을 상기하고 〈A(言近而指遠)하는 것[者]〉 또는 〈A(言近而指遠)하는 사람[者]〉이라고 대강을 잡으면 문맥이 쉽게 잡힌다. 〈A者〉는 A之物(事)의 지물(之物) 또는 지사(之事)를 자(者)로 축약한 어투이거나, A之人의 지인(之人)을 자(者)로 축약한 어투이므로 문맥에 따라 〈것 자(者)〉 또는 〈사람 자(者)〉로 새겨주면 문의가 드러난다. 言近而指遠者는 영어의 what does A 또는 that which does A를 연상해보면 알아채기가 쉽다. 말하자면, 言近而指遠者의 자(者)는 선행사를 포함하고 형용사절을 이끄는 종속접속사의 구실을 한다고 여긴다.

언근이지원자(言近而指遠者)의 근(近)은 〈가까울 친(親)〉과 같고 친근(親近)의 줄임말로 여기면 〈알기 쉬운 근(近)〉으로 새길 수 있고, 이(而)는 역접의 연사인 〈그러나 이(而)〉로 새기면 문맥이 통하며, 지(指)는 〈나타낼 시(示)〉와 같고 지시의 줄임말로 여기고, 원(遠)은 〈심오할 오(奧)〉와 같다. 善言의 선(善)은 〈좋을 량(良)〉과 같고, 언(言)은 〈말씀 사(辭)〉와 같고 언사(言辭)의 줄임말로 여기고 새기면 문맥이 통한다.

말이[言] 친근하다[近] 함은 알아듣기 쉬움을 뜻하고, 말이[言] 멀다[遠] 함은 그 뜻이 깊어 심오(深奧)함을 뜻한다. 쉬운 말로 깊이 헤아려 깨우치게 하는 말이 곧 언근이원(言近而遠)이다. 성현의 말씀은 늘 쉬운 말로 들린다. 성현은 학자들이 써먹는 난해한 어휘들을 쓰지 않는다. 인생초로(人生草露) 같은 말은 학자의 것이 아니다. 인생은[人生] 초로(草露)이다. 풀잎에 맺힌 이슬[草露]란 말은 학자의 것이 아니다. 초로(草露), 얼마나 쉬운 말인가. 그러나 초로(草露)란 낱말이 얼마나 깊은가 말이다.

말 언(言), 가까울 근(近), 그러나 이(而), 멀 원(遠), 것 자(者), 좋을 선(善), ~이다 야(也)

守約而施博者善道也(수약이시박자선도야)

▶ **약조를[約] 지키면[守]서[而] 베풂이[施] 크고 넓은[博] 것이[者] 좋은[善] 도리[道]이다[也].**

수약이시박자선언야(守約而施博者善道也)는 〈AB也〉꼴로 영어의 2형식 문장과 같은 어투이다. 〈A(守約而施博者)는 B(善道)이다[也]〉 守約而施博者善道也에서 수약이시박(守約而施博)은 자(者)를 꾸미는 형용사절이고, 자(者)는 주어이며, 善道의 선(善)은 도(道)를 꾸미는 형용사이고, 도(道)는 보어이며, 야(也)는 구문을 결정짓는 어조사(~이다)이다.

수약이시박자선언야(守約而施博者善道也)에서 수약이시박자(守約而施博者)와 같은 어투를 잘 다스릴 수 있어야 한문투의 문맥이 쉽게 잡힌다. 먼저 守約而施博者와 같은 어투를 보면 〈A者〉꼴을 상기하면 문맥이 쉽게 잡힌다. A하는 것[者]은 A하는 사람[者]으로 새기면 문의가 드러난다. 守約而施博者는 영어의 what does A 또는 that which does A를 연상해보면 알아채기 쉽다. 守約而施博者의 수(守)는 〈지킬 호(護)〉와 같고 수호(守護)의 줄임말로 여기고, 약(約)은 〈묶음 속(束)〉과 같고 약속(約束)의 줄임말로 여기고, 이(而)는 연접의 연사인 〈그래서 이(而)〉로 새기면 문맥이 통하며, 시(施)는 〈은혜 혜(惠)〉와 같고 시혜(施惠)의 줄임말로 여기고, 박(博)은 〈넓을 광(廣), 큰 대(大)〉 등과 같다. 善道也의 선(善)은 〈좋을 량(良)〉과 같고, 도(道)는 〈이치 리(理)〉와 같고 도리(道理)의 줄임말로 여기고 새기면 문맥이 통한다.

지킬 수(守), 묶음 약(約), 그리고 이(而), 베풀 시(施), 넓음 박(博), 것 자(者), 좋을 선(善), 도리 도(道), ~이다 야(也)

君子之言也不下帶而道存焉(군자지언야불하대이도존언)

▶ **군자[君子]의[之] 말씀[言]이란[也] 허리띠[帶] 아래로 낮추지 않고[不下] 서도[而] 그 말씀에는[焉] 도리가[道] 있다[存].**

군자지언야불하대이도존언(君子之言也不下帶而道存焉)은 영어의 중문과 같은 어투이다. 君子之言也不下帶 而道存於君子之言也에서 되풀이되는 내용이므로 어군자지언야(於君子之言也)를 언(焉)으로 축약한 어투임을 알아채야 君子之言也不下帶而道存焉의 문맥이 쉽게 잡힌다. 이런 구실을 하는 언(焉)을 〈이에 언(焉)〉 즉 〈어시(於是) 언(焉)〉이라고 알아두면 편하다.

물론 군자지언야불하대이도존언(君子之言也不下帶而道存焉)의 문맥을 잡으려면 이(而)가 어조사인지 연사인지부터 파악해야 한다. 그러기 위해서는 〈군자지언야(君子之言也)가 불하대(不下帶)하다. 도존언(道存焉)한다〉고 먼저 대강의 문맥을 잡아보면 이(而)가 어떤 연사인지 알아챌 수 있다. 여기서는 〈그래도 이(而)〉로 새기면 전후의 문맥이 통함을 알아챌 수 있다. 〈군자[君子]의[之] 말씀[言]이란[也] 허리띠[帶] 아래로 낮추지 않는다[不下]. 그래도[而] 그 말씀에는[焉] 도리가[道] 있다[存]〉고 君子之言也不下帶而道存焉의 문맥을 잡을 수 있다는 말이다. 군자지언야불하대(君子之言也不下帶)에서 군자지언야(君子之言也)는 주부이고, 불(不)은 하(下)의 부정사(否定詞)이며, 하(下)는 자동사로 본동사이고, 대(帶)는 하(下)를 꾸미는 부사이므로, 영어의 1형식 문장과 같은 어투이다. 이도존언(而道存焉)에서 이(而)는 역접의 연사로 〈그래도 이(而)〉이고, 도(道)는 주어이며, 존(存)은 자동사로 본동사이고, 언(焉)은 존(存)을 꾸미는 부사이다.

군자지언야불하대(君子之言也不下帶)의 지(之)는 소유격 토씨(~의)이고, 야(也)는 주부를 강조해주는 어조사(~이란)이며, 불하(不下)의 하(下)는 〈고개를 숙이고 눈길질을 할 하(下)〉이고, 하대(下帶)는 하어대(下於帶)의 어(於)를 생략한 어투이다. 한문투에서는 장소를 나타내는 어조사인 〈~에 어(於)〉 등이 생략되는 경우가 흔하다. 불하대(不下帶)는 구차스럽게 말하지 않는다는 뜻으로 여기면 문맥이 통한다. 도존언(道存焉)의 도(道)는 〈이치 리(理)〉와 같고 도리(道理)의 줄임말로 여기고, 존(存)은 〈있을 재(在)〉와 같고 존재(存在)의 줄임말로 여기고 새기고, 언(焉)은 어시(於是)의 줄임으로 여기고 새긴다.

클 군(君), 존칭 자(子), 어조사(~의) 지(之), 말씀 언(言), 어조사(~이란) 야(也), 낮출 하(下), 허리띠 대(帶), 그러나 이(而), 이치 도(道), 있을 존(存), 이에 언(焉)

君子之守修其身而天下平(군자지수수기신이천하평)

▶ 군자[君子]의[之] 지킴은[守] 저[其] 자신을[身] 닦음이고[修] 그래서[而] 세상이[天下] 화평해진다[平].

군자지수수기신이천하평(君子之守修其身而天下平)은 君子之守也修其身而天下平焉에서 바로 앞 구문과 같이 되풀이되는 어투를 피해 야(也)와 언(焉)을 생략한 어투로, 영어의 중문과 같다. 君子之守修其身而天下平 역시 이(而)가 어조사인지 연사인지 먼저 알아야 한다. 그러기 위해서는 〈군자지수(君子之守)는 수기신(修其身)이다. 천하평(天下平)하다〉고 먼저 대강의 문맥을 잡아보면 이(而)가 어떤 연사인지 알 수 있다. 〈그래서 이(而)〉로 새기면 전후의 문맥이 통한다. 〈군자[君子]의[之] 지킴은[守] 제 몸을[其身] 닦음이다[修]. 그래서[而] (군자의 지킴으로) 천하가[天下] 화평해진다[平]〉고 君子之守修其身而天下平의 문맥을 잡을 수 있게 된다는 말이다. 군자지수수기신(君子之守修其身)에서 군자지수(君子之守)는 주부이고, 수기신(修其身)의 수(修)는 보어이므로 영어의 2형식 문장과 같은 어투이다. 이천하평(而天下平)에서 이(而)는 연접의 연사인 〈그래서 이(而)〉이고, 천하(天下)는 주어이며, 평(平)은 자동사로 본동사이다.

군자지수수기신(君子之守修其身)의 지(之)는 소유격 토씨(~의)이고, 수(守)는 주어이며, 수(修)는 영어의 동명사 내지 부정사(不定詞)와 같으면서 보어이고, 기신(其身)은 수(修)의 목적어이다. 천하평(天下平)의 천하(天下)는 주어이고, 평(平)은 영어의 수동태와 같으므로 天下平은 영어의 2형식 문장처럼 여긴다. 君子之守修其身의 수(守)는 〈지킴 호(護)〉와 같고 수호(守護)의 줄임말로 여기고, 수(修)는 〈닦음 수(脩)〉와 같고, 기신(其身)은 군자지신(君子之身)의 줄임이다. 天下平의 천하(天下)는 세상(世上)과 같은 말이고, 평(平)은 〈화평할 화(和)〉와 같고 화평(和平)의 줄임말로 여기고 새긴다.

계강자(季康子)가 정치를 묻자, "군자지덕풍(君子之德風)이고 소인지덕초(小人之德草)라 초상지풍필언(草尙之風必偃)한다"고 공자가 답해준 말씀을 떠올리게 한다. 군자[君子]의[之] 덕은[德] 바람이고[風] 소인[小人]의[之] 덕은[德] 풀이다[草]. 바람[風]을[之] 더하면[尙] 풀은[草] 따라 눕는다[偃]. 군자는 덕을 지키고 닦지만 소인은 재물을 지키고 닦는다. 그래서 소인의 세상은 아수라장이고 군자의 세상은 화평해진다. 그래서 군자회덕(君子懷德)하고 소인회토(小人懷土)한다고 공자가 밝혀두었다. 맹자야말로 공자의 길에서 한 발짝도 물러나 있지 않는다. 군자는[君子] 덕을[德] 품고[懷] 소인은[小人] 땅을[土] 품는다[懷].

클 군(君), 존칭 자(子), 어조사(~의) 지(之), 지킴 수(守), 닦을 수(修), 그 기(其), 몸 신(身), 그래서 이(而), 하늘 천(天), 아래 하(下), 태평할 평(平)

人病舍其田而芸人之田(인병사기전이운인지전)

▶ 사람의[人] 병통은[病] 제[其] 밭을[田] 버려두면[舍]서[而] 남[人]의[之] 밭을[田] 김매는 짓이다[芸].

인병사기전이운인지전(人病舍其田而芸人之田)에서도 이(而)가 어조사인지 연사인지 먼저 알아채야 한다. 그러기 위해서 인병(人病)은 사기전(舍其田)이고 운인지전(芸人之田)이다처럼 먼저 대강의 문맥을 잡아보면 이(而)가 어떤 연사인지 알 수 있다. 〈그리고 이(而)〉로 새기면 전후의 문맥이 통함을 알아챌 수 있다. 〈사람의[人] 병은[病] 제[其] 밭을[田] 버려둔다[舍]. 그리고[而] 남[人]의[之] 밭을[田] 김맨다[芸]〉고 人病舍其田而芸人之田의 문맥을 잡을 수 있다는 말이다.

인병사기전이운인지전(人病舍其田而芸人之田)에서 인병(人病)은 주어이고, 사기전(舍其田)의 사(舍)는 영어의 동명사 내지 부정사(不定詞)와 같으면서 보어이므로 人病舍其田은 영어의 2형식 문장과 같은 어투이다. 이운인지전(而芸人之田)은 而人病芸人之田에서 되풀이되는 내용이므로 주어인 인병(人病)을 생략한 어투로 이(而)는 연접의 연사인 〈그리고 이(而)〉이고, 운(芸)은 영어의 동명사 내지 부정사(不定詞)와 같으면서 보어이며, 인지(人之)는 전(田)을 꾸미는 형용사이고, 전(田)은 운(芸)의 목적어이므로, 芸人之田 역시 영어의 2형식 문장과 같은 어투이다.

인병사기전(人病舍其田)의 인병(人病)은 인지병(人之病)의 줄임이고, 병(病)은 〈병 질(疾)〉과 같고 질병(疾病)의 줄임말로 여기고 새기고, 사(舍)는 여기선 〈버려둠 사(捨)〉와 같고, 기전(其田)은 인지전(人之田)의 줄임으로 여긴다. 운인지전(芸人之田)의 운(芸)은 〈김매기 운(耘)〉과 같고, 人之田은 타인지전(他人之田)으로 여기고 새기면 문맥이 통한다.

사람 인(人), 질병 병(病), 버릴 사(舍), 그 기(其), 밭 전(田), 그리고 이(而), 김맬 운(芸), 남 인(人), 어조사(~의) 지(之)

所求於人者重(소구어인자중) 而所以自任者輕(이소이자임자경)

▶ (이는) 남[人]에게[於] 책망하는[求] 바의[所] 것은[者] 무겁다는 것이고[重], 그러나[而] 스스로[自] 맡은 일을[任] 하는[以] 바의[所] 것은[者] 가볍다는 것이다[輕].

소구어인자중이소이자임자경(所求於人者重而所以自任者輕)은 是所求於人者重 而是所以自任者輕에서 바로 앞의 내용인 인병사기전이운인지전(人病舍其田而芸人之田)을 가리키는 지시어이자 所求於人者重而所以自任者輕의 주어인 시(是)를 앞 문맥으로 보충할 수 있으므로 생략한 어투로, 영어의 2형식 문장과 같다. 물론 所求於人者重而所以自任者輕은 절로 이루어진 술부만 남긴 어투이다.

먼저 앞의 술부인 소구어인자중(所求於人者重)의 문맥을 잡으려면 먼저 소구어인자(所求於人者)가 주어이고, 중(重)이 보어임을 알아야 한다. 소구어인자(所求於人者)가 중(重)하다고 새겨보면 문맥이 잡히기 때문에 所求於人者重에서 소구어인자(所求於人者)가 주어이고, 중(重)이 보어이다. 그러므로 所求於人者重은 영어의 2형식 절과 같은 어투로 술부임을 알아채면 문맥이 잡힌다. 하지만 무엇보다 所求於人者의 어투를 알고 있어야 所求於人者重의 문맥을 잡을 수 있다. 所求於人者는 〈所A者〉꼴로 所A가 자(者)의 동격임을 알면 쉽게 문맥이 잡힌다. 〈A(求於人)하는 바의[所] 것[者]〉 즉, 所求於人者를 남[人]에게[於] 요구하는[求] 바의[所] 것[者]으로 새기면 所求於人者의 문맥이 잡혀 所求於人者重의 문의가 드러난다는 말이다. 所求於人者重의 구(求)는 〈책망할 구(咎)〉와 같고, 중(重)은 〈가벼움 경(輕)〉의 반대말로 여긴다.

또 다른 술부인 소이자임자경(所以自任者輕) 역시 소이자임자(所以自任者)가 주어이고, 경(輕)이 보어임을 알아야 문맥을 잡을 수 있다. 소이자임자(所以自任者)가 경(輕)하다고 새겨보면 문맥이 잡히므로 所以自任者輕에서 소이자임자(所以自任者)가 주어이고, 경(輕)이 보어이다. 그러므로 所以自任者輕은 영어의 2형식 절과 같은 어투로 술부임을 알아채면 문맥이 잡힌다. 그러나 所以自任者輕의 문맥을 잡으려면 무엇보다 所以自任者의 어투를 알고 있어야 한다. 所以自任者는 〈所A者〉꼴로 所A가 자(者)의 동격임을 알면 쉽게 문맥이 잡힌다. 〈A(以自任)하는 바의[所] 것[者]〉 즉, 所以自任者를 제[自] 임무를[任] 할[以] 바의[所] 것[者]으로 새기면 所以自任者의 문맥이 잡혀 所以自任者輕의 문의가 드러난다.

여기서 소이자임자(所以自任者)에서 소이(所以)의 이(以)를 〈까닭 인(因)〉으로 보고 바의[所] 까닭[以]으로 새겨 문맥을 잡는 경우가 자주 나타난다. 이 때는 所以의 이(以) 바로 다음 글자가 동사 구실을 하는 것을 알아두어야 한다. 所以自任者의 소이(所以)를 바의[所] 까닭[以]으로 새기려면 所以自任者輕의 자(自)를 동사로 여기고 문맥을 잡게 된다는 말이다. 임무를[任] 스스로 하는[自] 바의[所] 까닭은[以] 가볍다[輕]. 그러나 所以自任者의 자(自)를 임(任)을 꾸미는 형용사로 보고, 임(任)을 이(以)의 목적어로 보고, 이(以)를 타동사로 여기고 所以自任者輕의 문맥을 잡는 것이 전후의 문맥과 잘 어울리는 편이다. 자임을[自任] 다하는[以] 바의[所] 것은[者] 경하다[輕]. 所以自任者輕의 이(以)는 〈마칠 수(遂)〉와 같고, 임(任)은 〈맡은 일 무(務)〉와 같고 임무(任務)의 줄임말로 여기며, 경(輕)은 〈무거움 중(重)〉의 반대말로 여긴다.

소(所)를 다음과 같이 정리해두면 한문투의 문맥을 잡는 데 편하다.

① 소(所)가 형용사절의 선행사인 what과 같은 경우 : 〈A之所B〉, 〈A가(~를, ~에게) B할 바(所)〉

② 소이(所以) 바로 뒤에 동사가 오는 경우 : 〈所以A〉, 〈A하는 바의[所] 까닭〉

③ A가 수동태인지 능동태인지 살펴 새기는 경우 : 〈所以A者〉, 〈A하는 바의[所] 까닭인[以] 것[者]〉

④ 〈所以A者〉, 〈A를 하는[以] 바의[所] 것[者]〉

맹자가 공자의 말씀인 "군자구제기(君子求諸己)하고 소인구제인(小人求諸人)한다"는 말씀을 환기하게 하는 중이다. 군자는[君子] 자기[己]한테서 잘못을[諸] 찾고[求] 소인은[小人] 남[人]한테서 잘못을[諸] 찾는다[求]. 君子求諸己의 제(諸)는 지어(之於)의 축약이지만 여기서 제(諸)는 비어(非於)의 축약으로 보고 새긴다. 군자는 매사에 자책을 먼저 생각하고, 소인은 먼저 남에게서 책할 것을 찾아 나선다. 그러니 맹자가 말한 인병(人病)이란 소인지병(小人之病)을 말한다.

바 소(所), 요구할 구(求), 어조사(~에게) 어(於), 남 인(人), 것 자(者), 무거울 중(重), 그러나 이(而), 할 이(以), 스스로 자(自), 맡은 일 임(任), 가벼울 경(輕)

제33장

33장은 맹자가 군자의 법도를 밝히고 있는 장이다. 군자는 하염없이 그냥 일신성덕(日新盛德)을 삶의 법도로 삼지 무슨 명리(名利)를 탐하여 그렇게 하는 것이 아님을 헤아려 깨우치게 하는 장이다. 이는 곧 천명(天命)이 시키고 부리는 대로 삶을 누리고 즐거워함이다. 그러니 군자사명(君子俟命)의 장이다. 하늘의 부림을[命] 기다린다[俟].

【문지(聞之)】

요순성자야(堯舜性者也)

【원문(原文)】

孟子曰 堯舜은 性者也이고 湯武는 反之者也이니라 動容周旋이 中禮者는 盛德之至也이니 哭死而哀는 非爲生者也이고 經德不回는 非以干祿也이며 言語必信은 非以正行也이니라 君子는 行法하여 以俟命而已矣니라

맹자왈 요순 성자야 탕무 반지자야 동용주선 중례자 성덕지지야 곡사이애 비위생자야 경덕불회 비이간록야 언어필신 비이정행야 군자 행법 이사명이이의

【해독(解讀)】

맹자가 말했다[孟子曰]. "요순은 천성대로 산 사람이고[堯舜性者也], 탕무는 천성으로 돌아간 사람이다[湯武反之者也]. 몸가짐과 차림새와 돕고자 돌아다님이 절도에 들어맞는 것은[動容周旋中禮者] 성대한 덕의 지극함이고[盛德之至也], 죽음을 통곡하면서 슬퍼함은[哭死而哀] 산 사람을 위함이 아닌 것이며[非爲生者也], 덕을 행하고 간사하지 않음은[經德不回] 그렇게 하여 작록을 방어함이 아닌 것이고[非以干祿也], 말이 반드시 믿음직함은[言語必信] 그리하여 행실을 바르게 함이 아닌 것이다[非以正行也]. 군자는 법도를 행함을 써 천명을 기다리는 것뿐이다[君子行法以俟命而已矣]."

【담소(談笑)】

堯舜性者也(요순성자야)

▶ 요순은[堯舜] 천성대로 산[性] 사람[者]이다[也].

요순성자야(堯舜性者也)는 〈AB也〉꼴로 영어의 2형식 문장과 같은 어투이다. 〈A(堯舜)는 B(性者)이다[也]〉 堯舜性者也에서 요순(堯舜)은 주어이고, 성자(性者)는 보어이며, 야(也)는 구문을 결정짓는 어조사(~이다)이다. 堯舜性者也의 성자(性者)는 성지인(性之人)의 지인(之人)을 자(者)로 축약한 어투이므로 〈사람 자(者)〉로 새기고, 성지(性之)는 인(人)을 꾸미는 형용사이므로 성자(性者)의 성(性)은 자(者)를 꾸미는 형용사로서 마치 영어의 현재분사와 같은 구실을 해, 천성대로 하는 성(性)으로 새기면 문맥이 통한다.

요임금 요(堯), 순임금 순(舜), 천생대로 하는 성(性), 사람 자(者), ~이다 야(也)

湯武反之者也(탕무반지자야)

▶ 탕무는[湯武] 천성으로[之] 돌아간[反] 사람[者]이다[也].

탕무반지자야(湯武反之者也) 역시 〈AB也〉꼴로 영어의 2형식 문장과 같은 어투이다. 〈A(湯武)는 B(反之者)이다[也]〉 湯武反之者也에서 탕무(湯武)는 주어이고, 반지자(反之者)는 보어이며, 야(也)는 구문을 결정짓는 어조사(~이다)이다. 湯武反之者也의 반지자(反之者)는 반성지인(反性之人)의 성(性)을 지(之)로 대신하고 지인(之人)을 자(者)로 축약한 어투이므로 〈사람 자(者)〉로 새기고, 반지(反之)는 자(者)를 꾸미는 형용사이므로 반(反)은 영어의 현재분사와 같은 구실을 해, 천성으로[之] 돌아가는[反]으로 새기면 문맥이 통한다. 湯武反之者也의 반(反)은 〈돌아갈 귀(歸)〉와 같고, 지(之)는 성(性)을 대신하는 지시대명사이다.

탕왕 탕(湯), 무왕 무(武), 돌아갈 반(反), 그것 지(之), 사람 자(者), ~이다 야(也)

動容周旋中禮者(동용주선중례자) 盛德之至也(성덕지지야)

▶ 몸가짐과[動] 차림새와[容] 돕고자 돌아다님이[周旋] 절도에[禮] 들어맞는[中] 것은[者] 성대한[盛] 덕[德]의[之] 지극함[至]이다[也].

동용주선중례자성덕지지야(動容周旋中禮者盛德之至也) 또한 〈AB也〉꼴로 영어의 2형식 문장과 같은 어투이다. 〈A(動容周旋中禮者)는 B(盛德之至)이다[也]〉 動容周旋中禮者盛德之至也에서 동용주선중례자(動容周旋中禮者)는 주부이고, 성덕지지(盛德之至)는 보어이며, 야(也)는 구문을 결정짓는 어조사(~이다)이다. 動容周旋中禮者盛德之至也에서 동용주선중례자(動容周旋中禮者)의 자(者)가 영어의 that A did B에서 that과 같은 구실을 한다고 여기면 문맥을 잡기 쉽다. A가 B를 한(did) 것(that). 이처럼 動容周旋中禮者의 動容周旋中禮를 자(者)의 동격절로 여기고 새기면 자(者)는 주어이고, 성덕지(盛德之)는 지(至)를 꾸미는 형용사구이며, 지(至)는 보어이고, 야(也)는 구문을 결정짓는 어조사(~이다)이다.

동용주선중례자(動容周旋中禮者)의 동(動)은 〈행동할 행(行)〉과 같고 행동(行動)의 줄임말로 여기고, 용(容)은 〈차림새 모(貌)〉와 같고 용모(容貌)의 줄임말로 여기며, 주(周)는 〈구할 구(救)〉와 같고, 선(旋)은 〈돌아다님 회(廻)〉와 같으며, 중(中)은 〈맞을 적(的)〉과 같고, 예(禮)는 예의(禮儀)의 줄임말로 여긴다. 성덕지지(盛德之至)의 성(盛)은 〈성할 무(茂)〉와 같고, 지(之)는 소유격 토씨(~의)이며, 지(至)는 〈지극함 극(極)〉과 같다.

동용주선중례자(動容周旋中禮者)의 동용주선(動容周旋)은 일상(日常)의 삶을 말한다. 그 삶이 예에 적중한다[中禮] 함은 성기(成己)와 성물(成物)로 통한다. 예의에 적중한 성기(成己)는 곧 어짊[仁]이며 성물(成物)은 앎[知]이다. 그래서 자기를[己] 이룸[成]이 곧 어짊[仁]이고 온갖 것을[物] 이룸이[成] 곧 앎[知]이란 천성의 덕을 말한다. 이러한 성기(成己)와 성물(成物)은 곧 날마다 살아가는 그 자체를 말한다. 그래서 일신(日新)을 성덕(盛德)이라고 한다. 성덕의 지극함[至]이란 날마다[日] 새롭게 함[新]이 더할 바 없음이다. 요순(堯舜)의 일상은 그 자체가 인(仁)의 성기(成己)이고 지(知)의 성물(成物)이었으므로 날마다 새롭다. 그래서 맹자는 요순을 일러 성자(性者)라고 한 셈이다. 성자(性者)란 천명(天命) 그 자체란 말로 이해하면 된다.

몸가짐 동(動), 차림새 용(容), 도읍 주(周), 돌아다님 선(旋), 맞을 중(中), 예의 례(禮), 것 자(者), 많을 성(盛)

哭死而哀(곡사이애) 非爲生者也(비위생자야)

▶ 죽음을[死] 통곡하면[哭]서[而] 슬퍼함은[哀] 산[生] 사람을[者] 위함이[爲] 아닌 것[非]이다[也].

곡사이애비위생자야(哭死而哀非爲生者也)는 〈A非B也〉꼴로 영어의 2형식 문장과 같은 어투이다. 〈A(哭死而哀)는 B(爲生者)가 아닌 것[非]이다[也]〉 哭死而哀非爲生者也에서 곡사이애(哭死而哀)는 주부이고, 비위생자(非爲生者)는 술부이며, 야(也)는 구문을 결정짓는 어조사(~이다)이다.

주부인 곡사이애(哭死而哀)의 곡(哭)과 애(哀)는 영어의 동명사 또는 부정사(不定詞)와 같은 구실을 하고, 곡사(哭死)의 사(死)는 곡(哭)의 목적어이며, 곡사이애(哭死而哀)를 동명사구 또는 부정사구로 여기고 새기면 문맥이 잡힌다.

술부인 비위생자(非爲生者)의 비(非)는 보어이며, 위생자(爲生者)는 비(非)의 동격구이고, 爲生者의 위(爲)는 영어의 부정사(不定詞)와 같은 구실을 하고, 생자(生者)는 생(生)은 자(者)를 꾸미는 형용사이며, 자(者)는 위(爲)의 목적어이므로 爲生者는 마치 영어의 부정사구(不定詞句)와 같으면서 비(非)의 동격구이다.

사자(死者)를 위해서 통곡하고 슬퍼하는 것이지 살아 있는 유가족을 위해서 통곡하거나 슬퍼하는 것이 아니어야 중례(中禮)이다. 그런데 정승 집에 개가 죽으면 문상을 가지만 정승이 죽으면 상가에 사람이 없다는 속담이 왜 생겼겠는가? 뒤를 바라볼 요량으로 문상을 가는 자는 유가족인 생자(生者)에게 잘 보여 이득을 보려는 놈이다. 세상은 무례한 놈들로 아수라장이다.

울 곡(哭), 죽음 사(死), 그리고 이(而), 슬퍼할 애(哀), 아닌 것 비(非), 위할 위(爲), 삶 생(生), 사람 자(者), ~이다 야(也)

經德不回(경덕불회) 非以干祿也(비이간록야)

▶ **덕을[德] 행하고[經] 간사하지 않음은[不回] 그렇게 하여[以] 작록을[祿] 방어함이[干] 아닌 것[非]이다[也].**

경덕불회비이간록야(經德不回非以干祿也) 역시 〈A非B也〉꼴로 영어의 2형식 문장과 같은 어투이다. 〈A(經德不回)는 B(以干祿)가 아닌 것[非]이다[也]〉 經德不回非以干祿也에서 경덕불회(經德不回)는 주부이고, 비이간록(非以干祿)은 술부이며, 야(也)는 구문을 결정짓는 어조사(~이다)이다.

주부인 경덕불회(經德不回)의 경(經)과 회(回)는 마치 영어의 동명사 또는 부정사(不定詞)와 같은 구실을 하고, 경덕(經德)의 덕(德)은 경(經)의 목적어이고, 불(不)은 회(回)의 부정사(否定詞)이므로 경덕불회(經德不回)를 동명사구 또는 부정사구(不定詞句)로 여기고 새기면 문맥이 잡힌다. 經德不回의 경(經)은 〈행할 행(行)〉과 같고, 회(回)는 여기선 〈간사할 사(邪)〉와 같다.

술부인 비이간록(非以干祿)의 비(非)는 보어이며, 이간록(以干祿)은 비(非)의 동격구이고, 以干祿의 간(干)은 영어의 부정사(不定詞)와 같은 구실을 하며, 간록(干祿)의 녹(祿)은 간(干)의 목적어이므로, 이간록(以干祿)은 영어의 부정사구(不定詞句)와 같은 비(非)의 동격구이다. 非以干祿의 이(以)는 시이(是以)의 줄임이고, 생략된 시(是)는 바로 앞의 내용인 경덕불회(經德不回)을 가리키는 지시어이므로 여기선 이(以)를 그렇게 하여[以]로 새기고, 간(干)은 〈막을 방(防)〉과 같고, 녹(祿)은 작록(爵祿)의 줄임말로 여기고 새긴다.

벼슬을 보전하기 위해 덕을 행하고 사악한 짓거리를 범하지 않는 인간은 벼슬을 그만두면 부덕하고 사악한 짓거리를 하고도 남을 놈이다. 그래서 한 자리 노리고 선심 쓰는 후보(候補)를 믿어선 안 된다. 생선 먹을 줄 모른다고 외치는 놈에게 생선가게를 맡기면 그 날로 고양이가 되고 만다.

행할 경(經), 큰 덕(德), 아니 불(不), 간사할 회(回), 아닌 것 비(非), 그리하여 이(以), 방어할 간(干), 작록 록(祿), ~이다 야(也)

言語必信(언어필신) 非以正行也(비이정행야)

▶ 말이[言語] 반드시[必] 믿음직함은[信] 그리하여[以] 행실을[行] 바르게 함이[正] 아닌 것[非]이다[也].

언어필신비이정행야(言語必信非以正行也) 또한 역시 〈A非B也〉꼴로 영어의 2형식 문장과 같은 어투이다. 〈A(言語必信)는 B(以正行)가 아닌 것[非]이다[也]〉 言語必信非以正行也에서 언어필신(言語必信)은 주부이고, 비이정행(非以正行)은 술부이며, 야(也)는 구문을 결정짓는 어조사(~이다)이다.

주부인 언어필신(言語必信)의 신(信)은 영어의 수동태 부정사(不定詞) 구실을 하므로 言語必信을 수동태 부정사구로 여기고 새기면 문맥이 잡힌다. 言語必信의 언어(言語)는 주고받는 말을 뜻하며, 필(必)은 〈반드시 정(定)〉과 같고, 신(信)은 〈믿을 뢰(賴)〉와 같고 신뢰(信賴)의 줄임말로 여긴다.

술부인 비이정행(非以正行)의 비(非)는 보어이며, 이정행(以正行)은 비(非)의 동격구이고, 以正行의 정(正)은 영어의 부정사(不定詞) 구실을 하고, 正行의 행(行)은 정(正)의 목적어이므로, 이정행(以正行)은 영어의 부정사구와 같은 비(非)의 동격구이다. 非以正行의 이(以)는 시이(是以)의 줄임이고, 생략된 시(是)는 바로 앞의 내용인 언어필신(言語必信)을 가리키는 지시어이므로 여기선 이(以)를 그렇게 하여[以]로 새기고, 정(正)은 〈바를 방(方)〉과 같고 방정(方正)의 줄임말로 여기고, 행(行)은 행실(行實)의 줄임말로 여기고 새긴다.

주고받는 말[言語]은 참말 거짓말로 나누어질 수 없다. 말이라면 모조리 참말이지 거짓말이 아니란 말이다. 말이란 행실을 방정하게 하려고 있는 것이 아니란 말이다. 방정(方正)한 행위가 말의 보증이 아니듯, 방정한 행위가 또한 참말의 보증이 될 수 없다. 참말이 말의 천성(天性)이듯, 방정한 행실도 행위의 천성(天性)이다. 이처럼 천성이란 어떤 조건을 전제로 하지 않음이다. 천명(天命)에는 조건이란 단서가 없다.

말 언(言), 말 어(語), 반드시 필(必), 믿을 신(信), 아닌 것 비(非), 그리하여 이(以), 바를 정(正), 행위 행(行), ~이다 야(也)

君子行法以俟命而已矣(군자행법이사명이이의)

▶ **군자는[君子] 법도를[法] 행함을[行] 써[以] 천명을[命] 기다리는 것[俟] 뿐이다[而已矣].**

군자행법이사명이이의(君子行法以俟命而已矣)는 〈AB而已矣〉꼴로 영어의 2형식 문장과 같은 어투이다. 〈A(君子)는 B(行法以俟命)일 따름이다[而已矣]〉 君子行法以俟命而已矣에서 군자(君子)는 주어이고, 행법이(行法以)는 사(俟)를 꾸미는 부사구이며, 사명(俟命)은 술부로 보어이며, 이이의(而已矣)는 구문을 강하게 결정짓는 어조사(~뿐이다)이다.

군자행법이사명이이의(君子行法以俟命而已矣)와 같은 어투에선 이(以)의 쓰임새를 잘 알고 있어야 문맥을 쉽게 잡을 수 있다. 행법이(行法以)는 이행법(以行法)과 같은 어투이다. 이(以)는 영어의 현재분사와 같은 구실을 하면서 전치사나 후치사로 자유롭게 쓰인다. 말하자면 한문투에서 시이(是以) = 이시(以是)가 그 예이다. 이를[是] 써[以] 또는 이를[是] 이용하여[以] 또는 이를[是] 가지고[以] 등으로 새기는 경우가 가장 빈번하다. 이런 구실하는 이(以)는 〈써 용(用)〉과 같다. 君子行法以俟命而已矣에서 행법이(行法以)의 이(以) 역시 〈써 용(庸)〉과 같다. 君子行法以俟命而已矣에서 行法以의 행(行)은 〈행할 시(施)〉와 같고 시행(施行)의 줄임말로 여기고, 법(法)은 법도(法度)의 줄임말로 여기고, 이(以)는 여기선 〈써 용(用)〉과 같다. 사명이이의(俟命而已矣)의 사(俟)는 〈기다릴 대(待)〉와 같고, 명(命)은 천명(天命)의 줄임말이며, 이이의(而已矣)는 어조사인 〈~뿐이다 이(耳)〉와 같다.

군자가 시행하는 법도를 『대학(大學)』은 신독(愼獨)이라 했고, 『중용(中庸)』은 거이(居易)라 했으며, 공자는 무본(務本)이라 했다. 이를 묶어서 말한다면 『주역(周易)』「계사전(繫辭傳)」의 일신성덕(日新盛德)일 것이다. 홀로를[獨] 삼간다[愼], 어울려[易] 산다[居], 근본을[本] 애쓴다[務], 그러면 날마다[日] 새로워[新] 덕을[德] 무성케 한다[盛]. 이러한 군자의 법도는 곧 왕자(王

者)로 통한다.

클 군(君), 존칭 자(子), 시행할 행(行), 법도 법(法), 써 이(以), 기다릴 사(俟), 시킴 명(命), 어조사 이(而), 어조사 이(已), 어조사 의(矣)

제34장

34장은 맹자가 도의(道義)를 따르면 두려워할 것이 없음을 밝힌 장이다. 권세를 잡고 부귀영화를 누리며 아무리 기세가 등등하다 한들 두려워할 것이 아님을 고지제(古之制)를 들어서 단언하고 있다. 선왕(先王)이 일구어놓은 제도를 따라 살면 두려워할 것이 없다. 초가집 잡목 서까래는 요(堯)의 집이란 말이 생각나는 장이다.

【문지(聞之)】

세대인즉묘지(說大人則藐之)

【원문(原文)】

孟子曰(맹자왈) 說大人則藐之(세대인즉묘지)하여 勿視其巍巍然(물시기외외연)이니라 堂高數仞(당고수인)과 榱題數尺(최제수척)은 我得志(아득지)라도 弗爲也(불위야)이고 食前方丈(식전방장)과 侍妾數百人(시첩수백인)은 我得志(아득지)라도 弗爲也(불위야)이며 般樂飮酒(반락음주)와 驅騁田獵(구빙전렵)과 後車千乘(후거천승)은 我得志(아득지)라도 弗爲也(불위야)이니라 在彼者(재피자)는 皆我所不爲也(개아소불위야)이요 在我者(재아자)는 皆古之制也(개고지제야)이니 吾何畏彼哉(오하외피재)리오

【해독(解讀)】

맹자가 말했다[孟子曰]. "제후나 대부를 설득시킬 때면[說大人] 곧장 그들을 멀리하면서[則藐之] 그들의 등등한 모양을 눈여기지 않는다[勿視其巍巍然]. 집 높이가 수십 척이고[堂高數仞] 서까래의 드러남이 여러 자인 것은[榱題數尺] 내가 뜻을 이루어도[我得志] 짓지 않을 것이고[弗爲也], 사방으로 한 길이나 되는 상에 차려놓은 진미와[食前方丈] 첩을 시중드는 수백 명의 사람

들은[侍妾數百人] 내가 뜻을 이루어도[我得志] 취하지 않을 것이며[弗爲也], 크게 즐기면서 술을 마시고[般樂飮酒] 말을 달리며 사냥터에서 사냥하고[驅騁田獵] 수레 뒤에다 천승을 거느리는 짓은[後車千乘] 내가 뜻을 이루어도[我得志] 취하지 않을 것이다[弗爲也]. 그에게 있는 것은[在彼者] 모두 내가 취하지 않는 바이고[皆我所不爲也], 나에게 있는 것은[在我者] 모두 옛날의 제도이다[皆古之制也]. 내가 왜 그를 두려워할 것인가[吾何畏彼哉]?"

【담소(談笑)】

說大人(세대인) 則藐之勿視其巍巍然(즉묘지물시기외외연)

▶ 제후나 대부를[大人] 설득시킬 때[說] 곧장[則] 그들을[之] 멀리하면서[藐] 그들의[其] 등등한 모양을[巍巍然] 눈여기지 않는다[勿視].

세대인즉묘지물시기외외연(說大人則藐之勿視其巍巍然)은 〈A則B〉꼴로 영어의 복문과 같은 어투이다. 물론 즉(則)을 어조사로 여기고 무시해도 되는 경우도 있다. 그러나 즉(則)을 중심으로 앞은 양보 내지 조건의 종속절(또는 구) 경우가 대부분이지만 여기선 시간의 종속절로 보고, 즉(則)의 뒤는 주절로 여기고 문맥을 잡는다. 그러니 說大人則藐之勿視其巍巍然에서 세대인(說大人)을 시간절로 여기고, 묘지(藐之)와 물시기외외연(勿視其巍巍然)을 주절로 여기고 새기면 說大人則藐之勿視其巍巍然의 문맥이 잡힌다. 〈A(說大人)할 때 곧[則] B(藐之勿視其巍巍然)한다. 그리고 說大人則藐之勿視其巍巍然은 吾說大人則吾藐之 而吾說大人則吾勿視其巍巍然에서 주어인 〈나 오(吾)가 되풀이되므로 생략되고, 역시 되풀이되는 세대인(說大人)이 생략된 어투로 볼 경우, 영어로 치면 두 복문이 겹쳐 있는 셈이다. 그러나 說大人을 吾說大人으로 여기지 않고 문맥을 잡으면 시간의 종속절이 아니라 영어에서처럼 시간의 분사구처럼 여기고 문맥을 잡게 되므로, 영어로 치면 두 단문이 겹쳐 있는 셈이다.

세대인(說大人)을 시간의 종속절로 보면 세(說)는 타동사로 절의 본동사이고, 시간의 구로 보면 세(說)는 현재분사이고 대인(大人)은 세(說)의 목적어이다. 說大人의 세(說)는 〈달랠 유(誘)〉와 같고 유세(誘說)의 줄임말로 여기고, 세(說)는 〈기뻐할 열(說) = 열(悅), 고할 설(說) = 고(告), 설득할 세(說) = 유(誘)〉 등 뜻에 따라 발음이 세 가지로 달라지므로 주의한다. 說大人의 대인(大人)은 소인(小人)에 대(對)하는 대인(大人)을 말하는 게 아니라 권세를 쥔 제후나 대부를 말한다.

주절인 묘지(藐之)는 吾藐大人에서 주어인 오(吾)를 생략하고, 대인(大人)을 지시대명사인 지(之)로 줄인 어투로, 영어의 3형식 절과 같다. 묘지(藐之)의 묘(藐)는 〈멀리할 원(遠)〉과 같고, 지(之)는 앞의 대인(大人)을 대신하는 지시대명사이다.

또 다른 주절인 물시기외외연(勿視其巍巍然) 역시 吾勿視其巍巍然에서 주어인 오(吾)를 생략한 어투이다. 勿視其巍巍然에서 물(勿)은 시(視)의 부정사(否定詞)이고, 시(視)는 타동사로 절의 본동사이며, 기외외연(其巍巍然)은 시(視)의 목적구이므로, 勿視其巍巍然은 영어의 3형식 절과 같은 어투이다. 勿視其巍巍然의 물(勿)은 〈아닐 불(不)〉과 같고, 시(視)는 〈볼 첨(瞻)〉과 같으며, 기(其)는 대인지(大人之)를 줄인 관형사이고, 외외연(巍巍然)은 부귀(富貴)를 과시하며 떵떵거리는 모양을 뜻한다.

설득할 세(說), 큰 대(大), 사람 인(人), 곧 즉(則), 멀리할 묘(藐), 그 지(之), 아닐 물(勿), 볼 시(視), 그 기(其), 높고 높을 외(巍), 그럴 연(然)

堂高數仞榱題數尺(당고수인최제수척) 我得志弗爲也(아득지불위야)

▶ 집[堂] 높이가[高] 수십 척이고[數仞] 서까래의[榱] 드러남이[題] 여러 자인 것은[數尺] 내가[我] 뜻을[志] 이루어도[得] 짓지 않을 것[不爲]이다[也].

당고수인최제수척아득지불위야(堂高數仞榱題數尺我得志弗爲也)는 我得志堂高數仞榱題數尺弗爲也에서 당고수인최제수척(堂高數仞榱題數尺)을 강조하려고 전치한 어투로, 영어의 복문과 같다. 堂高數仞榱題數尺我得志弗爲也에서 아득지(我得志)를 삽입절로 여기고, 당고수인최제수척불위야(堂高數仞榱題數尺弗爲也)를 주절로 삼아 문맥을 잡는다. 아득지(我得志)라도 당고수인최제수척불위야(堂高數仞榱題數尺弗爲也)이다, 이렇게 대강을 새겨보면 堂高數仞榱題數尺我得志弗爲也의 문맥이 잡힌다는 말이다.

양보의 종속절인 아득지(我得志)에서 아(我)는 주어이고, 득(得)은 〈얻을 획(獲)〉과 같고 획득(獲得)의 줄임말로 여기고, 지(志)는 심지소지(心之所之)를 한 마디로 한 것이다. 마음[心]이[之] 가는[之] 바[所].

주절인 당고수인최제수척불위야(堂高數仞榱題數尺弗爲也)에서 당고수인최제수척(堂高數仞榱題數尺)은 주어이고, 불위(弗爲)는 보어이며, 야(也)는 절을 결정짓는 어조사(~이다)이다. 당고수인최제수척(堂高數仞榱題數尺)은 고대광실(高臺廣室)과 같은 말로 이루 다 말할 수 없을 정도의 호화주택을 말하고 弗爲의 위(爲)는 지을 축(築)과 같다고 여기고 새기면 문맥이 통한다.

집 당(堂), 높을 고(高), 여럿 수(數), 여러 척 인(仞), 서까래 최(榱), 서까래의 드러남 제(題), 자 척(尺), 나 아(我), 취할 득(得), 뜻 지(志), 아닐 불(弗), 지을 위(爲), ~이다 야(也)

食前方丈侍妾數百人(식전방장시첩수백인) 我得志弗爲也(아득지불위야)

▶ 사방으로 한 길이나 되는 상에[方丈] 차려놓은 진미와[食前] 첩을[妾] 시중드는[侍] 수백 명의[數百] 사람들은[人] 내가[我] 뜻을[志] 이루어도[得] 취하지 않을 것[不爲]이다[也].

식전방장시첩수백인아득지불위야(食前方丈侍妾數百人我得志弗爲也)는 食前方丈侍妾數百人我得志弗爲也에서 식전방장시첩수백인(食前方丈侍妾數百人)을 강조하려고 전치한 어투로, 영어의 복문과 같다. 食前方丈侍妾數百人我得志弗爲也에서 아득지(我得志)를 삽입절로 여기고, 식전방장시첩수백인불위야(食前方丈侍妾數百人弗爲也)를 주절로 삼아 문맥을 잡는다. 아득지(我得志)라도 식전방장시첩수백인불위야(食前方丈侍妾數百人弗爲也)이다, 이렇게 대강을 새겨보면 食前方丈侍妾數百人我得志弗爲也의 문맥이 잡힌다는 말이다.

양보의 종속절인 아득지(我得志)에서 아(我)는 주어이고, 득(得)은 〈얻을 획(獲)〉과 같고 획득(獲得)의 줄임말로 여기고, 지(志)는 심지소지(心之所之)를 한 마디로 한 것이다. 마음[心]이[之] 가는[之] 바[所].

주절인 식전방장시첩수백인불위야(食前方丈侍妾數百人弗爲也)에서 식전방장시첩수백인(食前方丈侍妾數百人)은 주어이고, 불위(弗爲)는 보어이며, 야(也)는 절을 결정짓는 어조사(~이다)이다. 식전방장(食前方丈)은 산해진미(山海珍味)를 자기 앞에서 사방 한 길이나 되는 상에다 차려놓은 먹을거리를 말하고, 시첩수백인(侍妾數百人)은 본처(本妻)는 말할 것도 없거니와 첩(妾)까지 시종을 들였음을 말하고, 弗爲의 위(爲)는 〈취할 취(取)〉와 같다고 여기고 새기면 문맥이 통한다.

먹을거리 식(食), 앞 전(前), 네모 방(方), 성인의 키 장(丈), 모실 시(侍), 첩 첩(妾), 여럿 수(數), 일백 백(百), 나 아(我), 얻을 득(得), 뜻 지(志), 아닐 불(弗), 할 위(爲), ~이다 야(也)

般樂飮酒驅騁田獵後車千乘(반락음주구빙전렵후거천승) 我得志弗爲也(아득지불위야)

▶ **크게[般] 즐기면서[樂] 술을[酒] 마시고[飮] 말을 달리면서[驅騁] 사냥터에서[田] 사냥하고[獵] 수레[車] 뒤에다[後] 천승을 거느리는 짓은[千乘] 내가[我] 뜻을[志] 이루어도[得] 취하지 않을 것[不爲]이다[也].**

반락음주구빙전렵후거천승아득지불위야(般樂飮酒驅騁田獵後車千乘我得志弗爲也)는 般樂飮酒驅騁田獵後車千乘我得志弗爲也에서 반락음주구빙전렵후거천승(般樂飮酒驅騁田獵後車千乘)을 강조하려고 전치한 어투로, 영어의 복문과 같다. 般樂飮酒驅騁田獵後車千乘我得志弗爲也에서 아득지(我得志)를 삽입절로 여기고, 반락음주구빙전렵후거천승불위야(般樂飮酒驅騁田獵後車千乘弗爲也)를 주절로 삼아 문맥을 잡는다. 아득지(我得志)라도 반락음주구빙전렵후거천승불위야(般樂飮酒驅騁田獵後車千乘弗爲也)이다, 이렇게 대강을 새겨보면 般樂飮酒驅騁田獵後車千乘我得志弗爲也의 문맥이 잡힌다는 말이다.

양보의 종속절인 아득지(我得志)에서 아(我)는 주어이고, 득(得)은 〈얻을 획(獲)〉과 같고 획득(獲得)의 줄임말로 여기고, 지(志)는 심지소지(心之所之)를 한 마디로 한 것이다. 마음[心]이[之] 가는[之] 바[所].

주절인 반락음주구빙전렵후거천승불위야(般樂飮酒驅騁田獵後車千乘弗爲也)에서 반락음주구빙전렵후거천승(般樂飮酒驅騁田獵後車千乘)은 주어이고, 불위(弗爲)는 보어이며, 야(也)는 절을 결정짓는 어조사(~이다)이다. 반락음주(般樂飮酒)는 술을 마시면서 대판으로 놀아나는 연회(宴會)를 말하고, 구빙전렵(驅騁田獵)은 떼를 지어 말을 타고 산야를 달리면서 즐기는 사냥놀이를 말하며, 후거천승(後車千乘)은 자기가 탄 수레 뒤로 천승의 수레를 거느리면서 출행(出行)함을 말하니 어마어마한 위세를 떨치며 출행함을 뜻한다. 弗爲의 위(爲)는 〈취할 취(取)〉와 같다고 여기고 새기면 문맥이 통한다.

큰 반(般), 즐길 락(樂), 마실 음(飮), 술 주(酒), 달릴 구(驅), 달릴 빙(騁), 밭 전(田), 사냥 엽(獵), 뒤 후(後), 수레 거(車), 일 천 천(千), 수레 승(乘), 나 아(我), 얻을 득(得), 뜻 지(志), 아닐 불(弗), 행할 위(爲), ~이다 야(也)

在彼者(재피자) 皆我所不爲也(개아소불위야)

▶ 그에게[彼] 있는[在] 것은[者] 모두[皆] 내가[我] 취하지 않는[不爲] 바[所]이다[也].

재피자개아소불위야(在彼者皆我所不爲也)는 〈AB也〉꼴로 영어의 2형식 문장과 같은 어투이다. 〈A(在彼者)는 B(皆我所不爲)이다[也]〉 在彼者皆我所不爲也에서 재피자(在彼者)는 주부이고, 개아소불위(皆我所不爲)는 술부이며, 야(也)는 구문을 결정짓는 어조사(~이다)이다.

주부인 재피자(在彼者)는 〈A者〉꼴로 알아두면 편하다. 〈A(在彼)하는 것[者]〉 在彼者에서 재피(在彼)가 자(者)를 꾸미는 형용사절 구실을 한다고 여기면 문맥을 잡기가 편하다. 그러니 재피자개아소불위야(在彼者皆我所不爲也)의 주어는 자(者)이다. 在彼者의 재(在)는 〈있을 존(存)〉과 같고, 피(彼)는 앞서 나온 대인(大人)을 가리키는 3인칭 〈그 피(彼)〉이다.

개아소불위(皆我所不爲)는 皆我之所不爲에서 주격 토씨(~가)인 지(之)를 생략한 어투이고, 皆我之所不爲는 皆所我不爲에서 아(我)를 소(所) 앞으로 전치하면서 아지(我之)로 한 어투로 여긴다. 내[我]가[之] 취하지 않는[不爲] 바[所]. 그리고 皆我所不爲의 개(皆)는 아소불위(我所不爲)를 꾸며주는 부사이다. 그러니 재피자개아소불위야(在彼者皆我所不爲也)의 보어는 소(所)이다. 皆我所不爲也의 개(皆)는 〈모두 구(俱)〉와 같고, 위(爲)는 여기선 〈취할 취(取)〉와 같다.

있을 재(在), 그 피(彼), 것 자(者), 모두 개(皆), 나 아(我), 바 소(所), 아니 불(不), 취할 위(爲), ~이다 야(也)

在我者(재아자) 皆古之制也(개고지제야)

▶ 나에게[我] 있는[在] 것은[者] 모두[皆] 옛날[古]의[之] 제도[制]이다[也].

재아자개고지제야(在我者皆古之制也)는 〈AB也〉꼴로 영어의 2형식 문장과 같은 어투이다. 〈A(在我者)는 B(皆古之制)이다[也]〉 在我者皆古之制也에서 재아자(在我者)는 주부이고, 개고지제(皆古之制)는 술부이며, 야(也)는 구문을 결정짓는 어조사(~이다)이다.

주부인 재아자(在我者)는 〈A者〉꼴로 알아두면 편하다. 〈A(在我)하는 것[者]〉 在我彼에서 재아(在我)는 자(者)를 꾸미는 형용사절 구실을 한다고 여기면 문맥을 잡기가 편하다. 그러니 재아자개고지제야(在我者皆古之制也)의 주어는 자(者)이다. 在我者의 재(在)는 〈있을 존(存)〉과 같고, 아(我)는 1인칭 〈나 아(我)〉이다.

술부인 개고지제(皆古之制)에서 개(皆)는 고지제(古之制)를 꾸미는 부사이고, 지(之)는 소유격 토씨(~의)이며, 제(制)는 제도(制度)의 줄임말로 고대의 선왕(先王)들이 정해놓은 제도(制度)를 뜻한다.

있을 재(在), 나 아(我), 것 자(者), 모두 개(皆), 옛 고(古), 어조사(~의) 지(之), 제도 제(制), ~이다 야(也)

吾何畏彼哉(오하외피재)

▶ 내가[吾] 왜[何] 그를[彼] 두려워할 것[畏]인가[哉]?

오하외피재(吾何畏彼哉)는 영어의 3형식 의문문과 같은 어투이다. 吾何畏彼哉에서 오(吾)는 주어이고, 하(何)는 의문부사이며, 외(畏)는 타동사로 본동사이고, 피(彼)는 외(畏)의 목적어이며, 재(哉)는 하(何)와 더불어 의문문을 결정짓는 어조사(~인가)이다. 吾何畏彼哉의 외(畏)는 〈두려워할 구(懼)〉와 같고, 피(彼)는 3인칭 〈그 피(彼)〉이며, 재(哉)는 의문어조사인 〈~인가 호(乎)〉와 같다.

나 오(吾), 왜 하(何), 두려워할 외(畏), 그 피(彼), 어조사(~인가) 재(哉)

제35장

35장은 맹자가 양심(養心)을 과욕(寡欲)과 다욕(多欲)을 들어서 밝히고 있는 장이다. 이는 심성(心性)과 사심(私心)을 깊이 따져 헤아리게 한다. 과욕은 심성을 길러내지만 다욕은 심성을 뿌리치는 경우가 되는 까닭을 일깨워주는 장이며, 맹자가 밝힌 진심(盡心)·지성(知性)과 존심(存心)·양성(養性)을 다시금 헤아려 지명(知命)과 정명(正命)이 사천(事天)임을 다시금 일깨워주는 장이다.

【문지(聞之)】

양심막선어과욕(養心莫善於寡欲)

【원문(原文)】

孟子曰(맹자왈) 養心(양심)이 莫善於寡欲(막선어과욕)하니 其爲人也(기위인야)가 寡欲(과욕)이면 雖有不存焉者(수유부존언자)라도 寡矣(과의)요 其爲人也(기위인야)가 多欲(다욕)이면 雖有存焉者(수유존언자)라도 寡矣(과의)니라

【해독(解讀)】

맹자가 말했다[孟子曰]. "심성을 기름에는 욕심을 적게 하는 것보다 더 좋은 것이 없다[養心莫善於寡欲]. 그 사람됨이 욕심을 적게 하면[其爲人也寡欲] 심성을 보존하지 않는 일이 있다 해도[雖有不存焉者] (심성의 기름을 보존하지 않는 일이) 적은 것이고[寡矣], 그 사람됨이 욕심을 많게 하면[其爲人也多欲] 심성을 보존하는 일이 있다 해도[雖有存焉者] (심성의 기름을 보존하는 일이) 적은 것이다[寡矣]."

【담소(談笑)】

養心莫善於寡欲(양심막선어과욕)

▶ 심성을[心] 기름에는[養] 욕심을[欲] 적게 하는 것[寡]보다 더[於] 좋은 것은[善] 없다[莫].

양심막선어과욕(養心莫善於寡欲)은 〈A莫B於C〉꼴을 알고 있다면 쉽게 문맥이 잡힌다. 〈A에는 C보다 더[於] B한 것은 없다[莫]〉 한문투에 막(莫)이 있을 때 그 쓰임새를 잘 알고 있어야 문맥을 잡기 편하다. 막(莫)이 부정사(否定詞) 〈아닐 막(莫)〉인지 아니면 자동사 〈없을 막(莫)〉인지 살핀 다음 문맥을 잡아야 하기 때문이다. 養心莫善於寡欲의 막(莫)이 부정사(否定詞)라면 莫善의 선(善)은 동사이고, 막(莫)이 자동사 〈없을 막(莫)〉이면 莫善의 선(善)은 養心莫善於寡欲의 주어이다. 왜냐하면 〈없을 막(莫)〉은 주어를 뒤에 두기 때문이다. 養心莫善於寡欲의 막(莫)을 부정사로 여기면 양심이[養心] 과욕[寡欲]에서[於] 좋지[善] 않다[莫]고 문맥을 잡게 되고, 養心莫善於寡欲의 막(莫)을 자동사로 여기면 양심에는[養心] 과욕[寡欲]보다 더[於] 좋은 것은[善] 없다[莫]고 문맥을 잡게 된다. 이렇게 해보면 앞 문맥에선 문의가 성립되지 않지만, 뒤의 문맥에선 문의가 성립됨을 알 수 있다. 이렇게 살펴보면 養心莫善於寡欲은 영어의 1형식 문장과 같은 어투임을 알아챌 수 있다.

양심막선어과욕(養心莫善於寡欲)에서 양심(養心)의 양(養)은 영어의 동명사 또는 부정사(不定詞) 구실을 하면서 막(莫)을 꾸미는 부사구이고, 막(莫)은 자동사 〈없을 막(莫)〉으로 본동사이며, 선(善)은 주어이고, 어과욕(於寡欲)은 선(善)을 꾸미는 형용사구이다. 養心莫善於寡欲의 양(養)은 〈기를 육(育)〉과 같고 양육(養育)의 줄임말로 여기고, 심(心)은 심성(心性)의 줄임말이며, 막(莫)은 〈없을 무(無)〉와 같고, 선(善)은 〈좋은 것 량(良)〉과 같고, 어(於)는 비교 어조사(~보다 더)이며, 과(寡)는 〈적게 할 소(少)〉와 같고 영어의 동명사 구실을 하며, 욕(欲)은 과(寡)의 목적어로 〈바랄 탐(貪)〉과 같다.

무사(無私)하여 무사(無邪)한 마음을 심성(心性)이라 한다. 양심(養心)이란 그런 심성을 길러냄이다. 심성을 길러내는 데 가장 무서운 장애물이 곧 사욕이다. 그 사욕을 줄이면 과욕이고 사욕을 늘리면 다욕이다. 사욕을 줄이면 정비례하여 심성이 자라난다. 그러니 과욕보다 더 좋은 양심은 없다.

기를 양(養), 심성 심(心), 없을 막(莫), 좋은 것 선(善), 어조사(~보다 더) 어(於), 적게 할 과(寡), 욕심 욕(欲)

其爲人也寡欲(기위인야과욕) 雖有不存焉者(수유부존언자) 寡矣(과의)

▶ 그[其] 사람[人] 됨[爲]이[也] 욕심을[欲] 적게 하면[寡] 심성을[焉] 보존치 않는[不存] 일이[者] 있다[有]해도[雖] (심성의 기름을 보존하지 않는 일이) 적은 것[寡]이다[矣].

기위인야과욕수유부존언자과의(其爲人也寡欲雖有不存焉者寡矣)와 같은 어투에서는 양보의 종속절을 이끄는 수(雖)를 먼저 주목하면 문맥을 잡기가 쉽다. 其爲人也寡欲雖有不存焉者寡矣에서 雖有不存焉者가 양보의 종속절임을 알아챌 수 있으므로, 其爲人也寡欲雖有不存焉者寡矣는 其爲人也寡欲과 雖有不存焉者와 寡矣로 나누어지는 구문임을 알 수 있다. 그러면 기위인야과욕(其爲人也寡欲)하면 수유부존언자(雖有不存焉者)라도 과의(寡矣)이다처럼 대강의 문맥을 잡아볼 수 있어 기위인야과욕(其爲人也寡欲)을 조건의 종속절로 보고, 수유부존언자(雖有不存焉者)를 양보의 종속절로 보며, 과의(寡矣)가 주절임을 알아챌 수 있다.

조건의 종속절인 기위인야과욕(其爲人也寡欲)에서 기위인야(其爲人也)는 주어이고, 과(寡)는 타동사로 절의 본동사이며, 욕(欲)은 과(寡)의 목적어이므로, 其爲人也寡欲은 영어의 3형식 절과 같다. 其爲人也寡欲의 위(爲)는 〈될 성(成)〉과 같고, 야(也)는 주격 토씨(~이)이며, 과(寡)는 〈적게 할 소(少)〉와 같고, 욕(欲)은 〈바랄 탐(貪)〉과 같다. 그[其] 인간됨[爲人]이[也] 욕심을[欲] 적게 한다면[寡].

양보의 종속절인 수유부존언자(雖有不存焉者)에서 수(雖)는 양보의 종속절을 이끄는 영어의 종속접속사 though 같은 구실을 한다고 여기고, 유(有)는 자동사 〈있을 유(有)〉이므로 주어를 뒤에 두고, 부존언(不存焉)은 자(者)를 꾸미는 형용사절 구실을 하며, 자(者)는 유(有)의 주어이므로, 雖有不存焉者는 영어의 1형식 절과 같다. 특히 不存焉者는 不存於養心者에서 어양심(於養心)을 언(焉)으로 축약한 어투이므로, 언(焉)을 심성을[心] 기름[養]을[於]로 새겨주면 문의가 잘 드러난다. 심성을 기름을[焉] 보존하지 않는[不存] 일이[者] 있다[有]해도[雖].

주절인 과의(寡矣)는 不存焉者寡矣에서 주어인 부존언자(不存焉者)가 되풀이되므로 생략되어 술부만 남은 어투이지만, 영어의 2형식 절과 같은 어투로 여기고 문맥을 잡으면 문의가 더 잘 드러난다. 심성의 기름을[焉] 보존하지 않는[不存] 일이[者] 적은 것[寡]이다[矣].

그 기(其), 될 위(爲), 사람 인(人), 어조사(~이) 야(也), 적을 과(寡), 욕심 욕(欲), 비록 수(雖), 있을 유(有), 아니 부(不), 보존할 존(存), 이에 언(焉), 일 자(者), 적은것 과(寡), 어조사(~이다) 의(矣)

其爲人也多欲(기위인야다욕) 雖有存焉者(수유존언자) 寡矣(과의)

▶ 그[其] 사람[人] 됨[爲]이[也] 욕심을[欲] 많게 하면[寡] 심성을[焉] 보존하는[存] 일이[者] 있다[有]해도[雖] (심성의 기름을 보존하는 일이) 적은 것[寡]이다[矣].

기위인야다욕수유존언자과의(其爲人也多欲雖有存焉者寡矣)와 같은 어투에서는 양보의 종속절을 이끄는 수(雖)를 먼저 주목하면 문맥을 잡기 쉽다. 其爲人也多欲雖有存焉者寡矣에서 雖有存焉者가 양보의 종속절임을 알아챌 수 있으므로, 其爲人也多欲雖有存焉者寡矣는 其爲人也多欲과 雖有存焉者와 寡矣로 나누어지는 구문임을 알 수 있다. 그러면 기위인야다욕(其爲人也多欲)하면 수유존언자(雖有存焉者)라도 과의(寡矣)이다처럼 대강의 문맥을 잡아볼 수 있어 기위인야다욕(其爲人也多欲)을 조건의 종속절로 보고, 수유존언자(雖有存焉者)를 양보의 종속절로 보며, 과의(寡矣)를 주절임을 알아챌 수 있다.

조건의 종속절인 기위인야다욕(其爲人也多欲)에서 기위인야(其爲人也)는 주어이고, 다(多)는 타동사로 절의 본동사이며, 욕(欲)은 다(多)의 목적어이므로, 其爲人也多欲은 영어의 3형식 절과 같다. 其爲人也多欲의 위(爲)는 〈될 성(成)〉과 같고 야(也)는 주격 토씨(~이)이며, 다(多)는 〈과할 과(過)〉와 같고, 욕(欲)은 〈바랄 탐(貪)〉과 같다. 그[其] 인간됨[爲人]이[也] 욕심을[欲] 많게 한다면[多].

양보의 종속절인 수유존언자(雖有存焉者)에서 수(雖)는 양보의 종속절을 이끄는 영어의 종속접속사 though 같은 구실을 한다고 여기고, 유(有)는 자동사 〈있을 유(有)〉로 주어를 뒤에 두며, 존언(存焉)은 자(者)를 꾸미는 형용사절 같은 구실을 하고, 자(者)는 유(有)의 주어이므로, 雖有存焉者는 영어의 1형식 절과 같다. 특히 存焉者는 존어양심자(存於養心者)에서 어양심(於養心)을 언(焉)으로 축약한 어투이므로 언(焉)을 심성을[心] 기름[養]을[於]로 새기면 문의가 잘 드러난다. 심성을 기름을[焉] 보존하는[存] 일이[者] 있다[有]해도[雖].

주절 과의(寡矣)는 存焉者寡矣에서 주어인 존언자(存焉者)가 되풀이되므로 생략하여 술부만 남은 어투이지만, 영어의 2형식 절처럼 여기고 문맥을 잡으면 문의가 더 잘 드러난다. 심성의 기름을[焉] 보존하는[存] 일이[者] 적은 것[寡]이다[矣].

욕심을 부리면 부릴수록 심성(心性)을 사심(私心)이 밀어내버린다. 그러면 선악(善惡)이 두루 통하지 못하고 사사로움으로 갈라진다. 나[私]에게 유리하면 선(善)이고 불리하면 악(惡)이란 생각이 곧 사심(私心)의 선악(善惡)이다. 다욕(多欲)이란 사심의 선악을 끊임없이 부추기는 불쏘시개 같게 된다. 과욕인 사람은 양심을 팽개치게 마련이다. 지금은 심성을 저버리고 의욕만 앞세우는 세상이어서 양심이란 낱말조차도 모른다. 그래서 심성의 선악은 사라져가고 있다. 돈을 노리고 왜 살인을 하는가? 이는 사심이 다욕으로 치우쳐버린 끝이다.

그 기(其), 될 위(爲), 사람 인(人), 어조사(~이) 야(也), 많을 다(多), 욕심 욕(欲), 비록 수(雖), 있을 유(有), 보존할 존(存), 이에 언(焉), 일 자(者), 적은 것 과(寡), 어조사(~이다) 의(矣)

제36장

36장은 맹자가 증자(曾子)의 지극한 효성을 매우 쉽게 설명해주고 있는 장이다. 효(孝)는 살아 있는 어버이를 섬기는 예(禮)로 끝날 수 없고, 고인이 되어도 변함없이 선친(先親)을 사모하는 증자의 효성을 맹자가 칭송하고 있는 장이다.

【문지(聞之)】

증석기양조(曾晳嗜羊棗)

【원문(原文)】

曾晳嗜羊棗러니 曾子不忍食羊棗하니라 公孫丑問曰 膾炙與羊棗孰美니이꼬 孟子曰 膾炙哉인저 公孫丑曰 然則曾子는 何爲食膾炙而不食羊棗니이꼬 曰 膾炙는 所同也이고 羊棗는 所獨也이니라 諱名不諱姓하나니 姓은 所同也나 名은 所獨也일시니라
증석기양조 증자불인식양조 공손추문왈 회자여양조숙미 맹자왈 회자재 공손추왈 연즉증자 하위식회자이불식양조 왈 회자 소동야 양조 소독야 휘명불휘성 성 소동야 명 소독야

【해독(解讀)】

증석이 고욤을 좋아했었기에[曾晳嗜羊棗] 증자는 고욤을 차마 먹지 못했다[曾子不忍食羊棗]. 공손추가 (맹자께) 물어 여쭈었다[公孫丑問曰]. "고욤과 고기 중 어느 것이 맛있습니까[膾炙與羊棗孰美]?" 맹자가 말했다[孟子曰]. "고기지[膾炙哉]." 그렇다면 증자가 왜 회자 먹기를 행하면서 고욤을 먹지 않았느냐고 공손추가 여쭈었다[公孫丑曰然則曾子何爲食膾炙而不食羊棗]. (맹자가) 말해주었다[曰]. "날고기와 군고기는 다같이 먹기 좋아하는 것이고[膾炙所同也], 고욤은 홀로 먹기 좋아하는 것이다[羊棗所獨也]. 이름을 (부르기는) 꺼리지만 성씨를 (부르기는) 꺼리지 않는다[諱名不諱姓]. 성씨는 다같이 갖는 것이고[姓所同也], 이름은 홀로 갖는 것이다[名所獨也]."

【담소(談笑)】

曾晳嗜羊棗(증석기양조) 曾子不忍食羊棗(증자불인식양조)

▶ **증석이[曾晳] 고욤을[羊棗] 좋아했었기에[嗜] 증자는[曾子] 고욤을[羊棗] 차마[忍] 먹지 못했다[不食].**

증석기양조증자불인식양조(曾晳嗜羊棗曾子不忍食羊棗)와 같은 어투는 먼저 동사인 글자를 주목하고 구문의 골격을 나누어보면 문맥을 잡기 쉽다. 曾晳嗜羊棗曾子不忍食羊棗에서 〈좋아할 기(嗜)〉, 〈먹을 식(食)〉 두 글자가 동사이므로 曾晳嗜羊棗曾子不忍食羊棗의 골격을 曾晳嗜羊棗와 曾子不忍食羊棗로 나누어 따로 문맥을 잡아볼 수 있다.

한문투에서 구문의 골격은 동사를 중심으로 주어 + 타동사 + 목적어, 주어 + 자동사 + 보어, 주어 + 자동사 등으로 짜인다. 증석기양조(曾晳嗜羊棗)

의 골격은 주어(曾晳) + 타동사(嗜) + 목적어(羊棗)이고, 증자불인식양조(曾子不忍食羊棗)의 골격은 주어(曾子) + 타동사(食) + 목적어(羊棗)이다. 曾子不忍食羊棗에서 부정사(否定詞)인 불(不)과 부사인 인(忍)은 구문의 부수적인 요소이다. 그러니 曾晳嗜羊棗曾子不忍食羊棗는 두 구문이 독립한 것이 아니라 서로 관계 즉 문맥을 이루어서 하나의 구문을 이루고 있다. 증석기양조(曾晳嗜羊棗) 때문에 증자불인식양조(曾子不忍食羊棗)했다고 그 대강을 새기면 曾晳嗜羊棗와 曾子不忍食羊棗 사이의 관계 즉 문맥이 드러난다. 그러면 曾晳嗜羊棗曾子不忍食羊棗에서 曾晳嗜羊棗는 원인의 종속절이고, 曾子不忍食羊棗가 주절임을 알아채, 曾晳嗜羊棗曾子不忍食羊棗가 영어의 복문과 같은 어투임을 알 수 있다.

원인의 종속절인 증석기양조(曾晳嗜羊棗)에서 증석(曾晳)은 주어이고, 기(嗜)는 타동사로 절의 본동사이며, 양조(羊棗)는 기(嗜)의 목적어이므로 曾晳嗜羊棗는 영어의 3형식 절과 같은 어투이다. 증석(曾晳)은 증자(曾子)의 아버지이고, 기(嗜)는 〈좋아할 기(耆)〉와 같고, 양조(羊棗)는 고욤을 말한다.

주절인 증자불인식양조(曾子不忍食羊棗)에서 증자(曾子)는 주어이고, 불(不)은 식(食)의 부정사(否定詞)이며, 인(忍)은 식(食)을 꾸미는 부사이고, 식(食)은 타동사로 주절의 본동사이며, 양조(羊棗)는 식(食)의 목적어이다. 曾子不忍食羊棗의 증자(曾子)는 효성이 지극했다는 공자의 제자로 이름은 삼(參)이며, 인(忍)은 〈모질게 잔(殘)〉과 같고, 식(食)은 〈먹을 여(茹)〉와 같고 특히 〈먹을 식(食), 먹일 사(食)〉로 뜻에 따라 발음이 달라지므로 주의한다.

증자(曾子)는 공자의 제자 중에서 효성이 뛰어났다 한다. 고욤[羊棗]을 보면 고욤을 좋아했던 선친 생각이 앞서서 고염을 차마 먹을 수 없었다고 한다.

일찍 증(曾), 존칭 자(子), 좋아할 기(嗜), 양 양(羊), 대추 조(棗), 아니 불(不), 차마 인(忍), 먹을 식(食)

公孫丑問曰(공손추문왈) 膾炙與羊棗孰美(회자여양조숙미)

▶ 공손추가[公孫丑] (맹자께) 물어[問] 고욤[羊棗]과[與] 고기[膾炙] 중 어느 것이[孰] 맛있느냐고[美] 여쭈었다[曰].

공손추문왈회자여양조숙미(公孫丑問曰膾炙與羊棗孰美)는 영어의 3형식 문장과 같은 어투이다. 公孫丑問曰膾炙與羊棗孰美에서 공손추(公孫丑)는 주어이고, 문(問)은 왈(曰)을 꾸미는 부사이며, 왈(曰)은 타동사로 구문의 본동사이고, 회자여양조숙미(膾炙與羊棗孰美)는 왈(曰)의 목적절이다.

목적절인 회자여양조숙미(膾炙與羊棗孰美)는 孰膾炙與羊棗美에서 회자여양조(膾炙與羊棗)를 강조하려고 의문사로 주어인 숙(孰) 앞으로 전치한 어투이고, 미(美)는 자동사로 목적절의 본동사이므로, 영어의 1형식 의문절과 같다. 그러니 〈孰A與BC〉꼴을 알고 있으면 膾炙與羊棗孰美의 문맥은 아주 쉽게 잡힌다. 〈B와[與] A 중 어느 것이[孰] C한가?〉 膾炙與羊棗孰美의 회(膾)는 날고기 즉 회를 말하고, 자(炙)는 구운 고기를 말하며, 양조(羊棗)는 고욤을 말하고, 숙(孰)은 여기선 〈어느 것 하(何)〉와 같고, 미(美)는 〈맛날 감(甘)〉과 같고 감미(甘美)의 줄임말로 여기고 새긴다.

두루 공(公), 자손 손(孫), 사람이름 추(丑), 물을 문(問), 말할 왈(曰), 날고기 회(膾), 구운 고기 자(炙), 어조사(~과) 여(與), 양 양(羊), 대추 조(棗), 어느 것 숙(孰), 맛있을 미(美)

孟子曰(맹자왈) 膾炙哉(회자재)

▶ 맹자가[孟子] 고기[膾炙]라고[哉] 말해주었다[曰].

맹자왈회자재(孟子曰膾炙哉)는 영어의 3형식 문장과 같은 어투이다. 孟子曰膾炙哉에서 맹자(孟子)는 주어이고, 왈(曰)은 타동사로 본동사이며, 회자재(膾炙哉)는 왈(曰)의 목적구이고, 재(哉)는 의미 없는 어조사(~이지) 정도이므로 무시하고 문맥을 잡아도 된다. 膾炙哉의 회(膾)는 흰색의 날고기를 뜻하고, 자(炙)는 붉은색의 구운 고기를 뜻한다.

맏 맹(孟), 존칭 자(子), 말할 왈(曰), 날고기 회(膾), 군고기 자(炙), 어조사(~이지) 재(哉)

公孫丑曰(공손추왈) 然則曾子何爲食膾炙而不食羊棗(연즉증자하위식회자이불식양조)

▶ 그렇다면[然則] 증자는[曾子] 왜[何] 회자[膾炙] 먹기를[食] 행하면[爲]서[而] 고욤을[羊棗] 먹지 않았느냐고[不食] 공손추가[公孫丑] 여쭈

었다[曰].

공손추왈연즉증자하위식회자이불식양조(公孫丑曰然則曾子何爲食膾炙而不食羊棗)는 영어의 3형식 문장과 같은 어투이다. 公孫丑曰然則曾子何爲食膾炙而不食羊棗에서 공손추(公孫丑)는 주어이고, 왈(曰)은 타동사로 구문의 본동사이며, 연즉증자하위식회자이불식양조(然則曾子何爲食膾炙而不食羊棗)는 왈(曰)의 목적절이다.

왈(曰)의 목적절인 연즉증자하위식회자이불식양조(然則曾子何爲食膾炙而不食羊棗)는 然則曾子何爲食膾炙而曾子何不食羊棗에서 되풀이되는 증자하(曾子何)를 생략한 어투로, 영어의 3형식 절 둘이 합쳐진 구문과 같다. 연즉증자하위식회자(然則曾子何爲食膾炙)에서 연즉(然則)은 부사이고, 증자(曾子)는 주어이며, 하(何)는 의문부사이며, 위(爲)는 타동사로 절의 본동사이고, 식(食)은 영어의 동명사 같은 구실을 하면서 위(爲)의 목적어이고, 회자(膾炙)는 식(食)의 목적어이다. 然則曾子何爲食膾炙의 하(何)는 〈왜 갈(曷)〉과 같고, 위(爲)는 〈행할 행(行)〉과 같으며, 식(食)은 〈먹을 여(茹)〉와 같고 특히 〈먹을 식(食), 먹일 사(食)〉이므로 발음을 주의한다. 이불식양조(而不食羊棗)에서 이(而)는 역접의 연사인 〈그러나 이(而)〉이고, 불(不)은 식(食)의 부정사(否定詞)이며, 식(食)은 타동사로 절의 본동사이고, 양조(羊棗)는 식(食)의 목적어이다.

두루 공(公), 자손 손(孫), 사람이름 추(丑), 말할 왈(曰), 그럴 연(然), 곧 즉(則), 왜 하(何), 행할 위(爲), 먹을 식(食), 날고기 회(膾), 군고기 자(炙), 그리고 이(而), 아니 불(不), 양 양(羊), 대추 조(棗)

膾炙所同也(회자소동야)

▶ **날고기와[膾] 군고기는[炙] 다같이 먹기를 좋아하는[同] 것[所]이다[也].**

회자소동야(膾炙所同也)는 〈AB也〉꼴로 영어의 2형식 문장과 같은 어투이다. 〈A(膾炙)는 B(所同)이다[也]〉 膾炙所同也는 膾炙所同嗜食也에서 앞의 문맥으로 보충될 수 있으므로 同嗜食의 기식(嗜食)을 생략한 어투로, 생략된 내용을 보충해서 우리말로 새겨주어야 膾炙所同也의 문맥과 걸맞은 문의가 드러난다. 그래서 所同의 동(同)을 다 같이 먹기를 좋아하는[同]으로 새겨야 문맥이 잡힌다. 膾炙所同也에서 회자(膾炙)는 주어이며, 소동(小同)은 보어이고, 야(也)는 구문을 결정짓는 어조사(~이다)이다. 所同의 소(所)는 영어 형용사절의 종속접속사 구실을 한다고 여긴다. 말하자면 所同食의 소(所)는 what did A의 what과 같다는 말이고, 또는 that which did A의 that which와 같다는 말이다. A를 한(did) 것(what), A를 한(did) 것(that which), 다 같이[同] 먹는[食] 것[所].

날고기 회(膾), 군고기 자(炙), 바 소(所), 다 같이 동(同), ~이다 야(也)

羊棗所獨也(양조소독야)

▶ **고욤은[羊棗] 홀로 먹기를 좋아하는[獨] 것[所]이다[也].**

양조소독야(羊棗所獨也)는 〈AB也〉꼴로 영어의 2형식 문장과 같은 어투이다. 〈A(羊棗)는 B(所獨)이다[也]〉 羊棗所獨也는 羊棗所獨嗜食也에서 앞의 문맥으로 보충될 수 있으므로 獨嗜食의 기식(嗜食)을 생략한 어투로, 생략된 내용을 보충해서 우리말로 새겨주어야 羊棗所獨也의 문맥과 걸맞은 문의가 드러난다. 그래서 所獨의 독(獨)을 홀로 먹기를 좋아하는[獨]으로 새겨야 문맥이 잡힌다. 羊棗所獨也에서 양조(羊棗)는 주어이며, 소독(所獨)은 보어이고, 야(也)는 구문을 결정짓는 어조사(~이다)이다.

고기는 누구나 먹기 좋아하는 먹을거리이다. 그러나 고욤[羊棗]은 누구나 다 좋아하는 먹을거리가 아니다. 유독 증자의 선친이 양조(羊棗)를 좋아했기 때문에 고욤을 보면 선친 생각이 떠올라 증자는 차마 먹지 못했다는 것이다. 지극한 효성이란 이러함이다.

양 양(羊), 대추 조(棗), 바 소(所), 홀로 독(獨), ~이다 야(也)

諱名不諱姓(휘명불휘성)

▶ **이름을[名] (부르기는) 꺼리지만[諱] 성씨를[姓] (부르기는) 꺼리지 않는다[不諱]**

휘명불휘성(諱名不諱姓)은 人諱名 而人不諱姓에서 일반주어인 〈사람들 인(人)〉을 생략한 어투로, 영어의 중문과 같다. 사람들은[人] 이름을[名] 꺼린다[諱]. 그러나[而] 사람들은[人] 성씨를[姓] 꺼리지 않는다[不諱]〉 그러니 諱名不諱姓은 諱名과 不諱姓으로 나누어 문맥을 잡아보면 쉽게 잡힌다.

휘명(諱名)에서 휘(諱)는 타동사로 구문의 본동사이고, 명(名)은 휘(諱)의 목적어이므로, 비록 주어가 생략돼 있지만 영어의 3형식 문장과 같은 어투이다. 불휘성(不諱姓)에서 불(不)은 휘(諱)의 부정사(否定詞)이고, 휘(諱)는 타동사로 구문의 본동사이며, 성(姓)은 휘(諱)의 목적어이므로, 비록 주어가 생략돼 있지만 영어의 3형식 문장과 같은 어투이다.

휘명불휘성(諱名不諱姓)의 휘(諱)는 〈꺼릴 기(忌)〉와 같고, 명(名)은 명칭(名稱)의 줄임말로 여기고, 성(姓)은 성씨(姓氏)의 줄임말로 여기고 새기면 문맥이 통한다.

꺼릴 휘(諱), 이름 명(名), 아니 불(不), 성씨 성(姓)

姓所同也(성소동야)

▶ 성씨는[姓] 다 같이 갖는[同] 것[所]이다[也].

성소동야(姓所同也)는 〈AB也〉꼴로 영어의 2형식 문장과 같은 어투이다. 〈A(姓)는 B(所同)이다[也]〉 姓所同也는 姓所同有也에서 앞뒤 문맥으로 보충될 수 있으므로 同有의 〈가질 유(有)〉를 생략한 어투로, 생략된 내용을 보충해서 우리말로 새겨주어야 姓所同也의 문맥과 걸맞은 문의가 드러난다. 그래서 所同의 동(同)을 다 같이 갖는[同]으로 새겨야 문맥이 잡힌다.

성소동야(姓所同也)에서 성(姓)은 주어이며, 소동(所同)은 보어이고, 야(也)는 구문을 결정짓는 어조사(~이다)이다. 소동(所同)의 소(所)는 영어 형용사절의 종속접속사 구실을 한다고 여긴다. 말하자면 所同有의 소(所)는 what had A의 what과 같다는 말이고, 또는 that which had A의 that which과 같다는 말이다. A를 가진(had) 것(what), A를 가진(had) 것(that which), 다 같이[同] 갖는[有] 것[所].

성씨 성(姓), 바 소(所), 다 같이 동(同), ~이다 야(也)

名所獨也(명소독야)

▶ 이름은[名] 홀로 갖기를 좋아하는[獨] 것[所]이다[也].

명소독야(名所獨也)는 〈AB也〉꼴로 영어의 2형식 문장과 같은 어투이다. 〈A(名)는 B(所獨)이다[也]〉 名所獨也는 名所獨有也에서 앞뒤 문맥으로 보충될 수 있으므로 獨有의 유(有)를 생략한 어투로, 생략된 내용을 보충해서 우리말로 새겨주어야 名所獨也의 문맥과 걸맞은 문의(文意)가 드러난다. 그래서 所獨의 독(獨)을 홀로 갖는[獨]으로 새겨야 문맥이 잡힌다. 名所獨也에서 명(名)은 주어이며, 소독(所獨)은 보어이고, 야(也)는 구문을 결정짓는 어조사(~이다)이다.

이름 명(名), 바 소(所), 홀로 독(獨), ~이다 야(也)

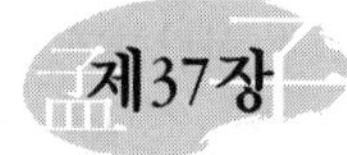

제37장

37장은 맹자가 공자의 향원덕지적야(鄕原德之賊也)란 말씀을 빌려 인간형을 넷으로 나누어 밝히고 있는 장이다. 중도자(中道者)・광자(狂者)・현자(獧者)・향원(鄕原)으로 인간형을 밝히고 있는 장이다. 이렇게 하여 맹자는 공자가 정언(定言)해 놓은 군자무본(君子務本)의 무본(務本)을 다시금 반경(反經)으로 해석해 두고 있는 장이다. 상도에[道] 응하는[中] 사람[者]이 군자(君子)라면, 사이비(似而非) 군자는 곧 향원(鄕原)이다. 공자가 향원을 미워한다[惡鄕原]고 밝힌 것을 증거 삼아 인간 소인배를 꼼짝 못하게 질타하고 있는 장이다.

【문지(聞之) 1】

광자진취현자유소불위(狂者進取獧者有所不爲)

【원문(原文)】

萬章問曰 孔子在陳하사 曰盍歸乎來리오 吾黨之士狂簡하야 進
만장문왈 공자재진 왈합귀호래 오당지사광간 진
取하되 不忘其初라 하시니 孔子在陳하사 何思魯之狂士시니이꼬
취 불망기초 공자재진 하사로지광사
孟子曰 孔子不得中道而與之인댄 必也狂獧乎인저 狂者는 進取
맹자왈 공자부득중도이여지 필야광현호 광자 진취
요 獧者는 有所不爲也이라 하시니 孔子豈不欲中道哉시리오마는
현자 유소불위야 공자기불욕중도재
不可必得이라 故로 思其次也이시니라
불가필득 고 사기차야

【해독(解讀)】

만장이 (맹자께) 물어 여쭈었다[萬章問曰]. "공자께서 진나라에 계셨을 때

[孔子在陳] (공자께서) 말씀하셨답니다[曰]. '어찌 돌아가지 않을 것인가[盍歸乎來]? 내 고향의 선비들은 과감하고 간명하고[吾黨之士狂簡] 미래를 향하며[進取] 그들의 초심을 잊지 않는다[不忘其初].' 공자께서 진나라에 계셨을 때[孔子在陳] 왜 (공자께선) 노나라의 과감한 선비들을 생각하셨는지요[何思魯之狂士]?" 맹자가 말했다[孟子曰]. "공자께선 중도를 취하는 사람을 얻지 못한다면[孔子不得中道] 반드시 말이야 과감하고 고집스런 자들 그들과 함께 하셨던 것이라네[而與之必也狂獧乎]! 과감한 사람은 미래를 향해 나아가는 사람이고[狂者進取], 고집스런 사람한테는 행하지 않는 바가 있는 것이네[獧者有所不爲也]. 공자께서 어찌 도리에 응하기를 바라지 않았을 것인가[孔子豈不欲中道哉]? (공자께서 중도를 좇는 자를) 아무래도 얻을 수 없었네[不可必得]. 그래서 (공자께선) 중도의 버금을 생각했던 것이네[故思其次也]."

【담소(談笑)】

萬章問曰(만장문왈) 孔子在陳曰(공자재진왈) 盍歸乎來(합귀호래) 吾黨之士狂簡(오당지사광간) 進取(진취) 不忘其初(불망기초)

▶ 만장이[萬章] (맹자께) 물어[問] 여쭈었다[曰]. "공자께서[孔子] 진나라에[陳] 계셨을 때[在] 어찌[盍] 돌아가지 않을 것[歸]인가[乎來]? 내[吾] 고향[黨]의[之] 선비들은[士] 과감하고[狂] 간명하고[簡] 미래를 향하며[進取], 그들의[其] 초심을[初] 잊지 않는다고[不忘] 말씀하셨다[曰]."

만장문왈공자재진왈합귀호래오당지사광간진취불망기초(萬章問曰孔子在陳曰盍歸乎來吾黨之士狂簡進取不忘其初)의 문맥을 잡으려면 먼저 〈말할 왈(曰)〉을 주목하면 쉽게 문맥이 잡힌다. 그러면 공자재진왈합귀호래오당지사광간진취불망기초(孔子在陳曰盍歸乎來吾黨之士狂簡進取不忘其初)가 萬章問曰에서 왈(曰)의 목적절임을 쉽게 알아챌 수 있다. 그러니 孔子在陳曰盍歸乎來吾黨之士狂簡進取不忘其初의 문맥을 잡으면 전체 문맥이 잡힌다.

공자재진왈합귀호래오당지사광간진취불망기초(孔子在陳曰盍歸乎來吾黨之士狂簡進取不忘其初)는 孔子在陳 孔子曰盍吾歸乎來 而孔子曰吾黨之士狂簡 而孔子曰進取 而孔子曰不忘其初에서 되풀이되는 공자왈(孔子曰)을 생략

한 어투로, 다섯 구문이 마치 하나의 구문처럼 엮인 셈이다. 이러한 어투는 뜻글로 짜이는 한문투의 특장(特長)이라고 할 수 있다. 그러나 소리글로 한문투의 문맥을 잡아 새길 때는 먼저 생략된 내용을 찾아내 떠올리지 못하면 문맥을 잡기도 어렵거니와 문의를 건져내기가 어려워진다. 孔子在陳曰盍歸乎來吾黨之士狂簡進取不忘其初를 孔子在陳 孔子曰盍歸乎來 而孔子曰吾黨之士狂簡 而孔子曰進取 而孔子曰不忘其初와 같이 구문의 짜임을 나누어놓고 보면, 공자왈(孔子曰)의 왈(曰)이 네 개의 목적절을 두고 있음을 알아챌 수 있다. 그러면 孔子在陳曰盍歸乎來吾黨之士狂簡進取不忘其初를 孔子在陳과 曰盍歸乎來吾黨之士狂簡進取不忘其初로 나누어 다음처럼 대강의 문맥을 잡아볼 수 있다. 공자재진(孔子在陳) 때 (공자가) 합귀호래(盍歸乎來)하고 오당지사광간(吾黨之士狂簡)하며 진취(進取)하고 불망기초(不忘其初)한다고 말했다[曰]. 그러므로 孔子在陳曰盍歸乎來吾黨之士狂簡進取不忘其初를 시간의 부사절을 둔 영어의 복문 같은 어투로 여기고 문맥을 잡을 수 있다.

시간의 부사절인 공자재진(孔子在陳)에서 공자(孔子)는 주어이고, 재(在)는 자동사로 절의 본동사이며, 진(陳)은 장소의 부사이다. 孔子在陳을 孔子在於陳에서 어조사인 〈~에서 어(於)〉를 생략한 어투로 여기고 새긴다는 말이다. 독립구문이라면 孔子在陳을 공자가[孔子] 진나라에[陳] 있었다[在]고 새기겠지만, 여기선 시간의 종속절로 보고 새겨야 문맥이 통하므로 공자가[孔子] 진나라에[陳] 있었을 때[在]라고 새긴다. 이는 한문투의 구문에는 영어의 when과 같은 종속접속사가 없기 때문이라고 여기면 편하다.

공자왈(孔子曰)의 목적절인 합귀호래(盍歸乎來)는 何不吾歸乎來에서 하불(何不)을 합(盍)으로 축약하고, 귀(歸)의 주어인 〈나 오(吾)〉가 생략된 어투로, 영어의 1형식 의문문 같은 어투임을 알아채야 盍歸乎來의 문맥을 잡을 수 있다. 어찌[何] 내[吾] 돌아가지 않을 것[不歸]인가[乎來]? 盍歸乎來에서 합(盍)은 의문사 겸 귀(歸)의 부정사(否定詞)이고, 귀(歸)는 자동사로 절의 본동사이며, 호래(乎來)는 의문문을 결정짓는 어조사(~인가)이다. 호래(乎來)의 내(來)는 오로지 어조를 위한 어조사일 뿐이니 호래(乎來)는 호(乎)와 같다고 여긴다. 盍歸乎來의 합(盍)은 하불(何不)과 같고, 귀(歸)는 〈돌아갈 거(去)〉와 같다. 어찌[何] ~ 않느냐[不].

공자왈(孔子曰)의 두 번째 목적절인 오당지사광간(吾黨之士狂簡)은 吾黨之士狂 而吾黨之士簡에서 되풀이되는 오당지사(吾黨之士)를 생략하고 영어의 2형식 절 둘을 하나로 묶은 어투이다. 내[吾] 고향[黨]의[之] 선비들은[士] 과감하고[狂] 그리고[而] 내[吾] 고향[黨]의[之] 선비들은[士] 간명하다[簡]를, 내[吾] 고향[黨]의[之] 선비들은[士] 과감하고[狂] 간명하다[簡]로 줄인 어투란 말이다. 吾黨之士狂簡의 오(吾)는 오지(吾之)의 줄임인 셈이니 소유격인 〈나의 오(吾)〉이고, 당(黨)은 〈고향 향(鄕)〉과 같고 향당(鄕黨)의 줄임말로 여기고, 지(之)는 소유격 토씨(~의)이며, 광(狂)은 〈과감할 과(果)〉와 같고, 간(簡)은 〈간단할 단(單)〉과 같고 간단(簡單)의 줄임말로 여기면 문맥이 통한다. 물론 광간(狂簡)의 광(狂)을 〈과격할 격(激)〉으로 새겨도 문맥이 통하고, 간(簡)을 〈정성스러운 성(誠)〉으로 새겨도 문맥이 통한다.

공자왈(孔子曰)의 세 번째 목적절인 진취(進取)는 吾黨之士進取에서 되풀이되는 오당지사(吾黨之士)를 생략하여 영어의 2형식 절 둘을 하나로 묶은 셈이다. 내[吾] 고향[黨]의[之] 선비들은[士] 미래를 취한다[進取]. 진취(進取)란 앞으로 나아감이니 미래를 향하여 나아감이고 개방적이란 말이다.

공자왈(孔子曰)의 마지막 목적절인 불망기초(不忘其初)는 吾黨之士不忘其初心에서 되풀이되는 오당지사(吾黨之士)를 생략하고, 문맥으로 보충될 수 있으므로 초심(初心)의 심(心) 또는 초지(初志)의 지(志)를 생략한 어투로, 영어의 2형식 절과 같다. 내[吾] 고향[黨]의[之] 선비들은[士] 그들의[其] 초심을[初] 잊지 않는다[不忘].

일만 만(萬), 글 장, 물을 문(問), 말할 왈(曰), 클 공(孔), 존칭 자(子), 있을 재(在), 진나라 진(陳), 어찌~않느냐 합(盍), 돌아갈 귀(歸), 어조사 호(乎), 어조사 래(來), 내 오(吾), 고향 당(黨), 어조사(~의) 지(之), 선비 사(士), 과감할 광(狂), 간명할 간(簡), 나아갈 진(進), 취할 취(取), 아니 불(不), 잊을 망(忘), 그 기(其), 처음 초(初)

孔子在陳(공자재진) 何思魯之狂士(하사로지광사)

▶ 공자께서[孔子] 진나라에[陳] 계셨을 때[在] 왜[何] (공자께선) 노나라[魯]의[之] 과감한[狂] 선비들을[士] 생각했는가[思]?

공자재진하사로지광사(孔子在陳何思魯之狂士)는 만장왈(萬章曰)의 목적절이지만 독립구문으로 여기고 문맥을 잡아도 된다. 孔子在陳何思魯之狂士는 영어의 복문과 같은 어투이다. 孔子在陳何思魯之狂士에는 〈있을 재(在)〉, 〈생각할 사(思)〉가 동사 구실을 하므로 孔子在陳何思魯之狂士를 孔子在陳과 何思魯之狂士로 나누어 먼저 문맥을 잡아본다.

공자재진(孔子在陳)에서 공자(孔子)는 주어이고, 재(在)는 자동사로 절의 본동사이며, 진(陳)은 장소의 부사이다. 孔子在陳을 독립 구문으로 여기면 공자가[孔子] 진나라에[陳] 있었다[在]고 새기겠지만, 여기선 시간의 종속절로 새겨야 문맥이 통하므로 공자가[孔子] 진나라에[陳] 있었을 때[在]로 새긴다. 이는 한문투의 구문에는 영어의 when과 같은 종속접속사가 없기 때문이라고 여기면 편하다.

주절인 하사로지광사(何思魯之狂士)는 何孔子思魯之狂士에서 주어인 공자(孔子)가 앞 문맥으로 보충될 수 있으므로 생략된 어투로, 영어의 3형식절과 같다. 何孔子思魯之狂士에서 하(何)는 의문부사이고, 사(思)는 타동사로 절의 본동사이며, 노지(魯之)와 광(狂)은 사(士)를 꾸미는 형용사이고, 사(士)는 사(思)의 목적어이다. 何思魯之狂士의 하(何)는 〈왜 갈(曷)〉과 같고, 사(思)는 〈생각할 려(慮)〉와 같고 사려(思慮)의 줄임말로 여기고, 노지((魯之)의 지(之)는 소유격 토씨(~의)이고, 광(狂)은 〈과감할 과(果)〉와 같다.

광사(狂士)란 미친 선비란 말이 아니다. 불의(不義)에 과격한 선비를 말한다. 이러한 선비야말로 공자가 바라는 선비이다. 왜냐하면 공자의 행동은 의지여차(義之與此)로 관철되는 까닭이다. 간사(簡士) 역시 의(義)만을 생각하므로 사리를 간명하게 따져 분별할 수 있는 선비이다. 의[義]와[之] 더불어[與] 좇는다[此].

> 클 공(孔), 존칭 자(子), 있을 재(在), 진나라 진(陳), 왜 하(何), 생각할 사(思), 노나라 로(魯), 어조사(~의) 지(之), 과감할 광(狂), 선비 사(士)

孔子不得中道(공자부득중도) 而與之必也狂猥乎(이여지필야광현호)

▶ 공자께서[孔子] 도리에[道] 응하는 사람을[中] 얻지 못한다[不得]면[而] 반드시[必] 말이야[也] 과감하고[狂] 고집스런 자[猥] 그들과[之] 함께 하셨던 것[與]이라네[乎]!

공자부득중도이여지필야광현호(孔子不得中道而與之必也狂獧乎)는 맹자왈(孟子曰)의 목적절이지만 독립구문으로 삼아 문맥을 잡아도 된다. 孔子不得中道者 而孔子與之必也狂者與獧者乎에서 앞 문맥으로 보충될 수 있으므로 되풀이되는 〈사람 자(者)〉와, 〈함께 할 여(與)〉의 주어인 공자(孔子)를 생략한 어투이다. 그러므로 孔子不得中道而與之必也狂獧乎의 문맥에 걸맞은 문의를 건지려면 중도(中道)를 중도자(中道者)로 여기고, 광현(狂獧)을 광현자(狂獧者)로 여기고 새겨 문맥을 잡아야 孔子不得中道者 而孔子與之必也狂者與獧者乎의 문의가 드러난다. 中道를 중도자(中道者)로 여기고 도리에 응하는 사람[中道]으로 새기고, 광현(狂獧)의 광(狂)을 광자(狂者)로 여기고 과감한 사람[狂]으로 새기며, 광현(狂獧)의 현(獧)을 고집스런 사람[獧]으로 여기고 새겨야, 전체 문맥이 잡히고 문의가 드러난다는 말이다.

그리고 공자부득중도이여지필야광현호(孔子不得中道而與之必也狂獧乎)에서 이(而)를 주목하면 孔子不得中道와 與之必也狂獧乎로 나누어 문맥을 잡을 수 있음을 알아챌 수 있고, 이(而)를 연접의 연사인 〈그러면 이(而)〉로 새기면 孔子不得中道와 與之必也狂獧乎의 문맥이 통함을 알아챌 수 있다.

공자부득중도(孔子不得中道)에서 공자(孔子)는 주어이고, 부(不)는 득(得)의 부정사(否定詞)이고 득(得)은 타동사로 절의 본동사이며, 중도(中道)는 도(道)의 목적어이므로, 孔子不得中道는 영어의 3형식 절과 같은 어투이다. 孔子不得中道의 득(得)은 〈얻을 획(獲)〉과 같고 획득(獲得)의 줄임말로 여기고, 中道의 중(中)은 〈응할 응(應)〉과 같고, 도(道)는 도리(道理)의 줄임말로 여기고 새긴다.

이여지필야광견호(而與之必也狂獧乎)에서 이(而)는 〈그러면 이(而)〉이고, 여(與)는 타동사로 절의 본동사이며, 지(之)는 여(與)의 목적어이고, 필야(必也)는 어세를 높이는 어조사이며, 광현(狂獧)은 지(之)의 동격으로 여(與)의 목적어이고, 호(乎)는 감탄절을 결정짓는 어조사(~다네)이므로, 而與之必也狂獧乎는 영어의 3형식 감탄절과 같은 어투이다. 而與之必也狂獧乎의 여(與)는 〈함께할 동(同)〉과 같고, 지(之)는 지시대명사이며, 필(必)은 〈반드시 정(定)〉과 같고, 광(狂)은 〈과감할 과(果)〉와 같고, 현(獧)은 〈고집할 견(狷)〉과 같고, 현자(獧者)는 견자(狷者)와 같은 말이며, 호(乎)는 감탄어조사인 재(哉)와 같다고 여긴다.

클 공(孔), 존칭 자(子), 아닐 부(不), 얻을 득(得), 응할 중(中), 도리 도(道), 어조사(~면) 이(而), 함께 할 여(與), 그 지(之), 반드시 필(必), 어조사 야(也), 과감할 광(狂), 고집스런 현(獧), 감탄어조사 호(乎)

狂者進取(광자진취)

▶ **과감한[狂] 사람은[者] 미래를 향해 나아가는 사람이다[進取].**

광자진취(狂者進取)는 狂者進取者에서 되풀이되는 자(者)를 생략한 어투로 영어의 2형식 문장과 같다. 狂者進取에서 광자(狂者)는 주어이고, 진취(進取)는 보어이다. 狂者進取이지만 생략된 자(者)를 보충해 狂者進取者로 여기고 새기면 狂者進取의 문의가 잘 드러난다. 狂者進取의 광(狂)은 〈과감할 과(果)〉와 같고, 자(者)는 지인(之人)의 축약이며, 진(進)은 〈앞설 전(前)〉과 같고 전진(前進)의 줄임말로 여기고, 취(取)는 〈얻을 득(得)〉과 같고 취득(取得)의 줄임말로 여기고 새긴다.

광자(狂者)는 세운 뜻을 펼쳐 나아가 획득하는 과감한 사람을 말한다. 광자는 겁자(怯者)의 반대되는 인간형인 셈이다. 겁쟁이는 꽁무니를 내리고 일을 피하면서 변명을 늘어놓기 일쑤다. 이런 겁쟁이가 선비라면 간신(奸臣)으로 드러나기 마련이다.

과감할 광(狂), 놈 자(者), 나아갈 진(進), 취할 취(取)

獧者有所不爲也(현자유소불위야)

▶ **고집스런[獧] 사람한테는[者] 행하지 않는[不爲] 바가[所] 있는 것[有]이다[也].**

현자유소불위야(獧者有所不爲也)는 〈A有B也〉꼴로 영어의 1형식 문장과 같은 어투이다. 〈A(獧者)에는 B(所不爲)가 있는 것[有]이다[也]〉 獧者有所不爲也에서 현자(獧者)는 유(有)를 꾸미는 부사이고, 유(有)는 동명사 또는 부정사(不定詞) 구실을 하는 주어이고, 소(所)는 유(有)의 주어이며, 불위(不爲)는 소(所)를 꾸미는 형용사절이고, 야(也)는 구문을 결정짓는 어조사(~이다)이다. 만약 獧者有所不爲也에서 구문을 결정짓는 어조사인 야

(也)를 무시하고 獧者有所不爲로 여기고 문맥을 잡으면, 유(有)가 자동사〈있을 유(有)〉 본동사이므로 의[義]를 고집하는[獧] 사람한테는[者] 행하지 않는[不爲] 바가[所] 있다[有]고 새기게 된다. 두 경우 모두 어조가 달라질 뿐 문의는 다르지 않다. 그러니 獧者有所不爲也에는 동사가 없고 주어만 있는 어투로, 이는 한문투의 특장(特長)인 셈이다. 獧者有所不爲也의 현(獧)은 〈고집할 견(獧)〉과 같고, 현자(獧者)는 견자(狷者)와 같은 말이며, 불위(不爲)의 위(爲)는 〈행할 행(行)〉과 같고 행위(行爲)의 줄임말로 여기고 새긴다.

현자(獧者)는 결코 제 뜻을 버리지 않으려고 고집한다. 불의(不義)든 의(義)이든 제 뜻해도 고집할 뿐이다. 그러니 현자(獧者)한테 있다는 소불위(所不爲)란 불의(不義)를 고집하면 의(義)를 저버리고, 의(義)를 고집하면 불의(不義)를 저버리는 고집을 부리기 마련이다. 그래서 의를[義] 지키며[守] 그[其] 뜻을[志] 굽히지 않는[不屈] 자[者]의 현자(獧者)도 있을 것이고 불의를 고집하는 현자(獧者)도 있을 터이니 고집스런 사람이 현자(獧者)인 셈이다.

고집스런 현(獧), 놈 자(者), 있을 유(有), 바 소(所), 아니 불(不), 할 위(爲), ~이다 야(也)

孔子豈不欲中道哉(공자기불욕중도재)

▶ 공자께서[孔子] 어찌[豈] 도리에[道] 응하기를[中] 바라지 않았을 것[不欲]인가[哉]?

공자기불욕중도재(孔子豈不欲中道哉)는 영어의 3형식 의문문과 같은 어투이다. 孔子豈不欲中道哉에서 공자(孔子)는 주어이고, 기(豈)는 의문부사이며, 불(不)은 욕(欲)의 부정사(否定詞)이고, 욕(欲)은 타동사로 본동사이며, 중도(中道)는 욕(欲)의 목적구이고, 재(哉)는 기(豈)와 더불어 의문문을 부드럽게 결정짓는 어조사(~인가)이다. 孔子豈不欲中道哉의 기(豈)는 〈어찌 하(何)〉와 같고, 욕(欲)은 〈바랄 망(望)〉과 같고 욕망(欲望)의 줄임말로 여기고, 중(中)은 〈응할 응(應)〉과 같고, 도(道)는 〈이치 리(理)〉와 같고 도리(道理)의 줄임말로 여기고, 재(哉)는 〈~인가 호(乎)〉와 같이 여기고 새긴다.

맹자의 위와 같은 반문(反問)은 공자가 자하(子夏)에게 해준 말씀을 생각나게 한다. "여위군자유(女爲君子儒)오 무위소인유(無爲小人儒)하라." 너는[女] 크나큰[君子] 선비가[儒] 되어야지[爲] 작은[小人] 선비는[儒] 되지[爲] 말아라[無]. 공자의 이런 말씀을 떠올린다면 불욕중도(不欲中道)의 도(道)를 곧 군자지도(君子之道)로 새겨 깨달을 수 있는 일이다. 조선조에 대유(大儒)가 소유(小儒)보다 많았더라면 유자(儒者)들이 공자를 배반하지 않았을 터이다.

> 클 공(孔), 존칭 자(子), 어찌 기(豈), 아니 불(不), 바랄 욕(欲), 응할 중(中), 도리 도(道), 어조사(~인가) 재(哉)

不可必得(불가필득)

▶ (공자께서 중도를 좇는 자를) 아무래도[必] 얻을[得] 수 없었다[不可].

불가필득(不可必得)은 孔子不可必得中道에서 앞 문맥으로 보충될 수 있으므로 주어인 공자(孔子)와, 득(得)의 목적어인 중도(中道)를 생략한 어투이지만, 영어의 3형식 문장같이 여기고 문맥을 잡는다. 그러니 不可必得은 구문의 동사만 남긴 어투인 셈이다. 이처럼 한문투는 반복되거나 앞 문맥으로 보충될 수 있는 내용이라면 사정없이 생략해버리는 어투가 극심하다.

불가필득(不可必得)에서 불(不)은 득(得)의 부정사(否定詞)이고, 가(可)는 영어의 조동사 can과 같고 불가(不可)는 영어의 cannot과 같다고 여기고, 필(必)은 득(得)을 꾸미는 부사이며, 득(得)은 목적어가 생략되어 있지만 타동사로 구문의 본동사이다. 不可必得의 가(可)는 〈잘할 능(能)〉과 같고, 필(必)은 〈반드시 정(定)〉과 같지만 부정문에서는 〈아무리 해도 필(必)〉로 새기면 문맥이 통하고, 득(得)은 〈얻을 획(獲)〉과 같고 획득(獲得)의 줄임말로 여기고 새긴다.

> 아니 불(不), 가할 가(可), 아무리 해도 필(必), 얻을 득(得)

故(고)

▶ 그래서[故]

고(故)는 고왈(故曰)의 줄임이고, 고왈(故曰)은 시고왈(是故曰)을 줄인 꼴이다. 위의 내용[是]이므로[故] 다음처럼 말한다[曰]는 뜻으로 쓰인다. 앞의 내용을 근거로 하여 판단이나 결론을 내릴 때 쓰이고, 고왈(故曰)을 줄여 그냥 고(故)로 할 때가 더 보통이다. 시고왈(是故曰)의 고(故)는 승상기하(承上起下)의 연접이므로 영어의 therefore을 연상하면 쉽다. 앞의 내용을[上] 이어서[承] 새로운 내용을[下] 제기한다[起].

그래서 고(故)

思其次也(사기차야)

▶ (공자께서) 중도의[其] 버금을[次] 생각했던 것[思]이다[也].

사기차야(思其次也)는 孔子思其次也에서 되풀이되는 내용이므로 사(思)의 주어인 공자(孔子)를 생략한 어투이고, 〈AB也〉꼴로 영어의 2형식 문장과 같다. 思其次也에서 주어가 생략돼 있고, 사(思)는 영어의 동명사 또는 부정사(否定詞)와 같으면서 보어이고, 기(其)는 차(次)의 관형사이며, 차(次)는 사(思)의 목적어이고, 야(也)는 구문을 결정짓는 어조사(~이다)이다. 思其次也의 사(思)는 〈생각할 려(慮)〉와 같고, 기(其)는 중도지(中道之)를 대신하며, 차(次)는 〈버금 아(亞)〉와 같다.

공자가 진(陳)나라에서 백방으로 중도(中道)를 좇는 선비를 찾아보려고 애를 썼음을 불가필득(不可必得)의 필(必)과 사기차야(思其次也)의 차(次)가 잘 나타내주고 있다. 진(陳)나라에는 공자가 갈망하던 대유(大儒)가 없었기에 차라리 과격하고 고집스러운 선비라도 있었으면 좋겠다는 공자의 안타까움을 필(必)과 차(次) 두 자(字)로써 능히 드러내주어 후세(後世)를 뜨끔하게 하고 있는 중이다.

생각할 사(思), 그 기(其), 버금 차(次), ~이다 야(也)

【문지(聞之) 2】

하이위지광야(何以謂之狂也)

【원문(原文)】

敢問何如斯可謂狂矣이니꼬 曰如琴張曾晳牧皮者는 孔子之所
감 문 하 여 사 가 위 광 의 왈 여 금 장 증 석 목 피 자 공 자 지 소
謂狂矣니라 何以謂之狂也니이꼬 曰其志嘐嘐然 曰古之人古之
위 광 의 하 이 위 지 광 야 왈 기 지 효 효 연 왈 고 지 인 고 지

人이라 하되 夷考其行而不掩焉者也이니라 狂者를 又不可得이어
인 이고기행이불엄언자야 광자 우불가득
든 欲得不屑不潔之士而與之하시니 是는 獧也이니 是又其次也
욕득불설불결지사이여지 시 현야 시우기차야
이니라

【해독(解讀)】

(만장이 맹자께) 감히 여쭈었다[敢問]. “어쩌면 과감한 사람들이라고 칭할 수 있는 것인가요[何如斯可謂狂矣]?” (맹자가 만장에게) 말해주었다[曰]. “금장과 증석과 목피 같은 자들이[如琴張曾晳牧皮者] 공자께서 과감한 사람들이라 일컬은 것이지[孔子之所謂狂矣].” (만장이 다시 여쭈었다) “무엇 때문에 그 분들을 과감하다고 일컬은 것인가요[何以謂之狂也]?” (맹자가 만장에게) 말해주었다[曰]. “그들의 뜻은 큰소리치는 모양새로[其志嘐嘐然] 옛날의 사람은 옛날의 사람은 말했지만[曰古之人古之人] 그들의 행실을 공평하게 따져보면 곧 (그들의 행실이) 그들의 말을 거두지 못한 것이지[夷考其行而不掩焉者也]. 또한 과감한 사람을 얻을 수 없다면[狂者又不可得] (공자께서는) 달갑지 않고 깨끗지도 않다는 선비라도 얻어서 그와 함께하기를 바랐다네[欲得不屑不潔之士而與之]. 이런 사람이 고집스런 사람이지[是獧也]. 이런 사람이 또한 광자(狂者)의 버금이라네[是又其次也].”

【담소(談笑)】

敢問何如斯可謂狂矣(감문하여사가위광의)

▶ (만장이 맹자께) 감히[敢] 물었다[問]. “어쩌[何如]면[斯] 과감한 사람들이라고[狂] 칭할 수 있는 것[可謂]인가요[矣]?”

감문하여사가위광의(敢問何如斯可謂狂矣)는 萬章敢問於孟子何如斯可謂狂矣에서 앞 문맥으로 보충될 수 있으므로 문(問)의 주어인 만장(萬章)과 간접목적구인 어맹자(於孟子)를 생략한 어투로, 영어의 3형식 문장과 같다. 敢問何如斯可謂狂矣에서 감(敢)은 문(問)을 꾸미는 부사이고, 문(問)은 타동사로 본동사이며, 하여사가위광의(何如斯可謂狂矣)는 문(問)의 목적절이다. 何如斯可謂狂矣의 하여(何如)는 〈어찌 하(何), 어찌 여(如)〉와 같은 말로 의문사를 겹치게 하여 강한 의문을 나타냈고, 사(斯)는 여기선 어조사(~면) 정도로 여기고, 가(可)는 〈가능할 능(能)〉과 같고, 위(爲)는 〈일컬을 칭(稱)〉

과 같고, 광(狂)은 〈과감할 과(果)〉와 같고, 의(矣)는 〈어조사 야(也)〉와 같다고 여긴다.

감히 감(敢), 물을 문(問), 어찌 하(何), 어찌 여(如), 어조사 사(斯), 과감할 광(狂), ~이다 의(矣)

曰(왈) 如琴張曾皙牧皮者(여금장증석목피자) 孔子之所謂狂矣(공자지소위광의)

▶ (맹자가 만장에게) 말해주었다[曰]. "금장과[琴張] 증석과[曾皙] 목피[牧皮] 같은[如] 자들이[者] 공자[孔子]께서[之] 과감한 사람들[狂]이라 일컬은 것[謂]이다[矣]."

왈여금장증석목피자공자지소위광의(曰如琴張曾皙牧皮者孔子之所謂狂矣)는 孟子曰如琴張曾皙牧皮者孔子之所謂狂矣에서 앞 문맥으로 보충될 수 있으므로 왈(曰)의 주어인 맹자(孟子)를 생략한 어투로, 영어의 3형식 문장과 같다. 曰如琴張曾皙牧皮者孔子之所謂狂矣에서 왈(曰)은 타동사로 본동사이고, 여금장증석목피자공자지소위광의(如琴張曾皙牧皮者孔子之所謂狂矣)는 왈(曰)의 목적절이다. 왈(曰)의 목적절인 如琴張曾皙牧皮者孔子之所謂狂矣에서 여금장증석목피자(琴張曾皙牧皮者)까지는 주부이고, 공자지소위광(孔子之所謂狂)까지는 술부이며, 의(矣)는 절을 결정짓는 어조사(~이다)이다.

여금장증석목피자공자지소위광의(如琴張曾皙牧皮者孔子之所謂狂矣)의 주부인 여금장증석목피자(琴張曾皙牧皮者)는 〈如A者〉꼴로 如A가 자(者)를 꾸미는 형용사라고 여기면 문맥이 잡힌다. 물론 〈如A者〉가 〈如A之人〉의 지인(之人)을 자(者)로 축약한 경우라면 A(琴張曾皙牧皮)와 같은[如] 사람들[者]〉로 새기고, 〈如A之事〉의 지사(之事)를 자(者)로 축약한 경우라면 A와 같은[如] 것[者]으로 새긴다.

여금장증석목피자공자지소위광의(如琴張曾皙牧皮者孔子之所謂狂矣)의 술부인 공자지소위광의(孔子之所謂狂矣)는 所孔子謂狂矣에서 공자(孔子)를 소(所) 앞으로 전치하면서 허사로 토씨 지(之)를 더한 어투이므로, 孔子之所謂狂矣를 所孔子謂狂矣로 여기고 문맥을 잡으면 쉽다. 공자[孔子]가[之] 과감한 사람[狂]이라 일컫는[謂] 바[所]이다[矣].

여금장증석목피자(琴張曾晳牧皮者)의 여(如)는 〈같을 사(似)〉와 같고, 금장(琴張)·증석(曾晳)·목피(牧皮)는 모두 공자의 제자들이며, 자(者)는 지인(之人)의 축약으로 여기고 새긴다. 공자지소위광의(孔子之所謂狂矣)의 지(之)는 주격 토씨(~가)이고, 위(謂)는 〈일컬을 칭(稱)〉과 같고, 광(狂)은 〈과감할 과(果)〉와 같다.

말할 왈(曰), 같을 여(如), 거문고 금(琴), 베풀 장(張), 일찍 증(曾), 밝을 석(晳), (마소를) 칠 목(牧), 가죽 피(皮), 놈 자(者), 클 공(孔), 존칭 자(子), 바 소(所), 일컬을 위(謂), 과감할 광(狂), ~이다 의(矣)

何以謂之狂也(하이위지광야)

▶ 무엇[何] 때문에[以] 그분들을[之] 과감하다고[狂] 일컬은 것[謂]인가[也]?

하이위지광야(何以謂之狂也)는 〈謂AB〉꼴로 영어의 5형식 의문문과 같은 어투이다. 〈A(之)를 B(狂)라고 칭한다[謂]〉 何以孔子謂之狂也에서 앞 문맥으로 보충될 수 있으므로 위(謂)의 주어인 공자(孔子)를 생략한 어투이고, 何以謂之狂也에서 하이(何以)는 원인의 의문 부사구이며, 위(謂)는 타동사로 본동사이고, 지(之)는 위(謂)의 목적어이며, 광(狂)은 목적격 보어이고, 야(也)는 하이(何以)와 더불어 의문문을 결정짓는 어조사(~인가)이다. 何以謂之狂也의 이(以)는 〈때문에 인(因)〉과 같고, 위(謂)는 〈일컬을 칭(稱)〉과 같으며, 지(之)는 앞의 금장(琴張)·증석(曾晳)·목피(牧皮)를 대신하는 복수 지시대명사이므로 〈그분들 지(之)〉로 새기고, 광(狂)은 〈과감할 과(果)〉와 같고, 하이(何以)와의 야(也)는 〈~인가 호(乎)〉와 같다.

무엇 하(何), 때문에 이(以), 일컬을 위(謂), 그들 지(之), 과감할 광(狂), ~인가 야(也)

曰(왈) 其志嘐嘐然曰古之人古之人(기지효효연왈고지인고지인) 夷考其行(이고기행) 而不掩焉者也(이불엄언자야)

▶ (맹자가 만장에게) 말해주었다[曰]. "그들의[其] 뜻은[志] 큰소리치는[嘐嘐] 모양새로[然] 옛날[古]의[之] 사람은[人] 옛날[古]의[之] 사람은[人] 말했지만[曰] 그들의[其] 행실을[行] 공평하게[夷] 따져보면[考] 곧[而] (그들의 행실이) 그들의 말을[焉] 거두지 못한[不掩] 것[者]이다[也]."

왈기지효효연왈고지인고지인이고기행이불엄언자야(日其志嘐嘐然日古之人古之人夷考其行而不掩焉者也)는 孟子日其志嘐嘐然日古之人古之人夷考其行而不掩焉者也에서 앞 문맥으로 보충될 수 있으므로 왈(日)의 주어인 맹자(孟子)를 생략한 어투로, 영어의 3형식 문장과 같다. 日其志嘐嘐然日古之人古之人夷考其行而不掩焉者也에서 왈(日)은 타동사로 본동사이고, 기지효효연왈고지인고지인이고기행이불엄언자야(其志嘐嘐然日古之人古之人夷考其行而不掩焉者也)까지는 왈(日)의 목적절이다.

그러나 왈(日)의 목적절인 기지효효연왈고지인고지인이고기행이불엄언자야(其志嘐嘐然日古之人古之人夷考其行而不掩焉者也)에는 〈말할 왈(日),〉〈살필 고(考)〉, 〈거둘 엄(掩)〉 등 동사가 셋이므로 其志嘐嘐然日古之人古之人夷考其行而不掩焉者也을 기지효효연왈고지인고지인(其志嘐嘐然日古之人古之人)과 이고기행(夷考其行) 그리고 이불엄언자야(而不掩焉者也) 셋으로 나누어 먼저 각각의 문맥을 따로 잡아본 다음 서로의 관계를 따져 전체 문맥을 잡아가야 문맥을 잡기 쉽다. 기지효효연왈고지인고지인(其志嘐嘐然日古之人古之人)하지만 이고기행(夷考其行)하면 이불엄언자야(而不掩焉者也)이다, 이처럼 서로의 관계를 잡아보면 대강의 문맥이 잡힌다. 말하자면 其志嘐嘐然日古之人古之人夷考其行而不掩焉者也에서 기지효효연왈고지인고지인(其志嘐嘐然日古之人古之人)을 양보의 종속절로 여기고, 이고기행(夷考其行)을 조건의 분사구로 여기면서 이불엄언자야(而不掩焉者也)를 주절로 여기고 새기면 전체의 문맥이 잡힌다는 말이다. 그러므로 (孟子)日其志嘐嘐然日古之人古之人夷考其行而不掩焉者也에서 (孟子)日의 양보의 종속절인 其志嘐嘐然日古之人古之人과 조건의 분사구인 夷考其行과 그리고 주절인 不掩焉者也 등으로 이루어져 있음을 알아채면 日其志嘐嘐然日古之人古之人夷考其行而不掩焉者也의 문맥이 잡히는 것이다.

양보의 종속절인 기지효효연왈고지인고지인(其志嘐嘐然日古之人古之人)에서 기지(其志)는 주어이고, 효효연(嘐嘐然)은 왈(日)을 꾸미는 부사구이며, 왈(日)은 양보절의 본동사이고, 고지인고지인(古之人古之人)은 목적구이므로 영어의 3형식 절과 같은 어투이다. 기지(其志)는 효효연하게[嘐嘐然] 고지인고지인[古之人古之人]을 말하지만[日]. 其志嘐嘐然日古之人古之人의 기지(其志)는 금장지지(琴張之志)와 증석지지(曾晳之志) 그리고 목피지지(牧皮之志)를 하나로 묶은 어투이므로 그들의[其] 뜻들[志]로 새기고, 嘐嘐然의 효(嘐)는 〈큰 소리칠 과(誇)〉와 같고, 연(然)은 〈모양새 모(貌)〉와 같고, 고지인(古之人)의 지(之)는 소유격 토씨(~의)이므로 줄여서 고인(古人)으로 해도 된다.

조건의 분사구인 이고기행(夷考其行)에서 이(夷)는 고(考)를 꾸미는 부사이고, 고(考)는 영어의 분사 같은 구실을 하며, 기행(其行)은 고(考)의 목적어이다. 기행[其行]을 이[夷]하게 고찰한다면[考]. 夷考其行의 이(夷)는 〈공평하게 평(平)〉과 같고, 고(考)는 〈살필 찰(察)〉과 같고 고찰(考察)의 줄임말로 여기고 새긴다.

주절인 이불엄언자야(而不掩焉者也)는 而其行不掩於其志者也에서 엄(掩)의 주어인 기행(其行)을 되풀이되는 내용이므로 생략하고, 어기지(於其志)를 언(焉)으로 축약한 어투로, (其行)不掩焉이 자(者)를 꾸미는 형용사절이라고 여기면 而不掩焉者也의 문맥이 잡힌다. 기행[其行]이 기지[其志]를[於] 거두어들이지 못했다는[不掩] 것[者]이다[也]로 문맥이 잡힌다. 而不掩焉者也의 이(而)는 〈곧 즉(則)〉과 같고, 엄(掩)은 〈거두어들일 렴(斂)〉과 같고, 언(焉)은 어시(於是) 즉 여기선 어기지(於其志)의 축약이다. 특히 而不掩焉者也와 같은 어투에서 언(焉)의 구실을 잘 알지 못하면 문맥을 잡기가 난감하다. 언(焉)은 한문투에서 구문을 결정짓는 어조사(~이다) 뿐만 아니라 다양한 구실을 하므로 다음처럼 정리해두면 문맥을 잡기 편하다.

① 〈어찌(어떻게) 언(焉)〉 = 하(何) : 〈爲A焉爲B〉, 〈A를 하는데[爲] 어찌[焉] B를 하겠나[爲]?〉

② 〈~보다 더 언(焉)〉 = 어(於) = 호(乎) : 〈爲A焉爲B〉, 〈B를 하는 것[爲]보다도 더[焉] A를 한다[爲]〉

③ 〈이윽고 언(焉)〉 : 〈爲A焉爲B〉, 〈A를 하더니[爲] 이윽고[焉] B를 한다[爲]〉

④ 〈무엇 언(焉)〉 = 하(何) : 〈焉爲〉, 〈무엇을[焉] 하는가[爲]?〉

⑤ 〈이에 언(焉)〉 = 어시(於是) : 어시(於是)를 축약한 글자이다.

말할 왈(曰), 그 기(其), 뜻 지(志), 큰소리칠 효(嘐), 모양 연(然), 옛 고(古), 어조사(~의) 지(之), 사람 인(人), 공평하게 이(夷), 살펴볼 고(考), 행실 행(行), 어조사(곧) 이(而), 아니 불(不), 거들 엄(掩), 이에 언(焉), 것 자(者)

狂者又不可得(광자우불가득) 欲得不屑不潔之士而與之(욕득불설불결지사이여지)

▶ 또한[又] 과감한[狂] 사람을[者] 얻을 수 없다면[不可得] (공자께서는) 달갑지 않고[不屑] 깨끗지도 않다[不潔]는[之] 선비라도[士] 얻어[得]서[而] 그와[之] 함께하기를[與] 바랐다[欲].

광자우불가득욕득불설불결지사이여지(狂者又不可得欲得不屑不潔之士而與之)는 맹자왈(孟子曰)의 목적절이지만 독립구문으로 여기고 문맥을 잡아도 문의는 달라지지 않는다. 狂者又不可得欲得不屑不潔之士而與之에는 〈얻을 득(得)〉, 〈바랄 욕(欲)〉 등 동사가 둘 있으므로 狂者又不可得과 欲得不屑不潔之士而與之로 나누어 먼저 문맥을 잡아본 다음, 두 구문의 관계를 살펴 전체의 문맥을 잡는 쪽이 편하다.

광자우불가득(狂者又不可得)은 孔子又不可得狂者에서 득(得)의 주어인 공자(孔子)를 앞 문맥으로 보충될 수 있으므로 생략하고, 득(得)의 목적어인 광자(狂者)를 강조하려고 앞으로 전치한 어투이므로, 영어의 3형식 절처럼 볼 수 있다. 그러나 狂者又不可得의 득(得)이 영어의 분사 구실을 한다고 여기면 狂者又不可得을 분사구로 여길 수도 있다. 욕득불설불결지사이여지(欲得不屑不潔之士而與之) 역시 孔子欲得不屑不潔之士 而孔子欲與之에서 되풀이되는 공자(孔子)를 다 생략하고 되풀이되는 욕(欲)을 생략한 어투로, 영어의 3형식 절과 같은 구문 둘이 하나로 묶인 어투이다. 이제 狂者又不可得과 欲得不屑不潔之士而與之 사이를 다음처럼 관계 지어 문맥을 잡아볼 수 있다. 광자우불가득(狂者又不可得)하면 욕득불설불결지사이여지(欲得不屑不潔之士而與之)한다. 그러면 狂者又不可得을 조건의 종속절 내지 조건의 분사구로 여기고, 欲得不屑不潔之士而與之를 주절로 여기면 전체 문맥이 잡힌다.

조건의 종속절인 광자우불가득(狂者又不可得)에서 광자(狂者)는 득(得)의 목적어이고, 우(又)는 부사이며, 불(不)은 득(得)의 부정사(否定詞)이고,

가(可)는 득(得)의 조동사이며, 득(得)은 타동사로 절의 본동사이므로, 狂者又不可得은 영어의 3형식 절처럼 여기고 문맥을 잡는다. 狂者又不可得의 광자(狂者)는 狂之人의 지인(之人)을 자(者)로 축약한 어투이고, 광(狂)은 여기선 〈과감할 과(果)〉와 같고, 불가(不可)는 불능(不能)과 같고, 득(得)은 〈얻을 획(獲)〉과 같다고 여기고 새긴다.

주절인 욕득불설불결지사이여지(欲得不屑不潔之士而與之)에서 욕(欲)은 타동사로 본동사이고, 득(得)은 영어의 부정사(不定詞) 같으면서 욕(欲)의 목적어이며, 불설불결지(不屑不潔之)는 사(士)를 꾸미는 형용사구이고, 사(士)는 득(得)의 목적어이며, 이(而)는 연접의 연사인 〈그리고 이(而)〉로 새기고, 여(與)는 영어의 부정사(不定詞)와 같으면서 욕(欲)의 목적어이고, 지(之)는 여(與)의 목적어이므로, 영어의 3형식 절과 같은 어투이다. 욕득사(欲得士)를 hope to get A처럼 여기면 득(得)이 영어의 부정사(不定詞) 구실을 하는 것을 알아챌 수 있다는 것이다. 사를[士] 얻고[得] 싶다[欲], A를 얻고(to get) 싶다(hope). 欲得不屑不潔之士而與之의 욕(欲)은 〈바랄 망(望)〉과 같고, 득(得)은 〈얻을 획(獲)〉과 같으며, 설(屑)과 결(潔)은 서로 같은 말이지만 여기선 설(屑)을 〈달가워할 호(好)〉로 여기고 새기면 문맥이 통하고, 결(潔)은 〈깨끗할 청(淸)〉과 같고, 여(與)는 〈함께할 동(同)〉과 같고, 지(之)는 불설불결지사(不屑不潔之士)를 대신하는 지시대명사이다.

과감할 광(狂), 놈 자(者), 또 우(又), 아니 불(不), 가할 가(可), 얻을 득(得), 바랄 욕(欲), 달갑게 여길 설(屑), 깨끗할 결(潔), 어조사(~한) 지(之), 선비 사(士), 그리고 이(而), 함께할 여(與), 그들 지(之)

是獧也(시현야)

▶ **이런 사람이[是] 고집스런 사람[獧]이다[也].**

시현야(是獧也)는 〈AB也〉꼴로 영어의 2형식 문장과 같은 어투이다. 〈A(是)는 B(獧)이다[也]〉 是獧也에서 시(是)는 주어이고, 현(獧)은 보어이며, 야(也)는 구문을 결정짓는 어조사(~이다)이다. 물론 是獧也는 앞 문맥으로 보아 不屑不潔之士獧者也에서 불설불결지사(欲得不屑不潔之士)를 시(是)로 대신하고 獧者의 자(者)를 생략한 어투이다. 是獧也의 현(獧)은 〈고집할 견(狷)〉과 같고, 현자(獧者)는 견자(狷者)와 같은 말로 고집스런[獧] 사람[者]을 뜻한다.

이 시(是), 고집스런 현(獧), ~이다 也

是又其次也(시우기차야)

▶ 이[是] 또한[又] 광자[狂者]의[其] 버금[次]이다[也].

시우기차야(是又其次也)는 〈AB也〉꼴로 영어의 2형식 문장과 같은 어투이다. 〈A(是)는 B(其次)이다[也]〉 是又其次也에서 시(是)는 주어이고, 우(又)는 부사이며, 기차(其次)는 보어이며, 야(也)는 구문을 결정짓는 어조사(~이다)이다. 물론 是又其次也는 앞 문맥으로 보아 不屑不潔之士를 시(是)로 대신하고, 狂者之次의 광자지(狂者之)를 관형사인 기(其)로 대신한 어투이다. 是又其次也의 차(次)는 〈버금 아(亞)〉와 같다.

이 시(是), 또한 우(又), 그 기(其), 버금 차(次), ~이다 야(也)

【문지(聞之) 3】

향원덕지적야(鄕原德之賊也)

【원문(原文)】

孔子曰(공자왈) 過我門而不入我室(과아문이불입아실)이라도 我不憾焉者(아불감언자)는 其惟鄕原乎(기유향원호)인저 鄕原(향원)은 德之賊也(덕지적야)이라하시니 曰(왈) 何如斯可謂之鄕原矣(하여사가위지향원의)니이꼬 曰(왈) 何以是嘐嘐也(하이시효효야)하여 言不顧行(언불고행)하고 行不顧言(행불고언)이요 則曰(즉왈) 古之人古之人(고지인고지인)이여하며 行何爲踽踽凉凉(행하위우우량량)이리오 生斯世也(생사세야)하여 爲斯世也(위사세야)엔 善斯可矣(선사가의)라 閹然媚於世也者(엄연미어세야자)가 是鄕原也(시향원야)이니라

【해독(解讀)】

"공자께서 말했다[孔子曰]. '나의 집 앞을 지나가면서도[而] 나의 집을 들르지 않아도[過我門而不入我室] 내가 그자를 서운해하지 않는 사람[我不憾焉者], 그자는 오직 향원이라네[其惟鄕原乎]. 향원은 덕의 도둑이다[鄕原德之賊也].'" (만장이 맹자께) 여쭈었다[曰]. "어찌 이 그것을 향원이라 칭할 수 있는 것입니까[何如斯可謂之鄕原矣]?" (맹자가) 말해주었다[曰]. "이 큰 소리를 가지고 무엇 하자는 것인가[何以是嘐嘐也]? 말은 행동을 돌보아주지 않고[言

不顧行] 행동은 말을 돌보아주지 않으면서[行不顧言] 곧장 옛 사람 옛 사람을 뇌까린다[則曰古之人古之人]. (향원의) 행동거지는 무엇 하자고 타달거리고 경박한지[行何爲踽踽凉凉]. 이 세상에 태어나서[生斯世也] 이 세상을 위해서[爲斯世也] 착하면 곧 마땅한 것이다[善斯可矣]. 고자같이 세상에 아첨하려는 놈[閹然媚於世也者], 이것이 향원이다[是鄕原也]."

【담소(談笑)】

孔子曰(공자왈) 過我門而不入我室(과아문이불입아실) 我不憾焉者其惟鄕原乎(아불감언자기유향원호)

▶ **공자께서 말했다[孔子曰]. "나의[我] 집 앞을[門] 지나가면[過]서도[而] 나의[我] 집을[室] 들리지 않아도[不入] 내가[我] 그자를[焉] 서운해하지 않는[不憾] 사람[者], 그자는[其] 오직[惟] 향원[鄕原]이라네[乎]."**

과아문이불입아실아불감언자기유향원호(過我門而不入我室我不憾焉者其惟鄕原乎)는 공자왈(孔子曰)의 목적절이지만 독립구문으로 여기고 문맥을 잡아도 문의는 달라지지 않는다. 過我門而不入我室我不憾焉者其惟鄕原乎와 같은 어투의 문맥을 잡으려면 먼저 구문 안에서 동사를 주목하고 그 동사를 중심으로 구문을 나누어보는 것이 문맥을 잡아가기가 쉽다. 過我門而不入我室我不憾焉者其惟鄕原乎에는 〈지나갈 과(過)〉, 〈들 입(入)〉, 〈서운해할 감(憾)〉 등 세 개의 동사가 있으므로 過我門 而不入我室 我不憾焉者 그리고 其惟鄕原乎와 같이 過我門而不入我室我不憾焉者其惟鄕原乎를 나누어볼 수 있다. 여기서 過我門而不入我室로 묶어볼 수 있고 我不憾焉者其惟鄕原乎로 묶어볼 수 있으니, 결국 過我門而不入我室我不憾焉者其惟鄕原乎는 두 구문으로 나누어 문맥을 잡아본다.

과아문이불입아실(過我門而不入我室)은 或人過我門 而或人不入我室에서 일반주어인 어떤 사람[或人]을 생략했다고 보면 過我門而不入我室을 〈어떤[或] 사람이[人] 나의[我] 집을[門] 지나갔다[過]. 그러나[而] 그 사람이[或人] 나의[我] 집을[室] 들리지 않았다[不入]〉 고 새길 수 있다. 이는 過我門而不入我室을 過我門과 而不入我室을 따로 나누어 문맥을 잡아 새긴 셈이다. 그러나 過我門而不入我室을 묶어서 서로 관계를 지어서 문맥을 잡으면, 어떤[或] 사람이[人] 나의[我] 집을[門] 지나가면[過]서도[而] 나의[我] 집을[室] 들리지 않았다[不入]고 새길 수 있다. 과아문이불입아실(過我門而不入我室)의 과

(過)는 〈지날 경(經)〉과 같고 경과(經過)의 줄임말로 여기고, 아문(我門)의 아(我)는 소유격인 〈나의 아(我)〉이며, 문(門)은 여기선 〈집 가(家)〉로 여기고 가문(家門)의 줄임말로 여기고 새기면 문맥이 통하고, 이(而)는 역접의 연사인 〈그러나 이(而)〉이며, 아실(我室)의 아(我) 역시 소유격인 〈나의 아(我)〉이고, 실(室) 역시 〈집 가(家)〉로 여기고 새기면 문맥이 통한다.

아불감언자기유향원호(我不憾焉者其惟鄕原乎)의 문맥을 잡으려면 기(其)의 쓰임새를 알아채야 문맥을 잡기가 쉽다. 만약 其惟鄕原乎가 其鄕原乎라면, 기(其)는 향원(鄕原)의 관형사 즉 영어의 정관사 the처럼 여길 수 있다. 그러나 其惟鄕原乎의 유(惟)가 있으므로 기(其)가 지시대명사로 주어임을 알 수 있다. 〈오직 유(惟)〉로 부사이기 때문이다. 그러면 其惟鄕原乎에서 기(其)는 주어이고, 유(惟)는 술부를 꾸미는 부사이며, 향원(鄕原)은 보어이고, 호(乎)는 구문을 부드럽게 결정짓는 어조사(~이네)로 여기고 문맥을 잡을 수 있다. 이처럼 기(其)의 쓰임새를 알아채면 我不憾焉者其惟鄕原乎에서 아불감언자(我不憾焉者)가 기(其)의 동격관계임이 드러난다. 아불감언(我不憾焉)하는 자[者] 그는[其] 오직[惟] 향원[鄕原]이네[乎]로 我不憾焉者其惟鄕原乎의 문맥이 잡힌다는 말이다. 我不憾焉者는 我不憾於是者의 어시(於是)를 축약한 어투이고, 어시(於是)의 시(是)는 집 앞을 지나치면서도 들르지 않는 사람을 가리키는 지시어이다. 그러니 我不憾焉者의 언(焉)을 그런 사람을[焉]로 새겨야 我不憾焉者의 문의가 드러난다. 我不憾焉者는 〈A者〉꼴로, A가 자(者)를 꾸미는 형용사 내재 형용사절임을 알아채면 我不憾焉者의 문맥은 쉽게 잡힌다. 〈A(我不憾焉)하는 자[者]〉 我不憾焉者는 我不憾焉之人의 지인(之人)을 자(者)로 축약한 어투이므로 〈사람 자(者)〉로 새기면 我不憾焉者의 문의가 드러난다. 我不憾焉者의 아(我)는 주격 〈나 아(我)〉이고, 감(憾)은 〈섭섭해할 한(恨)〉과 같고 유감(遺憾)의 줄임말로 여기고 새기면 문맥이 통한다.

향원(鄕原)은 한 고을에서 사이비(似而非) 군자 소인배(小人輩)를 말한다. 말하자면 우물 안 개구리 같은 속물 소인배를 말한다. 패를 지어 골목대장 놈이 향원이란 말이다. 대의(大義)를 저버리고 고을 사람들을 홀리는 소인배이면서 겉으로는 군자인 척하는 놈이 어느 고을에 가나 있다. 유지랍시고 소박한 시골뜨기를 등치는 놈들 말이다. 성현은 이런 소인배를 가장 미위한다.

지나갈 과(過), 나의 아(我), 문간 문(門), 그러나 이(而), 아니 불(不), 들 입(入), 집 실(室), 내 아(我), 서운해할 감(憾), 어시 언(焉), 놈 자(者), 그 기(其), 오직 유(惟), 고을 향(鄕), 토박이 원(原), ~인저 호(乎)

鄕原德之賊也(향원덕지적야)

▶ 향원은[鄕原] 덕[德]의[之] 도둑[賊]이다[也].

향원덕지적야(鄕原德之賊也) 역시 공자왈(孔子曰)의 목적절이지만 독립 구문으로 여기고 문맥을 잡아도 된다. 鄕原德之賊也는 〈AB也〉꼴로 영어의 2형식 문장과 같은 어투이다. 〈A(鄕原)는 B(德之賊)이다[也]〉 鄕原德之賊也에서 향원(鄕原)은 주어이고, 덕지(德之)는 적(賊)을 꾸미는 형용사이며, 적(賊)은 보어이고, 야(也)는 구문을 결정짓는 어조사(~이다)이다. 鄕原德之賊也의 덕(德)은 여기선 좋은 가르침[感化]으로 여기고 새기면 문맥이 통하고, 德之의 지(之)는 소유격 토씨(~의)이며, 적(賊)은 〈도둑 도(盜)〉와 같고 도적(盜賊)의 줄임말로 여기고 새긴다.

위의 말씀은 『논어(論語)』「양화(陽貨)」편 13장에 그대로 나오는 말씀이다. 향원은 패를 지어서 불화(不和)를 일삼는 무리이므로 공자가 사정없이 원망하는 것이다. 향원은 군자를 경원(輕遠)하면서 패거리지어 싸움질을 부추긴다. 향원은 군자화이부동(君子和而不同)을 비웃고 군자주이불비(君子周而不比)를 비아냥거린다. 군자는[君子] 어울리면[和]서도[而] 패거리 짓지 않는다[不同]. 군자는[君子] 두루 통하면[周]서도[而] 견주지 않는다[不比]. 그러나 향원은 패거리를 짓되 어울리지 않고 견주되 두루 하지 않는다. 그러니 공자가 덕을 훔쳐 제 것인 양 삼는 놈인 향원을 용서할 리 없다.

고을 향(鄕), 토박이 원(原), 큰 덕(德), 어조사(~의) 지(之), 도둑 적(賊)

曰(왈) 何如斯可謂之鄕原矣(하여사가위지향원의)

▶ (만장이 맹자께) 여쭈었다[曰]. "어찌[何如] 이[斯] 그것을[之] 향원이라[鄕原] 칭할 수 있는 것[可謂]입니까[矣]?"

왈하여사가위지향원의(曰何如斯可謂之鄕原矣)는 萬章曰何如可謂斯鄕原矣에서 앞 문맥으로 보충될 수 있으므로 왈(曰)의 주어인 만장(萬章)을 생략하고, 위(謂) 바로 뒤에 와야 할 사(斯)를 전치하고 그 빈 자리에 지(之)를 더한 어투로, 영어의 3형식 문장과 같다. 曰何如斯可謂之鄕原矣에서 왈(曰)은 타동사로 본동사이고, 하여사가위지향원의(何如斯可謂之鄕原矣)는 의문절로 왈(曰)의 목적절이다.

왈(曰)의 목적절인 하여사가위지향원의(何如斯可謂之鄕原矣)는 何如孔子斯可謂之鄕原矣에서 앞 문맥으로 보충될 수 있으므로 위(謂)의 주어인 공자(孔子)를 생략한 어투로, 영어의 5형식 의문절과 같은 어투이다. 何如斯可謂之鄕原矣에서 하여(何如)는 의문부사이고, 사(斯)는 위(謂)의 목적어이며, 가(可)는 위(謂)의 조동사이고, 위(謂)는 타동사로 절의 본동사이며, 지(之)는 전치된 사(斯)의 허사이고, 향원(鄕原)은 목적격 보어이고, 의(矣)는 의문절을 결정짓는 어조사(~인가)이다. 何如斯可謂之鄕原矣의 하여(何如)는 의문점을 강하게 나타내기 위한 같은 말을 중첩한 어투로 〈어찌 하(何)〉, 〈어찌 여(如)〉는 같은 말이고, 사(斯)는 앞에 나온 덕지적(德之賊)을 나타내며 〈이 시(是)〉와 같고, 가(可)는 〈잘할 능(能)〉과 같고 영어의 can과 같으며, 위(謂)는 〈일컬을 칭(稱)〉과 같고, 지(之)는 사(斯)를 대신하는 허사이므로 무시해도 되지만 〈그것을 지(之)〉로 새겨도 상관없고, 향원(鄕原)은 한 고을의 사이비(似而非) 군자인 소인배를 말한다.

말할 왈(曰), 어찌 하(何), 어찌 여(如), 이 사(斯), 가할 가(可), 일컬을 위(謂), 허사 지(之), 고을 향(鄕), 토박이 원(原), ~인가 의(矣)

曰(왈) 何以是嘐嘐也(하이시효효야)

▶ (맹자가) 말해주었다[曰]. "이[是] 큰 소리를[嘐嘐] 가지고[以] 무엇 하자는 것[何]인가[也]?"

하이시효효야(何以是嘐嘐也)는 맹자왈(孟子曰)의 목적절이지만 독립구문으로 여기고 문맥을 잡아도 된다. 何以是嘐嘐也는 〈何以A也〉꼴로 관용구문처럼 여기고 알아두면 문맥을 잡기 편하다. 〈A를 가지고[以] 무엇을 하자는 것[何]인가[也]?〉 또는 〈A를 써[以] 무엇 하자는 것[何]인가[也]?〉 何以是嘐嘐也는 何人爲以是嘐嘐也에서 일반주어인 〈사람들 인(人)〉과 상용되므로 하위(何爲)의 위(爲)를 생략한 어투로, 영어의 3형식 절과 같은 어투이다. 何以是嘐嘐也의 하(何)는 하위(何爲)의 줄임으로 여기고 무엇을 하자는 것[何]

으로 새기면 문맥이 잡히고, 이(以)는 〈써 용(用)〉과 같고, 시(是)는 앞서 나온 고지인고지인(古之人古之人)을 가리키는 지시어로 효효(嘐嘐)를 꾸미는 지시형용사이고, 효(嘐)는 〈큰소리침 과(誇)〉와 같고, 야(也)는 의문사인 하(何)와 더불어 의문절을 결정짓는 어조사(~인가)이다.

말할 왈(曰), 무엇 하(何), 써 이(以), 이 시(是), 큰 소리 효(嘐), ~인가 야(也)

言不顧行(언불고행)

▶ 말이[言] 행동을[行] 돌이켜보지 않는다[不顧].

언불고행(言不顧行)은 맹자왈(孟子曰)의 목적절이지만 독립구문으로 여기고 문맥을 잡아도 된다. 言不顧行은 영어의 3형식 절과 같은 어투이다. 言不顧行에서 언(言)은 주어이고, 불(不)은 고(顧)의 부정사(否定詞)이며, 고(顧)는 타동사로 본동사이고, 행(行)은 고(顧)의 목적어이다. 言不顧行의 고(顧)는 〈돌이켜볼 권(眷)〉과 같고, 행(行)은 행동(行動)의 줄임말로 여기고 새긴다.

말씀 언(言), 아니 불(不), 돌이켜볼 고(顧), 행동 행(行)

行不顧言(행불고언)

▶ 행동이[行] 말을[言] 돌이켜보지 않는다[不顧].

행불고언(行不顧言)은 맹자왈(孟子曰)의 목적절이지만 독립구문으로 여기고 문맥을 잡아도 된다. 行不顧言은 영어의 3형식 절과 같은 어투이다. 行不顧言에서 행(行)은 주어이고, 불(不)은 고(顧)의 부정사(否定詞)이며, 고(顧)는 타동사로 본동사이고, 언(言)은 고(顧)의 목적어이다. 行不顧言의 행(行)은 행동(行動)의 줄임말로 여기고 새기고, 고(顧)는 〈돌이켜볼 권(眷)〉과 같다.

말씀 언(言), 아니 불(不), 돌이켜볼 고(顧), 행동 행(行)

則曰古之人古之人(즉왈고지인고지인)

▶ 곧장[則] 옛[古之] 사람[人] 옛[古之] 사람을[人] 뇌까린다[曰].

즉왈고지인고지인(則曰古之人古之人) 역시 맹자왈(孟子曰)의 목적절이지만 독립구문으로 여기고 문맥을 잡아도 된다. 則曰古之人古之人은 則鄕原

曰古之人古之人에서 왈(曰)의 주어인 향원(鄕原)을 앞 문맥으로 보충될 수 있으므로 생략한 어투로, 영어의 3형식 절과 같다. 則曰古之人古之人에서 즉(則)은 어조사이고, 왈(曰)은 타동사로 절의 본동사이며, 고지인고지인(古之人古之人)은 왈(曰)의 목적구이다.

말만 앞서고 그 말을 책임질 행동이 뒤따르지 않는 인간은 신의(信義)가 없는 소인일 뿐이고, 행동만 앞서고 말이 뒷받침해주지 못하는 인간 역시 신의가 없는 소인일 뿐이다. 그래서 "군자구제기(君子求諸己)하나 소인구제인(小人求諸人)한다"고 공자가 밝혔다. 군자는[君子] 자신[己]한테서 탓을[諸] 찾고[求] 손인은[小人] 남[人]한테서 탓을[諸] 찾는다[求]. 그런 인간은 입만 살아서 세상을 혼란스럽게 할 뿐이다. 그래서 향원은 늘 분란을 틈타 입만 떠벌인다.

곧 즉(則), 말할 왈(曰), 옛 고(古), 어조사(~의) 지(之), 사람 인(人)

行何爲踽踽凉凉(행하위우우량량)

▶ (행원의) 행동거지는[行] 무엇[何] 하려고[爲] 타달거리고[踽踽] 경박한지[凉凉].

행하위우우량량(行何爲踽踽凉凉) 역시 맹자왈(孟子曰)의 목적절이지만 독립구문으로 여기고 문맥을 잡아도 된다. 行何爲踽踽凉凉은 鄕原之行何爲踽踽凉凉에서 앞 문맥으로 보충될 수 있으므로 향원지(鄕原之)를 생략한 어투로, 영어의 2형식 절과 같은 어투이다. 行何爲踽踽凉凉에서 행(行)은 주어이고, 하위(何爲)는 우우(踽踽)와 양량(凉凉)을 꾸미는 부사구이고, 우우량량(踽踽凉凉)은 보어이다. 行何爲踽踽凉凉의 행(行)은 신지소행(身之所行)의 줄임으로 여기고 행동거지[所行]로 새기면 문맥이 통하고, 하위(何爲)는 의문 삽입구로 여기고 영어의 what to do와 같은 어투이다. 무엇을(what) 하려고(to do). 踽踽의 우(踽)는 독행모(獨行貌)로 유별나게 행동해 튀는 모양새를 강조한 어투이고, 凉凉에서 양(凉)은 양(涼)의 속자(俗字)이고 여기선 〈엷을 박(薄)〉과 같다. 몹시 경박한 모양[凉凉].

행실 행(行), 무엇 하(何), 할 위(爲), 홀로 하는 모양 우(踽), 엷을 량(凉)

生斯世也(생사세야) 爲斯世也(위사세야) 善斯可矣(선사가의)

▶ 이[斯] 세상에[世] 태어났다[生]면[也] 이[斯] 세상을[世] 위해[爲]서[也] 착하면[善] 곧장[斯] 마땅한 것[可]이다[矣].

생사세야위사세야선사가의(生斯世也爲斯世也善斯可矣) 역시 맹자왈(孟子曰)의 목적절이지만 독립구문으로 여기고 문맥을 잡아도 된다. 生斯世也爲斯世也善斯可矣와 같은 어투는 먼저 어조사인 야(也)를 주목하면 문맥을 잡기가 쉽다. 야(也)는 한문투에서 거의 구문을 결정짓는 구실을 하므로 生斯世也爲斯世也善斯可矣를 生斯世也와 爲斯世也 그리고 善斯可矣처럼 셋으로 나누어볼 수 있기 때문이다. 이 셋이 서로 어떤 관계를 이루는지 살펴보면 문맥을 잡아볼 수 있다.

생사세야(生斯世也)와 위사세야(爲斯世也)의 야(也)는 다양하게 어조사 구실을 하므로 조건·양보·원인 등의 어미활용(語尾活用)을 다한다. 〈이[斯] 세상에[世] 태어난 것[生]이다[也]. 이[斯] 세상을[世] 위한 것[爲]이다[也]. 선하면[善] 곧장[斯] 마땅한 것[可]이다[矣]〉 이렇게 서로 독립구문으로 있으면 우리말로써는 서로의 문맥이 통하지 못한다. 서로를 이어주는 어미활용과 접속사 등이 필요하다는 말이다. 말하자면, 〈이[斯] 세상에[世] 태어난 것[生]이면[也]. 이[斯] 세상을[世] 위한 것[爲]으로[也]. 선하면[善] 곧장[斯] 마땅한 것[可]이다[矣]〉처럼 새겨주어야 生斯世也와 爲斯世也 그리고 善斯可矣 등 셋이 서로 관계를 맺고 있는 문맥이 드러나고 문의가 드러난다는 것이다. 특히 善斯可矣는 〈A斯B矣〉꼴로 하나의 관용구문처럼 여기고 알아두면 편하다. 물론 〈A斯B矣〉꼴은 〈A則B也〉꼴과 같은 관용구문이다. 〈A(善)하면 곧[斯] B(可)하다〉

생사세야위사세야(生斯世也爲斯世也)의 사(斯)는 〈이 시(是)〉와 같고, 선사가의(善斯可矣)의 사(斯)는 〈곧 즉(則)〉과 같다. 이처럼 한문투에서는 같은 자(字)임에도 불구하고 글자마다 다양한 구실을 하므로 구문의 어순을 눈여겨보면서 살펴야 한다. 善斯可矣의 가(可)는 〈마땅할 당(當)〉과 같고 가당(可當)의 줄임말로 여기고 새기면 문맥이 통한다.

날 생(生), 이 사(斯), 세상 세(世), 어조사(~서) 야(也), 위할 위(爲), 착할 선(善), 곧 사(斯), 마땅할 가(可), ~이다 의(矣)

閹然媚於世也者(엄연미어세야자) 是鄕原也(시향원야)

▶ 고자[閹]같이[然] 세상[世]에[於] 아첨하려[媚]는[也] 사람[者], 이것이[是] 향원[鄕原]이다[也].

엄연미어세야자시향원야(閹然媚於世也者是鄕原也) 역시 맹자왈(孟子曰)의 목적절이지만 독립구문으로 여기고 문맥을 잡아도 된다. 閹然媚於世也者是鄕原也와 같은 어투는 먼저 어조사인 야(也)를 주목하면 문맥을 잡기가 쉽다. 야(也)는 한문투에서 거의 구문을 결정짓는 구실을 하므로 閹然媚於世也者是鄕原也를 閹然媚於世也者와 是鄕原也처럼 둘로 나누어볼 수 있기 때문이다. 이 둘이 서로 어떤 관계를 이루는지 살펴보면 閹然媚於世也者是鄕原也의 문맥을 잡아볼 수 있다.

엄연미어세야자(閹然媚於世也者)의 야(也)는 엄연미어세(閹然媚於世)까지를 결정지어 자(者)와 동격의 구문임을 알아채게 해주고, 시향원야(是鄕原也)의 야(也)는 하나의 구문을 결정짓는 어조사(~이다)임을 알아채면 閹然媚於世也者를 고자[閹] 같이[然] 세상[世]에[於] 아첨하려[媚]는[也] 사람[者]로 새길 수 있고, 나아가 是鄕原也의 시(是)가 閹然媚於世也者의 자(者)와 동격의 지시어임을 알아챌 수 있다. 그러면 閹然媚於世也者是鄕原也를 고자[閹]같이[然] 세상[世]에[於] 아첨하려[媚]는[也] 사람[者] 이것이[是] 향원[鄕原]이다[也]로 새겨 문맥을 잡을 수 있다. 그리고 閹然媚於世也者是鄕原也가 영어의 2형식 문장과 같은 어투임을 알 수도 있다. 閹然媚於世也者是鄕原也에서 엄연미어세야(閹然媚於世也)는 자(者)와 동격이고, 자(者)는 是鄕原也의 시(是)와 동격이며, 시(是)는 是鄕原也에서 주어이고, 향원(鄕原)은 보어이며, 야(也)는 구문을 결정짓는 어조사(~이다)이다.

맹자가 향원(鄕原)을 질타하고 있다. 향원은 한 고을에서 사이비(似而非) 군자 소인배를 말한다. 맹자가 패를 갈라 골목대장 노릇을 하면서 중뿔나게 타달대며 비아냥거리며 경박한 짓거리를 마다 않는 소인배[鄕原]를 질타하고 있다. 무엇이든 부정하면서 꼬집고 냉소적인 인간이 세상을 어지럽히려고 주둥이를 놀린다. 그래서 조주선사(趙州禪師)도 합취구구(合取狗口)하라 했다. 개주둥이[狗口] 닥쳐라[合取]. 저 잘났다고 입방정 떠는 인간들이 어느 고을에나 있어서 시끄럽다.

고자 엄(閹), 그럴 연(然), 아첨할 미(媚), 어조사(~에) 어(於), 세상 세(世), 어조사 야(也), 놈 자(者), 이것 시(是), 고을 향(鄕), 토박이 원(原), ~이다 야(也)

【문지(聞之) 4】

불가여입요순지도(不可與堯舜之道)

【원문(原文)】

萬章曰 一鄕이 皆稱原人焉이면 無所往而不爲原人이어늘 孔子
만장왈 일향 개칭원인언 무소왕이불위원인 공자
以爲德之賊은 何哉이니꼬 曰 非之無擧也이오 刺之無刺也하여
이위덕지적 하재 왈 비지무거야 자지무자야
同乎流俗하고 合乎汚也하며 居之似忠信하며 行之似廉潔하여
동호류속 합호오야 거지사충신 행지사렴결
衆皆悅之어든 自以爲是 而不可與入堯舜之道니 故로 曰德之
중개열지 자이위시 이불가여입요순지도 고 왈덕지
賊也이라 하시니라
적야

【해독(解讀)】

만장이 여쭈었다[萬章曰]. “한 고을이 모두 그 고을 사람을 원인(原人)이라 부른다면[一鄕皆稱原人焉] (그 고을 사람은 모두) 가는 데마다 원인이 안 될 바가 없겠습니다[無所往而不爲原人]. 공자께서 원인(原人)을 가지고 덕의 도둑이라 일컬은 것은 무엇 때문입니까[孔子以爲德之賊何哉]?” (맹자가 만장에게) 말해주었다[曰]. “그를 비난하려도 들어댈 것이 없는 것이고[非之無擧也], 그를 신문하려도 신문할 것이 없는 것이다[刺之無刺也]. (원인은) 시류의 풍속과 농조하고[同乎流俗] 더러운 짓과 결합하면서도[合乎汚也] (원인의) 삶은 충직하고 믿음직한 것 같고[居之似忠信], 행실은 검소하고 깨끗한 것 같아서[行之似廉潔] 고을 사람들이 모두 그를 좋아한다[衆皆悅之]. (원인은) 고을 사람들이 자기를 좋아하는 것을 가지고 스스로 옳다고 생각한다[自以爲是]. 그래서 원인과 더불어 요순의 도를 받아들일 수가 없다[而不可與入堯舜之道]. 그러므로[故] (공자께서) 말씀하였다[曰]. ‘(향원은) 덕의 도둑이다[德之賊也].’ ”

【담소(談笑)】

一鄕皆稱原人焉(일향개칭원인언) 無所往而不爲原人(무소왕이불위원인)

▶ 한[一] 고을이[鄕] 모두[皆] 그 고을 사람을[焉] 원인이라[原人] 부른다면[稱] (그 고을 사람에겐 모두) 가는데[往]마다[而] 원인이[原人] 안 되는[不爲] 바가[所] 없다[無].

일향개칭원인언무소왕이불위원인(一鄕皆稱原人焉無所往而不爲原人)은 만장왈(萬章曰)의 목적절에 해당하지만 독립구문으로 여기고 문맥을 잡아도 문의는 달라지지 않는다. 一鄕皆稱原人焉無所往而不爲原人와 같은 어투는 먼저 구문을 결정짓는 언(焉)을 주목하면 문맥을 잡기가 편하다. 一鄕皆稱原人焉無所往而不爲原人을 一鄕皆稱原人焉과 無所往而不爲原人 둘로 나누어 각각 문맥을 잡아본 다음, 두 구문의 관계를 살펴 전체의 문맥을 잡아볼 수 있기 때문이다. 한[一] 고을이[鄕] 모두[皆] 한 사람을[焉] 원인이라[原人] 부른다[稱]고 一鄕皆稱原人焉을 새길 수 있고, 가는 데[往]마다[而] 원인이[原人] 안 되는[不爲] 바가[所] 없다[無]고 無所往而不爲原人을 새겨 각각의 문맥을 잡아볼 수 있다는 말이다. 그러면 一鄕皆稱原人焉을 조건의 종속절로 하고, 無所往而不爲原人을 주절로 하여, 한[一] 고을이[鄕] 모두[皆] 한 사람을[焉] 원인이라[原人] 부른다면[稱] 가는 데[往]마다[而] 원인이[原人] 안 되는[不爲] 바가[所] 없다[無]처럼 두 구문을 연결하면 전체의 문맥이 잡힌다. 그러니 一鄕皆稱原人焉無所往而不爲原人은 영어의 복문과 같은 어투이다.

조건의 종속절인 일향개칭원인언(一鄕皆稱原人焉)에서 일향(一鄕)은 주어이고, 개(皆)는 칭(稱)을 꾸미는 부사이며, 칭(稱)은 타동사로 절의 본동사이고, 원인(原人)은 목적격 보어이며, 언(焉)은 칭(稱)의 목적어이고 동시에 절을 결정짓는 어조사이다. 언(焉)을 그렇게 볼 수 있는 것은 어모인(於某人)의 축약이고, 어기인(於其人)의 기인(其人)이 칭(稱)의 목적어이기 때문이다. 한 고을[其] 사람[人]을[於]을 〈어시(於是) 언(焉)〉으로 축약한 어투란 말이다. 一鄕皆稱原人焉의 향(鄕)은 〈고을 당(黨)〉과 같고 향당(鄕黨)의 줄임말로 여기고, 개(皆)는 〈모두 구(俱)〉와 같고, 칭(稱)은 〈일컬을 위(謂)〉와 같고, 원인(原人)은 여기서 향원(鄕原)과 같은 말이며, 언(焉)은 어기인(於其人)을 축약한 〈어시(於是) 언(焉)〉으로 여기고 새기면 문맥이 통한다.

주절인 무소왕이불위원인(無所往而不爲原人)은 〈無所A〉꼴로 영어의 1형식 절과 같은 어투이다. 〈A(往而不爲原人)하는 바가[所] 없다[無]〉 無所往而不爲原人에서 무(無)는 자동사 〈없을 무(無)〉로 절의 본동사이고, 소(所)는 무(無)의 주어이며, 왕이불위원인(往而不爲原人)은 소(所)를 꾸미는 형용사절로 여긴다. 無所往而不爲原人의 무(無)는 〈없을 막(莫)〉과 같고 주어를 뒤에 두고, 소(所)는 영어의 that which did A의 tnat which와 같은 구실을 한다고 여기고, 왕(往)은 〈갈 거(去)〉와 같고, 이(而)는 어조사(~마다) 정도로 새기면 문맥이 통하며, 위(爲)는 〈될 성(成)〉과 같다.

한 일(一), 고을 향(鄕), 모두 개(皆),일컬을 칭(稱), 토박이 원(原), 사람 인(人), 어시 언(焉), 없을 무(無), 바 소(所), 갈 왕(往), 그리고 이(而), 아니 불(不), 될 위(爲)

孔子以爲德之賊何哉(공자이위덕지적하재)

▶ 공자께서[孔子] 원인[原人]을 가지고[以] 덕[德]의[之] 도둑이라[賊] 일컬은 것은[爲] 무엇 때문[何]인가[哉]?

공자이위덕지적하재(孔子以爲德之賊何哉) 역시 만장왈(萬章曰)의 목적절이지만 독립구문으로 여기고 문맥을 잡아도 문의는 달라지지 않는다. 孔子以爲德之賊何哉는 〈A何故哉〉꼴에서 〈까닭 고(故)〉를 생략한 어투로, 영어의 2형식 의문문과 같다. 〈A(孔子以爲德之賊)는 무슨 까닭[何]인가[哉]?〉 〈A何故哉〉의 고(故)를 생략하는 경우가 대부분이다. 그러나 〈A何哉〉일지라도 〈A何故哉〉로 여기고 새기면 문맥에 걸맞은 문의가 더 잘 드러난다. 孔子以爲德之賊何哉에서 공자이위덕지적(孔子以爲德之賊)은 주절이고, 하(何)는 보어이며, 재(哉)는 의문문을 결정짓는 어조사(~인가)이다.

주절인 공자이위덕지적(孔子以爲德之賊)은 是以孔子爲德之賊何哉에서 앞의 내용을 지시하는 시이(是以)의 시(是)를 생략하고 남은 이(以)를 동사 위(爲) 앞에 둔 어투임을 알아채면, 이(以)를 시이(是以)로 여기고 새기면 문맥이 쉽게 잡힌다. 여기서 시이(是以)의 시(是)는 앞의 원인(原人)을 대신하는 지시어이므로 이(以)를 원인(原人)을 가지고[以]로 새긴다는 말이다.

그러니 孔子以爲德之賊에서 공자(孔子)는 주어이고, 이(以)는 시이(是以)로 위(爲)를 꾸미는 부사구이며, 위(爲)는 타동사로 절의 본동사이고, 덕지(德之)는 적(賊)을 꾸미는 형용사이며, 적(賊)은 위(爲)의 목적어이므로, 孔子以爲德之賊은 영어의 3형식 절과 같은 어투이다. 孔子以爲德之賊의 위(爲)는 〈일컫을 위(謂)〉와 같고, 덕지적(德之賊)의 지(之)는 소유격 토씨(~의)이며, 적(賊)은 〈도둑 도(盜)〉와 같고 도적(盜賊)의 줄임말로 여기고 새긴다.

클 공(孔), 존칭 자(子), 써 이(以), 칭할 위(爲), 큰 덕(德), 어조사(~의) 지(之), 도둑 적(賊), 무엇 하(何), 어조사(~인가) 재(哉)

非之無擧也(비지무거야)

▶ **그를[之] 비난하려도[非] 들어댈 것이[擧] 없는 것[無]이다[也].**

비지무거야(非之無擧也)도 맹자왈(孟子曰)의 목적절이만 독립구문으로 여기고 문맥을 잡아도 문의는 달라지지 않는다. 非之無擧也는 〈A無B也〉꼴로 영어의 2형식 문장과 같은 어투이다. 물론 非之無擧也의 야(也)를 무시하고 비지무거(非之無擧)로 여기고 문맥을 잡으면 〈A無B〉꼴로 영어의 1형식 문장과 같은 어투가 된다. 그를[之] 비난하려도[非] 들어댈 것이[擧] 없다[無]. 그러나 非之無擧也의 구문을 결정짓는 어조사인 〈~이다 야(也)〉를 살리면, 그를[之] 비난하려도[非] 들어댈 것이[擧] 없는 것[無]이다[也]로 새겨 영어의 1형식 문장과 같은 어투가 된다는 말이다.

비지무거야(非之無擧也)에서 비지(非之)는 부사구이고, 무(無)는 영어의 동명사 또는 부정사(不定詞)와 같으면서 보어이고, 거(擧)는 주어이며, 야(也)는 구문을 결정짓는 어조사(~이다)이므로, 非之無擧也는 영어의 2형식 문장처럼 문맥이 잡힌다. 그러나 非之無擧라면 비지(非之)는 부사구이고, 무(無)는 자동사 〈없을 무(無)〉로 구문의 본동사이며, 거(擧)는 무(無)의 주어이므로, 영어의 1형식 문장과 같은 어투로 문맥이 잡힌다. 어느 쪽으로 문맥을 잡든 문의는 달라지지 않고, 다만 어조가 달라질 뿐이다. 非之無擧也의 비(非)는 여기선 〈나무랄 책(責)〉과 같고, 지(之)는 앞에 나온 원인(原人) 즉 향원(鄕原)을 가리키는 지시대명사이며, 무(無)는 〈없을 막(莫)〉과 같고, 거(擧)는 〈들 양(揚)〉과 같고 거양(擧揚)의 줄임말로 여기고 새기면 문맥이 통한다.

비(非)는 한문투에서 매우 다양한 뜻을 나타내므로 잘 정리해두면 비(非)가 들어 있는 한문투의 문맥을 잡을 때 편하다. 〈어길 비(非) = 흔(很) = 위(韋), 불선할 비(非) = 불선(不善), 부정할 비(非) = 불시(不是), 지나칠 비(非) = 과(過), 사악할 비(非) = 사(邪), 없을 비(非) = 무(無), 아닐 비(非) = 불(不), 허물 비(非) = 구(咎), 꾸짖을 비(非) = 책(責), 죄 비(非) = 죄(罪)〉 이처럼 다양한 뜻을 나타내므로 구문에 따라 걸맞은 뜻을 살펴 가려내야 한다.

비난할 비(非), 그 지(之), 없을 무(無), 들어댈 거(擧), ~이다 야(也)

刺之無刺也(자지무자야)

▶ 그를[之] 신문하려도[刺] 신문할 것이[刺] 없는 것[無]이다[也].

자지무자야(刺之無刺也)도 맹자왈(孟子曰)의 목적절이지만 독립구문으로 여기고 문맥을 잡아도 문의는 달라지지 않는다. 刺之無刺也는 〈A無B也〉꼴로 영어의 2형식 문장과 같은 어투이다. 물론 刺之無刺也의 야(也)를 무시하고 자지무자(刺之無刺)로 여기고 문맥을 잡으면 〈A無B〉꼴로 영어의 1형식 문장과 같은 어투가 된다. 그를[之] 신문하려도[刺] 신문할 것이[刺] 없다[無]. 그러나 刺之無刺也의 구문을 결정짓는 어조사인 〈~이다 야(也)〉를 살리면, 그를[之] 신문하려도[刺] 신문할 것이[刺] 없는 것[無]이다[也]로 새겨 영어의 1형식 문장과 같은 어투가 된다는 말이다.

자지무자야(刺之無刺也)에서 자지(刺之)는 부사구이고, 무(無)는 영어의 동명사 또는 부정사(不定詞)와 같으면서 보어이고, 자(刺)는 주어이고, 야(也)는 구문을 결정짓는 어조사(~이다)이므로, 刺之無刺也는 영어의 2형식 문장같이 문맥이 잡힌다. 그러나 刺之無刺라면 자지(刺之)는 부사구이고, 무(無)는 자동사 〈없을 무(無)〉로 구문의 본동사이고, 자(刺)는 무(無)의 주어이므로, 영어의 1형식 문장과 같은 어투로 문맥이 잡힌다. 어느 쪽으로 문맥을 잡든 문의는 달라지지 않고 다만 어조가 달라질 뿐이다. 刺之無刺也의 자(刺)는 〈물어볼 신(訊)〉과 같고, 지(之)는 앞에 나온 원인(原人) 즉 향원(鄕原)을 가리키는 지시대명사이며, 무(無)는 〈없을 막(莫)〉과 같다.

신문할 자(刺), 그 지(之), 없을 무(無), ~이다 야(也)

同乎流俗(동호류속)

▶ (원인은) 시류의[流] 풍속[俗]과[乎] 동조한다[同].

동호류속(同乎流俗)도 맹자왈(孟子曰)의 목적절에 해당하지만 독립구문으로 여기고 문맥을 잡아도 문의는 달라지지 않는다. 同乎流俗은 原人同乎流俗에서 앞 문맥으로 보충될 수 있으므로 동(同)의 주어인 원인(原人)을 생략한 어투로, 영어의 3형식 문장과 같다. 同乎流俗에서 동(同)은 타동사로 본동사이며, 호(乎)는 목적격 토씨(~을)이고, 유속(流俗)은 동(同)의 목적어이다. 동(同)은 〈합할 합(合)〉과 같고 합동(合同)의 줄임말로 여기고, 호(乎)는 〈어조사 어(於)〉와 같고, 유속(流俗)은 시류(時流)와 같은 말이다. 떠돌이같이 사는 풍속(風俗)이 곧 유속(流俗)이요 시류(時流)이다.

동조할 동(同), 어조사(~과) 호(乎), 유행할 류(流), 풍속 속(俗)

合乎汚也(합호오야)

▶ (원인은) 더러운 짓[汚]과[乎] 결합한다[合].

합호오야(合乎汚也)도 맹자왈(孟子曰)의 목적절에 해당하지만 독립구문으로 여기고 문맥을 잡아도 문의는 달라지지 않는다. 合乎汚也도 原人合乎汚也에서 앞 문맥으로 보충될 수 있으므로 합(合)의 주어인 원인(原人)을 생략한 어투로, 영어의 2형식 문장과 같다. 合乎汚也에서 합(合)은 영어의 동명사 또는 부정사(不定詞)와 같으면서 보어이고, 호(乎)는 목적격 토씨(~을)이며, 오(汚)는 합(合)의 목적어이고, 야(也)는 구문을 결정짓는 어조사(~이다)이다. 합(合)은 〈결합할 결(結)〉과 같고 결합(結合)의 줄임말로 여기고, 호(乎)는 〈어조사 어(於)〉와 같고, 오(汚)는 〈더러움 예(穢)〉와 같다.

한 고을에서 토박이 노릇을 하면서 뽐내는 무리[鄕原]들은 겉보기로는 줏대가 있는 듯하지만, 따지고보면 고을 사람들의 비위를 맞추어주고 환심을 사면서 꿍무니로 잇속을 챙기는 무리들이다. 예나 지금이나 고을의 양식을 축내는 쥐 같은 인간들이다. 그러자니 시류(時流)에 따라 놀아나고 야비한 짓거리를 서슴치 않는 파렴치한 속물들이다. 어느 고을이나 이런 속물들이 골칫거리이다.

합할 합(合), 어조사(~과) 호(乎), 더러울 오(汚), ~이다 야(也)

居之似忠信(거지사충신)

▶ (원인의) 삶[居]은[之] 충직하고[忠] 믿음직한 것[信] 같다[似].

거지사충신(居之似忠信)도 맹자왈(孟子曰)의 목적절에 해당하지만 독립 구문으로 여기고 문맥을 잡아도 문의는 달라지지 않는다. 居之似忠信은 原人之居之似忠信에서 앞 문맥으로 보충될 수 있으므로 거(居)의 의미상 주어인 원인지(原人之)를 생략한 어투로, 영어의 2형식 문장과 같다. 居之似忠信에서 거지(居之)는 주어이고, 사(似)는 자동사로 본동사이며, 충신(忠信)은 보어이고, 야(也)는 구문을 결정짓는 어조사(~이다)이다. 居之似忠信의 거(居)는 거생(居生)의 줄임말로 여기고, 지(之)는 주격 토씨(~은)이며, 사(似)는 〈같을 여(如)〉와 같고, 충(忠)은 충직(忠直)의 줄임말로 여기고, 신(信)은 신뢰(信賴)의 줄임말로 여기고 새기면 문맥이 통한다. 한 고을에 머물러 사는 것[居生].

살 거(居), 어조사(~은) 지(之), 같을 사(似), 충직 충(忠), 믿음직 신(信)

行之似廉潔(행지사렴결)

▶ (원인의) 행실은[行] 검소하고[廉] 깨끗한 것[潔] 같다[似].

행지사렴결(行之似廉潔)도 맹자왈(孟子曰)의 목적절에 해당하지만 독립 구문으로 여기고 문맥을 잡아도 문의는 달라지지 않는다. 行之似廉潔은 原人之行之似廉潔에서 앞 문맥으로 보충될 수 있으므로 거(居)의 의미상 주어인 원인지(原人之)를 생략한 어투로, 영어의 2형식 문장과 같다. 行之似廉潔에서 행지(行之)는 주어이고, 사(似)는 자동사로 본동사이며, 염결(廉潔)은 보어이고, 야(也)는 구문을 결정짓는 어조사(~이다)이다. 行之似廉潔의 행(行)은 행실(行實)의 줄임말로 여기고, 지(之)는 주격 토씨(~은)이며, 사(似)는 〈같을 여(如)〉와 같고, 염(廉)은 〈검소할 검(儉)〉과 같고, 결(潔)은 〈맑을 청(淸)〉과 같다.

행실 행(行), 어조사(~은) 지(之), 같을 사(似), 검소할 렴(廉), 깨끗할 결(潔)

衆皆悅之(중개열지)

▶ **고을 사람들이[衆] 모두[皆] 그를[之] 좋아한다[悅].**

중개열지(衆皆悅之)도 맹자왈(孟子曰)의 목적절에 해당하지만 독립구문으로 여기고 문맥을 잡아도 문의는 달라지지 않는다. 衆皆悅之은 영어의 3형식 문장과 같은 어투이다. 衆皆悅之에서 중(衆)은 주어이고, 개(皆)는 열(悅)을 꾸미는 부사이며, 열(悅)은 타동사로 본동사이고, 지(之)는 열(悅)의 목적어이다. 衆皆悅之의 중(衆)은 〈무리 군(群)〉과 같고, 개(皆)는 〈모두 구(俱)〉와 같으며, 열(悅)은 〈좋아할 열(說)〉과 같고, 지(之)는 원인(原人) 내지 향원(鄕原)을 가리키는 지시대명사이다.

무리 중(衆), 모두 개(皆), 좋아할 열(悅), 그 지(之)

自以爲是(자이위시)

▶ **(원인은) 고을 사람들이 자기를 좋아하는 것을 가지고[以] 스스로[自] 옳다고[是] 생각한다[爲].**

자이위시(自以爲是)도 맹자왈(孟子曰)의 목적절에 해당하지만 독립구문으로 여기고 문맥을 잡아도 문의는 달라지지 않는다. 自以爲是는 是以原人自爲是에서 앞의 내용을 지시하는 시이(是以)의 시(是)를 생략하고, 남은 이(以)를 동사 위(爲) 앞에 둔 어투임을 알아채면, 이(以)를 시이(是以)로 여기고 새기면 문맥은 쉽게 잡힌다. 여기서 시이(是以)의 시(是)는 앞의 중개열지(衆皆悅之)를 대신하는 지시어이므로, 이(以)를 고을 사람들이 자기를 좋아하는 것을 가지고[以]로 새긴다는 말이다. 그러니 是以原人自爲是에서 원인(原人)은 주어이고, 이(以)는 시이(是以)로 위(爲)를 꾸미는 부사구이며, 자(自)는 위(爲)를 꾸미는 부사이고, 위(爲)는 타동사로 절의 본동사이며, 시(是)는 위(爲)의 목적어이므로, 是以原人自爲是는 영어의 3형식 절과 같은 어투이니, 自以爲是를 그렇게 여기고 문맥을 잡아도 된다. 自以爲是의 이(以)는 〈써 용(用)〉과 같고, 위(爲)는 여기선 〈생각할 사(思)〉와 같고, 시(是)는 〈옳을 긍(肯)〉과 같다.

향원(鄕原)은 사이비(似而非) 군자란 말이다. 선한 척하면서 사악한 놈이 향원이요 돕는 척하면서 등치는 놈이 향원이란 말이다. 겉보기로는 충직하고 믿음직하지만 속을 보면 추하고, 겉보기로는 청렴해 보이지만 속을 들여

다보면 너절하기 짝이 없는 놈이 향원이니, 이러한 인간은 날마다 자기(自欺)를 일삼는다. 저 자신을[自] 속이는[欺] 인간은 세상을 다 속여도 속이 차지 않는 법이다. 생선 가게에다 고양이를 두면 향원을 데려다 놓은 꼴이지만, 어수룩한 무리들은 그것을 모른다.

스스로 자(自), 써 이(以), 생각할 위(爲), 옳을 시(是)

而不可與入堯舜之道(이불가여입요순지도)

▶ **그래서[而] 원인과[原人] 더불어[與] 요순[堯舜]의[之] 도를[道] 받아들일[入] 수가 없다[不可].**

이불가여입요순지도(而不可與入堯舜之道) 역시 맹자왈(孟子曰)의 목적절에 해당하지만 독립구문으로 여기고 문맥을 잡아도 문의는 달라지지 않는다. 而不可與入堯舜之道는 而人不可與之入堯舜之道에서 일반주어인 〈사람들 인(人)〉을 생략하고, 여지(與之)에서 앞 문맥으로 보충할 수 있으므로 원인(原人)을 나타내는 지시대명사 지(之)를 생략한 어투임을 알아채면, 而不可與入堯舜之道의 문맥은 쉽게 잡힌다.

이불가여입요순지도(而不可與入堯舜之道)에서 이(而)는 연접의 연사인 〈그래서 이(而)〉이고, 불(不)은 입(入)의 부정사(否定詞)이며, 가(可)는 입(入)을 꾸미는 조동사이고, 여(與)는 여기선 여지(與之)의 줄임으로 입(入)을 꾸미는 부사이며, 입(入)은 자동사로 구문의 본동사이고, 요순(堯舜之)는 도(道)를 꾸미는 형용사구이며, 도(道)는 목적어이므로, 영어의 3형식 문장과 같은 어투이다. 而不可與入堯舜之道의 불가(不可)는 불능(不能)과 같고, 여(與)는 〈더불어 이(以)〉와 같고, 입(入)은 〈받을 수(受)〉와 같다. 요순지도(堯舜之道)는 군자지도(君子之道)로 통하고, 군자지도(君子之道)는 덕(德)과 같다.

그래서 이(而), 아니 불(不), 가할 가(可), 더불어 여(與), 받을 입(入), 요임금 요(堯), 순임금 순(舜), 어조사(~의) 지(之), 길 도(道)

故(고)

▶ **그러므로**

고(故)는 시고(是故)를 줄인 꼴이다. 위의 내용[是]이므로[故]라고 새긴다.

앞의 내용을 근거로 하여 판단이나 결론을 내릴 때 쓰이고, 시고(是故)를 줄여 그냥 고(故)로 할 때가 보통이다. 시고(是故)의 고(故)는 승상기하(承上起下)의 연접이므로 영어의 therefore를 연상하면 쉽다. 앞의 내용을[上] 이어서[承] 새로운 내용을[下] 제기한다[起].

그러므로 고(故)

曰德之賊也(왈덕지적야)

▶ (공자께서) 덕[德]의[之] 도둑이라고[賊] 말한 것[曰]이다[也].

왈덕지적야(曰德之賊也)는 孔子曰原人德之賊也에서 앞 문맥으로 보충될 수 있으므로 왈(曰)의 주어인 공자(孔子)와, 왈(曰)의 목적절의 주어인 원인(原人)을 생략한 어투로, 영어의 3형식 문장과 같다. 曰德之賊也에서 왈(曰)은 타동사로 구문의 본동사이고, 덕지적야(德之賊也)는 비록 목적절의 주어는 생략되고 보어만 남았지만 왈(曰)의 목적절로 여기고 새기는 쪽이 문맥과 통하고 걸맞은 문의가 드러난다. 曰德之賊也의 덕(德)은 여기선 좋은 가르침[感化]으로 여기고 새기면 문맥이 통하고, 德之의 지(之)는 소유격 토씨(~의)이며, 적(賊)은 〈도둑 도(盜)〉와 같고 도적(盜賊)의 줄임말로 여기고 새긴다.

향원(鄕原)은 한 고을에서 사이비(似而非) 군자 소인배이니 군자의 도[君子之道]를 훔치는 도둑놈이다.

말할 왈(曰), 큰 덕(德), 어조사(~의) 지(之), 도둑 적(賊), ~이다 야(也)

【문지(聞之) 5】

오사이비자(惡似而非者)

【원문(原文)】

孔子曰 惡似而非者하나니 惡莠는 恐其亂苗也이요 惡佞은 恐其
공자왈 오사이비자 오유 공기란묘야 오녕 공기
亂義也이요 惡利口는 恐其亂信也이요 惡鄭聲은 恐其亂樂也이
란의야 오리구 공기란신야 오정성 공기란악야
요 惡紫는 恐其亂朱也이요 惡鄕原은 恐其亂德也이라 하시니 君
오자 공기란주야 오향원 공기란덕야 군
子는 反經而已矣니 經正則庶民이 興하고 庶民이 興이면 斯無邪
자 반경이이의 경정즉서민 흥 서민 흥 사무사

慝矣리라
특 의

【해독(解讀)】

공자가 말씀하였다[孔子曰]. "(나는) 사이비란 것을 미워한다[惡似而非者]. (내가) 가라지를 미워함은 그것이 곡식의 싹을 어지럽힐까 두려워서이고[惡莠恐其亂苗也], 아첨을 미워함은 그것이 의로움을 어지럽힐까 두려워서이며[惡佞恐其亂義也], 예리한 입을 미워함은 그것이 믿음을 어지럽힐까 두려워서이고[惡利口恐其亂信也], 정나라의 노래를 미워함은 그것이 예악(禮樂)을 어지럽힐까 두려워서이며[惡鄭聲恐其亂樂也], 자주색을 미워함은 그것이 붉은색을 어지럽힐까 두려워서이고[惡紫恐其亂朱也], 향원(鄕原)을 미워함은 그것이 덕을 어지럽힐까 두려워서이다[惡鄕原恐其亂德也]." (맹자가 만장에게 말해주었다) "군자는 상도(常道)로 돌아갈 뿐이다[君子反經而已矣]. 상도(常道)가 바로잡히면[經正] 곧 백성이 흥하고[則庶民興], 백성이 흥하면[庶民興] 곧 사악함과 간사함이 없어지는 것이다[斯無邪慝矣]."

【담소(談笑)】

孔子曰(공자왈) 惡似而非者(오사이비자)

▶ 공자께서[孔子] 말씀하였다[曰]. "(나는) 사이비란[似而非] 것을[者] 미워한다[惡]."

오사이비자(惡似而非者)는 공자왈(孔子曰)의 목적절에 해당하지만 독립 구문으로 여기고 문맥을 잡아도 문의는 달라지지 않는다. 惡似而非者는 吾惡似而非者에서 문맥으로 보충될 수 있으므로 〈싫어할 오(惡)〉의 주어인 〈나 오(吾)〉를 생략한 어투로, 영어의 3형식 절과 같다. 惡似而非者에서 오(惡)는 타동사로 절의 본동사이고, 사이비(似而非)는 자(者)의 동격이며, 자(者)는 오(惡)의 목적어이다.

오사이비자(惡似而非者)의 오(惡)는 〈미워할 증(憎)〉과 같고 증오(憎惡)의 줄임말로 여기고 새기고, 사(似)는 〈같을 여(如)〉와 같고, 이(而)는 역접의 연사인 〈그러나 이(而)〉이며, 비(非)는 〈아닌 것 불시(不是)〉와 같고, 자(者)는 지사(之事) 또는 지물(之物)을 축약한 어투로 여기고 〈것 자(者)〉로 새긴다. 似而非之事의 지사(之事))를 자(者)로 축약해 사이비자(似而非者)

로 했다는 말이다.

클 공(孔), 존칭 자(子), 말할 왈(曰), 싫어할 오(惡), 같을 사(似), 그러나 이(而), 아닐 비(非), 것 자(者)

惡莠恐其亂苗也(오유공기란묘야)

▶ (내가) 가라지를[莠] 미워함은[惡] 그것이[其] 곡식의 싹을[苗] 어지럽힐까[亂] 두려워서[恐]이다[也].

오유공기란묘야(惡莠恐其亂苗也)는 공자왈(孔子曰)의 목적절에 해당하지만 독립구문으로 여기고 문맥을 잡아도 문의는 달라지지 않는다. 惡莠恐其亂苗也는 吾之惡莠恐其亂苗也에서 문맥으로 보충될 수 있으므로 〈싫어할 오(惡)〉의 의미상 주어인 내가[吾之]를 생략한 어투이다. 내[吾]가[之] 가라지를[莠] 미워함[惡]. 惡莠恐其亂苗也에서 오유(惡莠)는 주부이고, 공(恐)은 보어이며, 기란묘(其亂苗)는 공(恐)의 목적절이며, 야(也)는 공자왈(孔子曰)의 목적절을 결정짓는 어조사(~이다)이다. 惡莠恐其亂苗也의 주부인 오유(惡莠)에서 오(惡)는 영어의 동명사나 부정사(不定詞)와 같으면서 주어이고, 유(莠)는 오(惡)의 목적어이므로, 惡莠는 동명사구 내지 부정사구(不定詞句)와 같으면서 惡莠恐其亂苗也의 주부를 이루고, 恐其亂苗는 술부를 이루어, 惡莠恐其亂苗也는 〈AB也〉꼴로 영어의 2형식 절과 같은 어투이다.

오유공기란묘야(惡莠恐其亂苗也)의 오(惡)는 〈미워할 증(憎)〉과 같고 증오(憎惡)의 줄임말로 여기고 새기고, 유(莠)는 곡식의 싹처럼 보이는 잡초의 싹 즉 가라지를 뜻하고, 공(恐)은 〈두려워할 포(怖)〉와 같고 공포(恐怖)의 줄임말로 여기고 새긴다. 공(恐)의 목적절인 기란묘(其亂苗)의 기(其)는 주격 지시어로 시(是)와 같고, 난(亂)은 타동사로 공(恐)의 목적절에서 본동사이고 〈어지럽힐 혼(混)〉과 같고 혼란(混亂)의 줄임말로 여기고 새기고, 묘(苗)는 〈싹 아(芽)〉와 같다.

미워할 오(惡), 가라지 유(莠), 두려워할 공(恐), 그것이 기(其), 어지럽힐 란(亂), 싹 묘(苗), ~이다 야(也)

惡佞恐其亂義也(오녕공기란의야)

▶ (내가) 아첨을[佞] 미워함은[惡] 그것이[其] 의로움을[義] 어지럽힐까

[亂] 두려워서[恐]이다[也].

오녕공기란의야(惡佞恐其亂義也)는 공자왈(孔子曰)의 목적절에 해당하지만 독립 구문으로 여기고 문맥을 잡아도 문의는 달라지지 않는다. 惡佞恐其亂義也는 吾之惡佞恐其亂義也에서 문맥으로 보충될 수 있으므로 〈싫어할 오(惡)〉의 의미상 주어인 내가[吾之]를 생략한 어투이다. 내[吾]가[之] 아첨을 [佞] 미워함[惡]. 惡佞恐其亂義也에서 오녕(惡佞)은 주부이고, 공(恐)은 보어이며, 기란의(其亂義)는 공(恐)의 목적절이고, 야(也)는 공자왈(孔子曰)의 목적절을 결정짓는 어조사(~이다)이다. 惡佞恐其亂義也의 주부인 오녕(惡佞)에서 오(惡)는 영어의 동명사나 부정사(不定詞)와 같으면서 주어이고 영(佞)은 오(惡)의 목적어이므로, 동명사구 내지 부정사구(不定詞句) 구실을 하면서 惡佞恐其亂義也의 주부를 이루고, 공기란의(恐其亂義)는 술부를 이루어, 惡佞恐其亂義也는 〈AB也〉꼴로 영어의 2형식 절과 같은 어투이다.

오녕공기란의야(惡佞恐其亂義也)의 오(惡)는 〈미워할 증(憎)〉과 같고 증오(憎惡)의 줄임말로 여기고 새기고, 영(佞)은 〈아첨할 첨(諂)〉과 같고 영간(佞姦)의 줄임말로 여기고 새기고, 공(恐)은 〈두려워할 포(怖)〉와 같고 공포(恐怖)의 줄임말로 여기고 새긴다. 공(恐)의 목적절인 기란의(其亂義)의 기(其)는 주격 지시어인 시(是)와 같고, 난(亂)은 타동사로 공(恐)의 목적절에서 본동사이고 〈어지럽힐 혼(混)〉과 같고 혼란(混亂)의 줄임말로 여기고 새기고, 의(義)는 도의(道義)의 줄임말로 여기고 새기면 문맥이 통한다.

미워할 오(惡), 아첨 녕(佞), 두려워할 공(恐), 그것이 기(其), 어지럽힐 난(亂), 옳음 의(義), ~이다 야(也)

惡利口恐其亂信也(오리구공기란신야)

▶ (내가) 예리한[利] 입을[口] 미워함은[惡] 그것이[其] 믿음을[信] 어지럽힐까[亂] 두려워서[恐]이다[也].

오리구공기란신야(惡利口恐其亂信也)는 공자왈(孔子曰)의 목적절에 해당하지만 독립구문으로 여기고 문맥을 잡아도 문의는 달라지지 않는다. 惡利口恐其亂信也는 吾之惡利口恐其亂信也에서 문맥으로 보충될 수 있으므로 〈싫어할 오(惡)〉의 의미상 주어인 내가[吾之]를 생략한 어투이다. 내[吾]가[之] 예리한[利] 입을[口] 미워함[惡]. 惡利口恐其亂信也에서 오리구(惡利口)

는 주부이고, 공(恐)은 보어이며, 기란신(其亂信)은 공(恐)의 목적절이고, 야(也)는 공자왈(孔子曰)의 목적절을 결정짓는 어조사(~이다)이다. 惡利口恐其亂信也에서 주부인 오리구(惡利口)에서 오(惡)는 영어의 동명사나 부정사(不定詞)와 같으면서 주어이고, 이구(利口)는 오(惡)의 목적어이므로, 동명사구 내지 부정사구(不定詞句) 구실을 하여 惡利口恐其亂信也의 주부를 이루고, 공기란신(恐其亂信)은 술부를 이루어, 惡利口恐其亂信也는 AB也꼴로 영어의 2형식 절과 같은 어투이다.

오리구공기란신야(惡利口恐其亂信也)의 오(惡)는 〈미워할 증(憎)〉과 같고 증오(憎惡)의 줄임말로 여기고 새기고, 이구(利口)의 이(利)는 〈날카로울 예(銳)〉와 같고 예리(銳利)의 줄임말로 여기고 새기고, 공(恐)은 〈두려워할 포(怖)〉와 같고 공포(恐怖)의 줄임말로 여기고 새긴다. 공(恐)의 목적절인 기란신(其亂信)의 기(其)는 주격 지시어인 시(是)와 같고, 난(亂)은 타동사로 공(恐)의 목적절에서 본동사이고 〈어지럽힐 혼(混)〉과 같고 혼란(混亂)의 줄임말로 여기고 새기고, 신(信)은 신의(信誼)의 줄임말로 여기고 새기면 문맥이 통한다.

미워할 오(惡), 예리할 리(利), 입 구(口), 두려워할 공(恐), 그것이 기(其), 어지럽힐 란(亂), 옳음 의(義), ~이다 야(也)

惡鄭聲恐其亂樂也(오정성공기란악야)

▶ (내가) 정나라의[鄭] 노래를[聲] 미워함은[惡] 그것이[其] 예악을[樂] 어지럽힐까[亂] 두려워서[恐]이다[也].

오정성공기란악야(惡鄭聲恐其亂樂也)는 공자왈(孔子曰)의 목적절에 해당하지만 독립구문으로 여기고 문맥을 잡아도 문의는 달라지지 않는다. 惡鄭聲恐其亂樂也는 吾之惡鄭聲恐其亂樂也에서 문맥으로 보충될 수 있으므로 〈싫어할 오(惡)〉의 의미상 주어인 내가[吾之]를 생략한 어투이다. 내[吾]가[之] 정나라의[鄭] 노래를[聲] 미워함[惡]. 惡鄭聲恐其亂樂也에서 오정성(惡鄭聲)은 주부이고, 공(恐)은 보어이며, 기란악(其亂樂)은 공(恐)의 목적절이며, 야(也)는 공자왈(孔子曰)의 목적절을 결정짓는 어조사(~이다)이다. 惡鄭聲恐其亂樂也의 주부인 오정성(惡鄭聲)에서 오(惡)는 영어의 동명사나 부정사(不定詞)와 같으면서 주어이고 정성(鄭聲)은 오(惡)의 목적어이므로 동명사

구 내지 부정사구(不定詞句) 구실을 하여 惡鄭聲恐其亂樂也의 주부를 이루고, 공기란악(恐其亂樂)은 술부를 이루어, 惡鄭聲恐其亂樂也는 〈AB也〉꼴로 영어의 2형식 절과 같은 어투이다.

오정성공기란악야(惡鄭聲恐其亂樂也)의 오(惡)는 〈미워할 증(憎)〉과 같고 증오(憎惡)의 줄임말로 여기고 새기고, 정성(鄭聲)은 정(鄭)나라의 노래[聲]를 말하고, 공(恐)은 〈두려워할 포(怖)〉와 같고 공포(恐怖)의 줄임말로 여기고 새기고, 공(恐)의 목적절인 기란악(其亂樂)의 기(其)는 주격 지시어인 시(是)와 같고, 난(亂)은 타동사로 공(恐)의 목적절에서 본동사이고 〈어지럽힐 혼(混)〉과 같고 혼란(混亂)의 줄임말로 여기고 새기고, 악(樂)은 예악(禮樂)의 줄임말로 여기고 새기면 문맥이 통한다.

미워할 오(惡), 정나라 정(鄭), 노래 성(聲), 두려워할 공(恐), 그것이 기(其), 어지럽힐 란(亂), 예악 악(樂), ~이다 야(也)

惡紫恐其亂朱也(오자공기란주야)

▶ (내가) 자주색을[紫] 미워함은[惡] 그것이[其] 붉은색을[朱] 어지럽힐까[亂] 두려워서[恐]이다[也].

오자공기란주야(惡紫恐其亂朱也)는 공자왈(孔子曰)의 목적절에 해당하지만 독립구문으로 여기고 문맥을 잡아도 문의는 달라지지 않는다. 惡紫恐其亂朱也는 吾之惡紫恐其亂朱也에서 문맥으로 보충될 수 있으므로 〈싫어할 오(惡)〉의 의미상 주어인 내가[吾之]를 생략한 어투이다. 내[吾]가[之] 자주색을[紫] 미워함[惡]. 惡紫恐其亂朱也에서 오자(惡紫)는 주부이고, 공(恐)은 보어이며, 기란주(其亂朱)는 공(恐)의 목적절이며, 야(也)는 공자왈(孔子曰)의 목적절을 결정짓는 어조사(~이다)이다. 惡紫恐其亂朱也의 주부인 오자(惡紫)에서 오(惡)는 영어의 동명사나 부정사(不定詞)와 같으면서 주어이고 자(紫)는 오(惡)의 목적어이므로 동명사구 내지 부정사구(不定詞句) 구실을 하여 惡紫恐其亂朱也의 주부를 이루고, 공기란주(恐其亂朱)는 술부를 이루어, 惡紫恐其亂朱也는 〈AB也〉꼴로 영어의 2형식 절과 같은 어투이다.

오자공기란주야(惡紫恐其亂朱也)의 오(惡)는 〈미워할 증(憎)〉과 같고 증오(憎惡)의 줄임말로 여기고 새기고, 자(紫)는 자주색을 말하고, 공(恐)은 〈두려워할 포(怖)〉와 같고 공포(恐怖)의 줄임말로 여기고 새기고, 공(恐)의 목적절인 기란주(其亂朱)의 기(其)는 주격 지시어인 시(是)와 같고, 난(亂)은 타동사로 공(恐)의 목적절에서 본동사이고 〈어지럽힐 혼(混)〉과 같고 혼란(混亂)의 줄임말로 여기고 새기고, 주(朱)는 〈붉은색 적(赤)〉과 같다.

미워할 오(惡), 자주색 자(紫), 두려워할 공(恐), 그것이 기(其), 어지럽힐 란(亂), 붉은색 주(朱), ~이다 야(也)

惡鄕原恐其亂德也(오향원공기란덕야)

▶ (내가) 향원을[鄕原] 미워함은[惡] 그것이[其] 덕을[德] 어지럽힐까[亂] 두려워서[恐]이다[也].

오향원공기란덕야(惡鄕原恐其亂德也)는 공자왈(孔子曰)의 목적절에 해당하지만 독립구문으로 여기고 문맥을 잡아도 문의는 달라지지 않는다. 惡鄕原恐其亂德也는 吾之惡鄕原恐其亂德也에서 문맥으로 보충될 수 있으므로 〈싫어할 오(惡)〉의 의미상 주어인 내가[吾之]를 생략한 어투이다. 내[吾]가[之] 자주색을[紫] 미워함[惡]. 惡鄕原恐其亂德也에서 오향원(惡鄕原)은 주부이고, 공(恐)은 보어이며, 기란덕(其亂德)은 공(恐)의 목적절이며, 야(也)는 공자왈(孔子曰)의 목적절을 결정짓는 어조사(~이다)이다. 惡鄕原恐其亂德也의 주부인 오향원(惡鄕原)에서 오(惡)는 영어의 동명사나 부정사(不定詞)와 같으면서 주어이고 향원(鄕原)은 오(惡)의 목적어이므로 동명사구 내지 부정사구(不定詞句)와 같은 구실을 하여 惡鄕原恐其亂德也의 주부를 이루고, 공기란덕(恐其亂德)은 술부를 이루어, 惡鄕原恐其亂德也는 〈AB也〉꼴로 영어의 2형식 절과 같은 어투이다.

오향원공기란덕야(惡鄕原恐其亂德也)의 오(惡)는 〈미워할 증(憎)〉과 같고 증오(憎惡)의 줄임말로 여기고 새기고, 향원(鄕原)은 한 고을에서 사이비(似而非) 군자 소인배를 뜻하고, 공(恐)은 〈두려워할 포(怖)〉와 같고 공포(恐怖)의 줄임말로 여기고 새기고, 공(恐)의 목적절인 기란덕(其亂德)의 기(其)는 주격 지시어인 시(是)와 같고, 난(亂)은 타동사로 공(恐)의 목적절에서 본동사이고 〈어지럽힐 혼(混)〉과 같고 혼란(混亂)의 줄임말로 여기고 새기고, 덕(德)은 여기선 군자지도(君子之道)를 줄인 말로 여기고 새기면 문맥이 통한다.

미워할 오(惡), 고을 향(鄕), 토박이 원(原), 두려워할 공(恐), 그것이 기(其), 어지럽힐 란(亂), 큰 덕(德), ~이다 야(也)

君子反經而已矣(군자반경이이의)

▶ (맹자가 말해주었다.) 군자는[君子] 상도[常道]로[經] 돌아갈[反] 뿐이다[而已矣].

군자반경이이의(君子反經而已矣)는 孟子曰君子反經而已矣에서 문맥으로 보충될 수 있으므로 맹자왈(孟子曰)을 생략한 맹자왈(孟子曰)의 목적절이지만, 독립구문으로 여기고 문맥을 잡아도 문의는 달라지지 않는다. 君子反經而已矣는 영어의 2형식 절과 같은 어투이다. 君子反經而已矣에서 군자(君子)는 주어이고, 반경(反經)은 술부이며, 이이의(而已矣)는 절을 강하게 결정짓는 어조사(~뿐이다)이다. 君子反經而已矣의 술부인 반경(反經)에서 반(反)은 영어의 부정사(不定詞)와 같으면서 보어이고, 경(經)은 반(反)의 목적어이다. 영어의 A is to do B에서 to do와 같은 구실을 하므로 반경(反經)의 반(反)을 보어로 여긴다는 말이다. A는 B를 하는 것(to do)이다(is). 말하자면 君子反經而已矣의 이이의(而已矣)가 A is to do B의 is와 같은 구실을 한다고 여기면 편하다.

군자반경이이의(君子反經而已矣)의 반(反)은 〈돌아올 반(返)〉과 같고 반환(返還)의 줄임말로 여기고, 경(經)은 여기선 생지대경(生之大經)의 줄임말로 대도(大道)·정도(正道)·상도(常道) 등과 같은 말로 여기고 새기면 문맥이 통한다. 삶[生]의[之] 큰[大] 길[經]. 경(經)은 〈길 도(道)〉, 〈항상 상(常)〉, 〈지킬 법(法)〉, 〈이치 리(理)〉, 〈따를 순(順)〉 등 매우 넓고 깊은 뜻을 다양하게 나타내는 자(字)이므로 늘 문맥에 따라 살펴 뜻을 건져내야 한다. 구문을 강하게 결정짓는 이이의(而已矣)는 이이(而已) 또는 이(耳)로 줄이기도 한다.

클 군(君), 존칭 자(者), 돌아갈 반(反), 경도(經道) 경(經), 어조사 이(而), 어조사 이(已), 어조사 의(矣)

經正則庶民興(경정즉서민흥)

▶ 상도[常道]가[經] 바로잡히면[正] 곧[則] 백성이[庶民] 흥한다[興].

경정즉서민흥(經正則庶民興) 역시 맹자왈(孟子曰)의 목적절이지만 독립구문으로 여기고 문맥을 잡아도 문의는 달라지지 않는다. 經正則庶民興은 〈A則B〉꼴로 영어의 복문과 같은 어투이다. 물론 즉(則)을 어조사로 여기고 무시해도 되는 경우도 있다. 즉(則)을 중심으로 앞은 양보 내지 조건의 종속절(또는 구) 경우가 대부분이고, 뒤는 주절이다. 그러니 經正則庶民興에서 경정(經正)을 조건절처럼 여기고, 서민흥(庶民興)을 주절로 여기고 새기면 문맥이 잡힌다. 〈A(經正)하면 곧[則] B(庶民興)한다〉

조건의 종속절인 경정(經正)에서 경(經)은 주어이고, 정(正)은 자동사로 절의 본동사이다. 주절인 서민흥(庶民興)에서 서민(庶民)은 주어이고, 흥(興)은 자동사로 절의 본동사이다. 經正則庶民興의 경(經)은 여기서 상도(常道)로 여기고 새기면 문맥이 통하고, 정(正)은 〈떳떳할 상(常)〉, 〈정할 정(定)〉과 같다. 서민(庶民)은 백성(百姓)과 같은 말이고, 흥(興)은 〈일어날 기(起)〉와 같고 흥기(興起)의 줄임말로 여기고 새긴다.

> 경도(經道) 경(經), 바로 잡힐 정(正), 곧 즉(則), 많을 서(庶), 백성 민(民), 흥할 흥(興)

庶民興斯無邪慝矣(서민흥사무사특의)

▶ 백성이[庶民] 흥하면[興] 곧[斯] 사악함과[邪] 간사함이[慝] 없어지는 것[無]이다[矣].

서민흥사무사특의(庶民興斯無邪慝矣) 역시 맹자왈(孟子曰)의 목적절이지만 독립구문으로 여기고 문맥을 잡아도 문의는 달라지지 않는다. 庶民興斯無邪慝矣는 〈A斯B〉꼴로 〈A則B〉꼴과 같아 영어의 복문 같은 어투이다. 〈곧 즉(則)〉, 〈곧 사(斯)〉로 다 같이 어조사인 까닭이다. 물론 사(斯) 역시 뜻 없는 어조사로 여기고 무시해도 되는 경우도 있다. 사(斯)를 중심으로 앞은 양보 내지 조건의 종속절(또는 구)인 경우가 대부분이고, 뒤는 주절이다. 그러니 庶民興斯無邪慝矣에서 서민흥(庶民興)을 조건절처럼 여기고, 무사특의(無邪慝矣)를 주절로 여기고 새기면 문맥이 잡힌다. 〈A(庶民興)하면 곧[則] B(無邪慝矣)한다〉

조건의 종속절인 서민흥(庶民興)에서 서민(庶民)은 주어이고, 흥(興)은 자동사로 절의 본동사이다. 주절인 무사특의(無邪慝矣)에서 무(無)는 〈없어지는 것 무(無)〉로 영어의 동명사 또는 부정사(不定詞)와 같으면서 절의 주어이고, 사특(邪慝)은 무(無)의 주어이며, 의(矣)는 주절을 결정지는 어조사(~이다)이다. 庶民興의 서민(庶民)은 백성(百姓)과 같은 말이고, 홍(興)은 〈일어날 기(起)〉와 같고 홍기(興起)의 줄임말로 여기고 새기고, 사무사특의(斯無邪慝矣)의 사(斯)는 〈곧 즉(則)〉과 같고, 무(無)는 〈없어지는 것 막(莫)〉과 같고, 사(邪)는 〈악할 악(惡)〉과 같고 사악(邪惡)의 줄임말로 여기고, 특(慝)은 〈간사할 간(姦)〉과 같고 간특(姦慝)의 줄임말로 여기고 새긴다.

맹자가 군자와 백성의 관계를 간명하게 말하고 있다. 백성을 홍하게 하는 사람을 군자(君子)라고 한다. 그래서 군자는 왕자(王者)임을 맹자가 강조하는 것이다. 왕[王] 노릇을 하는 사람[者]을 맹자가 반경(反經)이란 말로 밝힌 셈이고, 왕[王] 노릇을 하는 사람[者]으로 말미암아 백성이 홍(興)하고, 백성이 홍함으로 말미암아 온 세상에 사특(邪慝)함이 없어지는 것[無]이 곧 맹자의 발정시인(發政施仁)인 셈이다. 정사를[政] 열면[發] 어짊을[仁] 베푼다[施]. 그러면 백성이 홍(興)하고 이를 맹자는 여민해락(與民偕樂)이라 했다. 백성과[民] 함께[與] 다 같이[偕] 즐긴다[樂]. 이 세상에 이보다 더한 홍(興)은 없다.

많을 서(庶), 백성 민(民), 흥할 흥(興), 곧 사(斯), 없을 무(無), 사악함 사(邪), 간사함 특(慝), ~이다 의(矣)

제38장

38장은 맹자가 5백년 주기(週期)로 성인(聖人)이 출현했음을 밝히고, 공자가 서거(逝去)한 지 백 년 남짓 되었음에도 성인(聖人) 공자를 받들어 가까이하려는 모습이 일어나지 않음을 맹자가 무유호이(無有乎爾)란 말로 비장한 절규(絶叫)를 드러내고야 마는 장이다. 이러한 토로는 곧 공자의 도(道)를 전승을 위하여 맹자 자신이 참여할 수밖에 없는 비장함을 실토하고 있는 장이다. 왜 맹자가 성인 공자의 가르침을 절규해야 했는가? 인간에게 문화를 넓히게 하는 마음을 열어주려면 성인보다 더 좋은 선생은 없는 까닭이다. 그러나 성인도 때를 만날 수도 있고 못 만날 수도 있음이 천명(天命)이요 세상이다. 그래서 공자는 획린(獲麟)에서 『춘추(春秋)』의 붓을 꺾었고, 맹자는 무유호이(無有乎爾)로 『맹자(孟子)』의 편장(篇章)을 끝맺고 만다. 그러니 이 38장은 맹자가 공자의 도(道)를 전승하고 있음을 스스로 서슴없이 단언하고 있는 장이다. 무유호이(無有乎爾)는 영겁을 두고 울릴 절규이다. (공자와) 서로 친함이[有] 없음[無]이로다[乎爾]!

【문지(聞之)】

유요순지어탕오백유여세(由堯舜之於湯五百有餘歲)

【원문(原文)】

孟子曰 由堯舜至於湯이 五百有餘歲니 若禹皐陶則見而知之
맹자왈 유요순지어탕 오백유여세 약우고요즉견이지지
하고 若湯則聞而知之하니라 由湯至於文王이 五百有餘歲니 若
약탕즉문이지지 유탕지어문왕 오백유여세 약
伊尹萊朱則見而知之하고 若文王則聞而知之하니라 由文王至
이윤채주즉견이지지 약문왕즉문이지지 유문왕지
於孔子이 五百有餘歲니 若太公望散宜生則見而知之하고 若孔
어공자 오백유여세 약태공망산의생즉견이지지 약공
子則聞而知之하니라 由孔子而來로 至於今 百有餘歲니 去聖
자즉문이지지 유공자이래 지어금 백유여세 거성
人之世 若此其未遠也이며 近聖人之居 若此其甚也이로대 然
인지세 약차기미원야 근성인지거 약차기심야 연
而無有乎爾하니 則亦無有乎爾로다
이무유호이 즉역무유호이

【해독(解讀)】

맹자가 말했다[孟子曰]. "요순으로부터 탕임금까지[由堯舜至於湯] 오백 년 이상의 세월이 지났으니[五百有餘歲], 하우씨와 고요 같은 분들은 곧 친히 만나서 요순을 알았지만[若禹皐陶則見而知之], 탕 같은 분은 곧 들어서 요순을 알았다[若湯則聞而知之]. 탕임금으로부터 문왕까지[由湯至於文王] 오백 년 이상의 세월이 지났으니[五百有餘歲], 이윤과 채주 같은 분들은 곧 친히 만나서 탕임금을 알았지만[若伊尹萊朱則見而知之], 문왕 같은 분은 곧 들어서 탕을 알았다[若文王則聞而知之]. 문왕으로부터 공자까지[由文王至於孔子] 오백 년 이상의 세월이 지났으니[五百有餘歲], 태공망과 산의생 같은 분들은 곧 친히 만나서 문왕을 알았지만[若太公望散宜生則見而知之], 공자 같은 분은 바로 듣고서 문왕을 알았다[若孔子則聞而知之]. 공자를 거친 이래로 지금 까지[由孔子而來至於今] 백 년 남짓 세월이 지났으나[百有餘歲], 성인의 세상과 떨어짐 그것은 이같이 세월이 오래지 않은 것이고[去聖人之世若此其未遠也], 성인의 거처와 가까움 그것은 이와 같이 몹시 가까운 것이다[近聖人之居若此其甚也]. 그러나 (공자와) 서로 친함이 없는 것이로다[然而無有乎爾]! 그러니 (공자와) 서로 친하려 함 또한 없을 것이로다[則亦無有乎爾]!"

【담소(談笑)】

由堯舜至於湯五百有餘歲(유요순지어탕오백유여세)

▶ 요순[堯舜]으로부터[由] 탕임금[湯]까지[至於] 오백 년[五百] 이상의 세월이[餘歲] 지났다[有].

유요순지어탕오백유여세(由堯舜至於湯五百有餘歲)는 맹자왈(孟子曰)의 목적절이지만 독립구문으로 여기고 문맥을 잡아도 문의는 달라지지 않는다. 由堯舜至於湯五百有餘歲는 〈由A至於B〉란 관용구만 알고 있으면 문맥은 쉽게 잡힌다. 물론 〈由A至於B〉를 〈A를 거쳐[由] B에[於] 이르러[至]〉로 새겨도 되지만, 〈由A至於B〉를 영어의 from A to B처럼 여기고 〈A로부터[由] B까지[至於]〉처럼 관용구로 알아두면 문맥을 잡는 데 편하다. 그러면 由堯舜至於湯五百有餘歲에서 유요순지어탕(由堯舜至於湯)까지를 시간의 부사구로 잡고, 오백유여세(五百有餘歲)를 문장으로 문맥을 잡으면 된다. 〈A(五百)에 B(餘歲)가 있다[有]〉 그러므로 由堯舜至於湯五百有餘歲에서 유요순지어탕(由堯舜至於湯)은 시간의 부사구이고, 오백(五百) 역시 유(有)를 꾸미는 부사이며, 유(有)는 자동사 〈있을 유(有)〉이고, 여세(餘歲)가 유(有)의 주어이므로, 〈A有B〉꼴로 영어의 1형식 문장과 같은 어투임을 알아챌 수 있다.

유요순지어탕오백유여세(由堯舜至於湯五百有餘歲)의 유(由)는 〈지날 경(經)과 같고 경유(經由)의 줄임말로 여기고, 지(至)는 〈올 래(來)〉와 같고, 어(於)는 어조사인 〈~에 우(于)〉와 같고, 여세(餘歲)의 여(餘)는 〈남을 승(賸)〉과 같고 승여(賸餘)의 줄임말로 여기고, 세(歲)는 〈해 년(年)〉과 같고 연세(年歲) 내지 세월(歲月)의 줄임말로 여기고 새긴다.

지날 유(由), 요임금 요(堯), 순임금 순(舜), 이를 지(至), 어조사(~에) 어(於), 탕임금 탕(湯), 다섯 오(五), 일백 백(百), 있을 유(有), 남을 여(餘), 해 세(歲)

若禹皐陶則見而知之(약우고요즉견이지지)

▶ 하우씨와[禹] 고요[皐陶] 같은 분들은[若] 곧[則] 친히 만나[見]서[而] 요순을[之] 알았다[知].

약우고요즉견이지지(若禹皐陶則見而知之) 역시 맹자왈(孟子曰)의 목적절이지만 독립구문으로 여기고 문맥을 잡아도 문의는 달라지지 않는다. 若禹皐陶則見而知之는 若禹皐陶者則見堯舜而禹皐陶知之에서 문맥으로 보충될 수 있으므로 약우고요자(若禹皐陶者)의 자(者)와, 견요순(見堯舜)의 요순(堯舜)과, 약우고도자지지(若禹皐陶者知之)에서 지(知)의 주부인 약우고요자(若禹皐陶者)를 생략한 어투로, 영어의 중문과 같다. 물론 若禹皐陶者는 〈若A者〉로 관용어처럼 알아두면 편하다. 〈A(禹皐陶) 같은[若] 사람[者]〉 若禹皐陶則見而知之에서 약우고요(若禹皐陶)까지는 주부이고, 즉(則)은 어조사로 말을 이어주며, 견이지지(見而知之)의 견(見)은 목적어인 요순(堯舜)이 생략되었지만 타동사로 문장의 본동사이고, 이(而)는 연접의 연사인 〈그래서 이(而)〉이고, 지(知)는 타동사로 문장의 본동사이며, 지(之)는 요순(堯舜)을 나타내는 지시대명사이다.

약우고요즉견이지지(若禹皐陶則見而知之)의 약(若)은 여기선 〈같을 여(如)〉와 같고, 우(禹)는 순(舜)임금의 신하인 하우씨(夏禹氏)를 말하며, 고요(皐陶) 역시 순(舜)임금의 제자 이름이고, 즉(則)은 말을 잇는 〈곧 사(斯)〉와 같고, 견(見)은 〈볼 시(視)〉와 같으며 친견(親見)의 줄임말로 여기고, 지(知)는 〈알 식(識)〉과 같고, 지(之)는 지시대명사로서 요순(堯舜)을 가리킨다. 그리고 약(若)은 〈난초 야(若), 지혜 야(若)〉처럼 발음이 야(若)일 때도 있고, 〈같을 약(若) = 여(如), 만약 약(若) = 여(如), 너 약(若) = 여(汝), 순할 약(若) = 순(順), 및 약(若) = 급(及)〉 등으로 한문투에서 다양한 뜻을 나타내므로 구문의 문맥에 따라 걸맞은 뜻을 가려 새겨야 한다.

> 같을 약(若), 하우씨 우(禹), 부르는 소리 고(皐), 화락할 요(陶), 곧 즉(則), 만나볼 견(見), 그리고 이(而), 알 지(知), 그들 지(之)

若湯則聞而知之(약탕즉문이지지)

▶ 탕[湯] 같은 분은[若] 곧[則] 들어[聞]서[而] 요순을[之] 알았다[知].

약탕즉문이지지(若湯則聞而知之) 역시 맹자왈(孟子曰)의 목적절이지만 독립구문으로 여기고 문맥을 잡아도 문의는 달라지지 않는다. 若湯則聞而知之는 若湯者則聞堯舜而若湯者知之에서 문맥으로 보충될 수 있으므로 약탕자(若湯者)의 자(者)와, 문요순(聞堯舜)의 요순(堯舜)과, 약탕자지지(若湯者知之)에서 지(知)의 주부인 약탕자(若湯者)를 생략한 어투로, 영어의 중문과 같은 어투이다. 물론 若湯者는 〈若A者〉의 관용어로 여기고 알아두면 편하다. 〈A(湯) 같은[若] 사람[者]〉 若湯則聞而知之에서 약탕(若湯)까지는 주부이고, 즉(則)은 어조사로 말을 이으며, 문이지지(聞而知之)의 문(聞)은 목적어인 요순(堯舜)이 생략되었지만 타동사로 문장의 본동사이고, 이(而)는 연접의 연사인 〈그래서 이(而)〉이고, 지(知)는 타동사로 문장의 본동사이며, 지(之)는 요순(堯舜)을 가리키는 지시대명사이다.

약탕즉문이지지(若湯則聞而知之)의 약(若)은 여기선 〈같을 여(如)〉와 같고, 탕(湯)은 은(殷)나라를 세운 탕왕(湯王)을 말하며, 즉(則)은 말 잇는 〈곧 사(斯)〉와 같고, 문(聞)은 〈들을 청(聽)〉과 같고 청문(聽聞)의 줄임말로 여기고, 지(知)는 〈알 식(識)〉과 같고, 지(之)는 지시대명사로 요순(堯舜)을 가리킨다. 특히 약(若)은 〈난초 야(若), 지혜 야(若)〉처럼 발음이 야(若)일 때도 있고, 〈같을 약(若) = 여(如), 만약 약(若) = 여(如), 너 약(若) = 여(汝), 순할 약(若) = 순(順), 및 약(若) = 급(及)〉 등 한문투에서 다양한 뜻을 나타내므로 구문의 문맥에 따라 걸맞은 뜻을 가려 새겨야 한다.

같을 약(若), 탕 임금 탕(湯), 곧 즉(則), 들을 문(聞), 그리고 이(而), 알 지(知), 그들 지(之)

由湯至於文王五百有餘歲(유탕지어문왕오백유여세)

▶ **탕 임금[湯]으로부터[由] 문왕[文王]까지[至於] 오백 년[五百] 이상의 세월이[餘歲] 지났다[有].**

유탕지어문왕오백유여세(由湯至於文王五百有餘歲)는 맹자왈(孟子曰)의 목적절이지만 독립구문으로 여기고 문맥을 잡아도 문의는 달라지지 않는다. 由湯至於文王五百有餘歲에서 〈由A至於B〉란 관용구만 알고 있으면 由湯至於文王五百有餘歲의 문맥은 쉽게 잡힌다. 물론 〈由A至於B〉를 〈A를 거쳐[由] B에[於] 이르러[至]〉로 새겨도 되지만, 〈由A至於B〉를 영어의 from A to B처럼 여기고 〈A로부터[由] B까지[至於]〉란 관용구로 알아두면 문맥을 잡는 데 편하다. 그러면 由湯至於文王五百有餘歲에서 유탕지어문왕(由湯至於文王)까지를 시간의 부사구로 잡고, 오백유여세(五百有餘歲)를 문장으로 문맥을 잡으면 된다. 〈A(五百)에 B(餘歲)가 있다[有]〉 그러므로 由湯至於文王五百有餘歲에서 유탕지어문왕(由湯至於文王)은 시간의 부사구이고, 오백(五百) 역시 유(有)를 꾸미는 부사이고, 유(有)는 자동사 〈있을 유(有)〉이고, 여세(餘歲)가 유(有)의 주어이므로, 〈A有B〉로 영어의 1형식 문장과 같은 어투임을 알아챌 수 있다.

유탕지어문왕오백유여세(由湯至於文王五百有餘歲)의 유(由)는 〈지날 경(經)〉과 같고 경유(經由)의 줄임말로 여기고, 지(至)는 〈올 래(來)〉와 같고, 어(於)는 어조사인 〈~에 우(于)〉와 같고, 여세(餘歲)의 여(餘)는 〈남을 승(賸)〉과 같고 승여(賸餘)의 줄임말로 여기고, 세(歲)는 〈해 년(年)〉과 같고 연세(年歲) 내지 세월(歲月)의 줄임말로 여기고 새긴다. 由湯至於文王의 탕(湯)은 은(殷)나라의 개조(開祖)인 탕임금을 말하고, 문왕(文王)은 주(周)나라를 연 개조(開祖)를 말한다.

지날 유(由), 탕임금 탕(湯), 이를 지(至), 어조사(~에) 어(於), 글 문(文), 임금 왕(王), 다섯 오(五), 일백 백(百), 있을 유(有), 남을 여(餘), 해 세(歲)

若伊尹萊朱則見而知之(약이윤채주즉견이지지)

▶ **이윤과[伊尹] 채주[萊朱] 같은 분들은[若] 곧[則] 친히 만나[見]서[而] 탕임금을[之] 알았다[知].**

약이윤채주즉견이지지(若伊尹萊朱則見而知之) 역시 맹자왈(孟子曰)의 목적절이지만 독립구문으로 여기고 문맥을 잡아도 문의는 달라지지 않는다. 若伊尹萊朱則見而知之는 若伊尹萊朱者則見湯而若伊尹萊朱知之에서 문맥으로 보충될 수 있으므로 약이윤채주자(若伊尹萊朱者)의 자(者)와, 견탕(見湯)의 탕(湯)과, 약이윤채주자지지(若伊尹萊朱者知之)에서 지(知)의 주부인 약이윤채주자(若伊尹萊朱者)를 생략한 어투로, 영어의 중문과 같다. 물론 若伊尹萊朱者는 〈若A者〉의 관용어로 여기고 알아두면 한문투의 문맥을 잡기 편하다. 〈A(伊尹萊朱) 같은[若] 사람[者]〉 若伊尹萊朱則見而知之에서 약이윤채주(若伊尹萊朱)까지는 주부이고, 즉(則)은 어조사로 말을 이어주며, 견이지지(見而知之)의 견(見)은 목적어인 탕(湯)이 생략되었지만 타동사로 문장의 본동사이고, 이(而)는 연접의 연사인 〈그래서 이(而)〉이고, 지(知)는 타동사로 문장의 본동사이며, 지(之)는 탕(湯)을 가리키는 지시대명사이다.

약이윤채주즉견이지지(若伊尹萊朱則見而知之)의 약(若)은 여기선 〈같을 여(如)〉와 같고, 이윤(伊尹)과 채주(萊朱)는 탕임금의 신하 이름이며, 즉(則)은 말 잇는 〈곧 사(斯)〉와 같고, 견(見)은 〈볼 시(視)〉와 같고 친견(親見)의 줄임말로 여기고, 지(知)는 〈알 식(識)〉과 같고, 지(之)는 지시대명사로 탕(湯)을 가리킨다. 그리고 약(若)은 〈난초 야(若), 지혜 야(若)〉처럼 발음이 야(若)일 때도 있고, 〈같을 약(若) = 여(如), 만약 약(若) = 여(如), 너 약(若) = 여(汝), 순할 약(若) = 순(順), 및 약(若) = 급(及)〉 등 한문투에서 다양한 뜻을 나타내므로 구문의 문맥에 따라 걸맞은 뜻을 가려 새겨야 한다.

> 같을 약(若), 저 이(伊), 다스릴 윤(尹), 푸성귀 채(萊), 붉을 주(朱), 곧 즉(則), 만나볼 견(見), 그리고 이(而), 알 지(知), 그들 지(之)

若文王則聞而知之(약문왕즉문이지지)

▶ 문왕[文王] 같은 분은[若] 곧[則] 들어[聞]서[而] 탕을[之] 알았다[知].

약문왕즉문이지지(若文王則聞而知之) 역시 맹자왈(孟子曰)의 목적절이지만 독립구문으로 여기고 문맥을 잡아도 문의는 달라지지 않는다. 若文王則聞而知之는 若文王者則聞湯而若文王者知之에서 문맥으로 보충될 수 있으므로 약문왕자(若文王者)의 자(者)와, 문탕(聞湯)의 탕(湯)과, 약문왕자지지(若文王者知之)에서 지(知)의 주부인 약문왕자(若文王者)를 생략한 어투로, 영어의 중문과 같다. 물론 若文王者는 〈若A者〉의 관용어로 여기고 알아두면 편하다. 〈A(文王) 같은[若] 사람[者]〉 若文王則聞而知之에서 약문왕(若文王)까지는 주부이고, 즉(則)은 어조사로 말을 이어주며, 문이지지(聞而知之)의 문(聞)은 목적어인 탕(湯)이 생략되었지만 타동사로 문장의 본동사이고, 이(而)는 연접의 연사인 〈그래서 이(而)〉이고, 지(知)는 타동사로 문장의 본동사이며, 지(之)는 탕(湯)을 가리키는 지시대명사이다.

약문왕즉문이지지(若文王則聞而知之)의 약(若)은 여기선 〈같을 여(如)〉와 같고, 문왕(文王)은 주(周)나라를 세운 개조(開祖)이고, 즉(則)은 말 잇는 〈곧 사(斯)〉와 같고, 문(聞)은 〈들을 청(聽)〉과 같고 청문(聽聞)의 줄임말로 여기고, 지(知)는 〈알 식(識)〉과 같고 지(之)는 지시대명사로 탕(湯)을 가리킨다.

갈을 약(若), 글 문(文), 임금 왕(王), 곧 즉(則), 들을 문(聞), 그리고 이(而), 알 지(知), 그들 지(之)

由文王至於孔子五百有餘歲(유문왕지어공자오백유여세)

▶ 문왕[文王]으로부터[由] 공자[孔子]까지[至於] 오백 년[五百] 이상의 세월이[餘歲] 지났다[有].

유문왕지어공자오백유여세(由文王至於孔子五百有餘歲)는 맹자왈(孟子曰)의 목적절이지만 독립구문으로 여기고 문맥을 잡아도 문의는 달라지지 않는다. 由文王至於孔子五百有餘歲에서 〈由A至於B〉란 관용구만 알고 있으면 由文王至於孔子五百有餘歲의 문맥은 쉽게 잡힌다. 물론 〈由A至於B〉를 〈A를 거쳐[由] B에[於] 이르러[至]〉로 새겨도 되지만, 〈由A至於B〉를 영어의 from A to B처럼 여기고 〈A로부터[由] B까지[至於]〉란 관용구로 알아두면 문맥을 잡는 데 편하다. 그러면 由文王至於孔子五百有餘歲에서 유문왕지어공자(由文王至於孔子)까지를 시간의 부사구로 잡고, 오백유여세(五百有餘歲)를 〈A有B〉로 여기고 문맥을 잡으면 된다. 〈A(五百)에 B(餘歲)가 있다[有]〉 그러므로 由文王至於孔子五百有餘歲에서 유문왕지어공자(由文王至於孔子)는 시간의 부사구이고, 오백(五百) 역시 유(有)를 꾸미는 부사이고, 유(有)는 자동사 〈있을 유(有)〉이고, 여세(餘歲)가 유(有)의 주어이므로, 〈A有B〉로 영어의 1형식 문장과 같은 어투임을 알아챌 수 있다.

유문왕지어공자오백유여세(由文王至於孔子五百有餘歲)의 유(由)는 〈지날 경(經)〉과 같고 경유(經由)의 줄임말로 여기고, 지(至)는 〈올 래(來)〉와 같고, 어(於)는 어조사인 〈~에 우(于)〉와 같고, 여세(餘歲)의 여(餘)는 〈남을 승(賸)〉과 같고 승여(賸餘)의 줄임말로 여기고, 세(歲)는 〈해 년(年)〉과 같고 연세(年歲) 내지 세월(歲月)의 줄임말로 여기고 새긴다.

지날 유(由), 글 문(文), 임금 왕(王), 이를 지(至), 어조사(~에) 어(於), 클 공(孔), 존칭 자(子), 다섯 오(五), 일백 백(百), 있을 유(有), 남을 여(餘), 해 세(歲)

若太公望散宜生則見而知之(약태공망산의생즉견이지지)

▶ 태공망과[太公望] 산의생[散宜生] 같은 분들은[若] 곧[則] 친히 만나[見]서[而] 문왕을[之] 알았다[知].

약태공망산의생즉견이지지(若太公望散宜生則見而知之) 역시 맹자왈(孟子曰)의 목적절이지만 독립구문으로 여기고 문맥을 잡아도 문의는 달라지지 않는다. 若太公望散宜生則見而知之는 若太公望散宜生者則見文王而若太公望散宜生者知之에서 문맥으로 보충될 수 있으므로 약태공망산의생자(若太公望散宜生者)의 자(者)와, 견문왕(見文王)의 문왕(文王)과, 약태공망산의생자지지(若太公望散宜生者知之)에서 지(知)의 주부인 약태공망산의생자(若太公望散宜生者)를 생략한 어투로, 영어의 중문과 같다. 물론 若太公望散宜生者는 〈若A者〉의 관용어로 여기고 알아두면 편하다. 〈A(太公望散宜生) 같은[若] 사람[者]〉 若太公望散宜生則見而知之에서 약태공망산의생(若太公望散宜生)까지는 주부이고, 즉(則)은 어조사로 말을 이어주며, 견이지지(見而知之)의 견(見)은 목적어인 문왕(文王)이 생략되었지만 타동사로 문장의 본동사이고, 이(而)는 연접의 연사인 〈그래서 이(而)〉이고, 지(知)는 타동사로 문장의 본동사이며, 지(之)는 문왕(文王)을 가리키는 지시대명사이다.

약태공망산의생즉견이지지(若太公望散宜生則見而知之)의 약(若)은 여기선 〈같을 여(如)〉와 같고, 태공망(太公望)은 주(周)나라 무왕(武王)을 도와 천하를 평정한 강태공(姜太公) 여상(呂尙)을 말하며, 산의생(散宜生)은 주(周)나라 문왕(文王)의 네 현신(賢臣) 중 한 사람이고, 즉(則)은 말 잇는 〈곧 사(斯)〉와 같고, 견(見)은 〈볼 시(視)〉와 같고 친견(親見)의 줄임말로 여기고, 지(知)는 〈알 식(識)〉과 같고, 지(之)는 지시대명사로 문왕(文王)을 가리킨다.

갈을 약(若), 클 태(太), 두루 공(公), 바라볼 망(望), 흩어질 산(散), 마땅할 의(宜), 날 생(生), 곧 즉(則), 만나볼 견(見), 그리고 이(而), 알 지(知), 그들 지(之)

若孔子則聞而知之(약공자즉문이지지)

▶ 공자[孔子] 같은 분은[若] 곧[則] 들어[聞]서[而] 문왕을[之] 알았다[知].

약공자즉문이지지(若孔子則聞而知之) 역시 맹자왈(孟子曰)의 목적절이지만 독립구문으로 여기고 문맥을 잡아도 문의는 달라지지 않는다. 若孔子則聞而知之는 若孔子者則聞文王而若孔子者知之에서 문맥으로 보충될 수 있으므로 약공자자(若孔子者)의 자(者)와, 문문왕(聞文王)의 문왕(文王)과, 약공자자지지(若孔子者知之)에서 지(知)의 주부인 약공자자(若孔子者)를 생략한 어투로, 영어의 중문과 같다. 물론 若孔子者는 〈若A者〉의 관용어로 여기고 알아두면 편하다. 〈A(孔子) 같은[若] 사람[者]〉 若孔子則聞而知之에서 약공자(若孔子)까지는 주부이고, 즉(則)은 어조사로 말을 이어주며, 문이지지(聞而知之)의 문(聞)은 목적어인 문왕(文王)이 생략되었지만 타동사로 문장의 본동사이고, 이(而)는 연접의 연사인 〈그래서 이(而)〉이고, 지(知)는 타동사로 문장의 본동사이며, 지(之)는 문왕(文王)을 가리키는 지시대명사이다.

약공자즉문이지지(若孔子則聞而知之)의 약(若)은 여기선 〈같을 여(如)〉와 같고, 공자(孔子)는 노(魯)나라의 성인으로 유가를 개창(開創)한 시대를 관류하는 선생(先生)이고, 즉(則)은 말 잇는 〈곧 사(斯)〉와 같고, 문(聞)은 〈들을 청(聽)〉과 같고 청문(聽聞)의 줄임말로 여기고, 지(知)는 〈알 식(識)〉과 같고, 지(之)는 지시대명사로 문왕(文王)을 가리킨다.

갈을 약(若), 클 공(孔), 존칭 자(子), 곧 즉(則), 들을 문(聞), 그리고 이(而), 알 지(知), 그들 지(之)

由孔子而來至於今百有餘歲(유공자이래지어금백유여세)

▶ 공자를[孔子] 거쳐[由]서[而來] 지금[今]까지[至於] 백 년[百] 이상의 세월이[餘歲] 지났다[有].

유공자이래지어금백유여세(由孔子而來至於今百有餘歲)는 맹자왈(孟子曰)의 목적절이지만 독립구문으로 여기고 문맥을 잡아도 문의는 달라지지 않는다. 由孔子而來至於今百有餘歲에서 〈由A而來至於今〉이란 관용구만 알고 있으면 由孔子而來至於今百有餘歲의 문맥은 쉽게 잡힌다. 물론 〈由A而來至於今〉은 〈由A至於B〉의 〈이를 지(至)〉를 강조한 어투이지만, 그냥 〈A를 거쳐[由]서[而來] 지금[今]까지[至]〉로 새겨 관용구로 알아두면 문맥을 잡는 데 편하다. 그러면 由孔子而來至於今百有餘歲에서 유공자이래지어금(由孔子而來至於今)까지를 시간의 부사구로 잡고, 백유여세(百有餘歲)를

〈A有B〉로 문맥을 잡으면 된다. 〈A(百)에 B(餘歲)가 있다[有]〉 그러므로 由孔子而來至於今百有餘歲에서 유공자이래지어금(由孔子而來至於今)은 시간의 부사구이고, 백(百) 역시 유(有)를 꾸미는 부사이고, 유(有)는 자동사 〈있을 유(有)〉이며, 여세(餘歲)는 유(有)의 주어이므로, 〈A有B〉로 영어의 1형식 문장과 같은 어투임을 알아챌 수 있다.

유공자이래지어금백유여세(由孔子而來至於今百有餘歲)의 유(由)는 〈지날 경(經)〉과 같고 경유(經由)의 줄임말로 여기고, 이(而)는 말 잇는 어조사이므로 무시해도 되고, 내(來)는 〈이를 지(至)〉와 같고 지(至)는 〈올 래(來)〉와 같으니 이르게 됨을 강조한 어투로 여기고, 어(於)는 어조사인 〈~에 우(于)〉와 같고, 여세(餘歲)의 여(餘)는 〈남을 승(賸)〉과 같고 승여(賸餘)의 줄임말로 여기고, 세(歲)는 〈해 년(年)〉과 같고 연세(年歲) 내지 세월(歲月)의 줄임말로 여기고 새긴다.

지날 유(由), 클 공(孔), 존칭 자(子), 어조사 이(而), 어조사 래(來), 이를 지(至), 어조사(~에) 어(於), 일백 백(百), 있을 유(有), 남을 여(餘), 해 세(歲)

去聖人之世若此其未遠也(거성인지세약차기미원야)

▶ 성인[聖人]의[之] 세상과[世] 떨어짐[去] 그것은[其] 이[此]같이[若] 세월이 오래지 않은 것[未遠]이다[也].

거성인지세약차기미원야(去聖人之世若此其未遠也) 역시 맹자왈(孟子曰)의 목적절이지만 독립구문으로 여기고 문맥을 잡아도 문의는 달라지지 않는다. 去聖人之世若此其未遠也는 若此去聖人之世未遠也에서 거성인지세(去聖人之世)를 강조하려고 약차(若此) 앞으로 전치하고 그 빈 자리에 〈그 기(其)〉를 가주어(假主語)로 둔 어투이지만, 〈AB也〉꼴로 영어의 2형식 문장과 같다. 去聖人之世若此其未遠也에서 거성인지세(去聖人之世)는 주부이고, 약차(若此)는 부사구이며, 기(其)는 가주어이고, 미(未)는 원(遠)의 부정사(不定詞)와 같으면서 보어이고, 야(也)는 구문을 결정짓는 어조사(~이다)이다.

주부인 거성인지세(去聖人之世)에서 거(去)는 영어의 부정사(不定詞)와 같으면서 주어이고, 성인지(聖人之)는 세(世)를 꾸미는 형용사구이며, 세(世)는 거(去)의 목적어이다. 그래서 거성인지세미원야(去聖人之世未遠也)

를 영어의 To do A is not to do B와 같은 어투로 여기고 문맥을 잡으면 쉽게 이해할 수 있다. A를 하는 것은(to do) B를 하지 않는 것(not to do)이다(is). 去聖人之世의 거(去)는 To do A의 To do와 같으며 주어이고, 未遠也의 미원(未遠)은 not to do와 같으면서 보어이고, 야(也)는 is와 같다고 여기면 去聖人之世未遠也의 문맥을 쉽게 잡을 수 있다는 말이다. 去聖人之世若此其未遠也의 약차(若此)와 기(其)는 去聖人之世若此其未遠也에서 부수적인 요소이고, 去聖人之世若此其未遠也의 골격은 거성인지세미원야(去聖人之世未遠也)이므로 〈AB也〉로 영어의 2형식 문장처럼 문맥을 잡으면 쉽게 이해할 수 있다.

거성인지세(去聖人之世)의 거(去)는 〈떠남 거(距)〉와 같고, 지(之)는 소유격 토씨(~의)이고, 세(世)는 세상(世上)의 줄임말로 여기고, 약(若)은 여기선 〈같을 여(如)〉와 같고, 차(此)는 〈이 시(是)〉와 같고, 미(未)는 〈아니 불(不)〉과 같고, 원(遠)은 〈멀리할 리(離)〉와 같다.

떨어질 거(去), 성스러울 성(聖), 사람 인(人), 어조사(~의) 지(之), 세상 세(世), 같을 약(若), 이 차(此), 그 기(其), 아닐 미(未), 세월이 오랠 원(遠), ~이다 야(也)

近聖人之居若此其甚也(근성인지거약차기심야)

▶ **성인[聖人]의[之] 거처와[居] 가까움[近] 그것은[其] 이[此] 같이[若] 몹시 가까운 것[甚]이다[也].**

근성인지거약차기심야(近聖人之居若此其甚也) 역시 맹자왈(孟子曰)의 목적절이지만 독립구문으로 여기고 문맥을 잡아도 문의는 달라지지 않는다. 近聖人之居若此其甚也는 若此近聖人之居甚也에서 근성인지거(近聖人之居)를 강조하려고 약차(若此) 앞으로 전치하고 그 빈 자리에 〈그 기(其)〉를 가주어로 둔 어투이지만, 〈AB也〉로 영어의 2형식 문장과 같다. 그리고 近聖人之居若此其甚也는 近聖人之居若此其甚近也에서 심근야(甚近也)의 근(近)을 되풀이되는 내용이므로 생략한 어투이다. 近聖人之居若此其甚也에서 근성인지거(根聖人之居)는 주부이고, 약차(若此)는 부사구이며, 기(其)는 가주어이며, 심(甚)은 보어이고, 야(也)는 구문을 결정짓는 어조사(~이다)이다.

주부인 근성인지거(近聖人之居)에서 근(近)은 영어의 부정사(不定詞)와 같으면서 주어이고, 성인지(聖人之)는 거(居)를 꾸미는 형용사구이며, 거(居)는 근(近)의 목적어이다. 그래서 近聖人之居若此其甚也의 약차(若此)와 기(其)는 近聖人之居若此其甚也의 구문에서 부수적인 요소이고, 近聖人之居若此其甚也의 골격은 근성인지거심야(近聖人之居甚也)이므로 〈AB也〉로 영어의 2형식 문장처럼 문맥을 잡는다.

근성인지거(近聖人之居)의 근(近)은 〈가까움 기(幾)〉와 같고, 지(之)는 소유격 토씨(~의)이고, 거(居)는 〈머묾 처(處)〉와 같고 거처(居處)의 줄임말로 여기고, 약(若)은 여기선 〈같을 여(如)〉와 같고, 차(此)는 〈이 시(是)〉와 같고, 심(甚)은 〈몹시 우(尤)〉와 같고 우심(尤甚)의 줄임말로 여기고 새긴다.

가까움 근(近), 성스러울 성(聖), 사람 인(人), 어조사(~의) 지(之), 삶터 거(居), 같을 약(若), 이 차(此), 그 기(其), 매우 심(甚), ~이다 야(也)

然而無有乎爾(연이무유호이)

▶ **그러나[然而] (공자와) 서로 친함이[有] 없음[無]이로다[乎爾].**

연이무유호이(然而無有乎爾) 역시 맹자왈(孟子曰)의 목적절이지만 독립 구문으로 여기고 문맥을 잡아도 문의는 달라지지 않는다. 然而無有乎爾는 〈無A乎爾〉로 영어의 1형식 감탄문과 같은 어투이다. 〈A(有)가 없다는 것[無]이로다[乎爾]!〉 然而無有乎爾에서 연이(然而)는 역접의 연사인 〈그러나 이(而)〉를 강조한 어투이고, 무(無)는 영어의 동명사 또는 부정사(不定詞)처럼 〈없음 무(無)〉으로 보어이고, 유(有)는 주어이며, 호이(乎爾)는 감탄어조사(~이로다). 然而無有乎爾의 연(然)은 〈그러나 이(而)〉와 같고, 무(無)는 〈없음 막(莫)〉과 같고, 유(有)는 여기선 상친(相親)의 뜻으로 서로 가까이함의 뜻이며, 호이(乎爾)는 감탄의 어세를 나타내는 완곡한 감탄어조사이로 어세를 간절하게 하는 어미조사(語尾助詞)로 여기고 새긴다. 한문투에서 유(有)는 여러 뜻을 나타내므로 다음 예들 중에서 구문에 따라 걸맞은 뜻을 살펴 찾아내야 한다. 〈있을 유(有) = 무(無)의 반대말, 얻을 유(有) = 득(得), 취할 유(有) = 취(取), 가질 유(有) = 보(保), 친할 유(有) = 상친(親), 과연 유(有) = 과(果), 또 유(有) = 우(又)〉

세월이 500년 넘게 지나서도 옛 성인을 알아보고 가까이한 후세의 성인이 나왔지만, 공자가 서거한 지 백 년 남짓밖에 안 되었는데도 공자를 가까이하려는 사람들이 없다니 통탄스러움을 맹자가 토로하고 있다. 무유호이(無有乎爾)의 유(有)는 상친(相親)의 유(有)요, 친여공자(親與孔子)의 유(有)이다. 공자[孔子]와[與] 가까이하려 함[親]이 없는 세태를 통탄하고 있다. 하물며 2천년도 넘게 지난 오늘날이야 말해서 무엇 하겠는가.

그러나 연(然), 그러나 이(而), 없을 무(無), 서로 친함 유(有), 감탄조사 호(乎), 감탄조사 이(爾)

則亦無有乎爾(즉역무유호이)

▶ **그러니[則] (공자와) 서로 친함이[有] 또한[亦] 없을 것[無]이로다[乎爾].**

즉역무유호이(則亦無有乎爾) 역시 맹자왈(孟子曰)의 목적절이지만 독립구문으로 여기고 문맥을 잡아도 문의는 달라지지 않는다. 然而無有乎爾는 〈無A乎爾〉로 영어의 1형식 감탄문과 같은 어투이다. 〈A(有)가 없다는 것[無]이로다[乎爾]!〉 然而無有乎爾에서 연이(然而)는 역접의 연사인 〈그러나 이(而)〉를 강조한 어투이고, 무(無)는 영어의 동명사 또는 부정사(不定詞)처럼 〈없음 무(無)〉로 보어이고, 유(有)는 주어이며, 호이(乎爾)는 감탄어조사(~이로다)이다. 然而無有乎爾의 연(然)은 〈그러나 이(而)〉와 같고, 무(無)는 〈없음 막(莫)〉과 같고, 유(有)는 여기선 상친(相親)의 뜻으로 서로 가까이함의 뜻이며, 호이(乎爾)는 감탄의 어세를 나타내는 완곡한 감탄어조사로 어세를 간절하게 하는 어미조사로 여기고 새긴다. 한문투에서 유(有)는 여러 뜻을 나타내므로 다음 예들 중에서 구문에 따라 걸맞은 뜻을 살펴 찾아내야 한다. 〈있을 유(有) = 무(無)의 반대말, 얻을 유(有) = 득(得), 취할 유(有) = 취(取), 가질 유(有) = 보(保), 친할 유(有) = 상친(親), 과연 유(有) = 과(果), 또 유(有) = 우(又)〉

세월이 500년 넘게 지나서도 옛 성인을 알아보고 가까이한 후세의 성인이 나왔지만, 공자가 서거한지 백 년 남짓밖에 안 되었는데도 공자를 가까이하려는 사람들이 없다니 통탄스러움을 맹자가 토로하고 있다. 무유호이(無有乎爾)의 유(有)는 상친(相親)의 유(有)요, 친여공자(親與孔子)의 유(有)이다. 공자[孔子]와[與] 가까이하려 함[親]이 없는 세태를 통탄하고 있다. 하물며 2천년도 넘게 지난 오늘날이야 말해서 무엇 하겠는가.

그러니 즉(則), 또한 역(亦), 없을 무(無), 서로 친함 유(有), 감탄조사 호(乎), 감탄조사 이(爾)

희망과 소통의 경전 맹자 Ⅱ

펴낸곳 | 동학사
펴낸이 | 유재영
글쓴이 | 윤재근

기　획 | 이화진
편　집 | 나진이
디자인 | 문정혜

1판 1쇄 | 2009년 2월 20일
1판 3쇄 | 2017년 1월 31일
출판등록 | 1987년 11월 27일 제10-149

주소 | 04083 서울 마포구 토정로53 (합정동)
전화 | 324-6130, 324-6131 · 팩스 | 324-6135
E-메일 | dhsbook@hanmail.net
홈페이지 | www.donghaksa.co.kr
www.green-home.co.kr

ISBN 978-89-7190-261-5 04150
ISBN 978-89-7190-262-2 04150 (전2권)